红军长征纪实丛书

红二方面军卷

1

中共中央党史研究室 编

中共党史出版社

图书在版编目(CIP)数据

红军长征纪实丛书．红二方面军卷/中共中央党史研究室编．
—北京：中共党史出版社，2016.10(2021.9 重印)
ISBN 978-7-5098-3785-6

Ⅰ.①红… Ⅱ.①中… Ⅲ.①中国工农红军长征—史料
②红二方面军—史料 Ⅳ.①K264.406

中国版本图书馆 CIP 数据核字(2016)第 168206 号

出版发行：中共党史出版社
协调编辑：潘　鹏
协理编辑：李晓倩
责任编辑：安胡刚
责任校对：龚秀华
责任印制：谷智宇
责任监制：贺冬英
社　　址：北京市海淀区芙蓉里南街6号院1号楼
邮　　编：100080
网　　址：www.dscbs.com
经　　销：新华书店
印　　刷：北京盛通印刷股份有限公司
开　　本：170mm×240mm　1/16
字　　数：1853 千字
印　　张：139.75
印　　数：3001—5000 册
版　　次：2016 年 10 月第 1 版
印　　次：2021 年 9 月第 2 次印刷

ISBN 978-7-5098-3785-6
定　　价：285.00 元(全四册)

《红军长征纪实丛书》编纂说明

编纂《红军长征纪实丛书》，是党中央部署的党史工作重点项目。在中央领导同志亲切关怀和有力指导下，在各方面的大力支持下，经过十年艰苦努力，在中国共产党成立95周年、红军长征胜利80周年之际，这项工作终于完成。现将这套丛书有关编纂情况说明如下。

一、编纂过程

2006年11月5日，时任中共中央政治局常委李长春同志在《文献与研究》第45期刊载的《关于毛泽东亲自发起、集体编纂的〈红军长征记〉（上）》一文上批示："长征精神是我党光荣革命传统的集中体现，是中华民族伟大民族精神的生动展现"，为弘扬伟大的长征精神，建议"重编'长征纪实'，作为完整的党史、军史的一部分"。

根据李长春同志指示精神，中共中央宣传部召集有关单位举行协调会议，决定由中共中央党史研究室牵头承担此项任务。时任中央党史研究室主任李景田同志和室委会对此高度重视，立即进行了认真研究、全面统筹，确定该项工作为室重点工作，决定由室副主任李忠杰同志分管，第一研究部具体承担编纂任务。2006年11月下旬，第一研究部拟出初步方案，提出《红军长征纪实丛书》拟集中编纂长征亲历者回忆录、长征日记等文献资料。经专家论证和室领导修改审定后，以中共中央党史研究室名义将工作方案报中共中央宣传部。

2006年至2010年，第一研究部向全国各地党史工作部门和中央、军队的其他研究机构发函，征集相关文稿线索。在此基础上，收集了散存于各种书籍报刊中的有关长征文献，从中筛选、整理、编辑文稿900余万字，并一一撰写了作者简介，形成丛书初稿。初稿曾经中央党史研究室和解放军军事科学院、国防大学、中国人民革命军事博物馆、解放军后勤指挥学院等单位党史、军史专家审阅。随后按照专家意见和建议进行了调整和修改。

2013年7月，第一研究部进一步调整编纂体例，扩大资料收集范围，增加编纂内容，再次对全国各类党史、军史、文史刊物，以及其他社科期刊、老干部报刊、港台书刊等，进行系统排查和资料补充，最后共整理编纂文稿1600余万字。2014年初，曲青山同志担任中央党史研究室主任后，室委会明确提出必须在纪念红军长征胜利80周年之际完成该套丛书的编纂出版。同年10月，在张树军副主任具体指导下，该书进入最后的编辑、审核阶段。在第一研究部共同努力和中共党史出版社的大力配合下，终于在纪念红军长征胜利80周年之际，完成此书的编辑工作。全书共分十卷42册。

在长达十年的编纂过程中，中央党史研究室室委会多位领导同志和有关工作人员付出很多的精力和心血。丛书编纂过程中，三任室主要领导同志李景田主任、欧阳淞主任和曲青山主任，始终对这项工作给予认真指导；两任分管室领导李忠杰副主任和张树军副主任对这项工作高度负责，亲自进行工作部署、把关和审查；第一研究部积极组织力量攻坚克难，保证了工作的顺利开展。第一研究部先后参与编纂工作的有：原主任霍海丹，原副主任刘益涛、李蓉，以及王新生、覃艺、杨青、王继凯、王树林、魏雪莲、刘慧娟、光新伟、黄亚楠、徐嘉等同志。第一研究部主任蒋建农同志具体主持了2013年7月以来的编辑工作，并逐篇审阅修订了全部书稿。第一研究部副主任孙丽萍同志审核了全书的编辑体例和文稿的作者简介。各卷责任编辑在出版社三审三校基础上再次进行文稿通读和审校。中共甘肃省委党史研究室李荣珍、孙瑛等同志参加了本丛书副编中《西路军卷》书稿的编辑工作。其他曾对这项工作给予支持、作出贡献的中央党史研究室和军队方面的党史、军史老专家主要有韩泰华、叶心瑜、阎景堂、姜廷玉、朱玉、肖甡、徐占权、陈力、王健英等同志。

二、稿件来源

20世纪50年代以来，为继承发扬党和人民军队的光荣传统，解放军总政治部曾按照中央军委指示精神，组织力量陆续编辑出版革命回忆录《星火燎原》丛书，至2009年完成《星火燎原全集》20卷，共1066万字，文稿1705篇，其中有关长征的文章约400篇。几乎在同一时期，中国青年出版社也陆续编辑出版了《红旗飘飘》丛书共32集，约400篇文章，包括回忆录、传记、小说、诗歌、日记等，其中与红军长征相关的文章约有五分之一。这些丛书中收集的革命回忆录包括长征回忆录，不仅史料价值高，而且记述生动，真实感人，数十年来成为党史、军史教育的生动教材，影响和激励着一代代青年献身祖国建设事业。

专门编辑红军长征回忆录的权威资料书，主要是20世纪90年代由中国人民解放军历史资料丛书编审委员会编辑出版的《红军长征·回忆史料》两册，共120篇，约100万字。该书大部分文章是丛书编审委员会约请参加过长征的老同志撰写，部分是选用党和红军一些领导人及其他老同志过去发表过的，系统记载了红军长征的光辉历程，具有很高的学术价值和宣传教育意义。

实际上，反映长征历史的回忆录和回忆文章十分丰富，散见于境内外各类书籍、报刊、杂志和内部资料中。在新的历史时期，很多老同志、老红军还相继撰写发表了新的回忆文章或专著。因此，编纂一部能够更全面反映长征历史的大型纪实丛书十分必要。我们在编纂《红军长征纪实丛书》过程中，尽最大努力从各部门、各地方、各方面搜集了所有能够找到的相关资料，主要包括以下几方面：

一是境内出版的综合性回忆文集。如《中国工农红军第一方面军长征记》《星火燎原》《红旗飘飘》《红军长征·回忆史料》《革命回忆录》《回顾长征》《苦斗十年》《红六军团征战记》《艰苦的历程》《红二十五军长征纪实》《钢铁子弟兵》《长征女战士》《女兵列传》《中国工农红军西路军·回忆录卷》等。

二是党的领导人、红军将领和其他老红军个人文集、回忆录、日记和关于他们的纪念文集。如《毛泽东选集》《毛泽东自述》《周恩来选集》《周恩来自述》《朱德自述》《任弼时选集》《陈云文集》《张闻天文集》《杨尚昆回忆录》《叶剑英选集》《彭德怀自述》《刘伯承回忆录》《聂荣臻回忆录》《杨成武回忆录》《杨得志回忆录》《张宗逊回忆录》《李坚真回忆录》《萧克回忆录》、徐向前《历史的回顾》、《康克清回忆录》《陈锡联回忆录》《洪学智回忆录》《程子华回忆录》《张震回忆录》《刘华清回忆录》《王诚汉回忆录》等；林伯渠、陆定一、陈伯钧、赖传珠、彭绍辉、韦国清、李黎林、张南生、赵镕、伍云甫、童小鹏、林伟、萧锋、莫休、关向应、张子意、王恩茂、吴德峰等的长征日记；《回忆贺龙》《无名英雄蔡威》《徐海东纪念文集》《卓越的青年将领：纪念吴焕先同志牺牲五十周年专辑》《刘英纪念文集》等。

三是中央、军队有关部门编写的内部资料集或公开出版物。如中共中央宣传部党史资料室编《红四方面军和鄂豫皖边区、川陕边区史料》（1945年版）、《党史资料》（1953—1955年版）；中共中央文献研究室编《文献与研究》；中共中央党史研究室编《中共党史资料》《党史资料通讯》；中国人民解放军历史资料丛书编审委员会编《军史资料》；沈阳军区政治部编研室编《红军将士忆长征》；成都军区党史资料征集委员会办公室编《红军长征回忆与研究》；解放军北京部队后勤部政治部编《为了红色中华》；解放军兰州部队党史资料征集办公室编《戎马春秋》等。

四是各地方党史资料集和地方党史部门提供的内部资料。如《中国工农红军北上抗日先遣队》（中共福建省委党史研究室等编）、《江西党史资料》《红军长征过云南》《峥嵘岁月：红军长征在湖南专号》《甘肃党史资料》《红旗漫卷：红军长征西征在宁夏》、《豪情忆征程》（中共新疆区委组织部编）、《红军长征在通道》《红军长征过扎西暨扎西会议资料（选编）》《定西地区党史资料汇编》《酒泉地区党史资料汇编》、《红西路军史料》（中共张掖地委党史资料征集办公室编）、《滇黔桂边区革命根据地》（中共广西百色地委党史办公室等编），以及有关省、市、县党史研究室采编收集的当地红军的内部资料等。

五是全国和地方政协部门编写的文史资料。如全国政协编辑的《文史资料选辑》《文史资料存稿选编》，广西、云南、四川、甘肃、青海、陕西、山西、宁夏、新疆等省区编辑的《文史资料选辑》，以及有关市、县如遵义、兴义、威信、晋宁、成都、江安、叙永、岷县、稷山、高台、乌鲁木齐、酒泉、霍县等地区编辑的文史资料。

六是新中国成立前后的有关期刊杂志和报纸。新中国成立前的期刊有《自由中国》（1938年）、《北方文化》（1946年）等。新中国成立后，五六十年代的报刊有《解放军文艺》《民族团结》《新观察》《人民空军》《中国工人》《中国青年》《人民文学》《边疆文艺》《红岩》《山花》《新港》《延河》《新文萃》《旅行家》等；

改革开放新时期以来的期刊有《学习与研究》《党的文献》《中共党史研究》《百年潮》《纵横》《军事历史》《人民铁道》《近代史研究》，以及各地党史、档案部门和高校出版的期刊等；报纸主要有《人民日报》《光明日报》《解放军报》《工人日报》《中国青年报》《人民铁道报》以及有关省、自治区、直辖市、地级市出版的日报等。

七是境内外出版的有关国民党将领长征回忆录和长征日记。如大陆出版的《围追堵截红军长征亲历记：原国民党将领的回忆》《白崇禧回忆录》《万耀煌将军日记》等；台湾出版的《陈诚先生回忆录》《陈布雷回忆录》《万耀煌先生访问记录》等。

三、编辑体例

（一）关于丛书的主要内容和卷次。《红军长征纪实丛书》是红军长征历史亲历者回忆录、口述史料、长征日记等的大型历史文献资料集辑。在选材内容上，要求必须是亲历者自己撰写或本人口述资料，以保证文献的史料价值。在卷次分类上，主要以参加长征的各路红军和有关亲历者为专题，分为《红一方面军卷》《红二方面军卷》《红四方面军卷》《红二十五军卷》《沿途亲历者忆长征卷》《日记卷》《中国工农红军北上抗日先遣队卷》《南方三年游击战争卷》《西路军卷》《国民党军围追堵截卷》共十卷。

（二）关于各卷文章的编排顺序。各卷主要按历史发展过程分为若干阶段，每个阶段拟定一个标题作为一部分。第一部分一般为各专题概述，不便划入各阶段的文章以“其他”为标题编在最后一部分。有些卷次由于内容繁杂，又单独列出小专题，如“女红军忆长征”“回忆长征人物”等。每一部分的文章仍主要按历史时间顺序编排，并把重要领导人的文章排在前面。

（三）关于文章内容的处理。对所选文章坚持力求保持原貌，尽量不作改动。对史实错误等问题，一般采取在页下加注释的方式予以说明。文中注明编者对原文有修订的，主要是以下内容：一是删去一些与长征无关或关系不大的部分；二是明显的提法错误；三是逻辑不清、前后矛盾之处；四是语句不通、字词标点错误。为便于查阅利用，文末按照学术规范注明文章来源或出处。

（四）关于所选文章的作者简介。丛书各卷在作者第一次出现时，在文末附作者简介。简介主要写明作者姓名、女红军性别、少数民族族别、出生年、籍贯、参加中国工农红军和加入中国共产党时间、红军长征时（或相应历史时期）任职、新中国成立后主要任职和最高职务、卒年卒地等。由于缺乏相关资料，有些作者简介信息还不完整。

（五）关于具体编辑规范。由于所选文章来源多样，原有编辑规范不统一，现全部按照一般通行标准重新修订，具体如下：

1.关于数字用法。记数词：除引文外，十（包括十）以内用汉字，十以上用阿拉伯数字；概数一律用汉字。时间数字：表示公历时间的，包括年、月、日、时，均用阿拉伯数字；表示农历的，月份和日期用汉字，年和钟点用阿拉伯数字。部队番号：统一用汉字；表示部队番号的“廿”不作改动，但“红廿五军”一律改为“红二十五军”。

2.关于固定术语。除引文外的历史事件、会议等固定术语的写法作规范修改，不加引号、圆点等符号，如：九一八事变、八七会议。

3.关于混用字。除引文外的常见字混用，按规范写法修改。如：“的地得”“底的”“呆待”“象像”“份分”“枝支”“它他”等的混用，均作修改。对于《日记卷》，为保持文献原貌，固定术语和混用字等，尽量不作修改。

4.关于口述者和整理者的编辑。原版本中注有口述者和整理者的，将口述者名字放在文章标题下，不出现“口述”字样，整理者放在文末最后一行加括号注明，如：（××整理）。

由于我们水平有限，加之时间紧、任务重，丛书编纂难免有一些疏漏和不妥之处，恳请读者批评指正。

中央党史研究室

2016年9月15日

目　录

一、概况

红二、六军团从湘鄂边到康东北长征经过　任弼时　/ 1

长征中的红二方面军　贺龙　/ 14

答红二方面军战史编者问　贺龙　/ 24

红二方面军的北上抗日　萧克　/ 27

红二、六军团会师前后
——献给任弼时、贺龙、关向应同志　萧克　/ 43

战略转移善运筹
——回忆和任弼时同志相处的日子　萧克　/ 83

红二、红六军团的长征　王震　/ 88

二、红六军团西进，红二、六军团会师

突围前的湘赣苏区　王震　/ 98

红六军团的突围西征　王震　/ 103

寻找贺龙同志　李达　/ 106

红六军团的西征和创立湘鄂川黔新根据地　甘泗淇　/ 118

西征路上　余秋里　/ 124

千里征战找贺龙　彭林　/ 132

回忆红二、六军团的会师　张平化　/ 144

回顾西征　谭善和　/ 151

西征散记　林文兴　/ 164

靖县新厂战斗　林文兴　/ 200

会师地址在木黄　林文兴　/ 203

西征与会师　袁任远　/ 206

告别苏区　踏上征途　李真　/ 211

红校随部西征　胡庚生　/ 216

西征出发到寨前圩　张子炎　/ 219

千万里转战　左齐　/ 221

攻克新田城　张铚秀　/ 249

流落绥宁遇亲人　谭义从　/ 253

“根据地就在脚板上”　旷伏兆　/ 256

横扫桂北　朱家胜　/ 264

忆红六军团三次抢渡湘江　尹特辉　/ 271

坚守莲花桥　周仁杰　/ 277

半张旧报纸　欧阳家祥　/ 284

挺进黔东　李真　/ 289

回忆黔东特区　廖汉生　/ 300

我所知道的黔东“神兵”情况　庹忠文　/ 303

我是怎样参加红军的　宁正和　/ 305

震惊心胆的甘溪之战　周仁杰　/ 307

杀出重围　郭鹏　/ 319

二进甘溪　叶长庚　/ 325

抢路　刘转连　/ 330

红军长征过思南被围追时的经历　黄通邦　杨德胜　/ 335

木黄会师　李华仙　/ 338

南腰界庆祝会师大会　冼恒汉　/ 342

回忆红二、六军团南腰界会师的前前后后　李文清　/ 347

我给任弼时同志抬担架　毛少先　/ 354

往事依稀话西征　陈琮英　/ 360

在任弼时同志身边　毛少先　/ 364

女红军张吉兰　周雪林　/ 368
在坚持黔东斗争的岁月里　段苏权　/ 375
红二、六军团会师的情况　晏福生　/ 394
六军团西征入黔后的情况　李立　/ 397
回忆在石阡参加红军开党的活动分子会议　郭占英　/ 399
在石阡参加红军　彭德荣　/ 400
加入红军军械科　张光祖　/ 402
这里迈步从头越　陈靖　/ 405
在长征中的简况　杨再吉　/ 408
参加红军的经过　罗华臣　/ 409
红六军团和红二方面军长征经石阡情况　杨树植　/ 411
贵州省石阡县甘溪战斗的回忆　杨树植　/ 417
红二、六军团会师前后　林正和　/ 420
红军西征在石阡的一些情况　马珍贵　/ 423
参加红军兵工厂情况　杨玉和　/ 428
红军西征过石阡的情况　李国兵　/ 433
回忆参加红军和到石阡掉队的情况　张绪平　/ 438

跟随红军长征的记忆　胡世常　/ 442
我所经历的甘溪战斗　陈仕荣　/ 444
回忆在红军长征的日子　曹其祥　/ 446

三、创立湘鄂川黔革命根据地

二、六军团黔东会师后至渡金沙江这一斗争阶段中军事上的总结提纲　关向应　/ 451
战斗在湘鄂川黔　余秋里　/ 458
回忆湘鄂川黔边的斗争　晏福生　/ 463
团结战斗在湘鄂川黔　周仁杰　/ 479
创立湘鄂川黔革命根据地的回忆　袁福生　/ 486
转战湘鄂川黔边　刘诚达　/ 495
回忆红二、六军团战斗在湘鄂西川黔边　李万海　/ 509
湘鄂川黔根据地斗争点滴　张宏光　/ 524
两军会师第一仗　周仁杰　/ 530
红二方面军的两个战斗故事　樊哲祥　/ 539
买桥　谢中光　/ 555

我任湘鄂川黔根据地永保县苏维埃政府主席的
经过　田玉祥　/ 558
战火中诞生的医院　李真　/ 565
挺进湘西　唐子奇　/ 573
在大庸的岁月　刘诚达　/ 579
北固乡游击队始末　许义华　/ 582
遵义会议的光芒　周仁杰　/ 589
鸡公垭阻击战　龚福恒　/ 598
陈家河大捷　龚福恒　/ 603
陈家河大捷　屈绍元　/ 608
陈家河战斗　许义华　/ 614
难忘长征路
——忆红六军团在湘桂云黔的斗争生活片断　周待旦　/ 618
战忠堡　刘转连　/ 620
忠堡伏击　张树芝　/ 627
热血洒在招头寨　贺劲南　/ 634
板栗园阻击战　贺炳炎　/ 638

板栗园伏击战　贺庆积　/ 644

扩红琐记　徐国贤　/ 651

红旗卷起农奴戟　彭林　罗斌　/ 657

回到党的怀抱　方国　/ 665

死亡线上的斗争　刘俊秀　/ 673

多才多艺宣传家　朱家胜　/ 681

难忘的鱼水情　李文　/ 687

红军女儿队在两河口被捉　李桂香　/ 692

四、向湘黔边转移

抢渡澧水、沅江　刘转连　/ 696

南下湘中　左齐　/ 703

突围　李立　/ 706

打出来的路　陈华堂　/ 710

“无产阶级工人团”的建立　罗章　/ 717

点燃锡矿山的革命烈火　覃国翰　/ 721

角逐在湘黔边　张铚秀　/ 728

我的家在哪里？　韦绍坤　/ 737
忆贺老总和任政委　曾敬凡　/ 741
枪炮声中过元旦　朱家胜　/ 746
年关的冬夜　邹海清　/ 750
“置之死地而后生”　陈靖　/ 755
酉阳激战　李华仙　/ 758
艰苦转战 50 天　龚辉　/ 766
红十八师单独突围长征　彭湘臣　/ 779
红十八师留守根据地纪实　梅兴无　/ 787

五、进军黔西

艰苦转战湘黔滇　余秋里　/ 801
扎佐夜战　刘转连　/ 807
芷江便水战斗　萧克　/ 810
回忆便水战斗　贺庆积　/ 812
回忆便水战斗　陈华堂　/ 814
回忆晃县龙溪口会议和便水战斗　谷志标　/ 815

归队　熊晃　/ 817

顺岩河急流架桥　周仁杰　/ 823

鸭池河上　王绍南　/ 829

智取鸭池河　左齐　/ 834

红旗卷过黔大毕

——红二、六军团长征片断　谭友林　/ 836

长征途中创建的苏维埃政权　张铚秀　颜金生　/ 850

二进毕节，终身难忘　邓止戈　/ 865

我了解的红军情况　汪宏　/ 875

我参加红军　林作清　/ 877

杨家湾、撒拉溪游击队的情况　路占全　/ 879

红军在南箐一带组建游击队　熊金祥　/ 881

红军在毕节　尹焕臣　/ 883

我在毕节参加红军　万黎明　/ 885

集训红军干部　周仁杰　/ 887

苏醒　谢树青　/ 888

巧取黔西　侯士选　/ 891

唤醒了的山城　左齐　/ 894

回忆红二、六军团在黔、大、毕活动片断　廖明　/ 898

苗汉一家亲　谢中光　/ 903

将军山战斗前后回忆　刘转连　/ 910

转战湘鄂边境的日日夜夜　刘诚达　/ 916

军民之间　杨宗胜　/ 925

长征途中见闻　周贤　/ 932

六、转战黔滇边及渡金沙江北上

突破重围渡金沙　谢松柏　/ 936

胜利终归我们　贺庆积　/ 939

忆夏曦同志的牺牲经过　饶兴　/ 944

乌蒙山回旋战琐记　朱家胜　/ 949

从乌蒙山到金沙江　张铚秀　/ 957

回忆转战乌蒙山及渡金沙江北上　左齐　/ 970

参加红军

——长征回忆片断　万黎明　/ 974

激战虎头山　盛振华　/ 980

长征路上的一日　江冰　/ 983

苦荞粑　覃长生　/ 988

回忆宣威和款庄战斗　何杨文　/ 991

在宣威战斗中的五十二团　龙福祥　/ 993

回忆宣威战斗　龙辉瑞　/ 995

五师十三团参加宣威战斗的情况　郑依宝　/ 997

回忆转战云南片断　李国良　/ 1000

红十团在滇境的几次战斗　陈浩　/ 1003

钟子廷团长牺牲的经过　周总甲　/ 1006

挺进滇西前后　王立忠　张绍武　/ 1008

回忆普渡河铁索桥战斗　白苍林　/ 1010

忆宣威和六甲战斗　李文清　/ 1012

六甲之战　郭鹏　/ 1014

六甲阻击战　杨秀山　/ 1021

关于寻甸六甲之战　王立忠　/ 1024

激战六甲　陈岗　/ 1026

参加红军干革命　段开智　/ 1028
忆红军攻占富民和奔袭祥云　杨秀山　/ 1031
红军过滇西　吴清泉　/ 1047
我对红军长征过鹤庆的一些回忆　周汝佑　/ 1049
在红军队伍中锻炼成长　杨兴和　/ 1053
获得新生　陈舜祖　/ 1057
回顾长征　田麟勋　/ 1060
我参加红军的经过　陈国昌　/ 1074
抢渡金沙江　周仁杰　/ 1076
夜渡金沙　黄新廷　/ 1086
跋山涉水“会中央”　黄新廷　/ 1094
抢渡金沙江　王志卿　/ 1098
金沙夜渡　周其友　/ 1102
渡金沙江　李立　贺正文　/ 1106
雪山两昼夜　李加夫　/ 1112
排长背我过雪山　丁凯　/ 1116
“六月雪”　田国浩　/ 1119

山上一日　李桂林　/ 1122
收容队　萧新书　/ 1124
翻越玉龙雪山　李立　/ 1127
雪山一日　贺正文　/ 1133
归心似箭　叶长庚　/ 1135
雪山之夜　朱家胜　/ 1143
千里康巴念故人　何辉　/ 1149
拾粮　贺芳齐　/ 1158
艰难的时刻　颜金生　/ 1162
难忘的军粮　段文廷　/ 1166
我参加了红军　李桂才　/ 1169
参加红军干革命　王忠海　/ 1176

七、甘孜会师，继续北上

长征路上贺龙同志和张国焘斗争片断　贺炳炎　/ 1183
甘孜会师　谭尚维　/ 1185

与红四方面军会师，共同北上　左齐　/ 1194
“团结起来一路前进！”
——记长征中贺龙同志事迹片断　顿星云　/ 1200
飞兵传信　钟清长　/ 1211
触犯纪律以后　胡昭云　/ 1217
过雪山草地　余秋里　/ 1221
在雪山草地的艰难日子里　王恩茂　/ 1226
3000 里征军　谢松柏　/ 1234
跟随贺老总过草地　王玉清　/ 1243
从甘孜到阿坝
——长征片断　钱治安　/ 1246
难忘的雪山之夜　钱治安　/ 1250
我骑在贺老总的马上　冯习之　/ 1255
筹粮　刘崇喜　/ 1259
吃饼子　方国　/ 1262
飘动的篝火　朱家胜　/ 1264
战胜暴风雨　顿星云　/ 1268

难忘的师长　熊晃　/ 1272

印在心头的足迹　李真　/ 1277

最后的脚印　李文清　/ 1283

通过炎热的缺水地区　马忆湘　/ 1291

难忘的回忆　刘福汉　/ 1306

过草地　邓东哲　/ 1310

茫茫的草原过草地　彭飞　/ 1314

葛曲河边　林文兴　/ 1318

艰苦的草地行军　李立　/ 1320

一碗炒面　颜文斌　/ 1326

一碗狗肉汤　余清泉　/ 1329

“野菜还是由我先尝”　陈云开　/ 1333

草地“狗肉宴”　韩德辉　/ 1335

一张牛皮过草地　王志卿　/ 1339

护身鞋　张会学　/ 1344

在草地的日子里

——长征的回忆　李少卿　/ 1347

草地记事　颜金生　/ 1350

夺回来的生命　谭友林　/ 1367

闪光银元交给党　朱家胜　/ 1372

在茫茫的草原　周玉清　/ 1378

过雪山草地　谢树青　/ 1384

同志间　胡登高　/ 1391

母与子　萧新书　/ 1394

红小鬼班过草地　夏振栋　/ 1398

三个女红军　周大才　/ 1402

从甘孜到阿坝

——红六军团第一次向草地进军　刘德元　/ 1409

雪山草地情　胡致成　/ 1413

雪山草地手足情　林茂　/ 1419

红军过草地的片断回忆　覃正柱　/ 1422

马的故事　萧彬　/ 1425

小黑马　李桂林　/ 1429

征途的回忆　张致中　/ 1432

回忆爬雪山过草地　张其生　/ 1437

雪山草地红旗飘　贺炳炎　/ 1441

走出草地　熊志华　/ 1450

过草地　陈云科　/ 1454

过草地　江洪洲　/ 1458

茫茫草地篝火红　李耀廷　/ 1464

长征途中的一次“特殊战斗”
　　——回忆葛曲河护羊　李元明　/ 1470

在过草地的日子里　马忆湘　/ 1473

爬雪山，过草地　殷士林　/ 1477

过雪山草地　许义华　/ 1480

长征回忆片断　杨文林　/ 1486

草地随记　傅斯　/ 1493

草地生活　曾云　/ 1497

八、挺进陇南

回忆红六师在陇南　廖汉生　/ 1501

陇南凯歌　杨秀山　/ 1503
红二方面军进入甘南　左齐　/ 1510
奔袭成县　向汉生　/ 1515
长征经过康县的一些情况　高诗德　/ 1519
红二方面军在陇南山区休整　严汉万　/ 1521
红军长征过徽县　侯清芝　/ 1527
回忆长征在徽县　李林　/ 1529
红军在徽县的活动片断　胡进才　/ 1531
罗家堡突围　刘转连　/ 1533
我们的政委回来了　江冰　/ 1539
“我们一定要共同前进!”　赵德文　/ 1544
回忆当年当红军　王滋树　/ 1554
六盘山下阻击战　蔡久　/ 1556
通过回民区　谭克　/ 1562
当年随军当红军　唐瑛　/ 1566
我的一点回忆　穆玉林　/ 1568
我的回忆　徐兴文　/ 1570

红军在徽县活动的概况　唐瑛　/ 1571
参加红军情况　李富娃　/ 1573
在徽县参加红军　吕登洲　/ 1576
跟随贺龙同志长征到徽县　周龙　/ 1578
五龙山战役　周龙　/ 1582
我走过的革命道路　全生祥　/ 1584
我参加红军过程的回忆　刘德胜　/ 1587
我参加红军的过程　陈金龙　/ 1590
回忆参加游击队和红军的情况　杨维顺　/ 1592
参加红军情况的回忆　王录　/ 1594
红军过境情况　罗成录　/ 1596
参加红军的经过　麻生宝　/ 1598
我和哥哥参加红军的情况　麻生宝　/ 1599
我参加红军的情况　赵福有　/ 1601
我是怎样参加红军的　台中堂　/ 1604
参加游击队和红军的情况　张国仁　/ 1606
长征回忆　成钧　/ 1608

九、会师将台堡

会师前后　朱家胜　/ 1610

会见　钱治安　/ 1618

"活着，就不能离开红军"　袁福生　/ 1621

会宁会师　殷士林　/ 1626

会师后的喜讯　樊哲祥　/ 1627

十、其他

长征中的政治工作　萧克　/ 1631

红二、六军团长征政治工作总结报告（节录）　关向应　/ 1633

我军政治工作者的楷模任弼时　晏福生　/ 1638

忆任弼时同志　陶汉章　/ 1650

忆长征中的任弼时同志　张启龙　/ 1657

贺龙同志率领红二方面军胜利长征　樊哲祥　/ 1659

伟大寓于平凡

——忆贺龙同志事迹的片断　杨秀山　/ 1669

万里长征跟贺龙　陈文科　/ 1678
跟随贺龙长征　萧庆云　/ 1696
跟随贺龙长征　汤成功　/ 1709
忆长征初期的贺龙同志　贺庆积　/ 1735
贺龙在长征路上片断　张金莲　/ 1747
将军教我挑电台　王华成　/ 1749
刘伯承在红六军团　贺庆积　/ 1754
我见到王震同志　邓东哲　/ 1763
跟随王震长征　贺劲南　/ 1769
跟随王震政委长征　颜文斌　/ 1842
关于对冉少波同志的回忆（摘录）　杨秀山　/ 1848
对冉少波同志的回忆　卢仁槐　/ 1850
忆池恩荣同志　卢仁槐　/ 1854
怀念刘风同志　龚辉　/ 1857
长征路上的生命线
——忆长征中红六师的政治工作　廖汉生　/ 1860
组建战斗剧社的前前后后　罗洪标　/ 1879

忆红军俱乐部　金忠藩　/ 1892

跟随红二、六军团长征　王永浚　/ 1896

红二、六军团的无线电通信　龙振彪　/ 1914

红六军团通信工作回顾　江文　/ 1927

长征时的红十八师电台　黎东汉　/ 1941

回忆模范师　刘转连　/ 1945

红六军团教导团在长征途中　贾若瑜　/ 1955

回忆红二方面军的长征　贾若瑜　/ 1970

革命理想高于天　李贞　/ 1978

在长征的道路上　马忆湘　/ 1982

南回北折长征路　陈云开　/ 2002

长征纪事　谭善和　/ 2016

长征生活片断　陈策　/ 2026

从姚安到延安　彭江　/ 2031

长征是播种机　刘光焯　/ 2042

我的红军生活　张寿清　/ 2056

我家八口踏征程　侯清芝　/ 2067

红军连队的卫生员　李林　/ 2082
一担铁皮箱　胡林芝　/ 2085
忆红六军团工兵连　刘品玉　/ 2088
长征亲历记　马腾云　/ 2093
我在长征路上　姜云清　/ 2098
相伴一生的长征情结　陈靖　/ 2101
长征文艺生活琐忆　陈靖　/ 2107
回忆在红二方面军二军团五师参加长征片断　刘延藻　/ 2113
长征路上四位政治委员　廖汉生　/ 2127
回忆 1936 年 3 至 10 月的征途　张平化　/ 2131
长征路上　严雨霖　/ 2136
跟随红二方面军长征的回忆　边在孝　/ 2143
红军生活片断　晏志轩　/ 2149
忆长征中的艰苦岁月　陈振国　/ 2155
从湘鄂川黔根据地到延安　向贵清　/ 2161
长征路上　夏振栋　/ 2168
忆长征　张贵禄　/ 2188

本册收入第一至第三部分文章74篇

一、概况

红二、六军团从湘鄂边到康东北长征经过[①]

任弼时

关于行动的方针

1935 年 11 月 19 日，红二、六军团自桑植的刘家坪出动，经湘中湘西，横贯贵州云南，渡金沙江入西康，到甘孜与红四方面军会合，共计费时七个月零十天，行程约一万余里。整个长征经过可分下列四个时期说明：由刘家坪至石阡、江口为第一时期；由石阡至黔西、大定、毕节退出为第二时期；黔西、大定、毕节退出后至中甸为第三时期；中甸以后为第四时期。

第一时期

第一，二、六军团冲破敌人“围剿”后，敌人新的大举“围剿”形势和我军退出苏区的决定。

（一）二、六军团在龙山、来凤、宣恩地区将敌“围剿”冲破后，主力进入津市、澧县、临澧、石门地区补充整理，开辟东面广大游击区域，威胁常德、岳阳。

---

① 这是任弼时的一份手稿，原题为《二、六军团从湘鄂边到康东北长途远征经过报告大纲》，记叙了红二、六军团从桑植出发到达甘孜和红四方面军会合的过程。

（二）敌在“围剿”失败后，继续布置新的大举“围剿”，一方面以原有的兵力共约 87 个团，巩固和增筑南西北三面封锁线；另由鄂赣增调新的兵力约 42 个团，从东面向西压迫，企图逼退我军于龙山、桑植、永顺间狭小地区，包围封锁而聚歼之。这时南西北三面之敌为防堵性质，东方为攻势。

（三）当时各方面的条件：

1. 日本正积极图华北，白区反帝斗争高涨，宁粤冲突呈现紧张。

2. 一、四方面军已在川西北会合，并开始突破敌之封锁，进入成都、雅安附近活动。

3. 我主力经半年战斗后，在津市、澧县、临澧、石门地区得到约 6000 新战士补充，计有四、六、十七、十八师 12 个团，红校约一个团，四个独立团（约等于两个团）及少数游击队。

4. 原有活动地区，东西约 300 里，南北百余里，地方工作基础薄弱，粮食缺少，地形上不利大兵团进行战斗。

5. 二、六军团及湘鄂边苏区位置长江中部，接近武汉、长沙，它的存在发展对一、四方面军的配合作用与对敌威胁均颇大，故蒋介石决心以大力进攻。

（四）行动方针决定的经过：

1. 最初拟在一、四方面军东进川陕地区配合下，依据原有苏区及东部游击地区，抓住有利时机击破东面急进之敌，破坏其向西逼退我军包围于龙山、桑植、永顺狭小地区之计划，再寻求机动，在运动中击灭其他方向之敌。但因一、四方面军未有东出计划，以及东部地形关系和主观方面条件，认为在当时敌情下，依据活动在不宽广地区击破敌新“围剿”是困难的，因此向军委建议主力转移到石阡、镇远、黄平地区活动。

2. 军委 1935 年 10 月 15 日对我军行动的指示是：“在现小地区内固守固失策，决战防御亦不宜，轻于尝试远征，减员必大。可否在敌包围线外原有苏区附近，诱敌出堡垒，用进攻路线集中全力以击破之。”10

月19日又指示："取守势是最失策，远征损失大，可否在赤区外围和附近地区诱敌，各个击破之。"但说明这是一些建议，由我们按实况决定。

3. 按当时情况，北面除敌封锁外，地形极坏，且有清江、长江；西面附近地区敌兵力较大，有碉堡网，且西北有乌江、长江；东面地区狭小；南面有澧水、沅水之隔。且我主力突出封锁线外，敌必进入苏区，不易再回原区；而在附近虽可能取得战斗上的一些胜利，但难能久停。因此，最后决定突出封锁线，向湘黔边之石阡、江口、镇远、黄平方向转移（本拟由西南突破向湘黔边前进，因敌特别防我由西南面突出，故决由东南渡澧水、沅水）。

第二，出动前后部署与经过。

（五）出动的部署：

1. 原有区域内留一个主力团，并以地方游击部队在主力出动后集中编为一个团，担任龙山、桑植、永顺地区游击战争，尽量吸引周围敌人，掩护地方组织工作（准备秘密条件下工作）。

2. 将地方独立团分编为第五师及第十六师，随主力行动，以后方机关裁员补充主力，出动时全部人员近1.7万人。

3. 当时估计，敌在我军突出后，重新部署追堵，有短时间间隙可利用，决定采取逐步向湘黔边移转（不直接走到），尽量避免部队减员。拟首先分布在湘中沅、资两水地区，进行补充、筹款，扩大抗日反蒋号召，发动群众斗争。争取在广大堡垒稀少地区，当敌尾追部队接近时，集中力量求得运动战中击敌。并预定先打击尾追之蒋系主力樊嵩甫纵队，尽可能避免进入桂粤边境。

（六）突出沅水南后的形势与经过：

1. 顺利地渡过澧水、沅水之封锁线后，二军团于11月27日占辰溪、浦市、溆浦等城镇，六军团同时期内占新化、锡矿山、蓝田。长沙、宝庆震动。

2. 敌在我军突破澧水封锁线时，即开始新的追堵部署，其大要是：

以樊纵队四个师和李觉纵队三个师为“追剿”主力，樊敌经慈利渡沅水，向新化、溆浦开进，李敌由沅陵、泸溪向辰溪、溆浦开进。以陶广纵队三个师和郭汝栋纵队八个团进沅水西岸，为堵截部队。以汤恩伯纵队两个师（十个团）调长沙、岳阳防守，并作预备兵力。新化、溆浦以南较空虚（仅几个保安团）。敌似防我西进，如不能给我打击，则极力将我向南（两广）压迫。

3. 在我军占领新化、溆浦、辰溪后之两三天，李纵队先头即逼近浦市、辰溪，樊敌进至新化、溆浦以北地带。我军当即放弃辰溪、新化，集结主力第四、五、六及十七师，远出迎击樊敌之右纵队，调集余部任对李敌钳制之任务。但因情况变化，樊敌未打到，而李敌乘虚进占溆浦城，当时樊、李靠近，陶、郭分布沅水西岸，溆浦、新化间地区已不能停留。

4. 依据军委当时电报，首先向东南再求西进之指示，我军分途向东南的宝庆、新化间移动（曾企图打击南追之樊敌，但因李敌迅速靠拢未果），造成再渡资水之形势，迷惑敌人（当时樊、李两敌靠拢尾追，汤敌由长沙向宝庆开进，陶敌到溆浦南沅水东岸之龙潭），再向西急进，并决心侧击阻我之陶敌（陶敌向南急伸阻我）。瓦屋塘战斗，因陶敌先一日到达布防，战斗无结果（我伤亡 300 余）。我军继经绥宁、洪江间北转渡沅水（此时桂敌廖磊部约六个团进入桂湘边之会同、绥宁等县境防堵），转入全部追堵的敌军之西面，进到湘黔边广大地区。

第三，湘黔边活动与继续西进之决定。

（七）适应我军在湘黔边创造新根据地之总目的，决心在晃县、芷江间反击尾追之敌，以求得新的有利局势之开展。便水战斗未能取得预期的胜利，仅给急追之敌以创伤（敌我均伤亡在 1000 左右），但表示我军有战斗能力与决心，使其不敢轻于猛进。

（八）便水战斗后，我们向西北转进，占领江口、石阡，并准备休整几天打追敌与西打黔敌。敌对我军估计与调动是：

1. 敌防我由湘黔边北进再转回原有苏区，同时防我在湘黔边境创造新根据地。

2. 其部署是：以李纵队尾我进路后追，以樊、郭、陶三个纵队绕至我军东北，防我北进；以许绍宗及徐源泉之一部巩固酉阳、秀山；开始调动驻黔部队从西面防堵；汤纵队则调回湘南防粤桂。敌此时不能打击我军，仍企图将我军向桂黔边压迫。

（九）我军向北迷惑敌人，在敌重新部署下，大部在石阡、江口线得到近一星期之休息。依据下列敌我形势和各种条件，放弃在湘黔边创造根据地企图：

1. 因便水反击敌人，未能给敌以有决定意义之打击，开展新的有利战斗局势。

2. 敌依据原有碉堡线（已成碉堡网地区），已成包围逼近形势，我军处在狭小地区，渐成被动局势。

3. 以石阡为中心地带内，粮食缺乏，居民稀少，地形不利进行运动战。

4. 军委指示："在未给敌严重打击时不宜久停一处……离敌策源处较远的地方活动，但勿入太荒野地，敌力虽多，我能进退自如，主动在我。""乌江下游障碍大，上游障碍较小，黔南黔西均少大河障碍，给养亦不困难。"同意西打驻黔蒋军，但须取进攻姿势。

根据上述情况及军委指示，乃决继续西移，寻求在广大地区进行运动战，并拟在黔省西部争取创立根据地。

第二时期

第一，由石阡到黔川滇边——黔西、大定、毕节。

（十）我军突破镇远、黄平、余庆封锁线后，占领瓮安、平越，侧击黔敌未收大效，进入黔省中部逼近贵阳（占领扎佐、修文），有北渡乌江形势。当时堵我之黔敌急赶贵阳，李敌随后跟进，郭、樊纵队向遵义地区转进，郝梦龄敌沿乌江北岸防堵。但陶纵队停止在松林麻江线，追敌此时不甚积极。

（十一）军委指示：“应以佯攻贵阳姿势，速转黔西、大定、毕节地区，群众地形均可作暂时根据地。”据此我军即渡乌江，进占黔西、大定、毕节等城市。

（十二）到黔西、大定、毕节后，军委指示：“建议你们的行动有二：（1）在黔滇川境广大区域与敌人在运动战中消灭敌之一部，争取根据地与我们配合作战。（2）入川……与我们直接会合作战，一三军亦可出陕南配合。”“目前你们战略当以第一项为宜”。

（十三）根据军委指示及我们估计，在全国革命形势激剧开展条件下，二、六军团应保持在长江南岸活动。黔西、大定、毕节在地形、群众、粮食与反动统治力量等条件上，均有利我军活动，故决在该地区创造新的根据地。

第二，黔西、大定、毕节根据地布置及斗争经过。

（十四）敌之部署是：以万耀煌、郝梦龄两纵队为主力，配合樊、郭敌由遵义向黔西逼进，以九十九、二十三等师及李纵队布置乌江上游防堵，以川敌约30个团位赤水河北及长江一带防我入川，以滇敌孙渡纵队八个团在威宁、宣威地带堵我入滇，企图包围消灭我军于黔西、大定、毕节地区。而以东面之万、郝、樊等蒋系部队行动较积极。

（十五）我们除以小部任钳制方面并担任掩护地方工作外，集结主力迎击东面急进之敌，争取在运动战中各个击灭东面敌人，消灭其一部，以开展有利局势。

（十六）与敌战斗经过：（1）有力地阻止了东南面敌人，但未能迅速占领东北面有利地势（三重堰），又未能坚决打击首先急进之敌；（2）未完成西南移动及东北伸出击敌之计划；（3）对万敌估计之错误；（4）几次迎击敌人，因敌情变化未收大效；（5）最后敌靠近，而我成被动局势。

第三，黔西、大定、毕节之退出。

（十七）因未能给敌以致命打击，东面敌占黔西、大定，三路靠拢，逼近毕节城（地形上毕城不保），周围约120团敌人，包围线内之活动范围狭小，而短期内地方工作基础薄弱，给养条件困难，故决自动退出毕城。

（十八）在黔西、大定、毕节时军委曾指示："（甲）目前时局将有大变动，日在华北月内将武力夺取华北五省。（乙）你们即应单独行动，暂不宜渡江，即在黔滇川湘鄂广大区域作运动战，争取你们的新根据地。"在保持在长江南岸活动的原则下，我们在东、南、西南三个方向中选定向安顺地区转移，进行运动战，创立暂时根据地，准备在时局大变动时再东向湘黔边转移。

（十九）我军退出毕节城后，敌企图逼我在毕节、威宁道上（该地带粮极少，居民稀，山大而道路面简单）而歼灭之，当时李敌进水城、羊场，郝、郭敌由毕节、大定急向水城协同李敌堵截我军南进，樊、万敌由毕节向西急逼，滇敌孙纵队集中威宁及附近坚工防堵，川敌西移防我渡长江及北进。

（二十）因情况变化，南进困难，改向滇东转移，李敌急由水城伸入威宁与孙敌会接防堵，西南进又未成，乃被逼于毕节、威宁道北之彝良、镇雄间狭小困难地区。在天候给养困难情况下，敌以高度积极动作企图在该区域内消灭我军，亦为我军长征中处境困难时期。

（二十一）我军在迎击樊敌未收大效后，即以急行军拟向东再南移，突破敌之包围，进入安顺地区，但敌迅速东调防我东向，中途遭遇于则章坝、财神塘而未果，乃继以急行军乘虚绕过威宁进至滇东，至是乃最后脱离黔滇川边而开始进入黔滇边广大地区。此时敌我均疲苦，敌比我更甚。

第三时期

第一，滇黔边的活动。

（二十二）我军神速进入滇东时，敌主力樊、万、郝、李等尚在毕节、镇雄、黑章地区，仅孙、郭尾我跟进。宣威战后，我军东移滇黔边界并占盘县，有东渡盘江姿势。此时疲劳之敌主力不甚积极，拟移盘江东岸防堵，似有暂隔江休整，重作进攻部署之形势（敌一部万耀煌及傅仲芳等师移贵阳安顺地带整理）。

（二十三）我军根据下列条件，拟在滇黔边活动，并创立根据地：

1. 北盘江以西，南盘江以北，牛栏江以东乃一广大地区，群众、地势、粮食条件均有利我军活动。

2. 反动统治力量较薄弱（滇军作战经验少，战斗力不甚强，黔西为犹国材统治区域），距反动统治中心南京、武汉较远，交通不便，增敌进攻困难。

3. 当时周围敌兵力减少，只孙、郭、李、樊、郝纵队约50余团。川敌在长江北岸；附近黔敌一部如九十九、九十三、二十三师等，退出“追剿”，巩固黔防（对桂），且敌极疲劳，减员大，士气极坏，一时无援兵。宁、粤矛盾下，桂敌不致积极，且兵力亦不大；李、郭自称减员过半，早请调回湖南；仅孙敌较积极。这有利我军各个击破，是我军远征过程中最有利环境。

我军曾拟集全力首先击溃孙、郭两敌，以开展新的局势，创立根据地。

第二，北渡金沙江与四方面军会合之决定经过。

（二十四）宣北战斗以后，军委1936年3月23日指示：“如趁此时过金沙江尚有可能”，“我们建议在你们渡河技术有把握条件下及旧历三月水涨前设法渡金沙江”，“与我们会合大举北进”。“如果你们决定后我们即布置接应你们”。“如你军并不十分疲劳，有把握进行运动战时，则在滇黔边行动亦好。”

（二十五）因军委无肯定之指示，我们不知是因战略上的要求必须渡江会师北进，或恐主力将来北进后，二、六军团在长江南岸活动过于孤立困难，而要我军及早北渡，或是军委估计我们现在处境很难战胜敌人而要我们北上。3 月 29 日在盘县，我们曾请求军委决定我们行动，其电文如下："在目前敌我力量下（即包括敌之樊郝万郭李孙等纵队），于滇黔川广大地区内，求得运动战中战胜敌人创立根据地的可能，我们认为还是有的。"我们"渡河技术是很幼稚，但如在第三渡河点或最后路线通过，在春水未涨之前或不致感受大的困难。""最近国际国内事变新发展情况我们不能甚明了，在整个战略上我军是否应北进，及一四方面军将来大举北进后，我军在长江南岸活动是否孤立均难明确估计，因此我军究应此时北进与主力会合，或应留在滇黔川边活动之问题，请军委决定，以上望在一二天内电告。"

（二十六）军委 30 日复电："1. 依据国际国内情况民族革命高潮在生长，苏维埃运动有些发展，但不能过分估计，蒋敌虽削弱，并不能计算他在何时崩溃。2. 最好你军在第三渡河点或最后路线北进与我们会合一同北进。亦可先以到达滇西为目的。我们当尽力策应。3. 在困难条件下可在滇黔川广大地区活动，但须准备较长期的运动战。4. 究应如何请按实况决定，不可受拘束。"因为军委复电虽未肯定决定，但其意是以北渡为妥，故最后决定北渡金沙江与主力会合。

第三，北渡金沙江之经过。

（二十七）当时敌主力在盘江东岸，距我有四五日行程以上，孙、郭两敌在我西北成对峙停止状况，我军决经昆明以北渡普渡河，争取在元谋北渡金沙江，经华坪、永北北进。

（二十八）我军突过孙敌，逼近昆明，孙敌以急速行军赶至昆明、普渡河，会合昆明及迤西驻军，扼阻普渡河，严防我入迤西地带，企图压迫我军于功山地带消灭之。与敌接触后，我再逼昆明，乘虚在富民西渡，因求脱离追敌（孙、郭），防川敌北阻，顺利渡过金沙江，乃以急行军到达金江（最后路线）之江边，虽接应部队未能赶到，亦顺利北渡。

（二十九）我军北渡后，孙敌达江南岸停止，李敌继到，郭、樊敌赶到永北、华坪，我军乃进至中甸集结休息，与主力会合计划大体告成。

第四时期

蒋敌“追剿”最后决心之失败与我军继续北进。

（三十）当我渡过普渡河进入鹤庆、丽江时，蒋敌尚决心消灭我军于长江天堑以南之狭小地区，并有万一北渡之后消灭我军之部署。迄我军进入中甸后，因藏民区物质、地形上限制，“追剿”部队过于疲困，乃停止而成防我南进之部署。另以川军（刘湘部李家钰）及驻川西蒋军，由大渡河及理化、巴安截断我们与四方面军联系，并向西南金沙江边逼迫。在四方面军配合接应下受阻后，其“追剿”消灭二、六军团计划乃全归失败。

（三十一）自中甸以后，乃纯藏民区域，气候、生活习惯全异于汉民地区，藏民民性强悍，给养困难。我军在中甸短期休整，即分途经德荣①、巴安、白玉及经定乡、稻城、理化、瞻化向甘孜北进。中途只与藏骑接触。

（三十二）中甸以后行军最缓，部队一般的情绪虽好，但因粮食困难，居民逃避及生活不惯，病亡大增，体力甚疲劳。

二、六军团长途远征的经验教训

第一，这次远征的成功：

（一）二、六军团突出敌之包围封锁后，蒋敌以最大力量与决心，企图乘我脱离根据地用“穷追猛剿”办法消灭我军。在第一时期追堵敌力计有70余团，第二时期内前后计130余团，第三时期内60余团，最后时期尚有50余团，努力阻我北渡与四方面军会合。在万余里长征中，敌曾几次努力“包剿”（溆浦、新化间，江口、石阡间，黔西、大定、

① 今四川省得荣县。

毕节间，彝良、镇雄间，金沙江边等），我军并未受到损失，虽未能在运动中大量消灭敌人，但仍给敌一些小的打击（瓦屋塘、便水、平越、将军山、黄家坝、以则河、则章坝、宣威、六家、小松元等战斗），最后能胜利地与四方面军会合。蒋敌“追剿”消灭我军之企图一般是失败的。

（二）七月余经万余里之长途远征，大小十余战，一般的尚保存了有生力量。行军作战中，虽有不小的减员，但沿途曾有很大补充。黔西、大定、毕节退出时两军团共比桑植出发时增加3000余员。盘县时尚保存桑植时数目。盘县后的急行军到中甸,比桑植时约减少1000名。进入藏区后得不到补充，比桑植时乃成减少趋势。现在两军团人员计有14000，比桑植出发时少3000余。武器虽沿途落伍逃亡中有些损失，然现在尚保持桑植出发时的数目，部分的还有增加，如五师增加一倍。

（三）这次远征，活动于湘黔滇康广大地区，前后攻占30余县城，是广泛地传播了党和苏维埃的政策，特别是扩大了抗日反蒋主张的影响，组织和发动一些群众斗争，揭破了国民党卖国殃民的罪恶，再一次证明红军是不可摧毁的力量。

第二，我们未能完成创造根据地的主要原因与错误：

（四）我们脱离湘鄂边苏区转入湘黔边创立新根据地的决定，一般是正确的。这一企图失败的原因：

1. 对敌估计上的错误。认为敌不能迅速追进,未估计到敌新“围剿”部署已成，兵力集结，易于转为“追剿”部署。

2. 因此在湘中时我军兵力过于分散，失去消灭敌人时机（如打陈光中及李敌之时机）。

3. 瓦屋塘、便水战斗又未能给敌有力打击，致成被动局势。

4. 发动群众斗争与统一战线策略具体运用得不够，最后政治纪律松懈。

（五）放弃湘黔边及转入黔西、大定、毕节，在川黔滇边创根据地的决定亦是正确的，未能成功的原因：

1. 进入黔西后，未能乘胜占领有战略意义之地区，又未能以坚决的战斗夺取这些地带。

2. 未能乘敌调动兵力部署未妥之有利时机，坚决各个击破敌人，东北出动计划过迟。

3. 对敌估计上的错误，如对万敌之急进估计不够，以致失去一些战略要地（如大定瓢儿井），各方敌又逼近，我成被动局势。

（六）几次战斗中某些战术上的错误（未有总结）。

第三，我们所得的主要经验：

（七）在不可免地脱离根据地而采取长距离之转移时，为保持有生力量，可采取逐步转进这一策略。

1. 可以减少部队远行军的疲劳，减少落伍和疾病。

2. 可在中途停留时，争取人员物资的补充，可能使部队扩大，保持有生力量，惟须避免进入过穷僻地带。

3. 但力量不宜过于分散，要准备在有利时机消灭敌人。

4. 更便利做群众工作，扩大政治影响。

这种策略下完成远征计划不一定是削弱有生力量，正确地运用甚至可以壮大部队，造成创造新根据地更有利的条件（我军若非中甸后进入藏民地区关系，可能比桑植时还要壮大）。

（八）为着顺利地创造新的根据地，必须：

1. 在到达预定根据地地区前，求得运动中取得有利战斗的胜利，求得消灭敌之有生力量，并可采取曲线的行军，声东击西以迷惑欺骗调动敌人，造成有利消灭敌人的良机，握住主动地位，以疲困敌人。

2. 既到预定根据地区后，必须抓住敌进攻部署未妥善的时机，克服暂时的疲劳，集结主力，乘敌调动而各个击破之，巩固战略要地。必要时应伸出基本根据地带以外，远出迎击单个前进之敌，或调动敌人于有利地带求得击灭之机动。要力求连续胜利的战斗，以挫追敌，使之疲困而停止急追，转入缓进或不得不重新部署。这才能保持基本根据地区，并使我们能得到休整与补充，开展根据地之基本群众工作，聚集力量，准备迎击敌人新的进攻。

（九）我军在远征中，不应避免有利的战斗，并应抓住有利时机求得运动中消灭敌人（但总要以能取得大小胜利为前提，不可避免的战斗自在外）。这不独不致损坏战士情绪，反可增高勇气，同时使敌不敢轻于猛进，我取得休息的可能，但须避免无利的战斗。在夺取要点，通过封锁线与抢渡口时，应不惜疲劳和不可免的减员。若处处避免战斗，见敌即走，反增部队之疲劳，降低战士情绪，增大敌人勇气，实际是一种退却逃跑。

1936 年 11 月

选自《任弼时选集》，人民出版社1987年9月版，第115—131页。

任弼时，1904 年生，湖南湘阴人。1920 年加入中国社会主义青年团，1922 年转为中国共产党党员。1927 年当选为中共临时中央政治局委员。1931 年 4 月任中共苏区中央局委员兼组织部部长。1934 年红六军团西征时任中共中央代表、红六军团军政委员会主席。同年 10 月任红二军团政治委员。之后，任中共湘鄂川黔省委书记、湘鄂川黔军区政治委员。红军长征时任红二方面军政治委员、中共中央西北局副书记。1937 年全国抗战爆发后任中共中央军委委员、八路军部政治部主任。1941 年起任中共中央秘书长。1945 年在中共七届一中全会上当选为中央政治局委员、中央书记处书记。1950 年在北京逝世。

长征中的红二方面军

贺龙

红二、六军团会师

我们二、六两个军团①会师以前都是多灾多难的。六军团肃反，不是也错杀了好多干部么，组织上让王震带一个班去杀张平化②，王震去了一看，张平化哪像个AB团呢？就没杀。就因为这件事，王震也上了黑名单。王震指挥部队在九渡冲一仗打好了，这才解除了他的黑名单。那时，不是张启龙③也开除了党籍吗？二军团就更惨了，党员只剩下夏曦、关向应、卢冬生和我四个人，根据地搞垮了，党也解散了，干部杀了一批又一批。洪湖到现在还一坑一坑地挖出白骨，干部损失最大。所以，两军都希望会师。六军团需要休息，二军团希望会师解决路线问题、党的领导问题。

那时，红三军听到六军团要来，但不知道什么时候到。我们出发是

① 红三军与红六军团于1934年10月在黔东会师。会师后，红三军经中革军委批准恢复红二军团番号，贺龙任军团长，任弼时任政委，关向应任副政委。中央还决定由贺、任、关统一二、六两军团的指挥。1936年7月在长征途中，中央命令红二、六军团与红三十二军正式组成红二方面军，贺龙为总指挥，任弼时为政委，关向应为副政委，萧克为副总指挥。

② 当时是湘赣军区第三分区政委。

③ 当时是湘赣军区总指挥。

过去撞六军团去的。我们出发后走了一天，六军团来了。第一批李达①带二百几十人找到我们；第二批郭鹏②；第三批任弼时③、王震④、肖克⑤都来了。

会师后，中央来电让分开，因为中央对六军团的情况不了解，对红三军的情况也不了解。两个军团不能分开，也不同意分开。

红三军有个特点，善于走路，一天可以跑百多里路，要打就打，不打就走，人不多但很精干。那时准备到陈渠珍的窝子里凤凰等地去，牵动敌人，减轻敌人对中央红军的压力。永吉城不好打。茶洞（永绥）一面是城一面是水，过去住个副将，是战略要地。围沅陵也是为牵动敌人。以后又打了浯溪后河。

红三军开始恢复政治机关，黄新廷任政治部主任，廖汉生任九师政委，后来在政治部。打下永顺后开了个会，解决夏曦的问题。很仓促。

二、六军团会师是团结的，6000多人，6000多个心，可是大家团结得像一个人，要怎么走就怎么走，要怎么打就怎么打。个别不团结的现象是有的，那是大海中的一个水泡。总之，二、六军团会师团结得很好，可以说是一些会师的模范。

关于反“围剿”问题

从常德、桃源回返大庸，是估计敌人的“围剿”要来了。在谿口可以把三县⑥把起。把澧水封锁不了我们。那时，六军团只有郭鹏一个团

① 当时是六军团参谋长。
② 当时是六军团第五十团团长。
③ 当时是湘赣省委书记、中央代表、红六军团军政委员会主席。
④ 当时是六军团政委。
⑤ 即萧克，本卷不做统一处理。他当时是六军团军团长。
⑥ 永顺、大庸、桑植三县是湘鄂川黔根据地的中心区域。

行动，其余留在大庸、桑植一带。在大庸留些部队把守，主力放在慈利打两仗也可以，那里有平地又有山地，有密林，富足，人多，扩兵也容易，又是个很好的战场。黄石、浯溪河、蟠龙桥、凉水井、观音寺都很不错。临澧、石门南乡多富、北乡多肥呀！这地方地主多，通津浦有地主几十家。从慈利到大庸，走过沙木拆、九溪、三官寺，人口也很多，扩了许多兵。在新安，部队整训，可以不回来的。两军重新会合，看到这个地方（指大庸等地）很好。从前湘赣军区只有几十里路，现在看到这样大地区就满足了，想蹲下来，眼睛只看到大庸十八坪。红军扩大了（几千人），武器增加了，打敌人个把师是可以打的。这里有很广大的地区。从慈利出发带了一二百只船上水回到大庸。

我们回到大庸后再出去肯定是可以的，澧水、沅水挡不住我们。走南面可以出，东面也可以出，北面也可以出。张家湾、竹子口、黄石，能打就打，不能打过澧水石门也可以。我们如一只拳头伸出去，可以威胁常德、桃源。在这期间打上一两个好仗，就可以粉碎敌人的“围剿”。我们主张伸出去，但六军团怕水。其实水不深，可以随便徒涉的，南边、北边都可以出去。把他的封锁打垮；里头一托，外头一托，比较灵活。总之，出去是比较有利的。出南岸（慈利、桃源）可能比较好些。能打就打，不能打就走。当时争论不休。我们是轻装，地形熟悉。敌情了解。论战斗力来说也可以，过去我一个人单枪匹马和他们争常澧，现在这么多人还怕？湘、资、沅、澧四水，我们困难，敌人也困难，他们要多少兵才能摆满。这边（西边）陈渠珍，那边三个保安团和川军郭汝栋部，敌情并不严重。伸出去打比在里头打好。里头打，把坛坛罐罐打烂了。中央苏区也是向外面打。从前打仗自己用框子把自己框起来了，邓中夏、夏曦，都是“寸土必争”，红军休息一天都是右倾机会主义。向南只能打长沙，向北，我们几次出去都打了胜仗。永顺城消灭了张振华一个旅，也是出去打的。打鱼的下拖网，鱼还跳出去嘛，我们比鱼还差？那还是“寸土必争”，根据地舍不得放，有个包袱，有的人不主张出去，就是中央红军（第五次反“围剿”时）寸土必争的东西。

第一次出象耳桥，如果出去就好了。敌人跟上来了，我们再转回来打敌人。出象耳桥原想到石门。如果到石门就好了，四天的路程可以调动敌人。但有人不同意，怕回不来。到象耳桥又不走了。从桑植到那里两天的路程，两天路程不能调动敌人。山地，把部队伸到渔洋关也好嘛，完全可以的，伸出去，可以扩大几千人。那时多少有点右，胆小，还是根据中央苏区来的（离开苏区不能太远）那一套。

第二次出津市、澧州，有人不主张出去，怕一出去苏区就丢了。结果，一出去冬衣解决了，又有了钱、粮、人。后来是叫回来的，沿途边整训边回来的。等敌人靠拢了我们才走。怕出去，那是胆虚嘛，好像敌人来了我们就回不来了。

为什么当出去不出去？有（“左”倾）尾巴，军事路线问题未解决。我们出去如鱼得水，要怎么走就怎么走。（不走出去）硬把苏区吃得光光的，这家一升，那家一斗，把人家埋的坛坛都吃了好，还是出去开大仓好？

豁口、后坪战斗，拼消耗，那个地方小，不能大踏步地前进后退嘛，自己被动。

围龙山，主要是想消灭陶广、陈渠珍。那一仗未打好，围城也未围好。军部住兴龙街，四师冒一点就冲出去了，有点右倾。原来围城、打援、休整，后来改为围城、休整、打援，是个被动的打法，力量分散了。围城、打援、休整、扩兵是正确的，如果围城打援，我们两个军团的力量就集中起来了。打一路，打弱的，打了陈渠珍再打陶广，可以转得开的。这里有不同的意见，一个叫主动，一个叫被动。这是整个路线的问题。

两个军团会合是很好的，以后的行动也是很好的，出差错是个别的。两个军团团结得很好，互相帮助，互相支援，亲如兄弟。反“围剿”中某些战役没有打好，不是两个军团的问题，是整个路线问题。

根据地的路线政策问题

我们在湘鄂川黔根据地的军事路线和政治路线是逐步转变的。（遵义会议以后）接受了毛主席的领导，但是还存在着三次“左”倾路线的残余。对毛主席的思想，我们是逐步认识的，并不是遵义会议的决议一来，就马上接受了，这其中有个过程。我感到我们对军事路线比对政治路线认识得好，军事路线转变得快一点。因为当时军事压力大，逼着我们去改，政治路线的转变则慢一些。

任弼时同志（在湘赣苏区）执行“左”倾路线，一到湘鄂川黔他就转变了？不能这样说，那么他对遵义会议的决议没有接受？也不能这样说，他接受了，但改得是很慢的。解决夏曦的问题，他的批评有很多重要的东西是不对的，如他批评夏曦时提到“北方落后论”和“罗明路线”。对贺炳炎的看法也有问题，他说自首①了的就不能重用，很长时间怀疑他。我对他说，贺炳炎大字不识，连共产党都搞不清楚，又怎么能是改组派呢？夏曦把干部杀完了还在六军团当政治部主任，是大会决定的是小会决定的，我是不知道的，关向应也不知道。夏去六军团在前，中央电报在后。战士们看到夏曦都是鼓起眼睛的呀。

我们这些人不是猫子，猫子拉了屎能埋起来，你还能埋起来的呀？“左”了嘛，很多不该杀的杀了嘛。湘鄂川黔就那么好呀，一点问题都没有？群众起来没有？

收集历史资料，收集什么？湘鄂川黔要不要红线？红线是哪个？反面的多正面的少嘛。湘赣执行的是不是“左”倾路线？如果把毛主席的指示多研究一下，我们都拉出去了（指到根据地外部作战）。“左”的东西印象深。

---

① 指在红三军肃反扩大化时自首。

同志们可以研究一下，对湘鄂川黔这一段，可以不当一个路线问题提，但是要把正确的和错误的写清楚，而且要说明是逐步转变的，这样才比较合乎当时的实际情况。

便水战斗

便水战斗①总指挥部有个部署，只准打一个师，背水战，头天布置好了，两个军还搞不倒一个师？有的人主张要打两个师。可是，打起来后，他不给二军团送个信就跑了，跑到江口县。我听到（六军团那边）不打枪了，估计一定走了，于是派了一班人去。我和小关商量，他还不信，我马上集合四师，抢占龙溪口，不然就被敌人切断了。当时，任弼时住在龙溪口，他（六军团领导同志）不留一个兵，也不通知任弼时一声就走了。我们到了龙溪口，晚上就在龙溪口宿营，第二天大摇大摆地走了，敌人不敢追我们。人怕老虎，不知道老虎也怕人。

过金沙江问题

为什么过金沙江？第一个电报有争论②，叫我们准备生姜、辣子、衣服等，我们不同意。第二个电报指出了五个渡口。第三个电报命令渡江。这是有命令才走的。一部分同志不愿过。理由只有一个，革命，南

① 1936年1月上旬在湘黔边界的晃县，便水地区的一次战斗，由于六军团领导同志处置不当，没有达到预期的胜利，事后在石阡总结战斗时受到批评。

② 张国焘以红军总部的名义给二、六军团发电报，要二、六军团北渡金沙江与四方面军会师。

边也要放一个①。你讲二、六军团（在金沙江以南）能否有发展？利用军阀矛盾，利用广大区域，四川、湖南、湖北、贵州都可以去嘛。湘江、沅江都挡不住我们。红三军还准备到当阳、远安搞湖北，打了一仗转过来了。最后一个命令才过江的。有不同意见，不是什么争论。

（过了金沙江，在甘孜与四方面军会师后）估计一、四方面军之间有了问题，第一，为什么一方面军过草地去了，四方面军未过。第二，周恩来同志用明码给我们发电报②，与四方面军会合后才知道密码本交给张国焘了。到巴西后才与中央通电。

对张国焘的斗争

张国焘（为了拉拢二、六军团）使用了种种手段。

第一，分化二、六军团。他派罗炳辉③、刘型④催六军团快走。有人被分化出去了，说毛（泽东）、周（恩来）、张（闻天）、博（古）是反革命他同意。四方面的军长（三十一军）叫他当。

第二，物质收买我们。到绒坝岔，答应给我们衣服、粮食、补兵。当我们不同意他的路线时，什么都没有了，要饿死我们，困死我们。他们先走，把东西都带走了。张国焘命令我把东谷、甘孜喇嘛寺没收，我们未执行。当时我们还有些驮子，有现洋，有金子。用现洋买粮食。到

① 考虑到南边也要留下一支战略力量，以策应全国革命斗争。

② 1935年9月间，正当二、六军团向湘鄂边转移时，突然收到一份周恩来用明码发给任弼时的电报，讯问二、六军团的情况。9月29日任弼时用密码给周恩来回电，这份电报被把持了红军总部，攫取红军总部通讯专用密码的张国焘截获了。张国焘立即回电任弼时，从而割断了二、六军团同中央军委的电讯联络，并沟通了他同二、六军团的通讯关系。

③ 第三十二军军长。

④ 第二军团第六师政治部主任。

了哈达铺还给了他们几驮子现洋和金子。

第三，我们不同意他的政治意见，他就想以多数压迫少数。

任弼时在甘孜时对张国焘的斗争是比较好的。在绒坝岔，他给甘泗淇写了信，交代他三件事：让四方面军来的干部，只准讲团结，不准讲反中央毛主席和一、四方面军的问题，四方面军发的文件，一律不准下发。在甘孜，我们和张（国焘）、朱（德）、刘（伯承）见面时，张国焘要开党的会议，任弼时就向他提出：报告哪个作？有了争论，结论怎么作？把张顶了回去，党的会议没有开成。以后又说要开二、四方面军干部联席会议，张想以多数压少数，通过决议拥护他。弼时、向应和我讨论了如何对付。任弼时增加了一条，提出不能以多数压少数。这样干部会也没开成。朱德、刘伯承因为自己比较孤立，就拉着任弼时和他们一道走。这样，从甘孜一出发，任弼时就跟着四方面军的队伍前头走了。

到甘孜时，我和关向应同志到刘少文（博巴政府顾问）① 那里去。他说："我有全部记录在这里。"从菩萨肚子里拿出来。又单独和我们谈。

关于成、徽、两、康战役和三个方面军会师

出草地后，中央的电报指示（作战计划），他们（四方面军）接到了，我们也接到了。这个战役，我们是出关中坝子，不是汉中，对西安胡宗南有威胁。我们把四县（成县、徽县、两当、康县）打下，张国焘却不打，向西一跑，三个军 ② 一过河，所有的敌人都加到我们的头上，对付我们。汤祥峰 ③ 叛变，四师上，没有打赢，尹先炳被俘。张国焘整了我们一手，

① "博巴"即藏语"博巴依德瓦"，即藏族人民苏维埃。

② 敌新一军团胡宗南、三军王均、三十七军毛炳文。

③ 六军团十七师政委。

损失相当大。我们损失十七团[1]。我们按照（统一的）战役计划动作，而一、四方面军未动。四方面军走了，我们才请示，十月四日向北走的。情况很紧急，我们过河也很仓促，在盐关镇六军被侧击，晏福生[2]负伤。我们行军中受到敌人侧击，二军团甩了个团，到海源又吃了点亏，我差点被炸弹炸死。敌人已围拢来了。在东北军作统一战线工作的王克送信来。四师前卫收不拢来，我们走错了路，在红包子打了一仗。那时我们二军团掉了二个连，部队搞得稀烂，后勤都搞完了。

过渭河，狼狈极了，遭敌侧击，渭河上游下暴雨，我们徒涉，水越来越大，冲了点人去。张国焘违背中央军委的指示，二方面军几乎遭到全军覆没。这是长征中最危险的一次。乌蒙山并不紧张，埋炮我都不准埋，到黔（西）、大（定）、毕（节）那面都可以打，封锁线我们一冲就破了。要说紧张，第一次是甘孜，张国焘要困死我们；二次就是成徽两康战役。我们原来估计四方面军不会走的。那时，我们给中央发了电报，早（向北）走两天就好了，不会这样狼狈，六军团也遭不到侧击。四方面军一撤走，敌人就围拢来了。急行军。掉了几千人。刚出草地，部队体力都未恢复，早走两天可以少受损失，可以冲出去。（我们）往东打也好可是不能，因为被大的战略意图箍住了。

那时中央总是想把三个方面军搞到一起，打一仗，大家拥护。四方面军出草地时还有三万多人，他们的三十军能打仗，特别是八十八师有夜老虎之称。这个战役如成功，不是陕北的情况了。把毛炳文一打，我们出关中，甘肃问题解决了，就无后顾之虑了。对稳住东北军、西北军就好了，三原、耀县都可以搞掉，陕南、陇东可以搞掉，胡宗南不敢来。

三个方面军会合后，周恩来同志由延安到洪德城，他和我见面后，

---

① 分布于康县活动的二军团第六师十七团，因情况紧急，收拢不及，遭到优势敌人截击包围，全部损失。

② 六军团十六师政委。

问我三个方面军会合后怎么办？我说统一归彭[①]指挥吧。那是我们二方面军表示态度拥护中央。

选自贺龙：《回忆红二方面军》，载《近代史研究》1981年第1期，第30—38页。

贺龙，1896 年生，湖南桑植人。1927 年参与领导八一南昌起义，任起义军总指挥。同年秋加入中国共产党。先后任工农革命军军长、工农革命军第四军军长、中共湘西前敌委员会书记。1930 年任红二军团总指挥，1931 年任红三军军长、中华苏维埃共和国中央革命军事委员会委员，1934 年起任湘鄂川黔革命委员会主席、军区司令员。红军长征时任红二军团总指挥、红二方面军总指挥。新中国成立后，曾任中央人民政府人民革命军事委员会委员、副主席，国务院副总理兼国家体育运动委员会主任，中共中央军委委员、常委、副主席，国防工业委员会主任。中共第七届、八届中央委员，第八届中央政治局委员。1955 年被授予元帅军衔。1969 年在北京逝世。

① 即彭德怀，当时任前敌总指挥。

答红二方面军战史编者问[①]

贺龙

为什么过金沙江？对“朱、张”的第一个电报有争论，我们不同意。第二个电报指出了五个渡口，第三个电报命令过江。这是有命令才走的。一部分同志不愿过，不愿过草地，（编者问：当时知不知道要过草地？）过草地我清楚，湘西有人到过番地，陈渠珍在那里当过管带。我们不同意的理由只有一个：革命，南边也要放一个。你讲二、六军团在江南能否发展，利用军阀矛盾，利用广大区域，四川、湖南、湖北、贵州都可以去嘛，湘江、沅江都挡我们不了，红三军还准备到当阳、远安搞湖北，打了几仗转过来的。最后一个命令才过江的，有不同的意见，不是什么争论。

一、四方面军之间有了问题，我们是估计出来的，为什么一方面军过草地去了，四方面军未过？周恩来同志明码给我们发电报。与四方面军会合后才知道密码本交给张国焘了，到巴西后我们才与中央通电。

张国焘对二、六军团使用的手段是：

分化。催六军团快走，说毛、周、张、博是反革命。

物质收买。到绒坝岔，衣服、粮食、补兵，都答应给我们，当我们

① 1961年6月5日，贺龙回答了红二方面军战史编者提出的问题。本文是这次谈话中关于红二方面军长征问题的部分内容，系《贺龙传记》组根据这次谈话的记录整理而成。

不同意他的路线时，什么都没有了，要饿死我们，要把我们困死。他们先走，东西都带走了，张国焘命令我们没收东谷喇嘛寺的青稞，我们未执行。我们还有些驮子，有现洋，有金子，用现洋买粮食，到了哈达铺还给了他们（指四方面军——编者注）几驮子现洋和金子。

以多数压迫少数。我们第一天到绒坝岔，第二天开了个小会，我们不同意提一、四方面军问题。张国焘提出来两个方面军开联席会议，我们问：报告哪个做？张做还是任做？结论哪个做？不能以多数压迫少数。这即是不同意张国焘的意见。

散发张国焘反党反中央的小册子《干部必读》。我在绒坝岔一个庙前说："干部必读不准发，看了要处罚人，放在政治部。"

到甘孜时，我和关向应同志到刘少文（波巴①政府顾问）那里去，他说："我有全部记录在这里。"从菩萨肚子里拿出来，又单独地和我们谈。

出草地后，中央组织三个方面军作战的计划，他们（指张国焘——编者注）接到了，我们也接到了。这个战役，我们是出关中坝子，不是汉中，对西安胡宗南有威胁。我们把四县打下，张国焘不打，向西一跑，所有的敌人都加到我们头上，对付我们，汤祥峰叛变，四师上去没有抵赢，尹先炳被俘，……张国焘整了我们一手。这段写清楚一点。损失相当大，我们损失了第十七团。我们按照战役计划作，四方面军走了，我们才请示，10月4日向北走的。十七团一个团收不赢，很紧急，我们过河也很仓促。在盐关镇六军团被侧击，晏福生负伤。行军中受到敌人侧击，二军团甩了个团，到海原又吃了点亏，我差点被炸弹炸死，敌人已围拢过来。东北军作统一战线工作的王克送信来。四师前卫收不拢来，我们走错了路，在红包子打了一仗，在一个山上会到朱总，那时我们二军团又掉了两个连，部队搞得稀烂，后勤都搞完了。

过渭河，狼狈极了，遭敌侧击，渭河上游下暴雨，徒涉，水越来越

---

① 波巴，又译为博巴，在藏语里是藏族的意思。

大，冲了点人去。张国焘违背中央军委的指示，二方面军几乎遭到全军覆没。在渭河南岸时也很危险。这是长征中最危险的一次。乌蒙山并不紧张，他们要埋重武器，我都不准埋。在黔、大、毕那面都可以打，封锁线我们一冲就破。要说紧张第一次是甘孜，张国焘要困死我们；第二次就是成徽两康战役。我们原来估计四方面军不会走的。后来，我们给中央发了电报。早走两天就好了,不会这样狼狈,六军团也遭不到侧击。四方面军一撤走，敌人就围拢来了，急行军，掉了几千人，刚出草地，部队体力都未恢复,早走两天可以少受损失,可以冲出去,往东打也好，可是不能，因为被大的战略意图箍住了。

这个战役是岷县三十里铺开会决定的，我们坚决执行了，张国焘未执行，敌人压到我们头上来了。

那时中央总想把三个方面军搞到一起，打一仗，大家拥护。四方面军出草地还有三万多人，他的三十军能打仗，特别是八十八师有夜老虎之称。这个战役如成功，不是陕北的情况了，把毛炳文一打，我们出关中，甘肃问题解决了，就没有后顾之虑了。对巩固东北军西北军都好。三原、耀县都可以搞掉，陕南、陇东可以搞掉，胡宗南不敢来。

三个方面军会合后，周恩来同志由延安到洪德城，我和他见面后，周恩来同志问我三个方面军会合后怎么办？我说：“统一归彭指挥吧！”那是我们二方面军表示态度拥护中央。

选自中国人民解放军历史资料丛书编审委员会编:《红军长征·回忆史料》(2)，解放军出版社1992年9月版，第118—120页。

红二方面军的北上抗日[①]

萧克

1935 年 11 月 19 日，红二方面军乘着粉碎敌人对湘鄂川黔苏区大举进攻的伟大胜利的余威，由湘西的桑植出发，北上抗日了。由于天险的长江，横断苏区北面，敌人有严密的守备，不能使我们向北直进，直达抗日前进阵地，这样便不能不在战略上取大的迂回，由西再转向北；行动的开始，首先以大胆的战略战术机动，突破澧水、沅江，直抵湘中，横跨资、沅两水，与正在开展新的胜利的陕北红军及有伟大历史意义的一二九事件不约而同地互相配合，遥相呼应，这时候正是 12 月初旬。

此后继续向西转移，直到 1936 年 6 月，在西康与红四方面军会合，继续北上，经过草地；10 月，在陕甘宁地区，参加了全国三大基干红军的伟大会合。

在北上抗日的斗争中，渡金沙江以前，敌人动员了 130 余团对我们追击堵截，企图以优势兵力在他们统治的区域，利用物质〔资〕的丰富、交通的便利、侦察的灵敏等等优越条件与我们决战，达到消灭我们的目的。

然而敌人的企图，被历史嘲弄了。前后左右空中的追击、堵截、压迫，高山峻岭长江大河的障碍，不足以阻我军之行动及其发展，相反的，

① 据中共驻共产国际代表团保存的油印件刊印。错字、多余字分别以〔〕、[]标明。

我们还击败了许多追堵的军队（如万耀煌、李觉等），在一定的时间（不到一年），经过长途行军（20050 里）① 及剧烈的战斗后，红军有生力量，达到高度的保存。这在长征史绩中，是写上了最光荣的一页！

这一切，很明显地说明了二方面军和其他的红军一样经过历史的判定是不可战胜的武装力量。

（一）北上抗日之意义

A. 日本帝国主义自“九一八”占领东三省后，1932 年春进攻上海吴淞，1933 年复占领热河，与中国政府订立“塘沽协定”，从此以后，整个华北，便都处在刽子手屠刀的直接威胁下。1935 年 6 月，“何梅协定”成立后，实际地抢夺了河北、察哈尔，在武装占领区域及其附近区域，公开地实行无限制的走私，实行公开的强盗的殖民地政策，并从各方面策动汉奸亲日分子，使华北脱离中国，造成伪满第二。

B. 在民族危机万分紧张的关头，亡国灭种的大祸，不仅是威胁华北的人民，而且指示着全国人民都将遭遇同样的命运。广大的群众，在严重的压迫下，生长着、酝酿着热烈的革命情绪，卒至爆发了“一二九”的革命的怒火。然而这时占着全国最大区域的统治地位的国民党当局，不仅不适应广大群众的要求，挽救祖国之危亡，反而对于人民的爱国运动，予以残酷的摧残；对于真正抗日救国的红军，一贯的盲目的仇恨；不仅不与共产党红军联合去抵抗外敌的侵略，反而在“攘外必先安内”、“抗日必先剿共”的口号下，动员了全国的军队，进行“围剿”、“追击”、“堵截”的内战［上］。这一违反全国人民公意的军事行动，显然是一种错误的政策（这是指那时说的。现在，国民党当局是有了转变，有了进步，

① 红二方面军长征里程近万里。

依从了全国人民公意的“停止内战”、“国共合作、一致抗日”的要求)。

C. 中国红军历年来在共产党的领导下为苏维埃胜利而奋斗的过程中，表现着为民族解放、为社会解放的光荣伟大事业而艰苦战斗的忠诚，他是中华民族最优秀的儿女、最进步的彻底的军事政治组织，是中华民族最忠诚可靠的武装，他以奇特的英勇，最高度的坚忍力、耐劳性，创造了军事史上以少胜众的最高成绩。在“九一八”后，他最先、最深刻地警觉到中华民族危机的严重性，他们心坎中最深刻的印着日本帝国主义屠杀中国人民的狰狞面目，燃烧着对日寇的不可调和的怒火。在发展广泛的民族革命战争的口号下，摩拳擦掌，时常准备着直接对日抗战。

1932 年，中国苏维埃中央政府发表了对日宣战的宣言，同年发表了愿在三个条件下——停止进攻苏区及红军、宣布对日抗战，开放民主自由，改善人民生活——与任何军队订立对日作战的军事协定。1934 年夏季派第七军[①]为北上抗日先遣队，秋初派第六军团出湘黔边与二军团会合。六军团这一行动，起了后来中区红军由西向北转移中的战略战役侦察及掩护的作用，而且实际地造成了 1935 年冬季二方面军北上抗日的战役出发地。同年秋季二十五军同样以抗日先遣队的名义活动于陕甘等省。同年秋冬之交，中区红军也由江西、湖南向西转移，北上抗日。

D. 二、六军团在这时期(1934 年秋冬之交)会师于贵州之沿河，旋东出湘西，以胜利的进攻，占领湖南之永顺、大庸、桑植、慈利、桃源一带，创造了湘鄂川黔苏区，粉碎了蒋、何诸将军所组织的大规模的“围剿”，壮大了本身力量，而且实际地配合了第一方面军的在湘黔川滇广大地区的活动。

二、六军团在这时期成了中国三大基干红军之一。他所处的位置，在湘鄂川黔四省之间，曾经横跨沅水(1934 年 12 月)，横断长江(1935 年 9 月)，直接威胁长江两岸的统治阶级，使南京政府不能不在第一次“围

① 应为第七军团。

剿”惨败之后(1935 年 8 月,这一反革命的“围剿”的战役,全部失败了,损失军队 15000 以上并张、谢两将军——张将军现已觉悟，苏维埃中央政府已恢复其自由)，急速地准备着组织更大规模的第二次“围剿”。

E. 在敌人准备新的进攻的面前，我们在准备粉碎敌人新的“围剿”的战役计划中，当时华北的形势更严重了，红军第一方面军接近抗日前进阵地了，我们认为对于不觉悟的盲目的仇恨我们的敌人，与其与之坚决战斗，消耗国力(这一战役预料双方都要遭到残酷的牺牲的)，不如以爱国的忠诚，显示于其面前，实际上尽着劝导的作用。

另一方面，为着配合正在胜利的陕北红军，配合在川西胜利后的四方面军，为着跟随北上抗日的红军第一梯队——第一方面军及二十六七军，集中全国红军力量，进行抗战，必须在战略上有大的改变。

新的有特殊历史意义的伟大的战略计划决定了：放弃与新的进攻之敌战斗，红军主力退出湘鄂川黔苏区，由西向北，进至抗日前进阵地，直接参加神圣的抗日战争。

这一战略计划，我们预料是会发生严重的困难的：仇恨我们的敌人占绝对优势兵力的追击，二万里左右的长途险道，长江大河、高山峻岭、人烟稀少、粮食困难以及气候的不良等等障碍；要有把握地战胜敌人陆、空军的追击堵截，民团、土匪的骚扰，克服地形上的阻碍，自然界的困难，人文的隔膜(如在苗夷番民等少数民族区域)，这一战略的决定，是具有马克思列宁主义的坚定性、顽强性的。一方面正确估计到二、六军团当前的政治任务的重大及其将来的前途；另一方面，看清了当时的具体环境的有利于我们斗争的条件及许多困难。

我们认为这一战略的实现，困难虽多，有利的条件也多，我们有可能克服那些困难，而且应该去克服。

这一战略计划的完成，首先应向西直进，然后由西折而向北，会合在川康边之四方面军，共同北进，达到战略目的地——陕甘抗日前进阵地。

（二）北上的经过

在北上的过程中，可以划分为两个阶段：

第一阶段，由湘鄂川黔出发至渡金沙江，在西康与四方面军会合——这时期是在湘、黔、川、滇、康等省广大地区进行大规模游击战、运动战的时期。

因长江之横断苏区北面，必须采取迂回曲折的道路北进，1935 年 11 月终突破澧水、沅水湘军之封锁线后，分途占领湘中之新化、蓝田、锡矿山及湘西之辰溪、溆浦、浦市等地，复由湘中向西转移，经洪江、芷江、晃县、玉屏进至黔东之江口、石仟〔阡〕地区，又经猴场、瓮安、平越、阳明洞、修文、扎佐由乌江上游北渡，于 1936 年 2 月初占领黔西、大定、毕节、打鼓等地，创造游击区域。这一区域，经优势敌人的压迫，不久就退出了（约三周）。遂活动于川黔滇边之黑章、奎乡〔香〕、镇雄一带。3 月初，进入滇东及黔西，占亦资孔、盘县等地，复向西转移，经曲靖、马龙、寻甸、羊场（距昆明 60 里）、富民、罗次、盐兴、楚雄、牟定、镇南、姚安、普棚〔朋〕、盐丰、祥云、宾川、鹤庆、丽江等处，于 4 月 28 日渡金沙江。此后复经中甸、定乡、稻城、理化、瞻化、得荣、巴安、白玉至甘孜与红四方面军会合，那时正是 6 月。

这一阶段中，敌人对于我们采取严厉的压迫，陆军、空军协同动作。当进入湘中时，敌人依据对湘鄂川黔苏区所组织的新的大举进攻的基础，将"围剿"的部队如孙连仲（二十四团）、樊松〔嵩〕甫（四师十五团）、李觉（二师十团）、陶广（三师十六团）、汤恩伯（三个师内有二个整理师）等纵队，编为追击部队。12 月中旬我军与陶纵队在武冈、洪江之间之瓦屋塘激战。1936 年 1 月 5 日便水之战，予追击之李纵队（李、陈、章三师）以打击，因此才能在江口、石仟〔阡〕等地争取短期的休息。此后在贵州的行动中敌军复增加郭汝栋纵队及贵州驻军之郝梦龄纵队及二十三师、九十三师、九十五师、新编第八师等。1月中旬，通过龙溪封锁线时，与二十三师激战一日。进至平越时，缴获九十三师枪数百支。通过贵阳附近时，击破扎佐之敌。2月初，万纵队由汉中兼程赶来，参加"追剿"。将军山之战，扑灭其先头梯队之全部；新街之战，以2000余人而当〔挡〕四师——万、傅、郝、裴——之敌，虽没有挽救战役危势，但在战术上却表示了奇特的英勇。2月下旬，则章坝之战，万纵队又遭到严重的打击；3月初宣威之战，素称善战的滇军，给他以相当的警惕；以后一个多月，我们从云南中部经过，滇军及樊、郭、郝、李诸纵队，只是尾着我们的后面，绝望地追击，直到金沙江边，除拾得着几双破草鞋而外，所获几何！

这一阶段中，我们活动于广大无堡垒地区，对于党的基本政治主张，党的新策略路线（当时只得到部分的简单材料），特别是抗日救国的主张，散布于广大群众中、军队中。在新的策略路线下，开始转变工作方式及实际内容，在湖南成立抗日游击队、抗日义勇军、抗日救国会等；在贵州，联合许多同情于我们的军队（如席大明、李苏浦等），成立了贵州全省人民抗日救国军司令部，任国民党宿老对抗日救国抱着热情的周素园同志为司令员；在云南，开始改变对外政策，对于拥护和平阵线及诸小协约国的教堂、牧师，均不破坏及逮捕，即前逮捕者，亦予以释放；（在滇东）对于追击我们的军队，在战略意志上，确定是防卫的战争，换句话说，对于不觉悟的坚决追击堵截我们的军队，不得不予以坚决的打击。

至于对少数民族，一般地执行了正确的政策，在云贵等省苗汉夷杂居处的区域及在西康的初期，苗夷番民与我们在一个会场开会、跳舞、唱歌、会餐，他们都说从来没有任何军队像红军对他们那般的好。我们走后，还遗留了极好的影响给他们。

在长期的运动中，经过区域，推翻了旧的政权的统治，取消了苛捐杂税（虽然是暂时的）。在占领的许多中小城市中，对于商人，是严格估计到在资产阶级民主革命阶段的经济政策（我们从来就是这样），除非对于直接参加反革命活动的以外，完全不没收；对于富农也是这样的；对于工人、农民、城市贫民、革命家属，没收了反动分子的谷米、财物、衣服、畜牲等，无代价的广泛的分发；对于学校及其他文化机关、慈善机关，一律保护；对教员、学生、记者及专门家、自由职业者，除保护外，尚吸收其先进者加入红军，参加抗日救国（如在新化、毕节等地）。

第二阶段，西康会师至陕甘宁全国红军主力大会合。

我们渡金沙江后，追击的敌人，已最后绝望，停止前进了。甘孜会师以后，得着短时的休息，即北上了。7月上旬，随四方面军后，分途出发，经西倾寺、阿坝、葛曲河、上下包座、救济寺①、阿西、巴西一带人烟稀少、粮食困难的草地，凡40日，才出草地到岷州之哈达铺。

到哈达铺后，为着兵员的补充、粮服的改善、新区域的创造，不顾任何疲劳，向东南发展。10月，占领成县、徽县、两当、略阳一带。不久，奉总部命，开到陕甘宁地区，参加震动全国全世界的全国三大基干红军的会合。

我们进至抗日前进阵地的战略目的达到了，我们为人民解放事业而奋斗的忠诚、英勇无比的气概、艰苦卓绝的精神，更为全国人民及全世界的同情者所认识了！赞美了！——红军这种不可比拟的奋斗精神，最近的将来，在抗日战线上，一定会起着先锋队的——自己的忠诚、团结、英勇善战，刻苦耐劳等等的——模范作用，推动全国军队在抗战中走到最后的胜利。

我们的战略目的达到了，全国三大基干红军在抗日前进阵地会合了，全国人民及世界的同情者欢欣鼓舞了，日本帝国主义及汉奸匪徒们发抖了！

---

① 今称求吉寺。

我们的战略目的达到了，将近一年超过二万里的长征也结束了！

（三）北上抗日中的胜利

不到一年超过二万里的长征中，我们遇到了许多严重的困难，也是在未出发时大概预料到的困难，然而我们都坚决地克服了，取得有决定意义的胜利：

第一，实现了战略计划。我们的战略是服从于政治任务，当时的政治任务是北上抗日，发动广大的民族革命运动，阻止日寇并吞中国。尤其是当时的华北，在这一政治任务下决定的战略的实现，将使华北的抗日运动,更迅速地推往前进。而华北抗日高潮的掀起,对全国范围来说，是起了登高一呼、群山响应的作用。现在事实更证明了，这一战略的决定，是绝对的正确；战略计划的实现，不仅是军事上的成功，而且是政治上的胜利。

第二，高度地保存了有生力量，以不到一年时间行军 20050 里的长征，十倍于我之敌的陆军及我们没有的空军的追迫堵截，经过许多崇山峻岭、长江大河、草地雪山等困难区域，然而有生力量达到了高度的保存。在行军 6146 里后（在黔大毕），较出发时总的指数增加百分之二十；10871 里后（渡金沙江），保持了出发时的水平：14650 里后（在甘孜）保存了百分之八十七；16540 里后（出草地在哈达铺）还保持了百分之六十以上。

这一突破长征史绩中最高纪录的数字（指保存有生力量），几乎使人们不易相信，正因为如此——创造了出乎人们一般意料之外的奇迹，所以能在长征史中写上了最光荣的一页。

第三，在长途的转移中，在没有根据地的条件下，却消灭了、击溃了许多敌人（如万纵队之遭击败，李、孙、郝诸纵队之遭打击），这在前面便说过了。这是由于我们无论在任何时机，都不放松一切有利的战斗。这是保存有生力量及完成战略任务主要原因之一。

第四，由于坚决地执行党的策略路线，广泛地宣传了党及红军的政治主张，与居民建立了良好的关系。严肃的纪律，给予湘、黔、滇、川、康等省的民众以良好的影响，红军每到一地，便与群众打成一片，所以到处的群众都蓬蓬勃勃地起来，为争取他们的切身利益而斗争。湖南的人民是无须说了，就是较落后的云贵人民，也一般的认识红军是最不怕艰难困苦、最富于牺牲精神的为人民谋利益的武装，共产党是忠实于自己主义及为人民解放事业而奋斗的政党。

第五，在两次大会师中与各方红军交换了斗争经验。在西康与四方面军会师时，我们吸收了四方面军夜战、阵地战的经验，同时提供自己的游击战、运动战的经验给他们，特别重要的是党的路线及红军战略方面，使四方面军现在能完全走到党的路线上来。

（四）为什么能胜利地到达抗日前进阵地?

A. 湘鄂川黔省委及军分会在任弼时、贺龙二同志领导下，正确地执行了党的策略路线，坚决地为争取苏维埃胜利，为保存、壮大二、六军团的有生力量而斗争：省委军委分会正确地看到二、六军团在长江南岸所处的环境及其对于全中国民族存亡的关系，正确地决定了北上抗日的战略。

B. 全体指战员具备了高度的政治质量，团结在党及军委分会之下，好像一个人一样，为消灭进攻之敌，完成战斗任务而奋斗。不屈不挠的意志、无上的信心、无比的英勇、血诚的牺牲心、崇高的责任心、刻苦耐劳的素性等等，在这一行动中，得到了高度的发扬。此外，上下级的互信及指挥机关指挥的灵敏，情况判断的正确，都是很关重要的。

C. 我们认定红军与群众的关系，就像鱼与水一般的关系，在长期行军及战斗环境中，任何时候都不忘记三大纪律八项注意的实行（这是朱毛游击队时红军严肃的政治纪律），要使群众不怕红军，并认识红军是他们自己的军队，所以要绝对拥护群众的利益，没收地主官僚军阀及其他反动分子的财物，固然要分给群众，就是上门板、捆卧草、讲话要和气这些小事也不应忽略。在愈困难的环境中就应更加注意到纪律的维持，这样来发动群众，使群众认识红军，拥护红军，红军与群众保持密切的联系，是伟大的斗争力量（有群众，才能产生红军，壮大红军）。所以我们在广大地区活动能和鱼在大海中自如地游动一样。

D. 在国内战争中，大规模地转移，不可避免的敌人的严厉的追迫，使红军不能像历史上一般军队的转移那般容易。因此在转移中，就必须坚决地战斗，如果企图避免战斗，那便会常常引起更多的战斗，结果不仅不能避免战斗，而且会遭到无代价的牺牲，消耗有生力量。这是中国内战的历史所深刻教训我们的。

我们抓紧了这一原则，不放弃一切有利的战斗，对于追堵之敌，在运动中在一般有利情况下进行坚决的突击，因为只有这样才能达到有生力量的保存，才能完成战斗任务。换句话说，在转移中，必须准备必要的牺牲、不可避免的牺牲，予敌以打击，制止其追击，才能得到军用品的补充，才能得到休息的可能、扩大的可能，这便是真正保存有生力量的手段。用实际的例子来说：因为有便水（在湖南晃县）的奋斗，才能有石仟〔阡〕、江口的休息；有将军山、六龙场、新街的苦战的胜利，才有黔大毕一时期的立足，才有6000红军的扩大及大批资材的补充。这正是在战争中辩证法的运用。

E. 在转移中，一切装备，都适于游击战争，轻装急进，实施迅速，秘密突然，大胆的战略战术机动，采取逐步转移的原则（建立游击根据地及巩固根据地，补充整理，逐步转移），以大规模的运动战、游击战来完成长征。

F. 急速的行动，猛勇的动作，突然的机动，震憾〔撼〕敌人战略战术的痛苦处，造成敌人忘机的动作，使敌人不得不处于应付的地位，不得不失去常态的调动，变成仓煌〔皇〕的状态，这样便易于取得运动战的机会。

G. 大规模的转移中，要预计到部队是有很大的流动性的，任何时机，都应注意到部队的补充。补充的来源，主要是靠沿途同情于我们的居民，在行军时、宿营时、警戒时、驻军时，采取各种有效的方法进行扩红。此外，胜利的战斗中的俘虏，对于同情我们的分子（绝对是大多数同情于我们的），也应争取其加入红军。

这种经常争取补充的工作，成了保存有生力量的主要手段之一。

H. 在长征中，常有超过一定体力限度的继续不断的运动，这是可以损耗军队的元气的。因此要善于争取必要的休息整理。怎样去争取呢？在巧妙的行动中，在敌人的弱点中，在某些地形中，在急速的行动中，在天候的变化中，在胜利的战斗中……

I. 以曲线的行动，避免敌人优势兵力的压迫，同时可以疲劳敌人，迷惑敌人，并造成消灭敌人单个部队的良好条件。因为敌人的追击，每每是成扇面的前进，堵截的部队，是布置在某一地区，每每固定的防御，在遭遇敌人前后的追堵中，很灵活的适当的（当然还要看地形及左右两侧的敌情来决定）在曲线上运动（当然没有一定的轨道），避免敌人主力的压迫，造成消灭敌人单个部队的条件。此时敌人必然有新的调动，而且容易产生过失。

J. 我们是大兵团在广大地区进行大规模的运动战、游击战，战斗活动方式，完全采取有根据地的正规作战方式或采取游击战术，都不适宜的——有时宜采用正规的作战方式（如在毕节时），有时采用游击战术（如进至打鼓新场及击溃晏道刚都是），有时在某一方面进行局部的正规的防御（如在大定的将军山），可是这种防御，是为了在其他方面进行坚决的突击，而且防御的本身，也是积极的。

K. 乘敌向我追击、部队疲劳、队势不整之际，坚决消灭其分进之部队，有时则扼制追击部队或在追击部队未赶到前，击其堵截部队及在我侧面的部队（如在湖南之瓦屋塘及贵州之平越），有时则反击、伏击追击部队。

L. 消耗的战斗，力求避免；牺牲过巨的战斗，一般的避免之。

（五）发扬了游击战运动战的特长

前节已将二、六军团完成北上抗日的战略目的的原因，已略其大概，这也［要］是我们在这一行动中实际运用的粗浅原则。不管我们有许多的缺点、个别的错误，然而不能不说是发扬了游击战运动战的特长。当二、四方面军在西康会师的时候，总司令给予我们以这样的批判〔评〕："二、六军团在这次行动中，是集游击战、运动战的大成。"

这一批评是非常适当的，因为上节所述的那些粗浅原则，是中国国内战争——特别是 1934 年六军团北上及西征两次长征及一方面军由江西转移至遵义这一时期中——的经验教训。我们融合各方红军在长征中的经验教训，吸取其中的精华，灵活地运用到我们的实际环境中。

我要提出一些实际的例子：当我们由湘鄂川黔出发时，以四日内在山岭重叠的小道上行军 380 余里，而突破湘军守备的自称"可保无虑"（查获李觉将军的文件）的澧水、沅水两道封锁线；在湘中宝庆之老鸦田派出一个师以游击动作击破专以游击战术扰乱我们侧后的晏道刚部（湖南的保安区司令）二团；在贵州的黔西，以二个团突然迂回到万耀煌、郝梦龄纵队之后而占打鼓新场，箝制了郝纵队的全部；在将军山（贵州大定县）对向我大胆猛进之万耀煌纵队（该纵队连续三日追我军之一部，我未予以决定的反抗，遂轻率猛进）予以猛击，瞬间消灭其先头梯队；此后在将军山与敌对抗十天（我军主力之一部），我军突然退 30 余里，而以 2000 余人对向我齐头猛进之万耀煌、郝梦林〔龄〕（四个师）两纵队之先头密集纵队施行猛烈的短促地反击，予敌以战术上短时的阻碍；在则章坝（云南镇雄）在敌人诸纵队（樊、万、郭、郝、孙等）的间隙内运动，突然予万耀煌纵队以严重打击；在昆明附近，与滇军激战二日后，迅速转移到敌主力的侧后而渡普渡河，并夜袭富民而占领之。这些都是我们在大规模游击战、运动战中的模范例子，也是上节所说的原则的实际运用。

因为善于运动战、游击战，所以我们能与敌人兵员、武器及其他物质上对比而居于绝对劣势的条件下（莫说是在长征中敌人整个的兵力大于我们十倍，即在任何时期、任何省区，追随我们前后左右的都是四五个纵队以上，也就是三四倍以上），尚能顺利地活动于湘鄂川黔滇康等省，高度地保存有生力量，完成预定的战略。

这种大规模的游击战、运动战，就是在目前阶段上（即红军的新阶段），也有发扬的必要。很明显的，日寇已经将东北数省占领去了，并积极准备进攻中国本部。中国军队（红军及国民革命军）在抗战中，应认识运动战是最主要的型〔形〕式，中国军队之一部，应挺进至日寇之侧面近后方远后方，配合当地的人民，发展广泛的游击战争，补助我主力的作战。在今天，我东北义勇军，对中国红军的这些宝藏，更有学习之必要。

至于政治工作方面，也有许多宝贵的经验：

第一，在每一斗争阶段中，提出明确的政治口号，指出斗争前途，这样才能动员全体指战员为完成某一阶段中某一任务而奋斗（这种战略的政治口号，一般是可以公开的。至于战略计划，军事行动，那是应秘密的）。如在黔大毕时，提出“创造黔大毕游击区”的口号;渡金沙江时，提出与四方面军会合的口号。

第二，在最紧张、复杂、艰苦与变化不测的环境中，根据当时敌情、物产、居民等等具体环境，动员党及干部与群众打成一片，不失时机地进行深切的有效的政治解决与动员，以及英勇坚定的模范作用等。这样来保障作战行军计划之完成。

第三，为着在不断的行军中得着不断的补充，所以经常采用最紧张的救急手段，在行军中大小休息时、宿营时、警戒时及短时期的驻军的困难环境下，艰苦地发动、组织、吸收群众加入红军，派大批干部迅速进行组织工作（在此情况，班长以上，均须老战士），并进行紧急训练，补充老部队。

第四，经过政治机关的政治组织，与管理、卫生、供给密切地配合起来，加强收容，解决物质〔资〕上可能解决的困难，减少病员逃亡，巩固部队。

第五，严格对居民的纪律——如三大纪律八项注意等——的执行，没收地主官僚及反动分子的衣服、财物、谷米等，不仅注意供给红军本身，并尽量满足群众的要求，严格维持红军与居民的正确关系。

第六，在任何困难环境下，利用各种时机发展与健全党的组织，进行短促的会议会〔汇〕报，使党员了解在某一环境中的政治情况，能够在群众中起核心作用。

（六）二方面军的现在

二方面军北上以后，大半年来，在党中央军委直接领导下，各方工作，都得到了显著的进步。由于新的政治形势的到来，使红军提高到新的阶段，二方面军在这新的阶段上是要求更大速度地走上正规化的道路，而成为模范的抗日先锋军。

首先要巩固无产阶级的先锋队——党——在红军中的领导，不管二方面军现在、过去都是绝对在党领导下为党的路线而奋斗的；但在这新的阶段上，更严重地提出，是有必要的。要使每个党员的思想布尔什维克化，克服农民的保守性、散慢性，党员要与群众有连〔联〕系，要信赖群众、依靠群众，并在群众中起核心作用；党员应信赖党的路线，成为党的路线的最忠实的拥护者、执行者。

其次要巩固部队中的工农基础，红军在新的阶段上，为着建立巩固的民族统一战线，统一抗战中的指挥，需要番号及编制各方面的改变：但它仍是共产党领导下的军队，它是为中国人民谋解放的武装，它十年来与工农群众有相互依存的关系，正因为如此，所以才能成为所向无敌的武装力量；它随时随地都记着所信奉的主义和理想，因之，巩固部队中的工农基础，是保证在抗日战线上胜利的必要条件，是保证将来转变到新的革命阶段上完成革命事业的胜利的必要条件。

复次，加强民族革命主义的教育，同时防止民族改良主义在部队中的影响，要使每个干部战士都彻底了解目前民族危机之紧张，要有系统地宣传日寇灭亡中国的阴谋野心，激发其为民族事业而奋斗的牺牲心。要加强国际主义的教育，从思想上武装我们的部队。干部更应特别注意马克思列宁主义的学习，使能分析复杂的斗争环境，灵活地运用党的策略路线。

只有这样，才能巩固红军，才能在抗日战争中发扬“无坚不摧”的战斗力，才能对其他军队起着领导的作用、模范的作用。

在这些工作中，不会是没有一点困难的。第一，在现在环境下，敌人（由日本强盗、汉奸亲日派直到其他想危害我们的分子）正在加紧用卑污的手段、可耻的方法（如金钱的收买、妇女的诱惑）、民族改良主义的影响，积极地从外面甚至侵入到我们内部采取隐蔽的方式来破坏我们，溶化我们。因此，要特别注意提高革命的警觉性，坚决打击破坏民族解放事业、破坏抗日武装力量的反革命活动；第二，在新的阶段中，农民意识，有更多发展的机会：保守主义，固执成见，狭隘经验论，以及倦于斗争而产生的太平观念，享乐观念，游击主义、军阀主义的残余，工作的不科学化、散慢〔漫〕无系统等，都是妨碍部队正规化的——虽然这些倾向现在并不是十分的严重。但是，二方面军的党是有充分的力量克服这些困难的。

二方面军是在无产阶级的先锋队——共产党——的领导下以工农成分为基础组织起来的，它十年来为反对帝国主义及地主资产阶级的反动的斗争中，留下了光荣的伟大的战绩；它有相当严密的军事的政治的组织，有悠久的斗争历史，建立了红军制度尤其是政治制度，建立了共产党的堡垒，与群众有密切的连〔联〕系，并有马克思列宁主义做它思想上的武器。

二方面军的领导者贺龙同志，他是布尔什维克队伍中久经锻炼的战士，他有丰富的斗争经验，有热烈的革命情操，有不屈不挠的革命的坚定性。他是南昌暴动主要领袖之一，他十年来继承了南昌暴动的革命的传统，领导红军，为苏维埃政权而斗争。今年的“八一”——红军十周年纪念，对他的光荣的过去，致以革命的敬礼！我们相信这一伟大的红军领袖在党的路线下，团结着二方面军全体指战员，为中华民族解放、社会解放而奋斗到最后胜利的一分钟。

1937 年 7 月 5 日于镇原

选自《党的文献》1992年第1期，第42—50页。

萧克，1907 年生，湖南嘉禾人。1927 年加入中国共产党，同年参加南昌起义。1933 年 7 月起任红六军团十七师师长、红六军团军团长。红军长征时任红六军团军团长、红二方面军副总指挥、红三十一军军长。新中国成立后，曾任中央人民政府人民革命军事委员会军训部部长，国防部副部长，解放军训练总监部副部长、部长，解放军军事学院院长兼第一政治委员，政协第五届全国委员会副主席，中央顾问委员会常委。1955 年被授予上将军衔。2008 年在北京逝世。

红二、六军团会师前后
——献给任弼时、贺龙、关向应同志

萧克

本文是我的一次谈话记录，说的是中国工农红军第二、六军团——二方面军的前身——会师前后的一段历史。这支部队在任弼时、贺龙、关向应的领导下，成为红军三大主力之一。它在中国革命战争中，有着不可磨灭的功绩；在我军战史上谱写了光辉的篇章。革命的洪流，奔腾万里，冲破了旧社会的层层屏障，出现了新的天地。这段历史，现在虽然过去40多年了，但当年那种波声涛影，好像都在眼前。今天，我把这段历史作一回顾，献给二方面军已故的领导人任弼时、贺龙、关向应同志和当年为革命而捐躯的二、六军团的烈士们，并用以激励自己，和全国人民一道，进入新的征途，为实现四个现代化而奋斗。

一、六军团北上、西征及与二军团会师

1932年10月，中央军委派蔡会文和我到了湘赣苏区的红八军工作。红八军是1929年1月，朱毛红军离开湘赣边区后，由各县留下的地方武装，经过一年多的斗争发展起来的。红军第二次打长沙时，湘东南特委集中部分地方武装，成立了湘东独立师。后又将湘鄂赣边部分游击队

编入，改名为湘东南独立师。不久，湘赣临时省委又将其改为独立第一师，同时把独立七团和湘南游击队组成独立第三师，1932 年 2 月，湘赣省委根据中央军委的指示，将独立一、三两师编为红八军，以独立一师师长李天柱、政委王震同志兼代军长政委。红八军的领导机关是由独立一师兼任。蔡会文同志和我到湘赣苏区后，正式组成了红八军军部，辖三个师，原独立一师改为二十二师，新独立师改为二十三师，原独立三师改为二十四师。我为军长，蔡会文同志是军区总指挥兼八军政委，袁任远同志为政治部主任。1932 年 5 月，中央为了加强湘赣苏区的领导，派中央政治局委员、中央苏区中央局委员兼组织部长任弼时同志任湘赣省委书记兼军区政治委员。6 月间在永新，我们按军委命令，将红八军改编为红六军团十七师，我为师长，蔡会文任政委，李达任参谋长，李朴任政治部主任（不久，王震同志为主任），下属四十九、五十、五十一三个团。但这时，红六军团没有设立领导机关，也没有使用过红六军团的番号。

1933 年 10 月，蒋介石不顾日本帝国主义的疯狂侵略，调动了 100 万军队，200 架飞机，对我各革命根据地发动了空前规模的第五次“围剿”。其中以 50 万兵力，分四路进攻我中央苏区。我们湘赣根据地在这次反“围剿”中，是中央根据地的侧翼，是辅助作战方向。11 月，位于东路的驻福建的国民党第十九路军，在陈铭枢、李济深、蒋光鼐、蔡廷锴等人的策动下，建立了福建人民政府，公开提出抗日反蒋的口号，宣布与蒋介石决裂，并与红军秘密签订了抗日反蒋协议。这就打乱了蒋介石从四面“围剿”中央红军的作战部署，迫使蒋介石由北线抽出七至十个师的兵力开往福建，企图压垮十九路军后，转而再进攻我中央苏区。

1934 年 1 月，正当蒋介石主力围攻延平、古田十九路军的时候，中央军委电示湘赣省委及十七师，要十七师速向宜春分宜地段渡过袁水，北出会合正在湘鄂赣坚持游击战争的红十六师，向南浔路永修一带行动。南浔路，位于蒋介石北路军侧后，是由南昌至九江的交通大动脉。

十六、十七师北上破坏南浔路，目的在于钳制蒋介石进攻十九路军，以及配合中央红军向北发展（中央红军也是要配合十九路军，但由于“左”倾路线政策上的错误，实际上没有积极有力的行动），以减轻敌人对中央苏区的压力，利于中央红军的反“围剿”。

我十七师于 1 月 26 日开始北上。这天的拂晓，在分宜县以东的肖公渡，我们一举突破了敌人沿河设置的防线，涉渡了袁水。我军渡袁水的行动，使蒋介石大为震恐，急令朱耀华等部进行堵截。当我部进至宜丰、修水间的黄沙地区时，敌朱耀华也率其十八师及六十二师各一旅赶到了黄沙，拦阻我军。我当即发起攻击，经六小时激战，突破了敌人一八四旅阵地，敌仓皇溃退。这次战斗，敌五六架飞机三次由南昌飞来临空助战，使我军战斗行动受到很大的阻碍，伤亡不小。当战斗正在紧张时，我巧妙地利用缴来的敌陆空联络信号，诱使敌机对开始溃退之敌狂轰滥炸，我全线乘胜攻击，敌全部溃退到潭山市。这一胜利，打出了威风，冲开了前进的道路。在黄沙战斗结束的当夜，我们与红十六师会合了。

我们乘胜继续向南浔路迂回前进。当蒋介石发觉我们的意图后，妄图利用我们远离根据地的机会，要把我们消灭在修水、富水之间。他急令三个三团制的独立旅沿瑞昌、岷山、德安、永修铁路线加强戒备，防我破路；令两个旅沿修水南岸布防，堵我南下；又令八个旅跟踪，寻我决战。我十七师在红十六师的掩护下，于 17 日黄昏抵达中央军委指定的德安县的马迴岭车站附近，准备破路。但发现敌速增调重兵，守备严密，我军地形不熟，加之雨夜泥泞昏暗，缺乏破路经验和工具，破路未果，随即撤至德安县的九渡源和上、下陶庄一带山区，准备寻机再去破路。这时，敌八个旅的追兵都围了上来，我们与敌激战于陶庄，因敌众我寡，又和红十六师失去了联络，处境极为不利，就决定迅速摆脱敌人，于 20 日乘雨夜从间道突围，秘密向南转移，第二天急行百里，在永修柘林市附近巧渡修水。国民党一个军官在他的日记中曾这样写道：

“伪十七师（指我们）仅有枪支千余支，窜入袁、锦、修水等地区，任其纵横驰骋，到处骚扰，国军以五师兵力，分任堵击无效，结果使该匪毫无损失，安然南窜。不知任追击之部队，将何以卸其责？”过修水后，除朱耀华部外，敌又增加了六个团的追兵，想阻止我们返回湘赣根据地。26 日我们转移到修水县的石溪，作了短暂休整。3 月 1 日，敌两路追兵已到，我们甩开敌人继续向西转移，于 2 日晚，在修水县的来苏，击破敌人的防堵，又于漫江击溃敌五十师一个旅的袭击，胜利地通过了武宁、修水、铜鼓封锁线，5 日到达幽居革命根据地，找到了湘鄂赣省委。蒋介石鉴于消灭我军的计划一再落空，气急败坏地训斥敌西路军第二纵队司令刘膺古“督剿”不力，敌师长朱耀华、彭位仁、岳森、郭汝栋等，一律降级记过。由此就可以看出十七师这次行动意义和指战员的英勇顽强了。但是，最后因湘鄂赣边根据地分割 20 多块，粮食极为困难，敌人太多，干部伤亡很大（我和李达同志也在这次挂了花），为保存有生力量，我们决定回湘赣苏区。大家不顾疲劳，奋勇前进，于 1934 年 3 月中旬末，从宣凤、芦溪之间，强渡袁水，回到了湘赣苏区。这个回师是必须的，也是正确的。

我十七师在这次近两个月的行动中，敌人共动员 46 个正规军的团，还有许多地主武装，堵截追击包围我们。我们这个小游击兵团，击溃朱耀华、岳森、陶广等部六个团，破坏了敌人数百座碉堡，消灭了不少地主武装，捣毁国民党区公所、食盐公卖处等数十所；通过了 2500 里白区，500 里赤区，渡过了好些江河，越过了崇山峻岭，冲破了敌人五次大的包围，打退敌人五次大堵击。军行所至，宣传群众，打土豪，给群众分东西，给地方武装发枪。打仗时瓦解敌军，争取俘虏等等。十七师的声威，真有朱毛红军下井冈山的布告上讲的：“红军宗旨，民权革命，赣西一军，声威远震”那种气概。

对这次十七师北上行动怎么看？我认为，中央军委要十七师北上的决定是不实际的。这是因为，“福建事变”后，蒋介石对中央苏区的“围剿”由攻势转为守势，并由北路军调部分兵力去福建进攻十九路军。在这种情况下，如毛泽东同志在《中国革命战争的战略问题》一文中指出的，红军应以主力突进到以浙江为中心的苏浙皖赣地区，由战略防御转入战略进攻，这样就能够迫使敌人回援，以粉碎对中央苏区的“围剿”，并能援助福建政府，起一箭双雕的作用。如果这样，那么十七师的北上也就是对的了。而王明路线没有这样做，却把红军主力调去进攻永丰地区敌人的堡垒地带，指令十七师在十九路军将要失败时北上，会合红十六师，出南浔路钳制敌人。十七师这样远离根据地，孤军深入，使自己暴露于敌人重兵把守的地域，不仅不能完成破坏南浔路和威逼南昌的任务，反而因与十八师分兵，使根据地中心区受到损失，而且也使十七师本身受到削弱，但是，十七师北上的行动是积极的，起到了钳制、调动敌人的作用，在一定程度上配合了中央苏区的反“围剿”斗争，也取得了一定的战果，同时锻炼了部队，为回师湘赣，保卫苏区树立了更大的信心。我们在与十倍以上之敌的作战中，采取了主动的运动战、游击战，灵活机动地打击敌人，并在敌人大包围中，善于摆脱优势的敌人。在连续行军作战中，广大指战员紧紧团结在党的周围，不怕牺牲，英勇善战，表现出了大无畏的革命精神。

十七师北上以后，敌人乘机进攻我湘赣苏区，根据地的中心——永新城被敌占领了。我十七师回师湘赣苏区，同留在那里的十八师会合（实际上只有五十二及五十三两个团）。这时，敌人调集重兵，妄图乘我十七师长途行军的疲劳和严重减员，进行大举围攻。我们在任弼时同志的统一领导下，在地方武装和苏区人民配合下，两个师协同作战，连续打了两个胜仗。一次是 4 月上旬，在永新附近的沙市，打了个漂亮的伏击战，消灭了敌第十五师王东原部一个旅，活捉了旅长侯鹏飞、团长徐本桢及旅参谋长赵楚卿，这是河西（赣江以西）战场上五次反“围剿”以来最大的一次胜利。另一次是 4 月中旬，在安福、莲花间之利田，打垮了敌六十二师的王育瑛①的一个旅。这样，湘赣苏区的局势就开始稳定下来了。但是，由于王明“左”倾机会主义单纯防御路线错误的干扰，搞短促突击，以堡垒对堡垒，5、6两个月部队消耗很多，加之敌人对苏区层层包围，严密封锁，又占领苏区中心的永新城、钱市街等地，分割苏区，我军的机动范围更狭小了。6月底7月初，主力不得不退出苏区的中心地区，撤到永新南面的遂、万、泰三县之交，也就是井冈山的东南面——牛田碧江洲一带。

这时，中央红军第五次反“围剿”屡战不利，被优势之敌压迫到闽赣边境。打破第五次反“围剿”的希望断绝了。在这严重情况下，党中央、中央军委开始作退出中央根据地的准备，同时于1934年7月23日，给湘赣省委来电指示：“中央书记处及军委决定六军团离开现在的湘赣苏区，转移到湖南中部去发展广大游击战争及创立新的苏区。”电报还明确地讲了撤出湘赣的理由：在粉碎敌人五次“围剿”中，敌人正在加紧对湘赣苏区封锁与包围，特别是加强其西边的封锁，企图阻止我们的力量向西发展。“在这种情况下，六军团继续留在现地区，将有被敌人层层封锁和紧缩包围之危险，而且粮食及物质的供给将成为尖锐的困难，红军及苏区之扩大受到很大的限制，这就使保全红军有生力量及捍卫苏区的基本任务都发生困难”。来电还阐述了军委这一决定的目的，指出：红六军团在湘中的积极行动，将迫使湘敌不得不进行战场上和战略上的重新部署，破坏其逐渐紧缩中央苏区的计划，以补助中央苏区之作战；这一行动，还能最大限度地保存红六军团的有生力量，并在创建新的苏区的斗争中，“确立与二军团（作者注：一九三一年三月，原红二军团已改为红三军。电报中的二军团是习惯称法）的可靠的联系，以造成江西、四川两苏区联结的前提”。电报并对红六军团向湖南发展的路线、地域和行动作了具体规定：“六军团由黄坳、上下七地域的敌人工事守

① 原文误为王堉瑛。

备的薄弱部或其以南，转移到现独立四团行动的桂东地域，在转移中要迅速脱离敌人，以便到桂东的游击地域，高度的迅速的发展游击战争和推广游击区域”，“六军团在桂东不应久停，第二步应转移到新田、祁阳、零陵地域去发展游击战争和创立苏区的根据地”，“以后则向新化、溆浦两县间的山地发展，并由该地域向北与红二军团取联系”。电报还就这次行动的组织领导作出了安排：“弼时同志及部分的党政干部应准备随军行动，弼时即为中央代表，并与肖克、王震三人组织六军团的军政委员会，弼时为主席”。在这个电报中，中央军委对中央红军的意图没有说明，后来我们从行动中体会到，中央红军也要向西撤，中央电令我们转移，是要我们起先遣队的作用。

接到中央军委电报以后，我们积极进行了转移的准备工作。在任弼时同志亲自主持下，召开了全体政工会议。他亲自作了“争取新的决战胜利，消灭湖南敌人，创造新的根据地”的重要报告，分析了目前形势，传达了任务，指出了有利条件和困难条件。军政委员会对这次转移部署作了缜密的研究，决定了突围方向和钳制方向，对留下的地方武装作了坚持根据地的妥善安排。西征部队积极打草鞋，做干粮，并实施了行军、侦察、警戒的教育。地方行政机关也进行精兵简政，充实部队。

经过充分的准备，我军于 8 月 7 日下午 3 时，全军 9000 多人，在独立四团的引导下，由遂川的横石出发，踏上了西进的征途。经日夜兼程行军，通过藻林、左安、高坪等地。连续突破敌人四道封锁线，于 11 日中午到达了湖南桂东县的寨前圩。12 日，在寨前圩召开了连以上干部的誓师大会，庆祝突围胜利。根据中央军委指示，由任弼时正式宣布成立红六军团领导机关，肖克为军团长兼十七师师长，王震为军团政委兼十七师政委，李达为军团参谋长，张子意为军团政治部主任，龙云为十八师师长，甘泗淇为十八师政委，谭家述为十八师参谋长，方理明①

① 原文误为方礼明。

为政治部主任。

这次向西行动，中央军委指示我们一切都要带走。由于我们主要领导人不大了解西征意图，也没有接受红十七师北上的经验，结果，把省保卫局的犯人、医院、兵工厂、石印机，甚至连个老虎钳子都带了。有个电台发动机很重，也带上走，你走十里路，它就掉队一二里。后续部队也跟着掉队。这种搬家式的行动，使部队的机动能力被这些家当缠住了，行军不灵便，打仗顾虑多，客观上降低了领导者寻找机会打仗的雄心。特别是到了贵州，山高路窄，崎岖曲折，很难走。我们从湘桂黔边进入贵州，带的东西就扔得差不多了。就把情况报告了中央，可是中央不吸取经验教训。不久，中央红军从中央苏区向西转移，他们搬得比我们还厉害，打仗是打被动的掩护战，因而吃亏也就更大。这种搬家式的转移，是五次反“围剿”后期军事保守主义的继续，完全违反了大踏步前进，大踏步后退运动战原则的。历史是一面镜子，回顾这段往事更加发人深思。当着中央红军沿着我六军团的行进路线前进时，国民党报纸说我们是：“前头乌龟扒开路，后头乌龟跟着来。”此语虽近乎笑话，但对我们自己来说，如果前头的“乌龟”走错了路，后头的“乌龟”就应警惕了，即所谓“前车之覆，后车之鉴”。如果后头来的不知所“鉴”，就必然造成更大的损失。中央红军搬家搬到贵州吃尽苦头，使我军遭至后车重覆之祸。在严峻事实检验下，“左”倾军事路线即宣告了破产。军事上如此，政治上也是如此。一个革命者如果不接受前人的教训，不接受自己的教训，只能沿着前车之覆而再覆。我党近60年的历史中，无数类似事件是大可汲取的。

红六军团胜利突围的消息，震撼了湘桂两省军阀。湖南军阀何键一面急调刘建绪派两个师兵力追击我们，一面令一个旅四个保安团防堵拦击我们。广西军阀也令第七军两个师向北部边境调动。由于敌情发生了变化，我们改变了在湘南地区停留的计划。8月12日晚，从寨前圩出发，越过了郴宜公路，绕桂阳，于20日占领了新田县城，休息了一天，23日，到达了湘江右岸的蔡家埠一带，准备抢渡湘江，向新化、溆浦地区前进。敌刘建绪发现我军抢渡湘江意图后，急忙调重兵堵防湘江，督令敌军尾击我军。与此同时，桂军第七军廖磊部分两路向道县、零陵运动，堵我西进。这时，湘江西岸有利地形已被敌人占领，布防严密，渡江已不可能。在这种严重情况下，我们决定放弃由零陵地区强渡湘江的计划，东行到阳明山地区，打算暂时立足，酌情建立根据地。但到达阳明山方知那里的地形、民情等，不利于建立和发展根据地，我们就放弃了这个计划，进入白果市，从四倍于我的敌军包围中摆脱了出来。绕过敌十五师的侧翼部队，立即急转南下，日夜兼程，到达了嘉禾县城附近。敌军继续追来，我军当即折而向西，迅速进至江华、道县之间，渡过了湘江上游支流的潇水，顺利地进行了湘桂交界之永安关的战斗，破坏了尾追我军之湘桂军三个师的截堵计划，进入了广西的全县、灌阳东北地区的文市。敌人又集结兵力妄图阻我军在此西渡湘江。我军一举击溃敌八个多团，于9月4日上午在全县以南的界首，顺利地渡过了湘江，进占了西延县城。

9月8日，我们在西延车田接到中央军委的一个训令，要我们在城步、绥宁、武岗山地区打击敌人，最少保持到9月20日，然后沿湘桂边境行动，与红三军联系，在凤凰、乾城、永绥地域建立巩固的根据地。训令的主要意图是要红六军团钳制敌人，直接与即将长征的红一方面军配合行动。当日我们由车田出发西进，准备取城步、绥宁、武岗地区，但未成功，后来准备在绥宁以西打击西进的湘敌，不料在小水遭敌五十五旅的突然袭击。这时，湘、桂、黔三省敌军也先后集结在靖绥以北地区，防我北进。我们又迅速改变了计划，夺路南下，占领通道县城。渡渠水，西入贵州。我军这样迂回转移，忽东忽西，运用灵活战术，使敌人难以琢磨。反动军阀何键曾无可奈何地说，红军“时而声东击西，行踪飘忽，作圈子策略”，“我十五、六师跟踪追逐数千里”，“军队疲于奔命”，他还破口大骂其部下无能。

我们进入贵州，那里群众没有受到我党和大革命的多少影响，对我们不大了解，有时碰到很多笑话。由于国民党反动派一再宣传什么“共匪、共匪”，有些年轻人不知道“共”是什么，“匪”是什么，他们看到我们纪律好，就不怕我们，但也叫我们“共匪”。我们问他们：“我们怎么样？”他们说：“你们好，你们共匪好！”我们就跟他们讲一通大道理，他们才明白过来。贵州除了群众不了解我们和山路难走外，地形也不熟。那时我们只有中学生用的地图。我们打到黄平，在法国教堂里找到一张近一平方米大的法文贵州地图，但看不懂。好在那里有个法国牧师能讲点中国话，不能写，发音也不准，但还能够听得懂，我们就指着地图，他讲我写，迅速译成中文。有了这张地图，才稍微详细地看清楚贵州的山川城乡的大略，行动才开始方便了一些。

从湘西到贵州，作战也非常困难。这时候笨重行李虽然丢得差不多了，但强敌跟踪尾追，我们走到通道以西40里之新厂，杀了个回马枪，把何键的补充第一纵队何平部两个团全部击溃，缴获甚多。从此，敌人就不敢轻易尾追我们了。我们继续向西，通过锦屏、黎平，进入了苗、侗两族聚居的清水江流域。在准备渡江北进时，苗、侗两族人民，积极为我们寻找渡口，收集船只，绑结木筏，架设浮桥。在人民群众的协助下，顺利地渡过了清水河，又突破湘、桂、黔三省敌军共18个团的包围，强渡大沙河，攻占地主武装盘踞的黄平县城，继续向石阡前进。

但是，我们在甘溪与桂敌遭遇战斗失利，我军被截为三段，陷入了湘、桂、黔三省敌军24个团的包围之中，形势对我非常不利。为了摆脱这种严重被动局面，十七师的四十九、五十一两团之一部，由四十九团特派员谭善和、五十一团樊营长负责组织部队，在军团参谋长李达同志率领下继续前进，首先在黔东根据地之沿河地区，与红三军的一部会合了。而十七师的五十团与四十九团之一部和十八师、军直则转战于石阡、镇远、余庆、施秉一带，遇到了严重的困难。这一地区，山势险峻，人烟稀少，物资奇缺。部队常常是在悬崖峭壁上攀行，马匹、行李不得不丢掉。一些部队有时一天一顿稀饭，饿着肚子走路打仗。指战员们没有鞋子穿，赤着脚在深山密林中行军，历尽艰辛。当时，中央代表任弼时同志得了很重的疟疾，在医药奇缺的情况下，他凭着坚强的革命意志，手拄木棍，领导着全军行动。当我军从朱家坝向南转移时，我后卫五十二团又遭敌截击包围，全团同志浴血奋战了三昼夜，终因敌众我寡，弹尽粮绝，受到了惨重损失。师长龙云同志被捕，被军阀何键杀害。经过十多天的艰苦奋战，在一天的半下午，进至石阡至镇远敌之封锁线上，击溃了敌之巡逻警戒部队后，占领了东去的路口，并向南面之镇远及北面之石阡派出了强有力的警戒。而主力由当地老猎户引导，鱼贯向东，深夜从一条人迹罕到的谷涧水沟（贵州称为夹沟）通过，这时，南面的湖南补充第二纵队陈铁侠部，北面的桂系军队都发现了我军主力。将近黄昏，敌人从南面进攻我们。我军团教导队特务连利用夜暗坚决抵抗，直至午夜，部队全部通过，天亮出了夹沟，我们才松了口气。这是一个极端紧张而又关系到六军团大局的一个战斗行动，直到现在，一经忆起，心胆为之震惊，精神为之振奋。从此，六军团战胜了贵州和广西、湖南军队的围追堵截。终于在 1934 年 10 月 24 日在黔东印江县之木黄与贺龙、关向应、夏曦同志领导的红三军胜利会师了。

这次行动历时 80 多天，跨越敌境 5000 多里，历尽千辛万苦，冲破了敌人的围追堵截，我们探明了沿途敌人兵力的虚实，查明了道路、民情，实施了大规模的战略转移，沿途播下了革命火种，实际上起到了为中央红军主力长征进行侦察、探路的先遣队的作用。

红二、六军团会师后，12 月 26 日①，在四川和贵州交界的酉阳县南腰界开了会师大会。两军团的领导同志都在会上讲了话。任弼时同志宣读了党中央为两军会师发来的贺电。这时，经中央军委批准红三军恢复了红二军团番号。贺龙同志任军团长，中央代表任弼时同志任政委，原红三军政委关向应同志改为二军团副政委。原红三军的七师改为第四

---

① 应为10月26日。

师，辖第十团和十二团；原第九师改为第六师，辖第十六团和十八团。红六军团因减员，暂缩编为四十九、五十一、五十三三个团。中央还决定由贺龙、任弼时、关向应同志统一二、六两军团的指挥。这时，虽然没有成立统一的指挥机关，但以贺、任、关为首的核心领导已经形成。两军团会师，指战员无不欢欣鼓舞。不仅为解决两军团建设中各自存在的问题，创造了良好的条件，而且使来自两个战略区的红军，结成了一个团结战斗的整体，形成了一支强大的战略突击力量，为完成更大的新的政治、军事任务，开辟湘鄂川黔根据地，奠定了可靠的基础。

二、战斗在湘鄂川黔边

会师后，我们立即对当时整个战争形势和自已的任务，以及行动方针，进行了审慎的研究，认为：刚刚退出江西根据地的中央红军，正与优势敌军在湘粤桂边境苦战，夺路向西转移，二、六军团就应积极行动密切配合。我们两个军团会师的时候，二军团有 4000 多人，六军团有 3000 多人。当时人家说我们有万把人，其实只有 8000 子弟。虽然子弹不多，但士气旺盛，武器齐全。

这里还要提到的是，红二军团在同六军团会师之前，在贺龙、周逸群、邓中夏、段德昌、周小康、夏曦的领导下，在湘鄂西苏区建立工农政权和游击队、赤卫队，由于强大敌人的残酷而长期地进攻，加上党内“左”倾路线的干扰，特别是肃反扩大化，不得不退出洪湖根据地。后来，在湘鄂西分局的领导下，在湘、鄂、川、黔边主要在黔东等地，进行了艰苦卓绝的游击战争，创立了黔东革命根据地。根据地内建立了苏维埃政权和各种群众组织；没收和分配了土地；同时在黔东各县建立了地方武装。红军有了这块不算大的根据地，在战略上、精神上有依托，得以争取某种程度的主动。同时由于红军工作的恢复和加强，就保存了有生力量，在四川、湖北、贵州广大地区保持了红军的强大政治影响。

尽管是这样，但黔东根据地纵横才 200 里，人口只十万以上，人少粮缺，这对二、六军团会师之后作更大发展的前程来说，是不理想的。怎样找到更好的发展前程呢？我们把四周的地形、民情、经济条件及敌情统一研究一下，认为湘西澧水流域上游，最适宜于开辟新的革命根据地。于是，我们决定向湘西进军。

湘西经济虽然落后，但我党的影响比较大。那里过去是贺老总领导的部队活动的地区，有比较好的群众关系。贺老总在这些地区人熟地熟，有利于我们发展。而且湘西的敌人力量薄弱，只有陈渠珍部三个旅和三个保安团，约万余人，加上被贵州军阀赶出来的杂牌军杨其昌、车鸣骥、雷明仇、廖怀钧等部的 4000 多人，他们都是寄食于陈渠珍，总兵力不大，战斗力也不强，有利于我们向这个地区开展战略攻势。只有向湘西进军，才能达到牵制、调动湘鄂两省敌人，策应中央红军的转移；才能在游击战、运动战中建立根据地，不断发展、壮大自己，练出好队伍。

1934 年 10 月 28 日，二、六军团从南腰界出发向湘西的永顺、保靖、龙山、桑植地区开进。这一行动惊动了湘西军阀陈渠珍，他害怕我军返回湘西，赶忙派出龚仁杰、周燮卿和杨其昌三个旅共万余人，从永绥和保靖向北行动，企图阻止我军进入湘西。我先经湖北省西南角咸丰县的百户司，向招头寨和龙山前进，将敌人向北牵动。当敌人进到招头寨南面的贾家寨时，我军即由招头寨突然转头东进，甩开敌人，乘虚袭占了湘西的永顺县城。

在永顺，我们分析了敌我整个情况。当时湖南军阀何键的部队，正被我中央红军吸引在湘南；湖北省军阀徐源泉部队，大部分散在鄂西施南和洞庭湖滨的津市、澧州①。当面之敌只有陈渠珍这一股。该敌虽然

① 原文误为醴州。

数量多于我，但其内部派系林立，指挥不一，官无规束，兵无严纪，战斗力不强。我二、六军团虽然只有8000子弟，但均为严酷战争铸冶的觉悟战士，加之两军领导指挥统一，团结一致，同时还可得到群众支援，我们应该而且也能够消灭这股敌人。只有消灭了这股敌人，才能够在湘西打开局面，站住脚。这就更坚定了我们歼灭陈渠珍的决心。

这时，陈渠珍的追击部队逼近。为迷敌诱敌，我们故意示弱，主动放弃永顺县城，向北撤退，果然敌误认为我军怯战，就经过永顺向北追。我们一边走，一边看地形，选择有利于伏击、侧击敌人的地点和时机。第一次在永顺城北附近设伏，因敌主力没离开城市，虑其先头退而固守，我故继续北撤。第二次拟设伏于吊井岩，后又在颗砂和塔卧等地设伏，都因地形不利于大量杀伤敌人而作罢。最后，我们看准了龙家寨及其东北地区的地形。这个地区，以龙家寨为中心的十万坪谷地，南北长约15里，东西最宽处为四里，谷底平坦，村庄较多，可装入大量敌军。谷地两侧林丰树茂，山势较缓，既利于隐蔽，又利于出击。于是，决定在这里伏击敌人。贺、任、关率二军团部和四师部署在毛坝附近，把十七师（两个团）放在杉木村东山，把十八师（一个团）放在北山。11月16日下午4时左右，敌前军龚仁杰、周燮卿两个旅进入我伏击圈，当他们准备在碑里坪宿营时，我们乘敌立足未稳，六军团从侧翼向敌本队发起猛烈攻击，二军团从正面猛打敌前卫龚仁杰旅。敌在运动中突然遭我猛烈冲击，兵多摆不开，枪多不能发扬火力，无法构成有力的防御配系。只两个钟头，龚仁杰、周燮卿两部就被我们打垮了。我们立即向前追击。追了十多里，发现杨其昌旅在距龙家寨北五里地左右的把总河筑构工事，企图顽抗。我六军团第五十一团和二军团第十八团，立即准备夜战。经简短的火线动员，第十八团从右侧攻击，五十一团从正面攻击，不到两小时，就把敌人大部消灭。第二天追到永顺城，敌狼狈南窜。这一仗是一个漂亮的伏击战，缴枪2000支，打垮了湘西地方军阀陈渠珍。从战略上说，作战方向选得好，敌人主力都追中央红军去了，湘西空虚，敌人战斗力不强，弱的好吃。从战术上说，采取了诱敌上钩的办法。我连日步步撤退、示之以弱，敌步步前进，将骄兵怠，越来越麻痹。地形选得好，我们攻击时机也抓得好。敌刚进入伏击圈，立即出其不意地攻击。两个军团团结一致，沉着勇猛，动作迅速。当夜间攻击杨其昌的时候，十八团和五十一团并肩攻击，都打得好，发扬了党领导下的人民军队的光荣传统。这次战斗的胜利，极大地鼓舞了广大军民，也争取了战略展开和发动群众的时间，是二军团离开湘鄂西根据地及六军团西征以来扭转困难局面的一个转折点，是开辟新苏区有决定意义的一战。

龙家寨战后，我们留下一些部队，在那里做地方工作，开始建立省级机构，展开湘鄂川黔边根据地各方面的工作。进攻大庸，歼灭朱华生旅一部，并占领了大庸城。稍加休整，主力向南打沅陵，因敌凭坚固守，我转向东，在桃源、浯溪河一带给罗启疆的独立第三十四旅一个歼灭性的打击。占领桃源，迫近常德。

就在这一两个月的时间内，红军纵横驰骋于湘鄂川黔边区，约百万群众开始发动起来了。打开这个局面，是具有重大意义的：第一，为开辟湘鄂川黔革命根据地创造了一个很有利的条件。我们把湘西地头蛇陈渠珍和蒋介石派来的独立第三十四旅打垮了，逼近湖南第二大城市——常德，震动了统治阶级，鼓舞了革命群众。第二，部分地打乱了蒋介石围追堵截中央红军的部署，迫使他们不得不抽出大量兵力对付我们，有力地配合中央红军在湘黔地区的行动。湖南军阀何键怕我们打长沙，急令在湘南拦截红军的敌十九师、六十二师和十六师兼程北进。湖北军阀徐源泉，怕我们向北发展威胁长江交通，也改变了蒋介石要他去四川与中央红军作战的行动，调了三个主力师分别部署在鄂西施南一带和湘西的津澧地区。蒋介石也速令在江西的二十六师增援常德，并以四个师的兵力转到湘黔边境。当时中央红军从湖南通道转入贵州，国民党第六十二师、十六师追至通道西 40 里之新厂，因我们打到桃源，这两个师就改向北调，向我进攻，这对中央红军的行动是有力的策应。

二、六军团会师以后，为什么能够胜利？湘鄂川黔根据地为什么能很快地建立和发展？

第一，两个军团会合后，全体指战员在任弼时、贺龙、关向应同志的领导下，决心建立新的革命根据地。我们虽然是两个根据地临时会合起来的军队，但都有一个建立根据地的强烈愿望。二军团离开了洪湖，离开了湘鄂西，两年的游击活动，深深感到没有根据地是不行的。六军团离开了湘赣苏区，长途行军，既不能休整，也不能练兵，也有同样的感受。还应看到，六军团长途奔驰两个多月，进到地形、民情、风俗与江西不同的贵州、湘西，就对和这一带人民有联系的红二军团，带着依存心情；二军团过了两年的流动生活，对于带来了朱、毛红军光荣传统的六军团，思想上也有向往之情。所以会合之后就能团结一致，万众一心，为完成当时重大的政治任务——配合中央红军和建立湘鄂川黔边根据地而战斗。8000 子弟兵一条心，形成一股巨大力量，就能一战而胜，马到成功。

第二，正确地选择了战略突击方向和采取机动灵活的作战方法。我们根据红军传统的作战方法，对统治势力比较强的方向采取守势，对统治势力比较弱的方向采取攻势。所以，两军会师后，战略上指向湘西。因为湘西只有陈渠珍的土著部队，是敌人统治比较薄弱的地方。我党在那里又有很大的政治影响，利于我们发展。在湘西攻势中，我们的作战方法也有很大改变。从六军团在湘赣苏区不能粉碎敌人第五次“围剿”，在战略转移中有很大的削弱,使我们体验到（虽然当时是不大自觉的），只能和敌人打游击战、运动战，再不能采取退出湘赣苏区前两个月那样，以主力对主力，以堡垒对堡垒的打法了。所以在战役战术部署上，采取诱敌入彀，怠而歼之的方针。这种打法，过去是用于敌人进攻根据地条件下的。我们新到湘西，敌人很快就来进攻，我们还来不及把根据地党政机构和群众组织起来，采取诱敌入彀，怠而歼之的战法比较有利。这是属于诱敌深入范畴的，只是没有根据地那样好的条件罢了。但战役态势和中央苏区时期颇近似。龙家寨战斗胜利后，我军立即转入战略反攻，打下大庸，南逼沅陵，转而东进，战胜罗启疆，进占桃源，打常德，又占慈利，展开了在广大区域运动战和游击战的战略进攻。这个战例，使我们认识到，即便在白区，在一定程度上，同样可以运用诱敌深入的战法。只是条件不够，不大典型。例如在白区就不能像在根据地一样坚壁清野。而坚壁清野正是诱敌深入的重要内容。在江西反“围剿”时，曾把坚壁清野和诱敌深入平列提的。但白区诱敌深入成功的例证不多，必须审时度势，根据情况灵活运用。

第三，批判了夏曦同志的错误，加强了两军团的团结。夏曦同志执行了四中全会的“左”倾路线，使湘鄂西苏区和红军都受到了重大的损失。二军团以前曾发展到两万人，但和六军团会合前，只剩下 4000 多人了，特别是执行了“左”的肃反路线，错杀了一些有长期斗争经验的军队领导干部，使红军处于极为困难的境地。如原六军军长段德昌同志，就是这个路线的牺牲者。第六军是洪湖地方党在秋收起义后，以段德昌同志为首，开展游击战争建立起来的，这颗江汉洪流涌出的明珠，在 1930 年 7 月 4 日，贺龙同志带红四军，到洪湖与段德昌会合，双璧相映，分外光彩。

夏曦同志脱离群众，犯了许多错误，两军会合后，对他进行了批评，这是有积极意义的，是正确的。但当时我们思想认识水平不高，同时处在紧张的战争环境，没有从理论上指出其错误的实质，所以，也不可能从“左”倾路线中解脱出来（从当时全党的认识水平来说，也不可能解决“左”倾路线问题）。比如批评夏曦同志犯了路线错误，但又说他不执行四中全会决议。本来他就是执行了四中全会路线而犯错误的，我们反而批评他没有执行，这样就没有说服力。他说：“我犯了严重错误，但我是坚决执行四中全会决议的呀！”又如我们只从他主持起草的一些文件中，抓住某些不科学的提法，用推理的方法给他戴上取消主义的帽子，也使他接受不了。他说："我没有像陈独秀那样不要苏维埃，不要红军，算什么取消主义呀！"在组织处理上，把他的领导职务全都撤掉，就更不恰当了。中央于 1935 年 3 月 31 日来电指出：夏曦虽有错误，但不能说发展到取消主义，这种说法是夸大了他的错误；在内部开展批评斗争是应该的，但做的组织结论是不适合的；反倾向斗争的主要目的是在教育犯错误的同志，而不应该处罚这一同志；夏曦应继续在领导机关工作，在实际工作中纠正他的错误。根据中央指示，省委安排他担任省委委员、军委分会委员和革命委员会副主席的职务。

革命者犯错误是难免的。对一个同志的功过，应当根据历史事实，作出实事求是地、公正地评价。对夏曦也是一样，应当从他一生的革命活动中来评价。我认为他的一生是两头好，中间错。在 1920 年 10 月，毛泽东同志在湖南创建社会主义青年团时，夏曦和郭亮等同志是第一批团的参加者，随后和毛主席一起搞青年团和工人运动、学生运动及统一战线工作。他和毛主席、蔡和森、邓中夏、郭亮、李维汉等几个同志一起工作过。后来毛主席去广东，邓中夏到长辛店，夏曦在湖南活动。他是湖南党的主要领导者之一，与郭亮齐享盛名。十五六年前，李维汉同志和我较客观地谈过他的情况。杨尚昆同志在七大大会上讲过，夏曦同志在苏联学习时，开始还和王明等作过斗争的，但后来王明一伙攻他，把他压服了。四中全会后，中央派他到湘鄂西苏区，他执行了四中全会的错误路线。二、六军团会师后他受到批评，分配做地方工作，后来到六军团当政治部主任，做了很多工作。他平易近人，我和王震同志都承认他有水平，尊重他。1936 年 3 月，我军退出毕节，在野马川、七星关地区，他去归附我军的绿林部队席大明部工作，该部背弃诺言，反水，夏曦同志过河时不幸溺水牺牲，他在湘鄂西苏区所犯的错误，是第三次"左"倾错误路线下的产物。即便在这个时期，也要具体分析。如 1934 年 6 月在湘鄂西中央分局会议上，决定创建黔东苏区。在这时期，红三军重新建立了党团组织，恢复了政治机关，为建立黔东根据地做了许多具体工作。他在中央对中央分局肃反扩大化的错误批评之后，开始加以纠正。又与贺龙等同志决定处决大间谍熊贡卿等等。这些都是在中央分局领导下的重大的、正确的转变。虽然这些都还谈不上是路线上的转变，但作为当时中央分局书记的夏曦，有其应有的作用。因此，在批判他的错误的时候，不能过分强调个人责任。

三、贯彻遵义会议精神，胜利进行反“围剿”

1935 年初，敌人派兵六个纵队，向我们建立不到三个月的湘鄂川黔边游击根据地进攻，这是敌人对我们的第一次“围剿”。敌人为了保障其追击我中央红军的侧后安全，企图趁我军在湘西立足未稳之机，迅速将我军孤立、限制和消灭于湘鄂西部边境地区。敌人的战略，基本上还是堡垒主义。在军事上，采取分进合击、严密防堵、攻堵结合的手段；在政治上，一方面对人民群众进行反革命的欺骗宣传，同时收买土匪，加强地主武装，在根据地内部实施破坏；在经济上，进行封锁，断我根据地与外地贸易，禁药、禁盐、禁布匹。

面对敌人的“围剿”，在任弼时、贺龙、关向应同志的领导下，湘鄂川黔根据地广大军民，进行了积极的反“围剿”准备工作，制定了作战方案。这时，党中央举行了遵义会议，克服了当时党内极为严重也是主要的“左”倾路线的错误。以毛泽东同志为首的中央革命军事委员会在得知湘鄂敌人的联合作战计划以后，于 2 月 1 日给我二、六军团来电，要我们“应利用湘鄂敌人指挥上的不统一，与何键部队的疲惫，于敌人离开碉堡前进时，集中红军主力，选择敌人弱点，不失时机地在运动中各个击破之。总的方针是决战防御，而不是单纯防御；是运动战而不是阵地战，辅助力量是游击队和群众武装活动”。

军委这个提法和过去提法大不一样啊？这是怎么回事啊？就打电报问中央，中央就把遵义会议决议摘录电告我们，这时我们才知道有个遵义会议。我们就在部队中传达了《中共中央关于反对敌人五次“围剿”的总结决议》（即遵义会议决议）。通过学习讨论，把运动战、游击战提高到战略思想上来认识，自觉地抛弃了“左”倾机会主义错误的军事原则，认识到敌人的“围剿”和我们的反“围剿”的长期、反复斗争的规律，理解到遵义会议是对过去军事路线的否定（当时还没有“左”倾路线的提法）。还在两军会师之初，我们打仗都是根据敌我实际情况，在有利条件下进行的，也就是运动战、游击战，所以取得进军湘西的胜利。遵义会议决议收到后，战略思想就越来越明确了。认识到：第五次反“围剿”的失败，在军事上犯了单纯防御路线和短促突击的错误，今后战略上要采取积极防御。选择有利时机，集中兵力，在运动中各个歼灭敌人。在战略转移中，必须不放过有利时机坚决地消灭敌人，才能提高士气和得到武器弹药的补充，才能争取休息，发动群众，扩大部队。搬家式的行动，避战和不放下包袱打仗的观点，是完全错误的。遵义会议决议的精神，使我们改变了“左”倾机会主义统治时期错误的战略战术原则，为我二、六军团争取反“围剿”的胜利定下了总方针。我们坚定地执行遵义会议决议的精神，采取了运动战、游击战的战略战术，从而引导我们继续取得胜利。并根据中央军委指示，利用湖南的何键和湖北的何成睿、徐源泉两个派系步调不统一，指挥不统一的矛盾，首先集中主力打击从湖南方向来的敌人。

3 月，我们发现湖南敌人一部由王村向永顺城前进。我向前迎击，消灭了敌一个团，取得了反“围剿”的初战胜利。

4 月中旬，敌人深入到我们的中心地区——永顺一带。那时我们的思想是很明确的。不再采取以主力对主力，以堡垒对堡垒的打法了，而是采取机动灵活的战略战术，有机会就打，时机不成熟就转移，在内线如果没有歼敌可能，就转到外线去寻找战机。

队伍从中心区向北走了一天多路，到了桑植县陈家河，发现离我们15里的地方有敌五十八师陈耀汉部来堵截，大约有两三个团。第二天早上，我们向前占领了阵地，认为地形对我有利，恰巧敌人向我攻击，我们稳住阵地，打退了进攻的敌人的第一线兵力。在敌人刚溃下的时候，我们抓住时机，转为战术反击，打到敌人阵地的纵深，两三个钟头就把敌人一个旅打掉了。

打掉这股敌人，就进一步把情况摸清楚了。陈耀汉还有一个旅和一个师部，可能会从塔卧向桃子溪方向来。于是，我们决定向桃子溪方向前进，打遭遇战。第二天早晨，我们两个团先走，走了60里，下午4点了，离桃子溪还有十里路时，发现小河里的水有些浑，判定一定有部队过去。于是我们继续向桃子溪前进。路上遇见一个老乡，说桃子溪刚才到了敌人，后面还在继续来。这样，我们立即决定打。虽然不知道它有多少，但估计是五十八师的另一个旅加师部。因为他们刚到，马上打，就带着突然袭击性质。在离桃子溪八里的岔路上，把两个团展开，向敌人猛扑过去，敌人措手不及，一下就被冲垮了。敌人退到后山，我军继续攻击，一直打到晚上八九点钟，战斗才结束。给陈耀汉的师部和一个旅一个歼灭性的打击。这一仗，战术上是以稍劣势的兵力击破优势敌人（我以三个不大充实的团，打敌两个正规团及师直属队）。以前我们从来没有缴获过山炮，这次缴获了两门山炮（日本造的），大家很高兴。由于敌五十八师的覆灭，震撼了敌人，各路“围剿”之敌纷纷后撤。这样我们就粉碎了敌人的第一次“围剿”，从而为巩固根据地，转入反攻创造了条件。

5月，敌人又增加兵力，集中80个团对我们进行第二次“围剿”。这时，湖北徐源泉的四十三师、四十八师和谢彬的八十五师都来了。湖南方面，敌人虽然不那么积极，但数量大，三个正规师（一师六个团）加七八个保安团。我们就采取东守西攻的方针：东南对湖南取守势，西北对湖北、贵州取攻势。从5月起到8月初，在三个月的时间内，我们转到湖北靠贵州边界地区和敌人作战。在忠堡战斗中消灭了四十八师一部分，俘虏该师师长张振汉；8 月初又在板栗园战斗中，一举消灭了八十五师，击毙了师长谢彬。这样就粉碎了敌人的第二次“围剿”。

张振汉虽然是高级军官，但我们根据党的不虐待俘虏的政策，对他宽待。不久，我们扩大了红军学校，请他当战术教员，还请了一些解放来的也有军事技术的军官、军士当教员。抽调有战争经验的干部及优秀战士入学，全校有学员 800，还有个高级班，都是营以上的干部，全班有七八十人。张振汉就在高级班教课。打败仗的人怎么能教打胜仗的?要知道一般战术原则，如行军、组织战斗、协同动作以及利用地形地物等都是科学，不管红军白军，有很大共性。军事技术没有阶级性。至于如何运用，则决定于不同的阶级和不同的政治目的，以及不同的战略指导思想。还有打败仗的人，可以从反面来进行教育。张振汉就举了他自己和蒋介石同红军打仗，以及军阀混战中许多打败仗的战例来说明一些原则。十月革命后，列宁不仅利用资产阶级知识分子和各种专家来搞工业，而且还利用旧军官来建设军队，办军事学校。解放后，我们利用了一些旧军官到高级指挥和技术学校当教员，确实起了好的作用。林彪在 1952 年就曾在怀仁堂军委会议上攻击我军利用旧军官任教。1967 年，大野心家江青也叫嚷：世界上还有这样的笑话，常败将军教常胜将军，伟大的中国人民解放军还让这些人来当教员。林彪、江青的这些谰言，完全是形而上学，根本不懂得革命事业必须善于吸收历史上的优秀文化和一切科学技术成果。我们不杀张振汉，还请他当教员，是合乎马克思主义的。长征时，我们带着他走，后来到了延安，中央决定放他回去，回去后参加了抗战。他家住长沙，我军解放长沙时，曾做过一些有益的工作。解放后还任长沙市政协委员和副市长。

我们粉碎敌人第二次“围剿”后，在新建立的根据地和边缘地区，还有许多反动的游杂武装。省委决定，领导机关分为前后两摊。前面一摊领导打仗，后面一摊领导地方工作，其中包括红军学校和留守根据地的红十八师，地方武装及军队后方工作。主力向东，转为战略进攻，打到石门、澧州、津市和临澧一带。后方抓紧建党、建军、建政、青年、妇女及农村各种群众工作。加强对干部的训练，加强根据地内部对敌斗争。这样，前方取得新的胜利，又得到大量的兵员、武器和物资的补充，后方也得到巩固和发展。在“左”倾教条主义统治时期，规定红军的任务就是打仗。但二、六军团由于受红四军九大决议（即古田会议）的影响，六军团产生于湘赣苏区，是朱、毛红军在井冈山地区时的地方党和游击队发展起来的，所以三大任务的光荣传统，始终保持着。遵义会议后，这个传统在湘鄂川黔根据地的建设中，更加发扬了。后来我们到华北、华东，还是这一套。

四、退出湘鄂川黔根据地的根本原因

我们粉碎了敌人第二次“围剿”以后，根据地和红军都扩大了。二、六军团会师时共 8000 人，刚过一年，即从 1934 年 10 月到 1935 年 10 月，就发展了两倍半，有 21000 多人。在敌人新的大规模进攻将开始的时候，我们于 11 月 19 日，离开湘鄂川黔根据地，开始了新的战略转移。

反“围剿”既然胜利了，为什么要离开根据地呢？

第一，敌人来得多。敌人从 10 月开始又组织第三次“围剿”，这次“围剿”的规模比前两次更大。第一次“围剿”敌人有六个纵队，四五十个团；第二次“围剿”是 80 个团；这一次是 130 个团。敌人鉴于前两次“围剿”的失败，认为是使用杂牌军多及指挥不统一，这次“围剿”，以蒋介石的嫡系、半嫡系中央军为主。如汤恩伯统率的八十七师、七十八师调来了，与红军打仗有经验的二十六路军孙连仲三个师和樊嵩甫纵队也调来了。蒋介石还派陈诚到宜昌设立行营，统一指挥。在根据地四周不断增加兵力，构筑大量的工事碉堡，形成了更大包围圈。同时，厉行更为严密的经济封锁。

第二，地形条件不利。湘鄂川黔苏区周围，东有洞庭，北有长江，南有沅澧二水，西北崇山峻岭，粮食困难，在绝对优势的敌人重重包围、严密封锁的情况下，不利于我大兵团的机动。

第三，经济落后，封建地主独霸一方，割据一地。在大割据中又有若干小割据。湘西地方军阀陈渠珍，名为统治13县，其中若干县又有人割据，甚至有割据三两区、乡的。有些大地主也有枪，在山顶上占据自然溶洞，他打你容易，你打他困难。他们躲进洞子里，洞口又加上些工事，你打他就更困难。后来我们想了个办法，攻占洞口，用辣椒烧火熏烟，用风车吹进洞内，一边熏，一边喊话："你们出来，我们不杀你们"。这样就打开了许多洞子，搞了1000多条枪。即便如此，民团地主的小区割据还是不少。

那里遍地都种鸦片，老百姓抽鸦片的很多。地主军阀嫌一般捐税收入不多，就要老百姓种鸦片，规定一亩地要缴多少鸦片，老百姓不种，就收懒捐。他们从买卖鸦片中发大财。由于遍地都是鸦片，人民较普遍地受到烟毒，小孩患个伤风感冒，就用鸦片烟一喷，所以十多岁的小孩也有不少抽鸦片的。这就给我们带来了一个问题，抽鸦片的准不准当兵？我们在江西时，说抽鸦片的是流氓，当然不要。到了湘西，抽鸦片的不要，兵源就不好办。好吧，只要是青年农民，愿意参军的就要。因此补的新兵，多数都抽鸦片。红军可以抽鸦片，在江西是想也想不到的。为了动员他们戒烟，供给部准备了鸦片，定量发烟，同时讲清道理，做政治工作，然后逐渐减少发烟量，吃点戒烟药，最后以蒸馏水溶化硫苦，静脉注射，个把月就戒了。这项工作是我军团卫生部长戴震华同志搞的，解放后他任过军委卫生部长、总后勤部副部长，1967年不幸病故。

第四，政策过"左"，根据地不巩固。湘西的社会情况有两个特点：一是土地特别集中，地主、富农占人口不到百分之十，而占有土地却在百分之七十至百分之八十以上；一是游民特别多，游民武装也很厉害。湘西自民国以来，就出现过许多草莽英雄，如汤子谟、周朝武等。为什么出现那么多的游民呢？主要是从满清晚期，外国资本主义经济侵入，自然经济崩溃，土地更加集中，人民没饭吃，活不下去，就大量地沦为游民、半游民。省委对土地革命是积极的，抓得很紧。根据地中心地区大部分都分配了土地，但那时的社会政策，基本上是三次“左”倾路线那一套。划阶级成分，地主和富农超过百分之十，就把有些富裕中农划成富农了（地富比例，各乡村虽不一样，但平均不到百分之十）。分配土地只是抽肥补瘦，地主不分田，富农分坏田，甚至对富农过重地征收粮食（百分之四十），这是错误的。还有，对工商业征税太多，对游民、杂色武装、绿林会道门武装没有按照毛主席的政策改造他们，至少使他们中立。袁任远同志对此很有意见。他是湘西慈利人，当时任大庸分区政治委员，奉省委指示，费了很大力气去争取游杂武装,来接头的有 1300 人,来了 400 多,还带来了好多枪。但是，我们却把他们解除武装，杀掉头头，这就引起游杂武装的敌视，又散为匪。由于过“左”政策没有纠正，就孤立了自己，把许多可以争取和使之中立的队伍，推到敌人那边去了。所以在根据地的大半年中，一方面消灭了许多反动的游杂武装，另一方面却又产生了许多的游杂武装，同地主武装结合，一起反对我们，严重地影响了地方工作的开展和根据地的社会秩序及政令的实行。军队的组织成分，由于游民大量加入，军队政治工作不够，土地革命也因时间和战争关系，还没有在更广大的地域深入，就影响了部队的巩固。带枪逃跑，甚至成班逃跑的，为数不少。如果当时的政策不搞得那么“左”，就不会树敌过多，不会成为在强敌包围下非走不可的因素之一。遵义会议以后，当时全党思想刚刚开始转变，我们还没有认识到过“左”的社会政策的危害，就加重了自己的困难。这个问题，在长征出发前不久接到共产国际提出统一战线，特别是我党中央制定的统一战线政策之后，才开始有感触，直到延安整风才完全解决。

从前述四个因素来看，二、六军团退出湘鄂川黔根据地是正确的。退出苏区之前，只是想转移一下，摆脱敌人包围，保存有生力量，到湘黔边或黔东地区建立新的根据地，但并没有想到要过长江，渡金沙江，更没有想到要长征到陕北。

五、伟大的战略转移——长征

红二、六军团退出湘鄂川黔根据地，是主动地、有计划地进行的，不是流寇式的单纯军事行动，也不是搬家式的消极逃跑。我们吸取中央红军及六军团自己的经验教训，退出时行李简化，只带一两天米，轻装前进。只要是有胜利的把握，就坚决勇敢地打仗。打好仗，就可以休整（多则十天半月，少则也三两天），就可以扩大红军。

我们的运动方向是向西。为了迷惑敌人，则故意向东南，也就是古代兵法讲的"声东击西"。我们从桑植出发，走两天到大庸县城东30里之兴隆街地区，乘夜突破了由敌十九师李觉部防守的澧水防线。再向南急行军两天，到沅江北岸之洞庭溪，突破了沅江防线，全歼敌一个营。继续向东南猛进，一下子插进湘中最富裕、人口最多的地区新化、锡矿山、辰溪、溆浦。经过十多天工作，才真向西走，到芷江、晃县之间的便水，与追敌十六师、十九师全部及六十三师之一部大战一场。这一仗虽然是个消耗战，但制止了敌人的急追，取得了在江口和石阡的短时休整，并迎回了我主力由湘鄂川黔苏区出发时留在苏区坚持斗争的部队——六军团第十八师之五十三团及地方武装。他们在强敌围攻下，不能立足，由师长张振坤同志（抗战时在新四军皖南事变中牺牲）率领，从苏区西面突围，采取迂回曲折，避实击虚的战术，突破敌人重重包围，几经艰苦，经招头寨、黔江、酉阳、秀山、松桃一带，到江口与主力会合，全军为之庆幸。

我军在江口、石阡及以南地区稍事休整，即经余庆、瓮安、平越，进至贵阳北六十里之扎佐①镇，歼守敌两个营，约1000人，又经修文西渡鸭池河，占领黔西、大定、毕节地区。敌万耀煌部十三师追来，占了大定。我十七师由遵义西之打鼓新场游击，遂回师大定，在大定城西十余里之将军山，将敌向毕节进攻之先头部队七个连四面包围，经一小时半就解决了战斗，无一漏网，制止了敌之急追。我军控制将军山，形成在毕节、大定地区开展游击根据地活动的东面屏障。尔后，两军团与强大的追敌激战，并对驻威宁之滇军，严加警戒。同时积极开展了地方工作，使后方机关及伤病人员，也得到休整。近20天，补充新兵5000人。

这时敌军越来越多，万耀煌、樊嵩甫、郝梦龄、郭汝栋等四个纵队，共七个师一个旅，向毕节地区进犯。当时地方工作，一时也不能广泛和深入开展。遂于2月下旬，我们退出毕节城，进入乌蒙山区活动。敌又以十个师继续围攻，长江北岸，又有大批川军防堵，我们就决定跳出敌人包围圈，从昭通、威宁之间，透过滇军孙渡纵队防线，向南直趋滇东，占领宣威、亦资孔及贵州之盘县，进至南北盘江之间。这时追敌由进攻黔（西）、大（定）、毕（节）地区的90个团，只剩下50多个团了，我则兵员充实（不减于从湘鄂川黔边出发的人数），士气旺盛，南北盘江及牛栏江东广大地区的政治、经济条件都比较有利。贺、任、关为首的军委分会，决定在这一带展开创立游击根据地的活动。这是我们在长征中第三次建立游击根据地的战略意图。

还在我们从湘鄂川黔快出发的时候，接到共产国际关于建立反对法西斯统一战线的指示，又接到中央关于统一战线和抗日救国的指示。国际和中央这些精神，我们认为切合中国当时政治形势的要求。南渡澧水后，就由夏曦同志起草了抗日反蒋的六言韵文布告，用六军团政治部名义发出。这是一个好的布告，原文记不全了，但前后几句话我还记

① 原文误为札佐。

得，前面几句是 :“我们工农红军，志在救国救民，实行抗日反蒋，消灭卖国巨憝”。末尾两句是 :“大家起来救国，胜利终归我们”。我们边走边打边宣传，严守三大纪律八项注意。六军团到新化，号召凡属愿意打日本的，我们都欢迎。许多群众踊跃参军，只七天就来了 1000 人。新化东 60 里之锡矿山，是个有机器设备而规模不小的矿区，王震同志带十六师去游击，只三四天，也有二三百人来参军。这是六军团从湘赣苏区活动以来吸收现代产业工人最多的一次。二军团占领溆浦、辰溪、浦市广大地区后，广为宣传，发动群众，没收分配豪绅地主的财物，人民对红军的行动及其政治性，有了较好的认识，不过十天，参军的约 2000 人。这样一路宣传抗日救国和打倒蒋介石的道理，对国民党统治区的震动很大。敌人千方百计地要消灭我们，前堵后追，不断空袭，我们则千方百计地保存自己，扩大自己，消灭敌人。我们在湘中活动一个短时间，就转向西面，敌人妄想利用湘西和黔东险峻山岳地带，构筑封锁线，阻我西行，我军打破敌人多处关隘，突破了敌人层层封锁。特别在黔东、石阡以西地区，突破敌二十三师守备的 40 里纵深的碉堡封锁后，甩掉了新围拢来的敌人重兵集团，全军经湘西、横贯贵州，渡过干坝河，逼近贵阳，又渡鸭池河，占领黔西、大定、毕节。走了不少路，打了不少仗，队伍却没有减少。为什么呢？就是一路宣传抗日救国和红军纪律，做群众工作，打土豪、分财物，得到广大群众拥护。敌人报刊说我们到处流窜、裹胁流亡。前一句从表面现象看，似乎像那样子，但他们根本不懂得我们是有政治目的，并采取灵活的运动战、游击战的军队。后一句话更荒谬了。我们为工农和中华民族利益而英勇奋斗，人民自觉的参军，既不用裹，更不用胁。

根据中央统一战线的指示，在石阡①休整时，我们在天主教堂召开了一次党的活动分子大会，由弼时同志作了扩大统一战线的报告，对统

① 原文误为石矸。

一全体指战员的思想起了很大的作用。所以，路上我们很注意做统一战线工作，六军团由夏曦同志直接主持。他在新化，不仅注意工农的工作，而且在学生和知识分子、妇女中的工作，都有成效。在毕节，还注意团结开明士绅。如毕节旧知识分子和高级开明士绅周素园，是满清末年的秀才，到贵阳办报，后来又在北洋政府当过秘书长。我们快到毕节时，国民党专员莫雄叫他走，他说："我没有多少家当，不必走"。我们到后，到他家发现有许多马列主义的书，翻开一看，圈圈点点。政工人员立即把这种情况告诉王震和夏曦同志，他们马上去找他，问过他的经历后，又问他为什么看马克思主义的书籍，他说："我研究马克思主义十年了，我觉得马克思讲得对，我相信马克思主义。你们共产党、红军，是讲马克思主义的，所以我用不着走……"他们又说："你研究马克思主义好，现在我们共产党的政策要抗日反蒋，你赞成不赞成？"他说："赞成，完全赞成"。我们就请他出来当了贵州抗日救国军司令，他时间很短就发展到1000人枪。我们到毕节前，原来想在黔西、大定站住脚，到毕节后，请他给云南的国民党纵队司令孙渡写信，因为他和龙云、孙渡等上层人物都认识，他就把共产党和红军当时的政治主张告知孙，并说：蒋介石派中央嫡系万耀煌、樊嵩甫等进入云南贵州来打红军，也叫你打红军，红军是不好打的；退一步说，即便你把红军打掉了，也是两败俱伤；万、樊挟天子以令诸侯，人多势大，那时的云南，还是你的？！假道灭虢，史有明鉴。正是由于龙云当时的处境，周素园给孙渡写信，打中了他的要害。所以孙渡就在威宁、昭通，按兵不动，形成与国民党追击军造成夹击之势，迫我北走四川。这种态势，就利于我们集中主力对付东面来的敌人，能在毕节停留近20天，休整补充（我们在乌蒙山向宣威进军时，也曾用六军团首长名义，把这个意思与龙云、孙渡写过信，并提出同他们缔结抗日停战协定。虽然估计不会有什么结果，但至少可以使龙云加深对蒋介石中央军入滇的戒心，加深其矛盾。后来事实也证明是如此）。

红二、六军团从乌蒙山地区分途到达宣威和盘县。在盘县时，接到总司令部的电报，署名是朱德总司令和当时窃据总政委的张国焘，要我们西行渡金沙江，到西康同四方面军会合，北上抗日。这时我们对一、四方面军会合时张国焘闹分裂反中央的情况，一点也不知道。当时我们还想在滇黔边站住脚。虽然查明来包围这地区的敌人比进攻黔西、大定、毕节地区少了，但也还在 50 个团以上，时间久了，敌情也可以变化，是否能站得住，是个未知数。总司令部要我们北上抗日，我们从当时整个的国内形势来看，认为北上抗日是大势所趋，经军分会的考虑，决定执行总司令部的指示，与四方面军会师，北上抗日。

我认为，当时张国焘之所以能与二方面军渡金沙江与四方面军会合，有下列因素：第一，中央统一战线政策及北上战略方针的正确，以及一方面军（含红十五军团及陕甘地区红军）在陕甘地区胜利的发展，对全国尤其在西北有重大影响。第二，朱德、刘伯承、徐向前等同志在四方面军长期耐心的工作和同张国焘斗争的结果。朱德同志在同张国焘斗争中，在政治上、组织上坚持无产阶级政党的党内斗争原则，启发一些受张蒙蔽的干部的觉悟，但又不同张国焘决裂，以免张国焘狗急跳墙，避免事态更复杂化，这完全是马克思主义的。第三，四方面军广大干部战士日益觉悟，西康中部人少粮缺，不能容纳大兵团长期留住，迫使张国焘不能不作考虑。第四，红二、六军团在云贵地区积极活动的形势及所造成的影响，不能不迫使张国焘同意朱总司令的意见。但这一切，对张国焘来说，都是客观影响，后来并没有使张国焘回到中央正确路线上来。

我们在南北盘江搞根据地的架势，敌人也看出来了，就部署新的围攻。由于敌长途与我作战，被我歼灭，死的、伤的、病的、逃的很多，兵员不足，加上北方和江淮一带出来的兵员，新到这层峦叠嶂和少数民族聚居地区，敌人不如我军之耐苦及适应地区生活（当时我军多为湘西籍，又吸收许多贵州籍士兵），所以士气不高，行动较缓慢。贺龙同志为首的军分会（军分会受双重领导，即中央军委和省委）就决定经滇中到金沙江上游渡江。我军已拉开了在南北盘江站稳脚的架势，突然来个向西，就摆脱了强大敌人的追击。但进到昆明北面百余里准备渡过普渡河的时候，遇到强大的滇军的堵截，打了个恶战，西渡未成。我们就从普渡河向南，转向昆明附近，又摆出一副“攻其所必救”的架势，打个圈子转到昆明以西,继续西进,就把堵截的滇军主力甩到后面了。从此，虽然后有追兵但前无堵敌，行动就主动得多了。由于云南敌人对我们有个错误的判断，说红军没有炮，打不了碉堡、城市，在我军接近云南的时候，令各县迅速构筑碉堡，修理城垣，把各县重要物资运存于碉堡和城市之中，由各地民警团队守备。但这些团队训练不良，我们分两路前进，先头部队猛打猛冲，攻占禄丰、楚雄、盐兴、姚安、祥云、宾川、鹤庆、丽江等数城和无数碉堡，吃的穿的，无所不有。“因粮于敌”，士气旺盛，虽然日行百里，而体力强壮，士气高昂，从盘县东进才二三十天，就到了金沙江江畔的石鼓圩，渡过金沙江。

当着中央红军在1935年要过大渡河的时候，蒋介石在昆明亲自部署大渡河地区的会战，电令所属，说大渡河是太平天国石达开大军覆灭之地，红军进入彝汉杂处、山川阻隔和地形险峻的绝地，粮食困难，必蹈石达开之覆辙，要他的部属不失时机，建立“殊勋”云云。蒋介石和帝国主义御用的一些历史家们,也学着蒋介石的滥调,大放厥词。然而，红军的胜利给了他们一记响亮的耳光，宣告了他们唯心史观的破产。所以，在二、六军团快渡金沙江的时候，他们噤若寒蝉，再不敢作愚蠢的预言了。只有独夫民贼蒋介石以无可奈何的心情，带着云南土皇帝龙云，乘坐帝国主义赏赐的飞机，在金沙江南的鹤庆、宾川、丽江一带上空，没精打彩地盘旋，作一番“黔驴技穷”的表演而已。我们过江后，云南军队虽然跟上来了，但到了金沙江边也望江兴叹了。在二、四方面军会师后李伯钊等同志演了一个戏，叫《破草鞋》(黄镇同志在一、四方面军会合时编剧)，说敌人追到金沙江边，只拣到红军丢下的一只破草鞋，就收兵了。这是一出有政治意义的生动的讽刺剧，说敌人一无所得，红军胜利北上了。当时，我们看了这场戏都很高兴，直到现在，我仍有深刻的印象。

在长征途中，我们虽然消耗很大，但补充也很多。过金沙江，我们还有 1.8 万人。渡金沙江后，翻过大雪山，4 月 30 日，到达中甸，进入青藏高原的藏民区，分两纵队向甘孜前进。二军团为左纵队，经得荣、巴安、白玉，于 6 月 30 日，在绒坝岔与四方面军的三十军会合。六军团为右纵队，经定乡、稻城、理化、瞻化，于 6 月 22 日到甘孜之普玉隆①与四方面军的总指挥部会合。见到朱德总司令、刘伯承总参谋长、张国焘和总司令部人员及四方面军一部分高级干部。

7 月 2 日，二、六军团齐聚于甘孜，与四方面军胜利会师了。就在这时②，党中央命令红二、六军团组成二方面军（将三十二军编入二方面军），贺龙为总指挥，任弼时为政委，关向应为副政委，我为副总指挥。从此，我们就用二方面军的番号了。

我们虽然和四方面军同志初次见面，但亲如兄弟，一种阶级的情感，体现在双方的容颜举止之中。四方面军总指挥徐向前同志虽去前方，但对两军团结非常关心，他在会合之前恳切地同其他领导人说，去年我们和一方面军没有搞好，现在二方面军来了，一定要搞好啊！四方面军的同志们认真执行了徐向前同志的这个指示。当着我们到普玉隆那天，后面有近百人掉队，四方面军立即派马数十匹去接回来。给我们大部分同志打了毛背心。还从理化和瞻化、甘孜，送牛羊给我们。这时张国焘也装出一副伪善的面孔，然而他在两军会师前后，却施展了两面派的政客手腕。当二、六军团进至南北盘江的时候，虽然总司令部以朱（德）、张（国焘）名义要二、六军团西进，北渡金沙江与四方面军会合，但他们二人的立场完全不同。朱德及刘伯承同志，是为了引二方面军来，推动张国焘北上和三大主力会合，开赴抗日前线。张国焘则是妄图

① 原文为蒲玉隆，本文统一为普玉隆。

② 中央电令组建红二方面军的时间为1936年7月5日。

拉拢、控制二方面军，以继续与中央路线对抗。他在两军会师后，派人来我军宣扬他的错误路线，妄图拉拢，但遭到任弼时、贺龙、关向应等同志的反对，逆谋未逞。这时（在甘孜）朱德同志建议任弼时同志随总司令部行动，张国焘却改换手腕，提出召开两军联席会议。任弼时同志马上看出张国焘企图从组织上以少数压倒多数来同意他的反党路线，表示不同意，并与贺龙、关向应同志向他提出：谁作报告？如发生不同意见，怎样做结论？他们坚持组织原则，使张国焘无可奈何。这时期由于朱德同志一年来在四方面军的艰苦工作，对干部的影响越来越大，二方面军又热烈拥护他，他的发言权也大了，就推动了二、四方面军的团结和一致北上。

讲到这里，说一下我在会师之初的一个插曲。当六军团 6 月 3 日在理化南之甲洼，与远道前来迎接我们的部队见面时，有的老战友对我说：张国焘与中央分裂了，责任在中央。我盲目地相信了。我本来对中央根据地的损失和一方面军在长征中的严重消耗与削弱有些不满，加上片面地听信了歪曲事实的说法，就把遵义会议前后中央的领导搞混淆了，曾在一些同志面前对中央表示过不满情绪，这是错误的。但当我见到朱总司令，他诚恳地向我说明了事件发生的经过后，就改变了态度。这是我政治生活中一个最深刻的教训，书此以志不忘。

长征途中，我们同天斗，同地斗，同阶级敌人斗，克服了种种难以想象的困难，战胜了无数艰险，部队始终保持着旺盛的士气。在草地行军，最大的问题是两个。一个是自然条件的障碍，也就是大家熟知的雪山草地。我们绝大多数是湘、赣、江、汉平原和贵州人，一下进入青藏高原，海拔在 3000 至五六千米，即便在一般盆地也不容易适应。我们去甘孜路上，都要翻雪山，左路二军团要翻两个海拔 4000 米和两个 5000 米的雪山。六军团也要翻瓮水、那坡两座大雪山，还要通过四个小雪山。大雪山上，终年积雪，气候严寒，瞬息万变。有时天晴气朗，有时漫天飞雪。空气稀薄，呼吸困难。如不奋勇前进，停止休息，就有死亡的危险。从甘孜往北，向哈达铺前进，沿途大部分是广漠的草地。这里同样地势很高，空气稀薄，正值夏秋之交，几乎每天下雨，草深地湿。我们雨具不足，帐篷不够，露营不得安息。除了同天斗，同地斗，有时还要同动物斗。我们露营，通常把马拴在帐篷外。一次，有个单位天亮后发现少了一匹马，大家都奇怪，哪里去了？就派人去找，快到中午，在离露营地四五里的山梁上，看到几十个猴子，有些拉马缰绳，有些骑在马上，我们打了几枪，猴子跑了，才牵回马来。这在草地行军虽然是稀有的例子，可见与自然界斗争的严重性。第二个大问题，是粮食缺乏。在到甘孜之前，虽然感到粮食有困难，但西康南面人口不少，我们执行民族政策，得到藏民的帮助，比较好地解决了。但从甘孜向北以后，草地人烟稀少，即便有些村落甚至村落较密的居民区，但农业不发达，群众主要以畜牧为生。反动土司，常常把牛羊赶走。四方面军大队前面走，对后面虽然有些照顾，也是杯水车薪。部队因粮少疲劳，体力下降，由这一段到那一段（多为二三百里至四五百里），虽然努力准备粮食，常常不能完成行军计划。我们的口号是:“走出草地，就是胜利。”动员全体同志节约粮食，规定每人的最低量，然而有时也难乎为继，就吃野菜野果，煮牛皮、牛羊骨汤喝。部队体力不断削弱，生病掉队增多，有些同志有时失脚一倒或坐下，就不能再起来。他们为了党的抗日救国路线，为了中华民族的生存，在祖国大地上光荣地为国捐躯了。

除了前述两个大困难外，还要同反动土司的骑兵作斗争。人们通常的印象，以为草地行军，除了同自然界作斗争外，没有敌情顾虑了。其实不然，同反动骑兵作斗争，也不是小问题。四方面军在草地有经验，组织了骑兵师，各军、师也有小骑兵部队。二方面军马少，也不懂骑术。侦察警戒，总得要求有一定的速度，所以也在军部、师部组织了少量的骑兵侦察员、通信员。对同反动骑兵作斗争问题，我们初到甘孜是没有认识的。有一天，我们到甘孜总司令部，朱德同志在一个会议上就明确指出这个问题的严重性，并指定刘伯承同志教我们打骑兵的战术。伯承同志来二方面军，向干部讲述了打骑兵及草地行军注意事项，这是他以自己丰富的军事学识和作战经验向我们第一次直接传授。在湘赣苏区及湘鄂川黔，许多同志就读过他翻译的《游击队怎样动作》和他撰写的《步兵连怎样冲锋》、《战术、战役、战略在理论上的范畴》、《现在游击队要解答的问题》等著作。直到现在，我仍有深刻的印象。由于有对抗骑兵的精神准备和战术教育，在遭到骑兵几次袭扰中，虽然不能消灭他们，但我们也没有吃亏。经过了近两个月的艰苦奋斗，终于在 1936 年 9 月 1 日走出了草地，胜利地到达了岷县的哈达铺。

这时，全国红军三大主力都进至陕甘地区。中央的抗日民族统一战线政策，得到全国人民的拥护。对驻陕甘的国民党东北军及西北军，由于中央政策的正确和毛主席、周副主席直接进行工作，影响更大，实际上他们近于停战状态。在这极为有利的形势下，蒋介石十分恐慌，一方面加紧解决两广事件，准备把胡宗南部由湖南迅速调到陕甘；另一方面则命令位于定西、陕西和武山地区的第三十七军毛炳文部和位于天水、秦安和武都地区的第三军王均部，阻止红军会合；同时，阴谋撤换张学良，强迫东北军和西北军执行他的“剿共”计划，进攻一、二、四方面军。

在这样重要的战略关头，中央军委于 9 月拟订了一个战略计划，要求：一方面军西出并南下，占领西兰大道以北海原、固原地区；二、四方面军兵分两路，四方面军为左路，占领岷州、武山等地区，继续向东向北，会同一方面军向定西、陕西及西兰大道进攻，吸引毛炳文部；二方面军为右路，东出甘南和陕西两省西南部，配合一、四方面军消灭毛炳文部，实现三大主力会师，并准备打击和消灭胡宗南部，进而逼蒋妥协，促进全国的抗日战争。但张国焘继续执行逃跑主义路线，按兵不动。结果，毛炳文部没有消灭，两广事件已经解决，胡宗南先头部队已调到了西北地区。这时，中央军委为了掌握先机，争取主动，9 月 18 日，又提出了集中三个方面军在静宁、会宁地区打击胡宗南匪帮的作战方案。要求二方面军在甘南和陕西省南部积极活动，钳制和侧击胡宗南部队，先敌北进，占领静宁、会宁、隆德、定西，以配合控制西兰大道的四方面军和同南下的一方面军，夹击胡宗南部队的行动。

静、会战役计划下发后，我二方面军对于三个方面军战略行动的统一，感到极大的欢欣，随即投入战役准备。当时，二方面军领导人还向中央发了电报，表示："静、会战役不独是适合当前的政治、军事需要之正确决定，且是一、二、四方面军胜利会合，三个方面军在军事上能得到统一集中领导之正确决定……党内统一团结自可随之解决。这是党与中国革命事业最可喜幸之条件"。为了执行静、会战役计划，二方面军即决定六军团进到宝鸡地区，牵敌西进，策应一、四方面军作战（当时四方面军的三十一军军长王树声同志不巧这时生病，为了不间断指挥力量，朱德同志派我接替他）。但张国焘反对静、会战役计划，星夜跑到前方，以家长方式命令部队自通渭、渭源、漳县地区向西撤，北渡黄河，准备经青海、西宁大道翻祁连山进入甘肃西部。这时，朱德同志从后方赶到漳县之三十里铺，在西北局会议上，坚持北上，但并没能使张国焘转变，部队仍继续西撤，进至洮州，干部战士听说还要过草地，极为不满，如九军军长孙玉清同志这样的高级干部就愤愤地说：天天向太阳落去的地方走！不少人甚至离队，消极抵抗。朱德同志又在洮州西北局会议上，详说四方面军不应西进，而应北进的理由。徐向前同志语重心长地说：鄂豫皖来的老同志也不愿向西走了……他和陈昌浩、傅钟、李卓然等同志还有我都起来拥护朱总的意见。张国焘无可奈何，才同意部队回头。但因队伍拉来拉去，耽搁时间，以致胡宗南、毛炳文、王均等部均靠拢起来。鉴于敌情严重，二方面军单独留在甘南有被敌隔断，各个击破的危险。于是，经请示中央同意，于10月4日向北转移。这样，全军人员以极大的勇毅，艰苦奋战，终于夺路前进，渡过渭河，通过西兰大道，继一、四方面军于10月8日[①]在会宁会师之后，于10月22日，

① 会宁会师时间为10月9日。

在会宁东北的将台堡同一方面军也胜利地会师了。

至此，我们完成了伟大的长征任务。这就是中国历史上有名的全国三大基干红军在陕甘宁的大会合。“长征是以我们胜利、敌人失败的结果而告结束”。这就是历史——中国共产党领导的千百万人民创造的历史，红军创造的历史。

回顾二方面军从 1934 年 10 月到 1937 年 7 月这一段的历史，可以这样说，是逐渐脱离第三次“左”倾路线统治，接受以毛泽东同志为首的党中央、中央军委正确领导的历史。特别是遵义会议之后，在中国革命最困难的时期，经历了创造和坚持湘鄂川黔边革命根据地的艰苦斗争。继中央红军到达陕北以后，也完成了自己的长征，并积极进行抗日准备，实行了由国内革命战争向抗日民族革命战争的转变。这一时期的斗争内容是极为丰富的，我们应当重视这段用鲜血换来的经验教训。

第一，要有一条马克思主义的军事路线。两军会合时，我们从实际斗争中，受到了退出苏区和搬家式转移的痛苦教训。所以，对过去那套以阵地战代替运动战，以堡垒对堡垒的打法已无兴趣了。那种打法，是近乎冷兵器时代兵对兵，将对将，“下战书”和先报姓名的愚蠢打法。孙子在 2000 年前就反对过所谓的“毋要正正之旗，勿击堂堂之阵”，“左”倾路线的领导者，根本不懂得这个道理。我们在会师的时候，由于以前吃了大亏（丢了苏区及搬家），当时还不懂得从理论上来批判它，但却知道那种打法和做法是不行了。所以，决心大踏步的前进——去湘西，找弱敌打，好开展游击战争，建立新的根据地。由于行动合乎实际，合乎我军的传统战法，也就取得了很大的胜利，并在两三个月内，奠定了建立湘鄂川黔边革命根据地的基础。遵义会议结束了王明“左”倾机会主义路线在中央的统治，重新肯定了毛泽东同志正确的军事路线，这个大转变有伟大意义。遵义会议不久，中央军委于 2 月 1 日及时地指示湘鄂川黔省委、军委分会，认为反“围剿”的总方针是决战防御而不是单纯防御，是运动战而不是阵地战。从此，我们开始了由不自觉到自觉的战略方针的转变，改变了“左”倾路线统治时期的那种呆滞的战法。在强大敌人进攻根据地的时候，我们有时以外线作战为主要手段，集中兵力，突出敌后；诱敌出堡，聚而歼之；或围城打援、预期遭遇、择险伏击，大量歼灭敌人；在战略转移中，有时曲线行军，声东击西，穿插于敌人重兵之间，弄得敌人扑朔迷离，疲于奔命；有时以急速的行动，猛烈的动作，震撼敌人战略的要害，使敌人摸不着头脑，造成其仓皇的调动，使我摆脱强大敌人。因此在湘鄂黔边根据地内的陈家河、桃子溪战斗中取得了一举歼敌一个师的大胜利，而后取得了忠堡、板栗园大捷，终于粉碎了敌人以堡垒主义为主的人规模的进攻。在长征开始时，张国焘曾以红军总部的名义发来电报，要我们与有堡垒地带的130个团的强大敌人周旋，这种方针必然导致红军处于不利的地位。我们根据遵义会议精神，坚持了大规模的游击战、运动战的战略战术。一、四方面军会师后，为推动全国的抗日运动，决定北上是完全正确的，但张国焘拒不执行。我们和四方面军会师时,他还企图控制二方面军,与党中央对抗。这时，朱德、任弼时、刘伯承、贺龙、关向应等同志，坚持了正确路线，从而推动了红军三大主力会师陕北。两年来的实践证明，在历史的转变关头，必须有一条马克思主义的路线作指导（遵义会议就起到了这个作用）。正确路线一旦产生，必须自觉地、不失时机地实施战略转变，才能使革命沿着正确轨道走向胜利。

第二，加强革命团结。二、六军团会师，是一次团结的大会师。会师后之所以能战胜艰难险阻，取得一系列重大胜利，其重要条件是坚强的团结、密切的合作。从黔东会师起，以任弼时、贺龙、关向应三同志为首的两军领导同志，就把团结看做是加强党的领导和革命斗争发展的关键，如一双碧玉，合而闪烁。这种团结，首先是建立在两军团领导同志对形势任务认识一致基础上的。当时我们面临着策应中央红军突围和创建新根据地的重大任务，大家一致认识到，只有同心同德，亲密合作才利于完成这一重任。共同的认识，共同的革命目标，把两军团指战员紧紧连在一起，组成了一个以任、贺、关为核心的集体领导。领导的团结，进一步促进了部队的团结。互相交流干部、交流武器弹药、交流革命斗争经验，使两个地区成长的部队，很快形成为强有力的战斗集团。因此，从会师到长征胜利，都没有发生重大原则分歧。即便在张国焘继续搞阴谋的日子里，二方面军的领导同志依然进行了有力的抵制，维护了以毛主席为首的党中央的领导和红军内部的团结。团结就是力量，团结就是胜利，是二、六军团在长期艰苦斗争的实践中的体会。

第三，加强政治思想工作。二、六军团从会师以后，在任弼时同志为首的省委及贺龙同志为首的军分会领导下，强调党的领导和建设，重视政治工作。两个军团一会师，就展开了反对夏曦同志的肃反扩大化和一度削弱党的领导和解散政治机关的错误。在二军团内进一步恢复和健全了党、团组织，健全了政治机关，调配了政治干部。为了加强二军团政治工作，六军团的政治部、保卫局都归属于二军团，另外还调出一大批政工干部，如袁任远、张平化、余秋里等同志到二军团做政治工作。在政治思想工作上，两军团不断加强无产阶级思想教育，反对各种不良倾向，同时，还经常进行党的方针路线、形势、任务教育和党的统一战线（主要在长征中）教育，在两军团上下之间不断进行团结教育，保证了官兵一致，亲密团结。战斗中、行军中还进行了改造俘虏、教育新兵、实施不间断的政治动员和宣传鼓动等工作，战斗愈激烈、环境愈艰苦，政治工作就愈深入、活跃，党组织的战斗堡垒作用愈坚强有力，因而，长征途中，强大的敌人没有搞垮我们，人间罕见的艰难困苦没有压倒我们，张国焘的错误路线没有分裂我们，主要原因就是坚持了党的正确领导，发挥了政治工作的群众性、战斗性、及时性的强大威力。

第四，保持和发扬我军的光荣传统。在红军创建的初期，毛泽东、朱德等同志，就领导我们打仗、筹款、做群众工作，为建立一支新型的人民军队奠定了基础，从根本上划清了旧式军队和人民军队的政治界限。从二、六军团会师到长征胜利，我们始终保持了这一光荣传统，不论战斗多紧张，都利用一切机会进行宣传、组织、武装群众的工作。在建立湘鄂川黔边根据地的斗争中，我们利用军事占领展开的大好局面，发动群众，打土豪、分田地、建党建政，建立群众武装，并依托根据地开展武装斗争，休整和壮大自己的队伍。长征中，沿途宣传抗日救国的方针，坚决贯彻三大纪律八项注意，严格遵守党的民族政策，扩大了我军的政治影响，并播下了革命火种。在频繁的战斗中，人民群众想尽一切办法积极配合部队作战，特别要提到的是青壮年的踊跃参军，使我军在战斗频繁和紧张行军中减员很大的情况下，获得不断的补充。总之，没有人民群众的密切配合和大力支援，要取得长征的伟大胜利是不可能的。

红二、六军团取得的这些成绩和经验，给我二方面军后来改编成一二〇师，东渡黄河，奔赴华北抗日前线，进行伟大的民族战争，提供了宝贵的精神武器，并载入了中国革命战争的光辉史册。今天，在新的长征中，也应认真研究和借鉴这些有益的历史经验，以加速我军现代化建设。

选自《近代史研究》1980年第1期，第1—38页。

战略转移善运筹

——回忆和任弼时同志相处的日子

萧克

我是在中央苏区时期认识任弼时同志的。这时期我听说过，他在担任中国共产主义青年团总书记期间，曾以团中央名义起草了《致党中央政治意见书》，并在一次中央紧急会议上批判右倾机会主义的种种谬论，以及他们隐瞒共产国际指示的错误。在党中央召开的八七会议上，他积极拥护党的决议，主张武装反抗国民党反动派的屠杀政策。在接触中，我感到弼时同志不仅对政治问题有深邃的见解，而且关注军事斗争。尤其是在 1933 年 6 月，他来湘赣苏区任省委书记兼军区政治委员之后，我在他的领导下工作和战斗了三年。在这患难相从、生死与共的三年中，我们胜利地进行了西征、开辟湘鄂川黔根据地和长征。艰苦转战的岁月，他给我留下一个突出的印象，就是他善于洞察战略大势，能够驾驭战争发展变化的趋势，正确地选择战略方向，确定战略方针。

在那戎马倥偬的年月里，每当战争形势发生重大变化的时刻，弼时同志往往以凝炼的语言，把战略全局展现在人们的眼前。1934 年 7 月，蒋介石以 31 个师的重兵，从六个方向，加紧对中央革命根据地中心区进行“围剿”。由于王明“左”倾路线的领导,未能打破敌人的“围剿”，湘赣苏区的红军也屡战不利，苏区被分割，红军回旋困难。在这种情况下，苏区如何坚持？红军如何行动？大家都在思索着。一天，弼时同志对我说，中央红军可能要向西，到湖南方面去，我们湘赣苏区红军也可能转移。这几句话对我既有震动，也有启示。按照我们原来的部署，湘赣红军主力转到遂（川）、万（安）、泰（和）地区活动，并恢复井冈山地区，没有想过中央红军可能向西，也没有想到湘赣红军可能进行大的战略转移。不久，中央来电，指令湘赣红军转移到湖南中部，发展游击战争及创立新的苏区。弼时同志根据这个动向，对中央红军向西的估计就比较肯定了。当红六军团进到黔东，中央红军果然开始了长征。正是由于他综观全局，看到了六军团西征的先遣作用，因而，我们在历时87天的西征中，跨越白区5000余里，冲破敌人的围追堵截，进入黔东根据地，于1934年10月24日在印江木黄与贺龙同志率领的红二军团胜利会师。

二、六军团会师后，战略方向应指向哪里？这是两军领导人面临的一个大课题。弼时同志及时主持讨论，认为黔东根据地范围不大，山多田少，人口不多，不利于大兵团的回旋与发展；向四川及贵州的中部发展也不利，最好是向湘西进军。湘西虽然经济落后，但敌人不强，只有土著军阀陈渠珍三个旅和三个保安团及黔军4000余人。经过研究，决定挺进湘西。由于战略方向选择得当，二、六军团在贺龙、任弼时和关向应的统一领导与指挥下，所向披靡，克酉阳，占永顺，特别是取得了十万坪大捷。这为我们在湘西创造根据地及向东发展战略攻势，创造了有利条件，也有力地配合了中央红军长征。

十万坪大捷后，我军乘势东进，在澧水中段及沅江中下游，发展了大规模的游击战、运动战。5月，我军进入湘西北，发现鄂敌驻地分散、指挥不大统一，湘鄂两方，鄂方较弱。于是，采取了对鄂敌取攻势，对湘敌取守势的作战方针。在这个方针的指引下，忠堡一战，给敌四十一师以歼灭性的打击，生俘敌师长张振汉；板栗园之战，全歼敌八十五师，毙敌师长谢彬。从而取得了湘鄂川黔苏区第二次反“围剿”的伟大胜利。

1936 年 2 月下旬，我们撤出黔（西）、大（方）①、毕（节）游击根据地后，进入了乌蒙山区，并准备南下到盘县建立根据地。当六军团在宣威与追敌孙渡纵队作战时，贺、任、关率二军团先期到达盘县一带。这时，总司令部来电，要二六军团向西，北渡金沙江，到西康与四方面军会师北上。宣威战后，我和王震、张子意同志从亦资孔去盘县研究军事行动。弼时同志从全国形势考虑，认为日本帝国主义不断向华北进逼，全国人民特别是华北青年学生，群情激奋，要求抗战。一方面军已到了陕北，四方面军在西康，现在又要我们北进与四方面军会合北上。可见，全国革命大势转向北方。讨论结果，决定执行总司令部的指示。这次会议，对二、四方面军会师甘孜及尔后实现红军三大主力会师陕北，起了重要作用。同时，也体现了弼时同志胸怀全局，洞察战略大势的才能。

在战略转移中，弼时同志重视打仗、创造根据地和扩大红军这三件战略大事，无论走到哪里，都摆在重要地位。

弼时同志到湘赣苏区时，尽管时值第三次“左”倾路线的统治，但他节制了肃反扩大化，保护并调动了贫苦农民的积极性，加强了地方武装的建设，使苏区减少了损失。他很关心红军的扩大与巩固，刚到湘赣苏区，就提出以 12 天突击扩红，“在八月完成少共国际团和两个工人营，准备在八一动员模范赤少队整批加入红军”。这个计划确实实现了，红军实力大力加强。次年夏季，又一次掀起扩红高潮，除补充原来的四个团外，又增编两个团。当时，青年踊跃参军，永新花溪村一次就组建一个新兵连。为了表彰这个村扩红的模范行动，即命之为“花溪连”，加入正规建制，一时传为佳话。

当六军团奉命准备西征时，弼时同志抽调了 250 名地方干部随军行动，以备开创新区。二、六军团会师后，弼时同志立即提出了巩固和开

① 即大定县，1958年改名为大方县。

辟根据地的方案。在他主持起草的“关于二、六军团集中行动”的请示电中，明确提出:“我们决定加强苏区党和武装的领导，开展游击战争，巩固发展原有苏区,主力由松桃、秀山间伸出乾（城）、松（桃）、凤（凰）地区活动，建立新的根据地”。此后，我们向湘西进军，随即在黔东建立了黔东特委和黔东独立师，坚持黔东根据地。十万坪大捷后，湘鄂川黔省委及时决定，将四十九团分散到永顺、保靖一带发动群众，建立革命政权。不久，就建立了郭亮、永保、桑植、大庸四县的县、区、乡党的委员会和政权及工、农、青、妇等组织，以及两个军分区。湘鄂川黔根据地初具规模后，弼时同志又提出：号召新区广大工农群众为着反对国民党军阀的进攻，保卫分田胜利而积极起来参加主力红军和独立团、营、游击队、赤卫队的组织，弼时同志亲自过问扩红的宣传内容、方式及注意事项。他还让爱人陈琮英同志参加扩红工作。他说：“女同志下去，对发动妇女有好处。”在弼时同志的倡导和组织下，红军得到了补充和壮大，地方武装也很快地发展起来，各县、区普遍建立了游击队和赤卫队。地方武装的迅速发展，既保卫了人民利益，又使红军有了强大的后备军。在弼时同志的领导下，我们更加懂得有人就有枪，有枪就有力量，就有政权。

1935 年 11 月，二、六军团退出湘鄂川黔根据地，敌人以重兵围追堵截。在边走边打中，弼时同志从来没有忘记开辟根据地和扩大红军。我军由湘中转至石阡,沿途扩军 800 余人。当看到在石（阡）、镇（远）、黄（平）不能立足时，弼时同志和军分会又决定到黔、大、毕建立游击根据地。在这个地区,我们成功地组织了两路口、黄家坝和将军山之役，沉重地打击了敌人，赢得了 20 多天时间，做了大量工作：成立了中华苏维埃人民共和国川滇黔省革命委员会；颁布省革委会的七条施政方针，号召武装民众、挽救民族危亡;积极进行统战工作，在黔西、大方、毕节三县及转大的乡镇成立了“抗日救国会”、“人民抗日大同盟”、“贵州抗日救国军”等抗日组织，并邀请西南社会名流而思想同情马克思主义的周素园先生担任抗日救国军司令员；还派出了大批抗日工作队和宣传队，宣传党的政策和抗日救国的道理；扩红工作热火朝天，二军团五师十四团，就是在这次扩红中新组建的。

我曾经想，二、六军团会师之前，由于王明“左”倾路线的干扰，根据地受到严重损失，红军大为削弱。两军会师后，在弼时等同志的领导下，不到一年时间，建立了有百万人口的湘鄂川黔根据地，打破了敌人的两次“围剿”，红军达到两万之众。退出湘鄂川黔根据地，虽然转战万里，由于弼时同志能正确地选择战略方向和立足点，注意扩大红军，加强政治工作，因此，才能突破敌人的围追堵截，保存了有生力量。抢渡金沙江时，两军还有 1.8 万余人，到甘南还一万有余。这在当时的极为严重的形势下，堪称奇迹。

在与弼时同志相处的日子里，我深切地感到，同我党其他杰出的政治家一样，在领导以武装斗争为主要形式的中国革命运动中，他的军事谋略及其建树，同他的政治斗争艺术与业绩一样，是中国革命史上辉煌的一页。

选自《解放军报》1984年4月30日第2版。

红二、红六军团的长征[①]

王震

一、红二、红六军团会师及创建湘鄂川黔根据地的斗争

与红二军团会师是1934年10月24日，地点在贵州松桃之石良场（偏僻的山地）[②]。我们的贺龙、关向应、夏曦同志等及其所领导的二军团全体亲爱的同志，举行热烈盛大的欢迎。两军指战员政治情绪及阶级友爱提高到了极点。因为，我们经过三个多月的远征，天天处在行军作战的环境里，现在战胜了敌人的“追剿”、堵截，克服了一切险恶困难，完成了与二军团会合的光荣任务。

石良场会合后，经过两天的行军，进入黔东苏区（二军团1934年创造的）的南腰界[③]。休息两天，举行二、六军团的会师大会。二、六军团雄壮的指战员站满了一个草坪，两军欢呼震天动地。宣布开会后，全场严肃地听中共中央代表任弼时同志、我军领袖贺龙同志演说。全体指战员都十分相信我们二、六军团的伟大力量，决心在党中央和贺、任首长领导之下，团结一致，争取革命战争的胜利。

我们的会师大会，亦是誓师大会。为准备迎接敌人的反攻，中央军

① 标题和文中的小标题为编者所拟。
② 会师地址应为贵州省印江县木黄地区。
③ 南腰界位于川黔交界处四川省酉阳县。

委电令红二、六军团由贺、任统一指挥。我们的领袖贺龙同志，是在湘鄂川黔群众的长久斗争中产生的、具有崇高威望与荣誉的领袖。他的天才与英明的革命战争的指挥者的头脑，熟悉那里社会的经济、政治、军事和地理与地形道路的情况。他迅速地确定了战略方针，立即发布了向东前进的命令，定出了袭取四川酉阳，进入湘鄂边地区，占领永、保、龙、桑的战役计划。11 月 7 日，我们攻克了永顺城。在永顺休息了一个星期，收集物质资材补充了部队，发动与组织群众斗争。湘西军阀陈渠珍，集中其湘黔十团以上的兵力，联合地方民团向我们进攻。贺、任正确地运用了国内革命战争中的广大机动性原则，退出永顺城，连日行军，诱敌尾追，于地形有利情况下，实行运动中坚决反攻（这也叫做杀“回马枪”），直到 11 月 16 日退到龙家寨杉木村，敌人陈渠珍中了计。这一战斗，敌人十个团惨败，我缴获敌枪 2000 余支，乘胜追击，永顺城重入我手。为了呼应一方面军的行动与扩大战役成果，我们留一小部巩固永顺，掩护临时后方医院，进行地方工作，扩大部队，建立临时政权；集中主力乘胜东进，11 月 24 日占领大庸（继二军团十六团一营占领桑植）。当此战役胜利结束后，即决定为创造新的根据地，成立党政和军事领导机关，以贺龙同志为军委分会主席、任弼时同志为省委书记并兼军区政治委员，贺龙、夏曦为省革命委员会正副主席，关向应、肖克、王震、张子意均为省委和军委分会委员。这个党和军事的委员会，以贺、任为领袖，领导艰苦的斗争。敌人各方面调兵遣将，开始所谓新的“围剿”。二、六军团主力于 1935 年春进取辰州未得手，即向东转移，取得浯溪河战斗的胜利，击溃敌军三个团，乘胜占领桃源，包围常德，岳州动摇，长沙震动。在这个时期中，红二、六军团英勇地、艰苦地在湘鄂川长江南岸进行战斗，配合全国红军的行动，创造了以永顺为中心的广大苏维埃区域（包括永顺、桑植、大庸全部，龙山、慈利的一小部分区域），使得二、六军团有了新的根据地，部队得到了新的发展。

敌人从“追剿”野战军的战役上及湘鄂赣等省调遣军队，于 1935

年 2 月开始组织新的大举“围剿”。这个新“围剿”采取了第五次“围剿”中进攻中央苏区的策略，四面封锁包围，组织六个纵队（每个纵队都在十团兵力以上），其中陈耀汉、郭汝栋、陶广、李觉四个纵队从东南面进攻，以合击大庸为目的，徐源泉、张振汉两纵队从西北方向堵截和威胁我后方，并有一部分敌军扼守乌江，防止我们与野战军会合。这个时期，我们集中主力，消灭和打击东南面的敌人，因此有 2 月 8 日溪口的战斗，3 月 14 日后坪的战斗，3 月 21 日高粱坪的战斗，给了郭汝栋、陶广、李觉等纵队以重大打击。然而这些战斗没有取得决定意义的胜利，我军一天一天被紧缩与围困在狭小地区。4 月间，情况要求我们转移到敌人的后方和侧翼，从大规模的运动中实行反攻，以打破敌人的包围。4 月 13 日陈家河的战斗，我消灭陈纵队一旅，乘胜追击敌人。15 日桃子溪的战斗，消灭其由桑植退走的另一旅。陈耀汉师全部覆没后，我们恢复了桑植苏区，从被动的环境中转而成为主动的局面。5 月间有慈利、石门之行动，人员物资得到了补充。但是，敌人的“围剿”是继续增调新的军队进行的。6 月 11、12、13 日三天，在忠堡地区战斗，击败张振汉纵队 10 个团，俘获纵队司令兼十一师师长张振汉。中堡战斗胜利后，开始围攻龙山，创造龙、来、宣、恩、利新的苏区，给了增援龙山的敌人许多打击。7 月 3 日小井战斗，六军团击败增援之陶纵队。7 月 10 日象鼻岭战斗，二军团击败增援之潘旅。7 月中旬胡家沟战斗，打垮增援之黄纵队。长江南岸胜利发展中的二、六军团，给了统治阶级极大的威胁，使敌人不断地进行“围剿”。7 月 27 日，我军自动撤龙山之围。7 月 28 日招头寨战斗，击败继续增援之陶纵队。我们年青的勇敢的苏杰同志（十七师师长）率领四十九及五十团勇猛冲锋，光荣牺牲。8 月 3 日板栗园战斗，打垮敌人八十五师，敌师长谢彬负伤被俘后死亡。8 月 8 日芭蕉托战斗，打垮陶纵队十个团，完全打破了敌人的“围剿”。

乘着打破敌人“围剿”计划的胜利，迅速集中主力实施新的进攻战役计划（十八师仍留龙桑苏区活动，保卫苏区和后方机关的安全）。我

二、六军团主力占领津市、澧州、临澧、石门、枝江等城市，扩大了将近一万名新战士，在执行消灭豪绅地主的斗争中，大大地解决物质资财与发给广大群众粮食财物。这一行动威胁长江，逼近常德，震动长沙。此时，国民党南京当局，继续执行其对外退让、对内用兵的反动政策。正当日本进占华北，南京非但不出兵抵抗，反而大兵南下阻止红二、六军团北渡长江，并组织新的“围剿”，调遣了孙纵队（三个师一个独立旅）与樊纵队（四个师），配合湘鄂军阀共100个团以上的兵力，企图用四面包围与封锁，紧缩我们于龙山、桑植狭小地区，最后消灭我们。这就使我们由津、临、石撤回桑植，集中整理训练，准备实行新的战略方针。

总结我们在湘鄂川黔一年多（从1934年11月7日至1935年11月19日）的艰苦斗争，宝贵的经验与伟大的胜利是：

①二、六军团在党中央的直接领导与贺、任统一指挥之下，在艰苦独立作战的困难环境中团结得像一个人一样，成为不可分离的整体。在历次英勇的战斗中，恰像一个人的左右两只铁拳，自然而灵活地互相配合着，一拳一拳地打中敌人的要害。因此，在五次战役中获得了光荣的胜利，在中国革命史上写下了光辉的一页。

②开辟了湘鄂川黔广大地区的反帝与土地革命斗争。红军占领永顺、大庸、桑植、慈利、桃源、津市、澧州、临澧、石门等城市，建立了劳动人民的政权（革命委员会），领导了群众的反帝的土地革命斗争，武装工农群众，开展了游击战争。

③粉碎了敌人的“围剿”，打垮了100个团以上的敌人，缴获了枪万余支，毙伤敌万人以上，俘敌8000余，俘虏纵队司令张振汉以及五十八师师参谋长一人、旅参谋长两人、团长三人、营以下军官300余人，击毙师长谢彬、旅长各一人、团长五人。

④扩大了部队，比会合时之二、六军团在数量上增加两倍，发扬了在不断战斗中的巨大的组织能力。

⑤正确运用中国革命战争战略战役的机动原则，大大发扬了干部机

断专行和部队勇猛果敢的精神。

二、长征

敌人新的“围剿”到来了。我们根据所处地的政治、军事情况，确定了新战略方针。这个新战略的目的，是运用广大机动的运动战，来呼应西北红军发展，保存和扩大本身力量。1935 年 11 月 19 日，开始执行湘中战役计划。20 日，我十七师抢渡澧水成功，澧水南岸十余个碉堡均遭我军夜袭，敌人一个营被消灭。22 日抢渡沅水又成功，消灭敌郭汝栋部一个连、湖南保安第十二团两个营，缴获军用品很多。我军胜利地渡过澧水、沅水，深入到湘中广大地区。

从 1935 年 11 月 19 日起至 1936 年 11 月初远征奋斗简述：

①横扫湘黔边

实行湘中战役计划时期，由于我们行动神速，故渡过澧水、沅水后，15 天以内即占领了新化锡矿山、蓝田、溆浦、辰溪、浦市等重要城市。在这次行动中，政治的口号是根据王明同志六次战争与红军的策略，在抗日救国口号下进行居民中的政治工作，整理和补充部队。因敌“追剿”紧迫，我军迅速集中兵力实行新的机动，在十几倍于我军的优势敌人逼近的情况下退出了湘中，依据战略总方针，向着湘黔边迅速转移了。

在实行进入湘黔边的战役中，我军处于受敌防堵、侧击和尾追之严重情况下，在地形上有清江、沅江之障碍。我们的领导者贺、任、关首长灵巧地指挥了这一行动，打破了湘军之“堵剿”与蒋军之尾追。在冰雪严寒与饥饿中，我军奋勇破敌，绕深山小道连日行军，脱离敌人。并能组织先遣支队，肃清地方敌军（民团），以强急行军，占领江西街，在民众帮助与拥护下，两小时内架起了 200 米宽之急流上的浮桥，顺利地渡过沅水，而连续占领了湘省晃县、龙溪口，黔省玉屏，获得了主动地位，遂有1935年1月5日的便水战斗，给了李、章纵队以创伤，大挫“追剿”敌军之士气。虽未能大量消灭敌人有生力量，然而我军浩荡地向西进发，六军团占领江口、闵家场，二军团占领石阡县城，主力取得了两星期的休息，不顾疲倦地整理与扩大部队及进行居民工作。

②从湘黔边进到黔大毕地区

在江口、石阡休整后，继续向西转移。1月22日至23日连夜急行军，通过龙溪、河坝场之封锁线，击败守硐堵卡之敌二十三师（李云杰部）。经过猴场、牛场、瓮安、平越、扎佐、修文，于2月5日渡过鸭池河（乌江上游），连续占领黔西、大定、毕节三个县城。此时，以大定为中心开展地方工作，集中主力去打击当时“追剿”的蒋系郝梦龄纵队、万耀煌纵队。经过打鼓新场、将军山等战斗，给了敌人以打击。当时敌我力量悬殊，我军虽未能解决敌人，但敌亦疲于奔命，不敢急进。而我军获得将近一个月在该地的停留，在消灭封建豪绅地主、官僚军阀的斗争中，补充了军队物质资财，组织和领导群众斗争，在斗争中繁殖游击队，二、六军团共扩大了8000余新战士，医愈我军之负伤指战员。在黔、大、毕时期，是我们开始执行党中央的1935年12月决议案，在党的新策略路线下，团结部分上层分子，组织了黔、大、毕的抗日救国会与抗日救国军。党和红军之抗日救国主张得到广大群众的拥护，博得中国之东南和西南民众舆论之同情与赞扬，当时香港的报纸以及一般舆论称贺、肖军队为“救国救民”、“王者之师”、“所向无敌”。

③从退出黔、大、毕到渡过金沙江

南京政府在卖国政策下，集中十几倍于我军之力量向我“追剿”。在樊、郝、万、李、郭、孙等敌军60余团（除川军及黔东防守军外）之“追剿”逼迫下，我军遂离黔而转滇。在镇雄、宣威、昭通之间，人烟稀少，粮食困难，山地荒凉，冰雪严寒之处境下，取得黔滇边之以则河胜利，消灭“追剿”军二十八师一部。继而取得则章坝消灭湘军与樊、郭纵队各一部的胜利，从受敌人包围之30里纵横的幅员中，穿过敌人的包围、封锁，进入云南。观音堂战斗，击败滇军孙纵队十个团及郭汝栋部。是时以北渡金沙江为目的，前破滇军之阻，尾抗蒋军之追。二、六军团分两个纵队，西渡普渡河上游，连续占领楚雄、镇南、祥云、盐兴县、牟定县、姚安县、盐丰县、宾川县、鹤庆县等十余县城，常常每天进一个县城。这个时期中，我们天天行军作战，并且经常是夜间的急行军，每日走六七十公里。

④与四方面军会合

渡过金沙江后，5 月 2 日翻过上下 70 多公里的大雪山，到了藏民区域的小中甸。由小中甸而中甸（二军团则由中甸继续北进到德荣，而巴安、而白玉……），由中甸而定乡、稻城、理化、瞻化，到达甘孜等县。越过三座最大的雪山：一个是从格罗湾到小中甸的大雪山，50 多公里，5 月 2 日翻过；一个是从瓮水到易窝的大雪山，约 60 公里，5 月 12 日翻过；最后是从那坡到德窝的大雪山，75 公里，6 月 1 日翻过。此外，还翻了许多小雪山。翻雪山时，虽身穿皮衣，仍感严寒。特别是有的山上大雪纷飞，虽在 6 月炎天，积雪犹深数尺。更为厉害的是雪山顶上空气稀薄，供给人体需要的氧不够，常发生头晕、脚无力，几乎不能行走。但是，每个指战员为了争取一、二、四方面军的西北大会合，完成北上抗日的光荣任务，忍受与克服自然界的困难，互相帮忙与勉励，终于通过了雪山的障碍。这种冲破天然障碍的英勇行动，只有红军才能够做到。同时，我军在生活上起了极大的变化。往年的五六月是暑天炎热，而这一年的五六月则过雪的世界，且由吃大米转变到吃青稞、糌粑、酥油、牛羊肉等。特别是言语不通，遇到许多困难。但是，经过我们正确执行对藏民的政策，纪律严明，不驻喇嘛寺，不破坏经典神像，尊重藏民风俗习惯，以及在“反对帝国主义和汉官压迫”等口号下，在藏民中进行政治工作，得到了藏民的热烈拥护。他们一群一群争先恐后送糌粑、酥油、牛羊给我们。沿途藏民男女老幼蜂拥而来，我军乘马人员一到，即扣马举手送鸡、献帛。经过通事（翻译）答谢，他们经常向我们伸出两个大拇指，嘴里不停地念着："耶莫耶莫"（藏语是顶呱呱的意思）。这些历史上素来仇视汉人军队的藏民群众，而今对于红军则欢迎拥护。此足证明红军是中国全体人民的军队，同时，也是解放被压迫的少数民族的军队。

通过雪山障碍后，进到理化以南之甲洼，首先与红四方面军三十二军会合。他们沿途写着："欢迎横扫湘鄂川黔滇康的二、六军团"，"欢迎善打运动战的二、六军团"，"欢迎善打河川战的二、六军团"，"欢迎所向无敌的二、六军团"。他们领导数百藏民群众，整齐的队伍排列路旁，唱藏歌，跳藏舞，呼口号，庆祝与我们伟大的会合。两军举行了联欢大会，会餐、表演新剧，提高了部队的政治情绪。与三十二军会合以后，继续北进占领理化。经过六天行军，到达瞻化，会合红四军，向甘孜前进。6 月 22 日到达甘孜之普玉隆，会合红三十军及红四方面军总指挥部。在甘孜休息了几天，得到红四方面军热情的慰劳，他们不分日夜地用羊毛打了几千套衣服，送给我们。我们部队中举行了一些重要的会议，全体指战员始终是一致拥护党中央总的政治路线与战略方针，拥护全党的团结一致，坚持继续北上与一方面军会师西北。最后终于实现了这一愿望。

⑤艰苦地通过草地与到达陕甘宁苏区会合一方面军结束长征

我们同四方面军会合以后，继续北上向抗日前进阵地一方面军的所在地——陕甘宁苏区前进。部队不顾疲劳，通过不足两星期的休息与准备工作，即开始了通过广漠草地的艰苦行军。

我们由甘孜出发，只准备了七八天的粮食和少数的帐篷。据四方面军的首长说：北行 3 日至 4 日即可补充牛羊；再行 4 日至西倾寺，可补充粮食；再行 2 日至绒玉，又 2 日至哑龙寺，均有粮食补充。预料从甘海子到阿坝只要十天行程，但是结果有的走了 20 天，有的走了 23 天才到阿坝。在路上仅补充了极少数的牛羊，没有补充粮食，所以部队遭遇了极大的饥荒。在这 20 余天的草地行军中间，有的八天甚至 12 天没有见过一粒粮食，遭受了人类难以忍受的饥饿、雨淋、寒冻。在粮食断绝的时候，大家都是吃野菜、野草和牛皮，甚至连牛皮草鞋、牛皮斗篷都煮熟吃完了。我军指战员发扬艰苦奋斗的传统，怀着坚强的自信心，以战胜日本帝国主义的精神，同自然界作战，同饥饿作战，同暴风、雪、雨、冰雹作战。在共产党的领导之下，有着指战员高度的阶级友爱，同生死共患难的精神，上下团结一致，终于战胜了这一段最困难的数千里无人烟的广漠的草地，到达了阿坝。

上中下阿坝有四五千人户，那个坪坝纵横约25公里，大金川由西往东流，两岸都是五公里宽的麦田。部队在阿坝加紧筹备粮食，以继续通过草地。然而到阿坝的头两三天里，每天吃的粮食都不够，粮食恐慌还威胁着每一个指战员。但是，经过部队收集粮食的突击运动，完成了筹粮计划，每个人带了半个月的粮食，继续出发通过草地。从7月30日至8月10日共12天，都是没有人烟，过了草地，到达上包座。这次在路上一般没有发生大的粮食恐慌，这是由于节省粮食、调济粮食等及钓鱼补助，政治工作也起了很大的作用，可是到了上包座休息了几天，依然是“为粮食而斗争”。在继续前进中，经过十几天的山地行军，到达甘南之哈达铺，才算完全通过了草地，重新回到人类社会中来。

一个多月的草地行军，经常看不见一栋房子，一个多月没见过一个居民。部队大部分没有帐篷，都是露营。因为草地时雨时晴，一日数变，狂风暴雨常常半夜或整夜不停，衣服、毯子都是水淋淋的。倘非战士的体力强健与精神旺盛，实难抵抗这种自然界的侵袭。

在几万里的远征中，我们只是带粮食，而且最多是三天的粮食。但在通过草地的时候，我们不但每个人要背十几斤粮食，并且要背好几斤柴禾、牛粪。因为有些地方没有一棵树，没有什么东西可以当作燃料。所以我们每人都背柴禾，有时找不到柴，就去找牛粪代替，到了休息和露营的时候，把它燃烧起来，烧开水喝，调炒面吃；如果不带柴禾、牛粪，就根本没有什么东西烧火。喝草地冷水会立刻生病，加上风雨的打击、寒冷的侵袭、饥饿的威胁，将有生命危险。所以过草地带柴禾、牛粪，是非常重要的。

草地又有干草地与水草地的分别。从甘海子到阿坝，都是干草地。从阿坝到包座,有五六天行程的水草地。过水草地时,每人都要包好脚，扎好绑带，不然就会肿脚烂脚。有许多地方人马堕入泥坑，淹没及半，不能自拔。特别是马匹驮载过重，往往堕入泥坑而死。我们慎重选择适当的道路，慢慢地通过。

通过草地后，我二方面军即进入甘南，占领徽县、成县、康县、两当休息整理，扩大部队，收集资财，配合一、四方面军在甘东一带作战。由于张国焘违反中央意志，破坏整个战略方案，使二方面军处于不利地位，造成被迫退出陕甘边，而连续急行军，北渡渭水河，经过突破黑城与海源之间的封锁线的战斗，到达陕甘宁苏区，胜利地会合了一方面军。我们亲眼看到了一方面军模范的建设与苏维埃政府的根据地，最后胜利地结束了整整一年的伟大的两万里长征。

节选自王震:《红六军团小史》,原载《红六军团征战记》上,解放军出版社1994年6月版,第13—21页。

王震，1908年生，湖南浏阳人。1927年加入中国共产党，1929年参加中国工农红军。红军长征时任红六军团政治委员。新中国成立后，曾任中共中央新疆分局第一书记，新疆军区第一副司令员、代司令员兼政治委员，铁道兵司令员兼政治委员、铁道兵党委书记，解放军副总参谋长，农垦部部长、党组书记，国务院副总理，国家副主席。中共第八届、九届、十届、十一届、十二届中央委员，第十一届、十二届中央政治局委员。曾经担任中共中央军委委员、常委，中央顾问委员会副主任，兼任中共中央党校校长。1955年被授予上将军衔。1993年在广州逝世。

二、红六军团西进，红二、六军团会师

突围前的湘赣苏区

王震

1931年底和1933年底，在瑞金分别召开了中华苏维埃全国第一、第二次代表大会。我作为湘赣的代表，两次会议都参加了。第一次是袁德生的团长，我是代表团的支部书记；第二次是谭余保的团长，我还是支部书记。两次会议，中央和毛主席除认真听取我们的汇报，还经常找我们个别谈心，对湘赣的工作作出具体指示。

第一次全苏代表会结束后，毛主席接见我，帮我们分析了湘赣的革命形势，特别对1930年赣西特委错杀王佐、袁文才的事作了具体分析，要我们继续做好善后工作，并明确指示，革命要波浪式发展，不能急于求成，在肃反问题上不要搞扩大化。

第二次全苏代表大会召开时，正是第五次反"围剿"最紧张的时候。根据中央指示，湘赣红军进行了分兵，十七师北上破坏南浔铁路，湘赣苏区只留下一个十八师，加上红四分校的学员，战斗力比较单薄，结果永新苏区丢了一大半，省里机关所在地永新城被敌占领，红军的活动范围就局限在黄冈、花溪、象形、石桥到牛田的狭长地带内，军事上处于非常被动的局面。红十七师作为湘赣红军的主力调往湘鄂赣苏区，当时中央的意图是：第一，北上破坏南浔铁路，威胁南昌、九江，牵制敌人的力量，打乱敌人的"围剿"部署，减轻中央苏区的压力；第二，根据第二次全苏大会前中央关于成立红六军团的决定，将十六师接来湘赣，这样既靠近中央苏区，又有个可靠的根据地，有利红军部队发挥作用；第三，配合福建事变。但那时湘鄂赣苏区所有的县城都被敌占领了，整个苏区支离破碎，相互没有联系。红十七师经过艰苦奋战渡过袁水到湘鄂赣后，处境非常困难，敌人前堵后追，很难和十六师配合行动。结果除牺牲了许多有经验的指挥员外，部队减员几千，造成了很大损失。

中央当时对湘赣的问题非常关心，特别对湘赣红军如何配合中央红军粉碎敌人的第五次“围剿”，作出了许多决定。但由于王明“左”倾冒险主义的错误领导，未能很好采纳毛主席的正确方针，有些决定是不大符合当时湘赣的实际的，比如十七师北上行动，尽管在某种程度上起了牵制敌人，减轻中央红军压力的作用，但要历史地看这个问题，因为十七师北上，湘赣丢掉了那么多地方，给自己造成的损失是惨痛的。

毛主席虽然当时被王明排挤出中央和军队的领导，但对湘赣的反“围剿”斗争是非常关心的。在第二次全苏大会期间，根据十七师给中央的电报，中央军委曾专门讨论湘赣问题。中央军事顾问李德要我汇报湘赣的情况，并规定只能谈三个小时。我费了很大的劲写了个汇报稿，结果只谈了一个半小时，就不让讲了，并匆匆作了决定，要湘赣红军坚决执行中央“堡垒对堡垒”、“短促突击”等单纯防御的军事路线。我觉得这样不大对头，便把汇报稿送到毛主席那里。临回湘赣前，毛主席找我谈话。一进办公室，毛主席就问：听说你不愿回湘赣？我说：服从中央命令。接着，毛主席问了我们湘赣的工作情况和军委对湘赣的指示精神。他说：你们部队很纯洁，很有战斗力。并列举了一、二、三、四次反“围剿”的许多战例。过了一会，毛主席对我说：打堡垒战？你们有好多人？好多枪？堡垒对堡垒你摆得满吗？你的司令部摆到哪个堡垒上？……停了一下，毛主席又说：不能那样打嘛！我认为还是那“十六字诀”好。集中力量打歼灭战，抓住敌人的薄弱环节，打敌人的头、尾或腰。一口吞不下去的东西，就不要一口吞下。同时要发动广大人民群众进行广泛的游击战争，在运动中消灭敌人的有生力量，保存并壮大自己的力量。这样的仗，你们会打呀！如果分散起来守敌人，敌人就可能对我们各个击破。最后毛主席指示我们：十八师应积极行动，要千方百计保存永新，使十七师回来后有个落脚的地方，好休息好补充。以后中央军委总参谋长刘伯承把我叫去汇报了情况，刘总说："毛主席说的话很好，你回去不要做'牛罗'！"（意思是不要和敌人硬顶）

回到湘赣后，在省委会上我作了传达和汇报。我把中央军委的精神和毛主席的讲话精神都作了传达。这就引起了省委内部很大的争论。陈洪时主张十七、十八师分散行动，坚决执行军委的指示：任弼时在一、二、三次反"围剿"中和毛主席在一起工作过，对毛主席的军事思想认识比较深，他同意按毛主席的精神办，在省委会上，对陈洪时进行了批评。因为大多数同志支持任弼时同志的意见，省委作出了决议，打运动战不打堡垒战。这时本来是滕代远任军区司令员，因为未到职，省委要我代军区司令员并召集十七、十八师干部会议，传达了省委会议精神。

在省委制订的新的作战方针下的第一个战役是沙市战斗。这一仗打得非常漂亮。整整吃掉了敌人一个旅，活捉了旅长侯鹏飞和团长徐本桢，缴获不少战利品。沙市战斗就是运用毛主席游击战争的思想，打的一场伏击战。沙市战斗的胜利，挫败了敌人企图消灭红六军团于禾水和袁水之间的狂妄计划，暂时地缓和了湘赣革命根据地的紧张局势，配合中央红军，起了牵制敌人的作用。因为沙市战斗的胜利，给根据地人民以很大鼓舞，十七、十八师在军用物资和兵源上得到很大补充，战斗力得到很大恢复。

沙市战斗后，迫使敌人不得不把进攻中央苏区装备精良的五十三师调往湘赣作战，所以形势仍很紧张。在我们当时的主观愿望上想再打几个胜仗，在敌人的推进中离开工作，多消灭一些敌人的主力，但又不愿丢失永新这块根据地，所以提出了"誓死保卫永新平坝子"的口号。这样搞来搞去，从运动战转变到打阵地战。以后的松山、金华山战斗，就是单纯防御军事路线的结果。短促突击的仗是不好打的。如果依靠这种打法即使取得了胜利也只是局部战术上的胜利。这样打的结果是我们不动，敌人也不动。我们不离开阵地，敌人不离开工事，实际上还是碉堡对碉堡。所以松山及金华山两仗尽管给敌人以很大杀伤，但自己付出的代价也是非常之大的，而且最后阵地没有守住，根据地照样丢失了，省委机关和红军部队不得不转移到牛田一带。

1934 年 7 月，根据中央的电令，红六军团决定突围离开湘赣苏区，这次行动是我亲自安排和部署的。完全是搬家式的，开头油印机、造币石等什么都带上，可是搬了二天就搬不动了。为了轻装，一路行军一路丢，为了保守秘密，这次行动的目的起初没有告诉部队的指战员。但是在部队行动前，省委对地方工作作了研究和部署，按中央指示留下陈洪时任湘赣省委书记。省委讨论时，任弼时、张子意、吴德峰、谭余保、肖克和我，包括刘士杰都不同意。因为这时陈洪时的个人主义发展很严重，对革命流露出悲观失望的情绪，而且在工作上一点干劲都没有。当时我提议要把张子意留下任省委书记，张子意又要求把我留下任军区司令员，讨论中提出的不同意见当时向中央报告了。但后来中央还是决定把陈洪时留下来了。

红六军团突围西征是中央及中央军委领导下的一次有深远革命和历史意义的伟大战略行动，打破了敌人对湘赣革命根据地的“围剿”，牵制了比我们多十几 20 倍的敌人，从全局上打乱了国民党反动派第五次“围剿”的部署，为中央红军离开中央苏区进行二万五千里长征，起了先遣队的作用。

部队突围时，敌人前堵后追，情势非常险恶。好在突围后我们用的是毛主席的十六字诀，声东击西，避实打虚，很快掌握了主动权。8 月 12 日到桂东寨前圩后① 召开了誓师大会，正式宣布了六军团番号和

① 应为8月11日到达寨前圩，8月12日召开誓师大会。

建制。在敌人如此残酷地进攻下，突围为什么能成功？除了党的统一领导外，就是不管在任何艰难困苦的环境下能保持旺盛的士气和革命必胜的信心。在战略上藐视敌人，在战术上重视敌人。罗炳辉有一句名言叫做：东方不亮西方亮，黑了南方有北方。我就不相信那么大一个中国，你蒋介石一个人能吞下？我们离开了一个湘赣，为什么不能在全国建设二个、三个甚至更多的湘赣！

选自《红六军团征战记》上，解放军出版社1994年6月版，第293—296页。

红六军团的突围西征

王震

中国共产党中央和革命军事委员会鉴于中国民族危机加深，为了组织全国反日反卖国贼的民族革命战争，为了保存中国红军的实力，不中敌人的诡计（敌人企图围困紧缩我们在狭小地区，最后用飞机、大炮、毒气来消灭我们），在 1934 年 7 月底，决定红六军团开始实行突击的反攻战略。那几天的黑夜，全体指战员都是没有睡觉，整夜的夜行军，爬山涉水，忍受人家所不能忍受的疲劳，以奋发战斗的精神，连续几夜把敌人严密布置的重重叠叠的封锁湘赣苏区的碉堡线破坏无余，完全冲破了敌人包围湘赣苏区的封锁线，如入无人之境地进入湘南。当时为了保守军事秘密，在突围时，没有公布湘赣红军新的组织与新的任务，直到突围成功后，于伟大的“八一”红军诞生纪念日，在湖南桂东的沙坪圩公开正式宣布了新的组织与新的任务①。宣布了红六军团正式成立，红六军团军政委员会主席任弼时，委员萧克、王震，为领导红六军团西征最高领导机关。红六军团军团长萧克、政委王震，萧克兼十七师师长，王震兼十七师政委，张子意同志为红六军团政治部主任，龙云同志为十八师师长，甘泗淇同志为十八师政委。红六军团西征是第五次反“围剿”战争中红军新策略的开始，是打通一方面军与四方面军联系的桥

① 此处时间应为8月12日，地点应为桂东的寨前圩。

梁与孔道，是会合红二军团，配合全国红军执行新的反攻战略的行动，以开展新的斗争局面，发展抗日反卖国贼的民族革命战争。红色指战员们，在这样盛大壮烈的“八一”纪念节中，兴奋若狂地高呼着：“红六军团万岁！”“为民族解放而战！”“为完成中央军委给予我们新的任务而斗争！”8 月 5 日继续从沟石向西行动了，那时红日若火，天气炎热，每日都是行军百里，神速机动地深入湘南，沿途击破与焚烧敌人的碉楼不可数计，指战员们都高喊着：“烧乌龟壳呀！”“烧鸡笼呀！”群众都眉飞色舞地观望着并大声叫着“烧得好呀！”（因为这些碉楼都是压迫群众筑的，群众非常痛恨）同时群众沿路挑水送茶给红军喝，他们用亲爱的口吻说着：“同志们！辛苦了，喝茶吧！”我们拿钱酬谢他们，他们非常高兴，有的群众不要我们拿钱酬谢。经过五六天的急行军，攻占了新田县城，只休息一天，又继续前进，至永州抢渡湘水，因敌人阻碍未成。我们前卫部队为了抢渡湘水，一天一夜走了 240 里，又打转过湖南著名的阳明山，我们爬了整个一天，只爬过一半，即在山上露营。第二天完全翻过阳明山，到了白果市，从四倍于我之湘桂军包围中，毫无消耗地脱离了敌人，神速经过宁远、嘉禾、蓝山、江华等县，胜利地渡过了潇水，进行了湘桂交界之永安关的战斗，击破了截堵尾追我军之湘桂军队三个师，得以顺利进入广西，经过全县、灌阳进入湘西，占领通道县城，渡过渠水，进入贵州。在新厂一役，击溃何键之补充纵队，缴获甚多，使敌不敢轻易尾追。于是我们从容地从锦屏、黎平、剑河、柳霁、台拱之间通过，渡清水江，经过邛水、施秉等县占领黄平，再走余庆、瓮安到河坝场，渡余庆河，继续向石阡县前进。甘溪的战斗，敌人将我军截为两段，四十九、五十一两团之一部，由该两团政委晏福生、苏杰同志和军团参谋长李达同志率领首先到达了黔东之松桃地区①，与红二军团会合了。而五十团与四十九团之一部、十八师、军直则经无人迹的

① 应是印江木黄。

崇山峻岭中，开辟路线，打破湘桂黔敌军24个团的包围，经过两周艰苦的行军，战士们大多数都是打赤脚跑路，贵州的苗山地区荒凉，人烟稀少，道路崎岖，粮食困难，有时每天只吃一餐饭。由于指战员们英勇卓绝的艰苦奋斗精神，终于通过了石阡的封锁线，打垮了广西、湖南、贵州军阀的“堵截”和“追剿”，到达了黔东之松桃①，与红二军团胜利会师。

与红二军团的会师是在1934年10月24日，地点在贵州松桃之石良场（偏僻的山地）②，我们的贺龙、关向应、夏曦同志等及其所领导的二军团全体亲爱的同志，热烈地举行盛大欢迎。两军指战员政治情绪及阶级友爱提高到极点了，因为我们经过三个多月的远征，天天处在行军作战的环境里，现在战胜了敌人的“追剿”、“堵截”，克服了一切险恶困难，完成了与二军团会合的光荣任务。

石良场会合③后，经过两天的行军，进入黔东苏区④（二军团1934年创造的）的南腰界，休息两天，举行二、六军团的会师大会，二、六军团雄雄壮壮的指战员站满了一个草坪，两军欢呼震天动地，宣布开会后全场严肃地听中共中央代表任弼时同志、我红军领袖贺龙同志演说，全体指战员都十分相信我们二、六军团的伟大力量，决心在党中央和贺、任首长领导之下，团结一致，争取革命战争的胜利。

节选自《王震同志谈红六军团的历史》，选自马继善主编：《曙前之路——红军长征在湖南》，岳麓书社1996年9月版，第27—29页。

① 应是印江木黄。

② 应是印江木黄。

③ 应是木黄会师。

④ 南腰界位于四川酉阳县。

寻找贺龙同志

李达

1934年盛夏时节，中共中央机关和中央红军主力，准备实行战略转移。中央革命军事委员会，于7月23日命令红六军团担任前导，退出湘赣边根据地，向湖南中部转移，与红二军团（当时改称红三军）取得联系。

红六军团当时共有9000余人，由中央代表、湘赣省委书记任弼时和肖克、王震同志组成军政委员会，负责领导。8月7日，我们从江西遂川的横石出发，踏上了艰辛的西征之路。12日，我们在寨前圩召开连以上干部誓师大会，庆祝突围的胜利。并由任弼时宣布中革军委的指示：正式成立红六军团领导机关，肖克任军团长兼第十七师师长，王震任军团政委兼十七师政委，李达任军团参谋长，张子意任政治部主任，龙云任第十八师师长，甘泗淇任十八师政委。

但是，中革军委向我们下达任务时，并没有明确红六军团是作为总部的前导，为红军主力探索转移路线的，只是让我们到湖南去找贺龙同志领导的红二军团，并将每日行军路线和宿营地用电台报告总部。我作为参谋长，忠实地执行了这一指示，每晚均向总部报告。红二军团的具体位置我们并不知道，只是估计可能在湘西凤凰和川、贵交界处活动，就大致朝着这个方向前进。然而，我们每经过一地，此地过些日子必遭国民党飞机的轰炸，非常准确。我很奇怪，为什么不炸我们，偏偏要炸我们路过的地方呢？有一天，我偶然看到一份湖南报纸，才解开了这个谜。那张报纸的头版上用特大号字印着一个醒目的标题：《前面乌龟爬开路，后头乌龟跟着来》，再看内容，这才知道，总部的机关正是按照六军团的行动路线走的，敌人又破译了我们的电报。侦察到了总部的行动规律，所以就定期地沿着我们的宿营地点进行轰炸。这说明敌人是多么的狡猾，稍一不慎，就可能带来不应有的损失，同时，我们也才知道，六军团在受命寻找二军团并与之会师的同时，实际上还担任了中央红军实行战略转移向西突围的先遣队。

一

直到 9 月 26 日，朱德同志给“任肖王”发来“火急”电，我们才有了比较明确的行动目标。电报说：“我二军团的部队已占领思南、印江、清江并向石阡方向前进。”并确定我们的路线：“由现地域或经清江、青溪、思县，到达省溪、铜仁、江口地域。然后设法与二军团首长取得联络。”

依据这一指示，任弼时，肖克、王震同志率领部队，与追堵我军的湘军、桂军巧妙周旋，且战且走，途经湖南、广西，进入贵州。

10 月 3 日，中革军委电示任、肖、王：“桂敌现向南开动”。“二军团部队已占印江，六军团应照军委 1 日 13 时来电令，迅向江口前进。”4 日，军委又电：“黔敌柏辉章师现分驻松桃、铜仁附近，另一部正向我贺部追击，其兵力正形分散。我六军团应乘此时机，迅速依军委电令，向铜仁以西、乌江以东之江口前进，并相机攻击堵敌部队。”

为执行军委上述指示，军团首长命我带领由四十九团、五十一团和机枪连组成的先头部队，担任前导任务。我们 6 日进至石阡地区，7 日继续行军至甘溪，与桂军廖磊所部十九师遭遇。原来，桂敌并未“南下”，而是一直在追踪，当发现我们之后，突然抄后路，切断了我们与主力的联系。由于当时我们以为桂敌已经南撤，只顾向江口急进，和二军团会合，所以没有和桂军作战的思想准备。加之，我们对这一带的情况不熟悉，事先也没有得到情报，待发现桂敌的前卫部队时，已经深入湘、桂、黔三省敌军 24 个团的重兵包围之中。在这种紧急情况下，我指挥先头部队与敌军奋力苦战，坚持到黄昏之后，我带着机枪连冲出敌围，其余部队也相继冲了出来。我清理了人数，只剩下第四十九团、五十一团的两个团部和机枪连，总共 400 人左右，许多同志在突围中失散了。我们从一个叫作大地方的镇子，钻进了山沟。所幸这一带林深草密，地形复杂，便于隐蔽。我们同敌人周旋了两昼夜，终于摆脱了他们的追击。

我们与军团首长失掉了联系，下一步应该怎样行动呢？我和四十九团政委晏福生、五十一团团长苏杰等同志研究了一下：如果我们折回去寻找主力部队（主力也不会停留在原地的），则很可能在途中重陷敌围，亦有被歼危险。我们先头部队的任务是寻找二军团，而据当地老乡介绍，我们所在的地方距江口、印江只有三五日行程。如果我们能很快找到二军团，请求贺龙同志派部队接应六军团主力，比我们这 400 人的作用要大得多。于是，我们在无法与军团首长取得联系的情况下，决定先寻找贺龙同志。我们把剩下的这部分人临时编成了一个先遣支队，直奔北方。10 日到江口时，没有发现二军团的踪迹。于是，11 日经德旺，12 日沿梵净山西麓继续寻找。在甘龙口附近，我们听老乡说，这一带常有部队活动，既不像国民党的军队，也不像土匪。对于梵净山，我是早闻其名的。它位于江口县北、印江县东，海拔近 2500 米，山势奇伟，至今还保留着原始森林，人迹罕至，是历史上土匪出没较多的地方。为不致弄错，我又找了些老乡，仔细地询问了一下。从他们提供的零星情况来看，在梵净山西北一带，很可能有红军活动。

10 月 15 日，我们又进一步打听到，在沿河县一个叫枫香溪的镇子附近确有红军部队。大家听到这个消息，兴奋极了，忘记了连日的辛劳，恨不能立刻见到他们。我重新整理了部队，就直奔枫香溪。经过来安营，又走了大约半天的路程就看见一座小山头，上面有部队在活动，都是老百姓的打扮。同时，他们也发现了我们。由于我们六军团穿的是制式军装，事先又未联系，他们误以为是黔军又来搜山，就作出了戒备行动。为避免发生误会，我命令部队停止前进，原地休息。我观察对面山上这些老乡打扮的部队实施戒备动作时，很像是经过正规训练的，所以断定他们就是二军团的部队。于是，我就派人向他们喊话：

“我们是六军团，从根据地出发，来找你们会师的。不要误会——”

“你们是二军团吗？我们是来找贺龙总指挥的——”

喊了一阵，对面山上派人来跟我们接头。我取出随身携带的纸笔。垫着文件包，匆匆写就一封信：

贺总指挥：我们是六军团，奉中革军委命令，从湘赣边根据地出发，前来寻找二军团会合的。我是六军团参谋长李达，率先遣支队走在前面，希望同您会面。

我将信折好，交给来人。他们走后，我坐在一块石头上，焦急地等待着回音。对于贺龙同志，我虽久仰其名，但从未见过面。他是否知道中央派六军团来会合，我也拿不准。如果接不上头，或者虽然接上了头，但不能马上派援兵，我这个参谋长怎么对得住正率部队浴血苦战的任、肖、王首长呢？

我正想着，忽见山上下来几个人，朝我疾步走来。最前边的一位，身材魁梧，头戴礼帽，脚踏草鞋，和其他人一样，穿着深灰色的衣服。他走到我跟前，笑着伸过手来，我迎了上去，他紧紧地握着我的手说：“误会了，误会了。我是贺龙。听说你们六军团要来，我们十分欢迎。你们辛苦啦！”他拽着身旁一位瘦削而精干的中年人，说：“这是我们的政委关向应同志。”

关政委也热情地同我握手，并亲切地说：“李达同志，你们辛苦了！弼时同志来了吗？”

我说：“弼时、肖克、王震同志还在后边同敌人作战。”

贺龙、关向应同志听罢，立时紧锁双眉。贺龙对我说：“李参谋长，你先把队伍带上山休息。”

“我还是先向您汇报部队被围的情况吧。”

于是，我边上山，边向贺、关首长汇报了六军团寻找他们的经过，特别将我们在甘溪遭到敌军袭击的情况，详细地讲了一遍。

贺龙说：“你们遇到的是桂军，看来还有湘军和黔军，能突围出来，很不容易。黔军也天天在找我们。刚才你们到山下，哨兵还以为是他们来了。我观察了一下才知道是你们六军团。我们这几天就是出来接你们的，现在真的碰到一块儿了。”

我说：“贺总，我是找您搬救兵去接应主力的。”

贺龙爽快地说：“好！我们研究一下，做些准备。”他用力一挥右臂，对部队说：“明天就出发，接应六军团！”

这是我第一次见到贺龙同志。他那平易近人、豁然大度，在危难之时毫不迟疑地援救兄弟部队的豪爽气概，给我的印象极为深刻，至今还萦绕在眼前。

二

第二天一早，贺、关率领部队兼程南下，接应六军团。我们这支先遣队仍然担任前导。途中，我们了解到六军团主力已经摆脱敌人，朝梵净山方向去了。我们又折回来，大约转了一两天的样子，在梵净山西南发现一支部队，经用军号联系，原来是郭鹏、彭栋才①同志率领的五十团。我们给他们介绍了贺、关首长，他们喜出望外，情不自禁地淌下了

① 原文为彭栋材，应为彭栋才，即彭林。

热泪。五十团的同志们争着同贺、关首长握手。许多同志拥抱在一起，不知说什么好……

郭鹏、彭栋才同志说，他们团同主力失去联络后，既无地图，也不知道二军团的位置，转了好几天，偶然从一个破纸堆里翻出半张旧报纸，上面登着贺龙所部在“沿河、印江一带骚扰，向西南方向蠢动”的简短消息，这才有了具体目标，一路找来，果然同你们相遇。

我们稍事休息，便一同沿梵净山西麓向北继续寻找六军团主力。大概又转了一两天，10 月 24 日终于在木黄找到了他们。两个军团的同志虽然以前多不相识，见了面却像久别重逢的亲人一般，握手，拥抱，许多人激动得流下了热泪。小鬼们手拉着手、又蹦又跳，高兴极了。

我陪着贺、关和任、肖、王首长亲切交谈。贺龙特别兴奋地说:“我早就听说你们六军团要来，因为电台坏了同中央断了联系，不知道你们的具体位置。这下可找到你们了。看见你们安全脱险，我也就放心了。你们来自井冈山，来自毛泽东身边，可要好好给我们介绍经验哪！”接着他和关政委关切地询问了六军团脱险经过。

王震政委见了我，百感交集，紧紧地握着我的手，激动地说：“李达呀，我们还以为找不到你了呢！谁知道你真把贺龙同志给找来了。你这个参谋长还不错嘛！”

任、肖、王首长经过十几个昼夜的辗转奔波，疲劳过度，特别是任弼时和肖克同志已经走不动路了。贺总派了两副担架，抬着他们行军。

在行军途中，王政委对我说，10 月 7 日在甘溪时，敌人把六军团截成了三段，他们一边阻击敌人，一边在高山临时开路，行军一昼夜，到达包溪。我十八师和敌军打了半天。他们走到路濑①，又遇到敌人，我尖兵缴了敌人六支驳壳枪，主力仍在高山与敌人对峙。这时，已经减员六七百人。到了 12 日，为了避免被敌人追击，行动方便，他们将主

① 原文误为路赖。

力分为两个纵队，烧掉了不必要的行李。经过施秉附近时，又被桂敌追了 20 余里。10 月 15 日，他们向板桥前进，准备渡石阡河。但敌李觉部已先到板桥堵击。他们避开敌人，又折返甘溪，五十二团在龙塘被敌截断，又退至白沙方向。17 日晨，他们到达甘溪，午后，强行通过了敌军在石阡、镇远设置的封锁线。这样，经十余天转战，终于摆脱了敌军，在印江县的木黄同我们相遇。弼时同志身患疟疾，还手拄木棍，坚持和同志们一起行军。听了这些，我非常感动。

回想起甘溪遭遇战，确是一场惊心动魄的殊死搏斗。六军团被桂、湘、黔三省联军重兵包围分割，仍能各自为战，杀出一条血路，同二军团胜利会师，这是与任、肖、王首长平日对部队的培养、训练和临战时的机智指挥分不开的。后来，我曾读到两份敌军总结为何未能追上六军团主力的材料。其中一份是湘军旅长胡达的谈话，他认为所以未能追上和消灭红军，是因为这个部队确有一些“长处”，“如服从命令，拥护首领，完成任务，动作迅速”，“比如遇到国军，该部因避战之故，马上前卫变作侧卫或后卫，其最大目标，突然不见了”，“该部对于其主义，信仰极深，故拥护首领，甘心效死疆场。”另一份则是白崇禧对桂系十五军的训话，他说六军团的长处，“第一是纪律严格，进退动作一致，奔驰数省，队伍完整；第二是组织严密，党的命令，可直达士兵下层；第三是行军力强，该部没有落伍心。”至于桂军为何没有追上六军团，他认为是由于桂军存在四条“短处”:“第一行军弱,有些官兵不能走路……这次追赶肖克,暴露了这种弱点;第二是有少数的官兵胆小,借故落伍，不肯上前；第三是后方勤务不好，行动不敏捷；第四是通讯不灵”。

红军的长处，当然不止于此。但从敌人公认的这几点中可以看出，我们的部队在西征中表现出来的顽强奋战的战斗作风和精神风貌。当然，我们的胜利也付出了相当的代价，损失是很大的。先烈们的鲜血，换来了宝贵的经验，鞭策我们幸存者更加谨慎、周密，更加机智、勇敢地同敌人去战斗。

10 月 25 日，二、六军团在向南腰界转移途中，任弼时、夏曦、贺龙等首长开了一个简短的会议，初步商定了两个军团集中行动的方案，于当天电呈军委说："六军团现只有五十二团八百余人未到，其余已集中编成三〈个〉团，总数约三千；二军团为七、九两师，总数约三千二，精良充足，但子弹缺乏"。

"任与夏贺会议，二军团以下七、九两师编成三个团，独立师编一个团，共四个团；六军团暂编三〈个〉团。两个军的行动由二军团统一。六军团政治部及保卫局编入二军团。任、肖随二军团，夏、王、李随十七师"。

"以目前敌情及二、六军团力量，两个军团应集中行动。我们决定加强苏区党和武装的领导，开展游击战争，巩固发展原有苏区，主力向松桃、秀山间伸出乾、松、凤地区活动，建立新的根据地"。

贺总和关政委对六军团非常关心，多次指示二军团的同志，要尽一切可能照顾好六军团，保障好六军团。二军团的指战员，按照贺、关首长的指示，在相当困难的情况下，给我们筹粮、送肉、送盐，组织人上山选割细软的茅草，给我们当铺草；给我们营以上干部配备了乘马，还拨给我们七八挺轻机枪。这些无私的援助，感人至深。

10 月 26 日，二、六军团在南腰界召开了隆重的会师大会，标志着两个军团胜利地结合在一起。

三

红二、六军团的胜利会师，在红军发展史上具有重要意义。

首先说二军团，由于夏曦同志盲目地执行王明的错误路线，在部队中搞肃反扩大化，屈杀了一大批好党员、好干部，甚至连党、团组织都解散了；在军事上，亦曾犯过盲动主义和逃跑主义的错误，使部队和根据地受到了很大损失。二军团的电台坏了以后，同中央失去了联络。所以，中央对二军团的情况也并不完全了解。夏曦当时的职务是湘鄂西中央分局书记，又一直不承认他的政治错误，以贺龙、关向应的身份，是不能左右夏曦的。六军团出发前，任弼时同志即已受命于中央，以中央代表的名义，前往解决二军团的问题。

再说六军团，经过近三个月的远征，中途几遭敌军重兵的追、堵、截、围，部队严重减员，疲惫不堪，只剩下 3000 人左右，其中还有 300 多伤病员。会师前，为了轻装，连行李都烧掉了。因此，我们亟须休整、补充。

正如贺龙同志所说："我们二、六军团两个军团会师以前都是多灾多难的，肃反都扩大化，干部损失最大。所以，两军都希望会师。六军团需要休息，二军团希望会师解决路线问题、党的领导问题。""如果没有（黔东）这块根据地，六军团没有目标可找，也收不到部队，结果是不可想象的。那时六军团被敌人切成了三段，会师后连做饭吃的家伙都没有了，马也丢光了，很狼狈。"

但是，由于军委负责同志不了解上述情况，于 10 月 26 日急电"任肖王"：

"一、二、六军团合并一个单位及一起行动，是绝对错误的。二军团仍应独立的依中央及军委的指示活动、发展，并接受中央及军委直接指挥。

"二、六军团应速依军委电令，向规定地域行动，勿再延迟。六军团所携的两个电台，如能修好，并配好材料，望留一个及译电人员给二军团。"

二、六军团首长，包括夏曦在内，接此电令后，都认为二、六军团在目前情况下是不能分开行动的，因此不同意分开。为让中央及军委了解详细情况，他们先于 27 日汇报了夏曦在二军团（即红三军）所犯的严重错误：

“夏曦同志领导中央分局，离开湘鄂西苏区时，是执行了退却逃跑的机会主义路线。……在肃反中〈把〉十分之九的连以上军事、政治干部，当反革命拘捕了。……最近三军到白区配合迎接六军团时，敌进入苏区。夏曦领导独立师脱离苏区逃命，以致这块苏区缩小到现南北只有六七十里，东西只有三十里，人口三万余人；二十个区缩小到十二个区；地方武装扩大的三千多新战士，缩小了一半……”由于夏曦同志“始终没有承认他政治路线的错误，因此我们认为他不能继续领导，建议中央撤消他中央分局书记及分革军委会主席”，“并提议贺龙为分革军委会的主席，肖、任副之。”

第二天，“夏贺关任肖王”又电呈军委，详细申述了两个军团需要统一行动的理由：

“在敌我及地方情况条件下，我们建议二、六军团暂时集中行动，以便消灭一、二个支队，开展新的更有利于两军团将来分开行动的局面。目前分开，敌必取各个击破之策。以一个军团力量对敌一个支队无必胜把握。集中是可以打敌任何一个支队的。且两军在军事政治上十分迫切要求互相帮助。”

记得这样反复了几次，军委才同意二、六军团共同行动，调夏曦担任六军团政治部主任。此后，他的表现还是不错的。

关于二军团的政治路线问题，由于贺龙、关向应和广大指战员的抵制和斗争，夏曦的一些错误做法已开始得到纠正，并于 6 月中旬恢复了党团组织。只是党团员敢于站出来登记的还不多。弼时同志到二军团了解情况后，对夏曦的问题进行了批判总结，促进了二军团的政治生活迅速走上正确的轨道。

两个军团会合后，中央决定由贺龙、任弼时同志统一指挥二、六军团。贺龙对六军团是非常尊重的。他曾带着二军团的一部分干部到六军团来学习，诚恳地对肖克和王震同志说，你们六军团来自中央根据地，文化水平、政治水平和军事素质普遍比较高，二军团的干部，大部分在肃反中被错杀了，新提起来的干部，特别是营团级干部，经验少，希望六军团能支援二军团一批干部。肖克、王震同志欣然同意，立即选调了一批同志到二军团工作，如甘泗淇、方理明、张平化、袁任远、余秋里、朱辉照、冼恒汉等同志就是这时调到二军团的。肖、王首长对二军团的能征善战也十分钦佩，要求贺龙、关向应调了一批军事干部到六军团工作。

贺龙同志还请弼时同志给二军团介绍毛泽东同志的光辉思想，介绍中央红军反“围剿”和土地革命的经验。

贺总听说我懂得一点儿军事训练和参谋业务，也曾经让我给二军团的干部讲课和做示范动作，还叮嘱我帮助二军团司令部搞好业务建设。不久，又调我担任二军团参谋长。

这样一来，二、六军团就融合在一起了。大家互相敬重，互相学习，互相帮助，亲如兄弟一般，无形中增加了几倍的力量。贺龙同志说：“二、六军团会师团结得很好，可以说是一个会师的模范”。

为策应长征，我二、六军团从黔东出发，向湘西敌人发动了攻势，在运动中歼敌数千，相继占领了永顺、大庸、桑植，控制了龙山、保靖、桃源、慈利、常德等地，于11月建立了湘鄂川黔革命根据地。任弼时任中共湘鄂川黔边省委书记，贺龙任湘鄂川黔革命委员会主席和军区司令员。在他们的正确领导下，又于1935年取得反“围剿”的胜利，有力地策应了党中央和红一方面军的长征。11月19日，两军团主力由桑植出发，又走上了伟大长征的新阶段。

选自《红六军团征战记》上，解放军出版社1994年6月版，第399—409页。

李达，1905 年生，陕西眉县人。1931 年 12 月参加宁都起义，任中国工农红军红五军团连长。1932 年加入中国共产党。红六军团西征时任军团参谋长。红军长征时任红二军团参谋长、红二方面军参谋长。新中国成立后，曾任西南军区副司令员兼参谋长，兼云南军区司令员，中国人民志愿军参谋长，国防部副部长兼解放军训练总监部副部长，国家体育运动委员会副主任，解放军副总参谋长。中共第十届、十一届中央委员，中共中央军委顾问，中共中央顾问委员会委员，1955 年被授予上将军衔。1993 年在北京逝世。

红六军团的西征和创立湘鄂川黔新根据地

甘泗淇

六军团的出现

在反对敌人五次“围剿”时，中央决定把湘赣的十七师、湘鄂赣的十六师，还有湘鄂赣的十八军，合编为六军团，事实上是两个区域的部队，1933年八九月时，十八军的部队就过来了，后来编为十八师的五十二团，十七师北上时，曾与十六师会合，该师后来仍留在湘鄂赣。

湘赣红军突围时，为了保守军事秘密，没有正式公布新的组织，直到突围成功后，“八一”纪念时①，才于桂东的沙坪圩②宣布了红六军团的成立，以肖克同志为军团长兼十七师师长，王震为军团政委兼十七师政委，张子意同志为军团政治部主任，李达同志为军团参谋长，龙云同志为十八师师长，我是十八师政委，谭家述同志是十八师参谋长。

又组织了六军团最高指挥机关——军政委员会，任弼时同志为军政委员会主席，肖克、王震、张子意等同志为委员。

这时六军团有两个师——十七师、十八师共六个团（四十九、五十、五十一、五十二、五十三、五十四等团），除五十四团是两个营，其余都是三个营，出发时，包括所有机关人员，共7800人。

① 时间应在8月12日。

② 应是寨前圩。

搬家式的西征

敌人五次“围剿”的最后一个时期，我们已处在很困难的地步，苏区更加缩小和被分割，物质的缺乏，部队回旋的艰难，敌人的疯狂进攻，迫使我们不得不准备突围，中央也来命令，叫我们做北上抗日先遣队，到湘西与二军团会合，我们于1934年7月底开始行动，部队于仓促中出发，准备工作很差，在保守军事秘密的口号下，大多数负责干部，都不知是干什么（肖克同志说他也不知道）。因此，在部队里，不但未进行说明解释工作，而搬家式的味道就很浓厚，省保卫局的犯人，医院兵工厂，许多缝衣机等笨重东西。能带的要带，不能带的也要强带，这样在行动中，就很难有作战的决心。总想搬到一定的地方，把东西安置好了再来打仗，同时也不能打仗，担架多得很，各部门的非战斗人员也多得很，队伍拖有20里路长，转移困难，最容易遭受堵击和侧击，只好不分昼夜地走，或者找近路走。结果，掉队落伍的人多得很，比战斗的伤亡还要大，主动权让给敌人，往往因找近路走，反被逼兜圈子跑远路了，再加上到新的地区，对于地形、敌情、民情风俗，都不大了解，又没有详细军用地图，只有一般的分省图，一路上“东碰西撞”，吃亏不小。

“烧乌龟壳呀！”“烧鸡笼呀！”的声中行军

8月5日①从泰和永阳横石出发，在秋老虎的炎热天气中，每天都行军百里，以精速机动的姿态，深入湘南，敌人没料想到我们的突围，

① 红六军团西征出发时间应为8月7日。

沿途的碉堡是非常空虚的，被我们攻克和烧毁的不可计数，当烧毁碉堡时，指战员们都高喊："烧乌龟壳呀！""烧鸡笼呀！"老百姓也都"眉飞色舞"地大声喊着："烧得好呀！"因为这些碉堡都是国民党军队强迫老百姓修的，老百姓非常痛恨。

转战于湘桂黔各地

经过五六天的行军，攻占了新田县城，只休息一天，又继续前进至永州，为了抢渡湘水，我们前头部队，曾于一天一夜走了240里，但因河宽水深，敌人又在那边堵击，没办法，只得折回，因敌人王东原部的尾追，我们被迫爬上湘南最有名的阳明山，到了山顶，只有一个庵子，部队只好露营，用洋铁桶子、洗脸盆子煮了一些开水和稀饭，略解饥渴，下了阳明山到了白果市，吃了一顿饭，休息六七小时敌人又来了，后来又经过几天的日夜急行军，经宁远转回新田，再绕嘉禾，才算把企图包围消灭我们的敌人丢在后面。在嘉禾休息了一下，留下了部分的干部和人员（伤病员），留下了部分枪支，帮助他们建立一区委和一个小小的游击队，又继续前进，抢渡潇水。十八师任前卫，都是泅水过去的，顺利地渡过潇水，进到湘桂交界的永安关，在永安关打了一仗，进入广西，经全州、流阳①进到湘西南，占领通道县城，渡渠水到达新厂，在疲劳振奋中，击溃了何键的湖南补充纵队，从容地向锦屏、黎平、剑河、抑斋、台江之间行进胜利地通过清水河，经过邛水、施秉等地，占领黄平县城。在这一段行军中，都是上高山，绕小道，给养困难，还有湘黔公路、邛水、清水河的封锁，但每天跑的路依然是在80里以上。

① 疑有误，待考证。

甘溪的遭遇战

又走瓮安到河坝场，渡余庆河，向石阡前进，至石阡之甘溪与桂军堵击的两个师发生遭遇战，我们仓促交战，粮食、弹药都感困难，尤其是部队疲劳，掉队落伍人员甚多，种种条件都是与我们不利，但被迫应战，也不能不战，在紧张情况下伤病员处理也不周到，有的被反动分子杀掉，牺牲之大，是西征以来的头一次。

这时四十九团、五十一团之各一部由政委晏福生、苏杰两同志和军团参谋长李达同志率领，冲出了包围，首先到达黔东松桃①与二军团会合。

敌人用24个团的兵力紧紧地跟着我们。

贵州是山多人少，甘溪战斗，苗民跑得精光，给养无法供应，敌人计划乘这个机会把我们消灭，我们只有朝着高山峻岭无敌人的方向走去，从悬崖陡壁上攀登通过，有描写不出的惊险，所有的牲口及行李都丢掉了，饿肚子不是奇怪事，经常一整天吃一餐稀饭，大多数人员打赤脚跑路，经过了半个月的辗转战斗，终于冲出敌人的包围了。龙云同志率领十八师五十二团的全部，也在这次战斗中为革命流了最后的一滴血。

第二次冲出包围的部队，于1934年10月24日到达贵州松桃之石云场②与二军团会合。

西征的简单总结

（一）1934年7月离开了湘赣苏区，开始是很顺利地进入了湘东，

① 应为印江木黄。
② 应为印江木黄。

后来驰骋于湘桂黔各地，渡过藩渠、邛水等、清水、余庆等河，爬过了湘南最大的阳明山，经过数十战，给何键的湖南补充纵队以严重打击，攻占了数个县城，在柳州①、嘉禾等地，都播下了革命种子——地方党和游击队，替中央红军，开辟了北上抗日的道路，这是六军团在红军史上不可磨灭的功绩。

（二）但是也有许多缺点，开始从湘赣出发，是搬家式的行动，许多不必要的东西，都带着走舍不得留下（特别是供给机关的缝衣机子，医院等大机关），正因为这些笨重东西、有保守旧家产的思想，在军事领导上，总想走近路，在很短时间到达目的地，把家安好后，再与敌人打仗，失掉了歼敌的机会，也容易遭受敌人的袭击。

（三）对于途中的困难估计不够，所以到湘东新田后，即欲渡过湘水，直达湘西，但事实不可能，逼得爬上阳明山，又重返新田，再走嘉禾，这样使部队疲劳过度，减员现象严重。

（四）侦察、情报工作也差，到石阡时，敌人向甘溪前进，我们也向甘溪前进，都在甘溪宿营，我们以"疲劳之师"，被迫应战，结果吃了大亏，遭受了大的损失。

（五）出发时有六个团（17个营）的兵力，经过几个月的长征和战斗，与二军团会合时，只剩三个团，按人员数字来讲，减少了一半。

节选自《红六军团发展史》，原载《中国工农红军第二方面军战史资料选编》（三），解放军出版社1996年7月版，第668—671页。

① 疑有误，待考证。

甘泗淇，原名姜凤威，别名姜炳坤，1904 年生，湖南宁乡人。1925 年加入中国共产主义青年团，1926 年转为中国共产党党员。1927 年赴苏联学习。1933 年起任湘赣省苏维埃政府国民经济部部长、财政部部长，红六军团政治部主任、红六军团十八师政治委员。1935 年起任红二军团政治部主任、红二方面军政治部主任。参加了长征。新中国成立后，曾任西北军区副政治委员兼政治部主任、中国人民志愿军副政治委员兼政治部主任、解放军总政治部副主任。中共第八届中央候补委员。1955 年被授予上将军衔。1964 年在北京逝世。

西征路上

余秋里

1934 年 8 月 7 日，红六军团离开湘赣根据地，从横石、新江口地域出发，开始了英勇的西征。

全军指战员日夜兼程，跋山涉水，以神速的动作，突破敌人四道封锁线，于 8 月 11 日到达湖南桂东的寨前圩。第二天，在寨前圩的草坪上召开大会，庆祝突围的胜利。任弼时同志根据中央军委的指示，正式宣布了红六军团干部的任命。萧克为军团长，王震为政治委员，李达为参谋长，张子意为政治部主任。

在桂东休息一天后，继续西进。当时正是酷暑季节，有时太阳当空，天气炎热；有时阴云密布，暴雨倾盆。在行军中，既要避开前面敌军的堵截，又要摆脱后面敌军的追击。为了防止敌人飞机的轰炸和摆脱地面的敌人，部队常常是在夜晚行军，军情紧急时则是日夜兼程，不要说休息睡觉，有时连做饭的时间都没有。在这种情况下，我们就把生米洗一洗吃下去。因为常在夜间行军，走的又是山间小路，不少同志的衣服被荆棘挂破，有的同志的草鞋被磨穿。草鞋破了，就赤着脚行军，脚被磨破，仍咬着牙坚持着向前走。当时有个口号：走得赢就是胜利。英勇的红六军团像一股铁流，曲折迂回，奔腾向前。我军先后渡过了潇水和湘江，采用灵活的战术，忽东忽西，转战于湘、桂、黔。我军曾到过新田、嘉禾、全县、淮阳、西延、通道、黄平、石阡等县，多次给围追堵截的敌军以重创。

10 月 6 日，我军进入贵州石阡县境内。7 日拂晓，红六军团按照十七师、军团部、十八师的顺序行进。我们红四分校随军团部行动。当时的计划是到石阡县的甘溪镇休息一天，然后利用夜暗通过石（阡）、镇（远）大道，与贺龙同志领导的红三军取得联络。

十七师进入甘溪，突然遭到国民党军包围，并拦腰切断了十七师与军团部的联系。十七师和敌军展开了激烈的战斗。敌军在和十七师战斗的同时，又派出两股部队进行迂回，企图攻击我主力部队。军团首长立即命令红四分校，抢占一个叫龙骨屯的制高点，抗击敌人的进攻。我们打退了敌人的多次冲锋，但是敌人越来越多。事后，我们才知道，这次伏击六军团的湘、桂、黔敌军有 20 多个团。我们坚持到下午 5 时左右，军团首长看到我军处境危险，遂令五十团接替红四分校的阵地，继续抗击敌人。随后，敌军又切断了五十团与主力部队的联系。

我们红四分校从阵地上撤下来以后，天色已近黄昏，即掩护军团部向东南方向转移。山坡上长满了一层又一层的梢林和杂草，密得使人迈不开步，只有用手扒、用脚踩，有时还得用刀砍，才能开出一条道来。带刺的枝条扎破了手臂和脸颊，鲜血混着汗水和雨水不停地往下流。但是，谁也顾不了这些，当时只有一个念头，一定要冲出敌人的包围。军团部的同志，为了爬山，不得不丢弃了行李和马匹。翻过一座大山以后，于当天夜间来到了镇远县的大地方镇，摆脱了敌人的合围。

突围以后，听弼时同志的通信员说，这次突围的路线是弼时同志亲自选定的。

当我军陷入敌人的重重包围以后，弼时同志保持着高度的冷静，在我军抗击敌人的进攻时，他带着通信员找到了一位靠打柴为生的老人。弼时同志知道，贺龙同志在这一带的老百姓中有很高的威望，他对那位老人说："老人家，我们是贺龙的队伍，你能不能给我们指一条出山的小道？"老人沉思了一会儿说："路是有一条，可是难走得很啊！"弼时同志说："只要有路，就可以了。"老人带弼时同志走了一段路，指着山坡说："东南面的山沟，二十年前是一条通往岑巩的大道，因为多年没有人走，长满了一层又一层的梢林，只要你们能砍开梢林钻出去，十几里外就能见到人家。"弼时同志听了，立即命令通信员："快！快去把情况报告萧克、王震同志，组织部队向东南方向突围。"正是由于弼时同志正确选择了突围的方向，才使我军冲出了敌军的包围，脱离了险境。

在弼时同志身边

从甘溪突围出来到达大地方镇的第二天，六军团政治部组织部长李贞同志找我谈话。她说，甘溪战斗，部队被敌人截成三段，现在仍处于敌军包围之中，处境很危险。军团领导决定，从红四分校抽调六名营连级干部，组成政治保卫队，负责保卫弼时同志的安全。领导决定由你担任政治保卫队队长，你的任务很艰巨，也很光荣，责任重大，一定要很好地完成任务。我听了以后，深感肩上的担子很重，也清楚地知道，在危难的时刻，组织上把这样重要的任务交给我，是对我最大的信任。我向李贞同志说："我坚决完成组织上交给我的任务，粉身碎骨，在所不辞，绝不辜负组织上的信任。"李贞同志又说，今后政治保卫队由军团政治部直接领导。

我们六个人随李贞同志来到弼时同志身边。弼时同志简单问了我们几个人的情况，我们一一作了答复。从此，我在弼时同志身边度过了一段终生难以忘怀的日子。

当时，弼时同志患疟疾已有一个多月，由于连续行军作战不得休息，身体消瘦，双脚浮肿，体质已相当虚弱。在甘溪战斗中，为了摆脱敌人，爬山越岭，马也丢掉了。弼时同志生病后，军团卫生部给他配备了一副担架，由于连续行军作战，环境艰苦，担架员伤的伤、病的病。

我来到弼时同志身边，要做的第一件事，就是要找几个政治可靠、身体健康的担架队员。

当时，红十八师驻在军团部附近，我找到了师政治部主任方理明①同志，我向他说明来意以后，他稍加考虑以后说:“毛少先②吃苦耐劳，是抬担架的能手，就让他给弼时同志抬担架去吧！”我听了高兴地说：“这个同志我认识，可以！”随后，他又推荐了几个人。

我在湘赣省苏维埃政府工作时，毛少先是负责省政府警卫工作的特务连连长，我对他比较了解，他政治坚定，作战勇敢。在肃反运动中，因他在红二十军当过连长，被怀疑是AB团关进了监狱，以后查无实据放了出来，但一直未安排工作。长征后，在五十二团干些杂活，挑水、背锅、扛粮。

我找他谈话时，我说：“你长得这么矮，能抬担架吗？”他不服气地说：“别说抬担架，就是我一个人背，我也要把首长背走，不信你试试看！”说着他就要来背我。我笑着说：“我是试试你的决心。”我对他说：“你是去保卫中央代表任弼时同志，这说明组织上已恢复了对你的信任，你只要把工作做好，以后还会去当干部的。”毛少先高兴地表示，一定要好好干。

毛少先调到担架队以后，工作积极，认真负责。他个子矮小，但有力气。抬担架时，他总是抢着抬前面。因为两个人抬担架，前面负担重，后面负担轻。俗话说:“前抬一千，后抬八百”，就是讲的这个道理。有一次，他和一个个子比较高的同志抬担架，我看到弼时同志躺在担架上，头的部位比较低，可能不舒服，就换了两个身高差不多的同志来抬。从这件事我又摸索到，上山时，让毛少先抬前面，个子高的同志抬后面；下山时，个子高的同志抬前面，毛少先抬后面。这样就能使首长的身体始终处于平衡状态。开始弼时同志并未注意，以后看到上山下山时毛少

① 原文误为方礼明。

② 原文误为毛绍先，本文统一为毛少先。

先不断变换位置，才明白了是怎么回事。有一天，弼时同志高兴地对毛少先说："矮子啊！你工作很有创造性嘛！"毛少先受到首长的表扬，非常高兴。

在长征中，毛少先一直为弼时同志抬担架。到陕北后，弼时同志介绍他回六军团，任连长、营长。抗日战争时期，他曾任一二〇师独立第二支队支队长，深入敌后，打得日寇闻风丧胆。建国后曾任新疆军区后勤部副部长，南疆军区第二副司令员。

当时六军团主力部队被敌人包围在石阡、镇远、余庆之间的狭小地带，为了保存有生力量，军团领导决定不与敌人进行大规模战斗，利用崇山峻岭、深林密布便于隐蔽行动的有利条件，与敌人周旋，寻找敌人间隙或薄弱部分冲出重围。

在深山密林中转战，对于我们青年人也是很吃力的，何况弼时同志当时正在生病。弼时同志晚上很少睡觉，有时和军团领导同志研究战斗部署，有时看各方面送来的情报，分析研究敌情动态，往往是在天快亮的时候，才上担架躺着睡一会儿。下午一般都坚持走路，他上山时非常吃力，汗水不断往下流，他伸出衣袖擦一擦继续走。路不好走，有时跌跤，跌倒了爬起来又继续走。在这种情况下，我们提议用担架抬他，他不肯；背他或扶着他走，他也不同意。

在崇山密林中，人烟稀少，粮食十分困难。有一次管生活的同志搞到一点杂粮、蔬菜给弼时同志做了一些饭。弼时同志坚持要分给身边的同志吃，并说："我少吃点没关系，我走不动有你们，你们不吃饿坏了，管不了我，我只有等着掉队，你们同意吗？"听了弼时同志的话，大家只好每人吃了一些。

有一天，我们来到一个叫黑冲的地方。弼时同志把我叫到身边。他拿出一只驳壳枪，神情严肃地对我说："这是朱德总司令在南昌起义时使用的手枪，你一定要把它保管好。"弼时同志看我把枪收好以后又说："你认识六军团后勤部长陈希云吗？"我说："认识。在湘赣省苏维埃政府时，我们在一起工作过。”弼时同志说：“你去找他要几百块银元，随时带在身上。”为什么要这样做，弼时同志当时没有说明。我考虑主要是当时形势严峻，准备在部队分散行动时使用。在写回忆录期间，我翻阅了六军团西征时的有关资料，从一份资料中我看到，10月10日，红六军团到达黑冲。这一天，任弼时、萧克、王震向中央军委发电报，报告了甘溪战斗经过及军团的处境。建议红六军团分成两个纵队，王震率十八师，任、萧随十七师，焚烧行李，减少辎重，以灵活的游击动作转移到苏区。10月13日中央军委复电不同意分散兵力，而应“集结使用”，“以便与敌进行战斗”。由此可以知道，弼时同志和我谈话是在10日至13日之间。我去找了陈希云同志，他给了我500块银元。以后由于情况好转没有使用，二、六军团会师以后又还给了陈希云同志。朱总司令的手枪在我离开弼时同志时又交给了他。

11月7日，红六军团第二次进入甘溪。这一天，军团政治部通知我们，今天要突破敌人包围圈，要我们特别注意保卫弼时同志的安全。当天傍晚，在穿越石（阡）、镇（远）大道时，受湘敌六十二师和三十二旅夹击，子弹、炮弹、手榴弹在我们的头顶和周围呼啸、爆炸，情况很危急。我立即命令毛少先：把首长背起快上山！我的话音刚落，毛少先就把弼时同志背了起来，向山上跑去。我和军团侦察连长王赤军保护着弼时同志，快速冲过了石、镇大道。天黑时，在一位老猎人的带领下，部队开始进入一条大峡谷，两边都是高山峻岭。峡谷中没有路，脚下全是乱石。我们扶着弼时同志快速地走着。18日到达冷家榜。以后，又冲破黔军、湘军的堵截，顺利通过石（阡）江（口）大道，冲出了敌军的重重包围，日夜兼程向印江方向前进。

10月23日，我军到达印江木黄。第二天，传来了一个激动人心的消息：贺龙、关向应同志率红三军主力和李达同志一起来到了木黄，两大红军主力胜利会师了。当时，不少同志都问，李达同志怎么到了红三军，贺龙同志怎么这么快就来了。

甘溪战斗时，六军团参谋长李达同志在前卫部队十七师。十七师被敌人包围后，李达同志率四十九团和五十一团各一部，冲出敌人包围圈。经过多方调查了解，知道了红三军的位置，于10月15日在沿河县的水田坝与红三军会合。李达同志向贺龙、关向应同志详细汇报了红六军团的情况及危险处境。贺龙、关向应同志对红六军团十分关切。不顾湘西敌军陈渠珍部及黔军的拦阻，于10月16日亲自率领红三军主力和李达同志一起兼程南下，迎接红六军团。在途中，他们又会合了甘溪战斗突围出来的红十七师五十团。

两军会师后，贺龙、关向应同志在李达同志陪同下，立即来见任弼时、萧克、王震同志。这是我第一次见到贺龙、关向应同志。贺龙同志身材魁梧，身着一身黑色衣裤，脚穿一双破旧的草鞋，手提一支长烟管。关向应同志身材瘦削而精干。

两军领导同志会面以后，弼时同志对我们说，据贺龙同志讲，木黄是游击区，敌军又跟了上来，这里不宜久留，我们要准备转移。26日，两军转移到川黔边境的酉阳县南腰界。

26日下午，在南腰界召开会师庆祝大会。会场设在一块刚刚收割完的庄稼地里，临时搭起了一个主席台。两军的首长任弼时、贺龙、关向应、王震、萧克同志，在嘹亮的军号声中登上主席台。任弼时同志首先讲话，他宣读了中共中央祝贺红三军和红六军团会师的电报，就当前的形势和任务作了报告。他指着贺龙同志向红六军团的同志大声地说："看哪！他就是两把菜刀闹革命，南昌起义的总指挥，我们红三军的军长贺龙同志！"我们听了都热烈地鼓掌。接着，贺龙同志讲话，他代表红三军全体同志热烈欢迎红六军团的同志。他说：你们千里跋涉来到这里，本该休息两天，睡个好觉，可是蒋介石不让我们休息。我们一会师，树大招风，我料想蒋介石也睡不着觉喽！这里是新开辟的根据地，不很巩固。可靠的根据地在哪里呢？他用烟杆子敲了敲自己的草鞋底子说：在我们的脚板上！靠我们行军打仗，夺取胜利，开辟更大的根据地，消灭更多的敌人。到了那一天，我贺龙请客，大家轮流睡上一天一夜。贺龙同志深入浅出的讲话，使我受到了深刻的教育，留下了很深的印象。

选自《余秋里回忆录》，解放军出版社1996年10月版，第15—24页。

余秋里，1914 年生，江西吉安人。1929 年参加中国工农红军儒林赤卫大队，同年加入中国共产主义青年团，1931 年转为中国共产党党员。红军长征时任红六军团政治保卫队队长、红二军团六师十八团政治委员。新中国成立后，曾任西南军政大学副政治委员、第二高级步兵学校校长兼政治委员，西南军区后勤部部长兼政治委员，中央军委总财务部部长，解放军总后勤部政治委员，石油工业部部长，国家计划委员会第一副主任、主任，国务院副总理，国家能源委员会主任，解放军总政治部主任、中央军委委员、军委副秘书长，中共第九、十、十一、十二届中央委员，第十一、十二届中央政治局委员、书记处书记，中共中央顾问委员会常委。1955 年被授予中将军衔。1999 年在北京逝世。

千里征战找贺龙

彭林

在第五次反“围剿”中，王明“左”倾路线在红军中得到完全贯彻，红军实行所谓“进攻路线”，进行“阵地战”和“正规战”，反“围剿”作战连连失利，严重削弱了红军的力量。1934 年夏季，中央苏区和湘赣苏区反“围剿”斗争形势进一步恶化，中央红军被优势敌人压缩到闽赣边界的瑞金、石城地区；湘赣红军主力红六军团被压缩到牛田、津洞的狭小区域内。在这种情况下，红军如果仍按照“左”倾路线单纯防御那一套战略战术原则，在狭小区域内实行阵地防御战，后果是不堪设想的。因此，以任弼时为首的湘赣省委决定：红六军团迅速恢复和依托井冈山根据地，广泛开展游击战争，坚持湘赣革命斗争。

这时，中央军委发来电报，命令红六军团退出湘赣苏区，到湖南中西部去建立新苏区，并向北与红三军（红二军团）取得联络。电报要求湘赣红军地方武装留在苏区坚持斗争，阻止敌人由西向东进攻中央苏区；电报还委派湘赣省委书记任弼时为中央代表随军行动；肖克为红六军团军团长兼十七师师长，王震为红六军团政委兼十七师政委，李达任军团参谋长，张子意为政治部主任；龙云任十八师师长，甘泗淇任十八师政委；组成以任弼时为主席，肖克、王震两同志为委员的军政委员会，为红六军团长征行动的领导机关。电报最后规定，一切行动准备工作，限定于 8 月中旬完成。中央军委的这份电报虽然没有说明真实意图，但实际上是要红六军团担任中央红军长征的先遣队。

湘赣省委和湘赣军区充分地研究了中央军委的电报，认为这是一次十分光荣而又极其艰巨的战略行动，红六军团在这次行动中，必将遭到强大敌人的围追堵截和遇到自然界的无数险阻，只有经过血战击败敌人和以极大的毅力忍受并冲破重重困难，才能完成任务。为此，任弼时主持召开了湘赣红军政治工作会议，作了题为《争取新的决战胜利，消灭湖南敌人，创造新的根据地》的报告，报告传达了中央军委赋予红六军团的任务，分析了形势，指出完成任务的有利条件和困难，告诫大家要防止在战略转变关头可能出现的惊慌失措、消极动摇和不愿离开湘赣等思想情绪，号召全军上下团结一致，发扬红军英勇顽强和压倒一切敌人的光荣传统，来完成这个光荣而艰巨的任务。

在做好思想工作的同时，全军紧急行动起来，认真做好行动前的准备工作；挑选精干人员补充红六军团；调集 250 余名地方干部组成随军工作团，为创建新的根据地做准备；确定由省工农兵政府主席谭余保率领地方武装坚持湘赣斗争；妥善安置不能随军行动的老弱病残人员，湘赣苏区军民全力以赴做好西征前的准备工作。由于敌情变化，红六军团经请示中央军委同意，决定提前行动。

1934 年 8 月 7 日下午，红六军团 9700 余人在任弼时、肖克、王震等首长率领下，在遂川县的横石和新江口地域告别了长期哺育我们的湘赣人民，离开了我们用鲜血建立起来的湘赣苏区，踏上了突围西进的征途。当时，我任十七师五十团政委，郭鹏任团长。

湘赣苏区是在毛主席亲手创建的井冈山根据地基础上发展起来的，湘赣红军受到毛泽东思想的深刻影响，在反“围剿”作战中打了许多漂亮仗，湘赣苏区和红军发展很快，在这次西征行动中，红六军团也始终保持和发扬了井冈山的作战传统。本来，中央军委规定了我们从黄坳、上下七地段向西突围，任、肖、王首长经过缜密的研究，认为这个方向山大路险，不便大部队运动，且开始就向西突围易过早暴露我军的行动企图；而我军南面是敌粤军和湘军的结合部，易被我军利用突破；从衙前至桂东地区纵深内，虽有敌四道封锁线，但空隙较大，既便于我军迅速运动，又不致暴露我军西征的意图。因而，军团首长确定向南突围。我们首先在衙前到五斗江地段上，突破敌内层封锁线，然后，不顾酷暑、疲劳和饥饿，昼夜兼程向西南急进，一鼓作气地连续突破敌遂川至黄坳、遂川至七岭、寒口至广东桥的封锁线，胜利地突破了敌人战役包围的全部纵深，于 8 月 11 日进到桂东以南的寨前圩。

红六军团胜利突围，震撼了湘桂两省军阀，为使红军不深入自己境内,他们调兵遣将,全力追堵。湖南军阀何键急派刘建绪为前敌总指挥，赶往衡阳指挥作战；广西军阀令第七军军长廖磊率其十九师和二十四师紧急调往广西北部边境；粤军余汉谋率部北上，各地保安团向我军蜂拥而来。他们一面构筑防堵阵地，一面将群众集中起来，控制粮食，封锁道路桥梁，对我军形成前堵后追，两翼夹击的态势。在此情况下，军团首长命令五十三团于 11 日连夜占领沙田，派独四团到资兴县东江附近牵制敌人。军团主力在寨前圩休整半天，12 日下午召开誓师大会，正式宣布军政委员会和军团部的成立，进一步作战斗动员。为不影响部队机动,再次进行轻装,全军上下士气高昂。当日晚,我们由寨前圩出发，经田庄圩、滁口、狮子岭、走马岭等地，于 20 日袭占新田县城，在新田作些补充，第二天下午即向柏家坪进发，23 日到达湘江边的蔡家埠地区，准备在这里抢渡湘江。

当我军越过郴县、宜章公路后，敌刘建绪就判定我军必然西渡湘江，于是急忙抽调部队沿湘江布防，同时严令追击部队尾我急追，企图将我军消灭在湘江沿岸。待我军进到蔡家埠地区时，敌已有九个团先我到达湘江并且展开，还有十余个团正向这一地域急驰。此时，敌人将江边船只搜走，江中有汽艇穿梭巡逻，敌机不时临空盘旋侦察，形势十分危急。

在此情况下，任、肖、王首长果断放弃抢渡湘江计划，迅速向东转移，进至阳明山地区。本想在这里开展游击战争，求得暂时立足。因这里地区狭小，地瘠人稀，条件不具备，加之敌人已分别在阳明山的南北和西侧展开攻势，军团首长决定东出阳明山，甩开敌人。我军时而东进，时而南下，时而向西，在敌人重兵之间迂回穿插，使追击之敌疲于奔命。我军于 8 月底在道县以南渡过沱水，经湘桂边境的永安关，进入广西灌阳县东北地区。这时，敌判断我军必经广西全州北侧的黄沙河西渡湘江，于是又紧急调集部队在这一线展开，而军团首长利用桂敌怕我军深入桂境，威胁桂林的想法，乘桂敌向桂林方向退缩之隙，我军向敌人兵力薄弱的全州南侧界首地区突击行动，抢渡湘江，我军在顺利渡江后，还一举击溃尾追之敌八个团，后卫四十九团还以步机枪火力击落低空骚扰的一架敌机。5 日我军攻占西延（今资源）县城。

1934 年 9 月 8 日，我军在西延县的车田接到中央军委新的命令，要求我们依托西延山地展开游击活动，求得在城步、绥宁、武冈地区暂时立足，尔后沿湘桂边境行动，经绥宁、通道到贵州的锦屏、天柱、玉屏、铜仁，然后转向湘西的凤凰地区……与红三军切取联络，协同红三军于湘西及湘西北地域发展苏维埃及游击运动，并于凤凰、乾城、永绥地域建立巩固的根据地，吸引更多的敌人于湘西北方面。中央军委的电报就是要红六军团以积极的行动，吸引与调动大量敌人，来直接配合即将突围的中央红军的行动，我军按中央军委要求向城步方向急进。

中央军委两次电令，都是要红六军团与红三军切取联络，可第一次电令仅指出向北，并不知道红三军的位置，这一次要我们去湘西或湘西北，虽然不知道红三军具体位置，但有了一个大的方向，我们心中都非常高兴。虽然那时我们都没有见过贺龙同志，但两把菜刀闹革命，南昌起义的总指挥贺老总早已是红军中传奇式的英雄。此时，我们离开湘赣苏区已月余，经过江西、湖南、广西数省，越过无数江河险阻和高山峻岭，日晒雨淋，每日行军打仗，这样一支大部队在敌人的重兵围追堵截中寻隙前进，真可谓险象环生，困难重重，军团部每日下达命令都是“相机宿营”，部队十分疲劳。行军中，战士们经常问我：“政委，贺老总在哪里？”我就大声回答：“同志哥，再加把劲甩掉敌人，贺老总在北边等着我们呢！”部队又雄赳赳地踏上征程。我军困难，追堵我军的敌人更困难，他们被我军调遣得一会向东，一会向西，拖得精疲力竭，在行军中，许多敌人都拄着棍子走路，东倒西歪。我们和敌人在比智慧、比毅力，军团首长常讲“走得赢就是胜利”。

在我军向城步方向急进的同时，湘敌十九师师长李觉率补充第一、二总队，第五十五旅一个团和两个保安团，由新宁和武冈分路进入城步；桂敌二十四师从龙胜向城步前进；湘敌独立三十二旅和桂敌十九师正沿西延、城步大道向我追击，敌人又企图合围我军于城步地区。

“任肖王”首长根据当面敌情，决心先敌行动，在合围之敌尚未全部进抵城步地区之前，先敌进入城步地区，以补充给养，尔后迅速西进，寻机歼敌，求得在这一地区暂时立足。9月9日，我军由车田向西急进，11日到达城步以西的丹口地区，才获悉敌已先我进占城步，我军立即放弃原计划继续西进，又一次跳出敌人预设的包围圈。在这期间，我们几次准备侧击追击的敌人，因情况变化都未能得手。14日，当军团前卫红十八师刚过绥宁县的小水时，湘敌五十五旅占据小水、驾马一线高地，向我军突袭，将红六军团截为两段。这时，湘桂敌军主力都已逼近绥宁，形势十分危急，任、肖、王首长命令红十七师从行进间一举突破敌驾马阵地，改变计划夺路南下，再次摆脱了敌人。16日在通道县的菁芜州地区与被敌截断的红十八师会合，并于第二天袭占通道县城。

我军袭占通道城后，敌人判断我军将去黔东与红三军会合，为此，湘桂黔三省敌军在镇远召开紧急会议，制定联合作战计划，阻止我军与红三军会合。于是，敌决定除以一部兵力继续尾追我军外，主力向锦屏地区急进，在沅水[①]一线拦截我军。因此，我军放弃在这一地区暂时立足的计划，兼程向贵州前进，9月19日进到新厂地区时，湘敌补充第二总队两个团抢占新厂东北的岩崖山，企图突袭我军。任、肖、王首长认为，这股敌人远离敌军主力，突出孤立且兵力不大，决心集中兵力消灭这股敌人后再向黔境转移。于是，以五十二团抢占岩崖山主峰和金钱吊葫芦两个制高点阻击敌人，军团主力隐蔽集结待机出击。

从早上8时开始，敌集中力量向我金钱吊葫芦阵地连续三次猛攻，都被五十二团打退。上午10时，忽然下起大雨，敌见正面攻击不能奏效，就利用迷蒙大雨掩护，向西迂回，企图从左侧后袭占我阵地。这时，早已做好准备的军团主力，正要利用敌人运动的机会发动反击。我五十团是主攻团，隐蔽在山后，由王震政委亲自指挥，当运动之敌离我团200余米时，我们准备向敌攻击，王政委让我们沉住气，把敌人放近些再打，待敌人离我百米左右时，王政委命令我团突然出击，刹时间，漫山遍野涌出来的红军战士，如同出山猛虎扑向敌人，枪声、手榴弹爆炸声，冲锋号声、喊杀声响成一片，打得敌人措手不及。这时，坚守在阵地主峰的五十二团又从正面居高临下压下来，我军两面夹击敌人，敌人溃退。我们一直追了五六里路，战斗至黄昏，我军毙伤敌人200余人，俘敌300余人，缴枪300余支（挺），没被消灭的敌人向靖县方向溃逃。

新厂战斗后，我军顺利地进入贵州的清水江流域少数民族地区，在少数民族贫苦群众的帮助下，我军由瑶光、南孟两路渡过清水江，接着在清江县的八卦河[②]渡过沅水。这时，我军本拟向铜仁、江口方向前进，与红三军取得联络，可是，湘桂敌军主力先我赶到沅水以北地区，形成新的合围圈。于是，我军又渡回沅水南岸，追堵敌军立即向沅水南

---

① 原文为无水，应为沅水，沅江的支流。沅水河、青溪河、沅阳河为穿越贵州、湖南省境的同一条河流。在贵州境内称沅阳河，在湖南境内称沅水河，青溪河为沅阳河的伏流河。

② 原文为八桂潭，应为八卦河。

岸压过来，企图在沅水和清水江两河之间地域围歼我军。在这种情况下，任、肖、王首长果断选择敌战斗力较弱的黔军为突击对象，在施秉、黄平间抢渡大沙河，一举突破黔军防堵阵地，乘虚袭占老黄平。10 月 4 日，我五十团为军团前卫，进至距乌江几十里的瓮安县的猴场，歼灭保安团一部。这天，军团部又接中央军委电报："桂敌现向南开动，红三军已占印江。六军团应速向印江前进，无论如何，不得再向西移"。当时，这个电报内容我们团一级领导并不知道。因此，我军于 5 日从猴场掉头向东北前进，准备经石阡进至江口地区。但是，这时桂敌不仅没有南移，而且和湘敌一起，按照湘桂黔三省紧急军事会议决定，正星夜向石阡调动，企图将我军消灭在石阡地区。我军对此毫无戒备，仍继续东进，6 日进至石阡县的走马坪、廖家腾地区，准备第二天在甘溪大休息，然后利用夜晚越过石阡、镇远大道，向印江进发。

10 月 7 日凌晨，我十七师按五十一团、四十九团、五十团序列行进，在我五十团后面是军团部、十八师，李达参谋长随前卫五十一团行动。上午 10 时左右，前卫五十一团进入甘溪镇，全军团在甘溪至官庄一线的山路两旁就地休息。就在此时，桂敌十九师正经石阡以南的白岩河向甘溪前进，寻找我军作战。当前卫五十一团进入甘溪时，抓住敌两名侦察员，得知桂军十九师已接近甘溪，一面将俘虏送军团部，一面在甘溪街就地展开。12 时许，敌展开战斗队形向我发起猛烈攻击，四十九团迅速在甘溪一线展开，与前卫五十一团打退敌人多次冲锋，顶住了正面进攻的敌人，给军团主力机动争取了必要的时间。下午 3 时许，敌人见从正面难以突破，即分两路向龙骨吨和泥东坳迂回。红四分校立即占领龙骨吨和老车土等高地抗击敌人。不久军团首长命令五十团接替红校阵地，占领老车土和泥东坳等阵地，掩护军团主力向东南大地方转移。下午 5 时许，五十一团和四十九团陆续撤出甘溪，我五十团完成掩护任务后，撤离阵地随主力跟进。

当晚，我们在深山密林中辟路前进，半夜时分在一断崖峭壁前，忍痛扔掉牲口及行军担子，艰难地翻越了这座大山，来到大地方西南的中地垅。第二天，因李达参谋长率四十九团和五十一团两个团部和机枪连转移，军团首长果断地将这两个团合并整编为四十九团，任命刘钱贵为团长，冼恒汉为政委，周仁杰为参谋长。

甘溪战斗严重失利，我军处于敌人 24 个团的封锁包围中，军团首长采取灵活的游击动作，率领我们与敌人兜圈子，寻找敌人薄弱部分，冲破敌包围圈，进入黔东与红三军会合。9 日，我军向施秉县的大庆地区转移时，追敌跟进，我军边打边走，下午，部队转移到一座高山的夹沟前，这条夹沟两边是悬崖峭壁，又长又狭，沟口地形十分险要，军团首长命令五十团占领夹沟外右翼山头掩护主力进沟，命四十九团一个营在沟口阻击，追敌至沟口时不敢妄动，与我军对峙，军团主力顺利地通过夹沟向大庆方向转移。敌我对峙持续到黄昏，敌人仍不离开，此时军团主力已走远，天已黑沉沉了，我们不能进沟，只好利用夜色沿着山坡向军团行动的方向转移。从此，五十团离开了军团首长和主力，开始独立寻找贺老总了。

我们在深山密林的崎岖小路上行军，在悬崖峭壁上攀行，山区天气变化无常，有时烈日当头，顷刻间又大雨如注；草鞋破了，赤脚在乱石上行走；山区偏僻，很少有人家，弄不到粮食，饿了只好采些野菜、野果充饥，渴了掬一捧山泉水；晚上在荒山野岭露营，部队异常疲劳。生活上的困苦我们可以忍耐克服，最痛苦的是找不到军团主力，也不知贺老总在哪里？我们克制焦急心情，以免影响部队情绪，坚持向北方行进。

一天，我们走到一个小集镇，部队住在镇上小学校里。郭鹏同志刚走进教员办公室，高兴地大声喊道：“老彭，快来看，地图！”我听后赶忙走过去，原来墙上贴着一张旧得发黄的中国地图，我们两个人站在地图前仔细寻找当晚的宿营位置，郭鹏同志转身对欧阳家祥同志说：“欧阳，你找张纸，把贵州这一带描下来。”这可让欧阳为难了，到哪去找纸呢？欧阳找了好半天，才在破纸堆里找到一张一面已写满字，一面空白的废纸，破纸堆里还有半页旧报纸，他顺手拿起一看，通篇写着“共匪”之类的内容，欧阳气呼呼地走过来，我问:“欧阳，怎么了？”欧阳说：“政委，你看，敌人又在报纸上骂我们。”我听了笑着说：“他们骂我们算什么，还要把我们剿尽杀绝，我看看报纸。”欧阳把报纸递给我，忙着去描地图，我接过报纸放在课桌上仔细地看起来，看着看着，我眼前一亮，心中升起无限的希望，真是踏破铁鞋无觅处，得来全不费功夫，我忍不住站起来用手狠击桌子，高声地喊道：“老郭，找到了！”郭鹏和欧阳及屋里的通信员对我这一失态行为都深感惊异，郭鹏忙问：“老彭，找到什么了？”我高兴地说：“找到贺老总了，看，贺老总的位置在报纸上。”郭鹏等同志听后赶忙围过来急切地问：“在哪？在哪？”我用手一指：“在这里”，报纸上写着“贺龙匪部在沿河、印江一带骚扰，现向西南方向蠢动……”郭鹏一看，十分高兴地说：“敌人可真帮了我们大忙，欧阳，快找沿河、印江在什么地方。”于是，我们一起来到地图前，不知什么原因，平时精明能干的欧阳，今天找地名怎么也找不着，我们也在认真地查找，突然，郭团长用岔开的手指摁住地图上沿河、印江地名，生怕它跑了似的，大声喊：“在这！在这！”等我们都看清楚了，他才松了手。郭团长让欧阳把这一地区图描仔细，我和他研究下一步行动计划。

我们当时在余庆地区，离沿河、印江只有 300 余里，用不了几天行程就能赶到印江一带。郭鹏说：“敌人讲贺老总他们向西南行动，我们向北，正好能会合上；如果他们往北回沿河，我们加快速度也可以赶上”。我说:“根据报纸上敌人的报道，军团主力还在我们的后边，这样，我们即便找不到贺老总，也能和北上的军团主力会合上。如果到了印江两边都遇不上，我们就在那里休整、游击，派人两下联系。在这期间，我们要避免与优势敌人决战，冲出去就是胜利。”我还让团侦察分队找一个熟悉这一带地形的向导，侦察队的同志真有办法，花了 30 块银元找到一个 40 来岁的中年人，他经常到印江一带，对这段路很熟悉，后来这位向导也确实帮了我们的大忙。

第二天，部队继续向北前进，虽然极度疲劳，但知道了贺老总的位置，情绪十分高涨，大家都只有一个希望，坚持下去，找到贺老总就是胜利！在向导的帮助下，我们巧妙地与敌人周旋，突破敌人的封锁线，大约又走了一个多星期，到了印江县境，向导与我们念念不舍地分别。五十团进到印江地区后，寻来找去就是打听不到红三军活动的消息，我们心中异常着急，战士们也很失望。经研究，我们决定去印江附近的梵净山西南的苗王山去休整一下。

10 月 23 日，我们在苗王山半山腰正艰难地攀行，忽然后山传来熟悉而又亲切的军号声，小号兵高声地叫道："是四十九团调号问话"，随即他拿起军号吹起来，双方一问一答，非常亲切。这时，欧阳家祥对小号兵说："快！问问他们找到贺老总没有？"这可把小号兵难住了，他对欧阳说："欧阳参谋，这句话我们号谱上没有啊！"看到小号兵那副为难样，想到在这里遇到四十九团，大家都高兴地大笑起来。这时，我们看到一支队伍有的戴着草帽、斗笠、礼帽，有的穿着短衫、长衫，有的头上扎着毛巾，他们当中夹着四十九团的同志，从山脚下向山上涌来，口中还不停地叫喊着，我们也忘记疲劳，掉转头向山下奔去，两支队伍一会合，四十九团的同志告诉我们：这些同志是红三军侦察连的，听到这里，我们像老战友亲兄弟久别重逢一样，立即拥抱在一起，人人兴高采烈，高兴得说不出话来。

这时，欢呼拥抱的人群自动让开一条道，李达参谋长陪着几位首长走过来，我们立即迎上去，李达参谋长热情地和我们打着招呼，对着身旁一位身材高大、穿着短衫、戴着礼帽的中年人说："贺老总，这是五十团团长郭鹏、政委彭栋才。"听说这位首长就是我们五千里征战寻找的贺老总，心情十分激动，当时，心中要说的话很多，但不知说什么好，千言万语化为一个动作，庄重地向贺老总行了个军礼。贺老总、关向应等首长热情地和我们握手，他对着我们高声地说道："同志们，辛苦了！”听着这亲切的声音，想着几个月来连续征战光荣牺牲的好战友，我们情不自禁地淌下了泪水。

我们向贺老总等首长详细地汇报了10月9日在施秉地区掩护军团主力突围后的情况，对军团主力和任、肖、王首长的安危十分担心。贺老总平静地说：“同志们，请放心，我们出来时间不长，就找到了李达同志，今天又找到你们，我们一定能找到任弼时、肖克、王震同志，红六军团是在毛主席亲手创建的井冈山根据地成长起来的工农红军，一定能冲破千难万险，我们两个军团一定能胜利会师。”

正如贺老总所料，第二天，我们在梵净山西北方的木黄与军团主力会合。这样，相隔数千里的两支红军主力部队，在经历了一段艰难曲折的道路之后，终于胜利地会师了。任、肖、王首长与贺龙、关向应等首长的手紧紧地握在一起，他们亲热地交谈着，两军指战员都沉浸在胜利会师的巨大喜悦中。贺老总对任、肖、王首长建议说：“这里是白区，不宜久停，请六军团的同志们到酉阳的南腰界再休息”。任、肖、王首长都同意贺老总的建议，贺老总大声说道：“同志们，跟我回家去。”队伍浩浩荡荡跟着贺老总出发了。

10月26日，红二、六军团在南腰界召开会师祝捷大会，红三军恢复了红二军团番号。不久，红二、六军团在贺老总、任弼时等首长的领导下发动湘西攻势，创建了湘鄂川黔新苏区，有力地策应了中央红军长征的突围行动。

选自《红六军团征战记》上，解放军出版社1994年6月版，第427—437页。

彭林,原名彭祥梁,字栋才,1914年生,江西吉安人。1930年参加革命,同年加入中国共产主义青年团,1932年转为中国共产党党员。红六军团西征时任第五十团政治委员。红军长征时任红六军团十七师、十六师副政治委员,红二方面军政治部地方工作部部长兼工作团政治委员,红二方面军六军模范师政治委员。新中国成立后,曾任铁道公安部队政治委员兼政治部主任、海军旅顺基地政治委员、海军航空兵部政治委员、海军顾问。政协第五届全国委员会委员、第六届全国委员会常委。1955年被授予中将军衔。2002年在青岛逝世。

回忆红二、六军团的会师

张平化

红六军团在任弼时、肖克、王震同志的领导和指挥下，从 1934 年 8 月初到 10 月底，冲破敌人的围追堵截和种种艰难险阻，实现了跨越赣、湘、桂、黔、川五省的战略转移，取得具有伟大历史意义的胜利。这一战略转移的战斗历程可以划分为四个战役阶段：第一个阶段是从江西永新到广西全州；第二阶段是从广西全州到贵州黎平；第三阶段是从贵州黎平到贵州甘溪、施秉一线；第四阶段是从甘溪战斗到木黄会师。

1934 年 7 月，红六军团准备长征的时候，首先考虑由江西转战到湖南的路线。当时有人建议：部队从永新县的牛田出发，夜行军进入井冈山，首先占领井冈山的重要哨口以封锁消息，然后迅速进入湖南抢渡潇水和湘江，这样就可以出敌不意地到达湘黔边境。问题是，自从农民武装首领袁文才和王佐被杀之后，井冈山的群众对红军产生了很大的隔阂和疑虑，红军能不能守得住井冈山哨口，而又不走漏消息，当时没有把握。

为了弄清这个问题，有人建议先派一个小部队前去试探一下。于是湘赣军区（即红六军团前身）领导便选派独立四团去执行这个任务。当时独立四团的团长是张通，政委是刘亚球。他们对井冈山一带都不熟悉，因此，又有人建议派我去当向导。为了执行任务方便，组织上决定我临时担任独立四团政治处主任的职务。独立四团接受命令之后，立即做好准备，并按预定时间从牛田出发，当天晚上秘密地通过井冈山，第二天拂晓到达了黄洋界哨口，部队隐蔽在树荫下，团长和政委戴着伪装去察看地形，我和政治处的干部利用战士们吃干粮的时间，作了简短的鼓动工作。从山上往下看，敌人部队移动的情况一目了然。敌人显然已经得到情报，正在有部署地向我运动。团长张通、政委刘亚球和我在一起商量。他们俩认为，黄洋界工事已经荒废，部队没有带工具，无法及时修筑工事，附近也找不到一个群众能帮助我们解决困难；加上敌众我寡，粮草不足，因之哨口是守不住的。我也同意他们的看法。于是张通和刘亚球便下令往回撤。为了不让敌人发现，经研究决定，我们带着部队撤到小井后山的密林中。但后山几乎没有路，我们只好披荆斩棘，用脚踩出一条小路。最后绕到湖南酃县上十都的东西坑，酃县县委当时就设在那里。于是，我通过县委的交通员送信，向湘赣军区如实报告了情况。军区首长认为独立四团的试探任务已经完成，便命令该团返回原驻地。我也离开了独立四团返回军区政治部工作。

经过独立四团的这次试探，红六军团放弃了通过井冈山转入湖南的行动计划。1934 年 8 月初，红六军团根据中央军委命令，从江西永新县出发，经遂川县境内的大汾圩和湖南省境内的桂东、汝城，在宜章县的白石渡（现名红石渡）横跨粤汉铁路，然后经临武、嘉禾和宁远，在道县徒涉潇水，进入广西全州。当时敌人估计我军有奔袭桂林的可能，因而调兵遣将，忙于加强桂林的防务。我军索性虚张声势，扬言要打桂林，弄得敌人寝食不安，一日数惊。我军则借机在全州休息了几天，后又乘敌人惊梦未醒的时候，突然转经湖南的城步和通道，进入贵州的黎平。

黎平是一个战略上机动性很大的军事要地。从黎平转战东南可以回击湘西、湘南和桂北。湘军何键和桂军白崇禧就是最怕我军“杀回马枪”，所以声嘶力竭地叫喊要“加紧尾追和侧击”。何键的亲信李觉、桂军的军长廖磊这两股顽敌，始终没有放松对我军的侦察和戒备。从黎平转战北则可以进击都匀、贵阳和安顺。这一着是对黔军王家烈的致命威胁。所以敌人对此惶恐不安。据当时敌人的秘密文件透露，我红六军团刚到贵州边境时，“贵州省主席王家烈就由筑（即贵阳）乘汽车到马场坪督师；而且早在 9 月 18 日，王家烈就调了他的第一团江荣华、第五团李维亚、第六团刘鹤鸣、第七团毕骏、第十三团袁锦文、特务团张立功，分布于黎平、永从、天柱、锦屏、三穗、镇平一带。”“湘黔边剿匪司令何知重又奉王家烈令驻防安顺，何知重派其参谋长王伯勋督率所部星夜赶筑清江河（即清水江）沿岸碉堡，并督饬民团协调防守。”

当时黔敌与湘、桂两敌比较，黔敌是薄弱的方面。我军为了争取红二、红六军团早日会师，以甘溪、施秉、余庆一线为前进阵地，逐步向石阡、印江方向波浪式推进。在运动中，部队形成了左、中、右三路。左路沿乌江南岸前进，佯欲渡江而实不渡江，使江北之敌不敢轻举南渡；右路则深入以梵净山为主峰的大山区和丘陵地带开展游击活动，侦察前进。红六军团主力在中路，与敌人展开正面的争夺。与此同时，贺龙、关向应等同志领导的红三军（即原红二军团）在敌人的外线对我六军团积极进行策应和配合。

红六军团是在中央红军之前，担负着北上抗日开路先锋的任务。敌人很清楚，红六军团一旦与红三军会合，便如虎添翼。因此，蒋介石尽一切可能调动各方面的军队对付红六军团。他们前面堵截，后面追击，两边夹攻，空中轰炸，妄图消灭之。为了避实就虚，红六军团不得不绕开大路走小路，甚至走完全没有路的高山密林。有时采取白天隐蔽，黑夜行军的办法逐步前进。有时为了跨过一个断层深沟，部队拂晓从断层这面的宿营地出发，经过整整一天的下坡和上坡，到达新的宿营地时，还可以同昨夜宿营地的老乡互相呼应。红二、红六军团之间的距离越接近，敌人的包围和堵截就越疯狂。所以，红六军团进到贵州石阡地区的时候，也是战斗最激烈，处境最困难的时候。但也就是在这个时候，红二和红六军团的会合已经胜利在望。

石阡县城及其近郊是敌我双方争夺的焦点，敌人预测我六军团要同二军团会合，就一定要攻占石阡县城。因此，敌人就以石阡城为据点，向两翼展开两面大网，企图待我军攻城时自投罗网，聚歼我军于石阡县城郊狭小的包围圈内。以任弼时同志为首的红六军团军政委员会和军团司令部，没有中敌人的诡计。我军指挥员及时掌握了大量可靠的侦察材料，对敌我态势进行了客观的综合分析，决定出敌不意地将部队绕开石阡县城，针对敌人包围的薄弱环节，集中优势兵力打开一个缺口。

当时从我军驻地有一条小河流向石阡县城。沿着小河还有一条用石板铺成的大路也通往县城。我六军团决定先走一段石板路，在不到石阡城的地方跨过那条小河，然后爬上山，再实施下步突破计划。由于是夜间行军，为了防止走错路，部队在沿途用白纸摆上路标一过河就上山，山很陡，我先头部队上山后立即占领有利地形，掩护后续部队前进。那天晚上行军的顺序是，六军团作战部队走在最前面，军团直属机关的司令部紧跟其后。本来按平时的行军序列应该是政治部紧跟司令部的后面，但考虑到政治保卫局行军的困难，即让他们跟在司令部的后面，再后就是我们政治部和供给部等机关的队伍。当时六军团政治保卫局局长吴德峰，年纪比较大，又是近视眼，夜间行军很不方便。他本来自己有一匹马，但当时他爱人戚元德怀孕，身体又不好，吴德峰就让她骑在马上，他自己拉着马尾巴跟在后面走。但后来政治保卫局的队伍走到该过小河处，没有看清路标，而是照直沿大路继续往石阡城方向走去。当我们政治部的队伍来到过河的地方时，发现前面政治保卫局的队伍不见了，大家都非常着急。于是我便赶快去追，一直追到政治保卫局队伍的前面，一把拉住头马的缰绳，才把他们的队伍领了回来。这次走错路是十分危险的，如果不是及时发现，政治保卫局的队伍就会走进敌人设在石阡附近的罗网里去了，后果不堪设想。

经过昼夜急行军，我军顺利到达预定的地点后，即与敌人展开激烈的战斗。敌人猝不及防，很快被我军打开一个缺口。我军乘机扩大战果，变敌军的堵击阵地为我军的前进阵地。敌人兵败如山倒，我军乘胜追击，势如破竹。此时，由军团参谋长李达同志及郭鹏同志率领的红六军团先遣队也已和红三军取得联系。1934 年 10 月 24 日，红三军、六军团终于在贵州省印江县的木黄地区胜利会师。10 月 26 日，会师部队在川东酉阳县南腰界召开庆祝大会，欢呼这一历史性的伟大胜利。

我第一次见到贺龙同志的容貌和听到他的声音，就是这次南腰界召开会师庆祝大会的时候。当时，贺龙同志第一个上台讲话，他用铜钟一样洪亮的嗓音说：“我们两个军团，经过艰苦卓绝的行军作战，终于胜利会师了！我们今后的任务是同心协力创建和发展我们的革命根据地。实践经验告诉我们：没有巩固的根据地，就不能保证革命的胜利。同志们！现在我们的根据地在哪里呀？”贺龙同志挺身站到讲台的前沿，用右手指着他抬起的右脚，大声地回答说：“我们的根据地在这里！”他这一席深入浅出的谈话，到现在已经过去 50 多年了，始终没有忘怀。

我第一次听到贺龙同志的威名，是在 1927 年 10 月间。当时毛泽东同志率领秋收起义的工农革命军进军井冈山。部队开到江西永新和宁冈交界的小江区，进行了我军历史上著名的三湾改编。经过改编，把工农革命军的三个团改编为一个团（即后来成为井冈山第一个主力团的三十一团）。毛泽东同志当时有过一次重要讲话。他说：“不要轻视这个团的作用，贺龙同志就是用两把菜刀起家的。”这段简短有力，振奋人心的讲话迅即传播，贺龙这个响亮的名字，由此在井冈山一带家喻户晓，人人皆知。

两军会师后，红三军恢复了红二军团的番号，贺龙同志任军团长，任弼时同志任政治委员，下辖两个师共四个团，约 4300 余人。红六军团缩编为三个团，约 3300 余人，军团长和政治委员仍由肖克同志和王震同志担任。同时，红二军团军团部兼二、六军团总指挥部，统一指挥两个军团的行动。

1934年10月，党中央、中央军委率中央红军主力（即红一方面军）以及中央、军委机关和直属部队共八万余人从中央苏区突围，开始长征。原来“追剿”红六军团的湘、桂两省敌军迅速东调，参加围堵中央红军。我红二、红六军团为了策应中央红军的行动，并创立新的苏区，于同年10月下旬在湘西地区发动攻势，占领酉阳、永顺。11月中旬，地方军阀周家谟（外号周矮子）率部三个旅进逼永顺县城。我军为了诱歼敌人，主动退出永顺城，向北面的龙家寨方向撤退。敌人占领永顺城后继续尾追我军。龙家寨以北十万坪谷地一带山林茂密，两山之间有一条大路沿着一条小河通往峡谷。我军便在此处两边的山林中布下天罗地网，一部分队伍则沿大路而上，引诱追敌上钩。11月16日，当追敌两个旅进入我伏击圈后，我军立即发起猛攻。经过两个小时激战，歼敌大部。进而乘胜追击，在龙家寨附近击溃敌人另一个旅。在战斗中，敌首周家谟仓皇逃走，参谋长被我军生俘。龙家寨一仗，威震敌胆，对打开湘西局面、湘鄂川黔革命根据地的建立都具有重大意义。经过这一仗，敌人不敢对我轻举妄动，我军在这一地区基本上站住了脚。

红军二、六两个军团的胜利会师，具有重大的战略意义。

其一，两个军团的会合，形成了中国工农红军的三大主力之一——第二方面军。这支主力红军，不久即同红四方面军会合；又在以毛泽东同志为首的党中央领导和指挥下，并肩北上，实现了红军一、二、四三个方面军的大会师。

其二，两个军团会合后，根据中央指示实行统一领导和指挥，并乘胜在湘西对敌人发起强大攻势，攻占桃源、澧县、津市，威震常德、岳阳，有力地配合和掩护了中央红军的战略转移。

其三，湘、鄂、川、黔边界地区地域辽阔，人口众多，气候温和，物产丰富，战略地位十分重要。这里已有游击根据地的初步基础。红二、六军团会合后，在这里创建和发展了一个巩固而又广大的革命根据地，点燃了这一地区的革命烈火，同时也支援了其他地区人民的革命斗争。

红六军团的胜利西征和红二、六军团的胜利会师，凝聚着老一辈无产阶级革命家和无数革命先烈的智慧和鲜血，对后来中国革命的发展具有深远的影响。

选自《红六军团征战记》上，解放军出版社1994年6月版，第297—302页。

张平化，1907年生，湖南酃县（今炎陵）人。1927年加入中国共产党。1932年起任湘赣军区第二分区政治委员、湘赣军区政治部宣传部部长。红军长征时任红六军团政治部宣传部部长，红二方面军三十二师政治部主任、四师政治部主任，红二方面军政治部宣传部部长。新中国成立后，曾任中共湖北省委书记，中共湖南省委第一书记，中共中央中南局书记处书记，中央宣传部常务副部长、部长，中央党校副校长。中共第八届中央候补委员，第十届、十一届中央委员，第五届全国人大常委会委员，中央顾问委员会委员。2001年在北京逝世。

回顾西征

谭善和

1934年，由于王明的“左”倾机会主义路线，导致了中央红军第五次反“围剿”的失败。这年夏天，红六军团由于执行了错误的作战方针，在金华山、松山诸地域单纯防御作战连连失利后，斗争形势日益恶化，湘赣革命根据地大部分被敌人占领，红军只好撤到遂川、万安、泰和地区，靠近中央苏区，相机打击敌人。但是，在强大的敌人面前，这不是长久之计。为了保存革命有生力量，中央军委决定红六军团突围西征，进行战略转移，到湖南中部开辟新的根据地，并向黔东与在那里坚持斗争的贺龙、关向应同志领导的红三军会合。

同年8月7日，红六军团9000多人，在任弼时、肖克、王震同志率领下，从湘赣苏区出发，踏上了西进的征途。在两个多月里，这支英勇的队伍，跨越湖南、广西、贵州、四川等省，行程2500多公里，冲破了敌人的尾追堵截，历尽千辛万苦，于10月24日在黔东印江县之木黄和红三军胜利会师，完成了战略转移的光荣任务。

当时，我在红六军团第十七师四十九团任特派员。西征的往事，虽已过去了50多年，但许多情景至今历历在目，好像发生在昨天一样。

突 围

西征之前，红六军团已经处于敌人的重兵包围和严密封锁之中。红军活动的范围，仅有永新县东南的牛田、津洞狭小地区，处境十分不利。国民党西路军总司令何键等人，都是心狠手毒的反共老手，双手沾满了人民的鲜血。当他们看到红军陷入重围，更是骄纵自傲，得意忘形，自恃武器精良，兵力雄厚，不把红军放在眼里，认为红军只有“死路一条”。他们公然声称“布下了天罗地网，共军插翅难逃”。然而，骄兵必败，乃兵家常事，他们的黄粱美梦，很快就化为泡影。

魔高一尺，道高一丈。任弼时、肖克、王震等首长，针对敌人的围歼阴谋，领导部队做好了突围的各项准备工作。首先，将部队隐蔽集结在遂川以北的横石和新江口一带，待机突围。然后，派出部分兵力，以突袭手段，攻占了敌内层封锁碉堡线上的重要支撑点衙前，建立了突围掩护阵地。8 月 7 日下午，红六军团由横石、新江口地域出发，在遂川以北的溪口突破衙前至五斗江的第一道封锁碉堡线，开始了英勇的西征行动。

我军从江西遂川县境突围以后，不分昼夜地向西疾进，在行进间又突破从五斗江到桂东之间的其他三道封锁线，终于冲出了敌人封锁包围圈。8 月 11 日，我军进到湖南桂东县以南的寨前圩。

红六军团能够从敌人的四面包围中冲杀出来，顺利转移到桂东，除了军团首长正确的军事指挥和选择了有利的突围方向，就因为有活跃在这一带的湘赣地方武装独立红四团的引导。这个团土生土长，在江西遂川至湖南桂东一带山区游击多年，每条小路，每条河沟，都摸熟了，哪里有敌人的碉堡，哪里有空隙，他们都了如指掌。有他们引路，再加上湘赣地方武装独立红四团假称红六军团在东面分兵三路，佯渡赣江，牵制调动了敌人，才使红六军团如神兵天降，来到寨前圩。

寨前圩是一个普通的山村小镇，四面环山，树木茂密，一条小河弯弯曲曲的从中穿流，风景十分幽美。村里居住着几十户人家，其中也有几栋稍大的宅院。这里是革命老区，群众基础较好。近万名红军的到来，使得这个山村小镇格外欢腾。红军一到，老百姓就端茶倒水，送粮送物，待如亲人。那时正是收早红薯的季节，许多人提着篮子，挑着担子，把刚从地里挖的红薯送到部队驻地。我们打开地主的积谷仓，把粮食分给群众。村里村外，到处呈现一派军民鱼水情的动人景象。

12日下午，红六军团举行了隆重的誓师大会，庆祝突围胜利，动员乘胜西征。会场设在野外一片杂草丛生的空地上，树荫下摆了一张桌子和一条长木凳为主席台。会场布置虽然简单，然而胜利突围的激情在人们的心中荡漾。一队队全副武装的战士，戴着青枝绿叶的防空伪装帽，威武雄壮地步入会场。“当兵就要当红军，处处工农来欢迎……”歌声此起彼伏，响彻云霄。

正当热闹非凡的时候，首长们走进了会场。主席台上虽有一条长凳，但谁也不坐，站在部队前面。王震政委介绍了几位领导同志，接着开会。在热烈的掌声中，中央代表、军政委员会主席任弼时同志讲话。他首先宣布了中央军委关于正式成立红六军团领导机关和军团及各师领导的任职命令，接着讲了几天来行军作战的基本情况和西征的任务。他说：我们进行战略转移，是为了打到敌人后方去，推翻国民党的反动统治，创建新的革命根据地，配合中央红军的斗争。我们要坚决执行党的指示，团结一致，英勇奋战，完成战略转移的艰巨任务。

弼时同志讲话时，会场上一阵阵掌声和“中国共产党万岁”、“红军万岁”、“胜利属于我们”的口号声，激动着将士们的心，也激动着看热闹的乡亲们的心。誓师大会在夜幕降临之前结束了。

第二天早晨，我军继续前进，寨前圩又恢复了平静，但那欢腾的一天一夜，永远地留在了山寨人的心里。

艰苦的行军

西征途中，部队行军是极为艰苦的。

南方的盛夏，烈日像个火球，烤炙着大地。指战员们背着枪支弹药、干粮行装，炊事员挑着锅灶柴米油盐，每天都要走上百里路，个个走得汗流浃背，非常疲劳。到达宿营地，夜里还睡不好觉。部队在旷野露营，晚上蚊子很多，就像“轰炸机”似的一群群地向人们袭来。我们没有蚊帐，只好把脑袋蒙在被子里睡觉，闷热得受不了，有时就用衣服罩在头上睡觉。后半夜，气温下降，蚊子也少些，但是，刚睡上一会儿安稳觉，又该起来行军了。

伏天里，中暑是常有的事。为了防止中暑，大家都带着大蒜和生姜，喝凉水的时候吃一点。医务人员也带着救济水（十滴水）。即使如此，中暑的人还是不少。一天中午，有个战士走着走着，突然栽倒地上，口吐白沫，脸色蜡黄，不省人事。我看到后，立即派勤务兵去叫医务人员。卫生员跑过来一看，说是中暑，急忙救治，但没有救过来。我们有些战友就是因为无药抢救而长眠在西征路上。

沿途都是山区，山高林密，路窄难行，有的地方根本无路可走。部队为在悬崖绝壁上行动，除武器弹药外，其他东西全部扔掉了。由于连续行军，指战员们的鞋烂得不像样子，许多人没鞋就光着脚在荆棘丛生的密林里行走，脚上的血泡，起了磨平，磨平又起，但毫不在乎，没有什么怨言，忍着痛行军打仗。

进入贵州以后，行军就更难了。当时的贵州，非常贫穷落后，黔东地区，更是穷得很，人们说这里是“地无三里平，人无三分银”。农民们无吃无穿，过着牛马一般的生活。许多家庭只有一条裤子，三四个成年的男子轮流着穿，有的则赤条条地在地里干活。妇女和十七八岁的少女，也只在下身系一块遮羞布。我们在贵州东部很少发现地主和富农。因此，部队所到之处，物资供应相当困难，买不到粮食时，只好采摘野果充饥。另外，山路更难走，到处山峦起伏，翻了一山又一山，终日在羊肠小道上行军。我们对黔东的地形也不熟。在几面受敌的情况下，竟找不到一幅贵州省地图。那时我们一路上用的是一张 20 平方厘米大的中学生地图，根本显示不出山川、河流、道路和城镇，行军打仗十分困难。打开黄平县城后，几经周折，我们才在一所天主教堂里找到一幅一平方米大的贵州省地图，这对红六军团来说，无异于获得无价之宝。但上面是法文，大家都看不懂。最后，肖克军团长把法国传教士勃沙特①请到军团部帮助译成中文。勃沙特很热心地和肖克同志合作。他按照肖克同志的指点，他用生硬的中国话边说边比划，将地图上的山川、河流、村镇、城市逐一翻译出来，再由肖克同志注上中文。有了这张地图，行动才算方便了些。

贵州的天气，也好像故意考验我们这些远方的来客，它像孩儿的脸，说变就变。行军中，往往会遇到这种情况：明明是好端端的晴朗天气，忽然间涌来一块过山云，霎时遮住了太阳，天气变得阴沉沉的，接着又是闪电，只是惊雷，辟里啪啦的大白雨点子，劈头盖脸地打下来，一会儿工夫，就把人淋得像"落汤鸡"。这里的路本来就难走，此时走在土路、田埂上，满地都是稀软的泥浆，一脚踏上去，扑哧一声，泥浆就灌满了草鞋和脚趾缝，把草鞋沾得牢牢的，用力一拔，脚和鞋就分了家，弄得浑身是泥，像个泥人。虽然征途很艰难，环境很苦，但指战员们始终情绪高昂，信心百倍，大家只有一个念头：战胜困难，加速行军，早日与兄弟部队会合。

突破敌人封锁线

西征路上，敌人的封锁是很严密的。他们知道，如果红二、六军团

① 中文名为薄复礼，是瑞士籍传教士。

会合在一起，就好比猛虎添翼，更难对付了。因此，蒋介石急忙调集湘、桂、黔军阀部队和地方反动武装，尾追堵截红六军团，企图把两支部队隔开，分而歼之。国民党的正规军以及地方反动武装保安团、挨户团之类，整天像耍龙灯一样围着我们转悠。敌人的飞机也经常在我们的头顶上盘旋，投下一颗又一颗罪恶的炸弹。

在敌强我弱的情况下，同敌人硬拼是要吃亏的。于是，我军运用灵活战术，忽东忽西，且战且走，能打则打，不易打就避开，神出鬼没地迅速前进。敌人的飞机大炮，无法施展威力。这样，就打破了敌人的尾追堵截计划，使我军多次从敌人的层层封锁中摆脱出来。为了避实就虚，我军经常绕开大路走小路，甚至走完全没有路的高山密林和人迹罕到的谷涧水沟（贵州称为夹沟）。

红二、六军团的距离越接近，敌人的包围和堵截越疯狂。我军打开黄平县城以后，又继续往石阡方向前进，这时两军团的会合已是指日可待。然而，桂敌第七军由镇远、石阡县兼程赶到甘溪镇，妄想堵住我军前进的道路，并且扬言要把红六军团消灭在这里。

甘溪是军事上的要地。那一带山虽不高，却十分陡峭和险要，断壁悬崖，刀削斧劈一般。两山之间有一块平地，约有一里路宽，是这里唯一的通道，也是我军前进的必经之路。如果山口被敌人控制了，我们的进路就会被卡住，整个军团就会被迫处于极不利的地带。红二、六军团能否会合，此仗是关键。因此，我们必须千方百计地杀出重围，就在这里，我们同敌人展开了西征以来最激烈的争夺战斗。

这天清晨，我军从行进中进入战斗，在甘溪山口与桂敌精锐部队廖磊的第七军遭遇。敌居险要地形，来势凶猛，置我于湘、桂、黔之敌共24个团的包围之中。我军被敌切成三段。这时，上级命令我四十九团迅速抢占甘溪山口，坚守要隘，趁敌立足未稳，发起猛攻。我们在青龙嘴高地，一举攻占了三个山头，打退了敌人多次冲锋，从敌人的合围圈里撕开一个缺口，抢出一条路，让大部队通过，同敌展开激战。阵地上硝烟滚滚，焦土一片，山坡上、道路上，横仰竖卧地铺满了敌人的尸体。我军伤亡也很大，弹药几乎打光了。我左侧几十米处，有两个战士子弹打完了，当敌人冲锋时，他们就连续往山下滚石头。战至黄昏，终因敌众我寡，我四十九及五十一团之一部撤到东面的山顶上。这时，军团参谋长李达命令尽快组织部队突围。开始，我们打算突围以后，寻找军团主力，因为不知道军团主力在何处，就决定去和红二军团取得联系。参谋长李达，对我和五十一团樊营长说："你们快把两个团撤下的人组织起来，咱们马上突围转移，去找贺龙的部队。"当时，集合两个团撤下来的仅有 400 多人，我们编成一个营，下设四个步兵连，一个机枪连。李达同志向大家宣布，我们这个营的番号就称红六军团特务营。他指定由樊担任营长，我兼任政委，并且作了简短的动员。接着，他又向我们谈了行动方向和行进沿途要注意的事项及行动计划。李达同志询问了当地居民，并请年轻的农民给我们带路，利用夜暗天黑通过敌人的警戒。脱离了敌人，向预定方向前进。

寻找红三军

从甘溪以东的杜脑山通过敌人的警戒后，我们才算松了一口气。这时，远处传来一阵剧烈的枪声，我后卫部队第十八师仍在同敌人激战，牵制敌人。为了防止敌人追击，我们不顾疲劳地向预定的印江、沿河方向疾进。

红二军团从洪湖地区撤出来以后，一直在黔东地区坚持斗争，虽然处境困难，但在宣传群众、组织群众、建立游击根据地方面是做了很多工作，成绩很显著的，由于长期在偏僻的山区活动，又无电台，和党中央失去了联系。红六军团奉中央军委之命，前来和红二军团会合，他们根本不知道。他们把红二军团的番号改为红三军，我们同样是不知道的。这里距红二军团虽然很近，但却远似千里，双方联系不上，我们就像在黑暗中瞎摸，所以困难就更大了。眼下，往哪里走？贺龙同志在什么地方？大家心里都没有底。忽然，我们想起几天之前，曾在国民党的报纸上看到贺龙的部队在梵净山地区，便决定向黔东北方向走，到印江、沿河一带寻找红三军。这时，我们已经一天没吃东西，饥肠辘辘，随身带的干粮也吃光了。为了尽快弄点粮食，我们借着皎洁的月光，在迷宫似的大山里夜行军。第二天上午，在一个四面环山的村子里，我们向群众买了些土豆，每人吃了几个。接着，又打掉敌人一个区公所，虽然没弄到粮食，却有了意外的收获，又找到了几张国民党的报纸，上面也讲贺龙的部队在梵净山，在印江、沿河一带活动，大家眉飞色舞，十分高兴。于是，我们就下定决心在这一带去找。

梵净山区，方圆几百里，崇山峻岭，层峦迭嶂，又是贵州省最大的森林区。满山的茶树、松树、柏树，翠绿茂密，遮天蔽日。弯弯曲曲的羊肠小道,像一条灰色的带子,缭绕在逶迤葱茏的群山间。深山密林里，辨别不清方向。李达同志带着一个法国制造的指北针,既土气,又破旧，显示方向也不太准，但总算起了点作用。

黔东是个少数民族地区，群众尚未发动起来，对我党我军不了解。我们一到,寨门紧闭,许多人跑到深山老林里躲起来。如果遇到老百姓，向他们打听哪里有红军,哪里有红军政府,总是说不知道,或者不吭声，因此，我们都深深体会到离开革命根据地作战的难处，没有广大群众的支持，我们这支军队就像鱼儿离开了水，的确寸步难行啊！于是，我们首先做宣传和发动群众的工作，在行军途中或到达宿营地凡是见到老百姓，就向他们宣传共产党“十大政纲”；宣传“停止内战，一致抗日”；宣传国民党攘外必先安内的政策，是投降日本帝国主义的政策；宣传中国工农红军是工人、农民的队伍；宣传打倒国民党反动政府，建立工农兵政府，建立穷人的政权。同时，沿途不管多么困难都坚决执行三大纪律八项注意。在行军路上，我们请农民带路都要给钱。这样就消除了群众对我们的恐惧心理，对红军有个好印象，敢于同我们接近了，终于吞吞吐吐地讲出来这一带有“神兵”,出没无常,打富济贫,对老百姓很好。我们把群众提供的情况作了分析，断定就是红三军。于是，马上找了几位向导，日夜兼程，经过三四天行军，还是没有找到。

10 月 15 日，我们在沿河县的水田坝（也称铅厂坝）意外地碰到了一支队伍，经派人侦察打听，弄清了是红三军的游击部队。李达同志马上写信联络，很快就联系上了。原来，10 月上旬，红三军首长从国民党的报纸上看到一则消息：“江西肖克匪部第六军团窜入黔东，企图与贺龙匪部会合”。贺龙、关向应经过反复分析，认为有关红六军团的消息十有八九是可靠的，考虑到六军团远道而来，人地生疏，又处在敌人追堵之中，贺、关决定，兵分两路，以游击方式出动迎接。为什么兵分两路？因为不知道六军团的具体方向。因此，贺龙军长在向部队下达任务时讲了一句湘西土话；我们是去“碰”、去“撞”。可喜的是，其中一路竟同我们相遇了，大家真是喜出望外。两支部队会合后，向南行进，没过多久,来到了一个群山环抱的村子里,这里就是红三军部队的驻地。

李达同志领着我和樊营长去找军部。在另一个小村子里，我们见到了贺龙、关向应同志。他们见了我们，仿佛见到了多年未逢的亲人。贺军长握着李达同志的手，高兴地说：“可把你们盼来了！”

我是第一次见到贺龙同志。他约 30 多岁，身材魁梧，粗眉大眼，嘴上还留着两撇胡子。他穿一身破旧的灰军装，显得威武庄重，讲起话来有说有笑，对革命前途充满信心。

李达同志首先把营长和我作了介绍，然后，向贺军长、关政委汇报了西征路上敌人尾追堵截，在甘溪同敌桂第七军遭遇战斗的情况，主力部队还在后面同敌人周旋等等。说到这里，贺龙同志说：“明天我们去接他们。”

汇报完毕，贺军长、关政委和我们三人共进晚餐，饭菜十分简单。晚饭后，两位首长亲自到各连看望战士们，贺军长说：“你们从湘赣苏区来，走了几千里路，打了那么多仗，真吃苦了。”关政委接着说：“红六军团是党中央身边的一支劲旅，是从著名的井冈山根据地来的，你们带来了朱、毛红军的优良传统。”由于长途行军，翻山越岭，我先遣营的同志穿的草鞋都烂得不像样子，许多人打着赤脚。贺、关首长看到后，马上让经理处（即供给处）给我们送来了粮食和草鞋。贺军长对大家说：“今天夜里好好睡觉，明天咱们就开始行军。”

第二天拂晓，贺龙、关向应同志便率领红三军主力和我先遣营南下，去迎接红六军团。

两军会师尽开颜

我先遣营突围以后，红六军团主力即从甘溪全部撤出来，转战于石阡、镇远、余庆、施秉一带山区。这里人烟稀少，农业落后，物资奇缺，遇到了严重困难。他们一天一顿稀饭，饿着肚子同敌人周旋。我们已同红三军联系上，他们也不知道。广大指战员日夜盼望着我们能找到红三军，两支部队早日会师。

贺龙、关向应同志也估计到了红六军团会陷入困境，一再要求部队加快行军速度。贺龙的部队特别能走路，走山路如履平地，似飞一般。所以，人们称赞贺龙的部队人人都是“飞毛腿”。他们日行一百二三十里，还觉得挺轻松。我们营在红三军后卫跟进，怎么也赶不上他们，加之第二天下大雨，山路很滑，结果掉队了。军情紧急，是不能等待我们的。贺龙同志率领部队继续前进，李达同志也随军部一起走了。后来，红三军分成几支小部队，在深山里到处寻找红六军团，终于找到了。于是，两支部队一起开往红三军游击根据地。10 月 24 日，他们同驻守在这里的红三军余部见面了。至此，胜利完成了两军会师的任务。

这时，敌人已得知红二、六军团会师的消息，急忙调整部署，开始向我军会师地点进攻。因此，我军未能在木黄停留，便兵分数路，往西急进。10 月 26 日，红二、六军团所属部队进军至四川省酉阳县南腰界。

我先遣营掉队以后，遭湘西土著军阀周燮卿旅一部的伏击，经多次反冲击，敌人不敢向我阵地冲锋，双方对峙到天黑，我们撤出阵地。根据贺龙同志的指示："如果你们掉队了，就去枫香溪地区找夏曦。"所以，我们折回头向枫香溪方向走。大约走了一里路，山下有条小河，我们决定在河边休息一会，吃点干粮，可是刚停下，就和红三军后卫部队第二十八团相遇了（命令没有讲后卫还有部队）。由于天黑看不见，双方都以为对方是敌人，开了枪，结果打起来了，双方都吹冲锋号。当时，红三军使用的还是北伐军时的号谱，而红六军团用的是中央红军统一制定的号谱，双方的冲锋号不一样，更认定对方是敌人。红二十八团人多，把我们营压到山洼里，樊营长当场牺牲了。红二十八团抓了我们一些人，经过询问才知道了我们是红六军团先遣队，赶快帮助我们将零散小分队集合起来。大家都为两支部队相遇而庆幸，也为樊营长的不幸牺牲而惋惜。后来，我带领部队在枫香溪见到了中共湘鄂西分局书记夏曦同志。他是个知识分子，中等身材，温文尔雅，留着八字胡，颇有一点儒将风度。他热情地接待了我们。我向他汇报了路上的经过后，他便安排我们住下。这时，贺龙同志派人来接我们，我先遣队按时赶到了南腰界。

南腰界是一个依山的大村庄，有 100 多户人家，周围有一些稀稀落落的小庄子，这里是红三军新开辟的根据地，群众已感到红军是自己的军队。老百姓看到红军来了，非常高兴，纷纷站在门口欢迎。特别是两军战友见面后，无不欢欣鼓舞，喜笑颜开。大家互相拥抱，亲切交谈，又唱又跳，异口同声地说："我们盼望已久的一天终于来到啦！"当天晚上，欢聚一堂，庆祝会师，同志们以马铃薯、蔬菜代替"鱼肉"，以碗代杯，以水代酒，开怀畅饮，吃着热气腾腾的饭菜，那种高兴劲儿，确实是溢于言表的。

这天下午，召开了庆祝会师大会。为了防止敌机空袭，会场设在南腰界后山树林里的草坪上。会场中央摆着两张方桌，军团首长站在桌子上讲话。大会由关向应同志主持。当关政委宣布会师大会开始的时候，军号队吹起了欢快的乐曲。“热烈欢迎艰苦转战的红六军团”，“庆祝两支兄弟部队胜利会师”的口号声，震天动地，在山谷里久久回荡。两个军团的领导同志都在会上讲了话。任弼时同志宣读了党中央为两军会师发来的贺电，宣布了中央军委关于红三军恢复红二军团番号的命令，以及党中央关于由贺龙、任弼时、肖克、关向应统一指挥红二、六军团的决定。接着，贺龙同志讲了话。他风趣地说：“到了贺龙的根据地，六军团的同志本来应该休息，可是没想到贺龙的根据地在这里！”这时，他抬起一只脚，用手中的烟杆敲了敲草鞋底，笑着说：“也就是在脚板上！”指战员们听了贺龙同志的讲话都哈哈大笑起来。伴随着笑声，同志们身上的倦意一扫而光。贺龙同志接着说：“敌人不叫我们休息，我们就走。同志们今天休息一下，明天咱们就出发……”

庆祝大会一直开到天黑，才尽兴而散。

红二、六军团的会师，使这两支来自两个战略区的红军，结成了一个团结战斗的整体，形成了一支强大的战略突击力量，为完成新的更大的政治、军事任务，开辟湘鄂川黔革命根据地，奠定了可靠的基础。此时，两个军团虽然只余下 8000 子弟，但均为严酷战争铸冶的觉悟战士。士气旺盛，战斗力强。两个军团会师以后，团结友爱，亲密无间，8000 子弟兵一条心。以任弼时同志为首的红六军团指战员，对南昌起义的领导人之一贺龙同志，非常尊重，非常支持。贺龙同志也热忱地欢迎红六军团的到来，他以无限崇敬的心情，推举任弼时同志担任新的党的核心领导。

就在会师这天晚上，贵州军阀王家烈部接踵而来。为了避开敌人，保存实力，贺龙和任弼时同志决定撤离南腰界，向群众基础好、敌人力量薄弱的湘西挺进。在这里，我们连续打了许多大胜仗，歼灭了敌人三个整师和几十个团的兵力，并且建立了十几个县的苏维埃政府，基本上站稳了脚跟，红二、六军团由 8000 人发展到 21000 人，有力地配合了中央红军的行动。不久，为了粉碎国民党军“围剿”红军的狂妄企图，我们从湖南桑植地区出发，开始了又一次战略转移——长征。（李连成整理）

选自《红六军团征战记》上，解放军出版社1994年6月版，第415—426页。

谭善和，1915 年生，湖南茶陵人。1930 年参加中国工农红军，1931 年加入中国共产党。红军长征时任红六军团保卫局侦察科科长，十七师五十团、四十九团特派员，十八师特派员。新中国成立后，曾任西南军区工兵纵队司令员兼政治委员，东北军区工兵指挥部司令员兼中国人民志愿军工兵指挥所司令员，解放军长沙高级工兵学校校长，军委工程兵副参谋长、参谋长、副司令员，新疆军区副司令员，军委工程兵司令员，乌鲁木齐军区政治委员。中共第十一届中央候补委员，第十二届中央委员，中央顾问委员会委员。1955 年被授予少将军衔。1991 年在北京逝世。

西征散记

林文兴

战略转移　全军振奋

7 月 23 日那天，机要员将一份电报译出，递交给军团首长。

军团长肖克、军团参谋长李达，湘赣省委书记任弼时和湘赣军区司令员王震等同志看过了电报。几位首长聚在一起讨论研究了很长时间。从他们流露出来的紧张而激动的神色，我们敏感地猜到：部队要有不同寻常的行动了。

军团首长通宵达旦地开会、找人交谈、不时下达各种命令。我们通讯班也忙碌起来：时而通知各部队多打草鞋，多备干粮；时而通知各单位抓紧进行行军、侦察、警戒的教育和训练；时而通知各师、团长来军团部开会；时而通知供给部将多余的武器拨给地方武装；时而又通知卫生部把重伤病员送到后方医院……

整个军团都开始作行动的准备了。但到底去哪里？干什么？正当大家猜想之际，军团首长传达了中央军委的紧急命令：红六军团退出湘赣根据地，向湖南中部进发。

这是一次重大的军事行动！全军士气为之振奋。

中央军委在命令中不仅阐述了我军撤出湘赣苏区的理由、目的，而且具体部署了行动的组织领导，实施步骤；决定任弼时为中央代表，并与肖克、王震三人组成六军团西征的最高指挥机构——军政委员会，任弼时为主席。红六军团应由遂川县的黄坳、上下七及其附近地域敌军薄弱部分，自行选择突破地段突围，第一步到达湘南桂东附近地域，发展游击战争，推广游击区域；第二步到达新田、祁阳、零陵地域，发展游击战争，创立新的根据地；第三步横渡湘江，向湘中新化、溆浦广大地域发展，并向北与红三军取得联系。

声东击西　巧计突围

遵照中央军委的命令，六军团作好了西征的一切准备工作。但在什么时候、什么地段、怎样突围？军团首长还在思索中。

一天傍晚，军团首长命令我立即通知地方独立团团长来军团部研究工作。我摸黑翻山过岭，往返奔跑了30—40里路，完成任务回到军团部时，已过午夜，军团首长和作战处的同志们还在暗淡的马灯下，对着地图，比划着、讨论着。经过彻夜的紧张研究，军团首长在突围的时间和突破点上，作出了最后的决策：首先在衙前到五斗江地区，突破敌人内层封锁线，然后，不分昼夜地向西南疾进，一鼓作气，突破五斗江到桂东之间的藻林、左安、高坪三道封锁线，冲出敌人的战役包围圈，前进到桂东以南地区。尔后的行踪，或在桂东地区开展游击战争，或继续向祁阳和零陵地区进击。军团首长之所以这样选择，是因为这一线敌人兵力比较薄弱。从五斗江到白牛岭地段的封锁线，仅有一些保安团队和反动地主武装防守；从五斗江到桂东地区纵深内，虽然还有三道碉堡封锁线，但均系地主武装，且空隙较大；再加上这个方向上的地形，也便于我军迅速运动，不致于过早地暴露我军西征的意图。

8月4日，时值夏末秋初，赤日炎炎，暑气蒸人，突围战斗打响了。为了声东击西，调虎离山，一支自称红六军团的队伍（地方独立第五团），突然出现在赣水西岸的下东和沙塘一带，声称兵分三路，要突破敌阵，东渡赣水，挥师东进。粤敌、赣敌各部，闻讯后，纷纷仓皇出动，前堵后追。一时枪林弹雨，炮火连天。赣江东岸的敌群，也急忙加固工事，封锁江面。蒋介石听说红六军团要强渡赣水东进，深恐其与中央红军靠拢，不利于他的“围剿”，赶紧调兵遣将，重新布防，并紧缩包围圈，妄图逼我背水决战。

这一支称做“红六军团”的队伍，沿着赣江两岸，时隐时现，神出鬼没，牵着敌人的鼻子兜圈子，连续游击了几天。果然有效地迷惑钳制了东线乃至于南线、北线的敌人，也麻痹了西线的守敌，等到完全打乱了敌人原来的部署后，突然班师回返，销声匿迹了。前堵后击的敌军找不着我军主力，只好“望江兴叹”。这为我军胜利地从西突围创造了极其有利的条件和时机。

8 月 5 日，正当独立五团活跃在赣水西岸之时，我军团以一部分兵力，神速地攻占了敌内层封锁线上的支撑点——衙前，建立了我突围的侧翼掩护阵地。

8 月 7 日下午 3 时，我全军团 9700 余人，怀着激动的心情，告别湘赣根据地的亲人，开始从西南全线突围，踏上了新的征途。

进军桂东　誓师西征

红六军团由独立第四团导引，从横石和新江口地域出发，首先沿衙前和五斗江之间，成功地突破了敌人的内层封锁线和遂川至黄坳的封锁线。接着，以迅雷不及掩耳之势，于当晚袭占了遂川的藻林，全歼守敌，又成功地突破了敌遂川至七岭的封锁线。

被我独立五团的军事行动所迷惑和钳制的敌军，惊悉我红六军团已突破三道封锁线，方才如梦初醒。当他们揣测到我军西征的真实意图后，乃急令湘敌第十五师和第十六师尾追我军，粤敌亦以六个团的兵力兼程北上，妄图将我军包围在桂东、上犹和遂川之间的地区“聚歼之”。

但我军团首长审时度势，深知虽突破敌人的几道封锁线，前路仍很艰险，不容有任何犹豫怠慢。于是，命令我通讯班，立即通知各师、团，务必再接再厉，克服酷热、疲劳和饥饿，昼夜兼程，继续向前进击。

8 月 9 日，我军占领左安、高坪，并在猴子岭突破了敌寨口到广东桥的封锁线。至此，我军已胜利地跳出了敌人的战役包围圈，于 8 月 11 日中午到达湖南桂东县的寨前圩，粉碎了敌人妄图将我军围歼于江西的罪恶阴谋。

寨前圩是桂东县南的一个小集镇，是我进敌退，我退敌进的游击区，我党我军在这里有较好的群众基础。部队到达寨前圩之后，军团首长立即抓住有利时机，于 8 月 12 日下午，在寨前圩举行了全军团军人大会，庆祝突围胜利，誓师西征。

那一日天气格外炎热。部队从各个方向赶来，战士们的衣衫都被汗水浸湿了，但脸上都流露出胜利突围的喜悦。军团首长任弼时、肖克、王震、李达、张子意等同志扎着绑腿，穿着草鞋，腰上挂着黑亮的手枪，精神抖擞地一个一个走上台。大会开始后，弼时同志首先讲话，他以党中央代表的身份，传达了中央军委关于红六军团西征的命令与任务，申明了纪律，进一步作了战斗动员，正式宣布成立红六军团领导机关，肖克同志为军团长兼十七师师长，王震同志为军团政委兼十七师政委，李达同志为军团参谋长，张子意同志为军团政治部主任，龙云同志为十八师师长，甘泗淇同志为十八师政委，谭家述同志为十八师参谋长，方理明①同志为政治部主任。同时，也正式宣布了以任弼时同志为主席，由任弼时、肖克、王震三同志组成的红六军团军政委员会。

① 原文误为方礼明。

在誓师大会上，王震和肖克等同志先后讲了话。他们用简明有力的语言，从不同角度说明了红六军团西征的目的、意义以及面临的艰巨任务，号召全军指战员发扬不怕困难、不怕疲劳、连续作战的精神，战胜凶恶的敌人和一切艰难险阻，一定要与贺龙同志领导的红三军会合。

军团首长们的讲话，激起了一阵又一阵的鼓掌声。全军指战员情不自禁地欢呼："红军万岁！""胜利属于我们！"

誓师大会结束时，夜幕已悄悄地降临。军团首长随即下达命令："出发！"

在苍茫的暮色中，我们这一支万人大军，以独立四团为前导，浩浩荡荡向前推进！

郴州克阻 斩棘开道

红六军团挥师西进，有如晴天霹雳，震惊蒋介石及湘桂两省的军阀。蒋介石派出飞机，成天在空中追踪轰炸；湖南军阀何键为防止红六军团深入湖南，急调刘建绪为"前敌总指挥"，驻衡阳，调兵遣将，匆匆在郴县、桂东之间布置一道防堵线，并在汝城一线构筑屏护阵地，企图在北上粤军的配合下，围歼红军于郴县、汝城和桂东之间地区；广西军阀白崇禧害怕我红六军团进入广西，也慌忙起来。他一面电令桂敌十九师火速驰往黄沙河布防，十九师所属的五十六团驰往零陵协助湘敌防守；一面急令驻在雒容的桂敌二十四师赶紧北上增援。白崇禧作了上述兵力部署后，犹恐不济事，又把桂北各县的地主民团集中起来，派到广西东北边境地区防守，并指派桂敌第七军军长廖磊坐镇桂林，统一节制各部。

我军于 8 月 12 日夜从桂东寨前圩出发后，晓宿夜行，于 16 日进入郴县境界。

由于路径陌生，我军团司令部及其直属机关进入郴县后，翻越一座高山时，敌人即派重兵扼守了山上的各处要道。军团首长根据侦察情况判断，这里山高路险，除敌人严密封锁的通道外，再无便道可行。加之敌人兵力雄厚，我若正面冲击，伤亡必大，难以奏效。政委王震同志沉思良久之后，奋然而起，斩钉截铁地说："我带领一支队伍，辟出一条新路吧！"

军团的其他首长都同意政委的意见，选一队精兵强将，手握大刀，听从王震同志的指挥，在深山密林和悬崖峭壁上，披荆斩棘，终于开出了一条新路，尽管山路狭窄、陡峭崎岖，甚至稍不注意，就有摔下去粉身碎骨的危险。但我军神速，完全出乎敌人的意料，一夜之间，就从敌人的包围圈里走出来了。王震将军的大智大勇，至今仍在当地传为佳话、故事，广泛流传。

跳出敌人重围以后，我们继续向西挺进。不久，我们到了株江桥，发现迎面来了一支队伍，霎时又变得紧张起来。正当我前哨部队选择地形地物，摆开迎敌阵势的时候，侦察员跑回来报告军团首长，说那是我们的游击队。

原来，郴州地下党组织在得悉我红六军团进入郴州境界，遭到敌军围困的消息后，立即派出游击大队大队长张东同志率百余人枪赶来接应。地下党组织还把群众发动起来支持我军，送茶送饭菜。紧张而又疲倦的红军战士见到亲人以后，无不高兴。在游击队的引导下，我军大踏步地向郴县县城挺进。

郴州地区，山高林密，交通不便，气候炎热，蚊虫极多，痢疾流行。加之，我军连日行军打仗，跋山涉水，风餐露宿，因而伤病员日见增多，部队减员严重，需要休整。现在郴州地下党组织和革命武装主动来接应，真使我们有如久旱逢甘雨。因此我军顺利地进到了郴州城。郴州守敌，闻讯早已逃之夭夭。

8 月 17 日，军团首长和地下党组织商量，将 80 多个重病号转移到离郴州城 20 来里的铁炉冲。铁炉冲山高路曲，松杉参天，尤其是群众基础好，我们的伤病员在那里得到群众的精心照料。

我参加过转移伤病员的联络工作。1981 年，我到郴州时，特意去调查这一批伤病员的下落。当地知情的老人告诉我，这一批伤病员同志养好伤病以后，就组织起来参加了游击队。在与反动派的残酷斗争中，都先后牺牲了。但他们留下了不少可歌可泣的故事。

部队原拟在郴州多停留几日，但敌人正在增加兵力，向我军逼近，妄图迫我进入零陵、蓝山、宁远、嘉禾一线予以聚歼。地下党及时地把这个消息报告了军团首长，为着不使敌人的诡计得逞，我军迅速而主动地撤出了郴州。于 8 月 18 日，前锋到达桂阳县境极乐、黄江、全义圩和燕塘一带。

夜宿梨园　秋毫无犯

桂阳县的贪官污吏和土豪劣绅，在我军未入境时，大肆造谣，蛊惑人心。并胁迫群众坚壁清野，躲进深山老林；他们还气焰嚣张地叫喊，要将共产党和红军斩尽杀绝。然而，当我军一入境，他们都胆小如鼠，望风而逃了。作恶多端、民愤极大的伪法院院长熊正楚，在逃窜中被逮住，游乡示众后就地处决，群众无不拍手称快。

部队经过整整一天的急行军，已经人困马乏。傍晚时分，到了燕塘村，军团首长下令宿营。燕塘村的老百姓，因受了反动派的宣传影响，都躲避到深山峡谷里去了。军团首长见此情形，便让我们通讯连战士到各部传达命令：就地野外宿营，不准进入民房，不准侵犯群众利益。8 月正是甜梨成熟的季节。老百姓房前屋后的梨树上，挂满了黄澄澄的大甜梨。战士们尽管又饥又渴，但谁也不曾摘只梨子尝尝。山山岭岭，响起了《纪律严明》的歌声：

红军纪律真严明，行动听命令；
保护老百姓，到处受欢迎。
开口不骂人，工农的东西不拿半毫分；
公买公卖不亏人，保护小商人。
借了东西要送还，损坏东西要赔银；
大便找厕所，洗澡避女人。
上门板，捆禾草，房子扫干净；
三大纪律，六项注意，大家来执行。

一夜过去了。黎明时，纪律检查组进行检查，部队对老百姓秋毫无犯。然后，首长即命令部队向新田进发。

当部队离村约三里地，一个农民，肩挑箩筐赶上来，大声喊着：

“老总，你们等一等！”

我感到蹊跷，心想，是不是损坏了他的东西，或是他短少了什么？

指导员和我留了下来。满头大汗的老乡，边喊着“老总”，一边气喘吁吁地赶了上来。

“我们不叫‘老总’，我们是工农红军，称‘同志’。”指导员这样亲切地告诉他。

“啊，同志，你们真是天底下第一等好人！”那农民放下满满的一担梨子，无限感激地说：“我姓李，燕塘村的。这么多部队在我们那里过夜，梨子冇丢一个，实在了不起。大家急急忙忙摘了这担梨子，特意派我送来，给红军同志尝尝。”

啊，原来是这么回事！指导员连忙谢谢他对子弟兵的支持和爱护，但又恳切地说明了不能接受梨子的理由。

“你们真是天底下第一等好人！”老乡又说了这句话。然后，噙着眼泪，把梨子挑回去了。

我和指导员赶上了部队。又经过整整一天的急行军后，我们来到了新田县的小园。刚刚放下被包，军团首长就叫我们立即通知各师、团以及司、政、供、卫各部首长来军团部开会。

小园运筹　新田除奸

小园会议整整开了一个通宵。中心议题是研究如何摆脱敌人，强渡湘江。因为我们班要值班待令，战士们跟首长们一样，彻夜未眠。

会上，军团长肖克同志详细地分析了形势。他说：我军目前的处境仍很艰难。湘敌李觉的十九师、王东原的十五师和两个保安团，咬住我不放，其中，敌十五师离小园仅50余里。刚得到的情报又说，敌第四路“追剿”司令李云杰所属的十六师、二十三师，第二路“追剿”司令陶广纵队，第五路“追剿”司令李抱冰部，正从南北两翼向我压来。他们妄图从东、南、北三面对我实行合围。

肖克同志稍稍停了停后，继续说：我军的前面，也就是西面，横着湘江，我军必须渡过去。但是，这一段湘江，水深流急，而且对岸敌人重兵把守，渡江绝非易事。因此，设法甩掉敌人，选择好渡江的时间和地点，是很关键的……

继肖克同志对敌我态势的分析之后，任弼时同志发言，他特别强调了红军纪律，并要求连队加强形势教育，进入新田县城之后，要结合打土豪分财物，开展政治宣传工作。

会议开得十分严肃和热烈。黎明时分，一个渡江的初步方案设计出来了。

按照小园会议的决定，8 月 21 日清晨，部队攻占了新田县城。遵照军团首长的指示，打土豪、没收官僚资本，把粮食和浮财分给贫苦的人民群众，尤其是在宣传我党我军的各项政策及抗日救国方面，做了大量的工作，如搭台讲演，刷写大幅标语等。去年，我到新田重访我们驻扎过的地方，还看到当年留下的大幅标语：“对日宣战！”“红军是工农武装！”

在新田县城，我们还为当地老百姓除了一害——处决了大地主、大恶霸黄思泰。

我们一个侦察员，装成做小生意的，走到县城西门外，碰见一个穿着长袍马褂、手拄文明棍、摆出绅士派头的人迎面走过来。老头问道：“先生是本地人，还是外乡人？”

侦察员回答说：“资兴人，来这里做点小生意。”

老头打量一番之后，又问：“老兄一路而来，见过‘红匪’么？”

侦察员听他口出恶语，心中有气，但不动声色，反问道：“老先生，你说红军来了怎么办？”

老头恶毒地诬蔑共产党和红军一通，杀气腾腾地说：“我正要进县城，问问县长，‘红匪’会不会来这里，如果来了，我要叫儿子带兵来杀他个片甲不留。”

这个老劣绅还不知道我们红军已经进了县城。侦察员问：“老先生贵姓？儿子做什么大官？”

老劣绅一听更趾高气扬了。“在下姓黄，共田八，名思泰。大儿子任保安团团长，二儿子掌管家业，三儿子在县政府供职。”接着，他又肆无忌惮地诬蔑起红军来。

侦察员拔出枪来，大喝一声：“住口！我就是红军！”

黄思泰立即吓得跪在地上，颤抖地说：“老夫该死，长官恕罪……”

侦察员教育了他一顿之后，放他走了。

过了一天，我们撤离新田县城，按小园会议预定的渡江点，朝蔡家埠方向前进。军团司令部的侦察队，伪装成“国军”先于主力部队二小时出发，探索道路，设置路标。主力部队出城不久，却发现山上打冷枪，路标也被砍坏。原来这就是坏蛋黄思泰干的。他被我侦察员释放后，不思悔改，反而组织地方武装，串通保安团，袭击我军。他移动路标妄图将我引入他们的伏击圈内。我们活捉了黄思泰，经过审讯之后，立即处决，为民除了一大害。

翻越阳明　驻军道县

8 月 23 日，天气格外闷热。我们在急速的行军中，又热又渴。恰好，经过余家村的时候，路边有一口水井。战士们一拥而上，你一杯，我一杯，舀着井水就喝。井里的水都快舀干了。这时候，我跟随军团首长来到了井边。一个警卫员挤上去舀了一杯水，送给弼时。弼时同志也很渴，但接过水杯并未喝，笑着递给了肖克。肖克同志接过来也不喝，又递给警卫员，笑着说："井里的水不多了，留给伤病员和后面的同志们喝吧！"围着水井争着喝水的战士们听了，也都不喝了，跟着军团首长，又开始前进。

8 月 24 日，我军主力到了离蔡家埠八里地的一个村庄。湘江哗哗的流水声已隐约可闻。正当我们一个劲儿向前赶，准备渡江的时候，红十七师的一个侦察员跑回来向军团首长报告说：两天前，敌人在湘江两岸增加了两个师的兵力，正赶修工事，还抢走了江上的大小船只，并在沿江的浅水处安装了铁丝网。

形势骤变是因为蒋介石已识破我渡江西进，与红三军会师的真实意图，急忙组织湖南、广西、广东的兵力，在湘江两岸布防，阻击我军。

预订的渡江计划不能实现了。军团长肖克同志当机立断下达命令：停止前进，就地待命！

几位军团首长又聚在一起，摊开地图，紧张地研究起来。

"小林，你过来！"肖克同志用手招了招，用浑厚的声音说："请袁任远同志速来军团部，越快越好！"

不到一个钟头，袁任远同志赶到了军团部。弼时同志见了，劈头就问："任远同志，红七军那年是从哪里过湘江的？"

袁任远同志原在广西红七军工作过。1930 年，执行立三路线的中央强令红七军离开右江根据地，进行北上作战时，曾渡过一次湘江。现在，军团首长迫切希望了解那次过湘江的情形。

“我们在全州过的湘江。”任远同志回答。

“那里可以涉过，是吗？”弼时同志极感兴趣地追问。

“是的，河不宽，水也浅。”

肖克同志拉过任远同志的手：“来，过细谈谈。”

军团首长听了任远同志的介绍后，经过讨论，又制订了新的渡江计划。随即命令部队掉转方向，折向东南。把后卫变前锋，直朝桐子坪进发。

部队在桐子坪住宿一夜。次日清晨，又出发了。前卫团刚到零陵县的分水岭，即与湘敌十五师遭遇。顿时，枪声大作，打得十分激烈。军团首长立即决定，再度改变渡江计划，回师东向，进抵敌人设防薄弱的阳明山西麓。

阳明山是零陵地区有名的大山，纵横 70—80 里，重峦叠嶂，高插云霄。当地有首民谣说：“阳明山，阳明山，离天三尺三，人过要低头，马过要丢鞍，翻过阳明山，时间三天三。”敌人料我红六军团不会铤而走险，翻过阳明山，只能绕过这座大山。因此，仅派一个连凭险扼守山上的隘口。但我们偏有勇气，仅用一天工夫，就登上了阳明山，在山腰上一举全歼守敌，扫除了前进路上的障碍。

战士们登上阳明山山顶后，汗水淋淋，饥肠辘辘，疲倦不堪。一贯体恤部属的军团首长，立即下令让战士们就地休息两小时。当我们休息的时候，首长们却一面开会，重新研究行动计划，一面为我们警卫着。事后，我们才知道：根据中央军委的指令，军团首长原准备在阳明山区开展游击战争，建立新的根据地。但见这地方地域狭小，人口稀少，土地贫瘠，不宜建立根据地。且我军到达阳明山以后，湘敌便纠合人马，围了上来。于是军团首长们决定放弃阳明山区，继续率领全军东进。

次日凌晨，我们开始下山，直取祁阳县的白果市。白果市是个小山镇，驻扎着敌保安团400余人。我军出其不意，神速包围保安团，打了他们一个措手不及，从团长到团丁，大部就擒。他们惊叹道："红军真是天兵天将，做梦也想不到能这么快翻过阳明山！"反动军阀何键获悉后，无可奈何，只得向其上峰报告：红军"专走偏僻小路"，"沿途地方藏匿符号旗帜，假称湘军回防"，"用极迅速飘忽的行动，乘虚急进，不与国军接触"，"迄今未能觅其主力"。

我军甩掉尾追的湘敌十五师之后，取道宁远，拟过永安圩直插广西全州。但行至中途，得悉敌十五师已追上来，故立即改变方向，第二次攻占新田，旋即进入嘉禾。

嘉禾是肖克同志的家乡。这里的地理民情，他颇为熟悉。他率领部队绕道而行，避开敌人，顺利而又神速地经蓝山，过宁远，驻道县。

高山歼敌　威震湘桂

8月31日凌晨，我军到达茶园渡口。驻守渡口的一支"铲共义勇军"，被我先头部队的凌厉攻势，打得落花流水，作鸟兽散。

茶园渡口是湘江上游支流沱江中段的交通要道。这里河面虽只有30来米宽，但河床颇深，水流甚急，无法涉渡。摆渡的两只船，早被敌人赶走了。湘敌王东原部又死死地咬住我军不放，形势十分紧急。军团首长为找不到船只和向导而焦急。侦察员们好不容易找来一个老头。但他不明白我们是什么队伍，心里十分害怕，不回答我们的问话。后来，首长再三说明我们是红军，是为穷人打天下的，他才打消顾虑。对我们说："有船！有船！"并带着我们将沉入河中的船只打捞起来，又帮助我们从别处找到了几只船和木板。大家迅速搭起一座浮桥，顺利地渡过了沱水。

9 月 1 日，部队宿营杨柳塘。午夜过后，雷电交加，大雨滂沱。军团首长断然决定：我军趁黑冒雨前进，把章亮基、王东原的追兵甩得远远的。料想他们是不肯吃苦拼命来追击我军的。命令一下，全军上下，毅然燃起火把，进行远距离夜行军。在迷蒙的烟雨中，在蜿蜒的山道上，一条长长的火龙，在飞腾着，前不见头，后不见尾，气势颇为壮观。

我们夜行军的目的地是蒋家岭。蒋家岭位于都庞岭的北端，湘桂两省的交界处，离永安关仅三里，地势十分险要。军团首长为了摸清蒋家岭一带的敌情，早就派出便衣侦察员，潜到了蒋家岭。但我军越过阳明山之后，却未见侦察员返回。首长命令我赶到前面探听。

我到了前卫团，刚好五十一团政委苏杰同志在那里。我便问他蒋家岭的情况。他说："情况不明，我们派出的一个侦察班，也未回来。"

不久，肖克同志也来了。他很焦虑，担心出现意外。忽然，前面的队伍活跃起来，我跑步上前一问，原来是军团部和十七师的侦察员一道回来了。我说："首长一直在等你们，快去报告吧！"

肖克同志带着笑容，迈着大步，迎接侦察员们，认真地听取了汇报。蒋家岭的守敌是广西军阀白崇禧的第七军第十九师五十五团，还有兴安等县的保安团。蒋家岭分主峰、左峰和右峰。主峰叫螺壳界，去广西最近，由于山高路险，易守难攻，敌人派保安团把守，兵力配置较弱。右峰叫金山独岭，左峰叫神仙头，皆由号称"铁军师"的桂敌十九师五十五团把守。山腰挖了战壕，筑了工事，山头各有炮楼两座，严密地封锁着山口通道；山下的村庄，也都有敌军严守。近日，敌人风闻我军要来攻打蒋家岭，立即加强警戒，并对过往行人进行严格盘查。

侦察员汇报完毕，从口袋里掏出一张敌人兵力配置草图来，交给军团长。

肖克同志对着地图看了又看，并提出好些个疑点，让侦察员们一一回答。然后，他沉思片刻，对我命令道："你跑步向前，请龙师长立即来这里！"

是日下午 4 点，我军接近岭下的村庄，战斗打响了。保安团不堪一击，纷纷向山岭上溃逃，我军立即开始攻山。用三个团的兵力，分三路猛攻螺壳界；用两个团的兵力，分别攻击左右两峰，使敌不能互援；待占领主峰之后，居高临下，扫荡两翼；又命四十九团第一营派出一个连，向神仙头迂回运动，以为突击之用。

开始，战斗形势于我有利，螺壳界的守敌渐渐败绩。但敌军头目强令两翼守敌驰援，且凭借有利地形和优势装备，进行反扑。并在山头上狂妄叫嚣："你们有胆量就冲上来！"我军正面攻势虽然受挫，却掩护了一连战士向神仙头的运动，使他们迅速地接近了敌人的阵地。

军团首长分析敌我态势后，已胸有成竹。同时，请来了十八师龙云师长和十七师四十九团、五十团、五十一团团长、政委共同商讨决策。肖克同志分析说：敌人敢于顽抗，是因为他们占据了有利地形；我们要战而胜之，继续从正面硬攻，不但很难得手，而且要付出高昂代价。因此，我想改强攻为佯攻，掩护四十九团、五十一团从沙田迂回过山，猛攻敌人右翼，支援第一连突击拿下神仙头，然后合围螺壳界。首长们一致同意肖克同志提出的作战方案，并立即分头指挥部队付诸实施。

果如军团首长所料，当我四十九团、五十一团向沙田方向迂回，猛攻右翼敌人的时候，敌人仓皇应战。这时，早已接近敌人阵地的第一连战士，一跃而起，从背后猛攻敌人。霎时，枪声、炮声、手榴弹声和喊杀声，响成一片。敌人腹背受击，死伤甚多，纷纷溃逃。我军一鼓作气，乘胜冲上了神仙头。

敌之右翼被我击溃后，嚣张的气焰锐减。军团首长及时抓住战机，命令全线出击：嘹亮的冲锋号声划破长空，漫山遍野的喊杀声震撼蒋家岭。螺壳界的守敌见大势不好，丢盔弃甲，仓皇逃命；金山独岭的守敌，也无心恋战，弃阵而逃。我军只用了三个钟头的时间，号称"铁军师"的敌人，便被我打垮了。战斗结束后，我军露宿在沙田的田野上。第二天清晨，全军胜利地过了清水关，顺利地进入了广西。王东原匆匆赶到蒋家岭下，除了帮助桂军掩埋死尸外，连红军的影子也没有见着。对此，反动军阀何键又哀叹起来：红军“入湘以来，我十五、十六师始终跟追，时东时西时左时右的追逐数千里”，但红军“完全避实就虚，决不与我接触，如水之倾泻，遇阻即又回流，故国军迄今未能将其围歼。”他在破口大骂部下无能之后，还向蒋介石大发牢骚：“本人曾呈由委员长批准发给子弹300万发，结果未能领得，又历次请求中央补助湘省军费，结果亦多难如愿”，“纵属钢筋铁骨，亦将疲于奔命”。此时的何键恰像一只泄气的皮球。

文市激战　勇渡湘江

9月2日晚，我军前锋袭占广西灌阳县的文市。驻守在这里的民团，听说红军来了，吓得抱头鼠窜，连国民党十九师前几天在灌江上架设的浮桥也未及拆毁。我军主力迅速地渡过了灌江，向西挺进。

广西军阀白崇禧得知我红六军团已进入灌阳，深恐我军进攻桂林，捣其老巢，又恐我军占领兴安，渡过湘江。他在惊悸之余，立即命令灵川、临桂、恭城各县民团火速集合于桂林之东、北两面，防堵我军南下；命令远在桂、湘、粤边界的钟山县设防的桂敌二十四师七十团连夜赶往兴安县界首防堵我军渡过湘江；命令桂敌十九师向我追击。

3日下午2点多钟，桂敌十九师尾追我军至文市东之五里亭。这时，我军主力正在前进，留下五十团一个营在灌江东岸，由团长刘成楷同志率领，在磨头山坚守阵地，阻击敌人。3时许，桂敌十九师向我发起进攻。在敌人炮火的猛烈攻击下，我河东部队沉着应战，打退敌人多次冲锋。在激战中，刘成楷同志不幸英勇牺牲。我军撤至河西，烧毁浮桥后，敌人乘机占领磨头山，居高临下，用重机枪和步兵炮向我轰击，掩护其部队渡河。我军发扬英勇顽强的战斗精神，待敌人涉水到江心时，集中火力猛烈射击。敌人纷纷倒毙江中，血染江水。这时，敌机三架，对我狂轰滥炸，使战斗更加激烈，直持续至夜晚才停息。

我军主力马不停蹄，人不下鞍，向靠近湘江的地方猛进。4日凌晨，我奉军团首长之命，跑步赶到石塘圩，通知前方各部队立即砍掉电线杆，破坏敌人的全部通讯联络。侦察排的战友们告诉我：他们到达麻子渡时，正好碰到兴安民团的几个正在挖战壕的团丁。有个姓王的侦察员故意问团丁："你们在这里做什么呀？"团丁回答："挖战壕，打'共匪'。"小王笑着问:"你们见过红军吗？""没有"。侦察员们齐声说:"你们不要挖了，我们就是红军！"那几个团丁一听是红军，便丢下武器和锄头洋镐，拼命逃跑。

就这样，我们顺利地进到了界首。界首地处湘江上游探明岭下。这里江面不宽，江水清澈，卵石游鱼，依稀可辨。指战员们不顾行军劳累，纷纷跳入江中涉渡。后续部队找来了几只渡船，及时地架起浮桥。近一万人，涉水过桥，不到一天时间，就胜利地渡过了湘江。

在我军涉渡湘江的时候，桂敌二十四师七十团正在离界首不远的塘市蒙头睡大觉，被我向南搜索的十七师五十一团打了个措手不及，一哄而散，敌团长汪玉珊因此丢了乌纱帽。

事后，何键认为有机可乘，想借此抬高自己，奚落他人。说：红军在湖南时，"因我防堵严密，未能渡河逃出。""广西民团沿河驻守布防，逆料决难偷渡，而其结果，毕竟渡过者，实由于……团兵不明虚实，为之骇然而退。"何键这样把责任推给桂军,桂军首领白崇禧则大为不悦。

车田受令　再入湖南

渡过湘江后，我军主力一鼓作气向西延（今广西资源县）急进。

5日清晨，我奉命赶到护卫岭，把军团首长一封密信亲手交给前峰五十二团团长。团长看过信后，高兴地说："军团首长分析正确，护卫岭是由东南进入西延的门户，形势险要，易守难攻。我们已经掌握了这里的情况，一定要夺下这个关口，保证全军安全进入西延。"接着，前方传来一阵激烈的枪声，巧取西延的战斗打响了。

驻守护卫岭的敌人是几十名警备队员和一个民团中队，为首的是伪兴安县西延区区长蒋大椿，伪警备队队长阎雅乐和伪枫木乡乡长李炜。我先头部队趁黑夜赶到岭下时，敌人正在睡觉，连卫兵都在打瞌睡，只有伙夫刚起床，准备生火做早饭。我军一个战士一跃而上猛扑过去，捂住了敌人哨兵的嘴巴，把他按倒在地上。那个伙夫正好出来取柴，满以为是他们自己弟兄在开玩笑，连忙上前劝说："莫吵！莫吵！"我军另一个战士也一跃而上拿枪顶住了伙夫的背脊骨。两个都做了俘虏。我军战士冲入敌人营房，生擒大部，阎雅乐开枪顽抗，当场被击毙。

我军进入西延后，白崇禧立即调第二十四师七十一团、七十二团及第七军独立团星夜驰赴龙胜县堵击，又令第七军军长廖磊率十九师和二十四师七十团向资源跟进。在鲁塘，我后卫五十一团被追敌咬住。双方激战一天，敌人未能前进一步。傍晚，敌人分兵抄小路迂回到我军背后。由于腹背受敌，我五十一团虽然奋力突围成功，但损失甚大，团长张鸿基同志身中数弹，英勇牺牲。

我军在西延稍事补充之后，便西越蔡石界，向车田前进。当前锋五十二团进到蔡石界顶时，两架敌机对我进行疯狂的扫射和轰炸。敌机欺我无高射武器，肆无忌惮，竟越飞越低，越炸越疯狂。我军战士忍无可忍对空射击，一架敌机被击中，坠落在石溪的稻田中，正副驾驶员俱被我击毙。战士们一拥而上，把敌机烧毁。另一架敌机夹着尾巴逃跑了。

9 月 8 日，我军进入车田，并接到中央军委的电报训令："……在目前情况下，红六军团在新化、溆浦之间山地建立根据地是不利的。依地理条件及敌人部署，目前红六军团最可靠的地域，即是依托西延山地区，展开游击活动，求得在城步、绥宁、武冈地区暂时立足。红六军团最少要于 9 月 20 日以前保持这一地区，力求在这一地区内消灭敌人一旅以下单个部队，并发展苏维埃及游击运动。”

训令还指示：“应沿湘桂边境行动，经绥宁、通道到贵州之锦屏、天柱、玉屏，……与红三军取得联络，应协同红三军于湘西及湘西北地区发展苏维埃及游击运动，并于凤凰、乾城、永绥地区建立巩固的根据地，其后方则背靠贵州，以吸引更多湘敌于湘西北方面。”

军团首长根据中央军委的指示，率领全军于 9 月 9 日从车田出发，经黄龙、高山地区进入湖南城步县。在湘、桂交界的湖南大界上，红军战士用木板做成一块牌子，写上“此是湘桂交界之处，不劳桂军远送！”14 个大字竖在那里。

过了两天，桂敌廖磊才率其十九师和二十四师七十团以及一个特务营、一个民团大队赶到大界上，见了那块木牌，一个个气急败坏，又无可奈何，只好仰天长叹。……

新厂大捷　惊破敌胆

早在我军与桂敌周旋于广西之时，湖南军阀何键就命令李觉率十九师和第三十二旅共八个团的兵力，开往绥宁、靖县一带，防堵拦截我军。他们叫嚣：“务必将红军消灭而后已。”

当我军再度进入湖南的时候，湘敌十九师已进到绥宁，三十二旅也开进了城步，他们日夜兼程地向通道推进。这时，我军前面有湘敌八个团的兵力阻挡，后面有桂敌两个师的兵力紧紧追击，通道、绥宁地区都是高山峻岭，茂密森林，人烟稀少，我军行动十分困难。

9 月 13 日，我军在绥宁（今属通道）的小水地区遭遇湘敌刘建文团的堵击后，军团首长毅然决定部队翻过大山，改道分兵，与湘敌在崇山峻岭之间实行兜圈子战略。我们时而抓住战机，狠狠地揍敌人一顿；

时而翻山越岭，牵着敌人鼻子走，使其疲于奔命。湘敌三十二旅旅长胡达叫苦不迭，他说，“有两天大部分军队还饿着肚子，仅一小部分士兵吃了一点红薯。”“有时我们计划在东追堵”，红军“又转西”。“有时我们计划在西追堵”，红军“忽又转东”，“而结果仍未能将其围歼。”

9 月 17 日，我军在运动中出其不意袭占了通道县城（今县溪）。这里名为县城，实为小镇，全城有一条青石板铺成的小街，东、南、北三面靠山，西面依水，渠江的西岸是湘桂公路，沿江傍山，贯通南北；江面上，有一座用木船连成的五六尺宽的浮桥，是往来渠江两岸的唯一交通设施。军团首长根据当时的军事情报和当地的地理环境，认为通道不可久居。因此，于 18 日清晨，派出一支侦察小分队，沿着湘桂公路北上，经通道的江口，靖县的横江桥，然后折而向西进入靖县的新厂地区。全军主力于同日上午，兵分两路，分别越过湘桂公路西进。一路经过晒口，一路取道杆子溪。两路沿着崎岖小道，穿过深山老林，朝靖县新厂地区进发。

我军袭占通道县城后，蒋介石深恐红六军团北上与红三军会合。便急令桂军廖磊率部火速由南向北尾追，又令湘军李觉率部立即由北向南堵击，妄图“会剿于通道。”

19 日清晨，漫天大雾笼罩着通道的山山岭岭。桂敌的先头部队发现通道是座空城后，便沿着湘桂公路径直向北追进。

与此同时，湘敌李觉部也正从靖县南下通道。在离通道县城不远的一个名叫龙尾巴的地方，湘桂两敌之先头部队，在雾中相遇，各以对方为红军，火速抢占山头，摆开架势厮杀起来。

廖磊在接到前面发现敌军的报告后，立即下达命令：全面展开，抓住不放，务必全歼。并命令司机，全部打开车灯，加速驱车北上，尽快赶到指挥所。李觉获悉前面发现北上我军的消息后，紧急命令：全部投入战斗，不让一人一枪北窜。一时间，枪林弹雨，炮火连天。

雾，越来越浓，仗，越打越烈，死伤的人数越来越多。双方都在严令自己的部下：“打！”“打！”“打！”“狠狠地打！”一直打到雾散天开的时候，指挥官们才从望远镜里发现彼此都是身穿灰色军装、头戴青天白日帽徽的国民党军队。桂军损失惨重，廖磊盛怒之余，一状告到何键处。何键闻之哭笑不得，只好安抚廖军长一番，并委任廖磊为湘桂前敌总指挥，把李觉的部队交给廖磊统一指挥。正当湘桂二敌互相厮杀的时候，我军在靖县的新厂地区与湘敌何平展开了激战，这就是有名的新厂战役。

9 月 18 日，我军到达新厂之后，军团首长便发现这地方东、南、西三面高山环抱，良田万亩，地面开阔，尤其是岩崖山和金线吊葫芦等高地，有如万丈高楼，平地拔起，地势险要，易守难攻，实为极好的战场。

19 日拂晓时分，湘敌何平所带领之补充第二纵队三、四两团由靖县朝新厂方向而来。敌发现我军已行到新厂宿营，满以为我军连日转徙，必然十分劳累，乃决定对我进行突然袭击，立即分兵抢占岩崖山等高地，妄想予我以重创，迫我离湘入黔。

其实，我军团首长早有在新厂诱敌而歼之的计谋。当发现来敌只有两个团，就决定充分利用有利的地形、地物，抓住战机，消灭这股敌人。为此，命令十八师五十二团抢先占领岩崖山主峰和金线吊葫芦两个制高点，居高临下，压制敌人火力，保证主力侧击敌人。

是日上午 8 时许，何平集中火力向我金线吊葫芦阵地发起进攻。但敌人连续三次冲锋，都被我五十二团打退。后来，他们进入一个夹沟，妄想偷袭上山，被我发觉后，立即派出机枪连将其退路封锁住。这样，偷袭的敌人欲进不可，欲退不能，全部被歼。上午 10 时左右，忽然风起云涌，大雨滂沱。敌人眼见从正面进攻不能得手，便妄图利用大雨作掩护，向西北迂回，从我五十二团的左侧后袭占岩崖山主峰。敌人的这一行动，恰在我军意料之中。军团首长立即传令待命的十七师，沿岩崖山北麓向东运动，迅速包抄到敌后翼，又令我十八师从主峰上冲下来，正面予以拦截。两个师形成前后夹击的态势。这一着棋，何平万万没有料到。结果敌大部落入我包围圈内。激战至黄昏，一部被消灭，一部被击溃，只有少数落荒而逃。

是役我毙敌200余人，生俘300余名，缴获长短枪300余支。何平被我一举击溃之后，带领残兵败将，向靖县方向狼狈逃窜。

1982年3月，我旧地重访，仰望高高耸立的新厂战役纪念碑，凭吊流血牺牲的战友，那一幕激烈的战斗情景和那胜利的凯歌，仿佛又浮现在我的眼前。……

苗胞相助　夜渡清江

新厂战役后的第二天，我军兵分两路，向黔东南清水江流域挺进。为胜利所鼓舞的我军指战员们，在湘黔交界的崇山峻岭的行军途中高兴地唱起了自己新编的歌子：

当兵就要当红军，新厂战斗打何平。

杀得敌人尸满地，工农群众笑盈盈。

黔东南系苗族、侗族聚居地区，我军执行党的民族政策，强调严格遵守“三大纪律，六项注意”，军团首长特别严令部队尊重兄弟民族的风俗习惯和宗教信仰，并向苗、侗同胞广泛宣传革命道理、红军的任务和纪律，还对沿途山寨寨主、土司头人大力进行争取工作，因而得到苗、侗人民的大力支援。

我军两路人马分别经过黎平、锦屏之后，会合于锦屏的鳌鱼嘴。24日，我军进抵清江县（现为剑河县）的南嘉地区。南嘉是苗胞聚居的小集镇。它的东、南、西三面群峰突起，宛若屏障，北面是清水江，激流飞溅。这里由于地形险要，曾一度成为古战场。据史载：250余年前，张秀眉、姜彦芳领导的苗民、侗民起义军，凭险与前来“围剿”的清军激战，双方数万之众，短兵相接，杀声震天，一时血染清江。苗、侗起义军终因寡不敌众，全军覆没。这一段惨史，铭刻在苗胞兄弟心中，使当地苗胞深恨“官军”和压迫他们的汉人。反动的国民党地方当局，料我军必经此地，便造谣惑众，进行种种恐怖宣传，并强迫苗胞躲进高山密林。因此，当我军进入南嘉时，室室无人，寨寨皆空。

找不到渡船，也找不到老百姓，怎么渡江呢？全军指战员都在焦虑。军团首长将寻找老乡和船只的任务交给前卫团的工兵连，命令他们务必从速完成。

工兵连的同志溯江而上，找遍了里格、南孟、塘边等苗家山寨，才在一座破烂的木房子里发现了一个苗族老太太。她一见红军，就昏倒在地，原来，一是她把红军误认为国民党军队或土匪，吓的；二是她已几天粒米未沾，虚弱已极了。连长立即上前将老太太搀到床上，让卫生员为她检查。并从干粮袋里取出一块片糖冲了一碗糖开水喂老太太。老太太慢慢苏醒过来。她用疑惧的眼光打量着，一句话也不说。卫生员端来一碗白米饭，递给老太太说：“奶奶，我们是红军，是老百姓的队伍，专门打富济贫的……”老太太终于明白了我们是好人，吃过饭，猛然翻身下床，走到屋后的高山下，大声从山林中喊回了儿子潘世福和孙子潘喜松。父子俩憨厚地说：“不是我们苗家要离开山寨，是县长逼迫我们上山的。”连长热情地拉着他们的手宣传红军的宗旨和任务，讲解了汉、苗、侗族的穷人是兄弟，是一家人的道理。潘世福告诉我们，半个月前，县长就派大兵到各个苗寨，把老百姓家里的粮食抢走以后，又把老百姓统统赶进了深山。他们没有了粮食，只好挖野菜、摘野果填肚子。

正在他们交谈的时候，我一头闯了进去，把军团首长的命令交给了连长。命令上说：“一定要尽快找到船只，从速渡江！”

到哪里去找船只呢？连长很焦急。

中年人叫儿子吹起牛角，召唤老乡们回来。“呜、呜、呜”的牛角声，在夜空中飘荡，远近山谷又传过来回声。约摸半个时辰，一群群男女苗胞，从山寨背后的山林里，从江边的崎岖小道上奔跑过来。清水江的对岸也燃起了松明火把，有几只小船正在“哗哗”地向这边划过来。人群汇集到山寨了，潘世福用苗语和大家说话，苗胞们明白了红军是好人，都高兴起来，并立即行动，为红军寻找船只。

一只渡船和28只小船找来了。潘世福带工兵连到观音渡。这里的江面只有30—40丈宽，水流平缓，比较安全。工兵连长估量着，靠这29只船，每趟只能渡过100—200人，7000—8000人的队伍要花多少时间才能渡过去呢？那些辎重和骡马又怎样渡吗？一个老船工建议架设浮桥。于是，在连长、老船工和潘世福的指挥下，迅速把浮桥架好了。当我报告军团首长时，首长们高兴地下令：“立即过江！”

夜深了，许多苗胞还在向渡口运送食物、茶水和松膏。清水江观音渡两岸，燃起了许多火堆，夜如白昼。我们一边跟苗胞们亲热地告别，一边大步流星地跨越清水江。

进占旧州　民心向服

我军入黔以后，蒋介石最害怕的是红六军团和红三军会合。他急忙调集湘、桂、黔三军主力，对我进行全面“围剿”。湘敌李觉的八个团、桂敌廖磊的两个师，黔敌王家烈的六个团，共计20个团的兵力，纷纷开向黔东山区。形势对我极为不利。

我军渡过清水江之后，穿森林、越溪谷，日夜兼程，向北挺进，以期早日达到铜仁、江口地区，与贺龙红三军会合。

然而，几场暴雨之后，八卦河①猛然涨水，我军无法渡河北进。这时，桂敌廖磊已由东面的锦屏向我逼进，湘敌李觉也先我赶到舞阳河以北的凯寨地区，凭借河阻击我先头部队。看来，我军要渡过舞阳河已不

① 原文为八挂河，应为八卦河。

可能，军团首长决定绕过舞阳河，避开湘敌，向西运动，寻机再向铜仁、江口方向前进。

9 月 26 日傍晚，我军在大广地区击退尾追而来的桂敌覃联芳师之后，遂经三穗县的梁上和台拱县的施洞口，于 9 月 30 日进到黄平县的瓮谷陇地区。这时，湘敌、桂敌、黔敌已摆出前后夹击的阵势，妄图将我消灭于镇远以南的舞阳河、清水江之间地区。当时湘敌五十五旅、独立第三十二旅及桂敌第十九师在施秉、镇远、三穗一线，黔敌第四、五、六三个团在施秉、黄平一线，对我包围堵截；桂敌第二十四师及湘敌补充第一纵队则日夜兼程尾追红军。军团首长洞悉敌人的阴谋后，遂于 10 月 1 日，选择薄弱的黔敌防线，在施秉、黄平间抢渡大沙河，一举突破黔敌阵地，经罗朗，过太翁铺，乘虚袭占了老黄平。

老黄平县城亦称旧州，位于黄平县的西北部，仍保有分县小机构，故四周筑有高一丈五六、宽六尺有余的坚固城墙。自古以来，这里是沟通我国内地与西南边境乃至安南、缅甸的交通要道。此时，为贵州军阀王家烈的妻舅万碧斋所盘踞。

10 月 2 日拂晓，我军先头部队进抵旧州城外时，自封为黄平分县县太爷的万碧斋，伪区长刘炳清和伪大队长钟俊还以为是几个黑哥（反动派对苗族同胞的诬称）来扰乱，耀武扬威地带着几百地方武装上了城墙。

正当刘炳清一伙胡乱放枪的时候，一颗迫击炮弹呼啸而来，不偏不倚地把城墙垛炸开个缺口。接着响起“哒哒哒”的机枪声。我军先头部队一个连已经占领东门外的高地倌材坡，开始攻城了。敌人才发现不是什么“黑哥”，而是真正的红军。他们闻风丧胆。伪区长刘炳清瞧见我军搭木梯和人梯登上城墙，就逃之夭夭了。团丁们见区长跑了，也弃阵而逃。攻下东门，我军进城了，万碧斋趁着混乱，伪装成商人，想混出城去。几个团丁逃窜中砸开商家抢劫财物，被我军击毙。南门、北门和西门都被我军一一攻破。红军来得如此神速，市民们一时不明真相，惊慌不知所措。我军指战员立即展开宣传，安定民心。向老百姓说明，红军是穷人自己的军队，是专门打反动派、保护人民的。红军纪律严明、秋毫无犯。

第二天，旧州城秩序井然，各商家照常营业，学校照常开课，城外的苗、侗、汉同胞也像往常一样进城赶集。只有那位万县长，害怕红军清查，跳进了城隍庙的粪坑里。

吃过早饭，红军战士奉命开仓济贫。附近的老百姓都高高兴兴地来领取谷米。一位衣着褴褛的老太太领到一布袋粮食后，竟号啕大哭起来。战士连忙询问。她说："红军呀，好人呀，你们要是早来，我那苦命的孙子也不会饿死呀……"

中午时分，旧州商会会长朱子英率领全城各界代表，敲锣打鼓来到东门外夹道欢迎我红六军团主力部队入城。特别是"茂兴粮号"老板张茂兴，他打起一杆又大又鲜艳的红旗。原来，头天黎明时，张茂兴听说红军来了，他怕"共产共妻"，惊慌失措地拉着年轻漂亮的老婆往城外跑。粮号大门未关，金银首饰也未及收检。我前卫团入城后，得知张茂兴系安分守己的商人，便派了战士替他守护。天亮后，张茂兴听说红军纪律严明，又带着妻子返回商号。他内心十分感激。

军团首长进城后，让通讯班战士立即传令检查群众纪律。我们发现对一家布号财产的没收不应该，报告了军团首长，首长问明情况后，赔偿那家老板 400 块银元，并道了歉。

旧州城里有一座教堂。我们占领教堂时，发现了一张约二尺半见方的较详细的地图。首长们分外高兴，连忙打开地图。但地图虽然精密，全是用外文标记，我们怎么也看不懂。肖克同志带我们赶到教堂，找到了一位法国牧师①，以礼相待，找他谈话。他终于用不熟练的中国话说出了各地的名称。军团首长填在了地图上。这张贵州地图，不是军用的，

---

① 应为瑞士籍牧师勃沙特，中文名薄复礼。

比例也不太准确，但比初进贵州用的中学生地图就好多了。

10 月 4 日，我军撤出黄平，进到瓮安县的猴场。这时，军团首长接到军委命令，大意是：桂敌现向南开动，红三军已占印江，六军团应速向江口前进，无论如何不得再向西移。遵照军委命令，10 月 5 日，全军从猴场出发，向东北方向挺进，准备经过石阡，进到江口地区，向红三军靠拢。

甘溪失利　化险为夷

其实，中央军委的情报有误。红三军并未占领印江，桂敌更未向南开进。相反，桂敌廖磊、湘敌李觉和黔敌王家烈的代表王天锡当时正在施秉县的兰桥举行军事联系会议，商定对红军联合作战。他们预料红六军团不会西渡乌江，而会经余庆、石阡到印江等地区寻找红三军。因此，他们决定以入黔的湘、桂两军主力进到石阡及镇远间拦截红军；以桂军之第二十四师、湘军之补充第一纵队及黔军之一部分，由南向北，压迫红军。这样，通过南追北堵，腹背夹攻，将红军消灭在石阡县内。这重要敌情，对我军的进退存亡，关系极大，而远在江西中央苏区的中央军委，对这一情况全然不知，判断失误，下达了上述指令；行进中的我军，也不知晓这一敌情，而执行了军委的指令；再加上前卫指挥员一度思想麻痹，未警惕前面可能有强敌，临事仓卒，指挥不力，致使我军在甘溪战役遭到了严重损失。

10 月 6 日，我军进到石阡的走马坪、廖家腾地区。次日拂晓前，我军按红十七师、军团部、红十八师的顺序，继续东进，准备到石阡的甘溪街上休息，然后，趁黑夜越过石阡、镇远大道。在我军东进的同时，桂敌第十九师也经石阡以南的白岩河向甘溪一带进行堵截。上午 10 时许，我军前卫十七师进到甘溪后，对敌情估计不足，以为敌军离我尚远，因此，在既未派出侦察，又未派出警戒部队控制甘溪周围的制高点的情况下，就让部队在甘溪街上休息和做饭。这时，桂敌第十九师从甘溪东北方向搜索而来，其便衣侦察在当地伪保长的指引下，向甘溪街头窥探，被我街头的游动哨发现。双方相互枪击，大批敌人已进距甘溪街仅 200 余米的地带。这样，我军前卫五十一团在街头仓促迎战。团部和一部分兵力抢占街南面的青龙嘴高地。刚进入甘溪西街的第四十九团一个营也就地展开，抗击敌人，四十九团团部也上了青龙嘴高地。敌人遭我抗击后，即以其前锋一部分占领白虎山和寨面坡高地，并以火力掩护，分东西两路向我进攻。西路的敌人利用小河沟隐蔽接近，袭占了我四十九团一个营在甘溪西街的阵地，切断了我五十一团与主力部队的联系。正面的敌人在激烈火力的掩护下，猛攻我甘溪东街五十一团的阵地。我五十一团腹背受敌，被压迫到街后的夹沟中，进退维谷。我青龙山阵地遭到敌人的猛烈冲击，四十九团和五十一团两个团部和机枪连被迫由甘溪以东高地转向石阡县的大地方。我坚守甘溪东街阵地的第 51 团打得十分顽强。多次击退敌人的冲锋，给主力部队的机动，争取了必要的时间。敌人在正面进攻受阻后，即以主力分两路向龙骨吨和洋东坳迂回，企图侧击我运动中的主力部队。

在军团整个指挥上，由于战前对敌情判断失误，没有万一受阻时的预定作战方案，与敌突然遭遇时，未能采取妥善的应变措施，直到发现敌人主力向龙骨吨和洋东坳迂回的时候，才派出红军学校占领龙骨吨和老菜土高地以抗击敌人。

在主力受到阻滞，处于危险境地的时候，军团政委王震同志情急智生，从右侧大山找到了一条小路，请了向导，但向导已 20 多年未走了，路已生疏，且荆棘丛生，王震政委率队持刀前进。边走边开道。向东南面的大地方转移。与此同时，军团长肖克同志及时派出了第五十团接替了红军学校的阻击任务，占领老菜土和洋东坳阵地，掩护第五十一团，第四十九团和红军学校转移，主力这才化险为夷。

军情紧急　夜走黔山

在甘溪战斗中，由军团参谋长李达同志亲自率领的红十七师五十团在掩护五十一团、四十九团以及红军学校胜利转移之后，敌人依仗优势，抢占了羊子岩和老鹰岩，截断了我五十团与主力部队的联系。当时，任弼时、王震同志率领主力远在前面，无从了解新发生的情况。走在后面的肖克同志获悉后，便带领我们通讯班和一个营的兵力，就地隐蔽，等候五十团突围出来，一道去赶主力部队。

可是，等了大半天，依然不见五十团过来，而且，枪声越响越远。这时，天快黑了。大家十分焦急，肖克同志走来说："小林，你迅速赶上大部队，向任书记、王政委报告五十团被敌人截断的情况，请他们稍等一下，好研究下步的行动。"

天已黑了，月色朦胧，星光隐约，我背着步马枪，带着战友给我的一把刺刀，跑步上路了。

贵州这个地方，开门见山，出门爬坡。我借着朦胧的月色，疾步快走，翻过一座大山，又出现一座更大的高山。我敞开上衣，跑呀，跑呀，渐渐地，感到又累又饿。白天，为了迅速摆脱国民党的围追堵截，随着部队走了几十里路，还只吃了一餐饭。这时，我想起军团首长讲过的神行太保故事，我仿佛也成了戴宗，一鼓作气地奔跑在陡峭的山路上。

远处突然传来老虎的吼声，我不禁毛骨悚然。我 13 岁参加红军，跟随首长，在枪林弹雨中冲锋陷阵，没有死于敌人的子弹和饥饿疾病，难道今天要被老虎吃掉？我把心一横，一定要活着完成任务！我一手提枪，一手拿刀，加快步伐，期前奔去。

我的身后突然响起"啪、啪、啪"的声音，我敏捷地闪到一边，猛地一刀砍过去，刀落声除。被我拦腰劈成两节的是一条又粗又长的眼镜蛇。

夜深了，月亮收起了余光，大地骤然暗淡下来。我摸到了一条岔路口，不知道走哪边好。定睛一看，只见叉路口立有一块指路碑。我亮起手电，想发现主力部队留下的标记，却见满碑青苔，碑文莫辨，我有些茫然了。坐在路边歇了片刻，再次仔细搜寻，终于在右边路上找到了一张有箭头的纸条，并发现了几只马蹄印。我想这就是主力部队前进的方向，又奔向前去。

天刚蒙蒙亮，我在一个山坡上追上了主力部队。王政委见我急促跑来，劈头就问："小鬼，军团长现在哪里？"任书记闻声也走过来和我亲切握手，听我汇报。我报告后，转告了军团长的意见。首长听后，十分焦虑。王政委见我又累又饿，便将自己节约下来的干粮——几块芒粑，塞到我的手心里，和蔼地说："吃吧！你的任务完成了，先休息一下，还有任务哩！"

我狼吞虎咽地吃完了芒粑，但根本没有睡意。过了大半天，军团长肖克同志带着部队赶上来了，但仍不见五十团。

军团首长立即开会，进行了具体而细致的研究和部署，并及时地给中央军委拍电报报告情况。

包溪突围　冲破阴霾

甘溪失利后，我红六军团被敌人截成三段。军团参谋长李达同志率领四十九团、五十一团的两个团部和机枪连，经过九天艰苦转战，才巧妙地冲出敌人的封锁，于 10 月 15 日到达黔东根据地沿河县铅厂坝地区，与红三军会合。另一部分即五十团，由郭鹏、彭栋才等同志率领，也在印江木黄与前来寻找红六军团的红三军会合了。军团主力部队在任弼时、肖克、王震等同志率领下，转移到了施秉的广大地区。

这时，湘、桂、黔三省之敌共计 24 个团的兵力，正加紧对我军进行“围堵”和“搜剿”。为了保存我军有生力量，军团首长决定避敌锋芒，采取灵活的游击动作，遂从 10 月 10 日开始，行踪飘忽，转战于石阡、余庆、施秉之间的广大山区，与敌捉迷藏，找机会，以便乘虚杀出重围，进到黔东，与红三军会合。

石阡、余庆、施秉地区，山势险峻、人烟稀少，自然条件极差，物资奇缺，我军指战员没有鞋穿，打着赤脚，在悬崖峭壁上攀行，尤为严重的是，我们往往整天难得吃上一顿干饭，甚至难得喝上几口热水，艰苦备尝。弼时同志身染疟疾，寒热间作，没有药物，但他不肯躺担架，凭着坚强的意志，手拄木棍，坚持步行。

10 月 15 日，我军向板桥前进，准备渡过石阡河北进。这时，湘敌先我到达板桥，堵我渡河。次日凌晨，我军由朱家坝向白沙、走马坪方向转战时，后卫十八师及五十二团遭到敌人的截击包围。激战后由龙塘转向白沙。事后得知：他们经白杨寨，进入晏家湾与川岩坝黑滩河及甘溪潮一带，遭到湘、桂、黔三敌的合围。全团同志浴血奋战三昼夜，终因敌众我寡，弹尽粮绝，受到惨重损失。大部分同志跳岩牺牲，师长龙云同志虽然经过血战，率少数同志突出重围，但至岑巩途中，不幸被捕，后被害于湖南长沙。

后卫五十二团被截断后，我军主力径直南下，经国荣等地，于 17 日清晨，再次进入甘溪，午后，我主力部队经过艰苦奋战，进至石阡与镇远敌之封锁线上。我军一举击溃敌之巡逻警戒部队之后，占领了东去的路口，并向南面之镇远及北面之石阡派出强有力的警戒。但敌人已发现我主力所在，立刻南北两面向我截击。时近黄昏，南面为湘敌补充第一纵队成铁铁部，北面之黔敌四一〇团同时向我发起攻击。我军处境极为危险。

军团长肖克同志临险不惊，方寸不乱。他认为要挽救战局必须控制去洛口的两侧阵地，才能使后续部队通过洛口东去。于是，一面命令侦察队和通讯班四处找向导，以寻突围之路；一面指挥军团随营学校、特务连利用夜色坚决抵抗南来之敌，对北面之敌加强警戒，掩护主力部队由西东进。

我们找来了一个老猎人。他常年累月地出没于这一带的深山老林，对路径十分熟悉。又因我红军原来经过他家所在的寨子，在菜地上摘过几只南瓜，都算出价钱，把银钱放在菜土边，并留下字条加以说明，而对我红军颇有好感，一点也不害怕。肖克同志听说找到了一位老猎人，喜出望外，急忙赶过来，他握着老猎人的手，笑呵呵地说："老人家，可要辛苦你啦！"老猎户知道眼前这位瘦高的青年人就是大名盛传的肖军团长时，激动不已地说："你们红军是好人，我一定要把你们送出去！"

过了午夜，依然枪声阵阵，松涛滚滚。老猎户带路，我军趁着月色，鱼贯向东转移，越过石阡至镇远的大道，下到了一个人迹罕至的谷涧峡沟里，摸索向前行进。

这个峡沟又深又窄，最窄处只有一二公尺，两壁怪石嶙峋，荆棘横生，沟底坑坑洼洼，尽是鹅卵石。许多指战员光着脚板，半走半跑地向前疾进。

前头部队在这峡谷里走了七八里后，仍听到机枪"哒哒哒"声。战士们迟迟不见军团长下到峡沟里来，都担心发生意外。

"军团长还在指挥后卫阻击敌人啊！"一个干部告诉战士们。

紧急夜行军使人喉干舌苦。有个战士俯身下去捧水喝，老猎人连忙一把抓住，说："这水有毒，千万喝不得，喝了就会生病！"军团首长立刻下达了不准喝水的口令，一个向一个传下去。

我走在老猎户的身边，悄悄地问："这叫什么地方？"

老猎人说："叫干河坝。"

又一个战士问："这个谷叫什么名字？还有好长？"

老猎人回答说："这涧谷叫包溪，流进龙川河，雨季涨大水，旱季底朝天。整个谷长30里。"

东方现出鱼肚白的时候，老猎人高兴地喊了起来，“峡谷走完了，前面就是冷家榜！”至此，我军从这条峡沟突围，已经化险为夷了。

峡谷突围是一个极端紧张的关系到红六军团大局的战斗行动。肖克同志在前几年的一次谈话中还说：“直到现在，一经忆起，心胆为之震惊，精神为之振奋。”可见当时的军机是何等紧迫。

越过石、镇大道，突破敌人的重重包围之后，全军上下，欢腾雀跃。军团首长当即致电中央军委报告我军的动向。

木黄会师　酉阳祝捷

我军长途跋涉，浴血奋战80余天，行程一万余里，其目的之一就是为了寻找和会合贺龙同志领导的红三军，10月17日夜晚，我们经过艰苦奋战，越过石镇大道，穿过人迹罕至的包溪涧谷，跳出敌人的重重包围之后，有如蛟龙得水，士气倍增。然而，红三军在哪里呢？我们进入黔东南以后，四处探听，却杳无消息。

18日，我军经花桥，过汪河，在公鹅屯击退尾追而来的湘、黔二敌，然后，取道新罗、茶寨等地，日夜兼程，朝印江方向前进。

一天，我们来到苗王山附近的一个寨子宿营。把一位老大爷请到了司令部。军团首长问他这里是不是来过红军，老大爷见首长们和蔼可亲，便说：“半个月前，这里来过一支部队，他们对穷苦人和和气气，不要我们的东西，对有钱有势的人就不同了，挑走他们的谷子，赶走他们的猪牛。不知道他们是不是红军？”军团首长听了十分高兴，忙问：“有多少人？穿什么衣服？”老大爷说：“大约有300—400。都穿便衣，长长短短，很不一致。只有少数人穿军装。队伍下午到的，晚上就开走了。”

军团首长根据这个线索，分析认为，这支部队可能就是贺龙同志领导的红三军的一部分。由于他们离开老苏区长期与敌周旋，一直得不到补充，处境艰难。他们忽东忽西，也可能正在寻找我们。于是，当即下达命令，凡遇到这样的部队，不能开枪，要通过多种方式与之联络。并增派了便衣，加强侦察活动。

甘溪失利后，由李达同志率四十九团、五十一团团直一部与红三军在沿河会合。尔后，郭鹏同志率五十团，在苗王山附近和红三军会合。

贺龙、关向应和夏曦同志先后听取了李达、郭鹏同志关于红六军团西征情况的汇报后，得知红六军团的艰难处境，决定立即接应。除留一部分部队坚守根据地，以防川敌、黔敌对黔东特区的进攻外，贺龙率领主力部队，冲破敌人的重重阻击，南下接应。10 月 23 日①，两支英雄的队伍，终于在印江县的木黄胜利会师。

会师的前几天，贺龙同志曾率部到过木黄，等待红六军团。贺龙同志抑制不住心情的愉悦，曾高兴地到木黄的小河里去钓鱼。当地有一个以钓鱼为生的老百姓，名字叫吴春和。贺龙同志和他一边钓鱼，一边聊天。吴春和问贺龙贵姓，贺龙说："小姓加贝。"吴春和便称他做"加贝先生"。那一天，贺龙同志把钓到的鱼全部送给了吴春和。吴春和觉得奇怪，贺龙幽默地说："我这个人不钓小鱼，要钓大鱼呢！"

会师的那一天，正下着细雨，两支队伍从两边的山坳上走过来了。上午 11 时，任弼时、肖克、王震同志与贺龙、关向应和夏曦同志在木黄街上相遇。他们紧紧握手，非常亲热。接着，两军的首长一起走进伪木黄乡乡公所，在堂屋里开了联席会，由我们负责警卫。两军领导相互介绍后，贺军长讲了话，他首先对红六军团同志的到来，表示热烈欢迎，接着讲述了周围的地形、敌情、黔东一带开辟根据地和游击区的情况。肖克同志在会上也讲了话，他着重介绍了红六军团的情况。会议研究决定了下一步的行动计划。因当时敌人还在继续追击我军，

---

① 木黄会师时间应为10月24日。

会议只开了一个多小时。首长们吃过午饭，稍事休息之后，就带着队伍出发了。我们大约走了两个多钟头，来到石梁，宿营一夜。第二天凌晨，即向四川酉阳的南腰界进发。到了南腰界，隆重举行会师庆祝大会。会上，任弼时同志宣读了党中央发来的贺电，也宣读了党中央关于红三军恢复红二军团名称的决定。两军团的领导与行动，由贺龙、任弼时、关向应统一指挥。

会师后，从兵力来说，合计起来只 7000 余人，但由于加强了领导，统一了行动，因此，战斗力大大加强。经过几天的休整后，即于 10 月底从南腰界出发离开黔东根据地，向湘西挺进。黔东苏区虽然不大，但成立特委，留下地方武装，成立独立团，以梵净山为中心继续坚持，有几百伤病员也留下来休养，主力走后不久，敌大举进攻，经残酷战斗后失败。11 月初，我们在湘西首战告捷，一举攻克了永顺县城；11 月中旬，我们又在永顺的龙家寨歼灭湘敌陈渠珍两个旅的大部分，击溃黔敌两个师，俘敌旅参谋长以下 2000 多人。龙家寨大捷，为我红二、六军团会师后，进军湘鄂川黔边境，开辟新的革命根据地，奠定了胜利的基础！

结 语

红六军团的英勇西征，红二、六军团的胜利会师，在中国工农红军的军史战史上，写下了光荣的一页。正如肖克同志所说：“这次行动历时 80 多天，跨越敌境 5000 多里，历尽千辛万苦，冲破了敌人的围追堵塞，探明了沿途敌人兵力的虚实，查明了道路、民情，实施了大规模的战略转移，沿途播下了革命火种，实际上起到了为中央红军主力长征进行侦察、探路的先遣队的作用。”会师“不仅为解决两军团建设中各自存在的问题，创造了良好的条件，而且使来自两个战略区的红军，结成了一个团结战斗的整体，形成了一支强大的战略突击力量，为完成新的政治和军事的任务，奠定了可靠的基础。”从此，新的湘鄂川黔边区的革命根据地开始创建起来。

选自马继善主编:《曙前之路——红军长征在湖南》，岳麓书社1996年9月版，第80—115页。

林文兴，1914 年生，江西兴国人。1930 年参加红军，同年加入中国共产党。红六军团西征时为红六军团团部通讯班副班长，后任红六军团卫生部政治指导员、政治教导员。新中国成立后，曾任湖南省商业厅副厅长。1995 年逝世。

靖县新厂战斗①

林文兴

我红六军团是从广西的资源经过湖南的新宁，再从新宁的边境到绥宁而后进入通道的。在新宁接到中央军委的一个电报，命令我军团到乾城、凤凰、永绥、保靖、四川的秀山、酉阳一带开辟新的根据地，与红二军团会合作战。因此，我们决定迅速地离开湖南，进入贵州。

当时追击我们的敌人是广西的十九师（廖磊的部队，廖兼师长），前面的湘军派了李觉的十九师，妄图切断我们从靖县进入贵州的道路。他们计划在通道、靖县之间把我们的部队吃掉。

我们从通道进入靖县新厂的那几天（9月16、17、18号）都是阴雨天，加之我们走的是小路，路不好走，山雾大看不见，所以行军速度比较慢，追击和堵截我们的敌人走的虽然是大路，但行动速度也是缓慢的。因此，我们17号进入通道后，就在通道老城县溪住了一晚。这时我们根据情报分析，李觉的十九师和廖磊的十九师很快就会在通道相遇。于是部队于18日清晨就拉出了通道，向靖县的新厂方向进发。

果不出我们所料，在我们的部队刚走出通道县城二三十里路的时候，就听到通道县城附近传来的机枪、步枪声。当时我们还以为是我们的后卫部队与敌人接火了，肖克同志立即派我们通讯员去联系，后来侦

① 标题为编者所拟，原标题为《林文兴同志谈靖县新厂战斗》。

察员上来报告，说是湘、桂二敌在自己打自己。为什么他们会自己打自己呢？因为那天早晨雾气沉沉，看不到好远，加上那时通道的森林很多很密，相距五六米就看不清东西。因此，他们刚一相遇都误以为对方是红军，于是就互相打起来了。他们这一打，对我们是很有利的。因为他们一扯皮，必然耽误时间；再加上我们的后卫部队沿途砍倒了不少大树造成路障，这样就减慢了他们的追击速度，拉开了他们与我们之间的距离，使我们得以从容地进抵靖县的新厂。

我们来到新厂不久，就得到了湘敌何平领着他的保安第二总队的两个团从通道向我们追来的情报。当时，我们知道敌人在贵州方面的军事力量是比较薄弱的，如果能在这里把湖南的敌人堵回去，减慢他们的追击速度，那对我们进入贵州就更有利；如果湖南的敌人追我们跟得很紧，那就会给我们进入贵州增加困难。面对敌人的两个主力部队在通道相互打起来和何平的保安第二总队孤军追来的情况，肖克同志决定组织新厂战役，把这个保安第二总队吃掉。

这个战役主要是十八师打的，十八师的五十二团、五十三团也打了一下子。当时的部署是：十八师五十二团就在新厂对面那个出上筑了工事（那座山叫什么名字，我记不清了），其余的大部队就到了新厂街上及新厂以西和以北的广大地区，十八师师部就驻在新厂那个山脚下（即风流坡），十七师师部及军团司令部驻新厂背后，即现在修红军烈士塔的后面（寨路屯），我们的卫生部、供给部都在这里。我们把十七师和其他部队摆在这里，主要是为了防止靖县的敌人出来。

19 日早上九十点钟的时候，敌人追来了，我们就接火打了起来。大概到下午四五点钟就结束了战斗。这次战役，我们打死、打伤敌人四五百人（林老的秘书唐利沙同志插话。“其中打死了他们一个姓汪的营长。为这件事，我还查阅过当时湖南的《大公报》，报上有记载”），俘虏大概也是三几百人。缴获到的枪支，我们基本没有带走，只把枪柄（枪栓）拆了下来，把它们分别埋在很远的地方，这事当地的老百姓都知道。我们在这次战役中也伤亡了几十个人，因为我们当时行军作战的任务很重，伤员没办法抬走，所以他们大都被寄养在新厂附近的老百姓家中。关于这件事请你们调查一下。你们还可以访问一下当时住在新厂街上的一个剃头匠，现在这个老头住在平察，大约70多岁了。我今年到靖县去平察时，还看到了他，我问他当时我们那些伤病员哪里去了，他说都被土匪杀害了。（靖县党史办邹俊兴、刘其海整理，1982年11月11日）

选自中共湖南怀化地委党史办公室编：《红军长征在怀化》，中共党史资料出版社1987年1月版，第151—153页。

会师地址在木黄

林文兴

我从离开木黄到现在，已经48年了。我们红六军团，是1934年7月7日从江西井冈山出发的，到木黄的时间一共走了107天。在这样长的时间里面，我们的部队将近走了9700多公里。到木黄还有多少人呢？还有3000多一点。所以，部队的干劲是比较大的。为什么干劲会这样大呢？因为我们在路上任务有两个。第一个，作为中央红军的长征先遣队，牵制敌人，有利于中央红军向西转移，这是一个任务；第二个任务就是要找到贺龙军长的红二军团。那个时候我们只知道有个红二军团，不知道有个红三军。因为贺龙同志领导的红二军团从湘鄂西撤出以后，处境很困难，再加上二军团的党代表夏曦同志执行了王明的“左”倾路线，使困难的二军团与中央失去了联系。我们找到了这支部队。我们在执行这样的任务对，打了数十仗，其中打了这么几个大仗：在湖南的蒋家林战斗、新场战斗，在广西的潇水战斗，这是比较大的。我们是于10月初出发，预定从最艰苦的地方经过。我们这个部队进入贵州以后，困难就更大了，有几个事情困难更大，表现在：一个是贵州的人民群众受大革命的影响不太深，不懂得什么叫做大革命，亦不懂得什么叫做红军，更不懂得什么叫做共产党，没见过，也没有听说过。对我们怀着害怕的心理，就比较突出了。躲我们，我们走过的地方群众就躲。他们不懂得我们党的政策，不懂得我们红军的政策，没听说过；再一个，彼此之间语言也不同，讲话就不懂。我们所经过的地方也不好走，要笨走，也要迂走。在少数民族地区，那个叫做什么剑河的地方，特别难走，对群众的语言也不懂。老百姓讲话，我们不懂，他们也不懂我们的话，我们是南方人，他们不懂我们的话，我们也不懂他们的话，即使有哪样问题也不清楚。再加上敌人的围追堵截，广西桂系的一个军，湖南有两三个军，贵州有王家烈的部队，那个时候我们讲王家烈的部队叫"双枪兵"，什么叫"双枪兵"呢？一根枪是真枪，一根枪是假枪——"鸦片烟枪"。三省的敌人来追击我们，来"围剿"我们，来堵截我们，使我们的困难很大。再加上我们对地形也不熟，又没有地图，由于这样的一些情况，我们来到甘溪的时候，就和敌人遇上，与敌人打了一仗。这一仗我们的伤亡是比较大的，把我们整个的红六军团截成了三截。为什么敌人要花去那么大的本钱堵我们、围我们，甚至要把我们消灭呢？他们就是不让我们和贺龙同志会合，他们知道我们离贺龙同志比较近了。因为石阡离你们印江木黄这个地方比较近了，最多200多里，300里了不起了吗！他的主要目的就是不让我们与贺龙会合，想方设法把我们这支部队搞掉、消灭。所以，我们在贵州这个地方的困难是比较大的。这是在过去，解放前，现在不存在这个问题了。在解放前不是有这样几句话吗："地无三里平，天无三日晴，人无三分银"。在这个地方，群众生活是比较艰苦的。那个时候是吃包谷米，木黄一带百分之七八十吃大米，那边（石阡）是大山区，差不多百分之八九十吃包谷米。我们到了木黄，据我们的回忆，我们在木黄这个地方两军的领导人见面了，但是我记得是在上午11点多钟这个时间，11点多钟见到二军团领导人。大部队还在那边（老寨）。到了这里以后，两军领导同志见面了，见面的地方是在现在那棵柏香树下。在那个地方见面以后，两军领导人在木黄水浒庙召开了会议。部队就在这里煮饭吃，这一餐，有的部队吃上了干饭，有的吃稀饭。搞到粮食的吃干饭，没搞到粮食的吃稀饭。吃了饭以后，大概是下午3点多钟，部队离开，6点多钟才经过石良。这里到石良我想不算太远，大概三四十里路，走了两个多钟头。

现在对我们会师地址原来不是说有两个地方的说法，有一部分同志说是在松桃石良会师，有一些同志说是在印江木黄会师，还有一些人说是在南腰界会师，实际是在南腰界召开了个庆祝大会，哪算是会师。因为石良属松桃县管，木黄是属印江县管，南腰界是属酉阳县管。现在据我们的回忆,会师地址就是在木黄。从木黄经过石良,继续走到南腰界。南腰界是在那个高山上，高山上有一个小的平坝子，在那里开了会。在那里休息了很短的一段时间，我们整休了部队。因为在那个地方整休比较安全，是在山上，山上有一个小盆地。在那里整休和开了会以后，往东南方向开跋，从酉阳、秀山到花垣，经宝靖到永顺。大概是 11 月十几号。我所记得的大致情况就是这样的。

我们到了木黄以后，我记得木黄的群众绝大多数还是在家的，没有跑。除了有钱的地主、一些富农，有家产的跑了以外，贫苦农民绝大多数都在家。给我们带路，帮助我们搞粮食，带到地主家里去搞粮食。木黄人民给我们的军队支援、筹粮、帮助我们带路，付出了一定的贡献。我们如果没有木黄人民对我们的支援、帮助，我们部队不一定会那么顺利完成党交给的任务。所以，我们还应该再一次感谢木黄人民对我们红军的支援，对共产党的信任。因此，我们也希望木黄的同志很好领导木黄人民把社会主义建设的步伐加快一点，使我们木黄人民更好地、更快地富裕起来，改变这个贫穷面貌。现在木黄人民还不算富，尽快地把它富起来吧！（严天荣、严天智、杨保刚根据 1982 年 3 月 6 日，林文兴与印江县、区有关领导座谈录音整理）

选自中共印江土家族苗族自治县委党史办公室编:《红军在印江》,1987年10月,第129—132页。

西征与会师

袁任远

1934 年 7 月 23 日，中央电湘赣省委，命令六军团离开所在的湘赣根据地，转移到湖南中部去发展游击战争，创立新的根据地。对六军团的西征，中央也作了具体的部署：第一步，到湖南的桂东地区；第二步，到达湖南的新田、祁阳、零陵地区；第三步，横渡湘江，向新化、溆浦广大地区发展，并向北与贺龙同志领导的红三军取得联系。对六军团西征的组织领导，中央决定：任弼时为中央代表，并与肖克、王震三人组成六军团的军政委员会，任弼时为主席。任弼时作风民主，联系群众，虚怀若谷，不耻下问。我在他领导下工作一年多时间，我虽不是省委或军分会的成员，有时我也参加一些比较重要的会议，有些事情他也向我垂询。所以，对中央的指示精神，我也知道一些。这次中央电令六军团西征，意图是什么？中央并未说明，但从以后的行动中，我们知道这是作为中央红军长征的先遣队率先西征。

军政委员会对这次行动作了周密慎重的研究和充分的准备。首先精简机关，充实基层，军区一级机关与六军团直属部队合并，抽调一部分干部到基层，把各级领导班子配备齐全。其次，清理医院的伤病员，动员能够随军行动的伤病员，跟随部队转移，不能行动的，也作了安置。此外，还动员回家的战士归队。经过补充和整顿，六军团的队伍大大充实了，全军团达到 9700 多人。

我们还从地方上抽调250名干部，组成随军工作团，在政治机关领导下，负责行军宣传，以及沿途打土豪、分财物，并在新区建立革命政权和扩大红军等工作。这次西征,什么都舍不得丢,如供给部的修械所，银行印刷所的机器设备，还有其他坛坛罐罐之类，都全部带走，实际上等于大搬家，使部队行动十分不便。六军团西征后，湘赣省委由陈洪时任书记，谭余保任省苏维埃主席，后来，陈洪时叛变，由谭余保任省委书记。

1934年8月7日，六军团率十七师、十八师各三个团从遂川的横石出发，突破敌人几道封锁线后，8月11日到达湖南桂东的寨前圩，次日召开了誓师大会，庆祝突围胜利。在会上，任弼时根据中央军委的指示，正式宣布了六军团干部的任命，肖克为军团长，王震为政委，李达为参谋长，张子意为政治部主任。十七师师长、政委，由肖克、王震兼任。十八师师长为龙云，政委甘泗淇，参谋长谭家述。

六军团突围的消息震撼了湘桂两省的军阀，湖南军阀何键急调刘建绪两个师追击，广西军阀调廖磊一个军向北部边界增兵。我军在桂东不能立足，乘敌人围堵部署尚未完成之机，穿过汝城、资兴地区敌人的防堵线，到达郴州。这时，我已调到六军团政治部任副主任。随后，我们从郴州过郴宜公路，绕过桂阳，占领新田，8月23日到达零陵地区的蔡家埠一带，准备在冷水滩过湘江。任弼时把我找去了解湘中的情况，我估计可能要在那里建立根据地。但敌军九个团已先期到达湘江左岸防堵，并强令船只全部停靠左岸，使我们无法渡江。加之后边又有追兵，相距只有半天的路程。在这种情况下，我军遂放弃渡江计划，折向东南的阳明山。但这里山区狭小，地瘠人稀，连部队的粮食供给都很困难，不能作较长的休息。任弼时知道我原是红七军的干部，向我了解红七军转战到湘赣时，是从哪里渡过湘江的？我把详细情况一一作了介绍。于是，我军遂南进到新田、嘉禾，再转向西到宁远、道县，并在永安关打了一仗，遂进入广西，于9月4日在全县以南的界首渡过湘江，经资源进入湖南。在资源时，敌人用飞机向我们扫射、轰炸，敌人欺负我们没有高射炮，飞机飞得很低，不断向我们俯冲。除投炸弹外，还用机关枪扫射，战士很气愤，就用步枪打，结果打落一架敌机，大家非常高兴。接着我军攻下城步县，经绥宁到达通道，休息了两天。但湘中已有敌人重兵防守，我们去湘中已不可能，又不能北渡沅江到凤凰等县找红三军，如果就地与敌人周旋，势必陷入湘、桂、黔三省敌人包围之中。为了改变这一形势，转向西进，并在通道西北 40 里之新厂，掉转头来杀了个“回马枪”，将穷追的何平纵队全部击溃，并消灭其一半，打了我军出发以来的一个大胜仗。

我军西进到贵州的锦屏，敌人又紧紧迫来，把我们逼到清水江边。我们沿清水江走了两天。这一带是苗族、侗族聚居的地方。任弼时及军团的领导非常重视少数民族的工作。强调要严格遵守红军的纪律，尊重少数民族的风俗习惯，要多做宣传工作，对山寨的寨主或土司头人，要大力进行争取工作等。由于我们模范地执行了党的民族政策，取得了苗族、侗族同胞的信任和支持，特别是我们过清水江时，他们帮我们收集船只，绑扎木筏，架设浮桥，对我们帮助很大。过清水江后，我们攻下黄平，住了几天，筹集了一笔经费，然后向黔东北前进，继续找红三军。10 月 7 日，我军到达甘溪时，突然遭到桂军的袭击，战斗失利，部队损失很大，六军团主力被截为三段。十七师的四十九、五十一两团之一部，由李达、晏福生、苏杰率领冲出包围，于 10 月 15 日到达黔东，与红三军会合，而由龙云率领的十八师的一个团，却全部受到损失。

甘溪战斗失利后，六军团转战于石阡、余庆、施秉之间，终于突破敌人的重重围堵，进入黔东与红三军会合。

李达同志率领的部队与红三军会合后，贺龙、关向应听取李达的汇报，得知六军团处境困难，立即率红三军与六军团先期到达这里的部队兼程南下，接应六军团北上。

10 月 24 日，红三军与六军团主力在印江县的木黄胜利会师。过了两天，红三军和六军团在四川酉阳的南腰界举行了会师大会。会上，任弼时宣读了党中央发来的贺电。根据中央军委的决定，红三军恢复二军团的番号，贺龙为军团长，中央代表任弼时任政委，关向应任副政委。由贺龙、任弼时、关向应统一领导和指挥二、六军团。这两个军团来自不同的根据地，在习惯、作风等方面难免有些差异。但以任弼时为首的两军团领导坚持党性原则，本着团结的精神，发扬民主，遇事商量，互相学习，互相帮助，以致两军广大指战员，能亲如兄弟，胜似一家，团结一致，共同为党的事业英勇奋斗。

二、六军团会师后，我第一次见到了贺龙。对于贺龙的革命功绩，我早就听说过，心里非常敬佩。这次见面时，他握着我的手，笑着问我："你就是慈利的袁明濂吗，怎么到六军团来了？"我简单地说明了事情的经过。他说，现在好了，我们在一起工作了。

任弼时为了加强二军团的政治工作，从六军团抽调一批政治干部到二军团，如甘泗淇调二军团任政治部主任，方理明调四师任政委，张平化任政治部主任，我调六师任政委。还调了一批团级干部。朱辉照调十二团任政委，冼恒汉调十六团任政委。二军团也抽调一批军事干部到六军团工作。在武器装备上两军团也作了调整。我调到六师后，与副政委廖汉生密切合作，陆续建立了师政治部、团政治处，挑选了一批优秀干部担任营教导员和连指导员，建立了政治工作制度。我们还对肃反中的冤假案进行了平反，恢复了一些党团员的党籍、团籍，并发展了一批党、团员，在此基础上，恢复和建立了基层单位的党团组织。

选录自袁任远《征途纪实》一书。

选自马继善主编：《曙前之路——红军长征在湖南》，岳麓书社1996年9月版，第35—38页。

袁任远，1898 年生，湖南慈利人。1925 年加入中国共产党，1928 年参加中国工农红军。红军长征时任红六军团政治部副主任、红二方面军第六军政治部副主任。新中国成立后，曾任湖南省人民政府副主席，中央人民政府内务部副部长，中共青海省委书记处书记、青海省省长，中央监察委员会常委，中央纪律检查委员会副书记，中央顾问委员会委员，第五届全国人大常委会委员，政协第四届全国委员会常委。1986 年在北京逝世。

告别苏区　踏上征途

李真

1934年8月7日，红六军团踏上了西征之路。当晚，被乌黑的云块所遮住的月亮，渐渐冲破云块的包围，露出皎洁的面目来。明亮的月光照耀着山川、原野，给高大的树木留下了长长的身影。

山腰里的行军纵队，走着，走着，走不动了。显然，前面上山的部队遇到了阻碍。又爬了一回，隐约望见山峪里的几户人家，小油灯的灯光透过窗纸，像萤火虫的微光时隐时现，不多时便消失在黑夜里。夜深了，山川像熟睡了的巨人，而这支攀登高山，通过敌人封锁线的队伍，像巨人胸膛里跳动的心脏。我和大家一样，特别兴奋！

内层封锁线突破后，我军占领了敌人重要支撑点——衙前，并袭占了遂川的藻林，歼灭了守敌，随后又突破了敌遂川至七岭的封锁线。这时，每个指战员都怀着依依惜别的心情，告别了长期哺育子弟兵的湘赣根据地。每个人的依恋之情，像洪水冲击着闸门，撞击过去，又回旋过来。尽管脚下高一脚低一脚地踩着卵石，路边的林木荆棘扯着衣裳，封锁线上碉堡里发出急促的枪声，都不能驱走这依恋之情的波涛。

战士们缓缓地迈着矫健而沉重的脚步行进着。路旁的乡亲们不断地向我们招手，有些老大娘和年轻的女同志不时地冲进队伍，向战士的手里送这送那。我边走边回顾着这根据地的一切。

这里的一村一户，一草一木，我都是那样的熟悉、亲切；这里的每一片山林，每一块田野，都有我们的足迹；这里的叔伯、兄弟、姐妹，都是我们的亲人。为了这自由、幸福的土地，我们抛下多少头颅，洒过多少热血呵！现在我们就要离开这块战斗过的土地，离开我们的亲人了，怎么能不深切地留恋呢！我默默地走着，文书跑到我跟前，问我在想什么？说真的，我从来注意抑制自己。虫叮，酷热，夜行军……一切艰难困苦都能克服。现在，要离开我们用鲜血、友谊和汗水建立起来的根据地了，就像有无数条绳索拴住了手脚，每迈一步，都有千万个无形的人，带着千万件难舍的事把我拉住。

“现在，母亲都在祝福自己的孩子呢！”文书的话更打动了我的心。是的，不管我离开母亲多远，我总是想着她，她也总是想着我。记得我参军那天，母亲花了几个不眠之夜，为我赶制了一件新的蓝黑粗布“广西装”上衣，把膝盖上破了大洞的裤子也补得整整齐齐。临走，母亲含着兴奋的泪花，塞进我衣兜里几个熟鸡蛋，嘱咐道:“到了部队上，要听领导的话！走远了，记着捎信回来！”那时，这些话我毫不介意。在红军生活的几年里，常常在家门口路过。每次过红军时，母亲就站在村头的桥上眺望。真是母子心连心哪！

我感到对母亲，对故乡，对苏维埃根据地的爱，是9000多湘赣子弟兵心中最美好的东西。她是心灵之光，力量之源，有了她，艰难的生活才觉得有意义。

可是，今后苏区根据地会怎样呢？反动派不只多次地号叫过，而且“石头要过刀，茅草过火烧”的白色恐怖，不知干过多少次了！红军主力走后，怎么办？我简直不敢想下去。

我们突破敌人最后一道封锁线之后，尾追我们的湘敌十五师、十六师和粤军六个团很快就跟上来了。妄图将我军包围在桂东、上犹和遂川之间，以歼之。

为了摆脱尾追之敌，我军不顾酷暑、疲劳和饥饿，兼程前进，变敌人后方为前方。拟利用敌人新的围堵部署尚未完成和湘江江防比较薄弱的有利条件，抢渡湘江。

8月11日，我军进到湖南桂东县的寨前圩，次日在这里召开了军团誓师大会，正式宣布了红六军团并军政委员会的成立，也是进一步的战斗动员。

那天下午，在誓师台前，挂了一条经过洗晒而变色的红布横幅。大风飕动，像用雷霆一样的嗓音在喊，呼唤着土台前的一排排整齐的队伍。

太阳还没有落，队伍唱着嘹亮的歌声走进会场。

一个个战士全副武装，迈着雄赳赳的步伐，肩扛着枪，围腰佩挂子弹带。除了脚上穿的草鞋，还有两双新草鞋别在后腰。这是万里长征的标记。

过了一会儿，一个戴眼镜的人，从我们队伍行列里走过。他中等身材，30岁上下年纪，留着短胡，略显消瘦，身穿灰色军服，腰间的武装带上挂着一支手枪，显出一种英飒威武的风采。他那白皙而文静的脸庞，使人想到投笔从戎的书生，但他那宽厚的眉毛和眉毛下那双深沉而坚毅的眼睛，倒像是久经沙场的将军。

“他是谁？”没有人回答。但旁边的人都小声地嘁喳着。当留胡子的人出现在主席台上的时候，台下响起了热烈的掌声和欢呼声。他站着，用手帕擦了擦眼镜，对着青灰一片的队伍和蔼地笑了。

“他就是率领我们前进的党中央代表——任弼时同志。”军团政治委员王震向大家介绍说。

“亲爱的同志们！你们辛苦了！”任弼时同志语气很柔和，很亲切。当他谈到我们这次行动是执行中央“战略任务”时，显得十分严肃：“有人讲，我们离开根据地是逃跑退却。”他扬了扬手说，“这不是逃跑，是积极地战略转移。我们深入到敌人的后方，把它搞得坐卧不宁。”他接着说，“那些主张御敌于国门之外的人，就像春蚕一样，用自己吐的丝又一道道地把自己的身子捆起来。这就叫做茧自缚。”

我聚精会神地听着，思想逐渐开朗，心情也随着舒畅起来。以往斗争生活的情景，随着他的话一起浮上心头。几个月来，东堵西挡，疲于奔命，却总是被动挨打，人越来越少，根据地越来越小，到底是什么原因呢？以前，这个百思不得其解的问题，听着任弼时同志的讲话，迷雾顿时被驱散干净。他的话，像春天一样，给红六军团带来了新的希望和巨大鼓舞。我坚信，只要跟党走，就能胜利！

最后他号召全体指战员：坚决执行党的指示，依靠群众，团结一致，发扬我军英勇顽强精神和艰苦奋斗的光荣传统，克服困难，战胜敌人，完成战略转移的艰巨任务。

“接受弼时同志的指示！”

“保证做好思想工作！”

热烈而欢快的掌声和欢呼声拥抱着他，他被卷在声浪的中心……

月亮爬上了东山，在暗蓝色的天边露出胖乎乎的白脸，淡淡的银光倾泻到集合场上，倾泻到人们的脸上和灰色的军服上，一切都那样分明、清晰。清风徐徐，把白天的暑气吹走了，觉得格外清爽快活。

前进号吹响了，声音激动着每个战士的心弦。吹号本是军队中寻常的事，而今晚的号音却是更雄壮，更激励人心啊！这是大转移的进行曲，是远离故乡、远离母亲的怀情之歌！果然，从今夜起，我们这支队伍，几乎日日夜夜在行军、在打仗。翻过一座座山，越过一条条河，在敌人的后方，在湘江边，同敌人作艰苦的搏斗。什么时候再在这里聚会？什么时候再听弼时同志讲话呢？他的音容笑貌和谆谆教诲深深地印在我的心底，产生着无穷无尽的力量。

选自《红六军团征战记》上，解放军出版社1994年6月版，第303—306页。

李真，1918 年生，江西永新人。1930 年加入中国共产主义青年团，1933 年转为中国共产党党员，1932 年参加中国工农红军。红军长征时任红六军团卫生部医务科政治指导员。新中国成立后，曾任解放军军事学院政治部干部部长、中国人民志愿军第一八八师政治委员、解放军第六十五军政治委员、军委防化学兵部政治委员、军委工程兵政治委员、解放军总后勤部副政治委员。1955 年被授予少将军衔。1999 年在北京逝世。

红校随部西征

胡庚生

8 月 7 日①，我们湘赣苏区红六军团红军学校随军团大部队一道（9700 余人）从永新、遂川一带出发，日夜兼程向敌人兵力比较薄弱的南面突围，先后攻克衙前、藻林、左安等地。8 月 11 日进至桂东县寨前圩。12 日上午，在寨前圩旁的河滩上，由肖克同志主持召开了连以上干部参加的西征誓师大会，庆祝突破敌人封锁线的胜利，正式成立了红六军团领导机构。王震同志在会上讲了西征突围是为了打破敌人“围剿”，建立新的根据地。至此，我们才明白了这次突围担负着重大的历史使命。

红六军团突进湘南，湖南军阀何键慌了手脚，急调所属刘建绪部两个师追击，又急令一个正规旅和四个保安团堵截。广西军阀白崇禧也指挥 14 个团的兵力集结湘桂边境，准备堵击红军。

红六军团突围后的兵力，总共不到一万人，在后有追兵，前有埋伏的情况下，部队从寨前圩出发，经汝城、绕桂阳，进抵零陵附近，准备抢渡湘江。由于敌人江防严密，我军被迫迂回转移，迅速东进阳明山、白果市一带。紧接着又摆脱四倍于我的敌军，急转南下，到达肖克同志的家乡嘉禾。

① 红六军团西征是1934年。

刚到嘉禾，红军学校即接到命令：明晨离开嘉禾，转道向西往道县前进，相机宿营。那时我们肚内的墨水都不多，都以为“相机”是个地名，有的同学还想到“相机”镇之后买点日常用品呢。

第二天清晨，我们吃过早饭就向道县急进了。队伍时而走在青石板路上，时而又插进了山中小道，半天就走了 100 余里。大家一个个走得唇干舌燥，连背上的背包都汗湿了，眼睛也被汗水弄得睁不开。下午路过村子时，很多战士纷纷向老乡打听到“相机”还有多远，可老乡也不晓得，便含含糊糊地回答：“约莫还有炮（十）多里”，但一直走到红日西沉，也没有见到“相机”的影子。

直到翌日凌晨，部队才在道县与江华之间的潇水岸边停下来休息，准备渡江，大家一头栽下，正想抓紧时间睡一睡，忽然看见贺志高（校长兼政委，1935 年在湘西大庸牺牲）与李贞同志（政治部主任）走了过来，便又都坐了起来。李贞环视了大家一圈，充满感情地说：“你们不愧是飞毛腿、铁脚板啦！连续半个多月行军作战没有休息好，昨天到今天，不到 30 个小时又走了 320 里，实在了不起！大家辛苦了！”贺志高同志接着说：“我们为什么要这样走？不这样走不行啊！白军从四面八方包围我们，我们昨天就是甩脱追兵，从堵截我们的白军的空子中钻出来的。现在我们已经摆脱了白军的包围，这就是胜利！”这时，一位同学突然似有所悟地说：“怪不得昨天没在‘相机’宿营啰，是那里也到了白军吧？”说得贺志高与李贞同志都笑起来。贺志高同志语重心长地说：“同志们要好好学习呐，你们都是带兵打仗的人啊！相机宿营的意思，是要求根据情况决定宿营地点。”听了他的解释，我们都恍然大悟地笑了。

选自马继善主编:《曙前之路——红军长征在湖南》，岳麓书社1996年9月版，第48—49页。

胡庚生，1912 年生，湖南茶陵人。1930 年参加革命，1932 年加入中国共产党。红六军团西征时为红军学校学员。新中国成立后，曾任新疆生产建设兵团直属政治工作部部长、湖南省交通厅顾问。2005 年在长沙逝世。

西征出发到寨前圩

张子炎

红军长征时，我在十七师四十九团一营当司号长。红六军团长征出发时间是 1934 年 8 月 6 号 ①，出发前每人发一块钱，还发了文件，文件是 8 月 4 号发的（现在军事博物馆内），8 月 5 号供给部拿出一万块白洋发下来，包括机关人员只发了 9730 块，8 月 6 日就出发了。我记得发钱那天，我们都很高兴。那天，我去田里割禾，准备粮食去了。

我们从永新牛田到桂东、汝城、桂阳，出发时没有作大动员，非常突然。我们都以为出去打一下又会回来。当时只说：突围打到敌人后方去，到桂东开誓师大会才知道出发的任务。

誓师大会是在寨前圩旁边的一个河滩上召开的，还搭了台子，大部分的人都参加了。会议有二个含义：1. 庆祝突围胜利；2. 宣布今后任务。任务两条，一条是北上抗日，宣布我们是北上抗日先遣队。第二条是一定要找到贺龙同志领导的部队。

我们在寨前圩开誓师大会时，原派去红校学习的一部分干部未毕业，中途要回来了。他们由刘转连同志（现在沈阳军区当顾问）带队，从瑞金出发来桂东寨前圩与我们会合，一共只有十几个人。（肖国琪等记录整理）

① 应为8月7日。

选自马继善主编:《曙前之路——红军长征在湖南》,岳麓书社1996年9月版,第45页。

张子炎,红六军团西征时为第十七师第四十九团第一营司号长。

千万里转战

左齐

毛泽东留下的一颗种子

1929年，毛主席领导的红军主力，趁蒋桂、蒋冯军阀接连混战之际，自井冈山越赣江东征，开辟了以瑞金为中心的革命根据地，建立了中央苏区。在这同时，在井冈山地区留下的红色游击队依旧坚持着这块毛主席亲手创建的湘赣边区。部队在斗争中发展了，扩大了，组成了中国工农红军第六军团这一颗革命的种子，在战斗的土壤里，逐渐发芽、生长、开花，并结出了丰美的果实……

死对头陈光中

从1930年到1934年，蒋介石看到红军的大发展，对苏区发动了一次又一次的“围剿”。对我湘赣边区根据地，当然不会有一丝一毫的放松。

和我们红六军团经常交锋的，就是湖南的军阀，其中尤以我们的死对头陈光中为最。

我们红六军团的发展壮大，也正离不了这个陈光中。那时候几乎每天都有人自动跑来参加红军。红军的成长，犹如雨后春笋一般，由独立团发展到独立师、红八军，以后又成了红六军团。部队一天天在扩大，自然也就不断地需要枪支和弹药补充，怎么办呢？唯一的办法就是找陈光中“要”。抓住他的队伍，美美打一仗，就枪也有了，子弹袋子也鼓起来了。1934 年 5 月，在湘赣交界的九路冲，我们干了他一家伙，缴的水机关枪就有 20 几挺（在这以前我们是没有重机关枪的）；缴的军服装备了我们十七师一个师和军区的机关部队；步枪也全部换成新的了，简直丰富无比。因此，战士们在胜利的欢笑中，都“表扬”他说：“陈光中是个大大的好人哪！”

他“运交”给我们的枪，都是“衡阳造”。虽然不太好，马马虎虎也还可以对付着用。每支枪托上面还刻着这样的字：

“师长陈光中谕弟兄们，你们拿着这杆枪，努力剿赤灭匪，平定内乱，保国卫民，以尽天职。”

可是，他这位“师长”只不过“尽”了一个运输分队长的“天职”；“这杆枪”终于被我们拿着，狠狠地打了他个不亦乐乎。

敲响退堂鼓

到了 1934 年夏天，湘赣边区的形势就十分恶化了。

敌人凑了十几万人，得寸进尺，步步为营，想用堡垒政策困死我们。我们一万多人只剩下三四个区可以活动了。这时，田里的稻子还在秀穗，正是青黄不接的时候，吃饭就成了问题。好在当地农民在打土豪、分田地以后，生活得到了不少的改善。他们本来对红军就有着特别深厚的感情，再加上他们的儿子、丈夫、侄儿、兄弟都在红军里边，实际上红军就是他们的骨肉。所以，虽然他们自己没有粮吃，也要熬稀饭、煮南瓜，送给我们。尽管人民这样支援我们，每当开饭的时候，端出来的饭，仍然是可以照得见人影的稀汤汤，而且经常还不够吃。碰到这样的情况，干部们就悄悄地摆下筷子，忍着饿，把饭留给战士。盐，就更困难了。敌人把我们围得水泄不通，哪儿还有盐运进来呢？起先，一块银洋能买到一两盐，这还算不错哩！以后，根本没盐可买了。弹药补充也很成问题。在敌众我寡、天天打仗的情况下，单单依靠缴获，是入不敷出的；只好自己动手造。子弹壳子不敢随便丢，打罢仗把它拣回来，装上自己用硝和棉花炮制的火药，安上自己用铜板打成的长条条的弹头、再用它来消灭敌人。就这样，我们一直坚持到 7 月底。

仲夏的天气本来就很热，加上在敌人重围之中心情焦躁，天气就越发显得热了。像是大雷雨之前有一块浓重的乌云低沉地压在人们头上，却又迟迟地不肯降下雨来。红军战士和村子里的男女老少，都急切地盼望着早一点打一个漂亮仗，把四周围的白军消灭掉，好吐一吐憋在心头的闷气。再说，“八一”起义的七周年纪念日眼看就要到了，每年过生日，红军都要打回胜仗来纪念纪念，今年怎能例外呢？有一天，连长杨七朵的媳妇新莲来给她丈夫送鞋子，恰好听到战士们在议论，希望痛痛快快地打个胜仗。她就不由分说地插嘴：“现在老百姓都盼望你们打个大胜仗啦，白军一天天向我们进攻，大家发愁，我看再拖个把月，我们的地区怕就要被他们占完了，你们还不着急……”说得这个 19 岁的杨连长也发了急，说：“我们一定要请求上级下命令打，我想上级是有办法的。”他媳妇一点也不怕她男人，指着七朵的鼻子问：“亏你还是连长哩！你就不知道向上级提意见？”问得七朵也没有话说。因为连长老婆经常来，子弟兵都和她熟悉。这么一来，站在旁边的战士都给逗笑了，也都认为新莲嫂讲得有道理。

人们这种求战的情绪，很快就反映到当时的湘赣边区省委书记任弼时同志那里。其实，他在听到下级的反映以前，早已和军团首长们研究了当前的形势：根据当前敌人疯狂“围剿”的架式和湘赣边区日益缩小的局势，继续撑持下去是有害无益的；同时，中央苏区处境也日益困难，洪湖地区的贺龙同志的红二军团也已转移到湘西去了。如果红六军团放弃湘赣边区，向西突围，与红二军团会合在一起，则一方面可以牵引一部分必然要自保老巢的湘桂敌军西去，减轻中央苏区的压力；另一方面还可以增强贺龙同志的力量，在湘、鄂、川、黔边境立定脚跟，开辟新的红色区域。当下边开始纷纷议论的时候，军团的首长们没有立即答复人们的要求，只是因为他们也正在焦急地等待着中央军委的最后批示。

8 月初，红军战士终于盼到了好消息，敌人要来进攻我们的石灰桥了。军团首长决定立即出动,把部队埋伏在金华山一带,打击进犯敌人。

这消息，宛如雷雨降临前的那一阵疾风，迅速地吹散了人们心头的郁闷，使人们浑身上下都感到舒服畅快。往日新莲嫂的眉头总是不舒展，今天的新莲嫂却像喝了酒一样，脸蛋红润，眼睛发亮，逢人就笑，特别有精神。听到要打金华山了，她就邀集到连上来做客的女人，一道去伙房做饭，让战士们吃了她们做的饭菜打起仗来更有劲，更多的消灭敌人。

石灰桥、煤田的群众都动员起来了。妇女们高兴得跳起来，有的赶紧回家去做饭，好给红军送去；有的匆忙跑到新莲嫂那里，跑到红军的伙房里去帮忙。……她们全都喜气洋洋边忙边唱着歌儿：

红军哥哥打胜仗，
妹妹做饭送战场，
消灭白军求解放。
团结起来是栋梁。
……

红军战士趁夜集结在金华山隐蔽，静静地等着敌人前来送死。这次来犯的敌人是湖南军阀彭位仁的部队。其草包程度并不比陈光中差多少。所以，每一个红军战士的信心都特别足，摩拳擦掌地等待着冲锋的号令。

连长杨七朵的 16 岁堂兄弟晚朵，那时在连里当司号员。他也急不可耐，目不转睛地望着他的哥哥。七朵眼看敌人的先头部队已经爬到金华山上来了，他急切地等待着上级下令冲锋。不一会，军部发出冲锋号令了，所有红军像老虎一样冲了下去。七朵从怀里拔出了驳壳枪，喊了一声："晚朵，吹！"就抢先冲下山去。晚朵盼了几个月，就盼的是这一声，这一下，把憋了一肚子的闷气，全都灌进号筒里去了。嘀嘀嗒，嘀嘀嗒的号音，又脆又亮，震荡着山谷，振奋着人心，也威慑着进犯的敌人。

正在伙房里忙着的炊事员和妇女们，做一阵又跑出来听一会、看一会；快到晌午的时候，看到金华山和那一带的田垄已经被一层浓烟裹紧，只听见枪炮和手榴弹声响成一片，从烟雾那边传来，又渐渐向远处隐去。老炊事班长很有经验，一听枪声就知道我们打了胜仗，可是，他见人们忘了做饭，只顾向着山上发呆发愣，就猛地大喊一声："饭煳了！"吓得人们赶紧回来。他又紧张地催着说："快做菜，在他们休息以前，一定要送上去，不要耽误了指战员们吃饭。"

你猜咱们这位老炊事班长是谁？原来就是连长杨七朵的一位很近的叔父杨士奎。他 40 来岁了，雄心可不少，自从跟着两个侄参加红军以来，见他们在红军里越来越有出息，自己却一直做饭烧菜，没捞到打白军，心里颇有些不服气，始终惦着抓个好机会立上一大功。所以，他今天特别紧张，催完新莲催老王，放下菜刀拾锅铲，忙了个满身大汗。等米饭装了箩，炒菜入了桶，他也顾不得招呼新莲她们，担起担子就往打枪的方向跑。新莲嫂和妇女们也都匆匆忙忙地担上饭桶，在后面紧紧跟来。

她们朝着枪声传来的方向，沿着曲曲弯弯、崎岖不平的山路，不顾嗖嗖的冷枪从头顶上飞过，气喘吁吁地爬上山来。来到金华山上的时候，大批的敌人已经被击溃了，红军战士正在四处缴枪抓俘虏，"缴枪不杀"的喊声和清亮的回音在山野中此起彼伏，越发为红军增添了无限威风。敌人已经吓破了胆，根本弄不清从天上掉下来多少红军，也不知逃往哪个方向才能保住活命，只是到处乱窜。老杨一见敌人乱成这般景况，不由得心中生喜，放下饭挑，扯出扁担，跟住一个落荒而逃的敌人就追。那小子正在没命地逃跑，听到后面有人喊叫“缴枪！”更加害怕了，刚要加快脚步，忽听前面又传来“缴枪”的喝叫声，他也分辨不出哪里有人喊，哪个是回声，扑通跪在地上，把枪扔到一旁，就喊：“饶命呵！红军老祖宗。……”就这样，杨士奎抓到了一个俘虏，还缴到了一条好枪，笑嘻嘻地和大家一同回来了。人们伸着大拇指，称赞他是个老英雄。这一仗，全连一共捉了 30 多个俘虏，全都交给了老杨和新莲嫂等几个妇女，让他们押回后方。

金华山一仗，是一通响亮的“退堂鼓”，一下子惊动了所有的敌人：彭位仁的后续部队急急忙忙赶来救驾；陶广的部队也仓皇地涌来增援；所有包围苏区的敌人，发现我军主力集结在金华山，都慌里慌张的向这个方向调来，企图摆开阵势，集中飞机大炮来消灭我们。然而，对不起得很，我们却早已作好了收摊子的准备。打罢仗下来热热闹闹地吃了一餐饱饭，趁着敌人被我们的“退堂鼓”敲得晕头涨脑的时候，我们就赶紧向南山转移了。

黄沙编队

部队经过牛田、官北、王凹、五斗岗，到了苏区边界的黄沙。我们的红军学校原想取道井冈山向黄沙进发，哪知道军阀王东原①早把井冈山占领了，害得红军学校的同志在山里吃了一个星期的杨梅。学校首长看到这般情况，就要学员们杀了自己的马吃，后来又和大家一起爬山出来，在黄沙会合了主力部队。

① 原文为王东元，应为王东原。

在这里，我们赢得了一个短暂的休息时间。每人准备了五双草鞋，背了三天到五天的粮食，还召开了一个编队大会。会场设在一块群山环抱的河滩上，一万多人席地而坐，看起来，十分庄严、整齐。河边生着几棵梧桐的地方就成了临时的主席台，任弼时等同志站在树荫下；精神奕奕地环视着部队。要知道，我们在苏区时，也从来没有召开过这样一次同省委、省府一起的全军区的盛会，想不到今天在黄沙碰到这样一个全家人团聚在一起的好机会。因此，尽管当时环境特别恶劣，每个人的心情，却都是兴奋而愉快的。

任弼时同志首先代表中央庄严地宣布了红六军团的成立，并宣读了任命军团干部的命令①。接着，他将这次整编队伍的战略意义作了说明："这次编队是为了扩大苏区，扩大红军，打破敌人的堡垒政策，打到敌人的心脏去，达到调动敌人、消灭敌人的目的。……"我们听了他的讲话，心里都很兴奋，加上金华山一仗打得很痛快，觉得粉碎敌人的"围剿"很有把握。可是，下一仗打哪里？我们还回不回苏区？……这些问题他都没有提，而我们这些生在湘赣、长在湘赣的战士们最关心的，却正是这个问题。因此，当部队继续沿着罗霄山脉向湖南开拔以后，我们心里仍然怀着这个疑问，仍然想念着用血肉保卫过的自己的家乡。

烧乌龟壳

赣西南边境，都是山岳地带，一路走来，尽是弯弯曲曲的羊肠小路。只要翻过一道竹林掩映的山岗，刚才走过的"小桥流水人家"就完全被遮断了，当然，更不可能看到湘赣苏区的影子了。

这时，湖南的敌军大都调到江西"剿共"前线上去了，在他们的

① 任弼时宣布红六军团成立应是1934年8月12日在桂东寨前圩誓师大会上。

封锁线上，净留下一些过去用来围困苏区的空碉堡。在苏区时，红军战士曾经嘲笑那些慢慢爬着前来围困我们的敌人，把他们叫作乌龟，现在他们却只剩下“乌龟壳”了。这些“乌龟壳”虽然已被江南的雨水冲坏了很多，但是，还是满山遍野，密密层层的，行走其间，气闷非常。战士们想起过去几个月被敌人碉堡封锁的不愉快的日子来，更加恼火，于是，一口气把它们全部放火烧掉了，看乌龟回来还能往哪里躲！有些战士烧乌龟壳烧得来了劲，忘了一路行军的疲劳，跑出很远去逐个点火，晚上，火光熊熊，宛如古长城上的烽火台点燃了狼烟，一个接连一个，一直烧到天边。红军的队伍从中穿过，好不威严，好不壮观。人人脸上都露出了喜色，回头望着那些在烈火中崩塌下去的烂碉堡，不禁引吭高歌：

敌人不知何处去，
此地净剩乌龟壳。
红军点起革命火，
赶走乌龟烧掉壳。
我们真快乐，
我们真快乐。
……

“走得赢就是胜利”

敌人摸不清我们的战斗计划，以为我们同以往一样，转一个弯又回苏区，打他们一个声东击西，所以他们占领湘赣中心区以后，不敢撤兵，只是拖着庞大的部队和辎重，到处“围剿”游击队。

红六军团就趁这个机会以急行军插到湘南，插到敌人的心脏中去。为了不被敌人拦阻，我们要走得快。等敌人明白过来，我们早走远了。

湖南的军阀何键慌忙调他的女婿李觉率十九师来追我们，堵我们。待我们进到湖南后，进攻湘赣苏区的敌人陶广、李抱冰等军阀也掉头来追截我们了。他们走的是直路，有时还有几辆车，再加上各地保安司令、保安团之类，敌人就越来越多了。这样一来，可真够我们麻烦的了。

敌人走大路，我们只能走小路，给我们麻烦大的地方我们就绕过。如果不走在敌人的前头，就有被敌人挡住消灭的危险，最少也要受到一些无谓的损失。我们走得快，把敌人拖得筋疲力尽的时候，找机会来它个回马枪，就能把敌人消灭。

“走得赢就是胜利”，这是上级提出的口号。我们部队里都作了深入的动员工作。红军战士深深体会了这个意义。党支部和共青团支部讨论了急行军的一切工作，提出连队作到爱护脚、不生病、不减员的保证。干部们还提出：要帮助走不动的战士背枪背米袋，减轻他们的负重；组织收容队。在部队的班、排、连里和党、团支部中，都提出了团结互助的口号。这时候，保护一双脚，肚子吃饱饭，就成为特别重要的问题。

没有长期走过路的人，尤其是没有受到敌人追赶的人，是难以体会到这种心情的。每一个红军指战员都感到自己任务的艰难，同时也充满着战胜困难的信心。我们的师叫“少共国际师”，师里的各个团都是各县的子弟兵组成的，所以各团都以自己的县名命名：有永新团、莲花团、安福团、茶陵团。我们部队的成员也是很有意思的，有的儿子当连长，父亲当炊事员；有的兄弟几个、叔侄几个在一块当红军，真是名副其实的子弟兵。有几个亲戚同在一个部队工作的人就更多了。像前面说过的连长杨七朵，他的叔父和弟弟，就在他连上工作，他的父亲也在省工作委员会当炊事员。各团的战士和干部都是从打土豪、分田地的阶级斗争中锻炼出来的贫苦农民，他们同地主、土豪、劣绅都有不共戴天之仇。而万一他们被土豪、劣绅和走狗们抓去的话，就被称为“罪恶滔天的共匪”，一个也不能被饶恕的。敌人越残酷，我们的斗争意志越坚强。大家有着共同的决心：死就死在一起，也不要掉队给敌人抓走。

开始走的一两天，部队情绪不仅不低，反而更高了。在苏区几年，忙着打仗反“围剿”，一向没有心情欣赏自然景色。现在摆脱了敌人，心情十分轻松愉快，一路上尽情地欣赏着湖南的秀丽山水。行军途中，又走过湘南的一些大的城镇，觉得和农村的情况不同，大家也尽情地观光一番。怀着这样悠闲的心情来行军，尽管每天都是一百七八十里，大家也没有十分苦的感觉。

但是天天这样走，睡眠不足，得不到休息，加上天气炎热，大家越来越感到难受了。连走了四五天，有的战士脚肿起来了，打起的水泡像白葡萄一样，一串串的。班里面十来个人当中就有四五个走路发生困难啦！怎么办呢？只有咬紧牙关跟着走吧！掉队的渐渐多起来了，指导员在后面的收容任务也加重了。从连长到班长，差不多每人都背双枪，或是帮战士背米袋。每天走到夕阳西斜的时候，心里如何地盼望着宿营地呵！“快到了，坚持下去，”每人的心里总是这样想着来安慰自己。可是走到最后十来里路快要宿营的时候，不知为啥这样难走呵！想宿营越想得切，路途似乎越发的长。这时候，真是人困，肚饿，嘴干，脸发红，头发晕，两脚更加发软，一点劲儿都没有了，但是不能坐下来休息。大家有经验，一坐下就起不来了。走吧！咬紧牙关，再鼓起一把劲，走吧！好容易走到了宿营地。这时候，打前站的同志已经找好了稻草，摊好了铺；有的来接后到的；有的烧好了洗脚水。连长、指导员亲自动手，帮战士洗脚；洗完后用针穿上根头发把水泡拉拉，放出水来。大家还帮助脚痛的同志整理草鞋，打草鞋，真比家里人还关心。炊事员做的饭熟了，大家只要闻到那股香味，就不由得深深地吸一口气。等吃到嘴里的时候，觉得什么山珍海味也没有这样香甜甘美。喝过开水吃饱饭，钻进温暖的草铺里，一下子就进入了梦境，又有多么的舒适啊。但是睡不过半夜，又得起床了，不习惯的人在这个时候，对这床地铺，实在有些难舍。上门板，捆稻草，扫干净房子，这一套红军战士的生活常规，不需要任何人督促，都在紧张地自觉地进行着。就是在起床的那一会呀，一双腿实在酸痛呵！迈步迈不开，脚板落不得地，真叫人难受。吃罢饭、带好饭以后，通常总是连长、指导员简单地传达这一天上级的命令——敌情和行军任务，以及行军中应注意的事项。多数战士走了几天两只脚就练出来了。到后来反而没有掉队的了，身体越练越强壮了。这时候同志们只要求一件事，就是吃饱饭。战士们说："站不站，三口饭，跑不跑，只要肚子吃得饱。"只要吃饱了，走路就不成问题了。

"相机宿营"

湖南的敌人见我们闯进了他们家的大门，浩浩荡荡地直往堂屋里走，吓得慌忙往回赶。除了飞机，所有现代化的交通工具都用上了。他们企图分几路截住我们。本来，军团部每天的行军命令上，都要规定好当天宿营的地名，到后来，就很难决定每天行军的目的地了，因为到处都发现了敌人的踪迹。从地图上看，也许某个地点是最适宜于宿营的，但能不能在那里宿营，就只好走着瞧了。所以后来军团部的命令上，就出现了"相机宿营"的字样。战士们行军时最喜欢打听当天的宿营位置。比如知道了今天是在沙市宿营，那么，沿路只要碰到老百姓，战士们一定要问："离沙市还有多远？"这样一路走，一路问，离沙市越来越近，战士们的行军情绪也就越来越饱满。因此，连长、指导员为了鼓舞大家赶路，平素并不向大家隐瞒宿营地。这一天，战士们又向杨七朵打听："连长，今天在哪里宿营？"七朵答道："命令上写的是'相机宿营'。"战士们以为"相机"是一个大镇，真是乐得一身轻。一般说来，上午行军是不问路的，到了下午两三点钟以后，碰见了老百姓，战士们才问：“老板，离‘相机’还有好远？”“相机”……这儿的老百姓从来就没有听说过附近有一个叫“相机”的地点；可是他们对红军不太了解，遇到当兵的问话又不好不回答，只好含糊其词地随声答道：“大概还有十几里吧？”在老百姓，这本是随便应付应付，等队伍过去就没事了，免得给自己找麻烦；可是我们红军战士却信以为真了，高兴得简直要跳起来。“想不到今天这么早就要宿营了，快走呵！早到早休息！”心里高兴脚下就走得快，走了个把钟头，又碰到老百姓了，心里估计大概前面就是“相机”了，问一问看吧！谁料不问还好，一问，和刚才那位老百姓回答得完全一样，也是“十几里”。“怎么搞的？走了半天，还是十几里。”几个“十几里”走过去了，两脚却还在不停地走着。

原以为不到天黑就可以休息了，谁知竟走到第二天拂晓，才获得在路旁小休息的机会。五分钟的瞌睡舒服得像进入天堂。军团政委顺着山路走来，边走边和躺满山路两旁的战士们打招呼：“怎么样？同志们！昨晚走累了吧！”杨七朵睁开眼睛一看，是政委，翻身就要站起来，政委赶紧又把他按着躺下，说：“休息吧！走累了。同志们！不走不行呵！昨天我们是从敌人预计要堵击我们的缝儿里钻出来的。不走就可能全军覆灭哩！你看可怕不可怕？”排长刘冬冬恍然大悟地说：“哦！怪不得昨天没在‘相机’宿营，大概是‘相机’也到了敌人吧？”政委哈哈大笑起来，说“世界上哪里有个叫‘相机’的地方！”这一来倒把刘排长弄糊涂了，“咦！连长明明说昨天是在‘相机’宿营嘛！怎么搞的？”接着他又若有所悟地站起来问道：“大概是为了迷惑敌人吧？政委！”政委笑着拍着刘排长的肩膀说道：“冬冬呵！要好好学习呵！‘相机’本来就不是地名。‘相机宿营’的意思，就是看情况来决定宿营。你上哪儿去找这个‘相机镇’、‘相机城’哩？”这时刘排长才真的恍然大悟了。人们想起昨天沿途问老百姓“离‘相机’还有好远”的情景，全都咯咯地笑得喘不过气来。

从此以后，只要一听七朵连长说“今天相机宿营”，人们就猜想：情况严重了，敌人可能就在山那边。……

吃一餐，带两餐

行军命令上，“相机宿营”越来越多了，几乎每天都是“相机宿营”。陈光中、王东元、陶广、李觉、彭位仁这些家伙，整天围着我们团团转，急于抓住我们干一场。我们为了保存有生力量，就尽量设法摆脱这些牛腚上的苍蝇。唯一的办法，就是快走。军团的首长每天都跟我们走在一起，动员我们努力走路：“走得赢就是胜利！同志们，准备好草鞋，多带些饭食，一天一百八，两天三百六，不怕甩不掉敌人！”战士们把这种行军称之为“飞行军”。

八九月的湖南，正是一阵雨一阵晴的时节。部队在山里走，几乎每天都要赶上一场雨。刚才还是一片晴朗朗的天，不知从哪里飞来一块黑云，忽然向半山腰一落，到处都变得乌腾腾的了。接着，又是闪电，又是雷，噼里啪啦的大雨点比樟树叶子还大，拼命往身上、脸上打。不消三分钟，浑身上下都淋得像掉到塘里的公鸡一样了。逢到不是“相机宿营”的日子，还可以在亭子里、庙宇里、房檐下避一避；如果情况紧急，不要说下雨，就是下刀子，也不能不继续赶路。走石板路还好，一块一块的石板被雨洗刷得干干净净，走起来不算太吃力；走土路、田埂就难受了，泥浆一下子就塞满了草鞋和脚趾的缝隙，有时把草鞋粘得牢牢的，使你拔不出脚来，用力一拔，反倒拔断了草鞋带子。有时不慎跌倒，弄得你浑身是泥，活像个泥菩萨。但是，不断地下雨，对于我们的急行军也有好处，因为敌人遇到下雨天就休息，而我们却仍然坚持行军。下雨天，哪怕敌人就住在旁边的村子里，我们从附近走过，也不会出问题。

这样拼命的赶路，对战士来说，最要紧的不过是多打几双草鞋，为草鞋伤伤脑筋；可是，再伤脑筋也比不过炊事员同志。他们走的路一点也不比战士少，睡的觉却从来也不比战士多。宿营了，还要忙着找锅、找灶、找柴火。老百姓家里哪有够部队用的大锅呢？有时只好凑合一些小锅子。木柴都让雨淋湿了，只会嗞嗞地叫着，冒着烟，却没有一点火苗子，烟把炊事员的眼睛都呛红了。在这种连续行军的情况下，只烧饭是不行的，还要给指战员们多烧几锅洗脚水。而越是这样急行军，战士们吃得越多，而且不只是把肚子装饱，还要把饭袋子装满。“吃一餐，带两餐”，成了红军战士的生活惯例。这一来不要紧，炊事员的事情就更为繁重了。但是，他们全都干得特别有劲，吃多少苦也没意见。因为在伙房里工作的多半是年岁大些的同志，说不定他们的儿子、侄儿……就在自己的部队里。他们和连里的战士大都有血肉相连的关系。他们知道，湖南的土豪武装——挨户团特别多，虽然不敢和我们交锋打仗，可专门会收拾我们的掉队人员。尽管自己吃点苦、受点累，只要保住连里的同志吃好饭，走好路，不掉队，不落在地主土豪的手里，心里总是舒服的。

因此，战士们的饭包时常都是装得满满的。当时，差不多每个人都有一个很宝贵的烟罐子，里面没有一点烟，除了咸菜，就是辣子，都是宿营时装好的。路上一休息，打开饭包、烟罐，就进餐。过路的老乡见到我们吃得那样香甜，总要停下来看一看。湖南有些地方的老乡没有见过红军，见我们这么多军队坐在路旁吃饭，肩上靠着枪，不打扰百姓，衣着打扮一点也不像常见的国民党军队，有些好奇，大胆的就问我们：“你们是谁的军队呵？”问得我们也好笑起来。当他们知道我们是红军的时候，都感到十分惊奇：“怎么？你们是红军？不像！不像！”——在他们的想象中，红军的样子真不知道是何等的凶恶可怕！蒋介石为了离间红军和人民的关系，真不知给我们造了多少谣言呵！

新田一日

战士们很久没有进过人烟较多的城镇了。

8 月中的一天，我们甩掉了屁股后头的陶广部队，进入新田县城。这是一个响晴天，新田的集市特别热闹，战士的情绪也特别高。本来，有些人受了欺骗对红军不了解，听说红军来了，就跑掉了不少，那些土豪、劣绅更不用说了，他们跑得最快，跑得最远。可是，那些一年到头吃不上几顿饱饭的穷苦百姓却没有跑，还专门到街上来看着红军是个啥样。红军的战士都是经过土地革命锻炼的翻身农民，几乎人人都能讲一套“打土豪、分田地”的道理，人人都是宣传员；再说红军战士根本没有一点“丘八”气，一见老百姓就笑着问寒问暖。因此，穷苦老百姓对我们的顾虑很快就消除了，开始和我们亲热起来。连长杨七朵和战士兰生从老百姓家借来一张八仙桌，摆在一座戏楼跟前，跳在桌子上就向老百姓讲话。他们先从自己翻身和参军的历史讲起，一直讲到党和红军的政治主张，穷人为什么穷的，土豪、劣绅为什么富的道理。讲的故事、人物又生动又具体。他们越讲声音越大，听众越听越有兴趣。躲在家里的老百姓，全都被吸引出来了。

军团的宣传队，搞得更是红火。他们在县城集会的广场里活动。那里有现成的戏台，宣传队的小朋友在唱歌、演戏、跳舞。新田的老百姓哪里见过这种新鲜的军队，熙熙攘攘地越来越多了。宣传队员们暂时停止了演戏，由宣传部长同群众讲演，宣传党的政策，说明红军是工人、农民的军队。群众的情绪沸腾起来了，“打土豪，分田地”的口号很快就成了群众自己的要求。他们打开了土豪的粮仓，把土豪剥削来的谷子都给分了。跟着别人跑出去躲避红军的老百姓，听说红军这样好，当天傍晚就回来了。

但是，屁股后面的敌人还在追着我们，逼迫得我们不能在新田久停。那天夜里，我们向店铺里买了很多雨伞，米袋里装满了粮食，第二天一早，天还没亮，我们就出发了。我们在新田停留的那一天，成了新田人民永远难忘的一天，土豪们想起来就害怕，农民们想起来就默默地怀念红军。

我们军团就宣传部副部长是一个多才多艺的宣传家。他在新田时，在一座高大祠堂的墙壁上，用石灰刷写了一幅“活捉陶广”的大字标语，在“陶广”的笔画上画出陶广的人头，“活捉”上面又画出红军雄伟的姿态。这幅标语写得很艺术、很有力量，因此，老百姓非常佩服我们，认为红军确实有才能，红军确实是个藏龙卧虎的地方。据说第二天陶广的部队就进了新田，看到这幅标语，气得直跺脚，涂又涂不掉，改又改不成，最后只好让那家土豪把墙拆掉了。墙虽然拆了，老百姓脑子里的印象却没有办法抹掉。红军留下的良好影响在人民的心目中反倒越来越深了。

阳明山上

从新田出发，我们就向永州方向前进，可是敌人挡住了我们前进的道路。这时，前面堵，后面追，情况非常紧急，我们不得不爬上有名的阳明山。

这座山又高又大，看起来好像山顶就在前面，可是顺着上山的小道拐弯抹角的向上爬，爬了半天，抬头一看，离山顶还是那么远。这座山，和江南其他的山一样，到处都是绿荫荫的森林，青青的河谷。在山下时，本来热得连衬衫都穿不住；爬到了山上，头上的太阳还是那么大，也没刮一丝儿风，却冷得禁不住发抖。

天不亮就动身，赶到山顶，太阳已经偏到了西南，看样子，当天能不能下山还是一个问题，不吃饭是无论如何也走不动了。但是，出发时带出来的冷饭在半山腰已经吃完了，做饭吧，到哪里去找煮饭的锅子呢？后来，军团首长下命令，让大家用自己的小洋磁缸子做饭。用缸子做饭，这还是第一次。人们有的拔草，有的找水，忙了个热火朝天。熊熊的野火，一团团一簇簇地点燃了，初时的寒冷顿时全部赶散。然而，淘米煮饭的水却迟迟地未能找来。部队摆得很长很远，我们营一滴水也没有找到。当初没有感到这个问题的严重性，人们还不觉得口渴；一旦发现这儿似乎找不到水了，喉咙眼好像更加干燥起来，令人一刻也不能忍耐了。于是战士们都分头出去找水。七朵连长带着刘转生顺着一条干溪向上爬，好不容易，才发现了一点救命的水源。他高兴地喊叫起来：“喂！有水了！”人们一听，喜出望外，全部向他这里跑来。走近一看，又凉了半截；那里并不是一条小河，也不是一个深潭，只是山崖下的石缝里有一个快要干枯了的泉眼，嘀答嘀答地向下滴水珠，半天才滴下来一点点。看来除了这里，再也没有其他的希望了。人们只好耐着性子坐在地上排队等待。有人斜倚在石头上呼呼地睡着了，一觉醒来，看看前面排的队伍还是很长很长，离接水的地方还是很远很远。

那天，我们有的吃上了饭，也有不少人连着饿了两餐。情况是十分紧急的，不能等着每个人都做饭吃了。走吧，前面队伍在前进了，我们没有吃上饭的，只有在道路的旁边摘些野果子吃。

第一次击落敌机

红军开进了湘西南和桂北的五岭山区。

长途的急行军，对于敌、我双方都是一个严重的考验。红军越走腿杆越硬，精神越饱满；看到五岭山，个个喜笑颜开，两条腿迈得更快，简直在同敌人赛跑。敌人是输了，逃兵数字与日俱增；看到五岭山，人人愁眉苦脸。敌人的首脑机关急得抓耳挠腮，何键一天到晚给追击部队的司令官发电报，下命令，到头来还是落了空。最后，不知是哪个家伙想出了一个蠢主意：派飞机在我们上空打转转，想要用这个办法拖住红军如飞的脚步，替尾追的敌人争取一点时间。

开始，只要一听到飞机的隆隆声，队前就立刻传下“就地隐蔽”的口令，可是敌机低低地旋过来，既不扫射，又不“下蛋”，只是斜着翅膀看看我们就飞走了。于是，部队爬起来继续前进；哪知，刚走了几步，它又歪着翅膀绕回来了。这样兜了几个圈子，敌人的诡计就被我们识破了：哈！敌人是想用飞机阻止我们前进！好吧，我们不必理睬它，还是继续走我们的路。

那天，是四十九团担任后卫。当太阳移到正中的时候，前边的部队已经走进了大山，这架飞机却还是死死地绕着我们。它见我们不再搭理它，就越发飞得低了，欺侮我们没高射武器。飞机俯冲时刺耳的尖叫声，把担任警戒的同志们惹火啦。大家和连长一商议，决定赏给它一个排子枪，让它知道红军不是好欺侮的。反正大部队已经进了山，打了它也惹不出什么大乱子。战士们迅速找好地形向敌机旋来的方向瞄准，扣好了扳机。排长一声命令：“放！”一排子弹整齐地射了出去。也是那小子活该倒霉，恰巧被我们击中了要害。它发出一声怪叫，拖了一条黑尾巴，像喝醉酒一般，摇摇摆摆地向山洼里栽落下去了。

一架飞机从天上掉下来，人们怎会看不见呢！后卫部队一股风似的向飞机跌落的地方跑去。几个战士七手八脚地从飞机上卸下来一挺重机关枪，研究了半天不知道怎么用，丢掉吧，很可惜；干脆背上走。战士们都抢着背，这个人还没有落肩，前面的又夺走了，就这样往前传，大伙儿一直把它背到了宿营地。

回马一枪打李觉

部队翻过了五岭山，通过了广西的西延区，继续急进，正好经过通道县城。这是湘黔交界处深山中的一座小县城。

城里的人家和商店不多，也没有住什么队伍，只有几个保安队的能吃、能抢、不能打的兵。我们的前卫朝城上乒乒乓乓地放了几枪，他们早就吓得从背后跑掉了。部队进占通道城、休息了一天，算是忙中偷闲过了一个中秋节。后来，李觉的部队从后面轻装赶来了，走在前面的是手枪营，我们听了，精神为之一振。

李觉，我们和他是很熟悉的，对他也很感兴趣。他是当时伪湖南省主席何键的女婿，装备特别整齐，只要和他一交锋，我们就能占到便宜，因而，我们准备吃掉他这一股子。我们知道敌人走得很疲乏了，在路上拄着棍子走，已经大大地影响了战斗力。我们撤出通道城过河，只要找个有利的地形，以逸待劳，消灭这批远道而来送行的敌人，是十拿九稳的。因此，军团部下定了歼敌的决心，命令部队:准备木排，立即渡江。

渠水江，是沅江上游的一条支流。江上有许多从山上放下的木排，顺水流向沅陵、常德等城市。我们截住这些木排，纵横交错地铺满江面，没费多大力气就搭起一座十分牢固的浮桥。大队人马浩浩荡荡地从桥上开到了西岸，谁也没有沾湿鞋子。拆桥也很方便，只要拔开一两个交叉着的木排，靠着江水的冲力，自己就散开了。等敌人赶到时，浮桥已经无影无踪了。

过江走了 20 几里，就是一个大山口，两边地势很高，中间地势很低，是一块埋葬敌人的天然坟场。我们进山以后，为了争取时间，前卫五十二团就停了下来，占领高地，隐蔽起来，后卫继续向西走，摆成一个面向敌人的口袋阵。

敌人追了我们好久，始终没有追上，不知挨了何键多少训。他像催命鬼一样，不顾一切地催着他的部队往前赶。追到通道城，发现我们刚刚动身，误以为我们是被他吓跑的，加之他们自以为装备优良，有恃无恐，就马不停蹄地追过江来，根本没有想到红军会在这里等待他们。我们埋伏在山上，看着他们急急忙忙向口袋阵里猛钻的蠢样子，好像唯恐送死不成似的，心里实在好笑。等他们全部进入口袋以后，山口两侧的部队，随着一阵手榴弹压下山去，就扎紧了口袋阵的口子。接着，冲锋号声，枪炮声，响成一片，红旗迎风展开。只见万绿丛中点点红光照射，红军的指战员雄赳赳地端着刺刀，像猛虎一样冲下山来。敌人哪里料得到这一着，打得脑袋都糊涂了；等他们清醒过来，想要逃跑，为时已晚，只得纷纷缴械投降。先头部队被缴械了，后续部队倒退30里安营扎寨，战斗就宣告结束了。这次战利品是十分丰盛的：崭新的、黑黝黝的“自来得”手枪，还有一箱一箱的子弹、手榴弹。这些礼物对于当时红军来说是迫切需要的，所以我们这些工农出身的红军老战士，都说李觉很够“朋友”，他带着丰盛的礼品，最后把我们送出了湖南。

抢占黄平

过了通道城就进入了贵州省境内。这时，我们已经惊动了湘、桂、黔三省的敌人。湖南的敌人唯恐我们在湘西南山地立足；广西的敌人担心我们去收复左江右江的老苏区；贵州的敌人见我们大踏步地开进门来，更是惊慌。同时，贺龙同志的红二军团正在湘鄂川黔的边界上开展活动，如果我们会合在一起，很可能沿着湘黔边界连起一块宽广的根据地，控制湘黔公路，切断中南敌人与西南敌人的联系，并可北出川鄂，南下两广，使敌人永无安宁之一日。因此，三省的敌人都想趁我们还没有与红二军会合的时机，聚歼我们于黔东山地。

我军进入贵州之后，原想取道锦屏以西山地，向黔东北挺进。谁料行至大广、小广地区，却发现了广西军阀廖磊的部队挡住了去路。当时，我们仍企图打开一条通路，继续北进。经五十、五十二团接连猛攻几次，付出了相当的代价，终因敌人占据了险要地形，并已预设强固工事，未能达到目的。看来从湖南追来的陶广、李觉也已经距我们不远，如果继续尝试这种无效的攻击，拖延了时日，势将落入腹背受击的危险境地。军团首长遂改变决心，趁贵州敌人还没有部署就绪，折向西进，抢占黄平，然后伺机北去。

当时的贵州军阀是王家烈。我们为了迷惑从湘桂赶来的敌人，一路高唱“单打王家烈”的歌子，到处张挂“单打王家烈”的标语。经过几天几夜的急行军，黄平城已经投入我们的眼底了。这时，军团首长估计敌人的大部队还没有到来，城内顶多只有一个保安队的兵力，就先遣我们的侦察队去解决他们。

侦察队长姓刘，外号叫刘驼子，此人胆大机智，擅长化装成敌人的军官，而且是屡试屡验。他领受任务以后，叫侦察员们全部换了国民党军队的服装，就直奔城内敌人的保安队队部而去。

一个吊儿郎当的敌军哨兵，正在城门口溜达，一眼看见装扮成国民党军官的刘队长，赶紧停下来摆出一副准备举枪行礼的架子。刘队长横眉竖眼地喝道：“你们队长在吗？”“正在开饭，你们是……”哨兵怯声怯语地问。“你没有长眼睛吗？”刘队长指着自己胸膛上带的湘军李觉部的符号，大声吼道：“还不快去报告你们队长！”那哨兵吓得两只眼睛七大八小的，连声称是。敬了个礼就跑进队部去了。不出三秒钟，敌保安队长出来了，向着刘队长连鞠躬带敬礼地直道歉：“贵军到来，有失远迎。请！……”刘队长点点头，跟进队部里，抽了一支烟，装作很不高兴的样子，把那位队长训了一顿:“贵军的纪律恐怕有点松懈吧？现在共军就要到这一带来活动，你们怎么一点不加戒备呢？我们李师长今天晚上就要到这里来，如果让他看到这种情况，于老兄的面子恐怕很难过得去吧？……”那个队长陪着笑脸，不住声地应道：“是，是，请包涵,请包涵！”停了一会儿,刘队长说道:“那好吧！我也就不客气了，请老兄把队伍集合起来，我来训话！”等那位仁兄把队伍全集合到礼堂之后，我们的侦察部队就到各房内把所有的枪都收了，接着，一挺轻机枪冲着礼堂门口一摆，就把敌人的保安队长连同他集合起来的部下，全都活捉了。

还有些保安队及县政府的一些武装，稍稍放了几枪就溜了。就这样，我们没费多大力气，抢先占领了黄平城。

甘溪遇险

在黄平稍事休息后，军团参谋长带着四十九团先头出发了。大部队迤逦地跟在后面，经龙溪、走马坪，向石阡附近的甘溪镇继续前进。

那天，正下着蒙蒙细雨，我们带的雨伞是当作火把烧掉了。全身淋得像落水鸡似的，黄乎乎的泥浆溅了满身，再加下雨路滑，疲劳饥饿，一路直跌跤。大家巴不得一步跨到甘溪，美美地睡上一觉。谁知敌人早一步占了甘溪，在等候我们；贵州的王家烈正从思南、印江向南推进；湖南的李觉、陶广已经占了石阡等地；广西的廖磊在江口、甘溪之间摆了一条线；湘西的陈渠珍也从凤凰出动，堵住了东、南两面的路口。他们这一伙子单等我们进到这个山区，就开始合围。天黑时，军团参谋长首先接近甘溪，还没有站住脚，三面山上的枪声就激烈地叫开了。他带着四十九团急忙向北突，刚刚突出去几个机关枪连，后面就被截断了。军团首长一看，局势对我们很不利，赶紧叫侦察队想办法抓一两个敌人来弄清各方面敌人的情况。我们侦察队的同志真有办法，过不久就抓回来几个敌人。根据他们的供词，判明湘、桂、黔的敌军已经在这里完成了包围我们的部署，只有返回头往南打才有突围的希望。事不宜迟，军团首长立刻传下了向南突围的命令。但是，部队刚刚冲到山腰，一阵手榴弹从头上飞来，南面的来路也被敌人切断了。在这山区里似乎大小道路都满布敌人，估计只有爬没有路的大山才能出去。这时，任弼时同志保持着高度的冷静，在部队英勇抗击的紧急时刻，带着通信员找到了一位靠打柴为生的老头子。任弼时同志知道：贺龙同志在这一带老百姓中间的名声是很大的，因此，他开口就向那位老者说道：“老人家，我们是贺龙的队伍，你能不能给我们指一条出山的小道？”老人家一听到贺龙的名字，脸上立刻流露出又惊又喜的神情。喜的是：平日盼贺龙，望贺龙，今天果然见到了贺龙的人；惊的是：看到四面八方都到了国民党军队。但是，他却捻着长胡须，眉头紧拧，半天没有回答，只是呆呆在仰望着山上的梢林。通信员在一旁实在憋不住了，刚要开口催问，见任弼时同志那严峻的目光向他射来，才一口咽下刚要出口的话，制止住自己的冲动。最后，老人低下头来叹道：“路是有一条，可是难走得很呵！”任弼时同志答道：“只要有路，就可以了。”老人说道：“好吧！来，我带你们走。东南面的山沟，如今是一层又一层的梢林，二十年前，是一条通往岑巩的大道，只要你们能砍开梢林钻出去，十里之外就能见到人家。两边的山很陡，很大，王家烈的烟鬼兵爬不上去的，不用怕他。”任弼时同志高兴地立即向通信员说道：“快！快把情况告诉部队！”接着又转向老人：“红军永远不会忘记你老人家的。”老人说道：“快走吧！见了贺龙不要忘了替我这老头子问好！”

这时，一部分部队，正坚强地抵抗着敌人的猛烈进攻，只有坚持到天黑，才能凭着夜幕摆脱敌人。

任弼时同志带领部队向山上开辟着道路，虽然带刺的枝条扎破了手臂和脸颊，虽然鲜血混合着雨水不住地挥洒，有谁还去管它！直砍得全都筋疲力尽了，才开辟出一条新的艰难的道路来。这时，没有吃饭的肚子，却咕咕地叫唤起来，在这丛山峻岭中，哪里还打得到饭吃呢？饿急了的人们只有挨着岩缝去找野果子。有一种红色的透明的小果子，最解渴，也最好吃，只是不算十分多，勉强也能吃个半饱。接连几天，我们日夜在弄不清地名的深山里爬；敌人也到处放火搜山，枪声不断地震荡着山谷。

杀出重围

我们虽然暂时免去了被歼的危险，但还不知道通向红二军团方向的道路。

黔东的山特别险峻、荒凉，深山里很难找到一个人带路，这一带的地形我们又很不熟悉，只有在深山之中转来转去。东面碰到了敌人，就转向北面翻山；北面碰到了敌人，就转向西面越岭。有时，敌人越跟越紧，我们就尽量抗击敌人，坚持到黑夜。一到黑夜，我们就转移。敌人唯恐遭到我们的反击，只好放我们走掉。战士们管这种办法叫作诸葛亮的空城计，吓住敌人司马懿。

但是，一直和敌人这样捉迷藏，对我们是不利的。虽然伤亡不太多，弹药的损耗却十分可观；虽然有野果子可吃，终不是长久之计。因此，任弼时同志决定再作突围北进的尝试。根据侦察得到的敌情，北面是王家烈的部队。王家烈比起广西、湖南的敌军，战斗力是较弱的，而且人人都是鸦片烟鬼。打仗时，每人随身携带两支枪：一杆步枪，一杆烟枪，即便作了俘虏，也只肯缴步枪，不肯缴烟枪。和他打仗，只要坚持到他烟瘾发作的时候，他就丧失了战斗力，我们就能取得胜利。我们的突围方向选在这里，看来是再合适不过了。

但是，劲敌廖磊特别积极，他又挡住了我们的去路，逼得我们不得不第二次又返回甘溪。为了调动敌人，吸引敌人，使我们主力摆脱敌人，我们就必须付出一定的力量、一定的代价来抗击敌人，保证主力安全突出重围。这时，十八师师长龙云同志，挺身而出，亲自率领了五十二团，来担负这个重任。广西军阀的战斗力是很强的，但我们红军指战员比他们更顽强，虽然吃不到饭，喝不上水，仍然凭借着自己的坚强意志打击敌人。当我们主力基本上通过了危险地区，突围出来后，被五十二团吸引拢来的敌人，四面八方的开始向五十二团围攻了。这时，每个红军战士，以无比顽强的战斗意志，和敌人进行了殊死的决斗。但终因众寡悬殊，除了一部分同志突围出来赶上了主力外，全体指战员，连同龙云师长在内，战到了最后，流尽了自己的鲜血。……

他们就这样用自己的生命，保证了我们主力的安全突围。

我们甩开了敌人，又继续前进了。

下山就是一条大河，河上虽有一座桥，却被对面山上的敌人用机枪封锁住了。军团首长亲自指挥随营学校涉水渡过对岸，占领了一块高地，压制住敌人的火力，驱逐了敌人，掩护队伍通过了浮桥。

队伍过河之后，就穿过公路，翻过山去，安全地进入了一道山沟。当晚，我们又穿过一座冷森森的梢林。我们弯着腰，趟着水，整整走了一夜,才突出了敌人的包围圈。我们在艰险的斗争中,终于取得了胜利。

会师南腰界

从甘溪突围出来后，我们在一个名叫大地方的小镇上休息吃饭了。

任弼时同志站在一棵大树旁边，命令各单位彻底清查一下人数。知道龙师长没有回来，人们的心情顿时又沉重起来。

经过片刻的沉默，任弼时同志开始讲话了。他分析了敌人这次大力阻击我们的目的，主要是想不让我们和二军团会合；同时，这也就告诉了我们：我们和二军团已经相距不远了。……

正在这时，七朵连长和几个战士吵吵嚷嚷地跑到首长跟前。

“啊呀！我们要同贺龙红军会合啦！”

七朵连长顺手把一张红二军团的标语交给了军团长。军团长看着标语,兴奋地说:“任弼时同志的估计完全正确,这是红二军团贴的标语！”

“到了苏区啦！”“要与贺龙老总会师啦！”红军指战员浑身轻松，难耐的疲劳都忘记了，这对出死入生、万里征战的壮士们来说，该是多么激动人心的大事呵！我们吃罢饭，也顾不得休息，就又向东北方向前进了。

在魔王附近，部队停下来休息，部队嚷嚷地说贺老总派人来接我们啦！有的已听说军团参谋长和贺老总会师已有个把星期了。人们心里盘算着：不知还有多少路才能到苏区。唉！赶快走吧！到苏区睡他一个星期的觉再讲。有的同志抱着枪，躺在路旁早就打起鼾来。有的听到离苏区不远，一双脚更加走不动了。掉队的人谁也没有想到红二军团派了收容队来帮助我们收容。我们看到来了一些同志，服装同我们不一样，以为是游击队。后来听说他们就是贺龙的红二军团的战士，特地来接我们的，把我们高兴得不知道说什么好。

首长们听说贺龙同志就在前面不远的地方，饭也顾不得吃，水也顾不得喝，跟着联络员就往前走了。部队高高兴兴地随后跟来。我记得大概是在秀山县①管的、位于一个山岗上的名叫南腰界的小镇子上，我们红六军团和红二军团胜利地会师了。我们久久盼望见到的贺龙同志、关向应同志，都远远地跑来迎接我们，军团参谋长和他带的那一部分队伍早已到了这里。他们抱住我们说："盼你们已经盼了很久了！"

当天晚上，我们二、六军团会合的消息用无线电报告了中央。

傍晚时候，我们两个军团在南腰界镇子南面的广场，开了一个又是联欢、又是动员的大会。贺龙同志英武地站在桌子上，对我们讲了许多非常有趣、非常有力的话。他说："六军团的同志们从湘赣苏区，经过万里长征，来到这里，和我们会师了。你们很需要在我们的根据地休息休息，我也很愿意请你们在我们的根据地休息休息；可是，我们的根据地在哪里呢？同志们，我们的根据地就在脚底板上！现在我们两个兄弟部队会师了，力量大了，所以，我们有一切条件，很快创造出一个根据地来。……"

① 应是酉阳县。

那时，我们听了贺老总的讲话，是很感动的。我们知道他们的环境并不比我们好多少。过去他们在洪湖苏区,靠近武汉,敌人对他们的“围剿”是很残酷的；现在他们转移到湘黔边的时间不久，还没有来得及建立巩固的根据地，强大的敌人又来纠缠了，所以他们仍然只能处在艰苦的游击战争的环境中。两个兄弟部队会合后，力量壮大了，这就大大鼓舞了全军的指战员。大家都有这样一个共同的愿望，希望有个好机会痛痛快快地打一个胜仗，建立新的根据地。同时，我们六军团的战士们还想在打仗中表现出自己的战斗力，也想看一下红三军的战斗方法，以便互相学习。

会师以后，两军的同志亲热极啦。他们因为过去没有巩固的根据地,现在又在贫瘠的山区,物质生活十分艰苦。但是他们自己不吃好的，却买了不少的猪肉慰劳我们，每人还送我们一块四川盐巴。这些四川盐像水晶石一样，还是第一次见到，我们很高兴。虽然离开苏区后，吃盐不成问题了，但是，回想起过去在湘赣苏区时受过没盐吃的苦，我们对盐巴还是极感兴趣的。

第二天拂晓，我们跟着红二军团行军了。他们走起路来简直像飞一样，过山也是跑步的，我们那时怎么也赶不上，他们一天走一百七八十里，还要打一双草鞋送给我们。

二、六军团浩浩荡荡地，真像出山的老虎一样，经过酉阳县城，没有休息，像尖刀一样插进了湘西，顺利地占领了永顺城。湘西的陈渠珍和贵州的王家烈聚集了十个团以上的兵力，又很快跟来了。我们撤出永顺城后，敌人以为我们怕了他们，就继续向我们进迫。我们在退，他们在追，虽然战士们不高兴，想痛痛快快地早点打一个胜仗；但首长们早计划好了，必须退到有利于消灭敌人的地方，退到敌人更加骄傲的时候再消灭它。我们退到龙家寨过去的官里坪，就不退了，在这里等候着。就在这个地方，正当敌人狂妄不可一世的时候，我们两个兄弟部队配合着，打了一个漂亮的歼灭战，一次消灭敌人十个团，揭开了湘鄂川黔苏区历史上灿烂的第一页。从此以后，这块革命根据地巩固、稳定了一年多，一直坚持到北上抗日。

毛主席说：“东方不亮西方亮，黑了南方有北方。”湘鄂川黔苏区的创造，正好证实了这句话。不可阻挡的红色铁流，克服了一切艰难困苦，冲破了一切难关，连续战斗，从胜利走到了胜利！

选自《红六军团征战记》上，解放军出版社1994年6月版，第311—336页。

左齐，1911 年生，江西永新人。1929 年加入中国共产主义青年团，1932 年转为中国共产党党员，同年参加中国工农红军。红军长征时任红六军团政治部宣传队队长。新中国成立后，先后任新疆南疆军区副政治委员、政治委员，新疆军区副政治委员兼政治部主任，济南军区副政治委员、顾问，政协第五届全国委员会委员。1955 年被授予少将军衔。1998 年在济南逝世。

攻克新田城

张铚秀

红六军团于 1934 年 8 月 7 日退出湘赣苏区，开始西征。途中，斩关夺隘，攻城掠地，充分显示了这支部队英勇善战、威震敌胆。我这里记述的仅是红军攻打湖南新田县城的一次战斗。

这次行动，根据中央军委的命令，第一步到达湘南桂东地域，发展游击战争，扩大游击区域；第二步到达新田、祁阳、零陵地域发展游击战争，创建新的根据地；第三步西渡湘江，向新化、溆浦广大地域发展，并向北与红二军团取得联系。8 月 11 日，我军胜利突破了湘赣粤三省敌人设置的四道封锁线，抵达桂东县的寨前圩。按中央军委的第一步计划应在这里停下来，发展游击战争。但由于我军胜利突围，震撼了湘桂两省敌人，敌西路军司令、湖南军阀何键为防我深入湖南，急派刘建绪为第四路军前敌总指挥，火速奔赴衡阳指挥作战。刘建绪到衡阳后，一面调王东原的第十五师、彭位仁的第十六师跟踪追击红军，一面调驻湘东南地区的保安第十六、十七两团在郴县、桂东间的彭公庙、青腰圩、渡头司、滁口和文明司一线构筑一道防堵线；将李觉的第十九师之第五十五旅和保安第十四、十九两团控制在郴县和资兴之间地区，作为机动部队，并以保安第十八团在汝城地区构筑屏障阵地。湘敌的意图是欲在北上粤军配合下，围歼我军于郴县、汝城和桂东之间地区。而广西军阀李宗仁、白崇禧为防止我军进入广西也令副军长廖磊率第七军的第十九师、第二十四师紧急向广西北部边境运动，蒋介石希望湘、桂军阀能通力合作，遏止我军西进。军团首长根据现实、紧迫的敌情，认为如果按原计划在湘东南地区停留，桂敌北出，湘粤敌马上合围过来，对我军今后活动是很不利的。遂决定将军委的三步并为一步走，乘敌人围堵部署尚未形成和湘江江防还比较薄弱时，迅速越过耒阳、宜章公路，夺取新田，部队稍加补充后即向零陵挺进，争取在其附近抢渡湘江，前进到新化、溆浦地区。这就是说，实现三步并一步的计划，夺取新田是要招之一。

8 月 12 日晚，我们由寨前圩出发，连续几个夜晚行军，15 日进抵泉水、东江一带，16 日进入郴县境，当夜避开敌人严密封锁的通道，走小道，攀悬崖，摆脱敌人。17 日越过粤汉大道，经走马岭，迅速通过耒阳、郴县公路，进入桂阳境后经金义，绕过桂阳县城再经仁义圩，梓木圩，19 日抵达七里坪、这一路都是我们红四十九团充当开路先锋、我们第三营又是前卫营。过了七里坪，营长把我们七连连长马秋德找去，下达了第二天袭占新田县城的任务。马连长和往常一样，总喜欢把攻坚、打头阵的“差事”交给我。我在他手下当战士、班长、副排长，直到这时当排长。他了解我和我们全排。我也熟悉他的用兵之道，彼此配合默契。这次我也和往常一样：不讲价钱。

我把打新田当突击排的任务给全排作了传达，大家都非常高兴，摩拳擦掌地说：我们排打了不少头阵，但攻县城打头阵还是头一回。全排同志的求战情绪使我鼓舞，但也正如大家说的，过去没打过敌人防守的县城，这“头一回”能成功吗？

我脑子里犯着嘀咕。到了连部，把我怎么打法、攻击的时间及营、连如何组织火力掩护等问题向连长作了汇报。马连长对打下新田县城充满信心，他说：敌人守城的保安团人数虽然不少，但我们是乘敌不备，采取夜间袭击，用两个排同时攻，以你们第一排为主，只要你们攻得猛，首先打上城墙，攻下这座县城是没有问题的。

我回到排里，就如何组织攻城，同几个班长认真研究。由于新田县城城墙较高，我们特别研究了如何用搭人梯的战法攻进城里去。

新田县城守敌保安团有近200人，城北二羊岭炮楼驻有20多人，其他分守四门。我们排担负主攻东门的任务，这里是敌防守重点，驻有大约三四十人的兵力。

那时敌人有空中优势，飞机利用白天经常飞到我们行进方向侦察、扫射、投弹，我们简直奈何它不得。为了减少伤亡和求得行动隐蔽，都是晓宿夜行。所以攻打新田的命令，从团到营，从营到连，从连到排都是夜间行进间布置的。同样，我同几个班长研究如何攻城，也不可能把部队停下来，而是边走边研究。19日夜，我们三营的部队抵达离城只有几百米的地方停下来做攻城准备。

攻城的命令发出，掩护攻城的机枪"嗒嗒"划破沉寂的夜空。我率领全排迅速跃进到城墙脚。敌人可能是发现了我们，猛烈射击。时间就是胜利。我立即组织大家搭人梯，从城门楼一侧迅速登城。在敌人火力压制下，我们有的登城失败，但有的获得成功。我排率先登上城墙，先打倒守城垛的敌人，然后扔出几颗手榴弹去，把上来反扑的敌人打塌下去，趁势领占城门楼。接着我令几个同志把城门砸开，迎接营主力进城。

这时，我率领全排追歼逃敌，在我们连和其他友邻单位配合下，只有半个小时即歼灭守城的保安团。城北的炮楼因是石头砌成的，非常坚固，我们没有重炮，一时攻不下来。但第二天大部队进城后，还是被我们打下来了。

新田攻城战斗，全歼守敌保安团，缴枪160支。我们排抓到二三十个俘虏，缴枪20多支。新田，是红六军团西征十几天来打下的第一座县城。这次战斗的规模虽然不大，但首战告捷，对红军战士是个极大的鼓舞。县城里的老百姓，见到了久别重逢的红军，十分高兴。次日，红六军团由新田出发，在崎岖难行的山区道路上，又奋勇西进了。

选自《红六军团征战记》上，解放军出版社1994年6月版，第363—365页。

张铚秀，1915 年生，江西永新人。1930 年加入中国共产主义青年团，1933 年参加中国工农红军，1934 年转为中国共产党党员。红军长征时任红六军团第十六师连长、营长。新中国成立后，曾任中国人民志愿军第二十六军副军长，中国人民解放军第二十六军副军长、军长，济南军区副司令员，昆明军区副司令员、司令员，中共中央委员，中央顾问委员会委员。1955 年被授予少将军衔。2009 年在北京逝世。

流落绥宁遇亲人

谭义从

我住绥宁县寨市区西河乡李家村，是一位老红军战士，名叫谭义从，原名谭瑞生。原籍是江西省吉安县敖成乡人。我是 1934 年红军长征途经绥宁的时候，因双脚生毒溃烂不能行动留下在此养伤治病的。病愈后，由于与部队失去了联系，便在这里安家落了户。

1930 年冬，我在老家参加了共产党领导的区游击队。1933 年正式编入中国工农红军。1934 年 7 月，我们的部队编入红六军团，军团长是肖克同志，政委是王震。我们红六军团是 8 月初从江西永新突围出发长征的。出发前，我们战士都不知道是长征，只听到有的同志讲，过三天后就可以与大部队会师，结果过了一个三天又一个三天，仍然不见与大部队会合。当时我们每个红军战士发了五双用旧布条织成的草鞋，每人发了一支长枪，二枚手榴弹，一把工具刀，一个干粮袋，一个盛饭布袋，还有一个装简便行李的布袋子；每人只准穿一件夹衣和一件单衣，带一床被单，除此之外，不准带任何东西。

突围以后，我军团先后经过茶陵、攸县、桂东、新田县城，然后进入广西边界，再转入湖南城步县境内的长安营一带山地。在城步境内我军与国民党反动军队打了一仗。9 月 12 日，部队从城步长安营出发，开进绥宁界溪、赤板，在这里住宿了一晚；部分先遣队抵达黄双。9 月 13 日，红军大队伍经黄双，向绥宁当时的县城寨市前进，在梨子界一带，遇上国民党军李觉部队，进行了小规模的战斗，时间很短，双方均无伤亡。由于敌强我弱，我军主动在当天下午再退回马蹄溪、冒塘、黄双，在黄双一带野外露宿。第二天，9 月 14 日，大队伍由黄双向地林方向继续前进。

红军在长征途中的生活是很艰苦的。行军一整天的时间，一般只能吃到一顿饭，在吃早饭时，每人往饭袋里装两碗粗米饭，供中途行军充饥。我们吃的大米，是从打土豪或者向当地老百姓买来的；如果打不到土豪,买不到粮食,战士们就只好忍饥挨饿了。有时候虽然搞到了粮食，但没有菜，就只好用盐水泡饭吃，红军是不发薪水的，每月结一次伙食账，每人每月从节余伙食尾子数中分几个铜板作零用。我们从出发的那天起,一直连续行军作战,很少有休息的时候,就是稍有机会休息一下，也是就地而坐，或者躺在草地上打一下盹。有一次，我们在行军途中休息，有的战士确实太累了，一坐下来就睡着了，大队伍走去了很远还不知道；也有边走路边打眼闭的，有的绊倒在路上，还有的甚至跌伤脚趾头。我们从江西永新出发至绥宁县的地林，在这段时间里，大部分时间都是在野外露宿，或者躺卧在老百姓的屋檐下。有时住在老百姓的堂屋里，从不进入老乡的卧室。

在红军队伍里，官兵一律平等。首长和战士穿一样的衣服，吃一样的饭菜，一同作战打敌人。谁是官，谁是兵，一般是难以分辨出来的。不同的是，在行军中，战士们只管顺路前进，而当官的却要经常跑前走后，照顾士兵。每个团部配备了三匹马，是专门照顾给首长骑的，而当首长的总是坚持与战士们一起走路，把战马让给伤病员去骑。

红军有铁的纪律，不拿群众一针一线。有一次，我们的大队伍经过湖南永州地方，当地老百姓都被国民党吓跑了，到处买不到粮食，大家只好一整天饿肚皮。有的同志身体弱，肚子饿得实在难受，也只好到小溪边舀一碗清水充饥。在我们红军队伍里，当时有一条规定，向老百姓要东西，首先要征得老百姓的同意，然后按价付钱。我们大队伍路过绥宁地林，摘吃了老百姓一个南瓜，但不知道这南瓜是谁的，于是就只好在南瓜蒂上放了一吊毫子（铜钱）。我们经常开展批评和自我批评，谁要是违反了纪律，就要受到首长和同志们的严厉批评。

1934 年 9 月 14 日，是我一生中永远不能忘记的日子，这天，我跟随部队从绥宁赤板与黄双接界的一个地方出发，路过黄双南门桥。天刚刚亮，当时听到有的同志讲，今天前面准备打仗，我便没有在黄双停留，拖着溃烂的病脚，艰难地跟随大队伍往地林方向前进。到达地林蛤蟆田时，天已经黑了，一路上再也看不到自己的部队了。这天晚上，我就住在当地一位叫陈宗远的贫苦农民家里，陈大爷待人和蔼可亲，他一边烧糍粑给我吃，一边问我是什么人，从哪里来的，家乡在哪里。我当时考虑陈大爷是自己的阶级兄弟，我就如实把情况告诉了他。他听说我是一个患病的红军战士，心里非常激动，非常关心我的安危。睡觉前，陈大爷要我把所有证件烧毁，并且又给我化了装，第二天清早，陈大爷父子俩又亲自把我背到离他家不远的一个深山沟里藏了起来，还专门给我搭了个草棚子，送给我一床被单，每天亲自给我送两次饭菜，又给我找些草药治病，真是关怀无微不至，比亲生的父母兄弟还亲。在陈大爷的精心护理下，只有十来天的时间，我的脚病就痊愈了。可是找部队已找不上了，老乡都热情留我住下，我就在这里安了家，现在时间虽已过去了半个世纪，但红军与群众心连心，军民鱼水深情，却给我留下了永远不可磨灭的印象。

选自马继善主编：《曙前之路——红军长征在湖南》，岳麓书社1996年9月版，第124—126页。

谭义从，江西吉安人。1933 年参加红军，红六军团西征时为战士。

“根据地就在脚板上”

旷伏兆

在第五次反“围剿”中,红军由于受“左”倾冒险主义错误的影响,不得不暂时放弃或部分放弃根据地，进行战略转移。

1934 年 8 月 7 日，奉中革军委命令，任弼时、肖克、王震率领红六军团从湘赣根据地突围西征，拉开了红军长征的序幕。

接受任务后，同志们的心情分外沉重，这不仅仅因为路途遥远，困难重重，主要是将要与自己长期战斗过的根据地分别了。

当时，我作为军团政治部巡视员，对大家的心情是理解的。

西征开始后，红六军团在广大群众的支援下，仅用两天时间就突破了敌人在衙前和五斗江等地的四道封锁线，甩脱敌人，冲出了湘、粤、赣三省敌人的重围。

8 月 12 日，我军到达湖南桂东寨前圩①，召开了军团誓师大会，庆祝突围胜利。任弼时同志在会上详细阐述了中央为什么决定红六军团离开湘赣根据地西征。中央认为：在粉碎敌人第五次“围剿”中，湘赣苏区在牵制与吸引敌人方面，完成了自己的任务，但苏区缩小了，敌人正在加紧对湘赣苏区的封锁包围。在这种形势下，红六军团继续留在现地区，将有被敌人层层封锁和紧缩包围之危险。而且粮食及物资的供给成

① 到达寨前圩时间为8月11日，军团誓师大会为8月12日。

为尖锐的困难，红军及苏区的扩大受到了极大的限制，这就使得保全红军有生力量及捍卫苏区的基本任务都发生困难。任弼时同志在会上还特别指出，我们西进，不是退却逃跑，而是为了更大更好地开辟苏区，建立新的根据地。因此，希望大家树立起不怕困难，勇于战胜敌人和敢于克服一切艰难险阻的大无畏革命精神，完成中央和中革军委交给我们的任务。

部队行进到郴县时,被一座大山挡住了去路。山高林密,狼嚎豹叫,令人发怵。山上唯一的一条蜿蜒曲折的窄道还被敌人重重扼守，加之天气炎热，蚊虫极多，痢疾流行，部队要过此山，困难重重。特别是扼守在此的国民党军队横行霸道，随意搜查，任意盘剥，非常猖狂。红六军团西征后，他们对过往行人和队伍盘查更为严格，不敢轻意放过一个他们认为身份不明的人。

军团首长听完侦察人员的报告后，非常气愤。肖克军团长的脾气很倔强，一向认为没有红军干不成的事，当即决定：“此山过定了，就是刀山火海，我们也得从这里过！”

对革命事业无限忠诚，为了人民解放事业可以赴汤蹈火，越是困难越向前的军团政委王震同志，立即亲自进村访问。由于他长一脸胡子，穿一身当地农民缝制的马布大褂，讲一口标准的湖南话，当他向群众说明来意后，很快赢得了群众的信任。一位白发苍苍的老大爷向王震同志介绍了他 40 年前上山采药走过的一条小路。王震政委率侦察人员，沿着老人指的方向，披荆斩棘，终于找到了平日根本无人走过的那条山间小道。我军又一次粉碎了敌人设置的封锁线，胜利通过敌人重兵扼守的这座高山。真好比“山重水复疑无路，柳暗花明又一村。”

部队就这样克服了一个个难以预料的困难，迅速地通过郴县、桂阳，攻占新田，进军零陵，准备在零陵附近强渡湘江，向红二军团（当时称红三军，与红六军团会师后恢复红二军团番号，下同）活动的地区前进。

我红六军团突围西征，完全出乎敌人意料，震撼了敌湘桂两省军阀。国民党急调湘、粤、桂的军队，到湘江沿岸围堵我军，企图将我军一举扼杀于此。

敌军在湘江西岸占据有利地形，构筑工事，在浅水区设置铁丝网，布防严密，易守难攻，加之船只都被敌人拉到西岸，上游连降暴雨，江水陡涨，不能涉渡。在敌人重兵前堵后追，湘江阻隔的不利情况下，军团首长经过周密研究，决定放弃由零陵抢渡湘江的计划，突然折向东南，越阳明山，跳出了四倍于我的敌军包围圈。9 月 4 日。从界首地区渡过湘江，向西延地区前进。次日下午，我军先头部队进抵西延，土豪劣绅及地方官吏，还以为是“国军”民团来了，一个个长袍马褂，准备恭迎。后来一听是红军，吓得魂不附体，纷纷逃命。

部队在西延没收了 20 余户地主豪绅的财产、粮食，分给贫苦农民。穷苦群众担心这些恶霸秋后算账，部队便勒令这些恶霸当面向穷苦农民许下不报复的诺言并写出书面保证。我军处处为民着想，广大指战员严守纪律，不拿群众一针一线，说话和气，买卖公平，与历代官军形成了鲜明对照。特别是部队驻扎期间官兵一致，亲如手足的情景，使群众深为感动。他们说从来没有见过这样的军队。我军的行动给群众留下了深刻印象，为后来中央红军长征顺利过此，奠定了良好的群众基础。9 月 8 日，我军翻过海拔 1700 多米高的蔡石界，到达西延以西的车田。

我们原以为能在这里小憩一下，可部队立足未稳，又接到了中革军委补充训令。要求部队继续前进。按照中革军委先前的指示，红六军团到达这一带后，相机开展游击斗争，开辟苏区，创建根据地，然后，再同红二军团会合。

补充训令指出：在目前情况下，红六军团在新化、溆浦之间山地建立根据地是不利的，依地理条件及敌人部署，目前红六军团最可靠的地域是在城步、绥宁、武冈山地区，红六军团至少要在 9 月 20 日前保持在这一地区内行动，力求消灭敌人一个旅以下的单个部队，并发展苏维埃和游击运动。

由于情况的变化，中革军委改变了原来的计划。这一训令无疑是要求红六军团积极行动，吸引与调动敌人于城步、绥宁、武冈山区，设法牵制更多的敌人，然后沿湘黔边境转移到凤凰、乾城等地区建立根据地，以配合即将向此地域开进的中央红军。

基层官兵对部队究竟开往何处建立根据地，一无所知，知道的只是要同贺龙领导的红二军团会合。但各级指挥员清楚地明白：部队越来越疲乏，伤病员越来越多，负重越来越重，斗争将越来越残酷，往后的困难一定越来越大。但是，大家坚信，只要有党在，有军团首长带领和指挥，我们一定能冲破敌人重重封锁，到达中央指定的地域。

在我红六军团到达西延之际，湘、桂两省敌军已在此一带集结重兵，企图围歼我军于城步地区。9月9日，红六军团根据中革军委的指示，迅速由车田继续西进。红军战士不畏强暴，在湘、桂边境的永安关又击溃敌三个师。

淫雨绵绵，连日不息，湿渍渍，湿乎乎的衣服紧贴在红军战士的身上，能拧得出水来。恶劣的气候常常要迟滞军队的行动，为完成党中央、中革军委赋予我们伟大而光荣的任务，保证中央红军顺利战略转移，军团首长经常地叮嘱部队，要咬紧牙关，打起精神，冲破敌人的封锁线。大家也表示：“我们宁可战死，决不让敌人拖死。”

红六军团的大部分指战员土生土长于湘赣根据地。这次西征，对于长期坚持在这一根据地斗争指战员来说，无疑是一次严峻的考验：要磨炼长途行军的坚强意志、锻炼长途行军的本领，行军中要随时准备粉碎国民党军队的围追堵击，要努力减少非战斗减员，要做群众工作，要解决军需物资供应等。行军途中，有的战士困倦得上下眼皮像涂上胶似的，但当时大家唯一盼望的是早日冲出重围，开辟苏区，建立新的根据地，与红二军团会合。正是有这么一点希望，才支使着大部分人挺直腰杆，坚持下去。

部队到达瓮安县猴场（今草塘一带）后，军团又接到中革军委电令：“桂敌向南开动，据谍报称：二军团部队已占印江。六军团应照军委1日13时半电令，迅向江口前进，无论如何你们不得再向西移。”其实这是一个失准的情报，红二军团并未占领印江，桂敌也未向南开动，相反敌人正针对我军行动在开紧急军事会议，制订歼灭我军计划。由于情报失实，我们估计不足，加之防范不当，部队在甘溪遭敌包围，损失较大，伤之600余人，部队也被截成三段。

部队经过近两个月的强行军，伤病员很多，部队负重在不断增加。甘溪失利后，部队负重增大，行军笨重，困难更大。

被截开的三段部队：军团李达参谋长率领红四十九、五十一团经艰苦转战，于10月15日到达黔东水坝与红二军团会合。红五十团在团长郭鹏、政委彭栋才[①]率领下，穿越群山，披荆斩棘，于10月23日在梵净山脚下的堰边溪与前来接应六军团由贺龙率领的红二军团主力及李达部会合。军团主力部队在任弼时、肖克、王震等率领下，采取与敌捉迷藏，兜圈子的战术，找机会杀出重围，终于在10月24日到达黔东，与红二军团会师于印江县木黄。

红六军团经过70多天的辗转激战，行程2500余公里，完成了两军团会师的任务。但伤亡达三分之二，损失惨重。在坚持过来的官兵中，许多人的脚板磨出了厚厚的一层老茧，有的则皮开肉绽，血肉模糊。

红二军团的指战员对红六军团的到来非常热情，有的帮着伤员包扎伤口，有的端茶送水，有的帮助擦拭武器……贺龙同志则来到仍在担架上躺着的伤病员中，亲切慰问伤病员，并动情地对大家说：“同志们，你们太辛苦了！”

红六军团的官兵在这70多天的时间里，确实很恼火，丢了根据地还面对父老乡亲遭受国民党军队和土匪恶霸凌辱不说，最为可气的是一

① 原文为彭栋材，应为彭栋才，即彭林。

路受到了国民党军队的前堵后追，几次差点将我军围歼，迫使红军部队几乎天天处于行军作战状态，日夜苦斗在极为困难的环境中，部队不得不边走边打，边打边走。饥饿和疾病又不断袭来，一路还牺牲了许多战友，同志们可说是满腔怒火。但为了中国革命的事业，他们不后悔，特别是与红二军团会合后，我们的力量壮大了，同时还可以同二军团的同志一起，重新开辟苏区，建立根据地。当大家想到这些时，疲乏、痛苦也就消去了许多。

同红二军团会师是中央的安排，也是红六军团的处境之需要。

10 月 26 日，两军团在四川酉阳的南腰界举行了会师大会。

这天拂晓，残星还没有隐退，在苦难中度日如年的乡亲百姓，也还睡着。红旗引路的红六军团，经过艰苦卓绝的长途跋涉，渐渐展现在朦胧的晨曦之中。

肖克军团长和王震政委传令，为不惊动乡亲们，部队在山坡上就地休息，等天亮后，再进村召开会师大会。

为养家糊口而早早起床下地给地主家干活的农民，首先发现了村前山坡上高高飘扬着的红旗下面，横躺着一排排人马。他们凭直觉判断：“这一定是咱穷人的队伍——红军！”遂奔走相告，村子里顿时沸腾开了，全村的男女老幼箪食壶浆，迎接红军。一向蛮横、霸道的地主，似乎也规矩了许多。这里的乡亲很穷，许多人是全家共穿一件衣，合盖一床被，十七八岁大姑娘没有裤子穿并不稀罕。但穷人跟穷人的心一碰撞，就像干柴烈火，将群众心中的火焰燃烧了起来。他们削竹钉、制土雷、熬硝盐、挖陷坑、安套索、擦鸟铳，准备跟着红军斗恶霸分田地，求解放。

贺龙、关向应和任弼时、肖克、王震紧紧握手拥抱，非常亲切，有说不尽的喜悦。两军团指战员也都无不欢欣鼓舞，如同亲人久别重逢一般兴奋。

红二军团也由于长期处于无根据作战状态。虽然有一个不大也不够巩固的黔东苏区，但由于受过“左”政策、肃反扩大化等原因的影响，造成本来力量很大的部队减少到现在的 4000 余人，党的组织被解散，政治工作被削弱，因此，也希望尽早同红六军团会合来改变现状。两军团首长依据两军团目前现实状况，决定成立一个总指挥部，建立以贺龙、任弼时、关向应为核心的领导机关，统一指挥红二军团和红六军团，并报告了党中央、中革军委。

贺龙同志针对部队当前存在的问题在会师大会上讲道：“红六军团的有些同志以为到了贺龙这里，便是回到了后方根据地，其实，贺龙的后方根据地在哪里呀？告诉同志们，目前，贺龙的后方根据地就在我们的‘脚板上’，同志们今天休息一下，明天就要出发！”

我们有些年龄小的战士，一听说部队还要走，暗暗地哭起了鼻子，但很快又被贺龙同志那铿锵有力、充满幽默的演讲所打动。由于广大指战员很疲乏，加之黔东苏区又不够巩固，敌军还穷追不舍，所以，两军团迫切需要转移，并进行休整和补充兵员。

贺龙同志的讲话，极大地振奋了大家的精神。我们有不少同志早就听说贺龙同志从青年时代起就是一位农民起义英雄，自南昌起义后，一直忠心耿耿地献身于革命事业，以致蒋介石曾悬赏十万银元缉拿他，死活不论。现在大家亲眼所见，当面聆听他的教诲，我们更加敬仰。

贺龙同志在谈两军团长短处时说到：二军团之长处在于有一双“飞毛腿”，特别能走路。六军团的同志们目前还比不上，相信在今后的共同战斗中，很快会赶上的。贺龙同志殷切希望两军团在开赴新的战场，创立新的根据地、配合中央红军长征的过程中，要团结奋进，比翼齐飞。

贺龙同志爽朗的笑声和幽默的表情，不时地逗乐大家，使大家原本沉重的心情，稍稍变得轻快了起来。他那苦乐参半，入情入理，扣人心弦的讲话，更激发了大家战胜困难，去夺取胜利的信心。

一阵秋风吹走了几朵蔽盖着太阳的乌云，天气渐渐晴朗了起来，夕阳斜挂西天，火红的晚霞在温馨地燃烧。

为策应中央红军长征，并创建新的根据地，进军的号角又响了起来，激越，雄壮的声音久久地回荡在山谷之中，激荡着每个红军战士的心弦。正如肖克《题木黄会师》诗中云：

二、六军团历尽艰险，
木黄会师三军欢唱。
八千健儿挥戈东向；
沅澧波涌在烟燎原。
赤区重建湘鄂川黔，
抚今追昔怀梵净山。

选自《红六军团征战记》上，解放军出版社1994年6月版，第443—449页。

旷伏兆，1914 年生，江西永新人。1932 年加入中国共产主义青年团，1933 年转为中国共产党党员，同年参加中国工农红军。红六军团西征时任军团政治部巡视员。红军长征时任独立团政治委员。新中国成立后，曾任中国人民志愿军第十九兵团副政治委员兼政治部主任、政治委员，地质部副部长兼政治部主任，空军副政治委员，铁道兵第二政治委员，中央顾问委员会委员。1955 年被授予中将军衔。1996 年在北京逝世。

横扫桂北

朱家胜

夺关过湘江

我军在嘉禾得悉桂敌十九、二十四两师和地主武装在湘桂边大兴土木构筑工事防堵我军；湘敌十五、十六、十九三个师紧跟在后追击，敌机轮番侦察扫射轰炸，情况紧急。我军于8月29日拂晓由嘉禾出发，经过周背，在下茶园过潇水，进广西过湘江。要进广西必先占领湘桂边的清水、永安、雷口三大关口，这是战略要地。自古相传“谁要坐江山必先夺三关”。太平军从广西出征，先入全州后占永安关，打败清军进湖南……如今湘桂边有敌军两师和大量民团防守，筑有壕沟连接的堡垒群，更加险要，易守难攻。

我军9月2日进抵湘桂边的蒋家岭，遭到敌十九师的堵击。我发起攻击，进行激烈战斗，因敌工事坚固，防守森严，没有攻克，转为抗击敌人掩护主力通过。我军利用夜间走小路，避开雷口关，进抵清水关，击溃守敌，消灭一部，绕道进入广西灌阳县以北之甘圹坪；于3日凌晨避开敌正面的坚固防御工事，从敌后攻入永安关，敌十九师师长周祖晃带一个团的残部在混乱中逃往蒋家岭。我军占领了永安关，扫清了进广西的重要障碍，进入广西。继续急行军，以迅雷不及掩耳的动作进抵文市，击溃守敌夺取灌江上的浮桥，继续西进。4日上午侦察员进抵麻子渡。有敌民团武装40余人押着民夫500余人赶修防御工事，企图堵击我军过湘江。侦察员化装的上尉副官，威风凛凛走进民团工地，哨兵上下打量一阵，恭恭敬敬地站立问：“官长是哪部分的？”

上尉副官回答：“二十四师打前站设营分房子的。”

接着命令哨兵说：“你带我去找你们的队长，有要事相商。”这个哨兵对着人群喊：“班长！二十四师的官长要见队长。”

班长走近来说：“你站岗，我去。”这个班长没有枪，拖着木棍对付民工，放下木棍向上尉副官敬了个举手礼，乖乖地领上化装副官走进民团队长的办公室。队长在桌上打盹，睡得呼呼的，民团班长指着细声说；“就是他。”化装副官朝他背上捅一拳，他迷迷糊糊站起来擦眼睛。民团班长抢先说：“二十四师的官长找你有事。”

化装副官大声痛骂：“混蛋！晚上干什么，大白天睡觉。”

中等身材约40岁，胖乎乎的民团队长，见样子是老行伍的兵油子，直挺挺地站立操着浓重的广西口音哀求说:“官长有什么吩咐,兄弟照办。”

化装副官以军官盛气凌人的惯用口气说，“你们在这里干什么？”

民团队长站立，一动也不敢动回答：“兄弟奉命在此看管民工修筑工事，堵击共军过江。”

化装副官大发雷霆，训斥道：“混蛋！我们就是共军你不知道？”

民团队长听说是共军，吓得魂不附体，哑口无言，软绵绵地往下蹲，侦察员顺手把他提起来说：“你下命令放下武器，我们红军优待俘虏，保证你们官兵生命安全。”

民团队长吓得全身发抖，听说放下武器还有活路，就满口答应了。

民团班长一直不知真相，听说上尉副官是共军就跪下求饶，还没有来得及说话，侦察员把他拉起来说：“你怕什么，没有你的事。”消除了这个班长的顾虑。

民团队长叫这个班长到工地把另三个班长叫来，直截了当地对班长们说：“红军来了，我们被包围，为着弟兄们的生命安全，我们立即放下武器，欢迎红军，要民工各自回家。”四个班长回工地把四个班十余支破枪收缴了。民工扛着农具兴高采烈地回了家。接着，我五十一团像潮水般地涌来。

9月4日下午太阳偏西，我五十一团进到界首附近湘江东岸的探朋岭。敌机两架从零陵沿湘江飞来，我们在树荫下隐蔽，敌机低飞扫射伤三人，投下几颗炸弹炸死农民的几头耕牛。飞机一走，马参谋长就立即指挥过江，不知谁提了外行意见：“这里江面太宽，要在江面狭的地方过。”

马参谋长立即纠正说：“江面越狭水越深，这里江面宽水浅，好过江。”他又告诉大家几个人牵着手过江最安全。大家都脱下裤子围在脖子上。这里是湘江上游，水不深，刚淹在肚子上，顺利渡过了半个月以来计划要过而没有过去的湘江。过江后，得知界首与兴安之间的唐家司有敌二十四师一个团和一个民团大队，对我军过江后的行军纵队构成威胁，我五十一团奉命占领阵地，掩护主力前进。是日黄昏时，我五十一团进到离唐家司30里的地方停下，封锁消息，做饭吃，准备夜间战斗。停下后派干部做社会调查，有些人看到地里有西瓜，看瓜的农民叫吃瓜，吃后付钱农民不要，说：“瓜子留下就行。”指战员仍不敢吃，怕犯群众纪律。因为我们团有一部分红七军的广西同志他们知道，农民种瓜为收瓜子，吃瓜留下子，节约劳力，农民欢迎，我们饱吃一顿西瓜。晚饭后休息一阵就出发，赶到唐家司天还不亮。一到村头连警戒也没有，侦察员闯进民团大队抓到个排长，才知道村里有大军，不放哨没有关系。这个排长在星光下盯着侦察员问：“你们是哪部分的？”

侦察员沉着地答：“我们是十九师派来与七十团取联络的。你带我们到七十团团部去。”排长乖乖地领到七十团去，首先经过一个营部有个哨兵阻拦说：“天不亮不准进营房。”一个要去，一个不准，吵起来，侦察员一刀把哨兵捅死了，带路的排长知道不妙，拔腿跑进七十团团部，立即打起来，我们发起攻击，敌人据屋顽抗，发起多次反击均被我打回去。打到拂晓，敌伤亡大，该团团长汪玉珊率领残部逃跑了，我们打扫战场收集敌遗弃的步枪 70 余支。民团大队 200 余人被我侦察队收拾了。战斗结束了，主力部队也通过了，我们继续前进走到鲁圹之五福关又遇到了七十团的残部，他们占了阵地堵击我团，打到天黑我们撤出战斗继续前进。甩掉了敌军，从此后，我五十一团在广西境内没有遇到敌正规军，全是保安队民团，根本不是红军的对手，不堪一击，统统由侦察队解决了。

红军打下飞机

我军由湖南西进广西，前有桂军堵，后有湘军追，上有飞机炸，堵追炸七天无结果，反而把敌人拖得疲劳不堪。我军士气高昂，一天走百余里，长驱直入，横扫桂北，威胁桂林，震撼南宁。桂系军阀眼见红军势如破竹,吓破了胆,埋怨地面部队无能,行动迟缓,战斗不力,干着急,像热锅上的蚂蚁,停不下也跑不掉。他们不甘束手待毙,成天发号施令,调兵遣将,也无济于事。地面部队已经证明靠不住,唯一希望空军救驾。飞机过去出动一二架，现在三四架；过去轮番往返之间还有点空隙，现在头批未走，二批已到；过去太阳出山飞来，现在天蒙蒙亮就在头上转圈。敌机所到之处，狂轰滥炸，连田间劳动的农民也不放过，人畜被炸死，禾苗炸毁，房屋炸平，人民的生命财产遭到严重损失。百姓怨声载道，红军指战员恨之入骨，要求惩罚广西军阀的呼声四起。可是有的同志信心不足，认为地面敌人好对付，张牙舞爪的飞机没有办法，只有伪装往深山沟土坑里躲。

9 月初的一天，上午天气晴朗，风和日丽，我军向车田前进到达蔡家附近，金黄色的稻谷迎风摇荡快要收割，这里森林茂盛，百鸟争鸣，是典型的南方气候。敌机与往日一样，早早地跟在我们行军纵队的上空盘旋侦察扫射胡乱轰炸。这里的道路从森林中通过形成自然隐蔽地，我们没有躲避而在飞机底下行军。敌机猖狂得越飞越低，连驾驶员都看得一清二楚。掠过树梢机翼晃动，发出刺耳的怪声，加上扫射轰炸的巨响震耳欲聋，令人难忍，欺人太甚，大家骂声四起，五十二团警戒排的同志更加火冒三丈，摩拳擦掌喊打："排长下命令打吧！"

"对！打它狗日的，赏它几发子弹，让它看看我们的厉害。"

"飞机是铁打的，没有炮步枪打不着，不要浪费子弹。"

"你不要泼冷水，我就不信，乌龟王八壳是硬的，它还有软裆嘛！打中了要害它会掉下来。"

排长听了大家的意见，考虑了一阵说："打飞机我同意，要想想怎样打法。"

"对！要打就要组织好，选择时机瞄准打，过去没有组织好各打各的，所以打不准。"

排长最后说："打，给它个排枪。"立即看好地形，规定全排集中瞄准打。接着一架敌机从左往右飞，打了个排枪，没有打着飞走了，有些同志泄气了，连子弹也退出来了。排长见了同志们的泄气情绪鼓励说："大家不要泄气，飞机来了还要打。"他是个聪敏排长，他总结经验说："要改方法，刚才是横过的飞机难瞄准，现在要改变，飞机从正面来才打。"飞机不断在上空转圈，但没有能打的机会，正在着急时从正面飞来一架，越来越近，越飞越低，排长先告诉大家瞄准听口令，大家睁大眼睛盯住飞机瞄准。当飞机到步枪射击有效距离时，排长一声口令："放！"一个排枪打中了，飞机冒着一条长长的火烟掉下来。正在行进的部队看到飞机掉下来，顿时沸腾起来，高呼胜利，飞也似地跑去看飞机。当我五十一团经过时前面去看的同志已经返回来了。我也跟去看了一阵。有个同志跑得上气不接下气说："怎么搞的，飞机是铁的还着火？"返回的同志纠正说："不是铁着火是烧的油。"走近飞机时有的人围上飞机转，有的用刺刀撬飞机上的铁皮说："剥蒋介石皮，抽广西军阀的筋！"白灰色铁皮，螺丝钉，连机枪也拆下来了，还有老长的子弹，感到很新鲜，掂掂分量，敲打听听声音，谁也不愿丢掉。到了宿营地用铁皮做斗笠，做饭盒子，我要了一条铁皮安在草鞋鼻子上，草鞋穿破了鼻子还在，穿了几双草鞋还没有坏，有次夜行军忘记取下和破草鞋一起丢了。长期以来认为飞机是打不下的，这次打下了飞机，受到了巨大鼓舞。飞机没法对付的神话破灭了，认识也改变了，认为敌人从地面来消灭它，从空中来把它揍下来，天上地下都不怕，又产生了轻敌麻痹思想。红军中的思想政治工作是强有力的，针对性强，最有说服力，宣传鼓动员及时将打下飞机的胜利消息结合部队的思想实际，编成了歌谣和故事进行宣传教育，鼓舞士气：

秋天太阳红似火，湖广山村树林多。
我军进入广西地，桂系军阀打哆嗦。
损兵折将追不上，晕头转向真难过。
敌机低飞吓唬人，红军不是好惹的。
排长命令齐开火，敌机掉头撞山坡。
红军战士真英勇，打下飞机全军乐。
天上地下都不怕，麻痹大意要闯祸。

团政治委员苏杰同志为正确认识打下飞机的问题，专门召集干部说明：打下飞机是红六军团历史性的胜利。但是要提高警惕，防止骄傲自满轻视敌人，产生和平麻痹思想。

不劳桂军远送

我军横扫桂北历时九天，作战十余次，歼桂军和民团数千人。9 月 10 日到达湘桂边的大界上再进湖南。宣传员在路边树一块木牌，上写：“不劳桂军远送，我们已经离开广西进湖南去了，你们再不要护送了。你们数万追兵跟在我军之后没有追上，欢送也没有送到，连破草鞋也没有拾到，不要再送了吧！”两天之后，桂军第七军军长廖磊率领走得疲劳不堪的追兵到达此地，没有看到红军的影子，只见到这块最大讽刺的木牌，气得目瞪口呆，啼笑皆非，什么话也没说，夹起尾巴回去了。

后来，“剿总”副司令白崇禧总结桂北围堵追击红军的经验教训时说：“要吸取肖克部的三条经验：纪律严明，进退动作一致，奔驰数省队伍完整；组织严密，共产党的命令由政委执行；行军力强，没有落伍之心，飞机轰炸不动摇。”停了片刻，叹了一声长气说：“我军（即桂军）有四大弱点：一、行军力弱，借故落伍；二、有些官兵胆小怕战；三、后勤补给不上，行李多；四、通信联络不灵。”

这个总结虽不全面又没有抓住本质，但是对敌人来说还算比较客观。因为反动阶级的本质决定了它不可能有全面正确的总结。比如：没有落伍之心与借故落伍并不是经验教训，这是人民军队与反人民军队阶级本质的区别。是为人民服务的军队必然无落伍之心，为反动阶级服务，压迫剥削人民的军队必然会借故落伍。军阀军队的头目对这些本质问题是不可能理解的。

选自《红六军团征战记》上，解放军出版社1994年6月版，第347—353页。

朱家胜，1914 年生，江西莲花人。1929 年加入中国共产主义青年团，1932 年转为中国共产党党员，同年参加中国工农红军。红军长征时任红六军团模范师政治部技术书记、军团政治部总务处处长。新中国成立后，曾任新疆军区政治部组织部部长、后勤部政治委员、干部部代理部长，南疆军区政治部主任、副政治委员、政治委员，新疆军区政治部副主任，乌鲁木齐军区政治部顾问。1961 年晋升为少将军衔。2007 年在南京逝世。

忆红六军团三次抢渡湘江

尹特辉

1934年8月7日下午，红六军团由遂川的横石和新江口一带出发，踏上了西进的征途。我们军团侦察连和先头部队一个排，全部化装成国民党军，为先头部队开道，下午3点许出发，大摇大摆在大路上挺进，大约在晚上10时许，就走到封锁线上有近千人的两个保安团防守的上藻林，顺利地收缴了敌人哨兵的枪支，使部队一举消灭了这两个保安团。接着又突破敌人数道封锁线，经藻林、左安等地，于11日中午进入湖南桂东县的寨前圩。

我军团主力战略转移，极大地震动了湘桂粤三省的军阀。湖南军阀何键为阻止我军进入湖南中部，急调刘建绪为第四路军前线总指挥，令十五师、十六师跟踪追击，并着十九师和保安十四、十九两个团，在郴县、桂东构筑了第一道防线，又在汝城一带构筑屏护阵地，企图在北上粤军配合下，围歼我军于郴、汝、桂之间。广西军阀着第七军军长廖磊率两个师向北调动，加强防务，妄图阻止我军进入广西境内。当时前有重兵堵截，后有数倍于我的敌人紧紧追击，处境十分危险，一定要在最短的时间内，以最快的速度，跳出这个包围圈。军团领导决定抢渡湘江，到敌人统治薄弱的地区，深入发动群众，开展游击战争，创建新的革命根据地，以实际行动支援中央红军的战略转移。

第一次抢渡湘江

红六军团遵照中革军委的训令，要在新田、祁阳、零陵地域发展游击战争和创建根据地，以后则向新化、溆浦两县间山地发展，并由该地域向北与贺龙领导的红三军取得联系。从我军实地侦察及地下党送来可靠情报，敌人在零陵地区没有重兵，只有少数的地方保安团队。军团领导立即命令所属部队向该地域开进，于12日晚从寨前圩出发，避开大道走山路，跋山涉水，昼伏夜行，连续强行军，经汝城的田庄墇，过资兴县的滁江，达郴县的狮子岭。在郴州游击大队的接应下，在地下党的配合下，顺利地越过郴（县）宜（章）公路，绕桂阳，于20日清晨，没动干戈，就占领了新田县城，收缴了守城保安队的枪支，并打开粮仓，向城郊贫民发放粮食。部队在新田休息了两天，于23日急行军，24日抵零陵以北蔡家埠以东的湘江右岸地域，准备抢渡湘江，以便按原计划向新化、溆浦地区前进。可是敌刘建绪发觉我军西渡湘江的意图，急调九个团的兵力，先我到达湘江沿岸展开；又调十个保安团，在祁阳的口水头到老埠头一线展开；敌十九师集结在祁阳作机动；追击我军的十五师已到达阳明山西侧；敌十六师正在常宁车运急进；由长沙车运宝庆的独立三十二旅，正向零陵和东安开进；桂军第七军也向零陵和道县调动，先头团已达零陵的湘江边。所有船只全被敌人弄到对岸，江中气艇穿梭般巡逻，敌机在上空扫射。我们面对江宽水深流急的湘江，连只小木船也没有，加上对岸已有重兵控制渡口，就是有大批木船竹筏，实施强度，也难以成功，且数倍于我的追兵已相距不足百里。在敌军重兵前堵后追的情况下，我们放弃在零陵地区抢渡湘江的计划，迅速东进到阳明山地区，寻找有利时机消灭追击之敌，并想在这个地区开展游击战争，建立以阳明山为中心的革命根据地。

第二次抢渡湘江

我们避开当面强敌，又要甩掉跟踪追击的敌人，利用夜幕急行军，可天公不作美，刮起了大风，又下起蒙蒙的小雨，天越来越黑，风越来越急，雨越下越大，在山涧泥泞小道上行走，一滑一跌，十分艰难。我们红军指战员在体力上忍受着难以想象的痛苦，互相帮扶着前进。下大雨，在客观上掩护了我们红军的去向；又迟滞了敌人的追击。数天强行军，经祁阳，过新田，到达阳明山地域。可是，这里是丘陵地带，杂草丛生，树木甚少；有些山系石灰岩性质的，寸草不生，人烟稀少，我们近万人的给养，也很难解决，不适宜建立根据地。同时，敌十五师、十六师、十九师和独立三十二旅，已抵阳明山南北两侧和西侧，准备向我合围，于是我军放弃在这个地区暂时立足的计划，向白果市开进。先头部队很顺利地占领了白果市，消灭了一个乡公所的保安队，得到了部分粮食。这时，发现各路敌人纷纷向我追击，我们又利用夜幕，绕过敌十五师的侧翼，急转南下，兼程前进，抵达嘉禾县附近。敌发觉我军南下，又纷纷跟踪而至，我军则由嘉禾附近，折转西进，渡过了湘江上游支流的潇水，直奔湘桂边境的永安关，一举消灭了一个保安团，9 月 1 日进入广西灌阳以北之文市。我们准备在黄沙河地区西渡湘江，因为，该地域敌人仅有民团防守，地下党力量较强，可以配合我们搞到船只。湘桂两省敌人发觉我军企图后，又紧急调兵尾追布防。湘敌刘建绪急忙将独立三十二旅和几个保安团拨给第一总队指挥，在黄沙河一线展开，敌十六师、十九师尾随我军，妄图在黄沙河地区聚歼我军。湘军刘建绪还要求桂军调两个师，在全州一线防堵我军。3 日，中革军委及时通报了敌情，令红六军团在全州、兴安间渡河进至西延地域。这样第二次抢渡湘江的计划又落空了。

胜利渡过湘江

我军放弃在黄沙抢渡湘江的计划，军团率两个师六个团深入到广西内地活动，一方面积极打击地方武装势力，一方面开粮仓救济贫民，有条件的地方号召参军，并成立小型游击队。同时，佯称要打到桂林去，创建新苏区。军阀们都是各自为政的，不惜一切代价，要保住自己的地盘。广西军阀害怕我红军主力向桂林推进，将全州堵截我们的两个师，调往桂林，以加强其省会的防务。我获此重要情报后，就出敌不意，向全州以南之界首地区急速推进。我们侦察连，在王赤军连长率领下，全部化装成国民党的中央军，在地下党的带路和帮助下，不费一枪一弹全部收缴一个保安团的枪支弹药，并弄到 20 多条木船，交给我先头部队。在地下党直接参与下，从俘虏中找到几个出身好作恶少的小队长为我军带路，利用这批船，先行渡过湘江，很顺利地缴了保安团及民团的枪，又得到数十条船，除派出少数警戒部队外，大部队就近发动群众，送门板、木板、木头、竹竿，在湘江上架设了一座浮桥。可是敌十五师、十六师，共有八个团兵力，紧紧尾追我们，不让在界首过江，如不割掉这个尾巴，是无法渡过湘江的。

当时，我红六军团连续行军打仗，指战员都十分疲劳，弹药甚少，敌人兵力多我一倍，弹药充足，装备精良，全歼该敌是不可能的，但组织周密，指挥得当，发挥我军勇猛顽强，不怕疲劳，连续作战的特点，是可以击溃该敌的。我们利用敌人骄横轻敌的心理，在山丘地形上设品字形口袋阵，我主力四十九团、五十一团、五十二团、五十三团，分别埋伏在敌途经的两侧山丘上。9 月 3 日下午夕阳西下时，敌人沿着山涧小道运动，先头部队以战斗姿态前进，后续部队有的扛着枪，有的斜背着枪，还有的连枪炮衣也没卸下，向我预设阵地前进。在肖克军团长亲自指挥下，适时发出向敌冲击的讯号，首先各种轻重火器向敌群猛烈扫射，接着成排成群的手榴弹，劈头盖顶地扔向敌群，各级指挥员身先士卒扑向敌群，嚣张的敌人被两侧袭来的“闷雷”打得晕头转向，指挥失灵，步枪来不及上弹，机枪和小炮没有卸衣，极少数敌人企图持枪顽抗，绝大多数敌人成群向后溃逃，有的连枪弹也丢弃在阵地上，有的跪下举枪投降，有的吓得躺在地上不敢动弹。我军一鼓作气，追击数十里，打得敌人溃不成军，鬼哭狼嚎。缴获了不少枪支弹药，改善了自己的装备，对不愿加入我军的战俘当场释放。红军一举击溃了敌军八个团的追击，为红军主力渡江赢得了充裕的时间。9 月 4 日近万人的红军，浩浩荡荡地渡过了湘江。

在西岸，任弼时同志见到了我们，他首先说：“你们侦察连辛苦了！你们为主力部队渡江创造了物资条件，赢得了充裕的时间，要为你们庆功！”又说，“请大家帮个忙，弄几份地方地图和国民党的报纸。”接着传来了一个振奋人心的消息，部队用步机枪击落一架低空盘旋扫射的敌机。过江后，我们休息了一天，同时接到中革军委电报，命令红六军团在湘江开展游击战争，创建新的革命根据地，并与贺龙领导的红三军取得联系。

至此，我红六军团西征历时 40 余天，行程 1500 余公里①，突破了敌人数道封锁线，调动和牵制了大量敌人，有力地支援了中央苏区的反“围剿”斗争，并为中央红军长征进行了侦察和探路。

选自《红六军团征战记》上，解放军出版社1994年6月版，第337—341页。

① 红六军团西征行程约2500公里。

尹特辉，1914 年生，江西永新人。1930 年参加红军，1932 年加入中国共产党。红六军团西征时为军团侦察连侦察员。新中国成立后，曾任师政治部主任、师政治委员、军分区政治委员、山东省军区顾问等职务。1995 年逝世。

坚守莲花桥

周仁杰

在我几十年的戎马生涯中，跋山涉水，横渡江河，走了不知多少座桥，绝大多数桥都已淡漠了，但有座桥，随着岁月的流逝，在我的记忆中却越来越清晰，这就是湖南省城步县境内的“莲花桥”。

1934 年 8 月 7 日，红六军团近万名指战员，在任弼时、肖克、王震率领下，从遂川的横石和新江口地域出发，离开苏区，深入敌境，踏上了西进的征途。在一个月的时间内，我军连续突破敌人精心设防的四道封锁线，四次跳出敌人的包围圈。9 月 3 日，在灌阳县将尾追的桂敌第十九师和湘敌第十六师共八个多团全部击溃，顺利地抢渡湘江，于 9 月 5 日军团前卫团进占了广西西延（资源）县城。9 月 8 日，红六军团在西延县的车田接中央军委命令，要我们依托西延山地展开游击活动，求得在城步、武冈、绥宁地区暂时立足，然后再沿湘黔边境去湘西与红三军取得联系，以建立新的根据地。中央军委就是要红六军团以积极的行动，吸引与调动大量敌军，策应即将突围长征的中央红军进行战略转移。

此时，湘敌第十九师师长李觉指挥补充第一、二总队，第五十五旅一〇九团以及保安第二十二、二十三团。分路由新宁和武冈地区向城步方向疾进，桂敌第二十四师从龙胜向城步逼近；湘敌独立第三十二旅和桂敌第十九师正沿西延、城步大道向我军奔袭，敌人企图利用便利的交通条件和优势兵力,将我红六军团合围之后,一举歼灭在城步以东地区。

军团领导根据当面敌情，决心迅速行动，在合围之敌尚未进抵城步之前，先敌占领城步县城，补充给养，尔后迅速西进，寻机歼敌。

9 月 9 日，我们从车田沿山间小径向西穿插疾进，10 日到达桥头寨、丹口、下团、观音阁一带，前卫四十九团一举击溃敌保安团队，从俘虏供词中获悉：敌已先我进占城步城，敌第五十五旅旅部驻扎城内，第二补充总队和第五十五旅的一〇九团位于丹口堵击我军。11 日上午，四十九团在丹口附近占据有利地形与敌对峙。敌企图拖住我军，等待追击部队进行合围聚歼。

根据敌情变化，军团领导决定迅速摆脱敌军，转移至城步西部地区，命四十九团仍为军团前卫，五十团为本队、五十一团担任后卫并派一个营接替四十九团防御任务，以掩护军团主力西进。

丹口下团村位于城步县城西 13 公里处，濒巫水支流扶城河，村周围是高山峻岭，地形狭窄，交通闭塞，仅有一条土质人行大道，向南可通往坪子寨。扶城河由西向东北注入巫水，河面上有座长约 50 米、宽约三米、高约五米的风雨桥，当地老乡叫它“莲花桥”。桥下面有三堆巨石砌成的桥墩，每个桥墩均是三角棱形，两头尖中间宽；桥面以上为砖木结构，筑有遮雨长廊，桥中间有座高约两米的石碑，碑的正面还镌刻了碑文，长廊顶篷用青瓦覆盖，既能遮阳也能避雨；桥面两侧均设置了木质栏杆，它和长廊漆成红色，远看像一座阁楼架设在宽阔的河面上，在这荒凉偏僻的苗寨山乡，能建筑如此古色古香的花桥，真令人赞叹不已。

莲花桥的左侧是一座高山，紧靠河岸，犹如峭壁；右侧不远处也是大山，山与桥中间是一个开阔的垄坝，宽 300 多米，长约 1000 余米，一条土路通向丹口大道，这座桥成为敌军攻击我军的必经之地。

下午 3 时许，天气转阴，下起了蒙蒙细雨，周围的山峰被白色的云雾所笼罩，视距很差。我随五十一团团长金承忠、政委苏杰来到四十九团的警戒阵地，金团长对我说：“三营长，这座桥就是你们的防御阵地，要依托它来阻击敌进攻行动，不准敌人越过大桥一步，待军团主力越过大南山的天鹅界、围洲界，你们就算完成坚守防御任务。”团长和政委特别强调完成任务困难很多，你们与敌人不仅要斗勇，也要斗智；注意与后卫部队的联络。我向团长政委表示：三营决不玷污红军的荣誉，人在阵地在，坚决完成阻击任务！

早在湘赣苏区突围之前，我们营教导员负重伤离队，营里只有我和侯副营长、副教导员三名干部。接受任务后，我和他们简单地交换了意见，一致认为，莲花桥结构坚固，也是敌人必经之路，是我营执行坚守防御唯一野战阵地，我们必须扼守桥头，充分作好反击准备。于是，我们率领三个步兵连和一个重机枪排迅速来到莲花桥，就地召集各连连长部署战斗任务；以第八连位于正南桥头，配备两挺重机枪，担任桥头开阔地前沿防御；第七连位于桥面中间，配备一挺重机枪，担任对河堤的防御，并派出一个排在正北方向的山坡上埋伏待机，观察敌情动态；第九连位于北桥头西侧，隐蔽待命，为营预备队。营指挥所设在桥面中央的大石碑旁。

各连受领任务后，立即派出人员到山坳居民点借来稻草，打成草袋，装上泥土，堆垒胸墙、掩体，构筑南桥头重机枪发射阵地，利用桥头作半弧形防御阵地，并在阵地侧后留出一个隐蔽的小出口，以备部队出击之用。

在部队构筑简易野战工事的同时，我与侯副营长反复观察地形，分析敌人进攻的主要方向。为了防止敌人利用夜间偷袭，令重机枪排标定两点主要射向：一是指向大道及其两侧，二是河床右侧距桥头约 50 米处的一条横沟。为了让极度疲惫的战士们得到短暂的休息，以一个排在南桥头东侧担任警戒，各连指挥员值班观察，其他同志原地休息。傍晚，各连就地野餐，指战员打开随身带的饭布袋，喝着清凉的河水有滋有味地吃起来。饭后，指战员靠着栏杆抱枪休息，很快地进入了梦乡，不一会桥上到处都响起酣睡的鼾声，我望着身旁熟睡的战友们，虽然也很疲倦，却毫无睡意，一个人在桥面上慢慢踱来踱去，思考着即将到来的战斗……

夜幕降临，四周黑沉沉地，荒野十分寂静，只有萤火虫在闪烁着荧光，青蛙在鸣叫……淅淅沥沥的小雨仍下个不停，桥顶篷上面传来沙沙的雨点声。我眺望天鹅界，只见夜空中闪耀着数不清的火把，像一条长长的火龙、在蜿蜒曲折的山道上盘旋；又似千万颗跳跃的红星，正在撕裂黑暗的长空。这是军团主力在冒雨夜行军。

我让七连长派二个潜伏哨前出监视丹口大道，通知潜伏的那个排返回桥面休息。

夜 9 时许，敌人向我营阵地发动了进攻。随着曳光弹的亮光，敌人的子弹像冰雹一样倾泻在我阵地上，子弹击中大桥顶篷，瓦片破裂后纷纷落入水中，熟睡的战士们听到枪声，就像听到命令，迅速进入防御阵地，依托掩体、胸墙进行还击。我仔细观察敌人射击火光方向，很快判明敌人是分两路向我攻击：一路约一个连的兵力，乘夜色掩护，顺着河堤边的杂草丛中匍匐前进偷袭大桥，这是我事先没有预料到的情况；另一路约二个连的兵力，沿大道两侧正面强攻桥头前沿，敌人企图以偷袭和强攻的手段，一举夺取莲花桥，尔后以大部队对我军团主力实施迂回截击，把我军滞留在这里，等待敌合围部队的到来。

进攻的敌人依恃优势兵力和精良的武器装备，不间断地向我营猛烈射击。乘着敌人曳光弹的亮光，只见一群黑影，时而向前蠕动爬行，时而卧倒在田垄里、沟坎下。我命令南桥头两挺重机枪按预定射向把强攻的敌人压住，命令七连的重机枪以点射封锁河堤，不让偷袭的敌人接近大桥。同时，命第九连派出一个排，从南桥头出口后侧隐蔽下河，于大桥前墩右侧绕到敌人后面突然出击，打他个措手不及，先将偷袭的这股敌人打垮。正当敌人被我重机枪火力压在沟坎里、河堤下，无法向前冲击时，突然，偷袭大桥的敌人屁股后面炸响了手榴弹，死伤了一大片，迫使这股敌军纷纷溃逃。在夜色下，出击部队隐约看到敌东歪西倒的身影，我前出击的指战员立即扩大战果，向强攻桥头东侧的敌人猛烈射击，与此同时，八连派出一个排进行反冲击，迅速将从大道进攻我桥头之敌击溃。在搜索中俘敌两名伤兵，经审问得知进攻之敌是湖南补充第二总队。

打退敌人的第一次进攻后，我召集各连连长商量，同志们认为：敌人目的是夺取大桥，侧击我军团主力，阻我西进，今夜必然会发起更凶猛的连续进攻，要尽快做好战斗准备。根据实战情况，我让七连长加强对河堤的警戒，防止敌人再次偷袭，并调整一挺重机枪到桥后侧的三角棱形桥墩上，这里射界开阔、低伸，既能隐蔽又便于向河床、河堤发扬火力；让八连长派人通知潜伏哨，发现敌人进攻不要开枪，一面监视，一面迅速回来报告，以免过早暴露。准备就绪后，部队继续休息。

秋天的午夜，细雨连绵，空旷的桥上，微风吹来，格外凉爽，蚊虫渐渐少了，战士们又进入梦乡。但很快，远处传来了急促的脚步声。潜伏哨跑回来，气喘吁吁地对我说："营长，敌人从大道上来了，人很多……"我正准备让通信员叫醒熟睡的同志们，但他们听到脚步和说话声，已纷纷起身进入阵地。

不一会，一颗颗曳光弹划破了夜空，宁静的荒野响起激烈的轻重机枪声，大桥上空子弹横飞，敌人以密集的战斗队形，向我桥头东侧开阔地蜂拥而来，敌第二梯队紧靠第一梯队后侧向前攻击。显然，敌人这次攻击比第一次兵力多，火力猛;我命令各连，不要过早地射击，沉住气，待敌人前锋进至我前沿阵地五六十米远时，我大喊一声："打！"霎时间，桥头、桥墩上的重机枪、步枪同时开火，将攻击的敌人打倒一片，把敌人压在田垄里、沟壑中，抬不起头来。这时，敌人轻重机枪仍在吼叫，但冲锋的敌人却卧倒不动，与我对峙了近一个小时。敌人不进也不退的举动，使我很快意识到，狡猾的敌人是在和我们拼火力、耗时间，企图延至拂晓后，再以后续部队发起攻击，为此必须利用夜间给进攻之敌狠狠打击。我叫号长把全营五名司号员找来，当面布置七连长：由他带一个加强排和四名司号员，从桥南头东侧阵地后侧出口隐蔽地出击，多带手榴弹，迂回到敌人翼侧，对敌人进行突然袭击。

七连长带领 40 余名战士出发了。在夜色的掩护下，他们利用垄坝、田坎迂回接敌。这时，我在桥头重机枪阵地上，瞪大双眼，注视着前方，就像要把黑沉沉的夜幕一眼望穿似的。骤然间，敌群中响起了震耳欲聋的手榴弹爆炸声，响起了激昂的冲锋号声，七连长带着加强排的战士们，端着在黑夜中闪着寒光的刺刀，个个像出山猛虎，扑向被手榴弹炸得不知所措的敌人。这时我桥头的重机枪又喷出条条火舌，向敌群射击。刹那间，枪声、手榴弹的爆炸声、红军战士的喊杀声、敌人的哀叫声响成一片，不到十多分钟，敌人丢下一片尸体，狼狈逃窜了。突袭奏效了，全营同志士气更加高昂。我回过头来看着后面的天鹅界，火把已大部消失了。此时我心中稍微舒展了一口气。

从打退敌人第二次进攻到凌晨 3 时，敌人一直以轻重机枪对我进行扰乱射击，为了节省子弹，我命令各连加强观察，不予还击。

天刚拂晓，下了一夜的小雨停了，晨曦初露，四周的山峦仍笼罩在茫茫的薄雾中，雨后的山野格外清新，只见古色古香的莲花桥满目疮痍，长廊顶篷上青瓦大部掉入水中，桥身弹痕累累，此时已看不到敌人的踪影，各连派出部分人员到阵地前沿收集敌人遗弃的武器弹药，补充自己，准备再战。不一会，军团部派来的侦察参谋、侦察员来到莲花桥，他们向我传达了军团首长的命令：立即撤出“莲花桥”，沿途收容掉队人员，追赶军团主力归建。

接命令后，我营迅速打扫战场，将带不动的重伤员送到群众家中，将牺牲的烈士遗体埋葬在“莲花桥”西侧，大家向长眠在这里的战友挥泪告别。我凝望着“莲花桥”西侧新堆起的坟包，心中发出了誓言：战友们，永别了，只要我能活到革命胜利的一天，一定再来悼念您们。

我营以第八连为前卫，第七连居中，第九连担任后卫，一路上收容掉队人员，扶持伤员从孟公界以北翻越乌鸡山进入绥宁。傍晚，我们追赶上军团主力，与全军团一起去迎接西征途中更为艰险的战斗。

选自《红六军团征战记》上，解放军出版社1994年6月版，第366—371页。

周仁杰，1912 年生，湖南茶陵人。1930 年加入中国共产主义青年团，1932 年转为中国共产党党员。1929 年参加游击队，1931 年加入中国工农红军。红六军团西征时任第五十一团第三营营长。红二、红六军团会师后任团参谋长、团长，第十六师师长。新中国成立后，曾任中南军区海军副司令员兼参谋长、东海舰队副司令员、南海舰队司令员、海军副司令员、中央顾问委员会委员。1955 年被授予中将军衔。2001 年在北京逝世。

半张旧报纸

欧阳家祥

我们第五十团，在甘溪一带经过连续苦战，团部和一营所剩不到300人了。在甘溪战斗的第三天，便和军团部失掉联系。不得已，就朝余庆方向前进。如果我们找不到军团部，就准备直投红二军团。

走了三天，被冲散了的人员陆续集合起来。但是敌人仍在后边尾追。为了摆脱敌人，我们行军的速度加快了，每天都要走百八十里。

那一带的山虽不高，却很陡，峭壁像是刀砍的。满山的茶树、松树、柏树，茂密遮天；一条条细水，像无数条血管，潺流在山涧。山中没有路，到处杂草拦腰，碎石遍地，只有在我们走过之后，才能从茂密的草丛中踏出一条曲折的小路来。山区的天气更是变化无常，有时烈日当头，顷刻间又是倾盆大雨。晚上在山上露营，又常被野虫、蚊子扰得不能入睡。这偏僻的山区里，很少有人家，也弄不到粮食，部队只好采些野菜、野果充饥。有时采不到野菜，野果，就紧紧裤带坚持着。只有偶尔在离县城不远的山区，我们才能用没收豪绅地主的粮食饱餐两顿。

越走困难越多。尤其严重的是不仅军团部没有找到，红二军团在哪里也打听不清楚。没有通讯器材，甚至日常行军所需的指北针、普通的地图也没有。大家看着那沉默的盘亘无尽的群山，心中多么焦灼呀！

有一天，我们走到一个小市镇，决定住在一个小学校里。郭鹏团长刚走进屋子，便高兴地喊叫起来："老彭！地图！""在哪儿？在哪儿？"

彭栋才[①]政委一听，高兴地跑进了屋子。我听说有地图也跑了进去。屋里陈设简陋，三张桌子，几条凳子，墙上贴着几张标语，还有一张孙中山的挂像，看样是个教员办公室。团长、政委和两个小通信员，正围着挂在孙中山先生像旁的一张旧得发黄了的中国地图，在仔细察看。

“欧阳参谋，你看看离江西有多远？”两个小鬼看不懂，拉着我问。当我指给他们看了之后，他们又问：“哎！欧阳参谋，你找找贺龙总指挥在哪儿？”小鬼这一问，可把我问住了。虽然有个地图，但无从知道贺龙总指挥的准确位置，到哪里去找呢？这几天，每个同志都为这事操心。团长、政委更是急，今天又像往常一样，两个人谁也不说话，只是背着手，在小屋里踱来踱去地兜圈子。

“欧阳参谋，你找张纸，把贵州、四川、湖南、江西这一带描下来。”团长一边踱着步子，一边对我说。

我找了半天，才在破纸堆里找到一张一面已经写满了字一面空白的废纸。旁边还有半页旧报纸，拿起来一看，是石阡县的，上面写着什么“共匪”、“匪部”的，叫人实在气愤。我把这张旧报纸连同那张废纸一起拿了回来。

“政委，你看，敌人在报纸上骂我们。”我气呼呼地把那半张旧报纸递给了政委。彭政委接过报纸，铺在桌上仔细地看着。可是，他不但不像我那样气愤，而且像是看到什么好消息一样，脸上竟露出了笑容。我正奇怪彭政委怎么对敌人的报纸发生了兴趣，他忽然用手狠狠地拍了一下桌子，高兴地喊道：“有了，找到了！”团长被他这一喊也有点发楞，问道：“找到什么了？”“看！贺龙的位置在报纸上。”团长听政委这一说，就跑到桌子前去看。我更摸不着头脑，放下还没有描好的图纸也走了过去。彭政委指着报纸上几个宋体字，我一眼便看到，写的是：“贺龙匪部在沿河、印江一带骚扰，向西南方向蠢动……”“看，什么‘匪

① 原文为彭栋财，应为彭栋才，即彭林。

部’、‘骚扰’，全是骂我们，真他妈混蛋。”我的气又来了。“那些字眼不必去管它。”彭政委不慌不忙地说，“重要的是敌人告诉了我们贺总的活动地区。快找沿河、印江在什么地方。”“这得谢谢敌人哪，这张旧报纸功劳不小哩！”团长转身对大家说。

于是我们又回到地图跟前。

也不知道是由于太兴奋，还是因为别的，越急越找不到。我刚擦了擦眼睛，团长便大声喊道：“在这！在这！”他的两个手指岔开，分别指着贵州东北角的沿河、印江，等大家看清以后，他才松了手。他高兴地拍着我的肩膀，要我赶快描下来。接着，团长和政委便对当前和下一步可能遇到的情况作了分析和研究：再不用几天就能赶到印江附近，如果贺总向南来，就能与我们会合上，如果他们往北走，我们也能够赶上他们。根据敌人报纸上的情况看，军团部显然已经落在后面。这样，即便会合不到二军团，也能和随后赶上来的我们军团部会合上。因此，决定继续朝东北方向走，并决定倘若都遇不上，就派人两下联系，或者找地方休整。

第二天，部队按着拟定的计划又继续前进了！

大约又走了一个多星期，便来到印江县附近。可是仍没见到二军团的影子。这怎么办呢？我们决定到印江县附近的苗玉山去休整一下。

我们走到苗玉山半腰，忽然听到后山上传来了“嗒得得得……”的号音。仔细一听，原来是我们四十九团在调号问话。部队一下子欢腾了。我又高兴又惊讶：四十九团自从在甘溪被冲散后，由李达参谋长带领去找二军团，怎么会来到这里呢？是不是他们已找到了二军团？已经见到了贺总呢？我迫不及待地找到司号员，要他马上吹号问问。大概由于兴奋的缘故吧，他的号音又脆又高，一问一答，特别亲切。

我听了司号员汇报的情况后，又对他说：“小鬼，吹号问问四十九团找到二军团了没有？”这下可把司号员难住了。他眨了眨眼，对我说，“不行呵，这几句话我们号谱上没有。”小鬼正说着，忽然看到一支部队从山脚下朝山上走来。他们手里都拿着帽子、手巾，不停地挥舞着、喊叫着。我们的部队也立刻欢呼着向山下奔去。

前边过来的部队打扮和我们不一样。他们有的背着斗笠，有的身上还捆个红带子，也有一些人穿着国民党军队的服装。不用问我就看出是我们的同行，也是搞侦察工作的。我一面向山下走去，一面端详，可就是一个熟悉的人也没有。“四十九团侦察排的人我认识很多，为什么现在一个熟人也没有呢？”我正疑惑，一个小伙子朝我喊:“辛苦啦！”一下抱住了我的腰。他那热情劲，使人感到非常亲切。我们俩像老战友重逢一样，你抱我，我搂你，高兴得半天说不出一句话。

“你们是……”“二军团侦察连的！”“这下可好啦，总算找到你们了！”我们互相拥抱着，谈论着，高兴得不知怎么好。

不一会，四十九团的人也上来了，部队越来越多，把我们团的人都给围住了。欢呼声、口号声震撼了山谷，一个个手舞足蹈，如醉似狂。

正热闹时，四十九团侦察排的一个同志又跑过来把我们俩紧紧地抱住。三个人像是用胶粘上了，谁也不愿意放开。我们一面抱着、跳着，一面问四十九团侦察排的那个同志：“看见贺龙总指挥了吗？”“看见了……”“他好吗？”“好！好！看！那不是来了。”他指着让我看。人群挡住了我的视线，我按着他的肩膀蹦了几蹦，才看见几位首长朝这边走来，其中有一个是李达参谋长，但就不知道哪位是贺龙总指挥。正在这时，前面的人欢呼起来了，并自动地让开了路，但又互相拥挤着。我顾不了许多，挤到前排，手拉着二军团侦察连的同志，让他告诉我哪一位是贺龙总指挥。

“在前面那一位……看，招手的就是。”他指给我看。这下我可看清了：他身材魁梧，穿着短衫，戴着礼帽。看他这装束，一点也不像我们过去想象中的大革命前“一把菜刀闹革命”的领袖、南昌起义的总指挥。我禁不住大喊了一声：“贺老总！”话刚出口，又觉得不对劲，这样叫首长合适吗？正在这时，贺龙总指挥走了过来，和祥地对我们笑着说："同志们辛苦啦！"这亲切异常的声音，使我一时答不出话来。我感到没有什么话语能够表达出我此时的心情，眼眶里差点滴出泪水来。

贺总和我们五十团的同志一一地握了手。他看大家有点注意他的装束，便打趣地说："怎么！我这身打扮不像当兵的吗？呵！"

这次巧遇，曾使我想了很久：怎么贺龙总指挥他们会到这地方来呢？以后我才听说，自从四十九团与二军团会合后，他们也和我们一样，是从敌人的报纸上看到我们行动的消息，因此迎着我们找来。

大约过了两三天，六军团首长也带着主力与二军团会合了。为了庆祝这次的大会师，我们在贵州和四川交界的南腰界开了庆祝大会。以后，我们两个军团便并肩回到湘西，开辟了湘鄂川黔根据地。

选自《红六军团征战记》上，解放军出版社1994年6月版，第354—359页。

欧阳家祥，1909年生，江西吉安人。1931年参加中国工农红军，1932年加入中国共产党。红军长征时任红六军团第十七师第五十一团团长、第十六师参谋长，红六军团侦察科科长。新中国成立后，曾任中国人民解放军副军长、军长，第二十兵团参谋长，防化兵学院院长，政协第五届全国委员会委员。1955年被授予少将军衔。1980年逝世。

挺进黔东

李真

1934 年 9 月间，我红六军团渡过清水江和沅水之后，湘、桂、黔三省之敌，急忙重新调整围堵我军的部署。看来敌人完全明白我军要去贵州思南、印江一带，同贺龙同志所率领的红三军会合的意图。敌人知道，如果让这两支红军会合，那就如猛虎添翼，更加难以对付。因此，敌妄图把我军消灭在进军途中。

一

情况十分严重！

湘、桂两敌主力已先我赶到沅水以北地区，我北上之路给堵住了，不得已，只好撤回沅水南岸，拟寻空隙向铜仁、江口方向前进。虽然我军在清水江的广大地区击退了湘、桂两军的追击部队，但当我进到黄平县瓮谷垅地区时，湘军两个旅，桂敌一个师，已分别在施秉、镇远、三穗一线配置，黔军三个团也已配置在黄平一线。广西敌二十四师及湖南敌补充一总队也追上来了。

为了在这新的包围圈里打开缺口，我军团首长决定选择力量弱的黔军为对象，一举突破黔敌防堵阵地，于 10 月 2 日占领了老黄平。4

日，部队进到瓮安县的猴场时，接到中央军委电令：“桂敌现向南开动，红三军已占领印江，六军团应速向江口前进，无论如何不得再向西移。”

从8月7日突围以来到今止，50多天，几乎每天在同敌人打仗，而且天天兼程前进。敌人前堵后追，天上飞机炸，地上酷暑烤、蚊虫叮。疲倦、劳累、疾病、伤残、死亡，无情地袭击着这支红军长征的先遣队。有的战士疲劳得像一个喝得烂醉的人，走起路来东倒西歪。有的人神志似乎挂在树梢上，经风一吹，摇摇摆动。因为敌情紧急，“兼程”中来不及做饭吃，就吃一口生米，饿得不顾胃里的抽搐，小休息时，坐下就睡着了，甚至走着走着，就拉不开步，倒到稻田里去了。我也有同样的感觉，有时困起来，头脑迟钝得什么也想不起来。我们看护班的小梁发起疟疾来了，开始在石涧岩头上睡着了，他的脸烧得通红，手脚也滚烫，顷刻间，他的背上又如同浇了一桶冷水，上下牙齿碰得咯咯地响。他醒了，歪斜着身子，冷得抖起来，两手绞紧胸脯拼命闭着嘴，走到一块堆了草垛的小打谷场，钻进稻草堆里颤抖得使草垛晃荡起来。摆子打过之后，他爬起来，抖了抖草屑，紧了紧裤腰带，背起药兜便上路。这时，他那双又黑又大的眼睛，机灵地、警觉地扫视着充满汗味和鼾声的在田埂上休息的队伍。他发现这是走在最后面的收容队，急得他跑步追赶自己的队伍去了。

患着痢疾的病人，那就更痛苦了。记得9月中旬，也即袭占了通道县城的前一天，我的痢疾病发得很厉害。在行军路上，我一会脱下裤子蹲在路旁，提着裤子走几步又要蹲下。这时，我那胖乎乎的脸已鼓起了高高的颧骨，嘴唇铁青，脸无血色。部队急行军，我走不动，十分懊恼。我怕掉队，怕落到反动派刽子手的手中。那时，草鞋穿破了，赤着脚，脚被石子磨破，感染了，肿得像只搁浅了的小木船。因为夜间走岩路，裤子被荆棘撕破，裤脚下端像太平天国的牙旗一样。十五六岁的孩子，拄着一根拐杖，脑袋垂在胸前，无精打采，这恐怕就是忍受征战之劳的象征吧！

10月的贵州高原，已寒气逼人。部队在丛山峻岭中攀登。有时，刺骨的寒风昼夜不停地呜咽着，过早地给大地铺上白茬茬的霜毯。有时，天上阴云密布或下着纷纷细雨，缠着这支行军队伍。那崇山峻岭间的泥泞或尖石小路，像一个顽皮的孩子捉弄你，把你的脚刺破，上山时使你倒退下来，下山时像坐滑梯滑到山沟里，跌得脸青鼻肿。在这种艰难条件下行军，必然使你感受到："漠漠秋云起，悄悄夜寒生。"当北雁南归时,也容易触动我们这些远离家乡的"游子"的思乡之情。难怪产生："无奈人心复有忆,今暝将渠俱不眠"之感。诚然,红军战士一想到:"十年天地干戈老，四海苍生痛哭深"时，这就是说想到磨刀霍霍的敌人在堵截我们时，想到贫苦百姓在敌人屠刀下过着非人的生活时，他们便怀着坚定的杀敌信念，不辞辛劳地前进着。尽管连绵的阴雨和刺骨寒风，甚至在枪林弹雨中，他们个个都充满着活力，士气如山，给黔东高原带来了勃勃生机。

我红六军团接到军委命令后，于5日从猴场掉头向东北前进，准备从石阡附近进到江口地区。6日我军进到了石阡的走马坪、廖家腾地区。7日拂晓我军按照红十七师、军团部和红十八师的顺序继续东进，拟在甘溪进行大休息，然后利用夜间越过石阡、镇远大道，向红三军防地进发。当我们进入离甘溪不远的河滩里,上级传下通知,部队就地大休息，限一小时,包括架锅烧水做饭。除了派出警戒哨外,部队散乱在河滩里，也有到村子边找柴禾、垒锅台的。炊事员为掉了队的单位，各人用三用搪瓷茶缸自己做饭。小小的河滩里，人喊马啸，像热闹的集市似的，沸腾着。嘈杂的声音稍稍消去，可以听到河边树林子里黄莺、斑鸠嘹亮的啼鸣。

一转眼，阴沉的天空里太阳露出脸来了，翠绿色的山峰洒上晚霞，像盛开的杜鹃，红得耀眼，红得美丽。

二

一个可喜的消息："红三军和我们会师之日近在眼前了"，在河谷里传开了。我们卫生部的同志们听到这个消息，发疯似地跳跃起来。担架队长老广仔的太阳穴上的血管立时膨胀起来，深陷的眼窝镶在宽大的脸上，鼻梁扁平，又短又方，无论兴奋或愤怒，都显示一副狮子的相貌，平时总爱同人家开玩笑。这时，他站在一块大石头上高声喊道："老刘、老刘，饭量如牛，三只老母鸡，三壶老陈酒，一个大猪头！"说完，一本正经地不漏半点笑容。大家正发愣，司药主任傅林标跛着脚走过来，冲着老广仔说："真正是黄鼠狼的腚，放不出好屁来！"是啊，这清水河滩，哪来的母鸡、老酒和猪头？但这一席玩笑把队伍里一个个带有疲劳神色的人，逗得哈哈大笑。司药王合斌撑不住，将刚呷进的一口饭都喷了出来，看护员小颜笑岔了气，捧着肚子直叫"哎哟！"他一只手扒住我的肩膀，笑出的眼泪，滴到我灰白的衣袖上。在场的人没有一个不是笑得弯腰曲背的。人们所以这么高兴，这不能不和会师的消息有关。

"啪！啪！"清脆的枪声震撼着河谷。

"同志们，打啊！"当白匪军猫着腰气喘吁吁地爬到甘溪街头时，我五十一团仓促进入战斗的前卫连连长大声地喊着。接着就是手榴弹的爆炸声，战士们的喊杀声，刺刀的拼刺声……恶战开始了，在四面环山的甘溪街头上，敌人冲过来，我们杀过去，一袋烟的工夫，敌人的尸体横躺竖卧地散在街头和街心。这时，我四十九团一营也加入了战斗，进行拼死抵抗。此时，敌人已占领了白虎山和寨面坡一线高地，以火力掩护分两路向我进攻。西路的敌人利用小河沟隐蔽接近，袭占了我四十九团一营的前沿阵地，切断了我五十一团和主力部队的联系。

战斗到最激烈的时候，敌政训人员以声嘶力竭的喊话来助战："山上山下，到处是我们的人，你们跑不了，留条活命回家吧！"这种污辱的话更激起我红色战士的愤怒，刺刀和马刀风也似地飞到敌人的头部和腰部，刺进敌人胸膛。

甘溪西街正在酣战，敌人像潮水似地又猛攻我东街阵地。敌人冲到勇士们面前，顷刻无数条火舌疯狂地卷着。敌人一批批地倒下去。有些吓昏了的敌人，从屋里跑出来又跑进去，有的跑着跑着倒下了。起初老百姓也被弹雨卷着，后来他们缩在黑暗的角落里，不敢吭声，出气都似乎屏住了。敌人的指挥官在叫喊，新冲上来的敌人弯着虾子腰，从他们前几批受伤者或死尸身上踏过。屋角上、断墙下是一片悲惨的呻吟。我扼守阵地的战士，个个怒目以视，一双双因长途夜行军或烽烟染红了的眼睛，射出一道道愤怒的火光。在他们的心灵里从来都认为，为革命出生入死，是光荣的。此刻他们脑子里装的只有：多消灭敌人。尽管子弹在头顶上，在耳际边，在身旁流星般地飞过，甚至看到自己的战友在前后左右倒下，有的鲜血流满面颊，淌到脚面，流到地上；有的辗转呻吟；有的忍痛用手指猛抓地面，有的挣扎着起来，投完最后一颗手榴弹；有的永世长眠在甘溪街头……

这次突然的遭遇战，我们受到了严重的损失，负伤、阵亡 400 多人。从 10 月 7 日战斗打响后，因为战斗失利，我军团被强大的敌人截为三段。为避免被歼，我们在敌人包围的小圈子里打转转，在山高路险或没有道路的荆棘丛中走，在羊儿也难爬的悬崖绝壁上攀援。17 日晨又转到甘溪。此刻，我走进战斗过的街头，缓缓地摘下八角帽，面对着所有在这块不大的战场上牺牲的战友，默默地行了一个鞠躬礼。我的心充满了悲伤，是极度而难言的悲愤和悲伤。

我们是同生死共患难的井冈山儿女，而他们在非常年轻有为的时刻，贡献出了最宝贵的生命。同我一块儿出来参军的李仁贵，他在四十九团一营，在对付几个敌人的拼刺中牺牲了。过去，在行军路上碰到一块，我们回首往事的时候，他总是对我嘱咐：要努力学习，不要虚度年华而悔恨，要干出点对革命有贡献的事儿来，不要因碌碌无为而羞耻。似乎在他临死的时候还对我说 :“革命战士应该把生命和精力全部献给世界上最壮丽的事业，为人类的解放和幸福而斗争。”他的这些豪言壮语，对我对所有的年轻人是多么有意义啊！

我军为什么会遭受这么严重的损失呢？后来才知道，当我军于 5 日按军委电报“不得再向西移”，从猴场掉头向东北前进时，桂敌廖磊、湘敌李觉和黔敌王家烈的代表王天锡在镇远开了一个紧急会议，商定了对我军联合作战的计划。判断我军必经余庆、石阡去和红三军会合。于是决定入黔的湘、桂两军主力进到石阡及镇远县的大地方地区拦截我们。以桂敌二十四师、湘敌补充第一总队及黔军一部，由南向北压迫我军，企图将我军消灭在石阡地区。其次，我前卫指挥员可能受到军委电报 :“桂敌现向南开动”的影响，思想有所麻痹，当部队进到甘溪时，既不派出远方侦察，又不派出警戒部队控制甘溪周围的制高点，当敌人进到甘溪东北 200 米时才发现，我军不得不仓促应战。当战斗打得非常激烈时，我前卫指挥员又没有很好地掌握部队和及时地向军团首长报告。总之，战前对敌情判断错误，疏于战备，打响后，感到非常意外，搞不清情况，迟迟不能定下行动决心。可见，在没有根据地的条件下作战，是多么困难啊！

三

还好，当派出红军学校占领龙角屯和老车土高地对敌人进行坚决抗击时，我们军团政治委员王震率领主力，于大土村南山在满山荆棘无路可寻的情况下，辟路向东南大地方向转移了。翻过一个大山又一个大山。王胡子（我们上上下下，包括伙马夫都这样称呼他，这是一种亲切的尊称）在一个河沟里的岔路口站着，手上拿一条竹扁担。那是在一个阴森的夜间，没有时钟，更看不到北斗星，一切都被茫茫的黑幕盖住了。

高山、悬崖、荆棘连一点轮廓也显现不出来。毛毛雨随着夜风飘荡，行军队伍里除了跌撞的声音和喘吁吁的出气声，什么也听不见，偶尔听到林子里的落叶声，似乎在叹息，在怜悯。人们踩出来的泥泞小路，不时在捉弄着这些“夜游人”。

站在岔路口的王震，小声而似有怒气地在质问几个顺河沟而下的人：“想见阎王去吗，你们往哪里走？”

带兵的人，本身就是这支雄壮队伍中的一面旗帜。他不仅在危急的情况下，冷静的判断情况，迅速地作出决断，使部队转危为安，而且他不想让在危急中的任何一个战士带有恐惧情绪或落入敌人手中。是的，仗打得不好，部队中产生埋怨，甚至个别人动摇是可能的。白天我就听到过“仗打成这个样子，我当红军以来，见到的是第一次！”

在队伍里还有些拄着拐棍，吊着胳膊的伤员，还有用担架抬着的，在极端危急情况下，这是多么繁重的负担啊！我见一个伤员头部裹着白纱布，两只眼睛也蒙住了，拄一根拐杖，跌跌撞撞地在过膝深的溪水里摸着大石块,蹒跚地缓慢地移动脚步。他不时向人们招手。我走近他时，才发现他手里拿着几块银元，显然这是他长期积攒下来的分得的伙食尾子，他递给我：“你拿去吧，留给同志们作伙食费用！”

这位伤员的身子有轻微的颤抖，他似乎在凝视远方，可是，他什么也看不见了。这些话和这种情景，王震同志是亲耳听见、亲眼看见的，可是在这种时候他即使内心有些火气，也是拼命地压住。

“同志们！在最困难的时候，要记住我们是共产党员。党员，除了忠实于我们的理想，什么也不在乎，赴汤蹈火，在所不辞啊！”

同志们对自己的首长，我们的政治委员是非常了解的。

一路上，我们不是走在王震同志的前面，就是跟在他的后面，50多天的暑热熏烤和朔风吹拂，征尘的涂染，使他那张严肃而表情多变的脸瘦削了，络腮胡子顺着耳根子长下来，耷拉着，一直垂到脖颈上，蓬松地乱成一片。日晒雨淋的八角军帽也发白了。但是，帽沿下那双有神的眼睛，却永远闪着光芒。他这副严谨而坚定的容貌，强烈地感染着从他身旁走过的所有红色战士。战士们从他身上滋补着沉着勇敢的乳汁，似乎我们的王胡子，在沉沉的黑夜里，燃起了火把，把荆棘中、悬崖上的小路照亮了。在这亮光中王震同志出现在面前，他显得那么高大，敏锐和刚强。他背上掉队人的枪，让病员骑上他的马，在前面牵着缰绳，艰难地攀登。此刻，他那么温柔，那么和蔼，就像寒冷中那温暖的火炉。此刻，我也发现王胡子好像是耸立在滚滚中流砥柱之上的一座壮丽无比的金刚雕像。

四

在甘溪战斗中，红十七师第五十二团这个累战皆捷的英雄部队，陷敌重围，全团官兵英勇拼杀，终因弹尽粮绝未能突围，几乎全部受到损失。我们在任弼时、肖克、王震等同志的领导下，克服了重重困难，于10月17日在石阡以南的马场坪，胜利地突破了湘敌独立第三十二旅防堵阵地，突出了敌人的包围。人们正在高兴的时候，忽然传来了上述那个不幸的消息，我和大家一样，像一声霹雳，天地为之昏暗，如山崩地裂，如大厦倾倒。我感到极大的痛苦。到了宿营地，尽管疲乏之极，我还是通宵没有合眼，过去的种种情景都涌上了心头。五十二团是一支非常英勇的部队，它是由湘鄂赣边界的优秀赤卫队员组织的红十八军改编而成的。当这支部队开入湘赣根据地时，红军战士的父亲、母亲和妻子送他们出门和他们分手时的情景是多么动人啊！老头子们的胡子愉快地颤动着，年轻的姑娘和媳妇们怀着得意的表情，一张张脸上显出被想象不到的胜利所沉醉，盼望她们的亲人早日归来的神情。这些在我的脑海里、恍如昨日之事。我仿佛看到他们和她们的脸庞和眼睛仍然那样的倔强和完美，听到乡亲们的笑语声，表现得那么无忧无虑。此刻的悲痛就像一块千斤沉重的大石压住我的心头，难受的滋味说也说不出来，仇恨的烈火在胸中燃烧，眼睛里冒出焚烧掉反动派的怒火。是的，五十二团的损失，在我们队伍中除了极个别的孬种，没有任何一个真正的红色战士被恐惧吓倒，相反给增添了为死难烈士报仇的勇气。

10 月 24 日，在贵州印江县的木黄与贺龙等同志所领导的红三军胜利会师了。26 日两军进到四川省酉阳县的南腰界开会师大会。胜利的喜悦，突破石阡封锁线，我填了一首《蝶恋花》：

林密山深秋草荡，
身觉微寒，
弹雨染丛莽。
弥漫硝烟难见掌，
雁声唤唤欢歌唱。

登石攀藤蒙雾障，
号角频吹，
火把烧篷帐。
滴血强行抛拐杖，
神兵千里从天降。

五

49 年过去了。去年，一个临冬的时刻，我到贵阳。贵州的过去和现在在我的脑海里像无数条又汹又激的喷泉，涌入我的心底。它的每一条水柱，碰到我的心上像散发着银色的珠子，真是心花怒放啊！听说，有一位参加六军团长征的老同志，刚从黔东回来，我兴致勃勃地拜访了他。当我们谈起甘溪战斗的情况时，我的心是多么激动啊！就像那琴师一下子拨起我的心弦，奏起悲壮的乐章。我的心，我的身体，全部沉浸在这无限动人的乐章里。我痴痴地坐在那里，一动也不动，只觉得甘溪的水，甘溪的山、甘溪乌云密布的天空，以及飞嗖的弹雨，都尽力向我逼来！……

我沉思着，我这个幸存者，现在有家庭、有儿女，有第三代人。住在中国大地上最美好的地方——北京，吃的住的也是上好的。而我们在甘溪战斗失利流落的战友呢？他告诉我："在战斗失利后的困难环境中，他们表现了红军战士忠于党和红军的坚贞不屈的革命情操，表现了他们临危不惧，视死如归的高尚精神。"主力红军走后，有三位留下来的重伤员，隐藏在甘溪东南尖蜂山大湾丛林中。愚蠢而又狡猾的敌人连日搜寻掉队的红军战士和伤病员。一个混进革命队伍的坏蛋叫管彪，企图动员隐在深山里的那几位重伤员向当地民团头子自首。当即被我一位受重伤的红军干部严厉痛责。这个姓管的家伙还企图骗取这位干部的手枪，这位红军干部不顾伤口的剧痛，挣扎起来，掏出手枪对准那家伙说："你动我的枪，我毙了你！"

那姓管的家伙吓得仓皇地逃下山去了。坚持在丛林中的重伤员们知道目标已被暴露，想转移，又因伤重不能行动。为了不甘落入敌手，这位红军干部迅速毁掉公文包中的文件，将手枪砸毁，扔在草丛中，然后三人全力爬至陡崖滚下去，壮烈地牺牲了。当管彪领着一伙民团来寻找时，扑了个空。事情过了很久，一位老乡爬在陡崖处打落叶时，发现了半山崖挂着烈士们的衣片，在陡崖脚发现红军干部的遗体，身旁还带着那只空公文皮包，在原来隐蔽处的草丛中，还拾得那只生锈的手枪零件。

在离甘溪不远的彭家坳，农民雷应开讲述着一位红军战士坚贞不屈的故事：一位右腿受重伤的红军战士，负伤后，因伤口化脓肿胀溃烂，在夜行军中掉队了。他隐藏在山路边的土洞里，出来时手持一根还有几片绿叶但已凋谢的树枝棍子，头上戴的还是那缀有红五星的八角帽，脚上穿的还是那双破透了底的草鞋，一瘸一拐地走着。憔悴的脸上那只溜圆滚动的大眼睛闪闪发光，仿佛有一种过剩的生命力在鼓舞他那坚强的意志。他忍着饥寒和伤口的剧痛，不断地向过往的农民宣传革命道理。他还要躲避反动派的搜捕。他以无比坚强的毅力和死亡作斗争，口渴时，就用脚上的绑带卷着一端拴在身后的刺蓬上，将另一端吃力地扔在脚边不远的水田中，然后拖回，将沾湿的一端，一滴一滴地挤在口中解渴。雷应开说："我见了他十分的痛心，每逢路过，骗着反动派和乡保长，偷偷地给这位红军伤员送稀饭、送茶水，直到这位战士坚持到最后一口气，牺牲在山路边的小洞里！"雷应开流着眼泪，埋葬了烈士的尸体。至今，老农民们谈起这件事，仍忍不住掉泪。

是啊！红军为了人民的解放事业，在石阡的山山水水中，洒满了先烈们殷红的鲜血，它像春天怒放的杜鹃花，映红了石阡山城。

选自《红六军团征战记》上，解放军出版社1994年6月版，第372—381页。

回忆黔东特区[①]

廖汉生

枫香溪会议在司令部召开，当时无所谓政治部，只有四个干事和夏曦五人。现还有一个黄新远健在，他也退休，在长沙。他当时是政治部秘书，军事秘书是我。

我们驻在枫香溪的镇子上，街道不大，是个小巷子。在枫香溪期间，我们成立了一个干部大队，在枫香溪进行训练了一个月左右，当时的学员现还有杨秀山(解放军政治学院副院长)。干部大队毕业开典礼会时，夏曦、关向应都在场。这期学员毕业后，主要是搞政治工作。

在贵州黔东枫香溪一带，我们红三军中恢复了连有指导员，团有政治委员，师有宣传队的制度。当时我在七师任师委书记，杨秀山当时在七师当宣传队长，樊哲祥[②]当时也是宣传队队长（他现在北京炮兵学校）。

枫香溪会议决定了些什么问题我不知道，因参加枫香溪会议的人员就只有那几个（指：夏曦、贺龙、关向应），其他再没有别人。当时开什么会是很讲究职务的，因是湘鄂西中央分局委员会议，不是分局委员是不能参加的。当时夏曦是中央党代表，贺龙、关向应是委员。卢冬生是师长，七师的师长，不是分局委员。卢冬生好像后来留在黔东当过司

① 标题为编者所拟，原标题为《廖汉生同志谈黔东特区有关情况》。

② 原文误为樊哲详、樊详学，本文统一为樊哲祥。

令，我们大部队走后不久就垮了。枫香溪会议我没有参加，也没有见到过什么文件，黔东特区的情况谭友林、樊哲祥同志都知道一些，我记得没有什么文件，当时写文件写得好一些的是樊哲祥，谭友林专门负责印刷（谭现在新疆军区）。当时我们红三军中主要能写的是夏曦,关向应、贺龙、卢冬生都不能写。

黔东的沿河、德江、印江、江口、松桃、酉阳、秀山我们都到过。在枫香溪我们九师师部驻在祠堂边。

枫香溪会议不会开得很长，也不会开三五天。当时一般开会不像现在，什么先预备会，然后才能正式会议。当时就只有那么两三个人，总部和其他没有召开什么会议。那时红三军没有什么总部，只有供应部大一些。

我们在南腰界召开一个比较大的会议,时间是1934年的八九月间，团政委、师宣传队长都参加了会议,主要内容是批评帮助夏曦。会议上，夏曦不服发了脾气，贺龙同志见夏曦不接受意见也发了脾气。南腰界会议没有解决根本问题。

中央五中全会决议是一个交通员（中央派来的）用黑墨水写在白衣服上送来的，胡友生同志知道此情况（现系云南计委副主任）。

我们到贵州黔东后，成立了宣传队，宣传队主要是向群众宣传，做群众工作。我们在黔东进行了土地改革，成立了地方武装，开始是成立独立团，后来是成立独立师，收编了“神兵”，收编了一个铁壳二大队或什么的。

在黔东时期，我们部队没有副师长的编制，团也没有副团长的编制，在沿河我们部队只牺牲了一个排长，当时根本没有副师长。

选自中共印江土家族苗族自治县委党史办公室编：《红军在印江》，1987年10月刊印，第92—93页。

廖汉生，土家族，1911 年生，湖南桑植人。1929 年参加湘鄂边游击队，1933 年加入中国共产党。曾任红三军政治部秘书、第九师政治委员，红二军团政治部组织部部长、第四师代理政治委员、第六师政治委员，参加了长征。新中国成立后，曾任陆军第一军政治委员，青海省人民政府副主席，中共青海省委副书记，西北军区政治部主任、副政治委员，国防部副部长，解放军军事学院院长，北京军区政治委员，南京军区政治委员，沈阳军区第一政治委员。中共七大代表，中共第八届中央候补委员，中共第十一届、十二届中央委员，中共中央军委委员；第一届、二届、三届国防委员会委员；第六届、七届全国人大常委会副委员长。1955 年被授予中将军衔。2006 年在北京逝世。

我所知道的黔东“神兵”情况

庹忠文

1933 年冬，黔东地区的“神兵”受到国民党部队的残酷镇压，组织逐渐瓦解，纷纷逃匿深山……

1933 年 10 月，贺龙、关向应率领的红三军在洪湖地区受到敌人“围剿”，被迫撤离平原，到山区开辟根据地。过了几个月，红三军来到黔东的枫香溪，我们会见了贺龙。贺龙指着熊代表对冉云、宁国学说：从今后，他就是你们的政委了。此时，冉云是纵队司令，我在纵队司令部当办理员兼大队长。黔东特区苏维埃政府成立，贺龙、关向应、夏曦、冉少波均被选为特区苏维埃政府委员。

1934 年夏，贺龙决定把沿河大队编为沿河独立团，并派贺炳炎带了几十个干部到沿河，贺炳炎被任命为该团团长。

印江、德江、沿河等县国民党地方武装被我们“神兵”消灭了一部分。红军来后，大部被歼，但还有顽固势力残余。如南腰界的冉瑞廷，他凭借其祠堂这个有利地形进行顽固抵抗。我们围打了几天，也没有打下。贺龙讲，不拔下这颗钉子，我们在这里就待不住，必须拿下这个据点。于是贺龙又给我们派了一些干部和一个突击队。攻了几次还是没有攻下。为此事，贺龙批评我们进攻不力。最后，我们部队采取强攻，同时派人悄悄爬上敌人房顶，向院里甩手榴弹，这才拿下这个据点。这是一个最重要，也是时间拖得最长的一次战斗。

在南腰界召开的一次干部会上，夏曦说熊代表右倾。主要是说“神兵”是迷信组织，纵队师中有不少是旧军人出身，“神兵”中的干部不能用，要对部队进行大清洗，大调整。当时双方发生了争执。

1934 年 7 月，我们纵队师改编为黔东独立师。记得改编地点是在沿河的一个河滩上。我们纵队师已有 6000 多人，加上还有 3000 多地方部队，合起来人数不下万人。当时贺龙找冉云、宁国学多次谈话，说为了加强战斗力，决定要改纵队师为红军正规独立师，归军部直接指挥。并讲让冉云仍当师长。结果正式宣布时，师长是贺炳炎，副师长冉云，熊仲卿是政治委员。记得冉云当时对指战员讲：我们独立师全体将士要听贺军长指挥……

1934 年 10 月，任弼时、肖克、王震率领的红六军团，由湘赣边区转战来到印江与红三军会师。两军会师后，经石梁到南腰界。这时，成立了红军十八团。熊仲卿被调到十八团当政委，冉云免去副师长职务，调到军部。熊仲卿调到十八团后不久，在一次战斗中光荣牺牲了。

二、六军团会师后，主动出击湘西，策应中央红军长征……（彭恩信整理）

选自中共印江土家族苗族自治县委党史办公室编:《红军在印江》, 1987年10月, 第144—145页。

庹忠文，贵州印江人。1934 年，参加中国工农红军，任红三军黔东纵队司令部协理员兼大队长。红二、六军团会师后，加入中国共产党，参加了长征。新中国成立后，曾任山西省太原市林业局局长。

我是怎样参加红军的

宁正和

1933年，印江旱灾空前，饥民四野，国民党苛政猛于虎，百姓受苦很深。为了抗租抗税，抗粮抗丁，印江沙子坡、官塘、花园、凉水、韩家、何家、冉家坡及六井溪一带的农民自发地成立武装“神兵”团，与地主土豪作斗争。

除印江成立神坛、掀起“神兵”运动、大反国民党暴政之外，邻近德江、沿河也相继成立了“神兵”团。他们用大刀、长矛、火枪打垮了保安团。尤其是印江“神兵”几次大举进攻县城，吓得省、县官吏坐立不安。贵州军阀王家烈狗急跳墙，派一个师来镇压，结果农民武装失败了，地主豪绅更加凶恶地残害人民。

1934年6月15日，贺龙、关向应同志领导的红三军（后来改为红二军团），从四川秀山到了印江刀坝、天堂、沙子坡、六井溪广大地区，前卫部队到了我们村附近的关塘坳。国民党反动派造谣说：“中国出了朱毛，出了共产党，他们跟妖怪一样，红鼻子绿眼睛，要杀人放火，共产共妻。”起先，乡亲们都躲进深山老林，只有一些老人在村里，红军到后，他们用老乡的稻草、晒垫，都把钱放在老乡的床头，还打富济贫，分粮分物给群众，处处为干人办好事。老乡们见红军说话和气，不打人骂人，不占群众便宜，才知道红军是穷苦人民自己的队伍，于是纷纷从山上回来。红三军民运部长邓继兴同志到六井溪一带和我们村，宣传、动员广大农民青年参加红军，扩大红军武装。我与堂弟宁正怀（1939年在河北温兰菜铺时牺牲了）及附近青年农民商量，准备一起参加红军。第二天，我们大家到沙子坡万寿宫找军部要求当红军，贺龙、关向应同志亲切地接见了我们，同时还叫我们去吃饭。后来，红军在印江成立了独立团，我的堂叔宁国学任独立团副团长（后被反动政府押解到石阡杀害）。我们印江参加独立团的不少，自然我们也到了独立团。不久，印江、沿河、德江三个独立团编为独立师，正式编入红二军团。从此，我就成为一名红军战士。继而转战湘西，走上了长征的革命道路。（严天荣整理）

选自中共印江土家族苗族自治县委党史办公室编：《红军在印江》，1987年10月，第132—134页。

宁正和，1918 年生，贵州印江人。1934 年参加中国工农红军红三军印江独立团，同年加入中国共产党。红二、六军团会师后，编入红二军团，参加了长征。新中国成立后，曾任福州军分区司令员。1996 年在贵阳逝世。

震惊心胆的甘溪之战

周仁杰

甘溪坐落在黔东石阡县城西南20公里处的一个山坳里，是个南北走向的小集镇。1934年夏秋之间，红六军团为了完成中央红军长征先遣队的任务，在挺进黔东的西征途中，就是在甘溪这个地方打了一场遭遇战，陷入了敌人24个团的重兵包围之中。这是一场恶仗，部队损失很大。我们幸存者从血泊中爬起来继续战斗，历尽艰险，突破重围，终于在印江的木黄等地与红二军团（当时称红三军）胜利会师。当年的军团长肖克同志回忆长征时，曾无限感慨地说："甘溪战斗，一经忆起，心胆为之震惊，精神为之振奋。"

在敌人重兵围追堵截中开路前进

1934年夏季，中央苏区和湘赣苏区第五次反"围剿"严重失利。7月23日，中革军委打来电报，命令红六军团退出湘赣革命根据地，到湖南中部去建立新根据地，并向北与红二军团取得联络。实际上，是要我们担任中央红军战略转移的先遣队。电报还委派湘、赣省委书记任弼时同志为中央代表，组成以任弼时为主席，肖克、王震为委员的军政委员会，为红六军团行动的领导机关。电报规定红六军团一切行动的准备工作，限定 8 月中旬前完成。

湘赣省委和军团领导充分地研究了中革军委的命令，动员部队紧急行动起来，认真做好思想工作和物资准备。在六军团政治工作会议上，任弼时作了题为《争取新的决战胜利，消灭湖南敌人，创造新的根据地》的报告。他传达了中革军委给红六军团的任务，指出这是一个十分光荣而又十分艰巨的战略行动，红六军团离开革命根据地和血肉相连的苏区人民执行这一任务，必将遭到强大敌人的围追堵截，和遇到自然界的无数艰难险阻，更有两者或几者的困难同时袭来。他号召全体指战员，发扬我军英勇顽强和艰苦奋斗的光荣传统，坚决执行党的指示，团结一致，依靠群众，经过浴血奋战，冲破重重困难，来完成这个光荣而艰巨的战略任务。在进行思想动员的同时，全军上下开始了紧张的行动准备。调整补充主力部队，妥善安置老弱病残人员，部署留在苏区坚持斗争的地方武装，以及打草鞋、做干粮，补充弹药；组织实施行军、侦察、警戒等一系列训练。湘赣省委和军政委员会又从地方上调集了数百名干部，组成随军工作团，作为创建新的根据地的骨干力量，在长征途中做好宣传、发动、组织群众、扩大红军、筹粮筹款等工作。由于敌情变化，军团经请示中革军委，决定提前行动。

8 月 7 日，全军团 9700 余人，在任弼时、肖克、王震等同志率领下，从遂川的横石和新江口地域出发，踏上了西进的征途。为了不过早暴露我军行动企图，突围点选在我军南面的粤军和湘军兵力薄弱的结合部。从 7 日到 11 日，我军连续突破敌人在衙前和五斗江之间、遂川至黄坳之间、遂川至七岭之间、寨口到广东桥的封锁线，胜利地突破了敌人战役包围的全部纵深，进入桂东以南的寨前圩。11 日①，红六军团领导机关正式宣布成立，肖克任军团长兼十七师师长，王震任军团政治委员兼十七师政委。红六军团的胜利突围，使湘、桂两省军阀大为恐慌，为了

① 应为12日。

不使红军深入自己境内，他们调动兵力，全力追堵。我军面临的敌情越来越严重。在我军突进湘南后，湘军十五、十六、十九师；独立三十二旅，补充第一、第二总队；桂军第七军之十九、二十四师、粤军余汉谋部、各地保安团队，向我蜂拥而来。他们一面利用交通运输的有利条件，频繁调动部队；一面为了造成我军行动困难，将群众强迫集中，控制粮食，封锁桥梁道路，对我军形成前堵后追、两翼夹击之势。在这种情况下，全军团在任、肖、王等首长的领导下，时而采取秘密迅速、迂回曲折的办法，穿插于敌人重兵之间，弄得敌人扑朔迷离，疲于奔命；时而以猛烈的动作向敌人薄弱地区实施突击，使敌军改变部署，仓促调动，造成新的空隙，我军又以突然行动，迅速摆脱敌人，在不长的时间内，我军五次跳出敌人的包围圈，顺利地渡过潇水、湘江、清水江、大沙河等险阻，在敌人重兵的围追堵截中开路前进。

在我军袭占通道县城后，敌人判断我军将向西北方向前进，去黔东与红二军团会合。为此，湘、桂、黔三省敌军在镇远召开了紧急会议，制订了一个联合作战计划，阻止我军去黔东。10 月 4 日，我军到达距乌江只有几十里的瓮安县猴场，这天，军团部接中革军委电报：桂敌现向南开动，二军团部队已占印江。六军团应迅向江口前进，无论如何，不得再向西移。遵照军委命令，5 日我军从猴场掉头向东北前进，准备经石阡到江口，与在黔东的红二军团会师。然而，实际的敌情并不像通报的那样。这时的桂敌不仅没有南开，而且和湘敌一起，按照三省紧急军事会议决定，正星夜向石阡调动，湘、桂、黔三省敌军采取南边压、西边堵、左右两边夹击的战术，企图将我军消灭在石阡地区。我军完全没有觉察敌人这一联合作战计划，因而对此毫无戒备，仍继续东进，于 6 日进至石阡县的走马坪、廖家腾地区，准备第二天到甘溪休息，然后利用夜晚越过石阡镇远大道，向既定的目标进军。

在甘溪打了一场恶仗

10 月 7 日凌晨，我们军团按十七师、军团部、十八师的序列向甘溪前进。我们五十一团是前卫团，我第三营为前卫营。走在队伍最前面的是团侦察班、营尖兵排。军团参谋长李达和团参谋长马赤，分别随五十一团团部和三营营部行动。我是三营营长，行军时，我的位置在团侦察班和营尖兵排之间。

9 点多钟，我营进入甘溪镇。镇里看不到一个人，不明真相的群众已经跑光了。部队没有进入群众家，只是隐蔽在土墙边休息待命。团侦察班、营尖兵排伸出镇外向石阡方向观察警戒。我们后面的大队人马，在甘溪到官庄十几里长的山路两旁，就地休息。当时，我们对周围的敌情毫无所知，部队普遍缺乏作战的思想准备，大家对中革军委电报中关于“桂敌南移”的说法是信而不疑的；在当天的行军途中，军团部还询问了往来的邮差，说石阡没有敌军；从邮差带来的报纸上，也没有发现敌军在石阡地区活动的迹象和线索。实际上，在我军东进的同时，桂军第十九师正经石阡以南的白岩河向甘溪前进，寻找我军作战。

进入甘溪后，我随侦察班、尖兵排在镇外观察。约半小时许，忽然发现镇东北通向石阡县城的大路上，有三个穿黄色上衣和短裤的人，身后跟着一条狗，两前一后朝镇里走来。我一看可疑，立即传令部队注意隐蔽，并派出侦察班长周来仔等两个大个子便衣侦察员，夹着雨伞，装扮成保甲长的模样，笑着脸儿迎上去，打着手势表示欢迎。我侦察员靠近他们时，果断地一个挽挟一个，走在后面的一个敌侦察兵见势不妙，带着狗扭头就跑。这两个家伙被带到镇边，经我与马赤同志审问，才知道他们是桂军十九师派来的侦察员，敌人正向甘溪进发。情况十分紧急，我一面派人将这一情况和抓来的“舌头”立即送往团部，一面命令两个连沿镇边土墙散开，重机枪排配置侧翼，另一个连上后山占领青龙嘴前沿的无名高地。部队进入阵地后，一边作战斗准备，一边吃随身携带的午饭。不一会，敌先头部队出现了。敌距我四五百米处，中间有一条300多米宽的垅坝；靠敌人那一面有一条干河，敌一部利用河堤作掩护，沿着干河道隐蔽地向我方接近，另一部沿着干河道，向我左翼侧后的兄弟团和军团部方向运动。11时左右，桂军十九师主力陆续赶来，先后占领了镇东的寨面坡、镇东北的白虎山高地，控制了镇北群宝山高地。

12时左右，敌军依托占领的山头、河堤，凭借火力优势，在轻、重机枪掩护下，约有一个营的兵力向我正面发起进攻。我叫营部通信班长小刘通知前沿连队，要沉住气，放敌人靠近时再猛揍。待敌进到离我阵地五六十米时，我举起驳壳枪，喊了声打，霎时，我们的轻重机枪、步枪立即吐出条条火舌。面前的敌人倒下了一片。进攻中的敌人受到我突然打击，纷纷掉头退回干河堤后面。

当打退敌人试探性进攻以后，我利用战斗间隙，调整了部署，留一个连和一挺重机枪坚守前沿阵地，其他两个连和机枪排移至后山青龙嘴前沿的无名高地，抓紧时间挖掘工事，扫清机枪射界。不一会，敌人发动了第二次进攻。这次敌军兵分两路，一路仍从正面向我攻击，一路从白虎山、寨面坡之间的干田，向我营阵地侧翼发起进攻。进攻的敌军在军官督战下，端着枪，猫着腰，嘴里还不停地嗷嗷吆喝着，向我阵地猛扑过来。顷刻间，枪声像爆锅似地响了起来，我军阵地前子弹横飞，硝烟弥漫，战士们沉着应战，当敌人靠近时，才集中兵器开火。不一会，接连打退了敌人几次冲锋。由于进攻的敌军在白虎山、寨面坡这两个高地的火力掩护下，渐渐逼近我前沿阵地，有一部分敌军占据了我阵地右翼村落一角，如果这部分敌军以此向前延伸，我前沿阵地就会受到很大威胁，我立刻叫侯副营长带一个连队，乘敌立足未稳，组织一个反击。经过几次争夺，终于把敌人赶了回去。此时我五十一团已全面展开。二营接替我营右侧阵地，我营集中于青龙嘴前沿无名高地正面防御，团部和一营在青龙嘴、老鹰岩一线展开，全团摆开了三角形纵深防御阵势，当我营战斗一打响，四十九团立即进入甘溪左侧高地展开，我们这两个在长期血与火的战斗中结成亲密友谊的兄弟团队，又一次并肩战斗，共同抗击敌人的进攻。

我营集中于无名高地后，战士们抓紧时间构筑工事，我问锡教导员，团部有什么指示没有，他说没联络上，我们把侯副营长找来，简短地交换了意见。我们都感到这次遭遇战形势严重,恶仗还在后面。我说，我们正面一定要顶住，这样就能为兄弟部队加强防御和掩护军团大部队转移赢得时间。在今天，我们多顶一小时，哪怕是多坚持几分钟，都可称得上生死攸关，宁可自己牺牲，也要保证大部队突围，没有命令，谁也不许撤。然后我们几个营的领导干部分别到各连队指挥作战。我来到机枪排阵地。敌人两次从正面进攻遭到失败后，又派出一部分兵力沿着干河道，从群宝山山脚下向西南我军团纵深迂回运动，主力仍留在我军对面。阵地上一时间寂静得很，空气中仍弥漫着呛人的硝烟，战士们圆睁着双眼，注视着敌人一举一动。敌人架在河堤上的重机枪又疯狂地吼叫起来，更大规模的进攻开始了。这时只见从河堤后面爬出黑压压一片敌军，分多路向我阵地蜂拥而来，我们与桂军是第一次交手，相互不摸底。他们的装备在地方军阀中比较精良，每班都配置一挺轻机枪。进攻的敌军几十挺轻机枪一齐扫射，火舌似飓风从我们阵地上扫过，弹头落在阵地岩石上叮当作响。我们身后树林里的枯树干草燃烧起来。阵地上霎时间浓烟滚滚，火光闪闪，火药味呛得人喘不过气来。我们机枪少，子弹也少，手榴弹大多是自制的马尾手榴弹，在山地树丛中，扔出去有的挂在树杈上，有的落在草丛中，好多不能落地开花。桂军大部是广西人，个头小，动作灵活，善于山地作战，爬山速度很快，战斗力较强，因而战斗进行得很激烈，打得十分艰苦。激战中，敌人曾几度占领我营部分前沿阵地。我们的战士打得非常顽强，他们时而投掷手榴弹，时而冲出去与敌人拼刺刀。受了轻伤的同志顾不上包扎仍坚持战斗，受了重伤的同志躺在那里帮着机枪手压子弹，不断打退敌人的进攻并夺回失去的阵地。在机枪排阵地的树丛中忽然钻出一大群敌人，企图夺取我机枪阵地，机枪排的同志立即甩出一颗颗手榴弹，压住敌人，当时我的驳壳枪子弹已打光，顺手拣起身旁牺牲战友的步枪，带着掩护机枪排的步兵跃出战壕，端起刺刀，怒吼着冲向敌群。顿时，枪声、手榴弹爆炸声、刺刀乒乓搏击声、喊杀声响成一片。经过几番血战，终于打退了这股敌人的第三次进攻。可是，我们的同志也大多倒在血泊之中了。

敌人的三次进攻，不仅没有能够突破我正面阵地，而且在阵地前还丢下了成百具尸体和许多伤兵。敌人进攻刚停止，通信员就跑来报告，锡教导员在反击敌人的冲锋中已英勇牺牲。这就更加激起了我们满腔的悲愤和对敌人的仇恨。为了军团主力的安全转移，我们必须守住阵地，顶住敌人的进攻。机枪排朱排长告诉我子弹已经不多了。我立刻命令各阵地清点人员，收集子弹，加固工事，把重伤员和没有子弹的重机枪先撤出阵地，准备敌人再次进攻。敌军从正面难以突破，即以主力分两路向龙骨吨和泥东坳迂回，留下一部分敌军与我对峙。不多久，甘溪镇西龙骨吨方向枪声大作，我正面敌人的轻重机枪也猛烈射击。后来，枪声又渐渐地稀疏了，这显然是为了配合敌主力向我纵深进攻而牵制我们。此后，敌我双方又处于对峙状态。

下午 5 点钟左右，军团部的参谋找到我，传令撤退。这时，只有龙骨吨和老车土方向枪声仍很稠密，这是红军学校第四分校、五十团在阻击敌人，掩护军团部转移。这一仗，我营虽然伤亡 200 余人，但给军团主力机动赢得了宝贵时间。我们掩埋了牺牲的战友，把重伤员安置在甘溪东南尖峰山鞍部地带，分批撤出阵地。我营由前卫变为后卫，带着轻伤员向东南方向撤退。1983 年我重返甘溪，才知道这些重伤员在敌人搜山时，有的被敌人残酷杀害，有的跳崖壮烈牺牲。解放后石阡人民在甘溪修建了一座红军纪念碑，以纪念这些忠诚的红军战士。

绕了一个大圈子，突破敌人重围

在我们后撤途中，军团部派来一个联络参谋告诉我们，军团政委王震同志率部队向大地方转移，叫我们追赶。当时没有地图，我们估摸着军团部行进的方位，翻山越岭，继续前进。这一带是崇山峻岭，山上的树木杂草，密得使人迈不开步，只有用手扒脚踩，才能开辟出前进的路来。也不知道走了多少路，翻越多少山，半夜时分爬上了一座大山的山腰。这山很高很险，山腰以下是弓形石壁，山腰到山顶的断崖峭壁之间，只有一条勉强能站住脚的窄“路”，这是翻过大山的唯一通道。在窄“路”这边的山坡上，我们惊喜地发现扔着不少行军担子和一群牲口，茂密的灌木和齐腰高的杂草，还看得出倒伏、折断的痕迹。我们判断军团主力是从这里转移的，于是，就沿着这条窄“路”，小心翼翼地前进。这是一场磨炼人的意志的特殊战斗。从7日12时，我们与敌人血战五个多小时，又连续行军七八个小时没有休息，没有吃饭，大家饥饿疲劳得很，每移动一步，都要花费很大气力。待我们翻过这座大山，已是8日的早晨。耀眼的太阳光穿过浓雾，使我们更加疲乏。不一会，来到大地方镇西南十多里的中地垅，部队已极度疲劳，停下来休息，同志们顾不得饥饿，倒在田埂上就睡着了。我也打了一个盹。等我醒来时，只见一些战士正忙着做饭，因昨夜翻山时，行军锅都扔了，大家只好用面盆、瓷缸作炊具，用干粮袋里的剩米做饭，勉强吃了一顿。吃完饭，雾气渐渐消退，我们看到前方不远处有部队，派通信班去联络，才知道军团部就在中地垅。至此，我们和军团部会合到一起。

我们在中地垅一面休息，一面收拢失散的人员。由于四十九、五十一两团的团部都不在了，军团首长果断地将六个步兵营整编为一个团，任命刘钱贵为团长，冼恒汉为政委，我为团参谋长，其番号是四十九团。因我们三营减员大，就把原五十一团、二营、三营合并成一个营。刚整编好部队，侦察员报告发现敌人从北面追来了。我奉命带一个营跑步赶到大地方镇，占领镇两翼高地，警戒石阡方向。下午2时，追敌来了，他们向我阵地攻击，当时敌人数量不多，攻势也不猛，打了一阵就停了下来，双方对峙着。下午4点多，我们向中地垅撤退，我们一撤，追敌就跟进。我们一面阻击，一面撤退，直到天黑，才摆脱了这股敌人，去追赶军团部。这时，军团部和兄弟部队正在通过一个深山夹沟朝施秉转移。这个夹沟有两里多长，沟两边是又高又陡的悬崖峭壁，最窄的地方只能通过一个人，沟里水深过膝，沟底乱石、腐木很多，一不小心，脚就夹在石缝里很难拔出来，部队行进速度相当缓慢。当大部队正在通过夹沟时，追敌又跟踪而来。当时，五十团在夹沟外右侧山头担任掩护，我带部队在沟口正面抗击。大部队通过后，我们进入夹沟，由于沟口地势十分险要，天黑沉沉的，敌人不敢进沟，停在沟口。此时，五十团进沟有困难，他们在完成掩护任务后，就顺着山坡，沿着山脊那一边撤退了。从此，五十团就离开军团部独自突围。我们出沟以后，留下两个连封锁沟口，担任警戒，掩护军团主力宿营。我们利用险要地形，又一次摆脱了敌人。

我们虽然暂时摆脱了敌人，但仍陷在湘、桂、黔敌军的包围、追击之中。为了突破重围，保有力量，力争迅速会师，军团首长采取灵活的游击动作，高度地调动敌人，率领十七师的新编四十九团和十八师的五十二、五十三团等部队，转战石阡、镇远、施秉、余庆等县。由于敌人封锁了交通要道，我们只好在深山密林的崎岖路上行军，在悬崖峭壁上攀行，往往一天吃不上一餐稀饭，鞋破了，赤脚在山地上行走，日晒雨淋，备受艰辛，部队异常疲劳。14日，又绕回石阡县本庄西北的乌江岸边何闪渡。由于敌人防守严密，没有渡船，水势太猛，只好放弃渡江，掉头折向东南，经朱家坝、国荣，再向甘溪方向转移。17日早晨，雾气蒙蒙，我们行进到核桃湾时，后卫十八师师直和五十二团，遭到了由板桥、石阡来的黔军袭击。这天我四十九团行进在五十二团前面，总看不到五十二团跟上来。此时肖军团长来到我团，命令我率一个营就地占领阵地，接应十八师师直和团，他同时派出侦察班去寻找，又让司号员用号调。肖军团长等了很久，仍弄不清他们的下落，只好先回军团部去了。肖军团长走后不久，侦察班的同志回来了。报告没有联络上，我们又等了一会，见军团大部队走远了，仍没有消息，不得已只好追赶大部队去了。行进路上，路两旁山上的地主武装，不断地朝我们打冷枪。从此，十八师师直和五十二团再也没有回来。

夜幕降临，我们再次通过甘溪。从上次遭遇战到这次再过甘溪，前后相隔整整十天，我们在敌重兵围堵中兜了一个几百里的大圈子。这一次，我们没有走大路，而是横越石阡镇远大道，从甘溪镇北的山谷中穿过去的。因我们在后面接应五十二团，过甘溪时已快下半夜了，当我们穿过镇北的山谷，走到半山腰的时候，只见中央代表任弼时同志手拄木棍，在同志们的搀扶下，艰难地走着。在场的有任弼时同志夫人陈琮英同志，还有余秋里等 20 多名同志。当时，任弼时同志正患疟疾，病得很重，他不愿意影响部队赶路，又不忍让已极度疲劳的同志们抬他坐担架才掉在后面的。这时我们行进的左前方枪声很密，我心情很沉重，当即留一个排在弼时同志行进的后方掩护。我带领部队朝枪声方向跑去。在石阡、镇远大道上，红军学校第四分校副校长谭家述同志正等待后卫部队，他见我带着部队赶来，让我赶快上山接替红校四分校的同志守阵地。那天月光很亮，月光下双方对峙的阵地看得很清楚，交接中我才知道正面的敌人是湘军独立三十二旅，企图阻挡我军突围。经过两个多小时的战斗，敌人未能冲上我阵地。这时留在山下联络的同志报告说：弼时同志已走远了，路口收容了十几位掉队的同志。这时我才松了一口气，命令部队分批撤下阵地，追赶主力。下山后，我们通过一条十多里长的人迹罕到的谷涧水沟，走出水沟天已大亮。水沟外面，是广阔的丘陵地带，村子很多。至此，我军团主力在任、肖、王等首长领导下，历尽千难万险，终于突破了湘敌独立三十二旅防堵阵地，跳出了湘、桂、黔三省军队的重重包围，于24日在印江的木黄等地与贺龙同志率领的红三军胜利会师。从此，红六军团就在贺龙、任弼时、关向应等同志的领导下，与红二军团一起，在中国革命最困难的时候，担负起创建湘鄂川黔革命根据地，策应中央红军长征的新的光荣任务。

胜利得来不易　教训尤为可贵

从甘溪战斗到突围会师，是我们西征以来，遇到的最严峻的考验。在没有根据地人力、物力的支持，物质条件十分困难，敌我力量悬殊、四面重围的情况下，经历了无数艰难险阻胜利突围会师，这实在是人间奇迹，也是我军团历史上罕见的壮举。在那样恶劣的条件和危险处境中，指战员怀着为天下穷人谋解放的崇高理想，靠着对革命事业的无限忠诚，发扬了不怕苦、不怕流血牺牲的革命精神，不仅要同数倍于我的敌军血战，而且要克服大自然造成的激流天险，忍受着饥饿与病痛，顽强地同各种艰难险阻进行斗争。也正是这个崇高理想，使我们甘愿历尽千辛万苦、流血牺牲。前进的道路被敌人封锁了，就在崇山峻岭、悬崖峭壁、深山峡谷这些人迹罕到的地方辟路前进；部队被敌人截断了，就以钢铁般的意志，冲破无比的艰难、坚定地突围；子弹打光了，就拼刺刀；身陷重围冲不出去，就纵身跳崖，壮烈牺牲。这种英勇顽强、百折不挠的革命精神，是我们克敌制胜的伟力所在，也是我军的传家宝，就是在今天也应当很好地继承和发扬。

甘溪战斗失利后，我们能够突出重围，是由于红六军团领导政治上坚强，军事指挥灵活。当我们陷在敌人大大小小的包围圈里，敌人不仅拥有兵力、武器装备上的优势，而且还控制交通要道，得到其政权机构和反动社会力量的支持。但是，我们在任、肖、王诸首长的领导下，充分发挥红军战士的聪明才智，忽而西进，忽而北上，忽而南下，转了一个几百里的大圈子，出敌不意地再次通过血流漂杵的甘溪，突破了敌人重重防堵阵地，实现了会师的目的。在突围的最紧张、危险阶段，军团领导以其坚强决心和高明的指挥艺术，为中国革命保存了一支战斗力量。从而为两军团会师创建湘鄂川黔革命根据地，策应中央红军战略转移，作出了不可磨灭的贡献。每想起这些，使我们精神为之振奋。

甘溪遭遇战是令人心胆震惊的。这次战斗是有着深刻的教训值得我们永远记取的。最基本的一条就是思想麻痹，疏于戒备。湘赣突围前，任弼时等军团领导估计到这次西征的艰巨性，全军团上下有较充分的思想准备，因而能连续突破敌人四道封锁线，五次跳出敌人包围圈。虽然很危险，但仍比较顺利。在猴场接到中革军委“桂敌南移”的电报，谁也没有怀疑它的可靠性，特别是以后两天行军也没有发现任何敌情，加之，这里离红二军团所在的黔东根据地又很近，所以大家似乎松了一口气，因此，整个部队都没有应付意外事变的作战方案和精神准备。这对一个始终处于湘、桂、黔三省敌军包围之中的突围之旅来说，是十分不应该的。在这种情况下，当部队在甘溪跟敌人遭遇，特别是被敌人截为三段，部队打散，联系几乎中断的情况下，部队未能先敌展开占领有利地形，从而形成了各自为战的局面，削弱了部队的战斗力使部队受到严重损失。

当然，尽管甘溪战斗失利，但是，瑕不掩瑜，我军指战员在这次战斗和战斗后突围中，经受了严峻的考验，为红六军团的战斗历史写下了难忘的一页。

选自《红六军团征战记》上，解放军出版社1994年6月版，第382—393页。

杀出重围

郭鹏

甘溪战斗的第三天，我们五十一团又在都坪附近被敌人截住，与军团部和兄弟团断了联系，陷入了敌人的重重包围中。

被包围，对我们说来已算不上了不起的事情。离开湘赣苏区两个多月，转战千里，往往是刚刚摆脱了背后的尾追，又遇上迎头的拦击；刚刚从这个包围圈中跳出来，又落到另一个包围圈之中。

可是这次却与以前不同。我们是孤立无援的一个团，由于几十天来的辗转苦战，弹药已经消耗殆尽；而在我们周围，却是数十倍于我，弹药充足、以逸待劳的敌人。

情况是万分严重的。我当即命令司号员吹号通知各营营长紧急来团部，研究突围的部署。会上，政治委员彭栋才①同志提出了我团的行动方针："坚决突围，寻找军团主力，万一找不上，便就地打游击。"

我同意政委的意见，可是当时四面都是敌人，应该向哪里突呢？

这时，我忽然记起了在我们刚刚进入贵州的时候，在一次急行军途中，军团首长向我们几个团的干部交代任务时说："万一在途中被敌人冲散，就各自带部队奔德江、印江、思南一带去找红二军团。"

我们立即去问当地群众，知道这三县在当地的正北方。好！就决定

① 原文为彭栋材，应为彭栋才，即彭林。

朝北方突围。查明路线后，即命令前卫连向西北方向的九里山前进。

大家一致表示:“如果个人负伤，决不要求派担架，以免拖累部队。”

当前的形势，迫使我们不得不把伤病员同志都留下来，就地分散隐蔽打游击。这些同志，都是湘赣老区土地革命后翻身的农民，参加红军后一直在一起浴血奋战，是我们亲密的战友和兄弟，如今敌人合围上来了，却要把他们留下，这是多么令人难过的事情！但是，伤员同志也都清楚这一点，他们毫无难过地留下了，他们都站在路旁送别我们，挨个和战友们紧紧地握手：“你们放心地前进吧，不要顾虑我们，我们决不会在敌人面前屈服！”

再三地珍重,再三地叮咛,再没有比当时告别的情景更使人感动的了。

当天下午，我们赶到九里山下，山头上传来了枪声。前卫部队停下来，我匆匆地赶过队伍，跑到前面去。仰观九里山，山势异常险恶，在悬崖绝壁中间夹着一条羊肠小道，部队无法展开；而敌人已经占据了山卡，居高临下，凭险固守。

当时摆在我们面前的只有两条道路：要就是待在这里等待敌人的合围；要就是采取果敢的猛攻，不惜牺牲，坚决突出九里山。

我们当即和前卫营的干部作了强攻山卡的部署。从四连选拔出来六个共产党员，由二排长傅得胜同志带队，从右侧迂回敌人。

“记住，”我握住傅得胜同志的手叮嘱道，“我们全团都在等着你们开路！”

四连战士们从正面向山卡冲去。但敌人以密集的火力猛烈地封锁着山道，战士们接连地倒下去。看来，要想从正面突破这个山卡是万分困难的。突然，在右侧的山头上响起了枪声，傅得胜带着五名战士出现在侧翼的山崖上，正在小树丛中像猿猴似地向上攀登。

山头上的敌人把手榴弹、滚石拼命地掀下来，眼看我们两名战士跌落下来，但是其余的继续往上爬去。他们很快地冲上山顶，手榴弹的浓烟立刻在敌群里腾起来。

“冲呀！”

几乎全团的人都为英雄们呐喊，山谷轰鸣着，傅得胜带着三个战士在震天的杀声里从敌人的侧翼扑向山卡,正面的第四连也趁势冲上山去。

当天黄昏，我们终于突破了九里山的三道山卡，从敌人的重围中杀出来。

战斗中，傅得胜同志在山上两次负伤，他的一只胳臂被打断了，但一直坚持到冲破敌人的三道山卡。战斗以后，同志们感激他对这次突围的贡献，纷纷要用担架抬他，让牲口给他骑，都被他拒绝了。他吊着一只重伤的胳臂，继续跟着大家艰苦地步行着。他的顽强精神，给人们以莫大的鼓舞。

从九里山突围出来，我们连夜赶到石阡以南的恺里一带，不料又陷在敌人的重围之中。

当我们发现被围时，敌人的合围形势已成。我们首先遭到贵州军阀部队的迎头拦击。敌人在山上凭险坚守，攻了几次，没有突破，只好掉转头来另寻出路，但又遇到湖南军阀部队的截击，而贵州军阀部队又从背后赶来。我们这时只好四面迎敌，东冲西杀，一直打到黄昏，才最后杀出重围，连夜经龙颈坳向北挺进。

当我们到达鸡公山时，敌人又已经先我占据了该山通路。这时，我们必须尽快突破当面的山卡，迅速翻过鸡公山，否则各路追兵赶到，我们将再度陷入重围之中。

第一营营长周保祯同志见情况危急，亲自带着部队向敌人发起了冲击，他组织了一部分优秀投弹手利用地形和密林掩护，隐蔽地运动到敌人阵地前沿，突然向敌人猛掷手榴弹，炸毁了敌人的重机枪，部队乘机猛攻，把守敌一个连全部歼灭。鸡公山的通路打开了。

过了鸡公山，我们冒着大雨连夜赶到石阡以北。严重的敌情使我们不能休息，继续向北挺进，沿途仍然不时地遇到敌人的阻拦和侧击，我们日夜且战且走，又饥饿又疲劳，处境异常困难。

在这段艰苦的日子里，同志们那种顽强的战斗精神，是我永生不能忘记的。特别是三连连长，早在鸡公山战斗中即负伤，右臂被打断了。战后他因右臂骨头已碎，走起路来晃晃悠悠极不方便，自己竟毅然忍痛用菜刀将断臂剁去。在连日转战行军中，他坚持徒步行军，遇有断崖陡壁，便抱住伤口滚下去。有一天，我们突然遭到敌人的阻击，敌人以猛烈的火力掩护部队向我疯狂地扑来，我前卫连火力薄弱，眼看挡不住敌人的冲击。正在危急之际，忽然从后面跑来一个人，他迅速地冲至前卫连阵地，左手持枪高呼："同志们，拼刺刀！跟我冲！"大家一见这血迹斑斑的空袖筒就知道正是三连连长，战士们在他的鼓舞下，不出十分钟，就把敌人打垮了。

但是，因为我们根本没有医务人员和药品，三连长的伤口在连日艰苦的行军作战中日渐恶化了，当最后我去看他时，他握着我的手说："团长，我不能再和同志们一道战斗了！"不几天他便牺牲了。我们流着眼泪埋葬了英雄的战友，怀着对敌人更大的仇恨继续艰苦的征途。

经过连日转战，最后我们进入印江以东之梵净山区。

梵净山绵延数十里，为了避开敌人，我们行军不走山道，而在山势陡峭的断崖绝壁中行进。上山时，用绑带将机枪等重武器拉上去；下山时，将树砍倒，大家缘树而下，有时则用棉被垫在身下，沿山坡滑溜下去。伤病员则更加困难，特别是重伤员，只得用绑带捆住腰往下坠，其痛苦是可以想见的。

山下边也并不好走，没有道路，只能沿着山脚蜿蜒的小河徒涉而下，河水把脚都泡肿了，大小沙粒夹在草鞋里，把脚板扎出许多血眼，一步一痛，而河水又越走越深，最后竟深达腰际，只好上岸再爬山前进。

连日来辗转突围在山区，人家很少，粮食非常困难，我们只好忍着饥饿行军。当时如果一天吃上一餐包谷稀饭，就算是很难得了。进入梵净山后，大家只好在山上采些野果，不管它如何酸涩难以下咽，吞下去填满肚子再说。时已秋凉，大家仍着褴褛的单衣，不胜风寒之苦。这时，我们这支生龙活虎般的军队，实际上已经拖得十分疲劳了。

不要说作战，就是光走路已经难于支持，同志们的健康情况十分恶化，体质稍弱的同志，在水中走着走着就倒下去，挣扎着爬起来走不多远又倒了。有些同志就这样永远长眠在梵净山的山涧里。

可是当我们将要走出山区的时候，湖南军阀部队又占据了出山的关隘，堵住了我们的去路。而后面尾追之敌也已由头塘一带赶到。我军前有截击，后有追兵，两侧是悬崖峭壁，部队又疲惫不堪，形势是万分险恶的。全团紧急集合起来,原来一千几百人的队伍,现在只剩了几百人，一块很小的荒坪上还没有坐满。

紧急战斗动员之后,全场情绪激昂,一致举起枪来,宣誓似地高呼着：

“坚决冲出去呀！”

悲壮的喊声，把山谷都震动了。

我把身边仅有的六块银圆，向居住在山坡上的一个老太婆买下了几树梨子，每个战士分了两个，权当用了一顿“战饭”，吃完两个梨，就要投入决死的战斗了。

战斗开始了。前卫第三营在冲击道路上被敌人炽烈的火力挡住了。

我们几个团的干部都一直在前边指挥，这时发现在左侧山头上，有一座敌堡，敌人以猛烈的机枪火力封锁着我军冲击道路，我们上去一个被打倒一个，根本无法前进。

“先搞掉那挺机枪！”

我的话刚刚出口，九连一排长就挺身而出，要求把这一任务交他们排去执行。

我命令把团直属队的手榴弹集中起来，交给一排前去冲击。

一排长浑身插满了手榴弹，带着部队就冲上山去。以后的一切都是在极短的时间内发生的：

一排长冒着敌人疯狂的射击，一直勇猛的扑到敌堡跟前，一抬手，就把一颗手榴弹塞进敌堡的枪眼里，可是他未及转身，手榴弹又被敌人推了出来。他拾起手榴弹又填进敌堡，并且以自己的身体堵住了枪眼。敌人的工事里冒出了一团黑烟，正在尖叫着的机枪戛然停住了。

英雄的一排长为了全团的胜利献出了自己的生命。

战士们激动地高喊着杀声冲上山去。

梵净山最后的一道关隘被打开了，团队像潮水似地涌出山口。我们没有停留，又连夜兼程前进。

选自《星火燎原·未刊稿》第4集，解放军出版社2007年8月版，第204—208页。

郭鹏，1906 年生，湖南醴陵人。1929 年参加中国工农红军，1930 年加入中国共产党。红六军团西征时任第十七师第五十团团长。红军长征时任红二军团第六师师长、红二方面军第三十二军参谋长。新中国成立后，曾任南疆军区司令员、新疆军区副司令员、兰州军区副司令员。第三届、四届全国人大代表。1955 年被授予中将军衔。1977 年在上海逝世。

二进甘溪

叶长庚

1934年10月上中旬，担任中央红军长征先遣队的红六军团，为去黔东与贺龙同志领导的红二军团会合，在贵州石阡境内的甘溪与强敌两次激战，这两仗打得都很苦，第一次与强敌遭遇，血战一天，部队被敌截为三部，损失很大；第二次被强敌包围伏击，红十八师师部和五十二团没能突出重围，大部分同志壮烈牺牲。但我们幸存者并没有被敌人吓倒，从血泊中站起来，顽强地与敌人继续战斗。

红六军团自8月7日西征以来，在敌重兵围追堵截中开路前进，先后突破了潇水、湘江、清水江、大沙河等险阻，五次跳出敌人精心设防的包围圈。10月7日凌晨，部队按红十七师、军团部、红十八师的序列由走马坪、廖家腾地区向甘溪前进。上午10时左右，全军团在甘溪到官庄一带的山路两旁隐蔽休息，准备在夜晚越过敌人封锁的石阡、镇远大道。

当军团前卫部队红十七师五十一团进入甘溪镇后，侦察排抓获敌人密探，从俘虏口中获悉敌十九师正由白岩河向甘溪疾进，湘桂黔三省敌军企图将我军消灭在石阡地区。

不久，战斗打响，这是一场恶仗，敌以优势兵力和优良装备发起一次次猛烈进攻。几番血战，我军阵地失而复得，得而复失，指战员们大多倒在血泊中。我前卫部队死死顶住了敌人的猖狂进攻，激战至傍晚，战斗才结束，为军团主力安全转移赢得时间。甘溪战斗第二天，由于军团参谋长李达带着红十七师四十九团和五十一团的团部及重机枪连已先突围，军团首长及时将这两个团的部队整编为新编四十九团。不几天，红十七师五十团掩护军团主力转移，与敌对峙后被敌隔断，又独自突围。

为了突破敌军重围，任弼时、肖克、王震等首长率领我们转战石阡、镇远、施秉、余庆一带，由于敌人封锁了交通要道，我们只好在深山密林的崎岖山路上行军，在悬崖峭壁上攀行，那真是苦不堪言，部队十分疲劳。10月14日，我们绕回石阡本庄西北的乌江边，由于敌人防守严密，加之水流湍急，无船渡河，又折向东南，经朱家坝等地，再向甘溪方向转移。

为了先敌占领甘溪，军团部命令红十七师四十九团第一营以最快的速度向甘溪急进，红十八师作后卫，掩护军团部过甘溪。

大约是10月16日，一营进抵甘溪。这时，敌人的先头部队也到达甘溪，先我占领了有利地形。一营指战员迅即发起猛烈进攻，趁敌立足未稳，一举攻占了三个山头，从敌人的合围圈里撕开一个缺口，抢出一条路，让军团主力通过，部队像一股开闸的洪流，涌向甘溪。当军团部接近甘溪的时候，军团政委王震同志指派我到十八师当参谋长，并郑重地说："十八师担任军团后卫，在明天下午3点前这段时间内，无论如何要牢牢堵住甘溪这个口子，掩护全军团撤退，争取时间，甩开后面之敌。"

红十八师师长龙云和政委甘泗淇同志，我们都在一块共过事，可说是"老搭档"了，彼此之间都很了解。

我到红十八师找到龙云、甘泗淇同志后，龙师长当即分配了任务，让我带领五十三团作师前卫，接换红十七师的甘溪阵地，阻击敌人；甘政委率五十四团居中；龙师长带领师直和五十二团随后。第二天清晨6点钟，全师统一行动，奔往甘溪。

当天晚上，部队在离甘溪 20 里的地方宿营。第二天早上 6 点，我带领五十三团按时往甘溪进发。

夜里一场大雾，灰蒙蒙的雾霾笼罩着群山，山间寂静得很，听不到人语，闻不到鸟鸣，几米以外就是茫茫雾气，只有山溪哗哗的流水声和行进的队伍唰唰的脚步声。

出发不久，侦察员报告，前往甘溪要经过一个三岔路口，三条山路像一个“川”字在路口会合成一条通往甘溪的路，左右两翼各有两个团的敌人，正在往路口前进。根据侦察到的这一敌情，我命令全团跑步前进，在敌人到达三岔口前从中间插过去，抵达甘溪。

我们穿过路口不久，背后就传来一阵阵激烈的枪声，估计是后面两个团与敌人遭遇上了。我们不敢停留，一口气赶到甘溪，立即进入阵地，做好阻击敌人的战斗准备。

路口方向的枪声越来越激烈，过了大约一个小时，甘政委带领五十四团赶到甘溪，一见面，他就急切地问我：“五十二团过甘溪了没有？”

我摇了摇头说：“不知道，雾这么大，对面都看不清人，也许……”

甘政委担心地说：“如果龙师长他们还在后面，情况就危险了。你听，枪声多激烈！”

我也担起心来，是呀，龙师长和五十二团现在在哪里呢？……

我们的担心并非多余，全师原定早上 6 点统一行动，往甘溪前进，龙师长率师直和五十二团因连续作战行军，部队极度疲劳，上午 8 时部队还未行动，结果陷入敌人四个团的前后夹击之中……

上午 10 时许，敌人对我五十三团阵地发起进攻，正面山路上敌人约一个团，两翼山坡上的敌人各约一个营，灰乎乎一片，像赶羊群似地冲上来。我们的机关枪架设在山口道路转弯处的高坎上和左右两翼山脊上，正瞄准敌人。这时，我下了一道死命令：“无令不开枪，坚守不能退。”

敌人一步步逼近了，300 米，200 米，100 米，80 米……我一声号令：“打！”机关枪发狂般地猛射，手榴弹从山脊上往山坡甩，居高临下，一甩就是几十米远，落在敌群中爆炸。炸得敌人血肉横飞，哭号嘶叫，抱头鼠窜……

敌人的第一次进攻很快被打退了，但他们不甘心失败，紧接着又发动了第二次、第三次、第四次进攻，都被我们打退了。阵地上硝烟滚滚，焦土片片。山坡上，道路上，横仰竖卧地铺满了敌人的尸体。

下午 1 点多钟，敌人调来了迫击炮，开始对我防守阵地进行炮击。炮弹尖厉地呼啸着，从半空中落下来，炸得树枝断落，泥土纷飞。但由于我防守阵地山势陡峭，加上敌人的射击技术低劣，许多炮弹都落到山沟里爆炸，腾起一团团白色的硝烟。有的战士打趣地说："瞧啊，敌人在给我们放烟火哩！"

过了一会，敌人借着盲目乱放的炮火助威，又一次发动了进攻。我们以猛烈的火力阻击敌人。突然，正面进攻的敌人背后响起了一阵激烈的枪声，枪声中还夹杂着一阵阵喊杀声，敌人纷纷掉回头去迎击。我站在山头上一看，呵，原来是一支二三百人的红军队伍，正在敌阵中拼力往甘溪这边突围。

我想，这一定是五十二团的同志，快去接应他们。于是我迅速集合起两个连的兵力，高喊着杀声冲下山去。正面的敌人在我猛烈攻击下，纷纷往两边山坡上溃散，中间被冲杀开一条道路，我们很快同五十二团突围的部队接应上，回兵一起上了山。

五十二团的一位副团长见到我，仿佛遇到了多年未见的亲人，他再也忍耐不住，痛哭着诉说道："我们太疲劳了，被敌人包围时，部队还在睡觉，待发现敌人已经晚了，敌人四个团的兵力把我们包围的铁桶一般。龙师长指挥部队左冲右突，也没冲出敌人的包围圈。我们团长在战斗中牺牲了。龙师长受伤后被敌人俘虏了。部队伤亡惨重。后来，我带部队往山上突围，这才侥幸把部队带出来……"他难过得说不下去了。我怀着悲愤的心情安慰了他几句，让他带着部队在山上休息一会儿，然后出发去追赶大部队，我带领五十三团继续阻击敌人。

下午 3 点多钟,我们打退了敌人的最后一次进攻,完成了阻击任务,按照军团部规定的时间,我把部队撤下来,急忙去追赶大部队,敌人被我们远远地甩在后头。

二进甘溪,由于部队长期转战,异常疲劳,加之龙师长指挥上不果断,因而被敌重兵包围,致使红十八师师直和五十二团遭受重大损失。龙师长被俘后坚贞不屈,不久即被敌人在湖南长沙杀害。这一沉痛的教训是十分深刻的……

选自《红六军团征战记》上,解放军出版社1994年6月版,第394—398页。

叶长庚,1903 年生,浙江分水(今桐庐)人。1929 年参加中国工农红军,1930 年加入中国共产党。红军长征时任红六军团新兵师师长、红六军团司令部三科科长。新中国成立后,曾任中南军区后勤部运输部副部长、江西军区副司令员。1955 年被授予少将军衔。1986 年在南昌逝世。

抢 路

刘转连

红六军团离开湘赣苏区，经过三个月的连续行军、作战，给了沿途拦阻的敌人以打击，连队里扛双枪的人越来越多了。这一方面是战斗中缴获了一些武器，另一方面是我们的人员日益减少了。大家都深深地体会到离开根据地作战的困难。人人都怀着同样的心情：赶快前进，争取早日和红二军团会合。

但是，越接近目的地，前截后追的敌人也就越多。这天，当我们四十九团第一营——军团先头部队正向贵州的甘溪前进的时候，接到了上级的敌情通报:敌人已从几方面扑奔甘溪。甘溪,是一个险要的关隘，是我们进军必经的要道，如果被敌人控制了，我们的进路就被卡住，整个军团就会被迫处在一个极不利的地带。为了争取先机，我营以最快的速度，向甘溪前进。

接近甘溪的时候，已是早晨 7 点多钟了。部队刚拐过一道阴深的山沟，突然，前面响起激烈的机枪声，敌人的迫击炮弹也在附近爆炸了，原来敌人已经先我占领了阵地。我尖兵部队遭遇敌人突然的火力拦击，被压在一条山谷里，走在前面的一连接着就和敌人干上了。

这时，我不由得暗暗发急：我们的处境太不利了，如果前面挡不住敌人，又不能占领有利地形，那就会使后面的部队更加难以展开。我连忙沿着山路向前跑去。跑到前面，我观察了一下一连的处境：他们在沟底，迎面是一道陡崖，敌人守在上面，居高临下地向一连投手榴弹，企图把一连搞掉后冲下来。这时，一连派通信员来报告情况。情况比我看到的还要严重：当面敌人很多，虽然被一连挡住，但后面和两侧的敌人还在源源不断地增援，而一连的手榴弹已经不多了。

我一面命令一连继续坚持，一面命令机枪连掩护二连从左翼包抄敌人，并且叫营部通信班和三连每人抽出一个手榴弹传给一连。手榴弹飞快地从这个人手里传到那个人手里。不一会工夫，在一连扼守的山沟前面，便腾起一道手榴弹炸起的火墙。敌人被阻住了。

敌人一时是冲不下来的，但我们也不能前进。我正考虑如何夺下对面的阵地，把前进的通路打开，团部也传来了同样的命令。我请副营长樊晓州同志组织机枪连的火力，掩护二连向敌人的侧后攀登。

机枪响了，我把注意力集中到二连。只见战士们沿着山坡的岩缝，揪着岩石间的小树，正一步步地爬向敌人。忽然，一个战士不知是失手还是负了伤，手一松栽下来了。接着又是一个。但战士们还是顽强地往上爬。我的心在激烈地跳动。一排的同志们爬在最前面，他们攀过一条盘道，爬到了敌人踞守的石岩近处。我心里一阵高兴：快了，快要和敌人拼刺刀了。

我的心刚刚松了些，敌人突然投过来一排手榴弹，同时左侧也出现了反冲锋的敌人。紧接着，手榴弹和密集的机枪火力封锁了每一条山缝。硝烟、山石的烟尘混成一片，一排的同志们看不见了，“一排不知怎样了！”我自语着，心里又沉重又焦急，连忙催促副营长重新组织机枪火力，压制住一排头顶上的敌人。我自己准备带着三连，去支援二连和保障一连正面攻山顶。正在布置，扭头看见了身旁的司号长蔡百海，连忙要他到一排去传达命令：立即强攻！

司号长一手提号，一手拿把马刀，直冲向山顶，边跑边喊：“营长的命令，第一排冲呀！赶快冲上去！”我刚带着三连要走，二连攻击的方向突然“轰！轰！”两声，敌人封锁石缝的机枪不响了。一排的战士们立刻攀上了山顶。事后才知道，原来蔡百海上去的时候，一个哧哧冒烟的手榴弹滚到他的跟前，就在这一刹那，他弯腰拾起来，用力扔向敌人。敌人的机枪打哑了，一排的同志也趁机冲了上去。

第一个山头攻下了。在一、三连支援下，二连又连续攻下了三个山头，把敌人的合围圈撕开了一个缺口，抢出一条路，军团的前卫部队突出去了。

可是，部队没有走出多远，从侧面和后面紧紧追来的敌人，又将我们团部、后卫部队和前卫拦腰插断，形成了包围。在这种情势下，我们必须争取时间,迅速跳出敌人的包围圈,才能争取主动。根据当前敌情，我们看出东南方向是敌人较薄弱的方面，于是，我们营又担任了折向东南突围的前卫，向大地坊方向前进。

为了绕过敌人主力，部队走进一座丛林茂密的深山里。

天完全黑下来，又下着蒙蒙细雨，到处漆黑一团。找不到路，部队像一大群瞎子一样，在泥泞潮湿的山地上、丛林间摸索着前进。稍一不小心，就得摔跤；前面略一停步，后面的同志的鼻子，就碰上了前面的同志的脊梁。

但是，更困难的是没有向导。因为这一带全是大山，群众本来就不多，再加上打了一天仗，群众早已逃避了。要想在这雨夜的荒山上找到个向导，实在困难。我们没有地图也没有指北针，听说连军团首长还是靠一本学校用的袖珍地图在指挥行动呢。

我是前卫营的营长，担负着为整个部队开路的任务，眼看着整个部队在这深山密林里摸黑兜圈子，心里特别着急。如果摸错了路，当晚不能摆脱敌人的主力和包围，天明以后，情况就不堪想了。为此，我立即派出随我们前卫营行动的团部侦察排，要他们无论如何找个向导来。我自己则带着部队,根据大概的方向往前摸。转子一阵之后,又转糊涂了，不知往哪里走才对。我索性停下来，等待着侦察员的回音。

团部还在一次又一次地催："怎么停下了？快走！快走！"这使我

心里更是烦乱。不由得想起在湘赣根据地的那些日子。那时候，有根据地，有群众支援，不要说找个向导，就是担架、运输、慰问、鼓动，……男女老少，什么人没有？！而现在……军队哪一点离开了人民群众也不行呵！

正想着，侦察员回来了。我像得救了似的，连忙迎上去问他："向导找到了么？"一个侦察员说："有一个老太太，能知道五六里路。就是脚小……"

"你们这些人……"我生气地打断了他的话，"走，领我去看看！"

翻过一道山梁，在山洼里有一间草棚子，几个侦察员正围着一个老太太坐在那里。在昏暗的油灯下可以看出，她有60多岁，头发有些花白。经过我们几位侦察员同志的解释，脸上已经没有害怕的神色了。

我一进去就问她："老太太，这周围的庄子和路你都知道么？"她点点头，说了句什么，伸出一只手。我猜她的意思是知道五六里路。

"往东南去是什么庄子？"我又问，"能找到路吗？"

她又回答了几句，显然是说的庄名字。可我还是听不懂。

看来，在这荒山上所能找得到的向导只有这位老太太了。她知道多远并不要紧，重要的是她能把我们领上往东南去的路。但是，她的脚小，要她在这黑夜的山上领我们走是不行的。我略略思索了一下，说："老太太，难为你，请你帮我们带带路。"说完，我走到她跟前，弯腰把她背起来，回身吹灭了灯，对侦察员们说："叫部队来，快点。"

部队很快跟上来。我背着老太太在头里领着。背着一个人爬这泥滑的山路是很吃力的，我怕摔了老太太，不得不加倍小心。但我心里是高兴的。不时地问问她："方向对不对？""冷不冷？"她在我背上，一会拍拍我的左肩，一会扯扯我的右臂，指挥着我，拐上了一条通向东南的小山道。

来到路上，侦察员把老太太从我背上接过去。老太太像盏指路明灯，整个部队随着她走了一夜。拂晓时分，我们突出了敌人的包围，到达了前面的一个村子。在那里，我们找到了新的向导。本来应该把老太太送回去的，但我们来不及了，只好把她留在这村里，托给村里群众，并酬谢了她四块银元。

当我离开她时，不由得再一次回想起昨夜那险恶的处境。我从心底里说出这样一句话："谢谢你！"

我们又继续前进了……

选自《红六军团征战记》上，解放军出版社1994年6月版，第410—414页。

刘转连，1912 年生，湖南茶陵人。1930 年加入中国共产主义青年团，同年转为中国共产党党员并参加中国工农红军。红军长征时任红六军团第十七师参谋长、师长，红二方面军第六军模范师师长。新中国成立后，任赣西南军区司令员、第四十一军军长兼粤东军区司令员、旅大警备区司令员、沈阳军区副司令员、政协第五届全国委员会委员、中央顾问委员会委员。1955 年被授予中将军衔。1992 年在广州逝世。

红军长征过思南被围追时的经历

黄通邦　杨德胜

红六军团辖第十七、十八两师。十七师师长和政委分别由萧克、王震兼任。十七师包括四十九、五十、五十一团。十八师师长龙云，政委由红六军团政治部主任甘泗淇兼。十八师包括第五十二、五十三、五十四团。我俩都在五十二团，黄通邦是三营营部通讯员，杨德胜是五十二团机枪连的指导员。

1934 年 10 月 13 日，红六军团主力和前卫部队五十二团经走马坪到本庄，准备过活闪渡未成，自石阡县边境山口坳马田沟进思南县境。

前卫部队五十二团及十八师直属机关当晚在司都坝宿营，军团主力部队及军部在瓮溪街上宿营。

那时，红军对贵州的地形不熟，用的是中学生地图。生活极艰苦，穿的衣服极单薄，脚上是稻草鞋；局势不十分紧张的时候，煮这顿饭，也将下一顿的伙食做好带着。碰到环境险恶的时候，只有吃爆玉米甚至干啖生米充饥。

10 月 14 日，五十二团等前卫部队抵达龙塘朱家坝，主力部队在甘家寨一带宿营。

10 月 15 日，五十二团等前卫部队过川岩坝，准备经板桥、大坝场，进入印江、扛口地区。这时，前卫侦察部队发现了板桥路口山顶上，借着国民党军的哨棚，部队便停止前进，就地宿营。

10 月 16 日，天还未亮，军团主力部队折向甘溪方向。原前卫改为后卫，原后卫改作前卫。五十二团机枪连跟五十五团团都一起行动。才开始转移，板桥的敌人追上来了。后卫部队请示师团长打不打，师长龙云和团长田海清决定：甩掉追敌，尽量避免被敌军咬住。但是，大股敌军很快压了过来，在与敌军激战中，后卫部队被截成两段，首尾不能相顾，且不知师团长们在什么地方。深夜，后卫部队一部从湖南、贵州敌军的包围中突围出来，又遭第二圈包围。待五十二团少量人马突出重围，至川岩坝困牛山、黑滩河一带时，再一次落入湘、桂、黔三省敌军的虎口，此时的五十二团，已基本上丧失了整体作战的能力。

当地的乡保长们，扯着喉咙，敲着锣，要每家都去人打“共匪”！于是，不明真相的群众手拿梭标、斧头、鸟枪，一路路击追赶我们。

杨德胜于混乱中在困牛山脚集中了几十个人，准备翻过困牛山，哪知王家烈的八团和土匪罗克君、吴再祥的人马在山上，凭着地理优势，以逸待劳，将爬上半坡的红军打了下去，还生俘了一些红军战士。

十六七岁的红军战士张云书，被炸到三四丈深的黄牛山下，幸好沟里都是些沙泥未把他摔伤。

五十二团三营营部通讯员黄通邦，在困牛山腰，被山上投下的一颗手榴弹将右脚背炸伤，不能再随大家一起行动，排长黄诚见此情景，便安排他和另一个伤员刘兵到附近农民家养伤。黄通邦和刘兵各背一段布，漫无目标地乱走，天黑时，走到王全寨张朝富家。张朝富听屋外狗咬得厉害，开门看到是两个负了伤的红军，又有好布，便收留了他俩，收下了一切东西，各给一条烂裤儿穿。张朝富还抢了红军的少数枪支，后来有了些势力。

黄通邦在张家养伤一个多月，伤好后，给张朝富家当长年。

在困牛山坡阻后，杨德胜带十几个人离开困牛山跑到三星茶场坪，又逢地方上的恶霸周光荣、吴治修阻击，准备去石阡白沙区，而当地受骗的农民，手拿梭标、斧头、土枪，四处围了过来，高喊：“抓共匪呀——！……”杨德胜等只好从三星乡水扬沟梁子上梭下来，沿沟里跑。土匪紧紧地在后面追赶。

杨德胜有两颗手榴弹，一颗给了陈洪顺，杨在沟里见土匪追得厉害，便向后面投了颗手榴弹，“轰——！”一声巨响后，炸着了匪徒王武臣和吴师效，吴师效的左眼被炸瞎了。其余的土匪害怕了，暂时停止了追赶。

不一会儿，土匪壮了胆子，又追上来。杨德胜问陈洪顺：“那颗手榴弹呢？”陈洪顺说，在路上跑丢了。

情况十分危急，杨德胜和其他十几人从龙洞坪苦竹林上坡，到六冲山堡上，前前后后都被人围着，再也走不出去了，又没有弹药。他们中的七八条枪，被上坝吴治修搜去。

他们被带到一家屋里，衣裤、毯子等一切东西都被吴治修搜去，连裤带也没放过。吴治修问手榴弹是谁投的，谁当什么，折腾了一夜，见问不出个所以然，也就作罢。

当年失散在文家店区的红军战士，熟悉的有：黄连高、周克友、丘××、刘景子、董难贵、刘森、西银生、张云书、肖志芳、王标、张明德、黄通邦、杨德胜、张余廉、陈洪顺……

还有一位记不起名字的，给向正富家当儿子，改名叫向树清。

红军长征过思南，前前后后不过几天的时间，却播下了革命的种子。他们那艰苦的生活，坚强的革命意志，给人们留下了深刻的印象。（张进整理）

选自政协思南县委员会文史资料研究委员会编：《思南文史资料选辑》第十一辑，1987年9月，第87—90页。

黄通邦，红六军团西征时为五十二团三营营部通讯员。

杨德胜，红六军团西征时为五十二团机枪连指导员。

木黄会师

李华仙

1934年夏，由于王明“左”倾冒险主义的错误领导，中央红军未能打破敌人的第五次“围剿”。为了使中央苏区摆脱困境，在政治上宣传我党的抗日主张，揭露蒋介石国民党右派卖国内战的罪行，在军事上威胁国民党军队后方，调动敌人以减轻对中央根据地的压力，继红七军团以抗日先遣队的名义北上之后，党中央和中央军委大力发展湖南的游击战争，使其成为中央苏区和川陕根据地的枢纽，遂决定红六军团西进湖南中部，开辟新的革命根据地，并向北与红三军取得联系。

1934年6月19日，中央分局在枫香溪决定创建黔东根据地。随后，红三军恢复了政治机关，重建了党团组织。同时还大力开展以梵净山为中心，以沿河、印江为立脚点的黔东苏区的工作。夏曦同志率领工作团，于7月下旬，成立了黔东特区革命委员会，为迎接红六军团的到来准备了条件。

8月7日，红六军团9000多人，在任弼时、萧克、王震的率领下，从湘赣根据地突围西征，于11日到达桂东以南的寨前圩、沙田一带，正式成立了军团领导机关①。任弼时为红六军团军政委员会主席，萧克任军团长，王震任政委，李达任参谋长，张子意任政治部主任。为摆脱

① 军团领导机关成立时间为8月12日。

湘、粤、桂军阀的围追堵截，红六军团到达湘江右岸地区以后，便迅速向东转移到阳明山地区，尔后又由嘉禾折转西进，击退湘敌和桂敌八个团的进攻，于 9 月 4 日在界首地区渡过湘江，到城步、绥宁、武冈地区打击敌人，并与红三军取得联系。后因敌人集结兵力防我北进，遂占领通道县城，继续向西挺进，进入贵州的清水江流域。至此，红六军团面临着西征以来尤为艰险的处境。

当时的贵州是：天无三日晴，地无三尺平，人无三分银。加之群众尚未发动起来，部队所到之处，物资供给十分困难，尤其是部队在几面受敌的情况下，竟找不到一幅贵州省地图，后来几经周折，才在黄平的一所天主教堂里找到一本法文的贵州省地图。为冲破湘、桂、黔敌人的围追堵截，10 月 7 日，部队从黄平向北继续往石阡前进，不料，在甘溪与桂敌精锐部队廖磊的第七军遭遇。敌据险要地形，来势凶猛，置我于湘、桂、黔之敌共 24 个团的包围之中。我被切割成三段。这时，我十七师四十九团迅速抢占了甘溪山口，坚守要隘，击溃敌人数十次进攻。战至黄昏，刚撤出战斗，尾追我军的敌人又与我后卫十八师打响，为摆脱被动，四十九团一营及五十一团之一部编成四个步兵连，一个机枪连的独立营（营长是五十一团一营樊营长，政委是四十九团特派员谭善和同志）由军团参谋长李达率领突围，在沿河一带找到了红三军。李达同志向贺龙同志报告了红六军团西征情况和当时处境，次日便与红三军主力南下。途中击退了敌周燮卿部的多次进攻，到达水田坝（又称铅厂坝）后，配合红三军七师二十八团粉碎了黔敌王家烈的三、六、九团对沿河苏区的“围剿”，把敌人赶回思南、印江等地，为红二、红六军团的会师创造了有利条件。

十七师五十一团及其他人员、十八师和军直主力正转战于石阡、镇远、余庆、施秉一带。这里山势险峻，人烟稀少，物资奇缺，条件十分艰苦。部队为在悬崖峭壁上行动，将行李、马匹全部丢掉，每天连一顿稀饭都难以保证，许多人没鞋就光脚在荆棘丛生的密林里与敌周旋，在林间草丛中栖身。由于体力消耗过大和极度疲劳，又得不到起码的饮食补充，再加缺医少药，不少战士患病，部队减员剧增，当时中央代表任弼时同志身染重病，他坚决拒绝了战士们用担架抬他，手拄木棍和大家一起步行，抱病指挥全军行动。十八师五十二团在板桥被敌人截击包围，全团与敌血战三四个昼夜，在敌众我寡、弹尽粮绝的情况下，师长龙云同志负重伤被何键俘后杀害，师政委甘泗淇同志也负伤，五十二团团长田海清同志当场牺牲。全军伤病员很多，大多数人掉队，但他们仍手持木棒、石头同敌人进行无畏的战斗。五十二团总支书记熊晃同志就是在岩洞里坚持斗争，直到 1936 年才在毕节将军山战斗后回到部队。

当时，我主力部队由老猎人带路，于夜间通过一条人迹罕见的涧谷，击溃了石阡至镇远封锁线上的敌警戒部队，占领了东去的要道。这时，湘军补充第三纵队和桂军发现了我主力，企图在黄昏时从南面向我攻击。我军团教导队和特务连依据有利地形与敌展开激战，掩护部队在深夜全部通过，翌日凌晨走出深沟。为避免与敌相持，保证有生力量，部队常常在深山里坚持战斗，极端艰苦，饥饿和疾病威胁着部队的生存，不少同志因饥饿停止了呼吸。贺锦斋烈士生前曾写过这样一首诗："层层铁网逼周围，夜集深山雪满衣，为党为民何惧死，宝刀要向敌头挥"，真实地再现了当时的情况。

甘溪一仗，冲破了湘、桂、黔敌人的围追堵截，随后红六军团继续经瓮安猴场向印江前进，首先与红六军团十七师五十团（团长郭鹏、政委彭栋才）在江口县的木根坡会合，随后继续南下，于 10 月 24 日在印江的木黄，贺龙、关向应同志率领的红三军与任弼时、肖克、王震同志率领的红六军团胜利地会师。当晚，部队转移到松桃的石梁，26 日部队又到达四川酉阳县的南腰界。翌日①，两军在南腰界举行了隆重的庆祝会。贺龙和任弼时同志先后在大会上讲话，任弼时同志宣读了党中央

① 庆祝会时间应为1934年10月26日。

为两军会师而发来的贺电，同时宣布红三军恢复红二军团的番号，贺龙任军团长，任弼时任政委、关向应任副政委。会上还宣布将原红三军的第七师改为四师，原九师改为六师。贺龙、任弼时、关向应统一指挥红二、红六军团的战斗行动。这次西征的胜利，圆满地实现了中央军委的战略意图，有力地策应了中央红军的战略转移。同时，为以后发展湘鄂川黔边区的革命斗争，以及配合中央红军的长征，奠定了坚实的基础。

选自《红六军团征战记》上，解放军出版社1994年6月版，第456—458页。

李华仙，原名周华仙，1916 年生，湖南茶陵人。1929 年参加革命，1930 年加入中国共产主义青年团，1931 年参加中国工农红军，1934 年转为中国共产党党员。红军长征时任红六军团十八师五十三团二营六连连长、五十团通讯主任、十八师警卫营营长等职。新中国成立后，曾任兰州军区建设委员会主任、新疆军区生产建设兵团农一师副参谋长兼五团政治委员、新疆维吾尔自治区化工局党组成员、新疆维吾尔自治区顾问委员会委员。1994 年逝世。

南腰界庆祝会师大会

冼恒汉

在十年土地革命战争的艰苦斗争中，红军有过许多次激动人心的会师，而在我的经历中，最感人肺腑、最使人难忘的则是1934年10月红二、六军团的会师。

1934年10月7日，我们六军团五十一团奉军团命令为前卫。中午到达贵州石阡县的甘溪休息，部队正在开饭吃自带的米饭团子时，侦察排送来两个俘虏，询问中他们嘟嘟囔囔，谁也听不懂他们说的广西话，只有我这个广西人还能基本听懂。俘虏说的大意是，广西军阀十九师廖磊正向我们这里前进。我和团长金承忠听到这个情况，饭也顾不上吃，一面布置部队准备抗击，一面迅速向军团首长任弼时、肖克、王震报告。不一会战斗打响了，敌我之间隔着一小块开阔地，敌人向我多次冲锋，都被我们打退了。下午5时，军区首长考虑我们抗击时间已久，部队伤亡很大，就派李达参谋长带四十九团来接替我们。刚接了一部分，敌人就攻上来了。李达参谋长率四十九团向甘溪以北大山撤退。这时，我团金承忠团长负伤也已后送。在这紧急时刻，我问作战参谋向北撤退是否是军团首长的命令。作战参谋报告说，没有命令。他说参谋长是否另有作战意图，要带一部分兵力对敌实行反包围。我说既然军团首长没有命令，我们不能跟上山去。我告诉团参谋长，除派一营向敌警戒外，部队向来路撤，靠拢军团部，听候军团首长的指示。

只有我听懂俘虏的话，这带有偶然性，然而对敌进行抗击，争取了时间，使军团首长有时间考虑改变前进路线，这就是胜利。果然，任弼时、肖克、王震对我们这次战斗讲了许多表扬和鼓励的话。

军团主力经过几天辗转行军，10 月 15 日，军团部通报李达参谋长率领的四十九团在沿河县的铅厂坝和红二军团会合了，并说贺龙军团长等首长正率主力南下亲自迎接我们来了。这个好消息，使部队的疲劳为之一扫，精神大振！

贺龙的名字天下扬！贺老总一把菜刀闹革命的传说，贺老总在湘鄂西创建红军，坚持长期斗争的英雄业绩，我们都是很崇敬的。一听到贺老总带部队来接我们，这对当时处在千难万苦的六军团来说，大家兴奋的心情是无法用语言来形容的。贺龙的到来本身就意味着大胜利即将到来。

又经过十来天的艰苦行军，10 月 24 日，红六军团主力与红二军团会师了。我们见到二军团的部队，虽然他们身着五颜六色的衣服，头戴不同样式的帽子，缠着贵州人的帕子，然而部队上下战斗热情极高，对兄弟部队充满感情。两军欣喜若狂，欢呼声震动山谷，“向二军团学习！”“向六军团学习！”“团结万岁！”大家激动得泪流满面。

10 月 26 日，二、六军团在贵州、四川交界的酉阳县南腰界召开庆祝两军胜利会师大会。南腰界是一个百来户人家的村庄，周围有一些稀稀落落的小庄子，这里是二军团新开辟的根据地。二、六军团在这里会师，使这个村庄成了一颗耀眼的明星，永远在中国革命战争史上闪耀着胜利的光辉。

会场设在离南腰界庄子不远的草坪上。草坪上摆了一张桌子，田埂上压着标语。会场布置虽然简单，然而会师的激情在人们心中荡漾。欢腾的空气，热烈的歌声，真可以说是冲上九霄了！大家像久别重逢的亲兄弟倾诉着内心的喜悦。司号员们组成的军乐团，吹着高亢的号声，增添了欢乐气氛。

我和金团长认识了二军团十六团团长常德善同志。他是山东人，满口北方话："你们辛苦了！"

"你们也辛苦了！"我们两人同时问候。

"你们走了几个月，打了很多仗吧？"

"三个来月,仗打了不少。别的都顺利,就是最近甘溪一仗打得苦。广西军阀想在甘溪消灭我们，可没有想到我们在这里会师了！"

金团长说："我们在黄平、施秉就听老乡们到处传说贺龙的部队是'神兵'，贺龙是'活龙'！"

"那是老乡称赞，说我们跑得快，打得猛。我们走路确实快呀，常常一夜跑百十里，猛敲敌人一顿又走，到了宿营地再打一双草鞋天还不亮呢！"

"真要好好向你们学习！"我和金团长同时说。

我们红六军团从当年 8 月由湘赣根据地西征以来，经过近三个月的行军作战，已经十分疲劳了。现在一会师，疲劳顿时烟消云散。贺老总等首长的到来，更使大家的情绪达到了顶点。

这位南昌起义军的总指挥，早就成了人们心目中的一面旗帜。他魁梧的身躯，深邃的眼睛，手里习惯地拿着烟斗，满面笑容地同任弼时、关向应、萧克、王震首长一起来了。他们热情地跟干部们握手。贺老总握着我的手问："你多大了？"握手是那样温暖有力，霎时一股热流冲激着我的全身。

贺、任等首长走上主席台，庆祝会开始了。

全场肃然。一阵军乐之后，任弼时讲话了。他首先宣读了党中央为二、六军团会师发来的贺电，接着又讲了两军团会师的伟大意义和二、六军团统一行动，并组成红二、六军团总指挥部的决定，讲了当前的形势和我们的任务。他的讲话不时为热烈的掌声打断。

贺总指挥讲话了。"六军团的同志们，你们辛苦了！你们一路上跋山涉水，打了不少仗，战胜了敌人，来到这里，我们表示热烈欢迎。"

他接着说，“我知道你们的心情，你们来到这里，想休息一下，按说这是十分应该的，可是国民党反动派不让我们休息，这里的根据地是新近开辟的，不很巩固，现在……”他拉长声音豪迈地说，“我们可靠的根据地就在我们的脚板上！”

贺老总讲到这里，会场上活跃起来，响起了热烈的掌声。是啊，在那艰苦斗争的岁月里，为了坚持革命的旗帜，有多少革命同志长期过着风餐露宿、天天搬家的战斗生活，他们吃尽了一般人所不能吃的苦；我们搞根据地要靠走、靠打，保存自己也要靠走、靠打。在那些年月，走路正是红军战胜敌人的一大本领！当贺老总讲到可靠的根据地“就在我们的脚板上”时，大家发出的那会心的笑声和暴风雨般的掌声，表达了大家和贺老总心心相印的心情。

接着，贺老总号召大家英勇果敢，团结战斗，创造新局面。最后，贺老总提高嗓音说：“这次二、六军团会师，是胜利的会师！我们一定能争取大的胜利！”全场掌声和口号声经久不息。

任、贺首长的讲话，深深印在每个指战员心上，大大增强了我们胜利的信心和战胜困难的力量！几十多年过去了，如若天假我年，我还想去凭吊我们当年战斗的地方，去看看过去深深铭记在心上的红二、六军团会师的地方。我想那里一定有座会师的殿堂，这座殿堂建筑在一代又一代人民的心上。

南腰界庆祝会师大会后，在贺总指挥和任弼时政委的率领下，我二、六军团以饱满的战斗热情，踏上了向湘西进军的征途。在行军路上，我接到贺、任首长免去我五十一团政委职务，调任二军团十六团政委的命令。我赶到十六团时，常德善团长非常热情地握住我的手使劲地摇着，说：庆祝会上我们就熟悉了，欢迎！欢迎！

二、六军团会师是我军历史上的一个光辉点。这次会师，两个军团结成一个战斗的整体，两个军团亲密融洽，互相帮助，由此而展开了二、六军团新的发展时期。正如后来贺老总所说的，二、六军团的会师是胜利的会师，模范的会师。

选自《红六军团征战记》上，解放军出版社1994年6月版，第459—462页。

冼恒汉，壮族，1911年生，广西田阳人。1929年参加中国工农红军，1931年加入中国共产主义青年团，同年转为中国共产党党员。红六军团西征时任第五十一团政治委员。红二、红六军团会师后任红二军团第六师第十六团政治委员。1935年秋任红二军团第四师政治委员，参加了长征。新中国成立后，曾任陆军第一军兼青海军区副政治委员、政治部主任，第七军政治委员，中国人民解放军第一高级步兵学校政治委员，西北军区政治部副主任、主任，兰州军区政治委员，中共甘肃省委第一书记，中共第九届、十届中央委员。1955年被授予中将军衔。1991年在兰州逝世。

回忆红二、六军团南腰界会师的前前后后

李文清

1934年10月27日[①]，中国工农红军红二、六军团在酉阳南腰界胜利会师，这是红二方面军战史上的一件大事，对尔后湘鄂川黔革命根据地的建立和二方面军的诞生，对策应中央红军长征，都具有十分重要的意义。

（一）

1933年12月，湘鄂西中央分局湖北大村会议，作出向酉（阳）、秀（山）、黔（江）、彭（水）发展，创建新的根据地决议后，贺龙率领红三军攻克黔江，奔袭酉阳、彭水，转战川黔边。

1934年6月，红三军进驻南腰界。贺龙与夏曦、关向应等反复商议，取得比较一致的意见，决定以南腰界为中心，开拓川黔边根据地。枫香溪会议后，部队在南腰界抽调100多名干部集训，然后组成若干工作队，配合部队，深入四川秀山、酉阳和贵州的沿河、松桃、德江、印江等县，发动群众，组织游击队，建立革命政权，搞土地革命，展开了开拓川黔

① 红二、六军团1934年10月24日在印江木黄会师，10月26日在酉阳南腰界召开会师庆祝大会。

边革命根据地的工作，创建了包括酉阳、秀山在内的黔东特区，为后来二、六军团会师奠定了基础。正如贺龙同志说的：如果没有这块根据地，六军团没有目标可找，也找不到部队，结果是不可想象的。

（二）

1934年7月23日，红六军团接到中央革命军事委员会关于向湖南中部挺进，与红二军团联系，为中央机关和中央红军转移担任前导的命令。8月7日，军团9700多人，在中央代表、湘赣省委书记任弼时和由肖克、王震组成的军政委员会的领导下，由江西的横石、新江口地区出发，经衙前、五斗江突围，到达湖南桂东县寨前圩。8月12日，六军团在寨前圩正式成立领导机关，由肖克任军团长，王震任政治委员，李达任参谋长，张子意任政治部主任。当日晚，从寨前圩出发，经过两个多月的远征苦战，击败国民党军队的围追堵截，突破重重艰难险阻，进入黔东地区。军团根据9月26日朱德发给任、王、肖的"火急"电指出的目标，在寻找红二军团（当时已改为红三军）的过程中，行至甘溪，遭到桂、湘、黔敌军的突然袭击，全军被截为三段，三个师六个团几乎全打散。李达率领四十九、五十一两个团团部和一个机枪连向东南方向突围，军团主力则向乌江迂回前进。红六军团由于在甘溪一战失利，最后只剩下3000多人（其中还有300多名伤病员）了，处境十分危险。

（三）

对于红六军团的西征，贺龙本来是不知道的。9月下旬，他在南腰界小学从国民党报纸上看到肖克的部队向川黔边运动的消息，才知道六军团要来。贺龙对此十分重视，当即从南腰界派出几支部队分赴秀山、沿河、印江一带接应。贺龙还亲自带领手枪队、侦察队，以吹号联系的方式寻找六军团。

此时，李达正率红六军团一部辗转于丛山峻岭之中，跟主力失去联系已达十几个昼夜。他根据当地群众提供的情况，越过枫香溪，来到水田坝，正向红三军靠拢。红三军军部手枪队最先从远处发现该部，经过喊话询问，辨明番号，立即报告贺龙。贺龙听说已找到六军团，非常高兴，立即去迎接。一见到李达参谋长，贺龙就问："怎么不见任弼时、肖克、王震同志呢？"李达向贺龙简要汇报了甘溪战斗的情况。贺龙一听，任、肖、王还在危难之中，紧锁双眉，显得焦虑不安。他果断地带领部队根据李达汇报的情况，连夜起程前去接应。行至梵净山木根坡时，先找到郭鹏率领的五十团。接着贺龙与李达等于 10 月 24 日在印江木黄找到了任弼时、肖克、王震同志带领的红六军团主力部队。当贺龙同志与任弼时、肖克、王震见面时，激动得热泪盈眶，他紧紧地握住任弼时、肖克的手说："因为电台坏了，我们很长时间与中央隔断了联系，不知道红六军团要来，后来从国民党的报纸上看到你们行动的消息，我们派出部队接应。这下可把你们找到了。看到你们安全脱险，我们也就放心了。"任弼时说："谢谢你们的关心，我们从江西出发，也天天盼望找到二军团，没想到你们到这里来找到我们。"当时，因木黄敌情严重，部队稍事休息。于当天下午转移到石梁，次日向四川南腰界进发。

六军团西征以来，一路上遭敌人前堵后追，天天打仗，指战员连续好几天没有睡好觉，吃好饭，疲劳不堪。当时，任弼时、肖克已经走不动了，贺龙派人用担架抬着他们行军。红三军指战员热情为六军团的战友扛枪、背背包、抬伤病员。还有许多同志把自己的草鞋、衣服和被子送给六军团的同志。贺龙还指示参谋谷志标提前派人把红六军团来南腰界会师的消息通知红三军司令部，要后勤部和南腰界区革命委员会组织力量，尽一切可能做好接待六军团的准备工作。同时派人通知红三军分驻川黔边一些地区的部队，于26日赶到南腰界集中。

10月26日，红三军和红六军团8000多名红军战士，陆续到达南腰界，驻满了南腰界及附近方圆20里的村村寨寨，实现了两军大会师，南腰界苏区人民遵照贺龙要尽一切可能照顾好六军团同志的指示精神，热情接待了六军团的同志。他们为六军团同志挪房让铺，送粮、送菜、送盐、送肉，让远道来南腰界的六军团同志吃好、休息好。

当天晚上，任弼时以中央代表的身份召集两军领导人在红三军司令部开了一个重要的会议。任弼时传达了党中央关于中央机关和中央红军实行战略转移的决定及六军团作为前导来找二军团的指示精神，讨论了如何策应中央红军战略转移和两军会师后的行动方向、任务等，会议决定展开湘西攻势，向敌人发起进攻，建立湘鄂川黔革命根据地，以配合中央机关和中央红军转移的行动计划。

为了适应二、六军团会合后的形势，统一两个军团的领导，会议决定恢复红三军原二军团的番号，成立二军团总指挥部，由贺龙任军团长，任弼时任政治委员，关向应任副政治委员，李达任参谋长，甘泗淇任政治部主任,统一指挥二、六军团行动。会议具体研究了部队的整编、干部的配备等问题，还抽调了一批干部，分配到贵州沿河、印江、松桃和四川的黔江、酉阳、秀山、石柱等县，协助各地游击队坚持革命斗争。

鉴于夏曦在湘鄂西和红三军中所犯错误，深夜，肖克、任弼时、王震联名发电中央书记处、中革军委，建议撤销夏曦的职务，提议由贺龙任分革军委主席，肖任副职。

（四）

10月27日下午①，红二、六军团在南腰界猫洞大田举行了庄严隆重

① 庆祝大会时间应为1934年10月26日。

的庆祝大会，标志着两个军团胜利地会合在一起了。

两军会师，结成了一支强大的战略突击部队，人人精神焕发，个个欢欣鼓舞，整个会场洋溢着热烈的气氛。

会师大会由夏曦主持。首先任弼时以中央代表的身份，宣读了中央为二、六军团会师发来的贺电。他向8000多名红军指战员庄严宣布："我们二、六军团胜利会师了！"接着他讲了会师的意义，报告了目前的形势和二、六军团会师后的任务，并宣布成立二、六军团总指挥部，统一指挥二、六军团。贺龙、肖克、关向应在大会上讲了话。贺龙在大会上再次向六军团表示欢迎。他说："六军团的同志来到这里，按理是应该休息的，但蒋介石不让我们休息，黔东根据地是新近开辟的，不很巩固，可靠的根据地是在我们的脚板上，还得走，还必须创造更大更可靠的根据地。"他勉励二、六军团的指战员，亲密团结，再接再厉，英勇奋战，去打开新的局面，用新的胜利来庆祝会师。

会议一直开到月上东山，方在热烈的军乐声中结束。

当晚，南腰界群众得知红三军要撤离南腰界的消息，纷纷到司令部和红三军各部找贺龙和红军指战员叙别。贺龙和红三军指战员十分感谢南腰界人民的支持和援助，临别时向南腰界人民赠送了大量纪念品。他们说："红军一定会回来的。"

（五）

1934年10月28日早晨，红二、六军团从南腰界出发，向湘西挺进。南腰界人民怀着依依不舍的心情，欢送二、六军团东征。当晚我军宿营于蚂蝗井一带。29日进至板溪洼，30日进逼酉阳县城。贺龙给守敌旅长田冠五写了一封信，要他让路。田慑于二、六军团会合后的声势，即弃城而去，我军遂顺利通过了酉阳县城。

11 月 3 日，我军由酉阳的五福经老寨蚂蝗沟出川，于 11 月 7 日攻占了永顺县城。我军进入湘西，湘敌何键大为震惊，急令陈渠珍派兵堵击。黔敌王家烈也派黔军到湘西追袭。陈渠珍在凤凰成立“剿匪司令部”，组成四路纵队，共十个团，约万余人，齐向永顺扑来，妄图乘我军立足未稳之际，将我围歼于永顺地区。

二、六军团领导人认真分析了敌我双方的形势，研究克敌制胜的战略战术。贺龙认为：欲将取之，必将与之。他建议采取骄兵之计，主动放弃永顺县城，把敌人诱到十万坪，利用于我有利的地形，伺机消灭。于是，我军 11 月 13 日主动退出永顺县城，向北转移。敌军误认为我军怯战，拼命尾追。我军且战且走，诱敌深入，终于把敌人引入城北 90 多里的龙家寨十万坪地区。

十万坪是一个狭谷地，长十多里，宽二三里，坝上长满了芭茅草，谷地两侧高山耸立，林丰树茂，有利于隐蔽出击。16 日，敌人进入伏击圈，正准备宿营时，贺老总一声令下，我军立即从四面山上向下发起攻击，激战数小时，全歼敌军，俘敌数千，于 11 月 17 日回师收复永顺县城，取得了会师后的第一仗的大胜。接着，红二、六军团，先后占领了桑植、大庸、桃源、慈利等县，并根据中央指示，于 11 月 26 日在大庸成立了中共湘鄂川黔边省委员会、湘鄂川黔革命委员会和军区等领导机构。

红二、六军团会师，接连打了几次大胜仗，军威大振。蒋介石惶惶不安，立即从进攻中央苏区、追击中央红军的部队中抽出 19 个师，20 多万兵力，组成六个纵队，分成六路，采取步步为营，四面包围，分进合击的战术，妄图在桑植、永顺一带歼灭我二、六军团。这时，具有伟大意义的遵义会议已经召开，撤换了王明“左”倾机会主义的领导，确立了毛泽东在全党全军中的领导地位。为了粉碎敌人对湘鄂川黔革命根据地的“围剿”，以毛泽东为首的新的中革军委①及时作了电示，贺龙、

① 原文为中央军委，应为中革军委。

任弼时等二、六军团领导人，根据中央的指示，利用四省边界广阔的回旋余地，采取灵活机动的战略战术，取得了粉碎20多万敌人大规模“围剿”的重大胜利，为长征的胜利作出了重大贡献。（向往、王静根据李文清在成都军区、四川省委党史工委纪念红军长征胜利50周年学术讨论会上的讲话整理）

选自湘鄂川黔革命根据地编辑组编：《湘鄂川黔革命根据地》，中共党史资料出版社1989年9月版，第527—532页。

李文清，1910年生，湖北松滋人。1930年参加中国工农红军，1932年加入中国共产党。红军长征时任红二军团某团团长。新中国成立后，曾任川北军区副司令员、四川军区副司令员、成都军区副司令员、政协第五届全国委员会委员、第六届全国人大常委会委员。1955年被授予少将军衔。1999年在成都逝世。

我给任弼时同志抬担架

毛少先

1932 年 9 月，我在红二十军当连长。有一次我在红军学校辅导一位刚到红军的姓刘的农民赤卫队长学兵器。那位姓刘的同志由于不熟悉步枪分解结合，再加步枪本来是从土豪那里缴获的老掉牙的汉阳造，不慎弄断了撞针。由于这一偶然事故，我们俩都被“左”倾机会主义分子当做 AB 团骨干分子抓了起来，一个劲地被拷打逼供，要我交代 AB 团反革命活动。什么 AB 团呀！我这个目不识丁、从小就打牛屁股的孤儿，连“AB 团”这个洋名字也叫不准，说不清，咋能知道它的活动。知道 AB 团是怎么回事，还是后来从保卫部门那里听就的。所谓 AB 团，是国民党反动派潜伏在苏区的反革命特务组织，“AB”是英文“反对布尔什维克”的缩写。可是那会儿，你越不知道，就拷打得越厉害，使我有口难辩。打急了，逼急了，我只能要求说:“不信我的话，就叫我去和敌人拼命！”发昏的“左”倾机会主义者，自称是“百分之百的布尔什维克”，却满脑子是主观唯心主义，什么样的胡话，都要人把它当作真理。说你是 AB 团分子，任何申辩只能更加深他们的主观臆断。我要求去和敌人拼命，他们就说:“AB 团就是最危险的敌人！”逼我去拷打另外被诬为 AB 团分子的同志。我下不了手，他们就更加严酷地拷打我。就这样，把我当作“顽固的 AB 团骨干分子”，审讯了两个多月后，又交给了湘赣肃反裁判部。在裁判部工作的张启龙同志，见我只有所谓“顽固”的帽子，没有任何可信的凭据，就放了我。后来，张启龙同志也由于坚持党的正确路线和政策，被诬为“右倾投降”而关了起来。

我虽然被放了出来，但在“左”倾路线推行者的心目中，还是个“抓对了，放错了”的人，仍然是他们怀疑、监视的对象。我不但不能当干部，枪也不能扛，刀也不能拿，就叫我去伙房劈柴、挑水，背锅、扛粮。去伙房干活，我有了为革命出力的机会，长时间压抑在我胸中的愤懑、委屈、愿望，都迸发为劳动的劲头。这时，能表达我心情的，也只有踏实认真地劳动。我顾不得浑身的伤痛，拼命地干活：柴劈完了，水挑满了也不让自己闲着，烧火、摘菜、涮锅、扫地等下手活我都包了。当时，我头脑里只有一个强烈的念头：争取为革命拼死累死，绝不叫当作反革命整死！

被伤害同志的鲜血，洗亮了红军干部战士的眼睛。谁会相信为党和人民舍得流血、流汗，不惜生命的人会是反革命，周围的同志见我浑身伤痕斑斑，手和胳膊流血淌脓，仍不停地干活劳动，就用各种方式，从各方面同情、安慰、爱护、帮助我。这是党心、军心的爱护和关怀。这种爱护和关怀像阳光，像空气，没有它，我那时很难想象能坚持，能活下来！记得在卫生队工作的唐国华同志，不避嫌疑，天天想方设法为我敷伤止痛。每次治疗时，这位经常和伤残打交道的人，都因我“被自己人”打得遍体鳞伤而激愤、流泪。熟知我的五十二团政委方理明同志，像兄长一样体贴、开导我说：“人会生疮害病，红军被他们这样糟踏，就像生疮害病。革命具有顽强的自愈力，病痛一定会过去。”他还鼓励我不能因此就自悔自怨起来，重要的是要相信革命，也要相信自己革命。这位忠诚而老练的红军指挥员，深知“左”倾路线的推行者，像疟疾患者一样，忽冷忽热，稍有安定，又会折腾起来。方理明同志怕我的安全有问题，就在他受伤的时候，把我要去给抬担架，有意识地将我保护起来。

1933 年 6 月，任弼时同志来到湘赣苏区。他一来到，就和省委其他同志一起，制止了把持省委大权的刘士杰、陈洪时等人乱抓、乱杀的行为，不少同志被拯救下来。次年 8 月，任弼时和萧克、王震等同志率领新成立的红六军团，为掩护中央红军大转移，提前突围西征。西征一开始，任弼时同志就生病发烧，手脚浮肿，无法步行和乘骑，组织决定让任弼时同志坐担架。于是，方理明同志就对当时负责任弼时同志安全保卫工作的余秋里同志说："毛矮子吃苦耐劳，是抬担架的能手，就叫去给任弼时同志抬担架吧！"余秋里同志把我叫去，见我个子矮就问:"你抬担架行吗？"我知道余秋里同志是怕我抬不成担架，于是我没好气地说:"别说抬担架，就是一个人背，我也要把首长背走，不信你试试看！"说着，我就要背起余秋里同志跑。余秋里同志见我决心很大，力气也不小，就让我和其他几名担架员一起，轮流给任弼时同志抬担架。

给湘赣苏区领导、红六军团军政委员会主席任弼时同志抬担架，处处感到信任、亲切和友爱，再也看不到怀疑、监视的目光，我心中十分满足和欣慰。每天，抬着担架走百把里路也不叫累。离开湘赣根据地，国民党嫡系李觉的军队，像被捅了窝的黄蜂，前后左右，围着追打我们。战斗越来越频繁，环境越来越险恶。每每遇到敌人的堵截包围，都是军团领导抡着大刀率领突击队斩关夺隘。我们担架员冒着敌人炮火，抬着任弼时同志攀山走险。在艰险的跋涉中，上下左右，互相关心，互相信赖，生死与共，情如手足。西征途中，给养匮乏，为了照顾任弼时等领导同志，有时搞来点好吃的东西，任弼时同志顶多也是尝尝，就分给我们担架员和其他同志吃。他诙谐地说："我是坐担架的，你们是抬担架的，我吃了增加大家负担，你们吃了脚腿有劲，好前进嘛！"领导同志的关心爱护，给我很大的激励，我自己叮嘱自己:革命需要我这副脚腿，我就尽心发挥革命脚腿的作用。我看到任弼时同志坐在担架上仍不停地看文件、看地图、写指示，为了掌握情况，拣到一张破旧报纸，也要阅读研究，身体每况愈下，脸也浮肿了，仍为革命呕心沥血地操劳，就尽量把担架抬好，爬山下坡，踩石蹚河，都分外注意把紧担架，走稳脚步。我个子矮，爬坡就主动换到前头抬；下山，就主动换到后头抬。我算是个老担架员，就动脑子把抬担架行军的经验，凑成顺口溜，如什么“平地走路，勤脚碎步”，“夜晚行军低头看路，黑泥白水，麻糊糊的是路”等，都教给新担架员。

给任弼时同志抬担架，我本想凑机会向任弼时同志诉说自己的冤屈，可是领导和同志们忘我的革命精神，不屈不挠的革命毅力感染我、教育我，使我打消了这个念头。可没料到，日夜操劳军政大事的任弼时同志，早已知道我的问题，在一次宿营时和蔼地对我说:“矮子同志”（那时大家都叫我毛矮子，任弼时同志也这么亲切随便地称呼我），“‘左’倾路线给我们一些同志个人造成了灾难和损失，可是给党和红军造成的损失更大。我们痛惜这些损失，但不应埋怨和叹息，而应是更加坚韧地革命！难道那么多好同志的鲜血和生命，给我们换来的只是委屈和消沉吗！”明晰深刻的教诲，使我懂得了一个革命战士如何对待失败和挫折，如何对待个人的得失。我再不打算用语言申辩自己所受的冤屈、打击，决心用实际行动表明对革命的忠诚。

西征离湘黔边境越来越近了，部队就要和贺龙、关向应同志率领的红二军团会合的喜讯鼓舞着大家。我们担架员也脚下生风，日夜兼程。这时连续挨了揍，被拖得晕头转向的李觉等反动军队，再没有吹牛说大话的兴致，只有气急败坏、咬牙切齿的工夫。他们心里明白，如果让两支红军会合，不但升官发财成了泡影，连脑瓜也可能保不住。于是，他们不惜一切地堵截我们。在贵州石阡，军团直属队与强敌遭遇，越过公路线时，夜黑如漆，猛烈的枪弹、炮弹和手榴弹，在我们头上和四周呼啸、爆炸。敌人离我们约有百把米了，这时，担架和马匹都丢失了，任弼时同志身边只有王赤军、余秋里、陈琮英等七八个同志，担架员只剩下我一个，大家十分着急。任弼时同志叫大家“不要慌乱，翻过山头，那里就是‘大地方’，贺龙同志的部队就在那里！”余秋里同志立即分配任务：“矮子，快背上首长上山！”话音未落，不由任弼时同志分说，我背起他，把他发肿的双腿往我胳膊上一挂，便“噌！噌！噌！”地跑起来。余秋里同志在后面掩护，见我呼哧呼哧直喘气，想换着背一下，我只说声：“换啥！”继续不停地往山上爬。拂晓，终于到了“大地方”，原来是一个几户人家的小村落。这时，任弼时同志到了安全的地方，我却精疲力竭，一屁股坐在地上起不来了。任弼时同志爱抚地拍着我的肩膀说：“好险！好险！是矮子同志救了我的命啊！”我说：“首长不要这么说，要说救命，你才是挽救我们受迫害同志的救命恩人！是劳苦大众的救命恩人！”

1934 年 10 月底，经过两个多月的转战，红二、六军团终于在黔东会师。不久，传来了遵义会议的喜讯，“左”倾机会主义路线的统治终于结束。红二、六军团在中央正确领导下，连打胜仗，建立和发展了湘鄂川黔根据地。在大庸一次党员大会上，任弼时同志在讲话中，专门讲到了我的问题，鼓励我对党要坚信不移，革命到底。从此以后，我手中又有了一口大刀。有了拿武器的权利，我巴不得马上和敌人拼杀。不久，在一次战斗中，我抡着大刀缴获了一个敌营长护兵的一支手枪和一支我当时还不知是何物的“花机关枪”（即老式自动步枪）。这些缴获当即都交给了上级。我抡着大刀继续战斗，直到红二方面军开始长征，我也没有丢弃这口大刀。我认为这口大刀标志着党和人民对自己的信赖和期望。这种信赖和期望，正是一个革命战士的最大光荣。（刘润喜整理）

选自《红六军团征战记》上，解放军出版社1994年6月版，第358—362页。

毛少先，1908 年生，江西安福人。1929 年参加中国工农红军，1930 年加入中国共产主义青年团，1932 年转为中国共产党党员。红军长征时任红六军团连长、红二方面军第十七师营长。新中国成立后，曾任酒泉军分区司令员，新疆军区司令部军械处处长、管理处处长、后勤部副部长，南疆军区第二副司令员。1964 年晋升为少将军衔。1983 年在乌鲁木齐逝世。

往事依稀话西征

陈琮英

红二方面军，是由湘赣的红六军团和贺龙同志领导的红三军在黔东会合后发展起来的，所以，说到红二方面军的长征，应当从六军团从湘赣突围西征讲起。我跟随弼时长征，从湘赣出发到甘肃会师，整整走了2.4万多里。半个世纪过去了，往事依稀，但弼时在长征中的几件事，至今记忆犹新。

一

1934年8月7日，我们离开湘赣突围西征。因为离开根据地的时间比中央红军早两个多月，后来人称红六军团的西征拉开了长征帷幕，是中央红军长征的先遣队。

第五次反“围剿”战争中，中央红军失利，我们湘赣根据地形势很严峻。5月间，湖南的敌军占领了湘赣省委所在地永新，省委机关撤到牛田墟。这是一块方圆不过数十里的狭小地区，敌机天天来轰炸，弼时心里非常焦急。7月23日，接到中央命令突围西征，他日夜忙着开会，改编部队，配备干部，布置主力转移后的地方工作。同志们忙着打草鞋，备干粮。

一天，弼时告诉我，大部队要撤离根据地，转移到湘中去发展游击战争，和贺龙同志的队伍联系，在那里建立新的根据地。我们要随军行动。他说，这一去要穿过敌人的几道封锁线，沿途都是敌占区，又没有后方，途中一面战斗，一面行军，一定很艰苦，要我做好思想准备。这时，我的孩子湘赣才三个月，还没有断奶，我说孩子怎么办呢？他沉默了一会说："带着孩子行军作战不方便，只能把他寄养在老乡家里，这是不得已的事！"他当然知道，我们的第一个孩子苏明，是1928年在安徽被捕时，我抱着苏明去营救他的过程中，不幸得肺炎夭死的。现在，湘赣又要离开父母，他怕我感情上受不了，开导我说："如其让孩子一路上受折腾，不如托给老乡，以后环境好转了，我们设法把他领回来。"他是非常钟爱孩子的，但是情况不许可，我们只好和孩子分离，我便收拾孩子的衣物用具，把湘赣托给老乡，随着弼时出发。

这一走，我们再也没有机会回湘赣，但弼时经常惦念着孩子。直到1949年12月，他在莫斯科养病时，给我的信中还说："湘赣的消息望继续去打听。"可惜经多方寻找，至今没有下落。在旧社会，有多少穷人的子女，冻死饿死，为了使劳动人民的孩子过幸福生活，共产党人应当牺牲个人利益，这个道理我是明白的。

二

离开湘赣根据地时，正是大热天，常常遇到雷雨。白天行军怕敌机扫射，只好晚上走。雨后的泥路又湿又滑，急行军时经常滑倒，这不算什么，有一次，遇到敌人堵袭，队伍钻进一个林子里，我是做机要工作的，身上带着电讯密码。队伍走得急，我个子矮小，虽然紧赶慢赶，还是掉了队。我正倚在一棵树下喘气，急然来了一位女战士。她惊讶地说："小麻雀，你怎么啦？"我说："鞋子掉了！"她叫陈罗英，是做宣传和收容工作的。她挑着担子，二话没说，便连推带拖地把我带走，她知道我带有密电码本。我们赶了十多里地，才追上军团部的队伍。任弼时高兴而诙谐地说：“哎呀，真感谢你呀！我丢老婆是个人的不幸，丢了机要员是革命的损失啊！”他还有心情开玩笑！

最困难的是和贺龙同志会合的前几天，那是在快到贵州石阡的时候。因为情报不准确，部队到了甘溪，和白崇禧的队伍遭遇上了，我们措手不及，队伍被切成三截，前后失去联系，只好钻进梵净山区。这时情况很严重，弼时的马也丢了。在林子里风餐露宿，蚊子又多，他得了疟疾，冷一阵，热一阵，全身无力，只得躺在担架上指挥。担架由四个人抬。因为长途行军，大家体力都下降，担架员病的病，掉队的掉队，最后只剩下毛少先一个人。毛少先就背着弼时爬山，警卫员帮扶着，我抬着弼时的脚，一步一步地翻过山去。这时弼时沉着地对我们说：“不要紧，翻过山头，到了大地方，前面就是我们的队伍。”我以为大地方是村镇，谁知到了那里只有三四户人家，什么吃的东西也没有，只好饿着肚皮赶路。肖克、王震见弼时安全翻过了山，十分高兴。他们商量后，将电台的充电器埋了，把警卫排收拢，在大山里转了一个星期，终于在一个老猎户的向导下，连夜穿过一条夹沟，在敌人的眼皮下，冲出敌人的封锁线。

毛少先是江西安福人，肃反时被打成 AB 团，罚他抬担架。弼时一路上详细地询问他的情况，后来他说：“哪里有这样的反革命啊！他要真是 AB 团，还能背着我，不把我扔了才怪！”从此，毛少先摘了“帽子”。弼时处处注意调查，讲实事求是，这是他的一贯作风。

三

与贺龙的队伍会合后，红三军改称红二军团，红二、六军团在湘鄂川黔建立了根据地。我们在那里坚持了一年。

1935 年 11 月，敌人调集了 130 个团的兵力，向根据地包围上来，敌强我弱，二、六军团奉命撤离湘鄂川黔根据地，入湘中，经黔西，准备在云南的盘江地区建立根据地。这时，全国抗日形势高涨，二、六军团便渡金沙江，准备和一、四方面军会合，北上抗日。途中翻雪山，过草地，作战任务虽然少些，但自然条件十分恶劣。特别是过草地时，沿途居民很少，粮食和盐巴都非常困难。这时，弼时任西北局副书记，随红军总部行动，和朱德总司令经常在一起。偏偏在物资条件最困难时，我又分娩了。产后不但没有营养品，连粮食都困难。这时，电台的彭富九说，他们没有粮食吃了。电台是部队的耳目，弼时对电台工作一直很关心的。他知道电台的同志是不分昼夜地工作的。他们断了粮，怎能坚持工作呢？弼时就把仅有的一点粮食给了他们，叮嘱他们和着野菜吃。鼓励大家说："走出草地就是胜利！"我们怎么办呢？他说：钓鱼吃，草地水深的地方有鱼，他便和朱总司令一起去钓鱼。好在钓到一些，就熬鱼汤给我吃。就靠着野菜和鱼汤，我们走出了草地。

长征是艰苦的，但越是艰苦，越能看出弼时对革命的坚定信念、顽强的革命意志和高尚的风格。（张欣整理）

选自《红六军团征战记》上，解放军出版社1994年6月版，第307—310页。

陈琮英，女，1902 年生，湖南长沙人。任弼时同志的夫人。1926 年加入中国共产主义青年团，并参加革命工作，1932 年转为中国共产党党员。在红六军团西征和长征时期做机要工作。新中国成立后，曾任中央机要局机要处处长、政协第五届全国委员会委员。2003 年在北京逝世。

在任弼时同志身边

毛少先

一

1934年8月，任弼时同志率领红六军团作为北上抗日先遣队向湘、鄂、川、黔边界地区进军，和红二军团会合。任弼时同志当时是红六军团军政委员会主席。他害了重病，身体一天比一天坏下去，发高烧，有时手脚和头都肿起来了，但从来没有听到他哼过一声，精神还是和没有害病的人一样。那时，我曾经担任他的担架员，跟随在弼时同志身旁。他对自己的身体是不大注意的，关心的是整个战局和红军战士的生活。肖克军团长、王震政委每次去看望他的时候，他总要问问部队的战斗情况和生活情况，然后给他们许多指示。对于每一次重大的战役和行动，他都与肖克、王震等同志计划与组织。弼时同志虽然重病在身，还时刻不忘作调查研究工作与群众工作，即使是躺在担架上，也要看地图和文件，特别是注意看敌人的报纸。他经常叫警卫员余秋里同志和其他同志找报纸给他看，从敌人的报纸上分析研究情况，有时看报纸甚至忘了吃饭。记得打开湖南永顺城那天吃饭的时候，他右手拿着筷子，左手还拿着报纸在仔细地阅读。不论在任何紧张战斗和行军中，只要有几分钟的时间，他就要作调查工作。他每到一地，总是派人把老乡找来闲叙家常，了解人民的生活疾苦。他从老乡家里有几口人几亩地一直问到反动政府的苛捐杂税，“保安团”对老乡有哪些压迫；同时宣传共产党和红军的政策。有一次他和一个老头谈话，弼时同志的话感动得那老头流泪了。

二

任弼时同志像慈父一样地关心红军战士，一到宿营地，先要看看炊事员、饲养员、担架员找到了住的地方没有，吃好了饭没有，检查我们第二天出发的行装准备好了没有。有时我们没有草鞋了，他就叫余秋里同志找些破布和麻帮助我们打草鞋。弼时同志的饲养员老王喜欢吃点酒，身上背个盛酒的小壶。弼时同志经常对老王说：“老王！背了酒没有？草鞋准备了没有？”老王回答说：“主席，都有了！”这时，弼时同志的脸上露出了笑容。在长征途中，他卧病坐担架，为了减轻我们的疲劳，他一天只坐三四个小时，就改乘骡子。上山的时候，唯恐担架员太累，他竟忘了自己是有病在身，下了担架，扶着手杖自己走。弼时同志对部下的爱护体贴是无微不至的。记得我们进入贵州一次危险的战斗中，五十二团一营营长吴昆同志负了重伤，弼时同志看到他满身都是血泥，非常关心吴昆同志的伤势和流血过多的痛苦，马上脱了自己的大衣，给吴昆同志穿在身上。他这种爱护红军战士的行动，使大家受到了很大的感动。

三

任弼时同志在长征中，不管碰到任何困难和危险，都表现得非常镇定。有一次，在贵州石阡通过一条敌人封锁的公路时，情况十分危急，担架和马匹都没有，猛烈的枪弹、炮弹和手榴弹在我们的四周和头上纷纷地飞过，敌人离我们只有 100 多米了。这时，在弼时同志身边的只有军团侦察队政委王赤军等七八个人，弼时同志的爱人陈琮英同志和我们都很着急，担心他的安全，但他一点也不慌，对我们说：不要紧！爬过山到“大地方”就行了，前面就是我们的队伍，并且指挥同志们准备应付敌人。当天晚上，他和我们冒雨爬山越岭走了一晚，第二天见到了肖克和王震同志，第一句话就是询问部队和战斗情况。起先，我们认为那个叫“大地方”的地方一定是个大村镇，可以给弼时同志找些吃的东西，但谁知那里仅有三四户人家，什么东西也找不到。那天他什么东西也没有吃，带病饿着肚子继续走路。

在长征的艰难日子里，有个别同志碰到困难爱说些怪话，任弼时同志总是耐心地教育他们，鼓舞他们的战斗情绪，帮助他们克服困难。有一次，十七师五十一团有个叫亢有才的排长掉了队，在说怪话：部队天天跑，跑到那里去……弼时同志听到了，叫亢有才同志来谈话，他说：同志！现在是有困难的，要革命嘛就有困难，这点困难是暂时的，克服了困难就是胜利。我们很快就要和贺龙部队会师了，我们部队的力量大了，就要打大胜仗了，就可以少走路了……亢有才同志听了他的话很受感动，当时就检讨了自己的缺点。像这种循循善诱地教育同志们的事例，在弼时同志是不胜枚举的。

四

1934 年 10 月间，在四川秀山南腰界①，我们六军团与贺龙、关向应同志率领的红二军团会师了。红二军团的同志服装不大整齐，穿各式各样衣服的都有，帽子大的大、小的小，人人捆个红带子，背个斗笠，脚

① 南腰界属四川酉阳县。红二、六军团会师地址在木黄，后转移至南腰界开庆祝大会。

上穿双草鞋，腰上还挂了草鞋。二军团的同志见我们六军团的同志大半是“老表”，个子小，有穿学生服的，也有穿列宁服的，背个包袱，背把雨伞，穿胶鞋的多，腰上掖个饭袋，队伍比较整齐，就和我们开玩笑，说我们是“富农”队伍。

两支兄弟部队会师了，亲亲热热，互相问寒问暖，本来可以休息一下，但是情况不许可，敌人追上来了。会师那天晚上，两个军团在南腰界镇子上开了一个联欢大会。任弼时同志、肖克军团长、王震政委和二军团贺龙军团长、关向应政委都参加了这个会。贺龙同志穿一身青粗布农民衣服，赤脚穿双破草鞋，他在会上很幽默地说：同志们到了贺龙的后方，六军团的同志想休息，可是敌人打来了，今天贺龙的后方就是在脚跟上了，今天刚休息，明天就要出发……任弼时同志在会上说：今天开会有两个意义，第一个意义是我们胜利会师了，我们从江西出发，天天盼望与红二军团同志会合，今天我们真正胜利会师了；第二个意义是我们两支兄弟部队要亲密团结，互相学习，以打大胜仗来庆祝我们的会师。二、六两军团会师后成立了红二方面军，贺龙同志任总指挥，任弼时同志任政治委员，我们的力量增强了。听说打仗，我们的信心很高，第二天部队继续出发，没有几天，我们打开了永顺城，接着在桑植龙家寨打了一个大胜仗，消灭了敌人皮培德、杨其昌两个师，龚文洁一个旅，及湖南军阀周矮子一个旅的一部分，打了这个大胜仗庆祝两个兄弟部队胜利会师。（丁学恒整理）

选自《红六军团征战记》上，解放军出版社1994年6月版，第354—357页。

女红军张吉兰

周雪林

张吉兰是我们六军团13个女同志当中的一个。她的家在江西省永兴县。“大红”的时候她父亲就带上了“红布条”,后来被反革命杀害了。和他父亲同时闹革命被杀害的还有好几个。她怀着不共戴天的“杀父之仇”，同丈夫一块扛起倒下的红旗，丈夫放下了锄头，拿起了矛子，她放下针线活拿起了马刀。

她还没有参加红军的时候，就参加了中国共产党，那是1932年夏天的事。在这同一个时期，她接受了慰劳红军的任务。她和永兴县的妇女，拿起了1000根针，穿上1000条线，针针线线带着她们的心意，不分昼夜地做起“红军鞋”。

天还没有亮，她悄悄地爬起了床，担起妇女们做的“红军鞋”，顶着瓢泼的暴雨去找红军。这里离红军的驻地不太远，但是要翻越两座大山。山上的荆棘刺着她们。吉兰挑了一担“红军鞋”,足有100来斤重，上到半山腰，一脚没蹬牢，就滚下去了。她咬着牙，又站立起来往上爬，后面的人伸手拉住了她，抓了一手血，再往下一看，见她鞋子也掉了，地上染着血印，她那粗壮的双脚也有些颤抖了。

大伙都劝她:“吉兰，把筐里的鞋拿一双穿吧，我们慰劳红军的鞋，你这个赤卫队员穿一双也不算啥，先慰问你一下也是理所当然的。你可不能再打赤脚了。”张吉兰没有接受同伴的劝告，她说 :“真正苦的不是我们，是红军。我脚上打上十个血泡，手上划上一百条口子，还可以在家养几天。可是他们天天都要穿山越岭，他们的脚是‘量天尺’，……让他们穿得暖、吃得饱，我们这些做后方工作的人才能安心啊！”

六军团准备西征的时候，展开了“扩红”运动，吉兰穿着她那件常穿的蓝布衣服，胳膊上系上了红布条，前街走后街串，忙个不停，她的心乐开了花。她前街喊，后街叫：

青年人上前线，
妻送郎当红军。
保田保家乡，
打倒白匪军。

在扩红中，吉兰和她的丈夫带头参加了红军。

1934 年 7 月[①]，我们部队从湘赣苏区突围，开始西征。这时我和吉兰在一块。不久，我们 13 个女同志全被调到军团政治部。吉兰的丈夫还留在团里工作。我们 13 个女同志中间有结婚的，也有没结婚的。其实我们结婚的女同志也和没结婚的一样，一年和爱人只能在一起待上那么几天。人家说我们女同志“七月七，牛郎会织女”。其实，有时候“七月七”也会不上。不过我们在行军路上，到了宿营地，总是要谈“这些个人的事儿”。早晨开始行军了，就有人开玩笑：“今天能不能见到‘老公’（江西人管丈夫叫老公）一面哟？”旁人会说;“吓,又想老公了？”先说话的一个就要顶嘴:“你不想我可想。……”谈着谈着就“叽叽哈哈”地笑一阵子。走到路上，一有空，也是东张西望的，你找你的人，我找我的人。到了宿营地，你问我，我问你：“找到没有？”“碰到没有？”说实在的，这种问话里包含着多少关切，多少担忧……若是有一个月见不着，打听不到消息，就会想到不幸的事儿。

1934 年 9 月，西征两个月了，我们 13 个女同志大部分都拖垮了，

① 西征开始时间为1934年8月7日。

个个像个纸人似的，瘦得皮包着骨头。身体最坏的算是吉兰了，下了杨梅山她就打起“摆子”（发疟疾）来，南方的秋雨连绵不断，她拄着拐棍拖着缓慢的步子，后来实在支持不住了，我们军团政治部袁主任把自己骑的马给了她，她还不好意思骑呢。我们夺了她的拐棍，硬把她扶上马去。她可真是调皮，病得快要死了，还开玩笑呢：“小周，听说广西的猴子都会骑马，你看我像不像？”我在这时还能说出什么？我什么也没说，只“嗯”了一声。我们政治部是在大部队后面行军，常常在路上看到倒下去的同志。尤其是我们女同志，见到这种场面总是不大好受，心里一酸一酸的。有时一边掩埋战友的尸体，一边掉眼泪；有时也想到自己的丈夫……想啊，想啊，也想不出个头绪来。

下了杨梅山没有几天，前边部队同拦阻的敌人打了起来，我们在路上看到很多尸体，有敌人的，也有我们自己的同志。当我正在掩埋一个同伴的尸体时，忽听到后边传来一声惨叫，原来是吉兰在“哇哇”地哭。我简直怔住了，扭回头一看；看见吉兰跳下马，扑到一个尸体上哭起来，一切都明白了，原来是她丈夫牺牲了。吉兰扒开她丈夫的衣服，两手放在伤口上，手颤抖着，抚摸着，手上沾上了血迹。对她来说，那是多么熟悉、多么亲密的人，他们一起劳动，一起参军，又一起长征，可是现在他再也站不起来了。我和另外几个女同志都转过脸去，听到吉兰的哭声由强而弱，又由弱而强。这哭声捶击着我们的心。我这时想去劝劝她，但又说不出什么，只好呆呆地立在那儿看着。又过了片刻，我也转过脸来看了吉兰一眼，她从背包里拿出一条夹被，仔细地把她丈夫包起来，又用手把脸上的血迹抹去，把手绢盖在丈夫的脸上。她走开的时候还仔细地瞧了瞧。她简直变成了木头人了，呆呆地走一步一回头，我们在她身旁等候着，安慰她。她一句话也没有说就跟着我们走。不知她想些什么，心绪缭乱地皱起眉头，一会又眼泪汪汪的，可是她没有哭出声。她好像又想到什么事情似的，忽然又扭头跑回去。我也跟在后面跑着，只见她一边跑一边从衣兜里掏出一把牙刷，走到她丈夫尸体前面，把牙刷放在夹被里面，又揭开手绢看了看脸，才无声地走回来。我低声问她：“你放那东西干什么？”

她说：“他最爱刷牙了，他的牙有毛病，不刷怎么行呢？”她说着话又望着前方，好像她丈夫还活着似的。

我们见她又骑上马走了，就和另外一个同志返回去把她丈夫就地掩埋了。

1934 年 10 月，我们六军团同红二军团会师的时候，吉兰病得更厉害了，再跟着我们走真要把她活活拖死了。组织决定把她留在那里，跟坚持在当地的独立师一起工作。

这地方叫南腰界，是四川、贵州两省交界的地方，属贵州印江县管①，有百来户人家，是个挺热闹的地方，风景也很好。在我们要出发的前一天晚上，我和吉兰在一个山坡上难舍难分地谈着，她说：“小周，组织要我留下，这是组织对我的照顾，我也不要求走了。走，在路上也要给你们添麻烦。我们以后可能会再见面，也可能见不到了，你把这个带上。”她眼里含着泪，拿出一双崭新的草鞋，对我说：“路还长呢？带上吧！”

我说：“不，草鞋你还用得着，我跟大部队总有办法，你留着吧，日后爬山涉水总是用得着的。”

吉兰带着不高兴的样子说：“小周，咱姐妹是在患难中结交的，相处这么长的时间，一双鞋还送不着啊！拿着它记住我。去吧！我，你们不用担心，假如我还有一口气就要战斗下去。我的父亲、丈夫他们告诉过我，应该怎样活下去。我知道革命是长远的，三百年、五百年的大道会变成河；千年万年的森林也会踏出路来。只要我有一颗红心，总不会……小周，记住我就行了。”

我带上这双草鞋，不，是带着一颗红心离开了战友，离开了吉兰。

---

① 应属四川省酉阳县。

1935 年 6 月，吉兰已经离我们 11 个月了，独立师的消息我们一点也不知道，吉兰怎样了？杳无音信。

一天，我们刚到了宿营地，大家正忙着要休息，听说独立师的小何逃回来了，我们都跑到副主任的驻地去看他。一进门就看到小何抱着张副主任在恸哭。小何才十八九岁，这半年多他可大变了样了。黑黑的脸膛一点血色都没有，衣服扯得破破烂烂的。他一边哭一边说 ："可到家了，可到家了。"

我焦急地向他问起吉兰的下落，小何沉着脸缓慢地说："她牺牲了。"

像是谁在我的头上打了一拳，眼前一阵昏暗，我几乎倒了下去。张副主任和大家都默默无言。

小何沉默了一会，才说 ："去年 10 月你们走了之后，我就跟吉兰在一起，组织上不是要我护理她吗？没多久，她就好了。我们就跟独立师转战在南腰界一带，敌人越来越凶狠了，他们知道你们都走了，留下的是一个师，就集中大部队'围剿'，大部分同志都牺牲了，剩下的都换成便衣个别活动。我和吉兰就到山沟里。那时候我可真害怕了，时刻都担心敌人会搜到我们，吉兰劝我先走。

"坚强些，有办法，咱不能等死呀，小何，你帮我把头发给剃去，化装成男的，咱俩一块到国民党那儿去探听。那时候咱们就知道红军在哪儿了。弄得好，说不了还能拉上他们几十个人到咱们部队去。"

当时我真有点担心，这不是跑到老虎嘴上去拔毛吗？搞不好还不是叫"老虎"吃掉啊。

她解释说 ："小何，你怎么了，总没有天生下来的红军啊！咱们的部队就是从起义、暴动中搞起来的，怕什么，要革命就要胆子大些呀！"

就这样，我就用随身带的一把小刀给她"割"头发，足足割了半天，才把她的头发割掉。你们没见到那个样子呢，长一块短一块像狗啃过似的。我把她引到河边叫她对着水照了照，连她自己也笑了。我们化了装，编了一套假话就在国民党军队里补了个名字，当然，连名字也是假的。

头几天就是我们两个人谈谈扯扯。她谨慎得很，说话的声音也装得挺像，行动坐卧都小心翼翼。后来大家熟了，我们就开始宣传穷人不打穷人，地主资本家怎样剥削穷哥们的道理。偶尔也谈起我们家乡的红军，不过她很懂得策略，像是老百姓说红军时那样，一点也没露马脚。慢慢的就有人自动地找我们谈心了。时机成熟了，那时候我们这个连驻在贵州东部的大河口，我们探听到大河口对面的月亮山一带有咱的红军，就在不久的一个晚上，秘密的把这个连的连长干掉了。我在队伍前面带路，吉兰在后边监视敌人。路上，我心里想：这一连人快变成我们的红军了，大家想想，我们心里多高兴啊：起义的人也都叽叽咕咕地说着："咱这大头兵可干到时候了，想不到也有见青天的日子。……本来嘛，穷人就不应该打穷人。"

走了不大会儿，我们就蹚水过河，正走到河心，突然背后响起了枪声，队伍乱了。敌人的机枪也响了。河两岸一点屏障也没有，我向后一看，队伍中已倒下去很多人。吉兰只叫了一声，也倒了下去。这时我再也顾不得别个了，心里只想如何把吉兰营救出来。可是我只走了几步，就听到尖锐而嘹亮的声音："小何，不要管我，快跑！"这声音已不是好久以来吉兰所装成的男人声，而是你们常听到的吉兰平时申斥人的那种声音，又尖又响。就在这时候，我听到前边又是一阵枪响，吉兰刚站起来，又倒了下去。我一下扑到她跟前，吉兰已从水里抬起头来，她嘶哑地喊着：

"打倒国民党！"

"共产党万岁！"

我正要把她扶起时，她向我看了一眼，又倒了下去。这时，我再也拖不起她来……

小何低垂着头，说不下去了。

张副主任搭在小何肩上的手也落了下来。他也难受地低下了头。好久好久，张副主任才微微地张开嘴，低沉地说："真是个好同志，真是个好同志！”

我想着和吉兰相处的日子，想着骑在马上的调皮的“瘦猴”，想着她给丈夫尸体上放牙刷时的情景，想着她送给我的那双草鞋，我默默地离开张副主任的房间，向宿营地走去了……（梦岩整理）

选自《红六军团征战记》上，解放军出版社1994年6月版，第450—455页。

周雪林，1908 年生，江西永新人。袁任远同志的夫人。1927 年加入中国共产主义青年团，1931 年转为中国共产党党员。1934 年随红六军团西征，1935 年参加长征，在红二方面军做群众工作。新中国成立后，在邮电部工作。1979 年逝世。

在坚持黔东斗争的岁月里

段苏权

1934 年 10 月，红二、六军团在黔东的木黄会师已经半个世纪了。50 年来，在中国共产党的领导下，完成了震惊中外的二万五千里长征；取得了抗日战争和解放战争的伟大胜利，诞生了中华人民共和国；新生的社会主义国家，发生了翻天覆地的变化。回顾过去，心潮澎湃，瞻望前途，无限光明。在二、六军团会师 50 周年前夕，忆及两军会师后留下黔东特委和独立师坚持根据地斗争的战斗历程，更加缅怀为争取革命斗争胜利而英勇献身的烈士们；衷心敬仰在艰苦的岁月里支援我们的川黔边各族人民。谨以此文向烈士致以深切的悼念，向人民表示诚挚的谢意！

一、红六军团西征入黔

1933 年 10 月，国民党反动派对中央革命根据地发动了第五次反革命“围剿”，由于王明“左”倾冒险主义的错误领导，中央苏区的红一方面军，屡战不利，被迫长征。主力行动之前，派出红六军团先行突围。

红六军团作为长征的先遣队，1934 年 8 月 7 日，由遂川横石出发，踏上了新的征途。按照中央的意图，拟“到湖南中部去发展广大游击战争及创立新的苏区”。[①] 由于敌情不断变化，湘敌以重兵围追堵截，未能实现这一意图。后到阳明山打算建立根据地，也不可能。遂渡过湘江占领了广西西延（今资源），拟实施中央规定的第三步计划，向新化、溆浦前进。[②]9 月 8 日，于本田接到中央军委训令，指出：在目前情况下，红六军团在新化，溆浦之间山地建立根据地是不利的。依地理条件及敌人部署，目前红六军团最可靠的地域即是在城步、绥宁、武岗山地。训令要六军团最少在 9 月 20 日以前保持这一区域，力求在这一地区内消灭敌人旅以下单个部队，并发展苏维埃及游击运动，然后沿湘桂边境行动，经绥宁、通道到贵州之锦屏、天柱、玉屏、铜仁，再转向湘西凤凰地区，与红三军取得联络，协同三军于湘西及湘西北地区发展苏维埃及游击运动，并于凤凰、乾城、永绥地域，背靠贵州，建立巩固的根据地。这一训令，具体地明确了向贵州发展的方向，六军团按中央的命令继续前进。这时，广西军阀派第二十四师从龙胜向城步方向急进，湘敌和桂敌另一部又分途尾追。在湘、桂两敌行将合击的情况下，我军放弃在城步、武岗、绥宁地域立足的计划，在占领通道县城后，决定抢在黔敌尚未部署就绪之前，由通道向贵州进军。

1934 年，统治贵州的军阀为王家烈，王任二十五军（黔军）军长兼贵州省主席。黔军共 33 个团，由于军阀间的矛盾，各自拥兵独霸一方。黔军总指挥犹国材（兵力六个团）割据盘江八属；副军长侯之担（兵力八个团）割据赤水、仁怀、习水、绥阳等县；第三路司令蒋在珍（兵力四个团）割据正安、沿河各县。表面上他们虽属二十五军，但王家烈不能直接调动这些部队，王能调动的，只有何知重、柏辉章两个师所辖李

---

① 引自1934年7月23日中央书记处及军委给湘赣省委的指示电。

② 中央7月23日指示电对六军团突围后的行动具体规定：第一步到达湖南桂东地域，发展游击战争，推广游击区域；第二步，到达新田、祁阳、零陵地区，发展游击战争，创立新的根据地；第三步，横渡湘江，向新化、溆浦广大地域发展，并向北与红三军取得联络。

成章、犹禹九、杜肇华、周芳仁、杨昭焯五个旅，共 15 个团。1934 年 5 月，红三军进入黔东，除牵制了蒋在珍部外，还有柏辉章部四个团，李成章部两个团，共十个团的兵力。九月，红六军团向贵州进军时，贵州的防御力量十分薄弱。侯之担部远在黔北，按兵不动；犹国材与王家烈为争夺贵州的统治权曾兵戎相见，此时，犹采取壁上静观的态度。由于六军团大军压境，王家烈不得不抽调周芳仁率部急赴湘黔边，以两个连驻守榕江，八个连驻守黎平一带防堵。可见湘黔边布防之薄弱。据锦屏地方机关的呈报："共部已由通道窜入界牌地方，……黎平驻军仍防守距平茶二十里之界牌以及潭溪一带，然兵力太单，省方援军久望不至，危险之极。"① 城内"各军官眷属纷纷迁避"。② 这时，所谓的"省方"军队（即王家烈部）六个团已为红三军牵制，王家烈与犹国材虽因红三军入黔而暂息干戈，但其矛盾依然存在，故王家烈其余的部队，重点放在西面，以防范犹国材。当时，地方反动势力组织的"贵州全省剿匪后援会"唯恐红军"赤化川黔"，积极敦促王家烈"出兵截剿"，而王家烈则通电声称："烈部多在西防，抽调需时，……至感棘手。"③ 这表明，由于军阀的矛盾以及红三军的入黔，王家烈对于红六军团的压境，一时无力顾及。因此，六军团领导决定抢在黔敌尚未部署就绪之前入黔的决策是十分正确的。

红六军团尚在湖南城步地区活动时，湘、桂两省军阀为了各自的目的：广西方面，力求把红军送得更远一点，以免威胁桂境；湖南方面，则极力阻止六军团与红三军的会合，以免增加湖南的困难。于是各派代表先后往贵州与王家烈会晤，协商联合"会剿"方案，王家烈也想借助外省兵力，将红军消灭或逐出贵州。三省军阀的合谋计划达成后，湖南派出了七个团，由第十九师师长李觉指挥；广西派出了四个团，由第七

---

① 引自贵州锦屏县邮局局长何纪书1934年9月8日，9月19日报告当地军情的呈文。

② 引自贵州锦屏县邮局局长何纪书1934年9月8日，9月19日报告当地军情的呈文。

③ 引自黔军军长王家烈通电。

军军长廖磊指挥。湘、桂两敌共投入 11 个团进入贵州配合黔军“围剿”我六军团。

贵州人民在军阀的统治下，生活十分贫困，他们有着强烈的革命要求。我们进到剑河的广大地区时，遭到湘、桂敌军的阻击，接着黔敌又包围过来，企图围歼我军，在人民的支持下，我们跳出了敌人的包围，继续前进，寻求与红三军会合。但红三军具体在哪里还不知道，也没有一个地形目标可找，我们仍向西走。进到乌江南岸时，又接到中央军委电令，说“桂敌现已向南开动，红三军已占领印江，六军团应速向江口前进，无论如何不得再向西移。”我们随即调头向东北方向前进，拟越过石阡、镇远之线，向江口寻找红三军。进入石阡，前卫部队在甘溪与桂敌遭遇，战斗失利，六军团陷入了湘、桂、黔敌军 24 个团的追堵“围剿”之中，被敌截成了三段，广大指战员英勇奋战只有 3000 来人突出包围，部队损失很大，我军处于十分困难的境地。这时，黔东特区显示出了它的重要作用。

二、红二、六军团黔东会师

黔东特区，是贺龙、夏曦、关向应同志领导的红三军 1934 年 6 月在贵州东北部创建的一块根据地。自从湘鄂西中央分局 1933 年 12 月在湖北咸丰大村召开的分局会议上决定放弃恢复湘鄂边苏区，确立了创造湘鄂川黔边新苏区的战略思想后，① 转战到贵州，建立了黔东苏区。它的面积包括贵州的沿河、印江、德江、松桃和四川酉阳五个县毗连的地区，纵横 200 余里，人口十万以上。红三军在黔东特区开展了土地革命、

① 1934年9月15日《湘鄂西中央分局报告》：“从大村有了这个决定，于是我们由恢复湘鄂边的口号改为创造湘鄂川黔边新苏区中心口号。”

建立政权、扩大武装等工作，成立了革命政权——黔东特区革命委员会。接着，又建立了区、乡政权，有17个区革命委员会和100多个乡苏维埃政府；在各级革命政权领导下，开展轰轰烈烈的土地革命运动，据不完全统计，在67个乡的范围内，有63个乡进行了分田地；与此同时，广泛建立了各区、乡游击队，县成立独立团，建立了沿河、德江、川黔边、黔东、印江五个独立团（印江独立团1934年9月在一次战斗中失利、减员甚大，余部编入黔东独立团），收编了当地“神兵”组织黔东纵队，在这些地方武装的基础上成立了红三军黔东独立师；另外，开始恢复了党团组织和政治机关，发展党员等等。红三军在黔东特区短短的时间中进行了卓有成效的工作。黔东苏区的开辟，使部队得以休养生息。但是由于创建的时间仅五个月，加之10月9日，蒋介石电饬所有川黔湘鄂边区各县及预防“匪”流窜之地方均应迅速构筑碉堡，还不断受到敌人的攻击，敌我力量十分悬殊，他们也很需要与六军团会合。甘溪战斗失利后，由六军团参谋长李达同志率领突围出去的一部分队伍，在沿河蛟岩乡的水田坝与红三军的一部分队伍会合，贺龙等同志得知六军团的困难处境后，带领部队南下策应，并分散部队辗转各地寻找我们。敌人的材料中记载：红三军的行动是为了“牵制湘、黔军一部分力量，故尔忽进忽退，时整时零，变化多端，令人莫测，以减少肖克西窜的阻力，一闻肖克窜入黔东，乃急犯印江之木黄，遥为后应。”①红三军的南下，牵制了黔敌柏辉章、李成章两部七个团和湘军周燮卿部，从而减轻了对六军团的压力。10月24日，我们与红三军在印江木黄胜利会师了。黔东特区使六军团突围后得以收拢部队，有一个立足点，这在当时是十分困难的。两军处于困难环境下的会师，大家高兴极了。从此，两支红军汇成了一股强大的突击力量，成为中国三大主力红军之一。黔东特区对于保持和壮大革命力量起到了重要的作用，是二、六军团向湘

① 《共匪西窜记》第50页，1946年11月贵阳羽高书店出版。

鄂川黔前进的基地，为扩大湘鄂川黔革命根据地奠定了基地。

三、黔东特委和独立师的组建

红二、六军团会师后，对于下一步的发展方向，两军负责同志进行了反复的研究，鉴于当时中央红军正与敌人苦战于湘粤桂边，蒋介石设置了四道封锁线，调集40万兵力，前堵后追。在这严重形势下，两军负责同志认为，目前最紧迫的任务，就是以积极的行动，策应中央红军的转移。那么,如何行动,向哪里发展？曾考虑以梵净山为依托，发展根据地。但是黔东特区区域小又不巩固，且贵州山地悬崖绝壁多，人烟稀少，给养困难，不利于大兵团行动。于是，决定向湘西发展。但黔东这块根据地不能丢掉，打算留下一支武装坚持斗争并牵制敌人，与主力在湘西的发展相呼应。同时还考虑到，万一湘西发展不利，这还是必要的退路。据此，10月25日给中央军委发出电报，报告了敌我力量及地方条件等情况，建议“以目前敌情及二、六军团力量，两军团集中行动”，“两军团行动由二军团统一”，同时，加强黔东根据地党和地方武装的领导，开展游击战争，巩固和发展原有根据地，主力伸出湘西。电报发出后,两军主力进到黔东特区东北端的南腰界。在这里，部队进行了整编，红三军恢复红二军团番号，七、九两师共编为三个团，红三军黔东独立师的沿河独立团编入红二军团。这样，红二军团总共就有四个团的建制。原第七师改为第四师，辖第十团和第十二团，原第九师改为第六师，辖第十六团和第十八团。红六军团因减员，暂编为三个团，十七师辖第四十九团、五十一团；十八师辖第五十三团。决定成立黔东特委，组建红二、六军团黔东独立师，留在根据地会同各区、乡游击队，由黔东特委统一领导坚持黔东斗争。新成立的独立师以未编入主力部队的黔东独立团、德江独立团和川黔边独立团为主体，分别编入六军团留下的200多名伤病员组成，其建制为一团（黔东独立团）团长秦真全；二团（德江独立团）团长潘××（名字忘了）；三团（川黔边独立团）团长马吉山。原红六军团五十三团团长王光泽同志任独立师师长，我担任黔东特委书记兼独立师政委。这支武装成为坚持黔东特区斗争的主要力量。

我们与二军团会师时，因中央红军突围长征，湘、桂两省军阀急令入黔追击六军团的部队“刻日反省”以加强对付中央红军的力量。据敌方资料记载：“王主席家烈、廖军长磊、李代司令觉三军首领，会面于石阡，正商讨围剿大计，适因朱毛出窜，湘桂两军，奉命班师，所有追剿肖、贺之役，交由黔军王主席负责。”① 此时，四川军阀刘湘为阻止我军入川,派第五师的达凤岗旅和独立田忠毅（田冠五）旅驻守川黔边境；割据湘西的军阀陈渠珍，派周燮卿部向南腰界方向急进。当我们从木黄经松桃石梁到南腰界集结期间，川敌达凤岗旅已进至沿河晓井一带；湘敌周燮卿部也接近南腰界，并在距南腰界十余里的龙池（龙塘）与我军交战，将其击溃。黔敌王家烈于10月26日下午率特务团到达思南，任命参军长刘民杰为前敌总指挥，分兵两路：一路由第二旅旅长李成章率领第二团（戴玉堂）、第三团（周相魁），第十团（宋华轩）进至松桃红石板一线；另一路由前敌指挥王天锡率领第五团（李维亚）、第六团（刘鹤鸣）、第九团（罗习斌）进至印江天堂至松桃火烧桥一线，以第十三团（袁锦文）驻于印江刀坝，保持李、王交通。王家烈决定亲自督师将二、六军团“追出黔境百里以外，与川、湘友军围剿。”② 我军面临着敌人的重兵追击，因此，黔东独立师最紧迫的任务，是牵制住当前的敌人，掩护主力向湘西进军。

① 《共匪西窜记》第71页，1946年11月贵阳羽高书店出版。

② 引自黔军参谋长谢汝霖通电，原件存贵州省档案馆。

四、掩护主力东进，坚持黔东斗争

1934 年 10 月 28 日，红二、六军团主力由南腰界挥师北上，进占酉阳，将敌人西调，创造东进的有利条件。主力撤离后，特委分析了当前的形势：川、湘、黔敌人进逼南腰界，黔东苏区已被敌人分割，黔东特区革命委员会在副主席秦育青同志领导下，带领各区、乡游击队尚在瓦厂坝①、铅厂、白石溪、谯家一带中心活动区，处境十分困难。为了巩固根据地，决定独立师回到黔东特区中心区，在游击队的配合下，打击敌人，把敌人牵制住，掩护主力的进军。29 日，我们从南腰界出发，向西南方向前进，进入黔东特区中心区域。二、六军团主力北上时，黔敌李成章、王天锡两部继续跟追，当发现黔东根据地还有部队活动，王部追至酉阳、李部和田部追至百福寺后，又急速返回，与川、湘敌人对付我们。这样，三省军阀部署“追剿”我二、六军团的十多个团全扑向黔东特区。

敌人除正规部队以外，另一股反动势力是民团。还在红三军开辟黔东特区之前，湘、鄂、川、黔四省在重庆成立“剿共联防指挥部”，四川的酉（阳）、秀（山）、黔（江）、彭（水）划为重点“剿共”“防共”区。各省建立团防机构。四川成立了民防总指挥部。酉、秀、黔、彭先后成立团务委员会，集中民间枪支。刘湘还“价拨”一万多支枪，仅酉阳一县，就有 8000 人枪。贵州则成立全省保卫团，各县、区成立团防指挥部。湘鄂两省亦建立了相应的民团组织。敌人施行所谓“军团合一”，即军队与民团的合一。因此，湘鄂川黔“剿共联防指挥部”由刘湖任总指挥，贵州的保卫团也由王家烈兼理。各地的民团头子大多数原为反动军队中的大小头目。如铜（仁）、松（桃）、江（口）、省（溪）民团指挥杨德村，

① 黔东特区革命委员会最初设在白石溪，随着战争环境的变化，先后迁土地湾、铅厂、瓦厂坝等地。

曾担任黔东第一师的参谋长，思（南）石（阡）、印（江）、沿（河）民团指挥周世勋，当过黔军的旅参谋长。许多则是土匪头子，出于反共的需要，反动政府公开委任为民防的头目。贵州岑巩县政府为扩充“围剿”黔东特区的力量，对在当地为匪的蒋云青、彭德胜二人，因“尚能与区团联络一气，协力堵截”红军，“为地方计权委”担任保卫团的队长。① 可见，所谓“军团合一”，实质上是兵匪合一。这些反动民团，是当地的地头蛇，情况熟悉，地形熟悉，他们是一股十分凶恶的敌人，后来我们吃了他们很大的亏。当二、六军团主力部队撤离后，趁黔东特区的空虚，许多民团又随着军阀部队气势汹汹地返回，分驻各地。因此，独立师回到黔东根据地中心区后，围攻我们的除三省的正规部队外，还有这伙反动民团。

当时，包围我们的敌军，北面，川敌达凤岗两个团于晓井一线，湘敌周燮卿部控制南腰界至晓井一带；西面，为黔敌第三师第四旅杨畅时控制从沿河至土地坳各要地；东面，李成章、王天锡两部六个团和原驻刀坝的第十三团共七个团；南面，为黔敌驻德江张家湾一带的土著军阀姜兴尧一个团。敌人四面围攻，紧缩包围，妄图压迫我们于狭小地域消灭之。从敌人的部署看，10 月 28 日，川敌电令达凤岗旅“由平淌口推进，向甘龙口、南腰界攻击”，② 目的是企图截断我在南腰界的主力与黔东苏区中心区，与此同时，达旅另一部会同驻沿河的黔敌又向特区的淇滩、沙子场等地发起攻击。我主力撤离南腰界后，我们急速返回中心区即投入了游击队正与敌人的战斗。沿河县伪邮局长呈报军情中谈到了我与敌人的交战情况：“十月二十八日至三十一日，沿河淇滩、沙子场、小河场一带，红军与川黔两军发生剧战，纵横百里，交通断绝。” ③ 我们打退了敌人北面和西面的进攻。11 月上旬，黔敌又从西北面发起进攻，

① 引自岑巩县政府1934年10月26日的委任报告，原件存贵州省档案馆。

② 引自黔军军部通报。

③ 引自沿河县邮局长1934年11月2日呈文。

仍据沿河县邮局长的两次续报：沿河驻军杨畅时部前往大坝、枫香溪、白石溪、谯家铺等地大肆“清剿”，但均“未奏肤功”。① 这些材料，如实地反映了敌军的败退。接着姜兴尧部从西南面向枫香溪进攻，在我军的英勇反击下，敌狼狈四窜，我乘胜追击至德江袁场，狠狠地打击了敌人的嚣张气焰。我们在根据地内的活动，配合了两军主力的进军，邮局长的另一次呈文也表明了这一点。他说：“共匪已窜酉、秀，沿河境内尚有已被赤化之游击队数百，盘踞谯家铺、枫香溪、岩门口等处，与军队作最后之挣拒。”② 这段期间，独立师和游击队，三面反击，消灭了部分敌人，保卫了根据地中心区，黔东特区的革命政权巍然屹立。敌人采取轮番的战术，不让我有喘息之机。此时，东面的黔敌又开始进攻。黔东独立师组建时约 500 多人，有重机枪一挺、轻机枪两挺、步枪 300 余支（每枪子弹仅三至五发），加上各区、乡游击队 100 多人，近 700 人的武装力量与优势敌人苦战了十多天，虽给敌予部分杀伤，我亦付出了一定的代价。由于连续战斗，弹药已十分缺乏，加之敌人四面封锁，给养困难。黔敌又发起了新的进攻，如果再与敌人于当地周旋，将继续消耗自己的力量，并难摆脱敌人的包围。在此形势下，特委研究，决定独立师采取外线作战，向梵净山转移，依托梵净山与敌人展开游击战，各区、乡游击队留在本地坚持活动，独立师从外线将敌人引开，减轻对根据地的压力，并在运动中消灭敌人，以利坚持长期斗争。这一战略方针确定后，我们作了下面的部署：由王光泽同志赴瓦厂坝，集中各区、乡游击队，进行组编，委派张金殿、徐承鹏统一领导，在根据地内继续活动；另一方面，黔东独立师各部到印江沙子坡集中，准备转移。行动之前，布置两支后卫部队，以第一团担任左翼后卫，阻止黔敌姜兴尧和杨畅时部的追击，以黔东特区革命委员会副主席秦育青率领的黔东特区保卫队和特区机关工作人员为右翼后卫，以防川湘敌人的追击，掩护主力撤离

---

① 引自沿河县邮局长1934年11月8日、15日军情呈报。

② 引自沿河县邮局长1934年11月19日军情呈报。

后随即向梵净山。对重伤病员，安置在根据地内。

11 月 10 日，我与王光泽师长率领黔东独立师两个团从沙子坡出发，12 日，左翼后卫完成任务后尾主力前进，15 日，右翼后卫撤离，开始了外线作战的阶段。

我们率领的两个团从沙子坡经红溪到天堂，当地土豪薛三、倪洪昌平日欺压百姓，我们打了这两家土豪，向群众分发了他们的浮财，并捉了薛、倪二人，继续向木黄急进。敌李成章恐我军采取声东击西的战术，有倒击印江县城或进入江口县之举，急令第二团戴玉堂移驻朗溪至合水一线，令第三团周相魁尾追驻永义至居龙一线与驻江口县境之柏辉章部遥相控制梵净山区。11 日，我们抵达木黄，在附近的燕子岩处决了薛、倪两名土豪。又经锅厂、芙蓉、平所进入了梵净山张家坝至护国寺一带。后卫第一团尾我们后亦顺利到达。

另一支后卫秦育青部，15 日从白石溪撤离拟到沙子坡随独立师之后向梵净山，途经枫香园（东风）遭敌人伏击，特区保卫队战士和机关工作人员，奋力抗击，我牺牲了八位战士。由于敌人的阻拦，他们未能赶到沙子坡，遂取道茅草盖、花园，准备入川去湘西寻找军团主力。17 日，行至胡家坝遇地方民团拦截，损失不小，到下寨坝，又遭印江北二区民团大队长安永成部的袭击，我军且战且走，到达来安营塘房坳，为毛坝区伪区长陈文澜带领的民团夹击，我军牺牲 20 多人，被俘 24 人中遭敌惨杀了 21 人。余部辗转经岩柯坝（鸣呵）、化稿坪进入四川秀山县境的百岁、坝芒一带，继续受敌截击，苦战不克，除少数战士脱险外，几乎全部遇难。

黔东独立师进入梵净山后，部署第一团驻守山脚的滥泥坳，第二团驻守苏家坡，第三团驻守大国子，师部设在护国寺。并派出警戒于钟灵寺、凤凰山、马槽河一带，以防敌人的偷袭。梵净山，是印江、江口、松桃三县的结合部，这里层峦叠嶂，古木参天，地形复杂，进可攻，退可守。打算以护国寺为中心的这一带作基地，开展游击战争，寻机消灭敌人的有生力量。我们立足后，积极备战，在各团驻地区域构筑了简易工事，砍伐树木拦截道路，开展筹粮。为解决弹药缺乏的困难，还搬来制作鞭炮的工具，自制了一些大炮仗，战斗时点燃爆响，以壮声威，迷惑敌人。与此同时，在苏家坡、大园子、团龙等地打了这些地方的土豪，一部分留作军用，一部分给当地穷人，深得人民的拥护。

从我们进山后两三天，敌人不断进犯，15 日，在苏家坡和关口岭，16 日在交流塘，21 日在滥泥坳等地，与小股黔军和民团作战，均被我击退。23 日，敌周相魁团在印江民团东防大队张汉如部的配合下，集中了近 2000 人的兵力进攻我驻滥泥坳的第一团，由于敌众我寡，我军后撤上山，以一个连于途中的帝田庙迟滞敌人。敌军占领滥泥坳后兵分三路，左路进攻苏家坡，右路进攻大园子，中路继续追击我军。我在帝田庙阻击敌人的一个连，受到从苏家坡、大园子两翼敌军的包围，未能撤上山，除十几人突出下落不明外，其余伤亡或被俘。三路敌军追到护国寺，我与敌展开了战斗。鉴于此处较为开阔，不利歼敌，我们且战且退，至钟灵寺，预先占领有利地形，居高临下，痛击敌人，敌狼狈后退。后又织织几次反扑，激战了一天，均未能攻上。歼灭了敌军百余人，我军伤亡 20 多人，通讯班战士牺牲了五人。这时我们的弹药已所剩无几，粮食也吃完。同时，黔敌柏辉章部一路从江口德旺推进到梵净山脚的坝梅寺一带，另一路从松桃向寨英急进，江口县的民团已上山配合“清剿”我军，对我形成了包围之势。在此紧急情况下，特委研究认为，我们返回黔东根据地已坚持了 27 天的斗争，牵制了敌人，估计军团主力早已进入湘西，完成了掩护任务。根据目前的形势，必须抢在敌合围尚未就绪之前，撤出战斗，到湘西寻找主力部队。

在我们转移到梵净山的同时，留在根据地中心区活动的游击队也受到敌人的攻击。他们转入深山密林中进行游击活动，不断袭击敌人，与我们在梵净山的斗争相呼应。从敌方 11 月 19 日的一份报告中，可以看到，敌人害怕我二、六军团返回，不得不加强边地驻军的防守，而我们在黔东的活动，敌又忙于东防西堵。这份报告写道："近因残匪（指我二、六军团——引者注）离黔东未远，尚在湖南龙山里耶，军队恐匪窜回，悉驻边地防堵，军方内顾不遑，而沿河境内游击队数百仍得啸聚山林……"敌人采取分割包围的办法，"清剿"游击队。由于敌我力量的过于悬殊，留在中心区的各区、乡游击队没有能够继续存在下去，他们艰苦斗争，一直坚持到 11 月下旬，根据地才为敌人占领。

根据地沦陷，使我们更加难以在梵净山立足。按照特委的决定，11 月 24 日，黔东独立师撤出战斗连夜转移，越过梵净山顶峰，经风香坪、鱼坳、马槽河、瓦溪、快场、凯岩、凯文、落满到寨英。在这里捉住了柏辉章派到此地催办军粮的两名副官，了解到敌情，得知孟溪敌人防御薄弱，我们在普觉宿营，封锁消息，26 日凌晨，出敌不意，袭击了孟溪区公所，缴获了 14 支步枪，200 多发子弹，还缴获了一面国民党旗帜。为了迷惑敌人，我们打着这面旗帜，伪装敌人，大摇大摆地前进，驻大路的民团，以为"省军"到来，不及提防，我乘势一举打垮了此地民团，活捉了厘金局一名卡员，当时准备放了，由于此人平时作恶多端，当地群众强烈要求杀掉，为平民愤，处决了卡员。接着，我们进入了四川秀山县境的兰桥，军锋直指梅邑（梅江）。驻守梅邑（梅江）的民团杨志鹏中队和镇公所乡丁企图拦截，我军迅速占领了附近的飞山庙制高点，向敌人发起攻击，敌一触即溃，仓皇向秀山方向逃去。在进攻中，我带领通讯班冲入梅邑（梅江）镇，被埋伏于街边的乡丁放枪打穿右踝骨，枪弹在肉中爆炸，骨头碎裂，不能行走。战士们气愤已极，冲进镇里的一家商号，杀了反动盐商吴二毛，将许多盐巴分给了老乡，击毙了乡丁一人。

王光泽同志率部折向西南又进入贵州松桃的净岘北上，经瓦厂、五里牌、九龙向迓驾前进。抵张坝堰时，伪区长姚雨珍和当地民团龙海清尾追而来，企图截击我后卫部队。我因弹药缺乏，并争取尽快到湘西，未予还击，但匪部衔尾不放。至新压，龙海清又会同另一民团杨永成部袭击，我后卫五名战士牺牲。时已天黑，到迓驾附近的石号坡，民团麻秀臣部拦截，与后面尾追的民团夹击我军。独立师不得不进行还击，与敌展开激战，我牺牲战士 20 多人，战斗持续几小时，未能甩开敌人。第三团团长马吉山率领一个排，奋力苦战，掩护部队撤出战斗。此时，弹药已消耗殆尽，马吉山同志英勇牺牲。由于夜黑阴雨，坡陡路滑，地情不明，我军除伤亡外，失散和被俘者亦有之。鉴于敌情和任务，王光泽同志流着眼泪，叫干部和战士将我抬出战场，率部继续前进。我在车田村老乡李木富家。为避免敌人的搜索，李木富将我藏在半月形小山洞内，送给我一些草药医治枪伤，藏了 20 多天，左脚冻伤和感染，失去三个足趾。当地几家老乡都很穷，无法供养，我只好离开这里。临行前，一位木匠苏士华做了两根“下”字形拐杖相送。我拄着拐杖，拖着伤脚，沿途乞讨回茶陵，在家养伤，以后到了延安。主力复进入四川秀山县境。

我长途跋涉，连续苦战的独立师，在迓驾战斗一天粒米未进，他们以野菜充饥，艰难行军，经化溪等地，11 月 28 日到川河盖，行进至大板场时，被酉阳龙潭的田忠毅旅和龙山里耶的周燮卿旅支撑下的民团文代章、刘九河的截击。我已弹尽粮绝的疲惫之师，在优势敌人的进攻下，战斗失败。为了尽可能保存力量，王光泽师长决定化整为零，向湖南永顺方向分路突围去寻找主力，仅数十人找到主力部队。王光泽与部分战士突围的一路，在上川路上被涌洞的民团发现，不幸被俘。

王光泽同志，是一位优秀的指挥员，党的好儿子。他是湖南衡山县吴集乡人，自幼家境贫寒，父母靠帮工的微薄工钱维持一家九口人的生活，经常是贫困交加，饥寒交迫。不满四岁的弟弟病饥而死，刚生下的妹妹无法养活忍痛送给他人。光泽幼年时帮地主看牛，少年投靠舅父学木工手艺，出师后在攸县做木工活，帮助家庭生活。随着年龄的增长，对这人吃人的社会深恶痛绝。1922 年，他到茶陵县周围乡镇做木工活时，受到农民革命运动的影响，投身于革命。1930 年在茶陵腰陂镇加入中国共产党，积极开展群众工作，组织苏维埃政权，被选为腰陂乡苏维埃政府工会主席、赤卫队长，1931 年腰陂区苏维埃政府建立区警卫连，光泽同志先后担任副连长、连长。次年，调任茶陵县警卫营长。警卫营扩充为独立团，王光泽任团长。不久，独立团编入红六军团第十八师为五十三团，他继任团长。1934 年，红六军团奉命突围西征，光泽同志率部随军出发，与军团长长途转战进入贵州。在与敌人作战中，他指挥沉着，不畏艰险，身先士卒，深受战士们爱戴。被俘后，送到酉阳龙潭田忠毅旅部关押。敌人捉到了红军师长，欣喜若狂，一方面邀功请赏；另一方面软硬兼施，妄图逼供诱降。王光泽同志忠贞不屈，每次审讯时痛斥国民党反动派祸国殃民的罪行，宣传革命的道理，表现了他对党对人民的赤胆忠心。敌人的一切企图未能得逞。1934 年 12 月 11 日，川军总司令刘湘向田忠毅传蒋介石命令：“就地枪决。”临难时，光泽同志大义凛然，高呼“共产党万岁”、“工农红军万岁”等口号，英勇就义。时年 31 岁。他为中国人民的解放事业献出了自己宝贵的生命。

黔东独立师和游击队与强敌进行了一月的艰苦斗争。这段期间，我二、六军团主力取得了龙家寨战斗的胜利，攻占了永顺、大庸、桑植，扩大了湘鄂川黔革命根据地。

回顾坚持黔东斗争的这段历史，虽然完成了牵制敌人，掩护主力的任务，而未能继续坚持住根据地斗争的原因：敌人在“围剿”红三军和追击六军团的过程中，各路敌军已调往黔东，云集于该地区，形成了包围；第二，黔东独立师刚组建即与各区、乡游击队连续投入战斗，毫无喘息之机，敌人四面封锁并轮番进攻，使我粮食极度困难和消耗我军战斗力；第三，贵州军阀王家烈在川、湘军阀配合下决心不让我在黔东立足，避免贵州“沦为江西第二”①，投入了大量兵力，并进一步加强与地方民团和土匪的勾结，使本来还属于统治薄弱的黔、湘、川边，形成了

① 引自王家烈《报告省民大会词》。

强大的反动力量；第四，黔东独立师的力量较小，采取外线作战后，未能引开大量敌人，敌得以紧缩包围，攻占黔东苏区；第五，黔东特区窄小。正如贺老总在南腰界会师大会上向六军团战友们说，“同志们辛苦了，你们来这里是找后方的，后方是有啊！可没想到就在脚板上，在草鞋底下。”总之，处在革命低潮，红军长征生死存亡的时刻，留下少数武装和伤病员建立根据地，实践证明大都是不成功的。

这里应当提到的，由深受压迫的农民为主体自发组织起来反抗官府的“神兵”，倾向革命，红三军入黔时，他们成为可靠的同盟军，积极支援，开创了黔东特区；当其加入革命队伍，接受改编成红军和游击队后，始终坚持斗争；在坚持黔东根据地斗争的艰苦岁月里，尽管敌情如此严重，他们坚定地团结在特委周围，与黔东独立师一道，进行了英勇卓绝的斗争，与几十倍于我的敌人追堵“围剿”斗争达一月之久，付出了重大牺牲，我们将永远记下他们的历史功绩！

五、英雄的战士　坚强的人民

在坚持黔东的革命斗争中，我们英雄的战士和广大的人民，为保卫根据地、配合军团主力行动，与敌人进行英勇的斗争。许多战士和人民用自己的生命和鲜血谱写了一曲可歌可泣的壮歌。

红二、六军团主力撤离后，敌人进攻根据地中心区，淇滩大队第一分队长黄海仁，率领游击队在淇滩一带阻击敌军。当敌人向瓦厂坝方向发起进攻时，设在瓦厂坝的黔东特区革命委员会处于危急之中。他们知道，穷人的政权来之不易，绝不能让敌人进入特区的心脏。他率部急速回援，奋不顾身，与敌战斗，光荣牺牲；杨家湾游击大队副队长何帮中，在打退敌人的进攻后，顽强追击敌军，英勇牺牲；黔东独立师的战士们在梵净山与敌人的战斗中，弹药缺乏，他们就用滚木、擂石抗击敌人，坚守阵地，敌方资料中有一段记载我军战士的话:“……遇有死守阵地之匪兵，虽极少数，抵死顽抗，非有上官命令，决不撤退，匪对于邪说（指红军对共产主义的信仰——引者注），麻醉甚深，故拥护匪首，甘心效死。”敌人虽从反动立场描述我军，但也真实地道出了我红色战士们的素质和勇敢顽强。在迓驾战斗时，一位战士被俘，被敌捆在树上，他痛骂敌人，惨遭杀害；马吉山团长掩护部队撤退时，不幸中弹，在生命的最后一息，他高呼:“同志们，要和敌人战斗到底”、“打倒国民党”、“中国共产党万岁”。……许多这样的英勇战士，为革命流尽最后一滴血。

在艰苦斗争的环境里，人民群众与我们同甘苦，共患难，他们为部队侦察敌情，传递消息，为我们煮饭，打草鞋。我们为解决弹药困难，自己生产火药，群众积极协助。一位农民简才英（女）在帮助我们制作时，不幸失火烧死。部队撤离黔东特区时，许多全家随军行动，女游击队员张国云一家母女三人随秦育青同志的队伍行走，帮助部队，后来被敌打散后，流落他乡。……黔东人民在为保卫苏区坚持斗争中付出了巨大的牺牲。

根据地被敌人占领后，各地土豪劣绅，杀气腾腾地组织了“清乡队”，许多乡苏维埃主席和红军战士、游击队员被杀害。枫香溪的游击队员王帮俊被捕后，敌人穿上他的锁骨。他怒斥敌人，被割掉舌头而惨死；印江红木树的自卫队员何代杨，被“清乡队”匪徒惨无人道地敲开头盖“点天灯”；南克寨乡苏维埃主席黄前兆，被敌人用锥子活活刺死；在川河盖被打散回家乡的独立师战士谭绍成，也惨遭各种毒刑（后来机智逃出虎口，幸免一死）。

面对敌人的疯狂报复，红军战士和人民威武不屈，一位红军伤员在被敌人杀害前，高声朗诵：

打铁不怕火烫脚，革命不怕砍脑壳；
只要千人得解放，为了革命死也乐；

多么英勇的革命气概！表现了我军战士为人民的解放事业视死如归的高贵品质。

沿河县蛟岩乡水田坝农会主席孔朝廷，被土豪、“清乡”队长黄仁佑抓去，多次受到严刑拷打，伤势过重，不久死去。临终前，他给儿子孔永安写下这样一份遗嘱：“民国甲戌年，水田坝火烧宅孔朝廷任农会主席。红军去后，孔朝廷被黄仁佑吊（抓去），考（拷）问朝廷：红军有多少人？孔朝廷说：人多我数不清楚。又问：枪有多少？孔朝廷说：枪有的是。黄仁佑说：将孔朝廷捆去吊打！孔朝廷死都不招认。孔朝廷身体受伤，已不得好了。孔永安，你今后要好好读书，我红军队武（伍）很多，等到我红军回来，你一定要替要我伸冤报酬（仇）。孔永安，你要与土毫（豪）彻底斗争下台（到底）”。①

从这份语言质朴的《遗嘱》中，我们看到这位普通的农民，在残暴的敌人面前是何等的坚强！敌人追问根据地里的情况，他“死都不招认”；对红军，他是多么的热爱，坚信革命会胜利，红军要回来的；对敌斗争，他的立场又是何等的坚定，教育后代，要继续与土豪斗争到底。这是反映千千万万坚强的黔东苏区人民的一份珍贵的历史见证。

解放后，松桃迓驾人民出钱、出料、出工，修建了一个大的红军墓；酉阳龙潭人民坚持保存王光泽师长遗骨于当地，还修建了烈士陵园；秀山川河盖人民要求政府修建战斗纪念碑；印江苏家坡人民，两次迁移红军尸骨中，将烈士三块现大洋，两发子弹埋入坟墓等等，都反映了黔东人民对红军烈士的崇高敬意和无限哀思。

英雄的战士，坚强的人民，他们的不朽业绩，将永垂青史！

选自湘鄂川黔革命根据地编辑组编：《湘鄂川黔革命根据地》，中共党史资料出版社1989年9月版，第465—483页。

① 原件存贵州省博物馆。

段苏权，1916 年生，湖南茶陵人。1930 年加入中国共产主义青年团，同年转为中国共产党党员，1932 年参加中国工农红军。红六军团西征时任红六军团政治部宣传部部长。红二、红六军团会师后，任中共黔东特委书记兼独立师政治委员。新中国成立后，曾任东北军区空军司令员，空军第二军军长，华北军区空军司令员，南京军事学院空军系主任，解放军高等军事学院战略教研室主任、副教育长，解放军军事学院政治委员，第六届、七届全国人大常委会委员。1955 年被授予少将军衔。1993 年在北京逝世。

红二、六军团会师的情况①

晏福生

我在十七师四十九团任团政委，团长是吴正卿；五十团团长是郭鹏，政委是彭栋才；五十一团团长是苏杰。

会师在好几个地方，这些地方都有一定的光荣历史，也是当地人民的好事情，我们应该领会。我们是在铅厂坝与二军团会师的，两个军团领导是在木黄会师的，因此会师一般主要讲是在木黄地区会师，木黄这个地方较小，不可能两个军团七八千人一块堆在木黄去，其他地方的会师我们也不能不叫会师，但谁主谁次要分清。例如我们与第四方面军在甘孜会师，也不是仅仅限于甘孜一地，而是这个地区，且主要领导人是在这里会师的。

到印、沿一带去找红二军团会师，大的目的是有，小的具体在哪里去找就不好说了，因为我们进贵州时，还是从敌人的布告、标语和缴获敌人的情况通报，才知道红二军团（当时叫红三军）是在印江沿河这一带，以后在甘溪打散后，就朝这个地方走，当时我们又没有军用地图，连得到的一本学生用地图都当成宝贝，因此，具体去哪里是没有目的的，反正朝这个地区走，哪里碰到就在就里会师，就说红三军军部或叫

① 标题为编者所拟，原文为1983年8月1日上午《访问广州军区副政委晏福生同志录记》。内容、格式有调整。

总部驻地吧，也不是固定的，军队开到哪里，总部就在哪里，我们到铅厂坝也不是事先有目的的去找总部，而是找红二军团，找到贺龙的人就好办。

我们到甘溪时，部队成纵队前进，一个团跟一个团的，但没有展开，我们的侦察部队到了甘溪，廖磊的侦察部队也到了，但敌人是展开了的，甘溪在一个山沟内，敌人是展开了，先占了有利地形，我们才打了败仗。如果我们也展开，就不会吃这么大的亏。四十九、五十一团在前边，当五十一团上来时，部队已经被人家打得稀巴烂了。责任呢？怪哪个都不应该，当时仓促应战，军团首长命令也无法下达，你能怪是上面指挥不好吗？既然不能统一下令，只好各自为战。十八师在后面，打起来以后，就被人家截断了。以后又与肖克在一块。

二、六军团领导会师后，在木黄开了一个重要的会议，关系到部队去向问题。成立黔东独立师的目的是为了就地牵制敌人，我们走了不到两个月，这个独立师也被敌人搞掉了。在二、六军团长征出发时，留下十八师，目的仍是就地牵制敌人，我原在十八师当政委，长征出发前才调到十六师。十八师经过突围，在贵州江口与二、六军团会师，但大部分同志牺牲了，到江口的只有几百人。附带谈一谈会师写法，我认为会师应写在某一个地区会师，不要写在一个点会师，如写“在木黄地区会师”就好一些。

选自中国共产党石阡县委员会党史办公室编：《红军长征在石阡》，1986年8月，第131—133页。

晏福生，1904 年生，湖南醴陵人。1926 年加入中国共产党，1928 年参加中国工农红军。红六军团西征时任十七师四十九团政治委员。红军长

征时任十六师政治委员。新中国成立后，曾任湘西行政公署主任，湘西军区司令员，湖南人民政府民政厅厅长，湖南军区副政治委员、第二政治委员，广州军区副政治委员，政协第四届、五届全国委员会委员，中央纪律检查委员会委员。1955 年被授予中将军衔。1984 年在广州逝世。

六军团西征入黔后的情况[①]

李立

六军团到贵州，目的是找二军团（当时叫红三军）会师，不打硬仗了。我们是从黔东南进来的，到了黄平旧州，打开了，有一个法国神父，叫他跟我们走，一直到了桑植。打旧州后到了石阡，住了一个晚上，与二军团未联系上，因为他们没有电台。又继续走，在过了石阡的一个镇子（整理者注：可能是甘溪），我们准备宿营，敌人也想在这里宿营，遭遇了，打了一个下午。我们撤出了战斗，上梵净山，走了一天一夜。没有路，累极了。用马灯，竹子点火照明，幸好找了一位老头带路。

撤出战斗以后，李达同志带了一部分队伍与红二军团会师了。贺龙、夏曦同志派人来接我们，到了印江木黄我们和二军团会师。第二天到南腰界，在这里开了一个祝捷大会。我们出发时一万人，这时只有5000来人。加上红二军团的几千人，万把来人。两天后又出发，准备去湖南开辟新的苏区，出发时，叫段苏权留下一部分部队，坚持原有根据地的游击战斗。我们经酉阳到龙山打永顺。1934年11月10日打开了永顺，从而在湘西立住了脚。（中国革命历史博物馆董谦、胡华、贺

① 标题为编者所拟，原标题为《原红六军团民运部长李立谈六军团西征入黔后的情况》。

捷生1973年12月13日访问于贵阳金桥饭店，贵州省博物馆董有刚记录整理）

选自中国共产党石阡县委员会党史办公室编:《红军长征在石阡》，1986年8月，第133—134页。

李立，1908年生，江西永新人。1927年加入中国共产党，同年参加革命。红军长征时任红六军团民运部部长。新中国成立后，曾任中共吉安地委书记，中共洛阳市委第一书记，中共河南省委书记处书记，中共中央中南局常委、组织部部长，中共贵州省委书记处书记，贵州省省长，中共贵州省委副书记，中共第九届中央候补委员，政协第五届、六届全国委员会常委。2006年在北京病逝。

回忆在石阡参加红军开党的活动分子会议①

郭占英

我们长征经过石阡时，我住在石阡城东的一个寨子上。我那时在师团部政治处当青年干事。一天，师团政治处给我一张条子，通知我到石阡县城天主堂开会。当天正下雪，我从坡上冒雪走到城里，到了天主堂，听说是在一座楼上开会，这座楼房有许多柱子。我到了楼上，室内已坐满了开会的人。红二、六军团都有人参加。我去迟了，会已经开了一半。会上，首长总结了前段长征，谈了开辟新根据地，扩充红军等工作。

这次会议后，我在石阡提了干，担任了全团团总支部书记职务。[杨和胜根据1985年1月在石阡县招待所(天主堂内)采访郭占英记录整理]

选自中国共产党石阡县委员会党史办公室编:《红军长征在石阡》,1986年8月,第134—135页。

郭占英，土家族，1920年生，贵州沿河县人。1934年加入红军，跟随红二方面军长征，任战士、通讯员、团政治处青年干事等职。新中国成立后，曾任煤炭工业部副部长。1996年在内蒙古逝世。

① 标题为编者所拟，原标题为《郭占英回忆在石阡参加红军开党的活动分子会议情况》。

在石阡参加红军①

彭德荣

我是帮工出身，家里一无房、二无地，父亲那辈就来贵州帮人，他死在路腊。我十几岁就开始帮人，在花桥住过，后到洋溪住。

1935 年，我在洋溪住。那时是陈明皋当区长。思南的一个副官主任（姓谭）去镇远拨款，过石阡，叫陈鸣皋派人抬他。陈就派平贯肖来生和我两个去抬，我俩抬到平贯就把他丢了。谭回去告，陈区长就派人来抓肖来生。有人劝我躲开，我说不怕，反正杀不了我的头。了不起关我几个月。果不然陈真的抓我去关了几个月，想敲我几块钱。那时我舅舅还在，去问陈鸣皋我犯了什么法，陈无理可说，就把我放了。我出来后跑到贵阳去几个月。听说红军来了，我才返回石阡。

我回石阡后，陈明皋派人到洋溪了解我给红军做了些什么，想找借口把我杀掉。那时红军已到了洋溪，抓到那个家伙，听说是陈派去的侦探，红军就叫我把他推出去干掉了。后来，听说这家伙的尸体抬到地主杨锡芝家（因为好多人都知道我不怕事，就说是杨锡芝家杀的），结果，杨家还赔了 100 块大洋。

在洋溪没有住红军部队，只住一个工作队，六七个人。有三四个都是搞后勤的干部，他们住在现在我家外公家坎底下那家，大概做了个把

① 标题为编者所拟，原文标题为《访问老红军彭德荣同志》。

礼拜。他们在那里宣传打土豪，扩大红军。号召人们参加游击队。当时的口号是："成立苏维埃政府，保卫苏维埃政权"，"打土豪，分田地"。

当时参加游击队大概有八九十人。附近几个寨子的青年人好多都参加了，特别是帮工，几乎都参加了。不过有的红军一走又跑回来了。现在我还记得平贯有个（忘记名字），解放后在空军某部队。1953 年曾回家圈坟，被当地民兵干涉。武县长还亲自去解决过。洋溪高家水井杨丑明抱的儿子杨祖发也参加了，他小我几岁，多次受伤，在山西刹县①我见到过他，后来就没听说了。还有杨洪之的哥哥杨方子、张香香也参加了。在西安事件过后我也看到过他俩。

石阡县城、高寨、杜家寨，还有好多地方都住了红军。梁家嘴住了个团部。这大概是二军团。因为我一参加就在十二团团部。腊月二十七日早上，我随团部在德苕垙垙集合出发。

二军团四师师长是卢冬生②。十二团团长是钟子廷③，团政委姓杨，团参谋长是黄新廷④，钟团长在云南牺牲后由黄新亭任团长。

我们从石阡出发的路线是：

洞沟→关口坪→白沙→本庄→河坝→龙溪（在龙溪遇敌打过一仗）。

红军都是从山上走，人多、分几路、边走边扩军。（聂孝光、罗敦明 1977 年 4 月 11 日访问记录，聂孝光整理）

选自中国共产党石阡县委员会党史办公室编：《红军长征在石阡》，1986年8月，第146—147页。

彭德荣，1914 年生，贵州石阡人。红军长征时为红二军团十二团战士。

---

① 此处疑有误，有待考证。

② 原文误为芦冬生。

③ 原文误为钟子挺。

④ 原文误为黄新亭。

加入红军军械科[①]

张光祖

我家住铜仁德胜屯水源头，在家乡时，我名叫张月详，参加革命后改名张光祖。早在大革命时期，我父亲张春华就参加了贺龙将军领导的国民革命军，出征北伐去了。父亲一去音信杳无，母亲只好改嫁。我跟着母亲来到铜仁城桐梓巷舒家，开始，送我到西门私立端模小学念书，读了两年，又送我到道坳上吴元顺家当学徒。学徒期间，每天除了学木刻印刷，还要做很多杂活。要是老板不满意，就不准睡觉。

由于学徒生活担子的重压，使我孱弱的身体受不了。这样，我就跟着叔张春荣到了万山，靠进洞背朱砂矿石，拣点废砂维持生活。在那里仅半年多，叔叔让我回到铜仁，找到表哥陈云昌。他留我在铜仁修械所做工。不久，修械所垮了，我同他到了省溪县一个区修械所。

1933 年，表哥陈云昌邀约湖南人黄道生、黄达生和我共 20 多人前往石阡，进入石阡保安团办的修械所，修枪和手工造枪。

1934 年 10 月，任弼时、萧克、王震等同志率领红六军团从湘赣边区出发来到石阡，在甘溪受到湘、桂、黔三省军阀部队的围攻，红军损失很大。国民党将红军战士 100 多人押到石阡保安团关押。有一天，一

① 标题为编者所拟，原标题为《老红军张光祖同志谈亲身经历》，本文有删节。

个没有暴露身份的红军名叫罗成哉，四川人，来到修械所要求做工。经过我们的说情终于把他收下了。从这以后，我和他经常接触，在生活上我帮助他；在思想上他帮助我。他给我讲了一些穷人为何穷、富人为何富，使我很受启发。

甘溪战斗后，红六军团与贺龙同志领导的红三军在印江木黄胜利会师了。接着，红二、六军团为壮大革命力量，牵制敌人，策应中央红军长征，从黔东苏区出发，挺进湘西，创建湘鄂川黔革命根据地。在完成上述任务后，红二、六军团，1935 年冬开始向贵州转移。计划在石（阡）、镇（远）、黄（平）一带建立根据地。就在红二、六军团来到石阡的前夕，罗成哉只身离开了石阡修械所。当红军快要接近石阡城时，我才和修械所的人一起跑到离城不远的一个洞子里躲避。红军进城的第二天，一个连队围住洞子，经宣传动员，我们答应跟红军回城，并愿意参加红军。我走进二军团政治部驻地，一眼见到罗成哉同志已在那里。这时，我才知道他是红军。我想到自己当上了红军战士，又能同他在一起，心里感到说不出的高兴。同我一块参加红军的有十多人，我数最小，只 17 岁。我和罗成哉同志留在二军团供给部。

红二、六军团在石阡停了七八天。在任弼时同志主持下召开了会议，总结了便水作战的经验，研究了下一步的行动。决定由石、镇、黄向黔（西）、大（定）、毕（节）转移。这样，我随部队从石阡出发，当天宿营白沙。在白沙，我突然生病了。途中没有跟上二军团供给部，只好随红六军团军械科行动。到了大定才归队。在大定休整期间，二军团供给部对军械科的人进行考工。杨凯林是贵州桐梓人，技术好，每月评定生活费七块五；我评五块五。从此，红二、六军团在任弼时、贺龙等同志率领下，渡过金沙江，爬雪山、过草地，经历了千辛万苦，终于到达甘肃会宁。在这里，一、二、四方面军胜利会师。红二方面军结束了伟大的长征。（*唐承德根据 1984 年 7 月张光祖的谈话和铜仁地委党史办*

的走访记录综合整理）

选自中国共产党石阡县委员会党史办公室编：《红军长征在石阡》，1986年8月，第148—150页。

张光祖，贵州铜仁人。1936 年加入红军。红军长征时为红二军团供给部修械所战士。新中国成立后，曾在四川机械工业厅研究设计院工作。

这里迈步从头越

陈靖

红六军团是一支为长征开路的先遣部队。它从江西出发时，两个师（十七、十八师）共约七八千人，经过 50 多天的持战和冲杀，大约减员四分之一。当时那“左”的中央领导，忽东忽西，朝令夕改，使这支英勇善战的先锋军，“连坐下来吃顿饭的时间也难得”。甚至开个纪念会和宣布一个命令，也要在行军间寻觅机会，六军团并不是新组建的部队，它早已在井冈山初建之前，就是有名的“莲花独立团”。这次中央苏区处于“希望最后断绝”的时刻，六军团接受了为中央红军开路西征的突围任务。从 8 月 7 日西征到 10 月 24 日同贺龙会合，前后经历了 78 天的苦斗，损失了二分之一的人马。

“贵州工农接受革命道理快，能迅速同红军站到一边”（任弼时同志语）。六军团本来是可以在黔南歇脚休整，扩大队伍，补充新鲜血液的。然而当时的中央领导，惊惊慌慌地从赣南向湘西出发时，突然要六军团从黔南掉头向东，不惜一切进军湘西凤凰地区，打开局面为中央红军准备落脚地。于是六军团马不停蹄地离开瓮安，从猴场急速东进，经松坪、木叶井、龙溪进入余庆、石阡，陷入十倍于己的敌人重围之中。在甘溪、白沙一带，被强敌分割包围在幽长的深谷里。冲杀苦战，损失惨重，分别突围后，又被另一股敌人挡住，陷入另一山谷之中，情况十分危急。这时，一位苗族老人对任弼时说了一句意味深长的话：“山山都有亲，亲亲通南京！”意思是这里到处都有红军的亲人，这里的每一条小路都可以通到南京。任政委立即要政治部主任，把这句话传达给被围困的每个红军，在饥渴与迷茫中的红军，同时还听到老人讲的故事和唱的山歌。顺着老人的脚印，部队终于在重阳节那天，脱离了危险境地。六军团作出断然决定：放弃去凤凰的目标（红军的意图已被敌人发现了），向贵州的东北部前进，于是很快同贺龙同志的红二军团会合了。两个军团捏成为一双有力的铁拳，为策应和掩护中央红军长征，由贵州东指，向湘南洞庭西畔挺进。

30 年后，六军团战士重访贵州时，写了这样一首小令：

林密处、幽深谷，
冒雨重访当年路。
秋风寒、秋水泛，
远征苦战
　　甘溪马蹄乱。

人悄悄、马萧萧，
荒峪野岗只见蛇行道。
“山有亲，通南京”，
歌声一路
　　苗家情意深。

坎坷路上群峰叠，
斜阳坠地满山雪。
岭外岭、山外山，
危崖到处
　　步步是险关。

四十八溪紫气回，
云收雾散出重围。
水茫茫、山重重，
凯歌一曲
　　黔东降贺龙！

摘自 1986 年 3 月 2 日《贵州日报》

选自中国共产党石阡县委员会党史办公室编:《红军长征在石阡》, 1986年8月, 第151—152页。

陈靖，苗族，1918 年生，贵州瓮安人。1934 年参加中国工农红军。红军长征时任红六军团宣传队宣传员。新中国成立后，曾任昆明军区空军指挥所政治部主任、南京军区炮兵顾问。2002 年逝世。

在长征中的简况[①]

杨再吉

我现年 65 岁，1921 年，出生于贵州省石阡县万安乡龙凤村龙地坝一个贫苦农民家庭。12 岁替地主放牛，1934 年跑到湖南龙山县参加红军二军团六师十六团卫生队学医。1935 年入团，1937 年加入共产党。

1935 年前后，在石阡参加红军的人很多。我记得除了直接参加机关和连队外，就有直接参加新兵连的人，至少有八个新兵连。部队出发经黔西、大定、毕节、威宁、盐津各县，过金沙江，入川康、走雪山草地，破祁连山，到达甘肃，陕西。前后打破敌人重重包围。当时我们处于缺粮少弹，冰天雪地，衣单被薄的境地，因此受伤或患病、阵亡等的人很多，许多不知姓名的先烈，牺牲在战场或征途之中。

选自中国共产党石阡县委员会党史办公室编：《红军长征在石阡》，1986年8月，第161—162页。

杨再吉，1921 年生，贵州石阡人。1934 年参加红二军团六师十六团担任卫生员，1937 年加入中国共产党。新中国成立后，曾任四川省卫生厅厅长。

---

① 标题为编者所拟。原标题为《我的简历及在长征中的简况》。本文有删节。原文系杨再吉1986年4月19日为石阡县委党史办写的回忆材料一部分。

参加红军的经过 ①

罗华臣

我是贵州省石阡花桥区北坪地村人，父母去世早。我从 15 岁起，就给本村地主放牛，常受地主的气。正好 1935 年冬天来了共产党，地主老财都跑了，我去山上给地主放牛，下午四五点钟回村时，村里住满了红军，说话很和气，不打人骂人。叫穷人到地主家里弄粮食，要小孩去部队伙房吃饭。我每天和连长、指导员、卫生员、司号员一起去吃饭。还跟他们一起到白沙。

我 1936 年 1 月在本村参加红二方面军四师十团，在部队重机枪连任通讯员。团长刘克度，政委朱少清，连长郑和。从石阡县出发直到云南，打开了不少县城。到了金沙江，过江后，爬雪山，到了云南中甸县，在这几个月的时间，有的同志光荣牺牲了。在共产党的领导下，克服了前进中的困难。同志们没有饭吃，同样与敌人战斗，好不容易过完草地，到甘肃，一、二、四方面军会师。我们在庆阳县，听说蒋介石在西安被张学良、杨虎城扣留，叫西安事变。周总理去西安谈判。第二次国共合作，枪口对外，一致抗日。中国工农红军改编为国民革命军第八路军，我在一二〇师三五八旅七一五团二营五连任通讯员。1937 年，八路军东渡黄河到山西省兴县，第一次战斗在忻口共打了 70 多天。为了保卫

① 标题为编者所拟。原标题为《罗华臣同志谈参加红军的经过》。

山西省太原，部队在山西活动数月后又到了内蒙古，进了大青山改编为骑兵支队，李井泉任司令员，姚喆任副司令员，我跟姚喆当警卫员。在大青山生活艰苦，同日本鬼子打了八年仗。

我于 1937 年入党。曾任过骑兵旅一团四连指导员；八军军部侦察连指导员；三十七军警卫营教导员；三十七军炮营教导员；华北军区训练二团二营教导员等职。

选自中国共产党石阡县委员会党史办公室编:《红军长征在石阡》, 1986年8月, 第162—163页。

罗华臣，贵州石阡人。1936 年参加中国工农红军，红军长征时在红二方面军四师十团重机枪连任通讯员。1937 年加入中国共产党。新中国成立后，在天津民政局任职。

红六军团和红二方面军长征经石阡情况[①]

杨树植

40 多年过去了，有些忘记了，不一定准确。

先谈红六军团，红六军团有十六、十七、十八三个师。住湘赣省。十六师原在湘鄂赣，后调湘赣，住罗霄山脉中段。十六师师长为张辉、政委是晏福生。十七师是肖克军团长兼师长。十八师师长是龙云。

1934 年 7 月底 8 月初走了，为什么走？当时不清楚，其实就是长征。经五岭，走沙田、桂东、桂阳，到桂阳时，敌人才知道。又从嘉禾、蓝山、过湘江的尾，到广西的新安、灌阳，在灌阳是用开水泡的饭吃，蒋介石在桂阳发现红军转移，就调广军、湘军打算在新安、灌阳一带消灭我军。我们走了，敌人扑了个空。我们经城步一转到贵州黄坪。在黄坪住了一晚，离黄坪几里地时，有个豪绅的女儿吓得乱跑，跌死了。在黄坪住的大商店。又走旧州、余庆，以后就从余庆到甘溪来了。

到甘溪的是红六军团，军团长是肖克、湘赣军区司令员王震兼政委，任弼时同志是党代表，李达同志是军团参谋长。共来了五个团，即十七、十八师。十七师有四十九、五十、五十一团，十八师有五十二、五十三团，原来有个五十四团，在黄坪时编入五十二团了。

甘溪仗是怎样打的？

---

① 标题为编者所拟，原标题为《杨树植同志介绍红六军团和红二方面军长征经石阡情况的谈话记录》。

那天行军次序，估计敌人在甘溪前边，所以前边配备雄厚，是十七师的三个团，再加十八师的五十三团。后面就只有五十二团了。中间是军团直属部队。直属部队的次序是：军团司令部、政治部、通讯连、侦察连、警卫连、国家保卫局，后边是供给部、随营学校，最后面就是十八师的五十二团。

到甘溪时是上午 10 点钟左右，我听甘溪前面枪声响得很厉害，接着传令“跑步赶上”！跑到现在的金星元明山那里，听到后面也响起了枪声，打得很激烈。我与李东朝在这个地方解大便。后面枪一响，十八师五十二团的部队就再也没看到跟上。前面枪声响，我们也没管它，随营学校没有参战，到红岩村那里，我们照样上课。天黑时就喊走，搞不清往哪里走，记得是爬山。我们跟军团司令部四个团跑出去了。李达参谋长带起五十团在前面冲出去了。当天没有估计到碰到这么多敌人，前卫部队对两边高山未进行搜索，十八师几乎全部覆灭，只剩五十二团，由龙云带起，到龙塘后无消息，估计他们是从龙塘到板桥过乌江（敌人有个团在此堵截，怎么能行呢）。

后来走闵孝过，我现在对闵孝、木黄没有一点印象，只到酉阳，才有印象。因为在酉阳碰上第四师运粮的才知道。第四师是二军团的。到了湖南永顺，才知道有二军团。在永顺住在天主堂内。

二军团是贺龙的军团长，关向应的政委①，我和陶汉章一块到过二军团。名称叫湘、鄂、川、黔省。到永顺后，湘西土匪周矮子带九个团来打我们，在龙家寨打了一仗，消灭了他六个团，从此就立住了，正式建立湘鄂川黔省，地点在塔卧。由二、六两个军团，正式编为红二方面军。成立了军委分会，军委分会主席是任弼时，司令员是贺龙同志，政治委员由任弼时同志兼。当时是出了布告的。二军团有四、五、六师三师。四师师长是卢冬生②，五师师长是贺炳炎，六师师长是廖汉生。打

① 红二军团的政委是任弼时，关向应为副政委。

② 原文误为芦冬生。

龙家寨一仗，我指挥打机关枪。

二军团的前身是洪湖赤卫队，叫红二军团。在王明路线影响下，在湖北吃了亏，退出洪湖，改为红三军，到桑植、沿河、印江、松桃、德江等县活动，消灭了不少土匪，以上是 1934 年 10 月以前的事。

1935 年春，中央红军到达贵州遵义。二方面军为了使中央红军顺利在遵义开会，向慈利、大庸、石门方面佯攻常德、威胁长沙，敌人就把贵州的部队抽了很多去保长沙。中央红军得到时间开会，顺利通过贵州。肖克就是去佯攻常德中结婚的，他爱人在石门。那次时间较长，有四五个月。那次我没有去，王震也没有去，因为他的脚受了伤。那时我们已成立红六分校了，校长是谭家述，副校长是张平化。张平化是军团（二军团）政治部宣传部副部长，调来二军团的政治部宣传部长是袁任远。六军团的政治部主任是张子意，二方面军总政治部主任是甘泗淇。

佯攻常德那次，保卫中央红军在贵州遵义开会。沿途写了许多大标语，大造声势，“夺取长沙！”“活捉薛岳！”等，共有四五个月。7 月份撤回到桑植，8 月份，湘鄂“剿匪”总指挥张振汉[①]又率国民党四十一师、五十八师进攻桑植，被红军全部歼灭，张振汉被活捉，关在国家保卫局，他是骑兵，红校让他上过课。有两个团被我们俘虏了。

11 月 1 日，我从红校调六军团，第二天就长征了，记得走源陵，过洞庭溪，搭了部汽车，到武岗的石下江，又到新化，在新化城内住了 20 来天，也可能有个把月。军团部派了十七师到孟公祠扩军。我的脚生了疮，没有去。十六师到新化锡矿山扩军。十六师师长是张辉，政委为晏福生，他是安源的工人。十六师去了一个多星期，没有消息，王胡子（王震）和我睡在隔壁，他很着急，睡不着，在屋子里走来走去。我问他为什么睡不着，他说：“十六师去了这么久没有消息，不知是被敌人吃掉了，还是其他什么原因？”我说：“张辉计划周到，你可高枕无

① 原文误为张震汉。

忧。”王震听我说得有道理，就睡着了。第二天，十六师就来电联系，说扩了千多人，情况很好。

从新化过芷江，在芷江过的年。到松桃、玉屏、到石阡的石固、花桥。在芷江过年后，初五出发，在田心坪集中，国民党二十八军（湘军）在铜仁，没有进玉屏城，王震带了些部队到玉屏隔河打枪，我们就到石阡城里来了。到石阡是六军团的前卫，二军团担任后卫，十七师的五十团走前面，五十团的战斗力差些，衣服也不好。那时石阡只有保安队,来时敌人都跑了。五十团住洋溪,雷家屯也住得有,二军团、住花桥。红校、方面军司令部住楠桥、石固一带。四十九、五十一团住哪里记不清楚了。四十九团的团长是刘转连，五十一团的参谋长陈松岳，陈现在湖南省军区。

在石阡住了好久我记不清了，对石阡有三个印象较清楚，一个是在天主堂住了，二是在温泉洗了澡，当时我带了两个人去。一个是警卫连长叫陈润春，现在不知是广西柳州还是桂林军分区的政委。还有一个侦察连长，三是对石阡的大桥也有个印象，我们走时从大桥过，从石中后面爬关口平的大山。

在石阡开会，扩军我不知道。司令部没有决定扩军，但记得要求每个连队在驻地做好群众工作，有要求参军的贫农，可以吸收，各连队自己搞。枪毙人在长征中很少,我们司令部没有,或许是国家保卫局的事。司令部统一扩军只在新化和黔西统一扩过，那时写标语，由政治部的宣传部写。此外每个连队都写，每个连队有两名政治宣传员，他们任务是组织宣传，开群众大会，打土豪，帮助穷人挑水、砍柴。

司令部有作战、通信、侦察、管理、机要五个科。机要科长是肖头生，现在东北军区总后勤部长，当时是我们的支部书记，我是作战科长。在石阡住了好久记不清了。

从石阡出发，走关口坪、走马坪到余庆，到草塘（猴场），在这儿刘转连升十七师师长，肖克不兼师长了。四十九团团长为陈外欧，这个人是湖南茶陵人，原名叫陈外苟（上将），到猴场休息了四五天，我和陈外苟住在一块。侦察科科长没搞好久，后来调了，我后来管五个科，还要管直属部队，作战科没有参谋，由我一个人搞，二方面军的供给部长是易清元，卫生部长是戴正华①，现是东北军区总后卫生部长，已死了，是少将，可能与高饶好。我讲的这些都是湖南茶陵、腰坡等地的人。

从猴场出发，走贵阳以北，从扎佐、修文卫城到黔西，大定（今大方），毕节。六军团住黔西，二军团五师住大定，四、六师和方面军司令部驻毕节，红校也驻毕节。

我当时的通讯员姓罗，是云南人。

我未调六军团前，许多事保密，不知道，调六军团后，有些事就不对我保密了。如第二次长征，打长沙等，都是机密，除王、任、肖等知道外，其余都不知道。

西征时，红军分校属六军团，主要训练红军干部，学习《苏联红军战斗条令》第二部。当时红校有一千多人，有四个连队。

六军团当时有七八千人，红校这些人舍不得拿去打仗，甘溪战斗就没让打。

甘泗淇当过十八师的政委，当时是政委制，政委决定一切。红校校长谭家述，在政委制上犯过错误。

第二次长征时，我的事不少，一到宿营地，电话机放在床当头，首先侦察科汇报前后左右敌人情况，地形情况，管理科汇报部队住宿分布情况，通信科架线情况。接着等方面军司令部的电报，以确定第二天行军次序、路线，然后下达命令给各部，才睡觉。

我在黔阳有缺点，侦察科汇报说第二天行军途中有条三四公尺宽的小水沟，水有尺把深，难得找东西，就没布置架桥，王震批评我说："长征，天天走路，脚不能下凉水，以后要注意，爱护战士的脚，要架桥过。"

① 原文误为戴振华。戴正华为安徽合肥人，1966年逝世。

在黔西扩军，共招了400多人，有少数民族参加。

在宣威和敌人打了一仗。王震和肖克指挥十八师和敌人打。敌人想迂回包围，王震叫我指挥十七师刘转连部，阻击顶住敌人迂回，不准退下来，后来没顶住。

部队都有代号，按甲、乙、丙、丁次序编的，哪里是甲，哪里是乙，可按我前面讲的行军序列去对照，“戊”是警卫连。在财税局对面。（杨和胜根据1976年11月25日下午在中共石阡县委宣传部采访杨树植的记录整理）

选自中国共产党石阡县委员会党史办公室编：《红军长征在石阡》，1986年8月，第164—169页。

杨树植，红六军团西征时为随营学校的军事教员营级指挥员，后在红六军团司令部工作。

贵州省石阡县甘溪战斗的回忆

杨树植

1934 年 8 月甘溪战斗时，我是红六军团随营学校的军事教员营级指挥员，还有陶汉章教员（现中央军事学院副院长），李彪教员（长征中在甘肃省微县爬城牺牲），初小文化，校长谭家述（从十八师调来的，师级），副校长兼总教员李东朝同志（1978 年旅大市委书记），原五军团的，他是我们经过广西省时来的。学员四个中队 600 多人。

由于王明“左”倾路线的错误和军事路线右倾的错误（分兵把口，短促突击等战略、战术原则），造成了苏区一天一天的缩小，在敌人五次“围剿”强大兵力进攻下，为了保全有生力量和革命的发展，完成中国革命最后的胜利，中央决定撤出中央苏区（瑞金）、湘赣决定撤出井冈山，实行长征到陕北抗日根据地，这是完全正确的。

当时的形势是蒋介石派有百万大军在江西，据守赣江东西两岸，在一、二、三、四次“围剿”被红军打垮和消灭了几十万，最后采用堡垒政策推进，步步为营，封锁和缩小苏区，使红军无法活动，经济、医药、兵源、食盐和日需用品极大困难。我国西北数省，土地辽阔，敌人兵力单薄，确有发展前途。另外，西北的军队是张学良东北军和杨虎城的西北军，再有马鸿逵[①]的几个师在青海，他们与蒋介石矛盾极大，互相猜忌，张学良的官兵是东北人，“九一八”为日本帝国主义侵占，家乡沦陷，

① 原文误为马洪奎。

过着亡国奴生活，人人想打回老家去。杨虎城将军知道共军到西北后，蒋介石必然调他打共军，同时也会调亲信部队监视，那时就危险了，根据这些西北是有利的。

湘赣苏区以莲花、永新两个县为根据地，遂、万、泰和茶、攸、酃等县为游击区，已渐渐地被敌人的堡垒推进，占了一些县，缩小了很多。势所必然要保持有生力量和发展更大的地方，中央令红六军团为长征先遣部队，中央红军接踵而来，这样成了长征的总计划。

红六军团所属十六、十七、十八师和地方上的独立团营，包括湘、鄂、赣合起的，1934 年中央党代表任弼时和湘、鄂军区首长肖克、王震，除留红十六师仍在湘赣苏区发游击外，率领红十七、十八师以神速行动移动。这时随营学校驻遂、万、泰三角地带的壁江洲，谭校长指示我们红校要搬家，各人把背包捆好，出发走了一天又一天，随着大部队越过五岑（在山沟煮饭，宿营），经沙田、汝城地区，被敌人发觉了，蒋介石急调湘、桂军追、堵、截，企图通过广西省的兴安、灌阳公路时打了一个歼灭战，那天我们小休息，吃了一点冷饭就继续前进，敌未得逞。

敌人交通便利，运输方便。我军绕道迂迴，爬山越岭，走得疲劳。从越过湖南、广西进入贵州，记得在黄坪县宿营，我们随校教员班住一家商店，组织干事李贞同志（一个女将军）照顾我们极为周到，她也是一个走路疲劳了的，没有电灯、煤油灯，点了蜡烛。10 月 6 日宿余庆县城，10 月 7 日（即甲戌年八月二十九日）向石阡前进，大约是上午 9 时到达现在的扶堰公社金星大队一带。我和副校长李东朝同志解手，记得是元明山山脚一个小坪坪，现在的小河，那时是一尺多宽的小流水沟（1969 年旅大派人来了解李掉队情况时间，几位老人说那时是一个小流水沟，年久成河了）。忽然前面甘溪枪声非常激烈，好像放鞭炮一样，我马上跑步跟部队前进，李东朝副校长说："肚泻，等一下就来。"后来他被敌截断了。大约过了 20 分钟后，我还在向前跑，后面枪声也非常激烈，十多分钟后渐渐远了，我随红校到达现在的红岩（全部到了），后面无枪声了，甘溪的枪声也零星了。校长谭家述到前面去了，李贞同志负责布置就地待命并进行上课，这天的行军序列是：四十九团、五十三团、五十一团、五十团，军团司令部，直属部队随校十八师司令部，师直，五十二团在后面，枪声激烈时敌人把随校尾、十八师头截断，十八师直五十二团就没有来了，我们等到黄昏时也全部撤离，我们撤走的方向，道路因羊肠小道，又是夜晚，一点印象没有，几天后经闵孝前进，脑子里还有印象，十八师的情况也没有问，也不知道了。

我对这次战斗的看法。

一、战争是要知己知彼，百战百胜，红军了解敌情是靠：

1. 上级电告，当时中央在江西，只能告之简单敌人调动情况。

2. 行军时侦察员问行人，宿营时间各条道路来往行人和驻地群众并不准确，所以说情况不大了解。

二、对前进道路应当是弄得比较清楚的，沿途一段一段的地名，村庄房屋多少？河流、水深浅度、隘路、平坦地等等，当时是否弄清了？

三、由杨家关到甘溪有13里是袋形地带，两侧高山峻岭，极好埋伏，侦察也比较困难，武力搜索也难见效，可否采用：a. 改道，b. 部队分段通过，推进办法。

四、可能估计：1. 这条路敌人不重视的。2. 湘桂军也没有这样快，既要来也必然堵本庄、龙塘，防渡乌江。

五、按行军序列兵力的配备，一定估计贵州军阀部队重兵在甘溪是有的，以前面战斗力量最强的四十九团五十三团就足够了的。

当时的职务是培养教育干部，因此对行动计划没有参加研究，现只能写写回忆。

1984年4月3日

选自中国共产党石阡县委员会党史办公室编：《红军长征在石阡》，1986年8月，第170—173页。

红二、六军团会师前后[①]

林正和

我1934年参加红军，在二军团。甘溪战斗后，六军团有股从梵净山进到印江木黄。二、六军团会师时，在天堂和木黄之间的一地方，两边联系不上，吹的号谱不同，两边由于误会就打起来了。后二军团抓到六军团的特务团的一个营长[②]，问他：“你们最高司令官是谁？”他说是××！××！听了一会才搞清楚是“肖克！肖克！”这样我们才把枪架起，插上红旗，六军团一看才知道打误会，这样就会师了。

二、六军团的编制是：

二军团包括三个师：四师（十团、十一团、十二团），五师（十三团、十四团、十五团），六师（十六团、十七团、十八团），六军团三个师（十六师、十七师、十八师）。

二、六军团会师后，我随红军到湖南桑植，还到洪湖，我参加后到四师十二团团部当警卫员。从桑植出发，直到甘孜我们十二团一直是前卫。

① 标题为编者所拟，原标题为《访问干休所老红军林正和同志谈话记录》。

② 甘溪战斗中，红六军团第四十九团、五十一团随李达先突围转移，当时两个团仅有400人，编成一个营，番号为红六军团特务营，也称先遣营。后随二军团去接应六军团主力，中途掉队遇上二十八团，因误会而开火。樊营长当场牺牲。详见本书谭善和《回顾西征》。

在龙溪口一仗打得很猛，连司令部的领导都亲自带起人冲锋。

我们前卫经常看不到军部和总指挥部。到了余庆龙溪，才看到他们。在龙溪贺龙骑匹灰马。他看见我说："小林！你还没被打死？"二方面军总指挥是贺龙，副总指挥是肖克。任弼时是第一政委，关向应是第二政委。

我们从江口进入石阡，四师师部住城中的一个高高的洋房里（可能是天主堂），团部住河西（河上游），是个木板房，团首长住正房，警卫手枪班住厢房，外面有龙门，中间有个小院坝。龙门处还有条巷子。团部无电台，师部才有电台。

十二团三营驻河对门（是杜家寨还是高寨？），二营驻城西（靠温塘），出发时二营过了河到一个坝子上与团部会师，一营住城里。

在石阡住了三四天。我们曾到河对门翻过山去打了几个土围子。我还记得山后杉木很多。

我还记得师、团首长有：四师十二团团长：钟子廷①，政委：朱辉照②，参谋长：黄新廷③（前几年任成都军区司令），朱死后由杨秀山任十二团政委，杨过石阡时是四师副政委（现是武汉军区副司令）。四师师长：芦（卢）冬生，五师师长：贺炳炎，六师师长：郭鹏（现在新疆），五师参谋长：王尚荣（现在北京副总参谋长），四师十二团三营营长：邓兴彦（现是海军空军司令）。（罗敦明1977年4月11日下午访问记录，聂光孝整理）

选自中国共产党石阡县委员会党史办公室编：《红军长征在石阡》，1986年8月，第144—145页。

① 原文误为钟志挺。
② 原文误为朱辉早。
③ 原文误为黄新亭。

林正和，1919 年生，贵州印江人。1934 年参加中国工农红军。红军长征时为红二军团四师十二团团部警卫员。

红军西征在石阡的一些情况[①]

马珍贵

我叫马珍贵，生于1905年。现住白沙区书田公社金锋大队第六生产队。原籍是江西永新。我曾在1931年6月参加中国共产党，在村里当过支部书记（现是马家大队），在老苏区又当了年把。1929年我调到北路县委（临时机构）工作，后又调到新渝县工作。那时，我们在这边开会，敌人就在那边烧房子，很危险。我在那里干了15个月就病了，写信给北路县委，就叫我回家休息。我在这里看到朱德同志。当时红军打吉安府，打了八次打不开，后来朱德、毛泽东同志来了解情况后才打开的。朱德同志来北路了解情况，和我们住在一处，在堂屋打洗脸水。有人叫军长，我才知道他是朱德。第二天下午，去包围吉安，把吉安府打开了。

毛泽东同志在吉安开大会，主持会议的人介绍说："请中华苏维埃政府主席毛泽东同志作报告。"我才知道是毛主席。当时毛主席比较瘦，他报告的主要内容是谈国内外的形势。

那时打吉安府真不容易，有城墙，城门处堆有沙包，城外还有碉堡，吉安府打开后，我就回家了。

1933年我在家乡参加红军。那时苏维埃政府号召：35岁以下，16

① 标题为编者所拟，原标题为《访问失散红军马珍贵谈红军西征在石阡的一些情况》。

岁以上青、壮年都参加红军，一家有几个去几个，“全体动员，为革命牺牲奋斗。”我参加后学习几个月,在永新城头与敌人十五师王东原①，十六师陈光中②，十九师李觉（湘军）打了两天两夜，后我们由江西文水出发到（？）住了一夜，又经桂东、桂阳到湖南永川县，又由广西的边界过通单坪，晒天街进入贵州，由瓮谷弄到老黄平，经瓮安、龙溪、双子塘、河坝场（石阡地）、国营至白岩河打火线。后又从白岩河的一个老山林里钻过去到铺溪,（甘溪羊东坳）在甘溪碰到桂敌，仗打响了。团长带一部分人到羊东坳打一仗，结果部队打散了。当羊东坳在打时，我们还在铺溪，没有参战。部队在羊东坳打散后又回铺溪翻坡过去（不记得地名了）又打仗。当时我走累了,就坐下歇气,我的朋友李冬水(旭）说：“你还不走？”我说：“歇一下。”他刚走过去就中一枪倒在地上。在吃晌午饭的时候就开始打，黄昏的时候，团长下命令就地宿营，我们就在两岔河的河沙坝歇了一晚。我们到两岔河时，连长问我：“对门是什么？”我还没看清，敌人就从对面打起来了。第二天我们就顺着河上走包溪尧上，走了一天，天黑了才到包溪尧上。那里有个庙，团长带一部分人住在庙里，他叫我带一排人（一排人只有十八九个了，在羊东坳损失了不少），到庙底下的石拱桥上放哨。第二天（10 月 10 日）团长又叫我去放哨（当时我是传达兵），还未放完哨，两边山上的敌人就打起来了，我们和敌人抵了一下，敌人就围上来了，还向我们喊话：“你们不要打了，知道你们没有几个人了。”就这样，我们因寡不敌众，被俘虏了。当时被俘的有十几个人，第二天被送下城关，在万寿宫里。送下城来的，包括伤兵和掉队的共有百把人，在万寿宫关了九天后，旧政府的保安队就按我们的籍别押送我们回去，头天到平山，第二天就到镇远。到了镇远，我们逃出来了。当时我想，我的房子已被敌烧了，回家没条活路，又怕在路上被敌人干掉，我就不回家了。我逃出来后，到新

① 原文误为王东元。

② 原文误为陈光宗。

黄平牛场街一个叫郑明高（湖南人）开的机器铺里当裁缝。后来又到瓮谷弄缝衣服,后又再次来到石阡。先到北门邱家做活后又到南门李家(儿子叫李老六）做活。后来又去高魁屯做了两年，然后汤家沟罗登潮就接我到他家去了。

红六军团军团长是肖克，在江西时他是十七师师长，出来后才当军团长，又兼十七师师长，十八师师长是龙云。

我在十七师五十团三营八连。连长叫谢国治（湖南人），指导员叫李剑（江西人）。连长谢国治在包溪一仗投敌了。那时行军每天都要派人在岔路上作记号（不走路的作记号，记号每天讨论决定），有掉队的看到记号就会跟着走。在包溪那天，连长说：“马珍贵，你们前面走，我在后作记号。”后来我们到宿营地后,他没有来,已反水了。营长姓刘，在湖南因贪污是捆着走的。排长叫吴启林，班长叫李明德。

五十团团长刘启(纪)怀(湖南人)(？)那时领导因打仗换了又换，过去叫游击战,采取分散打,不大一起打。经常转移,白天在这里办公，太阳下坡又走了，没有人知道，明天又来了。包溪那天，我去收哨被围时，刘团长就带起人走了，后来知道，刘到沿河贺龙那里去了，他又补充了人员。第二年又和贺龙到了石阡。如果在甘溪不败，按计划我们要打到西藏、青海、新疆、蒙古，望俄国来支援。据说这是毛泽东同志的指示。

当时有人问毛主席：“毛主席你住哪里？”毛主席说：“高山树林青又青，那里打那里歇！”有人问朱德：“军长，你在那里歇？”朱德说：“那个旮旯都可以歇，只要有蓬草就行。如果全世界无产阶级都解放了，我就摆得起架子。”

我有个兄弟叫马文贵，在四十九团，在甘溪战斗后就分手了。后来我写信去问，也没有问到。

红六军团在江西出发时有六个团，到湖南就只有五个团了。

石阡城里杨玉和曾在我们家乡的红军兵工厂里搞过，当时各车间是各搞各的，合起来才成一支枪，后来这兵工厂改为军械厂，我们的枪坏了，就给杨玉和他们修。杨玉和是我到石阡北门缝衣服，他在打铁时的摆谈中才认识的。杨说，他到过我们家乡，在军械厂里，他们也和敌人打仗。有次敌人趁朱、毛领导人不在家，就打了兵工厂，打死了他一个徒弟，还抓了很多枪。打仗时，很多东西带不走，苏维埃政府就下命令，在战斗中得到东西都交公。

我现在没有当红军的东西了。可惜在包溪打仗时，我把一本书扔到河里了。书上讲的是如何打游击战，什么是共产党，主张财产公有，反对财产私有，讲无产阶级当家作主，有福同享，有祸同当等。

现在我还记得红军唱过的一首歌：

红旗飘飘，红旗飘扬，
战士们好英勇。
我们在此立正敬礼，唱歌来欢送，
祝你们前方去，
消灭敌人大举进攻。
祝你们前方去，
消灭敌人打威风。
瞄准了，放！放！放！
勇敢冲锋，冲！冲！冲！
杀敌人，杀！杀！杀！
革命胜利闹洋洋！

（廖康鹏、聂孝光1976年12月15日采访马珍贵记录，罗登明、杨和胜整理）

选自中国共产党石阡县委员会党史办公室编：《红军长征在石阡》，1986年8月，第173—177页。

马珍贵，1905 年生，江西永新人。1931 年加入中国共产党，1933 年参加中国工农红军。红军长征时为红六军团十七师五十团三营八连通讯兵。

参加红军兵工厂情况①

杨玉和

八岁我父亲死了，给人做田又做不得，到11岁我母无法，只好招个后父上门，我给后父看两年牛。后来后父又送我读了两年书。16岁跟师傅学打铁，学了三年，16吊钱一年，买不到粮，煮南瓜当饭吃，后在湖南攸县帮人打了两年铁。

我在攸县时，听说毛主席在江西闹革命，在攸县成立个厂，他们对我进行了调查,派游击队来接我去造来福枪、马刀,我们一共有30几个人。

厂长姚东全（湖南醴陵人），后姚调走了，由我担任厂长，我当了两个多月的厂长。当时经济比较困难，只领得伙食费。后来国民党来抢劫，把我们厂烧了，把工人也打跑了。国民党走了，我们收队，只剩下十个人。当时攸县县委说："你们愿去的去，不愿去的不强迫。"我和姓李的两人去，打电话到湘赣省，兵工厂刘政委（湖南人）来接我们。江西永新县改为湘赣省，管14个县（莲花县、永新县是全的，江西的向由、崇义、岁千、泰和②、吉安、安抚，湖南的茶陵、攸县、醴陵③、安阳、宁县等县都有一部分或挂个角），湖南桂东、桂阳不属湘赣省，是游击区。

---

① 标题为编者所拟，原标题为《城关公社杨玉和同志谈参加红军兵工厂情况》。

② 原文误为太和，本文统一为泰和。

③ 原文误为礼陵，本文统一为醴陵。

我们厂是把缴国民党的那些枪（有的差机柄、有的差零件、有的是国民党损坏的）拿来修理。后国民党又来打，又迁到江西沙市礼陵区。

我们厂设了几处，江西鄱阳有一个，厂长叫垄其，政委叫刘德（江西永陵人）都是整家随军革命，后又到永新河商庙头（或和尚庙头），后又搬在江西永新花谷（属礼陵区，那里很好，两季谷子），后来国民党十六师王东原①带一师人来沙市打，红军边打边退，退到浬田，一个大包围，把他一个独立师消灭，捉住旅长侯鹏飞，没有杀他，每天拿人招呼他，后来叫他写悔过书，我们都得看了。他杀了许多共产党人。以后国民党来得多，群众就把粮食背上山，来得少，就包围他，这样搞了十多年。

我们厂长和政委，看我忠厚老实，介绍我参加党。记号是“CCP”喊口号是：“服从组织，遵守纪律，牺牲一人，永不叛党。”入党时我一人宣誓。

后来又搬入马家祠堂。国民党十六师王东原又开过来了，围了兵工厂，我就对工人同志们说：“工人同志们，私人东西可以不要，先把武器救起走，武器是生命换来的。”我跑到办公室扛了八条步枪，我当时是红炉股长（当时分木工，制造修理，红炉等股），制造股彭股长背起一挺水机关，一个马鞍子，背不起，我就叫他们甩在塘头，人都安全跑了。我们会计 ×××（湖南醴陵人）提口皮箱，提不动了，见了我就交给我，他说：“你不要失落，几百人要吃饭。”我说：“不要紧，我在皮箱在，除非我死就无法了。”大家跑到了山上，保住了这口皮箱。后来他感谢我。我说：“你不要感谢我，国家的东西，我们有责任。”

国民党退了后，我们回来，房屋被烧了，我们从塘里把枪支打捞出来，没有受到损失。后来乡公所还登报表扬我们工人，说我们工人牺牲自己财产，救了国家武器。那时乡公所的政委是江子意。

后来我们又在马家祠堂设厂，开办了几个月，搬到黄泥街。原来的

① 原文误为王东元，本文统一为王东原。

厂长和政委都调走了，政委是黎运，后又搬迁。

湘赣省第一参谋长郭勇带了个勤务兵，去投降国民党，实际是毛主席计划的，派郭去搞内变。我们写标语掩敌人耳目。那天有飞机来炸，我们又迁到水口山，这时调余庆和当政委，他是个工人出生。后来我们又迁到牛田区，距永新八十里。厂里开会，不说是长征，是说把我们调桂东、桂阳，党外是不知道的。

我们从牛田区出发，经遂川，泰和县到湖南的桂东、桂阳。那里有个游击队，带我们去的是肖克、王震。后来又过郴州、永川，在王双河未过得去，因有国民党堵，包了个圈圈，又转回湖南边界桂阳出嘉禾县、南沙县、走梨园县，到新田县休息一天，又走王双河过河，出广州到全州，国民党飞机来炸，指挥部打落一架飞机。到贵州天柱、八拱，从瓮谷陇到黄平（老黄平，未打进新黄平），住老泥坝。我当时遭疟疾，那时不敢走大路，走小路歇露天坝，日晒雨淋，全身打湿了。从老黄平出发过猴场下龙溪到河坝歇，我当时病，走在后边，没有在河坝住。从河坝到走马坪。五十团前卫，是一队新兵，是地方上民兵编拢来的。我们同指挥部一块，指挥部有医院、兵站、国家保卫局、供给部、无线电队。我们修械处编成工人连，作战部队在前，指挥部没害病的也在前，我们害病的走后头，到甘溪五十团被包围了，我们没得过，就走红岩爬坡，我们指挥部所属各处在坡上歇了一夜，第二天到包溪出骂溪，到大河坝转圈圈，转了三四病天又转到走马坪，又到甘溪。前边的去桶溪到石固，我们的人没有过得去，在甘溪住了一晚，街上一个人都没有，全是空房子。当时病的较多，有睡起死的。第二天早上走时，走出街，我在一个死了的红军身上，把枪下了机柄。我们好几个人一起往石阡方向走，走到甘溪底下没好远，就遇到石榴寨民团向德天（外号）王发两人，就把我们抓住了。抓到石榴寨就把我们捆起来，用枪托打，喊我“共匪！”打后关在当地庙上，开会要杀我，关了两天，拿酒把我灌醉，把我在江西搞了几年的公债票 160 元，红军钞票十元，手表一只拿走，连衣服都扒尽了。王明月乡长要杀我，但王明宣、王松柏无后人，想做点好事，说：“你们不杀他，要死，让他自己去死。”保队附王进狗，要把我弄进铁矿山去，他说是他保我出来的，要我服侍他一辈子。我在他家几天，笔架山铁匠王同开修洋炮打铁，我悄悄跑到王同开那里去搞了几天，石榴寨王明魁家就是两个人，王明魁打发王宗海找我去帮他家挑水弄柴、看牛、碾米、担水。王明魁待我还好，穿的，吃的没有亏待我。后来我帮他在界牌招呼打谷子，两弟兄每人一箩。在界牌个把月，他们怕我跑，打发帮的来接我，我又回石榴寨。后来，白沙街上有几个人造枪来找我去造枪坯子，去后，又无材料又无铁。有几个四川人，贾炳云、梅玉山、李仲良、李君伟，川岩坝李海云连我六个，没有活做，枪也没有造出来。当时是杨永全当乡长。后来史本清家来接我们，我们就搬到笔架山过年（原来王家喊我们去打史家，我们没去）。第二年腊月间贺龙来石阡，我想跟着去，他们打岔咀叫我不去。正月二十四日打火线，史家杀王恒一，张俊之带民团打史家，我们就从厂里跑了。我们跑下施秉、歇黄平，给罗玉江修了几根废枪，和梅玉山、贾炳云一起修，混伙食。后来无枪修就分手了，我和梅玉山一路到金坑搞了套工具，但那人爱吹大烟、赌钱，他连夜把工具和伙食带着跑了。我在金坑场借得炉子打农具，修点小东西，大东西修不起，慢慢也搞点修枪。这时我想回家，我歇在罗广太家，见许多人跑上来，说日本人打到湖南了，他们说日本人见老的就杀，年轻的就抓去当兵，老乡们都劝我不回去，我未走，就留在罗广太家打铁。后来冲天炮来，我又跑了。我在石阡不敢说我是红军，罗广太、杜西庸都遭关了。我不大讲话，未遭。打铁受欺压，不做无吃的，做一点这样款子，那样款子，粮食一天三个价，无法生活下去。

解放后，武县长来了，接我去吃了几顿饭。解放后我到铜仁、贵阳开过会，领导问我愿干什么工作，我说我什么也不愿干，我家人多，我还是搞手工业。武县长说：“也好，手工业也是为农业服务。”

汪月平镇长天天启发我们办农会，清匪反霸，我当农会主席，1954

年土改在供销社加工打铁，区委书记动员我去的，白天打铁，晚上到农会。我又是拥军优属委员会的委员，县工商联合会副主席，合作化时我是组织委员，成立厂时我是生产委员，现在我退休了。

毛主席老人家过世，我睡在床上哭了两天没起床。我现在有点退休费，但是娃娃孙孙多，我现在要求：（1）补助点费用。（2）要求将我的儿子媳妇从农村抽回来（唯一的一个儿子是知青）。

我在石榴寨被国民党抓住要杀，但是“文化大革命”中，他们要把我打成叛徒。我在江西时，我还有功劳呢。

我们是两师人，十七师、十八师五个团：四十九团、五十团、五十一团、五十二团、五十三团。红军学校一营（三连人）。只有四十九团老兵多，能打仗。

张子意是湘赣省的政委，湘赣省主席是袁德生，副主席是秦诸妹（女）。十七师师长肖克兼，他是六军团军团长，王震是六军团政委，十八师师长龙云，他在何处牺牲的，不知道。

我们两个工厂，我们是做子弹、追击炮，造新枪和修旧枪。吉安出煤，那里通小铁路，我们就拿些铁轨来造枪。张子意每年来我们厂两次，他人高大，是北方人。

我们第一次过走马坪时，地方上鸣锣喊：“红军来了不要怕，他们是红军，不拉夫、明买明卖，买东西过钱，只是打土豪。”第二次再过走马坪，人都被国民党逼跑了。

第二次我们过甘溪时病的多，几百人，厂里的工人都有几十个。（杨和胜、聂孝光 1977 年 1 月 29 日中午采访杨玉和记录，杨和胜整理）

选自中国共产党石阡县委员会党史办公室编：《红军长征在石阡》，1986年8月，第178—183页。

杨玉和，红六军团西征时为修械所战士。

红军西征过石阡的情况[①]

李国兵

我们红六军团于1934年6月由江西万载县[②]出发，经过郴州、道州、宝庆府过广西，广西到贵州一段路记不清了。然后到黄平、草塘、龙溪经石阡沙坝到河坝（走大路来的），又到王家寨、走马坪、马扶堰、甘溪。前卫到甘溪打了一仗，晚上就回到走马坪。我们后卫在马扶堰。当时，是9月初边了，甘溪打了一仗后，前后卫都到走马坪（我是属于五十二团前卫师本队团）。当时我们行军的情况是这样：十七师、十八师以师为单位，一个师走三天前卫，到甘溪是五十三团走前卫，回到走马坪就是我们本团走前卫了（当时我是一营），在走马坪歇一夜，第二天早晨从走马坪出发，经界牌、独木桥，主力部队在朱家坝，我们前卫团前卫营（五十二团一营）住板桥堵卡，敌人在板桥（黔军王家烈部、广军及李觉的湘军——十九师）。中午到板桥接火线，半夜过后，主力部队撤到白沙，我们五十二团和敌人打。走到白杨寨，王家烈的五十三团，就将主力部队与十八师政治部和十八师伤兵截断了，我们后卫五十二团在板桥被包围了。政治部和伤兵就在白杨寨被俘了。我们在板桥被围后，就退到朱家坝领岗上，师政委指挥吹号集合，师政委讲话，他说："我主力部队今晚在白沙宿营，我们要马上赶到白沙。"话未讲完，又被敌

① 标题为编者所拟，原标题为《李国兵谈红军西征过石阡的情况》。

② 红六军团于1934年8月7日从江西遂川县出发西征。

人包围了。领岗上是个锅形，周围高中间凹，当时，王家烈部队机枪架起，就进行肉搏战，部队就垮了，我们被俘了一部分人，我和 50 多个人跑到一处明岩，下不去，从岩树上吊下来，到川岩坝、甘溪潮一家草房（那家只有一个老太婆）歇，准备趁夜赶到白沙。当天吃了晚饭就下大雨，我们走到半山里的一个草棚中休息，第二天仍继续赶往白沙，走到晏家湾，王家烈五十三团就扎在那里，我们就爬山到管家坪，被文家店区长的民团带几十根枪劫住，区长姓吴，队长叫周光福。后面又有龙塘王晓凡的几十根枪追来，这样我们就被俘了，把我们押到第九区，在白杨寨被俘的十八师政治部的和伤兵共百多人（我们这股 53 人）。在九区（龙塘）关了三四天就送县城交李觉部队。

我是押转城的那天逃跑的。我逃跑的经过是这样：在晏家湾时，我们三个人，有一个从蔡家塆下来，被蔡家杀了，一个从黄家寨下来，也被黄家杀了，我被四五个乡丁捉住，要枪毙我，当时枪打不叫（未打响），有个老者问他们做哪样？他们说："打共匪！"老者说："不要打他们，哪个不出门。"那些乡丁就把我放了，那老者就喊我到他家去住了两天，他是个贫农叫李双和，现有 80 多岁了。王家烈的部队经过石阡时要弄我走，他不肯。他说："是区里面交我看守的，你弄走了我交不倒差。"又过了两天，区里的人说我是当官的，必定有枪，一个人只有一根枪。后来区里的人就说："你们湖南李觉部队是你们家乡人，不杀你们，你们愿当兵的当兵，愿做事的做事，不愿的可以回家。"我到李家时，有个姓汪的老头，当时 40 来岁。他和区长王晓凡是同母异父的弟兄，有点权，在晏家湾打斗，常到李双和家住，曾经看见过我。后来我关在区里时，要押到石阡的头一夜，他给我递信说："明天你们一早要押走，你到我家来藏倒。"第二天我就到汪家藏起（当时我们在区里时，白天晚上门都未锁，是住在对厅头）。早饭后，等他们走了，我才出来。住了十来天，在区里吃饭。姓汪的到晏家湾打斗，又对李双和说："那个姓李的（指我）我帮你藏起的，他没有走。"李带信给区长说他家没人做活路，要区长叫我去帮他家（李和区长是老庚），后来我就到李双和家去了。

我原姓黎叫黎国兵，在管家坪被俘时，有个姓李的老者，问我姓哪样，我说姓黎，他听错了，就说:“啊！姓李嘞！我们是一家人嘛！”后来我就改姓李了。

现在中央当时的指导员杨向高，营部文书欧阳兴，因病就把文书交给我，他在江西没有来，现在这人在中央。

十八师政治部主任毛警庸、江渭清（江是在江西的政治部主任，他是大学毕业生，江西打火线时脚打跛了西征时他住院未来），政治部还有李后盾、胡荣、田夫（大学生，和我同乡）。杨向高（湖南平江人），我们团长姓石，在贵州补来的，原来团长姓桂，广西人，在广西时逃跑了。

一营营长陈华清在板桥牺牲了。原团长吴岳斌在江西牺牲了。

五十四团在广西损失一部分，到贵州后就与五十二团合并了。五十三团在甘溪战斗又损失一部分，五十二团在板桥损失一部分。

龙云师长在甘溪就与部队失掉联系；当时我们不知道，后来是在甘溪到走马坪的路上，营长陈华清说：“师长在甘溪归不到队了。”过个把月后又听说捉到镇远，上贵阳，没有牺牲。1962 年中央来了两个同志，一个姓刘，一个姓江（江子炎），在石阡开烈士会，当时我也参加了。过一年又来这里，在河坝乡公所姓刘的同志讲，龙云师长捉到贵阳后被害了。

当时红军的符号是红色椭圆形，绫子做的，带在左胸小荷包上。

进贵州以后在黄平休息一天歇两夜；在黄平是十七师的后卫，从黄平出来就打火线，边打边走，在老坟咀歇一夜，休息一天就到龙溪，沙坝歇一夜（约九月初三，初四到河坝）。过河场这条河，原来有桥。在马扶堰是住寨子上。经范寨、土老冲在王家寨歇，又经马家屯（马屯），在走马坪歇一夜，过宝龙走山林，到马扶堰，前卫就已到甘溪打一仗，我们到马扶堰约 11 点钟。原打算到大地方与贺龙部队会合（无线电联系，贺龙部队在大地方来接我们），敌人在甘溪截住就去不了。在马扶堰前面打火线的也退了下来。我们当天下午约四五点钟就撤回走马坪歇一夜。第二天走界牌，过独木桥（狮柳底下白沙区地界过玉堡，可能在此歇一夜），经水獭湾、朱家坝，主力部队住朱家坝，我们住朱家坝前五六里处（距板桥也有五六里），与板桥敌人接火线，晌午时到朱家坝的，在板桥与敌人打了一晚另一早上。主力部队已开往白沙，我们掩护他们走后，就退下来，被敌人包围后，就往领岗上退。

在板桥退下来时，朱排长边退边走说："快走！团长牺了，营长陈华清也牺牲了。"

在白杨寨十八师政治部的人和伤兵同时被俘。但到龙圹被押的人中，却没有看见政治部的人，也没有听说缴得政治部的短枪。解放后中央来调查的人说，不知道政治部的人的下落。

在板桥那一仗敌我力量的情况大约是：敌人方面，李觉部队十九师三个团约五六千人，王家烈的黔军二个团2000人左右，还有滇军（具体数字无法估计），我们与敌人接火的前卫部队只有七八百人，我们打算从板桥到圹头，下印江，过四川地界与贺龙部队会合。后来主力部队到白沙走江干河过河，后与贺龙部队在何处会合就不知道了。

打土豪的情况是这样的：到一个地方连里指导员、党团员调查哪家是土豪（向地方中老百姓三四家调查证实某家确实是土豪），经师政治部复查确实是土豪，就批准张贴告示，由原调查的连去没收。没有土豪的地方，就给老百姓钱按市价买粮，如老百姓不在家，就把粮称好，值多少钱，把钱放在香火框里。如在过石阡王家寨时，十八师政治部调查曾云焕家是土豪，就出告示。告示上写："曾云焕确是恶霸，将其粮食没收。"于是就将他的300多挑谷子挑完了，部队按连队人数吃几顿计算挑粮，整个部队约吃了200多挑，贫苦农民分了百把多挑。后来听人说，部队走后，曾云焕回来，把全寨人每家喊去一个家主，丢一捆索子出来，将每人都捆起说："你们趁'共匪'过路，就把我的粮食分光了。”群众说：“是红军吃的！”曾说：“‘共匪’，吃得了多少？是你们挑走了，你们不给我挑回来，我就把你们送进城去。”他就看那家出得起三挑的出三挑，出得起两挑的出两挑，结果赔出后还超过了原来的300多挑。曾云焕在解放后被人民政府连同他三个崽一起镇压了。

红军的宣传情况，标语是走一路写一路，内容有：“打倒土豪，分田地。”“打倒恶霸地主！”“打倒帝国主义！”“红军是工农群众的部队！”“打倒剥削阶级！”“打倒贪官污吏！”一个连有两个宣传员专门写标语，政治部也写。

当时唱的有国际歌，歌词和现在的有些不同。

当时的武器有汉阳枪，湘造，铁壳盖板（双套枪），德国花提枪，三四节机枪（重机枪），木柄手榴弹，俄国造手榴弹（捧瓜形的），短枪，连枪（十甲驳壳枪），20响快慢机，疙蚤龙。当时没有拿梭标、刀的，因当时减员大，打仗后又要缴获敌人的都没有人背。晏明有两个参军，是第二次红军过道时参加的，一个姓杨，一个姓黄。

张绪平是1935年古历腊月二十几来的，湖南茶陵人，有病，张家老者看见他十七八岁，睡在地下，就带他回家了。（红军文物办杨和胜、廖康鹏、罗登明、聂孝光1976年12月21日访问记录，杨和胜整理）

选自中国共产党石阡县委员会党史办公室编：《红军长征在石阡》，1986年8月，第184—189页。

李国兵，原名黎国兵，1910年生，湖南人。西征时任红六军团十八师五十二团一营文书。1934年在甘溪战斗中被俘，押送途中逃至河坝街上安家。1981年逝世。

回忆参加红军和到石阡掉队的情况①

张绪平

我是癸酉年参加的，当时成立了中华苏维埃政府，成立游击队，我那时还是少年先锋队员，以后参加了共青团。那时的党、团旗我都晓得，当时无有证章，穿的衣服不管什么颜色，大都是普通衣服。

我是在湖南参加红军的，过江西训练个多月时间，那时听说肖克军长要下四川。我们由江西出发，经保靖过云南边界。两头都打仗。国民党叫我们做“共匪”。差不多天天都要打仗，白日夜晚行军。在广西边境遇到戴铁帽的广军，在山上被围困半把个月，有时没有饭吃，团、营长的马都杀吃光了。那时独是留肖克军长一匹骡子，总是打野食充饥，当晚下点雨，找了一个百姓带路，杀条血路出来。肖军长宣布，今天晚上要杀条血路出来。那根路放了一营国民党军队。而且路上下都是明岩，再下边是大河，国民党晚上把哨收在半山，用大枪架在路上。我们部队两个师，过这点时，每人解一支绑腿接起来拉倒。当走到警戒线时，一步一步地踩，不能响动，每人把自己的枪支弹药捆紧，当晚就通过了。第二天早晨当敌人发现时，才知拐了，追来打后头。这时前卫部队已搞到吃的。折回头来又和敌人打。

甲戌年古历八月到贵阳，没有进城，由边界上过。下黄平时遇敌人

① 标题为编者所拟，原标题为《张绪平回忆参加红军和他到石阡掉队的情况》。

放巴豆，我们拉肚子的人多。我们由黄平到嗓子场（快场）天天打仗。我们走到哪里都是“打富济贫”。先写标语：“打倒土豪劣绅”等，把土豪的粮食背来用麻布口袋桶倒，背去送给群众。因为那时群众害怕红军走了后土豪会害他们。红军杀起猪送群众，叫他们拾（捡）去吃。

我们从草圹到龙溪，我至龙溪拉肚子，跟不上队伍。当我们到龙溪，那里唐区长已由前面到的红军杀了，还写了“打倒土豪劣绅”的标语！我们队伍已走完，剩下一些拉肚子的在后面。我当时掉了队，班长给我两颗手榴弹防身。走至老山羊坡，遇到龙溪的三个保丁，两个拿刀，一个拿杆子。这三个土匪，把我的衣服、被条、毛毯和手榴弹全部搜光（掉泪），只留一件单衣和一件火汗褡。其中一个土匪说：“把他杀了。”那两个说：“是个共匪崽崽，不懂事，放他的生路，叫他走！”如果那两个叫杀，也就活不到现在了。当时有病不能走，记得我是那年 8 月 26 日被抢的。走了两天，到 28 日才到河坝的山羊坡，走到路边崔树清屋内，他俩老很好，见我泻红的，病情严重。因他家是卖大烟，给我一点烟灰吞后病稍好转。当时我回老家是回不到了。我说：“老人家，你如果把我的病医好，我就服侍你一生，我也不回湖南了。”崔老头说：“那就不敢当。你今晚不能在我家歇，路边危险，你在我家房后毛栗树下歇一夜，明早晨我去山羊坡张家，他只有两个老的，老者是裁缝。他家有田，家里有个牛，没有人看，他正想一人看牛。”我说：“请你老人家介绍一下，他如能把我的病治好，我愿服侍他，我不能回家了。”崔树清听了，第二天就对我说：“你跟这条路去，过拱桥上坡问姓张的便可找到那家。”我走到半坡，黑了到了一个姓张的家中，但见他子女多，在他家找了点米汤喝。他说，上边有个姓张的，他家差人望牛。当晚又凑巧，平根戴家房子被烧了，在大路边。这个张家的坎上有个叫黄新生的，好吃大烟。恰好有个国民党军流散下来，正在他家吹大烟，见了我就说：“噫！共匪回来了！坎脚房子被火烧了！”他要杀我。得黄新胜、张本宣二人好，他俩说：“杀不得！这个人病得像个纸人了，不杀他也活不成。”两个再三要求才未死。并指坎上我要找的那个张裁缝家，到了张家，俩老很好，给我找药医治而好转，从此我就在这里安了家。不久被河坝乡乡长安文光知道，对郭甲长和我父亲说："你山羊坡，有共匪崽崽，听说有枪弹，快把枪弹交出来！"我父亲和郭甲长次晨去会安乡长，说明我没有枪弹。安说："你人在枪弹在，快交，否则性命难逃！"我讲连我衣服用具都被刮完了，只穿件汗衣来到张家，安又逼父亲，我父亲说："你如调查到他现在还有枪弹，我具枪毙砍头结！"安逼我父亲具了结，安还说："以后查出来要杀你的头！"于是老人带我回了家。病一天天好后，就写抱约抱给他了。

1950年解放，我才写信回湖南打听家庭下落，我家中有大哥、二哥、母亲。不久，我二哥丙申来信说，大哥参加游击队当侦察，一次出去探国民党消息，被国民党捉住一刀刀砍死了。"文化大革命"那阵，我带着小孩，还回湖南探亲来。解放后我们得到优待。那时，布孙庭同志听我摆后，就得优待了，直到1971年后才没有了。上面问我要证章，没有证章就无有报销处。我只记得那时，我们党的旗号是"CCP"，团的旗号是"CC"。其余没有证章。

我是十八师五十二团红军学校学员，学校在团部之内。团长田海清，班长刘西东（江西人），校长姓谭，名字忘了，我当时是普通战士，和我一班的彭福生（湖南茶陵人）、李长生（茶陵人）。

出发那时是癸酉年，十七师是肖克军团长兼师长，我们十八师长是龙云。

部队从龙溪到老羊坡、下沙坝、河坝到本庄、到川岩坝打一仗，人死得很多，因都遭了病。

当时留下来的有个胡宗林，江西临江府人。在川岩坝打仗留下来的，他在十八师五十二团。当年他曾经逃到河坝来到山羊坡，问到我在山羊坡。后来他也在郭甲长兄弟家。他家天天打油，一次锤把他脚打了，溃烂了。后来只得到杨柳寨去看碾房，因脚痛病死了。

还有一个叫刘仲宣的（刘篾匠），在河坝瓮坪大队的勤洞坐，也是在那里上门的，现已死了。他是江西人。还有几个小孩。后来赶场一谈起，我们才认识的。他也属五十二团。

约在六几年，贵阳派三个当兵的来调查找过我。

我们红军学校，行军是走中间，打仗还是参加打。那时白天不敢走大路，晚上走，尽走毛狗路。

甲戌年腊月二十八日（下雪），红军又从石阡来。红军在山羊坡快黑了，伙夫煮饭，把张炳宣家房子烧了，挨着的余文榜家也烧了。红军主动赔了光洋 90 元，张家赔 50 元，余家赔 40 元。当时张家哭，红军事务长说："不要哭，不要哭咧，把（给）你的钱哩！"当时张家房子三柱二瓜，只装几块板板，未装好；余家全是竹篱笆壁，两家赔的大洋修大房子都还要剩，两家很高兴。张家是贫农，现在有几个孩子，张死了，妻现还在。余家也是贫农，也只有老婆、孩子在。

事后，据说烧房子那人在高坡圹坎被办（杀）了，不知真否？失火原因是二十八日，红军煮饭天黑，点一支蜡烛插在笆壁上，忙煮饭，烛被风吹失了火。

部队来时，没有人找我，我也没去找。红军出发时走沙坝——高坡——龙溪（未走街上）——贵阳。听说在贵阳开了追悼会。悼念头一年在石阡川岩坝等地牺牲的红军烈士。（罗登明、杨和胜 1976 年 12 月 20 日上午采访记录，杨和胜整理）

选自中国共产党石阡县委员会党史办公室编：《红军长征在石阡》，1986年8月，第190—194页。

张绪平，原名彭菊生，1914 年生，湖南茶陵人。1932 年参加中国工农红军，任红六军团十八师五十二团红校学员。1934 年西征至石阡河坝时，因病在河坝场掉队。

跟随红军长征的记忆[①]

胡世常

我原名欧换福，现名胡世常，现年 72 岁，家住湖南省嘉禾县广法公社俊头大队。

我是民国二十年（1931 年）7 月参加红六军团，在无线电连当兵。当时是十八师五十三团，军团长萧克。我们由广法公社到嘉禾南山升前道州等县，都是步行。到广西城打一仗，由广西到贵州走黄平与国民党军又打仗，一路打到余庆的龙溪，部队才分两路走。由龙溪到甘溪打一仗，在甘溪战斗后，退到国营走马坪到界牌的猫洞堂，下乐桥到本庄，我在界牌掉了队。因我不能行走了，把枪交部队，在后面跟着走，到本庄跟不上了。有个战士杨端生（湖南郴县人）和我一起失散在本庄。听百姓讲部队已到瓮安了。我俩走到大桥。见有国民党人追我们，我们跑到息堂坪吕治龙家楼上住了三天。9 月 19 日赶到本庄，向正清看见我们问我们帮人不，我们同意帮他家，向正清又去请示区长吴登仁，但区公所的队长要杀我们，得向正清保了我们下来。杨端生帮向正清家不到一个月又到部队去了，听说在余庆龙溪被打死了。后我又去胡润生家做养子。（1984 年 4 月 13 日杨昌国调查整理）

① 标题为编者所拟，原标题为《对失散红军胡世常的访问记录》。本文有删节。

选自中国共产党石阡县委员会党史办公室编:《红军长征在石阡》,1986年8月,第196—197页。

胡世常,原名欧换福,1911 年生,湖南嘉禾人。1931 年参加中国工农红军。红六军团西征时在十八师五十三团无线电台工作。1934 年在甘溪战斗中失散。

我所经历的甘溪战斗①

陈仕荣

我是红六军团第十七师五十二团二营战士。进入贵州到甘溪被敌人截断，我们没有进入，退走后，经十二山到朱家坝，在朱家坝住了一夜，第二天上核桃湾到川岩坝。打到乾溪槽坳上，前面又有敌人枪声，转到困牛山下的三步跳，上青杠圆又打回来，我们400多人，全部被打垮，在三步跳死了不少，又被俘虏了一些，被张其明杀了十多个。听说被王家烈第六团团长刘鹤鸣带了一部分走。

关于五十二团团长田海清，他是我们的团长，我是号兵，随团部，互相都认得，在困牛山战斗中，有的逼着跳崖，我们在凉水井沟头曾见到他在草蓬中，他正向我们招手，过后就不知下落了。

龙师长从突围出来后，他就是在后面督队，护送病员，也没有进入甘溪。我们到困牛山他也到困牛山的，不知如何转移。后来黄明高（红军）的叔叔来信说："龙云转移回湖南，被国民党政府捉住，审讯他不说话，被铡刀铡死。"

我们在朱家坝住在金家，五十二团团部也住那里，因我随团部走，我在金家楼上歇，当时不知姓什么，我到马长溪后好几年了，宋长柏结婚是在金家接的，我去帮忙接亲，又住那楼上，我一上楼就觉得很熟，

① 标题为编者所拟，原标题为《访问失散红军陈仕荣的谈话记录》。

一想是那次随部队住在这里。（1983 年 6 月 19 日萧天礼调查记录整理）

选自中国共产党石阡县委员会党史办公室编：《红军长征在石阡》，1986年8月，第197—198页。

陈仕荣，原名何步荣，1918 年生，湖南汝城人。1931 年参加中国工农红军。红六军团西征时为十七师五十二团二营战士。1934 年在甘溪战斗中失散。

回忆在红军长征的日子①

曹其祥

我书名叫曹远德，号名叫曹其祥，生于 1914 年。中农，原籍是湖北长阳县都坝湾区木溪公社干渔平大队第一生产队人，我 16 岁参加红军，开始是参加游击队，后又参加独立团，团长叫王炳南。在我们那里扎不住，就拖起出来，走了三天三夜，才在湖南桑植、大庸等地，找到贺龙的部队。经过整编，我编入廿五团三连，给指导员牵马，原和我一起的同志都编散了，过了半年，我又才到三连一排当兵。班长姓宇（排长经常换，因经常打火线，有牺牲，如有天就牺牲两个排长），名字现记不得了。

我们编入贺龙部队后，曾在河南、陕西等地待过，后又回到湖南桑植。过了一年多，打了黔江后又回到桑植，后到大庸县，大庸有条河，比河坝河还大点，河坎边筑了一路土碉堡，都被我们打坏了。架了浮桥过河。当天天气晴朗，中午突然来了六架敌机，对我们扫射了个把小时就飞跑了。我们过浮桥到辰溪（团长刘汉清在辰溪牺牲）。经溆浦、新化，在新化住了四五天，当时红军分三处住，二军团住辰溪，六军团在新化，我们红军学校（当时我在红校）打溆浦。过龙溪口到石家场后，我才到的二军团。打夜工过了龙溪口，也是搭浮桥过的河，从龙溪口过

① 标题为编者所拟。原标题为《访河坝公社印屯大队失散红军曹其祥的谈话记录》。

河走了一天一夜，第二天中午到达石家场。石家场的群众对我们说："前天你们红军还在这里打火线，后头那个垴垴上的碉头一班多人都被捉去了！"当时我们估计可能是六军团（因为六军团在前头），当天下午快黑时到花桥。在花桥扎了五六天。六军团扎在石阡城里。我们扎在花桥罗家寨寨上。一些群众都跑藏了，只有少数老头子、老婆子在家，我们向他们宣传：我们是红军，是来打土豪劣绅的，以后给你们分田分地；红军不打人不骂人，你们不要怕……经过宣传，跑出去的人都回来了。我们在罗家寨杀了土豪的四五只肥猪，像办酒席一样，请穷人来吃，分谷子给群众，他们光笑，不敢要，也不敢吃。有参加吃的，许多就跟着我们走了。在这里参军的有几百人（包括石固、花桥一带），组织游击队，我们在花桥街上发动组织的游击队有百多人，发一面红旗给他们，旗上有斧头和镰刀，旗呈长方形。他们跟着红军走了。

我们还在这个寨上练过兵。不几天，我在花桥生病了（出麻疹），走到石阡城，在中河街住了一夜，城头都住满了。第二天又走了，在大桥头的坪坪上兰家坝集合，人很多，坝坝都站满了。我从那里一看，前头的部队到关口坪上去了。我生病怕走不动，就对班长说："班长，嘟个办？我上前走，把枪给你！"班长同意了，我就上前跟着六军团走了。我走不动，吃不得饭，走了三天才到河坝。走到勤洞，看到部队虽是来的许多，但都没有看到我所属的部队。天黑了，我走不得，又听到这边机枪叭叭的响，就蹲在苕平一家姓贾的人家里，和我一起的还有一个20岁，他说他是六军团的，也姓贾。贾家对我们很好，他说："我弄你们到坡坡上去，给你们几蓬草烧点火，就蹲在那里不要出来，怕国民党搜山。"他还给我们送了两顿饭去。我在坡上住了一天就走了（那个人还在那里），我有十几发子弹，连同铺盖都被贾家拿去了。我身上还有手续（证件），像个小本子，贴有我的照片。贾家说："你还把这个东西放在身上讨死呀！"那时国民党反动派到处都搜杀"共匪"，我就将它火了。当时我穿了件新棉衣，怕人家脱，到枇杷坳和一个青年换了一件开花开朵的短棉衣穿上。一个老太婆对我说：“你不要进街，街上有中央军，去要遭整。”他叫我走龙孔，下河过去，我到河边，船老板说：“你不要走普子哩！你们把饶区长家整得稀巴烂的，你去他要杀你！”我问他走哪里呢！他说你过河上坡。我走到半坡，天就黑了。那里有人家，我就在那家歇，第二天就到安家寨安德宣家（地主），他要我留在他家，给他家做活路，养病，这样我就在他家搞了十几年，一直到解放。

我到安德宣家后，区长吴登仁带信来要把我送到区府一去，安家几次都不交。吴区长说：“你不交，以后出了事情呢？”安德宣说：“出了事情杀我的头！”吴区长说：“好嘛。”解放后，安家划成地主，算帮工帮粮，我分得五柱四的大房子一头，改得三十担谷子的田。

我到河坝是 1936 年 1 月〈22〉（古历腊月二十八日）。红军的纪律很严。有次在湖南，有个副官在一位老大娘家的鸡窝里拿了鸡蛋吃，未给钱，老婆婆问他：“你还没有给钱哩！”那个副官说：“等会给你。”后来这个老婆婆向首长说：“你们有个人吃了我家鸡蛋还没有拿钱。”后来一清问出来就把这个副官枪毙了。红军到一个地方，借的碗，铺稻草木板等，都一一归还，凡损失了的都要赔。住地要打扫干净。

贺龙扎在印江，设政府，选主席，打土豪，分田地。后来红军一走，地主回来反攻倒算，群众坐不住了就到处搬家，搬到我们这里（指安家寨等地）来的就有十几家。有个沈胡子原搬在安家寨小山坐，他就是因为在印江根据地当边区苏维埃主席才被追出来的（现在搬回印江）。我的老婆也是这样出来的。

在我们湖北家乡也是这样情况，红军在那里组织了乡、县政府，后来反动派一来，我们就跑出来了。我们当红军时唱的歌，现在还记得几首：

一、瓦解敌军歌

士兵工农弟和兄，
从前在家里，
没有田土耕。

被压迫，受穷困，
才把兵来当，
想起当兵苦，
死里去求生，
死了抛路边，
时时受饥饿，
好不痛伤心，
一阵枪和炮，
死了多少人！
长官骑军马，
士兵不留停：
扣薪响，
常吁叹，
谁个敢做声，
低头心暗想：
集合大和小，
不如反水，拖起枪支，去当工农兵！

二、红军歌

受尽了国民党反动派的压迫，
残酷呀真残酷，
才盼得拯救我们自己的救星，
使我们苏维埃产生。
共产党领导，
苏维埃指挥，
最后胜利归我们！
我们要坚决地拥护苏维埃政府，
完成土地革命！

工友们，农民们，
英勇的红色战士们，
亲爱的劳苦大众们，
准备着，莫犹豫，向着国民党冲锋，
消灭了那万恶的敌人！
共产党领导，
苏维埃指挥，
最后胜利归我们！
我们要坚决拥护，
苏维埃政府，
完成中国革命！

我们在花桥罗家坝寨子上过操，唱过这首《红军歌》。

选自中国共产党石阡县委员会党史办公室编：《红军长征在石阡》，1986年8月，第198—203页。

曹其祥，1914 年生，湖北长阳人。1930 年参加红军游击队，之后加入红二军团独立团。1936 年 1 月红二军团长征经石阡时，因病与部队失散。1984 年逝世。

三、创立湘鄂川黔革命根据地

二、六军团黔东会师后至渡金沙江这一斗争阶段中军事上的总结提纲①

关向应

……1935 年在湘鄂川黔粉碎国民党的围剿。

……1935 年 11 月由湘鄂川黔突围至 1936 年 5 月渡金沙江，6 月在西康与四方面军的会合。

一、1934 年冬，二、六军团会师黔东后，即进至湘西的永顺、大庸、桑植一带。那时候中央区红军在战略上采取了新的聪明的路线（在五次战争时，中央红军在军事上犯了保守主义的错误，采取了持久的消耗战、阵地战的单纯军事防御的战略战术的路线，这是违反中国国内战争的战略战术原则的），从中央区突围，进入湘黔川滇广大地区行动，从运动战中击灭敌人，以求得新的根据地的建立。敌人在进攻长江南岸红军总的部署中，以将近十倍于二、六军团的兵力（总数达 90 个团以上），围攻二、六军团于湘鄂川黔地区。我们当时总的战略路线，是配合中央红军在广大无堡垒地区进行大规模的游击战、运动战，创造与发展湘鄂川黔苏区。扩大二、六军团本身力量，粉碎敌人对湘鄂川黔的大举进攻。在战略的运用上是集中二、六军团主力，不失时机地乘敌人在调动时在运动战中进行坚决的突击，各个击破进攻之敌，同时广泛地繁

① 摘自《关向应工作笔记》。

殖游击队，发展广泛的游击战争，补助革命战争的发展，这样艰苦斗争了大半年，总计消灭及击溃敌军 40 余团，获得了连续的伟大胜利，粉碎了敌人对湘鄂川黔的大举进攻。

这一胜利，不仅创造了湘鄂川黔苏区，壮大了二、六军团（由湘鄂川黔突围时，较黔东会师时将近增加三倍），而且实际地从战略上配合中央红军在湘鄂川黔滇广大地区的活动。

这一战役为什么能够胜利？为什么能够粉碎绝对优势的敌人的围剿？基本原因如下：

1. 我们研究了中央政治局遵义会议的决议，从这一决议中，从本身的实际教训中，认识到中央红军之不能在苏区粉碎敌人的五次围剿，主要原因是由于在军事上犯了保守主义的单纯防御路线的错误（当然不能粉碎敌人“围剿”的原因，尚有个别的严重的政治错误，如关门主义），以持久战、消耗战去对抗敌人在五次“围剿”中进攻红军的战略战术——持久战、消耗战、堡垒主义等。以阵地战代替国内战争最主要的形式运动战。这种不了解中国国内战争一般的规律及其特点所定下的战略战术，是违反中国国内战争的规律的，结果遭遇了历史上的惩罚。我们在开展反对单纯防御路线的斗争中，深刻认识只有坚决地反对违反中国国内战争战略战术（不要重复历史的错误），采取适合国内战争的战略战术——决战防御（攻势防御）及运动战才能取得胜利。

2. 我们在初抵湘鄂川黔时，从历年来苏维埃发展的经验教训中，深刻地认识到了必须用坚决的胜利的战斗，才能创造新的苏区。在龙家寨取得战役的第二次胜利后，乘着敌人的混乱状态，乘着敌人新的大规模的“围剿”未来以前，从这一个胜利，继续争取大庸、桃源、慈利各个胜利，这一连续胜利的结果，初步地奠定了湘鄂川黔苏区。不久，遵义决议案到了，明确地指出创造新的苏区必须经过血战，这一原则，在领导机关及干部战士中，有深刻的认识。我们坚决的灵活地运用这一原则，不怕任何困难，与进攻之敌浴血苦战，到去年 8 月底，十倍于我们的敌人气势衰竭了，我们取得了战役的全部胜利，粉碎了敌人对湘鄂川黔的大举进攻。

3. 省委及军分会团结在国际及中央路线下，坚决地为创造新苏区而斗争，为壮大二、六军团而斗争，领导机关中建立了集体领导，正确地分析我们在湘鄂川黔所处的环境，所担负的重大任务，灵活地运用国内战争的战略战术，各个击破进攻之敌。

此外，由于全体指战员在省委及军分会领导之下，团结像一个人一样，发扬为苏维埃而奋斗的牺牲心，英勇善战，忍苦耐劳，上下级的互信，以及指挥机关指挥的灵敏，计划的周详，情况判断的正确等等。

二、我们在粉碎敌人对湘鄂川黔的“围剿”后，敌人又增调孙连仲（二十四团）、樊嵩甫（十五团）、汤恩伯、罗霖等敌，配合原有进攻之敌，对我们进行新的大规模的“围剿”。这一次的“围剿”，较诸上次，当然是更加严重的。

我们当时对于敌人的进攻，认为在湘鄂川黔仍是具备粉碎敌人“围剿”的基本条件，就是在上一次粉碎敌人的基本条件之外，并且还增加了下列两个补助条件：

1. 红军数量较上一次战役增加了一倍以上；

2. 上一战役的胜利增加了自己的经验,并且更增强粉碎敌人新的“围剿”的自信心。

既然是具备着粉碎敌人“围剿”的条件，为甚么又要突围呢！

1. 湘鄂川黔地区在大兵团的活动上（此时我们人数增加了），易受战略上的限制——东有洞庭，北有长江，南有沅江、澧江，西面山岭崎岖等；

2. 四周的封锁线，敌入都完成了；

3. 物质困难，补充不易（兵员资材等）；

4. 四方面军的退出通南巴，一方面军之北上，中国革命形势一般的转向西北，使二、六军团在湘鄂川黔陷于比较孤立的地位，尤其是四方面军的退出通南巴。

有了上列数因，省委及军分会认为在原地区与敌人斗争，不如突围，退出湘鄂川黔苏区。在敌人大规模追击我们时，容易找到消灭敌人的机会，在胜利的战斗中，建立游击根据地及巩固根据地（我们预定的第一战略地区是湘黔边）。

这一战略的转移，因为我们具备着在转移时消灭敌人的最大信心，因此绝不能解释为轻易放弃苏区。因为在那种情况下的转移，是为了更顺利地击灭敌人绝对优势的兵力（在转移时运动战的机会是更多的），求得新的根据地的建立。

去年 12 月 19 日由湘鄂川黔之桑植突围，20 日突破李觉守备之澧水封锁线，22 日又突破湘军守备之沅水封锁线，不日而占领辰谿、浦市、溆浦、新化、兰田一带，复由湘中转入湘西，由湘西进入黔东，作短期的休息，又由黔东经验中进入黔大毕一带与李觉、樊嵩甫、万耀煌、郝梦林各纵队战斗，取得了相当大的胜利，得到了很大的补充（6000 余人），复由黔大毕转入川南，又由川南转入滇东、滇中，直至渡过金沙江。这时期，是在广大地区进行大规模的游击战、运动战（大规模的游击战运动战与大规模的长征，表面上似乎有区分，但在实质上很难区分出来，因为红军的长征，每每不能预先规定最后目标，而且在运动过程中，采取曲线式的逐步转移，这种曲线式的逐步的转移，实质上就是大规模的游击战运动战）。敌人在新的部署中，以樊嵩甫、李觉、陶广、汤恩伯、孙连仲、万耀煌、郝梦龄、郭汝栋、孙渡等八九个纵队向我追击、堵截，此外尚动员川军 20 余团，在川南防堵，总计追堵之敌约 130 余团。然而，由于我们一般的善于运用游击战运动战（朱张指示），使敌人的追击堵击的企图，不仅没有达到，并且有些部队，被我们击败了，有些部队遭到我们的严重打击，其余大部，因追击我们而疲劳，消耗减员，大有叫苦连天之慨。现在与四方面军会师了，此后将要与四方面军进入西北，进至抗日前进阵地，创造全国抗日根据地，促进民族统一战线之形成，掀起全国抗日高潮，驱逐日寇出中国，为中华民族独立解放而斗争。这样看来，这一次的长征，是何等伟大而有历史意义啊！

这次长途远征，敌人以绝对优势的兵力（约十倍于我的兵力）分路追堵截击，经过的时间半年以上（尚未结束长征）。我们克服了许多冰山雪窟、寒风雾层、峻岭高山、路险途远等困难，高度地保存了有生力量，顺利地活动于湘鄂川黔滇康等省地区，这是什么原因？

1. 深刻地认识中央红军及六军团由中央苏区及湘赣苏区突围时在转移中不坚决打击追堵之敌的错误，因此，我们在行动中，不放松一切有利的战斗，坚决消灭堵击、截击之敌。

2. 反对搬家式的行动，反对在转移时自觉与不自觉地退却逃跑仓皇失措的状态（在未突围时，便有详细的讨论），采取轻装急进，实施迅速、秘密、突然、坚决果敢的战略战术的机动，逐步转移，以大规模的游击战运动战的方式，完成历史上很少记载的长征。

3. 以急速的行动，猛烈的动作，震撼敌人战略战术的苦痛处，造成敌人忘机的动作，取得消灭敌人的优越条件。

4. 不放松任何时机，争取补充，这就成了保存有生力量的主要手段之一。

5. 争取必要的休息整理。

6. 在转移时，以曲线的行动，避免敌人优势兵力的压迫，同时可以迷惑敌人，疲劳敌人，并且造成消灭敌人单个部队的优良条件，因为敌人向我追击每每是扇面的前进，堵击的兵力是预先布置在一定的地区，固定的防堵，我们很灵活地转一两个弯，便脱离敌人主力的压迫，避免了敌人的堵截。

在“一”项中所举关于在湘鄂川黔粉碎敌人围剿的“1”项——运动战是国内战争最主要的形式及“3”项——省委及军分会集体领导之正确的建立，团结二、六军团全体战士指挥员，在中央国际战线之下，坚决地与敌人进行斗争，这也是在这次长征中胜利的基本原因之一。至于“2”项，创造新的苏区必须经过血战这一原则，在长征中，我们将其灵活的运用，为“要求得到休息整理训练补充，必须经过坚决的胜利的战斗”，这一原则，也就成为胜利地完成长征的条件。

三、但是，在湘鄂川黔这一战役中，战役战术上的运用，尚有许多缺点和个别错误。假如没有这些，尚可求得更大的胜利，更廉价的胜利，并且可以减少不必要的消耗。兹举其最显著的如下：

1.1934年攻下大庸后，应立即进攻慈利，直抵常桃，然而放弃了这一有利的行动，以执行军委的指示为词（军委当时的指示是二、六军最好能占领沅陵），不分析战争的结果，去攻毫无胜利把握的沅陵（当时已知沅陵有周矮子二团，戴季陶二团，城防是有相当的准备的，去打沅陵极少把握，然而有的同志竟说如果不打下来，去威逼一下也有作用。但没有想到如果在慈石常桃[①]方向取得胜利，在战略上配合中央红军在湘黔的活动作用，是要更大的），以致这次行动得不到丝毫结果，并且延迟了向常桃活动的时间，致湘军在一定时间内，毫无顾虑地追击一方面军（湘军由湘南开始向中央红军追击，一直追至新厂才折而北进）。

沅陵的行动是不对的，不久事实证明了，在我们由沅陵折回向常桃时，梧溪河之捷，攻下桃源，逼近常德，陶章等师立即由新厂北调增援常德、桃源。

2. 在四都坪进行持久防御，分散两团兵力，致减少在决战方向的突击力量，这是由于没有脱离在五次战争华夫的单纯防御路线的尾巴（彻底地转变单纯防御路线，还是在退出塔卧以后）。

3. 龙山城坚，有敌一团半，我们没有严格估计到本身战术技术的条件，贸然攻城，企图包围“饿死”敌人，卒至无结果而撤围。

此外，如胡家沟那些战争，还是一种消耗战争。

① 慈石常桃，即慈利、石门、常德、桃源。

选自大连市史志办公室编:《关向应纪念文集》,大连出版社2002年8月版,第83—89页。

关向应，满族，1902 年生，辽宁金县人。1924 年加入中国社会主义青年团，1925 年转为中国共产党党员。1928 年任共青团中央委员会书记。1932 年任中共中央湘鄂西分局委员、湘鄂西军事委员会主席、红三军政治委员。红三军与红六军团木黄会师后部队进行整编，先后任红二军团、红六军团总指挥部副政治委员。长征途中，甘孜会师后任红二方面军副政治委员。1936 年 12 月，任中央革命军事委员会委员、红二方面军政治委员。中共六大、七大中央委员，中共六大中央政治局候补委员、委员，中共中央军委委员、常委、书记。1946 年在延安逝世。

战斗在湘鄂川黔

余秋里

1935 年 4 月，我被任命为红十八团政治委员。6 月初，二、六军团进军鄂西。6 月 9 日，我军以少数兵力包围了宣恩县城，主力则隐蔽集结于宣恩城南，准备打援。11 日，我军得到情报，敌纵队司令兼四十一师师长张振汉于 12 日率军经忠堡来增援宣恩。总指挥部立即命令二、六军团于 12 日拂晓，冒着蒙蒙细雨向忠堡前进，经过 60 公里的急行军，于当天下午到达忠堡地区。当时，张振汉率四十一师师部与一二一旅已到忠堡的橡皮岭，总指挥部立即命令部队将该敌包围并切断与其他部队的联系。我十八团的任务是抢占老鸦关东侧的高地，切断张振汉的退路及其与中路敌军的联系。我刚刚冲上老鸦关东侧的高地，中路的敌军就到了山下，他们为了和张振汉靠拢，向我军发动了猛攻，从 12 日下午开始，我军连续打退了敌人的多次猛攻。战斗非常激烈。战斗中，我团团长高利国负伤，营连干部也有不少伤亡。总指挥部于 13 日傍晚派贺炳炎同志来十八团任团长，接替高利国的职务。贺炳炎来了以后，我立即向他简单介绍了情况，接着我俩整顿了部队，继续抗击敌人的进攻。14 日凌晨，总指挥部下令向被围的敌军发动总攻。十八团的任务是：一营参加总攻，二、三营坚持原有阵地，准备打击增援的敌人。贺炳炎和我商量后，决定由我率一营参加总攻，他率二、三营打击援敌。总攻开始后，我军从四面向敌人据守的橡皮岭发动攻击，敌军聚集在一个山凹里拼命顽抗，我率一营指战员和兄弟部队一起奋勇冲杀，战斗非常激烈。战斗从清晨持续到下午 3 时，才将敌军全部消灭。在向敌人发起总攻时，贺炳炎率二、三营的指战员顽强抗击从来凤来的两个团的敌军，虽然两股敌军相距只有五里，但在我军阻击下，始终未能靠拢。在解围无望的情况下，仓皇溃逃。这次战斗，消灭了敌四十一师师部和一二一旅，活捉了敌纵队司令兼四十一师师长张振汉。

打完仗，我问贺炳炎："贺团长，你火线上任，关系带来了吗？"贺炳炎说："什么关系？不就是那张纸吗？"我说："那是任职命令，我说的是党员组织关系。"贺炳炎一改他的豪爽性格，迟疑地说："这个，我，我没……"我感到很惊奇，难道他没有入党？就说："什么？你……"贺炳炎看出了我的怀疑，就说："我早入了党，'肃反'时，说我是改组派，他们给停了。"我听了以后，心情久久不能平静；肃反冤枉了多少好同志！？毛少先①曾被打成 AB 团，在西征路上，他曾多次冒着生命危险救护弱时同志；贺炳炎同志被打成改组派，在战场上出生入死，奋勇拼杀。在他们被怀疑、被冤枉的时候，革命信念仍然毫不动摇，只有真正的共产党人才能做到这一点。我越想越激动，当天夜里，在一盏油灯下，我给军团党委写信，报告了贺炳炎在战场上英勇杀敌的事迹，郑重请求党委恢复他的党籍。

贺炳炎来十八团的初期，总的说，我俩是合作得好的。但也发生过矛盾。

在一次战斗中，我团缴获了一批物资，其中有一些布。团部的警卫员、通讯员围着贺炳炎同志，要求用缴获的布为他们每人做一套新衣服，贺炳炎同志答应了。衣服做好以后，团部的警卫员、通讯员穿起来觉得很神气，但在部队中却引起了强烈反应。有的同志向我反映了这件事。我感到团长这样做影响不好，应该和他谈一谈。有一天，当我俩在

---

① 原文误为毛绍先。

一起的时候，我对他说："全团 1000 多人，你批准给团部少数几个人每人做一套衣服，这样就脱离了广大群众，必然会引起大多数同志的不满。"贺炳炎同志一听，猛地站了起来，把桌子一拍，生气地说："你这个政委管得也太多了，我这个团长连做几件衣服的权利都没有吗？"说着一甩袖子就出去了。一会儿，有人向我报告："贺团长骑着马跑了。"我一听很生气，就说："没有团长照样打仗。"当天晚上贺炳炎骑着马回来了。事后知道，他当时一生气就骑着马跑到军团部，找贺总指挥去诉"委屈"，贺总指挥不仅没有同情他，反而严肃地批评了他。

在日后的相处中，贺炳炎同志向我谈了他的家庭情况和本人的经历。他是湖北省枝江县江家湾人。1913 年 2 月出生。原名贺明炎，后因谐音，就变成了贺炳炎。13 岁开始学篾匠、木匠，15 岁到松滋县学打铁。他的父亲贺学文因不堪忍受地主豪绅的欺压，于 1928 年冬奋然参加了红军。1929 年春，红军路过松滋县，16 岁的贺炳炎丢下铁锤，随父参加了红军。在部队中担任过战士、分队长、大队长、团长。忠堡战斗前，被当作"改组派自首分子"，撤销了团长职务，在管理科打杂，忠堡战斗中，临阵受命，来十八团当了团长。二军团的同志也向我介绍了贺炳炎的情况，说他对党忠诚，作战勇敢，为人耿直，但有个倔脾气。有些问题想不通就有气，有气就发作出来，天王老子也不怕。一旦想通了，就什么事也没有了。从此以后，我和贺炳炎同志一直合作得很好。1939 年，一二〇师挺进冀中，组建独立第三支队，贺炳炎同志任司令员，我任政治委员。那时，贺炳炎同志不仅尊重政治委员，而且很重视政治工作。部队召开政治工作会议，他都到会讲话。我有时去连队，他总是要等我回来一同吃饭。这当然是后话了。

忠堡战斗后，红二、六军团开始了围困龙山的战斗。围城战斗从 6 月 23 日开始，一直持续了 35 天。当时二军团部署在来凤至龙山之间，阻击鄂军向龙山增援。7 月 10 日，鄂军独立第三十八旅向象鼻岭发动进攻，妄图打通通向龙山的道路，战斗很激烈，敌军突破了红四师的阵地。军团部命令我们十八团前往增援。我们向敌人发动了猛烈的反击，打退了敌人，夺回了阵地。在战斗中，我腿部负伤，被送到师卫生部治疗。

我负伤后，红二、六军团进行了板栗园战斗。在战斗中消灭了敌八十五师，打死了敌师长谢彬。战后，贺炳炎同志到卫生部来看我。他说，在板栗园战斗中，我们十八团打得非常英勇顽强，牺牲了两个营长，全团伤亡一半。我说："为了全局的胜利，我们团牺牲大一些，也是值得的。"

8 月下旬，我伤愈归队。这时，红二、六军团东出，乘胜向敌人薄弱的津市、澧州地区攻击。先后占领了石门、澧州和临澧等城市，控制了津市、澧州广大地区。

8 月底，我受军团部贺总指挥的命令，率一个营到石门地区活动，一方面发动群众，建立革命政权；一方面扩大红军。为了扩大红军，我派出了两个工作组，一个组由一连指导员率领；另一个组由二连指导员黄新义同志率领。我提出，在扩大红军时，要广泛宣传红军的性质，要使广大群众了解，红军是为解放被剥削、受压迫的劳苦大众的队伍，"扩红"主要以贫农、雇农、城市贫民为主要对象。几天后的一个晚上，我召集参加"扩红"的同志开会，汇报工作情况。二连指导员黄新义同志说，我带五个战士到新安扩大红军，已扩大了 130 人。我请他详细讲一讲他们的工作方法。他说："我们去了以后，先作调查研究，了解该村的穷人有多少？地主有多少？穷人是如何穷的，地主是如何剥削的？然后召开群众大会，用地主逼租、逼债的具体事实和具体人进行宣传，说明贫苦工农大众要翻身就要当红军。这样就大大启发了群众的觉悟，不少人当场就积极要求参加红军。"另一个组，由于没有从农民受压迫、受剥削的切身痛苦入手扩大宣传，而是采取个别发动的方法，动员青年参军，结果只扩军 20 多人。两个组汇报以后，我肯定了黄新义同志的做法，号召大家学习他的经验。经过一个多月，我团共扩大红军 1100 多人，受到了红二军团的表扬。

这次扩大红军，是我第一次独当一面做群众工作。事后我认真总结了这次工作的经验，我印象最深刻的是四点：

一是要坚持阶级分析的方法。红军是革命的队伍，在工作中一定要做阶级分析，分清谁是革命的对象，谁是革命的动力，搞清了这个基本问题，其他问题才能迎刃而解。

二是要调查研究。只有通过调查研究，才能搞清基本情况，做到心中有数，工作方针、政策才能符合实际情况。

三是要善于分析比较。有时工作任务相同，工作条件相同，但结果往往不同。这里面就很有学问。要通过分析比较，分清工作的优劣，找出成功的经验和失败的教训，使工作好的得到鼓励，使工作差的受到教育，从而提高整体的工作能力。

四是要善于抓住典型。用典型的成功经验，推动全面工作的开展。典型是在实践中产生的，它的经验比空洞的说教更有说服力，更容易为广大群众所掌握，更容易在实际工作中推广。

大批新战士补入部队以后，我们加强了思想政治工作。首先是在军内进行阶级教育，随时随地用敌人压迫残害人民和地主阶级残酷剥削人民的血淋淋的事实，对部队进行教育，激发大家对阶级敌人的仇恨。同时号召党员、干部、老战士要爱护新战士，在思想上、体力上帮助新战士。党员干部处处以身作则，任劳任怨，吃苦在前，享受在后，冲锋在前，退却在后，加强了干部与战士之间、新老战士之间的团结，使部队保持了高昂的政治热情和旺盛的战斗意志。红十八团成了一支英勇善战的部队，在长征路上，多次接受重要的战斗任务，斩关夺寨，为党为人民立下了累累战功。

选自《余秋里回忆录》，解放军出版社1996年10月版，第30—36页。

回忆湘鄂川黔边的斗争

晏福生

挺进湘西　站稳脚跟

1934 年，王明“左”倾路线造成了第五次反“围剿”的失败。我们湘赣苏区的红六军团十七师、十八师 9700 多人，作为中央红军长征的先遣队，于 8 月 7 日从江西遂川出发，实行战略转移。六军团在任弼时、肖克、王震等同志的率领下，转战千里，冲破敌人重重封锁，克服无数艰难险阻，途经湖南南部、广西北部，于 10 月 24 日进入贵州印江木黄地区，与贺龙、关向应等同志率领的红三军（后恢复为红二军团）胜利会师。当时，我在六军团十七师四十九团担任政治委员，团长是吴正卿。

我们和红二军团会师，像久别重逢的兄弟一样亲热。贺龙同志对六军团很关心，看到我们远道而来，一路转战辛苦，亲自到连队看望大家，为我们安排住房，并嘱咐我们要抓紧时间做好三件事：一是睡好觉，吃好饭；二是洗澡、理发，把衣服洗干净；三是打几双草鞋。同时，他还勉励我们好好恢复体力，抓紧整顿组织，准备继续战斗。他给我印象特别深的是他那样细致地要求干部、战士每人多打几双草鞋，不但打得合脚而且要结实耐穿。他又动员二军团的同志给我们送粮、送油，为营以上的干部配了马匹。这一切使我们如同到了家里一样，感到格外温暖。

同样，六军团的领导任弼时、肖克、王震等同志，对二军团也很关心，看到他们被王明路线整得很苦，干部损失很大，便从六军团各师抽调一批同志充实加强了二军团的干部队伍。两个军团的领导特别强调互相学习，团结友爱，组成一个坚强的战斗集体，共同完成战斗任务。10月26日，我们在黔川交界的南腰界举行了会师大会。从此，由贺龙、任弼时统一负责两个军团的军政行动和作战指挥。

二、六军团会师后，党中央指示我们要尽快地开辟新的根据地，以便箝制更多的敌人，策应中央红军长征，建立根据地。这也是贺龙同志的一贯主张，他曾多次说过："野鸡要有个山头，白鹤要有个滩头，干革命没有歇脚的地方是不行的。"我们吃够了没有立足点的苦头，从亲身经历的斗争中也认识到要坚持长期斗争，并取得斗争的胜利，必须有一个革命根据地。当时，红二、六军团经过长期转战，部队很疲劳，消耗很大，急需休整和补充。在这种情况下，建立根据地就显得更加重要了。记得在会师大会上，贺龙同志摸一摸他那浓黑的八字胡，幽默地对我们说："你们到了贺龙的后方，想休息一下是可以理解的，可没想到贺龙的后方是在脚跟子上，我们还得走，去开辟新的根据地。"贺龙同志分析了湘西北地区的敌情、地理、民情，提出了到湘西去建立根据地的主张。他列举了几个有利条件：一、湖南军阀何键集中全力在湘南阻击中央红军，永顺、桑植、大庸、慈利等地区敌人力量比较薄弱；二、过去湘鄂西武装斗争时期，红军在那里活动过，有较好的群众基础，人民群众容易发动起来；三、红军向湘西进军，有武陵山脉作依托，进可以威胁沅陵、常德，以至长江的交通，退可以凭借湘鄂川黔边的崇山峻岭，据险固守，生息发展。在那里建立革命根据地，有利于箝制敌人，配合中央红军作战。任弼时、关向应、肖克、王震等领导同志一致赞同贺龙同志的意见，并且补充了一个有利条件，就是贺龙同志在湘西人民中有崇高威望。于是，部队不顾长途转战的疲劳，立即踏上了新的征途，向湘西的龙山、永顺、桑植、大庸地区挺进。六军团在前，二军团在后，于 11 月初先后进入了湘西。

我团是六军团的前卫团，行军途中，我们亲眼看到湘西人民的生活很苦。官、匪、霸结为一体，四处横行，使这里的土家、苗、汉各族人民处在水深火热之中，很多农民无家可归，常年住在阴冷潮湿的岩洞里，秋收不到两个月，大多数群众就断粮了，只好靠挖葛捣蕨糊口度日。进入冬季，许多群众没有棉衣，连一些十七八岁的姑娘，身上也只裹着用包谷壳编织成的草衣。晚上睡觉没有棉被，就围在火塘边烤火取暖度夜。有首山歌唱道："蓑衣当棉袄，蕨根当粮草，松膏当灯盏，赤脚当鞋跑。"这是湘西人民悲惨生活的真实写照。听到这首凄苦的山歌，想到湘西人民的苦难，更加激发了我们为解放湘西人民而战的斗志。湘西人民受苦最多，受难最深，受压迫最重，要求翻身解放的愿望也最迫切。他们早就盼望红军到来。这一点，对于我们在这里站住脚跟是个很好的群众条件。

11 月 7 日，我团抵近永顺。敌人的保安团听说红军来了，便闻风而逃，我们趁势一举占领了县城，得到一批药品和物资。接着，二、六军团的主力沿猛峒河进入永顺县城。我们在这里休整了一个星期。

红二、六军团进入湘西，使湘西军阀头子陈渠珍惊恐万状，立即纠集周燮卿、龚仁杰两个旅和贵州的皮德沛①、杨其昌两个师共十几个团的兵力尾追我军，妄图趁我立足未稳，一口将红军吃掉。我红二、六军团面临着一场严峻的考验。能不能在湘西站住脚跟，打开局面，将根据地建立起来，关键就在于能不能歼灭尾追的几股敌人。这时候，我们两个军团只有 7000 多人，敌人数倍于我，武器也比我们好，对比之下，明显地敌强我弱。但我军上下士气高昂，团结一心，一致表示坚决打好会师后的头一仗，为开辟湘鄂川黔革命根据地奠定基础。

总指挥部作出了决定，命令部队弃城北撤。刚刚住下来就要撤退，

---

① 原文误为皮德培。

有些战士想不通。我们团领导是理解总指挥部的意图的，知道这是诱敌深入，寻机歼敌，便分头到各连和同志们谈心，做深入细致的思想工作，很快统一了全团干部战士的思想认识。为了让敌人看出我们是“真撤退”，贺龙同志指示我团烧掉城边的小西门桥。事先我们召集桥头附近的老百姓开了个会，讲明烧桥的道理，发给他们800块光洋，作为打完仗后再修桥梁的资金。11月13日，部队撤出县城，到永顺城北西的吊井岩埋伏下来。

敌人是狡猾的，第一天没有上钩。他们一进永顺城就按兵不动了。第二天，为了迷惑敌人，二军团经颗砂、新寨往西北撤退，六军团经颗砂、塔卧往西撤退。第三天上午，两军在龙家寨会合。龙家寨是个百多户人家的集镇，四面环山，在这里打伏击是个难得的好地形。开始把战场选在这里，部队在四面山上布置了埋伏。当天下午，军团首长仔细观察了地形。贺龙同志看到山下民房很多，眉头皱得紧紧的，他对其他领导同志说:“这里尽是老百姓的房屋，打起仗来会给群众造成很大损失，我们把敌人牵远些打吧。”任弼时、关向应、肖克、王震几位首长一致同意他的意见。于是,立即改变计划,留下侦察分队在龙家寨侦察敌情,部队则撤离到龙家寨四里外的十万坪。

十万坪是个宽三四里，长15里的山谷，两边山高林密，山谷里是一片水田，一条清溪从山谷中流过。总指挥部对打好这一仗作了周密的部署,根据两个军团不同的特点,恰当地使用了兵力:六军团擅长攻坚,敢于死打硬拼,就叫我们担任第一梯队,负责正面攻击;二军团能吃苦,善于走路，一天跑100多里还可以抽空打两双草鞋，就叫他们担任第二梯队，追击敌人。这一天雾很大，灰蒙蒙的，十步开外就看不见东西。我们迅速地转移了阵地，神不知鬼不觉地埋伏在山上的茶树林里。东边山上是红六军团，西边山上是红二军团，总指挥部设在离战场不远的毛坝。就这样布下了一个口袋形战场，等候敌人来钻。这次敌人的先头部队是周燮卿旅。周燮卿诨名叫周矮子，这家伙既骄横又狡猾，他带着部队追到我们前天埋伏过的吊井岩又停了下来。贺老总就利用周矮子骄傲的本性，留下一个营在梨子坳摆出阻击敌人、掩护部队撤退的样子。这个营同敌人打了一阵，便假装抵挡不住，随同军团的勤杂人员，匆匆经过十万坪，一直往北方向撤去。这下子敌人可来劲了，以为我们是真的败退，周矮子求胜心切，立即命令部队分成两路急追。这天下午，我们在埋伏的地方看到敌人蚂蚁牵线般地涌进了十万坪，心里高兴极了。

为了打好这一仗，当地人民群众一方面主动向我们报告敌情和当向导，向敌人封锁消息，监视土豪劣绅的活动；另一方面，故意给敌人提供假情况，让敌人变成瞎子和聋子。我们在山上埋伏了一天，当地的地主土豪全蒙在鼓里。敌人事先派出侦探，四处打听红军的消息，但群众都说:“红军往湖北方向走了。”敌人信以为真,便大胆地进入了十万坪。他们完全钻进了“口袋”，正准备宿营造饭，敌探向周矮子报告，说发现两面山头有红军埋伏，这时他们才感到势头不对，急忙去抢占太堡那个小山包，但已经来不及了。我们埋伏在山上的两个团，一齐向敌人开火，各种武器一起射击，子弹像暴雨般的盖下来，整个十万坪成了一片火海，枪声、手榴弹爆炸声、冲锋号声、喊杀声震山荡谷。这时，敌指挥已被我军打乱，部队乱了套，全部被压缩在一片烂泥田里，许多敌人双脚踏进泥中拔不出来，根本无力抵抗。我团是这次战斗的主力团，王震同志亲临我团指挥。他身先士卒，既是指挥员又是战斗员。部队一进入阵地，他就和我们营团干部一起选地形、挖工事、搞伪装，又到前沿各个连队检查战前准备工作。他勉励战士说：“同志们，这是二、六军团会师后的第一仗，不管敌人怎样嚣张，这一仗一定要打好，把敌人的气焰打下去，显示出我们的威风来，显示出二、六军团的团结来。”他的话给了我们全团指战员很大的鼓舞。

战斗打响后，趁敌人混乱时，王震同志从阵地上站起来，大声喊道：“同志们，我们要在这里创造根据地，必须坚决消灭这股敌人，大家跟我来，冲啊！”他一马当先冲向前去，接着，全团战士跟着他像猛虎下山一样扑向敌人。这时,二军团也冲过来了,两个军团的部队密切协同,把敌人分割成几块。战士们发扬勇敢顽强的战斗精神，以压倒一切敌人的英雄气概,把敌人打得丢枪弃马,溃不成军,纷纷往龙家寨方向逃窜。二军团乘胜向敌人发起了勇猛追击。当地群众看到敌人溃退了，便一呼百应，男女老少搬起门板、杀猪案板、桌椅板凳，堵塞了路口、街巷、桥头，断了敌人的退路，使敌人更加拥挤不堪，乱作一团，待我追击部队赶到，很多来不及逃脱的敌人都乖乖地当了俘虏。在这次战斗中，涌现出许多英雄人物。二连指导员刘理年是最突出的一个。他英勇顽强，冲锋在前，出色地完成了战斗任务。当晚，我和团长吴正卿等同志带领部队到各个山头搜剿残敌，战士们发扬不怕疲劳、连续作战的战斗作风，通宵不眠，一直搜剿到天亮才返回驻地。打扫战场时，三营副营长樊秀竹灵活机智，不怕苦，不怕死，对全营指战员鼓舞很大。

这一仗，给了敌人沉重的打击。我军俘敌 2000 多人，缴获各种枪支 2000 多件，还活捉了龚仁杰旅的参谋长。周矮子、皮德沛、杨其昌三人各带几个随从，仓皇逃回了永顺县城。住在城里的群众后来告诉我们：周矮子跑得口干舌焦，一进城就端起碗喝水。他一听到二军团已追到城下，水还没喝完，就丢下碗没命地逃跑，十分狼狈。

红二、六军团首战告捷，红军军威大振，民心大快。这一仗，为创建湘鄂川黔革命根据地打开了胜利的局面。

建设政权　巩固后方

十万坪战斗结束后,部队沉浸在欢乐的气氛中。第二天,晴空万里,太阳暖洋洋地照在杉木河上，盈盈闪光；巍峨的武陵山像水洗过一样，特别清新；满山遍地的野菊花散发出诱人的清香，湘西的山山水水，显得格外绚丽多姿。我来到二营驻地，检查部队出发前的准备工作。

战士们兴奋地谈论着昨天的战斗情景，纷纷赞扬贺老总指挥英明，仗打得漂亮；赞扬王震同志身先士卒，带头冲锋。这时，通信员跑来报告，说军团首长要我马上去一趟。根据以往的经验，我心里估算，一定有重要任务。

军团指挥部离我们驻地有好几里路，我三步并作两步，一口气跑到那里，看到贺龙总指挥、任弼时政委和关向应、肖克、王震等首长正在研究工作，商讨问题。贺老总见我进来，忙招呼我坐下，笑着对我说："军团领导决定，要你带四十九团二营暂时留在龙家寨，一是负责打扫战场，处理俘虏，安排好伤病员的治疗；二是掩护二、六军团机关留下来做地方工作的同志，在这一带开展群众工作，建立政权，清剿土匪，巩固根据地的后方。这个任务很重要，有了安定的后方，主力到前方打仗才无后顾之忧，部队需要的人员和物资才能得到补充，伤员的治疗问题也才好解决。"接着，任政委也亲切地作了许多指示，指出了工作中可能会碰到的困难，以及要注意的问题。其他几位首长都关切地问我有什么困难？我说："我们一定努力完成任务，有困难依靠大家想办法克服。"

二、六军团主力日夜兼程，向永顺王村方向追击溃逃的周燮卿、龚仁杰残部，并准备南渡酉水，进入乾城、凤凰地区，歼灭更多的敌人，进一步扩大根据地。

我带二营留下后，立刻紧张、忙碌地开展各项工作：将缴获的武器装备和各种物资登记造册，送交军团部统一处理，按照俘虏政策，对收容的俘虏进行教育。愿意留下的，补充到各个连队，愿意走的，发给路费，遣送回家。当时，伤员的治疗是个很艰巨的任务，医务人员少，药品缺乏，医疗条件差。为了解决这个问题，军团后勤部门很快办起了红军医院，收治了一批伤员；同时，把另一部分伤员安置到老乡家里治疗。群众争着把伤员抬回自己家里，当作亲人一样精心护理。他们翻山越岭采集草药，给伤员敷上，不少人自己吃红薯、包谷，把大米省下来给伤员熬粥喝。有的用积存的一点钱给伤员买红糖补养身体。龙家寨100多户人家，差不多每户都养了一两个伤员。我们给每家几块光洋作护理费，可是谁都不肯收。就这样，依靠广大群众的热情支援，使几百名伤员及时得到了治疗。

处理完这几件事之后，我们就配合军团机关留下的同志组织了工作队，分赴各地从事发动群众、建立政权和地方武装的工作。不到一星期，就在龙家寨成立了湘鄂川黔根据地第一个基层政府——龙寨乡革命委员会，选举龙兴贵为乡主席，田玉祥为乡党支部书记。

有政权就有力量。广大农民在各级革命委员会的领导下，打土豪、分田地的斗争搞得轰轰烈烈，各村的贫苦农民高举红旗，扛着梭镖，涌进地主家里宰杀肥猪，开仓分粮，烧毁田契，分田分地。……武陵山区的土寨苗乡，一时呈现出一片蓬蓬勃勃的革命景象。

11月下旬，二、六军团主力南渡酉水未成，便毅然挥师东南，占领了敌人力量比较薄弱的沅陵、桃源、慈利、石门、大庸等县城，并威胁常德和长沙，为建立大片根据地奠定了基础。11月26日，在大庸成立了湘鄂川黔边省委、省革命委员会和省军区，任弼时同志任省委书记，贺龙同志任省革命委员会主席和省军区司令员。

12月10日，省委领导机关迁到塔卧以后，正式作出了创建湘鄂川黔根据地的决议，提出了发动群众，进行土地革命，壮大红军主力，组织地方武装，肃清地主、土匪武装，以及建党建政等项任务，使根据地的建设进入了一个新的时期。

这时，我们团已完成了在龙家寨的工作任务。军团党委调我们到塔卧石亭溪，负责筹措部队过冬的棉衣，清剿土匪，以及保卫省委首脑机关的安全等。由于红军主力到根据地边缘作战去了，根据地武装力量比较少，潜藏的地主、土匪武装便乘机大肆活动，仅在塔卧一带流窜的土匪就有四五股。这些匪徒集聚山林，昼伏夜出，袭击基层政权，杀害区乡干部，威胁恫吓群众，制造白色恐怖。马光、王茂庆、鲁吉生等几个游击队长都被杀害。匪首顾定山还窜犯过永顺县城，对我安定民心、巩固根据地的革命秩序危害很大。其中，盘踞在白水洞的王金礼、张奎全两股人枪比较多，活动尤为猖獗。我们部队外出活动，经常遭到他们袭扰。军团首长命令我们首先消灭这两股土匪。

白水洞在塔卧东南面，历来是土匪盘踞的地方。12 月下旬的一天，我率领二营五连，由当地一个叫向大的农民作向导，前往白水洞清剿土匪。我们来到这里，看到周围的山势很险要，白水河两岸，高山对峙，云雾缭绕，河东岸有座山峰，高耸入云，下临深潭，悬崖千仞，有如刀削。在悬崖陡壁的腰部，有两个岩洞，从山顶下到洞口有四五十丈，从地面上到洞口也有一二十丈，上下左右无路可通，猿猴也难以攀登。向大指着那两个岩洞对我说；这就是白水洞。上下两个洞相通，上洞住着王金礼，下洞住着张奎全。王金礼当过国民党的团长，家有四五千担谷的土地，是新寨最大的地主。张奎全是塔卧国民党的区长，无恶不作的劣绅。他们害怕红军来了之后群众找他们算账，老早就带着家眷和 100 多个匪徒逃到这里，集草屯粮，构筑工事，妄图与人民为敌到底。最近，塔卧的大地主雷成武和白水河两岸的大土豪李、傅、向三家，也躲藏在洞里。他们和王、张结成一伙，借助土匪武装，保护自己的利益。向大还告诉我们，他在傅家做长工时，曾被强迫到洞里修过工事，他说："洞里有几条坑道，可容纳四五百人，贮有几岩缸水，备足了可供百多人吃几个月的食物。洞口有几丈见方的平台，装了一部绞车，供土匪上下和运送物资；平台的四周砌了道石砦，架了机枪，上面盖了间茅屋，住着哨兵。"我和五连的干部听了向大的介绍，详细观察了周围的地形，觉得山势这样陡峭，自己没有炮，强攻是要吃亏的。于是决定先把白水洞上面的山头和周围的制高点控制起来，不让土匪跑掉，然后想办法攻打。

我们发动大家献计献策，战士们提出了许多很好的意见。有的同志说："洞里虽然贮存了几岩缸水，但里面人多，用水量大，只要断了水源，白水洞就不攻自破了。"我和连领导采纳了这个意见，制订了一个火攻白水洞的方案。

一天傍晚，北风呼啸，寒气袭人，我们找来一包棉絮，包上辣椒，浇上煤油，用绳子捆好，点着火，设法丢到洞口的茅屋上，茅屋立刻着火，火乘风势，又烧着了旁边几堆木柴，一会儿工夫，烟和辣椒味熏得众匪徒眼泪鼻涕直流，乱喊乱叫。王金礼、张奎全慌忙跑到洞口，只见大火熊熊，枪声大作，以为红军攻上来了，马上命令匪徒一面还击，一面舀水灭火。结果火是扑灭了，但贮存的水也用完了。没过两天，土匪个个干得喉咙冒烟，嘴唇也裂开了口。许多被胁迫进洞的土匪和一些土匪家属，眼看实在熬不下去，思想动摇了。我们趁这机会，加强了政治攻势，在山下阵地里组织大家轮流喊话，宣传党的政策，命令他们投降。但是几个匪首很顽固，还不断向我们打枪，挑衅性地扔下大米和腊肉说："红军哥，我们这里有很多好吃的，上来吧，我们把枪支给你们。"战士们看到这些情景，肺都气炸了。向大同志主动提出，他熟悉地形，请求带几个人用突然袭击的办法下洞消灭土匪。我们经过研究，采纳了他的意见，立即组成一个突击组，和向大一起在火力掩护下，用棕绳从山顶吊下去，快接近洞口时，突击组接连摔出几颗手榴弹，消灭了洞口的土匪，迅速控制了两个洞口。战士们高喊："缴枪不杀，红军优待俘虏！"众匪徒早就感到穷途末路，无法活下去了，哪里还敢抵抗，便一个个缴了枪。几个匪首看到大势已去，也无可奈何地放下了武器。

这次战斗，一共毙俘 200 多名土匪，缴获四挺机枪、100 多条步枪和许多光洋。

与此同时，各级地方武装建立了起来，县成立了独立团，区、乡成立了游击队、赤卫队，配合主力红军对地主土匪武装进行清剿。在剿匪战斗中，严格执行党的政策，把军事打击、政治争取和群众捕捉密切结合起来，迫使几十股土匪向我们缴械投降。到 12 月底，各地共收缴长短枪 2200 余支，基本上平息了匪患，巩固了后方。广大翻身农民在"保卫分田分粮的胜利果实"、"工农武装上前线"的号召下，踊跃参军支前；

妇女们也给红军运粮草，抬担架，做军鞋，送亲人当红军。苗族妇女石玉珍，不但自己报名当了兵，而且动员了 50 多名青年参军。板铺村的全永山，带领三个儿子一起参了军。在很短时间内，二、六军团扩大了 4000 多名新战士。根据地内还办起了兵工厂和各种手工业加工厂。各族人民以大量的人力、物力支援了前方作战。

粉碎“围剿”　胜利长征

根据地的发展壮大，震撼了国民党反动统治集团。蒋介石害怕我军夺取长沙，遂于 1935 年 1 月，调集了 11 个师又四个旅，共十多万兵力，分六路纵队，采取四面包围、分进合击的战术，开始对我根据地发动大规模“围剿”，扬言要把我二、六军团“压缩在庸、沅、桑、永地区，聚而歼之”。形势是险恶的，我根据地军民面临着一次新的严峻的考验。在这严重关头，传来了遵义会议的消息。这次会议结束了王明“左”倾路线的统治，实际上确立了毛泽东同志在全党的领导地位。党中央和毛泽东同志给我们及时来电作了明确指示，为我们反“围剿”制定了正确的方针和策略。我们二、六军团广大指战员听到这个喜讯，受到极大的鼓舞，大大增强了粉碎敌人“围剿”的信心。中央指出：要利用湘军敌人指挥不统一以及何键部队的疲惫，于敌人离开碉堡前进时，集中优势兵力，选择敌人弱点，不失时机地在运动中各个击破敌人。并指示成立贺龙为主席，任弼时、关向应、肖克、王震、夏曦等同志为委员的军委分会，讨论战略原则问题和部队的行动方针。从此，我根据地军民遵照党中央、毛主席的指示，在军委分会的领导下，采取运动战和游击战相结合的战略方针，展开了艰苦卓绝的反“围剿”斗争。

1935 年 2 月初，我率二营奉命调到大庸天门山四斗坪，一方面阻击敌人，一方面开展群众工作和扩大红军。不久，我们即以四十九团二营为基础，组建了五十三团，并把两个县独立团扩编为五十二团和五十四团，在永顺成立了十八师，我调到十八师任政治委员，张正坤①任师长，马赤任师参谋长，李信任师政治部主任。我们师经过短时间的整训，于3月14日参加高梁坪战斗，在马桂山、胡芦坪击溃敌人两个保安团，并给予前来增援的敌陶广纵队两个团以沉重打击，挫败了敌人的锐气。接着，我们又北上大庸，3月21日在鸡公垭击溃了敌李觉纵队三个团，为主力部队的转移赢得了时间。

4月上旬，军委分会召开了师以上干部会议，进一步学习中央对反“围剿”的指示，传达军委要二、六军团“尽力在原地争取胜利”的电令，总结一个多月来反“围剿”的经验教训，决定二、六军团的主力向湖北鹤峰、五峰一带转移，采取战略上的内线作战，战役、战斗中的外线作战，在敌人进行合击时，诱敌深入，歼其一路的方针。贺老总在这次会议上给我们详细介绍了全国革命斗争的形势，具体分析了粉碎敌人“围剿”的有利条件，说明湖北鹤峰、五峰一带过去是红军的根据地，群众基础比较好，部队转移到那里作战的理由。贺老总精辟的见解，透彻的分析，把大家的心说得亮堂堂的。他说：“当前敌我力量悬殊太大，我们应当尽量避免在根据地内与敌决战，将主力转移到外线去，向敌人侧翼和后方突击，在运动中选择有利的时机和创造有利的条件，集中优势兵力，打击敌人最薄弱的环节，各个击破敌人。”贺老总满怀信心地指出：敌人虽然多，装备好，但派系多，矛盾重重，指挥不统一；我们虽然人少，装备差，但通过遵义会议精神的传达、宣传和贯彻，部队上下团结，士气高昂，又有广大群众的支持，完全有条件、有信心粉碎敌人的“围剿”。他还风趣地说：“陶广、李觉、张振汉、陈耀汉这些乌龟王八蛋都来了，要抄我们的家。我们这次是搬家，打烂一些坛坛罐罐不要紧，打烂了要他们赔。”听了贺老总的讲话，大家受到很大的教育，统一了思想，激

① 原文为张振坤，本文统一为张正坤。

励了斗志。同志们都这样想，半年多来的亲身经历充分说明，贺老总是坚决执行党的正确路线的，有军委分会的正确领导，就没有战胜不了的敌人。

4 月 12 日，二、六军团主力和省委机关撤出塔卧，向湖北鹤峰、五峰一带转移。当天下午，我们到了桑植西南的陈家河。陈家河东西两面都是大山，中间是条平川，是我军转移的必经之路。不料敌北路纵队陈耀汉的五十八师一七二旅抢先到达这里，截断了我军北进的道路。军团首长分析了当面敌人的情况，认为一七二旅孤军深入，两翼暴露，陈耀汉驻守桑植城，离这里 60 多里，沿途山高路险，不易增援。而且这个旅多是北方兵，行装笨重，不善于山地作战；我军兵力集中，超过敌人数倍，完全有把握消灭这股敌人。接着，军团首长亲自到各师动员，布置战斗，传达贺老总的指示：要求大家做好充分准备，坚决打好这一仗，为主力转移开辟一条通路。部队趁天黑占领了陈家河东、西两侧的山头，控制了渡口。第二天发起攻击，我们师从侧翼出击敌人，首先占领了敌人铜关槽一线的阵地，歼敌一个团，然后由东往西打，把敌人压缩在狭长的山沟里。战斗打得相当激烈，到黄昏时，全歼敌一七二旅，击毙敌旅长李延龄。

一七二旅被歼后，陈耀汉的北路纵队只剩下一个旅驻在桑植城，东南的李觉、陶广二路纵队龟缩在 80 多里外的塔卧，不敢轻易出来；西面的张振汉纵队离这里更远，还在湖北来风一带。这个情况，对我军歼灭孤立的陈耀汉纵队非常有利。军委分会审时度势，及时改变了原来的计划，决定进击桑植，消灭进犯的北路之敌。15 日下午，我们直插桃子溪，正好碰上了陈耀汉。原来陈耀汉听说一七二旅被歼，深恐全部被我吃掉，带着五十八师直属队和一七四旅慌忙南逃，向李觉、陶广靠拢，也于这天下午到达这里，正在埋锅造饭，准备宿营。军团首长说："敌人既然送上门来了，我们也不走了，就在这里消灭他们。"军团首长要我们师插到桃子溪的后山，堵住口子，不让敌人跑掉，主力部队走大路正面袭击。这时天已大黑，滂沱大雨下个不停，本来很难走的田埂路，此刻被雨冲洗得像浇了一层油，滑得实在厉害，一不留神就会跌倒。但情况紧急，战士们全然不顾这些，跌倒了爬起来，没有一个掉队的，我们以每小时十里的速度，一股劲地往前赶。到了预定位置时，正面突击的部队已经打响了，战士们猛然向敌人发起冲锋，村里的敌人猝不及防，顷刻陷入一片混乱，战士们乘势冲进村子，把敌人分割开来，然后一部分一部分地予以歼灭。我们师夺取了敌人的炮兵阵地，缴获了两门钢炮。战斗发展得很顺利，几个小时就歼灭敌一个师部、一个旅和两个团，活捉敌五十八师参谋长周桂先。在这次战斗中，我们俘敌 300 多人，只剩陈耀汉带着 20 多个士兵跑掉了。

接连打了两个大胜仗，敌人的包围圈被我们打破了。我军乘势转入反攻，4 月 16 日收复了桑植县城，并东出津市，进逼慈利。当时，湘、鄂、川、黔的军阀互分畛域，都有自己的势力范围。他们为了保存实力，看到北路纵队被我歼灭，便纷纷后撤，于是，我军又恢复了以永顺、大庸、桑植为中心的大片根据地。军委分会根据变化了的形势，分析了两湖军阀的矛盾，认为湘军已收缩阵地，加强固守，兵力比较集中，和红军作战的经验较多，战斗力较强；鄂军比较分散，兵力薄弱，多为北方部队，不善于山地作战，战斗力较弱，决定改变主要的作战方向，对湘军取守势，对鄂军取攻势。6 月上旬，我们大踏步地转向西北，经永顺、龙山进入湖北来风、宣恩，寻求新的作战机会。由于根据地遭到敌人破坏，又值青黄不接之时，粮食极度缺乏，一路上，我们只好买青苗，捋稻穗，解决给养问题。部队差不多每天都要行军打仗，有时一天要走 100 里，又吃不饱饭，环境相当艰苦，但战士们的情绪高昂，没有叫一声苦的。6 月 9 日，二、六军团以部分兵力包围宣恩，创造了围城打援的战机。6 月 12 日，敌西路纵队司令张振汉带领四十一师增援宣恩，我军设伏于咸丰忠堡，将敌团团围住，激战三天三夜，歼灭该师三个团，生俘张振汉。随后，我师返回龙山马蹄寨休整，军团主力以少数兵力包围龙山师兴吾、刘文华两个团的敌人，围困了一个月之久，使敌人“粮尽弹缺，搜索菜根树皮以维军食”，诱使各路敌人纷纷来解龙山之围，再一次创造了围城打援的战机。7 月 28 日，我师奉命从龙山洗洛出发，到招头寨配合十七师，堵截增援龙山的敌李觉十九师。这天太阳火辣辣的，战士们翻山越岭，涉涧过溪，衣服全被汗水湿透。到了伏击地域，各团立即抢占了几个山头。战斗打响后，敌人开始气势汹汹，企图与我决一雌雄，但一连几次冲锋都被我打垮。在击退敌人最后一次冲锋时，我们乘势向敌人发起猛烈冲击，被打死的敌人就像砍倒的杉木一样直往下滚。李觉见势不妙，忙令其残部撤退，战斗很快就结束了，共歼敌千余名。8 月 3 日，在板栗园以伏击手段，歼灭了增援龙山的敌八十五师，击毙敌师长谢彬，并解放了宣恩县城。8 月 8 日，在芭蕉托打垮敌陶广纵队十个团。几个月来，我二、六军团密切协同，穿插敌人重兵之间，避强击弱，寻机歼敌，打得机动灵活，有声有色，运动自如，连战皆捷，痛快淋漓地粉碎了敌人的反革命“围剿”。8 月下旬，我军主力再次挥戈东指，攻占了石门、澧县、临澧、津市等城镇和大片地区。通过这次反“围剿”战役，使根据地军民得到了更大的锻炼，进一步扩大了红军的政治影响。当时在群众中流传着这么两句话：“下雨有贺龙，天晴有肖克。”说是活（贺）龙喜欢水，下雨保打胜仗，硝（肖）克喜欢太阳，天晴也打胜仗。总的意思就是，不管天晴落雨，红军天天都打胜仗。还有一首民谣唱道：“红军红军，天降神兵，来无声响，去无踪影，个个都是飞毛腿，翻山越岭风赶云。”充分反映了广大人民群众对红军的崇敬和爱戴，对国民党反动派的憎恨和蔑视。

在将近一年的时间里，我二、六军团粉碎了敌人 100 多个团的“围剿”，毙伤敌人一万多名，俘获敌人纵队司令以下官兵 8000 余人，箝制敌人 30 多万，减轻了中央主力红军的压力。在战略上有力地配合了中央主力红军长征。1935 年 10 月中旬，中央主力红军胜利到达陕北，我二、六军团遵照党中央的指示，在敌人更大规模的“围剿”尚未到来之前，为了求得更有利的发展，决定突围长征。军委分会于11月4日在桑植召开了师以上干部会议，讨论和部署长征的有关问题。会后，各单位从思想上、组织上、军事上、物资上积极地进行了准备，精简了冗员，整编了部队，组建了五师和十六师，充实了红军主力。这时，我被调到十六师担任政治委员，周球保任师长，刘子奇任师参谋长，李铨任师政治部主任。11月19日，军委分会决定留下十八师牵制敌人，主力部队从桑植瑞塔铺出发，突破澧水、沅水两道敌人封锁线，转战于湘中地区。我师经新化县城到锡矿山休整了一个星期，派四十七团进驻蓝田，扩大红军数百名，筹集了一万多块光洋和大批布匹，为部队添制了军服，然后经黔阳、新晃进入贵州，在江口和突围出来的十八师胜利会合，踏上了北上抗日的万里征途。我党我军的许多优秀儿女，如四师政委余道群、六师政委方正明、十七师师长苏杰、十八师参谋长马赤等同志，为开辟湘鄂川黔根据地英勇战斗，创造了许多可歌可泣的英雄事迹。他们光荣牺牲了，永远值得怀念。今天，我们要继承先烈们一不怕苦、二不怕死，严守纪律，自我牺牲的革命精神，为建设四个现代化社会主义强国作出更大贡献。

选自《红六军团征战记》下，解放军出版社1994年6月版，第14—29页。

团结战斗在湘鄂川黔

周仁杰

1934 年 10 月，我们红六军团在黔东与红二军团胜利会师。从此，两军结成一个坚强的集体，团结战斗休戚与共，在挽救革命危局的斗争中，共同创建了湘鄂川黔革命根据地。黔东会师，是红二、六军团发展成为红军三大主力之一红二方面军的重要里程碑。

不久前，我回到了湘鄂川黔革命根据地，走访了当年红二、六军团战斗过的地方，不禁又想起那些艰苦卓绝的战斗历程。

30 年代初，蒋介石不顾日本帝国主义的疯狂侵略，调集重兵，对革命根据地连续发动大规模的“围剿”。在王明“左”倾军事冒险主义和消极防御的作战思想指导和影响下，反“围剿”斗争遭到严重挫折，长江南北的革命根据地相继丧失，或者处于岌岌可危的情势之中。1932 年 10 月，贺龙、夏曦等同志率领红二军[1]从洪湖根据地出发，沿着豫陕川边境，转战到湘鄂西部边沿地区，开展游击战争。一年半以后，又转移到黔东印江、沿河等地，建立根据地。1934 年，中央红军和红六军团在第五次反“围剿”中连连失利，中央和湘赣两个根据地不断被敌人分割和压缩，处境极为困难。为了打乱敌人的作战部署，牵制和吸引敌人兵力，我们红六军团奉命到湖南中部地区去建立新根据地，随后与

① 应为红三军。

湘西北（实际上在黔东）的红三军取得联系。

1934 年 8 月 7 日，全军团近万人，在中央代表、军团军政委员会主席任弼时、军团长肖克、政委王震的率领下，从湘赣革命根据地出发，突围西征。由于不断遭到优势敌人的围追堵截，我们始终不能站稳脚跟，也无法北上与红三军会合，只好沿着湘桂边境向贵州挺进。10 月 4 日，到达贵州乌江东岸的瓮安县境。中央军委又命令我们回师东进印江，到黔东革命根据地与红三军会合。10 月 7 日，在途经石阡甘溪时与桂军遭遇，仓促应战，我军未能突破敌人的防堵线，被迫转战于石阡、镇远一线以西，乌江以东的崇山峻岭之中，兜了一个几百里的大圈子。在这期间，部队丢掉了所有的辎重和马匹，并且三次被截断，陷入敌军 24 个团的包围圈里，处境十分危险。为了迅速突出重围，被截断的四支部队，常常一天只能吃上一顿稀饭，各自在人迹罕到的悬崖峭壁、溪涧峡谷中寻路前进。一天深夜，军团部和我们两个团由一个老猎人带路，从敌人想不到的地方——谷涧水沟中通过了封锁线。经过半个多月的艰苦奋战，除十八师师部和五十二团不幸再陷重围，全体壮烈牺牲外，其余 3300 多人陆续脱险，分三批先后到达黔东革命根据地。

红三军知道我们进入贵州以后，就千方百计地打听我们的下落。贺龙等同志不顾敌军的拦阻与袭击，派出部队分头寻找，并亲自率领部队南下接应。接应部队在出发的第二天，遇到了我们军团第一批突围的同志。贺龙同志听了他们的汇报以后，立即赶到根据地南部边沿地区，在印江、缠溪，木黄一带作接应的准备。10 月 24 日，我们最后一批突围的部队，在任弼时、肖克、王震的率领下，终于到达木黄，与贺龙、关向应同志带领的部队胜利地会师了。

当天，两军转移到松桃石梁。在这里，我们又一次受到了热情而隆重的欢迎，不少同志激动得流下了热泪，到处是一派团结友爱的动人情景。我们刚住下，红三军的同志和当地群众，就送来了粮食、猪肉、盐巴和铺草，帮助我们打草鞋，还抽出一部分马匹送给我们。这种深厚的阶级感情和无微不至的关怀，使我们感到非常温暖，真像回到了自己的家。贺老总听了王震同志的汇报后，指示六军团抓紧三件事：第一是睡好觉和吃饱饭；第二是洗澡、理发和洗衣服；第三是打草鞋。好好地恢复体力，整理组织，准备继续战斗。

10月26日，两军在川黔交界的酉阳县南腰界召开庆祝大会。会上，任弼时同志首先宣读了党中央的贺电和中央军委的决定：红三军恢复红二军团的番号，贺龙任军团长，任弼时、关向应分别任政委、副政委。当大会进行到贺龙同志讲话的时候，出现了高潮。贺龙同志说：我知道你们的心情，到了贺龙的后方，想休息一下。按说这是应该的。可是蒋介石这个卖国贼不让我们休息。这里的根据地是新近才开辟的，不很巩固。同志们，可靠的根据地在我们的脚板上。这段意味深长而富有风趣的话，使会场的气氛更加活跃起来，大大激发了与会同志创建新根据地的战斗热情。会后，两军指战员投入了紧张的准备工作，积极迎接新的战斗。

早在我们二、六军团会师前夕，中央红军就开始突围长征。蒋介石先后调集了20多个正规师，前堵后追，左右侧击，中央红军的处境十分困难。当时，唯一靠近中央红军、处于重要战略翼侧的红军主力，只有红二、六军团。因此，直接策应中央红军战略转移的任务，就落到了两军团的肩上。

黔东会师为两军团承担这一历史任务创造了必要的前提。会师后建立了以贺龙、任弼时为核心的集体领导，从而解决了党的领导问题，使两军团捏成一个拳头。同时，由于撤换了长期掌握红三军大权，积极推行王明“左”倾路线的夏曦同志所担负的主要领导职务，部队建设中存在的问题，也就比较容易解决了。在贺、任、关首长的领导下，平反了肃反扩大化造成的冤假错案，加紧了党团组织的恢复和政治机关的重建工作。这就为迎接新的战斗任务，作了政治、军事和组织上的准备。

为了摆脱自身的困境，为了策应中央红军的战略转移，两军团决定挺进湘西，发动攻势，建立新根据地。在这之前，中央军委几次来电，要两军团分开活动，红二军团留黔东，红六军团去湘西凤凰、乾城开辟根据地。经过反复研究，两军团领导认为：两军分开活动，势单力薄，有可能被敌人各个击破；集中兵力统一行动，才有胜利的把握。两军团领导还认为：黔东地域狭小，人少粮缺，难以向外发展；湘西地广、人多，经济条件比较好，我们党和贺老总在那一带的群众中有影响，建立根据地的条件比较理想。同时，敌军主力正在云集湘南堵截中央红军，湘西守敌薄弱，只有十来个团的兵力，对我也很有利。于是，两军团领导向中央军委陈述了集中兵力发动湘西攻势的理由，建议改变原来的决定。

10 月 28 日，两军团神速地北出四川酉阳、秀山，矛头指向龙山、来凤，接着突然转向东南，大踏步地穿越湘川黔边境，九天急行军近千里，迂回进入湘西。11 月 7 日，袭占湖南永顺县城。

我军突然在湘西出现，使敌人大为震惊。盘踞湘西多年的军阀陈渠珍，急忙调动三个旅万余人北上，企图把我军赶出湘西。在敌人没有到来之前，我军在永顺县城休整了一周并筹集到了部分军用物资。13 日，陈渠珍的部队逼近，我军故意示弱，主动退出永顺县城，向北转移。转移中，由于地形、时机不理想，三次放弃伏击机会，继续向北撤退。敌人因连日追击没有遇到坚决的抵抗，以为我军怯战，越发骄横嚣张起来。16 日，我军终于将敌人引诱到永顺以北十万坪地区的龙家寨。这里是一片谷地，四面环山，两头窄，中间宽。山上树木茂密，山势比较平缓，既便于隐蔽，又便于多路出击，是一个理想的伏击战场。我们两军团主力埋伏在东、西两侧山坡上，趁敌人立足未稳，出其不意地发起攻击。经过两个多小时的战斗，两个旅大部被歼。当天晚上，又在把总河击溃敌军另一个旅。我军乘胜追击，再次占领永顺。接着，又进占大庸、桑植，沿沅江东进，直取桃源，在浯溪河歼灭敌军三十四旅的两个团，包围常德，威逼长沙。这个锋芒指向湖南心脏的攻势，使蒋介石和两湖军阀坐卧不安。湖南军阀何键哀求蒋介石，让其从追堵中央红军的兵力中抽回三个师增援常德，湖北军阀徐源泉害怕我军入鄂，威胁长江交通，中止了正在入川、准备对中央红军作战的三个师又两个旅的行动。面临新的敌情，我军撤离桃源、常德，回师大庸。

军事上的胜利有力地配合了中央红军在湘黔地区的行动，也为创建根据地开辟了道路。我军占领永顺以后，就派出了工作队发动群众，打土豪，分田地，清剿土匪和地主武装，建立革命政权。短短的时间内，我们在这块多年为土匪军阀盘踞的“小王国”发动了几十万群众，相继建立了四个县、44 个区的苏维埃政权、党的组织和地方武装；成立了省委、省革命委员会和省军区的领导机关；建立了红军医院、小兵工厂；开办了红军学校。湘鄂川黔革命根据地的建立，使两军团攻守进退有了可靠依托和回旋余地，有了一个休整部队、安置伤员、补充兵员和储备作战物资的后方基地。在师团以下干部一年替换好几次的情况下，红军学校为部队培养、轮训了大批干部，有效地提高了这些同志的指挥水平和业务能力。

初具规模的湘鄂川黔革命根据地，像一把利刃插在反动派的脊背上。1935 年春，蒋介石和湘鄂军阀拼凑了 50 个团十多万人的兵力，编为六个纵队，对新生的革命根据地发动第一次“围剿”。敌人的作战计划分为两步，先四面包围根据地，构筑碉堡，联成环形封锁线；然后紧缩包围圈，迫我在塔卧、龙家寨狭小地区决战。这时，中央红军已经过了乌江，处境仍很困难。只有一万多人的红二、六军团，能否坚持湘鄂川黔革命根据地的斗争，粉碎敌人的“围剿”，是关系到两军团的生存与发展，更关系到能否继续分担中央红军军事压力的问题。

湘鄂川黔革命根据地的反“围剿”斗争，初期战斗失利，大庸、桑植相继丢失，斗争形势日益严重，两军团开始作北渡长江，到鄂西南漳、兴山、远安等地去建立根据地的准备，并向中央军委报告了这一行动方案。

在反“围剿”的准备阶段，遵义会议已经结束。以毛泽东同志为首的中央军委，根据遵义会议精神，两次来电作了重要指示。2月1日的电报，除了指示两军团成立以贺龙为主席，任弼时、关向应、夏曦、肖克、王震为委员的革命军事委员会分会以外，着重指出：两军团应利用湘鄂敌人指挥上的不统一，选择敌人弱点，不失时机地在运动中各个击破之。总的方针是决战防御，而不是单纯防御；是运动战，而不是阵地战。4月5日的电报又指出：取得胜利的可能性是存在的，红二、六军团应继续留在原地区坚持斗争；只有在原地区不利于作战，并且不转移就不能保存有生力量时，才可实行北渡长江的计划。但是，当时大家还不能完全理解这些指示和刚刚传达的遵义会议的精神实质，看不到在原地区取胜的可能性。4月9日，永顺失守，敌军向根据地中心塔卧、龙家寨进逼。我军便撤出这些地区，向北转移，准备渡江去鄂西。

在转移途中，我军突然与湖北敌军遭遇。正在桑植的敌纵队司令陈耀汉，发现了我军的转移行动，立即派出五十八师的一七二旅，西山桑植县城60公里，在陈家河拦阻。军分会决定乘其立足未稳，消灭这支孤军深入之敌，以扫除转移的障碍。贺龙同志说："我们要走，也要打这一仗再走。"13日，两军团集中两倍于敌的兵力，发起总攻。王震同志亲临前线指挥我们团作战。经过一天激烈的战斗，该旅敌军全部被歼。敌军旅长李廷令被我击毙。陈耀汉闻讯率五十八师一七四旅前来增援，途中得悉一七二旅被歼，立即掉头南窜。军分会预料到了敌人的这一动向，当即决定由肖克同志率领三个团南下追击。15日下午，在桃子溪发现了逃窜的敌军，迅速发起进攻，又歼灭了敌军一个师部、一个团和一个山炮营。

从陈家河到桃子溪，我军三天打了两个大胜仗，消灭敌人一个师，在敌人已经收缩得很小的包围圈上，打开一个大缺口。其余五路敌军纷纷后撤，由进攻转入防御。军分会根据形势的变化，决定放弃渡江计划，留在原地区坚持斗争。湖南敌军怕我们切断前线部队交通补给线，湖北敌军怕我们渡江入鄂，均节节后退。根据地大部分地区得以恢复，敌人的第一次“围剿”遂告破产。

5月，敌人又发动第二次“围剿”，兵力增加到80个团。陈家河、桃子溪战斗的胜利，不仅加深了我们对中央军委指示和遵义会议决议精神的理解，提高了打运动战、游击战的自觉性，还发现湖北敌军比湖南敌军好打。这时，中央红军已经渡过金沙江。军分会据此修改了作战方案，实行对湘敌采取守势、对鄂敌采取攻势的方针，并决定跳出敌人包围圈，灵活采用外线作战手段，积极创造条件打运动战。6月12日，我军运用围城打援的战术，在咸丰县忠堡歼灭敌军四十一师，活捉敌纵队司令兼师长张振汉，8月3日，又在板栗园设伏，一举歼灭敌军八十五师，击毙师长谢彬。接二连三的胜利，迫使蒋介石命令湘鄂敌军转入防御。敌人的第二次“围剿”又告破产。从8月下旬起，我军则由西而东，乘胜挺进到洞庭湖西北地区，先后攻占石门、澧县、津市、临澧等城，在根据地东部开辟了广大的游击区。在这里，我军吸收了6000多名青年入伍，缴获了大批军用物资，筹集到大量经费，并解决了全军的冬季服装。

9月，蒋介石又拼集了130个团的兵力，对我们发动第三次“围剿”，并且在宜昌设立行营，派陈诚坐镇指挥。尽管这时两军团已发展到21000多人，但是，由于我们已经完成了策应中央红军长征的任务，同时在原地区坚持斗争对我不利，于是两军团从湘鄂川黔革命根据地突围，强渡澧水、沅水，转战湘中、黔东，执行新的战斗任务。

选自中共铜仁地委党史资料征集办公室编:《红军在黔东》, 1986年10月, 第248—256页。

创立湘鄂川黔革命根据地的回忆

袁福生

1934年10月，我们红六军团与红三军会师后没有停留，部队继续出发。两军于10月27日[①]在四川酉阳之南腰界停下来举行了誓师联欢大会，任弼时和贺龙同志都在大会上讲了话。贺龙同志在讲话中说:“我们的根据地就在脚板底下。”听到这句话后，我们有些失望，原来以为同红三军会合后，能在他们苏区得到一个时间的休整，但因为原洪湖和湘鄂西苏区党的主要负责人夏曦执行了王明路线，使洪湖和湘鄂西苏区都丢掉了。当时，在黔东临时建立的一小块根据地，也是很不巩固的。我们两军开完联欢大会后，根据中央指示，红三军恢复红二军团番号，建立了以中央代表任弼时同志为首的党的领导机构，在军事上成立总指挥部，贺龙同志任总指挥，任弼时同志任政委，关向应同志任副政委。遵照中央总的战略意图，决定红二、六军团控制具有战略地位的湘鄂川黔边地区，建立新的革命根据地，开展游击战和运动战，借以钳制敌人，策应中央主力红军长征。10月28日，红二、六军团由南腰界出发，战敌两个旅于凉风垭、毛岗、鼓石等地，后经蚂蝗井进占四川酉阳县城，接着我军继续向湘西挺进。11月7日，我们二、六军团攻克湘西之永顺县城，使我们经过远征苦战的部队，得到了一

① 应为10月26日。

周的休整。休整期间，部队补充了人员、马匹和装备；从红六军团抽调部分干部到二军团；健全和恢复了党团组织，加强了政治思想工作等。两军亲密团结和统一行动，形成了一支强大的战略突击力量。广大指战员发扬了高度的阶级友爱，互相帮助，互相学习，部队士气倍增，战斗力有很大的提高。

正在这时，湘西土著军阀陈渠珍部的龚仁杰、周燮卿两个旅和贵州的皮德沛①、杨其昌两个师约十个团的兵力，向我进行围攻。我军于11月14日退出永顺城至吊井岩一线，诱敌尾追。部队过了龙家寨后，总指挥部决定选择十万坪有利地形给敌人以歼灭性打击。11月16日，由肖克军团长和王震政委亲率四十九、五十一、五十三等三个主力团为第一梯队，在十万坪的碑里坪、杉木村之间的山坡上埋伏，并亲临第一线指挥。王震政委下令，他不开枪，任何人都不准先开枪，违者枪毙。我军设伏后，尾追我军之敌皮德沛、杨其昌两个师，龚仁杰一个旅，周矮子一个团先钻进我口袋。待敌离我埋伏阵地20米，王政委才开第一枪，顿时，我机枪、步枪、迫击炮和手榴弹一齐向敌人开火，紧接着王政委手一挥，六军团像潮水一般，冲向敌群，打得敌人落花流水，溃不成军。红二军团的二梯队见此有利时机，如猛虎下山，紧跟着敌人穷追痛击，一直追到永顺城，将其克复。这一仗除周矮子、龚仁杰、皮德沛、杨其昌几个家伙带领一些残兵败将逃走之外，活捉了龚仁杰的参谋长，歼敌3000余人，缴获枪支2000余支和大批弹药，补充和改善了我军装备。这一仗是红二、六军团会师后的第一仗，是打开湘鄂川黔的局面，建立革命根据地带关键性的一仗，其意义非常重大。

由于这一战斗胜利，我军乘胜攻克了桑植、大庸等县城镇，直逼沅陵，重新以原湘鄂西苏区之永顺、桑植、大庸、龙山、来凤、鹤峰、古丈、慈利等地为基础，建立湘鄂川黔革命根据地。11月26日，在大庸

① 原文误为皮德培，本文统一为皮德沛。

县成立了中央湘鄂川黔省委，任弼时同志任书记，并成立了湘鄂川黔省苏维埃政府，贺龙同志任主席；又成立了湘鄂川黔军区，贺龙同志为司令员，任弼时同志为政委。关向应、肖克、王震、张子意等同志均为省委委员。接着以四十九团、五十三团、十六团分兵于永顺、大庸、桑植一带发动群众，建立革命政权，发展党团和建立群众组织，成立地方革命武装,肃清地主武装,领导群众开展打土豪分田地的斗争。12 月 1 日，省委颁发了没收和分配土地的条令，不久，永顺、桑植、大庸、龙山、古丈、慈利等县区乡革命政权相继建立，群众也发动起来了，并开展了土地革命运动。12 月 10 日，湘鄂川黔省委等机关迁至永顺塔卧。在大庸的丁家溶和永顺塔卧批判了夏曦同志的错误，并撤了他的职务。在塔卧又奉命建立了中央革命军事委员会湘鄂川黔分会，贺龙同志为主席，任弼时、关向应、肖克、王震等同志为委员。

12 月 16 日，我军在浯溪河消灭刚从湖北调来进行防守的敌独立第三十四旅罗启疆部大部后，紧接着占领桃源。第二天，我前卫部队穷追猛进，一度攻入常德城内。但是由于我后续部队没有及时赶到，结果被迫退出城外，待后续部队赶到才包围了常德城。我军在常德、桃源地区活动七天,扩兵数千,筹得大批物资。这一行动震动了国民党反动集团，何键急令其在湘南截击我中央红军之十六、十九、六十二等三个师兼程救援常德等地。敌二十六师亦由江西驰援常德。我们红二、六军团此行有力地配合了中央红军长征。

由于红二、六军团在湘西节节胜利，敌人于 1935 年 2 月中旬调动了将近 30 个师的兵力 20 万人，向我湘鄂川黔根据地压来，大规模“围剿”我们红二、六军团。敌张万信旅渡澧水向大庸边界进犯；郭汝栋师之王振东旅、李觉师的陈子贤、陶柳两旅，由慈利、桃源边境向大庸进犯；第一路司令陶广所部六十二师钟光仁旅，十六师章亮基所部之向友松旅，由沅陵向大庸、永顺进犯；陈渠珍师顾家齐、周燮卿、廖怀忠、戴季韬各部进犯永顺；张振汉率四十一师和四十八师从湖北鹤峰、来凤向我军进犯；在川东的王东原（湘军）等部驻守川东秀山一带。敌人以大庸、桑植为重心对我取包围形势。南路章亮基部孤军深入永顺之高梁坪，我军予以迎头痛击，仅用四五小时歼敌章亮基部戴鼎甲团和两个保安团，残敌仓皇经王村向古丈溃逃。3 月间，我军一部主动撤出大庸城，向永顺等地转移。李觉、郭汝栋乘虚逼进大庸。3 月 21 日，敌十九师、十五师从大庸城倾巢出动，蜂拥而至，妄图歼我于永顺、大庸交界之后坪。红六军团首长识破了敌人的阴谋，决心在后坪给予迎头痛击，因此，军团首长令十七师五十团（原五十三团）为先头部队，在拂晓前占领后坪通往永顺要道之鸡公垭，但是由于我五十团耽误了时间。结果鸡公垭被敌人抢先占了。我军不顾牺牲对鸡公垭山头反复冲锋 30 多次，大战一整天。由于我指战员英勇顽强，杀得敌人尸横遍野。第二天红二军团从永顺王村一带赶来后坪，配合作战，又给了敌人沉重打击。李觉、郭汝栋见我援兵已到，又遭到我军严重痛击。故带领残兵溃退大庸城。后坪战斗歼敌三个团约 3000 余人。但我军伤亡也较大，约五六百人之多。五十团政委贺志高和五十一团政委周志斌以及六军团宣传部副部长刘光明同志都在这次战斗中壮烈牺牲。

敌人虽然屡次遭受严重失败，但是仍然集中了强大兵力向我军围攻，4 月 9 日，敌十六师占领永顺县城。12 日，湘鄂川黔省领导机关退出塔卧、龙家寨，向北转移至龙山兴龙街。敌当日占领塔卧。由于敌人的围攻，根据地越来越小，我军必须突破敌人的包围，转移外线作战，选择有利时机，集中优势兵力，打击敌人最薄弱的一环，以便粉碎敌人的“围剿”。按敌人当时兵力部署，东南面为陶广、李觉两纵队，是敌人的主力，地势较平坦，靠近敌人的中心地区常德、桃源，不利我军活动。西北面是张振汉、陈耀汉两纵队，他们是从北方调来的，对我根据地地形不熟，不善于山区作战。所以我军决定向桑植西北面突围，以求在运动中寻找战机，消灭敌人。但是驻桑植县城之敌人陈耀汉派出了张万信旅，先占领了陈家河，企图阻止我军北进。二、六军团总部决定，先消灭陈家河之敌，打开一个缺口。于是我军集中优势兵力包围陈家河张万信旅，激战一昼夜。第二天上午，六军团十七师之四十九和五十一团以及十八师上阵，敌人向我北山攻来，敌接近我部队很近时，罗章同志带领五十一团第三营像猛虎一样冲下山去，我军其他部队随着也一起冲向敌群，敌伤亡惨重。这一仗将张万信旅全部歼灭，毙张于陈家河畔。

陈家河战斗后，我军休整一天，打扫战场，清查战果。这时我二、六军团总部判断驻桑植城的敌人陈耀汉师，可能弃城向塔卧方向靠拢，乘胜打击当前孤立之敌陈耀汉是非常有利的。不出所料，盘踞在桑植城内的北路纵队司令陈耀汉，见张万信部被歼，感到极大威胁，于是急忙率领其五十八师从桑植向塔卧的李觉、陶广匪部靠拢，当晚宿营于桃子溪。我指挥部决定急袭这股敌人，立即命令红十九师五十团为先头部队，神速插向桃子溪，包围敌人，主力部队走大路从正面压来。我当时是六军团保卫局检察员，被派在十七师工作，故跟五十团前卫营行动。我军前卫营与敌打响后，迅速勇猛冲至敌炮兵阵地，敌人的炮弹从我们头上飞过，企图阻止我后面部队前进，但是我五十团前卫营和我军其他部队一起冒着大雨向敌人发起猛烈冲锋，当时就缴获敌钢炮二门（有一门现在北京军事博物馆展出）。敌人此时乱成一团，各自逃命，溃不成军，除陈耀汉和他的特务连一部分逃走之外，其余五十八师师部和一七四旅全部被我军歼灭，俘敌师参谋长周桂先以下官兵约 2000 人。此外，还缴获电台一部，各种武器 2000 余件。陈家河和桃子溪两次战斗，是粉碎敌人“围剿”、恢复湘鄂川黔根据地、转入反攻的非常重要的战役。

陈耀汉部覆灭后，我军又乘胜收复了桑植县城及其他广大地区。5 月 6 日，湘鄂川黔省领导机关由龙山的兴龙街迁至桑植的茨岩塘。接着我军收复塔卧，歼敌钟光仁一八四旅三八六团及补充第五团。5 月 7 日，在塔卧通往永顺道上的茶林坡，又歼敌六十二师一个整营。5 月 9 日，军委分会根据党中央和毛主席指示，分析了两湖敌人的矛盾，决定改变主要作战方向：对湖北敌人采取攻势，对湖南敌人采取守势。因此，我军大踏步转向西北，以六军团一部包围湖北宣恩县城，创造围城打援的战机。敌纵队司令兼四十一师师长张振汉率十一师等部十一个团于15日①向宣恩增援，我军得悉立即转过头，向张振汉部扑来，将敌分割包围。张振汉的师部和三个团，被我军包围于湖北来凤县之忠堡②一个山沟里，敌挖战壕和防炮洞，企图进行顽抗。战斗至第二天上午，王震政委令钢炮营向敌轰击。第一炮就把张振汉的参谋长炸成两截，连射几炮，炸得敌人手忙脚乱，非常惊慌。王震政委视此有利时机，下令吹号发起总攻，我们红二、六军团从两面一齐夹击，势如破竹，仅用30分钟，就将张振汉的纵队指挥部和三个团全部歼灭，当场活捉了张振汉，其余残兵败将四处逃窜。

忠堡战斗胜利后，6月18日，二军团一个师围困龙山之敌师兴吾、刘文华两个团（我军其余部队利用时间进行休整），以便造成大攻龙山县的局面，诱击更多的增援龙山之敌，消灭其有生力量，创造在龙山、来凤、宣恩、咸丰、利新等地建立革命政权的条件。23日，我军一面开始围攻龙山县城，一面在茨岩塘成立了龙山县苏维埃政府；在沙道沟成立了宣恩县苏维埃政府，在空壳树成立了慈利县苏维埃政府。7月3日，我军主力一部在永顺小井击败增援龙山之敌陶广纵队，歼其一个师的大半。红六军团宣传部长李朴同志在此战斗中壮烈牺牲。7月10日，二军团在象鼻岭击溃增援龙山之敌潘善斋独立三十四旅，歼敌500余人。7月15日，我军在胡家沟打垮了增援龙山之敌黄新纵队，给了敌人严重杀伤。我军围困龙山县城共35天，达到了围城打援，消灭敌人有生力量的目的，于7月27日撤出了围困龙山的部队。但是陈渠珍部于28日仍然来增援龙山之敌，我们六军团在招头寨与敌激战了一天，

① 应为6月12日。

② 原文为中堡，本文统一为忠堡。

给了陈渠珍部周燮卿等旅严重打击，敌人伤亡非常惨重。可是王震同志在这次战斗中负了轻伤，红十七师师长苏杰同志和五十团政委方振生同志壮烈牺牲。

8月3日，新从北方调来投入湘鄂川黔战场的敌八十五师增援龙山，我军集结了二军团四师主力十二团，六师主力十八团，六军团主力十七师之四十九和五十一团以及其他部队的优势兵力，突入敌人纵深，以有利地形和旺盛的士气，采取伏击手段，在板栗园与敌打响。只经几小时战斗，就将敌八十五师全部歼灭，击毙敌师长谢彬。我军乘胜解放了宣恩。这次战斗后，我军成立了一个俘虏师。我们采取教育、调查、分化、争取的方法，了解了俘虏中的情况，清出了一些军官；争取了一些穷人出身的士兵，愿意参加红军的就留下来，不愿意留下来的，就发给路费回家。

8月8日，我军在芭蕉坨经过激战，打垮了敌陶广纵队十个团。至此，我红二、六军团在党中在和毛主席以及在省委和军委分会领导下，粉碎了敌人的“围剿”，给了敌人歼灭性打击，取得了辉煌胜利，恢复和发展了湘鄂川黔革命根据地，结束了反攻阶段。

8月27日，我军主力乘胜东进。在津市、澧县地区，击溃了孙连仲部、庄文枢旅、王育英团，先后攻占了石门、澧县、临澧等县城，占领了号称小天津之津市，声势浩大。我军在这一带地区赢得了时间，补充了6000余名新战士，筹得了大批物资，震动了蒋介石。不久，敌二十六路军及樊嵩甫纵队向我津市、澧县进犯，积极部署对我军更大规模的“围剿”。我军于9月上旬撤离津市、澧县、临澧，向大烟塘、王家厂等地转移。在大烟塘和王家厂附近与敌二十六路军和樊嵩甫纵队激战一天后，于10月2日，进入石门山区的磨岗隘、仙阳、皂角市等地一带进行休整，宣传组织群众，成立农民协会，打倒土豪劣绅，建立游击队，扩大红军。这样一来蒋介石非常恐慌，于10月8日在湖北宜昌设行辕，派陈诚为行辕主任，指挥何键、刘建绪、徐源泉、薛岳、陈继承、孙连仲等22个师、五个旅，共计100个团以上兵力，加上团防部队约30万人来对付我军。陈诚将其所指挥的部队分为“进剿军”和“堵剿军”两种，“进剿军”装备优良，战斗力较强，逐段筑碉前进；“堵剿军”实力较弱，依恃碉堡，配合行动，以利“进剿军”进攻。敌人采取碉堡战术，实行大规模的四面合围，竭力向我军逼进，逐渐缩小我军活动范围，企图将我军压缩于桑植、龙山等狭小地区，一举歼灭之。不久，我军由东返回桑植一带集结，11月4日，湘鄂川黔省委和军委分会在桑植刘家坪召开重要会议，决定突围部署等问题。我军在桑植一带积极进行突围长征的准备工作；从主力部队抽调部分部队为骨干，并将各地方独立团和游击队集结起来，组成了红二军团的第五师和红六军团的十六师，各师下辖三个团；进行了深入政治思想动员；准备各种物资；精简机关，充实连队；安置伤病员；选择突围的有利方向；暂时留下红十八师牵制敌人，掩护主力部队行动（该师在贵州铜江口归回了建制）。我军主力于11月15日①由桑植刘家坪等地先后出发长征，北上抗日。

我们红二、六军团自1934年11月至1935年11月，在一年时间里与优势之敌进行了不屈不挠的斗争，创立了湘鄂川黔革命根据地，粉碎了敌人的“围剿”，消灭了敌人有生力量，牵制敌人达30万之众，有力地策应了中央红军的行动。这些伟大胜利，是以任弼时、贺龙同志为首的省委和军委分会坚决执行党中央和毛主席的正确指示，全体指战员英勇奋战和广大人民群众大力支持取得的。

选自马继善主编：《曙前之路——红军长征在湖南》，岳麓书社1996年9月版，第116—123页。

① 应为11月9日。

袁福生，1916 年生，湖南茶陵人。1930 年参加中国工农红军，1932 年加入中国共产党。红军长征时任红六军团第五十三团、第四十九团特派员，第十七师副特派员。新中国成立后，曾任中共沅陵地委第二书记，中国人民志愿军总部军法处处长，武汉军区炮兵政治委员、军区后勤部副政治委员，解放军工程兵工程指挥部后勤部政治委员。1961 年晋升为少将军衔。1993 年在长沙逝世。

转战湘鄂川黔边

刘诚达

一

红二、六军团会师后，为配合中央红军行动，由黔东向湘西挺进，以便在运动中歼灭敌人。

行军途中，召开了一次营以上干部会，我当时是红六军团十七师的民运科长，也参加了会议。会上宣布了中央电令：红二、六军团成立总指挥部，由贺龙、任弼时同志负责。并明确了任务，向湘西开展攻势，配合中央红军进行战略转移。总指挥部首长指出，湘西攻势意义重大，打好了可以建立根据地，部队得以休整补充；打不好还得回黔东地区。这个时候，两个军团共计不足万人，但是士气很高昂，都决心打好会师后的第一仗，打出威风来。

红二军团走路是有名的，擅长山地行军，加上湘西人又多，地形熟，走起路来飞快。红六军团也不示弱，两个多月的转战，练就了一副铁脚板。两个军团在一起行军，你追我赶，如梭如箭。到 11 月 7 日，我们就走了 300 多公里，先后攻取了酉阳、永顺县城。尔后，又在永顺的龙家寨打了一个漂亮的伏击战，狠狠地重创了穷追不舍的湘西军阀陈渠珍所属的周燮卿（外号周矮子）、龚仁杰部，歼敌两个旅大部，俘敌 2000 余人，缴枪 2200 余支，部队得到了补充，发展到了一万多人。

龙家寨一仗，红二、六军团声威大振，湘西军阀陈渠珍再也不敢贸然行动。接着，红二、六军团继续向湘西发展，夺取了大庸、桑植，为创建以永顺、大庸、桑植三县区域为中心的湘鄂川黔根据地奠定了基础。

二

1934年11月26日，湘鄂川黔省委宣告成立，任弼时任书记。同时成立了湘鄂川黔革命委员会和军区等领导机构，贺龙兼任革命委员会主席和军区司令员，朱长清任副主席。省委决定，由任弼时、王震、张子意等带领红二、六军团各一部，留在新区建设根据地；由贺龙、关向应、肖克等带领红二军团主力和红六军团一部，继续向常德方向发展攻势。

这时，我被派到大庸县任县委书记，一直到1935年3月调离。

大庸，在湘西一带是个比较富庶的地方，人口比较集中，有不少四五百户的大村镇。这里粮食主要以稻谷为主，也种高粱、玉米等作物。其地势，东是丘陵、平川；西是山区。打起仗来，东可进逼常德，西可退回湘西山区，是个理想的根据地区域。根据省委指示，我们的任务：一是发动群众，建立组织；二是建立武装，扩充兵员；三是筹粮筹款，支援前方。

大庸是个新区，过去贺龙、周逸群同志开辟了以鹤峰、桑植为中心的湘鄂边革命根据地，这里受到了一些影响。但是，由于国民党的造谣欺骗，群众对我们不很了解，我们刚去时，群众大都躲着我们。比如，我们把地主豪绅的浮财分送到群众家里，他们不敢要，向他们打听哪家是恶霸，哪家是劣绅，他们不敢说。

为了迅速打开局面，我们首先在县城发动群众，找一些愿和我们接近的群众积极分子，通过他们组织秘密群众组织，用这种方式把群众团结在我们周围。

青年工人刘子玉是我第一个认识的群众积极分子。他很活跃，也有组织能力，经常串联一些工人和青年朋友听我们讲革命道理，帮着我们访贫问苦，带着我们走家串户没收土豪劣绅的粮款送给贫苦的群众。后来，他又带头参加红军，被分配到红六军团。

县委驻地后面有一户人家，男的是当地的“脚夫”，全家三口人，“脚夫”活很苦很累，家里还是入不敷出，衣不遮体，我们送衣服和钱粮接济他时，他又是摆手，又是摇头，还一个劲地说：“使不得啊，使不得！”

既然他不敢收，我就叫他挑担纸送到塔卧省委，他回来后，我掏出四块银元说：“这是工钱。”他睁着一双迷惘的眼睛注视着我，好半天才伸出双手接过银元，“当兵的抓挑夫，哪有给工钱的。你们是好人啦！”我请他坐下来，给他讲我们是人民的军队和打土豪闹革命的道理，他觉得很新鲜。

由于他是“脚夫”，对县城内外土豪劣绅的情况很熟。于是，就动员他和我们一起做调查土豪劣绅的工作，大庸县成立革命委员会时，他还被选为委员。

由于我们情况准确，打土豪时，严格掌握政策，防止了扩大打击面。这一来，群众的觉悟提高了，外出的群众陆续回来了，县里成立了城市贫民协会、乡村贫农协会、工会小组等群众组织，并建立了革命政权大庸县革命委员会。

成立革命委员会那一天，大庸县城一片欢腾，群众自发地敲起锣鼓，吹起唢呐，点起鞭炮，像办喜事一样，热闹极了。

“诚达，你来当主席，我们支持你。”

大伙推搡着我上了主席台。

县城里建立了革命政权，推动了乡村的工作，在大庸，我们先后开辟了六个区，并在我们带来的一个连基础上，县成立了独立团，区建了游击队，每个队 200 人左右，独立团加上六个区游击队共 2000 多人。虽然没有多少枪，主要武器是大刀、梭标，但在当时来说，也算是支不小的力量。同时，我们还从这支队伍中输送了大批青年到主力红军部队。

从 1934 年 11 月至 1935 年 3 月，在湘鄂川黔苏区，红二、六军团选派了许多干部到地方工作，发动群众，打土豪分田地，实行土地革命，建立了革命根据地，红二、六军团也扩大到近二万人。

三

1934 年 12 月中旬，红二、六军团主力占领了桃源，包围了常德，逼近长沙，使国民党政府惊恐万分。

1935 年 1 月，蒋介石调集了孙连仲、陶广、李觉等部共 11 个师又四个旅，约 11 万人的兵力，编成六个纵队，分六路准备向我湘鄂川黔革命根据地进行大规模的“围剿”。2 月初，各路敌军开始进攻。

3 月，我被调到红六军团地方工作团任政委，随军行动，参加了反“围剿”斗争。

地方工作团的主要任务是组织动员群众参军参战，向前线运送弹药粮食，往后转送伤员。那时，红二、六军团没有后方医院，伤员都安置在群众家中。在反“围剿”中，我们所到之处，都得到地方组织和群众的大力支援，要人有人，要物给物。大家都有一个共同的信念，“保卫家乡，保卫胜利成果”。

4 月 12 日，红二、六军团从塔卧、龙家寨向北移动，准备吃掉敌人对我分进合击中孤立的陈耀汉部。

出发前几天，红六军团首长向团以上干部传达了遵义会议关于第五次反“围剿”的总结。那时，我们这级干部不知道第五次反“围剿”为什么归于失败，只觉得那次反“围剿”的作战方法和以前我们打仗的方法不一样。听了总结后，才知道是错误路线指挥的结果。

第二天下午，天灰蒙蒙的，被春雨抚摸过的群山，显得一片昏暗。

部队快到陈家河时，突然，前方枪声大作，我先头部队与沿澧水西进的敌军一七二旅打响。沉睡的群山被惊醒了，山前山后顿时硝烟弥漫，我们迅速按预案以绝对优势包围了敌人。这时，我带着担架队迅速赶到了前沿，开始紧张地运送伤员。

记得前沿阵地上的部队，打退了敌人多次反扑，伤亡很大。担架队的同志们见状，纷纷加入战斗。只见一个小伙子，抓起手榴弹，一枚接一枚地扔向快要冲上来的敌群，炸得敌人鬼哭狼嚎，经过大家团结战斗，终于守住了阵地。

战后我问这位小伙子，你当时不害怕吗？他说："保卫家乡，怕么子哩！"的确，"保卫家乡"的口号当时在根据地很流行，对鼓舞军民士气起了很大作用。

这一仗，我们全歼敌一七二旅，反"围剿"首战告捷，震撼了敌人，鼓舞了根据地的军民。随后，我军又在桃子溪全歼南逃之敌五十八师师部和第一七四旅，乘胜收复了桑植。由于陈家河、桃子溪战斗的胜利，我军决定放弃北渡长江的计划，仍在原地区坚持斗争。不多久，我们在宣恩县忠堡地区围点打援，歼敌第四十一师师部和一个旅，活捉敌纵队司令兼第四十一师师长张振汉。在鄂西板栗园地区歼敌第八十五师师部和两个团，击毙敌师长谢彬。这年 8 月，敌军被迫转入防御，我军在半年多的反"围剿"战斗中，取得了重大胜利，陆续建立了慈利、宣恩、龙山三县的革命政权，牵制了大量敌军，有力地策应了中央红军北上长征。

四

1935 年 9 月，蒋介石不甘心失败，又调集了 130 多个团的兵力，以其嫡系中央军为主力，采用持久战略和堡垒主义的战法，再次对湘鄂川黔根据地发动大规模的“围剿”。

当时的形势非常险恶，敌我力量悬殊。湘鄂川黔根据地三面环水，东有洞庭湖，南临沅江、澧水，北靠长江，地理条件不利于我大部队与敌周旋，此时，中央红军已进入雪山草地，湘鄂川黔根据地处于非常孤立的地位，根据这种情况，红二、六军团总指挥部决定，主力撤出湘鄂川黔苏区。

11 月上旬，总指挥部召集了团以上干部会议。任弼时在会上作了形势报告，阐明红二、六军团实行战略转移的原因和任务。他指出：湘鄂川黔根据地的中心区域永顺、大庸等地已被敌人占领，其他区域也被敌人分割成若干小块，由于敌众我寡和地理环境等不利因素，不能和敌人硬打硬拼，而必须实行战略转移，运用运动战来调动和消灭敌人，以保存我军的有生力量。接着贺老总传达了总指挥部根据中央军委指示精神，作出的关于战略转移的具体部署。关向应、肖克、王震等同志也先后讲了话。

为了掩护主力安全顺利地撤出湘鄂川黔革命根据地，会议还作出一项决定，把红六军团的十八师留在苏区牵制迷惑敌人，并任命张正坤为十八师师长兼政委。

总指挥部会议结束后，红六军团首长肖克、王震与师长张正坤立即召开了十八师所属各团团长、政委、参谋长参加的紧急会议，一起分析研究主力红军撤离后十八师所面临的繁重任务，可能出现的各种复杂情况以及应当采取的一些相应措施。会上，军团首长指示要尽快将叛变分子刘士杰捕捉归案，否则将增加十八师在行动中的困难。肖军团长指出：“你们要提高警惕，加强战备，不要让敌人发觉我们的行动意图，部队一律改用代号，你们在这里最好不要超过四至六天。”他还指出，在未来的行动中，可能会遇到许多意想不到的困难，比如，连续行军作战，可能连饭都吃不上；晚间野外露营等，要在精神上做好充分准备，严防意外事故发生。王震政委对我们说：“即使十八师被敌人打垮，你们也应想办法，就是化装成工人、农民也要来追我主力”。王震同志的话虽然是笑着说的，可我们出席会议的十八师同志却深切感到一种关切、一种鼓励，我们决心与敌人周旋到底，接受党对我们战斗意志的严峻考验。

当时，十八师的建制只有五十二和五十三两个团。五十二团由原湘鄂边独立团、龙桑独立营及县区游击队合编而成，樊孝竹任团长，魏成德任参谋长，我任政委。五十三团是从六军团十七师调换过来的，团长刘风，政委余立金，参谋长苏鳌。五十三团是十八师的主力团，战斗力强，有战斗经验，约1200多人，武器装备较好，有两挺重机枪，每连还配有一挺轻机枪。我所在的五十二团虽有2000多人，但枪支很少，除原湘鄂边独立团、龙桑独立营全部有枪并有三挺轻机枪外，其余各县区游击队和各县、区干部枪支都很缺，大多数战士使用梭标大刀，而且县、区游击队根本没有打过仗，甚至没用过枪，缺乏战斗经验，只有独立团和独立营与敌人打过仗。但从另一方面来讲，我们团的战士绝大多数来自桑植、龙山一带，出身于工人、农民，阶级觉悟高，保卫家乡的感情很浓厚，因此，作战勇敢，不怕流血牺牲，执行纪律也很好，为了完成党交给的艰巨而光荣的任务，战士们自发地提出了“四怕”和“四不怕”的口号。“四怕”即“怕居功骄傲，怕不求进步，怕违反纪律，怕脱离群众”；“四不怕”即“不怕强大的敌人，不怕险恶环境，不怕艰难困苦，不怕流血牺牲”。战士们提出的这些行动口号，经团总支研究审查后，又报经师政治部同意，在全团广泛宣传，起到了很好的鼓励作用。

1935年11月19日，红二、六军团在贺龙、任弼时、关向应、肖克、王震同志率领下，从桑植的刘家坪、水獭铺（今瑞塔铺）等地分几路撤出湘鄂川黔革命根据地，根据地人民扶老携幼，挥泪相送，一副副难舍难分的景象，十分感人。使我们红六军团的同志，好像又看到了一年前告别湘赣苏区人民的情景，不禁潸然泪下，红二、六军团主力一路上击退了敌人的层层包围和堵截，巧妙地甩脱了敌人，迅速地退出了湘鄂川黔根据地。

主力红军撤离湘鄂川黔苏区的第二天，张正坤师长从茨岩塘师部专程来桑植召开了五十二团营以上干部会议，研究我团的行动准备问题及离开桑植前还要做的几件群众工作。要立即做的几项工作是：（一）团总支组织部分政工干部到桑植城内及附近村庄，向群众解释我主力转移的原因。（二）向老百姓宣传进行坚壁清野工作，告诉老百姓把家里的所有炊具及吃的东西一律埋藏起来，特别是城镇和交通便利的大村庄更要注意做好这方面的工作。这样，万一敌人来了，也因为十室九空而不能站稳脚跟。（三）发动党团员、赤卫队及少年先锋队，晚间向敌人驻地进行袭击，骚扰敌人，使之得不到休息。当时，张师长反复强调，这几项工作一定要抓好，他知道我曾担任过民运科长，对我说："你做群众工作比较内行，要亲自把这项工作抓好。"我当时坚定地回答："保证完成任务"，会后我立即按他的指示分头行动。

主力撤出苏区后，我们才真正感受到十八师所担负的任务确实繁重，尤其是布防任务。五十二团驻地很分散，一营由我带领，驻桑植县城门外的村庄；二营由樊孝竹团长带领，驻洪家关；三营由魏成德参谋长带领，驻上河溪，相隔都比较远。五十三团驻在茨岩塘一带；师部和师直机关也驻在茨岩塘，离桑植城很远。尽管这样，我们决心尽最大努力，完成上级交给的任务。

11 月22 日晚上,我们完成了军团首长临行前交代的一项重大任务，就是将叛徒刘士杰捉拿归案。刘士杰原是湘赣省委副书记，他叛变革命并非偶然，是有准备、有计划的。早在从江西出发一直到与红二军团会师之后的较长时间里，他都害怕过艰苦的生活，在行军中常常表现为动摇。当主力这次准备战略转移时,刘认为军心已经动摇,不愿随军出发，情绪很大。在总指挥部的会议上,他公开反对这次战略转移,遭到贺龙、任弼时、关向应、肖克、王震等同志的强烈反对，他就更加不满起来。11 月中旬的一天，他要求与张启龙同志一块去购买粮食，并找了个机会偷偷溜掉，准备向湖北鹤峰方向去投敌。他的阴谋被张启龙同志发觉，张急忙回总指挥部汇报。根据军团首长指示，我团派出一个侦察班向鹤峰方向搜捕。几天后我们在田坝村附近的一条小河边将其捕获，这就在一定程度上减少了我们行动上的许多麻烦。当时，我们十分高兴，立即电告师部，张师长指示马上将人送去。于是，当天夜里我们就派了一名指导员，率一个班把刘士杰押送茨岩塘师部。后来，刘被枪毙了，落得叛徒可耻的下场。

五

押走叛徒刘士杰的第二天，我们接到张师长的紧急指示，要我马上带一营离开桑植回茨岩塘师部集结待命。我于当日下午 7 时率领一营从县城出发,部队沿着山路疾进。一路上同志们都默默无言,只有“嚓嚓”的脚步声，人们的心头好似挂着秋熟的果实沉甸甸的。

“要回来，一定要回来！”望着渐渐消失了的熟悉而又热情的乡亲、山村，我心底默默地喊着。

经过一夜行军，24 日早上 5 时路过洪家关。在洪家关与敌孙连仲部队的一个团遭遇，他们是去偷袭驻洪家关我团二营的，恰好二营由樊团长率领已于敌人到达前半小时，先敌行动向师部出发了。敌人扑了个空，不料却和我一营遭遇，一场拼杀是不可避免了，好在我们的战士都是本地人，地形道路都很熟悉，枪一响，我们就抢占有利地形，控制制高点。战斗大约进行了两个小时，我考虑到敌人是一个团的兵力，不能与之硬拼。再说,我们的任务是尽快赶到师部集结,绝不能让敌人缠住，应迅速摆脱敌人。于是，我派出一个班向我们的来路开枪，敌人一听枪声，以为后面还有我们的部队，急忙分兵前往应付。这样敌人的兵力就被分散了，我营趁机避开正面的敌人，从一个山腰穿插过去。甩开敌人后，部队继续朝茨岩塘前进。24 日下午 6 时顺利地到达师部。这时，樊团长带领的二营早已安全到达了。

到师部后，我将在洪家关与敌打遭遇战的经过向张师长作了汇报。我说，在战斗中，一营没有受损失，只有两名战士挂了花，已妥善安排在洪家关附近一个老百姓家里，并给这两个战士每人50元银元，也给了这家老百姓40银元作为护养费。这家群众很满意，要我们放心。

“很好！”师长满意地点点头，接着他说，“敌强我弱，我们不能和敌硬拼，要保存自己的力量，牵着敌人的鼻子走。要依靠群众，安置好伤员，在任何情况下，都不能丢下一个战士不管。”张师长还告诉我们，前两天接总指挥部电报，红二、六军团主力顺利地到达了大庸、辰溪、新化、锡矿山、从化、石门一带。为了继续配合主力的行动，张师长指示我们马上离开原驻地，一方面继续牵制敌人，一方面准备在完成牵制任务后迅速突围。他还特别告诉我，师直机关及五十二团、五十三团的行动准备工作都已基本就绪，侦察员已探明附近敌情，我们很快要行动了。

11月25日，部队分两部从茨岩塘出发，经上河溪、水田坝、五道水插到湖北鹤峰的太平镇。原计划是到五峰县，但是我军一到苦竹坪，就遇上了徐源泉部两个旅兵力的堵截。这一仗打得很激烈，我方伤亡较大，情况极为严重。面对这种情况，张师长当机立断，立即改变行动计划。当我军经江口退到湖南桑植的官地坪时，又遇上孙连仲部队的拦截，敌我恶战一场，这一仗打了整整一天一夜，我军伤亡惨重，到晚间7时才结束战斗。

一场激战刚结束，我们又得到侦察员及老百姓的报告，盘踞在鹤峰、龙山、桑植等地的敌人，既有孙连仲、陶广、朱培德所属的国民党正规军，也有朱疤子、周矮子为首的地方反动武装，还有从革命根据地逃跑出去又回来的土豪劣绅和恶霸的民团等，约有四五万人。显然，敌人用好几个师的兵力围追我们，是想把红十八师整个地“消灭”。

面对强敌，张师长冷静地分析了各种情况，认为敌人在战略上是步步为营，稳扎稳打，在战术上是企图各个击破，然后全面围歼。当时十八师有3000余人，包括一部分地方党政机关的同志，真正能作战的部队不过2000人，枪支弹药很少，平均每支枪不到十发子弹，衣食等物资根本得不到补给，又是孤军作战。而敌人的兵力是我们十倍还多，武器装备精良，弹药充足，其他物资补给充足，双方各种因素的对比都很悬殊，敌方占绝对优势。因此，我们与敌人硬打硬拼是不行的，若不很好的研究，认真地对付，我军就有被消灭的危险。于是，张师长和两个团的团长、政委、参谋长及作战科长，进行了反复仔细的研究。大家一致认为，应当采取调虎离山计，夜间行动，我军改变转移方向，改从龙家寨返回到茨岩塘，甩开敌人。从龙家寨返回茨岩塘，我们走的是一条很艰难的路，部队从官地坪出发走了一天一夜，都是在深山老林中行军。我们的张师长，年纪40有余，自己骑的马在战斗中被敌人打死了，他身先士卒，和大家一起步行，给了指战员很大的鼓舞。快到茨岩塘的时候，茨岩塘守敌发现我军要从山下河边经过，就扑了过来，战斗打响不久，附近召市、茅坪、旧市一带守敌又来了好几个团增援。这一仗打得很苦，我方损失很大，五十三团团长刘风不幸身负重伤，生命垂危，我们本想用担架抬着他走，因情况不许可，只好通过地下党组织，将他安置在群众家里，并留下一个警卫员守护他。

由于我军伤亡较大，全师只剩下1000多人，张师长果断地将两个团合并在一起，并在当天晚上转移到来凤县百福司，连夜翻越一座大山，经忠堡到达晓关，刚到晓关又碰上敌人，又打了一仗。这一仗损失更大了，我军伤亡300多人，樊团长也英勇牺牲了。

六

在牵制敌人的那些日子里，由于接连不断地打仗，我师的兵员不断减少，而敌人方面却不断增加。这时候，我们和红二、六军团总指挥部的联系，全靠师部的一部电台。这部电台被视如命根子，没有它，部队就成了瞎子聋子，失去追赶主力的方向。在小关，我们得知红二、六军团主力已经顺利地突破了敌封锁线，摆脱了敌人，这样，总指挥部交给我们的任务就基本完成了。为了保存力量，按照预定计划，我们决定从晓关转移到咸丰县，从那里向四川黔江方向突围，追赶主力。为了减少麻烦，我们还是采取夜间行军的办法。当时，天气十分寒冷，到处是冰天雪地，北风刺骨，指战员们穿着单薄的衣服冻得直发抖。但是，我们的战士有着强烈的阶级仇恨，有很高的阶级觉悟，又有“四不怕”的口号时时鼓励着。因此，大家心里都是热乎乎的，士气高昂，在艰难环境里，和往常一样，一小时仍能走十几里路。

一天深夜，我们来到黔江边，冰肌彻骨的江水，无情地横在我们的眼前，湍急的江面上，水花翻卷，更添了几分寒意，对岸不时传来敌哨兵的吆喝声，江边找不到一条船，扎木筏子，时间不允许，如果天一亮，被敌人发现，对我们就更不利了，我们必须趁夜色迅速过江。

“下水。”张师长一声令下，自己第一个跳入江水，指挥部队向对岸游去。

部队刚接近岸边，被敌人发现了，顷刻间，敌人用猛烈的火力向我扫射。“冲！”师长带着部队飓风似地卷上对岸，以迅雷不及掩耳之势，突破了敌滩头阵地，又翻过了一座山头，向黔江县方向奔去。这时，后面敌人的枪声仍然不断，像是为我们送行。

部队穿过黔江县境，就再没有遇到什么敌人。于是，我们就向红二、六军团主力大踏步地挺进、靠拢。

我们经过沿河、印江两县，向贵州的江口前进。路上听说红六军团已占领江口县城，红二军团占领了石阡县城，全师上下欢呼雀跃。

“到家了！……到家了！”同志们抑制不住内心的激动呼喊着。

这以后的一路上，与其说在走，还不如说是在跑。在离江口县还有十几里时，军团政委王震亲自带人接应我们，分别了 50 多天，我们有多少话要向亲人倾吐！路上想好的话，这时一句也说不出来，我们相互拥抱着，热泪尽情地淌了下来。1936 年 1 月 9 日，红十八师仅剩的 600 余人，在江口一带和红六军团主力胜利会合。

从主力撤离湘鄂川黔根据地到十八师与主力会合，虽然只有 50 多天，但在这 50 多天的日子里，敌人凭着占绝对优势的兵力和武器装备，对红十八师进行了疯狂的“围剿”，我们与敌人进行了大大小小 20 多次战斗，对我们来说，每次战斗都是在极端艰难困苦的情况下进行的。但是，我们在这最艰难困苦的时刻，仍然充满胜利的信心。当时是冬天，战士们衣着单薄，常常饿着肚子，吃了上顿不知下顿，大多吃南瓜充饥，同志们风趣地说：“打倒资本家，天天吃南瓜！天天打土豪，夜夜盖稻草。”就是这样，为了打倒地主、资本家，为了免除下一代人的苦难，为了新中国的诞生，我们甘愿吃大苦，耐大劳。正是这种坚定的革命信念，使我们战胜了无数的艰难困苦，终于胜利地完成了牵制敌人的光荣而艰巨的任务，并从敌人的重围中冲了出来。

在会合后的军团总指挥部召开的会议上，贺龙同志说：“你们是有功劳的，你们的行动牵制了敌人，使主力行动没有后顾之忧。你们胜利地完成了总指挥部交给的光荣而艰巨的任务。虽然你们的人数不多了，但是，能从敌人的心脏里打出来，表明了你们的坚强、勇敢！红军是打不垮的，同志们，你们了不起啊！”

在我回忆这段战斗历程的时候，就想起了张正坤师长。他中等身材，黑黑宽正的脸庞上挂满了胡髯，显得魁梧强壮，他爱说爱笑，是个乐天派。在我们这支队伍里，他既是最高指挥员，又是长者，作战经验丰富，并很有政治头脑，“三大民主，待遇平等”是他的口头禅，遇事他总喜欢找干部、战士商量，就是在敌重兵迫近的险恶环境里，他还经常对我们说：“王道胜利是长久的，霸道胜利是暂时的”，始终充满必胜的信心。50 多天来，他带着我们忽东忽西，搞得敌人晕头转向，始终摸不清我们的行动意图，牵制了敌人有生力量，有力地配合了红二、六军团战略转移。我们上上下下都十分佩服他。

后来，红十八师随红二、六军团主力长征到达陕北，来到了党中央、毛主席身边，就像涓涓细流，穿过了峡谷、深涧、川泽之后，终于汇入了浩瀚的大海，永远不会分离，也永远不会干涸。

现在的年轻人，如果能够多懂得一些昨天，也许会更珍惜今天的幸福生活。（陈曙光、战兵整理）

选自《红六军团征战记》下，解放军出版社1994年6月版，第114—126页。

刘诚达，1908年生，江西安福人。1929年加入中国共产党，同年参加中国工农红军。红六军团西征时任十七师民运科科长。创建湘鄂川黔根据地时期任中共大庸县委书记、红六军团地方工作团总支部书记。红军长征时任红六军团第十八师第五十二团政治委员。新中国成立后，历任江西省公安总队副政治委员、旅大警备区政治部主任等职。1988年在南昌逝世。

回忆红二、六军团战斗在湘鄂西川黔边

李万海

一、度过艰难的岁月

1932 年 6 月至 1934 年 10 月间，是以王明、博古为代表的“左”倾冒险主义错误路线，严重危害苏区和红军的极盛时期。在这段时间，苏区和红军遭到了最严重的损失和挫折，红三军在洪湖也遭到“左”倾冒险主义错误路线的危害。在敌人疯狂地“围剿”下，红三军被迫撤离了洪湖。

在贺龙、关向应率领下，红军经豫南、陕南、川东地区回到了湘鄂西鹤峰县境内，经过三多个月长途跋涉，日夜兼程，边走边战，行程达 7000 余里，冲破敌人三四道封锁线，到 1933 年秋天，我军由原来 15000 余人减到 6000 多人。在这样严重的情况下，“左”倾冒险主义的忠实执行者夏曦仍然执意推行肃反扩大化，在军队和党内以抓改组派、AB 团等罪名，大抓乱捕了不少同志，杀害了许多革命同志和我军的优秀指战员，使党内军内人心恐慌。有的同志给领导提意见就扣上反党的罪名，把对工作上和指挥上的意见硬说成是攻击苏维埃政权。在这种情况下贺龙同他们进行了针锋相对的斗争。在湘鄂西毛坝会议上，夏曦擅自决定撤销部队的政治机关，顽固推行“左”倾冒险主义路线。贺龙在这次会议上发现之后很气愤，他从腰里掏出了一支布朗宁手枪，“叭”的一声扔在桌子上，对夏曦说：“你们不是要收缴人民的枪吗？我这里有一支交给你们！”弄得夏曦十分尴尬。还有一次贺龙为了保护革命同志和战友冒着风险亲临现场救援。他得知30几名同志被扣上莫须有的罪名快要被处决时，立即找到政委关向应商量，然后直奔出事地点。他指着一个被捆着双手的红军战士朱娃子（邦达）说：“他十七八岁就参加红军闹革命，打仗勇敢，斗地主很坚决，这样的红小鬼都成了改组派、AB团，你们拿到什么证据，真是胡闹，马上给我松绑。”当时被贺龙救下的30几名同志，都感动得放声大哭。我知道当时被救下的同志有：黄新廷、贺炳炎、杨秀山、谷志标、贺彪、王尚荣、谭友林、刘林（刘秋香）。这些同志都是被押送到刑场准备处决时被贺龙救下的。他们在第二次国内战争和抗日战争、解放战争时期都成为我军营团军以上干部，为我军建设和建立新中国做出了重大贡献。

由于“左”倾冒险主义把持党中央的领导权，在错误路线领导下，第五次反“围剿”失败，从而断送井冈山、洪湖、鄂豫皖等根据地，迫使整个红军进行战略转移，给党和红军造成了巨大灾难。

当时的湘鄂西，中央分局书记兼红三军政委夏曦在这样严重的情况下尚未认识到问题的严重性，仍推行“左”倾冒险主义错误路线，一意孤行推行肃反扩大化。加之敌人残酷的“围剿”，在这种情况下，于1933年秋天，贺龙、关向应率领红三军团被迫进行战略转移，离开了洪湖，转移到湘鄂西幸存下来。

另外，段德昌（军长）、王炳南（师长）、刘绍南、宋盘铭等同志，经贺龙多次说理斗争，但“左”倾路线执意要杀，终于含冤被杀害了。

1933年12月期间，红三军团刚转战到鄂西鹤峰县境内，立足未稳，蒋介石以为歼灭红三军团时机已到，对贺龙采取了两手反革命策略。一是派说客游说，诱贺龙投降；二是暗中派重兵“围剿”。贺龙闻悉以后，立即报告了湘鄂西中央分局。经分局决定，为弄清蒋介石对苏区及红四方面军破坏和进攻的企图，由贺龙接待说客。熊贡卿、梁素佛等人来向贺龙招降谈判。当情况摸清后，经中央分局批准，贺龙决定，在部队出发前，将反动说客熊贡卿处决在龙山县茨岩塘兴龙寨路旁，另一说客梁素佛让他带着贺龙对敌斗争的决心书放回去了。

1934 年 8 月中旬贺龙、关向应率领红三军由湘鄂西鹤峰县境内出发，向湘川黔边转移。途经川东地区，攻占黔江、秀山、酉阳、彭水等县，贺龙再三建议要求以上述地区为基础，创建新的根据地，“左”倾冒险主义代理人夏曦不采纳，仍坚持命令红三军东渡乌江到黔东地区打游击。

贺龙考虑部队长期处在频繁战斗中得不到休整补充，也得不到人民群众的支援，这样孤军作战是难以克敌制胜的。为此贺龙多次建议以酉阳、秀山、彭水、黔江为中心连成一片，创建新的根据地，但遭到夏曦的反对。

当时红三军自撤出洪湖地区后一直处在频繁的战斗环境中，部队既得不到休整补充，又得不到人民群众支持。贺龙向大家说：“白鹤有一个滩头，野鸡也有一个出头。红军连一个根据地都没有，怎么能克敌制胜，打垮国民党反动派呢？”

1934 年 9 月份红三军转移到黔东地区，在军委分会上，贺龙再三建议创建根据地。经过大家讨论和激烈的说理斗争，加上关向应等同志的一致拥护，终于迫使夏曦同意恢复部队的政治工作并创建根据地的建议。

1934 年 9 月，红三军转战到黔东地区后，开始创建革命新区的斗争。很快将范围扩大到印江、沿河、松桃、酉阳、黔江等县，纵横 200 余里，人口十余万。同时还建立了乡、区、县苏维埃政权近百处，部队由原来 5000 余人，发展到 8000 余人。

1934 年 10 月 20 日①，红军东征到贵州省境内的松桃、印江县、南

① 会师时间应为10月24日。

腰界[①]地区，与任弼时、肖克、王震率领的红六军团西征部队胜利会师。全军指战员上下一片欢腾，感到这是一次胜利的会师、团结的会师。

二、红二、六军团会师首战告捷

红二、六军团1934年10月20日[②]在贵州省印江地区胜利会师后，两军在南腰界、木黄地区召开了联欢大会。任弼时在大会上作了关于当前形势与今后任务的报告。贺龙在大会讲了话，他说："六军团的同志们从湘赣苏区出发西征以来，经过了80多天的长途跋涉，日以继夜，杀出了敌人的重围，冲破了敌人多道封锁线，特别是在甘溪战斗中，仗打得很艰苦，部队减员很大，大家很苦，急待休整和补充。可是蒋介石反动派不让我们休整，再加上当地苏区是刚刚开辟还不很巩固，不能在当地休整，我们可靠的根据地还是在我们大家的脚板上……我们二、六军团全体指战员要鼓足勇气，开动我们的两条腿，发扬连续打几仗的作风，发扬团结战斗的精神去克敌制胜，去开创湘鄂川黔苏区的新局面，来争取休整补充。"部队转移不久后接到党中央和中央军委电令，要红二、六军团分别向湘鄂西发动攻势，策应中央红军的战略行动。在任弼时、贺龙主持下，开会传达中央指示精神，并对夏曦"左"倾冒险主义错误的危害，进行了原则性的思想斗争，分清了路线是非，提高了认识，统一了思想，团结了同志，总结了教训，并改组了领导班子，组成了以任弼时、贺龙为首的新的领导核心，恢复了政治工作和红二军团番号，统一指挥红二、六军团的战略行动。与此同时，红二、六军团武器装备和干部作了一些调整，加强了连队的政治思想工作，

① 应为四川省酉阳县南腰界。

② 会师时间应为10月24日。

恢复了部队政工机关，使部队精神面貌焕然一新，部队的战斗力有了很大提高和加强。此后，红二、六军团分头行动，牵制敌人，配合中央红军开展战略行动。

为了配合策应中央红军的战略行动，当时贺龙遵照中央指示精神，经讨论研究，他根据湘西地理条件和敌我对比形势，认为黔东周围敌人有30多个团的兵力，湘西军阀陈渠珍部又有四个旅的兵力。红二、六军团当时有五六千人，分散活动，人少力量不大，不能牵制敌人，相反有可能被敌各个击破的危险。于是贺龙建议红二、六军团合力行动，向湘鄂西、永顺、龙山、桑植等地发展，中央批准了贺龙的建议。黔东地区的工作决定由贺炳炎、李井泉负责，带领一个独立师坚持当地斗争。红二、六军团主力由贺龙、任弼时指挥，同年10月28日由黔东地区出发，向湘鄂西地区敌人发起了湘西攻势。用声东击西战术，首先向咸丰、招头寨等地进攻，当把敌人注意力吸收引到东北面之后，我军迅速扭头向东南挺进。10月30日攻战川东酉阳城，而后急转向永顺、大庸、桑植地区前进。这时湘西军阀陈渠珍惊恐万状，害怕红军返回湘鄂西地区，星夜调兵遣将纠集军阀周矮子、杨其昌、龚仁杰三个旅万余人四处设防，企图阻击我军东进。

当我军把敌人视线转到东北之后，迅速调头南下，于1934年11月7日一举攻战永顺城，歼敌伪保安团400余人，赢得了休整时间。七天后，尾追敌人三个旅又追了上来。在敌强我弱情况下，不宜同敌正面决战。当时黔东地区周围敌人已有30多个团，湘西军阀陈渠珍有四个旅，不能采取正面死打硬拼的战术，故采取了诱敌深入的战术，寻找战机歼灭来犯之敌。于是立即决定部队迅速放弃永顺城，向城东北50里外吊井岩转移集结，并利用两边绝壁山谷中间一条小路的有利地形设伏，如敌人进沟后，两头一兜，等于关起门来打狗。但狡猾的敌人追进永顺城之后，驻扎在城里不走也不追。

我军为继续诱敌上钩，部队决定当晚继续向东北方向撤出60多里，到了龙家寨地区。该地是一条很长的峡谷河川，三面可以进攻设伏，贺龙决定在此设伏，伺机歼敌。

敌人由永顺城追到吊井岩又驻扎了。为了继续诱敌深入，我军又向东撤出了70多里，到达官地坪和碑里坪地区又布阵设伏。经过两三天走走停停，敌人摸不清我军意图。敌人追了两三天，连红军一个人影也没看见，认为红军不敢同他正面交战了。当敌人进入官地坪地区时，除少数搜索部队和尖兵沿山边搜索外，另一路敌主力郭家场的尖兵顺着山川大道一直向前开进。

红二、六军团按照贺总命令分头埋伏，在通向官地坪、碑里坪的两边山上、山下、沟里隐蔽严阵以待。这条山冲宽三四里，长有十余里，两边是密密麻麻的树林，有的地方都是茶树，山头高低不平，正是设伏歼敌的好地方。当时红军总部设在官地坪羊家栋附近的一个山头上，贺龙和任弼时都亲自在山上用望远镜观察敌人进犯的动向，指挥歼灭来犯之敌的战斗。

到午后3时多，太阳偏西了，忽然发现敌人派少数尖兵向山头搜索前进。其他敌人也向沟里开过来。这时山头上搜索的敌人快要接近红六军团阵地时，我军发起猛烈攻击。顿时，红二军团阵地上号声四起，冲杀声和枪炮声震动了山谷，狡猾的敌人终于在我军以迅雷不及掩耳之势的强大攻势下乱了阵脚，指挥也失灵了。当我军将士冲入敌阵时，敌人不战而栗，全面败下阵来，一个接一个跪在地上举枪投降了。有一部分敌人在军官的督战下，企图冲杀夺路突围，在我四师和六师南北迎头痛击下压在沟里切成几段，被分割围歼。这时敌人已溃不成军了，乱作一团，四处乱窜，人翻马叫，枪炮、尸体、伤员遍布山沟。有的敌人企图顽抗。我们在红六军团王震政委亲自指挥下冲进敌军阵地，再次向残敌发起猛攻。经过三个半小时激战和厮杀，冲乱敌人指挥中心，敌指挥官杨其昌、周矮子见势不妙，带着少数部队突围后向永顺城逃窜了。我军俘敌参谋长龚仁杰以下官兵3000余人，缴获长短枪支2000余，轻重机枪30余挺，八二迫击炮八门，五部电台等军用物资和战利品。这是红二、六军团会师后进入湘西地区的首战大捷。这一仗打出了红军的威风，并对开展湘鄂西苏区工作新局面，配合中央红军的战略行动奠定了良好基础。这一仗大大挫伤了敌人追赶“围剿”红二、六军团的锐气，提高了红军指战员们的士气，增强了湘鄂西军民对敌斗争胜利的信心。

三、采取机动灵活的战略战术化险为安

1935年4月间，蒋介石不甘心失败又纠集湘鄂川三省的军阀陶广、李觉、张振汉、陈耀汉等四个纵队的兵力相继对湘西再次进行“围剿”，企图歼灭红二、六军团。敌军很快占领了大庸、永顺、桑植等县城。当时湘鄂川黔苏区只剩下塔卧龙家寨地区了，红军已处在敌人四面包围之中，形势十分险恶。

这时红军总部在贺龙、任弼时主持下召开了军委分会会议，重温了遵义会议精神，分析了敌我形势，迅速作了决策。

1935年4月20日，红二、六军团从塔卧地区出发经龙家寨、陈家河向鄂东北方向转移突围后转入外线作战。

同年4月12日红二、六军团从塔卧出发，四师十二团前卫队14日到达陈家河西南、蒋家垭，与敌五十八师一七二旅一个前卫团和一个前哨连遭遇，由于十二团行动迅猛，打得敌人措手不及，将敌前哨连全歼。俘敌百余人，轻机枪四挺，步枪80余支，占领了田家坡等地。但我军没有料到敌军陈耀汉的五十八师、一七二旅抢先占领了陈家河，横拦我军去路。

当时我军从敌俘虏口供获悉，在陈家河街上驻扎着敌一个团部和一个营的兵力，另两个营分别驻扎东西山上，这样完全切断了我军突围

转移的通道。我军要想绕过陈家河是有困难的。只有攻占陈家河，夺路冲出敌人的包围圈才是上策。于是，总部决定再派侦察部队迅速捕捉敌俘虏，查明敌情，根据侦察部队获得的情报，对照原先敌俘虏的口供情报，无大变化。陈家河距桑植县城60多里，敌一七二旅旅部和另两个团驻扎在河西岸，陈家河和桑植县之间，有一条山道中间是在悬崖中通过，下面是深沟又是森林和乱石沟滩。敌人要通过这里增援或退却，有一个排兵力和两挺机枪封锁，就是长上翅膀也很难飞过。且敌人都是北方兵，不善长山地作战和行动。敌人装备虽好，但地形条件对敌不利。我军装备虽差，但指战员大部都是湘鄂西人，能吃苦耐劳，善长山地作战，作战情绪很高，还有当地人民群众的支持，在兵力上敌人只有三个团的兵力，而我军有八个团的兵力。

贺总通过分析上述情况，决定红二军团四师十二团抽出一个营，红六军团十七师抽一个团的兵力夜袭陈家河，打乱敌人的指挥中心，切断河西岸和山上敌军两个营的联络，并力求全歼陈家河守敌。

红二、六军团其他主力部队迅速于当天夜里趟过澧水河西岸。四师向蔡家坪之敌发起攻击，六师趟过澧水河向玛瑙台之敌发起攻击，六军十七、十八师主力绕过蔡家坪玛瑙台西截断敌退路，并阻击西面敌人向东增援。由于敌人估计我军不会来得这样快，思想有所松懈，当战斗一打响，敌人处于混乱之中。红六军十七师五十一团夜袭陈家河街上敌指挥中心，一举攻占了敌指挥中心，并全歼守敌。

我军四师和六师在河西的战斗进展也很快，围歼两个团，敌纵队司令陈耀汉一听说陈家河蔡家坪玛瑙台战斗失利，他连夜带着一七二旅残部和一七三旅向塔卧溃逃了。

经过一夜急行军，红六军团抵达桃子溪，兵分三路拂晓前包围了桃子溪，这时敌人正在睡觉。抓到敌俘虏说：“做梦也没有想到红军会来得这样快喽。”战斗一打响，敌阵营大乱，指挥中心也失灵了，被我军打得溃不成军。

经过两小时战斗，全歼敌五十八师部和一七二旅三个团，俘敌7000余人，并缴获大量武器弹药。我军三天内连打了两个漂亮的歼灭战。

四、对湘敌取守势，对鄂敌取攻势

在我军短暂休息时，贺总迅速召开军团以上领导干部会议。分析当时敌我形势，统一思想认识，抓住湘、鄂敌人之间的矛盾，部署下一步作战方针。会议一致认为，积极主动抓住敌人矛盾主动出击是战略上策。

1935年5月间，我军大踏步转战湖北，在宣恩诱敌出城，在运动中寻找战机歼灭敌人有生力量，更好地配合和策应中央红军战略转移。

包围宣恩城敌一周左右，我军侦察队获得情报，敌四十一师由师长张振汉率领四个团的兵力，由来凤城出发拟经忠堡[①]地区，企图解宣恩城敌之围。贺总对湘鄂西地形了如指掌，认为忠堡周围地形险要，都是高山峻岭，中间只有一条通向宣恩城必经之道，于是决定在此设伏。总部命令连夜撤出围城战斗。经一夜急行军和第二天上午的行军，共走过了130里，红二军团四、六师部队按预定时间赶到了指定地区。很快分头占领了忠堡周围有利地形，并做好准备悄悄隐蔽集结在阵地内等敌来犯。第二天东方刚刚发亮，8点钟前后我便衣部队报告，敌先头部队已陆续开始进入我伏击区。这时贺总立即通知李达参谋长命令四师师长卢冬生、六师师长郭鹏，通知各部队做好出击准备，并要狠狠地打击，要打他一个措手不及，力求全歼来犯之敌。

敌四十一师全部进入了我伏击圈内，等于装进了口袋。敌前三路纵队浩浩荡荡地向前推进，我六师十八团顶头部队枪一响（为暗号），马上枪声四起，我部队就像洪水决了口似的，向敌发起了猛烈攻击，打得

① 原文为中堡，本文统一为忠堡。

敌人措手不及。敌军被我切成几段，被分别围歼。

这时大部分敌人已被我军歼灭，只剩敌军指挥部还在顽抗。6 月 14 日晨，贺总命令我六师十六、十八团，由团长常德善指挥，向敌指挥中心主攻，四师十团、十七师四九团在炮火掩护下，支援十六、十八团攻击。

这时敌师长张振汉看形势不妙亲自指挥特务营分三路冲杀在前，企图寻路突围，都被我十团、四九团、十八团打了回去。经过六个小时冲杀，结束了战斗，全歼顽敌。大部分战俘被押下战场，其中有一个高高胖胖的战俘，身穿一身士兵服，头部流着鲜血，脸上看去灰白灰白的，头上缠着绷带，被红军战士押着走下来。这就是敌四十一师师长张振汉，化装成敌士兵企图寻找机会脱身逃跑，也逃脱不了红军指战员的眼睛，终于被活捉了。这是陈家河和桃子溪战役之后，又取得全歼敌四十一师的重大辉煌战果。

五、围城打援，攻打龙山

1935 年 6 月初在忠堡设伏全歼敌四十一师后，我军随即押着敌四十一师师长张振汉迅速转战南下。红二六军团于 6 月 23 日包围了龙山城，向敌军陈渠珍两个团发动了围困歼灭战。战斗打响大致一周后，敌人占领的城外阵地全被我军攻占，扫清了攻城外围，打通了攻城通道。龙山城当时是个有两三万人口的小城镇，城西北周围多丘陵，城市处于盘山之中。十八团由东南向城西北发起攻城战斗，十六团由西南向东北发起攻城战斗，十七团由北向南发起佯攻。由于该城周围地形复杂多变和敌人的碉堡群火力封锁，再加上敌机每天白天飞抵我军阵地上空狂轰乱炸，给我军攻城造成了很大困难。虽然如此我军没有后退一步，白天挖好防空洞，隐蔽休息，夜间攻城。

十六团按照命令指定的路线和时间，由西南东北发起攻击，在三四天内夺取了西南地，攻占了距城不远的一座庙院，可以控制敌人城西门内外的一切动向。随即，十六团一营又攻占了西门外的敌碉堡群，进一步为攻城打开了通道。敌人接连发起反攻和偷袭，均被我军击退。为了歼灭敌人的有生力量，我军决定诱敌出城。一营一连隐蔽在碉堡内，待敌出城时，我军发起反击，力求歼灭敌人，切断敌人的退路。二、三连公开在白天撤出碉堡群和阵地。敌人见我军撤出阵地，当即派一个连的兵力分三路搜索进入阵地，企图占领主碉堡，并控制阵地。敌人发现我们一连埋伏在内，以火力猛打猛攻。一连一个班两挺机枪把守在大门道，其他一枪未发，等待歼敌时机。敌军由 150 余人增加到 300 余人，还组织了 20 余人的敢死队，攻到碉堡门口时放火烧我们。在千钧一发的时刻，二、三连和军部侦察队迅速发起反击，击毙击伤敌人100余人,其他敌人龟缩回城内。由于城墙高敌人火力强，我军攻城未能得手。

当时由于我军无重武器，只能靠轻重机枪掩护，光靠手榴弹、大刀攻城有困难。因此，只好同敌人对峙，围而不攻，攻而不进，时间长达55天。敌人虽凭着坚固的城防工事在顽抗,但已快处在粮尽弹绝的境地，每天全靠空投物资维持生活和战斗。因此，十万火急急待求援，天天发电告急。

我军在 50 余天围城的战斗中，无法进行休整。城外 50 多里路以内的土壕也打完了，老百姓的粮食支援也差不多了。只好买残牛杀后维持部队生活，有时晚间攻城，白天钻进防空洞内休息。

这时敌八十五师准备来解龙山之围，上级命令我们十六团迅速撤出围城战斗，让我们一天一夜赶到板栗园地区，集结设伏。我们夜 8 点多钟撤出战斗，走了一夜，午前 8 点钟到达沙刀沟待命。第二天传来命令继续夜行军，又走了 150 多里，到达板栗园地区。随即进山占领阵地挖好工事进行隐蔽，伺机歼敌。

板栗园李家河是敌人必经之道，这里只有一条山川，四面是高山峡谷，河川宽约3—4里，长20多里，是一个隐蔽集结伏击的好地方。只要敌人一进沟等于关起门来打狗，敌人必定有来无回。

红二军团四师、六师共六个团分别埋伏在沟南北两侧，每个师各派一个营打头阵。总部指挥所设在安家坡。贺总为了十拿九稳全歼来犯之敌，他亲自视察阵地，并向六师师长郭鹏说："八十五师是谢彬率领来解龙山城之围的。这个家伙打仗有两手，是不太好惹的喽！再说我们部队已深入到敌腹地内摆阵势，千万不能轻敌。要告诉各团，在战略上蔑视敌人，在战术上要重视它。"

这次敌人出动八个团的兵力，但他们是北方的兵多，在此地活动有困难，又对鄂西地区地形也不太熟悉。我军兵力虽少于敌人一倍，是湘鄂西人，善长山地作战。这时，部队已作了战前动员，斗志旺盛，作战情绪很高，求战心切。十八团设伏在通道正面，另派一个营的兵力切断敌人的退路，其余部队设伏在板栗园李家河两侧，以十八团正面枪响为出击信号。

第二天中午不出贺龙所料，敌人大摇大摆地向板栗园李家河进发，前卫部队已进入板栗园集镇。除尖兵部队向前搜索外，后续部队陆续分二路纵队涌进沟来。其中还有一副滑竿，抬着一个胖家伙，前后还跟随有20—30个持手枪的人，坐在轿上的那个胖子走一步扇一扇，这就是敌八十五师师长谢彬。当敌军大部队都进入利福田时，谢彬下轿子用望远镜东张西望了一阵，命令部队用轻机枪向山头乱扫射了一阵，显示他们的威风。见未见动静，便命令部队原地休息。

我指挥所居高临下，对敌人一举一动看得很清楚。只见敌军士兵东倒西歪，有的跑进河沟洗澡，有的跑进农院四处乱找老百姓的东西。敌师长谢彬也跑进一家农院，以为安然无事了，躺在靠背椅上在养神。待敌不备时，我十八团顶头部队已同敌军搜索部队接上了火。枪声打响后，山上山下沟里沟外冲杀声和枪声响砌了天空。我军以迅雷不及掩耳之势向敌人攻击。顿时沟里变成了一片火海，浓烟冲天。敌军指挥官拔出战刀督战，命令士兵向我军反击，企图组织兵力反击，夺路突围而逃。

十六团一、三营为了增援二营切断敌退路的战斗，在团长常德善指挥下一鼓作气攻战了莫家坡高地，全歼敌一个连，击溃两个连。这时敌援兵又向我莫家坡阵地发起反击，在我军一营三连支持下，打退了敌军一个营的反扑。

六、东出敌后

板栗园伏击战刚刚结束，紧接着于同年 8 月 8 日又在芭蕉坨地区一举击溃敌十个团援兵。当敌八十五师被红二、六军团围困在板栗园之后，连连急电求援。鄂敌集中了三个师十个团的兵力从宣恩城出发，企图前来解八十五师之围。没料被我军在芭蕉坨地区一举击溃。从此我军彻底粉碎了敌六个纵队对湘鄂川黔红二、六军团的“围剿”，进而使我军得到短暂的休整。在庆祝反“围剿”胜利大会上，贺总说：“我二、六军团全体指战员们经过艰苦和英勇拼搏的冲杀，屡战告捷，终于彻底粉碎了敌人对湘鄂西苏区的围剿，使我军取得了重大胜利，有力的配合和策应中央红军战略转移任务。我们能取得这样重大的胜利，是我们坚决贯彻遵义会议精神和毛泽东同志战略方针的结果，同时也是我二、六军团全体指战员团结战斗，英勇杀敌的结果。”为进一步配合、策应中央红军的战略行动，红二、六军团于 1935 年 8 月 20 日从桑植县等地出发，兵分两路大踏步向东出击。

同年 8 月 28 日，红二、六军团六师十六团相继占领慈利、江垭，29 日占领石门，30 日攻占澧县县城，歼来敌一伪保安团。红六军团相继攻占临澧、津市等城镇，大军直逼进常德市。

敌人见势纷纷逃跑，溃退到沙市宜昌等地不敢妄动，我军又赢得了一段休整时间，开展筹粮、扩军工作。

这一地区人口比较集中，也较富裕。物资比较丰富，地主老财也很多。我们迅速抓紧宣传我党我军宗旨和政策，发动人民起来，打土豪、斗地主，除恶霸，同时也抓紧时间为部队改善生活，增强指战员体质，进一步提高了部队战斗力。

红二、六军团由原来的四个师，打到澧县、津市等地时，在近20天时间中，由于宣传发动工作做得比较好，得到人民群众支持和拥护，从而补充了大量人员和物资。扩大红军新战士5000余人，又新组编成五师和十八师。可以说，这一段时期是红二、六团发展的黄金时代和极盛时期，有重大的战略意义，在敌人尚未发动进攻前，我军主动撤离了上述地区，经松慈、沙市、宜都、五峰等县胜利的回到了桑植。部队分住在刘家坪、朱家台、瑞塔铺、教子垭等地集结休整待命。

1934年3月至1935年10月间，红六军团在以贺龙、任弼时等为首的领导指挥下，仗打得机动灵活，有声有色，所向无敌，屡战屡胜捷报频传。

红二、六军团会合不到一年时间，粉碎敌人六个纵队的兵力对湘鄂西苏区的“围剿”，并取得了重大胜利。歼敌三个师、六个旅，活捉敌四十一师师长张振汉，击毙敌八十五师师长谢彬，俘敌参谋长龚仁杰以下8000余人，缴获山炮三门，八二炮20余门，轻重机枪250余挺，无线电台十余部和大量武器弹药。使我军士气大振，战斗力有了很大提高和加强。

当时国民党湖南省主席何键[①]在1935年10月8日的《大公报》上惊呼：“近查，获悉贺匪还没有出湘鄂川黔四省边界，肖克残部与之会合后其势力益张无减等久。”由此可见，红二、六军团在湘鄂川黔坚持

① 原文误为何健。

武装斗争，打痛了敌人的要害，使敌人胆战心惊，恐慌不安，从而有力地配合和策应了中央红军的战略行动，也为江南武装斗争树起了一面旗帜。为中国革命的彻底胜利做出了贡献。

选自中共张家界市委党史研究室、张家界市中共党史联络组主编:《难忘的历程——老同志回忆录之三》，2003年5月，第119—131页。

李万海，1922 年生，湖南桑植人。早年参加中国工农红军，任红三军十六师通讯员、司号员，参加了长征。新中国成立后，曾任沈阳民航局副局长。离休后享受正军级待遇。2014 年在沈阳逝世。

湘鄂川黔根据地斗争点滴

张宏光

1934 年 11 月 24 日，红二、六军团解放了大庸。我观察两天后，报名参加了红军，分配在财政部当通讯员。部队驻扎在大庸县城内西正街北边的房屋里，湘鄂川黔省革命委员会驻在西正街南边福音堂，与财政部隔街相望。我送信工作不多，主要是看管部长的住房和招护部长的日常生活，偶尔也送信和参加没收豪绅的财产。

红六军团和红二军团会师后，在任弼时、贺龙、关向应、王震、肖克等同志领导下，向永顺县进军。在永顺境内龙家寨十万坪同敌军打了一仗，消灭和击溃敌军 15 个团，解放了永顺县城，为胜利开辟湘鄂川黔革命根据地打下了基础。红军继而向大庸进发，盘踞大庸县城之敌朱疤子不堪红军一击，望风而逃。红二、六军团的主力乘胜追歼逃敌，相继解放慈利、桃源，逼近常德，威震湘西北。湖南国民党反动派恐慌之极，派遣李觉、陶广军队向红军进攻。与此同时，又令盘踞湘西军阀陈渠珍向红军进击，妄图消灭革命根据地和工农红军。红军为了巩固新开辟的革命根据地，集中力量，有计划地由常德附近返回大庸，以利于粉碎国民党反动军队的“围剿”。

在红军主力进逼常德附近的过程中，留在大庸的红军和革命干部，在湘鄂川黔省革命委员会领导下，积极发动群众，组织群众和武装群众，迅速开展了建立根据地的各项工作。先后成立了县、区、乡的工农民主政权(苏维埃)和各级群众组织。在各级政府和群众组织的领导下，对地主阶级展开了斗争。打土豪，分田地，无地少地的贫苦农民分得了田地。在阶级斗争中，群众提高了觉悟，为保卫革命根据地和红色政权，群众踊跃参加红军。当时，大庸县参加红军的有几千人。1935 年春天，红军撤离大庸后，红军家属和革命干部家属遭到反动派杀害，特别是天崇乡的杨松廷一家三代被杀。但革命群众没有屈服，仍继续斗争。他们想念共产党，盼望红军回来。

在敌军进到大庸县境时，湘鄂川黔省革命委员会和工农红军有计划地离开大庸县城。财政部由部长率领部分同志到红六军团供给部，我也到了供给部。我们跟随部队到四斗坪和沅古坪消灭当地反动势力，扩大革命影响。红军冒着风雪，在四斗坪与敌军英勇作战，给敌人以沉重的打击。

敌军主力李觉、陶广，由大庸县城沿永顺路西进到大庸所澧水北岸，准备渡过澧水，他们在河上架浮桥。红六军团由沅古坪、四斗坪一带迅速集中到后坪，立即占领鸡公垭有利阵地，阻击敌军渡过澧水，这样一场阻击战激烈地展开了。消灭了敌军架桥部队，夺回了浮桥阵地。敌军多次冲上浮桥，均被红军打退了。红军组织反冲锋，杀伤大批敌军。三天三夜，敌军不能渡过澧水，不能前进一步。红军达到杀伤敌军，阻击敌军渡过澧水之目的后，迅速转移到仙街河至桑植县城附近沿澧水西岸阻击敌军。

在澧水西岸阻击敌人，使李觉、陶广反动军队不能渡过澧水。这时，南面敌军由古丈进至王村，直向北进。红军由仙街河、罗塔坪，经过石堤西到高粱坪，同敌军接触。经过激烈战斗，敌军溃败了。红军追歼敌军至王村，敌军阵地和沿途伤亡极多。我们在离王村约几里路的一个地方露宿时，由于天黑看不清楚，地上睡有很多人，以为是红军某部在这里露宿。我们实在太疲劳，便找空隙睡下。天明起身一看，才知道睡在地上的那些都是敌军尸体。这次战斗缴获了不少枪支弹药和其他物资。

红军由王村附近返回塔卧、龙家寨一带，供给部驻扎龙家寨。我们的任务是修理损坏的枪支及筹集军用物资，准备再战。

在红军逐步集中，诱敌深入的过程中，于 1935 年春夏之交，在桑植县陈家河、桃子溪打了一个歼灭战。这一战完全彻底消灭国民党反动军一个师。师长被打死，缴获枪支弹药和其他物资甚多，还有两门大炮。

1978 年 11 月，湖南省委组织老红军老干部赴京瞻仰毛主席的遗容，并组织我们到军事博物馆参观。当我看到陈列品中有红二方面军的一门大炮时，心情久久不能平静，围着这门大炮看了一圈。边看边想，回忆当年战斗情况，啊！ 43 年后，又看见了它！这门大炮就是在陈家河战斗中缴获的。红军战士抬着它，背着它，走过万水千山，越过雪山草地。大炮在那时是先进武器，红军手中有了大炮，对敌军是一种威慑力量。在抗日战争时期，听说它守卫陕甘宁边区，保卫党中央和毛主席所在地——延安；在黄河两岸虎视日寇，日寇妄图强渡黄河时，大炮向日寇怒吼，日军始终没能渡过黄河。大炮在革命战士手中为革命立下功劳。现在大炮在博物馆中陈列，让人观赏，使人们回忆为中国人民解放和中国革命胜利，在中国共产党和伟大领袖毛主席领导下，中国工农红军艰苦奋斗，英勇作战，夺取敌军武器，装备自己，消灭敌军，循环往复，我军越战越强，武器越战越好，敌军一次又一次被消灭，最后完全被消灭的战斗历程。

红军在陈家河战斗中，消灭敌军一个师，解放桑植县城。其余敌军见势溃逃，红军分道追歼敌军，粉碎敌军的“围剿”。红六军团向慈利的江垭追逃敌，乘胜进军石门、澧县、津市等地，供给部的一部分同志在津市驻扎十天左右，主要任务是筹款。经过调查研究，没收了一个盐行，定了食盐价格，出了告示。我们几个同志打开盐行大门，出售食盐，做起生意来了。现钱交易，谁要食盐，就拿光洋，几天之内，食盐销售很快，银元得了很多，生意做得不错。津市穷人很多，夜晚，男女老少在街道旁边露宿。他们看到红军出售食盐，集队而来。我们对那些苦难群众深表同情，一是劝他们走，不要影响我们的工作；二是每人给点食盐，他们谢谢而去。我们得到银元，充实军费也救济了很多穷人，表示共产党和红军对他们的关怀，扩大了革命影响。几天之内，盐行的食盐基本上完了，剩下一点食盐运走了，分发给红军各部队食用。

经过调查研究，搞到了布匹和其他物资。其中有些是没收的，有些是用钱买的，以供军需。敌军到津市河对岸的小山头向津市开枪射击时，我们才离开津市。从津市经澧县县城到大堰塔、王家厂等地，驻扎20余天。其任务：一是休整教育部队；二是扩大红军；三是侦察敌军动向；四是改善部队生活。供给部的同志在部长和政治委员会领导下，对前段工作、执行党的政策、遵守纪律等情况进行检查和总结，肯定成绩，指出缺点。对工作积极，执行政策，遵守纪律好的同志进行表扬；对犯有某些错误缺点的同志进行批评教育，鼓励他们认识和改正错误缺点，做好革命工作。通过检查和总结，提高了同志们的觉悟和政治水平，增强了团结，鼓足干劲，克服困难，为革命做好工作。

经过了解，各部队的生活改善了，不仅吃得好，还有备用粮，每个人的米袋都装满了。

宣传工作收到良好效果。在宣传教育和红军的实际行动的影响下，广大群众认识到：工农红军是要打倒国民党反动统治，是要消灭国民党反动军队，是要推翻地主和资本家对工人和农民的剥削制度，是为穷人谋解放的军队。因而掀起参加工农红军的热潮。这一带参加红军的人是很多的，参加供给部的就有20多人。

年轻人增多了，政治委员要我当青年队长。我想，没有文化，不懂革命道理，没做过青年工作，还有本职工作，怎么能当青年队长？但不敢对政委说不干。左思右想，最后想到：没有文化，不懂革命道理可以学习，没做过青年工作可以学着做，何况还有政委为我出主意。政委叫干就干吧。召开队委会讨论工作时，把政委请去指示工作，召开青年大会，请政委讲话。政委帮助我开展工作，从中学到不少东西。

陈家河、桃子溪一仗，歼灭了敌军，粉碎了敌人的“围剿”，巩固和扩大了革命根据地，扩大了红军队伍，充实了红军的物资供应，红军的武器配备得到改善和加强。

我们从王家厂等地回到桑植县，住在城里。我抽空到城内外看了一下，县城一面靠山，一面是一条小河。沿小河而上是一条川。我们是由这条川到城内的，沿小河而下或出城门不远便是澧水。县城不大，只有一条街且不长，但还热闹。湘鄂川黔省革命委员会的机关就住在这里，是湘鄂川黔革命根据地政治、经济、文化中心，也是根据地内唯一的县城。住了几天，便去龙山。

经过几天行军到达龙山县城附近。红军把龙山和来凤县城内之敌军分割包围。龙山县城和来凤县城之间相距不到20里，靠来凤县城有一条河，是湖南与湖北的界河。要打龙山县城之敌，必打来凤县城之敌。因此，把两县城之敌同时围起来打。

城内敌军被包围，每天有战斗，有时打得很激烈。红军没有急迫攻下县城，要围困敌军，消灭来援之敌军，伺机夺取县城，这在军事上叫围城打援。

围城之久，敌军困难，便用飞机运送食品接济，妄图坚持固守，等待援兵解围。与此同时，敌机到红军阵地和驻地轰炸日增：开始高飞轰炸，继之低飞轰炸和扫射。红军在山头上用机枪、步枪向敌机射击，一架敌机被击中冒烟而逃，从此敌机不敢低飞了。

敌之援军逼近来凤县城，一个师由宣恩板栗园直插北河上流，沿河而下，开往来凤、龙山县城之间，企图击破红军的包围。三个师由宣恩经咸丰开到来凤县城。敌军来之，我军决定先打掉一个师。红军主力从龙山县城以北出发，急行军一夜，天明抢占一条山岭。敌军也抢登这条山岭，红军抢先上去。当敌军往上爬时，红军以步枪、机枪击之，手榴弹一齐投向正在爬山之敌。敌军死的、伤的、滚的、跑的、哭的、叫的，吼得乱七八糟，狼狈不堪，溃不成军。红军奋起冲锋和猛打猛追，歼灭敌军，追至板栗园，全部消灭敌军一个师。

消灭一个师的战斗刚结束，红军立即整装出发，夜走120里，在拂晓前赶到忠堡地区，将敌军包围起来，天明发动总进攻。经过一天一夜的激烈战斗，消灭敌军三个师，敌军长、师长被活捉，缴获枪弹、迫击炮和军用物资很多。红军在围城打援战斗中，消灭国民党反动军四个师，获得辉煌胜利，为红二方面军长征打下胜利的基础。

红军在每次战斗中所缴获的大炮、迫击炮和各种枪支弹药及电台等军用物资都装备了红军和武装了革命群众。红军的兵工厂就是国民党的军火库，给红军运送军用物资的就是国民党军队，蒋介石是我军的运输大队长。

选自中共张家界市委党史研究室、张家界市中共党史联络组主编：《难忘的历程——老同志回忆录之三》，张家界日报社印刷厂印装，2003年5月版，第138—143页。

张宏光，曾用名张顺武，1915年生，湖南张家界人。1934年参加中国工农红军。红二、六军团创建湘鄂川黔根据地和长征时，为红六军团供给部通讯员。新中国成立后，曾任中共大庸县委书记，中共永顺地委组织部长，中南林学院党委书记、院长，湖南省林业厅副厅长（正厅级待遇）等职。2004年在长沙逝世。

两军会师第一仗

周仁杰

1934 年 8 月 7 日，红六军团近万名指战员，告别了血肉相连、休戚与共的湘赣苏区人民，由遂川的横石和新江口一带出发，踏上了西进的漫漫征途。红六军团出敌意外地离开湘赣西进，吸引和调动了大量敌军，打乱了敌人部署，减轻了准备突围长征的中央红军的压力。

从湘赣到黔东，历时 79 天，征战 5000 余里。我们在任弼时、肖克、王震等首长的领导下，突破了湘、赣、粤、桂、黔各省敌军的重重堵追、侧击、包围，吃尽千辛万苦，终于在 10 月 24 日到达印江县木黄和红二军团胜利会师，完成了西征任务。至此，两支红军会合成一支战略突击力量，在中国革命最困难的时候担负起策应中央红军突围，创建新的革命根据地的使命。肖克将军后来忆此次会师，赋诗《木黄会师》："二六军团，历尽艰险。木黄会师，三军欢唱。八千健儿，挥戈向东。沅澧波涌，狂飚燎原。赤区重建，湘鄂川黔。抚今追昔，怀梵净山。"

红二、六军团胜利会师，团结战斗，这是两军团指战员盼望已久的事，它在敌我力量十分悬殊的情况下，壮大了红军在黔东的力量，使我军取得了作战上的主动权。但是，在两军团会师前后，当时"左"倾路线统治的中央军委①曾数次电令红二、六军团会师后，不得在一起

① 应为中革军委。下文皆同。

行动，红二军团仍留在黔东，红六军团向凤凰、乾城一带展开，建立根据地，以吸引更多的敌人于湘西北地区。会师后，两军团领导慎重地研究了敌我态势、地形民情和两军团的实际情况，一致认为刚刚会合起来的红二、六军团，在政治上和军事上十分迫切要求互相帮助，要担负起吸引更多敌军、策应中央红军突围长征这个战略任务，必须集中行动；两军团分开活动，势单力薄，不仅不能取得对全局有重大影响的胜利，而且易于被强大敌人各个击破。正如贺龙同志说的那样："一个军团去湘西不行，两个军团去打得赢。"红二、六军团首长还认为：黔东地域狭小，人少粮缺，难以向外发展；湘西地广人多，我们党和贺老总在那一带群众中有影响，建立根据地的条件比较理想。因此，电请中央军委，要求红二、六军团集中行动，留一支部队保持黔东根据地，主力进至湘鄂川黔四省交界的永顺、酉阳、龙山、保靖等地区创造新的革命根据地。

10 月 28 日，又接军委 26 日电报，军委仍坚持原来指示，并指责"二六军团合成一个单位及在一起行动是绝对错误的，……六军团应速依军委屡次电令向规定地域发展，勿再延迟。"两军团领导坚持了正确的发展路线，联名向军委陈述两种行动方针的利弊，再次建议两军团暂时集中行动，以便消灭一两支敌军开展新的更有利于将来两军团分开时的局面。军委方采纳了这个建议。于是，两军团领导决定组成黔东特委和一个独立师，在黔东坚持斗争，主力于 28 日就准备向湘西的永顺、保靖、龙山、桑植地区发动攻势，揭开了两军团团结战斗的序幕。

10 月 29 日，我们从秀山、酉阳地域出发，向东北方向湘鄂边的来凤、龙山开进。部队经过来凤的百福司，抵达龙山的招头寨，突然折转南下，走了一个三角形的路线，于 11 月 7 日袭占了永顺县城。这一声东击西、乘敌之隙的 700 里征程，历时九天。当时已是深秋，秋雨霏霏，这个地区的山间小路大都是青石板铺成，崎岖不平，许多同志鞋都磨烂，只好赤脚行军，但山路伤脚，我们将仅有的被单撕开包脚而行。

永顺城四面环山，三面临水，宋代置为府治，元明为宣抚司、宣尉司，是统治四周少数民族的中心，也是湘西北要冲之地。我军在永顺一面抓紧时间进行休整，一面开展群众工作，筹款备物。我们在永顺休整七天，这对于长期处于连续行军作战的红二、六军团来说，是非常宝贵的，指战员的体力得到初步恢复。在这一周时间里，我们调整了部队编制，部分机关人员充实到连队，两军团整编为七个较充实的团，红二军团辖两个师，每师辖两个团；红六军团辖三个团；健全党的组织，重点进行军事训练和思想政治工作；同时还派出干部战士开展苏维埃宣传活动，打土豪、分浮财、扩红，组织人员昼夜赶制冬装。两军团上下团结一致，合力同心，使刚刚会合起来疲惫之师，面貌为之一新，虽然当时我们的战士只有几发、最多不过十几发子弹，但大家都渴望打个大胜仗，热烈的愿望和高昂的求战情绪洋溢全军。

在永顺休整期间，两军团领导召开了会议，分析了当时敌我情况和中央红军西进形势，一致认为：南下迎接中央红军或插向湘西的保靖至凤凰陈渠珍老巢，都不具备条件。只有在湘西北地区实施灵活的机动，运用声东击西的战法来调动敌人，在运动中乘敌之隙，求得歼灭敌人一部，尔后回旋于湘鄂川黔边区。这一带四省交界，敌人统治力量薄弱，又是产粮区，人口众多，较易补充兵员，既适宜创建新的苏区，也可以牵制四省敌军，策应中央红军长征。

袭占永顺后，我五十一团部署在永顺河南岸，控制城南山岭制高点，警戒保靖、永绥方向。根据军团首长命令，我率一个营向永顺城南泽家湖方向进行游击，以迷惑和箝制敌人，以掩护两军团主力休整。另外，还派出两个远距离侦察队，以查明保、永线敌人的动向。

就在我军袭占永顺休整之际，“湘西王”陈渠珍自恃兵多武器好，地形熟悉，想趁我军疲劳没有站住脚时，集结了十个团的兵力，展开于保靖、永绥地域，气势汹汹地向我发起攻势，意在逼我退出湘西，进入鄂西。

面对这股敌人，两军团领导认真地分析了敌情我情。该敌虽号称万人之众，但多系少数民族，内部派系复杂，多数官兵吸鸦片，几乎人均双枪（步枪、烟枪），战斗力不强，纪律极坏，群众深恶痛绝；而我军会师后，士气高昂，歼灭这股敌人把握性较大。只要能歼灭这股敌人，我们就能在湘西站住脚，不但可以策应中央红军长征，而且能开辟新的根据地。因此，两军团首长决定：诱敌深入，边走边选择战场，寻机歼灭该敌或敌之大部。

11 月 13 日，敌军兵临永顺城，我军主动弃城北走。临撤之前，曾召集永顺城各界人士开会，说明为了消灭敌人需要烧掉永顺大桥，为此我军付出数百元银洋，作为将来重建大桥的费用。永顺大桥是一座石墩大桥，桥梁以上为木结构，筑有遮雨亭廊。当时我仍率五十一团一个营和红六军团侦察队为后卫。我的任务有三：第一掩护主力北撤，察明敌人动向；第二要与敌作小的接触，边打边退，诱敌上钩；第三是烧桥示弱。烧桥由刘运珠副营长带人执行。我们在拂晓前分段泼上煤油，自南向北点火，刹时间，火势熊熊。当烈焰在遮雨亭廊燃起时，发生了一桩意外憾事，当地的土豪和富户为了逃避红军打富济贫，把装有细软、烟土等物品的箱笼、包裹藏在亭廊的中层。这些东西有的被烧毁，有的纷纷落入水中，轻的随水漂流，重的沉入河底，在桥的下游不少贫苦群众下水捞捡水中的财物。当时，皮毛烧焦的臭皮味和鸦片焚烧后的气味混杂在一起，望着被烈焰吞没的物品，我们深感痛惜，如果及时发现这些物品，对于物资极端贫乏的红军是有很大帮助的。

烧桥任务完成后，我命令加强营掩护军团侦察队乘船北返，一起撤到城北山头上，就看见敌军从南山梁下到河边，敌在河边停止了前进。不一会，他们利用桥墩架设便桥过河，这时我命令一个分队放了几排枪，撤离山头。敌人过河后，即向我放枪的方向追来，我们边打边走，和敌人保持一定距离。下午，侦察员从敌侧翼观察到敌的前卫是一个旅，主力仍在永顺城。第二天，敌主力全部出城，但敌人没有积极追击，双方只是小打或打打停停。

我军主力北撤后，一边走，一边勘察地形选择战场，当时我们无军用地图，先后选择了三个预伏战场：第一次在永顺城北三四十里处的颗砂，但因距城太近，敌遭打击时容易缩回城内固守；第二次拟设于距城较远的钓矶岩，因山势陡峭，路径狭窄，不利于大兵力展开；第三次军团首长选定龙家寨。这是个较大的平坝子谷地，三面环山，南北长约15至20里，东西最宽处约七八里，地势平坦，村庄颇多，农舍大多是木屋，可大量屯兵，但不易守;平坝两侧森林茂密，多是松杉与灌木丛，既利于大部队隐蔽集结,也利于部队展开出击,是一个理想的伏击战场。

肖克、王震首长再三指示我后卫部队，为了把敌人引出来，只准示弱，不许逞强。因此我们和敌接触时，常常表现出被迫应战又仓促退却，队形不整，沿途还扔下不少破烂物资，颇显狼狈，使敌人误信我军已到穷途，这样，追击我军之敌越来越骄横，叫嚣“共军退却，不堪一击”,使敌由当初逼我退出湘西改为想围歼我军,好向蒋介石邀功请赏。于是，追敌倾巢出动，紧紧咬住我军后卫不放，敌人按照红二、六军团首长意图，向龙家寨谷地进发。

我后卫营越过龙家寨，继续北上至十万坪谷地东北隘口。16日拂晓前我军按照计划从十万坪东南隘口折回展开，进入待机阵地，红六军团位于十万坪东侧和北侧高地，第四十九团在左翼，位于设伏阵地最南端高地；第五十三团居于阵地之中稍侧后，这两个团闪开大道，让敌人进入口袋；第五十一团位于阵地左翼出击正面。为了麻痹敌人，我团让出最前沿山梁，以两个营为第一梯队，一左一右互为依托，另一个营作后梯队，成一个前三角配置。红二军团第六师部署于谷地西北端高地，与我们成斜对角，该师出击地带较平坦较远；第四师位于五十一团以北,为战役预备队。红二军团的军团部位于毛坝,肖克同志为前线指挥。我军一切都准备好了，只等敌人往口袋里钻。

我军虽经过休整，但紧张的训练和打土豪、扩红等工作，加上连日行军，部队很是疲劳，但大家都渴望打个大胜仗，因此情绪高昂，一进入阵地,大家都非常活跃,一边做战前准备,一边谈论着即将到来的战斗。

团长郭鹏、政委苏杰和我领受任务后，带领各营营长反复勘察地形，选择出击道路，分配任务。团、营重机枪阵地选在前沿侧翼，构成严密的射点，因为灌木杂草丛生，必须扫清射界，这一切工作都要在12时以前完成。

上午9时，红六军团政委王震来到我团指挥所，我们简要地向他报告了战斗准备和部署，王震表示同意，并指示说：这是我红二、六军团进入湘西的第一仗，打好这一仗至关重要。你们要把敌人放进来，把你们近战歼敌拿手好戏唱好，正面攻击的部队要能顶住敌人几个冲击，你们团吸住敌前卫旅后，即从正面左翼出击，攻击敌先头团；四十九团抄敌后路；五十三团拦腰冲击敌之纵深，我们打响后，红四师沿大道正面出击。王政委简要地交待了作战意图后，叫我集合第二梯队及团直属队，亲自作战斗动员。红六军团的老同志都知道王政委的脾气，一打仗他的精力特别旺盛，每次打大仗他都到主攻部队作动员，他那坚强、乐观的性格深深地感染着大家，他动员时声音洪亮，言语通俗，很有鼓动性。不一会，大家依自然地形蹲在树下、岩石上、草丛中，王震热情地与干部战士打着招呼，这时，我请王政委讲话。王震说：“前些日子，我们红二、六军团都盼着会师，会师后，大家都渴望打一个大胜仗。这一仗就要打响了，你们有把握吗？”大家响亮地回答：“有。”王政委接着说：“有句俗话，强龙压不过地头蛇，今天，我们红军这条龙，就是要吃掉陈渠珍这条地头蛇。这次战斗是我们会师后的第一仗，你们团担任正面主攻，一要顶住，二要拖住敌人，消灭先头之敌。在战斗中要和红二军团密切协同，团结战斗，争取全歼这股敌人。”王政委的话简明有力，既鼓舞了部队的勇气，也坚定了大家的信心。王政委讲完话，立即赶往五十三团、四十九团的阵地。为了完成好军团交给的任务，我们几个团领导又抓紧时间继续检查各营、连的战斗准备情况。

正午，同志们打开随身带的饭布袋，有说有笑地吃起米饭团。饭后，各营连就地休息，不一会就到处响起酣睡的鼾声。我和郭鹏没有一点睡意，交谈起战斗的往事，当谈到前不久的甘溪战斗时，两人心情十分沉重，怀念在那次遭遇战中，我们的许多优秀战友英勇地牺牲了；由于敌情严重，战斗中有些重伤员都来不及抬出来，特别是五十二团遭敌重围，不幸全团损失。这支经过无数次战斗锻炼出来的部队，要是能参加今天的战斗，那将给我军增加多大的突击力量啊！我们不禁越说越激动，都下定决心坚决完成军团首长交给我们的任务，打好会师后的第一仗。

正午稍过，正前方警戒哨传来了信号，报告敌先遣搜索队正向大坝两侧搜索，其前卫部队已进入了坝子口，大部队随后。我当即命令部队注意隐蔽，不准随便走动，重申没有团部命令不得开枪射击。

下午2时许，我前沿观察哨报告，敌前卫部队向我军让出的前沿山梁接近。后来查明，敌前卫旅为龚仁杰旅，本队周燮卿旅，后卫为杨其昌师（实际也是一个旅）和皮德沛师的一个团。敌人准备在龙家寨、把总河、十万坪等地宿营，当时看到敌军的行军宿营等部署组织周密，但也可看出因多日行军已疲惫不堪。下午3时许，敌前卫旅旅长龚仁杰命令其前卫团前伸，向我让出的阵地搜索前进。我前沿观察哨不断传讯敌已分兵两路向我最前沿山坡爬上来，敌人一点也没有发现埋伏在这里等待多时的红军。当团部发出出击命令时，我按预定方案率一梯队的两个营兵分两路出击，和敌争夺我军让出的山梁。我随三营从左翼冲上山梁，这时看到敌兵成群，着黑色制服，戴大檐军帽，背着竹篓子，躬着个腰蜂拥上来。我命令三营向敌猛烈开火，跟在我身边的通讯员小刘用花机关枪向密集的敌群猛烈扫射，就在他打完子弹换弹夹时，被敌弹射中胸膛牺牲，另一个通讯员拾起花机关枪继续扫射。这时我们扔出的手榴弹在敌群中到处爆炸，打得这些“双枪”兵抬不起头来，接着是短兵相接，战士们端着刺刀与敌厮杀在一起。不一会，我们就夺回让出山梁的左边山头。这时我团一营从山梁右侧冲上来了，两个营两面夹击，阵地上敌人大部被歼灭，敌后续部队溃败下去，我们完全占领了让出来的山梁。就在我第一梯队打响后，我团的二梯队和团直属队从阵地右侧出击截断敌前卫团退路，我五十一团迅速围歼了该团敌军。消灭这股敌人后，我们集结整理了一下，沿着大道向南猛追，此时已日落西山，临近黄昏。

当我五十一团打响后，我四十九团与五十三团遵照军团指挥所预定方案，从我团左侧同时出击，向龚仁杰旅后卫团及周燮卿旅猛烈进攻，红四师沿大道出击，与我们夹击龚旅残部和周旅。刹时间，只见漫山遍野冲出了生龙活虎的红军战士，枪声、喊杀声惊天动地，那些等待吃饭休息的敌人，个个惊恐万状，经过两个多小时的激战，敌人大部被歼。残敌乘夜色向南溃逃。当我军追击到把总河时，敌杨其昌师及皮德沛师的一个团正在抢修工事，肖军团长立即命令红六师十八团和我五十一团围歼该敌，经过一小时的夜战，击溃了据守村落之敌，歼灭其一部。

龙家寨之役给"湘西王"陈渠珍的主力以歼灭性打击，共歼敌4000余人，其中死伤1000余，生俘师（旅）参谋长以下敌军2300余人，缴获长短枪2300余支，重机枪十余挺及大量弹药物资。我军伤亡数百人，我和五十一团政委苏杰负重伤。

17日我军主力南追逃敌，军团首长命令四十九团政委晏福生率一个营留驻龙家寨打扫战场，救护伤员，收容溃敌，开展群众工作，为建立苏维埃政权创造有利条件。

我军于17日重占永顺城，主力通过敌架设的便桥，一直追至酉水北岸的王村，因酉河水涨，未能南渡，后分兵两路，占领大庸、桑植两县。

红二、六军团占领大庸城后，由任弼时、王震等率红二军团六师十六团、红六军团四十九团、五十三团留大庸、永顺、桑植，继续扩大新区，肃清奸敌，建立政权；由贺龙、关向应、肖克等率领红二军团四师十团、十二团、六师十八团、红六军团五十一团南下沅陵未克，折转向东占领桃源城、浯溪河，进逼常德，威胁长沙。当时何键[①]向蒋介石告急，蒋介石不得不从堵追中央红军的敌军中抽调李觉的十九师、章亮基十六师、陶广六十二师火速回援常德桃源，同时何键还向湖北省主席、湘鄂边剿匪总司令徐源泉乞援，要其火速派兵解救常德。敌人被调动后，我军西返占领慈利。至此，我军发动的湘西攻势告一段落。

龙家寨之役是我红二、六军团会师后的第一仗，从根本上改变了当时两军团不利的局面，牵制和调动了大量敌军，有力地策应了中央红军突围长征，为创造湘鄂川黔革命根据地奠定了基础。龙家寨之役是一个出色的速战速决的歼灭战战例，在我军的战史中，虽然是暂短的一幕，但在军事上、政治上却是很值得追忆的。

选自《红六军团征战记》下，解放军出版社1994年6月版，第30—38页。

① 原文误为何健，本文统一为何键。

红军长征纪实丛书

红二方面军卷

3

中共中央党史研究室 编

中共党史出版社

本册收入第六至第九部分文章 115 篇

“六月雪”

田国浩

渡过金沙江，又经过几天的艰苦行军，就到了雪山地区。

天气十分闷热，太阳像火似的烤着大地，我们仿佛是背着火炉在前进。汗，一个劲地往下流，把眼睛腌得生疼。鼻子、嘴都干的像冒烟似的。路像“之”字形，左拐右拐地向上延伸。旁边那座半个月以前就看到的大雪山，现在显得更高大了。到了山脚下，向上望去，山顶高不可见，白皑皑的冰雪在夕阳的余晖里闪耀着刺目的光芒。据当地老乡说，这座山一上一下，要走 70 多里路。

天黑以后，我们借着朦胧的月光，沿着蜿蜒曲折的山径向上爬去。队伍拉得很长，抬头看，头顶上有人；低眼瞅，脚底下也有人。战马在嘶叫，啦啦队在前呼后应。喊声，歌声，震荡着草木丛生的山谷，发出欢乐的回响。同志们的情绪实在高，但都走不快，因为路太难走了，又看不清，不小心就有滑下去的危险。

我们艰难地走了一夜，直到天亮还没有到达山腰。前面传来休息的命令。我们在道旁停下来，吃了点炒面，又继续前进。

越向上走，山势越陡，小道儿几乎要笔立起来了。山路虽然经过前面部队的一番修补，但是骡马走起来，仍然相当不便。道旁绝壁上悬着的石块，若不注意撞下来就有砸破脑袋的危险。山涧里的水，湍急地向下倾泻着，溅起几尺高的白沫子，发出哗哗的吼声，真叫人胆寒。

将近中午，我们爬上半山腰。刚一拐弯，便见到两座高山，好像要紧紧地偎依在一起似的，把小道夹在中间。两边石壁上伸出几棵葱绿的青松，路旁青嫩的小草刚长了两寸高，几棵黄色的小花骄傲地随着温和的山风摆动。这里完全是一片春天的景色。可是在背阴的地方，微风徐来，凉爽适人，又给人一种秋天的感觉，使人完全忘记了当时正是夏天。

又往上走两个小时，就好像进入了冬天。白皑皑的积雪，越来越厚。道路滑溜溜的，行动更困难了。走在我后面的一个贵州籍同志，由于年岁大，身体又弱，越走越喘，越走越吃力了。我顺手去接他的枪，副班长也赶上来要帮他拿背包，可是他说什么也不肯，还是艰难地支撑着身子前进。

再向上走去，好几层雪冻在一起，差不多有两尺多厚。雪底下的水还是在哗哗地流着。山势更加陡峭，道路更加崎岖窄狭，要是一步走不稳滑下去，那就再没办法爬上来。草鞋早就被雪水浸透了，十个脚趾冻得又麻又木，深一脚浅一脚的，也不知道是冷是热。

空气也越来越稀薄了。胸口上好像压着千斤重担，透不过气来，走几步就得喘半天。我后面那位贵州籍的同志，额头上的汗直流，看样子连往前爬的劲都没有了。不得已，就坐下来。指导员忙抢到他的身旁，像慈祥的老妈妈一样，把他的手架在自己的肩上，慢慢地把他扶起来，耐心地对他说："同志！再坚持一会儿，过了雪山就是胜利！在这里，说什么也不能停呀！"

"我自己还能走！"那个同志轻轻地推开指导员的手，激动地说了一句，又摇摇晃晃地走着。

下午 3 点钟我们到达了山顶。大家多么高兴啊！

忽然西南方向涌起一块乌云，迅速挨着山头压过来。接着暴雨夹着冰雹，劈头盖脸地打来。不一会，又变成了鹅毛大雪。真是瞬息万变。我们身上的单军衣被浸透了，有的地方还结了一层薄冰。冷风一吹，把大家冻的上牙直打下牙。指导员和连长忙着叫大家打开被子，披在身上。

风好像故意和我们闹别扭似的，越刮越大。我们的脚陷在一尺多深的雪里，费老劲才能拔出来。被子被风吹鼓起来，像船上的帆篷，拖得我们来回直晃荡。我们几个人就互相搀扶着，一步一步的向前移动。

这时指导员自言自语地说：“蜀道难，难于上青天。这简直比蜀道还难！”后边的小通信员不知把这句话听成个啥，就接着说：“指导员，我们不是已经上天了吗？咱们的脚早就站在云彩上面啦！”一句话，说得大家都笑起来。

雪终于停了。傍晚的太阳，紧贴着西边的山顶照过来。白雪闪耀着光芒，刺的眼睛都睁不开。

我们跨过山顶，开始下山了。我心想：下山了，该省点劲了吧！谁知道下山并不比上山容易，身子总往下滑。前面一个战士稍有疏忽，一溜就是十几丈远。同志们正为他着急的时候，他却高兴地站在下面，大声喊我们：“来，来，坐滑梯下来吧！”于是我们也学着他向山下滑去。

晚上，我们到底战胜了风雪，获得了全胜。全连没有一个掉队的。在一天的时间里，我们经历了春天和秋天，也经历了风雪弥漫的冬日；可是下得山来，气温仍然很高，我们又回到了夏天。

选自“中国人民解放军三十年”征文编辑委员会编：《星火燎原》第3集，人民文学出版社1959年12月版，第313—315页。

田国浩，1909 年生，湖南龙山人。1934 年参加中国工农红军，1938 年加入中国共产党。红军长征时为红二、六军团某连战士。新中国成立后，曾任吉林化学工业公司工会主席、公司党委副书记等职。1977 年逝世。

山上一日

李桂林

一天傍晚，我们连 130 多个人在一个有着小松林的山洼里宿营了。把帐篷撑了起来，大家就在篝火跟前化雪水拌炒面吃。人们的脸越来越黄了，小李胖乎乎的圆脸蛋，现在变得又黄又瘦。他一边烤着火，一边出神地望着矗立在面前的大雪山。我碰了碰他的肘子：

“看么？吃饭嘛！”

“你看，雪山多好看啊！”

我仰头看去，只见白雪覆盖的山顶，被太阳的余晖映射着，闪着亮光。天空几朵白云，也被晚霞染红了，像画上画的，美丽得很。可谁又能想到这座大雪山会带给人们那样多的灾难！

第二天太阳刚出来，同志们便精神抖擞地向大雪山前进。

山上的雪有的齐脚脖子，有的齐大腿，要是掉到雪窝里，整个身子都会埋下去。我们的指导员和连长走在全连最前头。每当指导员爬上一个陡坡，就站住向大家喊：“同志们上啊！看谁先到山顶！”

晌午，从东边山上飞起了一团黑云，随着就刮起了怪叫的狂风。这团黑云越来越大，连山顶也湮没在云海里。暴风卷着积雪，刮得天昏地暗。一会儿，又下起了大雪，扑头打脸，简直要把人埋住。怕人的暴风越刮越凶，雪越下越大，迷迷茫茫，什么也看不见，什么也听不清。后面的人只能紧盯着前边的人，一步步向上迈。不管风雪多么大，我们总不能停，于是大家就手拉着手，连成一串，冲着从山顶倒卷下来的风雪，艰难地向顶峰攀登。

快到山顶了，可是风雪更大了。我的手却冻僵了，腿麻木了，连冷带饿，浑身没有一点儿劲。脑壳发涨，耳朵里嗡嗡响。指导员右手拉着我，左手拉着小李，肩上还挂着步枪，领着我们往上走。忽然小李同志一下子倒了，脸同雪地一样白，嘴唇上没有点血色。他慢慢地说："指导员，不要管我了，你走吧！……"

指导员眼里滚出了两串热泪，但他还是安慰着小李："来，我背你走。只要有我就有你，我决不能丢掉你，我们一定要去找中央红军！"说罢，他就蹲下来，背起小李，一手还拉着我。

就这样，我们在互相帮助下，终于爬到了山顶。

雪山向上爬起来困难，下去比较容易。好大的坡，吱溜一声就溜下来了。下山了，黑云也渐渐退去，在夕阳斜照下，这座折磨人的雪山又变得那样安静而动人。我被一种难以形容的情绪所支配，突然扑在指导员的怀里，激动地说："指导员，我们到底过来了！"

选自"中国人民解放军三十年"征文编辑委员会编：《星火燎原》第3集，人民文学出版社1959年12月版，第316—317页。

李桂林，1913 年生，湖南平江人。1930 年加入中国共产主义青年团，同年参加中国工农红军，1931 年转为中国共产党党员。红军长征时为红二、六军团某连战士。新中国成立后，曾任东北军区政治部保卫部部长、沈阳军区政治部副主任、解放军后勤学院政治部副主任、后勤学院顾问等职。1955 年被授予少将军衔。1981 年在北京逝世。

收容队

萧新书

天刚刚发亮，师里的常参谋长便带着我们连，向雪山进发了。我们的任务是在全军后面做收容工作。

山上铺满了两三尺深的积雪，一脚踏进去，总要费很大力量才能拔出来。有的同志腿肚被锋利的冰雪划破了，淌着血；有的把草鞋陷在雪里，再也找不到，只好光着脚走。

爬着爬着，气候突然起了变化。一股寒流向我们袭来，汗湿的衣服，顿时变成硬邦邦的冰筒，一迈步唰唰响，磨得大腿生疼。呼出的气也凝成白霜，挂在头发上、胡须上，我们都成了银发老人。融化的雪水冻结了，像层玻璃铺在路上，蹬上去站不稳脚。有人滑下去，被什么东西挡住，起来再爬；也有人滑进雪坑，几个人合力才能把他拉上来。

这样一冷一热，跌跌撞撞，有很多同志支持不住了，晕倒在地上。没有倒下去的同志走上去，背起就走。的确，大家都这么想:团结一致，战胜雪山。

我们收容队的同志背着体弱的战友，咬着牙一步一喘地向山上攀登。饿得实在挺不住了，就顺手抓把雪塞进嘴里压一压。可是山呢，还望不到顶。它有多高呀！我曾几次想把保存在口袋里的那块银元大的干粮吃了，但每次总是这样对自己说：不到爬不动的时候绝不吃它!

忽然,山上又滚下一个东西。越来越近了,仔细一看,原来是个人。我们连忙赶上去,把他挡住。那个同志脸上流着血,紧闭着眼睛,心口还有点热气。我们忙取出被单给他盖上。喊了半天,他才睁开眼睛,张着嘴说不出话。我们知道他是饿极了,班长便掏出一块干粮递给他。他吃完干粮,才慢吞吞地说:“同志,你们是哪部分的?”

“收容队。”我说。

“收容队?”他睁大眼睛,然后强支起身子,站起来就走。

“同志,一起走吧!”

“我不能跟收容队走,我不能掉队呀!”他看了看我们,强自一摇一晃地走去了。

黄昏的时候,我们终于爬上了雪山顶。白云在头上低压着,顿时觉得呼吸困难,心跳得很凶,简直要从喉咙里冒出来;头也昏沉沉的,眼前金花乱转,连站在面前的人也分辨不清。可是,我们心里明白:一定要赶快收容,赶快离开这个鬼地方。

山顶上,掉队的同志很多。有的很快就失去了宝贵的生命;有的起来倒下,倒下又起来地挣扎着。我赶忙把那块干粮掏出来,送给倒在我身旁的一个同志。那个同志接过干粮,可是他只咬了一口,又递给了旁边的另一个同志。这样,一块银圆大的干粮,传了几个人才吃完。

我们含着泪,刨开雪坑,埋进牺牲的战友。大家都默默无声,心里十分难过。

这时,师参谋长要我们快把没牺牲的同志背下去。全连的同志,立即背起掉队的战友,向山下猛跑。有人实在没劲了,就抱着被收容的同志,顺着雪坡向下滑。底下气候好些,我们才停下来喘口气。一看,衣服成了布条,胳膊上、屁股上都流出血来,被风一吹,像刀割一样痛。可是我们的心里却很高兴。因为,仅我们一个班就救活了七个同志。

选自“中国人民解放军三十年”征文编辑委员会编:《星火燎原》第3集,人民文学出版社1959年12月版,第317—319页。

萧新书,红军长征时为红二军团六师侦察连战士。

翻越玉龙雪山

李立

我军渡过金沙江后，就到达了玉龙雪山。玉龙山是横断山脉的大雪峰，海拔 5500 米，终年覆盖着皑皑白雪，人称万年大雪山，山上的积雪在阳光下闪烁着耀眼的光芒。这玉龙山倒也名副其实，活像一条蜿蜒起伏、腾空飞跃的玉色苍龙，横卧在我工农红军的面前，挡住了去路。

我军渡江之前，由于军情急迫，又需保密，没有向战士讲明去向，大家对来这里缺乏必要的精神准备。同时，部队进入云南，天气转暖，大家已把棉衣改为夹衣，而对进入高寒地区又缺乏必要的物资准备。部队原计划过雪山，入中甸后再作短期休整，扩大红军，补充给养，继续北上。而来到雪山之下，经过进一步调查了解，才知道翻越雪山有许多未曾料到的困难。大雪山上终年覆盖着不化的冰雪，天寒地冻，空气稀薄，阴晴无常，瞬息万变。一天之内，忽而晴空万里，风和日丽，忽而狂风大雪，暴雨冰雹，往往让人捉摸不定。单靠现有的条件，雪山是爬不过去的，必须进一步做好准备。

为了顺利爬过雪山，部队决定在格罗湾①一带休息三天，发动干部、战士做好过雪山的一切准备工作。在思想方面，我们派人深入到当地居民群众中去访问调查，了解当地地理条件、气候特点和过雪山应注意的

① 原文误为恪罗湾。

事项，向干部、战士进行宣传教育。同时积极做好思想发动，向全军提出与中央红军会师，创建西北革命根据地的战斗口号，要求大家克服一切困难，坚决完成这项战略任务。在物资方面，我们动员老百姓卖新旧棉花给红军，让战士们把两件单衣合在一起做成棉衣，把夹被做成棉被，每人各备一两双草鞋。同时积极筹购粮食、辣椒、生姜、急救药品，携带上火石镰刀、小型皮风箱。由于这一带荒凉偏僻，人烟稀少，我们筹集的物资很有限，远远不能满足部队的需要。我们决心战胜困难，爬过山去。

为了减少沿途物资供给上的困难，总指挥部研究决定，从 5 月 5 日开始，全军分为两路纵队出发：二军团为左路纵队，经德荣①、巴塘、白玉，向甘孜前进；六军团为右路纵队，经定乡、稻城、理化、瞻化，也向甘孜前进。

这天早晨，浓密的大雾笼罩着整个山村和金沙江面，到处是灰蒙蒙的一片，对面看不见来人。战士们随着雄壮的军号声响，纷纷起床、洗漱、吃饭，准备出发。临行前，部队集合一处，由政治部的负责同志作了动员。总部要求全体指战员发扬我党、我军艰苦奋斗的革命传统和互助友爱精神，能扛枪的就扛枪，能背行李就背行李，把坐骑给伤病员同志。这次爬雪山是对每个共产党员的一次严峻考验，都要以身作则，吃苦在前，起好模范带头作用。

山下的战马嘶鸣，部队前呼后应，浩浩荡荡地向玉龙雪山进发。爬上雪山的队伍，宛若一条灰色的练带，绕山飘动，盘旋而上。到达半山腰，前面传来命令，要求部队原地休息，生火烧辣椒水、生姜汤，每人必须喝一碗暖暖身体。同时反复强调雪山行军纪律，要求大家必须严格遵守，不得违犯。因为我军指战员中大多数来自南方各地，对这里的环境、气候一时适应不了，加上物资准备又不充分，在艰苦的雪山行

① 今得荣。

军中遇到了暂时的然而是严重的困难，许多同志产生了这样那样的思想问题。为了保证部队顺利通过雪山地区，我军进一步加强了思想政治工作，利用雪山行军的空隙时间，深入细致地开展了党的路线教育和北上抗日的政治动员，使大家树立战胜困难的决心，坚定革命必胜的信念。部队领导还具体研究了可能掉队的人员，组织收容队收容了掉队的同志，动员所有骡马驮运伤病员。各连队也发动党团员和身强力壮的同志给掉队同志和伤病员以帮助照顾。

部队稍事休息，继续上爬。突然，前面传来一阵枪声，原来是一小股反动武装企图阻拦我军前进，发生了一场短促战斗。我军把这股敌人迅速消灭后，队伍又继续前进。没过多久，忽听上面又断断续续地响起一阵爆裂声，起初大家以为还在进行战斗，不由加快了脚步，但很快得到消息，原来是山上的大树被积雪压倒，从中腰断裂而发出的巨响。

再往上爬，大雪封路，行进越来越艰难。这里的冰雪常年不化，雪深没膝，每走一步都要付出很大的力气；积雪下隐没着大大小小的雪坑，人们稍不小心，就会陷入其中，难以自拔。雪山道路窄小难辨，走在前边的人必须仔细探索，行在后边的人必须踩着前边人的脚印，步步紧跟。头顶上有大块的石头伸展出来，走路如不小心，就会碰住脑袋。脚底下是布满积雪的万丈深渊，稍不谨慎，就会葬入深谷。但是，这些困难吓不住英雄的红军，战士们仍然以大无畏的革命精神和坚韧不拔的毅力深一脚浅一脚地向前迈进。

雪山上的气象变幻万千，太阳不知什么时候从云海中一下子钻了出来，遮天罩地的浓重大雾也随之渐渐消失。明丽的阳光照射在玉龙山上，亮晶晶的犹如一面极大无比的镜子，强烈的反光透过这镜面映照在我们的头顶上，光彩夺目，雄伟壮观。面对这雪峰奇景，大家不胜惊异，谁能料到在这样艰苦的环境中竟能领略到祖国山河的壮美啊！

再往上爬，积雪厚达一米，要是掉到雪窝里，整个身子就会被埋进去。我们只好一边开路，一边前进。继续攀登，地势越来越陡峭，山道越来越崎岖，路面越来越狭窄，空气也越来越稀薄，许多同志都感到呼吸困难，行走吃力。这时，天气突然大变，一阵阵狂风裹卷着团团飞动的乌云，呼呼吼叫着滚过满是积雪的漫山遍野，刚才还是银装素裹、美丽如画的晴天雪景，顷刻间却变成了天昏地暗、雪沫横飞的混沌世界。狂风过后，鹅毛大雪便从天而降，纷纷扬扬，漫天飘舞，到处是白茫茫的一片。风雪劈头盖脸地扫来，刮得战士们睁不开眼睛，看不清道路，大家只好互相搀扶，摸索前进。随着狂风大雪的降临，天气也骤然变冷。刚才大家头顶太阳，负重登攀，浑身冒着热汗，现在猛一天变，立即汗凝结冰，真是透心的寒凉。特别是有不少同志还身穿单衣夹袄，光着脚板走路，寒风吹来，更是万箭穿身，难以忍受。有的脚趾冻僵了，身上冻麻木了，但谁也不叫一声苦，仍然顶风冒雪，勇往直前。

在严重困难的考验面前，我军广大指战员既有英勇顽强的战斗精神，又有团结互助的高尚风格。有的争着抬担架，护送照顾伤病员；有的搀扶着体弱的同志一道前进，自己宁愿扛双枪，背双背包；干部十分关心爱护战士，主动让出自己的乘马给伤病员和体弱走不动的同志。全军上下，团结一致，互相关心，互相照顾，互相帮助，互相鼓励，大家都感到生活在这样一个战斗集体里的温暖。

要奋斗就会有牺牲。我们在爬雪山过程中也付出了很大代价。由于高原空气稀薄，体弱的同志渐渐体力不支，他们越往上爬，越禁不住气喘心跳，头晕目眩。有的实在走不动了，便突然倒在路边。如果后边的同志挣扎着加快脚步赶得及时，便把战友搀扶起来，继续艰难挪动，或许生命有救；如果发现较晚，抢救不及时，这些同志便长眠于雪山。还有一些同志，他们走得精疲力尽，喘不过气来，想坐在路边休息一下，如果在连队干部赶来劝阻时不休息，继续坚持下去，或许可以渡过难关；如果他们不听劝阻，仍然坐下休息，那就很难再站起来了。还有一些同志，他们倒是咬紧牙关向前进，但有时走着走着，也会猛然间头昏眼花，“扑通”一下倒在路旁，同志们再扶也扶不起来了。他们之中也有过了一会儿慢慢苏醒过来的，但是两条腿已经不听使唤，寸步难移了。这些同志多么希望和大家一起继续前进，共同奔向胜利的目标啊！可是病体不由人，已经不可能了！他们双眼望着同志们熟悉的面容，望着在风雪中继续行进的队伍，渐渐停止呼吸，依依难舍地永别了战斗的革命集体！也还有一些同志，在行军途中口干舌燥，饥渴难忍，看到山间的溪水，不知其中有毒，舀了一碗喝下，立刻中毒倒下。为了北上抗日，救我中华，有多少英雄儿女在雪山上献出了宝贵生命！有多少革命烈士的忠骨至今还深埋在冰雪之下！他们的英灵将和这玉龙万年大雪山一样晶莹洁白，他们的业绩将和祖国壮丽山河一样永世长存！

经过艰难攀登，部队逐渐接近雪山顶部。远远望去，大家看到山上有红旗在飘动，原来是先头部队的宣传队员们已经抢先到达！雪映红旗分外红，旗下响起鼓动声。只见宣传队向山下呼喊："同志们加油呀！不要休息，不要坐下，快到山顶啦！""大家手搀手，快些上，看谁先到山顶呀！"同志们一看山顶快到，立刻振奋起来，使出全身力气，加速冲上山去。这座海拔5000多米的玉龙万年大雪山，终于踩在了英雄的红军战士的脚板底下！唐代诗人李白曰："蜀道之难，难于上青天"，可是诗人哪里知道，我们工农红军爬越雪山比起蜀道还要难多少倍啊！

翻过玉龙山，部队到达了中甸县城。原来对这里寄予很大希望，想让部队在这儿进行休整和扩充，如今见了才知中甸仅仅是一座地处海拔四千多米之高，只有几百户藏民居住的荒僻小山城，计划根本无法实现。由于历代反动统治阶级推行大汉族主义政策所造成的民族隔阂，山城藏民对汉民有着很深的误解，对我工农红军也缺乏基本的了解。所以我军一到，他们戒心很强，抵触很大，加上语言不通，使我们在藏族地区的工作遇到了很大困难。

我军进入民族地区，能不能处理好和少数民族的关系，对于我军顺利通过中甸和广大藏民区，实现北上会师至关重要。贺龙、任弼时等领导同志坚决贯彻执行党中央制定的民族政策和宗教政策，对部队进行了广泛深入的宣传教育，规定了严格的群众纪律，要求广大指战员必须尊重藏族人民的风俗习惯和宗教信仰，坚决保护喇嘛寺院，严禁进入藏族经堂。贺龙同志以身作则，亲自到中甸喇嘛寺院拜会喇嘛僧众，给他们赠送了“兴盛藏族”①的锦旗。对喇嘛寺筹粮，采取乐捐、借贷和购买等方式，坚持不强征，不强购。部队借了藏民的粮食，按价还给银元。如果主人不在，则留下银元、信件。征用藏民粮食，采取按价赔偿的方式，坚决不搞无偿征用。注意保护藏民青稞苗，严禁部队骡马放青。我们还沿途张贴布告，宣传我军取道川康北上抗日的主张，并通过“通司”（翻译）请宗教上层人士吃饭、开茶话会，讲明党的民族政策和宗教政策，争取少数民族对我军的支持。

由于我军正确执行了党的民族政策和宗教政策，严格遵守了三大纪律八项注意，部队所到之处，都受到少数民族的热烈拥护和大力支持。许多藏民在我队伍经过的地方夹道欢迎，给部队敬献“哈达”。有的手捧糌粑、酥油、牛羊肉慰劳红军；有的积极出售粮食支持部队；有的主动给我军带路当向导；还有的用牦牛驮送我军病号和掉队人员，一直到宿营地。由于藏民的积极支持，大大减少了我军通过雪山地区的困难。

经过爬雪山，过中甸，我军逐渐靠拢甘孜，迎来了新的斗争。

选自《红六军团征战记》下，解放军出版社1994年6月版，第459—464页。

① 实为“兴盛番族”。

雪山一日

贺正文

快到雪山顶了，肚子有些饿。口干渴得要命，但水是不易找到的。虽然山坳远处有个水坑，可是前面的部队已经把它掏干了，剩下的只有点泥浆。同志们拖着沉重的步子，忍着饥渴继续前进。山上的空气越来越稀薄，呼吸也感到困难。瘴气逼人，有的同志倒下去又爬起来前进，没有一个人埋三怨四，也没有人发牢骚讲怪话。大家坚信：不怕山有多高，终要在革命者的面前低头的。因为革命必定胜利的意志鼓舞着每一个同志。

这一天，我担任收容队的工作，和一些身体弱或有病掉在后边的同志一起走，虽然都是有病，但同志们还是团结互助得很好。病稍轻的同志争着帮助给病重的同志背背包、粮袋、扛武器，就这样不知不觉地到达山顶了。眼看就要下山，下山当然省劲得多啦，这时，大家是多么高兴啊！但是就在这时却发生了两件使我终身难忘的事，事情是这样的：我们爬上了山顶的坳部时，第一眼就看见一个同志坐在他自己担的箱子旁边，右手还拿个烟袋，像是在休息吸烟。我们走到他跟前，催他一块儿走，他不吭声，拉他一动也不动，原来这位同志已经死了。我摸摸他的烟斗，热气还未消散。另一件，是我们在前进时，看见离路旁不远有一个岩洞，我想进去看一看有没有掉队的同志在那里休息，当我刚进洞口就看到里边躺着十几个人，看样子睡得很熟。有的还夹着被子，我们是担任收容工作的，有责任叫起他们一同走，但是怎么喊也没有一个人应声。我们想，就是背着走，也不能把同志丢下，于是便过去一个个叫。当叫第一个同志时，他不答应，把他扶起来，一松手又倒下去了。啊！死了！当时我简直不能相信自己，心里有说不出来的难过，眼泪滴在死者的脸上。放下第一个去扶第二个，第二个仍是……没有一个能扶起来的，他们永远离开我们了。为了革命，为了挽救人民，为了解放全中国，我们的同志就这样的倒下去了。饥饿、寒冷、疲劳夺去了他们的生命。倒下去了不知有多少？当时，我们几个人不约而同地低下头，流着泪，望着亲爱的革命战友默念着：同志们！安息吧！你们未完成的革命事业，由我们来承担，我们一定要为你们报仇。我们掩埋了战友的尸体，擦掉了满面的泪水，拖着沉重的步子，赶上了部队。

选自《红六军团征战记》下，解放军出版社1994年6月版，第471—472页。

归心似箭

叶长庚

红二、六军团长征不久，我就患病了，先是发疟疾，一会儿冷，一会儿热，浑身无力，头晕目眩。疟疾刚刚好转，忽然又咳嗽起来，痰中带着血丝，身体时断时续地发高烧。经医生检查，说是肺结核病，我一听，吓了一大跳。我知道任弼时同志患的是肺结核病，身体消瘦，行走困难，一路上不得不用担架抬着。一染上这种病，短期内好不了，在这艰难的长途行军中，会给同志们增加多少麻烦啊！可是又有什么法子呢？唉，人就是这样，一旦生了病，任你再坚强的汉子也身不由己。开始，我硬撑着身子，骑马行军，渐渐支撑不住，就让两个警卫员搀扶着我走。后来，实在走不动了，不得不躺在担架上……

部队到达云南中甸县，准备翻越大雪山。

我生病以后，肖克、王震同志对我很关心，处处照顾周到。他们经常来看望我，并专门给了我一匹马，还派一名通信员，一名马夫负责照料我。几天以后，我的身体慢慢开始恢复。

这天晚上 10 点多钟，王震同志又来看望我。他看看我的脸色，用手试了试我的额头，微微摇摇头，慢慢地来回踱了几步，却没有说什么。看样子，他像是有什么事，可一时又难于开口。

过了一会儿，他坐到我的床头，语重心长地对我说："长庚同志，明天一早，部队就要翻越大雪山。这座雪山，上山四十里，下山七十里。

山上空气稀薄，积雪覆盖，行走很困难。刚才，军团党委开会研究，决定将重病号寄养在老百姓家里。我和肖克同志经过反复考虑，认为你身体太弱，确实难以爬过雪山，打算给你留下一名通信员，一名马夫，一匹马和一百块银元，你找个地方养好病，再北上去找红军。”

我一听，急了，硬撑着坐起来，忙说：“不，我不同意，说什么我也不离开部队！”

王震同志扶我躺下，又关切地说：“你的心情我们理解，可你的身体……”

我一把握住他的手，眼里滚动着泪水，央求说：“政委，你还不了解我吗？我生是红军的人，死是红军的鬼，就是爬，我也要跟上部队，我不会连累你们的。”

王震同志为难地摇了摇头，耐心地说：“我们也反复考虑了你的情况，你是红军的一位师长，不是一般士兵，按说，不应该把你留下，我们的心里也很难过，也舍不得离开你，可组织上实在是照顾不了，没有别的法子。长庚同志，你是一名党员，要体谅组织现在的难处啊！”

我无话可说了。是啊，作为一名党员，要一切服从组织的安排。现在组织上有难处，不得已才决定把我留下，我怎么能再给组织上增添麻烦呢？可要离开红军部队，留在这人地生疏的地方养病，我的心里又是多么不情愿啊！我恨，恨我这不争气的身体，恨这横亘在红军前进道路上的茫茫雪山，是它将要无情地割断我同红军的联系。我又难过，又感到有点委屈，便伏在枕头上哭起来……

第二天清早，大部队就出发了。我来到村头上，怀着依依难舍的心情，为战友们送行。

这是个晴朗的好天气，放眼望去，巍巍雪山银装素裹，闪烁着刺眼的光芒。蜿蜒的红军队伍，缓缓地往雪山移动。行进的队伍中飘动着一面鲜艳的红旗，越往上走人影显得越小，只看到一个个晃动的小黑点，最后这一个个小黑点终于消失在茫茫的雪山上。看着看着，我的眼睛湿润了，不知不觉，热泪滴落腮边……

“师长,回去吃早饭了。”通信员小马喊了我一声。小马是兴国人，只有十六七岁，第三次反“围剿”时，敌人杀害了小马的父母，家里只剩下他和一个60多岁的祖母。红军到了他的家乡，祖母含着眼泪送他参军，好说歹说非要红军收下不可。小马性格活泼，有时还带点孩子般的天真，很逗人喜欢。刚参军那阵子，一次夜行军休息时，小马倚在一棵大树下睡着了,队伍出发了,他还在迷迷糊糊睡大觉。走了二三里路，我发现小马不在了，估计是掉了队，派了两名战士回去才找到了他。从此，战士们给他取了个绰号“小迷糊”，小马倒不在意，一声一个应。这次，把他留下照顾我，谁知他心里有什么想法？

我试探地问他：“‘小迷糊’，离开了红军，你乐意吗？”

小马一歪头，认真地说：“谁说离开红军了？你是红军师长，我是红军战士，我们不都是红军吗？”

我点点头，补充说：“是呀，可现在我们已经离开了红军大部队，就要在这一带生活下去了。”

小马又天真地说:“那有什么不好,等你养好病,我们再翻过大雪山，往北去找红军。再说，红军走了就不回来吗？大雁年年还往回飞呢！”

我沉默了，我思考着，我得出一个结论：他有一颗多么纯真而又稚气的童心啊！我还能说什么呢？

红军大部队翻过雪山以后，我带着通信员、马夫，在老百姓家里住了两天。这是多么漫长而又令人烦闷的两天啊！我怅然若失,吃饭无味，睡觉不宁，心里堵得慌。难道说我真的向病魔屈服，要在这安安稳稳久住下去？难道说我真的翻不过雪山,要成为长征中的落伍者？不,不能，我要走，一定要走，任凭困难再大，我也要赶上队伍，就是死在雪山上，我也心甘情愿。

村子里有一位60多岁的老中医，开了个小药铺，这天晚上，我来到药铺，老中医向我夸赞说：“红军，真是天兵天将，自有菩萨保佑，一夜之间,大队人马就像长了翅膀,飞过了大雪山,连那山神也得让道。”

我向老中医说，我要过雪山。老中医戴上一副老花镜，仔细看了一下我的脸色，又看看我的舌苔，给我摸了脉，连连摇头说:“使不得，使不得，你脸色气质不好，像是久病未愈，山上常年冰雪覆盖，寒气袭人，空气稀薄，还有一个地段地下有湿气，人要是一停脚，就会被湿气吸住，再也别想挪动，就得乖乖地死在那里。年轻的时候，这雪山顶我上去过一次，差点回不来。”

我问 :“你当年是怎样上去的？”

他说 :“上山前，我带了茶叶、辣椒，边吃边嚼，驱寒提神。我还带了几块西洋参，含在嘴里，山上空气稀薄，胸闷气喘，西洋参可以帮助吸气。”

我又向他问了上山下山的道路，按照他说的，画了张雪山草图。我主意已定，决心爬过大雪山去追赶部队。我拿出部队给我留下的 70 块银元，买了两斤西洋参，老中医又送给我一包茶叶和一串红辣椒。当天晚上，我和警卫员、马夫筹备好干粮，整理好行装，第二天天还没放亮，我们就出发了。

雪山巍峨耸立，直刺云天。开始登山时，山路两旁还长着树木荒草，正是深秋季节，荒草枯黄，树叶凋零，一派萧瑟景象。越往上走，草木渐渐稀少，地上覆盖着一片片积雪，爬到半山坡时，草木已经绝迹，满目所见，是一片皑皑白雪，我们每人折了根棍子拄着，沿着部队翻山留下的足迹，一股劲往上爬，可是走了不到一里路，雪地上的足迹就被狂风卷起的大雪盖没了。这时，寒风尖厉地呼啸着，夹着一团团雪粒，扑面而来，打得人睁不开眼睛，天空混混沌沌一片，几米外什么也看不清，互相说话要对着耳朵大声喊叫才能听得见。积雪越来越深，一脚踏上去就陷进一尺多深。空气也越来越稀薄，大口大口喘气，胸部仍然感到闷得慌。

我把茶叶、辣椒分给通信员和马夫，我们每个人嘴里都含了块西洋参，帮助吸气。通信员小马身体比较弱，我让他拉着马尾巴，紧跟在我们后面往上爬。

我们一行三人颠颠簸簸，跌跌滑滑，记不清爬过了多少悬崖峭壁，眼看快到山顶了，雪稍微小了一些，风似乎也减弱了一些，我们一鼓作气，攀过一道悬崖，艰难地往山顶爬去……

正走着，忽然，我脚下一滑，哧溜一下，滑进了一个三米多深的大雪坑，被埋在了积雪里。我懵里懵懂地站起来，抬头不见天，四周全是雪，心里咯噔一下，觉着这下子可能要“革命成功”了。过了一会，我的头脑开始清醒了，强烈的求生欲望在驱使着我，我发疯似地手刨脚蹬，往周围扒拉积雪，又仰起头大声呼叫着通信员和马夫的名字。这样挣扎了不大工夫，我就折腾得精疲力尽，渐渐有点失望了。可就在这时候，我隐隐约约听到通信员小马那清脆的童音在喊：“师长……我们想法子……救你……”

啊，这不是幻觉，这是真的！我欣喜若狂，重又手忙脚乱地扑腾开了，不大一会，上面透出一道光亮的洞口，抬头一看，只见通信员小马被马夫用连接起的绑腿绳子吊着，沿着坑壁慢慢放下来，用手扒开积雪，掏出了一个雪洞。

“小马！”我只喊了一声，嗓子眼就哽住了，激动得说不出话来。

“师长……”小马呼喊着，眼里饱含着激动的泪珠，脸上却露出天真的笑容。

站在雪坑上面的马夫把小马用吊绳放下来后，他们二人一上一下一齐用力把我推拉上去。我一爬出雪坑就和马夫一起把小马拽了上来，三个人就像久别重逢的亲人，紧紧地抱在一起……

我们继续往山顶挺进。这时，通信员小马怕我再遇到什么危险，说什么也不让我走在前面，非他在前面开路不可。

越近山顶，山势越陡，我们弯腰躬背，吃力地往上爬，嘴都快要啃到雪地上了。走着走着，小马的脚步越来越慢，身体摇摇晃晃，脚下轻飘飘地像在腾云驾雾一般。由于崎岖的山路只能容下一人行走，我连连催促他加快一点脚步，又给他加油鼓劲："'小迷糊'，再加一把劲，就到山顶了！"

好不容易登上山顶，我们都累得腿疼腰酸，浑身骨头像散了架，真是人困马乏，就在这时，通信员小马身子一歪，一头栽倒在一道斜坡的雪地上。

人越是在极度疲劳的情况下，越不能一头倒下就休息，这是普通常识，何况在这风雪交加的山顶上，于是我大声喊叫他："小马——小马——起来，先活动活动身体，我们找个避风的地方，吃点干粮垫垫肚子。"

小马没出声，身体也一动没动。

我走近他，用力拉了他一把。

啊？小马这是怎么了？只见他脸色苍白，两眼紧闭，呼吸急促，昏迷不醒。

我弯腰把他扶坐起来，抱在怀里。我大声呼唤着："小马——快醒醒，你快醒醒啊……"

呼唤了一会，小马缓缓睁开了眼睛，他双手紧紧抓住我，眼里露出惶惑的神色，低声喃喃而语："……师长，我怕……怕……"

我拧开水壶，给他喝了两口水，安慰他："小马，别怕，我们都在这里。"

小马微微点点头，问道："我们……到雪山顶了吗？"

"到山顶了，我们胜利了！小马，你要坚持住，可不能这样倒下呀！"

小马嘴角抖动了两下，吃力地眨巴着眼睛，眼角里挤出两滴眼泪。他喘息了一会，平静地说："师长，我……怕是不能跟你们一块下山了，就让我留在这雪山顶上，看着你们下山……等将来革命成功了，你们不要忘记我，记着我小马的名字。"说完，他一阵剧烈地咳嗽，"哇"地一声吐出了一口鲜红的血，难受地用双手按住胸口，又昏迷过去了。

在这前不着村，后不着店的雪山顶上，没医没药，我和马夫又不懂医道，束手无策，看着通信员小马痛苦的面孔，我们的心比刀子割还要难受。

离我们不远的地方，有一个用几根竹子和篾片搭起的小棚子，是前面部队过山宿营时搭起的，里面灌满了积雪，但多少可以避一避风寒。我和马夫把棚子里的积雪清除，又把雨衣用绳子捆在竹子上，遮风挡雪。然后，我们把仍然昏迷不醒的小马抬进棚子里，地上铺上一条毯子，把我的一件破大衣给他盖上我们俩守护着他。

天色渐渐暗下来，风雪又一阵阵紧起来，看样子我们只有在山顶过夜了。我们的衣服都很单薄，每人除了一身破旧的棉衣，再就是破麻袋片，光羊皮袄，稻草绳，凡是能暖和身子的东西，都披挂上了，就像穿上老和尚的“百衲衣”。即使这样，在这冰天雪地里，仍然难以抵御凛冽寒风的侵袭，只觉得冷风刺骨，寒风逼人，浑身就像掉进了冰窟窿里。

马夫老杨劈了一些竹片子，生起一堆火，火苗呼呼地跳动起来，映红了雪山的夜空，驱散我们身上的寒气，不大一会，我们的身上暖和起来。就着这微弱的火光，我们互相偎依在一起。在这人迹罕见的雪山顶上，我们将度过一个漫漫长夜，迎接曙光初现的黎明……

整整一天的艰苦行军，疲劳到了极点，我给通信员小马掖了掖大衣，一闭上眼，就再也不能控制自己，竟迷迷糊糊睡着了。

也不知过了多久，朦胧中，我听到马夫老杨低声唤我：“师长，快起来，你看，小马八成不行了。”

我一骨碌坐起来，睁开睡眼，只见通信员小马呼吸急促起来，用手一试他的额头，滚烫滚烫的，我急切地呼喊着：“小马——小马——你睁开眼，再看看我们吧！你不能死，你不能死啊……”

可是，小马已经不省人事，呼吸渐渐微弱，就像已经酣然入睡，他再也听不到我的呼唤，静悄悄地告别了人世间……

狂风呜咽，雪山肃穆，像是在痛悼这位年轻的革命志士！

天亮了，太阳出来了，白皑皑的山峦巍然耸立，淡淡的白云起伏奔腾，气势雄伟壮观。

我和马夫在山顶上挖了个雪坑，把通信员小马放进去。我轻轻地把他头上的八角帽戴正，让他的头向着我们下山的方向，然后用积雪把他掩埋好。我俩默默肃立致哀，怀着极其悲痛的心情，告别了这位年轻的战友……

我和马夫沿着一道山谷，连走带滑，70 多里路只用了半天多时间就下了山。巍巍大雪山，终于被我们征服了。

下山后，我俩又紧走了一天，到达地名东乡的一个喇嘛庙，追赶上了红军大部队。在军团部，王震同志见到我，高兴地上前抱住我，又惊又喜地问："你们是怎么过来的呀？"

我把翻越雪山的经过向他汇报了一番，特地讲到通信员小马的牺牲。王震同志听了,心情沉重地说:"长征路上,我们牺牲了许多好同志，等将来革命胜利了，我们一定要在这路途上，为他们竖立纪念碑，让世世代代的人们永远铭记着他们的光辉业绩！"

翻过了大雪山，到达中甸县城。部队在中甸休息了几天，便分兵两路，二军团为左翼沿金沙江北上，六军团为右翼，经稻城、理化等县直奔甘孜，与红四方面军会师。

1936 年 6 月下旬，红二、六军团历尽千辛万苦，到达甘孜地区，与红四方面军胜利会合。不久，红二、六军团奉中央军委命令，改称红二方面军，重新踏上北上的征途。我们走过荒无人烟的茫茫草地，于 10 月上旬到达陕北打拉池城边，与红一方面军会合了。

选自《红六军团征战记》下，解放军出版社1994年6月版，第337—344页。

雪山之夜

朱家胜

1936 年 5 月 2 日早晨，我军沿着玉龙大雪山西麓、金沙江东岸向北前进。天晴，没有一丝云彩，无风闷热，好似背着火炉行军，大家走得汗流浃背，衣服湿透，口也渴得要命。但是，凡是能下江喝水的地点都贴有“不要喝冷水”的标语。实在渴得不行，还是有人下去喝江水，就连贴标语的医生也和我们一起喝。走着走着，我们离开金沙江畔上了山。开始上山气候凉爽，全身舒服，在炎热的夏天，还有这么凉爽的地方，真是长知识，开眼界，千载难逢的幸事，这是有生以来第一次享受。大家都无比兴奋，啦啦队的喊声前呼后应：“同志们赶快上来，享受一下凉爽舒适的生活！”很快踏进了白皑皑的冰雪世界，前几天老远看到的大雪山，现在已经踩在我们脚下。在远处看见的雪山，好似大山顶上戴着白帽子，现在站在雪山上看雪山，是漫无边际的大，往上看不到顶，左右看不到边，白茫茫，雾蒙蒙，显得十分广大、神奇。大家从四季如春的南方来，在炎热的夏天走进冰天雪地的世界，有着无比的高兴。

谁知好景不长，简直不可想象。越走越不得劲。雪山上没有路，我们沿着前卫部队踩出的路往上爬。有的地方陡得爬不上，人拉人才能爬上去，一不小心失脚就有跌下万丈深渊的危险。玉龙大雪山海拔 5300 多米，这边上 80 里，那边下 70 里，因为山陡不能直线上，只能盘旋而上。上山的人，在陡山上左右往返穿梭，好似用人垒起来的“之”字，十分神奇壮观。雪山越高空气越稀薄，使人呼吸困难，头昏脑涨，胸部好似压着沉重的东西，耳朵嗡嗡响，四肢无力，全身极度疲劳，前进速度大大慢下来。我们爬到山腰时，凉爽舒服的那股高昂情绪完全消失了。行军路上变得鸦雀无声，谁也没有精力说话，连宣传鼓动员也不作声了，人们总想坐下休息，凡是能坐的地点都贴有“雪山上有山峦瘴气，不准坐下”的标语。有的战士实在累得不行了，索性坐下，但一坐下就站不起来了，慢慢地就停止了呼吸，我们许多战友就是这样牺牲的。

我也头昏脑涨难以忍受，总想找个地方坐一会，老远看到有块桌面大的平地，心想，不能久坐，只坐几分钟休息也行。我有气无力地爬上小平地就看到“这里不准坐下”的标语,可是有一人盖上被单躺下睡觉，我心想他能睡觉，我为什么不能坐一会呢？我把他的被单揭开一看，原来是一具尸体，这才使我真正认识到坐下的危险性。再前进几步又有：“头痛不要坐下，可吃些辣椒、烧酒、大蒜。”我吃了两个辣椒，确实减轻了头痛，这才知道辣椒的作用。

上 80 里的高山，有的早晨带点水早喝干了，许多同志没有带水，我也没有带水，好在早晨喝饱一肚子水，这里雪山上的河沟水，是千万年以来腐烂的树木枝叶从积雪中流出来汇成的洪流，由万丈高坡倾泻而下，发出震耳欲聋的巨响，使人不能平静。上山时间长，口渴得冒烟，听到水流声就想喝水，卫生部有专人贴标语:“同志们，黄色雪水有毒，不准喝！”平常是不要喝冷水，今天是不准喝雪水。确实有人不听劝阻喝了这种毒水，上吐下泻死在山上。

在山下热得满身大汗，在雪山上冷得出奇，手脚耳鼻都冻麻木了。首长传话：“大家把衣服都穿上！”全体指战员的全部衣服都穿上也只有三四层布，连被单披在身上还冷得受不了。我幸好有罗主任前天晚上给我的羊皮背心，虽然没布面和钮扣，我把它套在两层单衣之间，穿上就暖和了。

雪山表面看上去都是平坦的，实际上却是高低不平的。因为风大，凹处被雪填平了，所以不能离开前卫部队走过的路，离开这条路就有跌进雪窝出不来的危险。油印员何明清离开老路去解大便，回来想走近路掉进雪窝出不来，我去拉他手够不着，便解下腰带去拉，因我高山反应严重，四肢无力，结果把我也拉下雪窝。我们二人在雪窝里喊叫，挑夫老徐听到后，立即跑过来，用扁担把我们拉上来。人是上来了，何明清刻蜡纸的钢板掉进雪窝，他还不走，要找钢板，我对他说："将来打土豪再要一块。"由于在雪窝高头站了一阵，挤进草鞋里的雪化成水，又冻成冰，脚板冻得疼痛难忍，又把洗脸巾，擦脚布包在脚上取暖，这样一折腾，部队走远了，我们掉了队，只好跟在司政供卫之后走。

破坏科长王子良和干事何尚武同志也掉了队，和我们走在一起。何尚武雪山反应更严重，他气都喘不过来，呼吸困难，喉咙里发出呼哧呼哧的响声，走路也走不稳，东倒西歪的站不住，王科长扶着他，走几步就往下坐，王科长把他拉起来，扶着鼓励他说："坚持一下，走完雪山就好。"何尚武把王科长的手拨开说："我自己能走。"摇摇晃晃走了几步就倒下了，他说："躺下很舒服，让我躺一会再走。"看样子他实在不能再走了，又不能让他躺下，于是，王科长拉上何尚武的双手背着，我把他的两腿抬起来，走了不远，何尚武就停止了呼吸。

何尚武同志，湖南衡山人，1933 年九渡冲战斗中被俘当红军，任炊事员，工作一贯积极认真负责，行军时他挑几十斤粮走前头，部队到宿营地他就做好了饭，行军中大休息一小时要做饭吃，他每次都把饭提前做好。他善于做群众工作，从江西出来还不到两年，他扩大十余名新战士。他做俘虏工作，以自己的亲身体会，教育俘虏兵，教育一人，巩固一人。忠堡战斗胜利后，俘虏兵编为补充师，调他做俘虏工作，出色地完成了任务。1935 年 11 月,他被调到红十七师政治部破坏科当干事。他虽然当了干部，但是并没有以干部自居，仍然和过去一样，同大家保持着密切的联系，特别是和炊事班的同志，更是如此。我们出发时，他还帮炊事班挑油盐担子，直到他高山反应严重行动困难才交回炊事班。

谁也没想到他这样快和大家永别了。王子良科长在何尚武同志的挎包里摸了一遍，空空的什么也没有。他的全部行李只有洗脸和洗脚的两块布包在脚板上，两身单衣穿在身上，被单披在背上。王科长把被单盖在何尚武同志遗体上，沉痛地说：

“何尚武同志，你是一个很好的革命同志。我们永远不会忘记你！你未完成的革命事业，由我们活着的人继续完成。在今天这样的困难环境中，我们对你，只能尽到这样的责任。何尚武同志安息吧！”

我们上到山顶，夕阳西下，鹅毛大雪纷飞，雪花落在头上、脸上、身上，化成水，冻成冰，手脚麻木。刺骨的寒风吹个不停，脸面的暴露部分，顿时裂口流血疼痛难忍。寒冷饥饿，高山反应搅在一起，牺牲的同志更多了。山顶上雾气弥漫，走一阵天已黑。夜间下山比白天上山更难，路陡根本不能迈步，我刚迈步就跌倒滚下几米远，脚也跌痛了，好久才恢复。好在前卫部队白天走过的路，夜间变成一条黑线，人们沿着黑线往下滑，有些地方较平坦滑不动，人挤在一起，又得步行，一走开就跑步，边跑边跌跤。就这样滑滑、停停、跌跌、跑跑地走了半夜，到5月3日凌晨约2时走下了雪山。一离开雪线下山，气候逐渐转好，头脑也较清醒了。虽然饥饿疲劳，但是没有高山反应，人们的思想情绪好。路边又有宣传鼓动员的宣传声和前前后后同志们的谈笑声和歌声，震荡着草木丛生的山谷，又恢复了生气勃勃的一片欢腾景象。走到拂晓时，在村边见到了黄管理员，他边挥手势边说：“到了小中甸，政治部在这里集合，吃过早饭继续前进。”大家进到集合地刚坐下就东倒西歪地倒下睡着了。我进村找厕所，进到村里仿佛到了另一个世界，屋不盖瓦平顶，几堆石头上插着些像小旗似的东西，后来才知道是藏族的转经台。人们的穿着也不同于汉族，说话也不懂。找遍全村也没有厕所，又回到集合场的野外小便后，听到开饭的哨音都进屋吃饭。刚进屋闻到一股香味，心想今天需要吃饱一餐，我拿上大磁缸，但是装进碗里的既不是米饭也不是面条馒头，是比麦子更大的颗粒。我凭着闻到的香味，断定一定好吃，满满的装了一磁缸。接着听到事务长说："我们吃的叫青稞。前卫部队的经验，吃青稞要慢吃细嚼，不嚼烂消化不了，拉出的屎还是青稞。"我的一磁缸青稞吃了几十分钟，牙嚼累了才吃了三分之一。吃下后不久肚子里响个不停，胀得难受。听通司说，这种吃法不对。正确的吃法，先将青稞炒熟磨成面，再用油茶或开水和成疙瘩，藏民叫糌粑，这是藏民的主要食物。因为我们是军队，吃饭人多，既不知道做糌粑，也没有条件做，就将青稞倒在锅里煮，整青稞吃下去，不断放屁，肚子痛，没有嚼烂的就原青稞拉出来。据说，后来没有吃上的，还把别人拉出来的青稞洗净煮一下再吃的。

吃过早饭后，天亮了，继续往中甸县走，快到中午进至中甸县以西驻下。这里是一片高原开阔地，比较荒僻，连青稞也没有，中午没有吃饭，我和黄管理员、何油印员三人把我早晨剩下的青稞吃了。中甸是云南省的一个边缘县，却都是藏民的住居地。我们从雪山顶下山走了一夜又半天到达这里，还是海拔4000米。我们的住地出门口就看见中甸县，好似只有四五里路远，大家说，离县城这么近，应该去看看，顺便再买点吃的。第二天早饭后，宣传科长邓永耀，破坏科长王子良邀我进城，我们有十余人，走了多半天才走到。中甸城里既没有城也没有街道商店，只有几个藏民蹲在墙脚下卖红糖疙瘩。一片喇嘛寺，高高的屋顶上立着金黄色的尖顶，看上去十分美丽壮观，大家都没有见过，只是信口称赞。我们在耸立的喇嘛寺之间转了一阵，什么也没有买到就回来了。回到政治部，太阳西斜，早开完了中午饭。凭我们走路的速度时间计算单程有20余里，为什么看来四五里路，走出20余里远呢？这个问题长期没有找到答案，一直到西安事变后，在汉中平川整训，学习射击原理，教员讲到在高原地区测量距离时"以远误近"，才回答。同时先一天走了一天雪山，对视线也有影响。

我们从中甸县城回来没有吃上饭，何明清有些不满意地说："这个地方粮食不多怪事多。"

黄管理员接着问："有什么怪事你说说看。"

何明清边扳指头边说："你们听吧！吃了青稞拉出来还是青稞；看见四五里路，走了半天；雪山上走一天等于一年。"

大家听后说："你说在前面的知道，就是'一天等于一年'，我们可不知道。"

何明清故意慢腾腾地拉长声音说："金沙江畔气候炎热是夏天；上到山腰凉风拂面像春秋；爬上山顶寒冷胜严寒。经过了春夏秋冬还不是一年吗！"

大家听后认为有理，鼓掌表示赞成。

选自《红六军团征战记》下，解放军出版社1994年6月版，第465—470页。

千里康巴念故人

何辉

好多年来，人们都知道红军长征过彝区时刘伯承与小叶丹头人歃血结盟的故事，也广泛流传着抗日战争时期人民群众帮助我军在敌后用鸡毛信传送情报的故事；但是，长征途中贺龙总指挥与喇嘛修好，由藏民送鸡毛信，帮助红二军团顺利通过千里康巴藏民区的事，却至今鲜为人知。我亲身经历的这件事，虽然时过半个世纪，有些细节已经淡忘，但事情始末梗概我还记得，写出来作为军史战史补遗。

1936 年 4 月初，红二、六军团奉命从黔滇边境出发，开始了穿越云南，渡金沙江北上与红四方面军会师的行动。由于前进方向将是辽阔的藏民区，所以从行动一开始就对部队加强了民族政策和团结藏民的教育，并采取了具体措施。

我原在二军团破坏部（敌工部）工作。红二、六军团长征撤离黔西北时，军团补训团把在黔、大、毕扩大的大批新战士，编了四个营，组织上把我从破坏部调到补训团当政委，随军团指挥部边行军边教育边给各师团补充输送。经过一个多月进到丽江时，只剩下一个营了。4 月下旬，红二、六军团在云南石鼓渡过金沙江。高高的玉龙雪山，远远在望，部队进入藏民地区了。军团指挥部在金沙江边找了一个会说藏语的汉人作通司（翻译）。这个通司是四川人，40 来岁年纪，中等个子，瘦瘦的，很精干，对红军很有感情，跟随我们从金沙江边一直走到四川甘孜，为红军做了很多工作，可惜现在我怎么也想不起他的名字了。

翻过玉龙雪山，于 5 月初到达中甸。在这里将补训团最后一个营的新兵也分配出去，补训团机构就此撤销，我又回到政治部跟着机关走。从中甸起，二、六军团分为左右两个纵队，左纵队二军团经得荣、巴塘、白玉，右纵队六军团经乡城、稻城、理塘，共同向甘孜前进。二军团从中甸出发，两天以后进入了四川得荣县境。

听说快到四川省（当时为西康省）的一个县城，干部战士们都非常高兴，准备了不少零花钱，想进城买点香烟、纸笔和其他日用品。可是走呀走的，还是不见县城街市。遇到两个小商贩，问他们得荣县城在哪里？老乡用手一指说："喏！就在这里。"顺着他手指的方向看去，有几棵大树，树旁有几间石砌的房子，还有一幢不到 20 平方米的小楼房。人们介绍说，这就是本县县太爷住的地方。据说这个县长是湖南人。当过国民党营长，县政府机关一共只有四条枪的武装，红军到时，这些人员都已逃之夭夭。我进到楼房一看，满地都是文件乱纸。我们政治部机关就在几棵大树底下宿营。大家对进入四川的第一个藏民区县城如此荒凉，都感到很扫兴。

为了通过藏民区，做好团结藏民的工作，我们一路收留了几个藏民，加上金沙江边找来的那位通司，指挥部已集中了七八个藏民。就在进入得荣县城的第二天，甘泗淇主任把我叫去，交给我一个新任务，要我负责管理通司和几个藏民的工作，还从保卫处派了三名干部跟我一起，另外配备一个小勤务员和一匹牲口，自成一个小单位，与军团首长、司令部机关一起行军，任务是专做行军途中与藏民之间的联络工作，每天向军团首长直接汇报沿途与藏民的关系和群众反映。当时我们这个小单位没有名称，实际是一个小小的藏民工作组，归军团首长直接领导。贺龙、任弼时等首长特别指示我们，要执行好政策，做好团结藏民工作，还要学点藏语。

接受这个新任务后，我就整天和藏民一起生活了。部队从得荣县城出发，走了半天路程，来到一个小山村。这里两边是高山，中间一块很大的平坝子，一条山溪哗哗流过小村。山坡上有一片片的青稞、玉米，碧绿的草地延伸到森林的边沿。这个山村只有二三十户人家，我们到时，居民都跑光了。部队在这里宿营后，当即组织人员到附近山里去找老乡。不一会儿，通司找来一个藏语说得很流利的汉人。他告诉我们，他原是陕西人，做买卖来到康巴地区，遭抢劫落难在这里。村上有个藏族寡妇老阿妈，看他可怜但人很精明能干，就把他收留下来并招为女婿，给他 40 头羊，一片青稞地，平时放牧种青稞，外加做点小生意，日子过得很好，受到村里藏民群众的称道。我们向他宣传了红军的政策以后，他首先自告奋勇出面接待红军，并带着我们几个机关干部到山沟里呼叫，找回了全村老乡，而且专门把当地的几个头人和一个有声望的“喇嘛头”请来与我们相见。当时我们对这位喇嘛是称呼其尊号的，现在事过几十年，尊号已经忘记，因后来与这位喇嘛一起随军行动的有八九个藏民，故此文姑且称其为“喇嘛头”。

这位喇嘛头年已 50 出头，身材魁梧，长得挺结实，不胖不瘦，头上有长长的辫子，黑黑的脸膛，脸上带有烟色，一看就是个抽大烟的人。在当时那个时代，这个地区中上层人物抽大烟是常事。据说，这位喇嘛不是活佛，但当过住持僧，不仅在本村本县是一位管事的喇嘛头，而且在附近方圆几百里乃至整个康巴地区都是有影响的人物，与康区各有名寺庙都有来往。言谈之中，听得出来他有点文化，思想比较开明。当我们向他讲述了红军为了北上抗日路过康区，和红军有关民族宗教政策后，他表示理解和钦佩，并愿意同红军合作，帮助红军做工作。我一听很高兴，随即报告贺总指挥。贺老总十分重视，让我带他们来当面谈判。我立即带着这位喇嘛头和四个头人一起去见贺龙和任弼时等首长。

贺总指挥等首长当时住在一个喇嘛庙的闲房里，大门洞里三间并排的正房，贺龙和任弼时各住一间，有用门板搭起的床铺；我们就住在相邻的另一间房子里。当我喊了一声报告后，贺总指挥即起身请客人进屋。这位喇嘛头和几个头人见了首长，按照藏民的礼节习惯，一下都跪倒在地，躬身弯腰，双手前撑，向前低头，几乎挨近地面，口中不断地说：“卡起欧！本巴！”（谢谢长官！）贺总指挥等赶忙上前搀扶，连声说：“别这样，别这样嘛！快起来，咱们都是自家人，藏汉人民是一家人嘛！”说了几次，头人们站起身来，但还不抬头，一边说着“卡起欧，卡起欧！”一边用小碎步向后退到墙边。贺总指挥请他们坐下，问他们为什么跑上山。头人们回答说：“汉官说啦，红军青面獠牙，杀人放火，破坏寺庙，还说什么红军女人的奶子都搭到肩膀上，伤风败俗……现在我们亲眼看到了，你们红军跟我们一样，是好人，汉官说的统统是造谣。”贺老总听了哈哈大笑说：“那些汉官都是胡说八道，你们不要相信！不过我们确实与国民党汉官不一样，他们欺压老百姓，欺压藏族同胞，而我们红军是中国共产党领导的保护人民的队伍。这次是为了北上抗击日本侵略者才路过贵地的。来到这里以后，你们都看到了，红军决不伤害群众，而且保护寺庙，保护牛羊，请你们回去转告乡亲们，安心生活，照常拜佛念经，上山放牧，做生意。”喇嘛头一边听一边点头，连声说：“喔呀，喔呀！”（对呀！是啰！）任政委接着说：“红军有三大纪律八项注意，在你们村子里住，免不了要吃你们的粮食，牲口也要吃草吃料，我们都照价付钱，损坏了东西要赔偿。请你们回去对乡亲们讲清楚，希望头人们给我们多多帮助。”任政委刚刚讲完，贺总指挥又接着说：“请诸位头人回去好好向老乡们讲讲，红军北上打日本，为的是全中国的老百姓不受侵略压迫。红军要顺利北上，要打胜仗，也离不开老百姓的支援。我们一路上已经得到了包括汉族、苗族和藏族各族同胞的帮助，这才冲破国民党军队的封锁阻拦，渡过了金沙江，翻过了玉龙山。现在来到你们康区，山高路拦，人不熟，路不熟，话也不懂，有很多事要请教你们，请你们帮助解决哩！”头人们异口同声地回答道：“愿意为红军效力。”接着，贺、任首长向头人们询问了从得荣北去沿途的地理环境和气候情况，问他们有几条道路可以通甘孜，走哪一条路比较安全。喇嘛头情况最熟悉，他一一作了回答。他告诉我们，当前正是高原上的黄金季节，天气好，路好走，而且这一路的寺庙里，有他的师兄弟，人也很熟，一定可以帮上忙。经过一番交谈，首长们非常高兴。最后，贺老总热情豪爽地站起身来，走上前去，双手握住喇嘛头的手，说:“好，一言为定！从现在开始，就正式邀请你们各位头人为本军办事！至于干什么，具体的由我们这位戴眼镜的何辉同志负责和你们联系办理。”头人们都“喔呀，喔呀”地答应着，第一次与藏族喇嘛头人的谈判取得了成功。

送走喇嘛头等人后，贺总指挥和任政委对我说：“何辉呀！这下你有工作好做了，这样的头人难得呀，真是踏破铁鞋无处寻。你要进一步去团结这几位头人，通过他们了解更多的情况，得到更多的支援，争取他们为我们多做一些工作。”说到这里，贺总指挥与任政委交换了一下眼色，然后郑重地对我说：“我看，为了表示友好、团结，为了方便今后的工作，叫军需处拨出一些银元和烟土，送给喇嘛头和这几个头人，作为部队驻在这里吃粮和损耗青稞的赔偿，也是我们的见面礼。前面的路还长着哩，康巴历来多匪，如果我们能争取这位喇嘛头派人作向导，利用头人们在当地的关系，就可以比较顺利地通过这一带藏民区。”任政委说：“这个办法好。我们过苗区，就有过很好的经验，也有一些教训嘛！现在我们有了好通司，再有个好向导，前面的路就好走了，可以少吃亏了！”我听首长们说得都很对，但不知能否办到，就说：“试试看吧！”贺老总忙说：“不是试试看，而是一定要去办，你最好想办法搬到那位喇嘛头家里去住，跟这些头人们在生活上打成一片，一起吃糌粑，喝酥油茶，好好学藏语。”

根据贺总指挥和任政委的指示，我到军需处领了一包银元，数量记不得了，但清楚地记得，有全国通用的大银元，有云南自造的小银元，还有切成小块的碎银，另有几包烟土，我与通司二人拿着去见喇嘛头。

喇嘛头家住藏式二层楼房。进门以后，我向他传达了贺总指挥等首长的问候。送上礼物，并说：“红军在村里吃了你们的粮，牲口还吃了一些地里的青稞，按照红军的纪律，应予赔偿。请将这些薄礼收下，付给村民和各位头人。”喇嘛头十分感激，说：“谢谢红军的恩施。红军是我见过的最好的军队，红军缺什么，我们一定效力。”谈话很恳切。于是我就把首长想请他派向导的意图提了出来。对此，这位喇嘛头答复得很干脆，说：“本人就愿意跟红军走一趟，作向导，还可与各方做联络。”他接着又讲了好多他与康区一些寺庙平时来往的关系，说现在有强大的红军做后盾，说话更管用。经过这一番赠礼交谈，工作做成功了，达成了协议：由这位喇嘛头亲自出任向导，送我们一路到甘孜。我向首长们汇报以后，决定请喇嘛头随军出发。贺老总对我夸奖了几句，要我和喇嘛头搞好关系，好好照顾他，生活上打成一片，团结好这个关键人物。我当晚就搬到喇嘛头家住下，帮助他做出发准备。

部队在得荣县这个山村住了两三天，在附近筹了一点粮，就继续北上。这位喇嘛头还带了两个头人和他一起，参加向导联络。他们的行装很复杂：帐篷、铜锅、青稞、糌粑、酥油、砖茶，七八匹马都驮满了，成了一支小小的队伍。出发时，喇嘛头村里的男女群众都来相送，说着“平安”、“吉祥”这一类的祝愿话，显得很是热烈。

我根据司令部的命令，把当天行军的目的地和沿途经过的主要地名告诉喇嘛头，他拿出纸和笔写成信件让人预先送出。他用的纸是写经文的发灰的土造纸，那支笔既不是毛笔，也不是铅笔，而是一根一尺左右的窄窄的木片，下端削成斜面刀口状，和木匠的画线笔差不多，没有墨，而是用木匠用的“墨斗”，把笔蘸着墨斗里的黑汁写字。不一会儿，一串串弯弯绕绕的藏文字写了好几行，我们不认识，但意思是按我们的要求写的。写完以后，还和翻译念给我听了一遍。然后，把信卷在一根小木棍上，用牦牛线捆了好几道，最后插上两三片鸡毛。这一切，都是喇嘛头事先就准备好的。我是生平第一次看到这种插上鸡毛的信，便好奇地问他：这有什么讲究？他说，这是这一带藏民祖辈传下来的规矩，插上鸡毛就是表明此信紧急重要，送信人和收信人都特别重视，路上无论何人都不得阻拦破坏。这样，喇嘛头把信交给一个从村里雇来的年轻藏民，快马加鞭，将信按地址送去。按要求，信送到第一站后再换人送第二站，一站接一站地传送。

我们红二军团左纵队大部队，沿着金沙江边的崇山峻岭逶迤北上，一直有一封小小的鸡毛信在前面飞驰引导，一站又一站，一天又一天，准确无误地从得荣到仁波，到中咱，到巴塘……一路上不仅没有人阻拦我们前进，而且人不惊，犬不吠，藏民们见了红军，笑脸相迎，热情相送。大一点的县城，牛场，还有人接待我们，还有个别藏民要求参加红军。使我们感到快慰的还有，这一路不仅藏胞对待我们好，而且山川大地似乎也变得特别美：本来是大山连绵海拔四五千米的高原，本来是雪山冰坡险峻地区，我们却都避开了，没有遇到什么危险和特别难忍的高山反应，这完全是由于喇嘛头他们人熟路熟。选择的行军路线好，加上六七月份的天气是高原的黄金季节，因而我们行进在金沙江边大山的谷地，海拔低，气候好，山山水水，森林花草，各种飞禽走兽，甚至黑狗熊都看到了。

在喇嘛头的引导下，出得荣行军个把月，便到了白玉。这是个大县城，国民党县党部和县政府都在一个大门里，挂两块牌子。官员们都逃走了。当地藏族僧俗群众把我们待若上宾。这里虽然没有像样的街道，但有座很壮观的喇嘛庙，漂亮的琉璃瓦和金顶子，老远就闪着灿烂的金光。喇嘛庙附近有几十户人家，军团指挥部就驻在喇嘛庙旁。休息时，喇嘛头专门陪着我们几个人去参观了这座喇嘛庙。我们受到了热情的接待。喇嘛们取出银杯银碟，请我们喝牛奶，吃奶饼子，喝酥油茶，还领着我们在庙内参观了一圈。庙的规模很大，给我印象最深至今不忘的是，有一口很大的铜锅和两面比门板还大的牛皮鼓。据喇嘛们介绍说，这口大铜锅可以一次煮两条整牦牛。过年过节时，附近藏民群众就到庙里来，一边煮牦牛，一边唱歌跳舞。牦牛煮熟了，就抬着整牛出来，大家围着用刀割牛肉吃。庙里的一些橱柜里还存放着完整的牛羊和各种野兽的骨架，好像标本陈列所，使我大开了眼界。

在白玉，部队的生活也得到了改善。记得我还陪着贺总指挥等首长到离白玉几里地的四师驻地，在卢冬生师长那里吃了一顿好饭：酥油炒牛肉加辣椒,还有贺老总亲自钓的鱼,也是用酥油辣椒烧的。这种美味，在长征路上是十分难得的。

出白玉不几天就到了甘孜。在甘孜与红四方面军会师以后，决定要与四方面军一起北上。这时，司令部不需要这么多通司、向导人员了。再说，这几位通司和喇嘛头已经送了我们近千里路程，本该早日让他们回家团聚，只是喇嘛头他们几次坚持多送几程，这才到了甘孜。真是盛情可感哪！从甘孜出发北上之前，司令部专门请喇嘛头等吃了一顿饭，连我们一共十来个人，吃的是炒面，牛肉烧萝卜，一人一盆。饭后，贺老总、任政委等首长接见了喇嘛头等几个人，贺老总特地把一支象牙烟枪赠送给喇嘛头。这支象牙烟枪淡黄的颜色，一尺多长，很精致，工艺很高，是在云南境内打土豪时得来的。部队带着它过了金沙江，翻了雪山，走了几千里，可算得十分贵重了，喇嘛头接在手里，看了又看，很中意，不住地道谢，差一点又要跪下。贺老总说：“礼轻情意重，这表示我们对藏族同胞的一点谢意。我们红军要大大地感谢你呀。有了你，有了你的鸡毛信，使我们一路平安，顺利通过了历来多事的康巴高原。你们为红军立了一大功劳。这点礼物留作纪念吧！祝你们回家一路平安，吉祥如意！”这位喇嘛头也用藏语夹着四川话说着祝红军一路平安的话。军需处又给喇嘛头等人送了一些银元和糌粑、牛肉，最后告别。我们目送着这位令人尊敬的喇嘛头带着一支小小的牲口驮子队伍，离开甘孜南去，依依不舍！

过了几天，我们二方面军与四方面军部队一起从甘孜出发继续北上。过草地时，一路上就不那么平安无事了，有时就遭到受国民党影响的藏民反动骑兵的袭击。虽然我们学会了打骑兵的要领，嘴里唱着《打骑兵歌》，“骑兵来了，不怕他呀”，但心里总还是有点不踏实。这时，我们才更体会到安全通过千里康巴地区是多么难得，也更加怀念和感激这位藏族喇嘛头和他的鸡毛信。我们一面北上，一面默默祝愿他回得荣家乡的南下途中，平安无事。

全国解放后，听说这位喇嘛头离开甘孜返回得荣途中，在路过理塘时，被国民党反动派杀害了。这使我们这些受过这位藏族人士深恩大德的红军战士无限悲痛。虽然他的姓名现在我已无从记忆，但他那矫健的身影，他对红军千里相送的友好行动，他在艰苦的长征中慷慨地帮助红军的热心肠，却牢牢地留在我的记忆中，并将永远为后人所纪念和颂扬。我对这位喇嘛头的记忆片片断断，希望知情的老同志写出更详细具体的回忆。（卜鳌海整理）

选自黄涛、常正、史立成选编：《红军长征珍记》，长征出版社1996年7月版，第332—340页。

何辉，1911 年生，江西丰城[①]人。1929 年参加兴国县总工会，1932 年加入中国共产主义青年团，1933 年转为中国共产党党员。红军长征时任红六军团军事裁判所所长，红二方面军政治部破坏部部长、统战部科长。新中国成立后，曾任天津警备区政治部主任，塘沽警备区副政治委员，海军第二航空学校政治委员，政协第三届、四届、五届全国委员会委员。1955 年被授予少将军衔。1996 年在北京逝世。

① 通常认为何辉是湖南平江人，但据其干部档案记录，为江西丰城人。

拾　粮

贺芳齐

部队渡过金沙江，进驻在海拔3000公尺以上的康藏中部——巴塘、牛渡、梨树一带。这里人烟稀少，更看不到房子。我们部队住得很分散，一个班住在一个地方，帐篷很少，就铺地盖天地露营。

虽则是夏天，但康藏中部却像早春一样，一点不热。有天下午，我们班几个同志蹲在一起，正在研究怎样用草打草鞋，忽然班长罗坤山出现在我们面前。班长是个中年人了，个头长得很高，别人给他起了个绰号叫“骡子”。黑黑的两道眉毛，大半个脸上全是黑乎乎的胡子，一看就知道是个直爽、顽强而又乐观的人，每天宿营住下就给我们打洗脚水、挑脚泡，对同志们非常体贴。

“同志们”，班长说，“我刚才到连部开了会，来，咱们研究一下。”大家都自动地围在一起。“过几天，我们就要出发了，初步计划是从巴塘到甘孜，这一段需要走多少天，现在还说不定，据说完全是不长正经东西的荒凉地带，没有人烟。上级要求在出发前准备好十五天的粮食，如果途中没有粮了，就会饿死人的。”

“粮食在哪儿呢？现在……”14岁的纳虎瞪着大眼丧气地抢着说。“对，纳虎说到疤上啦”，班长截断纳虎的话说，“现在没有一点粮食，会上决定让大家自已动手来解决这个困难”，班长说到这里，用眼扫了大家一下，同志们都低下了头，鸦雀无声。摆在面前的是一个生与死的斗争，要想消灭敌人，就必须渡过这荒无人烟、道路崎岖的康藏高原，就必须战胜前进道路上的一切困难。可是粮食都早已吃光了……这一严重的问题，沉重地压在每个同志的心上。

起伏的高原，什么东西也看不见，天空仅有几朵浮云，也似乎在沉思、焦虑。班长的头发被风吹得乱蓬蓬的，眯着两眼，探询地望着大家。纳虎可受不了这种沉静，他猛地站了起来，挽了一下袖子向大家说："要是苏区该多好，一有紧急任务老乡就帮助。"

"苏区呀！哼，尽说些废话。"我没好气地插上一句，纳虎叫我这么一说，翻了翻眼再也没吭声。紧接着又是一阵沉默。"同志们"班长瞟了一下大家说，"现在不是豌豆、蚕豆、青稞和包谷碾过不久吗？我的意见，咱们从明天起，全班分成几个小组，分头到野地里和碾过粮食的地方去拾。时间只有两天了。看大家有什么意见？""没有别的办法，同意班长的意见，明天就这样办……"

开完会天已快黑了，我和纳虎躺在一起，商量着明天去怎么拾粮，并订了个计划：第一，出去不"顶牛"，要团结；第二，带上自己用草做好的扫帚和两条干粮袋；第三，拾得多了我背粮，他背枪（因为我比他力气大）；第四、遇见敌人，谁也不准自个走。说呀说的也不知到了什么时候，我俩都睡着了。

半夜里我醒了，看看天上稀少的星星在一眨一眨地发亮。四周寂静，除了茅草被风吹得沙沙的响声外，别的什么也听不着。虽然风很冷，可是我感觉到身上热乎乎的，这准又是班长在睡觉前给我盖上了羊皮。翻了个身刚要再睡，正好班长带哨回来，于是我又想起拾粮的事。到什么地方去呢？能不能拾到粮食呢？这一个个的问题在我脑海里不停地翻腾，再想睡也睡不着了。

想着想着，不觉又使我联想起苏区的情形。红军战士和老百姓是心连着心，真是亲如一家人。可是，这里却只有那么几家藏民，刚来这里时，他们对红军不了解，不少的人都逃走了，后来经过宣传和我们的实际行动，才渐渐地接近我们……想到这里，东方已经发白，天亮了。

一早起，我和纳虎出发了，一口气不知走了多少里路，好容易才看见几家破烂不堪的矮草房。有一位藏族老大娘正在摘野菜，我和纳虎幸好平时学了几句当地话，上前一打听，她说今年地里收成不好，打的粮食连交租子都不够，全是靠吃野菜过日子。我们对她说明来意并宣传了红军政策后，老大娘一面点头一面落泪说："孩子，可苦了你们了，这里地主的粮食可多哩，听说红军来啦，他们把粮食都运走了，如今连个人影儿都看不见了，"说到这里，老大娘气愤地用手指了指西边的那个寨子说，"那就是地主的，唉！日子真难过呀。"

纳虎耷拉着头，也不吭声。我跟在他身后，无精打采地继续往前走。过了一条河不远，就到刚才那位老大娘指的那个逃跑地主的寨子门口。寨子的大门也被搬走了，我俩很小心地走了进去，看了看四周，空空的一个院子，什么动静也没有；只是在靠最后面的三间大房子里的墙角下，偶尔发现未扫净的几颗青稞和玉米，还有一些破烂的沙盆、破铜锅之类的东西。看了一会很失望地坐在外面的台阶上。天已过了晌午，人又疲乏又饥饿，我和纳虎紧了紧裤子上的腰带，就开始在那三间放过粮食的大房子的墙角下扫了起来。尘土、烂柴草、破沙盆都被扫在一起，费了很大功夫，才从这堆尘土、柴草里，一粒一粒拣出约有大半碗青稞。看见碗里快满了，我俩心里很高兴，便小心地把这些青稞放进袋子里，然后就向小河边走去。在离小河不远的地方，我们又发现了一个新的拾粮的地方。这是地主碾晒粮食的场地。我俩蹲在场地的边上，用小木杆把压在地皮里的玉米、豌豆、蚕豆一粒一粒地拨了出来，积下了几十粒就放在干粮袋里……

第二天，又到外面拾了一天的粮食。临出发的头天晚上，班里的同志都互相检查两天以来的成绩，有的拾一斤有的拾两斤，我和纳虎一共拾了大约三斤粮食，其中有豌豆、蚕豆、青稞和半边发了黑的玉米。这点粮食我俩珍贵它，就像珍贵世界上的宝石一样：它增强了我和纳虎过草原的信心。正在这时候，班长背回上级发给我们班的一只杀的小瘦羊。全班为了保证班里 13 岁的我和 14 岁的纳虎渡过草原，分给了我俩一条生羊腿。

从这时起我和纳虎就像保护自己生命一样保护着分到的一只羊腿和拾得的三斤粮。就凭着这些粮食，我们怀着必胜的信心，向甘孜走去。

选自中国人民解放军三十年编辑部编：《中国人民解放军三十年初选稿》第一卷第三辑（四），未刊稿，第32—35页。

贺芳齐，1922 年生，湖南溆浦人。1935 年参加中国工农红军，红军长征时为红二军团四师战士。1937 年加入中国共产党。新中国成立后，曾任中国人民志愿军高炮五四二团政治委员兼团长，高炮一〇四师政治部主任，高炮一〇六师师长，地空导弹兵第三训练基地第一任政治委员、党委书记，地空导弹兵独立四师首任政治委员，空六军副政治委员，北京军区空军后勤部政治委员。

艰难的时刻

颜金生

跨过了大雪山，在中甸休息了几天，便离开了这个云南西北边界的最后一座城市，兵分两路，向甘孜方向挺进。右翼为六军团，经稻城，理化等县直奔甘孜；我们二军团为左翼，沿着金沙江北上。为了帮助部队工作，我们军团政治部几乎全班人马都分到各师去了，我带一个工作组去五师。

连续的长途行军，把在中甸筹到的一点点粮食全吃光了。目前在山沟里是无法找到粮食的，唯一的希望就是到德荣（今得荣）县想办法。战士们背着空荡荡的干粮袋走着，眼睛总是望着前边，好像已经看到德荣的城墙和城里的街道、商店。

走着走着，队伍忽然停住了，前边的山坡上，路旁边，挤满了休息的队伍，有好几个地方还点起了烟火，看样子是要宿营了。不是说今天到德荣宿营吗，为什么在半路上就住下了？我向一连指挥员说了声就向前走去，走了好几里路，才看到我们政治部的人。他们在几间房子的旁边休息。我问总务处长："这是什么地方？"他故意拉长声音："什么地方？德荣县嘛！"我还以为他跟我开玩笑呢，后来一问才知道这真的就是我们盼望好久的德荣县。总务处长又指着快要倒塌的房子说:"你看，这就是县太爷住的房子。"听他这一说，我不禁吸了一口冷气。抬头看看四周，东边还是索美河，西边是高耸入云的大山。山河之间一块小平地,却看不见一个人影,看不见一缕炊烟。我的天！这上哪去搞粮食呢？部队又怎样继续北上？

总务处长看到我犯了愁，对我说，“刚才贺总来了，一看部队没有饭吃，他一声没吭，拉上马就到前边四师去了。你知道，贺总多么担心部队呀，他大概是到前边布置筹粮工作去了。”我们正谈着，甘泗淇主任来了，和往常一样，老远就听到他那爽朗的笑声。走近时，他笑着对我说：“小鬼，现在比我们从中甸出发的时候困难得多，要同干部讲，多接触战士，向大家说明当前情况，带头克服困难。把所有的粮食，哪怕一点，也要给伤病员和战士们吃。要大家多忍耐，我们正在想办法解决，困难一定能克服。”甘主任的声音里充满了乐观。经他这一说，我的心里也亮堂了。

晚上，我们喝了一碗清水一样的糊糊，正准备睡觉，忽然接到上级的指示说：部队好好休息，明天去喇嘛寺筹粮。

天刚放亮，团里就催着出发。远处已经有部队爬大山了，我们也跟在后边走。到中午，部队又停下休息，我远远看到关向应政委和几个师的干部一边走一边说着什么。原来他亲自带我们筹粮来了。我有好长时间没看到他了，他比以前更瘦了，小黑胡子也更长了，但精力还是那样充沛。原来他们没找到喇嘛寺，关政委和师首长正在为这事着急。按说去打探道路的人也该回来了，不知怎的连个影儿也不见。有的战士饿急了，就在山地里找点野菜，放在火上烧着吃，或者在山上打野兔；有的躺在山坡上呼呼大睡。关政委和师首长看到这情形，更加焦急不安，来回踱着步子。

三四个钟头过去了，侦察员用马驮来一个喇嘛。关政委急忙迎上前去，把喇嘛扶下马。那喇嘛一脸恐惧，身上还有点发抖，闭着眼睛，头都不敢抬。关政委坐在他跟前，用十分和蔼的口气通过翻译告诉他：“我们是红军，是穷苦人的队伍，不是国民党。我们路过这里断了粮，听说这附近有喇嘛寺，想去借点粮，但是找不到路，请你给我们指点一下。”

关政委足足解释了半个多钟头，那喇嘛才微微睁开双眼，抬起头来看着我们,好一会才有了笑容。大概他也逐渐看出,我们不是那种杀人放火、欺侮藏民的土匪，就对我们说:“你们走错路了，这大山是翻不过去的，必须返回德荣，再顺大路向西南走，绕过大山再往北就到了。”

关政委谢过喇嘛，命令部队后卫变前卫迅速下山，返回德荣取道向喇嘛寺前进。下山前，关政委又把到各师帮助工作的同志找来，交代了三件事:各单位把现有的粮食集中起来,明天一早一定叫部队吃顿饱饭;行军中加强收容工作，保证全部人员到达目的地；最后，到喇嘛寺要尊重少数民族的风俗习惯，各单位要有组织地去筹粮，筹完粮一定登记留借条。关政委还特别嘱咐我们：粮食要统一上缴，因军直和后卫部队也正在饿肚子。讲完这些话，他非常关心地扫视了一下大家，亲切地对我们说：“同志们，我知道大家这些天都很辛苦，有些小鬼快变成老头子了。但是，同志们，在我们队伍面前没有走不通的路！要走，一定要和中央红军会师。越往前困难越多，要懂得干部能吃苦，就会使战士少吃一些苦！多为部队服务,这是我们领导机关的光荣。同志们,困难当头，要身先士卒。”

部队下山了，关政委亲自搀扶喇嘛上马，并告诉他明天去喇嘛寺请他带路。喇嘛这时已经不怕我们了，他连声允诺：“行！行！行！”

我回到五师十五团，向营连干部传达了关政委的指示。大家一研究，决定明天行军的收容工作，由班、排、连包干。指定专人帮助体弱的同志。

第二天一早，我们吃了一顿饱饭就出发了。说是饱饭，只不过比平时多吃了点罢了。经过动员，部队又活跃起来啦，歌声前后不断；但是到了下午，因为天热，肚子饿，掉队的人开始多了起来。有些战士确实饿昏了，只要你给他几口炒面，他就会爬起来赶队。但是，现在哪里有粮食呢?

我们正在艰难前进时，迎面来了不少拉马的人。最前面的几匹马，是关政委和几个师首长的。我赶紧迎上去问关政委的警卫员："为什么把首长的马牵来？首长步行啦？"那小鬼鼓着嘴嘟嘟囔囔地说："从出发到现在，马全给病号骑了，政委和师首长走路都直打晃。""真是的，你不好不牵来嘛！"我责备警卫员。"我本想趁休息时好好喂马，政委说什么也不答应，非要我把马牵来不成。有什么办法呢！"警卫员说。

关政委和师首长让马的消息，很快在部队传开了。到处议论着："首长不骑马，我们也不骑！""不要掉队呀！掉队对不起首长！"最后，收容队只好把掉队的人强扶上马，再三劝说，掉队的人才勉强地骑上马赶队伍。就这样，我们用首长的马，把伤病员一批批送到山上。大部队刚到半山腰，山顶就有人喊起来："加油啊！同志们！下了山就到了！"这是关政委和师长的声音。大家一看首长跑到部队前面去了，都精神百倍地往山顶攀登。到了山顶便连跑带滚地奔下山去。转了一个弯，一大片金碧辉煌的房子出现在眼前，不用问这就是喇嘛寺。大殿、小殿、高塔、低房足有几百间。在深山里看到这样一片漂亮的建筑，真是难得呀！

为了保护寺庙，我们在喇嘛寺周围放了警戒。部队在寺外野地里休息，几个负责干部到寺院向喇嘛进行交涉。寺内空旷，静无一人，原来喇嘛听了反动宣传都跑了。我们所需要的东西——大米、白面、青稞、糌粑，样样都有，但是没有主人。向谁去征集呢？这可使我们有些为难。后来关政委把许多白洋和一封致谢信，交给当向导的喇嘛，并且再三道歉："寺院里没有人，只好请你替我们向主人道歉了。"随后，我们又把一份粮食清单交给当向导的喇嘛。关政委拉着喇嘛的手告别："谢谢你喽！如果我们给的钱不够，还可以拿着我们的信向后续部队要。"

原载《星火燎原》选编之三，战士出版社1980年11月版。

选自蒋风波、曾庆洋编：《回顾长征》，人民出版社1985年12月版，第546—550页。

难忘的军粮

段文廷

1936年的夏天，红二方面军二军团①渡过了金沙江，在中甸一带休息，我当时在十八团，准备在此休息几天之后继续向甘孜前进。

我在三天的休息中，除拿很少时间打几双草鞋之外，其他的工夫全用来准备干粮，按上级的要求每人至少要带三天的熟粮。我们就将领来的小麦炒熟磨成炒面，还带了酥油、盐巴、辣椒等食物，只待上级命令一下我们就可以出发。

行军的第三天，部队还未赶到宿营地，有一部分同志就没有炒面了，按上级的意图是准备到德荣②之后才去征粮，但德荣城还被敌人占领着，我们只好绕道离开德荣去某村宿营，那一带的老乡都跑空了，使我们无处去征粮。

那么，没有粮食的同志们怎么办呢？大家发扬阶级友爱，都将个人的干粮袋拿出来交给司务长，凑了半天还不到十斤炒面，炊事员同志将那点炒面拿去熬了一锅稀汤，我们五六十个人每人只喝了一两碗汤就睡觉去了。

行军的任务每天仍然要照常走180里，可粮食呢，仍然没有希望，

---

① 此时为红二军团。

② 今得荣。

原来盼德荣是那么个结果，前面又快到要巴安①了，不知巴安将会是个什么情况，我们自从出发以来还没遇着有一个老乡在家，他们总是一看到红军过路，就统统赶着自己的牛羊驴马跑上山去了，我们也不知是何缘故，后来才听说这一带地区，曾受到国民党匪军和地主头人的恶毒宣传，所以老乡一见红军就跑了个光。

我们的行军已经一个星期了，基本上已走完了大雪山，快到草地，村庄反而比从前更少了，这里喂牲畜是藏民们的唯一生活，帐篷是他们房子，他们走到哪就住在哪，如我们要去找房子宿营那是不可能的，这可苦了我们这过路的红军，到哪里去弄粮食呢？没有地方可去，只好在草地上寻找能充饥的野菜来当军粮，从此那一带的野菜是我们唯一的吃粮了。

有一天在行军中经过一段丘陵地带，发现一片青黄色的大麦地，我们在粮食缺乏的情况下，如不拿它来充饥再无其他办法可想，红军战士们一边走路一边拚大麦头，把大麦子放在火堆中一烤，拿来就吃，像这样又维持了一天，真难熬呀！

多少天来谁也没有吃一粒粮食，不是烧牛羊皮吃就是烧自己头上戴的牛皮斗笠当饭，还有的人就脱下自己脚上穿的牛皮草鞋，拿到水里洗洗之后就烧来充饥了。像这样难忍的生活实在是不可想的呀！那时我们只有一个念头，为了全中国的人民翻身求解放，牺牲个人也要同那艰苦的环境斗争到底。

有一天我们正行着军，大家突然发现前面有几户人家，人们像看到救星一样，个个奋勇地奔向那个小村庄，先去的人弄到有几斤青稞麦，后去的人没有青稞麦了。他们发现一块豌豆地就摘豌豆，再后去的人连豌豆也没有了，他们就摘豌豆苗拿来煮着吃，像这一类的种种生活情况是一时叙述不尽，太多了，我们军队中，过去有好多战马和首长的爱马，

① 今巴塘。

经过藏民区因没有粮食吃，有好多可爱的大马被杀掉充作粮食，让人看了难过。

又走了大约是半个多月的样子，终于这一天来到了，天气晴得那么好，团值班员一清早就集合好了队伍，政委同志走到部队的面前，他开口就说：“同志们，你们辛苦了。今天我们还要走一百二十里路，才能到甘孜，我们的‘老大哥’六军团的同志们早就在那里等我们了，他们并以甘孜人民政府的名义准备了好多的粮食，在迎接着我们呢，同志们，前进吧。”

一会儿我们的队伍展开成行军纵队，朝甘孜的大道上开进了。听到团政委的讲话之后，大家在路上讨论起来，有的说，过去我们从来未看见有老乡，怎么今天政委在讲话中说有政府呢？有的说，我们行军有半个多月了没有吃一粒粮食，前面准备了好多粮食在迎接我们，这真是有点奇怪。

可不是，我们终于到了甘孜城，第二天，刚起床不一会儿，就接上级通知派差去背粮。一共三个星期的军粮，除留出够一个星期吃的之外，其余都做成熟粮带着，在下一段行军中做干粮用。当时把大家乐得不知如何是好，我们永远忘不了一方面军创建的根据地，更忘不了甘孜县人民政府的恩情。

选自《星火燎原·未刊稿》第4集，解放军出版社2007年8月版，第216—218页。

段文廷，红军长征时为红二军团六师十八团战士。

我参加了红军

李桂才

守　城

我是1936年红军长征过祥云时参加红军的。那年月，家里穷。我父亲李开太常到外地帮工谋生，母亲在家织布。

大哥李春景常跟几个穷乡亲去挑土锅，到外地换点粗粮，帮补家里。我是老二。老三李春庆年幼，在家里干点小杂活。三弟兄只有我享受读书的福分。

我父亲下决心供我读书，是因为：我家跟陈明家打了三场官司，场场败诉。旧社会衙门八字朝南开，有理无钱莫进来，陈明伪造地契，将我家祖祖辈辈耕种的一丘田骗去了，我父亲还被抓去做了一个多月的班房（监狱），花钱请保，才将他释放出来。父亲尝够了睁眼瞎的苦头，咬咬牙一定要供我读书，要让我给家里人争气。由于生活所迫，我在东海子只念了四年的书就失学了。

红军来到祥云，土豪劣绅急得像热锅上的蚂蚁。村里按县长的指令，用三丁抽一、五丁抽二的方法征集壮丁守祥云城。

我们村里的村长假装公正，用抓阄的方法来决定谁去守城。去抓的人，个个都抓到“去”字，独有他抓到一个白纸条。我回家把这情况一讲，父亲说：“这个吃人虫又捣鬼了。”我一听很气愤，牛劲又来了，表示坚决不去守城。

父亲无辜被关了一个多月，胆子也小了，他真怕我顶牛，给家中惹祸。就请了姐夫和几个穷乡亲来劝说，直说到深更半夜，我才赌气答应下来："叫去就去，去了我就不回来了。"当时大家认为我讲的是气话，也不在意。可是我心里想，红军真的好，我就跟着去，反正在家也是受苦受气，出不了头。

4 月 10 日，我和同院的李从龙，还有陈家的两个人一齐上路了。四个人，拿上一支火药枪，一杆梭标，一把钢丫到汪芹乡公所报到。乡长摆着架式，装腔作势地给我们训了一通话："这次派你们守城主要是防范'赤匪'窜境。你们责任重大，不要辜负乡亲们的厚望。你们不要给我们乡邻丢脸，要给乡亲争光。你们要敢于用一腔热血守城安民。我们父老乡亲是不会忘记你们的。"在路上我们还七嘴八舌地学着乡长的腔调相互训斥，取笑逗乐。根本不把他的"训示"放在心上。心想只要混足十天，又是一个大轮换。

到了祥城，我们被分到西城埂上守卫。城墙上到处是守城的壮丁，不知有多少人，也弄不清是哪里人。一日两餐，轮流着下城来吃饭。饭里砂子、稗子很多，一锅白菜汤又黄又酸，硬着头皮闭着眼睛往肚里咽。吃完饭，又得上城墙去守着。白天还可以烤烤太阳，晚上，夜深人静，寒气逼人，只好挤拢一堆取暖。大家心里都清楚，火枪、长矛、梭标能抵啥用，只要红军真的来了，能跑就跑，跑不了就求饶，不能为吃人不吐骨的土豪劣绅卖命了！

参加红军

守到第九天晚上（4 月 19 日），四周出奇地静。守城的壮丁也一个个眼皮直打架，我眼睛涩得睁不开，突然城南门，城北门同时响起了枪声，瞌睡也没有了，紧接着城里机枪声、步枪声响成一片。平时神气十足的守备队纷纷从碉楼里爬出来。我们这些从乡下抽来的乡丁抱着头，全身向筛糠一样地发抖，我也六神无主在原地蹲着。几个红军战士顺着城墙冲过来，一边跑一边喊："别跑别跑，原地蹲下！"我们乖乖地听从指挥，在原边蹲着。

随后又来了几个红军战士说："把你们的大刀、长矛放下，这些东西对付我们没用。你们都是受苦人，是被骗来的，别为土豪劣绅卖命了！"

我们齐声回答："是呀是呀！我们真的是受苦人，富家子弟谁也不来受活罪，来玩命！"

天亮了，两个红军战士走来，要我们到城南李家大院集中（后来才知道是县团总李玉楼的家院）。

给我们讲话的红军首长很年轻，口齿伶俐。他讲革命，讲红军要北上抗日，我们听了纷纷表示要坚决跟红军干革命。当天在李家大院里报名参军的就有 100 多人。

新参军的人临时编了班，由一位老战士来管理。在祥云城住了一天，第二天就出发了。

在行军途中，老战士教我们每人编一顶杨柳帽，戴在头上感到很舒坦。

开赴宾川的途中，国民党飞机在我们上空盘旋了两次。开始，我们这些新兵慌得很，抱着头到处跑，后来老兵教我们一些简单的防空知识，以后到了鹤庆，飞机还丢炸弹，但我们不仅不害怕，而且能利用地形迅速隐蔽。

到了丽江，我们这些新兵都没有进城，但每人还发给一床白床单。

到了金沙江第一弯的石鼓渡，我们就在那里休息待渡。那时虽然是 4 月了，可是前面是高耸入云的玉龙雪山，江风又带着冰凉的寒气一阵阵吹来，我们冷得发抖。晶莹如碧的江水拍打着江岸，涛声不断。使我们感到渡江的艰险。

这时候有个军首长信步走来，他听我们的口音，知道是祥云入伍的新兵。他摸摸上唇的胡子说：“你们是祥云来的新兵吗？”“是呀，首长！”我们齐声回答。

“好呀！你们祥云县的土锅佬，还想吃掉我们这些赤佬，做梦，你们不仅没有吃掉我们，送枪送钱不算，还把你们这些年轻轻、嫩生生的土锅佬送到我们队伍中来。到了红军队伍，要好好干。”军首长的话引起了新老战士的一阵阵笑声。

“怎么都当哑巴？把歌曲唱起来，没有歌声我贺老总闷得慌，江西老表先来。”军首长一指挥，金沙江渡口一带全是红军战士，此起彼伏的歌声：“送郎送到五里坡，再送五里也不多，请郎莫难过！”

这是江西籍的老兵唱的家乡调。当时唱的最红火的是《当红军》。

“当兵就要当红军，处处工农来欢迎。指挥员，战斗员都一样没有人来压迫人”，歌声沿着江涛传得很远很远。

4 月 25 日凌晨，从丽江出发，急行军 80 多公里，到石鼓渡江。我们在渡江过程中，敌机还在木瓜寨等主要渡口疯狂地投弹轰炸。敌机来了，我们头戴杨柳帽，疏散开来隐蔽，敌机一走，我们又照样渡江了。整整三天三夜，红军战士用木船、木筏抢渡了金沙江。到 28 日红军 1.8 万多人已进入中甸县境三天了，“追剿”红军的敌人才赶到石鼓，他们望着滔滔江水胡乱放枪出气。

爬越雪山

4 月 27 日，红二军团四师，军团直属机关和五师、六师都相继出发，开始翻越长征途中的第一座大雪山。

中甸雪山，山势陡峭，险石嶙峋，终年覆盖着厚厚的白雪。我们每人喝上一碗辣子红糖水，在“通司”（翻译）的带领下，沿着崎岖的山路，艰难地向上攀登。那时，我仍然穿着守城时的两件单衣，头上包着一块毛巾。越往上走，山路越窄越陡，积雪又厚又深，气温也骤然下降，空气稀薄，使人感到呼吸困难。

风裹着雪花漫天飞扬。我们只能低着头，侧着身顶着风雪前进，每走一步都要费很大的劲。我们手拉着手与风雪抗争着，个个都感到胸口闷得发慌，只能大口大口地喘气。虽然两腿发软。但大家咬紧牙依靠集体力量，团结友爱奋力向上攀登。

登山前，我们每人发了炒面，盐巴。饿了就吃炒面，并随手抓把雪，用雪把炒面送下肚。炒面很少，每个人都不能多吃。尽管困难很大，但大家都很乐观。最受鼓舞的是那些政工人员，他们打着竹板鼓动我们马不停蹄人不停步地往上爬。开初由于没有经验，有些人累了停下来休息一下，可是一坐下去就再也起不来了。从祥云出发一直跟我们行军的老班长，就是这样长眠在这白皑皑的中甸雪山上的。

同志们加把劲，勇往直前莫放松，一步一步往前走，顶风踏雪上雪峰，红军战士真英勇，穿云破雾上高峰。我们在心里一直默念着政工队的快板词，终于胜利地登上了雪山顶峰。

下山了，微风吹来，我们感到多么爽快，行军的兴致更高了，我放眼四望，中甸坝子，绿草葱郁，风光秀美，小河流水淙淙，满山坡的杜鹃花争相怒放，笑迎着我们跳跃而下的红军战士。天空显得格外湛蓝，我们的心情像蓝天一般的舒坦宽敞，这是我第一次尝到胜利的喜悦。

过草地

翻越了雪山，就要进入草地了。我们按上级的要求都做好了过草地的准备。带上干粮，背上干树枝作为途中烧火之用。虽然负荷大大地加重了，但每个战士都充满了战胜困难跨越草地，北上抗日的决心。

翻过了几座小山，穿过一片树林，茫茫无边的草地呈现在我们眼前，上空全被浓雾笼罩着。草地上河沟交错，四处都是乌黑的积水淤泥，散发着腐臭气。这里没有人烟，到处是密密麻麻的野草，一不小心踩上稀泥就直往下陷，真使人提心吊胆。我们一个跟着一个，手拉着手，小心翼翼地往前挪动，真像是踏着薄冰过河一样。我牵着一匹枣红马，马背上驮着一个大帐篷，跟着队伍往前走。

草地的气候多变，早晨浓雾蒙蒙，天昏地暗，中午一阵狂风，吹散云雾，蓝天呈现出来。可是好景不长，下午，乌云密布，气温骤降，狂风四起，大雨滂沱，人马全被雨水包围了。我们艰难地在沼泽泥泞的草地上前进。进入草地中心，气候更加恶劣，时风时雨，时冰时雹，绿茸茸的草地全泡在水里，稍不注意人马就会陷进泥沼里，再也爬不起来了。我牵的那匹马先前还能走，往后也越走越艰难了。它跟人一样，几天不进料，瘦得皮包骨。背上的帐篷因被大雨浇湿而难以承受了！一天马打前失，陷进一个泥塘里，我拼命地拉，越拉陷得越深，周围的同志也来帮忙，可完全没用。这时一位干部模样的红军对我说："小鬼快放手，危险，快放手。"我犹豫着怕见连长不好交代。这位首长好像看透了我的心事，就对我说："你快跟上我，找你们的连队去，告诉你们连长，就说它出不了草地是我让你丢下。"我望着这匹枣红马昂首闭口，慢慢地沉入乌黑的烂泥塘里，它为革命献出了生命。多少年来我心里还时时地怀念着这匹枣红马！

草地的夜漫长而寒冷。雨霏霏使人更加难受，我们几个人挤在一处，背靠背地取暖，衣服完全破成一些筋筋条条。虱子成团成串，顺手一摸，就能抓到几个肥嘟嘟的，放在火中就叭叭直响。没有粮食吃，这是我们难以克服的最大困难。先前还能找到一点灰灰菜，野菜和草根。可是越往前走，能吃的野菜就越少了。因为四方面军的同志先经过这里，多数野菜被他们吃了。开初我们还能吃到一小撮炒面和野菜，后来这样的"待遇"也难以保证了，只好吃皮带、吃皮凉鞋，大家忍饥挨饿，拖着发软的身躯，却抱着一个坚定的信念朝前走。

走到草地边缘，看到一幢大房子，我们心里比什么都高兴！两个多月了从没有见到人家户！有了人烟就有人们的支持。胜利在望了，安息吧，长眠在草地上的战友们！安息吧，我的“战友”枣红马！我在心里默默地祈祷着，祝愿着。

选自中共祥云县委党史征集研究室编:《红军长征过祥云》，1991年6月，第43—49页。

李桂才，云南祥云人。1936年参加中国工农红军。红军长征时为红二军团战士。

参加红军干革命

王忠海

我是1936年旧历三月二十五日在祥云城参加红军的。当年，贺龙、任弼时率领红二军团长征路过祥云，听了红军的宣传，我同几个守城的穷乡亲报名参加红军。在贺老总的率领下，爬雪山、过草地，北上参加抗日战争，南下渡江等战斗，后来随部队回到云南参加了清匪反霸，土地改革和社会主义建设。现在年老离休，但我参加红军的往事还历历在目。

痛苦的童年

我家住在祥云下川坝前所乡炼昌村。下川坝是祥云最干旱的地区。有个民谣说："好个小云南，三年两季荒。地主剥削像豺狼，挑土锅，走彝方，逃荒度日好凄凉。清明去上坟，只见奶奶坟，老爹的尸骨在异乡。"这首民谣就是我们祖祖辈辈真实的写照。我童年时，家里人多地少，加之苛捐杂税，差役门户钱比牛毛多，十年九旱，日子真难熬。家乡有句俗话："黄连树上挂苦胆，穷人的日子要比苦胆苦十分。"从我能够记事起，我家经常吃的豆叶、灰条、巴焦叶、糖梨花。父亲帮工度日，母亲打短工，晚上，还要纺线。严冬才能生笼煤火，既取暖又照明。五天一个街期，起早晚睡织一件土布，换上三五文，买点杂粮掺野菜充饥。

我十多岁，就跟父亲挑着皮匠工具，走村串寨。由于交不起门户钱，只好去应差到李江铺修公路，没有行李，就卷一床草席。家里无粮，只能带一点干萝卜缨，干瓜片之类去充饥。干的是牛马活，吃的是猪狗食。肚内空虚，常冒虚汗，眼发花，腿发软，稍微透口小气，被监工发觉了就是一阵鞭抽，一顿臭骂。十冬腊月，天寒地冻，半夜饥寒交迫，我无忌讳了，钻进寺庙里的空棺木中睡觉，少受一点风寒。

由于从小受苦受难，生活把我磨炼得胆子大，不信邪。我母亲迷信神鬼，即使再难也要买点香火敬奉，盼望着皇天赐福消灾免难。然而，年复一年，家中仍有还不清的冤孽债，生活一年比一年难熬。一天，母亲叫我给家堂上的佛像敬香火，我心里很不耐烦，心想，我们天天给你朝拜，但是你确看不到我们的苦和难。就将佛像放进泔水里去煮。母亲回来，看到泔水里的佛像，知道是我干的蠢事，就抓起一根棍子追着我打。现在，我脸上留下了一个疤，就是我从小不信邪的痕迹。

参加红军去

红军攻占祥云城后，红军打富济贫，赈济穷人的义举，一传十，十传百，轰动了全城，居民们纷纷打开店门，开门营业。由于好奇，我也挤进了人群听红军宣传。红军战士的宣讲十分新鲜，听起来句句入耳。特别是红军战士讲，革命成功后耕者有其田，这是我们梦寐以求的。红军的宣传，打开了群众心灵的窗户，吹散了反动派散布的阴云，使人们看到了光明。我一边听一边想，小时候常听老人谈论古今，总盼望能有个好汉打富济贫，为穷人报仇雪恨。现在红军来了，穷人有靠山了。我们这时不参加红军干革命，何时才能出头？我在心里暗暗地下了决心。

“参加红军去”、“参加红军革命去！”

我约了几个穷乡亲报名参加红军。

指导员问：“小鬼，你叫什么名字？”

“我姓王，小名叫杨海、又叫哑巴！”

“叫哑巴？”指导员有点惊讶。

“是呀。我七八岁都不会讲话，人家都叫我哑巴。杨海这个名字是拜寄杨家，送了一支火腿，一支大公鸡才取到的。”

“嗨呀，取个小名，还送这么多礼物，我帮你取个大号，要有革命意义的！”指导员很直爽地说。

“那，可要感谢你呢！”我心里很高兴。

指导员沉思了一下，对我说：“你姓王，就叫王忠海吧！”

“叫王忠海？”我感到这个名字有点新鲜。

“是这个意思：忠就是忠心的忠，干革命要有一颗忠心，海就是四海为家。咱们干革命，要走天涯海角，为穷人打天下，可不能当家乡宝呀！”

“好好好，就用这个名字。”

“我可不要你送火腿、公鸡做礼物啊。”指导员亲热地拍了拍我的肩，周围的人都被逗笑了，我也高兴地笑了。

在新兵连的花名册上，我就用王忠海这个名字被编入红二军团六师十八团五营三连。

在长征路上

晚上，连里的给养员给新战士每人发了一条红布，要大家自己动手缝五星和袖章。当时，虽然时间很紧，可是，新战士为了早点戴上它，都迫不及待地借老战士的袖章、帽徽做式样，顾不上吃饭，硬把红星、袖章赶缝好才罢手。

第二天，天空格外晴朗，一声集合令，我们整装出发了。虽然，我们穿的是入伍时的衣服，可是红袖章、红帽徽一戴，个个精神抖擞。大家都在想，现在我们不再是受欺压的穷帮工，穷佃户，我们是工农红军中的一员。

一路上，大队人马汇成了支强大的铁流，浩浩荡荡奔流向前。

休息时，文化教员教我们唱："革命军人个个要牢记，三大纪律八项注意。""当兵就要当红军"等歌曲。我们放开嗓子高唱，雄壮的歌声在上空久久回荡。

我们学文化也是结合歌词内容。笔画多的字，文化教员就帮我们写成大字。贴在前面同志的背包上，一边走，一边默记。休息时，就写呀、画呀！大家兴致很高。慢慢地我们这些笨脑子也学到了不少字。

红军战士有铁的纪律，是铁打铜铸的英雄，我们就是在革命的大熔炉里锻炼成长的。

打草鞋

红军行军打仗，有时一天要走一百七八十里路。我入伍时穿的皮凉鞋走到中甸就烂了，正在发愁，指导员杨林看透了我憋心事，拔了一捆梭草说："小王，我教你一门手艺，包你当不了赤脚大仙。"指导员一边教我打草鞋一边跟我拉家常。

"小王，你想过没有，咱们红军为什么打不垮？"

"为穷人打天下，大家都铁了心，不怕苦、不怕死嘛！"我说出了自己的体会。

指导员感到很高兴，继续启发我：

"还有一条，也是最重要的一条，你说说看？"我一边打草鞋，一边想，一时答不上来。指导员告诉我："咱们天南海北，为啥能走到一起干革命？"我一下子明白了，高兴地拍着手说："对呀！对呀！我们有共产党、毛主席的领导，是为劳苦大众闹翻身求解放的。”我一口气，说出了自己的体会。

草鞋打好了，我第一次穿上自己打的草鞋感到非常愉快。

4 月初，群山环绕的中甸坝子十分美丽，看着眼前的景色，情不自禁地用家乡调哼起了：

呵姝呀！石榴开花似火红，
红军长征为工农，
一心跟着共产党，
穷人的日子乐融融。

夜 渡

过了无量河，急行军来到了里塘河。天已经黑定了，没有月亮，满天的星斗只听到沙沙的脚步声和哗哗的河水声。为了争取时间，在河边稍作休息准备之后，就一个跟着一个地涉水渡河。开初，河水平稳，只齐腰深，还能手拉着手，互相照顾，谁知上游下了暴雨，当我们渡到河心时，山洪滚滚而来，一下子漫过了胸口，双脚不由地漂了起来，一个个仰面跌入水里，像鸭子凫水一般，全被冲散在河水里，有的还卷进了旋涡。我被一个浪头冲到岩石之间，左脚被卡住了。无情的浪花劈头盖脸地打来，我心里一急，用力一划，才脱险上岸，然而，左脚已被岩石划开了一寸多长的深口子。紧贴在身上的湿衣，透心刺骨地冰人，手脚全麻木了。

过河后，大家在河岩上燃起了堆堆篝火，歌声笑声又回荡山谷。

这次夜渡，有些同志为革命献出了宝贵的生命，老班长也光荣牺牲了。大家望着奔腾咆哮的里塘河脱帽致哀！拂晓，我们又踏上了征途，大家情绪更加稳定。

朱总在等着我们

到了上埃坝，我的左脚发炎红肿，不断地流黄水，加上营养不良，又没有药物，下肢肿得像个水萝卜。为了做好过草地的准备，我们在上埃坝修整筹粮。大家都到附近村庄收割燕麦，我也不甘落后，到地里用手拔。不巧老天又纷纷扬扬地下着大雪，我又饿又冷，肚里一阵阵地绞痛，我咬紧牙关继续拔。突然一阵头晕目眩，倒在地里，什么也不知道了。

当我苏醒来时，只见班里的战士围着我，我依偎在新班长怀里，他一勺一勺地喂我面汤。休息了一天，第二天我们又出发了。我筹粮不多，班里的战士就把自己筹的粮分给我。战友之间的阶级友爱，干部战士对我的关心，给了我无穷的力量。我找了一根拐杖，沿着战友们的足迹，一步一步地朝前走。途中指导员传达了军团首长的指示，我们要到甘孜了，将要同红四方面军会师，朱总司令在甘孜迎接我们。

快要同兄弟军团会师的消息，快要看到中央首长，听到中央首长的亲切教导，使每个战士激动万分。我全身的疲劳，下肢的疼痛全飞到天外去了。

这一夜，许多同志也久久不能入睡，恨不得长上翅膀，飞到甘孜，飞到朱总司令和中央首长身旁。在遐想中我慢慢地进入梦乡。

第二天拂晓，我们又兴高采烈地踏上了征途。共同的心愿是：快到甘孜去，跟红四方面军兄弟部队会师，去见朱总司令和毛主席。

胜利会师

赶了两天路，过了清水河，到了甘孜，我们同四方面军胜利会师了。

藏族人民穿上了节日的盛装，敲锣打鼓，载歌载舞，给我们的军团首长敬献了酥油茶和洁白的“哈达”。

“热烈欢迎红二方面军老大哥部队的胜利到来！”“向转战南北的二、六方面军团学习！致敬！”看着这些标语我们只是一个劲地流热泪，并高呼：“向四方面军首长、战士学习！致敬！”“团结一致，北上抗日！”“中国共产党万岁！”“毛主席万岁！”大家互相拥抱，沉浸在欢乐的气氛中。

在庆祝大会上，朱总司令精神饱满，挥着手式，用四川口音刚健有力地讲了这次胜利会师的重大意义，同时还传达了毛主席党中央北上抗日的指示。朱总的话，扣人心弦，给人一种巨大的鼓舞力量。贺老总和任弼时政委也相继讲了话，两位首长讲出了每个战士的心里话。这天，是我们最难忘的一天，党中央、毛主席的指示像阳光雨露，滋润着每个战士的心田，变成了巨大的不可战胜的力量。

走，继续走，沿着毛主席指引的路线，过草地到陕甘宁去，去见伟大领袖毛主席。

选自中共祥云县委党史征集研究室编：《红军长征过祥云》，1991年6月，第36—42页。

王忠海，云南祥云人。1936年参加中国工农红军。红军长征时为红二军团六师十八团五营三连战士。

七、甘孜会师，继续北上

长征路上贺龙同志和张国焘斗争片断

贺炳炎

1936年6月，红二方面军①长征到达甘孜，与红四方面军会师了。

会中央，与一、四方面军大会合，早已使我们望眼欲穿。它一直是我们从湘西出发，经历千山万水，克服一切困难的动力。与四方面军会师那天，甘孜高原上下了一阵6月雪，大地一片白茫茫。两支革命部队会合在一起，真是高兴非常，又唱歌，又跳舞。当地藏族居民，也载歌载舞，在雪地里夹道欢迎。当时的电台不好，消息不灵通，大家还以为这里就是中央呢！但是有些疑问：中央是毛主席在领导，怎么这里又钻出了个张国焘的中央呢？一天，贺龙同志对我们一些师级干部说："同志们！这里是张国焘搞的假中央，他在进行分裂党的罪恶活动，真中央是毛主席在领导，已经到了陕北。为了抗日，我们必须马上北上，与真中央和一方面军会合。"我们非常愤恨张国焘的罪恶活动，盼中央的心情也就更加迫切了，恨不得长上两只翅膀，飞过雪山草地，回到党中央和毛主席的怀抱中去。在任弼时、关向应、贺龙等同志的斗争下，张国焘的阴谋失败了。两个方面军紧密地团结起来，明确地提出了"会中央，一、二、四方面军大会合"的口号，积极准备北上。

一个初秋的早晨，我们怀着会中央的火热心情，踏着甘孜高原上的

① 此时为红二、六军团。甘孜会师时间，一般认为是7月。

冰霜出发了。四方面军在前，二方面军在后。我们六师（二军团）担任全军的后卫。英雄们的足印，顺着色达以南，炉霍、道孚以北的草地伸向大雪山。

摘自《雪山草地红旗飘》，载《四川日报》1960年7月5日。

选自中国社会科学院现代革命史研究室编：《回忆贺龙》，上海人民出版社1979年11月版，第451—452页。

甘孜会师

谭尚维

1935年11月19日，二、六军团从湘西桑植出发，且战且走，先后穿越了湘、黔、滇、康四个省份，不知道翻越了多少高山峻岭，渡过了多少急流险滩。红军战士是无敌的。二、六军团在贺龙总指挥和任弼时同志的领导下，一次又一次地粉碎了敌人的围、追、堵、截，用鲜血为胜利铺平了道路。

1936年4月23日二军团四师进占鹤庆县城。当日下午，我团部召开连以上政治干部会议，六军团政治部张子意主任在会上讲了话，中心意思是动员全军指战员战胜敌人，渡过金沙江。干部战士听了动员报告，人人兴高采烈，个个摩拳擦掌，纷纷保证：一定要以最快的速度，安全渡过江去！ 25日，二军团进占丽江，到达金沙江边之石鼓渡口。由于船少，六军团赶到巨甸渡江。巨甸是金沙江边的一个镇子，只有一条可载40人的渡船。江水湍急，波浪滔滔。为了与敌人抢时间，懂水性的同志拉着骡马尾巴游过去，有的同志抱着木头过江。一根木头拖在船后可带20余人，由石鼓、巨甸两处，以两昼夜的时间，从容渡过了天险金沙江。行进中的战士们，唱着豪放的战歌：

金沙江流水响叮当，

常胜的红军来渡江，

不怕山高路又远，

更不怕敌人来阻挡，
我们真顽强，
我们真顽强！

我军渡江之后，得到朱总司令和红四方面军的贺电："金沙既渡，会合有期，捷报传来，全军欢跃。谨向横扫湘滇黔，万里转战的我2、6军团致以热烈的祝贺和革命敬礼。"贺电极大地鼓舞了全军指战员。部队提出了"与中央红军会师，创造西北根据地"的口号。战士们精神抖擞，勇气倍增，以"横扫千军如卷席"的精神，连续击溃了沿途骚扰和阻击我军北上的反动藏骑武装，翻越了5000多米高的玉龙大雪山。玉龙山，气候寒冷，瞬息万变，积雪一二尺厚，很难攀登。战士们一个紧挨着一个前进。后面的人小心翼翼地踩着前面人的脚印行走。一旦走偏，就有跌进雪窟而不能自拔、跌下深崖而丧生的危险。雪山过后尽开颜。部队以喜悦的心情于4月30日到达中甸。5月5日，我二、六军团分两路纵队北上。六军团为右纵队，经乡城、稻城、理化（今理塘）、瞻化（今新龙），向甘孜进发；二军团为左纵队，经德荣、巴塘、白玉，向甘孜前进。

部队进入西康境内。西康，人烟稀少，气候恶劣。部队行进在空气稀薄的雪山峡谷之中。语言不通，供应困难，衣衫单薄的战士们面临着严峻的考验。他们不怕艰难困苦，不怕流血牺牲，拖而不垮，打而不散，显示了红军战士的英雄本色。

部队沿硕曲河北上。六军团于5月14日到达乡城，休整六天。在休整期间，王震政委在军团积极分子会上作了北上抗日伟大意义和会师前政治工作的报告。22日，六军团进占稻城，得知四方面军已派三十二军南下理化迎接二、六军团的喜讯。当王震政委将这一喜讯告诉部队指战员时，全军欢声雷动。"到甘孜会师！"急切盼望会师的战士们一遍又一遍地重复着这句话，他们觉得"有了奔头"，"有了希望"，个个喜出望外，有不少人激动得热泪直流，有不少人高兴得跳起来……

前面就是理化了。充满胜利喜悦的战士们，迎着冉冉升起的旭日，快步前进。在战士们眼前，平川展现出一片油绿。在水草肥美的地方，到处可以看到藏胞放牧着的牛群和羊群。牧民们悠扬的歌声响彻原野，委婉动听。喇嘛寺金色屋顶与远山上的皑皑白雪相互辉映，犹如一幅充满神话色彩的迷人的图画。从稻城到理化，一路常常可见藏民兄弟，他们有的骑着马，有的手里捧着糌粑、酥油，彬彬有礼地分列在道路的两旁，欢迎匆匆而过的战士们。有的向战士们赠送食品。因为语言不通，战士们只有通过通司代为答谢。藏民们立刻兴奋起来。他们竖起大拇指，口里不停地念着："耶莫！耶莫！"（即"顶呱呱！顶呱呱！"）

遵纪爱民是我军的光荣传统，在藏民聚居的地方，我军对部队广泛深入地进行了民族政策和宗教政策的教育，并且作出了相应的规定：尊重藏族人民的宗教信仰和风俗习惯，保护喇嘛寺院，严禁部队进入经堂。在中甸，贺龙同志赠送喇嘛寺"兴盛藏族"① 的锦旗，对喇嘛寺筹粮都采取募捐、借贷和购买的方式。还通过张贴布告，请藏民吃饭，开茶话会等方式，向藏民深入浅出地宣传党的抗日救国主张。即使在极端困难的情况下，我军不得不借用因受反动分子欺骗、威胁而逃匿的藏民的粮食，亦严格按价留下银洋和信件。由于我军纪律严明，因而深受藏民的拥护与爱戴。

我军得以胜利进军，是与藏民的热情支持和帮助分不开的。进军途中，伤病员有时走不动路，藏民们只要发现，就立即用马接送，一直送到宿营地。藏胞的关怀变成了战士们进军的巨大动力。6 月 3 日，战士们行军特别来劲。原定一天的路程，到中午 12 点左右便赶到了理化以南的甲洼，与远道前来迎接的三十二军的先头部队会师。顿时，部队沸腾起来。战士们再也顾不得队形是否整齐，一齐涌向三十二军。大家簇拥在一起，热烈握手，互相拥抱。有的同志高举着枪支，挥舞着红旗，

① 实为"兴盛番族"。

跳着、唱着、喊着：

“向32军学习！”

“中国工农红军万岁！”

“中国共产党万岁！”

震耳欲聋的口号声，欢呼声，此起彼落。两支从未见过面的兄弟部队在甲洼西北角会合了。每个人都热泪盈眶，尽情地享受这会师的欢乐。

6月7日，六军团十七师五十一团配合三十二军，击溃了敌李抱冰部，一举攻克了理化县城。部队在理化稍事休整之后，于13日向瞻化县进发，17日到达瞻化，与红四方面军第四军会合。四军指战员为了表达自己的喜悦心情，热烈欢迎之后，举行了盛况空前的联欢大会。

部队沿雅砻江继续北上。22日，到达甘孜附近的普玉隆①，受到四方面军政治部、三十军和藏民独立师的盛情款待。六军团十七师宿营在甘孜附近的甘海子，一进门，便见屋里打扫得干干净净，床上铺着厚厚的麦秸。这里原是四方面军的同志住的。六军团十七师的同志们未到，他们便把房子腾出来了。炊事员老杨乐呵呵地说：“四方面军的同志们还准备了许多柴禾，两只水缸也挑满了水，还为我们烧好了一锅开水呢！”二军团到达甘孜后，也同样受到四方面军广大指战员的热情接待。他们是在十分困难的情况下，千方百计做好迎接红二、六军团的准备工作的。时值炎夏6月天，四方面军战士的单衣尚无着落，粮食也很困难，部队常常以野菜充饥……在这种艰苦的条件下，拿什么东西向二、六军团的同志表示自己的心意呢？在藏族同胞的支援下，四方面军的同志们筹集购买了大批牛羊；为了保障再过草地，北上抗日，他们还广泛开展了打毛衣活动。每人分配打两件毛衣的任务，一件自己穿，另一件送给二、六军团的同志，作为会师北上的礼物。

① 原文为蒲玉隆，本文统一为普玉隆。

24日，六军团在普玉隆召开会师大会。朱总司令出席大会，并作了重要讲话。25日，召开连以上干部会议，朱德、刘伯承同志在会上作了重要报告。

与此同时，二军团由得荣北上，经云波寺、兹乌，于24日到达巴塘县中咱。6月3日，二军团先头部队四师到达巴塘城附近。城内守敌李抱冰所部凭借坚固的防御工事和险要地形，以火力拦阻我军进城。我军的目的是北上，而不是攻城，因而绕开巴塘城，向白玉前进。19日，进占白玉县城；30日，到达绒坝岔（甘孜县属），与四方面军三十军八十八师二六三团会合。

7月2日①，接中央电令：原二、六军团改称为红二方面军，下辖二军团、六军团，三十二军编入二方面军建制。

部队在甘孜举行了庆祝会师大会。

会场洋溢着节日的喜庆气氛。很远就看到在喇嘛寺红色的墙上高悬着“向英勇善战的2、6军团致敬！”的大幅标语。广场上集合着许多队伍。歌声嘹亮。其中还夹杂着女声。记得有这样的歌词：

来！
会合2、6军团，
高举红旗向前进！
一定要胜利，
杀敌齐努力！
团结抗日民族的力量，
推动少数民族的解放。
大踏步，
向前进，
赤化全西北！

① 中央电令时间实为7月5日。会师大会时间为7月1日，一说7月2日。

要艰苦的奋斗，
要钢铁的团结，
创造根据地，
杀敌齐努力！

部队陆续进入会场。人群在欢呼。千万双眼睛凝视着这条“巨龙”，千万双手臂在欢快地挥舞。“欢迎转战湘鄂川黔滇康的2、6军团！”“中国工农红军万岁！”山呼海啸的口号声此起彼伏。藏胞兄弟簇拥在路旁，捧着酥油、糌粑欢迎风尘仆仆的会师大军。看了四方面军战友们亲切的面孔，听了战友们鼓励的话语，战士们激动万分。

会师后，两支兄弟部队广泛开展了互访互学活动。红四方面军指战员经验多，见识广，红二、六军团就强调要虚心学习红四方面军的好思想、好作风、好经验。

这是一次艰难的会师，难忘的会师，也是一次胜利的会师。战士们人人都有满肚子的话，就是不知从哪里说起。再有克制力的人，这时也难以抑制住内心激情的涌流。

“同志们，静一静。请朱总司令给我们讲话！”

一听说饱经磨难、德高望重的朱总司令要给大家讲话，像松涛停止了涌动，会场上立刻就静了下来。

我们的心情格外激动。在我们家乡湘鄂赣根据地，“朱毛”的名字早已家喻户晓。我在孩童时就听了许多神奇般的传说，对朱总司令十分羡慕和敬仰。现在，终于能坐在会场上直接聆听我们红军总司令的重要讲话了，幸福之情油然而生……

朱总司令迎着一阵阵春雷般的掌声，迎着无数兴奋激动的笑脸，在主席台上出现了。

朱总司令个子不算太高，稍稍有些黄瘦的脸上，挂着给人温暖的慈祥的微笑。朱总司令衣着很朴素，上身着一件土制褐色毛布上衣，脚上穿着一双草鞋。朱总司令一切都和士兵一样，十分平易近人。朱总司令向全场巡视了一下，就用响亮而有力的四川口音开始讲话了：

“同志们，我祝贺你们战胜了雪山，也欢迎你们来与四方面军会合，但是这里不是目的地，我们要继续北上，要北上就必须团结一致，不搞好团结是不行的。此外，在我们前进的道路上，还有荒无人烟的草地，我们要有充分准备，克服一切困难。”

接着，朱总司令简单地介绍了甘孜地区的情况，并告诉大家一个好消息：毛主席去年带着一方面军胜利地通过草地，到达了抗日前哨阵地——陕甘宁边区。现在，陕甘宁边区根据地巩固扩大了，红军打了胜仗，也壮大了。

朱总司令的每一句话，都引起了红军战士们的共鸣。搞好团结，克服困难，并肩战斗，北上抗日，这正是每一个红军战士的共同心愿呀！

晚饭后，四方面军政治部的剧团为会师大军进行了精彩的文艺演出，其中有歌曲《迎亲人》，有舞蹈《红军舞》，等等。这是七八个月以来，第一次坐下来安安稳稳地观看文艺演出，每一个红军战士都异乎寻常地激动。

随后，又有叫人高兴的事儿：二、六军团的同志每个人又领得一件毛衣或一双毛袜子。这些东西，对南方籍的战士们来说，确实有点稀罕。有些人过去在乡下根本就没有见过这样厚的毛衣、毛袜子。有人问政治部：“这是哪里来的？”政治部的同志说：“是四方面军的同志们慰劳我们的，他们怕我们受冻，全军上下几天几晚没有休息，剪羊毛，洗净，捻成线，又一针一针织成的。”

毛线密密，它渗透着四方面军同志的多少汗水和深情啊！他们到这里的时间不太长，装备也很差，除了每人有一个斗笠之外，并不比二、六军团的同志们多什么，他们不是比二、六军团的同志更需要御寒的物品吗？可是，他们以深厚的阶级感情，先人后己，起早贪黑地织出这样漂亮的毛织品送给二、六军团的同志们，同志们一想到这里，个个激动得眼睛都湿润了。

会师后，很快在甘孜成立了党的西北局委员会。朱总司令以及任弼时、贺龙、关向应等同志都积极主张北上与中央红军会合。数万红军散布在人烟稀少、物资缺乏的川康高原，给养濒于枯竭。大搞分裂的张国焘这时已难于坚持己见。广大指战员的心是向着毛主席，向着党中央的。在红四方面军中，尽管还未来得及对张国焘的罪恶进行清算，但一年来的经历和铁的事实，广大指战员已逐渐认识到张国焘所走的是一条错误的路线。经历过中央和红军会师的欢乐与痛苦的红四方面军的同志，愈加觉得和二、六军团同志会合的珍贵。二、六军团的领导同志，始终坚定不移地对张国焘的反党行为进行了坚决而严肃的斗争，捍卫了以毛泽东同志为首的党中央的正确领导。由于毛泽东同志采取了党内斗争的正确方针，由于朱德、任弼时、贺龙、刘伯承、关向应等同志为维护党和红军的团结做出了坚韧的努力，张国焘分裂党、分裂红军的阴谋便以失败而告终。二、六军团与四方面军的胜利会师，对实现三大主力红军的会师，起了重要作用。

甘孜会师后，全军上下，精神面貌发生了深刻的变化。他们从历史的经验中，悟出了一个共同的真理，发出了一个共同的呼声：搞好两军之间的团结！团结就是力量，团结就是胜利！两支亲如手足的兄弟部队的团结，为克服北上抗日征途中的艰险，打下了坚实的基础。在以后风风雨雨的革命岁月里，他们肩负着党和人民的期望，又谱写了新的胜利的篇章……

1986 年 4 月于新疆

选自中国人民解放军历史资料丛书编审委员会编：《红军长征·回忆史料》（2），解放军出版社1992年9月版，第205—211页。

谭尚维，1915 年生，湖南浏阳人。1930 年参加中国工农红军，同年加入中国共产主义青年团，1932 年转为中国共产党党员。红军长征时为红二军团四师卫生部医生。新中国成立后，曾任新疆军区后勤部卫生处副处长、处长，新疆军区后勤部副部长、政治委员，乌鲁木齐军区政治部顾问等职。1998 年在乌鲁木齐逝世。

与红四方面军会师，共同北上[1]

左齐

4 月 27 日[2]，二军团四师渡江后，即在格罗湾与藏骑兵接触。4 月 28 日，我二、六军团全军渡过金沙江后，于梭邑一线休整。4 月 29 日，全军于小中甸、格罗湾、苏甫湾一线集结。4 月 30 日，四师占领中甸县城；军团直到青橡树；五师、六师达小中甸；六军团经大坝到格罗湾宿营。

我军渡过金沙江后，虽然同敌人大规模作战的情况很少了，但却常常遭到反动藏骑兵的袭扰。进入西康境内，人烟稀少，供应困难，气候恶劣，部队经常在雪山峡谷中行军，雪山空气稀薄，我军衣单粮缺，在这艰难困苦的环境中，我军经受了严峻的锻炼和考验，拖而不垮，打而不散，战斗意志更加坚强。

5 月 1 日，二军团集中于中甸县城及附近休整。县城内只有几十家营商的汉人，城外均是藏民，城周围多是青草荒野，人烟稀少，语言不通，给养困难，没有什么东西可买，只有到喇嘛寺才能买到一点杯糖（倒在杯中印出的一两一块的红砂糖）、糌粑（青稞炒面）和盐块。六军团在格罗湾休整，准备通过格罗湾到小中甸间的大雪山。下午 4 时，张子意主任、肖克军团长在干部会上作继续北上的动员报告，宣读了中央祝贺二、六军团胜利渡过金沙江的电报。

---

① 标题为编者所拟。本文节选自左齐：《雄关漫道——记红二方面军长征历程》。

② 这是1936年。

2日，六军团在二军团后跟进，翻越5000多公尺高的雪山，山上积雪一二尺厚，后面的人必须踏着前面的脚印走，走偏了就有没顶的危险。时令虽是阳春5月，山上却寒冷彻骨。

3日，六军团直及教导团出发前，军团首长总结了过雪山的经验，要求带生姜、辣椒、烧酒等防寒食品，是晚到大南坝一带宿营。

4日，六军团在大南坝一带收集物资；二军团仍在中甸城及其附近。1至4日召开了全军连以上干部会议，会上讨论了在西北创建抗日根据地的任务和执行党的少数民族政策问题，提出了二、六军团党、团员目前的任务。

5日，二军团由中甸出发向得荣县前进。下午6时六军团政治部于中甸县城召开军团直和十七师政治干部会议，王震政委作了目前形势与工作的报告；张子意主任作了关于藏民工作政策问题的报告。

6日，六军团在中甸休整，作通过中甸至定乡之间荒无人烟地区的准备工作。7日，二军团达地防、坡头桥、汤堆，四师在桥头与藏反动武装接触，师参谋长汤福林同志阵亡。9日，六军团由中甸出发到格扎，沿途均是森林，古木参天，部队在林中露营。10日，二军团前卫占领西康省得荣县城，全城只有三栋房子；六军团到瓮口，房子也很少，全军只好露营。12日，翻过大雪山于易窝露营。13日，六军团原拟达定乡宿营，路经易井时因该地区人烟较多，可筹到粮食，即改在易井宿营，十七师继续前进。14日，占定乡县城，城内藏民送麦粉、青稞粉欢迎红军。15日，六军团全部到达定乡城休息。17日于城内召开军团积极分子会议，王震政委再次作关于目前政治形势、会师西北与创建全国抗日根据地的有利条件和战斗任务的报告。在定乡休整四天。

从云南急行军抢渡金沙江，几经轻装，原背的衣物多数扔掉了。到西康地区后，人烟稀少，补给困难，在翻越雪山时，很多同志由于饥寒交迫而长眠在雪山顶上。经验告诉我们，翻越雪山时不能停留休息，一停留就会晕过去再也爬不起来。下山后立即烧生姜或辣椒水喝，以增加身体热量，有酒喝更好。

20 日，六军团沿硕楚河向稻城前进，经文司田、沙林、归日、水凹达百根宿营，沿途藏民热情欢送红军。21 日，六军团继续沿硕楚河北上，经沙古、向店、郎上坡（雪山）达桑川露营，第二天进占稻城。该城没有城墙，沿街只有几十栋房屋。因部队减员较多，为充实干部队伍，加强部队政治思想工作和管理教育，将教导团分散到各部队。同时召开了团以上干部会议，反对各种不良倾向，部署了会师前军政工作的具体任务。27、28 两日休整。30 日，六军团向藏坝前进，经冉子到大桥宿营；二军团先头部队向巴安城前进。31 日，六军团达拉坡，6 月 2 日达藏坝，3 日翻过一座大雪山。同日，二军团先头部队四师达车多，四、六两师经仁波时与藏反动武装有接触。

6 月 3 日，六军团与红九军团在甲洼会师，受到三十二军和藏民的热烈欢迎，部队情绪非常高昂。4 日，六军团在甲洼休息，同时参加了中共西康南路工作委员会会议，了解到张国焘反对党中央，搞分裂活动的一些情况。5 日，六军团军团直、十六师和红三十二军举行军民联欢大会。6 日，十七师也来到甲洼，全军团与红三十二军又开了一次联欢大会。下午召开排以上干部会议。9 日，六军团全部达理化县城，敌人逃去，还有一架敌机盘旋侦察。理化是土特产集中地，酥油、皮毛很多。在理化休整四天，收集了一些酥油、糌粑等食物，每人携带一包，因背不动，沿途丢掉不少。13 日，六军团在离牙坝 30 里的深山老林中露营，天寒地冻，部队只好烤火过夜。14 日，六军团达牙坝，15 日达阿营，16 日达麻日，17 日达瞻化县城与红四方面军第四军会合，受到红四军整队欢迎。18 日与红四军开联欢大会。19 日，六军团沿雅砻江而上达热落。20 日继续沿雅砻江而上经波洱过江到大界。21 日达沙汀宿营；二军团到白玉县城宿营。22 日，六军团在甘孜附近的普玉隆[①] 受到四方

① 原文为普乙隆，本文统一为普玉隆。

面军政治部、三十军和藏民独立军欢迎。23 日，六军团在普玉隆休息；二军团全部达白玉城。

24 日，六军团在普玉隆召开会师大会，朱德总司令参加。二军团直和四、五师达阿坡、葛多寺一线。25 日，六军团在普玉隆召开连以上干部会议，听朱德、刘伯承同志报告。十六师驻甘孜西泥沟，距甘孜城 20 里。甘孜是张国焘伪中央所在地。待我二、六军团全部达甘孜及其附近时，张国焘向我军散发反对所谓毛、周、张、博的小册子，我军将其扣下未下发部队。

27 日，全军连以上干部听四方面军政治部主任陈昌浩关于西北形势问题的报告。28 日，六军团继续召开干部会议，作好进军的动员和准备。30 日，六军团移到甘海子①，王震政委、张子意主任到甘孜；二军团直和四师达龙坝，红四方面军三十军和当地藏民夹道欢迎。

7 月 1 日，六军团仍在甘海子；二军团任弼时政委到甘海子与四方面军领导见面。

张国焘私立中央，成立波巴政府。西康人烟稀少，物资贫乏，受敌封锁。四方面军广大指战员受尽了苦难，看清了待在西康毫无出路，纷纷要求北上。二、四方面军的会合，增强了朱总司令的地位，二方面军总指挥贺龙、政委任弼时及军分会的领导同志，早已研究了同张国焘斗争的方针和方法。张国焘孤立了，提不出别的办法，只好同意北上。

7 月 2 日②接中央电令：原二军团总指挥部改为红二方面军总指挥部，指挥二军（由二军团改称）、六军（由六军团改称）、三十二军。六军仍在甘海子，总指挥部和二军四师达甘孜。六军休息了几天，做北上准备。6 日下午六军达东谷，7 日达太吉岭附近。8 日达日庆草地露营。自此进入荒无人烟的草地。10 日，六军达唐牙沟，12 日达西倾寺③，没

① 原文为干海子，本文统一为甘海子。

② 应为7月5日。

③ 原文为西青寺，本文统一为西倾寺。

有筹到粮食，各部队开始采野菜充饥。13 日，行军 120 里到绒玉，次日在绒玉休息，没有粮食仍以野菜充饥。16 日上午出发沿河而上，下午达玉楼，全军上下均以野菜充饥，17 日到雅龙寺，仍无粮食补充，只有十八师于牛场筹到 60 余条牦牛、千余斤麦子。六军在作木沟露营。是夜，风雨、冰雹交加，全军人员浑身湿透，寒冷难耐。20 日达九里沟露营。21 日到达离阿坝 40 里的地方露营，通宵大雨，帐篷大漏，草地潮湿，夜不能眠。22 日翻过一座山，上下 40 里，过山时大雨倾注，狂风折树，下山到下阿坝。此地人口较多，有大寺院，部队突击收集到 600 余担粮食，以备继续过草地。26 日，六军于大金川渡河，下午到中阿坝；指挥部及二军达阿坝。29 日，六军由中阿坝移到下阿坝。30 日，六军向贾诺前进，快到露营地时突然遭到暴风雨和冰雹的袭击。31 日从贾诺继续前进，沿途均是水草地，有的地方人马陷进去不能自拔，次日到贾诺与箭步塘之间的地方露营。

8 月 1 日，六军达箭步塘及其附近露营，沿途仍是水草地；指挥部及二军达下阿坝。2 日，六军行军百余里达葛曲河露营。我十六师留葛曲河看守前卫交给的二三千只牛羊，以交后续部队吃，由于疲劳，夜间被藏骑兵抢走一部分牛羊。在看守牛羊的三天中，我们弯针做钩，钓鱼充饥。4 日，六军达牙磨河；指挥部及二军、三十二军达郎亚箭。5、6 日，六军继续过水草地达下色既塘；指挥部及二军，三十二军达葛曲河，贺总遭反动藏骑兵袭击，警卫部队将敌驱逐。7 日，全军仍在水草地上艰苦跋涉，有些马匹陷入泥潭。翻过一座大山，气候很冷，下午达严朵坝附近山沟露营。8 日，六军终于通过水草地到达上包座露营。从阿坝到上包座的九天中，部队一直露营在水草地上。在后三天中，我的粮袋里仅剩下三两炒面，每天只能吃一两。在这餐风宿露的日子里，十六师参谋长周球保①同志忍着饥饿，把省下的一点炒面分给我，使我

① 原文误为周求保，应为周球保，即周仁杰。

没有倒在草地上。到了上包座，青稞麦已经发黄了，我们割下麦子用火烧着吃，香极了！于是，同志们的情绪又高涨起来，沉重的脚步顿时变得轻松了。11 日，指挥部及二军达下包座。16 日，六军经普济寺（甘肃）达蔡里公坝，18 日达离俄界[①]20 里的地方休息，准备夜行军通过藏反动武装守备的八里卡子。20、21 日继续沿白龙江而下，经哇藏寺、石门万险桥达莫牙寺。石门万险桥横架在高山悬崖上，非常险要，山上有反动藏兵放滚木乱石把守，我军驱逐了藏兵顺利通过。22 日，六军达建早里，此地离罗大里十余里。罗大里有回民群众卖东西，一块白洋一个烧饼，这是草地行军月余后第一次所见。23 日，六军经过腊子口、大拉山到曹子里宿营。这一段路一年前毛主席率领一方面军打过的，我军顺利通过。24 日，六军向哈达铺前进，经大拉寺、悬窝达绿沙铺、麻子场宿营；指挥部及二军达蔡里公坝；三十二军在十八盘。25 日，六军一部到哈达铺。26 日，六军在哈达铺与四方面军某军直属队开联欢大会。27、28 日在哈达铺休整两天。哈达铺地区人口稠密，大地主、大商人全逃跑了。在此我军征到了粮食，征粮的办法是打借条。

选自中国人民政治协商会议全国委员会文史资料研究委员会编：《文史资料选辑》第72辑，文史资料出版社1980年12月，第91—96页。

① 原文误为鹅界。

“团结起来一路前进！”

——记长征中贺龙同志事迹片断

顿星云

1935年10月，毛泽东同志率领中央红军到达陕北。消息传来，活跃在湘鄂川黔边区策应中央红军长征的红二、六军团，上下一片欢腾。贺龙总指挥向我们说：“这下子好了，揪着的心算是落了案。毛主席他们走出草地，到了陕北，好领导全国人民一致抗日。”接着，他兴奋地说：“我们也要开动两只脚，同党中央会合！”

贺龙同志信仰毛泽东同志，天天盼着见到毛泽东同志。当南昌起义部队主力在潮汕地区受挫后，贺龙同志和周逸群同志回到湘鄂西，就是按照秋收暴动的路子，发动了年关暴动；建立起来的队伍，也打着毛泽东同志领导的“红四军”的旗号。他身在湘鄂西，遥望井冈山，坚定地走毛泽东同志开辟的井冈山道路。1934年十月在贵州边边上的木黄，当任弼时同志率领红六军团从湘赣苏区来同二军团会合时，贺龙同志也是首先关心地问起毛泽东同志。

如今，党中央和毛泽东同志到了陕北，我们二、六军团也积极准备长征。原计划出豫西，走陕南，去陕北。这条路上，战斗将是频繁、严酷的，但是，路途却要近便得多。特别是在秭归、巴东一带以及在豫西都还保留有我们的两块小根据地，群众条件好，其他有利条件也不少。

这一计划原已经过中央批准，打前站的部队，已经从湖北巴东，渡过长江，开始行动了。这时，接到中央命令，要我们从桑植南下湘中，穿过云、贵沿着中央红军长征路线，到甘孜一带会合四方面军，一同走出草地去陕北。

为什么近路不走绕远路呢？穿过云、贵，时间将要一年，困难不计其数。敌人有堵截中央红军的失败教训，防范一定更严。任弼时政委和贺总发电询问中央，从回电中才知道张国焘闹分裂，还滞留在草地一带。为着中国革命的胜利，需要二、四方面军同志团结起来，一同走出草地，同党中央会合①。任弼时政委、贺总、关向应政委决定坚决执行中央军委毛泽东同志的命令②，改变原定路线，部队立即南下湘中，然后出贵州，走云南，沿着中央红军走过的路线，进草地，同四方面军会合，共同北上。

部队走一路，打一路。前有敌人堵截，后有敌人跟追。困难、艰险无所不在。但是，我们心里记着党中央的命令，一直向前。1936 年 2 月，部队来到贵州西部，抢渡乌江上游鸭池河，以迅雷不及掩耳的攻势，打开黔西、毕节、大定三县。这里是云南、贵州、四川三省交界的地方，高山断谷，崎岖险要。爬上一架山，就像爬直竖的梯子，又陡又高。三县都在一两千米高的高原上，"山高皇帝远"，国民党在这里统治比较薄弱。1935 年初，中央红军曾经经过这里，播下了革命的种子。我们到达这里，军团党委决定进行休整，开展群众工作，建立抗日武装，组织抗日团体。

宣传队出发了！

扩红队出发了！

工作队出发了！

---

① 会师前，任弼时与贺龙等红二军团领导并不知道张国焘闹分裂。且由于一方面军将密码本留在了红四方面军，红二、六军团与中央通电基本依靠红四方面军中转。

② 应是红军总司令朱德与红军总政委张国焘签署发的电报。

县城四处，写满了标语。街坪上人山人海，围看宣传队演戏，听红军干部、青年学生演讲。住在高山上的种田人，背着包谷进城里来了，靠背盐巴过日子的人，直起腰杆来了。长工、佃户偷偷告诉我们，地主、豪绅在哪里埋下了粮食、布匹、白洋和盐巴。我们派人去挖出来，分给穷苦人家。革命的火点燃了。高原上红了一角天。成千的苦汉子拥进了红军。

自从我们被迫离开洪湖苏区以来，虽然创建了湘鄂川黔苏区，可是，徐源泉、樊嵩甫①、孙连仲、陈耀汉、陶广、李觉这些国民党军阀部队，总是团团围住我们。我们经常处于紧张的反“围剿”战斗中。贺总常常幽默地说：“我们的‘家神菩萨’就贴在双腿的鲶鱼泡上，我们的根据地就在两双脚板上！”长征中来到黔、大、毕，一住就是十多天，许多同志都想在这里落脚生根，建立起一块新的根据地。就在这时候，党中央再次命令我们继续前进，尽快赶到草地，同四方面军会合。

部队恋恋不舍地开出了黔、大、毕地区。行军路上，同志们还讲着那里老百姓过的苦日子，讲着老乡们对红军的爱护。一天，贺总来到我们六师十六团的行军队伍前，我向他讲到战士们都喜爱黔、大、毕这块地方。贺总望了望我，亲切地对我说：“黔、大、毕是好，但我们要北上抗日，要尽快同四方面军会合。毛主席的指示，党中央的命令，硬是要执行，一点也不准打折扣！”当时，我们还不明了张国焘已经公然叛党，宣布成立了伪中央。但是，从贺总讲话的神气里，感到里面蛮有问题。

离开黔、大、毕，我们进入云南，向金沙江前进。蒋介石赶忙调兵遣将，想把我们拦阻在金沙江南面，消灭我们。一直“护送”我们的樊嵩甫部队尾追了上来。在任、贺、关首长指挥下，我们时而北上，进到镇雄；时而西进，抢占昭通；复又折向东南，攻占宣威。为了把敌人兵力调往滇东，以便乘虚插向滇西抢渡金沙江，我们又进入贵州，攻占盘

① 原文误为樊松甫。

县。敌人果然一齐向东扑来。于是，我们掉头向西疾进，直奔金沙江。我们占领寻甸，直取距昆明仅几十里的新街。敌人惊慌失措，赶忙抽调地方反动武装保安团守城。二、六军团在滇中如入无人之境，一路没有阻拦，直取中甸，巧渡金沙江。分成左、右两路，向草地，向甘孜方向前进。

后来，我们才了解到，张国焘借口粮食供应困难，坚持要我们分成两路前进。他满以为把二、六军团分开，便于他分化、拉拢。5 月①，当六军团经稻城北上，到达理化甲洼，碰上了前来迎接的四方面军的四军和三十二军的同志，同志们十分高兴。可是，张国焘却又派去工作组，送去了反党小册子，指名攻击和反对中央军委毛主席和周恩来副主席等。这时，任政委、贺总、关政委正率领二军团从左路，经德荣②、巴安③北上，张国焘以为这是一个可乘之机。当时，六军团政委王震同志才不过二十八九岁，但他是随毛泽东同志在井冈山开辟根据地的老战士，哪里容得有人反对毛泽东同志！他拍案而起，扣下了全部罪恶的小册子，不准向部队散发，大义凛然地宣布："哪一个要向部队发这种臭东西，我的枪就要'走火'！"

王震同志立即把发生的情况电告任弼时政委和贺龙总指挥。两位首长立即回电支持王震同志，指示说：不要听他们的，防止有人搞阴谋。同时，命令二军团加速前进。

二军团一路急行，进抵甘孜附近的绒坝岔，同四方面军会合了。随后，进到甘孜附近的甘海子。在这里，我们见到了敬爱的朱总司令和刘伯承同志。朱总司令紧紧握着任弼时、贺龙、关向应等同志的手说："你们来了，团结工作更好做了，有力量了，我腰杆子硬了。"

甘海子的喇嘛庙，比镇子本身还大。四外绿草茵茵，远处雪山皑皑，

---

① 应是6月。

② 今得荣。

③ 今巴塘。

喇嘛庙高大的红墙，衬托着金色的屋顶，十分雄伟。二、四方面军会师大会，就在喇嘛庙前的坪场上举行。四方面军的同志早已整好了队伍。我们列队进入会场，彼此欢呼口号，巴掌拍得震天响。阶级弟兄，革命战友，经过艰难奋战走到一起了，觉得格外亲！

朱总司令站起来讲话了，我们使劲拍着巴掌，探起身子，伸起脖颈往前看。朱总司令双手往下按，我们还是不停地鼓掌。朱总司令慈爱地看着我们，等大家掌声一停，就用他那浓重的四川口音讲话了。我想起贺总平素跟我们讲起朱总司令的事情。贺总每每敬佩地讲到毛主席、周恩来副主席，也都要讲起朱总司令。这时，我见贺总坐在主席台上，眼睛望着朱总司令，流露出热烈敬爱和坚定支持的眼光。贺总还向我们的队列点头微笑，对于我们信赖和拥护朱总司令表示满意。

朱总司令讲话中，热烈欢迎二方面军战胜敌人和雪山，来到草地。他语重心长地说："大家经过艰难、奋战，胜利地来到了草地。但是，草地不是我们的目的地，我们还要继续北上！二方面军和四方面军的同志要团结起来，团结了才能一同前进。向哪里前进？就是北上。北上才是出路，北上才有光明，别的路子都是行不通的。"

会场上，两个方面军的同志，热烈鼓掌，拥护朱总司令的讲话。

朱总司令的讲话，引起了二方面军干部的严肃思考。来到甘孜我们深深感到兄弟部队会师的融洽、喜悦，四方面军的同志们待我们亲如一家。但是，张国焘却使人有一种说不出来的感觉。特别是我们从六军团同志那里，了解到张国焘派人散发反对毛主席，分裂党中央的小册子的罪恶经过，都十分气愤。那时候，我们对党内路线斗争懂得的还不多。但是，我们都亲身经历了王明"左"倾机会主义对红军、对中国革命造成的危害，思想上都打定了主意，也就是贺总常说的："听毛主席的！革命要团结！"谁要想破坏，他是天王老子也不行，他就是八只角的王鱼，也要掰他一只角下来。

两个方面军会师以后，在甘孜成立了党的西北局委员会。斗争在继续。张国焘没有停止他的阴谋活动，提出要联合召开二、四两个方面军的干部大会，由他作报告。张国焘自恃人多枪多，想以势压人。任弼时政委同贺总、关向应政委商量，一定要挫败张国焘的阴谋。贺总坚决支持任弼时同志，当面向张国焘说:“你要合起来开会，我们不反对。但是，先要讲清楚这个会是什么性质？开会中间如果发生了争论，由谁来做结论？是由你，还是由任弼时同志做？我们是拥护任弼时同志的。你一定要开这个会，想以势压人，莫怪我贺龙不客气，我就要捅穿你的‘筒筒’，揭露你！”

贺龙同志进一步无情地揭露张国焘说 :“我劝你莫拿南昌起义那个时候的态度来破坏革命了，要不，可别怪我贺龙搞‘军阀’了！”

原来，1927 年八一南昌起义前夕，张国焘作为机会主义路线的代表，赶到南昌，拼命想推迟和破坏武装起义。周恩来同志同他作了坚决斗争，毅然决定起义。贺龙同志坚定地站在周恩来同志一边，拍着桌子痛骂张国焘说:“你不让起义，就滚你的！”那时，贺龙同志要求入党，张国焘也竭力反对，诬蔑说 :“军阀还能当共产党吗？”是敬爱的周恩来同志坚决主张接纳贺龙同志加入了伟大的中国共产党！南昌起义后不久，在江西瑞金，周恩来、周逸群同志介绍贺龙同志加入了中国共产党。

现在，贺龙同志当面揭露张国焘历史上的罪恶行径，使得张国焘不得不有所顾忌，只好放弃联合召开干部会议的打算。

但是，张国焘口是心非，继续违抗中央，仍旧打算向青海、西宁方向逃跑，并阴谋分裂二方面军。任、贺、关首长决定单独召开二方面军团以上干部会议。

会议在甘孜一个牧主家的院子里召开。院子很小，大家见面点点头，默默地坐下，气氛严峻。先是任弼时政委讲话，他严肃宣布，张国焘叛党，私立伪中央，坚持逃跑主义路线，给革命造成了极大危害。但是，四方面军的广大干部、战士是很好的，是我们的革命同志，他们是不跟张国焘走的。我们要同四方面军的同志团结一道，走出草地，去陕北同党中央和毛泽东同志会合。接着，贺龙总指挥站了起来，大声说：“同志们，长征开始的时候，党中央、毛主席就把一个任务交到了我们手里，这就是要同四方面军的同志团结一起，一路走出草地，去跟中央会合！我们走了一万多里路，胜利地来到草地，也一定要圆满地完成党中央和毛泽东同志交给的任务。我们要继续北上，四方面军的同志也要继续北上。只有张国焘一个人想南下，南下是一条绝路。张国焘同中央闹分家，把部队往南拖，已经吃了大亏。还要一头栽在这条死巷子里，不要多久，就会自己消灭自己。只有继续北上，照毛主席走过的路径走，才是胜利，才是光明，才是出路。鬼才听信张国焘那一套哩！四方面军的同志也是相信毛主席，拥护党中央的！我们的任务是，同四方面军的同志搞好团结，一路前进！”

贺总指挥蓄着短短的胡子，说话如流水，讲的都是我们战士的话，讲起来头头是道，使人懂得了道理，增添了胆量。早在洪湖苏区的时候，“短胡子的嘴”，在战士中就出了名。

在甘孜停留了多日，在党中央和毛泽东同志正确领导下，朱总司令、任弼时政委、贺龙总指挥、关向应政委等同志坚决维护中央正确路线，对张国焘进行了坚决斗争和艰苦、耐心的争取，特别是四方面军广大干部都逐渐认识到南下的道路是错误的，纷纷要求继续北上抗日，张国焘不得不被迫取消伪中央，同意北上。

但是，张国焘贼心不死，采取封官许愿的卑劣手法，继续在二方面军中搞分裂，而且时时想着继续逃跑。他要求二方面军绕行草地最艰难的地段，沿途没有人烟，没有粮食，妄图拖垮和困死二方面军，任、贺、关首长洞察其奸，命令大家充分做好精神和物质准备，命令二方面军分成两路前进，周密进行部署，贺总在部署任务时，以少有的郑重的语气，反复告诫我们：“我们要的是二、四两个方面军同志团结在一起，一路北上，要求大家时时刻刻把党中央、毛主席交代我们的‘团结’两个字放在心坎上！”

那时，我们六师十六团仍然担任全军后卫。任、贺、关首长特别指示我们：“前面路途艰险，张国焘还会耍鬼花招，第一，要多睁一只眼睛，防止他的阴谋。第二，再强调一句，要团结，你们走后卫，有收容的任务。收容了掉队的同志，有饭先让四方面军的同志吃，有牲口先让四方面军的同志骑，有担架先让四方面军的同志坐。总起来一句话，有二方面军同志，就有四方面军同志，不能丢下四方面军的一个同志，不能见了掉队的不管！”

深入草地，二、四两个方面军掉队的同志越来越多。出发前准备的粮食，早已吃光。前面走过的部队，连草根都挖掘出来吃了，所以，我们连可以吃的野菜、野草也都难以找到。沿途都有饿倒、病倒的同志。这样一来，后卫团的任务越来越重了。

一天午后，部队渡过噶曲河①，在烂泥草地里，深一脚、浅一脚，踏着草墩子向前走。所有牲口都驮满了伤病员，牲口常常一脚踩空，陷进污泥里。这时候，战士们就喘着气，把牲口救起来。你看吧，四方面军的同志搀着二方面军的同志，二方面军的同志扶着四方面军的同志，彼此相扶相帮。艰难地，却是脚步合着脚步，不断地向北前进。

忽然，前面的部队停下不走了。大家还以为要宿营，抬头一望，原来是一抹矮山挡住了去路。我连忙赶到前头去，只见山坡草地上，一群战士围着六师贺炳炎师长。贺师长习惯地把骡子缰绳挂在断臂的肩头上，还跟战士们起劲地谈讲，还不时伸出手去帮战士一把，把他们拉上山坡。他格外关照四方面军的同志，总是先向他们伸出手去。我向师长作了报告，师长头一句话就问道：“掉队的同志都跟上来没有？没有丢下四方面军的同志吧？”

我指着二、四两个方面军互相搀扶着前进的同志，向师长说：“师长，你看，大家走一路，帮一路。四方面军的同志对我们帮助可大了！”

① 亦称葛曲河，又名白河。

师长高兴地点点头说：“很好。翻过这座山，就能搞到点吃的了。任政委、贺总和关政委看到前边部队缺粮，想到你们会更苦，叫我们派人到前面去专门给你们后卫团搞粮食。让我在这里等你们。”

同志们听到这个消息，听到任、贺、关首长这样关心大家，高兴得笑开了脸，有些同志感动得泪珠子在眼眶里滚动。

部队翻过小山，只见平地矗起一座喇嘛庙，同志们眼睛为之一亮。那金顶、红墙的庙宇，在这时显得格外耀眼、好看。我们急急地抢步向前，远远地看到关政委站在大庙门口等着我们。我赶上前去，向首长敬礼报告。关政委回了礼，又向几个四方面军掉队的干部打招呼。关政委说：“这座喇嘛寺里的粮食，全是给你们后卫团留的！刚才，任政委、贺总还亲自站在庙门口，劝路过的部队不要进庙去。贺总不住嘴地劝那些缺粮的同志说：‘后卫团走在最后，收容了掉队的同志，那都是伤病号。不光是二方面军的，还有四方面军的，这粮食一定要留给他们！’贺总看大家放慢了脚步，又放开喉咙说：‘快走吧，再往前走几步，小河边上有一大片好野菜！’同志们听了贺总的话，都欢天喜地的朝前去了”。关政委又笑着说：“贺总往这里一站，又这么一讲，哪个还想进庙里去哟。不过，讲老实话，先头部队同志的肚子里，也是一粒粮食也没有哇。他们经过庙门口，往里看一眼，虽没看见粮食，怕也是直吞口水哟。”

我紧紧抓着关政委的手说：“感谢首长们！”说着，眼泪禁不住滚落下来。

关政委又特别叮嘱说：“粮食不多，要先分给四方面军的同志，他们都是掉队的，没个建制单位，千万莫漏掉一个！”

趁着分发粮食的时候，我同身边一个四方面军的干部聊起来。他深沉地向我说：“四方面军只有跟毛主席走，再不能受张国焘的坑害了！”他告诉我，当张国焘同中央闹分家，拉起队伍南下，甚至要危害中央的时候，毛泽东同志向大家从容地说道：我们都是兄弟部队，一定要团结。

我们的枪口，只能对着共同的敌人。他还语重心长地说：党中央决定继续北上，这是光明的大路。南下是没有出路的。可是，张国焘又把部队拖回草地，吃尽了苦头。如今，二方面军走了那么远的路，来同我们会合，我们决心下定了，革命就要做一路走，继续北上。

听了他的话，我紧紧握着他的手，我们两只手越握越紧，再也不需要说什么话了。我们两个方面军同志的心，都是向着毛泽东同志，向着党中央的！

两个方面军同志团结一起，在党中央和毛泽东同志指引下，一路向前，走到了草地边缘，就要走完这艰难的道路了。可是，张国焘竟又一次提出回头南下，拒绝继续北上。贺龙同志斩钉截铁地向张国焘说："你还要钻南下这条绝路呀，那不是找死呀？！你要走，广大干部、战士不答应！"

任弼时政委、贺总和关政委命令我们加紧前进。四方面军的干部、战士也都坚决反对南下，反对走回头路，要求继续向北前进。

部队终于走出了草地，继续前进，来到甘肃临洮一带。张国焘始终拒绝跟党中央会合，又提出一个荒谬主张，借口打开国际通道，要把部队拉向青海、新疆。随后，又借口执行宁夏战役计划，擅自命令四方面军西渡黄河。结果，使部队遭到严重失败。①

这时，党中央已经派邓小平、聂荣臻、左权等首长带领部队西征，前来迎接我们。1936 年 10 月，一、二、四方面军终于在甘肃会宁会师。贺总兴奋地向我们说："这下子真要见到毛主席了！以后的路就好走了。我们都集合在毛主席的大旗下面，革命一定要发展，一定会胜利。"

1979 年 3 月

---

① 张国焘在1936年9月岷州会议后，曾拒绝执行静会战役计划，试图西进，但在中央及红四方面军广大指战员反对下，最终放弃。红四方面军一部1936年10月西渡黄河是奉中革军委命令。

选自《怀念贺龙同志》，湖南人民出版社1979年11月版，第134—144页。

顿星云，1912 年生，湖北石首人。1929 年参加中国共产主义青年团，1930 年参加中国工农红军，同年转为中国共产党党员。红军长征时任红二军团六师十六团团长。新中国成立后，曾任解放军第一兵团五军政治委员兼中共伊犁、塔城、阿勒泰三区委员会书记，海军航空兵司令员，装甲兵副司令员，政协第五届全国委员会常委。1955 年被授予中将军衔。1985 年在北京逝世。

飞兵传信

钟清长

1936 年 7 月间，红二方面军与红四方面军会师，在过草地的前夕，总部派遣我部一营长率领一连和八连返回四川，把北上抗日和约定会师地点的命令送到红五军团去，当时我在八连七班当班长，也参加了这一次送信任务。临行时，首长再三叮嘱：“四川的白色势力很强大，追击红二方面军的国民党匪军也进了四川，如果不把总部的命令及时送到，便不能一道长征。这样，不但不能圆满地完成中央的北上计划，而且红五军团也要受到很大损失。能否与红五军团联系上，这就要靠你们了。途中不仅山路难走，且有国民党匪军把守，一切情况都可能发生，但不管有多大困难，一定要把信送到，遇到敌人不要硬拼，想办法冲出去……”

当天晚上，我们便向绥靖进发了。

绥靖位于大金川西岸，江的西岸崇山峻岭逶迤不断。大金川由北向南流过，江虽不宽，但水流湍急。只有江边一条小路可通绥靖。沿江两岸有很长一段地区，被国民党匪军和当地土匪占领。为了避免被敌人发觉，我们只能晓住夜行。

出发后的第二天晚上，就进入了敌占区，我们离开了山路，在大山里向前行进。顺着山坡往上爬，矗立的大石，好像一个个狰狞的怪物，一路上，怪石峥嵘，百步九折。这里不但没有路，就连人迹也很少见。

夜又黑得伸手不见五指，只好凭借天上的星斗和奔腾的流水声来辨别方向，大家一个牵着一个，屏住呼吸前进，只有嚓嚓的脚步声和蹬翻的滚石声，在这空旷的山谷里，仅是这样的声响，都显得那么洪大。

我们爬过一座高山又一座高山，山顶上还有终年不化的积雪，阵阵寒风吹打在身上，使人会想到是置身在 10 月的塞北；跨过一道深谷又一道深谷，在深谷里涉过淙淙溪水时，又宛如春二三月的江南。走在接连不断的悬崖峭壁上，一不小心就会翻下山去，跌得粉身碎骨，但没有人理会这些，手被尖利的山石荆棘划破了，血流在石头上也没人理它！

天将拂晓，山坡上出现了一座几户人家的寨子，我们进入寨子里连一个人影也看不见。大概是老乡不知道我们是红军，跑到山里躲起来了。大家都挤到屋子里，吃完了干粮准备休息时，山头上突然响起了枪声，子弹呼啸着从我们头顶上飞过，我们正准备迎战，营长传下命令："大家隐蔽好，敌人不到跟前不许打。"少数民族的房子很坚固，是用石头砌成的，尽管敌人的子弹从几座山头上像暴风雨似的向我们扫来，也奈何我们不得。我们蹲在屋子里又好气又好笑，有的同志就喊："有种的下来试试，别蹲在山头上装狗熊！"

敌人扫射了十几分钟，看我们没有动静，就向我们驻地发动了进攻，一大群敌人像赶羊似的从三面山坡跑下来。可是当他们冲到我们驻地的附近时，遭到了我们猛烈的回击，不得不丢下了几十具尸体退了回去。

敌人吃了亏，再也没有发动进攻。我们则一面休息，一面以少数部队监视敌人。天黑下来的时候，我们把老乡的东西按原样安放好，悄悄地绕过敌人的封锁，踏上了更艰苦的征途。

不断地与土匪遭遇，使我们的行动被国民党军发觉了。敌人把一部分兵力调到大金川以西，向我们包抄追击。我们每到一地宿营，敌人就团团地把我们困住，还不时地向我们发动攻击，但都被我们打退了。

越往前走我们的处境越艰难了。负伤的同志没有医药，伤势逐渐恶化了。有的同志脚上打起了层层血泡，有的同志带的几双草鞋全穿坏了，就光着脚板走路，行军的路上常印出一个个的血印。但，没有呻吟，没有抱怨，大家都在咬牙坚持着。可更严重的是粮食快吃光了，每人一天只能吃一碗炒面！

第八天晚上，突然下起了小雨，陡峭的路变得又滑又陡，有时爬上去两步又滑了下来。可是，大家还是咬紧牙关，继续向上爬，一个同志跌倒了，就有几条手臂伸过去把他扶起。爬到峭壁的旁边，大家就解开绑带爬着前进，爬到山顶时，小雨又变成细雪，山坡上结了薄冰，淋湿的衣服冻成了“铠甲”，背包压在身上，像背着一块沉重的铅块，一阵阵寒风袭来，冻得直打牙骨。

“不敢停留啊！赶快下山！”营长传来命令。是呀，这里不能休息，一坐下就再也站不起来了！

黎明时，我们赶到了一座寨子跟前，这时云收雨晴，东方现出金红色的朝霞，迎着晨光，放眼望去，山顶是闪闪发光的白雪，山脚是翠绿的森林树海，它给我们带来了艰苦中暂时的愉快。

这次雨夜行军弄得大家又冷又饿又累。进到屋子里，便笼火烤衣服，困倦得连炒面也没吃就守在火堆旁边睡着了。突然同志们被外面的枪声惊醒了，大家立刻抓起自己的武器准备还击，忽听我们的连长喊：“赶快回到屋里去！”大家回到屋子里都面面相觑的看着连长，连长问：“你们还有多少子弹？”有的说还有十发，有的说还有 13 发。连长接着说：敌人这个时候向我们进攻是早有安排的，几天来他们死死地跟着我们，是想拖垮我们，他们这次拼凑了几倍于我的兵力，想趁我们极度疲劳、弹尽粮绝时，一举歼灭我们！要牢记住临行时首长的嘱咐：遇到敌人不要硬拼，想办法冲出去。

我们回到屋里，敌人便采取步步为营的战术，向我们逼近。我们住的寨子前面三个山头被敌人占据了，只有背后峭壁陡直的大金川未被占领，我们距营长和一连驻地虽仅百多公尺，但在敌人火力封锁下已经无法联系。我们一面在石墙上掏枪眼，一面抓紧时间休息，准备打退敌人的进攻。

敌人扫射了一阵，就以大量的兵力从三面向我们和一连压过来。我们都屏住呼吸，监视着敌人。当敌人冲到距我们三四十公尺时，连长喊了一声：“打！”几十颗手榴弹在敌人堆里开了花，炸得敌人喊爹叫娘地滚了回去。后面的敌人还在往上冲，遭到了我们步枪手的点名，一个个像喝醉酒似地栽倒在山坡上。

敌人付出了很大的代价，也攻不下我们的阵地，不得不退到山坳里。可是他们不死心，仗着他们的装备好（他们有重机枪和轻机枪），又连续地发动了几次进攻，但都被我们狠狠地打了回去。最后一次，敌人来势凶猛，一大群敌人冲到一连驻地跟前，手榴弹和步枪却用不上了，同志们就搬起身边的石头，猛力地向敌人砸去。大块的石头猛砸到敌人头上，打得敌人抱头滚了回去。

太阳已经偏西了，敌人跟我们的距离也越来越缩短，经过几次激烈的战斗，我们的弹药所剩无几了。这时不知什么人从外面送来一封信，连长把信打开一看，原来是敌人要我们投降的信。信上说：

“你们的部队已经走了，要想回去也不可能了。你们的子弹快要打光了，赶快投降吧！”

连长看完信，一把将信撕碎，骂道：“他妈的，真混蛋，晚上瞧吧！”六班副气得拿着枪就往外跑，连长严厉地喊了几声，他才站住脚。战士们也都气得咬牙切齿，早已把饥饿、疲劳置之度外，恨不得马上冲出去跟敌人拼一下。

天渐渐黑下来了，敌人的射击也停止了，山谷里突然静下来，静得有些使人难以忍耐。可是在这寂静的后面却正在酝酿着一场更激烈的战斗。

正在这万分紧急的时候，营长带着通信员来到我们的屋子里，他把班以上干部召集在一起，用他那严峻的目光一一地把我们看了一遍，然后异常坚定地说：“我们距绥靖还有一天多的路程，不管敌人兵力怎样强大，我们一定要冲出去。八连用反冲锋，强占右前方的山头，转移敌人火力，我带一连和伤病员从右面山谷里绕道冲出去。记住，一定要把山头拿下，等我们冲过去后，你们立刻转移。假如我牺牲了，由一连长代替我把信送到，只要我们还有一个人，就一定要完成任务！”营长的话说得很快，说完又问了一句：“同志们有信心吗？”营长听到铿锵有力的回答，满意地走出屋子，消失在苍茫的夜色中。

营长走了以后，大家开始吃饭，多少天来舍不得吃的炒面都拿出来了，好衣服也穿在身上。平时爱说爱笑的指导员，这时也变得非常严肃，他打开挂包把所有的文件都烧了。这时，连长又布置了战斗任务：“七班多带些手榴弹到房上去，等敌人接近时狠狠揍他！一排由我率领，担任突击队，二、三排由指导员率领担任二梯队。”

我带七班爬到房上不久，一场激烈的战斗开始了。敌人从各个山头上向我们一齐开火，震耳欲聋的机枪步枪声响成了一片，红色的曳光弹像断线珍珠似的划破夜空。躲在半山腰和山坳里的敌人，也一窝蜂似的向我们逼来。趴在我身边的一个战士举起手榴弹要打，我用肘碰了他一下，他立刻又伏卧下来了。敌人越来越近，有一个战士低声对我说：“班长，他们还扛着梯子呢，准备得倒不错啊！”还没等我开口，敌人一排手榴弹落在房子的周围，发出了天崩地裂的巨响。接着敌人就喊着杀声冲过来。战士们很沉着地等待着我的命令，当我喊出：“同志们，打呀！”一瞬间，我们的手榴弹一排排地投下去了，藏在屋子里的同志们也一齐射击起来。枪弹和手榴弹的巨响震动了整个山谷，冲天的烟把房子和半个山坡都遮住了。这时，我们的连长一马当先地冲出屋子，喊着：“同志们，冲啊！”我们也上好刺刀，跳下房子，冒着烟雾，猛虎似的冲了出来。进攻的敌人被我们这一勇猛行动惊呆了，丢枪逃跑，当我们突到右前方的山头上时，敌人也发起了反冲锋，可是当我们端着寒光闪闪的刺刀准备肉搏的时候，敌人却不敢还手，丢下阵地逃命去了。

这时营长带着一连和伤病员同志已经安全地冲过了敌人的包围。当敌人重整队伍再来反扑时，我们已经翻过两座大山了。

我们与营长会了面，便昼夜兼程地向前赶，因为已接近红五军团的驻区，敌人不敢轻易进攻了。第二天傍晚到达了绥靖，把信交给了红五军团的首长。

在绥靖休息了几天，便和红五军团一起开始长征，踏过了荒无人烟的草地，经过了20多天的艰苦跋涉，才到达了甘肃崖州，与主力红军会师了。我们完成了送信任务，保证了党中央北上抗日计划的圆满完成，使得留在四川的最后一支红军队伍安全地到达了指定地点，敌人的阴谋被粉碎了。

选自《星火燎原·未刊稿》第4集，解放军出版社2007年8月版，第194—199页。

钟清长，1912年生，湖北黄安人。1929年参加中国工农红军，1933年加入中国共产党红军。红军长征时为红二军团四师警备连机枪排班长。新中国成立后，曾任东北军区司令部政治处组织科长，通化军分区政治部主任、副政治委员，吉林省军区政治部顾问等职。1990年逝世。

触犯纪律以后

胡昭云

1935 年，我们红二方面军[①]四师经过长期行军和激烈的战斗，于1936 年 7 月 1 日[②]和红四方面军在甘孜会师了，红四方面军早就准备好了慰劳品慰劳我们。会师后，部队从四方面军那儿得到了一些供给，进行了短时期的休整。8 月又出发奔向岷州。出发后两三天，有些部队带的粮食就吃完了。眼看完成不了行军任务，领导号召大家发扬阶级友爱精神，平分现有的粮食，等到阿坝再补充。红军战士都有坚强的整体观念，纷纷拿出自己的粮食和牛肉干。我还记得，当时我们班有 12 人，每人分得青稞半碗，青稞面半碗，牛肉干五六块，大的只有手中指那么粗那么长，小的还不到小指头那么大。全班虽分得 70 多块，合起来恐怕也只有四五两，这就是我们全部的粮食。去阿坝究竟有多远，我们并不知道；有多少粮食，够吃上几顿，我们却是一清二楚的。每天一到宿营地，我们就满山遍野地寻找野菜。有用手拔的，有用刺刀挖的，还有专门负责收拾的，有时挖不到够吃一顿的野菜，也不失望，什么时候都是乐呵呵的，有说有笑，一到大休息，或是到了宿营地，就听到到处都是“英勇的红军，北上打日本……”的嘹亮歌声。当夜幕降临大地时，只见东一片火光，西一片火光，那是我们为着煮野菜而升起的火，煮野

① 此时应为红二军团。

② 一说7月2日。

菜一没盐，二没油，更没有作料，只有清水，煮熟了，吃起来有的像胆汁那样苦，有的像梅子那样酸，有的像椒子那样辣，除了没有咸味、油味和甜味以外，其他什么味儿都有了。野草野菜作为我们唯一的主粮，已吃了一个多星期了。依靠它，保全了我们的生命，保证了浩浩荡荡的队伍跨过那一座座的高山峻岭，越过那渺无人烟的草原，胜利地到达我们盼望已久了的阿坝。

一到阿坝，大家都不约而同地从嘴里迸出一句："阿坝，你多么可爱啊！"纵眼望去，阿坝有广阔的平原，也有成千上万幢连成一片的房子，能在这优美的地区休整一个时期该多好啊！可因为红二、四方面军几乎都经过这个地方，加上少数民族对我党我军的政策不够了解，把粮食都藏起来了，哪还能筹到粮食呢？我们在这里只驻了十来天，部队的主粮仍是野草野菜。实际上连野草都不容易找到，因为差不多都被先行部队摘吃了，新长出来的也很快被我们吃光了。实在没有办法了，我们就吃身上扎的皮带和脚上穿的皮草鞋，用水洗去汗渍和尘土，然后用火去烤，烤得黄澄澄的，吃起来"嘎吱嘎吱"地响。可身上扎的皮带和脚上穿的草鞋能够吃上几顿？吃完了，粮食还是大问题。有些身体较弱的同志，因为吃不上东西而饿得头昏眼花，浑身无劲，有的已经死去了，我们班一个姓杨的战士就是这样死去的。粮食问题仍是当时的主要问题。

我们班分成了几拨儿，我当时是班长，带着几个同志，成天在村庄里、喇嘛庙附近前前后后转悠，几天也没有找着一颗粮食，饿得我眼睛发愣，腿肚子一点劲也没有。一天傍晚，我们在一个喇嘛庙西南角看见一条黄狗，心想这是好机会，若把它打住了，能解决大问题！想着想着，嘴里直流口水，可是它总不让我们接近，站在一旁的老李提醒了我，叫我很快跑回驻地取步枪，他们在这里看着它。我不知道从哪里来的一股劲，霎时，就跑到了驻地，急忙从二排借了一支步枪（因为我们是机枪排没有步枪），跑回了原地。他们两人很着急，生怕我瞄不准打不着，惊动了不好办，我躬着腰一边向前走着，一边回答他们："放心，瞧着吧！

准打倒它。”“叭”地一声，把它撂倒了。我们三人抬着这条狗笑容满面地说：“我们班有办法了，能吃上几天啊！”到驻地后，全班同志都忙开了，抬水的抬水，烧火的烧火，剥狗皮的剥狗皮。“喂！我提个建议，”班里战士周长胜拉开嗓门操着湖南口音，“不要剥皮，剥皮太浪费了，用湿泥把狗子包上放进火里烧，这样又快又好，还一点不浪费。”大家接受了他的提议，就急忙地烧了起来，只用一个多钟头，除了狗毛，什么东西都没丢，然后满满地煮了一大锅。全班同志都聚集在锅的周围，这时天已黑了，找粮食的挖野菜的都从外面回来了。我们班的同志有这样的习惯，稍闲的时候，一聚集在一起，就是互相逗逗。不是叫谁出个洋相，就是叫谁唱个歌或说个顺口溜。

“喂！同志们，狗肉开锅了。”负责烧火煮狗肉的战士张怀明向大家说着。这一说不要紧，把我们小小的文娱晚会的台拆了，大家都凑到锅前看看狗肉是不是真的煮熟了。一看，可不是吗？还发出诱人的香味哩，当时大家都很饿，看样子，谁都想吃一口，可是谁也没有吃，因为大家都听说，过最后一段草地，还要十几天，我们班在这里一颗粮食也没找着，要把它晒成狗肉干留着行军时再吃。不仅当天晚上我们没有吃一口，就是驻在阿坝的几天里都没敢吃，只喝了这一大锅狗肉汤，我们把每天找来的野草野菜和在狗肉汤里煮煮。就这样，将近吃了一个礼拜。有时，没找着野菜，每顿只喝一洋瓷碗汤。从甘孜出发，有很长时间没吃上一颗粮食，但喝完了这锅狗肉汤，全班同志的精力就好多了。

这条狗，不仅在当时给我们解决了粮食的困难，在以后过最后一段草地的时候也起了很大的作用，但正因为打了这条狗，我们也受了严肃的批评。指导员对我进行了个别教育，指出这是违犯了“三大纪律、八项注意”，并向全连人员进行教育。随后，又把这件事反映到师政治部（当时我在师警备连），经师政治部批准，对这件事作了严肃认真的处理。在打死狗的那个地点竖了木牌，足有五尺高。通过翻译用藏文在上方写着：“红军战士路过此处，误伤黄色家犬一条，赔偿银洋五圆。银洋即埋在此木牌底下，希失去此家犬的主人认领是荷！”下写着“红二方面军四师警备连”。

通过这件事情，我更加具体而深刻地认识到人民军队的本质，使我懂得在军队工作中维护纪律的重要性。

8月下旬，我们又从阿坝出发了，全班的主要口粮是这条狗的狗肉干。在中途，还分出三分之二给兄弟部队吃了，仅剩下三分之一（约有两三斤）。我们靠了这点狗肉干和野菜充饥，经过十几天的行军走出了最后一段草地，于9月初到达了岷州。（健邦整理）

选自《星火燎原·未刊稿》第4集，解放军出版社2007年8月版，第213—215页。

胡昭云，红军长征时为红二军团四师警备连机枪排班长。

过雪山草地

余秋里

得章坝战斗后，我离开了红十八团。总指挥部任命红四师副政委杨秀山同志为十八团政治委员。

我被抬到卫生部以后，疼痛难忍，开始意识到伤势的严重。我动动左手的手指，只有一个能动，其余四指全然没有知觉。经过战争的同志都知道，不怕骨折肉绽，只怕打断神经。那个疼痛，是难以用言语形容的。有人喊我一声，或用手指动我一下，我都感到伤口疼痛。我不敢张嘴说话，吃东西只能慢嚼慢咽，稍一不慎，伤口就钻心似地疼。为了摆脱敌人的围追堵截，不是打仗，就是急行军，根本没有时间治疗伤口，更不用说动手术了。

我负伤后，贺龙总指挥、任弼时政委、关向应副政委都非常关心，为我准备了一副担架，给我弄到了一件皮衣，还有一块油布。皮衣可以御寒，油布可以遮雨，这两样东西可是解决了大问题。

得章坝战斗后，一天深夜，我军从郭汝栋、樊嵩甫两个纵队之间秘密穿过，突出了重围，直趋滇东攻占了宣威，3 月底到达盘县。在这里，我们听到传达，红二、六军团决定渡过金沙江，与主力红军会师。事后我们才知道，红二、六军团与党中央的联系已经中断。与二、六团保持联系的是四方面军的电台，要二、六军团渡过金沙江的电报是朱德总司令和当时任红军总政委的张国焘签署的。

4 月下旬，红二、六军团到达金沙江上游的石鼓渡口，从 25 日起开始渡江。渡江前，总指挥部派人给我送来一床鸭绒被。当时我的伤口已经发炎，正在发高烧。我是被同志们抬到船上，在同志们的保护下渡过金沙江的。

渡过金沙江后，开始进入康藏地区。这时摆脱了十几万敌军的围追堵截，部队开始在中甸地区的格罗湾休整。有一天，贺总指挥、任政委来看我，问了我的伤情后，对卫生部的同志说，我们要在这里休整一些日子，你们可以为余秋里同志把伤口好好治一治。卫生部的同志说，过金沙江时，医疗器械全掉在江里了，弼时同志很惋惜地说，又失掉了一次治疗的机会。

5 月 1 日，我们翻越 5300 米的哈巴雪山，到达中甸县城。在中甸，我参加了连以上干部会议。会议明确提出，红军当前的任务，是要在极其困难的条件下过雪山、草地北上，与一、四方面军会合，创建西北根据地。

5 月 5 日，红二军团从中甸出发向甘孜前进，共翻越了三座大雪山。过雪山时，气候变化很大，在山下天气还比较暖和，一上山气温骤然下降，狂风卷着积雪扑面而来，越往上走空气越稀薄，连喘气都很困难，再加上饥寒交迫，不少同志都倒在了雪山上，有的同志实在走不动了，坐下想休息一会儿，一坐下去，就再没有起来。在这种情况下，我不管怎么累，总是咬着牙走下去。同志们要抬我，我坚决不同意，同时鼓励大家一定要坚持下去，不能坐下来休息。有时山顶上暴风雪袭来，我们几个人就用那块油布挡一挡。就是这样，终于翻过了三座雪山，于 7 月 1 日到达甘孜。在甘孜，我们受到红四方面军广大指战员的热烈欢迎。他们为我们腾出了房子，筹集了大量粮食、牛羊、衣物，使我们深受感动。

7 月 2 日①，在甘孜举行了庆祝二、四方面军会师的盛大联欢会。朱

① 一说7月1日。

总司令在会上发表了讲话。我这是第一次见到总司令，他朴实、慈祥，像一位忠厚的长者。他用浓重的四川口音说："同志们，我祝贺你们战胜了雪山，也欢迎你们来与四方面军会师。但是这里不是目的地，我们要继续北上，要北上就必须团结一致，不搞好团结是不行的。"朱总司令还说："中央去年带着一方面军胜利地通过草地，到达了抗日前哨阵地——陕甘地区。现在，陕甘边根据地巩固、扩大了，红军也壮大了。"我们原来以为，到甘孜就是和中央会师的，这时才知道，党中央已经到了陕甘地区，建立了新的根据地，我们听了很受鼓舞。

在甘孜，我们陆续听到了一些张国焘和中央闹分裂的消息。不久，张国焘开始把手伸向了二方面军。张国焘为了煽动二方面军指战员反对党中央，他给二、六军团团以上干部送来了《干部必读》等小册子，我们翻了一下，大部分是张国焘的讲话，恶毒攻击党中央、毛主席北上抗日的英明决策。我和张秀龙看了，非常气愤。我提出要去找任弼时、贺龙同志反映这个问题。但是，很快师里就派人把这些小册子收回了。事后知道是关向应同志发现了这个问题，通知各师收回上交的。张国焘反对党中央的阴谋活动，由于遭到任弼时、贺龙、关向应同志的坚决抵制而未能得逞，最后不得不同意与二方面军一起北上。

在甘孜，我们住在一个喇嘛庙里，卫生员看到我身体很虚弱，不知道从哪里搞了两斤腊肉，要做给我和张秀龙吃，我坚决不同意，小卫生员很不高兴。我就耐心地给他说："这里是藏区，我们吃了群众的腊肉，不仅违犯了群众纪律，而且也违犯了党的少数民族政策，这可不是个小问题啊！"卫生员听了就高兴地把腊肉送回去了。在离开甘孜前夕，四师师长卢冬生同志来看我，问了我的伤势，还带来了一些食品，有青稞、糖、辣椒、酥油、牛肉等。充分体现了革命同志之间的情谊。

7 月 5 日，中央军委颁布了组织红二方面军的命令。任命贺龙为总指挥，任弼时为政治委员，萧克为副总指挥，关向应为副政委。原四方面军的三十二军也划归为二方面军建制。

7月中旬，红二方面军离开甘孜北上，开始进入草地，举目望去，荒野一片，不见村庄，没有人烟，部队终日行进在荒凉的大草原上。这里地处高原，空气稀薄，天气多变，忽而晴空万里，忽而阴云密布。当时最大的困难是缺乏粮食。过草地前，给我们每个人准备了一份干粮，但数量有限，卢冬生同志虽给了我一些食品，但几天也就吃完了。以后只好挖野菜、找牛羊皮来充饥。偶尔在水里捉到一条鱼，或者在草地上捉到一只田鼠，就是最好吃的东西了。我记得有一次行军时，和红三十二军走在一起，罗炳辉军长不知用什么方法捉到几只田鼠，他请我吃了一顿田鼠肉。在我的印象里，那是最好吃的一顿美味佳肴了。在当时的情况下，饥饿死亡，时刻在威胁着每一个人。为了活下去，凡是能吃的东西都吃了。有一次，战士找到一面破鼓，把鼓面割下来用水煮着吃，又硬、又苦、又涩，真是难以下咽。但是，也要硬着头皮一口一口往下吞。不但自己吃，还要动员别人吃。

过草地还有一个很大的危险，就是要通过一大段泥沼地带。有的地方表面看上去是草地，下面却是泥潭，一旦不慎陷进去就会越陷越深，以至泥水没顶。在通过这一地段时，同志们都给我让路，把好走的路指给我。有时同志们看我实在太累了，就要用担架抬我，我坚决不同意。大家身体都很虚弱，自己走路都很困难，我怎么能让同志们抬我呢？

我负伤不久，伤口就开始发炎腐烂，疼得厉害。当时没有止痛药，为了止痛，有时就把受伤的左臂伸到冷水里泡一泡。伤口怕太阳晒，一晒就火辣辣地疼，行军时我就尽量找有荫凉的地方走。过草地时没有荫凉，我准备了一把水壶和两条毛巾，水壶里装满了水，疼痛难忍时，就用凉水浇在伤口上，然后用湿毛巾敷在受伤的左臂上。湿毛巾我自己一只手不能拧，都是张秀龙同志帮我洗净、拧干，再敷在我的伤口上。

过草地时，有一段时间没有换药。过了噶曲河，医生来检查伤口，打开纱布一看，伤口已经腐烂生蛆，医生用镊子将蛆一个一个地夹出来，用盐水清洗了伤口。

经过将近两个月的艰苦行军，终于走出了草地。9 月初，红二军团到达哈达铺。我们又看到了村落，看到了人群，看到了牛羊，看到了勃勃生机，看到了希望，从内心充满了喜悦之情。

摘自《余秋里回忆录》，解放军出版社1996年10月版，第43—48页。

在雪山草地的艰难日子里

王恩茂

中国革命胜利是来之不易的，是中国共产党、毛主席和朱总司令领导中国人民、中国人民解放军经过20多年艰苦奋斗取得的。中国工农红军二万五千里长征是中国人民解放军全部历史上最艰苦的历程，而长征中通过雪山草地的日子，则是艰苦的最高峰。

在1934年8月初，中央苏区红军主力一方面军还没有长征之前，我们湘赣苏区红六军团在中央军委命令下，在任弼时同志为红六军团军政委员会主席，肖克同志为军团长，王震同志为政治委员的领导下，开始西征，我有幸参加了红六军团这次西征，也就是开始参加长征。

1934年10月23日①，红六军团和贺龙同志为军长、关向应同志为政治委员领导的红三军（也即红二军团）在贵州省印江县的木黄会师后，建立和发展了湘鄂川黔苏区，任弼时同志任中共湘鄂川黔省委书记，张子意同志任省委副书记，开头是袁任远同志任省委秘书长，不久，我任省委秘书长。1935年11月19日，红二、六军团又从湘鄂川黔苏区继续长征，张子意同志调红六军团任政治部主任，我跟他一起到红六军团政治部做秘书长工作，又继续参加长征。1936年4月下旬，红二、六军团长征到了云南省丽江县的金沙江边，在石鼓、木瓜寨、木柱渡等

① 应为24日。

一线渡口北渡金沙江，我跟红六军团司令部、政治部、红十七师在石鼓渡江，只有一只船，远远不够需用，主要是靠部队和地方铁匠、木匠扎木排渡江。我和红六军团司令部、政治部的同志在石鼓一起乘坐木排渡过金沙江。渡江后我们在松树林里隐蔽休息，防敌轰炸。下午北进，到达中甸县的四列宿营，这是我们进入雪山草地的起点，也是进入藏族地区的起点。

红二、六军团北渡金沙江后，战胜和摆脱了强大敌人的追击，敌人不敢渡过金沙江，因此，敌人原来企图在追击中消灭我军的计划彻底失败了；但是我军要通过最严重困难的雪山草地摆在面前，我们又有战胜雪山草地最严重困难的艰苦任务。

1936 年 4 月 27 日，我军北渡金沙江到达四列后，经过中甸、定乡、稻城、理化（今理塘）、瞻化、甘孜、阿坝、包座，于 8 月 25 日一直到达哈达铺以前，走了四个月步行 2000 多公里，都是广漠无边际的雪山草地区，也都是人烟稀少和荒无人烟的藏族区。藏族区同汉族区的民族、宗教、语言、文字、风俗、习惯、生活等等都不同。我们部队进到这些地区，大多数地方没有房子，大多数时间都是露营，只有极少数时间极少数部队住过房子，而这些房子基本上都是极简陋的土块砌的土楼房，下面一层放养牛（牦牛）羊，上面一层住人，上楼只有一根独木楼梯，楼上中间的房间正面钉着一个大牦牛头，大多数人家家徒四壁，十分穷困。藏民只有戴的一顶帽子，穿的一件原始的羊皮大衣，其他任何衣服都没有。这些地区气候寒冷，只能经营一点畜牧业，放牧一点牛（牦牛）羊，种植业很落后，不能种小麦，更不能种水稻，只能种一点青稞。藏民吃的主要是青稞做的糌粑，少数喇嘛和牧主、地主才能吃到酥油糌粑，穷人只能吃到凉水糌粑，有很多穷人没有吃的。我们部队很难找到粮食，就是找到一点青稞，也不知道怎么吃，只知道用锅炒熟青稞颗粒吃，有的地方连锅也找不到，只能找到石板炒青稞，没有柴禾，都是用牛粪当柴禾。吃了青稞不好消化，胀肚，解大便很困难。许多地方连青稞也找不到吃，只能找野草、野菜充饥，有不少人饥饿而死。

从中甸的四列到稻城的藏坝是多雪山区，我们翻越了一座又一座雪山。1936 年 5 月 2 日，翻越了从格罗湾到中甸 5000 多米高的大雪山，上山 50 公里，下山 20 公里。5 月 12 日翻越了中甸的翁水到易窝 4000 多米高的大雪山，上下 50 多公里。5 月 21 日翻越了稻城的百根到桑川 3000 多米高的雪山，上下 30 多公里。6 月 2 日翻越了稻城的拉波到藏坝的 4000 多米高的大雪山，上下 50 多公里。此外，还翻越了几座小雪山。我们部队是从南方到达雪山区的，穿的都是单衣，没有适应过高山高寒地区的气候，更没有翻越过雪山的经验。部队到达中甸的格罗湾准备翻越第一座大雪山，在那里休息了一天。肖克、王震、张子意同志调查收集了过雪山的资料。5 月 1 日集合全军团直属队讲话，讲了过雪山应注意的问题。雪山寒冷、空气稀薄、缺氧，要多穿衣服，要吃辣椒、生姜、火酒等，但指战员都没有多的衣服，顶多只有一套换洗的衣服，有的连换洗的一套衣服也没有，要吃的辣椒、生姜、火酒等很难找到，翻越雪山没有什么物质保障。在雪山下面，看不到下雪，一上雪山就雪花纷飞，上得越高，雪下得越大，冷到零下一二十度。山上积雪几尺深到几丈深，有的走错了路，掉入雪坑，就没有命。雪山缺氧，行走费力，每走一步都很艰难，走一里要比平地走好几里还难。有不少同志走不动了，坐下来休息，就起不来，死在雪山上。有的同志喝雪水过多，死在雪山上。还有的同志冻死在雪山上。5 月 2 日翻过第一座大雪山到达中甸，在那里休息了一天。鉴于过第一座大雪山掉队的太多，死亡的过多，肖克同志集合了军团直属队和教导团讲话，总结过雪山的经验教训，要求大家多穿衣服，打好绑带，裹好脚，特别是不可因为疲倦而在雪山停留坐下来休息，不可因为口干而多喝雪水，由于部队根本没有物质保障，过雪山还是避免不了死人，过一次雪山死一些人，减一次员，只有吸取了第一次过大雪山的经验教训，过雪山疲倦走不动了，还是咬紧牙走，挣扎拼命走，口干了还是忍受口干，不喝雪水，加强医疗卫生救护工作，加强互相帮助，体力强的帮助体力弱的，尽量减少雪山死亡、雪山减员。

从中甸的四列到甘孜，有些地方还有点村庄，但从7月3日甘孜出发到达东谷后，7月7日到达大吉岭、8日到达日庆（9日在日庆休息）、10日到达塘牙沟、11日到达西倾寺以前的地方，走了150多公里，都是完全没有人烟的草地。从西倾寺到阿坝500多公里的区域都是一望无边的没有人烟的大草地。7月12日，部队在西倾寺休息，收集粮食准备通过这一大草地，但这里的藏民因受国民党反动派反共欺骗宣传而逃走一空，搬走和埋藏了粮食，不仅原要收集七天粮食过大草地的计划没有完成，就是在西倾寺吃的粮食也没有找到，还是靠从甘孜出发到西倾寺带的吃得剩下无几的粮食充饥，有的就根本没有粮食吃了，开始饿肚子吃野草、野菜。7月13日到绒玉，14日、15日停留在绒玉，16日到王楼，17日到哑龙寺，18日仍在哑龙寺，19日到作木沟，20日从作木沟前进40公里的地方（没有地名），21日到阿坝之前的500多公里荒无人烟大草地这个时间都是完全找不到粮食吃，日复一日地吃野草、野菜。我们在藏民地区把牦牛皮做的斗篷也烤焦吃掉了，把可吃的皮带也烤焦吃掉了，有的把马也宰杀吃掉了。大家饿得不可终日，有的饿得走不动，有的饿死了。大家忧心忡忡，不知哪一天才能熬过这饥饿的草地。22日到达阿坝，这是大草地的中心，有很大的喇嘛寺，很多的房子，很大的田垅，种了大片大片的青稞，但还只抽穗没成熟，不能收割来吃。原寄希望在这里能吃饱几顿肚子，收集多的粮食，通过从阿坝到包座的又一个千里荒无人烟的大草地。但是这里的藏民也被国民党反动派反共欺骗宣传逃走一空，带走和埋藏了粮食。还是没有粮食吃，大失所望。部队在阿坝停留了几天，动员突击收集粮食，我也参加了收集粮食工作，先到教导团动员粮食队收集粮食，后到模范师帮助动员突击收集粮食。开头找不到一颗粮食，以后七找八找在牛粪堆里找到了一些粮食，在喇嘛寺佛像里头找到了一些粮食，但杯水车薪，解决不了多大问题，既没有能吃饱几顿肚子，更未能找到粮食带上通过阿坝到包座的又一个千里大草地。7 月 30 日，我们从阿坝出发到贾诺，7 月 31 日、8 月 1 日两天到达箭步塘，8 月 2 日到达嘎曲河[①]，8 月 3 日到达河东坪，8 月 4 日到达牙磨河，8 月 5 日到达离上、中色既塘 30 公里的地方（没有地名），8 月 6 日到色既塘，8 月 7 日到达岩朵坝。这 500 多公里每天到的地方都是荒无人烟的草地。这些日子在这荒无人烟的茫茫草地都是没有粮食吃，都是靠吃野草野菜度日，比过第一个大草地饿得更苦。人也饿得更瘦，饿死的人也不少。到达包座，这是相当于草地中心的第二个阿坝。包座也有很大的喇嘛寺，很多的房子，很大的田垅，大片大片的青稞已成熟了，部队到了这里喜形于色，找到了一个仓库，收集了一些粮食，收割了一些成熟的青稞，缓解了部队的一点饥饿，挽救了一些饥饿濒于死亡的同志，但没有完全解决粮食问题。曾涤同志是红六军团政治部民运部长，在草地我和他行军走在一起，宿营、露营住在一起。我们一起走到包座看到大片大片成熟的青稞，高兴得不得了，一起去收割救命的青稞，没有镰刀，就用手拔。他饿得要命，见了青稞急于要吃，拔几颗，烧几颗，吃几颗。我带了一张布单子，铺在地上，拔一撮青稞放在布单子上积累起来，又拔一撮青稞放在布单子积累起来，然后打青稞带上慢慢吃。我们正在使劲拔青稞的时候，红五军团大量部队到了，进入青稞地，一会儿把青稞一拔而光。而曾涤同志因边拔、边烧、边吃青稞，没有积累青稞，我积累起来的青稞和他一起脱了壳，两人各分一半带上。幸好有了这点青稞，从包座以后走完最后一段草地里程时起了维持我们饥饿生命的不小作用。

从甘孜到包座，除了阿坝有人烟外，其余的地方都是没有人烟，我们行军 20 多天，行程 1000 多公里，都是一望无际荒无人烟的大草地，都是露营。草地的气候恶劣，一日数变，一会儿天晴，一会儿乌云满天，一会儿刮大风，一会儿下大雨，一会儿下大冰雹，有的冰雹像大碗那样

---

① 应为噶曲河，又名葛曲河，白河。

大，有的人被冰雹砸死了，有的骡马被打死了。草地这样恶劣的天气，我们白天行军还能勉强承受，但夜晚露营就很难过了。我们总希望夜晚露营不下雨，但常常恰恰相反，总是下雨，十天露营，总有九天下雨。我们露营，天上大雨下个不停，地面积水成流，睡下，上面雨淋，地下水浸，全身湿透，难受得不能成眠，只能坐起来，大家围在一起，抵挡风雨。风吹雨淋，难受得要命，希望风停雨止，但往往一夜下雨越下越大，风越刮越狂，狂风吹人，大雨淋人，使人遭受难以忍受的痛苦。希望早点天亮，但越是这样希望，天越难亮，夜特别长，真是度夜如年，不可终夜。有不少体弱的同志经过草地长期露营经受不住风吹雨打的折磨而死亡。

从阿坝到包座一路基本上都是水草地。通过水草地比通过旱草地更困难。水草地的水草有毒，要打好绑带，穿好布袜，没有布袜，要找布裹好脚，否则，走水草地要烂脚，通过水草地烂了脚的同志很多。水草地上面有一层稀泥硬壳，下面有不知多深的稀泥坑，水草地上面的这一层硬壳有厚有薄，厚的坚固的，上面可以走人，如果走人走骡马，就会掉下稀泥坑里去;掉下去了,越陷越深,没法挽救。如要去拉人、拉骡马，连自己也要掉下去。走水草地,要调查和选择好行军路线,不能走错路，走错了路，就会掉下稀泥坑里去，遭受灭顶之灾，我们部队有的人和骡马走错了路，就掉进了稀泥坑里而死亡。

只是从甘孜到阿坝这一路，饿死、冻死、病死的就有 750 多人，从阿坝到包座饿死、冻死、病死的人就更多。我们想到他们就心里难过。他们为了人民解放、民族解放，通过雪山草地光荣地牺牲了自己的生命，我们要永远纪念他们。

1936 年 8 月 25 日，我们到达哈达铺，才算走出了最困难的雪山草地。第一次见到了有汉族人家的地方，那里有小铺子，有卖锅盔的、卖海棠果和花红果的，有卖其他东西的。曾涤同志身上还有两块银元，拿一块银元买了两块大锅盔，自己吃一块，送了一块给我吃。曾涤同志是一个性情奔放的人，想到草地没有粮食吃，死了不少人，他几乎也饿死，他吃到了大锅盔，把帽子抛到空中，跳了起来大声高喊："饿不死我们了！"我们高兴得欢天喜地！到哈达铺后，通过岷山，真是"更喜岷山千里雪，三军过后尽开颜。"

敌人认为红军进入雪山草地，只能进不能出，不打自灭。但是红军不仅能战胜敌人，而且能征服雪山草地，渡过艰苦的高峰，像天兵天将一样从雪山草地胜利地走出来了，完全出乎敌人所料，大大震撼了敌人。

通过雪山草地是不容易的，历史上没有任何军队通过这样困难的雪山草地，只有我们红军。这是历史奇迹。红军是中国共产党领导的用马克思、列宁主义和毛泽东思想武装起来的最有觉悟的人民子弟兵，是人民革命的军队，是为着人民解放、民族解放，不怕任何敌人，不怕任何困难，不怕任何艰苦，不怕任何牺牲，勇敢顽强，百折不挠的铁打的好汉，英雄好汉。

红军通过雪山草地，保存了有生力量，这是伟大的胜利。全国各族人民都把民族解放的希望，人民解放的希望和中国革命胜利的希望寄托在红军的身上。正是因为红军通过了雪山草地到达了陕甘宁边区，实现了红一、二、四方面军大会师，加上陕北红军保存了三万有生力量，这是最宝贵的革命财富，最宝贵的革命种子。依靠这三万红军革命种子，在抗日战争中发展到100多万人，打败了日本帝国主义，在人民解放战争中发展到300多万人，打败了蒋介石，解放了全大陆，取得了中国革命的胜利。红军长征通过雪山草地胜利的意义的确是伟大的，不可估量的。

选自《红六军团征战记》下，解放军出版社1994年6月版，第452—458页。

王恩茂，1913 年生，江西永新人。1928 年参加革命，1930 年加入中国共产党。1933 年任中共湘赣省委书记任弼时的秘书。红六军团西征时任军团政治部宣传干事。红军长征时任中共湘鄂川黔省委秘书长。新中国成立后，曾任中共中央新疆分局委员，西北军政委员会委员，中共南疆区党委第一书记南疆军区政治委员，中共中央新疆分局第一书记，中共新疆维吾尔自治区委第一书记新疆军区司令员、政治委员，新疆军区生产建设兵团第一政治委员、党委第一书记，南京军区副政治委员，中共吉林省委第一书记，沈阳军区副司令员、副政治委员兼吉林省军区第一政治委员，中共新疆维吾尔族自治区委第一书记兼乌鲁木齐军区第一政治委员。中共第八届中央候补委员、委员，第九届中央候补委员，第十一届、十二届中央委员，政协第六届、第七届全国委员会副主席。1955 年被授予中将军衔。2001 年在北京逝世。

3000 里征军

谢松柏

1936 年 4 月底，我们红二方面军[①] 分别从石鼓至巨甸间 120 里的江岸，迅速地渡过了金沙江。又经过几天的艰苦行军，进入了云南、西康间的雪山地区。

飞过“神山”

关于雪山，当地老百姓有许多传说，人们都叫大雪山为“神山”，意思是说，除了“神仙”，就连鸟也飞不过去。因此，当红军进入雪山地区时，敌人到处扬言说：“红军已到山穷水尽，自绝于命的境地了。”

“神山”不可怕，最怕的是人的懦怯。为了消除部队的顾虑，鼓舞大家战胜困难的信心。毛主席说：“‘神山’不可怕，红军应该有志气，和神仙比一比，一定翻过去。”军团首长向大家讲明了雪山的情况，和我们过雪山的伟大意义。这些话都大大鼓舞了我们。

原来我们渡过金沙江，进入云南、西康，还是暑热的夏天，每人只穿一套单衣，同时红军中的指战员大部分是南方人。在这样的情况下，

① 此时应为红二、六军团。

突然进入雪山地区，想补充衣服是不可能的。为了保证同志们胜利地翻过雪山，因此，出发前，团首长指示我们，各连要带些酒和辣椒，准备上山时压寒。当时我在红六军团十七师四十九团二连当指导员。我与连长伍云清同志商量后，就决定派出群众和宣传工作组寻找白酒和辣椒，跑了一天，结果还算不错，买回来了二斤白酒，半斤辣椒。

当时，我们心里总觉得太少，还准备设法再多一点。正在这时，团长同志进来了，笑呵呵地说："你们的运气算不坏了呢，有好多部队还空着手呢。"

"是呀！部队这样多，怎么能都满足大家的要求呢？"我们心里也这样琢磨着。于是第二天，我们就召开了支委会和全连军人大会，一方面动员大家准备好爬雪山；另一方面就让大家讨论这二斤白酒和半斤辣椒的分配办法。说真的，这点东西，全连120多人，怎么个分法呢？讨论来讨论去，一致同意把酒送给团首长。大家说，团首长比我们重要，他们要指挥千军万马打仗呢，半斤辣椒由全连掌握，留给身体弱的同志爬山时用。

"你想团首长怎么会收下我们的白酒呢？"最后经过讨论，支部决定：二斤白酒由连部统一掌握，辣椒除留二两作紧急情况以外，其余的在上山之前，由伙房烧一锅辣椒开水，每人先喝一碗，然后出发爬山。

一切准备就妥后，登山开始了。

早晨，太阳刚刚爬上地平线，就以它的光辉照着大地。部队像一条长龙伸展在"之"字形的羊肠小道上。这上下70里的山尖，像一把锋利的刀剑劈开云层，向更深远的地方伸出去。白花花的积雪覆盖着整个山峦，经太阳一照，更显得壮丽。我和连长走在最前面，越往上爬，积雪齐膝深，有时还漫过大腿，如果不小心，掉在雪坑里，就不见个人影了。

"同志们，加油呀！咱们今天要做神仙呀！"我和连长不时转过身来，向大家喊口号，鼓励大家。

越往上爬，心里越感到难受，喉咙里就好像塞了一个棉花团。每个同志的脸色，都像块沙碱土似的，黄煞煞的。可是每个同志都咬着牙，紧紧跟着前面的人，尽量不使距离拉大一步。但是，队伍还是越拉越长了……

快晌午了，抬头一看，离山顶还有一大截子呢，这时，忽然从山后飞来一团乌云，接着就来了风暴，冰雹像鸽子蛋似地从空中掉下来，砸得人头昏眼花。

“同志们！顶着风暴，千万不敢停呀！”随着风暴，长长的行列中爆发出一串串的鼓动口号，也分不清有多少人在喊。

长长的行军行列，像一条无形的锁链，一环紧扣着一环，任凭风雨拍打……

“指导员，有个同志倒下了。”不知谁在我身后说了这么一句。

我暂时停下脚步，转过身去，原来是一排的向永兴同志。他脸上流着血，紧闭着眼睛，呼吸很粗。我连忙说：“拿酒来。”其实，酒和辣椒在这时，早起不到它应有的作用了。等了好半天，他睁开了眼，嘴一张一合地说：“指……导……员……留着……给……身……体……好……的同志，我……不……行……了。”一双冻僵的手，把酒壶推了过来。就这样，在革命的征途上，他和我们永别了……接着，又有几个同志在风雪中倒下去了……

快到山顶了，可是风雪也更大了。每个人的手冻僵了，腿冻麻了。然而再大的风雪也不会熄灭革命战士热情的火焰。你看，体强的扶着体弱的，体弱的紧跟上体强的，互相帮助，互相鼓励。要是有人问我们为什么能够爬过罕无人迹的雪山，这就是问题的答案。这也是我们革命战士取之不尽的力量源泉。

“爬上山顶了！”整个雪山沸腾了。

“上起我们的刺刀来，勇敢杀上前……”这粗犷雄浑的歌唱，震响着整个山谷。

这一上一下 70 里的“神山”，我们终于飞过来了。

草地支部会

跨过雪山，5 月间占领了中甸，我们大军团经定乡、稻城、理化等县，直奔甘孜。

一跨进草地，我们连就担负了全团的后尾掩护队和收容队的任务。一天、二天……一月、二月……长途行军，风雪、饥寒折磨着每个战士，也考验着每个战士。多少革命同志倒下去又爬起来，爬起来又倒下去。

在大风雪的一日，我们迷失了前进的方向。“怎么办呢？”我和伍连长在焦急地考虑和商量着。

“咱们一定要把掉队的同志带出草地，完成党交给的任务。”伍连长带着极为坚定的口吻向我说。

“对！咱们一定要完成党交给的任务。目前咱们主要是把同志们组织起来，团结成为一个整体，共同走出草地。我的意见是把掉队同志中的党员先组织起来，编成四个班，成立四个党小组，组成一个临时支部。”

连长同意了我这个意见，说：“有党的组织，就有了战斗的力量，就能够战胜任何困难。”

支部成立了。茫茫无垠的草原之夜，像燃起了一把熊熊的火炬。支部要求每个同志，要以白刃格斗的战斗精神，去占胜当前的困难。战胜困难，就是胜利。

战士们个个像面临战斗时一样，纷纷向支部提出保证说：“蒋介石反动派的大军前堵后追，空中轰炸，我们都战胜了，今天这些水草地，几片风雪，它又能把我们怎样呢？”

群众的热情是可贵的，是战胜困难的力量源泉。但是作为一个党员，一个领导，越是在这种困难的时候，就越要具体地帮助群众。不然，就不能算是一个好党员，好领导。我们组织大家讨论如何帮助体弱的同志通过草地。

“对！我们都是阶级兄弟，有苦同吃，有难同当。”一些体强的同志，互相争论着。于是有的同志就主动地选择对象，帮助背枪，背背包，有的就两个人扶着一个。

一夜的风雪，把草原点染成另一番世界。战士们仰望从黑云里露出的微弱的阳光，来辨认东西南北，迈着艰辛的步子，向北方前进着……

草地究竟是个什么样子呢？说得简单一些，不管春夏秋冬，都是雾气笼罩着天空；密密茸茸的草层，好像布包水豆腐一样，看起来平平整整，万一不留神，陷进泥中，就好像胶漆一样。这时，大家多么想找一块干草地，弄点树枝、草根，生火烤一烤久被雨水打湿的衣服。可是，哪能找到呢？连点牛粪都没有。当时，虽然这样苦，可我们没有一人愁眉苦脸，唉声叹气。由于在水里行军，各人背的青稞或青稞粉，经过雨水的泡洗，已成面浆，青稞也软纽纽的和橡皮胶一样。虽经通宵水里行军，每顿只能吃一点青稞或青稞粉，可是同志们劲头很大。休息的时候，大家就三人一堆，二人一伙，背靠背互相偎依着，你唱我和地哼起歌曲来了。记得有一次，刚吹过休息号令，二排就唱起了“起来，不愿做奴隶的人们……”这时，一排长吴净青同志就把枪一背，站在一排的中间，手一扬，急忙叫“一二三”，唱起来了。这样一来，三排和连部我们一摊子也都唱起来了。“红旗飘飘随风扬，红色战士好刚强……”有时休息了，要是不唱歌，连长就下口令说：“擦枪！”一次，一个小战士没有抹枪布，就急得扯开自己的衣服角来抹。当时，我说：“小战士，衣服撕破了，可要光屁股跑出草地呀！”

他说：“光屁股有啥怕的，要是一出草地，枪打不响，消灭不了反动派，那才抓瞎呢！”

我们团结在党支部的周围，带着收容队的全体同志，终于在 7 月间赶上了主力，到达了甘孜。

阿坝筹粮

7 月间，我们红二方面军在甘孜与四方面军会合后，又继续前进，终于以 32 天时间走出草地，到达阿坝。当时，经过一个多月的行军，我们自带的干粮连一粒也没有了。为了坚决执行毛主席北上抗日的决定，上级决定在阿坝休整几天，补足粮食，再继续前进。

上级这一号召，得到全体同志们的热烈拥护。我们深深懂得，现在，保存一个革命同志，是有着多大的意义呀！在支委会上，大家一致认为：这是一个严峻的政治任务。我们必须充分发挥党团员以及全连同志的最大积极性，千方百计来筹足粮食。

第二天，天未亮，有的班排就起来了，到四处找兄弟民族，帮助解决粮食问题。由于历史上反动统治阶级所造成的民族隔阂，阿坝的 100 多户藏族人家都跑光了。场上有些收割了的青稞，但不知是有钱人家的还是穷人家的。有的同志想伸手去拿，站在旁边的党员李天义和一排长吴净青说："同志，那堆青稞不能动手，如果拿了穷人家的，不仅违反了三大纪律、八项注意，也正中上了反动分子的造谣呢！"当时说的杨天和几个同志都急忙停住了手说："是！排长同志。"

一连几天，我们一粒粮食也未搞到，大伙都有些心急了。怎么办呢？后来我们又召开了"诸葛亮"会，让大家出点子，想办法。有的同志提出找大庙，庙内有大鼓，鼓皮可吃，有泥菩萨，菩萨内有五谷茶叶。有的提出，找三层以上的大石房，看装饰就可断定是什么样的人家，有钱人家，家里有粮。还有人提议，去一部分人挖茴茴菜。还有的建议把枪背带、腰带都集中起来，也是好干粮。后来我们把这些办法向团部作了汇报，团首长还表扬了我们。当天下午就挖出了好几百斤青稞，正当弄不清是谁家的时候。找到了一位通司，他说这粮千万不能动，这是头人的，动了要触犯神灵的。

这时我们可高兴极了，趁此向通司反复说明了我党的政策和我军的性质。经我们一说，通司伸出大拇指说："沙哥！沙哥！"（藏语好的意思）并又告诉我们几家有钱人家。这样才算解决了粮食问题。

部队要出发了，同志们个个精神抖擞，斗志昂扬。团政委陈冬晓同志站在一块大草坪上，向同志们讲话。他说："同志们，向草地继续挺进的战斗就要开始了。经过大家的努力，目前咱们已经找到了一些粮食。但是我们的兄弟部队，特别是师部和有些值勤分队没有找到粮。为了共同走出草地，战胜困难，咱们应该把一口分做二口吃。"接着，他又问大家"行不行？"这时全场像烧开了的一锅水，一齐嚷着回答说："完全行！"连队的宣传员同志们，就立刻高呼口号："我们要发扬阶级友爱"、"同甘共苦走出草地！"

最后政委号召大家，在途中多找些茴茴菜，来搭配着吃，不要掉队。

我们按着毛主席指导的方向，迎着黎明前的黑暗，又大踏步地前进了。

草地战捷

部队日夜兼程，出发时带的粮也吃光了。正在大家有些作难的时候，一天我们忽然接到上级命令说："本日行程一百四十里，通过草地。"

咋办呢？部队经过这样长途的行军，几天又没能吃上点饭，全靠茴茴菜维持着。我和连长边走边研究，确定加强行军中的宣传鼓动工作：发动党团员积极带头，支委每人多带一支枪，连排长带两支。连长还说："边行军边派几个人找茴茴菜，等一休息，就煮给大家吃一些。"

部队急速前进前，行军中鼓动口号，一阵比一阵亮。党员、团员们身上背着一条枪又一条枪。连长身体弱，支部确定他管理部队，不让他多带东西，可是他怎么也不肯。他说："支部的决定，一个党员应该无条件执行。说我身体不好，现在那个同志不是凭着坚强的革命意志在支撑着呢！”最后，他还是多带了一条枪。

眼看走出100多里了，每个人肚子里咕噜咕噜地打着雷。正在这时，休息号响了。

部队刚停下来，战士们有的拣牛粪，有的去沟里找水，准备生火做饭。正在这时，团部送来通知说：马步芳匪兵，闻听我们没有粮食，在我们面前赶来了。要求我们马上做好战斗准备。

这一来，说不上哪来的一股劲，同志们个个跳了起来，摩拳擦掌说：“这小子，行呀！会算，给咱们送马肉来了。”

虽没经过动员，挑战、应战的热潮马上就掀起来了。二排长武云清同志跑来向我和连长说：“我们全排向支部提出要求，把打头阵的任务交给我们，甭说三天不吃饭，就是八天不吃，也要一个顶他三个。”

按照上级指示，我们连埋伏在一个水沟里。马匪前面的尖兵走过有二里多了，后面大队人马才上来，一排排地从东西扑过来。同志真是手痒得不行，但还听不到开火的讯号。离我们阵地只有五六十米了，只听一阵“嗒嗒滴滴”的号声，接着各种武器就像炒响豆似地一齐打起来。在我们面前的敌人，像谷捆似的，一个个倒了下去。就这样，不到30分钟，我们打死打伤马匪好几百人马。其他的匪军在沟里还摸不清咋回事呢，像无头的苍蝇，东碰西撞。以前那个撕布衣服擦枪的小鬼，押着一个俘虏说：“指导员，你看这还是当官的呢。”

“长官，饶命呀！你们真是神兵呀！万万猜不到你们会来的这样快。”那个俘虏发抖着说。

这下可把全连的同志逗得笑坏了。那个小战士说：“雪山我们都飞过来了，还在乎你们这几个熊包兵。”

战斗结束以后，上级命令原地休息一天，将打死的马统统把肉都拾掇起来，一点不能丢掉。

当天晚上，我们的晚饭是茴茴菜炒马肉，味道鲜极了。同志们高兴地说："真比云南宣威的火腿还够味呢。"

又经过几天的艰苦行军，我们终于走出了草地。

4 月底渡过金沙江进入云南、西康的雪山地区，到 8 月底占领哈达铺。长长的 3000 里行程中，我们背负民族的希望，沿着毛主席指引的方向，走过了连鸟儿也飞不过的大雪山，走过了终年风雪笼罩着的大草原，打败了国民党反动派的前堵后追。我们终于完成了举世闻名的二万五千里长征。（陈小钧整理）

选自《甘肃日报》1961年5月18日第3版。

跟随贺老总过草地

王玉清

贺龙弹过我的额头

我 1921 年出生，七岁半就给人家放羊。1935 年 11 月的一天 ①，我见到了“红胡子”，从此改写了命运。那天凌晨，贺老总率领的中国工农红军红二方面军 ② 在长征途中经过我的老家——贵州黔西县，只用一个早上就拿下了县城。

那天，我和父亲走上街头，看到红军为穷人看病。我对父亲说:“官家说红胡子杀人放火、共产共妻,全是胡说。你看红军对穷人多好呀！”面对我好奇而羡慕的目光，一个红军战士过来问我：“小兄弟，你想不想当红军？红军不打人，不骂人，官兵一个样，是穷人的队伍。”我点点头，转过脸看看父亲，父亲也使劲地点点头。于是 14 岁的我跟着红军走了，该部是红二军团军团部的无线电台分队。

从此，我跟着贺老总指挥的红二方面军，两个月内转战 4000 里，参加了数十次战斗，每次战斗我总是冲在前面，爱开玩笑的贺老总遇见我时，常常用两个手指轻弹我的额头，问:“小鬼，累不累，苦不苦？”大声答道：“不累，现在苦，将来甜。”贺老总大声说：“说得好！我们

① 红二、六军团到黔西的时间为1936年2月。

② 当时为红二、红六军团。

就是为了将来的甜干革命的。加油吧，光明就在前头。”

班长送来两把炒面

5 月，部队翻越 5000 多米高的雪山。山路上的积雪厚达两尺多，大家深一脚浅一脚地向前走。天黑时，走到哪里就在哪里宿营。有帐篷的挤在帐篷里，大多数人就在树下或避风处过夜，几十个人和衣躺下，挤成一团。山上天气多变，有时天上偶尔露出月亮和星星，转眼间就满天飞雪。大家冻得睡不着，相拥在一起取暖。

部队整整走了 20 个日夜，没有碰到一个村落，干粮早已吃光，只好采野菜充饥。到了阿坝地区，大家都盼望能补充些给养。然而，村庄虽多，但藏民们跑光了，带走了大部分粮食，带不走的也埋在地下。部队断了粮。电台分队的炊事班长知道我的炒面吃光了，就从自己带的干粮里分了两把炒面给我，说：“我的也不多了，你要省着吃，不知哪天才能走出草地。”我落下泪来，问班长：“给了我，你怎么办？”班长说：“走一步算一步吧。”不久，两人走散了，我只知道班长是湖南人，后来多方打听也没找到他的下落。

缝衣针钓上两条鱼

粮食越来越缺，部队靠野菜和树皮充饥。几万人从同条路走过，前头的部队采了野菜，后面的找吃就更难了。大家边走边找野菜，一天仅能走十几里路。体弱和伤病的同志，走着走着就倒下去。身边的战友不管相识与否，都会帮死者正正军帽、整理好衣服，就地掩埋。我四五天没有进食，浑身无力。我躺在地上，摘下军帽，抚着帽上的红五星，认为自己活不长了。这时，我摸到了帽上别的两根针，这是部队发给战士们缝补衣物的。我忽然心头一亮：有针，就能做鱼钩；草地上有小河和小塘，就可能有鱼。

我把针烧红弯成钩，拴上线，来到小河边。没多久，我就钓到两条半斤重的鱼。我找来枯枝，升起火，用脸盆煮起鱼汤来。鱼香把同志们吸引过来，每人都分到了一碗鱼汤。后来，战友们也学我的办法钓到了鱼，想不到小小的缝衣针竟挽救了不少红军战士的生命。（张巍整理）

选自《福建党史月刊》2006年第10期，第18页。

王玉清，1921年生，贵州黔西人。1935年11月参加中国工农红军[①]。红军长征时为红二军团无线电台分队战士。新中国成立后，曾任福州军区炮兵司令员、福州军区司令部顾问。

① 参军时间据其干部档案记录为1935年11月，但据其个人回忆应为1936年2月，有待考证。

从甘孜到阿坝

——长征片断

钱治安

在甘孜出发前，政治委员汤成功同志一再嘱咐我们：必须特别注意节约粮食，因为从甘孜到阿坝，要经过十几天的长途跋涉，所经过的地方都是渺无人住的不毛之地，到达阿坝后，才有可能得到粮食补充。因此他要大家：在路上只要有可供食用的野菜、野草，就不要动用口粮。他严肃地指出：粮食就是生命，节约粮食就是爱惜阶级弟兄的生命。汤政委的每一句话，都深深地刻在同志们的心上。

千军万马开始向阿坝进发，我们连在全军的后尾，一方面担任警戒，一方面收容掉队的同志。正因为我们走在全军的后面，一路上，不但找不到可吃的野菜、野草，连作为燃料用的牛粪、马粪也很难找到。没有燃料，宿营后就用凉水拌炒面吃，吃完了往草地上一躺，就呼呼的睡着了。同志们并不以此为苦，还说这是难得的幸福生活。

离阿坝还有五天的路程，但全连所有粮食都已吃光了。这五天的日子怎样过呢？我们正在焦虑的时候，司务长跑来了，他说：今天的晚饭有办法了。我们有几十个炒面袋子，还有四个牛皮口袋，把它们翻过来，放在油布上面拍一拍，抖一抖，也许还可以熬一顿炒面汤喝！连长说："不！把它们用棍子狠狠敲一敲，把所有潜力都挖出来。"我提议："把布袋翻过来，放在锅里用水洗，再把水烧开，喝炒面汤，这样一点也不会浪费。”连长和司务长都同意这个意见。我们还计划了一下：全连共73个布袋，当天夜晚洗20个；第二天的行军路程较远，早晨洗33个；余下20个，留在中午大休息时做午饭。如果那时候能找到一点野菜、野草，就把它保存起来，到真正没有办法的时候再用。连长还强调了一下：“炒面袋子也要有计划的使用，越到困难的时候，越要精打细算，越要把家当好。”

就凭这几十个炒面袋子，全连80个人，又度过了两天。第三天宿营后，很多战士一放下背包，就冒着风雨找野菜去了，可是什么也没有找回来。大家也真有股劲头，找不着吃的就干脆坐在草地上复习“打骑兵歌”。歌声激起了人们旺盛的战斗意志，压倒了呼啸的风雨。

在草地的另一边，支委扩大会正在进行讨论的中心问题是：明天的日子怎么过，未洗的炒面袋子只剩下20个了，至多也只能在明天早晨给病员和身体弱的同志搞点汤喝。其他的同志又怎么办呢？大家正在沉思，司务长说：“我们向营部写个报告吧，反映一下情况，看营首长能否在全营的范围内想到点办法。”我和连长都不同意。我说：“千万不能这样做。全营的情况我们都知道，营首长也了解我们的情况，写报告只能增加营首长的精神负担。”这些简单的道理，一下子把同志们都说服了。但到底怎么办呢？后来还是连长提出：“我们不是还有四个牛皮口袋吗？明天早晨把它煮着吃了。”司务长问:“都煮了吗？”连长说:“不！先煮两个，留下两个明天晚上吃。”

司务长半夜就起床了。他想把牛皮煮得烂烂的，让同志们好好吃一些。哪知微弱的牛粪火苗，煮了五六个小时，只把牛皮泡胀了一点。眼看部队就要出发了，司务长从锅里捞出来一块，尝了尝，不但咬不动，嚼不烂，就是用小刀也割不开。连长一看实在不行，就叫司务长把牛皮全捞出来，一人一块，分给大家带在身上，中午休息时，再想办法吃。

这天行军由一排长带队，连长和我在后面收容，司务长也自动参加了收容工作。在路上，我们一起研究着如何把今天早晨没有吃的牛皮中午休息时让大家吃了。连长是一个善于思考问题的人，过了一会，他说："牛皮煮不烂，是因为它又硬又绵，我们来个火攻，把它烤焦了吃，不让它的绵劲发挥作用。"我同意这样办，马上就叫司务长把牛皮收集起来，领着三个伙夫走快一点，先赶到中午大休息的地方，把皮子烤焦，待部队一到就能吃上。连长这个办法确实有效。牛皮烤焦了以后，不但咬得碎，嚼得烂，而且吃起来还有一股香味。战士们一面吃着，一面说着笑话："今天生活大改善，焦牛皮比麻糖吃着还香呢。"

再有一天时间就可以到达阿坝了。这天出发时，连长对大家说："我们今天就要到达阿坝了，大家把洗干净的炒面袋子拿出来，当作腰带把腰束上，咬紧牙关，度过最后一关。俗话说，三天不吃饭，还要当个挑米汉；我们吃了四个牛皮口袋，更能当个行军好汉了。"战士们信心百倍地回答："放心吧，我们保证不掉队，不到阿坝不算好汉！"

虽然大家没有吃也没有喝，可是劲头还是挺大，一个跟着一个，谁也不肯落后。几个有病的同志也一人拄着一根木棍，一拐一拐地向前走着。走了20多里路，我渐渐感到头晕、眼花，心里发慌，每向前迈进一步，就要花费很大力气。我想，同志们一定也是这样，但是谁也没有停止脚步，经过一番苦斗，终于来到一座山脚下。大家坐在水坑边上休息，一个同志向着横在眼前的大山说："要是在过去，我一个跑步就能爬到山顶上，今天吗，似乎还要费点劲儿。"另一个同志接上去说："费劲说费劲呗！山高没有我们心高。从来没有爬不上去的山，过不去的河。山高水深，也挡不住我们北上抗日。"同志们说说笑笑，忘记了饥饿，忘记了疲劳。

我们几个干部和身体健康的同志，正在开会研究组织上山互助组的时候，师长贺炳炎同志来了。他一见我们就问："你们是十六团一连的吧！"我们说："是！"师长没有等我们说话，就叫了一声："特务员！把马褡子卸下来！"他用仅有的一只左手，从马褡子里掏出一根又短又细的炒面袋子，递给我们。我们知道这是首长的口粮，谁也不肯伸手去接。他把炒面交给师政治部宣传科长郑玉宝同志，叫他用小铜勺分给大家吃，还叮咛说："先分给病员。满满的兑上一碗水，用筷子搅一搅，喝下去！"同志们端着碗，低下头看看碗里的炒面，又抬起头看看我们敬爱的师长，好多同志都感动得流下了热泪。从这以后，师长一步也没有离开我们。他的马让给病员骑着，自己在地下走。上山的时候，他又要一些体弱的同志拉着马尾巴，自己走在后面，扶着他们。师长对我们的深切关怀，给了我们很大鼓舞，大家束一束腰带，迈开大步，沿着崎岖的山路，向大山的顶峰爬去。傍晚时候，我们终于胜利地到达了阿坝。

选自《河南日报》1960年8月28日。

钱治安，1917年生，湖北来凤人。1935年参加中国工农红军，同年加入中国共产党。红军长征时为红二军团六师六团二连指导员。新中国成立后，曾任信阳军分区司令员，河南省军区副参谋长、副司令员，武汉军区后勤部副部长等职。1992年在北京逝世。

难忘的雪山之夜

钱治安

到阿坝补充粮食的计划完全没有希望了！

我们从甘孜出发时曾再三讲到阿坝后补给粮食，一切希望都寄托在阿坝。当我们日夜盼望着，坚持着、挣扎着终于在 7 月下旬到达阿坝时，万万没有想到，只见补粮站两个粮秣员垂头丧气地在那里发牢骚：“见鬼！补粮？连个鬼都见不到！”我们看到此情此景，知道粮食补给完全没有希望了。

在这种情况下，怎么办呢？只有向大家讲清情况的严重，发动全连同志在村边、地边、麦场的场边，这一粒那一粒地像大海捞针一样去拾粮食。有的同志还找前面部队留下的野菜兜子，把上面的一点点皮也剥下来。经过两天两夜的努力，全连共收集到约 30 斤青稞。这么一点点粮食，加上一些野菜皮子，这就是我们全连过草地的全部粮食，我们要凭这点东西熬十多天啊！当时，无论如何也必须在大雪封山之前通过草地，否则就有被困在草原上的危险；有粮、无粮，都得赶快向前走呀！

面临这种情况，支部召开支委会，把情况摆开让大家讨论，看 30 多斤青稞怎么使用？经过一番讨论之后，大家一致的意见是：青稞集中保存，分成七袋由连排干部保管这些粮食，首先保证全连七个病员和九个身体弱的同志使用，其他同志不到万不得已的时候不准动用粮食。我们把支部的决定公布于众，任何人不得违犯。

从阿坝出发，我们二连和前段行军一样，还是红二军团的后卫连，肩负着军团的收容任务。那天，当前面的部队将要走完，我连正准备出发时，突然从阿坝西面山上，出现一股匪兵，20多人，气势汹汹地向我们冲来。我连就地展开，就地开火。因为我们隐蔽得不好，开枪过早，敌人听我们打了一阵排子枪，就狼狈逃窜了。本来，我们打算消灭这股敌人，打死几匹牲口，再缴获一些炒面，但未能如愿。人们惋惜地吁了一口长气："唉，没有口福呀！"

我们踏上了茫茫无际的大草原，困难一天天严重起来。一是草地的地理特别怪：我们后卫连走的路线，必须踏着前面踩出的路走，因为一路有很多地方都是大块大块的沮洳地，表面上有一层薄薄的草皮连着，下面则是一滩滩的泥浆，走起来忽闪忽闪的，弹性很大，必须快步通过。有的地方还得先跳过去一个人，用根长绳子像牵瞎子似地一个个拉过去，搞不好就有陷下去的危险。二是宿营后挖野菜困难。前面过去的部队把宿营地周围挖得光光的，连野草根子也挖完了，我们只得走出离宿营地五六里路甚至更远的地方去找野菜；而且有敌情顾虑，又不能单人出去，要几个人一组，还要有干部、党员带着，各组都是很晚才回来，待熬熟吃了已是深更半夜。在大草原那种特有的阴冷荒寒之中，大家随便找一个较高的地坪，一躺就睡了。三是照顾病员困难。病员和掉队的同志往往要比连队晚到宿营地一个多小时，他们挣扎着赶到连队，精疲力竭，一句话不说就睡下了。我们左说右说要他们吃点东西，用青稞面泡一碗开水，劝他们喝下去再睡，但往往拉都拉不起来。四是识别野菜困难。因为有些野生植物，看起来长得非常青嫩、新鲜，可是吃下去又涩又辣，嘴都张不开，有的野菜有毒，吃了还要死人呢！

经过十多天的艰苦行军，一天中午天气晴朗，万里无云，一条横亘在我们前面的四川、甘肃边界有名的麻尔柯山出现了。同志们欢腾起来，因为过了这道山，草地就可以走完，茫茫草原就甩在我们后面，成为历史的过去了！据首长们说，一方面军曾翻过这条山的南段，我们现在要从它的北段翻过去。同志们豪迈地说，你草地再大也有边，雪山再高也有顶。蒋介石的飞机大炮千军万马挡不住红军的去路，你雪山草地还能挡住我们前进吗！

第二天黎明时刻，朝阳从东面缓缓升起，巍峨险峻的雪山，把它的巨影投射在草原上，山上的积雪闪闪发光，我们整理好队伍，踏着兄弟部队踩出的雪路出发了。

雪山真高啊！爬上一个高坡又是一个高坡。山上的自然景观随着海拔高度的不同而不断变化着。开始，山下有许多参天的大杉树，再上就是矮小的灌木，接着则是小草和苔藓一类的植被，慢慢到了大约4000米的雪线以上，就什么生物都看不见了，所见的只是一些嶙峋破碎的风化石和冰雪世界。山势越来越高,大家的呼吸变得越来越困难。走几步，就得站一会喘几口长气。就是那些久经考验的战马，嘴里也吐着白沫，喘呼呼的,走着走着也不得不停下来,缓一缓气,再往上爬。此时此刻，真是人马不能相顾，唯有各自拼命地向上爬。气温变得更冷了，汗透了的衣服变得硬邦邦的。越冷要求人们越要走快点，而走得越快，呼吸就越紧张。当我们离山顶还有将近200米左右时，天气突然变了，面前冒出一股黑云，霎时之间就遮满了整个天空。接着是一股狂风，跟着就是雨、雪、冰雹。冰雹劈头盖脸砸下来,小的像苞谷粒,大的有杏子那么大，打得人们不敢抬头，只有双手抱着头弯着腰，摇摇晃晃地向前爬。有的人被打倒在地，站不起来，简直寸步难行呀！于是，大家五六个一堆一堆地抱在一起，互相保护着蹲在地上。大约半个多小时，冰雹过去了，但是天也黑了，大家摸着往上爬，终于到了山顶。下山时虽没有上山那样吃力，可是结成的冰把道路凝固了。大家互相拉着手一起向下滑，后来索性都坐着滑，屁股就是脚板。这样勉强地滑到离山顶大约有几里路时，有的停下不走了，有的掉队了，队伍七零八落，前一节，后一节，东三个，西五个，简直不成队伍了。有些单个掉队的同志，跟连队失去了联络，前后看不见人，就一股劲地喊:“噢——前面的人哪里去了？”

喊声回应在山谷，回响在夜空。

看到这种情况，我和张先云连长商量了一下，决心停下来，就在这里点一堆火，等后面的同志，收集一下队伍，到天亮以后再下山。我和连长在一棵树跟前蹲下来，我们打算点火，可是火种哪里来呢？火柴没有，打火的火链由司务长带着，不知道他到哪里去了。忽然，连长灵机一动，说：有了，找一块棉花，用子弹拔掉弹丸，把棉花放在树上，对准棉花打一枪，看棉花能不能烧着。于是，他从棉衣上撕出一块棉花，把只有火药没有弹丸的弹壳推上枪膛，一扣扳机，枪口冒出一团火，棉花果然烧着了，大家不由一阵惊喜。火引子有了，怎么烧火呢？这时连长又毫不犹豫地把他一块心爱的油布撕成几条，当作烧火材料。这块油布是他的宝贝，长征以来，他一直珍贵地带着，白天捆在背包上防雨，夜晚铺在地上作垫子防潮；为了点火，这时顾不得那么多了。接着三排长韩耀之来了，他也把自己的雨伞撕成几块投进火中，就这样把火烧大了。火光照亮周围的景物，大家在附近找来一些树枝，火烧得更大了。有了火，就像有了中心，有了希望，大家都围过来取暖。火光成了联络的信号，失散的同志逐渐往这里聚拢过来。到半夜以后，我们火堆跟前就集合了40多人。而烤暖和了的同志就去后面路上找掉队的人。被找到的同志，有的已经奄奄一息，就把他们背过来在火边取一会暖，才苏醒过来。有好几个同志，就是这样救活的。他们感动地说：真没想到还能活下来！挨到第二天天亮了，我们考虑，昨夜爬这座大雪山，掉队的人很多，决定继续留在山顶上，再找找，看是否还有掉队的同志。果然我们在树林里找到了八班长。他怀里抱着枪，背靠着一棵大树，已经不省人事了，但还在微微地出气。三排长当即把八班长的上衣解开，两个人心窝对着心窝，紧紧地暖在一起，约有十多分钟，八班长得救了。我们查找了各个地方，看见不少同志已经冻僵了，其中有我们连的，也有别的单位的，有的一个人躺着，也有三四个抱在一起的。不管是谁，我们都折一把树枝，把他们的脸盖住，这也就算掩埋吧！这些同志就这样永远默默地倒在雪山上了。这种情景，一生一世地印在了我的脑海里。我连有两个在部队长征初期经过湘中溆浦时参加红军的战士，他两个像亲兄弟一样，非常要好，团特派员曾错误地认为他俩是“小集团”，监视过他们。我们找到这两个同志时，他们还紧紧地抱在一起。虽然他们长眠了，但神态如生，瞪着两只大眼睛，仍像活着一样。

中午过后，我们正准备带着收容的同志们下山时，团总支书记曾祥煌带领三个人上山来找我们。他们说：你们昨晚受罪了！政委和团长一夜没有合眼，一直在等着你们这个后卫连，为什么你们一个人也没见下山，把大家急坏了。我们把情况向总支书记简单地作了汇报，他听了很高兴。于是，我们就带着本连和收容的59个人下了山。据我们看到的，昨天一夜之间有48个战友离开了我们。我们为战胜这座雪山付出了多么大的代价啊！同志们带着沉痛的心情向山下走去，赶上了本团的队伍。我们看到团政委汤成功时，他哽咽地说：“同志们回来就好！”他问：“你们连还有多少人呀？”这时我和连长真像孩子见到了母亲，话也说不出来，想着倒在雪山上的那些同志，不由得放声大哭。政委的眼泪也直往下掉。汤政委控制着自己的感情，哽着声音说：“同志们，不要哭了，还是振作精神，准备继续前进吧。前面的队伍已经出发了！”

麻尔柯山啊！这座我们长征最后越过的大雪山，是我们以极度的疲惫之躯咬着牙爬过来的一座雪山，也是我们付出极大代价的一座雪山。就我们二军团六师来说，恐怕这是长征过雪山草地损失最大的一夜吧！想起雪山，想起我们倒下的战友，看看我们今天幸福美好的日子，这是用多少同志的生命换来的！难忘的雪山之夜啊！

选自黄涛、常正、史立成选编：《红军长征珍记》，长征出版社1996年7月版，第354—358页。

我骑在贺老总的马上

冯习之

1935 年 11 月 19 日，我红二方面军①根据党中央北上抗日的指示，从桑植县刘家坪出发，开始了长征。部队挺进湘中，把国民党反动派弄得脚忙手乱。我们又迅速折回贵州，抢渡乌江、金沙江，进入人烟稀少的雪山草地，面临着大自然的严重考验。

1936 年的 9 月②，我们正在草原上艰难地走着。这时，秋风阵阵，烟雾沉沉，大地一片凄凉景象。当时，四方面军在我们的前面走过了。我们二方面军走在后面，不但买不到粮食，就是吃树皮野草，也十分困难。我们把皮带、皮鞋都吃光了，吃了皮带后口干得直想喝水，水在草地上并不稀罕，到处都有，而且清澈透底，照得见人影子，可就是有毒，不能喝。我渴得受不了，也就没管三七二十一，捧了生水就吃，不一会果然得了痢疾病，老是拉稀，头皮也肿起来了。

我实在走不动了，慢慢地拉下了队伍。我在收容队里，拄着一根比我还高的木棍，支撑着头重脚轻的身骨，艰难地前进着。

一天中午，我突然听到身后边不远处传来了马蹄声。根据以往的经验，我断定有首长来了。我低着头边走边想：首长交待不要喝生水，我却不听话，现在头肿得像个大冬瓜，哪里有脸面见首长？唉——，要是

---

① 当时为红二、六军团。

② 红二方面军于1936年8月8日通过草地到达上包座。

平时，首长来了，我一定奔上前去，来个标准的立正，再敬上一个举手礼，……对，今天干脆不同首长见面。于是我仍旧低着头，拄着棍子一步一步向前移动着。

说来真怪，我本不愿听那马蹄声，可这马蹄声却越来越近，最后竟在我的身边响着。也就在此时，我被一阵亲切的乡音吸引住了。我抑制不住激动的心情，突然抬起头来一看，天哪，这不就是日夜思念的贺老总吗？你看他头戴白羊皮帽子，披着一件皮大衣，里面穿着一件布扣子的青布便衣，身后还背着一顶四川式的斗笠。贺老总两手叉腰，慈祥的脸上含着微笑，特别是他那独有的浓浓的一字胡须，轻轻地一动一动，好像在说着什么。我对他看了一眼后，便低头等候他批评。可是，他不但没有批评，反倒温和地道：

"你是哪里人？"

"桑植新街的。"

"新街的？叫什么名字？我怎么不认识你呀？"

我一时被这亲切的问候给怔住了，我忘记了缠身的病魔，不好意思地回答说："贺老总，我现在都这个样子了，你怎么会认得出喔。"

贺老总摸了摸自己的一字胡，又仔细地端详了我手中拄的这根下端已开裂了的木棍，接着就问我走不走得动。

这一问可使我为难了，说心里话，我实在走不动了。但我在贺老总眼前又怎么好说出走不动的话呢？这不是太丢人了吗？于是我强作笑容地说："报告贺老总，我走得动！"

贺老总一听，顺手夺过我手中的棍子，严肃地对我说："你看你到了这个样子，还不肯讲老实话！"说着，他吩咐警卫员牵过一匹枣红马来。

那枣红马到了我面前，呼哧呼哧的向我亲切地哼着，好像要我立刻骑在它的背上。可是我看看贺老总，他要指挥千军万马，肩上的担子有多重啊！他的马让我骑，这怎么要得？我正犹豫不决，贺老总催道："还不快骑上去，发什么呆嘛！"

我还是不好意思上马，贺老总向警卫员递了个眼色，他们两人一齐向我走来，把我连掀带推，强行扶上了马。我骑在马上，望着贺老总，一股热流传遍全身，泪水从眼眶里滚了出来。

我坐在马背上，像腾云驾雾似的，思潮滚滚，起伏不平……

我家里很穷，寄居在一个堂哥的猪栏旁边的柴房里。他家当时有钱有势，后来又当上了保长。我们之间虽然有亲缘关系，但同样受尽了他家的压迫和剥削。我家种的小菜，他家从芽芽儿就摘起；我家砍的柴，他们随便选得燃。这还只不过一些小事，有一次因我家缴不起租，我那万恶的堂哥，把我父亲抓去打得皮开肉绽。当时正是炎热的 7 月，伤口上都生了蛆虫，因无钱求医治疗，最后就这样含恨死去了。我一个孤儿在这样的社会里，又有谁来怜惜？我的出路又在哪里？从此以后，我在苦水里滚，泪水里爬，过着牛马不如的生活……

1933 年春，我参加了中国工农红军，跟着贺老总打天下，第一次有了自己温暖的家。1935 年 6 月，我在党组织和战友们的帮助下，又光荣地加入了中国共产党。

今天，我还没有来得及报答党和战友们的恩情，却骑上了贺老总的马，让这位指挥千军万马的贺老总步行……

“轰——呜——”一种刺耳的怪叫声将我从沉思中惊醒。我歪着头眯着眼睛一看，只见天上冲过来三架飞机，并在怪叫声中抛下一串串炸弹，在我们队伍的周围和身边炸开了。马受惊吓，发狂似地奔跑，我眼前一阵山摇地动，一片模糊，“哗啦”一家伙便从马背上跌了下来。

敌机走后，贺老总又热情地赶了上来，替我抖泥沫，拍渣草，整衣着，第二次又把我扶上了他的枣红马，并对警卫员说：“快把他送到军部医院去。”警卫员轻轻地答应了一声，我又深情地望了警卫员一眼，于是又赶路了。

我们走了不过 20 米远，又听见贺老总在后面大声喊道：“小唐，不要忘了，要军部打条子，回来后我还要看的，嗷。”

我就这样走出了草地。后来在医务人员精心照看下，很快恢复了健康，又回到了自己的战斗岗位。（彭紫金整理）

选自中国社会科学院现代革命史研究室编：《回忆贺龙》，上海人民出版社1979年11月版，第456—459页。

冯习之，湖南桑植人。1933年参加中国工农红军，1935年加入中国共产党。参加了红二方面军长征。

筹　粮

刘崇喜

从甘孜出发，到达阿坝。

进阿坝的当天上午，我们断了粮，战士们硬撑着，顶风冒雨赶到阿坝。没想到这个镇子是空的。这是藏族同胞在国民党反动派的欺骗宣传和强迫下，搞了“坚壁清野”。饥寒交迫，长夜难眠，战士们喝口开水便就地躺下了，但肚子却翻腾得厉害，难受得睡不着。好容易盼到了天亮，还是你望望我，我看看你，早饭在哪里？

不大工夫，我们的黄指导员从团部回来了。看到指导员一双黑青的眼圈，就知道，他又是一个通宵没睡觉。

队伍很快集合在一个院里，黄指导员精神抖擞地讲了话。他说：半个月的行军，一靠大家的团结；二靠我们的革命精神；三是发扬了红军的光荣传统，终于来到了阿坝，这是一个不小的胜利。眼前要过草地了，困难更大，怎么办？退回去，是不行的，是没有出路的。只有迎着困难走，走出草地，才能保存力量，迎接抗战的胜利！

“继续前进！”我们齐声回答。

对！我们的信念绝不动摇。目前摆在我们面前的困难，一是要解决粮食问题；二是解决草鞋问题。怎么解决，一不能抢，二不能偷，大家想办法，求得群众的帮助。但要遵守红军的纪律，执行党的民族政策，来克服我们眼前的困难处境。

于是，我们卫生队每两三个人编成一个小组，分头行动去找粮。

分散的荒野村庄里，都是战士。有的打水，有的扫地，有的找来老乡在打手势“谈话”。不到一天，穿着破烂的藏民都扬鞭回来了。一袋袋青稞、豌豆也都送到了部队。

我们这个组，在路过一条河的时候，发现水中有一只羊头和泡涨了的牛皮，真像是发现了宝贝。我们很快便架火烧起了羊头。虽然没盐、没作料，可那个香味，比一桌山珍海味还要美得多。我们只吃了几口，就抱着羊头、提着牛皮跑回卫生连。羊头给伤病号熬了顿羊头汤，那张牛皮我们剪成块，又搓了毛线绳，一针一线，用了一个上午时间，整整缝了七双鞋。这可解决了个大问题，记得走出草地的前一天，我那双牛皮窝窝鞋还成了我们的一顿牛皮肉汤呢。

还有一件事，我至今印象很深。就在吃羊头的那天下午，我们小组来到一个土堡跟前。这时，突然响了几声冷枪，我对郑司药说了声:“有情况，赶快向部队靠拢”，就离开了土堡。没走多远，正巧黄指导员带着几个战士跑来了，一见我们就急忙问：“出了什么事？”

“土匪开枪了。指导员,让我们去收拾他们吧！”我向指导员请战。

“那可不行！”指导员说着就命令我们回去。

一路上，指导员又是讲民族政策，又是讲红军纪律，他说：在少数民族地区，情况复杂，要特别注意民族团结，没有弄清情况，不能随便行动。他还说：阿坝地区是红军和国民党军争夺很激烈的地方，听说红一方面军路过时，国民党军威逼藏民打红军，谁不打红军，就要就地处决。红军以党的政策，军队的行动，才说服教育了藏民，播下了革命的种子。红一方面军走后,国民党军又来了。今天我们来了,敌人又跑了，可是，红军播下的种子不是发芽了吗？我们这几天的工作不是好做得多了么？

第二天早晨，指导员就领我和一位藏民通司（会说汉话的藏民）又来到了土堡。

这个土堡内部结构很复杂，楼上楼下，大门小门，大房小房，还真不少，我们转来转去，就是不见人。那个通司终于在楼上的一间小房里找来了一男一女两个老人，大概是老夫妻，我们也不知他们说些什么，通司指了指我帽子上的布五角星，老人笑了起来。我们被领进一个小房间，老大娘端上了酥油糌粑，我没吃过，一尝，挺好吃，就是用手抓不习惯，捏不牢，弄得满脸、满身都是炒面。

临走时，二位老人把我们领下楼，在一间羊圈里，取出了一袋粮食，指导员随即拿出三块银元，并朝我使了个眼色，我领会了指导员的意思，便从内衣袋里掏出了父亲给我的两块银元，交给了指导员。

老人用颤抖的双手接过了五块银元。

五天以后，我们每人带着五斤炒熟的青稞和豌豆，告别了阿坝，向草地进军了。

选自《红六军团征战记》下，解放军出版社1994年6月版，第516—518页。

刘崇喜，红军长征时为红二方面军某部卫生队队员。

吃饼子

方国

长征时，我在红二方面军保卫局侦察科任代理科长。部队进入甘孜后，主要靠吃野菜维持生活。许多伤病员，由于缺医少药，加上一连20多天吃不到粮食，疾病越发严重了。针对这种情况，上级叫我想办法搞点粮食。我接受任务以后，就带着侦察员康良容、郑少云、邱永祥和一个姓黄的小胖子出发了。我们在草地里走了四五里，不见树木，也不见房屋，到哪里去找粮食呢？正在发愁的时候，发现前边草滩上有座小屋子。我们走进屋子一看，里面空空的，只在屋子的侧边有一堆土，大家疑心里面埋藏有什么东西，便忙着挖开了。先挖出一个黄灿灿的铜盒，再往下挖，里面还有铜盆、铜壶、红布以及麦子面和酥油块等。大家七手八脚地只把麦子面、酥油块搬了上来，因为当时我们只要武器和粮食，其他东西都不要。

我们分析：当地老百姓十分贫困，这些东西肯定是反动农奴主埋藏的。大家望着一大袋面粉和一大堆酥油块，都说肚子实在饿极了，要求先煎几个饼子吃。我想：大家很长时间没有见到粮食了，不先吃一点，哪有力气把这些东西背回去呢？于是同意先吃一点。可是，大家正在煎油饼的时候，贺龙司令员和关向应政委派来了警卫员，通知我去汇报情况。临走时，我吩咐那四个同志：饼子暂不要吃，等我回来再决定。

我急忙去见贺老总和关政委。一见面，贺老总就问我："搞到了什么吗？把情况说一说。”我刚要汇报，通知我来汇报的警卫员插嘴说：“他们做的饼子可香呢！”贺老总一听，明白我们已搞到了粮食，就风趣地说：“啊！你们几个人在草地上会起餐来了。”虽然贺老总是笑着说的，也没有批评的意思，但我感到心里不安。汇报回来，我们决定将腰带再紧一紧，咬咬牙，把全部面粉和酥油都扛回去。将做熟了的饼子，一部分给伤病员吃，一部分送给贺老总和关政委吃，因为他们也跟大家一样，很久没有吃到粮食了。我们回到二方面军总指挥部以后，分别把煎熟的饼子送给伤病员和首长。可是贺老总不肯吃，并说：“我能坚持下去，把饼子都给伤病员送去。”我们告诉首长：“已给伤病员送去了一部分，这一点饼子是留给首长吃的。”贺老总一边笑着摇头，一边直摆手，非要我们把饼子都送给伤病员不可。没办法，我们又去请关政委吃，关政委身体本来就不好，显得很瘦弱，他一见我们把“目标对准”他，马上笑着宣布“站在老总一边”。这时，有个同志说了一句：“首长不肯吃，我们就不走！”贺老总见我们不走，过了好一会他才说：“那好吧，咱们一起吃。”我们刚想说不吃，可贺老总和关政委已经把饼子放在我们手里了，还说：“你们辛苦了，你们更应该吃。”我们吃着饼子，心情无比激动。

在那艰苦的革命战争年代，首长关怀士兵，士兵爱护首长，大家同甘共苦，充分体现了上下之间的血肉关系，这也是我们能够战胜敌人的重要原因之一。

选自《红六军团征战记》下，解放军出版社1994年6月版，第508—509页。

飘动的篝火

朱家胜

夜幕已经落上广阔无边的草地，远山、矮树棵、苇子滩，什么都影影绰绰地看不大清了。疏落的星星，显得那么遥远。夜风呼呼地吹着，远处不时地传来凄厉的狼叫声。

这是我们快到阿坝前四天的一个夜里。我们几个人，因为脚被草鞋磨破，又受污水的腐蚀，已经发炎溃烂，加上肚子里装的野菜早已消化，都四肢无力，所以落在了大队后边，彼此搀扶着、鼓励着往前走。

我们艰难地爬上了一个小土包，看到不远的低处，篝火簇簇，好像夜市一般。篝火显红色，上头是摇动的透亮的火焰，再上去，变成了蓝色，终于和夜色相融。骤然间大家像吃了一顿饱饭，感到浑身有劲，所有的疲劳也完全消失了。起先，我们还搀扶着走，现在像变成了健康的人，都矫健地向篝火走去。

“啊呀！到了，到了。这就是咱们的部队！”同志们兴奋地说。

“你们猜，他们现在干什么？”我问其他的同志。

一个拄着半截木棍的同志，郑重其事地回答说：“他们嘛？他们现在已经吃完了饭，去睡大觉了。他们还给我们留了两大桶饭，怕凉了，正煨在篝火旁边。我们一到，端起来就可以吃了。”

明明知道这是一种美妙的幻想，但我们都感到好像那里真有两大桶大米饭，还冒着一缕缕热气，散发着喷香喷香的气味……

我们走到一堆篝火旁。这堆篝火特别大，柴草被烧得噼啪噼啪响，火苗像绸子似的凌空飘动，火星子被烈焰送到很高的夜空。

篝火四周密密麻麻地围满了人，有的坐着，有的斜歪着，有的彼此靠着，有的把头放在别人的胳臂、身上。他们是那样地肃静，几乎是屏住呼吸，在听一个湖南口音的人讲故事。

“……曾国藩那个老汉奸，亲自带了几十万湘军，想攻破南京，消灭太平天国。这时候太平天国一位杰出的将领李秀成，带了几万人马，在南京附近和敌军大战四十余天。但由于敌人包围了南京，南京供应断绝,李秀成终于不能支持。敌人一直打到雨花台,南京危险极了。……”

我绕过几个同志，借着篝火，看到那个讲故事的人正盘腿坐在一小块牛皮上。他穿着一身破旧的青布衣服，手里拿着八角帽；脸消瘦，下巴满是胡子；头发很长，像堆野草。我慢慢蹲下，用胳臂肘捣了一下旁边的一个同志：“这是谁？”

那个同志瞪瞪我：“首长呗。”

我再没有说话，静听那个人继续讲:“敌人把南京包围得水泄不通。洪秀全也死了。南京城里粮食越来越少。不管怎样困难，李秀成还是带着队伍誓死抵抗。他们把能吃的树皮草根都吃光了，最后不得不烧牛皮充饥。后来南京被敌人攻开，李秀成被曾国藩杀了。”

有个同志带着嘶哑的声音问道：“那不是完了吗？”

“没有！”讲故事的人提高嗓门说：“人民是永远记着太平军的。太平天国的革命种子撒遍大江南北，不断在广大人民群众中间，生长起新的革命力量，与统治阶级进行着坚决的斗争。他们不会完的，我们不就是继续他们未完成的事业吗？不过我们是无产阶级的队伍，有共产党的领导，我们的革命不会失败，一定成功。只要我们渡过这一关，出了草地，我们的境况就会根本改变！……”

篝火烧得更旺，像要把夜幕烧掉，让黑夜变成白天。

围着篝火的人，本来都好多天没有吃到正经东西，脸都变成黑绿色，再加上天天行军，很疲劳。但现在，情景完全不同了，同志们是那样精神百倍，每个人的脸上，迎着篝火看去，都红扑扑地放射光辉。而我呢？什么都忘了。饥饿呀，疲劳呀，好像从来没有折磨过我似的。

我心里老是放不下：讲故事的这个人是谁呀？我又问我旁边的那个同志，他却反问了我一句："你看他是谁呀？"

谁呢？按口音，按那瘦削的圆脸盘，按那胡子，莫非是我们的"弼时胡子"（我们对任弼时同志的亲切称呼）？按那身材，却又像关向应同志……后来我干脆不猜他。我猜他干啥呀！反正他是我们二方面军的一位首长，是我们中间的一个。

这天夜里，我刚迷迷糊糊地睡着，就梦见穿着战袍的李秀成，在一堆熊熊的篝火旁，和士兵们烧牛皮充饥，那牛皮烧得焦黄焦黄的，看来怪好哩！

一个火星子落在我的脚上，猛一烧，我醒过来了。我看到有很多同志都还没有睡，有的聚精会神正在缸子里煮着什么；有的用柴棍子在火堆里拨拉着什么。我爬向他们，还没有看见是啥，就闻到一股烂牛皮味道。

那个用柴棍子拨拉火的人，大概听到我的声音了，回过头，笑着说："是你呀，朱书记。我在烧牛皮哩！你刚才睡着了，我没有叫你，准备烧熟了再叫你起来吃。"

"我的破鞋也是生牛皮的，也可以烧着吃呀！"

"别忙！你的留下以后再吃吧！"

牛皮烧得吱吱响着，鼓起无数米粒那样的油泡泡。牛油掉在火里，火更旺了，火焰更浓了。

牛皮烧好了，那个同志分给我二指宽、二寸来长的一节。我放在手心里仔细一看，的确焦黄焦黄的。我先用牙咬下一小点，放在口里，像油炸糕似的，一点也不难吃。

两天过后，我的脚烂得更厉害了，一拐一拐地简直没法走。很多同志也和我一样，因为饥饿和疾病，掉队的越来越多。但是大家一想起那天夜里首长讲的太平天国的故事，劲头就来了。

奇怪，这天夜里的情景，和前天夜里的情景一模一样。又是那样黑的夜。星星在远空眨着眼睛，夜风呼呼地吹着。远处，狼在凄厉地叫着。

走着走着，忽然前边又出现一片篝火，仍和前天晚上在那土包上看到的一样：篝火是红色的，上头是飘动的透亮的火焰，再上去，变成了蓝色，终于和夜色相融，消失在夜色里了……

“同志们，首长又在篝火旁讲故事呢，我们加油走！”不知是谁大着嗓门说了这句话。

我接着说：“快呵！迟了他就讲完了。”

我们又忘了饥饿，忘了疾病，一脚高一脚低地向那片篝火奔去。

选自《红六军团征战记》下，解放军出版社1994年6月版，第535—538页。

战胜暴风雨

顿星云

进入草地，我们六师十六团仍然担负后卫和收容任务。

走了一个多月，二、四两个方面军掉队的同志越来越多，收容下来的伤病员，大大超过了全团原来人数，而团里健康的战士却越来越少。进草地前准备的粮食，早已吃光，前面走过的部队，连草根都挖掘出来吃了，所以我们连可以吃的野菜、野草也都难以找到。沿途都有饿倒、病倒的同志。这样一来，后卫团的任务越来越重了。

一天午后，部队越过一条小河，在烂泥草地里，深一脚，浅一脚，踏着草墩子向前走。所有牲口都驮着伤病员，牲口常常一脚踩空，陷进污泥里。这时候战士们就喘着气，把牲口救起来。这样到了下午，伤员又冷又饿，同志们也个个筋疲力尽，跨上一步都感到十分困难。

忽然，前面的部队停下不走了。大家还以为要宿营，抬头一望，原来是一座矮山挡住了去路。我连忙赶到前头去。只见山坡草地上，一群战士围住贺炳炎师长。贺师长习惯地把骡子缰绳挂在断臂的肩头上，正站在那里跟战士们起劲地谈论着。师长见了我，一把捞起我的胳膊笑着说道：“翻过这座山，就出了草地，山那面是宿营地，有村子，可以搞顿饭吃了！”接着，贺师长又告诉我：“贺总和关政委看到前边部队缺粮，想到你们会更苦，所以叫我们派人到前面去专门给你们后卫团搞粮食。廖汉生政委已到前头去了，我就在这里等你们。”

师长的话还没有说完，我紧抓住他那只独臂，激动得说不出话来。看他已是骨瘦如柴，心想，首长们也跟我们一样挨着饿，还这样关心我们哪！

团部几个同志研究了一下，召集各连支部书记开会，把贺总、关政委对部队的关心，师首长亲自为后卫团筹粮的消息，告诉每个伤病员和全团同志。并决定上山之前，一面等掉队的同志，一面让部队休息，做好组织工作，不许丢下一个伤病员。

部队散在山坡上，各连的支部书记都在作传达。同志们听到首长如此关心我们,个个欣喜若狂。有的便利用休息时机,满山遍野去找野菜。有的一面找野菜，一面大声唱起洪湖家乡小调来。

傍晚，大队开始爬了，爬到山顶，看见远处山坳里的树丛中露出了屋顶，隐约听见人喊、狗吠。这下同志们可高兴起来，把沿途拾来的干柴禾都扔掉了，恨不得马上飞到宿营地。但是，久饿病弱，拖一步，歇三气，行进的速度很慢。大家正高兴而又吃力地走着，忽然从西北方向漫起了黑云，天气骤变，乌云盖顶。我们还没有来得及躲避，就狂风大作，暴雨倾泻。汤成功政委跟我打了个招呼，就冲向前去，照顾前面的队伍去了。我赶忙叫大家停下来躲避。

一阵狂风扫地刮来，只见许多病弱的同志，接连被刮倒地上，狂风如同暴发的山洪，裹着他们在地上翻滚，直向山脚卷去。好多同志伸手去抓住他们，也被狂风卷了下去。

风在山顶旋转、号叫着，茶盅大的冰雹，噼里啪啦砸下来。山上溜滑，风吹得人睁不开眼，喘不上气，站不住脚。同志们都赶紧爬到树杈子里、山窝窝里躲起来。团部卫生队长陈友才和警卫排长齐娃，把随身带着的一个小帐篷。连忙在一棵大树下支了起来。我们十几个人赶紧搬到树底下，紧贴着坐在帐篷里。冰雹夹着雨水，仍是下个不停。衣服湿透了。久饿的身子，抗不住寒冷。齐娃就爬到外面，拣回一些湿树枝，生起一堆火来，一面取暖，一面召唤在风雨里挣扎的同志。我们又用茶缸子接满了雨水，把剩下的辣椒粉和一点生姜，放在一起熬着，准备给抢救回来的同志喝。

接着，我们十几个人，又走出帐篷，在风雨、冰雹、闪电中寻找走散了的战友。

不多一会，找回来了几十个伤病员。他们都冻得直磕牙齿，有的昏睡不醒。等抬到火堆旁，喝了点姜汤，才渐渐有了生气。

同志们都牢牢地记住了首长的指示："在任何艰苦困难的情况下，不能丢掉一个伤病员。"因此，刚刚暖和苏醒过来的人，稍稍休息了一会，又挣扎着爬出帐篷，同我们一起，冒着危险滑下山窝，去寻找遇难的同志。

狂风继续刮着，雨雪冰雹继续下着，但是我们胜利了，救出了大部分同志。

过了一个小时，风停了，天骤然转晴了，我们正准备清点人数下山时，却不见了汤政委。警卫员抱着侥幸的心理说：

"政委也许先下山了？！"

"政委绝不会甩开部队先下山的！"有的同志反驳他。

同志们四处寻找，喊叫，没有一点回声，没有一丝踪影。

同志们仍旧没有失望，分头四处寻找。最后，在一个山洼洼里发现了一堆人。他们说：都是汤政委指引着来避风的，有的还是政委爬着拖来的。战士们听说丢失了政委，一个个竭尽全力，站起来，和我们一起寻找。到底在一个山洼里找到了，他已经僵卧不醒，但怀里还抱着一个同志。看来，他是援救同志，中途气力不支，晕倒在地下的。

把政委抬到帐篷里，放在火边烤着，擦去他嘴边的白沫，灌下些辣椒、姜汤，才慢慢地苏醒过来……

天刚朦朦亮，看见前面山梁上走来许多人，原来是师部的同志来接我们了。据接我们的同志讲：贺师长在暴风刮起的时候，因路滑，一下子连人带骡子摔下了山，晕了过去。醒来后，他摸到一个村子里，第一件事便是派人上山寻找我们。

大家惊问起来："师长要紧不？"师部的同志安慰我们说："师长很好。他叫转告你们，走过去，便是胜利！"

太阳升起来了，山顶上分外宁静，山梁上一条金色的大路，展现在我们面前，伸向远方。

选自《星火燎原》第3集，解放军出版社1980年11月第1版，1997年1月修订第2版，第277—280页。

难忘的师长

熊晃

为了走过漫长的、荒无人烟的草地，出发前部队筹了一些粮食，根据年龄、体力的情况，分给大家背着。当时我年纪很轻，又在拉痢，所以只让我背一点点。走了几天,粮食就吃得剩不多了。由于填不饱肚子，走起路来有气无力，所以时常掉在后边。

一天，我们几个掉队的人互相搀扶着，在水草地上蹒跚行进。黄昏时分，望到前面堆堆篝火，在广阔草原上升起来。走近了，发现有个人站在路口向我们眺望。看那满脸胡须，黑黑的面孔，就知道是我们师长张正坤①同志。他总是这样，人不到齐是不会休息的。

“怎么，掉队的又多了。饿得走不动了吧？”他关切地问道。

大家没言语。谁都知道，只要说声：“我没吃的了”，马上就会有许多捧着粮食的手伸向你。可是谁的粮食都不多，你接过来，他们怎么办呢？那时，一颗粮食，一把野菜，就像生命一样宝贵啊！

师长一向是爱说爱笑的，这时他却沉默了。好久才叹口气说：“不说我也明白。”

回到宿营地，他不停脚地四处转，和战士交谈。在篝火的照耀下，他脸上又浮现出开朗的笑容。忽然他跑上小土包，向围在篝火边休息的

---

① 原文为张振坤，本文统一为张正坤。

战士说：

“同志们，咱们背的粮食有多有少，肚子有大有小，如今有人断粮啦，你们说怎么办？”

“我们有粮的拿出来！”有人这样喊。

“对！”许多人响应。

“对，革命不是一个人能干成功的，要团结一致战胜困难。咱们经济公开，待遇平等，把所有的粮食拿出来平分。来，我先交！”说着张师长把仅有的一点干粮，倒在身旁的油布上。

“经济公开，待遇平等嘛。”这是师长的口头禅，我们听着又亲切又感动，不少人哄地一下笑了，立即把勒紧腰带省下的炒面交出来。师长亲自拿着小碗，喊着名字，挨个分配。荒凉的草原上顿时欢腾起来。

此后，每隔一两天就分一次粮。开始是每人一碗，后来是半碗，小半碗……终于没的可分了，于是部队就只好用皮带、野菜来充饥。记得就在断粮的前几天，每逢开“饭”的时候，师长还总要留出一小匙炒面，让我拌野菜吃。看着他黄瘦的面孔，看着他那要空的粮袋，我实在咽不下去啊！可是他却拍拍我的肩膀笑着说：“吃吧，待遇平等！”就这样，我又度过了艰苦的五天。

饥饿、疲惫的长长行列，默默无声地在草地上蹒跚着。谁的心里都盼望着包座，但包座还有多远？不知道！

“同志们，怎么不说话呀，让困难吓倒了吗？”这是师长的声音。这声音在战斗打得最激烈的时候，不知鼓舞了多少战士勇敢地战斗；在环境最艰苦的时候，激励了多少同志挺起胸膛。现在又听到了，人们都敬爱地望着师长。有个战士说：

“难是难点，可是倒不了。现在要有点烟抽上两口，也许把饿忘了。你说是不，师长！”

“你说的倒是个办法，我也有些日子没闻到烟味了。我去找，你们等着吧。”说罢，他拖着曾经负过伤的腿，一瘸一拐地向后边走去。

大半天他才赶上来，手里拿个烟口袋，浑身是泥点子。他笑呵呵地说：

“来，会吸烟的每人一份。”

有人知道师长烟瘾大，推让说：“你多留点以后抽吧！”

“经济公开，待遇平等，烟末也不例外。”他一边分烟末一边笑着说，“你们知道这烟是谁的吗？”他顿了顿又自问自答地说，“贺老总的。他看我跑去了，以为出了什么事情，问我：‘张政坤，你来做什么？’我说：‘没烟啦，找你要点烟吸。’他听了又气又笑，说：‘你这个烟鬼，为点烟一瘸一拐地跑这么远的路？’说着，就把烟口袋里的烟倒给我一大半。”

师长就是这样的人，只要能给战士解决困难，他会想出各种办法。记得在湘鄂赣苏区的时候，很多战士打摆子，没钱买药。他在病中听到这个消息，便不顾自己的身体，带了一队人马到很远的地方去打土豪，买了许多药品和布匹。事情办完了，而他也晕倒了。

分完烟，会抽烟的吧嗒着烟袋，不抽烟的也有了谈话的材料，部队又活跃起来。走着走着，前面有人喊：

“有福不用愁，这回有办法了！”

原来路旁摆着一副马骨头架子，上面还剩点肉。大家听了，蜂拥而上，把剩下的肉全都刮了下来。我走在最后，去迟了点，肉几乎被刮光了。我不死心，掏出小刀，从骨缝里往外剔，好半天才弄下半斤左右肉星。可是天黑了，部队也走远了。

我一个人在伸手不见掌的草原摸索，心里实在害怕，唯恐走错路，或是陷进泥坑里。没有办法，只好坐在一棵大树下，把马肉放在怀里，想睡到明天再说。刚刚入睡，忽然有个东西碰了我一下。我吃了一惊，赶忙睁开眼睛，就见一个黑影在面前一晃，把马肉抢走了。那点肉真像命根子，我哪里肯放，随手拾块石头打去。那个黑影“吱吱”乱叫一阵，消逝在黑暗中。原来是只猴子。费半天劲搞点肉，还叫猴子夺去了，真是哭笑不得。

第二天，带着满肚子委屈赶上部队，见到师长。他又关切又埋怨地问："昨晚在哪儿睡的？派人找也没找到。"

我把经过情形详细地对他讲了。他听了，深沉地说："要不是为了革命，谁能吃这样苦，谁能跟猴子争吃的！回去休息吧，以后会有办法的。"

有一天，师长把我喊去，分外高兴地对我说："小鬼，拿米袋子跟苏参谋长到附近的居民点去筹粮。"

听说有粮食，我精神陡然振作起来，抓起米袋子往外就跑。到外边一看，苏参谋长带着部队早走了，我忙打听他们的去向，跟踪追去。

走了20多里路，爬上一座高山，我心凉了半截。方圆几十里路，完全是连绵起伏的山岭，看不到一所房屋，更看不到参谋长的影子。怔了一小会，我垂头丧气地跑回来。

师长看我回来，满怀兴奋地问我："搞到粮食了吧！"

"几十里之内，连个人家都没有，哪里还有粮食呢！"

他听了沉默不语。我懊悔不该说这样的话。

但是过了三四个钟头，通信员跑来报告，说参谋长他们赶着牲口回来了，驮回几千斤粮食。师长一听霍地跳起来："是真的吗？"

"哪能说谎呢？"通信员说。

"对,我知道是真的。"师长转身向我:"连家人家都没有？你看看，这回一颗粮食也不给你。你这个小鬼！"他一阵风似地跑出去。

我很难过。这倒不是为了我得不到一颗粮食，而是因为我的疏忽，刺伤了师长那颗关怀战士的心。我恨不得痛哭一阵才痛快。后来我才知道，我和参谋长走的不是一条路。

外面热热闹闹分完粮食，师长提着一条米袋走进来，往我面前一放，说：

"这是你那份，去炒炒磨好，节省点，出草地就靠它了。"

我心里十分激动，鼻子一酸，流下泪来。

部队又出发了，行列里响起嘹亮的歌声：

笛子吹起来呀，
唱给大家听，
我们目前艰苦奋斗呀，
为的是创造西北根据地。
……

事情已经过去 20 多年了，我每当想起这段生活，师长张正坤同志当时的音容笑貌就清晰地浮上脑海。不幸的是他在皖南事变中遭到了国民党反动派的毒手，但是他那对革命事业忠心耿耿的崇高品质将永远活在我们心里。

选自“中国人民解放军三十年”征文编辑委员会编：《星火燎原》第3集，人民文学出版社1959年12月版，第341—345页。

印在心头的足迹

李真

长征路上，红六军团过草地留下的那一行行深深的脚印，一直印在我的心头，并不因旷时日久而消失、淡漠。

1936 年 7 月上旬，我们红十八师从甘孜出发。不久，就进入草地。开始看见这无际的草原，倒也开心。从表面上看，这平荡荡、浩茫无涯的草原，到处绿草茸茸、露珠滴滴，早霞射出的道道红光，将碧蓝的天空和茫茫的草原染成各种美丽的颜色。草叶上金黄色的珠子，在颤动。远处闪烁五彩缤纷的光环。微风吹拂着茸茸草丛，像翻滚着的海浪。在这辽阔的草海上，我们的队伍，犹如海上的一排巨轮，在绿色的海洋上航行。然而，这种美好的感觉不过是一种幻景，很快就被驱散得干干净净。一些不知名的草花和腐烂的草根污泥，溢出苦涩而有害人身体的气味，闻之欲呕，转瞬间，风和雨、冰雹和雪又劈头盖脑地袭来，有时整天笼罩着阴沉寒栗的迷雾。

从甘孜到阿坝的路上，开始几天，每人还能分到二三两青稞粉子，往后就不行了。许多部队只得以野菜、野草充食品，有的人把草鞋上的牛皮烤焦或煮熟来充塞饥肠。由于缺粮，战士们的脸由红润变成蜡黄，高高突出的颧骨像两个拳头贴在脸上，满头的头发蓬乱着。一张张像病入膏肓的脸，很难看。因为饥寒交迫，生病的人多了，掉队和死亡人数不断增加。据通报：7 月 22 日，日夜雨雪，在抵达绒玉的途中，仅红六师，就死亡140余人！这些红色战士，为了北上抗日，口里含着野草，光荣地牺牲在草地上。所以，部队不能按时到达目的地。本来按部队常规行军能力计算，有十来天即可到达，结果走了20多天才到阿坝。

从阿坝到包座，还有一段相当长的水草地。部队到达阿坝后多么想得到充足的粮食啊！因为部队多，阿坝这小地方，哪能有多少粮食补充呢！可是，往后这一段草地的环境更加恶劣。这时，我已由军团教导团政治大队调到红十八师特务连任政治指导员。上任时，我们师长张正坤①找我谈话。我们选择了沼泽地里的一个较高草堆上。他听我开腔带出了江西永新土话的余音，就开玩笑地叫了一声"古拉！"然后既亲切又严肃地对我说："当政治干部，更要经得起考验。你已经看得清楚，部队确实很辛苦，几天过去了看不到人烟。宿营，连一块稍干燥的土丘都找不到。许多战士赤着脚在水草地里走，有的脚上裂开了一道道血口，有的肿胀流水流脓。做政治思想工作，既要看到这些实际困难，又要教育同志们有坚持克服困难的决心和信心。"他在膝盖上摊开不准确的西康地图说："我看过草地的时间不会太长了。告诉大家千万要坚持，不能掉队！在这样的水草地里，掉下队来就完了。要组织抢救小组，尽量想办法多带出去一个人，多一个人就使革命多一份力量！"他指着行军路上："你看，前面两个战士架着一个人走，是一种好办法。"这些话是多么的语重心长啊！

我没有到十八师来之前，张师长的英勇、谋略早就听说过。1935年11月，我红二、六军团奉命突围离开湘鄂川黔边根据地时留下十八师执行牵制敌人的任务。当时他带领约3000人的部队以各种战略、战术手段迷惑敌人，一会儿长驱直入向根据地外的西南方向行动，一会儿又掉头向西北疾进。当敌人发现我主力到达湘中，即集中十多个团的兵力，重重包围我十八师于龙山茨岩塘地区的一个山上。他指挥部队，在

① 原文为张政坤，本文统一为张正坤。

众寡悬殊的情况下，经四天四夜的浴血苦战，杀出重围。后来，这个部队在十几倍敌军的追击、截击和多次包围的险恶情况下，由于张师长的深谋远虑和镇定沉着，尽管部队伤亡很大，但没有一个人气馁，没有一个人动摇，一直坚持到与主力会合。可见，张正坤师长，他是一个胸怀革命大业和对红色战士的无产阶级革命深情啊！目前，我们遇到如此重大的困难，他又谆谆教育我们，鼓励我们前进。

部队又艰难地跋涉了六七天，才走出这段险恶的沼泽地，然而，我们连里又有几位可爱的战士，在通过这段草地时，为解救处于水深火热之中的人民殉难了。使我一生难忘、一生懊悔的有这么一件事：我们连部通信员田维，在走了五天草地后，同其他两个战士一起被饥寒交迫致死。有人向我报告说，在包座出发前，分配给田维的少得可怜的那点青稞面，被上士李宏久扣发了一半。并说上士讨厌这个能说会道的人。在李宏久脑子里种下的印象是：小田说大话没有边际。他看不起别人；走起路来尽管饿着肚子也挺直身子，昂起脑袋，显出无所畏惧困难的神态。有一次煮了一锅苦野菜,明明又苦又涩,他偏偏说比山珍海味还美。为此事上士跟他辩论，他反说苦菜有三大好处：一可以补充粮食不足；二营养价值高；三苦中有甜。上士却认为他打肿脸充胖子，装蒜。有时上士又觉得他是一个不大懂事的小孩。在大家走了一天很疲劳了，他却不休息，到清澈的小溪里捉鱼，两只眼睛死死的盯着。突然有只野鸟钻进草丛，他就飞似地追上去，结果什么也没有捞到。对反映的情况，我只作了个粗略的分析。我认为田维是个好战士，他年纪最小，还不满十五周岁，是我们突围到湘中，在新化县扩大来的。他是一个初中没有毕业的学生。他个头矮，但长得粗壮。听别人告诉我，过雪山时，天那么严寒，他把八角帽掀到脑盖顶上，一头蓬松的乱发向天冲起，就像黑火焰，汗珠子像密密的雨点，滴到雪路上，把雪路都融化得像蚂蜂窝。从包座出发的头一两天,他情绪仍然那么高涨。而今,他显得非常疲惫，走着，走着，停下来，闭上眼睛，喘几口气休息一下，身子也颤栗起来，好像是一阵寒战。他对我说："指导员，要能找上一个干燥的地方，睡个舒坦的觉，该多好呵！"他紧锁着眉毛下那对流光的眼睛，瞅着这漫无边际的水草地凝神。上牙咬着微厚的嘴唇，而嘴角上仍透出一缕带有苦涩意味的笑纹。他的两条腿终于瘫软下来。他坐在发绿色有毒的水草地上，两眼发呆了，脸色也铁青。搀他、扶他都不行，他一言不发地摇着头。

几天来，小田的肚子里除了咀嚼的草根，什么东西也没有。昨天，在路上我还问过他的粮食情况，他高高兴兴地拍打着米袋的下端说："这不是么！"他把身子仍站得笔直，伸出大拇指，显出若无其事的神气。其实，他米袋装的都是带泥沙的草末子。田维的死，使我万分悲痛。

听了上士扣发小田粮食的事，在小田死后，我更加恼火。见了上士像条件反射似的对他发出莫名其妙的怨恨。

有一天，宏久同志正在搜寻柴草和牛粪为战士们烧开水，我怒气冲冲地对他说："你吃得膘肥肉厚的，就不管别人的死活。"从表面看来，这个30来岁的汉子，圆胖胖的脸，面皮绷得亮堂堂的，像是用汽筒打起来的皮球。但脸上没有血色，像是从缸里捞出来的黝黑的酱菜。似乎心头上有一片愁云涌到脸上，老是带着一种沉思的表情。宏久听了我对他这污辱而尖刻的话后，火冒三丈，把抱在手上的牛粪片摔到地下，嘴唇颤个不住，随后大声地喊叫，声音里充满着愤怒："你胡说，谁不管别人死活？"这时他的牙齿咯咯发抖。他站不住了，倒下了，他的感情和理智遭到了严重的打击。我见情况不妙，伸手去扶他，他猛地把我的手推开。而我的手指碰到他脸，像发得不好的馒头，出现一个个压得很深的指坑。这是严重缺乏营养的浮肿。这时仿佛有人挥着鞭子在抽打我。看见这空荡荡的水草地里又躺下了一位奄奄一息的战友，我的心绪非常慌乱。我自愧又着急，觉得这是自己的鲁莽而给战友造成的生命危急，这后果是多么地严重啊！我把小田饿殍的事暂时放下，抢救上士是当务之急。我用手指掰开他痉挛发抖的牙，灌进一些温茶水，卫生员给他打了一针强心剂。过了一会，我用巴掌捂在他的鼻孔上，又把手贴在他的胸口上，摇摇他的头，摸摸他耷拉着的手，我感到绝望了，仿佛是一种无可挽救的深深的绝望。我想哭，却没有眼泪。我只是深深地怨恨自己。我那块怀表的时针缓慢地走动。一刻钟后，他那无力的胸膛微弱地呼吸着，干裂着的嘴唇好不容易的颤动起来。……当时，战士们的情绪像经过千里奔驰而疲倦的老马，一个个地耷拉着脑袋，饥饿、疾病、死亡继续的威胁着，这有什么办法呢？我们只有默默地忍受。说实在的，我对这种恶劣的环境、艰苦的生活，也是厌恶透了。我感到倘若三天还走不出草地，……我简直不敢想下去了。

宏久同志终于醒过来了，我忐忑不安的心和满面愁苦的情绪顿时振奋了。我不时观察他的表情。他走不动，我就搀扶着他。到晚间露营时，我把棚子搭好，给他端去洗脚水。把他肿胀得像萝卜似的脚轻轻地放在温水里，清洗了他裂口上脓痂，用我剩下最后的一条纱布带子包住伤口。这些事做完之后，见他脸上渐渐地发出微笑。这时，我的心里也觉得轻松了许多。

“指导员，你不要记恨我！”说着，他的声音哽塞了。我看到他那两只闪光的眸子里溢满了晶莹的泪珠。

一刹间，我的心剧烈地蹦跳起来，浑身的血涌上了头，我感到一阵晕眩，似乎有点承受不了这突然而至的巨大喜悦！我终于以真挚的战友情谊赢得了这个倔强而耿直的同志对我的宽恕、谅解和信任！

事后我把“扣发粮食”的事搞清了。小田从包座出发的第二天，在路上遇到四方面军走错了路而掉了队的几个病号同志躺在路旁的草丛里，他们的身体非常虚弱，米袋瘪瘪的。他们直条条地躺着，像砍倒的木头，迷迷糊糊地睡着了，叫喊也不醒。有的偶尔发出沉痛的呻吟，又不声不响了。小田费了很大的劲把他们叫醒了，他带着痛楚和怜悯的心，把自己米袋里的粮食大部分倒给这几个掉队的病号。然后，在米袋的一头装上沙土掺拌草梢。所以，表面上他的米袋总是鼓鼓的。

我在行军途中，两只脚机械地起落着，脑子里被这件事紧紧地缠住，觉着自己处理问题，这么幼稚、这么荒唐，我非常懊悔。如果再鲁莽下去，可能把李宏久同志置于死地。宏久是多么好的一个同志。同志们告诉我，长征的一路上，不管风里雨里，不管暑天寒夜，为了大伙儿吃好，当我军住地队伍多，蔬菜少，他就走出十几里、甚至几十里路，翻山越岭,肩挑背扛把菜买回来。炊事员疲劳得睡觉了,他就自己动手。他做的菜饭又香又甜，非常可口……越想越痛心。要不是在几十人的队伍面前，我会号啕地哭起来。因为我那时还不满 18 岁，还有些孩子气。后来，我对经历近两个月艰苦行军稍稍总结了一下，认为部队能战胜人类难以忍受的艰难险阻，胜利地通过草地，除了艰巨的政治思想工作外，抗日民族革命的大好形势是对部队的有力鼓舞。当时的口号是:“走出草地就是胜利。” 9 月 1 日，我们到达了甘肃岷县境内的哈达铺。

选自《红六军团征战记》下，解放军出版社1994年6月版，第502—507页。

最后的脚印

李文清

把青稞分给全团　让全团都能北上

草地远处的尽头，隐隐约约地可以看到一些小黑点，阿坝快到了。

“同志们！加油呀！到了阿坝就有粮食了！”

粮食！粮食！很久以来，我们就很少见到粮食了。记得是在1935年11月间，我们红二军团的五师十五团①1800多人，怀着坚决跟毛主席走，北上抗日的决心，随主力从湘鄂川黔根据地出发；一路冲杀，于1936年7月到达甘孜。经过几天休整，每人只带着半个月左右的粮食（按每人每天三四两计算），就沿着一、四方面军的脚印，向着这荒无人烟的原始水草地带进军。虽然历尽了千辛万苦，但在快要进到阿坝的时候，战士们却不知从哪儿来的一股子劲，唱着、笑着、喊着、闹着，越走越有劲。

慢慢地，房子的轮廓清楚了。奇怪！既没人走动，也没烟火。原来，藏民不了解我军政策，在当地封建主的挟持下都走光了。我们只好住下。但是，骑在藏民头上的封建主的骑兵老在我们周围来回兜圈子，嗥嗥喊叫，野心勃勃，企图袭击我军，阻挠我军北上。为了自卫、为了

① 1936年9月7日，该师编入红三十二军建制，改称九十六师，十五团改称二八八团。

打击敌人，第二天部队分两路出动，同志们一听说打仗，力气就上来了，一个猛冲，敌人就扔掉帐篷落荒而逃。我们乘胜追击十多里，缴获了十多斤糌粑，团部通讯班的小鬼们在搜山中还捉住了一种古里古怪的扁矮的动物，背上有甲，四条短腿，足有七八斤。煮成了一锅汤，虽说是不多，但他们还是给各营都送了些。

敌人被撵走了，但还是没粮，我发愁了，对政委陈文彪同志说：

“老陈啊！明天就要出发了，啥也没有，咋走呢？”

“还得发动大家再找呀！”

正说间，一营通讯员兴冲冲地跑了进来：

“报告！”

“什么事？”

“青稞！”

“哪里？”

“我们缴获了敌人一袋青稞，我们营长说有吃大家吃，要饿大家都饿，请团长处理。”

我兴奋极了，把手一挥：“警卫员，叫供给处刘处长来！”

原来，一营营部通讯班在敌人扔下的帐篷里找到了一大袋青稞，大家像找到了宝贝一样高兴。因为饿极了，有人就要煮来吃，多数人不同意，有人说：“不能只顾我们自己吃饱，北上打日本需要大家都去；缴获应归公，应分给全营。”大家都同意这个意见，正好这时一营长张树芝走进来听到了，他接着就说：“还应该分给全团，让全团都北上。”营长的话还没说完，大家就都接下去说：“应该这样，还是营长比我们想的远。”就是这样，他们报告了团里。我们去看时，一粒也没动，我和政委都很感动，当场表扬了一营在极度艰苦的情况下首先想到的是全团的这种高度的阶级友爱和集体主义精神。虽然全团每人只分到一小碗青稞，但我们要用它征服草地，度完这征途的最后一个多月。

第三天，和着野草，每人只吃了一小撮撮青稞面。出发前，政委做了简单动员。他指着手里提的那一点点青稞面说："粮食就这么多了，这是我们的命根子，不准乱吃，虽然肯定不够，但我们是红军，从来就没向困难低过头，草地挡不住我们北上抗日的决心，同志们！中央、毛主席都过去了，我们还过不去吗？"接着部队响起了雷一般的声音："爬也能爬过去！"

出发不远，行军队伍的侧翼又发现了敌人的骑兵。我们团走在最后，担任掩护全师的任务，当即命令后面部队隐蔽起来待机歼敌，大部队仍照常前进。狡猾的敌人发现形势不妙，就空放几枪逃跑了。宿营时，我到师部去汇报，一进帐篷就闻到一股香味，口水就不自禁的流了出来。师长王尚荣同志一把拉我坐下说："先别忙汇报，这里搞了个牦牛脑袋，今天你们在后面完成了掩护任务，很辛苦，来！先喝它一碗。"说着，亲自盛了一碗给我，我接过来咕咕一气就喝了下去。多香呀！我好像这辈子才第一次喝过那么好的汤，这几天来每天都只能吃一小撮青稞面，还要走八九十里路。肠子好像在打结，真想敞开肚子，喝它个饱；但当师长又让我喝的时候我却没喝，我知道，师首长也和我们一样，而且，这锅汤是整个师部喝的。

茫茫草地似大海　为了抗日冲过去

第五天，青稞面全光了。我们这些人成一路，摇摇晃晃地蠕动在茫茫的草地里，就像航行在水天相连的大海里的帆船一样。这里，时晴、时雨、时雪、时雹，变幻无常；地上表面长着水草，一脚踩上去时，草团根就像小船似的摇晃，而黑油油的污水马上就会淹过脚面，要是一不小心，陷入泥坑，那就等于石沉大海。更令人恼火的是：这里见不到人烟，甚至连飞鸟也绝迹。一到宿营地，周围可吃的野草也几乎为前面的兄弟部队吃光了，我们就只好挖些他们吃剩的草根充饥。有的吃上毒草，轻的就会四肢抽疯，神经失常，口吐白沫，重的就会丧命；当时又缺医药，大家围在一起束手无策，眼看着自己的战友倒下去丧失了宝贵的生命，心里像刀割一样地难受。

情况已到了极其严重的地步了，为了救下这些革命的种子，现在，只有把最后的一手拿出来了——把驮帐篷、物资的牦牛和首长骑的骡子杀了。杀一头全团要吃三四天，先煮汤和着野菜吃，再把煮过的肉分给每人一二两带着，不准吃，第二天再煮。至于牦牛和骡子驮的东西，带不动的只有扔了；帐篷要用就撕开，又能当大衣，又能搭小屋，宿营时就化大为小，化排为班。就这样，全团靠着八九头牦牛和骡子，勉强支持了 20 多天。

8 月上旬，到了葛曲河边，正遇山洪暴发，既无桥无船，又不能涉渡，只好隔河露营，坐等水消。但是，这草地的西北风一阵紧似一阵，像针似地扎在我们这些单衣、赤脚（只有少数人才有草鞋）的红军战士身上。本来，在这海拔 3000 公尺以上的高原地带，即使是 6 月天，人们也必须备有羊皮袄，何况现在又已是秋末冬初呢！入夜，阴云密布，风雪大作，我们就在小洋布帐篷里几个人挤在一起，让彼此的体温互相取暖。但是由于极度的累、饿、冻，少数同志却一直僵卧不起，从此与世永别了。多么坚强的战士啊！他们是来自湘鄂川黔地区的农民弟兄，忠诚的共产主义战士，为了革命，他们献出了宝贵的生命。我们怀着悲壮的心情，在葛曲河畔掩埋了同志的尸体。

水还是没消，可是，这里根本找不到吃的，身边的战友不断地倒下去，人员不断地减少，再等几天，也许我们这支北上抗日的队伍会不堪设想了。为了活着，我们不能再等待了，一定要冲过河去，在下午水势稍退的时候，我们砍了些杂草捆起来，垫在脚下，手拉着手，强行渡过河。虽然到了对岸，但衣服全湿了，全身冻麻木了，加上累和饿，一步也挪不动了，只好就在岸边倒下休息，喘气。

共产主义是理想　鼓舞大家向前奔

爬上河岸向东一望，远处发现一座小黑山。

“巴西不远了，加油呀！”队伍里爆发出一片兴奋的口号声，倒下的人使尽最后的力气爬起来，挣扎着向前移动，路两边又出现了标语：“坚持到底就是胜利”，“跟着毛主席走”、“北上消灭小日本，解放东北同胞！”像以前一样，看到了标语就浑身是劲，大家互相搀扶着，虽是慢，但却是充满着信心和希望，队伍又闹腾起来了。一连长鲁绪金是个快乐的人，他扶着一根棍子，背着两支枪，瞅着我们的勤务员李娃，一步一嚷：

“嘿！李娃，你咋还没死呀！”

“你为什么还不死呢？”李娃是个机灵的小鬼，一点也不让人。

“我还要留着这条老命打小日本呀，那么你嘞？”

“我呀，我还要看看共产主义呢！”

“嗬！小鬼真行，你们看啦。两个包袱两把伞，两双筷子两个碗，小勤务员呀！哈哈！”一连长一边打着哈哈，一边指着李娃背的这些东西嚷着。原来，勤务员背的除自己的外，还有一套是首长的，挂的满身都是，活像个卖杂货的，惹得大家都大笑起来，这一笑，仿佛走路也轻快了几倍。接着，不知谁又在低声地哼着:“笛子吹起来，唱个歌来听，我们是红军战士，北上打日本……”随即大家也和着哼起来，声音越来越大，雄壮的歌声在草地上空荡漾。

巴西真不远了，要是往日，不出半天保管走到，但今天，它显得多么地长啊！我们每移动一步都需要极大的毅力。路旁不断有同志倒下去。情况已到最后严重的关头了。道理，我们的战士都知道，因为眼前的情况就是这么简单明了。为了革命谁也没有怨言。但是，要救下这些革命的种子呀，我和政委在研究：

“老陈呀！怎么办呢？”

“好好动员一下，无论如何也要坚持下去，我再去布置一下各单位开党团支部大会，给部队再作次动员，你看呢？”

“行，我去加强收容组织。”

党团支部会开过之后，我们派了几个走得动的党员，加上卫生所潘所长、卫生员、我、政治主任傅中海等人，还有那匹唯一的骡子，加强了收容组织，走在部队的最后面。前面不断有人掉下来，东倒西歪，像个醉汉，走着走着，身子就往下斜，傅主任就赶上去一把扶住，说：“千万别坐下去呀”（因为一坐下去就永远起不来了）！几个人就七手八脚地把他抬上骡子。接着，又有人要倒下去，就叫他抓住骡子尾巴，另一个人又抓住他的衣服。这样，一匹骡子就救了三个人。走了一段路，人慢慢地清醒了，又要求下来坚持着走，好让别人再上去。再往前走，前面不远又有个同志倒下去了，另一个小鬼不顾一切地赶上去吃力地拖了几下，自己也跟着倒下去了，等我们赶上去时，他们已经靠在一起没气了。大家抑制着痛苦，刚毅的脸紧绷着。我蹲下去久久地抚摸着他们的额头和胸口，脑子里顿时浮起了小鬼的影子。提起这小鬼，没人不喜欢他。他姓王，家在贵州萨子坡，受尽了地主的欺压，跟我们当了红军。在贵州的一次战斗中，他一个人机智地缴了十几个敌人的枪，平时爱说爱笑，工作起来就像一阵风。这几天，我看他快要支持不住了，问他受不受得了，他冲我笑着说：“团长，别看我小，可干革命从来也没落过后呀！敌人都能打垮，这点点苦算不了什么。”叫他骑我的骡子，说啥也不肯骑，别人去抢他的枪，他说啥也不给，甚至还去帮助别人呢！刚才他又何尝不知道自己已经支持不住了，去救别人是危险的呢！但是，他不顾一切地做了，牺牲了。我的喉咙似乎被什么东西塞住了，呆呆地看着别的同志把他们掩埋了，这才含着眼泪把他们的枪拿过来，默默地扛在肩上，心里说：“好同志，你们的枪我们扛上了，你们没走完的路我们会继续走下去，你们未完成的事业我们会继续完成，革命一定会胜利的。”

红军不怕艰和险　万里长征终获胜

这个礼拜，因为根本没有粮食，前进的速度慢得异常可怕，每天只能走八里十里。有一天露营时，通讯班的小鬼们饿的实在不行了，就把皮带放在火上烧，然后用刀子把烧焦的部分刮掉，切一块嚼一嚼，虽然苦但是还可以吃。这个意外的发现马上就在全团推广了。于是，枪皮带、腰皮带、皮挂包，只要是皮，全吃光了。残酷的时日终于熬过去了，我们到了巴西。

巴西，又是没人没粮。但终究这儿住过人，多少可以找到前面部队吃剩的草根，甚至偶尔还能找到几线群众收割后掉下的青稞穗子。尤其是到了包座，路旁摆满了敌人的尸体，这是胡宗南的部队在这里被我兄弟部队消灭了两个团的痕迹。大家特别兴奋，有人说："兄弟部队不但很快就过去了，而且还大量地消灭了敌人，我们现在没仗打，难道还过不去吗？"这一段，虽没粮，但已经多少可以找点剩下的青稞、豌豆、蔓菁（萝卜）等吃了。

再过几天，又经过与饥寒、死亡的艰苦搏斗，在一个漆黑的夜里，冒着敌人（地方土匪）稀疏冷落的枪声，我们爬上了天险腊子口的顶峰。黎明时分，天空逐渐泛出了云霞，极目远望，只见一片青葱，缕缕炊烟正从山腰、平原的各个角落冉冉上升，这是一幅多么吸引人的图画啊！队伍沸腾起来了，一片欢呼声震撼着这霞光万道的山野。

我们终于甩掉了草地，在这极度困苦的绝境里，在这远非人类所能忍受的条件下，我们这些在共产党领导下的红军战士终于以令人难以置信的毅力坚持下来了，胜利了。回首草地，从甘孜出发时，千人左右，现在就只剩下四百多个胡子像头发，头发像苎麻（半年多没有理发），衣衫破碎，蓬发垢面，就只见两只骨碌碌的眼睛仍然闪射着坚定的光芒的人了。就是这些人，在我军长征的道路上，骄傲地留下了最后的脚印。

选自《成都日报》1959年4月11、12日。

通过炎热的缺水地区

马忆湘

一

红军终于翻过了荒无人烟，飞鸟绝迹的雪山，又走进了重叠连绵的石峰间。这里，没有泉水，没有树木，没有飞鸟，满眼都是光秃秃的石头。除了石头缝里间或长出一丛丛狼牙刺以外，别的什么也没有。

头顶着火热的太阳，脚踩着滚烫的石头，像蒸在铁锅里一样，空气焦干滚热，仿佛划一根火柴就能点着。

我们的草鞋早就磨破了，打着赤脚，脚上烫起了不少血泡。这里，好像老天爷故意安排似的，雪山冷得要死，石山热得要命。康藏高原的气候，真令人难以捉摸。

刘小夭吹了休息号，我们找到一个背阴的地方，所有的同志都休息了。有的战士把枪往头下一枕，就闭上了眼睛，有的背靠着石头，就打开了呼噜。尽管多么疲、累，困、饿，我们都默默地忍耐着：成天成夜，我们还要跑前跑后去照顾伤员。

小刘（指警卫班长刘民生），像铁打的钢筋，他不休息，不知蹦到哪里去了。

陈晨英热得呼呼喘气，向炊事班长王德民问道：“王班长，这准是孙猴子过的火焰山，对吧！”王德民摔打着小烟锅，幽默地说：“火焰山怕什么，铁扇公主能放火，我们能夺她的芭蕉扇。”

“谁吃，谁吃，好吃得很。”小刘从山底下跑上来，浑身汗如雨下，手里拿着两个红红的野果。石头山上竟能采到这样的美食，真是稀奇古怪。我们虽然渴得要命，但谁也不吃，拿着野果，你传给我，我传给你。

“你吃了吗？”刘小夭眼不离果，问着小刘。

“吃了。”小刘说。

“什么味？”

“哎呀，好吃得很。”小刘津津有味地连说带比划，“又甜又酸，水滋滋的，一吞到肚子里，哦，那才美呢！既不渴，也不饿了。”

刘小夭听得出了神，嘴唇一张一张，仿佛在吃果子似的。小刘也看到刘小夭想吃果子的样子，但按他的意思，两个果子分给的对象是：一个是王德民，因他挑伙食担子，一路上煮饭做菜，比谁都辛苦，一个是怀孕八个月的陈真美。小刘没直说，想叫大家来决定。

推来推去，还是推给了王德民和陈真美。陈真美没有吃，给了伤员，王德民也没有吃，给了刘小夭。因为他是解放过来的，时间不久，在生活上尽可能关照他。

刘小夭接过果子，不管三七二十一，张着大嘴，猛咬一口，就连忙又吐出来。

“苦死了，苦死了……”

我们奇怪地望着小刘。

王德民说：“你不是说果子又酸又甜，好吃得很吗？”

小刘直愣愣地瞪着大眼，半天也说不出一句话来。其实，他并没有吃。满山遍野，辛辛苦苦，好容易找寻到两个果子，他怕人家让给他吃，所以才第一次撒了谎，说自己吃了。

从曙光熹微的清晨，走到烈日当空的中午，部队没有喝到一满口泉水。渴得没有办法时，就拿沾湿放在茶缸里或洋瓷碗里的毛巾（因为没有水壶，只好用毛巾沾湿带水）拧点水来解渴。有个抬担架的同志，口干得昏昏沉沉躺在地下。我虽然也渴得无法支持了，但一想到他抬着担架，任务重，自己是空手走，就毅然把自己的手巾拧出点水给他喝。抬担架的同志喝了点水，才慢慢爬起来，抬起担架又往前走了。

天上没有一丝云，地面没有一丝风，恶毒的太阳好像想烤死我们在石头山上，同志们的嘴干得脱了一层皮，肚子里像有一团火在燃烧，有的人紧紧握着拳头，有的人使劲咬着牙齿，有的人把上衣脱掉，背着枪支、子弹袋，艰难地向前迈着步子。躺在担架上的伤员渴得更凶，忍无可忍，艰难地喊着："口里冒火，水！水！""看护，我要水！"

我把水壶翻了过来，一滴水也没有，真是急得我十指抓心呀！没有办法，我只好把半湿半干的毛巾，敷在伤员的嘴上。

长征途中，我们的医药没有来源，药包里的人丹、八卦丹、救济水，都给伤员吃的差不多了。

戴院长和罗政委站在路旁，望着从身边走过去的疲劳而又坚定的红军战士。几天来，两位首长都消瘦多了，眼睛凹了下去，颧骨挺了出来。

我看首长这种样子，心里怪不好过，从药包里取出了一小块八卦丹送到他们跟前，说："首长，吃了吧，八卦丹能避暑除寒。"

"小丫头，"罗政委没接八卦丹，对我笑了笑，"你倒会给我上卫生课！"

戴院长仍是老样子站着，好像没有看见我站在旁边，没听见我说话，两眼睁大地望着行军行列。

我把八卦丹掰成两半，向他身旁靠了靠，大声说："院长，吃了八卦丹。"

"八卦丹？"戴院长的脸上不会轻易有笑容的，随便说了一句："不吃，留给同志们吃吧！"

正在这时，一副担架抬了过来，躺在担架上的伤员不断地喊着"水！水！……"罗政委接过八卦丹，捏成碎末，慢慢地放进了伤员的嘴里。

"这两个人呀，就知道一心为别人，也不管管自己。"我在心里说了一句。

渴得实在太厉害了，有的战士昏倒了，伤员呼叫水的声音也越来越多了。部队只好休息，暂时停止前进。

这次休息，也许是渴的关系，王德民例外地没有抽烟。陈真美像滩湿泥似地躺在地上，膨胀着的肚子微微颤动，但她能忍！忍！忍！没有说一句丧气的话，没有一声痛苦的呻吟。平时爱开玩笑的陈晨英，这时也沉默无言了。

罗政委看到我们干渴得这个样子，比自己挨刀割还难受。

"同志们，忍耐一会，下山就好了！"

"政委！"王德民像一下子想起了什么，舒展着眉毛："咱两只脚要像封神榜上的哪吒，装上风火轮，那就好了。"

"这不难，革命胜利了，每人装一个，想到哪里，吱，就飞到了。那时呀，咳，就再也不受这样的洋罪罗！"

"政委，人都能飞起来，那就好了。"疲倦已极的陈晨英忽然精神起来了。

小刘天真地问:"人怎么会飞呢,那不成神仙了？无产阶级不信神的。"

"说得对。"罗政委舔舔干燥的嘴唇，绘声绘色地说："无产阶级不信神，将来革命胜利了，人人有饭吃，人人有衣穿，人人有房子住。要不，还算什么无产阶级革命呢。你们不相信能飞吗？能飞的。比如，你要到上海，到南京，你就可以坐汽车，如果你嫌道路上有灰尘，汽车走的慢，你可以坐火车、坐轮船或者坐飞机，半腿不迈，一力不费，嗡嗡几声，就到了。你们说，这不比哪吒的飞火轮还强百倍吗？"

大家被罗政委说得哈哈大笑，什么疲劳，什么干渴，不觉都烟消云散了。

"把老蒋、小日本打垮，革命胜利还得多少年？"王德民笑够了，问罗政委。

罗政委有个好习惯，人家笑，他不笑，这样，就能更风趣地回答大家提出的问题：

“也许十年，二十年，三十年。一句话，鬼子一定打垮，蒋光头一定下台，革命一定胜利。”

“要是三十年，我老王不要拄拐棍了？早一点不行吗？”

“这就得要大伙卖力气干罗！”

王德民赶忙改口说：“哈哈，政委，咱老王早就把自己交给革命了。前人栽树，后人吃果，看不到革命胜利，咱老王也没关系。”

小刘在一边掰手指头，算年纪，兴奋得小脸蛋像花红果子似的，黑亮亮的眼睛充满着乐观、自豪的神气。

“政委，就打三十年算，我也只有 40 岁。”

罗政委看着这个可爱的，英俊的战士，半天才说：

“你想想，将来革命成功了，你们都做什么？”

“我还是当红军。”我说。

“老了呢？”

“当红军婆婆。”

“红军婆婆，哈哈，新名词。”罗政委笑了。

“我要当演员，唱红军戏，跳红军舞。”陈晨英稚气十足地说。

“小刘，你呢？”罗政委拍拍他的肩膀。

“我和他们不一样。你知道，政委，我是个睁眼瞎子，认不得几个字，等革命胜利了，我要读书，要读好多好多的书。书读好了，我就带着帐篷，提着开水，背着干粮，领着工人到雪山、石头山来测量路线，把汽车路从云南修过来。将来，汽车路修通了，六月天，把雪山的雪运到别的地方去做冰水喝；把石头山的石头打烂，运到湖南，给毛主席盖座石头房子。政委，你知道，毛主席是湖南人，房子就修到他老人家村子里。政委，我听家里人讲过，石头房子最好，夏天是凉的，冬天是热的，对不对？”

这个钢铁汉子，不愿意多说话的人，不善于倾吐自己感情的人，这一次，突然说了这么多的话，而且说得这样自然，这样真切，这样有感情。小刘的精神世界是多么深远，多么广阔！ 19 岁的心灵，在这样艰难的时候，就想到了革命的胜利，想到了美好的将来——共产主义要在中国实现。是的，正因为他有饱满的革命热情，有远大的政治理想，所以才有这样坚定不移的革命信心和所向无敌的勇气。

二

我们围着罗政委说着，笑着，唯独陈真美只是坐在一旁，间或微微一笑，她是个心中有数的人，微微一笑就算是表示自己内心反响了。

一个伤员喊了一声“水”！就昏迷不醒了。只见陈真美从背包里拿出一个药碗，不声不响地走到离我们五尺来远的石头旁边蹲住。

小刘好奇地问：“真美姐，你干什么去？”王德民朝小刘作了一个鬼脸！“女同志的事嘛，你问做什么？”把小刘闷得个满脸飞红。

“女同志的事，什么事？”我当时才 14 岁，不懂那一套。真美姐平素对我很好，帮我缝衣补服，帮我打草鞋，领我找红军，给我讲故事，我把她看得比亲姐姐还亲。所以，我悄悄走了过去，在她背后蹲了下来，看她到底做什么。

只见真美姐低着头，解开衣扣，右手撮着奶头使劲揉着，左手端着药碗接着一滴滴奶汁。

“真美姐，你这是做什么？”我问她。

她猛地转过头来，看了我一眼，说：

“忆湘妹，这有什么好看的。别管我，有用就是了。”

说罢，她把衣扣扣好，端着不多一点乳汁，走到那个渴昏了的伤员跟前，用断了半截的药匙，一匙一匙地喂进伤员嘴里，伤员张开干渴的嘴，贪馋地、大口地吸吮着。当他清醒过来，睁开眼睛，看见蹲在自己身旁挺着肚子的陈真美和碗里的乳汁以后，他“呼”地坐了起来，伸出一双颤抖的手，发疯似地喊道：“给我，碗，……”

伤员夺过陈真美的药碗，由于过于激动，话都说不出来了。“同志，奶……奶，不……不是……水。”伤员的眼里流出亮晶晶的泪水，手哆嗦得更厉害了。

三

一天不吃饭，还能挺得住，不喝水，那是受不了的。水，在这个时候，比金子还宝贵得多！

戴院长背着手，低着头，凝视着碧蓝的天空，怒视着火红的太阳。他几次下决心要宰掉几匹军马，用血水解渴，但一想到全医院这么多伤员，这么多药箱，杀了以后又怎么办呢？

正在无法可想的时候，一个骑兵通讯员扬鞭飞驰而来，身上背着五六个缴获国民党的军用水壶，大声喊着。

“同志们，救命王——水——来了！”

像久旱遇到了甘露，像饿羊遇到了绿草，高兴啊！高兴！伤员们睁开了眼睛，战士们唱出了歌声。陈晨英一蹦三丈高，把我抱了起来。戴院长快步迎上去，罗政委也紧跟迎了上去。

骑兵通讯员敏捷地下了马，取下了水壶：“首长，六壶水，请收下。”

戴院长小心地接过水，生恐倒出一点，问道：

“哪来的？”

“前卫营弄的。我们送给贺军长，任政委，首长只喝了一点，说你们这里有伤员，有女同志，就命令我送来了。”

罗政委向前一步，紧紧握着骑兵通讯员的手，感激地说：

“我们留下四壶，其余的留给军首长，请转告他们，我们全医院的同志感谢首长亲切的关怀。”

小刘振臂高呼：

“感谢贺军长！感谢任政委！”

“走出石头山，北上抗日救中国！”

石山上响起了暴风雨般的口号声，震动着荒山野谷，像是对太阳示威。

首长们珍贵地拿着水壶，商量着分水的对象。后来决定三壶水给伤员喝，一壶给医院工作人员喝。

蓝蓝的水壶在同志们的手中传递着。每个人都怕喝多了，只浸浸嘴唇，湿润湿润干焦的舌头和口腔。

这点点水根本谈不到解渴的问题，但是，我们比喝了一桶水还顶事。这是贺军长、任政委他们的一片心意啊！

太阳向西山倒下，我们总算走到了宿营地。

四

由于藏民受了国民党的欺骗愚弄，不了解红军的政策，还没等到我们进寨，早就跑到山上去了。

这一带是个非常缺水的地区。住在这里的藏族人民是用一种特殊的方法来引水的。他们从有水源的地方，把挖空了的树干，一节一节地连起来，像条巨龙一样，从石山坡上，顺着岩壁，弯弯曲曲地伸入藏民居住的寨子里，这叫做“涧槽”。如果在涧槽的任何一个地方，取出一节，泉水就五零八散，变成毛毛飞沫，淌逝在石岩上，一点也流不下来。当我们到达寨子的时候，涧槽已经被破坏了。

一片希望成了泡影。

疲劳和饥渴，把我们带进了梦乡。

清脆的起床号，震动着静寂的山谷。它，催醒了疲倦不堪的红军战士，也唤出来了山后边热辣辣的太阳。

山谷里，小道上，又是一片红旗招展，人喊马嘶，钢铁般的巨流，是任何困难也阻挡不住的。

走出寨子十多里，忽然，我们看见石山坡上横着一截一截被破坏了的涧槽。在山下边，可以隐隐听到山顶上的潺潺流水声。

“水！水！”

“山上有水！”

王德民放下了炊事担，笑哈哈地望着山顶上。

小刘背着枪，挺胸瞪眼地望着山顶上。

陈真美双手抱着大肚子，不眨眼地望着山顶上。

我抱着陈晨英的脖子：“晨英姐，这一回呀，喝它半桶水，看以后还渴不渴。”

罗政委听说有水，从担架群里赶了上来，看了看山头，沉思了一下，命令部队在山下隐蔽起来。

我丈二和尚摸不着头脑，山上连个鬼影子都没有，隐蔽做什么呢？但我相信，深谋远虑的罗政委是有计划的。我蹲在石头边，眼睛死死盯着响着流水声的山头。

小刘意识到了罗政委的意思，他看了看同志们一个个晒得焦黄的脸，一张张干得脱了皮的嘴，就好像看见了一颗颗直往嗓子里蹦的心。他把小马枪斜背在身上，精神抖擞地对罗政委说：

“政委，我去看看。”

罗政委用信任的眼光看了看他，目光炯炯地说：

“好，你去！”

小刘见罗政委批准他去接水，转身对王德民说：“老班长，把你的大铁锅拿出来盛水吧！我去接槽。”

说完，又对警卫班的同志吩咐了一阵。把皮带紧了紧，哗啦一声推开了枪栓，五发子弹压上了弹槽。

他把脚上的破草鞋整了整，鞋耳脱了，我从衣襟上“吱”地撕了一小缕布条，蹲下给他绑上。他深情地看了我一眼，说了一句:“小马，等着喝水吧！”就奔上了山头。

战士们成散兵线散开，枪口对着山头，做着打仗的准备。

小刘顺着被破坏的涧槽爬了上去，一下左，一下右；跑一步，跳一步；时而高，时而低，活像一只轻巧的小燕子，飞快地向山上奔去。一节一节被破坏了的涧槽在小刘的手下，合了拢来。

接到半山坡，“砰！砰！”几声枪响，子弹在小刘的身前身后扬起灰尘。小刘为了同志们能喝到水，根本不考虑什么危险，什么生命。在这个时候，即使前面是刀山，是火海，是油锅，他也要一股劲地往山上奔去！

“趴下！刘民生。趴下！刘民生。”戴院长在山底下高声地叫喊着。

“小刘，小刘，趴下！”我和陈晨英尖着嗓子喊。

小刘还是往山上爬着，而且越爬越快。

他用尽了平生的力气，正准备把接好的涧槽合上最后一节的时候，突然又响起了一阵急促的枪声。小刘倒下了。可是他又挣扎起来，用自己的全身紧紧抱着合了口的涧槽。

白花花的水从小刘的怀里，通过涧槽，流到行军锅里。泉水溅起了细细的浪花。

我舀起一碗水，水里边飘浮着殷红的血丝。

“血，小刘的血！……”

我手中的碗“当”地一声掉到了地下，水流了，那洒有小刘殷红血丝的水流了。一颗颗晶莹的热泪，扑簌簌地从我的眼睛里滚了出来，掉到地上，和小刘的血丝混在一起。

战士们渴得难受，如今又遭到了藏人的袭击，看着小刘倒下，更是火上加油。

“政委，打吧！”

“打吧，院长，这个气我们受不了。”

刘小天拿着军号：

“首长，吹冲锋号吧！”

戴院长和罗政委对望了一下，政委严肃地瞪了我们一眼，沉着地说：

“打什么？和谁打？藏族人民不是红军的敌人，而是我们的同志和朋友。”

山上的枪声越响越稠，子弹从我们头上，身边吱吱飞过。又有两个战士倒下了。

戴院长和罗政委低声说了两句话，骑马直奔政治部而去。

罗政委铁青的脸，尽量控制着自己的感情命令战士们不要乱动。

战士们等待着他的命令。

“同志们！”罗政委把手一挥，“枪口一律对天空——齐放！”

乒乒乓乓，炒爆豆似的枪声响彻山谷，子弹笔直的飞向天空。

“刘小天，吹冲锋号，但同志们必须原地不动！”罗政委下了第二道命令。

冲锋号吹响后，藏民停止了射击，躲到山后边去了。

刘小天和一个担架员上山抢救小刘。

戴院长从政治部领了一个通司回来了。马上带通司和几个战士到藏民聚集的地方，经过通司向藏民喊话，交代我们的民族政策，解除藏民的疑虑。当藏民听到我们就是北上抗日的红军和我党我军的政策以后，有的就向山后撤退，有的就大胆地向山下走来。这时忽然听见山上有几个汉人大声地吼叫，不准藏民下来，并且强迫他们向我军射击。有个老藏民快要走列我们的跟前，被山上的汉人一枪打死。山上山下的藏民看见老藏人被打死，都激愤起来团团地把那个汉人围住乱打。戴院长带着通司跑到山上时，另外几个汉人已经溜掉了。原来这些家伙都是国民党派来的特务。

枪声静寂了，山谷又恢复了平静。

山上山下，藏民和红军在欢呼着，歌唱着拥抱着……藏族人民把我们称为“红军——新汉人。”是的，只有在中国国共产党领导下的中国工农红军，才是藏民最忠实，最可靠的朋友和亲人。

藏民自动地把破坏了涧槽修理好了，还给我们红军送来了奶油、糌粑、青稞酒。这时，我们才真正体会到任弼时政委说的那几句话：

“我们的民族政策是真诚的，以心换心地唤起兄弟民族，共同为推翻压在头上的敌人而斗争。”

泉水畅通无阻地哗哗流着……

战士们拿着碗，大口大口地喝水。

担架员拿着水壶，给伤员满满地盛水。

没有水壶的同志，用毛巾、衣服沾湿盛水。

水，流进红军战士的嘴里，甜在红军战士的心里。

水，无忧无虑地流……

水，欢欢乐乐地流……

五

小刘给抬下山来，静静地躺在担架上。

一张十分年轻稚气的脸膛由原来的黑红色变得像一张白纸，胸脯急促地起伏，嘴唇干裂，他自己还没有喝上一口水。

医生给他打了几针强心剂。罗政委像慈父般地把一床夹被叠成枕头，放在小刘头下，轻轻地问：

“小刘，怎么样？……”

半天，小刘才睁开眼皮，痛苦地痉挛着。当他看到战士们端着一碗碗的泉水，他的脸上飞过一丝微笑，眼里闪出兴奋而愉快的光芒，紧紧地握住政委的手，勉强挣扎起来，倒在政委怀里。

“政委，水……水，给……同志们……喝，给给……贺军长……喝！”

他的话是一个字一个字吐出来的，吐得很吃力。但是，他要吐出来，好像埋在心坎子里的珍珠，非吐出来不可。

“政……政委，我……我够……够了吗？”

罗政委知道小刘说的意思，紧紧地抱着小刘，坚定而温和地说：

“够了，完全够一个标准的共产党员了。”

“好……好……好！”

紧张、兴奋，小刘又闭上了眼睛，倒下了去……

我侧着身子，坐在地上，将泉水一匙一匙地往小刘嘴里喂。但喂进去，又流出来。

医生仔细地听着小刘的心脏，默默地站起来，紧绷着脸，说了一句可怕的话：

“不用喂了！”

我像什么也没有听到，眼睛远远地望着远方。一匙匙的泉水，喂到小刘紧闭着的嘴上，一线线的流水，顺着小刘的腮帮，一滴一滴地流到地上……

太阳躲入云中，天空为之失色，暗淡无光。

这个在革命队伍里长大的“小鬼”，从小就受到革命的千锤百炼，为了同志，为了集体，艰难，危险，对他来说又算什么呢？他，19 岁的青年，还没有看到革命的胜利，还没有来得及实现自己伟大宏远的理想，在艰难的万里长征的道路上，终于将自己的宝贵生命、无私地奉献出来。

我含着热泪，打开小刘同志的小包袱。里面只有一个记着打死敌人数字的红本本，一张共青团证，一件只有一只半袖子的军衣。一年前，我去找红军，在路上，摔了一跤，竹刺戳破了我的手心，不就是这个小刘，撕下一截袖子，给我包扎伤口的吗？我拿着这个军衣，情不自禁地哭起来。

首长摘下了军帽，战士们摘下了军帽，藏族人民低下了头，大家流着眼泪，默默地站在小刘同志的遗体旁边。

罗政委看着哀愁哭泣的人群，沉重地说。

“同志们，哭有什么用，眼泪不是纪念同志的东西。我们应该牢牢记住，刘民生同志的牺牲，是国民党挑拨汉藏两族人民之间的团结的一笔血债……

“同志们，刘民生同志死了吗？没有。这样无名英雄，在红军中何止千万，他们永远会活在我们的心中，活在全国人民的心中，永远也不会死的，因为他们是共产主义者，是为共产主义的真理，为集体的幸福而斗争的勇士。这样，他们的生命就会变成百个，千个，万个……”

政委的一席话，像熊熊的烈火，照亮我们的心。

我站起来，擦干了眼泪。

陈晨英在山坡下摘了一束野花，放在小刘身边。

王德民走到政委身边，轻轻地说：

“政委，给小刘立个碑吧！”

“立，应当立。”

王德民转身就想走，罗政委把他叫住了。

“干什么去？”

“找石头。”

“不用了。”罗政委用食指指着自己的胸坎，“碑就立在我们的心坎上！”

一个戴着毡帽的老藏人，脱下了自己身上穿的宽大的“楚巴”，盖在小刘身上。楚巴是羊毛织的，深红色，在阳光的照射下，红光闪闪，像一片鲜花一样。这是藏民的一片心意，这是象征着红军与藏民的纯洁友谊的花朵。

那个恶毒地挑拨民族关系的国民党特务，被一个年青的藏人击毙

了，像一条死狗似的，倒在小刘同志的墓前……（谭士珍记录）

选自曾志主编:《长征女战士》第二卷, 北方妇女儿童出版社1987年版, 第43—58页。

马忆湘，女，1923 年生，湖南永顺人。1935 年参加中国工农红军，为医院看护人员。红军长征时为红二方面军政治部宣传队员。1937 年加入中国共产党。新中国成立后，曾任湖南省湘西行署民政处主任科员，湘粮第二面粉厂厂长，广州军区通讯总站副政治委员、司令部管理局副政治委员等职。

难忘的回忆

刘福汉

我是在祥云参加红军的。在长征路上，对我教育最大、印象最深的是红军战士的乐观主义精神。尽管天天行军打仗，生活艰苦，可是红军战士是乐天派，从不叫苦，不把困难两字放在心上。过草地，是长征路上最艰苦的时候，正如毛主席《长征》诗咏诵的:“红军不怕远征难，万水千山只等闲。”过草地是万里长征的尾声，是红军战士体力消耗最大，物质生活最艰苦的时期。可是红军战士们都有那么一股子乐观主义精神。一提到草地，真叫人全身起鸡皮疙瘩。水草地又叫软草地，地表长着三四寸高的绿油油的野草，人在上面走就像踩在弹簧上一样。草皮下面就是很黏很深的污泥，如果一不小心，陷下去就越陷越深，再也爬不出来。在上面走动,一旦发现草皮松动就要停住脚,另选地方探着走。不少人为探路付出了生命。那里的黑泥污水还有毒，皮肤破了，沾上了黑泥污水就会发炎溃烂。最好的办法是用布把脚包起来走，可是在方圆几百里的草地上，没有人烟，哪能找到那么多的包脚布呢！有的人就因为蚊虫叮咬抓破了皮，不小心被污水感染，无法治愈而牺牲的。生活更是艰难，能拔到野草吃就算不错了。可是在红军眼里，这些困难都算不了什么。当年我们过草地时最流行的快板词是：

草地长来草地宽，
草地里面好风光。

有时热来有时凉，
红军战士铁打汉。
不怕冻来不怕寒，
大风大雨无阻挡。
野草遍地长，
野花遍地香。
红军战士过草地，
全军上下没有粮。
野草野菜牛皮草，
树皮草根当干粮。
吃饱肚子打胜仗，
红军战士美名扬。

在没有粮食吃的20多天里，红军战士情绪依然很饱满，这是什么精神，这就是红军打不垮、拖不散，叮当响的革命精神。我们现在天天讲要继承红军的革命精神，就是艰苦奋斗、英勇顽强的革命乐观主义精神。

还有一首赞扬小铜锅的小快板，也充分表现出红军战士的革命乐观主义精神。

“小小铜锅真正好，它为我们服务真不少，烧水煮饭离不了。煮青稞、炒麦花，洗脸洗脚又洗澡。炒菜烙饼煮面条，行军作战又成咱们的钢盔帽，晚上睡觉还可当枕靠。你说铜锅好不好？好好好！妙妙妙！”这就是红军的革命乐观主义精神。

走出了水草地，来到放牧的干草地，虽然困难减少了，可是敌军的骑兵对我们的威胁又增加了，我们随时都有可能遭受敌人骑兵的袭击。为了打击敌骑兵，我们在行军途中又增加了一个训练科目：打骑兵。要学好打敌骑兵的战术，有一支歌在红军战士中普及了，歌词是这样的：“敌人骑兵不可怕，沉着勇敢来打他。目标大又好打，排子枪，瞄准他，打垮他消灭他，无敌勇士是我们。沉着应战，机智勇敢，消灭他。四个基本原则:立射、跪射、坐射、卧射打垮他，消灭他。我们百战又百胜，打垮了敌人百万兵。”红军战士走到哪里，歌曲也就唱到哪里。

红军战士的革命乐观主义精神是世界闻名的。当年我们过草地时用来鼓劲的一首快板词还得到彭德怀将军的称赞。其内容是：“红军战士过草地，没有粮食吃野菜。野菜好，野菜香，吃饱肚子有力量，没有粮食算什么？红军的粮食满山岗。吃饱肚子精神好，北上抗日打东洋。”

据说彭老总听了快板后，连声称赞：“好好好，红军战士顶呱呱。”

我在祥云老家时，生性爱动，上山割草打柴，也喜欢唱唱祥云小调。到了红军队伍里，受到红军乐观主义精神的陶冶，更喜欢唱歌。爱学数来宝，顺口溜，打快板之类。我从江西同志那里学到一支山歌叫《送郎当红军》。在行军途中最流行，它是我们的流行歌曲:“送郎哥哥当红军，勇敢冲锋杀敌人，上下官兵一个样，处处工农都欢迎，唉呀来唉，处处工农都欢迎！送郎哥哥当红军，参加革命听指挥，纪律严明无不胜，敌人溃败如山崩。送郎哥哥当红军，路途遥远数不尽，艰难险阻齐克服，歼灭敌人见亲人，唉呀来唉，歼灭敌人见亲人。”在新兵团，祥云老乡多，我们称江西的战士是“江西老表”，他们戏称我们是“土锅佬”。一到休息地，熟悉我们的同志就说:“土锅佬，来一支祥云小调。”我一坐下来，顺口就唱：“东山萝卜西山菜，遇到时机一园栽，江西老表土锅人，为了革命挤拢堆。”唱得大家捧腹大笑。

红军战士纪律严明，这也是举世公认的。我们参加红军的第二天，就学唱红军纪律歌。唱歌不仅是为娱乐，而且是为指导自己的行动。先前我们唱的歌词内容是：

“红军纪律严明，行动听指挥。缴获要归公，买卖要公平。有事要请假，衣着要齐整。讲话要和气，开口不骂人。工农无产者，个个都欢迎。”一到休息，老同志就来教唱，我们一边唱，一边用歌词对照自己的行动。红军长征行万里，也没有人违反纪律。我记忆最深的是过雪山。

后续部队筹粮少，上级要求前面部队每人留下三碗炒面给后续部队，战士们都能自觉执行。首长规定：每人每次只能吃三个手指头撮着的一点炒面。从军团首长到战士，没有一个特殊的。过草地时，军团首长将自己节省下来的三袋炒面送给后续部队，救活了 18 个伤病员。伤病员感动地说："在家靠父母，参加红军靠组织，爹亲娘亲没有同志亲。"后来毛主席知道了这件事，很赞同这种精神。我们要世世代代地继承和发扬。

选自中共祥云县委党史征集研究室编:《红军长征过祥云》, 1991年6月, 第50—53页。

刘福汉，云南祥云人。1936 年**参加中国工农红军。随红二、红六军团长征。**

过草地

邓东哲

1936年7月2日①，红二、六军团同红四方面军在甘孜会师。会师后，我们休整了数天就北上过草地，去会合中央红军。

我当时在红六军团工作。甘孜休整，我由五十团总支书记调任十七师政治部组织科长。没两天，部队上下又积极做翻雪山、过草地的准备。上级按十天的食用量发下青稞麦、牛肉和牛皮。我们把青稞炒熟磨成面，把牛肉煮熟切成片烤成干，把带毛的牛皮按脚样剪成鞋底，旁边钻几个眼，用草绳拴起来即制成了“草鞋”。这样的准备，在艰难困苦的长征中也算是相当充分了。

部队从甘孜向北开进。翻过几座白雪皑皑、人兽罕迹的大山，来到了草地边沿。

一望无际的草地，沼泽连绵，四顾茫茫。丛生的杂草常年腐烂，形成深深的黑乎乎的淤泥。我们只好踩着杂草根走，脚踩下去，好像走在江面的小舟上，摇摇晃晃。草丛边翻上黑水泡，有的同志浸了这污水，脚腿全起泡，并腐烂开来。

草地里，气象万千，变幻莫测，早晨雾霭弥漫，中午烈日当头，忽然就风雨交加，紧接着就大雪纷飞。我们身上仅着单衣外加羊皮背心，

① 一说7月1日。

刺骨的寒冷。恶劣的环境并没阻止我们的行动，我们继续北上。一天，师机关的一位同志不知是饥饿，还是大雾迷路，一脚踩进烂泥坑，我们几个争着去拉。他越挣扎越下陷,我们几个也渐渐的下陷,情况很危险。我们只好拉成一字形同时用力，终于慢慢地将他从泥潭中拽出来。他浑身是黑乎乎的泥浆，脸色苍白，呼吸微弱，嘴唇闪翕几下，他一定想说什么，可是一句话也没留下就永远闭上了眼睛。

距目的地还有四五天的路，这时情况更严重了。部队长途跋涉，疲惫不堪。干部战士带的粮食所剩无几，有的已经精光。为了保证通过草地，上级指示我们每天只许吃四两。四两，一顿便可吃光，可大家仍是执行上级指示，想方设法多采摘野菜充饥。这样，又熬了两天。

还剩下两三天的路程了。我们带的粮食已全吃光，沿途的野菜也被先头部队采尽。大家忍饥挨饿，坚持行军，指战员的体力更弱了。为了填肚子，有的就用点食盐冲凉水，咕噜咕噜地喝几碗坚持前进。有的饿得实在走不动了，大家就互相搀扶，勉强跟上队伍。原从敌人手里缴获来的马匹配给营以上干部，我很少骑。此时，我的马上正驮着一位走不动的战士，还有几个同志的行装。有的同志索性拉着马尾巴跌跌跄跄地拖着走。我同村的邓信仔同志实在走不动了，一躺下就再也没有起来，大家拉着他的手，大声呼唤：“信仔！信仔！”他微微睁开眼睛，断断续续地对我说：“老弟，告诉我家大小……”眼看他倒在我的怀里，心头阵阵酸痛，止不住的泪水簌簌地落下来。信仔啊信仔，我们一起走上革命的道路，斗土豪，分田地；一起恋恋不舍地离开家乡，走上北上的万里征途；强渡金沙江，翻越大雪山，我们马上就要走出草地了，你怎么就离开我们啦！

信仔是司务长，他却把自己仅剩的一点粮食都分给同志们，把生的希望留给大家，而他自己吃的尽是野菜，两块颧骨高高的突出，两个眼窝深深地陷下去，脸上没有一丝血色。我从他的脸上看到了黎明前黑暗的深重，也看到了以后斗争生活将更为险恶和严峻。

饥饿袭人，信念不灭。为了拯救中华民族，为了普天下千千万万的劳苦大众不再忍饥挨饿，我们要活着，我们一定要通过草地！

晚上，虽是夏日，可高原草地上冷得很，也许是我们空肚子更经不起寒风的袭击，只好三四成堆地依偎着，背靠背的坐在稍高一点的草地上。深夜里，忽然一阵风雪，把我们架起御寒的一块块小油布刮得老远老远。单薄的衣衫难以御寒，只好拔来一点草，点起堆堆篝火取暖。此刻，不知谁想起我们的草鞋底可以吃。这突然的想法，在这危难关头，像眼前这堆堆篝火，突然点燃了大伙的心，情绪立刻兴奋起来，好像就有美味佳肴的会餐。有的马上脱下草鞋，有的从背包里抽出草鞋，大家心绪起伏不平：这小小的草鞋，伴随我们翻越雪山，又走进了草地，我们每前进一步都有它的一份功绩，以后的征途还长，还需要它，可为了解救危难，只能这样了。

一些人把皮草鞋放在火上烧，烧焦了毛，用刀子刮一刮，再洗洗，放到脸盆或茶杯里煮。我们已近两天颗粒未进，真恨不得一口吞下去。但大伙谁也不愿先吃一口，相互谦让，都想让别的同志多吃几块。推过来，让过去，最后只好分到个人杯子里。这样，有许多同志还要夹给其他同志。生死与共的战友情谊是多么的深厚啊！

原想很好吃的皮草鞋，其实味似臭老鼠。他穿在我们脚上已经多天了，跋山涉水，不论是脏水坑，还是烂泥滩，都往上踩。它还浸透了我们的汗水。不好吃也得吃，它维系着我们的生命，维系着我们的革命事业啊！嚼不烂，就切成一小块一小块稍微嚼嚼就往肚里吞。有的同志不知从哪里弄来一点酥油，放在杯子里搅搅，觉得味道好多了。

大家边吃边谈论着，描绘胜利的明天，憧憬美好的未来，增添了勇气和毅力。就这样，终于战胜了饥饿，走出草地，到达甘肃岷县的哈达铺。10 月 22 日我们到达将台堡，与久已盼望的中央红军胜利会师，接着就奔向抗日的最前线。（王贤根整理）

选自《红六军团征战记》下，解放军出版社1994年6月版，第513—515页。

邓东哲，1916 年生，湖南茶陵人。1930 年加入中国共产主义青年团，1931 年参加中国工农红军，1932 年转为中国共产党党员。红军长征时任红六军团十七师五十团连政治指导员、营政治教导员。新中国成立后，曾任中国人民志愿军空军第三军副军长、空军军政治委员、福州军区空军副政治委员、中央工业交通部政治部副主任、国家计划委员会副主任、军委工程兵副政治委员。1955 年被授予少将军衔。1995 年在北京逝世。

茫茫的草原过草地

彭飞

军团部指定我们的行军路线是：甘孜—阿坝—包座。古人常用“千里无人烟”的句子来形容这一地区的荒芜和凄凉，实际上这段路足足有2000里。如果以每天走60到80里的速度计算，至少得一个月的时间才能到达。因此，我们出发前都用了全部精力来做吃饭、走路、睡觉的一切准备工作——带着自己打的草鞋，一个煮饭用的铜瓢，睡觉和防雨用的被单、油布、羊皮……当时每人唯一的行军粮食就是青稞麦炒面，我分到了12斤炒面。

进入草地了：起伏不平的土地上，长满了齐腰的水草，走入山沟可以看到两面山上的原始大森林，也常遇到像走在海绵上一样的沼泽和淤泞地带。就是看不见人烟和鸟兽。

当时，我是红二方面军四师政治部组织科的统计干事。每到宿营地或大休息时，我们全科五个同志就分头去打水、拾柴，而后用火石打着火，再把每人的干粮拿出一平碗来，放在铜瓢里煮着吃。晚上架起树枝，用被单和油布搭成一个棚子，再把羊皮铺在地上，这就成了我们的临时“营房”。几个人挤在一起，像原始的人群一样，过着别有风味的草地生活。

开始几天我们每天三餐，每餐每人吃一平碗面。两天后，前面六军团来电说：粮食困难，已饿死人了。因此，师里决定每天每人只准吃两平碗面。这点面，当然是吃不饱的，饭后走不到 20 里路，肚子就前墙贴后墙地咕咕作响了。我们只好开始采野菜掺着炒面吃。在那种条件下只要能塞饱肚子就是很大的享受，没有一个同志说声“苦”的。有的同志捧着饭碗，瞧见绿色的饭，还打趣地说：“共产党替天行道万世昌，红军行军不用带干粮。”我们就这样充满着革命的乐观主义精神，在一望无际的草地上前进着。

一个负重并作长途行军的人，靠野菜充饥，确是难以坚持的。煮饭时，我们馋得恨不得一下子把粮袋里的炒面全倒进铜瓢里去；但是，当提起那越来越轻的干粮袋时，想到一个多月的路程我们才走了几天，又不得不把手缩了回来。

粮食恐慌，越来越严重地威胁着我们每个人的生存了。

阿坝（我们称它为“草皮上海”）是我们两千里的途程中唯一的一个大市镇。按照常识判断：哪里有人住，哪里就可以弄到粮食。阿坝成了我们的希望，就像行走在沙漠中的人听说前面有泉水一样。于是，“通过草地是胜利，熬到‘草皮上海’有办法”的口号传开了。它是那样强烈地在诱惑我们，给我们每个同志增加了无穷的力量。

在艰苦行军的第 16 天上，走着，走着，忽然远处一片金黄色的花丛中露出了房屋的轮廓。那不是“草皮上海”吗？这时大家都兴奋极了，好像回到自己的家乡一样。但是，在这里迎接我们的却是一座“空镇”，什么东西都没有，连居民也搬了家。“草皮上海”成了“镜花水月”，一切希望都落空了。

在这紧要关头，我却拉起痢疾来了。自甘孜出发的 20 天来，没有吃过一顿饱饭，肚子里装的尽是野菜，而每天还要背许多东西赶路，早已精疲力尽了。这时，连主食还是野菜掺着点有限的炒面，又哪有药品来治病呢？带一点病行军，也还撑得住，但看看自己的粮袋，所剩的粮食不过两斤多，怎么能熬过这 1000 来里遥远的路程啊。科长李见良同志见我的粮食最少，又带着病，就动员全科同志每人分给我一碗炒面。

崇高的革命友情鼓舞着我和每一个同志，谁都明白留着一个同志的命根子就会给革命事业多带来一分力量。

粮食越来越紧，我们全科五人，每餐共吃一平碗面，连苦菜也吃，还得走半个多月才能赶到上包座。时间是那样难熬，过一天好像过一年似的，多么漫长的日子啊！这时，幸好，我的病在同志们的帮助下，慢慢地好了起来。

一天，组织干事范秋官同志掉在后面了，我们四人先到宿营地。正忙着搭棚造饭，忽见范干事背着一个大包袱乐洋洋地走来。

“我发‘洋财’啦，我发‘洋财’啦！”还在老远，他就笑嘻嘻地看着大伙儿叫着。

“老范真会开玩笑，这穷地方还有什么‘洋财’呢？”不知是谁，没有信心地这样说。

走近了，老范把包袱狠狠地往前面一放。我们一看，哈，可给愣住了。

“肉！哪来的宝货？”大家都齐声惊奇地问。

“在路上，不知哪里窜来一只小野狗。送到嘴上来，为什么不要呢？”老范拍拍他的衣服，带着十几天来少有的兴奋叙说着。

这点狗肉，我们都看成是无价之宝。在那样的境遇里，用狗肉煮野菜，觉着比什么山珍海味都鲜美可口。20多天来，我们总算吃了两顿好的。

又过了几天，炒面全吃光了。没有办法，师首长只得动员骑兵连杀马吃，一天一顿；人多马少，每人有时分二三两，多则三四两。没几天，马也杀完了。

为了活命，为了完成中国的革命事业，我们便开始烧皮带和羊皮吃。把皮带和羊皮烧焦了，再在火上炖出来，倒也味美得很。可是皮带和羊皮很快就吃光了，这时竟连一点野菜和野草也找不到，大家只得喝水充饥。冷水喝到肚子里，越喝越没有劲，我们又改喝开水。开水下肚有股热劲，还可以坚持一下。这样挨了两天，慢慢地大家都有气无力，濒于绝境了。但到达上包座还要三天时间。此时,悲壮的消息不断传来。由于人体得不到最低限度的满足，很多同志就这样为革命事业贡献出了自己宝贵的生命：有的同志是在河边喝水、有的正在蹲着大便、有的是在睡梦中停止了最后的呼吸。师部特务连一个班有五六个同志头天晚上躺下睡觉，第二天早晨就连饿带冻地长眠不起了。

人类的求生欲望，是任何时候都不会停止的。当时可以见到有的同志饿得不能动了，手上还拿着一根草往嘴里塞。这时，收容队的同志们就把最后仅有的、比黄金还贵重千万倍的一点炒面，泡点水，往他嘴里送。就这样，也挽救了不少同志。

最后三天，大家只得靠喝水充饥，互相搀扶着一步一步地熬，实在走不动了，就停一停再走，有的同志只得在地上爬着前进。

好容易排除了万难，终于熬到了上包座和下包座。在这里，粮食还是没有找着，但总有可吃的东西了：蚕豆壳、豌豆叶都变成了我们的盛餐。总算把我们的生命救出来了。接着到了巴西和哈达铺，我们才得到了充分的补给，完成了这次被世人认为奇迹的草地行军。

选自中国人民解放军三十年编辑部编:《中国人民解放军三十年初选稿》第一卷第三辑(四),未刊稿,第42—45页。

彭飞，土家族，1914 年生，湖南永顺人。1934 年参加中国工农红军，1935 年加入中国共产主义青年团，次年转为中国共产党党员。红军长征时为红二军团四师政治部组织科统计干事、青年干事。新中国成立后，曾任中国人民志愿军师长、解放军副军长、福建生产建设兵团司令员、福州军区副参谋长、福州军区司令部顾问(副兵团职待遇)。1964 年晋升为少将军衔。2006 年在厦门逝世。

葛曲河边

林文兴

1936年7月，红六军团在任弼时、肖克、王震等同志率领下最后一批过草地。当时我在军团教导团三队当学员。部队从甘孜出发，经过20几天的行军，到达葛曲河边，恰逢当地数日连降暴雨，河面虽只有30来米宽，但因山洪暴发，水深流急，既无桥，又无船，部队无法渡河。当地虽是初夏季节，气候却变化无常。红军供给困难，衣着单薄，一个个都冷得发抖，加上这一带渺无人烟，途中很难找到吃的，部队饥寒交加，十分疲劳。团长陈外欧即令加强警戒，部队在沿河一线露营。战士们立即挖草根、煮皮带，设法充饥。

翌日，天刚亮，水势稍有缓和，团长立即召开紧急会议，号召全团克服困难，涉水过河。经过一夜的休息。部队士气很高，明知过河有危险，但为了保存实力，大家都无怨言。我们以班为单位，身强力壮的战士走在前面，体弱有病的走在中间。水冷得刺骨，大家手拉手，你推我拉，全团一鼓作气，很快地过了河。痛心的是我们团有八个战士在涉水过河时被洪水卷走牺牲了。过了河，我们全身湿淋淋，手脚都冻麻木了。全团休息片刻又急忙赶路。行军途中，我只觉得头重脚轻，全身发冷，两条腿像灌了铅，迈不开步了，慢慢地掉在队伍的后面。凭着以往的经验，我知道自己在生病发高烧。班长知道我有病，帮我背走了通讯器材，并鼓励我尽力跟上队。

我艰难地迈着步子，尽管尽了最大的努力还是离队伍越来越远。呼吸也越来越困难。“我不能掉队，不能倒在行军路上，一定要随部队过草地！”我暗下决心要跟上队伍，同时也急得掉了眼泪，担心自己病情加重，像许多战友一样倒下去再也爬不起来。又走了一阵，仿佛听到后面有马蹄声，“小鬼！你怎么掉队啦！”我停步一看，原来是军团政委王震从后续部队赶上来了。我连忙向王政委敬了一个不标准的军礼，并轻声说:“首长，我病了。”王政委从马上跳下来，伸手摸我的额头，“小家伙病得不轻,烧得蛮厉害,来！骑我的马走。”“不！首长,您工作忙，还要指挥全军团，我慢慢走，能跟上队！”“叫你骑，你就上，还罗嗦什么！”王政委下命令了，我仍待着没动。警卫员小詹补上一句：“小林，快上吧！”我还没来得及答话，王政委和小詹就扶我上了那匹枣红马。一路上我精神恍惚，但还记得当时王政委手捏着军帽，穿一身打着补丁的灰色旧军装，腰带上别着一支小手枪，背着斗笠，穿着草鞋，一路上和作战参谋、警卫员谈笑风生。不时有人向王政委、作战参谋报告情况。有时王政委叫参谋拿出地图比划着，指挥部队行进。看到首长这样忙碌，既要指挥部队又要赶路，我却骑着他的马，心里十分内疚，埋怨自己不该在这时候、这种情况下生病。在平时的行军作战中，王震同志的马不是让给伤病员骑，就是帮战士驮着枪或粮食，他自己骑得少。任弼时、肖克等军团首长也都是这样。这种亲如兄弟的官兵关系是我军克敌制胜的一大法宝。

到了宿营地，王政委叫警卫员请来医生，给我看了病，吃了药。我骑着王政委的马走了两天，经医生治疗，高烧渐渐退下，体力也慢慢恢复了，又经过六七天的跋涉，我也随部队过了草地。

选自《红六军团征战记》下，解放军出版社1994年6月版，第526—527页。

艰苦的草地行军

李立

我二、四方面军胜利会师之际，形势又发生了新的变化。在国民党统治区内爆发两广事变，广西军阀和广东军阀联合反蒋，牵制了敌人一部分力量。在党中央的抗日号召下，在红军和全国人民抗日运动的影响下，国民党的爱国将领张学良、杨虎城转而主张共同抗日，我党在东北军和西北军的统一战线工作已卓见成效。甘肃南部敌人兵力空虚，有利于我军向西北方面发展。党中央来电指示：二、四方面军要乘此有利时机，迅速向甘南发动攻势，进而和一方面军会合，共同创建西北抗日根据地。为了早日实现北上抗日，我二方面军接到中央指示后迅速行动，与四方面军一起，开始向草地进军。

为了顺利越过草地，我红二方面军利用在甘孜驻留的一周时间，认真做了一些准备工作。

在思想准备方面，我们从连、营到团、师，都发动群众认真总结前段过雪山的经验教训，大力表彰先进集体和模范个人，同时组织指战员进一步学习党中央的指示，讲明过草地的有利条件和眼前的各种困难，针对部队存在的思想问题，深入细致地做了思想政治工作。

在物资准备方面，每个连队都对战士的行装和各班所必须携带的东西进行了详细检查。每人除了全副武装，带上干粮、衣服、草鞋、被子外，为了沿途烧水煮饭之用，还要背几斤干柴，带一个水壶或竹筒子，全身负重足足有五六十斤。考虑到茫茫草原没有可供宿营的房屋住处和以连队为单位集中做饭就餐的条件，各班还要准备一个小帐篷、一个轻便小锅或瓷面盆。

全军分成两路纵队，先后从甘孜出发，经日庆、西倾寺、绒玉、阿坝、包座，向甘肃的岷县、哈达铺进发。

我们进入草地，只见四野茫茫，草丛连着水沟，到处弥漫着腾腾雾气，使人分不清东西南北。脚下踩着的是黑色的积水，臭烂的腐草，一股股难闻的气味不断扑鼻而来，叫人恶心。荒漠的草地无边无垠，空旷宽广，几十里以内不见人烟，没有住户，行军多少天也难得碰上一个人。草原地处高寒地带，地势高，气压低，空气稀薄，气候多变，风雪雨雹不断袭来。部队刚刚翻过难以逾越的雪山，给养没有得到足够的补充，战士体力没有得到很好的恢复，接着便进入这环境恶劣的草地，遇到的困难很多，行进的速度很慢。最初几天，大家体力还强，劲头尚足，行军比较顺利。但是时间一长，由于每人负重太大，跋涉起来十分艰难，走上十几里路就不得不休息一次。因为粮食不足，帐篷不够，用以御寒防雨的衣服、雨具缺乏，战士们吃不饱，睡不好，饱尝了饥寒之苦。到了后来，口粮渐渐减少，眼看难以为继，大家不得不采集一些野菜，和粮食掺搅在一起凑合着吃。长途行军跋涉，饥渴病累折磨，使得有些老战士的体力越来越差，部队所遇到的困难也越来越严重。

有一天，听说前边就要到达日庆县城了，大家立刻活跃起来。战士们心想既是县城，总会有不少人家，到了那里就可以饱饱地吃上一顿，好好地睡上一觉。听到这个消息，有谁能不高兴呢！大家振奋精神，加快步伐，都希望早点赶到日庆。走到太阳西斜时，部队终于来到日庆。但是使大家扫兴和失望的是，这里并没有像曾在南方许多地方见到过的那样县城。远望看不见房屋，近眼看不到住户，举目四顾，仍然是荒无人烟的草原，连个县城影子也没有。带路的通司向我们解释说：这儿夏天很热闹，四川商人把各种货物驮运到这里来做买卖，搞交易，换取牛、羊、兽皮，但到下午四五点就各奔东西了。这哪里是什么县城，原来是个兴旺一阵、过时就散的集市！

部队在这个没有城池的县城里划定住处，安排了宿营地。一排排帐篷支起来，一缕缕炊烟升上天，战士们拖着疲惫不堪的身体开始休息。这时，山头上突然响起枪声，大家以为是敌人又来骚扰，立即警觉起来。但抬头一看，原来是战士们为补粮食之不足，正在用枪围打牦牛。这里的牦牛个小力大，身强力壮，技术熟练的藏民一个人就可以捕捉一头，而我军战士历尽艰难，身体虚弱，几个人也难抓住一头，只好用枪围打。打来的牦牛分到各连各班，烧熟会餐。部队粮食严重不足，牦牛肉就成了美味食品了。

傍晚，平静的草原刮起呼呼的大风，有的帐篷被风掀起，刮得老远。等大家把帐篷找回来重新支起时，风卷乌云天色变，酒杯大小的冰雹竟劈头盖脑地打下来，帐篷“嘭嘭”作响，像是无数鼓槌在无节奏地乱敲乱打。冰雹越下越大，不大工夫，地上竟积起尺许来厚。

草地行军就是这样，战士们不仅受到严重缺粮的威胁，也受到恶劣气候的困扰。天气一日数变，时晴时雨，时雹，时雪，叫人捉摸不透，难以应付。同志们有时要经受强烈阳光的暴晒，有时还要经受狂风暴雨的吹袭。白天行军，大家背着沉重的行装，炮兵还要抬着笨重的山炮，在那泥水和着烂草的道路上吃力地挪动，弄得精疲力竭，劳累不堪；夜晚宿营，战士们常常睡在湿漉漉的草地上，既要忍受饥饿困乏的折磨，还要忍受寒风冰雪的袭击。遇到奇寒天气，大家只好身挨身、背靠背地挤在一起，靠着彼此的体温御寒；碰上滂沱大雨，帐篷内漏得无法睡觉，大家只好偎依着站到天亮。艰难困苦的生活折磨着战士们的躯体，但是却锻炼了大家的革命意志。同志们咬紧牙关，继续向前，坚信草地一定能走到尽头，革命一定会取得胜利。

队伍越向前走，越是没有人烟。大多数同志的粮袋已经空空，眼看就要断粮。按照原来的计划，估计十天左右可以到达阿坝，但由于沿途得不到粮食补充，同志们体力越来越弱，走了将近20天还没有到达。部队发生了严重的粮荒，终于不得不靠采集野菜维持生活。但是野菜有限，也不是所有连队都可采到。我们是整个部队的后卫，前边部队把野菜叶子采了，后边部队不到离沿路稍远一些的地方采集，就只能采到一些菜根充饥。

为了维持部队的生存，领导动员全体同志严格节约粮食，互相调剂，互相帮助，给伤病员以优先照顾。连队把粮食集中起来，统一分配，以人定量，按计划食用。开始时每人每天还能够分到二三两青稞粉，以后这点粮食也无法保证了。部队只得靠野菜根、野草充饥，最后竟发展到把牛羊骨髓、牛皮、皮带和草鞋上的皮条也拿来煮煮吃了。

自爬雪山过草地以来，由于连续行军，长期缺粮，战士们体质越来越差，行动一天比一天困难。许多同志身体虚弱，积劳成疾，掉队和死亡人数不断增加。7月22日，从白天到夜晚雨雪不停，有些战士经不住饥寒病累而倒下。在通往绒玉的沿途中，仅六师就牺牲了140多位同志。为了北上抗日，挽救我中华民族，这些战士没有在敌人的枪林弹雨中丧生，如今却口含野菜、野草，默默地长眠在这举目荒凉的茫茫草地上！革命的红旗是革命战士的鲜血染成，中国革命的胜利乃是无数先烈的生命换来！

在这样极端严重的情况下，部队首长自始至终和战士们患难与共。红二方面军副政委关向应同志，一直跟随五师、六师走在部队最前面，一直和战士们同甘苦，一直坚持做部队的思想教育工作。有一天宿营的时候，部队没有粮食了，他一方面派骑兵连出去找牛羊，寻吃的，另一方面又和围在一起的师、团指挥员谈心。他语重心长地对大家说："我们是工农的武装，是生死与共的红军队伍，要生就生在一堆，要死就死在一起，不能为一时的困难所吓倒。只要多想办法，有些困难还是可以克服的。我们派出去的骑兵队伍，估计天亮就会回来；如果弄到吃的，就给大家调剂调剂生活。"这些感人至深的话语温暖着大家的心，鼓舞了每一个人。第二天，骑兵连的勇士们果然从敌人手中夺得了一批牦牛胜利归来，解决了一部分困难。大家都高兴得不得了，更加强了战胜困难的信心。

7 月 23 日，先头部队在草原的尽头隐隐约约地看到了一些黑点，阿坝终于遥遥在望了！“加油呀！前面就是阿坝了！”“到了阿坝就有粮食了，要坚持到底啊！”队伍中响起了一阵阵充满希望、激动人心的鼓动声，整个部队一下子振奋起来，每个战士浑身顿时增加了力量。就连原来行动十分艰难的同志，一听到这些喊声，也不知从哪里冒出来一股子猛劲，兴冲冲地向前赶去。

战士们日也盼，夜也想，终于看到了阿坝房屋的轮廓！这对 20 多天来没有看到过住家户的战士们来说，真像是在茫茫沙漠中看到了绿洲一样，心情该是多么兴奋啊！然而近前一看，大家又有些失望，原来这里的房屋既很少住人，也没有多少牲口，当地藏民在封建主的强迫威逼下已经四下逃散了，全军在阿坝附近竭尽全力筹集粮食物资，但所得甚少，远远满足不了部队的需要。大家只得忍饥挨饿，继续向前进发。

在阿坝到包座之间，有一段更加难行的草地。这里到处横溢着黄绿色的污水，遍地生长着腐烂滑腻的杂草，人们一脚踩上去，草团就像摇晃着的皮筏，软乎乎地直往下陷，黄绿色的污水也很快淹没脚背。队伍行进，一步一陷，拖泥带水，艰难无比。这里的腐草烂泥含有毒汁，如果腿脚划破，被毒水浸蚀，就会浮肿溃烂，以至死人；马误饮毒水，轻则四肢抽风，口吐白沫，重则昏迷不醒，危及生命。草地污水还冰凉刺骨，体弱的人经受不住，就会变得脸无血色；有的蹲下来稍事休息，那就再也起不来了。草地还有深不可测的松软泥沼，如果不慎陷入，就会愈陷愈深，不能自拔，最后葬身其中。

为了战胜这种人类难以忍受的恶劣环境和各种难以想象的困难，党在部队进一步加强了思想政治工作，认真贯彻了党中央 12 月瓦窑堡会议《关于目前政治形势与党的任务决议》精神，宣讲了民族解放战争的大好形势，提出了“走出草地就是胜利”的战斗口号。同时，还加强收容工作，注意关心照顾伤病人员和体弱同志。领导干部则以身作则，主动把乘马让给伤病员骑，帮助战士们扛抢、背行李。战士也处处爱护干部，帮助干部做好工作。干部战士互相搀扶，互相帮助，做到了同甘苦，共患难，团结友爱。

经过两个多月的艰苦行军，部队终于胜利地通过了这荒凉的草地，到达了天险腊子口。大家登上腊子口的峰顶极目四望，只见漫山遍野一片青绿，和那草地两相对照，恰恰是两个迥然不同的天地。不少同志抑制不住内心的激动，情不自禁地呼喊起来，全军上下，一片欢腾。终于在 1936 年 9 月 1 日，走出了草地，胜利的到达了岷县的哈达铺。①

选自《红六军团征战记》下，解放军出版社1994年6月版，第496—501页。

① 一般认为红二方面军1936年8月8日到达包座，即已走出草地。

一碗炒面

颜文斌

长征中的艰苦生活，真是难以形容呵！虽然已经是几十年前的事情了，但我还清楚地记得我们红六军团十七师五十一团二连在过草地时的一段难熬的生活。

草地是二万五千里征途中最难走的一段。在这里，没有人迹，没有房舍，甚至连个飞鸟叫声都难得听见。在我们视力所及的地方是灰色的云，灰色的草，还有腐草拌合着积水的土地。每日我们的两只脚就在又湿又滑的草地上艰难地行进着。像这样的路，对于攀登过高达几千米、终年积雪的夹金山，横渡过天险金沙江的我们来说，还不算什么太了不起的事情，糟糕的是这时我们都空着肚子，真正的粮食早就没有见到了，连野菜干子都吃光了。前些时，军团首长杀了自己的马，分给大家吃，现在连块马骨头、马皮都变成珍食美味了。但是，为了更快的与中央红军主力会合，北上抗日，战士们仍然默默地拔着沉重的脚步，以最大的耐力，抑制着每走一步所带给他们肉体上的痛苦，坚持前进。有的人当他们在自己实在无法支持，而同志们又爱莫能助的情况下，便倒下了，毫无怨言地、光荣地结束了他们的一生。

那时我是党支部书记，又是排长。起先还强打精神，鼓励大家克服困难，可是，渐渐地，自己也不支了。有一天，我简直抬不起脚了。刚出发时，还有两个同志扶着行走，后来我觉得他们的情况并不比我好，拖下去三个人都要垮台，便用各种方法摆脱了他们。我说我能走。这样我就掉队了。我说我能走是欺骗那两个好心的同志，也是欺骗自己，事实证明我只走了几步，就不行了。头胀，眼睛冒金花，两只腿像软面条似的，摇摇晃晃一下子栽倒在有水的草地里，昏迷过去。当我神智稍微恢复的时候，我想：我要完了，我不能同大家一起到达目的地了……

迷迷糊糊过了很长时间，当我又一次睁开眼睛想看看这个世界时，忽然发现一个30多岁，憔悴、疲惫各方面都不亚于我的同志，站在我的面前，伤心地望着我。“怎么？病啦？”

“不。”我苦笑着说，“……两天……什么也没吃了。走不动……”我尽所有的力气想把声音放大一些，使他明白我的处境。

“呵！是这样。”他连忙低下头来，解开已经空了大半截的米袋，从里边倒出一碗黄灿灿的炒面来，那是多么好的炒面呵！香喷喷的味道刺激着我的嗅觉，我恨不得一手抓到嘴里大嚼一番；可是，当我看见袋子里已经差不多可以说是空了的时候，便用另外一种心情说：“你也要赶路。我怎能夺取你仅有的一点口粮呢？”

他见我这样，便流下泪来，并且用嗔怪的语气对我说：“同志，你到这个地步，还这样要强哩！吃完再说，我不能亲眼看着自己的同志活活饿死。”

我也流泪了。这是感激的泪。一时不知再说什么好，便把自己带了几年的金戒指捋下来送给他做纪念品。他严肃地拒绝了。

“阶级弟兄，用不着这样。我难道还要你报答吗？”

说着他从小沟里弄来一碗清水，和炒面一起推给我，并且不住地叮咛：不要急，慢慢吃。吃了东西，渐渐有了生气，两腿也觉得有劲了。开始他怕我身体虚弱，还扶着我走了很长一段路。第二天我顺利地赶上队伍，到了有人烟的地方。

我很懊悔，由于当时过分激动和兴奋，竟然忘记了问他的名字。不过我知道他是红军战士，是千百万个红军战士中的一个。像这样的同志在我们革命队伍里是很多的，这是无产阶级部队的本色。我们就是凭着这样患难相助、同心协力的阶级友爱精神战胜敌人的。

选自《红六军团征战记》下，解放军出版社1994年6月版，第522—523页。

颜文斌，1917 年生，江西永新人。1932 年参加中国工农红军，1934 年加入中国共产党。红军长征时为红六军团十七师五十一团二连排长。新中国成立后，曾任中国人民志愿军副师长、师长，中国人民解放军副军长、黑龙江生产建设兵团第一副司令员、旅大警备区副司令员等职。第四届全国人大代表。1964 年晋升为少将军衔。2014 年在大连逝世。

一碗狗肉汤

余清泉

1936年夏天，红二方面军在甘孜与红四方面军会师以后，经过短暂的休整，就向高原草地进发了。

高原草地，茫茫千里，没有人烟，没有道路，遍地是野草烂泥。这里的天气变幻莫测，时而烈日如火，时而狂风大作，时而暴雨如注，时而大雪纷飞，行军十分艰难。过了葛曲河以后，部队断了粮。在这里，不仅找不到粮食，连能吃的野草也很稀少，大家只得取下腰上的皮带，身上的皮包，鞋上的皮筋，或烧或煮，填肚充饥。过度的疲劳，严重的饥饿和疾病，一齐折磨着我们。许多同志走着走着，身子一晃，就倒在草地上，再也没有起来了。

当时，我在二方面军六军团参谋处任测绘班长。测绘班每天与侦察连并肩战斗，同起同落。从湖南桑植出发时，测绘班与侦察连有百把人，经过沿途打仗和饥饿、疾病的折磨，这时只剩下了40多人。

一天晚上，我们头顶月亮和群星，背靠背地坐着宿营了。我想起与自己并肩战斗多年的同志一个个牺牲，心里非常难过。正在这时，侦察连连长和指导员向我们走来，告诉我们：上级首长考虑到我们这个单位40多个同志，已有十天没沾一粒粮食，批准我们把从敌人那里缴获的一只猎狗宰了，明早给同志们打个“牙祭”。消息一传开，战士们黄瘦的脸上都露出了笑容。许多同志还走到炊事班，借着皎洁的月光，七手八脚地帮着烧水、宰狗、刮毛、剖洗，直到把狗肉切完，放进锅里，才又回到原地背靠背地坐着睡觉。

次日清早，老炊事班长最先醒来。他把煮熟的狗肉给 40 多个同志各分了一碗，然后叫醒大家来吃，这狗肉虽然少油无盐，但吃起来却感到格外鲜美可口。

大家刚好把狗肉吃完，老炊事班长捧着一碗热气腾腾的狗肉汤来到大伙中间，深情地对大家说："同志们，我们从湘西出发以来，不论是行军打仗，还是照顾伤病员，连长和指导员总是走在前头。这里还分剩一碗狗肉汤，我建议给连长和指导员喝。大家说好不好？"老炊事班长的话刚落音，人群中几乎同时响起了一个声音："好啊！连长和指导员操心重，身体差，这碗狗肉汤应该请他俩喝！"

连长从老炊事班长手中接过那碗狗肉汤，转身走到指导员身边，亮着嗓子说："我的身体还很结实，走到陕甘边区没有问题，你的工作重，体质比我弱，这碗狗肉汤还是请你喝了吧！"

指导员接过狗肉汤，环视了一下坐在四周的战士，激动地对大家说："我和连长的身体都蛮好，能爬雪山，也能过草地。只是我们的几个伤病员同志，身体瘦弱，每走一步都很困难。这碗狗肉汤应该请伤病员同志喝，让他们加点营养，添点精神，好与我们一道胜利完成长征。"指导员在一片热烈的拥护声中，捧着狗肉汤向伤病员同志走去。

这时，几个伤病员同志正坐在一块，整理行李，忙着穿草鞋，准备迎接新的考验。当他们看到指导员端着狗肉汤向自己走来的时候，激情哽塞了喉咙，千言万语化成了一串串泪珠。他们怎能忘记啊！两个月以来，是连长、指导员和同志们轮流搀扶着他们，爬过了一座座高山，涉过了一条条溪流，行进在茫茫草地上。下雨了，大家把斗笠让给他们戴；降雪了，大家把棉衣送给他们穿；断粮了，大家争着给他们找野菜野果吃。今天，同志们都在受累挨饿，双眼深陷，却还把这碗狗肉汤让给他们喝。面对着这种深厚的革命情意，有位伤员泣不成声地说："感谢连领导，感谢同志们！大家对我们伤病员已经关怀得无微不至了。这碗狗肉汤，还是送给其他同志喝吧！”另外几位伤病员同志紧接着说：“我们连数炊事班长年纪最大，这碗狗肉汤应该请他喝吧！”

提到老炊事班长，人群中就像在油锅里撒下一把盐那样沸腾起来。这个说：“老炊事班长年纪大，负担重，他背的那口铁锅就有二十多斤。”那个说：“老炊事班长为全连同志操尽了心。路上休息时，他忙着给同志们烧开水；宿营了，他捡柴生火，为同志们准备吃的。他一天到晚，总是累得满头大汗。”有的还说：“为了保证同志们顺利行军，老炊事班长白天工作的时间最长，晚上睡觉的时间最短……”

指导员觉得同志们的话句句在理，便顺着大家的心意，转过身来，把那碗狗肉汤捧到老炊事班长跟前。

老炊事班长想了想，站起来，伸出双手从指导员手里接过狗肉汤。同志们以为老炊事班长真的收下了大家的心意，顿时个个眉宇舒展，响起了欢快的掌声。谁知，掌声未落，老炊事班长说话了：“同志们！行军打仗，大家听领导的命令，可吃喝的事，你们得服从我这个炊事班长的指挥。大家不要推推让让了，再推推让让，不仅狗肉汤凉了，还会耽误今天的行军。现在，请把自己的碗拿出来，在地上摆好。”从连长、指导员到每个战士，都已明白老炊事班长的用意。因为大家都知道他是个说一不二的人，也不再推辞，只得把自己的碗摆在地上。这时，老炊事班长满意地点点头，走上前去，一步一停，把狗肉汤一点一滴地分到每个同志的碗里，然后微笑着对大家说：“我们是共产党、毛主席领导的红军，是同生死共患难的战友。有苦同当，有福同享。来！都尝尝这狗肉汤吧！将来到了陕甘边区，见到了毛主席，我一定为大家杀猪宰羊，庆祝长征胜利！”说完，他首先把碗里的几滴狗肉汤倒进嘴里。接着，同志们一一起身，像欢庆胜利似的，相互举碗致意，咽下了那凝结着革命深情的几滴狗肉汤。（易启茂整理）

选自《红六军团征战记》下，解放军出版社1994年6月版，第510—512页。

余清泉，红军长征时为红六军团参谋处测绘班班长。

“野菜还是由我先尝”

陈云开

每个人一生中，都有几件终身难忘的事。已过去半个多世纪的一次党小组生活会，至今还深深地印在我的脑海里。

那是在红军长征时，我们红六军团保卫局执行科七位同志随部队来到川西北的草地。由于一路荒无人烟，我们已断粮好几天，身体快垮下来了。为了战胜饥饿，走出草地，我们分头采了一些野菜。然而，这堆野菜哪些有毒，哪些可以食用，实在分不清。如果吃上有毒的，弄不好七个人都要倒在这里。为此，党小组长、科长杨洪山郑重宣布：召开一次党小组会，选出一位同志先吃，鉴别出无毒野菜供大家充饥。我们四名党员围上来，三位要求入党的同志也列席了会议。杨洪山首先发言：“我是科长，是老党员，应该由我来尝野菜，万一我不行了，科里工作由陈云开同志负责，把大家带出草地。”

“不行，不行！”我急忙打断他的话：“你是科长，要带领大家克服困难走出草地，这野菜还是由我先尝。”

“你们都不要争，还是我先吃最合适。”我的话刚讲完，躺在担架上的重伤员黄凯支撑起身子，强打精神说：“你们都年轻，身子骨又好，将来为革命工作的时间还很长。我年纪大了，身子又闹成这样，还是我来尝吧。”说着，他就向野菜堆爬去。大家一看急了，赶紧把他抱开。紧接着，特派员老尹和其他几位同志也争着要先尝。

诚挚的友情,感人的场面,更坚定了我的决心。“慢!”我喊了一声,顺手拿起一大把野菜,激动地说:“同志们,我今年才二十挂零,身体好,抵抗力强,毒性不大的野菜在我的身上只能产生较低的反应。我恳求党小组长和同志们对我的意见进行表决。”表决结果,连我在内共七票,一致通过。

我肩负着党小组的重托,开始品尝这些不知名的野菜。苦的、酸的、麻的、涩的……当品尝到第七种野菜时,我只觉得一股难忍的怪味锁住了喉头,一阵晕眩,很快失去知觉。当我苏醒时遇见了科长和同志们都围着我,老尹正端着冒热气的野菜汤往我嘴里送。大家看我睁开了眼,都流出了激动的泪花。

靠这次鉴别出来的野菜,我们战胜了饥饿,胜利地走出了草地。(晋松整理)

选自《红六军团征战记》下,解放军出版社1994年6月版,第524—525页。

陈云开,1912年生,江西泰和人。1930年参加中国工农红军,同年加入中国共产党。红军长征时为红六军团保卫局执行科科长。新中国成立后,曾任遵义军分区政委、党委书记,十六军军政委,解放军后勤学院政治部主任,解放军总后勤部西安办事处副主任。1955年被授予少将军衔。1990年在南昌逝世。

草地“狗肉宴”

韩德辉

狗肉补，
狗肉香，
大家喝碗狗肉汤，
明天行军有力量。
……

每当我吟起这首打油诗，就回忆起过草地时，我们连举行“狗肉宴”的动人情景。

1936年6月①，红二、六军团与红四方面军在四川甘孜胜利会师后，根据党中央、中央军委的指示，红二、六军团合编为红二方面军，接着两个方面军先后北上。我们红六军团十七师五十一团二连跟随红四方面军的左纵队北上，经过几天急行军，便踏进了草地。

当时，我们连队有50多人，干部只有我（副连长）和指导员及两名排长。我们连队进入草地的第五天，开始断粮，全靠吃野菜、草根充饥，同志们一个个饿得面黄肌瘦，累得筋疲力尽，行走艰难。

快走出草地的一天下午，一阵雷雨过后，火热的太阳从乌云里钻了出来，很快地吸尽了草上的水珠，红军战士身上湿透了的衣衫也烤

① 应为1936年7月。

得半干了。这时，部队途中休息的号声响了，我们连正巧走在一个大草坡边沿。连队就地停下来休息后，有的同志赶紧在避风处用茶缸烧水解渴；有的同志迅速散开，寻找野菜充饥。突然，从草坡顶端传来“砰”的一声枪响。我以为发生了什么意外的情况，赶紧查问。不一会儿，神枪手二班长从坡顶拖回一只野狗，大家好长时间没有嗅到过荤腥味了，看到二班长打到一只几十斤重的野狗，“呼”的一下子围了上来，并七嘴八舌地议论开了。有的说：“这下可开斋了。”还有的说：“再也不怕它晚上寒风刺骨了。”几个江西老表还举了很多例子来说明狗肉是强身健体的上等补品。一时间，连队就像注入了一支兴奋剂，大伙的高兴劲真是无法形容。不一会，部队要出发了，我挥了挥手说：“同志们，大家加把劲，赶到宿营地，晚上全连举行一个‘狗肉宴’，你们说好不好啊？”“好！”大家高兴地回答，脚下的步伐也自然地加快了。

黄昏时，连队一到达宿营地，大家就争着去帮助炊事班收拾野狗。没有调料，一个湖南籍的战士把自己一直舍不得吃的一点点干辣椒献了出来。转眼间，一条几十斤重的野狗就收拾得干干净净。这时，不知哪一位战士提议说，团首长指挥行军打仗很辛苦，应该送点去给他们补补身子。这一提议立即得到了大家的赞同，并一致推选我代表全连同志去向首长表一表心意。当我完成任务从团部返回连队时，土灶里火势正旺，连队那口大铜锅里不停地喷出一股股蒸气，一阵阵狗肉的香味飘散在茫茫的草地上。大伙围坐在距土灶不远的避风处，一边热烈地谈论狗肉补体健身的作用，一边反复擦拭手中武器，把一支支乌黑的钢枪，一把把明晃晃的大刀擦得更闪光发亮。

我走近灶边，炊事班长揭开锅盖，用铁勺在锅里搅了几下，狗肉顺着旋转的汤水不停地翻滚起来。“老班长，熟了吗？”炊事班长点点头说：“早好啦！就等你下命令呢！”我说：“开始吧！”老炊事班长乐得像小孩似的，拿着锅盖当铜锣敲得“叮叮当当”响，喊着“开宴罗！开宴罗！”当大伙随着喊声，端着搪瓷碗、杯围了过来的时候，炊事班长表情严肃而又风趣地说：“今天副连长宣布晚上办个‘狗肉宴’，因为狗肉太少，我这个巧媳妇没有办法，只好多加水，大家就管叫它‘狗肉汤宴’吧！”接着又说：“既然是办宴，今天也就不一个个分了，吃多少盛多少，大家都喝个痛快。”老班长讲完后，大家你推我让地盛起狗肉汤来了。端着热腾腾、香喷喷的狗肉汤，有的边喝边啧嘴说好鲜啊！有的还以汤代酒频频举杯（碗）；有个战士还手舞足蹈地吟起了即席编的一首打油诗：“狗肉补，狗肉香，大家喝碗狗肉汤，明天行军有力量……”整个宿营地一片欢声笑语。

就在这欢乐的笑声中，炊事班长却不高兴地把我和指导员拉到灶前，指着锅里的狗肉说：“这都是你们带的好头，只盛汤不盛肉，告诉你们，我可没有那么大的肚皮哟，必须赶快想办法叫同志们趁热吃掉才行啊！”我和指导员商量一番后，用征求意见的口气说：“同志们，为了战胜困难，走出草地，建议把锅里的狗肉全部给病号和身体差的同志吃，大家同意不同意？”话音刚落，下面就是一片“同意”的回声。身体强壮些的同志都说，多一个人走出草地，就能为中国革命多增添一份力量。可是，病号和体质较差的同志都不同意，理由是，让身体好的同志吃了，他们走出草地的希望就更大。结果，谁也不肯上前去盛。炊事班长见此情景，激动地说：“同志们，行军打仗听连首长的，吃喝就得听我的。”他一面从同志们手中要过碗帮助盛，一面埋怨大伙“不自觉”，还要他来分。只见炊事班长把病号和体质差的同志的碗盛得满满的，给其他同志碗里也装上三五块。最后把盛着一块狗肉的勺子举得高高地说：“同志们，我带头，大家趁热吃了吧！”这样，大家才端起碗，都感到碗里盛满了阶级爱、战友情和红军战士的革命乐观主义精神，一个个含着热泪吃了起来。（刘文江整理）

选自《红六军团征战记》下，解放军出版社1994年6月版，第519—521页。

韩德辉，红军长征时为红六军团十七师五十一团二连副连长。

一张牛皮过草地

王志卿

以贺龙、任弼时为首的军委分会领导的红二、六军团长征，其可歌可泣的事迹是几天几夜说不完的，它留在人们脑海中的烙印是永远难以忘怀的……

一脚滚下玉龙山

红二军团渡过金沙江后，休息一夜就过玉龙雪山。

此山海拔 5500 多米，山高坡陡，空气稀薄，山上积雪很厚，路上结了冰，前进中不断有人倒下去，再也起不来了。当时大家对过雪山缺少精神准备和物资准备，没想到一过金沙江就面临雪山、草地，又是藏民地区这样特殊的困难情况。原先我们还想着像以往那样在这里扩红和收集资财呢，殊不知像到了另一个世界一样，行军中，光我们四师十二团六连就在这座雪山倒下去 20 几个同志！上到玉龙雪山山顶后，我高兴地大喊一声 ："再见了，玉龙王！ " 眼一黑，头一昏，就失去了知觉。

待我清醒过来，已坐在半山一块石头上。我问一班长常家银 ："我怎么坐在这里？ " 常家银说 ："你刚下山时就倒下去了，黄新廷团长去拉你，也倒了下去，不觉中踢了你一脚，你就从山坡上滚下来，滚到这里。要不是团长这一脚，你倒在山坡上就与我们永别了。”听了一班长的介绍，我又惊又喜地说：“没有团长踢我一脚，我就永远睡在玉龙山上了。团长这一脚救了我的命啊！”

向中甸进军

过了玉龙雪山后，我们在一个村子里宿营，团部通信员向我们连长傅在先通知说，我们团朱辉照政委找我（我这时在六连当排长）。

我到团部向团长、政委敬了一个礼，朱辉照政委对我说：“我和团长研究决定，调你到团部当交际员，搞‘外交’。”我有点不解地说：“我不会做什么外交工作，只会打枪，还是在连队好。”团长批评我说：“不要讲价钱，组织决定做什么工作，就无条件服从。当交际员主要是做群众工作，行军打前站，交涉住房，有时打后站，收容伤病员。这里地理民情特殊，因为你当过侦察员，才调你做这个工作。”经政委这么一解释，我满口痛快地答应说：“坚决服从，马上到团部工作！”

我到团部后，工作主要听从参谋指挥。那天黄新廷团长带领二营走在前面，向中甸县进军。行军路过一座长着树林的高山时，遭到当地受国民党控制的藏族农奴主反动武装 300 多人的伏击。团长、政委指挥二、三营展开战斗，兵分几路反击敌人，战斗进行不到一小时就把敌人打垮了。由于敌人利用有利地形，顽固抵抗，我团伤亡 30 多人。在战斗中朱辉照政委腿部负了伤，于是我背着政委到师部医院治疗。为通过藏区，我们还做了许多工作。

从中甸到甘孜

我们红二军团由中甸出发，经过得荣、巴塘、白玉到甘孜与红四方面军会师。这一个多月的行军，不是经过雪山，就是经过森林，有时还遭到反动民团阻击，部队的伤病员一天天多起来。

开始我们收容队在部队后卫行动，一天只收十几个伤病员，快到甘孜时，收容伤病员已有500多人。因此，有的战友说笑话：“王交际员，你这个排长，一个多月就升成‘团长’了，你带的伤病员比团长带的兵不少啊！”

为了确保伤病员的安全，不致遭受反动民团杀害，团首长还派九连同我一起在后面行军。据医生说，有些病员发病主要是冻、饿、体质太弱和空气稀薄的缘故。有的战友病了几天，一倒下去就起不来了。我们收容队每天都要掩埋十几个战友。有时在大森林过夜，成班的人倒毙而死。在这一段艰苦的行军中，打仗不多，但病死的战友不少。师团营领导同志的马都给病员骑了。九连全连战友，每人扶着一个病号行军，这种无产阶级团结友爱的精神，我是永远忘不了的。师政委冼恒汉还在会上表扬了我们收容队是救死扶伤的模范。

一张牛皮

1936年6月下旬①，红二、六军团在甘孜与红四方面军会合，两军洋溢着战友情谊，四方面军战友送给我们许多毛衣、毛袜、毛手套和雨

① 应为1936年7月初。

具、口粮，这对我们过草地起了重要作用。在甘孜休整了几天，我们就向草地进军。

这时我又回到六连任一排长，连长傅在先，指导员杨国才，二排长庞大个（名字记不清了）和全连战友，热烈欢迎我归队。特别是一班长常家银，一见面就抱住我高兴地流着泪说：“我们抢渡金沙江一同落水未死的老排长又回来了，我们过草地又增加了力量！我们共同奋斗，坚决过好北上的最后一关——草地！”我说：“我们团结一致，一定能胜利闯过草地最后这一关，与党中央、毛主席领导的红一方面军胜利会师，北上抗日！”

过草地第一阶段，由甘孜到阿坝，由于离寒、风雪、空气稀薄、口粮不足等困难，又夺去了一批战友的生命。我连由两个排六个班加连部 80 多人，减到只有 40 多人，已去了一半！但是同志们斗志很高。“闯过草地，就是胜利！胜利一定属于我们！”这是指导员带我们常喊的同困难搏斗的口号。第二阶段过草地，由阿坝经包座到腊子口。在阿坝出发时，师政委冼恒汉在路边草地上，作动员报告说：过草地路程不远，十天半月就过去了，但是气候恶劣，口粮极缺，每人每天只有二三两炒面，只有挖野菜和青稞面煮在一起充饥。冼政委讲到这里问:“同志们，战友们，怕不怕这些困难！”同志们都热烈鼓掌，高呼口号，表示了战胜一切困难的战斗决心。师首长把手一挥：“按命令出发！”我们迈着坚定的脚步出发了。

4 月底过金沙江，到 7 月底到阿坝，部队在雪山草地行军已经三个月了，大家的体力消耗到了极点，双腿软得迈不开步，就像害了大病一样，每走一步，都要用尽全身力气。这样行军约十多天，又有一些战友倒了下去，我们能走动的同志们咬着牙坚持前进，让后面收容队来掩埋他们的尸体吧！最后几天，口粮已经用完，野菜也被前面的部队挖光，我们只好空着肚子走路了。

就在这绝境之中，我们在宿营地忽然发现路边有一张牛皮，大概是前面部队丢下的，它看起来又臭又脏，但我们真是如获至宝！急忙拿水洗了，用牛粪火烤黄，用刺刀刮去牛毛，割成小块，全连每人分了三块。一块牛皮含在嘴里嚼，嚼来嚼去嚼不烂，但总有那么一点点肉味，珍贵得很哪！这样三块牛皮，我们嚼了三天。渐渐地我们看到了草地的边界腊子口，大家十分兴奋，但是两条腿却不听使唤，好像总走不到腊子口似的。在走出草地的最后时刻，我连只有20几个战友了，那么多的战友都倒在了雪山草地上，特别是我们连屡立战功的庞大个二排长也倒下了。我们连的同志就是这样空着肚子，嚼着牛皮，拄着棍子，许多人背着两三支枪（那是倒下的战友留下的武器），互相搀扶着前进，终于脱离了这渺无人烟的“绝地”。

出了草地，好像又回到了人世间，问到了人类得以生存的环境，我们部队在甘肃哈达铺一带进行了休整，又扩大了不少新战士，我连由25人扩大到120多人，由一个排扩大成三个排、九个班，大家的情绪又活跃起来了。

选自《苦斗十年》下，解放军出版社1989年12月版，第316—320页。

护身鞋

张会学

红二方面军征服了雪山以后，不久就要进入神秘莫测、纵横数百里的草地了。

为了鼓舞部队的士气，消除顾虑，军团首长专门向部队作了动员。周恩来副主席也说①，草地既不神秘，也不可怕，红军战士能爬过雪山，也能走过草地。这些话，给了我们莫大的鞭策和鼓舞。

出发前，上级规定每人得准备两双鞋，把脚保护好。当时，我除了脚上的烂草鞋外，就剩下别在皮带上的一双布鞋了。我把它解下来端详着，一首在湘西革命根据地流行的山歌，仿佛又萦绕在我的耳边。

赤溪河水清又清，
妹做布鞋送红军，
穿上鞋子翻山岭，
工农联合闹翻身。

想起这首山歌，也就想起了我们离开根据地时的情形。那时，我们每个人的心里都十分难过。老乡们的心情也和我们一样，知道我们要出发，一大早就送来了各种慰劳品。一位老大娘拉着我的手，把一双“红军鞋”塞给我。这是双做得非常精致的布鞋，鞋帮上绣着“杀敌立攻，

---

① 周恩来长征时没有和红二方面军同行。

革命到底”的字句。她老人家嘴角抽动了半天才说：“孩子，带上这双鞋吧！这鞋子一穿到红军的脚上，那就成了‘飞毛腿’了。地再广，山再高，你们也能‘飞’过去。”我看着老大娘，看着手里的鞋子，感动得什么话也说不出来。

打这以后，这双鞋子就别在我的腰间，伴随着我踏上了艰难的征程。尽管路途艰难，这双鞋我始终没舍得穿。

在离开湘西桑植的最后一次战斗中，一粒子弹擦伤了我的脚。当时既没有医药，也没有担架，我拖着负了伤的脚坚持战斗。最后实在走不动了，我第一次从腰里解下了这双“红军鞋”穿上。这双鞋的衬底软绵绵的，穿上特别舒服。我一穿上它，就想起了根据地人民的希望，好像伤口也不怎么痛了。不久，伤口好了，我舍不得再穿，又把它脱下来别在腰上……

爬雪山时，那天我们电话班眼看快要爬到山顶了，突然我感到腰部有些疼痛，低头一看，原来是一块滚落的冰块，重重地砸在我的腰上，我摸了摸痛处，心想，要不是这双鞋，这块冰块一定够我受的。同志们都替我高兴，说这真是一双“护身鞋”。听大家这么一说，我心里十分高兴，就更加倍地爱惜它了。

现在要过草地了，我拿着这双“护身鞋”，又想起了那位老大娘说的话，浑身增添了力量。

天刚拂晓，我们就开始向草地进军了。举目远望，草地茫茫无边，在草丛上面笼罩着迷蒙的浓雾。草地里河沟交错，水呈黑色，散发出腐臭的气息。在这广阔无边的泽国里,没有道路,脚下是一片草茎和腐草，踩到上面软绵绵的，一不小心就会陷下去。一些年老体弱的同志陷下去，就再也没有出来。

我是个电话兵，背着电话机和一部发报机，走起来就更艰难了，我再次穿上了这双鞋。穿着这双“护身鞋”，踏着前面深陷的脚印，一步一步地向前移动。几天的行军，我的脚被腐臭的水泡得失去了知觉，几次跌倒。每当我倒下看到脚上的“红军鞋”，就好像有许多根据地的老乡在背后推着我前进，心里感到一股热劲，爬起来又跟上了队伍。

我们终于走出了草地，当我坐在一块石头上，低头看看那双沾满了泥水、已经脏得不成样子的“护身鞋”，真有点心痛。我赶忙脱下来磕掉泥巴，又珍重地别在腰上。

选自《星火燎原·未刊稿》第4集，解放军出版社2007年8月版，第222—224页。

张会学，1915 年生，湖南沅陵人。1934 年参加中国工农红军，红军长征时为红二方面军电话班战士，并加入中国共产党。新中国成立后，曾任东北军区通讯六团副团长兼参谋长。

在草地的日子里

——长征的回忆

李少卿

在长征的日子里，那些说不尽的艰难困苦，在今天都成了亲切的回忆。

进入草地，就是一片广漠无边的原野，望不见山，也望不见树，到处都是杂生的野草！远处一片苍茫将天地粘在一起。一路上除掉苍鹰、狼群和野羊以外，几千里的路途再望不见什么动物了。我们是多么渴望能看到人烟啊！

进入草地没有多少日子，我们的粮食就大半吃光了，饥饿成了我们最大的威胁，多少同志被饥饿夺去了宝贵的生命，多少同志被饥饿毁掉了健康。

没有粮食，一到宿营地大家就四下里去找可以煮食的野草来充饥，有的混合上一把青稞麦，自己还舍不得吃，总要先端给那些有病的同志。可是苦涩的野草，究竟不是粮食呀！有些身体弱的，吃得浑身浮肿，吐黑水，头昏，四肢无力，走着走着就瘫软的倒在路旁悄悄的死了。

当时，最好吃的东西要算是牛皮了，大家将过去用生牛皮或羊皮做的皮帽、皮带、皮鞋一类的东西①用水洗净，放在篝火上慢慢烤熟，那焦脆的滋味，吃起来真叫人感到有种说不出的香甜呀！我们一边吃，一

---

① 那些皮子都是吃掉肉后，将皮子晒干连在一起做成的。

边闲扯着：

“啊呀，这还了得，一下子吃掉一只鞋还不饱！”

“早知道牛皮这么好吃真该多带两块！”

谁想到吃过以后一喝水肚子就发胀，大便干燥的拉不下来，没有法子，只得用手一点一点的从肛门往外掏。

有时候遇到一片藏民放牧过的草地，虽然马群早已赶走啦，可是到处堆积着马粪，我们将马粪放在水渠里去冲洗，将马没有消化了的青稞麦从马粪中淘出来，煮一顿真正用“粮食”做成的麦饭，该是如何的高兴呀！

生活虽然艰苦，睡在湿湿漉漉的沼地上，吃着野草过日子，可是一种坚强的意志，贯穿着整个部队。正是这种伟大的力量使我们胜利地走出草地。

最使我难忘的要算是那次吃烤马肉了，大约是进入草地半个月的光景，粮食、牛皮都吃了个干净，大家饿得心里发慌，不知谁半夜里弄来了一匹马杀掉了，全连每人都分到了一斤多马肉，大家围着篝火吃了个痛快。

第二天有人传说贺老总的马不见了，想起昨天晚上的一顿烤肉，大家心里由不得都怀着一个鬼胎，暗暗地想：“这一下可坏啦！一定得受处分！”

清晨临出发前贺老总却笑眯眯地走过来了，我们都低着头，好像犯了过错的小孩子，不敢抬起头来朝他望一眼。贺老总用温和的声调朝大家说:“同志们,为什么这么没精打采呀！是不是被困难吓倒啦！”“不！不是怕困难，是大家吃了总司令的马。感到……”连长赶忙回答着。

“是呀，战士们饥饿啦！不吃马又有什么办法？”贺老总慢慢地说着。停了一刻，他笑着向大家说：“同志们，吃了马肉，应该有精神才对呀！挺起胸膛，让我们一起前进吧！闯过草地胜利就是我们的！”

“闯过草地胜利就是我们的！”这一响亮的口号鼓舞着每一个战士

的心，大家胜利地到达了陕北。（赵宏文记）

原载《文汇报》1957年7月27日。

选自中国社会科学院现代革命史研究室编:《回忆贺龙》，上海人民出版社1979年11月版，第453—455页。

草地记事

颜金生

长征中，我们红二方面军在 1936 年 7 月 6 日尾随四方面军进入了草地，是三个方面军中最后通过草地的。途中我们遇到了许多特殊的困难，尤其是和几乎不具备生存条件的大自然的搏斗，使我们付出了巨大的惨痛代价，同时，也磨炼了我们更坚定的革命信念和更强的野战生存能力。

一

1936 年 3 月 23 日，准备在盘江、兴义一带创建根据地的我二、六军团，接到张国焘以红军总政委名义发来的急电：在渡江技术有把握的条件下即旧历三月水涨前，可设法渡金沙江北上，到甘孜地区与四方面军会合。

为此，红二、六军团的贺、任等首长致电总部，陈述了在滇黔边区建立根据地以策应全国抗日斗争的可能等重大问题的意见，并再次请求行动方向。

张国焘、朱德 30 日复电：你军最好渡江北上。

据此，二、六军团从 4 月 25 日开始在石鼓、巨甸巧渡金沙江，后经清香树、中甸，向甘孜挺进。

6 月 3 日，长途跋涉的六军团先头部队第十六师，在理化以南的甲洼与远道前来迎接的三十二军会师，22 日，先期到达甘孜的普玉隆①。6 月 30 日，二军团在绒坝岔，与四方面军三十军胜利会师。

四方面军广大指战员像迎接亲兄弟一样接待二、六军团的战友。沿途的树木、草棚和喇嘛寺的红墙上张贴了一幅幅热情洋溢的标语："向英勇善战的二、六军团致敬！""欢迎转战湘鄂川黔滇康的二、六军团！"并为二、六军团腾出了许多干净敞亮的房屋。会师后，我们才得知张国焘另立中央的罪恶活动，同时也了解了朱德同志让二、六军团北渡金沙江，是为了红军主力大会合，执行中央北上抗日的路线。而张国焘则心怀鬼胎，妄图待机拉拢、控制二、六军团，与中央相对抗，这不能不引起广大指战员的义愤。

甘孜会师后，根据中共中央电令，由原红二军团和六军团组成二方面军，第三十二军归红二方面军建制。贺龙任总指挥，任弼时任政治委员，关向应任副政治委员，萧克任副总指挥。

党中央的这一决策，进一步加强了党中央对二方面军的领导和指挥，有力地挫败了张国焘插手二、六军团的阴谋，推动了抗日形势的发展。

二方面军组建后，贺龙找贺炳炎等一些师级干部谈话，愤怒地指出：张国焘另立中央，进行分裂党的罪恶活动，毛泽东同志为核心领导的党中央，已经到了陕北。我们必须坚定地执行毛泽东同志制定的路线，为了抗日，立即北上，与党中央和一方面军会合。

7 月 2 日②晚，四方面军在驻地为二、六军团的到来举行了盛大的联欢会。朱总司令操着浓重的四川口音若有所指地说，同志们，我祝贺你们战胜了雪山，也欢迎你们来与四方面军会合，但是这里不是目的地。我们要继续北上。要北上就必须团结一致，不搞好团结是不行的。

---

① 原文为蒲玉隆，本文统一为普玉隆。

② 一说7月1日。

此外，在我们前进的道路上还有人烟稀少的草地。我们要有充分的准备，克服一切困难。

会上，四方面军政治部剧团还演出了《迎亲人》、《红军舞》等精彩的节目。

接着，党中央又电示：二、四方面军趁两广事件和我党对张学良、杨虎城之东北军、西北军的统战工作还有成效，以及甘肃南部敌人空虚的有利时机，迅速向甘南发动攻势，会合一方面军共同创建西北抗日根据地，以促进党的民族统一战线的进一步发展。

二

二方面军直接听到了党中央的声音，群情振奋，迅即着手过草地的准备工作。

（一）用党中央的指示精神统一广大指战员的思想，同张国焘的分裂阴谋进行坚决斗争

会师前后，张国焘有计划有组织地进行了种种阴谋活动，首先是施展政治手腕拉拢六军团，遭到了六军团政委王震的抵制。二军团到达甘孜后，张国焘重演故技，借给二方面军介绍过草地经验之机，带去了一大批自己起草编辑的所谓中央文件，如《西北讲座》、《干部必读》，伺机散发。任弼时当即十分严肃地提出："派来的干部可以介绍过草地的经验，不准提党中央一个字。"张国焘见政治分化不成，提议召开两军联席会议，妄图从组织上利用职权胁迫二方面军的领导就范。任弼时针锋相对地指出："谁作报告，发生争论谁作结论，不能以多数压迫少数。"再一次挫败了张国焘玩弄权术践踏党内正常的民主生活的伎俩。

惊心动魄的斗争现实，使二方面军广大指战员逐渐感受到了张国焘分裂主义给革命事业带来的危害，更加珍惜党的统一和革命团结，也更

加盼望早日通过草地，与中央红军会师，在毛泽东同志为首的党中央直接指挥下战斗。

任弼时政委在有关的会议上做了紧急动员，透彻地分析了国内和党内的形势，提出了“走出草地就是胜利”的口号。会上，大家共同商讨确定了行军路线。

（二）向四方面军请教过草地的经验

四方面军曾两次出入草地，有不少的好经验。二方面军总指挥部指示各部队通过各种形式请四方面军的同志介绍草地的自然风貌及行军的注意事项，把四方面军介绍的经验一条条记录下来，结合现有条件研究相应的措施。比如代食品主要是野菜，就请四方面军的同志详细介绍草地中野菜的品种、形状、食用方法。各班排还特意采来标本，丰富了大家野战生存的常识。

（三）千方百计做好物质准备

在各种物质准备中，筹集粮食是最难的。草地，举目苍苍，杳无人烟，不可能在途中得到必要的补充。过草地所需的粮食主要靠过草地前准备。而在甘孜一带筹粮比以往任何时期在任何地方筹粮都困难，这是因为这一带居住的藏民多以游牧为主，耕地少，产量低，粮食来源有限；加上国民党的反动宣传，拥有粮食的大土司或者把粮食带跑了，或者把粮食坚壁起来；再加上一、四方面军先于二方面军过草地，将一些陈积的粮食筹集得所剩无几。最让人痛心的是张国焘出于政治目的，对二方面军筹粮设下了种种障碍，使筹粮工作难上加难。

我当时在方面军政治部工作，在带工作组下部队中耳闻目睹了许多筹粮的小故事。

在四师司令部通信连，一天，13 岁的贺芳齐和 14 岁的纳虎摸进逃跑的大土司家里，挨屋寻找，偶尔在墙角下发现了几粒青稞，喜出望外，便一粒粒拣起来。连着四天，他俩在粮仓库、碾子旁，打谷场上一粒粒地拣着，挑着，抠着散落在砖缝里、石磨房、土梗的青稞、玉米、豌豆，才勉勉强强凑了大约七斤。

在五师某团二连，一排长老刘两条腿都快要跑断了，粮袋依旧空空。他懊丧地坐在干牛粪堆上，卷了把枯树叶闷闷地抽着。一阵风儿吹来，干化的牛粪被刮去一层皮，“咦！这不是玉米吗？牛粪中有尚未消化掉的粮食。”他如获至宝，用枪托把牛粪砸开，碾碎，细细地筛了一遍，竟拣了30来粒，尽管有一股子臭哄哄的糟味，但它毕竟是粮食。他见牛圈就钻，把厚厚的牛粪一层层翻出来，细心地找着……

这是发生在红四方面军四局的一件事，更是令人难忘，一天，朱总司令解下牛皮斗笠，对在兵站负责给部队分牛羊的杨以山说：“这个任务很重要，我们后面还有二方面军数万战士，总部决定将四方面军直属队所有驮帐篷和行李的牦牛全留给他们，东西自己背着走。”部队出发了，朱总司令临走时又特意叮嘱说：“请转告二方面军的同志，牛羊的皮，肠子，蹄子千万不要丢掉，都可以充饥。”

大家就是这样千方百计地筹粮，即便如此，平均每人也只筹集了七八天的口粮。而通过草地，情况十分顺利至少也要20来天。

除了筹集粮食，各部队还自己动手准备御寒的衣物、帐篷和药品。卫生部的买了一些胡椒、辣椒、盐巴和鸦片，这在当时简直就成了重要的药品。有的还跑遍了方圆几十里的沟沟坎坎、采集了一些中草药。供给部门买来一些铜锅，换下了又笨又沉容易破碎的铸铁锅。被装部门把四方面军特意赶织的几十件毛衣，上百件羊皮背心发给体弱的战士和小鬼、妇女。

三

7月7日晨，灰蒙蒙的天空飘着雪花，二方面军指战员踏着皑皑白雪进入了草地。

二方面军组成两个梯队，由贺龙率领，随四方面军左路纵队之后，从甘孜、东谷出发。进入水草地，映入指战员视野的是一片逶迤而又阴森的自然风光。一滩又一滩的泥水，有的澄清，有的浊黄，纵横交错而凌乱。各种茂盛的禾草与一堆一堆的草丛，构成了厚厚的植被，覆盖在水网上，在旖旎的光照下弥漫着氤氲的雾霭。互相交织攀依的野草，高的没腰，像蓬乱的篱笆，矮的没踝，像带刺的地毯。偶尔挺出一支细细的茎秆，顶端挂着几朵小花，红的、粉的、蓝的，舒展着花瓣，喷吐着幽幽的清香。在草地行军，速度很慢，每天平均六七十里。7 月 7 日至 7 月 17 日，各部先后通过日庆，进军西倾寺。

7 月 20 日前后，通过耸立在草地中的海拔 4200 米的绒玉大雪山，作了短期休整。

22 日，接到中共中央、中革军委给二、四方面军的电报："我们正动员全部红军并苏区人民粉碎敌人之进攻，迎接你们北上。"并指出：二、四方面军，"以迅速出至甘南为有利。待你们进至甘南适当地点，即令一方面军与你们配合南北夹击，消灭何柱国、毛炳文等部，取得三个方面军的完全会合，开展西北伟大局面。"7 月 22 日至 26 日，二方面军各部先后到达上下阿坝，而后向葛曲挺进。

28 日，中革军委再次电询红二、四方面军行动情况，并电示：西北统一战线有了进步。三个方面军会合之后，即能引起西北局面大变化。

8 月 1 日至 6 日，二方面军各部相继渡过草地最宽的河——葛曲河。此时，红四方面军已通过草地到达班佑、包座地区。8 月 1 日，中革军委电二、四方面军，"接占包座捷电，无限欣慰。"并电告甘南敌情以及包座至哈达铺的地形、民情。同日，红二、四方面军电告中央：此次向巴西、阿西、包座前进颇称便利。俟兵力集结后即向洮、岷、西固行动，约 8 月中旬，主力可出天水、兰州大道。3 日，中共中央为热烈欢迎二、四方面军北上，致电朱德、张国焘、任弼时：接 8 月 1 日电，为之欣慰。团结一致，牺牲一切，实现西北抗日新局面的伟大任务，我们的心和你们的心是完全一致的。我们已将你们的来电通知全苏区红军，并号召他们以热烈的同志精神，准备一切条件欢迎你们，达到三个方面军的大会合。8 月 5 日，中共西北局在救济寺①召开会议，根据甘南敌情和中共中央关于迅出甘南、抢占腊子口、攻占岷县的指示，拟定了《岷（州）、洮（州）西（固）战役计划》。决定由二、四方面军共同组织此项战役，将尚未到达包座地区的二方面军编为第三纵队，以策应第一、二纵队（四方面军建制）作战。

8 月 8 日，二方面军到达包座地区，稍事休整后，经救济寺、哇藏寺、莫牙寺、尖藏、腊子口、悬窝，于 8 月 25 日至 9 月 1 日全部到达哈达铺。

四

二方面军作为最后通过草地的部队，有着一、四方面军所不及的有利条件：行军路线明确；可以借鉴兄弟部队的经验……然而，又有着比一、四方面军更多、更大、更令人难以想象的困难。最突出、最棘手的是吃的问题。

进草地没几天，战士的粮袋差不多都空了。关向应同志在日记中简要记录了当时缺粮的情景：

7 月 7 日，六军行军约百里。沿途均无房屋，到大吉岭附近露营。7 月 12 日，六军在西倾寺休息。准备筹集七天粮食，不但没筹集到，而且在该地休息吃的粮食都没有。部队带来的粮只够吃两三天。部队开始采野菜充饥。

7 月 13 日，六军经点头寺进沟，顺沟而上，翻了两个山，最后一个较高，下山坡很滑，行军约 120 里到绒玉。

---

① 今求吉寺。

7 月 14 日，六军在绒玉休息。无粮食，采野菜吃。

7 月 15 日，六军仍在绒玉休息，以野菜充饥。

7 月 16 日。六军上午出发，沿河而上，下午到玉楼。各部队还是没有找到粮食，全吃野菜。指挥部及二军四师到打盆、大古岭。六师在东谷。因河水涨，需架设浮桥，明日才能续进。

7 月 18 日。六军在亚龙寺一线休息，准备补充粮食，但因该地区居民很少。有点粮食全为前边部队通过时收集走了。所以大部分部队采野菜做干粮，只有十八师到牛坊集筹集了 60 余只牦牛，千多斤麦子。

粮食是人类维持生命最基本的物质之一。出发前，由于张国焘的刁难，没能筹集到足够的粮食；途中，由于先头部队把有限的粮食已采购殆尽，没能补充到足够的粮食。而在泥泞、寒冷和饥饿中艰难行进的指战员又急需大量的粮食。其实他们的全部奢望也只是每天能分到使生命得以延续的小半碗炒面。几千人马的二方面军的生存受到了严重的威胁。为了战胜饥荒，指战员们采取了以下几种措施，想尽一切办法寻找代食品。

挖野菜。这是最主要的代食品。别看草地遍野都是草，但能食用的野菜并不多，一到宿营地，战士们头一件事就是挖野菜。有时，趟好大的一片地才能采回一小把，有时，因为别人把灰灰菜、车前草、罗汉菜的叶子、茎尖掐光了，没办法，后来人只好拔草根。可是，草根怎么煮也煮不烂，填到嘴里，扎扎的，涩涩的，夹着一股淡淡的甘苦和浓烈的土腥，大家只好咬着牙硬着头皮往下咽。靠野菜充饥，一两天还可以，连着七八天，再壮的汉子也吃不消，脸和腿浮肿得厉害，有的还头晕、眼涩、肚子疼。

煮牛皮。这是四方面军的同志介绍的一条经验。出发前，有的战士心眼多，把竹篾斗笠换成牛皮斗笠，把系在腰间的绳子换成皮带。连打草鞋用的麻线都改用细细的皮条。在缺粮少肉的时候，这些牛皮制品真正成了佳肴。起初，把牛皮切成了很小很小的片，放在锅里用水煮，不管煮多少时辰，放在嘴里依旧死活嚼不烂。只得挺伸着脖子，活生生地吞下去。后来，湖北、湖南籍的战士把家乡吃猪皮的做法搬来，摆弄出不少花样。有的先把牛皮放在火上烤。烤焦了，再煮，牛皮一下变得又暄又软。有的把烤黄的牛皮用刀子刮成粉，拌上野菜熬牛皮冻冻吃。还有的先用水煮，煮熟了，烘干、掰成块，嚼着吃。可是，皮带、枪背带、斗笠等各种牛皮制品的数量毕竟有限，很快也就吃光了。部队快到哑龙寺时，我发现五师一群战士在一片白花花的地上叮叮咣咣地砸着什么，好奇地走过去，原来他们捧着先头部队丢下的牛骨头、牛蹄子、牛犄角，刮着残存的肉星。有的战士吃力地掰开坚硬的骨头，剔着变了色的骨髓，有的战士刮着凝干的血块，还有的战士用刺刀劈开烧得黑乎乎的牛蹄子，用刀尖一点一点挑着黄白色的胶质。为了走出草地，我们的战士甘愿过着原始生活。

团结互助，实行统一调配。出发前，各部队都是分头携带大家筹集的粮食。行军中，指派专人掌管粮食的调配、食用，防止盲目开销，饥饱不均。

六师有位班长姓董，进入草地七八天了，粮食早已断了顿，偏偏这时有位战士害了痢疾，虚脱了。全班把装炒面的袋子放在锅里洗净，煮了最后一点稀面汤，一口一口喂着；第二天，那位战士处在昏迷之中，董班长解开背包，拿出个小口袋来，犯愁而又深情地说："就这点奶酪了，顶一顶或许能过了绒玉……"说着，董班长也支撑不住了，一个跟头栽倒在路边。战士把他架到火堆边，拿出剩下的最后一小块奶酪，给他冲了碗奶，他朝那位病号呶了呶嘴，说什么也不喝。同志们搀着他坐起来，把牛奶倒在牛角里想灌他，他已没有力气发脾气了，仅喝了两口辣椒汤，侧身又睡了，第二天，大家准备抬班长上路，可班长再也没醒过来，就这样长眠在茫茫的草丛之中。当时这种舍己救人的事，多着哩！

提起公粮，哪个不晓得十八师师长张正坤。这天到宿营地后，张师长像往常一样在路口迎接掉队的战士。怎么？掉队的又多了，饿得走不动了吧？他搀着营部书记熊晃，回到宿营地，对烤火的战士说：咱们背的粮有多有少，革命不是一个人能干成功的，要团结一致战胜困难，如今有人断粮了，我提议把粮食拿出来平分，说着，张师长把自己的干粮倒在油布上。战士们积极响应。师长拿着小碗，喊着名字，挨个分配。一天，张师长听两个战士叨叨：“现在要抽上两口烟，也许把饿忘了。”他便拖着负过伤的腿，一瘸一拐地找贺老总去了。

贺老总一看张师长的样子，就知道他是来讨烟的，又好气又好笑地说：“你这个烟鬼，少了点烟，拐着腿跑这么老远，是给别人讨要来的吧！。”说着，把袋子里的烟匀给了他一大半。

“来，会抽烟的，每人一份。经济公开，待遇平等，烟叶也不例外。”师长把烟细心地分成若干小包，一一分给会抽烟的战士。

官兵同甘共苦，生活上不搞特殊，这是红军的传统。行军中，贺老总经常叮嘱身旁的工作人员，以防他们偷偷给他搞小灶。8 月初，总指挥部来到了位于草地中心地带的葛曲河流域。四方面军兵站负责人杨以山向贺老总汇报说，五天前，驻守在这里的红三十军一个营准备交防给二方面军六军团十七师时，遭到敌骑兵的袭击，抢走了部分牦牛。贺老总愤然地说：“部队来到了这里，等待他们的，仍然是饥饿。”他和兵站的同志一起，重新分配了剩下的牛肉。杨以山取出一份交给警卫员，被贺老总制止了。

警卫员执拗地不愿交出那份牛肉，他是担心总指挥的身体。贺龙的那匹枣红马，自打部队断了粮，就专用来驮病号了。他经常和战士一样，拄着根棍子，趟泥踏水地赶路。晚上，大家都睡了，他还得在马灯下苦心思考着部队的衣食住行和作战指挥，不吃饱，他的身体顶得住吗？何况每人一份呢？

贺老总见警卫员不动，把肉接过去，亲自放回原处，对杨以山作了垂钓的手势，诙谐地说：“我会钓鱼，还是把肉留给后面的同志吧。”噘着嘴站在一旁的警卫员想说又不好说什么。贺老总在洪湖打游击时就喜欢垂钓，长征中无论战斗怎么频繁，始终没丢掉他心爱的渔竿。进了草地，他拉着杨医官常钓鱼，有时大家还能吃顿盐水煮鱼，确实也解决了点粮荒。但有的河汊水浅，别说鱼，连浮游生物都没有，贺老总不是也得同大家一样吞野菜！

“越是艰难困苦，越要发挥我党政治工作的威力。”这是任弼时政委经常说的一句话。草地中的政治工作，没有长篇大论的讲话，关向应同志，用各种生动活泼的方式进行简短的鼓动和教育。他们经常给战士讲故事。讲革命导师马克思在断了经济来源的饥荒中如何伏案写《资本论》；讲十月革命后，列宁怎样带领群众粉碎白匪的经济封锁，战胜了饥荒；讲太平天国的将领在断水断粮的困境中如何带头吃牛皮、树皮。这些故事起到了振奋革命精神、鼓舞革命斗志的作用。

五

指战员在同饥饿搏斗的同时，还得同险恶的大自然搏斗。

草地，位于亚寒带和亚热带衔接的边缘地域，巴颜喀拉山山麓，冷暖空气的对流造成了这一地域变化莫测、骤寒骤暑的独特气候，每日温差可达 30 多摄氏度。

时而大晴天，天空湛蓝湛蓝的没有一缕浮云，强烈的紫外线光照，小半天就可以把人烤脱一层皮。时而雷电交加，大雨如注，把战士的衣服背包以至贴身藏着的火柴浇个透湿。露营了，只好拢点松茸子钻木取火，晚上没法睡觉，大家就坐在巴掌大块的油布上互相依偎着打个盹。时而，狂风大作，睁不开眼，挺不直腰，辨不清方向。时而，扑面卷来一阵冰雹，这是对指战员威胁最大的一害，冰雹来的突然，一阵风，一层云，接着密密麻麻的冰雹劈头盖脸地砸了下来，让你猝不及防。冰雹个头大的像茶盅，小的像鸽子蛋，砸到头上可以把人砸昏，砸到身上好像被乱锤敲击一般，从骨子里一阵阵疼痛。

对草地这令人怯畏的气候，关向应同志日记中是这样记载的：

“7 月 19 日，六军到作木沟露营，大风大雨，接着下大雪雹，部队人员一夜满身通湿，寒冷似湖南三九天气。

7 月 21 日，六军到离阿坝约 40 里的地方露营，通宵大雨，帐篷大漏，地下很湿，睡不成。

7 月 22 日，六军过一个上下约 40 里的横排山。过山时，大雨倾注，狂风折树，非常寒冷。

7 月 30 日，六军到贾诺露营。沿途都是小丘草地，没有森林，没有房屋，快到贾诺时，突然遭到暴风雨和冰雹的袭击。”

一次，六师顿星云同志率领的十六团在山谷中就遇到了这样的鬼天气。时值傍晚，部队爬到山顶，山下烁烁的火光就是宿营地。同志们欣喜若狂，把沿途拣来的干柴都扔了，准备轻装下山。忽然，西北方上空漫起了一片乌云，转眼间，乌云围住了山顶，闪电撕开乌云，暴雨倾盆而注，继而，一阵狂风打着旋呼啸地刮来，碗口粗的小树拦腰折断了，许多病弱的同志被刮倒在地上，越刮越猛的狂风，像暴发的山洪，裹着他们在地上翻卷着，直向山脚滚去。没病的同志伸手拽他们，也被一同卷了下去。

继而，雨滴变成了冰雹，茶盅大的冰雹噼里啪啦地砸了下来，满坡乱滚，俄顷，把个山头镶成了一座珍珠峰。大家忙把背包、锅、马鞍子盖在头上，钻到树楂子里、山坳坳里躲起来，全团仅有的一顶小帐篷成了抗雹救战友的指挥部，大家与冰雹拼死搏斗着，好不容易寻找回来几十名伤员。一小时过后，天又骤然放晴。清点人数时，发现团里汤政委不见了，急忙分头去找，在一个山坳里发现几十名伤病员，他们说：“是汤政委领着他们来这避风雹的。”而后汤政委又冲了出去。最后，大家终于在山沟底下找到已经僵卧不醒的汤政委，他怀里还抱着一位同志，他是在抢救同志途中气力不支晕倒在地上的。经大家紧急抢救，汤政委才慢慢苏醒过来。

据红二方面军军史记载，7 月 22 日，日夜雪雨，部队在抵达绒玉途中，仅六师就死亡 140 人。

草地除了气候恶劣，草、水、土甚至连空气都是一种隐患。

草。不少的草都带刺，像锯齿，如犬牙，似刀锋，坚硬锋利，踩上去，就会把脚和小腿划出无数道小口子，鲜血淋淋。而行军又很少旱路，伤口被迫浸在水里，半天就泡得白皱皱的，要是蹚了毒水、污水，很快引起感染、化脓，严重的还会休克。

土。大都是沼泽，被茂盛的禾草一蒙，平展展的。踏上去，颤悠悠的，一窝泥浆，深得踩不到底，一旦陷了进去，慢慢的沉坠，越挣扎，向下沉的力量越大，陷得越快，很难自拔。要是掉了队或迷了路，尤其是晚上误入泥潭，往往九死一生。难怪当地藏民称甘孜到包座这段举目望不到边的水草地为“死沼”。过草地在“死沼”上跋涉大约占了一多半的路程。

草地除了绵延不绝的“死沼”，还有阴森可怕的“鬼谷”。当地居民称“鬼谷”，主要是夜色降临时，草地的凹洼和丘谷间偶尔闪烁着一缕缕飘弋不定的蓝色火苗，给人一种恐怖之感。其实，这是沼气。草地污泥中长期埋藏的枯萎植物遇到高温发酵腐烂生成的甲烷，沉降在低凹处。这种看不见、嗅不出的气体对疲劳的战士恰恰是一个致命的隐敌。为了预防甲烷中毒，打前站的同志，每到一地，除了侦察敌情外，还得探明附近有无沼气，如沼气量过大，就得连续行军，有时要长途跋涉 10 多个小时，才能找到地势较高的理想宿营地，冲出“鬼谷”。

草地露营，苦归苦，但处处洋溢着革命乐观主义精神。皓月当空，夜色融融，战士们分工后就忙开了。除了煮野菜充饥，就是为第二天的行军作准备：脚化脓了，把牛角羊角烧黑轧成粉，涂在伤口上；军装被暴风雪撕成了破布条，穿针引线，简单缝缝；兴致来了，哼两段家乡戏。睡觉前，采些干草，把脚高高地垫起来，以加速血液循环，消除疲劳。

大家给这种睡觉姿势起了个文雅的名字——“倒足运动”。指战员的行李简单，大都没铺的，也没盖的，有的战士穷开玩笑：“过雪山我们是顶天立地；过草地，我们又是盖天铺地，我们不愧是天地的主人。”

六

二方面军是后卫部队，除了担负本部队的收容外，还担负着收容四方面军人员的任务。为此，总指挥部专门指定了收容部队，组成了担架队。沿途还设立了许多医疗站、供应站，并通令全军，行军中筹集到的粮食，除解救自危外，还要留给收容的部队。

尽管总指挥部进行了精心准备，许多困难依然无法解决，最突出的仍旧是缺粮。收容部队粮食早已不够自己用的了。再加上沿途收容的越来越多的病号，加剧了这一矛盾。此外，几乎没有药品，害了病，只得采取一些笨办法：患感冒的，喝辣椒汤：外伤的用盐水洗；患痢疾的，研点鸦片内服。没有牲口，只得靠战士两条腿一副肩膀将一些不能行走的伤员一步步背着走。收容队困难越多，发生在这里感人的事迹也就越多。

一天，冯习之喝生水中了毒，进了收容队，他拄着棍子深一脚浅一脚地往前挪着。这时，身后响起了一串清脆的马铃声，“同志！得了什么病？瞧，一晃一晃的，走不动了吧！”贺老总下马亲切地问着。

“走得动。”

贺老总夺过棍子严肃地说:“都病成这个样子了,还讲瞎话。”说着，连搀带扶，把冯习之扶到自己的枣红马上。走了没多远，云层里突然钻出了三架敌机，在头上盘旋了几圈，呼啸着俯冲下来，朝凌乱的部队扔下一串炸弹,马一惊,把迷迷糊糊的冯习之摔到地上。贺老总赶了上去，慈蔼地问：“摔痛了吧，慢慢的上。”第二次把这位小战士又扶上了马。

并对警卫员小唐说 :“快把这小鬼送到军部医院去，别忘了，让军部打个条子，回来我可要看的。”

这天部队行军到了绒玉附近，我正急着赶部队，发现路旁躺着一个人，走近一看，不禁愣住了。万万没想到，是我的哥哥贱生，由于没有吃的，饿昏了。我俩 1932 年从老家湖南茶陵县一起投奔了红军。长征后，他在六军团，我在二军团，一直没机会见面，如今他消瘦的脸紫青紫青的，衣服被扒得精光。我把随身带的干粮掰成碎渣一口口地喂着，慢慢地他醒了过来。我又把身上的衣服脱下来一件给他穿上，背起他赶队伍。一路上，哥哥受到大家的关照，身体渐渐有了好转。在包座，部队准备投入战斗，我把哥哥送到军部医院。到了哈达铺，我去医院接哥哥，据医院的同志讲，就在那次藏骑突袭中，医院被打散了。我找遍了收容队，再也没见到哥哥。

沿途倒下的人员，绝大多数是饿的。他们从昏迷中醒来，发现了收容队，忙着捋把草把脸盖住，像身旁已经长眠的战友那样，他们希望收容队快快过去。他们心里十分清楚，收容队也不会有多少粮的，多一张嘴，就意味着多几倍的困难。收容队早就注意到这种情况，提出“想尽一切办法救阶级兄弟出草地”的口号。收容时，特别注意那些“装死”的人员，他们一旦被“抓住”了，有的乖乖地被抬上了担架，但也有的又是打又是骂，哭着、嚷着不走。收容队确实抢救了一大批伤病员。然而，他们沿途更多地看到的是同志们的尸体。

据红二方面军军史记载，在历时 53 天的艰难跋涉中，有上千红色战士壮烈牺牲在草地上。

有的侧卧在水洼里，手里攥着的几十粒青稞已经送到了嘴边。看来这是他最后的一口粮了，实在舍不得吃，快要饿昏了的时候，才拿出来，但为时已晚了，连放到嘴里的最后一点气力都耗失殆尽了。有的是两个人摞在一块。一个战士在上，紧紧搂着下边战士的脖子。一个战士在下，紧紧托住上边战士的身体。无疑，他背着已经昏迷过去的战士，而后自己也倒下了。有的赤身裸体，身边却叠放了一堆衣物，路经的战士一一脱帽致哀，他们理解这位死者的夙愿：人僵了，衣服不好脱，先脱下来，路尚远，风大，雪大，不能给战友留下食粮，留下两件御寒的衣物也好。

他们死得悲壮、惨烈，令人肃然起敬。

七

7 月中旬，为阻止二方面军北上，蒋介石调集新编第十四师鲁大昌部，第二军王均部，第三十七军毛炳文部，共五个师的兵力，在甘南仓促布防。企图构成西固（今宕昌）至临潭、天水至兰州的两道封锁线。并命令驻草地四周国民党军队的反动藏骑，加紧对红军的袭击，以延滞行军速度，削弱有生力量。二方面军在草地受到敌骑骚扰的次数比一、四方面军更加频繁，规模也越来越大。

在草地抗击敌骚扰是一场特殊的战斗，敌骑多数是当地的土匪和受国民党牵制的反动土司的卫从，这些人钢枪快马，弹多粮足，加上地形熟，气候熟，常常采取突袭的战术，不知什么时间，从哪个方向钻出来，打一阵子，策马逃之夭夭。因而，我军必须四面御敌，昼夜御敌。敌人骚扰最危险的一次是 8 月 6 日上午，总指挥部将抵达葛曲河①时，六七百人的藏骑队伍，从土丘间突兀而至，朝总指挥部压来。敌人赤着身子，人手一把长刀，挥舞着，吼叫着向我军阵地发起了一次又一次的冲击。我后卫特务连仓促迎击，由于人少，又没有机枪，边阻击边往后撤。前边二三里路便是贺龙等方面军首长和随行的机关人员。敌骑一旦突破特务连的防线，即可长驱直入，直接危及总指挥部的安全，事态十分危急。这时，正在左侧行进的我二八八团听到枪声后，判定总指挥部

① 原文误为葛曲渠。

方向可能出现敌情，便以最快的速度从侧翼增援，抢占了山头有利地形，组织反击。敌人依旧疯狂地冲杀着，我二八八团战士好几天粒米未沾了，又急行军赶来，战士累得举起枪来，胳膊打颤，没能有效地杀伤敌人。敌人更加肆无忌惮了，几百匹马同时蜂拥着压了过来，战局在恶化。我一营营长当机立断，采取了打“排子炮”的战术，他把一字排开的队形收拢成方阵，战士分卧、坐、跪、立四种姿势握枪。敌骑冲来，一声令下，几百支枪连续射击，火力比机枪还要猛烈。敌骑被打得鬼哭狼嚎，丢下了几具尸体，狼狈地撤退了。贺老总接到战报后，夸道：“打得好！这种‘排子枪’战术是对付敌人骑兵的好办法，通令全军。”

二方面军在贺龙、关向应、萧克等首长的正确指挥和领导下，开展了强有力的思想政治工作，发扬了高度的阶级友爱和团结互助精神，征服了草地，胜利地完成了红军的战略大转移。

1986 年 12 月于北京

选自中国人民解放军历史资料丛书编审委员会编：《红军长征·回忆史料》(2)，解放军出版社1992年9月版，第233—246页。

夺回来的生命

谭友林

草地气候的恶劣，是人所共知的，而红军过草地时物质条件的贫乏，更是难以想象。要走出草地，就必须忍受这自然界与饥饿的折磨，就得付出代价。很多红军战士虽没有牺牲于枪林弹雨之中，却长眠在这片荒无人烟的草地上。

那是 1936 年，我在二军团五师任政委，恰恰在部队进入草地的第二天，我得了伤寒病。开始，我还以为是感冒，也没有在意。可是，随着时间的推移，体温越来越高，四肢无力，浑身酸痛，头部痛得尤其厉害。虽然同志们时常用炒面给我煮面糊糊吃，可是，我怎么也咽不下去。一天、两天过去，最后只能喝点开水，此外，什么东西都不想吃。眼看着自己的手腕越来越细，就像两根木棒似的拖着一双筋骨暴露的手。不几天，整个人就消瘦得不成样子了。更讨厌的是，在湘鄂川黔边打伤的右臂伤口不但未见好转，反而因高烧的影响更加严重了。每天宿营时，差不多都会挤出半茶杯脓血来。

草地的气候虽然变化很大，但是我们走了几天，也摸到了它的一点规律：上午通常是晴朗的，下午 3 点钟以后，风雨或冰雹往往会猛然袭来。因此，我们一般是在下午 3 点钟以后宿营。

可是，草地的鬼天气有时也摸不准。一天中午，草地像掉在火炉里一样又燥又热。突然飘来一片阴云，瞬间就把整个天空遮住了。气温骤然降低，大风掠过草地呼啸而来，紧接着就是一阵暴雨。

我由于发烧而贪图凉快，没有及时披上在甘孜发的牛皮斗篷，被浇得像个落汤鸡一样。没有料到，这一场风雨几乎把我埋葬在草地上。

暴风雨过去不久，部队就宿营了。同志们把我从马上扶下来的时候，我觉得身上时冷时热，两条腿绵软无力，眼前金星飞迸，还没有迈步，就感到天旋地转，一头扑倒在帐篷底下，昏迷过去了。

忽然，我觉得一股热气流入口腔。我用力睁开眼一看，警卫员小李两眼满含着泪花，正细心地一勺一勺地把用炒面做的汤羹向我嘴里灌。师长贺炳炎同志也蹲在一旁焦急地望着我。

这时，我感到好像该是日落的时刻了。可是，今天的夕阳怎么那么明亮呀？战士们怎么还没有卸下行装去找东西吃，或者坐下来休息休息呢？他们跑来跑去干什么？牲口驮子怎么还不卸下来？

"好一点了么？老谭。"师长关切地问。

我吃力地点了点头。

"我去找担架。今天可不能让你再骑牲口了。"

"怎么刚住下来又要出发？"我思忖着。看看外边，帐篷都拆除了，有的战士已经开始行动了；再看看太阳，它又升高了，而且是那样的耀眼刺目。这时，我才恍然大悟：现在已不是傍晚，而是第二天了啊！

"还是骑牲口吧。"我有气无力地说。

"不行！昨晚上卫生部长说过。一定要抬着你走。"贺炳炎同志又摸了摸我的额角说，"还是这么烫！"

贺炳炎同志是湖北松滋县人，铁匠出身。1930 年，贺总带领红军从他家乡经过时，他就参加了红军。六年来，他作战英勇，全身负伤十多处。我军长征到湖南、贵州边界的时候，他又负了重伤，结果失掉了一条胳臂。由于他在战斗中坚决勇敢，同志们都很敬重他。

从贺师长的谈话里我才知道，昨晚我一直昏迷，师卫生部长夜里赶来看过一次，并给我灌了些药，今天，还要等他来看看，然后再走。

不一会儿，师卫生部长董家龙同志来了。他蹲在我的身旁，用表试了试我的体温，又听了听心脏，然后从药包里拿出了一些药片给了警卫员小李。后来，他把贺师长拉到帐篷外边，不知低声说了些什么。

这时，部队已经踏上征途，师部的人员也都整装待发。师长找来一副担架要我躺上。可是，我怎么能坐担架呢？进入草地以后，饥饿早已把战士们折磨得瘦弱不堪，不要说抬着一个人，就是空手走路，也有不少人倒在这一望无际的草地上。

“我不坐！”

“那怎么行呀！”师长固执地瞪着我。

“我一个人倒下就倒下吧，绝不能叫别的同志也跟我一起倒下！”我断断续续地说。

贺炳炎同志又耐心地劝我，我仍然不从。他知道我有个拗脾气，也就不再坚持了。于是，大家只好又扶我上马。

走了一程，我在昏迷中觉得臀部和尾骨随着马鞍一上一下地颠簸，像一束针扎似地痛。我知道，由于得病后身上瘦得皮包骨头，臀部已被马鞍磨破了。开始我还时常变换一下姿势，后来变换姿势也疼痛难忍了。于是，我就伏在马背上。可是右臂伤口又像火烧般地痛，伏也伏不稳。有几次，我差一点从马背上栽下来。

“把我绑在马鞍上吧！”休息的时候，我对警卫员小李说。

开始他不肯，后来他看我生气了，才和另外两个同志用绑带把我捆在马鞍上。这样，我又昏昏迷迷走了一天。

宿营后，吃了几片药，病情仍旧没有减轻。看来这不像是感冒，很可能是一种更凶恶的疾病在纠缠着我。更糟糕的是，西药已经用完了。

后来，贺炳炎同志把我的病情报告了方面军总指挥部。方面军首长派了医官杨云阶同志到我们师部，并且跟我们走了两天。这样下去也不是个办法，他还要负责方面军首长的健康。在他的建议下，我被抬到总指挥部。

这一切，当时我都不知道。那时，我已整日昏睡不醒。不知何时，我神智稍微清醒了，耳边突然听到阵阵叹息声，接着是一个十分亲切而又熟悉的声音：

“可惜了，可惜了！这谭娃子如果丢在草地上就可惜了！”稍停又说，“杨医官，想想办法吧，不能把他扔在草地上！”接着，一只手抚摸着我的前额。

“是啊！”另一个人接着说。

我极力睁开眼睛一看，一个魁梧的蓄着黑胡子的年约40岁左右的中年人和另一个稍微苍老、脸颊比较瘦削的人，蹲在我的担架旁边。

这是谁呀？我仿佛认识他们。我向那个有胡子的人看了两眼，终于从他那坚毅有力的嘴角上认出来了：贺总指挥！而那个年纪稍长的，是杨医官。

我好像有什么委屈似的，鼻子一酸，眼泪不由自主地涌了出来。过去，我曾在总指挥部工作过，在贺总指挥面前，我始终觉得自己是个孩子。重病之中看到他，我就像看到自己的亲人一样，感到十分温暖。

此后，我就随总指挥部一起行动了。方面军首长从卫生部的担架连中挑选出几个强壮的战士抬我。杨云阶同志一天数次地为我诊断，亲自煎汤药给我吃，炊事员同志为我做可口的东西。

杨云阶同志是个老中医，在红军中做医务工作已有七八个年头了。由于他医术高明，在二方面军中很有威信。那时部队流行一句话：“外科找卫生部，内科找杨医官。”可见大家对他的信任。

跟总部走了两天，给我灌了几服汤药，病情逐渐减轻，再不整日昏迷不醒了。

到阿坝的前两天，我们在草地上刚宿营不久，大雨又光临到我们头上。往常每到宿营的时候，杨云阶同志都要来给我看病，可是今天等了好久，仍不见他的影子。总指挥部的通信员倒是接二连三地把头探进帐篷，看一眼又匆匆地走了。后来，担架连的同志告诉我一个使我十分不安的消息：杨医官找不到了。

天渐渐黑了，雨越下越大，风越刮越紧，我的心也越来越感到不安。草地的艰苦生活和连日行军，已经够年长体弱的杨云阶同志受的了，再加上整天为我操劳……我想，他可能掉队了。想到这里，我更加焦急。

一个小时过去了，暴风雨仍没有停，也不见杨云阶同志回来，我越想越急，就打发小李去问。小李刚走出帐篷，就碰见杨云阶同志披着斗篷，浑身带着雨水进来了。一见到他，我又惊又喜，急忙问：

“你怎么掉队了？我真替你着急！”

他笑嘻嘻地对我说：

“今天来晚了，老实告诉你吧，带的草药早没有了。这几天，我常去找草药，只是今天走得远了些，又赶上雨，所以来迟了。”说完，他解下斗篷，又给我切脉、煎药。我看着他那饱经风霜的脸庞和疲惫的神色，心里不知说什么好。

到了包座，我的身上开始脱皮，病渐渐地好了。这时，我不忍心再坐担架，就要求领导发还牲口给我骑。从包座出发的那天，我刚跨上骡子，那匹不驯服的畜生，后腿突然一跳，把我摔了下来。任弼时政委在一旁看到了，立即叫饲养员把他的花脚骡子牵给了我。这匹骡子很老实，又大又壮，骑上去很平稳。

走了半里多路，杨云阶同志骑着马从后边赶上来。他看我稳稳地骑在牲口上，十分高兴，笑呵呵地对我说：

“50服草药呀，整整50服！”

是啊，救活我的不仅仅是50服草药，而是无法用数字计算的阶级友爱。是敬爱的贺总、关政委、贺师长、杨医官和那些一直抬着我在草地上艰难行军的红军战士，用他们的心，把我从死神手中夺了回来，使我再次获得生命，随着革命队伍踏上抗日的征途。

选自黄涛、常正、史立成选编：《红军长征珍记》，长征出版社1996年7月版，第365—369页。

闪光银元交给党

朱家胜

冉南来烈士在水草地牺牲时，手里紧紧地攥着一块银元。这块极普通的银元，说明了冉南来的身世，更能显示出他高尚的情操。

那是 1936 年 8 月初，红六军团模范师由下阿坝出发，8 月 8 日到达上包座。途中十天有八天过的是水草地。

水草地，是红军战士的通俗叫法。后来从地图上才知道它的学名叫沼泽地。开始走进水草地，脚下软绵绵的，感到舒服好玩。但是好景不长，越走越累，虽不是进一步退两步，但是每走一步总是要滑回来一点，把人走得腰酸脚疼，疲惫不堪。草堆下面和四周都是烂泥潭，一不小心人畜失足陷下去，没人帮助拉一把，就会越陷越深，不能自拔。再加上水草地四野茫茫，荒无人烟，部队给养供应困难更大。

我们模范师政治部这次过水草地的准备工作做得充分。冉南来上士根据政治部陈冬尧主任的动员，不仅组织同志们做好筹粮工作，还想办法克服了许多困难，为过草地时的伙食做了认真准备。从中甸出发到阿坝这段路，冉南来接触藏民的机会多，学会了不少藏民日常生活用语，工作起来更加得心应手。他一人就筹了 500 多斤粮。在过水草地之前，他白天筹粮，晚上磨面，很少睡觉。有时困的眼皮直打架，就在水磨旁边休息一阵。离开下阿坝那天，冉南来挑了几十斤酥油和食盐，因此政治部在水草地的艰难日子里，没有断过油盐。冉南来在水草地行军，到达宿营地又要找柴禾烧火，摘野菜，有的同志不理解地说："有粮吃还要野菜干什么？"他笑着回答："面糊糊里放些野菜既好吃又省粮。我们的给养就可吃出水草地了"。他这样一解释，同志们就更敬佩他了。

有一天行军途中，老远就看到一群乌鸦在空中盘旋，我们谁也不关心这事。可冉南来有经验，他判断乌鸦盘旋的地方一定有吃的东西。我们不相信地说："有吃的东西前卫部队早吃掉了，还可能留到现在？"但当我们走到乌鸦盘旋的地方时，果然看到一匹陷在泥潭里的死马，被前卫部队把肉、皮剥走了，只剩下一副骨架支在草堆上，虽然骨缝里的肉已被乌鸦啄食得差不多了，但冉南来还是把这副马骨砍开后挑走了。他乐呵呵地说：一斤骨头二两油，这骨架里还有油水可捞呢！到达露营地，他洗净骨头，架起行军锅熬了一锅马骨汤，汤面上漂着一层黄乎乎的油花和绿绿的野菜，散发着喷喷香的气味，又困又饥的我们，热乎乎地饱餐了一顿。晚饭后，冉南来不顾疲劳，把熬过汤的骨头砸碎，又用骨髓煮了一锅汤作为明天的早餐。这次，汤面上油花更多，味道更香，同志们谁也没有想到在这人迹罕至的水草地,还会享受到这么好的口福。

水草地没有路，我们是跟着前卫部队走过的路线前进。否则，如果没有指北针，连方向也找不着。由于人们行军双脚整天泡在腐水里，多数同志双脚发生浮肿，有的甚至被腐水泡烂了。由于过度的劳累，冉南来的身体状况越来越糟。他的双脚发生浮肿，走路一瘸一瘸，非常不方便。一天掉队后,他难为情地对司务长说:"脚不听使唤,拖累了大家！"司务长把他的担子夺了过来，还要把他的步枪交上去，可他坚决不肯，硬要背上步枪继续行进。他走着走着，突然摇晃起来，身子一闪掉进了烂泥潭。当我们把他拉上来的时候,他连水带泥,半个身子已经湿透了,人是上来了，但是他背的步枪却陷在了烂泥里。他二话没说又赶紧跳下去捞枪，枪总算捞上来了，可枪机却找不到了。他着急的直跺脚。因为当时掉了退子勾，还要受处分，何况这回掉的是枪机呢！

冉南来又要下去找枪机，司务长把他拉住了。接着，司务长用扁担在烂泥里翻来覆去搅了一阵子，仍然没有碰到枪机。这时，我宽慰冉南来说：找不到就算了，我报告陈冬尧主任，不应该为掉枪机的事给你处分。可是他哪里会听我的劝说呢，接着他又第三次跳下烂泥滩。烂泥已淹没到他的大腿根，越陷越深，快陷到小肚子时仍然没有捞到枪机，如果再不上来，就会有灭顶之灾的危险。我们都急了，司务长眼疾手快，解下腰带扎在他腋窝下，用扁担把他抬起来，准许他在烂泥里摸了一阵，终于把枪机找到了。可是，此时此刻，冉南来的衣服和裤子全湿漉漉的，冻得全身发抖，司务长脱下条裤子给他换上，又继续前进了。本来，露营时间较早，可是我们找枪机耽误了时间，赶到露营地时，天已麻麻黑了。晚上，冉南来在篝火旁洗脚，我见他的双脚肿得更厉害了，叫他早休息，可他又在篝火旁擦起枪来。第二天他又起个大早，为我们做好饭，就先出发了。

这天中午，冉南来为大伙搞吃的，自己却没有吃饭。我见他脸色通红，精神不振，伸手摸了摸他的头，才知道他在发高烧。于是，我把他的步枪交回供给部，以便让他轻装前进。即使这样，他还是东倒西歪地走不稳,坚持走了一阵后要坐下休息。可是,我们想水草地上到处是水，不好坐，平常，有重病号可以扶着走，在水草地就不好办了。还是司务长点子多，他用皮带牵上他走。可是走着走着他又掉进了烂泥潭。这次麻烦就更大了，司务长要拉他上来，他坚决不肯，还说："泡在水里很舒服。"因为他发着高烧，泡在水里可能好受一些。当然，我们是不会叫他泡在水里的，最终还是把他拉了上来。

这天，到达露营地后，太阳还老高老高，我们想趁早请医生把冉南来的病治一治。司务长去卫生部向医生说明了冉南来的病情，医生认为是受凉引起感冒发高烧。但他们原有的感冒药，过嘎曲河时被水泡坏了，只得给了司务长几个红辣椒，让他烧汤给冉南来喝了发汗。他喝了两大碗，仍然不中用。当时，冉南来露营躺在土坡上，饭也不吃，老要喝水。晚上，他睡在我和司务长之间，虽然草地夜间很冷，只盖着一床夹被，他由于发高烧也不感到冷。天亮出发时，冉南来说：“不再麻烦大家了，就把我留在这里吧！”我把冉南来的病情报告了陈冬尧主任，他说：“我们都是同甘共苦的战友，决不能丢下他不管。”说着正要出发的陈主任又转回来看了看冉南来，他仍然坚持不走了。陈主任向他劝解说：“水草地不能坐担架走，就骑我的马吧，过完水草地就好了。”陈主任立即叫警卫员把他的马牵来了。可是，全师的骡马不能和部队一起在水草地走，要绕道从山上走，这样就多走些冤枉路，只能由马夫照管他。

部队按预定计划早就到了露营地，骡马队天黑才赶到。但冉南来天黑了很久才归队。因为他在中途有好几次掉下马来，是几个马夫用了很大的劲才把他抬上马的。冉南来一下马就站不起来了，迎接他的司务长只好把他背到露营的地方。此时，只见他面容变成了黑红色，嘴唇也烧裂了，问他要吃什么，半天才从牙缝里挤出一个字：“水……”递给他一碗温开水喝了，还不解渴，又接连喝了三碗。这天晚上，又是我们三人睡在一起，睡到快天明时，冉南来突然喊了一声“娘！”我已经醒了，听得很清楚；司务长也被这喊声惊醒了。我听到冉南来的喊声，以为他发烧在说梦话。司务长喊“老冉！老冉，你怎么样？”却没有回声。接着他又连叫带推地喊“老冉”还是没有回声。当司务长揭开被子看时，发现他已经停止了呼吸。这下，把睡在周围的同志都惊醒了。此时此刻，天已经大亮了。可是我们的上士，长征途中的好后勤冉南来，却永远也醒不来了。当我收拾他的遗物时，才看到他的手里紧紧地攥着一个小布包，再拆开一看，是一块亮光闪闪的银元。他生前多次说过这块银元的故事。

冉南来祖籍河南省，由于兵荒马乱，家贫如洗，五岁时父母领上他和三岁的弟弟逃荒到了湖南耒阳县。屋破偏遇连阴雨，全家脚跟还没站稳，父亲又得了重病，母亲无钱买药为父亲治病，把他卖给一家姓冉的摊贩老板做儿子。老板原有两个儿子，把他排为老三，取名为春来，意为寒冬已过，春暖花开。其实冉春来并没有盼来春天，他名为老板的儿子，实际上是不给工资的长工，每天起早贪黑挑水、扫地，还要烧火、打柴、跑腿，什么杂活、苦活都做。

1927 年南昌起义、秋收起义之后，朱德、毛泽东领导的中国工农红军不断发展壮大。湖南军阀何键调兵遣将进攻湘赣苏区，屡次遭到失败。敌人为了挽救他们的失败，大肆招兵买马扩充他的反动军队，还强行规定“三丁抽一”“五丁抽二”。县衙门和地方上的贪官污吏乘机到处派人、抓兵，买兵，从中盘剥百姓，贪污自肥，逼得老百姓不得安宁。春来的养父正好有三个儿子，就将春来送去当兵。临走的那天，养父送给他一块银元。他把这块银元接到手，眼泪禁不住流了出来，这是他辛辛苦苦十多年换来的血泪钱呀，见到这块银元就想起了生他养他的亲生父母。于是他决心在任何艰苦困难环境中，也不能花掉这元钱。因为它是自己童年苦难生活的历史见证。冉春来虽然不知道自己的生辰月日，但他能记住生他养他的河南故土，从此他改名为南来，意思是他是从河南来的受苦人。到了国民党军队里，冉南来被编在国民党的六十三师当机枪兵，仍然过着挨打受骂的日子。有一次，军训实弹射击时，他忘记给水机关枪加水，只打了两个点射就被连长发现了，不仅被训了一顿，说是违犯了教练规程，还被打了 50 大板，关了三天禁闭。放出后，又被取消机枪兵的资格，当了伙夫。

1933 年，敌六十三师进攻莲花县，在九渡冲战斗中吃了大败仗，冉南来被俘虏后自愿参加红军，补在湘赣红八军二十二师当战士。在红军队伍里，官兵平等，相互友爱，他感到人们真正把自己当人看待了，所以浑身有使不完的劲。后来部队改编为红十七师，组织上分配他到四十九团团部当炊事员。他二话没说，愉快地服从了分配。1934 年 10 月，红六军团在贵州甘溪战斗中，四十九团和五十一团各一部被敌人截断和主力失掉了联系，三面被敌人包围，有一股敌人已冲到我们脚下 30 多米的地方，同志们的枪里已经没有子弹了，手榴弹也打完了，仅有的一挺水机关枪，因没有加水，大家都不敢使用，而敌人已经冲到跟前了。

在这千钧一发的危险时刻，冉南来自告奋勇架起没有上水的机关枪打了几个点射，把敌人压下阵去，使大伙脱了险。归队后，冉南来不仅受到了队前表扬，还加入了中国共产党。他拿出了自己那块闪闪发光的银元要交党费，因领导上知道他这块银元的来历，劝他留了下来，但他执意地说:“这元钱我决不把它花掉，留下也好，等我光荣了（牺牲的意思）再交给党。”

冉南来突然和我们永别了，同志们揪心的难过，司务长把他留下的这块银元放在手心看了又看，尔后又传看了一个又一个同志……等大家挖开山坡上的草皮把他安葬好以后，陈冬尧主任率领我们向冉南来同志默哀告别!

冉南来同志永远留在了水草地，但他交给党的这块银元却化作一股无形的力量。尽管他离开我们已 50 多年了，但这块银元还常常在我眼前浮现。

选自黄涛、常正、史立成选编:《红军长征珍记》，长征出版社1996年7月版，第370—375页。

在茫茫的草原

周玉清

1936 年 7 月间，红二方面军从四川阿坝出发到包座去，中间要穿过相隔 20 多天 1000 余里的荒凉地带。这里没有人烟，听不见鸟声，也看不见野兽的足迹，生命好像在这里停止不动，时代好像在这里凝固了。这里气候变化无常，有时候烈日当头，在草地行军好像在蒸笼里一样，烤得人满头大汗，寸步难行。有时候，忽然阴云密布，天气变得阴沉暗淡，不是狂风就是暴雨。狂风刮来，常常刮跑了我们露营的帐篷，暴雨袭来，常常夹杂着冰雹。暴雨过后，河水暴涨起来，齐到膝盖以上，还得行进。冷的天气，冷得使人身上穿的衣服，没有一点儿暖气，皮肤好像要裂开。有时候是一望无垠、水草肥美的草滩，有时却是终年积雪的高峰，在高峰上，积雪埋没了足迹，一不小心就会掉进山谷和雪坑。这许多艰苦，都阻挡不住红军长征的铁流，可是空着肚子经过这里，却成了我们最大的困难。

有的同志由于身体衰弱，加上饥饿疲劳和水土不服，便生起病来，开始掉队了。我们连一班副谭一把手（他在长征时负了两次伤，一只手残废了,所以大家就叫他谭一把手）有一天在行军中间,便昏倒在地上。我跑上前去叫醒他，他深陷的两眼呆呆地望着我，说不出一句话来。我看见他脸色苍白，两眼无光，额头上滚着冷汗，知道是饥饿的原因，便从我的口袋给他掏出一把炒面，他一把挡住我的手，用微弱的声音挣扎着说："不，排长，我不饿，我刚才只是晕了过去，一会儿就会好的，你看，我还有……"说着便把他的口袋在我眼前晃了晃。我把他的袋子接过来，掂了掂，一点斤两也没有，那袋子完全是空的。我说："有什么呀？就是抖破了口袋也抖不出一把青稞来。"

他把袋子抢了过去，好像怕我把炒面给他装进去似的："不要小看这几粒青稞，在生死关头，它也能救人一命呢！"他喘息了一下，接着说，"看看贺老总他们，对那几粒青稞多么爱惜。"他的话使我想起了这件事，我的眼前出现了贺老总和关向应政委、任弼时主席、甘泗淇主任的形象，他们骑着马一路走着，不知道哪个部队经过这里时，青稞袋有洞，青稞撒下三尺多远那么一截，被贺总看见了，便跳下马来，接着其他几位首长也先后跳下马来，他们一粒粒地捡那黄灿灿的青稞，贺总边捡边说："真可惜，焦黄焦黄的多好吃啊，怎么能撒下来？"

我正在沉思着，谭一把手打破了寂静的空气，感慨地说："贺老总也和我们一样，大家都一样呀！"是的，大家都一样，上自总指挥下至士兵，大家都怀着革命到底的决心，困难、饥饿、战斗、山高、路远，艰险重重，都不能阻止这支铁的洪流。我坐在谭班副的旁边千说万说，他才吃了几粒青稞，我又千言万语要下了他的背包背上，然后对他说："我搀着你走吧！"他像生气似的，冲着我说："排长，不要管我，我能走。"他用力站了起来，踉踉跄跄地走了几步，两臂空中一晃，就又跌倒了。我急忙扶起他，趁他不防，把我仅有的一点炒面，抓了一把塞进了他的口袋，对他说："还是我搀着你走，你看，我的身体好。"他把一只手搭在我的肩上，我就搀着他走了几十里路，后来他的面色越发苍白，呼吸也紧促了，手一松，扑通一声倒在一旁，上气不接下气地说：

"不行了，排长，我恐怕不行啦，你走吧，别连累了你！"

我听了这话，眼泪扑簌簌地流了下来。我们在一起这么多年，多么艰苦的年月都度过来了，就因为这一段路，这么一点困难，就把同志扔在这茫茫的草原上么？这万万不能！

“走，我背着你，也要把你背出这个鬼地方！”

“不行，排长，你也是好几天只吃了一点东西，路还远呢！”他喘了喘气，又惋惜似的说，“可我就是有一样不甘心：不能参加北上抗日了，也见不上毛主席了。”

“能，谭班副，你能！你不应当这样泄气，你是一个党员，你看一看大家，忍耐着点，我们会走出这个地方的！”

好容易又挣扎了几十里路，到了宿营地，便搭起了帐篷。哪里是帐篷啊，只不过是把一块布用根棍子撑起来，挡挡风罢了。谭一把手已经疲惫不堪，我帮着他煮了一缸子开水，拌好炒面，他只吃了一点。晚上我便把一块随身携带的山羊皮给他铺上，心想这样便可熬一夜。第二天早上醒来，羊皮却盖在我的身上，我喊他不应，摇他不动，用手一摸，他的身子冰凉，谭一把手死了！全连同志都哭了。这是我们行军以来第一个牺牲了的同志，我们把他埋在一个长满杂草的山脚下，怀着悲痛的心情，离开了亲密的战友。

已经走了十多天了，离有人家的地方还很远，可是我的粮也已经完了。绝粮的头一天，部队沿着一条小河前进，饿了就喝口水。到了宿营地，我头昏目眩，已经支持不住了，全身一点力气也没有了，头上的汗珠像雨点一样流着，耳朵也皇皇地响着，我想找点野生的东西充充饥，可是两腿像瘫了似的，站也站不起来。我咬着牙站起来去挖草根，可是这里净是毛茸茸的小草，不能吃。山下边是一条小河，河水很急，在山顶上都能听到哗哗的流水声，我想这河里可能有鱼吧，便蹒跚地走下山去，坐在岸边，看着滚滚的流水，也许是眼花了，我好像看见有一条鱼，从我眼前溜了过去，但我没有把它抓住，我便卷起了袖子和裤脚，跳进水里，虽是六月天，这里的河水还是那么冰凉冰凉的。捉鱼要紧，哪还顾得冰冷呢？后来也的确看见过鱼，但仍然没有捉到一条。我的手脚都冻紫了，只好喝了两口水。到了岸上看见自己的皮草鞋，心里亮了一下，便想用它来充饥，可吃掉它脚上又穿什么，走路怎么办呢？我又挨挨蹭蹭回到了山上。大概事情被连长发觉了，他见了我就要给我一把炒面，我见他统共只剩下了一点点，便望着他那瘦削而苍黄的面孔摇摇头说：“连长，还是你留着自己吃吧，我去想法子。”

“想法子？这里什么也没有，你看那些草连根都没有，还有几天的路程呢，不吃点东西行吗？”连长说着便把一把黄黄的炒面，硬放在我的缸子里。多么好的炒面呀，香喷喷的，我嗅了嗅，没舍得吃，便倒进口袋里，作为在生死关头救命的干粮。

我走近了帐篷，忽然听见有人在呻吟，进去一看，是陈班长抱着肚子哼叫呢。他的脸色和谭一把手一样的难看，我便把刚才肖连长给我的那把炒面给他吃，他怎么也不肯吃，一再说他并不饿，大概是在路上喝河水喝的太多了。我知道他不愿意在这个节骨眼上要别人的粮，故意支吾着想敷衍过去。便说：“陈班长，接着吧，吃了就会好些的。”

“我吃了你吃什么呢？”他说着费力地坐了起来，用手抹了一下额上脸上的汗。天呀，我好久没有注意他了，现在忽然看见他的头怎么变得那么小，头发那么长，脖颈那么细，简直像个初生婴儿的脑袋呢！看到这里，我的心像压上一块铅般的沉重，便对他说：

“我不太饿，我的身体好，可以去想法子。你一定要吃下去！”

他犹豫了一下，终于伸出了黑漆漆鸡爪似的双手，接过了那一把炒面，搁在胸前：

“周排长，我真不知道将来怎么来报答你……”

“你说到哪里去了！”我急忙打断了他的话。

他还没等用水拌下，便如狼似虎地吞咽着。他低着头，一边流着眼泪，还在模模糊糊地唠叨着什么。

我看着他那饥饿的样子，看见他那一串串的眼泪，但这不是怯懦的眼泪。

我看着陈班长把炒面吃完了，忽又发现自己也饿得发慌，不知怎的，想到了那块山羊皮。这块山羊皮是我从甘孜出发时弄到的，草地行军中，它可给我解决了不少困难：白天行军遇到大雨或冰雹，它便成了伞，为我遮风挡雨；夜里露营时，它便成了我的褥子，铺在地上给我隔潮挡寒；而今天在饥饿的紧急关头，它将成为珍贵的干粮，或许会把我从死亡中拯救出来。我从铺底下取出山羊皮，正准备用刺刀割下来煮着吃，又想，这块羊皮给我解决了许多困难，吃了它，以后遇到困难怎么办？为了以后还能铺能盖，还是绕着边沿割下来一圈，在火上燎了燎，毛燎去了，皮也烧焦了，发出腥臭，再用刺刀割成一条一条的，放在缸子里，吊起来用猛火煮，照说这样要经过几十个小时才能吃，可是谁还能等那么长的时间？我煮了约半个钟头，就抓着吃起来，这羊皮经过了好几个月的风吹、雨淋、日晒，硬的跟铁皮一样，把牙咬碎了也咬不动，我又费了很大的力气和耐性，把皮子割成碎片，这样再煮了一些时候，胡乱吃了一顿，便把其余的仍放在缸子里，用火煨起来。第二天早上拿出煮过了的羊皮仍然咬不动，我真怀疑昨天夜里是怎样吃下去的。

我把剩下的羊皮晾了晾，带在身上，在行军中，饿了就取上一块，在口里嚼着，谁饿了就给谁一块，羊皮就这样被一块一块吃光了。这块山羊皮，不仅帮我克服了许多困难，还救了我的命，保证我完成了几百里路的行军任务。

这一块山羊皮虽然帮助我渡过了几百里的困难路程，可是前边的困难还很多，我们并没有脱离生命危险。山羊皮已经吃完了，离有人烟的地方还有两天，同志们的身体变得更衰弱，我的体力也一天不如一天，心绪也逐渐变得不好起来，有时竟想到自己也可能见不到毛主席了，抗不上日了，但是又想到当初批评和鼓励谭一把手那种情景，同时又看到陈班长也仍然和我们在一起走着，便悔恨自己怎么忽然这样软弱起来。

我们沿着一条河走着，河东面是一座黑黢黢的大山，这山又高又长，它矗立着好像要把广阔的天空切成两半，真不知道什么时候才能离开这座山，那时候也许就有人家了。

傍晚的时候，我忽然发现山腰下有一个黑黢黢的东西，这东西那样吸引人，但任凭张破了眼睛也看不清是什么东西，走了好久，才影影绰绰看见像一座房子，我心里不禁一喜，这下可有救了，那一定是一座房子，这里一定有人家了！我不顾河水的深浅和急缓，稀哩哗啦径直走去。哪里是人家呀，是个水磨坊！那磨坊可能是大黑山那边的藏民的，他们为了利用河水才修的磨坊吧。

磨坊里光光的，没有一颗粮，只有一个小小的磨盘。我用尽力气把磨盘抬起，发现磨盘里还留了一点包谷粒子，有白的，有黄的，像珍珠一样夺目可爱，我用手把这点包谷扫在一起，通通只有三四把，便装在口袋里，我真高兴极了，心里不断地说："这下可真的有救了！有这几把包谷粒，就可以熬过这两天了！"

凭着几把包谷粒子我们终于到达了包座。

选自《星火燎原·未刊稿》第4集，解放军出版社2007年8月版，第225—229页。

周玉清，红军长征时为红二方面军某部排长。

过雪山草地[①]

谢树青

当我们唱着“当兵就要当红军”的歌儿，踏着革命的道路继续北上的时候，并不知道这就是人类史上的伟大创举——长征；也不知道前面的路途是何等艰险，只知道跟着红军走能过上好日子。长征中，生活非常艰苦，甚或经常连饭都吃不上。有些人受不了这种苦，惦记起家里，掉了队，脱离了红军。

部队进入云南后，随即向西北方向的金沙江挺进。当距金沙江 180 里地时，敌人已发觉我们，加强了沿江防备，但敌人估计我们最快也得三天才能到达江边。为了争取时间，攻其不备，指挥部命令抄捷路日夜兼程向江边猛进。沿路山高沟深，野草树木丛生。工兵连沿途披荆斩棘，开拓出了一条路来。炮兵连由于驮运辎重，任务就更重了，山高坡陡，牲口不能过多负重时，战士们就卸下一部分，扛在自己肩上，牲口上不去，就前拉后拥。由于我们士气很高，加之又抄了捷路，仅用一天一夜就到达了江边。

金沙江在深山峡谷之间，水流湍急，为了避开急流，部队决定在水面较宽的地方强渡。当我们到达岸边村庄时，由于宣传队讲红军的政策，老百姓和我们已很亲热了，他们站在村口欢迎我们。渡江前，上级

① 本文为谢树青《我的回忆》的第三部分。标题为原文第三部分小标题。

领导命令我们迅速扎成一批木排（因渡船在我们来到之前已被国民党拖列对岸去了）。村里老乡不仅帮助我们捆扎木排，而且还为我们送来了最好的渡手。

强渡开始了，对岸敌堡向我们疯狂射击，为了摧毁敌堡，掩护部队过江，我炮兵连向敌人猛烈还击。激战中，由于我迫击炮底火走火，伤了连长刘芳德的眼睛，血流不止，但他带伤指挥，坚持不下火线，直到我们胜利的渡过了金沙江。

越过金沙江，部队长驱直入，4 月份到达雪山地区。

雪山一眼望去，起伏连绵，一个个雪峰直插云霄，有的岭上向下滚着雪块。

我们刚到达雪山地区时，当地的少数民族，由于国民党的反动宣传，对我们不了解。在行军中，他们时常向我们打冷枪，扔石头。记得在翻第一座山头时，突然对面的山上响起一声冷枪，排在我头里的赵一民倒下去了，还有好些人死于他们的乱石之下。可我们坚决依照民族政策，不还手，用我们的实际行动去粉碎国民党的反动宣传，逐步使少数民族兄弟了解我们是人民的军队。后来当我们翻过雪山到达甘孜的时候，很多兄弟民族站在道路两边欢迎我们。

经过个把月的时间，我们走上了雪山的最后一段路程，也是最艰苦的路程。部队在长途跋涉中，消耗很大，几乎到了精疲力尽的程度。要翻过面前这座山峰，真不是一件容易的事情。在出发前贺龙做了动员，鼓励大家团结起来翻过这最后一座山峰。并告诉大家带上一壶辣椒水，还要求战士们在山上尽量不要张口呼吸，以防消耗太大，造成缺氧。

我们连为了能够一起翻过这最后一座山，决定强帮弱、大帮小，互相帮助，不让一个人掉队，一匹牲口掉队。

我们炮兵连不仅要照顾好自己，还要照顾好每一匹牲口。因为在当时每运一门炮，就需要由四匹骡子来驮。即分炮筒、炮管、炮座、炮弹，所以牲口在某种意义上来讲比我们还重要。所以我们连的任务比其他连队更艰苦，责任更重。

天朦朦亮，全连人牵着自己的牲口出发了。大家踏着冰山雪地，抬头看朦胧的云雾掩了峰顶，天空飞扬起雪花。我是个贵州人，那儿不太见下雪，眼下看到雪花飘飘，还觉得挺有意思的。往上爬，天突然变了，狂风呼啸，鸡蛋大的冰雹打在我只穿一件夹衣的身上，像针扎一样疼痛，顿时寒气刺骨。那时候红军的服装不统一，都是自己从家里带来的，多少也不一样。为了顶住寒风袭击，我赶着牲口，拼命往上爬。

山上一下冰雹，气温急骤下降，山路又冻上了一层冰，又陡又滑。在这种情况下，牲口要爬上山去那就更困堆了。为了减轻牲口的负重，我们只好解下牲口背上的炮筒，用自己肩去扛。越往上走越觉得空气稀薄，人的呼吸更加困难，但是不能停下来。我亲眼看到有个江西籍的同志，在行军途中停下歇了一会儿，就再也起不来了。在这种艰难困苦的情况下，我们连的同志互相鼓励，互相帮助，终于在傍晚的时候翻过了雪山。在山下的宿营地里，回看这皑皑雪山，心想多不容易啊！我们多少好战友在这里牺牲了，但当又想到我们终于战胜了大雪山时，心里充满了喜悦。

部队经过一段时间的休整，又继续前进了。全军分两路，一路走德荣①，白玉到甘孜；另一路经定乡、理化到甘孜。当我们接近甘孜时，知道在甘孜要与四方面军会合了，真是太高兴了。部队在过雪山后，人员损失很大，思想情绪不太高。当时能和四方面军在一起，心里确实是很高兴的，步子不由地加大了。

1936 年 5 月②，部队到达了甘孜，四方面军为迎接我们，在甘孜的街道上张贴了“热烈欢迎二方面军”③、“祝贺胜利通过雪山”等大幅标语。甘孜洋溢着节日的气氛。这是我参加红军以来第一次看到的热

① 今得荣。

② 应为1936年7月初。

③ 应为“热烈欢迎红二、六军团”。

烈场面。

在欢庆二、四方面军会师的大会上，朱总司令讲了话，他说：同志们，祝贺你们战胜了雪山，但这里不是目的地，我们还要北上，与中央红军会合。要北上就要团结，只要团结得好，才能取得最后的胜利。毛主席率领的中央红军已过了草地，我们也一定要过草地，与一方面军会师。（这些话是大概内容）

在甘孜整休了半个多月，部队开始北上了。6月份[①]正式进入了草地。

进草地以前，部队休息了一个星期，在这个时间里，上级要求大家作好过草地的各种物资准备，每人必须筹措15天的粮食和一捆柴草。

上级在进草地前的动员报告中说："如果说过雪山大家挨饿的话，那么进草地后，粮食、燃料还会发生更大的困难。"所以要求大家作粮食、柴草的准备。

出发了，每个人身上背着15天的粮食，还背着手榴弹、枪支，自己的被褥和一个吃饭用的小铜锅，那时候粮食相当缺乏，我们最先开伙食是以连为单位，后来逐渐缩小到排，班一级，到了草地后，就以个人为伙食单位了。

进入草地，眼前是一片无边无际的青草，大都长在水中。茫茫草地望不到一棵树影，更不见一丝炊烟，传说连鸟都飞不过去。在高过人腰的青草下，隐藏着一条条阴水沟，有的发出潺潺流水声。在这没有路的道上行走，是多么的困难啊！前进的速度越来越慢，人的体力越来越弱，部队最先行军是60里一大休息，30里一小休息，后来减到30里一大休息，20里、15里、十里一大休息。有好多人和牲口在行军中，不小心掉到了沼泽地里，起不来了，就这样为革命献身在渺无人烟的荒草野地里。

进草地后我们最为担心的是晚上没有睡觉的地方，可出乎我们意料

① 应为7月份。

的是，每当走完一天的路程时，前面总是撑着一个个很大的彩色帐篷，每个帐篷大概能住一个连的人。后来才知道这是四方面军为了我们二方面的同志，把帐篷留下来给我们用。这种不同一般的阶级感情只有在我们红军里才能出现。尽管在兄弟部队照顾下我们有了几个帐篷，可仍然是人多不够用。虽然大家行完一天路程后都急待休息，但还是你让我，我让你地都不愿住帐篷，后来还是上级领导作了决定，每个连队轮流住一夜。总算解决了这个问题。

在草地上困难最大的还是吃的问题，同志们自备的粮食早已在行军路上吃完了。大家为了身体倒不下去，都去找野菜、树皮和树根充饥，可那么多的人，野菜都找完了。大多数人长期吃野菜身体都浮肿了，一倒下去就再也起不来了。吃野菜，有一次我曾差点送了命。那是在草地上，我们到了宿营地，我先躺下了，待我醒来后，大家都出去寻找野菜，我正准备去找野菜，看到周围有一丛绿草，我以为是菜，心想大家舍近求远，我不如在此摘一点吧，于是煮了满满的一锅吃了，不一会儿肚子胀疼难忍，我倒在地上打滚，昏过去了。等我醒来，已在人家抬的担架上躺了一天了。

在长征的路上，人稍一得病，十有八九很危险。我自己也想这一下完了。大家行走都很费力，自己还叫别人抬。加上当时又没有医生，全靠同志们替我采草药熬汤喝，由于身体一直无力，行走越感困难。他们又把我脚上穿的一双马皮鞋煮了来滋补我的身体。那双马皮鞋子，还是过雪山前，连里死了一匹马，吃了马肉，把皮子割成块穿几个眼儿来代替草鞋。想不到它倒成了救命的妙药了。以后我的身体一天天开始恢复了，又继续长征。

部队里的粮食越来越少，各级领导对战士更加关心。有一次我们刚到宿营地，正在为饿肚子发愁呢！只见关向应副司令员①骑着一匹马来

① 应为副政委。下文皆同。

到我们面前，问我们："饿不饿？"

大家不愿在首长面前说出真话，怕增加他们的负担，回答到："不饿！"

关司令员笑了笑说："不饿，恐怕是假的，我都饿，你们会不饿吗？饿就饿，只要我们想办法，还是有法子呢。"说着叫我们跟着他走，找好吃的东西。我们跟着他来到一条溪边，他用碗盛起了一碗玉似的石头，对我们说："把这石头用盐水炒一炒，放到挎包里，行军时饿了，就放一把在嘴里，等吸干了盐水，再吐掉石头。"按照关副司令员说的办法去做，确实有效果。以后，我们一到宿营地，就先去找这种石头。后来我们将这种东西叫做"漱丢"。

在草地上不仅受饥饿和寒冷的袭击，有时还有土匪来抢劫。我们连里年龄最小同志杨永清，特别的活泼，行军中他跑前跑后，搀扶着身体虚弱的同志，在行军中他爱把两个裤腿管卷得高高的。一到宿营地又总是他带大家找野菜，大伙儿只要跟着他走，多少总能找到一点吃的。这样一位好同志却在一次土匪抢劫中献出了生命。那是一天晚上，他正站岗，一群土匪突然来袭击我们的牲口圈，他为了保护牲口，与土匪进行英勇搏斗，等我们赶到，他已倒在血泊中。连长抱着他的身子，摇了摇他的头，他费力的睁开眼睛，说："我不行了，可我不愿离开大家。"说完就闭上了他那双明澈的眼睛。一个大家喜爱的小战士为了革命献出了自己宝贵的生命。

当快过完草地的时候，一个很偶然的机会，我被提拔到连里去当文书了，从此一干就是八年。

在红军中大都是穷苦人家子弟，从小没有机会读书识字，而部队在行军中确极需要识字能写的人员。当时，就是连一级干部识字的也是不多的。意想不到，我被连长提为文书。事情是这样的，一次我们来到一个村子前，墙上写了几个大字，当时我们连里的参谋姓马，是从国民党军队解放过来的，他首先看那几个字，问左右人，墙上写的是什么字，大家都不认识，问到我了，我随口读了这几个字"对我生财、抬头见喜。"

并给他们讲这个对联的意思。这件事情被连长知道了，就提我到连里去当文书了。就这样我这个仅上过一年私塾的人，要承担全连的上下行文和报告的撰写工作。

红军能够战胜一个个敌人，克服一次比一次更大的困难，这和我们的领导以身作则是分不开的。当进草地时，我们的贺龙总司令员也和同志们一样在马背上放上15斤粮和一捆柴。大家都想替贺龙将军来背，可他风趣地说："我也是红军的一名战士，你们替我背粮，能帮我吃饭吧！"充分体现了无产阶级军队的官兵关系。当时有病的任弼时同志虽然有人抬着前进，可他的马背上也驮着一捆柴草。这种无声的动员。对红军的士气起了很大的鼓舞作用。

在整个草地的行军中，生活是极端困难的，然而困难的条件并没有压垮我们的同志，尽管很多人在雪山、草地上默默的为中国的革命献出了生命，可红军仍然在极端恶劣的环境中胜利了。1936 年 12 月[①]，一、二、四方面军在会宁会师，就是长征胜利的标志，也是国民党围追堵截的彻底失败，从此中国革命的希望之火在延安点燃了。

1983 年 5 月

选自中国人民政治协商会议长安县委员会文史资料委员会：《长安县文史资料选辑》1991年5月版，第144—152页。

① 应为10月。

同志间

胡登高

在草地里，部队陷入了饥荒。许多首长的牲口都杀掉分给大家吃了。但刘参谋和我的骡子却一直保留着。同志们都知道，杀掉这两匹骡子就等于抛弃两个同志。

刘参谋是红六军团十七师五十团的侦察参谋，患着严重的肺病。我在五十团当营长，在一次战斗中，左脚脚筋和螺丝骨被打断了。过草地时，我们走在一起，刘参谋对我的照顾胜过亲兄弟，找野菜、拣柴火……从未让我动过。

一天，部队走了 100 多里，人困马乏，黄昏时把骡子胡乱地拴在小树上，就在树林子里宿营了。第二天清早，正在吃饭的时候，我忍着疼痛，支撑着沉重的身子站立起来，一看，不幸降临到我的头上——我的骡子不见了。我顿时心里着了慌，急得真想哭。刘参谋气急败坏地从树林边走来叹口气说："小树折断了，骡子早不知跑到哪里去了。"

我的头上就像挨了一记重棒，呆呆地坐在地上，望着这茫茫无边的草地发愣。我想"我这条命算是完了。同志们都走得软绵绵的，哪还有力气来抬我呢！"我的心像压着一块千斤重的石头。刘参谋愁得连饭也吃不下去，闷沉沉地在我身边踱来踱去。

停了一会，他默默地拿起我的行李，捆在他的骡子上，然后带着沙哑的声音说："你骑我的骡子走吧！"我望了他一下，想："我骑上你怎么办呢？”这时，部队正在整队准备出发。他一面用力地拖着我，一面恳切地说：“我多少能走几步，比你强些，走一截再说吧！”尽管我再三推辞，他终是不肯。我只好让他扶着上了骡子，把拐杖交给了他。

骑着他的骡子，心里老是热辣辣的。我一面走，一面不断地回头看着矮小的瘦弱的刘参谋，弓着脊背，拄着拐杖，吃力地走着。没有几分钟，他的脚步越来越慢了，从水草里每拔一下腿，身子就晃荡一下。他越掉越远了。我实在不忍心再骑他的骡子，到了一块稍干的地方，便从骡子身上滑下来等着他。

刘参谋来到我的身边时，没等他说话，就把缰绳递给他：“你骑着走吧！我不能骑着你的牲口，眼看把你丢了！”他张着嘴巴喘着气，咳呛着，一时说不出话来。黄蜡蜡的脸上，没有一点血色，只剩下一层皮贴着骨头。我赶忙拉着他一块坐下。不一会，他有气无力地说：“还分什么你的我的！公家的骡子，你的脚坏了，你骑着走吧！”“你的肺病也不轻呀！你不骑，我也不走了，要死我们死在一块！”我看他不愿骑，就赌气地说。他用深凹下去的眼巴巴地望着我，亲切地说道：“我们怎么会死呢！你骑着，我走一截算一截，我们一定能走出草地！”我苦苦地推辞，他也苦苦地谦让：“我骑上就等于把你丢下，还是你骑着吧。”我实在没办法了，只好跟他讲定，我们两人慢慢走，死活也在一起。

我们慢慢地走着。前面的部队早已无影无踪了，只剩下茫茫无边的草地，无情地展现在我们面前。一边走他就一边催，叫我快走，不要管他，说后面有敌人追兵。我不理他，只是死死地勒缰绳，和他形影不离。走了几百米。突然，后面敌人发现了我们，打起枪来了。我想滑下来，干脆跟敌人拼死算了。可是刘参谋却忽然对我喊道：“你快走吧！”紧接着，他狠狠地在骡子后腿上打了一拐杖。骡子叫了一声，撅起屁股飞奔起来，缰绳勒不住了。我想跳也没法跳下去。枪声越来越急，我的心越来越不安。怎样去营救刘参谋呢？现在已经跑了这样远。而且左脚被打坏，不能走路，没带武器，……我决定找部队去，请求援兵。

我终于赶上部队，把刚才发生的一切告诉了他们。一小支队伍立刻返回去。不久，他们回来了，担架上抬着一个人。我看见同志们默默无言地放下担架，心马上紧缩起来！刘参谋负伤了吗？我冲冲跌跌地闯了过去，一看，果真是刘参谋。鲜血从他嘴里和胸脯上流出来，眼睛半开半闭，但是没有一声呻吟。我紧紧地握着他的手，大声地呼叫着，眼泪刷刷地掉了下来。只见他眼睛眨了眨，就停止了呼吸。我的心像刀绞一样疼痛，止不住放声大哭起来。悲痛使我永远不愿离开这位同患难共生死的战友。

刘参谋救活了我，而他自己却壮烈牺牲了。我永远忘不了他。后来每当看到他留下来的骡子，每当我在激烈的战斗以及取得胜利的时候，总是念念不忘地回忆着刘参谋他那舍己为人的崇高品质。

选自中国人民解放军三十年编辑部编：《中国人民解放军三十年初选稿》第一卷第三辑（四），未刊稿，第68—70页。

胡登高，1914 年生，江西莲花人。1931 年参加中国工农红军，同年加入中国共产主义青年团，1932 年转为中国共产党党员。1935 年 11 月随红六军团长征时，任红十七师补充团参谋长、代理团长，教导团教员。新中国成立后，曾任中南军区卫生部政治委员、中南军区高干班政治委员。1955 年被授予少将军衔。1991 年在武汉逝世。

母与子

萧新书

草地的天气真是变化多端。午前，毒热的太阳把草晒得都抬不起头来，整个草原像扣在一个巨大的蒸笼里，热得人们喘气都困难。可是到了午后，总要刮起刺骨的寒风，浓云遮天，雨雪冰雹齐下，于是，草原就变成白茫茫的银色世界了。

这一天，我们六师侦察连还是担任收容任务，走着走着，天忽然变坏了。可是恶劣的天气并没有吓住我们，同志们侧着身，躲着寒风的正面袭击，踩着落地就化的雪前进着……

忽然，从寒风中传来了歌声，虽然时断时续，可是听来却那么动人，奇怪呀，我们是最后边的收容队，前边的大队早走远了，这是谁在唱呢？奇妙的歌声吸引了我的注意力。我凝神向前看去，但是急骤而下的大雪挡住了视线。

随着前进的脚步，歌声越来越真切了，像是宣传队在合唱。歌声是那么激动着人们的心，使我们增添了力量。

我们终于找到了发出歌声的地方。走到跟前一看，真使人吃惊：原来是清一色的女同志。他们抬着担架，担着药箱，有的怀里还抱着娃娃，边走边唱。我想起一路上见到的女同志，他们和男同志一样日夜行军，一样忍受着饥饿和风雪的折磨，不禁从心里敬佩她们。

“同志，你们累了吧？”一个背着铁锅、怀里抱个孩子的女同志问我。

“不累！”我怎能在这位女同志面前说累呢，“可是你，前面抱着，后面背着，才真是够累的。”

“不累，不累！”她说，“熬过草地就好了！”

这时，我们班的宋廷魁同志插上一句：“同志，你怎么掉队了？后边可再没有部队啦！”

“谁掉队！”那个女同志瞪了他一眼，“要不是担架上的伤员叫慢些走，你们怎么也赶不上……”看样子她还想说什么，可是被风给噎住了。她看见伤员的腿露在被子外面，虽然铁锅那么沉重地压在后背上，她还是跑到担架跟前把被子给盖好。

风更大了，风雪在草原上横冲直撞，弄得人们睁不开眼，透不过气。只见那些女同志照样抬着担架，弓着身子顶着风，吃力地走着。她们鞋里灌满了雪水，有的脚趾还露在外面，头发蓬乱着。但是每个人却那么坚强地迈着步子。忽然，前面一个抬担架的同志滑倒了，伤员滚在地上。背锅的那个女同志忙跑过去，把孩子一放，把伤员扶到担架上，问：“摔得疼吗？”

伤员摇摇头。她又去扶起摔倒的那个女同志，给她拍掉身上的雪，望着她那红肿的脚脖子，说：“我替你抬吧！”

“看你也够累了，还是我抬吧！”那女同志看她身上好像缺了什么，问：“咱们的宝宝呢？”

孩子在雪地上蹬着通红的小腿哭叫着。宋廷魁同志把他抱在怀里，用自己的衣服给孩子挡住风。妈妈跑过来要接孩子，宋廷魁同志说：“我替你抱一会儿吧。”孩子见到妈妈，哭得更厉害了。妈妈温柔地向孩子笑了笑，说：“好宝宝，叫叔叔抱会吧，到宿营地妈再给你奶吃！”

我们都自动地帮起她们来，有的抬担架，有的担药箱。我接过那口大铁锅，天哪！足有 30 斤重。我问：“你背这么重的锅做什么？”

“同志，不背它伤员能吃饭吗？”她说着，抹了抹挂在睫毛上的雪花。

风雪小些了，歌声又飘扬起来。我们也随着她们唱起来了。高昂的歌声，把我们紧紧地联结在一起，给我们驱赶着疲劳。

忽然，一个十五六岁的小女孩跑到我们跟前，对带孩子的那个女同志说：“张大姐，小王晕倒了！”

我们急忙跑过去看，一个十七八岁的姑娘蓬散着头发倒在地上，直愣愣地瞪着眼，脸如同白纸，一点血色也没有。张大姐扶起她，忙问道：“小王！怎么样？”

小王摇摇头：“没什么，肚子饿……”她没有再往下说。

“去拿块干粮来！”张大姐对那小女孩说。

“大姐，咱们的口粮……”

“先借些伤员的，到宿营地还！”

一会儿，那女孩拿来一块干粮给了小王。小王把干粮推了回来，说：“这是…伤员……的，我……不能……”她哭起来了。

“我这有！”宋廷魁同志掏出一块干粮递给她。她望着那块干粮，半天才接过去。吃下干粮，又停了一会，她才勉强站起来，拄着木棍，蹒跚地跟着大家走。

我们继续向前走，宋廷魁老是逗着孩子笑。他转过头问那女同志：“你叫什么名字？”

“张秀梅。”

“孩子的爸爸在哪工作？”

“在指挥部当警卫员。”

“孩子多大啦？”

“一岁半。”

宋廷魁看看孩子，瘦得可怜，只有眼睛大大的。两只小黑手不住地抓宋廷魁的前胸，像是要奶吃。

走在旁边的同志插上一句：“这么小的孩子怎能过草地，不饿死也得冻坏，不如给老乡还能得个活命。”

妈妈的心被这句话刺痛了，从她流露出的神色可以看出，她是感到有孩子太麻烦了。每天行军，大人都饿着肚子，孩子怎能有奶吃。每到宿营地后，把孩子向地上一放，就给伤员烧水、做饭，哪有时间照看孩子！的确，从长征以来，有的母亲含着泪把亲生的孩子送给了老乡。张秀梅的眼圈红了，她缓慢地对我们说："给谁呢！我们走了一个来月的草地，连个人家都没有。只要我不死，孩子就能活着出草地，将来长大了，也会给革命干点事啊！"

母爱征服了妈妈，也征服了别人。人们再没有说什么，都望着这可爱的孩子，孩子也瞪着天真的眼睛望着我们。突然，孩子又哭起来，这哭声，像几十只手揪着我们的心。大家都为这个缺奶的孩子不安。后来，在班长的倡议下，我们把口粮分给孩子的母亲一部分，对她说："到宿营地给宝宝熬点稀的吃吧。只要有一个人活着，我们一定带孩子走出草地！"

那女同志看着手上的几块干粮，眼里含着泪花，半天才说："谢谢你们！同志们，有了你们，我的孩子一定能走出草地！"

雪又大了，寒风抽打着人们的身子，草原风雪弥漫。我怀着无限钦佩与尊敬的心情，不时地看着那个年轻的母亲。狂风吹乱了她的头发，吹起了她那破旧的单薄的衣角，然而她却始终侧着身躯，迈着坚实的步子，向着风暴冲击……

选自黄涛、常正、史立成选编：《红军长征珍记》，长征出版社1996年7月版，第376—379页。

红小鬼班过草地

夏振栋

1936年夏天，部队进入无边无际、荒凉泥泞的草地。当时我在红二军团第五师“红小鬼司号排”二班当班长。

草地像茫茫大海，很难辨别清方向，天气变幻莫测，经常遭到雷雨风雪的袭击。衣服淋湿了，全靠自己的体温把衣服煨干。每天干了湿，湿了干，身体内的热量一点点地耗干了。晚上宿营就更难熬了，两个班挤在一个小帐篷里，帐篷的四角漏风，夜里气温常常降到零度以下，阵阵寒风袭来，冻得难以入睡，一会儿睡，一会儿醒。有时干脆都坐起来，大伙背靠背地挤在一起，互相温暖着身体，打打盹。好不容易熬到天亮，一站起来仍感到很不解乏，头经常是昏沉沉的。因为还要赶路，只得喝些水，吃点干粮，又出发了。就这样走了十多天，部队携带的粮食越来越少，饥饿和死亡对红军战士的威胁越来越严重。

我们班原来有七名同志，都是十三四岁的小鬼，主要任务是吹号。七名同志中有三名同志因受冻挨饿，病魔缠身，身体很虚弱，过金沙江后，爬雪山时就献出了他们年轻的生命。过草地时我们这个“红小鬼班”就只剩下四个人了。“红小鬼”们年龄虽小，但他们的革命意志坚定，革命觉悟很高，在饥饿和死亡威胁面前并没有低头，想尽一切办法与各种困难作斗争。一粒粮食也是宝中之宝，我们像珍惜自己的生命那样珍惜它。为此我们都自觉地遵守用粮的纪律，定时、定量地用粮，谁也不擅自多吃一粒粮食。每到宿营地，烧一盆开水，煮一些青稞粒，就算一顿饭了。吃完饭，又到驻地周围找食物，打野兽，或采野菜，只要是不苦的，就嚼烂了往下咽。先头部队啃过的牛骨头、马骨头，就用开水煮煮再啃一遍。牛粪上的蘑菇也可以给我们提供一顿美餐。最后的那几天，啥也没有了，就只好把什么牛皮草鞋、皮带都拿来煮着吃。这些东西特别难下咽，很不是滋味。于是就咕嘟咕嘟地喝水喝个够，肚子还觉得“饱”些。但走几步就又没劲了。夏云昌同志是我班年龄较大的，在与饥饿作斗争中，冒着土匪武装袭击的危险，想方设法寻找食物，为解决饥饿的威胁起了重要作用。他经常帮助体弱的同志背东西，以防他们掉队。我有病掉了队，在夏云昌同志的帮助和照顾下，病情很快好转，终于又赶上了部队。他助人为乐的精神得到了同志们的好评，是我们的好兄长。小赵同志肠胃不好，经常拉肚子，有时一天拉十几次，但仍然坚持不掉队，还带病和大家一起寻找食物。他这种精神感动和鼓励了同志们。同志们也更加体贴和照顾他，称他是我们的好弟弟。

“红小鬼”们在饱尝千辛万苦之中，充满着革命的乐观主义精神，大家互相鼓励：“咬咬牙！坚决走出草地！”大家脸肿了，腿也肿了，身子轻得像张纸，一喘气就浑身发颤……但是，大家心里只有一个念头，永远跟着党，永远干革命！

部队整整四天一粒粮食也没有沾牙，胃里磨得灼痛，眼前冒着一片金星，但谁也不甘心倒下去，咬着牙，硬是一步半步地往前扑！同志们的行动深深地教育了我。我时刻叮嘱自己：“活着就要跟党走。现在挨饿，为的是保全我们的队伍，为的是将来革命的胜利，不死就要前进！”

又走了几天，在我们面前出现一座200多米高的光秃秃的小山。“山！”大家高兴地叫了起来，山是草地尽头的象征啊！大家相互鼓励着赶快过。可是个个早已筋疲力尽，东摇西晃，只好相互搀扶着艰难地往上爬。没到半山，忽然天气大变，一阵狂风卷起一片乌云，接着雨和冰雹大作，我们被淋得像落汤鸡似的。但是我们还是拼命地挣扎到了山顶。举目一望，啊呀！还是一望无际的草地，大家都失望地呆住了。这时，指导员来了，他看着我们说："小鬼呀，走不动了么？过了草地就是胜利！"他带领我们一起低低地哼起了"英勇的红军，北上打日本……"的战斗歌曲。我的腿肿得已不听使唤，加上几天来只吃了一些野菜，喝了点苦水，两脚就像绑了铅块似的，抬不起脚。突然我觉得一阵心慌，两眼冒金花，差一点摔倒。我赶紧支持住身体，自己命令自己说："坚持住，倒不得！坚持就是胜利！"我总算没倒下去，可是转眼一看，班里的小赵站着站着，便两眼发愣，双手紧紧握在胸前不动了。"小赵怎么啦？！"同志们惊叫着。我也赶紧扑上去搀扶他。几个人哪里扶得住，扑通一起都倒在地上。我爬起来让他紧紧倚着我，抚摸着他黑瘦的额头。他好久才微睁双眼，无力地对我说："班长，你们走吧！我实在不行啦！"我摸摸干粮袋，早就空空的。我望望同志们，同志们都面面相觑。大家抓住小赵的手紧紧地握着，一句话也说不出来。

我挣扎着找来指导员，指导员咬着嘴唇，黑瘦深陷的面颊痉挛着，他严峻地说："小夏，去找点水，我还有点炒面！"炒面？大家都怔住了，指导员和我们一样四天没有沾一粒粮食，哪来炒面啊！我很快端回一碗水。指导员把忍饥挨饿保存下来的半碗炒面倒在碗里，用水调匀，送到小赵面前。"指导员,你们……"小赵久久望着大家,又望望指导员，两眼止不住地滚下了泪珠，再也说不下去了。指导员轻轻地抚着他的背说："小赵，吃了吧！前面会有粮食的！"同志们也说："我们还能行，你赶快吃吧！"小赵接过碗来望着炒面出神，还是没有吃。指导员温情地说"小赵吃吧，为了革命的胜利，我们生死在一起！"一句话，感动得大家的眼圈都红了。这样，小赵才慢慢地把碗送到嘴边，发着抖吃了下去。他马上挣扎着站起来想走，但结果只晃了几晃，又坐下了。伸伸手叫我扶起来，可我刚去扶，他颤动了一下嘴唇，眼睛瞳孔散大，迅速失去了光泽……

指导员和我们大家齐声呼唤："小赵！小赵！小赵！"小赵再也没

有回答！又一个可爱的战友同我们永别了！大家用他的破绒毯，覆盖在他的身上，把他的遗体掩埋好，向他沉痛地告别。

艰难的长征之路啊！我们活着的同志彼此搀扶着，鼓舞着，又继续前进了！饥饿终于被我们战胜了！吞噬了多少红军战士生命的草地终于被我们征服了！

选自黄涛、常正、史立成选编：《红军长征珍记》，长征出版社1996年7月版，第359—362页。

夏振栋，1920年生，湖南龙山人。1935年参加中国工农红军，1937年加入中国共产党。红军长征时为红二军团战士、五师司号排二班班长。新中国成立后，曾任牡丹江军分区政治部主任、副政治委员，黑龙江生产建设兵团政治部副主任。2003年在哈尔滨逝世。

三个女红军

周大才

我掉队了。在茫茫无际、渺无人烟的千里草原上，我一个人拄着拐棍，跌跌撞撞地走着……

我是营部机枪班的战士，我们班上有九个战士，三挺轻机枪。我每天背着 20 多公斤重的机枪行军。开初，我根本没有感到机枪的沉重，因为在参军前，我经常从武定县背盐巴到昆明去贩卖，背沉重的东西走路，我习惯了。但是从甘孜的东谷出发，翻越查尔寺山，进入草原以来，连续 17 天的艰苦跋涉，体力消耗很大，吃草根，啃牛骨，“入不敷出”，我已经十分疲劳和消瘦了。那背上的机枪，沉甸甸的，越来越像山似地压在我身上，豆大的虚汗浸透了我的军衣。一同行军的战友，个个也够呛了，我不能使他们知道我很吃力，让他们抢背机枪，增加他们的负担。只有我的军衣最清楚，我背机枪去抗日是付出了多少汗水！

行军路上，我们天天谈的，想的，甚至梦里做的，都是盼望着走出草原，北上抗日。到了阿坝，部队搞到了牛，大家可高兴啦！我们一天两餐，餐餐都大嚼牛肉，蓄养体力，准备走出草原。可是，偏偏不凑巧，我的肚子不争气，一阵紧似一阵地绞痛，拉起稀屎来了。当时，从团部到班上，什么药也没有，谁病了，谁就要依靠自己的身体和意志去“闯”。连续两天的屙稀，我的身体软得像稀泥一样，瘫在床上，动弹不得。

部队又要出发了，只好把我这病人留下。营长和连排班长都来看望我。他们的心情十分沉重，营长命令司务长多留给我一些粮食：二斤豌豆炒面，二斤牛肉炒面，比起行军的战友，留给我的粮食比他们多了好几倍了。营长和蔼地安慰我说："你病好了，在后面慢慢跟上来，我们在前面等你。"他还用坚毅的目光鼓励我说："我相信，你一定能战胜困难的"。我的班长更是和我依依不舍。他含着眼泪解下身上仅有的一双布筋草鞋送了给我。领导和同志们的关心、照顾，使我深受感动，一时不知怎么说才好，热泪不禁顺着瘦弱的脸簌簌地掉了下来。

部队走了两天以后，我的病不见好转。我咬紧牙挣扎起来，无论如何爬也要爬出草地，北上抗击日本侵略军。我气喘吁吁地走着，刚走出一二十步，肚子一阵绞痛，就要蹲下来屙屎，其实肚子里空落落的，也屙不出什么来。然后我又站起身，拄着棍子一步一步往前挪，挪上一二十步，又要蹲下来屙，这样一天走不了几里路。

第二天清早，太阳一出，我又拄着拐棍，拖着铅也似的沉重的双腿，一步一步往前挪，费了九牛二虎之力才走出几百步路。突然，我的眼睛金星乱飞，脑子嗡嗡地直响，碧绿的草原，蔚蓝的天空顿时旋转起来，我一头栽倒在草原上。

我昏迷不醒不知有多久，火辣辣的阳光把我刺醒。我呼哧呼哧直喘气，眺望广阔无边的天空，急驰而过的白云，我想起了我的家乡——武定县桥头厂村，我想起了带我参军的龙班长……

那是 1936 年阴历三月二十日的事。我背着盐巴去昆明，途中，在富民县者白镇附近，我遇见了龙班长，他操着浓厚的湖南腔和我边走边谈：

"老板，你有多少田地？"

"没有呀！"

"你有没有房子？"

"也没有呀！"

"那你干啥啊？"

“喏！背盐巴，赚点脚钱，养我妈。”

“那你是雇农”。他的眼睛顿时格外明亮，对我更为亲热。

“什么雇农不雇农？”我直愣愣地回道：“我穷得很，苦得很，我是苦农。”

他前俯后仰哈哈大笑，然后耐心地告诉我什么是雇农。接着，他探询地问我：“参加红军，好不好？”我迟疑了一下，问他：“红军是什么军”？他又向我解释：“红军是打土豪，分田地，帮助穷人翻身解放的革命队伍”。打土豪，分田地！太好啦！我就扔掉盐巴参加到他班里当红军。一路上，他从生活上关心我，从思想上帮助我，使我懂得了许多革命道理。多好的一个同志啊！不幸在甘孜牺牲了。想起了龙班长，我自言自语道：“决不能辜负那些牺牲了的烈士的期望”。我挣扎着站起来，摇摇晃晃移动了几步。突然，天旋地转，两眼发黑，身子一歪，又倒了下去了……

我模模糊糊听见有人说话，心猛的一收缩，以为碰到了经常抢掠掉队红军的土匪了。我微微睁眼一瞄，只见三个齐耳短发，头戴八角帽的女红军，正弯着腰探视着我。三个人的脸，又黄又瘦，颧骨高耸，眼窝深深地陷了下去，其中有一个见我睁开眼睛，便亲切地问道：“同志，你是哪个单位的呀”？

“十八师五十三团一营营部机枪班”。我的声音轻得像蚊子一样嘤嘤不清，她不得不蹲下来凑近我，听我回话。听完后她满怀喜悦，回首对她的战友道：“小王，他是红二方面军的！”接着又问我：

“你哪里不好？”

“拉肚子，已经六天了。”

那位事后我才知道姓陈的女同志，便和另外二位女红军商量了一下，然后打开了她的行军背包，拿出一点药来，叫我吞下去。另外二位女同志也凑近身来安慰我：“我们是红四方面军三十二军妇女团的。我们三个掉队了。我们都是革命队伍里面的人，互相帮助，一起慢慢走吧。”她们一个牵我一只胳膊，搀扶着我站起来。我想拄着棍子自己走，可是两腿根本不听我使唤。她们左右挟着我，我才一步一步缓缓走着。我们边走边聊。这时我才知道，那年纪约莫20岁的，姓王，是副班长，那18岁的，姓陈，是文化教员，最小的17岁，叫小倪，是战士，都是四川人，都是1934年参军的。

天擦黑，我们宿营了。我躺着，她们分头去找干牛屎当燃料，烧开水。小王端着冒着热气的瓷缸给我，我翻身坐起端缸一喝，感到有股沁人心脾，令人浑身通透的咸香味。有多久不知咸味了呀？一个多月了！在草原上能喝上盐开水，好比孙悟空上天宫，喝上人参汤了。原来，她们为了使我早日病好，给我增加“营养”，把揣在衣襟里宝贵的盐巴给我添在开水里了。早晨吃过她们的药，没有拉肚子了，现在又喝了她们煮的盐开水，精神顿时好转。我六天没有吃东西了，这时，肚子咕噜咕噜，居然会拉“警报”了，想吃东西了。我就挪到篝火边，想跟她们一样，煮一点炒面吃吃。可是，她们三人默默地坐在篝火边，用树枝无聊地拨弄着冒烟的干牛屎，火塘上，和通常行军后休息时不一样，没有搁上一个瓷缸；没有卜通卜通的响声；没有扑鼻的炒面香味。我立即意识到，她们断粮了！而在这样艰苦的环境里，她们还把稀罕而又精贵的盐巴拿给我吃，这是多么崇高的革命精神啊！我急忙解开干粮袋，倒了一碗炒面给她们。她们喜出望外，眼睛湿润了，十分感动。小王把手伸进衣袋，掏出钱来递给我一块银元。我连连摇手，诚恳地对她们道：“这些粮食是我的，也是你们的。我们都是红军，都是革命队伍的人，我们是一根藤上的瓜，苦在一起，甜在一起，不要分你我的了。”

由于张国焘分裂主义路线的严重错误，使得她们在草地上往返行军，这已是她们第二次过草地了。她们早已断粮，巴掌大的一块牛皮还要分成四份，每天三人才吃一份，度过了四天。后来，牛皮吃完了，草原上的野菜，因为已经多次走过部队，被拔吃完了，也找不到了，只好勒紧裤带，空着肚子，喝点开水，硬挺着行军，这样坚持下来已是第五天了。现在有这么一碗比金子还珍贵的炒面，她们哪里舍得吃完，用其中的半碗和着开水煮熟，由我们四人分吃了。就是这么一星半点粮食下肚，也够使她们精神抖擞，喜笑颜开，恢复了年轻姑娘的活泼，有说有笑了。

睡觉时，她们见我只有一条麻布口袋似的毯子，就分了一床被子给我。她们用两床被子，三人紧紧睡在一起。深夜，冷风呼啸，气温骤降，我有了被子盖，不当“团长”了，牙齿也不再闹“不团结了”，我甜甜的睡了一觉。

第二天凌晨，将要行军了，小陈问我：“病是否好了？”我高兴地说：“好了，好了。”她不放心，又拿出珍藏的最后一点药，统统给我吃了，巩固疗效。然后搀扶着我慢慢走着。

三位女红军为了鼓起我的精神，一路走一路安慰我，表示只要她们在，背也要背我到目的地。我们涉水蹚过碧绿的小河，过河以后，草鞋上沾满了沙金，在阳光照耀下闪烁着金色的光芒。

“喔哟！过河还带三分金呐！”小倪兴高采烈地喊道。

“将来我们要在这里开金矿，开更多更多金子来支持革命。”小陈发挥想象，筹划未来。

我浑身无力，懒得说话，但听到她们像小鸟一般欢叫，满怀信心憧憬着未来，心中也平添了信心，脚步似乎也轻松了。

傍晚，在篝火边，我因为病情大大好转，从死亡的边缘跨了出来，心里万分高兴，就倒出了两碗豌豆炒面，心想让大家痛痛快快吃上一顿，让她们“改善生活”，恢复体力，同时也庆幸自己九死一生，死里得活。她们连忙阻止，说前面还不知有多少路，也不知什么时候能赶上部队，还是细水长流为好。她们只煮了一碗，我们四人分吃了。到底女同志心细，不像我那样鲁莽，没计划。

篝火暗淡了，火烬闪着微弱的光辉，夜雾迅速向我们周围凝聚，萧萧寒风，夹着细雨斜斜飘来。三个女红军互相偎倚，坐在一起，哪怕它草地征途遥远，哪怕它缺衣又缺食，哪怕它雨水浸湿了征衣，她们胸中揣着一团火似的，引吭高歌起来。至今，我还依稀记得她们合唱的这么几句：

抗日的哥哥你去当红军，
打土豪，分田地，
买卖要公平。
哎呀！我的哥，我的哥！
……

嘹亮的歌声，随着寒风在广袤的草原上荡漾，驱散乌云，驱散了寒冷，驱散了饥饿，迎来了朝霞。

行军的第四天，夕阳西下，我们看到了青青的麦地，错落有致的村庄，和村落上空袅袅升起的炊烟。啊！终于又看到了人烟，又回到了人间！三个女红军，你推我，我攘你，高兴极啦。我和一个持枪警戒的红军哨兵攀谈，打听情况。哈哈，我们竟然走到了中包座！而且事情也正巧，村里的驻军，正是我所属的五十三团，我乐得合不拢嘴，这下我总算到家啦。

我笑眯乐呵地望着三个女红军。突然我皱起了眉头。她们怎么办呢？我沉吟不好开口，为难的目光询问着她们。小王明白了我的意思，回答说："哪里都是干革命。我们不知道我们的部队到哪儿去了。请你问问你们的首长，能不能收容我们。"是啊！我豁然开朗，连忙跑到团部去找团首长。他一见我，笑逐颜开，又惊又喜，紧紧地用双手攀住我的两肩端详着我："可回来了。不容易呀！去好好休息休息。"我向他汇报了三位女红军的情况，团首长爽朗地答道："欢迎！欢迎！叫她们到供给处报到。"

要分手了，包座河水哗哗地响着，晚霞映红了三位女红军兴奋的脸。我和她们像亲兄弟姐妹一样难舍难分，彼此怀着战斗中建立的深情厚谊互相勉励，连连告别。云南和四川，相隔万重山，千条河，我们互不相识，一起战斗也仅仅四天，时间虽短，令人终身难忘啊！是共同的革命目标，是阶级情谊，使我们昂起头，挺起胸，携起手，战胜了似乎不可能克服的饥饿、疾病和死亡，赢得了进军草地的奇迹般的胜利。（田良耕记录整理）

选自中共楚雄州党史资料征集小组编：《红军长征过楚雄》，1987年10月，第195—201页。

周大才，红军长征时为红二方面军十八师五十三团一营营部机枪班战士。

从甘孜到阿坝
——红六军团第一次向草地进军

刘德元

1936 年 7 月初，红六军团在甘海子稍作准备后，移住东谷。7 月 5 日，红十八师由东谷开往大吉岭，准备以三日行程到日庆、甲溪之线，接替红三十二军警戒并看守牛羊，其余部队于 7 月 7 日在军团长陈伯钧、政委王震率领下，由东谷出发，经西康省色达县（现属四川省）北部，绕到青海省南部向四川阿坝进发。由于刚过了几座雪山，指战员们的体力受到严重消耗，粮食又少，不能吃饱，部队行军速度很慢。7 月 11 日过了多柯河，到达西倾寺，原准备在这里筹集 7 天粮食，结果不但未能筹到，连在此地休息吃的粮食也找不到。带的粮食只够两三天用了。部队过了马柯河以后粮食更困难了，于是开始用野菜、树皮充饥。到阿坝前，几乎近十天没见粮食。草地气候变化无常，有时整天整夜下雨，部队缺乏防雨防寒设备，在草地露营，经常遇到大风大雨雪的袭击，指战员们满身淋的透湿，冻得瑟瑟发抖，有时还要和突然袭击的敌人作战。各级首长虽然采取各种措施给部队解决困难，例如把马让给体弱的战士骑，甚至把坐骑杀了给战士充饥，也不能解决根本问题。

军团政委王震非常关心部队的疾苦，他眼看指战员们找不到吃的，有人饿的晕倒了，体弱的倒在草地上牺牲了，他的心比刀割还痛。听四方面军同志讲，草地有牧场，有时遇到牛羊。为了给军团搞点吃的，王震率领模范师向西找了一整天，也无踪影。他们白白多跑了两天路程，更加重了缺粮困难。为了战士充饥，部队把牛皮、草鞋、皮带、斗笠都吃光了。

由于环境恶劣，饥寒交迫，部队战士掉队死亡现象严重，从西倾寺出发进入班马县境连续走了 13 天，每个晚上都在草地露宿。我军团的所谓“帐篷”都是指战员们用自己的被单支撑，既不挡风，更难防雨，只能遮遮露水，碰上整天下雨时，大家只能背靠背地蹲在水里等待天明。在这种恶劣的环境条件下，有些体弱有病的同志当场死去，有的头一天还好好的，第二天却站不起来了。但他们都希望活着的同志能走出草地，打倒蒋介石，解放全中国，取得最后胜利。

在草地牺牲的战友中，有一位牺牲时的景况，使我终生难忘。他是红十八师三营七连二排长，叫肖志强，江西永新人，担任支部委员。他本来身体很好，打仗很勇敢，多次立功受奖，还负过两次伤。在行军中，他常帮助体弱有病的战士背枪，有时把三个战士的枪都背上，叫“背枪架”。部队走进草地，他每天一把炒面一把野菜充饥，有时把炒面还送给体弱多病的战友吃，全连同志都喜欢他。一天晚上经雨淋后，第二天他怎么也站不起来了。他咬紧牙关挣扎也无济于事。他知道不行了，战士们要背他走，他不让，指导员和卫生员要搀他走，他也不让。他说：“你们难道要多死几个人吗？能多活着一个走出草地，就多一份革命力量，你们走吧。”红十八师是红六军团的后卫师，七连是师的后卫连。部队已经走了，王指导员热泪盈眶，要卫生员小张和通讯员小王等一下肖排长，他去赶部队。小张和小王站着等了一会，部队已走出半里多路，肖排长说：“你们俩快走吧，等会赶不上部队了！”卫生员想把排长拉起来，两人背着他赶部队，但怎么拉也拉不动。肖排长说：“你们的好心我知道，你们走吧！”他把还剩有一些炒面的袋子递给卫生员，并说：

“你俩还小，不要救我了。一定要活着出去打蒋介石。炒面我用不着了。你们拿去吧。快走！”卫生员和通讯员“哇”地哭了起来，把面袋子推给肖排长，两人站着动也不动。肖排长又说：“你们还站着干什么？快走快走，等会敌人骑兵来了，你们想跑也跑不了啦！”两人哭着转身去赶队伍，走出不到两百米，又返回到肖排长身边。这时肖排长全身发抖，口吐白沫，两眼紧闭，两手紧抓着地上的草，呼吸非常困难。见此情况，没有其他办法，通讯员只好烧点开水给排长喝。水还没烧开，肖排长已停止了呼吸。他们俩双腿跪在肖排长遗体旁，眼泪像雨点似的往下滴，他们守着排长的遗体，不知怎么办？

王指导员赶上部队后，见他们还没追上部队，立即带上四班长返回原地寻找，当他们看到小张和小王跪在地上，旁边有个人身上盖着白布单，立即明白是怎么回事了。他和四班长跑上前去，小张小王看到他们，不禁失声痛哭。他们四人脱帽致哀，向遗体三鞠躬。四班长从身上取下圆锨，就在肖排长昨晚睡过的地方挖了一个坑，用白被单裹着肖排长的遗体，王指导员带头用手一把一把的把土往坑里填，十几分钟就为肖排长堆起了一米高的坟堆。王指导员带领大家在肖排长坟前宣誓：志强同志，你安息吧，你没有完成的事业，我们替你完成。中国人民在共产党领导下，一定能打倒蒋介石，解放全中国。宣誓后，王指导员含着眼泪，带着大家又去赶部队了。

红六军团经过千辛万苦，忍受了人类难以忍受的困难，于 7 月 21 日冒着大雨到达离阿坝五十里的横排山下露营。这时，红四方面军三十军伸出援助之手，送来了 120 头牦牛，这真是雪中送炭。我们把牛杀了，美美地吃了一顿牦牛肉，大家都很感激兄弟部队首长和同志们的阶级友爱。7 月 22 日翻过横排山梁，来到了下阿坝。（高天娥整理）

中共宁夏回族自治区党委党史研究室供稿。

刘德元，1916 年生，江西永新人。1932 年参加中国工农红军，1933 年加入中国共产党。红军长征时为红六军团政治保卫局侦察员。新中国成立后，曾任西北军区补训七团政委、宁夏公安总队副政治委员、银川军分区政治委员、甘肃省军区政治部主任。

雪山草地情

胡致成

13岁参加红军

1920 年 5 月，我出生在湖南澧县石拱桥一个贫苦家庭。我生下来就没见过父亲，母亲带着姐姐、妹妹和我，生活得十分艰辛。后来家中又遭遇不幸，三岁的小妹因病无钱医治，离开了人世。在我七岁的时候，母亲又因劳成疾不幸去世。此时，家中是上无片瓦、下无立锥之地。在我九岁那年，二叔父把我送到地主家当放牛娃。不久，姐姐也被送到很远的地方给人做童养媳。从此我再也没有见到过姐姐。

在给地主放牛时，我听人说红军是红头发、红眼睛、红胡须，听后心里还挺害怕的。不久，红军解放了湖南，我见到的红军跟我们正常人一样，根本不是传说的那样。在红军的宣传教育下，我们知道了红军是解放穷人的队伍，是为贫苦大众打土豪、分田地的，而且红军官兵不打人、不骂人，对老百姓也非常好。有一天，我在湘阳湖放牛时，红军正在当地召开参军动员大会，我就跑过去观看。当看到很多人报名参军时，我也心动了。当时，我担心年龄小，红军不接收，就去问一个刚报名参加红军的中年人。我说："参加红军有没有年龄规定？"他回答说："没有年龄限制，只要你愿意参加红军，大小都要。"他见我将信将疑，接着又说："你放心，红军说了，大有大的用处，小有小的用处。"疑问打消后，我就自己拿定主意要去参加红军。

1933 年 6 月，我在外乡，也没有跟任何人商量就参加了红军。我所在的部队是红二方面军①。到了部队我就被分配到第二师师部当司号员。刚入伍时，我也不懂得革命道理。当时贺龙、肖克经常到连队，讲故事、拉家常，问寒问暖，讲了许多深入浅出的革命道理。后来，我渐渐地明白了只有共产党才能救中国，只有红军带领穷苦人民打土豪、分田地，才能使更多的人过上好日子，像我这样的穷苦孩子才能上学念书，不再给地主做牛做马。

翻越大雪山

1935 年的秋天，国民党军对湘鄂川黔革命根据地（亦称湘鄂川黔苏区）和红军发动了新的“围剿”。在国民党重兵的进攻下，同年 11 月份，我所在的部队由湖南桑植地区出发，开始战略转移。到了第二年的春天，我们进入到贵州西南地区。期间，为了避免敌机轰炸，我们只能夜间行军，白天休息。不管距离多远，部队一天平均要攻打一座县城，打得敌人闻风丧胆，草木皆兵。有的县太爷听说红军快到了，早早就卷起钱财物跑了。每逢部队休息或休整，大家都睡觉，党员们总是心照不宣地凑在一起嘀咕开了，大家都知道，这是党员在开会议事。

不久，我们从云南西北部地段渡过金沙江后，敌人的大军也追到对岸。我们的战士还幽默地隔着金沙江喊：“白军士兵弟兄们，你们辛苦啰！谢谢你们送了我们这么远。快拣上我们的破草鞋交给你们长官拿去报功吧！”敌人在对岸眼巴巴地看着我们，向北前进，无可奈何。

过金沙江后第五天，我们就到达了雪山脚下。这里聚居着藏、汉同

① 此时应为红三军。

胞。我们到达这里后,全师立即进行了集中学习教育,师政委对我们说,这里是少数民族地区,我们一定要了解少数民族的风俗,尊重他们的习俗。师长要求部队,没有房子住也绝不允许住喇嘛寺。起先,藏族同胞受国民党反动派宣传影响,对我们的到来疑虑重重。由于师里派出干部宣传我党民族团结的政策,藏族同胞又看到红军纪律严明,秋毫无犯,纷纷把粮食卖给我们。后来连寺中的喇嘛也和红军搞好了关系。

在翻越雪山前,部队领导已经事先想到了将要遇到的困难,我们在山下做了一些物质准备。这里是藏族聚居的地方,部队要买米面干粮等都很困难,只能买到一些藏族同胞吃的糌粑、酥油。但部队南方人多,很多人吃不惯,师长就带头吃,而且吃得津津有味。一次在军人大会上,师长风趣地说:“你们这些土包子什么也不懂,糌粑、酥油都是好东西,很有营养。你们看藏民吃糌粑、酥油身体多健壮,到了这里就要适应这里的风俗嘛!”以后,很多同志都渐渐吃起糌粑、酥油来了。我们还请了一名通晓藏汉语的翻译,请藏民给部队讲了过雪山要注意的事情。为了御寒,我们又准备了辣椒水。师长亲自给我们做了过雪山的动员报告,他说:“现在情况变了,我们面前的敌人是雪山。我们要发扬团结友爱、互相帮助的精神,像同敌人作斗争一样,向大自然斗争,翻过雪山去!”

刚开始爬雪山,我也没有觉得有什么特别。雪山下,高大的树木成林,我们到了山腰,就只能看见低矮的灌木了;再到向上爬,连动植物都没有,到处是终年的积雪。由于日晒,表面的雪化了后又冻成一层冰壳,而下面往往是很深的大雪坑,人要掉下去就再也爬不出来。雪的反光,又把我们照得头昏目眩。走累了还不能坐,一坐下来就别想再起来了。面对雪山高原缺氧环境,眼睁睁地看着一个个朝夕相处的战友在自己的身边倒下,再也不能爬起来,有的战士三五个背靠背站着,好似在休息,有的两个人半拥半抱在一起,好似取暖,但走近一看,才发现他们都已冻僵了。有一位炊事员战士肩上挑着担子,就那么站在半人高的雪里，一脚前一脚后，保持着走路的姿势，右手搭在肩上的扁担上，似一座雕像……

我们听向导讲，不久前，国民党为了组织西康地方反动武装堵击我军，曾派了一个营翻越雪山，结果死了一半人，也没有爬到雪山顶。今天，要翻雪山的是我们这些英雄的工农红军，我们像师长动员讲的一样，在爬雪山时，有的同志走累了，别的同志就架着他走；有的同志眼睛被雪光照花了，别的同志就牵着走；红旗引着路，鼓动的口号此呼彼应。就这样，同志们团结一致，互相帮助，我们仅用了一个白天就翻过了雪山。接着我们在连续翻越了几座大雪山后，于夏天到达甘孜地区，同红四方面军会师。

穿过大草地

过草地时，我们遇到了难以想象的困难。由于我们连续翻越大雪山，所带物质补给缺乏，生活条件就更差了，体力也更弱了。而甘孜大草原，是一望无际的水草地，气候特别冷，老天爷的脸说变就变，狂风、暴雨、冰雹时常轮番向我们袭来。在这样的条件下，我们一天只能走二三十里，而且还不能回头，也不能停下。如果人站在原地或坐着不动太久了，草块很容易断裂，一旦草块断裂人就会陷下去送命。我们实在太累了，站着打一会盹，后面的同志赶紧上来，拍一下你的背后，立即醒来再走。那时，师长和我们一样，很少骑马，而他的马常常让伤病员骑。因为我人小，师长就叫我拉住马的尾巴跟在师长后面走。我们红军就是靠着这种官兵一致、同甘共苦的阶级友情，以惊人的革命毅力，克服重重困难走出了荒无人烟的大草地。

在过草地时，我最难忘的是吃野菜、嚼草根……由于部队带的干粮很少，没病的同志都把带的粮食留给了有病的同志吃，两天后，我们就断了粮食。而草地上能吃的野菜也只有灰苋菜。这里本来没有灰苋菜，是藏民放牦牛时，牦牛在别处吃了灰苋菜，菜籽没有消化，拉出来后生长的，所以数量也很少。走在前面的部队吃野菜，跟着后面的部队没有野菜吃,就只能吃草,后来连草都吃完了。再后面的部队就只能吃草根，草根没有了，有人就开始吃牦牛皮做的鞋（就是按照自己脚的大小，剪一块牦牛皮，用一根细绳系在脚上），有人还把枪上的皮带割下来充饥。由于吃皮带，大便会异常痛苦，有时不得不用手抠，连血都能抠出来。

过草地时，如果能吃上野菜就已经很满足了。有一次，我们好不容易找来了一点野生的圆头萝卜。炊事班的同志就连根带叶用水煮。煮好后炊事班的同志给我们每人分配了一碗汤。当我端起一碗分配给我的野菜汤时，猛地一看，端在手上的汤，清清楚楚地把我蓬乱的头发和瘦削的黑脸映了出来，我像见到了鬼似的。即使这样，我们仍然吃得很香。每当我们遇到高兴事或困难时，大家都会不约而同地唱起这首军歌:“爬雪山，过草地，艰难困苦志不移，山河阻不断北上路，饥寒拗不过铁的心，肩负民族解放事业，赴汤蹈火也不惧，一心向往新世界，铲除妖魔转乾坤，北上抗日有信心，胜利向前进。”

记得有一次，红四方面军的同志送来一些羊肉，供给部门就按人数分给每人一份。师长说：“我那一份不要了，给别人吧。我自己的伙食自己办。”说完自己拿了根竿子钓鱼去了。可他钓来几条小鱼，还把周围的同志都叫来尝尝。饥饿的行军，恶劣的气候，泥泞的道路，红军战士不顾一切地向前进，数不清有多少战友，永远留在了这片荒无人烟的土地上。当时活着的人只能给死去的战友脱下帽子，鞠个躬，埋了之后就走。我看到师长在默默流泪，对此，他也别无他法，因为死去的战友太多了……在过草地前红二、六军团所有红小鬼编成 400 多人的教导师，在出草地时，只剩下不到 160 人。我们在草地整整走了七天七夜，才通过了茫茫数百里的草地，击溃了国民党军的拦截，胜利进入甘南。

我们走出草地不久，就到达了甘肃的哈达铺。稍事休整后，我们又攻占了几个县城，转而向北到达静宁、会宁。这时毛主席、党中央派聂荣臻、左权同志率领部队前来接应。1936 年 10 月，英雄的红军一、二、四方面军在甘肃会宁胜利会师了。随即在山城堡打了一仗，消灭了胡宗南一个旅，胜利地完成了史无前例的长征。

长征不愧是宣言书、宣传队、播种机。二万五千里的长征，是我们每个红军战士用脚一步一步地走过来的。在上面有敌人的飞机轰炸，后面是国民党部队围堵追杀，还要面对雪山、草地恶劣的气候环境下，部队始终一直往前走。当时，我只有一个念头：为了到达延安和牺牲的战友，一定要活着走下去，绝不能掉队。可以说是红军这所革命大学教导、培养了我。同时，我更忘不掉雪山、草地对我革命意识的磨炼。

今年是红军长征胜利 70 周年，当年克服困难、千辛万苦走完长征到达陕北延安的战友，不少都充实到了部队的领导岗位，后来一些同志成为抗日战争、解放战争中的英雄，但绝大多数同志还是在各自平凡岗位上勤勤恳恳，默默奉献。现在从长征一起走过来的战友还活着的已经不多了，他们都已离休在家安度晚年。回顾我所走的长征，当时因我年龄小，并没有做什么轰轰烈烈的工作，但我努力完成了领导交给我的任务，在困难艰苦的环境中，我的革命信念从未动摇，始终恪守我是一个革命战士的职责。（吴光祥、安丽整理）

选自中共南京市委党史工作办公室编：《红旗漫卷南京部分红军老战士口述长征史》，中共党史出版社2006年10月版，第154—162页。

胡致成，1920 年生，湖南澧县人。1933 年 6 月参加中国工农红军。红军长征时为红二军团二师师部司号员。

雪山草地手足情[①]

林茂

在长征中，气候、环境最为艰险恶劣的一段路程，再加上断粮，便是——雪山草地。

1936 年 7 月，我由中央红军卫生学校毕业，分配到红二方面军军直属队卫生所当军医。报到不久便随队北上，向草地进军。

大草地的天气就像小孩的脸，变化无常。刚才还是晌晴天，说坏就坏，不是狂风暴雨就是下冰雹。有一天下午，我们行军涉过河滩，刚爬上一个小山坡，忽然刮起一阵狂风，阴云密布，雷鸣电闪，接着茶碗儿般大小的冰雹便劈头盖脸地落下来。我们这些南方兵还从未见过这阵式，情急中，一位老战士朝我们大声喊道："快，把背包放在头顶上，背靠背坐下！"于是，我们三五成群组合在一起，一个个像蘑菇似的蹲在那里，冰雹打在背包上，"噗噗"直响。但总算没有砸在头上、脸上，避免了大的损失，可还是有些人来不及防护，被冰雹砸伤了脚，有的还被砸成脑震荡。穿过沼泽地时更是非常危险，稍不小心就会陷进泥潭葬身于草地。于是，大家就手拉着手，互相叮咛着，小心翼翼，一步步往前挪动，艰难地走过了沼泽地。

那时的干部，更像长辈似的关心战士。我们卫生所那位年近半百的

① 节选自林茂：《患难战友见真情》第五部分。该标题为原文第五部分小标题。

吴指导员，不顾自己体弱多病，在草地行军时，总是跑前跑后，拉这个一把，扶那个一下，不时给大家说着鼓励的话。每到宿营地，他总是不顾一天行军的劳累，一个班一个班地督促大家洗脚，帮助大家挑水泡、修补草鞋。他风趣地说:“咱们得像爱护眼睛那样去爱护自己的双脚呀，走出草地要靠一双好脚板啊！”

在粮食即将断顿时，在饥饿和死人面前，红军战士们的做法就是——把自己仅有的一把炒面让出去。我们在进入草地之前，在阿坝地区就动员筹粮，上级要求至少带足半个月的口粮。但是由于当地非常贫穷，加之先头部队经过时已筹过粮，所以到我们筹粮时就更困难了，有的同志仅弄到几斤粮食。于是，节省粮食就成了走出草地的关键。上级要求只准吃稀的，每人每餐最多让吃二两炒面，不足部分就靠挖野菜充饥。尽管这样，当我们走到距出草地还剩两天路程时，粮食就快吃光了，特别是后卫部队连一口炒面也没有了，完全靠野菜充饥。关键时刻二方面军参谋长李达同志来到我们中间，动员大家把粮食集中起来。他说：“贺老总让我告诉大家，再有两三天就出草地了，缺粮是暂时的困难，现在只有把个人带的粮食集中使用，才能保证我们全军胜利地走出草地……”听了这番话，我毫不犹豫地从包袱里拿出自己仅剩的一斤多炒面。接着，又有30多位同志也纷纷响应号召，统共集中了50多斤的“救命粮”支援兄弟部队。就是这几十斤炒面，挽救了不少濒临死亡的战士，使他们避免长眠在那荒凉的草地上。

由于我体质弱，加上连续几顿仅靠野菜充饥，行军又疲劳，刚走出草地就病倒了，高热不退，整天昏迷不醒，人事不知。见我病成这样，廖述云所长就找来一副担架和全体医护人员轮流抬了我三整天，把我从死亡线上拉回来。其实，他们经过长途跋涉，忍饥挨饿，早已疲惫不堪。但大家宁可牺牲自己，也不肯丢下我。他们拖着瘦弱的身体，咬着牙，一步一瘸地抬着我走。为了抬我，有的战士自己都累病了。这份同志情，这份战友爱，在我们革命军队里得到了充分的体现。

“草地患难见真情，真情更比金子重。”在我终于走出那恐怖的大草地的时候，我在内心里曾无数遍默念过这两句话。手足情激励我勇敢地面对困难和挫折，永不停止我前进的脚步。（李晓芳整理）

选自《福建党史月刊》2006年第8期，第30页。

林茂，1917年生，福建上杭人。1930年加入中国共产主义青年团，1931年参加中国工农红军，1933年转为中国共产党党员。1934年10月随中央红军长征，为红五军团三十九团卫生队队长。1935年底调回红军卫生学校学习。1936年7月任红二方面军总指挥部卫生所医生。新中国成立后，曾任沈阳军区旅大警备区后勤部党委书记。

红军过草地的片断回忆[①]

覃正柱

1936年6月,我们红二方面军[②]冲破了蒋军层层包围,翻过千重山,越过万条水,来到了西藏阿坝。领导上向大家动员,要求全体红军官兵发扬不怕牺牲、连续作战的精神,作好精神和物质的准备,过草地。摆在我们前面的困难重重,一没有粮食,二没有帐篷、鞋子,更不用说雨具了,加上西藏地广人稀,连筹购粮食都非常困难。到出发时,好容易每人搞到十来斤青稞糌粑,只有少数同志买到小块羊皮,可在身上披一披,广大官兵仍是一身旧军装。好在我们是毛主席的队伍,是中国共产党领导下的人民军队,什么困难也难不住我们。

队伍刚来到草地,就像进入云雾之中,高原气候,云层压顶,大雾弥漫;风也故意给人作对,一股劲地撕裂着战士的衣衫,人被风刮得站也站不住;暴雨也跟着来了,还夹着冰雹……这些困难我们都不怕,因为我们是毛委员的队伍,我们是钢铁战士。大家身上的单军衣虽然湿透了,裂着大口的脚,踩在冰凉的水塘里、草地上,刺骨般钻心痛,真是又饿又冷,但每个工农红军的心里可热乎乎的,大家唱着歌,向前,向前,不停地向前!

七八天过去了,好多战士把糌粑吃光了,怎么办呢?我们的首长早

① 标题为编者所拟。原标题为《老红军覃正柱的回忆》。内容做了编辑处理。

② 此时应为红二、六军团。

就召开了党委会，研究了这个问题，号召大家挖野菜，用火石生火煮了吃。战士们吃着一种很苦的叫野大蒜的野菜，继续前进！但是，问题还没完全解决，有些同志适应不了，病倒了，有些战士吃了野菜浑身无力，走不动了。

毛主席的队伍里，干部最爱战士，战士很能体谅首长。师长卢冬生同志，就把自己逐日节省下来的糌粑给病员吃，战士们含着热泪说："首长，您的身体更要紧，我们不能吃！"……不知是谁，发现皮带在火里烤烤焦，再用刺刀一刮，割成一块块，吃起来比野菜强多了，很能解决问题，既充饥，吃了又生力气。草地上到处燃起一堆堆篝火……不几天，皮带吃光了，连马鞍也吃光了，怎么办？卢师长向战士下令，把他的坐骑杀掉给大家吃。提起这匹马，战士、干部纷纷落下激动的泪水。我们的卢师长在战斗中负过重伤，成了残废，只好跛着脚走路，上级为照顾他，给了一匹马，可他从不骑坐，不是让病员骑，就是驮运部队的物品。现在，卢师长下令要宰马，怎叫战士们不流着激动的热泪去夺马！？可我们的师长坚决说："我们要人，不要马。"我们也说："人也要，马也要，我们是毛委员的队伍，只要有野菜，我们就能走出草地……"

风萧萧，野茫茫，工农红军继续前进在草地上，火红的战旗分外鲜艳，革命豪情格外激昂！但是，病员在不断增加，贺龙同志看在眼里，疼在心头，他思考着，总想解决粮食问题。当警卫战士报告，清清的溪流里发现了游鱼，贺军长高兴地瞪了一眼，摸摸胡子说："好，小鬼，我们去钓几条上来。"一会儿，警卫战士拎了好几条活蹦乱跳的河鱼，小的有斤把重，大的也有头两斤。钓到了鱼，反难倒了炊事员：没有油，更没有盐，怎么烧？还是贺龙同志解了围："河水煮河鱼，不是很好嘛！"当炊事员煮好两大锅鱼汤请贺龙同志进食时，贺军长就吩咐，首先分给病号吃，然后每个战士一人一碗。别看这是碗充满腥味的淡鱼汤，可充满着党的关怀，反映了干部、战士心贴心呵，它给战士们的力量可大哩！同志们的情绪顿时格外高涨，《三大纪律八项注意》战歌嘹亮，久久回响在无垠的草地上空……指导员黄明清同志故意问大家："你们这股革命劲头是从哪里来的？"战士们一个个争着回答："毛委员的队伍，官兵一致，越是困难越向前！""我们为的是四亿五千万人民不做亡国奴，在困难的时候，我们看到了光明！""我们现在吃野菜，为的是中国人民世世代代再也不吃野菜……"指导员激动得热泪盈眶："你们不愧是毛委员的好战士！"

在草地上前进了十几天，困难越来越大了。越是在困难的时候，越是能考验一个同志，越是能体现出红军中亲密的官兵关系。通讯连班长、党支部委员郑栋茂同志，坚持吃野菜，经常把糌粑省下来给战士们吃。这天，自己感到病重了，还剩下一碗糌粑，但舍不得吃一口，他喘着气，拉着指导员断断续续地说："我是共——产——党——员，看来走不出草地了，这把糌粑交给组织吧！让毛委员的战士吃了走出草地，打日本鬼子去！"指导员黄明清同志含着眼泪，把这碗珍贵的糌粑接了过去。班长昏倒了，战士们围住班长，把郑栋茂同志扶起来，焦急地呼唤："班长，班长！"班长清醒过来说："同志们，别管我了，你们一定要紧跟毛委员，完成红军的伟大任务！"我们揩着眼泪，在红旗下向党宣誓："我们一定完成班长所没有完成的任务，在党中央毛委员领导下，夺取抗日战争的胜利，解放全中国……"

又走了三四天，我们终于走出了草地，胜利地到达了巴西。（章左声整理）

选自《无锡史志》2006年第5期，第11—12页。

覃正柱，1915 年生，湖南桑植人。1935 年参加中国工农红军。红军长征时为红二军团四师通讯员。新中国成立后，曾任中共无锡市南长区区委副书记、区长，无锡市人大常委会副主任等职。2005 年逝世。

马的故事

萧彬

多少年来，每当我看到马，就想起一件件往事。这些事发生在中国工农红军长征的途中，虽时隔几十年了，仍历历在目，记忆犹新。

贺司令让马

1935年，红二方面军①遵照党中央指示，开始了二万五千里长征。那时，我在红十八团任连指导员，在遵义附近的一次遭遇战中，我的双腿负了重伤。

战斗结束后，部队卫生部把我安排在一个老百姓家里，让我留下来养伤。当时周围形势十分险恶，红军一走，白军马上就会扑了过来，留下的伤员凶多吉少，我实在不想留下来。但是，摸着自己失去知觉的腿，我暗暗在想，伤势这么重，不能行军打仗。为了不拖累部队，同意留下来。

半夜，先头部队已经开拔了。我趴在房东家的窗口上，目送着战友们一队队地远离。突然，随着开门声，一个熟悉而洪亮的声音传来："这里有伤员吗？"

① 此时为红二、六军团。

我回头一看，啊！是贺龙同志，他在临行前来看望伤员。在他后面，跟随着卫生部长、警卫员等人。进屋后，贺龙同志先关切地看了我的伤口，随后对卫生部长说："这位同志可以骑马走。"卫生部长为难地表示：后勤部门已经没有多余的马了。

贺龙同志两道粗眉一皱，略一沉思，转身对警卫员说："小刘，把我的马牵来。"一听司令员要把自己的马让我骑，我想司令员要指挥行军作战，十分辛苦，没有马怎么行呢？便说："司令员，那怎么行呢？让我留在这里，您带着部队赶快出发吧！"

贺龙同志低声说："服从命令。"然后又和蔼地说："同志，安心养伤吧。只要有一线希望，就要跟部队走！"一会儿，警卫员牵来马，贺龙同志亲自扶我上马，又转身叮咛医护人员，要好好护理我。吩嘱完了，他又去查看其他的伤员。

看着司令员渐渐远去的背影，我的眼里含满了泪水。

关政委送马肉

部队进入草地后，我被编到部队卫生部后勤大队里。后勤大队是由军团政委关向应①同志带领的。

一进草地，我的伤口就感染了。卫生部派卫生员张明之来照看我。每天小张扶着我骑上马，向北艰难地行军。

生活越来越艰苦，带的青稞越来越少，最后我们只好吃野菜，嚼皮带。一天下午，我饿得头昏眼花、眼前一黑，险些儿栽下马来。小张扶我下了马，我们在草地一块稍高的丘陵上休息。当时，我感到浑身疲乏无力，只想睡觉，至于饥饿，已经失去了感觉。小张一看这个情形，慌

① 关向应当时为红二方面军副政委。

了手脚，忙去找野菜。

忽然，我听到一阵脚步声，接着听到有人向小张询问我的病情。我使劲睁开眼睛一看，原来是关向应政委。长途的行军、繁重的工作使他那十分消瘦的脸庞变得苍白如纸。关政委和医生仔细地询问了我的病情，医生开了药。关政委叮咛小张要好好地照看我，让他的警卫员从挎包里拿出一块马肉，交给小张。临走时，他又对我说："同志，再坚持几天我们就可以走出草地了。"

小张熬好了肉汤，我喝了以后，顿时感到精神好多了。后来，我一直在想，这么艰苦，关政委的马肉从哪儿来的呢？过了几天，我才明白：为了伤员同志的健康，首长们忍痛杀掉了自己的坐骑。

小张扶我骑马

快出草地时，由于药品缺乏，我的伤口感染得十分厉害。小张为了使我早日恢复健康，常常在我吃的东西里偷偷地多放些青稞面，而他却只吃些野菜。慢慢地，他越来越瘦了。那匹马也瘦得皮包骨头。我们每天只能走 30 多里路。

一天上午，我的精神稍微好些，向后一看，只见小张一只手拖着马尾巴，吃力地走着，豆大的汗珠顺着他蜡黄的面孔直往下淌。我知道，他的身体支持不住了。我勒住马，让小张扶我下马，让他上马。小张一听，急忙按住我说："指导员，你的伤势很重，下马走路怎么行呢？我自己能走。"说完，挣扎着向前跑了几步，乐呵呵地说："你看，我还行。再坚持一下，就出草地了。"

那匹枣红马也好像听懂了他的话，低头温顺地向前走去。

出草地的那天，枣红马已经走不动了，几乎全靠小张用手推着它走。小张的身体虚弱极了，每推着马走几步，就身不由己地停下来，胸脯剧烈地起伏着，直喘粗气。看到这种情形，我揪心似地难过。

出了草地，我们在翻越一座小山时，张明之同志跌倒了，他用微弱的声音断断续续地对我说：“指导员，我……我们总算……走出了草地。”不久，他就停止了呼吸。那匹枣红马也倒下了，再也没能站起来。

这些事虽然过去了，但却一直萦绕在我的心间，稍有触及，就会引起我难忘的回忆。尤其是在今天，每逢看到那些不关心人民痛痒的领导以及他们的官僚主义作风时，就更使我向往革命战争年代那种患难与共，亲密无间的同志情谊了。（赵智勇、刘颂东整理）

选自中共新疆维吾尔自治区委员会组织部编：《豪情忆征程》2，新疆人民出版社1982年1月版，第189—192页。

萧彬，红军长征时为红二方面军六师十八团九连指导员。

小黑马

李桂林

在草地里走了很多天，人们的脚整天都泡在泥水里，胀肿了、溃烂了。病号一天天地增加。每个人的手里都拄着根棍子，全连找不出几个健康的人来。更可怕的是粮食一天天地减少了，每人一天规定只许吃四两炒面，但有的同志的干粮袋早就空了。就是最刻苦的陈指导员，也把最后的几块干粮分给了病号。

一天，早上只喝了些马耳朵（草名）汤就出发了。饿得我头发晕、眼发黑，走出不远，就一头栽倒在烂泥里。指导员上来了，他肩上扛着两支枪，牵着一匹小黑马，马身上还骑着个病号。这匹小黑马是指导员在团部当支部书记时上级发给他的，过金沙江以后，小黑马跟随指导员到了我们连。一路上小黑马立了不少功劳。行军的时候，他要驮病号驮东西；宿营以后又常跟着指导员去接掉队的同志。现在，指导员一见我躺在地上，就扶起我说："怎么？饿了吧？"我摇了一下头又点了一下头，指导员沉重地说："走吧，到了宿营地我们会有办法的！"说完就把我往马背上扶。小黑马尽吃草，饿成皮包骨头了，怎么吃得住两个人骑！我就拉着马尾巴，慢慢往前走。路上指导员又把饿得昏了过去的六班副扶在马背上。7 月里车前子（草名）都结了穗，饿急了，顺手摘一把塞到嘴里，又涩又苦，嚼也不敢嚼就囫囵咽下去。

天晚了，我们就住在一块稍干的草地上。这时我饿得两眼看不见东西，两腿打颤，站也站不稳，倒在火堆跟前就睡着了。睡梦中，朦朦胧胧听到一阵“杀了吧”、“不要杀”的争论声，睁眼一看，指导员召集几个排长正在篝火旁开会，讨论杀小黑马哩，我一听心里一阵沉重，觉也睡不成了。指导员带着惋惜的音调说：

“我主张杀掉它。走出草地最少还得三天，同志们不能再空着肚子走了，为了革命，杀掉它！”

“难道再想不到什么办法吗？”这是我们排长的声音，“一路上小黑马出的力不少啊！眼看到头了，可是我们要杀掉它！……”说着，他难过地低下了头。我听了不禁战栗了一下，心里很难过。小黑马呀小黑马，我们杀过成千上万的白军，连眼不眨一下，可是要杀小黑马我可舍不得呀！

弯月爬上了静静的草地边沿。银色的光辉撒在小黑马身上。它被拴在矮树丛旁低着头啃草。忽而，它昂起头来对空长嘶一声，仿佛战士的呼号，在辽阔的草原上空，在静静的深夜，显得特别悠长。我听了，眼泪不由自主地往下掉。月光下，指导员提着把刺刀和连长一起向小黑马走去，我难过地用手捂住脸……

心情是那样地沉重，翻来覆去睡不着。睁开眼，看那清净的长空，只有星星在忽闪忽闪地眨眼。忽然，在矮树浓荫下，燃起了一堆火，火光衬托出指导员瘦长的身影。一阵肉香飘来，我知道他和炊事员烧水煮马肉。自从渡过金沙江，这个使人难忘的指导员就一直像妈妈一样关心着全连每一个同志。为了把大家带到抗日前哨，在雪山上，在草地里，一直是这样晚睡早起，永远不知疲倦，好像他那又瘦又长的身体内蕴藏着无穷无尽的力量似的。这些天来，他越显得细高了，以往清澈得跟两注泉水似的眼睛，现在布满了红丝，胡子长得有一寸长，脸也瘦得没一巴掌大了。不知什么时候，我又迷迷糊糊睡着了，到黎明的寒风把我吹醒时，还看见指导员坐在那里往锅底添火，炊事班长靠着树在睡觉。我轻轻地走到指导员跟前：

“你没睡觉？”在火光里我看了看他红肿的眼睛，鼻子不由得酸起来。

“肉全都煮好了，你闻多香！”他看着我飘着泪花的眼睛，就笑着说，“现在不怕了，我们完全可以走出草地！”

太阳升起的时候，我们每个同志都喝到了两碗汤，吃了点肉，每个人的背包里还分得一块半斤来重的马肉。凭这点肉，我们这个由 130 多人减为 40 多人的连队，终于走出了草地。

选自中国人民解放军三十年编辑部编：《中国人民解放军三十年初选稿》第一卷第三辑（四），未刊稿，第59—61页。

征途的回忆

张致中

珍贵的大米和煤油

俗话说：耳听是虚，眼见是实。中央红军执行毛主席的“三大纪律，八项注意”的模范行为，使我从中体会到革命的真理，走上了革命的道路。

我是武定县高桥公社下海子村人。村子坐落在川滇驿道上，是昆明四川的必经之地。毛主席亲自率领的中央红军，从贵州长驱直入，攻富民，占武定，克禄劝，奔向金沙江皎平渡。这时，有一部分红军队伍，曾在我们村子里宿营一夜。

那是1935年旧历三月二十三日，黄昏时分，绚丽的晚霞，如火如荼，在苍翠的松林上燃烧。我逃避国民党抽壮丁，在外地亲戚家东躲西藏，这时才走回家探望一下。将进村前，我遥望峡谷盆地周围的山头，有士兵持枪警戒，帽上鲜红的五角星，钢枪的银色光芒，在夕阳的映照下闪烁着。我惴惴不安，但又带着好奇的心情，默然地踱进村子。几十户的大村子，现在空空荡荡，家家紧闭着大门，只有松鼠在树梢上溜来溜去，寻觅食物。在墙上、树上、石板上，到处是用黑锅烟灰写的醒目标语：“打富济贫，杀官安民！”“脚踏黔军，累死滇军，拖死中央军！”“打土豪，分田地。”在这之前，土豪劣绅散布什么“共产党杀人放火，共产共妻”

之类的谣言，蒙蔽和欺骗群众。我看看标语，想想谣言，心中疑惑不解，不知道谁是谁非。

红军在村子里宿营的时候，我妈和我老婆，也跟着受反动派欺骗的群众，跑到深山里躲藏。红军走了，今天才回来。我刚端水，挽裤，洗脚，我妈笑盈盈地从里屋提出两件东西：一个是米箩，里面有四五十斤白花花的大米；一个是“美孚”牌煤油桶，里面有几斤煤油。我家很穷，经常锅里没有一撮饭，桶里没有一滴油，现在又是青黄不接的时候，哪来这么多的大米和煤油？我妈告诉我，她们从山上回来，只见村前村后，屋里屋外，都打扫得干干净净，家里一样东西没短少，缸里还挑满了水，还留下这两件东西给我们家生活。我妈满脸皱纹都含满了笑意，她怀着希望地问我：“孩子，莫不是世道要变了？”

我凝视着红军赠送的大米和煤油，心里的甜酸苦辣一齐翻了上来。我 12 岁时，我父亲被本村地主诬陷“通匪”，把我父亲毒打一顿，拉到村后山上枪毙了，然后又把我家的猪鸡牛，被褥，衣服，统统抢劫一空。血海深仇，一直牢牢记在我的心里。而地主怕我们兄弟报仇，暗中不断计算如何拔掉“隐患”，抓去当兵或暗中被谋杀的阴影，常年笼罩在我们兄弟头上。想到这些，我心里顿时燃烧起阶级仇恨和革命的烈火，要活下去！要“打土豪，分田地！”要举起枪来，砸烂这吃人的社会！我正在想着，突然听见砰砰几声枪响，我悄悄探身往外窥视，山头上的红军已无影无踪。天色渐渐黑了，我茫然若有所失。

深夜，我对我老婆说:“我不走，迟早要死在地主手里。红军再来，我是要跟他们走了。”我老婆抚摸着吃奶的孩子，默默不语。我心中也很难受，转身望着煤油灯，那红军送的煤油像火炬似地在燃烧，似乎在宣告：参加红军去，打土豪，分田地！

我为了躲避地主的迫害，不得不抛井离乡，到当时禄丰县元永井帮工度日。那时，我望眼欲穿，等待红军的到来。

红军果然又来了！ 1936 年 4 月 14 日，红二方面军六军团[①]，从富民、禄丰插入元永井，一举歼敌 200 多，解放了矿区。我听说红军来了，急忙奔到街上观看。街上熙熙攘攘，喜气洋洋。红军和老百姓有说有笑。有位红军笑眯眯地请我带他到铺子里去买东西，我一口答应。他在铺子里买了鞋子、电池，公卖公买，如数付了钱，出门后，他笑着向我致谢。我心里琢磨如何参军，不知不觉漫步踱到镇龙桥。恰巧，在桥上遇到一位同乡，他老远就兴高采烈地叫我："大哥！十年难碰金满斗年成。走呀，当红军去！"旁边的红军听见了，笑呵呵地说："好呀！我领你们去！"就这样，我参了军。帮灶户砍柴八个月的工钱，也顾不及去算了。

走进新兵集中的院子里，光我脸熟的武定人，就有五六十。穷人的心都向往红军，不约而同都汇集到这个院子里了。在院子，老红军战士教我们唱"三大纪律、八项注意"，这就是我上的第一堂政治课。

没有粮食是怎么过千里草地的?

向草地进军时，我的干粮袋里没有一粒粮食。那么，没有粮食是怎么过千里草地的呢？我说：靠艰苦奋斗，靠阶级友爱。

原来，我们连队每人已筹备了五斤粮。有一天，王震军团长听藏族向导说，1200 里外有个牛场，有大群的牛。他就命令我们班去吆牛，限六天走到。我们接受这任务，个个心里乐开了花。有的说："这一下可以饱饱的吃一顿牛肉了！""可惜缺盐。"有的遗憾地补上一句。人逢喜事精神爽，我们向着目的地大步飞奔。行军，体力消耗大，我们又没有经验，稀里哗啦把粮食吃得差不多了。可是一到目的地，不禁倒抽一口冷气。当地藏族人民长期受国民党反动派的欺压，十分仇恨军队，早

① 此时应为红六军团，7月5日才成立红二方面军。

就把牛羊赶到别处去了。只见一栋栋空屋，一堆堆牛屎，一朵朵乌云，空喜欢一场。这且不说，经这么来回一奔波，身上的干粮袋完全空瘪，粮食荡然无存。

我背着大盖枪，头戴牛皮斗笠，腰里挂着五双牛皮草鞋，和连队一起，向着茫茫草原进军。还没有到宿营地，我的肚子咕噜咕噜直叫，饿得像猫抓心一样叫人发慌。一到宿营地，我们去找灰挑、黑蚂叶、苦蕨菜、水蒜等野菜，架起篝火用口缸、铜锅、面盆等煮熟。我的副班长赵万和，湖南人，老红军了，发现我没有粮食了，就把珍藏的一只野猫干巴，分了一半给我。在这漠漠荒原，一颗粮就是一滴血，一条命呀！越是困难越是显示了我们红军战士崇高的品质。我不敢冒失了，只切下一块掺着野菜煮吃。有了这么一点野猫干巴熬汤喝，似乎比娃娃过年还高兴。

夜晚宿营，我们用一条垫单架起简陋的帐篷，七八个人你坐在我膝盖上，我又坐在他膝盖上，半躺半坐，胸贴背打盹，互相取暖，抵御草原淅淅沥沥的寒雨。我们又冷又饿，只好勒紧裤带，等待黎明，盼望东方的太阳早早升起，驱散黑夜的寒气。

野猫干巴吃了三天，以后又吃什么呢？我就解下腰上的皮带煮吃。接着吃枪上的皮带、牛皮斗笠，最后又吃牛皮草鞋，一双一天，就这样，虽然身体虚弱，精神疲惫，我仍然跌跌绊绊跟着连队前进。

越往前走越是艰难。别说牛皮早就吃完吃净，就连找野菜也很困难了。因为在我们前面走过的部队很多，野菜尖尖都已拔光。到了宿营地，我们不得不走很远的路，才能寻到野菜。有的同志体力太弱，只好在宿营地周围拔些野菜根，熬开水喝。

部队首长十分关心我们战士。他们有马，但从来不骑，总是让给伤病员乘，尽量多保存一些革命力量。现在，眼看战士个个黄皮寡瘦，皮包骨头，饿得软瘫瘫，走路东歪西倒，便命令杀马，分给连队。王震军团长三匹战马，走出草地只剩一匹。马肉分到我们每个战士头上，虽然数量不多，但官兵一致、同甘共苦的精神，使我们增添了无穷的力量，鼓舞我们去战胜一切困难。

我们进军的路线，红四方面军前已走过。有一天，副班长赵万和拾起干人粪，撕开，掐碎，不禁大声惊呼，前面走过的同志吃的青稞麦子没有消化，拉出的屎还是一粒粒的。这可是一大发现！我们边走边找干屎，到宿营地，先到河里淘洗干净，然后拌些野菜当饭吃。大家吃得挺香，有的还情不自禁哼起湖南家乡的小调来。

副班长赵万和原来的体质比我好，可是长期征战，冷饿交加，先人后己，身体垮了。而他又肚子疼，拉稀屎，一拐一拐，气喘吁吁。我和元谋参军的彭正方同志搀扶着他走。后来，他不愿拖我们的腿，一屁股坐下，义正辞严地叫我们快走。连长也跑回来劝我们，让后面的担架队收容老赵，叫我们赶快跟上队伍。我们只好含泪和他告别，一再叮嘱他："我们在前面等你！"实际上，我们彼此心里明白，这下分手，等于是永别了……

当时我们的思想是：走！只要有一口气就要走！一定要和中央红军会师，一定要看到毛主席。凭着这个坚强的信念，我们顽强地克服了饥饿、风雨、沼泽等无数困难，终于走出了草地。但是，为了北上抗日，我们红军付出了多么大的代价呀！过草地之前，我们三营九连有100多人，走出草地时，只有13人了。多少革命先烈为了解放全中国而牺牲在草地啊！

选自中共楚雄州委党史资料征集小组编：《红军长征过楚雄》，1987年10月，第222—227页。

张致中，云南武定人。1936 年**参加中国工农红军。红军长征时为红六军团某部三营九连战士。**

回忆爬雪山过草地

张其生

1935 年冬，我被保甲长派到火铺肖东哨去修筑公路，古历腊月二十六日，工区区长龙义丕、监工员邓占元对我们说 :“每人交八块钢洋才能回家过年。”我们哪里来的钢洋? 只好在工地上“过年”了，正月初三，监工向区长反映我们不做工，龙区长用钢钎毒打我们，把我们七人绑送到平彝所（现平关）龙区长家堂屋里跪瓦碴，从早上一直跪到晚上，膝盖鲜血直流。龙太太说 :“你们不听话，罚你们三个月的苦工。”我们本想反抗，但没有办法，只好服从，才被放走，连夜赶回肖东哨。正月初四日，我们七人手里各拿一把镰刀走到监工面前说 :“我们走了！”监工见势不好,只好将我们放走,到了两头河参加民工修桥。3 月中旬听说红军要来的消息，受 1935 年红军经过盘县的影响，因此在工地上来自四川，云南，贵州等地的四百余民工都不想回家，准备着参加红军。区长、监工听说红军要来，要想逃走，我们围住他要工钱，监工无奈，甩鸦片烟抵给我们，我得六两，因我不会抽大烟，把大烟送给了鸡场坪团树林沈 ××，沈到了甘孜病逝。

1936 年 4 月初的一天中午，四个穿着本地农民服装的红军来到工地对我们说 :“红军打富救贫，为穷人打天下，穷人应该参加红军，愿意跟我们走的就跟我们走。”我们终于盼到了这一天，高兴地参加了红军。即贺龙领导的二、六军团。

参加红军的当天到了火铺，我被编入新兵连。第二天由火铺出发向昆明方向前进，部队到了陆良，已是晚上 9 点，我们新兵连编入正规连队，我分配到四十九团一营重机枪排二班当战士。由于部队缩编，是一个姓安的连长任我们的排长（后来安排长走出草地后被敌机炸死。刘指导员带领我们继续前进）。

从陆良出发路经块与龙云部队相遇，展开了激烈的战斗，歼敌2000多人，我团伤亡300余人，营长牺牲，姓何的同志任营长，为了赶路，我们主动撤出阵地。在撤退时，我扛着重机枪体，敌机轰炸，我被摔到烂泥塘里，草鞋陷落一只，我翻身爬起，扛上机枪体，赤着脚紧跟部队行军。六天后，部队到达云南后井，班长向本清（江西人）给老百姓要来几匹棕，我打了一双棕草鞋，一直穿到快出草地时烂得不能再穿了，才恋恋不舍地把它丢掉。

4 月下旬，部队顺利地渡过了金沙江，休息一天，经两天的行军到达了雪山。

爬雪山前，刘指导员做了动员工作，并叫每人带点干粮，辣椒和大蒜备用。第四天夜 1 点，我们六军后卫营开始爬雪山，雪山的气候一日三变，初爬山如夏天般的炎热，山越爬越陡，我扛着 40 多斤重的重机枪体，没有水壶装水，渴得要命，宣传队在路旁鼓动说："不怕累，不怕渴，克服雪山困难关。"我咬紧牙关跟上部队前进，爬上雪山的中部，像秋天一样凉爽，虽然有水，但水在深深的沟壑里，望得见拿不着，就算拿得着，如粪水一般，根本不能喝。

行军真正到了白雪皑皑的雪山了，气候如严冬，狂风卷着雪片往脸上打来，使人睁不开双眼，稍不慎，有掉进深渊峡谷的危险，我们排就有两个湖南兵坠谷牺牲。不能停步，更不能坐，坐下去就站不起来。由于空气稀薄，呼吸越来越困难。班长叫把预备好的辣椒含在嘴里，呼吸稍好一点。刚到山顶时，我们班长向本清同志突然昏倒，我和另一个同志赶紧拉着他的一只胳膊，硬把他拖过了雪山顶，他才慢慢地苏醒过来，长征结束，直到1938年才和他分别，1949年在河南郑州遇上了他，他已是一位师参谋长了。

过了雪山顶好呼吸一些，下山的速度也就自然加快。走了30多里，在一个十多户人家居住的小村宿营，由于人多村小，不能驻民房，又没有被子，我穿的仍是在家时的粗麻布单衣，单裤，脚上穿的是草鞋，除了武器和装有五斤干粮的袋子外，一无所有，当天晚上太疲倦了，同志们背靠着背地坐在地上就睡着了。

下了雪山后，经过20多天的行军，到达甘孜，休息了五天，又经七天的行军到达阿坝。这时上级给每人发了十来斤麦子，有的同志炒熟了磨成面，我因找不到磨就将炒熟的麦子背上了。可惜我的麦子遗失了，只有吃野草了，只要不苦、不辣就吃，见到前面部队丢下的骨头捡起来就啃，就这样又经过五天的艰苦行军，第七天到了窝坝，大家都断粮了。窝坝的老乡受国民党的欺骗宣传，跑个净光，只剩下空房子，古人云："一日无粮千兵散。"但我们是红军，是革命的队伍，铁打的英雄汉，没有散掉一人。第二天早上排长亲自带起我们去找粮，在一间空房中的牛屎里找到一堆粮食，没有袋子，我们用裤子来装。不料当晚我的眼睛突然失明了，这时河水猛涨，步兵连的都浮水过了河，我们机枪排的过不去，只得等待。由于我双眼失明，又在荒无人烟的地方，一旦掉队就只有死路一条，我悲观起来，放声痛哭。班长一再安慰我，第三天牵着我去看河水，奇怪，我的双眼又渐渐的看得见了。第四天随队伍过了河。

过河后休息了五天，上级指示要作好过草地的准备，并给我们每人发了20来斤麦子，我们找锅炒熟装好，第六天一早行军，进入茫茫的草地。草地尽是稀泥烂草，真难走啊！早上6点行军，晚上5点宿营，宿营时，都要筑工事，防敌人来袭击，宿营只能找有草疙兜的地方背靠着背的坐着睡。早上行军前吃一小碗炒熟的麦子，宿营时只敢吃半碗，不足部分还是靠野草补充，尽管如此节约，不久麦子吃光了，只能全靠野草、皮带、草根来充饥了，开始进入草地的几天，每天行军 90 来里，到后来，由于饥饿，体力不佳，路也难走，行程就减少了。一个个身体虚弱，稍不留心，绊着草疙兜倒下去就难爬起来，有的立即死去。陷下泥沼去的也难活命。

经过 40 多天艰难行军，终于走出了茫茫的草地，过黄河尾到达一个叫大沟的地方，由于脚长期泡在泥水里，已溃烂变形，不能走路了，休整三天，生火烘烤，稍有恢复。又继续踏上新的征途，我们机枪排 80 余人，爬雪山时牺牲二人，走完草地只有十八九人了。

我们爬雪山。过草地幸运活下来的人，想起 50 年前牺牲的战友，十分怀念，现在，我们过着幸福的生活，决不忘记他们的万苦千辛，他们的鲜血并没有白流，我们要以红军为榜样，发扬一不怕苦，二不怕死的精神，永远踏着烈士的血迹前进，努力奋斗，把我们祖国建设得更美好！

在雪山、草地牺牲的战友，安息吧！（秦文义、邹兴林搜集整理）

选自中共盘县特区委员会党史办公室编：《盘县特区文史资料》第8辑，1986年12月，第1—4页。

张其生，1915 年生，贵州盘县人。1936 年参加中国工农红军，同年加入中国共产党。红军长征时为红二方面军四十九团一营重机枪排二班战士。2002 年逝世。

雪山草地红旗飘

贺炳炎

1936年6月，我们红二方面军①长征到达甘孜，与红四方面军会师以后，两个方面军继续北上回中央，四方面军在前，二方面军在后，浩浩荡荡向北进发。经过甘孜高原，翻过了大雪山，通过了川西北大草地，这是一个艰苦的历程。它显示了我们红军是拖不垮、打不烂、能战胜任何艰难困苦最后取得胜利的英雄部队。我当时是二方面军二军团第六师的师长，这个师是全军的后卫。

在甘孜

会师、回中央，早已使我们望眼欲穿。它一直是我们从湘鄂川黔出发，经历千山万水，克服一切困难的动力。会师那天，甘孜高原上下了一阵六月雪，大地一片白茫茫。两支革命友军会合在一起，真是高兴非常，又唱歌、又跳舞。当是藏族居民，也载歌载舞，在雪地里夹道欢迎。当时的电台时断时续，效果不好，消息闭塞，大家还以为这里就是中央呢！可是，谁会知道罪恶的张国焘，在民族存亡危急之秋，革命力量受

① 此时应为红二、六军团。甘孜会师时间为1936年7月。

到极大摧残的时候，却自称中央和党闹分裂呢！他不仅要影响四方面军的行动，而且企图拉拢二方面军一起反中央。一天，贺龙同志对我们一些师的干部说：“同志们！头脑要放清醒些，这里是假中央，真中央是毛主席，已经到了陕北，为了抗日，我们必须马上北上，与真中央和一方面军会合。”在任弼时、关向应、贺龙等同志的斗争下，张国焘的阴谋失败了。

我们必须趁大雪封山之前，也就是说 10 月份以前通过雪山草地，否则我们就有被困于高原的危险。甘孜这个地方，虽然是个县城，人户较多，但由于驻军太多，什么都弄光了。不仅油、盐、糖、辣椒（过雪山草地必备的东西）无处去弄，就连必需的粮食——青稞、毛牛，用枪也换不出来了（藏民最喜爱枪）。经过多方努力和内部调剂，每人才弄得了比茶盅还细的三尺来长那么一袋青稞面。这就是我们过雪山草地，大约要准备吃100多天的粮食。出发之前，我们不得不订出严格的纪律，每顿只准用一勺（即三个指头拈一下）炒面冲水喝，绝对不准吃干的。谁都预感到，我们将要经受一次极为艰苦的考验，将要完成一次世界史上还没有过的大进军。但是，大家的情绪很高昂。我还清楚地记得一个连队指导员在作动员的场面。指导员一面讲，手里还一面比划，下面鸦雀无声。他指着东北方向说：前面的草地也不知有多宽，雪山也不知有多高，问通司，他们只说如何难走，到底有多远，不知道。我们就这一袋袋粮食（指着一个战士身上的粮食说），平常顶多三五天就干光了。可是，现在它是我们过雪山草地的全部粮食。哦！还有这个，这个东西（他从自己背上拉过皮斗笠说）也可以吃个两天或者三天。前面千军万马，又是数千里无人烟，想得到补给那里非常困难的。我们的困难会多得难以想象。困难再多，我们也要过去，不过去就便宜了国民党反动派，就便宜了日本帝国主义。要继续革命，就非过去不可，就非回到中央去不可。我们能不能过去呢？能过去，我们是红军，是共产党领导的军队。一方面军，党中央和毛主席都过去了。他们也很艰难，也没有粮食吃，还要和前堵后追以及空中的敌人打仗。他们吃着野草过去了，和敌人拼杀着过去了，给我们开辟了道路，你们说，我们有没有信心过去呀！下面像天崩地裂般地齐声回答："有信心！""过得去！"

一个初秋的早晨，我们怀着回中央的无比信心，踏着甘孜高原草地上的浓霜出发了。英雄们的足印，沿着色达以南、炉霍、道孚以北的草地，伸向了大雪山。

雪山英雄

草地气候多变，成天阴沉沉的，不下一阵雨，就下一阵雪。衣服湿了又干，干了又湿。地上尽是一个个的草团，草团下面和周围尽是烂泥。我们就在这些草团上跳着前进，一不小心就会掉到淤泥里，往往越挣扎越深，一连30多天，有些同志的体力不支了。营长、营政委以上指挥员的牲口，全给了伤病体弱的同志，自己徒步走在队伍中，那时，我的右臂负伤锯掉后，伤口虽未愈合，但年轻力壮，牲口也给了走不动的伤病员。经常忽前忽后，和战士们谈谈讲讲，一路走一路聊天。战士们经常问我，快到边了吧。有些战士，一路走一路争论。有说有边，有说没边。当然，谁都知道草地是有边的。可是有些同志要硬抬杠。一个共同的心情，是盼望早点走出草地。

一天下午，云帘高卷，在我们面前突然出现了一座大山。顿时，沉寂的草原欢腾了。"同志们！加油！草地走出头哪！"的口号声，此起彼落，前后相接。部队很快就越过了草原，来到了山根之下。这就是有名的大雪山脉。一方面军曾翻过它的中段，我们现在要走它的北段。

我们在山下宿营了。山边撑起一排排帐篷，五颜六色，极其简单。一块被单，中间竖上一根杆子，四角用绳子一拉就成了；既不挡风，也不避寒，仅能略遮霜露。战士们一堆堆的围在篝火旁，一面用缸子煮野菜、蘑菇吃，一面谈论着过甘孜草地的胜利和关于雪山的一些离奇传说。谈着谈着，大家就在篝火旁睡着了。

天明，朝阳从山顶、山凹射过来，大雪山巍峨险峻的巨影投射在我们身后的草地上。山上的积雪，闪闪发光。我们在山的阴影下，沿着羊肠曲径，迎着瑰丽灿烂的朝阳而上。

山越上越高，自然景物不断更换。参天的古树、矮小的树丛、一片葱绿的小草，迭次出现，最后似乎连植物也没有了，尽是横七竖八的风化石。随着自然景物的变化，呼吸越来越困难了。每走三、五、七、八步，就得站着喘一下气。连会上山的骡子也喘着粗气，走几步，停一下。气候越来越冷了。初秋的太阳，照例应该还有很强的威力，但在这里却变得淡淡无光，施展不出它的威力来。身上的汗渐渐冷了，凉气侵人。冷，要求人走快点，可是越快越感到呼吸困难。有的同志支持不住倒下了，另一个同志马上抢过去，拉起就走。有的由于自己也体力不支，结果两个人都牺牲在雪山上。有两个战士的形象，使我永生也不会忘记。他们是坐在路旁的，神态如生，一个稍前一点，一个稍后一点，后者的手臂搭在前者的肩上。显然，他们是在伟大的阶级友爱中，共同牺牲的。当时，大家有一个共同的思想，在革命的艰难时期，应尽最大的努力，多保存一个同志，多保存一份革命力量。快到山顶时，忽然天气变化了，倾盆大雨还夹着冰雹，淋得连气都透不过来。大家三个两个的拉在一起，艰难地往上爬。干部只要自己还能爬得动，手里总是拉着战士往上爬，十六团政委汤成功同志，冒着大雨，喘着气，背上背着一个战士，手里还扶着一个战士，吃力地往上爬。同时还来回在雪山顶上接送战士过山。

当爬上山顶时，已经暮色苍茫。山上奇寒，空气稀薄，我们不能在山上宿营，必须连夜赶下山去。下山不像上山那样吃力，可是结了冰，特别滑，夜晚黑得伸手不见五指，下山根本看不到路。只好一个拉一个，慢慢地往下摸往下滑。一个失足，就会有四五个摔下岩去。

天明时，终于到了山脚。然而迎接我们的又是一片茫茫的草地。这就是著名的川西北大草地，今天阿坝藏族自治州所在的地方。稍微休息以后，我们又带着战胜雪山的骄傲前进了。

草地红心

草地，真是我们的老交道。自从渡金沙江以来，就一直是草地、雪山，雪山、草地。现在是最后的一个大草地。大家都鼓起精神，尽量把步子拿大一些，腿拿快一些，希望很快渡过最后的难关。但是，饥饿和疲劳使我们无法加快。粮袋一天天瘪下去，步子一天天地慢起来。当我们到达草地的中心——阿坝时，绝大多数同志的粮袋都已经光了。每个人都怀着极大的希望，希望能在这里弄到一些什么。希望落空了，虽然有几家房子，可是主人早已不在了，指望能找到森林去打点野兽，找点菌子、松子、野菜。可是这里是一望无边的草地，有山无树。就连这些草地小山也踩出了纵横交错的大道。兄弟部队曾不知有多少人多少次在里面搜寻过吃的东西。

这时，只有个别战士和干部还剩下一些粮食。说起来，剩下一些粮食真不容易，出发时广大连排干部的粮食都和大家一样多，只是在路上吃得更少，有时成天不吃才剩下的。师团干部原来虽多一点，也是和大家一样执行用粮纪律才剩下的，要是有一些特殊，那也早就吃光了，面对着当前的严重情况，我们决定把干部的全部粮食集中起来分给大家。可是少得可怜，上至师长，下至每一个战士和通司，每人才分得了大约一紧把炒面。政委廖汉生同志对大家说："我们就这一把炒面，可是要想办法活着出去见中央。"炒面虽少，可是大家在精神上又得到了一次鼓舞。红色战士又以无可比拟的勇气和毅力前进了。

三天过去，炒面吃光了。我们开始杀驮骡吃了。一只驮骡就是好几天的粮食。可杀的驮骡吃完了，大家就吃起皮斗笠来。几天以后，不仅皮斗笠吃光了，而且一切皮子的东西都吃光了。在这最艰难的时刻，较轻的伤病员从牲口上下来了，他们拄着棍子，拉住指导员或连长说："把它杀掉吧，在这种时候，叫我骑马是非常痛苦的。我怎么能看着战士们一个个倒下呢？"如果你要劝他继续骑牲口时，他就会非常生气以致质问干部："难道你要我背叛革命吗？"在这种形势下，谁也无法使他们再跨上牲口，只好实现他们这种伟大的革命要求，而把牲口杀掉。

噶曲河[①]上

又是20多天，我们到了噶曲河。

一连几天的秋雨，噶曲河涨水了。波涛滚滚，像一匹脱缰的野马，由南向北，直奔黄河而去。河水深不可涉，又无船只。秋雨淅淅地下个不停，河水不断上涨。全师同志集结在河岸上，焦急的望着河对岸。

不过去是不行的。在这荒无人烟的地方，多停留一天，就会给我们带来更多的困难。我们决定在河上拉起一根缆索攀渡过去。当同志们知道这个消息后，未等指挥员下命令，就自告奋勇地出来100多人，要求担任架缆索。大家纷纷地把绑腿解下来，把唯一的而且当帐篷的被单撕掉，一齐动手，很快就拧成了一根大缆索。

高原上的秋水，冷得剋骨头，水流又急。同志们两个多月不曾饱肚，油盐未曾沾肠。缆索又沉又重，要泅渡把它拉过去，架起来。这是一件多么难的事情啊。我们从100多个同志中，挑出了十来个比较壮实的同志，担任这一艰巨任务。泅渡开始了，一连三次都被急流冲了回来，有两个同志终因体力不支，抓不紧缆子而牺牲了。为了革命，为了实现烈

① 亦名葛曲河、白河。

士的志愿，剩下的同志，仍然一次又一次的试验。有一个同志冻僵了，当大家用自己的体温把他暖和过来以后，一看缆索还未架过去，不顾劝阻马上就参加泅渡。最后，他们用一根较细的绳子拴在缆索上，带着泅渡，以减少阻力。终于在噶曲河上架起了一道英雄的缆索。

我们攀缘着这根缆索，渡过了汹涌澎湃的噶曲河。在长征的道路上，我们又战胜了一道险关。

“活神农”

过了噶曲河，日子更加艰难了。不仅一切可吃的东西吃光了，沿途连认识的可吃的野草、野菜、树皮都找不到了。我们只好当“活神农”，继续去尝“神农”所未尝完的百草。只要是青的，都弄来尝一尝，不苦不辣就吞下去。秋天的高原，草木凋零，有时连青草绿叶也找不到。实在饿得没法了，就扯点枯草、找点草根，在嘴里嚼上一阵，喝几口冷水。战士们把这叫作“哄哄肚子”。

每次宿营后，团长、政委到师部汇报时，除了汇报减员情况外，就是要互相交换情况，哪些是可吃的野草、野菜，哪些是不能吃的。尽管每天都在介绍鉴别毒草的方法（我们那时只能从外貌、特征、色味上来介绍），但是仍然无法完全避免误食毒草的事情发生。重的倒下了，轻的头青脸肿。由于尽吃野草，大便解不下来，拉得流血，四肢无力，头有千斤重。有时，走着走着，踩着什么一滑一偏，眼睛一黑就倒下了。醒来，喝上两口水，又向前爬。可是有些同志，却再也起不来了。在长征的道路上，他们付出了自己的全部精力和心血。

“尝百草”真是顺味，往往不是苦，就是辣，有时还会弄得你哭笑不得。有一次，我费力地拔起了一株野菜，看上去又鲜又嫩，满以为可吃；一尝，又上当了，又涩又麻，连嘴皮、舌头都麻木了。我“呸”

的一下，赶忙吐掉，还一个劲的吐唾沫，廖汉生同志在旁边嚼着一株勉强可吃的野草，看到我那种难受而又生气的样子就笑了："呵！生气了？为了革命，还是要尝呀！"在这种时候，尝不完的野草是唯一支持我们走向胜利的食粮。

在这艰难时刻，动员大家吃野草野菜，想办法"活着出去会中央"；说明要革命就要受得起苦，愈到艰难也就愈接近胜利，是我们最重要的一项政治工作，每一个干部和党员都无例外地担负了这样一项政治工作。因此，每当有人因碰到一株味道难堪的野草而赌气不吃的时候，别的同志就会劝他："吃点吧！不吃怎么能走出草地呢？""熬过这一关就好了。你看！我们离中央不是又近了一天吗！"或者晃动着手中的野菜："没什么，这个就很好吃。"说着，挪动自己的身体和对方靠在一起，亲手把野菜塞向对方的嘴边："来，吃一点！"被劝的人，总是顿然一笑，"好，我吃！"三两下就塞到嘴里去。一面嚼着一面又继续去找野草野菜，准备第二天的食粮。

我们胜利了

一天，从前面传来一个消息：和一方面军会师了。这个意外的消息，在大家身上产生了一股巨大的力量。饿和累都似乎消失了。一拐一扭的直往前奔。在我们的右侧出现了一条大道。这是一方面军、党中央、毛主席留在草地上永远也不会消失的道路。我们也走上了这条大道。原来"会师"就是走上了毛主席走过的道路。虽然，现在还没有和一方面军见面，但是大家已经看到了长征胜利的曙光。同志们尽力提高嗓子，嘶哑的喊出："加油！我们走上了毛主席的道路，很快就要出草地了。"

没多久，我们就到了上、下包座。从此我们甩掉了一望无边的草地，登上了毛主席在长征诗中所写的"更喜岷江千里雪"的岷山台地。

从包座出发，虽然还是没有粮食吃，但是比起雪山草地来要好多了。运气好，有时在地里还能找到一星半点燕麦穗，或者胡豆秆。同志们的情绪也越来越活跃了。我们又当了好几天“活神农”，终于登上天险腊子口，顺利到达了甘肃的哈达铺。

这时，军部和一方面军在环县会师了。① 不久，我们又继续北上，开上了抗日的最前线。

解放军三十年征文编辑部供稿。

选自《中国工人》1960年第19期，第20—23页。

① 1936年10月22日，红二方面军主力与红一方面军在将台堡会师。

走出草地

熊志华

1935 年，我们红二方面军[①]在贺龙、任弼时、关向应等同志领导下，由湘鄂川黔边界根据地出发，历尽艰辛，翻过雪山之后，在四川甘孜与红四方面军胜利会师了。为了继续北上抗日，前面还有一段最艰苦的路程——过草地。

草地里草很多，可是人能吃的却很少，有的草有毒，吃了会全身浮肿，有生命危险。因此，在行军中只要发现有人能吃的野菜，大家都如获珍宝一般边走边摘。到了宿营地，每人拿出一把青稞粉或炒面，加上摘来的野菜，煮成稀薄稀薄的糊汤，吃在嘴里又苦又涩。盐，在那时简直成了山珍海味。司令部的老李同志送给我一小撮盐，我保存了很久，每次要用时，一粒一粒地数过后才放进大锅里。把这点盐吃完后，接下来就是将近一个月没有吃到盐。

那时，我们部队最大的困难就是饥饿。我们每个人在甘孜准备过草地用的全部粮食，只有五六斤干粮和几斤炒面粉。在这生死存亡的边缘，司令部除了驮电台、负伤员的几匹牲口之外，绝大多数的牲口都杀光了。我们的贺龙总指挥始终和大家同甘苦，他自己骑的那匹马一直是让伤病员骑的。后来，贺总指挥把这匹马交给供给部杀掉，分给大家吃。

---

① 此时应为红二、六军团。

别说马肠、马肚舍不得丢掉，就连马皮、马骨也是很宝贵的。

有一位师政委，对自己的一份粮食，始终舍不得吃，可是，当他看见有的同志在路上昏倒下去，就赶紧把自己的干粮抓一把倒在碗里，放上一点水搅和之后塞进饿昏了的战士嘴里。这些战士醒来后，爬起来又继续往前走。警卫员含着眼泪对政委说："你自己就这么点粮食，给大家吃完了你怎么办？"师政委指着那些在寒风中背着枪支、拄着棍子、摇摇晃晃地向前走着的战士，激动地说："这些战士都是党的宝贵财富。为了革命，为了胜利，只要我自己还有一口粮，就不能眼睁睁地看着阶级兄弟死去！"

经过 20 多天的行军，第一个草地过去了。我们在一个名叫阿坝的地方休息了几天，准备过第二个草地时用的粮食。这里筹粮更加困难了，附近村子虽然也看到一些小土房，但只是空屋。地里的青稞还没有结穗，哪来的粮食呢？我们把老乡打过的麦秸，翻了又翻，打了再打，东一粒西一粒地拣了两天，每个人只拾到三三斤。我走到一座破庙前，看见门口站着几个泥塑神像，鼓鼓的大肚子，就随手在它肚子上敲一敲，没想到掉出来几粒麦子。我高兴极了，于是用力地摇摇，又弄到了一点。我带回去用小铁锅炒熟，找来两块石板，使劲把它搓成面粉，居然又搞到一斤。但这点粮食又怎么够呢？过第一个草地，靠七八斤粮食走了 20 天，差点儿没饿死。过下一段草地估计又要 20 来天。面对这点点粮食，我心里十分焦急。大家白天黑夜到处寻找粮食。我算找到"窍门"了，又跑了老远路寻着另一座破庙，从那些肥头大耳龇牙咧嘴的菩萨的大肚子里，找到一些被虫蛀空了的麦子，又从村边老乡们丢弃的豌豆杆子里，搞到了一些。我整整花了一夜时间把这些粮食磨成粉，这样，终于凑到了六七斤粮食。

部队出发前，政治部甘泗淇主任把部队集合起来，检查大家粮食准备情况。他发现有一位女同志没有搞到粮食，就对大家说，这位同志和我们一起长征，现在她没有粮食，难道我们能让她在草地上饿死吗？大家齐声大喊："不能！"说完，我们都打开干粮袋，每人抓一把炒面粉给她。这位女红军战士感动得流下了热泪，不知说什么好。我们彼此勉励着，准备克服即将到来的更大的困难。

部队又走进了无边无际的草地。这七斤粮食能派多大用处呢？如果不省着吃，三两天就全部报销了。但即使省着吃，又能维持几天？

有一天，我正走着，发现老李同志掉队了，于是，我返回去在路边上找到了他。走近一看，一阵辛酸涌上心头，老李似乎已经变得认不出来了，脸色苍白，双眼深陷，额头上冒出黄豆大的冷汗。我知道，他是饿昏倒在路边的。这个参加红军多年的钢铁汉子，枪林弹雨都冲过来了，竟会因为饥饿而倒在草地上了，我感到说不出的悲愤，赶快把自己的干粮倒出小半碗，再倒上大半碗水，用汤匙一点一点地给他灌下去。过了一会，老李终于睁开了眼。他挣扎着站起来，推开我的手，吃力地说："老熊，你啊，你自己也只有半碗粮食，给我吃了，你自己怎么走下去？"

是呵，只剩下小半碗炒面了，还有十来天才能走出草地，决不能再吃了。但是，我实在饥饿难忍，肚皮紧贴着脊梁，最后，我把路上拾到的一块牛皮斗笠和自己的一条皮裤带，分成许多小段，用火烤焦了，塞进嘴里咀嚼，喝上点冷水，又继续前进。遇到路上有昏倒的同志，同样分给他一块。有时看见有野菜就采来和皮带一起煮熟了吃，就这样又坚持了几天。快要走出草地时，牛皮和皮带都啃光了，我饿得头昏眼花，东歪西倒，一双腿像灌进了铅块似的再也挪不动了。我心想，马上就可以走出草地了，于是拿出那小半碗被雨淋湿后已经变成疙瘩块的炒面粉，倒进了煮野菜的锅里，和大家美美地合餐了一顿。

第二天早晨，朝霞满天，太阳显得格外温暖，在洒满金光的田野，一大片一天片的麦子、豌豆即将成熟了。大家高兴得唱呵跳呵，我们终于走出草地了！

选自《工人日报》1979年4月4日。

熊志华，1904 年生，湖南永定人。1929 年加入中国共产党。红军长征时为红二方面军政治部党支部书记。新中国成立后，曾任上海市委干部处副处长、上海市委办公室副主任。1975 年逝世。

过草地

陈云科

1935 年 11 月，我们红六军团第十七师五十一团在澧县方石坪一带集中，稍事整休训练后，便告别苏区，开始了举世闻名的二万五千里长征。我们夜以继日地急行军，经过和尚洞，九官铺，直奔安化、新化。1936 年元旦，到达芷江一带，后来又经过贵州西部到云南，直逼昆明。4 月，我们占领了金沙江口的巨甸，进行了几天的整休后，就抢渡了金沙江，进入了雪山——玉龙山。5 月①，我们在四川甘孜和红四方面军会合之后，就踏上了松潘以西的茫茫草地了。

一进草地，便觉得天茫茫，野茫茫，不辨东西了，水乡泽国，纵横数百里，无边无垠，既没有人烟，也没有鸟兽的踪迹。草丛上，浓雾一片，灰蒙蒙的。草丛里，沟汊、水坑，比比皆是，积水横溢，水呈褐黑色，散发出腐臭的气味。草地上，没有路，我们只能依靠自己的双脚开辟一条北上抗日的路。脚下踩的，全是草茎和烂草积成的泥潭，踩上去，软绵绵的。走时，要特别小心，选择长有茸密青草的地方下脚，不然，误踏在草根旁的淤泥上，就会拔不出脚来，越陷越深，甚至被淤泥吞没。我们连有两名战士就是这样牺牲在草地的。在行进中，一方面要照前面的同志探索出来的路走，一方面还要借助于手杖

① 应为7月。

（实际上是棍子）的扶持，一个跟着一个，一步一步地艰难地前进。草地的气候，变化无常，眼看是晴空万里，可是顷刻就会变得满天阴云，接着就是瓢泼大雨，或者雨里夹着冰雹，不住地向下倾泻。有时狂风卷着大雪，没头没脑地盖来，好像要把人埋葬似的。在空旷无边的水草地上，想避避风雨，也找不到地方，只好任其风雪肆虐。最使人难耐的是风雨之夜，同志们衣服都淋湿了，加上夜间寒气的侵袭，冻得同志们熬不住，只得三三两两背靠背地坐在湿地上；互相用体温来暖和暖和。有一次，瓢泼般的大雨，从一早就开始，一直下个不停，使得队伍不能前进一步，同志们不得不原地坐下来，抱着枪，让猛雨浇身，一个个像泡在水里一样，直到第二天雨停了，把身上的湿衣拧干，拖着疲惫不堪的腿，才继续行进。

越往草地中心前进，困难愈加严重，不仅要克服草地气候和沼泽地行军的艰难，而且还要克服缺乏粮食的困苦。在进入草地之前，每人带的几斤炒面早已吃完，饥饿、疲劳，紧紧地缠着每一个人，使人越来越感到虚弱无力，每抬脚向前移动一步，都要使出很大的气力。炒面吃完了，只得去挖野菜积草根来充饥，特别是野菜、毒草不易识别，有时误吃了毒草就中毒身亡，不少的同志就因为误食毒草永远躺在草地上了。

走出水草地，展现在红军面前的，又是一片更广阔的白草地。这里虽然没有被淤泥吞噬的危险，但吃的更加成了问题。可吃的野菜、草根已几乎被前面的同志挖光了，没有办法，只得去剥树皮，草地的树皮又有限得很，不得不把系在腰上的皮带解下来切成块炖汤喝。有时去拾前面同志扔下的破皮鞋、破布鞋的皮底，洗干净后再煮着吃。无数同志由于缺吃而耗尽体力，心脏永远停止了跳动。

几天来的草地行军生活，使我的身体也逐渐虚弱了。特别是在水草地行进的那几天，我的双脚都在污泥浊水中泡着，左腿弯不知被什么擦破一点皮，经毒水一泡，竟长出了一个大毒瘤。毒瘤开始有点红肿，后来就慢慢地厉害起来，长成了一个大脓包，每挪动一步，就痛得满头大汗。尽管在这样恶劣的环境里，又生了这样的毒疮，我还是强忍着疼痛，没有吱声，大家都在经受最大的考验，我怎么忍心把自己的痛苦加在同志们的身上呢？于是，我咬着牙，靠着手中的拐杖，一步步往前挪，真是一步一个战斗，一步一阵大汗，于是我慢慢地就拉后了，100 米，200 米……

在一次宿营地，排长点名时，不见了我，便大声喊道："陈云科，小陈……"

我听到排长亲切的呼唤，心里直觉甜滋滋的，连忙举着手，向他连摇了几下，脚步也就快了点。排长远远地看到我行动艰难，便和几位同志向我急急走来。他看到我大汗如注，脸色惨白，关心地问："小陈，你怎么啦？"

我站着喘了一口气，抹了一下额上的汗，笑着告诉排长："我没有什么！不要管我，我自己能走！"

"看你！"排长说着就把我的枪取下了，"成了这个样子还说不要紧！"其他几位也就把我背上的行李抢走了。于是我就成了真的"光杆司令"了，唯一的伙伴，就是过雪山时拾到的一根柳木棍。

可是排长哪里知道，我的腿上长了一个毒瘤呀！

越往前走，我的困难越大，饥饿、疲劳、病痛，再加上无情的风雨，一齐向我这位澧水河边生、地主长工房里受过苦的战士身上压来，时刻都威胁着我的生命。但当我想到我是一个共产党员，又是一位光荣的红军战士时，就有一股无穷无尽的力量支持我去战胜困难。

参加红军前，我曾在澧县孙家临、周兴琢等六户地主家做过长工，尽管一年四季起早贪黑，做牛做马地干，还是衣不蔽体，食不饱肚。后来，参加了红军，才结束了这段牛马不如的长工生活。我在红军这个革命的大熔炉里，经常受到党的教育，成为了一名共产主义的先锋战士，明确了参军、入党是为了打倒蒋介石、解放全中国，使像我一样的穷苦人不再受剥削和压迫，所以什么苦我都能忍受，天大的困难也有勇气去克服。想到这里，我再苦也觉甜，下定决心，一定要走到抗日的最前线。

选自《桃花源》1981年7月，第27—28页。

陈云科，1905年生，湖南澧县人。1935年参加中国工农红军，1936年加入中国共产党。红军长征时为红六军团十七师五十一团战士。

过草地

江洪洲

1936年6月①,我红二方面军②在西康甘孜和四方面军胜利会师，继续挺进到了阿坝，准备向草地进军。

一切准备工作都在紧张地进行着。在物质准备方面，藏族同胞送来了大批慰问品，四方面军的同志送来了他们亲手织成的毛衣、毛裤，我们红六军团四十九团五连的每个同志都分得了生羊皮一张，牛皮草鞋两双，毛衣一套，牛皮雨帽一顶，牛皮腰带一根。这些凝结着革命深情的礼物，在我们前进的道路上将产生多么大的鼓舞作用。在思想准备方面，整个部队都在热烈地讨论着朱总司令、任弼时、贺龙、关向应等同志的动员报告，大家都被陕甘宁边区的发展和全国人民高涨的抗日情绪所鼓舞，每个战士纷纷向党提保证、表决心，一致认为要团结一致，艰苦奋斗，北上抗日，到陕北去找毛主席。和我一块在连部当通迅员的朱子学同志，虽然经过两个多月大雪山的折磨，本来衰弱的身体越来越消瘦了,但“北上抗日,到陕北去找毛主席”的号召,使他忘记了一切疲劳，情绪特别高。

晚上，在我们连的军人大会上，指导员和连长对过草地的具体工作，作了进一步的安排。指导员说：“我们带的粮食不多，党支部要求

① 应为7月。

② 此时应为红二、六军团。

每个同志节约用粮，每人一天吃四两麦子，要发扬我们红军艰苦奋斗的光荣传统，团结一致，七天通过草地。”连长说：“草地没有人家，没有树木，甚至有的地方连水也不能喝。要求每个同志背上十斤干柴，一壶水，预备在没有柴烧的地方好烧饭，不能喝水的地方好解渴。”在会上，同志们七言八语地嚷开了，有的说：“国民党想困死我们，哼，办不到。”有的说：“有朝一日，你反动派碰着咱，就对你不客气。”小朱气呼呼地说：“任你是龙潭虎穴，老子也要闯过去。”会后，指导员又布置了帮助体弱多病的同志的工作，我为小朱背了他那张生羊皮，他自己背上轻便的行李。

天刚破晓，嘹亮的号声把我们从酣睡中惊醒了。早饭后，我们背上自己的行装，集合起来。前进号一声紧接一声，撼天震地，向草地进军开始了。

战士们迈着坚毅的步伐，向前迈进着。不知是谁提出了“草地是什么？”的问题，这一下把大家的话匣子打开了。有的说：“草地就是地上长着草。”有的故意不同意，说：“草长在地上才叫草地。”一句接一句，争论不休，在这场有趣的辩论中，数小朱的声音最高。他说：“你们都是傻瓜，草长在地上和地上长草，还不是一回事，照我说，什么是草地呢？”他有意拉长着声音，调皮地伸出一只脚，晃了晃，接着说：“草地总比雪山软和，对我这两只爬过雪山的脚会适合些，我还要感谢它哩。”

中午，到达了草地的边沿，一眼望去，郁郁葱葱，天连地，地接天，像一个绿色世界，大风一吹，卷起一阵阵的波涛，起伏翻滚，真美丽极了。小朱一看到这样的情景，喊着：“草地在点头哈腰，欢迎我们北上抗日哩。”小朱一边喊，一边向草地跑去。我们向草地纵深走了30多里，情景就大大变样了。沟岔河港，犬牙交错；污水烂泥，横一道竖一堆；没有草的地方，浮着一层层薄薄的污水，像泉水直往上冒；草根结成的泥潭密密麻麻，零零乱乱的。我们要从那些软绵绵的泥潭上，一步一步踩着走，稍微不小心，从泥潭上滑下去，一陷就到膝盖，拔也拔不出来。这种路真够累人的，没走几步就累得浑身出汗，两腿无力。好容易听到宿营的号声响了。小朱又调开皮了，他说："司号员呵司号员，你只会吹宿营号，可你就不会吹露营号呀，宿营，营在哪？"话音未了，连长传下命令："各排选择一块高地，今晚就地露营。"

晚饭后，我逗着小朱说："下门板睡觉吧。"小朱笑着回答说："两块门板你都背上了，下吧。"我解开两张生羊皮递给小朱一张，把它们铺开，和衣睡下，地上是软绵绵的，像睡在弹簧床上一样，又把牛皮雨帽往头上一遮，美美的睡了一晚。

往后的日子越来越艰苦了。草地像一个反复无常的家伙，一会儿风，一会儿雨，一会儿冰雹，一会儿雪。冰雹打得我们无处躲藏，大雨淋得我们浑身湿透，特别使我们恼火的是半夜里的大风大雨，雨帽雨伞，一点也不顶用，我们只有挤在一起，背靠背互相取暖，在大风大雨中，一直站到天亮。

草地板起一副阴沉沉的鬼脸，天是灰色的，草是灰色的，连太阳也是灰色的；没有一只飞禽，没有一个走兽，连一棵树苗树杈也没有。好容易找到一块馒头地，蹲下来休息休息，也像坐在一只航行在海洋上的小船一样，满眼灰蒙蒙的，分不出东南西北。

最威胁我们的是粮食缺乏。开头，我们每天吃着四两麦子，许多同志已经饿得头昏眼花，往后，我们吃着麦子、牛皮、野菜混合煮成的"三掺饭"，捧着带来的一壶水，一口一口地慢慢咽。没有几天连牛皮也剩的不多，口袋里剩下的麦子已经可以数得清楚了。

饥饿、寒冷、疲劳、疾病，严重地威胁着我们。有些战友就这样倒在草地上了。小朱这几天瘦成皮包骨头一样，嘴唇是干枯的，眼神是呆滞的，走一步，停一步，停一步，走一步，看得出来，他每迈出新一步，都作了最大的努力。有天晚上，我发觉他躺下来很费力，气喘得很厉害，我就靠近他坐着，让他枕在我的腿上，尽量使他舒服点，他拉着我的手说："我恐怕走不出草地了，你们走吧！"我安慰他："不要胡思乱想了，玉龙大雪山，不也翻过来了。我们是共产党员，要了解我们活着的意义！"小朱紧紧地握着我的手说："是呀！为了抗日，为了革命，我们要活下去！"一会，小朱安静地睡着了。

第六天清晨，营部来了通知，叫我们派人去领马肉。这消息该多么激动人心哪。连里叫我和司务长、文书和其他三个战士到营部去，司务长嘀咕着说："哪来的这么多马肉，要派这么多人。"到了营部，只见徐国贤营长拄着一根木棍，走路一颠一跛，他比前两天更加消瘦了，但他的声音还是那样坚定有力，他问："五连来了几个人？"司务长回答："六个。"营长说："到河边找营部司务长领马肉去。告诉你们连长，马肉领回去，准备吃三顿，明天到包座才有粮食。"司务长回答一声"是"，我们就向河边走去。离河边不远，就看见四堆马肉，每堆足有50多斤。好家伙，哪来的这么多马肉，营部司务长才激动地告诉我们马肉的来源。

原来，昨天晚上，营长和教导员研究了近几天来战士体力消耗和粮食将要断绝的情况，争着杀自己的马，以马肉充当粮食，维持战士的体力。他们都提出许多理由，要杀自己的马，留下对方的马。教导员对营长说："你瘦成这样，走路一颠一跛的，没有马，咋行？"营长反驳说："你的伤口没好，没有马，更不行！"争了好一会，营长派人先把自己的马杀了，教导员说："整个营的战士，都受到缺粮食的威胁，留着我的一匹马，有什么用？"结果也派人把自己的马杀了。

没等营部司务长的话说完，我们六个人的眼泪"刷刷刷"直往下淌，站在马肉旁边呆住了。营部司务长一再催促，我们才扛起马肉走回连部。战士们看见我们扛着马肉回来，一个个高兴地跳起来。我们把马肉的来源告诉了指导员。指导员声音哽塞地向大家说："同志们，为了我们全营的生命，营长和教导员争着把自己的马杀了。这只有无产阶级的部队，毛主席的好儿女，才能这样……我们一定要发扬艰苦奋斗、团结友爱的精神，突破一切困难，到陕北去找毛主席！"这天晚上，我们煮着马肉吃，由于没有干柴，煮了两个多小时，马肉还是半生不熟的，但吃进嘴里，却比山珍海味还要美。

第七天，就是我们到达包座的那一天。清晨，我们淋着倾盆大雨，吃罢早饭，集合号声吹响了。今天的号声，听起来特别雄壮，特别响亮。我们一步步向包座前进。

大雨像瓢泼般地下着，泥潭越走越滑，走了三四小时，还只走了20几里。中午，远处冒起了烟火，两旁现出了小山，树上的飞鸟，在吱吱喳喳地叫，太阳也突破黑压压的云朵，露出了笑脸。草地已渐渐地抛在后面了。

爬上一座小山，往山下走时，山路像泼了青油似的光滑，站都站不住，我们一步赶着一步往山下滑。突然，小朱跟在我身后大声说："走这路真好，不用脚走就可赶到包座了。"话音刚落，指导员惊叫一声："小朱滚下去了！"我和指导员赶紧跑下去，只见小朱面如白蜡，双目紧闭。指导员一把抱着他喊："小朱，小朱，朱子学同志……"小朱极力睁开了眼睛，对指导员说："我不行了，我看不见毛主席了，我没有完成任务……"说着眼睛慢慢地闭上了，呼吸停止了。指导员含着满眶泪水，轻轻地把他放下，我解开背了多天的生羊皮，盖在小朱的身上，掩埋好他的尸体。指导员沉痛地站了许久，悲愤地说："朱子学同志，安息吧，你未完成的事业，由我们来担负。"

我吃力地挪动脚步，慢慢地离开了我亲爱的战友。一路上，小朱的声音笑貌，他那对革命忠贞热情和革命乐观主义的精神，一直萦回在我的脑子里。仿佛他没有死，他就在我的身边，他的声音在我的耳旁响起："为了抗日，为了革命我们要活下去！""管它是龙潭虎穴，老子们也要闯过去！"一股热流在我的周身扩散，我的脚步加快了。

冒着风雨，我们终于到达了包座。

选自《边疆文艺》1964年7月，第40—42页。

江洪洲，1914 年生，云南宣威人。1935 年参加中国工农红军，1936 年加入中国共产党。红军长征时为红六军团十七师四十九团五连战士。新中国成立后，曾任云南省农垦局局长。

茫茫草地篝火红

李耀廷

我们红二方面军①十六师十八团已经进入草地十多天了，这是一段艰难的路程。

走过了一天又一天。但是每天展现在我们面前的景象却依然如故，天上看不到飞鸟，看到的只是云雾弥漫的天空，地上看不到人家，看到的只是一望无际的草海。粮食，一天天地减少了，人，也一天天地消瘦了。

我那时才 16 岁，在十八团给参谋长陈树湘同志为警卫员，虽然年纪不大，论体力我还能顶一个大人。头几天，我紧紧地跟在参谋长的骡子后面，一步也不放松。有的同志看见我，夸奖地说："小胖子真行，赛过一匹小骡子。"但是，走的天数多了，吃不上东西的时候也多了，两只脚越来越沉重，有时迈出一脚，都需要很大的毅力和决心。这时，我多么希望前面能有一个村庄，让我们补充一些粮食，恢复一下体力啊！希望终于变成了事实。有一天，发现了一个小村庄。这是一个只有十多户人家的藏民村庄。村子里的老百姓因为听信了谣言，早已走得无影无踪了。到村里住下以后，我们的头一个任务就是出去补充粮食。

我放下背包后，从背包里扯出两条旧单裤，就往外走去。陈参谋

① 应为红六军团。

长喊住我，要和我一道去，他在过云南打反动派时，手上负了伤，还缠着绷带哩。我说："首长的伤没有好呀！在家里休息休息吧，我一个人去"。"这一点点轻伤没有关系，做不了别的，给你当个助手还是够资格吧？"我劝说了半天，也不顶事，没有办法，只得接受了他作我的找寻粮食助手。

刚走了出去，我们就难住了，到哪里去找粮食呢？村子里没有一个人，有钱也有地方买。这一天，我们从村尾找到荒郊，从屋里找到地里，一无所获，一直到天黑下来了，才两手空空地走回了宿营地。

第二天一清早，我们又出去找粮食。其实我们所说的"粮食"，就是指能吃的东西。有的同志窍门多，找来了一些野蘑菇、野韭菜，有的人还捡来了一些牛蹄子。当我们知道这个消息后，附近的这些东西已被别的同志收拾光了。这一个上午，我们又是一无所获。这时，我心里真有点着急了。下午，在村头的一间破旧的屋子里，我看到地上堆着一大堆干了的麦秸，这是老百姓打下麦子以后，用来垫牛栏的。我蹲下去翻开一把麦秸，仔细地翻看着。忽然欣喜若狂地叫道："有了！有了！"

参谋长忙问："什么有了？"

"有粮食了！"我一边说，一边把麦秸上附着的几粒麦子指给他看。他接了过去，也高兴地说："老乡打麦的时候没有打干净，我们还能搞出一点粮食来。"

说罢，我们就兴高采烈地动手干起来。参谋长抱过来一大把麦秸，铺在地上，我找来了一根又粗又长的木棍使劲地锤打。打过以后，参谋长就把锤下的麦粒收拾起来。他收拾得真细心，一粒也不让它漏掉。已经锤打过的麦秸，他还要用手去搓。有时锤一大捆麦秸，还能扫到半抓麦子，虽然里面有不少空壳，但参谋长也把它装进了用旧裤子作成的粮食袋。

紧张的劳动一直继续到天黑。汗水浸湿了军装，胳膊酸痛，全身的骨头架子就像要散开了一样。但是，当我们看到鼓得满满的粮食袋的时候，心里却甜蜜蜜的。

“有六七斤吧？”我把装满了粮食的旧军裤在手里试试重量，对参谋长说。

“不，起码也有八斤！”参谋长也接过来试了试重量，高兴地说。接着，他从口袋里掏出一元银洋并写了一张便条包好放在麦秸堆上。

当我们回到团部的时候，大家都用羡慕的眼光望着我们那鼓得满满的粮食袋，有的说：“小胖子，你哪里弄来这么多山珍海味？”

听到别人这么说，我故意满不在乎地回答：“这才多少一点！”但心里实在是舒服。

部队出发的前一天，我又找来了个破罐子，把这些青稞麦子炒熟后，分了一小部分放在参谋长的骡子上，其余的由我自己背着。为了不使粮食漏出来，我把用裤子做成的袋子缝了又缝，补了又补，深怕它不结实。

艰难的行程又开始了，我们继续在草地上行进。因为还要经过好多渺无人迹的草地，我们带的能吃的东西又不多，所以上级强调要严格节约粮食；我们自己有了前一段的体会，也把粮食看得宝贝一样。我们每到宿营地以后，就分头去找些野菜，煮上一锅，放上一点点炒麦，大家分着吃。因为前面经过的部队很多，野菜也很不容易找到哩！我有时饿极了，闻到粮食袋里炒麦送出来的那股扑鼻的香味，心里痒痒的。但是，我刚一伸出手去，又停下了。心想，还是忍耐忍耐吧！前面的路程还远得很，这些粮食还得给受伤的参谋长留着哩！

又走了好几天，一条浑水河出现在我们的面前。河床不深，可是浪涛翻滚，水流很急。战士们都几十个人一起手牵着手，涉水过河，这样就不容易被水冲走。参谋长和团长看见我个子很矮，不能涉水过去，便让我扯住马尾巴，以便安全渡过河去。

我扯着马尾巴走了不远，两只手酸痛起来了，脸憋得通红。走到河中间的时候，一个浪头冲来，哗啦！把我的身子往下一推，我的手一松，一下子就冲到了水里。

我在激流中一上一下地挣扎着，叫喊着，但是水流太急，我还是被冲了下去，恍惚被推进了万丈深渊，水直往肚子里灌去，连挣扎的力气也没有了。突然，我觉得好像被什么东西挂住了，一只手把我从水里提了起来。我睁开眼睛一看，原来是参谋长和团长奋不顾身地跳到水里把我救起来了。

他们把我抱到岸上，这时，我身上的水直往下滴。我慌忙从地上坐了起来，一清查身上带的东西，除了驳壳枪和子弹带以外，粮食袋和包袱都被水冲走了。我猛然想起：包袱丢了倒是小事，但那些粮食是我和参谋长的性命呀！在这渺无人迹的草地上，野草、牛蹄子都差不多被收拾光了，还从哪里去找吃的呢？我不但没有好好照顾自己的首长，反而把首长和自己一起弄来的粮食丢了，这怎么能原谅呢？想到这里，我“哇”地一声，大哭起来了。

团长和参谋长安慰着我，要我跟随部队前进，莫掉队。我只得站了起来，一边抽泣，一边加快了脚步追赶部队。

我正在匆忙地往前走，忽然后面有一只手搭在我的肩上，我回过头一看，原来是参谋王绍南同志。他望了望我，问道：“怎么哭了？我这是头一次看见你哭呀！”

的确，我从 14 岁参军到这时候，在任何困难的情况下，我没有滴过一滴眼泪。但这时我却越想越伤心，越哭越厉害了。

他知道我背的粮食被水冲走，两条眉毛也紧紧地锁到了一起。他为难地说：“现在大家的粮食也都不多了，路还远呀！”但他看到我那个样子，马上又转过口气说：“小胖子，不要哭，我们红军战士都是阶级兄弟，参谋长是我们大家的参谋长，你也是我们大家的同志，只要我们有一粒粮食，就不能让你们饿死。”

晚上，部队宿营了，我们团部的同志在草地上烧起了一堆堆的篝火，大家围坐在篝火旁边，一边烤着被雨水淋湿的衣服，一边闲谈着。

篝火。烧得噼里拍啦地响，红色的火光，随着草地上的冷风飘动，划破了那无边无际的黑夜。这时，同志们已经忘记了疲劳，忘记了困难，篝火旁边尽是强有力的说话声和爽朗的笑声。但我这时候却心事重重，一个人默默地坐在一边，一句话也不说。

忽然，王绍南同志站了起来，望了望大家，问道："同志们都看一看粮食袋，看自己还有多少家当？"

说话声和笑声停止了,大家都取下了自己的粮食袋,边检查边报数。

"我还有三斤的样子。"

"我还有四斤多。"

"我还有……"

……

"同志们！"王绍南同志用手抹了抹头发，非常严肃地说："在这没有人烟的草地上行军，粮食就是生命。我们大家带的粮食都不多，而我们前面的路程却还很远。但是，我们是革命的部队，我们都是阶级弟兄，应该同生死、共患难。现在我们有些伤员、病号，还有些因为特殊情况没有粮食的同志。我们不能看着他们饿死。我提议，每人除留下一斤粮食外，其余的都拿出来帮助伤员、病号和没有粮食的同志！"

王绍南同志说完，首先把自己的粮食袋子拿出来，接着，其他同志也拿出来许多粮食，摆在地上。尤其是团部那个最舍不得吃的通讯员，这时也慷慨地把粮食拿了出来。

微微飘动着的火光，映红了同志们的脸。这时，他们的面容显得那样的严肃，又那样的善良。看到这种情景，我的眼泪就像泉水一样地涌出来了。但这不是难过的眼泪，而是激动的眼泪，幸福的眼泪。因为我深深地了解在那种环境里，粮食是多么宝贵！这些友爱的粮食，把我们的生命都紧紧地联系在一起了。

在阶级友爱的鼓舞和支持下，我和参谋长终于走过了这段艰难的路程。（林志义整理）

选自《新湖南报》1960年10月27日第3版。

李耀廷，1921 年生，湖南慈利人。1934 年参加中国工农红军，同年加入中国共产主义青年团，1935 年转为中国共产党党员。红军长征时为红二方面军十六师十八团战士。1999 年逝世。

长征途中的一次“特殊战斗”

——回忆葛曲河护羊

李元明

1936年夏天，红二方面军过草地时，因严重缺粮，部队的行动日益困难，掉队减员逐渐增多。

这深深刺在我军领导人的心上。经多方努力，我们从藏族群众那里购买了一批牛羊，沿途设站，以供最困难的部队食用。当时，守护羊群的工作是以前后部队交接的形式进行的。我所在的四连是红六军团的前卫，所以军团守护羊群的任务就落在我们身上了。

在接受任务的那天，营首长找到我和指导员赵汝南。营长吴昆严肃地说：“部队继续前进，你们连接受看护羊群的任务，待后面的部队接替你们的任务后，你们再归建。”接着，营政委王超语重心长地说：“看护羊群是一个极为重要的任务，虽然我军就要走出草地了，可是一点吃的也没有了，后面部队的同志们更是困难。如果能多保住一个同志的性命，就是为革命多保存一粒火种。用一只羊煮汤，就能解决几十个人的饥饿问题，他们就不会倒下，就能继续前进。可以说，一只羊就是几十个人的性命啊！你们要千方百计地完成这个重要任务，要保证不丢失一只羊！”

简短的动员，深刻的含义！我们除了表示坚决完成任务外还能说什么呢？然而，困难确实是巨大的。首先我们连已经几天没有吃的了，摆在面前的是空腹作战。再有茫茫草地无任何物体可利用，前任护羊部队有40多人，他们采取的是“人墙战术”。而我们只有30余人，人墙是筑不起来的。对这近百只羊怎么看管呢？正在我们焦急时，二排长张先声想出了利用葛曲河作为一面天然屏障。人员组成半圆形围墙的办法，于是，我们采用这个办法，把羊赶到了葛曲河边。葛曲河是南北走向，以河东岸作为天然屏障，我们连30多人在南北东三面进行警戒和防护，头几天，都这样安全地过去了，就在即将胜利完成任务的时刻，也就是最后一天晚上11点钟左右，突然从河西岸边边来一种奇怪的呼唤羊群的声音。顿时，羊群大乱，一只只扑通扑通直往河里跳，这群羊要么西渡跑掉，要么将被河水吞没……多么危急的时刻啊！

就在这千钧一发的时刻，不允许人们多加思考。我赶紧组织人员应急。赵指导员立即喊道：“同志们，共产党员们，救羊就是教人呀！要拼死保护羊群。”在这强有力的喊声鼓舞下，全连同志瞬间都跳进了河中。水性好的同志尽快地游到了羊群的前面，水性差的同志在水性好的同志帮助下拼搏。经过一番惊心动魄的追斗，终于把羊群全都围堵回来了。这时，指战员一个个累得连站立的力气都没有了。但是，当大家看到这一只只能够挽救人性命的羊时，又仿佛听到了百万雄师铿锵的脚步声。大家沉浸在这胜利的喜悦之中。

然而，这场战斗虽然没有硝烟，牺牲却是重大的。连队清点人数时，二排长向我报告：“四班长张春望、三班战士赵士杰都因不会水而沉入深水里牺牲了。”待我们将两位战友的遗体打捞上岸时，清楚地看到他们紧握拳头，双睁着大眼。有谁相信他们就这样离去了呢？他们分明还在紧拉着即将丢失的羊群，盼望着饥饿后的饱餐，期待着就要到来的黎明……然而，他们真的离开了我们，带着苦涩的饥饿和不尽的思念……站在烈士的身旁，我已经泣不成声了。是的，我的两位战友为保护羊群而壮烈地牺牲了。然而，有谁能说，他们保护的仅仅是羊群呢！

岁月流逝，屈指60年过去了，我们这些当年的“红小鬼”，也都已进入古稀之年。现在，我把亲身经历的葛曲河护羊这个故事写出来，以寄托我对在这次“战斗”中牺牲的战友的哀思。安息吧！护羊英烈。

选自《湖南党史》1996年第5期，第15页。

李元明，1918年生，湖南石门人。1934年加入中国共产主义青年团，1935年参加中国工农红军，同年转为中国共产党党员。红军长征时任红六军团十六师四十六团排长、五十二团连长。新中国成立后，曾任炮兵三十一师副师长、师长，沈阳军区炮兵参谋长、副司令员，解放军炮兵顾问。1964年晋升为少将军衔。1999年在北京逝世。

在过草地的日子里

马忆湘

1935 年，我们跟随红军第二方面军①长征;第二年的夏末，才到达西藏的甘孜，与第四方面军会合，翻过查尔寺山，走进了草地。

草地茫茫，无边无际。这里，没有森林，没有道路，没有炊烟，没有走兽，一切显得那样荒凉静寂。……上午，草地还是阳光普照，天气闷热；可是下午，突然，西南角上飞过来几片白云；顷刻，茫茫大雾，铺天盖地，笼罩了荒凉的草原。霎时又雷鸣电闪，冷风飒飒，大雨滂沱。暴雨又变成了冰雹，像小石头子似地打在我们脸上、身上、手上。7 月的草原，竟变得无比的奇寒。我们没有雨伞、雨衣，只好用一块破单子或者一件破衣衫顶在头上，冰水透过单薄的布质，冻得全身打哆嗦，嘴唇都变乌了。

我们每个人身上带的粮食，都只有五六斤青稞麦粉——要靠这一点粮食，度过 20 多天的草地行军；可是还没走几天，有的就吃得只剩下一撮，有的连一撮也没有了。

草地行军比过雪山还艰难，生病的，死亡的逐渐增多，看护陈真美刚生下孩子不几天，体子虚弱极了、瘦得皮包着骨头，由大家轮流搀扶着走。我说：

① 此时应为红二、六军团。

“真美姐，我还有一点点青稞麦粉，给你吃吧。”

陈真美头也抬不起来，说：“你留着吃吧！”

我说：“你有孩子，你比我瘦。”

“瘦？”陈真美才勉强抬起头来，脸色寡白，但还是这样的坚强。“瘦怕什么？瘦得我们的肉，瘦不得我们的骨。”

宿营的地方，到处是泥泞，水汲汲的，连一块干爽的地方也找不到。一身湿漉漉的破衣服，怎么能度过草地的寒夜呢？还是炊事班长老王有办法，从兜里摸出火链来，打着了火绒，烧起通红红的篝火，红色的火苗像一块红绸似地飘舞着，跳跃着。火光，驱逐了草原的黑暗，温暖了我们的身体，照亮了每一个红军战士刚毅的脸孔。

老王在地上捡了几片烤干的草叶子，放在手里搓着然后摸出小烟袋，将拧碎的枯叶塞进烟锅里，大口大口地吸着。他扬起头，对我说：“小丫头，饿不饿？”他是一个挺能开玩笑的人，所以我说：“王胡子班长，饿倒不饿，就是肚子里咕咕响，闹革命。”

老王胡子眉毛笑在一堆，瞅住我蓬乱不堪的头发，说：“好，我给你们作清炖野味，红烧牛肉吃。”说着，他捡了两个四四方方的石头对放着，支起锅子，把路上大家扯来的野草，撕成片片，扔进锅里。又从干粮袋子里倒出仅有的一点点青稞麦粉，撒到野草里面作引子，搅了搅。过了一会儿，他说：“清炖野味作好了，大伙吃吧！”

俗语说：饥不择食。我们找了一根小棍，折成两半，往身上一擦，夹着野草就往嘴里送。野草又涩又辣，硬是吞不进去。但是，我们还是大口大口地吃着。

我问：“还有红烧牛肉呢？”

老王给我做了个鬼脸，把脚上穿的牛皮鞋（在甘孜，藏族人民慰问红军的：大多数的同志都穿烂了）脱了下来，放在清水里洗了洗，就扔进火堆里。慢悠悠地说：“等一下就有红烧牛肉吃了！”

陈真美抱着伢子坐在火边，被老王逗乐了：“老王，你真会出花招。”

牛皮一见火，越烧越硬，臭味熏天。牛皮鞋像条大毛虫似地缩蜷着，掰都掰不开。老王拿了把刺刀砍成小长条条，每个人分了一点。我们一面烤火，一面吃，谈笑不绝。“同志们！”老王站了起来说：“我们吃饱了，唱个歌吧！炮火连天①……一……二！”

“炮火连天，听！
战号频吹，决战在今朝。
英勇的红军，武装上前线。
用我们的刺刀、枪炮、头颅和鲜血，
坚决与敌人作死战！……”（注）

雄壮激昂的歌声响彻云霄，飞向很远很远的地方。

甜睡在陈真美怀中的小伢儿被惊醒过来了，他脸上却惨白得可怕，瘦得像个小猫。这也很自然，因为小伢吃不到母亲充分的乳汁，开头还能吃着稀得像米汤那样的麦粉糊糊，现在却只能和我们一样，吃一点野草汤。小伢儿不吃，喂到嘴里又吐了出来，哇哇直哭，我们看着心里都很不好过。

草地上，虽然草很多，但是人能够吃的很少，大多是一些干枯得连牲口都不爱吃的野草。有时，找不到青的就抓起两棵枯草送到嘴里嚼一嚼。因为没有选择地乱吃，有的同志中毒而死。后来，上级规定，必须选择无毒、无臭、不涩、不苦的，煮开了才准吃。这时，绝大多数的牲口都杀着吃了，连贺老总（我们对贺龙同志亲切的称呼）的马也不例外。马的骨头也是宝贝。只要把它放在火里烧一烧，就可拿来啃着吃。累、饿、困乏，夺去了不少红军战士的生命。

在这种日子里，政委同志自己找来的粮食自己舍不得吃，总是装在小袋子里，遇到有同志倒在地上起不来，他就抓一点出来和点水喂给同志吃。有一次，他走着走着，昏倒了，脸色煞白，嘴里吐着白沫。当时

① “炮火连天”是红军流行的一支歌曲。

医生以为他病了，想搞点药给他吃。警卫员说："不是病，是饿昏的。"医生不满意地说了警卫员一顿："政委的粮食呢？"警卫员无可奈何地说："都给别人啦，我劝也劝不住，他还批评我，说爱护同志应该胜于爱护自己。"当时，我们都感动得流出了眼泪。

是的，我们就是以这样坚强的革命意志和高度的阶级友爱克服着一切艰难困苦。正因为这样，任何困难也阻挡不了我们胜利前进。

选自《新湖南报》1959年6月26日第3版。

爬雪山，过草地[①]

殷士林

我是湖北省长阳人。小时候，家中有五口人：父亲、母亲、哥哥、弟弟和我。家里没有一亩地，租财主的地种。在地主阶级残酷的剥削下，一家人过着饥寒交迫的生活。哥哥忍无可忍，参加了红军游击队。在一次激烈的战斗中，负了伤，回家休养时不幸被国民党反动派逮捕。他坚贞不屈，壮烈牺牲。1930 年，父亲咯血病故。母亲在 1964 年去世，弟弟一直在老家，现健在。

我是 1930 年参加革命的，在贺龙将军领导的红二军团五十四师[②]当战士。

1934 年，红二军团在湘鄂黔边活动。这一年 10 月 24 日，与任弼时、肖克、王震同志领导的红六军团在贵州省印江县会合。1935 年 11 月 19 日，贺龙、任弼时、关向应、肖克诸同志率领红二、六军团共 17000 余人，撤离湘鄂川黔革命根据地，开始了战略转移，即伟大的二万五千里长征。

下面，是我在长征途中和长征后的一些经历。

① 标题为编者所拟。本文摘自殷士林：《长征路上》一、二部分。

② 此处有误。红二军团无五十四师。

一、爬雪山

1936 年 3 月，红二、六军团渡过天险金沙江，6 月抵达四川省西部的大雪山下。

我们开始攀登雪山时，山坡上，还有一条弯弯曲曲的羊肠小道。人只能走这条道，因为它的旁边就是雪崖峭壁，一旦掉下去，就不可能爬上来。再往上爬,四面八方都成了银白色,连路也看不见了。山高风大，风卷起雪粒打在脸上，宛如刀割。越往上走，空气稀薄，憋得人透不过气来。指战员们走得腰酸腿痛，但是不能休息。有些同志累极了，想歇一会，可是一蹲下来就再也起不来了。

可是，在这样艰难困苦的环境中，我军指战员依然满怀着革命乐观主义豪情。尤其是那些男女宣传队员们，他们也走得很吃力，可是一路说着、唱着，喊着口号，鼓励指战员奋勇前进……

雪山的顶部，大约有 60 米长。是风最大，空气最稀薄，也最寒冷的地方。我到了这儿后，根据指挥员的提醒，一步也没有停，匆匆忙忙地走过去，下了山。

红二军团在雪山行进的时间比较长，用了两三天之久。

二、过草地

草地也在四川省西部。这里天上没有飞鸟，地下没有走兽，只有稀泥和野草。有的地方看起来很平坦，但是草下面是很深的淤泥，人一旦陷下,就再也爬不上来了。就因为这,牺牲了不少同志。我们白天行军，经常走七八十里路；夜间就睡在草地上。天亮后，衣服都湿透了。再加上风大雨多，不少指战员生了病。我当时在骑兵侦察连，我连的司务长就病逝在了草地上。初进草地时，我们每人背了40斤粮食。在草地里走了一个月零三天，走到后来，粮食吃完了，只好杀牲口吃。

一天休息时，我连刚刚把马安置好，把火生着，准备做饭。突然，放哨的同志发出警报——原来，敌人的一队骑兵扑过来了。

这队敌人十分凶悍，“哇哇”乱叫着，像群恶狼。我连指战员临危不惧，拿起武器，跃上战马，英勇还击。这一仗，打得非常激烈。一颗子弹击中了连长李彦标同志的腰带，可是没有伤着身体。后来，我军第五师的健儿们前来助战。前后经过一个小时的较量，敌人招架不住了，狼狈逃窜。

这一仗的胜败与否，关系极重大。因为我们是前卫部队，红二军团的领导人贺龙、关向应等同志，就是和我们在一起行军的呀！

就在这一仗的两三天后，我们终于走出了草地。①

1936年7月，红二、六军团在甘孜和红四方面军会合。根据党中央的命令，二、六军团组成中国工农红军第二方面军。（秦风岗整理）

选自中国人民政治协商会议铜川市城区委员会文史资料委员会编：《铜川城区文史》第1辑，1988年2月，第32—34页。

殷士林，1916年生，湖北长阳人。1930年参加中国工农红军，1936年加入中国共产党。红军长征时为红二军团某部侦察员、侦察排长。新中国成立后，曾任陕西省煤炭局基本建设局副局长，陕西煤炭建设公司党委委员、副经理等职。1987年逝世。

① 过草地应在红二、四方面军会师之后。

过雪山草地①

许义华

1935 年 11 月 19 日，贺老总率领我们二、六军团两万多人，从湖南省桑植县出发，经过贵州、云南，于 1936 年 4 月底渡过金沙江。

过了金沙江，银光刺眼的大雪山又挡住了我们的去路。抬头看，白茫茫一片；环顾四周，繁花似锦，一片苍绿。在山下，我们身穿单衣草鞋，还感到很热;可是越往上爬越冷。破晓出发，爬到中午才到半山腰，这时体乏肚饥，寒风刺骨，加上空气稀薄，有些年大体弱的战友倒下了。伤病员不断增加。部队首长把自己骑的骡马都让给了伤病员，年轻力壮的同志和首长们争着背伤病员的武器弹药，从上至下，互相帮助，互相鼓励，大家决心不掉队，拼死拼活也要爬过去。爬雪山十分艰苦，有的冻伤，有的冻死。敌人在山头上伏击打冷枪，有不少同志失去了生命。经过一天一夜的艰苦奋斗，终于翻过了大雪山，第二天的下午，到达当时的西康省中甸县。我们从桑植县到中甸县，在 140 多天中，共行军 8100 多里，还不算和敌人转山头打仗。那时我正在新兵团做青年工作。由于部队昼夜行军，连续作战，部队减员很严重，把新兵补充到部队后不久，机关就实行精兵简政。我从师政治部组织科回到十一团二营的五连二班当班长。我们这个班是全连人数最多的班，开始有七个人，后来

① 标题为编者所拟。本文节选自许义华:《长征路上忆长征——回忆一九三五——三六年在红军长征路上的片断》。

只剩下三四个人，副班长叫吴平和。人数虽然少了，但团结战斗的意志仍很坚强。

我们二方面军①从4月开始爬雪山，6月②到甘孜和四方面军会合进行了休整。当时各种物资都十分缺乏，只给我们部队发了少量的粮食，给伤病员补充了些牛皮草鞋。

我们分到一些青稞麦，由于部队多，磨子少，无法都磨成糌粑面，只好按藏民的办法，把青稞炒熟，用两块石板交错把青稞麦搓碎，装进米袋子里。我们把粮食节省下来，留到最需要的时候用。

“牛皮草鞋”，主要是发给伤病员，其他人就很少了。说是牛皮，实际并不全是牛皮，也有马皮、骆驼皮做的。红军把生皮子用硝水一泡，去了毛，也没硝熟透，就把厚些的皮子剪成鞋底，薄一些的皮子剪成二指宽的条子，缝在底子上用作鞋鼻子、鞋耳子和后跟，再用一根筷子粗的皮绳子一穿，就是很好的鞋子了。可是因为没硝熟透，皮子油性大，皮质较软，水一泡，穿不久就变形了，有的同志宿营时就在火边烤。有一次，一位同志不小心把它烤煳了！这一煳竟散发出一股近似肉香的味来。所以，在过草地极端缺粮时，有的同志把穿烂了的皮草鞋用火烧、用水煮了吃，有的还没穿烂也用来充饥了，可见行军中的艰苦。

过草地是一场艰苦的斗争。我们连续走了好几天，却是一望无际的水草地。有的地方有条小道，有些地方看不见路，也没人烟。天气变化无常，有时烈日当头，一瞬间却乌云四起，狂风暴雨。有时加上冰雪，向人们劈头盖脸地袭来。尽管如此，部队仍然一往无前。有时走到地势高一些的地方，草根很深，没有水，有些地方到处是草，也有水。部队就在泥滩里行军，有时踏着水走，有时看到草皮上没有水，但人马一走，把许多浮在泥水上面的草根踩松了，水就冒出来了。草根少或没有草根的地方，就容易把人和牲口陷进去。

① 此时应为红二、六军团。

② 应是7月。

一天下午，有个病号骑着一匹枣红马从我们队伍右边过。他打着马，想走快一点赶到我们队伍前面。马快走了几步，一下子掉进泥滩。我们赶忙跑过去把人救上来，可是那马越陷越深，我们几个拉马缰绳的同志脚也随着往下沉，就这样，还是拉住缰绳不放，马笼头比较结实，可是马缰绳已经旧了，结果缰绳断了，几个同志摔倒了，马很快就陷进去了，只见它挣扎两下就看不见了，我们班的小唐同志就是因为天快黑时，一不留神掉进了泥沼滩牺牲了。我把他的枪拾起来背上，就这样和这位亲密的战友告别了！有多少烈士就这样失去了自己宝贵的生命！我的叔叔许庸远也是这千百个烈士中的一个。

长征时，许庸远叔叔对我政治上、工作上各方面都很关心。从根据地出发，到爬雪山过草地，他每见到我，总是要我好好工作，并且用苦难的家史激励我的革命意志。他经常对我说："在旧社会，你的父母受尽地主老财的剥削和压迫，早早就离开了人世！你的两个哥哥参加了红军，被国民党反动派杀害了，你两个弟弟逃荒要饭，你姐姐妹妹从小给人家当童养媳，真是家破人亡！现在我们活着，只有一条路，就是跟着共产党、毛主席革命到底。"有好几次他特意到我们连找指导员了解我的工作和思想情况。他是我的亲叔叔，又是我的革命前辈，他牺牲时的情景，至今犹在我的眼前。

我们进草地走了十几天，没有看到一户人家，有时看到几堵破围墙，早就没有人住了。问通司（翻译），说是国民党反动派把房子烧了。

一天下午，听说快到阿坝了。就在那天，我不知道吃什么野菜中毒了，肚子疼，头上直冒汗。自从我们班小唐牺牲后，他的枪一直由我背着。本来身上负担很重，压得喘不过气，再加上肚子又痛又泻，身子又软又疲，每往前迈出一步，都要使出全身力气。实在走不动了，我就用枪顶着肚子，休息一会儿。可是跑肚时一蹲下，就站不起来。当我拼命挣扎着站起来时，感到两眼发黑，天旋地转。我闭上眼强挺起身子，硬使两腿支撑住自己不要倒下去。当晕眩过去，睁眼一看，部队已走远了，周围一个人也没有了。我背起两支枪赶队伍。正在吃力地赶路，忽见远处有个掉队的，越走越近。他身围夹被，步履艰难地走着，越看越像我叔叔，我想：他怎么掉队了？就是他！我看见叔叔吃力地拖着沉重的两腿往前走着。他头戴红军帽，身披破夹被，两条裤腿从膝盖以下已经磨得没有了。光着两只脚，两条腿肿得老粗，还裂着口子，脓血顺着腿往下直流。

这时我心里非常难过，鼻子发酸，两眼模糊，什么也看不清了。我强抑制住自己，紧赶了两步，搀扶着叔叔问道："你怎么掉队了？""不要紧！我能走！我能赶上队伍。"他吃力地回答着我。他面色更黄，脸上更瘦了。他虽然还不到40岁，可是胡子很长。两只眼窝很深，眼皮肿得发亮。我赶快把剩下的半搪瓷碗青稞麦都装进他衣兜里，叫他吃了几口，又从水沟里舀来一碗水给他喝。他的精神稍好一些，但是走路还是很吃力。我在河沟边拾了一根干柴棍子给他拄着。他对我说："行了，你走吧，我能赶上队伍。你还有一班人呢，当班长的掉在后面怎么行？不要管我了！快走吧！"我还是搀扶着他走。他又说："你现在已经不是一个普通的红军战士，而是一个共产党员了。共产党员在战斗中要冲锋在前，退却在后，平时要处处做群众的模范。不要只看到我们现在天天行军打仗，爬雪山过草地，我们打败了蒋介石，消灭了国民党反动派，将来还要在中国建设社会主义，实现共产主义呢！"叔叔一边走一边又说："我们现在一定要跟着贺老总走出草地，到陕北和中央红军会合，去见毛主席。"

叔叔几次催我赶队伍去，不要管他。"不要忘记你还有一班人！"在他再三催促下，我不得不忍心离开他，去赶队伍。我一边走一边回头看，走了好远还看到他在慢慢往前走。又走了好一会，忽然天气变了，乌云四起，疾风暴雨，雷电交加，还一阵阵下着冰雹。冰雹打在枪筒上当当地响，打到头上生疼，头上肿起一个个的包。这时，我不由得想起了叔叔的处境，越想越放心不下，最后下决心回去看看他。往回走了一截又一截，还是看不见叔叔的影子。雨越下越大，我浑身早已湿透了，枪筒子里都灌进了水。这一切我都不顾了，一直往回走，终于在一条小河沟边，看到叔叔趴往地上。我跑过去叫了两声，他不答应。只见他左手抓住一把草，右手还紧握住我给他拾的那根棍子。我把他扶起来一看，口鼻流血，已停止呼吸了。在这荒凉无际的大草原上，前后看不见一个人，我失声痛哭起来。不一会儿，收容队的几个同志赶了来，我把一块洗脸的手巾解下来，盖在叔叔的脸上。这时雨小了一点，我和收容队的同志一起掩埋了我的革命老前辈——我敬爱的许庸远叔叙的尸体，踏着他的血迹，继续长征！

我们从 6 月①进入草地之后，和阶级敌人斗，和大自然斗，终于战胜了各种艰难险阻，在 8 月份胜利地走出了草地。

快出草地时，翻一座大山。从早晨出发，我就感到头晕脑涨，两只脚轻飘飘的，有些不听指挥。我背着两支步枪，走不远就感到很吃力，满头大汗。我下定决心，无论如何今天也要翻过这座大山。走出草地就是胜利。向革命先烈学习！生命不息，前进不止。

大部队都翻过山了，掉队的同志也都坚持赶上了队伍。但是当我爬到半山坡时，更感到吃力了。粮食早已吃光，空米袋当腰带紧紧束在腰上，战友送我的牛皮草鞋也煮着吃了，光着两只脚爬山更吃力。这时，山坡上只有我一个人在这羊肠小道上，继续前进着。我心里只有一个信念：翻过山去就是胜利。

山越爬越高，也越来越陡，山上空气稀薄，呼吸越来越困难。走不动了，就把枪立在地上，枪口靠在胸前，把腰上的米袋子再紧一紧，喘几口气再往上爬。这时天气也来作对，阴沉沉的浓雾从身边涌过，好像把人扣在锅底下。我想起了指导员在出发前讲的："……在这种情况下，千万不要坐下休息，一坐下就再也站不起来了。如果躺倒就算完了！

① 应为7月。

坚持就是胜利。”我又往上爬了一会儿，头重脚轻，两眼发黑，恶心想吐。一阵阵冷汗和雾雨浸透了全身的衣服。头上的汗水流到眼里，刺得眼疼,流到嘴里满嘴咸味。在这静静的山坡上,除了自己的喘气声之外，什么也听不到。就在这十分危急的时刻，好像后面有脚步声，声音离我越来越近，我想扭过脖子去看看，但脖子扭不动，想转过身子也转不过来。只听见走过来的人亲切地问道:“你是哪个单位的？叫什么名字？”我一一回答了，他说着从我肩上把两支枪都接了过去。这时我才看清，他个头也不高，身上挂着一个皮包，是一位和蔼可亲的战友。我问他的单位和姓名,他说:“这里空气稀薄不要说话,快走吧！”我的两腿发软，刚迈步差一点摔到坡底下去。定了定神向前又挪动了几步，又摔倒了。他忙把我扶起来说：“我这里还有两把炒面，你吃了吧！”边说边将炒面一把一把送到我的手里。我吃过炒面，觉得心里平静了些。他说:“快走吧，我推着你。”说着，他左手扶着肩上的两支枪，右手推着我的后腰走。就这样，把我从半山腰一直推到山顶上。我直起腰使劲喘了几口气说:“下坡了，你把枪给我背上吧！”“不！下了坡再说。”人们常说，上坡容易下坡难，其实上坡不容易，下坡确实也难。下山时我的两条腿直打哆嗦，这时他又让我在后面扶着他的肩膀下山。走到半坡时，我觉得可以跟着走了。天也快黑了，他在前面走，我在后面紧紧地跟着。下山到宿营地后，他把枪给我，这时我才知道，他姓朱，是四师政治部的特派干事。真是阶级兄弟比亲兄弟还要亲，后来，在日寇投降时，到内蒙古我和他又见面了，互相交换了照片，约定等革命胜利后再见面。可是以后再也没有机会见到他。听说他是跟着部队南下了，我常常想念他。

选自中国人民政治协商会议北京市委员会文史资料委员会编:《文史资料选编》第2辑，北京出版社1979年5月版，第6—13页。

长征回忆片断

杨文林

一、最初的觉醒

共产党深入湘西农村发动群众的初期，那里流行着许多的谣言：说什么“长毛造反”呀,“大闹十八年”呀,“在劫者难逃”呀,“天意不顺”呀……等等，企图破坏农民对豪绅的斗争。此外，还有“命内只有八合米，走遍天下不满升”，“命内有，终必有，命内无，莫强求”，“人家发财是前生做了好事修下的，我们穷是前世没修下的过”……等等，替剥削阶级维护的一宿命论，在广大农民群众的思想中占着支配的地位。因此，农民对于共产党的宣传、动员，大多数采取怀疑的态度，对于敌人的斗争表示畏缩不前。尤其是料理家务的一些中年人和老年人，对他们的家人——儿子、媳妇和女儿的革命行动，都多方阻挠。

当时我自己的思想认识如何呢？“打土豪，分田地”，我是高兴的。但是，能够成功吗？听说“有共产党领导，打倒土豪劣绅，平分田地，满有把握”。那么,共产党是什么呢？是个“人”呢？还是什么“法宝”呢？谁也没见过。难道还能抵得住人家（指团防）的洋枪吗？

新奇得很,十几岁的青年学生都能上台向几千人演说。一个孩子说：“被压迫的父老兄弟姐妹们！我们一年三百六十天，吃不饱，穿不暖。豪绅们一年三百六十天坐着享福，山珍海味，穿绸裹缎，这是什么原因呢？……”孩子的话，打动了我的心。

两三个月工夫，人们的思想变了样。思想一变，就都勇敢地行动起来。梭镖、单刀、鸟枪也出现了。一队一队的工农大军紧跟着自己的红旗，勇猛前进。一向站在工农群众头上作威作福的几个恶霸劣绅，戴上三尺多高的纸帽子，夹在人们行列的中间，显得那样地可耻和毫无生气了。农民协会在匡家坪野外，开了一个群众大会。大会真是人山人海，明晃晃的梭镖排成密密麻麻的一片。我的梭镖是两面刃的，上的是红漆木柄，安的地主老爷顶子上的红丝缨子，觉得比谁的也好。被压迫被剥削的人们突然手执武器，抬起头来了。“打倒土豪劣绅，平分田地”的口号声，震动了整个农村。赤卫队长萧洒泉在大会上说：“一把筷子想用双手一下折断，很难，要是一根一根地来折，那就很容易了。”这说明了组织起来，团结在共产党周围的力量是不可战胜的。“船业协会”和“农民协会”的力量多么大呀！这是共产党在白色恐怖底下，不避险恶，不辞劳苦，向我们坚持宣传、动员和教育的成果！这是共产党领导我们摆脱几千年来的奴役苦海的行动！伟大的人民领袖毛主席万岁！

在“船业协会”有一位穷苦知识分子出身的群众领袖杨十五同志，用粉笔在黑板上写了这样两句话：“解放束缚，求得自由。打倒压迫，求得平等。”他根据当地具体的历史事实，一针见血地说明了工农阶级与豪绅阶级在政治上、经济上和文化上的种种关系。他说：“豪绅的财产是从哪里来的？难道不是靠压迫欺诈，而是用双手劳动得来的吗？大量财产被他们少数人霸占。他们养活着军队、警察、团防、衙役、差人，并且和帝国主义勾结起来，压迫和剥削我们。他们霸占的财产愈多，压榨穷人的手段就愈残酷。穷人们终年劳动，挨冻受穷还是免不了，有人说是‘命该如此’。可是‘命’是什么东西呢？谁见过‘命’的活动吗？人看不到的，都是假的，实在信仰不得啊！”这是在我记忆中的他所说的大概意思。时间过去已经二十多年了，我的脑子里还常常现出杨十五同志在故乡的一座大庙上讲解那两句话的姿容。当时，大家都称赞他说：

“从古以来没有一个人替我们穷人讲过这些实实在在的苦情。”我听了他这次的解释之后,才知道自己的“穷”和豪绅的“富”,并不是什么“命内注定的”，才了解豪绅是我们生死的敌人。我们必须和他们作生死的斗争，才能争取自己的解放。

可是，由于反动派封锁的严密，党对当地的领导被割断了。革命的组织不够坚强；又没有红军主力的支持；反动武装又特别强大，因此种种，轰轰烈烈的农民运动，1928 年春天遭受了残酷地镇压，无数的劳动人民被反动派枪杀、活埋和溺死了！参加过赤卫队的青年们更难在故乡存身，优秀的领导者杨十五同志被反动派割下了生殖器，野兽们嫌他就义时高呼革命口号，将生殖器塞进他的嘴里，然后才割下他的头来，挂在路旁的树上。他的全身被破成七八块，到处乱抛。但不过是国民党反动派兽性的开始啊。从此，故乡完全成了白色恐怖的区域，我和两个青年队员一个拿一把短刀，在一个深夜里，从敌人的层层包围中冲了出来，茫茫世界，不知哪里有红军，哪里是苏区，只得往熟悉的市镇——津市逃奔，给人驾了一年的多的船。

二、参加红军

湖南津市的河面，经常停泊成千上万的大大小小的船只，那里有无数的水手工人。在红军未进入津市以前，国民党匪军经常地拉船、抓伕、送差。匪军们用皮鞭和竹板来凶打工人。鞭子像年节的鞭炮一样地响动，打得工人们皮开肉绽，我挨了那群野兽的无数鞭打，总是浑身青紫，躲进船舱，一躺好几天。

战争正在津市的小渡口一线进行着。一队一队的小红军——十几岁的孩子——已英勇地进入市内作宣传、写标语。两三天工夫，官僚资本家的财产被红军没收。堆满了工、农、市民一切财物的当铺也打开了。

物主拥进当铺内去认领自己的财物。亚细亚、美孚和德士古等帝国主义的煤油池也打开了。劳动人民在国民党的白色恐怖和豪绅的践踏底下，一旦翻身，都喜气洋洋地从四方八面拥到油池边去买廉价的煤油。

我们十几个水手工人也去看热闹、买煤油。正好遇上红军宣传队动员我们参军。我就乘机鼓动九个同伴，一同参加了贺龙同志带领的中国工农红军的一个新兵连当战士，这是1929年冬天的事情。

红军领导机关对新战士的生活特别地关心。伙食比任何单位要好。领导新战士的班、排、连干部，全是优秀的共产党员。他们对新战士的生活细节想得那样地周到。这可以拿新兵连赵指导员的话来概括："培养一个新战士要费很多的心血。从屙屎、撒尿、洗澡、洗脸、洗脚、洗衣、穿衣、穿草鞋、打绑带、吃饭、睡觉、起床、到遵守群众纪律……等等，无一不要经过共产党员的耐心教育和培养。至于正规的军事、政治和文化的教育就更不用说了。因此，一个战士是共产党的无价宝！我们应当以爱护的心情来巩固红军的战士。"

从九岁起，我在黑暗的封建社会里，过了17年牛马不如的奴隶生活。后来，驾船一年多参加"船业协会"赤卫队革命运动又将近一年。现在有了参加红军的机会，能够手持武器，扬眉吐气地"打土豪、分田地"。威风凛凛地站在中国工农红军的军旗底下开赴战场，消灭我们痛恨的万恶的敌人，这是我一生的最大的幸福和无上的光荣。

三、回乡和入党

红军二、六军团在贵州南腰界①会合以后，打过许多次的大胜仗。活捉了蒋匪的许多高级军官和大批俘虏，缴获了一些轻重武器，改进了

① 南腰界在四川酉阳县。

自己的装备。到了湖南桑植和大庸一带,我想打回家乡去,把那里的“土豪劣绅”斗一下，可是，当我们打回石门、澧县和津市一带时，旧日骑在我们头上作威作福的那些剥削者，早已逃跑了。不过由于熟悉当地情况，我收集了不少军需物资，动员了不少穷朋友参军。我就在当地新兵补充团工作，被编入了红六军。随后历任班排长支部书记等。在故乡这一时期的群众工作当中，我在政治认识上，有了些提高。组织上看我有些进步，特别是在扩大红军上，有些成绩。在 1935 年 8 月，我在故乡石门仙阳坪，由许荣初同志介绍，加入了伟大的中国共产党！我的家庭成分是雇农，自己水手出身，因此，入党时没有候补期。不久，我们就从桑植县的麻河口出发，参与了世界闻名的二万五千里长征！

四、雪山上休息不得

尽管敌人前堵后追，并且用飞机轰炸和扫射，也挡不住钢铁般的红军英勇地前进，并胜利地渡过了有名的天险——金沙江。在江边上休息了一天，我们就用战斗的姿态向着挡在红军前面的头一架雪山迈去。党的机关的人员用首长们的乘马、公骡等在后面收容体弱的掉队同志们。每过一架雪山，总有突如其来的气候的变化，晴朗的天，刹那间变得阴雨遮山，乌云垂地，20 米以外看不见人。要不饿着肚皮跑步前进，就保持不住身体的必要的温度，而有僵死在雪山上的危险。有的同志爬到山上，走不动了，本队同志无法带走，掉了队，总是在收容的同志还没有赶到时，他往地下一坐，就再也站不起来了。“同志，我们不但要与国民党反动派顽强地战斗，而且还要对天然的敌人——恶劣的气候顽强地战斗。这里不是休息的地方，勇敢地跑步前进吧！”这是当时红军的重要的鼓动的口号。

五、在草地的阶级友爱

通过十几天的路程中没有人烟的草地，吃粮成了红军的最严重的问题。抗日初期，我曾在三五九旅七团政治处的文件箱子里翻出原红六军团政治部主任张子意同志过雪山草地的一本日记，看了一下。它的详细内容，我都忘了。只记得他每天记的是军直、十六、十七、十八各师搞不到粮食的严重情况,并且沉痛地记上军直和各师的掉队和死亡的数字。

每到一个有人烟的地方，部队必须准备足够的干粮，才能通过前面的、没有人烟的长长的路程。以牧畜为主要生活资源的草地，是没有那样多的粮食供给红军的。红军又都不通西康少数民族的语言，少数民族的人民也不懂红军性质，妨碍着红军的宣传，减少了藏民对红军的帮助。所以在有人烟的地方，野菜就成了红军的主食。无人烟的地方，就只得以草充饥。挽一把草，或是把脚上穿过的皮鞋，放进洋瓷缸子里，煮熟了就吃。也有少数同志还保存着一斤或半斤炒面，到吃饭时，都自动拿出来，用三个指头给每个同伴像下调料一样抓一点，使大家混一混野草煮成的绿水。所有的共产党员、干部都没有一个只顾个人肚饱而不管其他同志挨饿的。真正掉队死亡的还是一些身体较弱的，或是生病的同志。强壮的人，又能多吃些野草，就一定能通过草地。

在这样严重情况下，首长们只得命令副官把自己的乘马骡子都杀掉，按人数分发给各单位，煮一口汤喝。我们机枪连50来人，断绝口粮已有四五天，领得骡肉七斤半，煮了一铜锅汤，留待天明喝了好出发。可是半夜来了七八个掉队的同志，饿昏倒了，爬不起来。我们经过党的支部决定，除了给本连三个也饿昏了的同志一人一碗外，其余的汤，全部送给那七八个掉队的同志，我们依然是空着肚皮前进。

掉队的同志是越来越多了。军团王政委亲自走遍各部，动员那些还有点干粮的党员干部自动拿出三分之一。凡是存有一斤的党员、干部、战士、杂务人员都争先恐后的拿出半斤，有半斤的拿出四两。这样，王政委收集了八九十斤干粮，用一头牲口驮者，亲自等在后面收容掉队的同志们，他站在路边，亲自给每个掉队同志分两把炒面放在瓷碗里，饿得厉害的，就分三把并且说："同志，动口三分力，加点油，再走六十里，就有粮食了。"凡是像孩子一样地接过王政委亲手分给他两把炒面的同志，情绪就立刻高昂，加快步伐地前进。"王政委的两把炒面救了我的命。"这是出了草地以后，我们听到的一些同志的谈话。

到了某地，我们必须到一条河的对岸去找粮。水只齐腰深，但流得很急。同志们用一条绳子拉过对河，大家就抓住绳子过河。在走到河的当中，因为饿得眼花了，我手一松，被急流冲走了半里，才爬上对岸。头上顶的衣服和毯子，也冲走了。后来，组织委员抽给我一件夹衣，连长给我一条单裤，我就这套衣服通过人迹罕到的康藏高原。这样的行军白天还勉强，要是在大雨淋漓的晚上，我们紧靠着石头坐下，毫无遮盖，雨水从头顶上流到屁股底下，身边带的两三碗炒麦子也被打湿。又饿又冷，整夜整夜地盼不到天明。

在草地战胜粮荒的这场恶战的原因，除了本军党的组织的努力，首长们多方的设法，党员、干部、战士们的阶级友爱以外，三十二军全体同志及其军长罗炳辉同志对我们的帮助起了决定作用。他们接济了我们许多粮食和牛羊。一天，天正下着大雨，寒气逼人，我满身流水，连饿带冻，已经呼吸困难了。在这样的紧要关头，遇上三十二军的一个女同志给了我一碗炒面，救活了我的性命。只有在坚强的共产党领导之下的红军，才有这样伟大的阶级友爱的精神。

选自《人民文学》1952年第1期，第34—36页。

杨文林，湖南石门人。1929 年参加中国工农红军，1935 年加入中国共产党。红军长征时为红二军团某部机枪连战士。

草地随记

傅斯

1935年11月下旬，我们红二、六军团离开了湘鄂川黔革命根据地，从湖南永顺县（当时称郭亮县）龙家寨出发，经过湖南、贵州、云南、四川等省到西康省理化县与红四方面军三十二军会师，在那里开了祝捷大会，罗炳辉军长讲了话。第二天，我们继续行军，又走了六天到达炉霍与四方面军第四军会合。部队走到甘孜附近，靠近四方面军总部，张国焘派宣传队慰问我们，讲了一些分裂党中央的话，我们不听他的宣传。驻扎了几天，军团王震政委宣布中央军委命令，红二、六军团和四方面军三十二军成立二方面军，以贺龙为总指挥，任弼时为总政委，肖克为副总指挥，关向应为政委。

部队经过半年多艰苦行军，人员一天天减少，每个连只剩四五十人，战士们身体消瘦，精神疲劳。我们军团三个师编为四个师：十六师、十七师、十八师、模范师，取消团的建制，师直辖三个营。十七师撤销五十团，以四十九团编为模范师，五十一团编为十七师，取消政治处，营设正副教导员，各连充实战斗力。

1936年6月中旬①，在甘孜开了二、四方面军会师大会。这个大会也是继续北上的动员大会。会上朱德总司令讲话，他首先祝贺二、六军团

① 应为1936年7月初。

经过六七个月长途远征，冲过敌人重重阻拦，渡过天险乌江、金沙江，翻过雪山，和四方面军胜利会合。他接着说，我们还要继续向北行动，到抗日最前线去，和一切抗日军队联合起来，共同打倒日本帝国主义。最后，朱老总亲切地对我们说："我已经是五十岁的人了，和大家一起过草地，前面路程很艰苦，地广人稀，没有房子，没有粮食，大家多背些青稞麦子，走出草地就是胜利"，总司令的话不长，却给我们以极大的鼓舞。刘伯承总参谋长讲了西北气候变化无常，每个人要带块羊皮垫在地上睡觉，"蛮子布"衣服不好看，能防水、防潮，上海买不到。

当时有人教我们唱一支歌，我还记得几句歌词，"雪山草地，人人赞成，为了抗日，不怕牺牲。红色战士，艰苦奋斗，为了工农，前途光明"。

在甘孜附近休整几天，就向草地进发了。6 月的草地远近一片青绿，一些无名野草野花点缀其间，微风吹过频频点头，像是欢迎红军战士来到它们的家乡。可是这里并非美好的仙境，也不是散步的庭院，恶劣的气候使草地变得狰狞可怖，一会儿红日当空，一会儿大雨如注，有时候竟下起冰雹、飘起雪花来，与甘孜相比简直是两个世界。最苦是晚上宿营，躺下睡觉时地上还干，早晨起来却发现睡在水滩里，衣服裤子全湿透了，浑身发凉。那时每连只发一顶帐篷，只能给病号睡，大多数是脸朝天露营。

在草地上走了五天，青稞麦已吃光了，快到阿坝那天晚上，前卫部队（四方面军）打下藏族奴隶主的牛场，分给后卫部队每营一头牛，连皮带骨每个人分给一点，大家烧起篝火，把牛肉牛皮放在火上烤，边烤边吃，虽半生不熟，也都狼吞虎咽地吃下去，我感到喉咙越撑越大，有些痛。天又下着毛毛雨，篝火燃不旺，直冒烟，熏得我睁不开眼。身上衣服又被淋湿，一夜没有睡觉，只胧朦一下，又醒了。第二天继续行军，到达阿坝地区，看到了平顶房和青稞麦苗，感到很高兴。但藏民对红军不了解，他们受了国民党反动派宣传的欺骗，把粮食埋在地窖里，人跑出去躲藏起来，我们筹粮十分困难。部队住了几天，搞不到粮食，把前卫部队留下的一点青稞麦分给各连，也只够煮点稀饭吃。上级命令要准备八天干粮，继续过草地。经过寻找，挖地窖搞到一点粮食，每人分得三四斤，只够吃三天。

这次走的草地比前次路途更远，更艰苦，需要走七八天才会有人家，我们粮食带得又少，而且当中要走二三天的水草地。再次进入草地后，每人每天限定吃半斤粮食。因为饭只能煮得很稀很稀，才能填饱肚子，于是肚子越吃越大，越吃越想吃。每天一到宿营地就赶紧多采野菜，放点青稞麦子用茶缸子放在火堆上煮，这样也只能吃个半饱。大家经常考虑的是下餐和明天的粮食。行军中，我们非常注意路旁有没有前卫部队丢掉的破牛皮草鞋或牛皮斗篷，把它拾起带到宿营地，生起火，把毛烧掉，用刺刀割成一小块一小块，放在茶缸里煮开就吃，嚼不烂就囫囵吞下，感到很好吃。

我野草吃多了，脸部发肿，腿和肚子也发肿发热。特别是走了三天的水草地，前卫部队把野草踩倒水里，沤得水发黄、发臭，腿上皮肤被泡得发黄，洗不掉也刮不掉。路两旁还有泥坑，不跟着前面部队走过的路走，就会踩到烂泥坑，陷下去无法拔出来，因此连解大小便也不敢离路太远。

草地有河流，有的水深到腰部，过河时除保持枪弹不浸水外，衣服裤子都浸湿了，上岸拧干后得穿着继续走。穿着湿衣服，经风一吹，冷飕飕的，只能边走边吹干。

在那样艰苦的日子里，大家没怨言，有时边走边唱，有的还讲故事，总是想走出草地到大地方打土豪，吃一顿饱饭。

在艰苦日子里，兄弟部队发扬阶级友爱的精神，前卫部队自己粮食不够吃，还分出粮食和牦牛给后卫部队。我们也看到前卫部队战士有的饿死在路旁。只有共产党领导的部队，才能面对死神威胁心里还总是装着别人！那种无比高尚的同志情谊，真叫人慷慨感奋，一往无前！同志们尽管自己已走不动了，还是替病号背枪，互相搀扶着向前，干部们全都让出帐篷给病号住，让出粮食给战士吃，让出马匹给病员骑。

水草地刚走完，就在走出草地的那一天，我实在走不动了。大约已有三四天没有一点青稞麦入口，光吃野草和牛皮草鞋，头发晕，两眼发花，两腿无力，全身出冷汗。走着想站住，站住想坐下，坐下想躺下。我想躺一下却又不敢躺下，深知只要躺下就再也起不来了。我硬撑着坐在一个小土堆上，把头搁在膝头上，看见对面不远的路旁躺着一个行将饿死的战士，觉得自己的生命也像是在一点一点地逝去。朦胧中，又觉得自己已走出草地，看到了有人、有房子，有粮食的地方。突然有一只大手落在我肩上，接着听到亲切的熟悉的口音，你怎么不走呢？我抬头一看，是军团政委王震同志。我说实在走不动，休息一下就好了。王震同志说再走二三十里就到上包座，就有人家了，我们今晚到中包座宿营。经过这十几天的草地生活，王震同志身体也瘦脱了形，人也苍老了，但他那种乐观的精神，使我感到温暖和力量。我站了起来。

王震同志叫警卫员拉过马，微笑地对我说：骑我的马走吧，我心头一热，想哭掉不下泪来。这怎么行啊，我骑他的马，他就得走路，他也很累很饿啊！我说我可以慢慢走。王政委硬把我扶上马，叫警卫员牵着马走了十多里。我下马又走了十多里路，天快黑时，我们看到了青稞麦，看到了上包座的平顶房子，还看到几个妇女站在门口目送红军路过，房前一棵大树，拴着的一条牧羊狗朝着我们汪汪叫，我的心情高兴已极——终于走出草地了！天已大黑我才挨到了宿营地，我们住在中包座的一个牛栏草堆里，感到怪舒服的，那一晚睡得很甜很甜。早晨起来，太阳已照进山沟，我看到田里的青稞麦子正在抽穗。

选自中国人民政治协商会议福建省委员会文史资料研究会编：《福建文史资料》第七辑，福建人民出版社1985年2月版，第84—88页。

傅斯，红军长征时为红二方面军战士。

草地生活

曾云

我们从甘孜出发时，除了一般的装备每人只带了几小碗青稞及一双牛皮草鞋，此外，就再也没有什么东西了。

据通司说，前面的草地，快马半个月才能通过，步行至少也得一个月。看起来，路途并不算很长，可是在薄衣缺食的情况下，无疑是一个严重的威胁；不过经过了艰苦考验的红色战士，却一点也没有含糊。我们鼓起勇气，挺起胸膛，若无其事地向辽阔的草原前进。

我和李春太同志（大家都叫他小李），是全班年纪最小的，陶班长为了使我俩不致掉队，在进入草地之后，就一步也不分离地关照着我们。

草地，是个气候一日多变的地区，有时天晴得一丝云也没有，烈日晒得脸上火辣辣的；有时阴云满布，急风暴雨猛然袭来，霎时间就像到了寒冬。

陶班长时常对我们讲："青稞就是生命线，一点也不能乱吃。"我们很听他的话，所以对青稞干粮特别爱惜。干粮袋时常捆在裤带上，睡觉时就枕在头底下。但走了几天后，青稞越来越少了，摸摸干粮袋可以粒粒数得出。有一天宿营的时候，大家都在熬野菜汤吃，只有小李躲在铺上没动，嘴边吐出一大滩青菜水。陶班长去问小李："病了吧？""野菜太苦，吃下去就吐，走路就拉稀。"瘦得皮包骨头的小李说。班长早知道小李的青稞没有了，就把自己不舍得吃的青稞分给了小李一半，并安慰着说："走不动我扶着你，我们一定要走出草地。就是死也要死在一块。”陶班长的话感动得小李直流泪。

夜里，我和班长小李三人睡在一起。近半夜的时候，一阵狂风把我们惊醒。天黑得像锅底，对面看不见人，一会儿，大雨倾盆，一刹时把破烂的帐篷湿透了，我们三人都变成了落水鸡，觉睡不成了我们就坐起来。可是冷风一股劲儿往骨头缝里钻，上下牙齿直打架，两腿颤抖，嘴里像塞着东西似的，想说句话也接不上气来。班长像母亲抱孩子似的把小李抱在怀里，我也紧靠着班长的背，就这样背靠背，肩靠肩，心连心地在风雨中坐到天明。

又走了几天，粮袋全空了。野菜也很难找到，有时碰运气找到一点，就熬点汤喝，找不到就只有把裤带勒紧点。有一次我和小李去找野菜，在一个很深的草丛中发现了一张牛皮。那牛皮还没有完全腐烂，有的地方毛还没有掉。但经过长期日晒雨淋，蒸发出一股恶腥的臭味。我俩把那张牛皮一股劲儿拖到了破床单支的帐篷旁边，高兴地告诉班长：我们有希望了，找到了一张大牛皮啦！全班同志听到这个消息都活跃起来了，你打水，他端锅，我烧火地准备着煮来吃。但是带的柴火已经烧完，在这个地方又找不到木柴。大家正在发愁的时候，陶班长说：“有办法，我们可以拾牛粪来烧么！”

过了一会，牛皮煮好了，同志们都贪婪地吃起来。尽管牛皮带有浓重的臭味，但是有的同志还说：“炖得很好，像吃海参一样。”有的同志舍不得多吃，喝点牛皮汤，剩下牛皮准备做干粮。

离包座不远了。据说那里有居民，大家都把希望寄托到包座。虽然离包座只有几天路程了，但早已绝粮的我们，在这踏平了的草地上，哪儿也找不到可进口的东西。全身只有几根骨头撑着，肚皮像贴着背脊，眼睛鼓得像个铜铃。很多同志由于饥饿和寒冷，疾病和劳累，一个一个地倒下去了。有的同志在露营后，到第二天早晨身体就冷冰冰的，再也没有起来。

在一天早晨，部队出发时，我就呕吐拉肚子。头痛得像刀劈的一样，两眼直冒火星。两腿肿得照人，站起来软得像团棉花，我对班长和小李说：“你们先走吧，不要耽误你们的路程，我在后面慢慢地跟着走。”班长把我扶起来说：“有我们就有你，爬也要爬出草地！”他用左手扶着我，右肩扛着两支枪，小李帮我背着挂包，我拄着一根木棍，三人一步一步地在泥泞的草地上行走。到中午的时候，我的腿实在提不起来了，走几步就得躺下休息休息，咬紧牙关再往前走。到达宿营地已半夜了。

我们三个人，露天躺在一块，在这个时候唯一的念头就是想吃东西,无论什么东西都行啊。但天黑得什么也看不见,能找到什么食物呢?班长像看出我俩的心事似的鼓励我们说：“到了包座就好了。”小李一听，提起了精神说道：“要是到了包座，我的肚子能装十斤炒面。”“炒面有什么好吃的。小李，你还记得我们在云南打土豪时，分的那些大火腿吗？切成一片片的，吃起来油直往外冒。”讲着讲着，疲劳过度的我们，嘴里咽着口涎慢慢地就沉睡了。

我躺着伸了一下腿，脚跟像针扎一样痛，原来我那双穿了三天的牛皮草鞋经水一泡，皮子越发大了，走起来一摩一擦的，脚后跟冒出了好几个大泡。我坐起来摸摸草鞋，又是窟窿又是泥巴，这时我忽然灵机一动，把班长叫起来说:“班长，有吃的东西了，你摸摸。”“皮草鞋！对，可以吃！”班长赶快起来打水洗草鞋去了。我们三人烧了一只，另一只舍不得再吃，留作下顿的干粮。我开玩笑地对小李说:“吃到火腿了吧，皮草鞋也不亚于火腿呀！”小李说：“又脆又香，比火腿差不了多少。”说得班长也笑了。

包座,总算盼到了。但它并不是我们所想象的那样,这里没有人烟,四面都是草沟和高山。一打听知道这是上包座，离有人的中包座还有一天的路程。就在这个时候，苦苦支撑到达包座的陶班长，由于长期的舍己为人，终于病倒了，我和小李都非常着急，俩人商量着要找点野菜熬汤给班长喝。但山坡，草沟走遍了，连野菜根也没找到。俩人像皮球漏了气似的坐在班长身旁默默不作声。班长知道我们没有找到吃的,就说:

“不要紧，勒一下裤带，明天到中包座就好了，一定要有信心战胜眼前的困难。”我们深深地为班长这种乐观的顽强的斗争意志所感动，但是，不能再让他饿着。我对小李说：“走，挖草根剥树皮去。”

我俩又翻了一个草沟爬上石头山，全身像散了架子，腿软眼也发黑，再没有一点力气，只好坐下来休息一会再往回走。我们忽然发现石头堆旁有一火灰堆。我和小李用木棍在残烬的灰中扒了一下，拣了三根马骨头。骨头已经烧焦了，用手使劲一捻就成了灰。我放在嘴边啃了一下，向小李说：“能吃！”小李摇头说：“烧得又焦又黑像根木炭，怎么能吃呢？”本来烧焦了的骨头，没有一丝肉，放在嘴里实在嚼不出味道来，但饥荒了的肚子，强烈的食欲，就是不能吃的东西也能尝出点香甜的滋味。也正因为这样，小李也不由拣起一根啃起来，啃了一会儿，我俩脸上，咀上，牙齿都成了黑的啦。

我们拿着剩下的一根马骨，像揣着一件稀世珍宝似的回到班长面前。班长两眼紧闭躺在地上，小李摇着班长的手说：“班长，找到吃的东西啦，快醒来吧！”但班长静静地躺着并没有睁开眼，我对小李说：“让班长好好躺一会，等他醒来再吃。”“啊！班长身上怎么这么凉？”小李的惊叫使我全身战栗了。我急忙扑到班长身上摸摸他的胸口，没有一点气了。我俩使劲摇着班长的身子，沙哑地叫道：“班长你醒来呀，班长你醒来呀。”摇了许久也没听到班长一声回答，班长和我们永别了……

第二天出发前，我们含着眼泪掩埋了敬爱的陶班长。把他心爱的烟袋、茶缸挂在我的腰间，然后踏着沉重的步子，默默地念着班长的话：“我们一定要走出草地，走出草地就是胜利！”向着中包座前进。

选自中国人民解放军三十年编辑部编：《中国人民解放军三十年初选稿》第一卷第三辑（四），未刊稿，第49—53页。

曾云，红军长征时为红二方面军战士。

八、挺进陇南

回忆红六师在陇南[①]

廖汉生

(一)

二、四方面军会师以后共同北上。当时，军事任务的分工是：东面的歼敌任务由二方面军承担；西面和后面的歼敌任务由四方面军承担。

过草地之后，二方面军总指挥部驻哈达铺，六师驻在离哈达铺25里路的脚力铺，部队开始休整。二方面军分三路纵队开始战役行动；六军团攻占两当、凤县；总指挥部率三十二军和四师攻占成县、徽县；六师攻占康县、略阳。

关向应政委指挥六师占据康县以后，为发动群众，创建革命根据地，师部决定政治部主任刘型率十七团留驻康县活动，我同贺炳炎师长率十六、十八团就向略阳进军了。

在向略阳进军途中，东西（成县）的敌情发生了变化，六师未能按原计划去占领略阳，而是到了白水江镇。我于白水江住了一夜，第二天就率十八团经徽县赶到成县，配合三十二军和四师与敌人打了一仗。贺炳炎率十六团在白水江镇待了几天，开展了“苏维埃”活动，师政治部副主任戴文彬、师参谋长常德善同志协助了师部工作。

---

① 标题为编者所拟，原标题为《廖汉生回忆》。

成县战斗方面，由于敌人来的快，我们没有完全消灭敌人，二方面军就放弃了成、徽、两、康地区，奉命移师北上了。

留驻康县的十七团，在成县战斗中被敌隔断。我们派师参谋长常德善带几十名战士去康县寻找，结果没有下落。据说十七团在突围中部队失败，刘型同志牺牲①。这是一个大损失，方面军及六师领导人都万分痛惜。

以上是六师经康县和略阳的基本情况。

（二）

六师各团领导人姓名及其他一些情况：

十六团团长：赖星云（1984 年病故②）

政委：汤成功

十七团团长：蔡炳贵（突围中失散，下落不明）

政委：段云武（突围中失散，下落不明）

营长：李家夫（已离休在湖北江陵干休所）

营长：万富成（部队失散后辗转返家）

十八团团长：成本兴（后改名成钧，原空军副司令）

团政委：周声宏（成县战斗中牺牲）

贺炳炎于 1960 年 7 月 1 日病故。

戴文彬于 1984 在长沙病故。

选自中共徽县党史资料征集办公室编：《红军长征在徽县》，1988年12月，第129—130页。

---

① 此处有误，刘型没有牺牲，他是1981年病逝的。

② 赖星云应为1985年1月14日逝世。

陇南凯歌

杨秀山

1936年9月初，中国工农红军长征的最后一个梯队——第二方面军，通过甘南的腊子口，翻过岷山山脉到达哈达铺地区。从雪山草地走出来的红军战士，来到这样的好地方，真像是到了天堂。

方面军总指挥部在哈达铺驻下不久，我听说总指挥部要派一些干部到红军学校学习，心里想，长征快要结束了，能去学习一下倒是个机会。一天，我去哈达铺开会，顺便到了总指挥部，探听关于派人学习的事。一进指挥部，看见红军总参谋长刘伯承同志正和贺龙同志谈话，一、四方面军在草地分兵时，刘伯承同志就和朱德总司令随四方面军行动。二、四方面军在甘孜会师后，就听说刘伯承同志随二方面军总指挥部行动，但我这还是头一次见到他。刘总参谋长和贺老总向我问了部队情况后，我就向他们提出，能不能去红军学校学习。

“啊？！”贺老总听了觉得很突然，他笑眯眯地说：

“学习当然好哟，可你这个团政委的工作谁来接替？部队刚刚走出草地，要恢复体力，要休整，还要准备打仗，我看……”说着转过头去望着刘伯承同志，像是征求他的意见。

“是啊，当前还是工作要紧。”刘伯承同志不紧不慢地说。他态度和蔼，语气亲切。

两位首长你一言、我一语地谈当前的形势和任务。当时我们部队的任务确实繁重。经过十个多月艰苦转战，历尽千辛万苦，走出了草地，部队减员很大。由于饥饿和疲劳，战士们的体力很差。这时，蒋介石正在调兵遣将，围追堵截我们，妄图阻止红军三大主力会师于西北。中央军委指示，红二方面军下一步的行动是：东出甘南和陕西省西南部，占领成县、徽县、两当、康县、凤县和宝鸡地区，从右路拖住胡宗南的尾巴，配合一、四方面军进行静（宁）会（宁）战役的计划。

贺龙同志说："目前，我们要利用这个时机，搞好部队生活，恢复体力。还要就地发动群众打土豪，补充新战士，扩大部队。"

刘伯承同志说："是这样，以后还有学习的机会，还是先把部队整顿好。"

听了贺老总和刘总参谋长的一番话，我不再要求去学习了，便连忙返回团部。不几天，我们第四师就接到了经礼县，西和县境内占领成县的作战任务。

9 月 16 日，我们师由小川镇出发，拂晓前直抵成县。守敌是王均部队的一个营和部分反动武装。他们依托城防工事顽抗。先头部队十团首先到达东南门，突破了敌人的城防工事，很快把县城的主要街道占领了。敌人退到城西北角的制高点，负隅顽抗，十团组织了几次攻击，均未奏效，最后只好退到南门和东门，上午 10 时，我们十二团接到师部命令，协助十团夺回失去的阵地，团部经研究由我带领三营从东门进攻敌人。

队伍沿着城北向东门前进，虽然不断遇到敌人的猛烈阻击，但都被我们打垮了。部队来到东门，我们请十团的同志介绍情况并看了地形。前边街道都是石板铺的路面，两边房屋的墙壁参差不齐。敌人少数兵力向我们射击，大部分隐蔽在街道的两侧房墙的背后。我们的机枪和步枪无法杀伤隐蔽的房墙后的敌人。

怎么对付藏在死角的敌人呢？这时不知谁说了一句："我们的子弹要是能拐弯就好了。"这句话提醒了我。我当即把三营的机枪集中起来，命令机枪射手集中火力打街道上的石板。射手们理解了，立即把机枪对准石板逐段向前猛烈扫射。顿时，暴雨般的子弹打向石板路，无数的小石片飞溅起来。那些隐蔽在墙后死角的敌人，被这些小石片打得头破血流，狼狈逃窜。我们的战士趁机发起冲锋，沿街道两侧从这个房屋死角跃进到另一个房屋死角，很快就把敌人赶到了城西北角的老地方。大部分街道又被我们占领了。

下午5点钟左右，枪声还稀稀落落地响着。贺龙、任弼时、关向应同志向我们团的阵地走来。他们迈着有力的步子，谈笑风生，镇定自若，对头顶上"呜呜"飞过的子弹毫不在意。任弼时同志还背着一支小口径步枪。

我边走边向贺龙、任弼时、关向应等同志报告战斗的经过。

方面军首长听说我们用机枪打石板路，一梭机枪子弹几乎顶得上一发迫击炮弹，就停下来，观察脚下马蜂窝似的石板，又看看街两侧房门、墙壁上大小不一的弹痕。贺龙同志高兴地说："这个打法好，是条很好的经验。"并问这个办法是怎么想出来的。我告诉贺老总，在湖北板栗园战斗中，我站在一块石头上用望远镜观察敌情，突然敌人射来的一颗子弹，打中了我前脚跟下的石头，我的小腿一下中了七块石片，伤了七处。是那次战斗的经验教训启发了我。贺龙同志听了，连声说好。

方面军首长察看了居民的房子，看到街道两旁的民房破坏不大，很满意。并再三叮嘱我们，严守群众纪律，爱护群众财产。

第二天，方面军指挥部搬到了城里。团长黄新廷①同志和我到指挥部受领新任务。

贺龙同志向我们交待：把清扫成县残敌的任务移交给兄弟部队，你们团去攻占徽县，要在明天拂晓前攻克县城，然后就地分兵发动群众。他特别强调，占领徽县后，任务是筹款，一定要注意遵守群众纪律。

当天下午，部队经过简短的动员就出发了。第二天凌晨3点钟左右，到达了徽县县城西南面一个村子里。我们准备了云梯，正要去攻城，侦

---

① 原文误为黄新庭。

察员报告，徽县已被红六军团占领了。红六军团看我们来了，就按照总部的部署，向两当县开去。方面军指挥部和四师指挥部随后进驻徽县城。

成、徽地区土地肥沃，水源充足，物产丰富。但是，群众长期受国民党的反动宣传，对红军不了解，不敢和我们接近，工作很难开展。我们根据方面军首长的指示，干部带领工作队，分头到各村去，宣传群众，组织群众。每到一地，张贴标语，散发传单，召开群众大会，用各种办法揭露国民党压迫人民的罪行，宣传共产党的主张。我们还采取了一个老办法，请贫苦农民吃饭。那时候请吃饭很简单，用地主家的粮食做一大锅饭，杀上地主家一口猪，烧一大锅菜，请老百姓自带碗筷来吃。当地虽比较富裕，那是富裕了地主，受苦、吃不饱的群众还很多。穷苦人家听说红军请吃饭，男女老少带上碗筷走来。我们的炊事员一边给群众端饭，一边做宣传工作。听了我们的宣传，吃完饭，有的穷苦农民当场就悄悄向我们反映情况，有的还自告奋勇给我们领路去打土豪。打了土豪，我们又把衣服、粮食分给群众。这样接近我们的群众更多了。有的要求当红军，有的主动给我们送情报，告诉我们哪家地主最坏、最富、钱最多，这就使我们打土豪的目标更准了。群众发动起来后，我们除了招收了不少新战士外，还组织起 100 多人的地方游击队。后来又动员他们编到我们团当了红军。

短短的十几天里，我们团发动群众，筹了很多款。长征一路，同志们的衣服都破了，又到了该换装的季节，我们就利用筹来的款买了一些布，在群众帮助下做衣服，每人还自己动手打草鞋。每个战士都有了新衣服、新草鞋。一件件新装，针针线线都凝聚着人民群众对红军战士的深情厚谊。人民群众发动起来，我们吃饭、穿衣、行军、打仗和兵员的补充都有了保障。出草地时，我们一个团只有七八百人，而这时已扩大到 1000 多人了。

贺龙同志很关心发动群众、组织群众的工作，经常亲自找团的干部汇报情况。每次问得很详细，很具体，还常常到部队驻地去看看战士吃的怎样，住的怎样，对伤病员更是关怀备至。有一天我到指挥部去，贺龙同志正在看一本杂志，见了我就说：

“最近你们团工作很有成绩，但是也要批评你们。”

我看贺老总今天说话不像往常一样带有笑容，不知道出了什么事。贺老总接着说：“你们对伤员关心不够。你们团长、政委铺上都有棉絮，负伤的三营长、七连长床上怎么没有啊？”原来，有一天他和关政委到我们团看了我和团长的铺，又看了在我们前面院子的伤员的住处，发现了我们床上铺了一条棉絮，而伤员的床上却没有。贺老总这种深入群众、一丝不苟和严格要求的作风，给我留下了难忘的印象。他的话，也使我很惭愧。回来后，我立即把床上的棉絮抽出来，又找了一条，亲自送给三营长和七连长。

经过一段时间的休整，我们团得到了补充，战士的体力也有所恢复。整个队伍的面貌焕然一新。但是，由于张国焘破坏了中央静（宁）、会（宁）战役的计划，使整个战局发生了不利于我的重大变化。9月27日，敌王均第三军，沿着我们的来路，由西向东，经小川镇向成县进犯。我们四师奉方面军指挥部的命令，开往成县和小川镇之间，协同红三十二军歼灭进犯的敌人。不料我们还未到达，红三十二军已和敌人打响，敌先我占领有利地形。在这种情况下，方面军首长确定二军团四师和六师各一部，要赶往成县城外的西北地区设伏。

我们十二团埋伏地点，是在一座有庙的小山头及其附近地区，左前面是六师十八团的阵地。在我们阵地南面有一个村子，村子西边有一条小河向南流去。团指挥部就设在山上的庙里。我们从山顶放眼望去，远近群山的树木和山坡上的高粱地连成一片，郁郁葱葱。一小块一小块金黄色的稻田，点缀在绿海之中，一派北国江南的风光。我们这些初到这里的南方人，不禁触景生情，想起了鱼米之乡的湖北洪湖老家，战斗情绪更加高昂。

午后，敌人出现了。他们在很远的地方向我们打炮，好像是进行火力侦察。不一会儿，我们的阵地就被浓烟和飞舞的黄土笼罩了。由于隐蔽得好，敌人的炮火没伤着我们一根毫毛，烟雾和尘土随风向西南飘去，正好迷住了敌人，反而给我们创造了调整兵力的机会。敌人没有发现我们，把攻击目标转到十八团埋伏的阵地，其后面正好暴露在我团的正面。黄新廷同志说，用个把营出击打它一下。于是我带领二营顺着山沟从偷偷地摸到敌人的侧后。一阵密集的子弹从敌人侧后打过去，打得敌人死的死、伤的伤，慌慌张张，敌挤乱窜，真像一群捅散了窝的马蜂。在我们团和十八团的夹击下，敌人只好仓皇地夺路逃命。我们乘胜追击，一口气把敌人赶过小河的西岸。

战斗结束后，部队往回撤，同志们又渴又饿又累。这时正好通过一个果树园，果子挂满树枝，举手可摘;满地都是熟了的水果，低头可拣。可是战士们谁也没有动树上的果子，也没有踩坏地上的一个果子。我走在队伍的最后面，只看见果园地上留下许多深深的草鞋脚印。我们的战士在这种情况下，仍能做到自觉遵守群众纪律，这体现了人民军队的本质，也是人民军队战胜敌人的一个法宝。

正当我们返回时，有人喊了一声："敌人回来了！"我一看，增援的敌人和退却的敌人合成一路，大约有1000多人，向我们反扑过来。地形对我们很不利。我在指挥部队撤回原阵地时负了伤。在我身边的二营营长蔡久同志，迅速背起我通过一块高粱地，回到我们团阵地的一个小山包上。

子弹打中了我的臀部，并穿透了挎在我身上的皮包，把我皮包里的文件和两本书打透了。一本是刘伯承同志翻译的《苏联红军步兵战斗条令》；一本是在湖南时，当时的师政委方理铭同志送给我的《列宁主义概论》。这两本书是我最宝贵的财产，它给了我不少智慧和力量，我一直把它带在身边，这次和我一起"负了伤"。

当时，五连连长刘林同志和几个战士绑了一副担架，把我抬到成县东关一户群众家里。因为流血过多，特别渴，嗓子像要冒烟一样。这家老乡连忙给我烧了开水，我喝了水，觉得好多了。深夜时，贺龙和关向应同志来了。在昏暗的灯光下，贺龙、关向应同志俯下身来抚摸我。他们见我因流血过多，脸色苍白，心里很不好受，给了我许多安慰，要我安心治疗，并嘱咐身边的同志好好照顾我。六师政委廖汉生同志也来了。听见廖汉生同志向贺龙和关向应同志报告说：这次战斗异常激烈，打死打伤了不少敌人……我们伤亡也不小，许多同志牺牲了……

贺龙和关向应同志说：敌人力量处于优势，又占领了有利地形，这一仗不好再打下去了。为了争取主动，需要转移，寻找新的机会消灭敌人。

第二天一早，我离开了成县，由五六个老乡轮流抬着我走。在高低不平的小路上，我听见担架前面的同志和后面的同志不断地互相打招呼："慢一点"、"轻一点"……生怕我受到震动，增加痛苦。一路上，这些亲切的感人肺腑的言语，不绝于耳。

岁月流逝，往事如烟。但是我永远也忘不了在陇南的那些日子，忘不了在那里牺牲的战友和同志，忘不了全力支援我们的广大人民群众。

选自中共徽县党史资料征集办公室编：《红军长征在徽县》，1988年12月，第105—112页。

红二方面军进入甘南[①]

左齐

甘肃南部地区人烟稠密、物产丰富。红军进入这个地区后，虽有反动藏骑兵袭扰，但只要集中兵力打几个胜仗，创建甘南根据地是完全有可能的。

9 月 1 日[②]，六军攻礼县未克，在城北混板铺宿营；二方面军总指挥部和二军先头部队到哈达铺。3 月，六军在礼县城东旧城休息。敌机掩护西和县敌军约一个团增援礼县，我部队夜行转移到额园里。5 日、6 日，六军在岩湾休整；指挥部、二军、三十二军全部到达哈达铺。7 日、8 日，六军仍在岩湾休整；六师到岩昌。

二方面军指挥部决定乘陕甘之敌分散的弱点，分三个纵队前进，打击成县、徽县、两当、康县、凤县、略阳之敌，袭取以上县城，建立临时根据地。

二军六师为左路纵队，于 9 月 10 日由岩昌出发向康县、略阳前进；二军四师和总指挥部及三十二军为中路纵队，于 11 日向两当、凤县前进，同时宣布二军五师归三十二军编制，番号为九十六师。12 日，六军达商河镇；中路纵队达洮平。13 日，大军于横渡休整。14 日，六军经海坝到余家海陶。15 日，六军经寻家底到平南川；四师十二团袭西

① 标题为编者所拟。本文节选自左齐：《雄关漫道——记红二方面军长征历程》。

② 这是1936年。

和县未克。16日夜，六军经娘娘坝、集子园时，前卫消灭敌一个连；敌先占娘娘坝、对我进行反击，我十六师师长张辉同志牺牲。17日，六军经高轿、百杨村、水泉淘、狗家店到徽县之马家庄；四师占成县，击溃敌王均部一个团，缴俘人枪数百。18日，六军经韩家湾占两当县城。守城地主武装及伪县政府人员全部被我俘虏。19日，六军攻凤县县城未克，在县城附近桑园宿营；六师占康县后即向略阳前进，总指挥部和四师占徽县。20日撤凤县之围，退到双石铺。21日到24日，六军于双石铺分出部分人员，在两当地区开辟地方工作，收集资财，扩大红军，宣传党的抗日民族政策。25日，六军经杨家店、两当县城到永宁镇，准备打击由武都向成县进攻之敌；总指挥部和四师在徽县休整；三十二军在成县及其附近;六师在康县。26日，六军到徽县，27日到永宁镇，28日回师两当县城。27至28日，四师一部和三十二军于成县以西之大船坝与敌王均部第三军十二师激战。

由于张国焘向西逃跑，破坏了整个战略布署，使我军不能集中兵力截敌一路以打破敌人的进攻，不能在围城打援中大量歼灭敌人，敌人趁机集中兵力固守城池。再则，我军刚过草地，身体虚弱，武器弹药没有得到补充，不宜继续苦战。于是，红二方面军遵照中央10月2日电示，开始向渭水以北转移。

10月4日，六军放弃两当县城到高桥；三十二军到高桥以南；六师十七团来不及集中，在康县被敌隔断。6日，六军经舒家坝、大湾里、达山镇到杨家湾；总指挥部、二军和三十二军达娘娘坝。7日，六军行军百里，经天水、罗家堡、余家海头坝达横河镇。沿途敌人不断袭扰、经罗家堡时，敌人在敌机的配合下向我进攻，我十六师抗击不力，盐官镇敌人出扰，军直模范师在敌火下冲出，十六师政委晏福生同志负重伤。此次战斗之所以失利，主要是侦察警戒疏忽，部队在通过敌封锁线西兰公路时，十六师、军部夹在敌人中间宿营。敌人发起进攻时，我军有些单位尚未吃饭，仓促应战。我十六师卫生队及所有后勤人员均投入战斗，多数牺牲；敌机轰炸，骡马行李大部丢弃。8日，六军至固城之路华沟。9日经甘谷县、武山县间渡渭水。10日在杨家庄集结，11日经雪家坪、王家山、杜家井达礼辛镇，沿途遭敌机空袭五六次；总指挥部、二军、三十二军到榆盘镇及其附近之毛家店集结。12日，六军经老爷岭到尚河镇。13日经李家店、马河店到峡口、吴家村（离通渭东南约十里）一线，准备通过敌封锁线兰西公路。为隔断我军与中央红军会合，蒋介石布置胡宗南主力和马步芳反动军队十余万人沿西兰公路、渭水南北堵截我军。我军避实就虚，迂回作战。这时，东北军的几个骑兵前来送信与我军接洽，将敌人布置情况和为我军留下的通道告诉了我们，当晚我六军团急行军通过了敌封锁线。

15日至17日，六军经四嘴镇到青家驿；总指挥部和二军到谷头岔、侯家川一线。18日达老君铺，红一方面军派五团一部前来迎接我军。19日，六军在老君铺集合十六师、十八师、模范师全部及十七师连以上干部欢迎红五团代表，并请红五团政委报告陕北苏区情况。20日，六军仍在老君铺体整。21日，总指挥部、二军达滥泥河；三十二军达旧营。22日，六军到公阳镇；总指挥部和二军到将台堡与红一师会师。23日，六军到兴隆镇与红一方面军一军团一师会师，受到一师直属队列队欢迎，同日下午召开联欢大会；总指挥部和二军在将台堡召开了干部会议，听聂洪钧同志报告。各军的领导同志到总指挥部开会。24日，六军在兴隆镇休整，准备战斗。十七、十八师方向发现敌人，战斗约半小时，将敌击退。25日，与一方面军会合，但情况仍然紧迫，为配合一、四方面军消灭来犯之敌，红二方面军继续向北行动，总指挥部转移到消河城，穆家营一线；四师到袁家河之线；六军到消家城，遭敌机两次空袭。26日，六军在消河城休息。27日，六军经穆家营到拦船几塘、川儿湾之线；三十二军在袁家河与敌胡宗南一师接触；二军四师到曹家洼遇敌何柱国骑兵阻击。28日，六军经水头沟到冯家庄；总指挥部到杨明堡；四师到股列堡与敌何柱国骑兵继续战斗。29日，二方面军拟向东北前进，经曹家洼通过敌海原县与黑城镇之间的封锁线，前卫四师在曹家洼、股列堡冲破敌封锁线，后又被敌占领；我方面军改向西北行进，总指挥部和二军六师到仁井子及其附近；六军经杨明堡、鸭儿湾、达相桐川，三十二军于杨明堡西南之红军坊与敌胡宗南第一师接触后，到干碧池堡和古西安州之间。全天我军纵队两翼和后尾与敌不断接触，敌机狂轰滥炸，随二方面军行动的刘伯承同志被炸伤。30日，六军团经七百户、二百户到吴家庄；总指挥部和二军六师到小河子、陈家湾之线；三十二军九十二师到吴家原、马家后庄。31日，六军经古西安州、陈家湾到麻春堡。

11月1日，总指挥部和六师到何家堡；六军到东家堡子。2日，六军拟到关桥堡，因该地驻有红四方面军三十一军，故改向海家湾。3日，六军由海家湾到双河堡，我十六师驻何连湾；总指挥部在何家堡召开干部会议，听朱德总司令传达党中央关于集中一、二、四方面军消灭胡宗南主力的战斗动员报告。4日，进行战斗布置，我二方面军为预备队，总指挥部和六师移到双河堡及其附近；六军到上马营后又回下马营。5日在驻地作战斗准备。6日，六军经双河堡到套脑、杨家湾之线集结。7日，六军到田子塘；总指挥部和二军仍在双河堡及其附近；三十二军在双河堡，海家湾之线。全军均在现地隐蔽集结备战。8日，敌胡宗南不敢向北急进，同时集结主力，构筑工事。因此，我军即转移新的地区以寻找战机。六军经老虎沟、罗家要险、羊家要险，到牛龙川（我游击区）。9日，六军在马家店、双结打。10日到蔡家坟，新庄子之线。11日在原地备战。12日，六军到达豫旺堡（苏区）。13日，我六军本来在豫旺堡休整，因东北军要经过豫旺堡，我们为加强统一战线工作，故让出豫旺堡，移到王家园、毛居士井。14日，在原地待命。15日，六军一部经环县新营湾到水钵，一部到三郎殿。17日在原地备战。18日，因胡敌继续东进，我军为配合一、四方面军消灭该敌，一部到曲子镇，一部到新集子一线集结备战。20日，总指挥部、二军、三十二军在洪德及其附近；六军一部在刘溪、新集子一线备战。21 至 22 日，我二方面军配合一、四方面军、陕北红军的一军团、十五军团、四军和三十一军于环县山城堡歼灭胡宗南主力一个师，大获全胜。这次战斗，是红军长征的最后一战，它显示了红军是任何反动力量也不可摧毁的！

红二方面军胜利到达西北。我三路红军跨过千山万水，终于胜利会师了。我党我军从此走向了新的历史发展阶段。

1979 年 9 月

选自中国人民政治协商会议全国委员会文史资料研究委员会编：《文史资料选辑》第72辑，文史资料出版社1980年12月版，第97—101页。

奔袭成县

向汉生

1936年7月1日[①]，红军第二、第六军团奉命改编为红二方面军。在贺龙、任弼时、关向应等同志的领导下，历尽艰辛，克服重重困难，于8月下旬[②]走出了雪山草地，进入甘肃境内。9月初，总直机关到达哈达铺。此时，红四方面军正在进行岷洮西战役。为了相互策应，迅速打开局面，红二方面军根据中央指示发动了成徽两康战役。

成县、徽县及两当、康县地处甘陕交界，是陇南比较富足的地方，国民党部队常到那里招兵筹粮。这一带地处南北秦岭之间，盆地、丘陵与山地相连，地形比较复杂，是开展武装游击战争的好地方。据侦察获悉，成县城内住有一个营和一个保安团，约五六百人，装备比较齐全。军团首长命令红四师为前卫，长途奔袭，攻占成县。

红四师接受任务后，来不及休整，就开始急行军，向成县进发。红十团为师的前卫，9月12日早上从吴家窖子出发，经过四天的行程，半夜时分赶到纸坊镇。这是一个偏僻安静的村庄。村里的群众都已入睡，红军战士不去惊动附近的老百姓，就在村子外面的野地里悄悄地休息下来。大家把随身带的熟土豆拿出来充饥。红四师路过西和礼县时，看到山区群众生活很苦，加上红军任务紧迫，没有条件准备干粮，就是

① 应为7月5日。

② 红二方面军8月8日走出草地，到达包座。

这土豆也煮得半生不熟，硬邦邦的，连一点盐巴都没有。但是，这在当时已经是满意的食品了，红军指战员一个个吃得又香又甜。

纸坊镇离成县还有60多里，中间隔着一座大山，红四师要在拂晓前接近县城，不能长时间停留，只在那里小憩一下，整理好武器装具，便踏上了曲曲折折的山间小道。当时陇南正是多雨季节，秋雨连绵，战士们冒雨行进，日夜兼程，雨水和汗水流在一起。红四师要翻越的那座老爷山是个黄土岭，经雨一淋，如漆如胶，又滑又粘，实在难走，许多同志摔了一跤又一跤，滚得泥蛋一样。还有一些同志出发时抬了一些电线杆子，是准备到成县攻城时做梯子用的，这些笨重的东西更给行军增加了困难。

拂晓前，红四师前卫部队赶到了预定地点。成县城北面依山，南面临河，只有东西两面是开阔的平地，要攻占县城，从东北门和西南门进攻较为有利。师首长命令红十团攻取西南门，红十二团攻取利东北门，然后向纵深发展，歼灭该城守敌。

红十团团长王友才、政委朱绍田命令三营担任全团的主攻和前卫。城西南一带全是平川地，当时庄稼已经收了，没有什么障碍物，部队接近城下比较困难。于是决定，由七连副班长邹法清同志带领几个战士，先把绑好的梯子抬到城下，部队以田里的成捆的秫秸作掩护，匍匐、跳跃前进，隐蔽接近城下。红军战士个个动作敏捷，行动迅速，静悄悄地摸爬到城墙跟前，整理好装具，立即组织攻城。正在往城墙上架梯子的时候，七连通信员小牛不小心绊倒了，惊动了城上的敌人哨兵，敌哨兵急忙拉枪栓，喊口令，敌班长也慌慌张张地从碉堡里走出来，打着手电筒朝下面晃了几晃。城墙上长满了野草和荆棘，红军战士紧贴在墙跟下，一声不响，敌班长没有发现什么，把哨兵骂了几句，又钻进碉堡里去了。红军战士乘此机会迅速登城。我和六班的一名战士猛扑上去，把敌人哨兵捉住，低声说:“不许喊叫，喊就打死你！”敌哨兵一面缴枪，一面掏钱，战战兢兢地要求饶命。我对他说：“不要你的钱，你领我们到碉堡跟前，唤你们班长开城门！”敌哨兵说：“那可使不得，我们班长不会给你们开门的，让他知道了，定要开机关枪的，倒不如扔进几颗手榴弹，……”我们见敌哨兵态度还算老实，此话说的也有些道理，就让他带路来到碉堡跟前。碉堡里的敌人正在睡觉，两颗手榴弹丢进去，炸得敌人昏头转向，死的死，伤的伤，活着的赶紧出来缴枪投降。

七连六班占领了西南城门上的据点之后，迅速抢占城墙上的有利地形。城内的敌人正在昏睡，被手榴弹的爆炸声惊醒，不知发生了什么事情，急忙起床，操枪荷弹，一片混乱。此时，六班战士大开城门，红十团三营一涌而进，与敌人展开激烈的战斗。打了约一个小时，敌人的主力一部分被消灭，一部分残敌退到西北城角进行顽抗。

敌人败退时，在街道上扔下不少钞票、银元、衣物、枪弹等，意在让红军战士拣东西去，以便他们很快逃命。红四师刚刚走出雪山草地，没有得到很好的休整补充，这些钱、衣服和枪弹正是当时所急需的东西，又加上部队的思想纪律没有及时整顿，有些战士就只顾拣东西，放松了向败退的敌人追击：担任攻打东北门任务的红十二团因迷路未能按时赶到，败退到城西北角的敌人，重新调整了战斗队形，依据有利的地势，居高临下，向红十团发起反冲击。在这紧急的关头，红十团参谋长尹光炳同志从指挥所赶到现场，抓住七连和八连，亲自组织指挥，把反扑的敌人打退。接着,一营和二营的部队也投入了战斗。红十团赶到后，合围聚歼了这股敌人。

战斗结束后，红四师部队在成县稍事休息，第二天即随方面军总指挥部经红川向徽县进发。红三十二军奉命留驻成县，开展群众工作。

攻打成县，是红四师走出草地以后的第一仗。红军指战员不怕疲劳，长途奔袭，攻占成县城，达到了出奇制胜的目的。成徽两康战役首战告捷，不仅极大地鼓舞了红军的士气，同时，对于扩大红军的影响，发动群众和组织群众，都起了较大的作用，提高了徽成一带广大群众对共产党和红军的认识。人民群众除了在物资上大力支援红军外，有

1000 多人参加了红军队伍，同时还建立了地方民主政权，成立了 2000 多人的工农游击队，壮大了革命的力量，在党和红军的教育与影响下，徽县成县一带的广大群众为中国革命斗争做出了积极的贡献。

选自中共徽县党史资料征集办公室编:《红军长征在徽县》,1988年12月,第113—116页。

向汉生，1919 年生，湖南慈利人。1935 年参加中国工农红军，红军长征时为红二方面军四师十团战士。新中国成立后，曾任炮兵三十一师副师长、炮兵十五师副师长、甘肃平凉军分区司令员、武都军分区司令员。1972 年逝世。

长征经过康县的一些情况

高诗德

红军六师长征途经康县的有十六、十七、十八三个团，廖汉生是政委，师长是贺炳炎。我是十六团俱乐部主任。我们在康县没停，在城里吃了一顿面条，就走了，一两天后到了白水江。师部在康县停没停记不起了。当时三个团连师部最少有2000人（根据是长征结束，双十二事变后，我们在陕西庄力镇整编时，一个团尚有五个连，连团部共600多人）。我们从白水江移师徽县，没有打仗，在徽县住了两天，又奉命去成县打仗，由于张国焘的破坏，我们被迫撤离成县。六师离康时，留下了十七团，并留下师部特派员（是六军团派来的，政策水平很好，个子大，记得形象，但记不清名字，此人肯定不是师政治部主任，因为我长征时，从甘孜离开政治部，双十二事变后又回到师政治部时，仍是原来的主任）负责。

我们从成县撤离时，十七团没跟上，以后一直没有下落，据说师部特派员牺牲，该团失去掌舵人。（康县党史办访问整理）

选自中共徽县党史资料征集办公室编：《红军长征在徽县》，1988年12月，第174页。

高诗德，1913年生，湖北洪湖人。1931年参加中国工农红军，1934

年加入中国共产党。红军长征时为红二军团六师十六团红军俱乐部主任。新中国成立后，曾任西北军区军械部副部长、兰州军区后勤部副部长等职。2004 年在兰州逝世。

红二方面军在陇南山区休整

严汉万

1936年中秋时节，我们二方面军终于克服了重重困难，进入甘肃的徽、成、两当、康县地区。到达这里后，部队奉党中央、毛主席的命令进行休整。

我们刚出了草地，头发、胡子都有拃把长，衣着甚为难看：有的穿着长袍，有的穿着短裤，有的穿着上面东一块、西一块补着红红绿绿的补丁的兽皮背心，有的没补丁可补，就用草扎个揪揪儿凑合。敌人趁机宣传说：这就是“共产共妻”，“杀人放火”的“共匪”。群众听了十分恐惧，一个个逃得无影无踪。

长征路上，只要碰见一个村庄或几户人家，就感到一片光明，不由人心上热乎乎的；没有群众就寸步难行，一切都很渺茫。我们多么需要群众啊！但群众还不了解我们，怎么办？

面对这种情况，贺龙总指挥召开了团以上干部紧急会议，和大家共同商量解决的办法。这次会议十分活跃，是长征路上一次少有的情绪高昂的会议。大家你一言我一语提出了好多好意见，最后贺总指挥总结。他说：“几个月来，我们很少见到群众，今天见到了，而且很多，但就是不和我们在一起”。说着他哈哈大笑起来，吸了一口烟继续说：“这是什么缘故？是因为群众还不认识我们。要让群众认识我们，熟悉我们，热爱我们，我们要在这方面拿出本领来！”接着，贺总指挥提出了解决的办法；“咱们还是唱咱们的拿手好戏吧，这出戏的名字就叫‘三大纪律，八项注意’。但是根据当前实际情况，只有这点还不够，还要有新的约法三章：第一，群众不回来，部队不能进他们的家；第二，有些人跑的时候，把家里的门窗没关好，要替他们看着门，不要让小偷进去偷东西；第三，庄子内外要打扫得干干净净；第四，不能赶鸡打狗，要让它们安安宁宁；第五，要到山间和林畔向看不见的对象讲话，宣传抗日，宣传革命的道理。”贺总最后说：“我们有能力通过自己的先进思想、组织性和纪律性把农民群众争取回来，提高他们的觉悟水平。”贺老总的讲话使到会的同志豁然开朗，思想安定了下来。

正当部队按贺老总的指示开展活动的时候，甘肃地下党指示陇南党组织派专人协助部队工作。那时地下党不能公开，活动很困难，但他们还是通过各种途径和办法，向部队介绍了当地的风俗民情，帮助部队把逃到外边的人一个一个找回来，并组织群众慰问部队。

有了群众，我们就像久旱逢甘霖的禾苗一样，一定能把根深深扎进泥土里。

部队每天除保证必要的警戒任务外，年老体弱的同志给老乡担水、垫圈、喂牲口、打扫卫生和招呼伤员，其余同志全部参加田间劳动。当时是秋收大忙季节，政治部给各单位规定了劳动任务，组织田间劳动竞赛。我们政治部有一个叫刘德斌的干事，在劳动中表现最突出，每天收割一亩多地谷子，还要背送到麦场去，被评为政治部的劳动标兵。

看到这种情况，老乡们都议论纷纷，有的说：“历来都是民养兵，兵不害民就算顶呱呱了，从没见过当兵的还给老百姓种地。”有的说：“这个军队和其他军队不一样，他们不光能下苦，做起活来也很内行。”有的老乡用怀疑的口气打问一些同志的身世。我们巴不得和群众说话哩，借这种机会，就向群众详细讲述自己的经历和要参加革命的道理。当群众知道红军战士的身世和他们相似时，就备感亲切。

参加劳动是联系群众的最好方法。在劳动中，每个人都交识了自己的朋友。国民党所谓“共产共妻”和“杀人放火”的反动宣传，群众再也不相信了。相反，对红军“反压迫剥削”、“抗日救国”的主张逐渐有了比较深刻的认识。一些先进分子对日本帝国主义侵略造成的民族灾难深感忧虑。

在群众觉悟空前提高的基础上，进行了减租减息和装备部队的工作。贺总指示：一支孤立无援的部队，闯入敌占区，一切工作方法都不能一如既往，死搬硬套，必须从实际出发。这次减租减息，只把当时租种田里收下的新粮按二五比例减租，分给了佃户。把地富家里屯集的粮食全部没收，大部分作为军需，少部分以军队名义还了初到时借吃的债务。结果证明，这样做震动小，效果好，群众无后顾之忧。

吃的问题解决了，穿的和医药问题采取向工商界募捐的办法解决。工商界向我们捐献了不少布匹、棉花、针线和医药。医药给伤病员治病，布匹、棉花等分给群众和缝纫社做军装。两个星期左右的时间，新的鞋、帽、衣服都做成了，颜色虽然黑、蓝、灰各不相同，但式样统一，帽子上还缀了一颗布做的红五角星。新衣服穿起来，确实增添了不少的威仪，群众看了竖指称赞，自己也觉着有一股用不尽的力量。工商界在这方面尽了力，后来我们发现有些本薄利微的工商业者募捐后再生产受到影响，就把仅存的一点白洋、铜元拿出来给他们付款，他们不要，表示国难当头，匹夫有责。有的工商业者说：“抗日救国，人人有责，你们不把日本侵略者打倒，我们的生意也做不成。我们既愿捐募就不要钱，要钱就不捐募”。

水到渠成，瓜熟蒂落。经过军民共同努力，前一阶段工作都按预定计划顺利完成了。这时，不少有志青年要求参军，共赴国难。我们虽然是一个方面军，但在长征路上损失了五分之四还多，实际上只剩下两千多人了①。此时四面受敌，正感兵源缺乏，扩兵是十分必要的，有人要

① 此说有误，红二、六军团出发时1.7万多人，大会师时还有一万多人。

求参军，可见时机已到。方面军司令部指示各师立即组织扩兵工作团，分赴农村进行扩兵，任务是：一个保征一个班，一个区征一个连，一个县征一个团。我当时任十八师政治部的民运科长，就成了当然的扩兵工作团长。我们的工作团驻在江洛镇的冯智清家里。冯家是赤贫，老两口生了三男二女，老大、老二已结婚，大媳妇还生了个小宝宝。全家十口人，就靠老汉和三个儿子拉长工维持生活。智清的三个儿子都要求参军，老汉也向我们苦苦哀求说："让娃娃跟上你们去吧，留在家里也活不成，出去碰碰，混的好了，为国献力，也有一碗饱饭呢。"经过多次劝说，我们只让三娃子参了军。这样的人家，正是我们扩军的基本力量，虽然不让他们全部参军，但让他们到亲戚朋友家去串联，动员其他人当兵。利用骨干串联，是当时扩兵的一个普通方法。十天左右的时间，用这种方法在徽、成、两当、康等县，共招了新兵近3000名，大大扩充了军队，改变了局面。

扩兵工作结束后，我们一方面对新兵进行训练，一方面安排军属。在没有建立起红色政权的白色恐怖区，安排军属的工作是比较复杂的：首先，这些人家大部分是吃了早上没晚上的贫苦农民，要对他们实行救济，如冯智清家，我们就给救济了二斗包米和四五升糜谷，另外还给了几个白洋和一串铜钱。第二，部队走了后，不能让这些人家被国民党迫害，要对他们采取保护措施，如有的要作适当转移，有的请地下党组织和地方武装注意他们的安全。第三，这些人家将是部队走后地下党组织和地方武装活动的据点，要对他们进行必要的教育，使他们敢于斗争和善于斗争。

金风瑟瑟，早晚已有凉意。一天早晨，师政治部的通讯员通知我说："饭后到城隍庙里开会"。城隍庙在江洛镇对面的山脚下，很宽敞，方面军司令部就驻在里面。"司令部召开会议，一定很重要"。我这样想着，很快吃了一碗包谷洋芋粥，快步向城隍庙走去。进去一看，各师的团以上干部都到了，大家又说又笑，显得很愉快。正在这时，贺总指挥和政治部主任甘泗淇进来了，说笑声戛然而止，大家不约而同地站起来。贺总招招手，大家又坐了下来。

那时开会不拘形式，人到齐就讲开了。贺总说：“我们住在这里，老朋友始终不安心，天天准备送行。咱们也要自觉啊，自己走吧！”贺老总很幽默，几句话把大家逗乐了。之后才讲了部队的出发时间、集合地点、行军路线、联络办法等详细情况。贺总讲完后甘主任接着说:“部队出发前，要把伤员安置好，把纪律执行情况普遍检查一次”。他特别强调了安置伤员和检查纪律的重要意义，讲了安置伤员工作的艰巨性。

当天晚上，我们按会议精神分头安置伤员和检查纪律。当把部队要走、伤员需要转移到离城镇和公路较远的偏僻山区继续休养的消息告诉伤员后，伤员个个泣不成声，一致要求“宁愿跟上部队死，不愿留下继续生”。我的一个老战友石子英拉着我的手说：“老严啊，我一分钟也不能离开党，不能离开部队，请你报告首长把我带上，我哪怕向前爬，决不给部队添麻烦，即使出去死了也心满意足”。他一边说一边哭，闹得我也泪流满面，说不出话来，接待伤员的乡亲起了积极作用。他们一致表示：“伤员就是亲人，要以自己的生命保护伤员的安全，决不叫他们受亏”。对这些家庭，我们都一一给了粮食和药品。

部队离开的消息没有告诉群众，但群众见我们安置伤员，又征求意见，就猜到八九分了。部队刚集合，群众就围上来了，有的提着洋芋，有的提着鸡蛋，有的拿着饼子，一个个眼泪汪汪地往战士手里塞。冯大娘可怜巴巴的，不知什么时候存下两个鸡蛋，也拿来往我口袋里装。我请她留下给小宝宝吃，她哭泣着说:“嗳，好娃哩，穷家富路，家里再穷，总不能叫上路的人饿着肚子，再说你们出去还要打黑狗子哩！”部队走开了，群众把一切的感情都凝结成这样几句话:“中国共产党万岁！”“红军万岁！”“把日本帝国主义赶出中国去！”“打倒反动派！”口号声此起彼伏，回响在陇南群山之间。

再见了，革命的人民，你们的功绩将永远记在历史的功劳簿上！

1981年7月25日

选自中共徽县党史资料征集办公室编：《红军长征在徽县》，1988年12月，第162—167页。

严汉万，红军长征时为红六军团十八师政治部民运科科长。

红军长征过徽县

侯清芝

我是1935年参加红军的，长征时我全家八口人，随二方面军①从湖南出发，进行长征的：我爱人刘大梅，小妹侯幺妹在路过雪山草地时先后牺牲，父亲侯德成，在1936年成县的五龙山战役中身负重伤，不幸牺牲，1960年徽成县人民政府在成县立碑纪念。我母亲及四弟长征到延安后，于西安事变之后，要求回到湖南老家。另有小弟，经成县时，年尚八岁，因父亡当时遗留此地，现在成县，因其养父姓何，现名何役。

我长征时在二军团五师十三团一营一连，五师的师长是贺炳炎，其余的我记不清了。我父、母、爱人和妹等都编在总部宣传队，因为当时能参加战斗的人员都编在战斗部队，不能参加战斗的编在总部，我父亲识几个字，一路上提个灰桶，每到一地就写标语等。长征到成县，我们和四川上去的国民党军队王均部打了一仗，战斗打的相当激烈，双方死伤很大，我父亲就是在那次战斗中牺牲的。战前总部宣传队的女同志有20多个，等战斗结束时仅剩几个了。当时我担任排长，我们连队上前线的连排干部有十个，最后只剩我一个人了，我们十三团只剩四个连队了。

当时二方面军我记得在徽成县都住的有，我们在成县住了几天，由

① 应为红二、六军团。

成县到徽县，而后向陕西方向撤走了，没在徽县住。

成县的五龙山战役，是我们二方面军长征中比较大的两大战役之一。

选自中共徽县党史资料征集办公室编:《红军长征在徽县》，1988年12月，第137—138页。

侯清芝，1912 年生，湖南张家界人。1935 年参加中国工农红军。红军长征时为红二军团五师十三团一营一连战士。新中国成立后，曾任大庸县武装大队副大队长、大队长。1987 年逝世。

回忆长征在徽县

李林

1936年8月至9月份，正值秋收时节，我们到的徽县。我是二军团(红二军）四师十团一营一连的卫生员，师长是卢冬生、团长刘开绪（湖南桑植人）。二、六军团在哈达铺会师以后，是一路走的，首先攻克成县，然后解放的徽县。相隔一、半天时间。成县打得比较厉害，我们这个师连夜形成了对成县的包围，我们团是从东门摸进去的，赶鸡叫时我们摸到了城墙跟前，敌人发现，首先向我们开的枪，我们遂进行了还击，我当时是爬梯子进城的，因为我们连队是团的前卫。四师十一团是从西门攻城的。攻开成县以后，我们没有休整，随即又向徽县开进。赶到徽县，没有打仗，就进驻了县城。四师在县城住了一夜，当晚在徽县的正街里打了一家资本家的土豪，我记得很清楚，当时查封过一些罐头烟，一盒50支，每个班都分到一些，土豪的住址和姓名我记不清了，因为我们是战斗部队，城里住的部队太多，第二天我们就撤走了。记得是出西门，沿河上，约二三十里路远的地方，这个地方比较平坦、开阔，我们四师就住在那里。

在徽县，我们主要是休整、扩红。军部我记得当时住在县城，其余部队大都住在城关，比较分散，具体的分布，我不知道。我们在徽县发动群众，动员裁缝等缝制棉衣，我记得当年冬天的棉衣是在徽县发的。我们在徽县扩红的数量很大，我记得在成县都没有扩充多少，仅我们一连，在徽县就补充了好几十人。

我 1934 年 16 岁参加红军，长征到徽县时 18 岁，今年 67 岁，建国以后任党委书记、队长、州局副局长、冶金局副局长，后任大庸县副县长，主管工交、民政，直至退休。时间久了，许多都记不清楚了。

1985 年 6 月 3 日

选自中共徽县党史资料征集办公室编:《红军长征在徽县》, 1988年12月, 第143—144页。

李林，1918 年生，湖南张家界人。1934 年参加中国工农红军，红军长征时为红二军团四师十团一营一连卫生员。新中国成立后，曾任湖南湘西自治州冶金工业局局长、大庸县人民政府副县长。1987 年逝世。

红军在徽县的活动片断

胡进才

我今年72岁了，系四川省绵阳人。1936年秋在哈达铺参加红军，到徽县时我为通讯班长。我所在的部队是二军四师十团，师长是卢冬生，外号叫跛子，团长是黄新廷①。我们从哈达铺出发，经过荔川镇到了成县，攻下成县城后，四师和指挥部到了徽县，我们团驻扎在城西北约20多里的一个镇子上，以后又到徽县的东关、东河，那里是回民，我们遵守回民的风俗习惯，向回民宣传政策，在回民中组织了抗日反蒋委员会和回民自治委员会。在徽县驻扎了十几天，扩充红军战士约一个营，这仅是我们四师的，其他师的我不清楚。

我们四师攻克成县后就和总指挥部到了徽县，留在成县两个师，这两个师是由四方面军拨到二军团的，他们以后在成县又打了一仗，也撤到徽县来了。我们离开徽县时是经过高桥、新店、麻沿上去的。当时我因参军时间不长，部队的领导我都不知道，又因时间太长了大部分的事都忘记了，只能谈这一点情况，供你们参考就是了。

根据1985年4月24日的谈话整理。

① 原文误为黄新亭。此回忆有误，黄新廷应为十二团团长。

选自中共徽县党史资料征集办公室编:《红军长征在徽县》, 1988年12月, 第133页。

胡进才，1913 年生，四川绵阳人。1936 年参加中国工农红军。红军长征时为红二军团四师十团通信班班长。

罗家堡突围

刘转连

走出了草地，部队又在甘南活动了一段时间，一面作战，一面展开群众工作。稍事休整补充之后，便于 9 月下旬由凤县、两当经娘娘坝、兴隆镇向天水进发，准备跨过渭河，进入陕甘苏区，和中央红军会合。

渭河，是横贯陕甘的一条大河，也是红二方面军长征中的最后一道天然障碍。胡宗南早已发现了我军北进的意图，便调集了五个团驻守天水，并在渭河岸边布满了重兵，企图阻截和消灭我们于渭南地区。

我们必须在敌人这重重防卫中杀出一条路来，抢过河去。

部队以急行军的速度向西北前进。我们十七师走在最前面。天刚过午，快要达到罗家堡时，遇到了敌人从右侧攻来。我们当即抢占了一带山梁，阻击敌人，掩护全军部队从左面过河。为了便于联系，和掩护我们过河，又派出了一个连，尾随大队后卫十八师过河，接替对岸的山头阵地。

掩护战极其激烈。我们全力迎击敌人一次次的冲击，来保证大队的安全渡河。大队渡河没有受到什么威胁，但渡河之后，却在岸边陷入了预伏之敌的包围。军团首长指挥十八师奋勇突击，经过一场激烈的战斗，才突出重围。这次突围损失不小，十六师师长张英辉同志英勇牺牲，师政委晏福生同志受了重伤。自然，这些情况是以后才知道的。当时我们正全力对付右翼的敌人，只能焦急地望着大队突破的方向，听着那边一阵比一阵激烈的枪声，暗暗发急，却不知发生了什么情况。

直到下午 4 点多钟，前面的枪声渐渐稀疏、渐渐远去了，但是还是没有得到前面的情报——大队没有联系的人来。过去的一个连也没有派人回来报告情况。到底大队突过去了没有？前面敌情怎么样？那个连呢？是跟着十八师走了呢，还是被敌人吃掉了呢？情况不明，实在使人不安。于是我们一面撤出了战斗，把部队集合在一道山沟里隐蔽，一面派出人去侦察河边的情况。

侦察人员回来了，带来了令人不快的消息：对岸的战斗已经结束，看来我军大队已经突了过去，河岸上还有敌人的部队在活动；大约有三个团；这岸，敌人正向岸边搜索前进。这些情况表明，敌人已经遮断了我们与大队的联系，我们被为数众多的敌人阻挡在渭河以南，处于包围之中了。

情势突然变得十分严重。在没有掩护、没有策应的情况下抢渡渭河是很不容易的，但一支孤军留在渭河以南也很危险，随时都有被比我们强大数倍的敌人消灭的可能。怎么办呢？

太阳已经平西，山沟里渐渐昏黑了，人们围集在一起，你一言我一语地讨论着如何行动，但问题都集中在一点上：是突过河去还是留在河南？有人提议留在渭河南岸打游击，理由是渭河沿岸敌人过于强大，突不过去；即使过去了，也要有很大伤亡。但是这种意见很快被否定了。这里四周都是敌人，地区狭小，根本游动不开，而且地形条件，群众条件都不好，展开游击战争几乎是不可能的。如果下决心突，虽然少不了要付出较大的代价，却还可以保存这支部队，归还建制。

我来到队伍面前。战士们一齐抬起头来望着我。看着这些满含期待的眼睛，一种强烈的责任感涌上心头。经过千万里征战，经过雪山草地等关山险阻的折磨，整个师只剩下不过两千人了。但这是经受了千锤百炼的钢铁，是我们党的宝贵的财富。作为一个指挥员，必须对党负责，对他们负责，决不能把他们带进虎口。我简要地谈了谈我们的处境以后，提高了声音问道："同志们！敌人不让我们和中央红军会合，想把我们困在渭南地区，吃掉我们！我们是突过河去和军团部、和中央红军会合呢，还是留在这里打游击？……"

我的话音落后，山沟里一阵静寂。除了晚风搅动树枝发出单调的声响，人们谁也没有做声，都在认真地思考着这个严重的问题。

突然，前排一个喑哑的声音说道："我们要突过河去！"

这句话道出了大家的心意，队伍里立时腾起一片激昂的喊声：

"突过河去！找军团部去！"

"过河去！和中央红军会合！"

有个战士一拄枪杆站起来说："乌江、金沙江、雪山、草地我们都过来了，一条渭河就能挡住了我们？"

"对，我们能杀过去！"

对于这样的英雄们，是用不着拿过多的话语去动员的。我们立即行动起来，由全师中弹药最多的第一营担任前卫，命令战士们全部子弹上膛，作好突击准备，由我和营长贺云生同志带领。陈忠德政委带着师直属队和本队跟进。

部队走出了山沟，照直向河边走去。河边是一片高粱地，茁壮的高粱正待收获，高高的高粱秆，正好成了渡河的自然掩获物。河水不深，我们穿过高粱地便下到河里，向对岸涉去。

开始倒还顺利。但我们刚到河心，敌人发觉了，机枪、步枪、迫击炮一齐向河里射来，尖兵班的几个战士当场倒下了。行将半渡，部队完全暴露在敌人的火力下，这种情况实在太不利。我刚要组织火力压制敌人，突然对岸左边的一个山头上两挺机枪向着敌人开火了。这个打击来得是那么近，又那么突然，敌人的火力一下子哑了。瞅住这机会，贺云生喊了声："冲呀！"前卫营迅速抢过了河，抢下了岸边的一处山头。

这突如其来的打击，不但打了敌人个措手不及，也使我们感到意外：战斗不是早已结束了么，这是哪里来的部队？是敌人自己打误会了呢，还是我们军团部留有掩护的部队？如果是自己人，就应当赶紧争取会合，于是我命令部队赶快向左侧的一道山头发展。但是夜间太黑打来打去，到处都是敌人，一直转到快天亮了，才发展了几个山头阵地。

天放亮的时候，我正组织部队，准备继续往前突，忽然听见山腰里一个沙哑的嗓门在叫："师长在哪，快，快领我去！"原来正是昨天派过河来联系的那个连的连长，一见是他，我又是惊喜又是生气。当时，我真想批评他一顿："为什么不派人和后面联系！"但一看他那精神，不由得把涌到嘴边的话咽下去了。他左臂负了伤，用截绑腿横吊在胸前，浑身上下，到处是泥污、破洞，不问而知是经过了一场苦战。他站在那儿，眼里含着欲流不流的眼泪，好像有好多话要说又说不出来，半天，才叫了声："师长……"

原来，他们这个连跟随十八师过河之后，就抢占了岸边的一个山头阵地，准备配合十八师后卫部队掩护我们过河。但十八师和军团部一过河就陷入了重围，部队不能在这背水受敌的情况下久停，便死拼苦打冲了过去。他们却没有走，集中起来死死地守住了这个山头，继续执行掩护任务。敌人把他们团团围住，向他们发起了一次又一次冲锋。他们拼命坚持着，苦战了一天。战士们负伤了，只要能爬得动的，没有一个人离开阵地；弹药不多了，为了省出弹药掩护大队渡河，他们就用刺刀和石头和敌人搏斗。一天没有吃东西，山上又找不到水喝，他们就吸吮着潮湿的石块、嚼着草根树叶来坚持。这期间，他们也曾多次派出人来和后面联系，都没有成功。但他们却毫不动摇，他们时刻不忘自己的任务，坚信大队一定会来。战士们一次又一次重复着这句口号："剩一个人、一枝枪，也要支援大队过河！"就这样，他们苦熬苦撑，终于用自己的双手把我们迎过河来！

是的，这就是我们的红军战士！他们在困危中，在生死关头，不计个人的安危；在他们心目中只有集体的成败，只有党交给的任务。对于这样的同志能有什么可责备的呢？

“你们打得好，掩护了大队过河，完成了任务！”我怀着难以抑制的热爱和感激，扶住他的肩膀说，“去吧，把部队带过来，我们一块往前突。”末了，我又嘱咐了一句：“记住，把所有受伤的同志都带上，人力不够可以向贺营长要。一个也不能丢掉！”

部队组织好，太阳已经冒红了。我们沿着山道继续向前突进。这里地形很别扭，右边是立陡的高山，山上布满了敌兵，左边是一两丈高的岩坡。看来敌人早已布置好了，岩坡下面不远处一群敌人埋伏在那里，从穿着看来大约是民团武装。我们一拐进山口，岩坡下的敌人就发觉了，密集的火力即封锁了这一段狭小的通路，他们一面打，一面喊:“土匪，快缴枪吧，过不去啦！”

俗话说“虎落平阳被犬欺”，居然一伙民团竟敢叫我们缴枪，再没有比这事更气人的了，但看看前面的通路，那不过一尺宽的路面上，被密集的子弹撮起一派烟尘，破碎的山石像群打惊了的麻雀似的四处飞迸，实在难以突得过去。于是我伸手扯扯贺云生的袖子，低声地说:“组织好火力！”然后,我向民团答话:“好好,你们别打枪！”略停了一会，看看前面的封锁火力减弱了,民团队伍里也松懈了一些,我扭头一招手：“打！”我们准备好了的机步枪一齐开火，敌人蒙头了，混乱了，我们边打边冲，一下子突了过去。

抢过隘路，占据了有利地形，我们组织了一个反击，向民团压了过去。敌人死的死,跑的跑,一下子散了。有的战士一把夺下了敌人的枪，还幽默地说：“是你们缴我们的枪呢，还是我们缴你们的枪？”

在前卫营的掩护下，后面本队也贴着山根冲过来了。检查了一下没有什么损失，连一二百伤员也背过来了，于是我们便继续向前突。我们沿着沟边，冲出山口，便看见山沟里乱丢着许多东西，有骡马驮子，有挑子，白花花的银洋撒得满沟都是。这是前面部队突围时丢弃的，本来是个很大的损失，这回却变成了吸引敌人的钓饵——预伏在这里的敌兵都挤到那里去发洋财了。山沟里乱糟糟的，你争我抢，吵吵骂骂，乱成一团。这正是机会，我们猛地扑了上去，把将近一营的敌兵消灭和赶散了。失散的物资，除了一部分现洋来不及收拣，其他大件东西，有十几挺重机枪，一二百条步枪，和骡马驮子都夺了下来。

连闯两关，基本上突出了敌人的包围，前面还有些小股敌人的阻挠，就不在话下了。我们背扶着伤员，携带着物资，边打边走，天近中午时分，我们终于摆脱了敌人，追上了大队。原来军团部和十八师突过后部队受到了很大损失，很难有力量返回来支援我们了，便一面整理部队，一面等着我们。这会，陈伯钧军团长、王震政委和好多同志都站在路上，拍手欢迎我们。

虽然仅仅只有一天的时间，我们却像久别家园的孩子见了母亲一样，感到了极大的温暖。人们欢呼、握手、互相询问，拥到了一起，分别的悬念、突围的艰险、苦战的疲劳都忘得干干净净了。

选自中国人民解放军三十年编辑部编：《中国人民解放军三十年初选稿》第一卷第三辑（十二）二方面军补稿，未刊稿，第27—32页。

我们的政委回来了

江冰

走出了杳无人烟的草地，到了甘肃。接着部队在甘肃的西南方向，打下了成县、两当，进兵到了徽县。正当我们准备径向汉中前进时，张国焘竟指挥四方面军主力西渡黄河，进入河西①，使我二方面军完全处于孤军作战的境地，迫不得已，我们只得改变原订计划，往回撤兵，准备同中央红军会师。

9 月的一天拂晓，我们红六军团撤到天水附近的罗家堡。当时我们十六师是红六军团的前卫，三营又担任师的前卫。东方发白时，三营走到半山坡，突然“啪”地响了一枪。后面的同志惊异地问:“怎么搞的?走了火啦！”话刚落音，敌人的轻重机枪和手榴弹，猛烈地向我们飞盖过来，给我们来了个措手不及。但前卫连立即原地散开，向敌人还击，在一阵“冲杀”声过后，我们占领了敌人最高火力点。正当我们又要继续行动时，敌人却从三面把我们包围起来，没有多久的时间，最高火力点又被敌人夺回。敌人步步向我们逼近，太阳出来的时候，敌人的飞机

① 中央制定宁夏战役计划后，中共西北局召开岷州会议决定北上，但张国焘不愿执行中央北上方针，在他的坚持下，中共西北局在漳县盐井召开会议否决北上意见，通过了西进决定。后因中央明令禁止，加上黄河以西大雪封山，渡河计划难以执行，张国焘不得不放弃西进计划。但因其延误，造成战局发生变化，给二方面军造成损失。此后，红四方面军一部1936年10月西渡黄河则是奉了中革军委命令。

也飞来向我们轮番轰炸。与此同时，地面敌人便像一群恶狼似的，从我两侧汹涌卷来。在这突然的袭击下，三营营长负了重伤，教导员牺牲。

在这万分紧急的时刻，我们的师政委晏福生同志，到最前面的营指挥所来了。他手提着驳壳枪，坚定而沉着对大家说："勇敢的共产党员，共青团员和不怕困难的全体同志们！我们要北上抗日，蒋介石却死死地阻遏我们前进。同志们，我们要坚决粉碎敌人的阴谋。"说着就亲自带领部队冲了上去。最后终于杀开一条血路使部队冲出了敌人的层层包围。不幸的是就在这个时候，我们的政治委员却不见了。他究竟到哪儿去了呢？师部每个同志都在为他着急，互相打听和猜测他的下落。这时司令部向行进的队伍下口令："往前传，晏政委在三营不？"每个人传过这句问话时，都渴望着一个好的消息传回来。消息很快传回来了，却是"政委不在三营。"司令部又传向一、二营，但传回来的消息，亦然使人失望。正在这个时候，政委的警卫员带着政委文件包和望远镜，擦过我们身旁拼命地向师部跑。"政委在哪儿？政委怎么样？"认识他的同志都以焦急关切的心情向他询问。那英勇的警卫员，却带着沉痛的表情，只是摇头不说话，接着便迅速地向司令部跑去。山野静得鸦雀无声，同志们的心情也很沉重，忽然又见师部两位骑兵通讯员向军部飞奔。

军团政治委员王震同志，知道这个不幸消息以后，便命令侦察连长派一个最得力的班，跟上晏政委的警卫员，化装到罗家堡一带寻找。可是他们在那里找了三四天，还是没有打听到晏政委的下落。

部队行至离罗家堡60里的小河边停下来休息了，人们都在十分关切地谈论着晏政委的不幸，后来从一科一个参谋口中，知道了晏政委在最后那次冲锋中负了重伤，左胳膊被打断了。因流血过多，不能行走，警卫员就背着他突围。但敌人追得紧，晏政委就向警卫员说："我不行了，你带上文件、武器赶快找部队去。"但警卫员始终不肯离开政委，他说："死，我们也要死在一起。"正在这万分紧急的时候，敌人一边狂叫着要捉活的，一边追了上来。警卫员把政委放下，用自己的身体挡住政委，用20响的驳壳枪狠狠地向敌人扫去，敌人遭到打击，就连忙退缩下去。警卫员又背起政委翻了一个土坡，可是敌人像一群疯狗一样又追上来。警卫员的子弹打光了，只剩下一个自己造的马尾手榴弹了。在这千钧一发的时刻，政委命令警卫员："我们来当红军，不是为了死，而是为了活，你现在赶快离开我！"警卫员在这迫不得已的情况下，服从了政委的命令，把文件包挂在身上，把政委安置在一个较隐蔽的地方。接着他把马尾手榴弹的顶针拔掉，向敌群甩去。他借着爆炸烟幕的掩护，含着眼泪大步地跑开。敌人拼命地追他，可是那群废物哪能追得上机敏强悍的警卫员。结果，他就这样脱了险。

艰难的1936年过去了，1937年的夏天又翩翩来临。我们日夜怀念的晏政委还没有回来。大家一谈到他，总是唉声叹气。

这时候，部队驻扎在陕西庄里镇一带休整。一天中午，突然传来喜讯:晏政委回来了。他回来了，谁都想去和他见一面，叙叙阔别的衷情。人们围在他的身旁看着他，他还是过去的老样子，可惜的是他失去了那只可贵的左胳膊。同志们都急切地要求他讲讲负了重伤以后的生活。

我们的首长是不喜欢谈自己的生活事迹的，但在大家一再要求下，他向我们简要地谈了他的这段艰辛万端的经历。

在警卫员冒着浓烟冲出重围的时候，他就乘着这个机会，连滚带爬地找到一个土窑洞，用柴草把自己盖起来。天傍黑，敌人在山头乱喊乱叫，找了半天也没有找到他，只好灰溜溜地收兵回巢。

晏政委听到外边寂静无声，就用嘴撕下裤腿把伤口包扎好，机警地爬到洞口，仔细地侦察了一下情况。当他发现敌人确实撤走的时候，才慢慢地往山下爬去。但由于他流血过多，再加上一天一夜没有吃东西，爬了几步便爬不动了，他休息了一会，找来一根木棍拄着下了山。这山虽不算太陡，但在他看来每迈动一步，好像跨万丈深渊，心总是上下地跳动着，豆大的汗珠顺着脸往下淌，有时牙根咬得直响，急促的喘息声隔很远就能听得见。不知昏过去多少次，走了多远路，晏政委才挣扎着摸到一间茅草房子旁边。他仔细地听了一会，听见屋里有小孩哭声，从这间破旧茅舍看来，这家老乡一定是穷苦人家。于是便轻轻地敲着门恳求着说:“老乡，我在这借宿一晚行吗？”老乡听他说话带着南方口音，便以为是国民党军队呢，便说：“老总，我家只有一间小房，哪能住得下你呢？请你到南边去看看吧。”晏政委一听，知道老乡把他当成白军了，就坦率地说：“老乡，我是红军的伙夫，和白军打仗负了重伤，求你让我借宿一晚吧？”

老乡听说是红军，就点上灯、开开门，把政委抬到屋里，见他伤势那样重，同情地直摇着头。这家男主人不让政委说话，意思是告诉他这周围都住着白军。这家女主人忙去做饭，男主人收拾了一个较隐蔽的后屋，铺上厚厚的麦秸，把家里仅有的一床被子，给晏政委盖得挺严实。

自从晏政委到了他家之后，这家男主人便忙碌起来，早晨晚下地，晚上早收工，想尽一切办法照料晏政委。他常提着一包包草药回家，或者买些鸡蛋、猪肉回来。女主人更像亲姐妹一样，煎药作汤忙个不停，当夜深人静的时候，她便关起门来洗缚在晏政委伤口上的纱布。

晏政委在这家隐蔽了半个多月，对于老乡热情的照顾，时常感动得偷偷地掉泪。等到他稍微能走动了，他实在待不下去了，一再请求老乡替他找身破衣服，准备找部队。可老乡看到他伤口没有封死，身体又那样消瘦，怎么也不答应。到底是又住了些日子，等伤口痊愈了，晏政委又反复地说明理由，才得到老乡的同意。

在一个晚上，老乡像送自己的亲人离家那样给他做了好饭，准备了路上吃的干粮，找了一身合适的旧衣服，送他起程。全家依依不舍地望着他，晏政委带着感激的心情离开了救命恩人。

晏政委带着强烈的归队愿望，催促着自己日以继夜地赶队，并不断地打听部队的去向。一天，他走到甘肃与陕西两省交界的李家寨，被国民党的民团缠住了，反动民团中队长怀疑他是红军侦察员。晏政委想：“这个地方又没人认识我，要想法骗过敌人。”在这难以摆脱的危险中，他巧妙地装起哑巴，哇哇地哭起来。并指着打断的左臂不断地比手势，民团中队长也真的把他当成老百姓在打仗时候误伤了。晏政委就这样镇静而沉着地混过了反动民团的纠缠又继续北进了。

走了 20 多天，到了陕西渭河。河水汹涌地翻腾着，这天险给他带来了忧虑:“河水哪里深？哪里浅？能否徒涉呢？”晏政委正在为难时，一个大约十五六岁的小孩，手拿粪筐向他走来，晏政委带着喜悦的心情问道 :“这河水有多深？有人从这里过河吗？”那小孩说 :“这儿水急又深，不能过。顺河而下到刘家坪，离这里有八里路，那里河宽水浅。”

政委谢了小孩上路了，天快黑时，他跟一个拾柴的老头，平安地过了渭河，当晚便住在渭河边上小村的破庙里。第二天一清早，准备出发时，他发现庙墙上有红军标语，他高兴起来，要不是身体弱，他简直要跳起来。因为从这得知部队也是从这里过去的。于是，他就沿着红军走过的道路前进了。他经过一个多月的翻山越岭，忍受着艰难困苦，终于回到了自己的部队。

选自中国人民解放军三十年编辑部编:《中国人民解放军三十年初选稿》第一卷第三辑（四），未刊稿，第75—79页。

“我们一定要共同前进！”

赵德文

1936 年秋，北上抗日的红二方面军三十二军，到达了甘肃南部的成县。我们本想在这里好好的休整几天，然后继续前进。

然而，这时候蒋介石的嫡系——王均①率领三个多师从三面向我们围攻了上来，妄图消灭我们这支不到 1000 人的战斗部队（三十二军过草地时缩编为三个营）和军的后方人员。担任掩护任务的英雄们激战了两天一夜，将敌人歼灭了一部分，但我军损失亦很大。这时我们三营八连组成了三个班又投入了战斗，我带着一个班去完成最后一次冲击任务时，不幸负了重伤，营长对我说：“你的伤很重，不能继续战斗了，自己向横川方向找军的医务所去吧。”

天已黑了很久，我才在横川镇找到医务所，一个十多岁的小鬼背着背包抱着一支小马枪见了我很亲切地问：“你是前面下来的伤员吗？”我们简单地说了几句，他便接过我的枪搀着我到房子里。屋里有几个人，有的背着皮包，有的从穿着的衣服上看像是医务所的负责人和医生，看形势他们就要出发了。背皮包的矮个子这时对穿白衣服的说：“药箱没有驮走吧！快给他上药。”穿白衣服的没说什么顺手拿来一个药包，一打开我的伤口，他愣了：“呀！伤很重啊！怎么办？”我听了

① 此说不准确，王均是国民党军第三军军长，该军原是云南地方实力派的军队，抗战时被编为国民革命军第三军，第一任军长是宋培德。

大吃一惊，心想：周围的敌人很多，医务所走了，跟前又没有老百姓抬担架。就算能走几步，可是伤在腿上，如果要过河浸了生水，不就一步也不能走了吗？草地那样艰苦都过来了，难道快要到胜利的时候，断送了我的生命不成？想到这里我就大叫："同志，你给我换药吧，只要我还有一口气，还能动一下，我就要跟着主力红军走到抗日前线去！"穿白衣服的一边给我换药一边叹着长气，那个背皮包的心事重重望着我的伤口，虽然他们没说什么，可我却很明白他们的难处。这时有人在后面喊叫："部长，走吧！后面的部队都下来了。"不久又进来一个中年人低声问道："医生，药上好了吗？部长叫快走！"

"这伤员呢？"穿白衣服的人问。

"咱们搀着他走吧！这一带老百姓受了敌人的欺骗都跑光了！"

路上断续地走着部队，来路上还隐约地传来枪声，看来只有少数作掩护的人在后面了。他们两个搀扶着我在这八月初的黑夜里，急急忙忙地向徽县前进。

走不多远，那个背小马枪的小鬼跑来叫道："姜医生，部长叫你快去，前面还有几个伤员没上药哩！"

"这个伤员怎么办呢？"

"部长叫你就交给这个民运干事。"

他们走后，我就靠着民运干事艰难地前进。他已经背了不少东西了，但仍很耐心地搀着我走，一路上对我说了不少过草地几天不吃饭还要行军的故事，谈到党中央和毛主席发出的北上抗日宣言和红军官兵为这宣言奋斗的情形，他这许多动人的话，鼓起了我的勇气，我说："你背那样多的东西还搀着我走，给我一支枪，我自己走吧。"

他却安慰和鼓励我道："慢慢走吧，只要你能走就行呀！明天我们到徽县就好了，那里有四方面军的总医院。"

其实我的伤口越来越痛，为了减轻民运干事的负担，我只能咬着牙撑持着前进。天刚明的时候来到横河边上，这是条一里多宽的浑水河，必须涉过。这时民运干事在后面整理东西还没赶上来，我想，他已经为我劳累了一夜，难道遇着这点困难就不能克服，还要等他背过去吗？于是我就像初次挂花又没有卫生常识的人一样，连裤子都没挽，就在水里“扑通扑通”地走了起来，当我拄着棍子一步一步地走到河中间的时候，民运干事上气不接下气地跑到了河边，他惊叹地叫道：“哎呀！同志，你怎么不等我来背你过河呢？伤口灌进了生水，就是轻伤也会变成重伤的呀！何况你的伤还这样重！”我头也不回拼命地向河岸走去。

哎呀！真是轻伤变了重伤，过河之后伤口痛得更加厉害，越来越受不了。我挣扎着前进，好容易才走到徽县城内，赶上了总医院。

伤员越来越多，有本军的也有二军团的。从他们口中我知道：天水、武都、成县的敌人已从东、南、西三方面围上来，几乎四周都是枪炮声，敌机轮番轰炸和扫射，简直连给我们上药的机会都没有。一个卫生员正在给我换药，突然“轰”地一声，附近的房屋炸塌了，我们身上都落满了尘土，医院的工作人员不顾自己的安危抢救着我们。

晚间，我们在枪炮轰鸣中向北突围，黑夜里我迷迷糊糊地不知是谁，反正是自己人把我背出了敌人的包围。这样走了一天一夜，敌人还在跟踪追击，部队只有加快速度才能甩开敌人，老百姓不是受了欺骗宣传就是怕挨飞子，都躲藏在山野里，找不着人。医院的担架又少，不用说一个医院，就是再有几个医院的担架也不够用。医院的工作人员也不多，他们已经够辛苦的了，还在忘我地救护伤员们，这时我的三个伤口早已感染腐烂成一片，整个大腿都在流脓，一过高桥镇我就痛得人事不省。中午我才忽忽悠悠地醒来，听到有人在我的前面叫道：“院长，我来抬吧！你从昨晚抬到现在快一天了！”

“没有关系，只要能把伤员运走，不丢掉就行哪！”

我模糊地掀开头上的被子，才知道抬我前面的就是总医院的院长，一时感动得连话都说不出来，心想：就是亲生父母也没有这样好！那个同志好不容易把院长换了下来。我决定无论如何也要起来走几步，好让同志们休息一下。

可是伤口痛得使我无法爬起来，我正在挣扎的时候，院长同志好像看出了我的心思。他一边用右手使劲地擦着脸上的汗珠，一边用左手慈祥地按着我的胸口说："同志，你好好地躺着吧！我们再累一点总算是好人，你的腿已经不能动了！"我一听更加抑制不住内心的激动，豆粒大的泪珠滚滚地往外流，一会儿就把胸前都湿透了。过去的生活又一幕一幕地出现在我的眼前，我感到再也没有比党更亲切的了，就是死也要跟着亲爱的党！

这天下午，天下着蒙蒙小雨，黑云弥漫山谷和山腰，我们匆忙地转移到马蹋滩宿营，这里离高桥镇最多不过 100 里，我们医院住在北山根一个不到 20 户的小村里，离开大路足有两里多地。我住的那个四合院，大概是个地主家，人都跑光了，什么东西也没剩。最初我们北房住着七个伤员，大概是为了便于照顾，后来护士同志把那四个轻伤员安置到别的地方去了，剩下三个重伤号留在那空荡的屋子里。他们两人都比我矮也比我小，护士叫他们谢胖和小丁。谢胖是一连的战士，江西瑞金人，年纪不过 17 岁，黑方脸矮矮胖胖的，性子比我还急，他的伤也是在腿上，不过是左腿；小丁是一营的通信员，最多不过 16 岁，福建长汀人，白圆的脸，鼻子上有颗小痣，他伤在腰里，嵌着两个炮弹片。我们虽是初次见面，但很快就在患难中成为亲如骨肉的朋友。护士同志不知从哪里弄来了一些柴火，帮助我们煮粥、吃饭，又用盐水给我们洗了伤口，然后沿火堆铺了些野草安置我们睡觉。

秋天的下半夜，寒气逼人，我很快就被冻醒了，火早已熄灭又没有灯，屋子里黑得伸手不见掌。我慢慢地爬去摸他俩，不小心触到了小丁的伤口，"谁呀！"小丁这一惊叫把谢胖也吵醒了，接着他又说，"你怎么这样不留神，我的伤就在腰里！"

"瞧你说的，我的眼睛就是睁得鸡蛋大，也还不是瞎子点灯——

白费蜡！”这下逗得大家都笑起来，由于兴奋过度又忽地引起了伤痛，三人的笑声便马上转为呻吟。接着我们便像三只羊羔一样，头挨头地依偎在一起，等护士来换药、煮饭吃，天明好出发。冷呀，疼呀，等呀！时间似乎过得特别慢。忽然听见村里有鸡叫，小丁便很兴奋地说道：“鸡叫头遍了，快天亮了。”实际上这已是第二遍鸡叫了。这时突然听到嚓嚓的脚步声向我们走来，手电灯光也越来越近，不一会儿便听得进来的两人问道：“你们起来了？吃饭了吗？”这时我们才认出是院长和政委。他们问寒问暖，仔细地检查着我们的伤口，他们用手电照了又照，看了又看，后来便一言不发默默地你望着我，我望着你，从那微弱的电光中我们看出他俩的眼角都挂着眼泪，最后他俩亲切地摸摸我们的头，含着眼泪慢慢地走了出去。

机警的小丁一见这情况便说：“完了，我们不能继续跟部队行动了。”

谢胖却并不明白：“哼！草地那样的苦我们都过了，今天还能丢了我们吗？”

小丁马上分辩道：“那时我们没负伤，虽然没粮吃，但究竟没有这样多的敌人追赶我们。再说，那时路上行动的部队多，掉了队也不要紧。今天只有我们这个部队在最后，要是丢了下来，明天敌人不来杀你，地主回来了也会搞掉我们！”

我虽然比他们大，一时也不知说啥好，认为他们说得都有道理。要是真的把我们留下来可怎么办呢？可跟着医院走吧，医院也实在没有办法，如果说非要丢掉我们，院长抬了我一天又是为什么呢？这时许多念头都涌上心头，真是千头万绪乱糟糟的。这时门外又来了两个人，问道：“小丁在这里吗？”

“在这里。”我们三人异口同声地回答。

他们进来擦了根火柴，点着了几根铺草，我们才认出是医院的总支书来了。他俩看了看我们的伤，问了问晚间的情形，接着，总支书便把话提到了正文。

“同志们，目前的处境你们也知道：四面都是敌人，我们的伤员多，担架少……组织上确定把你们留在这里养伤，以后我们一定会来找你们的。”他的话还没说完，小丁便“哇”地哭了起来，我和谢胖也都说不出话来，说什么呢？事实确是如此。另一个同志在腰里掏出一个小包交给总支书，总支书说：“这是上级给你们的养伤费。”他们两人含着眼泪摸摸我们的头又亲切地一一握了握我们的手，低着头再也没说什么，向外走的时候还不停地回头来望我们。

事既如此，怎么办呢？相依为命的医院和革命同志离开了我们，叫我们如何不伤心？大家都低着头，流着泪，想着各自的心事。我们心里都很明白，这不是组织上不要我们，而是那可恨的敌人把我们逼到这步田地。为了让医院救出多数同志，我们不能也不应该再妨碍他们。

“刻不容缓，咱们快下决心想办法吧！”谢胖坚强了起来，首先打破了沉寂，接着我们便紧张地讨论了起来。

“待在这里是不行的，”我说，“因为我们都是枪伤，明天敌人上来或地主回来一见，非杀死我们不可，还是爬上山找适宜的人家去吧！”

“可是，人地生疏，又怎么能找着适宜的人家呢？同时我们的口音不对，敌人是会知道的。”

“那么，走吧，到大路上找部队去，可能还没有过完——”我还没说完小丁又说道：“如果在路上碰着的是敌人又怎办？”我焦急地向四周瞭望，发现两段烧剩的木柴和门槛下的石头，又想起来时大路上有两个破石磙子竖在那里，突然一个念头出现在我脑海里，我一把抓起木柴叫道：“有了，有了……就拿这家伙。”

我把我的想法告诉了他俩，他俩听我一说也高兴得叫了起来，“好！就这样，咱们马上就走吧！”说着，我们就一人拿了一段木柴往外爬。临走时，小丁想起了总支书留下的东西便说：“慢着，还有这个哩！”我们打开一看，才知道是一块大烟和十多块光洋。

我们费了很大的劲，才爬到屋外，一听来路上还有隐约的枪声，知道后面还有我们的部队，大家都非常高兴，努力地向大路爬去。可是天还下着雨，道路非常泥泞，加上我们每人还要带个大木棒，这怎么成呢？最后还是小丁机灵，他说："我们用铺草搓根绳子，把棒子捆在身上拖。"这个办法真对劲，这样我们爬一会儿，歇一会儿，爬一下，哼一声，慢慢地向前蠕动。背上的衣服被雨湿透了，雨水和汗水混在一起顺着肚皮直往下流，地上的稀泥又一股劲地往上粘，身上的衣服越穿越重，好像驮了几百斤东西一样。即使这样困苦，我们的情绪仍然很高，内心里充满了希望。最初是我爬在前面，可是后来，性急的谢胖一直领先，只有小丁伤在腰里不好使劲，一直落在后面，可是我们都越爬越有劲。

"这一下倒好，今后回到连里用不着练习匍匐前进的动作啦！"谢胖这一说惹得我捂住伤口大笑起来，说："对，要是我当连长的话，准叫别人出操让你在家睡大觉。"

"我要不是为了革命，为了抗日，就是死也不干这玩艺儿。"小丁补充了一句。

我们足足在地上滚爬了两个多钟头才爬完这二里多地，终于来到大路上，看见石磙子一边一个对立在大路两边，我们把带来的木柴一试正好能搭上，便把三个人带来的木棒都搭在两个石磙子上，拦住了路。只要过路的人碰到这个障碍说一句话，我们便可辨别出是自己人还是敌人。摆好以后，便爬到大路右侧十多公尺远的一个大石头后面隐蔽起来。

一切都按计划弄好了，可是灵不灵呢？这几根柴火棍变成了我们的生命线，我们把希望都寄托在它身上——靠它指示我们救命恩人的到来。这时已近五更，是黑夜最后的一个时辰，也是我们三人最后决定命运的时辰。我们三人在大石头后面又顾虑起来，要是来的不是自己的部队怎么办？要是天亮后还不见部队来又怎么办？许多问题又兜上心头。谢胖很乐观地说道：

"刚才还听见来路上有枪声，一定有我们的部队在后面掩护，我们就要跟部队一起走了，胜利一定是我们的。"

"这么久没见人来，部队可能早撤走了，要是敌人故意打枪壮胆的呢？怎么办？天都快亮了。"小丁说。

"要是天亮了还不见人来，"我说，"我们就去找最穷的人家，他们是会帮助我们的，只要伤口好了就有办法。"

我正在劝说和安慰他俩的时候，突然小丁止住了我说道："听，前面有脚步声！"我们的全部精力便都马上集中在昨天走过的那条大路上，三人都不顾伤口的疼痛用四肢扑地，静静听着由远而近的脚步声，好像不止一个人。声音越来越大，我们的精力也越来越集中，可恨的黑天呀，我们睁着六只大眼也看不出是什么人。"你们听，还有马蹄声哩！"我轻轻地说。

"前面有几个尖兵，后面骑牲口的是军长吧！"小丁不知为什么突然这样兴奋地说。

"我们喊吧，好叫军长知道这里有他的战士。"谢胖更有些沉不住气，听他这么一说我急忙阻止道："不要乱动，弄清楚了再说，那几根木柴挡住了路，他们一定会说话的。"

我们屏住呼吸听见大路上"踢踢踏踏"地来了一大路人。不一会儿，便从石磙子边传来了骂声：

"他妈的,是谁把木头拦在这里。怎么？就这还能挡住咱们前进！"

"你怎么不走呢？"另一人在后面催。

小丁一听是自己人就想大叫，可是他感情太冲动了，反而不知说什么好。我和谢胖刚叫出"你们是三十二……"就听得有牲口挣扎不前在地上打圈子乱踢，同时有人骂道："鬼东西！为什么不过呢？前面有鬼呀？"接着就是一声鞭子响。我们一听这真是军长——罗炳辉的声音，更加激动起来，小丁仍然叫不出声来，他猛地一下站起来想向军长冲去，但又被伤口那可恨的疼痛将他摔倒。我和谢胖大声叫道："军长！我们是伤号！"这时突然寂静了一刹那，听得军长翻身下马喊道："警卫员，快去看看是谁？"

死里求生的我们不顾一切地拼命向前爬去，不停地喊着：

“是我！军长！”

“在这里！”

两个身强力壮的警卫员搀扶着我们三人一到罗军长跟前，我们就像久别的孤儿又见了亲生母亲一样惊喜交集，我们的感情都冲动到了极点，再也说不出什么，只知道用双手紧紧抱住军长的腿痛哭，眼泪一会儿就湿透了衣襟。

身材魁梧的罗军长，弯下他那粗壮的腰，用手抚摸着我们的头问道：“你们是哪个部队的？在哪里负的伤？伤在哪里？”

我仰起泪脸抽搭着说：“我是八连的。在成县负的伤。”

“噢，你是赵德文啊！”军长仿佛一切都明白了，接着便听得他叫道，“警卫员，把我的牲口拉来给他骑上，我就是走路也不能丢掉他们！”又说，“后面谁把牲口让出来，叫这两个伤号骑！”军部的科长首先从马上跳下来喊道：“把我的牲口拿去。”

接着又有好几个人叫道：“拉我的骡子吧！”

“军长，用我这匹马吧！”

“我们怎样累也不能丢掉伤号啊！”

罗军长挑了两匹马，亲自把我们挨个扶到牲口上，又嘱咐拉马的人好好地拉住牲口，别把伤号摔坏了。

远处又响起了枪声，总之，我们是匆匆地又踏上了征途。

不久，东方便放出了灿烂的光辉，罗军长在晨曦中亲切地伴随我们前进。他一方面仔细地了解我们的情况，一方面告诉我们：敌人把老百姓都骗走了，出草地后给我们造成了新的困难，但现在我们已经杀出了敌人的重重包围，敌人用绝对优势的兵力、飞机和大炮都挡不住我们英勇红军前进的步伐！说着他又问我们吃了饭没有，叫警卫员把为自己准备的软面饼分给我们。他告诉我们说：

“同志们，敌人千方百计地想消灭我们是消灭不了的，可只要我们

还有一个人，我们就会战斗到底！我们怎么也不能丢掉你们，我们一定要共同前进！”（田畋整理）

选自《星火燎原·未刊稿》第4集，解放军出版社2007年8月版，第234—241页。

赵德文，红军长征时为红二方面军三十二军某团三营八连副班长。新中国成立后，曾任沈阳军区四十六军干部。

回忆当年当红军

王滋树

1936 年 9 月份，红二方面军长征经过徽县时，我参加了红军。当时过八月十五，走时我父亲给我了一块月饼，吃了月饼以后走的，这一点我记得特别清楚。当时我家住在下店子街上。走时我记得我们徽县参军的（主要有栗川、李家河一带的），组成了一个游击大队，指定由成县的一个稍懂军事的人（姓名我记不清了），担任队长，在县上集中的第二天就随红军大队开走了。经过银杏、峡门，一两天到盐关，在盐关开了个会以后，我们就打散分到老兵连了，我当时分到二军团六师十六团二连，师长贺炳炎，政委廖汉生。到老兵连以后，我们即由盐关通过往天水的公路，在甘谷过兰天公路，向会宁方向进发，为防止敌人，还派部队警戒天水方向。

从徽县出来没多几天，我们在山城堡和敌人打了一仗，战斗中，我缴获了敌人一支枪，受到组织嘉奖，宣布我火线入党，由于当时的确切日子谁也记不准，连宣布我火线入党的连指导员也记不准，后经组织多方考证推算，确定我的入伍时间为 1936 年 9 月 7 日，入党时间为 1936 年 10 月 1 日。

我们从徽县出来的那个游击队，大都是栗川、李家河这一片的人，直到盐关都没人掉队走散。

因为我参军时一字不识，参军后在徽县没久住，连着就开走了，又加之都是晚上行军，故不甚了解情况。

李家山跟前，李家河对面的普陀，有个叫李洮林的，1936 年和我们一起随红军走的，1958 年转业到广州华纱布公司，任保卫科长，前几年我曾托人打听，未见，听说调到洛阳煤炭公司了，我出差洛阳时顺便查找，还找到洛阳市委组织部，都未找见，说根本未见此人。

选自中共徽县党史资料征集办公室编:《红军长征在徽县》，1988年12月，第141—142页。

王滋树，1916 年生，甘肃徽县人。1936 年在徽县参加中国工农红军，为红二方面军二军六师十六团战士，同年加入中国共产党。新中国成立后，曾任河南省郑州市木器厂厂长、开封市化肥厂办公室副主任等职。

六盘山下阻击战

蔡久

走出草地以后，红二方面军进入甘南，占领徽县、成县、康县、两当等地，休整、补充，收集资财，改善部队供应，同时派一部分部队积极配合西线的红四方面军作战。但是，由于张国焘违反中央意旨，破坏了原定的作战计划，擅自命令部队向洮河西岸退却，使二方面军处于不利地位。于是二方面军决定退出甘东南，突破渭水封锁线，向陕、甘边境转移，会合中央红军。

我们这个营——二方面军四师十二团二营，因为是全军的前哨，所以最先到达了甘肃东北部的六盘山南山脚下。由于后续部队还没赶上，我们就趁此机会歇一歇脚。几天来行军作战，确实把我们折磨得够呛了。一听说休息，很多人都就地躺下，有的战士刚刚躺下就睡着了。

突然，在我们来路方向——西南方，响起一片枪炮声，接着两架敌机也出现在天空。这些迹象表明，后续部队和敌人打上了。正在这时，侦察员报告：在我们前方——东北方，也发现敌人的四五十个骑兵正向我们扑来。这下可把我们搞糊涂了，敌人是谁，企图怎样？……可是情况紧急不许我们去作调查，我指挥各连迅速占领了一个围墙很高的寨子，就和敌人打了起来。敌人兵力虽不多，但是他们以逸待劳。连续向我们发动了四五次进攻。每一次进攻虽然都被我们打退了，但因为不了解全面情况，我们也没有出击。到天黑，阵地前才平静下来。

派出警戒哨之后，我就和教导员、副营长坐在围墙里的平地上开会，打算看一看敌人的动静和等待团部指示，再决定我们的行动。黑夜吞没了黄土高原。围墙里只有几户人家，老乡们受了国民党的欺骗宣传，在我们到来之前就全跑了。我们在空地上燃起了堆堆篝火（围墙很高，在外面是看不见火光的），脸色枯黄的战士们抱着枪紧紧地依偎在一起，把手伸向那跳跃着的火舌，来抵御高原的寒气。篝火给战士们带来了温暖，也给战士们带来了睡意。烤着烤着，谈笑声没有了，头都伏在膝盖上，呼呼地睡着了。看着他们那被行军、作战和饥饿折磨得疲惫不堪的样子，我的心不由得一阵颤动！

忽然，营部通信员跑来对我说："营长，团部来人啦！"一听说团部来人，我惊喜得不知如何是好。刚站起来，就见团部通信员跑来。我问："团首长呢？他们都好吗？"通信员气喘吁吁地说："都好，团长就来……"说着，就赶忙把团长的信给了我。信上说：后面的部队遇上了敌人，敌人企图阻止我与中央红军会师，但天黑前已把他们打退了。还指示我们占领东北十里的一个小村，并把附近的公路控制进来，阻止敌人向北移动。看完信后，我唤醒酣睡的战士，踏着月光向北转移了。

到了目的地，我就和副营长借着月光观察地形。这块高原上的平地，丛生着半尺高的野草，但是现在大部分已经枯黄了。地面上有许多纵横交错的沟谷。我们背后（西）靠山，左前方（东北）有一个小村，据团长信上说是十团的两个连的防区。我们正前方的右侧是大沟，越过大沟，就是一条由北向南延伸的公路。我们就是来堵住打算沿这条公路进攻的敌人的。根据地形，我们派四连守住村东北口，五连守住村南口，并各配备两挺机枪，以便用交叉火力封锁公路方向扑来的敌人；六连张连长带五六十个人和四挺机枪作预备队，守在后边，与四、五连构成一个三角形的防御阵地，以备随时支援四、五连或出击。任务刚布置好，团长黄新廷带领三营的30来个人和两挺机枪赶到了。我向团长报告了我们的部署，团长表示同意，并把他带的30来个同志也放到预备队去了。

拂晓前，师长卢冬生穿着被露水打湿的粗布单军装到了我们阵地，一看到他那高大的身躯和慈爱的笑容，我就感到一股温暖涌上心头。还没等我们开口，卢师长就问:“老黄，老蔡，准备得怎么样了？”团长说：“一切都布置好了！”卢师长说：“走，带我去看看！”我们陪着卢师长到各连的工事里巡视了一回，并把我们的部署详细地作了报告，他连连点头。随后，卢师长命令副营长和教导员带领一部分重伤员和一部分新兵向北转移，我们阵地上只留下了 300 名战士。

天亮以后，卢师长让我把二营的班、排、连干部召集到营指挥所后面（靠山的一条大沟）,传达了当前的形势和任务。总指挥部原来计划，全军经六盘山南山脚，直奔陕北会合中央红军。可是就在昨天我们营刚刚到达六盘山下时，总指挥部接到敌人送来的恐吓信，声称在几小时之内，要把我们消灭在六盘山下。同时，敌人的主力也突然向我军袭击，阻住我军去路。根据这一情况，总指挥部决定留下我们四师在六盘山南山脚下阻击敌人，掩护全军从北山脚绕道转移，直奔陕北。师长把情况交代之后，又看了看我们说：“这是严重的任务啊！咱们是一个师，只不过 1000 多人，敌人是东北军和马鸿逵等精锐部队，大约有两个多军的兵力，上有飞机，下有骑兵。昨天下午那一仗敌人没捞到什么，今天他们一定会绕到我们前边去，从东北方那条公路上扑来，迎头给我们来个打击。你们二营要是能配合其他部队阻住这股敌人，二方面军主力就能顺利地从北山脚转移。这是关系全军的重要一仗，必须打好！”停了一下他又说：“我同意你们的计划。记住！我们一定要阻住敌人，决不能让敌人威胁到主力的安全！”听到师长这坚定的声音，看到他那严肃的目光，我明白：我们二营是这场阻击战中的前哨，师、团首长亲自到来，正说明我营任务的重要。我坚决地说：“师长，你放心吧！”

突然，轰！轰！几声巨响，把大地震得几乎摇晃起来，硝烟冲天，土块横飞；接着一阵怪叫，飞机从头上滑过。师长立即宣布散会，各级指挥员立刻返回阵地。一场恶战就要开始了。

这一次敌人来了100多名骑兵，到离我们阵地前沿200多米的地方下了马，把马集中在一块洼地上之后，七八十个敌人就向我们进攻了。就在敌人爬到离我们七八十米远的地方，五连阵地上先打响了，接着四连也开了火。四、五连的机枪交叉成一道火网，手榴弹也大批大批地投出，敌人被压制在阵地前。这时我们预备队的小炮也吼叫起来了，一发发炮弹向敌人马群打去。炮弹在马群中开了花，受惊的战马向四处乱跑起来。敌人一看马都跑了，可真急了眼，也顾不得进攻了，扭头就跑，趁此机会，我们的机枪向逃敌猛扫。这一下可把敌人打乱了套，有的抓住马还没骑上，就被马拖跑了。敌人的第一次进攻被打退了。

过了不到半个小时，我们又发现东北、东南方向有腾起的烟尘。师长看了看，回头对我说："敌人又进攻了！"我们把师长送到营部指挥所，就向各连指挥员下达命令：这次把敌人放得近近的，但不等敌人下马就向敌人突然开火。要沉着，集中火力，用排子枪齐放！各连指挥员走后，我忙跑到营观察所一看，东北方滚滚的尘烟弥漫了整个原野，黑压压的马群拥着尘沙的巨浪向我们阵地扑来。渐渐可以看清了，这次敌人有300多，全骑着马，分成两路，一路向村东北口四连阵地进攻，一路向村东南口五连阵地进攻。敌人挥动着马刀，马刀闪着白光。眼看着那猛冲的战马就要越过沟谷扑到我们阵地前沿，四连的机枪突然吼叫起来，五连也跟着开了火。轰！轰！两声巨响，在东北、东南的阵地前腾起两股烟柱，但炮弹打得靠后了些，前面的马群仍然飞奔着。我不由自主地喊了起来："再往前瞄……"轰！轰！又是两声。这回打得好，敌人的战马有的被打倒了，队形很快就乱了套。敌人马群一乱，就你挤我撞，又怕伤了自己人，只得枪口朝天，砰啪乱放起来。敌人光在那里喊杀呀！冲呀！却冲不过来。这时预备队的同志上来了一部分，我们的手榴弹、机关枪一阵紧似一阵。随着手榴弹的爆炸，敌人有的连人带马一齐滚到沟里，有的被打死在马上，尸体正被马拖着跑；有的被死马压在地上，拼命挣扎着起来往回跑。战场上烟尘四起，真是人喊马嘶，人仰马翻，光被马踩死的敌人就不知有多少。很快，这一批敌人又丢下一大片尸体逃跑了！

这时我正准备到四连阵地去，师长又走过来说："蔡营长，现在刚刚下午，敌人可能用轮番进攻的方法。我们既要守住阵地阻击敌人，又要注意节省子弹，一定要坚持到天黑，到天黑就有办法了！""师长你放心吧！"说完，我就到四连去了，战士们的眼都打红了，脸上被烟尘染得黑黑的，加上汗水一冲，一道黑一道黄的。挂了花的同志还都坚持在阵地上，战士们说："我们要坚决完成师长交给我们的任务！"正在这时，又从一条沟里爬出一股敌人向四连阵地扑来。突然，四连的一挺机枪哑巴了，机枪手挂了花；机枪排张排长一看，忙抓过机枪向敌人扫去，嘴里还骂着："不知死活的家伙，来吧！一个也不能叫你回去！"因为他的姿势高了点，又被飞弹打中了。我急忙跑过去一看，鲜血顺着他的额头流下，昏过去了。我忙叫卫生员给他包扎，并大声叫他："张排长，老张！"张排长从昏迷中醒来，他用力睁开眼睛说："营长你放心吧,我的伤不重,能……能坚持……"那声音微弱得几乎使人听不清，他一手扶着卫生员，一手颤动着向机枪伸去。我说:"老张，你下去吧，敌人被打退了！"他没回答又昏过去了，我叫卫生员把他抬了下去。这时东北方向十团两个连占领的村子也正响着激烈的枪声。敌人的轮番进攻，没有得到我们阵地的一寸土地，却在阵地前丢下了一片人尸和死马。直到天黑，大地才恢复了平静。

在营指挥所里，卢师长召集我们开会说："我们已经坚持两天了，刚才侦察组回来报告说，咱们的部队已经在今天中午全部从北山脚安全通过了！""全部通过了！"我们欣喜得几乎喊叫起来，心中的感情真是无法形容，师长也和我们同样兴奋，从他那激动得有些发抖的声音里，我们感觉到了他内心的喜悦。他接着说:"同志们，在这次战斗中，由于我们四师全体指战员英勇顽强战斗，不但阻住了敌人，掩护了全军安全通过，而且大大杀伤了敌人的有生力量，现在没有必要再和敌人打下去了，我们要转移追部队去！”

这天夜里，阴云布满了天空。我们摸着黑，越过无数条坑坎，拨开满地丛生的小树，忍受着寒冷、饥饿、口渴和疲劳的折磨，绕过敌人的封锁，突出了敌人的包围。

第二天上午，在一个小村庄里遇到了中央红军来接我们的同志。战友们在战火烟硝中相见，真是悲喜交加，有的互相拥抱着哭起来。从此，我们一起奔赴陕北，结束了万里长征。

选自《红六军团征战记》下，解放军出版社1994年6月版，第387—392页。

通过回民区

谭克

记得在1936年的秋天，正是打两当前后，部队在离城几十里的回民区马家洞子驻了半个来月。

刚到马家洞子，我跟通信员去号房子，跨进一所打扫得很整洁的院子，静悄悄的，一个戴顶白布小帽的老汉，约莫60来岁了，颚下一撮花白胡子，一声不响地站在正房门口。我们连忙向他打招呼，老汉仅仅白了我们一眼，鼻子里连哼也没哼。我向他说明了来意，他却回答得很干脆："没有房子！"我探身向门里望了望，堂屋空空的，上方安了张桌子，摆了些经书、玻璃木匣之类的东西，桌上擦得明光闪亮，左右两扇小门通向两边的厢房，里面依然静悄悄的。我发现这是回民的经堂，不能随便进去，便退了几步，跟老汉和颜悦色地商量了半天，好容易他才答应把院内一间堆柴草的临时羊圈让出来。

我们团部几个参谋干事搬来了行李，先把柴草堆整齐，羊粪清扫得干干净净。没有麦草铺，便挖了一些干土垫地，解开背包，铺上一条破毯子。这样，我们就成为马老汉的近邻了。

头几天，马老汉总像防范什么似的，站在厅堂门口，一双眼睛成天注视着我们草棚这边。回民特别喜爱清洁、恬静，每天黎明，老汉就起来诵经参拜了，接着就打扫庭院。我们也起得很早，不等老汉念完经，早就把院子打扫干净了。趁休息的这几天，人人剃头洗衣，里里外外缝补得整整齐齐的，完全不像刚出草地时那种蓬头垢面，衣衫褴褛的样子。平时我们很少走动、喧嚷，更不到他们的经堂、住房和水井边去。每次取水，总是请老汉的儿子帮忙。几天后，这座院子变得比以前更整洁、更安静了。慢慢的，老汉的眼睛里闪着好奇的神色。

这里打柴禾很困难，每天我们从远处打回蒿草枯枝来，总是留一大捆给老汉，一捆自己烧。最初，老汉不知底细，原以为是我们自己打来烧的，三五天后，原来的柴禾垛子变得愈来愈大了。一天清早，老汉见我们正围着个小铜盆做早饭，便走到跟前来，看了一阵，和气地问道："为啥不把砍来的柴禾烧完了再去打？"我说："您家人手少，捎带着给您也打一些。"这出乎意料的回答使他好半天没说出话来。接着他便跟我们谈起家常来了。问我们从什么地方来，到什么地方去？为啥这次来的"老总"个个都这么守规矩？我们趁机向他宣传红军的政策纪律，红军要尊重民族风俗习惯等等。他连连点头称好。当听到我们过了雪山草地，准备北上抗日的时候，他惊奇地上下打量我们，当他看见铺在地上那床薄薄的破毯子时，忽然站起身，从经堂后面抱出两大捆麦草要我们铺上。这以后，马老汉每天总要来草棚里找我们"摆龙门阵"。我们了解到他也是户庄稼人，这里群众常受着地方军阀、地主豪绅的压榨，横征暴敛，苛捐杂税，弄得他们连起码的生活也维持不下去。

一天，通信员小李听见棚内柴草堆上有响声，他警觉地刚爬上去，一只鸡迎面扑了出来，草窠里留下个浑圆滚热的鸡蛋，他高兴得闭不上嘴，忙叫"鸡蛋、鸡蛋！"猛一抬头触到一个什么东西，他定睛一看，原来草棚顶上吊了只篮子，里面放着鸡蛋，他顺手摘下来，笑嘻嘻地递给我们看。真是一篮好鸡蛋，白生生的，又大又圆。长征以来，一年多没尝过鸡蛋味了，我小心地数了数，整整五双，顺手把篮子还给通信员。他又拾起草窠里那个刚生下来的蛋，放进篮去，仍旧挂在原来的地方。从此以后，那只鸡天天来草窠里生蛋，通信员天天往篮子里拣。

有一天，马老汉兴冲冲地领着个50来岁的老太太走进院子，后面跟着个十八九岁左右的闺女，胳膊肘挽着个包袱帕子。老汉一进门看见我就说："大哥，原来听说这里要过军队，可不晓得是你们红军呀！我叫她妈把闺女领到外婆家去了……"我笑了，老汉也哈哈笑了，母女俩却像到了个陌生的地方，东望望、西瞧瞧。

下午，马老汉的闺女来到我们住的草棚前站着，一对大眼睛望着柴草堆上溜溜打转，我问她有什么事情，她说要拿棚上挂的那只篮子。我取下递给她，她端起满篮鸡蛋欢天喜地跑进房去了。不大工夫，老太太提上篮子跟着闺女又来了，问我篮里为啥多了七个鸡蛋！我把原因告诉她，老太太好像没有听见我的话，却对着那一大堆柴禾发愣。忽然，她转过脸来看着我们，要我收下那篮鸡蛋。我们哪里肯收？推来让去，相持不下，她放下篮子就走了。最后，我们只得把钱送了去。

凑巧就在这天晚上，半夜里忽然下起倾盆大雨，水顺着草棚哗哗流下来。睡不成觉了，我们都起来收拾东西，抬头见经堂的窗户透出片灯光。不多会，马老汉冒着雨一头钻进草棚来，说给我们在经堂里边腾出间房子，要我们立刻搬进去住。我们正要谢绝，老太太也冒着雨来了，一把抱起我们的毯子就走。我们被感动得说不出话来，默默地跟着他们穿过经堂，进了房间。

部队出发打凤县那天，马老汉叫儿子为我们担着行李，送了一程又一程。他握着我的手一边走，一边淌着眼泪说："你们从南方跑到北方，走这么远的路，吃这么多的苦去打日本，往常国民党和马家的队伍一来，不是抢东西、奸淫妇女，就是拉夫派款，买东西不给钱，哪像你们红军，个个守规矩，不管做啥，样样都为我们好……"我们和马老汉父子终于洒泪分别了，和沿路欢送的回民同胞分别了。

党的民族政策的光辉，照耀着我们胜利地通过了广阔的西南、西北少数民族地区，大大提高了年轻战士的政策思想水平，在少数民族同胞的心里，也播下了一粒粒红色的种子。

选自《红六军团征战记》下，解放军出版社1994年6月版，第532—534页。

谭克，1913 年生，湖南浏阳人。1929 年参加革命，1931 年加入中国共产主义青年团，同年参加中国工农红军，1932 年转为中国共产党党员。后跟随红六军团西征、红二方面军北上长征。新中国成立后，曾任新疆军区通信团政治委员。1990 年在乌鲁木齐逝世。

当年随军当红军

唐瑛

红军第二方面军在贺龙领导下，于1936年9月来到徽县，休整了一段时间，补充了兵员，筹集了物资，在徽县参军的人员约1000多人。二方面军的领导人有贺龙、关向应、任弼时、肖克等。经过红军的抗日宣传教育，送夫、送子参军的人很多，我也是这次参军的。参军后编为游击大队，下设十个中队，在徽县的西河坝经过训练，住了三天，大部分的人都发了枪，随军走了。走时是经过高桥、麻沿河到小天水的。到小天水与国民党的军队打了一仗，又到了会宁，与一方面军会师。在会宁就将游击队整编为正规军，在抗日战争、解放战争中，有好多同志都英勇牺牲了。我在山城堡战斗后，就进入了陕北，抗美援朝时又参加了抗美援朝战争。在朝鲜战场上牺牲的有和我一块参军的罗益祥同志。

根据唐瑛谈话整理。

选自中共徽县党史资料征集办公室编:《红军长征在徽县》, 1988年12月, 第134页。

唐瑛，1922 年生，甘肃徽县人。1936 年在徽县参加中国工农红军。后跟随红二方面军长征，为红二方面军二军六师十八团战士。1937 年加入中国共产党。新中国成立后，曾任甘肃庆阳地区物资局副局长。

我的一点回忆

穆玉林

1936 年，我在高桥木芦川给人家放羊。古历八月间红军从徽县上来，到了木芦川，动员我参加红军，我就参加了。当晚红军在木芦川住了一夜，第二天从高桥出发，经过辛店、麻沿到苏城，又到礼县的宽川子，晚上通过盐关的。当时，晚上行军不准抽烟，不能打手电筒，不许说话，悄悄地走。走了几天，到了海原住了几天，住在海原的北山上。这一段生活非常艰苦，找不到吃的，我们就打土豪搞些吃的，搞来的羊都煮的半生不熟的吃了，有时就炒着吃原粮，吃生洋芋，有时没一点办法了，就烧着吃羊骨头。后来到了陕北就好的多了。我在抗大七分校上了三年学，校长是彭绍辉。毕业后我任排长，以后又任副连长。1940 年在雁门关的黑石头沟与日本军队打了一仗，我们坚守了三天，打了八个多小时，这一仗我们打胜了，受到团部的表扬。以后又在虎北村、羊坊口与日本军打了两仗。

解放战争开始后，我被调到作后勤工作。1945 年 5 月间在陕西长武打马步芳的骑兵时，一个战士不幸负伤，我和西安的一个叫彭龙恩的抬着担架跑了四十里路。以后把马步芳的军队追到固关，将十四旅全部歼灭，我们又到了兰州。1951 年将我调到陆军医院，以后又到宝鸡，就从宝鸡转业，回到了徽县，先在城关镇搞武装工作，后调到公安局。

1936 年，我参加红军时是二方面军，军长是贺龙，政委是关向应，政治部主任是甘泗淇，参谋长是周士第。我所在的部队是六师十八团二营三连，十八团团长是成本兴，参谋长是李文清，六师的政委是廖汉生。

选自中共徽县党史资料征集办公室编：《红军长征在徽县》，1988年12月，第135—136页。

穆玉林，回族，1910年生，甘肃徽县人。1936年在徽县参加中国工农红军，跟随红二方面军长征，为红二方面军二军六师十八团战士。1937年加入中国共产党。新中国成立后，曾在甘肃徽县公安局、徽县县委工作。1983年逝世。

我的回忆

徐兴文

1934 年 9 月我在湖南石门县和平乡参加红军，1936 年 9 月由西和县进攻成县，当时我是二军四师十团通讯员，团长叫刘开绪，师长姓李，攻下成县住了三天，然后进攻徽县，经红川，一天到徽县。我调四师供给部，住在北门外，住了六七天，我因伤寒病坐担架到高家坪高桂兰家住下，部队由银杏硖门经过榆树走天水方向了。病好后，我赶红军到高桥未赶上，住到徐沟。

1946 年 9 月南下支队经麻庄情况：我在徐沟听说来了红军，我去麻庄打听，部队已过，只留下一个伤员，我在一个庵房里找到了他，名叫徐明，问了情况，他说他是王震部队的，到麻庄因病掉队（湖南常德人），是从严坪、两当、韩湾过来到麻庄的，南下支队有 100 多人，在两当一个地方打了一仗，到麻庄黑了住了一夜由高桥方向走了。

选自中共徽县党史资料征集办公室编:《红军长征在徽县》, 1988年12月, 第139页。

徐兴文，湖南石门人。1934 年参加中国工农红军。红军长征时为红二方面军二军四师十团通讯员。

红军在徽县活动的概况 ①

唐瑛

我叫唐瑛，生于 1922 年 12 月 8 日，原籍徽县石佛寺乡李家庄，现为徽县东关回族自治乡李家庄村。

1936 年古历八月，红军长征来到徽县，住有近一月时间，我在本村参加红军，记得是贺龙领导的红二方面军的二军团。参加红军不多日子，就编到六师十八团一营四连当战士。双十二事变后，部队改名为“中国国民革命军第十八集团军（简称八路军）一二〇师三五八旅七一六团一营四连九班，青年娃娃班”。1937 年 1 月在陕西北潼关，由共产党员杨成贵班长介绍我加入中国共产党。

红军在徽县进行部队休整时，向地方人民群众宣传共产党领导穷人闹革命的政策和革命道理，并动员组织群众参加红军，扩大红军队伍，壮大红军力量，记得当时徽县加入红军的有 1000 余人。在人民群众的大力支援下，为部队筹集补充了衣服和粮食，为红军继续北上奠定了基础。

红军离开徽县，续继向陕北苏区进发，一路兼程行军作战，山城堡一战是到达陕北的最后一次大战。这一战，我们一块的同乡就牺牲了不少人。双十二事变后，八路军开赴抗日前线，我们的同乡不断减少。多

① 本文摘自《红军战士唐瑛给徽县党史办的复信》，标题为原信中的小标题，内容做了编辑处理。

少个战役，多少次战斗，都有战友倒下，今天活着的已经很少了。

1951 年我回到离别多年的家乡徽县，找到几户人家打听，多有人家破人亡，妻离子散，无人、无家、无名。面对这种情况，我曾建议为这些烈士们修建纪念碑，使我们活着的人们都知道这些先烈们是为了人民能过上幸福生活，为了全中国人民的解放事业而壮烈牺牲的。今天我们活着的人应记住过去的艰苦岁月，要振作起来，踏着先烈们的足迹，珍惜今天的幸福生活，加倍努力，在当今的现代化建设事业中发挥所有的光和热。

选自中共徽县党史资料征集办公室编：《红军长征在徽县》，1988年12月，第178—180页。

参加红军情况 ①

李富娃

1918年我出生在徽县城西北20余里的向家河山村，由于家境贫寒，很小便开始帮家里干活，上山砍柴，放牛、种地、帮人家干活等等，农闲时背着到城里卖柴，以换些油盐等。

1936年古历八月间，四乡到处风传红军快来了，说法各异。说红军杀人放火，祸害百姓；说红军抓兵拉伕，偷鸡摸狗等等，乡邻们都赶着牲口上山了。当时年满18岁、已是家里主要劳力的我，也随着大家上了山。住了几日，不见动静，就都陆续下山回家了。一天，我正在河湾割草，来了三男一女四个当兵的，穿着粗布衣服，戴着缀有红五星的军帽，一看便知道是当兵的。他们称我“小鬼”待人非常亲切，说他们是红军，问我听说过红军吗？我心里很害怕，说听说过，都说红军杀人放火，抓兵拉伕。他们听了笑了笑说：你看我们像杀人放火的吗？红军是穷人的军队，是打日本闹革命的军队，那些坏话是敌人的谣言，是破坏红军和老百姓的关系的话。听了他们的话，我消除了害怕的疑虑，渐渐产生了好感。随后他们又问了我的家庭住址，状况等，问我愿不愿意当兵，因初接触红军，还不知底细，就回答说不愿意当兵。他们为了动员我参加红军，就不厌其烦地又向我讲了一些参加红军的道理。这些道

① 标题为编者所拟，原标题为《红军战士李富娃谈参加红军情况》。内容做了编辑处理。

理我听起来既新鲜又实在，看着眼前的红军，我的心有点动了。次日，他们来到向家河，寻到我家里，看到我家一贫如洗，就两间破草房，屋里连个坐的都没有，又一次语重心长地动员我参军。通过这些接触，我对红军有了新的认识，产生了当红军去的想法。说服了家人，告别了乡邻，当天就随他们到了县城。领我理了发，换上了灰布军装，一顶缀着红五星的八角帽，暂分配到扩红宣传队活动，住在城北山神庙，每日随队去剪子坝、马莲滩等一带乡间访贫扩红。利用活动的间隙，我返回向家河，动员了和我一块耍大的三位好友蒋娃子、张某和张贵生参军，他们看到我精神焕发的样子，欣然答应了。

刚过完八月十五两三天，红军要离开徽县，我们想回家告别一下家人，领导说军情紧急，敌人已经迫近了，不能回家。几个老乡一商量，不回就不回，跟上走吧（可能是怕我们回家不来了）！于是就离开了家乡，离开了徽县城。俗话说："故土难离"。当时的心情虽说有点难舍，稀里糊涂也就跟着走了，谁知一走就是几十年。

离开徽县，一路艰苦行军，不多日子到了会宁，三大主力红军实现了会师。我由宣传队分到十八团当兵；张贵生中途掉队回了家；张某在甘肃洪德作战中不幸牺牲。抗日战争开始以后，我们整编为八路军，过黄河进入华北与日寇作战，在山西雁门关进行了著名的伏击战，战斗打的相当艰苦，敌我伤亡严重，战斗结束我们连仅剩下五个人，蒋娃子也在一次战斗中被日寇子弹打断了腿而残废，以后听说住在延安荣誉军人疗养院，组织上帮助成了家。我几找不遇，前几年找随青海省参观团到延安观光，又专去查访，未果，据说前些年搬走了。

1956 年我第一次回到离开 20 多年没有通过音讯的家乡，许多人多已作古，乡邻都不敢认了，都说，你死了怎么又回来了？我笑着说：我是死了，可又活过来了。我活着，可这是死里逃生啊！多少次死里逃生，记不清了。记得出徽县不久，我们几个掉队遇上了敌人。我们拼命在前边跑，敌人在后边追，由于我个子矮小，落在了后边，眼看要被抓住。

在爬一个土坡，敌人一把抓住我的背包，我急中生智，两手把背包绳一丢，敌人跌了一跤，翻下了土坡，我才得以脱身，追上了后续部队。事后想来，真是危险，险些做了刀下鬼。

今天是我离开家乡50多年的第二次回来，近些年来，家乡的变化的确不小啊！我这个出门半个世纪家乡人，真想回来在故土安度晚年！

根据1988年7月22日采访整理。

选自中共徽县党史资料征集办公室编：《红军长征在徽县》，1988年12月，第181—183页。

李富娃，1918年生，甘肃徽县人。1936年在徽县参加中国工农红军，跟随红二方面军长征，为红二方面军二军六师十八团战士。1946年加入中国共产党。新中国成立后，曾任青海某独立团营长、武装部部长等职。

在徽县参加红军①

吕登洲

1936 年 9 月中旬（阴历八月十五前约一星期），中国工农红军二方面军一部分，消灭了国民党住本县的保安部队后进入徽县城。

我当时亲眼看到红军部队和其他军队不一样。其他部队对老百姓是打骂拿东西，而红军住在我们院内说话和气，纪律严明，买卖公平，官兵一致，借用了百姓的东西很快归还原主，烧了百姓的柴火，买回就还等等。向群众宣传地主豪绅如何剥削压榨穷人等，我们一听就懂，都很拥护红军的宣传和实际行动。

住在县城一带的红军，发动群众，时间不久就开展反恶霸打土豪，反压迫反剥削的活动，废除保甲制度，在县城内召开群众大会，镇压了几名罪大恶极的恶霸地主。随后动员劳苦群众、贫穷青年参军，解放全国受压迫受剥削的贫苦人；向群众宣讲红军是穷人的军队，是保护穷人利益的军队等。于是，我抱着不受压迫不受剥削的愿望参加了红军。我参军时的年龄实际才只有 14 岁（我出生于阳历 1921 年 11 月 10 日，阴历辛酉年十月十一日）。我刚参加的部队叫新兵团，部队离开徽县不久，新兵团被编入正规红军，我被分编到二军六师十八团一营任战士。

---

① 标题为编者所拟，本文摘自《红军战士吕登洲给徽县党史办的复信》。内容做了编辑处理。

1988年5月18日

选自中共徽县党史资料征集办公室编:《红军长征在徽县》,1988年12月,第175—177页。

吕登洲,1921年生,甘肃徽县人。1936年在徽县参加中国工农红军,随红二方面军长征,为红二方面军二军六师十八团一营战士。1937年加入中国共产党。新中国成立后,曾任青海省建设委员会副主任、青海省环境保护局副局长兼党组副书记等职。

跟随贺龙同志长征到徽县[1]

周龙

49年前的今天，我跟随贺龙率领的红二方面军长征到徽县的，为了纪念这个日子，怀念贺龙元帅和已故的几位老首长，回访徽县人民，我特地从青海赶到这里来，故地重游。

1936年的8月,我们红二方面军走过了雪山草地,经历了千辛万苦，部队减员很大，人人疲劳不堪，9月初到了哈达铺，接受党中央的指示，执行战略任务，到陇南山区的徽、成、两、康几县阻击和牵制胡宗南敌军,建立临时根据地,宣传抗日,休整部队。这里虽是山区,但气候温和，物产丰富，人民勤劳，我们在驻扎期间，补充了兵员和物资，还建立了一些基层政权组织，徽县人民对红军支援很大。以后由于敌情的变化，二方面军奉命向渭河以北转移，于10月4日我们留恋不舍地离开了徽县城，在徽县只住了将近20天，虽然时间短暂，但对住过的地方还记忆犹新。当时二方面军总指挥部住在南门外的天主堂，我是指挥部的保卫队员，和指挥部住在一起。我今天去看了一下住过的地方，有些房舍已经变易，而基本面目还能看清，指挥部住在天主堂的后院，保卫队住在前面，当时的教堂（现中学图书馆）就是指挥部的会议室，贺龙同志就住在左侧的一个房子里。我还记的中间院子里有一块花园，都是大砖

---

① 标题为编者所拟，原标题为《青海省军区副司令员周龙同志重访徽县时的谈话》。

砌成的，还有两棵大棕树，花园、棕树现在都没有了，这都是很好的革命文物，要加以保护，以教育后代。

我是湖北荆州人，1934 年参加红军长征，先给贺龙当警卫员，1935 年[①]7 月在甘孜和四方面军会师后，我被编入二方面军指挥部保卫队。1936 年 9 月从哈达铺向陇南来时，保卫队跟二军团六师随关向应政委，经过武都、康县之间到了康县，再由康县到略阳，过了白水江进入徽县。六师住在城东面的一个镇子上，保卫队和关政委到了徽县城，就是 49 年前的今天到徽县的，我在徽县住了一夜又去成县支援五龙山战斗，战斗后仍回徽县驻扎。

从长征到抗日战争，我跟随贺老总多年，他平时对同志要求很严，但在生活上对同志很关心，也特别注意民族政策，但对外国人却很蔑视，他把外国人叫洋鬼子，每到一地他都住天主堂，而对国内各民族的风俗习惯特别注意。当我们进入甘肃时，贺老总就对我们讲：甘肃是一个多民族的地方，一定要遵守民族政策，不能住他们的寺院、清真寺，在回民家里不准吃大肉。所以我们到徽县后很遵守民族政策，没有住回民的清真寺。贺老总很关心同志，如刘伯承和汪荣华二同志的结婚就是贺老总和关向应政委做的媒，是在哈达铺一次吃饭时说起的，到成县结婚的。抗日战争期间，1941 年在华北战场上，被日本鬼子的子弹打穿了我的口腔，生命很危险，连棺板都给我做好了，贺老总在百忙中还亲看望我，多次叮咛医护人员，要想尽一切办法抢救，终于治好了我的伤。伤好后，贺老总又来看望我，他很有风趣地说："周龙同志，你打仗有经验，对死也有了经验，你是死了又活过来的人，今后打仗你要抬棺上阵，如果你死不了，就把棺板送给日本鬼子。"就在这次贺总送我一张照片，我保存了好多年，我复制了几张，今日送给你们徽县党史办一张，作为纪念。

① 应为1936年。

关于你们要向我了解的几个问题，我就知道的部分介绍一下，也不一定准确，因为当时我在总指挥部保卫队，对各师的情况只知道大概，细情不了解。

一、二方面军的建制和主要领导人。二、六军团在甘孜与四方面军会师后，组成了二方面军，总指挥为贺龙，其他领导人有任弼时、关向应、甘泗淇、肖克、李达，刘伯承也随二方面军行动。二军团有四、六两个师，军团领导由方面军领导兼任，四师的师长为卢冬生，政委是李井泉，冼恒汉为参谋长。六师的师长是贺炳炎，政委为廖汉生，参谋长可能是刘型。六军团的军长为肖克，政委是王震，下面有四个小师，实际是四个团。三十二军的军长兼政委是罗炳辉，谭友林可能是参谋长（这点记不清，谭友林现在兰州军区），下属有九十四,九十六两个师。另外总指挥部下直属单位有政治部、供给部、卫生队、侦察连、剧团、红校等。

二、从哈达铺出发向徽县行军的路线。分左、中、右三路向徽、成、两、康进军，三个纵队都到过徽县。六军团为左路，经礼县、天水县到徽县、两当；二军团的四师和三十二军及方面军直属机关为中路，经礼县、西和到成县，攻克成县后留三十二军于成县，总指挥部率四师和直属单位到徽县，后三十二军也由成县撤至徽县地区；二军团的六师为右路，经武都到康县后，留十七团子康县，十六、十八两个团经陕西略阳到徽县。10 月 5 日各路红军集结，分两路从徽县地区出发，向渭河以北转移。

三、在徽县驻扎期间的活动。宣传抗日，扩充红军，组织训练游击队，建立基层政权。大约在徽县扩红人数有 1000 人左右，后在行军中大部分掉队了。在县上和有的区、乡成立了苏维埃政府，在回族中成立了抗日反蒋委员会。

四、作战情况。红军进入徽、成、两、康后，每到一县都和各县的保安团有些小战斗，比较大的战役就是在成县的五龙山和国民党的王均部队打了一仗，这个战役是以三十二军为主，四师、六师配合打的，战后三十二军撤到了徽县地区。

你们提到在江洛镇打仗时，红军牺牲一人和在徽县城被敌机炸死一名女战士的问题，这个事情可能是有的，但我不知道牺牲的是谁。江洛镇打仗如果时间在 10 月 1 日，那就是三十二军撤出成县后和尾追之敌打的，这个事情看现在兰州军区的谭友林知道情况吗；在县城炸死一名女战士的事，当时军队上女的不少，不知是谁。那时候贺老总的爱人蹇先任，肖克的爱人蹇先佛，刘伯承的爱人汪荣华，甘泗淇的爱人李贞都到过徽县，贺龙的女儿贺捷生，外甥四痞子都到过徽县，看她们知道吗。

今天就谈这些，还有什么事情你们可来信给我，或交青海省军区党史办公室梁瑞林同志转给我。（张连瑞、杨继奎 1985 年 6 月 19 日访问记录）

1985 年 9 月 19 日

选自中共陇南地委党史资料征集办公室编：《红军长征在陇南》，1988年5月，第359—362页。

周龙，原名周官，1917 年生，湖北京山人。1932 年参加中国工农红军，1935 年加入中国共产党。跟随红二方面军长征。新中国成立后，曾任青海省军区副司令员、第四届青海省政协副主席。2016 年逝世。

五龙山战役①

周龙

红二方面军二军团六师奉总部命令，从徽县赶至成县五龙山阵地，协同四师和三十二军先后在孟家崖、五龙山等地与敌国民党第三军王均部激战两昼夜，其中五龙山战役尤为激烈。五龙山位于县城西面，距城约 12 里，山以南是抛沙河西岸的牛亚斜山，以东是新堡山，山下是王家沟，对面是桃木嘴山，山下是夏家沟，过沟即是杜家堡，堡子靠东北方向又有两座小山，一座是庙山，一座是何家嘴山。红军总指挥部设在何家嘴山，居高临下，鸟瞰全局。在五龙山上设有观察哨所，盯着敌人的一切动态，随时向总部提供着情况。四师指挥部设在庙山上，部队埋伏于夏家沟；三十二军指挥部设在王家沟村子里，部队埋伏于王家沟；六师指挥部设在罗家湾的村子里，部队埋伏于罗家湾。敌国民党中央第三军王均都三十五混成旅驻守在牛亚斜山上，与红军形成了东西对峙的局势。红军四师和三十二军的主要任务是伺机沿王家沟和夏家沟出击，截断敌军进城之部队。六师属机动部队，主要任务是随时对四师和三十二军进行增援。9 月 28 日午后，战斗全面打响，起初，敌人只是仗着炮火优势向红军阵地打炮，红军阵地全被硝烟和雨雾笼罩，狡猾的敌军在茫茫硝烟和雨雾中偷偷地渡过了抛沙河，把主攻目标集中到六师

① 标题为编者所拟，原标题为《周龙回忆》。

十从团的阵地，战斗进行地异常激烈，这时，十二团的政委杨秀山带着一个营的兵力，顺着罗家湾山沟迂回到敌人的侧后，集中火力对敌射击，同时三十二军和四师紧密配合，进行两路夹击，将敌军赶回抛沙河西岸。晚 10 时左右，总指挥部决定实行战略转移，红军奉命冒雨撤离了阵地，向红川挺进。至此，红二方面军顺利地完成了在成县的阻击任务。（郭生霖整理）

选自中共成县县委党史资料征集办公室编：《中共成县党史资料》，1989年3月，第76—77页。

我走过的革命道路

全生祥

1923年正月，我出生于宕昌县（当时属岷县）将台乡下巴山行政村贫苦农民家庭。我的小名叫全生祥，姓马，由于不便于读，我就直接写成全生祥。

在我五六岁时，父亲去世了，父亲和伯父没有分家，父亲去世后我和母亲与伯父家一起生活。孤儿寡母，日子过得十分艰难。母亲把我送到本乡王家坪村舅舅家去住，她自己到宕昌给人洗衣做活。我有五个舅舅，那时都住在一起没有分家。由于人口多，家里土地少，日子过得也很困难。我八岁那年，母亲把我带到宕昌，介绍给旧城村一户姓欧阳的商户（富人）家放牛。那时欧阳家的一个儿子在岷县城里上学，年龄比我大一些。

我给欧阳家放了几年牛，已经到了13岁。那年，也就是1936年，正是宕昌七月会的时候，红二方面军来了。一年前我就听到大人们说有红军，对穷人很好。二方面军到宕昌前，宕昌的董家里、下街、石磊街上都驻有国民党的军队，宣传说红军杀人放火。我年纪小，又不识字，听了宣传也辨不来红军究竟好不好。红军快到宕昌时，欧阳家让我把牛赶到村后大庙沟里去躲避，我就赶着牛到庙沟里的儿信山上去。过了几天，听到儿信村的人们说红军很好，最爱穷人，我心里想，我们母子日子过得这样苦，我干脆去当红军算了，打定主意后，我就从山上下来到宕昌街上找红军。走到高庙山，碰到了放哨的红军。红军战士问我去干什么，我说要当红军。他们又问我为啥要当红军，我说。我们是孤儿寡母的穷苦人，我给商户人家放牛，红军爱穷人，我想参加你们的队伍。一个站哨的红军战士把我领到马土司衙门里，我就参加了红军。

我当了红军，我母亲到马土司衙门里来找我，嫌我年纪太小，不放心，要我回去。红军领导又向我母亲做工作。我母亲回去后还找欧阳家要过人。

红军在宕昌住了一个星期左右，每天都搞宣传，打土豪，分财物，筹集军粮物资，还动员青年人参加红军。我们宕昌新参加红军的一共有100来人，编了一个新兵连，班、排、连干部都是派的红军担任。新兵都是年轻的，和我差不多大小的还有几个，只有几个年纪大的。其中一个叫陈祥志（后改为张家德，又改为任崔明）的，一直和我在一个连队，后来在南泥湾搞大生产时才离开了部队。他离开部队时是排长，我是班长。1955年我去宕昌时，他在将台供销社当营业员。1971年我第二次去时，听说已经死了。我们离开宕昌后，第一天走到理川，由理川经过闾井、礼县，到了徽县、两当。这时我知道了我们的师长叫贺炳炎，一只胳膊。到两当后，我们的部队去攻占一个县城（陕西略阳），未打开，又撤回两当，又由两当回到徽县。我在徽县看到征收了好多大烟。在徽县的江洛镇住了两天，在娘娘坝打了一仗，又去攻打天水。我们攻打了一夜，天水没有打开，就过渭河开往平凉一带。

我们宕昌新兵连在行军途中，一路都有减员，个别的中途离队了。天水打了一夜仗我们损失不太大，过了渭河后，有一天在一座土山上，敌人的飞机来轰炸，炸死了我们宕昌新兵连的二三十个人。飞机来时，我和司务长在一起，司务长把我压倒在水沟里，我没有受伤。部队到了庆阳，我们宕昌新兵连还有几十个人了，便分别编到各连队去了。部队还是二方面军的十八师。（**陈启生、韩国玉执笔**）

1988年3月14日于绵阳军分区干休所

节选自中共陇南地委党史资料征集办公室编：《红军长征在陇南》，1988年5月，第199—202页。

全生祥，1923 年生，甘肃宕昌人。1936 年参加中国工农红军，跟随红二方面军长征，为十八师战士。1938 年加入中国共产党。新中国成立后，曾任绵阳军分区后勤部部长、绵阳军分区顾问等职。2013 年在成都逝世。

我参加红军过程的回忆

刘德胜

我于1916年出生在哈达铺下街，小名叫弟弟娃。家里很穷，没有土地，也没有耕牛。我们有四兄弟，我是老三，我还有一个姐姐。我五岁时，母亲去世了。父亲依靠给别人做活养活我们，我也从小就跟着父亲给别人做活，或者跟着别的穷人孩子去挖红芪等野药。

1935年，毛主席率领的中央红军在哈达铺住过几天，对我们印象很深。中央红军走后，在我们哈达铺街上做生意的铁匠沟高先生（高殿元）常给我们宣传红军，宣传革命，说红军专门是为穷人的，我们只有跟着红军打倒贪官污吏和土豪劣绅，才能过上好日子。我们街上的满喜娃、年福青等几个穷小伙子，晚上常到高先生那里去听他谈论各种世事。高先生说：红军还要来呢，并要我们在红军再来后，为红军办粮草参加红军的队伍。在高先生的宣传发动下，我们通过走亲串户，联络交识了哈达铺附近二三十个家庭贫穷的年轻人，准备红军再来了，就给红军办事，以后我常想，高先生大概在中央红军来哈达铺时参加了共产党，可是他本人当时没有给我们说过他是不是共产党员。

1936年6月①，红二、四方面军到了哈达铺。红军真的又来了，我们很高兴，二、四方面军在哈达铺住了一月多，建立了苏维埃政府，建

① 应为1936年8月。

立了游击大队，天天打粮、搞宣传，还打土豪，把上街刘老民等富人家的财物和粮食都分了，各村子都搞得轰轰烈烈。我参加了游击队，司令是我们上街的朱进禄。我们游击队的领导说：红军过些日子要开走呢，走的时候我们也要跟上红军走，要我们准备好干粮。

过了些日子，红军要走了，我们哈达铺游击队也跟上开了。当时叫游击大队，走时有1200多人。到闾井点了一次名，点名时只有1100来人，有一些人已经失散了。满喜娃、年福青和我都是一起走的。到了闾井，满喜娃想家不愿去了，给我们说回哈达铺吧，我说，我不想回去，回去家里啥也没有，日子过不下去，红军这么好，我要跟上红军趁去呢。我们走后，满喜娃就回家了。年福青后来也离队了，他啥时候回去的我不知道。

我们从闾井经过礼县，开到了成县的小川子。到小川子时天快黑了，主力部队正和敌人打仗，仗打得非常激烈，枪声就像爆豆子的一样，我听了心里还有点紧张。我们游击队没参加打仗，也没有进成县城，直接跟着红军向天水一带开去。我们从哈达铺出发，一路上还是叫游击大队，一个班派了一个红军当班长，一直跟着后勤机关走。过了小川子后，游击队编成了新兵营。我们原来的游击大队司令朱进禄哪里去了，我当时也不知道。我们跟着走的部队，后来我才知道是红九军，军长是罗炳辉，政委是袁任远。

过了渭水河，我们一起去的人都编到各连了。和我在一起的，只有上乡里（阿坞乡）的包明义和另一个哈达铺附近的（名字记不起了）。包明义有点文化，一直和我在一个连，是个机枪手。日本投降后，我们开往东北时，他因腿上有枪伤，走到唐山附近时腿肿得走不动了，就留在了那里。分别时，我们两人抱头大哭了一场。包明义后来怎么样了，我一点也不知道。解放后我多次打听，也没有得到他的任何线索。我们连里哈达铺的那个老乡，到陕北后也编到其他连队了，我以后再没有见到过他。（陈启生执笔）

1987年9月4日于哈达铺乡政府

选自中共陇南地委党史资料征集办公室编:《红军长征在陇南》, 1988年5月, 第202—204页。

刘德胜，1916 年生，甘肃哈达铺人。1936 年参加中国工农红军，跟随红二方面军长征。

我参加红军的过程

陈金龙

红二、四方面军来到哈达铺地区时，我已 25 岁了。地方上建立了苏维埃政府和游击队，我参加了我们村的游击队。当时，我们竜布、牛家、鲁鲁沟三个村是一个甲，仅我们这个甲的游击队就有二三百人。

我们这个游击队的队长是竜布下庄里人，姓陈，以前在国民党部队当过兵，会弄枪打仗。他和我们一起跟着红军走的，中途不见了，听说跑回家去了。游击队当时的主要任务是打土豪。那时商户（富人）都跑了，打土豪主要就是分他们的粮食。我们村里郭商户家粮食分得最多。

红军走时，游击队也跟着走了。中途有跑回去的，但牺牲了的更多。和我一块参加红军的，我们村里有几个人。一个叫陈荣，比我小七岁，到宁夏的固原、海原一带，打仗牺牲了。1955 年我回家探亲时，他爷来问我，陈荣还在不在？我怕老人伤心，没敢说牺牲的事。陈荣的父亲是上门女婿，不学好，赌博输了钱上吊自杀了。他妈后来也死了，他没有兄弟姐妹，只有他和他爷。他走后，家里只有他爷一个人了。还有一个是我的房下叔伯弟弟，在家里是老二。他妈过世了，他哥被国民党拉壮丁当兵了。他父亲名字叫旦旦，到玉岗村招亲给人上了门，家里只有他一个人了。老二跟红军走时只有十来岁，是年纪最轻的一个，游击队改编后他和我没有在一个部队，后来死在什么地方我也不知道，解放后也一直没有打听到他的消息。再一个是陈顺才，我们是一起跟红军走的，他走到哪里回家了我不知道，1955 年我回家探亲时他在家里，说他半路上回来了。

我们竜布附近村子参加红军的人，我知道的有两个。一个是理川大舍沟的赵宝。他和我一直在一个部队，红军改编为八路军后，我俩还是一个团，我在一营，他在二营。1952 年动员部队复员时，他报名复员了，并来动员过我。他在部队一直当炊事员。1955 年我回家，他还跑到竜布来看我，听说 60 年前后去世了。另一个是牛家村的宫平，姓啥不知道了，大家都叫他宫平，比我小六七岁，参加红军时正是十七八的小伙子，连里给他起的外号叫小牛毛，人很机灵，给连长当通讯员。打日本时我还在河北见过他一面，后来一直没有音信，听说就在抗日战争中牺牲了。（陈启生整理）

1988 年 4 月 3 日于宝鸡卧龙寺木材一级站

选自中共陇南地委党史资料征集办公室编:《红军长征在陇南》，1988年5月，第205页。

陈金龙，1911 年生，甘肃哈达铺人。1936 年参加中国工农红军，跟随红二方面军长征。

回忆参加游击队和红军的情况 ①

杨维顺

民国二十四年也就是1935年鲁大昌在哈达铺一带驻兵设防，红军一来他们就顺理川方向跑到岷县去了。这一年只住了七天时间就走了。1936年二、四方面军于古历的六月二十三日到哈达铺，八月十七日撤走，住了将近两月时间。② 下罗驻了一个团，有个断臂师长住在杨铁匠保家里。

红军在这里宣传抗日反蒋政策，发动群众建立了农民武装游击队，一个村一个小分队，下罗小分队队长杨绅士代，副队长杨亲房代、付吉庆。游击队在红军的领导下，打了两户土豪，一户叫杨林祥，一户叫杨成娃。当时游击队员积极报名参加红军，下罗村有67名游击队员参加了红军，我们一起走的63人，从下罗出发，经宕昌、良恭到康县。后到成县、徽县住了十多天，在成县小川与敌人作战时因敌人飞机掩护没有打开，我和一部分人就回来了。第二批去了四个人，经理川朝武山方向去了。这67个人中，大部分中途回来了，还有少部分如杨虎代、杨麻韩家、杨二斤成、付德奎、杨透心花等，解放后一直没有音讯。

下罗还建立了村苏维埃政府。红军撤走后，由于国民党政府和地方

① 标题为编者所拟，原标题为《老游击队员杨维顺回忆》。

② 1936年农历六月二十三日为1936年8月9日，红二方面军8月8日刚走出草地到达包座，1936年8月10日攻占哈达铺。

民团到处抓苏维埃干部和游击队员，主席杨七月娃就逃到良恭（南阳）毛羽山的隆子里去了。委员杨祥云逃到南河乡任藏村招亲给人家当女婿去了。（韩国玉整理）

1986 年 9 月

选自中共陇南地委党史资料征集办公室编:《红军长征在陇南》，1988年5月，第341—342页。

杨维顺，1918 年生，甘肃哈达铺人。1936 年参加中国工农红军，跟随红二方面军长征。

参加红军情况的回忆

王录

我是成县迷坝(今属康县)人,1918年生。我家里很穷。母亲去世后,父亲也离开家去给别人家做活。姐夫是陕西人,后来和姐夫一起去了陕西,家里只有我一个人。

红军来到成县、康县一带后,我听到村里人都议论说红军很好,最爱穷人,并且说红军还招收新兵。我心里想红军这样好,家里又是这样个情况,还不如去当红军。于是我就从迷坝出发,走了两天,经过镡家河赶到成县城里当红军。找到红军我说了自己的家庭情况和当红军的打算,当天就当上了红军。只住了半夜,第二天就开到红川去了。

我们在红川驻扎了半月左右,编在新兵连队里,每天都是早上起来搞训练,白天打土豪。吃过饭,连长带着全连出发,然后分派一个排去一个村子,排长带着全排进了村庄后,又按班分派任务,一班一个小组。打完土豪后,各班带着得到的财物在排长指定的地点集合,由排长带到连长指定的地点集合,全连集合后回到部队驻地,将所得财物交给供给部。打土豪不准进一般百姓家,村子里房子最大最好而且家里人都跑了的,群众说是富人的就当作土豪打。因为经过红军宣传,群众都知道红军的政策,不怕红军了,也就不再跑了。我们新兵不会打土豪,主要是不会找土豪藏在墙壁和地下的财物,所以都由班长带着搞。我们每天都搞好多银元、大烟和衣物,没有一天空着回来的。部队打土豪的纪律很严格，战士可以拿三个以下的银元作零花钱，身上穿一套打土豪得来的衣服也允许，多一件就不行，大烟是绝对不许战士私自拿的。

部队撤离时，我们从红川出发的，经过江洛、娘娘坝，在天水打了一仗，就过渭河开到了庆阳。过天水后，敌人的飞机常来轰炸，我们多的时间是晚上行军，白天休息。

部队在庆阳驻扎了一段时间，西安事变发生了，我们改编为八路军。我在总部当通讯员、警卫员。成县当红军的人不少，但我们都不认识，只是听口音是成县人。我在庆阳见到的熟人只有我们迷坝乡张台树村的王扁一个，部队改编后再没见过面。解放后我一直打听，始终没有王扁的音信，他家里也没有人了。（陈启生、李秉谊整理）

1988 年 3 月 26 日于成县干休所

选自中共陇南地委党史资料征集办公室编:《红军长征在陇南》, 1988年5月, 第213—214页。

王录，1918 年生，甘肃康县人。1936 年在成县参加红二方面军，跟随长征。1938 年加入中国共产党。

红军过境情况①

罗成录

我是1936年，贺龙领导的红二方面军来到两当时参加红军的。那时我18岁,家住杨店的土峰沟,租种着地主雷治家的土地,生活很贫穷。那天，我在石灰山拾了一背柴，背到县城卖。在柴集上，红军动员我参军，我连柴都背到红军伙房，就再未回家。以后我二爸来城里卖柴，我碰到后，就将我参军的事向他说了，并将卖的柴钱、背绳，原穿衣服都捎回家，我已换上蓝色军装。我记得，同我一起参军的还有王奎的儿子王印儿和一个柳树垭河的小伙子。以后我大哥来看我，红军叫家里给我做一双鞋，但第二天我随红军就开到永宁镇去了，再未见面。

我参加的红军部队，当时住在西街小学，是十八师五十三团。因我个子小还是个孩子形，连长发给我一支盒子枪挎着，教我好心保护不能丢失。每次给我三五个白洋，由我上街买着吃，可以自由玩耍。当地的小伙子看到我参加了红军还挎着盒子枪，说明红军对穷人很好，也要我带他们参加红军。我记得,经我引来参军的有一二十人。我参加红军后，一直在城里住着，以后在永宁镇又住了几天，才继续北上的。

我在陕北和国民党军打过仗，东渡黄河后在河北的平山县和日本军打过仗。还抽调我到地方组织过游击队，以后又回到陕北住在米脂县，

① 标题为编者所拟，原标题为《罗成录谈红军过境情况》。

又调我去延安学习了几个月。毕业后从原三五九旅调到警三旅，这时我已担任了排长。在攻打耀州城时我被炸弹炸伤，两腿负伤十多处，成了残废，被部队精减下来在地方工作。1952 年回两当原籍。

选自中共两当县委党史资料征集办公室编:《两当党史资料汇编》, 1989年6月, 第105—106页。

罗成录，1918 年生，甘肃两当人。1936 年参加中国工农红军，跟随红二方面军长征，为十八师五十三团战士。1987 年逝世。

参加红军的经过

麻生宝

1936年，到我们张家庄去的红军，是六军模范师的一个连，由营长何义生带领，连长姓赖，我就参加了这个连。同我一起参加红军的还有我哥麻生金和张麻良。

红军到张家庄，吃粮靠打土豪征收。当时红军问我谁家是土豪老财，我说了三家，还带他们去抓过老财和保长刘富成。人逃跑了，我们就背来了粮食，还吆来了猪、羊，红军过了一个丰盛的八月十五。后红军经过二郎坝、徐阳河、左家家坪到县城。从两当城出发仍走原来的路，经韩家弯、高桥、娘娘坝，再向西到盐关而北上。

我们这个军团，抗日时期改编为三五九旅，我在七团。1954年我任解放军新疆军区警卫连连长，后转为农垦部队，我任队长（连长级），1974年离休回故乡两当。

选自中共两当县委党史资料征集办公室编：《两当党史资料汇编》，1989年6月，第104页。

麻生宝，1918年生，甘肃两当人。1936年参加中国工农红军，跟随红二方面军长征，为六军模范师某连战士。

我和哥哥参加红军的情况

麻生宝

我是1918年生的，我哥哥叫麻生金，比我大八岁。我参加红军时是18岁。

我们一起参加红军的人比较多，编了一个新兵连，集中在两当城里开走的。跟红军去的人，死了的多，解放后回来的我知道的只有我们三人。除了我之外，一个是灵宫殿的罗成录，去年被女婿打死了，另一个是金洞乡下峡村的杜立德，1984年去世了。他是1952年回来的。

从两当出发，我们在天水就打了一仗，但死的人不多。过了渭河后，在一个大村子里住了半天，敌人的封锁线还没有突破，敌人又接上打了。仗打得很激烈，我哥哥在这次战斗中牺牲了。和我哥同时牺牲的还有我们张家村的张良。他比我小一岁，是我的表弟，我们三人是一起参加红军的。

红军来两当后，在我们张家乡上也建立了苏维埃。苏维埃政府都是谁我记不清楚了，只记得有个姓邓的，是我们张家乡的岳家沟村人，他家现在没有人了。

我们到会宁会师后，把新兵连的人改编到各连队了。从此我再没见到两当去的人了。直到解放时我们部队进新疆，又在新疆的生产兵团，我都没有见到两当一块参加红军的人。（权栋、陈启生整理）

1988年3月30日于两当

选自中共陇南地委党史资料征集办公室编：《红军长征在陇南》，1988年5月，第211—212页。

我参加红军的情况

赵福有

1919年我生于岷县（今宕昌县）理川大舍乡寺巴村，小名叫云德。我们家原是个小户人家，有十几亩土地，还有一座水磨、一匹马。由于我父亲抽大烟，后来破产了，家里的土地、磨房和马都卖掉了，日子过得很困难。我有两个姐姐，一个在民国十八年病死了，一个1960年才去世。我没有兄弟。

1936年红军来到哈达铺、理川一带时，我的父母都在家里。当时国民党宣传红军来了要杀人，群众都跑了。我父亲引着我也跑了，跑到菜子沟的新庄村里躲避了好几天。过三五天，回村子去的人说红军对老百姓非常好，我们就从新庄里回到寺巴沟家里了。我们回到村子后，红军每天都搞宣传，发动群众抗日反蒋，打土豪，还成立了苏维埃政府和游击队。有一天，大舍沟村的苏维埃主席赵苟红来我们寺巴村，召集我们年轻人讲话，并要我们参加游击队。赵苟红还到我家里对父亲讲了要我参加游击队的情况。我父亲说：我同意云德参加游击队，红军好，你们跟上红军去吧。我父亲虽然抽大烟，但他识字，交识的人也多，思想是比较开明的，所以支持我参加游击队。和我同时参加的还有我的一位堂兄赵兔奎，比我大四岁。

参加游击队后，我和赵兔奎跟着赵苟红去到大舍村。当时大舍一带的红军指挥部在大舍沟蔡商户（富人）家里，我们去后，红军把蔡家的一头牛杀了办伙食。过了一段时间，通知我们游击队翻尖尕山到哈达铺的竜布村里集中，我们又开到了竜布里。在竜布里大舍里的赵宝宝和我在一起。在竜布里学习训练了三天，我们就跟上红军开走了。当时哈达铺、理川一带的游击队，集中在竜布的就有五六百人。

从竜布出发，第一天只走到理川街上，我们住在城里面，第二天到八力吃了一顿饭，晚上住在闾井的古浪坝。在闾井没有打啥大的仗，也没开会，经过礼县，直接开到成县。我们没有到成县城里，离成县城还有几十里路。我们到时，红军正和敌人打仗，打得非常激烈，枪声很密，我们没有参加作战，继续开上走了，第二天吃早饭的时候，带我们的一位红军连长对我们说：你们的游击大队长不在了。接着，就把我们编到各红军连队了。我编到四师十二团三营七连二排六班。这时候我发现有不少成县一带人也参加了红军。

当我们到成县时，游击队的有些人都失散了。我的堂兄赵兔奎走到八力时就离队了。

从成县出发，走了几天就到了渭河边上。我们三五个人一起，手拉着手过了渭河。过了渭河没有打啥仗，就开到了陕、甘交界的平凉、庆阳一带。

时间不久，就发生了西安事变。西安事变后，我们部队改编为一二〇师。我们到了延安。1939 年开到晋西北。抗日战争时期，我一直在连队当战士。在山西与日本打仗时，敌人的炮弹炸伤了膝盖骨，住了九个月医院。日本投降后，调到东北四野政治部警卫团当战士。东北解放后，我们入关南下，我在部队担任了连长。

全国解放后，我们部队又参加了广西剿匪。剿匪任务完成以后，我转到了梧州军分区，任荔蒲县大队中队长职务。

1952 年，部队动员战士转业复员，参加社会主义建设。我想离开家十几年了，全国也解放了，便报名转业回家参加建设，我们在广西集中部队转业干部时，甘肃籍的共有 19 人，其中有岷县、漳县、西和、礼县的，还有一个我们宕昌县南阳（当时叫良恭）的，一直和我们在一起，他的姓名记不起了。回来后，我们也再没有见过，现在不知怎样了。

（韩国玉、陈启生执笔）

1987 年 9 月 16 日于宕昌大舍乡寺巴村

选自中共陇南地委党史资料征集办公室编：《红军长征在陇南》，1988年5月，第206—208页。

赵福有，1919 年生，甘肃宕昌人。1936 年参加中国工农红军，跟随红二方面军长征，为二军四师十二团三营七连二排六班战士。

我是怎样参加红军的

台中堂

我参加红军是长征快要结束的时候。1936 年 8 月间，红二方面军到了成县①。当时国民党搞反宣传，当地群众对红军不了解，大人娃娃都躲进了山，村里只留下一些老年人。但红军来后，和国民党宣传的完全相反。他们下到各村，向群众宣传红军是穷人的队伍，所以叫工农红军。战士见了老年人叫爷爷，是老百姓从来没有见过的队伍。过了两三天，跑进山的人们都回到了村里。

这时候，红军的工作队一方面继续进村搞宣传，讲党的政策，讲红军是做啥的；另一方面进行扩红，动员当地青年参加红军队伍。当时我不到 16 岁，跟上比我大一点的小伙子就参加红军了。当时，大一点的镇子和村庄都成立了苏维埃政权。我们参加红军后，到处打土豪，把向土豪劣绅夺得的财产一部分留给部队，一部分救济给穷人。我们村上和小川街上都有苏维埃政权。

十多天后，我们开到成县东部的红川一带，仍然是打土豪，分财物。那一段，国民党的飞机轰炸了几次，把一些群众的房屋也炸塌了。后来离开红川，向徽县北上。行军时晚上走路，白天休息。到徽县麻沿河后顺小路行军，在天水马跑泉住了一夜，过渭河后经北道埠开到了陕

① 红二方面军到成县应是1936年9月份。

西彬县。离开徽、成县时，我们新兵组编的是一个独立营，到陕北只剩下百十人了。于是把我们进行了改编，我分到了三十二军二八〇团一营一连。

独立营改编后，上级下达给我们部队的任务是接应四方面军。我们又开到了平凉、固原一带。国民党的嫡系部队堵截我们，在玉皇铺，一、二、四方面军集中与国民党军队打了三天三夜，打得非常激烈，把敌人消灭了。战斗结束后，部队又向北走，到了一个有大水坑的地方，政委对我们讲，不再前进了，四方面军已经失败了，我们正在那里休整，西安事变发生了。

选自中共陇南地委党史资料征集办公室编:《红军长征在陇南》，1988年5月，第208—209页。

台中堂，甘肃成县人。1936 年参加中国工农红军，红军长征时为红二方面军三十二军二八〇团一营一连战士，同年加入中国共产主义青年团，1937 年转为中国共产党党员。

参加游击队和红军的情况①

张国仁

我今年 73 岁，红军来我们成县时已 20 岁过的人了。那时我们石碑寨村建立了游击队，有好几个人，队长是我们村的高俊，副队长是南山黄陈的王德志。杨庄的杨俊川没有参加游击队，是红军走的时候参加红军走的。我们游击队的主要任务，就是给红军办粮。红军的军部驻在县城里，就是现在县政府的那个地方。我们把富人家的粮食在水磨上磨成面，然后拉到红军军部，送给部队。石碑寨村的两个富户，一户是冯照齐，一户是王钉匠，我们磨面拉他们两家的粮食有一万多斤。

红军走的时候，我们成县跟上去了好多人。我们村和我一起参加红军的有张九如，比我小三岁；还有一个王家的，年龄比我大四五岁，那时已二十五六了，他哥叫王磣玉，他嫂子叫张凤英。这两个人我在环县操场上改编时见过面后就再没见过，直到现在也没有音信。杨庄的杨俊川和我编在一个部队。

我是 1947 年回家的。说起来我很不好意思，因为我是自己脱离部队回来的，没有给组织打招呼。当时的情况是这样的：我们在南泥湾搞了一年多生产，到了 1945 年的 7 月份，就去攻打太原。我在埋地雷时负了伤，把两只眼睛让火药喷坏了，什么也看不见。在后方医院住了两

① 标题为编者所拟，原标题为《张国仁谈参加游击队和红军的情况》。

年院，略微能看见东西，但已成了半残废。1947 年 3 月我自己离开延安，一路行吃讨要，走了四个月，7 月份就走到成县了。回家后用土方治疗，一只眼慢慢好了，另一只全瞎了。

1949 年解放成县时，我在部队的排长赵志贤带领的解放军解放了成县，还专门来我家找我。当时由于我在八路军中私自跑回来了，自己做错了事，没有承认他是我的排长。那时我把名字改了。我的小名叫后静，参加红军后叫张富贵，回来后才改为张国仁的。赵志贤排长把我还带到县城里，狠狠骂了一顿，走时给区委安排说，张富贵的脾气瞎得很，要好好培养。后来，我就当了村农会主任，1953 年又入了党。（陈启生、郭森霖整理）

1988 年 3 月 25 日于石碑寨

选自中共陇南地委党史资料征集办公室编:《红军长征在陇南》, 1988年5月, 第209—210页。

张国仁，1915 年生，甘肃成县人。1936 年参加中国工农红军，跟随红二方面军长征。

长征回忆①

成钧

我们红军翻过雪山后，在驻地哈达铺进行了休整。为执行党中央战略计划，二方面军准备攻打甘肃南部和陕西西南部的几个县，以建立临时革命根据地。这样也就从战略上配合了红一、红四方面军作战。

为此目的，二方面军分成了三个纵队：二军六师为右纵队，于1936年的9月12日向康县、略阳前进；总指挥部率二军四师及三十二军为中纵队，9月11日向成县、徽县前进；六军为左纵队，9月11日向两当、凤县前进。

当时，六师先攻康县，歼灭和俘虏了部分敌人。我们团（十八团）占领康县（白马关）后，又继续向略阳进军。在略阳的叠口打了个小胜仗。这时，国民党王均部进攻成县，我们团调火速支援，就从窅口赶到了白水江。在白水江驻宿了一夜，就开往成县去了。

蔡炳贵任团长的十七团，在康县（白马关）受到了损失。

选自中共成县县委党史资料征集办公室编:《中共成县党史资料》，1989年3月，第66—67页。

① 标题为编者所拟，原标题为《成钧回忆》。

成钧，原名成本兴，1911 年生，湖北石首人。1927 年参加革命，1930 年参加中国工农红军，1931 年加入中国共产党。红军长征时为红二军四师营长、六师十八团团长。新中国成立后，曾任福建军区副司令员兼第十兵团副司令员、中国人民解放军防空部队副司令员兼华北军区防空部队司令员、中国人民志愿军中朝空军联合司令部副司令员、中国人民解放军防空军副司令员、空军副司令员兼空军技术部部长、中央顾问委员会委员。1955 年被授予中将军衔。1988 年在北京逝世。

九、会师将台堡

会师前后

朱家胜

1936年9月上旬[①]，红二方面军走出草地，到达甘肃省的哈达铺，尔后向东前进。9月17日，红二方面军四师击溃敌王均部一个团，缴枪300余支，占领成县城。当晚，红六军奔袭两当，18日凌晨歼地主武装300余人，占领两当县城，随即进攻凤县，因敌援兵已到，攻城未克，撤回双石铺。19日，六师占领康县城，四师占领徽县城。接着在这些地区开展群众工作，扩大红军，打土豪筹粮、筹款。因情况变化，10月初部队奉命撤离工作地区，紧急向西挺进。红六军于10月19日北渡渭河后，我由模范师政治部调到军政治部总务处工作。这时，一、四方面军在甘肃的会宁县会师了，我们二方面军很快也要与一、四方面军会师。一听说同中央红军会师，全体人员都乐开啦，长期以来行军作战的疲劳都忘记了,冒着敌人的飞机扫射、轰炸,奋勇前进。10月18日，我红六军终于在老君铺和中央红军的一个团会师了。22日，二方面军总指挥部与红二军团在将台堡与一方面军的红一军团一师胜利会师了。

经过了千万里艰苦转战的红二方面军，终于来到大西北抗日前沿阵地。连续几天没有打仗,但敌人飞机天天来扫射、轰炸。我们都猜想着：是不是已经到了根据地？可是又不像，因为仍旧日夜不停地往前赶。两

① 走出草地时间为1936年8月上旬。

天一夜没有休息了，大家都觉得很疲劳。

10 月 18 日深夜，部队正在快速前进，前面突然传来了话：“跟上，不要掉队，准备与中央红军会师！”这消息像一股旋风掠过来，队伍里马上掀起一阵欢腾的风暴：“到家了！到家了！就要见到毛主席了！”“就要和中央红军会师了！”这是一年来，日日想夜夜盼的事啊，现在可盼到了，谁不高兴呢！同志们像离弓的箭似地迈开大步，唰唰地赶上去。我带着总务处的一个挑夫班和一些勤杂人员走在后面。听到会师的消息后，我们也鼓足劲头向前猛进，可是经过长期行军作战，人员减少了，大家早把两担东西并作一担挑，每担都有七八十斤重，赶着赶着渐渐掉队了！大家都为不能早一点见到毛主席，不能跟部队一起和中央红军会师而扫兴。

拂晓以前我们来到了一片开阔地，只见前面黑暗中有灯光在闪耀。

“喂，看见亮了！”大家一齐欢呼起来。

挑夫班的徐明班长，举起手指着前面，兴奋地说：“革命的道路真是越走越宽，越走越亮啊！前面的部队已经和中央红军会师了，同志们加紧走吧！”徐班长的话更加鼓舞了同志们，大家都加快脚步朝着火光奔去。

“哎呀里！毛主席领导好主张，拖得敌人叫爹娘，哎呀里……”前面传来了一阵歌声。

“兴国歌！兴国歌！”同志们一阵欢呼。这是在江西苏区流行极广的民歌，已经一两年没有听到了，如今，忽然听到它，感到十分亲切。有人情不自禁地高呼：“哎！同志……”

前面有六个同志围着一堆火唱着，有的低着头在火里拨着什么。听见喊声，他们一起站起来，迎着我们边跑边喊：“同志们，辛苦了！你们是二方面军的吧？”

“是啊！你们是中央红军吧？”“是啊，是啊！”两边同时回答，两边同时靠拢。我们有的同志放下担子，就扑了上去……阶级兄弟的手紧紧握在一起，革命同志的心紧紧贴在一起，激情的拥抱表达了长久的思念。跳动的心声，倾诉着漫长的、艰难的历程。

他们拉着我们围拢在火边，把一个个热乎乎的洋芋硬塞在我们手里，还很不过意地说："前面什么都准备好了，我们是在这里等你们的，没有什么好的，先将就吃点吧！"熊熊的篝火，向我们表示了热情的接待。这一切是多么温暖啊！虽然是在旷野里，我们的心里却连连地默念着："到家了，到家了！"告别了他们，我们又继续追赶部队了。太阳出来的时候，远远看到山脚下升起一缕缕炊烟。走近了，才看清楚是窑洞。村口有个人向外瞭望，看到我，急忙回头又叫两个人，一同在路边站着。

"同志，你们是哪部分的？"我们走近时，其中一个扎着围裙，带着福建口音的同志问道。

徐班长回答说："六军团政治部的。"

"你们辛苦了，快进去休息休息吧！"他们三人连说带拉地把我们让进窑洞里。

炕桌上整齐地放着几副碗筷。他拿起一罐开水，接着又端来一碗碗热气腾腾的小米饭和羊肉炖洋芋蛋，连声地说："快点吃，快点吃！"饭菜的香味很诱人，可是谁都不动手。大家好像是一个想法：一来怕掉队掉远了，二来也觉得不好接受这么丰盛的招待。有的同志起身对我说："处长，咱们走吧！"

照顾我们的一位同志听了不知所措地站起来："班长，班长，二方面军的同志要走！"

那位福建口音的同志赶忙堵在门口，有些埋怨情绪地说："到家了，还急什么！你们走这么远，挑这么重，还能空着肚皮走吗？你们不吃，教导员回来还要批评我们哩！"我只好又叫大家坐下来。

原来，这是中央红军一个营部的炊事班。班长见我们十几个都接受了他们的招待，不客气地吃起来，就眉飞色舞地打开话匣子："今早天没亮，过去许多二方面军的同志。我们等你们好久啦！袜子、毛巾、牙膏都运到前面去了，这饭都是为你们准备的。”他指着满桌子饭菜说：“都得吃光，一点也不准剩。”说得大家都笑起来。

正笑着，他突然向我身上看了两眼，转身从背包里翻出一块蓝布，里里面面看了看，又偷眼望着我，拿着布踌躇起来。我心里纳闷，他要干什么呀？

另一个炊事员好像领会了他的心意说：“班长，我有，我有！”他急忙拿出一个布包，把包着的干粮倒在班长那蓝布上，然后把这块黑布递给班长，笑嘻嘻地说：“这还是东渡黄河的时候，事务长分给我的呢！”

班长抖着那块布，大步向我走来。唔！他多细心呀，原来看我衣服破了要给我补衣服啊！我刚想推辞，他已拿着那块黑布走到我面前，关切地望着我说：“同志啊，补补你的衣服吧，整整齐齐地去见毛主席。”

这件黑单衣，还是 1934 年 12 月从湖南桃源县穿出来的，整整两年了，已经烂得很难补了。可我还是接受了他的关怀。我决心用这件事来纪念长征的胜利，纪念伟大的会师，纪念中国革命的一个新的历史时期的开端。

自和中央红军会师后，左邻右舍传来了有关抗日民族统一战线的胜利消息。这一带地区原是中央红军开辟的新区，正在忙于发动和开展群众工作。罗志敏副主任说：“红军历来是战斗队、工作队，你们总务处在驻地也要做些群众工作。”我们总务处有休息的师参谋长冯光生、特派员全振斌，本处工作干部有管理员龙回生、特派员张和、支部书记胡政、卫生员侯礼清等同志，他们都是联系群众的活跃分子，通过他们做社会调查和群众工作，社会上和红军中发生大大小小的事情，他们很快就知道了，特别是对党的抗日民族统一战线政策的胜利消息传得更快。

西北是杨虎城、张学良部队的防区，他们是国民党军队的一部分，和中国工农红军有本质的区别，但是他们是杂牌军，受到蒋介石嫡系部队的排挤，中央红军去年到达西北后，他们受蒋介石的调遣进攻红军。

但是，他们屡战屡败，红军每次都把俘虏的人马、武器，送还给他们。同时，对其进行抗日民族统一战线政策宣传，这样反复做工作后，使他们受到了感动，他们逐渐认识到中国共产党领导的中国工农红军是真正抗日的军队，从而中央红军同东北军建立了抗日民族统一战线关系。他们再不调兵进攻红军了。有一种红头飞机是东北军的，来了不投弹扫射，就是投弹扫射也不伤人，扫射轰炸是为向国民党交差。张、杨的部队和红军可以相互往来，有的还给红军送子弹。我们周恩来副主席还去过东北军的陕北重镇延安呢！尽管大家对这些问题说得有声有色，可是上级没有指示，我们在这里住了几天也没有见到红头飞机，来的全是国民党中央军的飞机，横冲直撞扫射轰炸，所以，对于以上传说在我的思想上还是半信半疑。

10 月 22 日，红二方面军总指挥部与中央红军会师后，我们红六军住在公易镇，经常遇到中央红军的同志，陆续听到一些抗日民族统一战线的消息。有一次我们见到模范师政治部主任陈冬尧①同志，他一见面就告诉我："党中央、毛主席和张学良、杨虎城搞好了统一战线，现在还要继续克服困难，不要掉队，我们很快就要到大地方去开展工作。"我想陈主任说的话是官方消息，不是谣传，因此开始相信了。接着，一天中午在白雪皑皑的开阔地行军，突然飞机来了，心想这回糟了，既跑不掉又没有隐蔽地，听天由命吧！我和大伙在原地躺下，两眼向天看着投弹、扫射，结果是一架红头飞机，在我们头顶转了几圈，调头在不远的地方扫射了几梭子弹，投下三颗炸弹就飞走了，没有伤我们一个人。从此东北军的红头飞机不伤人的消息又传开了。军政治部张子意主任知道后告诫大家说："东北军的飞机不炸人，这是秘密，再不要乱说了。"

红军三大主力胜利会师，蒋介石恐慌万状，调兵遣将，集中了一、三、三十七、六十七、新一军等五个军，加上杂牌部队，敌军共 160 余

① 陈冬尧，原名陈冬苟，参加革命后改名陈冬尧，抗战时期曾用名陈宗尧。

团兵力，陆续向会宁、靖远、海原、固原地区集结，妄图趁我二、四方面军长期行军作战尚未休整之机，给我以致命打击。在敌我力量悬殊的情况下，党中央、毛主席决定采取逐次转移，诱敌深入的方针，转移到对我有利的地区，集中优势兵力，给敌胡宗南部队以严重打击，对我军的战略部署，东北军和西北军装作不知，故意旁观。10 月底敌军已在海原至黑城镇一线集结了重兵，布置了封锁线，企图在陕甘宁边境与我决战，达到消灭我红军主力的罪恶目的。10 月 28 日，我二方面军在杨明堡、冯家庄一带地区集结，准备通过敌人的封锁线，我红六军团 1934 年 8 月从江西出发到贵州与红二军团会合，1935 年 11 月，我二、六军团从湘鄂川黔根据地的桑植县长征北上至现在，不知冲破了敌人多少封锁线，但是从没遇到这么多的敌人和这么贫苦的地区所造成的困难。我红六军于 28 日黄昏进到冯家庄一带，此地吃水特别困难，没有泉水，老百姓积蓄的雨雪水窖封住了，开了的水窖都干了，我们政治部深夜才找到老百姓，打开一个水窖取水做饭，吃过饭就连夜集合出发了。炊事班的同志走了一天又忙了一夜没有休息，又和大家一起行军了。天空无云，星月明通，部队会师后，战斗情绪高昂，加入行军队就连走带跑地往前赶，时至拂晓，前方传来枪炮声，越往前走响得越激烈，前头的部队开始跑步，不断传话，“不要掉队，跟上来准备战斗！”“揭开枪口布！”“要保障水机关枪的用水！”战斗的气氛顿时紧张起来，部队和机关人员跑步跟上去了，我带着政治部的炊事班、挑夫班渐渐地掉队了。天亮后，三五成群的敌机在头上低飞轮番扫射、轰炸，司号员不断吹起躲飞机的警报号。这里是黄土高原，光秃秃的连草也没有，所有人马暴露无遗，只有就地躺下睁着眼盯着敌机在头上投弹！还是过去的老话：“打死了肚向天，不死又过年！”正在想着，敌机有的投弹，有的扫射，炸得尘土飞扬，骡马满地乱奔，我们后头的勤杂人员伤亡十余人，一些骡马倒下了，好在我们总务处没有伤亡人马。平常行军要等到飞机走了才继续前进。今天不行，停久了就有过不了封锁线的危险。

只要飞机转了向，不在我们头上就继续前进。尽管这样，我带领的勤杂人还是掉远了，连我们的行军位置也没有了。行军谁都不愿意别人插队，老叫我们赶到自己的行军位置去。我很为难，炊事班一夜没有休息，挑夫的担子不轻，不再掉远了就是好的，怎么能赶上去呢？我正在着急的时候，卫生员侯礼清这个小同志出了个好主意："处长，我们离开这里另找一条路走。"他的意见启发了我们，大家一致同意单独走，只要不偏离大方向就行了，说着我们就朝右边离行军纵队约四百米处往前赶，正好还有一条雨水冲刷成的干沟，飞机来了就在干沟里隐蔽。因为我们人少离开了行军纵队，飞机很少到我们头上飞，部队在左边连走带跑，而我们是快步前进，终于还赶到前头去了。走到快中午，前面突然扬起几里长黑乎乎的沙尘。那个地方既没有刮风，又没有飞机投弹，怎么有这么大的灰尘呢？大家心情紧张，不约而同地停下脚步，深怕走进敌人的埋伏圈里去。仔细看了一阵，才知道是一支骑兵部队运动扬起的灰尘。可是我马上又疑惑起来，据我所知，二方面军没有这么多的骑兵部队，难道是敌人的骑兵部队来了？司务长也带着疑惑的心情说："处长，是不是敌人的骑兵要堵截我们的进路。"我没有回答。接着看到左边的主力部队行军纵部队照常前进。我们也继续前进，很快就靠近了行军纵队。进到一道山卡里，山上的炮声响得特别激烈。我们这些人成几路纵队往里冲，地面上的部队并没有伤亡什么人马，但是飞机的扫射轰炸伤亡了我们不少人，刘伯承总参谋长也被敌机炸伤了。当我们通过山卡时，枪声就稀疏了，前面传来了话："后面慢慢跟上，注意收容掉队的伤病人员。"以前传话"赶紧跟上……"现在是"慢慢跟上"，就知道已经过了封锁线，山上打得很激烈，我们的部队和辎重，几路纵队从山卡里通过，也没有伤亡什么人，也没有捉去什么人，后来才知道是党的抗日民族统一战线政策起了作用。就在这一天的黄昏时，东北军派人送信，找到随营学校第二连指导员饶兴同志，要求见贺龙总指挥。学校派人陪同到二方面军总指挥部，把信交给了贺老总。信中大意是：蒋介石嫡系部队离此不远,要红军赶快出发离开此地,靠拢东北军防御阵地(附有要图)通过,但还要对空射击,不伤人……原来我们看到的骑兵部队也是东北军的,这样我的一切疑问都清楚了。

11 月 11 日我红六军进驻预旺堡,准备休整一个时期。13 日晚接到方面军总指挥部的命令说:东北军到预旺堡来,要红六军把房子交给他们以利统战工作,我看到命令,心里又惊讶又高兴,红军给东北军腾房子,这不单是件后勤工作,而是有其重要意义的政治工作。东北军、西北军有几十万人马,他们和红军联合起来建立抗日民族统一战线,不但是西北不可战胜的强大力量,而且是推动和发展全国抗日的重大力量。

敌部署的海原至黑城镇的封锁线,被红军突破后,敌人死不甘心,恶狗似的扑了上来。当我军进到预旺堡、洪德城地区时,敌胡宗南的主力整编七十八师于 11 月 20 日侵占山城堡,21 日继续向东进犯,东北军不得不遵照蒋介石的命令,随着调动,但是在作战时仍按兵不动,有意让红军吃掉蒋系部队。针对这种情况,中央军委以一、二、四方面军一部在山城堡附近隐蔽集结,部署作战,我二方面军为预备队。红军切断了敌向西撤退的道路后,从东、南、北三面对敌发起猛烈攻击,在战斗过程中被我俘虏的敌人官兵不断往后送。二方面军的同志参战心切,不断问何时参加战斗,但得到的回答是:敌人一个整编师,还不够一、四方面军吃呢!哪有二方面军的份,你们是预备队,还是休息吧!

经过一天一夜激烈战斗,歼敌一个整编师的一个旅又两个团。可以说,山城堡战斗的胜利是蒋介石这个运输大队长给红军三大主力会师送的一份“厚礼”。

选自中共宁夏回族自治区党史资料征集委员会、中国人民解放军宁夏军区政治部:《红旗漫卷——红军长征西征在宁夏》,宁夏人民出版社1989年8月版,第286—295页。

会见

钱治安

红二方面军进入甘肃，刚渡过渭河，东北军的一个骑兵师追了上来。他们企图把我们这支刚从雪山草地出来的十分疲惫的队伍一口吃掉。

我们这个后卫连队，几乎每天都和敌人交手，但为了早日和中央红军会合，无心恋战，只是且战且走。

有一天，我们一气赶到了海原西面的干盐池一带，三星已经偏西了，部队才停下来休息。白天战斗，晚上行军，同志们非常疲困，一听到“停止前进原地休息”的口令，往山坡上一倒就睡着了。

天刚破晓，山后传来了清脆的枪声。敌人的骑兵又赶到了。连长一声令下，全连立即在山梁上摆开了阵势。等敌人爬到离我们只有二三十米时，我们一排子手榴弹，便把他们打了下去。

趁敌人组织再次冲锋的间隙，我们迅速转移到另一个山梁上，就这样边打边撤，直到下午 4 点钟左右，敌人突然停止了追击，这使我们感到奇怪。按往日的规律，天不黑敌人是不肯罢手的。今天他们要什么诡计呢？为了防止意外，我们二班副领着两个负伤的同志先走，部队仍以战斗姿势继续前进。

刚翻过一座山，前面又传来了枪声，而且越响越急。

“糟了，上敌人的圈套了。”连长停住了脚步说。

当时我们所处的地形很不利，如果追赶的敌人占领了后边的制高点，前面的敌人再向我们压过来，前后夹击，我们非吃大亏不可。我们正在考虑如何对付敌人，前哨组的一个同志飞快地跑回来，站在我们面前喘着粗气，结结巴巴地报告：

“连长，指导员，我们……碰……碰上啦。”

“碰上敌人啦？”看他着急的样子，我和连长同声问道。

“碰上……中央红军啦！”

“什么？”我们真有点不相信自己的耳朵。

“中央红军，他们说驻在前边的小寨子里！”

这一下,我们才猛醒过来,原来刚才的枪声是中央红军在和敌人战斗。这意外的喜讯立刻使全连沸腾起来，个个高兴得又蹦又跳，与中央红军会合，这是蕴藏在我们心里最强烈的愿望。从离开湘鄂川黔根据地开始长征那天起，在战斗最激烈、最残酷的时候，在爬雪山、过草地的时候，在和饥寒、疾病作斗争的时候，我们始终坚信有这么一天:和中央红军会师，在毛主席领导下，共同把中国革命之火烧得更旺。现在，正当我们腹背受敌，进退两难的时候，遇到了中央红军，怎么不叫人高兴呢?

欢笑赶走了疲劳，同志们一个个把胸脯挺得高高的，用袖子抹去枪上的尘土，像要接受检阅一样，向前疾进。

来到小寨跟前，早已在那里等候的几十个中央红军的同志一齐拥上来，热情地拉着我们的双手，像久别重逢的亲人一样，谁都有满肚子的话，可谁也不知说什么好，只有惊喜交集的热泪，才能代替我们道出当时复杂而高兴的心情。

这时，寨后的枪声还没有平息，有位同志看我们有点迷惑，就告诉我们说：“我们是奉命来接你们的。今天一早，敌人的一股骑兵就闯到这里来堵你们，现在已被我们全部包围起来，正在歼灭它！”

听了他的介绍，我心里暗想：“难怪敌人没天黑就不追了，原来是想把我们消灭在这里。要不是中央红军给我们解围,我们又会遇上一场血战哩！”

“同志们，这小股骑兵用不着你们操心啦！准叫他们有来无回。来，先喝碗水吧！”恰巧，这时有个同志把开水送来了，其余的同志一齐上来夺我们的小碗，盛好了水，一碗一碗送到我们手里。接着，饭也送来了。

我们一面吃饭、一面听着寨后的枪声，心里真有说不尽的感激。正吃得有味，通信员小马凑过来低声说："指导员，听兄弟部队的炊事员讲，这饭原来是准备送给作战部队吃的，我们一来，就先让我们吃了！"听小马这么说，我们连忙放下碗，再也不吃了，可是一方面军的同志再三催促，非要我们吃饱不可。

战斗还在继续进行着。吃罢饭，我们几次要求参加战斗，都被他们拒绝了。他们说："三个方面军会合后，革命就要大发展，要想打仗有的是，现在你们的任务是休息。"

休息确实很需要，而且他们为我们准备得很周到。可是二班副带着两个伤员，直到现在还没有上来，怎能叫人放心呢？

半夜，派出去的人回来说："到处都找遍了，连个人影也没见。"真糟，四周有不少敌人，不会遇到什么意外吧！

天刚亮，我们又派了人出去寻找，他们刚走不大一会工夫，寨子对面来了几个骑马的人。开始大家以为是敌人的骑兵，走近一看，骑在马上的正是二班副和那两个伤员。我们一下子围了上去，把他们从马上接下来，没等我们问，他们就滔滔不绝地讲道：

"昨晚我们迷了路，差点碰上敌人，多亏遇到了中央红军的同志。嘿，他们亲热极了，留我们住了一夜，又让我们骑上马赶部队。要不，还找不到你们呢！"

他们的话，再次使我们沉浸在阶级友爱的温暖气氛中。

太阳从东方升起的时候，枪声已经稀疏了。我们满怀感激的心情，依依不舍地告别了兄弟部队的同志们，又向前进发了。

选自黄涛、常正、史立成选编:《红军长征珍记》，长征出版社1996年7月版，第305—308页。

“活着，就不能离开红军”

袁福生

我们红二方面军，爬过了空气稀薄的皑皑雪山，走出了渺无人烟的茫茫草地，快要踏上盼望已久的陕北革命根据地的时候，就遇上了拦阻我军前进的胡宗南顽军和张学良的部分部队。经过一场激战，敌人丢盔弃甲，狼狈而逃。1936 年 10 月 22 日，红二、四方面军和红一方面军胜利会师了。三支经过千锤百炼的英雄部队会合在一起，真叫人心潮澎湃，万分激动。

就在这喜庆的时刻，上级命令我任十七师副特派员。这是党的信任，也是对我的考验和锻炼。我正准备去“走马上任”，不幸病魔突然袭来，由于雪山草地非常艰苦的生活，我得了严重的伤寒病，昏昏沉沉地被送到了军团卫生部干部休养连。这个干部休养连，是把因过雪山草地和长期行军作战而得病的和负伤人员集中起来的，仍和部队一样行动。干休连医疗技术条件差，医药非常缺乏，几乎没有什么药品，只有一些救急水。因此，在行军中我的病势越来越重。有一天到了宿营地，我们几十人挤在一间地下铺着麦草的窑洞里。睡到半夜，我因发高烧而迷迷糊糊扶着墙，立着就小便，撒了几位伤病友一脸，裤子也没有系，便晕倒了。但是，被尿了一脸的同志，没有一个人责怪我。相反，他们把我当成亲兄弟，亲切地照顾我，给换了湿了的麦草，系裤子，盖被子，倒开水，找医生。由于我的病重，除了一条被子外什么东西都丢光了，战友们给我解决生活上的困难，搀扶着我行军。在宿营时，他们给找了麦草铺铺，给打洗脸洗脚水等等。

部队在继续前进，休养连也随着行动。我拖着沉重的步子，在同志们帮助下行走，当离陕北苏区的铁锅城不远的时候，高烧使我迈不动一步，但是心里想着：一定要跟上部队，要坚持，不能掉队，不能离开集体……可是，头昏目眩地昏迷了过去，我什么也不知道了……

一股热气温暖着全身，我惊醒了过来。一张老汉的脸映入我的眼帘，他微笑着，眯着眼正在看我。怎么在老乡家？一幢简朴却很整洁的窑洞，我盖着被子躺在炕上，屋内灰暗，不知是清晨还是黄昏……“同志，你可醒来了，还哪里难受？”老汉亲切地问我。我多想知道这一切呀！可嘴巴张不开，烧得满嘴都是泡，我费力地问道:“我怎么在这里，给你老伯添麻烦了……”说着说着，我再也说不下去了。老伯并没急着说什么，起身点上了油灯，又端来了一碗小米粥，坐在我身边，一匀匀地边喂我，边说着：“是两个同志背着你送到我家来的，见你病成这个样子，又不省人事，我要留下你养病，部队已经开远了，在这，你就放心吧。我无儿无女，独身一人，病好了不愿走咱就是一家。”还说：咱有牲口，有点薄地，咱再给你娶个媳妇，安生过日子，眼下就好好养病吧！我听后，心里很激动又辛酸，眼角流出了热泪。

老伯知道我是红二方面军的，像对亲人一样关照我，但他想的和我想的并不一样，我流泪既是因老乡殷切待我所感动，又恨自己得病掉队而难过，是多么想念我多年的部队和战友啊！夜深了，老汉甜睡得打着鼾，我想前想后怎么也睡不着，一闭上眼睛就像进入了梦幻世界。母亲微笑着对我说：“在红军队伍里要好好干，为穷人为家乡争光，要多保重自己；看你病成这样子，作妈的心里难过啊！好好养着吧”……是哪里来的两个怪样的人，一个戴着大檐帽，一个戴着小帽头，奸笑着:“伤寒病，伤寒病，得到身上就要命。”随着狰狞的笑声，那身影由大变小远去了……一片轻雾像云头一样向我扑来，一个穿红袍、头戴纱帽的判官向我走来，这不是阴曹地府吗？那判官恶狠狠地狂叫：“你的寿期到了……”“你胡说，你管不了天，也管不了地，更管不了我，我是红军，我是红军战士……”军团首长来了，贺龙同志笑着走来了，“福生啊！不要紧，共产党人什么都不怕，病拖不垮你。还要看到将来呢，看到社会主义和共产主义，要跟上队……”我笑着送他走向远方，高喊着：“请放心，我一定跟上队，看到将来，看到新的世界，看到美好的社会……”

我高兴地睁开了双眼，迷迷蒙蒙，这时天已大白，窗外树上一群麻雀，叽叽喳喳地叫着，我多想到庭院里去，但身不由己，怎么也起不来，全身疼痛得要命，像是散了骨架。这时，老伯给我端来了小米稀饭，还有酸菜，只喝了几口再也咽不下去了。

下午又开始高烧，连嘴巴里都像往外冒火，眼珠子胀痛，心像要跳出来，眼前一会亮，一会黑，觉得和往常不一样。心想真的不行了吗？我才 19 岁呀！要做的事还多着呢？！不会，绝对不会，一定能抗过去，一定能跟着部队去执行新的任务。全身像驾入云雾，轻飘飘地什么也不知道了。不知过了多久，我醒过来了，觉得全身热乎乎，汗津津的，我高兴极了，没死，还活着，睁开眼睛，什么也看不到，用劲蠕动了一下身子，像是睡在草堆里。我既纳闷又蹊跷，昨天睡在炕上，怎么一下子到这来了呢？伸手扒开草堆，见太阳已经升得老高了，又看了一下四周，原来是个打麦场，离村子并不很远。把我一个人放到这儿是怎么回事？口渴得很，又动不得。我正想法爬出去，见村里来了一群人，是朝我这边走的，走近了才看清，有的扛着镢头，有的背着门板，还有拿绳子的，真不知是干啥，走到我躺卧的草堆旁。有个人见我两眼“瞪”着（那是我好奇地看他们），吓得丢下镢头撒腿就跑，还喊叫着：“这红军娃子死不瞑目，可不得了……”他一跑，别人也跟着跑，跑出老远又一起议论起来。有的说：“他一定是个冤魂，两眼还瞪着呢。”有人说：“那不一定，有人死了就是睁眼。”“他昨晚死了我背他到这，身子还没凉，是不是又还阳了。”我听出这是老伯的声音，我急得直想喊，就是喊不出来，最后用尽了九牛二虎之力，才喊出了一声："老伯。"老乡们听到我一声喊叫，说是"鬼叫"，又跑远了。这回老伯没跑，仗着胆子又朝我走来。我喊不出来，只好用力举起胳膊，向他招手。他走近了，看到我没死，便高声地招呼跑到远处喊老乡："回来吧，别怕，他没死，还活着……"一下大家把我围拢起来，一位老者流着眼泪说："听说你死了，我们是来掩埋你的，谁知你还活着，你成了这个样子我们心里也难过呀！"又说，"你活过来，真有福气呀！"乡亲们含着激动的泪花，又把我抬回了老伯家。老伯端来了一碗小米饭汤，我大口小口地喝着，觉得那么香甜，心里也舒坦多了，一颗颗泪珠滚下来，我哽咽着说："我非常感谢老伯和乡亲们的照顾。我好了以后，一定更好地去工作，去打敌人，保卫人民的安宁的生活……"几个年轻人呜呜地哭出了声，老伯用颤抖的双手拉着我，安慰说："孩子！好好养病吧！活了就是福。"

过了两天，在老人的爱抚和照顾下，我的病情逐渐好转，但仍有时发烧，身子虚弱得难以支撑。我想既然没死，又活了，就是要去追赶队伍，不能给老伯总添麻烦。是啊！留在这里给老人家当儿子，以后娶个媳妇可以过个美满舒适的日子，但我是红军啊！不能叛逆革命，不能脱离部队！更不能离开党！我活着就一定要革命到底，一定要推翻吃人的旧社会。于是，在这天晚上，我看老伯喜滋滋地回来，便向他说："老人家，我不能再拖累你了，你的好意我全懂，可我是红军，我不能离开队伍，一定要去追赶部队，做我应该做的事去。"他沉思着一言不发，不知沉默了多久，他才说："那好吧，我知道你的心思。"他说完便脱衣睡了。

第二天，老伯领来了两位红军，我真不敢相信他们就是红十八师营长、干部休养连的连长谭剑禄和卫生员谭发生同志。他们也是到处在寻找我。正巧在路过这里时，听到有个红军死后又活了的消息，又碰上了老伯才领他们到这来的。

"啊，是你呀，我的特派员同志。"他俩激动地扑到我的身边。

我说："谭营长，我这些天好多了，既然你们来了，就跟你们一块追部队去。"

"好！咱们一块走，要死咱们一块死，活就一块活，绝不会把你丢掉，抬也要把你抬走。"他爽快地回答我之后，又拉着老伯的手百般致谢，并留下了银元。

在老伯的安排下，我骑在毛驴上，谭剑禄同志顾不得自己不久前在战斗中负过的伤痛，照顾着我踏上了追赶部队的路程。

我们走了两天，终于赶上了部队。归队后，组织上又把我送到了后方野战医院，经月余治疗痊愈了。

出院那天正是活捉蒋介石的双十二事变。为了挽救民族危亡，我随部队开赴到西安附近，执行新的战斗任务。

这事虽然过去 50 多年了，但我至今记忆犹新。在辞别老伯时，我还在发高烧，又走得匆忙，连他的姓名也没问到，这是我一生中遗憾的事，直到现在还很愧悔。为了纪念这件事，我曾在抗战时写过一首诗：

双手接过委任状，病魔从空突然来。
乡亲扶我卧暖炕，金米香汤笑颜开。
病危之际遇老伯，战友立誓将我抬。
阶级情谊深似海，永生难忘记心怀。

（贾玉章整理）

选自《红六军团征战记》下，解放军出版社1994年6月版，第539—543页。

会宁会师[①]

殷士林

1936 年 7 月，红二方面军高举“北上抗日”旗帜继续北进。此时，红一方面军经过一个多月的战斗，解放了定边、环县、同心城等广大地区，扩大了陕甘宁根据地。红一方面军接着南下作战，牵制敌军，策应二、四方面军北上。

红二方面军在北上途中，一连打了几个胜仗，攻占了哈达铺等地区，缴获了敌人的大量军需品。我军经过爬雪山、过草地等历程，衣服都已破烂，此时换上了新军装。10 月 22 日[②]，在甘肃省会宁县，红军三大主力会师，长征胜利结束。此后，各部队普遍深入进行了抗日的思想教育和组织整顿，为红军改编后保持人民军队的政治本色奠定了良好的基础。

红二方面军的指战员大部分是南方人。到了北方后不会吃白面，便做成面疙瘩，叫“鸡头”。更不会包饺子、蒸馒头。后来，才逐渐学会了做北方饭。（秦凤岗整理）

选自中国人民政治协商会议铜川市城区委员会文史资料委员会编：《铜川城区文史》第1辑，1988年2月，第34—35页。

---

① 本文摘自殷士林：《长征路上》第三部分，标题为原文第三部分小标题。

② 会宁会师为1936年10月19日，红一、四方面军会师；10月22日，红一、二方面军在将台堡会师。

会师后的喜讯

樊哲祥

翻过雪山，越过草地，红二方面军进到甘肃、宁夏地区后，广大指战员打仗、行军，格外高兴。9 月中旬，贺龙同志指挥二方面军，先后攻克了成县、徽县、两当、康县，接着又挥师北进，于 10 月 20 日[①]到达宁夏西吉县的将台堡、兴隆镇，与聂荣臻、左权率领的红一方面军胜利会师了。

重要情报

红二方面军在将台堡、兴隆镇和红一方面军胜利会师时，广大指战员像过年一样，沉浸在一片欢乐之中。当时，我在二军团司令部任侦察科长。在欢乐声中，李达参谋长命令我们侦察科，要加强敌情侦察。我们 10 月 23 日侦悉，敌三十七军已进至界石铺，因敌情紧张，部队开始北移。进驻海原县管家洼一带时，一天早上，侦察员领来一个东北军的排长，要求见红军最高司令官。我打量了他一番，问道：

“有什么事？”

---

① 将台堡会师在1936年10月22日。

“我有重要情报。”他诚恳地说。

看他不像敌人的侦探，我说：“那好，稍等一会。”

我急忙跑到总指挥部，立即向贺老总作了报告。因敌情紧急，贺老总说：“把他带来！”

我把这个排长带到贺老总面前，他“啪”地一个立正，先向贺老总行了个军礼，然后说：“长官，我是东北军的见习排长，叫王智，我们要求抗日，打回东北去，特来投奔红军，有重要情况报告！”

“你说吧。”贺老总点了点头。

“长官，骑兵第六师在前面设下埋伏，望贵军立即止步。”

“可是真情？”

“我以生命担保！”

贺老总放下手中的烟斗，紧紧握着王智的手说：“多谢啦！”

王智看了看老总又说：“我还带过来一个班的士兵，投奔红军。”

贺老总笑容满面地说：“你们要求抗日，来参加红军，这太好啦！”

这时，贺老总示意，让我好好招待王排长。

贺老总和任弼时政委商量后，叫我赶紧通知部队改变行军路线，转向西北驰进。当我策马赶到四师时，十团已与敌人开火，刘开绪团长和朱绍田政委指挥部队，边打边掩护主力转移。部队安全到达杨明堡后，贺老总找来王智，表扬他报告了重要敌情，使部队免遭损失，为人民立了一功。当他知道自己见到的是威震敌胆的贺龙时，他高兴极了，逢人就说：“投对啦！投对啦！”

不久，贺老总任命王智为骑兵连连长。这个剽悍的连长，带着红二军团的骑兵连，奔驰沙场，挥舞马刀，英勇地战斗在宁夏南部山区。抗日战争初期，他又带骑兵团奔上大青山，奇袭日本鬼子，被蒙民誉为青山铁骑。

第一次见到朱总司令

中央军委①布置的海（原）打（拉池）战役，都因种种原因，未能按照预定计划消灭敌人。特别是宁夏战役，因张国焘擅动四军和三十一军，部队行动暴露，不但未能实现歼灭敌人的计划，还迫使各路红军迅速北移。11月中旬，二方面军转移到盐池与环县之间的一个小村子时，我听贺老总的警卫员说，朱总司令来了，我说："我还没见过总司令呢，走，去看看。"就高高兴兴地向总指挥部走去。

总指挥部的院门敞开着，我看到一个身穿旧棉衣的大个子，他笑着喊道："弄啥子饭哟？"边说边向北屋走去。这时，我急忙问警卫员："总司令在不在屋子里？"他用手一指说："你刚才见到的那个就是总司令呀！"我心里一惊，"那就是朱总司令呀，我听他说去弄饭，还以为是新来的司务长呢！"我高兴地扭头就跑，想早点告诉战友们，"我见到朱总司令啦！"

第二天，我到总指挥部去汇报工作，问贺老总："听说朱总司令来和你研究打大仗的事啦？"贺老总点点头。我说："前天，四方面军在萌城一带打了一个大胜仗，消灭好几百敌人。再有战斗任务，咱们二方面军要求担任主攻。"

贺老总说："咱没那个福，总司令叫我们作预备队哩！"我说："那我们不干！"贺老总咬着烟杆嘴，意味深长地说："朱总司令说，毛主席、周副主席指示，二方面军在长征路上，吃了大苦，在徽县、成县、康县连续打仗，部队很疲劳，目前应该适当休息，养精蓄锐，准备打大仗。"我听了这话，眨巴眨巴眼，毛主席、周副主席、朱总司令对红二方面军

① 应为中革军委。

的关怀和爱护，使我感动得半天说不出话来。

天大的好消息

12 月 13 日黎明，我们正在睡觉，谷志标用力拍着我的被子说："樊科长，快起来，报告你一个天大的好消息！"我连眼也没有眨一下，说："部队还没打仗，有啥子好消息？"他大声喊道："蒋介石被活捉啦！蒋介石被活捉啦！"我微微睁开眼睛说："你在说梦话，快躺下再睡一会吧！"他说："不睡，我高兴地睡不着呀！"

我半信半疑，起来穿好衣服，直向总指挥部奔去。这时，贺老总的屋子里亮着灯光，我走了进去。看到贺老总正伏在桌子上看电报，我也没顾上敬礼，急忙问道："老总，谁把蒋介石捉住啦？"

贺老总捻亮灯芯，微笑着对我说："蒋介石听到红军三大主力胜利会师的消息后，亲自坐镇西安，命令东北军、西北军和胡宗南的部队一起来围攻消灭红军，张学良、杨虎城将军主张和红军一致抗日，打回东北去，就在临潼华清池把蒋介石活捉啦，哈哈……"

贺老总说完在屋子里踱来踱去。好像在想什么，还小声说道："长征一结束，新局面就开始了。"

选自中共宁夏回族自治区党史资料征集委员会、中国人民解放军宁夏军区政治部编：《红旗漫卷——红军长征西征在宁夏》，宁夏人民出版社1989年8月，第316—319页。

红军长征纪实丛书

红二方面军卷

2

中共中央党史研究室 编

中共党史出版社

本册收入第三至第六部分文章 110 篇

红二方面军的两个战斗故事

樊哲祥

创造湘鄂川黔根据地

1934年夏秋之间，在秀山南腰界，我们红二军团和红六军团胜利会师了。会师以后，接着就打了一个带关键性的扭转局面的胜仗，创造了湘鄂川黔革命根据地，而且从此巩固、稳定了一年多的时间，一直坚持到长征。

这以前，红二军团领导上，由于夏曦同志在政策上犯了严重错误，队伍实力受了损失，由洪湖根据地转到湘鄂川黔边境，我们的力量小了，周围的敌人力量却很强大。那时，二军团活动的地区，主要在湖南的桑植、永顺、大庸、龙山，湖北的鹤峰、来凤、恩施、宣恩，四川的酉阳、秀山、黔江、彭水，贵州的沿河、印江、婺川这一带。酉阳、黔江、彭水县城，我们都打开过，我们一走，敌人又占了。周围的敌人，有贵州的皮德沛①、杨其昌两个师，龚仁杰②的教导旅，周矮子的一个旅，和湖南敌人的几个师，这些敌人，经常跟着我们，老是打仗，敌人的兵力大我们十来倍，使我们得不到休息；周矮子这个土匪，从鄂西追到湘西，从湘西追到贵州，和我们打了很多仗，简直成了我们的

① 原文误为皮德培，本文统一为皮德沛。

② 原文误为龚文洁、龚文杰，本文统一为龚仁杰。

死敌了。那时，情况是很严重的，二军团没有电台，和中央取不到联系，根据地不巩固，部队不好补充，缺少子弹，没有休整地方，部队很疲劳，部队打到哪里，伤员抬到哪里，大家都迫切感到需要打开一个局面，创造一个根据地。

红六军团为了牵制敌人的兵力，配合中央红军长征，从湘赣根据地远道而来，沿途和敌人打了不少仗，也很疲劳；但六军团带了电台来，和二军团会师以后，任弼时同志给中央去了一个电报，请示行动，中央命令六军团也可以休息了。秀山一带，给敌人糟踏成个穷地方，二军团去后，领导老百姓分过土地，搞了一块小根据地，两个军团本可以休息一下。但是，情况不许可，敌人跟在六军团后面来了。完全会师那天下午，发现敌人了。晚上，在南腰界镇子南面的广场上，二、六两个军团开了个联欢大会，带六军团来的任弼时同志、肖克军团长、王震政治委员和二军团的贺龙军团长、关向应政治委员都参加了这个会。这个会，既是联欢会，又是动员会。贺老总（我们干部之间对贺龙同志亲昵的称呼）在会上很幽默地说：

“到了贺龙的后方，六军团的同志想休息，可没想到吧？今天，贺龙的后方，是在脚板上了！今天刚休息，明天就要出发……”

二、六两个军团会师，力量增强，听说打仗，信心很大，勇气也很高。六军团在湘赣根据地，打的敌人，差不多都是敌人的正规部队，在江西打垮过陈国珍，在湖南打败过李觉，对周矮子这些地方军阀部队，很瞧不起。二军团在洪湖区创建根据地，坚持好几年，打的胜仗也很不少。大家心想：这回还怕？一定会好好打出个名堂来。

我们知道湖南永顺城的敌人力量空虚，只有一点地方保安队，就准备拿下永顺，在那一带创造根据地。第二天，我们却向西北出发，奔龙潭、龚滩，绕了个弯，把敌人调动到酉阳以西，然后我们掉头向东，乘敌人力量还没集中，打开了永顺城。在永顺城休息了六七天，二、六两军团的干部战士亲亲热热，互相照顾，表现得很团结。敌人赶来了，周矮子、龚仁杰的两个旅和贵州的皮德沛、杨其昌两个师追来打我们。这时候是个关键，我们两个军团合起来才两万来人，当面敌人力量大我们一倍以上；我们的装备差，敌人的装备比我们好得多；敌人疲劳，我们比敌人更疲劳。该怎么打呢？打好了，永顺一带可以搞个根据地，部队可以很快进行休整；打不好，还得回到原地方，根据地搞不起来，部队更疲劳。这时候，大家都关心一个问题：“怎么打？”

敌人一到，我们的部队就撤出了永顺城，向北退了 60 里，撤到钓钧岩。永顺城外，南靠河，河上有座带凉亭的大木桥，两面带栏杆，桥顶盖着瓦，桥南岸还有几家人家，这是永顺城的交通要道。撤退之前，贺老总派人去召集大桥附近的老百姓开了个会，说明我们为了打败白军，不得已要烧桥；并且预先给了老百姓几百块银洋，叫他们等打完这一仗再修,然后把桥烧了。当时,我们这些下级干部不知道其中的秘密,心想：烧这座桥有什么作用?

出永顺城不到一里地就是山地，直到钓钧岩，沿途都是大山。这一带出茶叶，山上多半是茶叶树。石板大路就在山沟里转。我们到了钓钧岩，走过以后，再倒回去，到钓钧岩南面道路两边山上布置埋伏，封锁消息，等敌人来，想伏击他。敌人进了永顺城就住下了，却不追了。我们知道还不行，第二天，部队又向北翻大山撤退 60 里，退到龙家寨，照样布置埋伏,等敌人来,这里山大,布置得更好。敌人进到了钓钧岩,又不走了，我们还得后退才行！第三天，我们部队又向西撤退到山卡卡里的官里坪，照样布置了埋伏。这下子，敌人就骄傲了，到了龙家寨，脚也不停，跟着就顺着通官里坪的大路追我们。

我们的队伍却不在官里坪，是在官里坪东面大路两边的山上埋伏着。那一带都是拱背林的山，满山尽长着又矮又密的茶树。那条山沟有两里路宽，十多里路长，沟里全是水田，稻子都割完了。我们是天明以前偷偷上的山，把队伍布置在这一带山上：二军团的四师在南坡上，六军团的十七师在正面山上，北坡上也是六军团的。大家都爬在茶树林里，红旗也卷起来了，又封锁了消息，一点都不暴露目标，布置成一个口袋。

开始撤到钓钩岩布置队伍，我们下面就知道了，这回，对付敌人，我们是想骄纵他，引诱他，伏击他。皮、杨两师白军归周矮子指挥，周矮子本名叫周燮卿，本来很骄傲，贺老总就利用敌人这个弱点，让他更骄傲。敌人也狡猾，开始怕上当。等他一回不来，等他两回不来，到第三回，我们在官里坪布置好了，心里还怀疑呢！“敌人还不能来？”可是，这回，敌人来了，我们正吃下午饭，敌人“吃孔吃孔”地进了口袋；我们都爬在山上看，见敌人大摇大摆地直朝沟里开。皮德沛、杨其昌这两个师，龚仁杰的一个旅，周矮子亲自带的一个团都装进来了。我们心想：“哼，你们到底来了。”撂下饭碗，赶快准备打仗。

二、六军团初次会合，没有一起打过仗，彼此的战斗力都互不了解。二军团的同志见六军团：大半是江西人，个子小，有穿学生服的，有穿四个口袋军服的，背个包袱，背把雨伞，还有背布的；穿布鞋的多，有的人穿胶皮鞋；腰上别个饭袋，缸子里装一包包大米饭；走路不及二军团快，但队伍倒比二军团整齐。心想：敌人要上北面的山，他们能打不能打？六军团的同志看二军团：服装不整齐，穿各式各样衣服的都有；帽子大的大、小的小，捆个红带子，背个斗笠；每人脚上穿双草鞋，腰上挂三双草鞋，还有背草的；他们走路是快，但是队伍不整齐，路上还让别的单位插队伍。心想:敌人要上南面的山,他们能打不能打？当然，勇敢打敌人，这是互相信任的。

龚仁杰的教导旅白军，由他的参谋长带着担任搜索，最先上北面六军团守的一个山头。二军团的人眼看敌人的搜索部队都快到六军团阵地跟前了，六军团还不打枪，心里替他们着急，心想：他们真沉得住气！等敌人离他们很近了，他们却突然猛烈地一排一排地打出手榴弹来。这时，正面和两边山上都还没有打响。只见六军团的那个山头上，一阵手榴弹响了之后，红旗都扯起来了，队伍马上冲出来。敌人突然遭受这个打击，一下子就垮下来了。接着，正面和两边山上也打响了，四面山上都扯起了红旗，敌人给我们压在这条小山沟沟里面，完全混乱了，上了山的，直往山下滚，没上山的，窜得水田里到处都是人；遍地撂着骡马、行李担子、行军锅、小炮、机关枪、电话机、担架，……敌人把什么东西都撂下了，撂了一路；敌人人挤人，人踩人，跑不出去。

队伍摆开打响之后，王震政委这时在十七师四十九团阵地上。他还是穿的士兵服装，不大讲究，胡子也长，可是精神百倍。他对四十九团说：

“同志们，敌人不让我们会合，还想把我们消灭。这个敌人，不是什么了不起的敌人，是土匪！……我们倒要看看是谁消灭谁！我们要住下来，创造一个根据地。我带头，大家跟我来！”

讲完话，他马上就带着部队冲下山去。

这一仗，打得才好看呢。有个山头，敌人从草上滚下来，一个接一个，滚到山下一个坑里，出不来。有块田里有个深坑，积满了水，不知掉下去多少敌人，后来我们光在那个坑里就起出了几百支枪。

一会儿，天就黑了，那天晚上天很黑，对面不见人。我们遍山沟里抓俘虏，更热闹。那晚上，枪打得倒是不多，到处都是我们的人在大声喊叫：

“捉！捉活的！”

“出来！我看见你了，你还不出来！”

“不出来，打死你！”

“谁？包围起来！”

“口令！”……

我们的人跟敌人混在一起，看不清人，怎么抓俘虏呢？敌人的军帽，帽檐又短又硬；我们的军帽，帽檐长，是软布做的，帽檐边上撑了一条篾片。两个人碰头，先拦腰一抱，摸着对方是硬布短帽檐，就把他的枪下了，叫他：

“往后走！”

这一仗，敌人的四个主要部队，进沟来的，都一下子就收拾光了，统共消灭了皮德沛、杨其昌两个师，龚仁杰一个旅，周矮子这个旅的一部分，捉住了龚仁杰的参谋长。只剩周矮子、皮德沛、杨其昌这几个家伙带了不多几个人跑回了永顺城。

贺老总早料定永顺城内的敌人兵力薄弱，没有防备，如果他们知道皮、杨、周、龚部队被消灭，更不能打了，必然逃跑。所以，天黑之后，贺老总见皮、杨两师和龚旅已垮，周矮子被消灭一部，立即派师长钟炳然带上六师从龙家寨走小路直扑永顺城，命令他在拂晓以前一定赶到，越快越好，全部消灭永顺城内的敌人，不许让敌人逃跑。

从龙家寨到永顺城有一条直路，是小路，只有 80 里。贺老总把钟炳然叫来时，对他说："永顺城内的敌人要逃，还可能走钓钩岩；城南面的河，他是不好过的；我们要走钓钩岩去截他，又是弯路；从龙家寨赶到永顺城是条直路，只有八十里，你们要赶快到永顺去，截住他。"二军团走路是有名的，六师的干部战士，湘西的人很多，又会爬山。大家都充满着信心，猜想六师一定可以按时赶到，这回，可以把永顺城里的敌人全部消灭。果然，周矮子这几个家伙前脚刚进了城，六师就跟着赶到了永顺，占领了城北面的北山，城内敌人来不及逃跑。

永顺城北面这座山，满山都是茶树林，茶树林里还有几座庙。这山像个半圆圈，包住了永顺城的东、北、西三面，居高临下，形势险要。敌人占住这座山，永顺城就不好打；我们占住这座山，既好攻城，又控制了永顺城的三面交通，城南河上烧断了桥，敌人就成了瓮中之鳖。敌人果然没有预料到他们前面的队伍已被消灭，只在山上放了一个连的警戒，可见敌人毫无准备。六师占领北山，山上的敌人就撤回城内去了。钟炳然在山上看得清清楚楚，城内街上，满街灯笼火把，拥挤不堪，敌人一定是准备逃跑，可是他却不打。十六团团长戴德山催他：

"师长！快打！别让敌人跑了！"

"不行！"钟炳然说，"城里敌人太多，我们才一个师，不能打。

等后面队伍来了再打。”

后面队伍打完仗，当夜也赶到了永顺城。可是，等后面队伍赶到，天就亮了。在天亮前，城内的敌人已经逃走了。

红军重回永顺城，街上老百姓烧茶送水来欢迎。他们说：

“知道你们在山上，你们怎么不下来？周矮子、皮德沛、杨其昌跑进城来，吓得要死，直叫：‘快拿茶来喝！’喝完茶，脚都不停，就跑了。你们要下来，连皮德沛、杨其昌都可以捉住。河上又没有桥，他们往哪里跑？”

贺老总一进永顺城，立刻就把钟炳然撤职。钟炳然统共只当了三天半的师长。

这时，大家都知道烧桥的作用了。贺老总早看到这一着，准备把这股敌人一网打尽，事先计划得是很周密的。可惜，钟炳然犯这个错误，让一部分残余敌人跑了。

但是，会师以后这第一仗，胜利是很大的。局面打开了，周矮子也打怕了。接着，我们又打大庸，朱扒子的队伍望风而逃，桑植也打开了，湘鄂川黔边区的根据地，就有了三个县的县城。部队用缴获的枪、弹装备了自己，省政府、县政府成立了，群众工作搞起来了，农会、工会、妇女会组织起来了，老百姓分了土地，生活也好起来了。以后，又打开桃源，把朱扒子的兵工厂搬来，医院、兵工厂也建立起来了，局面一直稳定到1935年夏天。

粉碎最后一次“围剿”

湘鄂川黔革命根据地，在任弼时、关向应、贺龙、肖克、王震等同志领导之下，执行毛主席的正确路线，打败了敌人许多次的进攻，创造了根据地，建立了民主政权。任弼时同志担任湘鄂川黔边区党中央分局书记，纠正了夏曦同志的错误，实行了土地改革，部队也得到了休整和补充……原来的二、六两个军团合编为中国工农红军第二方面军①，贺龙同志任二方面军司令员，任弼时同志兼二方面军政治委员。到1935年夏天，湘鄂川黔革命根据地已经越来越巩固，也越来越扩大了。

蒋介石匪帮很害怕我们，认为我们是他们的心腹之患。1935年7月，集中了19个师大约20多万人的兵力，对我们来了一次大规模的“围剿”。这19个师，分成四路纵队，采取四面合围的“战术”，企图把我们压缩到桑植东南的小块地区，全部消灭我们。这时候，红二方面军二、六两个军团的兵力，统共才二万多人，按人数看，敌人兵力大我们十几倍，武器装备也比我们强，情况是很严重的。

我们的根据地有桑植、永顺、大庸三个县城和龙山、澧县、安福等县地区，这是我们根据地的中心地区。但是，因为整个根据地面积不大，加上敌我兵力悬殊，敌人很快就造成了合围的形势。这个时候，我们必须采取保存力量，争取主动，突破敌人的包围圈，转入外线，选择有利时机，集中优势兵力，打击敌人最薄弱的一环，消灭其一部，以求得粉碎敌人这次“围剿”的战略方针。

我们被压缩在桑植东南的狭小地区，敌人的包围圈越来越小了。

我们把从桃源搬来的兵工厂的大机器破坏了，小机器还得带上。政府机关、群众团体，都跟着军队一道转移。打烂些坛坛罐罐，还要带些坛坛罐罐。我们这个队伍，骡子牲口一大帮，足足拉了好几十里路长。

按敌人兵力布置的情况来看，我们东、南两方面是敌人的主力，敌人是南方部队，战斗力比较强；这两个方面地势平坦，靠近敌人的中心地区常德、桃源一带，不便于我们活动。西北方向是敌人的北方部队，这些部队，野战不行，爬山不行，下雨不行，走路拄个棍，光摔跤，既

① 作者回忆有误。1936年7月5日，根据中革军委命令，红二、红六军团和红三十二军合编为红二方面军。

不是敌人的主力，人数也比较少；地势多半是山地，在桃窝、龙家寨一带又是大山，而且是我们的游击根据地，群众条件也好；那一带地区，我们大半都很熟悉，爬这些小山，我们也不在乎。所以我们决定向西北方向走，经陈家河一带突破敌人的包围圈。

出发之前，贺龙司令员跟我们部队讲话说：

"陶广、李觉、郭汝栋、陈耀汉、张万兴、张振汉……这些乌龟王八都来了，是来抄我们的家，我们这回是搬家，打烂一点坛坛罐罐不要紧，打烂了，我们要叫他们赔。……"

我们的队伍素来总是跟优势的敌人打仗，而且差不多总是打败了优势的敌人。一年多来，在任、贺首长领导之下，又经过了休整补充，胜利信心是很高的。部队听了贺司令员的讲话，信心更高。这些敌人，好些都是我们手下的败将，这还怕他！

这天，我们侦察到陈家河还没有敌人，贺老总立即命令团长黄兴汉带一个团去抢占陈家河这个口子。我们全部人马立即出发。东南方向的敌人正和我们的掩护部队作战，敌人的炮打得轰轰隆隆，我们的部队很沉着，沿着通陈家河的石板大路迅速前进。

队伍未到陈家河，天就黑了。那天晚上，天很黑，黄团的前哨一个排走过了陈家河街，突然听见有人从屋里走出来问：

"你们是干什么的？"我们的前卫没有答话。

"口令！谁？"敌人的哨兵喊，接着就放起枪来。

前卫排知道遇见了敌人。双方在街上混战了一场。敌人没有料到我们的部队会突然到街上来，慌忙应战。前卫排瞅见街上所有住房里人影直往外涌，知道敌人人数不少，打了一阵，没有驱逐掉敌人。黄团迅速报告了情况，贺老总命令把前卫排撤出街来，敌人摸不清我们的兵力，没有敢追。这时，我们的指挥部离陈家河才 12 里地，贺老总马上派人去查明情况，并查明是否还有另外的道路可走。

部队沿路停止待命。

侦察结果，原来在我们部队到来之前，敌人陈耀汉纵队四十一师张万兴部刚开到两个团，先我们一步占领了陈家河。陈家河的地势，我们是知道的。陈家河街，在陈家河东岸，东一块、西一块，共有100多户人家，扎了敌人两个营；街外半山腰的小山包上有一排土寨子，扎了敌人一个营；靠着寨子的大山上没有敌人，但在河西面的山上敌人安了一个团。大路从陈家河街上通过，敌人在河的两岸高地各扎上一个团，就完全切断了这条大路。我们发现敌人，连夜又派人到陈家河下游探水的深浅，估计敌人还要继续增加兵力。

有没有小路可以绕过陈家河呢？附近的老乡们都说：河东岸大山背后有一条打柴的小路。可是，这条小路只能走人，不能走骡马，一切笨重行李都不好通过。贺老总说：

“我们的伤员、驮子都不能丢！走就要走大路。”

于是，我们决定消灭陈家河的敌人，打开这个缺口。

当天晚上，贺老总觉也不睡，亲自去布置，趁天很黑，命令队伍悄悄地上了河东岸寨子后面的大山，大山下头、寨子上头还有三个小山包，在这三个小山包上，机关枪可以封锁陈家河的渡口，但我们没有炮，不好打它。贺老总就命令把部队的轻机关枪都集中起来，在这三个小山包上布置了70挺机关枪。这座大山，满山都是树林，还长了不少枣子树，正好隐蔽我们的部队。贺老总又给部队下命令：

“绝对不准暴露目标！枪也不准走火！”

黎明时候，贺龙、任弼时、关向应、肖克等同志都在树林里隐蔽着观察敌人，指挥当天的战斗。贺老总头天晚上早已计划好，首先得消灭寨子里的敌人。敌人寨子的阵地太窄，需要给它搞宽一点。这时，贺老总叫警卫员去叫来一个连长，贺老总亲自给他下命令说：

“你带一个连去攻那个围子。不准硬攻，只准把敌人牵出来。敌人一出来，你们就假垮下来；敌人缩回去，你们再攻，一定要把敌人牵出来，牵出来你们就完成了任务。只是，你要小心。不要叫敌人把你们包围住就行了。”

这一连人从山沟沟的树林子里梭下去，接近了寨子，边打枪边咋唬，枪打得不多，咋唬得却够样子，大家爬在寨子跟前痛骂敌人。敌人在寨子里拼命打枪，他们就拼命骂，骂得敌人沉不住气了，见他们人数不多，枪打得少，以为他们不行，一个营全从寨子里冲出来，要想包围他们，他们见敌人出来，拔腿就往后头跑，敌人追他们，他们就往山沟沟的树林子里钻。敌人追得正起劲呢，突然，我们三个小山包上的70挺机关枪像海水发大潮一样，全部开火，打得敌人成群地直往下倒，没死的扭头就往回跑，想回寨子，寨子门被我们的机关枪火力封住了，进不去。敌人就往陈家河街上窜，我们预先埋伏在树林里的大部队早已在机关枪开火时发起了冲锋，枪声像炒爆豆一样，冲锋号满山吹，满山遍野喊杀声震天。敌人前脚跑，我们就后脚跟着追。敌人窜到陈家河街上，把街上敌人的两个营冲乱了，全部站不住脚，伙着一块，你推我挤地直往河西岸窜。我们的机关枪就随着敌人的屁股转，见敌人往河那边溃退，火力马上转到河上，封锁河口。敌人是北方部队，又穿的胶皮鞋，素来不会爬山过河。河水又急，河上的石蹬子又滑，踩不稳，他们又慌又挤，乱成一团，给我们70挺机关枪火力克住，打得敌人“唬唬唬”一个个直朝河里滚。那河两岸是开阔地，我们又是居高临下，这个突然猛烈地打击，真把敌人震破了胆，吓掉了魂，只见满河都是敌人的死尸。

我们四师有个司务长，名叫于在海，到机关枪阵地送饭，正赶上机关枪打得敌人直滚河，他见河这边还有许多敌人过不了河，像打昏了的狗一样在河边上蜂拥地朝河那边挤。他身边有个机关枪射手打得不大得劲，就说：

“给我打打看。”

他接过机关枪，把皮带挂在脖子上，立着身子就打起来。他这挺机关枪打到那里，那里的敌人就成群成堆地往河里倒，吓得跑在后面的敌人，赶快扭回头跪在地上缴枪。

战斗进行得非常迅速，我们追得非常快，河这边的敌人被消灭了。逃过河去的敌人，刚过了河，我们的部队也追过了河，敌人往山上爬，我们紧跟着也往山上爬；敌人逃上了山，我们也追上了山。因为我们和溃退的敌人挨得太近了，山上敌人张万兴那一个团，连枪都不敢放，对他们的溃兵一点掩护作用都没有起到。敌人见我们来得这样迅速、猛烈、突然，早已混乱，扭回头跑了。他们跑，我们就追，满山遍野真像赶鸭子一样，直到贺老总发出停止追击的命令后才停止。这回，消灭了敌人一个来团，打开了敌人合围圈的一个口子，开辟了一条大路。

当天，部队转到了敌人外线的官里坪，我们即扬言要去攻打桑植。敌人陈耀汉的纵队部就住在桑植。但是，我们的部队没有动，反在官里坪休息了一天。第三天，我们的部队出发了，却翻过大山，经过桃子溪，向桃窝前进了。

这天，下着大雨，部队打了胜仗之后，精神百倍。肖克军团长骑着马在前面指挥，任、贺首长骑着马走在队伍的中间。任弼时同志留个小胡子，是个很严肃冷静的人，分析问题非常仔细。贺老总一有闲空，照样喜欢和人聊天，他的黑胡子、黑衣服、黑马，很使人注目。肖克军团长严肃和蔼，还是穿套他平常喜欢穿的学生服。部队里差不多都是南方战士，下雨行军是习以为常了，有的撑着雨伞，有的戴着斗笠，爬大山，过小河，走得满得劲。

部队翻过大山，走过一段靠陈家河边的山半腰的小路，部队看见小路下边的悬崖底下还躺着许多敌人的尸体，那是前天敌人溃退时跌下去的。

桃子溪一带是鹅卵石铺的大路。大雨之后，路旁的河水涨了，浑浊的山溪水滚滚而下，冲着河里的乱石头，哗哗地跑得飞快。两边山上的树林，给大雨罩得雾沉沉的。大雨，一阵紧一阵地下个不停。

下午，在一个三岔路口，前卫部队发现路旁河里的水是浑浊的，再往前走，河里的水都是浑浊的。前卫部队马上机警地把这个情况报告了肖克军团长。肖克军团长是个细心人，他立刻命令部队就地休息，自己骑着马到前面去仔细研究河水浑浊的原因。陈家河是从贺老总的家乡桑植县流出来的，是清水河，大家是知道的，是不是陈耀汉的部队已从桑植出来了？他想，这么个大雨天，路上行人是很稀少的，如果不是过了部队，水不会这样浑浊不清。他下马走着，仔细观察，发现不仅水浑，而且还发现泥水中的一些脚印，这些脚印，脚后跟的印子指着桑植的方向，脚尖的印子正指着我们就要去的桃窝。既然是桑植来的部队，这个敌人就可能是陈耀汉。按水浑的程度来看，敌人的队伍肯定刚刚过去不久。

桃窝一带，是我们走过多少次的熟地方。那地方真像一个窝，四面是高山，山中间一块小平地，稀稀拉拉大约有 200 来户人家。村背后的石头山上，树大林密，石头块很多。这条鹅卵石大路穿村而过。桃窝前面，山就更大了，几十里内很少有人家，桃窝、龙家寨一带都是大山。时间已经快傍晚了，天雨，山路难行，夜晚更不好走，敌人绝没有那么大胆子晚上去翻这个大山。这股敌人今晚上必定在桃窝宿营，而且敌人的数目可能不会很大。

肖克军团长根据一切情况证实了他的判断，就决心袭击这股敌人，把它消灭。他命令一个师从右首小路迅速绕到紧靠桃窝背后那一圈山上，占领山头，包围桃窝的三面；主力部队走大路从正面去袭击。听正面部队打响之后，山上的部队就往下压，造成围歼的形势，力求全歼。

他命令迂回部队先出发，正面部队却缓缓前进，想等迂回部队埋伏好之后，正面部队再开始动作。

天黑之后，大雨未停。正面部队采取迅速动作，进入桃窝，迎头抓住了敌人的电话兵。敌人在架电话线呢！

“你们师长是谁？”

“陈耀汉。”

“你们来了多少人？”

“两个团。”

“你们师长呢？”

“他也来了，我这是正向团部架电话。”

“你们师部驻在哪里？”

“驻这个村尽靠那一头的村边上。”

正面部队冲进村里，和敌人打响了。枪响之后，我们山上的部队从树林子里、石头后面冲下山来，四周立时火星子直冒，枪声大响，喊杀连天。村里敌人猝不及防，乱作一团，有许多敌人还没有来得及冲出屋子，就当了俘虏。敌人还反扑了一下，我们有个副营长，名叫罗章，休养刚回部队，他背个干粮袋子，见敌人反扑，他把干粮袋子一摔，袖子裤管往上一卷，大喊一声，“跟我来！”带了几个手榴弹上去，“孔咚孔咚”一打，敌人就慌了，部队往上一冲，就抓俘虏。他那几下，就把敌人反扑搞垮了。

大雨还哗哗直下，天特别的黑。晚上打仗，咋唬得厉害，到处都是喊叫“快缴枪！……”的声音，打得真热闹。

敌人的机枪营长刚睡觉不久，没有来得及穿好衣服，就被我们俘虏了。

“你一共有多少挺机枪？快说！”

“二十二挺。”

“为什么只有十九挺？”

“那，只差三挺，那好说，兄弟绝对负责。”

敌人这个北方部队，根本不熟悉桃窝的地形，天又黑，这晚上给我们打得四处乱窜，吓蒙了头，走投无路，那里有缝就往那里钻。村里的战斗当夜就结束了，消灭敌人两个团，只有陈耀汉本人带着他的特务连跑掉了。

次日天明，雨停了，太阳出来了，晒得人肉皮子发炸。我们有一部分追击陈耀汉的队伍返回来时，忽然听见高高的山崖上有人叫“老乡！”我们那部分同志一看，原来桃窝后面那个孤零零的陡山上还站着四五十个敌人。他们撑起油纸雨伞遮住太阳，还不断地直叫唤呢！

“老乡！老乡！就不来收我们了？饿得不行啦！给我们送点饭来吃吧！”

“你们下来嘛！”我们的战士叫。

“下不来嘛！下来就放‘滚木垒石’了！”

这四五十个敌人头天夜里被我们打得蒙头转向，深更半夜，不知哪来的一股劲，爬上了这个石头陡山。山又高，四面没有路，平时也很少有人上去过，敌人穿的是胶底鞋，素来不会爬山，在山顶上转了一夜，转到天明，还是下不来。这时，已经饿慌了，就在山上拼命叫。我们只得派人上去，用绳子把他们一个一个放下来。

原来，张万兴部在陈家河被我们击溃以后，陈耀汉果然怕我们去打桑植，紧忙把部队调来背靠桃窝，想靠近西北面敌人的主力，避免被消灭。我们早估计到陈耀汉会走这一招棋，就给了他这个致命的打击。他想拿背去靠桃窝，靠得正好，刚巧靠到我们“怀窝”里面来了。

我们三天之内获得了两次胜利，消灭了敌人一部，其他敌人的部队扑了一个空，不知道什么地方还会挨打，只好被迫暂时撤退了，我们就这样粉碎了敌人对我们湘鄂川黔根据地的最后一次“围剿”。以后不久，我们部队又向白区的遵市、宣州进军，又牵动了一部分敌人，获得了连续的胜利。接着，我们二方面军收到了中央的命令，开始了长征。（荒草记录整理）

原载《解放军文艺》1952年8月号，选自中国社会科学院现代革命史研究室编：《回忆贺龙》，上海人民出版社1979年11月版，第360—378页。

樊哲祥，1908 年生，湖北公安人。1927 年加入中国共产党，1930 年参加中国工农红军。红军长征时任红二方面军司令部侦察科代科长。新中国成立后，曾任华东军区防空部队副司令员，军委防空军高射炮兵学校校长，广州军区空军副司令员，解放军通信兵部副主任，政协第四届、五届全国委员会委员。1955 年被授予少将军衔。1995 年在北京逝世。

买 桥

谢中光

1934 年 10 月，红二、六军团会师后，根据中央军委的指示，向湘、鄂、川、黔一带发展，吸引敌人，配合中央红军突围长征。湘西军阀头子陈渠珍急急忙忙纠集了三个旅、四个保安团，共 1.2 万人，气势汹汹地向我逼来，企图与我军决一死战。我军巧妙避开陈部主力，绕到敌背后，迅速插向黔东和湘西的永顺、桑植、大庸，并占领了永顺县城，敌人吃了亏，急忙掉过头，向永顺城扑来。

军团指挥部领导审时度势，决定利用敌人自恃人多装备好，不把红军放在眼里的骄狂心理，在永顺一带设下埋伏，打他个措手不及。

永顺是湘西的一个小县城，街上店铺鳞次栉比，行人来来往往，挺热闹。城外围着一条东西河流，河宽水深，南门外一座古老的凉亭式木桥连接城内外的交通。桥高二丈有余，上面覆盖着树皮搭的棚顶，桥上有不少摊贩在做生意。六军团军团部和我们少共国际团就驻扎在县城里。这天，团长郭鹏忽然陪着王震和肖克等首长来到南门口。只见他们登上城楼指指点点，又来到城外木桥上看了又看。当天半夜里团长把我叫去，说是交给我一个特殊任务，到军团供给部领 1000 块大洋，买下永顺桥。说是为了迷惑敌人，军团首长决定烧掉永顺桥，要做出一副弃城仓皇逃跑的假象，诱敌上钩。听了这个命令，我觉得首长的计谋高，但花钱买桥，我有些想不通。当时我们财经很紧张。秋深了，战士们还穿着夏季的单衣，吃的就更差，常常连买菜的钱都没有，油盐酱醋就更不用说了。军团首长们也和大家一样，过着极艰苦的生活。这 1000 块大洋来得多不容易！更何况烧桥歼敌也是为了老百姓，怎么还要花钱买桥。郭团长看透了我的心思，拍拍我的肩膀说："中光同志，为了这事，王震政委特意把我叫去谈过话，他说，我们要打好两个仗，一个是军事仗，一个是政治仗。不能让老百姓戳我们的脊梁骨。我们是工农红军，如果失去了人民群众的支持，失去了民心，我们就要打败仗……"没等郭团长说完，我的思想通了，高高兴兴地带上人，扛上大银元，赶到城里商会会长家。这位老会长姓周，80 多岁了，老态龙钟，下巴上留着五六寸长的白胡子。见我们这么晚来找他，有些紧张。我们说明来意，他瞪着双眼，似乎不相信自己的耳朵，说自古打仗烧房毁桥在所难免，从来没听说过要给钱，我们再三解释说，这是红军的纪律。他连连摆手，不敢接钱。谈了大约一个小时没结果，只好又请来几位商会的老人。经过一再协商，他们终于答应接下这笔钱，等打完仗后重新建桥。周会长捋着花白的胡子，激动地说："我生在清朝，八十多年，见过的军队多了。那些军队从官长到小兵哪个不是见钱眼开，嗜财如命！今天是第一次见到红军的官兵，不但不搜刮百姓，还要掏钱买桥打仗，真是旷古未闻，贵军真乃仁义之师，仁义之师！"

当晚部队集合出发，我带上五个战士去烧桥。谁知刚到桥上，一群衣衫褴褛的老百姓跑来，哭哭啼啼地哀求我们不要烧。原来他们都是靠在桥上摆摊为生的小商贩，桥一烧，就断了他们的生计。听了他们的哭诉，我急忙赶回团部汇报。郭团长带着团部人员正准备出发，听到这情况很着急，立刻带上我赶到军团部向王震政委汇报。王震同志一边听一边站起身，心情沉重地在屋子里踱来踱去，过了好一会才对我们说："这件事，我们考虑不周。你们立刻再带上一些大洋，分给那些群众，务必做好善后工作，帮助群众解决困难。"然后，王震同志命令军团供给部想方设法筹集了 200 多块大洋交给我们。

我们遵照王震同志的指示，把银元分给了那些生活困窘的小商贩。有的三五块，最多的十块。小商贩们收到钱，个个破涕为笑，不断道谢。有的紧紧握住我们的手，连声说："红军真是我们的亲人！"工作做到家了，军民一起动手，搬来木柴稻草堆在桥中间。火烧起来了，浓烟滚滚，火光冲天。随着"轰隆"一声巨响，永顺桥塌倒了。直到这时，我们才撤离。与此同时，六军团按照总部的统一部署，设下口袋，只等陈渠珍自投罗网。

11 月 16 日，陈渠珍果然趾高气扬地赶来了，钻进了我们的口袋。他的三个旅、四个保安团被我歼灭一大半，被俘 5000 多人，这一仗狠狠打击了敌人的嚣张气焰，大大鼓舞了革命群众的斗志，为我们开创湘、鄂、川、黔革命根据地奠定了基础。

选自《红六军团征战记》下，解放军出版社1994年6月版，第78—80页。

谢中光，1914 年生，江西宁冈人。1928 年参加中国工农红军，1929 年加入中国共产党。1934 年随红六军团西征，红军长征时为红六军团十八师政治部宣传科科长。新中国成立后，曾任上海市公安总队总队长，江苏省南通军分区司令员，江苏省军区副参谋长、副司令员、顾问等职。1997 年在南京逝世。

我任湘鄂川黔根据地永保县苏维埃政府主席的经过①

田玉祥

1935年古历十月初一②，红军攻克了永顺县城，国民党军队都跑光了。湘西军阀陈渠珍乱了手脚，调来他的周燮卿旅、顾家齐旅、龚仁杰旅加上贵州军阀杨其昌师、皮德沛③师共三万多人马，尾追而来。红军为了打击凶恶的敌人，争取在湘鄂川黔边创建革命根据地，于古历十月初七撤出永顺。贺龙同志用骄兵之计，放火烧了小西门桥，然后向吊井岩、颗砂、仓坪等地撤退，沿途设下埋伏。但是，狡猾的敌人多次尝过红军伏击的苦头，远远跟在后面不上套。加之这些地方地形狭窄，敌人太多，装也装不下，没有成功。初九，红军退到龙家寨，敌人紧紧盯在后面。

龙家寨下的十万坪是个天然的好战场，长约15里，宽两三里，坪中间有河流，有砂坝，有田坝，两边是满山密林。贺龙同志和红二、六军团的首长们选定这个地方，安排了天罗地网，决心在这里消灭敌人。初十这天天还没有亮，就吃了饭。红军埋伏在十万坪的两边山上。专等敌人钻进口袋里。那时，我正好19岁。帮我爹打铁，一家人的生活很

---

① 标题为编者所拟，原标题为《我参加革命的经历》。

② 应为1934年古历十月初一，即公历1934年11月7日。

③ 原文误为皮德培，本文统一为皮德沛。

苦。原先龙家寨有个地下工作人员名叫唐自成，以卖红纸为掩护，大家都把他喊“红纸客”。这时，“红纸客”身佩短枪，当了红军营教导员。他深知我家受苦很深，对我父亲进行阶级教育，动员我给红军带路，我父亲答应了。红军给了我一双草鞋，一条皮腰带，并给一条梭标，我带着红军出发了。

事先贺老总派卢师长率一营人埋伏在梨子坳。初十上午9点钟的样子，周矮子、顾家齐、龚仁杰等旅从塔卧仓坪到了梨子坳，卢师长率一营人和敌人打了一阵子，就假装打败撤下了。这一阵周矮子更骄傲了，他说:“这就是贺龙的伏兵呀。”10点钟他们大摇大摆地开进了龙家寨，接着敌杨其昌师从新寨坪开来，敌皮德沛师从杉木河开来。他们会合后，抓来当地百姓审问，老百姓说:“贺龙走远了，前锋部队快到桑植了。”这时周矮子神气地说:“贺龙已成了惊弓之鸟，这次他又要回湖北老窝去了。如果放走，龙归大海又难制服了。”他们一方面给陈老统①拍电报，说是活捉贺龙就在眼前，一方面命令部队通过十万坪向毛坝、官坝方向猛追。下午1点左右，敌人全部装进了十万坪这个大口袋。

大约吃晚饭的时候，周矮子人马开到杉木村，有个坏蛋给周矮子报告红军有埋伏。周矮子惊慌失措，急忙命令士兵抢占大堡这个小山堡，并且无目的乱打枪。贺龙同志的作战指挥部设在毛坝，眼看敌兵全部钻进口袋，一声信炮，埋伏在十万坪两山的红军立即全部冲出，王震同志、肖克同志都在前沿阵地上，红军四面八方都吹起冲锋号，到处是红旗飘飘，打的枪硬像煮稀饭一样。红军分三路进攻，中间一路从杉木村进到碑里坪，左边一路由乌龟洞经碑里坪后山到多士坪，右边一路由高岩壁经错落到里作坪，将敌人团团围住。敌人遇到埋伏，无险可守，压到坪里，坪里都是冬水田，烂泥很深，拔脚不出，硬像赶鸭子一样到处乱扑。机枪声、步枪声、手榴弹爆炸声、冲锋号声，“捉活的”、“交枪不杀”

① 即当时的湘西地方军阀、新三十四师师长陈渠珍。

的喊声,响成一片。战斗到晚上11点基本结束。这一仗,敌人溃不成军,被打死1000多人,活捉2000多人,缴获各种枪支3000多支,几个头头化装成叫化子逃跑了。这就是有名的十万坪大战。第二天在龙家寨开祝捷大会。贺老总在大会上讲了话。十万坪大捷,是二、六军团会师后的第一次大胜仗,为在湘鄂川黔边建立根据地打开局面打下了基础。

十万坪大战时,我给红军带路。战斗中,我用一条梭标也抓到几个俘虏。红军连长对我爹说:“你的儿子不要打铁了,跟我们干事吧!”10月13日,就是十万坪大战后三天,我由刘亚球同志介绍加入了共产党,从此我就参加了革命工作。不久,在龙家寨成立了乡苏维埃,接着杉木、大寨、毛坝等地都相继成立了乡苏维埃,龙家寨成立了区,我当了乡、区苏维埃干部。20多天后,湘鄂川黔省苏维埃政府在塔卧成立了,任弼时同志当了省委书记,贺龙同志当了省主席,湘鄂川黔边区红成了一片,革命声势越来越大了。不久,我被调到县里,先是永顺县苏维埃政府财政部长,后永顺县分成永保、郭亮两县,我当了永保县苏维埃政府主席,永保县委书记先是刘亚球,刘调到大庸后由李国华,再后由严汉万接手。郭亮县的县委书记是刘俊秀同志。

在湘鄂川黔省委领导下,省委作出“创建湘鄂川黔新根据地任务的决议”,开始新根据地的各项建设。首先集中力量发动农民进行土地革命,逐步建立区乡政权。随着成立工会、农会、女儿队、共青团、童子队等等。为了保卫胜利果实,区乡组织脱产的游击中队和游击大队。另外还组织了不脱产的赤卫队和赤色少年先锋队,在此基础上成立地方独立团。

那时永保县下辖城市、勺哈、首车、盐井、猛岗、颗砂、岩板铺、抚志等八个区。塔卧和石堤西划为特区,由省直接管辖。区下面成立了百多个乡苏维埃政权,各项革命活动都积极开展起来。红军主力部队由贺总指挥、肖克军团长率领在常、桃、津、宣、来、咸、鹤等地和国民党大部队作战,粉碎蒋介石和湘、鄂两省的军阀对根据地进行“围剿”,

地方工作都是靠留下的部分部队和地方工作人员进行的。那时，地方上反动的封建势力还没有受到根本的摧毁，土豪劣绅还有雄厚的反动武装,群众还没有充分发动起来。哪里有现在这样高的觉悟。政权要建立，要巩固，土豪要打，红军的兵源要扩充，粮食等物资要筹集，反动派对我们的“围剿”要打破，任务是艰巨的，斗争是复杂的。而我们的革命同志坚持革命必胜的信心，克服了一般人所想象不到的困难，革命第一，胜利第一，没有任何个人的私心杂念，为了党的工作，不怕苦、不怕死，这种革命精神，实在令人感动。我记得盐井区、勺哈区、猛岗区、抚志区这些区的区委书记都是老红军战士，他们有的是江西人，有的是浏阳人，他们带着一颗红心，匹马单枪地在新区工作，任弼时同志说："你们在下面工作要抓好点，连成片，没有很多本钱，要靠自己革命的神通。”这些同志可了不起,下去后,依靠党的政策,依靠党的群众路线，很快地把那个地方的穷苦群众发动起来，燃起轰轰烈烈的革命烈火。如在盐井区的唐志德同志，本是篾匠师傅出身，文化程度也并不高，可是他工作有办法，很快地在大、小盐井、对山寨等地搞了起来。那些地方的工作开展得很快，革命势力一直发展到保靖的酉水东岸。直到现在那里的老百姓还知道有个唐委员。他们的主要特点是不怕苦、不怕死，执行党的政策，放手发动群众。那时干工作不分职位高低都是一样，没有特殊，我当县主席也和普通工作人员一样吃大锅饭、大锅菜，一样穿草鞋、跑夜路。也没有人喊我“田县长”或“田主席”，熟一点的人还喊我的奶名“田八斤”。那时，永顺地区的工作开展得很好，建政、扩红、筹粮、肃反、建立工农武装，打击土豪势力，地方上秩序较好，偷、抢、赌博这些事都发生得很少。革命歌声,到处皆是。在建立政权的斗争中，不少老同志在这里献出了他们的宝贵的生命，在永顺红色土地上，处处有烈士的忠骨。他们的事业永垂不朽，我们永远怀念他们。

在我当县苏维埃主席和后来随军转移的日子里，我多次见到任弼时同志、贺龙同志、关向应同志、王震同志、肖克同志和吴德峰、张子意同志等，多次受到他们的教育，使我终身难忘。

1934 年古历腊月，我到塔卧省政府参加省委召开的五县联席会议（永保、郭亮、大庸、桑植、龙山）[①]。我看到任弼时同志和红二、六军团的很多首长。

弼时同志穿着朴素的灰布军装，嘴上蓄有胡子，个子很高，看样子是 40 多了（其实他只有 30 多岁）。他给我们作形势报告，那时我才晓得有个共产党，有个毛主席，有个朱总司令。

会场上挂的列宁的像，我问这个老头子是什么人呢？有人告诉我说："他叫列宁，是革命导师。"我也没问他是哪一省的人，现在在哪里。

这次会上批判了夏曦的错误。他是省副主席，夏曦坐在台上，弼时同志的态度很严肃，语气很重，我听得不十分懂。

休息时我到丁家院子里看弼时同志，他坐在一间房子里，房里陈设很简单，一床灰布棉被，一条灰布军毯，一口木箱，桌子上有一大堆书，壁上贴有列宁的像和一张地图。外面有部电话机子。火炉盆子里装有一罐子药，看来弼时同志身体是不太好的。弼时同志问我的出身，问我识不识字，问我工作困难不困难，还问了当地的一些风俗习惯，我都一一作了回答。弼时同志要我好好工作，不要脱离群众，要我保持艰苦朴素的劳动人民的作风，他说艰苦朴素是革命的传家宝，还要我多读革命书，懂得革命的道理。弼时同志和我像谈家常话一样，我一点也不觉得紧张，后来他又给我两本书，一本是《土地改革法》，一本是《红军作战战术》，我一直珍藏着。后来在搬屋时丢失了，我心痛了几天。

开会期间，省委、军区司令部、保卫局、军医院、红校都请我吃过饭，饭后开晚会搞得很热闹，唱《十送我郎当红军》、《拥护苏维埃》、《蒋介石成了什么样》……等歌。我记得任弼时同志唱了一首军歌，吴德峰同志的夫人给我们唱了段京戏，叫做《太君辞相》，那时上下级的关系，

① 即第二次湘鄂川黔省委活动分子会议。

真是亲密无间，好像一家人一样的亲。

1934年腊月三十，由于我们守城力量单薄（只有两连人），敌人占领了县城，我和县少共书记谢龙生连夜奔到省委找弼时同志。到塔卧时快到入睡的时候了，弼时同志还没有睡。一见了他，我哭诉道："任政委，永顺县城丢了！"弼时同志安慰我们说："不要那么急，等洗了脚，吃了饭再慢慢讲吧。"等我们吃饭时，任政委给军区司令部打电话把王震同志、张子意同志都请来了。王震同志见了我们笑着说："小伙子，那么急什么，明天替你们把永顺城收回来，把敌人一个个赶到水里泡死他。"说得我们都笑了。我们休息了，半夜还见省委书记任弼时同志的房里，灯光辉煌，首长们还在讨论收复永顺城的事呢。

第三天，正月初五，大雪纷纷，我们跟王震同志踏雪出发了。这次带了一团人，调红校学员打先锋。开到五里铺，王震同志召开连以上的干部会，研究怎样打法。他问我敌人到底有多少，我说大约有3000来人吧，王震同志严肃地说："三千有三千的打法，一千有一千的打法，不能用大约这个估计哩！知己知彼，才能百战百胜。"说的我脸上火辣辣的。王震同志看到我讲不出确切的数字，只好笑着说："就照你讲的那个大约打吧。"即时作了攻城的布置。第二天拂晓攻城，敌人溃退，打死100多，匪头头田少卿、顾定三成了漏网之鱼。事后一调查，敌人只有1000左右，王震同志笑着说："侦察不落实，把兔子当老虎打了，可惜大王八没抓到啊。"革命老前辈实事求是的精神，对我们终生是一个很好的教育。

后来形势发生了变化，敌人分六路向我进攻。为了粉碎敌人进攻，4月12日，我省政府由塔卧撤出，我们地方工作人员随军转移，我参加陈家河、桃子溪及围龙山和忠堡诸战役，多次看到贺老总和红二、六军团的首长亲自在阵地上指挥，取得这些战役的胜利。

主力红军长征后，我留下来在十八师。在龙山和酉阳交界的一次战役中我和部队失掉联系，只好潜伏下来。从此，我成了"罪人"。反动政府出了活捉共匪田玉祥赏光洋600元的布告，在人民群众的掩护下，我没有落在敌人的手里，但我的爹爹和我的一个哥哥、一个弟弟被敌人抓去抵我命杀害了，我的爱人也被敌人抓去卖到龙山了。（彭勃记录整理）

选自中共湘西土家族苗族自治州委党史资料征集研究办公室编：《湘鄂川黔革命根据地资料选编》（湘西自治州部分），1985年6月，第98—105页。

田玉祥，1914年生，湖南永顺人。1934年加入中国共产党，同年12月任湘鄂川黔省永保县革命委员会主席兼财政部长。1935年11月，红二、六军团主力北上后，随红十八师转战，后与部队失联。1978年在永顺龙家寨逝世。

战火中诞生的医院

李真

1934年10月，红六军团与红三军会合后，红三军恢复了红二军团的名称，由贺龙同志任总指挥，任弼时同志任政治委员，负责两个军团的军政领导和作战指挥。

黔东胜利会师，我兴奋的感情像奔腾的海潮。两支英雄的部队，汇成强大的铁流，冲击荡涤，滚滚向前，将会夺得新的更大的胜利。果然，不久在湘西永顺龙家寨打了一个大胜仗。这一仗，对建立湘鄂川黔革命根据地起了重大作用。

红六军团从湘赣苏区出发，经过80多天的连续行军作战，冲破敌人一次又一次的围堵，部队极度疲劳，消耗很大。本想与红三军会合后，能得到较短时间的休息、整顿和补充，但湘西土著军阀陈渠珍尾追我们很紧。两军团首长分析了当时的形势，认为必须首先消灭陈渠珍及其所属的龚仁杰、周燮卿（外号周矮子）和贵州的杨其昌等三个旅，才能打开局面，立住脚跟。总指挥部根据上述分析，定下了决心。作战方针是：对当时骄纵紧追我军的敌人，以故意装出示弱的样儿，用迷惑、引诱，把敌人调动到有利于我的地形条件下，一举歼灭之。

我军把敌人引到龙家寨通往十万坪谷的山冲里，这里两边都是高山密林，两军团人马分别隐蔽到冲锋出发地。部队经过临战动员，情绪非常高涨。

那时，我在六军团卫生部工作。部长戴正华同志针对我们会合前在贵州石阡甘溪战斗受挫、损失很重，人们的战斗情绪仍然受到一些影响的情况，坚定地动员说:“看起来敌人气势汹汹，但大部分是些大烟鬼，是块烂豆腐，是不经打的。而我们呢，两个军团合在一起，力量大了。”他指着两山夹一冲的地形说，“这对我们多么有利呵！”

“胜利注定属于我们。”他笑着，露出那颗侧镶的金牙，立刻他又严肃起来，“既不允许胆怯又不可鲁莽，胜利是靠勇敢和善战取得的！”因为我们是直接参战者，这种要求是不过分的。

戴部长在动员中，看出一些同志仍有焦虑的心情。这当然不是因为不敢参战，而是考虑到自从离开湘赣根据地，两个多月来，打了许多仗，有的仗打得很艰难。特别是负了重伤的同志，在极端紧急的情况下，无法抬走，只好寄到老百姓家里，有的被敌人搜出来惨遭杀害，有的化脓生蛆染病牺牲了，有的……总之，担心打罢仗伤员的安置问题，戴部长深知这种忧虑，满怀信心地说，“同志们的担心，是可以理解的。而这一仗打好了，我们就要在这块四省交界的重地，开辟新的根据地，如同在湘赣根据地一样，可以建立相对稳定的后方。”一讲到这里，在我的脑际里立刻浮现着“黄冈医院”的情景。那是在第三次反“围剿”后，我这个进过不满三个月看护训练班的看护员，被调到黄冈医院工作。那所医院，大部分是我们自己培养出来的红色医务工作者，也有从国民党军队中俘虏来的医官。这些人有较高的技术，经过教育后，大都树立了革命人道主义思想，有的后来还成了为共产主义奋斗的坚强战士。然而，这所医院规模不大，设备也很简陋，但医院里的全体工作人员，服务周到，对伤病员认真负责，精心治疗。治愈率达到百分之九十以上。提起黄冈医院，前方的指战员，都翘着拇指称道：“好！”它给了前线指战员勇气和力量。

“要建立相对稳定的后方。”大家听了非常高兴。

部队撤出永顺城，翻过吊井岩的大山，退到了龙家寨，敌人真的以为我们怕他了，就顺着龙家寨通往十万平谷的大路猛追我们。这次，敌人中计了。

当敌人进到我伏击地域，战士们看到这些像黄皮蛇一样在谷底蠕动的家伙，高兴极了。

“嘀嘀嗒嗒”，冲锋号响了！

北面山上六军团的阵地上先开火，战士们像添翼的猛虎，杀入敌群。山头上、山腰里，喊杀声威震天地，到处红旗飘展。敌人被打得蒙头转向，正在这时，埋伏在南山上的二军团像无数股汹涌的洪流，冲了过来，杀声又起，号声连天。顿时，敌人像无头的苍蝇，东窜西跑。枪支、弹药、行李，甚至鸦片烟枪、烟灯，真是狼狈不堪。一群群的俘虏捉来了，我们在前线抢救伤员。我遇到一个腿上负了伤的战士，名叫高天厚，不过十五六的年纪，正和其他战友押解着一群俘虏，他那副微黑透红的脸膛，显得十分神气。一边拐瘸着腿走，一边说:“打得真过瘾，打得真解气！”我劝他留下来绑扎伤口。他说：“你没有看见我在执行任务吗？腿上钻个小窟窿有什么要紧！”他傲慢得像个大人。我心想，你这毛孩子有什么了不起，但内心里却很爱慕他。“你以为负了伤不绑扎，这就算英雄吗？细菌钻进伤口，会要了你的命的！”我冲他大声地喊着，以老者的口吻教训着他。其实那时我也只 16 岁。他终于听了我的话，坐在田埂上，我用剪子剪开他的裤腿。“哎哟，伤得还不轻哩！”子弹打断了一根筋骨。我包扎好，叫了一副担架来抬他，他说什么也不干，继续押送俘虏兵走了。

我们一面打扫战场，一面把重伤员送到龙家寨镇上。戴正华部长指定医务主任潘世征组织的临时野战医院，留了下来。

我被分配到医院任看护排长。医院设在龙家寨村南头一座地主的宽敞大院内。

龙家寨拥抱在环山中。木柱板屋的狭长小街，虽然没有什么醒目的货物，倒蛮热闹。哗哗的龙家寨河水，从鹅卵石上流过，像一群多情的姑娘盈盈起舞。远处的山坳里，那高大的枫树，被夕阳染红。通红的枫叶，把碧绿的山野点缀得分外秀丽。八哥鸟在牛背上嬉戏。80多天征战的疲劳，被它消溶净尽，焕发着一种新的精神，投入到新的紧张的生活中去。

新建立的医院，人手很少，200多名重伤病员中，几个医生、十来个看护员，整天忙得不可开交。在一个大山沟里到那儿去找医生和护士呢？没有办法，只好雇请当地一些穷人家的孩子来帮助护理工作。但他们没有这方面的知识，更无经验。有的一见脓血就要呕吐，即使这样，在红军看护员的带领下，他们抢着替伤员洗伤敷药，喂水喂饭，有的一连几天守护着重伤员，眼睛熬得通红。一有时间，伤病员给他们讲长征故事,讲为什么要打土豪分田地。他们听得入神,不禁眉飞色舞。后来，不少人自动要求参加红军。

除了人手少，更大的难题：一是医药和外科手术器械很少；二是会作较大一点手术的，只有潘世征主任。而这100多号伤员中，各种骨折创伤的比重相当大。尽管我们想了很多办法：如访问、请教镇子上的自开药铺的仅有的一个中医，设法采集中草药；没有消毒棉纱，就用碱水煮煮土棉土纱布代替，没有凡士林配药膏，就把杀了猪的猪油熬出来配药用软膏；石炭酸奇缺，用食盐水洗伤口；刀子、剪子、钳子、锯子不够用，就画出图案，让铁匠铺师傅打些土造的。但是外科手术人才，特别是能作复杂的大的手术，可不是几天或几个月就能培养出来的，所以不少伤病员死于医务技术的盲区中，十分令人痛心！

我还记得很清楚，红十七师四十九团连长陈松林，如果在今天的医疗条件下，他是绝不会死的。然而他受到药品奇缺和技术条件的限制，终于离开了人世。他是一个好同志。在龙家寨战斗中，他率领的连队，打得非常英勇。在追歼敌人中，他挂了花，右腿胯骨处贯通创伤，有轻度骨折，左手肘关节也中了弹，子弹夹在骨头缝里。抬到医院后，他腿上和手上的伤口都有感染，肿得很粗。我去给他换药，揭开伤口，冒出一股泥浆似的脓血，气味难闻。经过一段治疗，有好转。问题是应立刻做手术，把碎骨和子弹取出来。然而当时仅有的一点麻醉药，都给比他更需要手术的人用完了。过了几天，眼看他的伤处又红肿起来。我向潘世征同志建议，尽快给他做手术，潘主任认为，没有麻药，两处伤，没有三个钟头下不来，如果出现多次休克，又没有强心剂，那是非常危险的。他没有同意。

“没有麻药，怎么办？”我为这事苦恼着。我走近陈松林的病床，他不耐烦地又问：“李排长，什么时候给我把子弹、碎骨取出来呀？”我唉叹着对他说：“等前方送来麻药。”

“我早就晓得没有麻药了。”他接过话茬，“等前方送来，不知等到何时，路上土匪多，交通很不便，痛一点有什么要紧呢！关云长不怕刮骨疗毒，难道共产党员还怕痛吗？”他爽朗地笑起来。

“小老弟，放心吧！不会痛死人的。”他抓起拐棍，说，“走，到手术室去！”

“今天不成，什么也没有准备。”

“那就明天，说定了！”他威严得像连长对士兵下命令似的。

我再次跟潘世征同志讲了他的决心。潘主任亲自去解释，觉得执拗不过，答应他先取左手上的子弹和碎骨。

第二天，他平静地躺在手术台上，潘主任举着土造的手术刀还有些迟疑，他鼓励说：“来吧！咬咬牙就过去了。”

手术开始了，他咬着牙，身体不住地痉挛着，额头上的汗珠，下雨似地顺着耳根子、脖子流到手术台上，但他没有喊一声痛。当子弹从骨头缝里取出来，他脸色苍白昏过去了。准备的唯一的一针毛地黄强心剂用不用？手术往下做不做？

“快！打强心针。”潘主任断然地喊了一声。

片刻之间，陈松林低沉地发出“哎哟”的声音，手术室里的紧张气氛稍稍平静了一些。

“给我喝……喝点……水！”他苏醒了，我用听诊器按在他的胸前，他的心脏微弱地跳动，有时似乎又听不到了。看护员严文魁把事先煎好的党参汤慢慢地灌入他的口中。

手术继续下去，当他第二次昏迷又苏醒过来时，他喃喃地说，但听不很清楚，似乎是说：“我相信我的活力，能挽救我的生命的！”“我用对革命的信仰来忍受和战胜一切痛苦！”

手术做完了，他对着取出来的子弹和碎骨说：“它们想把我置于死地，现在成了潘主任的俘虏兵。”他微笑了。

手术后五天一切都很顺利，一天黄昏他突然发高烧，而且伤口也剧烈地疼痛。

开始没有找出原因，后来好几个伤员接二连三地发高烧。经仔细地检查，都是感染了伤寒。这下更急死人了，对伤寒病没有任何特效药，对症的退热药，只有少得可怜的阿斯匹林，当时对最简单的输液技术都不懂，对患伤寒病的伤员只采取了简单的隔离。我带领几名看护员仍负责他们的护理。我站在陈松林的床前，用凉水浸湿的手巾为他敷头擦汗，眼巴巴地看着他在痛苦中呻吟，到后来他终日昏昏沉沉，有时说胡话，有时在梦中喊冲……杀……

我为他和其他同志，感到揪心的疼痛。

松林同志手术后，看到创伤好转的情况，他对我说：“半月二十天我就会好的，好了我马上回部队。因为新地区穷苦人当红军的人多了，部队发展了，急需要干部……”

“不着急吗！革命又不是十天半月就成功了，伤养好了，身子骨锻炼得结结实实，还怕没有你干的！”我对他安慰着。就在这天夜里，我们两人高兴地谈了大半夜，先是谈到我们美好的湘赣根据地，话题逐渐引伸到 80 多天难忘的征途，谈得最多的是我们对湘鄂川黔苏区建设的希望，它包含着我们的革命前途和远大理想。也谈了他的身世：他的父母受贫困和瘟疫的折磨早已去世，他带着他的弟弟给地主做长工或帮工，永新来了朱毛红军，他首先响应组织赤卫队，自任队长，二次反“围剿”时，他带头响应编入主力红军。他的妻子带着一个吃奶的孩子在家劳动。他的弟弟后来也参加了红军,在我们撤出根据地前,敌人五次“围剿”，在有名的金华山战斗中牺牲了。

夜深了，晴空的圆月爬到了中天，银色的光亮撒满窗前，我问他：“你想她和孩子吗？”

“当然……”

我们离开湘赣苏区时，国民党反动派正在疯狂进攻，现在情况如何？得不到一点消息，真有“故乡今夜里，应念未归人”，触景生情，感慨万千。

然而，他现在高烧中，伤口更加恶化了。他那虚弱的身体是抵御不了来势凶猛的伤寒病的，我非常担心。可我还是安慰他：“等你的病和伤养好后，我们到后山打野鸡，那时你回前方，我去欢送你！”

他无力地点点头，说话的气力也不足，但那深挚的感情，却从目光里流露出来。

我熬了几天几夜，困得不行，看护员阎文魁来替换我。松林同志也多次劝我休息。我回到自己的床上躺下，正进入梦乡，突然噩耗传来，刘松林同志的心脏停止了跳动。

我猛地站起来，简直不敢相信，这么好的同志，真的会永远离开我们吗？我匆匆地来到松林同志的床前，凝视着。我回忆，我向往……

我和松林同志和其他一些抢救无效而牺牲的同志，一块儿从家乡——永新出发，我们在一块儿行军作战，一块儿爬山涉水，一块儿休息、宿营，一块儿高歌呐喊。我们不是家族，更无血统关系，把我们结合在一起的情谊，是革命的理想和决心。我们都有一颗赤诚的心，无论是腥风血雨的袭击，或冰天雪地的冷酷无情，我们那颗赤诚的心是坚贞不屈的。我们曾在入党时立下了誓言：要用我们的血来灌溉人类幸福自由之花，用我们的死来繁荣人类的高度文明。当我们跟着党走的时候，有一个共同的誓言：要为共产主义事业奋斗终身。

战友的死别当然是沉痛的，我暗暗地将眼泪吞下。

在黑暗的夜里，松林同志你现在什么也看不见了，但将要黎明的远方却闪耀着无数的星辰！

选自《红六军团征战记》下，解放军出版社1994年6月版，第66—72页。

挺进湘西

唐子奇

1934 年 10 月 24 日，红六军团在黔东印江县的木黄和贺龙、关向应领导的红三军胜利会师。不几天，红三军恢复红二军团番号。从此，这两支来自两个战略区的红军，结成了一个团结战斗的整体，形成了一支重要的战略突击力量。

红二、六军团会师时，正是中国革命处于最困难的时候。此时，刚刚退出中央苏区的中央红军正与优势敌军作战，夺路向西进行战略转移。而当时，红二、六军团的处境也十分困难。红二军团于 1932 年 10 月退出洪湖苏区，在贺龙、关向应等领导下，在豫西南、陕南、湘鄂川黔边长期游击作战，加之“左”的错误长期得不到纠正，部队党团组织受到极大破坏，到了 1934 年 6 月才在沿河、印江地区创建了黔东苏区，回旋余地小；红六军团由于长期连续征战，减员很大，极度疲劳，急需休整。但是，为了牵制、调动湘鄂两省敌军，策应中央红军突围长征，红二、六军团从全局出发，在政治上、组织上、生活上相互帮助的同时，审慎地研究了敌情我情、地形民情，决定留一支部队坚持黔东斗争，主力挺进湘鄂川黔四省交界的永顺、酉阳、龙山、保靖、大庸等地，创建新苏区，为此，两军团领导数次电请中央军委，坚持要求两军团集中行动，中央军委终于采纳了红二、六军团的正确建议，于是，红二、六军团于 10 月 28 日从南腰界出发，向湘西发动了攻势。

为了顺利挺进湘西，我军先向川东的酉阳前进，10 月 30 日，驻守酉阳的川军旅长田冠五率部弃城逃跑，我们顺利通过酉阳。这时，“湘西王”陈渠珍为阻止红军进入湘西，急派龚仁杰、周燮卿和杨其昌三个旅共万余人，从永绥和保靖向北行动。为了调动疲惫敌人，我们先经湖北咸丰的百福司，再渡酉水向湖南龙山县的招头寨运动，待敌人进到招头寨南面的贾家寨时，我军突然掉头东进，然后折转南下，于 11 月 7 日袭占湘西北要地永顺城。

我军袭占永顺城后，一面进行休整，一面发动群众，开展苏维埃宣传活动，打土豪，分浮财，筹粮筹物，进行战斗准备。经过七天休整，军心振奋，军容一新，大家求战情绪高昂。

红军袭占永顺城，使湘鄂两省敌人十分震惊，鄂敌徐源泉急令其三十四师开赴津市、澧州地区，堵截我军向东发展；湘敌何键严令陈渠珍派兵“堵剿”。陈渠珍在凤凰召开“紧急剿匪”会议，成立“剿匪指挥部”，委派龚仁杰、周燮卿为正副指挥官，指挥三个旅又一个团共十个团的兵力，分四路向永顺进攻，企图乘我军立足未稳，逼我退出湘西。

面对气势汹汹的敌人，如何打好会师后的第一仗，两军团领导在详细地分析了敌情我情后，决定：向敌示弱，诱敌尾追，选择战场，寻机歼敌。

11 月 13 日，敌人逼近永顺城，我军烧毁猛洞河上的永顺大桥，弃城北走，还派五十一团一个营与敌保持接触，且战且退。我军后卫机智灵活，与敌接触时常常表现出被迫应战，还在沿途丢弃几支破枪或扔下一些物资，使敌人误以为我军已到穷途末路，越发骄怠，追敌由当初逼我退出湘西而想消灭我军，因而倾巢出动，紧紧咬住我军后卫不放。

我军北撤后，两军团首长一边走，一边选择战场，由于地形、时机不理想，曾三次放弃伏击的机会，最后，我军选择了以龙家寨为中心的十万坪谷地。十万坪谷地南北长约 15 里，东西宽约六七里，杉木河贯穿其间，谷底平坦，村庄较多，农舍大多是木屋，没有坚固的建筑物，不利于防守；谷地两侧，树木茂密，山势较缓，既便于我军隐蔽，又便于多路同时出击，是个理想的伏击战场。

11月16日，红二、六军团在十万坪布下了天罗地网，等待敌人钻进口袋，关门打狗。上午，老天下了一阵毛毛细雨，雨后空中有层淡淡的薄雾，我们在伏击阵地进行紧张的战前准备。10时许，军团政委王震来到前沿阵地，他说："这一仗一定要打好，这是我们与红二军团团结战斗的第一仗，要打一个漂亮的歼灭战，以战斗的胜利庆祝红二、六军团会师，庆祝十月革命节。"

下午4时许，敌人按照红二、六军团首长意图，大摇大摆地进入了我军伏击圈，当他们准备宿营时，我军前线总指挥肖克军团长一声令下，红六军团首先向敌人前卫旅和本队发起猛烈攻击。几天来一直紧追我军不舍的敌人，遭到突然打击，兵多摆不开，武器好不能发扬火力，顿时乱成一团。这时，在前卫四十九团的军团政委王震，挥舞着拳头大声喊道："同志们，冲啊！"他迈开大步带领部队冲锋，刹时间，漫山遍野涌出了生龙活虎的红军战士，激烈的枪声中又增添了惊天动地的喊杀声。由于红二、六军团紧密协同，仅经过两小时战斗，就把敌人两个旅大部消灭了，残敌向南溃逃。我们发扬连续作战作风和夜战的特长，乘胜追击敌人。当我军追到把总河时，敌后卫杨其昌旅和皮德沛一个团正抢修工事，肖军团长立即命令红六军团五十一团从正面、红二军团十八团从右侧同时攻击，敌人想不到红军来得这样快，这样猛，据守村落顽抗，但抵挡不住我军凌厉攻势，经一个多小时夜战，又将该敌大部歼灭，残敌向永顺方向溃逃，我军星夜向南追击。在战斗中，我们看到红二军团的战友们善于爬山走路，行军速度快，战斗作风好。我们这几天憋足了劲，现在追击敌人，真是开心得很，敌人逃到哪里，我们就追到哪里。在永顺城东烧毁的大桥前，我们看到周燮卿坐着绿尼布轿子无法过河，只得下轿仓皇逃命。11月17日，红军重占永顺城。

龙家寨之役是个漂亮的伏击战，它给"湘西王"陈渠珍主力以歼灭性打击，是红二、六军团会师后创建湘鄂川黔根据地的奠基礼。这一仗，地形选得好，战机抓得好，两军协同好，红军打出了威风，从根本上打出了红二、六军团在湘西新的局面。

龙家寨战斗后，为了牵制和调动更多的敌军，更有力地策应中央红军突围行动，红二、六军团乘胜发展攻势，原拟向永绥、乾城、松桃和凤凰等地发展，可当我军进至酉水北岸的王村时，因酉河水涨，加之敌人防备严密，于是我军折向东北，于 11 月 24 日攻占大庸城，接着又占领桑植城。

红二、六军团占领大庸、永顺两城后，任弼时、王震、张子意等领导带领红六军团的四十九团、五十三团和原湘赣苏区随军行动的地方干部及红二军团的十六团留在新区，开展根据地建设工作；贺龙、关向应、肖克等首长带领红二军团主力和红六军团的五十一团由大庸南下沅陵，准备进入湘中，因沅陵未克，立即改变计划，沿沅江东下，准备乘虚进击常德、桃源之敌。

红二、六军团在湘西的凌厉攻势，使蒋介石非常震惊，当我军沿沅江东下时，蒋介石急令独立三十四旅罗启疆部由湖北黄陂乘轮船赶到常德、桃源一带布防。罗启疆将一个团部署在桃源，一个团部署在桃源北面的浯溪河，一个团部署在离常德不远的陬市、河袱一带，旅部直属队和地方保安团驻守常德城。敌人各团虽相距二三十里，但战时难以相互及时支援，利于我军各个击破。贺龙、关向应、肖克等首长抓住敌人部署上的弱点，决定首先集中力量奔袭浯溪河，尔后各个击破其他敌军。

12 月 15 日下了一天雨，夜晚道路泥泞难行，我军经过一夜急行军，奔袭百余里，神不知鬼不觉地进至浯溪河附近。16 日拂晓，红二军团第四师第十二团首先从行进间突入浯溪河西山敌阵地，敌人集中兵力猛烈反扑，战斗异常激烈，红十二团只得撤了下来，敌主力乘我军后撤之机，离开阵地向我军追击，妄图把红十二团消灭。就在此时，红军主力赶到，抓住敌人脱离阵地的有利态势，向敌反冲击，这部敌军很快瓦解，拼命南逃。这时，由桃源赶来增援的两个营敌军，刚到浯溪河南边，就被溃退下来的敌兵冲乱，援敌和溃兵混在一起，仓皇向常德方向逃跑，我军猛打猛追，占领陬市，直取河袱。在攻打河袱时，河袱守敌与从常德来援的敌旅教导队向红四师反冲击，战斗一时呈胶着状态。入夜，我五十一团从右翼攻击，红四师和红六师第十八团从正面攻击，守敌不支退入常德。就在当天，驻守桃源的敌军另一个营害怕被歼，也从沅水南岸逃回常德，我军占领桃源。浯溪河战斗，红军消灭敌军一个团另两个营，击溃敌一个团。12 月 17 日，红军包围常德。

常德是湘西政治、经济中心和水陆交通枢纽，这时，城内守敌是独立三十四旅残部和一个保安团，因此，湖南军阀何键害怕红军攻下常德，南渡沅水，威胁长沙，他一日数电向蒋介石告急，请求"飞兵救援"；同时，又向湖北"剿匪"总司令徐源泉求援，并且急令正在湘南堵截中央红军的湘敌三个师兼程北进，回援常德；蒋介石鉴此情况，命令在江西的第二十六师乘火车汽车驰援常德，徐源泉害怕红军进入湖北，威胁长江交通，自行改变了蒋介石命令他率部入川与中央红军作战的行动，把他的主力三个师又两个旅摆在湘鄂边和湘西，敌人被我军高度调动。红二、六军团的作战行动，有力地支援了正在湘黔边苦战的中央红军。

红二、六军团主力在常德、桃源一带活动了十余天，我们广泛宣传抗日反蒋主张，打土豪，分财产，筹集了大批钱款和物资；吸收数千名工农子弟参加红军，扩大了红军的影响。根据中央军委指示，12 月 26 日，我们离开常、桃地区，西返占领慈利。1935 年 1 月初，红二、六军团主力回师大庸、永顺地区休整，至此，湘西攻势胜利结束。在湘西攻势中，我军先后调动和牵制敌人十一个师又两个旅的兵力，部分打乱了蒋介石的作战部署，有力地配合了中央红军的作战行动。

选自《红六军团征战记》下，解放军出版社1994年6月版，第39—43页。

唐子奇，1907 年生，湖南浏阳人。1927 年加入中国共产主义青年团，参加南昌起义。1932 年加入中国共产党。红军长征时任红六军团十七师侦察科科长。新中国成立后，曾任国家农垦部林政司司长，林业部党组成员、副部长（部长级待遇），政协第五届、六届全国委员会委员。2009 年在北京逝世。

在大庸的岁月

刘诚达

我是江西省吉安地区安福县人。1934 年我在六军团政治部地方工作团任总支书。那年 10 月，六军团与贺龙领导的红三军会师后，部队便向湘西进军。11 月解放了永顺，接着进军大庸。大部队开入大庸县境后，王震同志对我说："刘诚达同志，我们就要打大庸了，在大庸我们要建立根据地。这个地方很好，准备把你留在大庸，负责县委。"

11 月 24 日打了大庸，第二天由任弼时同志主持召开了军政工作会。参加会议的有贺龙、关向应、夏曦、王震等十几个人，并吸收我参加了会议。任弼时同志在会上说，大庸准备成立县委，刘诚达同志任书记，韦文精任组织部长，周雪莲任宣传部长，周 ×× 任少共县委书记（名字记不清了，是湖南茶陵人）。周雪莲是袁任远的爱人，比我大二岁，她还负责妇女工作。当天，夏曦同志召集了县委会议，让大家明白了工作任务。

大庸解放形势很好，有百分之六十的人还在家，没有跑。其他很多地区跑的很多，因为国民党造谣说我们杀人放火，共产共妻，我们要做大量的工作，动员群众回家。当时我们每解放一个地方，要开展的主要工作有：第一个，针对敌人的反动谣言进行宣传，千方百计动员群众回家；第二个，建立苏维埃政府，组织游击队，调查土豪；第三个，宣传革命道理，讲"女归娘家，理所当然"，田土、财物本来就是我们的；

第四个，发展党团组织，扩大红军。

红军一打下大庸城，主力就出发了，只留下一个团。夏曦主任，军分区政委袁任远，司令员乐尚连住在城里。成立县革命委员会时，大庸的一个同志当主席，红军派了一个颜正发当副主席。我们在大庸发展了党团员，建立了工会、妇女会、赤卫队等。当时部队向各区都派了区委书记，下面配副书记，每个区都有送信的。河街区委书记是派的阮正明，副书记是从地方培养的。县委会的各项工作都是请示夏胡子。县委的人员配备除书记外，都要经夏胡子同意。当时我们红军纪律很严，政治空气很浓，同志们总结有“四怕四不怕”：“流血牺牲不怕，强大敌人不怕，恶劣环境不怕，艰难困苦不怕；怕政治落后，怕不爱学习，怕居功骄傲，怕脱离群众。”

大庸人民觉悟是高的，县委会都是赤卫队放的哨。在大庸扩红不少，范子瑜、孟子厚当时是青年店员，都是我动员参军的。当时红军废除一切苛捐杂税，实行统一累进税，保护民族工商业，关心妇女儿童利益，提倡妇女婚姻自主，组织妇女上街宣传。打土豪的东西分配时，有些群众不敢拿，我们就发动工会等干部晚上送上门。

我们县委会旁边有个搬运工人，这个人吸点草烟，喝点酒，家里很穷，只有一个小孩，一间房子，老婆很矮。他是我们发展的第一个党员。周雪莲做妇女工作，做到这个人家，发现很苦，很可怜。家里架一个铺，放有一个马桶，米坛子是空的。搬运工人老婆在家里。周和他老婆说白话，说，你叫你的男人到我们那里玩去，女人说，他怕来得。周说你要他晚上来。搬运工人晚上来了，周雪莲介绍见我。我装烟给他，他怕要得，我说怕什么，抽烟嘛。他才接了。抽完剩点尾子，他又掺着草烟卷了抽了。我和他拉了一阵家常，吩咐给了他一些米。以后他常来玩了，我们互相知了心。以后发展他入了党。当时发展党员，只要可靠，锻炼一下就发展了。当时入党很秘密，连老婆都不能说。我记得入党誓词是：遵守纪律，严守秘密，牺牲个人，永不叛党，保护组织，忠于革命。

当时因斗争紧张，这个工人入党没有举行仪式，是我亲自找他个别谈话的，讲党的主张，革命的道理。他觉悟提高了，积极给红军办事。当时红军印文件、宣传品，很缺乏纸张，他帮我们挑了一担纸从大庸送到永顺塔卧，交给了六军团参谋长谭家述（解放后任空军副司令员），帮了红军大忙。当时省里还表扬了我们。为了防止敌人对他进行报复迫害，送纸前，我们头天晚上事先给他讲好，然后采取假装强迫他送的办法，让他送去塔卧。回来后，我们给他暗地送了四块光洋。这个人有干劲，又忠实，后来我们发展的十多个党员，都是他提供线索的。1975 年颜正发到过我这里，我和他一块谈过大庸的情况。那个搬运工人的名字，我问过他，他也记不清了。

我是 1935 年 1 月快到阴历年时离开大庸的,在大庸搞了三个多月，是刘亚球接我手的。在县委会开会交接时，夏曦首先把我们分别作了介绍，然后我介绍了总的情况，包括人员组成，群众觉悟，工作基础。当时河市区基础好一点，连挑纸的那个人都介绍了。以前我们办事讲究雷厉风行，一讲就干，一干就干到底。环境虽然苦，但作风是过得硬的。记得大庸是很繁华的，喊的小南京。南门那条街很热闹。那时街上摆满了柑橘。我们常在晚饭后到街上走走玩玩，讲讲白话，逗小孩。对大庸人民是想念的。我还是常想到那个搬运工人，如果能够找到他就好了。

选自中共张家界市委党史研究室、张家界市中共党史联络组主编:《难忘的历程——老同志回忆录之三》, 2003年5月, 第193—195页。

北固乡游击队始末

许义华

1981年底，我重访了阔别40多年的湘西老革命根据地，访问的最后一站是慈利县的喻家嘴。我从公社所在地往南沿溪入谷，途经当年虎狼出没的悬崖和丛林，攀上陡峭的梯登坡，步行约两个多小时，终于回到了我的出生地——周家峪庙埡上。登高望远，故乡山水尽收眼底，昔日往事油然涌上心头，我苦难的童年和我们组成游击队打土豪、奔红军的情景，记忆犹新，历历在目。转身眺望山梁背后的东南方，那里是大庸县合作桥公社的全家坊。我访问了住在全家坊的妹妹一家和她家后山黄土坡上那间独立房屋。这房屋多么令人难忘啊！它是我们北固乡游击队树起红旗，发展组织的一个据点。在大庸县旧城北门一带，我还走访了当年我们游击队编入红军独立团后的驻地。正是从这里，我们几十名游击队员正式跨入革命行列。

湘西的山路蜿蜒起伏，回想我们参加红军前后的这段道路也是充满曲折跌宕的啊！

红军点燃一团火

1934年11月间，贺龙领导的红军解放了大庸县的岩口。

那是一个晴朗的下午，初冬的太阳，给人们送来了难得的温暖。我背着一捆刚刚砍来的干柴，从后山往家走。忽然，我大哥许书生肩扛一根扁担和两只空柴夹，从身后赶了上来。他兴奋地对我说:“传生（我的原名），我今天到岩口卖柴见到了红军！”“红军？是共产党贺胡子的红军？”我激动得简直不敢相信自己的耳朵。“是喽！他们说话真和气。你看，还给我两件衣呢？”大哥送给我一件，说：“这件你穿正合适。”我看看自己身上补丁重补丁的破褂子，望望红军给的七八成新的黑夹袄，心里一热，鼻子一酸，热泪止不住涌出眼眶。

那时我15岁，从来没穿过这样的新衣啊！特别是四年前母亲死于饥寒贫病，半年前父亲外出到王家湾给地主王次吾家做棺材又不幸惨死在赵家峪路边水沟以后，我们兄弟姐妹七人更是无依无靠。关于“活龙（贺龙）得水天降湘西”、“红军‘神兵’刀枪不入”、“共产党打土豪救穷人”等传说，我们早就听说了。可是几年来，我跟父亲到大庸县土豪劣绅王福太家打短工，我和叔伯哥哥贵章到分脉垭给高老财家当木匠，我一个人到袁家峪大地主袁泽珠（外号泥巴坨）家放牛，不知挨过多少皮鞭，踏破多少草鞋，寻遍大庸、慈利二十都一带，始终没找到红军。令我难忘的是，我在袁泽珠家因讨工钱他们不给，挨了泥巴坨一顿毒棍之后，一气之下，砸了他家的阎王殿，打了臭婆娘“点水鸟”，逃跑出来,决心再找红军。谁知半夜躲雨,被“民团”团丁抓住。这伙吃人肉、喝人血的野兽对红军怕得要死,恨得要命。他们认定我是“红军探子”，拳打脚踢不算，还给我施用“五指夹香”的毒刑，疼得我心如刀割冷汗淋漓。我忍痛思量：一个15岁的假“红军探子”竟把他们吓成这样，要是真正的红军来了，还不把他们吓掉魂啊！

红军，真正的红军来了！我们穷苦人四处寻，白日想，黑夜盼，终于盼来了，怎不叫我喜泪盈眶呢！

当天晚上，我跟二哥礼生和叔伯哥哥海林、松柏、贵章、贵林、银生等，一起来到五叔许庸远家外屋的火坑旁，围坐一圈，聚精会神地听我大哥书生叙说见到红军的情景。大哥用火钳拨旺火坑里的柴火，说：“我挑着柴担一进岩口，只见街上格外热闹。上前仔细一看，原来是头戴五星红军帽的红军来了。他们和和气气买了我的柴，给了几升大米和两件衣服，又问了我的身世，然后对我说：‘红军是共产党领导的军队，是穷苦人自己的队伍。我们要打土豪，分田地，建立工农红色政权，解放天下穷苦大众。我们欢迎穷弟兄当红军。一个人参军也行，组织游击队集体入伍更好。’”大哥一席话，说得大家心里热乎乎的，好像红军就在眼前。五叔读过《三字经》、《百家姓》几本书，识得几个字，加上长年在外做木匠，见多识广，懂得不少事理。他补充说：“桑植有个贺龙，井冈山有个毛泽东，都是中国共产党的大人物。民国十五年前后，革命军北伐，共产党在湖南发动工友、农友，建立工会、农会。地主老财威风扫地，工农大众扬眉吐气，硬是好得很！要不是蒋介石叛变革命，湖南军阀许克祥在长沙搞马日事变，屠杀共产党，我们好日子早就过上了！眼下红军大发展，我看干得！”火坑里柴火烧得劈啪响，红军在我们心头点燃的一团火也熊熊燃烧起来。大家七嘴八舌，决定立即成立游击队。我怕他们把我忘了，忙往火坑跟前挤了挤说：“我也参加！”可他们嫌我小，我哪里服气，转身扛着我爷爷打猎的火枪，高声嚷道：“我都 15 岁了，看，比火枪高一大截。”五叔抚摸着我的肩膀，轻声宣布：“好，就让传生做我们最小的游击队员吧！”

忽然，门外一阵狗叫。我操起火枪出门问道：“谁？”只见暗处有四个人向我们这边走来。他们压低声音回答：“亮儿湾的。”原来是放牛娃李春山、唐宏阶和许忠贤等人，他们连夜赶来报告红军到岩口的喜讯。我们把成立游击队的事一说，立即得到他们的响应。就这样，一支由 15 个人和四支火枪、五把梭标以及大刀、虎叉等武器组成的游击队，很快就建立起来了。大家一致推选五叔许庸远为队长，并当即作出三项决定：一、打倒土豪劣绅，砸烂都团区乡政权；二、扩大游击队组织，扩大活动地区和影响；三、派人和红军联系，取得共产党的直接领导。

说打就打，说干就干。游击队员们议定天不亮就去打住在白虎堂长峪西坡上的土豪李中村。对李中村这条地头蛇，山前山后的穷人无不恨之入骨。我随队伍，一边沿着山坡、田埂向李中村家接近，一边回想夏天在田埂道边的那件难忘的事：

那是我在袁家峪大地主泥巴坨家造反逃跑出来，被文风乡伪乡长绍老二手下“民团”的团丁抓住，当作“红军探子”毒打一顿之后，带着遍体鳞伤向家里一瘸一拐地挪步到这田埂道边，又饥又渴，用手捧田沟里的水喝。谁知土豪李中村的儿子李发手持牛鞭走来，说我喝了他家田里的水，脏了他家的田，被他劈头抽了几鞭子。鲜血滴进水沟，染红了沟里的水。我望着李发扬长而去，愤愤地骂道：“狗东西，等着瞧！”

今夜，我走到游击队的行列里，一时涌上心头的阶级仇恨促使我加快了脚步。

土豪李中村家很偏僻，他的枪支也不多。红军进驻岩口，早已使他丧魂落魄。平时作恶多端，此刻自然胆颤心惊。我们来到他家，李中村父子已逃跑。游击队收了他的枪支，分了他的浮财。为不让山下绍老二的“民团”发觉，我们速战速决，天一亮就安全撤出。

第二天，消息传开，一下子震惊了周围几十里。众说纷纭：“周家峪闹红啦！贺胡子的红军进山领着穷人闹翻身啦！”

扯下堂帐树红旗

游击队开到北固乡火烧桥（今合作桥）的全家坊，住在我满妹家后山黄土坡上的独立房屋里。这里远离村寨，地形隐蔽，前可攻，后可守，能攻能守又能防。队长许庸远派出一个暗哨，其他人四处活动，照红军讲的革命道理宣传发动。那时穷苦大众都有革命要求，一经诱导，很多人都报名参加了游击队。如许光清、许宣远、汤春山、杨子威、汤篾匠、杨裁缝、许桂之、许朋之。很快发展到 40 多人。许庸远推举桂之、朋之先后当队长，自己当队副。

游击队扩大了，又加强了领导力量，队员们摩拳擦掌，要求开展新的斗争。游击队又打土豪孙文德。此时正值年关，我们到了孙文德家里，猪头煮得正香。我们正好在他家提前吃了顿年饭，没收了他家的柴米衣物，分给贫苦农民。

在分浮财时，别的我没要，只要了把黑铁锅铲。我怎能忘记，在泥巴坨家当小长工时，每到吃饭，地主婆“点水鸟”正是用这样的锅铲把我碗里的糙米剩饭由满碗刮成平碗，由平碗刮成半碗，那锅铲简直是一把刮命的刀啊！我后来编入了红军长征开始时，把火枪和锅铲寄在满妹家里。满妹为我保存几十年。全国解放后，我特意将这两件历史见证找回身边，作为自勉和教育下一代的“传家宝”。后来湘西自治州征集文物，这火枪和锅铲作了展品。

在孙文德家分浮财，看见堂屋挂着一幅红布做大堂帐。许队长说：“这红布可以做红旗和袖章。”于是，扯下堂帐，由杨裁缝一针一线缝成红旗。五叔许庸远在白布做成的旗套上用毛笔堂堂正正写下“中国工农红军大庸县北固乡游击队”15 个大字。20 来岁的许宣远举起红旗迎风挥舞，大家望着那流火似的红旗，对共产党和红军更加神往。队长说：“许宣远当我们游击队的旗手。我们打着红旗干革命啦！”

又用红布做红袖章，上书“北固乡游击队”。布头仍有剩余，梭标头上系了红布穗子，草鞋鼻儿上缀上红布缨子。有人编了一首顺口溜：“红心红旗红袖章，红穗梭标肩上扛，红足踏着红草鞋，红色大道任我闯！”

游击队在北固乡全家坊、高家峪、龙虎峪一带频频活动，辗转斗争，接连又打了几家土豪，还有西茶峪打了一次土匪。斗争节节胜利，游击队像滚雪球似地发展壮大起来，只一个多月，队员增加到 70 多人。

编入红军踏征程

孩子不能没有娘，干革命就要跟着共产党。北固乡游击队迫切寻找共产党领导的红军。听说大庸有个红军独立团。副队长许庸远，贵林哥和我前去联络，终于在大庸县北的张家坪找到红军。

那是个雨后天朗的日子。我们在张家坪一户地主的大院门口，看到两个身穿灰军装，头戴五星红军帽的军人在站岗，门边斜插着一面大红旗，旗套上写着“中国工农红军大庸县独立团”。在团部我们见到了独立团王团长。五叔许庸远把北固乡游击队组建过程及活动情况作了汇报，王团长对我们进行鼓励。当我们提出要红军派人去领导北固乡游击队时，他满口答应说：“好！可以抽一个同志当你们的指导员。”

我们回到游击队驻地，向大家报告了好消息，大家欢天喜地。

春节过后，红军独立团派来了黄指导员，从此，北固乡游击队在党的直接领导下，面貌为之一新。

黄指导员组织游击队整训，给游击队员讲革命道理和纪律作风，又教唱革命歌曲。我们都会唱“当兵就要当红军，处处工农来欢迎……”

为了迎接新的战斗和胜利，上级决定整编当地各路游击武装。我们北固乡游击队被正式编为独立团第九连。从这天起，我们游击队员就成为光荣的红军战士了。

1935 年农历正月，一场大雪过后，我们独立团的队伍浩浩荡荡从张家坪出发，经过岩口、九龙寺、三官寺，翻过毛儿岭，到了慈利县喻家嘴，驻在文风乡的风火岗一带，发动群众开展斗争。在这一带与地主武装绍老二、恶霸地主邓玉祥进行战斗，打得绍老二等人夹尾躲藏。这次战斗，使我深深体会到单靠少数人流动游击是不行的，只有在共产党领导下，组织浩浩荡荡的队伍，才能彻底动摇反动统治。

不久，独立团又回到了张家坪，接着开进了大庸县城。我们连队被改编为红军四师十一团三营九连。几天后，反动武装开始围攻大庸，部队决定转移。

1935 年春季，在粉碎蒋介石“围剿”的陈家河、桃子溪战斗中，我们原北固乡游击队的战友们已经分到红四师十一团各连在各自的战斗岗位上经受战火的冶炼。有的当了排长,有的入了党,也有的牺牲了。

1935 年 11 月 19 日，我们从桑植出发，开始战略大转移，踏上了漫长的二万五千里征程。

原北固乡游击队一个个队员们，融进了浩浩荡荡行进的红军行列，正像一滴滴水珠，汇合在滚滚向前的红色潮流之中。

一滴水可以反映大千世界。一支小小游击队的斗争始末，不是也可以反映出当时当地党的领导、红军的影响、阶级敌人的狠毒和人民群众的觉醒吗?

选自中共张家界市委党史研究室、张家界市中共党史联络组主编:《难忘的历程——老同志回忆录之三》,张家界日报社印刷厂印装,2003年5月版,第229—235页。

许义华，1919 年生，湖南慈利人。1934 年参加北固乡游击队，同年编入红二军团四师十一团九连。历任战士、通信员、班长。1935 年加入中国共产主义青年团，1936 年转为中国共产党党员。新中国成立后，曾任第五届、六届北京市政协常委，北京市财贸办公室政治部主任等职。2008 年在北京逝世。

遵义会议的光芒

周仁杰

1935 年 1 月，当党中央在遵义举行政治局扩大会议的时候，红二、六军团正战斗在湘鄂川黔革命根据地。遵义会议在危急关头挽救了革命、挽救了党。不到三个月，我们在《遵义会议决议》（以下简称《决议》）精神的指引下，在湖南桑植的陈家河、桃子溪，三天打了两个大胜仗，出乎意外地扭转了湘鄂川黔反“围剿”斗争的不利局面。遵义会议在党的历史上是一个生死攸关的转折点，陈家河、桃子溪战斗是湘鄂川黔革命根据地反“围剿”斗争的转折点。从这以后，我们在《决议》的指引下，通过正反两个方面实践的对比和启发，实现了从消极防御到积极防御战略方针的转变。

毛泽东同志有句名言：“错误常常是正确的先导。”作为我们战略方针转变的先导，就是反“围剿”初期走的那段弯路。

湘鄂川黔革命根据地是红二、六军团在 1934 年 11 月中央红军长征的艰难时刻创建的。它位于四省交界、长江中游南岸的山区，主要地域是湖南永顺、大庸、桑植三县。在我国革命发生严重危机，长江中下游的根据地相继丧失以后，新生的湘鄂川黔革命根据地像突然爆发的火山，出现在艰苦奋战于湘黔边境的中央红军右前方，这不能不引起敌人的极大恐慌。1935 年 1 月，湖南军阀何键、湖北反动头子何成浚，被迫从围追或准备围追中央红军的部队中，抽出 50 个团、十多万人的兵力，编成六个纵队，对建立不到三个月和只有 1.1 万多人的红二、六军团发动大规模“围剿”。敌人的作战计划分为两步,先四面包围根据地，构筑堡垒，连成环形封锁线，然后紧缩包围圈，迫我在根据地中心狭小地区决战，妄想一举消灭我军。具体部署是：李觉、陶广、郭汝栋、陈耀汉四个纵队，从东、南两面分别进攻大庸、桑植和永顺，其中用于进攻大庸的兵力，有两个多纵队。这是敌人第一步重点攻取的目标；徐源泉、张振汉两个纵队，从北、西两面向根据地中心塔卧、龙家寨地区推进。一时,六路敌军纷纷行动,根据地周围敌军麇集,一场艰苦的反“围剿”斗争就要开始。

在敌人大举进犯前夕，根据地军民进行了紧张的战前准备。1 月 11 日,两军团向中央军委报告了反“围剿”的作战方案,其要点是:“要在击溃敌两路消灭敌主力六团至八团有生力量条件下”,才能打破围困;准备“利用现在广阔新区，寻求在运动中突击封锁”;“应首先侧击由沅陵前进之湘敌主力的陶（广）章（亮基）部队，求得迅速转移地区，各个击破敌人”;力争在根据地东、南前沿“迅速顺利击灭敌人”,否则,“庸桑永城市均有被敌占领可能，我主力将被迫转移至永桑龙较小地区进行战斗”,“现集中二、六军团主力于庸永之间待机”等等。这个方案，部分摆脱了消极防御的影响，正确地采取了集中兵力、在运动中歼敌一部的方针，缺点是作战方向、作战对象，特别是作战时机选择不当。为了避免我军被敌压缩在包围圈内狭小地区作战的不利处境，在战略速决的思想指导下，将两个军团的主力摆在敌人主攻方向上，远出迎击对根据地威胁最大的湖南敌军主力，这实际上是堵而不是放。其实，怕陷入这种不利处境的顾虑是不必要的，因为敌人可以按计划收缩包围圈，我们也可以按计划打运动战；只要不把我军限制在内线作战，就不会让敌人牵着鼻子走。但是，作战方案排除了战役的外线作战，采取了战略速决和正面迎堵的作战方针，这就使我军在运动中各个击破的计划不能实现。

遵义会议结束不久，以毛泽东同志为首的中央军委①，及时对湘鄂川黔革命根据地的反"围剿"斗争作了重要指示。2月1日的电报指出："你们可利用湘鄂敌人指挥上的不统一，与何键部队的疲惫，于敌人离开堡垒前进时，集结红军主力，选择敌人弱点，不失时机在运动中各个击破之。总的方针是决战防御，不是单纯防御，是运动战而不是阵地战。辅助的力量是游击队与群众武装活动。对敌人需采取疲惫、迷惑、引诱、欺骗等方法，造成有利于作战的条件。"电报还指示两军团成立革命军事委员会分会（简称军分会），贺龙为主席，任弼时、关向应、夏曦、肖克、王震为委员。中央军委的这些指示，充分体现了《决议》的精神，针对性很强。特别是关于总方针是积极防御而不是消极防御，关于利用矛盾、选择弱点、使敌人发生过失等主要指示，是我们作战方案所忽略的战略方针和战术原则问题，关系到反"围剿"的成败。在这前后，军委电台还利用每天深夜的短暂空隙，逐日分批地给两军团发来了《关于反对敌人五次"围剿"的总结决议》，即《决议》的全文。但是，当时大家还理解不了这些文电的精神实质，当然也发现不了作战方案上述种种缺陷。因此，在后来的作战中仍按原方案行动。

二三月间，我军在溪口、高梁坪、后坪，组织了三次战斗。头一次，敌人远在根据地30公里外；末一次，敌人只进来20公里。战斗是在没有发现敌人可乘之隙的情况下进行的，结果两次失利，中间一次打成击溃战。尤其是后坪战斗，由于思想上急于要扭转已经出现的不利局面，不顾敌军已经占据了有利地形，不惜付出重大伤亡代价，强攻硬拼，苦战一天未能收效，最后被迫撤出战斗。这种正面迎堵、急于求胜现象的出现，暴露了作战方案、作战指导思想的问题。可是，当时大家认识不到这一点。由于我们在根据地得失问题上缺乏科学态度，一时还摆脱不了旧思想方法的束缚，不懂得到外线、到敌人翼侧作战的必要性和可能

① 应为中革军委。下文皆同。

性，把根据地的缩小，单纯看成是反“围剿”不利因素的增加，因而不能弄清战斗失利的真正原因。

3 月 22 日，后坪战斗的第二天，桑植被敌人占领这是继大庸之后根据地丢失的第二个县城。在战斗连连失利，两城相继丢失的情况下，任弼时同志向中央军委报告了红二、六军团下一步的行动方案：力争在原地区坚持斗争，打破“围剿”；万一我军被迫转移，准备北渡长江，到鄂西南漳、兴山、远安一带开辟根据地。4 月 5 日，中央军委回电指出：“目前你们那里胜利的可能还是存在的，仍应尽力在原地区争取胜利。至于你提出以后可能转移地区问题，我们可同意你们渡江的意图；但这只是你们认为在原地区不利于作战，且红军主力非转移地区不足以保持有生力量时，才可实行。”这个指示的主要精神，是要两军团继续留在原地区坚持斗争。在这以后不久，军分会向团以上干部传达了《决议》。但这时永顺失守，原来最担心的三城丢失的不利局面已经出现，于是，军分会决定撤出根据地。4 月 12 日，部队向北撤退，准备渡过长江去鄂西。

“山重水复疑无路，柳暗花明又一村。”就在我们放弃根据地，向鄂西转移的途中，意外地抓住了反“围剿”以来从未这样有利的战机。

在北撤的第二天下午，我军前锋于桑植城西 30 公里的陈家河附近，和湖北敌军的警戒搜索分队遭遇，当即消灭了这小股敌军。通过审讯俘虏了解到：敌纵队司令陈耀汉发现了我军的转移行动，他立即派出五十八师一七二旅由桑植进至陈家河，在附近的山上构筑工事，阻堵我军北撤。军分会分析了当面敌情，认为：陈家河敌军挡住了我们的去路，难以避开。五十八师其余部队远在桑植，一七二旅孤军深入，立足未稳，我军应抓住这有利时机歼灭该敌。于是决定在陈家河打一仗，先扫除障碍，然后转移。贺龙同志说：“我们要走，也要打了这一仗再走。”这个决心，立即得到了军分会其他领导的赞同。军分会决定打一仗再走，虽然是迫于当时的形势，但主要是《决议》中关于红军转移不应消极避战的原则，对我们的行动及时地起到了指导作用。《决议》指出：红军的转移行动，必须是“坚决的与战斗的”，而不能是“惊慌失措的逃跑”；不能认为“一定要到达了指定地区，放下行李，然后才举行反攻消灭敌人”，而要“按照已经变化了的情况来改变自己的行动方针”；“对不必要的与敌人无隙可乘的战斗，是应该避免的，而对于必要的与敌人有隙可乘的战斗则是不应该避免的。”这些话，虽然是针对王明军事逃跑主义讲的，但对红二、六军团当时的作战行动很有指导意义，使军分会在关键时刻果断地作出了十分重要的决定。这个决定对后来的形势发展，产生了巨大的影响。

当时我是五十一团团长，我团是全军北撤的后卫。13 日下午，我团从龙家寨出发，行军途中，接军团部命令，五十一团于次日拂晓前到达陈家河附近。那天，蒙蒙细雨下个不停，青石板小径路滑难行，晚上，全团打着火把赶路，走了一个通宵，按时到达军团部指定宿营地。部队抓紧时间洗刷、烤衣服、做早饭，正当我们要吃饭的时候，军团部参谋急匆匆地赶来，传令要五十一团准备出发参加战斗。我一面命令部队准备战斗，一面和团政委刘风、参谋长陈崇岳简要交换了意见，就率参谋和通信人员先行去军团部接受任务。这时警卫员贺回生拿来了一盒半生不熟的米饭，我将饭盒往脖子上一挂，跃上马背，边跑边吃。在一个山脚边，一位参谋急切地招呼：周团长，快，王政委在山坡上等你……我立即跳下马，将饭盒交给贺回生，跑步上了山，王震同志看到我，老远就叫我的名字，没等我敬礼，他就向我下达命令：球保①，今天这一仗，军团部决定由五十一团从中央突破，首先夺取对角山梁庙凸第一线阵地；消灭敌人后，立即向陈家河镇及其后山的铜关槽敌主阵地攻击，你团左翼有五十三团，右翼有十团……

不一会，部队已陆续赶到，我向团的领导传达了战斗任务，随即带各营营长来到进攻出发地阵前部署：我与陈参谋长率第一、二营从正面

① 周仁杰，曾用名周球保。

夺取敌庙凸第一线主阵地，二营长刘运珠率二营为第一梯队；以三营罗章副营长率三营为第二梯队，从南侧协助第一梯队攻击。正当我团在隐蔽地准备展开攻击时，庙凸山上守敌约一个多营兵力，先我派出小股部队右出击，沿山脊向我三营阵地搜索前进，我团抓住这个有利战机，将敌人放到有效射距内，突然向敌猛烈开火，并乘敌混乱之时，全线发起冲锋，经激烈战斗一鼓作气地攻占了庙凸等敌一线主阵地，我团兵分两路同进追击溃敌，成群的敌人陷在水田里，只好举手缴械，一、二营缴获了两门八二追击炮等许多战利品。解决了这部分敌人后，我令各营稍集结，准备向敌第二线阵地攻击。这时我团三营不顾敌人火力的猛烈侧射，勇猛迅速地突入了敌人驻陈家河街上一七二旅旅部，击毙敌旅长李延龄，破坏了敌人整个指挥，割断了澧水南北敌人的联系，缴获电台等很多战利品。

我团一、二营集结后向铜关槽守敌发起了攻击，很快夺取了敌铜关槽主阵地的前沿工事，但扼守铜关槽的敌人利用山高势险、地形复杂、火力强等优势，负隅顽抗，战斗异常激烈，王震政委一直随我团作战，我团和兄弟团一起，浴血奋战于敌人主阵地前。突然，一颗子弹击中我的面部，顿时血流满面，陈参谋长对通信员和卫生员说："快把团长扶下去包扎，这里我指挥。"两位同志扶我走不多远，遇到了亲临前线指挥战斗的贺龙、任弼时、关向应、肖克等首长，贺老总问我前面情况，我不能说话，就用手比划，向首长们报告战况，首长们听明白后，我要随他们一起到前面去，贺老总关心地说："同志，好好养伤，仗有你打的。"黄昏前，我军攻占敌人最后一个阵地，全歼敌一七二旅。

战斗结束后，军分会对敌情再次作了分析，认为：敌五十八师的一七四旅，有可能前来增援，也有可能因一七二旅被歼向塔卧方向逃跑，我军应抓住这个机会，再打一个歼灭战。当即决定：乘胜南下，歼灭五十八师余部。这是一个积极主动的作战行动。本来，陈家河战斗后，前进障碍已经扫除，既定目的已经实现，按原计划应该继续向北转移。可是，与此相反，军分会却决定挥师南下。我军之所以没有被转移计划捆住手脚，同样是《决议》起的指导作用。于是，肖军团长带领三个团，向桑植方向猛追过去。果然不出所料，15 日下午，发现了先增援、后逃跑的一七四旅正在桃子溪埋锅做饭，准备宿营。乘敌人毫无准备的有利时机，我追击部队立即发起猛攻。经过两个小时的战斗，我军干净利索地消灭敌军一个师部、一个旅部、一个团和一个山炮营。至此，五十八师除留在桑植的一个团以外，其余全部被歼。

陈家河、桃子溪战斗，是湘鄂川黔革命根据地反“围剿”斗争的转折点。五十八师被歼，使敌人已经收缩得很小的包围圈，突然打开一个大缺口，其余五路敌军担心被歼，纷纷后撤，由进攻转入防御。军分会根据形势的变化，决定放弃渡江转移的计划，留在原地区坚持斗争。4 月底，我军打出根据地，向东伸出至江垭，进攻矛头直指洞庭湖西北的慈利、石门。湖南敌军怕我切断其交通补给线，湖北敌军怕我们渡江入鄂，均继续向后撤退。根据地的大部分地区得以恢复，敌人的第一次“围剿”遂告破产。

陈家河、桃子溪战斗，又是红二、六军团走上积极防御正确轨道的起点。敌人“围剿”被粉碎后根据地一片欢腾，军心民心振奋。但是，经验告诉我们，敌人转入防御是暂时的，新的“围剿”马上又要开始。因此，我们边欢庆胜利，边作战斗准备，特别是作战指导思想上的准备。严峻的战争环境，逼得我们不得不尽快地总结、消化这次战斗的经验，先前的连连失利和不久前的连战连捷，向我们提出了许多迫切需要弄清的问题：反“围剿”初期，每次战斗都想歼敌一部以扭转不利局面，可是我们却越打越被动，越打形势越不利，这是什么原因？这次战斗，原来的意图是扫除转移障碍，可结果却远远超过了预期的目的，这又是什么原因？显然，我们以前的作战指导思想有问题。可是问题出在什么地方，一时又弄不清楚。我们在军分会的带领、启发下，经过三番五次的苦苦思索，经过实践、认识的循环往复，最后终于在《决议》的光芒照耀下，拨开云雾，弄清了反“围剿”受挫和胜利的原因。原来，我们在陈家河、桃子溪战斗中，自觉不自觉地纠正了反“围剿”初期部分重复消极防御打法的失误，较好地体现了《决议》中的战略战术思想，也就是中央军委关于总方针是积极防御、是运动战的指示。

从这以后，在第二次反“围剿”中，军分会修改了原作战方案，实行了与反“围剿”初期不同的战略战术，围宣恩，战咸丰，首捷于忠堡，全歼敌军四十八师，活捉敌纵队司令张振汉，再捷于板栗园又全歼敌军八十五师，击毙敌师长谢彬。这接二连三的胜利，迫使蒋介石亲自命令国民党军转入防御。敌军 80 个团的第二次“围剿”被粉碎，显示了积极防御战略方针的强大威力，体现了《决议》指引我们克敌制胜的不可磨灭的作用。

湘鄂川黔革命根据地反“围剿”斗争从挫折走向胜利的历史，从一个侧面反映了遵义会议挽救革命危局的伟大历史贡献。同时也反映了我们理解、接受《决议》的曲折过程。遵义会议决议，是第二次国内革命战争正反两个方面经验的总结，是中国革命战争规律在作战指导上的科学概括，也是当时唯一以文件形式汇集起来的毛泽东军事思想宝库。可是，我们在接受《决议》揭示的真理时，却走了一段弯路。本来，在战前准备期间，中央军委从《决议》精神与根据地实际的结合上，给我们指出了粉碎“围剿”的方向。可是，真理碰到了鼻尖上，我们不知道，也没有抓住它。甚至在反“围剿”受挫以后，还处于不理解状态。由此可见，对马克思主义思想水平不高的人来说，仅仅有走弯路的教训，还不能马上把它变成精神财富，把它转化成真理。陈家河、桃子溪战斗，给我们架起一座从不理解到领悟的桥梁，为我们掌握、运用粉碎敌人“围剿”的科学思想武器铺平了道路；它又像一把“钥匙”，打开了军事思想宝库的大门，为我们摆脱消极防御的影响，提供了武器，克服了障碍，从而实现了军事思想的飞跃。这段曲折过程表明，接受一个真理，是多么的不易！

遵义会议已经过去了半个多世纪。悠悠岁月，滚滚洪流，冲刷掉了记忆中的多少往事，可我总忘不了《决议》指引我们粉碎“围剿”这段历史。一滴水珠虽小，但它可以折射太阳的光辉。湘鄂川黔革命根据地反“围剿”斗争，尽管只是遵义会议伟大历史贡献的一个侧面，但它反射出来的光辉，同样璀璨夺目，令人难忘。

选自《红六军团征战记》下，解放军出版社1994年6月版，第44—51页。

鸡公垭阻击战

龚福恒

为了策应中央红军长征，由任弼时、贺龙、肖克、关向应、王震等同志率领的中国工农红军第二方面军①转战在湘鄂川黔革命根据地，从1934年10月到1935年11月，红二方面军向敌人发动了强大的攻势。

蒋介石害怕二方面军同北上的中央红军会合，于1935年初，集中了将近30个师的兵力，分成六路，采取四面合围的战术，妄图把我军压缩在永顺、龙山、桑植三县交界的包围圈内，以达到肃清湘西我军，以便全力追堵我中央红军的目的。

鸡公垭战斗前夕，我二军团主力在大庸到永顺的石堤西一带，六军团在大庸的罗塔坪。

敌东路是十九师李觉部及陈子贤、陶柳两旅和二十六师郭汝栋部的王振东旅。他们从长沙出发，经常德、慈利，步步逼近；东北一路是敌五十八师陈耀汉部和三十四师张万信部，从津市、江垭，经桑植直抵永顺的桃子溪；北路是纵队司令张振汉率四十一师，从湖北鹤峰、来凤向我军进犯；南路是纵队司令陶广所部六十二师钟光仁旅及十六师章亮基部何友松旅，由沅陵至王村，向大庸、永顺进击；西南路是陈渠珍师的顾家齐、周燮卿、廖怀忠、戴季韬各部从保靖犯永顺；还有十五师王

① 此时为红二、六军团，直到1936年7月5日合编为红二方面军。

东原等部防守川东秀山，以及各县地方团队等共集中大约20多万兵力，形成以大庸、桑植为重心的包围形势，来“围剿”我二方面军。南路章亮基部孤军深入，进得最快。

任弼时、贺龙、关向应、肖克同志为了严惩来犯之敌，彻底粉碎敌军四面合围的“进剿”阴谋，遵照毛主席“积极防御”、“诱敌深入”、“各个击破”的战术原则，决定给进至高梁坪的敌人以迎头痛击。我军抽出四个团的兵力，经过迅速猛烈地追击，在四五个小时内歼灭敌章亮基部戴旱甲团和保安近两个团，缴获了一批武器弹药，把此路敌人赶到王村以南，追敌仓皇向古丈溃逃。除以一团兵力镇守王村、高梁坪一带外，我十团、十二团、十八团星夜赶到大庸后坪，准备投入鸡公垭战斗。

1935年农历二月初六，我军全部撤出大庸城，向永顺石堤西一带集结，以便引诱敌军向西进发。敌李觉、郭汝栋以为我军畏惧他们，就很快从慈利开进大庸，占据了县城。

二月初八，李觉派遣先头部队及工兵从县城南门口及沿河各渡口拉去十多只船，又在石牌、李家坪、二家河、广岩嘴、大庸所沿澧水两岸的村子到处抢木材，下门板，找绳索，在大庸所渡口架起一座浮桥，妄图从对河分两路向我军发动总攻击。

我军总指挥部按原定计划将敌引诱到鸡公垭一带，准备利用有利地形，同此路骄纵之敌决战。总部参谋人员已到鸡公垭附近山头观察地形，侦察员深入城内及阴山一带侦察敌情。总指挥部不断从我侦察人员和地方干部中获得敌人活动的情报，判断敌人进攻的时间和路线，从而作出十分周密的部署。因连日大雾，敌人不敢出动。我军只布置小部分兵力在鸡公垭附近，总指挥部设在黄泥岗，红十七师驻守在后坪及上中山一带，闪开正面大路，让敌人从大庸县城出来，以便在运动中加以歼灭。

鸡公垭是大庸通往永顺的咽喉之地，背倚崇山北坡。崇山北坡有个高地叫黄土岩，从这里由东向西伸延四个小山岗，两岗之间即鸡公垭。

由鸡公垭往北依次为张家湾、于家岗、向家弯，小山岗与小山岗之间都有一条山峪。这四个小山岗都较黄土岩低，好像从黄土岩往下斜伸的四条手臂一样。还有一道山梁挡在前面，这山梁就是殷家山。它的西端那团包垴与鸡公垭夹成一个岩隘口，翻过殷家山，有条从永顺境内流来的小河，叫麻家河。对岸是中山，下中山山嘴过去即到澧水大庸所渡口。我们控制了鸡公垭，就抓住了大庸通往永顺的咽喉，对于反“围剿”有着重要意义。

我军在鸡公垭设伏，火线从大岗一直铺到临河的小山上，形成了一个大口袋，战士们挖战壕，筑工事，摩拳擦掌，准备战斗。

时值早春天气，又逢天雨，气候寒冷。战士们衣服湿透，加上连日行军，十分疲劳。见敌尚无动静，天黑时，五十团仅留一个连坚守阵地，其余撤至后坪一带村庄宿营。

农历二月初九(公历 3 月 21 日)凌晨 2 点，敌人大部队从庸城出发，从大庸所浮桥过河，进入拿坪，偷偷爬上鸡公垭。接火后，因兵力悬殊，早晨 7 时，敌人抢占了鸡公垭北面高地。

天亮以后，我红十七师从正面进攻鸡公垭及其对面团包垴和人头垴的敌人。因山势陡滑，敌人以猛烈的机枪火力封锁道路，我军冲不上去。敌军在麻家河北岸占领了下中山，继续向中山运动，企图解除我军对敌右侧的威胁，使敌军能顺利通过鸡公垭寻找我主力决战。驻守上中山的我军奋力阻击敌人，在麻家河东边山上与敌进行激烈的战斗。

贺龙总指挥一面令四师卢冬生师长带领部队抢占黄土岩高地，来支援十七师夺取鸡公垭，一面将总指挥部从黄泥岗移至上湾大垭山，并命令特务连随四师经黄土岩抢占挂鼓岩，用机枪火力支援十二团。卢师长带了十二团迅速经中湾、下湾、田家塔，抢占了黄土岩，居高临下，给敌以猛烈打击，威胁敌之左侧。鸡公垭之敌突遭夹击，不支溃逃，十七师抢占了鸡公垭，四师十二团第一营从黄土岩冲了下去，夺取了张家湾敌阵地。总指挥部也迅速移到黄土岩，在前沿阵地指挥战斗。第三营作为第二梯队，布防在总指挥部的前面。

敌人不甘心失败，重新集结力量，从二斗种沟里冲上张家湾，企图夺回已经失去的阵地。我军用密集的火力，英勇顽强地打退了敌人一次又一次的冲锋。当敌人冲到我阵地前沿时，我英勇的战士们，手执梭镖跃出临时赶筑的简易工事，充分发挥近战的有利因素，和敌人进行肉搏。我特务连架在挂鼓岩的两挺转盘机枪，以猛烈的火力扫射，支援十二团阻击敌人。经过五六次的反复争夺，像推磨一样，推过来，推过去，敌我双方伤亡很大，二斗种沟里血流成渠。敌人不死心，继续胁迫士兵向我一营阵地冲锋。卢师长身先士卒，亲率战士们冲近老关嘴时，不意敌人打来一颗迫击炮弹，他的足部受了伤。卢师长命令十二团团长钟自享带了部队，坚决把敌人赶下山去。钟团长带了四个连，经过勇猛冲杀，终于把敌人赶出张家湾，稳住了阵地。

在张家湾争夺战激烈进行的同时，十二团谭政委带了第二营，从于家岗沿山脊一直冲杀下来，并派第五连绕到梁家田、孟家塌，迂回到大庸所渡口边，截断敌人退路。当谭政委冲到山下拿坪大路边时，不幸被榴弹击中，英勇牺牲。二营四、六连以火力支援五连，使五连迅速控制了渡口。

这时天已黑下来，敌人怕被我军包围歼灭，慌忙从浮桥上撤回澧水东岸。敌人前推后挤，浮桥被阻塞。澧水东岸之敌，吓得魂不附体，生怕我军冲过河去，抄袭大庸县城，夺敌老巢，于是，慌忙将浮桥缆绳斩断。正在浮桥上的敌兵纷纷落水，在河中奔命。因水深流急，落下水中之敌兵，几乎全部被淹死。浮尸满河，如泡炒米。

鸡公垭战斗整整打了一天，李觉、郭汝栋带领残兵败将从澧水东岸大坡堖后面的指挥所仓皇逃回大庸城内。我军转向永顺青天坪、石堤西一带活动。

鸡公垭战斗总共毙敌 4000 多人，缴获各种武器 2000 多件。我军伤亡比敌军不少，尤其是干部伤亡很大。五十团政委贺志高、五十一团政委周志斌、六军团政治部宣传部副部长刘光明，还有上面说过的十二团谭政委等壮烈牺牲。四师师长卢冬生腿部负伤。

李觉、郭汝栋害怕我军追击，在大庸城里只稍加休整，除留下少数兵力驻守大庸外，其余夹着尾巴逃往慈利、常德。

鸡公垭战斗，我军以一定的代价，完成了阻击任务，打破了敌人的“围剿”计划，彻底粉碎了敌军妄想消灭我军的阴谋，牵制了蒋介石的一部分兵力，有力地配合中央红军的长征，为我二方面军巩固湘鄂川黔根据地奠定了基础。

在这次战斗中英勇牺牲的指战员的精神，激励我们奋勇前进。这些英勇献身的革命烈士永远活在我们心中。

选自中共张家界市委党史研究室、张家界市中共党史联络组主编:《难忘的历程——老同志回忆录之三》，2003年5月，第161—165页。

龚福恒，1916 年生，湖南张家界人。1934 年参加中国工农红军，1936 年加入中国共产党。红军长征时为红二军团四师十二团侦察班长。新中国成立后，曾任青海省畜牧厅党组书记。1993 年在张家界逝世。

陈家河大捷

龚福恒

1935 年 4 月，国民党反动派纠集了六个纵队（12 个师、两个独立旅），共 12 万多人，分六路：东起大庸、慈利，西自龙山，南从永顺，北由鹤峰、桑植，对湘鄂川黔苏区进行大规模的“围剿”。当时国民党在两湖作战的部队，采取堡垒政策，四面包围，分进合击的战略战术，企图逼我军在永顺县的塔卧、龙家寨一带狭隘地区与其决战，梦想在此一举消灭我军红二、六军团，从而解开套在他脖子上的绞索。

由于敌强我弱，敌众我寡，根据“强敌跟追，采取盘旋式打圈子政策”的作战原则，我军决定往西北转移，转到湖北、贵州、四川边境开辟新的根据地，或在运动中相机歼敌有生力量。这一天，部队已开始从永顺塔卧、龙家寨和龙山茨岩塘等地分头出发。正在行军的时候，中央来电指示：“目前你们那里胜利的可能还是存在的，如民心和地形对我军有利，仍应尽力在原有地区争取胜利”。贺龙、任弼时等首长详细地研究了中央指示，并分析了当地各种条件和屡次与敌人作战的经验，认为：敌人虽多，派系也多；有嫡系部队，也有杂牌部队；有南方来的，也有北方来的。各派系之间,南北之间存在着种种矛盾,是无法克服的。特别是蒋介石匪帮“攘外必先安内”的反动政策，对外投降日本帝国主义，对内镇压人民的反抗，不得人心，没有广大人民群众作为支柱和后盾,是他们致命的弱点。而我军是人民自己的武装,军民上下团结一致，为革命而战，能够忍受和克服各种困难艰险，敢于斗争，敢于胜利。再则，国民党反动派部队要想消灭我们是一致的，但各自从自己的利益出发，在“剿共”的态度上，有积极和不积极的区别。只要我们集中优势兵力，选择作战对象，抓住敌人的弱点，在运动中伺机断其一指，就能粉碎敌人的“围剿”阴谋。于是决定：采取诱敌深入，以便在有利的地形和适当的时机，歼其一路的战略战术。

执行中央军委①的作战方案确定以后，我们就主动完全撤出了塔卧、龙家寨，有意识地经湖南桑植陈家河，向湖北方向转移。为了阻止我军转移，蒋介石派敌五十八师一个旅抢先占了陈家河。陈家河位于桑植西北方向，是一个崇山峻岭环抱的小集镇。这里悬崖峭壁，山高路窄，地势险要，对我军在这里作战极为有利。敌五十八师虽然全部新式装备，战斗力较强，但他们刚从北方调来，地形不熟，行装笨重，不善于山区作战。根据这些有利条件，我军决定将敌五十八师驻陈家河的这一个旅消灭掉。

当时，我在十二团当（警卫、侦察）班长。十二团是打陈家河的先头团，我军是在头天上午七八点钟左右到达陈家河的。我们一到陈家河，就与敌人接上火了，敌猛攻我军阵地，和敌人打了一天一夜。第二天刚亮，六军团军团长肖克同志来了，向十二团首长钟子廷②同志进一步了解战斗情况，团首长简单汇报情况后，就向肖克同志提出：“把前面这股敌人干掉！他们没有什么了不起，我们昨天对付他们两个团，和他们打了一天一夜，他们也没有把我们怎么样。这么多的敌人，这么好的一块肥肉不把它吃掉，还跑到哪里去！”看来这个年轻的指挥员对吃掉这块肥肉，是满有信心的。肖克只“嗯”了一声，不说什么别的多话。停了一刻，忽然问子廷：“你说能干掉吗？”钟团长说：“能干掉！”肖克又问：“你说要多大兵力可以干掉？”钟团长说：“3个团就可以把他

① 应为中革军委。

② 原文误为钟子亭，本文统一为钟子廷。

们全部消灭，一个也不让他们跑掉！我要把他们活捉尽！”肖克说：“你的勇气还不小啊！”

讲完以后，肖克就把通讯员叫回指挥部去了。通讯员回去不到半个小时，贺龙、任弼时、关向应等来了，各团的首长也先后来到这里。我们正坐在那里，心想：“今天有事干了，看样子非打不可。”那时我是班长，很注意首长的一举一动。我们几个同志说：“不要讲话，留神听。”正在我们全神贯注地观察首长的神态时，肖克说：“老总，干掉它！子廷同志这个意见可以采纳。”贺老总这时正在用望远镜观察敌人阵地，转过来问弼时同志：“弼时同志，怎么样？”弼时说：“你下命令吧！”贺龙同志说：“那行。四十九团、五十一团，作好准备，十团跟我来，十一团作十团的第二梯队，十二团原地休息不动！”弼时补充说：“六军团的任务非常艰巨，你们要注意啊！”

一听十二团原地休息不动，大家连骨架都散了。这一下可把我们屈死了，我们打了一天一夜，现在总攻就没有我们的份哩！我们就在那里讲怪话。肖克把头转过来笑了笑，贺老总也转过身来说：“啊！怕没有仗打，哪次不叫你们十二团上，这次就是不叫你们打！”我们十二团的战士，个个急如火燎，求战心切。

大概是上午 10 点多钟开始调动部队，下午 3 点多钟开始总攻。陈家河的周围是大山，澧水河从西北向东南流，澧水河的东南岸上有一个小庙，这个庙里驻有敌军一个连左右的兵力，还有一挺重机枪，这个庙的军事位置很重要，和陈家河的驻敌组成了交叉的火力网，对我们攻打陈家河的进军威胁很大，我们昨天攻打陈家河，就吃了他们的亏。

敌我兵力的部署，基本上都在澧水河的北岸大山上，大山中间有一条小溪，我军驻在小溪的东面，敌军驻在小溪的西面（陈家河镇也在小溪的西面）。陈家河的北面山上有一个土围子，距陈家河约 600 公尺左右，土围子西面是悬崖陡壁，南面的陈家河有重兵驻守，因此这个土围子易守难攻。又由于这个土围子的军事位置极为重要，所以驻守在这个土围子里的敌人也非常顽固。如果这个土围子不攻占，要想消灭陈家河的敌人，就要付出相当大的代价。怎么办呢？大家都在为此发愁，可是我们多谋善战的指挥员，胸有成竹地派出一个营去，但不是硬打，而是智取。即用一个连把敌人牵出来，另两个连选择有利的地形位置埋伏好，等到被牵出来的敌人全部进入伏击圈时，就狠狠地打。负责牵引的同志首先喊话，交代我军优待俘虏的政策："我们红军优待俘虏，缴枪不杀，欢迎你们弃暗投明。"敌人理都不理，我们就用激将法"骂"，等枪一响，我们就往下跑。于是这个连的部分战士，就走到离土围子约五六十公尺的地方隐蔽起来，就喊："你们被包围了，逃不出去啦，赶快出来投降吧！"他们还是不出来，我们又骂："国民党狗官顽固派，你们是些胆小如鼠的兔崽子，有本事就出来较量较量啊！"骂来骂去，把敌人骂发火了，他们看见我们上去的人又不多，就冲出来。他们一冲，我们就哗地一下往下跑，他们追得急，我们就跑得快，他追得慢，我们就跑得慢，边跑边骂，等到全部敌人都跑进了我们的伏击圈，我们就突然停下来，埋伏在两旁的那两个连，也迅猛地冲了出去，把敌人包围得水泄不通。"不许动"、"缴枪不杀"的吼声，震天动地，吓得敌人浑身打颤。敌人一看周围都是红军，就乖乖地交了枪，土围子就这样顺利地解决了。从喊话到战斗结束，只花几十分钟时间。从这里得出一个经验：一个指挥员最重要的，是详细了解分析敌情，善于思索，按照毛主席的军事思想，作出正确的判断和部署，难打的仗，也会变得容易打了。我们指挥员这次之所以用激将法来智取这个土围子，是因为敌五十八师是蒋介石的嫡系部队，装备精良，战斗力较强，是一支从北方刚到南方来的骄军。特别他们是唯武器论者，以为我们武器远不及他们，所以根本不把我们放在眼里。因此，我们用激将法一激，就把他们激（击）败了。

就在解决这个土围子的同时，十团也把澧水河东南面那个庙里的敌人解决了。接着占领了东南面的主要山头，四十九团、五十一团也占领西北边的主要山头，陈家河的驻敌，已陷于我军重重包围之中。这时，总指挥部的司号长，吹起了总攻的冲锋号，各团、营、连司号员的冲锋号也相继地吹响了，军号声、枪声、冲杀声，震撼山谷，杀得敌人尸横遍野，吓得敌人魂飞魄散，跪着要求饶命。战斗进行得非常顺利，从总攻开始，到战斗全部结束还不到两个小时，消灭敌人两个多团，打死敌团级以上军官两人，生俘敌团级以上军官数人。由于我军四十九团、五十一团在截击敌人的退路时，遇到悬崖陡壁，影响截击速度，所以逃走了小股敌人。

陈家河这仗打得很好。它的第一个意义，是有力地配合中央红军北上抗日，使中央红军从遵义、洋川、（绥阳）一带胜利地向甘肃和陕北进军。这次战役胜利的第二个意义，是为第二天晚上桃子溪战役消灭敌五十八师另一个旅及其师部打下基础。陈家河、桃子溪战斗的重大胜利，大大鼓舞了我军民斗志，狠狠地打击了敌人的反动气焰，粉碎了敌人企图歼灭我军的美梦。第三，不光消灭了蒋介石从万里之遥调来的所谓精锐部队，而且还缴获了敌人大炮、轻重机枪和各种枪数千支，各种枪弹和手榴弹则不计其数，大大改善了我们的装备，还收容敌军俘虏壮大了我们的队伍。我十一团在陈家河、桃子溪战役中把原来的梭标、鸟枪、大刀等全部换上了新枪、好枪，子弹带也装得鼓鼓的了。我军战士幽默地说：“没有枪，没有炮，敌人给我们造。没有车辆运输，敌人给我们送。”

选自中共张家界市委党史研究室、张家界市中共党史联络组主编：《难忘的历程——老同志回忆录之三》，2003年5月，第196—200页。

陈家河大捷

屈绍元

“白军到了陈家河，一个都跑不脱。”这是当年陈家河战斗的真实写照。1934 年 10 月，红二、六军团胜利会师后，发起湘西攻势。11 月相继解放永顺、桑植、大庸城，12 月湘鄂川黔省委在塔卧成立后，就像一把锐利的钢刀直插国民党反动派的肋下，加之红二、六军团在任弼时、贺龙、王震、萧克等省委负责同志的正确领导和指挥下，我军从桑植向南下进，恢复和开辟根据地，以风扫残云如卷席之势，连克大庸、慈利、桃源、津市、澧县、临澧、石门等县城，并包围了常德，威逼岳阳、长沙。

1935 年 4 月，蒋介石怕红军直捣长沙，便命令两湖军阀，并从追击中央红军长征的战线上调遣大批兵力回来，向我湘、鄂、川、黔根据地围攻。敌人为迅速消灭红军，采取堡垒主义和四面层层包围、分进合击相结合的战术。敌人组织了六个纵队，12 个师，两个独立旅，约 12 万人左右，分成六路，先后占领了湘西的桑植、大庸、永顺、龙山和湖北的宣恩等县城，撒下了一个大包围圈，实行严密的军事封锁和经济围困，妄图将红二、六军团主力压缩在大庸、永顺、桑植边境的狭小山区，一举消灭。此时红二、六军团兵力总共约 9000 余人，给养缺乏，装备不良，要对付胜过于己数十倍新式装备的“强大”敌人，斗争极为艰苦复杂。而敌人的包围圈很快就要合拢逼近了。在这种情况下，任弼时于

3 月 22 日向党中央及军委报告请示：“据目前情况，我们以最大决心争取这一地区的巩固，可以与四方面军配合。（我们）正集中全力，在保存有生力量的条件下，首先求得侧击郭敌。必须取得两次伟大胜利，方能保持新区的巩固发展；否则，二、六军团将被迫退出新的地区。目前我们与四方面军活动是呼吸相关的，四方面军放去桐樟、遵义，是否将转移贵州以西地带？二、六军团被迫转移，就目前情况，只有渡长江到（南）漳、兴（山）、远（安）边为便利。因为乌江、酉水、沅江均无渡过条件，施（南）鹤（峰）、桑植遇近湘、鄂主力，不能立足。这种预定的方向，是否适宜？对此动作请给以指示”。紧接着，省委的地方干部收回，并编入红军主力部队，开始作转移的准备工作。

4 月 5 日，党中央和毛主席及时发来电报指示：“目前你们在那里胜利的可能是存在的，仍应尽全力在原地区争取胜利。至于你们提出以后可能转移地区问题，我们可以同意你们渡江的意图；但这只是你们认为在原地不利于作战，且红军主力非转移地区不足以保持有生力量时，才可实行……”然而在这个时候，桑植和永顺相继失守，敌军郭汝栋纵队正向塔卧逼近，可供我军内线活动的地区已经很小。所以省委为保存红军有生力量，命令我军转移。在红二、六军团退出塔卧前几天，中共中央传达了关于反对敌人五次“围剿”的总结决议（即遵义会议决定）。决议指出：红军突围行动，必须是“坚决的战斗的”，而不能是“惊慌失措的逃跑的以及搬家式的行动”，要把战略方针“放在争取于必要与有利时机同敌人决战的原则上”，“准备于必要与有利时机争取真正反攻的胜利”，不应该错误地认为“一定要达到指定地区，放下行李，然后再举行反攻消灭敌人”。而应该“按照已变化的情况来改变自己的行动与方针”。红二、六军团对于这些由毛主席总结出来的具有普遍意义的战争指导规律，感到非常正确，并坚决用来指导自己的行动。

这时，红二、六军团按照毛主席的指示，召开了军委扩大会议，对我军当时的处境、敌人的兵力部署“知此知彼”地进行了详细的研究、周密的分析，广泛地听取群众的意见。一致认为，盘踞在东南大庸、慈利一带的敌人是陶广、李觉等部，兵力多，装备很好，战斗力较强，是国民党的主力部队，而且地势开阔，敌军可凭借优势兵力和有利地形负隅顽抗，不易突破。而盘踞在西北龙山、鹤峰的张振汉等部，装备较差，兵力也不多，而窜入桑植的敌五十八师是蒋介石从北方调来的精锐部队，装备好，战斗力较强。如我军向南进击，他一定会随后尾追，形成背腹受敌，南北夹攻，遭敌合击。我军向西北突围，可能在运动中寻求战机，消灭敌人。桑植驻敌，虽系全部新式装备，战斗力较强，但因从北方调来南方，本身就存在着气候不适应，地形不熟，行装笨重，不善爬山作战等问题。加之时至春风吹绿大地、阴雨连绵的季节，道路泥泞多而深滑，莫说是摸黑打仗，就是晴空白天，也要拄上拐棍。

4 月 12 日，红二、六军团总指挥部和湘鄂川黔省委机关、群众团体以及伤病员都从塔卧撤出，随军向桑植西北外线转移，将兵工厂内大型机械毁掉，部分小的和急需的全带走了。我军主力分别从龙家寨、万名岗、锡库等地出发，向西北转移。行至途中，我侦察小分队报告“驻桑植城内敌军五十八师陈耀汉，当我军出发之日派部属李延龄旅两个团的兵力骄横的窜入陈家河驻定，企图截我北进”。

这时贺老总，骑在骡子上，挥动着巨手，放开嗓门，充满信心而又满有把握地对战士们说：“不入虎穴，焉得虎子，武松不到景阳岗，那能打得大虎回，送到口边的肉都不吃有一憨，我们必须把口边的这块肉全部吃掉。”吩咐红军分三路向敌李延龄部巢穴急速进军包抄，左路沿梳子溪、二洞坪、剖腹溪、白泥垭。在这里又分两路：一路守护阳雀崖，直插小师子凸，以歼庙凸一线之敌。另一路走梅子垭、仓关峪、董家坡到铜槽插入腹地。右路从梳子溪至梨子浪，越上天府岭，居高临下打援堵歼。中路由贺龙亲自指挥红四师在新街的大、小茅塔一带设伏。把敌李延龄旅部包围得水泄不通。

陈家河在澧水中游的西岸，是个地势盆型而险峻的小集镇，四围众山环抱，古树参天，这里街虽不大，但它负山面水，山清水秀，壮丽可观。当时这里住有100多户人家。敌人就在陈家河街驻扎着两个营，后山半腰间驻了一个营，另一个营驻在河东面山上，把通向陈家河街上的大道完全切断。13日下午，我先头部队第四师进到陈家河西南的蒋家垭，突然与敌一七二旅的警戒分队遭遇，我前卫第十团立刻向敌发起攻击，歼灭了这个警械队，并占领了蒋家垭北侧的田家坡高地。前沿临时指挥所设在候梨凸，前沿阵地指挥所设在蒋家垭、梧桐塔。

翌日，天已黄昏，红军十二团乘月色朦胧，正待去抢占陈家河渡口，东南面的敌人和我掩护部队已有接触，枪炮声轰鸣，红十二团为防止敌人发现万一，就随机应变。立即派一个侦察排，直奔陈家河街口，突然出现在敌营面前，敌慌忙应战，红军十二团乘隙登上了陈家河的厚山，并将侦察的情况及时派人报告贺龙。

当天晚上，任弼时、贺龙等，亲自去布置战斗，趁黑夜把部队悄悄地布置在河西岸围子后面的大山上下和围子附近的三个小山凸上。在这三个山凸上，我军机关枪可以封锁陈家河的渡口，故在这里布置了五六十挺机关枪，掩蔽于树林之中。

4月13日凌晨，贺龙、任弼时、关向应等领导都在密林中的观察所观察敌情，掌握战机。为实现计划，全歼敌人，必须首先消灭围子里的敌人。贺老总就派一个连的兵力，交代的任务是引蛇出洞，不准硬攻。他吩咐：敌人一出来，你们就向后退，引蛇进洞，你们又去攻……这一连人到敌人的跟前虽打枪不多，但敌人吓得够呛，敌人在寨内拼命打枪，我军却大肆大骂，敌人被骂得沉不住气了，又见红军人数不多，枪也打得少，以为红军真不行，一个营全从寨子里冲出来，我军见敌人出来，拔腿就往回跑，钻进了密林。敌人正在起劲地追，突然我军那三个小山凸早已埋伏好的几十挺机关枪就像潮水咆哮一般，喷吐着弹雨的火焰，打得敌人五体横飞，没击中的敌人扭头就跑，想回寨子，可是寨门已被我军机关枪封住了。敌人没命地往陈家河街上逃窜。我军埋伏在树林里的机关枪也发起了冲锋，一时满山遍野，杀声震天。在后山的一部分敌人企图沿着肖家桥方向逃命，刚进入梅子埡，我军以迅雷不及掩耳之势，向敌人发起冲锋，敌人在我军猛烈炮火打击下，顿时溃败。少数敌人向仓关峪一带鼠逃，我军乘胜追击，溃敌窜到陈家河，把街上住的两个营也冲乱了。他们挤在一起，你推我拥地向河东岸逃命，我军的机枪一齐朝敌人猛烈扫射，敌人又退向河边，我军又指向河边，严密地封锁了河边，敌人是北方部队，穿着胶皮鞋，素来不会爬山过河，加之河水湍急，河岸险陡而滑，只见敌一群群像笨猪似地向河里滚去，满河都是飘荡着敌人的死尸。

战斗进行得非常迅速，我军打得猛烈，追得很快。敌人逃上山，我军也跟着追上山。因我军离溃退的敌人很近，庙凸上那个团的敌人竟沿山脊向我五十一团阵地发起反攻，我军立即抓住这个极为难得的机会，将敌人放入我手榴弹有效距离圈内，突然向敌猛烈开火，大量杀伤敌人，然后乘敌混乱和回窜之机，发动冲锋，一鼓作气攻占了庙凸。张家湾和吴家湾三个山头之敌见我军来势迅速，乱作一团，不敢抵抗，扭头就跑。特别是那些大肚子官老爷们更是仓皇失色，魂不附体。他们在前面跑，我们在后面追，就像赶鸭子一样，有的沿着陈家河大道向下鼠窜，我军乘势追去如潮水一般，敌人企图从三兰子抢渡向两河口方向逃命，谁知三兰子渡船早被我军侦察部队控制。河面也被我军机关枪严密封锁，枪炮声、喊杀声震撼山谷，一道道火光划破长空，打得敌人落花流水，焦头烂额，丢盔弃甲，打死、踩死、淹死的横尸遍野。

同时，红二军团主力涉澧水，向蔡家坪玛瑙台的敌人进攻，六军团主力和红四师一部向铜关槽敌人主要阵地突击，并且以五十一团第三营作为尖刀队，直插敌心藏——陈家河街上的敌旅部，并消灭了旅部，打乱了敌整个指挥，割断了敌南北的关系。下午 2 时，红二军团就全歼了澧水南岸蔡家坪和玛瑙台的敌人。扼守在铜关槽大山下的敌人，约一个团的兵力，他们利用高峻山势，负隅顽抗，经过激烈战斗，至黄昏时，全歼了守敌。陈家河后山一个天坑，敌人自投罗网都被塞得满满地。蒋介石从万里之遥调来的精锐部队就这样三下五除二全报销了。活捉了敌旅长李延龄，召开了公审大会，在陈家河沙洲上枪毙。

选自中共张家界市委党史研究室、张家界市中共党史联络组主编:《难忘的历程——老同志回忆录之三》，2003年5月，第257—261页。

屈绍元，1914年生，湖南桑植人。1934年参加中国工农红军。新中国成立后，曾任桑植县人民政府县长、第三届全国人大代表。1986年逝世。

陈家河战斗①

许义华

1935年1月，中央红军进入贵州，攻克了遵义城，召开了具有历史意义的遵义会议，清算了王明的错误路线，确定了毛泽东同志在全党的领导地位。

遵义会议以后，中央指示红二、六军团仍应尽力在原地区争取胜利。为了配合中央红军继续长征北上抗日，二、六军团集中绝对优势兵力，4月13日在桑植县的陈家河全歼敌陈耀汉纵队五十八师的一七二旅，接着又跟踪追击到桃子溪，第三天再歼敌一七四旅和一个师部，收复了桑植广大地区，取得了重大胜利。红军又回到了贺老总的家乡。老百姓挑着鸡、鸭、鱼、肉，有的抬着整猪作为慰劳品，送到部队。有的老太太提着满篮子的鸡蛋，要看望我们的贺老总。真是军民血肉相亲，共同欢庆这个重大胜利。陈家河战斗，是我当红军后参加的第一个大胜仗。在这场战斗中，郭正邦同志的英雄形象和他的英雄事迹，使我永远不能遗忘。

我们部队，夜间冒着大雨，运动到陈家河的对面山上。天亮了，看到敌人在陈家河下面河滩的几个小山包上，用机枪朝我们扫射。当时，全体指战员把枪和梭标擦得油光锃亮。司号员把号嘴子拔下来，把号筒

---

① 标题为编者所拟，原标题为《长征路上忆长征——回忆一九三五——三六年在红军长征路上的片断》。本文有删节。

里的雨水甩了又甩，把号嘴擦了又擦。团里的参谋、政工人员和通信人员来来往往，川流不息。看来，广大指战员都准备好了，只待上级一声令下。

各连最后一次战斗动员开始了。一排长蔡久同志把队伍集合好请连首长讲话。连指导员周树怀同志，30 多岁，一脸大胡子，大家都叫他“马克思”。他爱说笑话，讲故事，可是今天显得特别严肃。蔡久同志向他报告后，他没来得及还礼，就从战士手中把梭标拿过去，左手抓住梭标，右手挥舞着拳头，高声地说：“同志们！我们的侦察部队和十二团昨天就和敌人打响了，他们还抓了好多俘虏。这股敌人是孤军深入，我们二、六军团都来了，等贺老总一下命令，我们要用手中的梭标去缴敌人手中的武器，去夺敌人的机关枪、大炮。我们坚决要把这股敌人消灭掉。”指导员还没有动员完，在我们后山总指挥部的总攻击号令响了。钟连长把驳壳枪一举，喊了声：“四连跟我来！”排长蔡久同志猛地冲出队伍，抢在连长的前面一步大喊：“一排跑步跟我来！”我们连的司号员郭正邦同志一个箭步蹿出队伍“嘀嘀嗒嗒”吹起冲锋号。他的号音刚发出，敌人突然一梭子弹打过来，他摔倒在地。我急忙跑过去把他扶起来，要给他包扎止血，他说，“你快冲锋，不要管我。”我看到他的左腿被子弹穿了两个窟窿，已经断了，血从裤腿一直往下流。卫生员小王跑过来，抱起他的腿要给他包扎。郭正邦同志忍着剧痛说：“你等一会儿，我先吹冲锋号要紧。”他咬着牙用右腿支撑着身子，左手抱着卫生员的脖子，右手举起号就吹。他刚把冲锋号吹完，就倒下了。由于他的大、小腿有两处受伤，又没有药品，止不住血，卫生员两手紧紧按住他的左腿上边。由于他吹冲锋号用力过猛，流血太多，面色苍白，呼吸十分困难。我把他扶起来坐着，他使出全身力气两眼望着我低声说：“你不要管我了！快冲锋……冲锋……去杀敌……”这时，卫生员叫来了担架，把他抬上担架。战友们看他受了伤，充满着对敌人的仇恨。我们拿起梭标，跟着队伍向敌人冲去。

整个山谷里的枪炮声、冲锋号声、喊杀声连成一片。有的部队早已冲到我们前面去了。当我们队伍冲到河滩时，看到敌人横尸遍野，俘虏成群，他们倒背着枪到指定地点去集合。武器弹药、军用物资到处扔的都是。但是枪大都没有枪栓，仔细一看，俘虏肩上背的枪也都没有枪栓。当时谁也不顾这些，就跟着队伍去追击敌人。有的敌人连滚带爬朝河滩跑，跑到河边，水又急，河又深，有的跳进去淹死了，有的就举手投降了。还有一股敌人向陈家河后山跑去，我们全营就追击这股敌人。敌人爬到半山腰，掉头就用机枪朝我们扫射，往下扔手榴弹。这时我们指导员周树怀同志一边往上冲，一边鼓动大家："同志们！剩下这股敌人跑不了啦！冲！快冲！看谁跑的快！我们来个捉俘虏、缴枪比赛！同志们！冲啊！"话音未落，人家一齐喊："冲呀！缴枪比赛！"部队一齐往上冲。由于刚下过雨，山坡又陡又滑。我们往上一冲，敌人就往上跑。我看到敌人爬上去又滚下来，滚下来又拼命往上爬。

我们部队都是轻装，除了手中的武器外什么都没有，穿的都是草鞋，下雨对我们有利。人们都说贺龙是"活龙"，越下雨越打胜仗。我们连冲在全营的前面，排长蔡久同志冲在最前面，这时，郭正邦同志的英雄形象又呈现在我的眼前。他和我同岁，但他比我早当一年兵，平时行军，他跟连长在前面，我跟指导员在后尾，晚上我俩经常不是睡在一个草铺上，就是睡在一块门板上，真比亲兄弟还亲。今天他被敌人打伤了，我要用实际行动为他报仇。我越想手中的梭标攥得越紧，两条腿追得更快。这时，满山遍野回响着惊天动地的喊杀声和"缴枪不杀"的口号声。我们很快就冲上了山顶，把这股顽敌全部歼灭了。

战斗胜利结束了。同志们兴高采烈地一群群围起来互相传看刚从敌人手中夺过来的崭新的汉阳造七九步枪和整袋子弹，一个个喜笑颜开，谈着这次重大胜利。我看到二班长背着一支新步枪，腰带上别着两三个枪栓。蔡排长背着一支枪，腰带上别的枪栓更多。我问蔡排长，"你怎么光缴些枪栓呀？"排长笑笑对我说："嗨！小鬼！你还是第一次打胜仗啊！你想，在追击敌人时，缴一支步枪就是七斤半，要缴上十支八支都背上，还能追击敌人吗？”听他这么一说，我才明白了，原来那些俘虏的枪栓都是被缴了械的。枪和枪栓上都有号码，到时候按号码一对就配上了。大家正在说说笑笑，连长走过来让我通知各排把今天缴获的武器弹药和其他战利品数字都报到杨司务长那里，好向营部报告。接着连长问我，“司号员呢？”我沉痛地说，“卫生员看着他呢！他……受了重伤。”同志们听到后，顿时静下来。我把郭正邦同志的英雄事迹叙述了一遍。刚讲完，卫生员小王赶来，他悲痛地补了一句，“他伤太重，流血过多，已经牺牲了！”连长听到这不幸的消息，眼泪夺眶而出。他沉痛地说：“郭正邦这个小同志，真是个硬骨头！”在场的同志都把红五角星帽摘下来，默默地低下头，没有不掉泪的。周指导员说:“同志们！不要忘了，我们今天的胜利是用同志们的鲜血和生命换来的。”他挥着拳头又说：“同志们！我们要把从敌人手里缴获来的武器擦干净，准备继续战斗，为阶级兄弟报仇！”营部集合号响了，一排长蔡久同志立即吹哨集合，清点人数，我们连在这次战斗中除郭正邦同志光荣牺牲外，只有两个负轻伤的。同志们怀着对蒋介石、国民党反动派的刻骨仇恨和对战友的深切怀念，甩开大步，去执行新的战斗任务。

节选自中国人民政协北京市委员会文史资料委员会编：《文史资料选编》第二辑，北京出版社1979年5月版，第1—5页。

难忘长征路
——忆红六军团在湘桂云黔的斗争生活片断

周待旦

1934年8月①，红军开始长征。我当时在红十七师三营七连任指导员。8月初我们师随六军团退出湘赣革命根据地向西突围，作为红军主力西征的先遣队。

1935年5月②，红五十一团转到湘西大庸县，进入陈家河时同一个师的敌人遭遇了。总部命令拖住敌人，以便中央机关安全转移。这样只好由各营、连独自作战，各拖住一部分敌人。我记得当敌人一个营冲到跟前，敌众我寡，险遭围歼的千钧一发之际，二营五连六班的陈班长率全班同志毫不犹豫地拉响全班70多个手榴弹，准备和敌人同归于尽。结果班上战士牺牲和负伤八人，而敌人死伤100多，沉重地打击了敌人。有一个名叫谭苟保的战士，见到敌人一个军官拿着冒烟的手榴弹，正要向我部队投掷之时，苟保同志不顾个人安危，勇敢地扑上去，把正冒烟的手榴弹夺过来紧挟在敌军官与自己胸口上，死抱着敌军官不放，与敌同尽，用自己的生命保卫了部队的安全。团政治处组织股长，在战斗中腹部受了重伤，肠子流了出来，他用绑带把腹部紧束，继续和敌人搏斗。团首长命令他下去休息，他坚决不下火线，并坚决表示："不消灭敌人

---

① 红军开始长征时间为1934年10月，此为红六军团开始西征时期。

② 陈家河战斗发生于1935年4月。

决不休息，消灭了敌人，死了也光荣！”这场战斗，由于全体指战员的英勇作战，消灭了敌人一个师，还活捉敌师长张振汉[①]。

1936 年 3 月，红十七师转战到云南宣威县，在观音堂和滇军作战。有一次红五十一团三营营长的通讯员，随营长进入战斗，当敌人炮弹飞过来时，他立即推倒营长，用自己身体伏在营长身上，营长用手推开他，他着急地说：“你比我重要。”说时迟，那时快，敌人的炮弹又飞来了，通讯员负了重伤，他看见营长没有伤着，就笑了。当他快牺牲时，用微弱的声音对营长说：“我快和你永别了，希望营长指挥部队，把革命红旗插到敌人的主峰上去，夺取战斗的胜利！”这是多么英勇顽强的战士，多么难忘的战斗历程啊！

光辉的榜样深深地教育了我要全心全意地为革命工作。1935 年下半年，我从红十七师五十一团七连调到师卫生部当政委，组织上配给我一匹马，我总是让伤病员骑着。为了不让一个阶级兄弟掉队，在一段时间里，我和医务人员天天抬担架。有一天红六军团政委王震同志遇见我，便问：“待旦同志，最近政治工作做得怎么样？”这下可把我问住了。我想王政委肯定要批评我了，但不管怎样，批评也是对自己的教育，于是我对王政委讲实话：“最近伤员多，我天天抬担架，没有做什么政治工作。”王政委听了后，笑着对我说：“你天天为伤员抬担架，这是最好最实际的政治工作呀！”我听了这话，高兴了，也从中悟出一点做政治思想工作的道理，为伤员抬担架的劲头更足了！（文史整理）

节选自《桂林日报》1982年4月4日第3版。

周待旦，红六军团西征时任十七师五十一团三营七连指导员。红军长征时任红二方面军十七师卫生部政委。

---

① 张振汉被俘是在1935年6月忠堡战斗中。

战忠堡

刘转连

1935年初，蒋介石为确保其追击中央红军主力部队的侧后安全，解除二、六军团对湘鄂等省的威胁，调集两湖军阀部队十万多人的兵力，向刚刚建立的湘鄂川黔根据地发动了大规模“围剿”。红二、六军团坚决执行遵义会议确定的军事路线，利用敌人指挥不统一的弱点，集中优势兵力,采取声东击西、各个击破的战术,相继在4月13日和15日，在陈家河、桃子溪等地打了几个胜仗，狠狠地回击了敌人挫伤了敌人的嚣张气焰。

5月，敌人发动了第二次“围剿”，兵力增加到80多个团。这时中央红军已经渡过金沙江，进入会理地区，红二、六军团牵制打击湘敌，支援中央红军的任务接近尾声。军团首长在分析了两湖敌人的矛盾之后，决定对湘敌取守势，对鄂敌取攻势。为此，我军又大踏步地转向西北，于6月9日，突然以一部分兵力包围了宣恩县城，目的是诱敌来援，创造围城打援的战机。敌人果然中计，湖北军阀徐源泉非常恐慌，唯恐宣恩失守，恩施难保，长江交通线受到威胁，于是急调四十一师张振汉率部前来增援。

张振汉指挥约四个旅的兵力，分三路齐头并进，以四十八师的一四四旅、新三旅一个团、保安第五团为右翼，由李家河、冉大河、三叶台西进；以四十一师的一二三旅为中路，由李家河、经关口、韭菜园西进；张振汉亲率四十一师直属队和一二一旅为左翼，经甘家沟、三堡岭西进，计划于 6 月 12 日 16 时在忠堡集中。

张振汉认为我军主力远在宣恩，距忠堡百余里，最快要黄昏才能到达，而他的部队距忠堡仅 20 多公里，可以先我抵达。尽管敌人很狡猾，但我军很快截获了他们的增援计划。贺龙总指挥当即决定，除留一个团继续围困、佯攻宣恩守敌，监视和迷惑敌人外，主力于半夜秘密出动，分两路南下急行军 60 多公里，奔袭忠堡。

这天傍晚，红六军团政委王震同志带着我们四十九团，冒着蒙蒙细雨，从湖北恩施与宣恩之间经小关，沿着鹅卵石铺成的大路向百里之遥的忠堡疾进。为了赶时间，经过一个晚上的急行军，到拂晓时才在路边稍稍休息了五分钟。

疲惫的战士们三五一群，抱枪倚坐在一起，有个小战士在我身边说：“团长，鹅卵石把我的两脚磨了好几个泡，夜间行军怎么连十分钟的大休息都没有了。”我轻轻地帮他脱下了鞋子，摸了摸那几个圆鼓鼓的水泡，对他说：“你可不要小看了这几门‘炮’，这是对付敌人的新式武器呀！我们是打得赢就打，打不赢就走，这个武器若是用得好，老蒋可就干瞪眼喽！”

听我这么一说，附近的战士都围了上来，你一言、他一语地说：“团长，你的脚打不打泡呀？”“天快亮的时候老是打哈欠，团长你打不打？”我说：“人身都是肉长的，我脚也疼，也打哈欠，但一咬牙就挺过去了。哈欠一走，精神也就跟上来了。”大家都笑了。

说说笑笑，五分钟很快就过去了，大家站起来，又精神抖擞地继续前进。

天亮了，我们路过军团部总指挥所附近，部队没有停，继续向指定地点集结。王震同志带我到贺、肖首长那里接受任务。

贺龙同志首先简单地谈了一下敌情，并交代了任务。他披着一件粗布军装，站在一张小桌前，指着地图说：“进攻忠堡之敌，现在搞清楚是一个师和一个旅的兵力。我军主力正分别由龙山、来凤、宣恩等地向忠堡集结。敌人可能已经发现了我军的行动，他们的主力不在忠堡，已转移到忠堡附近的构皮岭，靠近我军集结兵力的方向，正构筑工事，进退未定。故原计划围歼忠堡敌人的部署，根据情况稍作调整，主要是打击敌人的指挥部，决定在今天上午 9 点钟左右开始。你们四十九团到达集结地区后，应在这个时间之前做好战斗准备。”贺龙同志抬起身，用望远镜指着敌人的前沿和主阵地说 ：“到时候，你们要从敌人主阵地前面的小起伏地带接近，攻占敌人那个主阵地，再从主阵地后面切断他们通向宣恩的后路。”

接着，肖克同志也作了指示 ：“担负攻占敌人主阵地任务的，除了你们四十九团，还有五十一团同你们并肩战斗。你们在左，五十一团在右，要注意联络和配合动作。”

王震同志又补充道 ：“具体的任务，你到了前面的集结地，再跟营连干部交代和传达一下，对战士要作好动员，把士气鼓起来。”他还再三叮嘱说，“昨天晚上行军，大家很辛苦，蒙蒙细雨下个不停，鹅卵石铺的大道一步一滑，战士们身上湿透，脚上磨泡。你们要充分利用战前传达和动员这段时间，将带着的干粮热一热，再烧几锅开水，让指战员们吃好早晨这顿饭。”

接受任务后，我立即快马加鞭，赶到部队集结地，向指战员们传达了上级指示，并层层作了战前动员，干部、战士们情绪都很高涨。在全团展开之前，我又带着几位营干部来到现场，根据当面敌情和地形，确定了主攻方向和具体作战部署：一、二营为第一梯队，三营为第二梯队，团部指挥所随二营前进。通讯联络，一是号，二是旗，三是有线电话，四是通信员、参谋来往传达。

13 日下午 3 时，红二军团先头部队第四师到达了忠堡东北的黄牛棚附近。这时，敌右翼部队已进入忠堡，中路进到韭菜园西侧，左翼刚过老鸦关，距忠堡也只有几里路。贺老总曾指示部队要打“挖心战”，使敌人失掉指挥，然后将敌分割围歼。第四师首先向敌右翼行军纵队发起进攻，吃掉了它的后卫。同时，在忠堡以东又击溃敌左翼部队的前卫营。当张振汉率其师部和一二一旅主力进入我口袋时，我四师即发起猛烈攻势，将敌压在构皮岭的山洼里，并以一部分兵力占领忠堡与构皮岭之间的高升塘有利地形，构筑工事，阻止忠堡之敌回援。这时，红二军团第六师也从四师左翼投入战斗，向构皮岭敌人侧后迂回，抢占了老鸦关东侧高地，切断了敌军左、中两路的联系和左翼敌人向来凤的退路。为阻止敌人突围和增援，贺老总决定调红六军团十七师投入战斗。十七师五十一团占领忠堡北山，监视忠堡之敌和向咸丰方向警戒；我们四十九团则占领构皮岭南山，与四师、六师完成了对构皮岭之敌的合围。这时，我军居高临下，而敌四十一师师部和一二一旅被紧紧包围，已经插翅难逃了。

构皮岭位于忠堡东约四里处，四面群山环抱，是一个方圆不到一平方公里锅底状小谷地，只有一二十户人家，回旋余地很小，是个易攻难守，十分理想的伏击战场。不过，与我军其他部队的情况不同，我们四十九团主要进攻方向的前面，是一片起伏的坡地。这山坡上面宽，下面缓，山脚漫长，敌人占领的阵地比我们这边高，特别是靠近我们这边的山脚下，有一条二三百米宽的干河谷，部队要展开，首先就要横穿这段开阔地。为此，我们集中了轻、重机枪和迫击炮进行火力掩护，部队分成三个梯队，分批地跑步通过了这段小河谷，进入冲锋出发地。

总攻的时间到了，冲锋号一吹响，四面八方立即枪炮齐鸣，敌人阵地前沿和堑壕里，手榴弹的爆炸声和机枪、步枪的射击声交织在一起，炸得敌人血肉横飞，尘土腾空而起，烟雾在前沿结成了一条云带。战士们边打边高兴地说：“烟雾帮了我们的忙，冲锋时到了敌人跟前，他连个树梢都看不见”。我跟随在一、二营之间前进，只见从敌人前沿堑壕里投来的手榴弹，有的超过了我们的头项，落在后面干河沟的边缘爆炸了；而我们战士向高处敌人投掷的手榴弹，多数刚好滚到敌人的堑壕里，炸得敌人死的死、伤的伤，喊爷叫娘……一阵手榴弹的拼搏后，又经过几次拼刺刀的肉搏战，我们不仅攻下了敌人的前沿阵地，又打退了敌人连续组织的四次反冲锋，战斗开始向纵深发展。

正是在这次纵深战斗中，一个跟我一起从湘赣根据地出来的战友，外号叫“大个子”的营长陈德胜同志，不幸中弹牺牲了，目睹一个个朝夕相处的战友在自己前面倒下去，指战员们无不怒火满腔。一营的战士们高喊着“为营长报仇”的口号，冒着枪林弹雨，更加勇猛地向前冲去……

战斗进行到下午 4 时左右，主阵地上的敌人组织了最后一次的疯狂反扑。这次敌人反扑的兵力增加了一个营，轻、重机枪和迫击炮的火力也很猛，还有一架飞机赶来，在阵地上空盘旋助威。然而，在我英勇无畏的红军战士面前，在我军的坚决回击下，敌人的士气却越来越低。他们胆战心惊，连手榴弹都投不远、投不准，更不用说刺刀见红了。有的敌人冲到跟前，一见到我们战士亮出大刀和刺刀，便吓得掉头鼠窜。而我们的战士却越战越勇，他们积极配合兄弟部队，大胆地在敌人的纵深地段来往穿插、分割包围，很快从三个方向攻占了敌人的主阵地，消灭了阵地上一个多团的敌人，接着又攻占了敌人从忠堡通向宣恩的退路，将残敌通通压缩在构皮岭山脚谷地中的村庄及其周围的半山坡上。

张振汉的指挥部就设在这个村庄里。他们利用下午时间拼命挖了许多野战工事，企图坚守待援，或挣扎到晚上，趁天黑突围逃跑。

黄昏时，敌人从宣恩派来增援的两个团，刚刚进到离战场五里路左右的地方，就被我军早已派到那里打援的部队击退，使张振汉坚守待援的希望成了泡影。于是，敌人狗急跳墙，当天晚上，开始拼命向外突围。只见夜空弹光飞曳、阵地上火光熊熊，硝烟弥漫，随风飘来敌人的鬼哭狼嚎声……敌人虽然觉得大势已去，但仍拼死顽抗，战斗一直持续到第二天白天。后来，贺龙、肖克同志在指挥所亲自指挥炮兵射击，彻底摧毁了敌人的残存工事和指挥部，才全歼了敌人。敌纵队司令兼四十一师师长张振汉走投无路,虽然化了装,还是被我军活捉了。这次围歼敌人,跟着我军的担架民夫也参加了战斗,他们运送伤员、抓俘虏、打扫战场、搜缴武器弹药,个个忙得满头大汗。下午战斗结束后,村庄里及其附近阵地上就像赶庙会一样,到处是欢庆胜利的热闹场面。

几个月后,我在长征路上又见到了张振汉,他已在我军的随营学校当了教员。一见面,他就说:"我还是你的俘虏兵呢。"我笑着问他:"你们那天的主阵地,为啥守得那么顽强呢?"

张振汉不好意思地说:"我们坚守是为了争取时间,好向宣恩撤退。"

"你们不是来进攻我们吗?"

"打不过你们,就得撤退呗!"他又补上了一句。

我对他说:"我们猛攻你们的主阵地,就是要切断你们的退路,不让你们走掉。我们的战术是:让你们进来容易,但出去就不那么容易了。"

他不断地点头说;"是啊,你们切断了我们的退路,然后又紧缩了包围圈。你们打得比我们好。"

我说:"这是贺龙同志指挥得好啊!"

张振汉又深有感触地说:"我被俘后,以为只要被你们的战士认出来,非被枪毙不可。没想到,你们的俘虏政策兑现,不仅没杀我,而且得到优待,使我也成了一名参加北上抗日的光荣战士。"

我忍不住开玩笑说:"你是被'逼上梁山'了。不过,现在当红军教员,也不比上梁山差吧?"说到这里,我们一起"哈哈"地开怀大笑起来。

当然,这是后话。

忠堡大捷后,我军又回师围困了龙山,再次造成围城打援的机会,于 8 月 3 日在宣恩县板栗园设伏,全歼了前来增援的敌八十五师,击毙敌师长谢彬。随后,又进行了巴蕉托战斗,击溃了敌军十个团。

经过这一系列战斗,使湘鄂敌军完全丧失了进攻的力量,被迫转入防御。

至此，蒋介石向湘鄂川黔边根据地发动的历时六个月的大规模“围剿”，又宣告彻底破产，我红二、红六军团也在战斗中发展壮大，由两军会师时的 8000 子弟兵，迅速扩大到 22000 人。

选自《红六军团征战记》下，解放军出版社1994年6月版，第93—98页。

忠堡伏击

张树芝

为了扩大和巩固湘鄂川黔苏区，贺龙总指挥和政委任弼时率领红二、六军团去攻打湖北省的宣恩县城，以便调动敌人，寻找战机，达到围城打援的目的。

当时（1935 年初夏），敌人的主力四十一师驻在来凤，湖北保安师驻在恩施。恩施守敌只不过一个多团。我们围困了几天，驻在恩施的敌首徐源泉发了慌。连忙调令纵队司令兼四十师①师长张振汉率部由来凤迅速前来增援。

总指挥部驻在李家湾。这天天一亮，就开了饭准备行军。我刚吃完饭，房外有人喊报告，声音很急，听得出那是机要科的通信员，我立即引他去总指挥部。一进门，见贺总正和政委俯在桌子上低声谈论着什么，房内弥漫着一层淡淡的烟雾。我知道他们又在研究重大问题，通常在这时候，我怕打扰他们，有事情总是找机会轻轻地向他们报告。通信员当然是没有这种经验的。我还没来得及告诉他，他已经大声地喊道："报告总指挥，科长叫我来报告，说有份紧急电报，还没有翻出来，要请首长们在这里等一下。"他的声音惊动了两位首长，任政委和蔼地说："好，你先回去吧！"又转向贺总说："老总，我留下，你们先走。把

① 应为四十一师。

情况弄清了，我马上撵上来。”贺总迟疑了一下，弹了弹手中的卷烟，才点了点头，回头告诉我，“要警卫连留下跟政委一路。”我刚要出门，他又说：“警卫班也多留几个人。”

贺总和任政委有着非常深厚的同志友谊和阶级感情。在生活上他们总是互相照顾，在工作中总是把最艰苦的事留给自己承担。

我的小马跟着贺老总那匹高大的骡子，在山谷中穿行。路窄不好走，队伍拖得很长，从东方发红一直走到太阳只有丈把高，才走了十里路。正在行进突然从后边传来嘈杂的声音。回头望去，一个背马枪的通讯员，从行列旁边急驰而来。边跑边大声喊，“部队停止前进。”他一直跑到贺总身边，连气都喘不匀。呼哧呼哧地说：报告总指挥，任政委说要部队立即停止前进。贺总昂头看看两边的高山和穿行在山谷里的长长的行军行列，然后下达了“停止前进”的命令。又叫通讯员马上去告诉前卫师（四师）卢师长，要他们也停止待命。又说：“同干部们讲清楚，一律不准吹号。”

部队原地休息了，我随贺总来到一个小山凹里，战士们坐在一起议论开了，一个说：“是走错了路吧！”另一个说：“我看是有了新任务！”路旁一个驮迫击炮的骡子嗷嗷叫开了。一个战士指着它对旁边的人说：我看今天一定有仗打，你看连它都发起威来了。说得人们一阵哈哈大笑。我转面看看贺总，他也正坐在山坡上听战士们乱扯乱谈，脸上露出微微的笑容。正说着，贺总猛地站起来向远处一指说：“政委来了。”果然，远处有十几匹马向这里飞奔而来。

任政委一见贺总，还没下马就挥着手兴奋地喊着：“老总啊！好事来了！”政委是个非常严肃而和蔼的人，很少高声说话，今天这样高兴，一定是有不平常的事。他下了牲口，拿了张大地图说：“刚才得到一个情报，张振汉听说我们打宣恩，今天早晨已经带着四十一师从来凤出发，想经忠堡、小关来解宣恩之围，还吹牛说这次一定要活捉你呢！”他笑着用手抹去脸上的汗珠，又接着说：“我们可以在半路上截住他，出其不意给他个突然打击。”贺总紧接着说：“好。”他手里拿着一根棒子在地上划了几下，猛地把棒子一顿，说道：“照情况看来，张振汉一定是急行军，今天中午可以过忠堡，我看这是消灭他的最好地方。”贺总是桑植县人，他的足迹遍及湘鄂川黔边区。对这一带的每一条河流，每一个村镇，都那样熟悉。因此，在这一带打仗，我们虽然给他背着地图，但他常常不用，我们常说，地图在他心上带着呢。这次也是这样，他迅速地在地下划出了忠堡一带的大致地形、地貌，提出了战斗方案，明确了战术手段和打法。

忠堡是一个只有数十户人家的镇子，四周都是山岭，中间一条大路蜿蜒地绕过忠堡。这就是来凤通往宣恩的唯一道路。贺总斩钉截铁地指着划在地上的草图说：“在这些山上，把部队摆成个大口袋，等张振汉走进来，就可以全部吃掉它。”

贺总说罢，任政委说：“这个决心是正确的。张振汉万万想不到在忠堡受到伏击。我们来一个猛然的打击，一定能够取胜。这次战斗的关键，就在于我们能否在张振汉赶到忠堡以前摆好口袋。”贺总抬头看看太阳说：“看样子张振汉还得四五个钟头才能到忠堡，我们要马上改变路线，要比敌人早到才行。”接着他又作了具体的战斗部署，并决定让李达参谋长带前卫师先走。到忠堡后立即占各山头，构筑临时工事，并派出侦察员侦察敌人的行动。为了确保全歼敌人，贺总还下令把围困宣恩的六军团调一部分前来参战。

部队接受命令以后，就像一条长龙疾驰在丛山中。战士们一听说打张振汉，一路上没有一个掉队的。他们一边走一边互相鼓励，前边喊：“同志们脚板走快些，到忠堡活捉张振汉哪！”后边的紧接着：“莫叫！赶上你了，到战场上我们来个捉俘虏比赛。”

太阳已经从东山顶移到了半天空。我们也走得汗流浃背了。到中午，部队来到一个小村子，从这里翻过一座大山就到忠堡了。贺总命令部队停止前进，并全部隐蔽在山坡上树林子里休息待命，吃干粮，轻装，作好战斗准备。贺总和任政委可没有休息，两个人站在山顶上的一棵大树下，不时地向忠堡方向眺望。

太阳已经升在头顶，不知是中午的阳光过分地热，还是等待得过分焦急，一种闷热、干燥的感觉在我们心头。人们盼望着从通往忠堡的山路上突然出现一匹疾驰而来的快马，那就是说前方送消息的人来了。但是，山路总是静静的，望不见一个人影。又是一个小时过去了，仍然没有一个消息。有的战士就悄悄议论开了："张振汉不来了吧？""妈的，怕又是扑了个空。"我心里也有些怀疑，看看贺总他仍然安详而严峻地站在树下，没有一点焦虑的神色。目光却一直没有离开忠堡方向。

这时，四师、六师早就占领了指定的山头，工事都构筑完毕，只待敌人自投罗网了。又等了一个多小时，山路上才出现了人们渴望已久的疾驰而来的快马。侦察员气吁吁地报告："发现张振汉的前卫部队由来凤向忠堡行进，已接近包围圈。"贺总立即传令四、六师作好战斗准备，敌人来到跟前不准放枪，打的时候要猛要狠，绝不能叫敌人跑掉。

这时，原先隐蔽在树林子里的部队正向前涌去。我也跟随指挥部的首长一起往前移。刚爬到山口，忽然前面万枪齐发，山鸣谷应，仿佛平地响起了霹雳，要把这山岭掀翻一般。贺总和任政委加快了步子，大步登上山顶，举起望远镜，向夹在两条平行的山岭中间的忠堡方向眺望。大路两侧高地上的我军正猛烈地向敌人射击着。步枪、轻重机枪的急促的发射声，迫击炮弹、手榴弹的爆炸声，混成一章气势磅礴的战斗交响乐，激动着我的心弦。忠堡镇附近的山谷里已经被一层浓淡相间的硝烟所掩盖，从烟尘稀薄处，可以隐约看到敌人行军纵队已经乱了，士兵们抱头乱跑，一些骑在马上的官儿门，有的被士兵挤落马下，有的正举抢阻拦溃散的人群。

贺总和任政委等几个首长一边看一边说着话。政委说："看样子敌人的前卫战斗力是很差的，我估计张振汉未必在那里。"贺总说："嗯，我也是这样想，但是要把张振汉'请'进来啊，不能让他呆在圈子外头。"

说话间，几个战士押着一个俘虏上来了，贺总问一个看样子是当官的俘虏："你们是哪一部分的？"那俘虏马上打了一个立正，颤颤栗栗地说："报告，是四十一师的！""你们师长是张振汉吧？他来了没有？""报告长官，是张振汉。他和师部跟在我们后边。""说的都是实在话吗？"贺总故意厉声问道。那俘虏吓得猛一挺身，连声说："报……告长……官，没敢说假话。句句是实话。"于是，贺总让战士把俘虏带走了。

贺总两眼盯视着远去的俘虏。凭以往的经验，我知道他又在思考着什么，只几秒钟的工夫，只见他眼神一收，转身向任政委说："你看怎样？俘虏说的我看是真话。张振汉确实在后头。"任政委点着头说："是啊，该把情况通知李参谋长，要他注意。"贺总立即喊了一个老练精明的通讯员来，告诉他："你赶快告诉李参谋长和四、六师的师长，张振汉带的师部还在后头。来路口子放宽些，引张振汉钻进口袋里再打，千万不能把他堵在口袋外面，更不能把他吓跑了，还要他们告诉战士们，今天一定要活捉张振汉。"

事情处理完毕，我随首长下山来到一间孤独的茅草房子前面休息，房主人不知去向，土墙已有些要倒塌的样子，墙角上挂着比斗笠还大的蜘蛛网，看来很难找到一个供首长休息的地方。我十分为难地看着贺总。突然发现他的脸色很难看，又黄又白，平时闪着神采的两眼也有些黯淡。任政委也发现了，问他怎样了？贺总满不在意地说："没有什么，稍微有点不舒服。"我赶紧把卫生部长贺彪同志请来。一量体温三十八九度了。贺部长马上给他打了针，吃了药。我悄悄地问贺部长："什么病？要紧吗？"他说："是劳累过度又着了点凉，要休息。"作为他的警卫班长，我非常不安，觉得自己没有尽到责任，现在要想办法让他休息一下。可是到哪里休息呢？这时任政委开口了，"你到后边休息一下吧，前面的事我负责。"贺总忙说："这算什么病，没有关系！今天这个机会又难得，张振汉是老敌手了，从一九三二年起就一直跟在我们屁股后面转。我万不能去。"任政委说了半天，他总说自己身体好，病又不大，打了针、吃了药，已经好了些。还说：“叫我到后边去休息，看不见战斗情况，说不定还会急出病来了呢！”任政委知道拗他不过，只好让他留下。

这时，才听到前边的枪声更加激烈了。贺总拉着政委又往山上走，我不安地紧随在他身后。爬到一个长着许多怪石的小山包上。贺总和任政委站在一块大石头上，把我给他背的那个大望远镜拿去，聚精会神地观察着战场。从战斗的发展情况看来，敌人已经全部被包围了，那激烈的枪声，来自战场的南端，也就是口袋的口子上。贺总向那里看了好一会，才向政委说：“你看到没有，靠南端的一个山脚下打得特别激烈，敌人在那里的火力也特别猛烈。”政委说：“那一定是敌人的主力，或许张振汉就在那里边。”贺总说：“很可能啊！”又看了一会，政委说：“敌人确实已被兜入了包围圈，我看可以封口了”。他手指左前方：敌人侧后的那座高山很重要啊！我们要能马上占领那座高山，胜利的把握就更大了。

太阳压在西山头上，天空、山岭、树木都染上了一层彩虹，战斗已经进行了四五个钟头了。现在贺总决定派十六团去占领敌人侧后的高山。把南路敌人来路的口子完全封死。

从俘虏口中得知，那个战斗激烈的山脚下是张振汉的指挥部，那里有个凹进去的山崖，石头像凉棚一样从山崖上伸出来，构成一个天然的屏障，张振汉就在那里，依靠周围的怪石和荫蔽的山势，用猛烈的火力进行顽抗，并企图突围逃窜。

不久，前边送来捷报，十六团已先敌一步抢占了敌侧后高山。张振汉既无退路又不能前进，已牢牢被扎在口袋里了，全歼敌人，活捉张振汉的胜利已握在我军的手里了。

入夜，前边的战斗仍在激烈地进行着。敌人钻进口袋里的一个师已被歼灭大部，剩下的也被分割成好几块，张振汉组织了好几次突围，但都被十八团和十二团打回去了。

第二天，经过一个上午的战斗，除了张振汉的指挥所仍是一片枪声外，其余的地方，都已经结束了战斗。但是能这样拖下去吗？贺总从俘虏中仔细了解了那里的地形后，就把迫击炮连连长刘彬同志和著名炮手余在海同志找来。贺总说，“那里的地形，石头多，地势荫蔽，只要你们精确地瞄准，吊炮打准那荫蔽的山崖，就一定能动摇张振汉的指挥所。”炮兵连很快架好了炮，头几炮就打中了那个石崖。贺总连声称赞：“打得好！打得好！”炮兵又向敌人轰击了一阵，突然震人心弦的冲锋号声响了，四下里的战士直向那山脚里冲去。

一个多钟头的光景，枪炮声渐渐稀落下来，战斗已经完全结束。大批的俘虏从前面被押送下来了。但是张振汉呢？捉住了吗？为什么不见送来呢？

指挥所的人都在焦急地探询着，突然前面传来一片喧闹，我跑去一问，原来是前边部队送张振汉到指挥部来，一群战士说什么也不放他过去，一定要问问他，到底是谁把谁打败了，谁被谁捉住了。我一看张振汉脸色灰白，头上缠着绷带，那又高又胖的身子却穿了一件十分窄小的士兵衣服，叫人看了，真是好笑。

选自湘鄂川黔革命根据地编辑组编：《湘鄂川黔革命根据地》，中共党史资料出版社1989年9月版，第579—585页。

张树芝，1915 年生，湖南华容人。1929 年加入中国共产主义青年团，1934 年转为中国共产党党员，1930 年参加中国工农红军。红军长征时任红二军团五师二八六团一营连长、一营营长。新中国成立后，曾任西安警备司令部司令员，西北军区公安部队副司令员，中国人民志愿军副军长，河南省军区副司令员、司令员，武汉军区副司令员兼河南省军区司令员。中共第十届中央委员。1955 年被授予少将军衔。2001 年在郑州逝世。

热血洒在招头寨

贺劲南

1935 年 7 月，红二、六军团围困龙山守敌，红十七师五十团留在龙山县招头寨保卫后方机关。

有一天，王震等首长到贺老总处开会，研究下步的军事行动。吃午饭时，贺龙怀着沉痛的心情，把一封电报交给王震，他看完之后，心急如焚，再也吃不下去了。原来，驻守招头寨的红五十团遭到增援龙山之敌陶广纵队的进攻，伤亡较大，团政治委员方振声和几位营连干部阵亡，该团处于危急之中。根据贺龙的指示，王震和红十七师师长苏杰立即骑马返回军团部，组织部队增援。

他们回到军团部后，命令部队立即向招头寨开进。出发前，王震作了战斗动员。他说："陶广纵队已进入招头寨和我五十团激战，该部是我们在湘赣苏区时的老对手，他们尾随中央红军北上，现在又来增援龙山，贺老总命令我们火速赶到招头寨阻击敌人。我们一定要旗开得胜，凯旋而归。"接着，苏杰师长也讲了话。他们讲完后，部队就出发了。

从驻地到招头寨，约有百余里，多是起伏地带，没有山河阻挡，行军速度很快。王政委和苏师长都不骑马，和大家一起步行。这里的群众很好，沿途欢迎红军，送水送饭，有的老大娘把煮好的鸡蛋塞到战士们手里，充分表现了老苏区人民对子弟兵的热爱。王震同志指示，群众越是关心我们，越要遵守群众纪律，不得进入民房，吃了老百姓的东西要付钱。就连王政委吃了一位老大娘的鸡蛋我都付了钱（当时，我是王震同志的警卫员）。

次日下午，红军到达招头寨。这里是龙山县的一个重要集镇，有几百户人家，解放最早，群众基础好，是红军的后方，且有地方党组织、区乡政权。广大群众都组织起来了，工人有工会，农民有协会，青年和妇女都有自己的组织。所有这些，为红军打击敌人创造了有利条件。

国民党军据守在镇郊的高山上，当发现红军援兵来了，轻重机枪、迫击炮一齐朝我们射来，子弹从我们头上嗖嗖飞过，在耳边啪啪直响，脚下也不时传来扑扑的响声。而这些，对红军战士来说，都是司空见惯的事,毫无惧怕之感。英勇的指战员们,跑步冲过枪林弹雨的开阔地带，进到了指定的隐蔽集结地点。前站人员在地方政府和广大群众的热情帮助下，茶水饭菜都准备好了。但是，情况十分紧急，来不及休息吃饭，战士们用缸子装上饭边走边吃，很快就投入战斗。敌人采取先下手为强的手段，在我军还没有站稳脚跟之前就先向我前沿阵地发起进攻。我军与敌人反复冲杀，几次迫使敌人后退。红五十团打得英勇顽强，但伤亡很大。这时，王震命令四十九团迅速增援五十团。苏杰亲自率部队冲了上去。

为了支援前沿部队，王震把军团机关和直属队能打仗的人员全部组织起来，编成班、排、连。军团侦察队有100多人都是驳壳枪，因侦察敌情需要，全部换上国民党军服，化装成敌人的侦察队。军直人员组织起来后，由贺盛桂队长、刘方之政委统一指挥，配合红十七师主力部队作战。我增援部队上去不久，敌人便集中炮火发起新的进攻，企图抢占五十团主要阵地。在此之前，该团的一线阵地已被敌人占领，接着二线阵地又被敌人占去。战场上的形势敌强我弱，但无论如何要把阵地夺回来，争取掌握主动权。苏杰师长看到丢失了阵地，满腔怒火，亲自率领部队反冲击，同敌人展开了激烈的拼杀，战斗出现相持局面。这时，苏师长突然腹部中弹，不幸光荣地牺牲了。部队一时失去指挥，敌人又压了下来。

当时情况非常紧张，战斗特别激烈，王震命令五十一团立即出击。他从我手里要去德国造快慢机驳壳枪，大声喊道：“同志们跟我来，冲呀！”侦察队紧跟着他冲上前去，五十团退下来的人员重新集合，也跟着冲了上去，结果把敌人打退了，丢失的阵地又夺了回来。就在这时，王震同志负伤，医务人员很快赶来抢救。由于伤势较重，我们用担架抬着他回到了招头寨镇里休息治疗。此时，战斗仍在继续进行。

天色已黑，前沿阵地枪声不断，敌我双方伤亡都很大，但我军的士气始终是旺盛的。由于敌人弄不清红军究竟有多少兵力，再之红军又擅长夜战，便不敢再贸然发起进攻。

王政委负伤后，行动不便，但他时刻关心着部队的战斗情况，多次向我们及司令部作战科长询问苏杰的情况和部队伤亡情况。因苏杰牺牲的消息对他保密，我们谁也不告诉他真情。由于敌人的进攻暂时停止了，他命令部队把前哨警戒布置好，留下足够的兵力防止敌人的反扑，其余撤下来休息吃饭，恢复体力，并提出要苏杰来见他。这时，我们很为难，怎么办？再不说实话也瞒不住他了。于是，我们便如实报告他苏杰已英勇牺牲了。

王震是一位重感情的人，爱兵爱将，关心部下，每当见到干部战士英勇牺牲的场面，总是心情沉痛，泪流满面，甚至放声大哭。当他听到苏杰牺牲的消息，真是如晴天霹雳，怎么也忍不住悲痛的心情。他不顾伤痛，硬要我们扶着他去向苏杰作最后的告别。无奈，我们只好扶着他前往安放苏杰遗体的屋子里。王震扑在苏杰的身上，放声大哭，在场的人也都哭了起来。当时的情景是难以用语言形容的。苏杰是江西永新县人，从湘赣苏区到湘鄂川黔革命根据地，一直跟王震同志在一起，多年的战斗生活，使他们结下了兄弟般的友谊。苏杰作战勇敢，身经百战，是一位从基层成长起来的优秀军事指挥员。他的牺牲，是红六军团的重大损失。王政委回到住地后，就向有关部门领导交代：要用担架把苏杰同志抬走，绝不能落到敌人手里，不要动用民夫，由军团警卫连派人。同时，对其他伤员的安置，对牺牲了的同志的安葬，王政委都作了具体安排。

夜深了，天空繁星点点，一轮明月高挂在空中，显得格外清晰明亮。前沿阵地不时还可以听到稀疏的枪声。我军大部分已撤下来宿营。敌人只不过是用枪声为自己壮胆助威。王政委估计到，天亮之后，敌人一定会下山，再次进攻招头寨。因此，他决定部队及时转移，并把群众和政权机关也转移到安全地带。

次日清晨，天刚破晓，红军和群众就全部撤出了招头寨。这次战斗，我们同敌人激战了一天，因敌强我弱，未能阻止住敌人的进攻，但大量杀伤了敌人，给敌人以迎头痛击，拖延了敌人向龙山城前进增援的速度，完成了打援解围的艰巨任务。当我军离开招头寨时，指战员们的心情极不平静，不时地回过头来看一看。他们想到，在这块土地上，敬爱的苏杰师长、黄林团长、方振声政委和许多战友们，献出了宝贵的生命，把热血洒在了招头寨。

大家决心踏着烈士们的血迹，为劳苦大众的翻身解放而奋斗！

选自《红六军团征战记》下，解放军出版社1994年6月版，第105—108页。

贺劲南，1917 年生，江西永新人。1933 年参加中国工农红军，1935 年加入中国共产党。红军长征时为红六军团司令部警卫员、军团司令部党支部书记。新中国成立后，曾任新疆军区生产建设兵团农一师党委第二书记、政治委员，中共阿克苏地委书记、军分区司令员、政治委员，新疆生产建设兵团党委常委、副政治委员。2005 年在乌鲁木齐逝世。

板栗园阻击战

贺炳炎

忠堡战斗结束后，红军押着张振汉，抬着缴获的山炮，迅速南下，一部休整，一部包围了湘鄂两省交界处的龙山县城。

龙山是一个拥有几万人口的城市，西、北两面都是高山，东、南两面则是一片平地。敌人在这里驻有正规军和保安部队各一个团。

总指挥部给我们的任务是：肃清外围，长期围困，相机夺取城市。我们十八团的位置是在城的北面。这里碉堡林立，而且组成了一道严密的火力网，卦锁了我们的道路。敌人的飞机也天天寻找我们，一发现骡马的影子，就丢炸弹，扫机枪。这就迫使我们不得不远远地就开始进行土工作业——挖交通壕，而且不得不在夜间行动。

那几天又偏偏下大雨，天好像漏了一样，整天淅淅沥沥的没个完。战士们被雨水淋着，皮肤都泡白了。直到第七天上午，交通壕才挖到了敌人的碉堡下面。战士们露出头喊，“喂，缴不缴枪？不缴枪，老子一锅熬！”

敌人起初还朝沟里打枪，后来见四周都是我们的交通壕，加上围困了这么些天，粮食和水也早断了，这才慌张起来。缴枪的，投降的日渐增多。可是主堡里的敌人，就是不缴枪。那里驻着敌人的一个连长，一听见我们喊话，就朝我们骂，“有种的就打呀！”他一讲话，其他碉堡里就一声不响了。我们知道不把这个碉堡敲掉，其余的也不好解决。于是决定把山炮拖来，接连几炮。碉堡就垮了半边。敌人大部分被打死，只有少数几个逃进城去了。其余碉堡里的敌人，见主堡已破，加之内无粮食，外无退路，只好投降。为时不过一个多星期，城外碉堡，除了炮轰的几个外，里面的敌人统统投降了。

我们把外围扫清，逼进城下时，敌人早用石头把城门堵死了。我们上不去，就和敌人对峙起来，双方隔得那么近，说话都听得见。渐渐地，战士们就和敌人的士兵闲聊起天来，问一些他们的生活情况，向他们宣传我党的政策，这样宣传很有效验，以后天天晚上有人爬下来投降，从他们口中知道，敌人的粮草已尽，全靠空投，不久这事被敌人当官的知道了，监视得更严起来。

困了 40 多天，城没有打下来，指挥部决定，把装满黑色火药的棺材埋在城墙下，进行爆破，轰隆一声，城墙外部炸塌了一段，可是里面的土墙没有倒，敌人马上组织火力封锁了这个缺口，我们没有攻进去。

就在这个时候，敌人调来新的部队，准备向我进攻，一得到消息，总指挥部便命令主力撤离龙山，连夜赶到沙道沟。在这里休息了一天，得悉敌八十五师谢彬部由北向南朝板栗园开去。总指挥部决定消灭这股敌人。又是一个夜行军，荫蔽地到达板栗园附近。

一到那里，师部的传令兵就来通知我看地形。远远看见高峰上有一簇人，正在指指画画谈论什么，赶近一看，原来是贺老总亲自赶来了，正用马鞭子指点着，向师长们交代战斗任务。他们一看见我，就幽默地说：

“贺炳炎，今天要你做个瓶塞子呢。喏，就是塞住这个瓶口。”

说着，他的鞭梢向东西两条山脉比较靠近的地方。这是一条大冲，南经李家河，直通龙山城，两侧都是高山，假如敌人进来，我们前后一堵，那他就成了瓮中之鳖了。

贺总指挥听了各师首长的意见之后，郑重地对大家说：“敌人是八十五师谢彬的部队。这个谢彬，我认识他，有两手，不是好惹的。他们部队也比我们多，有九个团，都是北方兵，大家不要轻敌，两侧部队要埋伏好，不要暴露，以十八团枪响为号，一齐出动。”他又回头对我说：“贺炳炎，赶快做工事，不要怕部队疲劳，敌人中午就到。”

我答应一声，纵身上马，这时太阳刚露半边，朝霞把群山都映红了。连日来焦急郁闷的心情，也消散了。我骑着马向山下驰去，心仿佛要飞起来似的。

我们十八团有2000多人，在板栗园的南东侧的山上筑起一道简单的工事。我把最猛的三营放在正面。二、一营放在两侧，团指挥所和警卫连就设在三营后面。

等到11点钟，敌人果然来了。他们以为红军还在攻龙山，所以，既不派警戒，也不搜索，沿着大路，源源涌来。他们一式的灰军服。人喊马嘶，尘土飞扬。队伍里隐隐约约还有一架滑竿，四个兵抬着，四五十个短枪兵前呼后拥，我心想，这大概是敌人的师长吧。倒要记住，不要让他漏网了。

我们隐伏在伪装的工事里，枪口对准敌人慢慢移动，放过了敌人先头部队。等后续部队也进入伏击圈以后，我向司号员做了个手势，他立即吹起号来，接着通讯兵也朝各营打旗语。号声刚起，三营就打出第一枪。敌先头部队猛然刹住脚，还在犹豫。三营的机枪便朝着敌人堆里打开了。几挺前不久从敌人手里缴来的机枪，顿时发出火舌，像一阵旋风，逐地卷起。这一来，敌人的威风被刮走了，立刻乱了套。敌军官狂喊着，极力制止士兵四处乱跑。受惊的骡马翘起前蹄嘶叫。慌乱了一阵，敌人镇定下来，军官们拔出指挥刀，驱赶着士兵想占四周的小山包、土坎、田埂和树丛，一边抵抗，一边飞快地挖工事。忠堡战斗中，我们知道北方部队最讲究做工事。每个士兵身上都背着一把十字镐和一把铁锹。现在一看他们的动作，就知道这是一支训练有素、战斗力强的部队。等他们工事做好，要解决他们就难些了。于是我朝部队喊：“同志们，瞄准打，不让他们做工事呀！”

正面一打响，两边山头上的冲锋号也响了。手榴弹像下雹子一样，一排排地朝山里冲去，炸得烟尘蔽天，山摇地动。战士们呐喊着，仿佛乌云盖顶，向敌人压下来，迫使敌人站不住脚，投入肉搏战。

敌人的退路被封锁，来路又被我们挡住，一部分人便朝两边山上奔突，占领着一个个小山包、坟堆、树林和岩石，和冲下来的战士混战。

由于工事简单，又在沟底，地形对我不利，加之敌人的火力太猛，我们伤亡很大，一营长牺牲了，二营长牺牲了，连排干部伤亡更多。我从这个营跑到那个营，组织火力，指派干部，调配兵力。

敌人拼老命的进攻一次次都被我们打退了。在这个时候，谁能坚持下去，谁就能胜利。我们和敌人是进行着意志的决斗。我们的坚决，终于促使顽固的敌人动摇了。敌人攻得不是那么猛了。我们看出他们在犹豫，一声冲锋号，战士们统统跳出工事，直朝敌人扑去。三四千敌人跟着垮了下去。我们趁势向前压迫，双方便完全投入白刃格斗。恰巧这时左邻部队也从两侧冲下来，战场上一片杀声。

敌人很顽固，虽然死伤遍地，但大部分活着的就是不投降。最后，谢彬和他的警卫营，在两侧的半山上占领了一个土围子，敌人便以这个土围子为中心，逐渐汇集起来，和我们对峙。我们必须趁着敌人还没有来得及重新组织力量的时候，猛然击破他们这个新集团，迫使他们继续陷于混乱。此时，我们部队的建制也乱了，在这种情况下是无法组织有力的攻击力量的。

正当我们思虑如何整顿部队的时候，忽然总指挥部的传令兵骑马奔来，朝我道：“贺团长，总指挥命令你指挥四师坚决歼灭敌人！”一听到命令，我立刻命令十八团向敌人冲击，其他各团占领四围阵地，防备敌人突围。我又对身边的曾其云营长喊道：“你带预备队，准备接应。”

十八团伤亡近一半，但还有1000多人，个个打得眼都红了，见敌人就刺。敌人刚被压缩到一起，我们就像猛虎下山一样，左砍右杀，枪打刀劈，敌人又被我们冲散了。四围的部队一齐向上拥，把敌人打得七零八落，但是我们这支突击队也伤亡不少，战士们杀得满头大汗，浑身是血。

最后，只剩下那个土围子。这时曾其云带着三营上来了。他一见到我，就朝我嚷道："这个围子你不能去，我不让你去！"他气喘吁吁地把我往后一拖，我从他的眼光里，看到诚恳坚决的光芒，知道说也无用，就关照一句："好吧，当心些，我组织重机枪掩护你。"

最后的冲击开始了，战士们不顾一切地向上涌。谢彬的警卫营一字形地排在围子上，朝我们扫射。我们使用机枪压制，扫倒一排又站起一排。最后。敌人不多了，再也站不起来了，在我军重机枪的扫射下，敌人只是伏在枪眼里向外打。我冲锋部队就趁这个有利形势，迅速冲到围墙跟前。土围子只有五六尺高，战士们就从四面八方向里爬去。开始里面还传出阵阵手榴弹的爆炸声，但不久就沉寂了。

周围的部队还在满山遍野地追击逃散的敌人，四处不断传来零星的枪声。但激烈的战斗已结束了。这时候我才听到南方、北方还有枪炮声传来，这是敌人的后续部队和李家河的敌人，正在和我们的阻击部队交战。

我慢慢沿着山冲的大路走去。满地是敌人的死尸，机枪、小炮成堆地丢在地上。我立刻传令各单位："粮袋可以丢下，缴获的枪炮弹药，一定要带走，不准丢掉！"

一个战士押着由敌人士兵抬着的一副滑竿向我走来，滑竿上倒着一个大白胖子，腹部有一大块血迹。这个战士向我报告说："团长，敌人的师长谢彬叫我抓住了。努，像死猪一样。"

选自湘鄂川黔革命根据地编辑组编：《湘鄂川黔革命根据地》，中共党史资料出版社1989年9月版，第586—590页。

贺炳炎，1913年生，湖北松滋人。1929年参加中国工农红军，同年加入中国共产党。红军长征时任红二军团第五师师长、第六师师长。新中国成立后，曾任中国人民解放军第一军军长兼青海省军区司令员、西南军区副司令员兼四川省军区司令员、成都军区司令员兼四川省军区司令员、四川省体育运动委员会主任、政协第三届全国委员会常委、国防委员会委员。1955年被授予上将军衔。1960年在成都逝世。

板栗园伏击战

贺庆积

7月流火，鄂西山区进入了酷暑季节。我红二、六军团围困龙山城已经一个多月了。

忠堡战斗之后，湘鄂川黔省委和军委分会决定抽出少量部队围困龙山，主力进行休整，同时担负发动群众、扩兵、开辟根据地等项任务。

在这段时间内，湘鄂敌军多次进援龙山，都被我军击退了。但是，由于我军打援的兵力不够集中，伤亡较大，特别是我六军团一些军、师、团三级首长负伤牺牲，给部队造成很大损失。其中，在小井战斗中，军团政治部宣传部长李朴同志牺牲了。在招头寨战斗中，十七师师长苏杰，五十团团长黄林、政委方振生牺牲了，军团政委王震也挂了花。在胡家沟战斗中，十七师参谋长马赤、四十九团政委段培钦牺牲了。五十一团团长周仁杰、政委刘丰负了伤。

胡家沟战斗之后，我被任命为五十一团团长。一想到这么多师团首长伤亡，指战员们无不满腔怒火。一个个摩拳擦掌，盼望着打几个胜仗，狠狠教训教训敌人，给伤亡的首长和战友们报仇。

机会终于来了。8月2日，我六军团十七师接到命令，于次日晨从现地出发北上，配合二军团作战。

命令下达到团里，我立即命令通信员通知各营做好出发准备，并叮咛他别传错了命令。原来，就是这个江西入伍的小战士，在部队奉命开赴龙山时，把“吃一餐，带两餐，部队开龙山”的命令传达成“吃两餐，带一餐，部队开龙山”，成了干部战士的笑谈。

次日凌晨，部队全副武装，踏着露水出发了。当时，我六军团驻扎兴隆店、洗洛、茅坪一带，距离沙道沟约30公里，为按时到达指定地点，部队出发较早。一路上，我的心情很不平静，想起肖克军团长在交代任务时说，这次行动，是贺龙首长亲自指挥的，点名要十七师参加，一定要打出部队的威风。说起来，这也是我担任团长后率部参加的第一个战斗，我下定决心，一定要打好这一仗，给敌人点颜色看看。

部队到达沙道沟后，接到指挥部的命令，转向西南，沿高罗、李家河之间的山中捷径插向利夫田，参加伏击敌八十五师的战斗。

这一步棋，完全出乎鄂军总指挥徐源泉的意料。原来，据我们掌握的敌情，徐源泉为保存实力和地盘，防止我军再入鄂西，不顾蒋介石要他与湘军南北夹击我军的命令，决定把部队推进到湘鄂边界，巩固来凤到宣恩的封锁线。为此，他已于前两日先后电令驻鹤峰县太平镇的第三十四师和驻高罗的第四十八师一四二旅前推到沙道沟；限驻扎宣恩县小关的第八十五师于8月3日开到李家河。同时，他还命令驻高罗的暂四旅一部占领水田坝，驻来凤的四十二师一二三旅占领李家河，以掩护上面三个师的开进。贺龙同志深入了解分析敌情后，决定集中兵力，消灭由小关向李家河开进的敌八十五师。贺老总首先让二军团四师、六师于8月2日抵达沙道沟宿营，其实这是一招声东击西的妙棋，就是要给敌人造成我军准备攻打三十四师和四十八师的假象，麻痹敌人。贺老总虚晃这一枪，果然使徐源泉上了当。他立即命令三十四、四十八两师停止前进，严加戒备。

贺老总为什么把目标瞄准了八十五师呢？按理说，这支北方部队武器精良、战斗力强，师长谢彬是一个心狠手毒的反共老手，在江西“围剿”红军中，杀害了不少红军指战员和革命群众，双手沾满了烈士的鲜血。他骄纵自傲，不把红军放在眼里，像是一块茅坑里的石头，又臭又硬。但是，谢彬自有他的弱点，他奉蒋介石之命调防鄂西，初来乍到，地形民风不熟；他手下的北方兵，耐不得南方的炎热气候，行起军来，被烈日一烤，锐气自然减了大半。再加上骄兵必败的常理，所以贺老总选中了这只纸老虎。

谢彬果然被贺老总选对了。他为了不违上命，于3日前赶到李家河，选择了一条最近的路线：由利川经上洞坪、板栗园、利夫田到李家河。这一带地形复杂，道路窄小崎岖，到处是深邃的山谷和茂密的森林。部队侦察、搜索、展开都很困难。特别是敌八十五师途经的板栗园到利夫田这一段，两山夹着一条峡谷，北侧山高林密，南侧悬崖峭壁。谷地长约七公里，宽不足半公里，最窄处只有十几米。谢彬选择了这条路线，算是犯了兵家大忌了。

8月2日，谢彬率部到达上洞坪，当他得知我军主力已进到沙道沟，有所顾虑，想在上洞坪稍作停留，等查明情况再行前进，可又一想，徐源泉没下令八十五师停止前进，若3日赶不到李家河，岂不留下话柄。再说有三十四、四十八两师向沙道沟逼进，有一二三旅在李家河一线掩护，想必不会有事。于是他决定次日按计划向李家河搜索戒备前进。谢彬命令，五一〇团为前卫，于晨5时半出发完毕；师直属队及五〇五团（缺一营）为本队，待前卫出发后取相当距离跟进；五〇五团一营为后卫。

谢胖子的举手投足，全在贺老总掌握之中。贺总得知谢彬按原计划向李家河推进，暗中叫好，立即命令二军团四师、六师于3日凌晨出发，转向西南，赶在八十五师到达板栗园之前设伏完毕。并命令我六军团十七师为第二梯队，直插利夫田，相机投入战斗。

我十七师根据指挥部命令，向利夫田谷地疾进。战士们沿着山间小路，踏着浓重的露水，拨开杂草荆棘，像一把钢刀，插向敌人腹地。太阳升起来了，热气从山谷间升腾，山村中闷得像蒸笼，战士们一个个汗流浃背，但行军速度却没有减缓，大家心里都明白，兵贵神速，时间就是胜利。一个个恨不得生出双翅，飞向杀敌战场。

上午11时左右，红二军团四、六两师到达利夫田谷地。我主力部队在敌人纵深腹地快速穿插作战而不被敌人发觉，这不能说不是奇迹。贺龙同志用兵如神，令人叹服！

红二军团四师、六师到达利夫田后，迅速隐蔽在谷地两侧山头上。四师在谷地南端，扎住了口袋嘴子，六师在西北，切断敌人的退路。贺老总的指挥部设在板栗园最高点安家坡大界。在这里用望远镜观察，整个谷地一览无余。谷地两侧山峦叠嶂，林木茂密。谷地中，一条小溪弯弯曲曲向山外流淌。小溪边的村落，就是利夫田。几十户农家，其中也有几栋稍大的宅院。只要谢彬钻进这个口袋，他就成了瓮中之鳖了。

时近中午，敌人终于露头了。由于烈日曝晒和行军劳累，敌人一个个无精打采，队伍拖拖拉拉地行进着。隐约间还能听到当官的叫骂声。敌师长谢彬穿着绸衬衣，坐在一副滑竿上，光秃秃的脑门子晒得冒油，一身肥肉躺在滑竿上一颤一颤的。他看到队伍走的稀稀拉拉，士兵无精打采，浑身湿透了，不觉大为恼火。敌参谋长建议在利夫田稍事休整，否则，士兵们非中暑不可，别说赶到李家河，走出这条沟也很困难。谢彬思忖：在谷地中休息，乃兵家大忌，万一遭到伏击，可就要全军覆没。但他转念一想，一路上无异常情况，这一天正赶上板栗园集市，人群熙熙攘攘，好不热闹。据侦察员报告，从板栗园到李家河一线，没发现敌情，农夫耕田，樵夫砍柴，牧童放牛，看不到半个红军影子。再说，这一带是鄂军防御纵深地带，前后左右都有重兵呼应，理应无事。谢彬想到这些，用手拍拍秃脑门，命令部队就地休息造饭，下午2时启程。

我们大部队在这一带穿插，敌人为什么没有发现蛛丝马迹呢？原来，鄂西山区是红二军团曾经战斗过的地方，有较好的群众基础。当地群众得知红军来了，为我们传递情报，封锁消息，掩护、配合我们的行动，使谢彬成了瞎子、聋子，进了我们张开的口袋。

看见敌人已完全进入伏击圈，贺老总下令开火。随着三声清脆的信号枪响，四师首先向敌前卫五一〇团一营猛烈开火，随即向该团发起多路突击。刹那间，山谷里枪声、杀声响成一片。遭受突袭的敌人，被打得晕头转向，乱成一团，一时难以集结。待敌人仓促集结起来，已被我四师部队分割包围。战士们如猛虎下山，扑向垂死挣扎的敌人，很快将敌五一〇团大部歼灭在三灵沟、谭家岩地段，这样，口袋嘴也牢牢地被我军扎住了。

我四师与敌前卫部队打响，使正在大宅院里休息的谢彬大为震惊。他起初以为是红军小股部队或游击队来骚扰，故作镇静，吩咐下属去看看情况。后来发觉是红军主力，才感到大事不妙。一时间，敌人在民房里搜刮东西的，在小溪边冲凉的，在墙根、树荫打瞌睡的，东奔西窜，如热锅上的蚂蚁。谢彬一边骂娘一边集结部队，他命令五〇五团一营、二营和师炮兵连占领安家坡对面的巴里核高地；五〇五团三营及师特务营抢占莫家坡高地。谢彬企图以两军形成掎角之势，进行抗击，等待救援。但没料到，抢占莫家坡的部队，离山顶还有三四十米时，我埋伏在山头的六师部队突然开火，打得敌人屁滚尿流，六师乘势扑下山去，展开激战，将敌五〇五团三营及特务连大部歼灭。

战斗打响，我十七师已赶到利夫田，立即从四师左翼插入，投入战斗。我率领五十一团冒着敌人火力侧击,快速穿过谷地,准备占领南山。此刻，退守南山的一股残敌正依仗山势顽抗。我将部队部署后，命令火力掩护，向敌人发起攻击。战士们忘记了疲劳，一举冲上山头，将敌人歼灭，占领了南山。

战斗已经进行了一个多小时。整个利夫田谷地枪声震耳，硝烟弥漫。敌前卫部队五一〇团和五〇五团三营，师特务营已遭歼灭。谢彬率领残部五〇五团一、二营和师炮兵连占领了巴里核高地的一个土围子，构筑工事，拼死抵抗。为迅速歼灭敌人，贺老总命令二、六军团协同作战，向土围子发起攻击。经过部署，我二军团四师，六军团十七师将土围子团团包围，发起猛攻。刹那间，轻重机枪一起开火，打得敌人抬不起头来，随着激昂的冲锋号声，我战士们勇猛地向土围子冲去。绝望的谢彬一边命令下边顶住，一边用电台喊话，请求支援。按说李家河离板栗园仅十余里，沙道沟、来凤也不过二三十里，但该处敌人不明情况，又怕贸然出兵遭到伏击，一直不肯发兵救援。谢彬一边破口大骂，一边垂死挣扎，督促残兵败将拼死抵抗。土围子里刀光闪闪，杀声震天，见到大势已去的敌人纷纷放下武器投降。谢彬钻到一处阴沟里顽抗，被当场击毙，这个骄横的国民党军将领，终于得到了应有的惩罚。

黄昏时分，战斗全部结束。山谷里，到处是敌人的尸体和丢弃的军用物资。敌八十五师除五一〇团团长黄鼎魁带一排残兵及五〇五团团长谭 × 率残部两个连及特务营 20 多人逃脱外，其余全部被歼。这次战斗，我军歼灭了国民党军第八十五师的两个团，一个特务营和师部，俘敌千余人，缴获长短枪 980 多支，迫击炮六门，弹药 600 余箱，银元六万块。此外，还有一大批通信器材、医药用品、被服、装具、餐具等。我军在贺龙的指挥下，大获全胜，满载战利品撤出战斗，返回驻地。给徐源泉及其鄂军留下了极大的震撼和余悸。

板栗园伏击战，是我军在敌人纵深内速战速决歼灭敌人的典型战例，是贺龙同志卓越军事指挥才能的一次体现。这次战斗，由于掌握敌情，抓住敌人弱点，声东击西，选择有利战场，机动灵活，整体指挥，互相配合，兵力集中，因而取得了胜利。是贺龙同志正确运用“决战防御”战略方针的典范。

板栗园伏击战，也是我担任团长后率部参加的第一个战斗。正如军团首长表扬的，“是旗开得胜，马到成功。”这个胜利，大灭了敌人的志气，大长了红军的威风。

选自《红六军团征战记》下，解放军出版社1994年6月版，第99—104页。

贺庆积，1909 年生，江西永新人。1927 年加入中国共产主义青年团，1928 年转为中国共产党党员，1929 年参加中国工农红军。红军长征时任红六军团十七师五十一团团长，十七师参谋长、师长。新中国成立后，曾任江西省军区副司令员兼参谋长、辽宁省军区司令员、政协第五届全国委员会常委。1955 年被授予少将军衔。1998 年在沈阳逝世。

扩红琐记

徐国贤

军队要发展壮大，就需要源源不绝的补充。

在根据地里，红军的兵源补充主要依靠党的地方组织动员，或是由地方武装升级。可是，到了新区，这些条件就没有了。这时候，就只有依靠红军的政治影响和群众工作，来动员有觉悟的青年参加红军，壮大红军的力量。

红二、六军团会师后，连里就成立了扩红小组，专门负责扩军工作。所有的干部、战士，也都把它当作一项重要的政治任务，无论走到哪里，只要有机会，就自动地团结新区群众，宣传党的政策，扩大红军的政治影响。有一次，部队向永顺方向开进，走了二三十公里路，眼看就到宿营地了。往日，每到这个时候，队伍已相当的疲劳，说笑的、拉唱的，就会逐渐减少。可是今天却不同，许多人围着一个老乡，一边走，一边谈笑，嘻嚷声中隐隐约约可以听出一些令人难以捉摸的对话。

“这么说来，你是个资本家？”

“块把子钱，算嘛事的资本家！”

“家有老婆吗？”

“哪里有！”

“真的假的？”

“嘛事假的，说话算话呀！”

一阵哄笑后，他们又接着谈下去。战士们不断地盘问那位老乡的出身经历和家庭情况。那老乡回答得非常干脆利索，而且口口声声要求参加红军。

我走到他们那里，战士们向我报告了事情的经过。原来那老乡是个卖麻糖的小贩，家里除了有个哥哥外，还有个50多岁的老母亲。他今年刚满20岁，有时帮人家做些零活，没有活干时就挑副糖担到各村去转，挣几个钱养活母亲。刚才他从村子里出来，恰好遇上了我们的队伍。开始，他还有些害怕，可是随着部队走了一段路，渐渐地觉得这支军队和白军不一样。他和战士们一边走，一边闲谈，就像亲兄弟一样。从闲谈中，他知道了许多过去从来不知道的事。他羡慕战士们那亲切和睦、无忧无虑的生活。他被战士们讲的那些可歌可泣的英雄故事迷住了。从战士们的身上，他仿佛看清了自己应走的道路，于是才自动提出参加红军的要求。

那小贩听说我是指导员，便向我苦苦恳求，一定要我答应他参加红军，并且一面说着，一面拿起麻糖就要分给大家吃，以表示自己参军的决心。那时候，我们扩军很注意成分。以往扩到的新战士，多是些贫雇农和手工业工人，因此一开始，我对小贩存有疑虑。可是当我了解了他的出身经历，看到他那要求参军的纯洁心灵时，我们商量了一下，便决定把他留下。我给了他一块银洋，要他寄给母亲用（实际是付给他麻糖钱），他就将麻糖作为新老战友的见面礼，分给战士们吃了。

部队从大庸出发，向东去开辟新的根据地。离沅水约几十里路，天色渐渐黑了，前卫部队已与敌人打上。上级命令我们这个连迅速投入战斗。我把由大庸找来的向导交给司务长，让他跟炊事班一起行动。

司务长对这位向导关照得无微不至，肚子饿了，给他干粮吃；口喝了，找水给他喝；鞋子坏了，把自己新打的草鞋给他穿。特别是快接近敌人时，敌人的机枪子弹嗖嗖地打过来，弹头不时从他们身边掠过去；前卫部队正在向敌人冲击，火光闪闪，照得河面通亮。手榴弹不停地轰鸣，就像在身旁爆炸似的。这一切，对于一个毫无战斗经验的农民说来，该是怎样的生疏与可怕。司务长竭尽全力来照料他，保护他，告诉他如何前进，如何隐蔽，甚至在危急的关头用自己的身体掩护他。

敌人很快被打败了。到了宿营地，我把那位向导叫到连部，准备给他一点钱，让他回家。谁知他一听说让他回家，脸色忽地变得阴沉起来，站在那里一动也不动，好像有什么难过的心事似的。停了片刻，他才慢悠悠地对我说："指导员，让我留在部队里吧！我没有家，不想回去了。"从他的谈话里，我了解了他的身世。他今年已有30来岁了，从小没有父母，靠邻居养大成人。从16岁起，他就替人家当脚夫，到各地搬运东西，成年累月风里来雨里去，肩膀磨烂了，肚子还是混不饱。红军战士的模范行动，深深地感动了这位孤苦的农民。他再也不愿离开这些亲如兄弟的红军战士们，不愿离开这个温暖的革命大家庭了。就这样，我们连里又增加了一位新战士。

无论走到哪里，红军坚定不移地执行了党的政策，时刻维护人民的利益。部队每到一个新区，只要条件允许，就立刻派出人员，发动群众，打土豪，分田地，开粮仓，把土地、粮食分给贫苦的农民，进行轰轰烈烈的革命斗争。党的政策得到新区人民的热烈拥护，激励了广大人民群众的革命热情，无数青年农民，为了保卫已得的革命成果，纷纷涌进自己的队伍中来。

1935年7月，红二方面军①粉碎了敌人六个纵队的"围剿"，乘胜占领了津市、澧州、临澧，石门等城市，部队就在这一带休整。我们十七师驻在津市、澧州西北的王家厂一线地区。

这一带虽是新区，但离苏区并不远，土地革命与红军的声望早就深深地印在人们心间。反"围剿"的胜利，更加扩大了红军的政治影响。特别是我们住下以后，领导全村群众，把村西头的一家姓刘的地主斗倒

① 此时应为红二、六军团。

了，把他霸占农民的土地归还了农民，贫苦人家还分得了粮食和家具。人们亲眼看到了这支真正属于自己的军队，看到了谋求解放的道路。他们热爱红军，把红军当作自己的亲人，用种种办法来支援红军。

这天清晨，扩红小组的同志提前吃完了早饭，分头到各村工作去了。我自己负责召开了一个驻村的群众大会。

太阳刚刚爬上山头，人群就向村西头的广场上汇拢来，男的、女的、老的、少的，如同赶集一样热闹。

不一会，广场上便挤得满满的。有的还拿着碗筷，早饭吃了半饱就来了；有的扛着锄头、铁锹，正准备下地。几个红军战士也夹在人群当中，和老乡们亲切地谈着家常。

我看人到得差不多了，便登上广场中间一个小堆，开始向群众讲话。从粉碎国民党反动派“围剿”的胜利讲起，讲到昨天晚上的打土豪，讲到红军的来历、主张和任务……

正讲着话，人群中突然掀起了一阵微微的骚动，只见一个年青人正向讲台这边挤来。那人身穿一色土黄粗布破单衣，头戴草帽，满面是汗。他一面挤，一面嚷着：“同志，同志，你们是哪个部队的？”

这突如其来的提问，使我有些为难。对于一个不明来历的人，我怎能一下吐露部队的番号呢！我正在犹豫，那人已挤到我的身旁，拉着我的手又问道：“同志，你们是贺龙的部队吗？”

“是啊，你问这个干什么呀？”

“刚才你讲红军战士都是自愿参加的，要是我也自愿参加红军，你们要不要？”

这个洪亮的声音立刻引起了全场的注意。

“参加红军！他要参加红军？”人们都在这样纷纷议论着，传诵着。

的确，在这僻静的山村里，还是第一次听到这样的声音。在反动派乱抓壮丁的年代里，他们对于“当兵”历来都认为是可怕的事。那时候，为了逃避抓壮丁，有些好好的青年把自己弄成残废，有些不得不逃亡他乡，至今下落不明。

原来这位青年姓李，今年才19岁，只因长的身材高大，所以大家都叫他李大个。他原是本村地主家的长工，父亲因缴不起租，被活活逼死了。哥哥在前年被国民党抓去当兵，受不了虐待开了小差，后来被伪保长告发，被抓回去枪毙了。昨天晚上斗争姓刘的地主时，他比别人都积极，领着群众，把地主藏的粮食、田契、浮财全都翻了出来。地主、保长的威风打倒了，他的仇报了，而且真正作了土地的主人。欣喜之下，他便立下志愿，要跟红军一起闹革命。

革命需要李大个这样的青年人。当下我便向他表示了欢迎。

在他的影响下，当场又有几十个青年报名参加了红军。他们都是些穷苦人家的子弟，和所有的红军战士一样，为了不愿再做奴隶，才投入自己的军队的。

当天晚上，分别到各村去工作的扩红小组成员，也都陆续回来了。他们共扩到15名新战士，和我们扩到的加起来，总共有39名。第二天，我们就把这些新战士合并在一起，成立了一个新兵排。

由于群众工作在这一带迅速展开，轰轰烈烈的打土豪、分田地的革命运动，就遍及各个村庄。地方政权，以及农民协会和赤卫队等群众组织，也雨后春笋般地建立起来。广大的贫苦农民在分得了土地之后，纷纷将自己的子弟送入红军。新的血液源源不绝地输入我军各部，新兵连、新兵营、新兵团相继成立，我们的部队更加发展、壮大了。

选自《红六军团征战记》下，解放军出版社1994年6月版，第73—77页。

徐国贤，1916年生，江西莲花人。1929年加入中国共产主义青年团，1930年参加中国工农红军，1933年转为中国共产党党员。曾任红六军团

十七师四十九团通信排代理排长。红军长征时担任十七师四十九团连政治指导员兼连长、营长、教导员。新中国成立后，曾任中国人民志愿军第一军副军长、新疆军区第一副司令员、军委工程兵副司令员。中共第十次全国代表大会代表，第五届全国人大代表，政协第六届、七届全国委员会委员。1955 年被授予少将军衔。2000 年在北京逝世。

红旗卷起农奴戟

彭林　罗斌

“真正的铜墙铁壁是什么？是群众。是千百万真心实意拥护革命的群众。”红二、六军团建立湘鄂川黔革命根据地的历史，又一次雄辩地证明了这一伟大真理。

1934 年 10 月 24 日，红二、六军团在黔东印江县木黄会师后，开辟了湘鄂川黔根据地。由于贺龙、任弼时、关向应、肖克、王震等同志的正确领导和指挥，人民群众的充分发动和大力支援，全体指战员的团结一致和英勇奋战，二、六军团在十分困难的条件下，坚持了整整一年艰苦卓绝的斗争。在这一时期，二、六军团在发动群众方面是相当成功的。

湘鄂川黔边区地处武陵山区，封建统治极为残酷。地主恶霸、土豪劣绅霸占绝大部分土地、山林。许多穷苦农民家无片瓦，田无分厘，全靠租佃地主的土地维护生活。人民群众对官僚军阀、土豪劣绅和封建反动势力深恶痛绝，渴望翻身解放。早在二、六军团会师之前，贺龙等同志领导的红三军，就在湘鄂边、黔东等地区进行过革命武装斗争，在一些县建立了苏维埃政府和各种群众组织，党和红军在群众中有一定影响。同时，这一地区敌人的力量比较薄弱，主要是湘西军阀陈渠珍部三个旅和三个保安团，约三万余人，还有被贵州军阀赶出来、寄食于陈渠珍的杂牌军杨其昌、车鸣骥、雷明仇、廖怀钧等部 4000 余人。这些敌人战斗力不很强。这种形势，对于我们建立革命根据地是有利的。但这里地处偏僻，没有受过大革命的影响，党的工作缺少基础；而有些过去红军活动过的地区，曾经不自觉地执行过一些“左”的政策，带来一些不良影响。这些是对革命不利的一面。

根据这些情况，红军要在湘鄂川黔边区立足、生存和发展，就必须动员群众，依靠群众，实行正确的政策，深深地扎根于群众之中。

我军 11 月 7 日占领永顺县城后，二、六军团政治机关就采取各种方式，宣传我党我军的政治主张：红军是人民的军队，是为劳苦大众打天下的；红军要打倒地主、恶霸、土豪、劣绅，把他们的土地分给穷苦人民，使人民群众当家做主人。同时，还进行了参军动员。永顺曾是湘鄂边根据地的一部分，群众对红军有深厚的感情，在一次动员会上，当场就有 300 多人报名参军。会后，我们和群众一起没收城里军阀、恶霸、土豪、劣绅的财物，分给了贫苦农民和贫苦市民。这一天，整个县城像过节一样喜气洋洋，人们奔走相告：红军回来了！贺龙的队伍打回来了！

11 月 11 日，六军团政治部群众工作部部长兼地方工作团政委彭林（彭栋才）主持召开了永顺县工商各界联合会议，到会代表 100 余人。彭林首先向与会代表讲了我党的工商业政策。他说：“红军对压迫剥削人民的地主、土豪、劣绅、军阀是要坚决斗争的，剥夺他们的土地分给农民；对民族工商业，则要加以保护。你们应当大胆地照常营业做买卖。”当时，红军要生存，不得不进行筹款。对此，向工商业者提出；红军打仗需要吃饭穿衣，希望诸位能量力而行，给予支持。永顺工商各界一些小本生意的经纪人，对湘西军阀、杂牌土匪军、保安团的敲诈勒索和苛捐杂税素来不满，红军保护工商业的政策很快赢得了他们的信任和支持。他们纷纷表示：红军对我们经商人如此照顾，你们到永顺城来打军阀灭土匪，我们非常高兴，理应筹献。结果，会上当场就筹集银元 1000 余元。

工商各界联合会议后，我们在更大范围内宣传没收官僚买办资本，保护民族工商业的政策。对国民党政府官盐、官商和制造枪弹的工厂，一概进行没收。对一般工商业，鼓励正常开业。由于政策对头，永顺城的市场很快就活跃起来了，我们在永顺城陆续筹集和买到许多粮食、布匹、医药和日用品，补给了部队。

11 月 16 日，我军在永顺城北龙家寨打了一个漂亮的歼灭战，消灭了陈渠珍的主力。战后，当部队返回永顺城时，整个县城一片沸腾，极大地鼓舞了广大群众的信心。

1934年11月26日，中共湘鄂川黔省委在大庸县后坪正式宣告成立。任弼时任省委书记，贺龙、关向应、肖克、王震、张子意等为省委委员。同时成立了湘鄂川黔革命委员会、省军区。贺龙任省革命委员会主席兼军区司令员，任弼时任军区政委。省委、省政府和省军区以后移至永顺县塔卧镇。

为了建设新的革命根据地和策应正在长征的中央红军，红二、六军团一面由贺龙率主力东进，向常德方向发展攻势，一面由任弼时率部分部队赴永顺、桑植、大庸等地，广泛深入发动群众，建立地方政权，发展革命武装，开展轰轰烈烈的土地革命和群众游击战争，湘鄂川黔根据地的群众工作进入了高潮。

12 月，湘鄂川黔省革命委员会颁布了《没收和分配土地条例》。我军地方工作团迅速深入根据地的广大农村开展工作。

湘鄂川黔各县的土地十分集中，贫富悬殊很大。我们在调查中了解到，大庸县的八家大地主就霸占了全县百分之八十左右的土地，号称“八大家”。永顺县有“六大家”，桑植县有“八大诸侯”，都是当地有名的大地主。农民土地很少，多数是租种地主土地，地租很重，一般都是“倒三七”甚至“倒二八”，农民辛苦一年，收的粮食除交租外，所剩无几。土豪劣绅对穷苦百姓巧取豪夺，什么“滚滚息”、“筋斗息”，利高得惊人。有些大土豪放高利贷，春借一担谷，秋还两担粮，叫作“八斗九年三十担”，即所谓的“三年不打网，鱼在塘里长”。逼得不少债户倾家荡产，家破人亡。

官僚军阀和当地土豪劣绅相勾结，依仗权势，巧立名目，大肆搜刮民脂民膏，捐税多如牛毛，什么月款、季款、寒衣款、被子款、谷米税、苞谷税、糖税、屠宰税，无奇不有。这些苛捐杂税像一条条无形的绳索，把贫苦农民和一般商人捆绑得透不过气来。

在轰轰烈烈的反封建斗争中，长期被奴役、受压迫的贫苦农民非常积极。每当召开斗争地主大会，群众都扶老携幼赶来参加，愤怒地揭发控诉地主恶霸欺压穷苦百姓的罪行。在群众运动的冲击下，土豪地主威风扫地。广大劳苦大众斗垮了地主，又分到了粮食、浮财，无不兴高采烈，男女老少沉浸在翻身解放的喜悦之中。

在偏僻落后的边远地区，由于敌人的反动欺骗宣传，群众对我军不甚了解，对刚来的工作团开始往往很冷淡，不敢接近。尤其是那些少数民族地区，听说红军来了，许多人都躲进山里。在这种情况下，我们就派人分散到各地去寻找群众，向他们作宣传，动员他们回家。对少数民族群众，我们以有一定觉悟的汉族群众与他们取得联系，通过他们宣传党的政策，疏通感情。经过一番艰苦细致的工作，他们逐渐认识到红军是保护老百姓的，跟国民党部队根本不一样。这样，躲出去的群众陆续回来了。

工作团常常遇到的一个问题是，开始打土豪时，许多群众不敢来分粮。我们将粮送上门去，有些老乡还拒绝接收，害怕地主老财反攻倒算。于是，我们就将一口袋一口袋粮食夜里送到群众家门口。第二天他们一开门，就悄悄地把粮食藏回家。在工作中，我们坚定地执行依靠贫雇农，团结中农，限制富农，孤立和打击地主的阶级路线。采取各种方法宣传与启发农民的觉悟，使他们懂得穷人为什么穷，富人为什么富。我们还经常用各种方式，介绍革命老根据地群众分田地、取消欠地主的债务、地主不敢欺负穷人等情况，群众听得心里热乎乎的。在同群众的交往中，我们还注意用自身的模范行动和严明的纪律影响群众，热情地为乡亲们劈柴、挑水、扫院、修房子，借东西按时归还，损坏东西按价赔偿，不拿群众一针一线，广大群众深受感动。群众夸奖“红军是天下第一好的队伍”。

在根据地建设中，一个重要问题是打击地主武装。在各地，都有少数大地主、大恶霸和土匪勾结在一起，以山洞为巢穴，顽固地同我们对抗。对这些反动家伙，我们的方针是坚决打击，彻底消灭。

湘川边界有一条名叫洗车河的小河。1935 年春天，永顺龙山游击独立团政委罗斌和县委书记刘俊秀一起带了 20 多人在洗车河畔打游击，发动群众。洗车河西畔的赵家寨有个人称“赵阎王”的大恶霸、大地主、兼任当地保安团团长，拥有 30 多条枪。听说红军来了，他强迫当地好些老百姓躲起来，把粮食也藏起来。他宣布一条禁令:红军到了，谁不离寨就重罚粮款，坐水牢，罚苦役，以至杀头。赵家寨背靠大山，山上有个很大的天然石洞，山高林密，道路崎岖，悬崖陡峭，山洞的洞口正是上山的隘口。“赵阎王”妄想凭天然险障与红军对抗。为了诱敌下山，罗斌带领工作队的同志捣了赵家寨“赵阎王”的老巢，把他的家产分送给邻近村寨的穷苦农民。赵家寨一带热火朝天的斗争，鼓舞着山上被裹胁的群众。愤怒的群众冲破“赵阎王”的禁令，拥下山来，还配合红军游击队缴获了保安团的枪。十几个青壮年参加了游击队。在公审“赵阎王”的大会上，群众争先恐后地倾诉自己的苦难。最后，经湘鄂川黔省委批准，镇压了这个罪恶滔天的“赵阎王”。

清匪反霸工作的胜利开展，沉重地打击了封建势力，焕发了广大人民群众的革命热情，一场以土地革命为中心的群众运动，如火如荼地在湘鄂川黔根据地展开，基层革命政权也像雨后春笋般纷纷建立起来。各地还组织了农民协会、妇女会、少先队、儿童团等群众组织。在各区乡临时革命委员会的指导下，广大农村普遍组成了以贫雇农为骨干的土地委员会，具体领导和组织群众分配土地。广大贫苦农民看着洒过自己血汗的田地回到自己手里，无不欢欣鼓舞。

在县城、区乡小集镇，普遍推行保护民族工商业政策，鼓励私人经营，对一般地主富农兼营的工商业，也不予没收。这一政策，对安定人心，分化地主、富农阶级，起到了很好的作用。此外，根据地人民还有计划地将一些土特产品外运销售，换取群众必需的生活用品。所有这些，对稳定根据地经济，繁荣市场，保障人民群众和部队的生活，都起了重要作用。

在区乡,我们把年轻力壮、斗志旺盛的骨干力量组成游击队。开始，游击队员用的武器多数是一些红缨枪、大刀、土铳之类，后来跟随红军打保安团、清匪反霸，逐步发展成为以枪支为主要武器的游击队。游击队员对家乡的山山水水、社会人情都很了解，武装活动又常以突然袭击和伏击为主，所以，消灭土匪，打击进犯根据地的小股之敌，往往得心应手,节节取胜。当时,各区乡大都建立了以游击队为骨干,与赤卫队、革命群众三结合的地方武装。赤卫队员基本上都是农民协会会员。他们配合我们工作队、游击队作战，为游击队站岗放哨、送信、侦察，一有情况就及时报告。因此，根据地内的破坏分子一般不敢敌说乱动，白区的敌人进入根据地也提心吊胆，不敢轻举妄动。

湘鄂川黔省委和革命政府很重视文化教育建设。省委抓住革命形势蓬勃发展的有利时机,在永顺、桑植、大庸等县举办了军政干部训练班，集中二、六军团一大批干部分期分批学习，同时也在根据地各县抽调一批地方干部参加训练。在塔卧镇还办了红军学校，各县、区、乡也都恢复了学校，各地还办起夜校。红军也派了一些宣传骨干去工农小学、夜校讲课或辅导，主要内容是讲形势、时事政策和战斗捷报。

广大贫苦农民不仅在经济上翻了身，政治上更获得了当家作主的权利，斗争中涌现出大批积极分子。我们及时培养、发展了一些党员，建立了一批领导群众斗争的党支部，我们逐渐地把主要工作交给那些经过考验、斗争坚决、有工作热情和魄力的当地的优秀党员担任。在城镇，则注意发展工人、帮工、学徒、进步小工商业者入党，使党的力量不断壮大。

随着革命深入发展，为巩固革命根据地，保卫胜利果实，做好反“围剿”的准备，湘鄂川黔省委、省军区提出了扩大红军的任务。军区组织扩红工作队深入乡村、集镇，广泛开展形式多样的宣传活动，发动群众参军。各级组织还通过给红军家属分好田，积极做好优抚工作，进一步调动了群众参军的积极性。由于党和红军的各项政策、主张得到根据地人民的拥护，加上扩红宣传工作得力，扩红运动很快掀起一个高潮，许多地方出现母送子、妻送郎、父子一起参军、兄弟争先报名的动人场面。红军初到湘西的头三个月，扩红就达4000余人。根据地各县都发展了相当数量的游击队。

湘鄂川黔革命根据地的迅猛发展，震惊了国民党蒋介石。1935年2月，蒋介石一面对正在贵州赤水一带转战的中央红军围追堵截，一面调11个师和四个旅的正规军共约十万人，分六路对我根据地进行大规模“围剿”。

3月至8月，我军先后取得了陈家河、桃子溪、忠堡、板栗园等战斗的胜利，粉碎了敌人的“围剿”。

在反“围剿”的战斗中，根据地的人民大力支援，积极配合我军作战。战斗中，地方游击队选择有利地形和时机，不断骚扰和袭击敌人。他们在忠堡、板栗园、芭蕉坨等战斗中，断敌交通，设障碍，打埋伏，掩护红军主力行动，为战斗胜利助了一臂之力。赤卫队员们爬山越岭，穿溪过涧，为红军带路。他们还组织群众疏散、转移，为保卫根据地人民的生命财产作出了贡献。根据地的人民群众还普遍组织了担架队、运粮队，跟随红军出没在硝烟弥漫的战场，运送伤员、弹药和粮食，为部队送饭送水和护理伤员等。

反“围剿”斗争的实践证明，没有广大人民群众的支援，红军力量就会失去来源，根据地就会失去基础，武装斗争就会失败，革命政权就会丧失。

1935 年底，日本帝国主义的侵略魔爪已由东北伸向华北地区，侵略野心与日俱增。蒋介石继续推行“攘外必先安内”的反动卖国政策，变本加厉地对湘鄂川黔根据地进行更大规模的新的“围剿”。我二、六军团于 1935 年 11 月 19 日，离开湘鄂川黔根据地，开始了新的战略转移。然而，红军播下的革命火种并没有被敌人扑灭，广大人民群众在这块光荣的土地上，继续坚持同敌人作不屈不挠的斗争。

选自《红六军团征战记》下，解放军出版社1994年6月版，第81—87页。

彭林（略）

罗斌，1914 年生，江西永新人。1927 年加入中国共产主义青年团，1928 年参加中国工农红军，1929 年转为中国共产党党员。红六军团西征时任湘鄂川黔苏区龙（山）永（顺）独立团政治委员。红军长征时任红六军团模范师政治部宣传科科长。新中国成立后，曾任华北军区空军第十七师政治委员、中国人民志愿军空军第十师政治委员、海军东海舰队航空兵政治委员等职。中共十二大代表，第六届全国人大代表。1955 年被授予少将军衔。1994 年在北京逝世。

回到党的怀抱

方国

甘溪战斗中，红六军团被敌人重兵包围。我们团奉命担任掩护军团部突围的任务。经过一场激烈的搏斗，军团部胜利突围了，但我们五十二团（我为该团二营特派员）被数倍于我的敌人包围在山上，突不出来，当时的情况是：部队伤亡很大，我们既没有粮食吃，又没有弹药补充，与军团部和其他突围出去的部队失去了联系，虽然我们顽强地与敌人血战，但终因寡不敌众而失败，突围出来的只有十多个同志。

我们处在人地生疏而又找不到向导的艰难境地，加之我们的子弹已经打光，而敌人还在搜山，无法行动，十多个同志只好暂时躲在一个山洼里。几天没有吃饭，一个个饿得头昏眼花，浑身无力。我们这当中有个团参谋，有一个排长，一个卫生员，有团部一个挑夫，还有省委工作队的一个年轻人，另外还有几个战士。我们正在考虑如何走出大深山去寻找部队，突然，省委工作队那个青年人不见了。不多久，就来了一大群当地少数民族头人的地方武装，他们被国民党反动派收买，上山搜捕红军来了。就这样，在我们没有反抗能力的情况下，我和十几个红军战士都被他们抓下山来。到了一个村子边，他们把我们捆在外面。我们身上带的东西都拿走了，我一条系裤子的皮带也被他们用麻绳换跑了。过了一会儿，来了几个人，给我们每个人一碗饭，我们几天来粒米未沾，管他三七二十一，吃了再说。吃完饭，他们就押着我们往村旁边一座山上走去。我一边慢慢地走，一边注意观察，发现在押解我们的这批人中，有个 60 多岁的老头，蓄了一点胡须，头发花白，像是个领头的。我当时估计可能要把我们押到国民党军队里去。我暗暗盘算，现在吃了一碗饭，肚子里有了东西，体力会慢慢恢复一点，等会有机会就逃，这几个人不是我们这些老兵的对手。其他同志也在左顾右盼，凭眼神，大家都心照不宣。等到了离村五六里的山上，他们叫我们背着他们面朝前站在一起，我正思考这些人想干什么，忽然，那个团参谋挣开了绳子，一下子钻进野草丛中逃走了。于是，背后排枪响了，我们其余的人都被打倒在地上。离这不远有个天然岩洞，大约有一丈来深，他们就把我们一个个拖着往洞里扔下去。枪响的时候，我觉得大腿根部一麻，一个跟头栽在地上。当一个家伙抓着我的脚要往洞里拖时，发现我还有点气，没有死，就说要补一枪，那个老头摇摇头，伸手拦住那家伙的枪说："活不了的，丢下去算了"。那家伙才又把我继续往洞里拖，因为我面朝下，脸上、肚子上的皮都擦破了，以后肚子上掉了一大块黑痂子，像烧焦的锅巴一样。我被丢进洞里，就昏过去了，也不知道过了多久我才苏醒过来的。到处是黑洞洞的。我伸手一摸，边上都是牺牲同志，心里非常悲痛。过了一会儿，好像听见有人呻吟。原来，还有两个人活着，一个是团部那个湖南平江籍的挑夫，当时他是手上和腰部中弹，腰部那颗子弹没有出来。再一个是湖北阳新籍的那个排长，子弹没有射中致命伤。他穿着国民党部队的衣服，我和那个挑夫是便服。我是子弹从左臀部打进去，从左大腿根穿出。我们三人挣扎着，互相搀扶着，好不容易爬出了这死人坑。我们慢慢摸到一座山上，山顶有棵树，周围是茅草，远看像个草棚子，离这棵树不远的地方，我们发现有棵野洋桃树，我们口干肚饥，就打几个洋桃来吃。洋桃树下面有个小水洼，面积只有脸盆那么大，稀泥上大约浮着半寸深的清水，用手捧不起来，我们就用草管子来吸，三个人轮流喝，喝光了一会又涨起来了。三个人都喝饱了，就一边休息，一边开个小会，商量如何尽快离开这个危险地区，去找红军。我们分析了当时的情况，敌人没有完全撤走，还在到处搜捕红军，所以，我们就说是给国民党军队当挑夫挂了花，千万不能说是红军。因为，一方面当时国民党是几支部队包围我们，他们互相之间也搞不清楚，特别他们一贯都是乱抓人当挑夫的，所以容易混过去。另一方面，群众都痛恨国民党抓丁拉夫，如果我们说是被拉的挑夫，会得到群众的同情，不会被人怀疑。商量好了我们就决定三个人保持一定距离走，以防备意想不到的突然情况。总之，我们的信心是坚定的，都盼早日回到部队，回到母亲——共产党的怀抱里。

就这样,我们三个人拉开距离,慢慢往山下走。到了山下,就有人问："你们是干什么的？"我们就说当挑夫，负了伤，走不了啦。那些人看到我们每个人身上都有窟窿，鲜血淋淋，他们害怕极了，叫我们赶快走开。走到第三天，那个湖南挑夫走不动了，因为子弹没有出来，伤势太重,牺牲了。我和那个排长继续走。我伤在腿上,伤的比那个排长重些，又要走路，所以伤口不停地流着血水，渐渐地我又掉在后面很远了。那位排长返回来对我说："你在后面慢慢走吧，我在前面走，如果能找到部队，我一定来接你。"我说："你不要管我，你先走吧，多多保重，为了革命，咱们要坚持到底！"说完，我们两个紧紧握手告别，含着热泪分开了。

离石阡县城只有 30 多公里样子，我却走了三四天才到城关。一路上都是讨饭充饥。一进县城，就看到许多国民党的伤兵在城里逛来逛去。我在城内碰见了那个排长，他在敌人收容所里，每天两顿稀饭，还可以出来走走。我问他怎么去收容所的，他指了指身上的国民党军装，说衣服里面有番号，还有生产衣服的那个厂盖的标记，所以他就冒充国民党的伤兵进去了，谎称打仗挂了花，走不得，掉了队。他还说收容所里还有少数打散了的红军战士，因为那个时候红军部队没有军装发，穿什么衣服的都有，所以，混在里面吃那两顿稀饭，顺便能有点药治伤，等身体恢复好再去找咱们的部队。我不想久留，还是决定离开石阡县，往东方向走，以后那个排长的情况就不清楚了。

但是到什么地方去找党组织和红军呢？想来想去，只有到湖南去找党组织、找红军。因为红军在湖南活动较多，党的组织比较坚强、健全。主意已定，就开始走，沿途讨饭，从贵州往湖南走。当走到湖南湘西凤凰县一个地方时，伤口化脓，疼痛钻心，还散发着臭气。倒霉的事也临到我头上了。有天晚上刚走到凤凰县城南关，天就黑了，我钻进路边一个稻草堆里睡觉。才睡着，突然来了三个国民党的兵，不容分说，把我五花大绑，由一个匪排长模样的家伙带着，送过沱江，到他们营长那里去。一到敌营部，那个排长报功说："报告营长，捉到一个探子！"那个营长把我上下看了一遍，问道："你是干什么的？"我说："是当挑夫的。""给哪个部队当挑夫？""湘军十九师。""师长是谁？"我答："李觉。""他与何键什么关系？""他是何键的女婿！"我不假思索地回答他。为什么我能对答如流呢？因为我曾经搞过保卫工作，对于敌人上层人物的情况掌握不少。李觉这个人本来是何键的马弁，后来和何键的女儿鬼混，何知道后要杀李，被何妻阻拦，何女儿也不依，何无法，只好把李送军官学校学习，回来后，当上湘军十九师的师长。敌营长看我答得对，而且又是湖南口音，就又问："你为什么不跟队伍走啦？"我说:"打仗挂了花,走不动了,你看！"说着，把伤口亮给他看，他一看，伤口还在化脓，血淋淋的，还有股恶臭味，连忙把鼻子一捂，回头训斥那个排长，"混蛋！你说他是探子有什么根据？"那个排长支支吾吾答不上来。其实他不过想邀功发点财罢了，结果被营长骂了一通，叫他和一个小兵把我送出警戒线。他们把我送出警戒线之后，我又犯了愁，到哪里过夜呢？天这么黑，又是秋天，晚上凉气袭人，我还是上杀场那身单衣。我四面望望，忽然发现左边不远的山上有火光，我想那不是村子，就是烧砖或烧炭的窑。于是，我就朝着火光方向走。到跟前一看，果然是个烧炭的窑，周围一个人也没有，我就偎在旁边过了一晚。第二天天不亮就又上路了。这一带很乱，一到天黑就不时有枪响，搞得人心惶惶，家家户户不等天完全黑下来就都把门关上了。我也不到别人家里去，因为我赤着脚，身上的血衣又脏又臭，头发胡子老长，伤口也是血腥腥的，谁看了都害怕。不过这样也好,我就借这身装束少惹了许多麻烦,只管赶路。就是讨饭，别人看我这个样子也赶快给点残汤剩饭打发我走了事。

到了辰溪境内，我就顺着大路往常德方向走。有一天，我遇着一个老年人，斜背着个小包袱，迎面走过来，我就上前问一下路，他回答我以后，问我："你还有路费吗？"我说："一个钱也没有。"他就随手在身上摸出三个大铜板给我。这种铜板一个就是 100 文。我非常感激这个老人，正要道谢，老头又说："你不是贺龙的人，就是肖克的人。"我大吃一惊，但很快又镇静下来，心想：他怎么知道的？他是什么人？是我们的地下交通还是敌的探子，或者是闯江湖的人？不摸底，不好怎么回答他，只好避开这个问题，谢谢他给的三个铜板。他再没有说别的，就继续往前走了。这下子我心里就不平静了，莫不是我们红军在附近一带有活动？要不然这个人怎么知道贺龙和肖克的名字呢？想到这，身上劲也来了，加快脚步往前赶。路上老百姓看见我这个样子，说："这个人好可怜啊！"问我到哪去，怎么搞成这样子，我说："回家乡去。给国民党的部队抓去挑担子负了伤，没办法，倒霉。"群众听我这么一说很同情，多少送点东西给我吃。

当走了将近三个月后的一天，到了一个村子边上，听到村边有两个老百姓在议论，说是红军到桃源县一带来啦，像蚊子一样多呢！这下我可高兴了。为了打听情况，我就到路边一家小饭铺里去，想边吃饭，边再打听打听消息。饭铺老板是个三四十岁的妇女，见我像个叫花子样子，就先问我有没有钱。我说有，把剩下两个铜板拿出来给她，她这才很快把饭菜端上来，我就狼吞虎咽吃起来。老板没什么事，坐在旁边，我就边吃边和她闲扯，她问我是干什么的，到哪去？我照原来编的回答她，她热心快肠地说："这里有小路到长沙。到桃源去不得，听说红军到了县城，到处都是，像蚊子一样多哟！”我嘴里“嗯，嗯！”心里可高兴极了，看来红军到桃源一带是确实的了，恨不得一下子飞回部队。可是距桃源县城有 40 多公里路，天又快黑了，走夜路路不熟，只好等天明再走。我经过路边上一座大房子，见门前有个人在那里坐着，我就过去借宿，一问，原来这个人是长工，这家主人是小地主，听说红军到了桃源，吓得跑到别处躲风去了，留下这个长工看家。这个长工很热情地招呼我进去安宿，和他做个伴。这天晚上，我怎么也睡不着。第二天天刚麻麻亮，我就起身，那个长工还给我炒了点剩饭吃。走呀，走呀，走到第二天天黑，才到桃源县城东南面沅江边上。

到江边，又沿江找渡船，好容易才在江边找到一只小船。撑船的是个老头，他见我一再恳求他帮忙把我送过江去，就说：“好吧，硬要去城里，我就送你过江吧，红军对你们乞丐人是特别好的，给东西吃，给衣服穿，好得很！”说着，就把我送过了江。到达对岸，离城还有几里路，实在有点走不动了，因为伤还没有完全好，一天又赶了这么远的路，真是累极了。可是又怕部队转移，下定决心，今天晚上无论如何也要赶到城里去找红军。咬紧牙，又坚持往城里走。快到城关了，我看见路边上有几个人影在晃动，我蹲下来仔细观察，见是几个穿便衣的，头上扎着布包头，背着枪，像是在放排哨。我观察了一会儿，看没有什么可疑的情况，就走近他们问：“你们是什么部队？”他们答道:“我们是红军。”其中一个像领班的问我，“老乡，你是干什么的？”我激动地回答说:“同志，我也是红军，可找到你们啦！”他们看着我，觉得有点奇怪，因为我当时的样子实在是狼狈不堪。他们就派一个人把我送到连部。到了连部，他们知道我还没有吃饭，一个战士就提了个小木桶来，里面有半桶饭，还有一大碗肥猪肉。啊呀！这可是几个月来第一次呀，我大口大口地吃，竟把饭和肉全部吃精光！这顿饭我一辈子都记得。第二天，上午八九点钟了，同志们还把我留在连部，我就说要去军团部，要给首长汇报。于是，他们就把我送到十八团团部。李建驹同志在该团当特派员，他问："你是在红军中干什么的？"我说："当特派员"。李有点惊奇，说："哦，你也当特派员？"他就打电话给十七师侦察科长谭善和同志，问有没有当特派员的方国同志，谭善和同志认识我，马上说："有，有！赶快把他送到军团部来。"这样我就到了军团部。军团部是梁英才同志接见我，彼此认识，老战友见面，真是高兴万分！英才同志马上带我去见了肖克同志。我刚坐下，正准备汇报，贺老总来了。这是我第一次见到贺老总。肖克同志向贺老总介绍说："这是五十二团一个营特派员，刚从贵州回来的。"贺老总亲切地点了点头，招呼我坐下来谈。这时候，我百感交集，喉咙哽咽，一时说不出话来，直到警卫员端碗开水放到我面前桌上，我才渐渐平静一点，开始向两位首长详细地汇报了这段经历。首长们听到我们五十二团牺牲那么多同志，受到那么大的损失，心情都很沉重。听完汇报，贺老总深情地说："同志，你吃苦了。不过革命就是要不怕流血牺牲。"随后，首长就叫我先在副官处休息，把头发理一理，洗个澡，先把伤治好。贺老总和肖克同志的亲切关怀，使我感动得热泪盈眶！找到了红军，就是回到了母亲的怀抱啊！因为在路上我经常钻进稻草堆过夜，所以在理发时从我两只耳朵里各取出两颗谷子。同志们纷纷送些日用品和衣服给我，就是鞋子没有办法解决，因为我几个月来都是打赤脚，脚板皮很硬，走石子山路也不在乎，可就是脚板变宽了，什么鞋也穿不上，后来好容易跑遍了桃源县城，才买了一双大胶鞋，算有鞋穿了。队伍开到永顺县以后，我见到了保卫局局长吴德峰同志，还闹了一个小笑话。吴德峰同志问我："你伤好了没有？"我说："还没好。"他说：要抓紧时间治疗，我打条子你到卫生部去吃点补药。我接过条子问侦察科长马延仕同志："局长叫我到卫生部去吃补药，补药是什么？是苦的还是甜的？"马科长说："当然是苦的。"我说："那我不吃，还不如买两个糖饼子好吃。"说得大家哈哈大笑，说我真是个"土包子"。这也难怪，我过去穷得连饭都没得吃，哪晓得补药是什么呀！

经过一段不太长时间的治疗，我的伤基本上好了，就被分配到湘鄂西红校当特派员，开始了新的战斗生活。（方延成整理）

选自《红六军团征战记》下，解放军出版社1994年6月版，第52—58页。

方国，时为红六军团第五十二团第二营特派员。红军长征时任红二方面军保卫局侦察科代理科长。

死亡线上的斗争

刘俊秀

1934年8月，红六军团在任弼时、肖克、王震等同志领导下，由湘赣边出发长征。10月底进入了湘、鄂、川、黔边区，与贺龙、关向应领导的红二军团①在酉阳县（川、湘交界处②）会合后，打败了湘西敌人陈渠珍等部，开辟了永顺、大庸、桑植、龙山、慈利等县广大红色区，留下了红十七师四十九团在那里驻防。省委为了巩固根据地，相机向西发展，组织了一个工作团，组织上分配我担任主任，派到永（顺）沅（陵）交界的枢纽地带石堤溪区工作，准备成立永沅中心县委。

这地区是新开辟的，工作没有基础，土匪地主武装又多。由于红军进展胜利，当时有一部分土匪投机参加了我们的游击队，他们利用红军的名义，喊着打土豪的口号，实际上却干着“发洋财”的勾当。

1935年1月，国民党反动派调集了大批兵力，向我们红区和红军进攻，永顺县城首先被敌人占领了，原驻石堤溪的红四十九团调去执行别的任务，敌人又乘机把石堤溪占领了。由土匪改编过来的游击队，也因为没有经过彻底的改造，在敌人大举进攻的情况下，大多数都叛变了，剩下的少数几十个人，在该区委书记陈玉莲率领下，向省委驻扎的地区靠拢了。

① 此时称红三军。

② 应为川黔交界处。

敌人虽然占领了这地区，情况虽然复杂、紧张、危险到极点，我们没有得到省委指示，是不能随便离开这个地区的。反动派正在大肆屠杀当地革命干部和群众。到了紧急关头，如果我们丢开干部和群众不管，也不是共产党员应有的态度。因此，我们立即决定留下，和隐蔽起来的十几个区干部和十几个游击队员取得联系，在这个地区坚持游击战争。当晚我就召集区干部开会布置任务，因为周围敌人距离太近，深夜 3 点钟左右我们就转移了地区。我们刚离开那里把队伍带到山顶上不久，原来的村子就被敌人包围了，为了避免敌人直接追击的威胁，我们又继续向省委的驻扎地——塔卧靠拢,走了一天一晚,到达土桥才停下宿营（两地相距约 40 公里）。

我们到什么地方，敌人就追击到什么地方，我们的行动，敌人很快就会知道。原来，区干部中有一个军事部长（原当过土匪），处在这种紧张情况下，发生动摇，由动摇发展到直接与敌人勾结，向敌人报告我们的行动方向，让敌人在我们的前进的道路上，埋伏四五百兵力，企图消灭我们。到了第二天早上,四面都出现了敌人,到处只听见喊杀喊捉。面对这样严重的关头，有的受伤，有的被俘，只剩下我和原来带领的五个游击队员和三四个区干部，继续不顾一切地向仅有的一条狭窄的石路猛冲。这是一条非常险要的道路，左边是石岩，右边是小河，敌人用密集的排枪向我们射击，而且不断地咆哮，“缴枪！投降！抓活的！”

“你国民党土匪，有什么资格要我投降？老子为革命，为穷人翻身，就是要消灭你们，今天虽然虎落平原，还是要斗争到底！”我一面冲着，一面这样斩钉截铁地答复了敌人的叫嚣。

冲了一阵，冲到了一条小桥，后面追击的敌人，相距只有 100 余步，前面小桥上敌人布置的两个哨兵拦阻。哨兵拿着枪对着我，以为这一下真可以抓活的了，这时候，我也表现着一种似乎只好束手被抓的神情，等到挨近了他们，神不知鬼不觉的，双手紧握拳头，一边一拳，就把哨兵打下了河，我们也便冲过了小桥。

过了桥，再冲一阵，后面的敌人追得更近了，前面又发现了一个班的敌人，埋伏着阻挡我们的去路。

“站住！哪一部分的？”敌人辨不清我们是自己人还是红军，一面打枪，一面叫喊。

“莫打枪！五连的！”我们有一位同志，知道敌人的番号，就这样答复了他们。我们大家也边冲边这样喊着。

我们喊着，冲着，越冲越近，敌人以为真的是他们自己人，便把队伍向路旁移开了几步。我利用了这一空隙，死劲地冲过去了，后面的几个同志，因为没有赶上，没有冲过去，全部都被截住了。

冲过了这一关后，我改变了策略，弯弯曲曲地跑进了漫无人烟的深山，遍山都是平头的丛草，我藏起来了，敌人虽然搜山搜到天黑，也没有搜到我。待敌人集中回去宿营时，我又继续摸索着走，打算到大庸县的丁家溶去找六军团政治部。

当晚，我走了一整夜，又走到了贺虎溪（相距 30 多公里），已经天亮了。这是我们原来打游击的地方，离政治部还有三四十公里，要经过龙枣关偷渡大庸河。沿途都布满了土匪和地主武装，白天不便走，只好藏在贺虎溪山上，准备晚上再走。不料，敌人包围了这座山，到处搜捕，把我从岩洞里搜出来抓住了。

敌人把我抓住以后，我身边的三块银元搜去了，身上的衣服也一件一件被剥下了。

“剥光他，剥光他就在这里枪毙！”

“老子今天落到你们这些土匪手上，你们要杀老子，难道做鬼就不要穿衣服吗？”这时候，在知道已经死定了，要死也不能屈服，我大声骂着，坚决抱住最后的一件衬衣，两条裤子，不让土匪再剥了，结果算是没有被敌人剥光。

正当要把我就地枪毙的时候，匪徒们的意见忽然分歧了，他们迷信，怕鬼，有人主张带到一个不远的偏僻的平场上去杀，因为岩洞靠近大路，大路上杀人怕阴鬼出现，来往不便。

拉着我下山的时候，前面派了三个尖兵，因为没有绳子，就用两个人左右抓住我的手，背后一个人拿了一把马刀，其余的都拿着枪在后面跟着。

路是非常狭窄而且不平的，左边是很陡的山坡，右边是一眼望不清楚的悬崖。这时候，我记起了在马克思大学首长教导我们的几句话：跑马最要当心转弯，到了紧急关头，更要经得起考验。我的思想上没有别的考虑，只要为党为革命奋斗到底，保持了一个共产党员的高度气节，死是没有问题的，问题就是如何死得英勇，死得痛快。要痛快就是反抗，如果服服帖帖地让匪徒们拉到平场上挖眼睛，割耳朵，一刀一刀地给他杀，那是不会痛快的。我想：就在这山坡上连拉带滚地把抓着我的两个人，一齐跌到悬崖下面去，我自已会死得痛快，还可以跌死两个敌人，我就不亏本了。

想着，走着，走了约莫 300 多步，抬头一看，前面相距几十步远就是平场所在，我知道就是杀我的地方了，已经不容许我再有别的想头了。路越来越窄，靠在右边抓着我的敌人，几乎没有他站脚的地方了，也担心我把他打下悬崖去，自动地松了手，退到我的背后。我知道时间不能再拖，机会不能再错过了，我把左手死劲一推，抓我左手的敌人预防不及，就被我摔到悬崖下面去了，我趁此机会，飞也似地两三个箭步，就跃过了前面三个敌人。这时，我的情绪虽然万分紧张，脑子里却很清楚，知道已经不是单纯的如何死得痛快，而是大有可能从死里逃生了。尽管几十支枪的子弹像暴雨似地在我周围唰唰叫，我一点没有顾虑，拼命地向前狂奔。跑了几里，前面横着一座桥，桥这边并排站了三个人，他们不知道我是怎么一个人，只听前后面枪声叫喊声，竟想拦住我，我大声地喝着，两个手指朝他们的眼睛叉过去，吓得他们不敢动手，眼睛盯着我跑过去了。

就这样，一口气狂奔了五公里，终于脱离了敌人的虎口。

脱险后，我接连翻过了三个山坡，找到一个茂密的树林里，人很累了，肚子也饿了，只好躺在毛草丛中休息，等待晚上再走。

晚上，从树林里摸出来，想找大路。走了五六公里远，突然发现一只老虎，眼睛炯炯发光从我的左面走来，要从我的身边横过，我虽然赤手空拳，并不觉得害怕，也没有什么抵抗的办法，情不自禁的狠狠地吼了一声，老虎竟被我吓得仓皇逃走了。

当夜 11 点钟左右，我又摸到了离石堤溪 15 公里的地方，找到一家老百姓，从门缝里看到还没有睡觉，房子里的摆设也很穷，我便大胆地叫开了门，请他弄了饭给我吃。这时，我身边没有了一个钱，又不能违反群众纪律，我就脱下一条单裤，送给主人，说：

“老板，对不起，我身边没有钱了，我们红军是不能损害老百姓一针一线的，这条裤子就作为补你的饭钱吧。”

主人看见我的衣单，天气又冷，坚决不肯收受，我认为没有任何理由吃饭不给钱，无论如何非把裤子送给他不可。因此，主人受感动了，说：“同志！只有你们红军对待老百姓才真好。前几天过了许多国民党的军队，抢了老百姓的东西不给钱不算，还要打骂老百姓呀！”

这时，主人目不转睛地望着我，越望越奇怪，终于轻轻地说：

“你是不是在石堤溪开过会的省委员？”（在我工作的地区，群众都是习惯地喊我省委员的）

“是呀，我在石堤溪开过会呀！我姓刘，我是省委工作团的主任嘛。”

“哎呀，同志，你们那样辛辛苦苦帮我们穷人办事情，吃这一点粗饭还要给钱？不要说了，不要说了。”

经他这么一说，我也的确不好再坚持了，只好说：“好吧，我就谢谢你了，你这样爱护我，是我的恩人，等我们的红军回来，再来报答你。”

我问清了他的姓名，记下来。他又告诉了我一些敌情，怎么朝石堤溪（相距约 30 里）的方向走，而又可以绕过石堤溪的敌人。

夜已经很深了，大雨大雪还是不停地下着。临走时，主人又送我一个斗笠。

走到离石堤溪只有五六里路远，发现了一个小村，这时已经 3 点钟光景了。前面发现两个火把，朝我这方面走来，我担心是敌人查哨的，立即躲在路旁屋檐下，看见他们过去，看清了是两个穿破衣服的老百姓，我跟上去了，在他们一个的背上轻轻一拍，“老板，你们哪里去？”

“你是哪里的？”他们被我一拍，吓得一跳，很奇怪而且很紧张地望着我。

“我是红军。”

“红军？你一个人还在这里？这里到处都是敌人，村政府的主席，农会主席都被敌人杀了，你不怕杀头？”说话的神气，像是警告我，又像是担心我的安全。

“是呀，我因为走痛了脚，掉了队，要请你们两位想个办法，帮助我脱离这个难关。”

“好吧”，他们想了一想，低声地说：“不要慌，跟我们来。”

走到了他们家里，关上门。他们一个是木匠，一个是裁缝。木匠老板连忙喊醒了他的老婆给我烧饭，我们就坐下来谈着敌人的情况了。

这一带都是山，因为雪深，看不清路了，再继续走就非有人带路不可。

“我想请你们替我带一段路好吗？”

他们没有马上回答，也没有作声，脑子里像是在考虑：不送我过意不去，送了又怕回不了头。按当时白色恐怖的严重情况，我是懂得他们这种心理的。

这时候他们也望着我发呆，似乎也认识我，问我是不是在石堤溪开过会的省委员。我又把名字告诉了他们。

木匠老板走到灶下拣了几根香杆粗的柴禾棍，折断来，双手合着摇了几摇，然后两手分开，掐着指头一算，连连点头，说：

“可以送，可以送，卦上说‘清吉平安’。”

吃过饭，木匠老板安置我在铺上躺了一下，其实我是没有睡着的，脑子里想着人家这样殷勤地照顾我，怎样来答谢他呢？除了脱衣服送他，是再没有别的办法的。想着想着，天已经麻麻亮了，木匠老板也起来了，我一面说明红军不能违犯群众纪律的道理，一面把脱下的一条裤子和袜子送给他。但是，无论如何他总是不肯接受，我说："老板，如果你愿意我顺利的插过敌人的封锁线，就请你收下我的衣服，换过一件老百姓的破衣给我穿，因为我穿的是军装，不好走。"其实我是想拿我的好衣服换他的破衣服，让他得一点好处。

木匠老板被我说通了，换了衣服，还给我加上了一个篾背笠，并亲自带路送我走过了最危险的地带，我就请他回去了。

我一个人继续走着，快要走到一个叫岩板坡的地方，发现路面踩得稀烂，向老百姓打听，只说昨天到过军队。是国民党的军队呢？还是我们自己的队伍呢？我想：如果到了敌军，一定有岗哨，但一路都没有，看路上踩的足迹，经过的队伍并没有很多，顶多过了一连，如果是敌人，一个连的力量，便不敢朝我们省委的方向走，而且路又只有这么一条，只好边走边看了。

一直走了十多公里，到了马兰坳。发现了哨兵："站住，你是哪里来的？"

"我是石堤溪来的！"这时候我已经判明了是我们自己的队伍。

"你到哪里去？"

"我回省委去，你们是哪一部分？"

哨兵告诉我是石堤溪区游击队，问到了陈书记也在这里，于是找到了陈书记，弄清楚了一下情况，后来才到省委去。

到了省委，卫兵不让我进去，看见我的样子变了，衣服也变了，还听说我被敌人杀了。我只好要他找廖明科长。廖一见我，也大惊，因为大家都以为我真的被杀了的。

廖把我带到任弼时同志那里，刚刚进门，我喊了一声"弼时同志"，并说出了我的名字，他掉头一看，跳过来，双手紧紧地抱住了我，马上让我换上他自己的衣服，给我照应的停停当当，那种革命大家庭的友爱，使我永远感到温暖。

在省委休息了七天，因为工作的需要，省委找我谈话，分配我的工作，那又是非常艰苦的任务，我毫不犹豫地又接受了新的任务。

选自《红六军团征战记》下，解放军出版社1994年6月版，第59—65页。

刘俊秀，1904 年生，江西永新人。1926 年投身农民运动，1927 年加入中国共产党。1934 年 8 月任红六军团政治部地方工作部部长。湘鄂川黔省委成立后，先后担任永沅、燕桑等中心县委书记。1935 年跟随红二、六军团长征。新中国成立后，历任中共江西省委常委、组织部部长，省委书记处书记、省委书记等职务。1985 年在南昌逝世。

多才多艺宣传家

朱家胜

1934 年 11 月间，中国工农红军二、六军团西征途中，在湖南永顺县龙家寨地区取得了歼敌两个旅大部、击溃敌一个旅的重大胜利，并先后攻占了永顺、桑植、大庸等县城，乘胜进军湘北，占领桃源，包围常德。敌人惊恐万状，急忙调兵遣将，向红军反扑。1935 年 3 月，敌李觉纵队十九师占领了大庸县城，并继续向西进犯。3 月 20 日，敌人五个团气势汹汹地窜到后坪附近，红二、六军团从正面迎击敌人。

3 月 21 日上午，后坪战斗正在激烈地进行。我（时任五十一团统计文书）正在救护所登记伤亡人员名字，红六军团政治部宣传部干事贺茂德背来一个伤员。我和卫生员急忙把伤员轻轻放在稻草上，只见这位伤员昏迷不醒，脸上、身上全是斑斑血迹。贺茂德着急地对我说："你们赶紧给他包扎伤口，我去找担架。"医生迅速给他包扎伤口，我给他擦拭脸上的血迹。这时，我才看清，这位伤员生着浓黑的眉毛，白皙的面孔，好面熟呀。我从他的挎包里拿出一叠被子弹穿了好多窟窿的文件，迅速看了一下，发现这些文件中有湘鄂川省苏维埃政府的布告。我的心顿时紧张起来，这不是老刘吗？我握住他的手，正要呼唤他，只见他微微地睁开双眼，朝我看了一眼，嘴唇吃力地翕动了一下，想说什么却不能说，头一歪，牺牲了。

我的心像被撕碎了，久久说不出话来。

他原叫刘祥光，后改名刘光明，是我们红六军团政治部宣传部副部长，全军团有名的多才多艺的宣传家，人称“神笔”。他1907年出生在江西省莲花县棠市的一个农民家里，小学毕业后，便辍学在家务农。他靠着刻苦自学，当了村里的小学教师。1926年，湘赣边界的农民运动迅速发展，刘光明参加了农民协会。从此，他投身于轰轰烈烈的革命斗争。1928年夏，红军接连攻取永新、莲花等县，在莲花县成立了苏维埃政权，刘光明被调到县团委宣传部工作。

1930年，我到莲花县团委当炊事员，认识了刘光明。他有文化，我是没有文化的木匠学徒，但他对我像亲兄弟，除帮我做饭外，一有空就教我读书识字，给我讲什么是共产国际、十月革命啦，什么是社会主义、共产主义啦，为什么要打土豪分田地啦，将来中国的光明前途啦，等等。我在县团委和他相处只有两个多月时间，但在他的帮助下，懂得了不少革命道理。

后来，我离开县团委，到南村区（南村是地名，区政府设在这里就叫南村区）工作，十分想念刘光明，几次进城去找他，但都没有找到。1932年，我参加了红军。这年桂林坊战斗之后，我们七十一团在松山整训，政治处派我到永新城去购买文化用品。经过三门前村时，只见一位穿着新草鞋的红军战士提着石灰桶，站在高高的云梯上写标语。我走近一看，哈，这不正是我日夜想念的老刘吗！我高兴极了，正想跟他打招呼，又怕分散他的注意力，便按捺着激动的心情，默默地站在梯子下等着。他写完标语下来，一眼就认出我来，高兴地叫起来，“老伙计，没想到今天在这里见面了！”他抱住我摇个不停，那个亲热劲儿就甭提了。

“工作忙不忙？参加过战斗没有？”他一边询问一边拉我坐到房屋墙边的台阶上。

“我们刚打了桂林坊，现在松山休整。我去城里买些东西。”

“你的学习怎么样，文化水平提高了吧？”他还像以前一样关心我的学习。

“我也当了几天宣传员，字写不好，就贴标语。你这两年的情况怎么样？我怎么到处找不到你？”他听我这一问，脸上那欢快的表情顿时消失了，停了好一会，才吐出心里话说：“你离开县团委不久，有人诬陷我是AB团，关了很久啊！要不是甘泗淇同志来莲花县检查工作时把我放出来，我恐怕早就见马克思了。”他沉思了一下，接着说：“放出来后，领导上知道我过去做过宣传工作，又会写大标语，就调我到湘赣省军区政治部帮助工作，后来又调到红八军政治部宣传部工作。”

这次见面后，我们经常来往，谈工作，拉家常，互相勉励。在和他的交往中，我受到了不少的教育和帮助。他做宣传工作，不怕苦，不怕累，每到一处，刚放下背包，就深入部队了解思想情况，做深入细致的思想工作。他讲话深入浅出，通俗易懂，又能结合实际，对当时部队文化水平较低的或文盲战士来说，这是特别需要的，因而很受部队的欢迎。他还向群众宣传我党的政治主张，使广大群众由于不了解红军而逃避，很快变成靠拢和支持红军，有的就投入到革命斗争中来。他刻苦肯干，身体力行。他能写能画，每到一处，就在墙上写大标语。他写的大标语不同于一般的标语，每一个字也就是一幅画，是一种字画结合的艺术标语。

他原先只有高小文化程度，为什么能写出这样的标语呢？有一次，我指着墙上的标语向他提出这个问题。他说：“不会就学嘛！红军写在墙上的标语口号，就是中国共产党的政治主张，要想让它深入人心，就必须把它写好，让人爱看。要写好它，没有别的办法，只有多写，多练嘛！”

他这样说，也确实是这样做的。他除了在写标语的实践中提高外，还抽时间在地上练习写和画。

部队在永新县牛田整训时，有一天乘中午休息的时候，我去找老刘。他当时不在，有人说他提着桶出去了。我想可能写标语去了。我在村里找了一阵没找到，便来到村外。这时，我远远看见晒谷场上有个人在地上扫来扫去，走近一瞧，原来正是老刘在练习写大字，画人像。

“人家写标语用笔，你怎么用扫帚？”我感到新鲜，问他。

“扫帚写的字大，好看一些嘛！”他边擦脸上的汗水边笑着说。

“哎哟！你练习写标语，还画光头菩萨干什么？”我指着他画在地上的人像说。

“这不是菩萨，是人像。你看我画得像不像？”

“像谁呀？”

“你如果认得出来,说明我画得像;如果你认不出来,就是画得不像。”

我眯着眼仔细看了一遍，蛮有把握地指着画像说：“这个光头就是蒋介石，小胡子是日本人，对不对？”“对对对！”他高兴地回答。

他写得好，画得也好，正如他自己所说的，是勤学苦练的结果。他每到一处，就搜集国民党的报纸书刊进行分析研究，并从俘虏的白军那里了解敌军内部的政治情况和军政头子的情况。有一次，他问几个俘虏军官，“你们见过蒋介石、王东原①、陈光中没有？”敌军官回答:“除了蒋介石,都见过。”老刘仔细询问了王东原、陈光中的情况,包括胖瘦、高矮、有无麻子和金牙等，一一记在本子上，作为写标语画人像时的参考。行军作战，他都同战士们在一起。战斗中，战士们的英雄行为和高大形象都印在他脑子里，所以他画的标语里的人物都惟妙惟肖，形象生动，引起人们的很大兴趣。

1934 年 8 月，红六军团离开湘赣苏区，西征到湘鄂川黔革命根据地。我们所经过的桂东、桂阳、嘉禾，以及湘西的永顺、大庸、桑植等地，到处都有刘光明写的——确切地说是画的——字画结合的大标语。红军西征途中，在新田只停留一天，他顾不上休息，就在县城里一些高墙上写了“活捉蒋介石！”“活捉王东原！”“对日宣战！”等几条大标语。他写的“活捉蒋介石”，既是五个字，又是两幅生动活泼的画。“活

① 原文误为王东元，本文统一为王东原。

捉”二字是用拿着武器的红军战士和工农群众伸出巨掌抓在蒋的头上的群像组成的;“蒋介石”三个字是被缚着的蒋光头。“对日宣战”的“对”字，画着红军战士和工农骑着战马向日本侵略军杀去，“日”字画成一个肥头大耳的日本财阀,“宣”字画了一个抗日战士正在发表演说,“战”字画中国人民对日作战的雄姿，右边的一撇，就像一把利剑，直向日本军阀的大肚皮刺去。

后来从抓住的王东原师政工处一个副官口中了解到，敌人对老刘写的大标语畏之如虎，恨之入骨。该师政工处长看到“活捉王东原”的大标语后非常恼火，标语中画的王东原又非常像，更使他惶恐不安。王东原就在城里，让他看到还得了。于是，他气急败坏地命令把红军写的标语洗刷掉。当时,就是这个被俘的副官带了一个排,费了九牛二虎之力，把纸标语和写在矮墙上的标语洗掉了。可是刘光明写在高墙上的“活捉蒋介石”、“活捉王东原”等字画结合的标语，却丝毫未动。由于周围的标语都没有了，这几条又高又大的标语更加突出，更加引人注目。

敌政工处长又恨又气地指着副官的鼻子责问，“蠢货！为什么还留下这个！”副官为难地回答，“太高了，谁也不敢上去刷洗。”政工处长想了想说：“那就把它改一改，我们不是常改红军的标语吗？”副官听了后，心里暗骂，“你才是真正的蠢货，能上去改，不就能把它洗掉了吗？”但他又不敢顶撞这个顶头上司，只好说:“咋改？‘共产党万岁’你可以把‘共产’二字改成‘国民’二字就行了，可这里的标语是‘活捉……’再说也没有会写这种字画标语的人，改得不好，老百姓会说我们打仗打不过红军，连写标语也不如人家。”

敌政工处长发火了，“那就拆墙，把有标语的墙都拆掉！”在场人听说要拆墙，一来嫌太费事，不愿意干，二来怕老百姓反对，事态闹大。最后敌政工处长也感到难办，只好不了了之。

就这样，新田县城里的标语得以保存下来。它像火炬在燃烧，照耀着红军前进的道路，像一股无穷无尽的力量，鼓舞着革命人民去进行斗争。

刘光明是宣传部副部长，不仅以标语艺术闻名于全军团，而且是一名出色的宣传鼓动家。每次战斗，他总是随部队到阵地，一边参加战斗，一边进行宣传鼓动，鼓舞士气。他还编了许多对敌宣传口号，在战场上瓦解敌军，如："红军是工农自己的队伍，白军是地主官僚买办的队伍！""穷人不打穷人，士兵不打士兵！""你们为地主资本家打仗得了什么？我们为自己打仗得了土地！"等等。

1935年3月21日那天，后坪战斗一开始，刘光明就带着宣传部的贺茂德等几个干事，上了战斗第一线。他们冒着枪林弹雨，分散到战斗班组，一边向敌人还击，一边喊着简短的鼓动口号。在激烈的战斗中，刘光明不顾危险，来到阵地前沿，向敌人喊话，"白军士兵们，你们为官长卖命，打自己的红军，你们得到的是压迫剥削……"突然，一颗子弹射中了他的头部……

1981年秋天，我回到当年红军走过的地方访问，特地到后坪刘光明同志牺牲的地方去看了看。当地一些老人都了解那次战斗，都还记得那个会写字画结合的标语的刘部长。有些地方还保留着他写的大幅标语，一些革命纪念馆里还保存着他写的标语的复制品，它们已成为珍贵的革命文物，列入革命史册。老刘虽然离开我们50多年了，但是他的革命业绩却万古长青！

选自黄涛、常正、史立成选编：《红军长征珍记》，长征出版社1996年7月版，第311—316页。

难忘的鱼水情

李文

红军长征的伟大胜利，是在党的正确领导下，红军广大指战员不怕艰难牺牲，英勇奋战取得的，也是沿途广大人民群众全力支援的结果。没有人民群众的支援，长征的胜利是不可设想的。我在长征途中的一段经历，对此感受尤深。

1935 年，我在红六军团政治部总务处当管理员。部队从津市向湘西方向转移途中，在过一条小河时，突然遭到国民党军队的飞机轰炸，我的右小腿处被弹片划开了一个十来厘米长的大口子，鲜血直流。我当时只撕开一个急救包进行了简单的包扎，就又跟随部队踏上了新的征途。由于当时接连不断地行军打仗，我的腿伤没有条件治疗，伤口慢慢地感染化脓，小腿肿得粗粗的，行走越来越艰难。1935 年 5 月 7 日，我军与敌六十二师一部在龙山县茶林坡打了一仗后，主力部队决定于当晚以急行军的速度赶往另一个地方参加新的战斗。部队将我们八九十名伤病员托给当地党组织与人民群众照顾，想过几天再派人回来接我们。考虑到我们离开大部队后无人供给，组织上便给每个伤病员发了十块银元，还发了九两烟土，以便困难时将烟土换钱用。大部队刚离开，就听说国民党军队与当地的还乡团追了上来。我们原想在老乡家里休息和治疗，谁知情况突变，乡亲们把我们背着隐蔽到附近的山上。与我在一起的还有两个同志，都是负的腿伤。一个叫彭回仔（现名彭飞德），是个侦察队长，曾在一次攻城战斗中，右膝盖下方被敌人的子弹打伤。一个叫邓小仔，是个小司号员，那时他才十五六岁，他在一次立正吹冲锋号时，敌人的一颗子弹从他脚底横飞过去，打伤了八个脚趾。晚上，我们三人被背送到一个森林茂密、离村庄约有四五里路远的山头上，安置在石崖下。这里虽有蚊虫叮咬，但树木参天，藤蔓缠绕，比较利于隐蔽；而且山崖下有一小股清泉流过，为我们解决了喝水的大问题。第二天清晨，天刚蒙蒙亮，我们就听见附近山头上接连响起枪声，还听到了一声声惨叫，原来国民党军队和龙山县的还乡团搜山来了。这些恶狼见到伤病员就杀，我们的一些优秀指战员就这样英勇地牺牲了。附近山上的枪声断断续续地响了一上午，后来逐渐平静下来。我们心里都暗暗庆幸。然而，敌人并没有撤走，他们仍在组织拉网式的搜山。大约在太阳快下山的时候，还乡团的两个家伙终于搜到了我们躲藏的大石崖底下。虽然我们身上都堆了不少树叶伪装，这两个狡猾的家伙还是发现了我们。当一个瘦猴一样的家伙正要举枪向我们射击时，一个班长模样的拦住了他说："慢着！要他们死还不容易嘛？！先在他们身上刮点'油水'再说。"说着，就扑上来搜身。因我们事先已把每人的十块银元埋藏起来，他们只在我们身上搜到了一些烟土。那个班长模样的恶狠狠地说："你们死到临头了，还不快把光洋交出来，留着去见阎王有什么用？"我连忙骗哄他们说："我们是一些刚从家里出来的挑夫，红军没发光洋给我们，只给每人发了几两烟土。"那个班长模样的大概是茶陵县人，他听到我说话时满口的茶陵口音，便对那个瘦猴说："好吧！今天我就不亲手杀他们算了，让他们在这里慢慢地饿死吧！"说着，就指令那个家伙掠走了烟土，并把我们的衣服也全部脱走了。

在还乡团的这次搜山中，我们虽然幸免一死，但衣服被脱光了，加上三个人的腿伤处都化脓溃烂，爬都爬不了几步，怎能逃离这个境地呢？看来只能等着饿死了。到了第三天上午，我们三人都已饿得奄奄一息，连大声呻吟的气力都没有了，眼看着死神越来越逼近我们。突然，听到附近有窸窸窣窣的响声，我的心一下子提到了嗓子口：这下可完啦，大概是我们伤口的恶臭味引来了什么豺狼虎豹，这样，我们就别想再回到红军队伍里去了。然而，等了好大一会，也不见野兽前来袭扰，却听到了一阵小声的对话声："喂！老头子，你看这石崖下躺着的三个人，好像还没死。不知道是些什么人啊？""哎！不会是坏人吧？！救人要紧，我们还是先过去看看再说吧。"我用力睁开眼睛循声望去，在隔我们两丈开外的地方，站着一对50来岁的夫妇，看样子是上山来打柴采药的。他们慢慢地来到了我们身边，这下我看得更清楚了：那男的大约有五十一二岁，背稍有些佝偻，看样子是个老实巴交的种田人。那女的约四十八九岁，大概是生活的艰难和时日的煎熬，眼角与额头刻下了一道道不浅的皱纹。他们问我们是干什么的，为何落到这步田地？我们看到夫妇俩都是那样憨厚、诚实，断定他们是一些心地善良的乡亲，便将我们的身世和如何隐蔽到这里的情况一五一十地告诉了他们。听说我们是红军，他们顿时亲热起来。老两口连连安慰我们说："不要紧的！我们就住在附近的刘家冲里，现在马上回去给你们弄吃的和穿的来。"说着，他们就回村里去了。果然，过了大约三个来小时，老两口就带着一个十四五岁的女孩，提着满篮子饭菜和衣服，又来到了我们所在的大石崖底下。他们帮我们先穿好衣服，接着把一碗碗饭菜送到我们的手上。这饭菜可真香啊！这时只有司号员小邓低着个脑袋，好像还有一些不高兴。原来老乡家再也找不出第三套青蓝色的衣服，只好把那个妹子的花衣服也拿来了。小邓穿上花衣服后，怪不好意思。老两口连忙说："我们再想办法给这伢子弄套青蓝色的衣服来，先将就着穿一两天，给我们当一两天'妹子'也好呀！"几句话，说得小邓也忍俊不禁，马上笑着对老两口说："大叔、大婶，我还真没穿过这花衣服呢，我就给您们当'闺女'算了。"说着笑着，不觉得太阳已西沉了。我们催促他们回去休息。他们说第二天再来。翌日清晨，我们还在睡梦中没醒过来，他们三人带着满身露水，又来到了我们的身边。这次，他们不仅给我们带来了可口的饭菜，还带来了一些草药和草药熬成的药水，我们看着他们的眼睛里布满了血丝，就知道他们为我们准备饭菜和草药，准是熬了一整夜。看着这三位和蔼可亲的老乡，我的心头一阵阵发热。吃过早饭，那位大叔就提出要给我们上药。他还用个小竹筒带来了一些桐油，我开始还不知道这桐油可派什么用场。大叔第一个要为我上药，我看见自己的伤口化脓生蛆，奇臭难闻，怕他见了恶心，提出要自己上药，可这位大叔不由分说，捉住我的右腿就左瞧右看起来，他看着我的伤口烂成这样，用一般的草药水清洗已不能解决问题。于是，他用嘴喝了一口桐油漱口，一下子就把嘴贴到我的伤口上，使劲地吸起脓血和蛆虫来。我被这突然的举动吓呆了：这么恶臭的伤口，怎能用嘴去吸脓血和蛆虫呢？我想把这位大叔推开，但他像磐石一样地蹲在地上，我怎么也推不动他。他吸出一口脓血和蛆虫，又喝一口桐油漱漱口。后来，我才知道，这位大叔懂一点草药和治伤的土方子，他用桐油漱口，就是一种消毒的土办法。在这位智勇善良的大叔面前，我感动得泪如雨下，他用嘴把我伤口的脓血和蛆虫吸完后，又用草药水细心地洗了几遍，然后才敷上捣碎的草药。把我们三个人的伤口都清洗干净，并敷完草药时，他的衣服早已被汗水湿透了。一连六天，他一家人天天来给我们送饭送药，给我们清洗伤口，敷药治疗。这种土办法还真见效，由于这位大叔用嘴把我伤口的脓血和蛆虫全部吸了出来，加上清洗敷药，疼痛难忍的伤口不再痛了，伤口周围开始有痒痒的感觉。大叔说这是好兆头，是伤口好转并开始长新肌肉了。我听后十分高兴，精神一振作，居然能拄着树枝站起来走动了。在大叔的精心治疗下，我那两位战友的腿伤也好了许多，小邓不用拐棍也能慢慢行走了。到了第七天上午，这位大叔又带着妻子女儿来了，他告诉我们，为了更好地照顾我们，避免天天送饭送药引起别人怀疑，他们已在自家屋后边的小山坡上挖了一个土洞，要把我们接回去住。我们想也对，就同意了。那天晚上，在他们一家人的搀扶下，我们大约走了四五里山路，悄悄地来到了他们家屋后那个新挖的土洞子里。第二天拂晓时分，那位大叔突然跑来把我们叫醒，说是还乡团又来到了邻村，很快要到刘家冲里来搜查。大叔提出要回原来的隐蔽地点去。我们想到还乡团此来肯定又要大举搜山，久留这里迟早会暴露目标，而且还会连累这一家乡亲。于是，我们决定离开这里去追赶部队。这位大叔看到我们执意要走，加上情况紧急，他也不好继续挽留，只好偕同妻子、女儿前来扶送我们。他们把家里一些能做干粮吃的东西全部给我们带上，我们决定每人留下几块光洋来酬谢大叔一家，但他说什么也不肯收下。没有办法，我们只好决定以后再来报谢这些可敬可亲的乡亲。他们一家人扶送我们走了一里多路，天快亮了，我们怕遇上还乡团，决定晓宿夜行。于是，只好与这三位乡亲洒泪告别。后来，我们追上了部队，转战在湘鄂川黔边区，并于当年 11 月 19 日随主力部队从桑植刘家坪等地出发，参加了举世闻名的长征。

光阴荏苒，转眼 50 多年过去了。每当我回忆起这段往事时，我心情就久久难以平静，这一家三口人的音容笑貌时常浮现在我眼前。军民之间的鱼水深情，不正是革命胜利的源泉吗？（刘唐益整理）

选自《红六军团征战记》下，解放军出版社1994年6月版，第109—113页。

李文，红军长征时为红六军团政治部总务处管理员。

红军女儿队在两河口被捉

李桂香

我原住在永顺万福，现住在万坪农场小寨。以前家里很困难，靠父母亲捡柴卖维持生活，那时，我刚满16岁。有一天跟父亲一起捡柴，回来要过河，因涨水险些被水淹死了，幸亏父亲救了我。我们是准备把柴背到龙家寨去卖的。

就是这年（1934年）11月，贺龙带领红军从永顺开来，驻扎在龙家寨。红军有的背枪，很多都是背的撬子，挎的大刀，撬子、大刀上有红须子。只有二至三天时间,矮子老沙（即周燮卿）带着好多兵赶来了，红军退到十万坪准备要打一大仗。

周矮子的队伍是乱七八糟的，他们见到姑娘就抓。这天吃晚饭的时候（大约是15日）就听到枪声响了。有一个匪兵把我拖了一下，我吓得直喊，因为枪声响了，他也就把我放了。这次打死的都是矮子老沙的兵。红军在二面的山岗上，敌人在下面。晚上红军喊我们："老板！你们回来开开门，我们是红军，敌人被我们打死了。"我们听到是红军叫我们，就走到外面一看，发现敌人死得多，红军也伤了不少。红军伤员都往龙家寨抬。要人洗衣服，要人服侍伤兵，我们就参加红军女儿队帮助洗衣服，搞了几个月。我的父亲（李龙青）在万民岗也参加红军，在罗团长那里。有个刘辉轩，他是永顺濯罗人，在红军里当排长，我们建立了感情，便在他家里结了婚。那时他请了五天假，五天以后红军不见了，不知道往哪里开走了。当地土匪向英武听到刘辉轩回家结婚，曾跑来围了他的屋，捉过他，哪晓得我们已经走了。五天后我们连夜跑到利必溪，在那里住了三个多月洞子，是一个姓刘的娘娘给我们悄悄送饭的。钱还是红军自己出的，这里又被敌人发现了，他们到处说，捉到红军要用刀子剐，因此我们又连夜躲到毛家庄，这里又躲了20多天，衣服、背包都放在那里，走时也没有要了。

过了几个月，红军又开到官坝来了。我们俩去找红军，说明情况，部队又收下了我们。那时贺龙军长跟我们一起开伙食。部队从官坝到利福塔吃了餐中饭，走到细沙坝宿了一晚，第二天开到枫槽峪天就黑了。从这里起有三个连的妇女开始分手了。刘辉轩分到往龙山去的那个队，而我则跟着另外的队伍往桑植上河溪的方向去了。第二天我们也走到了茨岩塘。刘辉轩他们打龙山县城去了。打龙山县城的伤员也抬到茨岩塘来了。我们妇女队的人见到同志们被打得到处是伤，都忍不住哭了。我们像对待亲兄弟一样帮助伤员洗衣服。这里已成了后方医院了。以后我们被调到上河溪，也是替伤兵员洗衣服，不久又调到新街半个月，后又调到陈家河。听说要打仗了，我们驻扎到仓关峪，伤兵也往这里抬来。有人报告："军长，敌人打不退咧！"贺龙说："我去！"这里住了半个多月，就调到南岔的冯家湾了。贺龙的夫人蹇先任临产了，他的大女儿贺捷生就是在这里生的（1935年11月）。我们叫蹇先任："太太，你生个么得哟，让我们看看。"她说："莫叫我太太，就叫我姐姐好了。得个迫击炮（指女孩）没有什么看的。"在这里住了几个月，就到朱家台驻扎一段时间。

没有好久，听说红军要离开湘西，开到别的地方去。也告诉我们结了婚的，有病的，养伤的，都要开走，但必须赶到陈家河、仓关峪去。桑植朱家台的红军要送我们上去，怕的是沿途这一段是土匪窝子过不去。而仓关峪那里的队伍来信接我们，叫下面不要送。当时共三只船，是请的船夫，两船是赶队伍去的伤病员，一船是年轻妇女，叫红军女儿队。每只船上还放有三袋米包子。每只船有 30 人。我们都是从南岔上船的，当天开到大溪的破池宿了一晚。半夜蒙蒙月亮就有人给敌人报信了，快天亮时船往上开。船工对我们说，你们这次去都是做队长太太去的。早晨船开到岩狮子菩萨上面的河潭里，从对面的有桐子树的山上下来 30 多个土匪，都是团防王碧泉的人，经过河坎上的两栋屋旁，边朝河里打枪边喊："你们通红军，把船靠岸，不准动了，要动，我们就开枪敲了你们！"那时我们只听到子弹打到河里，发出嚯嚯的声音。我们的那只船先停下来了。当时有两个人跳了水生死不明，有三个老婆婆也被跌下河，还有五个老些的和一个引伢儿的小姑娘没要放走外，其余都被抓了起来。我记得时间是 1935 年 11 月 10 日到 13 日，正是挖红薯的季节。

天将黑时，有十个匪兵把我们从两河口，经过马子岭、麻溶、老屋场送到张家胡，王碧泉他驻扎到张家胡的。那些伤病员走到我们后边，都进到妖雾溪沟里被土匪杀掉了。我们所有的衣服被子都被土匪抢光了，只剩下一个人。那天晚上，我想起这些同志，想起我的老公（刘辉轩），坐下来不讲话只是哭。那个土匪头目可能是王碧泉，他指着我说："这个姑娘是个病人。王兴富（就是我后来嫁的男人，当时家里很穷没有老婆，比我年纪大近十岁）在清明会上卖了头肥猪得光洋九元，我们就把这个女的用九块光洋卖给他做老婆。"一个土匪副队长说："你把那些哭的搞到坳上几枪剿哒！"因为很多的土匪都是年轻人，抓的都是年轻姑娘，每人想要一个，就没有这样做。女儿队的人坐在一个屋里被土匪一个一个地选走了。我就这样被卖到王兴富家里了。几十年来我受尽痛苦，直到解放后才过上真正的自由生活。

这些女儿队人员的姓，我记得的有：小江（不记得名字）配给王碧泉，老陈（不记得名字）配给王承锡，杨菊香配给王益斋，明秀姑配给王华南，邹贵英配给向虎卿，杨印香配给唐青儿，素玉香配给糯米它（小名），我自己配给王兴富。其余的记不清楚也不知道下落。从那时候起，王兴富回了家，我就给王家做工，没有在土匪队里了。不几天，红军刘团长来寻找我们，在老庄坡和王碧泉打了一仗，王碧泉打败了，红军也没有赶他们，听说赶掉的几个女儿队员又回到刘凤团长那里，驻扎在打鼓泉的麻栗溪，以后就开走了。其余的情况我就不知道了。

选自马继善主编:《曙前之路——红军长征在湖南》，岳麓书社1996年9月版，第392—395页。

李桂香，女，湖南永顺人。红军长征时为红二军团妇女队成员。

四、向湘黔边转移

抢渡澧水、沅江

刘转连

1935年10月,敌人对我湘鄂川黔根据地的“围剿”越来越紧。这次“围剿”的规模较之以往各次都大得多，除了原有的军队以外，敌人又新调来了孙连仲、樊嵩甫等纵队，连同湘鄂军阀的队伍，共约100多个团的兵力，企图由四面包围，将我军压缩于龙山、桑植地区，最后消灭我们。

形势顿时紧张起来。由于地形的局限，我军难以和敌人在当地周旋,加之我军创造湘鄂川黔根据地以来,即处于紧张的反“围剿”斗争，根据地未来得及很好建设，内部还不巩固，部队的兵员补充、物资供应都得不到充分的保证,要粉碎敌人这样大规模的“围剿”确是有困难的；同时，中央红军已经到达陕北，红四方面军也早已离开了通（江）、南（江）、巴（中），二、六军团已处于孤立的地位。根据这一情势，领导上决定：离开湘鄂川黔根据地，打到敌占区域，再相机北上。

部队火速从津市、澧州、临澧、石门等地集中到桑植一带，进行了短时间的休整,作好出征的准备。11月19日傍晚,大军告别了根据地，开始了英勇的长征。

在整个二、六军团的长征大军中，我们十七师被指令为先头部队。四十九团是先头团，任务是：抢渡澧水、沅江，把敌人依江筑成的双重封锁线撕开一个缺口，为全军打开进军的道路。

傍晚，部队出发了。事先侦悉，澧水沿岸的船只早已被国民党控制或破坏了。为了使抢渡迅速进行，便决定自己携带渡河器材。战士们除了随身的枪、弹以外，有的带绳子，有的拿斧、锯，有的扛毛竹竿，有的抬杉杆……队伍像一条长龙，向着澧水疾进。

经过两天的急行军，21 日下午，部队来到离潭口不远的一道山林里停下来。

这里离预定的抢渡点只有二三里路，原来想到达之后就突袭抢渡的。但是检查了一下渡江的准备，发现因为路太远、山路难走，又加上行军太急，许多笨重的木料都丢掉了。幸好，这里是山林地区，于是当即布置部队在原地砍伐竹木，我和团长王烈同志便赶到前面去看地形。

夕阳从我们的侧背斜射到江面上，一切都看得清清楚楚。这条有名的大水，江面并不甚宽，不过百把米，却很湍急，水面上激起团团的旋涡，扔下一根木棍眨眼就漂下了好远。对岸，沿着河边的高地上，大大小小的碉堡疏密不等地排列在那里，乌黑的枪眼阴森森地盯着江面和两岸的滩头。只要有人在江边一露面，这些黑眼里便会喷射出无数的子弹来。我们没有桥，没有船，也没有炮火掩护，要过去，只有搭乘自制的简陋的木筏，在这毫无遮掩的江面上冒着敌人密集的火力钻过去。

“今天又少不了一场恶战哪！”我对王烈同志说。

“是啊！”王团长点了点头，“可这样的情况咱们碰到的还少吗？”他话里充满着信心和豪气。

“黄昏就开始渡过，怎么样？”

“好，组织突击队，戳烂它这个‘马蜂窝’！”

我俩借着树丛作掩护，沿着江边观察了一阵，商定了渡江计划：

从全团挑出善于泅水的战士，组成偷渡的突击队。由王烈同志率领第一营，尾随突击队跟进；如果偷渡不成，即行强渡。渡河点就选在临近江边的一道山沟口子上。王团长组织渡河的准备工作。我又叫来了侦察排，要他们继续在上下游侦察，寻找合适的地点，准备正面偷渡不成时，便变主攻为佯攻，在别处偷渡。

布置好一切，我来到部队隐蔽的山沟。这里热热闹闹，渡江的各项准备工作正在紧张地进行：临时砍来的竹木堆得到处都是，战士们都匆忙地捆扎着筏子。一群战士围着王烈同志吵吵嚷嚷，原来报名参加突击队的人太多，王烈同志不得不再挑选一番。他费了若干口舌，好容易才劝说了大部分报名的同志到二梯队去，然后，挑出了30名年轻力壮水性好的战士，把突击队组织起来。他们一色的好武器，每人八个手榴弹，装束得紧俏、利索。火力队也已组织好了，全团的轻重机枪都集中起来，在岸边的山梁上排开，瞄准了敌人的碉堡。

当一切准备停当，天已渐渐黑下来了，暮色笼罩着山谷和江面。对岸的远山和碉堡都模模糊糊，看不真切了。王烈同志悄悄地走过来，低声地问我，“怎么样，开始吧？”

“好，开始！”

“嚓嚓嚓”一阵急促的脚步声，一串黑影从我的身边掠过，——突击队出动了。他们弯着腰，抬着木筏，急促地向江边跑去。突然，一个同志脚下一滑，摔倒了。我抢上去帮他把木筏放到肩上，随口说了一句：“沉住气哪，同志！渡过江去就是胜利！”

“首长放心，只要筏子沉不下去……”他又跑向前去，底下的半截话被风吹得听不清了。

突击队过去了，一营的同志也由王烈同志领着奔向前去。我站在路边，目送着他们。苍茫的夜色里，看不清他们的面孔，但从他们那沙沙的脚步声和急促的喘息声中，我觉得出他们都和刚才说话的那个战士一样，有点紧张却又充满信心。我完全信赖这些钢铁般的战士们。他们从江西出发，在敌人前堵后追中转战几千里，又在湘鄂川黔进行过多次战斗，没有一次艰险阻挡住过他们。现在，他们也一定能渡过江去。只要他们能踏上对岸就好了。

战斗开始进行得还算顺利，突击队已经到达了江边，有的已经把筏子推进水里。突然，一声刺耳的枪声划破了夜空，接着，敌人碉堡里吐出了一串串火光——敌人发觉了。

偷渡不成，只好强渡，我连忙命令火力队赶快开火。我们的掩护火力开始射击了，但因为火力太弱，压不住敌人的火力，尤其讨厌的是，这些仓促扎成的木筏很不结实，在奔向江边的一段路上，很多都被拖散了。在密集的敌火下，临时捆扎是来不及的。只见战士们匆忙地将残破的木筏推进江中，爬上去；有的干脆抱根木棒，跳进滚滚的江水，奋力向对岸游去。

我一面指挥火力掩护，一面向江中望着。天更黑了，看不见突击队和一营战士们的活动，也看不见登上敌岸的信号，只有一条条火链，不停地掠过江面；偶尔有几发迫击炮弹在江水中爆炸开来，激起一丛丛白色的水花。这种情况真使人焦急：到底怎样了？有没有打上滩头？伤亡大不大？……这时很想一营能派人回来，或者能下来个伤员问问情况，但是没有（据后来了解，伤员们除了伤势太重牺牲在江里，凡是能够坚持的，没有一个愿意回来，都游向前去了）。我只好压住心头的焦急，依据敌人的射击情形来判断战斗进展情况。

敌人的机枪一刻也不停，但射击的目标却在不时地变化。开始是扫射我方的岸边，接着便慢慢收缩，瞄向了江心，最后，一齐都集中到滩头上了。

“好！”我轻轻地吁了口气，暗暗想道，“只要我们登上了滩头，你就反不下来了！”

就像回答我这个想法似的，敌岸上突然腾起了一簇火光，一个碉堡被打着了。火光，照亮了滩头，映红了江水，借着火光，隐隐约约地可以看见几个战士正向敌人另一个碉堡扑去；岸边，尚未登陆的战士们扔开了木筏，涉过齐胸的江水，继续跨上岸去。江心里，无数载有红色战士的木筏和散乱的木棒正不断地涌向前去。

看着我军涌过江流，冲上滩头，敌人显然慌乱了，一股股敌兵从碉堡里涌出来，扑向我滩头阵地，企图把我们压回到江里。于是一场激烈的争夺战便在登陆点上展开。

正在这时，侦察员带来了一个令人兴奋的消息：这里进行的紧张战斗吸引了敌人，使得侦察排能够仔细地察看了近处的江面，就在下游四五里远的地方，他们测出了一个新的徒涉点，那里水不太深，水势也比较平稳，可以徒涉。

有了这个情况，完全从正面强渡就不必要了；而且突击队和一营同志们已经吸引了敌人的大部兵力和火力，给偷渡创造了很好的条件。于是我便带二、三营，赶到了徒涉点。

果然，敌人都注意一营突破的方向，这里的守备大大减弱了。借着夜幕的掩护，我们互相搀扶着涉过江水，一下子摸上了敌岸，扑到了敌人碉堡跟前。这些碉堡都是用砖块砌成的，里面铺满了稻草，顶盖也是用稻草搭成的，一个手榴弹甩进去，便立即燃烧起来。这给了我们很大方便：打一个，烧一个；这个烧起来，照着打另一个。这样一连打下了十几个。燃烧的碉堡，像一条长长的火龙，沿着江岸一直向一营的突破口伸展。敌人溃乱了，一营也趁势反击，全团胜利地会合了。

这时，我才详细了解了一营的战斗情况。他们打得的确十分艰苦。部队在通过江面时，有不少同志被敌人打中，牺牲在滔滔的江水里；登岸之后，又被敌人压缩在一段狭小的滩头，兵力展不开，受到了一些伤亡。就在渡江时，王烈同志负了伤，但他仍坚持游上岸去，指挥战斗；不幸又被打中，光荣牺牲了。王烈同志是个优秀的指挥员，在湘赣时我们就在一起，他平时工作深入细致，战斗勇敢，想不到在这刚刚迈出长征第一步的时候就牺牲了，实在令人痛心！让这滔滔不息的江水作历史的见证吧，这些用生命和鲜血铺平了进军道路的英雄们，人们会永久记着他的！

滩头战斗很快就结束了，夜里 10 点钟左右，我们便把沿江 30 几个碉堡全部打下了，又打垮了敌人一个营的增援，突破口已经牢牢控制住了，接着便动手搭浮桥。

半夜时分，我们把浮桥搭好了。我刚刚布置战士们原地休息，黑影里，远远看见一个同志在挨个叫战士们，“同志，睡不得，睡不得；这还不是睡觉的时候哩。再坚持一会，明天晚上一块睡吧！”

听声音是王震政委，我知道又有新的任务了，连忙跑上去。我向王政委简要地报告了渡过江战斗情况，他掏出地图，用手电照着，指了指前面沅江的渡口洞庭溪说：“再走它200里，把这个地方也夺下来！”

两天的急行军加上半夜的激战，已经十分疲劳了，但前面还有200里，还有一场可能碰到的恶战等着我们，实在够呛。可是沅江这条险流必须突破，我们必须抢到时间前面去，给敌人一个措手不及，把这个口子撕开！

我派侦察排换上便衣先头出发，任务是：不顾一切，插到洞庭溪，抢占渡口，夺取船只，接着又叫醒沉睡的战士们，继续跟进。

我们一路急走，从半夜开始到第二天晚上8点钟，才赶到洞庭溪。侦察排早已派人在路边等着了。原来他们黄昏时就赶到了，在接近渡口时，了解到这里只有16个地方团丁守着，他们根本不知道我军突破澧水的情况。侦察员们悄悄地摸进村子，首先干掉了敌人的哨兵，然后一下子闯进了敌人的房子，猛喊一声：“缴枪！”一枪未放就收拾了敌人。接着便割断了电线，封锁了消息，并找到木筏，做好了过江的准备。

我们进到村子，让前卫换下了侦察员的警戒。侦察排的同志又悄悄渡到江南去，以同样突然的动作，收拾了南岸渡口的敌人。随后我们和担任团队前卫的第三营也渡了过去，筹备木料，作架桥准备。

三营刚刚过完，我和王震政委正伏在地图上研究渡口和上下游的情况，忽然哨兵进来报告：发现江中有划船声，并且有手电光在晃动。我们估计可能是敌人，当即叫三营立即布置好，趁敌人还不明了情况，把他们诱到近前消灭掉。

夜漆黑，对面不见人影，部队悄悄地拉到江岸上埋伏起来，一排机枪架在岸上。敌船渐渐近了，大概听到了我们敲打木头声音，便高声嚷道："哪一部分的？"

"我们是李司令的。"我们知道这一带是李觉的队伍，早就作了准备。

船上一听，忙喊道："自己人，别误会，别误会。我们靠岸了！"

"好好，不客气。北岸恐怕有共军来，请靠到南岸来！"

敌人听话得很，乖乖地把三只大船拢到码头上来。预先埋伏下的战士们提着马灯跳上船去，像收拾货物似地把三船敌兵押送下来。这时，尾随在大船后面的一只小船发觉上当，调转船头企图逃跑，三营李营长立即坐上一只船，架上重机枪，拦腰截住，敌人只好老老实实地就擒了。

敌军的一个营长，直到被押到我们面前的时候，还惊奇地摸着头皮说："怪事，怪事，今天早上听说你们还在潭口，怎么这会儿就到了这里？"原来这伙敌人是从上游来的。他们早上接到从大庸打去的电话，得知我军已渡过澧水，便连忙赶来，打算在洞庭溪布防，防备我军抢渡沅江，谁知却一头钻进了网里。

这是个意外的收获，俘虏了300多敌人，还得到了几只大船，为部队渡河又增长加了一个条件。

后续部队赶来了。大军平安地跨过了又一道险流，继续向湘中挺进。

原载《星火燎原》选编之三，战士出版社1980年11月版。

选自《红军长征·回忆史料》（2），解放军出版社1992年9月版，第134—139页。

南下湘中[1]

左齐

1935年的11月，在全国人民救亡图存的呼声日益高涨的形势下，红二方面军[2]离开了湘鄂川黔苏区，开始北上。

从桑植出发，北上抗日，按说应该北去，怎么南下湘中了呢？

原来，当时包围我们的敌军，东南有陈耀汉、郭汝栋、陶广、李觉，西北有徐源泉、樊嵩甫、孙连仲，共合100个团以上的兵力，恰似一团黑压压的乌云，直向湘鄂川黔地区压来。我二方面军倘若突围向北，直接取道川陕北上，一道长江在前阻路，十万敌兵随后跟来，那危险可就太大了。因此，为了绕过长江天险，必须向它的上游取路；而要摆脱敌人的重兵，第一脚就得插向敌人的心脏，把敌军调到兵力空虚的湘中去。这就是我所能看到的当时的指挥意图。

自从11月19日出发，就是日以继夜的急行军。渡过澧水、沅江，到12月初，就进占了新化、锡矿山、蓝田市、溆浦、辰溪、浦口等城市，一下子就把敌人的手脚搞乱了。我们却在新化地区轰轰烈烈地开展了群众工作，部队也得到七天的休息。

这年，湘中是个好收成。秋谷刚收好，谷草堆得像山一样。橘园里一片橙黄，金皮球一般的橘子成串成束，压折了臂腕粗的根根枝条。稻

---

① 节选自左齐：《八千里路云和月》，内容略有调整。

② 此时为红二、六军团。

田里，放上了冬水。环顾四野，明亮耀目。橘园里的五颜六色，又从水中倒映而出，更显得十分好看。只可恨地主豪绅当道，人民群众难得温饱，没有歌声，也没有笑脸，到处都是死气沉沉。可是红军一到，可把土豪们吓昏了。刚刚从农民家里抢到手的谷子也顾不得了，扔下算盘，夹起账簿，逃的逃、溜的溜，逃不脱的就只好乖乖地给农民当了一次极好的反面教师。农民呢？可是乐美了。如今，他们看到了地主恶霸的下场，好痛快好舒服，意气随之奋发起来。投红军，闹革命，顿时成了一股风气。不几天，红军的兵员就增加了好几千。更有新化、锡矿山的一批工人，大革命的时候，就是有名的革命派，这次红军部队到来，不到一天光景，他们就组织起了一支名叫“抗日救国先遣队”的武装。

新化城，是资水中游不大不小的一个码头，相当繁华。红军初来，群众不明真相，江面上似乎也失去了往日的热闹。只有沿江停泊的几片大官船，却没有来得及逃掉。船上，插着盐运局的旗号，装满了成包的海盐。谁都知道，官盐也者，其实就是蒋盐。蒋盐不吃，更待何时？趁此机会，当时的六军团政治部主任，就领着我们广泛地宣传起“没收官僚资本，保护民族工商业”的政策来。私营企业，一个不动，欢迎开市；蒋记官盐，如数没收。商人一见，果然官、私有别，待遇不同，顿时打消了顾虑，卸下门板，活跃起来。于是，一时陷入沉静的江面上，大小帆船又复往来如梭，颇不寂寞了。没收的盐巴，立即标明价格：大包五块，小包三块，向广大人民出售。只消拿出一块银元，就能担回近百斤咸盐，足够食用几年，有些实在不名一文的，说清楚也可自管来搬。名为出售，实际等于散发。可是，老百姓慑于蒋介石的凶焰，不敢妄自搬取，我们打出这一个“出售”的名目，不过是用以解除群众畏惧，堵塞日后蒋贼的毒口而已。自然，红军也还可以从中略微为革命筹得一部分款子。当地群众，胆大的白天到，胆小的夜晚来，有的担筐，有的驮袋，往复搬盐，络绎不绝，熙熙攘攘，十分热闹。

我们在新化，为时只七日，扩兵逾千，筹款上万，收获委实不小。

随后，又忽而北返两下江，忽而南下龙潭市，最南竟到了武岗县属的高沙。这时，敌人从湘西北赶到湘中，积极准备向我围攻。于是我们才折转向西，在武岗与绥宁之间的瓦屋塘，把陶广的两个师打了一下，冲破了敌人围歼我军于湘中地区的阵势，向北渡过了沅江。这时，敌人方面可真是热闹非常，有的调转头顺着湘黔公路猛追，有的登上沅水里的小木船猛赶，唯恐被我们丢掉。

1936 年的元旦，我们是在芷江的竹平铺过的。这个地区很富，土豪很多，土豪的肥猪也很多，大家都很高兴，想要好好过个年，多吃几个菜。除夕晚上，我们和农民一道杀了土豪不少的猪，大伙帮大师傅的忙，又是猪肉，又是鸭子，烹得香香的。第二天中午，正要吃的时候，忽然听到啪啦啪啦的枪声，原来是敌人的先头部队赶到了。我们捞出肉来，担在肩上，向西开进了。二日到了晃县龙溪口住了三天，算是补过了一个新年。

等敌人 1 月 5 日追来时，我们为了给湖南敌人一个告别礼，折回 50 里，在便水和江浦，又把敌人敲打了一下。虽然没有全歼，却是大大挫伤了敌人的锐气，使我军进入黔东地区以后，得到了一个短时期的比较顺利的进军。

选自中国社会科学院现代革命史研究室编：《回忆贺龙》，上海人民出版社1979年11月版，第423—426页。

突　围

李立

从 1935 年春到 10 月底，我红二、六军团正确运用毛泽东同志的战略战术原则，先后夺取了陈家河、桃子溪、忠堡、板栗园战斗的胜利，粉碎了敌人 80 多个团的“围剿”。这些斗争的胜利和湘鄂川黔革命根据地的存在，把进攻我中央红军和湘鄂赣红军的一部分敌人吸引过来，这不仅有力地配合了中央红军的长征和其他革命根据地的斗争，也威胁了敌人的战略后方和蒋家王朝的统治。红二、六军团这支驰骋于东南和长江中游数省、到处扎根于人民群众的革命武装，成了国民党反动派的心腹之患，蒋介石总是必欲置之死地而后快。

1935 年 9 月，蒋介石置全国人民救亡图存的强烈呼声于不顾，乘我中央红军北抵陕甘，红四方面军远离四川之机，悍然对我活跃在湘鄂川黔革命根据地的红二、六军团发动了新的“围剿”。他从全国调来樊嵩甫、郭汝栋、李觉、万耀煌、陶广、郝梦龄、薛岳、汤恩伯、郭思演和四川的杨森、云南的孙渡等多路纵队，总共 130 多个团的强大兵力，像黑云恶浪一样从四面八方压向我军占据的桑植、龙山地区，妄图一举歼灭我军。形势非常严重，军情十分危急。

军分会主席贺龙同志临危不惧，沉着冷静，周密地分析了敌情。他认为，我军如果向北突围，前边是长江天险，后边有十数万追兵，这不仅扭转不了严重的局面，甚至有陷入绝境、全军覆没的危险。为了打破这次新的“围剿”，我们必须集中主力，直下湘中，深入敌人的后方堡垒地区，在运动战中寻找战机，消灭敌人，然后再视形势发展，挥师北上。11 月 19 日，我军在经过短期整训后，从桑植的刘家坪和轿子垭地区开始突围，踏上了更加艰难的战斗历程。

桑植到湘中之间，横亘着敌人早已重兵设防的澧水、沅江。为了迅速突破这两道防线，我前卫部队日夜兼程，经过两天两夜的急行军，于 21 日黄昏到达大庸和谿口之间的澧水北岸的张家湾附近。澧水是湖南有名的四大河流之一，虽然河宽不过百米，但水流湍急，河深浪大，一团团旋涡不时在河面上泛起，难以徒涉，而且盘踞在对岸的敌人沿河修起一座座坚固的碉堡，像一条条恶狼疯犬一样虎视眈眈地蹲在那里，张着血淋淋的嘴巴，随时准备扑向河面。

但是，红军是铁铸的硬汉，在他们的面前没有克服不了的困难。我先头部队为了给后续部队打开一条前进的道路，决定在晚上强行渡河。四十九团团长王烈同志，亲自率领一营战士，跟在突击队后面，乘着临时搭就的木排竹筏，冒着敌人密集的炮火，奋勇强渡。渡河部队到达江心，有的木排竹筏被敌人的炮火击中打坏，战士们就抱着木头或徒手游水过河。部队登岸之后，迅速占领河滩阵地，展开激烈对射，牵制住敌人的主力。

与此同时，我前卫团的另一部分主力也在下游四五里的地方找到一个可以徒涉的河滩，在向导的带领下，乘夜幕作掩护，从侧强行渡河。河对岸的敌人已被正面强渡的部队吸引，防备差、火力弱，前卫团很快摸了过去。敌人 30 多个碉堡一一被摧毁，赶来增援的一营敌军也被全部歼灭。敌人经营已久的澧水封锁线，经过这场紧张激烈的战斗，终于被我军胜利突破。

为了不给敌人以调整部署、加强防堵的机会，我军不顾疲劳，连续作战，迅速向敌人的第二道封锁线沅江突进。这天夜里，六军团政委王震同志亲自赶到前卫团进行慰问、鼓励和动员，大家受到很大鼓舞。第二天夜晚，前卫团经过 70 多公里的强行军到达沅江渡口洞庭溪，很快消灭了守备渡口的敌人。由于部队行动神速，这里的敌还不知道我军突破澧水的消息，他们在睡梦中没有醒来就当了我们的俘虏。

前卫团的另一部分渡过沅江、到达南岸不久，发现从上游驶来几条大船，船上载着赶来加强沅江防堵的一营敌军。他们在黑暗中打着手电筒乱照，还不知我们是红军，便高声喊问："你们是哪一部分的？"我们知道这一带是李觉的防区，就回答说："是李司令部下的。"船上忙嚷："都是自已人，不要误会。"我们"热情"地呼唤，请他们赶快靠岸。敌人不知是计，将船驶向岸边。我军战士趁势一个猛冲，把几条船上的敌军全部俘获。敌营长当了俘虏还莫名其妙，他早上才听说我军刚刚渡过澧水，那里料到我军在夜晚已渡过沅江正等着收拾他们呢！

我军的另一部分也以迅雷不及掩耳的快速动作，袭占了上游的大宴溪渡口，顺利地突破了敌人的沅江封锁线。

我军主力突破沅江后，立即实行战役展开。红六军团东渡资水，28日先后占领了新化、蓝田和锡矿山等地区。红二军团向南扩展，攻占溆浦、辰溪，控制了湘中的广大地区。

我军这次突如其来的行动，突破了敌人的封锁包围，直接威胁了湖南省会长沙，搞得敌人手忙脚乱，一时不知所措。

我军占领这些地区后，开展各种政治攻势，积极宣传党的抗日反蒋主张，发动群众，组织工农，扩大红军，筹集粮款，工作搞得热气腾腾，广大工农群众的革命精神为之一振。

这年秋天，湘中是个好年成，稻谷堆成山，橘子黄澄澄。那些地主、恶霸、豪绅刚把盘剥来的谷米装进仓，眼看桔子就要摘到手，不料想红军竟来了，他们一个个吓得屁滚尿流，躲的躲，逃的逃，成了丧家之犬。我军每到一地，都抓紧时间工作，放手发动群众，积极搜捕逃亡的地主恶霸和土豪劣绅，没收他们的粮食财物分给当地贫苦农民和城市贫农。广大群众看到这些平日横行乡里、任意欺压盘剥百姓的吸血鬼受到了应得的惩罚，一个个扬眉吐气，心里有说不出的高兴。他们认识到共产党、毛主席是人民的大救星，工农红军是劳苦大众自己的部队，纷纷报名参军，掀起了当红军、闹革命的热潮。仅红六军团所在的新化县锡矿山一带，七天当中就有 2000 多名新战士入伍。

新化城地处资水中游，物产丰富，经济繁荣，集市贸易比较发达。红军初到时，一些群众不明真相，商人小贩存有疑虑，交易买卖不甚活跃。我军大力宣传和坚决执行党中央和毛泽东同志规定的“没收官僚资本，保护民族工商业”的政策，并把没收的“官盐”从低标价售给人民群众，使集市贸易很快恢复发展起来。把“官盐”标的价格很低，实际上是通过合法买卖的形式分给广大群众，且不给敌人留下对群众进行报复的借口。市民群众解除顾虑，三五成群，肩挑手提，都来买盐；商人小贩也一块石头落下地，纷纷开门营业。

我们在锡矿的工人群众中间也进行了大量宣传工作和组织工作。这些工人对国民党反动统治极为不满，对日本帝国主义侵略我中华民族满怀义愤，他们经过我军的宣传教育，很快觉悟起来，立即组织了一支以矿山工人为主体、有许多青年和学生参加的抗日救国先遣队。这支工人武装，后来都参加了工农红军。

这一时期，我军不仅开展了轰轰烈烈的群众工作，壮大自己的力量，而且在筹粮筹款、集存物资方面也取得了很大成绩。在辰溪俘获敌人一个运输船队，仅布料一项就得了二万多匹。这样，我军既在短时期内得到了休整，又在物资上得到了补充，为我军继续前进、夺得新的胜利奠定了良好的物质基础。

敌人阵脚被我军突然行动打乱以后，蒋介石急忙改变策略，重新调整部署，由原来四面合围的攻势，迅速改组成五个纵队向我军追击。我军依据敌情，随机应变，决定掉头向西，由湘中经芷江、晃县向贵州前进。

选自《红六军团征战记》下，解放军出版社1994年6月版，第219—222页。

打出来的路

陈华堂

路是人们走出来的，但长征的路，却是红军战士用刺刀，手榴弹、用鲜血和生命打出来的。

1935 年 9 月，我们红六军团主力在湘西打垮了敌人的“围剿”，开始向贵州挺进，开始了长征。湘黔两省数倍于我的军阀，国民党“中央军”以及各色各样的反动地主武装，纠集在一起疯狂地向我们扑来，妄图把我们在沅陵江北一口吃掉。我先头部队刚渡过江去，浮桥便被敌机炸断，江边上的竹丛、柚林，也变成了一片熊熊火海……

尽管敌人空军恣意猖狂，但我们还是抢渡过来了。刚过江，敌人立即又沿着公路紧撵上来。我们则绕着崎岖的小路，日夜急行军，凭着两条腿杆和敌人的汽车赛跑。人,毕竟跑不赢汽车,敌人终于赶上了我们。

一个寒冷的清晨，我们正吃着饭，突然由远处传来“嗒嗒嗒”的机关枪声。战士们一听见枪响，都互相督促说：“快吃呀，今天咱们也换换枪。”

部队带好了饭，光等着出发了。可是直等到太阳老高，上级的行动命令还没下来。许多人等得不耐烦了，“怎么搞的，要走，要打，趁肚子饱！”“是嘛！”跛腿的司号员龙悬也凑上来插嘴，“好容易摊到个打仗的机会，偏偏就这么不顺当！”正在擦枪的小通信员向荣真，哗啦推上枪栓,“怎么,心急啦？你们要是说话算,你们就下命令得啦。”

他接着说："我看这里面必有名堂，一定是昨晚宿营时，上级就撒下了一条'口袋'、引敌人进来，今天再把口袋一收，把敌人统统兜进口袋里，背起走！"

近中午，团部通信员才来传达命令，叫我赶紧把部队带到团指挥所左边山梁上以后，马上到指挥所去。我当即指定七连连长负责集合队伍，自己带着小向就奔向山顶。

来到团指挥所，见师团首长都在。师政委晏福生对我说："现在前进的路上有敌人堵着，我们非打不可，不打，我们就走不过去！我们要张起口袋，把他们兜起来，吃掉、铲除这块绊脚石！"团长张辉指着右前方200多米处的主峰，交代我说："这里是敌人的主阵地，由四十七团主攻。他们打得很好，很快就要拿下来了。左前方那个山梁上，大约有敌人一个多连，你营的任务是：拿下那个山梁，切断敌主力的退路，减轻四十七团的负担。你们完成任务以后，马上从左边插回来，配合四十七团消灭敌人。"

我和小向离开指挥所，匆匆往左侧山梁走去，隐约地听见东南方向20多里以外，也在轰轰隆隆地响着炮声，看样子，那边二军团也和敌人接上火了。这时，指挥所右边主峰上下，到处是浓烟烈火，那是四十七团正和敌人鏖战。手榴弹震耳的爆炸声，子弹的呼啸声和战士们的冲杀呼喊，交织成一幅炽烈的战斗景象……

又走了没好远，忽然看见一营营长吴琨迎面走来，我不禁一怔，"老吴，你怎么也在这里？"他看了我一眼说："现在部队伤亡很大，命令我们下来整理……"他又向我介绍说："对面山上敌人的火力很强，在前进路上有个断壁，我们往下跳时，动作不迅速，造成不少伤亡，你们可一定要注意。"

给他这一讲，我觉得眼前的情况远比我所想象的要复杂，棘手得多，我就和小向折回来看地形。小向在我身旁不住地唠叨，"靠下点走，营长，敌人在打枪。"

我们在断壁左侧隐蔽下来。环顾山地地形，有如一只残缺的手掌，三道山梁，正像并列伸出的三根指头：团指挥所，在食指的右后方；四十七团攻打的山头，在食指、中指的会合点，我营进攻出发地上的那块断壁，面对敌人的机枪阵地。敌人的阵地下面，蜿蜒着一条条山水冲成的沟渠，直达山底，从斜面遥望那断壁，高约丈把，离指挥所 150 米，周围还有我们一些伤亡的同志没撤走。断壁下面连着一个陡坡，对面山梁上敌人的火力紧紧封锁着那里，只有陡坡下面一条干涸的河沟才是死角，如果往下跳的动作不快，部队必定要受损失。我正在考虑我营应该怎样下去，忽然背后一阵响亮而急促的号音响了，“嘀嘀嘀嗒——嘀嘀嘀”，这是指挥所的冲锋号。小向连忙爬起身来，问道：“去通知部队吗？营长？”

“不，快去把各连连长找来！”

我话音刚落，晏政委又派通信员来催了：动作快！四十七团那边打得正紧！我一听，更焦急了，命令小向快跑。一转眼工夫，三个连长都来了，我讲清地形，作好布置以后，又嘱咐大家，动作一定要迅速，在断壁顶上，一秒钟也不许停留！

我和小向怀里紧搂着枪，骨碌碌从陡坡上直滚下来。刹那间，营部通信班也来了。山顶上，敌人的重机枪子弹泼水一样地下来，我们的部队不见动静。我在下面急得火烧火燎的。小向似乎看透了我的心事，“营长让我上去吧？”

“再等一等！”我虽然着急，但却坚信只要把任务交代清楚，有天大的困难，部队也会克服的，保险不会误事。好像专为回答我的话一样，头顶上敌人的机枪刚“嗒嗒嗒”一停，蓦然，断壁右侧的八连立刻就抓住敌人火力间断的一瞬间，嗖嗖地冒着烟尘弹雨往下冲，敌人的火力顿时集中到右边；紧跟着，左边的九连趁敌人火力转移，立刻就行动起来，全营都按着预定计划，跳下断壁，但是，依然有许多同志伤亡在断壁下。

在河沟里，全营集合好以后，我随即命令：“九连、八连从沟左右两侧攻上去，我带着七连从正面仰攻。”这时，太阳已经偏西，天渐渐地阴起来，山腰上、峡谷里，到处飘着轻纱般的薄雾，在激昂的号音中，我们300多个红军战士，沿着鱼背形的山坡，运动到预定地点；七连刚一发起攻击，八、九连也接着冲了上去。

战斗更加激烈了。

山上面的敌人发疯似地向三面扫着机枪，死命封锁着我们冲锋的道路。我们的战士一批倒下去，一批跟上来，重伤号都揭开了手榴弹盖，准备和敌人同归于尽，轻伤员都从身上解下被单，撕成条条裹住伤口，继续向山上爬，冲在最前头的，拾起敌人投下来的手榴弹立刻又朝敌人甩去，敌阵地周围土块乱迸，烟火冲天。但是敌人毕竟是占有优势地形和强大的火力，正面的七连刚攻上去，就被敌人的手榴弹给顶住了，没多久，左边的九连、右边的八连都被敌人密集的火力压在山坡上……

一下午，我们反复冲锋四五次，始终没有冲上山顶，和敌人形成对峙状态。几个小时前还在说笑打闹、活蹦乱跳的战士们，这会儿，好些都已经倒在山坡上，营部通信班也打光了，只剩下小向一人。他眯起眼睛、严峻地盯着山顶，一会儿卧在一条土埂后，一会儿又跳到一块山石旁，专朝敌人的机枪射手打冷枪。

天近黄昏，枪声渐渐疏落。

指挥所的冲锋号，还是在不住气地吹。我心底涌起一种难以压抑的愤怒：再冲上去，跟敌人拼！但是，不行，硬拼只有给革命带来损失。要想拿下山头，就必须立刻改变战术。于是，我连忙把七连连长、指导员找来。

我交代他们赶紧重新整理一下部队，把打乱的建制合并起来，趁敌我对峙机会，组织少部分战士向敌人喊话，其余的人利用地形，从侧面摸上去，争取天一黑，就把敌人阵地拿下来。我又吩咐通信员小向和司号员龙悬分头到八、九连去传达我的命令。

天擦黑，山坡上三面响起了喊话声：

“红军优待俘虏，缴枪不杀！”

“……老乡，你们守不住的。”

“趁早下来缴枪、领几个钱回家吧！”

接着，在苍茫暮色的掩护下，我们的战士，都在顺着山坡影影绰绰地往上摸。敌人果然有些发毛了：机枪盲目地叫着，看不清目标乱打手榴弹。

这时，龙悬一跳一拐地弯着腰从左边蹿回来了，“营长，九连快摸上去啦！”

我一看七连离敌人也很近了，只是八连没有动静，难道小向会有什么意外，没有把我的命令带到？为什么还不回来呢？这工夫，部队已爬到敌人眼皮子底下。我刚想命令冲锋，突然“啪！啪！”响起了一阵清脆的枪声，子弹嗖嗖从头顶飞过，我不由唰地一震，“是敌人增援来了？”可是子弹是从敌人背后打来的，我抬头一瞥山顶，“敌人为啥慌乱起来？”情况不容我多想，反正先下手为强，我喊声：“同志们，冲啊！……”

部队吼成一片，一排排手榴弹往山顶扑去，敌人也猛烈地向我们射击，正在和敌人争夺阵地，突然又是一阵枪声大作。九连和七连的同志们齐声喊着：“八连上来了！八连上来了！同志们快打上山去！”

山顶上的敌人立刻像被鹰惊了的兔子，连机枪也不要了，撒腿就向山后坡狂奔。

我们刚拿下左侧的山梁，小向忽然从山后钻出来了，他手里提着马拐子，插在腰里的手榴弹，一颗颗全都揭着盖，我惊异地问道：“你到哪里去了？”

他说了几句什么，我也没听清，带着部队就往右插，等我们插到四十七团阵地时，那里的战斗也结束了。

天淅淅沥沥地下起雨来。脚底下，弹坑累累，被打死打伤的敌人，横七竖八到处都是。从俘虏口中，我们才知道他们就是嚣张一时的湖南军阀李觉的部队，有的战士对俘虏说道：

“湖南黄土不埋人吗？一定要跑到贵州来送死！”

俘虏们说：“这是李觉的命令，不怪我们。”

还有一个俘虏说：“我早就了解你们……我已经来过三次了。”

晚上，我们这个只剩八九十人的一个营，留在山头上担任警戒任务。经过一下午的鏖战，战士们又饿又累。有的人解开了饭包，拿出早晨带上的中午饭，不管冷热地吃着；有的人在搞稻草，准备就地露营；有的人倒在湿漉漉的山坡上就睡；也有些人，撑着雨伞或顶着片油布，坐在雨地里大摆龙门阵——指手画脚地谈着下午的战斗。

我布置完警戒回来，看见小向、龙悬正和几个战士起劲地谈着什么。我就问：

“你下午究竟溜到哪里去了？”

“营长，敌人背后的枪就是他打的。”龙悬抢着告诉我。

小向说：“我向八连传达完命令往回走，发现有条小沟直通山顶，两边枯草很多，我想上去看看回来再和你讲。爬了一程，敌人一直没发觉，在离敌人很近的时候，我的心就痒起来，想给敌人两枪，正好，半山腰里，同志们正向上冲着喊话，我绕到敌人屁股后头，就东一枪、西一枪打起来……”

大家都夸奖他勇敢机智，他却低着头害羞起来。“小向，以后可不能破坏纪律，要请示报告再行动。当然了，像今天这样的情况，你这么做是完全对的！……”听我一说，他忙站在我面前。我说：“调皮的家伙，去休息吧！”

半夜，天又下起雪来……

山顶上冷得很。战士们都蜷曲着身子，紧紧地依在稻草下面打呼噜。雪花唰唰地飘着，一团团黄色的稻草堆，很快就镀上了一层银。

第二天一早，雪雾云散，我们这支铁的洪流，迎着初升的朝霞，又踏上了征途。

选自《星火燎原·未刊稿》第4集，解放军出版社2007年8月版，第215—219页。

陈华堂，1911 年生，湖北天门人。1930 年加入中国共产主义青年团，1931 年参加中国工农红军，同年转为中国共产党党员。红六军团西征时任十六师四十六团三营营长。红军长征时任红六军团十七师五十一团参谋长、红六军团特务团团长。新中国成立后，曾任华东军区防空部队司令员，南京军区空军司令员，南京军区空军副司令员、军区空军党委副书记，福州军区空军司令员，国家计划委员会副主任等职。中共第九届中央候补委员。1955 年被授予少将军衔。1983 年在北京逝世。

“无产阶级工人团”的建立

罗章

“红军是人民的子弟兵，来自人民，服务于人民。”这就是红军为什么能成长壮大的重要原因。

我们红六军团从 1934 年 8 月 7 日到 10 月 24 日，在这短短近三个月的西征中，每天跋山涉水，几乎身不解衣，马不离鞍，时刻同敌人战斗，大小仗达数十次之多，部队伤亡很大。加上一路上留下来组织地方党和游击队的部队以及不能行动的伤员，部队更大大减员了。

这一时期，不管是行军打仗还是短期休整，都要扩大红军，扩军已经成为经常的工作了。从连到师都成立了扩兵组织：连、营叫扩红组，团、师叫扩红队。担任扩红工作的，都是临时从部队抽出来的能做宣传工作的年轻人，行军时，他们走在队伍最前头，宿营时，他们召开群众大会，遇人便讲，逢人便说，宣传红军政策：“红军是穷人的队伍，要打倒土豪劣绅，打倒军阀，分田地……人人有工做，人人有衣穿，人人有饭吃，人人有书读……红军是官兵平等的……”

经这一宣传，群众越来越多，这时再讲：“谁愿意当红军可以报名。”对参加红军的人要求很严格，首先要问：“是不是真的自愿？”然后再了解家庭成分，比如：家种多少地，几口人，雇长工不？遇到成分不好的，不合条件的，就劝说他在家好好劳动，若是在城里，对群众的宣传内容就要变一变，首先讲资本家和商人怎样剥削工人和店员，对愿意参加红军的店员，比要求乡村的农民更严格。问他们开买卖不？能吃苦不？扩来的红军战士，连、营都不许留，要交团扩红队统一分配，或者编成新的连、营、团单位。到贵州松桃①同二军团会合时，原六个团已减员近半。可是在湘鄂川黔近一年的时间，我们六军团又扩大了两倍多——成立了六个新团，并建立了十六、十七、十八三个师的指挥机关。

1935 年 11 月间，我们进入湖南省的新化、兰田后，先头部队又把锡矿山的一个保安团打跑了。我十六师师部，率领四十七团、四十八团又开进了锡矿山。听说红军进城了，大街小巷都挤满了人，欢迎红军。

这时，我们的扩红队又活跃起来了，他们各占一块地方，放上一张桌子，插上一杆红旗，再用几张白纸写上“红军报名处”几个大字，扩红队的同志，便拉开嗓门宣传红军政策，当场就有很多人报名参加了红军。

为什么街上有这样多的工人？他们为什么不做工？后来一打听才知道，原来这里的地下党发动了群众，罢工一天，欢迎红军，帮助红军筹粮筹款。锡矿山是有革命传统的，还在大革命以前，这里就有工会和工人纠察队。大革命失败后，工会、工人纠察队被解散，党组织也遭到破坏。但共产党人是杀不绝的，党在矿山存在着，秘密地领导工人同矿主斗争，打死矿警、要求改善伙食的罢工和其他政治性的斗争从未间断过。当地下党派人同我们接头时，我们十六师抽出一批党员干部，留在矿山加强了地下党的组织。后来听说，从红军走后，直到 1949 年全国解放时，锡矿山的党组织一直存在着，不断地发动工人同矿主斗争。

真是“工人见红军，亲如一家人”。我们在这里刚住上两天，许多工人就和红军交上了朋友，讲述他们的痛苦生活……

锡矿山分南北两矿，在第一次世界大战时，工人最多达六七万人。南矿矿主叫段楚贤，北矿矿主叫杨定轩，这两个封建买办头子，在矿上

---

① 应是印江木黄。

设了看井队镇压工人，还雇用湖南军阀李觉一个营的部队，在矿的周围设防，看守工人。

锡矿山出产的锑，虽是全国知名，世界第一，但工人创造的财富，却入了矿主的腰包。光是段楚贤这家伙一个人，每天就有万元收入，而工人却过着低下的牛马生活，每天只拿三四毛钱，去掉各种苛捐杂税，也就寥寥无几了;借钱也要找矿主，借白洋，白洋跌价还铜板，借铜板，铜板跌价还白洋。弄得工人衣食无着；加上当时又是手工开采，用镐头挖矿石，用脊背背矿石，晚上下工时，手流血，脊背磨掉了皮，上了年纪的工人都变成了驼背；矿井里没有通风设备，常有人昏倒在井底，有病也不许离矿,要坚持 12 小时以上的工作。死在井底下的人不计其数，死者得不到厂方安葬，要自家收尸。

矿上有百分之八十的工人得了职业病——矽肺病，这种病的死亡率是百分之七八十，矿上流行这样一首怨歌："有女不嫁石匠郎（指矿山工人），嫁出老婆做道场（丈夫已死、请道士诵经）。"

红军到了锡矿山，拨开云雾见晴天。锡矿山沸腾起来了！工人活跃起来了，两个矿主吓跑了，只留下些狗腿子和工头看矿。

有天晚上，我们正在师部开会，会议简单地读了备战情况后，就讨论起扩红的问题。大家认为：工人的积极性不能挫伤，但要尽量说服一部分人留在矿上，团结广大工人同矿主进行斗争，接着各团又报告了扩红的人数，一算，自愿报名的工人已有 1000 多。这时，师部的参谋走进会场说:"矿主派代表来谈判，说要钱可以，不要把工人带走，还说，今晚，请我们到矿上吃饭。"

师政委晏福生同志对大家笑了笑说："怎样？同志们！这些喝工人血的家伙来行贿了。"我们政委早在大革命时，就在安源煤矿做工，对资本家这一套把戏知道得一清二楚，他接着说："不要理他们，让他们滚蛋。"参谋扭身走出，把矿主派来的代表轰走了。

我们刚散会，矿主又派人送来四桌酒席。这下大家可怔住了，吃不吃呢？还是我们师政委有经验，他说："收下，不吃白不吃，先开开胃口，吃完了照样扩红，要钱。"住在师部附近的部队，和各团来开会的干部，把四桌酒席一扫而光，最后对矿主的代表说："回去告诉矿主，钱还是要，兵还是扩。"那几个派来的代表，灰溜溜地夹着尾巴走了。

前后三天的时间，自动报名参加红军的工人已经有 2000 多，经我们耐心说服，回去了几百人，最后还剩下 1800 多人。

"要成立无产阶级工人团"这消息一传开，师部各团部都忙起来了，赶做 1800 百多套灰军衣，抽马匹、枪支弹药，配备各级指挥员，在工人中选班排长，大街小巷，穿梭一般的人流，个个欢天喜地，虽是 11 月的冷天，却忙得满身是汗。

记得成立"无产阶级工人团"那天，异常热闹，在一个广场上，到处飘起红旗，到处锣鼓喧天。看热闹的群众，送行的工人家属和工人代表，人山人海。

一支无产阶级的新军诞生了。师政委晏福生同志还在会上讲了话："同志们：无产阶级工人团成立了。工人是最受压迫的，你们过去过着地下的牛马生活，身前身后是石头，头上脚下是石头，在不见天日的井底……红军就是为穷苦大众的翻身解放而战斗的。"这时台下高呼起口号："打倒帝国主义，打倒军阀，打倒封建买办头子……"千万人振臂高呼，有的群众也眼含着泪举起胳膊。

这支工人阶级的队伍，在万众欢呼声中，踏上长征的道路。

选自《星火燎原·未刊稿》第4集，解放军出版社2007年8月版，第190—193页。

罗章，1905 年生，江西万载人。1929 年参加中国工农红军，同年加入中国共产党。红军长征时为红六军团十六师四十八团团长。新中国成立后，曾任新疆军区军事法院院长。1955 年被授予少将军衔。1993 年逝世。

点燃锡矿山的革命烈火

覃国翰

1935 年 11 月下旬，红二、六军团在贺龙、任弼时同志的率领下，突破敌军的澧水、沅江封锁线，兵分三路，出其不意地直插湘中。六军团为左路军，渡过沅江之后，迅速东渡资水，向新化、锡矿山和蓝田（今涟源）挺进。

锡矿山是当时湖南省最大的矿山之一，有一万多名工人，几十家公司和炼厂。锡矿山的锑的储量很丰富，名闻世界，有“世界锑都”之称，在国民经济中占有极其重要的地位。锡矿山工人具有革命斗争传统，在大革命时期就开展过革命斗争。因此，锡矿山是红军长征途中进行革命活动、筹款和扩军一个比较理想的地区。

11 月 18 日，我们十六师在军团政委王震同志的带领下，从新化县城穿城而过，至桑植①、石界一带宿营。次日清晨，王震政委和师首长命令我们四十七团为先头部队，迅速攻占锡矿山。接到命令后，我和政委刘礼军立即召集了营、团干部紧急会议，确定由参谋长朱世柏率领二营打前锋，火速向锡矿山开进。

锡矿山除了有几百名武装矿警外，还驻有保安团。保安团和矿霸豪绅闻知红军要攻占矿山的消息，早就逃之夭夭了。留下 200 多名守矿警

① 原文误为桑梓。

察，不堪一击。二营在朱参谋长的指挥下，一顿饭的工夫就占领了锡矿山，歼灭了顽警十多人。当天下午，我师各部队陆续到达锡矿山。

我们进入锡矿山时，工人群众个个兴高采烈，不仅夹道欢迎，而且还燃放鞭炮。有的在门口点上小油灯给部队照路，有的做了好吃的慰劳我们，还有的腾出房子给我们住。

我们到达锡矿后，师部设在陶圹北矿。我团各营分驻在锡矿山至蓝田一线。当天，我团曾派一个营经查渡向蓝田方向前进，追剿保安团。

我军风驰电掣般地直插湘中，使敌军企图将我二、六军团围歼在龙山、永顺、桑植间的计划宣告破产，打乱了敌人的阵脚，迫使敌人不得不改“围剿”为“尾追”。在敌军改变部署调兵遣将期间，我们在富饶的湘中休整了一周，并开展广泛深入的群众工作。

我们占领锡矿山后，迅速将部队分散到各矿厂、街道和附近农村，开展宣传活动，书写标语，张贴告示，散发传单，演出文艺节目，召开群众大会，组织群众举行反帝游行示威。通过这些活动，广泛宣传党的抗日救国主张和各项方针政策，宣传红军的性质、宗旨、任务和严格的组织纪律。一时间，锡矿山各厂矿工地、宿舍区和街头、院落，到处都是“打倒日本帝国主义！”“打倒国民党反动派！”“打倒矿霸！”“打倒土豪劣绅！”“红军是工农子弟兵”等醒目标语。我们还在人口集中的宝大兴、德华盛、三角坪、飞水岩等大矿召开群众大会，由师、团领导登台讲演，向工农群众宣传讲解革命道理。记得师政委晏福生同志就曾用通俗易懂的语言和深入浅出的道理，向群众宣传说：“矿山老板不劳动，却养得肥头大耳，整天吃喝玩乐；你们工人天天在矿山劳动，晒得黑黑，饿得皮包骨头。这是为什么？是因为矿山老板残酷地压迫和剥削你们，是你们的血汗养活了他们。我们只有团结起来，打倒他们，才能翻身过上好日子。”

各部队还派干部战士到矿井、工地和车间访贫问苦，作社会调查。干部战士在调查中了解到，矿山工人每天要做十多个小时的繁重劳动，而老板发给的工饷，每人每日只合两角钱，就是这样低微的收入，老板还经常借故扣发，使工人们难以养家糊口。工人的安全、疾病医疗，根本无人过问。老板工头，还时常打骂工人，滥用私刑，工人过着非人的生活。干部战士用这些生动实际的例子启发工人群众的阶级觉悟。

通过各种形式的宣传教育，广大工人群众认识到红军是帮助工农闹翻身的队伍，是工农的子弟兵，只有跟着共产党和红军闹革命，打倒矿霸，地主，穷人才会有出头之日。他们很快就提高了阶级觉悟，激发了革命斗争的热情。那些在大革命时期就参加过革命斗争的老工人，革命热情更是高涨，不到一天光景，就组织起了一支名叫“抗日救国先遣队”的武装,各公司、厂矿成立了工人纠察队和“工人团”,光是参加“工人团”的就有3000多人。他们同我们密切配合，向人民群众宣传革命道理，协助部队筹粮筹款和扩军，组织工人、农民开展斗矿霸、打土豪的斗争。矿工们成群结队涌进被矿霸、资本家霸占的矿洞，自己动手打矿砂，夺回劳动果实以养家活命。大革命失败时被反动势力压下去的革命烈火，顿时又在锡矿山熊熊燃烧起来了。

群众发动起来后，红军立即组织他们开展反对矿霸、资本家的斗争，对那些反动的矿霸和豪绅，进行重点斗争和打击。宝大兴北矿的老板杨笃吾勾结官府，采取明买暗夺等手段，霸占矿地几千亩，在冷水江、安化开有公司、炼厂六家，每天收入银元几箩筐，还用压榨剥削的钱在新化、长沙等地修建了豪华的庄园。南矿开源公司的老板段楚贤，原是一个普通的资本家，由于他挖空心思地巧取豪夺，成了后来居上的暴发户。他在锡矿山拥有炼厂和采石厂十多家，雇请工人6000多，每天收入银元上万元，在冷水江和涟源等地都有他的仓库和锑庄。杨、段两个大矿霸豢养了上百名武装打手，利用这些反动武装，横行霸道。无恶不作，对广大工人和附近农民敲骨吸髓地进行剥削和压迫，群众恨之入骨。红军进矿山之间，他们早已逃到长沙去了。我们带领工农群众，首先抄了杨、段两个矿霸的家，解散了他们两家的私人武装，没收他们的财产，对于其他矿霸和豪绅的财产，也一律没收。没收的粮食和衣物，低价卖给广大群众。只要拿出一块银元，就可以担回一担稻谷。实在没有钱的穷苦工人农民，只要说清情况也可尽管来担。家里非常困难又没有劳动力的，我们就派战士主动送上门。名为出卖，实为散发。有些胆小怕事的群众，担心红军走后，矿霸和豪绅会找他们算账，甚至抓去坐牢，不敢要矿霸和豪绅家的粮食和衣物。红军和工人积极分子便耐心地进行宣传解释，说："过去，大家受苦受难，没吃一顿饱饭，没穿一件好衣服。现在红军来了，帮助大家斗矿霸、打土豪，从他们手里把劳动果实夺回来，这没有什么可怕的。红军走了迟早还会回来，只要我们工人农民团结起来同他们进行斗争，这个天总会变的。"我们打出"低价出卖"的名义，既是为了消除群众的畏惧，又是为了堵塞日后矿霸和豪绅的毒口。同时，红军也可多少筹集一点款子。一时间，打矿霸和土豪的群众蜂拥而至。天黑了，路上担粮背粮的群众仍络绎不绝。仅在矿霸段楚贤的大兴庄，担稻谷的群众就有四五百人。

部队在锡矿山除了打富济贫，开仓放粮外，还积极开展筹款工作，矿霸和豪绅得知红军要进驻锡矿山，早就将财物进行了疏散转移。有的把金银宝器和银元装进煤油桶埋在地下，或沉入水塘，丢进粪池，有的把精锑藏在煤堆下。为了给红军筹款，许多工人积极分子冒着日后被杀头报复的危险，不辞劳苦，给红军带路，探听和传递消息。一些知情的工人主动帮助红军挖寻银元、珠宝。由于群众的协助，那些埋在地下，沉入水塘、丢进粪池的银元、珠宝，有很多被找出来了。群众还发明了泼水找宝的方法，担水泼在地上，哪里渗水快就在哪里挖。用这个方法，仅在杨笃吾矿霸家里，就挖出了几煤油桶银元。

我们十六师在锡矿山各公司、矿厂和附近农村，只四天时间，就没收矿霸和土豪劣绅的稻谷 3000 多石，抄出银元 1.6 万多块，还有衣物、布匹一大批。这些物资，除了部分用来补充军需给养外，大部分分给了贫苦的工农群众。

我们在锡矿山，十分注意贯彻党的保护民族工商业的政策，对民族资产阶级和工商业者，进行抗日爱国教育，号召他们献粮献款，支援抗日。并根据工人农民代表提供的生产收入情况，提出派款。大多数民族资本家和工商者在党的政策和红军抗日行动的感召下，纷纷响应红军的号召，积极捐款、捐物。少数资本家和工商业者慑于红军的军事力量，也不得不出款出物。锡矿山几十家公司和炼局都捐了款。仅永福公司一家，就捐款银元1000块。一些商店、店铺也主动捐款和赠送雨伞、套鞋、布匹、衣物等。部队在锡矿山，共筹集银元数万元，还有大批布匹，我们用这些布匹，赶制了一大批军服，使部队都换了新装。

在锡矿山，我们部队严格遵守三大纪律八项注意，做到军纪严明，秋毫无犯，不损害群众一草一木，不拿群众一针一线，借群众的东西用完就归还，损坏东西照价赔偿。开始进驻矿山时，有的连队在工人农民的屋檐下、灶房或工棚里和衣而睡，不去打扰群众，对群众说话和气，讲究礼貌，使国民党反动派散布的“红军杀人放火、奸淫抢掠”的谣言不攻自破。红军到达锡矿山的第二天，大多数店铺照常开门营业，各矿厂照常开工，家家户户插上小红旗，欢迎红军。矿局还从各界人士中推选出24名代表组成接待站，负责红军部队的给养和筹款工作。特别是被推选出来的工人、农民代表，他们胸前挂着红符号，雄赳赳、气昂昂地给红军带路。老工人代表杨笃和带领红军和群众到土豪杨笃喜家里，亲手砸开了两座粮库和一个红薯窖。红军走到哪里，哪里就是鞭炮齐鸣，锣鼓喧天，呈现一派喜气洋洋的景象。

部队不仅对群众秋毫无犯，而且处处关心群众的疾苦。同志们把从矿霸和豪绅家里得来的粮食、布匹和衣物，主动送到缺吃少衣的穷人手里。有个叫李敦和的小孩，家里穷得连箩筐都没有，父亲病卧在床，看到别人担谷，他急得直哭。有个战士问明情况后，就担了一担谷送到他家里。有个战士路过一户老乡家，看到破房子里住着一个年老体弱的老婆婆，床上连被子也没有，十分可怜，便把自己的被子放在老婆婆的床上走了。有一个班的战士在没收一户土豪的财产时，错把邻居一户农民的农具和一头猪没收了。连队干部根据群众的反映，亲自调查弄清情况后，要战士们抬上农具，登门道歉，还从一土豪家抬了一头大肥猪赔给他，这户农民不敢要，连长便要战士把肥猪交给当地屠户杀了出售，折款赔偿。

锡矿山的工农群众对红军感情很深，他们把红军当成自己的亲人看待。当时正是初冬天气，群众见红军的衣服单薄，纷纷把好房子让给我们住，把新被子让给我们盖，主动为我们做饭、烧开水。一天晚上，一连一排住在一家土豪房子里的 30 多名红军发生了煤气中毒。住在隔壁的一青年工人与一老大爷知道后，马上叫来周围群众，弄来新鲜萝卜和淘米水，把鲜萝卜磨碎后和淘米水一起煮沸，然后一口一口地喂给中毒的战士们吃。由于抢救及时，中毒的战士全部苏醒过来了。

为了扩大红军队伍，部队在锡矿山开展了轰轰烈烈的扩红工作。从师、团机关，到各营、连，都成立了扩红队，制订了扩红计划。扩红队深入到群众中，认真做好宣传动员工作，把战争的形势、扩红的任务和扩红与工农群众翻身解放的关系，向广大群众讲清楚。工人纠察队、工人团和农会也积极协助部队做宣传动员工作。广大穷苦工人农民看到红军进了锡矿山后，矿霸和豪绅被赶跑和打倒了，穷人翻了身，开始扬眉吐气，过上好日子。他们从红军身上看到了光明，看到了力量，看到了希望，认识到只有跟着红军扛枪打天下，才能打倒地主、矿霸和豪绅，穷人才能翻身得解放。整个锡矿山很快出现了一个拥护红军，积极报名参加红军的热潮。

红军要招收新兵的消息一传开，广大青年工人、农民立即涌向红军驻地，纷纷报名参军。从矿山到农村，到处可以看到挥舞红旗、敲锣打鼓的送兵场面；到处可以见到父送子、妻送夫、兄弟争先入伍的动人情景；到处可以听到“当兵就要当红军”、“不打胜仗不回乡”的嘹亮歌声。飞水岩有个 100 人的小瓦厂，参军的就有 20 多人。北矿宝大兴所属的六个公司和炼厂，每个单位都有好几十人参加红军。有个在矿山做零工的小青年，当时只有 14 岁，找到负责扩红工作的营长要报名参军，营长见他年纪小个子矮，劝他过几年再当兵。可是他人小决心大，红军走到哪里他跟到哪里，营长见他要求坚决，便同意收留了他。有的工人在矿井劳动，为了不错过当兵机会，顾不上跟家里的亲人告别一声，就投奔红军去了。我们在锡矿山只停留短短四天时间，就扩大红军 800 多人，其中大部分是青年工人。

12 月初，敌人重新聚集十多个师的兵力，向湘中扑来。我军在湘中的战略目标已达到，就决定退出湘中，向贵州的石阡、镇远、黄平地区转移。12 月 4 日，我十六师奉命撤离锡矿山，返回新化，然后经溆浦、芷江入黔边境，登上北上抗日的万里征途。

1986 年 9 月于广州

选自《红军长征·回忆史料》（2），解放军出版社1992年9月版，第140—145页。

覃国翰，壮族，1912 年生，广西都安人。1929 年参加中国工农红军，1930 年加入中国共产党。红军长征时任红六军团第十六师四十七团团长。新中国成立后，曾任广西百色军分区司令员、广西军区司令部参谋长、广东省军区副司令员。1955 年被授予少将军衔。1996 年在桂林逝世。

角逐在湘黔边

张铚秀

由于国民党军加紧对我湘鄂川黔根据地进行“围剿”，红二、六军团不利于继续在这个地区活动，决定实行战略转移，到广大无堡垒地带的湘黔边，和敌人进行运动战，积极创造条件建新的根据地。

溆浦打援

1935 年 11 月 19 日，红二、六军团开始突围，渡沅江，过澧水，南下湘中。28 日，红二军团占领了溆浦、辰溪、浦市；红六军团占领了新化、蓝田、锡矿山。我军刚在湘中展开，湘敌十五、十九、六十三等师的先头部队就从西北方向赶到了浦市、辰溪附近。不几天，敌樊嵩甫纵队四个师也从柳林汊和桃源渡过沅江，兵分两路，一路向溆浦红二军团方向前进，一路朝新化红六军团方向扑来。为了打击对我尾追之敌，求得在湘中暂时立足，红二军团主力迅速由溆浦向东北、红六军团由新化地区出西北，转移到湘敌侧后伺机打击湘敌和樊嵩甫部，溆浦城防由红军学校担任。

红校及留守溆浦的部队约有四个营。校长谭家述把主力部署在城西北高地，派出一个营到太平乡高地警戒敌第六十三、十九和十五师来路庐峰坡方向，以一个连前出到坍木铺警戒小江口方向来敌。

红二、六军团主力分别由溆浦和新化地区转移后，敌第六十三、十九和十五师乘我溆浦城防空虚，即由黄杨屯、道官屯，向溆浦猛扑而来。溆浦除红校外，还有二军团后方勤务机关，敌三个师齐头挥戈南下，包围了溆浦。守军很难突围，情况危急！谭校长赶快向红六军团首长报告。当时肖克军团长率教导团和警卫营从马路口返回溆浦。军团政委王震率红十六师从两下江向西驰援。

两下江距溆浦城 70 多公里。6 日晚 9 时，我们红四十七团接到增援溆浦的命令。团长覃国翰把三个营的营长找去，传达军团首长和十六师首长的命令，要我们务必于 7 日下午 5 时前抵达溆浦，协助红校阻止敌人进攻，掩护红校和二军团后方机关撤退。因任务紧迫，覃团长要我们一营为前卫，于 7 日凌晨 1 时准时出发。

我回去后，立即布置了任务，要各连迅速做好准备，按上级要求赶到溆浦。

出发前，覃团长来到我营，又具体交代了任务。接着，军团政委王震、十六师政委晏福生前来看望部队。从首长们的行动，我已掂量出我们前卫营此次担子的分量。

我们凌晨 1 时准时出发，16 个小时走了 70 多公里，中间没有休息，也没有停下来煮饭吃，饿了就啃几口干粮。7 日下午 4 时 30 分，提前赶到溆浦投入战斗。

我们气喘吁吁赶到时，溆浦城已危在旦夕。敌主要进攻溆浦城的六十三师，7 日分两路，右翼队于 12 时进占我警戒阵地木铺，并向城西五里亭发展进攻；左翼队系进攻主力，于 12 时半攻占我太平乡高地。我警戒营撤到溆浦城西北高地坚守。下午 2 时，敌人向红校固守的西北高地进攻，战斗非常激烈，到 4 时敌攻占我据点三处，直逼溆浦城附近。

这时，我四十七团在溆浦城北。谭校长要我团乘敌第十五和十九师尚未赶来，左侧空虚之际对六十三师左翼队实行迂回侧击，迟滞敌人攻城速度，以掩护驻溆浦城内的后方机关尽快撤出来。覃团长命令我营立即行动。

我率全营迂回到溆浦西北指定位置，同友邻部队一起突然向敌发起猛攻。敌左翼指挥官不知道我们从哪里来这么多部队，慌忙令第三七四团拼命反扑。我冲锋再三，与敌肉搏。步机枪声、手榴弹声、喊杀声震荡山谷。直杀得敌尸横遍地。激战至晚 10 时双方转为对峙。部队一天没吃饭了，我让各连抓紧时间造饭，整理部队，准备再战。这天参战的还有几乎和我们同时赶到的军团教导团、卫队营等部队。

敌右翼队于晚 9 时 40 分攻占溆浦城西我五里亭高地，积极策应左翼队攻城。敌攻城主力左翼队遭我红六军团部队的突然打击，急向师部求救。我营同友邻部队一道抗击敌人的进攻。8 日凌晨 2 时，我们完成了掩护红校和后方机关撤退的任务，向乔江方向转移。溆浦到乔江 90 里，师首长命令我们不要走大路走小路，到达乔江时红校及后方机关早到了。

敌李觉纵队占领溆浦后便向乔江进攻，企图将红六军团的部队消灭于乔江地区。因形势不利于我二、六军团留湘中地区作战，决定向贵州的石阡、镇远、黄平地区转移。15 日，我四十七团转移到龙潭地区。这时，敌第十九师追上来了。覃团长命令我营在龙潭附近占领阵地阻击敌人。我把一连部署在距龙潭十余里的燕子岩作为团的警戒哨。这个连位置很重要，便于拦阻敌人；若被敌占去，敌进龙潭便无阻拦。该连连长是永顺人，一只眼受伤变瞎，人称“独眼龙”。他打仗很勇敢，而且富于心计，把这样的任务交给他我是放心的。但事出意外，他却把这个重要的地方丢失了，使我和团长都很生气。

原来，我们团从 6 日以来，近十天的连续征战，部队确实太疲劳了。敌十九师觅踪向龙潭追击，其先遣队大约凌晨 4 时进到燕子岩我一连阵地，该连竟毫无察觉。敌突袭，打死打伤我十多人，还把“独眼龙”连长抓走，杀害于龙潭。

覃团长见我营连哨阵地失守，急得不得了，气呼呼地跑到我营，要我率二连和三连去把阵地夺回来，说这关系全团安危。一连的阵地被敌摸了，连长被俘，我当营长的当然有责任，现在团长有命令，就是没有命令，我也会带部队上去把一连丢失的阵地夺回来，我二话没说，扭头就命令二、三连随我前去反击敌人。

我们搜索前进，进到燕子岩已是早上8时，敌人占我一连阵地，不知道我纵深部署情况未敢轻进，我们到时，敌人还在原地巩固已得阵地。随即，我们向敌发起攻击。

就在我们收复阵地战斗打响后不久，敌十九师先头团赶来参战了。敌以一个营向我进行正面进攻，一个营向我左侧迂回，企图对我进行侧击。打了半个小时无进展，团长上来命令我不准后撤。我把一连收拢起来的人员作预备队，把二、三两连全部投入战斗，顽强抗击敌人的进攻。激烈的战斗打了两个小时，团长见敌人越打越多，只好命令我撤退。我留下掩护队，取节节阻击之势，将我营部队撤到龙潭，然后随团主力撤到青山界。燕子岩战斗，我们与敌虽打了两个小时，但我营伤亡并不大，原因是，我见敌人大部队上来，即把进攻迅速改为阻击。虽然一连的阵地未能重新夺回来，但我以两个连抗击敌一个多团的进攻，时间长达两个小时，为师主力转移赢得了宝贵的时间。所以，覃团长后来并没有追究我丢阵地的过失，不过我却不放过自己，常常以此自责，并常常以一连丢失阵地，连长被俘的血的教训教育部队，随时随地提高警惕，使我们营的仗越打越好。

便水阻敌

1936年1月初，我军到达便水以西晃县地区。这时，尾我追击之敌大部被甩得很远，唯李觉纵队之第十六师距我最近，已进到芷江并准备西渡便水河对我追击。我军为迟滞敌人速度,使我进到贵州石（阡）、镇（远）、黄（平）地区后有充足时间开展根据地建设,决定消灭该敌。

战前，红二军驻龙溪口，红六军团部和四十六团驻晃县，十六师师部和四十八团驻晃县东北的公路北侧，我们四十七团驻晃县东面的公路南侧。十七师比较靠前，驻菠州地区。

便水战斗首先由红十七师的部队同敌打响。红十六师参战两个团，四十八团先上去，我们四十七团是前线吃紧时调上去的。我团两天打了两仗，一次是增援五十团，另一次是增援四十八团。

5 日，湘敌第十六师渡过便水河向晃县搜索前进，下午 2 时，敌人进到红十七师阵地前，遭到红十七师猛烈打击。后来，敌后续部队主力向我军发动猛攻，红五十团的阵地被敌人攻破，塌了下来。红十六师首长命令我团迅速增援，巩固红五十团阵地。下午约 4 时，覃国翰团长率部迅速向红五十团阵地前进。这时，敌突破红五十团阵地后正向晃县方向推进。我团与敌对进，在狮子岭峡谷公路的南面与敌遭遇。敌人迅速抢占附近山头阻我东进。这时覃团长命令我们一营从左侧迂回攻击敌右翼山头阵地,三营从右翼迂回,二营正面推进。我们团三个营奋力攻击，把敌人赶了回去，重新恢复了红五十团的阵地。

和我们交战之敌是红军的老对手，在湘赣苏区、湘鄂川黔根据地同我们打了多年的仗，也算是善于同红军打交道的。这次，覃团长指挥我们把敌人打垮后，没有多久，敌人组织反攻，又把我们占领的山头夺了回去。

战斗中，控制制高点是极为重要的，因此，师部命令我们重组织进攻，一定要挫敌锐气，把敌人打下去。覃团长观察了敌人阵地部署，又根据刚才丢失阵地的教训，迅速调整部署：由我们一营正面进攻，第二、第三两营左右配合。我营三个连都是能打仗的，连排干部均有实战经验。我们把没有什么伤亡、人员充实的连队派作突出连，其他两个连一左一右，互相配合，向敌人占据的阵地猛攻上去。

我们这次进攻，比上次更猛，不仅打垮了敌人，把阵地夺了回来，还一鼓作气把敌人赶下山去，追了一程，才奉命撤回固守的山头。

敌遭我猛烈打击后，转攻四十八团的狮子岭阵地。敌人攻势很猛，该团阵地被突破。师首长令红四十七团迅速右转向南增援。团长覃国翰是一个敢打、善打硬仗的优秀指挥员。他能攻善守，攻长于守。接到命令后，他立即决定留下团直属队坚守阵地，亲自率领三个营像一阵风似地冲向狮子岭。战士们猛冲猛打，很快突破敌人阵地，占领山头，并乘胜追击，把敌人赶过一个山头又一个山头，最后撤回狮子岭。在追击敌人时，我的右腿中弹负伤。进攻战斗结束后，我做了简单包扎，又到前面指挥战斗。

增援红四十八团的战斗，我们一直打到第二天下午。这时，军团首长命令红十六师先行撤出战斗，充当向贵州江口前进的前卫师。于是，我们连夜向西北田心坪方向转移。

冲锋号的威力

我在儿童团时开始学吹号，后来当了儿童团、暴动队的号兵。那时只是吹得叫，说不上“会吹”，真正学会是后来到了红军游击队和主力红军以后。那时，我一有空就找司号员，让他们教我吹起床号、集合号、冲锋号、吃饭号、熄灯号、出发号、调号等等，我对号角简直着了迷，几乎每天都要“嘟嘟嗒嗒”练上一阵。不到半年，我竟学会了十多种号谱，不论音质还是韵调，当时在部队都算得上是“上乘”的，由于我当战士时一直在战斗班；没有当上号兵，但始终相信军号的作用和威力。我担任排长、连长以后，仍熟记那些号谱，有时还同司号员们吹奏一阵。

田心坪之战，军号帮助我们歼敌一个营！

红十六师作为军团前卫先行向江口转移。师长周球保①让我们红四十七团当先头团，快速向田心坪方向前进。在距田心坪十多里的一个隘口处，我团被黔军固守的一个坚固的石碉挡住去路，团长覃国翰派参谋长朱世伯带第二营去打，没有打下来。敌碉位置刚好卡住红六军团部队的通路，碉堡打不下来，后面的部队就过不去，覃团长和刘礼年政委都很着急。恰在这时，师部令催我们一定要把敌人这个碉堡打下来，不得有误！

在田心坪布防的是黔军新八师第二团的一个营，挡我去路的石碉内大约一个排的兵力。黔军都抽大烟，士军每人两支枪：一支步枪、一支烟枪。这个部队本来是没有什么战斗力的，但他们知道红六军团头年在石阡失利，这次在便水又没有把湘军打垮，在其反动军官的诱惑下，竟然同我们玩命起来。一个排守石碉，我们一个营还打它不下来！

覃团长被黔军一个石碉激怒了！他气呼呼地对刘政委说："我把全团拉上去，不信打不下这个碉来！"这次攻击部署是：覃团长率我们第一营从左侧穿插，刘政委率第三营从右翼迂回，第二营仍由朱参谋长率领正面攻碉。我领会覃团长这个打法，两个营正迂回到后面，断敌退路，石碉内的敌人不被吓跑也得投降。大约清晨四五点钟，团部出击的命令发出后，我率全营向敌后猛插。我们营运动速度很快，一下插到田心坪，把驻这里的黔军一个营包围起来。这时，我第二营因主要攻碉，第三营迂回协助二营把碉打下来，所以两个营都还在石碉附近，没有赶上来。

"你这个张铚秀胆子不小，把部队一下插到这里来了，你一个营能吃掉敌人一个营吗？"覃团长似鼓励又很担心地说。

"你不是要我猛插吗？这回钓着大鱼了你还不高兴？"

"那我派人到后面了解攻碉战况，二、三营打下敌碉后马上跟上来，做你的预备队。"

---

① 即周仁杰。

我用一个连正面展开，两个连左右迂回把田心坪铁桶式的包围起来，还派了个班前出到田心坪北面警戒铜仁方向，有敌增援坚决顶住。7 日早晨，完成了对敌人的包围。

战斗打响之前，我把营部司号长和几个司号员集中起来，并要各连的司号员听营部的号令，营部吹什么号，各连吹什么号。全营有多少支号角，就组织多少人。各连听到号音后，同时向敌发起攻击。

我估计两个迂回连已到位置，便从勤务员手里拿过那支跟我有好长时间的号，站在一个比较高的地方，正对着田心坪吹起冲锋号。我连吹了三遍。我的第一遍号音响后，营部和各连的无数支号角，从四面八方齐响。多么威武雄壮的集团冲锋号！接着是从不同方向响起的、令敌胆颤心惊的喊杀声，震耳欲聋。

我们攻进村子，敌人不知道来了多少红军，除几处敌人有小的抵抗行动，被我迅速消灭外，其余只好走出营房和工事，举起“双枪”向红军投降。这次战斗只进行了不到半个小时。

“报告团长，敌人每人有两支枪，他们只愿交步枪，拒不缴烟枪。”我有意和覃团长开个玩笑。

“这怎么行，是‘枪’都得交！”覃团长过去随红七军打过榕江，前年又西征贵州，是知道黔军都抽大烟的，这下却被我搞懵了。

“你是不是也要抽大烟？或者给我们每人配发一支烟枪，变成红军队伍里的‘双枪’将？”

覃团长这才似有所悟，但马上装出责骂的样子道：“你这个张铚秀，想来捉弄我，看我不用军棍揍你！”他挥起手中的棍子，但就是不往我身上打。根据团长的指示，我营撤到北面打增援去了。

我把部队带出村，面向铜仁方向占领阵地。敌人听到田心坪方向激烈的枪声，知道这里发生了情况。敌团长便派另一个营赶到田心坪增援。我们等敌靠近一些，然后突然开火。敌遭我一个营阻击，又见田心坪方向已很平静，听不见枪声了，知道前面那个营已被红军消灭，担心再被红军吃掉，于是，向我攻击了一次就停止了，慌忙向铜仁方向逃窜。

敌人挡道的石硐，在我全团发起攻击时，里面的敌人怕断后路，对二营的攻击没怎么抵抗就逃跑了。

田心坪战斗，我营在覃团长指挥下，全歼敌一个营，击溃一个营，缴枪近 300 支，俘敌 100 多，打破了敌人的黔东防线，启开了我们进入石、镇、黄地区创建根据的大门。

选自《红六军团征战记》下，解放军出版社1994年6月版，第247—254页。

我的家在哪里?

韦绍坤

1935年秋天，红二方面军[①]快要离开湘鄂川黔根据地了，营部文书焚烧了大部分文件，决定留下来的同志把破旧的衣衫撕成布条条帮别人打麻草鞋，结余的伙食金——光洋、铜壳子和四省银行纸币都发给了各个小单位，每人得到一块五毛钱。我也是决定被留下的一个，但我还在专门帮助管理员送还老百姓的东西，我有意挑笨重的木桌子、搭睡铺的大门板，一个人扛，嘴里还吹牛：掮这个东西一点也不费力气。

不管我怎样振奋精神，以显示自己身体好可以跟部队走，班长却对我说："在老苏区，快走慢走没有什么关系，离开这里，又要行军，又要打仗，你身架子小，体质差，要是掉了队就可能白白牺牲在白军手里。"我听了很不高兴，就和他讲道理："我平时担任卫生员工作没有落后，这回营里送东西给老乡，别人都赶不上我，拿打胡家沟来讲，朱扒手追得那么厉害，我们一口气跑了二十里，白军没摸上我一根毫毛……"

班长说一句，我辩一句，最后班长拗不过我，只得无可奈何地站起来说："你要知道，这是上级照顾你，好好想一想吧！"我本想解释为什么坚决要求不离开队伍的原因，可没等我开口，他就走了。

从班长和我谈话之后，思想上的包袱更沉重了，虽然总是提心吊

① 此时应为红二、六军团。

胆，但工作还是拼命干，心里怀着一线希望。班里有个同志和我开玩笑：“不让走就算了，把身体累坏回家就种不得田了。”

“你回家受压迫去！”我很不高兴地顶了他一嘴。班长怕我们闹口角，就劝阻我们：“你们不要扯乱谈，人家正在不舒服咧。”

我站起来，抓起几块半旧的灰布闯出了门，到离我们住房十步的老板娘家里去做雨伞套，老板娘拿了几条米粮袋一针一线的缝着，看我来了，就叫我坐下，然后又问：你们么子时候才回来？老板娘的话问得很恳切，我说：“我们北上打日本，还是要回来的。红军在这里和人民一起搞土改，打倒过大地主韦老八，赶走了白军，创造了根据地，一道流过血。”说到这里，怕自己的话还不能使她满意，补充说，“这是我们老家，还能忘记吗？”

夜饭之后，管理员把我叫到房里，他从头到脚细细打量我，用眼睛斜视着发问：“你们班长给你说了没有？”我装着不知道，就惊讶地问：“说什么呀？”可是管理员早看出我的心思，又问：“你班长没有征求你的意见？”我尴尬地答道：“班长问了我能跟上队不？可是他不了解我的实际情况……”我还要往下说，管理员却打断我的话说：“是啊！就是这个事，你还不到十五岁，为了照顾你，在家还是保险一些，现在给你十五块光洋，无论如何你要回去。”

我眼睛上已经蒙上一层眼泪，顿时分辨不出管理员的面容，觉得喉咙被一股咸味的水流塞住了，我抽噎地表示决心，“管你给我多少钱，我也不要。”接着我扭转身就走了。我心怦怦直跳，回到班里，话也不说，躺在铺上。同志们问了几句，看我情绪不好，也就不吱声了。

这一晚，我没有一点睡意。白皎皎的月光透过窗口，照射在班长脸上。我想：我参军的时候只有 13 岁，班长总是叫我在大门口站哨，黑夜送信也不让我去；有一次行军走不动，师首长的马还让给我骑上。回去，回哪里？父亲参军后已经牺牲了，我的家在哪里？我的家在哪里呀！像我一个孤零零的孩子帮人家放牛的时候，有谁像部队里的首长和同志们疼过我呢？这时，所有熟悉的同志们的脸都出现在我脑子里，我觉得部队就是我的家，我失声痛哭起来，被惊醒的班长撑起手肘子安慰我，我说："我死也要死在红军里！"

天还不亮我就起床了，我一直窜到正屋营长的房门口，听了听，里头别的动静都没有，只有呼噜呼噜的鼾声，看看天空，月亮还没有下山，但总觉得他应该起来了。我一边在门口抽泣一边准备见了营长怎样开口，心里琢磨妥帖了，才从门缝里看进去，营长——陈崇岳同志正在穿衣衫，我随即推门进去，营长问一声："谁？"然后定眼看看是我，就问："你来干什么？起得这么早？"我这时却想不起话从哪里开头，呆呆地站在那里，营长又问，我结巴着憋出了一句，"班长，管理员要我回……家。"营长又说了几句，可是我耳朵里嗡嗡直响，也没有听清楚，他就像没有一点事情似的朝茅茨（湖南方言，即厕所）的方向走去，一直到了茅茨跟前，他才又发现我，便扭转头说道："伢子，回去再讲。"但是，我只退远了几步等着他，我想：回家不回家，这是最后一关，等一下我一定要把道理全对他说了。

回到房里，营长叫我坐下。我哭哭啼啼地向他讲道理，可是连我自己也不知道说了些什么，总觉得说的不是想的，又返回头重新说起，但是越重复，他娘的喉咙就越不争气，心里焦急，口里说不出来，营长只是三番五次地看看我。秋风从窗口袭来，身子直打颤颤，我眼睛看着窗外，最后终于下了决心似的哭起来。营长半天没说话，看样子，想说又憋回去，很为难的样子。"好，试一试，实在不行，你还是回来。伢子，这回出发不是三天五天的！"营长这一句话才把我从昏迷的窘态中惊醒，我起初有点不相信自己的耳朵，只用疑惑的眼光，盯着他的眼珠子，他又微笑地重说一声："试一试。"这时我心上的石头顿时落了下去，我惊喜地眨巴了几下眼皮想把眼泪挤净，又低下头卷起袖子抹了一下，敬个礼就跑出来了。

班里的同志正忙着捆草，打背包，我一进屋就嚷嚷起来，"班长，营长答应我了！”

“真的？”其余的同志也停下手问。

“不是真的，你们问营长去！”

吃完饭，部队集合好了，我们通过站满欢送老乡的桑植城大街，队伍的行列里有自己的亲人，也有老百姓夹杂着，出了东门，穿过了发黄的橘子园，踏上了北上抗日的征途。（王长永整理）

选自《星火燎原·未刊稿》第4集，解放军出版社2007年8月版，第200—203页。

韦绍坤，1918 年生，湖南桑植人。1934 年参加中国工农红军。红军长征时为红六军团某营卫生员。新中国成立后，曾任○一三七部队一一五师参谋长、副师长，黑龙江省军区副司令员、顾问。1985 年在北京逝世。

忆贺老总和任政委

曾敬凡

1935 年 11 月中旬，红二、六军团从湘西桑植一带出发，开始艰苦的长征。

大约在 12 月初，二军团到达溆浦，进行几天休整。当时，我是军团政治部警卫连的指导员，记得部队刚到溆浦的那天晚上，各连队都抓紧进行长征开始以来的行军总结。我参加了警卫连一排一班的总结后，刚回到连部，就接到军团政治部主任甘泗淇同志写来的一张纸条，要我第二天早饭后，到二、六军团总指挥贺龙同志和总政委任弼时同志那里走一趟。两位首长找我有什么事呢？是“栽胡子”还是“刮胡子”？这一夜，我躺在床上辗转反侧，想起许多往事……

平时，贺老总和任政委一高兴，就喜欢对我们这些“嘴上无毛、办事不牢”的小伙子开玩笑地叫道：“来来来，让我给你栽些胡子。”每当他们这样说的时候，往往不免要表扬我们几句，或者告诉我们一些工作方法；但如果发现了我们的什么缺点错误，他们就要“刮”我们的“胡子”，那也是“刮”得够厉害的。因此，我们既有“栽胡子”的时候，也有“刮胡子”的时候。当然，我们完全能够理解，贺老总和任政委以及其他军团首长给我们“栽胡子”或“刮胡子”的用心，那是希望我们这些年青的小伙子，能够在战斗中迅速地成长，早日成熟和老练起来。

想到这里，我不由得记起了长征前，自己在六师十七团任党总支书记时犯的一次错误。

那次，我们红二、六军团在津市、澧县一带打土豪，筹粮筹款，作长征准备。这时，国民党反动派以六个师的兵力向我军发起进攻，我军立即集中主力予以还击，在一个叫黄土岭的地方，与敌人展开了一场激战。战斗进行到第四天，团政委廖海光同志通知我，“奉军团首长命令，决定由你带我团一营和军团部一个警卫连，火速赶往澧县御石桥、河口镇，准备歼灭正向我军背后运动的石门县保安团。”我接受任务后，立即带领部队出发，经过两天多的急行军，赶到河口镇，猛地一个奇袭，彻底歼灭了敌保安团 400 余人，活捉了敌副团长和参谋长。歼灭敌保安团后，我们按照军团部的指示，又在御石桥、河口镇一带发动群众，打土豪，筹粮筹款和扩充红军，一切都进行得很顺利。可是没想到撤退时，军团部命令我们迅速赶上已从黄土岭地区转移的大部队。我想到军情火急，路程又较远，筹粮筹款时抓的土豪劣绅和俘虏的敌军官，已成为行军的累赘，便只和几个干部商量了一下，就把他们枪毙了。赶上大部队后，师首长听我们汇报到这个情况时，把桌子一拍，对我大“刮胡子”，批评我违反俘虏政策的错误行为。我挨了“刮”，心里可不服气。心想自己没有功劳也有苦劳，就是犯了错误，也可以将功折罪嘛。于是，一拧脖子顶起“牛”来。师首长见我不但不接受批评，反而顶“牛”，就更火了，立即动手下了我的枪，要我到军团部进行检查。到军团部时，任政委看见我就问：“你怎么一个人回来了？你的部队呢？”我一听这话，不禁鼻子一酸，眼泪唰地流了出来。在那每时每刻都是战斗的日子里，要我离开部队进行检查，心像刀割一样的痛苦。任政委见我痛哭不止，连忙站起来，拍着我的肩膀说：“快把眼泪擦干，先到政治部去。有什么事，今天晚上到我那里去一趟。”

到了宿营地，刚吃完饭，一个携带驳壳枪的小伙子，牵着两匹马来找我，对我说：“任政委和贺老总请你去一趟。”我连忙跳上马背，和他一起翻过一个小山头，在军团部见了任政委和贺老总。他们仔细听了我为什么到军团部作检查的情况汇报后，对我进行了严肃而又耐心的教育。任政委轻言细语地说："工作难免不出差错，有成绩也就会有不足。有成绩，要表扬；有缺点，要批评。你出了问题一定要严肃对待，认真检查，吸取教训。你不是不知道我军对待俘虏的政策，执行时又为什么要违反？你应该冷静地好好想一想。"说着，他望了望贺老总。贺老总的脸部表情十分严肃，他摸着又黑又密的一字胡站起来说："乱弹琴，你们真是乱弹琴！你参加红军几年了？"

"八年。"我答道。

"啊，'老资格'了！一碰到具体问题就感情用事，把政策丢到天王老子那里去了。你今年也有20了吧？"贺老总走到我面前，伸出两个指头问我。

"19。"我低着头说。

"嗯，是好汉就不要辜负党的培养。"贺老总又语重心长地说了一句。

最后，任政委对我说："你既然到了军团部，就不回原单位了，让军团政治部给分配点工作。"我点点头。接着，他又派那个身背驳壳枪的小伙子，用马把我送回了军团政治部。第二天，军团政治部主任甘泗淇同志找我谈话，说组织上决定把我留在军团政治部警卫连当指导员，要我振作精神好好干。

我躺在床上想着这些，还把自己担任警卫连指导员以来的工作情况，回顾了一遍。我想，这一段工作还是干得不错的，警卫连成了军团直属机关的先进单位，我自己也被评为模范指导员。但又一想，俗话说："当事者迷，旁观者清"，也许工作中出了什么问题，自己没有觉察，领导上发现了，也有被"刮胡子"的可能。

心中有事睡不安。第二天一早我就醒来了。吃罢早饭，我就抱着"挨刮"的心情到军团司令部去。

"曾指导员，你怎么像个老教书先生，连走路都低着个脑壳？"我抬头一看，是司令部的吴副官，正站在司令部门口笑眯眯地等着我。

吴副官把我带进司令部。我一看，甘泗淇主任也在。正弯着腰和任政委在研究工作的贺老总，转过身子来一见到我，高兴地说道：“来来来，我来给你栽胡子。”我一听这话，就完全放心了，吴副官拖过一条板凳给我坐下后，任政委也笑着开了口：“长久啊（我原来的名字），你这一段工作搞得不错嘛。吃不吃得消啊……”贺老总笑着走到我身边，继续开着玩笑说：“唉，你的胡子怎么全部长到脑壳上，嘴上没有长一根呀！”甘泗淇主任因事要急于回政治部，对我说了句“你的工作要调动”就走了。我一听，刚放下的心又提了起来，任政委见我一副紧张相，笑着说：“调动是工作的需要。军团就决定把龙山、永顺、大庸三个县的独立大队和在溆浦扩充的新兵，编成一个独立团，调你去独立团担任政委。”我感到自已年纪轻，文化水平低，担心“嫩竹子挑不得千斤担”。两位首长好像完全看出了我的心事，就鼓励我说，正由于年纪轻、文化水平低，就更要发狠学习。谈完工作后，任政委把我送到司令部门口，还语重心长地说：“长久，你还有一些缺点要注意，比如感情容易冲动，对同志的缺点有点迁就。听说最近你们连有的战士，不顾现在行军打仗的具体情况，提出在中午休息后一定要吃稀饭。连长和副指导员一口答应了，你虽然不同意，但没有坚持。结果，炊事班一下就累倒了三个同志。这次到独立团去后，既要坚持原则，又要注意团结，争取把各项工作搞好。”

在回连队的路上，我一边走，一边想着几年来贺老总和任政委对我的亲切教导，心里就像吹起一股春风，直觉得暖洋洋的。

原载《峥嵘岁月》第二集。

选自马继善主编：《曙前之路——红军长征在湖南》，岳麓书社1996年9月版，第316—319页。

曾敬凡，1915 年生，湖南茶陵人。1927 年参加革命，1929 年加入中国共产主义青年团，1933 年转为中国共产党党员。红军长征时任红二军团政治部巡视团主任。新中国成立后，曾任江西省军区上饶军分区司令员、湖南省军区副司令员。1955 年被授予少将军衔。1989 年在长沙逝世。

枪炮声中过元旦

朱家胜

在江西街北渡沅江后，红六军团先头部队十七师，于 1935 年 12 月 31 日上午进到芷江，走在前面的是打着国民党保安队旗帜的侦察员。他们抵芷江桥南头被敌人发觉，利用桥北头的防御工事，集中火力封锁了去路，过不了桥就进不了芷江县城。我们就在沅水南岸一带宿营，师政治部住在离桥南头不远的小镇上。敌人不断放枪打炮，但对我们没有危险，谁也不理睬。我们按照上级的宿营命令，照常做群众工作，宣传党的政策，打土豪，扩大红军，开展文化娱乐活动，筹备欢庆 1936 年元旦的晚会。在敌人的鼻子底下过元旦是别有风味的。敌人放枪打炮，飞机在头顶上盘旋，扫射轰炸，战士们说："也好，没有买到鞭炮，有枪炮声增添了热闹气氛。"刚到宿营地放下包袱，宣传科长邓永耀召集有关人员研究准备晚会的有关事宜。会后有的排节目，有的布置会场，有的跟没委会外出打土豪搞化妆衣物、锣鼓等等，到中午就准备好了。唯有马灯坏了没有搞到马灯，就把原计划晚上开会改为下午开会。

到会的人一律在下午 4 时入场。会场设在一间较宽敞的堂屋里，墙上贴有红绿色的标语鲜艳夺目："欢庆 1936 年元旦，消灭更多的敌人，争取更大的胜利！""中国工农红军万岁！""中国共产党万岁！"地面打扫得干干净净，主席台前贴着红红的会议程序，把人们引入了往年的根据地欢度元旦时的那样心情愉快的情景。

红军中有一批既是精明强悍、作战勇敢的战斗员，又有一批是文化活动的积极分子。每逢节日，他们演出丰富多彩的文艺节目。

晚会由宣传科邓科长主持。首先全体大合唱《国际歌》、《当兵就要当红军》，其次自由讲演，宣传干事贺茂德讲红军长征的重要意义，青年干事讲在洞庭溪未放一枪俘敌一个营的故事。最后压台的精彩节目是《小放牛》。牧童由组织科长罗辉扮演。小姑娘由罗主任的警卫员刘友生扮演，他穿上土豪家姑娘的衣服，一块黑布裹在头上，从前看像姑娘的脸蛋，一转身脑后既无辫子又无髻发，三不像，惹得观众哈哈大笑，不知谁在人群中严肃地说："笑吧！笑一笑少一少，笑完再演节目，反正是文化娱乐嘛！"他这样一说更加引起一场大笑。

小放牛开始了……

"天上的梭箩什么人（来）栽？地下的黄河什么人（来）开？什么人镇守三关口？什么人出家未曾回来……"

"天上的梭箩王母娘娘栽，地下的黄河老龙把它开，杨六郎镇守三关口，韩湘子出家未曾回来……"节目正是演得庄严认真，观众聚精会神，看得津津有味时，罗主任的勤务员李猛子跑得气呼呼地走进会场说："罗主任说，敌人来了，立即散会，集合登山。"邓科长说："散会，各自带好自己的东西去集合。"我刚走出会场就听到来路的枪炮声。这是敌人的追兵到了。接着几发炮弹在附近爆炸。我回到住房把文件和行李拿上，进到指定的紧急集合场时人都登山了，我又往炊事班跑，事务长领上炊事班把过元旦会餐的饭菜都挑上登山。师长吴正卿和骑兵班站在半山坡指挥部队上山。他看到我们炊事员挑饭菜上山，表扬说："你们做得好，能吃的东西一律带走，连骨头也不要留给国民党反动派。"我们登上山，太阳已落下山，周围的矮树杂草在微风中飘动迎接夜幕降临。山下的部队络绎不绝地上山来。罗主任告诉我们，敌人是李觉、陶广的两纵队，紧跟我军之后，要我们夜行军准备打仗。我刚爬到山上，接连两发炮弹在炊事班旁边爆炸，好在没有炸到人，却把装猪肉的桶炸了个窟窿，肉汤往外流。宁都暴动来的黄管理员用北方口音对事务长发火说:“你奶奶的，没有一点军事常识，把炊事班放在山梁上暴露目标，赶快到隐蔽地去。”事务长挨了批评也不作声,带上炊事班往隐藏地走。他边走边喊：“香喷喷地猪肉汤漏掉可惜了。有些同志没到齐，我们先吃……”上了山的同志都拥来打饭菜。站的站，蹲的蹲，坐的坐，美美地吃开了。

宣传干事贺茂德同志长于宣传鼓动，在任何情况下都有话说。他刚从山下赶上来，走得上气不接下气，说：“在枪炮声中开饭常有，在枪炮声中过元旦千载难逢。将来革命成功就是生动的故事。”在人群中有个同志说：“老贺，你好好记住今天的元旦节日，将来革命成功给你的儿子孙子讲故事。”贺茂德听后，边从挎包里拿碗，边笑着说：“大家都要记住嘛！革命成功要大家努力奋斗,给儿孙讲故事也是大家的事嘛！”

正在吃饭遇上了在我师巡视工作的军团政治部民运部的曾涤同志，他历来不多带行李，连吃饭的碗筷也不带，走到哪里借在哪里，今天在山上我说：“我快吃完，用我的碗筷吧！”他满不在乎地说：“没关系，不用你的，我有办法。”我想吃饭没有碗筷，看你有什么办法？他真的有办法，把头上的帽子摘下来挤进炊事班装上一帽子米饭再把猪肉堆上，在树上折下两根树枝做筷子就吃开了。

我们吃过饭后,又把剩下的饭带走。天已经断黑,战斗打得很激烈，不过敌人夜间不敢前进，只在白天占领的阵地上与我警戒部队打。只有迫击炮弹向纵深打。我们的部队从东往西快速前进。我十七师直属机关部队在静静地等着加入行军纵队。邓科长走近向导跟前细声问：“这里叫什么地名？”向导毫无迟疑的回答：“望城坡。”本来夜间不准说话是常识，但是周围的同志听到望城坡这个地名，就纷纷议论开了：

“望城坡，我们的命运注定不能进城只能望城。”

“你这是封建迷信脑袋，我就不相信你的观点。”

“你不相信，今天就是没有进城，就在这里望城嘛！”

“望城坡是这里的地名，并不是说不能进城，这次在湘中进了许多的城市，今天暂时不能进芷江城，将来消灭了国民党反动派，革命成功了还要进长沙、南京等大城市。”

贺茂德同志称赞说：“你这个年轻人说得好。这次没进芷江城，打了胜仗进别的城市也一样嘛！反正中国的大城市我们都要去。那时我们整队进芷江城，还要进馆子改善生活呢！”

在40多年后的一个秋天，我终于到了芷江城，还特意去看了望城坡。真是旧貌变新颜，我走上芷江桥，前后左右大变样，几乎认不出来了。当年是座狭窄的木架桥，而今变成了钢筋水泥的公路大桥，汽车行人络绎不绝，农民抬上大肥猪，赶着鸭群，挑着自己的编织物、蔬菜等纷纷进城出卖；从城里买回自己所需的物品，还有收音机、缝纫机、自行车等高档物品，谈笑风生地往回走。过桥不远就是我们当年十七师政治部驻过的黄甲街。这里当年只有几户较富裕人家的好房子，其余全是破旧房子，而今我是砖瓦房，有电灯。特别是党的十一届三中全会以来实行了责任制，农民收入增加生活改善，他们笑着说：“生产和生活不断发展提高，像芝麻开花节节高呀！”再往前走，进入一片金黄色稻田，迎风飘荡，呈现一片丰收景象。走过稻田就上望城坡，过去这里是杂草丛生的黄土岗，现在变成花果山，柑桔树上果实累累。这是解放后栽培的一块果树林。

当年站在望城坡展望芷江城，一目了然，现在被新修的大楼挡住了视线，连芷江桥也看不清楚了。

选自《红六军团征战记》下，解放军出版社1994年6月版，第230—233页。

年关的冬夜

邹海清

到芷江县的竹平铺已经是深夜了，同志们一点睡意也没有。长途行军的疲劳，全被 1935 年的新年欢乐气氛赶跑了。大家一堆一块地围着香喷喷的猪肉，白米饭，一边吃着一边叙起家常：

“再往前去就是贵州省了，湖南的李觉、陶广送我们出故乡，贵州的王家烈也快欢迎我们来了。”

正谈得兴致勃勃，突然响起了枪声。接到命令很快就出发了。我们把猪肉和白米饭装到饭包里，部队一边跑步前进，一边诙谐地说：

“陶广不辞辛苦，大过年的还非得欢送我们！给他留点猪骨头聊表心意吧。”

六个小时的急行军，天将破晓赶到距龙溪口十余里的一个村子。同志们正准备在这里补过一个好年，突然来了命令：轻装前进，返回 50 里，到便水去消灭陶纵队过年。于是龙溪口一带变成我们的后方，一切较笨重的东西都甩到这里，身上只带了双草鞋和饭包，跑步前进。

跑了有 20 多里，侦察员回来报告：陶广部队三个团，在两山之间的马路上向我赶来了。大家听了这个消息，劲头更足了，沿着大路继续跑步前进，由于行进速度过快，虽然是冬天，个个汗流满面，头昏眼花，但是一想到军团首长的话：“敌人跟上来了，狠狠地敲它一下，再补个好年。”疲劳就仿佛从身上飞走了，部队分两路前进，十七师和十六师为右路，二军团四师为左路，从龙溪口的山后插过去。那时我在六军团保卫大队，随右路部队走。

一路上部队十分活跃，口号声不断：

“打好湖南最后一仗啊！”

“敌人送礼来了。”

我们带着欢乐的心情和高昂的杀敌情绪，箭一样地向前窜。上午10时左右，天空飘起鹅毛大雪，天是阴霾的，我们在雾气雪网中穿行，突然一道小河横断了去路，但没有人犹疑，一个跟着一个跳下河去，好在水不深，只没膝盖，渡过小河便迅速抢占了公路边的一个石壁峋嶙的山头。这时敌人正沿大路拥来，并且和我们的前哨接触上了，当他们发现我主力迎面赶来的时候，就想抢占路旁的有利地形，但是敌人比我们晚了一步，只得控制几个小高地，暂时和我们对峙起来。

下午1时许战斗打响了，枪声爆豆似地在山谷中飞行。我军四十六团首先从大路右侧冲上去，他们连抢占了三个山头，消灭敌人200多，俘虏了100多，傍晚四十九团又从正面强攻，但因敌人所处的地势险要，炮火猛烈，强攻了多少次，未能制胜，而且伤亡很大，模范连的指导员挂了花，五十一团方向也没打好，三个营长都带了花。当夜11点多钟，雪下得更大了，加上阴天，敌人无力向我攻击；我们也人困马乏，停止攻击，于是双方又形成对峙局面。

但是我们一定要争取时间把敌人的“头”砍掉，否则敌人增援部队一来就更麻烦了。同志们蹲在山头上，眼巴巴地等待上级的命令。午夜2时许，军团部来了命令，于是各部队就分头传达：“……组织决死队，用偷袭的办法敲掉敌人的脑袋，共产党员和干部首先报名……”一会工夫，各团加上军团部的报名人数就有好几百，领导从中选了90名，组成一个连，由四十六团团长张辉任连长。我是二排排长。

人员配备好，决死队开始准备武器，把从各团抽调的机枪、佩刺刀的步枪带上，每人还发了20发子弹，三颗马尾手榴弹。绑好草鞋，用冷水拌着生米吃了一餐之后，各个决死队员都为这光荣而艰巨的任务鼓舞着，带着刀出鞘、箭上弦的心情，盼望出发的命令。

命令来了,大家屏住呼吸静悄悄地出发了。一排从右翼翻山摸上去；二排沿着马路居中偷袭；三排由张团长亲自率领为后备队。我们在融化的雪地上静悄悄地行进，除了脚步声什么也听不到。这时天已经晴了，一弯懒洋洋模糊糊的残月陪伴着我们；寒夜的冷风吹拂人面，灰蒙蒙的天空有几颗数得清的星星。

我们二排沿着公路左侧山腰爬上去，一层层高低不平的石壁，迟滞了我们的行进。锐利的尖石划破了衣服。这时只好展开两臂摸着石壁向前，向上移动，脚下见不到底的深谷，看了不禁毛骨悚然。不知是谁的枪托碰着石壁，发出噼啪的声音，但马上有人嘱咐:“不要弄出声响，越接近敌人胜利越有把握！”

在最前面的六班长陈永达爬上去了，他告诉我说：“前边有敌人的鼾声。”接着又要求开始袭击！我考虑了一下，时间不早了，右翼的一排大概已经上去了，不干掉挡住去路的敌人，会误了战机。“干！”我又叮嘱陈班长，“小心，尽可能不用枪。”

不一会，前边传来手榴弹爆炸声，我的心猛的一抽，“坏了！行动暴露了！”我带着二排猛冲上去。果然，敌人从左右两边，用轻、重机枪，小炮，雨点似地向我们打来，正在焦急的时候，六班送来两个俘虏，一了解，这里原是敌前沿机枪阵地，敌营、连阵地就在这后面。这时我便命令五十团三营的史心双同志，把重机枪抬到六班侧后 100 公尺的高地上，猛烈地向敌人开火，压制敌人的火力，掩护六班向纵深猛冲，直捣敌人的连部。史心双同志是个好样的机枪手，打的准，也很沉着。当时因为子弹缺乏，机枪从来不敢“信口开河”，只能打点发，我们的机枪一响，敌人着实有点惊慌，集中火力想摧毁我机枪阵地。而史心双同志非常有办法，等敌人以为我们机枪被他们打哑巴了，他又连续向敌人射击几十发。我六班便利用这机会，向敌人腰部猛插，但因我一挺机枪压制不住敌人强大火力，同时子弹也剩不多了。敌人又集中向我六班开火，六班一个个地倒下去，进攻受挫了，我痛心地低着头，不得不命令停止前进。

时间一分一秒地过去，我们二排的同志都急得不行。如果不迅速地，按着上级规定的时间夺下敌人前沿阵地，和团长、一排配合上，敌人援兵一到，这次的偷袭便彻底失败了。决不能辜负党的信任。我猛地跳起来，仔细地打量了一下二排的全体同志，喊道："机枪掩护，不怕死的跟我来！"我抡着快慢机冲了上去。

这时，右翼也响起了枪声，张团长带着三排冲上来了。我们高兴地叫起来，看到张团长那钢铁样的身躯，同志们齐声喊着"冲啊！杀呀！"向敌人奔去。这时，我们一排也从右侧方杀上来，三支利箭齐向敌人连、营阵地射去，决死队员像猛虎扑驯羊一样，把敌人赶到一堆。我正要举枪向敌群射击的当儿，突然一颗子弹飞来，从我的左腿下方关节穿过，当即跌倒在地。在这紧急关头不能躺下去，战斗还没有结束，要指挥战斗。我试图站起来，但是像醉汉一样，晃了几晃又倒下了。我忍着疼痛，咬着牙，抹去额头上豆大的汗珠想站起来。但是身不由己，怎么也站不起来。

"谁来指挥战斗呢？"我正急得不行，一抬头看到五班长刘彪同志，我把他喊来，命令他代理排长，继续指挥二排前进。

这时，我在昏迷中听到嘹亮的冲锋号声，我们的后续部队，正源源不绝地在我的左右冲过去，战斗在前方激烈地进行了一霎，枪声便越来越远，也越来越稀疏了。

早晨5点钟左右，战斗结束了。在晓寒凌人的山岭上，我们带着200多俘虏，和缴获的武器、弹药，通过龙溪口，向着江口方向前进了。战士们指着俘虏说：

"想吃肥肉啊，结果连骨头也没啃上！"

"放着年不过，非要跑到这来送死！"

陶广听说他的部队被我们打垮了，简直气炸了肺，又连忙从湖南调来九个团的兵力，星夜赶来增援。但是我们早已通过了龙溪口，我前头部队四十九团打开了江口，在这里我们补过了快活的晚年，并且与分别了两个来月的红十八师胜利会合了。

选自中国人民解放军三十年编辑部编:《中国人民解放军三十年初选稿》第一卷第三辑（十二）二方面军补稿，未刊稿，第41—45页。

邹海清，红军长征时为红六军团保卫大队战士。曾任决死队二排排长。

“置之死地而后生”

陈靖

1936 年元旦刚过，最后一批长征红军——二、六军团，甩开了强大敌人的重重“围剿”，粉碎了蒋介石妄图消灭“江南孤军”二、六军团于武陵山中的美梦，元旦，主力已从湖南胜利进入了贵州。

对二、六军团怀有特殊感情的贵州石阡县，这天，江西会馆和湖南会馆的大院里，格外热闹。炊事班长李大龙，喜气洋洋地为贺老总和任弼时政委，满满端上大盆贵州腊肉和血豆腐，另外还有一大碗贺老总最喜欢吃的猪耳朵，一进院门就唠叨着说:“好久没有见到这东西了！”贺老总没等饭来，就抄起筷子，伸入大碗。正在这时候，侦察科长谷志标快步进来，高兴地报告道：“十八师回来了！张正坤[①]师长已经从江口往这里来！”

“不许动！谁也不许动。”贺龙把筷子缩回来，往桌子上一拍，指着菜盆和菜碗对炊事班长命令道：“把它全收起来，慰劳张正坤！”

张正坤率领的十八师，自 11 月初领受任务后，一直在强大的敌人丛中，孤军苦战，纵横厮杀，已经两个月了，这 50 多天的后卫佯动使命，多么不寻常啊！

中央红军长征胜利到达陕北后，红军总部指示红二、六军团要放弃江南这块唯一的苏区——湘鄂川黔，进行战略转移。这时，既气急败

① 原文为张振坤，本文统一为张正坤。

坏又痛心疾首的蒋介石，对二、六军团恨之入骨，恨不得把这支“江南孤军”撕成碎片再嚼成粉末吞掉，因为这支红军，不仅一再破坏了他的作战计划，而且还吃掉了他好几个师，甚至连师长、旅长也毙擒了好几个。蒋介石认为这是红军全面撤出南方根据地进行转移以来罕有的事。于是，蒋介石撤销了“南昌行辕”组成一个专门对付二、六军团的“宜昌行辕”。国民党对总兵力不过两万人的红二、六军团，竟集中了130多个团之多，蒋介石和他的参谋长陈诚看到这样一个现实：他们对付两万来人的二、六军团所投入的实力已超过了湘江之战。

形势是险恶的。二、六军团主动撤离湘鄂川黔苏区的行动，贺龙总指挥和任弼时政委作了充分而又周密的考虑：其中有一个“置之死地而后生”的“佯动”任务，决定由十八师来担任。

在长征中，一提起走后卫，打佯动，都会有一种特殊的感受，尤其是在脱离主力之后的情况下，不仅随时都要同强敌作殊死拼搏，而且到一定时候，佯动意图必然暴露，而被敌人截断，长时间在敌人的重围中孤军苦战。所以当张正坤受领完任务时，贺龙总指挥向张正坤说了两句带韵味的话：“置之死地而后生！要以四两拨千斤！”

张正坤牢记这两句话，用尽一切办法吸引敌人，把蒋介石投向二、六军团的“口袋”往自己的头上套。忽南忽北，时东时西，日夜出击，以假乱真，使“宜昌行辕”相信二、六军团的主力仍在武陵山中。但当蒋介石清醒过来时，贺龙、任弼时所率的主力红军，已经由湘中回戈西指，并进入贵州石阡了。

主力离开武陵山之后，十八师终于被敌人看清楚了。只有两个团的十八师，在上百个团的敌人重围之中冲杀。从一般情况看，真可谓陷入了插翅难飞的绝境。曾经三次突围，都被敌人卡住，退了回来，特别是马鬃岭的突围，路标被敌人搜走，钻进敌人的堡垒群中，所有大小道路，都布满了两头系有铃铛的绊马绳，鹿寨钉和火力网所封锁层层障碍之中。仅在这段突围的最后时刻，十八师就苦战了七天七夜，真可谓置之死地而后生！

战斗极为残酷。但是十八师是一支具有顽强战斗作风的部队，它还有许多英勇卓绝的战绩和克艰制险的光辉传统。例如井冈山西征到梵净山的那段 78 天的长征先遣战中，十八师付出过包括师长在内的牺牲。但是十八师又重建起来了。十八师这次同样用惊人的毅力和超群的胆识，当然也付出了不小的代价，劈出一条从湖南龙山走向贵州松桃的通道。把强大敌人一一甩掉了，恰到时候进入黔东，追上主力。

像十八师这样的行动成功，在三个方面军的长征之初，可以说是一个独特的范例。有人把十八师同三十四师作过比较，两个师在长征之初的共同点是：不惜一切牺牲掩护主力转移，完成了十分艰巨而光荣的任务，不同的是：三十四师全部牺牲后，没有再建起来，十八师重建之后，一直战到陕北还铿锵挺立。

当张正坤拍马到贵州石阡城中，大口大口地吞咽着贺老总为他留的腊肉时，老总叼着烟斗看着他，“你能带回六七十个人，就是个了不起的胜利，可你带回来六七百人啊！”说着，贺龙重重地拍了张正坤的肩膀一掌。

任弼时紧紧握住张正坤的手不放，没说什么，只是含情深深地看着窗外的群山。

14 个月前，近万人的六军团，为担负给中央红军“开路”的使命，最后经甘溪一战，全军只剩下 2900 人。主力十八师经过甘溪一战，虽没剩几个人了，但同二军团会师后，又很快重新挺立起来。今天二、六军团告别湘鄂川黔苏区继续长征，完成了艰巨任务的十八师胜利归来了，任弼时和张正坤的这种心情，是难以用语言来表达的。

1987 年 6 月 11 日于石阡

选自《红六军团征战记》下，解放军出版社1994年6月版，第153—155页。

酉阳激战

李华仙

1935 年，正当中央红军爬雪山、过草地，胜利进行长征的时候，在任弼时、贺龙、关向应同志领导下的湘鄂川黔根据地，于四五月间粉碎裂了敌人的两次“围剿”。到 10 月，蒋介石调集他的嫡系中央军，加上地方杂牌军共 130 个团，并纠集地主武装，在根据地四周修筑碉堡，紧缩包围圈，准备发动更大规模的“围剿”。赶在敌人气势汹汹的进攻之前，红二、六两个军团的主力于 11 月 19 日主动撤出湘鄂川黔根据地，开始新的战略转移。为了掩护主力部队的撤退，我红六军团第十八师的直属队和五十三团，由师长张正坤①同志率领，从茅坪突围，采取迂回、避实击虚的战术，转战于招头寨、黔江、酉阳、秀山、松桃一带，在崇山峻岭中转战 50 余天。

当年我在红十八师当警卫连长。这里回忆的是在 1936 年年初的一天，我们在酉阳附近连续作战的情形。

头一天傍晚，我们经过紧张的行军作战，来到酉阳附近的山村。这地方隶属四川省，与湖南、湖北、贵州三省交界。真是一片穷乡僻壤。村子坐落在半山坡上，零零散散地住着一二十户人家，四周山峰陡峭，树林茂密，适合于部队的隐蔽。我们时常出没于这一带的山山岭岭，群

① 原文为张振坤，本文统一为张正坤。

众对红军比较熟悉。部队一进村，老人们上前问长问短，孩子们忙着跑来跑去，顿时，冷落的山村变得热闹起来。

黄昏，我们警卫连在村头住下了。战士们有的擦枪，有的烫脚，还有的坐在灯下打草鞋。虽然环境艰苦,战斗频繁,部队情绪却一直很高，没看见哪个露一点愁容，没听到哪一个吐一声怨言。天黑得早，人也乏了，战士们往地铺上一躺呼呼入睡了。山村里，又恢复了往日的平静，只有山上山下的哨兵还睁着警惕的眼睛。

我到几处查哨过后，去找张正坤师长报告工作。他住在老乡一间普通的木屋里，那窗口正亮着灯光。我朝着师长的驻地走去，一股爱戴的情感涌上心头。张师长三十四五岁年纪，曾经在中央根据地瑞金上过红军学校，在几次反“围剿”战斗中，他锻炼成精明能干的指挥员，特别擅长迂回包抄，以少胜多的游击战术。一年多前，他跟随红六军团从江西出发，转移到湘鄂川黔边区与贺龙同志领导的红二军团会合，为扩大和巩固根据地立了许多功劳。二、六军团的主力撤出根据地之后，张师长便率领我们独当一面地坚持战斗。

当时的境况真是艰难极了！敌人气势汹汹地从四面扑来，我们常常饿着肚皮、赤着脚板一天跑一二百里路。每到夜晚，敌人驻扎在平地，我们就宿营山上，相隔只有十来里。次日天明，我们部队一开拔，敌军就紧紧追赶，步步进逼。在弹少粮缺的情况下，张师长和我们一起同甘共苦，英勇杀敌。吃不上饭，他就摘一把树籽充饥，没有弹药就发动大家想主意，把酒罈子装上炸药，埋在前沿阵地，或当手榴弹投出去，把敌人炸得皮开肉绽。山上有的是竹子，我们砍来削成竹钉，用稻糠、桐油一炒，又锋利、又坚实，插在草丛中，布成三角形、梅花形的阵势。夜间，敌人闯入我们的阵地，踩着一颗竹钉，脚板上就是一个窟窿。他们刚把左脚拔出来，右脚又被刺进去，往地上一坐，屁股又被戳破了，整得敌人哭爹叫娘，只得俯首就擒。在这些日子里，张师长总是随时问着向导，随手翻着地图，边走边打，边打边走，指挥我们打破敌人的围追堵截，巧妙地与敌人周旋，转战于崇山峻岭和急流险滩之间。白天，他随着部队行军作战，晚上，部队宿营了，他还得了解情况，部署战斗。在行军途中，他有时疲乏极了，就坐在马上打个盹，而经常是把马让给伤病员去骑，自己走在队伍中，平易近人，有说有笑，因而博得战士们的爱戴。

我正在沉思默想着，不觉来到了师长住的木屋前，跟警卫员打个招呼，就径直走进他的房间。我一跨进门槛，看见他正伏在桌边，凝视着一张地图，像是遇到什么难题正在费神思索。桌上一盏桐油灯耀着暗淡的灯光，在木板壁上投下高大的身影。师长听出我的动静，连忙回过头来，亲切地招呼："来，伢仔！我正想找你呢！"师长比我大十多岁，仍旧带着湖南浏阳一带家乡口音，习惯的叫我"伢仔"。我在他的桌边坐下来，报告了白天战斗和夜间放哨的情况。师长安详地听着，直到我把情况报告完毕。他说：这几天，我们和军团失去了联系。现在，我们前后受敌，弹药短缺，前进失去方向，连续三天了，电台上一直没有消息……军团主力从桑植出发，撤离根据地时，为了迷惑敌人，先是故意奔向东南、直插新化，然后挥师西去。如今他们到了哪里？我们又该怎么办呢？听说和上级失去联系，我心里不免焦急起来。

张师长在长期战斗生活中磨炼得坚决果敢、老练沉着，无论在什么艰难困苦面前，总是遇事不慌、临危不惧。他见我皱起了眉头，镇定自若地继续讲道："说困难嘛，的确是困难很多，不过，革命者从来就是和困难打交道的。当然，我们还要和军团联络上了，按军团的指示行事；万一联络不上，看来只有把队伍从川西拉上横断山，开辟一块根据地，创造条件，再找主力。"听了师长这番话，我想，这就是他刚才费神思索的结论吧，听那一字一句都包含着力量，使我斗志更高、信心更足了。

我回到连里，好久睡不着觉，盼只盼那无线电波，能帮我们快快找到任弼时、贺龙、关向应，找到王震、肖克等军团首长……想着想着，渐渐进入了梦乡。大约是凌晨3点钟，师长派人把我叫醒，通知说，我们和军团联络上了，军团首长指示我们经过酉阳，向江口方向前进，迅速跟上主力。师长命令，马上准备出发。

战斗的号令，驱散了我一身的疲劳。警卫连的战士们听到起床信号，一个个跃起身来。同志们整装待发，就好比箭在弦上，提前做了早饭吃过，队伍就集合出发了。出发时，师长当面向我交代：今天要多多赶路，一路上随时可能有战斗。打好今天这一仗，再走两三天，我们就和主力会合了。

队伍走出山上的桑林，来到一片丘陵地带。脚下是石子路，两边有灌木丛，我们迎着扑面的晨风，大步流星，翻山越岭。谁都没有吭声，却在暗自下着决心，争取在今天的战斗中杀敌立功、带上胜利的消息去见军团首长！

拂晓时分，我们来到一条河边。我站在山坡上朝四周一望，只见两岸群山环抱，山中间流着的就是酉水。这里地处上游，水势湍急，好在流量不大，河面不过五六十米。我思忖着，打从湘赣边界突围出来，我们把湘江、沅江都闯过来了，这条小河还在话下吗？

我正在选择从哪里把连队带过河去，忽听河对面打起枪来，走在前头的五十三团七连跟敌人接上火了。枪声伴着水流声，一阵紧似一阵，时间刻不容缓、必须赶快渡。我拔出枪来，回头向连队大声一呼："冲啊——过河！"战士们以猛虎下山之势，一个个扑通、扑通跳下河去。寒冬腊月的天气，河水凉冰冰的，可我们裤脚都来不及卷起，就风风火火地涉水冲向对岸，打退了岸边的敌人。我连上岸之后，占领了一个山岗，掩护部队过河。半个多小时的光景，全部人马渡过酉水，我们完成掩护任务，迅速撤离了河边。过了好久，敌人重新窜回岸边，可是，他们只能望水兴叹了。

我们连和师长身边的队伍在一个山谷会合了。这里左侧有山、右侧也有山，两山相隔不过百十米。七连渡河之后，首先冲上左侧的山坡，不料，遭到山上敌人的阻击，正处在上下两难的境地，师长命我带两个排占领右侧的山坡，掩护七连下山，在我们的打击下，左侧的敌人受挫，七连迅速撤退下来。可是，我们还没有来得及下山，从右侧的山头又是冒出一股敌人。他们居高临下，拼命向我们打炮，使我们险些儿下不来了。

我们避开敌人的火力，连忙撤下山来，向师长报告了山上的敌情，准备从山谷夺路而去。这时，两边山上的敌人追赶下来，吆喝着，企图从左右夹击我们。敌人端着步枪，上起刺刀，一步步越逼越近。前头一个张牙舞爪的敌军官，竟然点着我们师长的名，叫喊“抓活的”。见此情形，我们火冒三丈，马上掉转头来，誓死堵住敌人。我们的一些战士冲上前去,跟敌人拼刺刀了。敌军仗着人多势众,我们上去一个,他们抓走一个。这还得了吗？两兵相接勇者胜，面对如狼似虎的敌人，我狠狠地唾了一口，心想，今天看谁不怕死！我从机枪班长手里接过机枪，急忙把枪口向敌人密集的地方，猛猛地一扣扳机——咦！打不响。我误以为机枪出了毛病，没好气地把它扔给机枪班长，真是恼火！事后才知道,原是我慌忙中一时疏忽,忘了打开保险机,还错怪了同志,太不应该!

机枪没有打响，说时迟，那时快，敌人已经冲到面前，威胁到师长的安全。我横下一条心，举起盒子枪，向左右的战士喊着：“打！朝当官的打！”手起弹出，窜到眼前的一个敌军官应声而倒。他身边的一伙喽啰慌作一团，连忙爬下去抢救。抓紧这一刹那，我们向后退了几步，与敌人拉开距离，朝他们人堆里扔去几颗手榴弹。手榴弹在敌群中心开花，硝烟中，只见他们有的四脚朝天，有的抱头逃窜。这时，我急切地催促师长，“快，快走！”可是，他好像一点也没听见，硬是不肯离开这短兵相接的火线，既当指挥员，又当战斗员。从来兵书上都写着“身先士卒”的名言，而我们的张正坤师长正是这样的典范。

张师长还没有脱险，敌人又发起新的反扑，再次叫嚣要“活捉”我们的师长。我又是气，又是急，正当火烧眉睫的时候，猛一回头，发现我们退到一个山崖的边缘，岸边是一道不高的陡壁，下面长着些茅草。好，有法子了！于是我侧身掩护着师长，迫使他退到山崖边上，瞬间，我使出全身气力，用臂膀猛地一撞，把师长推到陡壁下面，向他打手势，叫他赶快离开。师长既已被推下去，就不容易再上来。我见他顺着山洼脱险而去，心上像落了一块石头。我继续留在崖边抵挡了一阵，才带着战士纷纷从陡壁跳下去，终于甩开了这股敌人。

我们继续朝前赶路。一路上，被冲散的队伍又渐渐汇拢起来。在荒山野岭中行军又饿又渴，正想停下来歇歇脚，忽听得山那边又有枪声。我埋伏在山梁的岸石背后，远远看见师部电台的同志们在山下遭遇了敌人。他们跟大部队脱离后，正在探路寻找队伍，突然被山沟里窜出的小股敌人拦截了。眼看他们处于孤立无援的地步，太危险了！电台，这是连接我们和上级之间的神经，无论如何不能落到敌人手里。于是，我赶紧带领一个排奔扑上去，打退了敌人。往回走时，电台的同志背的背，扛的扛，笨重的负担，拖住了前进的速度。我心里急得像火烧，冲着他们嚷道："甩掉背包行李，现在顾不得你那点'家当'了！"电台的同志轻装以后，扛起机器就跑开了。我们把电台撤退到安全地点，大伙儿围着这些宝贝疙瘩，瞧了又瞧，摸了又摸，竟把自己的饥渴全都忘光，真是喜欢饱了。

刚才拦截我们电台的是敌人的一小股先头部队，他们等到后续部队一上来，又狠狠追赶我们。我们紧紧护卫着电台，翻过几道山梁，穿过几条山沟，前头却遇着一座大山挡住了去路。抬头一看，山上悬崖峭壁，唯有一条小路通向山顶，形势非常险要。我们刚刚来到山前，山头便有熟悉的同志向我们招呼："敌人追上来了，快上山！"山上究竟有我们多少部队，一时闹不清楚。他们在山头不时向敌人放几枪，掩护我们上山。同志们为什么不打得更猛烈些呢？我心里有数，是因为弹药越来越少了。当我们爬到半山坡上，师长站到了前沿，指挥我们向右边山梁上躲开。这时，我看清了，山头上垒着一堆堆一层层的石头；我会意了，师长摆开了“仙女散花”阵。愚蠢的敌人欺我们缺少弹药，妄图把我们包围在山顶上吃掉，真是癞蛤蟆想吃天鹅肉——异想天开。当我们绕到右边的山梁，敌人从正面爬到了半山坡上。猛然间，山头红旗一展，号声骤起，同志们一起跃出，在山头一字儿排开。顿时，轰隆！轰隆！成千上万的石头，小的像西瓜，大的似水缸，呼呼啦啦滚下山来，犹如山崩地裂一般。敌人在这“飞来之石”的意外打击下，砸得死的死，伤的伤，山坡上倒着残缺不全的尸骸，有些半死不活的还在鬼哭狼嚎，看那狼狈样子，他们的滋味，似乎比吃子弹还难受一些。敌人受到这个严厉的惩罚，再也不敢上来，退缩到远远的地方去了。太阳已经偏西，一抹斜阳从云缝里照射出来，山上山下涂着一层胜利的光彩。

我们怀着胜利的喜悦，抖擞精神向前走了二三十里地。暮色将临，侦察员回来报告，前面不远有个镇子，镇上设区公所，驻着一支保安队，有枪百余支。师长决定，干掉保安队，到镇上去宿营。战士们摩拳擦掌，都说不在话下，果然，当我们进到镇上时，五十三团的先头部队，早就轻而易举地解决了战斗。

部队在镇上宿营以后，我照例去找张师长报告工作。见面时师长又亲切地叫我“伢仔”，对我连称赞说：“没想到你在山崖边来这么一招，你干得好哇！要不然，我们差点没命了……”我嘿嘿一笑，回答说：“我还得向您道歉呢！把您哪儿撞疼了，我负责揉揉。”说得师长也哈哈大笑起来。

在这豪爽的笑声中，我们结束了酉阳一日的激战。

这天过后，没有发生大的战斗，我们顺利地赶了两天多路程，就遇上了六军团政治委员王震同志率领一个连，走出几十里迎接我们来了。一见面，王震同志代表军团党委亲切慰问我们。在江口与主力部队会合时，军团早为我们准备了房子，杀了肥猪，让我们美美地打了一顿牙祭。第二天举行大会，王震同志在会上热情讲话。张正坤同志代表师党委宣布我们警卫连为模范连，并授予我“模范连长”称号。在江口休整两天之后，我们红二、六军团踏上了万里长征的伟大征途。

选自《红六军团征战记》下，解放军出版社1994年6月版，第146—152页。

艰苦转战 50 天

龚辉

1935 年 11 月，红二、六军团开始长征时，我红十八师奉命留守湘鄂川黔根据地，担任牵制敌人，掩护主力突围的任务。英勇的红十八师指战员在师长兼政委张正坤的指挥下，艰苦转战 50 多天，同比我强大数十倍的敌人反复周旋，终于胜利完成了上级交给的任务。当时，我在红十八师主力五十三团给参谋长苏鳌(后任团长)当警卫员。几十年来，一直铭记着这段光辉的战斗史迹。

临危受命

1935 年 9 月，蒋介石调集 22 个师又五个旅共 130 个团，加上地方保安团队共 30 万人，对湘川黔革命根据地和仅两万兵力的红军进行新的“围剿”。因敌我力量悬殊，湘鄂川黔省委和军分会从实际出发决定突围，实行战略转移。红十八师奉命暂留根据地牵制敌人，掩护主力突围。11 月上旬，在总指挥部召集的团以上干部会议上，总指挥贺龙对张正坤说：“这回你们十八师要更辛苦一些，你们要从龙山茨岩塘一带主动攻击敌人，要狠一点打，又要机动灵活地打，把敌人吸引住，掩护主力南下。”张正坤当即表示：“不管困难有多大，不管战斗多么艰苦，我们一定完成任务！”

当时，红十八师驻在苏区的中心区域龙山茨岩塘一带，有两个团的编制，五十三团是支老部队，1200 多人，战斗力强，有战斗经验。五十二团是由湘鄂边独立团和龙山、桑植县独立营以及大庸、永顺、保靖县区游击队新编而成，约 2000 人，武器装备低劣，缺乏实战经验。此外，还有省直机关、师直属队等，全师共约 3700 人，师长兼政委张正坤，参谋长刘风，政治部主任李信，供给部长罗正坤①，五十三团团长由刘风兼任，政委余立金，参谋长苏鳌，五十二团团长樊孝竹，政委刘诚达②，参谋长魏成德。

总指挥部会议结束后，红六军团首长肖克、王震与师长张正坤立即召开了红十八师所属各团团长、政委、参谋长参加的紧急会议，分析研究主力红军撤离后红十八师所面临的繁重任务和可能出现的各种情况，以及应当采取的相应措施。肖军团长指出：“你们要提高警惕，不要让敌人发觉我们的行动意图，部队一律改用代号，主力转移成功后，你们就突围前来会合。”王震政委说：“我们走后，你们可能会受到十多万敌人的包围，一定要坚持顶住，即使十八师被敌人打垮了，你们的人也应想办法，就是化装成老百姓也要来追赶我主力。”他们还把一部电台配给我师，成立电台队，派军团部无线电报务员黎东汉任电台队长，以便与军团部及时取得联系。

开始，红二、六军团战略意图和红十八师的行动方针是保密的，但大家从各单位首长的简要动员和实际感触中，已经知道面临的将是一场具有重要意义的恶仗。我们师的战士大多数是来自湘鄂边的工人农民，深受旧社会的残酷压迫和剥削，具有较高的阶级觉悟，一经动员就像干柴着烈火，激起了满腔的战斗豪情，响亮地提出了“四不怕”的口号，即：不怕强大的敌人，不怕险恶的环境，不怕艰难困苦，不怕流血牺牲。一

① 原文误为罗政坤。

② 原文误为刘成达。

致表示，要在张师长和各级首长指挥下，依靠根据地人民群众的支援，群策群力，万难不屈，坚决完成上级交给的战斗任务。

茅坪抗敌

红二、六军团突围前夕，张师长率五十三（团）一营，樊孝竹率五十二团一部，分别打着“二军团某师”、“六军团某师”的番号，从龙山茨岩塘、兴隆街一带，向西南方向佯攻，迫使敌军撤至西水一线，凭险据守。11 月 19 日，红二、六军团主力向东南方向转移时，他们又掉头向西北方向疾进，摆出攻打龙山和来凤县城的样子，弄的敌人一时摸不清我军的虚实和意图。

就在张、樊首长率领部队南北驰骋，牵着敌人鼻子转的时候，我五十三团二、三营及五十二团一部，在龙山茅坪开展了积极防御战，拿出保卫根据地的架势，以拖住敌人。

茅坪，是当时湘鄂川黔根据地的中心地带，又是湖南龙山和湖北来凤的交通要冲，海拔千米以上，崇山峻岭，树高林密，地势险要，易守难攻，早在主力红军长征前，我团就来到这里。在实地接防的那天，我跟随团政委余立金、参谋长苏鳌到前哨排看了地形，向原驻防的红十七师四十九团的同志和当地群众了解敌人活动情况。团首长叫我把前哨排长张之勇（绰号“猛子”）找来，交代任务之后，首长强调：“猛子，你们排的任务清楚了吗？——要坚决顶住，不能当狗熊！”

张排长答道：“请首长放心，有我们排在，就有阵地在，绝不让一个敌人爬上来！”

后来，又听到一位老人反映，当年太平天国军队曾在这里守住山坳，用竹子削成竹签，摆下竹签阵，使龙山、来凤的清兵寸步难行。团首长高兴地说：“这是个好办法”，迅即布置机关、部队赶制竹签，周围群众闻讯后，也主动协助制作。几天之后，我们将制作好的大量竹签，利用黑夜巧妙地插在半山腰的主要阵地前沿，静待敌人前来就范。

11 月 21 日上午，敌人先派飞机进行侦察，接着对我茅坪防地实行狂轰滥炸。只见树木横飞，泥石乱崩，但我损失不大。下午 4 时许，300 多敌人，在迫击炮、机关枪掩护下，向我阵地左翼迂回进攻。我们红军战士凭借高山险地，依托壕沟工事，沉着冷静地待敌前来。当敌进至竹签阵中心地段时，只听一声令下，我们用步机枪、麻尾手榴弹和大小石头，一阵突然猛打，敌人吓得四处逃窜，恰好陷入我竹签阵，跑也不行，爬也不行……敌兵败下阵后，我和战友们跳出工事收缴敌人丢下的武器时，发现敌人除被枪弹毙伤的以外，有的被竹签穿破了肚子，有的戳瞎了眼睛，有的半死不活地拴在竹签上喊爹叫娘，求饶命。

此役之后，张、樊首长率部又回到了离茅坪不远的茨岩塘、兴隆街。

这样一来，就给敌人造成一个错觉：红十八师顽强坚守根据地，说明红军主力不会远走高飞，因此，没有派大的兵力尾追已经突围长征的红二、六军团。

11 月底，敌人似乎察觉了我军意图，就像蝗虫一样拥入我原来的根据地。除派重兵加速“追剿”红军主力外，还以陶广纵队的何友松旅、钟光仁旅、李觉纵队的十九师、湘西土皇帝陈渠珍的周燮卿旅、罗启疆独立三十四旅、潘善斋三十八旅，还有在鄂西、川东南的郭汝栋的二十六师、陈光中六十三师、张万信三十四师、黄兴四十八师等，加上反动团防和地主武器，共八万多人，把我红十八师包围在茨岩塘为中心的狭长的百里山区，企图置我于死地。

尽管战局如此险恶，但全师指战员十分高兴，因为我们先是迷惑了大量敌人，此时又拖住了八万之敌，减轻了主力部队的压力。特别是当我们得知主力部队已经过澧水，越沅江，突破敌人封锁线，进占湘中地带时，心里就像吃了蜜糖一样，甜滋滋的，情不自禁地为茅坪抗敌胜利而欢呼。

游击湘西

12 月初，敌我态势的发展越来越不利于我，以茨岩塘为中心的这一小块根据地日渐缩小，我们面临全军覆没的危险。但大家早把生死置之度外，只求拖住敌人，完成既定任务。这时，张师长镇定自若，指挥部队采取灵活多变的游击战术，发挥熟悉山区地形和人民群众支援的优势，利用敌人内部钩心斗角，难以统一的弱点，与之进行了四天四夜的浴血奋战。

这天深夜，按照张师长的战斗部署，我五十三团由参谋长苏鳌率领团直和三营继续坚守茅坪，以牵制敌人；其余部队和机关由张师长率领从茨岩塘东北方向冲出了敌人的包围，经水田坝、上河溪进入桑植县境，给敌人造成我师向东追赶主力的错觉。

12 月上旬，我们部队自桑植城北的鹿耳口北上，打算去湖北鹤峰贺龙领导创建的原湘鄂边所在地，那儿群众基础较好，便于部队休整和“扩红”。当我师进占苦竹坪旁边的金子山时，敌孙大苕（诨名，意为草包）一个团从瞿家坡向我进攻，整整打了一天，我伤亡数十人。太阳快落山时，因敌援军赶到。我们饭也没吃，强忍饥饿，连忙折回，走到凉水口，又遭向子云、朱疤子、罗效之等反动团防的阻击，如不过河西移，待孙大苕等部追了上来，就很危险。于是，张师长决定不去鹤峰，带领前面的五十三团和师部，从凉水口强涉澧水，与敌打了一个多小时，虽冲了过去，但伤亡、散失约 300 人，尤其是五十二团和省直机关、野战医院等近千人，被敌所阻，未能过河，使人十分担心。

然而，我们红军是打不垮的，就在这天傍晚，被敌切为两段的我红十八师，又在凉水口西南的两河会合了。此前，原留守茅坪的五十三团一部，经湖北鹤峰溇水南岸，插入湖南桑植，也与师的主力胜利会合了。

在强敌围攻之下，众多的战友能够会合在一起，是多么令人高兴啊！我们就是这样，边打边走，东游西击，穿插迂回，与敌周旋，牵着敌人鼻子转。

这天晚上，我们在陈家河宿营。师部收到了军团部发来的电报：红二、六军团将向贵州的石阡、镇远、黄平一带转移，令红十八师相机前往黔东会合。据此，张师长召开会议，肯定了前段掩护主力转移的战绩，号召大家想方设法追赶主力。同志们听了，既受到鼓舞，又明确了任务，出谋献策，厉兵秣马，积极投入新的征程。

12月中旬的一天，我们强渡陈家河，经万民岗、杉木村、毛坝、苏家杰到达永顺的龙家寨。翌日，经农车过洗车河。进入龙山县南部的武陵山区。本拟连夜经沙坪前往招头寨，西出湖北，但敌已从洗车河赶来沙坪，我即边打边撤，经木柚、干溪口、马洞、鸭笼，绕道越过敌的洗车河防线，向招头寨方向前进，途中，我们在荒无人烟的深山老林休息了几个小时。由于劳累过度，大家不顾天寒地冻，枕着石头，靠着大树，很快就酣然入睡了，而张师长等领导人，眼睛熬红了，还在运筹帷幄，研究破敌夺路之策。我作为首长身边的警卫人员，见此情景，真是既敬仰又心疼呀！

次日凌晨，我们来到招头寨以北蓼苞洞①和走马岭附近。这是龙山和来凤之间的隘道关卡，山高路险，难以逾越。敌周燮卿旅已在山上修筑了许多碉堡，并堆设了几道鹿砦，鹿砦上系着牛铃子，是敌人暗设的报警信号。敌人就凭着有利地形和暗设警铃，自吹“白天观四方，晚间听铃响”。凭险堵卡，万无一失，殊不知，我们已来到他们的鼻子底下！

开始，大概是敌人放心地睡觉去了，我五十二团和师部静悄悄地从敌人碉堡下顺利通过了。可是，走在后面的五十二团等部队，沿着

① 原文误为蓼芭洞，本文统一为蓼苞洞。

崎岖山路行进时，把我先头部队用树枝、石头设置的路标踩得模糊不清，误走到蓼苞洞左侧山上敌人警戒区，碰响了鹿砦上的牛铃，惊动了敌人，四周敌堡一齐开火，封锁了隘口。驻守招头寨的敌人听到枪响，立即出动千余人前来增援。这样，我五十二团等部队腹背受敌，加之新兵多，没经验。武器弹药又不足，未能通过封锁线，与敌进行了殊死的搏斗，有的壮烈牺牲了，有的打散离队了。但是，山高自有攀登路。被敌打散的一部分红军战士，特别是电台的同志，经过与敌巧妙周旋，又回到了部队。这时，全师只剩下 1000 多人了，而且饥饿、疲惫、瞌睡一起袭来，实在是艰难啦！然而稍经整顿，我们经湾塘趟过酉水，向湖北来凤县漫水方向前进，总算胜利地突破了敌人在湘西境内的最后一道封锁线。

碧血丹心

我们从湘西突围出来，敌人并未善罢甘休。一面骂我们是“神腿鬼魔”，跑得快，捉不到，一面又沿西方向层层设防，前堵后追，左右合击。我们师又处于新的险境。

这天傍晚，我们到达来凤县漫水坪。“漫水河里水慢流，流来流去永不休”。这是个青山绿水的好地方，有 300 来户人家，房子是依山傍水而建，高高低低连成一片。我们就在这里宿营。

第二天麻麻亮时，敌黄兴四十八师及地方团防，控制了漫水坪后面的山头，正气势汹汹地从山上往下冲。我们背水作战，唯一的出路就是抢占右侧山头，杀出一条生路。于是，我团刘风团长带着两个营向山上冲去。敌人慌了手脚，边打边退。刘团长身先士卒，挥着驳壳枪，大喊：“同志们，冲呀！”就在这时，他被敌人的子弹打中了腹部，动弹不得。但他仍以顽强的毅力，指挥战士们勇猛地抢占了山头。掩护后续部队迅速翻过山梁，摆脱了敌人。

刘风负伤后，经过简单包扎，战士用担架抬着他行军。他觉得连累了大家，深感不安，便要求就地留下，待养好伤后再赶回部队。张师长和我团政委余立金研究了一下，通过地下党组织联系，将刘团长寄养在一个姓盛的裁缝家里，并给他留下一些银元，派了警卫员和看护员各一人招扶他，大家都希望他早日伤愈归队！可是，红军走后的十几天，姓盛的裁缝和他的亲戚，一则见刘团长身边有些钱财，二则害怕敌人搜捕，就将刘团长和警卫员小田杀害了，只有看护员幸免于难。我们的首长，没有捐躯疆场，却死在这伙恶棍歹徒手下，真令人愤慨！

漫水战斗后，我们经旧司到革勒的大坪，张师长立即告诉电台同军团部取得联系,决定部队进行整编。因五十二团减员太多,撤销其建制，余部同湘鄂川黔省委警卫营合并，改为师警卫营，原五十二团团长樊孝竹任五十三团团长，尔后，我们进入咸丰县境，在忠堡一带曲折迂回，与敌周旋。12 月下旬的一天，我们在晓关与敌遭遇。樊团长带领一营与敌人进行激战，掩护师的主力往东南方向撤退。他却光荣牺牲了。

连续伤亡两位团的首长，大家感到十分难过。这时，上级任命苏鳌任副团长兼参谋长，并派师作战科长刘麟前来担任团长，继续带领大家斩关夺隘，勇往直前。

一天，我们向四川酉阳方向前进，五十三团照例走在前面，由三营七连担任前卫，上午八九点钟，当我前卫连进至酉阳酉酬区后溪镇时，遭到了敌人的伏击。枪响后，刘麟团长亲自赶到前卫连，指挥部队向街内和右翼山坡之敌，发起三次冲锋，以保障后续部队通过。但由于敌人早有准备，我伤亡十余人，其中连长也牺牲了。刘麟冒着生命危险，继续指挥战斗。突然,一颗罪恶的子弹飞来,将刘团长的右大腿打成重伤，血流不止，站立不起。

正在这危急时刻，张师长赶到前线，向余立金、苏鳌查问了情况，亲自观察了地形，然后果断地决定，往后撤退，避敌绕道，折回酉酬方向前进，并指定苏鳌代理团长，用担架抬着刘麟随军行动。

经过两三天行军，部队进到酉阳与秀山边界的一个偏僻山村小寨芭蕉坨，第二天拂晓，团部根据师首长指示，派人用担架抬着刘麟到芭蕉坨南面一户人家寄居养伤。我和余政委的警卫员陈旭东，跟随团首长、总支部书记、供给处长、卫生队长等一同前往。

这是一户比较可靠的贫苦农民，曾经受过红军的宣传教育，有一定的阶级觉悟。当我们到达这家门口时，一只黄狗汪汪吠了几声，屋子里出来一个年约 50 岁的妇女，将狗赶走了，迎接我们进到屋里，一个 50 多岁的男人正坐在灶前烧火，身边还有一个小女孩，打过招呼后，余政委说："老板、老板娘，麻烦你们了！我们这位同志负了重伤，走路不方便，暂时寄在你们家休养，好不好？"两位老人点头说道："好。就是吃的住的都不好，真对不起呀！"他们只有三间茅屋，就让刘麟及其警卫员、看护员住了一间偏屋。余政委轻声告诉供给处长，拿 20 块银元给两位老人，老人谦让地说："不用啦，自家人嘛。"总支书记说："应该给的，收下吧！"

接着，苏、余首长来到刘麟临时住的地方，亲切地进行了安慰，"你就好好养伤吧！"再次说明由于部队跋山涉水，处境艰险，时刻要准备打仗，实在无法抬着行走，只好寄养在老百姓家了。待情况好转后，再来接回部队。刘麟似乎意识到了什么，深情地说："部队就交给你们了，很好地指挥打仗吧！我相信革命一定会胜利，共产主义一定要实现！"可惜，革命胜利了，几经寻找，我们至今没有得到他的音讯。敬爱的刘麟同志，您在哪里？

强渡唐岩河

晓关脱险后，我们辗转宣恩、利川县境。1936 年 1 月 1 日，来到唐岩河畔的咸丰县朝阳司。这是一个小圩场，有渡口。原打算从这里渡河南进，但因敌人驻有重兵，我们便从朝阳司以西约八公里的大山沟穿插过去，到达悬坎附近。

悬坎，是湖北与四川交界之处，离湖南也很近，故有“一日走三省”之称。守敌是新编三旅和川军一部以及当地团防。由于是三省结合部，敌人“各管各省”，守备比较松懈，张师长便决定从这里渡河。我们站在山上一看，唐岩河两边远山近岫，河水沿着山脚弯弯曲曲地向南流去，下到山脚，只见河宽约200米，虽是枯水季节，两边露出了大片沙滩，实际水宽仍有五六十米。

这时，天已放亮，北风呼啸，雨雪交加，人们站在岸上也冷得瑟瑟发抖。但在这荒山野岭，要弄到船渡河是很难的，幸好水不深，可以涉过，张师长便把裤脚一卷，率先走进水中，随着一招手，担任前卫的我团三营同志们，也争先恐后地跨进水里，到了河心，水齐腰深。衣裤湿了，嘴唇紫了，手脚麻木了，但没有一个喊冷叫苦的，只求尽快登岸，掩护后续部队过河。

开始，敌人没有发觉，我前卫营顺利登岸，师部也蹚到了河心。这时，正面山头上的敌人，突然一阵机枪打了过来，接着左右两翼也响起了枪声，把我前卫营和师部切为两段，而且都在敌人火力之下，处境十分危险。前卫营组织了几次冲锋，均被敌压在半山腰，难以攻上山头。正在河对岸的我团一、二营，因敌人居高临下而我火力又不强，也无法支援。

面对这种情况。张师长便指挥师部拼命蹚水登岸，沿着河坎，山脚从侧翼打开一个缺口，撤离战场，向西迅跑，来到另一座山前，没有发现什么敌情，张师长手握花板快慢机，带着警卫、侦察人员和电台队的同志先行上山，警卫营和师机关跟进，忽然，发现前方有二三十个敌人，正要向我开火。张师长见势不妙，带着随行人员，立即改道避敌。由于天寒地冻，山陡路滑，许多同志跌倒了，爬起又跑，弄得满身泥雪，电台也摔了下来，正当敌人打算追击的时候，我警卫营和迂回过来的前卫营，分两路冲上了山顶，消灭了这股敌人。

然后，不顾衣服结冰，腹中饥饿，爬山越沟，继续前进。途中，张师长率领的先头部队，与苏、余首长率领的五十三团两个营会合了。原来，他们在悬坎渡河时发现情况有变。敌人子弹如雨点似地射来。控制了河面，不能在原地过河，便率部向下游方向迂回。在四川黔江县境的一个地方抢渡唐岩河，接着转过身来火速接应先头部队，没想到张师长带领部队杀出了重围，已经化险为夷。

这次战斗，由于敌人占据有利地形，以及恶劣的自然气候，给我造成了较大伤亡。但因又一次打破了敌人的封锁，靠近了红二、六军团，大家心情欢畅，斗志昂扬，冒着细雨雪花，在群山之中踩出了一条新路，很快就把唐岩河丢在身后了。

胜利归建

当天晚上，我们到达咸丰和黔江交界的沙子场。张师长便要电台同军团部联系。糟糕的是，黎东汉一看，电台在唐岩河畔的那个山头与敌遭遇时摔坏了，听到这个消息，我们首长身边之人，都为之一惊；没有电台怎么行！张师长、李信主任等首长却很镇定，热情地鼓励电台队的同志自己动手修理。当时，会使用电台就算有本事了，但要修理电台，谈何容易，然而，不知怎么搞的，经过黎东汉等人的捣鼓，竟奇迹般地修好了，并沟通了联络，得知红二、六军团已进入湘黔边境，令我红十八师即向黔东方向前进，并决定每天给我师具体电告行军路线。

这样，我们就顺利多了。加之，这一线大股敌人不多，且集中在县城和少数重镇，地方团防，对我威胁不大。我们便发挥“神腿”的威力，走小径、越溪涧，由四川黔江进入酉阳，在川黔边的南腰界当年红二、六军团召开胜利会师大会的地方，美美地休息了一天。当地群众对红军仍有深厚的感情，箪食壶浆，热情慰问。然后，我们一路畅行无阻地进入贵州省松桃县西北角。经石梁、乌罗司、梵净山，沿着一条大山沟，到达江口县的坝梅寺附近。这时，红六军团已占领江口县城，并派出红十六师前来接应，第二天，我们经苗王坡、德旺，到达茶寨。军团部电令我师于次日到江口归建。

得此电讯，大家真是高兴极了！什么疲劳、寒冷、伤病，早已丢诸脑后，只觉得浑身热血沸腾，劲头十足。两个月来，我们早就盼望着这个时刻呀！

1936 年 1 月 9 日，这是我终生难忘的日子。这天清晨，我们剩下的这支 600 多人的队伍，特意把身上五颜六色的服装进行了整理。缀好红五角星帽徽和红领章，排着整齐的队列，喜洋洋地向江口县城迈进。

肖克军团长、王震政委、谭家述参谋长、夏曦主任等首长和同志们 200 多人，走出县城几里地，站在大路两旁，夹道欢迎我们。远远地我们就看到欢迎队伍里战士们的枪管插着红绿小旗，随风摆动；宣传队的同志们手持五彩花束，边唱边舞……

啊！近了，越来越近了，我们敬爱的张师长神采飞扬地走在最前面，向笑容满面的军团首长举手敬礼。报告："红十八师回来了！"是呀，我们回来了！虽曾几次陷入绝境，但经过生死拼搏，终于回来了！同志们握手拍肩，欢呼跳跃，互致亲切问候。我只觉得嗓子眼被什么东西堵住了，眼泪夺眶而出，什么话也说不出来。

当晚，我们住在城郊索家寨一带。第二天，军团首长请来当地最有名的厨师聂文焕炒菜，在磨弯设宴招待营以上干部，并给全师所有人员，加发菜金，改善伙食，以示慰问。同时，正式宣布红十八师归还红六军团建制。五十三团由苏鳌任团长，余立金仍为政委，部队进行休整。

几天之后，总指挥部在石阡县城召开了师以上干部会议，贺龙总指挥一走进会场，就问："我们的游击专家张正坤到了吗？"张师长立即站起身来。响亮地回答："到！"

这时，任弼时、关向应、肖克、王震、谭家述、夏曦、李达、甘泗淇等首长都笑了起来，全场热烈鼓掌。

从此，我们又带着首长和同志们的鼓励，信任和鞭策，同红二、六军团一起，信心百倍地投入到长征的铁流中去了。（王能文整理）

选自《红六军团征战记》下，解放军出版社1994年6月版，第127—138页。

龚辉，土家族，1918 年生，湖南永顺人。1933 年参加中国工农红军，1934 年加入中国共产党。红军长征时为红六军团第十八师第五十三团警卫员。新中国成立后，曾任解放军空军后方勤务学校副校长。1984 年在益阳逝世。

红十八师单独突围长征

彭湘臣

红六军团第十八师，从 1935 年 8 月至翌年 1 月，连续五个月远离军团主力，单独执行战斗任务。前一段主要是掩护军团主力出师，解除后顾之忧。师主力在湘西龙山东南的六个乡内，依靠苏区广大群众的大力支援和积极配合，采取佯动、袭扰等手段，牵制了敌七个师又三个旅的兵力。在胜利完成迷惑、牵制敌人，掩护主力大转移的任务后，全师单独突围长征。

红十八师辖师直、五十三团、湘鄂独立团共 2000 余人。由师长兼政委张正坤①、参谋长刘风、政治部主任李信率领，11 月 21 日开始突围。部队南冲北突，东西盘旋，辗转于湘、鄂、川、黔边 20 余县，战胜了敌人七个师又三个旅的围、追、堵、截，克服了险山恶水带来的极大困难。在十次重大战斗中，屡挫强敌，我师损失千余人。我所在的五三一团一连（我任文书），一直是尖兵连，先后五易连长（阵亡二，负伤二）。最后，全师胜利突出重围，于 1936 年 1 月 11 日②在贵州江口县与主力会合，汇入红二、六军团的长征洪流。

① 原文为张振坤，本文统一为张正坤。

② 应为1月9日。

惜别苏区

突围是秘密进行的。11 月 20 日，连里布置第二天背粮。21 日全团集合，听了余立金政委的动员报告后，大家才知道部队即将告别朝夕相处、生死与共的苏区群众，实行战略大转移，指战员怀着依依不舍的心情，踏上了南去的征途。部队拟于 23 日黄昏由隆头东南渡口抢渡酉水，不料遭敌分路合击，我被迫北撤。

26 日过午，敌新三十四师两个旅气势汹汹，在比溪突破了我湘鄂边独立团之警戒阵地。独立团是刚由地方部队整编组建的，用的麻尾手榴弹和子弹，都是自己兵工厂造的，爆炸或发射时，不仅黑烟弥漫，而且响声异常。敌军官借此欺骗，鼓动士兵："弟兄们！'赤匪'，没有炸弹、子弹了，打的都是土枪土炮，快冲呀！有赏呀！"敌兵士气突振，蜂拥而上，被我杀伤数百；我阵地也再次被突破。这时，敌另四个旅正向我接近，我且战且退，向东转移。敌聚歼我师的阴谋破产。

当地群众听到震耳欲聋的枪炮声，已经焦虑不安，看到部队紧急转移，惊恐万状，纷纷扶老携幼，争先恐后，随军后撤，军民混杂，乱作一团。茨岩塘、比溪一带，是苏区中心的中心。军团机关和地方党政机关，以及红军后方医院、兵工厂、被服厂，均设在这一地区，军民关系极为密切。群众在保卫根据地、支援前线等方面，作出了很大贡献；不少积极分子的亲人，被连累罹难，有的惨遭敌人杀害。茨岩塘农民积极分子张得祥，单家独户住在山上，因带头斗地主、分田地，全家老幼六口，被反动地主武装斩尽杀绝。反动派的疯狂报复和残酷镇压，更加激发了群众对红军的热爱。我师突围前，有 500 多个青年参加了红军。同红军唇齿相依的苏区群众，眼看红军突然大踏步地撤退，岂能无动于衷？他们不顾家室，抛弃财产，愿与红军相依为命。但是，这极不利于部队的行动，对部队、对群众，都带来极大的危险。

为了扭转这种混乱局面，部队进到上河溪时，张师长果断地决定：部队分散隐蔽集结，进行整顿；由机关干部和地方工作队组成宣传队，向随军群众作耐心的动员和解释。与红军休戚相关的苏区群众深明大义，当他们明白与红军混杂一起的危害后，青年纷纷报名参军，老弱妇孺有的投亲靠友,有的重返家园。这一断然措施,既妥善地安顿了群众，又恢复了部队机动作战的能力，使部队和群众都避免了一场可能发生的毁灭性的灾难。

我师首次南出又北返，虽未实现抢渡酉水计划，但却打乱了敌人的部署，牵着敌人由南追变成北堵。

抢渡澧水

11 月 28 日晚，我团进入苦竹坪时，被孙连仲一个旅伏击，我伤亡 20 余人，一连连长李小水负重伤。二排长李志祥代理连长。

李小水同志平素沉默寡言，关心干部战士，对部队管教训练有方，表率作用好，作战勇敢，革命意志坚强，博得了大家的爱戴。当时，我们处于敌重兵的包围之中、情况十分险恶。上级决定：不能随队的重伤病员,一律资寄群众家中。我们心里都明白,这是一个迫不得已的抉择。当我们同李连长告别时，他忍着伤口和心灵的剧痛，面带微笑，鼓励我们“要坚决革命，争取最后胜利……”李连长的英雄模范行为，激励着我们继续勇往直前。

苦竹坪失利后，我们又陷入敌六个旅包围的险境。幸好查悉，两河口浮桥，仅有敌一个连守护。这是最理想的突围缺口，无论冒多大的风险，也得在此强渡突围。部队于 29 日黎明出发，向两河口前进，先头部队进到凉水口时，遭守敌阻击。团长令一营停止前进，在街内荫蔽集结，待机渡河；一连先涉一个排，占领河东滩头阵地，掩护部队过江。

一排长王兴华率本排，一律穿短裤、大背枪，在三挺重机枪掩护下，挽臂涉水。敌人慌忙掉转枪口，以猛烈火力扫射，江心激起了一排排水柱。一排勇士临危不惧，巧妙地避开敌人火力，奋勇登上东岸。除代连长李志祥手负轻伤外，别无伤亡。这时，我独立团从东边迂回过来，敌见大势已去，狼狈逃窜。接着，二营一举占领浮桥，全师顺利地南越澧水，跳出重围，转危为安。

马鬃岭遇险

12 月 4 日，我师又被敌七个旅包围。4 日至 7 日，两次突围均未成功。二营苟营长率六连一个排顽强抗击敌人，掩护师主力向北转移，结果被敌包围，下落不明。

8 日黎明，部队进到蓼苞洞，村外有碉堡封锁；右边是无法攀援的悬崖绝壁；左边是高耸入云的马鬃岭。部队处于进退维谷的困境。张师长决定，强登马鬃岭，视机突围。部队在荒山野岭的荆棘丛中，一面开路，一面上爬。天明时，敌人发现了我们，以重机枪、迫击炮跟踪射击。部队连续四个多昼夜东奔西突，饥渴交加，疲惫不堪。但是，为了赢得突围胜利，大家咬紧牙关，挪动沉重的腿脚，继续一步一步地爬着。出人意外的是，山上生长红苞树（灌木，其籽可食，人称救兵粮），许多同志不顾敌人的枪打炮击，争相采食红苞籽，聊以充饥、解渴。9 时许，我们爬上马鬃岭主峰时，得知后续部队被切断，先头部队立即停止前进。此刻，人人精疲力竭，一倒下就不能动弹。

这里是一片荒山秃岭，举目不见人烟。幸而无意中发现一个泉眼，大家立即兴奋起来，一拥而上，痛饮甘露，疲困稍舒，笑逐颜开。不久又发现一座破旧草房，住着一对中年夫妇和两个孩子。他们目睹红军亲热和蔼，不打人骂人，虽然饥饿，却不乱拿吃的。加上我们反复宣传红军的宗旨和政策，他们主动挖出埋藏起来的200斤包谷，全部献给部队。团供给处炒熟后，每人分得两磁碗。大家咀嚼得津津有味，感到格外香甜可口。

走在后面被敌切断的单位和人员有：师卫生部、五十三团非战斗人员、有线电话排和湘鄂独立团等近千人。负责接应的连队，等到8点多钟，不见动静，又派多批次侦察员和小分队寻找了七个多小时，仍无结果。这时侦悉，敌已多路出动，剑拔弩张，咄咄逼人。马鬃岭绝非久留之地。张师长命令部队，17点向南转移。大家心里惦念着失散的同志，含着泪花，瘪着肚子继续登程。零点到鲁家寨宿营。由于后勤人员失散，各连临时抽人办伙食。凌晨4时半，吃上了五天来的第一餐热菜热饭。

12月10日7时，全团出发前，政委余立金告诉大家，今天只走三四十里，到隆头宿营。隆头是湘西北的水陆码头，商业繁荣，物阜民康。大家听了兴致勃勃，都希望早点到达，见见世面，改善一下生活。17时，前卫连将到街口时，被敌一个旅伏击。团长樊孝先负重伤，由各连抽人抬着转移，次日晚，寄养在群众家里。这次战斗，共伤亡失散百余人。一连代连长马明辉阵亡，由一排长王兴华代职。部队撤出战斗后，在隆头西北之油茶山坡上作短暂整顿，同时派出掩护、收容分队，经用号音联络，许多失散的指战员重新归队。21时进到打虎溪，从伪乡保人员口中获悉：当晚将有敌一个团从隆头开来；黔军新八师一部已进驻里耶；敌已控制船只、渡口。南渡已不可能，我们只好改道向西北方向前进。11日绕过敌新八师，沿川湘边北进。13日，终于在酉阳东北之老寨突破了敌人惨淡经营的酉水封锁线。

盘旋川鄂边

12月14日，红二、六军团总指挥部指示：十八师过河后，不要急于南下，应向敌人空虚的鄂西南、川东南反兜大圈。既可迷惑、牵制敌人，策应、配合主力转移，又能避免在酉阳、秀山之间的不利地形中，再陷入进退两难的被动境地。

18 日傍晚，部队到咸丰县忠堡宿营时，被敌一个团伏击，全师伤亡失散数十人。后面的驮马因不能通过山崖而丢弃。

22 日，敌新三旅一部，乘我在利川、石柱之间的冬水田埂上行进，不便隐蔽、机动，突然发动猛烈射击，伤我数人。

27 日下午，我三营在彭水东北之朱砂，与敌九十二师的两个团隔河对战数小时。该师的两个旅封锁了我前出酉阳的去路，使我又陷入敌十三团的新包围圈中。傍晚，我师冒雨乘夜向东北转移。敌判明我将在黔江至咸丰间东越濯河，连夜调整部署，企图将我聚歼于川鄂边界地区。黎明，我们进到县坝附近的濯河西岸渡口时，不知敌人已在对岸布防，当尖兵班到河边呼叫渡船回划时，敌开枪射击。团首长令我连还击，掩护主力强渡。一营二、三连，附重机枪两挺，首先涉渡。天明后，敌人集中四挺重机枪密集扫射。一营主力登上东岸后，立即组织火力还击，敌被迫退缩。团主力和师部安全过河。随后跟进的师、团后勤、运输部队又遭敌袭击，余下的全部骡马被迫舍弃。

一连最后过河，隐蔽地攀登上山后，正赶上师长带领师警备连和重机枪连与敌对战，掩护主力上山，接应我一连和其他警戒分队。接着张师长又率一连附重机枪一挺，向左转上山，保障我主力左侧后的安全。张师长登高远望，未见失散、掉队人员，敌人也停止了射击，遂带随行人员和重机枪班，跟在我连尖兵排后行进。中途遭敌袭击，我重机枪班牺牲一名战士，师长亲自背上重机枪槽上山。这时，一连代连长王兴华带上五人，到突出的小山嘴上打排子枪，吸引敌重机枪火力，不幸中弹阵亡。遗职由九连连长王其仁接任。当日，我虽伤亡失散数十人，但摧垮了敌人的河防，突破了川鄂敌人的新包围圈。

江口会师

12 月 29 日，部队沿川鄂边南下，次日安全转移到黔江县南之两河，至此，我师摆脱了敌正规军的威胁，畅行无阻地到达黔东江口，撵上了军团主力。

1936 年 1 月 11 日[①]中午，部队抵东太平场，与前来迎接之红十六师四十六团三营会合。彩纸欢迎标语，贴满街道两旁。兄弟部队夹道欢呼："欢迎英勇善战的红 18 师！""欢迎顽强果敢、艰苦奋斗的红 18 师！""欢迎转战湘鄂川黔的红 18 师！"……我们顿时沉浸在胜利的喜悦和温暖的兄弟情谊之中，许多同志热泪盈眶。两小时后，我们赶到江口县城，全师集合在城外草坝上，等待军团王震政委的到来。当王政委入场时，张师长热泪涔涔地迎上去与他握手。王政委满面笑容，作了即席讲话，他说："我代表军团首长和领导机关来欢迎、看望大家。希望你们再接再厉，发扬突围中英勇奋战，坚决顽强，克服困难，艰苦奋斗的精神，将革命进行到底！"

江口县城很小，军团首长为让我们驻进县城休整，特指示十七师师直和五十一团搬到城外驻扎。我们刚住下，军团部即发给每连半头猪肉，每人五角银币（补发元旦过节费）。军团首长和领导机关的亲切关怀、热情慰问，兄弟部队的热烈欢迎，鼓舞着我们排除万难，去迎接新的长征。

1986 年 9 月于成都

① 应为1月9日。

选自中国人民解放军历史资料丛书编审委员会编：《红军长征·回忆史料》（2），解放军出版社1992年9月版，第146—151页。

彭湘臣，1921 年生，湖南永顺人。1934 年参加中国工农红军，1937 年加入中国共产党。红军长征时任红六军团十八师五十三团一连文书。新中国成立后，曾任四川省军区凉山军分区副司令员、温江军分区副司令员等职。1992 年在成都逝世。

红十八师留守根据地纪实

梅兴无

1935 年 11 月，红二、六军团撤离湘鄂川黔革命根据地，开始了万里长征。为了配合主力的突围行动，总指挥部决定红十八师留守根据地，执行牵制敌人的任务。十八师依靠根据地人民群众的支援，发挥游击战争的优势，东西机动，南北驰骋，与数十倍于己的敌人展开了英勇顽强的斗争，有效地策应了主力挺进湘中，西进贵州，最后，十八师又冲破了敌人的层层封锁，摆脱了敌人的围追堵截，在贵州江口胜利地会合了主力，前后历时两个月，出色地完成了总指挥部交给的任务。

坚持斗争　钳制敌人

1934 年 8 月，红六军团作为中央红军长征的先遣队，离开湘赣苏区，于 10 月在黔东北地区与红三军（后恢复红二军团的番号）会师。接着，红二、六军团为了策应中央红军长征，主动向湘西敌人发动攻势，开辟了湘鄂川黔革命根据地。1935 年 10 月，红二、六军团撤离湘西前夕，敌人再次向我发动大规模的“围剿”，有孙连仲、徐源泉、陈耀汉、郭汝栋、李觉、陶广等部共 130 个团，加上地方反动保安团队，总共约 30 万人。面临强大的敌人，红二、六军团 17000 多人枪的主力突围的任务十分艰巨。红十八师要牵制这么强大的敌人，策应主力突围的任务同样十分艰巨。

六军团政委王震代表总指挥部向红十八师详细地布置了任务，指示他们向西佯攻，尽可能多地牵制敌人兵力，使敌人一时难以看出红军要离开根据地向东南方向突围的意图。待斗争确实不利时，可放弃根据地,相机突围出去,寻找主力会合。他还把一部五瓦电台调配给十八师，成立电台队，派六军团部无线电大队报务员黎东汉任电台队长。这部电台是六军团从湘赣苏区带来的，虽然经过数千里的磕碰，但质量很好。以后，十八师就是靠这部电台，把自己和军团部紧紧地联系在一起，及时地获得上级的指示，战胜了敌人。

红二、六军团在实行战略转移的前夕，召开了一次干部会议，总指挥贺龙对十八师寄予了殷切的希望。他在会上对十八师师长张正坤说："这回你们十八师要更辛苦一些。你们要从龙山茨岩塘一带主动攻击敌人，要狠一点打，又要机动灵活地打，把敌人吸引住，掩护主力南下。"张正坤表示："不管困难有多大，不管战斗有多么艰苦，我们一定完成任务！"

十八师是六军团的一支老部队，原辖五十二、五十三、五十四共三个团，驻守在根据地的中心区域龙山茨岩塘一带。二、六军团主力转移前夕，新组建了十六师，把十八师的五十二、五十四两个团拨归十六师的建制，改为四十六、四十七团。十八师的主力只剩下一个五十三团，共计 1500 人，后由地方游击队 700 余人组建了五十二团，加上省直、师直机关、野战医院、全师共约 3000 人。师长兼政委张正坤，参谋长刘风①，政治部主任李信，供给部长罗正坤；五十三团团长刘风兼，政委余立金，副团长兼参谋长苏鳌；五十二团团长樊孝竹。

11 月上旬，就在二、六军团主力即将转移的时候，张正坤率

① 原文误为刘枫，本文统一为刘风。

五十三团的一营，樊孝竹率五十二团一部500人，分别从龙山茨岩塘、兴隆街出发，主动向保靖方向发起佯攻，迫使敌军撤至酉水沿岸，蛰伏于城镇、隘口凭险据守。当主力开始实行转移时，他们又突然掉头向西北方向急进，摆出要攻打湖南龙山和湖北来凤两座县城的架势。鄂敌徐源泉和孙连仲的第二十六路军不得不急急忙忙地调兵遣将，固守两城，同时派兵向茨岩塘、茅坪、兴隆街一带“进剿”。

驻守在茅坪、兴隆街的五十三团的二、三营及五十二团部分同志，凭借高山险地设置防线，展开积极地防御。有一天，敌军300多人，在飞机、迫击炮、机关枪的掩护下，向扼守茅坪的五十三团二、三营阵地发起进攻，红军严阵以待，发动战士和群众献计献策，在主要阵地前沿埋设了大量竹签。在敌人进至竹签区时，红军以猛烈的炮火射向敌群。敌兵在枪弹和竹签中无处藏身，一片惨叫，死伤很多，致使龟缩于龙山城的敌军刘之华、师兴吾部不敢轻举妄动。

11月下旬，二、六军团主力全部转移后，各路敌军如洪水一样涌入原来的根据地。致使根据地仅剩下以龙山茨岩塘为中心的南北五公里、东西20公里的区域。敌方以陶广纵队的钟光仁师、李觉纵队的十九师、新三十四师的周燮卿和顾家齐两个旅、徐源泉纵队的独立三十四旅、独立三十八旅以及反动团队、土匪武装等几十个团约十万兵力，把十八师团团包围在茨岩塘地区，企图全歼。

按说，局势是够紧张的了。但十八师指战员却异常的高兴。高兴的是他们这支不过3000人的队伍，竟像一块磁铁，吸引住了上十万敌军，减少了敌军对主力部队的压力。

面对敌人疯狂地进攻，师长张正坤镇定自若，运用游击斗争经验，率领全师，利用敌军间矛盾重重的劣势和自己部队少便于运动的优势，以灵活多变的游击战术，在龙山、永顺、桑植边境的深山密林之中和敌人兜圈子，使敌人始终没能占领根据地的茨岩塘中心区。但是，敌我态势的发展愈来愈不利于十八师。敌重兵四面压境，根据地范围日趋缩小，斗争愈来愈艰苦，个别意志薄弱者产生了悲观情绪，甚至动摇。原湘鄂川黔省委副书记刘士杰就是一个。

刘士杰在敌人大规模的“围剿”面前，吓破了胆，擅自带着省委警卫连，脱离了部队，跑到湖北鹤峰的大山中，转了两天两夜。警卫连长是个立场坚定，觉悟很高的同志，他感到很奇怪：作为省委副书记，单独带着一个连出来干什么？他决心弄个水落石出。那天吃过早饭，连长集合部队，当面质问刘士杰。刘支支吾吾，说是打游击。连长说，打游击为什么老是慌慌张张的，一个劲儿地往北傻跑。刘黔驴技穷，采取高压手段，“你是军人，我是省委副书记，你得无条件服从我！”连长拔出驳壳枪，“你想逃跑，叛变革命，小心我的枪走火！”最后，刘士杰见抵赖不了，只得坦白了自己的问题。警卫连长将刘士杰捆押到茨岩塘根据地。张正坤和李信主任亲自审讯，并用电台将此事报告总指挥部政委任弼时。任弼时电示：把刘严密看管起来，别让他跑了，他知道我们许多政治、军事机密。不久，十八师在茨岩塘突围的时候，考虑到带上刘士杰走太危险了，他随时都有逃走的可能，是个祸根。张正坤又请示军团部，任弼时断然回电：就地处决。这就是叛徒的可耻下场。

十八师在原有根据地内坚持斗争，不但吸引了大量敌军，而且使敌人产生了一个错觉：红军主力在此之前，曾两度离开基本根据地，西出湖北，东指津市、澧州，战后都返回了原有的根据地；红军主力这次南下湘中时，还在原地派了个留守师，估计红军不久就会回来的。因此，敌人没有用大的兵力尾随红军主力，分布于原来战线上的主要兵力的位置基本上没有动。这就为红军主力胜利地突出敌人封锁线，顺利地实行战略转移，提供了有利的条件。

11 月下旬到 12 月初，十八师不断收到无线电波传来的捷报：主力突破澧水封锁线，突破沅江封锁线，占领沅陵、桃源、辰溪、泸溪等重镇，进至溆浦、安化、新化、蓝田、锡矿山等湘中地带。主力的这一系列胜利，表明了十八师已经完成了牵制敌人、掩护主力转移的任务，进一步鼓舞了全师指战员的士气。

迂回湘西　闯关过隘

12月初，敌人纠集周燮卿、刘之华等部十几个团的兵力，向茨岩塘压缩逼进，妄图全歼我十八师。张正坤命令驻守兴隆街的第五十二团向茨岩塘收缩，集中全师力量，战胜敌人。他们利用熟悉的地形山势和敌人在指挥上不统一的弱点，经过四天四夜的浴血奋战，终于在12月8日，从茨岩塘东北方向的包谷坪突围。

十八师突围之后，张正坤、李信等同志进行了研究，打算北上经桑植去湖北鹤峰开辟新的根据地。鹤峰曾是贺龙领导创建的湘鄂边革命根据地的中心区域，有比较好的群众基础。按照计划，部队向东北方向转移，经新场、汪家垭、水田坝、中湾，于12月8日下午抵桑植的上河溪附近。这里，驻扎有一个地主团防队，共40几个人，30几条枪，把守着交通要道，挡住了十八师的前进道路。本来，这么一支小小的地主武装不堪一击，但时间不允许，后面的追敌上来了就更复杂了。张正坤一面下令部队原地休息待命，一面派人向老百姓打听团防头子的情况。原来此人曾同贺龙有些老关系，红军有不少的伤病兵还在他家寄养过。张正坤马上写信一封，派一名参谋送给那个团防头目。信中说，我们是贺龙的部下，想从贵地路过，请让一条路。张正坤还脱下自己身上的一件皮大衣连同300块光洋一并带给那头目。就这样终于打通了关系，让十八师从上河溪通过了。

翌日，部队在上河溪收集伤员和“扩红”。12月10日离上河溪，继续北进鹤峰，一边走，一边打，一边收集伤员和“扩红”。12日抵桑植城以北的鹿耳口宿营。据侦察，在十八师的前方驻有一个团的敌军。师部决定把这个团干掉。13日天刚麻麻亮，张正坤把机关、野战医院及电台队安置在一个山头上，奠定临时作战后方，然后率领主力进攻敌人。上午 9 时许，在苦竹坪与敌军接火，一场激战，消灭敌人百余，缴枪 100 多条。不料敌方的枪声越响越密，敌人越打越多。原来他们遇上了孙连仲的二十六路军的主力，有六个团。于是，张正坤带领部队边打边撤，直到黄昏前才脱离敌人，又撤至鹿耳口。这时，又听到鹿耳口南面的山头上不断传来枪声。原来，当十八师主力开往苦竹坪时，约莫一个营的敌军，尾随上来，想抄后路，这一情况被正在南山上察看情况的黎东汉发现，他马上带着电台队和机关里能够作战的人员共约一个排的兵力，在山头上选择了有利地势，阻击敌人。从上午 10 点打到黄昏，直到十八师主力撤回鹿耳口以后才把敌人打退。后来，发现去鹤峰的路上驻有大量敌军，堵断了前进的通道，北上已不可能了。鉴于这种情况，师部决定放弃去鹤峰建立新根据地的计划，挥师南指，另图发展。

12 月 14 日，部队进至桑植县城以北的凉水口，受到桑植县几个反动团防的联合袭击，红军队伍被拦腰切为两段。凭十八师的实力，吃掉这些团防武装是不成问题的，但十八师处于敌人战略纵深之内，周围都是敌军，不宜长时间作战。于是，张正坤先带着前面的五十三团和师部涉水过澧水上游，向西转移。被切在后面的五十二团、省直机关、野战医院、电台队近千人，在与主力失去联系后，顺着河岸往东南方向走，不料在樵子湾同敌人一部接触，不敢恋战，折头向西，乘追敌未至之际，火速抢渡过河，西出寻找十八师主力。

在凉水口同团防武装的接触中，十八师的一个连被冲散，与前后部队都失掉了联系。连长向宽二率部同敌人顽强战斗，后被 200 多敌人围困在莫家塔的一个山洞里。向宽二组织了几次突围，才得以率 30 余名战士冲出了山洞。但仍没能冲出敌人的包围圈。向宽二等 30 余名红军战士同敌人血肉相搏，子弹打光了，就用石头、枪托拼，直至流完最后一滴血。

是日黄昏前，五十三团和师部在两河口与王必轩的土匪部队接了火。五十二团等部便朝着枪响之处一路寻来。两部兵力终于在傍晚时胜利会合了。张正坤特别高兴，说："我知道你们会追上来的。我们红军是铁打的，拖不垮打不烂的！"他们估计王匪挨打之后，会勾结敌人的正规部队前来报复。部队连夜赶到群众基础较好的陈家河宿营。

当天晚上，师部收到军团部发来的电报：湘鄂川黔军委分会已经决定红二、六军区向贵州的石阡、镇远、黄平地区转移。12月15日，十八师在陈家河召开全师大会，张正坤在大会上说：一个多月以来，几十倍于我的敌人对我们十八师进行了疯狂地"围剿"，我们边走边打边"扩红"，部队虽然减员千把人，但我们越打越坚强了。

现在，贺（龙）肖（克）首长决定去贵州，我们必须马上迂回西出去贵州同主力会合。要多打几双草鞋，同敌人比比脚板劲。不过敌人是不愿乖乖地让路的，我们要用我们的计谋和手中的枪杆子打出一条路来，用我们的铁脚板踩出一条路来。

部队在陈家河做了一天准备工作之后，于12月16日在陈家河渡河。正在这时，匪首王必轩勾结大批国民党正规军和地主团防部队尾随上来，向十八师展开了扇形攻势。张正坤沉着冷静，一面派一部前去阻挡敌人的进攻，一面指挥主力强行渡河。当地的数名船工冒着生命危险，以最快的速度，把子弟兵一船船地送到对岸。当敌人接近河边时，十八师的最后一船部队也快靠到对岸。十八师在行进中，将苦竹坪、陈家河两次大的战斗的情况电告了军团部。当晚，十八师抵莫家塔宿营。

12月17日，部队从莫家塔出发经长岭岗折向永顺县境，途中在盘龙与敌人稍有接触，下午抵龙家寨宿营。

18日，十八师离永顺县境西进抵龙山县境，经农车，在白腊过河，天黑时到木油。本拟连夜经沙坪往招头寨方向进军。但敌周燮卿旅已在洗车河沿岸构筑工事，设下防线。为了将敌人防线打破一个缺口，十八师在凉风坳同固守碉堡的敌人激战到半夜，击毙敌营长以下数名，俘敌多名。由于敌增援部队连夜从洗车赶来，未能达到打破缺口的目的，只好于次日凌晨退至木油。但木油又新驻敌军，岗哨林立，封锁很严。好在十八师原来常在这一带活动，地形地势很熟悉，便绕道越过了洗车河防线，在比洞湖宿营。20 日经洛塔向招头寨方向前进。途中天黑，部队露营两小时。没日没夜地奔走，战士们都疲惫极了，依着岩头，靠着大树睡熟了。张正坤、刘风、李信等几位指挥员没有睡，围着一块大石头，研究着通过敌人招头寨封锁线的方案。

21 日凌晨，部队继续前进，很快到达招头寨以北的马鬃岭附近。马鬃岭是通向湖北的交通要道，形势十分险要，敌周燮卿部下已在山上修筑了好几座碉堡。夜深人静，大概守敌的哨兵睡着了，我五十三团和师部从敌碉堡下通过，敌人毫无觉察。可是，走在后面的五十二团，误进到敌人的警戒区，碰响了敌人的警铃，惊动了敌人，警铃附近的一座敌堡首先开枪，紧接着所有的敌堡的机枪都响了，封锁了隘口。五十二团大部和电台队、野战医院等部被隔断了。这时，驻在招头寨的敌军闻听枪声也压了过来。天已经亮了，被隔断的队伍背腹受敌，加之五十二团是由游击队改编不久的部队，武器装备不好，又缺乏战斗经验，尽管他们在强敌面前十分勇敢，毫不屈服，但终因敌我力量悬殊太大而大部壮烈牺牲。

电台是十八师和主力联系的纽带，至关重要。张正坤特地派警卫连保护电台。电台队和警卫连被隔在封锁线内以后，100 多人隐蔽在山脚下的荆棘丛中。待枪声稍稍稀疏后，便迂回到马鬃岭侧后的开阔地边。开阔地有几百米宽，近千米长，没有砍伐的枯黄的包谷林在朔风中沙沙作响。敌人以为只有傻子才敢从这裸露的开阔地冒险通过，所以把注意力集中在大路上，放松了对开阔地的戒备。警卫连和电台队估计到了这一点，合计了一下，急跑只要三四分钟就能通过，决计不排队伍，拼死一冲,冲过去多少算多少。100 多名战士像突起的旋风在包谷林里刮过。当他们将要跑到对面山脚下时，敌人的机枪才掉过头来。战士们敏捷地隐蔽在岩石后面，开心地听着敌人在胡乱地消耗机枪子弹。

电台队和警卫连赶上了主力部队。十八师往西向湖北境内挺进。至此，他们胜利地突破了敌人设置在湘鄂边界上的最后一道封锁线。

辗转鄂西　力战诸敌

十八师于当日渡过西水河进入湖北来凤县的龙家坪，顺河岸南行了十来里，甩掉追敌一部。然后在沙子坡、新寨一带忽左忽右，游击了一两天，等候可能突围的零散人员归队。此时，部队还剩下千余人。

敌人见十八师一直西出，一时摸不清其行动意图，便盲目地沿西方向布兵把守，层层设防。

12 月 23 日下午太阳快落山的时候，十八师同周燮卿旅某团在来凤县的卯洞遭遇。部队的前卫已同敌人接上火，右侧山头已被敌人控制，山上的敌军正在气势汹汹地朝山下俯冲。留给十八师的只有水路一条，情况相当紧急。渡河无船，涉及过河水太深。唯一的出路只有占右侧的山头，打开一个缺口。据侦察，那里的守敌并不多。参谋长兼五十三团团长刘风率部执行这一任务。他和团政委余立金带着两个营向山上冲去。刘风挥着驳壳枪，带着突击队冲在最前面，一阵猛冲猛打，下冲的敌人又慌慌张张地退上山去，继而渐渐支持不住了。刘风跳上一块突兀的大石头，舞着手臂，大喊："就要冲上去了，快冲啊！"敌人的一颗子弹射中了他，右腿被打断，他倒在血泊里。余立金高呼："坚决消灭山上的敌人，为刘团长报仇！"顿时，战士们一个个像发怒的狮子，高呼着："冲啊！杀啊！"一口气冲上了山头，迅速地占领了山头上敌人的三个阵地。

通道终于打开了，山头上两个营用火力接应后续部队迅速翻过山梁，摆脱了敌人，在一个偏僻的山寨宿营。师部意识到，在沿部队西进的方向，敌人已分兵把守，好比一张已张开了的网，等着红军去钻。于是决定挥师北指，绕道迂回西进。刘风负伤后，不能行走，战士们都抢着抬他。在一天多的行军中，部队行进速度减慢了，但上上下下谁也不愿意把刘风扔下，战士们都暗自下了决心，即便累得在地上爬，也要把他抬走，死也要死在一块。刘风躺在担架上，感到很不安，找着张正坤，恳切地说："师长，不要为我再拖累部队了，要考虑到整体利益，把我留在附近的老乡家里。伤好了，我会来找你们的。"张正坤用目光征询了李信的意见后，咬着牙点了点头："等到一个合适的地方再说吧！"

部队途经来凤县鼎罐寨时，有敌人一股袭扰，被十八师击溃。12月25日下午，部队抵湖北来凤和咸丰两县交界的向家寨。便把刘风安置在一个叫盛德付的农民家里，并留下一些银元，派警卫员、卫生员各一人照护他。谁知盛德付是个贪财的坏家伙，见刘风身边有一笔钱，还有一床毛毯和一件大衣，顿生谋财害命之心，在十八师离开后不几天，便勾结几个歹徒，谋害了刘风和他的警卫员小田，只有卫生员侥幸逃走。

十八师当夜赶到咸丰县忠堡附近宿营。为了便于指挥，部队进行了一次整编，撤销了五十二团建制，其余部同省委警卫连合并，改成师部警卫营。五十二团团长樊孝竹接任五十三团团长。

12月26日，部队经上洞坪、龙坪抵湖北宣恩晓关，不期与途经此地的敌樊嵩甫的一个团遭遇。樊孝竹带领五十三团一个营阻击敌人，掩护主力往东南方向撤退。樊团长和马营长率一营的几百名战士与敌人鏖战数小时，樊孝竹光荣牺牲。一营在马营长率领下，向西北方向撤退，经恩施县的大集场，于27日在咸丰县的麻柳溪赶上了主力，并在此宿营。五十三团副团长兼参谋长苏鳌接任团长。

自离开宣恩晓关后，十八师进入从未到过的陌生地带。人地生疏，加上军用地图在招头寨突围时丢失了，每天的行军路线，要靠军团部用电台指挥。28日，部队抵小村。当地地主团防队望风逃走。这里曾是红军的游击根据地，群众对红军有深厚的感情，他们箪食壶浆，慰劳子弟兵。29日，离小村经李子溪、忠塘到卷洞门宿营。在忠塘，与敌团防武装稍有接触。30日，经大水坪、燕子阡，抵小水坪宿营。31日在大路坝等地辗转一天。

1936年1月1日，十八师向南行进。同往常一样，张正坤带着先头部队打前卫。略知军事常识的人都清楚，行军走前走后，虽然谁也不少比谁少走路，可是在紧急情况下就不同了。前卫部队要侦察了解敌情，探明行军路线，找宿营地，等等。思想上的弦随时随地都是绷得紧紧的。准备同敌人打仗。部队翻上一座山梁子，往下一看，唐岩河宛若一条玉带在山脚下蜿蜒南去。上午八九点钟下到咸丰朝阳寺以西的罾沟渡口。张正坤同五十三团三营先行过河，师部紧紧随后。虽已是枯水季节，河面也有五六十米宽，战士们冒着严寒，趟过齐腰深的河流，上岸后，衣服裤子都冻得硬邦邦的了。正当部队在河岸集结准备继续前进的时候，守在岸边山头上的敌人碉堡里的机枪响了，老奸巨猾的周燮卿抢先派出何友松团一部在此加强守卡。张正坤冷静地指挥刚涉到河心的师直机关迅速登岸。前卫营和师部被敌人的火力切断了，前进困难，后退不成，只有背水一战。红军接连组织了几次冲锋，都被敌人以强大的火力压下来了。政治部有几名女战士牺牲了。五十三团的一、二两营被隔在了河对岸，爱莫能助。敌人居高临下，河面完全在他们的射程之内。倘若强行渡河，势必自投罗网。面对这种情况，苏鳌和余立金只好率部沿河的下游方向迂回，设法增援。

张正坤率领师部和警卫营终于从侧翼打开了一个缺口，退出了战斗，向西急进五六里，抵一个叫长岭冈的山梁上。张正坤带着警卫员龚尚福、周志高等几名战士及电台队先上山，警卫营和师部其他单位尚在半山腰。正走着，他们突然发现在距他们只有30来米的地方有敌人的碉堡。紧接着，从碉堡里钻出来大约一个排的敌兵。短兵相接，敌我双方杂在一起混战起来。敌排长见张正坤身高体大，穿着蓝布大衣，手提快慢机，料他是个高级指挥员，就冒喊一声：“抓师长！”于是，敌兵们撇下其余战士不管，一窝蜂地拥向张正坤。一个敌兵扑上前扭住张正坤的胳膊，想占头功。张正坤眼疾手快，挥起铁拳，把那个敌兵打翻在地。警卫员龚尚福、周志高急中生智，抱住师长就势从梁上往下滑去。那天正巧下着夹雪雨，300 来米长的红沙泥山坡又陡又滑，他们一口气滑到坡底。电台队的战士护着电台，也仿照师长的样子滑下山去。敌人正打算追击的时候，警卫营和迂回过来的三营分两路冲上山梁，迅速夺占了碉堡，消灭了敌人这个排，俘敌 20 多人，缴枪 30 余支。接着他们追上了张正坤一行。走不久，又与苏鳌、余立金率领的两个营会合了。原来，他们往下游猛跑了一段路，在四川黔江县的县坝渡过了唐岩河，然后火速折转头接应师部，没想师长已带着部队胜利冲出了重围。全师上下越发高兴。敌人歼灭十八师的美梦又一次破灭了。

可敌人还洋洋自得地吹嘘他们的这次“胜利”呢！ 1936 年 1 月 15 日敌总指挥的《通报》说：“由招头寨窜去之共匪十八师残部一日抵朝阳寺以西，被周旅何团猛击，毙敌师长张正坤以下一百余。”

南下川黔　江口会师

十八师于 1936 年元旦的晚上抵咸丰和黔江交界的沙子场宿营。张正坤命令电台马上同红二、六军团部联系。电台队的战士打开电台一看，傻了眼，电台在长岭冈滑坡时摔坏了。大家都很着急。因为电台坏了就与上级失去了联系。失去了联系，部队就简直成了聋子、瞎子。电台队的战士是我军的第一代通信兵，由于没有经过正规的训练，一般只会用不会修。为了胜利，就得尽快地同上级取得联系，就非得修好电台不可。李信亲自督阵，鼓励他们大胆干、细心干。黎东汉壮着胆子打开电台的外壳，四根电子管全摔碎了，幸亏有备用的；灯座子摔碎了可就没有更换的了。他正在无计可施的当儿，一眼瞥见住户板壁上的一卷苎麻，便灵机一动，找老乡买了点麻丝，把灯座残片拼好，用麻丝缠牢，安装完毕接通电源一试，嘿，成功了！李信高兴地说：“不光打仗难不倒红军，捣弄这洋玩意儿也难不倒红军！”

电台很快就与二、六军团部取得了联系，得知二、六军团已由湘中移到湘黔边区的芷江、新晃、玉屏一带，还知道了四川酉阳、秀山一带无大的敌军驻防。师部决定迅速南下寻找主力会师。

1月2日，十八师从沙子场出发，经黔江的马喇湖、甘溪抵酉阳县境，再经菊花坝、三岔坝等地南进。敌人少量的正规部队分别集中在县城和几个较大的集镇内。沿途的老百姓热情地为十八师带路，他们有意避开城镇、大道，穿过山寨、小径，途中除与小股团防武装有些小摩擦外一路比较顺利。7月抵川黔边的南腰界，休息一日。

此时，红二、六军团已全部撤出湘境，进入贵州境。1月9日，六军团占领江口县城。

十八师旋于贵州境，经松桃县之石梁和印江县之木黄、德旺等地于10日抵达茶寨宿营。晚上和在江口县城的六军团部取得电台联系。军团部电令十八师于次日到江口归建。十八师的干部战士得知六军团主力离他们不远了，快会合了，都高兴得蹦跳起来，犹如失散的孩子马上就要回到母亲的怀抱一样。60个日日夜夜，战斗的艰辛，行军的疲劳，好像顿时跑得无影无踪了。

1月11日①一大早，十八师指挥员（这时只剩下六七百人）打整行装，排着威武整齐的队伍开往江口县城。张正坤师长兴致勃勃地走在队伍的最前面。六军团军团长肖克、政委王震、政治部主任张子意等领导同志，和几百名干部战士一道，出城几里地，欢迎英雄的红十八师的到

① 红十八师到江口与红六军团会合时间为1936年1月9日。

来。战友重逢，分外激动。虽然才分别短短的两个月时间，彼此间就仿佛离别了好多年似的，一个个眼里噙着热泪，久久地握手，热烈地拥抱，欢乐地跳跃，沉浸在一片胜利的欢乐之中。

选自《红六军团征战记》下，解放军出版社1994年6月版，第156—168页。

梅兴无，时为红六军团红十八师战士。

五、进军黔西

艰苦转战湘黔滇

余秋里

1935 年 9 月上旬，蒋介石开始了对湘鄂川黔根据地新的“围剿”。除湘、鄂两省原有的敌军处，又新调来了一些部队。参加“围剿”的有樊嵩甫、郭汝栋、李觉、万耀煌、陶广、郝梦龄、薛岳、孙连仲、汤恩伯等纵队，共 100 多个团。

红军为了争取主动，撤离了津市、澧州，回师苏区中心地带桑植。

这次敌人的“围剿”采取了边筑垒、边推进的方针，逐步缩小对红军的包围圈。11 月初，红二、六军团集结在桑植一带，处境越来越险恶，要想粉碎敌人的“围剿”，显然非常困难。

11 月上旬，二军团向我们传达了刘家坪会议的精神，部署进行战略转移。我们随即进行了政治上、思想上、物质上的准备。首先进行广泛的政治动员，说明当前的形势，提出以运行战打破敌人“围剿”的战斗任务，坚定广大指战员的胜利信心和决心；加强了党组织的建设，发展了一批新党员，健全和加强了党的基层组织。在物质上，要求每个人准备三双草鞋，带足三天的口粮。

为了适应新的战斗任务，总指挥部对部队进行了整编，红二军团新组建了红五师，调贺炳炎同志去五师担任师长。他接到命令后对我说：“五师是以地方武装两个独立团为基础组建的，缺少干部骨干，我想从十八团带走一些干部和骨干，补充到五师，不知你有什么意见？”我说：“干部是党的干部，五师是新组建的部队，从十八团调些干部去，有利于部队建设和提高战斗力，我支持。我提个名单，用我们两个人的名义报告师长、政委。”贺炳炎同志听了很高兴，用手拍了一下我的肩膀说：“你这个人很能顾全大局。”

贺炳炎同志调走以后，军团部任命成本兴同志（以后改名成钧）任红十八团团长。

成本兴同志是湖北石首人，1927 年秋参加石首起义。1930 年参加中国工农红军，1931 年加入中国共产党，曾担任过连长、黔东独立团副团长、红二军团营长。来十八团时大约二十二三岁，比我大一两岁。

长征前夕，红二军团在桑植刘家坪召开全体指战员大会，贺总指挥在会上讲话，分析了当前的形势，提出“我们要从内线转到外线，打到敌人的后方去。”

11 月 19 日，贺总指挥下达了突围命令。当天夜里，红二、六军团告别了湘鄂川黔根据地，开始战略转移。先后突破了敌人沿澧水、沅水设置的两道封锁线，跳出了敌人的包围圈。当时湘中的敌人都到湘西参加“围剿”，兵力空虚。红二、六军团乘虚南下湘中，我们红六师攻占了溆浦。这里人口稠密，物产丰富。我军进入溆浦以后，立即广泛开展群众工作，宣传我党的抗日主张，没收地主豪绅的财物，把它分给贫苦的农民和市民，使广大群众亲身体会到工农红军是自己的队伍，纷纷报名参军，我团又补充了一批新战士。

红二、六军团到达湘中后，在湘西参加“围剿”的敌军又匆匆忙忙从湘西赶到湘中。当敌人到来，我们又经湘西转向湘黔边界。1936 年元旦刚过，二、六军团到达晃县、玉屏。这时敌军李觉纵队跟了上来，我们只好继续向西走。几天后到达黔东南的石阡、江口。我军离开桑植以后，边打边走，在将近两个月的时间里，行军数千里，基本上未得到休息。在石阡才得到了一个休整的机会。

1 月中旬的一天，总指挥部在石阡天主教堂召开二、六军团党的积极分子大会。任弼时同志作了报告。弼时同志指出："我们是准备在湘黔边界搞根据地的，现在敌人来了，我们还要继续往西走，到贵州西部，以战斗的胜利创造新的根据地。"弼时同志还讲了全国的形势，北平的学生提出"停止内战一致抗日"的口号，发动了一二·九示威运动，全国的形势有利于中国革命的胜利。接着他说，根据当前的形势，我们党提出了抗日民族统一战线的政策。听了弼时同志的报告，我们都很受鼓舞。

在石阡休整一个星期后，我军继续西进。当时我们十八团为后卫，在行军中，突然通讯员向团长和我传达贺总指挥的命令："传十八团跑步前进，赶上前去。"我和成本兴立即带领全团跑步前进，见到贺总指挥，他亲自向我们部署任务，他说："黔军为了防止我军进入贵州，在前面设置了由数公里到纵深数十里的堡垒封锁线，你们要冲上去，打开一个缺口，保证主力部队安全通过。"我俩异口同声地说："保证完成任务。"

我们受领任务以后，以急行军的速度赶到军团前卫。在接近封锁线时，我和团长观察了地形，经研究，为了争取接近封锁线时，决定用少量部队对付两侧零星敌人据守的碉堡，我和团长带领主力直接扑向纵深的碉堡群。经过激烈战斗，消灭了敌二十三师的一个营，打开了一条通道，沿着这条通道，红二、六军团顺利地通过了堡垒封锁线。

1936 年 1 月 24 日是农历春节，我军攻占瓮安，休息了一天。25 日，攻占平越县（现改为福泉县）的牛场镇。当团控制平越西门的制高点，四师则控制了北门、东门的制高点。26 日晨 7 时，我军冒着纷飞的大雪开始攻城。我团首先攻破西门城楼，进入城内。随后，四师也由北门进城。这次战斗，击溃县团防队 600 余人，击毙平越专员公署专员兼平越县长聂洸。

我团入城不久，即接到军团部命令，令我团出南门阻击敌九十九师。我团刚出南门，即遇敌前哨两个排，当即将其击溃，随之我团到达吴家桥，利用有利地形阻击敌人，掩护二军团在城内开展群众工作。阻击敌人一天一夜后，于27日晨受命撤出阵地，作为军团后卫到达鸡场（仙桥）、大麻窝一带。于28日渡过清水江，进入龙里县境。然后继续向贵阳进军，一直到距贵阳30公里的地方。敌军非常恐慌，加强了对贵阳和遵义等地的防守。我军遂从贵阳北面向西北急进，奔袭扎佐、修文，准备从贵阳以西的鸭池河渡口渡过乌江。

2月1日，总指挥部命令红六师抢占鸭池河渡口。鸭池河地处乌江的上游，也是黔西北的门户。六师师长郭鹏、政治委员廖汉生把这个任务交给了十八团。要抢占鸭池河渡口，一是要快，二是要隐蔽，出其不意。为了不让敌人发觉，必须在夜间行军，天亮之前赶到。当天夜里下着雨，路很不好走。在这种情况下，最重要的是干部的模范作用。我和团长商量，我随一营走在前面，他指挥二、三营随后跟进。我们冒着雨，踏着泥泞的小路，在黑夜里急行军，在拂晓时，赶到了鸭池河渡口，以迅雷不及掩耳之势，消灭了渡口的少数敌人。接着一面以猛烈的火力压制对岸的敌军；一面派人迅速找船。一会儿，二军团参谋长李达同志赶到。他问我是否派出了警戒，我说已派出一个排和一个班。他说还应该多派一些。我说当前最重要的任务是压制对岸敌人的火力和找船。他同意了我的意见。我们找到了两只渡船和一些小船。天亮时，大部队陆续到达，立即乘船组织强渡，同时搭浮桥，让大部队通过。红二、六军团仅用了半天的时间就渡过了乌江天险。

我军渡过鸭池河以后，又翻过高山，奔袭了黔西县城。国民党黔西县县长林雁峰闻风丧胆，带着团丁弃城西窜。2月3日晨，我军进城时，黔西各界群众燃放鞭炮，夹道欢迎。几天后，红五师占领大定，红六军团进占毕节。

我们进入黔大毕地区以后，在贵州地下党配合下，很快展开了创建新的根据地的工作。这里土地贫瘠，苛捐杂税多如牛毛，人民生活非常贫困，很多人吃不饱饭，没有衣服穿。我军组成抗日宣传队，广泛宣传抗日，帮助群众建立各级革命政权，领导群众开展打土豪、分浮财的斗争，使许多群众第一次吃上了饱饭，穿上了新衣服。同时镇压了一些欺压群众、作恶多端、死心塌地与红军为敌的反动分子。与此同时，我们组织了扩红突击队，广泛动员青壮年参军。在不长的时间内，我团就补充了几百名新兵。

我军离开湘鄂川黔以来，艰苦转战 5000 余里，不仅要行军作战，还要和艰苦的自然环境作斗争，特别是进入贵州以后，为了摆脱敌人，经常在深山小路上急行军，所经过的地方人烟稀少，缺粮少药。广大指战员以坚强的毅力与敌人、严寒、饥饿、疾病作斗争，部队减员严重，在黔大毕建立革命根据地为部队争取了一个比较长的补充休整时间，使指战员的体质得到了恢复，伤病员得到了及时治疗，人员得到了补充，为完成长征打下了一个好的基础。红二、六军团进入黔西和在黔西、大定、毕节地区建立革命根据地，引起了蒋介石的恐慌和不安。他从南京飞到贵阳，亲自布置“围剿”，命令贵阳行营主任顾祝同指挥万耀煌、樊嵩甫、郝梦龄、李觉和郭汝栋五个纵队向二、六军团进攻。敌人先后占领黔西、大定，2 月 27 日，我军自动退出毕节，放弃了在这一地区建立根据地的计划。

红二、六军团退出毕节以后，为了避开敌军的围追堵截，开始进入黔滇交界的乌蒙山区。

乌蒙山，海拔 2300 多米，连绵起伏于云南东北和贵州西部。我军进入乌蒙山，已是 3 月初，但高山顶上仍然覆盖着白雪，遇到阴雨，特定是夜间，天气还相当冷。为了摆脱敌人，我军在大山中忽东忽西，忽南忽北，在崇山峻岭中转来转去，展开了一场艰苦卓绝的回旋战。

3 月 12 日，我十八团正按着军团的部署向镇雄方向前进，忽然接到贺总指挥的命令，要我们火速前进到得章坝，截击正在经得章坝前往镇雄的万耀煌纵队。我团赶到干沟梁子，看到敌军正沿山坡由西向东开进，恰好经过我们的脚下。我们乘其不备，猛烈开火，指战员呐喊着冲向沟底，消灭了正在行进中的一部分敌军，剩下的敌军有的在沟底顽抗，有的挣扎着爬上了对面的山坡。为了消灭被围困在沟底的敌人，我团成本兴团长站起来看地形，选择进攻路线。这时我看到对面山坡上的敌人正准备向我方射击，我急忙站起来用左臂把成团长拉倒，嘴里喊了一声："危险"，话音未落，敌人一排子弹射来，击中了我的左臂，简单包扎以后，继续战斗，消灭了沟底的敌人。在给敌人严重杀伤以后，总指挥部命令我军撤出战斗。为了掩护我军转移，必须要消灭对面山坡上的一股敌人。我和成团长带领部队迂回到对面山坡上，占领了大半个山包，缴了十几支驳壳枪和几挺机枪，就在我们即将占领全部山头时，敌人一梭子机枪子弹打了过来，打在我已负伤的左臂上。当时我一看，打断的骨头白茬已穿出皮肉，有两根筋露在外面，微微颤动。当时好像有些麻木了。战斗正在激烈进行，也没有多想，继续指挥战斗。一直坚持到天黑，部队安全转移。当时在我团的六师政委廖汉生看我伤势很重，让同志们用担架把我送到师卫生部，经简单包扎后即随部队转移。在这次战斗中负伤的还有十七团参谋长张秀龙，他的腿部负了伤，是与我同时被用担架送到师卫生部的。

事后我了解到，这次战斗，红四师、红六师把正在行进中的万耀煌纵队拦腰截断，使敌人首尾不能相顾，乱作一团，四处溃散，万耀煌在溃乱中只身脱逃。这次战斗俘敌200余人，毙伤敌营连以下官兵120余人，缴获重机枪七挺，长短枪数百支，弹药300余挑。在战斗中，总指挥部发现敌军不断向得章坝方向增援，我军南进的道路已被阻断，立即命令部队撤出战斗，争取了主动。

选自《余秋里回忆录》，解放军出版社1996年10月版，第36—43页。

扎佐夜战

刘转连

1936年1月末，我四十九团作为红六军团前卫，从江口秘密开拔，经过一天一夜的急行军，向西长途跋涉100公里，如同神兵天降，突然出现在扎佐附近。扎佐镇位于贵阳、息烽之间，南距贵阳只有20公里，是贯通东西南北的交通要道，也是我军西征、北上的必经之地。我军的突然出现，既造成了北渡乌江之势，也对贵阳的敌人形成了很大的威胁。贵阳敌酋一面急调远处的九十九、九十三两师和独立第五旅火速向扎佐驰援，一面就近从贵阳先后派出保安团两个营提前进驻扎佐，企图固守待援，阻滞我军行动，等待大部队赶来围歼我军。

这天黄昏，我四十九团运动到扎佐镇外之后，我首先仔细观察了附近的地形、地物和道路，发现镇里镇外有十几座碉楼构成的防御体系。这些碉楼大多是砖木结构，中间一层布满射孔，上面一层堆满了沙袋，先我到达的一个营敌人就躲在这些碉楼里。

据我所知，我红六军团长征途中攻打敌人碉堡的战斗只有两次，第一次是强渡澧水，第二次就是这次突袭扎佐。当时，我军没有大炮等重武器，就连机枪、步枪的子弹也不够，要用这样差的武器攻打敌人的碉堡确是十分困难的，怎么办？面对敌人的“乌龟壳”，只有扬长避短，唱一出我军的拿手好戏，打一场近战夜战了。

沉沉的夜幕落下来了。真是好兆头，今晚没有月亮，四周一片漆黑，正是我们的“夜老虎”战士们大显身手的好时机。听，黑影里，有几个战士正高兴地小声说：“今晚上天老爷也来帮我们的忙呢！天越黑越好，我们要抓紧时间，趁天黑消灭碉堡里的敌人！”我走过去，拍拍他们的肩膀鼓励道：“对！一定要抢在天亮前，把扎佐的碉堡通通打掉，为后续部队扫清道路！”

进攻开始了。按照事先的部署，全团从两个方向出击，各连以排为单位，分成若干梯队；每个班又分成三个突击组，以训练有素的战术运作，首先肃清了外围之敌，然后分头向敌人碉堡摸去。时间一秒一秒地过去，突然间“轰”的一声，随着手榴弹的爆炸声，火光一闪，敌人的一个碉堡被炸开了。惊慌失措的敌人摸不清我军的虚实，龟缩在碉堡里不敢露头，只是所有碉堡里的机枪都“咯咯……”地吼叫起来，一个劲儿地盲目向外射击，在漆黑的夜空中划出一道道耀眼的火链。

可是敌人作梦也没有想到，他们的盲目射击，正好暴露了目标，根据一个个碉堡里枪眼发光的具体位置，我们对敌人的火力布置看得一清二楚。一营的“夜老虎”们趁着火光冲上去了，二营的“夜老虎”们也不甘落后,打得更猛更准。提起二营的“夜老虎连”,真是叫人竖大拇哥。这个连平时训练十分严格，尤其是善打夜战，曾多次受到部队的表扬。在龙家寨战斗中，他们曾趁夜色攻占了敌人在杉木村的最后一个阵地，全歼了阵地上的300多敌人。在忠堡一役中，白天他们同兄弟部队并肩战斗，晚上又发扬连续作战的精神，打退了敌人三次突围，切断了敌人的主力（包括张振汉的指挥部）企图向宣恩逃跑的退路，为战斗的最后胜利立了大功。这次，他们又运用夜间作战的丰富经验，和兄弟连队密切配合，摸着一个敌堡打一个，打下一个烧一个，不到一个小时工夫，就一鼓作气攻占了敌人五个碉堡……只见在手榴弹的爆炸声中，敌人土木结构的碉堡腾起一团团大火，火焰越烧越旺，照亮了沉沉的黑夜，映红了红军战士一张张勇敢、坚毅的面孔。

经过近三个小时的连续夜战，扎佐守敌死的死，伤的伤，投降的投降，一个营的敌人大部分被报销了。剩下最后一个碉堡，守敌在匪连长的督战下，拼死抵抗，拒不缴枪。我军也毫不客气，一个战士端起一挺机枪，“突突突”一阵点射，硬是把敌碉堡的砖墙戳了一个大窟窿，另一个战士顺势塞进几颗手榴弹，敌碉堡立刻被炸起了大火，将近一个排的守敌通通被烧死在里面。

另一营迟到的敌人刚到扎佐外围，便遭到我军的拦击。他们见势不妙，与我交火不久，便扔下一名副营长和数十具敌兵的尸体，仓皇夺路逃之夭夭。据后来得到的敌《贵州全省保安处关于一、二团扎佐战斗详报》记载：1 月 31 日，“匪约四千于上午八时窜犯扎佐以东十里地方”，“殊匪部锐进不已”，“且以机枪手榴弹猛烈攻击，我军以众寡悬殊，遂逐渐退入碉线，计附近碉楼十余座，全线亘十余里，匪众分头蚁附仰攻”，“延至下午九时，因久待援军不至，韩营长迪左脑负伤，王营副坚一阵亡，官兵伤亡过半”。“该营长等以情势紧急，又虑匪部回扑贵阳”，“遂奋勇突出重围”，此战“我军官长阵亡□员，负伤二员，失踪二员，士兵伤亡约二百余名，失踪六十□名，损失枪支三百支，消耗既□□弹共约的五万发，手榴弹一□二百发”。尽管敌人在这份“详报”中编造假话，竭力夸大“敌情”、缩小损失，借以遮掩自己的惨败，但从中仍可窥见我军的英勇战绩。

打下扎佐，全歼守敌近两个营之后，我军打开了敌人的仓库，把米袋、麻袋装得满满的，有不少战士背着鼓溜溜的米袋子，又喜滋滋地补充了弹药，便整队出发了。部队经修文向西疾进，直达乌江东岸。

选自《红六军团征战记》下，解放军出版社1994年6月版，第239—241页。

芷江便水战斗[1]

萧克

便水战斗是我们折转回去打的。想在湘黔边上歼灭敌十六师杜（？）道周旅，但敌人预先占领了阵地，第一天就没有打好，没有达到歼灭敌人的目的，第二天我们就和优势敌人打，敌人十六师两个旅都到了，十九师也赶到，六十三师也来了，我看第二天是不应该打的，为什么打呢？主要是有急于求战的思想，想在湘黔边上站住足，我看第一天没有打好，第二天就不应该打了，应该另找机会打。

记得我们想打李觉，组织了四个团，埋伏了一天敌人没有来，我们没有打上，部队一次打不好，再一次还是可以打好的。

便水战斗后我们在石阡住了一礼拜，也是由于便水给敌人以严重打击的原因，当时我们有伤亡，而敌人也伤亡大，打平局仗。

这个战斗我们是从龙溪口出发回头迎击敌人的，我们疲劳，兵力不集中，远道迎击敌人是不好的。而应住在波州集中力量占领阵地等待时机打击敌人，我们早上接到敌人来的报告，早打是可以的，早打对我们有利，可以歼敌一个旅，但是我们下午才去打敌人，敌人则占领了阵地，第二天敌人增援更不好打了。

总之还有两点：1. 事先没有选择好阵地，部队布置分散，力量不

① 标题为编者所拟，原标题为《肖克同志谈芷江便水战斗》，谈话时间为1961年1月27日。

够集中，因而没有能当天歼灭敌人先头部队；2. 头一天没有解决战斗，第二天就不应该打了，因为敌人有增援，打下去对我们不利，只能成为消耗战。（中国人民解放军军事学院理研部供稿）

选自中共湖南怀化地委党史办公室编：《红军长征在怀化》，中共党史资料出版社1987年1月版，第144—145页。

回忆便水战斗

贺庆积

选在便水打，是欲迫使人背水作战。我们在湘中多次寻战未成，敌人此时既背水又很疲劳。我军此时也较疲劳，必须打才能立住脚。当然，立住脚是要经过一系列的战斗的。

是十六师先打的还是二军团先打的，我记得是二军团先打的（欧阳家祥：是十六师先打的）。是哪个部队先打的，我记不大清楚，还得问问十六师的干部。五十一团上去的时候，四师在公路左面打。

十七师是四十九团先打的。五十一团在四十九团之后。

1 月 6 日早饭后，师部告诉我前面第十六师吃紧，命令五十一团上去。五十一团是在四十九团右面从第十六师正面投入战斗。投入战斗的时间，按吃过早饭，爬了一两个小时的山这样计算，当在 10—11 时之间。

五十一团上去后，先接下第十六师的阵地，经过两个小时的战斗，打下了一个高山头。遂即跟踪追击，连续攻占几个小山头，先头部队已经接近平坝子。

敌人下午组织反击，因为我军在攻击的时候，部队都撒出去了，山上都是稠密的灌木林，部队联络不便，同时，因为我们（五十一团）没有后续力量，而其他部队也没有跟上来，所以没有能够对抗住敌人的反冲击，被迫退回原阵地。当我五十一团退回进攻出发阵地时，敌人也无力继续进攻了。但此时敌人并没有恢复所有阵地。此时，我十六师到那里去了，就不知道了。

五十一团和敌人对峙到下午三四点钟。在对峙时，除打打冷枪外，敌我都没有大的动作。后我军用迫击炮掉了几下，到下午 4 点多钟就撤退了。

撤下阵地走十多里路，天黑了，我们就宿营了。

写便水战斗，要写经验教训，写我军艰苦奋斗英勇顽强，政治挂帅。我们部队，成天吃不上饭，还是坚持战斗，不顾疲劳去坚决打击敌人，这些东西要写。至于有没有争论和批评我不了解。写不执行命令就不好了，对后代没有什么教育意义。

便水战斗所以没有打好，没有大量消灭敌人，如有必要讲，我的意见是讲原则方面的问题，是没有形成拳头，分散了兵力。同时，也表现在没有后续力量上面，五十一团已经把敌人打下去了，连夺几个山头，但后面没有后续部队跟上来扩大战果。天冷，下雨雪，粮食很少，部队很疲苦、饥饿，这也有一定的影响。在敌人方面，占领了纵深阵地，占领坪坝子，村庄稠密，有充足的粮食供给。

1960 年 12 月 25 日

选自马继善主编:《曙前之路——红军长征在湖南》，岳麓书社1996年9月版，第339—340页。

回忆便水战斗

陈华堂

十六师是全军的后卫，该师通过便水不到半天路程就地宿营，第二天准备出发，后面发现敌情，警戒部队接触，这时全师在公路右侧占领阵地（时间是上午 8 时），当动员打仗时，晏政委说这仗不打前面走不动了，一定要将敌人消灭。四十六团在四十七团的左翼，四十七团占领右边的高山，战斗打了一天没有什么进展，当天晚上在山上同敌对峙。当天晚上山上还下了毛毛雪。第二天早晨即撤出阵地（太阳刚出山）向田心坪前进，部队是跑步行军，部队到达田心坪时正是中午。在田心坪守备是黔军暂编第八师，军帽上还有红带边。敌人战斗力很弱，红军冲上去敌人就跑了。这时十六师打开了前进的道路。当时动员口号是我们要打开一条前进道路，这时我营（四十六团三营）只剩下 90 多人了。

便水战斗伤亡很大，一营伤亡最大，三营伤亡只剩有 90 余人（原 200 多人）。这天战斗，敌人伤亡很大，我们缴到五挺重机枪（在缴获之前被敌人炸毁了）。俘虏了十余名敌人，后来也放走了。当时我们撤走后没有人接防。我们整个战斗打了一天一晚就撤下了。

选自马继善主编：《曙前之路——红军长征在湖南》，岳麓书社1996年9月版，第340—341页。

回忆晃县龙溪口会议和便水战斗

谷志标

我当时是贺龙的参谋。那是二军团没有参谋长,也不分作战、侦察、通讯、队别等科。1934 年 10 月 20 日左右，红二、六军团在贵州木黄铅厂坝会师后，原六军团参谋长李达同志，任总指挥部参谋长。我们当时准备在湘鄂川黔边区开辟新的革命根据地，钳制敌人。二、六军团会师后，总人数约 1.2 万人。

1935 年 11 月，我们开始长征时，敌军李觉、陶广纵队会合围堵我们。到龙溪口时，我们准备在那里等待从龙山突围的红十八师（师长张正坤①）来同主力会合。但国民党的李觉等部队，追赶很紧。当时，红军前敌委员会在龙溪口开会，研究军事行动。前敌委员的会议实际上就是部队党的会议。前敌委员会由二、六军团高级指挥员贺龙、任弼时、关向应、肖克、王震、李达、夏曦、张子意等组成，书记是任弼时。会议的主要内容是研究部署便水战斗，并打算在便水战斗结束后，就在那里建立临时根据地。所以，我们一到龙溪口，就派人到各地去宣传，做政治工作。

我没有参加这次会议，我当时带领一个侦察班（又叫侦察组、尖兵班，或叫便衣队）走在部队的前面。我们的任务是侦察敌情或做向导，

① 原文为张振坤，本文统一为张正坤。

还要绘制路线图。每天清早吃了饭就走，有时离开部队几天，找不到吃的，经常挨饿；有时还要同敌人的侦察部队打遭遇战。

龙溪口（便水）一仗，打得不够理想，战后总结是有的部队没有按照作战部署占领山头，结果被敌军先抢占了去，我们伤亡不少。（姚世模整理）

1983 年 4 月 1 日

选自马继善主编：《曙前之路——红军长征在湖南》，岳麓书社1996年9月版，第341—342页。

谷志标，白族，1909 年生，湖南桑植人。1928 年参加中国工农红军，1930 年加入中国共产党。1934 年 10 月，红二、六军团会师后，任军团指挥部作战参谋。红二方面军北上长征期间，任总指挥部秘书长。新中国成立后，曾任四川省公安厅厅长、四川省人民检察院院长、解放军装甲兵副司令员、第四届四川省政协副主席、第五届四川省人大副主任、政协第五届全国委员会常委。1996 年在成都逝世。

归　队

熊晃

1936 年 1 月，贵州石阡附近又动荡起来，人们纷纷传送着红军即将抵达的消息，有的说："毛泽东的队伍来了！"有的说："贺龙的八十三万人马，浩浩荡荡开入贵州境内。"反动派呢，则是终日惶惶，调动频繁，并且造谣："前年共产党在这里吃过亏，这回来了一定要报仇，非杀个鸡犬不留不可。"

虽然我不知道要来的是不是红六军团，但有一点可以肯定：红军回来了，一年多苦闷渴望的日子，终于到头。我想着和部队即将会面，想着这段经历，又悲又喜，激动得流下泪来。

前年的 10 月，红六军团由湘赣边区西征到这里，准备去会合贺龙同志领导的二军团。当时我在十八师五十二团政治处工作。

在石阡附近，敌人发觉了我们的意图，集中绝对优势的兵力，重重阻击。经过了几天的转战，我们后卫五十二团被敌人切断了，和主力失掉联系。我们在敌群中东闯西杀。一天夜里，又转到走马坪北的虎脑山，在山下的一个小村庄里停下来。天刚亮，领导上派我把伤员送到几里外的老百姓家去荫蔽。

安置好伤员往回走的时候，忽然听到虎脑山上响起激烈的枪声。显然部队又和敌人打起来了，于是我急忙向虎脑山奔去。

爬上山一看，糟了！部队已经撤走，满山都是敌人，四处搜索。嘴里不住地喊：“出来吧！缴枪饶命！”“再不出来就开枪啦！”当时我没顾得更多的考虑，赶忙钻进草丛，一动不动。心想：你喊吧，不来便罢，来了咱就拼。

下午2点左右，敌人吹起了集合号。看来他们什么也没搜到，只好灰溜溜地收兵了。但还有一些“守望队”在山上游魂似地转悠着。

入夜，战斗后的山林，寂静得可怕。我倒在地上，仰望着天上的繁星，思潮不停地翻滚。部队到哪里去了呢？这里是敌占区，人生地不熟，我孤单单的一个人，将来怎么办呢……越想路越窄。寒冷的夜风吹着树叶飒飒作响，更显得周围空旷荒凉，使人增添了无限的愁苦。也许是年纪还轻吧，那晚上我默默地流了许多泪，但也下定决心：要像首长教导的那样，“生是红军的人，死是红军的鬼。”要活下去，要找到部队。

在这里，老百姓是否能同情我们，心里实在没有把握。我不敢下山，在山上整整蹲了四天。四天，把我饿得肚皮几乎贴到后脊梁上，浑身没劲，只要动一下，就头昏目眩。非下山不可，有天大的困难，也要想法子去找部队，否则就是死路一条。

我开始向山下观察：在山脚下一块小田里有个人在弯腰劳动，田坎上有个妇女和孩子像是在帮忙。将近黄昏的时候，他们走进田边上一所小茅草房子，看来是家贫苦的农民。晚上去找他们，碰碰运气吧。

天黑定了，我怀着一颗忐忑不安的心，摸下山去。走着走着，听到有流水的声响，这才想起嗓子又干又渴，脚步不由得向水声走去。到小溪旁，刚一弯腰，耳朵嗡的一声就什么也听不见，半天才恢复过来。

小房里透出昏暗的灯光，我从壁缝向里窥探。屋里空徒四壁，靠墙放着一张床，两口子倒在床上吸鸦片（当地盛产鸦片，吸鸦片像吸旱烟那样普遍），孩子在地上守着火盆玩火。此外再没有什么人了。

门没关，我轻轻地走进去。他们惊慌地从床上跳下来，畏惧地望着我，不知所措。我不敢暴露身份，说：“我是中央军，生病掉队了，找你们弄点饭吃。”他们没搭腔。我又说：“老板，不要怕，吃饭给钱！”

说着我掏出一块安置伤员剩下的银元。

男人平静了些，把我上下打量好久，转身问："还有饭吗？"

"有点。"女的带着不解的神情回答。

"菜呢？"

"还剩点豆腐。"

"拿来热热吧！"

女的在火盆上把饭菜热了热，就端给我。几天没吃饭，把我饿惨了，一阵狼吞虎咽把饭菜吃个精光，像是有生以来也没吃过这么香甜的饭。

"在你家住一夜行吗？"吃完饭我试探着问。

"一会再说，你先抽口烟吧！"男的没直接回答，指指烟盘子说。

这可把我难住了，抽吧，从来没沾过这玩艺；不抽吧，由于王家烈的军队是有名的"双枪将"，没一个不吸鸦片的，我这个国民党兵就装不成，实在逼得没办法，只好硬着头皮拿起烟枪吸了两口。可能是用劲猛，呛得连声咳嗽，把烟灯也弄灭了。

主人嘴角露出一丝宽慰的微笑，小声而又神秘地问："你到底是什么人？是中央军你就得走，这可不是闹着玩的。"

我看这个人很忠厚善良，就一五一十地把我的处境告诉了他。然后我不安地、但又细心地观察他的反应。

他听我讲完笑了，带点自诩的口吻说："我的眼力不错。你进门掏白洋，我就觉得不对头，中央军吃饭哪有给钱的？后来又看你不会吸鸦片，我就全明白了。你是红军，那没说的。别看你们只在这儿过了几趟，可帮我们出了几十年的怨气，打了土豪，分了东西，你们的心向着穷人。如今你落在难中，我不能拱手瞧热闹。"

真是绝路逢生。在我们的根据地里，群众掩护红军是极其平常的事情，可这里是白区，没想到人民也这样热爱我们。当时，我很感动，拉着他的手说："谢谢你，真没想到……"

"有啥想不到的，咱们都是苦命人哪！"接着他摆开了身世。原来他是湖南龙山人，姓何，因为受不了地主的剥削，又闯了祸，才跑到这里替一个和尚种田。这和尚并不“大慈大悲”,对穷人像地主一样狠。老何整年累断了骨头，还是吃不饱穿不暖。讲到这里，他愤愤地说:“天下乌鸦一般黑，只有你们才能治他们。”

快半夜了，老婆催了几次，他才收起烟具，找出一身破衣服，让我换下军装，安置我在草楼上睡了。

第二天，天刚朦朦亮，他呼呼气喘地爬上草楼，轻声说：“守望队到处搜查，你就在上面藏着别动，躲过这阵风再说。”说完他转身下去了。接着传来鸡飞狗叫和粗野的咒骂声，守望队蛮横地喊：“有共产党的散兵吗？不说打死你！”老何能经得起敌人的威胁吗？想着，心怦怦地跳个不停。好久，四周才静下来，大概老何把那帮东西打发走了。

我在草楼上挨了半个月，他们按时给我送饭，并且不断叮咛：“不要急，他们走了就让你下来。”当时的情况，使我只有听从，别无办法。一天，老何不到送饭时间，就爬上来了，喜笑颜开地说:“狗崽们走了，你下来吧！不过你不能离开我们这里，敌人早已布下人马，几十里周围都有岗哨，放心吧，住在我家里没错。别人要问，你就说是我亲戚，昨晚上从湖南龙山来的。你知道龙山什么样吗！”我摇摇头。他把龙山的情况向我介绍了遍，又嘱咐一句：“千万别记错了。”

我改名陈慧敏在这家住下来。

离开了党，离开了红军，真像是离开了娘的孩子。有时在睡梦中看见了部队的首长和同志们，看到了根据地一片繁荣的景象……心中就越发感到难过。老何几次帮我打听红军的去向，但在这偏僻的山区里，总没得到确切的消息。

何家的日子本来就够苦的，凭空添我这一个“食客”，就更加艰难了。他们常常背着我发愁，我很过意不去。我不止一次地要亲自去找部队，但他们都说：“不知道红军在哪儿，我们不放你走。”

有次我从山上砍柴回来，刚要进屋，就听两口子在屋里小声说话：

“又没米了，得想办法呀！”

“咳，有啥办法呀，你也不是不知道。”

“那也不能干挺着，咱没啥，可人家……咱能让人家饿肚子吗？”

“别穷唠叨啦，本来他就想走，让他听着便住不下去了。”男的似乎生气了。女的为难地低声啜泣。

我一阵心酸，怎忍心让这两个善良的人为我受累呢？我下定决心离开这儿。

晚上端起饭碗，咽不下去饭，就向老何说，我要走了。他听了一怔：“红军有音信吗？”

“……”我无可奈何地摇摇头。

“那往哪儿走呢？一个外乡人四处乱闯，非出事不可，不行。”

“你们家也困难……”

没等我说完，女的把话接过来去了：“是困难点，可还有办法，不能走啊！”

我不顾他俩劝阻，执意要走。老何想了半天才说：“我明白你心里想啥。不忍心住下去，那就换个消息灵通的地方，再打听红军的下落。你不是会裁缝手艺吗？前村就有个裁缝，也是受苦人，很可靠，我送你到那儿去吧。离这很近，出事也好关照。等知道红军下落，我再送你走。”

他把我送到裁缝家，临分手时，这平时看来很刚强的汉子，竟难过得落下眼泪。他拉着我的手说：“如今咱们穷人光剩下一片心了，别的什么也没有，你可要多包涵呀！”

这话是我该向他说的呀……

老何在我们分开不久，就被那贫困的生活折磨死了，我连说声谢谢都没来得及。那万恶的社会！

就这样，我又在裁缝家住下，通过一些可靠的人继续打听红军的下落。一天，有人从龙溪镇上回来告诉我，镇上贴出了敌人的布告，说红军要来了，听了这话，我高兴极了，立即跑到龙溪镇去打听。镇上动荡不安。一个白匪军官在凶恶地骂着一老头子："老不死的家伙，砍几根竹子修碉堡你不高兴，贺龙来了要你的脑袋！"

这是个机会，我凑上去说："老总，看你急的，共产党还远呢！"

"你知道个屁，今晚就能到这里！"他说完把老头推个跟斗，拖着竹子走了。

部队就在身边，说不清当时心情是怎样激动。当天晚上，我就和裁缝分手了。雨哗啦啦地下着，大地上的一切隐没在黑暗之中，但是我还是抬起头来，望着老何那所简陋茅屋的方向。心想：老何，你不顾一切掩护我是为了胜利，可胜利的日子即将到来，你却不在了。

大约走了 20 几里路，就看到自己人了。他们带我回到部队，首先见到军团政委王震同志。他关切地询问我一年多的情况。我把老何和那个裁缝掩护我的经历说了一遍，他沉思半晌，感慨地说："到处有我们的群众，我们是拖不垮，打不散的。你知道吗，那次敌人把咱们五十二团的番号取消，但是五十二团没有被消灭，突围之后归还了建制，就是一些因病伤留下的、掉队的同志，也在群众的掩护下回来了。快回去看看吧，五十二团更加扩大了。"

选自《红六军团征战记》下，解放军出版社1994年6月版，第279—282页。

熊晃，1913 年生，湖南浏阳人。1930 年参加中国工农红军，同年加入中国共产党。红军长征时任红六军团十八师五十二团俱乐部主任。新中国成立后，曾任新疆焉耆地委书记、焉耆军分区政治委员，新疆军区政治部副主任、主任，新疆军区副政治委员、顾问，政协第六届、七届全国委员会常委。1955 年被授予少将军衔。1996 年在乌鲁木齐逝世。

顺岩河急流架桥

周仁杰

1936年1月8日，红二、六军团由湖南进入贵州境内。9日占领江口；12日占领石阡，完成了从湘西向石镇黄转移的任务。我军在江口、石阡一带一面休整，一面发动群众，打土豪筹办军需。19日，军分会在石阡开会。由于1月5日便水一仗，我军未能按计划一举歼灭湘军十六师，贺龙、任弼时、关向应、肖克、王震等领导同志决定：红二、六军团向黔大毕地区进行战略转移。

20日，部队由江口、石阡一带出发。21日突破了敌二十三师防线，次日到达猴场、瓮安，准备渡过清水江。

清水江是乌江南岸一条大支流，是贵阳东北的天然屏障。这时，我军以多路纵队向贵阳东北开进。为实现向黔大毕转移的战略目的，两军团相互掩护。这是一种巧妙的进军态势，显示出两种企图，一是我军仍将走去年中央红军突破乌江、攻占遵义的老路；其次是袭击贵阳这个政治、军事中枢。这就造成了敌军既要守乌江，又要保贵阳的分兵局面。敌人集中了15个师的兵力于乌江沿岸：顾祝同、吴忠信又急令敌九十九师和二十三师向贵阳方向收拢，以掩护贵阳侧翼，同时仓卒地宣布贵阳城戒严。

当敌军调整部署，盲目遂行作战准备之际，我军避实就虚地从容渡过清水江，前锋向南直插龙里，威逼贵阳。27日，红二军团到达大麻窝、鸡场、茅草坪一线；红六军团到达粑粑箐、埋头井一线。此时，我前卫距贵阳仅二三十里。

1月28日，蒋介石乘飞机到达贵阳，城区只有两师防守。清镇机场只有一二一师的一个团防守。敌人犹如惊弓之鸟，惶惶不可终日。

29日拂晓，我红十六师作为红六军团的前卫，从龙里的长寨向北进军，翻越了一座大山，到达清水江支流顺岩河的东南岸。师特务连和前卫四十六团进至白崖山西侧密林里隐蔽待机。

顺岩河曲折蜿蜒，河水湍急，其南岸是白崖山；北岸是平山，海拔都是1100余米。两岸松林茂密。从空中瞰视，这里隐蔽千军万马也难发现。顺岩河河谷地区是苗族聚居之地。由于反动统治阶级的欺压掠夺，苗民生活异常贫困，加上这里山高林密，到处是悬崖绝壁，交通闭塞，苗寨除了鸟鸣犬吠之声，从未听过战马长鸣。红军的到来，他们始而惊怕，继而喜悦，苗民们奔走相告，“干人的队伍来了”，“红军来了”。这是因为1934年冬和1935年春中央红军两次过开阳县境，纪律严明、开仓济贫、惩办土豪劣绅等行动在人民中产生了深刻影响。

红二、六军团从湘鄂川黔转战到这里，先后渡过了澧水、沅江、巫水等江河。对于渡江过河已不在话下。顺岩河河面不宽，但流急滩险却是罕见。人们在山上就听到谷底河水的轰鸣。在渡口下游不远的河床上，屹立着一块方形巨石，湍急的河水拍打着巨石，使它下面形成一个深潭。

29日（农历正月初六）上午8时，师前卫团的20多名同志冒着严寒跳进河水，为架桥作试探性泅渡。时值六九，河水真有截肌裂肤之寒。水性好身体强的同志游到了对岸，水性差身体弱的同志，有的被急流冲到远处的浅滩上，有几位同志被急流冲走撞上巨石，接着就被冲进深潭而牺牲。试渡的结论是：水深流急，架桥不易。

困难对红军来说是司空见惯的，师前卫四十六团在渡河指挥所的指挥下，从骡马驮子上卸下了十几匹布匹，把布匹放开结成200余米长的布带，挑选水性好的同志拖着它向对岸泅去。布带在急流中漂成越来越大的弧形，泅水的同志使出全力也拖不住它，竟顺流而下，有的同志拽不住布带，被急流冲进漩涡，失去自控力而溺死水中。这些忠勇的革命战士，令人痛心的牺牲在顺岩河中。

为了减少阻力，大家把布匹拧成布索，于是又一批同志下水，奋力和汹涌的急流搏斗，总算把布索拖到了北岸。然而怎样架桥，却想不出稳妥办法。下过水的同志一个个面色苍白，嘴唇不由自主地颤动着，但谁也没有气馁。这时，伐木的队伍喊着号子，扛着树杆，从山坡的松林小道走向河岸。在营团干部的带领下，大家迅速地把四五米长的树杆，用绳索、藤条捆扎成一个个三角架。

指战员们七八人一组，拖着三角架，再次跳进刺骨的急流中，依托布索把三角架排成两行，放进水中准备架桥，但三角架还没有放好，就一个个被急流冲走，大家只好回到岸上。四十六团团长张辉、政委胡荣望着汹涌的急流，四散漂流的木架，想起牺牲的战友，又难过又焦急。

第二次架桥使用了两条布索，动用了更多人力。在张团长、胡政委的带领下，大家把两行三角架用绳索一组一组连结好，但是仅十多分钟，又被急流冲散。

两次架桥都失败了，下水的同志，有的光荣牺牲，有的负了伤，有的冻病了，同志们在河岸上燃起火，在寒风中相互依偎着烤火取暖，等后续部队络绎到达。人员、马匹、辎重等积聚在山谷里。空荡的山谷霎时寸步难行。时间在流逝，我和晏福生政委十分焦急。我一边派人向军团首长报告架桥情况，一边和几位营团干部率人下水，再次架桥。晏政委当时已 30 多岁，比我大七八岁，他不听我的劝告，也跳进急流中和我们一起紧张地固定三角架。我和晏政委这次以身作则地带头架桥，同志们也奋力劳作，却并未成功。数九寒天的深谷里，河水冷得很，身上的伤口像刀扎一样疼，我咬紧牙关，坚持最后一个上岸。

作为军团的前卫师，完不成架桥任务，不仅不能完成预定的掩护红二军团抢渡鸭池河的战略任务，而且在峡谷中背水作战是非常危险的。天快正午时，我们还没有想出切实可行的办法。这时，军团政委王震带着去年忠堡战斗中俘虏的敌纵队司令兼四十一师师长张振汉来到河边。

王政委察看了渡口，看望了伤病员，听了我们的汇报，然后走向集结在河谷里准备架桥的同志们，对大家说：同志们，刚才你们的师长、政委都跟我讲了，你们很英勇，真是工农的好儿女，多少大江大河我们都过来了，这条河我们一定能过去，眼前架桥还有不少困难，我们红军流血牺牲都不怕，难道还怕困难吗？大家想想办法，我相信，这座桥一定能尽快架好。王政委简短有力的几句话，把大家的情绪一下子就鼓动起来了。同志们一堆堆围在一起，热烈地讨论开了。王政委转过身来问我：周师长，你说现在怎么办？我不好意思地说：政委，河水太深、太急，单靠布索和树杆架不起桥来。王震同志笑了起来，半激励半开玩笑地说：你能打硬仗，过去渡江过河用船搭浮桥，这里没船，架这样的桥没经验，我给你请个老师，来指导你们架桥，怎么样？他顺手指了指身旁的张振汉。我看了看站在王政委身旁的张振汉，嘴里没说什么，心里却嘀咕开了。他，一个被俘的国民党高级军官，在这既困难又紧迫的任务面前，能使出高招解决架桥问题？当时大家都不约而同地注视着这位大胖子将军。

张辉团长很快地将大家对架桥的意见收集上来，经过简短的商讨，张振汉说：兄弟我败军之将，不可言勇，冒昧提出一点建议，供诸位参考，不妥之处请王政委裁决指正。这时大家都注视着他那与众不同的仪表和谈吐。张振汉接着说：顺岩河水深流急，没有架桥器械，你们做到这种地步已是不易，其实，你们架桥的工作基本上做了，这种方法在水流较缓的江河是可行的，现在是水深流急，架浮桥首先要有固定的桥脚，你们在三角架下面绑扎大石块，使三角架依托布索固定，然后在三角架上横铺树杆，用绳索捆牢，再纵铺木板，加土覆盖，这样浮桥即可架成。张振汉讲完后，王政委对我说：周师长，按他说的试试！我当即组织大家紧张而有秩序地工作起来，不到两小时，一座稳固的浮桥架起来了，人走在上面很平稳。这时我感到既高兴，又惭愧，对张振汉能为我们出力，深为感激。

当天下午 3 点多钟，我组织师特务连和前卫团渡河，不一会，全师人员、辎重平安地从浮桥上通过。接着，军团直属队也来了。我站在北岸高地上，看着部队有秩序地离开渡口而去，全身顿时轻松起来，一些苗民们也在山坡上好奇地观看骡马的泅渡和过桥的部队。我爬上平山山顶，回头看着渡口和河岸边的那块巨石，想起为架桥而英勇牺牲的同志，心情又沉重起来。

部队在崎岖的山路上行进，通过丫口田苗寨、杠寨。前卫团于当晚到达羊场。我师各团宿营在平寨、高寨一带。按照军团部规定，为尊重苗族风俗习惯，部队不进民房，用银元换取食物。

宿营后，天已近夜 11 点多了，我和晏政委仍睡不着。晏政委对我说：老周，今天如有敌情，后果不堪设想啊！我说：是啊，政委，今天渡河架桥，恰似给我上了一堂课，作为一个红军指挥员，不仅要勇敢，有智谋，还要有知识，懂政策，如果不是王政委等军团首长一贯讲政策，知人善任，还不知会出什么情况呢？

月换星移，岁月流逝。顺岩河急流架桥已是 50 多年前的事了。50 多年的岁月，不仅没有磨灭我对这里的记忆，反而更加引起我对顺岩河的思念。1985 年的春天，我重返红二、六军团的长征路，终于又来到顺岩河畔。我望着依旧奔腾不息的河水，又想起了那些为架桥而英勇牺牲的先烈们，我以最诚挚的心情向先烈们致以鞠躬默哀。同时也想起了张振汉将军。张将军是保定讲武堂出身，在西北军当过工兵营长。他被我军俘虏后，军团首长从不把他当败军之将看待，而是与他推心置腹地交谈，生活上处处优待。在跟随红军突围转战的日子里，红军忠勇精神，爱国爱民行为使他对红军逐渐有了新的认识。特别是肖克、王震同志的军事、政治才能使他很为钦佩，使他这样的人和我们一起过雪山草地，长征到达陕北后，在抗大任军事教官。从顺岩河架桥，从张将军的转变，使我深切地认识到：坚定不移地执行党的路线方针政策，尊重爱护人才和掌握科学知识，对革命和建设是无比重要的。

选自《红六军团征战记》下，解放军出版社1994年6月版，第234—238页。

鸭池河上

王绍南

红二、六军团长征以来，一路上攻下了芷江、晃县、玉屏、石阡、余庆、瓮安等县，直抵贵阳腹地，并占领了公路干线上的息烽、修文。敌人对于一年前我中央红军两下遵义城，至今心有余悸；他们愚蠢地估计我二、六军团必然会步中央红军后尘，北渡乌江，夺取遵义。因而将贵阳、黔西的部队倾巢调出，共约15个师以上，集结于乌江、遵义一带，企图配合湖南尾追我军的敌人，两面夹击，尽歼红军于乌江两岸。

敌人这个阴谋怎么逃得过红军指挥员的眼睛？总指挥部判明情况后，立即命令先头部队——二军团四师北渡一个团，虚晃一枪；在敌人兴高采烈庆幸我们中计之际，我主力却突然挥戈南下，直指贵阳空城，虚作攻势，吸引敌人，并乘机西渡鸭池河，向黔西挺进。

这一天，我们走了80里路。近晚，刚休息下来，总指挥部参谋处就命令我们侦察队当夜再急行军120里，在天明以前赶到鸭池河渡口，控制渡船。据悉，渡口两岸都有敌人把守，但兵力只一个营。敌人的重兵已集中在遵义、贵阳一线，对于我们偷袭这个渡口是极其有利的。

战士们围着我说:“队长,再走一百里二百里没意见,只要求吃顿饭。”

我摇摇头，抱歉地说：“不行呀，等你吃饱饭再走，明天连鸭池河的水也喝不上！”

结果部队连吃饭也没有捞到吃，就立刻出发了。真不巧，就在这时候哗哗地下起雨来。山路泥泞不堪。大家一步一滑，跌跌爬爬，行进速度非常迟缓，急得战士们不住口地骂天。

我一边走一边想，像这样走法，这一夜莫说120里，就是一半路也走不上呀。赶到尖兵组，找到胡克忠同志。我说："胡矮子，这样不行呀。宁可多走点路，把队伍领上公路吧！"

他点点头，一转身，精悍的身影便消失在黑暗里了。胡克忠是六师的侦察参谋，平时虽然很少说话，但打起仗来却有着一身胆量和一肚子的计谋，他惯常带二三十个人，伪装成敌人的侦察或通信人员，混进据点里去捉匪首。有一次，他们混进敌人的据点把一个保安中队消灭了，接着又换上敌人的衣服，把一个区公所又消灭了。胡克忠同志的故事像神话一样，在侦察员中间流传着。因为偷袭敌人正是他的拿手好戏，所以这次我便让他领着尖兵组走在最前面。

我们这支侦察队是由各师的侦察员凑起来的，120多人，个个都是生龙活虎的小伙子。穿的是一身农民服装，各带一支短枪和一个手电筒，十分利索。一边走，一边说俏皮话，"今天是饿肚子、走黑路、踩泥巴，三喜临门！"看到他们那种轻捷、机灵的动作，听到他们充满自信的话语，使我更加感到，只要天亮前能赶到鸭池河，我们肯定是能完成任务的。

走了30多里泥泞路，就上了光坦、坚实的公路。这一来，我们顿时就像添了翅膀一样。只听到嚓嚓嚓的脚步声，谁也不讲一句话，专心一意地赶路。

天亮以前，我们赶到了离鸭池河五里地的一个小村子。被惊醒的一些老百姓听说我们是红军，纷纷围上来，你一句我一句地抢着说："我们都是干人哪！""红军，好名声，我们都晓得。"从老乡们的倾诉中，我们了解了不少敌人的情况，现离河岸不远有一个敌人的前哨阵地，就连哨兵的位置也摸得清清楚楚了。

我和胡参谋商量：对敌人这个阵地我们绕过去呢，还是袭击呢？

胡参谋果断地说："绕过去来不及了，我带尖兵组去骗一骗他！"说着，他挑了一个贵州籍的战士，走到队伍前面去。我带一个班，远远地跟着他，以便呼应；其余的人随后跟进。

四更多天，雨也住了，凄厉的山风阵阵袭来。这时正是寒冬腊月，五九寒天，可是我们还穿着夹衣，走路的时候，还不觉得，一停下，湿衣服往身上一贴，风吹来就像刀刮一样。战士们禁不住打起哆嗦来。

这时候，听到对面一个人喝问，"什么人？口令！"

"是区公所送信来的。"我们那个贵州籍战士回答他。我暗下通知部队作好准备。

敌哨兵听到答话，要我们先过去一个人。黑暗中，隐约看见胡参谋几步就跨到这个哨兵跟前，猛然抽出手枪对住他的胸口，低声喝道："不准喊，喊就打死你！"

侦察员们趁机迅速冲了过去。我悄悄问当了俘虏的敌哨兵，"放哨的有几个？"

"我……就是……我一个。"

"连部在哪里？"

"祠堂里。"

我一挥枪，命令他："带路，喊就打死你！"

那个俘虏猛缩一下头，腿直打颤，连说："不……不……不。"

到了祠堂前，分拨一部分战士在外面把守，其余的人一齐冲进去。几十支手电筒对着睡在两间廊房里的敌人晃动，眼快的同志，忙把靠在墙边的枪支收下。那些敌人睡得迷迷蒙蒙，有的还在糊里糊涂地说梦话。睡在一旁床铺上的敌人连长，跳起来喝道："他妈的，半夜三更吵得老子睡不成觉！有任务，天亮再说！"

胡克忠同志笑道："任务紧迫，等不到天亮了。"一噘嘴，叫一个战士把他捆起来。到这时候，那个连长还没有弄清楚，一个劲地追问捆他的战士："你们是什么人？你们是什么人？"

“老子是红军！”战士这一喊，倒像一声雷把他们震醒了，80 多个敌人同时举起手来。

我们把缴获的枪统统卸下枪机，叫俘虏们背着枪身跟我们一路走。为了防备有敌人漏网跑去报信，大家都加快脚步，旋风似地向鸭池河边卷去。

赶到河岸边的一个村庄时，天已朦朦亮了。我们在一个斜坡下荫蔽起来，待机抢渡，我仔细地观察了渡口的形势：鸭池河浊流滚滚，有 100 多米宽。对面排列着好几十只船，河边有一间小屋，岸上是一条蜿蜒曲折的公路，通向二里路外的一个山头。据俘虏说：河边那间屋里，有敌人一个班，是看船的；山头上驻着营部和两个连，居高临下，控制着渡口。

我把火力布置好，就叫俘虏向对岸喊话。那俘虏拉开嗓子喊道：“喂，过来一条船，张处长叫我送紧急情报来了！”喊了一阵，只见对岸一个敌人急急忙忙朝山上奔去，一边跑一边喊叫，不一会又跑回来了。接着，一条小船很快从对面撑来。我们静静地等着小船靠岸。谁知就在小船快近岸边时，不知从哪里钻出一个人来。他戴着一顶瓜皮帽，穿着青色棉袄裤，朝小船喊：“来，给我上！”船还没靠岸，他一纵身跳上船，脚一蹬，船就离岸好几尺。我们没有防备这一手，眼看着小船向河心划去。

胡参谋说：“一定是给敌人报信去的！”拉起枪来就想打。我恐怕惊动对岸的敌人，连忙拦住他。

岂知那家伙一上岸就大喊起来，“红军来了！红军来了！……”河边小房里一下子冲出了十几个人，连衣服也顾不得穿好，更顾不得破坏船只，就跌跌滚滚地向山上逃去。我正后悔当时没有开枪把那家伙打死，又想到：等山上的敌人下来把船弄走就麻烦了。于是，便捅捅机枪手说：“开火，打死这些家伙！”

机枪子弹把对面山腹上打起一溜白烟，在公路上奔跑的敌人顿时倒下五六个，其余的还是不顾命地跑。这时，山上也响起了枪声。机枪一面向上射击，战士们一面向对岸的船工喊话:“老乡们，把船撑过来，红军发工钱！”

撑船的老乡见河边的敌人已跑到山上去了，而山上的敌人又受到火力的压制，下不来，加上和我们只隔百把米，喊了一阵，果然就有几条船撑过来了。这时我们的主力已赶到,机枪、小炮朝对面山上一阵猛打，掩护我们侦察队和一营队伍渡过河去。

队伍一过河，就直朝山上扑去。敌人吃了我们一阵炮击，又见我们来势很猛，撒腿就跑。我们占领制高点，派一部分部队继续追击敌人，一部分带领老百姓搭浮桥。

桥很快就搭好了，二军团先过河，然后是六军团。这时，跟踪追来的敌人也已赶到。六军团还有两个团没有来得及渡河，就和敌人打响了。我们借着北岸的有利地形，居高临下，用火力压制了敌人，掩护这两个团全部渡过河来，然后便将浮桥毁掉。敌人只好眼巴巴地在对岸放枪“欢送”。

过了鸭池河，我军继续占领了黔西、大定、毕节。部队就在这一带休整、补充，并以大定为中心，开展地方工作。

选自中国人民解放军战士出版社编:《星火燎原》选编之三,中国人民解放军战士出版社1980年11月版,第275—280页。

王绍南，1906 年生，湖北天门人。1931 年加入中国共产党，1932 年参加中国工农红军。红军长征时任红二军团司令部参谋、侦察队队长。新中国成立后，曾任中国人民解放军第一步兵学校校长、第一高级步兵学校副校长、汉口步兵学校校长、防化学兵部副主任、政协第五届全国委员会委员。1955 年被授予少将军衔。1979 年在北京逝世。

智取鸭池河

左齐

从 1 月 7 日进入黔东，9 日我六军团占领江口县城，二军团占领石阡县城。打土豪，搞群众工作，部队整整休息了五天。最愉快的是与我十八师胜利会师了。离开苏区的时候，我红六军团曾留下十八师担任牵制敌人的任务。张正坤①师长带着部队故意突围北上，吸引了敌人很大一部分兵力，在湘黔边界和敌人周旋了整整两个月的时间，现在才和我们会合到了一起。比起我们这一路来，他们要艰苦得多了。军团政委王震同志亲自跑出很远的路程，把他们迎接回来。进到石阡以后，六军团西征路过这里被敌人打散的一些同志，在群众的掩护下，过了一年多不见天日的生活，也都重新找到红军，回到了自己的部队。敌人一心一意要扑灭革命，可是闹来闹去，既抓不到我们的主力，又摸不到我们的侧翼部队，连个把掉队的人员也没能摸去。红军可真是打不垮、拖不烂呵！老战友们久别重逢，手牵着手，一道跑到石阡的温泉里，痛痛快快地洗了一个热水澡。

敌人估计我军要步中央红军后尘，北渡乌江。他们赶到贵州以后，不和我们纠缠，拼命抢到我们前面，把绝大部分兵力密密麻麻地摆满了乌江两岸，日日夜夜赶做工事，企图将我歼灭在乌江南岸。这时，敌人

① 原文为张振坤，本文统一为张正坤。

的报纸也一齐叫唤开了，什么“贺龙孤军势必就歼”啦，“贺龙走投无路”啦，“江南赤患消平有日”啦，确是乐观极了，猖狂极了。

我们倘若冒冒失失地走上前去，那后果确实不堪想象；可是，我们的头脑可没有敌人想的那么天真，明摆在眼前的火坑，为什么要去跳呢？此处无路可走，他处自有路。处处无路走，开向贵阳府。他想我们北渡，我们偏不北渡，他不防我们南下，我们偏要南下。折向西南，日夜兼程，取瓮安，下牛场，直捣龙里，威逼贵阳。这一来，形势可就大变了：敌人由乐观一变而为慌乱，我们由被动一变而为主动。要知道，这时的贵阳乃是一座空城，我军倘有兴趣，闯进去逛逛，不是不可能的。对于敌人说来，贵阳是贵州的政治、经济中心，又是大官僚们养身立命之所，此城万万不可有失；可是，从湘北到湘中，从湘中到贵州，追来追去，就是为了凭借乌江天险来消灭我们，一旦放过，十分可惜。江防不可不守，贵阳也要保卫。一身岂能二任焉？一时间，调兵遣将，手忙脚乱，紧张万分。但是我们没去打贵阳，却从从容容地经扎佐，过修文，进抵乌江上游的鸭池河边，毫不费劲地渡到了乌江的北岸。

鸭池河这里的地形很险：北岸烂泥沟一带，山势高陡，俯瞰对岸，一马平川，只须摆上一点兵力，要阻住追击的百万大军，不成问题。因此，我们过河之后，在 2 月 9 日①轻取黔西、大定、毕节等重要城镇，并在大定附近的将军岭给向我追来的郝梦龄②师当头一棒，歼灭敌人两个整团。取得了将近 20 天的时间，开展了黔、大、毕地区的工作，在黔西北地区点燃了革命的熊熊烈火。

节选自左齐：《八千里路云和月》，原载中国社会科学院现代革命史研究室编：《回忆贺龙》，上海人民出版社1979年11月版，第427—428页。

---

① 1936年2月3日，红军占领黔西县城；2月6日，进抵大定县城；2月9日，占领毕节城。

② 原文误为郝梦麟。

红旗卷过黔大毕
——红二、六军团长征片断

谭友林

1936年1月，红二、六军团进入黔东，占领了贵州的江口、石阡，按照原定计划，我们应该在这一带创建新的根据地。

可是，眼前山大谷深，人烟稀寥，人民生活极为困苦，粮食尤为匮乏，我们要站住脚是相当困难的。同时，敌人以为我们要步中央红军后尘，北渡乌江，很快就在乌江两岸排好阵势，企图将我们歼灭于乌江以南。我们从桑植出发，转战8000余里，一路上与堵追之敌频繁作战，拖着伤员，部队也十分疲惫。面对这种形势，军分会及时在石阡开会，贺龙、任弼时、关向应等同志审时度势，果断地决定放弃建立黔东根据地的打算，西渡乌江，挺进黔西北，在黔西、大定和毕节创建新苏区。

（一）

部队进入贵州，蒋介石又恐我军回师湘中，即派顾祝同坐镇贵阳，命樊嵩甫、万耀煌、孙渡、李觉分别为第一、二、三、四纵队指挥，令第九十九师会同李觉纵队对我进行尾随跟踪，令樊嵩甫、郭汝栋两纵队与新八师和第九十三师，在思南方向截击，陶广纵队和第九十二师，新三十四师在沿河、秀山、永绥、保靖地区阻止我军北上，调郝梦龄沿乌江布防，令滇军孙渡在威宁布防，企图围我于乌江之东南。如不得逞，则迫我进入广西，桂系李宗仁、白崇禧亦派兵向黔桂边境集中，极力阻止我军。情势相当紧迫，军分会运筹帷幄，临危不乱，突然挥戈南下，迅疾占领瓮安，锋芒直指平越（今福泉）。国民党专员兼平越县长聂洸急忙纠集保警队和众乡丁负隅顽抗，在身经百战的红军健儿面前，他们像秋风里的落叶，曾任中将师长的刘民杰上城督战，也被我军炮火射伤，摔下城头跌死。敌九十九师一个营驰援平越，半道被我四师击溃，80 余人被俘。

这个战术，我们叫它“龙摆尾”。就这么一摆，敌人主力抛在了我军之北面地区，贵阳及其东南地区仅有些团防军之类的杂牌部队。

我军威逼贵阳，使蒋介石大为震惊，于 1936 年 1 月 28 日抵达贵阳，急令驻防贵阳以西的傅仲芳的九十九师和李必番的二十三师向贵阳龟缩，加强守备。但捉襟见肘，将乌江口岸的防务又露出空虚。我军抓住战机，突然改变方向，绕道城北，奔袭扎佐，拿下修文，以红六师为前导，急趋鸭池河。

鸭池河为乌江上游河段，曲折于陡壁之下，回旋于峻岭之间。激流滚滚，处处是天险。2 月 2 日凌晨，从各师抽调的 120 多名侦察员疾速抵达鸭池河渡口，这是黔西北通贵阳的唯一渡口。侦察员请船工帮助，从伪区长董醒吾家中抄来备用电线，拧成铁绳，拴在河北岸的羊舔石和河南岸的大树上，把摆在河上的小船固定在铁绳上，用木板联接船只搭成一座浮桥。六师先遣队率先过河，占领了北岸 15 里外的烂泥沟。

午后，我们五师和十七团也赶到渡口。大军云集于狭隘的陡岸，渡河速度缓慢。敌九十九师和二十三师从后面全速追赶而来，气焰嚣张，形势对我们极为不利。

贺炳炎师长在瓦屋塘战斗后右臂负伤，师里的担子落在我的肩上。

我心里十分着急。有些会水的同志下河性急泅渡，水急浪猛，寒冷彻骨，泅渡的同志被浪头打倒后，再也没有钻出水面。河面只有百把米宽，我们拿出在湘中打土豪时弄来的布匹拧出一条柔韧的绳索，往河面一绷，大家抓着绳索下水过河，脱离了险境。

我军渡过鸭池河后，向黔西进逼。黔西县长林雁峰闻讯带着30多个兵丁弃城而逃，区长、保长之流也纷纷逃窜，城防空虚，县衙门文件和用具什物狼藉满地。3日晨，红六师占领黔西城。红军战士打开监狱，放出被关押的“囚犯”。主力部队进城时，黔西县“哥老会”、工商界人士及群众千余人，涌出县城，燃放鞭炮，夹道欢迎。

黔西县，这座灾难深重的古城，又一次见到天日。

（二）

1936年2月5日，我们从黔西县向大定进军。行至两县交界的西溪河边，与前来帮助黔西县长林雁峰镇守黔西的国民党第二十五军第二混成旅交火，经半小时的枪战，击溃敌两个营，当晚宿营于离大定县60里的甘荫棠。第二天，部队进到大定。在城南门外时，见到大约有100人的队伍，举着标语、小旗向我们蜂拥而来。我感到诧异，令部队停止前进。这时尖兵赶来报告：大定县各阶层人士组成欢迎队伍，欢迎红军进城。原来我军从黔西向大定急驰时，大定县长马仁生闻风丧胆，带领50多个随从，携其细软往西路逃窜。曾受过我地下党影响的开明士绅彭新民，即串连工匠顾炳清、王南轩、喻金亭等人，商议迎接红军。他们分头到县城东西南北四门动员群众，让每家都煨上一锅茶、蒸上米饭。彭新民还找来曾幼斋、毛士英等知识分子，赶写标语，用彩色纸制成100多面三角小旗，上写“欢迎红军入城！”“红军是干人的队伍！”“大定民众拥护红军”等口号。我们调整队伍，排成四路纵队，威武雄壮地开进大定县城。

2 月 7 日，活动于黔滇边境的反蒋少数民族武装席大明部，通过我党在毕节搞民运工作的邓止戈同志与我军接头，表示愿意接受红军改编，并要求协助我军攻取毕节。2 月 9 日，王震、夏曦率军团机关及十六师进军毕节时，行经席大明部驻守之要塞头步桥。席大明部即出示彝族人穿的红披毡，双方对空鸣枪后席大明走出防地亲自迎接红军，引导红军直奔毕节城。驻在城里的席大明另一支武装，在邓止戈同志的指挥下，抢占虎踞山制高点，迫使国民党毕节专员莫雄仓皇退出毕节，向威宁方向逃窜。至此，我军占领了整个黔大毕地区。

大定是贵州最贫穷、最偏僻的地方，许多人家饥寒交迫，痛苦不堪。由于国民党反动派的欺骗宣传，时值寒冬腊月，仍有群众居住在深山老林中，不敢回家。我们及时组织宣传队和工作队，到街头和城郊的新庄、大屯、小路口、阁雅进行宣传，讲抗日图存的道理，控诉土豪劣绅和蒋介石对农工的压迫罪行。不久，人们打消了顾虑，扶老携幼返回家园，商店也纷纷开门营业。

2 月 14 日，我们在大定停车坝召开了 2000 多人的群众大会，讲解红军的主张，控诉土豪劣绅的罪恶，会后进行了游行，晚上又举行了提灯会。我们打土豪的办法是，先由群众提出应打的名单，经工作队或拥护红军委员会审查批准后，张贴告示，将其压迫群众的罪行公诸于众，将其财物没收分给贫苦群众。全县热火朝天，许多小伙子、大姑娘，第一次穿上新衣新裤，感动得泪流满面。短时间内，我们在大定县打土豪分财物，没收粮食 5000 余石（约合 50 万斤），银洋 50 余万元，物资折款 70 余万银洋，鸦片（烟土）2000 挑。群众分到了财物，由衷地感谢红军，主动给红军领路，挖土豪转移的粮食和私藏的枪支。

对于开明士绅，我们在其门上贴告示，予以保护。由于红军与人民休戚与共，救穷人于水火之中，很自然就受到广大群众的衷心拥护。有一天，红军转移时，一个司号员和一个炊事员，因给房东送东西掉了队，在七家田被土豪捉住，将两人五花大绑拉上山崖，准备推到下面的河里。农民赵兴周和陈顺清见了，连忙替红军战士求情，土豪不依，两位农民便吓唬土豪："红军厉害得很，连老蒋都奈何不得，你们长了几个脑壳？难道你们不给自己留条后路嘛。"土豪胆怯了，只好把战士放了。两位农民把战士送到响水的六军团政治部。贺龙同志赶出来接见了他们，还送给他们每人一块银洋表示奖励。

还有一次作战后，十六师 47 名伤员从小坝抬到大定八堡，准备寄放到六寨。经过新寨时，苗族首领杨以沙老人带领全寨男女老少，赶到路边，要求把伤员带到他们寨子去治疗休养。伤员到新寨后，全寨 30 几户人家，争着让出自己的床铺安置伤员，妇女们为伤员端屎端尿，男人们扛上火枪站岗放哨。杨以沙老人上山采集治伤草药，打野味给伤员补身子，还想法到八堡街上买来棉花，蘸盐水给伤员洗擦伤口。一天，民团闻讯搜寨，苗胞立刻把伤员转移到后山山洞。途中，一位伤员不幸被敌人子弹射中，苗民被激怒了，举起一排排火枪还击，一口气将敌追出五六里地。后来，有几位伤员因伤势恶化，光荣牺牲，苗家用最隆重的仪式进行安葬，并特意为他们修建了"红军坟"。

在大定，我们办了一个被服厂，大定 100 多名缝纫工人用十多台缝纫机，为我军赶制了 1000 多套军服，100 多条棉被和近千条子弹袋。红军撤离黔大毕时，缝纫工曾秉光还背着缝纫机。跟随红军赶到石场，边行军边为部队缝制军衣。

（三）

黔西会议后，我红二、六军团投入了根据地的建设工作。2 月 8 日，任弼时、关向应、甘泗淇等同志赶到大定县，在孔庙召开了千人大会，宣布中华苏维埃人民共和国川滇黔省革命委员会成立，由贺龙同志任主席，陈希云同志为代主席，印发了《中华苏维埃人民共和国川滇黔省革命委员会布告》。

陈希云代主席在成立大会上宣布了革命委员会的施政方针：建立抗日民族统一战线，成立各级革命政权，组织抗日武装力量，取消一切苛捐杂税，改善人民生活，以求得中华民族的彻底解放。陈希云同志还宣布：大定县拥护红军委员会代行县革命政权机构的职权。彭新民同志被选为主任，办公地点设在原县衙门里。“拥红会”一方面作为各阶层代表，向红军反映“农工最恳切的呼声”，积极开展拥护共产党，拥护红军和抗日反蒋的宣传工作，另一方面又执行政权机构的职能，组织工作队与红军地方武装工作队密切配合，深入区、乡“扩红”，打土豪，分浮财，组织地方游击队。

中华苏维埃人民共和国川滇黔省革命委员会成立后，我们又不失时机地组织工作队，深入城乡建立县、区、乡各级革命政权组织。在毕节，很快建立起县苏维埃革命委员会，选举朱绍清为主席，成立了宣传处、供给处和妇女委员会等办事机构。宣传处组织了草原艺术研究社成员、进步师生、爱国志士，组成好多个宣传队，配合六军团政治部组建的武工队，深入城镇，宣传红军的主张，组织工人印刷文件、传单。供给处组织千余人，配合六军团武工队打富济贫，把打土豪得到的稻谷加工成大米，供给部队，救济穷人。妇女委员会组织妇女缝制军衣，护理伤病员。

黔西北也在短时间内，就建立起95个乡、村苏维埃政权。

各级革命政权一建立，便坚决为群众作主，严惩反革命势力。黔西县谷里区反动区长刘熙，仗势欺人，残害百姓，逃跑时在鸭池河被红军抓住，押回谷里交苏维埃政权审判后处决，人们无不拍手称快。大定县双山区凉风丫口庙内和尚周儒德，与红军为敌，骂红军为“共匪”，在庙内经常侮辱进香的妇女；利用庙产土地，重利盘剥佃户。根据群众揭发，苏维埃政权处死了这个“花和尚”。毕节县海子街区区长吴顺和，恶毒攻击红军，诬蔑我党的政策，使一些不明真相的群众误信谣言，逃进深山老林，区苏维埃政权在红军的支持下，枪毙了这个反动区长。群众迅速觉悟，拍手称快。在武装斗争的发展进程中，很快建立起人民自己当家作主的政权，将革命的火种深深地播在了黔西北高原这块红色的土地上。

（四）

驻军黔大毕后，我们坚决执行党中央 1935 年 12 月的决议案，非常重视建立抗日民主统一战线，争取当地有影响的上层开明人士一道反蒋抗日，共赴国难。

大定县的士绅彭新民，为红军进驻大定做了许多工作。他虽然在国民党军队里做过事，当过国民党的县长，但他早年受五四运动的影响，拥护孙中山先生的主张，有正义感，不愿与腐败的国民党同流合污。我们认为像彭新民这样具有民主思想的人，经过引导可以为革命做事，不能作土豪劣绅对待,便在他门上贴了“应予完全保护”的告示。在选举“拥红会”主任和委员时，少数地主豪绅乘机捣乱，把曾当过国民党县长的大地主曾学山抬出来，企图“压倒”彭新民。陈希云代主席在群众大会上，旗帜鲜明地支持彭新民，批准他为“拥红会”主任。六军团政治部还派来保卫局长吴德峰同志，住在大定，指导彭新民的工作。“拥红会”的工作很出色，贺龙同志路经大定时，专门到彭新民家中看望，称赞他的革命行动，勉励他很好地保卫大定这块地方。红军离开黔西北时，彭新民同志忙于处理善后和安顿刚刚分娩的妻子，迟走一步，被万耀煌部捉住，杀害于响水镇，牺牲时才 34 岁。

叶刚，是王家烈部队的下级军官，因不满蒋介石对日妥协而脱离部队，回大定闲居。经群众和“拥红会”推荐，我们认为他是个有识之士。陈希云和吴德峰亲自拜访，与他谈话，晓以大义，希望他站出来，组织和领导抗日救国军。叶刚欣然应允，联合他的几个旧属和好友，于1936年2月12日成立了“大定抗日救国团”，自任团长。按照省革命委员会的指示，叶刚又与贵州省抗日救国军参谋长邓止戈同志联系，将其编为第四支队。后来，该团参加了将军山地区的战斗。红军撤离后，叶刚带领部分同志坚持根据地斗争，不幸遭反动派杀害。

周素园是前清末年的贡生，曾经办过《黔报》，在北洋军阀政府任过高级官员，又曾是军阀袁祖铭部的秘书长，年已57岁，是颇有影响的名流。红军到达毕节，打土豪的同志进入他家，发现他家有很多书籍，翻开一看，圈圈点点，注释眉批密密麻麻。就问他：你这地主是做什么的？周素园指着书说，你们看我在研究这个。

打土豪的同志把书带给王震、夏曦二人，一看这些书都是马列的书和革命的书，就让人把周素园请到军团部。王震同志问周素园，红军来了你为什么不跑？他说，我没什么家当，不必跑。问他怕不怕红军，他说，我没有鱼肉乡民，不怕的。问他为啥看马列的书。他说，我研究马列主义十年了，马克思讲得对，我相信马克思主义。

原来，周老先生早年参加过反对清朝的斗争，在贵阳主办《黔报》以求唤起民众。是贵州辛亥革命领导人之一。曾任贵州军政府行政总理，辛亥革命失败后，他流寓四川，后又辗转回到贵州，居毕节闭门读书。1936年2月9日，红军将临毕节，国民党专员莫雄劝他一起逃走。周素园说，我不走。而且规劝莫雄说，要走你就撤走算了，不要跟红军为难。

王震发现他德高望重，便请他以民族安危为重，出任贵州抗日救国军司令员，他欣然接受了。周素园以他的声望，四方奔走，宣传抗日，筹措粮款，扩大武装。很快一支下辖三个支队的抗日救国军成立了，邓止戈任参谋长。

这事惊动了南京国民党政府，军令部长①何应钦诬称周“被匪掳去”，急电顾祝同，要吴忠信设法“营救”。

红军后来转战乌蒙山区，生活相当艰苦。贺龙同志指示，让邓止戈向周素园做工作，给他一批黄金和银洋，要他到香港去寓民，为党做统战工作。周素园不同意，他说：“我在黑暗的社会里摸索将近60年，到处碰壁，现在参加红军，才找到了光明。请告诉几位首长，我周素园就是死也要死在红军里！”邓止戈同志把他的意见报告给王震，王震又请示贺龙同志。贺龙对周老先生的革命热忱十分赞赏，他一拍大腿兴奋地说：“好呵，我就欣赏这样的人！就是拿18个人，我也要抬着他长征。”

长征路上，周素园跟六军团政治部一起行动。在乌蒙山区，他利用和云南省主席龙云、国民党纵队司令孙渡的关系，给他们写信，指出：蒋介石让二位打红军，意图是让你们和红军两败俱伤，假手消灭异己，由他的嫡系万耀煌和樊嵩甫坐收渔人之利。望二位三思。龙云和孙渡接信后，果真在威宁、昭通一带，按兵不动。红二、六军团到达四川甘孜，他又利用电台进行广播谈话，揭露蒋介石投降卖国的罪行，呼吁各省起来抗日。到达陕北后，毛泽东同志和周恩来同志接见了他，称赞他是“我们的一个十分亲切而又可敬的朋友与革命的同志”。

另外，红军还按照党的民族政策，开展对少数民族的工作。王震同志特地派人，深入大定县八堡六寨，组织了苗族独立团，红军拨给了枪支和银洋作经费，这支苗家武装对根据地的建立，做出了自己的贡献。

在黔大毕地区，党的抗日救国的主张得到了各阶层人民的衷心拥护，博得了西南民众的热烈赞扬。当时的《香港日报》，称贺龙红军为“救国救民的王者之师”。

---

① 应为军政部长。

（五）

“扩红”是红二、六军团在黔大毕进行的一项卓有成效的工作。

进驻大定不久，贺龙同志来到我们驻地。那时候，贺炳炎同志刚刚锯掉伤臂，师里就剩我和政治部主任萧新春同志。贺龙同志说，你们要把师里的担子很好地挑起来，特别要抓好“扩红”工作，不断地发展壮大自己的队伍。贺龙同志走后，我们在“拥红会”和各区乡基层革命政权的密切配合下，掀起了“扩红”高潮。

首先展开的是大张旗鼓的宣传工作。为了让群众了解红军是工农翻身求解放的队伍，是抗日的主力军，宣传队编了好多歌子，也翻印了中央苏区的许多歌子，一支叫《当兵就要当红军》，歌词是：

当兵就要当红军，处处工农来欢迎，
打倒土豪分田地，要耕田来有田耕。
当兵就要当红军，处处工农来欢迎，
指挥、战士都一样，没有哪个压迫人。
当兵就要当红军，处处工农来欢迎，
买办豪绅反动派，杀他一个不留情。

还有一支叫《红军政策歌》，歌词是：

上等人差我钱，
中农莫照闲，
贫农跟我走，
每月有几块钱。

这些歌，不光我们自己唱，还教群众唱，群众从这些亲切明了，又能表达劳动人民的心愿的歌里领悟了革命道理，认识到红军确确实实是干人的队伍。他们说，从来没有见过这么好的队伍，国民党军队，到哪里不是抓丁就是派款，见鸡就抓，见猪就杀，见妇女就调戏，像蝗虫糟踏庄稼一样糟害老百姓。红军纪律严明，借东西归还，待人和气，对百姓亲如弟兄。人们愿意跟红军走，很快，城乡掀起了父亲送儿子，妻子送丈夫，或者父子、夫妻共同参军的热潮。

在普遍号召的同时，我们还采取个别动员，个别走访的办法，深入群众做具体工作。当地流传着这样的歌子“羊毛擀毡子，洋芋野菜过日子，要吃苞谷饭，除非老婆作月子，要吃白米饭，除非二辈子。”群众饿饭是常事。我们看到青年小伙子，就拍他们的肩膀说：“参加红军吧，红军里头有饱饭吃。”许多青年人想，与其在家吃了上顿没下顿，过了今天想明天，国民党军队来了，还得躲东藏西，不如跟红军走。就这样，不少青年参加了红军。

另外，我们还注意改编游击队和地方武装，动员他们集体参军。安乐游击队，是红九军团伤员杨子君同志在瓢儿井煤矿上发展起来的，共有 80 多人，“扩红”时全部参加了红军。毕节的抗日救国军第二支队周质夫部编入了六军团十八师五十二团，另一部分组成了六军团十六师的一个新兵团。20 多天，二、六军团共扩充了 5000 多人，仅我们师在大定就扩充千余人补充了十三团、十五团，还新组建了一个十四团。

黔西北地方穷僻，而国民党和土豪劣绅并没有放松盘剥和搜刮，这里种田交田捐，种鸦片交“窝”捐，吸鸦片交灯捐。这里山高土冷，长庄稼不行，国民党军阀为了捞到捐税，怂恿老百姓种鸦片。山穷水穷，鸦片倒肯收。结果，鸦片烟在这一带泛滥了。男人、女人、老人都抽，娃娃凉了风发咳嗽，也给点灯烧烟抽，抽得个个面黄肌瘦。

我们“扩红”扩来的新兵，许多也抽大烟，集合训练，烟瘾一发，呵欠眼泪齐下，一个个东倒西歪，“溃”不成军。贺、任、关首长指示我们：他们来自贫苦人家，是我们的阶级兄弟，要耐心细致地做工作，因势利导，帮他们把烟戒了，就是好兵。我们吸取了在湘西戒烟的经验，首先为吸烟的新兵讲清道理，使之下决心戒烟；接着，我们采取定量发烟，递次减少，直至不发，同时用打土豪得来的猪牛羊肉，使他们吃好一些。时间不长，许多人把烟戒了。在毕节戒烟有效的近 1000 人，受到了军团部的表彰。

（六）

由于孙渡在威宁、昭通按兵不动，敌九十九师和二十三师又被我阻隔在鸭池河东岸。因此在黔大毕的21天，成为红军在长征路上停留时间最长，最利于部队休整的和平安定的时期。

嗣后，万耀煌纵队三个师由遵义经打鼓新场急进而来，先头部队抵达由金沙县通黔西县的战略要地三重堰。郝梦龄也紧随其后赶了上来。为了巩固我们开辟的根据地，贺龙同志和萧克同志，亲率红军主力红四师、红六师、红十七师向三重堰方向迎敌。

2月10日，郝梦龄部占领黔西城，随即把鸭池河东岸的九十九师和二十三师接应过河。鉴于敌我力量悬殊过大，贺、任、关首长急令我五师迅速处理善后，准备撤出大定县。

2月18日，红六师急进革左，于黄家坝迎击郝梦龄纵队。下午4时红六师占领革左梁子街。据群众报告，敌五十四师、新八师已到达黄家壩老街一带，六师即兵分三路向黄家壩进发，黄昏时分战斗打响，迅速突破敌人第一道防线，我军在树上挂起灯笼、手电筒，巧妙地迷惑敌人，接着又打开了第二道防线，重创敌军，击毙敌团长一人，成功地迟滞了敌人的行动，保证了从大定、毕节顺利撤离。

敌人占领黔西、大定后，趾高气扬，不可一世，立刻沿毕节至清镇的公路急进，企图消灭我军于毕节城。这时，六军团十七师已从打鼓新场撤至大定云龙场、沙厂、大山、百纳一带，19日按军分会的命令，抵达将军山，与先期到达的十八师一部会合。我军利用将军山地形，组成对西面之敌的较坚固的防御地带，将敌东面主力迟滞于大定、黔西地区。将军山战斗打响后，仅一个多小时，就消灭了敌人一个团，迫使敌人缩回大定，十七师完成阻击任务，撤出战斗。

将军山战斗结束，敌人基本上完成了新的围攻部署，郝梦龄、郭汝栋、樊嵩甫、万耀煌四个纵队向毕节合围而来。红军准备退出毕节。行前，川滇黔省革命委员会在毕节小教场召开了万人大会，贺龙同志登台讲话，阐述了敌我形势，指出红军退出毕节，实行战略转移的原因，号召毕节各族人民为挽救民族危亡，要不畏强暴，坚持斗争，把抗日反蒋斗争进行到底。晚上，山城人民和红军一起，举行了盛大的游行。成千上万的群众涌上街头，提着五光十色的灯笼，举着熊熊燃烧的火把，毕节城如同白昼。

撤出黔大毕，红军进入乌蒙山区。1936 年 3 月下旬，红军总司令朱德和总政委张国焘来电，要红二、六军团北渡金沙江，到甘孜与红四方面军会师北上，贺龙同志为首的军分会当即决定向西挺进，做出夺取昆明的姿态。这一下蒋介石又慌了手脚，为确保昆明，急忙调兵遣将，企图围歼我于普渡河以东，功山以南地区。

这次行动，我师与郭鹏同志率领的六师担负主力后卫。贺龙同志发现蒋介石已经中计，急令我们由可朗折回六嘎地区，猛击跟踪而来的孙渡，激战一天，重挫敌人两个先头旅。紧接着，部队来了个向后转，掉头向西，我们两个师由后卫转为前锋，从普渡河南下富民，朝西北方向的丽江石鼓镇大踏步前进，巧妙地抛开了敌人，我们从容不迫地渡过金沙江，健步踏上了北上抗日的漫漫征途。

1987 年 3 月于北京市

选自中国人民解放军历史资料丛书编审委员会编：《红军长征·回忆史料》（2），解放军出版社1992年9月版，第162—172页。

谭友林，1916 年生，湖北江陵人。1930 年加入中国共产主义青年团，同年参加中国工农红军，1934 年加入中国共产党。红军长征时任红二军团五师政治委员、红二方面军三十二军九十六师政治委员。新中国成立后，曾任中国人民志愿军三十九军副军长，东北军区公安部队副司令员，沈阳军区公安部队司令员，工程兵副司令员兼工程兵特种工程指挥部司令员，新疆军区副司令员、副政治委员，乌鲁木齐军区政治委员，兰州军区政治委员。中共第十二届中央委员、中央顾问委员会委员。1955 年被授予少将军衔。2006 年在北京逝世。

长征途中创建的苏维埃政权

张铚秀　颜金生

每当我们回忆起红军长征时艰难困苦的斗争生活，就想起川滇黔三省交界处的黔大毕地区，心中油然升起一种特殊的情感。在云贵高原这块贫瘠的土地上，红二、六军团创建了长征途中唯一的苏维埃政权——中华苏维埃人民共和国川滇黔省革命委员会；在这块红色的土地上，红二、六军团得到休整，动员 5000 余人参加红军，发展壮大了红军力量；同时，我们正确执行党的统一战线政策，团结了黔西北各阶层的力量共同反蒋抗日；在这块英雄的土地上，牺牲了红六军团政治部主任夏曦、红十七师师长吴正卿等红军将士。黔大毕苏维埃政权建立虽然只有短短的 21 天，但它对中国革命的贡献，却永载红军长征的史册。

一

1934 年，中国革命进入了最困难时期，是年 11 月，刚刚会师的红二、六军团创建了湘鄂川黔苏区，吸引和牵制了大量敌军，担负起策应中央红军长征的历史使命。从 1935 年 3 月起，在遵义会议决议精神指引下，在贺龙、任弼时为首的军分会领导下，红二、六军团团结战斗，在不到半年的时间内，先后取得了陈家河、桃子溪、忠堡、板栗园等战斗的重大胜利，先后歼敌两个师、一个旅和一个师部，毙敌一个师长，活捉一个纵队司令，缴获大量枪炮，粉碎了敌人两次重兵“围剿”，两军团由 7000 余人发展到近两万人，创造了奇迹般的功勋，光荣地完成了策应中央红军长征和其他苏区斗争的历史任务，湘鄂川黔苏区像一把尖刀插在敌人心脏。

红二、六军团在湘鄂川黔苏区取得的一连串胜利，极大地震动了国民党反动派。1935 年 9 月，中央红军和红四方面军会师后继续北上，进入了雪山草地，此时，江南只有红二、六军团一支主力红军，蒋介石为巩固其中心区域和战略后方，拼集了 130 个团的兵力准备发动第三次“围剿”。10 月 8 日，蒋介石下令在宜昌设立行营，派陈诚代他统一指挥，采取持久战略和堡垒主义，以原来的 87 个团为“堵剿军”，在苏区南、西、北三面筑碉固守；以新调来的第二十六路军、樊嵩甫纵队和汤恩伯纵队约 40 多个团的中央军为“进剿军”，由津市等地“从东向西交互逐段筑碉推进”；另调一〇二、一〇三师在利川、宜昌为预备队。敌人企图逐渐消耗我军人力和物力，将我军逐步压缩和聚歼于龙山、永顺和桑植狭小地区。

面临十余倍于我的敌军重重包围，军分会根据遵义会议决议精神和当面敌情，对我军战略方针进行多次研究，最后一致认为：继续在原地区作战，我军难以粉碎敌人“围剿”；若长期没有根据地作依托，我军与强大敌人流动作战，则势必日益削弱甚至有遭受失败的可能。因此，决定向湘黔边实行战略转移，在广大无堡垒地区和敌人进行运动战，创造条件建立新的根据地。军分会作出突围决定后，部队立即进行政治动员，抽调机关人员和地方武装组成红五师、红十六师；精减行装，妥善安置老弱伤病人员；筹集粮食和草鞋……从政治上、组织上和物质上做好战略转移的准备。

从湘鄂川黔突围到渡金沙江前，争取创建新的根据地始终是我军的指导思想。红二、六军团曾有过从湘鄂川黔到石（阡）镇（远）黄（平），从石镇黄到黔（西）大（方）毕（节），从黔大毕到南北盘江的三次建立根据地的战略意图。这三次都到达预定的目的地，但只有在黔大毕才有机会初步实施战略展开。

11 月 19 日晚，红二、六军团主力由桑植的刘家坪和轿子垭地区出发，开始战略转移。红六军团担任前卫，任务是迅速突破敌人的澧水和沅江封锁线，为全军打开前进道路，部队日夜兼程疾进。21 日晚，军团前卫红十七师四十九团在大庸和溪口之间的澧水北岸张家湾与敌激战，攻克敌 30 余座碉堡，打垮敌一个营的增援，胜利突破澧水封锁线。为了不给敌人调整部署加强防堵的机会，红六军团首长命令红十六师长途奔袭 70 多公里外的沅江，全军相继跟进。22 日晚我军抢占沅江北岸洞庭溪，红十七师四十九团袭占大宴溪，迅速消灭渡口守敌。就在我军抢占渡口不久，由上游乘船赶来加强防堵的一营敌军被我军全部俘获。我军突破敌沅江封锁线后，立即按预定计划实施战役展开，红六军团东渡资水，先后占领新化、锡矿山和蓝田；红二军团占领了溆浦、辰溪和浦市，控制了湘中广大地区，不仅扩大了红军影响，还得到了人员和资财的大量补充，仅红十六师就扩红近千人，其中，锡矿山工人有 300 余人集体参加红军，部队士气旺盛。

我军进入湘中后，迫使敌人由四面合击改变为以李觉、樊嵩甫、陶广、郭汝栋和汤恩伯为五路纵队向我追击。为使敌主力远离我预定目的地，我军声东击西，迂回前进，把追击的敌人全部甩到了后面，于 1936 年的 1 月 9 日和 12 日，先后占领江口、石阡，完成了向石镇黄地区转移的任务。

10 日，在湘鄂川黔苏区坚持斗争的红十八师突围到达茶寨，王震政委亲自去迎接他们回来。① 同时，我们西征路过这里被打散的一些同志，都重新回到自己的部队。老战友久别重逢，十分亲热。由于 1 月 5

① 红十八师于1936年1月9日在江口同红六军团主力会合。

日便水战斗我军未能取得预期胜利，追敌 15 个师又迅速围拢上来，加之在以石阡为中心的区域内，居民稀少，粮食等物资奇缺，地形也不利于进行运动战。因此，在 1 月 19 日的石阡会议上，军分会决定继续西进，到乌江以西广大地区活动，相机在黔大毕地区创建新的根据地。

黔大毕地处川滇黔三省交界处，三省军阀矛盾重重，敌人统治力量薄弱；这里属高寒山区，交通不便，敌人补给困难；该地区早有贵州地下党活动，中央红军长征曾经过这里，党和红军在人民中有较大影响；从地理位置上看，此地区东临乌江，西靠乌蒙大山，既利于防守作战，又有广阔回旋余地，建立根据地条件比较理想。

从石阡到黔大毕地区，我军行动最大障碍是乌江天险。自我军入黔后，敌人判断红二、六军团必走中央红军北渡乌江，夺占遵义的老路，因此，蒋介石派顾祝同坐镇贵阳，指挥各路“追剿军”，并调集重兵日夜在乌江北岸构筑工事，妄图会同追击的敌人两面夹击，将我一举歼灭在乌江南岸。这些专打内战的将军们以为稳操胜券，开动宣传机器大肆叫嚣：“肖贺股匪走投无路，江南赤匪削平有日。”

为了顺利渡过乌江，两军团领导再次采取声东击西战术，促使敌军仓促改变部署。20 日，我军从江口、石阡出发，21 日突破敌龙溪封锁线后，运动方向是向西，却向南挺进，连克瓮安、平越后，突然西进攻取洗马河，袭取龙里，直逼贵阳，前卫距贵阳城仅二三十里。这时，敌人主力全在我军东面和北面，贵阳及其东南地区兵力非常薄弱，这就造成敌人又要守乌江，又要保贵阳的分兵局面，而此时，蒋介石刚飞抵贵阳，贵州省伪主席吴忠信仓促宣布贵阳城戒严，急令贵阳以西、乌江上游的敌二十三师和九十九师向贵阳收缩，这就给我军西渡乌江造成了有利条件。可是，此时遵义方向三个师的敌人企图南渡乌江截击我军，为把这部敌人滞留在乌江北岸，我军突然来个大转弯，绕道黔北，向西北急进，奔袭扎佐、修文，造成经息烽北渡乌江的声势，迫使从遵义赶来的敌军在乌江北岸加紧布防，于是，我军再次改变行动方向，星夜向西南秘密急进，直取黔西北通往贵阳的唯一通道乌江上游的鸭池河渡口。在群众帮助下，红二军团侦察队迅速歼灭江边守敌，两军团于 2 月 2 日下午渡过乌江上游天险鸭池河，胜利完成向黔大毕转移的战略任务。此时，敌人如梦初醒，2 月 3 日，吴忠信给龙云询问“匪情”复电中说:“肖贺将窜川滇黔边境，择地休息，冀燃死灰。”这已是马后炮了。

二

红二、六军团顺利渡过鸭池河进逼黔西城，国民党黔西县县长林雁峰闻风丧胆，带着团丁弃城西窜。2 月 3 日晨，红六师占领黔西城，当红军主力进城时，黔西各界群众燃放鞭炮，夹道欢迎。看着这热烈的场面，我们不禁想起从湘鄂川黔突围以来，艰苦转战 5000 余里，不仅每天要行军作战，而且还要与困苦的自然环境作斗争。特别是入黔后，山路险峻，人烟稀少，缺粮少药，经常一天只能吃一顿稀饭；为了摆脱敌人，常绕深山小道强行军;指战员们以顽强的毅力与敌人、严寒、饥饿、疾病作斗争，历尽了人间的千辛万苦，体力严重消耗，当时，全军上下的迫切愿望是建立一个以利于革命发展的根据地。

长期处于国民党统治下的黔大毕地区，地瘠民贫，封建势力各霸一方，苛捐杂税多如牛毛，人民极端贫困，许多十几岁的姑娘穷得没有裤子穿，腰间围一块破布。加上蒋介石排除异己，搞掉贵州军阀王家烈，派其亲信吴忠信主持黔政，大力消灭地方实力派，使地方势力与中央军矛盾激化。黔大毕境内有不少民变武装和黔军残部，同贵州地下党有联系。这里犹如布满了浇灌烈油的干柴，只要有火种就会燃起燎原烈火，人民盼望红军早日到来。

我军过乌江后的敌情是：敌二十三师和九十九师被阻在乌江南岸；樊嵩甫、郭汝栋两个纵队远在思南附近；敌九十三师和新八师被吴忠信留在贵阳守城；湘系军阀刘建绪力图保存实力，他指挥的陶广纵队追击我军刚到湘黔边就返回湖南，李觉纵队远离我军向织金前进；川军杨森二十军和滇军孙渡纵队则各守畛域，只图自保。只有在乌江北岸的蒋系郝梦龄、万耀煌纵队共三个师依托遵义，经打鼓新场向黔西逼进。

根据上述情况，军分会于2月5日在黔西城召开会议，两军团领导审时度势，决定在黔大毕实施战略展开，创建川滇黔新苏区。为此，贺龙、肖克等首长亲率四师、六师和十七师三个主力师打击向黔西急进的敌十三师，以战斗胜利求得在黔大毕地区建立根据地；由任弼时、关向应、王震等首长率五师和十六师继续西进，夺取大定、毕节，迅速占领整个黔大毕地区；以十八师（只有一个团）在黔西方向担任牵制任务。会议决定：结束湘鄂川黔省委的历史任务，成立川滇黔省委。黔西会议后，全军迅速投入新的根据地开辟和建设工作。

2月5日当天，红五师从黔西出发，6日占领大定，受到彭新民为首的“大定拥护红军委员会”的热烈欢迎。7日，军民在大定城孔庙召开川滇黔省革命委员会成立大会，贺龙任主席，朱长清任副主席，因贺龙要指挥部队作战，由陈希云代主席之职。川滇黔省革命委员会的办公地点设在大定城西门福音堂内，不久，迁往毕节百花山福音堂，我军撤离毕节时，随红六军团转移到朱昌、平山堡等地。会上，发布了《中华苏维埃人民共和国川滇黔省革命委员会布告》，布告阐明了红二、六军团进军黔大毕的宗旨，宣布了临时革命政府的施政方针。这标志着又一块红色根据地在白色恐怖中诞生。

红军解放大定后，在毕节搞兵运工作的贵州省工委成员邓止戈，一面派人通知与我党有联系的民变武装来毕节迎接红军；一面派人携带他写的亲笔信来大定与红军联系，报告了贵州地下党在黔西北所掌握的地方武装和毕节的情况，安排反蒋少数民族武装席大明部协助我军攻取毕节。红六军团参谋长谭家述接信后，与王震政委和夏曦主任研究，当即决定：红十六师速向毕节进军，军团部随后跟进。7日下午，红十六师向毕节开进；9日，当红军进至离毕节城不远的头步桥一线时，席大明部按约定出示彝族人穿的红披毯，从占领的山包上退下来，引导红军杀向毕节城。此时，邓止戈已安排席大明弟弟席大方带部队占领了城郊制高点虎踞山。在席大明部的配合下，红十六师四十七团攻击城东南敌阵地，四十六和四十八团直插城西山梁，毕节伪专员兼保安司令莫雄见大势已去，狼狈地向威宁方向逃窜，我军俘敌300余名。红军进城后，邓止戈立即带席大明等人去见王震等军团首长。至此，我军占领了整个黔大毕地区。

三

红军解放毕节城后，红十六师师长周仁杰和政委晏福生奉命来到军团部驻地毕节百花山福音堂，王震政委对他们说："按照黔西会议的决定，我们已占领了整个黔大毕地区，但要建立起像湘鄂川黔那样的根据地，工作只是开始。现在，贺老总和肖军团长亲自率主力部队去打击敌人，要以军事上的胜利，为建立根据地创造条件；我们的任务是要集中力量发动群众，迅速把建政扩红工作开展起来，同时抓紧时间休整部队。这两步棋同时走，即使我们在此不能立足，也要为部队争取一个较长的补充休整时间。"王政委还说："贵州地下党对毕节情况熟悉，群众基础好，这是非常有利的条件，军团政治部和地下党的同志正召集毕节民众代表大开，准备成立毕节县苏维埃政府，你们要利用这个好条件，立即把工作开展起来。"

开展建政扩红、抗日宣传、筹粮筹款这一套工作，红军指战员们是很熟悉的，长征以来也从未间断过。红十六师按照军团首长部署，迅速投入宣传发动群众，铲除封建势力，建政扩红等工作中去。师政治部主任李铨和各团副政委分别率师、团抗日宣传队，与贵州地下党领导的"毕节草原艺术研究社”、进步师生等组成的群众宣传队一起，从早到晚在毕节城的街头巷尾，张贴《布告》和书写标语口号，用唱歌、演戏、演讲等形式宣传我党抗日救国主张、红军宗旨、中华苏维埃川滇黔省施政纲领等。毕节这座地处穷乡僻壤的山城顿时热闹起来，宣传活动从城市发展到附近的村寨乡镇。那时，红军指战员虽然文化不高，但做群众工作很有一套。演讲时，他们常常先用自己的亲身经历，在拉家常中讲解革命道理，使群众听了感到亲切、自然。这样，听的人越来越多。在城乡，当群众听到蒋介石投降卖国，专打内战，压迫工农的罪恶时，激愤的人群常常振臂高呼："打倒蒋介石卖国政府！""打倒日本帝国主义"等口号。听了我军宣传的群众，一传十，十传百，霎时间群众奔走相告，"干人的队伍回来了"，许多不明真相躲进深山老林的群众返回家园，穷苦人见了红军，都主动打招呼："红军先生，我是干人"、"红军好名声"，亲热得很。

在宣传发动群众的同时，红军各团、营都抽调整排、整班建制的抗日工作队，在贫苦群众的引导下，分布到以毕节城为中心的城镇乡村，打土豪、分浮财，筹粮筹款。在毕节地区，红军打土豪近百家，收缴的财物、盐、粮食等物品，多数分给群众，少部留作军饷，在毕节城，红军还打开当铺，要当主领回所当的物品，当众烧毁借据契约；组织工人、店员成立工会，改善生活待遇；对民族工业和中小工商业者采取保护政策，废除各种苛捐杂税，只要他们遵守苏维埃政府的法令，请他们大胆做生意，同时，还欢迎外地商人与苏区通商。由于红军纪律严明，买卖公平，毕节城各个商号纷纷开门营业，使原已百业萧条的毕节城又买卖兴隆起来。

黔大毕是个多民族地区，为做好少数民族工作，军团政治部专门印发了对少数民族的标语口号，抽调人员深入少数民族聚居点开展工作；对大部队经过或居住的少数民族村寨，规定了严格的纪律，不许进少数民族祠堂，未经主人允许不许进屋，尊重他们的习俗和衣着等等，帮助他们和汉族穷苦群众密切联系。在毕节，王震政委亲自做大定八堡六寨的苗族群众代表的工作，赠送枪支和银元，帮助组建苗民独立团，还派政治部巡视团的谢中光（谢友才）任政委，并一起合影留念。当时，有些少数民族群众不知道“共匪”是诬蔑之词，见了红军就伸出大拇指说：“还是你们‘共匪’好。”

在宣传发动群众、打土豪分浮财的基础上，我们不失时机地建立县、区、乡各级苏维埃政权，建立红军游击团（队）和“抗日救国会”、“人民抗日大同盟”等群众团体，当时，黔大毕建立了近百个县、区、乡苏维埃政权，许多有阶级觉悟的穷苦群众当上了苏维埃政权的领导。那时，在黔大毕广泛传颂着长工当区长、挑水夫当县长的佳话。红军来到黔大毕，世代当牛做马的干人挺直了腰杆，初步尝到了翻身解放的甜头，对红军更加热爱。

与此同时，各部队都组织扩红突击队，制定扩红计划，广泛动员青壮年参军，使群众认识到：要过上好日子，干人只有当红军。那时，父母送儿子，妻子送丈夫，或者父子、夫妻共同参加红军的很多，在不长的时间内，黔大毕地区就有 5000 多人参加红军，我红十六师在毕节就补充了 1000 多新兵。当时，处处可以听到：“当兵就要当红军，处处工农来欢迎，打倒土豪分田地，要耕田来有田耕……干部战士都一样，没有人来压迫人”的歌声。

黔大毕地处高寒山区，适宜种植鸦片，因而军阀、地主都想从鸦片买卖上发大财，他们强迫群众种鸦片，弄得人民不仅衣食无着，而且许多人还染上吸鸦片的恶习，扩红来的新兵中有不少人会吸鸦片，在训练时，烟瘾一发，呵欠眼泪齐下。为给新兵戒烟，红十六师负责扩红的四十六团副政委旷伏兆想了不少办法，他结合湘西戒烟经验，把会吸鸦片的新兵集中起来，先讲清道理，使他们自己有决心戒烟，然后采取定量发烟，递次减少，直至不发，同时，用打土豪的猪牛羊肉，使他们吃得好一些，时间不长，大部分同志都把烟戒了，受到军团部表扬。

我们长征途经湘中和石阡等地时，补充了不少新兵，由于连续行军打仗，新战士没有受过系统的军政训练，因此，提高部队军事技术成了非常迫切的任务，红十六师利用在黔大毕地区相对稳定的环境，周仁杰师长带领从全师抽调的班、排、连长等近200人，到毕节城郊进行短期集训。新兵补充进连队后，在骨干带领下，掀起练兵热潮。政治部门还及时对新战士进行我军宗旨、性质、纪律等方面的教育，军团政治部还编了通俗易懂的歌曲，派人到连队教唱。“新兵同志们，行动听指挥；打土豪要归公，买卖要公平；工农的东西，不要乱搬回；讲话要和气，开口不骂人；解手要搜索，不受俘虏刑；三大纪律六项注意，个个要执行；无产阶级劳苦大众，人人都欢迎”。

红二、六军团来到黔大毕地区后，群众充分发动起来，部队得到补充休整，伤病员得到治疗，大定、毕节两县妇女日夜为红军赶制衣服和鞋子，虽处于严酷的战争环境，但到处呈现一派生机勃勃的景象。

四

红二、六军团在黔大毕地区，不仅大力做好工农群众的工作，而且在党的抗日民族统一战线新策略指引下，团结了对抗日具有热情，对蒋介石排斥异己和卖国政策不满的上层人物和地方武装的工作。统战工作，红六军团由夏曦主任负责，这一工作在黔大毕地区搞得有声有色，有力地配合了建政扩红的开展，是根据地建设的一个高潮。

红军解放大定时，大定城开明士绅彭新民组织“大定拥护红军委员会”，为红军进驻大定做了许多工作，红六军团政治部派保卫局长吴德峰专门指导和帮助彭新民的工作，打土豪时，红军在彭新民等家门口贴上“应予完全保护”的告示，贺老总途经大定城，专门去彭家中看望他，称赞他的革命行动。

毕节城开明士绅周素园，是贵州省辛亥革命的元老，《黔报》的创办者，贵州军政府行政总理。1925年因不满新军阀统治，拒绝国民党委以要职，寓居家乡毕节，人虽回到偏僻的黔西北，但他的革命热情并没有减退，收集了许多马克思列宁的书，长期潜心研究。红军快到毕节时，伪专员莫雄劝他到外地避一避，周素园毫不迟疑地说："我没有多少家当，不必走。"并劝莫雄不要与红军为难。我军攻取毕节后，民运部的同志打土豪来到他家，发现有许多马列著作和进步书籍，书里面圈圈点点。由于石阡休整时，任弼时在党的积极分子大会上作过统战报告，长征途中很注意统战工作，因此，这些同志立即将这一情况报告王震、夏曦。王政委找来邓止戈了解周素园情况后，和夏主任亲自来到周家，看望周老先生。寒暄几句后，王政委问老先生："国民党说红军是'共匪'，城里有钱有名的人走了不少，您怎么不走？"周老先生沉思了一会说："他们也劝我走，我觉得我不必走，这些年来，我读了一些马列的书，还是马克思列宁讲得对，我相信马克思主义。你们红军是讲马克思主义的，我正想亲眼见一见红军。"王政委和夏主任听后很高兴，对老先生讲："您虽不从政，仍关心国事，研究马克思主义，真是难能可贵，现在我们共产党的政策是抗日反蒋，您赞不赞成？"周老先生说："共产党抗日救国乃民族之大幸，这个政策好，我赞成，完全赞成。"王政委和夏主任当即邀请他与我党合作，携手共建抗日反蒋根据地，周老先生激动地说："我已近花甲之年，退出政界也已多年，承蒙贵党邀请，使我在有生之年能为民族、为民众尽力，这是我的光荣。"周素园出山从政的消息一传开，在黔西北震动很大，许多人都讲："共产党了不起，连周素园都跟共产党走了。"周老先生接受我党邀请后，四方奔走宣传我党反蒋抗日主张，2月12日，成立了以他为首的"毕节抗日救国会"，成为毕节地区各阶级、各阶层的抗日反蒋联合力量。

红军解放毕节不久，与贵州地下党有联系的周质夫、阮俊臣等部陆续到毕节集中，用什么名义来统一编制呢？邓止戈请示王政委。王政委说：“贺老总讲抗日救国是全党全国的重要任务，要贯彻执行党的抗日民族统一战线政策，叫贵州抗日救国军好了。”王政委还说：“周素园赞成马克思主义，赞成抗日反蒋，在贵州是个很有影响的开明士绅，就请他当贵州抗日救国军的司令员，你当参谋长。”周老先生愉快地接受红军的委任。2 月 14 日，与地下党有联系的各部武装齐集毕节城小教场，举行贵州抗日救国军成立大会，宣布了抗日救国军和下辖三个支队领导人名单，红军选派部分政治干部到抗日救国军任职。毕节抗日救国会和贵州抗日救国军的办公地点，就设在周老先生的家。为了使红军在黔大毕地区站住脚，周素园利用他与龙云、孙渡等滇军将领熟悉的有利条件，给他们写信阐明红军政治主张，用“假道灭虢”的典故说服龙云、孙渡在云南按兵不动，以使我军集中主力对付东面进攻之敌。就在周素园与我军携手共建抗日反蒋根据地时，国民党政府非常恼火，为替自己遮丑，军令部长①何应钦急电贵阳顾祝同和吴忠信：“乡人周培艺君，字素园，近在毕节被匪掳去，请查明设法营救为祷。”

在后来我军撤出毕节时，周老先生毅然离开家乡，随红六军团长征。在乌蒙山区，任弼时、肖克、王震等首长考虑老先生年高体弱，经不起长途跋涉和征战之苦，派邓止戈与老先生商量，给他部分黄金去香港或昆明，为我党做统战工作。周老先生听后断然地对邓止戈说：“我已是近六十岁的人了，几十年来都没有找到光明，现在我参加了红军，正是我一生最光荣的时刻，请告诉几位首长，我周素园绝不离开红军，死也要死在红军里。”邓止戈将周老先生的话报告王政委，王政委又转告贺老总等首长，贺老总高兴的说：“好，抬也要把他抬走。”我们先用桥子抬，后来他骑马，他与我们一起长征，渡金沙，爬雪山，过草地，

① 应为军政部长。

到达延安后，受到毛主席和周副主席的热烈欢迎，毛主席称赞他是“我们的一个十分亲切而又可敬的朋友与革命的同志”。1985 年周仁杰向肖克谈起黔大毕时，肖老说：“周老先生不易啊！在当时那种情况下，我们在贵州的力量不算大，像他这样的人与我们合作共事是不多的，老先生是懂得马克思主义的开明士绅。”

红二、六军团来到黔大毕地区后，正确地执行了党的各项政策，所到之处，纪律严明，秋毫无犯；每到一地，扶助干人，打击土豪劣绅，使党的抗日救国主张得到社会各阶层人民的拥护，黔大毕地区出现了“工农兵学商，一起来救亡”的局面，红军的行动博得了西南民众的赞誉，当时《香港日报》称肖贺红军为“救国救民的王者之师”。

五

红二、六军团占领黔大毕地区后，发动群众，建政扩红等工作进展顺利，但是，在军事方面却一直没有获得有利的作战条件。2 月 2 日我军抢渡鸭池河后，敌万纵十三师和郝纵沿我军北面的平行道路兼程向有战略意义的三重堰、打鼓新场（金沙）方向急进，2 月 5 日黔西会议后，贺龙、肖克首长亲率主力由黔西向三重堰进发，当进至牛场堡、新开田、大协厂一线时，考虑到我军在时间和地形上均难先敌占领三重堰，因此中止行动，两军团主力部署于樱桃坪以北地带准备对敌伏击，但万敌占领三重堰等地后，构筑阵地固守，伏击战没能打成。

2 月 10 日，为了调动敌人，创造在运动中歼敌的条件，肖军团长亲率十七师深入敌后，攻取打鼓新场，战斗中红十七师师长吴正卿不幸牺牲。此时，红二军团主力也绕到三重堰敌人北面，我军准备在三重堰东北地区相机歼敌一部。可是，敌十三师只是抢占要点，等待主力到达，而不急于寻我主力作战，所以敌人并没有因我军占领打鼓新场而后顾，却乘我主力转到他东北方后，正面兵力薄弱的机会，于2月14日袭占黔西城，把被我军阻在乌江南岸的敌九十九师的二十三师接应过来，敌情严重。

2月16日，进攻之敌已做好准备，敌十三师经狗场向大定推进，在乌溪遭我红十八师顽强抗击，两军团主力准备在大定东侧打击该敌。但在2月18日，敌万郝两纵分两路向大定推进，敌众我寡，兵力悬殊较大，当红十八师在大定与敌激战时，肖军团长率十七师由白腊场向拱直急进，计划夹击万敌，待进到六龙场时，万敌已进占大定。是日黄昏，红二军团红六师在黄家坝重创郝敌五十四师先头部队。此时，攻击之敌已威胁毕节，军分会电告肖军团长率红十七师在大定以西适当地点伏击万敌，阻滞敌人攻击行动，以掩护毕节方面。19日上午，肖军团长率红十七师进到大定城西将军山一带，将万敌十三师敢死队七个连全部消灭，沉重地打击了敌人气焰，将攻击之敌阻击在将军山一带达七天之久。在此期间，两军团主力一直寻觅战机。25日，敌郝纵进至锅厂一线，威胁我将军山阵地北侧，敌万纵主力又向将军山阵地发动多次攻击，均被红十七师击退；此时，敌樊纵从瓢儿井向南攻击前进，敌郭纵又向大定推进，敌情十分严重。因此，军分会决定：撤出毕节，向安顺地区转移，后因敌情变化，改向滇东，而此时，我军人数比桑植出发时还增加了3000余人。

2月26日晚，川滇黔省委在毕节城小校场召开军民大会，贺老总登台讲话，号召黔大毕各族人民为挽救民族危亡，坚持抗日反蒋斗争。会后，军民举行提灯游行，表达了黔大毕人民与红军的鱼水深情。2月27日，我军撤出毕节。3月2日，夏曦主任去做席大明部工作，在七星关不幸溺水牺牲。从此，红二、六军团与强敌在乌蒙山进行了著名的千里乌蒙回旋战。

红二、六军团在黔大毕地区仅仅20多天时间，就全面地展开了创造根据地的工作，而且取得了显著的成绩，许多老同志回忆长征时常说：

“中华苏维埃川黔滇委员会是红二、六军团长征途中创建的唯一根据地，这段时间是我们长征途中的黄金时代”。

选自《红六军团征战记》下，解放军出版社1994年6月版，第255—268页。

张铚秀（略）

颜金生，1918 年生，湖南茶陵人。1930 年加入中国共产主义青年团，1932 年转为中国共产党党员，同年参加中国工农红军。红军长征时任红六军团十八师五十三团连政治指导员，红二军团政治部青年干事、青年科科长，红二方面军政治部青年部副部长。新中国成立后，曾任西北军区炮兵司令员兼政治委员，中国人民志愿军第一军政治委员，武汉军区政治部主任，文化部副部长兼政治部主任，陕西省军区政治委员，新疆军区副政治委员，解放军总政治部副主任，中央军委纪律检查委员会副书记，第六届、七届全国人大常委会委员。1955 年被授予少将军衔。1994 年在北京逝世。

二进毕节，终身难忘

邓止戈

我在有生之年，能够重返阔别40年的旧地——毕节，心情十分高兴！我感到人亲、山水亲，终身难忘。毕节这个地方对支援红二、六军团长征北上抗日是有贡献的。今天，毕节地、县委领导同志积极响应中央关于开展党史资料征集工作的指示，为编写毕节“史志”亲率党史办的同志和我坐在一起回忆毕节的史实，我更感到高兴！

现在，我就你们提出的问题，仅我能够回忆的情况谈一谈。

首先谈一下我是什么时候来毕节的。我来毕节是两次。第一次是1934年秋天，因当时贵州是中央地下党的创建时期，我和黄大陆同志到贵州负责军事工作。我俩在贵阳研究军事工作经过反复考虑之后，黄大陆同志提出，要建立贵州武装，必须搞四边即从贵州黔东、黔西、黔南、黔北边开始创建武装力量，而这几个地方，又要以“川滇黔边区”的毕节作为重点。另一方面是犹禹九部队驻在毕节，和我们有关系，能进得去，我即到犹禹九部当参谋，而侯之担的林秀生部队，我们不但熟悉情况，而且有人缘可进去，我们就派林崇山同志打进去，先熟悉官兵，后做外围工作，逐步发展我们的人，组建党的武装；黄大陆同志就在黔军二十五军第一师何知重部当参谋长。他利用这个要职，掩护自己的身份，四处扩大关系、找线索，一有可乘之机就派同志打进敌部做工作，也就是大家平常所说的打进“钉子”开展工作。

我到毕节带有一个贵州青年王平作为我的随员。我们一道途经织金，听取在那里开展工作的赵卓成的汇报。另外还会见一位姓刘（名字记不清了）的中学教员，并招待我在他家吃饭。后来由赵卓成找了两个农民护送我离开织金，有一个还直接送我到毕节。我到毕节后，首先住在珠市街李代祥家。后来找到了原在毕节搞军事工作的王冠兰、杨逸民等几位同志，我们一起研究工作，把王平安排到青年学生中搞青年活动，王冠兰和杨逸民同志继续作武装工作，杨逸民是云南蒙自芷村人，现已去世。王冠兰是云南什么地方人记不起了，1936 年 2 月以后就和我没有联系了，他后来是否参加滇东北游击队，我不清楚。

当时毕节县的地方武装，一个是阴底区安岳阶，另一个是邓广乾。这两个人都同时请得有人在家里造枪，拥有一定的武装力量。王冠兰、杨逸民就反复与这些人联系，其中包括席大明、李双戈等人在内。

王平一到毕节就和高家、李家、邱家的青年女娃娃讲恋爱，一天到处去玩，影响不好，后来我就叫他回贵阳去，另外安排他的任务。

1934 年底，中央红军到达了贵州，我们准备向中央红军联系，但遵义会议以后，犹禹九的部队就被调到威宁、水城一带（包括二十五军的其他部队都调在这一带），而犹的部队直接驻在水城地方。在安顺我和黄大陆同志见了面，准备进行“兵变”，因当时的二十五军反蒋情绪很高，主要理由是：蒋介石看不起贵州人，改编部队，更换人马，整个二十五军编成五个师，王家烈本部的两个师改编后调走，蒋又把王调到军部作顾问委员，没有实权。其他编余军官很多，不管不问，没有安置，导致官兵对蒋介石非常愤恨，他们总觉得蒋介石搞亲疏内别，拉帮结伙，打击异己，贵州已经“亡省”的说法在人民群众中普遍议论开，一时激起了贵州上、中、下层人士的不满，反蒋情绪更加高昂。在这种情况之下，当然很有利于我们推动二十五军的反蒋活动。当时有一个副官长跟黄大陆同志的关系很好，他把得知的情报先告诉了黄大陆，黄大陆通过副官长搞清伪旅周芳仁的反蒋方针是什么？而周表示“反蒋反共”

建立新黔军。这就和我们分道扬镳了。

1935年4月间，秦天真同志到安顺传达了中央特派员的意见。天真说：“中央特派员指示要我们在川滇黔边搞武装，迎接后来贵州的红军”等等。天真同志传达后回贵阳，我即回水城继续搞军运工作。

1935年8月间，秦天真同志打电报给我，要我到贵阳，我到贵阳和天真同志见面后，天真同志告知林青（李远方）同志被捕的经过，并说刘茂隆已越狱逃了，准备接来同住。第二天茂隆和一个守兵到来，经秦天真介绍,我才第一次见到刘茂隆同志。过了两天,由天真主持开会，会上决定我到川滇黔边区搞武装，天真和茂隆到上海找党中央联系，从此分了手。

我第二次到毕节是1935年8月间，到毕节的主要任务就是遵照中央指示：在川滇黔边开展武装工作，迎接后面来贵州红军的任务。我这次住在大街上高大光家，不久就和地方青年邱在先、杨杰、康庆长等人认识，彼此好感。我向他们宣传进步思想，交谈工作，这些人要求进步的心很迫切，其中接触得比较好的青年有邱在先，他是毕节中学的年轻教员，文化较好；另一个是杨杰，毕中学生，当时的品学较好，积极靠近我，交待的工作任务一般都能完成。他们学校姓李（李仲群）的校长思想进步，赞同共产党，向我表示了对国民党反动派的不满，公开支持学生、教师的爱国行动。我就利用在毕节中学的有条件开展了抗日宣传等活动，并引导学生阅读进步书刊，传播共产党的主张，使不少学生受到了马列主义的教育，从而提高反对国民党毕节伪政权的黑暗统治的认识。经过近两个月的工作考验，我准备在教师、学生、社会青年中发展中坚力量入党。于是就在这年的冬天发展了邱在先、杨杰、康庆长入党。由杨杰负责开始过组织生活，由我单独接头领导。以党支部的名誉组织外围群众开办读书会或学习小组，学习进步书籍，训练积极分子，开展反蒋抗日活动。这个时候“黔北游击队”失败了,只剩下川滇黔边区“红军游击队”，我就派康庆长到川、滇、黔边区“红军游击队”取得联系。

当时毕节国民党伪专员是莫雄，他调保安团围剿席大明，两军在杨家湾一带相持打仗，席大明派人找我出谋，我就对席大明说："我已派人到川边联系，准备把余泽鸿的部队调来进行掩护（阻击敌人）"。以表安慰。继后，我派去川南的小康带回余泽鸿的信说，他们刚被敌人打败，队伍疲惫，力量不足，加之川军不断"围剿"，部队分成三路突围，情况十分紧急。我听这个汇报后，我又派小康去建议余泽鸿同志集中兵力突围比分兵突围好，小康经过艰难险阻，长途跋涉，终于找到了余泽鸿同志，更详知了他们部队的情况，即刘复初同志只带了几十个人打游击，处于孤军作战的地步，而余泽鸿也是这个样子，两军各带几十个人打游击，钳制尾追之敌，很难想象了。以后因他们行踪不定，即未取得联系了。

这个时候，我得知红二、六军团进入黔地，我就积极做好迎接红军到毕节的工作。当红二、六军团进驻黔西时，毕节的绅士们纷纷建议莫雄不要和席大明打了，应招安席大明攻打红军，企图"一箭双雕"。莫雄就采纳了绅士们的意见，很快派人去跟席大明谈判，并采取封官进爵的办法委任席大明担任黔、大、毕、威、水的"清乡"司令，以拉拢席大明和保安团一同在毕节打击红军。在这重要的关键时刻，席大明来和我商谈，问我怎么办？我对席大明说：第一，红军来了，正是跟他们会师的时候，莫雄大有用武之地；第二，你可趁此机会"将计就计"，跟莫雄讲一个条件，要十箱子弹和一定数量的钱，看他怎么行事？席就按照我的旨意提出来，莫雄果然答应了，便派人给席大明如数送了子弹和钱。这样，我要席大明把部队开到毕节，并在毕节至头步桥等路段设防，抢先占领有利地形，并一再叮嘱先头的席大明部队，千万不能让保安部队占据制高地，必须保障我指派的人及时送情报给红二、六军团。席大明按我的部署办了。当情报送出后，红军的先头部队已占领了大定（大方）。交通员在大定城接上了头，把情报交给六军团参谋长谭家述，谭就转呈贺龙、王震等首长。经过研究，便确定到毕节会师。当红军走到头步桥一带，驻守在头步桥的席大明部队看见红军来了，马上撤下山来欢迎，并跟随进城。席大明的另一支部队由其弟弟席大方率领，他这个弟弟打仗勇敢，很有才干，我把他安排在城郊占领虎踞山布防以专门对付国民党专署的守城部队。当时莫雄站在城楼上观看形势，看见红军来得英勇雄壮，势不可挡，又看到席大方占领虎踞山，知道“中计”。悄悄带着部属拔腿就跑，席大方看见也不追赶，便带队下山就地待令。这时，红军队伍已从城郊分部展开直接进驻了毕节城，接着席大明、周质夫跟随红军进城。全城的人民群众就地站出来欢迎红军。

红军进城后，我率席大明、周质夫、阮俊臣等人在司令部会见军团首长，接着由两部召开各种会议，接见各阶层进步人士，听取各界的反应情况，然后采取各种方式宣传发动群众，组织贫苦人民参加革命。在红二、六军团的领导下，把在大定建立的“中华苏维埃人民共和国川滇黔省革命委员会”迁往毕节，并立即颁发了《中华苏维埃人民共和国川滇黔省革命委员会布告》。明确宣布“川滇黔省革命委员会是抗日救国政府的中坚支柱；是川滇黔省广大人民的临时革命政府”，其“战斗任务是：发动、团结、组织全民族一切反日反卖国贼的力量，参加抗日反蒋的革命战争和反封建的土地革命”，以“求得中华民族的彻底解放”。这些政治主张立即得到广大人民群众的响应，形势发展很好。随着形势的发展和革命的需要，军团领导确定立即成立反蒋抗日的各级革命政权。在川滇黔省革命委员会的领导下，首先成立毕节县革命委员会，由苦大仇深的挑水夫朱志清任主席，跟政治部联系做群众工作。这时，人们都惊奇地传开了，说：“啊！挑水夫都当县长啦！”成为毕节一时的新闻。接着成立抗日救国会，我记得救国会里面有一个肖少斋，年纪较大，经验多，工作积极，红军用的粮食等方面的工作算他出的力最大。另一个是毕节中学教员刘竹均和宁起鲲等专门做宣传工作，他把贵阳回来的寒假学生组织起来参加救国会，帮助红军宣传反蒋抗日，宣传党的统一战线政策。在党的统战政策指引下，为了加强政治上的号召力和地方领导力量，相继组织了“人民抗日大同盟”、“贵州抗日救国军”等抗日组织，毕节城里的周素园很有声望，我们就请他出来当抗日救国军司令员，我受党的派遣当参谋长。周素园当司令员的消息一传开，有好多人都说，周素园都投靠共产党了，在社会上的震动很大，对于我们建立"乡农会"很有利。农村乡农会的诞生犹如雨后春笋，一下子就建立30多个，给我们造成了工作上的有利条件。抗日救国军司令部下属成立了三个支队：第一支队司令席大明，第二支队司令周质夫，第三支队司令阮俊臣。那时在大定（大方）也有一个地方武装，他打着抗日救国军的旗号，领导人叫叶方。我们准备和他接头调他来成立第四支队，后来他没有来。

在贵州抗日救国军成立后，隔两天时间，王震和夏曦同志就问我，是否知道贵阳的最近情况，我说了解的不多，但最近几天从贵阳放寒假回来的有一个学生叫邱照（徐健生），对贵阳的近况知道一些，是否去找他来谈一谈贵阳的情况，王震、夏曦同意了我的意见。我即约邱照同志一道去见王震、夏曦二位首长，会见以后，由夏曦同志和邱照谈话了解贵阳的情况，我因有事要办就走了，至于健生同夏活动及谈话的详情可问健生同志。

在党的领导下成立抗日救国军之后，黔、大、毕三县形势发展很好，令人欢欣鼓舞。红二、六军团的领导同志一看到形势很好，认为建立川滇黔革命根据地的条件已经具备：一是有地方武装的配合，二是占领了黔、大、毕三个完整的县，同时又"活捉了"伪专员莫雄的弟弟和伪保安司令部的参谋长，通过"审问"得到了不少内情，使我们有对付敌人的办法。另外,莫雄"逃跑"时,除带伪保安团人马走外，其余全部物资留下，对红军的军需供给提供了有利条件，加之红军占领的三个完整县都派得有政治部人员下去宣传组织群众工作，参军参战的人越来越多。三个县的人组建了两个独立团，大约5000人左右，归红五师领导，红军的实力得到了很大的礼充。于是决定创建川、滇、黔新苏区。王震同志曾传达建新苏区的决定，提出由救国军司令部组织地方武装担任后勤任务；作战任务由红二、六军团主力担任。这之后，我即派席大明去号召收拢一些与他有关系的地方武装，以进一步扩大武装队伍。这时黔、大、毕、威、水和川、滇、黔边境一带的少数民族武装很多，最突出的是他们反对国民党，保卫自己的家乡，用别的办法联系他们都不成，只有党的领导，利用席大明等地方人员的关系去收集起来，稍加学习和整顿便是一支了不起的力量，就可以打击国民党反动派，抗日救国。另外派阮俊臣去叙永一带，接余泽鸿来毕节会师。那时，余泽鸿的游击队虽然失败了，但由于中央红军留下在这一带的党员骨干较多，其中有的是政治领导骨干，有的是军事领导骨干。所以接收这些人到毕节，对于加强地方武装工作的领导，无疑是有利的。这样，席大明和阮俊臣各人带着任务走了，只留周质夫一个支队在毕节附近。

席大明、阮俊臣刚刚走的第二天晚上，党中央朱德总司令[①]就发来紧急命令，调二、六军团北上会师，接到命令就即时向有关人员传达。司令部直接向师、团、营、连下达命令，说中央有调令，要部队马上从毕节开拔。那个时候，红军钢铁纪律，在行动上说走就走。要离开的头一晚上，由政治部主持在城内小较场召开一个军民大会，贺龙同志在会上讲了话，鼓励大家团结抗日，取得最后的胜利。参加大会的人心情振奋，会后还提灯游行，表达了军民之间的团结战斗精神和鱼水难分的情谊，红军于 2 月 27 日分兵两路离开毕节，即二军团由威宁街出发，途经茶亭、长春、撒拉溪、杨家湾过七星关到平山堡；六军团从清毕路出发。绕道草堤、十八、朱昌、花厂、田坝、阴底、杨家湾过七星关。抗日救国军第一支队席大明部，不愿离开家乡跟红军走，六军团的政治部主任夏曦同志过七星关河去作说服教育工作，不幸在河中溺水牺牲。安埋夏曦之后，部队往西进军到平山堡与二军团会师，

① 应是红军总司令朱德、总政委张国焘的来电。

一同经野马川、赫章、妈姑，由妈姑北上。经可乐、以则河进入云南奎香地区。在这里回旋和国民党的部队打了不少的仗，后又到镇雄等地休整。所以在这以前，有的人说席大明跑了，这不切合实际，违背了当时的真实情况。

周素园同志参加长征时年近花甲，贺龙同志 40 岁，王震同志 28 岁。我们从毕节出发到了乌蒙山区后，打了几个回旋战，取道赫章进军到云南边境镇雄一带，贺龙同志就喊王震同志去商谈周素园同志是否参加长征的事情，王震同志给我讲，周素园同志那么大年纪了，身体不好，行军有困难，其意思是叫我去跟周素园同志讲，叫他去昆明或香港当寓翁，给党做统战工作，如果他愿意去，我们打土豪得的黄金、银洋多，可以给他一二十斤黄金到香港修点房子住下来。我去给周素园同志讲了后，他考虑了一下说:“我今年六十岁了，六十岁以前都没有找到光明，今天参加了红军，正是我这一生最光荣的时刻，死也要死在红军里，我不愿离开红军。”我将这个情况告诉了王震同志，王震同志又转告贺龙同志，贺龙同志高兴地说 :“好！把他抬起走”，就这样，先用八个人抬走，后骑马到延安，毛主席、周副主席都出面欢迎，周素园同志非常高兴。那时，陕甘宁边区还没有建立，正在同国民党谈判，中央就任命他为八路军高级参议和甘肃省革命委员会教育部长，后来由于周素园同志身体不好，他那时脚都肿了，他要求回南方。后来，中央同意了他的要求，解放后，中央就任命他为贵州省人民政府副主席，这是周素园同志参加红军的大体经过。至于毕节还有哪些人参加长征，除了在黔、大、毕参军约 5000 余人和我走的时候带去会师的人员以外，贵阳放假回毕的学生 20 多人参加贵州救国军，但是走了一天多后，在七星关碰上打仗产生害怕都跑回来了，只有李代祥、李忠良，还有一个姓詹的等少数人跟着走。后来，李代祥在进入少数民族地区又转回来了，当时军团部的肖克同志还发给了他路费钱，李忠良在甘南天水的时候离开了部队，后又参加国民党军队当炮兵营长，临解放时起义投诚，还有一点功劳，一九五八年死了，秦天真还去参加追悼会。还有跟周素园一起去的有两个同志，姓名记不起了。

总的说来，毕节、大定（大方）、黔西这三个地方参加的人太多了，对红二、六军团长征的兵源补充是有极大贡献的。三县组成了两个“独立团”，一个叫十四团，团长肖美成属二军团五师领导，师长贺炳炎，政委谭友林，参谋长高利国，主任肖新春；一个是毕节抗日救国军队编的属六军团十八师领导，叫五十二团，师长张正坤①，参谋长刘风，政治部主任李信，团长贺立保，参谋长邓止戈（其他记不清了）。至于抗日救国军第二支队周质夫的人员，经过杨家湾整编，原来的一些任职人员有的编遣回来了，从红军部队中调来班以上干部领导，五十二团归属六军团十八师领导，而周质夫本人，因吸“鸦片烟”的瘾大，行军中每天都要吃两次，不适应打仗，怎么行呢？后来干脆动员回原籍。继后我任六军团司令部作战参谋，周素园同志就去红二、六军团总部了。1938年我又由中央派回贵州任省工委书记。自从1936年2月离开毕节经历了47年，今天回毕节可真是“少小离家老大回”。当年的毕节民不聊生，哀鸿遍野，深受压迫和剥削，人民历尽千辛万苦，终于在中国共产党的领导下得到了解放，现在变了样。

我这次回贵州，当我乘坐的飞机一入贵州境地，我即看见青山绿水，改变了往昔石山旮旯的局面，在贵阳住下后，又到贵定、福泉等地走了一下，才知“贵州山”原是“万宝山”，能源极为丰富，如果把“万宝山”开发出来，就会振兴中华！振兴贵州！振兴毕节！

最后，祝同志们在党的十二大精神指引下，把毕节建设得更好！

1938年8月26日于毕节

① 原文为张振坤，本文统一为张正坤。

选自中共毕节地委党史资料室、中共毕节市委党史研究室编:《乌蒙磅礴——红军长征在毕节》,1996年2月,第172—181页。

邓止戈,1906 年生,四川筠连人。1927 年加入中国共产党。1935 年在毕节开展工作,为迎接红二、六军团进毕节做出努力。红军长征时任红六军团新兵团参谋长。新中国成立后,任第三届、四届、五届四川省政协常委,四川省社会科学院顾问。1991 年在成都逝世。

我了解的红军情况

汪宏

红军到达毕节以后，派出了许多部队到农村开展宣传、发动和组织群众打土豪、分田地，动员群众参加红军，其中有一支红军队伍从白果屯过的时候我就参加红军了，和我一道参军的人很多，我还记得名字的有罗永昌、汪敏、郭老二、常正宣、陈永奎、贺中品几个人。我们参加红军以后就随队出发，经魏家屯、雪花屯、田坝桥、螃蟹井、黑石坪、何官屯、后箐、黄泥冲、长春堡、清丰等地，然后到毕节，一路上我们不管走在哪里，都要搞宣传，到处张贴标语，打土豪，把打得的财物分给群众，在母享打了朱敬斋家，在苏木寨打了张开福家，在官屯打了朱卓周家。在何官屯集中队伍，开了一个群众大会，会后处决了一个国民党的侦探。回到毕节我们就住在刘家祠堂，队伍接受了改编，编为贵州省抗日救国军独立四团。当时抗日救国军已经有了三个支队，我们的团长叫贺礼保，是红军的一个团长，在毕节住了几天，后来我们的一个五十一团在大方被柏辉章的队伍围住，我们接到命令就出来，准备去接应他们。我们去到大方后，把五十一团接应出来了。五十一团和敌人打了几天，伤亡比较大，突围出来的人和我们汇合后，一道从双山到文阁，后由双华到朱昌小屯休整了几天，然后出发，从宋伍经沙垮、大郎滩、治中到熊垮，打了大土司安尧卫家，又从马场经戛木、香炉到大垭口。这时敌人已经追上来了，樊嵩甫的部队已经占领了周驿，我们和樊部打了一仗后，就撤过七星关，到了平山堡，在平山堡重新进行了编队，安置了部分老弱病残的战士，年青的就编入正式部队，改编后我们被编到十八师五十二团三营九连当战士，随后参加了长征。

1984 年 9 月 24 日

选自中共毕节地委党史资料室、中共毕节市委党史研究室编:《乌蒙磅礴——红军长征在毕节》，1996年2月，第184页。

汪宏，1916 年生，贵州毕节人。1936 年参加长征，为红六军团十八师五十二团三营九连战士，同年加入中国共产党。新中国成立后，曾任中共毕节县委副书记、毕节县人大常委会副主任等职。2004 年逝世。

我参加红军

林作清

我原来是在海子街伪保长刘正江家当长工，记得是1935年旧历的三月间，有一天，我给刘家送铁丝到小坝去，刚走到王张官那点就遇见了一队红军，大约有一连人，当时我还不知道红军到底是什么样的队伍，心里还有点害怕，不敢乱走，红军问了我的情况后，说他们也要到小坝，叫我跟他们一路走，我就顺路和他们一到拢了小坝。到小坝后我看见还有许多红军在那点，正在搞宣传，我就站朝前去和大家一起听，其中一个红军看见我就走过来，拉着我的手对我说小幺哥，和我们一道当红军去？和我们一道去打土豪，分田地，打富济贫，报冤报仇！听了以后我就问道：先生们，红军是支什么样的队伍？拿不拿穷人的东西？几个红军听了我的问话就背了三大纪律给我听，说：红军不拿群众一针一线；借东西要还；一切行动听指挥；不许搜俘虏的腰包……当时的三大纪律没有像现在这样详细，我听完了以后就报名参加了红军。这时，国民党的军队在前所一带扎得满满的，我们在小坝待了几个小时，听说国民党中央军已经追来了，我们马上集合队伍就走了，当时红军的纪律严得很，根本不准乱打听什么事情，营长、连长的名字都不准打听，都是喊他们的职务。所以，现在我也不知道究竟是哪一支红军。我们从小坝出发后，经打鸡躲出了毕节到息烽，又过开阳，再次渡过乌江。这时，听说要开会，部队暂时不行动，我就向领导请了假，要求回家探望一下，请假批准后，上级还发了五块钢洋给我做路费，叫我装扮成老百姓的样子回来。我回到毕节以后，不敢回到海子街，于是潜经南箐，利用一些旧关系开展活动，宣传鼓动群众参加红军，不几天就发动了几十个人参加红军，不久二、六军团到了毕节，随着红军工作队下乡宣传工作的开展，要求参军的人越来越多，我们公开宣传红军政策，组织群众打土豪，得到了老百姓的拥护。过两天我就带100多人到了毕节，全部正式加入到了红军队伍里，我在现在专医院的那里找到供给部，向首长说明了我的身份，汇报了工作情况后，领导上就把我安排到了十六师四八团二营当通讯班长，以后随部队出发参加了长征。

1984年9月24日

选自中共毕节地委党史资料室、中共毕节市委党史研究室编：《乌蒙磅礴——红军长征在毕节》，1996年2月，第185—186页。

林作清，1915年生，贵州毕节人。1935年参加革命。红军长征时为红六军团十六师四十八团二营通讯班班长。1937年加入中国共产党。新中国成立后，在贵州省公安厅、省监狱等部门工作。1983年逝世。

杨家湾、撒拉溪游击队的情况

路占全

我的老家是在杨家湾住，父母亲死得早，我从小就给翟跃恒家当帮工。1936 年红军来到毕节以后，就在杨家湾、撒拉溪组织起了游击队，在附近一带打土豪，分田地。杨家湾的游击队只有几十个人，队长也是杨家湾人，记不清他的名字了，撒拉溪游击队有四五百人，队长是一个和尚，叫李绍清，他们在杨家湾一带活动起来，声势非常浩大，参加的人越来越多，把土豪劣绅们都吓怕了。游击队一组织起来后，翟跃恒就不准我随便出门，还威胁我说：假若你去参加游击队，我就要枪毙你！我当时有点胆小，就没有去参加游击队。后来红军离开毕节从杨家湾过，有两个红军，一个姓孙是班长，一个姓何是副班长，来到我家里，了解我的情况后，孙班长就拉着我的手说:走！跟我们一道当红军？我从小就受人欺压，早就听说红军是帮穷人的，心头早就有过打算去参加，当即我就答应了和他们一起参加了红军，参加红军后，我们只在周驿站歇了一夜就走了，以后在平山堡、奎香、宣威打了一些仗，就开往延安去了。

杨家湾和撒拉溪的游击队随红军到平山堡，有的还参加了乌蒙山回旋战，打了几仗牺牲了，有些编为正式红军，有些退回来在后方坚持打游击。留下来的游击队活动了一久，后来被些土豪勾结起来镇压了。被杀死的人很多，主要是沙窝老三杀的。

选自中共毕节地委党史资料室、中共毕节市委党史研究室编:《乌蒙磅礴——红军长征在毕节》,1996年2月,第186—187页。

路占全，贵州毕节人。1936 年随红二、六军团长征。

红军在南箐一带组建游击队

熊金祥

我家原来是在草堤，红二、六军团来到毕节后，准备在这里建立新的根据地，派了许多红军组成工作队到农村做工作。红军派到我们草堤的一个工作组，有四个人，他们来了以后，就在草堤、十八、南箐一带搞宣传，发动群众参加红军，没几天就组织起了一个有180多人的游击队。当时，我们都是些连饭都吃不饱的“干人”，听了红军的宣传后，很快就组织起来了。游击队开始的时候没有枪，用的多是梭标和马刀，大家都集中住在庙山营的一个庙子里，统一行动。过了两天，从毕节又来了一个班的红军，他们来了以后，就带起我们在南箐、十八、草堤一带打土豪。同时，还组织了一个土地委员会，由刘生桥任主席，陈侯山、熊志祥和我的一个表哥任委员，专门负责调查土地和土豪的情况，我们在草堤一带，主要打了刘伟青、阮少青、阮包包等几个土豪家。红军从毕节出发开始长征，我们游击队也一道出发，去到赫章平山堡，我们游击队就编入了红军的正式部队，还发了枪。红军出毕节后，和我们一道参加红军的有些人，有的在战斗中牺牲了；有的与部队失去了联系，在我们长征到达延安后，和我一道参加红军的人就只才剩下几个人了。

选自中共毕节地委党史资料室、中共毕节市委党史研究室编:《乌蒙磅礴——红军长征在毕节》, 1996年2月, 第187页。

熊金祥，1915 年生，贵州毕节人。1936 年参加长征，为红六军团十八师五十三团三营九连战士。同年加入中国共产党。新中国成立后，曾任毕节县草堤乡乡长、乡党委书记，毕节县政协委员等职。1986 年逝世。

红军在毕节

尹焕臣

我的老家是在清丰。1936年红军到毕节后，有一天我和邻居陶青龙进城来，在南门口的那点，看见一队红军正在搞宣传，我俩好奇就站在那儿听。一会儿，一个红军战士就走了过来，拍着我的肩膀对我们说：同志，跟我们一起当红军去？问了我们的情况，还给我们讲了红军的性质和要执行的任务。我和陶青龙都是穷人，听了红军的宣传，晓得红军是穷人的队伍，是为贫苦人民打天下的。当场我们就答应并报名参加了红军，参加红军后，我和陶青龙都被编在六军团的军部保卫队里。保卫队有五六十个人，队部就驻在百花山的杨家公馆里面，我们参加红军的第三天就发了枪给我们，随后我们就在毕节城内活动，搞宣传，打土豪、大官商，我还记得打刘殿英家时，把刘家衣物都分给了老百姓，搜出来的大烟就堆起来全部烧掉。

红军在毕节活动了20多天，扩红3000多人，光我们清丰参军的就有20多人，若加上各地的游击队可能有八九千人，但红军走后，游击队都是留在后方的多，随着红军走的不多。

我们在毕节住了几天，接到命令要长征，于是我们就集合，在小校场出了半天操就出发了。我们六军团是从草堤、朱昌、阴底，经戈座到杨家湾，过七星关到平山堡才离开毕节的地界的。

1984 年 9 月 20 日

选自中共毕节地委党史资料室、中共毕节市委党史研究室编：《乌蒙磅礴——红军长征在毕节》，1996年2月，第187—188页。

尹焕臣，贵州毕节人。1936 年参加长征，为红六军团保卫队战士。

我在毕节参加红军

万黎明

我是大方瓢井人，彝族，家里比较贫寒，我从小就常跟父亲一道走乡窜巷行医求生，红军一到毕节的那一年，我刚满 16 岁，早些时候我随父行医在外面就听到了一些关于红军的传说，知道这是一支为穷人打江山的革命队伍。听说红军在毕节，我们就在瓢井相约了十几个人到了毕节。走到小坝，红军正在组织游击队，我们找到红军，说明我们是从瓢井赶来参加红军的。红军听了就把我们安排在小坝游击队里，在小坝参加游击队的人很多，大约有五六百人，后来队伍扩大了，就叫小坝游击团，团长是个江西人，名字记不清了，在小坝住几天我们就出发到了毕节。我们小坝游击团就编为十六师的一个团，师长是个姓张的，也是江西人，我们全部换了衣服，我被分配在团部学吹号，当司号员。几天以后红军全部开出毕节，我们随六军团从朱昌、维新、纳雍经过，以后又绕回阴底，过杨家湾到平山，在平山和朱益斋家打了一仗才走的。

1984 年 9 月 22 日

选自中共毕节地委党史资料室、中共毕节市委党史研究室编：《乌蒙磅礴——红军长征在毕节》，1996年2月，第188—189页。

万黎明，彝族，贵州毕节人。1936 年参加长征，为红六军团十八师十六团司号员。

集训红军干部[1]

周仁杰

当年黔、大、毕地区人民对红军的贡献是很大的。除了5000多名优秀儿女参加红军增加了我军的新生力量外，我们还利用时局安定而难得的有利时机，抓紧将排、连、营和少数团以上的干部集中起来，以战略战术为主的进行军事训练，当时，我被贺龙、任弼时、李达等指派负责搞军事训练的。记得训练的地点在毕节城郊附近西南方向一带。[2]分批分期地将两个军团能够抽调的军事干部都抽调集中起来进行训练。五至七天为一期。我自己就亲自训练了三批,共有300多人。通过这次较为正规、系统的训练，提高了我军的军事素质和战斗力，特别是对新提拔起来的干部提高更为突出，作用也更大。受训的同志结束回到部队后，把学到的知识、本领再传授给他们的下级，这样一级带一级，一层教一层，尤其是对新战士的培养非常及时，非常重要。因此，我们在回忆起长征的战斗历程时，都称黔大毕为长征路上的黄金时代。(邱亮根据记录整理)

选自中共毕节地委党史办公室编印:《红军在黔西北》，1986年3月,第157—158页。

① 标题为编者所拟，原标题为《周仁杰同志重访毕节时谈集训红军干部的情况》。本文有删节。

② 经调查，毕节县城周围的茶亭、海子街、朱昌等地都是训练红军干部的地方。

苏　醒[1]

谢树青

1935 年春，红军来到了我们的家乡[2]。尽管在红军来到之前已听到了红军怎样帮穷苦人翻身闹革命的传说，可红军刚到时，我们大家还不敢和他们接触，而红军总是亲亲热热地主动与我们攀谈，时而逗孩子玩耍，时而与大家扯扯家常，这样就使我们间的关系，一天天熟起来。红军战士看到我们接近的人多了，就常常宣讲革命道理。有一个高个子红军在集市上群众聚集的地方，他站在房前的石阶上对大家讲："老乡们，我们是共产党领导的工农红军，我们原先也是和大家一样，是受苦人，也是受剥削的老百姓。因为地主、土豪劣绅把我们压迫的活不下去了，才参加红军，只有打垮土豪劣绅，我们才能过好日子。大家要团结起来，组织起来打倒土豪，反对剥削，解放自己，才能过好日子！"

这个红军的话，把我们一伙年轻人说得心情激动，我们好几年想不通的事情给讲懂了。大家又向红军提出了各种问题，他又讲了穷人为什么穷，富人为什么富的道理，使我们懂得了富贵不由天，只要按红军说的做，我们的好日子一定会来的。在红军的帮助下，我们各个村都相继成立了游击队，我们村里选我当队长。

一场打土豪分田地的斗争轰轰烈烈地展开了。穷苦人收回被地主剥

① 本文节选自谢树青《我的回忆》，标题为原文第二部分小标题。

② 指贵州省黔西县。红二、六军团到黔西的时间为1936年2月。

夺去的田地。红军又将土豪劣绅的余粮分给了大家。大家高高兴兴地吃上了雪白的大米饭。反剥削的运动加深了人民对红军的理解。姑娘们替红军战士缝补衣服，给红军战士缝鞋袜；男人们和红军一起打土豪分田地，穷苦人第一次扬眉吐气了！

那时候我才知道，那个“四叔”他早已对我家的田地怀有歹心，因我家的地与他的地紧挨着，早就想吞掉我家这块地。第二年还不清债，他故意向我讨好，换债据，想不到第三年是个丰收年，他怕我们偿还清债，就趁我们不注意，叫人放火。真是太可恶了。

红军在我们这儿住了半个月，又要北上了。临走前，红军的一个干部对我们游击队讲:“我们走了，那些逃走的土豪劣绅马上会回来的，你们要躲一躲，不然就要遭到他们的迫害。”

我把这些话对母亲讲了，并说我愿意跟红军一起走，当个红军战士。母亲虽有点舍不得我离开，可又想不出比参加红军更好的办法，只好同意让我跟随红军一起出发。我们村里的游击队员大都是和我一样，随红军北上的。

在我们出发的那一天清晨，部队集合乡亲们站在路两旁，默送着亲人的离开，母亲含着泪花嘱咐我，“好好干，经常给家里捎个信。”

出发了，在乡亲们的欢送声中，我们唱着“当兵就要当红军，处处人民来欢迎……指挥员战士都一样，没有人来压迫人”的歌儿，跨着大步，离开了家乡、母亲。

想不到就此分离，却成了我与母亲的最后一别。在我们离开的第五天，逃走的地主豪绅们回来了，他们把分给大家的田地、粮食全都抢回，并要加倍偿还，我们家原来的田地又被他们抢了过去，还逼迫着母亲交出我来。当他们知道我已随红军走了的时候，便加倍折磨母亲，将母亲吊在祠堂里说：“凡是当红军的不是好人，你儿子当红军了，是姓谢的败类。儿子走了,你就替他受罪。”就这样母亲被他们活活害死了。我的一个大兄弟为了躲避还乡团的报复，也只好逃到外乡，从此家破人亡（这些情况是我在 1955 年回家乡时听乡亲们说的）。

部队在前进中不断与国民党作战，时有伤亡，为了补充人员，我在 1935 年 12 月贵州的大定①被正式编入红二方面军四师②追击炮独立连，从此成为一个正式的红军战士。

1983 年 5 月

选自中国人民政治协商会议长安县委员会文史资料委员会编:《长安县文史资料选辑》, 1991年5月, 第142—144页。

谢树青，1898 年生，贵州黔西人。1936 年参加中国工农红军，红军长征时为红二军团四师追击炮独立连战士、文书。

① 红二、六军团到大定时间为1936年2月。

② 应为红二军团四师。

巧取黔西

侯士选

在红军长征路上，我当的是侦察兵。

侦察兵，它精悍，出没无常，是部队的耳目，也是一支突击部队。大队伍还没有出发，侦察兵早就先走了，经常在部队前二三十里的地方活动。遇上十来个人的小股敌人，还有什么区公所乡公所之类，冷不防地就消灭了他们。当我们要攻取什么地方，侦察兵就突入敌人心脏地区去活动，又取得情报，还能配合作战，使敌人防不胜防。我们长征经过贵州，攻取黔西，也就是这样打的。

1936 年春，我们红军二方面军①，从贵阳北面插过修文等地方，来到了黔西。黔西是往毕节的一个口子，我们侦察到县城里有六七百人的保安队驻守，上级决定要消灭他们，占领黔西。在攻城部队行动前，我们侦察兵就先出发了。

头天晚上，我们大约有二三十个人，从小路到了黔西北门外的山上，找到一个寨子。这里满寨子种的花椒树。我们大模大样地进寨子去找伪保长。一进伪保长家的门，见到一个圆头圆脑的人，我们就问：

“你是保长？”

他吃了一惊，打量了我们一下，连忙点头哈腰地说：“是，是。你

① 应为红二、六军团。1936年7月5日红二方面军成立。

们是……”

我们对他说，是中央军的侦察部队，先到这一带来侦察“共军”的情况。伪保长一看我们架势十足，一律便衣短打，别着短枪，不敢怀疑，连忙打躬作揖，一面去张罗备饭、烧茶，把我们好好地招待了一番。他还给我们说红军到了哪里哪里，自以为介绍了新情况，我们心里忍不住暗笑。

第二天早晨，我们就下山来到了北门附近。我们原先定好攻城部队应在这时就攻东门，我们听到他们的枪声就动手进占北门。可是等了很久，还没有听到东门有什么动静。这时我们已把这条路封锁住了，山上下来的不准进城，出城的不准上山。但结果因等得时间长了，人越集越多。我们看不是办法，于是找了几个要进城的可靠的老乡，跟他们说明了我们是红军，叫他们在前面进城，我们派几个人跟他们混进城去。老乡开始见我们不让他们进城。疑疑惑惑不知怎么一回事，等我们跟他们说明，就很愿意把我们带进城去。我们有几个人就混在老乡中间进了城，城门口两个守岗的敌兵一点也没有发觉。这样城里城外都有我们的人了。

又等了一会，大约比预定时间晚了两个钟点，还是听不见东门枪声。我们真有些焦急了，作了种种推测：是情况有变动？是路上耽误了时间？还是弄错了在等我们的信号？商量了一下，决定先在北门打它几枪，看看动静；并且作了些分工。我和另几个同志就慢慢地走近城门，装着要进城的样子，靠近了哨兵，这两个哨兵还像没事似地在走来走去。我们先上两个人，一瞅没有闲人，就突然一人一个把他们的枪抢住，他们还莫名其妙地说：“咦，拿我的枪干什么？”我们另外的人立即上去一把塞住他们的嘴，把他们拖到城边山上，扒了他们的衣服。两个同志换上他们的衣服，就站在城门口去替他们站岗，另外有一个同志爬上城墙，“啪——啪——”放了几枪。

城里的敌人，一听见北门有枪声，一会儿就急喘喘地跑出来几个人，一面嚷道：

“放枪，什么事？”

我们不理他们。他们一跑近城门，见站岗的仍好好地站着，也弄不清怎么回事，正要上前盘问，只听得东门突然响起了一片枪声。这几个敌人更慌张了，连忙留下三个兵来加强守北门，就又匆匆地跑进城去了。我们听到东门枪声，知道攻城部队到了，就立刻解决了新来的三个敌兵，一部分人守住北门，一部分人就从北门一直往里打进去。

敌人正在全力对付东门，还没有来得及来守北门，听到北门同样一片枪声，见两路被夹攻，慌了手脚。他们弄不清北门进来了多少人，城里一片混乱。这时东门也已被我们的部队打开了，这批没用的保守队，一个劲地只想往外逃，但简直无路可逃：南门不敢出；北门被我们守住了，只一部分人逃到了西门的山上，但也都被我们的部队抓了回来。这样，守城的敌保安队全部被解决了，我们占领了黔西。

选自周朝举主编：《红军黔滇驰骋风云录》，军事科学出版社1987年9月版，第818—820页。

侯士选，红军长征时为红二、红六军团侦察兵。

唤醒了的山城

左齐

红二、六军团，抢渡了乌江上游鸭池河，先后占住了黔西、大定、毕节等重要城镇。在近20天的时间内，开辟了广大的游击区。

能够赢得这样的局面，主要是以任弼时、贺龙同志为首的两个军团的党，在战略行动和战役指导上的正确和灵活。当时敌人企图用优势装备的兵力，正面与我交锋，而我们从桑植出发，一路上却采取声东击西的办法，绕开敌人的主力，大踏步前进，而在有利时机，我们又向尾追、阻截之敌，狠狠地打上一棍子，使敌人不敢冒进、穷追。1936年2月9日，我六军团先头部队以迅雷不及掩耳的手段占领了毕节，消灭了该城的保安队，后续部队浩浩荡荡开进了城里。黔西、大定、毕节的“黄金时代”就是这样取得的。

毕节是贵州、云南交界的一座山城，是云、贵、川三省的孔道。县城在群山环抱之中，山下一块块梯田毗连。山究竟有多高，当时无法测量，问路时老乡们总是回答：山这边70里，山那边50多里。

这里的人民生活贫困。由于交通不便，以背柴、背盐巴为生的劳动者甚多。他们赚的钱很少，无法维持生计，到青黄不接时，只好吃野菜度日。记得初到毕节时，在城外的一家老乡家中，见一位十七八岁的姑娘，在火坑旁边围着破布坐着。由于衣不蔽体，见我们进来，她面带羞怯地低下头，迅速地退入里边的屋子。我们看到这种情景，就托一个老大娘送给她一套衣服。这里的地主豪绅还强迫农民种鸦片烟，借以剥削穷人。结果弄得农民不但衣食无着，而且吸毒残害身体。所以这里的群众流行着这样一首怨歌。

天无三日晴，
地无三里平，
人无三分银。

我们刚在这里住下，就听上级说要在这里成立抗日武装，组织群众性的抗日团体。同志们个个欢欣鼓舞，全军上下都卷入这个浪潮里来了。各师各团都组织了抗日宣传队，军团直属队也组织了若干工作组。我和叶长庚同志是一个组。我们每个人都根据上级的指示，订出了个人做抗日宣传、扩红、筹款的竞赛计划。这一套宣传工作，红军指战员是熟悉的，而且从来就没有间断过，经过我们宣传，党的“抗日救国”这一伟大的号召，在长征路上，不知唤醒了多少沉睡的山村和城镇。记得去年冬天，我们在辰溪、溆浦、新化、锡矿山时，仅两三天的工夫，就组织了抗日大同盟、抗日义勇军、职工联合会等团体。临退出锡矿山时，还成立了1000多人的“工人团”。那时我虽然做具体工作还不十分了解上级的意图，但已经影影绰绰地觉察到：北上抗日就是一次伟大的革命高潮的序幕和先声。

宣传队出发了！工作组出发了！毕节城内顿时热闹起来。红军的工作干部和宣传队，一天到晚在街头、广场演戏、唱歌、跳舞、写标语、讲演，用各种形式向群众宣传红军的各项政策。当时我们远离中央，国际、国内的政治形势知道得很少。我们就把白区报纸（有些是进步的）上登的北京①、南京、上海以及全国各地抗日救亡运动的材料，搜集起来加以分析整理，写成简单的宣传提纲和标语、口号。没有大量的纸张，就用废纸、毛边纸代替。墙壁、门板、竹片也成了我们的标语牌，锅灰、

① 此时应称为北平。

木炭成了墨汁的代用品。不过直接向工人和农民进行口头宣传的时候更多些。我们在街头宣传和在居民区演讲的时候，开头总是扯些家常，问寒问暖，交朋友，使听众感到很亲切，容易接受。这样把群众吸引来，围坐一起。群众越听越多了，我们讲演的人就越讲越有劲头，情感越发激昂。

1935 年初，我中央红军到过这一带，工人、农民、青年学生都受过我党不同程度的影响。因此，当我们讲到国民党不抵抗主义罪恶时，常常还没等我们讲完，听众就激愤起来，高喊口号："打倒日本帝国主义！"我们除了作抗日救亡的宣传外，还通过许多具体事例，说明"穷人为什么穷，富人为什么富"的道理，在广大人民中揭开了穷富的秘密，号召被压迫的人民团结起来，反对剥削，解放自己。

几天工夫，群众起来了。那些青年学生更加热情积极，他们跟我们一道宣传共产党的抗日民族统一战线，揭破蒋介石"攘外必先安内"的卖国政策。他们也常常自己开会，号召同学起来反蒋抗日，动员同学参军。地主家的长工常在夜晚偷偷地跑来，告诉我们地主剥削农民的罪行和地主的白洋、布匹、粮食等埋藏、寄存的地方。根据这些报告，又进行了详细调查，经过政治部的批准，我们便把浮财分给了群众。群众把这叫"财产回老家"，有了这种革命的看法，就产生了高涨的革命热情，从而也造成了一个参加红军的热潮。他们下决心同地主豪绅、国民党斗争到底。参加红军的人越来越多，光是我们军团直属队就扩大了 1000 多人，加上各师扩大的足有 3000 多人。临离开毕节时，我们成立了独一团和独四团。有些女学生几次要求跟我们走，因为我们在准备着继续长征，只好婉言劝慰，动员她们回去了。

在黔大毕的近 20 天中，我们还在上层人物当中进行了抗日民族统一战线工作。当地及附近有许多开明人士和一些地方武装，在民族存亡的关头，他们对抗日都有一定的热情，对国民党蒋介石的排斥异己和卖国政策也表示出不同程度的不满。党抓住这个有利时机，利用会议和个别接触，向他们讲明共产党的抗日主张和各项政策；动员他们为了国家、民族的安危，挺身而出，联合各方人士，组织抗日联军。同时，我们还把我军政委员会给各方人士的文告和给西南各省国民党高级军官的信件，通过白区邮局寄往各地，号召他们和我们订立停战协定，一致抗日。

经过一些天的宣传工作，使很多人认识了我党的主张。特别是对抗日抱有极大热情的国民党宿老周素园老先生各方奔走，情绪很高。后来成立贵州抗日救国军时，他被委任为救国军司令。红军离开毕节时，他又跟我们一道长征。虽然环境那样艰苦，但他终于同我们一道过了雪山草地，在陕甘边同中央红军会合。

选自《红六军团征战记》下，解放军出版社 1994 年 6 月版，第 192—195 页。

回忆红二、六军团在黔、大、毕活动片断[①]

廖明

中国工农红军二、六军团于1936年初从湘鄂川黔革命根据地转移到贵州黔、大、毕地区建立新的革命根据地。那时，我在六军团十八师政治部任组织科长。十八师当时只有五十三团。在湘鄂川黔革命根据地时，十八师有两个团的编制，即五十二团和五十三团。那时我在五十二团当营长。五十二团是很能打仗的队伍。在江口县闵家场与数倍于我之敌作战中，五十二团浴血奋战，在歼敌近一个师后，团长龙云壮烈牺牲[②]，队伍被打散。我带了一个营冲了出来，后来编到五十三团，五十二团就不复存在了，我就被调任十八师政治部组织科长。当时十八师师长是张正坤、政委是余立金[③]。

二、六军团渡过鸭池河，占领黔西县城后，军团部命令十八师驻防滥泥沟，守鸭池河渡口。为了阻击敌人，我们把鸭池河的渡船烧了。在渡口的山头上，设立了几道防线，把敌阻滞在鸭池河东岸。滥泥沟离鸭池河边只有十多里路，是一个很繁荣的小镇，那里有几家盐号，盐很多，

① 该文是贵州省大方县委党史办公室访问廖明同志后整理的，收入本书时进行了一些编辑处理。

② 龙云为十八师师长。甘溪战斗中，他率五十二团掩护主力在龙塘、关口地区遭敌截击，大部损失。龙云率少部分战士突围后，不幸于岑巩县被反动民团逮捕，后辗转解往长沙，被军阀何键杀害。战斗中牺牲的五十二团团长为田海清。

③ 余立金当时为五十三团政委。1936年7月5日，红二方面军组建后，他才任十八师政委。

我们在那里打开官商盐仓，分盐给那里的干人群众。那一带的干人很苦，大多数人冬天都只穿草鞋。老百姓把红军看作是干人自己的队伍，他们都很拥护红军。我在滥泥沟只住了几天，就被调到六军团政治部。政治部主任是夏曦同志。我随军团政治部从黔西出发，经过大定到毕节。在大定只是路过，没有停留。到毕节后，王震、夏曦同志认真贯彻党的抗日民族统战政策，团结了爱国民主人士，在毕节成立了贵州省抗日救国军。参加过孙中山领导的辛亥革命的爱国民主人士周素园先生，出任了贵州抗日救国军的司令员，贵州省地下党的领导邓止戈同志担任了抗日救国军参谋长。抗日救国军有三个支队，一支队支队长是席大明；二支队支队长周质夫；三支队支队长是阮俊臣。我为什么能记得这些情况呢？因为当时夏曦同志把我派到周质夫的二支队去做政治工作，当政治干部。派到一支队即席大明支队去的是当时军团破坏部部长李光清（即李国彬）。派到三支队去的人我记不起了。二支队当时有近千人。我到二支队后，主要是做政治工作，给支队的指战员们宣传共产党、红军的革命宗旨，宣传党的抗日民族统战政策。那些部队，大部分是反蒋绿林武装，纪律性很差，我就给他们讲红军的“三大纪律、八项注意”，加强他们的组织纪律性。而那些士兵又大部分是穷人出身，我就给他们讲穷人为什么穷的道理，不是我们的命不好，而是封建、官僚压迫剥削的结果，我还给他们讲，红军是共产党领导的队伍，是工农的子弟兵，是穷人的军队。红军就是要在共产党领导下打倒土豪劣绅、推翻封建官僚的反动统治，消灭压迫和剥削。这样一讲，他们觉悟很快，大多数人都表示要跟着共产党闹革命。我在周质夫的部队里做了几天政治工作以后，接到军团政治部的通知说，由于形势变化，黔、大、毕根据地已不可保，红军要退出黔、大、毕，要我做好动员工作。动员支队和红军一起走，我接受任务后，就积极去做工作。由于前几天的教育、发动，大部分人的政治觉悟有一定提高，很多人都愿意跟着红军走。但产生了一个困难，就是这支部队的官兵，有相当数量的人会吃大烟，包括支队长周质夫也会吃大烟。会吃大烟的人，只要断大烟就像病人一样，哪能行军打仗？结果我们把会吃大烟的人动员留下，不会吃大烟的大部分组织起来，大约有三四百人和红军一起撤出毕节，后又参加长征，编入了红军队伍，周质夫就因为会吃大烟，当时没有和红军一起走，我记得周素园、邓止戈都是和红军一起走的，后来到了陕北，到了延安，我还见到过邓止戈同志。这个人是做了许多工作的，他长期做地下工作，是很有影响的。现在如果见了面，我可能还认识他。

关于夏曦同志牺牲的情况，我是知道的。红军撤出毕节之后，到达离毕节约百里的七星关。夏曦同志先来到我们部队住地，在我们部队里吃了早饭后，他说他要去找破坏部部长李光清，动员席大明的部队也跟着红军一起走。前面是一条大河，夏曦同志由警卫跟着，向河边走去，在河边找到一条小船，他们坐着小船渡过河去，船放在河边上，过河后，他们向前走，到了半山上的一个小寨边，小寨里突然响起枪声，枪响后夏曦同志没有继续往前走，带着警卫员返回到河边，但此时，小船已不在了，他们就涉水过河，走到河中间，因水流急，他和一个警卫员都被急流冲倒河里，就被溺死了。把他遗体打捞起来后，抬到军团部住地。那时贺龙、任弼时同志也在那里，他们都哭了，他们脱帽向夏曦同志默哀。当时没有开追悼会，由六军团作战科长唐子奇负责安葬。我记得埋葬在一个山上，那个山上有一个小庙，就埋在庙底下面不远的地方。埋葬后，唐子奇同志还绘了一个草图，这个草图我看见过。总之，夏曦同志牺牲的情况，知道的人很多，找到唐子奇同志就更清楚了。夏曦同志牺牲后，破坏部部长李光清还被关了起来，受到处分。

关于大定境内的将军山战斗，当时是很有名的。这次战斗我没有参加。但我们十八师参加了，后来听十八师的同志谈了那次战斗的情况。将军山战斗是红军在黔、大、毕地区打得较出色的一次战斗。这次战斗，是肖克和十七师师长刘转连同志指挥打的。以十七师为主，十八师打外援。敌人是组织的敢死队，都是班、排以上骨干，约有一个营的兵力。这次战斗，是一次预期的伏击战，当敌军进入我将军山阵地后，即被红军全部包围起来打，仗打得很激烈，经过一个多钟头的激战，将敌军敢死队全部歼灭。后我军在将军山守了约一个星期，阻止了敌人向毕节的进犯。在将军山战斗中被我军俘虏后当了红军的有个顾琴周，现在我们浙江省金华军分区任副司令员，已离休，你们可以去找他，他对将军山战斗的印象最深刻，他会给你们提供关于将军山战斗的许多重要情况的。

另外，我当时在毕节还听到关于黔西县城失守的汇报。黔西县城的失守，是黔、大、毕根据地失败的原因之一，我觉得这个问题值得回顾一下。当时，红军的三个主力师即四师、六师、十七师，都集中在打鼓新场一带，黔西仅留十八师驻守。而十八师又只有一个五十三团，主力又放在滥泥沟、驻守鸭池河。黔西县城里仅有一个营的兵力。从三重堰方向进犯之敌，探到我黔西城里的兵力空虚，他们采取偷袭的办法，有 100 多敌人化装成赶集的老百姓，有卖粮食的，有卖花生的，有卖鸡鸭的，混在赶集的群众中进了城。当时，红军一方面是群众观点强，对赶集的人都视为一般群众，加以关怀、保护；另一方面，警惕性不够，没有防备夹杂在群众中的敌人。因此，敌人化装进城后，先在城里打响。城外的敌人随即攻入城内，这样，黔西城就落到敌人手中。黔西城失守，十八师守鸭池河部队的后路被截断，不得不放弃鸭池河、滥泥沟阵地。这样，受阻在鸭池河东岸之敌就被接应过河，加快了敌向大定、毕节的进犯。

以上是我对黔、大、毕地区革命斗争的回忆，年代久远了，许多事情记不起来了。红军在黔、大、毕地区虽然前后仅一个月时间，但红军在那里的影响，人民对红军的拥护和热爱是非常深刻的。

黔、大、毕也是革命老根据地，在那里的斗争时间虽然短，对参加过黔、大、毕根据地斗争的红军指战员来说，也是极为深刻，不可磨灭的。最后，请你们代我向黔、大、毕的人民问候。（姚庆延、高祥勋整理）

选自中共毕节地委党史办公室编印：《红军在黔西北》（内部资料），1986年3月，第166—170页。

廖明，1911年生，江西安福人。1929年参加中国工农红军，同年加入中国共产主义青年团，1930年转为中国共产党党员。红军长征时任红六军团十八师政治部组织科科长。新中国成立后，曾任新疆军区直属政治部主任，新疆焉耆军分区司令员，伊犁军区司令员、政治委员，浙江省军区顾问。1964年晋升为少将军衔。1988年在北京逝世。

苗汉一家亲

谢中光

1936年2月，我们红六军团在贵州击溃了国民党王家烈的部队，迅速强渡乌江，进入了黔、川、滇三省交界的黔西、大定、毕节地区。正当部队准备继续北上时，军团部接到了中央指令，要我们就地驻下，集中力量做少数民族的群众工作。

当时，我在红六军团政治部巡视团工作。一天上午，军团政治委员王震同志派人把我找了去。一进门，他就面带笑容地对我说："你知道这里少数民族的情况吗？"

我回答说："听说了一些。"

"光听说可不行啊！"王震同志语重心长地说："要宣传党的民族政策，做好少数民族的工作，首先必须熟悉他们。长期以来，这里的少数民族同胞由于受国民党反动政府'大汉族主义'政策的压迫和反动宣传，对汉人存有戒心，对我们红军有种种误解。要改变这种状况，就要靠我们去做工作。"接着，他告诉我，军团政治部已决定从各部抽调人员组成工作组，分别深入到附近几个少数民族的部落中去。张子意主任和罗志敏、夏曦等同志都已带人出发了。他要我也带一个组到离毕节县城20里左右的一个苗寨中去。临走时，他再三叮嘱我，不要怕碰钉子，要有应付各种情况的思想准备。

第二天一早，我就带着政治部的小陈和小李两名宣传员出发了。我们所要去的苗寨坐落在县城东北的深山密林里。一路上，我不时地向懂苗语的小李了解有关苗族同胞的风俗习惯，并和他们一起商量了如何开展工作的办法。我和小陈都是第一次和少数民族同胞打交道，因此，对即将到来的工作，既感到新鲜又感到心中无底。大家边走边谈，20 多里的路程，不知不觉就走完了。

我们爬上半山腰进入苗寨,放眼望去,满目凄凉。寨子里空无一人，连鸡鸣狗吠之声都听不见。十几间小竹楼已经被大火烧成了灰烬，散发着一股焦糊味。所剩的一些竹楼、茅草棚也都破烂不堪，摇摇欲坠。显而易见，这里刚刚遭过洗劫。可是人到哪儿去了呢?

我们三人分头在寨子里找起来。不一会儿，小陈跑来报告说，在前边的一个茅草棚里发现了一位苗族老人。我和小李马上跟着他来到了那个茅草棚。这是一间穿篱漏壁的破草棚，门是竹篱笆做的，进去以后，连身子都站不直，浑浊的空气中弥漫着一股难闻的气味。借着屋顶破洞透进来的亮光，我看见一个老人蜷缩着躺在一块用石头支起来的木板上。走近一看，只见他双目微闭，额头上沁出了豆大的汗珠，瘦骨嶙峋的脸上流露出痛苦的表情。我看他身上只盖了一床用稗杆编织成的被盖，便忙把随身带的背包打开，将自己的行军被给他盖上。在盖被子的一瞬间，我发现他的腿上长着一个碗大的疮，一股腥恶的脓血正向外流着。于是，我赶紧叫小李从急救包里取出纱布绷带，给他包扎起来。看老人那虚弱的样子，可能已有好几顿没吃饭了。我立即叫小陈用干粮袋里的米，就着老人家的破锅熬了一锅粥，端到他的床前，一口一口地喂起他来。几口饭下肚后，他的神志清醒了。当他睁开眼看见我们这些陌生人时，脸上顿时流露出惊恐的神色。我连忙趋前一步，和颜悦色地对他说："老人家，不要怕。我们是红军，是咱干人子自己的队伍，和你们是一家人！"他听着这些话，看着身上盖的被子和正在给他喂粥的小李，不由地点了点头。可是，当问起他乡亲们的情况时，他又闭上了双眼，缄默不言，只是长长地嘘了一口气。我想：可能他对我们的顾虑还没有完全打消，也就没有再追问下去。我们把干粮袋和从山上砍来的柴留在他屋内后，便离开了。

为了防止意外，我们决定晚上就住在老人家对面的柴草棚子里。这天夜里，我躺在茅草铺上，想着临行前王震同志的嘱托，怎么也睡不好觉。约莫午夜时分，忽听对面茅草棚外传来一阵脚步声，我赶紧爬起来，借着微弱的星光向对面望去。只见两个用黑布蒙面的人，正站在老人住的草棚门前鬼鬼祟祟地拨弄着什么。我立即叫醒了小李和小陈，一起提枪屏息静观着那两人的行动。不一会儿，其中一个人“嚓”地划着一根火柴，点燃了一小束柴草，举起来往棚顶上凑。我一看不好，马上带着小李、小陈冲了上去。当我们突然出现在那个纵火者面前时，他惊呆了。小陈从他手中夺下了火把。我用尽全身力气猛地一下把他抱起来摔倒在地，扯下了他的蒙面黑布，把他反绑在门口的柱子上。另一个蒙面人一见此状，乘着夜暗跑掉了。这时，草棚上的火快着起来了。我们赶紧脱下衣服去扑打火苗。由于发现的及时，火很快被扑灭了。想到草棚里的老人，我们赶紧推门进去。一看，门已被绳子扣死。显然是刚才那两个坏家伙干的。我拔出随身带的小刀，割开绳索，推门而入。老人被烟呛得连声咳嗽。我们赶忙倒了一杯水给他喝，并告诉他刚才外面发生的一切。为了让老人确信我们所讲的话，也为了弄清纵火者的身份，我吩咐小陈把捆在门口柱子上的那个坏家伙带进来。这是个身材矮小、尖嘴猴腮的家伙，年约40多岁。虽然他的脑袋耷拉着，但一双狡黠的眼睛却滴溜溜地四下乱转。当老人看清了那人的脸后，猛地一下从床上坐了起来。牙齿咬得嘎嘎响，断断续续地从牙缝里挤出了几个字：“你……你这个……狠心的家伙！”说完，便再也说不出话来。当着老人的面，我们审问了这个家伙。开始，他一声不吭，强装镇静。我连问几声，不见他答腔，便猛地大喝了一声：“再不招供，就拉出去毙了！”这家伙到底怕死，一听这话马上跪下求饶。在我们的盘问下，嗫嗫嚅嚅地供出了他的罪行。原来，他就是住在山下的保长。长期以来，他骑在苗族同胞的头上作威作福，干尽了坏事。正是他，受国民党保安队的唆使，在我们到来之前，窜进山寨，造谣惑众，诬蔑红军，威逼不明真相的乡亲们离寨出走，也正是他，带人放火，使十几户苗族同胞的竹楼变成了灰烬。这天晚上，当他得知我们进寨的消息后，又偷偷摸摸地窜进寨来，妄图烧死卧在床上的老人，以嫁祸于人，挑起苗族同胞对我们的仇恨。听完了这家伙的供词，老人眼睛里饱含着热泪，他紧紧拉着我的手，激动得说不出话来。考虑到老人的身体，我们安慰了他一阵后，便押着那个家伙离开了草棚。

第二天一早，当我们去给老人送饭时，发现老人不在了。找遍了整个寨子也没找到，只得暂且作罢。上午，我们砍了一些柴草，分别堆在各家门前。就在我们堆放柴草时，寨东头传来了一阵杂乱的脚步声。我们一望，不由得高兴起来。原来是那位老人一瘸一拐地领着十几个苗族老乡回来了。我们赶紧迎了上去。老人告诉我，他身旁的那个壮汉是他们的头人，名叫李贵忠。我走上前紧紧握住了李头人的手。从他那满面笑容的脸上，我感到，他对我们的误解和对立情绪已经消失了。心里禁不住一阵兴奋。我向他宣传了我们红军的政策和来此地的目的，并向他询问了乡亲们的情况。他答应马上把山上的乡亲们接回来。我当即派小陈赶回毕节县城，向军团首长汇报。

当天下午，在李头人的带领下，一群衣衫褴褛的苗族同胞回到寨子里了。我们和李头人一起帮助他们舂米，修理破漏的房屋，把一户一户的乡亲们安顿下来。将近傍晚时分，小陈带着卫生队的一名军医从县城赶了回来。他告诉我，王震同志对我们这里的工作很关心，仔细听了汇报，并打算亲自接见这里的苗胞代表，要我动员他们派人下山去一趟。

当晚，我就和李头人谈了这一情况。当他听说我们的首长要亲自见他时，神情非常激动，连声说："你们这么看得起我，我一定去！一定去！"

第二天凌晨，李头人带着 13 名苗胞代表（另外还有一个小孩子）

和我们一起下了山。虽然他们住的苗寨离县城并不很远，可是却没有一个人进过城。进城以后，他们对一切都感到新鲜。大街上，红军战士开仓分粮和穷苦百姓领到粮食后喜气洋洋的热烈情景，更是深深地吸引着他们。大家边走边看。当我们来到军团部时，太阳已升起有一人多高了。

听说我们来了，王震同志从屋里迎了出来。我向他介绍了李头人后，他笑容可掬地握住李头人的手，连声说："欢迎！欢迎！"接着，他又逐个和其他人握了手，热情地把大家让进了屋里。坐定以后，他关切地询问了坐在身旁的几个苗胞的年龄和生活情况，然后便谈笑风生地和大家攀谈起来。

听着他的谈话，我不禁暗暗钦佩，刚来这几天，他对这里苗族同胞的生活情况和风土人情竟了解得这样清楚。

那些苗族乡亲见他如此平易近人、和蔼可亲，开始时的那种腼腆和拘谨的神情顿时消失了，你一言我一语地说起来。屋内的空气活跃多了。

谈话中，王震同志向他们宣传了红军的宗旨，介绍了红军长征的情况。他指着我和小李说："你们不要看他们穿着军装，当兵前，他们也都是庄稼人、挑脚汉啊！我们这个队伍里有很多人都是被地主老财逼得走投无路才出来当红军的。我们红军是为天下受苦受难的穷苦百姓求解放的队伍。"他还说，"你们苗族有土司，我们汉族有地主，他们都是靠吸我们穷人血汗养肥的。虽然我们的民族不同，但天下的受苦人都是一家人，地主，土司老爷才是我们的共同敌人。"

他这一席深入浅出的恳切之言，把在座的十几位苗族同胞说得连连点头。李头人接着王震同志的话深有感触地说："过去，在我们的眼里，汉人中是没有好人的。现在看来，汉人中的干人也是和我们苗家一样的苦，过的也是磨骨头养肠子的生活。真是苗山的树木根连根，苗汉干人心连心啊！"

"说得好！"听了他的话，王震同志称道着点了点头，又接着说："听说你们苗家流传着这样几句民谣，说的是'柴禾当棉袄，蕨根当粮草，松胶当灯照，赤脚当鞋跑’，可见你们的生活真够苦的了。要改变这种状况有没有办法呢？有！这就要靠我们干人团结起来，在共产党的领导下，齐心合力地去斗争，去推翻骑在我们头上的国民党反动派和财主、土司老爷们。只有这样,才能过上好日子！”王震同志的话像一块磁铁，把在座的人都吸引住了。大家只顾凝神屏息地听他讲话，不知不觉已到了中午时分。

开饭时，王震同志特地叫炊事员加了几个菜，亲自陪他们吃了午饭。饭后，他又要我从县城照相馆请来了照相的师傅，在他住的屋子外边的天井里，和那 14 位苗族同胞合了影，留下了一张珍贵的历史照片。

照完相后，王震同志亲自把事先准备好的 30 支老汉阳步枪和两支驳壳枪送给了苗族乡亲，并一再叮嘱他们回去后要尽快把自己武装起来，保卫苗寨，谁再敢来为非作歹就和谁干。看着这些武器，他们都非常高兴，一个个爱不释手地抚摸着。王震同志要我们三个人再送他们回去，协助他们把武装搞起来后再回来。临别时，李贵忠头人紧紧地拉住王震同志的手，两眼闪烁着晶莹的泪花，激动得不知说什么好。其他苗族同胞也都怀着依依不舍的心情，用苗家的礼节向王震同志道别。我们已经走出很远了，回头望去，还看见王震同志站在门前的土墩子上，向我们频频挥手……

这一趟县城之行，进一步加深了苗族同胞对我们红军的了解，尤其是王震同志的话，更是深深地打动了他们。回到寨子以后，他们逢人便说：“找烂茸哩。”（苗语，意思是红军好得很）在我们的帮助下，李头人从寨子里挑选了 30 个年轻力壮的小伙子，给他们发了枪，组成了自卫队。同时，他还特地派人到附近的几个寨子里去，通过走亲访友，宣传我们红军。在他们的帮助下，这一带的局面很快就打开了。后来，当我们红六军团离开毕节县城继续北上时，李头人还亲自带人给我们送来了夜间行军需要的火把，并为我们留下了带路的乡亲。虽然我们在当地停留的时间并不长，但由于以王震同志为首的红六军团党委坚决贯彻了党的民族政策，群众工作做得好，少数民族的广大群众已经对我们红军产生了深厚的感情，革命的火种已经在他们的心中深深扎根。这使国民党反动派妄图利用民族矛盾，阻滞我军北上抗日的罪恶阴谋遭到了彻底破产。

选自《红六军团征战记》下，解放军出版社1994年6月版，第298—303页。

将军山战斗前后回忆

刘转连

1935 年秋末，红二、六军团抢渡澧水、沅江，突破重围，打到湘中，占领新化等县后，转兵向西进入贵州。我带领十七师四十九团担任前卫。1936 年 1 月在扎佐打了一仗，消灭守敌一个营，补充了粮食、弹药，又经修文继续前进至乌江东岸。

久闻乌江大名。一眼望去，江水南北奔腾，激流直下。两岸悬崖峭壁倒映在江水中，阴一半，阳一半，旋涡搅着浪花，在阳光的照射下，闪烁着耀眼的光芒。乌江天险真是名不虚传啊！我英勇的红军战士，不畏艰险，经激烈的战斗，打垮了江岸守敌，占领了渡口，渡江后又一鼓作气攻下了黔西。

二、六军团占领黔西后，主力向毕节继续前进，而十七师则向遵义方向佯动，以声东击西，掩护主力部队的行动，并准备在运动中筹补粮食。在黔西与遵义之间的打鼓新场，我们攻打一个大土豪屯粮的坚固的碉堡，激战中师长吴正卿同志不幸中弹牺牲了。当时战斗尚未结束，少数残敌在土围子里顽抗，我听到这个消息，心情十分沉痛。吴正卿同志是陕西人，学生出身，宁都暴动后随李达同志来到湘赣苏区。我认识他是在长征开始时，当时他任十七师四十九团团长，我刚从中央苏区学习归来，在四十九团任一营长。他二十二三岁，身材不高，但很结实，白胖的圆脸上常挂着微笑，同志们诙谐地称他“面包”。吴师长待人诚恳，平易近人，爱护士兵，行军时常把他的马让给伤员骑，但带兵严格，打仗勇敢、果断，在他的身上，我学到了许多军事知识，他是个很好的指挥员。他的牺牲激起了全师指战员对敌人的无比仇恨。我揩干净自己的眼泪，继续指挥战斗，很快地消灭了残余的敌人。

吴师长牺牲后，我就由师参谋长接替了十七师师长的职务。当时师政委汤祥丰早已随军团部去毕节养伤，师部只有我和师政治部主任罗志敏两人。打开城堡后，我们首先把粮食弄出来，赈济附近的穷苦百姓，再把每个战士的米袋装满，以便随时准备行动。正在这时，上级命令我们师立即折回东北，在三重堰附近与十八师五十三团会合待命。

当时六军团长肖克同志正随十八师五十三团行动，军团政委王震同志已负伤在毕节养伤。我和罗志敏同志当晚就到肖克军团长处接受新任务。顶着满天的星斗，走过弯弯曲曲的石板路，在一所破旧的草房里，借着油灯暗淡的光，我们见到了正在患病发高烧的肖克同志。他半倚在担架上，披着一条军毯，消瘦的脸庞上，只有两只深邃的眼睛仍透出坚毅的神情。

肖克同志带病向我们交代了敌情和任务：由乌江以东尾随红二、六军团而来的敌人主力大约七个师一个旅已渡过乌江，进入黔西集结，其先头部队万耀煌纵队十三师已达大定，准备向毕节我二六军团主力进攻，以形成在云贵边境对我军的“围剿”。而我二、六军团自长征以来，多日连续作战，部队有些伤亡，粮食、武器、弹药均不足，急需争取半个月的时间在毕节休整、补充，以准备迎接新的战斗任务，因此，军团首长决定抽出一支部队，在大定与毕节之间组织一次战斗，阻滞敌人的行动，这个任务就交给了十七师。

听了首长一席话，我的心情不禁有些紧张。长征以来，敌人前堵后追几倍于我，战士们连续行军打仗十分疲劳，阻击敌人，争取时间，是目前重要的一仗。吴师长刚刚牺牲，我能担起这副担子吗？我望了望肖克同志，从他那鼓励的目光中似乎看到了一种力量。我心里想：我们十七师从来没有在困难面前退缩过，上级把这个任务交给我们，这是对我们最大的信任，我们要化悲痛为力量，打好这一仗，完成烈士未竟的事业，给吴正卿同志报仇，保证主力部队充分休整。但是这一仗应怎样打呢？我深感责任的重大。我仔细地想了想，然后抬起头来说，“云贵高原有山有林，在敌强我弱的情况下，我们只有在大定与毕节之间选择一个有利地形，出其不意，打一个伏击战，消灭敌人的有生力量，才能争取主动,牵制敌人。”经研究,军团长批准了我们的作战方案。临别时，肖克同志紧握着我的手，再三嘱咐说：“要充分依靠群众，做好战前的准备工作,部队行动要快、要隐蔽,注意保持联络。我等你们的好消息。”

接受任务后，我们马上进行了军事上的准备和政治上的动员，让战士们知道，争取时间就是争得了主动权，因为敌人也在行动。当时条件很差，整个部队连一张像样的地图也没有，为了了解敌情和地形，我向大定派出了侦察队，并在附近的村庄里找来了向导。当天晚饭后部队就出发了。

银白色的月光洒在崎岖的山路上，高高低低的灌木林中不时响起几声惊鸟的叫声。为了尽早掌握情况，我带着师部参谋高一脚低一脚地赶到部队的前头，边走边向带路的老乡询问这一带的情况，贵州当时有几句民谣：天无三日晴，地无三尺平，人无三分银。说的是在封建地主、官僚买办、军阀的黑暗统治、压迫下，贵州人民处于水深火热之中的悲惨生活中的情景。土地贫瘠，连年天灾人祸，人民流离失所。他们深受反动派之苦，能够很快地接受我党我军的宣传，在革命战争中全力支持我们，抬担架，做向导，帮助掩护和安置重伤员，我们沿途就是依靠他们了解地形、敌情，打了很多胜仗。据一个 40 多岁的向导讲前不远有一处山林，叫作将军山，是大定到毕节的必经之道。夜渐渐深了，山路在脚下显得模糊不清，小灌木撕扯着战士的裤角，冰冷的露水沾湿了我们的衣裳。部队像一条游龙，静静地前进在山间的小道上。拂晓时，我们已到达了大定与毕节之间的将军山附近。朝霞染红了东方，瑰丽的色彩装点着早春的云贵高原，丘陵起伏，山外有山，湍急的溪水在山间奔流，报晓的晨雀在山林中发出清脆的啼声。雄伟的将军山横贯南北，西坡石崖陡峭，一个村庄坐落在山脚下，东坡面向大定，坡势徐缓，坡上长满松树和小灌木丛；东南面群山环抱，居高临下，可见一条条路蜿蜒穿行于山间。这将军山就像一扇巨大的石门，卡在大定通往毕节的山路上，真是一个打伏击战的好地方啊！

我带着三个团的干部看了地形，决定就把部队埋伏在这里，十七师四十九团、五十一团展开在公路的北面，五十团展开在公路的南面，十八师五十三团作为预备队（第二梯队）于我师后方待命。我师指挥所随四十九团行动。各团团长迅速带队进入指定地点埋伏。

这是一个万里无云的晴天，但山风吹来，仍使人微感寒意。战士们依树傍石一遍遍地擦拭着武器，有的和衣就地休息。15 岁的小司号员雷于堡蹲在我身旁，不时摆弄一下手中的大砍刀，悄声对我说："师长，这回我一定要用它换一支驳壳枪。"我赞许地点点头，接过刀看了看，锋利的刀刃闪着寒光。"真是一把好刀。有了枪，我们也不能丢了它，这是我们的传家宝，贺龙同志不也是两把菜刀起家吗！"小司号员低下头笑了。

一个钟头，两个钟头过去了，敌人仍未见冒头，我的心中不禁有些焦急。直到上午 9 点左右，空中突然出现了两架敌机，怪叫着在我们的头顶上盘旋了几圈后就飞过去了。紧接着，前面的侦察员报告，敌人十三师先头部队有两个团的兵力已接近我军阵地。我立即命令部队注意隐蔽，不要暴露目标，并赶快登上高处，用望远镜向大定方向望去，只见敌人像一条僵蛇，正沿着公路向我方缓缓蠕动，十里、五里、三里……距我们布置的埋伏圈越来越近了，甚至可以听到敌人的叫骂声。战士们摩拳擦掌，注视敌人的行动，早已忘记了夜急行军的疲劳和饥饿。小雷紧张而兴奋地说："快吹冲锋号吧！师长！""等等！"我摆摆手。"不能操之过急，再近一点，敌人不到位，不能惊动他们。"

突然，敌人前进的速度放慢了。是发现了我们的埋伏，还是改变了行动计划？怎么办？面对战场上瞬息万变的情况，我紧张地思考着：敌人先头部队已接近我军阵地，不能让他们缩回去，俗话说，打蛇要打七寸，只要打得狠，打得准，就一定跑不掉。我马上通过电话悄悄地调整了一下部队。正面的五十团在公路的南面位置不变，把公路北侧的四十九、五十一团沿公路迅速迂回到东北面敌人的侧后方，以便对敌军进行切断及打腰。

这时，敌先头部队已进入我五十团正面阵地。刹那间，上下冲锋号吹响了，顿时，手榴弹的爆炸声，步枪、机枪、迫击炮声响成一片，团团硝烟夹着碎石、土块、树枝，伴着敌人的惨叫声腾空而起。敌军受到这意外的打击，惊慌失措，前拥后挤，首尾不能相顾，队伍乱成一团。我军战士同仇敌忾，高喊着冲下山来，把敌人压制在公路两旁。

但是，部分敌人很快清醒过来，他们仗着武器好，依据树木、土丘，作垂死挣扎，抵抗得很顽固。十几个冲在前面的红军战士中弹倒下。我立即命令部队火力掩护，将他们用担架担了下来。看到战士们在流血，我眼里都要冒出火来了。我想起肖克同志的指示：动作要快，要争取时间，我大喊一声“跟我来！”带着四十九团冲下山坡，靠着密集的小杂木林的掩护，很快地接近敌人。

在一块巨石后面，我们发现一敌军官一面叫骂，一面指挥一伙敌兵架起了四挺机枪，妄图打开一条退路。“决不能让敌人逃走！”我们抄了过去，一阵乱枪，打得敌人晕头转向，司号员紧跟在我的后面，大吼一声，挥刀猛扑向敌军官，一刀结束了他的性命，吓得敌兵弃枪而逃。

战士们带着对敌人的无比仇恨，如猛虎下山冲上公路，与敌人短兵相接展开肉搏，长枪、大刀、匕首各显神通，直杀得血肉横飞，抱头鼠窜。战斗打得很激烈。一个多小时后，我们消灭了敌人的两个团，一下子就把敌人打缩回大定去了。几天后，我们在转移的途中，又给尾追的敌人几次狠狠的打击，使其不敢贸然前进。

这一仗是我任十七师师长后打的第一仗。战斗的胜利是根据肖克同志的指示，对当时的敌情、地形和我军的部署，做了充分的调查、研究和准备，紧紧地依靠了人民群众而取得的。有力地打击了敌人的嚣张气焰。这一仗后，二、六军团在毕节得到了半个月的休息和补充。随之我们进入云南，开始了新的战斗历程。

1984 年 5 月 10 日

选自中共毕节地委党史办公室编印：《红军在黔西北》（内部资料），1986年3月，第159—165页。

转战湘鄂边境的日日夜夜

刘诚达

受　命

1935 年 11 月上旬，湘鄂川黔省委和军委分会，召集了团以上干部会议，任弼时同志在会上作了形势报告，说明了红二、六军团实行战略转移的原因和任务。他指出：湘鄂川黔革命根据地的中心区域永顺、大庸等地已被敌人占领，其他区域也被敌人分割成若干小块，到处是一片白色恐怖。由于敌众我寡，地理环境的不利因素，不能和敌人硬打硬拼，而要求实行战略转移，且用运动战来调动和消灭敌人，以保存我军的有生力量。接着，贺老总也讲了话。他在讲话中传达了总指挥部根据中央指示精神而作出的关于战略转移的具体部署和计划。之后，关向应、肖克、王震等同志也先后在会上讲了话。为了牵制敌人，掩护主力红军安全顺利地撤出湘鄂川黔革命根据地，会议还作出了一项决定：把六军团的十八师留在湘鄂边区来完成这一项艰巨的任务。并任命张正坤①同志为十八师师长兼政委。总指挥部会议结束之后，六军团首长肖克、王震与师长张正坤，立即召开了十八师所属各团团长、政委、参谋长紧急会议，一块分析研究主力红军撤离后红十八师所面临的繁重任务，如可

① 原文为张振坤，本文统一为张正坤。

能出现的各种复杂情况和应当采取的一些相应的措施，以及其他有关问题。会议上，军团首长指示要尽快地将叛徒分子刘士杰捕捉归案，否则，将增加红十八师在行动中的困难。肖军团长指出：你们要提高警惕，加强战备，不要让敌人发觉我们的行动意图，部队一律改用代号，你们在这里最好不要超过四至六天。他还指出：在未来的行动中可能会遇到意想不到的困难，例如，连续行军作战连饭都吃不上，还有晚间野外宿营也有些问题，要我们在精神上作好准备，严防意外的事故发生。王政委对我们说，即使十八师被敌人打垮了，你们也应当想办法，就是化装成工人、农民也要来追找主力。王震同志的话虽然是笑着说的，但我们出席会议的十八师的同志都感到了一种关切、一种鼓励、一种力量。我们都决心与敌人周旋到底，接受党对我们战斗意志的严峻考验。当时留下来的十八师的建制只有五十二和五十三两个团。五十二团由原湘鄂边独立团、龙桑独立营以及县、区游击队合编而成。樊孝竹任团长，魏成德任参谋长，我担任政委。五十三团是从六军团十七师调换过来的，团长刘风，政委余立金，参谋长苏鳌。五十三团是十八师的主力团，战斗力强，具有战斗经验，兵员有1200多，武器装备较好，有两挺重机枪，每个连还配一挺轻机枪。我们团虽然有2000多人，但枪支很少，除鄂川边独立团、龙桑独立营全部有枪并共有三挺轻机枪外，其余各县、区游击队和各县、区干部枪支都很缺，只好使用梭标。而且县、区游击队根本没有打过仗，甚至没有用过枪，战斗经验很差，只有独立团和独立营与敌人打过一些仗。虽然如此，但从另一方面来讲，我们的战士绝大多数来自桑植、龙山一带，出身工人、农民，阶级觉悟高，保卫家乡感情很浓，因此，作战很勇敢，不怕流血牺牲，执行纪律很好。为了完成党交给的艰巨而光荣的任务，战士们自动地提出了“四怕”和“四不怕”的口号。“四怕”是：怕居功骄傲，怕不求进步，怕违反纪律，怕脱离群众。“四不怕”是：不怕强大的敌人，不怕险恶环境，不怕艰难困苦，不怕流血牺牲。战士们提出这些行动口号，经过团总支研究审查后，又报师政治部审查同意，再发到全团广为宣传。

除　奸

1935 年 11 月 19 日，这是一个不平常的日子。这一天，红二、六军团主力在任、贺、关、肖、王等同志率领下从桑植刘家坪、瑞塔铺等地分几路正式撤出湘鄂川黔革命根据地，出发北上。根据地人民扶老携幼，挥泪相送，一副难舍难分的景象。主力红军在任、贺等同志的正确指挥下，一路上打破了敌人的层层包围和堵截，巧妙地甩脱了敌人尾追不舍的重兵，迅速地退出了湘鄂川黔革命根据地。主力红军离开湘鄂边区的第二天，师长张正坤从茨岩塘师部专程来到了桑植县城，召开了五十二团营长、教导员以上的干部会议，讨论研究了我团的行动和准备问题。即未离开桑植县还要做几件群众工作，要求立即做好这么几件事情：一、团总支组织部分政工干部到桑植城内以及附近的村庄向群众解释我主力转移的原因。二、向老百姓宣传，进行坚壁清野的工作，告诉老百姓要把家里所有的炊具和吃的东西如碗、筷、锅、灶、油、盐、柴、米等都一律埋藏起来。特别是城镇和交通便利的大村寨，都要做好这方面的工作。这样,万一敌人来了,也因为十室九空而不能站稳脚跟。三、发动党员、团员、赤卫队和少年先锋队，晚上向敌人驻地摸哨，扰乱敌人，使之得不到安全的休息。当时张师长还反复地强调：这几件工作一定要做好，并责成我来负责完成这一任务。他说我做群众工作比较内行。我当时坚定地回答说："保证完成任务。"我知道这是张师长对我的信任。因为他知道我过去曾担任过民运科的科长，有把握完成这一光荣任务。这一会议虽然开的时间不长，但却开得很好。张师长亲自布置，具体而细致，我们立即按他的指示分头行动。主力撤离湘鄂边区之后，红十八师所负担的任务确实是很艰巨的，尤其布防任务是这样。五十二团的驻地很分散：第一营由我带领，驻桑植城门外的一个村庄；二营由樊孝竹团长带领，驻洪家关；三营由魏成德参谋长带领，驻上河溪，相隔都比较远。五十三团驻茨岩塘，师部和师直机关也驻在茨岩塘，离我们的驻地也很远。尽管这样，我们决心以最大的努力，完成上级交给我们的任务。11 月 22 日晚上，我们完成了军团首长临行前交给的第一项重大任务，就是把叛徒刘士杰捉拿归案了。刘原是湘赣省委副书记，他叛变革命并非偶然，是有准备有计划的。最早在他从江西出发，一直到与二军团会师之后，他在较长时间里，都害怕过艰苦的生活，在行军中常常表现动摇。当主力这次战略转移时，刘认为军心已经动摇，不愿意随军出发，不满情绪很大。在总指挥部的会议上，他公开反对这次战略转移，当时遭到了任、贺、关、肖、王等同志的批评，他就更加不满起来。第二天，他要求与张启龙同志一起去购买粮食，并找了一个机会偷偷地溜了，准备向湖北鹤峰方向去投敌。他的阴谋被张启龙同志发觉，张即回指挥部汇报。我团派出了一个侦察班，向鹤峰方向捉拿。若干天之后，我们终于在田坝村附近的一条小河边将他捕获。因此，刘投敌未遂。抓住了这个危险的叛徒，这在一定程度上减少了我们行动上的许多麻烦。当时我们感到十分高兴，立即电告师部。张师长指示，马上将人送去。于是当天夜里我们就派了一名指导员带一个班把变节分子刘士杰押送到茨岩塘师部处理。

转战湘鄂边境

押走叛徒刘士杰的第二天，我们接到张师长的紧急指示，要我们马上赶到茨岩塘集结待命。我于当天下午 1 时率领一营从桑植县城出发，24 日早上 5 点钟的样子，路过洪家关，在洪家关碰上了孙连仲部的一个团。他们是偷袭驻洪家关的我团二营的，企图消灭二营，恰好二营由樊孝竹团长带领，已经于敌人到达的半小时前先行向师部出发了，敌人扑了个空，不料却和我一营遭遇上了。一场拼杀是不可避免的了。好在我们的战士是本地人，地形道路都很熟悉，枪一响，我们就抢先占领了有利地形，控制了制高点。战斗大约进行了两个小时左右，我考虑到敌人是一团的兵力，不与之硬拼。再说，我们的任务是赶到师部集结，觉得决不能让敌人钳住，应当采取声东击西的办法，迷惑敌人，摆脱敌人。于是我派出一个班，向我们的来路打枪，敌人果然上当了，以为后面还有我们的部队，急忙分兵前往应付。这样，敌人的兵力就分散了。我营乘机钻一个空子，避开正面的敌人，从一个山腰上插过去。甩开了敌人后，部队继续向茨岩塘前进，于 24 日下午 6 点钟顺利地到达了师部。这时，樊孝竹团长率领的二营也早已安全到达了。到师部以后，我将洪家关遭遇战的经过向师部作了汇报，在战斗中一营没有受损失，只有两个战士挂了花，已妥善安排在洪家关附近的一个老百姓家里养伤，并给了这两个战士每人50块光洋，也给了这家老百姓40块硬洋作为护理费。这家群众很满意，要我们放心。张师长听后也觉得很满意。我知道这是师首长对我的安慰和鼓励。在师部，张师长告诉我们，前两天，接到总指挥部的一个电报，我二、六军团主力已顺利到达大庸、辰溪、新化、锡矿山、安化、石门一带，准备向宜都、长阳、宜昌方向前进。为了继续配合主力的行动，张正坤同志指示我们马上离开驻地，一方面继续牵制敌人，一方面准备完成任务后迅速突围。师长特别告诉我，师部机关及五十二团、五十三团的行动准备工作已经就绪，而且侦察员已经查明附近的敌人没有什么动静，我们可以开始行动了。11 月 25 日，部队分两路从茨岩塘出发，经上河溪、水田坝、五道水，插到湖北鹤峰的太平镇。原计划是从五峰县去的，但是部队一到苦竹坪，就遇上了徐源泉两个旅的兵力堵截。这一仗打得很激烈，我师刚受了一些损失，驻五里坪的敌人又增援了一个师上来，我们又和该敌打了一仗。这次我方伤亡较大，情况较为严重。面对这种情况，张师长当机立断，立即改变计划，经江口退回到湖南桑植的官地坪，遇上了孙连仲的部队拦截，又打了一仗。这一仗打了整整一天一夜，我军伤亡极为严重，到晚上 7 点钟才结束战斗。一场激战刚刚结束，我们又得到侦察员和老百姓的报告，盘踞在鹤峰、龙山、桑植的敌人，既有孙连仲、陶广、朱德培（疑为皮德沛——编者）、陈渠珍所属的国民党正规军，也有朱疤子、周矮子为首的地方势力派，还有从革命根据地逃跑出去后回家来的土豪劣绅、地主恶霸、民团土匪，总共有四五万人。显然，敌人有好几个师的兵力“围剿”我们，想把我红十八师整个地消灭在这个包围圈里。情况这样的复杂，局势这样的险恶，敌人又是这样的强大，十八师又是这样的孤军深入，不是鱼死，就是网破。怎么办？十八师的全体指战员都面临着十分严峻的考验。从指挥者方面来说，如果稍有不慎，即将带来全军覆没的危险。当时，张师长冷静地分析，敌人在战略上步步为营，稳打稳扎，在战术上企图各个击破，然后全面围击，妄图全歼我十八师。十八师当时虽有 3000 余人，但真正能够作战的只不过 2000 多人。枪支弹药很少，平均每支枪不到 40 发子弹。衣食等物资又根本得不到补给，孤军作战。而敌人的兵员比我们多十倍以上，武器装备也相当优良，弹药充足，其他物资的补给也很充足。因此，双方各种因素的对比都很悬殊，敌方占着绝对的优势。考虑到这样的现实情况，我们与敌人硬打硬拼是不行的，若不很好地研究，认真地对付，我军就有被打垮的危险。于是，张师长和两个团的团长、政委、参谋长以及作战科长进行了仔细的研究和讨论。大家一致认为：应当采取调虎离山之计，兼用夜间行动的办法，将部队转移方向改从龙家寨返回茨岩塘，甩开敌人。从龙家寨返回茨岩塘，我们走的是一条很难走的路。部队从官地坪出发，一天一夜都在深山老林里行军。我们 40 多岁的张师长，身先士卒，和大家一起步行，给了广大指战员很大的鼓舞。快到茨岩塘的时候，茨岩塘的守敌发现我军要从山下河边经过，便扑了过来，又和我军接上了火。打了不久，附近召市、茅坪一带阻击我军的敌人又来了几个团进行增援。这一仗打得很残酷，我方损失很大。五十三团团长刘风同志不幸负了重伤，生命垂危。我们本想用担架把他抬走，因情况不许可，便将他安置在老百姓家里，留下一个警卫员来护理他。这是通过地下党来安置处理的。由于我军伤亡不少，五十二团、五十三团只剩下1000多人了，所以，干脆把两个团合并在一起，当天晚上转移到百福司。在百福司又得到了群众的报告讲：前面又来了一股敌人阻击我们。张师长只得率领部队经百福司连夜翻过一座大山到忠堡，插到晓关。刚刚到晓关，遇上了敌人，又打了一仗。这一仗我军的损失就更大了，指战员伤亡了300多人，樊团长也牺牲了。

突　围

在那些日子里，由于连续不断地打仗，我军的兵员不断地减少，而敌人方面却不断地增加，企图置我十八师于死地。也就是在这个时候，我二、六军团已经顺利地突破了封锁，到了目的地。这样，总指挥部交给我们的任务基本上完成了。为了摆脱敌人，我们从晓关转到利川县，向四川的黔江方面突围，追赶主力。为了减少麻烦，我们就采取了夜间行军的办法。当时，天气十分寒冷，到处是冰天雪地，北风刺骨。战士们衣服穿得单薄，冻得直发抖。但是我们的战士有强烈的阶级仇恨，有较高的阶级觉悟，有“四不怕”的口号鼓舞着，因此，大家心里热乎乎的。战士们不怕艰难困苦，不怕险恶环境，鼓起勇气，和以往一样，一点钟能走十几里路。饱经风霜的熬煎之后，我们终于在一天一夜里，到了黔江边界。起初，黔江守敌没有发觉，我们就在敌人的火力封锁线下偷渡了一条小河。到天快亮的时候，敌人哨兵才发现了情况，用猛烈的火力向我们扫射，情况十分危险。张正坤同志身先士卒，不顾一切，跳到刺骨的河水里，带领部队冲上河的对岸，又翻过了一座高山，避免了与敌人拼消耗的危险。我们穿过了黔江县境，又经过酉阳县的南腰界。之后，再没有遇到什么敌人。这就基本上冲出了敌人的包围圈，摆脱了敌人精心布置的“围剿”、阻截。于是，我红十八师得以朝红二方面军①主力的方向大踏步地挺进。经过沿河、印江两县，于1936年1月6日②到达贵州的江口县，与二方面军胜利会师，归还六军团建制。这时，我红十八师只剩下600余人了。

从主力撤离根据地到红十八师与主力会合，一共经历了49天的时间。在这段时间里，敌人凭着占绝对优势的兵员和武器装备及其他条件，对我红十八师进行了疯狂的“围剿”。我红十八师与敌人进行了大大小小20多次战斗，对我方来说，这些战斗，都是在极端艰难困苦的情况下进行的。当时不仅是冬天，战士们衣着单薄，又饿着肚子，而且吃了上顿又不知什么时候吃下顿，常常吃南瓜充饥。我们的战士就风趣地说：“打倒资本家，天天吃南瓜；天天打土豪，夜夜盖稻草。”就是说，为了打倒地主、资本家，为了免除下一代人的苦难，为了新中国的诞生，甘愿吃大苦、耐大劳。是这样坚定的信念鼓舞了我们克服困难，终于完成了牵制敌人的艰巨而又光荣的任务，从敌人的重围中勇敢地冲了出来。

我们与主力会师以后，总部召开了二、六军团师以上干部参加的会议，欢迎红十八师完成任务胜利回归。任弼时、贺老总、关向应、肖克、王震等首长都在会上讲了话。任、贺等同志还在会上指出：红十八师全体指战员在湘鄂边牵制敌人的艰苦斗争中英勇善战，克服了重重困难，完成了总指挥部交给的艰巨而又光荣的任务。红二、六军团顺利地到达了预定的总目的，十八师是很有功绩的，全体指战员都应该受到表扬，他们还希望红十八师全体同志再接再厉，努力学习军事、政治，为革命、为红军作出更大的贡献。任、贺讲了话之后，十八师师长兼政委张正坤

① 此时应为红二、六军团。下文皆同。

② 应为1月9日。

同志代表红十八师全体指战员致了谢词。会议最后在嘹亮而又雄壮的军歌声中结束。后来，我们团和我们师随二方面军主力到达了陕北，到达了党中央、毛主席身边，就像涓涓的溪流，穿过了峡谷深涧，终于汇入了浩瀚的大海，永远不会分离，也永远不会干涸！

原载《湘西党史通讯》1984年第2期，有删节。

选自马继善主编：《曙前之路——红军长征在湖南》，岳麓书社1996年9月版，第381—389页。

军民之间

杨宗胜

一

部队到达黔（西）大（定）毕（节）地区后，上级说要在这一带进行短期休整，补充些粮食。

我们团的驻地在毕节城南15公里的一个小村庄。我们一到那里，就进行社会调查，准备根据当地人民生活情况筹粮。结果却令人大失所望。那里的居民大多数是贫苦的苗家，由于统治阶级的反动宣传，他们很怕红军，有些人躲到山里去了。

部队迫切需要粮食，怎么办呢？我当时是团的供给主任，为此焦虑得一筹莫展。忽然有人跑来报告，说村里有个义仓，存有几千斤粮食。我听了很高兴，忙去了解，但又是空欢喜一场。所谓义仓，是居民们自己办的福利，每家从口粮中节省出一部分，集中贮存起来，以备遇天灾人祸时应急。这些粮食我们不能动。

供给处驻的那家，只有一个孤独的苗家老太太。她头发花白，满脸皱纹，年纪约有五六十岁，头扎黑巾，身着破旧的苗族服装，赤脚穿着一双蒲鞋。从我们早晨进门就没说一句话，总是坐卧不安地望着我们。

受惯了群众的热情欢迎，猛然看到这样冷冰冰的面孔，心里真不是滋味。但这不能怪她，我们需要用行动来解除她的疑虑。主意既定，我们就空着肚子扫院子，拾掇屋子，把水缸挑满了水。不一会儿，屋里屋外焕然一新，而我们呢，却个个满头大汗，呼呼气喘，坐下去就不想起来。由于肚子饿，这点轻活，竟把这些小伙子累垮了。

老太太看到这些，不但没有高兴，相反眉头皱得更紧。这就令人不解了，难道我们违犯了苗家的风俗？会计彭启圣同志实在耐不住，走上去问老大娘："你有什么心事，这么愁眉苦脸的？"

不知道是听不懂话还是什么原因，她只是呆呆的，没有回答。

彭启圣看老人有点害怕，滔滔不绝地向她解释红军的政策。老太太除了在不得已时"嗯"了两声,木然地没有任何表示。最后她才低声问："你们不走了吗？"原来她会说汉话。

"谁说的，我们还要北上抗日哩！"

"那你们打扫房子干什么？"

彭会计笑了："替你干的，你年纪大，干活不方便。"

她半信不信地摇摇头，又沉默了。

从早晨到中午，我们没有做饭，她也没动烟火。后来她可能饿得耐不住了，从破缸里舀出一碗苞谷想做饭。但当她拿瓢舀水的时候，又把瓢放下了。她很奇怪，为什么水缸里的水忽然满了？党支部书记杨尚高同志见她不解，走过去说：

"做饭吗？你做吧！那水是给你挑的。"

"你们不做饭吗？"

"我们？我们断粮了。"杨尚高同志低声对她说。

她愣了一会，然后豁然开朗，嘴角抽动两下，两颗亮晶晶的泪珠，顺着两颊深深的皱纹淌下来。她拉着杨书记的手摇了半天，说："你们饿着肚子，还帮我干活……哪有这样的军队呀！我这里有苞谷，你们吃了吧！"

杨书记说："你的粮食不多，不能让你挨饿。那点苞谷你留着吧！"

一个要给，一个硬是不要，正在争执不下的时候，忽然从外面跑进来两个苗家青年和一个中年妇女，他们和老太太嘀咕两句，就一齐进屋去商量什么。看那匆忙的样子，好像出了什么要紧的事情。

我正在考虑怎么办，他们从屋子里出来了。老太太又开朗又坚决地对我说："你们是好队伍，没有饭吃，空着肚子还替我们干活，我们从来没有见过对苗家这样好的军队。刚才我们商量了一下，不能看着你们没米下锅，把义仓的粮食送给你们吃吧！"

这真是雪里送炭，我心里一阵发热，感动得落下泪来。但又一转念，想到义仓的粮食我们不能动，于是又婉言谢绝了。老太太很不满意地说："我们有办法，万一有个天灾人祸，山上有的是野菜。可你们跑路，打仗，就困难多了。"

我仍旧谢绝。她好像不屑和我说下去，转身从屋里拿出一只芦笙，一边吹着，一边向村后的晒谷场走去。

悠扬的声调在寂静的山乡里飘荡。

接着四周又有几只芦笙响起来，像是互相对话，使这偏僻的地方充满了生气。

不久，从房屋里，从山林里，走出许多男男女女，老老少少，有的背着空竹筐，有的顶着竹篓子，跟着这位老太太向村后聚拢。看样子是要背粮去。

我忙把情况报告给团首长。团首长的回答是：按他们的习惯办事，群众自愿给就收下，按市价付给银元，让他们以后再买。

这僻静的山乡，顿时热闹起来，人们络绎不绝地把粮食送到我们的驻地。见了我们，他们没有更多的话，只是憨厚地、颇有点歉意地笑了笑，好像在说：开头对你们不了解，可别见怪呀！

不到一顿饭工夫，就背来了5000斤粮食。我又兴奋又激动，拿出银元给那位老太太，我感到她能代表大家管事。谁想我磨破了嘴唇她也不肯收钱。我只好说："你不要钱，我们就不要粮。宁可饿着！"

这话果然管用，她沉思半晌说："真把你们没办法，收下你们的钱。

我们帮你们做干粮行吗？”

“这当然可以。”我心里轻松许多。

于是，这个小村子，家家的烟筒升起袅袅的炊烟，户户的院子里荡漾着苗家的山歌声和战士们的欢笑声，和我们刚进村时那难堪的冷淡相比，成了鲜明的对照。

二

部队过了雪山，就进入满目荒凉、人烟稀少的藏族地区。缺粮已经是常事了。在这种情况下，领导上特别要求部队严格遵守群众纪律。记得从中甸出发时，总指挥部政治委员任弼时同志对我们说：“饿肚饿不掉我们为群众服务的这颗心，大家一定要维护群众利益，一草一木也不能侵犯！”

部队拖着饥饿的身子，向北进发。

向稻城走的那天，我带一些人赶在前头，准备到宿营地筹些粮食，给部队做饭。

下午5点钟左右，太阳还没有落山，我们到达稻城外边的一个部落，这就是我们团的宿营地。这里是一片帐篷，围着一座小楼。这一定是土司的宅子。

土司是当地的头人。那时上级有规定，为了尊重藏民的风俗，凡事都要通过土司，筹粮当然也不例外。我们朝小楼走去。

刚走到门前，大门哐地一声关上了。我的心凉了半截，看来今天又没希望搞到粮食了。

通司上去叩门，半天才由楼上走出一个妇女来。我们从门缝里看到，那人站在楼梯上，穿着很华丽的藏族衣裳，五光十色，鲜艳得很，可能是土司的老婆。

通司向她喊道："藏民耶莫耶莫（好）！"

"汉民耶莫，藏民西拉西拉（不好）！"她不由衷地笑着回答。

就这样，我们隔门喊了好久，她光站在那里说我们"耶莫"，就是不开门。

天快黑了，后边大部队赶到。我向团长、政委说明了情况。政委罗章同志说："他对咱们不了解，难免这样，那就叫部队露营吧！"

"粮食呢？"我问。

"粮食重要，党的政策更重要。他们不同意，任何东西也不要强买。"罗章同志停顿了一下，接着说："我们要用实际行动在这里播下革命的种子。"

露营很简单，划分一下地点，部队就安置好了。战士们没有半句怨言，纷纷寻找干牛粪，烧点开水喝下去，然后就倒下睡着了。

旷野的凉风，吹着被露水打湿的衣服，冻得我浑身直起鸡皮疙瘩。蚊子也来凑热闹，一夜被咬醒了几次。每次醒来，我都看到小楼上的灯亮着，窗前有个黑影，看轮廓像是那个女的。好家伙，她给我们站了一夜"岗"。什么事情让她这样不放心呢！难道家里就她一个人？不对，在寂静的夜里，可以断断续续地听到有个男人在楼上低声念经。我想了好久，越想越纳闷。

天明,上级来了命令,要在这里休息两天。总不能让战士受两天冻，挨两天饿呀，我想再去叩门，碰碰运气。

忽然通司跑来，说土司和他老婆出来迎接我们进去。这太突然了，几乎难以使人相信。

见面之后，土司首先伸出大拇指感叹地连说了几个"耶莫"，然后回过头来和通司又说了一阵。通司告诉我，土司看到我们宁肯露营，也不打扰百姓，很是敬佩，请进去坐坐。部队也可以进部落，但有四项条件：马不踏青稞，人不进经堂，走时要清扫，借物要奉还。这四项本来就是红军的纪律中已有的规定，他不提出来我们也会这样做的。都怪反动派的欺骗宣传，他们哪里懂得红军是秋毫无犯的军队呢。

我跟着团首长随着土司上了小楼。屋子不大，但很雅致、讲究，两旁是雕龙刻凤的屏风，雕工很细致；中间有个垂着的红绸幔帐；里面大概是土司念经的地方——佛堂。进屋后主人让座，我们按照藏胞的习惯，盘腿坐在蒲团上。不一会，女主人捧来糌粑、酥油，殷勤地招待我们。对藏民来说，给东西不吃是失礼的，可想到战士们还空着肚子，谁能咽得下去呢？我们犹豫起来。土司看了不解，很神秘地问："你们都是神兵？"

我们一愣，不知他从何问起。

他又说："从昨晚就没有看到你们做饭，现在还不想吃东西，不是神仙吗？"

通司把这话翻译过后，我们都笑了。政委说："我们都是肉体凡胎，不吃饭也饿。可战士们都空着肚子，我们吃不下去。"接着他把部队缺粮的情况对他说了。

土司一边听着一边点头。听完了，他又伸出大拇指说："耶莫，这样和士兵同甘共苦的'大各旦'（官），实在少见。我给你们想办法。"他回过头和女的嘀咕几句，女的便点头走出去了。

我们正谈着，忽听外面传来吆喝牲口的声音，向外一望，原来是几只牦牛驮着粮食来了。

我们收下粮食。当时，银元已经用完，只好送给枪支和电筒一类的日用品，以答谢土司的帮助。土司见到这些东西，乐得合不拢嘴。特别是对电筒感到新奇，拿在手里掂来掂去，不忍释手。

团长和政委牵着他们的马，走到土司跟前，把缰绳递到土司的手里。土司拿着缰绳想了半天，又递回来了，说："'大各旦'军务繁忙，需要征骑，我不敢收这厚礼。"让之再三，他还是不肯收，只好作罢。告辞时，土司送出很远，还道歉说："以前不了解大军对藏民这样平等，想到昨晚闭门不开，很是惭愧。以后红军再到，一定率领居民欢迎。"

部队在那里休息了两天。出发的那天早晨，土司、藏民很早就站在村头，等着欢送我们。他们还十分庄重地把哈达献给团首长。

红军对兄弟民族平等相待和纪律严明的消息，很快在广大藏民地区传播开了。通往甘孜的路上，无数欢迎的人群簇拥在路旁，有的献上糌粑、酥油，有的牵着奶羊给战士挤奶喝。更感人的是一些藏民，把生病掉队的同志用马送到我军宿营地。

选自《红六军团征战记》下，解放军出版社1994年6月版，第304—309页。

杨宗胜，1906 年生，湖南汨罗人。1930 年参加中国工农红军，同年加入中国共产党。1935 年 4 月任红六军团十八师供给部部长。随部队长征至贵州时，患重病寄居在群众家中，病好后又踏上征途，到达陕北。新中国成立后，曾任西南军区后勤部运输部部长，西南志愿军运输部部长和财务部部长，新疆军区生产建设兵团副参谋长、副司令员，第四届新疆维吾尔自治区政协副主席等职。1981 年在西安逝世。

长征途中见闻

周贤

1934年5月，贺龙同志和关向应同志领导的红军第三军，自湘鄂西苏区转移到贵州的德江、沿河、印江等地活动。1934年7月[①]肖克、王震同志领导的红军第六军团，从湘赣根据地来到贵州与红三军会师。1934年10月，两军会师，红三军恢复红二军团番号，红二、六军团遂发动湘西攻势，建立了湘鄂川黔革命根据地。

我在1935年九十月间，分配到红六军团教导团的一个连队，做文书工作。

红二、六军团于1936年春，由湖南晃县进入贵州，夏季经盘县去云南。从东到西，一路行军作战，胜利过境。从石阡到草塘，都是夜行军，黎明时，到达草塘。以后，都是日间行军，经过贵阳附近的扎佐。扎佐驻有国民党一个营，敌人躲在碉堡里，红军路过，距离很近，也不敢出来阻挡。红军先头部队搭成简易木桥，过了猫跳河，走小径到鸭池河，用木船渡过了乌江。鸭池河在乌江上游，两岸都是悬崖峭壁，地形险要，一直是兵家必争之地。但在我记忆中，我们渡过鸭池河，却都是一枪未发就轻而易举地过去了。后我们又经黔西、大方，到了毕节。

我所在的连队在毕节休整了半月。约在春末夏初，穿上了新军装，

① 应为1934年8月。

继续从毕节出发。途经元山铺，镇上有一个地主碉堡，晚上 10 点以后，我听到枪声甚紧，约半小时左右，红军打下了地主碉堡。

从元山铺继续行军，走的都是山地小路，在威宁与云南交界的山岭上，冰凌很厚，路面很滑，时而有人摔倒。经过几天行军，到了云南宣威附近，与滇军激战了一天。

我们在长征途中，在贵州境内，迂回曲折，走了 1000 多公里，经过贵州的瓮安草塘、田坪、修文、扎佐等地。部队在我的家乡草塘休息了一天，我找到熟悉的农民，谈了许多家乡今昔对比的事情，至今，印象比较深刻的，有以下几件事：

一、米。以草塘为例、1919 年（当时我 20 岁）每斤大米要白银一分左右（以下均以银锭计算，每锭一般为十两，银元每元七钱二分），到 1935 年，大米是二元一斗（每斗 33 斤），每斤米价则为白银四分，从我离开瓮安，到这次又回来，相距八年，米价上涨三倍。这是正常年份，若是荒年，米价上涨更为惊人。1920 年，贵州灾荒严重，饿死很多人，米价上涨到每斤米要白银六分。1923 年上涨到每斤米要白银八分。军阀混战，蒋介石法西斯统治，封建地主残酷剥削，使农民生活痛苦万状，怨声载道。

二、盐。1919 年以前，农民要以 15 斤大米换一斤盐。即每斤食盐折白银一钱五分。1920 年，虽只用三至四斤大米换一斤盐，但每斤食盐折白银一钱八分至二钱四分。人们常常形容：盐巴是用绳子吊起来吃的，也的确是如此。这还是正常市价，若是遇到军阀混战，盐路一时受阻，吃盐就更困难。仍以草塘市场为例，奸商抬价，高到用 20 斤、30 斤、40 斤大米，才能换到一斤食盐，回忆我家的景况，那些难熬的日子，我是永远都记得的。

三、布。30 年代以前，贵州用的布，都是川鄂两省手工纺织的，习惯称土布。当时没有公路，是用小船通过河流运输，然后用肩挑背驮运进来的。草塘卖布是用布量布，就是用布的宽度量布的长度（布的宽度为一尺，和现在的一市尺大致相等），大体是斤米尺布的行情。贫苦农民穿不起衣服，大闺女没衣服穿是常有的事情。今昔相比，真是天堂和地狱。

从1935年开始，国民党中央军和湘、桂、黔军阀，为了围追堵击红军，给贵州人民带来更大的灾难。1936年我们在贵州过境，虽只几个月的时间，我所见到的国民党和军阀的种种罪行，真是罄竹难书。其中有二件事，在我记忆里，印象十分深刻：

一、禁烟。官僚、军阀、地主豪绅、流氓地痞利用禁烟运动贪污贿赂、敲榨勒索，强加罪名、栽赃陷害，逼死人命，禁烟实际上是这些人的生财之道。

二、国民党中央军（群众称为遭殃军）入黔后，加上王家烈部队的双枪兵（打仗时带两支枪，一支赤水土造步枪，一支烟枪），随意打人、杀人、无恶不作。他们为阻挠红军长征，大肆修建工事、硼堡，修碉堡需用的材料，不管是谁家的，随意拿去，说是征用。他们用得着的东西，好吃的东西，随便乱拿，从不付钱。他们不满意的人，随意诬陷为共产党，乱打、乱关、乱杀。

贵州人民生活在水深火热之中，贵州人民日夜盼望红军，盼望救星共产党。红军过境，各族人民拥护支援、供应粮食、送情报、带路。红军在各族人民的支持下，战胜了国民党正规军近20个师，打败了贵州和邻近各省的军阀部队、地主武装、土匪、特务等十倍于我的敌人。

特别值得一提的是，红军过境，沿路青壮踊跃参军，有的在征途中英勇牺牲，有不少同志现在省内外各条战线，为四化建设贡献自己的力量。

回忆当年在艰难困苦、迂回曲折，流血牺牲的长征途中的种种见闻，深感胜利来之不易。我们红军老战士和全国人民一道，决心在党的领导下，兢兢业业地工作，保持和发扬红军光荣革命传统，为党和人民，作出应有的贡献。

选自中国人民政治协商会议贵州省委员会文史资料研究委员会编:《贵州文史资料选辑》第9辑,贵州人民出版社1981年11月版,第41—44页。

周贤,原名周永贵,1899 年生,贵州瓮安人。1932 年参加中国工农红军,1933 年加入中国共产党。1935 年参加长征,为红六军团教导团某连队文书。新中国成立后,曾任贵州省计划委员会副主任、第四届贵州省政协常委。1988 年逝世。

六、转战黔滇边及渡金沙江北上

突破重围渡金沙[1]

谢松柏

长征时，我在红二方面军第六军团四十九团一营，先后在一连、二连当排长、指导员、连长等职务。

中国工农红军第二方面军，长征前活动于湖南、湖北、四川、贵州边境，进行广泛的游击性的运动战。从 1934 年 11 月至 1935 年 11 月，共粉碎了敌军 100 个团以上的“围剿”,大量地歼灭了敌人的有生力量。

1935 年 2 月，蒋介石在以主要兵力追击中央红军的同时，调集了 80 多个团 11 万余人,分六个纵队,向湘鄂川黔革命根据地进行“围剿”。中国工农红军第二、第六军团仅有万余人，遵照党中央和毛泽东同志的指示，集中主力转到敌人侧翼作战。4 月，在湖南桑植西北的陈家河、桃子溪战头中,歼灭立足未稳之敌一个师,取得了主动。以后转到外线，在湖北宣恩以南，连续取得忠堡、板栗园[2]等战斗的伟大胜利。8 月，又在芭蕉坨击溃敌人十个团。在这次战役中，活捉敌纵队司令兼师长张振汉，歼敌共 1.8 万余人，粉碎了敌人的“围剿”。随即转入进攻，解放了湖南的承顺、大庸、桑植、慈利、石门、桃源、津市、沣县、临沣等广大地区，创造了湘鄂川黔革命根据地。随后，又向湖北来凤、宣恩、

① 原标题为《长征回忆片断》，标题为原文中的小标题，收入本书时做了一些编辑处理。

② 原文误为板黎园。

鹤峰、咸丰、建始、忠堡、利川，四川酉阳①、秀山和贵州印江、江口等地发展。在板栗园、沙道沟、龙家寨等战斗中，又歼敌好几个旅，活捉敌师长谢彬②，俘敌数千人，缴获枪几千支和其他很多军需物资。第二方面军③的这些伟大胜利，迫使国民党不得不从追击红军等一方面军的战线上抽调大批兵力回来对付红二方面军，从而有力地配合了红一方面军的长征。当第一方面军的主力到达陕北，胜利地结束了长征以后，中国工农红军第二方面军开始了长征。

1935年11月，红二方面军两万余人，从湖南桑植出发，冲破敌人重重包围，歼敌三个营后，连续抢渡礼水、源水，横扫湖南中部，占领辰溪、溆浦、新花、兰田。国民党见我军突围，急忙调遣何键、樊嵩甫等部队尾追。我军两渡源江，进至湖南、贵州边境。1936年1月，我相继占领晃县、玉屏，接着组织便水战役，打败何键的尾追，占领石阡、江口。10月17日晨到甘溪，黄昏时通过镇远大道，冲破龙溪，突出重围，占领瓮安、平越、修文。2月间又占领了黔西、大定、毕节等县城。

在黔西、大定、毕节一带，我军进行了短期休整，并做了大量的群众工作。当时还编了民歌给群众教唱。如“乾人（穷人）起来打天下，反对王家烈”，“大哥抓去当兵，虫婆爬满身；二哥学木匠，住在吊楼上；三哥学裁缝，穿的烂衣裳；四哥把田种，谷往人家挑。穷人要翻身，起来打土豪。”

当时，为了执行抗日民族统一战线政策，组织了黔西、大定、毕节等县的救国委员会和抗日救国军，获得了广大群众的拥护和支持。有不少群众，则自愿参加了红军。这时，蒋介石又调派了郝梦龄④、万耀煌、李觉、郭汝栋、樊松甫、孙渡等纵队，集中了十几倍于我的兵力，进至

① 原文误为西阳。

② 原文误为谢滨。

③ 此时应为红二、六军团。

④ 原文误为郝梦麟。

云南的镇雄、宣威、昭通一带。我军在运动中，歼灭樊松甫纵队一部，在则章坝打击了万耀煌纵队，又在宣威境内打败了孙渡纵队和郭汝栋纵队各一部。宣威战役之后，我军决定渡金沙江北上，争取和红一、四方面军会师。为了迷惑敌人，在北渡金沙江之前，占领了楚雄、镇南、祥云、监兴、牟运、姚安、监丰、滨川、鹤庆，直达金沙江。4 月底，二、六军团分别在石鼓至巨甸的 120 里江岸，渡过了金沙江。

渡过金沙江以后，进入云南、西康的雪山地区，继续分两路前进。在甘孜，二、四方面军会合。由于朱总司令、任弼时、关向应、徐向前、刘伯承、贺龙、王震等同志同张国焘错误路线作了坚决斗争，使四方面军和二方面军一起北上。

选自中国人民政治协商会议甘肃省委员会文史资料研究委员会编:《甘肃文史资料选辑》第19辑，1984年8月，第107—109页。

谢松柏，1915 年生，湖北来凤人。1934 年参加中国工农红军，1935 年加入中国共产党。红军长征时为红六军团十七师四十九团一营一连连长、二连政治指导员。新中国成立后，曾任长春军事师范学校训练部副部长、兰州军区步兵学校校长、甘肃省军区副司令员兼兰州警备区司令员，第四届甘肃省政协副主席、党组副书记。2008 年在兰州逝世。

胜利终归我们

贺庆积

1935 年 11 月，红二、六军团突破重围，撤离湘鄂川黔根据地，经湘中，入贵州，于 1936 年 2 月初转移到黔西、大定、毕节地区。红六军团的军团部驻扎在毕节。

这时，敌军集结了七个师一个旅的兵力对我军又开始了大规模地“围剿”。2 月 10 日，在黔西西南方向的打鼓新场，六军团十七师遭到了一股敌人的堵截，经过激战，我军拔掉了敌人顽固的碉堡，占领了打鼓新场。战斗中，师长吴正卿同志不幸中弹牺牲。不久，四十九团团长刘转连同志提升为十七师师长，我由五十一团团长被任命为该师参谋长，汤祥丰仍任该师政治委员。

为了粉碎敌人的“围剿”，我军决定撤离黔、大、毕地区，向安顺一带转移。就在我担任师参谋长的第一天，部队冒着早春的严寒踏上了东进的征途。出发后，刚刚走了 45 里地，突然接到了六军团政治部主任夏曦同志的警卫员的报告：夏曦同志在涉渡乌江一条支流时，被江水冲走啦。

当时我正在行军途中，听到这个紧急情况，迅速带领五十一团一营的一个连队向出事地点奔去。

原来，我军进驻黔、大、毕地区后，了解到乌江以北有一支以席大明为首的绿林部队，有千余人，在这一带很有势力。席大明赞成抗日，并同我贵州地下党有联系。根据我军原计划建立黔、大、毕根据地的想法，准备争取这支队伍，当时由夏曦同志出面做这项工作。经过谈判，席大明在协议上签了字。于是夏曦同志派出了由军团政治部民运部长李云辉同志带领的一支几十人的工作队去做这支队伍的归附工作。由于群众基础差，时间又短，工作队开展活动已经十分困难。正在这时，部队准备转移，夏曦同志立即派人给工作队送去急信，要李云辉率工作队火速归队。可是一直未接到回信,部队快要出发了,仍不见工作队的踪影。工作队的队员，大都是江西苏区来的老干部，是部队的骨干分子，如果在转移中丢掉了，是一个很大的损失。夏曦同志心急如焚，决定亲自过江去收回工作队的同志，匆忙之中，带上两名警卫员、一名公务员便出发了。

这一带地形十分复杂，湍急的乌江两岸是险峻的高山峭壁。江北岸山顶上有土匪盘踞的洞子，只能靠绳索爬上爬下，洞口居高临下，控制着通向北岸的渡口要道。

夏曦同志来到江边，找到了一只小船，渡过了江。爬上高山，找到了工作队的同志，但没有见到李云辉部长。由于时间紧迫，夏曦同志要他们立即转告李云辉，把工作队迅速收拢归队，自已便下山了。在回来的路上，突然听到左侧村庄内响起了枪声。原来，这是村内老百姓怕军队进庄，故先向空鸣枪两下作警告。如果警告后还要进庄时，他们就要和你拼命武斗了。这是少数民族历来的规矩。夏主任并不知道这个情况，听到枪声后，便和警卫员跑步赶到江边，但发现来时渡江用的小船已不见了，夏曦同志决定涉水过江。他和警卫员、公务员四人手拉着手向江南岸蹚去，当走到齐腰深的江心时，一股急流将夏曦同志和一名警卫员、一名公务员冲走了。另一名警卫员侥幸脱险,挣扎着爬上了南岸，赶回来报告了这个意外的情况。

我带领战士们向江边全速前进着，眼前不时闪现夏曦同志那张瘦削的、充满生气、和蔼可亲的脸。

战士们甩开大步奔跑着，他们心里挂着平日里待自己亲如兄长的夏曦主任。

在警卫员的引导下，我们以最快的速度赶到了夏曦同志出事的江边。

这是乌江上游的一条支流，渡口处虽然只有百十米宽、一米多深，但水势很急。凶猛的江水咆哮着、奔泻着，冲卷起一个个旋涡，江面在刺骨的春风中冒着白蒙蒙的寒气。

我迅速查看了一下地形，立刻命令组织火力封锁北岸，防止土匪骚扰，然后面对着队伍中一张张充满期待目光的脸大声喊道:“会水的人，报名！”

“报告！”“报告！”“报告！”……江岸边立刻响起了一片报告声。我挑选了十几名身体结实，水性较好的战士下水了。

寒风刺骨，江水拔人，下水不一会儿，便冻得嘴唇发白，浑身青紫。我让战士们拣来柴禾，在江边拢起了几堆大火，叫在水中冻得发僵的战士们上岸烤烤火，暖暖身子再下水去找。就这样，一段一段向下游摸去，过了近两个小时，一直找出了200来米远，才在一个打着急漩的深水潭里发现了三个人的尸体，当把他们捞上来的时候，三个人的手还紧紧地攥在一起，费了好大劲儿才掰开。看着夏曦同志的遗体，我心里特别难受，战士们围在烈士遗体旁边，一个个低垂下了头。正在这时，有人喊了起来：“看对面山上，李队长回来了！”我向对岸望去，见李云辉牵着匹骡子正向江边走来，一股无名火冲上了我的心头，我大声喝道:“还大摇大摆，夏曦主任都淹死了……”

李云辉蹚过江来，赶到现场，搞清了情况后，吓得脸都青了，两只手一个劲儿地发抖。我让战士牵过他的骡子，驮起夏曦的遗体，心情沉痛地去追赶队伍。一路上，和夏曦同志接触的许多往事浮现在我的眼前。

我第一次见到他，是在1934年10月，那时，红六军团正处于严重困难时期，我们红十七师在黔西石阡地区被敌人截成了三部分，我们一部分人跟随着军团参谋长李达同志，历尽千辛万苦，在黔东地区和贺龙同志领导的红三军会师了。当时，我和晏福生、饶兴、李铨、陈外欧五个人带领一部分队伍先和红三军会合了。夏曦同志代表红三军接待了我们，他热情招呼用饭菜，又和我们交谈着，详细介绍了红三军斗争的情况。他人很瘦，留着两撇弯弯的小胡子，待人和气，给我留下了很深的印象。后来听说，他是湖南益阳人，早在1920年10月，毛泽东同志在湖南创建社会主义青年团的时候，他第一批就参加了。他和毛泽东、蔡和森、邓中夏、郭亮、李维汉等人共事过。在第二次国内革命战争时期，担任中共中央湘鄂西分局书记，军分会主席。他由于受第三次"左"倾机会主义路线的影响，推行四中全会的错误路线，搞肃反扩大化，错杀了一批有长期斗争经验的领导干部，伤害了不少好同志，使湘鄂西苏区和红军遭受重大损失，犯下了严重的错误。红二、六军团会师后，他受到了批判,调到六军团任政治部主任。在这以后,我多次向他汇报工作，得到不少有益的教诲。他团结同志，谦虚谨慎，十分尊重肖克、王震等军团首长；他有才干，有理论水平，在六军团中做了大量的工作；他作风深入、平易近人、艰苦朴素，很受干部士兵的爱戴，全军上下都很敬重他。可谁曾想到，正在他用一个共产党员的胸怀努力改正错误，积极为党工作的时候，不幸以身殉难。

我们在行军途中，军团部已经转移到了七星关一带，驻扎在一座寺庙里。我带着夏曦同志的遗体向军团部驻地赶去。军团首长已经得到了夏曦同志遇难的消息，正焦急地等待在那里。我们刚刚跨进寺庙的大门，肖克、王震等军团首长便迎了上来。

军团首长肖克、王震等同志见到夏曦同志的遗体，十分悲痛，禁不住潸然泪下。……

因为当时部队正在转移之中，由于情况紧迫，军团部举行了一个简单的追悼仪式，将夏曦同志埋葬在七星关的山顶上。

在最后向烈士的遗体告别时，我想起了夏曦同志起草的抗日反蒋宣言六言韵文布告的最后两句：

……大家起来救国，胜利终归我们！
是的，胜利的一天一定会到来。

选自《红六军团征战记》下，解放军出版社1994年6月版，第345—348页。

忆夏曦同志的牺牲经过

饶兴

夏曦同志 1920 年 10 月参加了毛泽东同志在湖南创建的社会主义青年团，后到苏联学习，搞过工运、学运和统一战线工作，到湘鄂西根据地时，任湘鄂西中央分局书记。

我和夏曦同志第一次见面，是在 1934 年 9 月。当时，我在红六军团五十一团任总支书记。红六军团从湘赣根据地经过艰苦转战到达贵州，准备同红二军团（当时番号是红三军）会师。我们红六军团的四十九、五十一团之一部在黔东沿河地区活动。有一天，在行军途中突然遭到敌人袭击。我所在的五十一团后卫营被敌人切断，经过一场激战，冲出了包围圈，但和大部队失掉了联系。在找部队的途中，意外地遇上了红二军团的收容队，我和四十九团总支书记李检同志来到红二军团司令部。我们是红六军团的团级干部，在二军团很受优待，一直同夏曦同志住在一起，达半月之久。

夏曦同志为人谦和，对我们红六军团的同志十分关切，每当谈起六军团从湘赣到贵州的艰苦战斗历程，他都深深表示钦佩。他尤其敬重任弼时同志，他俩在上海工作时就认识。

1934 年 10 月，二、六军团在黔东印江县木黄胜利会师。夏曦同志高兴地对我说："这是我参加党以来第二次伟大胜利。"28日[①]在川黔交界的酉阳县南腰界召开会师联欢庆祝大会。二、六军团8000英雄健儿经过英勇斗争建立和发展了湘鄂川黔根据地。

在湘鄂西根据地时，夏曦同志曾执行了六届四中全会的错误决议，在肃反中搞了"左"倾扩大化，犯了严重错误。1935年3月，对他的批评基本结束。3月31日，中央来电对夏曦同志所犯错误提出了处理意见，随后夏曦同志下到六军团任政治部主任。当时，我在政治部当总务处长，和夏曦同志在一起接触就多起来了。当中央关于夏曦同志问题的指示在团以上干部中传达以后，我们一些同志担心他会从此泄气，打不起精神来。但是，日子久了，发现夏曦同志对于组织和群众的批评不仅能虚心、诚恳地接受，而且力求在实际行动中改正。在贵州时战斗异常频繁，部队伤员很多，如何妥善安置伤员是一个十分繁重的任务。夏曦同志找我谈话时，让我到卫生部当政委，帮助戴正华部长解决好伤员的安置问题。谈话中他提到湘西肃反问题，沉痛地说："我一想起肃反问题来就感内疚，这是我还不了的账啊！既有负于党又有负于人民。这次你去卫生部，一定要安置好伤员。受伤的同志都是有功之人，我不能再有负于伤员啊！"听了这番话我很受感动，当即表示，一定好好完成任务。

1936年2月中旬，我军一举攻占了黔西、大方、毕节三县。攻占毕节后，部队休息了十来天，这时我又调回到军团政治部任总务处长。

夏曦同志派敌工部李部长到投诚的席大明的土匪部队去做争取工作。就在六军团攻占毕节县后大约一个星期，国民党万耀煌、樊嵩甫、郝梦龄[②]、郭汝栋等部七个师一个旅气势汹汹地向毕节逼进。由于敌众我寡，我六军团于2月下旬的一天撤出毕节。这时李部长尚未回来。撤退前一天，夏曦同志忧虑地对我说："前几天李部长到土匪部队做争取工作，至今还没回来。部队要撤走的时间，李部长是知道的，不知出了

① 应为10月26日。

② 原文误为郝梦林。

什么问题。万一部队转移后，李部长再回毕节就麻烦了。”我劝他不要着急，李部长会回来的。

第二天拂晓前部队开始撤离毕节。李部长还没有回来，我也有点纳闷。夏曦同志来到总务处对我说：“李部长还没回来，我们到前边去等他吧。”他向王震打了招呼，带了特务连，要我跟他一起走。走到野马川的七星关停下来，天也亮了。我建议：“就在这里等李部长吧！”

“好吧！”夏主任说，“你指挥特务连布置警戒。”

我们登上一座山顶，俯瞰山下，只见一条河横在前面，悬崖峭壁一直延伸到河边，覆盖了河面的一部分，河水从山岩下流过，形成一个旋涡，从崖顶到河边只有一条陡峭的小路，上下都很困难。河的对面是坡度较缓的山地，山坡上有一片稀疏的耕地。我对夏曦同志说：“前边就是土匪活动地区，这里是李部长回来的必由之路。”

我带警卫连连长看了地形，要他们注意河对面的小路，其余同志在山腰休息。

我们一直等了几个小时，快到中午 11 点钟了，李部长还没回来。夏曦同志更着急了，对我说：“现在还不回来，是不是被土匪扣起来了？”我说:“不会吧，红军在这里的声势很大，他们不会不考虑后果，未必敢扣李部长。”

“这次派李部长去,是我考虑不周,急于求成,又犯了‘左’的错误。我不该一开始就派这样重要的干部去。要是出了事，我真该除（湖南土语,即“该死”的意思）！悔之晚矣！”说着便要过河去看。我连忙说：“对面的情况我们一点也不了解，这样过去不行！太危险啦！”我抬头看看太阳已到头顶，就建议先做点饭吃。离山顶不远，有一家小店。我们多拿了些米到小客店去，请店东老太太做贵州大米和包谷渣的蒸饭，准备在此吃饭，并要通讯员通知了特务连准备在此吃饭。

饭后，又过了一个多小时，李部长仍然没有消息。夏曦同志焦急万分，非要亲自过河去看看不可。我马上到山顶加强警戒。夏曦同志带着两个警卫员顺小路下了山涉水过河。河水很急，大约有齐腰深，两个警卫员扶着夏曦同志蹚过去。快到对岸，突然对面山坡出现了两个农民装束的人，向河边走来。警卫员一见，立刻高声喝问：“干什么的？站住！”

那两人并不答话，仍然径直朝前走。一个警卫员拔枪“砰！砰！”放了两枪。夏曦同志和另一警卫员就往回蹚。

贵州的3月阴雨连绵，天气乍暖还寒。夏曦身上穿着一件皮大衣。连日来工作紧张很少休息，身体疲惫已极，在湍急的河里走起来摇摇晃晃。蓦地一股急流冲来，一下子把夏曦和警卫员都冲倒了，他俩都不会游泳，很快被急流卷进了旋涡。

我在山腰听到枪响，以为有了敌情，立刻赶到山下，来到河边问明情况。他们说：夏曦被冲到旋涡去了。我看山岩下，只见河水冲击着、旋转着，发出一片哗哗的响声。在山岩和水面之间只有一条窄窄的缝隙，黑压压的什么也看不见。战士们想下水进去，无奈水流太急，难以进去。随后，找来一条小船，但因山岩和水面间的缝隙太小，也进不去。我们围着那里转了足有几个小时。这时，李部长和通讯员突然回来了。他们为了争取席大明的部队同我军一起行动，再三向他们宣传党的政策，因而耽搁了很长时间。黄昏，在旋涡下游出口处，我们终于看到了夏曦同志和警卫员的尸体。

夏曦同志为了革命事业献出了自己宝贵的生命。我们先把警卫员的遗体掩埋在河边的山坡上，接着将夏曦同志的遗体放在他平日骑的牲口上，怀着沉痛的心情紧急追赶部队。走了一夜，第二天凌晨在云贵交界处赶上了军团部。肖克、王震同志听到噩耗，悲痛难禁。随即集合部队给夏曦同志举行了追悼会，掩埋尸体。

记得追悼会是在一个山坡上举行的。远处还响着敌人的炮声。没有祭台，只有六军团部分战士，持枪站在夏曦同志遗体前面。指战员们的脸上呈现出悲痛的表情。在悲壮肃穆的气氛中王震同志讲了话。肖克同志、王震同志虽然同夏曦同志相处时间不长，但是他们认为夏曦同志对党忠诚，有能力，有水平，十分尊重他。王震同志曾对我说：“饶兴呀，夏曦同志年纪大了，你们要劝他注意休息，生活上要多照顾他。”王震在追悼会的讲话中回顾了夏曦同志的革命历程，追述了他对建立湘鄂川黔根据地的功绩，肯定了他在六军团所做出的成绩。这时敌军的炮声越来越近，王震同志愤怒地指着远处，大声问大家：“同志们，敌人又要上来了，我们怎么办！”

“同敌人血战到底！”

同志们举枪高呼，呼喊声震撼着群山。

我们把夏曦同志的遗体安葬在山腰上。

全军急行军，向乌蒙山区挺进。

选自中共湘西土家族苗族自治州委党史资料征集研究办公室编：《湘鄂川黔革命根据地资料选编》（湘西自治州部分），1985年6月，第71—75页。

饶兴，1910 年生，湖南长沙人。1930 年加入中国共产党，同年参加中国工农红军。红六军团西征时任十七师五十一团政治部主任、红六军团十八师五十二团政治委员。红军长征时任红六军团政治部总务处处长。新中国成立后，曾任国务院长江水利委员会上游工程局副局长、长江水利委员会副主任，中央气象局局长、党组书记等职。第三届全国人大代表。2012 年在北京逝世。

乌蒙山回旋战琐记

朱家胜

1936 年 2 月初，红二、六军团渡过乌江上游天险——鸭池河后，迅速占领了黔西，大定、毕节等黔西北广大地区，开展了轰轰烈烈的群众工作，扩大红军，宣传抗日救国主张，建立抗日民族统一战线，组织抗日救国军等。到月底，敌人集结了十几个师的兵力，像饿狼似地向我二、六军团围拢而来。在这种情况下，军分会决定撤出黔、大、毕，沿毕（节）、威（宁）大道西进，到贵阳西南的安顺地区开辟新区。

我军撤出毕节地区后，于 3 月 3 日二军团进抵妈姑一带，六军团到达贵州的赫章地区。此时，敌万耀煌纵队紧跟我军之后，占领了七星关:在我正面堵截的滇军早已部署就绪，等我上钩;在我两翼之敌李觉、郭汝栋两纵队已先于我军到达威宁地区。形成了一个上有飞机侦察、轰炸，下有敌军前堵后追，左右夹击的局面，妄图将我二、六军团围歼于金沙江以东，毕（节）、威（宁）大道以北，川、黔、滇边的狭小地区。情况万分紧急。贺龙等首长迅速作出了正确的分析判断，改变了原来的行进路线，放弃去安顺的计划，改向乌蒙山北麓之镇雄和彝良、盐津方向前进，在乌蒙山地区与敌人展开了回旋战。

乌蒙山，海拔 2300 多米，以东北、西南的走向，连绵于云南东北和贵州西部，形成了一个小的高原地带。乌蒙山区，西邻金沙江，东近鸭池河和南北盘江，有较大的回旋余地。我红二、六军团从 1936 年 2

月27日撤出毕节，到4月27日渡过金沙江，前后60天左右，纵横驰骋于乌蒙山区，寻机歼敌，打了几十次小仗，打乱了敌人的部署，牵制、疲惫了敌人，战斗中缴获也不算少，而且使我军变被动为主动。这是红二、六军团长征路上一段不可磨灭的光荣战斗历史。这里，仅就个人经历，记录下回旋战中的几个片断：

敲打乌龟头

我军改变行军路线，从妈姑、赫章地区出发，转向北面的奎香急进，不出我军所料，敌人误认为我军要经镇雄向彝良、盐津方向突围，过金沙江，进入四川与红四方面军会合。随即命令各敌军，改变原有部署，向北直奔镇雄、彝良堵截我军。由于打乱了敌人的部署，各路敌军大多离我部队较远，唯有樊嵩甫纵队的二十八师仍按原来部署紧跟我军尾追不舍。这样该师离敌主力更远，处于孤立无援的境地，有利于我军歼灭该敌。

我红十七师于3月7日进至奎香。当部队吃了晚饭睡觉后，又接到命令赶快做饭，而且要吃一餐，带一餐，星夜出发，沿来路返回50里，在以则河地区设伏，待机歼敌。

云贵高原的初春之夜，云雾密布，昏暗得什么也看不清，两旁是连绵不断的山峦，脚下是潺潺流水的小河，加之寒气袭人，这种夜行军，实在艰苦。走了约20余里，前头的侦察员捉到了敌军两个逃兵，得知尾追我军的敌人当晚的宿营地和次日前进的路线。根据这一情况判断，明天这一仗是非打不可了。于是宣传鼓动站的同志们站在路边，告诉大家，跟上距离，不要掉队，准备打仗。指战员们听说要打仗，劲头就来了，疲劳、瞌睡都忘了，三步并做两步走，摔倒了爬起来，毫无怨言。到达以则河后，天还没有亮，师团领导察看地形，部署伏击敌人的兵力安排。部队按计划进入集结地域。由于夜行军急促、紧张，指战员们满身是汗，反复蹚河过沟，草鞋、绑带及衣服都湿透了，突然停下来后，又冷得全身发抖，大家不约而同地站起来原地踏步取暖。可是，为避免暴露目标，指挥员又下令不准踏步，大家二话没说，坐下后不再乱动，只希望早些歼灭敌人。

8日早晨，天刚蒙蒙亮，敌人便鬼头鬼脑地、缓慢地进入了我军的伏击圈。大约两个加强连的先头部队，进到以则河后就停止前进了，又看不到敌人的后续部队，首长们正在考虑这么少的敌人打与不打时，敌人的搜索兵与我们的警戒哨碰在一起打响了。指挥员当即命令司号员吹起了冲锋号。伏击部队听到冲锋号后，从四面八方压向敌人，机枪、步枪、手榴弹劈头盖脑地打下去，约300敌人，除死伤30余名外，全部当了俘虏。敌人的主力部队听到前面枪声后，不敢前进，就地构筑工事准备抵抗我军的进攻。

我军在阵地上等不来敌人，决定部队撤出以则河往回走，由于初战的胜利，指战员们情绪高昂，边走边议论这次战斗的胜利。当走近一座山脚下时，听到山上有人说话，接着有人大声喊："同志们，赶快上山来，听胜利的消息啊！"这是宣传干事贺茂德同志的声音。我们政治部的同志到了山顶后，正碰到了政治部的油印员何明清同志。他是我们政治部文化最高的一个，很聪明，善于结合行军、作战实情，编出一个个动听的顺口溜和革命故事，深受战士们的欢迎。

在大家的要求下，何明清清了清嗓子说："今天歼敌的胜利消息宣传鼓动员还要讲，我不重复了，我只给同志们讲个乌龟与田螺比赛的故事。"他把乌龟因骄傲自满而失败讲得有声有色。有个同志插话说："你这个故事讲得好，有启发，自满、轻敌造成失败。这就是告诉我们，工作有了成绩，打了胜仗也不能自满、轻敌，要再接再厉，争取更大胜利。"何明清继续讲："乌龟和国民党一样怕打。我的家乡在长江边，常见乌龟上岸，头伸得老长，爬得很快。有时爬到人跟前碍手碍脚地很讨厌，在它颈上敲一棒，头缩进壳里就爬不动了。”话音刚落，大家议论纷纷，有的说：“这个故事听了多遍，可是，结合今天的战斗，又有了新启发。”有的说：“国民党的军队就像乌龟，你不打它，它颈伸得很长，老跟在咱们的屁股后头追，给它一棒子，颈打疼了，就缩回去了。”还有的说：“乌龟颈回去是暂时的，最终还是要出来的，打了胜仗不能麻痹，要随时准备继续战斗。”

大家边走边议论，兴高采烈，赶跑了疲劳，又第二次回到了奎香宿营地。

牵牛推磨

3月9日，由于在以则河歼敌两个加强连，打痛了乌龟头。敌人不敢紧跟我们了。10日凌晨，我红十七师跟随军团主力北进，经过乌沙寨、放马坝向镇雄方向急进。从牛场进入深山老林中，日夜兼程，在羊肠小道上快速前进。敌人妄图在滇黔边狭小地区聚歼我军的计划破灭之后，急令樊嵩甫纵队紧跟我军后尾追击，令郝梦龄、万耀煌两纵队火速赶到镇雄及其以南地区堵截我军北进，其余各路纵队走大路、取捷径向我军左右两翼靠拢，企图将我红二、六军团消灭在镇雄以南的深山之中。

3月11日，我军开始遭到多路敌军的围攻。在则章坝战斗中，歼敌300余人。接着又遭到优势敌人的进攻，经过激战，歼敌200余人，打成相持的局面。为掩护军团主力通过，我十七师一直战斗到深夜。12日，据被俘的敌人侦探供称：万耀煌纵队由则章坝经此地往镇雄方向开进。我红二军团赶到敌人必经之路的山上伏击该敌，在途中捉到敌一名掉队的兵，说敌人已经过去了。过去了多少，这个兵也说不清楚。从现场看，原是羊肠小道已经变成了大道了。凭经验判断，可能走过去两三个团的样子，是不是还有后续部队，一时难以判定。指挥员正在考虑是不是按原计划设伏时，忽见远处的山林里隐隐约约地有人在晃动，在望远镜中看清了是敌人的后续部队来了。我军立即按伏击计划部署好。当敌人进入我伏击圈，疲劳不堪的时候，山顶响起了我军的冲锋号，各种枪弹、手榴弹一齐打入敌阵中。经过一场短兵相接的激烈战斗，敌人暂时退了下去。我军缴获轻重机枪七挺，步枪300余支。后因敌人越聚越多，战斗没有进展，在军团主力通过后，我十七师随即撤出了战斗。这次战斗，十八团政治委员余秋里同志左臂负伤，陈华棠同志光荣牺牲。

13日凌晨，部队进到财神堂时，又遭到优势敌人的堵截。前卫部队充分发挥了我军夜战的特长，用刺刀、手榴弹杀出了一条通路，并俘敌30余人。从敌人一个参谋口中得知，围堵我们的约有五个纵队。同时我侦察员报告，在附近几个山头上，敌军都构筑了防御工事。据此判断，敌人企图在镇雄以南山区围攻我军的战斗部署基本就绪。在这渺无人烟的深山中与优势敌人决战，对我军来说是非常不利的。这是从桑植出发几个月以来最紧张、最危险的时刻。总指挥部号召各部队进行政治动员，发挥党员的模范带头作用，忍受和克服各种困难英勇战斗，突出敌人的包围。为了便于行动和战斗，部队进行了轻装。在桃子溪战斗中缴获的两门山炮埋掉了一门（留下的一门现在中国人民革命军事博物馆中）。我们政治部在黔大毕地区休整时增加了一些文件，除留下几份重要的外，大部也销毁了。

总指挥部根据当时的情况，利用敌人怕夜战，近战的弱点，决定深夜突围出去。突破口就选择在樊嵩甫与郭汝栋两纵队之间的接合部。途中，我红十七师与郝梦龄纵队发生了一场激战，歼敌200余人。到14日上午，我二、六军团胜利地突出了重围，随即转向西南，走了130余里，把敌人远远地甩到了后面。

部队指战员虽然日夜行军打仗，极度疲劳，但击溃了敌人，突出了重围，大家情绪还是蛮高的。走着走着前面传来了命令，各单位做饭，要吃一餐带一餐。事务长听说要做两餐饭，就心急如焚地说："政治部从奎香出发带了3天的粮，吃了5天，现在没有一粒粮食怎么办？”管理员说：“这里老百姓少，无法买粮，只好各单位自己想办法，到山里摘野菜、挖野菜充饥。”炊事班在毕节扩来的新战士周其林同志听说到山里找吃的，便自告奋勇说他知道山上能吃的东西。接着给大家介绍了蕨根、酸梅、救军粮等。大家听说有救军粮，很高兴。原来救军粮是矮树上结的一种小红果。味道酸甜，它是秋末成熟，现在正是初春季节，树枝上的小红果所剩无几，好在它的青叶、嫩枝都可以吃，当然比较起来蕨根最好，淀粉多。就这样，各自为战。用茶缸、洗脸盆、饭盒等煮野菜，美美地吃了一餐，还备用一餐。

午饭后继续出发，肚子虽然填满了，但是由于不是真正的粮食饭，走了一阵后肚子便空了，还未到中午，战士们就把带的野菜野果饭全部吃掉了。到了下午，饿得周身出冷汗，走起路来非常吃力，特别是背背包、扛枪的战士和挑夫更加劳累。平常行军路上唱歌、讲故事，搞得热火朝天，今天却鸦雀无声，连宣传鼓动员也不作声了。前面老传一句话“跟上来不要掉队。”沿途树枝上挂的，地面上石块压的标语是：“同志们跟上来，走得赢就是胜利！”因为肚中无食，最后还是有不少掉队的同志。我是师政治部的技术书记，带的是自己的简单用物和政治部的印章，背着一条步枪还没有子弹，也掉了队。组织科长罗辉同志也走不动了，站在路边给贺干事说：你给大家讲个故事，加点油嘛！大家不约而同地喊：“欢迎贺干事讲故事。”静静的山谷顿时又充满了欢声笑语。宣传干事贺茂德同志边跑边喊：“要听故事的同志跟我来。”他一口气上了山顶，向山下喊:“同志们，赶快上山来听故事，慢了故事就讲完啦！”在他的鼓动下，战士们上气不接下气地都爬上了山顶。贺茂德同志慢吞吞地笑着说：“上山气短，故事不能讲，下山轻松你们不听，我的故事不必讲了。”

有个同志接着回答：“贺干事的回答，是不讲故事的故事。”这一说引起了一阵大笑，提高了情绪，活跃了行军生活，海阔天空的议论，代替了沉默不语。

“这次行动先向西、向北再向东，现在又向南前进、路是多走了一些，但是甩掉了敌人就是最大的胜利。”

“走路和打仗一样重要，宣传队的标语说：‘踢死黔军，踩死川军，打死滇军，拖死中央军’这都离不开走和打。”

“不管它什么军，连打带拖，最终都要把一切反动派消灭干净。”

同志们边走边议论着。这时破坏科长王子良同志说话了，“这次东走西奔，毛泽东同志叫声东击西，老百姓叫牵着牛鼻子推磨，我说还可以叫乌蒙山回旋战。不管叫什么，我们就是连走带打地消灭敌人。”大家情绪高涨，忘记了疲劳、饥饿，不知不觉就到了宿营地。

三进奎香

3 月 15 日，我红六军团到达毛姑、青山一带宿营休息半天。16 日天亮后出发，战士们凭经验就知道天亮出发没有敌情。可是前进的路线全部是羊肠小道。有的战士发牢骚说：“侦察参谋搞什么鬼，没有敌情也钻山沟、走小道。”

接着有个同志问油印员何明清：“这是什么地方，怎么这么多大山？”何明清拿出从家里带来的教学地图，边走边翻地说：“现在我们的脚板下是乌蒙山的云南部分，往西南还是云南，往东南是贵州，往北是四川。”大家听了感到很新鲜。我也从来没见过地图。经过何明清的指点，才知道黄色的不规则的圈圈是山脉，小黑圆圈是城镇。有个同志惊奇地说：“乌蒙山有这么大？！遍及几个省。我们走了 10 几天还没有出山。”

组织科长罗辉同志说：“中国革命是在山沟里搞起来的。湘赣的井冈山，湘南的阳明山，贵州的梵净山，我们脚下的乌蒙山，都帮助了革命，乡村包围城市最后夺取城市都离不开山嘛！”听了罗科长的一席话，那些对山发牢骚的同志不言语了。

路越走越宽，森林稀了，阳光也强了。午饭后我们稍事休息又出发了。途中发现路边石头下压着一张字条，写着“同志们到了宿营地都要烧热水洗脚。”

大家高兴地跳起来说：“今天在村子里宿营，有房子住了。好久没有洗脸洗脚了，今天要痛痛快快地洗一阵子。”

有个同志大声喊：“黄管理员，今天有房子住了，你到前面去分房子吧！”

黄管理员慢吞吞地笑着说：“今天用不着我分房子了，你们管好自己，走路不掉队就行啦！”

同志们听了有气地说：“你不分房子，我们选好房子，一人住一间。”

黄管理员笑着答道：“都想住好房子？今天都是好房子。今天住的房子一个礼拜前就分配好了。今天又住奎香，你们各科还住原来的房子。”

在山里行军打仗转了一大圈，今天又回到了奎香，这是第三次进驻奎香。感谢贺老总和二、六军团领导的高超指挥艺术，率领我们从十余万敌人的包围中杀了出来，化险为夷。

1987 年 9 月于乌鲁木齐

选自中国人民解放军历史资料丛书编审委员会编：《红军长征·回忆史料》（2），解放军出版社1992年9月版，第181—187页。

从乌蒙山到金沙江

张铚秀

参加长征，是我革命生涯中经历过的重大事件，其中在云南的一段征程，更是终生难忘。我从济南军区调到昆明军区工作以后，每当路过乌蒙山麓和金沙江畔的时候，对半个世纪以前那个充满希望和考验的年代的生活，总是一往情深，那些浴血奋战的壮烈情景，那些团结友爱的情感，久久在心头闪动着不灭的光亮。

一

1934 年以后，红二、六军团在湘鄂川黔生活和战斗了一年多的时间，完成了策应中央红军北上的战略任务，最重要的是在湘西和黔东南的几十个县建立了革命根据地，使红军得以生存和发展，获得战斗休整的机会。红二、六军团两支部队，在贺龙、任弼时等同志的领导下，同四面八方向我红军围追堵截的国民党军队开展积极、灵活的运动战，连续粉碎了湘军、川军、桂军和黔军的“围剿”，先后取得龙家寨、陈家河、桃子溪等战斗的胜利。1935 年初夏，我在红六军团十七师四十九团七连当连长，后来，又到红六军团部特务团四连当连长，以后成立十八师时改为五十六团四连。这个连队是在湘赣边区成立的老连队，也是我参军时的连队，人们称为战斗模范连。4 月的一天，为了歼灭离桑植县城 60 公里、设防在陈家河拦阻我军西进的敌人，红六军团政委王震同志亲自来到前线指挥。当王震同志来到我们连队的时候，大家情绪非常高涨，有的战士悄悄地说："王胡子（大家对王震同志的亲切称呼）来指挥我们战斗了。"战争年代，高级指挥员深入到基层是很普通的事情，但是战士们总是把首长的到来，看作是激励自己夺取胜利的动力，领导同志身先士卒是最有说服力的动员令和冲锋号。陈家河战斗，是部队在运动中寻机歼灭敌人的一次战斗，王震同志在战斗中指挥我们伏击、追击和包围企图拦阻我西进的敌人，部队打得灵活、机智，以较小的代价取得了较大的胜利。在这次战斗中，王震同志亲临现场深入主攻团指挥作战，臀部还负了伤。他挂彩后还是那样乐观，并且风趣地说：你打了我的屁股，我揍你的脑壳，我还是把你打败了。他的革命乐天派情绪、爽朗的性格，在红军战士中被传为美谈。

1935 年 11 月下旬，部队陆续向黔北、黔西北转移，又开始了一个新的战略行动。这就是红二、六军团著名的乌蒙回旋战略转移。部队出发前，新成立了红十六师，我从六军团十八师五十三团被调到四十七团一营任营长。大约在 1936 年的 1 月，在湘、黔边界的便水战役中，我的右腿负了伤。当时，部队正在展开大回旋的运动，进行长途转移之中，尽管伤后行动艰难，我仍坚持跟着部队行动。在 1936 年的春节前，部队转战于黔西、大方、毕节等地，四十七团团长覃国翰、政委刘礼年两位领导，为了不让我留守地方，找到师政委晏福生同志尽力争取。覃团长说：我们一营长张铚秀同志虽然负伤了，但伤势不太重，不能留守。晏政委说：按照规定，现在要大迂回，打运动战，不留守吃得消、跟得上吗？团政委刘礼年说：我们团里包下来了。晏政委担心我的伤势，还是要覃团长再考虑。覃团长说：我再三考虑过了，才来要求的。最后，晏政委终于允许我随队了，但仍交代团领导要尽力帮助，不能掉队。长征路上领导爱护部属，上级关心下级的亲如兄弟般的情谊，实在感人肺腑。

覃团长是一位参加百色暴动的红军老战士，在工作上他对下级要求特别严格，但在生活上十分体贴照顾。覃团长年长我六七岁，在他眼里，我只能算个小弟弟，在艰苦的转战途中，他们对我的照顾是无微不至的。覃团长、刘政委总是不断地询问我的伤情，还不时地送来一些增强体力的营养食品。最使我难以忘怀的是覃团长还下过一个通知，为照顾我能够顺利地跟随部队前进，让各营从缴获的军马中，挑选一匹膘肥体壮、耐力强的马，以替换我原来骑的一匹比较瘦弱的马。后来，我就是骑着一匹经过覃团长挑选的壮马，从黔东来到毕节的。在毕节，因为红二、六军团以神速的行动，穿插于黔山、苗岭，回旋在乌蒙山区，摆脱了十多万敌人的追击和阻截。进入黔西北，在黔西与大方县之间的将军山一带，我们又打了一个大胜仗，这一仗，打的是部队从黔东南转移以来一直紧追我军的郝梦龄师。也许他正想利用我军北渡鸭池河，部队立足未稳之机打我个措手不及，但实际上我军渡河以后，正在寻找有利战机，在运动中打几个歼灭战，恰好在将军山寻到了这个机会，一举歼灭敌人两个团。这为红军进入黔西北创造了有利条件。进入毕节，部队获得了约一个月时间的休整。我在毕节城南的团部卫生所治疗了近 20 天。那时医疗条件很差，药材奇缺，我的腿伤就是靠盐水冲洗伤口，用碘酒和外敷药膏涂抹后，就缠上绷带包扎起来。也许是处在一种特定的战斗频繁、动荡环境的缘故，人的忍耐与适应能力也是大自然奇特的创造之一，经过医生的治疗，我的伤口日渐愈合，部队从毕节开拔时，我就归队了。

从毕节到赫章，红十六师四十七团是中路前卫。我记得在 2 月底过了七星桥，听到前面山头响起稀稀落落的枪声，从弹着点判断，是朝着我们前进的方向射来的，覃团长立即让通信员通知我们，要一营立即投入战斗，扫除前进路上的障碍。接到命令后，我带着三位连长隐蔽靠前观察了地形。我们爬上东面一个山头，发现前面道路两侧有三四个土木结构的工事，形成交叉火力。这些大小不等的工事，仔细看一看就能辨认出来。略微大些的工事，显得牢固些，稍微小些的显然是临时构筑的。我同连长们商议，由一连和二、三连的机枪手，集中力量形成强火力射击较大的一个工事，以吸引敌人；由二连派出两个排绕道断敌人的后路。这一仗打得很利索，不到一个小时，我们就占领了所有的工事，为大部队开辟了前进的道路。根据军团首长的指示，我们缴获的武器和抓到的民团士兵，全部交给了当时比较倾向我党我军的一股地方武装力量。我团和我所带领的一营，仍然担任前卫任务继续西进。

乌蒙山气势磅礴，山连山，水连水，层峦叠嶂，初春 3 月，高山顶上还覆盖着皑皑白雪，寒气未消。我们经过连续几天日夜兼程的行军，部队多是从山间小路前进，时而浩浩荡荡，时而静默隐蔽，忽而多路推进，忽而大队前进。大概是 3 月 7 日，作为师的前卫，我营天亮前即到达彝良县的奎香。覃团长对我说，在此地只能稍加休息，说不定明天，或者晚上，或者喝口水又要出发。我问他是什么意图，有没有战斗？覃团长回答：要同敌人兜圈子，拖住敌人，达到甩掉敌人，力争在运动中歼灭敌人的目的。紧接着，上级就正式通报，曾经在黔东南和湘西同我们交过手的樊嵩甫部已接近我军尾部，军团首长命令我师返转行动。第二天部队又几乎原路折回几十里。走得好为的是打得巧，果然不出所料，我十六师抢先一步，到达以则河地方迎击樊嵩甫先头部队。我们四十七团的任务是侧击被四十九团击溃的敌军。当时同敌接火的四十九团三营营长马秋德同志事后告诉我，他们打得很利索，缴获敌人百余支枪。因为我们的目的不在于同敌人展开作战，部队很快又掉头前进。3 月初，我们十六师回到从毕节至威宁间的妈姑作短暂停留。据师政委晏福生同志讲，当时主要是为了开展宣传活动，同时寻找当地一个恶霸武装头子文正朝的老窝。当时，全师分兵三路，我们团仅是其中的一路。当我们营的部队来到一个周围筑有土硐的地方时，覃团长、刘政委命令我带两个连向威宁县城方向追击。不到半天，我们又奉命向妈姑驻地返回，路上看到恶霸文正朝的房屋和土碉已为兄弟部队所捣毁，街子的墙壁上写有标语："打大户，分田地；打官僚，分仓库"。当天，我们红十六师宿营妈姑东北面，靠近一个叫可乐的村庄，第二天即向奎香方向继续转进。红二、六军团万余人的一支部队，为什么在20多天的时间里，总是以奎香为中心，今天往东，明天朝北，而且在云贵边界三进三出奎香，我当时所能知道的，就是红军并没有完全摆脱数倍于我的蒋军的围追阻截。郝梦龄①部虽然在黔西将军山被红军吃掉了两个团，但他对我们的追击并未放弃；樊嵩甫是中央军，李觉、郭汝栋号称湘军和川军的劲旅，也紧追不放；孙渡纵队所属的鲁道源和龚顺璧两个旅分别在我侧翼堵截。既要对付强大的敌军，又要保存有生力量，我们只有同敌人展开回旋运动，采取敌进我进，边走边打的战法。由于军团首长明智的指挥和红军战士的英勇奋战，部队最终实现了摆脱敌人，大步向云南进军的目的。

3月20日至21日，我们以神速的行动，经过几天夜行晓宿的急行军，突然地进入云南的宣威县境。当地人民把我们的行动称之为天兵天将来到乌蒙山。群众为什么这样说呢？因为20多天来，我红二、六军团冲破敌人的重兵追阻，声东击西，急转北进，又突然南下，把十倍于我的敌人甩在黔西地区，然后乘虚挺进滇东北，进入云南境内。当然，也还由于国民党当局按照他们想象和愿望，散布了各种混淆是非的舆论。国民党中央军妄图早日消灭红军，黔军巴不得红军快点离开贵州领地，滇军最头痛红军进云南，于是乎各种说法纷纭，滇东北传出"贺龙、肖克领导的红军已经在贵州被歼灭"，还有的说，"宣威有滇军重兵把守，红军过不了虎头山"等等。红军在滇东北的出现，使国民党官方散布的各种混淆真相的舆论不攻自破，人民更加欢迎红军、尊敬红军和支援红军。我记得当部队进入距宣威县境还有20里地的徐屯、核桃园、

① 原文误为郝梦岭。

观音堂、来宾铺一带时，当地人民听说红军来了，贫苦农家纷纷开门欢迎，有的人家还把糯米粑粑、饵块拿出来给过路的红军吃，以表达他们欢迎红军的心愿。

宣威是云南东北部的重镇，又是川黔两省通向云南的要冲。1935年初春，中央红军曾在宣威进行过战斗。因此，滇军对此地的防守力量也有很大的加强。在当时，宣威是滇军阻截红军并企图消灭红军的屏障，也是滇军驻扎重兵的一道重要封锁线。当然，宣威也是红二、六军团必经的要地。

当我们进入宣威境内以后，云南省主席龙云立即命令他得力的旅长刘正富，从会泽方向折向宣威城防堵。因为当时龙云估计红二、六军团可能按照我中央红军路线渡江北上，所以刘正富把防堵重点放到了昭通沿线，殊不知，我们大部队却进入了宣威。

红二、六军团指挥部贺龙、任弼时、关向应、肖克、王震等首长综观战局，识破了敌人的部署和企图。同时我们转战千里的各级指挥员，在战略和战术思想上，都掌握了在运动中寻找战机，歼灭敌人有生力量的指导思想。我作为一名营指挥员，常常从师、团领导同志那里得知，追随我们的敌人，几经回旋，被拖得疲惫不堪，而且大部分被远远地甩在后面。距红军较近的郭汝栋纵队减员很大，只有少数兵力可以机动。只有孙渡纵队的鲁、龚两旅尾随红六军团。进至宣威的滇军第一旅有四个团和两个独立营约5000人，虽然号称龙云的“劲旅”，但只要我军集中力量，是能够歼其大部或全部，为红二、六军团进入盘江地区打开通道的。据我所知，军团首长决心用较多的兵力准备投入战斗，并在我们红十六师四十七团进入的一片松林阵地的后面一个叫大坡山的高地上建立了指挥所。

红六军团是正面的部队，在观音堂、来宾铺一线，进入出发阵地，积极构筑工事，挖修临时战壕。我所带领的红四十七团一营进到来宾铺以南的时候，有不少青壮年对我们很亲热，看到战士挖工事，就主动送来铁锄、铁撬等工具，帮助红军作好战前的准备。人民心向红军，这是长征时战胜困难的力量源泉。群众明知我们不可能长驻和久留，然而，对红军的帮助和支援，却是那样无私无畏，真诚相待，这是我永远不会忘记的。

3 月 23 日天亮以后，红十七师面对滇军刘正富主力，采取诱敌深入的战法，将滇军刘正富亲自指挥的两个主力团引到一条河流两岸。该地山丘拔地而起，南北相间的虎头山以北地带，正是我十六师迎击敌人的阵地。当刘正富主力一、二团进入我们阵地后，四十七团在团长覃国翰、政委刘礼年的指挥下，猛烈开火，由于战前的周密部署，兵力虽然很隐蔽，但火力十分密集，给了刘正富主力狠狠一击。

接着红十六师、十七师对占据虎头山的敌人进行全线反击。但敌军依托虎头山主峰部署了机枪阵地，封锁我军的冲锋道路。这时四十七团团长覃国翰来到我们一营，他操着广西话对我说："张营长，你们打得很漂亮，再往前推进！"覃团长的话，是鼓励，也是命令。我简明地对身边的一连李连长、孔指导员、二连长下达了追击敌人的命令。战士们打得非常英勇，覃团长亲率我营从虎头山与紫灰山结合部的凹地直冲到山顶。占领阵地后，发觉是敌旅部指挥所。这时，一连李连长和二连长报告说，他们冲到山头，敌人没有反击就朝县城方向撤退了。接着李连长拿出一支德国制的勃兰宁驳壳枪；说他们缴获了 20 多支，俘虏 20 多人，估计是该指挥所的警卫分队。经询问俘虏，我营占领的高地果然是滇军刘正富旅的指挥所，我和覃团长立即布置查寻刘正富的下落。侦察得知，刘正富在红军接近山头时乘马脱逃了，我一听就急着要去追击正在溃散逃跑的敌人。当部队刚要行动的时候，覃团长命令我营加修工事，原地待命。他说：我也想扩大战果，但是要再看一看，师首长交给我们的任务已经胜利完成，再者，前面敌情不明，两侧主阵地还未攻占，继续追击离开大部队太远，恐有不便。覃团长是很善于运用灵活战术思想指挥部属的。他的一番话，对我很有启发，特别是对我企图向敌人穷追不放的情绪，有极大的稳定作用。于是，我遵照覃团长的命令，嘱咐所属连队就地构筑工事，随时准备反击敌人的反冲击。不多久，敌人的增援部队从我左侧和四师右侧发起攻击，我决定收缩，守卫我们的既得阵地。从3月23日午后至深夜，滇军刘正富所属的两个团，并配属地方两个保安团和广富、个旧两个独立营，前后被我红二军团四师十一团、十二团的战友们击溃和歼灭一部。由于孙渡纵队的鲁、龚两旅增援，敌军越来越多，全歼敌军已不可能，战斗呈对峙状态。深夜，我红十六师、十七师、十八师的部队，发动几次火力袭击后，奉命撤出战斗。

红二、六军团分兵两路，向东南方向转移，红六军团大踏步向云南富源迈进，红二军团则迈向贵州盘县，争取了战略上的主动权。宣威之战，红军声威大振，影响深远。据事后得知，当时的伪云南日报随军记者曾写有《宣威 ×× 血战详记》。文中写着："计自午前九时起至午后二时正，激战五小时，枪声之密，胜过除夕爆竹，血肉满地，尸横枕藉，加以天候阴雾，愁云惨淡……战场景象，令人肃栗！"这段文字，确实描述了当时国民党军队同我们交战的真情。群众对宣威之战，也有许多夸张的传说，他们说："红军有一种神药，顺腿打几针就可以行千里"（指行动神速）。"红军打起仗来，胸脯都会走路"（指匍匐前进）。"红军有障眼法，只要面前出现一个红军，手中的机枪就不知不觉转过去扫射自己的人"，"红军的战术是波浪式的（指运动战），蒋介石的兵再多也斗不过红军。……"群众还编民谣唱道：

红军真勇敢，
旗帜飘云端；
乌蒙山区转一转，
歼灭敌人有几万；
虎头山上再一战，
打得湘、滇、黔军心胆寒；
红军真勇敢，

誓为贫人打江山。

宣威之战，敌我双方投入的兵力都在万人以上，虽然给敌军以严重打击，但我们也付出了不小的代价，许多战友牺牲了。红四十九团三营营长马秋德，是一位能征善战、爱兵如兄弟、带兵有方的优秀基层指挥员。他早我两年参加红军，是我参军时的连长（游击队长）。我们都是在井冈山革命风云中，同父辈一起投入农民暴动的青少年。他任连长时，我当排长；他任营长时，我当连长，直到我奉命到四十七团当营长，两人才分开。马秋德同志就是在这次战斗中献出了自己宝贵的生命。红十六师组织科长唐辉，战斗之前到我营部署战场群众工作，战斗打响后，就在观音堂附近的村落边中弹牺牲了。听说，晏福生政委在掩埋唐辉同志的遗体时，满脸泪水，为失去一位年轻优秀的红军政治工作干部深感痛心和惋惜！

宣威之一仗，是在边打边走的进程中撤出战斗的。听师首长说，宣威这仗，歼灭滇军一部，冲破了敌军约三个旅防堵的防线。3 月底，我们在富源同孙渡设防的部队有一次小仗，打开通路以后，即向滇中疾进。肖克同志重访云南时，谈到当时二、六军团挺进云南的战略意图。肖克同志说：两个军团领导于 3 月 28、29 日曾在盘县开会，那是在接到了朱德总司令电报后的一次会议。电报指示的大意是：二、六军团在渡江技术有把握的条件下，于阴历 3 月水涨前设法渡金沙江，到西康与红四方面军会合，大举北进。并指示出五个渡江点，请自行选择。以贺总和任弼时同志为首的两个军团的领导同志决定，坚决执行总司令的电报指示，因此，决定两个军团分两路向滇中进军。肖克同志还谈道：当时蒋介石急令"追剿"军前敌总指挥刘建绪率樊嵩甫、李觉、郭汝栋等三个纵队继续追击我们，滇军孙渡纵队又从滇东北赶到嵩明配合龙云的直属部队堵截我们。鉴于敌情仍然十分严重，我红二、六军团进入滇中前，贺总、任弼时同志请贵州毕节的著名爱国老人、随同红军一起长征的周素园老先生写信给龙云、孙渡。周老先生以护国义举劝说龙云，希望他和红军合作。在途中，肖克、王震、张子意同志，又联名写信给龙云和孙渡，以“假道灭虢，史有明鉴”的历史故事，劝龙云不要上蒋介石的当，希望他和红军订立抗日停战协定。此举当时未能获得成功，因为蒋介石以拉拢手段，命令龙云为“追剿”军总司令，湖南军阀刘建绪为前敌总指挥。这样，中央军樊嵩甫纵队，湘军李觉纵队，川军郭汝栋纵队，加上滇军的孙渡纵队都齐向滇中奔集。同时出动飞机连日侦察轰炸，以迟滞我们渡江行动，并企图在追和堵的阵势中消灭红军。

4月6日，红六军团经马龙、可郎向普渡河疾进，因遭到敌军的阻击和轰炸，未能渡河。但已经听说，经二军团四师的部队抢占了普渡河渡口；六师折转到六甲，打了一个漂亮的阻击战。我军随即改变计划，红六师的锋芒直指距昆明市仅40公里的富民县城，并全歼防守之敌。此时龙云心惊胆寒坐卧不安。据说在最紧张的时候，龙云不得不把已经被我红四师击溃的工兵营等直属部队，急调昆明作为城防部队使用。这是因为滇军主力孙渡纵队龚顺璧旅，在六甲被我打得七零八落，不成建制，进退两难，来不及返回昆明。其实我们并不恋战，更不是为了占地盘，逼近昆明，只是虚幌佯动，当整个大部队趁龙云调兵折回昆明之机，我军从普渡河上游过河，突然向滇西大踏步挺进。至此，尾随我们的樊、郭、李部被甩得更远了。堵截我们的滇军迎头挨了几捧，对我们的侧击和堵击也几乎失去抵抗的力量。

二

向滇西挺进时，红二军团为左路纵队，红六军团为右路纵队。我们十六师四十七团担负殿后任务，并由当时的师政治部主任李铨同志任收容队的负责人，我营为团后卫，负责掩护。大部队经牟定、盐兴、盐丰、姚安、大姚等县，尔后在宾川同红二军团会合。接着，我们继续向滇西北挺进。4 月 23 日到达鹤庆县城。

从宣威到鹤庆县经过整整一个月的行军，更多的是急行军。特别在进入楚雄地区以后，到处是莽莽森林，山间小路千回百转，部队多是夜行晓宿，隐蔽开进，越走山越大，从丘陵起伏的山林地，走向横断山系的丛林地，山峰、隘口、驿道、密林，成为掩护部队前进的有力遮蔽物和自然障碍。红军发扬勇往直前，不畏千难万险的革命精神和战斗意志，远远地把追击的敌人甩到后面。后来我在大理地区，曾经询问过一个情况，就是打听红军后卫部队离开祥云、宾川以后，孙渡、李觉和郭汝栋纵队何时赶到，当地年长的几位老人谈起来说法不尽一致，但他们都说:孙渡纵队虽然跟上来了,只是红军走,他们走,红军停,他们也停,很害怕红军的“回马枪”。

在鹤庆，红十六师四十七团驻在城边的一个村庄。当地的白族人民对红军十分友好,群众听说我们要过江,当即就有猎人、木匠奋勇报名,愿为红军当向导,造木筏。这些情况我都及时地向师、团首长作了报告。在鹤庆时，红六军团张子意主任还向营以上干部作过一次紧急动员，中心思想是北渡金沙江与中央红军、红四方面军会合的意义：开展行军不掉队、不落伍比赛；按秩序渡江，严守渡江纪律。同时，充分地估计了渡江的困难，要求每个战士都争取多一分钟准备，多一分胜利的把握。各级指挥员就显得更为紧张，需要付出更多的精力。我和几位连长商讨的问题是，为了适应强行军的速度，战士们的草鞋准备得是否充分了？为了抢渡金沙江，互助小组是否编制得恰当？为了完成军团交给的保障大部队渡江的任务，我们殿后的对空射击组织是否可行？还有后卫任务中应做必要的群众工作，特别是不能将掉队的伤病员落入敌手等等。

4 月 26 日①，红六军团从鹤庆出发。我们红十六师四十七团从左路行动，翻过鹤庆西山，经过打鹰坡、石灰窑，进到丽江县境的螳螂坝、

① 应为4月25日。

九河、白汉场，一路上不停地翻山越岭，于当天到达石鼓。石鼓是人们称之为长江第一湾的著名渡口，大部队都在山前山后的渡口两侧隐蔽待渡。我们师还来不及休息，师长周仁杰、政委晏福生就已从军团领受任务回来，并立即布置全师担任军团前卫和左翼警戒的任务。我们四十七团的任务是迅速占领石鼓上游 125 里（水路里程）的巨甸渡口。这时我们团成为师的前卫团,我们营是占领巨甸的前卫营。在周师长、覃团长、刘政委的带领下，我们几乎用跑步和快速行军的方式，沿江而上，向西疾进。从石鼓到巨甸的陆路里程是 145 里，中途边走边吃，口渴了，就在路边用手捧起河沟水润润喉咙，急走快赶十多个小时，下半夜时分，终于赶到了巨甸。我们进入巨甸一片比较平坦的小坝子后，虽然没有宣布休息，然而战士们已经极度疲困了，有的战士靠着大树枝干就睡着了，有的战士双手还抱着枪就发出了轻轻的鼾声……这时候，我也多么希望能有片刻时间打个盹，哪怕闭一闭眼睛，然后再发起冲锋，想睡觉的念头还未转过来，覃团长就已出发了命令："张营长，你立刻带三个连队，继续向西搜索前进，在维西县方向派出警戒部队，准备歼灭从西面来的敌人。"我领受覃团长的命令后，即向各连发出命令。红军战士的战斗自觉性是惊人的，连长们纷纷要求担负最前沿、最艰苦的任务，这倒使我感到有些为难了。后来，我只得在缴获敌人的一张略图上说明，各个连的任务都是重要的。事后，当三个连队天亮后前进时，都不同程度地同当地民团和土司武装有过交锋，但部队没有伤亡，并占领了新营、白塔、阿因村等寨子，保障了师的左翼安全，为大部队渡江作了掩护。考虑到敌情不至于出现重大变化，我命令各连连长派出警戒，让所有战士能够有个睡觉的机会，因为，后面的任务就是渡江，还要迎接更艰苦的斗争。

我所在的红四十七团一营，是从后卫换成前卫警戒任务的，此时又担负全军团渡江的后卫。我营在此地只待了两天多，但我们做了不少工作，其中最主要的是筹集了往后翻越雪山时所需的御寒的衣物。当地各族人民还为我们提供了羊皮和红糖、辣椒……这时，江边渡口不断传来红十六师四十六团、四十七团二营、三营先头渡江的消息，大家都为之欢欣。4 月 28 日晨，我营接到命令，迅速撤回巨甸，按师、团首长指示，继续担负渡口警戒和防空任务，同时进行补给，完成渡江准备工作。当我站在渡口，看到一队队兄弟部队战友们顺利渡过激湍的金沙江时，内心抑制不住地出现一种如释重负之感，我们终于实现了“过江则存，过江则胜”的初步目的。在巨甸狭小的镇子上，红军写下了许多醒目的标语，有一条我印象很深，是写在一片石壁上的：“吓死滇军、拖死湘军、脚踏川军、打倒中央军，英雄是红军”。更令人难忘的是当地的各族人民，不分男女老幼，他们身背肩扛物品从远处赶来，执意要把最好的糯米粑粑和最新榨出的红糖一筐筐、一箩箩地送给红军。我们营是最后一批渡江的，人民欢送得最热烈、最真诚。我登上最后一只木船，面向南岸，给人民道别的时刻，清楚地看到了许多年长的老大妈，有的还用手指扳动念佛的数珠，虔诚地为红军远征而祈祷，许多年轻的汉子合起双手，握紧拳头，呼唤着向红军祝福。当我们登上北岸，再向群众招手致意时，师政委晏福生同志和我站在岸堤上，我问晏政委，这里的人民太重情义，太令人尊敬了，我们何时再到金沙江畔来？晏政委回答说：我相信一定会回来的！

选自《红六军团征战记》下，解放军出版社1994年6月版，第310—322页。

回忆转战乌蒙山及渡金沙江北上①

左齐

2月18日②，我军在黄家坝击溃郝梦龄五十四师之先头部队一部。19日，我军在将军山伏击敌万耀煌纵队六个连。迫于不利战势，蒋介石亲自飞到贵阳督战，敌集中40个团以上的兵力向我进攻。我军于2月27日撤出毕节城，准备进至安顺地区。我军退出毕节后，敌万耀煌、郝梦龄、李觉、樊嵩甫、郭汝栋等纵队向我追来，滇军孙渡纵队在威宁地区布防，对我成包围之势。29日，我军经七星关、平山铺、野马川（威宁）、妈姑③、子河口，在果罗做饭吃。我二军团进至野马川。

3月，野马川会议。因敌情变化，我军由此去安顺已不可能，遂改变计划拟经大道进至妈姑，然后再向南经威宁、水城间的狗店子，提前越过郭汝栋纵队，进入滇东地区。此时，在黔、大、毕投诚的席大明部逃跑，六军团政治部主任夏曦同志遇害。六军团由张子意同志为主任，袁任远同志为副主任。4日，我军进至回水塘、妈姑、小江口、果罗一线。此时敌郭汝栋、李觉纵队已进到水城、狗店子，其先头部队已与威宁、昭通的孙渡纵队联接起来，防我向西南前进。而敌万耀煌纵队已越过七星关接近我军后尾。为摆脱敌人包围，我军迅速向西北转移，调开

① 标题为编者所拟。本文节选自左齐：《雄关漫道——记红二方面军长征历程》。

② 这是1936年。

③ 原文误为马姑。

敌人，然后调头南下。7日，奎香战斗打滇军，将敌击溃，由于我不准备与众多之敌决战，即返回50里，在以则河反击尾追之敌樊嵩甫纵队，歼敌两个连。9日，我折转奎香，经毛家湾、牛场、衣沙沟掩护战，部队急行军，经云贵桥、初朵岩、（威宁）得胜坡、桥子口、韭菜冲，速向安顺地区前进。12日，我军在则章坝伏击敌万耀煌十三师，歼其一部。13日，我军南返受阻，西进到财神堂与敌郭汝栋纵队遭遇，此时我军陷入纵横30里之狭小地区之间。我迅速向北伸到安耳河，然后再向东进，取敌郭、樊纵队左侧平行道路向敌后方疾进。17日至20日，我二、六军团由柯科经天生桥、得胜坡、河坝、清水塘、大江、龙潭回，进至云南东部地区。23日我军于宣威之来宾铺击退滇军两个旅的阻击。同日，我军另一部分与追击之敌郭汝栋纵队激战于归铺子，将敌先头营击溃，是夜撤出战斗，向东南滇黔边盘县地区前进。28日，我军占盘县。30日盘县会议，奉命北渡金沙江与红四方面军会师，共同北上。31日，我军为抢渡金沙江向西疾进，作出进攻昆明的模样，以调动敌人。此刻，昆明之敌兵力空虚。

4月1日部队于云南之西流水、马龙、曲靖、火烧青、回塔铺，我分配到十六师工作。5日至新街，离昆明140里，形成威胁昆明之势，敌恐慌不已。6日，我二军团占寻甸。7日，六军团经磨盘寺、三家村、余家村、木龙马、柯郎。8日，六军团准备继四师后渡普渡河，前卫抵款庆，遭敌三四个团阻击，我军数次冲锋，因有敌机轰炸配合，战斗不利，后勤骡马亦被炸死很多，故转移到乐浪西北之胡家村，两军团均未实现渡过普渡河计划。9日，滇敌一部向柯郎前进，我二军团与敌激战至天黑，六师师长郭鹏同志负伤，伤亡干部较多，如不坚决抗击，阻敌前进，我军处于危险境地。六军团经大右村后，滇军尾追，我军一面抵抗，一面向柯渡转移，是夜全军团达柯渡，大部露营。10日，二军团五师达鼠场，六师达柯子营，四师到三家村。当日，六军团为了坚决完成通过普渡河任务，经过柯郎、小猴场、小新街到嵩明县之羊街，下午

9时继续出发，夜行军，经瓦厂、散旦街、平地，于11日上午9时通过普渡河，当晚全军均到离昆明不远的富民县城内、外宿营。12日，六军团经六姑村、大罗地、五朵朵到罗次县城附近宿营（罗次未占）。13日，六军团经七排到秧竹地、戴古老村。14日，经大营哨、草溪井到六永井，先头部队消灭一股地主武装，俘获人枪30余。15日，二军团占楚雄城；六军团经小铺子占盐兴县城，击溃敌团防武装。16日，二军团五师袭占镇南县城；六军团经王家村、桥子科占牟定县城。17日经天台寺、火烧屯、前场关进占姚安休息，作群众工作，扩大红军。下午5时与敌接触，向西转移，经板桥到白塔街。19日，二军团占祥云县城；六军团经大板坡、杏仁村进占盐丰县城。20日，二军团先头部队袭占宾川县城，击毙守城团防队100余人，俘虏400余人，活捉伪县长；六军团经桥头哨、孔仙桥、土场到黄草宿营。21日，六军团经米街到宾川城。22日，二军团进至姜营、贵平之线；六军团经牛井街到鸡平关。23日，二军团四师进占金沙江边重镇鹤庆县城；六军团经黄平百户营到总营，下午6时军团部召开连以上政治干部会议，张子意主任讲话，动员我们战胜敌人，渡过金沙江，不久将与四方面军会师。听了动员，人人兴高采烈，保证安全渡江。会后各单位立即进行了传达，全体指战员深受鼓舞。

24日，我军占顾江。25日，我二军团占领石鼓渡口；由于船少，六军团到巨甸渡江。巨甸是金沙江边的一个镇子，只有一条船可载40人。江水湍急，但为了跟敌人抢时间，有水性的同志拉着骡马尾巴游过江去。很多同志抱着木头过江，一根大木头拖在船后可带20余人。一天一夜，我军终于胜利渡过天险金沙江。第二天，尾追我军之敌赶到石鼓、巨甸时，只好向大江对岸鸣枪为我军送行，然后拾些我军丢弃的烂草鞋为“追剿”红军的证据，回去报功请赏。

从2月27日放弃毕节城到4月27日渡过金沙江，整整两个月。这两个月的战争棋局是变化非常的，我军常常处于危险之境，经常是白天假意摆出与敌决战姿态，部分军队佯攻，到黄昏时，撤出战斗，夜行百十里，跳出敌人的包围之外。在战局部署上，我军本来向北，突然回师返回威宁、毕节东进；敌人赶紧布置时，我军又折向西南，作奔袭贵阳、昆明之势；当敌又作新的围截布置时，我军日行150里，转向西北疾进，日占数城，旋即夺取了金沙江的重要渡口石鼓、巨甸。蒋介石自认为红军虽然跑得快，但逃不出国民党40万军队“围剿”，下令一定要把红军消灭在江边，并封存了江边的船只。但我红二、六军团在总指挥贺龙、政治委员任弼时以及关向应、肖克、王震等同志领导下，熟练地运用了毛主席运动战的基本原则，终于达到了预定目的，夺取了进军的胜利。

红二、六军团渡过金沙江，党中央电①：“金江既渡，会合有期”，以表祝贺。

1979年9月

选自中国人民政治协商会议全国委员会文史资料研究委员会编:《文史资料选辑》第72辑，文史资料出版社1980年12月，第88—91页。

① 应为红军总司令部电。

参加红军

——长征回忆片断

万黎明

1936年2月，中国工农红军二、六军团在贺龙、肖克、任弼时等同志的率领下，每天以100多里地的速度从贵阳方向飞奔毕节，先头部队首先奔袭了贵州西部天险——鸭池河，全歼了镇守鸭池河的国民党守军。

红军攻下鸭池河之后，遂向黔、大、毕方向挺进。2月7日，二、六军团在大定召开了军事会议，决定成立中华苏维埃川、黔、滇省革命委员会①，以贺龙同志为总指挥。

尔后，红军过瓢井、八堡、新开、小坝……当时我同我的六叔万小六正在小坝赶场，看见许多身穿黑衣服，头戴八角帽，帽沿上方缀着红布五角星的红军战士，他们有说有笑地从我身旁走了过去。此时又有几位红军宣传员正在向赶场的老乡们宣传："红军是为了解救劳苦人民，是为了广大的农民都穿上衣裳，吃上饱饭，红军是劳苦人民的军队"等等。我听了这些宣传后，暗想：干脆当红军算了。我就问我的六叔，六叔也同我是一个想法。就在这天，我们叔侄俩同时参加了中国工农红军毕节游击大队。2月17日，中华苏维埃革命军事委员会从大定迁往毕节，

① 应为"中华苏维埃人民共和国川滇黔省革命委员会"。

此时我也随军到达毕节。

红二方面军[①]到达毕节的这天，毕节人民倾城出动，欢迎我们！此时我们奉张队长之命在毕节集结待命。张队长是江西人，早年参加革命，是位英勇善战的指挥员。抗日救国军司令是周素园先生，毕节人，系孙中山先生的同僚，早年参加孙中山先生领导的同盟会，曾经参与领导和组织过辛亥革命的运动，为推翻封建的清王朝建立过功勋。

周素园先生在孙中山先生逝世之后，对蒋介石背叛革命，大批屠杀革命党人，逮捕进步人士；施行流氓政治的法西斯暴政早已深恶痛绝！周老不顾自己年老体弱，毅然在此危难关头加入红军，并领导了贵州抗日救国军，无疑是对红军的极大支持。

红军在毕节休整期间，中华苏维埃革命军事委员会指挥部就设在百花山“福音堂”内。并开展了以毕节为中心的整军、扩军工作。宣传部的同志们在毕节街头刷标语、口号，发表演说，宣传红军的优良传统和主张。第二天，有许多青年学生和小伙子争先恐后地奔向我们的驻地报名当了红军。来报名当红军的小伙子们川流不息，其中还来了许多女学生，争着报名要当红军。这可忙坏了登记处的同志，他们向这些前来报名的女学生们耐心地解释我们现在暂不收女兵的道理，经过一再耐心的解释，她们才依依不舍地离开。

不几天，毕节的进步学生组织为我们赶制了八角帽和军装。因为当时在毕节报名当红军的青年达几千之众，同学们日夜为我们赶制军服。

红军在毕节稍作休整之后，又准备北上了。此时我被编到六军团十六师十六团任军团部司号员。我们的军团长就是肖克将军。瘦高个儿，说起话来幽默而又风趣，是我军老资格的领导人之一。

2 月 29 日[②]，红二方面军就要挥军北上了，此时此刻，每个战士对毕节山城都流露出依依不舍的表情，红军在毕节的时间虽然不长，但给

---

① 此时为红二、六军团，直至1936年7月5日。下文皆同。

② 红二、六军团退出毕节时间为2月27日。

山城人民的良好的影响是很深刻的。同时山城人民也舍不得红军很快就离开。但为了战略远征，我军还得离开这座美丽的山城。

红军从毕节出发到纳雍、水城、盘县。在盘县遇到了国民党宋马刀部阻挡我军通向云南的去路。如果在此作战，就会延误我军北上的日程，同时地理形势对红军也不利，国民党军各部又在我左右迂回，妄图困我军于盘县。为了避免纠缠，指挥部下令，我们又返回水城，经过治钧，而后到达阴底、杨家湾。中午时分，红军到达了七星关，又遭遇上了当地的大恶霸朱益斋的阻拦。开始我军想争取他们，不料，这些土匪油盐不进，仗着他们有1000多条枪，竟然同我军对抗。我军一个冲锋，当即打垮了这些民团土匪。但夏曦同志却在渡河时不幸牺牲。

当天我们经威宁向云南方向急进，经黑石头、翟脚而后抵达云南宣威。在宣威虎头山一片黑松林附近，我们看见国民党滇军正在开饭。红军先头部队一个冲锋将其包围，刹时间机关枪响个不停。这对国民党滇军主力部队闻讯赶来，将我先头部队团团包围。正在关键时刻，红军主力部队又将滇军主力部队团团包围。此时正是上午八点钟左右，战斗相当激烈，一会儿冲锋，一会儿肉搏，刺刀的撞击声，炮弹、手榴弹的爆炸声响个不停。

中午时分，国民党的轰炸机向着战场方向飞了过来，随着几声怪叫声，飞机俯冲了下来，它那巨大的响声和气浪把红军指挥部住地房上的瓦片都掀了下来，接着就是一阵机枪打在我屁股后面，把我周围的泥土都打蓬了起来。

这场恶战一直持续了一天，从上午8点一直打到晚上8点。许多同志在这场战斗中献出了自己年轻的生命。我的六叔万小六也在战斗中被国民党飞机炸死了。

夜幕降临了，经过了一整天的激战，滇军有点吃不住阵，我们也算是遇到了劲敌。于是，敌、我双方各自撤出了战斗。尔后，我们连夜又开始了急行军。滇军则向着沾益、坂桥方向退却了，因为敌军知道我军擅长于夜战、近战，同时敌军又为这场激烈的战斗打怕了，所以当夜就逃遁了。

没有任何滞留，急行军了一夜一天，红军抵达了曲靖。而后分为数路插向昆明坝子，直逼昆明。国民党赶忙调兵遣将，把个昆明城守得严严实实。因为国民党害怕红军拿下昆明后，建立通往边境的根据地。而红军则装作要拿下昆明的架式，在昆明的外围虚晃一枪，而后来了一个飞速急进，把昆明城远远地甩在后面。

不多久，红六军团到达盐井，打土豪，救济贫民，宣传红军政策。就这样，红六军团在盐井休息了半天。当天晚上我军又到达了牛井，遇到了一些保安团，这些家伙躲在碉堡里向我们放枪。这时我们的总指挥贺龙首长走了上来，对民团们大声说道："你们不要打枪，我们是借路过的。"但是那些民团土匪不听，并继续向我军射击。贺龙命令说："给他们几发炮弹看看，看他们还打不打。"于是调来两门炮，机炮连的战士们把炮架了起来，瞄准碉堡，只听得轰、轰两声，对面的碉堡冒起了烟雾，许多砖块塌了下来，接着听到一阵号叫声，我们部队迅即冲了过去，消灭了那些保安团。

战斗结束后，红军为了摆脱国民党军的追击，急速地向金沙江挺进。当时我军有个口号叫作:"你走得快，我走得快，走到通安交了界，假如你问我——地点在何处，就在闻名的金沙江。"

时值阳春 3 月，云南的气候已暖和，漫山遍野都是盛开着的各色各样的鲜花。当阳光照洒在山头和大地的时候，金灿灿的，美丽极了！

当我们的部队快要到达金沙江的时候，每个战士的心情都有说不出的愉快；队伍很快登向那一座座通往金沙江的大山。红旗在半山中迎着春风呼啦啦地飘扬着，从山上往下看去，我们的队伍宛如一条长长的巨龙在山中蠕动着。有的女战士绾绾短发，不时地回过头来兴奋地观看我们这支由部队组成的长龙。

"到了，到了！"山顶上的同志们喊着："金沙江到了！"这时大家都怀着先睹为快的心情想看看金沙江到底是什么样儿，不由得加快了行军的步儿。

当我们部队爬到山顶的时候，每个战士都是气喘吁吁的，这当儿，正值夕阳西下，太阳的余晖同晚霞映照在江面上，彤红彤红的。从山顶望去，金沙江就像一条长长的、巨大的缎带飘洒在山底，美极了。

傍晚，我军集结于金沙江边休息。当地土豪听说红军到了，一个个都逃之夭夭。于是我们就把土豪的粮食、布匹分给穷人，并召集了群众大会，宣传我军政策，同时请老乡们帮助我们解决渡江问题。

因为在红军来到金沙江之前，敌人已将所有船只收来烧了，仅有的一条船又是在对岸的石鼓上拴着。贺军长、肖军长为全军几万人马渡江问题非常忧虑，废寝忘食地研究着渡江问题。后面有国民党的追兵，前面又有挡关的敌军，怎么办？难道我军就困守在江边？

最后，指挥部决定：扎竹筏过江。于是我们找老乡们买来大批竹子，扎起了一排排的大竹筏，由首长在部队中挑选十来个年轻力壮、水性好的小伙子，连同老百姓的几个水手，一起抢渡金沙江。

这些从部队中挑选出来的健儿们，每人配备一支冲锋枪，四枚手榴弹。党交给他们的任务是光荣而艰巨的，他们必须在当天夜晚拿下对岸敌军渡口的据点。镇守对岸渡口的敌军有一个整营。战士们向首长表示：不惜一切代价，也要拿下敌军据点，迎接大部队过江。他们跳上竹筏，迎着汹涌澎湃的金沙江飘去，渐渐地勇士们的身影消逝在夜幕的金沙江中。

一会儿对岸响起了密集的枪声、手榴弹爆炸声。我军的轻、重机枪也像一条条火龙猛烈地射向敌军据点。片刻工夫，敌军不知我们过来多少人马，就丢下据点，仓皇而逃。

当天夜晚和第二天白天，我们大部队开始了紧张的渡江。我们跳上了大船，然后把战马拴在船尾，马在江中游着随我们渡到了对岸。就这样，我军在贺龙同志的英明指挥下，一路过关斩将，克服了重重的艰难困苦，把追击我军的国民党的几十万军队远远地甩在了后面。

选自中国人民政治协商会议贵州省毕节县委员会文史办公室编:《毕节文史资料选辑》第1辑，1982年12月，第36—41页。

激战虎头山

盛振华

1936 年 3 月，我二、六军团进入云南宣威地区徐屯、核桃园、新田，二军团部驻徐屯，六军团驻观音塘、来宾铺。来宾铺前面有一条干河沟，两边有村子。来宾铺的对面，即干河的南岸是虎头山，相距三四里。当时部队很疲劳，特别是六军团，刚从贵州突围出来，很需要休整几天。所以，部队到了上述地区后，全体住下休息备战，开展群众工作，扩红、打土豪，没收了不少火腿。

与此同时，我军派侦察分队到离县城五至六里处侦察，开始听说城内只有两个保安团，是当天下午到的，开仗后才知道城内驻有四个团。我们五十三团和四十九团、五十一团等部队驻在小河沿岸村落高家村、堰塘等地，离打仗的山头很近。我们派了一个连还是一个排在山头上向宣威方向警戒。那天早上没有太阳，有雾，约八九点钟左右，敌人向我们冲锋，警戒部队向他们开了火，我们部队马上紧急集合。听到敌人吹冲锋号，枪声密集，来势很猛，我们迅速迎敌，占领山头，向敌猛开火。接着驻在村边的部队也随即向他们开了枪。五十一团从我们右侧面冲过去，向虎头山右侧方向攻击。开始敌人冲垮了我们虎头山上的排哨，接着冲下山来，然后又越过开阔地，攻到我们这边山上来了。我们立即一个反冲锋，把敌人压了下去，冲上了虎头山。五十一团从右侧攻上虎头山，占领了右侧一带荒山坡，我们团攻上虎头山，团部都上去了，然后顺势往下攻击，把敌人像赶鸭子一样，赶着向宣威方向逃跑。我们用机枪猛扫敌人，敌死尸狼藉。我们一下打垮敌人四个团，俘敌四五百，缴了四五百支枪，部队越打情绪越高。这是进入云南第一次与滇军打仗，一定要打好。10 点到 11 点左右，我抓到一个受伤的敌军营长，经审问，才知道我们是同敌人从宣威出来的四个团交战。开始本来我们伤亡并不大，但后来我们后撤，敌人趁势组织反攻，又使用了炮，几经反复，我们实在顶不住，才退到干河来宾铺这边，与敌对峙。后来敌人又增援了几个团，仗越打越大，后边郭汝栋纵队也追上来了。12 时许，四师十二团忙赶来增援，我们进行第二次大的冲锋，准备重新夺占虎头山。十二团驻核桃园，沿干河沟向紫灰山、虎头山方向运动。从左边上去的一个营，把敌人打垮，攻到虎头山半坡，却被在飞机掩护下向我组织冲锋炮火密集的敌增援部队压下虎头山。敌人设在虎头山后大凹子的炮阵地不时向我大坡山和海远等地打炮，下午 2 时许，大坡山上响起了调号声，敌炮更加猛烈，一发炮弹击中了十二团团长钟子廷他们，钟当场牺牲。敌人的机枪也打到我们阵地前沿，我们就在村里构筑工事，占领村后山头，与敌再次对峙。我第二次总攻击，因部队已经打了一上午，加之敌军增援又多，还有飞机助战，因此未达到目的，于是决定撤出战斗。但白天撤不好行动，且目标大，飞机跟着，不易甩掉敌人，同时大批伤员也不好处理，因此，只有坚持到天黑。

部队下午五时许接到撤出命令，我们五十三团要掩护主力转移，最后撤。傍黑，激战已经停息，只有零星的枪声。我们趁敌人在对面挖工事，抓紧休息做饭吃。晚八九点钟，突然下起雨来，我们忙利用雨和暗夜，撤出战场，转移到贵州盘县地区。途中，二军团六师十六团还在四里着同敌人打了一仗，主要是阻击追敌，掩护主力通过。

事后得知，在宣威打仗，意在消灭滇军一部，打开进入云南的局面，休整部队，进而建立滇黔边游击根据地。没想到敌人增援来得这么快，不能再继续打下去，只好向贵州盘县地区转移。当时，我们是以运动战歼敌，转移到什么地方，遇到敌情，可打能消灭的即消灭之，不能打，或打后碰了钉子，向另外一个地方转移就是了，并不以一仗的得失论胜败。

选自周朝举主编：《红军黔滇驰骋风云录》，军事科学出版社1987年9月版，第853—855页。

盛振华，红军长征时为红六军团十八师五十三团战士。

长征路上的一日

江冰

1936年春，我红二方面军①在长征路上攻克了贵州毕节县后，继续向云南省进发。我们红六军团十六师四十六团二营是红二方面军的后卫。营长刘三元同志打龙溪口时负重伤离职，团参谋长带着这个营。那时我才15岁，在营部当通信员。

一天，部队进入贵州与云南交界的山区。这里地形异常险要，两边是高山峻岭，山上是厚密的松林，中间大约有50米宽的川地。由于前面部队太多，拥挤走不动，四连连长谭琴缘来请示参谋长怎么办。参谋长指示部队停下来休息。战士们有的抓紧时间擦枪，有的在路旁一块狭窄的空地上练习刺杀。大约半小时后，前面部队前进了。主力部队走出不到四里路，参谋长命令营部司令员吹前进号，全营同志立即带好草鞋、雨伞，列成一路队形出发了。

部队刚走出一里多路，左面半山腰响了一枪。枪声对红军战士来说都听惯了，没有人理睬它，还是整整齐齐地一路队形前进着。接着又是一枪。有的战士不耐烦地喊道:“有本事下山来试一试！”话音刚落，轻重机枪子弹就从左右两面山上雨点似地向我们队伍里射来。接着，匪军就黑压压地从山上冲下来，并且“冲呀”、“杀呀”地怪叫着。敌人的

① 此时为红二、六军团。

各种火器交织成一片火网，我伤亡数名红军战士。很显然，面前的敌人不是土匪，而是国民党正规部队。参谋长很沉着地下达命令："各连靠右登山！"全营跑步聚集到右边山脚下。在这生死存亡的关头，参谋长看出了敌人的企图，他向战士们喊道："敌人是有计划地避开我主力，企图歼灭我后卫。我们要不惜任何代价，冲出敌人的包围圈，追上主力！"他命令道："4 连主攻，5 连为预备队，6 连掩护，我的位置在 5 连。"参谋长话音刚落，四连长谭琴缘大喊一声："4 连跟我来！"带领部队就冲了上去。

一场激烈的战斗开始了，四连三个排成梯形向纵深冲去。敌人集中火力向我猛烈射击，一排许多同志光荣地倒下去了，二、三排的勇士们仍然奋不顾身地一股劲往前冲。反动统治阶级的军队，哪能抵住打遍了大半个中国的红军战士，我们全营终于拿下了敌人的第一个山头。敌人不甘心失败，在右山用了两个营的兵力从我正面攻来，左山用了一个营的兵力从我背后反扑。敌众我寡，我们不能和敌人纠缠，便由四连掩护，五、六连迅速撤到北山。

四连老战士多，是全营战斗力最强的一个连，谭连长左手拿着驳壳枪，右手拿着一把大刀，大声喊道："同志们，我们是穷苦老百姓的军队，我们连从苏区反攻以来，从没有打过败仗，我们要保持这个光荣！现在是考验我们的时候了，大家上好刺刀，让敌人知道我们的厉害！"现在这场激烈的战斗，是我们能否突围的关键。这时，敌人又向我们猛扑过来。侧背的敌人被五、六连打得上不来，正面的敌人拼命向四连阵地强攻。但地形狭窄，敌人兵力多施展不开，而我人少精干，利用大树作依托，敌人不易看清我们。谭连长命令通信员李德宽通知各排不准打枪，用刺刀和马尾手榴弹收拾他们。一个连的敌人冲进了我们阵地。这时听不到枪声，只听得刺刀和枪托撞击的声音响成一片。敌人和我们纠缠在一起，像海里的潮水一样，卷过来卷过去地厮杀着，战斗激烈极了。

我亲眼看见一个新战士（他是湖南新化人，遗憾的是忘了他的名字），身上还穿着他参加红军时那身破烂的蓝布夹袄，他中等身材，全身是劲，在这次战斗中表现得特别顽强。三个敌人向他扑去，他巧妙地闪过敌人的正面冲击，转到敌人背后，敌人转过身来，端着明晃晃的刺刀又向他刺来，那位精明强悍的红军战士向左一闪，乘那个敌人的刺刀还未收回来，一下子把前面那个敌人刺倒在地。后面两个家伙像恶狼似地扑过来，他灵活地用枪托打掉了右面那个敌人的刺刀，顺势一刺刀捅进了那个敌人的胸口。左面那个敌人着了慌，撒腿就跑。我们的勇士哪能放过他，随后就追。贵州军阀王家烈的兵都是“两支枪”（还有一支烟枪），体力不行。那个敌人没跑几步就被追上了，只得乖乖地跪在那里交了枪。就这样，我们全营终于杀出了一条血路，冲出了敌人的埋伏圈，三个连互相掩护，边打边走脱了险。

这时已是傍晚时分，落日的余晖很快就被高高的山峰吞没了。我们这支经过又一次严峻考验的红军部队，聚集在一个荒凉的山谷里。这里没有一户人家，看不见一个老百姓，好像从来没有人到过这里。

团参谋长坐在一块大石头上，独自沉思了一会儿，叫我把各连连长和指导员召集来。参谋长招呼大家坐下，然后说道：“我们现在的去路是向北，越过这无名山峰，到云南省宣威县去找主力。目前最大的困难是山上没有路，夜间不好辨别方向，战士们一天没吃饭，十分疲劳，负重伤的同志没有担架，要靠同志们换着背。这些困难要向同志们讲清楚。但是这些困难是可以克服的，我们一定能够找到主力。在行军中要注意不许讲话，不许吸烟，不许掉队，每人左臂捆一块白布或白毛巾。今晚口令是前进。行军顺序是 5 连、6 连、4 连。”散会后，各连都进行了简短的动员，然后就悄悄地向北出发了。

走了大约三个小时，前面的部队停了下来，原来是一堵十米高的峭壁挡住了去路，两旁是黑洞洞的深沟。大家都把绑腿和背包绳连接起来，捆在每个人的腰上，忍受着饥饿，搭起人梯向峭壁上攀登。负重伤的同志咬着牙，忍受着剧痛，也翻过了这堵峭壁。下山之后，我们在山脚下发现一条小路。大家高兴地说："有路必有人，快找到老百姓了。"部队情绪高涨，加快了步伐，迅速前进着。

又走了一会儿。不远处传来了狗叫声，同志们心里都有说不出的高兴。部队顺着路边停下来休息。参谋长叫我到五连。让他们派一个班去侦察一下情况。不长时间，侦察员就回来报告说，前面是一个小村子，村里没有敌人。参谋长决定到那里吃饭休息，安置伤员。

这时已经是半夜了，老百姓都在熟睡。部队集结在村西头的一块空地上。通信员找来了一位老板，参谋长和气地说："老板不要害怕，我们是工农红军，北上抗日路过这里，要在你们这儿吃顿饭，饭后就走。请你告诉乡亲们多多帮助。我们队伍吃的粮食和蔬菜，一律按价给钱。"那位老板说："长官说到哪里去了，你们是穷人的队伍。为了打倒祸害我们的白军，兄弟们受这么大的苦，不能让你们挨饿！"接着各连司务长由那位老板领着，把可靠的老百姓叫起来做饭。

这时候，参谋长让我把四连晏指导员找来，对他说："我们尽最大的努力，抢下这 7 名负了重伤的同志，本应把他们抬回主力部队去，但条件不允许，只好留下来请老百姓帮忙照顾。这需要好好向伤员们做解释工作，再给每人发 30 块白洋，这件事由你去办。"晏指导员把重伤员们找到一起，说明了我们的处境和组织上的意图，伤员们个个眼睛里含着泪水，好长时间没有人开口说话。他们谁也不愿离开部队，但谁也不愿给领导和同志们增添负担，默默地服从了组织的决定，就这样，这七名重伤员留在了这个崇山峻岭之中的小村子里。

吃完饭，部队继续朝着宣威出发。天亮的时候，我们登上一座山梁。突然听到远处传来了既亲切又熟悉的红军起床的号声。大家停止了脚步，参谋长命令营部司号长联系，对面很快传来了回答号音，果然是自己人。我们找到主力部队了！大家不知哪来的那么大劲头，一口气就冲到了山下……

第二天早晨。红六军团召开全军大会，王震政委在大会上表扬了我们二营英勇顽强的革命精神，号召全军向二营学习。军团首长奖励我们营的战士每人白洋一块，干部每人白洋两块。新的一天又开始了，我们按着毛主席指引的方向继续向北走去。

选自沈阳军区政治部编研室编:《红军将士忆长征》，白山出版社1996年8月版，第714页。

江冰，又名宋其彪，1921年生，湖南龙山人。1934年参加中国工农红军，1936年加入中国共产党。红军长征时历任红六军团十六师四十六团二营通讯员、班长、区队长、师政治部民运科科员等职。新中国成立后，曾任辽宁锦州军分区政治部主任、朝阳军分区政治委员、辽宁省军区顾问等职。

苦荞粑

覃长生

1936年春天，我们红二方面军[①]经过半年多的行军、作战，来到了云南宣威附近。这天，下着大雨，同志们周身都湿透了，又冷又饿，直到天黑才到达宿营地。这是几间凑着破墙搭起来的茅草房，房里透出一线亮光。我喊了几声："大伯！大娘！"没人答应，便轻轻推开了柴门，借着昏暗的小油灯的亮光，看到矮竹凳上坐着一个没有腿的老人。他一动不动地盯着我，脸上像罩了一层严霜，眼光里充满了仇恨。我一看这个样子，明白是老人误会了，便急忙说："老大伯，你好哇！我们是红军，是穷人的队伍……"老人听到红军二字，眼睛突然一亮，把身子往前凑了凑，死盯盯地把我从头到脚打量了一阵说："红军？你们……真是红军？"他的语气有些怀疑，但口气却非常和蔼。我连忙指指帽子上的红星和脖子上的红领章说："老大伯，一点也不错，我们就是工农红军，是毛主席、共产党领导的工农红军。"这下老人相信了。他激动地伸出双手把我拉到跟前左看右瞅，眼泪簌簌地流了下来……

原来去年红一方面军经过这里的时候，老人给部队带过路。一路上红军对他讲了许多革命道理，临分别时又给他衣服和干粮，老人感动极了，高高兴兴地回到家，逢人就说红军的好处。不久，国民党军队窜来

---

① 此时应为红二、六军团。

了，把全村粮食一股脑儿抢光，把房子一把火烧光，又以“通匪”的罪名，把老人抓起来，严刑拷打，想从老人嘴里了解红军的情况。可是，不管敌人怎么拷问，老人只是咬住牙不哼一声。当那些豺狼无计可施的时候，就凶狠地说：“能给红军带路是因为有腿，腿犯了罪就惩罚腿。”便惨无人道地把老人的双腿砍去了。我听了老人的叙述，胸口像塞了一团棉花，只觉堵得难受，恨不得立即把残暴的敌人抓来，碎尸万段，为老人报仇。同志们也都沉默着不出声，我知道大家的心情也和我一样。这时候，房门突然被推开了，随着一股凉风，冲进来一个瘦小的孩子，他没有注意到我们，一进来就高举着一只破口袋送到老人面前说：“爹爹，要来了，要来了这么多苦荞粑！”当摇曳的灯光不再闪动时，他才发现我们，立刻怔怔地呆在那里不知道怎么好，老人连忙笑呵呵地作了介绍。原来这是老人的儿子东明，今年 16 岁了，可是由于穷苦生活的折磨，又瘦又小，看上去不过十一二岁。东明听说我们是红军，立刻高兴起来。老人从口袋里掏出一块块干粮，分递到我们手里说：“同志们走了一天路，一定饿了，快吃点东西吧！吃了这苦荞粑，不要忘了受苦人哪！”本来我们的肚子早就饿得撑不住了，多想有点填肚子的东西啊！可是，这是东明为父亲讨来的粮，我们怎么能忍心吃呢！老人见我们不吃，非常着急，坚持要我们快吃，实在推脱不过，我只好和老人商量，把我们仅有的一点点米倒出来煮稀饭，和他们一块吃。老人见我们答应吃苦荞粑，高兴极了，忙叫东明帮我们涮锅、打水、找柴火，忙个不停。老人叹着气对我们叙述了苦荞的来历。

原来过去充军发配的人才往这儿送，老人的祖父就是充军到这里来才落的户。据说皇帝下过一道“圣旨”，要“罪人”吃苦受罪，除了苦荞不许种别的庄稼。所以这里的人世世代代只种苦荞,吃苦荞。老人说：“我讲的这些，那只不过是传说罢了，这儿慢说不长别的庄稼，就算长旁的庄稼，又年年丰收，也要被国民党抢光，穷人还得过苦日子啊！”说到这里，他突然眼光深沉地盯着东明，嘴巴动了动要说什么，可是没说出来。大家吃饭的时候，老人还是那样盯着东明。我想他老人家一定有什么心事。果然，刚吃完了饭，他就郑重其事地把东明叫到身边说："孩子，记住爹这腿是怎么掉的！白狗子硬说爹是红军，好！我没当红军，你去替我当红军吧。"老人说到这里，突然激动地转过头来看着我说："同志，东明这孩子从小死了娘，跟我苦熬了16年，还能吃苦，如今我把他交给你们了！"东明一听这话，立刻扑到父亲的怀里，流着泪说："爹！我早就想当红军了，可是我走了，你……"是啊，老人离开了亲人生活也实在不便。我们劝说老人，独子应该留在身边，没有同意东明参军。

第二天黎明，我们继续踏上了征途。傍晚，在途中休息，大家正在议论老人和东明时，忽见有个人影由远而近匆匆向我们这个方向跑来。等他来到跟前时，只见他背着苦荞粑，见了我们像见亲人似的，激动地叙述了来找部队的经过：当部队走后，老人仍然积极支持东明当红军，去赶部队。临行时，老人抚摸着东明的头说："孩子，去吧，带上这苦荞粑，牢记这血海深仇，当一名真正的红军，跟着共产党闹革命。不打倒国民党就没活路，不打倒国民党就别回来。你别牵挂我，乡亲们会照顾我的。"乡亲们也再三嘱咐我放心去找红军，等着打了胜仗再回来。东明说完，看看大家，看看我。我们见东明参军心切，家里老人也有了安排，既然来了也不好再让他回去，这样又吸收了一个小红军。东明高兴极了，便跟着我们一块儿长征了。

在以后的岁月里，不管遇到任何艰难困苦，只要一想起那袋苦荞粑，一想到那位可敬佩的老人，我就充满了信心，充满了力量。

选自中共新疆维吾尔自治区党史工作委员会编:《我当儿童团长的时候》, 新疆人民出版社1984年5月版, 第52—56页。

覃长生，红军长征时在红二方面军。新中国成立后，在新疆维吾尔自治区乌鲁木齐铁路局工作。

回忆宣威和款庄战斗

何杨文

从贵州的威宁进入云南，滇军在宣威卡住了我们的去路，来了两个师。这样，我们就不得不跟他们打了。

这天，我们十七师是军团前卫，四十九团又是师的前卫，我们五十团走在中间。上午八九点钟，前卫四十九团同敌人打响，军团部马上让在一边，命令我们团增援上去。我们通过一片开阔地，从左边插过去，将敌打垮，追了五六里。后来敌人反攻，我们反复冲杀了四五次，11点左右，听到军团停止冲锋的号声，才退到河这边半山坡上的松林里，与敌对峙。这一仗，我们伤亡了二三百人，主要是我们十七师的。我团一营一连连长何桂生在这次战斗中牺牲了。他是下午三四点钟，在阵地前500米的坡上，被对面的敌人用机枪打死的。后来能走的伤员还专门组织了一个休养连，不能走的就安置在老乡家了。

在款庄我们又同敌人打了一仗，因为要过普渡河，渡金沙江。这一仗是遭遇战，不打，过不去。那天，我们准备赶到前面的镇子去宿营，离镇还有三四里，看到镇子上已经驻了敌人。先头部队于是与敌打响，从早上六七点钟开始，打了一天，下午四五点钟撤出战斗，顺大山转移。第二天我们又返回那里，目的是还要从那个地方过普渡河。款庄这一仗，我们伤亡300多，敌人伤亡五六百。

选自周朝举主编:《红军黔滇驰骋风云录》,军事科学出版社1987年9月版,第856页。

何杨文,红军长征时为红六军团十七师五十团一营一连战士。

在宣威战斗中的五十二团

龙福祥

二、六军团从贵州威宁进入云南宣威县境，发现驻宣威城的一个旅有出城截堵模样，便把十七师从后边调到前面来宾铺警戒，让十六师和十八师驻龙潭休整。第二天，十七师就同出城的敌人在来宾铺打响了，军团当即令十六师、十八师上前增援。

十八师是当天早上 6 时先后分两路出发的，五十二团在最前面，师部和五十四团居中，五十三团殿后。走了二三十里，10 点钟左右赶到来宾铺，指导员对我们动员说：十七师已冲垮了敌人，抓到不少俘虏，我们就来个捉俘比赛。这时，敌人增援上来一个旅，但兵力还没有完全展开，我们五十二团和五十四团在十七师的左侧加入战斗，后到的五十三团在我们左侧占领山头掩护。它的左侧是四师十二团。五十二、五十四两个团打过开阔地与敌打了三四个回合，最后冲上对面山上。12 点左右，我们将敌一个团打垮并迅速顺坡追击。我们两个团一下捉了一二百俘虏，大家都很兴奋。可惜战斗中，五十二团徐迎生连长牺牲了。下午 1 时许，上级派人通知，说我们主要是阻击敌人，掩护大部队转移，叫我们往后撤。当我们撤回到开阔地这边坡上时，敌人又返回占了开阔地对面的高地。我们在这边与敌对峙，老百姓送饭到阵地上来给我们吃。我们吃了，每个人还装了一个饭袋。不久，增援的敌人从我们左侧摸过来，攻击我左侧翼的五十三团占的山头。五十三团当即奋起迎敌，仗打得相当激烈。随后，上级留五十四团坚守阵地，抽我们五十二团和十六师的四十六团去增援五十三团，将敌打退。五十二、五十三两团在那里从中午一直打到夜 8 点。

因敌人不断增援,打到下午 5 时左右,十七师三个团首先撤出战斗。夜晚，我们五十二团也相继撤出战斗。

这一仗，我们伤亡很大，但消灭敌人也不少，对比起来，我认为还是一个胜仗。因为我们消灭了敌人，掩护了主力转移。

选自周朝举主编:《红军黔滇驰骋风云录》, 军事科学出版社1987年9月版, 第857—858页。

龙福祥，红军长征时为红六军团十八师五十二团战士。

回忆宣威战斗

龙辉瑞

我们进入宣威，原计划在龙潭休息三天，后因敌人围上来了，只住两天就到虎头山增援十七师打仗。十七师是六军团的主力师，在贵州，敌情严重时常把他们放在后面，掩护大部队转移，到宣威龙潭，又把十七师从后面调到前面来对付从宣威城出来截堵的滇军。他们头天到达来宾铺虎头山附近，第二天就同敌人打上了。

我们十六师四十六团和四十八团是当天早上 8 点钟离开龙潭向虎头山前进的，四十六团走前面，四十八团因新兵多，留在后面跟师部走，四十七团留在龙潭收拢后面的部队。我们四十六团上午 10 点来钟赶到战地，我和团长便去师部请示如何行动，回来发现敌人向我们左边进攻，五十三团正与敌激战，我们马上叫三营上去，不到中午 1 点，干掉他一个连。以后警戒五十三团左侧翼。五十三和四十六两个团未过开阔地，在那里与敌对峙，一直坚持到晚上八九点钟撤出。因还有人在外面宣传扩红，住的村子又分散，我们出发时只好留四十七团在龙潭收拢部队。晚 7 时，他们才赶来和四十六团一道撤出。四十八团和师部在后边，虽然到了，但未参战。撤出时，四十八团也是跟师部一道撤走的。这次战斗，十七师先撤出，接着是十八师和十六师，四十六团留在后边掩护，等四十七团来，所以，我们是最后撤出的一个团。

选自周朝举主编:《红军黔滇驰骋风云录》，军事科学出版社1987年9月版，第859页。

龙瑞辉，1914 年生，江西永新人。1930 年参加中国工农红军，同年加入中国共产党。红军长征时任红六军团第十六师第四十六团政治委员。1991 年在西安逝世。

五师十三团参加宣威战斗的情况

郑依宝

云南宣威战斗，是一次有准备的战斗。当时想在云南建立根据地，所以把部队往宣威集中。宣威是云南东面的门户，云南军阀龙云相当重视，所以堵得很紧，想死卡宣威，叫我们进不了云南，也去不了贵州。他和贵州军阀勾结还想把我们赶到金沙江边聚而歼之，我们则有意打他的门户，目的是三个：一是建立根据地，二是组织发动群众，三是补充给养。这个意图，是战前一个礼拜，我们在军团部开会，会上军团首长讲的。说我们进入云南是战略转移，离开了根据地，要建立新根据地；现在只有好好打一仗，消灭滇军，才能在云南建立根据地。只是什么时候打会上没有说，叫等待机会。当时提出要活捉龙云，还画了活捉龙云的宣传画。

机会终于来了。当我们进入宣威县境，离县城不远的地方，就了解到滇敌一个旅就在附近，另外还有两个后续旅。一个旅较近，两个旅较远，于是决定先打就近的一个旅，后面两个旅来了再打。结果我们把敌人就近的一个旅打垮了，后续的两个旅是下午赶到的。

当时敌人先派一个保安团由东侧出击，企图把我们压到东山脚下东河沿岸小盆地内予以消灭。不想我们的六军团比他们先打响。

战场的南面是滇军，北面是追敌中央军。我们五师一接到参战的命令，即派十四团和十五团北返阻击中央军，令我们十三团配合六军团作战，夺取宣威城，搞点补给。天没亮我们接到命令，便紧急给部队作了战斗动员，从现在铁路右边的新回村出发，不等枪响，立即夺取宣威。我们小跑步前进，跑了一个多小时，大约 10 时到了前沿阵地，这时战斗已经打响了。

军团部在大坡山设了观察所，军团指挥所设在左边松树林紧靠大坡山一个村子的四合院内。战前军团部可能驻观云村，因为要打仗，遂往南移到这个四合院内。我们到了那一带，军团部通讯员来通知我们，说军团部就在一里地的一个四合院里。后来我到那里见到了李达同志。李达同志命令我们攻上对面虎头山。我们从右翼打敌人的西头，四师从左翼打敌人的东头。

接受了命令，大约 12 时，我带着一营，配合四师及六军团一部，冲上了虎头山半山腰，和敌人展开肉搏。这时团长高利国牺牲了，政委陈盛才腿部负伤。我头颈部也被敌人用刺刀刺伤。当时昏迷过去，已被掩埋，但只埋了半截，后发现我还有气，下午 4 时，才把我背下来。这次战斗,我军虽然打垮了敌人,但我带这个营 200 多人,最后只剩 61 人。

这一仗虽然没有达到战略目的，但仗打的是好的。我们这个部队夺得敌人机枪六挺，给了敌人一个下马威。滇军本来很骄傲，打了一仗，敌人害怕了，使我们接连顺利通过了好些县。所以应该说，打这一仗是一个很大的战略转移的胜利。

六甲战斗，十五团是师的前卫，我们十三团是师本队，后卫是十四团。十五团和我们十三团都参加打了，我们团打左翼，负伤一人，牺牲一人，团特派员魏赤农负伤。战后，我们转移到一个村子宿营，敌人突然来到，我们的青年干部带着团政治处图章，慌乱中竟把它丢了。发现后，我曾下令破案。

我们从柯渡向南插，威胁昆明，然后突然向西。这一佯攻昆明的动作很成功，使龙云赶紧将他的部队往昆明收缩。我们的先头部队进到昆明附近的小石坝，马上给昆明打电话，威胁敌人说我们要攻昆明，吓得敌人龟缩在城里不敢出来。

选自周朝举主编:《红军黔滇驰骋风云录》，军事科学出版社1987年9月版，第866—867页。

郑依宝，红军长征时为红二军团五师十三团一营营长。

回忆转战云南片断

李国良

宣威战斗是六军团先打，四师接着增援，十二团正面攻击，十团在十二团左翼，十一团及师部为后梯队。

这天上午八九点钟，六军团已经打响，10 至 11 时左右，我们在驻地紧急集合，上级命令说，六军团那边情况紧急，要四师全部上去配合六军团作战，歼灭敌人，并令十二团为前卫（当时十二团是最能打仗的）。我们小跑步前进，约半个多钟头，走了十来里，赶到前边，团里叫一营展开，其余两个营休息待命。因我们团的任务，是掩护十二团冲锋或者必要时掩护他们撤退。下午 4 时，我和另外两个同志到十二团找钟子廷①团长交换情况，准备替换十二团。正谈着，突然后面离我们 300—500 公尺的山头上响起了军团的调号声，调前面阵地上的师团干部去接受新任务。钟团长和我谈完情况，刚准备去指挥部队，敌人一发炮弹飞来，钟不幸牺牲。当时，钟面向东北，我面向西南，一听见声音我叫他卧倒，他没有卧倒，还说我怕死。但他话音未落，炮弹爆炸了。同他一起牺牲的还有一个通讯员，另外一个秘书负了伤。这个地址就在小村子东北面一条不大的沟洼里，附近有个小庙。

后来，五师接替我们，掩护我们撤退。我们通过断绝地，到了一个

① 原文误为钟子亭。

小山上，又派一个营掩护五师，两个师互相交替掩护，黄昏才撤出来。

为什么要打宣威这一仗？事后才知道，认为宣威群众基础好，红九军团上年到过；另外这时滇军主力又到贵州去了，我们在贵州转来转去，已使敌人疲惫不堪，可以打一下，消灭一部分敌人，然后从容转移。当时从总的形势看，我二、六军团已完成牵制敌人，掩护中央红军北上的第一阶段任务。第二阶段是敌人压向我们，我们进行战略转移，坚持在西南各省建立新的根据地（此时还未收到张国焘命令我们渡江北上的指示），云南人民受苦深，有革命的群众基础，打击敌人，建立根据地是可能的，但是，没有估计到敌人来得这么快，以致后面有敌人，侧面也有敌人。总之，战前我们对敌人的力量估计有些不足。

过普渡河我们也打了一仗。后奉命回到东岸转过河来之际，四师政治部主任肖令彬在河边牺牲。下午 3 点左右，我见有人在哭，问什么事，说主任死了。我也哭了。肖是江西莲花人。渡河战斗是当天上午 9 时打响，下午 4 点撤出的，我们过去了一个多团。

挺进滇西过程中，十团在宾川还打了一仗。宾川当时的县城是今天的州城，周围围了 50 公尺宽的仙人掌。我们用衣服铺着打进去，从拂晓打到黄昏。当时我们十团是二军团的前卫，攻城时，先是一营上去，以后二营、三营接着上去，团长刘开锡、政委朱绍田都上去了，全团 3000 多人都上去打，朱政委攻城时还负了伤。最后，我们用门板，从城东北角打进去。只见里面有些藏红薯似的战壕。这次战斗抓了一个伪团长和伪县长，还杀伤了好些敌人。军团部未进城，是沿城西南绕道走的。因敌情严重，我们只在城里住了一个晚上。

选自周朝举主编：《红军黔滇驰骋风云录》，军事科学出版社1987年9月版，第860—861页。

李国良，1908 年生，湖北天门人。1927 年加入中国共产党，1932 年参加中国工农红军。红军长征时任红二军团四师十团总支书记。新中国成立后，历任江西省军区参谋长、副司令员，江西生产建设兵团副司令员等职。1961 年晋升为少将军衔。1983 年逝世。

红十团在滇境的几次战斗

陈浩

宣威战斗是二、六军团从湖南实行战略转移以来，规模比较大的战斗，打这一仗的出发点，后来听说是因部队走的太累了，消灭一个旅，打下宣威，争取时间，休整补充部队。但敌人增援太多，没有达到战役目的。

打仗的头一天，我们住核桃园一带，第二天上午，部队南移到朱街子沟，打土豪，做饭吃。随后听说有情况，就把部队拉出去，下午 2 时左右战斗打响。三四点钟，我们看到正面战场打得很激烈，十一、十二团都增援上去了。

我们十团的任务是到东山岭牵制敌人，保证主力部队歼灭敌人和战后掩护主力撤出战斗。接受任务后，我们把团部仍设在村里（朱街子沟），部队分三路纵队拉出去，一营到东山顶警戒，其他部队在山腰设防。从山沟到山顶有 15 里路。敌人向我们进攻中，团长刘开绪右手负伤，还伤亡了一两个战士。正面攻击部队，距我们大约 20 里。战斗进行到晚上 10 点左右，我在村边一个单独房子里，接到师部电话，说经过很长时间的反复战斗，很不理想，决定撤出战斗，并说明部队从哪条路线撤，在什么时间撤走等。我随即派一个通讯员上山去通知部队，结果在山顶上的一营三四个小时还不见下来，真把我们急坏了。第二天早上八九点钟一营总算撤下来了。过了山下的木桥，到一个山丫口，我们还看见敌人在搜索前进。太险啦，一营差点撤不出来!

西渡普渡河的意图，原是想沿一方面军的路线渡金沙江入川与四方面军会合。普渡河河面不宽，但流速很急，对岸有个团的敌人防守。当时，我所在的十团是前卫团，我们泅水过去，淹死了四五个同志。四师政治部副主任肖令彬，正在河右岸边喝水，被敌人的冷枪弹打死。这个人我印象深，在湖南新溪战斗中我负了伤，跟政治部走，肖还给我一本《马列主义提纲》，我那时叫陈秋菊，后来才改名陈浩。

头晚，我们下了一个约 20 多里的山，第二天过河，同敌人打了一仗。敌人没有筑什么工事，我们把敌人追过两座山，下午三四点奉命停止攻击，接着退过河来。黄昏以后，我们按原路返回河东岸，又上了过河前的那座山，拂晓到达一个平地，那里有一片稻田。1 点左右又曾与敌接触，4 时许，在一个山上我偶然遇到贺龙同志。贺问了我渡河情况后说，前面有新情况，你们不了解，后面六师也有情况，打得还很厉害，现在部队需要转移，再寻找新的战机，消灭敌人。并令我们改任后卫，掩护主力撤走。晚上，我们穿过山林，到一个小村子里宿营。

后来，我们在普渡河上游过了河，向滇西进军。我们十团攻占了楚雄城。那天我带二营走最前面，拂晓前，我们十几个人跳上了城墙，但后续部队还没有跟上，只好撤下来。等后续部队上来把楚雄城包围了，下午 3 点钟将这座城打开,俘虏了一些敌人地方武装,缴获了一辆汽车。第二天，滇军追到，我们却撤了。

宾川县城也是我们团打开的。朱辉照同志在攻城中带一个营攻县衙门上的碉堡，打死一二十个敌人，自己也负了伤。后来，我们向里边喊话，交代政策，不到一刻钟，守敌下来了，宾川终于打开。

我们是白天渡过金沙江的。我们十团仍是先头部队。渡江前，下午一二点，我在江边见到过贺总。我们团部过江后，总部当天也过了江。

选自周朝举主编:《红军黔滇驰骋风云录》,军事科学出版社1987年9月版,第862—863页。

陈浩,1914 年生,湖南茶陵人。1930 年参加中国工农红军,1932 年加入中国共产党。红军长征时任红二军团四师十六团政治委员、四师十团副政治委员兼政治部主任、六师十七团政治委员。新中国成立后,曾任西南军区空军政治部主任、副政治委员,武汉军区空军副政治委员,江西省军区副政治委员。1955 年被授予少将军衔。2012 年在南昌逝世。

钟子廷团长牺牲的经过

周总甲

钟子廷[①]团长是湖南桑植人，他是在宣威战斗中牺牲的。

那天天亮后，我们在钟团长带领下，向南开，到了一个陡坡顶上，看见坡下是一条河沟，沟那边是高山。下午三四时，听到枪声，我们沿着斜坡冲下去，冲到了沟边。这里有个十来户人家的小村庄，村子的左边不远有一个只有一间房大小的小庙，部队继续向前攻击，我们团部和特务连却停留在这条沟里。村子左边是瓦房，我们到了村边口，钟团长下马来继续指挥战斗。当时我们先上去一个营攻对面的山头，占了左边的两个山包，但右边的山头没有拿下来，敌人用机枪、迫击炮，封锁了我们后续部队的冲击路线，使我军无法前进。为了解除右边敌人的威胁，钟团长叫我去通知三营，拿下右边山头。下午5时，我传送了命令，按原来去的那条沟转回来，就见钟团长和另一个警卫员被打死了，沟边一共死了十多个人。特务连没有把团长的尸体背走，只是拿走了团长和警卫员的枪。我因为年纪小，背不动团长的遗体，路过时也未背。这时，我十二团的部队已转入攻击敌人的阵地。

我离开了钟团长遗体，就到师部去，师长卢冬生已知道钟团长牺牲，问了情况，傍晚又叫我带着三营的一个连回去抢钟团长的尸体，结

① 原文误为钟子挺，本文统一为钟子廷。

果由于村子已被敌人占领，摸到那里，就摸不过去，我们只好转回去。

钟团长牺牲后，左边的那个营仍还在坚持，右边的部队则下来往后撤，沿着山坡往左撤走。我们十二团从听到枪声投入战斗，到撤出，中间只经过几个小时。

钟子廷同志是我们红军优秀指挥员，牺牲时才二十四五岁，人很精干，曾给贺龙同志当过警卫员。最先任红十师二十团团长，后任四师十二团团长。他官兵关系好，打仗时很勇敢，常是冲锋在前，退却在后，生前曾多次负伤。1934 年红三军与红六军团会合后，在湖南龙家寨战斗中，他右肩胛骨负伤。长征开始前右腿又负重伤，骨头打断了，是贺彪同志给他开的刀，用凿子凿骨头。长征开始后，开始坐担架随军行动，后来好一点就骑马，到宣威时他的腿还未完全好，走起路来还有点跛。我们的好团长，不幸就在此次战斗中牺牲了。

选自周朝举主编:《红军黔滇驰骋风云录》，军事科学出版社1987年9月版，第864—865页。

周总甲，红军长征时为红二军团四师十二团团部通讯员。

挺进滇西前后

王立忠　张绍武

4 月 8 日[①]，前卫四师抢占普渡河铁索桥，滇军孙渡纵队的一个旅赶到河边封锁了渡口。在这同时，六军团在款庄的长干山、大木板也与向普渡河增援的另一部分滇军遭遇。龙云见我军渡河受阻，急令孙渡纵队向可郎方向逼近，以纠缠我军于普渡河东岸，并急电郭汝栋纵队沿大道赶到嵩明、羊街一带，防我东返，待追敌集中后围歼我军于普渡河以东、功山以南地区。

二军团总指挥部当即命令六师于六甲地区阻击敌人。4 月 9 日晨，我六师从可郎返回 20 里，刚到六甲地区，滇军的两个团即蜂拥而至，红军六师十八团的尖兵，抢先占领了魏家山高地，给敌迎头痛击，随即全团投入战斗，团指挥所设在丁家房屋西侧的两棵杉树脚。十七团这时从碾子山进入梅家大坟部署好第二道防线。

盘踞在郭家山、代家山一带的敌军，对红军阵地发起一次又一次冲锋，我军英勇打退了敌人的猖狂进攻，使敌伤亡惨重。我军的受伤人员顺白子村从原路往柯郎撤走。与此同时，我十八团主动撤离魏家山阵地，退至梅家大坟第二道防线。敌以为有机可乘，向我组织更大规模的反扑，我十七团、十八团战士英勇抗击，再次挫败敌人。战斗越来越激

---

① 这是1936年。

烈，敌人还打出了能使草木着火的子弹，使漫山遍野燃起了熊熊大火，但我军仍巍然不动。敌军攻至阵地前沿，红军战士便与敌人浴血奋战，拼起了刺刀。

下午 2 点，五师赶来增援。十三团从研究村（原名羊圈村）冲上青龙山，向敌侧发起猛攻，又一次打退敌军；十五团则到丁家坪后山布置成又一道阻击线。战斗一直打到天黑。在五师一部的掩护下我们十八团和十五团从山上，向海洋哨方向迅速撤出战斗。其他参战部队沿柯郎河撤向可郎。

在威逼昆明的行进中，十八团迅速攻占了富民，掩护主力向西转移。后来，十八团还攻占了祥云。

渡金沙江，二军团几个师是在石鼓附近的渡口渡的。四师先渡，随后是五师，六师是全军团最后一个师过江。五师十五团在渡江时翻了一船，这一船坐了 40 人，除救起一二十人，溺毙 20 来人。过江后，师长贺炳炎还为此追查过翻船死人的责任。

选自周朝举主编:《红军黔滇驰骋风云录》, 军事科学出版社1987年9月版, 第876—877页。

王立忠，红军长征时为红二军团六师十八团政治委员。新中国成立后，曾任云南省高级人民法院副院长等职。

张绍武，1908 年生，重庆秀山人。1930 年参加中国工农红军，1935 年加入中国共产党。红军长征时任红二军团五师十五团一营营长。新中国成立后，曾任云南军区副参谋长、顾问。1955 年被授予少将军衔。1989 年在昆明逝世。

回忆普渡河铁索桥战斗

白苍林

1936年旧历三月十八日（公历4月7日[1]），我们长征到鸡街。当晚11点钟，我们四师十团、十二团从鸡街出发，鸡叫时赶到铁索桥，侦察连到桥边侦察，看到桥上有铁丝网，以为是电网，师长叫部队原地休息，又派侦察连到划船处看，水齐腰深，可以过，我们于是过去了两个团。我们十二团天亮到者广，十团还有些部队在过渡，敌人才发觉。我们从者广背后丫口到赤朗箐包围敌人。三月十九日12点，军团总指挥部却打电话来，叫我们撤退，说这里不能过，怕敌机来轰炸伤亡大。师长决定现在不能撤，要到天黑才好撤。我们白天到者广村动员群众给我们做饭，因从进云南起炊事班就赶不上连队了。我们还花五角钱一棵，买了一些竹子，扛到山上每班一棵，编成灯笼，里边放了洋蜡点着，挂在松树上，又烧若干堆大火，火堆里放些子弹，再撤转来从桥上过（桥头的敌人，白天被我们在东岸的部队瓦解了），经三哨、白勒，到茨沟宿营，然后经鸡街到柯渡。十九日这天夜里，敌守桥的工兵营一部与榜上来增援的敌军发生误会，自己打自己，打了一夜。

这次铁索桥战斗，我们共牺牲79人，其中有师参谋处张主任和十团二营五连的指导员。牺牲比较多是在赤朗箐。那天，师部设在头哨下

① 公历应为4月9日。

边弯弯里，师参谋处张主任到大石头（这石头叫张咀石）后边，用望远镜看部队撤退的情况，忽然中了敌人的冷枪。牺牲后用绸子裹着遗体，在头哨找了一口棺材，埋在头哨后边，我们走后，坟被头哨一家掘了，把白绸子拿走了。

选自周朝举主编:《红军黔滇驰骋风云录》，军事科学出版社1987年9月版，第878页。

白苍林，红军长征时为红二军团四师战士。

忆宣威和六甲①战斗

李文清

宣威战斗中，我们五师十五团是在北线阻击中央军。这一仗，是进入云南的第一仗，目的是打下宣威建立根据地。虎头山距宣威城不远，站在山上就看得见县城，不打下这个山，就不能攻下县城，即便攻下了也难站住脚。南战场是主战场，是同滇军争夺虎头山。六军团的十六、十七、十八三个师和二军团四师都参加主战场作战。六师打侧翼，保证侧翼安全。

我们十五团是头天从电话里接受阻击敌人任务的。这天晚上我们准备了一夜，半夜就到达伏击位置。我们先埋伏在两侧山上，10点来钟（这时南面战场已打响）敌人来了。我们先让过敌人的侦察兵，待他们的大部队进入山沟，才把他们卡住，突然开火，一下就歼灭敌人的前卫营。后来我们撤上山，全面阻击敌人，不让敌人前进一步。晚上接到命令，说宣威方向敌军增援太多，战斗不理想，必须撤走。于是我们在黄昏时分撤出了战斗。我们团打这次阻击战只伤亡三四个人。正面部队牺牲的较多。

六甲战斗比虎头山战斗还激烈。我们是在一个大山上同敌人打了一天。指挥所设在山上的房屋内，山下是丘陵地，还有一条河。敌人的追

① 六甲位于寻甸羊街与可郎之间，不是地名，是当时的一个行政区域单位。

击炮打得很准，我们的战士牺牲了不少。一直打到天黑，看不见了，我们才撤走。撤退时燃起了大火，又吹冲锋号，有的战士还把衣服脱下来挂在树上做伪装，迷惑敌人。

选自周朝举主编：《红军黔滇驰骋风云录》，军事科学出版社1987年9月版，第868页。

六甲之战

郭鹏

从黔、大、毕出发，最直接的行动目的就是抢渡金沙江。3 月 7 日，部队整整走了一夜，8 日拂晓，我们正想赶到前面去宿营，早已在路边等待的一位参谋喊住了我们，说："郭师长！总指挥部要师首长快上去。部队在原地停一停。"听这口气就知道是有十分紧急的任务。

果然，我和政委廖汉生同志、参谋长常德善同志一进门，方面军参谋长就说："你们来得正好，任务很急。"接着，他就把情况向我们说了说。

出发前，上级就决定部队从巧家试探渡江，以便取道大凉山北上，这一点我是早就知道的。因此，一路行军十分神速。但是，敌人已经防备了我们这一招，趁着我们在黔西停留的时机，早已做好了在这里围歼我们的部署。根据情报判明：川军已沿江布满，滇军正由南压来，而从湖南一直追踪我们的百把个团，因为蒋介石限期甚严，也已渡过乌江，紧紧跟上。其中，邀功心切的樊嵩甫①纵队，脚步最快，先头部队已与滇军靠拢，今日距我不满百里。只要他一赶到，合围我军的阴谋就要成功。形势确乎是非常险恶的。因此，不管我们是向前渡江也好，或是夺路转移也好，都要求我们立即止住樊嵩甫的脚步。否则，前有金沙天险，后有断路敌军，左右伏兵尽发，我军迂回无地，后果就很难设想了。

① 原文误为樊松甫，本文统一为樊嵩甫。

贺龙总指挥请参谋长传达给我们的口头命令是：即刻带全师返转50里，赶到六甲，最好赶过六甲，以运动防御阻击敌人，掩护整个部队的行动。他还特别嘱咐我们：一定要狠狠地敲！不敲则已，要敲就狠敲，抢时间，抢地形，什么也不要怕！

受领任务之后，我们匆忙地返回部队休息的地方，把各团干部召集在一个小高地上，开了个小会。当时，我根据情况估计，可能要和敌人遭遇。廖政委说："最好让部队走快一点，抢占有利地形，打埋伏；如果一旦与敌人遭遇，那就不惜牺牲，争取把前边的敌人消灭掉！"我和大家都同意这一意见。为了争取时间，决定全师向后转，前队改做后队，由我带十八团走前边，廖政委带师直属队和十六团为本队，十七团担任后卫。部署既定，我们马上就快步出发了。

我和团长成本兴①、政委杨秀山跟一营走在最前面。这时，天色已经大亮。东风送爽，朝阳扑面。部队虽然没有得到片刻休息，但因为担当了重要任务，情绪反而特别饱满。我一边沿途观察地形，一边回味着贺总的命令。这时，对于贺总的指挥意图，体会得更加深刻了。向谁夺路？除了樊嵩甫还有哪个！川、滇两敌都早有了准备，只有他是贪功冒进，对我毫无准备。我们抢先占住有利地形，争取了主动，打它个出其不意，只要指挥无误，胜算一定操在我们手中。同时，返回50里阻敌，正是我军昨日过路的地区，当地群众对红军已有初步认识，比起我军没有到过的地区来，更容易取得群众的支持。民心向我，这当然是一个取胜的根据。想到这里，我不禁恍然大悟：敌人自以为着法高明，其实，贺总早已算透了他那一步棋，要不，为什么指定我们要在六甲迎敌呢？昨天路过六甲时，贺总早就把地形给我们预先看定了。迎敌要在六甲，一定要在六甲！

看！六甲在望了。一看到左前方那一带石山，就回想起这里的地形

---

① 原文误为成本新，应为成本兴，即成钧。

了。从这里开始，向东有一二十里路的光景，是一路下坡。左侧傍山，怪石嶙峋，越向下山势越陡，极利于我军攻守；敌人东来，一直爬坡，位居我下，很难讨到便宜。但是，右侧乃是一片丘陵，有的地方比较开阔，有的山包起伏，灌木丛生，茂密非常，又有利于敌人向我迂回。贺总的命令是："赶到六甲，最好赶过六甲。"显然，越赶到前面，我军的运动越灵活，敌人的处境越不利。为了抢时间，我恨不得一步迈到六甲，带着十八团一路跑步。快到预定地区时，后边的两个团掉了很远。不过，十八团是全师的前卫，正是要让他占住左面山地，首先接敌。如果十八团能早到一步，预先占领阵地，守候敌人，那么，吃掉敌人前面的个把营是十拿九稳的。但是，没有想到敌人的脚步也会这样快，尖兵连刚刚转过山脚，恰好和敌人的先头部队走了一个面对面。看来是非打遭遇战不可了。尽管如此，主动权还是操在我们手上，因为无论如何敌人也料想不到我们会在这里给它个回马枪。于是，尖兵连从正面用手榴弹一阵猛轰，另一连很快就抢上左面的山头，压到了敌人的头顶，第三个连跑步从右翼迂回。只听得一声"冲啊！"三个连同时动作，把目瞪口呆的敌人冲了个一塌糊涂。除了前边炸死、炸伤的和后面跑掉的，至少有一个整排顺顺当当地作了俘虏。

这时，控制开阔地是迫不及待的任务，我当即命令成本兴同志亲率二营和三营抢先占领右翼的丘陵地带，迅速构筑工事。后续部队闻声赶到以后，十六团登上左侧山峦，控制制高点，十七团立即在后面布成第二道防线。十八团一营收拢兵力，控制正面。师指挥所就设在左后侧的一个无名高地上。

敌人的先头部队缩回去以后，有很长一段时间不见动静，看来是正在进行一次凶恶的冲击准备。战场上的静寂是最焦急的，它预兆着将有一场艰苦的大厮杀。果然三四十分钟以后，一阵猛烈的炮火骤然倾泻到我军的阵地上来了。随着炮火轰起的烟雾，敌人发起了集团冲锋。看样子，这次敌人出动的是四个整团，两个团想夺取左侧的高地，两个团想攻占右翼的丘陵。

红军士兵们沉静而严峻地等待着敌人的接近，手榴弹盖子都已揭开，枪口默默地随着敌兵的头颅转动。忽然，成本兴同志一声口令，右翼的阵地前霎时现出一片火海。接着，左面山上也热闹起来了。十六团的防守是比较容易的。敌人吃力地刚刚爬到半山腰，一排子手榴弹砸过去，几个死尸往下一滚，一窝蜂似地就向后转了。可是，十八团的防守却相当吃力，因为敌我两方的地势相差不多。前面的敌人打倒了，后面的虽然没敢立时冲上来，但是借着密密的树丛做掩护，却也没有退下去，稍一喘息，就又爬了过来。有时竟被它冲到阵地的前沿，迫使我军不得不与敌肉搏，以致双方的伤亡都相当大。在这种敌大我小的情况下，相持不下是利于敌而不利于我的；拼兵力，兵力不如敌人大，拼弹药，弹药没有敌人多，这样下去如何得了呢？贺总说，一定要狠狠地敲敌人，看起来，单纯防守是守不住的了，一定要狠狠地敲它一下才行。这时，成本兴同志恰恰也正为这情况来找我。我把意见对他谈过后，他就说：“首长，让我带一营去吧！”我考虑了一下，答应了他的要求。他霍地站起，喊道：“通信员：跑步向二营营长传达命令，马上组织反冲锋！”接着，拔出驳壳枪，大吼一声：“一营！跟我来！”就冲下山去了。

一营从敌侧出击，二营接着一个反扑，形势立刻就发生了变化。敌人动摇了，向后逃跑了。正在这乘胜追杀的时节，敌人突然由左后方派出了一支轻兵，企图断我追兵的后路。十六团团长顿星云同志看出成团长带的一个营即将陷于厄境，而机枪的火力又够不到敌人，在这紧要关头，他没等我下命令，喊了一声，“报告师长：我冲下去啦！”就带着两个连扑向那一支来意很凶的敌人。顿时，那股敌人被我冲了个七零八落，溃不成军。

敌人第一次疯狂的冲击就这样告终了。为了避免意外的损失，我命令司号长吹号收拢部队。

敌人的冲击每失败一次，紧跟着必然是一阵猛烈的炮轰，而每一次炮轰之后，就又是一次更疯狂的冲击。不失时机地发动出击和反冲击。是医治敌人这种疯病的好手术。就这样，打退了敌人十几次大规模的猛扑，一直坚持到当天的午后。十八团的阵地始终是最令人注目的焦点。敌人看出只有这里有油水可取，每次总是不惜血本地攻击。虽然十八团打得很顽强，可是伤亡究竟太大了，手榴弹也打完了，阵地上的空隙也越来越难填补了。终于，在敌人更猛烈的一次冲击下，我不得不命令全线后撤到预设的第二道防线。十七团抽调一个营弥补了十八团阵地的空隙。

部队困乏到了极点：昨夜通宵行军，今早出发打仗又没吃上饭，这一仗又打得特别苦。杨秀山同志说："不管怎样也要搞点饭吃吃！"我就请他派人到六甲的老乡家里去想想办法。没过多久，民运科长笑哈哈地回来报告：恰巧赶上老乡做饭，老乡一听说我们还饿着肚子，非把锅里热饭给我们送来不可，有几家老乡还特为我们烧了几锅茶，随后就送到。廖政委当即命令师直属队的干部赶快上去把饭食接回来，分头送到各个阵地去。

这一来可解决了大问题。恰好，敌人到了新阵地，一时忙于部署，既没有打炮，也没有冲击，我们就吃上了一餐安逸的饭。部队在这种环境中能吃到一顿热饭本已十分满意，又听说是六甲的群众慰劳我们的，更是感动。如今，战士体力已见恢复，斗志更觉昂扬，完成战斗任务更加没有问题了。只是弹药越来越少，谁知战士们早已想出了办法，他们自动地在那里分头堆集滚木、擂石。不要小看了这些，在红军战士手里，它们照样能打败敌人。

下午，又是无数次天昏地暗的鏖战。可是，敌人不过是白费了一番心血，白送了一堆炮灰，始终也没有沾到我军阵地的边沿。

天色将黑时，敌人竭尽全力发动了一次进攻。在雨点般的炮火掩护下，敌人正在运动部队，黑压压的一片，像是冲完了这一次就再也不打算冲锋了似的。敌人这种破釜沉舟、孤注一掷的做法，正是它虚弱的表现。实际上，它已经经受不起这种苦战的熬煎了。这样的硬拼硬打，实力消耗过大，对樊嵩甫和滇军这些非嫡系的将领来说，其下场是不难设想的。反动军队那套保存实力的鬼胎，我们是十分清楚的。因此，可以断定，他是在急切地想要把这一场战斗结束。我们只要能咬牙扛住这最后的一击，敌人那脆弱的神经就会断折。这是一场关键性的决斗，要就是敌人把我军冲乱，抓住我军主力，要就是我们坚守阵地，挫净敌人的锐气。

十八团经过整理，也已加强了正面的防御：能用的力量，我们也全用上了。眼看敌人越离越近了，这时在十七团阵地上指挥的参谋长常德善同志，便发出了“开火”的命令。但是，敌人并没有后退，稍一停歇，又继续向上冲了。我们的机关枪不甘沉默，一齐叫响，才算把它压退了十几公尺。为了节省弹药，常德善同志下令停止射击。可是，敌人硬是顽固，一见我军的火力弱了，马上就翻转回身，……就这样一次又一次，持续了很久很久。成团长嘴上的烟从敌人运动上来时开始，一支接一支，一连吸了四五支。这时我多么希望援助呀！哪怕是一个连也好。正想着，总指挥部的一个参谋骑着快马跑来，递给我一封贺总的信。只见信上写着“派五师前来增援，归六师指挥”，这几个字特别耀眼夺目。我忙问，“部队在哪里？”他伸手向山后一指，说，“就在左后方。”“太好了！快马加鞭，告诉他们：跑步从左翼向敌人侧后迂回，十五分钟以后准时打响！快！”他纵身上马，一眨眼就不见了。

15分钟按说并不长，但是，在这种两军胶着的时候，实在是长极了。这期间敌人冲上了十八团阵地的前沿，双方拼起了刺刀，接着十七团阵地上也展开了肉搏。十六团因为子弹打光了，不得不让敌人爬上山来，现在正用枪托一个一个地往下掀。敌人这时真是疯狂极了，“冲上去啦！冲上去啦！”的声音叫得震天响，仿佛他们已经胜利了似的。可是，忽然，五师十四团在他们背后打响了！一直就扑到了他们的指挥所跟前。

这是敌人做梦也没有想到的。突如其来的打击，完全摧毁了敌人的神经，打乱了他们的计划，他们后撤了。我们阵地上的战士一看，好啊！端起刺刀跟踪追了下去。我身旁有一个湖南战士，一条胳臂负了重伤，这时也咬着牙，手里握着一把刺刀，摇摇晃晃地冲下山去。后撤的敌人没能在原来的阵地上收住脚,全线向后退却,看样子是不准备继续打了。

午夜 12 时获悉：全军主力已经安全地转移到了巧家东南的以车泛一带等我们，我们才下令收兵，撤出了战斗。

在毛宣湾，我们赶上了主力。贺总亲自跑出来迎接我们。他神采焕发地说："同志们！你们这一仗，打得苦！打得好！没有你们这一场苦战，全军就没有今天。同志们！好好休息一下，好好吃一顿饱饭，准备打过金沙江去！"

原载《星火燎原》第三集。

选自中国社会科学院现代革命史研究室编：《回忆贺龙》，上海人民出版社1979年11月版，第443—450页。

六甲阻击战

杨秀山

我们在普渡河东岸回旋那几天形势很险恶。四师过不了普渡河，被迫转回来；我们后面有敌人十多个团追击。为掩护主力转移，我们六师奉命折转打追敌。

我们是头天后半夜到柯渡宿营的，因为白天敌机猖獗，只好夜行军，白天宿营。到柯渡，我们只睡了一觉天就亮了，早饭后，还不见通知出发，我们只好就地待命。后见师参谋长常德善带着几个侦察员路过，不一会，就得到叫我们转回去打追兵的命令。

当天上午10时左右我跟着前卫二营走到一个垭口，见山上有松树，山下有条河沟，才认出是昨晚走过的路。接着前边山沟里出现有戴大盘帽的敌人，敌人大概没有想到就要打仗，枪都斜挂着。走在前面的六连同敌人一打响，我立即命令二营另两个连从侧面迂回，占领山头，并以唯一的一挺重机枪在右侧一个山头上侧射敌人。但敌人用极大的火力压制，使我们的重机枪不得不撤下来。打了两个钟头，我的子弹打光了，我叫警卫员“山宝”拿子弹，谁知“山宝”已牺牲。我头部太阳穴处也负了伤，至今还有七块小弹片在里面。后来师长郭鹏率部队上来，我们又同敌人展开了拉锯战，我在一个小山梁上，进退只有十几公尺，我见可用手榴弹杀伤敌人，便投了两颗手榴弹。我们打了好几个回合，守住了阵地。战斗中我们俘虏了十多个敌人。

这一仗敌我双方伤亡都很大，我们团一营长牺牲，二营长负伤。郭鹏师长也在此次战斗中负了伤。我们团二营有一个连，连长、指导员都牺牲了，全连打到最后只剩一个班长带着十几个战士。

打到下午 4 点钟，敌人的攻势减弱了。到天黑，我们撤出战斗，有的走山上，有的走大路，往柯郎、柯渡方向返回。我们从右边山上撤走，没有走原路。六甲战斗，我们一共十个营参战，其中六师九个营，五师一个营。

这次战斗，师指挥所设在我们回头路的左侧山上，没有设在房子里，右侧有老百姓躲在树林里看打仗。团没有设什么指挥所，团一级指挥员都上前线跟战士一块，我跟着二营六连，团长、参谋长都在前面。

打过六甲战斗，第二天，我们休息了一个白天，于 4 月 10 日晚由柯郎出发向富民县城前进。当晚，月亮很大，有风，夜行军较方便。我们六师经过六甲艰苦战斗下来，伤病员很多，伤亡同志的枪支都由未负伤的同志背着行军，每人两三支，拂晓前，我们到了富民城郊。我们十八团的任务是包围富民城，监视敌人，掩护主力和军团部通过。富民城的敌人只有一个伪县长带着数十名民团，战斗力很弱。白天，我们团的一营与敌人有零星交战，11 日黄昏后，我和团长成钧同志到城的西关，看到一营一连连长曾而初同志和战士们正在绑云梯，准备攻城。他们说有把握攻上去，把城打下来。这都是在没有接到命令的情况下主动干的。一连连长在六甲战斗中负了伤，这时还提出攻城，对他们的战斗积极性，我们当然很高兴。大约一个小时后，他们组织投弹手和其他火力向城里猛烈袭击，很快就登上城墙，随即打开西门，部队闯进城，活捉了伪县长，缴了一些枪支和物资，我们伤亡却很小。等我和成钧同志进了城，他们立即把伪县长交给我们。我向伪县长了解昆明的敌情，伪县长很顽固，硬是不讲。我说你不讲，我就枪毙你。他说，你枪毙我也没有讲的。我一时气急，对着他的小腿打了一枪。本不想打死他，不料打到动脉，流血过多，伪县长死掉了。

12 日拂晓，军团部派人告诉我们快点向罗次转移，说情况很紧急，怕撤晚了，被敌人隔断我们与主力的联系。我们撤出城，向西走约几里路,天大亮了,终于赶上了主力。向西南又翻了几座山我们才停下宿营，向富民方向警戒。

选自周朝举主编:《红军黔滇驰骋风云录》，军事科学出版社1987年9月版，第871—873页。

杨秀山，1914 年生，湖北洪湖人。1929 年加入中国共产主义青年团，1930 年参加中国工农红军，1934 年加入中国共产党。红军长征时任红二军团四师十一团政治委员、十二团政治委员，四师副政治委员。新中国成立后，曾任军事学院高级系班主任、军事师范学校校长、解放军训练总监部院校部副部长、总参谋部军校部副部长、国防工业委员会政治部主任、武汉军区副司令员、解放军政治学院副院长、后勤学院院长。1955 年被授予中将军衔。2002 年逝世。

关于寻甸六甲之战

王立忠

我们二、六军团完成了策应一方面军长征的任务后，于 1935 年 11 月开始长征。长征过云南的时候，也还是叫二、六军团，二方面军是到甘孜与四方面军会师的时候才成立的。当时贺龙是两个军团的总指挥，到了贵州盘县后，北上的方针才决定，因此进入云南后，我们的主要任务是抢渡普渡河，渡过金沙江。宣威虎头山战役后，二、六军团分两路向滇中挺进。二军团从沾益到寻甸，打了寻甸城以后，到柯郎，后又由柯郎返到六甲与滇军作战，战后到富民、罗茨①向滇西前进，六军团从曲靖到马龙，两个军团在滇西的孔仙桥会合。

打虎头山战役的是四师，打六甲战斗的是我们六师。当时，我们的主要目标是抢渡普渡河，但是四师的前卫部队赶到普渡河时，滇军孙渡纵队的一个旅抢先控制了普渡河的铁索桥，我军无法渡河。又听说后面追赶我们的敌军已逼近，于是贺龙总指挥就命令六师十七团、十八团返回 20 里，到六甲阻击敌人，止住追敌脚步，并命令说："这一仗只许打好，不许打坏。"

我们到六甲与敌人接上火以后，战斗一打响，双方就抢占山头，打了一整天，战斗中，上午 11 点到 12 点左右打得激烈；下午 2 点到 3 点这段时间也打得很激烈。当时丁家坪子附近是我红军的指挥所。在战斗

① 罗茨，原名罗次，后逐步演变为罗茨。

中，国民党曾派飞机来侦察轰炸，但是由于有森林隐蔽未炸伤人。当时滇军有一部分是法国装备，打来的子弹落在我们阵地前的茅草上就会起火。在整个战斗中，记得滇军背着斗笠，冲呀！冲呀地怪叫向我们阵地发动了十多次冲锋，但是全部被我们打垮了。敌人的冲锋每被打垮一次后，隔一小下又冲上来啦。最后一次冲锋，我们是用肉搏战的办法打退的。在战场上大概 1 点钟左右我们吃了一顿一饭。

当时郭鹏是我们的师长，是直接指挥我们打六甲战斗的，战斗打到了下午三四点钟，上面又派了五师副师长王尚荣（现为副总参谋长）带着一个团来增援。到晚上撤出战斗后，我们六师先撤，后是五师十三团撤。全部撤出战斗后，我们又去打富民，祥云等，后来，在要到石鼓渡金沙江的时候一起会合。

当时的军事形势是这样的，龙云看到我军渡河受阻后，以为我军跑不了啦，要完蛋了，于是就一方面派部队在后追，一面又派张冲部队在富民功山一带阻击，防我逼近昆明，企图缩小我军迂回运动的范围，把我们搞在一个狭小的圈子里，消灭在普渡河以东，功山以南一带地区。我二方面军则回头打了六甲战斗，狠狠地打击了敌人，止住了追敌的脚，然后打富民县，给敌人以为我们要攻昆明，于是调动敌人回昆明保城，我军好横扫滇西，渡过金沙江。在富民功山一带由于阻击我军的张冲部队的一个团走错了路，另一个团在等，因此耽误了时间，错过了机会，没有阻击我们。蒋介石怀疑他是有意放走我们。听传说，在延安贺龙见到张冲时，贺龙就拍拍张冲的肩膀说：张冲，你做了件好事，在富民没有堵住我们。

总的来讲，六甲战斗是一个很重要的战役，它关系到整个全局。

（根据 1975 年 5 月 30 日访问王立忠同志谈话记录整理，经王立忠同志审阅）

选自中共寻甸回族彝族自治县委党史资料征集办公室编：
《红军长征过寻甸》，1991年6月，第68—69页。

激战六甲

陈岗

我二、六军团前卫西渡普渡河未遂，两军团主力只得往回迂回佯攻昆明。滇军这时在我们后面跟得很紧，为了保证两军团主力安全转移，军团部命令我们六师返回二三十里路阻击敌人。这一仗不打不行，不打我们就无路可走了。

返回打仗，我们十八团是前卫。我带着一营赶得很急，后面的部队因太疲劳,走得很慢,同我们前卫营拉了好大的距离。我们沿着山谷走，走了二三十里，前面的侦察员回来报告说，敌人在前面休息。我不等后续部队跟上来，即催一营迅速前进，占领路旁一个山坡，见前面沟里确实有敌人，便居高临下向敌发起猛烈攻击。一下打死敌人二三十，缴枪一二十支。接着，我们守在一个山口上，打退敌人三四次冲锋。一小时后，三营赶上来加入战斗，接着团部也赶到了。下午，师长郭鹏、政委廖汉生也率师部赶到。下午四五点钟，五师十三团又前来增援，和我们组织了一次反冲锋，将敌人打退。后来敌人的迫击炮打得很准，对我们威胁很大，我到师部去，想再组织一次冲锋，彻底打垮敌人，不想从师部出来我的手臂就负了伤。随后我组织部队又反复冲锋了几次。为和主力联络，我就从后边山上走了，天黑时下山进一个村子，坐在路边休息，却遇见贺龙同志。贺总问了我是哪个单位以后，说现在情况很紧急，六军团已走了，到云南中部去会合，这条路不知能不能走出去，现在还要准备打仗，叫我派一个通讯员去通知打仗的部队撤回来。当时我身边还带着两个侦察员、两个通讯员，我叫通讯员去给两位师长说，要他们商量一下，快把部队撤下来，不管哪个师走前，都要行动快。因为我受伤，贺总就叫我随军团部一起走。

六甲战斗，六师三个团都参加了，五师只有十三团参加，后来十三团同十六团顶着敌人打，掩护其他部队撤走。

普渡河战斗后，我军两个箭头指向昆明，龙云慌忙调兵保昆明，我们则从昆明的东北插向富民，顺利向滇西进军。到了金沙江船很少，扎木筏，从容渡江。

选自周朝举主编：《红军黔滇驰骋风云录》，军事科学出版社1987年9月版，第874—875页。

陈岗，红军长征时为红二军团六师十八团一营营长。

参加红军干革命

段开智

我家住在南华县一街乡，世代都是受苦农民，到了父亲这一辈由于国民党繁重的苛捐杂税，乡、保长们巧取豪夺，横征暴敛，以及各种名目繁多的摊派，使广大农民如牛负重，喘不过气来。我一家五口，尽管起五更睡半夜地辛勤劳动，仍然很难糊口。每逢青黄不接的时候，没奈何，只得向地主家借贷。旧社会的地主真是虎狼心肠，他们趁穷人有危难时，进行重利盘剥，因此，地主不劳而获，越来越富；穷人如牛似马，却越来越穷。没几年，我家祖辈就耕种的田地，为了顶还地主的高利贷，就全部被邱四地主家霸占去了，一家老小只能帮工度日。

那时，国民党政府实行“三丁抽一、五丁抽二”的兵役制度。我家是弟兄三个，就在 1936 年 1 月间，我被当成壮丁抓到镇南县城当常备队兵。我从小劳动，干些盘田种地，放羊牧马的活还算在行，唯独三个月的新兵训练真叫我难苦难熬，每天的“三操两讲堂”，我不知被班长拳打脚踢过多少次，在国民党的军队里，那几个当官的真不把士兵当人看待，当兵就是活受罪呀。

4 月初，长官对我们当兵的说：“红军要来，必须加强训练。”还说：“红军是杀人放火的，要拼死保卫县城。”当时，我也不懂“红军”、“白军”到底是什么队伍，心里确实有些害怕。

4 月 16 日，镇南城里的气氛异常紧张，除四道城门早已堵死以外，四城都派了团兵、常备队防守，我们是防守北门城楼。文应藻中队长三番五次地传达县长命令："红军来了，一定要拼死守城，坚持三天。"话虽这么说，心里却慌乱不定，只不过勉强装出一副镇定而有信心的样子罢了。这一天，文应藻可忙坏啦，一会儿传达命令，一会儿布置检查各个防守点，他装出一副伪善面孔，假惺惺地摸摸这个战士的肩头，拍拍那个战士的胸口，其实是想要大家忠诚地为他们——一群欺压人民的官老爷卖命。

大约晚上 9 点多钟，我们在北城的城垛上，隐约可见红军的队伍正向城边移动，我们都不敢出声。我自己在心里盘算怎样逃脱，才免得丧命，什么"死守三天"的命令，我早就把它当作屁话忘掉了。过了一会，听到一阵从东门方向传来的机枪声和手榴弹爆炸声，知道是红军攻城了。这时，常备队乱作一团，我和夏贵昌两人，趁乱中跑开，寻找躲处，急忙脱下常备队的衣服，连同自己扛的一支枪也藏在草堆深处，我们两人又在另一堆稻草中躲避起来。

红军进入城内，有几个红军在搜查中发现了我们，"什么人？"红军问，"老百姓。"我们声音有点发颤地答。红军看到我们害怕，一面警惕地注视着我俩，一面和颜悦色地对我们说："不用害怕，我们是工农红军，是共产党的队伍；红军是专打土豪劣绅，保护穷苦人民的军队。"红军把我俩带到一个地方，有位"官长"又对我们宣传了一些共产党、工农红军为穷苦人民翻身求解放的革命道理。红军的话句句说到我的心坎上，穷人为什么穷，富人为什么富？地主老财为什么敢欺压老百姓？共产党为什么要革命？红军为什么打仗？这些道理说得我心里热乎乎的。我想：我家祖辈都辛勤劳动，结果还是半年糠菜半年粮，连全家赖以生存的几亩田地都被地主邱四家占去，就是因为这世道不平，地主剥削农民，官府为地主撑腰，所以没有穷人的活路。穷人要翻身，只有跟着共产党、红军闹革命，才有出路。因此，当红军问我们："愿不愿意当红军，为穷人打天下？"我就毅然报名。从此，我就跟随红军长征，编在红二军团五师。直到过了雪山、草地，组织上把我调到五师警备连当战士，经常站岗放哨，保卫领导机关。有机会经常与贺龙、关向应等首长见面，并多次受到首长的教育关怀，使我在革命队伍中得到锻炼成长。（沸泉整理）

选自中共南华县委党史资料征集研究室编:《红二军团长征过镇南》, 1992年4月, 第23—26页。

段开智，1914 年生，云南南华人。1936 年参加中国工农红军，同年加入中国共产党。红军长征时为红二方面军五师警备连机枪排战士。1988 年逝世。

忆红军攻占富民和奔袭祥云

杨秀山

一、攻占富民

1936年4月11日晚，红二军团六师十八团占领富民县城。

红二、六军团从湘鄂川黔根据地突围之后，经湘中、湘西，于3月28日占领了贵州的盘县。在盘县，红二、六军团总指挥部召开了一次会议，研究了当时的形势和红军总司令部“渡金沙江至西康与红四方面军会合”的指示精神，决定进军云南的滇北、滇西，在石鼓地区强渡金沙江，经西康白玉、甘孜与四方面军会合。4月初，红二军团就机动灵活地迂回到云南寻甸地区。我军迅速行动，甩掉了国民党数十个团的追击，使阻击我军前进的龙云部更加紧张和恐慌。为了迟滞我军的战略行动，敌人除了派遣地面部队实施堵截和追击以外，白天还总是派数架飞机在我行军纵队上空进行盘旋侦察，一旦发现我红军的目标，就对其进行轮番轰炸和低空扫射，因而极大地扰乱了我红军的行动。面对这样一种态势，为了避免不必要的伤亡，保证迅速渡江决心的实现，军团首长随即决定改变部队的行军时间，这就是由原来的白天行军、夜间宿营全部改为夜间行军、拂晓前后宿营。1936年4月8日夜，部队到达嵩明柯郎。根据上级通报，普渡河已经由敌人占领，阻止了我前卫部队的行动。同时后面敌孙渡纵队的两个旅也跟了上来。为了使军团主力折回，绕过敌人继续前进，就必须把孙渡的两个旅死死顶住，以掩护主力行动。4 月 9 日 9 时左右，六师全部折回六甲[①]地区，便与孙渡纵队的两个旅遭遇。我六师和五师的一个营，立即在六戛地区给孙渡部以迎头痛击。与敌激战至黄昏后，歼灭了不少的敌人，并略有缴获，给敌以沉重的打击，使滇军不敢穷追，有力地掩护了主力部队的行动。

云南的 4 月，已是暮春的时节。白天风和日丽，处处充满着生机。夜间虽然还有着丝丝凉意，但从印度洋徐徐吹来的潮风倒使人觉得很暖和，因此我们在行军时一点也不感到冷。那几天，天气晴朗，连着几天一滴雨也未下过，这种天气对于我们赶路的红军，是再好不过的了。十八团（团长是成钧同志，政委是我），在六甲阻击战中打的比较艰苦，伤亡也比较大。撤离战场后，部队宿营休息。10 日的白天，部队仍然是休息。在这一天中，我们对伤员进行了安排，还整顿了组织，作了一些政治思想工作。军团部决定于黄昏时在住地集合出发。我们十八团是六师的主力团。虽然我们团在六甲阻击战中伤亡较大，但军团首长仍然要我们做前卫部队。在部队出发之前，由于我团六甲之战使部队伤亡大，枪多人少，几乎是每个战士都身背两条枪。那时我的头部也负了伤，连弹片也未来得及取出，因此集合时我团来晚了。当时贺龙军长、任弼时政委、关向应副政委、李达参谋长、甘泗淇主任在集合场都以焦急的心情在等着我们的到来。当我们到达时，军团首长都很高兴。说：你们来得好，任务还是由你们十八团来完成。贺军长说：你们还要走前卫，把前面富民县城的敌人监视起来。军团政治部主任甘泗淇同志也给我们一些鼓励，他边笑边说：你们十八团伤亡这么大，背两支枪的战士又这么多，我们想办法帮助你们扩兵，给你们一些补充。你们的困难虽然不少，但军团首长信任你们，还是要你们十八团走前卫。军团首长的鼓励，使我们十八团的全体同志人人都处在异常的兴奋之中。尽管部队伤亡很

① 原文为六戛，本文统一为六甲。

大，但大家高兴得真像是满弦待发的箭。就这样，在军团首长的嘱托下，我们十八团的每个干部、战士都带着喜悦的心情，迈着坚实的步伐，又开始了前往富民的夜行军。

10日的夜间仍然是急行军。随同我们十八团一起行动的有军团参谋长李达同志。那天，他是同我们团部一起走的。据我观察，他当时似乎是在思考着许多的问题，并且在他的深思熟虑之中又重复了贺军长的指示，他边走边具体交代：你们要在11日拂晓之前到达富民县城城郊，尔后派一部兵力把富民县城监视起来，其余的部队全部休息，消除疲劳，恢复体力，随时准备战斗。富民在当时是一个不大的县城，距昆明只有40多里。就地形来说，那里没有大山、大川，小山也不多，我们行军的沿途大多是丘陵地。就在那不多的小山上，长着稀稀拉拉的松树。一丛丛不高的灌木，有的像是小牧童立在那小山的两侧在翘望着什么；有的又像是小牛卧在那陵顶上一动不动。那里的土是红的，路也是红土路，虽然不甚平坦，但却比较宽阔。清澈似水的月光照在远山近村，照在淇中的大地上。那本来是红土铺成的大路，由于洒满了月光，也变成了灰红灰红的，像是一条灰里透着红的带子，在我们的脚下蜿蜒地伸向远方，慢慢爬向那看不见的天际。我们沿途所经过的村子，几乎是没有一点灯火，也没有一个百姓在走动。人睡鸟眠，整个夜空静极了，除了红军战士脚下发出的沙沙之声外，什么声音也没有，偶尔听到的也是几声早被人们听惯了而不以为然的狗叫。这天晚上，我们十八团所有的战士都十分坚强，没有一个掉队落伍的，即便是伤员也是如此。负轻伤的同志有的没有离开连队继续坚持工作，有的继续随部队行军，有腿、脚伤的同志骑牲口集中在团卫生队行动，速度还是很快的，在拂晓之前，部队接近了富民县城。当我们进入了指定位置以后，就决定仍由前卫一营担任监视任务，在富民县城的西、北门外，选择有利地形，把县城里的敌人监视起来，团部及二、三营在县城附近的几个村子里住下，除留下监视敌人和担任警戒的分队外，其余部队全部睡觉。李达参谋长是同我们一起到达富民县城郊的，他是个很细心的人，直到我们把部队安顿好以后他才回军团部去了。4 月 11 日这天，部队整整休息了一天，一直到日末之前都没有多大的变化。因为军团首长交给我们的任务是监视富民城内之敌，掩护军团主力部队由富民附近、普渡河的上游渡河，向舍资方向转移，没有交代我们攻打和占领富民县城的任务，所以我们也没有做这方面的准备。

富民县城内，据我们知道没有正规军，只有大约是百八十人的保安队和抓来的 200 多名壮丁守在城里面，他们也没有多少战斗力。11 日的白天，我团只有一营的监视分队同敌人交火，枪声和手榴弹的爆炸声不时的传来，但不甚激烈。因为我们为了休息，就没有理他们。城里的敌人也只是在城里向我们打冷枪，始终不敢冒然出城。这种零零碎碎的枪声从拂晓一直持续到黄昏。日末之前，部队睡好了、吃饱了，精力也很充沛，干部、战士就开始作继续行军的准备。成钧团长和我便带着参谋、通信员等，朝一连的驻地走去。虽然天色渐渐地暗下来，但当我们来到城西关的时候明月已从东方升起，慢慢爬上高空。在月光下，富民县城的城廓清晰可见。步枪的火舌，手榴弹的火光，同皎洁的月光交织在一起，煞是好看。而在我们面前，一连干部、战士那满脸的激情也是明晰可辨。他们一个个手脚不停，全都在抓紧战斗之前的那一分一秒作攻打富民县城的准备：有的准备云梯，也就是把两三个梯子接起来，以增加梯子的高度；有的在准备手榴弹。那好汉的劲头、那英雄的气派，就是敌人见了也会丧魂落魄。就在这些龙腾虎跃的战士中，我们看到了一连长曾尔初同志，攻打富民县城就是他主动干的，该连指导员在六甲战斗中负伤不能随队行动。曾连长五短身材，长年的行军打仗，皮肤被晒得黑红黑红的，他 20 岁左右，原是个裁缝，红军打到他的家乡时，他积极参加了红军。他是个很乐观的人，古铜色的脸上常挂着人猜不透的微笑。他又是个很能干的小伙子，很会带兵，打起仗来也很勇敢和机动灵活，在六甲战斗中负轻伤，1938 年他牺牲在抗日战争的战场上。

成团长和我看到他就问:“曾连长，你们在打算怎么办？情况怎么样？”他满怀信心地回答说：“这里的敌人就是那么几个保安队，我们一连正准备打这个城。”“你们怎么打？”成团长又问他。他回答说：我们先准备投它一顿手榴弹，然后就架云梯爬城墙过去，因为手榴弹一响，守城的敌人就向两边跑，待敌人一乱我们就乘机架云梯爬上城墙。然后他又汇报了攻城的具体部署，比如由哪部分投弹，由哪部分架云梯，又由哪部分爬城墙。看到他们那充满信心的劲头、精心的部署、详细的分工和充分的组织准备，以及一连战士们那一个个英勇无敌的气概，我暗中高兴极了，连伤口的疼痛都忘了。成团长看到这种情况，就批准了他们攻城的行动。我也同意团长的意见，并吩咐他们一旦爬城得势，就迅速打开西门，以便部队进城。攻占富民，并不是我们的命令，全是一连自己主动组织打的，这种机动灵活、见机就乘、高度自觉的精神实为可贵，至今还激励着我们。

成团长和我等了一个多小时以后，一连对富民县城之敌的攻击开始了。他们完全按照战前预先设想的战斗办法组织实施战斗行动。各分队在各个时节的协同动作搞得也比较出色，所以攻击开始后，战斗发展的比较顺利。先是扔了一阵子手榴弹，一颗颗手榴弹在城墙上爆炸，一团团火球像烟火腾空而起。手榴弹爆炸之后发出的轰轰之声传往远方，当面的敌人也被炸跑了。我一连乘敌混乱之机，负责架云梯的神速地接近了城墙，在云梯靠上城墙的一刹那，随后跟进的战士一个个像下山的猛虎，威不可挡，来到城下一跃而上，然后就是一阵枪声，那清脆的枪声划破夜空传出很远很远。战士们爬过城墙以后，就按我们的要求，迅速打开了西城门，一连进城以后，成团长要一营其他部队也立即进城。这样一来，城里的敌人活像是一群无头苍蝇，东碰西撞，处处躲藏。有少数顽敌，仍然在抵抗，啪啪的枪声，轰轰的手榴弹爆炸声时起时伏，时有时无。部队进城以后就是继续追击和搜索敌人，有的敌人被抓到了，有的藏在老百姓家里。我们就占领县衙门和保安队住地，收缴弹药等物资。大概是到了 12 日零时左右，我带警卫员、通信员也进了城，我刚一进城，就碰到了团政治处的特派员孟照亮同志。他带着几个人缴到了一些枪和钱(白洋)。孟照亮同志见到我就说，部队把县长抓到了。我一听到他们抓到了县长，就甭提心中有多高兴。我就对孟照亮同志说 :“你赶快把这个县长给我带来。”他走了以后，我就在街上等他。此时，富民县城内枪声稀少了，有时还有手榴弹的爆炸声，静静的夜晚还能清楚地听到红军战士“快出来，交枪不杀”的喊话声及战士跑步的脚步声。同时我又回想起了我曾想过的问题 :城里的敌人数量不多，其素质也并不强，无非是一些保安队和强迫拉来的壮丁乌合之众，没有什么战斗力，但一个县长带着他们不但不跑，还守着这个城，或许是他得到了其上级要他坚守并很快派部队来增援他的指示吧，不然凭他们这一点兵力怎么会同我们对峙一天呢？当我还在纳闷这件事的时候,听说抓了富民的县长,叫我怎么不高兴。我想，我一定要从这个县长的口中得到这些情况。这时，一群战士呼呼啦啦地走进一户老百姓家里去搜查敌人。我想何不乘机进去看看。想到这里，就来到这户老百姓家。一进门就听了一位战士说 :“我们是红军，是工农的队伍，到你家是来搜查保安队的，你们不用怕。”同时我也看到站在战士对面的这一家的主人满脸惊笑地在答复战士们的话，于是我就很放心地退了出来。刚出大门，敌县长就被带到了。他大约 30 多岁，个头不高，胖乎乎地一脸愁容，站在我的面前，活像只丧家之犬。当时我根本来不及问他姓什么、叫什么、是哪里人。为了尽早得知敌人的情况,我就立即问他:“昆明市现在有多少部队？”他说:“不知道。”我又问他 :“昆明什么时候派部队到富民来援救你们？他们对你还有什么交待？”他又说“不知道。”接着我又问 :“你为什么有那么大的胆量坚守不跑,是不是有人来接应你,从那个方面来,来多少人？”他回答:“我坚守是要尽责任，至于来人接应的事我不清楚。”我看到敌县长如此顽固,不肯吐露真情,并以此来拖延时间,顿时激起了我仇恨的气愤。

但为了从他口中获取我所需要的情况，还是压制住了自己，便严厉地对他说："你现在应该老老实实地把你所知道的情况告诉我，只要是这样做了，对你的生命是完全有保证的。"我说完后，他既不吭声也不理我。此时，想到部队所处的环境，我急需想从他口中获得新的情况，心情很着急，便又大声地对他说："究竟是哪个方面的部队、多少人、从哪个方面来增援你们，你再不老实说，我就枪毙你。"说着，我就从警卫员手中接过了驳壳枪，就这样，他仍然很顽固地说："你就是枪毙了我，我也不知道。"随后就一个字也不讲。在这种情况的逼迫下，我就想：我打你一枪，但不把你打死，看你说不说。于是，我就朝他的腿上打了一枪，他当即应声倒下，直挺挺地躺在街上，像条死狗，一句话也不说，带他来的两位战士仍然看着他。我等了一会，看他仍旧不吭气，也没有呻吟之声，感到有点不对头，心中便捉摸是不是被打死了，但转念又想，这一枪并没有打中他的要害，他怎么会死呢？当时我还认为他是装死的，也没有多问就走了。待我折回的时候，看守他的战士向我报告说他死了。我说："他是个顽固到底的反革命，死也该。"这时我才猛然想到，那一枪可能打在他腿的大动脉上，流血过多而死。这个县长死了以后，尸体就仍然丢在了街上，我们没有任何人去管他，同时也来不及管他。

4 月 12 日零时以后，部队进城开始搜索之时，军团主力已经在普渡河上游过去了，向舍资方向前进，上级也下达了要我们撤出县城的命令。根据上级的指示，我们就带上了在县城内缴获的武器、弹药和物资，离开了富民县城。出富民西关，我回头向东方望去，东方的地平线上已是一片鱼肚白色。西行数里路，就碰到了四师十二团的参谋长高利国同志，他告诉我们：本来军团首长让我们十二团走后卫的，因你们团才撤出战斗没有来，我们就先走了，那就由你们团走后卫了。走后卫，在当时来说，这是个不轻的任务，因为军团主力刚渡普渡河西行不久，需要后卫部队有力地掩护，我们就接受了这个任务。部队翻过了一座小山时，太阳从东方冉冉升起，山下的几个村子里，炊烟袅袅，又开始了新的一天。按师部的命令，我们也就在山下的几个村子里宿营，并向来路派出了警戒。

攻打富民县城时，一营有一位 18 岁的排长，他是湖南龙山县人，身负重伤。还有两位战士也负了重伤。他们三个人都不能随部队行动，当我们撤离富民县城时，每个人给了一部分钱，寄托在县城附近的老百姓家里养伤。

因为我们是在 4 月 11 夜间攻占的富民县城，12 日拂晓前撤出，占领该城也就是几个小时。所以，部队打进县城以后，对逃散的敌人来不及完全搜索干净，有些枪支和弹药也来不及收缴；城里的土豪劣绅及大小头目，既来不及调查也来不及捉他们，土豪劣绅的财物也来不及没收发给穷苦的市民；对城中的群众及城郊的老百姓也没有来得及向他们作宣传。

二、奔袭祥云

奔袭祥云，是红二军团六师十八团在向滇西北的进军中，于 1936 年 4 月 18 日夜间所进行的一次成功的战斗。

1936 年 3 月 28 日，红二、六军团占领了贵州的盘县。在盘县，我总指挥部开会研究了当时的形势和红军总司令部要“红二、六军团在石鼓渡金沙江与我们会合大举北进”的指示，决定进军云南。部队到云南以后，生活有了很大的改善，每天打土豪得到的火腿吃不完，行军时带的中午饭就是火腿；不喜欢吃肥肉的就挖一块瘦肉带上。云南的火腿既好吃又不腻人。战士们吃得好，对恢复体力、提高战斗力就有很大的帮助，因此领导机关也鼓励战士多吃些火腿。那时，尽管由于没有固定的后方作依托，部队处在转战之中，生活艰辛，但因为伙食好，士气更加高涨。部队向滇西北急进中，为了加快速度，沿公路行军时是四路纵队齐头并进。沿途的县城能占的就占，占不了的就绕道而去，不与敌人纠缠，耽误时间。部队为了避免敌机袭扰，每天都是夜间行军。这时的四月中旬是下弦月相。在行军路上，举目四望，天空中除星星在眨着给人以智慧的眼睛外，黑洞洞的没有一点光亮。夜晚显得很寂静，只有战士脚下窸窸窣窣的有力脚步声，指挥员的“不要掉队，紧紧跟上”的催促声以及“嘚、嘚、嘚”的马蹄声。这些有节奏的响声似乎成了催眠曲，加之春末夏初的暖风，吹打在战士们疲惫的身体上，不到午夜困倦就向他们袭来。有的指战员利用种种办法来刺激自己，使之保持相对清醒，不致在行走时摔倒。有的战士就边走边睡，稍有不慎，就会跌一跤。碰到仙人掌，它的细刺就会刺进战士的皮肤。仙人掌对于湖南、湖北、四川等地参加红军的战士来说，是个新事物。它又有点像玫瑰，开的花很好看而又能刺人。在滇西，仙人掌特别多。为了提高战士们夜行军的情绪，政治鼓动工作便很及时地开展起来。于是部队又活跃起来了，会讲故事的，讲的很生动。会唱歌的唱得人乐悠悠。会说笑话的，说得人捧腹大笑，使战士们的情绪顿时高涨起来，似乎是把疲劳驱散在道路的两旁，走起路来挟风扯电。

4 月 18 日的宿营地，是在祥云以东数十里的地方。上级命令我们十八团一定要在 19 日拂晓之前占领祥云县城，以保障整个军团主力顺利通过祥云向宾川、鹤庆、石鼓前进，争取早日渡江。我们接受了任务以后，立即作了布置和简短的动员，各营便随即进行准备，战士们也一个个像是满弦待发的箭。根据我们的侦察，祥云县城内，没有国民党的正规军，只有 80 余人的保安队和临时纠集来的民团，除保安队能打几枪之外，民团基本上没有什么战斗力。为了迅速取得胜利，我们决定采取奔袭的方法，在敌人神不知鬼不觉中拿下该城。为了达成这一作战目的，在色彩鲜艳、斑斓绚丽的晚霞还没有落幕时，全团就集合出发了。一路上，一个个战士，像威武的铁塔，又像刚出膛的炮弹，如同一阵风飘过又一阵风飘过，向祥云方向急驰。在急行军途中，为了一个共同的目标，战士们你帮助我，我帮助你，无一人掉队。通过清华洞，大约是在后半夜，我们来到了祥云城东郊。那时月亮还没有露面，向祥云望去，黑压压的一片什么也看不清楚。那城墙也如同一道高高的土岗横卧在面前。接近县城，经侦察发现城西门不通，被用什么东西堵死了，我们就布置了兵力，分别把北、东、南三个门包围起来，并要求各营准备好后，迅速攻城。一接近城脚，部队就开始轻装。因嵩明六甲阻击战使我团伤亡较多，但战士们爱枪就像爱自己的生命一样，舍不得把多余的枪丢下，因此不少的战士身上都背了两条枪。这时他们就把多余的枪支集中放在一处，每人只背了本人的武器，然后悄悄地接近各自的目标。各营开始行动了，成钧和我在东门附近等待部队的动作。夜幕有效地掩护了我团的行动，不一会儿，敌人就都在我团的包围之中了。从我们抵近县城直到部队把三个门的敌人包围起来的这一段时间内，我没有发现守城的敌人有任何一点动静，过了一会儿仍然是如此。成钧到一营去了。在我向北门走去的时候，碰到了二营五连连长，就低声问他你们准备的怎么样了，他回答我说他们正在北门作攻城的准备。当我得知二营正在北门作攻击的准备，心中稍踏实了一点，我就折回，带着警卫员、通信员几个人向东门三营的进攻出发阵地走去。到了三营，看到他们也正在作攻击的准备，城中亦仍不见动静。这时，我心中有点着急，嫌部队的动作太慢了，于是我就带着身边的几个人向东门走去。等我到了东门，还是没有动静，也没有枪声。我就推了推城门，但一点也推不动。为了进一步弄清情况，我把耳朵贴到城门上听，结果听到了城内的敌人吸水烟所发出的呼呼的声响。敌情没有变化，敌人也没有发现我们。我转身低声地吩咐警卫员安翁海和通讯员他们几个人快点去找根杠子来把城门撞开。他们几个小鬼很机灵，出去不大一会儿就找来一根丈把长、直径二三十厘米粗的木杠子抬着来了。我们几个人把它抬起来，我轻轻地喊了一、

二、三，便一齐用力地向城门撞去，当杠子碰到城门上时，北门的枪声同时响了，我想这是二营攻击北门的战斗开始了，于是我们倏地第二次向城门撞去。咔嚓一声，城门被撞掉了一块，撞出一个洞。正巧三营的机枪班也上来了，我转过身抓过一挺机枪顺着刚撞开的那个洞朝城门里面扫了一梭子。守城的敌人一听机枪响，就飞快地向城内街上乱跑。为了使敌人跑得更快一些，便于我们更快的进城，我又向洞口内打了一梭子，果然敌人跑得更快了。这时，我就乘机叫我身边的卫生员从撞开的那个洞口快钻进去，把城门打开。这个卫生员十五六岁，个头不大，但却很机敏，也很结实，他的名字我记不清了，就毫不迟疑地往里边钻，第一次没钻进去，我叫他把背上背的米袋子、挂包等东西统统取下来再钻。他高高兴兴地按我说的办了，就重新往里钻，结果头钻过去了，他的身体钻不进去，我就用力推了他一下，他唉了一声被我推过去了。城门很快打开了，我就带了身边的几位同志以及后来三营跟上来的大概共有20多人进了城。刚进城不远就捉到了一个俘虏，我便要他赶快带我去县衙门和保安队住的地方去。当时我想那里可能会有敌人住，可能找到一些子弹，有了子弹就好办了。但到了县衙门，那里一个敌人也没有，也没缴到一粒子弹。在县衙门里转了一圈，感到确实没有什么可搜的，就打算到保安队住地去搜搜看。刚要走到大门口，就发现屋顶上有敌人，大门外也有敌人。在这种情况下，我就决定由里向外打。这时，正好巧遇成钧同志带着团部警卫排也来了，我们两面夹击，这股敌人有的被俘，有的跑了，我们就跟着追。部队对东门、北门和南门的进攻得手以后，便开始向城内发展进攻。保安队和民团不敢抵抗，就顺着城墙和街道向西门逃去。此时，月亮从东方露出了它那娇小面孔，使大地光亮了许多，虽不如十五的月亮那样皎洁，但它仍毫不吝惜地把自己的柔情一点一滴地献给了大地。我带着部队，踏着那淡淡的月光，紧跟着敌人向西门追去。我到了西门内，看到东门、北门和南门逃来的保安队士兵和民团大部分都在这里，黑压压的一大片，乱作一团。保安队士兵见到我们追来，正待蠢蠢欲动，我便先敌打了几枪，并大声喊道："放下武器，谁也不准动，谁动就打死谁。"在我们的威慑下，有枪的放下了枪，拿梭标的放下了梭标，拿土枪的也放下了土枪。解除了他们的武装之后，就在原地把他们看管起来。保安队的士兵与民团不同，穿的是灰色的衣服，戴着有白色帽墙的大檐帽，使用的是清一色的新式套筒枪，很容易分别清楚。就这样，我们没有什么伤亡，没有打多少枪，也没有投多少手榴弹，干净利落迅速地占领了祥云县城。

我团三个营全部进城以后，旭日正慢慢地从东方升起。那清新如炬的红日，光芒四射，嫣红的曙光从东方直向西方透过去，它使大地又披上了一层红装。就在这迷人的早晨，我们都在忙忙碌碌地干着各自的事情。有的同志在整理着东西，炊事员忙着做早饭；有的在清缴战利品；有的在清查俘虏；有的干部带着宣传队在祥云街头向老百姓宣传革命的道理和红军的政策并动员工农子弟参加红军；有的动员经商的老百姓开门营业；有的把县城里的粮仓打开，号召农民来背粮，并宣布不要钱；还有的调查城内的土豪劣绅，并把没收土豪劣绅的财物分给贫苦的百姓。红军的这些举动，祥云的老百姓看在眼里，记在心上，他们都感到红军是好人，是好队伍，感激之情，溢于言表。也正是因为这些原因，不少贫苦农民、市民踊跃参加了红军，光我们十八团在 19 日这一天就扩大了 80 多名新兵。除了上述活动以外，负责搜索残敌的分队把他们抓到的保安队的士兵和民团陆陆续续地送到住在东门的团部，全团共俘获一千几百人。开始我想放他们，当放了几十人的时候，我觉得有些不妥，就立即叫部队不要放了，等师部进城再说。师部进城以后，我们就把这一千几百人让团政治处交给了师政治部。而师政治部又把他们编成新兵团，经过教育和审查，争取他们参加了红军。成团长按照师部的指示，安排三营向弥渡、大理方向派出了警戒，其他部队就在祥云城里宿营。按说行军、作战一夜，部队已经够疲劳的了，但好多人都不想睡。是的，在红军战士看来，最大的乐事莫过于是打胜仗。这次奔袭祥云成动了，捉住了那么多人，而部队又没有什么伤亡，这怎么能不使他们感到振奋。因而战士们仍情不自禁地在议论着，议论着奔袭祥云的点点滴滴。

正当战士们在高兴的时候，部队把祥云县长搜到了，并很快把他送到了团部。他瘦高个，长着不太浓的胡子，看上去有四五十岁。我向他交代了红军的有关政策以后就首先问他姓什么，他回答说姓杨。再问其他的一些情况，他也都告诉了我。最后我又问他："你知道不知道我们要来祥云？"他回答说："听说你们要来，我就让这里的人守城，但不知你们来得这么快。上级还命令我们要守住祥云，说红军不一定占领这个城。"问完话以后，我就叫警卫排把他看了起来。

部队进城后，缴到了几十匹马。云南的马，是我国优良品种之一。它习惯于高原生活，体型紧凑，短小精悍，蹄质坚硬，善走山路，是良好的驮辕兼用马。听到部队缴获了那么多马，我心中很高兴，就打算从中挑一匹更好的。这时我见了团政治处的总支部书记王立中同志，他说："我缴到了一匹很漂亮的枣红马。"我听到以后就对他说："你给我吧，"他就给了我。因为我知道贺军长有一个特殊的爱好，那就是十分喜欢马。我想，王立中同志给我的这匹马要是让他知道了也一定会要的，到时如果贺军长要的话我就送给他。所以，我就让马伕把那匹马牵到房子里拴了起来。另外的一些马，营以上干部谁想换的就换，剩下的给团卫生队和收容队，让伤病员骑。

这时，已是 19 日上午了，太阳已升到半空，明晃晃亮灿灿的阳光照在祥云的大街小巷。在阳光下，主力部队从东门入城，穿过十字街从南门出城然后西行，向宾川方向开去。有的没有进城，从祥云城南直向西开去。有的部队在城内宿营，也有一些部队在城外宿营。军团部和六师师部也住在城内，成钧和我安排好部队宿营及团里当天的工作以后，全身感到轻松愉快，虽然也是一夜未曾合眼，但二十二三岁的青年人精力充沛，却没有一点困意，也不觉得疲劳，都想出去看看。祥云北街有个图书馆，坐落在街头的左边，我曾看到过门前的牌子，我们俩就决意到那里去看看。走出团部大门来到街心，眼前的景象大变了，同清晨相比,这时街上热闹起来。经商的店门大开,做小买卖的也铺开了小摊子。在熙熙攘攘的人群中，有着红军战士的身影。他们有的买吃的东西，有的买香烟，有的买鞋子，还有的请老百姓做衣服，老百姓也很忙。红军战士在买东西的时候都做到了公平合理。这些动人的情景，至今仍记忆犹新。祥云不算太大，从东街到十字街再折向北街，沿途边走边看，走了没有多大一会儿，就来到地处北街北口的图书馆。在图书馆里看到了一些书，报刊及杂志，光溜溜的桌子、凳子也乱七八糟地摆在那里，冷冷清清的没有一个人。我们翻了书报及杂志，觉得也没有什么好看的，就打算返回。正当我们迈出大门时，就发现有七八个残余的保安队士兵从图书馆门前不远经过，慌慌张张地向城东面跑去。看到这种情形，我就连声地高声喊：“捉活的，捉活的。”因为我没有带枪，就以此来壮声势。成钧同志接着我的喊声就拿出了手枪，打了几枪。残敌听到侧后有追喊声和枪声，就如同惊弓之鸟头也不回地逃命，钻到仙人掌丛中躲藏起来了。我出门不远，正巧碰到军团部炮兵营的通讯员背着马枪向我这里走来，我就把他的枪从他身上拿过来朝那片仙人掌里打了几枪，但他们却一动不动。这时三营长带通讯员赶来，我们就把那几个保安队的士兵活捉了。我们背着缴获的新式套筒枪和子弹，押着俘虏回到了团部驻地。在返回的路上，大家谈笑风生，认为这趟没有白跑。同时我心中也想，自己有点冒失，在刚占领的县城里既不带枪也不带警卫员，这是值得警惕的。

我们十八团团部住在东街的一户土豪家里。这户土豪的四合院里有一栋面南坐北的二层楼房，并且有一个小天井，成钧和我就住在楼上。我俩回来后，成钧同志就到楼上去了，我一个人留在天井里，回想着刚才同那股残余敌人的遭遇。正在这时，贺军长、任弼时政委、关向应副政委他们来了，我就一边喊成钧下来，一边把军团首长往家里迎。但军团首长却高兴地说：就在院子里坐。我们就在天井里摆了几个凳子让他们坐下，并用缴来的水果罐头招待了他们。对十八团奔袭祥云的经过，军团首长在来我团以前已知道了一些，但他们仍然要成钧和我向他们介绍一下。当贺军长听到我们抓到了祥云县长时，就想见见他，了解了解情况，我就叫警卫排把敌县长带到团部。敌县长带到以后，贺军长先让他坐下，然后便开始询问情况，对军团首长们提出的一些问题，他也同样老老实实地作了回答。经过两次问话，看到他没有说出多少新情况，我们就把这个敌县长交给了师政治部，后来听说把他放掉了。军团首长听了奔袭祥云的介绍以后，任政委又很关心地对我说："你头上还缠着绷带，伤口又没好，你叫卫生员去开门，如果城门里有敌人，你进去一个，人家杀你一个，你怎么办？"我就对任政委说："好，今后注意。"末了，我还谈了缴获到几十匹马的情况，贺军长一听到有几十匹马在我们手里，顿时满面笑容。听完我们的汇报，贺军长、任政委、关副政委就回军团部去了。

送走军团首长，我就高高兴兴地牵出了那匹马，想试它一试，看看究竟怎么样。我骑上马，两腿用力一敲，右手挥鞭在马屁股上抽了一下，那马平平稳稳地像箭一般地向东关跑去。我暗暗地想，真是匹好马，高兴极了。我折回不久，贺军长带着警卫员又来到我们团部门口，他看到我就问："听说你缴到了一匹好马，牵出来给我看看。"于是，我就叫马伕把那匹马牵出来。他看了以后又笑着说；"你骑给我看看。""好，"我回答了一声便翻身上马，同样向东关走去，返回后，贺军长就对我说："你这匹马是个瞎子吧，"我说："不是，"他听后哈哈一笑就回去了。不久，贺军长的警卫员牵来了两匹马找到我，说军长想用这两匹马来换你那一匹马。当时我很高兴，就说："送给他，不用换。"就这样，那匹枣红马就成了贺军长坐骑。红二、六军团到甘孜与红四方面军会师以后，贺军长又把那匹马送给了朱总司令，朱总司令把那匹马一直骑到陕北到达延安。

21 日早，旭日东升，晨光万里，我们十八团全体干部、战士从容不迫地从驻地来到祥云县城的南门外集合。集合场上，喜气洋洋，歌声嘹亮，在欢快的气氛中向宾川、鹤庆、石鼓方向开去。

1986 年 2 月 1 日至 3 月 10 日于北京

选自中共云南省委党史资料征集委员会编:《红军长征过云南》,云南民族出版社1986年12月版,第188—204页。

红军过滇西①

吴清泉

1936年4月，红二、六军团过云南时，我在二军团四师侦察连，全连120多人，连长朱玉廷。

那时，部队每天行军100多里，侦察连一般朝前四五十里，有时装成农民，有时装做商人；连队前面，还派有尖兵，化装成乞丐。

红军刚进云南，就被滇军围困在宣威。贺总命令一定要给滇军狠狠打击。四师和六军团就在虎头山同滇军打了一仗（黄新廷十二团担任主攻），消灭了滇军一个团，打垮了滇军一个旅，但我军也有很大伤亡，后来，又在普渡河与滇军打了一下。从那以后，滇军就再没有追上来和我们打了。英武关有些保安团驻守，打了它一下，抓了几个人，其他的都跑光了。

快到宾川时，有个哨卡，我们一下子把它消灭了。到宾川州城，天刚亮，城南有一座桥，桥上有屋顶，形同走廊。过了桥，我连朝右走，那里有些民房。攻城时，我们依托民房向敌人射击，敌人甩火将房子点着了。我们又到旁边的瓦房里，把后墙挖开个洞做枪眼。十团过了桥往左，很快就把州城包围了。我们先是搭梯子爬城墙。敌人很顽固，将爬城战士打死打伤好几个。我从梯子上摔下来，鼻子负伤。敌人把我们的

① 标题为编者所拟，原标题为《吴清泉回忆红军过滇西》。

梯子也钩上去了。后来，我们钉两根木桩，把梯脚捆牢在桩上，再往上爬。

下午 2 点多，十团从城西北角攻入城内。敌人乱开了，我们乘势爬上城墙。往左不远就是县衙门。官绅有的躲藏，有的正在化装，我们一见就打。贺老总进城时，见到处是敌人尸体，就对连长朱玉廷说："你们怎么打死这么多人呀！"朱玉廷答："哎呀！我也没有办法，眼睛打红了。"

敌人用土基堵死城门，现在倒反使他们无路可逃了，有的就不要命的往城下跳。那天可能打死了敌人两三百，我们最多死伤百十人。

宾川这一仗是十团和我们侦察连打的。这一仗过后，鹤庆、丽江、中甸的敌人都不敢再守城了。

出了宾川，还没有进鹤庆城，好多老百姓就打着白旗来迎接我们。城里的欢迎队伍，打着小旗，摆着香案，挂着对联。那天，丁家在发丧，大铜锅里煮着好多鱼、肉，我们一个连都吃不完。（杨卓群、张启云整理）

选自中共大理州党史资料征集办公室编：《红军长征过大理州资料选编》，1986年4月，第56—57页。

吴清泉，1916 年生，湖南永顺人。1934 年参加革命，同年加入中国共产党。红军长征时为红二军团四师侦察连战士。新中国成立后，曾任黑龙江省松花江军分区副司令员。2012 年在广州逝世。

我对红军长征过鹤庆的一些回忆

周汝佑

我是1936年4月19日红军长征过宾川时参加红军的。1936年9月，在一次战斗下来以后加入中国共产党。

1936年4月，红二军团从楚雄、南华、祥云进入宾川，红六军团从姚安、大姚到宾川与二军团会合后，在宾川打了一仗，攻克了宾川城，把伪县长杨鲁庵和“剿匪”司令阎德臣的1000多名地方武装消灭了。我就在那个时候参加了红军。我家住在老山区，国民党对山区人民很歧视，派粮派款特别多，因此，受苦也特别深。我家里很穷，为了生活，小时候就给财主家放羊、砍柴、烧石灰，脚上开满了裂疵，手上长满了厚厚的老茧。一年苦到头，连肚子也填不饱。红军进云南后，国民党大肆造谣，说红军“杀人放火”、“共产共妻”，他们诬蔑红军，诬蔑毛主席和朱总司令。因此，起初我对红军还不了解，后来听了红军的宣传，说红军是共产党领导的队伍，是为穷人打天下的军队，又亲眼看到红军战士一个个和蔼可亲，帮助老百姓干活，打开财主土豪的仓库，把粮食、火腿和浮财分给了穷人。我心中的疑团解开了，当即报名参加了红军，跟着红军长征了。直到1953年朝鲜停战，由朝鲜回到祖国，才和家里人联系。

红军打下宾川后，就向鹤庆进发，我们到达宾川与鹤庆两县交界处——鸡坪关时，天刚蒙蒙亮，第二天到姜寅，第三天到松桂，第四天到鹤庆城。我们部队到鹤庆城那天，一过南门石桥，老百姓就出来欢迎我们，摆了香案，有的香案上还摆着糖狮子。许多老爷爷老奶奶和小娃娃，把吃的东西塞给我们，端来开水让我们喝。战士们说："欢迎我们的就数鹤庆热闹了。"

部队进驻鹤庆城以后，指挥机关住在城里，大部队多数驻扎在城外。为了监视敌人的活动，黄龙潭上面的云峰山上还放了两个警卫排。

我们一到鹤庆，当晚就打了土豪，杀了土豪家的猪，没收了粮食和财物分给穷人。为了筹集资金，北上抗日，我们还叫老财拿出了一些钱。做了这些工作后，后半夜就向丽江出发了，走的是关坡这条路。部队行进到鹤庆，丽江的交界处——岗子哨时，敌机就飞来了，投了好几个炸弹，两个红军被炸死，为了赶路，我们挖了两个坑，把牺牲的战士埋下去，我们又前进了。

我们行军时，一个班总是班长在前，副班长在后。每到宿营地，吃点东西，抓一把盐巴洗洗脚就睡觉了。

从鹤庆到丽江，又到石鼓，共走了两天。我们渡金沙江是在晚上，当时没有船，是用筏子过江，有的是拉着绳子过去，有的是拉着马尾巴过去的。江对岸有敌人阻击，机枪嗒嗒地响着。过了江走了一段路，在一座大山坡上的树林里住了一两夜，第三天过 4000 多米高的大雪山，向中甸前进。爬到雪山中部就爬了半天，才到名叫"空心树"的地方。这个地方很险要，两边是悬崖陡壁，路被敌人用大树堵断，当地土司在这里阻击我们，交火两个多小时，土司武装被我们击溃。部队进驻小中甸时已是半夜时候，第二天中午我们到中甸时，一枪未发，那些喇嘛寺里的喇嘛和老百姓都牵着牛羊、背着青稞米来欢迎我们。

红二、六军团胜利地渡过金沙江，摆脱了敌人的追击。当时的追兵，滇军方面的一个叫刘正富，一个叫鲁道元，我们离开了鹤庆，他们就追上来了。国民党还搞了"善后委员会"，残害了不少穷苦人民。

红军离开中甸后，经过德荣[①]、乡城、白玉城，向甘孜前进。出了中甸，又爬大雪山，一路上碰到的艰难困苦是说不完的。终年积雪的大雪山，气候变化无常，空气稀薄，寒风呼啸，山上也没有什么路，一失脚就会滑下山坡，或陷进深洞。过雪山时许多战士都病了，我也得了病，战友们照顾我，让我骑马。说到骑马，我就想起我骑的这匹马是一个鹤庆人带出来的。这个人名叫杨发之，是鹤庆黄坪人，参军前他在黄坪给一家财主赶马，参加红军时，他把马赶出来了，我俩编在一个班，他很关心我，帮我背米袋子。1948 年我们还见过面，当时他在新疆军区任作战科长，我现在还非常想念他。鹤庆的田麟勋同志，也就是在那个时候参加红军的，他入伍后分在宣传队。宣传队对我们的鼓动是非常大的，当时他们唱的歌词是："打土豪，分田地，为什么？为穷人。""北上打东洋，消灭反动派，杀！杀！杀！杀他个不留情。"到了雪山草地，他们又唱："雪山草地克服它，敌人要打垮。"他们的宣传，对鼓动战士们克服困难，树立必胜的信心，起了很大的作用。进入草地困难就更大了。茫茫草原，一望无边，几十里，几百里没有人烟，三四个月没有粮食吃。但千难万险，吓不倒红军战士，没有粮食也要活下去。四方面军在我们前面走过，丢下一些牛马骨头，我们也拣来烧吃了，枪皮带也解下来煮吃了。我们经常吃的一种野菜叫作苣苣菜，把老虎刺敲敲削削就放在洗脸盆里煮吃，哪里有油啊，盐啊？但大家情绪饱满，野菜煮熟了，你一碗，我一碗，几下子就划光了，比在家吃大米饭还香啊！晚上我们就睡在潮湿的草地上。我在中甸时弄到一张羊皮，就是这张羊皮救了我。坐也是它，垫也是它，盖还是它。由于长期的跋涉和频繁的战斗，再加上缺粮、缺油、缺盐，山高路险，气候恶劣，许许多多的红军战士都因病牺牲在雪山草地之间。我们班原来是 14 个人，过了草地，就只剩下五个人了。无论在任何艰难困苦的情况下，我们都有一个坚定的信念，就是只要出了草地，

① 今得荣。

就可以和中央红军会师了,就可以见到毛主席了。当时我们走呀,天天走!半月过去了,缺粮的情况更加严重了,牺牲的同志越来越多。这时贺老总下了命令,把骡马分到各个连队杀吃,以渡难关,这样很艰难的维持了几天。一天,任弼时政委和贺老总骑马走过我们队伍的旁边时对我们说:"同志们加油啊!坚持到最后,我们一两天就要到好地方了,吃的住的穿的都会有了呀!"第二天上午,在我们行进的前面大山上,突然出现了很多人马,我们很快作好了迎战准备,经过联络,才知道是红四方面军第三十二军,是朱总司令派来接我们的,还驮来许多粮食和物资。当时我们那个高兴劲就不用说了。战士们欢呼雀跃,兴奋地说:"朱总司令派人来接我们了。"第三天我们到了甘孜,在甘孜休整了五天,准备了半个月的干粮。在休息的第三天,我们参加了一次大会,会场里有一个很大的台子,台子上坐着朱总司令、贺龙、任弼时、肖克、关向应等领导同志。朱总司令在会上讲了话,他说:"二、六军团的同志们,你们辛苦了!今天和我们会师了。毛主席率领的中央红军现在已经到了陕北。同志们!我们前面还有艰苦的历程,很快就要向草地前进,过了草地就好了,就能和一方面军会师了,那时我们的处境就好了,力量就大了。"

出了草地,毛主席派聂荣臻同志来接我们,我们终于和中央红军会合了,从此胜利地结束了万里长征。

红军长征是个伟大创举。鹤庆的各族人民对红军长征有过很大的贡献,有深厚的情谊。我们要把这一段光荣历史传给后代,让子孙后代永远继承和发扬红军长征的光荣传统。

选自中共鹤庆县委党史资料征集办公室编:《红二、六军团长征过鹤庆》,1986年,第51—55页。

周汝佑,云南宾川人。1936 年参加中国工农红军,同年加入中国共产党。红军长征时为红二军团四师十团机枪连战士。

在红军队伍中锻炼成长①

杨兴和

一、我是怎样参加红军的

1935年秋冬季节，我跟岳母的弟弟一起到云南、贵州边界帮工做活，主要是解板、做木活、泥活。在这期间，中共地下党向我们接近，给我们讲解穷人为什么穷，富人为什么富的道理，启发我们的阶级觉悟。经过一段时间的交往，我经常在工余、雨天停工时去找他们玩。他们看到我能接受他们的宣传，就个别跟我谈，说：穷人要改变地位，必须团结起来跟富人斗争。还谈了红军就是打富济贫，拯救百姓的队伍。在他们的教育下，我提出要参加他们的组织。他们告诉我说，他们现在不是公开的，都是东一个西一个地搞地下活动，发动老百姓，宣传革命的主张。并对我说："你是不参加的参加，回去后要把我们对你讲的这些道理讲给你最可靠的穷朋友，一旦有机会，就参加闹革命。"他们的这些话，我牢牢记在心间。这是我后来毅然参加红军的第一位的原因。

我参加红军的另一个原因是为了报仇。我家世代受压迫剥削，我在家没有过着一天好日子，我恨透了地主老财。而且我与国民党反动派

① 本文收录时有删节。

还有杀父之仇。我父亲杨文礼平白无故被国民党抓去坐牢。那时我虽年幼，但父亲被抓的情形还历历在目。反动派包围了我家的房子。当时我的姑父是一个国民党的忠实走狗，有钱有势。我的姑妈是被他霸占去做小老婆的。这家伙人面兽心。他进到我家，一脚把我父亲绊倒，国民党兵就乘机一拥而上，把父亲捆了起来，拉到外面吊起来用火烧他的脚。后来就用大篮子装着抬到楚雄关进了监狱。被活活折磨死。自那以后，我母亲带着我们过着饥寒交迫的生活。所以，我的心灵里从小就播下了复仇的种子。

1936 年 4 月 16 日，这一天，红军经过镇南，我参加革命的机会终于到来了，我就参加了红军，造反动派的反，革反动派的命。

具体情况是这样的：那年 4 月 10 日左右，国民党反动派听说红军长征要过镇南，于是从各区调集壮丁进县城防护。我也被派上了。当时的甲长还交给了我一支火药枪。我带上枪和行李就去土城集中，一区的壮丁大约有三四百人，都集中在土城。国民党反动派天天向我们造谣说："共匪"来了鸡犬不留，进城就要斩尽杀绝。要我们为他们卖命，死守城池。在土城住了几天，到 15 日，有飞机到镇南上空飞行侦察，并有消息说楚雄城已经攻开了。我们就从土城开到县城。

16 日下午 6 点左右，我们上了城墙。在上边待了三个小时左右，天接近擦黑时，红军来攻城了。红军先是喊话，大声叫开门。并说，我们只是路过，决不侵犯你们的利益，你们把城门打开，我们住一晚就走。后来，城墙上不知是谁先放了一枪，红军就用机枪扫射。我们就弃枪逃跑了。我和另外三名壮丁跑到一家群众家里。后来红军打着电筒找到了我们。问我们愿不愿意参加红军。因我早有了思想准备，就说愿意参加。其他三人也在我的说服下参加了。就这样，我开始了新生，踏上了革命的征途。

二、红军进城后的情况

镇南城很快就被红军攻占了。红军进城，有的宿营，有的忙到天亮。

首先是开监放人。在镇南被救出的人有200多人左右。开监后红军给他们开了个会，宣传了红军的性质和宗旨。经过宣传动员，那些年轻力壮的，报名参加了红军。这些人一是知道红军是穷人的队伍，二是怕红军走后又被国民党抓去坐牢，因此踊跃报名参加红军。

其次是打富济贫。红军没收了县府官僚们的财物、衣服、被盖并把它分给群众。

最后是向群众做宣传。除了写标语外，还挨家挨户地向群众做宣传。使群众知道共产党、毛主席、红军。每到一地，为群众挑水、扫地。红军做了大量工作在人们的心中留下了深刻的印象。

三、战斗经历

1936年4月16日，我在镇南（今南华）县城参加了中国工农红军。开始时编在一个新兵连里当战士。这个连队不少的新战士是镇南县人。可惜，我现在都记不清了。只记得连长是个江西人，矮矮的个子，同志们都叫他陈连长。

部队到达祥云县，新兵就分到老连队去了。我被分到二军团五师供给部运输队一班赶马。当时物资的运输全靠牲口驮。光我们这个队就有四五十人。有牲口30多匹。我负责一个驮子。驮的是钢洋、布匹和大烟以及其他军需物资。到甘肃成县后，我才离开了供给部。又被分配到三十二军警卫连。这个连有通讯排、警卫排、机枪排、电话排和侦察排。我先分到通讯排当通讯员，后来调到警卫排。我们的任务是保卫军机关。这个军的军长是罗炳辉，据说是东川人①。

选自中共南华县委党史资料征集研究室编:《红二军团长征过镇南》, 1992年4月, 第38—42页。

杨兴和，云南南华人。1936 年参加中国工农红军。红军长征时为红二军团五师供给部运输队战士、红三十二军警卫连通讯排通讯员、警卫排战士。

① 罗炳辉为云南昭通市彝良人。

获得新生

陈舜祖

“旧社会，把人变成‘鬼’；新社会，把‘鬼’变成人。”这句话，对我是个写照。它说明万恶的旧社会坑害了人，是共产党、红军给我获得新生，懂得如何做人。

恶习害死人

我出生于镇南的一户殷实富户人家。父亲在国民党政府统治时曾包收镇南的厘金税，家庭比较富有。而我又是父母的独生子，从小娇生惯养，衣来伸手，饭来张口，不爱读书，整天只知道玩得高兴，耍得痛快，正如父母骂我的:“不知天高地厚，只晓得吃、穿、玩、乐。”十多岁时，就跟三朋友、四弟兄鬼混在一起，学会了抽香烟，喝酒的不良习气，没有钱，向父母要，反正我是父母亲的独生宝贝，他们虽然也觉得我花钱太浪费，但总是能满足我的要求，所以，我也就养成乱花钱的习惯。后来又跟人染上了赌博，有时候赢了钱，便乱花；输光了则向父母撒谎，要钱赔赌债。这些不正当的事，被父母发现了，也曾经对我三番五次的教育过，但我总是听不进去。有时也挨过棍棒打，吃了一些皮肉之苦，事后也难改掉吃、喝、赌的恶习。父母没有办法，眼看我一天天向危险的深渊沉坠，只得求县政府的“官老爷”，把我补在政警队当兵，想用当兵来管住我，也许会把坏习惯改掉，重新做人。

他们怎料到，我当了政警队兵，更是壮了胆，想吃就吃，想赌就赌，谁也管不了，连我父母更见不到我的这些行为。1936 年 4 月初，县政府传达上级的命令：“红军要向滇西来，各地应严加防范。”政警队也加紧训练，保卫县政府。可是，我根本就不理他这一套，照样跟别人赌钱。有一天，政警队发给每个政警 200 发子弹，作为防御共军、保卫县政府的武器装备，每天都要荷枪实弹地训练。过了两天，我们在彭老典家赌钱，该我倒霉，输得一塌糊涂，我就把 200 发子弹卖给彭老典家作赌注。第二天，政警队追究我的子弹，查明是我赌博输光了，要以“军法论处”，把我关进了牢房。

我一个游荡惯的人，真是不知天高地厚。被关进牢房后，才开始感到问题的严重，怕县政府要以军法惩治，不知哪一天要杀我的头！真是又气又急又恨，上天无路，入地无门。

参加红军去

4 月 16 日夜间，我在又脏又臭的牢房里，活受那人间地狱的罪，又没有什么办法，想逃，逃不了；想睡又睡不好，刚闭上眼睛，就是一场噩梦：国民党要把我枪毙，真怕死人哟！突然间，县政府里人声嘈杂，脚步声越来越近，我们根本不知道发生了什么事。接着又听到一阵叮叮当当的声音，监狱的铁门被打开了。原来是贺龙领导的工农红军，来到了镇南。红军战士对监狱里的人说：“我们是共产党领导的工农红军，要北上抗日，路过此地，这里的狗官都逃了，你们不用怕，红军放你们出来，愿当红军的跟我们去打反动派，愿回家的，可以自己回家啦。”监狱里的人如梦初醒，一阵风地往铁门外冲，感激红军是救命恩人，使

“囚犯”获得新生。

我在红军的教育启发下，心想：“当红军去！”跟红军远走高飞，就不会遭国民党的“军法严惩”了。于是，报名参加了红军。

第二天早晨，红军发给我一支小马枪，我就跟着红军长征的队伍浩浩荡荡地出发了。从此离开了家乡镇南，踏上了万里长征的征途。随后，把我编在贺炳炎领导的红二军团第五师的警备连当战士。

红军是一所革命的大学校，我在红军中，学到了做一个真正的人的道理，懂得了红军为什么革命，一个人怎样才算有人生的价值。红军这所大学校使我改掉了吃、喝、赌的恶习。逐渐学习培养了遵守革命纪律，关心人民群众利益，艰苦奋斗的优良品质和习惯，我开始做一个真正的人。

我在红军部队，翻越了人迹罕至的大雪山，走过了草地，到达甘肃的石板河一带，不幸我身染重病，不能继续跟部队前进。几天来，同志们有时扶着我走，有时背，有时抬，硬把我一段段拉扯到这里。我从内心里体会到红军的温暖，有着同志间高度的团结友爱，互相关心，互相帮助的精神。可是，我的病却一天比一天严重，同志们对我费尽了心血，我不能再拖累部队行军，也不能再让别的战友为我吃更多的苦。经领导批准，把我委托在一家老乡家养病，部队继续前进陕北。在那里建立了根据地，打击日本侵略者。（沸泉整理）

选自中共南华县委党史资料征集研究室编：《红二军团长征过镇南》，1992年4月，第53—57页。

陈舜祖，云南南华人。1936 年参加红军。红军长征时为红二军团五师警备连战士。

回顾长征

田麟勋

长征指的是中国工农红军的各主力部队，由1934年8月①开始，自长江南北各革命根据地出发，向着陕甘宁革命根据地前进的战略大转移，至1936年10月中国工农红军一、二、四方面军在西北大会师的整个情况而说的。

这次威武雄壮的，使举世军家为之瞠目结舌的中国工农红军战略的大转移，它虽然是由于1931年初至1935年1月统治中国共产党的王明路线所造成，但它又是中国共产党人纠正这次错误路线，战胜千难万险，把中国革命继续引向前进，足以自豪的光辉史诗。

当着中国工农红军长征时，我的政治思想觉悟，已经发展到把自己的前途命运都寄托于中国共产党领导的革命了。参加红军前，我虽然未见过任何一个共产党人和红军战士，但我已经把自己作为中国共产党的准备成员了。在昆明、在巧家、在鹤庆也曾做了一些拥护中国共产党，拥护红军的宣传组织工作，但没有具体成效。我过去一直不愿意提及这些。比如说，鹤庆县第八小学的校务主任，滇军近卫二团的两个班长，经过我的工作，他们分别表示过只要有机会就参加红军，有的还对我坚决表示他至少可以带一个排参加红军，可是后来他们都

① 应是1934年10月。

没有按照诺言去做。

1935年中央红军路过云南时，我和当时的好朋友魏嘉禾（东川人，我离开昆明时他在省教育厅义务教育委员会当职员）约好一同参加红军，但没有机会。直到红二、六军团到达我家乡鹤庆时，才实现了我几年前的愿望，正式参加了中国工农红军，投入长征行列，开始我的革命军人生活。

那是1936年4月22日的夜间，红二、六军团已占领鹤庆县属的松桂街。风声传来，全县震动，使大大小小的反动势力，从军阀丁槐家直到县太爷，区、乡、保长，都感到红军一到他们的末日将临，像热锅上的蚂蚁，作鸟兽散，到大山上逃命去了，鹤庆的国民党反动政权就这样被60里之外的红风吹垮了。

当夜，我的岳母和未婚妻到我家中，要我带着未婚妻到大山中逃避“兵灾”。当时具体的社会条件还不允许我暴露政治面目，只好以极其复杂的心情向她们作些宣传解释工作。主要是说：没有什么可怕的，红军是保护好人的，红军只整土豪劣绅，希望她们不要相信乡、保长们的胡说八道。经过说服，她们比较自然地回家去了。这两位心地善良，为人朴实的白族母女，岂知这就是她们婚期在望的未婚女婿就要踏上征程而给她们留下的久别前的忠告呢！

1936年4月23日，中国共产党领导下的中国工农红军，在长征途中占领了云南省鹤庆县城，这是鹤庆县劳动人民首次得到解放的纪念日，也是我这个鹤庆农民的儿子，正式参加中国工农红军，开始革命军人生活的纪念日。当天早上，我和当时最好的一位同学一起，在他家吃了早饭，享受了他老母亲的最后一次款待之后，来到第八小学校务处。杨锡荣校长和姓李的一位校董，还有几位白族老师在座，大家怀着异样的心情，议论着当时的紧迫形势：红军就要到来了。在这个白族师生为主的场合中，没有任何一个人公开地反对共产党，也没有任何一个人公开地拥护共产党。即使是像我这样早已把自己作为中国共产党准备成员的人，在红军尚未确实到来之前，也不能轻率地暴露自己真实的政治思想。大家议论的范围，都没有超越“社会研究”的界限。每接触到国共两党的具体问题时，都只是在“成则为王，败则为寇”的范围内打圈子避免嫌疑，但实际上拥护或反对的倾向是存在着的。

不多一会，李校董家中有事被叫回去，几分钟之后，这位对时局抱着很大兴趣的老先生，又兴冲冲地跑回来。他放开嗓门说：“共产党的大队人马进城了，大路上正在走着哩，看城里的土豪劣绅们再往哪里跑。”这一充满义愤豪情的话语，把第八小学习惯了的恬静空气一下冲散，顿时热闹起来。教职员工和学生都簇拥到校务处门口来了，大家都在等待着重大事件必须公布似的。杨校长放大了嗓门，当众对我说:“田麟勋，我们该怎么办，要不要停课，要不要放学？”他这突然地一问，使我长期压抑着的精神力量，再也按捺不住了。我大声喊起来：“红军只是整坏人，红军只杀土豪劣绅，你们搞教育的怕什么？继续上课，何必放学，有愿意去看红军的跟我来！”大概有师生二三十人，连跑带跳的随我到了化龙村前的大路边上，这时红军的大队人马正朝着县城方向前进。红军虽然风尘仆仆，汗流浃背，但精神抖擞，步伐有力，一个个满面笑容地向群众招手致意。红军宣传员有的在墙壁上写标语，有的在给群众开小会做宣传工作。这是我期望多年的红军，是自己的军队啊！现在终于来到了！这时我的思绪沸腾了，比起十多年后我参与攻占四平，夺取长春，解放沈阳诸战役时还要激动。不能再等待了，我转过身去对我身边的那位同学说：“走吧，参加红军去吧！”他说：“我父亲才死，母亲老了，弟弟尚未成人，妻子有孕，走不了啊！”我说:“我嘛，地球上只有这样一条可走的路，你去不去由你，但希望你不要同国民党搅混在一起！”他哭着说：“你把我看成什么人了？！”就这样，我们从小一起生活,一起长大,有过共同的感情和语言的好朋友就此分别了。

我急急忙忙回到家中，给姐姐和未婚妻留下了一封信，告诉她们，我参加红军去了，不回来了，家由她们自行处理，我参加红军是多年的愿望，绝非偶然的冲动，希望她们谅解！

巡视了一下我那凄凉的家，带着京戏《打渔杀家》中肖恩父女的双重的相似心情离家了。刚出大门，迎面来了我的族兄田增澍，他以好奇的神色对我说："走，我们进城看红军去！"我说："好，走吧！"还有几个尚不懂事的小孩子跟着，路旁的乡亲们以惊奇的眼光看着我们要进城去参观红军的人。出了村子,我忍耐不住了,说:"我是去参加红军的，你怎么办？"这一下把我那位族兄难住了，他急促地说："这怎么行？你家中没有人了，回去把家安排一下再说。"他显然没有想到我会这样走，因为他是毫无思想准备的，我很诚挚地对他说："我准备几年了，不是临时的主意，红军既然来了，我非走不可！家嘛，也顾不了这么多了！你回去吧！"我们就这样仓促地离别了。38 年后的春节，即 1974 四年正月初三那天，我这位诚实厚道的族兄，又戏剧性的来到我们分手的地点欢迎我回家了！跟着他一起来欢迎我的是一群年近花甲的白族老太太和老头子，这都是我们小时候在一起生活过的伙伴啊！

我到了赵屯街，红军的大队人马继续向县城前进，中国工农红军第二军团第四师宣传队分队长卢周友同志，带着几个宣传员正在那里工作。我激动地说："同志！请把我带到政治部去，我是来参加红军的。"他们也像我一样的高兴，热情地说："新同志，政治部在前头走了。"立即把我交给正在旁边看我说话的陈稷山同志，要他带我到师政治部去。

陈稷山同志，湖南溆浦①人，中学生，比我早参加红军几个月，是四师司令部的文书。我俩一见如故，直到 1938 年才在晋西北分手。1952 年秋天，我奉命调往"海南基地"任政治委员之际，在十二兵团招待所偶然遇着陈稷山同志的父亲，这位与我初次见面的陈老伯，他以沉重的心情告诉我："稷山在西北任第一军后勤部长的时候不幸牺牲了！"我好像幼小时碰到家中死了亲人一样难过，唉！我们只是共

① 原文误为叙浦。

过患难，而未能共同享受胜利的喜悦！这岂止是稷山同志一个人，仅以我们四师政治部那批同志来说，我听到已经在战场上牺牲了的就是七八个了。

我第一次亲眼看到从化龙村到县城的沿途村庄，都有群众自动地给我们红军送茶送水，听红军演讲，问长问短，欢迎红军。尤其是县城，贴了不少“欢迎红军光临”和“欢迎义军来临”的标语；有些商号门口还摆起了香案，这是本地比较隆重的欢迎方式；有的青年妇女，抱着婴儿在大街上观看红军。这些情景，颇有点节日气氛，真使我高兴。这说明了国民党和土豪劣绅们多年的反动宣传在我们鹤庆县的广大人民中已经开始破产。

当天我们四师司令部住在伪县政府，政治部住在伪警察局。我一进四师政治部，就受到技术书记（总务秘书）朱吉昆同志的热情接待，很像我们农村中接见亲友一样。接着由四师政治部民运科长刘达仁、敌工科长（当时叫作“破坏科长”）张世良、保卫科长（当时叫“特派员”）李俭珠几位同志分别和我谈话，实际上他们几位老大哥是在对我作一次比较广泛的政治测验。他们大体上叫我回答了如下问题：你为什么要参加红军？红军很艰苦，你受得了吗？到处都可以搞革命工作，何必一定要参加红军？还问我：“你知道马克思和列宁吗？”前面的几个问题，早有准备，我的大道理不少。只是最后一个问题，我说：“列宁是马克思的学生。”他们没有说什么，只是笑笑，但我这一本正经的答案，显然是不及格的。其实几位科长只是为了考察一下我参加红军的决心到底如何而已。

当天下午就分配我当宣传员，我很高兴，因为我认为自己仅有的一点长处正适宜于做红军的宣传员。从此我不仅是中国工农红军的正式成员，而且是红军的政治工作人员了。当时四师政治部的宣传科长，现任海军顾问黄忠学同志是我的第一任直属首长。

我们这个部队，是 1935 年 11 月在贺龙、任弼时、关向应、肖克、王震等同志率领下，从湘鄂川黔根据地出发的中国工农红军二、六军团，冲破了敌人的围追堵截，克服了严重的艰难险阻，攻克了滇中许多城镇，胜利地解放了鹤庆、丽江，接着由石鼓、巨甸分头渡江，翻越了重重大小雪山，于 1936 年 6 月①到达甘孜同四方面军胜利会师的。不久，奉中央命令以二、六军团和三十二军组成工农红军第二方面军，继续北上，通过了甘孜、阿坝、包座之间漫长的草地，攻克岷山，一度解放了成县、徽县、两当诸县城，抢渡了渭水，实现了中国工农红军一、二、四方面军会宁大会师，赤化大西北，胜利地结束了史无前例的万里长征。从此，在中央军委毛泽东主席的直接统率下，迎接以西安事变为转机的抗日民族革命战争的新局面。

1937 年全国抗日战争爆发后，我们这个部队改编为国民革命军第八路军所属的一二〇师，直辖三五八和三五九两个旅，转战华北，从南泥湾到渤海之滨，从大青山到冀中平原都创建了光辉战绩，晋绥解放区是我们一二〇师在抗日战争期间创建的重要根据地。

解放战争时期，我们这个部队是中国人民解放军第一野战军的基本部队。《延河战火》的三战三捷诸役、沙家店、宜川等扭转西北局面的主要战役，就是这个部队坚决执行和高度体现毛泽东军事思想堪称范例的具体体现。

我在这个部队中整整地生活了十个年头，从 1936 年 4 月参加红军起，至 1945 年 11 月止。抗日战争胜利之后，我作为一个步兵团的政治委员同团长蔡九同志（进北京后曾任中央警卫师长）一起，带着干部，带着贺龙同志的介绍信，前往中共中央东北局报到，加入东北军区——第四野战军的战斗序列。因此，我是在红二方面军——八路军一二〇师成长起来的干部。我的整个青年时代是在红二方面军——一二〇师过来的，这个部队当然是我的“老家”，是我的“母校”，是我的“保育院”。

① 甘孜会师时间为1936年7月。

我永远念念不忘的一些长辈、老师和战友，大多数是一二〇师的。但是对我这个军人的成长来说，最重要的一段仍然是“长征”。尽管是红军到了玉龙山下时我才有机会加入长征队伍，时间还不到一年，但它对我这个军人成长的实际意义是极为重要的。这里我将着重地说说这个问题。

第一，长征中我接受了共产主义运动的速成教育。

参加红军前，我已有了点书本知识，主要的是：日本河上肇所著《政治经济学大纲》中的社会发展史轮廓；克鲁泡特金（后来我才明白他是无政府主义者）所著《面包问题》中的阶级意识；20 年代胡愈之先生主编的《东方杂志》转载的《苏联宪法》，其中使我印象特深的是革命与反革命的区分；据说是瞿秋白同志的讲话《中国政治问题》中说的“国共分家的实质”等，还有《生活周刊》、《大众生活》，后来的《新生》等杂志中的若干启示。这些基本知识对于我这个失去学校读书机会的青年人是极为宝贵的，它是我当时把前途命运都寄托在中国共产党领导的革命事业上的精神支柱。虽然参加红军后几十年没有机会再去翻阅这些读物，但它们的精华所在至今仍记忆犹新。

当时中国共产党和红军对我的吸引力是打倒土豪劣绅，铲除贪官污吏，推翻国民党的统治，如中央红军在东川所做的那样，枪毙了杨县长，处决了刘三老爷，发动群众批斗恶霸地主等，这才是更生动更具体地使我勇于参加红军的精神力量。

如今回忆起来，我当时的那点知识和思想觉悟，虽然是难得的可贵的，但它毕竟只是些抽象概念，只是些杂乱的朴素的民主革命思想而已。

过了金沙江，部队中进行“国际劳动节”和“红五月”的政治教育活动。我跟着大家学会了唱《国际歌》和《劳动节纪念歌》，听了科长、干事、老宣传员们反复的演唱和讲解，于是“共产国际”、“劳动节”、“苏维埃”、“芝加哥工人的殷红血迹”……这些共产主义运动的基本知识，很快地充实和提高了我的革命思想。

入伍前，我早就想参加共产党。并为此寻找过，但苦于没有门路。

我曾经有过“自命为共产党人”的盲目思想。刚出草地，我们的宣传队长杨文明同志（后来是我的入党介绍人之一）和分队长卢周友同志多次地给我做了怎样参加共产党的宣传教育工作，他们帮助我懂得了入党的手续和程序，党的组织原则和纪律，党的远大理想和现实任务，党员的权利和义务……使我的政治觉悟大大提高了一步。

第二，长征中使我比较快地认识了中国工农红军的主要特点，增强了我当红军的信心、决心和勇气。

入伍前我读过《三国演义》，读过《东周列国志》，不止一次地听过李闯王、洪秀全、杜文秀和梁山泊好汉们的造反故事。我见过中央军，对滇军也进行过一些粗浅的调查研究。因此，我对军队的一般共性略知一二，对战争的普通常识初具概念。但是中国工农红军到底是什么样子？对我来说只是些道听途说的抽象概念，虽然红军是中国共产党领导的穷人的军队，它是打土豪、分田地，反对贪官污吏，推翻国民党统治，这些大的概念已经没有疑义了。但它的具体形象，它与其他军队的根本区别到底何在，那是很不了解的。参军后我当了宣传员，接触了具体的政治工作，经过爬雪山过草地的艰苦历程，因而在短短的几个月中，使我对中国工农红军的突出特点和政治工作的实质，有了比较清晰的认识，主要的是：

1. 政治委员制度这是中国工农红军突出特点之一。红军的连队设政治指导员，营设政治教导员，团以上都设政治委员。各级政治干部与各级军事指挥员同为该部队的首长，而且是名副其实的首长，政治委员显得更重要一些，因为他是同级部队的党代表，这是中国工农红军的最大特色之一。它用党委领导下的军政首长分工负责制否定和代替了人们司空见惯的，古今中外一切旧军队习以为常的老传统——“一长制”，这是中国军队史上的重大变革，也是世界军队史上的重大变革。

2. 红军的每一个机关和连队，都有中国共产党的组织。任何一个单位的干部和活动分子，绝大多数是共产党员，他们在不同的岗位上执行其军人职务，同时履行共产党员的权利和义务，贯彻共产党的路线和政策，使中国共产党的领导在红军中具体化和深入化。

3. 每个共产党员，不管你在任何一个部队中，不论职务是干部或是战士都要在一定的组织中过党的生活，接受党组织的领导，都要自觉地向周围的群众做党的宣传教育工作，不论在任何艰难困苦的条件下，都要起带头作用和模范作用。

4. 红军干部是身先士卒的模范。由鹤庆到德荣①,时间只是十几天。我们四师（当时直辖十、十一、十二团）这个部队经历了值得追忆的几件事情：在鹤庆、丽江交界处，受到敌人空军的一次轰炸和扫射，也是我们鹤庆新参加红军的这批同志受到的第一次战斗洗礼；抢渡了金沙江，翻过了第一座大雪山（即玉龙山），进行了两次战斗，即雪线下森林中的战斗，和中甸至德荣间的桥头战斗。在这些军事活动中部队的伤亡不大,我估计不超过100人。但牺牲了一位师参谋长和一位团参谋长。十二团政委朱辉照同志也就是在这里负伤。

部队从金沙江东岸出发，第一次爬雪山向中甸前进的那天，我们三个宣传员在部队前面，正在雪线下密林中向上爬的时候，路是弯弯曲曲的，崎岖不平，忽然前面几十公尺处出现了一堵石墙工事，敌人立即向我们开枪，十二团的前卫连迅速展开还击，战斗就这样打响了。因为是在密林中，视线不超过几十公尺，双方都朝着有声响动静的地方盲目射击，手榴弹连续爆炸，雨点般的子弹在密林中呼啸着。十二团政治委员朱辉照同志赶到前线来了。他在查询情况间，腿部负了伤，鲜血淋漓，他蹲下了，但还是继续查询情况。卫生员忙着要给他包扎，他摆摆手说了两个字："去！去！"他继续在搞明情况，当即对连长说："你们拿一个排，从右面砍条路上去，从敌人的侧后攻击。"直到这个排的机枪响了，朱政委才让医生上药，并说了两句话："他妈的，真不是时候！"

① 今得荣。

因为此次负伤，朱辉照同志成了残废，直到他在北京任民航局长时，还是残废军人。这种场面在红军部队中是一种普遍现象，大家都习以为常了。但当时站在朱政委旁边的我这个红军的新战士，却十分认真地看着这个新式军队的英雄形象，心潮起伏，思绪万千。啊！这就是中国工农红军的团政治委员，这就是中国工农红军中的政治工作人员！这是具体的，实实在在的一位中国共产党的党代表在红军部队中指挥作战。从此，这个中国工农红军的团政治委员的英雄形象一直没有离开我，他伴随着我的整个青年时代的军人生活。

5. 从宣传队的实际工作中，使我初步地认识了中国工农红军中政治工作的重要性和艰巨性。

红军团以上的政治机关中，一般的设有宣传队，它是政治工作的一个重要组成部分。师宣传队在长征中的经常工作，首先是在自己部队中开展宣传鼓动和文化娱乐活动。把政治机关下发的文告、传单、标语、诗歌……用各种可能的方法传达到部队中去，使党的政策主张具体化，变成部队的精神食粮，转化为战斗力，这是首要的部分；对人民群众和对敌军士兵的宣传鼓动工作，部队每到一地，宣传队就要散发传单文告、书写标语，口头讲解，用各种可能的办法，及时地把共产党的主张，政策宣传给广大群众，也宣传到敌军士兵中去，以动员广大人民帮助革命，帮助红军，以至参加红军，还要想方设法的动员敌军士兵倒戈和参加红军；参加战场救护，行军收容，纪律检查，结合着这些工作不断地进行社会调查，及时报告上级。

红军宣传队在长征中还要做一件很棘手的政治工作，这就是寄存安置重伤病员的工作。部队离开了根据地，不断地行军作战，条件又不可能把所有的重伤病员都带走，只有把一部分重伤病员留在人民群众家里，这些被安置的战友，他们的前途命运，明知危险性很大，但我们又无其他办法，只有这样硬着头皮做，结果相当的一部分同志就这样牺牲了！这是我们中国工农红军长征中的重大困难之一。

宣传队的工作是红军政治工作的一个重要侧面，它使我明白了一个大道理：要解放人民，一定要有一支强大的红军，红军一定要有共产党的领导，一定要有共产党的政治工作。红军内部的官兵一致，官兵团结，广大人民的拥护，这是红军克服任何困难的根本条件。因此非有强有力的政治工作不可。红军在万水千山中能够把解放全中国的红旗始终高高举起，是因为它有共产党强有力的政治工作，这是决定性的保证条件。

上面这些回忆，可见我当时对中国工农红军重大特点的了解只是初步的，后来在战争实践中不断地学习毛泽东军事思想才有比较系统的认识。虽然如此，这些初步的认识，在当时它确实大大地增强了我当红军的信心、决心和勇气。

第三，红军中的军事共产主义生活，给我很大的鼓舞，改变了我的精神面貌，使我深深地感到我已经解放了。

30 年代初，我 16 岁，失去了家庭的依靠，走进社会自谋生活。在鹤庆、大理、昆明、巧家这些地方，逐渐接触和明白了摆在我眼前的两股社会势力，一个是龙云的军阀统治；一个是以周守正为代表的迤西商业资本集团。

这时候，清末民初西南的第一号大军阀唐继尧的时代已经过去。他的部属为争夺统治云南而火并，结果赶跑了胡若愚，枪决了张汝骥，龙云自封为云南省主席和滇军总指挥。他继承了满清政府和唐继尧用土司的统治办法，集军政大权于一身，为所欲为，斩杀自由，云南成了龙云的家天下，他身边几个有名的统治人物，如卢汉，既是龙云的亲属，也是富滇银行的老板，又是龙云争夺云南的头号功臣，是第二个龙云；民政厅长朱旭，虽然在位的时间不长，但他是龙云争夺云南的功臣，又以卖官鬻爵而出名；财政厅长陆子安，是龙云著名的幕僚人物，是云南历史上著名的搜刮民脂民膏无所不用其极的官僚政客；富滇银行行长李培炎，是依赖裙带而上升的典型人物；还有张冲同志，当时曾经是龙云的得力干将，但他与众有别，富有强烈的正义感，不久便从国民党的统治集团冲杀出来参加革命，40年代中期，他已经是中国共产党的正式党员。

遍布全省的县、区、乡、保长，绝大多数是军阀、官僚、地主分子或他们的亲属子弟，是一帮搜刮地皮鱼肉人民贪得无厌的土豪劣绅，是龙云军阀统治的主要社会基础。

当时的云南，不仅税务官员用“投标”办法公开买卖，县长、警察局长都一样的买卖。如我曾见过的宾川县长阎德臣和上帕知子罗自治县长施国瑛，他们都是地主资本家的儿子，只是为了他们家庭的特殊利益需要，高价买了个县长而已。

再看看周守正为代表的迤西商业资本财团，大致可以分为福春恒——庆正裕为首的鹤庆帮，以永昌祥为首的大理帮，以洪盛祥为首的腾冲帮。这几家大商号的固定资本，都已超过了百万大关，他们实际上的活动资本比账面上固定资本还大得多。如众所周知的各州县的各种税收，鸦片烟款，军队的饷银，进缅华工的工资外汇等，差不多都成了他们几家的经常性资本。这些大商几十年经营的结果，造就了一批百万富翁。大大小小几百家商号，有的是从他们那里分支出来的，有的是依靠他们起家的，有的是依托他们维持局面的，这就是“帮”的意思。

当时的下关是滇西北交通枢纽，商业集散之地，各大商家的总号都设在这里。他们分号的生意就做得更远了，西通缅甸、印度，东进昆明、重庆、上海，北连川康、西藏，南达思茅、普洱。下关有十几家有名的大堆店，每家堆店内聚集了几家甚至十几家商号，骡马驮子成百上千，成年累月川流不息地出出进进，络绎不绝地搬运那些鸦片烟、黄金、白银、茶叶、丝绸、药材、土特产、土洋杂货等等，颇有“生意兴隆通四海，财源茂盛达三江”之概。这种现象，虽然只是局部的、暂时的，极大程度上它是建筑在无限制的搜刮人民，不计后果的鱼肉人民这样的基础之上的特殊现象，但它确实吸引了当时云南的很大社会力量，不仅富商巨贾的势力迅速扩大，军、政各界的县长、局长、厘金总办，以及师、旅、团长之类，都想方设法向商业资本转移。因为大大小小的军阀、官僚、政客不择手段地到处钻营，捞到一官半职，像小偷那样偷偷摸摸地弄到一两千块法币，还要承担社会风险，真不如大小商号的掌柜先生们倒在鸦片烟床上，拨弄几下算盘，做上两趟生意来得容易，来得痛快。

这时候的云南好像整个社会财富都是商业资本家的，成百上千的骡马驮子，琳琅满目的商店和服务行业都是他们的，各政府和税收机关都是为他们服务的，中等以上的学校都是他们的，他们好像是社会上一股独立的社会力量。其实不然，那些富商巨贾都是以军阀官僚为靠山的。比如当时首屈一指的福春恒——庆正裕的头号掌柜周守正，竟成为龙云、陆子安集团的鸦片烟掌柜、财政厅的特运处长，为云南的军阀官僚敛财聚富而尽忠。

我就是生长在云南迤西这个边远的小社会里的，从小看着军阀官僚和资本家的统治剥削。广大人民辛勤劳动，毫无权利，任人宰割，越过越穷。我个人呢？既没有家，社会又不是自己的，连中学也念不起，投亲靠友找个饭碗也是毫无保证的，精神上长期受到压抑，无任何依托。因此一旦懂得一点无产阶级革命的道理，投身革命洪流，自然是我唯一的道路了。

参加了红军，一切都变了，讲的是社会主义——共产主义的远大前程，做的是打倒土豪劣绅，反对贪官污吏，铲除剥削压迫；过的是军事共产主义生活，我有家了。不是普通的小家，而是中国工农红军这个伟大的家庭，是广大劳动人民寄与殷切希望和热烈拥护的大家庭。从此一扫我过去没有依靠的孤独感。深感我解放了，真的解放了！参军的第二天，在丽江的四方街上，我第一次在广大人民面前放开嗓门大讲中国共产党领导人民革命的话了！从此，我开始学习的新课题是如何在中国工农红军中做积极分子，这是我重要的新生活，当年12月末，西安事变之后不久，我们中国工农红军第二方面军第四师的政治委员李井泉同志和政治部主任朱辉照同志，宣传科长黄忠学同志，分别和我谈过话，给我鼓励和教育，任命我为四师政治部的宣传队长。1937年初，由统计干事杨文明、保卫干事李仲卿两同志介绍，我们四师政治部的党支部吸收我为中共党员，当年按时转正，从此我不仅是中国工农红军的战士，而且是中国共产党的正式党员了。

我在李井泉同志身边工作的时间不长，只是一年多。但他给我的教育是很深刻的，这对我后来的工作和生活有重要影响。李井泉政委不仅是我的首长，也是我的老师。

1953 年，上级把我由中国人民海军第一舰队副政治委员的职务调往南京中国人民解放军军事学院海军系学习。我第一次写自传时曾说：“我在自己的军队中，一直是摇旗呐喊的积极分子。”这是我这个军人的历史上比较重要的部分。

我一直在我们自己的军队中生活、工作，没有脱离过，如今受自然规律的支配，年近古稀，已经离休四年，但我还是中国共产党的正式党员，是中国人民解放军离休老军人，我仍然在怀念长征。

1984 年 7 月 24 日于大连市中山区红松岭海军干休所

选自中共鹤庆县委党史资料征集办公室编：《红二、六军团长征过鹤庆》，1986年，第30—45页。

田麟勋，白族，1915 年生，云南鹤庆人。1936 年参加中国工农红军，1937 年加入中国共产党。红军长征时为红二军团四师政治部宣传员、宣传队队长。新中国成立后，曾任海军北海舰队司令部副参谋长，海军旅顺基地副司令员、顾问等职。2011 年在北京逝世。

我参加红军的经过

陈国昌

1936 年，我正在宾川县肥皂厂当学徒，整天挨打受气，连饭都不给吃饱，父亲和大哥又因和人争斗被关进监狱；全家困苦极了。这时听到红军要来的消息，我盼红军早点到来。3 月的一天[①]，从祥云方向开来了红军队伍。拂晓开始攻城，当时宾川县城是由民团守卫的，经过将近一天的激烈战斗，下午，红军从文庙，武庙即城西南、西北两个方面突破进城。天将黑时，红军派人到处进行宣传。一位女同志，在县政府门前广场讲话，她说，红军是穷人的队伍，是为老百姓翻身而战斗的，红军打土豪、分土地，是为使穷人都过上幸福的生活。并动员老百姓踊跃参加红军。当时我一边仔细听着她的讲话，一边下决心要当兵。当我报名时，管报名的同志嫌我小，我就缠着他，他不答应我就不走；红军队伍出发，我就跟在队伍后面，最后我终于被同意参加了红军。当时，我哥哥被红军从监狱放出来后也加入了红军。

选自中共大理州委党史资料征集办公室编:《红军长征过大理州资料选编》, 1986年4月, 第61页。

---

① 红二、六军团到宾川时间为1936年4月。

陈国昌，云南宾川人。1936 年参加中国工农红军，之后随红二、六军团长征。

抢渡金沙江

周仁杰

1936年3月23日，我红二、六军团由宣威向盘县的转战途中，接到朱德、张国焘以红军总司令、总政委名义发来的电报："渡金沙江到雅安与四方面军会合，大举北进，或在滇黔边活动……"因为中央军委同红二、六军团联络的密码本由朱总司令带到红四方面军，我们不能与中央军委进行无线电联络，所以只能和红四方面军联系。

军分会贺龙、任弼时等领导同志，发出一份请示电："在滇黔边建立根据地可能性仍然存在，二、六军团是否应即北进、渡江，请予决定。"

3月30日接朱、张复电："你军最好渡江北进，但究竟北进或留在江南，仍须按实况决定……"

据此电精神，军分会领导遂决定放弃在盘县以南兴义一带建立根据地的计划，与四方面军会师共同北上，会合中央红军，以迎接抗日民族革命高潮。我军北上的方针一经决定，立即准备挥师挺进金沙江。这时我军在盘县、亦资孔地区。从盘县北进至会泽渡江，路途较近，但川军沿江布防，不易通过。为避实就虚，军分会决定经普渡河、元谋、由龙街渡过金沙江，再经华坪、永北北进。3月31日，我军主动撤离盘县、亦资孔地区，在富源附近突破了滇军孙渡纵队的防线，向滇中急进。

4月6日红二军团攻占寻甸。8日，四师抢占了普渡河。红六军团经马龙、白塔铺、照火铺、羊街、可郎向普渡河疾进。我军出敌不意地深入滇中，使龙云大为恐慌，急令滇军全力追击堵截。追敌樊、郭、李各纵队齐向滇东奔集；同时，出动飞机侦察轰炸。当四师刚刚抢渡普渡河时，孙渡纵队的一个旅就赶到河边，封锁了渡口；红六军团一部在小松园也与向普渡河增援的滇军遭遇。因敌军阻击和轰炸，大部队未能渡河。龙云看到我军渡河受阻，企图纠缠我军于普渡河东岸，待敌集中后，将我军围歼在普渡河以东、功山以南地区。军分会识破了敌人企图，当即令红二军团折转至六戛，与孙渡纵队两个旅遭遇，激战一天，予敌重创，使滇军不敢穷追，掩护我军主力南下直指昆明。11 日夜，红六师攻占距昆明四十里的富民县城，全歼守敌，迫使龙云仓促令滇军回援昆明，我军即乘虚渡过普渡河向滇西进军。为了摆脱追敌和避开川军拦阻，顺利北上，军分会改变了北上路线，决定经金沙江上游丽江境内的石鼓至巨甸这一地域渡江。敌人围歼我军于普渡河以东、功山以南地区的阴谋破产后，仍想追我于金沙江决战。蒋介石令孙渡、李觉、樊嵩甫纵队跟踪尾追；令郭汝栋纵队从元谋以北渡江，向华坪、永北急进，以便先我控制金沙江北岸并掩护追敌渡江，企图前堵后追，围歼我军于金沙江南岸之鹤庆、丽江地区。

渡过普渡河后，为了缩短进军时间，争取早日渡江，我军分为两路纵队，日夜兼程西进。左路红二军团，连克楚雄、镇南、祥云、宾川；右路红六军团，连占盐兴、牟定、姚安、盐丰。两军团指战员发扬英勇顽强、坚韧不拔的战斗精神，边打边走，一日行百里，14 天奔走 1500 余里，连克十几座县城，势如破竹，所向披靡。从 1935 年 11 月 19 日，由湖南桑植刘家坪出发，至 1936 年 4 月挺进至滇中，历时 130 余天，行程 8000 余里，敌人以数十倍于我之兵力追击、堵截、围攻我军，企图歼灭我军而不能。

素以英勇善战、“铁脚板”、“飞毛腿” 著称的红二、六军团，克服了难以想象的艰难困苦。在运动战中部队得到了锻炼和提高，这时不仅部队士气旺盛，而且仍拥有从桑植出发时的实力。而追堵我军的敌人，已被我军拖得疲惫不堪，减员很大。我军越过滇中，向滇西进军与历次长途转战行军的情况大不相同，犹如大部队旅次行军，驰骋在楚雄与鹤庆间的广阔地区，浩浩荡荡，迫使追堵的敌军望而生畏。

4 月 20 日，红六军团到达宾川与红二军团会合。会合后两军团于 23 日占领鹤庆县城，休整了一天两夜。军分会在此召开了会议，确定了渡江部署。25 日我红二、六军团按计划分别由鹤庆进至丽江县城和石鼓镇渡口，把追敌远远地甩在后面。我军在石鼓至巨甸这一地域实施战役展开，准备渡江。

石鼓镇位于金沙江第一湾水道的南岸，是金沙江上游的重要渡口，是通往康藏地区的重要门户。此处群山环抱，层峦叠嶂，地势险要。金沙江的上游是通天河，这一段是由北向南的流向，在石鼓突然折转成 V 字形向东北方向流去，至三江口又折转向南。这里是纳西居住地区，玉龙雪山遥遥在望，山清水秀，人民纯朴勤劳，对我军渡江给予很大支援。

蒋介石为阻我军渡江，除派遣飞机轰炸渡口外，还令各地民团加紧修筑碉堡群，据堡凭险，封锁金沙江各渡口。同时严令各渡口将船只、木筏等渡江工具全部隐藏或沉没，以迫我军滞留于金沙江南岸背水作战。

红六军团军团长肖克、政委王震在石鼓布置了我十六师的渡江任务：迅速占领巨甸渡口，担任军团前卫和左翼警戒，先遣渡河扫除障碍，保证军团进军江北。巨甸位于石鼓上游 125 里（水路里程）。26 日拂晓前，我率领师前卫团四十七团从石鼓出发，沿着崎岖的山路向西疾进。

此时，红二军团第四师已在石鼓开始渡江。

一路上月光淡淡，风声萧萧，左侧是高山峻岭，右侧是奔流不息的金沙江。从石鼓到巨甸的陆路里程是 145 里，虽没有大的敌情顾虑，但我却心事重重，一连串的难题在我脑中：巨甸渡口有没有船只？江面有多宽？水有多深？骡马如何泅渡……覃国翰团长和我骑马并行，我们边走边谈，也不感到瞌睡。

连续十多小时的急行军，中途很少休息，肚子饿了，用布袋里的饭团充饥，边走边吃；渴了，喝的是河沟里的凉水，像这样的急行军，在乌蒙山是经常的。那时风雪交加，饥寒交迫，山高路陡，空气稀薄，真是苦不可言。如今行军在云南高原，风和日暖，春色明媚，比那时要好得多。但远征的疲劳，使人走路也打瞌睡，一不小心就掉到沟壑里，或撞在路旁的树干上。26 日下半夜时分，到达了目的地。满天密云，到处是树林，一片昏暗，村落的狗在狂吠。部队为了不惊扰老乡，悄悄地进入了巨甸。四十七团一营营长张铚秀率领全营同志不顾疲劳，继续向西搜索前进。在维西方向派遣了警戒分队，歼灭了民团和土司武装，占领了新营、白塔、阿固等村寨，保障师的右翼安全。

部队大部在树林里野营。天明时覃团长派几个连分头到山沟、石棚、岩洞里搜寻木船，砍伐木料、竹竿。我和覃团长带着参谋人员到江边勘察地形。江面足有 300 多米宽，水深流急而多旋涡。带路的汉族老人说：沿岸山岭上的冰雪正在融解，江里水位升高。水温冰冷，即使水性好的壮汉，也经受不了这冰冷的江水。一眼望去，江中和两岸没有一只木船。想到几千人马要渡过江去，我心中很是着急。我一边在想，一边听带路老人讲，巨甸东边是铁甲山，南面是木瓜山，西南是壁尖山，西北是云岭山，西边是大箐山，海拔都在两三千米以上，渡口对面是碧秀山，远处是雪茶梁子，海拔 3800 多米；东北方的哈巴雪山，海拔 5000 多米。玉龙雪山，高耸入云，白雪皑皑，像一条玉龙盘踞在高原。这些山景，壮丽雄伟如画。在这块土地上，勤劳、纯朴的纳西族、白族和汉族人民世世代代在这里生息劳作。他们从未见过这么多的队伍和战马。在当地官吏、土豪、土司的统治下，不知红军是个什么样的队伍，见我们突然来临，惊异惧怕。但看到红军讲话和气，买卖公平，很快消除了疑惧，积极支援红军渡江。我们在老乡的帮助下，选择了两个渡口：一是余化达，也叫士旺和苏坯湾；二是拉市坝。两地相距三里左右，附近都有村庄和树林，隐蔽而便于通行，有利于部队展开和上船。

27 日上午，师直和四十六团、四十八团，在晏福生政委和欧阳家祥参谋长、政治部主任李铨的率领下，陆续到达巨甸。各营、团分散宿营，就地掘灶做饭，荒凉的小镇四周，一时到处炊烟弥漫。战士们围坐篝火旁，烘干被寒露打湿的军装。有的同志看着这秀丽的风光，想起离别的革命根据地，唱起了湘赣故乡的小曲。但每个人都清楚的知道：不久就要渡过金沙江，远离鱼米之乡的江南大地。

寻找船只的连队，在江岔西岸的密林和岩洞里严密搜索，终于在一个岩缝中，揭去树枝、干草的掩盖，找到两条破旧的木船。当战士们肩扛手抬地回到江岸，覃团长一见如获至宝，连忙跑到师指挥所报告："周师长，好消息，找到两条船。"我连忙问："太好啦！在哪找到的？"

"在狐狸洞里搜到的。"覃团长诙谐的话语引得指挥所的同志哈哈大笑。

我随着覃团长来到江岸看到木船！心中有说不出的高兴。一面布置师特务连派一个班看守，一面派人找会木工的同志来修船，尽快准备试渡。

砍伐杉木的连队，分秒必争地把圆木扛到江岸边的开阔地；砍伐竹竿的战士们，拖回许多粗竹竿；来自洞庭湖、湘江地区的干部战士，起劲地挥着刀斧，用野藤绑扎木头、竹竿。霎时间，江边嘹亮的劳动号子，优美的山歌响成一片。同志们情绪高昂，不到半天就编制了十多个木筏和竹排。我们的渡江工具就地取材解决了。

师参谋长欧阳家祥亲自把船工、水手和数十名会撑船放排的战士集中到一起，组成了渡船队，准备将先遣队送过江，以占领江北岸的格（兰格鲁湾）、福格、春独等村寨，接应后续部队。派出侦察分队前伸到小中甸方向，实施侦察警戒。

渡江准备工作是十分紧张的，也是很细致的，要一丝不苟的做。我们把各营、团编成数个渡江梯队，确定渡江序列、上船时间、地点、人员编组，对武器弹药、辎重物资的携带都作了具体安排，一切工作都在有条不紊地进行着。对于渡口处的防空也作了部署，随时准备疏散隐蔽，准备反击敌机的轰炸扫射，避免可能发生的空袭损失。

我们渡江前的物资准备是很不足的。在巨甸这个偏僻的小镇上，仅仅能采购一些白酒和红糖，好在我们过鹤庆时已购了数百斤，这是我们过严寒地区的好饮料，部队还准备了炒米之类的干粮，准备过雪山途中用。

4月27日午饭后，部队吹响了集合号。师先遣队四十七团两个营准备渡江了。我和晏福生政委、欧阳家祥参谋长来到渡口上船点，检查他们的渡江准备工作。这时大家的心情都很激动，金沙江是我们长征以来渡过的最大最宽的江河。在覃国翰团长和刘礼年政委的率领下，部队按照上船、上筏的规定，有秩序地上了船筏；但因江水上涨，江面宽阔，水流湍急，大多数木筏发挥不了作用，渡江主要靠两条木船。渡江开始了，我们找来的船工掌舵，战士拉纤，他们弓着腰蹬直了后腿，逆水拉纤行一段路程，上了船的同志有的用铁锹、木桨奋力划水；然后采取斜航向横渡江面，船、筏一条一条驶向对岸，很快就把一个连队送到了江对面。我从望远镜中看到船、筏安全靠岸，战士们迅速登陆，在连长的指挥下组成了行军队形，占领了北岸制高点，执行警戒任务。过了江的连队留下一班人将船、筏逆水拉至上游二三里处，由船工将船、筏又划回对岸。

前卫团的两个营顺利地渡过金沙江，我心中稍微轻松了些。接着师前指渡江，欧阳家祥参谋长走到我和晏政委面前，紧紧握住我俩的手，说："师长、政委，我在对岸等候你们。"我们相互叮嘱着，送欧阳家祥同志上了船，一直看着他们渡江上了岸。傍晚，我和晏政委等同志从渡口沿着江岸向东走去，穿过一片松林看见一栋两层小楼，是个较显著的独立房屋。据带路的群众讲，这座房子是德国牧师兴办的"福音堂"，在我军到达石鼓时，德国牧师就逃得不知去向了。我们一行人走进庭院，好奇地走上二楼，只见大批的书籍放置在书架上，室内的设备全是洋式，我们有的同志翻了书架上的书，都是外文，谁也看不懂，后来才知道是《圣经》。我们在楼下吃了晚饭，又召集四十六团、四十八团的领导开了个会，研究第二天的渡江行动，特别是骡马泅渡问题。会上，大家献计献策，许多细节想得很周到。会议到深夜才结束。

在做渡江准备工作的同时，我师派出几个工作队，分别去巨甸、拉市坝、金沙旺、阿固等村寨，开展筹粮打土豪活动，我们还带了很多银元去买粮食和副食品。工作队对人民群众进行北上抗日、反蒋救国的宣传，惩办土豪劣绅和土司。把没收的粮食、牲口、浮财分给穷苦群众。红军所到之处，都能严格遵守少数民族习俗，纪律严明，得到了穷苦群众的称赞。

28 日一清早，我和晏政委就来到渡口，指挥部队继续渡江。我清楚地知道，这一天是最紧张的一天，也是最关键的一天。部队按序列分批集结上船,船筏频繁往来,拉纤人员高亢的号子此起彼伏。此情此景，着实令人激动。只半天工夫，四十六、四十八团就渡过金沙江。这时，我命令第四十七团一营从维西撤回巨甸，进行补给，做好渡江准备工作后，担任渡口警戒、防空任务。

组织骡马渡江是我最担心的事。为了解决好这一问题，我亲自组织后勤干部、驭手进行骡马泅渡的适应性操练。我们先选调十余匹驯服听话的战马，赶到江边饮水，放长缰绳让它随着船、筏泅渡，驭手坐在船筏上引导。使战马能从容下水、浮水、掌握方向，不被激流冲跑……此后，我又召集师运输队、各营、团的驭手，现场研究、传授骡马泅渡的要领和注意事项，让他们充分了解骡马泅渡的程序，切忌蛮干和瞎指挥，宣布了泅渡纪律。骡马泅渡开始了。几名有经验的老驭手，小心地牵着骡马走到江边，引导它饮水、下水试水性，尔后将木船划到岸边，让驭手上船，将泅渡的骡马缰绳放长一二十米；船划动了，带头的骡马紧跟船行进，这些骡马的缰绳拉成连环的，组成两三列纵队，组织骡马泅渡的同志组成两道人墙，各分队的驭手挥动鞭子，发出阵阵吆喝声、哨声、军号声，把一群骡马赶下江，随着带头的骡马鱼贯地渡江而去……

有几匹马由于长途行军后体力未能得到很好恢复，下水后在激流中惊慌失措，挣脱了缰绳，被急流冲走了。

骡马泅渡后，驭手和骑兵分队把鞍具和驮子搬上船。这些驮子装载着粮食、弹药、银元、布料、红糖等物品。在江北岸有一两个连队，专门负责渡口的警戒和搬运、拉纤。他们帮着驭手将渡过江的战马牵上岸，用干布或毛巾擦干骡马身上的水，备好鞍具、驮上辎重物资，迅速离开渡口。

全师的100多匹骡马是分几批渡江的，每批之间还有半小时间隔，以避免在岸边拥挤而发生混乱，对于调皮的骡马，还要设法制服它。骡马泅渡完，即使是较有经验的驭手，也累得筋疲力尽。这些湘西、黔、滇产的骡马是我们的亲密伙伴。它运载能力较强，行走灵活，善于爬山越岭，在长征中，特别是过雪山草地中发挥了很大作用。

最后一批骡马过了江，我举起望远镜，看到那些备好鞍具的骡马，一匹匹地扬蹄奔驰，心里才算踏实了。骑兵分队的战士勒住马缰，使战马面向江南长啸，然后挥鞭北上，消失在远方的村落里。

我随师直属队过了江。晏政委与师后卫部队四十七团一营渡江，他们妥善地安置了伤病员和掉队的战士，在傍晚渡过江与部队会合。暮色中，江南岸灯光闪闪。我眺望巨甸颇有不舍之情。但我深信总有一天会回到江南来。

在4月25日至28日，这短短的四天时间里，我红二、六军团18000余名指战员及数百匹战马，在石鼓到巨甸这段宽大的江面上，从多路渡口，靠仅有的七条木船和自扎的木筏、竹排，渡过了天险金沙江，取得了实现战略转移的重大胜利。

我军过江后行至格罗湾宿营，休整了三天，于5月2日沿着玉龙雪山西麓，金沙江东岸迤逦北进，至小中甸之间越过了海拔5600米的哈巴大雪山。在荒无人烟的深山密林里，行进了七八十里路。由于高山缺氧、空气稀薄，不少战友牺牲在路旁，长眠在雪山。

当我军在石鼓、巨甸等渡口大举渡江时，滇军孙渡纵队既怕我据险伏击，又怕我军杀“回马枪”，所以走走停停，不愿孤军冒进，当进至宾川和鹤庆之间时，借故按兵不动，待我军全部渡过金沙江向中甸挺进时，才命令所部进至丽江的石鼓，这时早不见我军的踪影，他们才向南京“请示行动”。湘军不愿入康作战，怅然停止前进，将追击部队改为防我红军“南窜”的部署。蒋介石妄图围歼红二、六军团于金沙江边的罪恶企图至此彻底破产。后来蒋介石知道我红二、六军团渡江时乘了几条木船，大为恼火，严令龙云追查。龙云将一名“失职”的官员枪毙，作了他的替死鬼，向蒋介石交了差。

正当我红二、六军团向中甸挺进的途中，传来了朱德、张国焘以红军总司令、总政委名义发来的贺电：“金沙既渡，会合有期。捷报传来，全军欢跃。谨向横扫湘、滇、黔，万里转战的我二、六军团致以热烈的祝贺和革命的敬礼！”两军团指战员为之欢欣鼓舞！与红四方面军会合已胜利在望。

红二、六军团渡过金沙江的光辉胜利，永载革命史册！半个世纪过去了，中国革命早已取得了胜利，我国的社会主义建设也取得了伟大成就，中国发生了翻天覆地的变化。去年 4 月，我沿着当年红二、六军团的长征路线，又一次来到丽江的石鼓、巨甸。在金沙江第一湾的南岸，我看到 50 年前的石鼓依然长存，在石鼓镇的前方，屹立着一座纪念塔，记载着红二、六军团渡过金沙江的光辉业绩。在巨甸，我又站在当年红十六师渡过金沙江的渡口岸边，望着滔滔东去的金沙江水，远处白雪皑皑的玉龙雪山，听着当地纳西族、白族、汉族老人向我讲述当年他们看红军渡江时的情况，想起 1949 年 6 月我四野渡长江时，我再次饮马长江的情景，心情很是激动。长江之源是金沙江，人民军队的发展壮大，来自人民的支援。这几位年逾古稀的老人，以感人至深的热忱，募捐了数千元经费，准备筹建巨甸渡口纪念碑，以教育子子孙孙，勿忘红军从那里渡江北上抗日的丰功伟绩。饮水思源，我永远忘不了人民对我们的巨大支援，永远忘不了为了今天的幸福生活在革命战争中牺牲的先烈们！

选自《红六军团征战记》下，解放军出版社1994年6月版，第323—331页。

夜渡金沙

黄新廷

1985 年 5 月间，我沿着 1936 年红二、六军团长征路线作了一次实地考察，直达丽江纳西族自治县石鼓镇。滔滔的江水沿着哈巴雪山和云岭山脉之间的峡谷由北向南直泻而下，到了石鼓镇被迎面屹立的玉龙雪山所阻，江水就像一条被激怒的蛟龙昂首摆尾来了个 120 度的大转弯，由西向东奔腾咆哮而去，在玉龙雪山和哈巴雪山的挟持下逶迤东流，形成了有名的长江第一湾。这就是当年我二、六军团夜渡金沙，巧妙突破天险之地。

巍峨的雪山，陡峭的峡谷，奔腾的急流，绝无仅有的石鼓山口，加上神秘高寒的康藏高原历来是兵家禁地。历史上虽有诸葛亮“五月渡泸”、忽必烈“革囊渡江”的成功先例，但都是政权在手，强兵对弱敌的情况下取得的。一支转战万里，一无政权可依，二无援军可盼，强敌追截，独力作战的红军在此突破天险，确实是前无古人，它需要领导者多么大的胆略和指战员艰苦卓绝的革命精神啊!

1936 年 3 月，当红二、六军团长征进至贵州盘县地区时，接红军总部来电，要求红二、六军团伺机渡过金沙江与四方面军会合北上抗日。我们原准备在滇北元谋、龙街一带渡江，不料先头部队刚跨过普渡河就被敌军所阻。敌人集结了川、湘、滇、黔五支队伍十几万人企图与我在功山以南普渡河以东决战，我们如果坚持在此渡江势必造成十分不利的局面。二、六军团总指挥部果断决定部队掉头南下，直奔昆明，一举攻占了富民县，前锋近逼昆明近郊沙郎。突如其来的回戈捣巢，使敌人惊慌万状，急忙调兵遣将保卫省城，我军又乘敌慌乱调兵南下之际，挥师西进甩开了敌人。

敌人发现二、六军团企图渡江北上与红四方面军会师后，蒋介石急不可耐飞抵昆明，坐镇指挥，还带上龙云乘飞机在楚雄、大理、邓川、鹤庆一带沿江上空巡视。命令滇军孙渡、湘军李觉两个纵队沿滇西大道跟踪追击；命令川军郭汝栋、中央军樊嵩甫两个纵队渡过金沙江，向华坪、永胜急进，抢先控制北岸。同时，调敌航空第五队（飞机 12 架）协同滇军空军（飞机十架）进行轰炸侦察；并调川军杨森、李家钰 30 个团在川南一带布防。

敌人以十数倍于我之兵力前堵后追，上有敌机轰炸，下有民团骚扰，我能否甩开敌人主力争取数日时间成了渡江的一个关键。我军直逼昆明的行动，摆脱了十几万敌人的追堵，赢得了时间，争取了主动，然后兵分两路加快行军速度向滇西挺进。右路六军团连克牟定、姚安、盐丰，左路二军团连克楚雄、镇南（今南华）、祥云到达宾川，并以坚决勇猛的战斗动作，经过一夜激战夺取了宾川城，4 月 20 日与右路军在宾川会合。宾川远离滇西大道，既非兵家必争的战略要地，又非红军西进必经之处，我军攻打宾川的坚决行动和左右两路会合宾川的军事态势，使敌人错误地判断我将取得宾川立足、尔后夺取金江渡口。此渡口地势平坦便于大部队行动，是与四方面军会师之捷径。敌指挥部匆忙调兵遣将，在永胜、华坪地域布下口袋待我就范，逼我在金江渡口背水一战。蒋介石怀着一举吃掉红军主力的窃喜心情，乘机飞临宾川上空，亲自视察阵势。就在他未捷自贺之时，我军却挥师北上直插鹤庆。我当时在红二军团四师十二团任团长，一路上我们都担任前卫任务，师里还将骑兵侦察连配属我团。4 月 23 日我部先抵鹤庆，24 日后续部队陆续到达，先后驻留了三天之久，这是我们挺进滇西以来部队第一次在一地停留这么长的时间。

当时敌人认为金沙江水流湍急，没有渡江工具难以渡江，判定我集结鹤庆是要通过东北面的梓里铁索桥过江，因此，命令远在数百里之外的敌军两个纵队加快西进追赶，通知距我部较近的永胜、华坪两个纵队在江东布防，企图堵我过江。敌人还在永胜沿江修筑100多座碉堡，强征壮丁2000名，编成十六江防大队，增调地主武装四五千人，并成立永华独立营，集结200余众控制梓里铁索桥。总指挥部深知敌人的如意算盘，采取了真真假假声东击西的韬略，一方面部队前前后后在鹤庆驻留貌似休整迷惑敌人，一方面立即派我们前卫团向丽江前进。4月23日，由师侦察连和我团侦察排组织的侦察分队到达鹤庆后马不停蹄先行北上。团的主力稍事休息，进行伪装，也立即前进。独占空中侦察优势的敌人把注意力全部集中于鹤庆停留的大部队，我们前卫部队却神不知鬼不觉地于次日上午出现在丽江坝子上。

丽江位于玉龙雪山脚下，是一个风景秀丽的山城，为纳西族人民的聚居区,地处偏僻,交通极为不便,反动统治力量薄弱。纳西族民风淳朴，汉文化传播较久，不少人会讲汉语，久有礼仪之邦的美称。红二、六军团进入滇西以来，一路上严惩贪官污吏，打击土豪劣绅，争取开明士绅，救济贫苦百姓，尊重少数民族习俗，宣传抗日救国主张，早已在群众中广为传播。当群众看到我侦察分队按照纳西族人民逢年过节用红色表示喜庆吉日的习俗，骑着高头大马，口衔红花，手持钢枪，队列整齐地开进丽江，纪律严明，对人民和蔼可亲时，敌人那种“红军红眉毛，绿眼睛，杀人不眨眼”的反动宣传就不攻自破了。我前卫部队到达丽江时，丽江人民推举出数百名群众代表在城南东元桥“接官亭”欢迎红军。他们手持彩旗路边摆着香案，打着“欢迎红军”的横幅，以表示对文明之师的敬意。这是部队离开湘鄂川黔根据地之后，在新区第一次见到这样鱼水交融、军民团结的盛大场面。

这天丽江坝子天气晴朗，春意盎然，坝坡上山花烂漫，战士们一个个精神抖擞，一扫连续行军作战的疲劳，自动整戎装，齐步伐，高唱战歌，向丽江城走去。我也见景生情，不由得想到了根据地人民对革命的炽热感情和我们肩负的革命重担。当即命令骑兵分队马上出发到石鼓江边侦察敌情，查找船只，了解渡口水文、江情。石鼓距丽江约70里，为丽江所辖，丽江实际上是我军此次渡江的前进基地，我们利用在丽江短暂停留时间紧张地完成渡江前的各项准备工作。团的领导分工，一方面对部队进行渡江动员，一方面广泛接触和发动群众，开狱释放48名无辜百姓，宣传抗日救国政策，争取群众支援渡江。同时了解敌情、地形、选择进军路线，为军团指挥部和后续部队渡江创造有利条件，一直忙到深夜。次日凌晨3时部队整装出发，天空闪耀着稀稀的晨星，山风吹来几分寒意。寂静的山林，崎岖蜿蜒的山间小路，被行军行列中的火把照亮，看着战士们矫健的步伐，望着他们手里高举的火炬，我的心里感到一阵激动：我们这个团有1000多人，是红军中一个大团了，在洪湖苏区能攻善战；长征以来，在湖南瓦屋塘①战斗中打湘军开通路，保证了军团的行动；在贵州佯攻贵阳，解放石阡，转战乌蒙山区；入滇后，攻宣威、夺宾川，打了不少好仗。红军处在逆境，战士依然士气高昂，虽然老区来的不少战士已长眠地下，不少的热血青年又加入到这支部队中来，却始终保持着优良的战斗作风。从宾川到丽江连续行军作战五天没有睡过一个囫囵觉，每到一地，干部、战士自觉的宣传群众、组织群众，争着担负艰巨任务，令行禁止，团结战斗。有这样好的战士，有这样好的部队，还有什么不可克服的困难呢！不觉已经爬上了铁架山山顶，这时天已蒙蒙亮，东方露出了鱼肚白色，行军速度加快，经雄古、沙坝到下午一两点钟到达石鼓镇。

石鼓是一个小山镇，坐落在玉龙雪山西麓的山坡上，依山顺势层叠着一些土木结构的建筑群，众多的草屋之中，间或有几幢瓦房、木楼突起。听说镇内有明代嘉靖年间建立的一个记功碑，厚而圆呈鼓形故而得名，只是渡江任务火急未敢偷暇观赏。镇子的脚下200多米便是有名的

① 原文为瓦屋堂，应为瓦屋塘。一说瓦屋。

长江第一湾，向下俯视，金沙江的雄姿尽收眼底，镇子左右两侧是绵延数百米的玉龙雪山与云岭山脉，山高涧深，石鼓就成了北进藏区、南出滇西的唯一通道，我勒住满身湿漉漉的战马，仰首远眺，大江两岸高峰相望，江面宽阔，旋涡频迭，水流湍急，向西望去大江在两山之间穿行，江岸忽而坦阔，忽而窄陡，如卡住几处关隘，纵有重兵也难轻易通过；向北观看大江陡转，南岸高山屹立，岸边有五六米的峭壁向前延伸，逐渐形成峡谷，部队无法行动。堵住石鼓山口从石鼓以上渡江是少兵胜强敌的理想渡江之处。

面对大江，我对总指挥部首长的崇敬心情油然而生，为完成渡江北上的任务，贺龙、任弼时首长胸怀大略，审时度势，洞察地理民情，率领我们这支奔波万里在十几万敌军的围困堵截之中的1.7万名红军，决定性地走了佯动昆明、强攻宾川、集结鹤庆三着好棋，把十几万追兵甩在百里之外，疲命于筑碉挖壕守桥之中。当我们前锋部队饮马金沙江畔时，敌人正忙着在梓里桥边陈兵布袋，做着一举吃掉红军主力的黄粱美梦。我松开缰绳驰马江边，听取了侦察分队的敌情报告和找船情况：敌民团头领汪家鼎已在我部到达之前将渡船全部撤到北岸，民团散布在江北一带山上，仅在石鼓渡口的海洛塘一处找到一只未来得及撤走的木船。根据获得的情报及总指挥部赋予前卫团的任务，我一方面将情况报告师首长，一方面决定先利用这只小船在水势比较平缓的就近渡口先行渡江，占领东岸滩头，寻找船只，勘察渡口，为大部队过江创造条件。待部队在江南岸柳林、麻子沟一带隐蔽集结待命渡江时，天已近黄昏，红日西沉，在夕阳余晖铺衬下，哈巴雪山更显得庄严雄伟，高耸入云。不一会儿，整个江面就被雪山的巨大身影所覆盖。时间在提醒我，要加快渡江速度，我注视着眼前这一条只能容下一二十人的小木船沉思：如从江面宽约500米的石鼓摆渡，往返一次需一小时，势必延缓过江时间。我随即与身边刚来的五名船工交谈，根据他们提供的情况和侦察部队现地侦察报告，我决定由船工掌舵组织部队拉纤，将木船拖到上游木瓜寨渡口过江。战士们经过岸边大休息，又看见了渡船，情绪高昂，大多在洪湖、长江边长大的小伙子争相拉纤，不知哪位战士唱起了川江号子，引起众人响应，号子声震撼了峡谷，余声回荡在山峰江水之间，久久不能逝去，五里的路程很快就到了。我目测木瓜寨渡口江面宽约 200 多米，往返一次需半小时，且对面松林密布，便于部队隐蔽，是个理想的渡江之处。部署了渡江掩护部队后，我与政委朱辉照、参谋长高利国同志简短的交换了意见，决定由我先过江，组织部队占领滩头阵地，控制各制高点，在江东岸沿江侦察，政委、参谋长在西岸掩护组织部队过江。当即，我和通讯员乘上了第一船，由部队早选派好的一个加强班随我一同登船。三位船工掌舵摇橹，我在船头观察对岸四处动静，思索着过江后的行动。从船工们紧张严肃的表情上看得出经过战士的宣传也感到了手中舵橹的分量不比往常，他们熟练地驾着这不寻常的一叶小舟，忽而奋劲疾驶，忽而轻力击水，很快地穿过激流到达彼岸。当我一脚踩到铺满卵石的江东岸时，马上想起关向应副政委“过江就是活路”的话语，现在变成了一条北上的坦途，心里感到一阵激奋。当第一支部队渡过江时，晚霞早已消失，天空由蓝变灰，夜色随着第一颗星星的出现很快笼罩了大地。我在东岸几个要点派出了警戒，并派部队迅速沿江北上继续侦察。由于敌情威胁不大，为加快渡江速度，命令部队点起松明火把，在两岸登陆点堆起篝火。不少热心的当地群众也打着火把来到江边帮助部队渡江，有些胆子大的孩童也好奇地来到江边观看这他们从来没见过的惊人的壮举。按照预定计划，我带领已过江的先头营，举着火把踩着高低不平的坎坷江岸，沿江北上。大江滔滔南下，火龙熊熊北移，形成了一幅激动人心的画面。途中我们在松坪子得到了另一条木船，五名船工经过动员愿助我军渡江。这样，我们又分出一部分队伍在距木瓜寨仅六里的木取独渡口过江。控制在手的滩头，两条木船的运力，众多船工的支援，加之南方籍战士牵马泅渡成功的喜讯，都大大加快了渡江的速度。这天降的神兵吓昏了未醒的民团，我团仅经一夜奋战，就于 25 日全部渡江完毕。无一伤亡。

26日四师全部渡过金沙江，我团仍作为军团前卫沿江北上，不顾彻夜渡江的疲劳又经过一天急行军，行程75里，到达吾竹地区。红六师在江西岸也沿江北上，与我们隔岸并进，这样，石鼓以上百余里滩头四处渡口均在我控制之下。军团部和五师部队在丽江进一步发动群众，动员数十名木匠铁工扎木排，制简易渡江工具。贺龙同志还亲自给开明士绅写信，晓以救国大义，动员献出藏匿船只支援红军北上抗日，并于26日到达石鼓，在木瓜寨、木取独、士可、格子四渡口征得木船六只，木筏若干同时渡江。26日军团部、五、六师一部也顺利过江，六军团则离开鹤庆，经九河、白汉场到达石鼓宿营。27日又扩大了巨甸余化达渡口，集中七条木船、28名船工在石鼓以上120里地段全线渡江，通宵达旦，夜以继日，上重下轻，梯次展开，形成渡江高潮。这天两军团主力大部均已过江。总指挥部决定梯次收缩，最后留下上游余化达一个渡口由后卫部队通过。

我们刚到吾竹地区，上级就指示我们迅速占领巨甸以北的格鲁湾。此处由民团头领、土官汪家鼎率众据守，既对我渡江造成威胁，又是我翻越哈巴雪山唯一通道上的一个钉子。我们受领任务后，马不卸鞍、士不解甲，急速前进。直到这时蒋介石才发现我军正在石鼓渡江，如梦惊醒，气急败坏，急令孙渡纵队三个旅循红军踪迹向丽江追击，原打算向鹤庆绕截红军的刘正富旅奉命从邓川以东掉头向北赶赴石鼓。李觉纵队沿滇西大道向大理、邓川急进，并派飞机到石鼓沿江轰炸，妄图迟滞红军渡江。可惜、可叹的是，所有这一切都徒劳了这位委员长。当敌人刘正富旅疲惫不堪、气喘吁吁到达石鼓镇时，未见到红军一个人影，只留给他两条醒目标语："来时接到宣威地，走时送到石鼓镇，费心！费心！请回！请回！"刘正富哭笑不得的表情和士兵们奔命数日、松一口气的情绪，总算回答了蒋介石"御驾亲征"的一番苦心。

我前卫团27日经过一天的急行军，来到立马河口，占领格鲁湾。次日凌晨沿一条深涧从海拔1800米的河谷向上攀登，两边是原始森林覆盖的峭壁，山上山下气温差别很大，行至半腰处大崖屋附近，敌汪家鼎凭借雪山之险要隘口居高临下，投放垒石，开枪阻击我军前进。我当即命令行至就近的连队从左侧攀登迂回至东山岩头向敌人开火，干净利落地打了一仗，汪敌落荒而逃。至此，我军顺利地完成了抢渡金沙江的重任，并打通了二、六军团进军中甸、会师甘孜，与四方面军共同北上抗日的道路。

在石鼓镇和金沙江之间的一个突出山丘上矗立着红二、六军团渡江纪念碑。白石雕栏簇拥着高高碑顶上的红星，青山绿地在碑座四周轻姿舒展而去，碑顶蔚蓝色的天空中有几朵白云飘动，碑下的金沙江还像当年一样奔腾咆哮滚滚东流，耳边是几个花甲“孩童”绘声绘色谈论当年渡江时岸边热闹情景，我眼望着那飘动的白云，脑海里却闪现出贺老总当年立马江边雄健的身影，闪现着在渡江后战斗中英勇牺牲的师参谋长汤福林、团参谋长高利国同志亲切的面容。一个个为中国革命倒下去的年轻战友……请允许我把这篇短文献给你们。让曾用你们鲜血所开创的伟业，如滔滔江水，长流不息，永远前进。

1986 年 5 月于北京

选自中国人民解放军历史资料丛书编审委员会编:《红军长征·回忆史料》(2)，解放军出版社1992年9月版，第188—194页。

黄新廷，1913 年生，湖北洪湖人。1929 年加入中国共产主义青年团，1931 年参加中国工农红军，1932 年转为中国共产党党员。红军长征时任红二军团四师十二团参谋长、团长。新中国成立后，曾任陆军第一军军长，成都军区副司令员、司令员，解放军装甲兵司令员，国防委员会委员，中央军委委员，中共第十一届中央候补委员、第十二届中央委员，中央顾问委员会委员。1955 年被授予中将军衔。2006 年在北京逝世。

跋山涉水“会中央”

黄新廷

1936年初夏，我们红二方面军①从湘西根据地出发，不分昼夜地跋涉，于5月底②到了云南西北部的山区。再有一天的路程，我们就要到金沙江边丽江县的石鼓镇了。这时候，我们听说快要和一、四方面军会师，行军行列里立刻活跃起来，说的说，唱的唱；疲乏不堪的同志，抖擞精神，加快了脚步；已经掉队的病号，咬咬牙，又跟上了队伍。人人恨不得生出一双翅膀，早日飞过雪山草地，去见我们想念已久的党中央首长和毛主席，去和兄弟方面军大会合。

当天晚上，部队未曾休息就继续前进，黎明时分，赶到石鼓镇。我们走下一段笔陡的石级，来到渡口，只见金沙江浪涛滚滚，急湍直下，两岸陡峭的岩石，朝天矗立，造成阻拦我们前进的一道天险。师侦察连和我们团的侦察排找来一只小船，“这怎能把全部人马渡过江去？”我心里想：“我们四师十二团是全军的前卫团，无论如何也要冲破这道天险！”我们一方面叫警戒部队注意对岸情况，一方面叫侦察排继续找船，然后，挑选战斗力比较强的一个班，乘小船首先渡江，控制对岸渡口，以便掩护大队渡江。江岸上，掩护部队作好了战斗准备，小船启航了！它像一片树叶，在急流旋涡上，忽左忽右的打转转，一会被浪抛起

① 此时为红二、六军团。

② 应是4月下旬。

来，一会又跌下去。我们都为这只小船捏了一把汗，为他们担心。他们用力划着桨，在翻滚的浪涛中搏斗。他们绕过礁石，胜利地到达了对岸。这时候侦察排又找来了两只小船；我们又在江上打捞了一些木头、竹子，编造了许多木筏。于是，小船和木筏在急流上箭一般地驶去，号子声在峡谷里回荡！我们终究以“一心会中央”的无比热情，战胜了金沙江上的惊涛骇浪！

过了金沙江，部队钻进一条狭长的山谷。深谷里森林茂密，古树参天，两旁险峻的绝岩上，白雪覆盖着青松，衬托着蔚蓝的天空。透过枝叶的缝隙大雪山已展现在眼前。后面部队才走进山谷，前面部队已开始爬雪山了。第一次爬雪山，大家感到新奇，虽然满身大汗，都还一股劲地向上爬。一边爬，一边“吹牛皮”，有的说，孙悟空能过八百里火焰山，可是过不了大雪山；有的说，将来和一、四方面军大会合的时候，应当化雪为酒，来祝贺长征的胜利。说着爬着，前面树丛里猛然响起一阵枪声。侦察排派人回来报告敌情。我们立即指挥后面部队，抢占两边的山头；但山陡林密，抢不上去。侦察排和前面部队向敌发起了冲击，因敌人居高临下，火力封锁严密，有几个同志挂了花。部队没冲上去。这一来情况严重了，后面的部队正在渡江，已过江的部队都挤在这条山谷里，而前面唯一的一条路被敌人封锁了，那么，摆在我们前卫部队面前的任务，只有三个字：打出去！

像一路上许多次艰巨的战斗任务一样，贺龙司令员和关向应政委上来了。我听见后面有人喊：“你们团长到这里来！”我赶紧跑过去，向贺总和关政委报告了情况。身材魁梧的贺总，精神焕发，他没有说什么，便走到树林边观看地形。正前方，敌人据守山岩，封锁着道路，山谷的两侧，则是连绵的峭壁，峭壁上长满弯弯扭扭的树木和野藤，只有猿猴才能攀登上去。贺总的眼光停留在右边那个200来公尺高的峭壁上，脸上的笑意越来越浓了。他扭过头朝我们说：“这条通向中央的道路，你们能打通吗？”我领会了首长的意思，便坚决地回答：“首长放心，我们一定打通前进的道路，扫清阻拦我们红军会师的障碍！”贺总含笑点点头。这时，敌人打过来一排子弹，头顶上折断的树枝，哗哗地往下落。我劝贺总和关政委先到后面休息一会，贺总说:“不要管我们，快去吧！”正在一旁和伤员亲切谈话的关政委，也说道：“不要紧，我们在这里等候你们胜利的消息！”

首长们亲自到前面来指挥，给我们的部队增添了力量和信心，同时，也更加感到责任的重大。每个人都想日行千里，早日与兄弟方面军会合，协力抗击日寇，难道能叫敌人阻拦在这儿？不能！我带着一个营，顺着山脚，迅速地运动到那个峭壁的下面。这时，树林那边佯攻部队的枪声，响成一片。这是要把敌人的注意力吸引过去，掩护我们。战士们整理了一下装束，便开始向绝岩峭壁攀登。大家攀着树，拉着藤，一个跟着一个向上爬。大家连日艰苦行军，已疲惫不堪，这时却都来了精神，像猿猴一样，手脚并用，步步登高。不一会，一个排爬上去了，我紧跟着这个排也爬了上去。

峭壁上，矗立着一排排嶙峋的石笋，冰雪覆盖，溜光圆滑，稍稍不慎，就有跌下绝壁的危险。我们紧贴着一个个石笋，小心翼翼地向前移动，谁也不敢朝下望一眼。突然，扑通一声，我身后一个战士摔下去了。我前面那个战士以为是我摔了下去，猛地回过头来，当他见我还跟在他后面时，便又关切地小声说：“团长，小心啊！”我摇摇手，叫他不要说话，但我心里非常激动。我永远不会忘记这些可爱的同志们！尤其那个摔下绝壁的战士，在临危时竟没喊叫一声，为胜利献出了自己宝贵的生命！

山上山下，枪声噼噼啪啪，响起一片。愚蠢的敌人以为我们还在山沟里，一股劲朝山沟树林里打枪。哪知我们早已绕到他们背后，一个战士瞄准那个得意扬扬地向树林里射击的敌人就是一枪，只听嘭的一声，那家伙连人带枪滚下山去了。战士们紧跟着扑上去，敌人乱了；山下部队乘势往上猛冲，总算杀出一条路来！在山顶上，我们和冲上来的同志们，来了个胜利会师。一个小鬼扛着刚缴获的枪，眉飞色舞地说:“嗳，真有意思！有个俘虏说，我们是坐飞机过来的！”另一个战士说：“要说咱们坐飞机，我们长出的翅膀，就是‘想见毛主席！’”

部队在雪山上行进。雪山闪烁着一片明亮的银光，刺得眼睛发痛。那时也没有墨色眼镜，甚至连块黑布也找不到，只好眯缝着眼，深一脚浅一脚地向前走。一不小心,就会陷进齐胸深的雪窝里。大家手拉着手，互相搀扶着，挪动着沉重的脚步。山上空气稀薄，很多身体弱的同志，张口喘气，汗流满面，就连高大的战马，也被风雪袭打得咴咴乱叫，嘴里喷着白气。我看见一个小鬼扛着枪，身后背包上还吊着个盆，在雪窝里快迈不开步了。我吃力地奔过去接他的枪，他不让，这么一争一夺，两个人都陷到积雪里了。经过一番挣扎，才爬上来。那小鬼拍打着身上的雪粉,搓着通红的脸蛋,笑着向我说:“团长,看你滚成个雪蛋蛋了！”我说：“你看看你自己，也成个雪球了！”我们说笑着，踏着吱吱作响的积雾，艰难地向山上爬。这时，师部通讯员气喘吁吁地赶上来，交给我一个纸条。一看,是上级拍来的“贺电”。我立即把这个消息传达下去，顿时，雪峰上腾起一片欢呼声。“爬过雪山，去见毛主席！”“中国共产党万岁！”的口号，在雪山上下，相互呼应。那行军战斗的疲劳，早已一扫而光了。

选自《四川日报》1959年8月1日第3版。

抢渡金沙江

王志卿

1936年4月25日至27日，贺老总亲自指挥红二、六军团在石鼓，巨甸之间渡过金沙江天险。

4月26日，部队在离金沙江180里的宾川县城外的一个村子里休整了一天，一是准备渡江的物资器材；二是由团党委主持召开了全团积极分子会，六连参加会议的有连长付在先，指导员杨国财，二排长彭××，轻机枪班长刘吉祥和我（当时任一排长），会上，团政委朱辉照传达了贺老总关于抢渡金沙江的讲话，贺老总说，蒋介石吹牛说金沙江是天险，水速如电，山高坡陡，只要用少数兵力守住北面山头，红军就过不了金沙江，当红军集结渡江时，我几个师的追击部队直逼江边，就可以一举消灭。当年，石达开进军到了大渡河，前有天险，后有追兵，两面夹击，全军覆灭，这是历史的见证。今天，我们要吸取这个教训，抢速度快渡江，出敌不意占领敌人阵地，只有这样，才能完成掩护全军过江。否则，全军要遭到重大损失。我们是共产党、毛主席领导的工农红军，蒋介石倚仗天险，妄图把我红军消灭在金沙江边，这是办不到的！接着，团长黄新廷作动员报告，他说：二、六军团总指挥部把抢渡金沙江的光荣任务交给我们，这是对全团指战员的信任，我们决不能辜负党的期望，人民的重托。要下定决心，克服困难，掩护全军顺利渡过金沙江。会后，我们回到连队，先在班排党员中传达了会议精神，进行了热烈地讨论，大家纷纷向党表示决心：千难万险何所惧，为天下的劳苦大众而死，死得无上光荣。

4 月 26 日晚饭后，十二团全团集合，小跑步向金沙江前进，云南的 4 月，太阳出来似火烤，而我们夜里急行军却凉快得很，感到很舒服，战士们越跑越有劲，恨不得两腿生风，一口气跑到江边，我们在前面跑，敌人在后面追，一夜间，部队走了 150 多里，其中还翻越了一座上七里下八里的山，直到天亮，我们赶到了金沙江边，四周一看，山高入云，只有一条小路可以通行。江水像脱缰的野马奔腾直下，江中，一营正在奋力划行渡江。

这时，贺老总、关向应政委和任弼时同志随红二军团四、五两师和军直机关一起来到了金沙江边，贺老总指示原地休息待命渡江，利用休息间隙，指导员杨国财领着大伙唱起了战歌，第一支歌是《战争决战在今朝》，歌词大意是：我们红色战士，决战在今朝，我们要坚决消灭敌人，保卫自己，为群众谋利益，革命到底……第二支歌是《拿起爆烈的手榴弹》，歌词大意是：拿起爆烈的手榴弹，对准杀人放火的蒋匪军，不消灭蒋匪军，我们坚决不下战场……第三支歌是《三大纪律八项注意》。我们一边唱歌，一边观察一营渡江后的动态，按照上级预先的安排，由一营长胡传作带一连过江后，快速占领江北山头制高点，掩护全军过江。一营长胡传作带着一连乘木船过江后，沿着大路前进，四师侦察连一个骑兵排渡江后，尾随一连前进，当他们走到半山腰时，山上敌人先是开枪射击，后是往山下推石头，我们的一些战士牺牲了，面临逆境的一连和侦察排的勇士们紧靠山边的陡坡站着，部队难以前进，这时，一营长也负了伤。当时的局势是前面有敌阻击，后面有敌尾追，敌人和后卫部队接上了火。战斗十分激烈，如果在两个小时内部队不能占领江北山上的敌阵地，后卫的六师十八团不竭力阻击追击的敌人，那么渡江的部队只能喝江水了。在这生死关头，贺老总命令我们团派二营立即抢渡，以最快的速度占领江北的敌阵地，掩护全军渡江。

二营营长蔡久接到命令后，火速派六连长付在先带领二排坐木船渡江，指导员杨国财带领我们一排乘木筏渡江，当一排快靠岸时，不幸触礁，木筏子散了，人全部落水，“不要慌，跟着我游上去。”指导员高声喊着，带领战士们朝岸边游去，上岸后，清点人数，有四个同志被滔滔江水吞没了。连长他们乘坐的木船，由于水流湍急，往下流了好几里才靠岸，过江后战士们顾不得寒冷，避开大路，顺着山边一条齐腰深的水沟，慢慢地摸到了敌人阵地侧面的山下，山脚下还有两米多高的悬岩陡坡，无路可上，战士们搭成人梯往上爬。一班长桑家银个高体胖，是他顶着三个战士爬上山的，上山后 70 多度的陡坡仍然无法可走，我们只好抓住树枝往上爬，爬到离敌阵地 100 米左右的地方，有两名战士因手拉的树枝断了，从岩上掉下来牺牲了。大家的手指都爬出了血，鲜血染红了树枝，却没有一人叫苦，心中只有一个念头，尽快抢占敌阵地，为部队渡江扫清障碍，继续长征，好与毛主席率领的一方面军会师，想到贺老总出发前的命令，我们浑身增添了力量，横下一条心，只要还有一口气，拼命也要爬上去，不到两小时，我们排接近了敌人的后沿阵地，一连投了好几颗手榴弹，当场炸死炸伤 11 个敌人，还有 200 多名敌人被“神兵”吓得晕头转向，有的溃逃，有的当了俘虏。战斗结束，缴获英国制造步枪 11 支，子弹 200 多发，马刀三把，同时，一营和后卫部队也上山来了，迅速占领了江北敌阵地。

抢渡金沙江,光有一、二营作掩护是不够的。贺老总早就安排好了，派六师师长郭鹏率兵坚守金沙江边的南山，控制制高点，以保证部队胜利渡江，六师指战员坚决执行贺老总的指示，死守南山，同敌人激战一天，不仅打退了敌人十几次的冲锋，而且还杀了个回马枪，把敌人打退 20 多里。有时，敌人扔过来的手榴弹，战士拾起来又扔过去，子弹打完了，就用石头砸敌人，为全军胜利渡江赢得了充裕的时间，出色地完成了阻击任务。为了迷惑敌人，他们用草扎成假人，“守”在南山，部队却安全转移渡过了金沙江。

贺老总在石鼓指挥全军胜利渡过金沙江后，天快黑了，他才跟六师十八团一同渡过金沙江，跃马扬鞭向中甸进军。

选自中共云南省委党史资料征集委员会编：《红军长征过云南》，云南民族出版社1986年12月版，第225—228页。

王志卿，红军长征时为红二军团四师十二团二营六连一排排长。

金沙夜渡

周其友

1936 年 4 月，我二、六军团在甩开了尾追之敌以后，兵分两路，日夜兼程西进，以破竹之势横扫滇西。当月下旬，我们二军团胜利到达金沙江边的石鼓镇。

石鼓是金沙江上游的重要渡口。这里，江面宽阔，水流湍急，地势险要。江对岸，悬崖陡壁，山峦重重。渡口上，有敌人把守着，江岸边、山脚下，有几个碉堡。碉堡前不远处还有铁丝网。整个大江渡口，封锁得水泄不通，敌人妄图把红军阻拦在金沙江南岸，以便就地歼灭。

当我们快抵达江边的时候，上级一再强调 ：“过去金沙江是活路，过不去是死路。”可是这么多的人马，怎样才能渡过这条大江呢？别说没有渡船，就是有了渡船，在敌人密集的火力下，也是不容易过的。在这种情况下，唯一的办法是派突击队泅过水去，消灭对岸敌人，相机夺取渡船，强搭浮桥过江。

傍晚，我们前卫六师组成了三个突击队 ：第一突击队有 300 多人，由十六团侦察队陈队长率领，任务是消灭碉堡中的敌人 ：第二个突击队 700 多人，队长由十七团副团长担任，任务是夺取渡船，并支援第一突击队 ；第三突击队包括民工共有 600 人，任务是架浮桥，由十七团一营营长担任队长。突击队人员都是娴熟水性的优秀党员和干部。每个人装备一支短枪，七八个手榴弹 ；或者是一把马刀，一支小马枪。

我们连里参加了八名同志。我把连里的工作交代给指导员，便参加了第一突击队。

夜里 11 点多钟，我们第一突击队先出发了。长长的队伍，踏着刚落过牛毛细雨的泥地，静悄悄地向金沙江的岸边摸去。金沙江哗啦哗啦的流水声，老远就飘进我们耳朵。

下了一个挺大的陡坡，就像掉进雾海里一样。触目尽是白茫茫的雾气，遮住了丘陵和树林，遮住了星星和月亮。大山的影子也不见了，跟在后边的同志也望不见前边的同志。我们互相联系的信号是学鸟的叫声，识别记号是臂膀上的白色毛巾。领导上选定这时候偷渡太好了，我们都暗自感谢老天爷给我们放好的烟幕。

我们光着膀子，下身只穿一条裤衩。虽然是春天，但在深夜里，仍觉有点凉丝丝的。

我们肃静地飞快地走着。在一堆杂乱的青草丛里突然惊起了几只不知名的鸟，唧唧地叫了几声，拍打着翅膀，立刻在浓雾中隐没了。隔岸的敌人盲目地朝我方扫射，我们立即就地卧倒。待了好几分钟，敌人射击停止之后，便又迅速走向江边，跟随队长下水了。

为了避免水响，我们踩水前进。虽然这个渡口的水势较平稳些，但是，仍然掀动起不小的浪花。还在毕节城附近的阻击战中，我的腿部负了重伤，伤口被冷水一浸，痛的挺难受。起初还忍得住，不几分钟，疼得有些不能支持了。我猛用手一捂，闪了一个跟头，挂在脖子上的手榴弹嘎啦嘎啦地响着。泅在最前头的陈队长打来一声鸟哨，意思是：绝对肃静！我一手抓住手榴弹，一手向前划着。幸好还没有被敌人发觉。

浪头一个接着一个滚来，伤口一跳一跳的疼痛，我紧咬着牙齿，紧跟着那些浮游自如的水手们，心里真恨不能一下就靠拢对岸。

跟在我身后的小李，水性本来很好，可是他在连续急行军之后，那瘦小的身子，挺架不住这么大的浪头冲击，一连吃了好几口水；但他还是忍着，忍着，因为万一有半点响声，就有被敌人发觉的危险。我看他很吃力，就泅近去让他扶住我的肩膀，一同向对岸游。在晴朗的夜里，江面浮动着这么多人,是不难发现的。但今天,大雾在江面上扯起幕帐，正像诸葛亮草船借箭的那个诱人的夜晚，隐蔽着我们顺利地接近敌人。想着，胜利的预感在胸中激荡，身上的劲头更足了。

游过激流之后，我不觉松了一口气。谁知不小心掉进了一个旋涡里。三转两转，小李的手松了，只听他“啊”的一声，我连忙和另外一个同志猛揪住他的手，把他夹起来游往对岸。

这一声“啊”，暴露了目标，马上引来对岸敌人轻重机枪的突突声。子弹一个点地向江心射来，激起密密的水涡，一道道火红色的弹道划过雾层，在我们的头上，身边穿过。陈队长又用鸟音哨了几声，我们忍住气，一枪不还地向岸边游去。

敌人的子弹仍然疯狂地呼啸着……

一上岸,小李却无力地倒下了。我连忙推他几把,一点声音也没有。用手一摸，头盖上湿漉漉的一团发黏，一股腥气直冲鼻腔，这才知道他牺牲了。我的心像猛然受到针扎一样的痛，鼻子一酸，眼泪几乎夺眶而出。我哀悼这个不满 17 岁的青年团员,我将永远记着他横渡金沙江时，对革命事业流尽最后一滴血的英雄业绩。

任务急迫，不容耽误半点时间，我忍痛把小李的身子放平之后，便率领小组迅速地向敌人碉堡跟前匍匐前进。地上的小树野草，刺破了肉皮，可是谁也顾不得痛。碉堡里不断发射出子弹，有的同志又倒下了。我心里一股怒火直冒，恨不得一下子就把敌人的乌龟壳敲碎。

这时雾气稍散，江岸上的景物看得清晰一些了。我带着一个小组迂回到一个碉堡侧后。一看进口的地方有块木板堵着，我一脚把木板踢开，随即高喊："不要动！缴枪不杀！"还在枪眼里射击的一个家伙，猛地一惊，抽回手提式，刚要对准我射击，只听“砰”的一枪，他便应声而倒。这是我身后一个同志开的枪。其余的敌人一见这情景，都把枪放下，乖乖地举起手来。我派了一个同志看管俘虏，带着另外几个同志又往别的碉堡扑去。与此同时，别的同志也攻下了几座碉堡，这样，我们把凭险构筑的敌阵地打开了一个缺口。

第一突击队的同志陆续泅过江，向敌人猛攻。马刀在敌群中飞来飞去。奋杀了小半夜，碉堡里的敌人有的送了狗命，有的作了俘虏。山坡上的敌人像受惊的兔子一样，摸不清我们究竟有多少人马，就夹着尾巴逃命了。

当第二突击队的同志也泅过江来之后，我们又合并追杀逃窜的敌人。追了一阵，东方的天空已经蒙蒙发亮了。我们到江边的镇上找来一些门板，协同第三突击队的同志架桥。但是，在这样的急流里，船是放不稳的，我们找了一条大绳子把船只一字儿拴起来，紧紧地系在两岸的石崖上。当红艳艳的太阳爬上东山嘴的时候，一座用烈士鲜血换来的浮桥已横跨在金沙江的激流之上。我军大队人马浩浩荡荡地从桥上过着。蒋介石妄想拦阻我们前进的迷梦，又一次被我打破了。从俘虏口中得知，敌人以为我军还得两三天才能到达，所以戒备很松，根本没料想我们一个急行军就到达江边，出其不意冲破了金沙江天险。俘虏们惊叹地称赞着："真是神兵啊！"

原载《星火燎原》选编之三，战士出版社1980年11月版。

选自蒋风波、曾庆洋编：《回顾长征》，人民出版社1985年12月版，第534—538页。

周其友，红军长征时为红二军团六师十六团连长。

渡金沙江

李立　贺正文

我们红二方面军六军团十七师，经过千里转战，于 1936 年 4 月 6 日 ① 到了丽江县。

这里距金沙江的石鼓渡口不太远，可是金沙江是个啥样子，我们一无所知，过去只在地图上看过，只知道它是长江的上游。下午部队在斜阳照耀下，沿着一条窄小公路向石鼓渡口前进。阵阵江风掠过大地，吹拂着人面。太阳落山时，远远地看到一条黄澄澄的东西横在眼前，又走了一段路，听见流水声，抬头一望，面前正是金沙江。混浊的江水成了金黄色，滔天的波浪，怒吼着向下游滚滚流去，部队一看到金沙江，顿时振奋起来，加快了步伐向江边前进。并纷纷议论着："这江实在大，还是第一次看到呢！""要是没有船，很难过得去。"

这夜，我们便在石鼓镇宿营了，石鼓只有一条东西街，镇子很小铺子不多，但在这僻静山村里，也还称得起繁华集镇。

为了迅速做好渡江准备工作，师首长和工兵连的同志连夜赶到石鼓西北角的渡口察看地形。这时，我们才从老乡嘴里得知，多少年来上游下游常有人在江里淘金子，故命名为"金沙江"。

经过察看，才知道原来石鼓渡口是沙滩，对岸是悬崖，用船摆渡，

---

① 应为4月25日。

上船时必须走过沙滩，下船时必须走一段水路爬上悬崖。船根本无法靠近南北两岸。江面不很宽，只有半里路，但江水很深，流速湍急。渡江的如果是一个轻装前进的小部队，根本不算什么困难，就是游过去也用不了一个钟头。可是我们现在是千军万马，同时会游水的又能有多少呢？怎么办呢？搭浮桥，又哪里去找木料。有了木料在这样水深流急的江中能否搭成？时间是不是允许？……这一切问题在每一个指战员的头脑中回响着：每一个人的心情都是紧张而焦虑。

后边的部队也常派人来请示："什么时候过江？再晚了追击的敌人赶上来了。"

时间一分一秒地过着，想来想去，涉过是不可能的，搭浮桥也不可能，现在唯一的办法只有搞船，船到哪里去找呢？江面上连一块木板都没有，连一个人影也看不到。

找船的任务分配给师部侦察排了，侦察员都知道这任务的艰巨性和重要性"这是关系全军命运的大事"。他们牢记住师首长的话："找船的任务只许成功，不许失败！"

大概只有一刻钟的工夫，我们地方科的同志正在研究如何动员群众支援我们过江，突然一个侦察员气喘吁吁地跑进屋来向师长报告：

"此地只有一条船，在我们没来之前，撑船的老汉听了国民党的反动宣传，害怕我们没收他的船，他把船划到离这儿有十余里路的一个江湾里去啦。"

我们正在等船等得心焦呢！听到侦察员的报告，小屋子里立刻喧哗起来："有船啦！有船啦！"打发走侦察员立刻去找撑船老汉之后，我们也着手做渡江的准备工作，并通知部队整装待发。

船是拖来啦，不过费了好多唇舌，据侦察员说，这老汉开始不承认船是他的，但又不让我们拖船。后来，侦察员向老汉宣传了红军政策，拿出了船钱，老汉才深受感动，去掉了疑惧，去江湾拖出了船。

船是有了，可是是一只年久失修的陈旧的破船，工兵连的同志立即加以简易修补。接着又动员了部队中曾经有过驾船经验和识水性的人，不管干部战士全部集中和组织起来，服从撑船老汉指挥，轮流替换担负摇橹、撑篙并指挥上下船的次序。另外还挑选了些年轻力壮的负责拉船，推船。

这天夜里没有月亮，也没有风，老汉伸出手试试风向，认真地说:“红军是福将，吉人天相！”一层蒙蒙的雾笼着江水，大江好像穿了件灰色的睡衣。午夜，一切都是寂静的，只有江水滚流着。江岸两旁的柳树，向天空伸展着，青绿色的枝条，生气勃勃地傲然直立。我们红军战士登上第一船，在静夜里开始启渡，岸上的千万双眼睛死盯着这只船，他们的心跟随船的颠簸而跳动着。也许深夜特别静的缘故，撑船老汉的吆唤声，轻舟破浪的哗哗的水声岸上的同志听得清清楚楚。有时小船钻到雾霭里看不见了，岸上的人有的蹲下，有人用手遮住前额，费神的搜索，实在看不见，也要使劲地揉揉眼睛再找，心情是那样紧张不安，忐忑地跳动着。当小船从雾霭里、浪里钻出来，岸上的同志立时喊叫起来:“好啊！同志们快划到对岸去了！”

第一船费了九牛二虎之力才试渡成功，但是行速太慢，半里路宽的江面，一个钟头过不了两次。这样像老牛拉破车一样的行速，一次又只能渡六七十人，要把全军这样多部队都渡过江去，要多长时间啊！同时情况十分紧急，敌人很快就要追上来，部队无论如何要在明天过完才行，迟一步就会遭到敌人袭击。

办法接二连三地想出来了，但是都没有成功，工兵连制做的木排走到江心便被大浪卷走了。还是工兵连煞费苦心，终于想出了办法：在江的两岸拉一根又粗又长的绳子，等船靠近急流和对岸的悬崖时，将船顺水往上猛拉。加上撑船老汉熟练的技巧和同志们十多副桨板的威力，使速度加快了，缩短了行船的幅面，船也不在旋涡里打转了。

我们这只陈旧的破船在金沙江上不停地工作着，持桨的战士们满头大汗，有的昏倒啦，但你如果要换他们上岸休息一下，他们根本不理睬你，气喘吁吁地死抱着桨板不放，这些可尊敬的人信心百倍要把部队送过江去，他们利用别人登船的一刹那，喘口气胡乱吃点能充饥的东西又继续战斗了，特别使我们永远难忘的，是我们的“指挥官”撑船老汉，他那骨瘦如柴的身子，累得发抖起来，汗流浃背，连那银白胡须都被汗水打成一缕缕的。但他仍是毫无倦态地关注渡江的每一个险境，而他也确实被红军的勇于克服困难的精神所感动。每当他渡过一船总是挑起大拇指，对着我们说：“好！仁义之师，无敌于天下！”其实像这样的老汉，何止他一个，在我们的经历中，又何止千万。昨夜他们还战战兢兢，满心恐惧，不敢正视你一眼，可是一旦他们知道了红军就是人民的子弟兵，他们的皱纹都笑开了，于是竭尽全力，甚至牺牲自己的一切，支援红军。我们就是依靠这些人民而成长壮大的呀！

火红的太阳从东方升起来，江岸变成一片金色，波浪也成黄褐色，船只在汹涌的波浪上顺利前进。坐在岸边等候过江的人，注视着木船穿梭般地摆渡着，心中充满喜悦。“加油呀！划呀！”“加油呀！划呀！”的悦耳而洪亮的声响，在江面上，在远处的山谷里回旋着，显示出英雄们飞渡天险的信心和胆略。

已经是下午5点钟了，肚子饿了，人也疲乏了，但船仍旧在江上来回摆渡着。忽然，撑船老汉在江心喊起来：“不要紧！不要乱！不要慌！”接着便见划桨同志的喊声：“快堵船那！船破了！”原来这只年久失修的船，由于载重量过大，腐朽的船底板支持不住了，江水不断地从船底涌进船舱。无情的江水像无数个泉眼，没有多久船舱积了很多水，船的速度逐渐慢下来。这时桨板和篙杆使不上劲了，任凭你再使出吃奶的劲向前划，船还是慢悠悠地干打转不向前走。撑船老汉看看船有下沉的危险，他一边喊叫战士们用勺子、用帽子、用手往外掏水，一面毫不犹豫地把一床破棉被撕开，分别堵在几个漏洞上。同船的红军战士、干部也一齐下手，把自己的衣服和背包放在漏洞上，用自己的身体抗住涌进来的江水。船舱里的水掏干了，船的行速又加快了，这是一场紧张的战斗，战斗过后，有的累得满头大汗，有的人碰伤了手脚。撑船老汉更是疲惫不堪，但他坚持到最后。

与此同时，大批的骡马卸下了鞍，水性好的同志拿着棒子，赶它们过江，第一批牲口刚下水，便给波涛声吓怕了。它们大部分回过头往岸上跑。有两个牲口走到江心，就给波浪扯下去，马头像个大皮球似的在江心翻了几下，就看不到影子了。最后，还是几个水性好的饲养员，挑选了几匹驯服的牲口带头，把大批的骡马赶过了江。

太阳西下时，有些水性好的同志，等了一天等得不耐烦了，便向领导请求游过去。记得有一个叫刘俊秀的同志，把衣服和行李绑在肩上和头上，跳到江里骑在一根干树杆上。两手拿着木板向前划，他的身子半截在江里，半截在水外边，顺着江水在波涛上一起一落，像个燕子一样飞过去啦。岸上的同志都称赞他胆量大，泅水的技能高。

在暮色苍茫中，大江又披上了灰色的睡衣，我们在雾霭中同困难展开最后的决战。船上的同志仍旧吃力地划着，用疲乏的身子死死地堵住漏洞。最后一船“飞”过去了！南岸已经没有一个红军战士，而北岸的悬崖上都站着整装待发的北上抗日的健儿。

我们胜利了！

金沙江甩在我们背后了！

当我们和撑船老汉握别时，这次他没有挑起大拇指说：“好！仁义之师，无敌于天下！”而是待立在船头，带着依依惜别的心情，望着我们给他的船钱和慰问品。

第二天上午8点钟，敌机来回在渡口上侦察着，但始终未发现我们。为了完成他们的“使命”，只好在河滩上乱丢一阵炸弹，炸坏了几块石头和老松树。第三天敌人的大部队也赶到江边，但是他们连个红军的影子也没看到，只拾到不少被我们丢弃的破烂草鞋。

选自中国人民解放军三十年编辑部编：《中国人民解放军

三十年初选稿》第一卷第三辑（十二）二方面军补稿，未刊稿，第75—80页。

李立（略）

贺正文，1912 年生，江西吉安人。1927 年参加革命并加入中国共产主义青年团，1932 年参加中国工农红军，1934 年转为中国共产党党员。红军长征时任红六军团十七师政治部地方工作科副科长、科长，红六军团政治部宣传部干事、队长。新中国成立后，曾任新疆军区驻西安办事处副主任、主任，新疆军区后勤部军需处处长、副部长，乌鲁木齐军区后勤部顾问等职。1991 年在乌鲁木齐逝世。

雪山两昼夜

李加夫

1936年5月，红二方面军①从云南西北的中甸出发，分兵两路进入康藏高原，继续北上向抗日前线挺进。我们二军团从中甸至德荣②，首先要通过终年积雪的横断山，据说海拔有6000米左右，上下约200余里。当时我们连有170多个同志，曾经历过无数艰险和血战，个个斗志昂扬，精神饱满，但物质条件很困难，全体指战员的衣着都是单衣、夹衣，脚上是清一色草鞋，发给每个同志御寒的只有一件羊皮背心和一床夹被，此外能准备到的只有少量酥油、炒面和茶叶、蒜之类的东西。带路的老通事（藏民）披着老羊皮袄，穿着大皮靴，用怀疑的眼光望着我们，说我们过不了山，而且是自古以来没有军队能过大雪山。可是他不了解现在来的是中国工农红军，且看我们开创伟大的历史奇迹吧！

5月，严寒和风雪仍在严密封锁着康藏高原。开始两天，愈走愈感到好像南方的冬天，可是才到大山脚下，渐渐地看不见野草，地面上什么东西都覆没在积雪中，只听到我们队伍踏在雪地上的沙沙声。我们沿着山路左一拐，右一拐，盘旋而上，在皑皑白雪中踏出了一条又窄又长的蛇形小道。虽然气候寒冷，但我们仍走得汗流浃背，身上直冒热气，就好似一股热流涌上雪山。时至中午，大约走了四五个拐拐，小道上积

① 此时应为红二、六军团。

② 今得荣。

雪融化，滑得只能走一步站一步，站一步走一步。不时有些同志停下来修理一下挣断的草鞋带，或者实在不能修理了，就用旧布把脚裹起来。突然一阵狂风，乌云密布天空，霎时间又变成一片白色，雪花夹杂着鸡蛋大小的冰雹落下来，犹如多少只拳头在身上不断地捶打，同志们将被单蒙在头上，又被风吹跑，最后将包袱顶在头上慢慢行进。我们第一次见到这样大的冰雹，但一会儿却又风过雪停了，同志们就高兴得唱起来："我们是工农红军，被压迫的受苦人，坚决去消灭万恶的敌人，红军不怕苦来不怕难，全国是劳苦人民的江山。弯弯转，转转弯，弯弯转转爬高山，不怕山高路遥远，我们定要翻过大雪山。"谁知不一会雪水都凝结成冰，原来的雪水小道变成了冰凌小道，要是寸步难行，只能一步步挪动，前面的人也愈走愈慢，原来驮骡上不去，只有人抬上驮子，让牲口空着走。这样又走了两三个拐拐，天就黑了下来。我们到了半空中，上不见顶，下不见底，分辨不清是云中还是在雾中，不能走了。这时，从前边传来命令，原地休息。可是摆在面前的是雪崖冰壁，路旁是无数的雪坑，稍一疏忽就有跌下雪崖和滚下雪坑的危险，而脚底下又是冻得结结实实的不知有多厚的冰雪，我们只好摆成了一字长蛇阵，沿着小道一个靠近一个地站了下来。同志们穿着仅有的几件单衣和羊皮背心，并把夹被裹在身上，但冷气一个劲地逼人，愈站愈冷，于是都自动地活动起来，有的唱歌讲故事，有的不住地抽烟，到后来大家就原地踏步走。饥饿和疲乏交织在一起，有的吃几颗大豆，口干不能下咽，再抓两把雪吃，一股冷气钻入心底，浑身打颤。站了不久，前面有人跌下崖去了。我赶紧向后传，告诉同志们注意：坚持不打瞌睡，尽量活动活动。我们一定要战胜饥饿和寒冷，度过今夜，爬过雪山！指导员谢江庭同志也在后面向前传，不间断地向同志们做一些工作。怎奈天气太冷，到后半夜，直冻得人们说不出话，上下牙不住打架，什么饥饿和疲乏统统被寒冷赶跑了。虽然两脚冻得生疼，但仍坚持原地小跑。我们连有一匹马，平常人近不得，不是咬就是踢。这会却乖乖地让通讯员们在它身边取暖，大概它也要在通讯员身上得到一些温暖吧！这一夜多长啊！我们是一直站着又是跑到天明的。但我们终于安全度过了雪山第一夜。

天不亮，队伍便自动地向前慢慢移动。天亮后，整个队伍都变成了冰雪人。眉毛和鬓子都白花花的，衣服上也披上了薄薄一层霜雪，特别是草鞋底上都结有两寸厚的冰块，用枪托打两下还不掉，虽然我们都是一瘸一拐地走着，但是这是多么雄伟而豪迈的步伐在不息地前进啊！

通红的太阳出来了，我们继续向山顶爬着。朝前看，雪光刺眼，五颜六色的东西玲珑满目，拐了三个弯，只见前边有人躺着，我当即喊了几声“起床了”，“起床了”，但不见动静，到眼前看时，原来这些同志已停止呼吸，光荣地牺牲在这里了。又走了不远，冷风吹来，真是寒风刺骨，风吹着团团雪花，漫天飞舞，几步以外看不到人，我告诉同志们一个拉一个走。我们手冻僵了，脚也有些麻木，呼吸困难，走得很慢很慢，但又不能停，一停就有危险。忽然听到扑通一声，二排两个15岁小鬼——孙泉庆和李德年跌到路旁的雪坑中，幸而只有两米多深。二排长刘玉光和四班几个同志，手拉手下到雪坑，把两个小鬼拉上来，这里气候真是千变万化，一阵风雪过去，又出了大太阳，使人感到特别舒适。可是看日头已是下午的样子。再往前走，又遇到一个陡坡，约十多米高，两边不知已有多少骡马跌滑下去被埋在积雪中。我们一步一滑，很难上去，二排一个战士毫不犹豫地把披在身上的被子解下来，扯成几块铺到雪坡上，然后一个个往上拉，足足拉了三个多钟头，全连才上了坡。这时天色已近黄昏，如果计算路程，大约只走了二三里地。只听到前面有人喊:“同志们加油，到山顶了！”顿时给我们增添了无限力量，我们只想赶快到山顶上，鼓起劲来往上爬。可是我们的脚都已冻坏了，一步一个血印，在冰雪的路上染满了殷红的血迹，路是用我们的鲜血踏出来的。刚到山顶，只见前面的人一个个往下蹲，原来又是一个陡坡无法走下去，大家只好顺着冰坡滑下去了。当我们滑下一个大坡时，二排两个小鬼却跌进五六丈深的雪坑里。我们立即组织抢救，由二排长刘玉光和四班长负责。将同志们的绑腿连接起来，一头交同志们拉住，两人拉着另一头下去，从雪中掏出两个小鬼，然后一个一个地拉上来。但两个小鬼即将断气，又用人工呼吸帮助了一阵，才算救过来。我们继续向下滑，同志们的手脚都划破了，屁股也磨烂了。又坚持走了一段，将近半夜光景，到了一个大松林附近，我们走进树林中，幸好大树底下没有雪，部队都停止前进就地休息。我让各排去拣一些木柴，烧起几堆火，围在一起烤衣服，包扎伤口和收拾鞋袜。可是有些同志那里来的鞋袜，已经是几块裹脚布了。这时，师部常参谋长过来，问了问情况，安排了工作并鼓励同志们继续坚持下去。同志们收拾了一阵，刚感到饥饿和疲乏，但很快又被寒冷包围了。我们便背靠背地挤在一起休息。虽然奇寒难忍，但我们过了山顶，比第一天更充满了信心和力量。带路的老通事翘起大拇指，赞不绝口，大约过了三四个小时，东方发亮。这时气候依然很冷，路依然很滑，特别是同志们的手脚都冻坏了，好在已到了下坡路，30 里了到山脚下。我们继续向德荣前进。

我们胜利地过了雪山，全连 170 多个同志，无一掉队。虽然两天两夜没有吃饭，没有休息，以及风雪冰雹和严寒的袭击，但吓不倒和难不住我们红色战士，我们都是特殊材料制成的人，我们有一颗火热的心，我们有坚强不屈的革命意志。我们在党中央的和毛主席的英明领导下，迈开雄健的步伐继续前进，把一个个困难踩在脚下。

选自《甘肃日报》1961年1月15日。

李加夫，1909 年生，湖北石首人。1930 年加入中国共产党。红军长征时为红二军团六师警卫连连长、独立营营长。新中国成立后，曾任甘肃省军区天水军分区司令员、甘南军分区副司令员、武都军分区司令员。1987 年逝世。

排长背我过雪山

丁凯

1936 年二三月间①，我红二方面军②的部队，长征到了金沙江边。那时我在十八师五十三团一营三连一班当班长。上级传来命令，要我们准备皮大衣、棉大衣、粮食、辣椒、铜锅等东西。究竟作什么用，谁也不清楚。大家一面作为重要的任务来完成，一面却感到有些奇怪，已经是二三月份了，还要准备皮大衣、棉大衣干啥？部队休整了几天，我们就利用这些时间加紧准备。不久上级动员说，要翻越终年积雪的高山，山路陡滑，空气稀薄，行军大约要坚持一个月的时间，号召大家拿出红军的英雄气魄，团结一致，发扬阶级友爱，战胜一切困难，翻过雪山，坚持北上抗日。并说过了雪山，到了北方就是胜利。听说要翻雪山，我的心情真的是又兴奋又紧张。我生长在湖南西北的龙山，从未见过终年积雪的雪山，我想那一定是十分壮丽的；但是一想到要长时间的在没人烟的雪山上爬来爬去，又不免有些紧张。

几天的休整时间过去了。部队开始向雪山进军了。我们每个同志都兴致勃勃，有说有笑，有闹有跳的。对于前面究竟会遇到多大的困难，谁也没底，大家只是胡乱地猜测。听带路的通司神秘地说，山上有什么“风神雪怪”，它从不让人越过山顶，去的人都被它搞掉了不见回来。

---

① 1936年4月，红二、六军团渡金沙江，之后才翻越雪山。

② 此时应为红二、六军团。

当然我们谁也不相信这些迷信的传说，大家还相互打趣说，要上山去抓两个“风神雪怪”，带到根据地去作展览。

一天过去了，又过去了一天，部队行进的速度不快。爬了一个多星期之后，大家越来越疲惫。但还是继续艰难地爬着。有的人一不小心，哧溜一下就顺着山坡滚了下去，有的失足掉到了无法解救的雪坑里。愈往上爬，呼吸愈感困难，我感到心脏好像要从喉头跳出来一样的难受。雪山的气候，就像一个变化多端的魔术师，一会儿漫天鹅毛大雪，一会儿掀起冰雪的狂风，一会儿撒下鹅蛋大的雹子。抬头望去，分不出哪是雪山的顶，哪是天。只见白茫茫一片无边无际的雪海。

我们顽强地小心地爬着，走一会停一会。和我走在一起的同志，有的走着走着就倒下去了。号叫的西北风，像一匹受伤的野兽，气呼呼地迎面扑来，有的同志就这样被它卷没了。眼看着雪山吞没了自己的同志，我满怀悲愤和力量，下定决心要翻过山去。爬着爬着，寒冷、饥饿、疲乏一齐袭来，渐渐地我支持不住了，掉队了。大风卷着冰雪一阵一阵地打来，我感到头晕目眩，站立不稳，晃了几下，打了几个踉跄，眼看快要倒下去了。一排长薄龙清同志一把抓住了我的胳膊，硬要背着我爬过雪山。这怎么行呢？一排长的大腿曾经在湖南的一次战斗中受了重伤，一直未愈，伤口正化着脓，他自己还一拐一拐地靠着竹棍在走路，我怎忍连累他呢？何况，拖垮了排长，全排的同志就失去了指挥。我央求他放下我，让我自己走吧，他却严肃地对我说：“不，我们要共同翻过雪山！”我挣扎着，但我身体太弱了，竟无法挣脱他那抓得并不牢的手臂。排长把我放在他瘦削的背上，他自己靠着竹棍，喘着大气，一步一个脚印地继续前进。山上呼吸困难，我已昏迷过去了。一排长究竟是怎样克服了重重艰难困苦把我背过雪山的，我完全不知道了。只是后来听同志们说，排长为了把我背过雪山。曾经几次摔倒在地上，别人把他扶起来后，他又以特有的毅力，步履艰难地前进。他也曾几次昏迷，只是靠别人扶着，才没有失去知觉。

待我醒来时，发现一排长坐在下山去的半山腰里，我靠在他的胸前躺着。见我睁开了眼睛，他深深地吸了一口气，微笑着说："我们胜利了。"我万分感激地望着排长深凹的眼睛，两颗晶莹的泪珠不由自主地滚了出来。我颤抖地说："排长，你救了我。"排长仍旧微笑着说："不，是共产主义精神救了我们。"

后来，薄龙清同志在山西大同附近的一次战斗中，壮烈地牺牲了。消息传来，同志们莫不万分悲痛，我则更加伤心，忍不住偷偷地哭了，好几天都不思饮食。我们开了追悼大会，悼这位坚强的共产主义战士，并立志学习他毕生忠于革命事业的优秀品质。

选自《重庆日报》1961年8月6日。

丁凯，1918 年生，湖南龙山人。1934 年参加中国工农红军，1936 年加入中国共产党。红军长征时为红六军团十八师五十三团一营三连一班班长。1994 年逝世。

红军长征纪实丛书

红二方面军卷

4

中共中央党史研究室 编

中共党史出版社

本册收入第十部分文章57篇

十、其他

长征中的政治工作①

萧克

长征中的政治工作那是做得好的，我特别感到三个方面做得好。一是搞宣传，走一路，宣传一路，总口号是“抗日反蒋”。鹤庆纪念碑上的十多20个口号,基本上是符合事实的,只是其中“打倒汪精卫卖国贼”那一句，我有点怀疑。因为汪不是红军要打的主要对象；同时，汪那时已不在国内，到法国去了。国民党掌权的是蒋介石，蒋有决定作用，汪没有决定作用。当然，这样写也不错，因为汪虽不在国内，但也是国民党的重要人物。

二是搞统一战线。在长征出发前不久，我们党接到共产国际的指示，说要搞国际统一战线。中国自己开始也是搞统一战线的。1933年夏天，又提出在三个条件下，同国民党的军队搞统一战线，福建十九路军在那年冬天，就同我们订立停战协定了。后来蒋介石解决了十九路军的问题，转过来集中力量搞我们。我们在出发前，搞统一战线的思想是比较明确的，在新化，我们号召知识分子参加革命，反对日本帝国主义，到了贵州毕节，我们就把思想进步的社会名流周素园等人请出来，周写信告诉孙渡，红军北上是为了抗日反蒋。在路上，又以我、王震、张子意三个人的名义写信

① 标题为编者所拟。原标题为《肖克谈长征中的政治工作》，节录自萧克1984年1月16日在丽江谈红二、六军团长征。

给孙渡，孙渡后来讲他收到了，还把信转给了龙云。那个信的大意说，我们到云南是抗日反蒋，蒋介石借口打我们而派兵到云南来，将来云南是你们的吗？我们讲“假道灭虢，史有明鉴”。这是一个历史故事，这样的话能够打动人。这是中国春秋时期的故事，当时晋国既想消灭虞国，也想消灭虢国。晋要灭虢必须向虞借道。晋侯将屈产之好马送与虞国，说请借借路，虞国有个有头脑的人叫宫之奇出来反对，说，这个可干不得呀，将来消灭了虢会反过来危害我们的呀！但虞侯不听他的话，让晋假道，晋把虢国灭掉了，回来把虞国也灭掉了。信是怎么送去的，我记不起了。

对俘虏，我们有一贯的政策。就是多做宣传工作，合则留，不合则去，一定发路费——三块现洋。那时，我们自己顶多一个月发一块钱，或者只发五角，但是放俘的时候，一人一定要给三块现洋。我们自己少用点，可是对俘虏官兵是优待的，这对国民党军队起了很好的宣传瓦解作用。我们在江西实行这种政策，国民党士兵很高兴，他们中流行一个小调："红军不要慌，上天一排枪，三月不发饷，加入共产党"。这说明什么呢？说明那时我们的敌军工作是做得好的。我看到蒋介石给庐山军官团一个讲话，他对我们发三块钱恨死了。他说，现在有些当兵的，简直不知廉耻，到共产党那里领了三块钱，还嘻嘻哈哈地回来。士兵对蒋介石没有什么好感，因为蒋没给他们带来什么好处。后来在解放战争中，国民党部队几万几万的过来，经过一两个星期的工作，就编到我们部队打仗。所以，我们做敌人的这套工作非常熟练。国民党士兵人人都是苦出身。要是土豪、资本家的子弟怎么会当兵？当兵的人都是穷人，贵州叫干人。我们是为穷人打天下的，所以一做工作就见效。我们做敌军工作越往后本事就越大。

以上三方面的工作，不是说什么时候都做得好，有时有缺点有不周到的地方，但总的是好的，是应该充分肯定的。

选自中共楚雄州委党史资料征集小组编：《红军长征过楚雄》，1987年10月，第126—127页。

红二、六军团长征政治工作总结报告（节录）

关向应

我们自去年 11 月 19 日由湖南桑植之刘家坪出发，直到与一方面军会合经过了一年的时间,在这一长途远征中我们曾占领了 39 个城市（辰溪、溆浦、晃县、石阡、玉屏、瓮安、平越、修文、黔西、大定、毕节、盘县、寻甸、富民、楚雄、镇南、祥云、宾川、鹤庆、丽江、中甸、得荣、白玉），六军团还占领了新化、江口、姚安、盐丰、弁定、定乡、稻城、理化及许多分县（倘塘、松林、普棚……），最后在陕甘的行动还占领徽、成、康、两当，共走了约 16000 里①，经过了无数次的战斗，我们在这一时期内的政治工作及工作中的错误和缺点，兹按：

……

从桑植出发石阡止

（1）远征前的政治准备，根据当时的政治情况：

（一）当时正当我四方面军在川西获得伟大胜利，蒋介石正征调新的兵力入川（如汤恩伯纵队……），二、六军团应当实际的配合一、四方面军的胜利与吸引蒋介石的部队。

（二）当时我们正当从津、澧回到桑植，敌人对湘鄂川黔苏区的包

① 红二方面军长征里程近万里。

围和封锁是很严密的，敌孙（连仲）纵队，樊（嵩甫）纵队沿东筑碉堡线，徐源泉之两个纵队沿西筑碉堡线，湘敌之李、陈、章、王各师，郭汝栋师，张万信师，罗启疆旅，陈渠珍师及湘西之地主武装实行碉堡封锁政策，步步向我们前进，企图包围我们于桑植、龙山、慈利地区内。

（三）给养问题感受了很大的困难（我们在桑植仅休息两天就没有粮食了）。

（四）当时湘鄂川黔苏区内群众工作和革命委员会的工作尚未能得到最大的成绩（党的组织尚薄弱，群众组织和群众武装均不甚强固，地主武装未消灭）。

（2）党和军分委根据当时政治情况和战略上的要求，决定了二、六军团以迅速果敢的行动从南面冲破敌人的碉堡封锁，进入湘中广大无碉堡地区，进行胜利的运动战，求得在湘黔边广大地区，进行建立新的根据地，我们根据党和军分委意旨进行长途远征准备的政治作业：

（一）进行了党和军政干部会议（甲）解释当时全国抗日反蒋运动的高涨和中央红军在川西伟大胜利的意义；（乙）提出二、六军团当时的政治任务；（丙）解释当时湘鄂川黔苏区的情况，和我们粉碎敌人新的大举进攻的胜利条件；（丁）解释国内战争运动性的原则；（戊）为着使苏区内籍（永、大、龙、桑、薪）的战士保障在脱离苏区后坚决执行我们的政治任务，在这些战士中经过支部进行了一些个别的解释工作。

（二）举行了各种会议，检查了东征行动（到津市、澧州）中的行军政治工作（实际上就是准备新的长途行军）。

（三）组织了第五师（将鄂川边独立团和龙山独立团在出发前合编为第五师），成立了师的政治部，补充各级政治干部，在五师进行了四天工作的突击，建立各种政治组织，将四、六师工作终验用于五师。

（四）将部队中的老弱、重伤、重病不便长行军的人员加以提出与安置，有的遣散回家，有的寄在适当地方。

（五）准备草鞋（每人有三、四、五、六双不等）及各种行军用具。

（3）去年 11 月 19 日开始由桑植出发，连续顺利地冲破了大庸的封锁线，渡过了澧水、沅水，于 11 月 28 日占领了辰溪、溆浦（六军团占领了新化），直入湘中腹地（六军团之一部占领兰田锡矿山）当时的政治情况：

（一）我们已大踏步的进到广大无堡垒地区，很便利我们进行运动战。

（二）广大群众热烈拥护红军，我们在辰溪、溆浦每天个别扩红 200 余人。仅两天的工作即可成立游击队，群众热烈起来参加打土豪分东西的斗争，城市学生亦热烈起来参加抗日运动、成立抗日大同盟，在溆浦组织了抗日义勇军、职工联合会，这种群众条件很便利于我们进行胜利的战斗的。

（三）部队的给养得到很大的改善，并得到服装部分的补充，一般的指挥员、战斗员在新的情况中表现生活上、精神上的舒畅与紧张的政治情绪。

（四）在我们急速的顺利的发展的前面，很快地调动了敌人，蒋介石部署了对我们新的围攻，湘敌主力全部由湘西向我们逼进，樊纵队由桃源向湘中进，汤（恩伯）纵队由长沙向湘中进，这时候只有我们取得了决战的胜利才能使我们继续在这一些地区内得到顺利的活动。

（五）依据当时的情况，我们在部队中进行如下的政治动员：

（甲）解释我们进入湘中广大地区的伟大政治意义；

（乙）解释我们有消灭卖国贼的任务和胜利的条件；

（丙）印发了标语传单和鼓励口号；

（丁）举行各种组织上的动员；

（戊）印发了与卖国贼的军队作战的战场纪律，在部队中进行宣读与解释。

（六）由于主力尚未集结，我们首先放弃了辰溪，随后集结主力远出迎击樊纵队，而樊纵队已先期通过，湘敌之李纵队又乘虚进占溆浦。六军团之十六师放弃了新化。至此，我们在湘中占领之三个城市已先后被敌占领（但我六师在老鸭田与湘敌作战，获得无线电一架，枪数十支）。当时的情况要求我们由湘中转入湘黔边活动，在政治工作上要求我们保持部队高度的政治情绪。因此我们印发了关于解释溆浦失守与我们的任务的专门通报，在部队中进行解释，从政治上准备继续进行战斗，同时又对在辰溪、溆浦扩大的新战士（军直与各师组织的补充部队）做了一些专门的政治上组织上的工作。这时候我们还准备在宝庆区域内与敌樊纵队进行战斗，结果因情况变化未成，随后在瓦屋场与敌陶纵队进行一次战斗，因敌已于先日占领阵地，结果未收得成效。我们既在湘中未能给敌以有决定意义的打击，要求我们迅速西渡沅水，进入湘黔边。这时候我们在部队中的政治动员：（甲）解释我们在湘中为什么没有取得决定意义的胜利，指出我们胜利的条件依然存在着；（乙）当时因强度的行军和在武阳出发后一天的雪地行军，以及过高山与渡巫水后卫部队的夜行军，在部队中产生有个别分子的不正确的情绪与倾向（甚至十二团个别的干部说："假若我是一个战士我也会要哭起来……""拖拖拖不知拖到哪里去？"！！）我们在这行军中进行部队中政治情绪的检查（是不深入的），一般的打击了这些不正确倾向，顺利地渡过了沅水，但掉队落伍的人员比前要严重些。

（七）西渡沅水后我们进入了湘黔边广大有利地区，这时候我们在部队中的政治动员：

（甲）我们进到芷江是今年的1月1日，我们利用新年休假举行了政治干部会议：1. 进行新年的战斗动员；2. 初步的检查了远征中政治工作；3. 提出了在湘黔边以决战的胜利创造新苏区的任务。

（乙）1月3日占领了晃县，4日五师占领了玉屏县，湘黔边的斗争正在急速地开展着，但湘敌之陶李两纵队及樊纵队继续向我们尾追，因此决定了依据这一地区与敌进行战斗。我们进行了战斗的政治动员，1月7日便水的战斗表示了我们的战士英勇，给了尾追我们的敌人以一个打击。

但两天连续战斗，未能取得有决定意义的胜利而成了对峙，而陶纵队复从我侧背而攻晃县，使我们不能不退出战斗，放弃晃县。便水战斗后我们利用行军空隙时间进行如下的工作：1. 解释便水战斗给了尾追敌人以打击的政治意义，争取保障部队政治情绪的提高；2. 打击不正确的倾向〔当时具体的不正确倾向是：一、“不愿到贵州去”，对贵州采取悲观失望的估计，认为：“贵州山多，人都会拖死”（？！）“贵州吃包谷……”还有十七团某一排长公开说：“便水无碉堡也不能消灭敌人，还有什么仗打”（？！）我们当时利用行军搜集一些不正确的情绪材料，进行短促的支部会议、连的会议，进行了一些解释工作，一般的克服了这些倾向；二、对湘南籍的新战士和贵州籍的老战士做了一些个别解释工作，……〕

（八）1 月 12 日我们占领了石阡（六军团占领了江口），部队得到了七天的休息（桑植出发后这是第一次较长的休息）。我们曾在石阡举行一次较大的党的活动分子会议（连长、指导员、支书以上的军政干部大都参加了）。会议的内容：（甲）对当时全国政治形势作了一个分析（当时白区报纸关于北平、上海、南京全国各地的学生抗日爱国运动的材料很多）以及中国苏维埃运动和民族革命形势作了一个简单的分析；（乙）对远征的意义及胜利作了一个估计；（丙）提出了我们的任务（加紧准备战斗以战斗的胜利创造新的根据地；加紧扩大红军的动员以充实部队……）；（丁）对部队中的政治情绪作了一次比较系统的检查，对不正确的倾向给了一些打击，我们在石阡七天的休息，一般的保障了部队政治情绪的提高：1. 开了好几次晚会，战士的疲劳一般的得到了消失；2. 整理各种政治组织；3. 扩大了 800 名新战士补充部队。

……

1936 年 12 月 19 日

选自中共湖南怀化地委党史办公室编：《红军长征在怀化》，中共党史资料出版社1987年1月版，第97—103页。

我军政治工作者的楷模任弼时

晏福生

红军时期，我在任弼时同志的直接领导下工作、战斗，无论是在湘赣苏区、西征路上，还是在湘鄂川黔革命根据地，对他卓越的领导才能、指挥艺术；对他不畏艰险，英勇斗争，全心全意为人民服务的革命精神和崇高的思想品德，都有深入的了解和深切的体会。现仅将往事略加忆叙，以表达我对他的深切怀念。

一

任弼时同志作为党和军队杰出的领导人，他卓越的组织领导才能和军事指挥艺术，在红军时期就充分的显示出来。他在作战实践中，运用毛泽东军事思想，以灵活机动的战略战术，保存自己，消灭敌人，使部队不断发展壮大，取得一个又一个的伟大胜利。

在湘赣革命根据地，任弼时就十分重视建设一支坚强的红军。湘赣根据地的红军，是在地方游击队的基础上发展起来的，先后成立过独立一师、三师，后编为红八军。任弼时担任湘赣省委书记兼省军区政委后，为了集中领导，加强部队的战斗力，他根据中央军委①的指示决定，领导部队进行了整编，在永新沙市组成红六军团，将红八军改编为红十七师，下辖四十九、五十、五十一团；将由湘鄂赣省调来的红十八军改编为红十八师，当时没有设置军团领导机关，暂由红十七师师长肖克、政治委员蔡会文统一指挥。这以后，任弼时领导和指挥红六军团和根据地广大人民群众，为保卫革命根据地进行了艰苦的反“围剿”斗争。1934年4月，在永新的沙市地区以设伏方法，歼灭了敌人一个旅，给深入根据地之敌以沉重打击，达到了调动敌人，减轻中央根据地压力的目的。

1934年8月，红六军团奉中央军委的命令，离开湘赣根据地突围西征，任弼时作为中央代表，担任红六军团军政委员会主席，肖克任军团长，王震任政治委员。我当时在红十七师四十九团任政治委员。在西征中，面对数十万敌人重兵的围追堵截，任弼时运用毛泽东军事思想，机智勇敢地率领部队同敌人作战。他根据敌情的不断变化，指挥我军大踏步的迂回，忽东忽西，弄得敌人晕头转向，疲于奔命。他领导我们采取灵活机动的战略战术，同敌人展开游击战、运动战，歼灭了大量的敌人。在任弼时和肖克、王震的领导指挥下，我军指战员跋山涉水，英勇奋战，历时80多天，行程2500多公里，进行了大小数十次战斗，历尽了千辛万苦，冲破了敌人的围追堵截，攻占了许多城镇，并沿途向广大人民群众宣传了党的主张，扩大了红军的影响，播下了革命的火种，胜利地完成了大规模的战略转移任务，于10月24日在黔东印江县木黄和贺龙同志指挥的红三军胜利会师。红六军团西征，调动和分散了进攻中央根据地的敌人，为中央红军向西突围，进行长征，实际上起到了侦察、探路的先遣队作用。

红六军团和红三军会师后，部队进行了整编，红三军恢复了红二军团番号，贺龙任军团长，任弼时任政治委员，关向应任副政治委员。

---

① 应为中革军委。下文皆同。

红六军团仍由肖克、王震继任军团长和政治委员。两个军团集中行动，由任弼时、贺龙和关向应统一指挥。这时，中央红军已经退出中央根据地，开始了长征。为了牵制和调动进攻中央红军的敌人，策应中央红军长征，任弼时和贺龙率领红二、六军团向湘西挺进。首先在永顺县的龙家寨地区，采取诱敌深入，集中兵力歼灭敌人的方针，歼灭了敌龚仁杰、周燮卿、杨其昌三个旅的大部，赢得了两军会师后的第一个大胜仗，打垮了湘西军军阀陈渠珍。接着，我军主力挥师南下，乘胜占领桃源，迫近常德，尔后又占领慈利，取得了湘西攻势的胜利，完全打乱了蒋介石围追堵截中央红军的部署，迫使他抽出大量兵力来对付红二、六军团，这就有力地配合了中央红军在湘黔地区的突围作战，充分说明了任弼时和贺龙同志关于两个军团集中行动，向敌人侧后进攻方针的远见卓识和指挥领导才能。

我军挺进湘西后，任弼时和贺龙同志根据中央的意图和广大指战员的愿望，领导军民开始了建立湘鄂川黔根据地的工作，成立了湘鄂川黔边省委、省革命委员会和省军区等领导机构，建立健全了地方党的各级组织、地方政权机关和群众团体组织以及地方武装，领导群众进行了土地革命的斗争。同时加强了主力部队的整顿、扩编，加强了政治工作和军事技术、战术训练，部队由会师时的 7000 多人，发展到两万多人，我军从湘鄂川黔根据地突围前，红二军团新成立了第五师，红六军团新成立了第十六师，我被任命为红十六师政治委员。两军团会师后，在歼灭军阀部队的同时，进行了清剿地主武装和土匪的工作。由于任弼时和贺龙等同志的正确领导，经过艰苦的工作，到 1935 年 1 月，湘鄂川黔革命根据地就建立起来了。

1935 年初，蒋介石调动湘鄂等省 20 多万人的兵力，向刚刚建立的湘鄂川黔根据地发动大规模的“围剿”，妄图把红二、六军团消灭于湘西地区。这时，中央红军长征到达遵义，党中央召开了具有历史意义的遵义会议，确立了毛泽东同志在党中央和中央军委的领导地位，结束了王明“左”倾冒险主义的统治。在遵义会议的光辉照耀下，任弼时和贺龙等同志领导和指挥我军采取灵活机动的游击战、运动战的战略战术，跳出敌人包围，转入外线寻找战机，集中优势兵力，各个击破敌人。在半年多的时间里，我们由防御转入反攻，由反攻转入进攻，横扫鄂西，乘胜东进，英勇善战，所向披靡，经过30多次大小战斗，共歼敌两个师、一个旅、一个师部，击毙击伤敌人一万多人，缴获大批枪支弹药，粉碎了敌人80多个团的“围剿”，牵制了湘鄂等省大量的敌军，出色地完成了配合中央红军长征的任务。

1935年10月，蒋介石调集了130个团的兵力，对我湘鄂川黔根据地发动新的“围剿”。这时，中央红军已到达陕北，任弼时和贺龙根据当时面临的实际情况，决定坚决地实行战略转移。11月，任弼时和贺龙同志率领红二、六军团17000多人，从湖南的桑植出发，开始长征。长征途中，有数十万敌人对我围追堵截，还有雪山草地等难以想象的自然障碍，充满了艰难险阻。任弼时和贺龙同志领导和指挥我军指战员以大无畏的英雄气概，与天斗，与地斗，与国民党军队斗，始终保持旺盛的斗志。我们从湘西突围，经过转战湘中、湘黔边、黔西、大定、毕节、云贵高原的乌蒙大山、黔滇边，渡过金沙江天险，进入青藏高原，翻过大雪山，于1936年6月底①，在四川甘孜与红四方面军胜利会师。这时根据中央的命令，红二、六军团组成红二方面军，贺龙任总指挥，任弼时任政治委员，肖克任副总指挥，关向应任副政治委员。会师后，任弼时和贺龙等同志同朱德总司令一道，同张国焘分裂党和红军的活动进行了坚决的斗争。7月初，红二、四方面军从甘孜出发北上。红二方面军指战员在任弼时、贺龙同志率领下，以顽强的革命毅力，斗严寒，忍饥饿，战胜了艰难险阻，通过了茫茫数百里草地，经过四个多月的艰苦行军作战，于10月22日在甘肃会宁的将台堡②与红一方面军胜利会师，从而胜利

① 应为7月初。下文皆同。

② 将台堡当时属于甘肃静宁县，今属宁夏西吉县。

地完成了长征的伟大任务，在我军的历史上写下了光辉的篇章。

二

任弼时同志对党的事业无限忠诚，有高度的党性和原则性，又能实事求是，从实际出发，贯彻执行党中央和毛泽东同志的指示，对于这一点，我有深刻的感受和体会。

1935 年 5 月①，任弼时受中央委派到湘赣苏区担任省委书记兼省军区政委。湘赣苏区是红军最早的革命根据地之一，是在毛泽东同志创建的井冈山革命根据地的基础上发展起来的，在粉碎国民党军对中央根据地发动的第一、二、三、四次“围剿”中发挥了重大作用，根据地也有了进一步的巩固和发展。但在王明“左”倾冒险主义统治中央后，由于肃反扩大化的影响，使湘赣根据地的工作受到了很大的损失，大批优秀干部被当作反革命分子处决，一时弄得人人自危，思想不安定，工作不大胆。在任弼时到任前，刘士杰（湘赣省委书记，在长征中成为叛徒）、陈洪时（湘赣省委组织部长）把原省委、省军区和省苏维埃的许多干部，有的撤职、审查，有的批斗、关押。任弼时到任后，刘士杰和陈洪时在他面前捏造罪名，诬陷王首道、张启龙等领导同志。弼时同志不听一面之词，到处走访，调查了解情况，倾听干部群众的意见，坚持实事求是的原则，坚决反对和制止了刘士杰、陈洪时对干部实行“残酷斗争、无情打击”的错误做法，想办法保护了一大批干部，如王首道、张启龙、甘泗淇、张子意等领导干部，都是受任弼时保护过的同志。

当时，刘士杰、陈洪时还主张在苏区军队中大抓 AB 团，搞肃反扩大化。任弼时认为，军队里有“反”可以肃，但一定要实事求是，不能

① 应为1933年5月。

搞垮部队，因为部队是根据地的支柱，没有军队根据地怎么坚持？他和部队的同志一起调查研究，根据实际情况进行肃反工作，抵制了极左政策，使湘赣苏区的部队在肃反中很少受到损失。在这方面，我个人就有一段难忘的亲身经历。那是一次战斗后，我和几个从安源煤矿一同上井冈山参加红军的干部，用分伙食尾子剩下的钱凑在一起，到永新县城的饭馆里吃了一顿饭，在肃反中，他们借机大做文章，硬说我们几个是安源派，是好吃委员会，要把我们打成 AB 团。幸得任弼时同志制止了他们的错误做法，才使我们几个人免受“左”倾冒险主义的迫害。

1934 年 10 月下旬，红六军团和红二军团在黔东会师后，任弼时和贺龙同志根据当时的敌情和两个军团的具体情况，向中央军委建议两军团应集中行动，开展游击战争，巩固和发展原有苏区，建立新的根据地。这时，中央红军已经撤出中央根据地，开始向西转移。中央军委电令两军团要分开行动，红二军团仍留黔东地区，红六军团单独向凤凰、乾城一带前进，建立根据地，以吸引更多的敌人于湘西北地区。对此，任弼时和贺龙等同志作了慎重的研究，认为红二军团和红六军团各不过三四千人，分开活动，力量薄弱，不仅不能取得对战争有重大影响的胜利，而且有被敌人各个击破的危险。同时还认为，中央红军刚撤出中央根据地，正在湘、粤、桂边境与敌人苦战，向西突围，当前两个军团最紧迫的任务就是集中兵力挺进湘西，牵制和调动湘鄂两省的敌人，策应中央红军作战，为开辟湘鄂川黔根据地打开一个新局面，并将这一意见立即电报中央军委。以后湘西攻势的胜利和湘鄂川黔根据地的建立以至以后形势的发展，证明任弼时和贺龙同志的意见和决定是完全正确的，既有远大的政治眼光，又能坚持实事求是的原则。

任弼时同志有高度的党性和原则性，还表现在长征途中同张国焘分裂党中央的活动进行坚决的斗争方面。那是在 1936 年 6 月底[①]，红二

① 应为1936年7月初。

方面军在甘孜与红四方面军胜利会师后，张国焘妄想把红二方面军拉过去，置于他的控制之下，跟着他反对党中央和毛泽东同志。因此，我们一到甘孜，张国焘就使用了种种拉拢手段：一是以欢迎为名，派遣工作团，宣扬他的错误路线，并在我们部队中散发反党反中央的决议文件，进行欺骗宣传和挑拨离间，企图分化红二、六军团。二是想以召开联席会议，以多数压迫少数，撤换干部等手段，强迫我们跟他走。一到甘孜，弼时同志就去见朱总司令，他从朱总司令那里了解到张国焘反对党中央和毛主席，自立伪中央，把持红军总司令部，分裂红军，隔断中央与红二方面军的联系，以及妄图拉拢红二方面军等罪恶活动后，非常气愤。他和贺龙等同志同朱德总司令一道，对张国焘分裂党和红军的活动进行了坚决的斗争。他向政治部交代，让张国焘派来的干部，只准讲团结，不准讲反对党中央和毛主席以及红一、四方面军的问题；张国焘发的文件，一律不准下发；他还亲自烧毁了张国焘派人给他送来的反党决议。坚决维护以毛泽东为代表的党中央的正确领导，维护了党和红军的统一和团结，制止了张国焘的工作团在红二方面军进行的反党、分裂红军的活动。使张国焘反党反毛泽东同志和分裂党分裂红军的阴谋彻底破产，使张国焘被迫取消了伪中央，推动了红二、四方面军北上，从而使三大主力红军的会师得以实现，为抗日运动的发展创造了条件。

三

任弼时同志在红军时期，除了领导部队指挥作战外，把主要精力放在领导和参与做政治思想工作上。我一直在任弼时的直接领导下从事部队的政治工作，对他为部队的政治工作做出的功绩和贡献有深刻的了解。

任弼时认为，红军的政治工作，首要的就是加强党在红军中的领导，搞好部队中党组织和政治机关的建设，因此，他对部队党组织和政治机关的建设一直是很重视的。他在湘赣省军区担任政委时，就提出和实行了加强党对军队的领导，健全党组织和政治委员制度等措施，师、团、营都设置了政治委员，负责部队党的工作和政治工作。除了动员根据地党团员及大批工人农民加入红军外，并从地方抽调200多名干部到红六军团部队，来加强和领导部队政治工作。

红二军团和红六军团会师之前，由于王明“左”倾冒险主义的干扰和影响，特别是夏曦同志等人在湘鄂西大搞肃反扩大化，杀害了大批干部，甚至解散了党团组织，取消了政治机关，致使红二军团的政治工作发生了空前的政治危机。到黔东以后，虽然肃反工作停止了，建立了党组织，恢复了政治机关，但政治工作还非常薄弱。两个军团会师后，为了加强红二军团的政治工作，任弼时和贺龙同志决定，红六军团的政治部归属于红二军团，把红六军团的政工干部方理明、袁任远、余秋里等调到红二军团分别担任师、团政委，还调出大批政工干部到红二军团做政治工作。接着，任弼时同志又领导红二军团全面开展党、团员的登记和党组织的恢复工作，并发展了几批新党员，重建了党支部、党小组，恢复和健全了各级政治机关。从此，红二军团政治精神面貌为之一新。红六军团政治部归属红二军团后，又新组建了政治部，调整和健全了政治工作系统，这就从根本上提高了部队的战斗力，为后来的战斗胜利奠定了基础。

红军时期，敌强我弱，敌人人数数十倍于我，武器装备远比我们好。为了指挥领导部队打胜仗，任弼时同志非常重视部队的政治思想工作，强调要靠政治思想教育和强有力的宣传鼓动工作，提高干部战士的阶级觉悟和政治觉悟，鼓舞士气。每次部队有重大行动，军团都要召开党和军政干部会议以及政治工作会议，弼时同志都要亲自作政治动员报告，分析形势，传达任务，指出有利条件和困难条件。在部队行军和作战中，他领导和指挥部队实施不间断的政治动员和宣传鼓动工作，战斗愈激烈，环境愈艰苦，政治工作就愈深入活跃，党组织的战斗堡垒作用愈坚强有力。因此，干部战士自始至终能够保持饱满的政治热情和旺盛的战斗积极性。在西征和长征途中，既有敌人的重兵围追堵截，又要跋山涉水、爬雪山、过草地，还要忍饥挨饿，环境十分艰难。由于任弼时和贺龙同志领导指挥部队，对干部战士不断加强党的路线、政策、方针和无产阶级思想教育，经常进行形势、任务和团结的教育以及党的统一战线的教育，及时反对和纠正各种不良倾向，使大家的政治思想觉悟不断提高，保证了官兵一致，亲密团结，英勇奋战，一次又一次战胜了敌人的围追堵截，克服了人间罕见的艰难困苦，显示了政治思想工作的强大威力。

任弼时同志在政治工作中，注意坚持党的政策和策略，落实党的干部政策，调动广大干部的积极性。红二军团在肃反中，杀害和关押了一大批干部，但由于战争频繁，流动性大，直到红二、六军团会师后，还有一些干部仍被关押，放了的干部也未彻底平反，任弼时同志任红二军团政委后，和贺龙等同志一起，认真落实党的干部政策，把原来被无端逮捕的干部，一批一批地解放出来，彻底给予平反，送到军政干部训练队学习后，重新分配到红二军团担任各级军政干部，在工作和战斗中起到了很好的作用。他积极开展党内的思想斗争，领导部队对夏曦同志在湘鄂西和红二军团执行王明"左"倾冒险主义，搞肃反扩大化的错误进行了揭发和批判，使部队澄清了是非，增强了团结和统一。同时，对犯错误的干部坚持"耐心和细心解释，同志关系的批评"原则，帮助他们认识错误、改正错误，使之更好地为党工作。对夏曦同志就是这样，当夏曦认识到自己的错误之后，仍让他担任一定的领导职务，让他在实际工作中改正错误。事实证明，夏曦同志在担任红六军团政治部主任的工作中，同样表现了极大的热情，后于 1936 年 2 月在长征途中牺牲。

任弼时同志在领导部队的政治工作中，始终把做群众工作作为红军的一项重要的政治任务，不论行军打仗多么紧张，他都组织和领导部队利用一切机会进行宣传、组织和武装群众的工作。红六军团西征进入贵州时，由于国民党反动派的欺骗宣传，开始群众对红军不了解，不敢接近我们。任弼时同志一面教育部队要坚决贯彻三大纪律八项注意，遵守民族政策和少数民族的风俗习惯；一面带领我们政工干部到群众中宣传共产党的主张，宣传红军的任务和纪律，向他们讲解革命道理，取得了群众的信任和拥护。我们在过清水江时，苗、侗两族群众积极为我们寻找渡口，收集船只，绑结木筏，架设浮桥，使我军顺利地渡过了清水江。在湘鄂川黔根据地,任弼时同志组织和领导我们发动群众,打土豪、分田地、搞土改，建党建政，建立群众武装，清剿地主武装和土匪，并动员和组织群众积极参加红军，壮大自己的队伍。在长征途中，弼时同志领导我们在湘黔边、黔滇边、陕甘边等地区，迅速而有效地开展群众工作，宣传党的政策和抗日救国的方针，扩大了我党我军的影响，到处播下了革命的火种。由于我们在困难的情况下，与群众保持了密切的联系，得到了人民群众的大力支援和配合，广大群众踊跃参军，为我们筹粮筹款，使我军不断获得补充。长征的伟大胜利是与人民群众的支援和配合分不开的。

四

任弼时同志身居要职,但他平易近人,与群众同甘共苦,团结干部,关心战士，时刻和干部战士心连心。这些高贵品质，至今深深留在我的记忆里。

任弼时同志在红二、六军团，既是中央代表，又是军团的主要负责人，但他从不以领导者自居。他在频繁的战斗和紧张的行军中，处处身先士卒，以自己的模范行动，鼓舞、影响和教育干部战士克服困难，战胜敌人。弼时同志身体很差，但他全不放在心上，坚持和同志们一起行军作战，坚持和干部战士同甘共苦。同志们睡铺草，他也睡铺草；大家吃南瓜、红苕，他也吃南瓜、红苕；大家吃野草、野果、牛皮，他也吃野草、野果和牛皮，部队挨饿受冻，他也同样挨饿受冻。紧张的行军作战，他经常得不到休息，有时部队到宿营地休息了，他还要忙着了解部队行军作战的情况，和其他领导同志研究和部署下一步的行军路线和作战计划；还要看地图、文件和敌人的报纸，了解掌握敌人的动向。西征中，我们在贵州甘溪与桂敌遭遇战斗失利，被敌截为三段，陷入湘、桂、黔三省敌军 24 个团的包围之中，处境十分艰难。部队转战在崇山峻岭中，常常在悬崖峭壁上攀行，赤着脚在深山密林中行军，饿着肚子走路打仗。当时，任弼时同志得了很重的疟疾，在医药奇缺的情况下，他凭着坚强的革命意志，手拄木棍，和肖克、王震一起领导全军行动，终于带领部队冲出了敌人的包围。在湘鄂川黔根据地，他经常深入群众中调查研究，为改善群众和部队生活操劳，但他自己生活却很朴素，平常总是上身穿制服，下身穿短裤，脚穿草鞋，与普通战士一个样，分不清他是领导，还是战士或农民。在长征途中，他坚持和干部战士一同爬雪山过草地，在通过雪山时，他用自己的乘马，往返抢救伤残和体弱生病的干部战士。在过草地时，没有粮食也找不到野菜，他和大家一同吃皮带，还在一条未吃完的皮带上写下了“越吃越健康，将革命进行到底”的誓言。

任弼时同志在红二、六军团，可堪称团结的模范。他把加强革命的团结看成是红军战胜敌人，夺取革命战争胜利的重要条件。在西征路上，他和肖克、王震领导和团结全军指战员艰苦奋斗，冲破了敌人的围追堵截，胜利地完成了大规模战略转移的任务。我们和红二军团会师后，两个战略区的红军互相学习，互相支援，取长补短，同心同德，密切合作，团结战斗，亲如兄弟，很快就结成了一个团结的集体。正如贺龙同志在 1961 年回忆时说的：“六千多人，六千多个心，可是大家团结得像一个人一样，要怎么走就怎么走，要怎么打就怎么打，可以说是会师的模范。”从会师到长征胜利，都没有发生重大的原则分歧，这是与任弼时同志的重要作用分不开的。我们和红四方面军会师后，任弼时同志同张国焘破坏团结的阴谋活动进行了坚决的斗争，维护了党和红军的团结和统一。

任弼时关心爱护同志，他说话和气，平易近人，和干部战士打成一片，大家有什么心里话都愿意对他讲。他时时把干部战士挂在心上，每次战斗后，他都要亲自看望伤残人员，一再嘱咐部队要把他们安置和照顾好。在行军中，他经常交代我们，要照顾好体弱多病的同志和女同志。一到宿营地，他总要先看看饲养员、炊事员、担架员有地方住没有，吃饭了没有，检查他们第二天出发的行装准备好了没有。在贵州的一次战斗中，他看到营长吴昆同志负了重伤，满身是血泥，就马上脱下自己的大衣，给吴昆同志穿上。走出草地后，在成（县）、徽（县）、两（当）、康（县）战役中，我带领部队突围时，身负重伤，离开了部队。直到1949年解放北京时，才见到弼时同志，他还关切地向我询问那次负伤的情况和以后工作战斗情况，勉励我要将革命进行到底。

任弼时同志在红军时期建立的卓越功勋和他一生的光辉业绩永远留在我们的心中，永远激励我们前进。

选自《红六军团征战记》下，解放军出版社1994年6月版，第363—373页。

忆任弼时同志

陶汉章

一

弼时同志早年到苏联学习，回国后，在党中央担任领导工作。1933年奉中央之托，被派到湘赣苏区。当时他的职务是中央政治局委员、中央代表、湘赣省委书记。

我认识弼时同志是1933年冬。我参加红军时,是个15岁的中学生。听说省委书记要接见我，感到格外兴奋。第二天他来到湘赣省苏维埃所在地和我见面。他当时约莫30多岁，留着小胡子，谈吐温文尔雅，落落大方,具有政治家风度。他除问我的历史外,还谈到白区的许多情况，并谆谆告诉我：参加红军，搞革命工作是很苦的，要善始善终。我说，我已下决心参加共产党领导的红军，连死都不怕，还怕吃苦嘛！他说，我相信你是一位坚强的革命者。

1934年1月，由于湘赣红十七师北上执行任务，敌人乘机加紧进攻我湘赣苏区，根据地中心永新县被敌占领。1934年3月，十七师回湘赣，同留在那里的十八师会合，在任弼时同志统一领导下，两个师协同作战。4月上旬，在永新附近的沙市，消灭了敌人第十五师，王东原部的一个旅，活捉了旅长侯鹏飞。4月中旬，又在永新附近歼敌六十二师王育瑛部的一个旅，由于当时王明“左”倾机会主义单纯防御错误路线，搞短促突击，以堡垒对堡垒，消耗了不少的有生力量，加之活动范围日益缩小，粮食异常困难，于是不得不退出苏区的中心地区，撤到永新以南的遂川、万安、泰和交界地区，也就是井冈山以南地区活动。

这一段期间，得出一条很重要的教训：路线上的错误，决定了战略上的失败；战略上的失败，战术上局部的胜利，是无法挽回的。

1934 年 7 月，中央给湘赣领导来电指示，“中央书记处及军委决定六军团离开现在的湘赣苏区转移到湖南中部去发展游击战争及创立新的苏区。”电报还对这次组织领导，作出了安排，“弼时同志及部分党政干部应准备随军行动，弼时即为中央代表，并与肖克、王震三人组成六军团军政委员会；弼时为主席。”

接到中央电报后，几位领导人作了详细周密妥善的安排，并在弼时同志亲自主持下，召开了政工会议。作了《争取新的决战胜利，消灭湖南敌人，创建新的根据地》的重要报告。

向西突围，由于组织周密，准备充分，全军 9700 多人经左安、高平等地突破敌人四道封锁线，于 8 月 11 日到达桂东县寨前圩，在寨前圩召开了连以上的干部誓师大会，庆祝突围胜利。根据中央军委的指示，由任弼时同志正式宣布成立红军第六军团领导机构，“肖克为军团长兼十七师师长，王震为军团政委兼十七师政委，张子意为军团政治部主任，李达为军团参谋长，龙云为十八师师长，甘泗淇为十八师政委，谭家述为十八师参谋长。”

事后得知，此次突围，有三大任务：一是配合中央苏区反“围剿”，牵制敌人，打乱敌人的战略部署；二是担任中央红军的先遣队；三是尽一切可能，创建新的根据地。

执行中央交给的战略先遣队任务，经过万水千山，纵横于湘、赣、粤、桂、黔五省，历时 80 多天，行程 5000 里，冲破了敌人的围、追、堵、截，经过几十次战斗，攻克敌区城镇数十座，消灭敌人数千人，保存了自己的有生力量，播下了革命的种子，为中央红军长征，北上抗日开辟了道路。

二

六军团在经历了各种困难，特别是在甘溪突围之后，于 1934 年 10 月，在黔东印江县之木黄与贺龙、关向应领导的红三军胜利会师。

二、六军团会师后，在南腰界开胜利会师大会，两个军团的领导都在会上讲了话，任弼时同志宣读了党中央为两军会师发来的贺电。这次会师是各路红军会师，团结、协作、互助的典范，为两个军团建设中各自存在的问题，创造了良好的条件。

两个军团会师后，有两件伟大的任务：一是如何策应中央红军长征，使之少受阻挠，早日完成北上任务；二是两个军团会合后，到何处创建新的根据地。两军团会师时，二军团有 4000 多人，六军团有 3000 多人，共有 8000 子弟兵。这支红军虽然人数不多，弹药奇缺，供应困难，十分疲劳，但士气高昂，政治影响大，声威所及，各路军阀，闻风丧胆。

关于两军团会师后，向何地发展，这是摆在当时的首要任务。在“左”倾路线的中央来电中，坚持要二、六两个军团分散行动，二军团留在黔东，六军团进入湘西。这个指示，显然是错误的。任弼时、贺龙、关向应、肖克、王震据理力争，一致主张两个军团统一行动，进到湘西永顺、桑植、龙山、保靖地区，开辟新的革命根据地。主要的理由是：湘西是少数民族聚居地区，这个地区，贺龙同志领导的部队，播下过革命的种子，人熟地熟，群众基础好。反革命军队统治这一地区的也只有当地军阀陈渠珍的三十四师，共约一万余人，战斗力不强，指挥不统一，易于开创新局面。同时，这一地区接近中央红军长征路线，可以牵制分散蒋介石围、追、堵、截中央红军的敌军，策应中央红军北上。经过两次反复，“左”倾路线的中央，不得不勉强同意任弼时、贺龙等同志的意见，并同意二、六军团统一归贺龙、任弼时、关向应指挥。

进入湘西开创新局面，首先是要消灭陈渠珍的部队，才能站稳脚跟。龙家寨一战，是决定意义的一次战役，这次战役打得非常漂亮，时间短、消耗少、伤亡小、歼敌约3000人，缴获2000支枪。这一仗补充了大量弹药、战斗器材、物资，提高了士气，打出了威风，争取了时间，为开创湘鄂川黔根据地奠定了基础。

龙家寨一仗胜利后，开始建立省级机构，成立湘鄂川黔省委。省委书记任弼时、委员贺龙、关向应、肖克、王震、张子意、夏曦。成立了湘鄂川黔军分会，主席是贺龙，委员有任弼时、关向应、肖克、王震。除留两个团，开展地方工作外，二、六军团主力，进占永顺、桑植、大庸。不久又打开慈利、桃源、临澧这块有三个完整县的根据地，13个县的游击区，人口在100万人以上。

在任弼时、贺龙、关向应、肖克、王震领导下，湘鄂川黔苏区，时间约一年，反“围剿”两次，前后消灭敌陈耀汉五十八师大部，消灭四十八师一部，活捉师长张振汉。消灭敌八十五师，击毙师长谢彬。吸引敌人80个团的兵力于湘西，这就从战略上大大地配合了中央红军的北上。1935年2月1日，二、六军团接到中央来电，内容是遵义会议摘录，这时才知道中央在遵义开会，否定了“左”倾机会主义的错误的军事原则。由任弼时同志组织传达了《中共中央关于反对敌人五次“围剿”的总结决议》（即遵义会议决议）。经过学习讨论，开始自觉地抛弃了“左”倾机会的错误的军事原则。这一期间，二、六军团在战役战术上有很大的转变，即集中红军主力，选择敌人的弱点，不失时机地在敌人离开堡垒，在运动中各个击破之。总之，是采取了决战防御，而不是单纯防御，是运动战，而不是阵地战。

这一年，二、六军团由 8000 人扩大到 21000 多人（地方武装不在内），武器装备大大地改进了。战斗力大大地提高了，身体素质也增强了。这就为第二阶段的长征打下了良好的基础。

三

1935 年 11 月 19 日，离开湘鄂川黔苏区，开始了第二阶段战略转移。为什么要离开湘鄂川黔苏区呢？有几个重要原因：一是敌人集中了主力 130 多个主力团，陈诚坐镇宜昌统一指挥，敌我力量悬殊和敌人拼消耗是得不偿失的；二是物质条件异常困难，粮食、食盐、医药、布匹奇缺；三是地形不利，草莽英雄遍地，加之政策上也存在些问题。外有蒋介石部队进攻。内有当地武装滋扰，寻找战机，万分困难；四是封建割据十分严重，地方工作开展困难，建立巩固根据条件不成熟。经过任弼时、贺龙等几位同志，慎重的考虑，不能坐失时机，应及早撤离，另找发展方向。留得青山在，不怕没柴烧。

二、六军团伟大的战略转移是有计划的、主动的、轻装的，不是搬家式的逃跑。所以，在大转移中，运动自如，出敌意外，所过之处，如摧枯拉朽，横扫千里，所向无敌。蒋介石在寄陈诚手书中，非常惊异地说："想不到肖、贺二 ×，如此猖獗，本是穷途之末，又逞赤焰千里，奈何。望卿好自为之。"

进到贵州之石阡县，开了一个党的活动分子会，由关向应同志主持，任弼时同志作报告，主要是总结前一阶段突围经验，传达中共中央关于扩大抗日民族统一战线的决定。许多干部听了这个报告之后，异常兴奋，都认为我们不是孤立的，共产党的影响，在日益扩大，红军在发展。国民党的部队在日益觉醒，联合抗日，是有希望的。

当二、六军团打开了贵州西部重镇毕节、大定、黔西时，本拟在那一块地区重新建立根据地。可是此时敌万耀煌、郝梦龄、樊嵩甫①、郭汝栋四个纵队向毕节进犯，我们退出了毕节，插到云南省之东部，占领宣威及贵州之盘县、盘江、牛相、江东广大地区。这个地区的政治、经济条件都比较有利，军事形势也暂时稳定。贺、任、关为首的军分会决定在这一带创立游击根据地。

在盘县，接到朱德总司令和当时窃据总政委的张国焘②的电报，要二、六军团西行，渡过金沙江，到西康同四方面军会合。当时，二、六军团的领导对一、四方面军会合时，张国焘闹分裂的情况，一点也不知道。两个军团的领导认真分析，从整个形势看，北上抗日，乃大势所趋，遂决定继续西进，在昆明北面，打了一次恶仗，乃转向南进，直逼昆明，完全出敌人所料。敌人的部署被打乱了，不知所措。当我们把敌人甩到后面时，迅速西进，途经楚雄、盐兴、祥云、洮安、宾川、鹤庆、丽江，在石鼓圩渡过金沙江。敌人要改变部署，已经是来不及了。

过江后，我们稍事整顿，即翻过大雪山，进入中甸城，此时二、六军团，仍有18000余人。二、六军团分两个纵队前进。二军团为左纵队。经得荣、巴安③、白玉，于7月2日到达西康之甘孜。六军团经定乡、稻城、理化、瞻化，到达甘孜之普玉隆④。

这次会师，由于有朱德总司令和刘伯承总参谋长长期在四方面军艰苦工作，加之有四方面军总指挥徐向前同志，力主团结，迫使张国焘也不得不装着一副伪善的面孔和二、六军团干部见面。就在此时，中央命令由二、六军团组成第二方面军。贺龙为总指挥，任弼时为总政委，关向应为副总政委，肖克为副总指挥。

朱德、刘伯承、任弼时、贺龙、关向应、王震经过和张国焘多次谈判，

---

① 原文误为樊松甫。

② 原文误为张国涛，本文统一为张国焘。

③ 今巴塘。

④ 原文为浦玉隆，本文统一为普玉隆。

迫使张国焘下命令一同北上。这是中国革命关键性成败的一步，这一步若是走错了，就会像太平天国后期那样走向分裂、失败之途。应当公正地评述，如果没有二、六军团北上与四方面军会师，促使张国焘北上，虽有不少的客观原因，也不可能迫使张国焘自动的北上。所以在这个关键性的革命重要的转折关头，是朱德、任弼时、贺龙、王震扭转的。这个无比的功勋，将永远载入史册，留芳万古。

在怀念任弼时同志时，我们应当看到：这位伟大的无产阶级革命家，对中国革命的各个历史时期的贡献是不朽的。在遵义会议之后，执行党中央、毛主席的路线、方针、政策是坚决的。对人民事业是无限忠诚的。他虽然过早地离开了我们，可是他的事迹、风范，将流传后世。我们要承前启后，继往开来，以弼时同志为榜样，开创更加伟大的未来。

选自《红六军团征战记》下，解放军出版社1994年6月版，第403—409页。

陶汉章，1917 年生，江西进贤人。1933 年参加中国工农红军，1935 年加入中国共产党。曾任红二军团教导营营长。新中国成立后，曾任中国人民解放军军政大学副校长、军事学院副院长等职。政协第六届、七届全国委员会委员。1955 年被授予少将军衔。2010 年在北京逝世。

忆长征中的任弼时同志[①]

张启龙

1934 年 8 月，战斗在湘赣地区的红六军团作为中央红军战略转移的先遣队突围，开始了西征。弼时同志在王震同志支持下，亲自决定让我参加了光荣的二万五千里长征。留在湘赣的省委书记陈洪时原来就想置我于死地，我如果留在苏区，就很可能被他害死。这是弼时同志有意保护我。长征中，弼时同志每次看见我都鼓励和安慰我，关心地问我身体如何。六军团于 1934 年 10 月与贺龙同志率领的部队在贵州印江会合后，决定建立湘鄂川黔革命根据地，我被任命为湘鄂川黔省革命委员会的总务处长（相当于秘书长）。我还先后两次担任过红六军团的供给部长。我们这支部队离开湘赣后，用了两年多时间，历尽千难万险，到达了甘南的徽县、成县一带。在弼时同志主持的二方面军党委会上，恢复了我的党籍，并决定我当六军团的统战部长。一次，弼时同志在路上碰到了我，对我说："现在你做统战工作，衣服要穿得整齐一点嘛。好好工作，你是能做出成绩来的。"寥寥数语，令我备感亲切。

选自中共中央文献研究组编：《任弼时同志八十诞辰纪念集》，中国青年出版社1985年8月版，第67页。

① 标题为编者所拟，本文摘自张启龙：《往事与怀念》。

张启龙，曾用名张复生、佐平，1900 年生，湖南浏阳人。1925 年加入中国共产主义青年团，1926 年转为中国共产党党员。1934 年 8 月跟随红六军团西征，后参加创建和保卫湘鄂川黔革命根据地的斗争，任湘鄂川黔省革命委员会总务处处长。1935 年 10 月起任红六军团供给部部长，参加了长征。新中国成立后，曾任中共辽东省委书记、辽东军区司令员兼政治委员，中共中央东北局委员，中共中央组织部副部长，第四届江苏省政协委员会副主席，中共中央纪律监察委员会副书记等职。中共第八届中央候补委员，第二届、五届全国人大常委会委员，中央顾问委员会委员。1987 年在上海逝世。

贺龙同志率领红二方面军胜利长征

樊哲祥

红二方面军的长征，是在毛主席革命路线指引下，在贺龙、任弼时、关向应、肖克、王震同志的正确指挥下，沿着中央红军长征的道路，进行的一次胜利的长途远征。它于 1935 年 11 月自湘鄂川黔革命根据地出发，1936 年 10 月到达陕甘宁革命根据地结束，纵横湖南、贵州、云南、西康、四川、甘肃、宁夏、陕西八个省，历时 360 日，行程二万五千里。① 红二方面军长征的胜利，体现了率领红二方面军长征的贺龙同志，对党、对毛主席、对人民坚贞不渝，坚持与错误路线进行不懈斗争，又顾全大局，维护党内团结。同时还表现出贺龙同志具有无产阶级军事家的超人胆略，不仅有压倒敌人的勇气，而且有驾驭战争的能力，以及红二方面军官兵一致、英勇善战、艰苦奋斗的精神。

策应作战

在红二方面军长征前的 1934 年 10 月，由任弼时同志领导的红六军团和由贺龙同志领导的红二军团在川黔地区会合后，组成红二、六军团

① 红二方面军长征经过九个省，此处还缺一个湖北。行程近万里。

总指挥部。为了箝制湖南的敌人，策应中央红军的战略转移，红二、六军团向湘鄂边区的敌人展开了强大攻势。从 11 月初到 12 月份，接连攻占了永顺、大庸、桑植三县。1935 年初，红二、六军团根据毛主席、党中央的指示，组成了中共中央革命军事委员会湘鄂川黔军委分会，贺龙同志任主席，任弼时、关向应、肖克、王震等同志任委员，彻底纠正了夏曦在湘鄂西推行的“左”倾机会主义路线，使革命武装力量和根据地得到了很大发展。

红二、六军团和湘鄂川黔革命根据地的迅速发展，使湖南军阀何键惶恐不安，即电蒋介石告急。蒋介石集中 20 万军队，组成东、西、南、北四路纵队，采用经济封锁，筑堡推进的政策，向我湘鄂川黔革命根据地大举“围剿”。这时，遵义会议已经确立了毛主席在全党、全军的领导地位。以毛主席为首的中央军委①为粉碎敌人对湘鄂川黔根据地的“围剿”，于 1935 年 2 月及时地发来了一份十分重要的电报，指示二、六军团集中红军主力，选择敌人弱点，不失时机地在运动中各个击破敌人；在斗争确实不利时，主力可以突破敌人围攻线，向川黔广大地区活动。贺龙同志根据中央指示精神，统率二、六军团，从 1935 年初到 8 月间的半年期间，连续作战 30 多次，取得了陈家河、桃子溪、板栗园以及忠堡等战斗、战役的重大胜利，粉碎了敌人的进攻，打乱了敌军对中央红军围追堵截的部署。这一时期的战斗打得有声有色，充分体现了贺龙同志善于领会和运用毛主席的军事思想。

红二、六军团经过半年多的艰苦奋战，虽然打了许多胜仗，却仍不能完全粉碎敌人的重兵“围剿”。为了调动敌人，补充兵员、物资，贺龙同志向军委分会提出：应抓住敌人原“围剿”已被粉碎，新“围剿”尚未到来的有利时机，集中主力向敌侧后出击。8 月 28 日先后占领了湘西重镇津市、澧州和石门、临澧，并在澧州以北消灭了敌樊嵩甫②纵

① 应为中革军委。

② 原文误为樊松甫，本文统一为樊嵩甫。

队一部，随即在津、澧扩兵、筹款，使兵员、物资得到了补充。当敌东路纵队李觉等部慌忙东调时，我已向桑植地区撤退。

1935 年 10 月，经过二万五千里长征的中央红军胜利到达陕北后，蒋介石对湘鄂川黔根据地又开始了新的更大规模的“围剿”。动用了 130 个团的兵力，从四面筑堡推进，企图逼我红二、六军团在龙山、桑植、永顺的狭小地区内，进行有利于他的战役决战。这时又接到中央两次来电，要二、六军团仍然留在原有苏区附近。贺龙同志和军委分会其他同志根据中央 2 月的电报指示及当前的敌我态势，对战略方针进行了多次研究，认为眼前十多倍于我的敌人不断逼近，根据地日益缩小，部队给养也很困难，固守根据地已不可能。在敌人包围线外原有苏区的地理条件也不利于我军主力活动。于是确定了向贵州的石阡、镇远、黄平方向转移的战略方针。并决定在突破敌人封锁线后，先在湘中之雪峰山东、西两侧作战役展开，尔后的行动视情况而定。军委分会最后确定根据中央 2 月电示的精神，向南突围，相机创造新的根据地。红二方面军的长征实际上从此开始了。

突　围

贺龙同志选择的突围时间和突围地点，是一个具有卓越的军事思想和远见的战役行动。突围时间过早了，我军得不到时间进行必要的休整和思想动员与物质准备；过迟了，敌人可能调整部署，使我丧失主动。突围地点如向西南突围，没有江河阻隔，又是以前的游击区，行军作战条件较好。但这个地区都是贫瘠的山区，补充人力物力较困难。同时敌人预料我会从西南突围，在这一带防范甚严。向东南突围，地方富庶，补充人力物力较为容易。但敌人李觉、樊嵩甫两个纵队依据澧水、沅江，虎视眈眈，正等待着我们。权衡利弊，贺总还是决定向东南突围。

贺总把突围时间选在我进攻津、澧后，敌被我打乱的部署尚未重新调整，而我又在桑植附近作好了突围准备的时候。由于许多战士是当地群众的子弟，部队要走，老百姓依依难舍，我们又向群众做了许多工作。同时根据贺总的指示将地方独立团编为五师、十六师，使主力部队增加到 17000 多人，并派出十八师担任掩护主力行动的任务，向西佯动，到敌人力量薄弱的龙山地区积极活动，使敌人看不出我要离开根据地和向东南突围的意图。

11 月 19 日主力出发，先以一部突破了大庸城东南的碉堡线，打垮了援敌一个营，摆出一副要打大庸的架式，而主力却从大庸东边强渡澧水。等敌人发现我军并非进攻大庸，即派飞机轰炸、扫射，派部队堵截，妄图阻挡我前进时，我主力已全部渡过澧水。我军又以神速行动占领洞庭溪，跨过了沅江。至此，敌人据为天险的澧、沅二水，都被英雄的二、六军团视若等闲地一跃而过了。

我们立即按预定计划实行战役展开。六军团迅速渡过资水、占领了雪峰山以东的新化、蓝田和锡矿山。二军团占领了雪峰山以西的辰溪、溆浦和浦市，控制了湘中广大地区。这时，贺总命令部队在这些地区广泛宣传党的政策，动员群众打土豪，分财物，参加红军，七天中，六军团就扩兵 1000 多名，二军团也成立了新兵团。我军进入湘中，对长沙威胁甚大，弄得敌人心惊胆战，慌忙将“围剿”改为“追剿”。湘中的土豪、富户也惶惶不可终日，埋怨对苏区进攻推得太远，以致后方空虚。事实证明，贺总选择的突围时机和突围地点是完全正确的。贺总灵活地运用了毛主席的战略思想，按照毛主席在遵义会议上总结的五次反“围剿”的经验，声东击西，使敌人疲于奔命，狼狈不堪。湘中工农群众在我党我军的宣传下，纷纷参加革命活动，我军人力物力都得到了补充，部队士气大为高涨。我原想以溆浦为中心建立根据地，但部队稍事休整，跟在我屁股后面之敌李觉、陶广、郭汝栋等追击部队就赶到了。我即向南转移，并在武冈地区的瓦屋塘和晃县地区的便水两次作战，消灭敌追击部队千余人，并击退了敌堵击部队，进入贵州，占领了石阡。这时，担任掩护任务的我十八师，经过两个月辗转行军，也按预定计划到达这里与主力会合了。部队又经余庆、瓮安、修文，渡鸭池河，以迅雷不及掩耳之势，进占黔西、大定、毕节三县，消灭了堵截的敌人。

黔、大、毕三县地处云南、贵州、四川三省交界，高山险峻，道路崎岖。加上“天高皇帝远”，国民党统治也比较薄弱。1935 年初，中央红军经过这里，曾播下革命的种子。因此部队一到这里，就较顺利地展开了轰轰烈烈的群众工作。县城四处，贴满了标语。打土豪，分财物，穷人抬起了头。宣传队、扩红队、工作队积极活动，建立群众武装，组织群众团体，闹得十分红火。老百姓兴奋地说：真是闹红了一角天呀！许多同志都想在这里落脚生根，建立新的根据地。但只有半个多月时间，以顾祝同为总指挥的十几万敌军，妄图协同云南、广西军阀，围歼我军于乌蒙山、金沙江之间。我们只好恋恋不舍地离开黔、大、毕，继续前进。由于敌人的围追堵截，我们几次想建立根据地的想法都未能实现，贺总幽默地说：“我们的根据地还是在我们这双脚板上！”

我军退出黔、大、毕后，在威宁、水城、宣威之间，用“盘旋打圈子”的战术，扔掉了尾追的敌人，进占了盘县。从盘县出发的前一天，我去向贺总请示第二天的行军路线，贺总指示我们向兴义走，相机建立新根据地。我即派便衣侦察队连夜出发了。第二天天没亮，李达参谋长叫起我说：“行动方向改变了。中央指示我们沿一方面军长征的路线，渡金沙江，去甘孜会合四方面军。”

在我进占盘县后，敌人便一窝蜂似的向东扑来。而我军却掉头向西，进入云南，经宣威、沾益、马龙、寻甸到了普渡河。在普渡河，遭到云南军阀龙云率全部滇军的堵击，展开了激烈的战斗。这时，贺总又指挥部队连夜行军，直逼昆明。敌人吓得惊慌失措，生怕我军进攻昆明，端了他们的老窝，慌忙把滇军主力调回昆明。而我军采用“虚晃一枪，回马便走”的战术，转而向西攻占富民，把滇军主力扔在屁股后面了。

我军又继续向西挺进，敌人害怕我军进攻下关、大理，又连忙调兵去防守。蒋介石也把他的中央大军调来增援，并亲自坐上飞机在空中督战。龙云也派飞机侦察、轰炸，妄想在金沙江、澜沧江之间把红二、六军团一口吞掉。贺总用“调虎离山”、“避实就虚”的战法，牵着敌人的鼻子团团乱转，使敌十几万大军疲于奔命，而我军在滇中却如入无人之境。

为了避免敌机轰炸，我分兵两路，夜间行军，白天休息。不管距离多远，一天攻取一座县城，打得敌人闻风丧胆，草木皆兵。有的县太爷听说红军快到了，早早就卷起细软财物跑了。我二军团经禄丰、楚雄、祥云到宾川；六军团经禄劝、牟定、姚安到宾川，之后折而向北，经鹤庆、丽江，4 月 25 日，从石鼓、巨甸走铁索桥，乘小船，划木排过了金沙江。等我全军过江后，敌人的大军才追到对岸。红军战士隔着金沙江喊：“白军士兵弟兄们，你们辛苦啰！谢谢你们送了我们这么远。快拣上我们的破草鞋交给你们长官拿去报功吧！”敌人在对岸眼巴巴地看着我们，无可奈何。

过雪山草地

过金沙江后第五天，到达了雪山脚下的中甸。这里聚居着藏、汉同胞。金碧辉煌的喇嘛寺，十分雄伟。一到中甸，贺总、任政委就召集干部开会。贺总说，这里是少数民族地区，我们一定要了解少数民族的风俗，尊重他们的风俗。他命令部队，没有房子住也绝不允许住喇嘛寺。起先，藏族同胞受国民党反动派宣传影响，对红军的到来疑虑重重。由于我们派出干部宣传我党民族团结的政策，藏族同胞又看到红军纪律严明，秋毫无犯，纷纷把粮食卖给红军。后来连归化寺中的喇嘛也和红军搞好了关系。贺总还非常高兴地给中甸归化寺写下了“兴盛番族”的题词。

我们在山下做了充分的物质准备。师以上的侦察部门都请了通晓藏汉语的“通司”（即翻译），请藏民给部队讲了过雪山要注意的事情。藏民还卖给部队一批能在雪山上给人引路的牦牛（藏民称为神牛）。为了御寒，部队还准备了辣椒水。贺总亲自给部队做了过雪山的动员报告，他说：“现在情况变了，我们面前的敌人是雪山。我们要发扬团结友爱、互相帮助的精神，像同敌人作斗争一样，向大自然斗争，翻过雪山去！”

雪山下，高大的树木成林；到了山腰，就只有低矮的灌木了；到山上，连一点动植物都没有，到处是终年的积雪。由于日晒，表面的雪化了后又冻成一层冰壳，而下面往往是很深的大雪坑，人一掉下去就再也爬不出来。雪的反光，又把人映得头昏目眩。走累了还不能坐，一坐下来就别想再起来了。国民党的西康省主席李抱冰为了堵击我军，从打箭炉派了一个营翻过雪山，结果死了一半人才到了巴安①。今天，要翻雪山的是英雄的工农红军。有的同志走累了，别的同志架着他走；有的同志眼睛被雪光映花了，别的同志拉着走；红旗引着路，鼓动的口号此呼彼应。这样，同志们团结一致，互相帮助，胜利地翻过了雪山。

根据中央电示，从中甸出发，红二、六军团分两路，二军团走左路经过得荣、巴安（即今巴塘）、白玉到甘孜；六军团走右路，经稻城、理塘、新龙到甘孜。

1936 年 7 月 2 日②，红二方面军和红四方面军在甘孜胜利会合。阶级兄弟、革命战友，经过艰苦奋战后会合在一起，显得格外亲切。这时，接中央电令③，二、六军团正式组成红二方面军，贺龙同志任总指挥，任弼时同志任政委。在甘孜，我们见到了敬爱的朱德总司令和刘伯承总参谋长，才知道张国焘私立伪中央，妄图分裂红军的阴谋；也才知道在桑植收到的要二、六军团仍然留在原有苏区附近的所谓中央来电，和在盘县收到的要我们沿一方面军长征的路线渡金沙江去甘孜会合四方面

① 今巴塘。

② 一说7月1日。

③ 时为1936年7月5日。

军的所谓中央指示，在中甸收到的要二、六军团分两路去甘孜的所谓中央指示，都是张国焘发来的。张国焘利用职权，把持红军总部，长期隔绝党中央和二、六军团的联系，企图把二、六军团置于他的控制之下。在甘孜，朱德同志见到贺总时，非常高兴地握着他的手说:“你们来了，我们一起北上，党中央在毛主席那里。”在甘孜，六军团和二军团都先后收到了不少张国焘派人送去的《西北讲座》、《干部必读》等反党小册子，指名攻击毛主席和周副主席。贺总问王震同志你是怎么处理这些小册子的，王震同志说:“这些混账东西，我统统烧掉了。”贺总赞许地说：“好！烧得好！”

张国焘为了达到分裂红军的目的，提出要开干部会，贺总坚决反对，他说 :“在这里开会谁主持？提出问题谁做结论？这里开会连房子都没有，不开了吧！现在七月了，还是早点出发过草地，出了草地再开会吧！否则气候条件失去了就走不出草地了。”朱德、刘伯承、任弼时、贺龙、关向应等同志同张国焘进行了坚决斗争，二、四方面军广大指战员也坚决反对他的阴谋。特别是四方面军的广大干部都逐渐认识到南下是一条绝路，纷纷要求继续北上抗日。张国焘才不得不被迫取消伪中央，同意北上。

1936 年 7 月 7 日[①]，红二、四方面军在朱德总司令、刘伯承总参谋长的领导下，以四方面军为一梯队，二方面军为二梯队，北上过草地。这时部队的物质条件就更差了，体力也更弱了。草地上能吃的野菜只有灰苋菜。这里本来没有灰苋菜，是藏民放牦牛时，牦牛在别处吃了灰苋菜，菜子没有消化，拉出来后生长的，所以数量也很少。有时走前卫的部队吃野菜，走后卫的部队就只能挖野菜根吃。部队带的干粮很少，没病的同志都让给有病的同志吃。最后把皮腰带都煮着吃了。一次，四方面军的同志送来一些羊肉，供给部门就按人数分给每人一份。贺总说 :

① 北上过草地是陆续出发，从1936年7月3日开始，7月6日、7月14日分批出发。

“我那一份不要了，给别人吧。我自己的伙食自己办。”说完自己拿了根竿子钓鱼去了。可他钓来几尾小鱼，还要把周围的同志都叫来尝尝。过草地时，贺总和师以上干部一样，都很少骑马，而他们的马常常让伤病员骑。我们红军就是靠了这种官兵一致、同甘共苦的崇高的阶级友爱精神，才战胜了雪山草地种种难以想象的困难。

过雪山草地经过的地方，都是藏族聚居的地方。有时还能买到一些糌粑、酥油，部队南方人多，很多人吃不惯，贺总却带头吃，而且吃得津津有味。一次干部会上，贺总风趣地说：“你们这些土包子什么也不懂，糌粑、酥油都是好东西，很有营养。你们看藏民吃糌粑、酥油身体多健壮。到了这里就要适应这里的风俗嘛！”以后，很多同志都渐渐吃起糌粑、酥油来了，可惜很难买到。

红二、四方面军继续北上，张国焘仍然贼心不死，继续闹分裂，而且时时想着逃跑。贺总看穿了张国焘的诡计，命令二方面军分成两路前进，周密部署，防范张国焘逃跑。同时告诫二方面军的干部：“我们要的是和二、四方面军的同志团结北上，大家要时时刻刻把党中央、毛主席交代我们的‘团结’二字放在心上！”还叮嘱我们的后卫部队：“收容掉队的同志，有吃的先让四方面军的同志吃，有牲口先让四方面军的同志骑，不能丢下四方面军的一个同志。”

胜利会师

部队走出草地，经过包座、巴西到达甘肃的哈达铺。稍事休整后，攻占成县、徽县、两当，转而向北到达静宁、会宁。这时毛主席、党中央派聂荣臻、左权同志率领部队前来接应。1936年10月，英雄的红军一、二、四方面军在甘肃会宁胜利会师了。旋即在山城堡打了一仗，消灭了敌胡宗南一个师，胜利地完成了史无前例的长征。当二方面军到达陕甘边境时，党中央、毛主席又派邓小平同志等前来慰问，并传达了瓦窑堡会议精神和毛主席《论反对日本帝国主义的策略》的报告。这时，贺总兴奋地说："这下好了！真要到毛主席、周副主席跟前了！跟着毛主席，革命一定会胜利！"

选自《忠诚的战士　光辉的一生——回忆贺龙同志》，人民出版社1979年1月版，第94—103页。

伟大寓于平凡

——忆贺龙同志事迹的片断

杨秀山

1934年春，贺龙等同志率领的中国工农红军第三军，转战贵州，所向披靡，创建了黔东革命根据地。同年秋，任弼时、肖克、王震等同志率领的中国工农红军第六军团，由湘赣西征，来到黔东革命根据地，两支红军会合在一起。这时党中央指示：红三军改为红军第二军团，成立湘鄂川黔中央军委分会，由贺龙同志任主席，兼任红军二、六军团总指挥①，创立湘鄂川黔革命根据地。在短短数月内，以湘西的永顺、桑植、大庸为中心的革命根据地胜利地建立起来了，轰轰烈烈的武装斗争，使湘鄂川黔的广大土地上出现一派大好形势。贺龙同志当时在这一带进行革命活动的事迹很多，并且早已经在群众中广为传颂，这里我仅回忆几个片断，从这些平凡的事，我们可以看到这位无产阶级忠诚战士的高尚品德。

---

① 两军会合后，党中央指示红三军改为红二军团。之后11月26日，成立湘鄂川黔边军区，同时成立湘鄂川黔革命委员会，以贺龙为主席。

探望伤员

红军二、六军团，在湘鄂川黔的斗争中，尤其是1935年春季遵义会议决议传达以后，军心振奋，连战皆捷。这年秋天，我军在湖北宣恩县取得了板栗园战役的胜利，歼灭了蒋介石从围攻中央根据地调来的劲旅——敌八十五师，并击毙其师长谢彬。这次战斗的胜利，粉碎了蒋介石对湘鄂川黔根据地的“围剿”，有力地配合了中央红军的长征和红四方面军在川陕根据地的斗争，使湘鄂川黔根据地反“围剿”斗争的形势发生了根本的变化。

在这次战斗中，我们二军团四师政委方理明同志，十二团团长钟子廷同志和我都负了伤。我们住在军团卫生部治疗，三个人挤在一间小屋子里。大概几天以后，贺龙同志看望伤员来了。他头戴五星帽，身穿半旧的列宁服，腰扎皮带，腿上打着绑腿，赤脚穿着草鞋，嘴里含着烟斗。他那浓黑的胡子，因为频繁的行军战斗也长得很长了。一进门他就笑眯眯地跟我们打招呼：“听冬生（卢冬生①，四师师长）说，你们负伤了。”贺龙同志的亲切问候，使我们心里感到格外温暖，我们连连回答说：是的，负了伤。请军长快坐下吧（贺龙同志在这之前是红三军军长，我们习惯地称呼他为军长）。贺龙同志接过警卫员搬来的板凳，靠着方政委的床铺坐下后，立即仔细地询问我们的伤情以及受伤的经过。当时方政委的大腿骨头被打断了，伤势较重。贺龙同志仔细察看了他的伤势，又轻轻翻起铺上的毯子，关切地说：“伤这么重，要铺厚一点，不然时间长了，会生褥疮的。”又指着方政委和我说：“你们俩今年是第二次负伤了吧？”贺龙同志对同志多么关心，我们负伤几次都记得这么清清楚楚。

---

① 原文误为芦冬生。

后来他还询问了我们吃饭、用药等情况，对我们的关怀真是无微不至。

我们像往常一样无拘无束，又说又笑，兴奋地谈论着这次战斗的经过。贺龙同志抽着烟，仔细地听着我们的介绍，还不时插话。他特别表扬了那些打得好、缴获多的部队。我们兴致勃勃地说着。那场战斗打得非常激烈，敌人被我们打得狼狈不堪。正面的敌人像一群鸭子一样，被我们从山坡上的苞谷地里赶到河里。这时河里已经挤满了敌人，加上挑夫、驮载的骡马，挤在一起，自相践踏。我们所有的武器一齐开了火，背轻机枪的战士们只把枪背带往脖子上一挂，端着机枪一个劲地扫射，根本不需要瞄准。战士们还使劲把手榴弹往敌群里猛投，爆炸声和着山谷的回音，震天动地。敌人死的死，伤的伤，血染红了河水，连敌师长也在这里丧了命。我们俘虏了不少敌人，缴获了许多武器弹药和白洋。贺龙同志听到这里哈哈笑了起来，连连说打得好，打得好。我们沉浸在胜利的喜悦之中，连伤口的疼痛也忘记了。

这次漂亮的伏击战，准备的时间很紧迫，部队边走边进行动员，前面的部队刚埋伏好，敌人就进入了伏击圈，只经过几个小时就基本解决战斗了。大家称赞贺龙同志的决定正确，战机抓得好，敌情摸得准，地形选得好。可是贺龙同志说:“运动战嘛，就是要快嘛，这是老经验了。要抓住时机,在运动中歼灭敌人。战斗时间越短,消耗越小,胜利越大。这次战斗，情况是侦察员侦察来的嘛，地形你们熟悉，这个地方你们俩（指我和钟子廷同志）来来往往走过多少次了。同志们战斗情绪很高，才打了这样好的歼灭战。”贺龙同志总是这样，工作有了成绩，都归功于群众，归功于党。

在谈话中，方理明同志提出了一个问题：蒋介石的“围剿”，连续失败，还会不会继续向我们进攻呢？贺龙同志即刻指出：从陈家河、忠堡，直到这次板栗园战役，敌人连吃败仗，看来短时间内继续向我们进攻是比较困难的。现在经过连续战斗，我们部队减员较多，迫切需要补充新战士。伤兵多，医药少，根据地的粮食困难，部队的冬服也还没有着落，而且经费很缺乏，这些问题都很重要，如何解决，我们还要讨论讨论。可是尽管困难很多，贺龙同志讲到这些广大指战员迫切要求解决的困难问题的时候，却充满了革命乐观主义精神。贺龙同志对困难总是藐视它，在具体解决困难时，却是仔细分析，认真对待。他善于把大勇大智的气概和实事求是的作风紧密结合起来，这种作风感人至深，这是我们永远不能忘记的。

挥师东征

在贺龙同志看望我们以后不久，师首长告诉我，军长谈过，军委分会召开会议，决定利用敌人下次“围剿”到来之前的空隙，由贺龙、任弼时、关向应、王震等同志率领二、六军团主力，向根据地东部的长江以南、洞庭湖以西的广大地区出击。打到白区去,歼灭敌人的有生力量；发动群众，扩大党和红军的政治影响，征集资材，扩大红军，巩固和发展革命根据地。

我军像一把锋利的钢刀，直插敌人的心脏。在短短时间内，就占领了湖南的津市、澧州、临澧、石门等城市和这一带的广大地区，直逼常德和湖北的公安，威胁长沙，军威大振。

在这次行动开始以前，上级批准我回队工作。红军占领湖南津市以后，贺龙同志指定我们团就驻这里，向湖南的安乡、湖北的公安方面派出侦察警戒，掩护主力红军行动。同时和军团政治部主任甘泗淇同志直接领导的群众工作队一起执行征集资材，扩大红军的任务。

贺龙同志的指示，把我们全团指战员的积极性都调动起来了。从机关到连队，我们组织了群众工作组，活跃在津市的街头、巷尾、码头和附近的农村，向群众热情地宣传党和红军的主张，揭露国民党反动派贪污腐化、敲诈勒索的罪行，号召人民群众起来向他们进行斗争。我们把没收土豪劣绅的粮食、家具和农具，分给人民群众。还把没收来的美孚煤油公司和亚细亚煤油公司的煤油以及国民党盐务局的大量食盐，以低廉的价钱卖给群众。我们用党的政策和自己的行动教育了群众，使他们亲眼看到红军是真正为自己谋利益的队伍，是工农自己的队伍，因此纷纷报名参加红军，参军人数最多一天达到 90 多名。仅仅一个多月，我们团就扩大了七八百名新战士。各个连队很快地充实了，部队的战斗力增强了。

由于人民群众的热情支持，在扩大红军的同时，我们还筹集了大量白洋、钞票、布匹等钱财物资。我们缴获敌军的数千套服装，除了一部分上交外，其余的摘掉国民党的青天白日帽徽，钉上了我们自己的红五角星和红领章，发给了干部、战士。当时部队缺乏的被子、药品和其他日用品也都得到了补充。任务胜利完成以后，我们的部队兵强马壮，队伍整整齐齐，高高兴兴地离开津市，准备迎接新的任务。

二、六军团在这段时间内一连打了这么多胜仗，筹集了大量物资，吸收了大批新战士，扩大了党和红军的政治影响，这一段斗争的历程，使我联想到上次贺龙同志到军卫生部来看我们时的谈话，他曾谈到部队有待解决的许多问题和我军的行动计划，虽然当时他没有跟我们说解决问题的具体办法，但实际上他早已是成竹在胸了。当我写这篇回忆录的时候，我问王震副总理，那次东进行动之前，你们思想上是否早有准备了呢？他说，有。在行动前的两个月左右，我们在围攻湖南龙山县城的时候，军委分会开会，就已经作出决定。这充分说明贺龙同志眼光远大，未雨绸缪，具有战略家的胸怀，对毛主席的军事思想领会得非常透彻，贯彻执行得非常坚决。这次战略进攻的胜利，是贺龙同志灵活运用毛主席的战略思想，具有卓越的指挥才能的生动的一例。

这次东征的胜利，给敌人造成了很大威胁。蒋介石急急忙忙调遣樊嵩甫①、孙连仲两个纵队共五六万人，从东面向我二、六军团进行新的“围

① 原文误为樊松甫。

剿”。我军为了诱敌深入，相机歼敌，开始向战略机动方向转移。

部队从后半夜开始行军，第二天上午 10 点钟左右，到达了宿营地。我在检查了宿营情况以后，正向住房走去，突然从右侧传来了一个声音：“这是哪里来的一个白军军官？”从开玩笑的话音听来，我知道是军长来了。我急忙转过身子，看到贺龙同志骑着马已经缓缓地向我走来。我快步迎上前去，向他敬了一个礼。贺龙同志下了马笑着说：“你像个白军军官。”我说：“我穿的是这次缴获的白军军衣哪。”

“你的伤口好了吗？”

我回答说：“好了。就是弹片还没有取出来，但不碍事了。”

他怀疑地看了看我，又问道：“你们这次扩大了不少人吧，搞得不错！部队的政治情绪怎么样？战士们过冬的问题不大了吧，草鞋每人都有两双吗？生活搞得怎么样呢？”我一一作了回答。贺龙同志对我说，“现在队伍往西走，新战士离家远了，可能想家，要做好思想工作，注意巩固部队。”我说现在新战士多，很需要训练一下。贺龙同志点点头，表示同意我的看法。我们就站在路上，谈了许多问题后，贺龙同志才上马走了。

贺龙同志平易近人，没有官架子，和下级关系很融洽。他经常主动跟人们打招呼，经常开玩笑。我们对他也毫不拘束，经常想见见他，同他谈谈，在闲谈中从他那里得到许多的教益。贺龙同志虽然对部队的情况了如指掌，但仍然善于利用机会深入群众，了解情况，发现问题，解决问题。他随时关心战士的生活，特别注意关心部队的政治情绪，给我留下极为深刻的印象。

深入连队

由东面向我军进攻的敌两个纵队，采取了步步为营的“堡垒战术”，行动异常缓慢。贺龙同志和军委分会决定利用敌人进展缓慢的特点，以少数部队牵制、阻滞敌人，从而赢得为我军主力在白区进行整训的时间。

经过几天的行军，我们四师来到湖南石门县白沙渡、磨岗隘一带进行整训。部队在这里学军事、学政治、学文化，搞得热火朝天。有一天，贺龙同志和任弼时、关向应同志来到我们十一团检查工作。我向他们汇报了部队学习、训练以及群众工作等情况。军长、政委仔细倾听着，针对我汇报的问题，不时给予指示。当我汇报到由于缺乏子弹，打不起靶时，贺龙同志风趣地说："不要紧，现在就是多练，以后到了战场上再打靶嘛。"说得我们都笑了起来。任政委和关政委也关心地询问各连队有多少党团员，指示我们要把党支部工作搞好。

吃过午饭，刚放下饭碗，贺龙同志就很快深入到各连去了。来到团部各分队，战士们正在院子里摆沙盘。贺龙同志看了一阵，然后对战士们说："借个打稻子的板桶，装上沙子，下雨天可以抬到屋里去比划。"

来到团卫生队，贺龙同志看到卫生员们穿得很整洁，行军药包、药箱、碗筷、毛巾、学习用品和挂包等放得井井有条，室内外也打扫得干干净净，他很高兴，满意地问病号多不多，勉励卫生队的同志们好好照顾伤病员。

来到三营九连。战士们见到军长、政委们来了，激动得不知道怎么办才好。贺龙同志亲切地问战士们好，还问了一些战士的年龄，是否党、团员，问新战士想不想家等。他们走进"列宁室"，看了连队办的墙报。又来到厨房，灶上放着一筲箕饭，饭上有锅巴。贺龙同志拿起一块锅巴放进嘴里吃起来，细细嚼着，我不禁觉得纳闷，刚才不是吃过饭了吗，是不是没有吃饱呢？我两眼迷惑地盯着贺龙同志。他含笑着说："这锅巴挺焦的，没有砂子，很香啊。"我恍然大悟，原来他在检查米淘得干净不干净，有没有沙子，饭香不香，有没有味道！贺龙同志的工作作风多么深入细致啊！这一平凡的行动深深地感动和教育了我们在场的同志。

来到二营六连。六连正在一间空房子里上军事课，连长向贺龙同志敬礼、报告，贺龙同志看见战士们政治情绪很饱满，高兴地对连长说："你继续讲课吧，我们也听一听。"连长听说军长要亲自听课，就有点紧张，他操着湖南茶陵的口音，结结巴巴地不知道讲什么好。连里的新战士没有见过贺龙同志，老战士也很久没见到他了，都扭过头来，一百多双眼睛深情地看着贺龙同志，再也听不进讲课了。贺龙同志只好告别，满面笑容地对战士们说："好啦，你们上课吧，不打扰你们了。"

走进六连住的屋里，贺龙同志看到战士们的新草鞋，就拿起一双来，说："草鞋没娘，越穿越长。平时要穿一穿，踩软和了，行军、战斗中穿起来才合脚，不致于脚上打泡。新布鞋也是这样。"说着，又拿起一只穿过的布鞋，指着上面的泥巴对我说："要告诉战士们拿出去晒一晒，把泥巴打干净，免得穿了磨破脚。"贺龙同志来到战士们的铺边，发现战士们睡觉脚朝西北，头朝东南，便亲切地对我们说：像这样睡觉不好，现在西北风多，人睡着的时候，全身的毛孔都是张开的。西北风倒着往毛孔里吹，就容易着凉感冒，应该掉过头来睡。还指着墙壁上的裂缝，让我们借些晒垫来挡住风，这样就可以减少病号了。贺龙同志在指导连队的工作时是多么认真、细致，不管大事小事，他都一一关心到了，他亲手教过的管理部队和带兵的方法，直到今天，仍然是十分宝贵的。

从六连出来，贺龙同志和任弼时、关向应同志议论着，说我们团这段时间工作很有成绩，战士们的政治情绪高，精神面貌好，身强力壮。部队经过整训，各方面进步都很显著，是有战斗力的。我听后受到了很大的鼓舞，贺龙同志他们是代表党给我们作评价啊，我暗暗下决心更加努力把工作做好。贺龙同志又问起部队文化娱乐的情况，我告诉他，我们团自编自演了一些小节目，战士们挺活跃的。贺龙同志问我上不上台演戏，我说："演过两次，不过演得不好。我一上台，战士们就大笑。"贺龙同志、任弼时、关向应同志一听都哈哈地笑了。

太阳已经搁在西山顶上，大地洒满了一片金辉。贺龙同志看了看表，说："时间不早了，我们还要到你们师部去。"我走到高坡上，望着贺龙等同志骑着骏马，驰过小河，渐渐远去……贺龙同志的高大形象，永远留在我的记忆里。

选自《忠诚的战士　光辉的一生——回忆贺龙同志》，人民出版社1979年1月版，第85—93页。

万里长征跟贺龙

陈文科

随着年龄的增长，我的记忆力越来越差了。在我的脑海里，许多往事淡漠了，忘却了。但有些事却记忆犹新，仿佛是昨天才发生的一样。40多年前，我在贺龙同志身边工作的情景，就给我留下了不可磨灭的印象。

我是湖北沔阳人，1928年参加地方游击队。那时就听说有个贺龙，大家都亲切地管他叫贺胡子。人们传说他英勇机智地带着大部队同地主、恶霸们打仗。土豪劣绅们都怕他、恨他，穷苦百姓们都盼他、想他。我当游击队员时，就盼着有一天能到贺龙部队去当兵。

说来也巧，这一天终于来到了！1929年，我们配合红军主力作战时，编到了贺龙的部队。1932年，我被分配在军部警卫营，见到贺龙同志的机会就多了一些。

1934年春夏之间，我们部队在湘鄂川黔边界打了一仗。我的右胳膊负了伤，到金丝洞住了几个月。9月份，我伤好赶部队时，碰到了军部司务长张士南同志。张士南也是沔阳人，我们俩的家相距很近，互相很熟。张士南从南昌起义就一直在贺龙同志身边工作，大家见他是个老战士，不叫他名字，都喊他“老长官”。

“老长官”见我伤好回来了，很高兴地说：

“贺军长认识你，正好他缺个勤务员，你就在我们这里工作吧。”

我听了这话，很愿意给贺军长当勤务员，但又怕干不好。

当“老长官”张士南把我介绍给贺军长时，贺军长立即拉住我的手，笑着说：

“是你呀！我晓得你。你是个苦伢子，人也很老实，负了伤刚好，做点事可以，可不能累倒了哇！”

我看到贺军长这样热情、平易近人，也就不那么拘谨了，我不好意思地低声说：“在军长身边工作，我很高兴，就怕做不好事情……”

“这怕么事？”贺军长爽朗地笑着说，“你是个老战士嘛！一学就会的。你看”，贺军长指着围拢来的战士们说，“他们都是老战士，小同志先向他们学着做吧！”

接着，贺军长又向战士们介绍说：

“这是新来的老战士，叫陈文科，你们都叫他陈伢吧！你们要互相学习，互相帮助，搞好团结，像亲兄弟一样。”军长说完便干其他事去了。周围的同志热情地给我介绍情况，“老长官”告诉我每天应该干些什么事，还特别叮嘱道：

“你在军长身边工作，可要多留些心，别叫军长太累了，提醒他注意休息哟！”

“这个土办法很顶事”

我给贺军长当勤务员不久，部队就开始长征了。

我记得当时是冬天，部队在湘黔间的山区行军。山又高又陡，路又窄又滑。整天天色阴沉，云缠雾绕，人马行动十分困难，每天都有冻伤和摔伤的人。

这天，部队正向一个陡峭的山垭口缓缓地前进。贺军长走在我的前面，他拄着拐棍一步一跛地前进。我走近军长的警卫员，低声问道：“军长的脚什么时候负伤了？”

“没负伤”，警卫员小声说，“贺军长的脚有毛病，冬天一挨冻，脚底便裂口、流血，每年都这样。”

好不容易捱到了宿营地。我尽快给军长端去一盆热水，叫军长洗洗那双流血的脚。当我放下水盆，转身要走的时候，军长却叫住了我，说：“陈伢，莫忙走呀，给我帮个忙吧！”他指着自己的挎包说：“那里有个小盒，里面有点凡士林，给我找出来，我要治治这不争气的脚。”

我把挎包里装凡士林的小盒递给军长，只见他扳起自己的脚，用手指挖一点凡士林，抹在脚底的裂口里。到这时，我才看清，军长脚板上的裂口有一寸多长，至于多深就说不准了。裂口上露出一长溜鲜红的嫩肉，稍一触动，就直冒血。脚裂成这个样子，我简直不敢再看下去。

军长却好像没事人一样，一边跟我闲谈，一边把手指上的凡士林一点一点地抹进裂口里。接着，他摸出火柴盒，摇了摇，递到我手中说：

“来，帮个忙！你划着火柴，帮我烧一烧。”

我认为军长要烤火，连忙要去抱柴禾。军长一把拉住我，指着他脚上的裂口说：

“划着火柴，往这儿烧。把凡士林烧干，伤口烧平，就不会流血了。”

我明白了，不禁吸了口气。用火烧露在裂口外的嫩肉，这不痛死人吗？我怎么能下得去手啊！可是军长却催着说：

“快烧！这个土办法很顶事。”

我拿火柴的手，不禁颤抖起来，划了几次火柴，都划不着。军长接过我手中的火柴，一下子就划着了，把正燃烧的火柴递给我，说：

“快！靠近裂口，我自己不顺手，你帮我烧一烧。”

我接过正燃烧的火柴，哆哆嗦嗦地移近军长的脚板。涂了凡士林的伤口，一碰到火苗，凡士林马上就化了，伤口轻轻地发出哧哧的声音。我本能地一缩手，火柴灭了。紧接着，军长又把点着的第二根火柴递过来，接着第三根、第四根，一根接着一根地烧。直到伤口的嫩肉烧得发焦了，军长才拍拍我的肩膀，满意地说：

“这才行了，蛮可以对付一阵了。”

我如释重负，站起身来。我抬头一看，军长已满头大汗，汗水不断地顺着下巴往下流。看了这种情景，我的鼻子直发酸，泪花在眼眶里直打转。我们的军长啊，他忍受了多么大的痛苦啊！

帮军长烧伤口，过一段时间就得来一次。用完了凡士林，便抹点猪油，连猪油都找不到时，只好干烧。每烧一次，军长都是满头大汗，有好几次脸色发白，但军长从来也没有哼过一声。

500块钢洋

1935年春天，我们部队在贵州境内同滇军打了个漂亮仗①，缴获了许多物资。军后勤部分给我们军部500块大洋，作为生活费。当时，我们正在长征,除了银元以外,一切货币都不管用了。有了这500块大洋，就可以用一阵子了。

我把这500块钢洋，分装在两个布袋里，行军时背着它，宿营时，放在自己的枕边。这两袋钱有30来斤重，开始还不觉得怎么沉，越走就越觉得重了。

一天,部队宿营了。我一到驻地,就解下钱袋,放在桌子上。我想，这里驻扎的都是自己的部队，老百姓不会来，又没闲杂人来这里，不会出什么问题。我放下钱袋，就出去打水。我回来时，桌上的钱袋却不见了。我有点发慌，但以为其他同志帮我收起来了，或者是哪个调皮的警卫员给藏起来了。吃饭时,一问大家,都说没有看见,而且神态很认真，一点也没有开玩笑的样子。这下我可慌了，忙去找“老长官”张士南司

① 疑有误，1935年春，红二方面军未与滇军交战。

务长汇报情况。他也急得抓耳挠腮，帮我到处去打听。

我丢了钱袋的消息，立刻被军部首长知道了，大家都很关切，纷纷向我询问情况。贺军长听到后，发了火：

“么搞的，这么大意，给我关禁闭！”

我急得哭了起来。我真后悔自己的粗心大意，恨不得打自己几拳。军长要关我禁闭，我没有意见，可到哪里去找这笔钱呢？

这时，任弼时政委、肖克副军长都来了，他们把发火的军长拉了出去，又来安慰我。任政委急忙通知部队，追查钱的去向。

军部不少人都忙着去找这笔丢的钱。我自己在屋里闷坐，等待处理。晚饭时,我什么也不想吃。我正伤心地哭着的时候,贺军长又来了。他脚步不像刚才那么重了，脸上的怒气也消了，手里还端着一碗饭。军长走到我的身边，拉拉我的胳膊说：

“算了，莫哭了。我刚才不该发火，我不对。你快吃饭吧！”

我又感动，又惭愧，眼泪怎么也止不住。我犯了这么大的错误，军长还端着碗饭给我道歉，这真叫我怎么过意得去呢。我忙接过军长递来的饭碗，哽咽着说：

“首长，我不饿……我犯了严重错误，我不该……”

“晓得错了就好。”军长一边抽烟，一边踱着步说，“你晓得这五百块钱的分量吗？它是我们军部全体人员的生命钱呀！前面我们要过荒凉地带，我们就靠这笔钱来养命呀！”

停了一下，军长又接着说：

“要是我个人的东西，丢了不要紧，可这钱是大家的呀！咳……你还是快吃饭吧，饭都要凉了。”

我捧着饭碗，哪里吃得下去！我低着头，真希望地下有个洞，我好钻到地洞里去。

过了一会儿，司务长“老长官”兴冲冲地跑来了，肩上扛着两条口袋，后面还跟着一群人，他边走边喊：

“找到了，找到了！一块银洋也没丢！”

我忙放下碗筷，扑上去抱住钱袋，仿佛怕它再飞了似的。“老长官”慢条斯理地给我们讲述了找钱的经过。原来我去提水的那一小会儿，屋子里一个人也没有。正好七师的粮秣员来军部找人，他没有找到人，只见桌上放着两袋可能没主的银元，就顺手牵羊地扛回师部去了。粮秣员正同师首长议论这笔“意外之财”时，我们的“老长官”赶到了。师首长一听说这是军部的伙食费，马上还给了“老长官”。

贺军长听了这段经过，哈哈大笑说：

“好个粮秣员，手这么长呀，伸到军部来了！”

大家都笑了，我也忍不住笑了起来。

军长走到我的面前，从嘴里拿出烟斗，点点我的额角，笑着说：

“陈伢子，这可是个教训呀！手伸得那么长不大好，可也别马马虎虎啊！快吃饭，肚子可要提意见啦！”

贺军长说完就走了。我这时才感到真饿了，端起军长送来的饭，大口大口地吃了下去。

军长的“尾巴”

贺龙同志非常喜欢孩子。那时，军部有许多十几岁的小战士在他身边工作。贺龙同志对待我们，非常关心。特别对待那些无父无母的幼年参军的小战士，更像个慈爱的父母那样疼爱我们。部队走到哪里，他看到无家可归的孩子，总要收留下来。当时，被贺龙同志收留的小战士，甚至还有五六岁的儿童哩！

那是 1930 年，当贺龙同志还在二军团时，国民党反动派疯狂进犯湘鄂西革命根据地。有个村苏维埃主席老新同志，在白色恐怖下，带着五六岁的儿子，逃出家乡，到了贺军长领导的部队当兵。贺军长见老新年高携子，就分配他到军部当炊事员，老新的儿子新伢便成了红军中最小的战士了。

老新会下象棋,贺军长只要有点空,便同老新杀一盘。新伢人不大，却很聪明，大人们下棋时，他一声不响地在旁边看，眼珠跟着棋子转，心里暗暗记下象棋的布局和路数。日久天长，新伢也学会几手。当两军对阵，一方杀气腾腾，步步紧逼，另一方节节败退，不断出现险情时，新伢在旁边支招了。他常常给弱方出个点子，使弱方转败为胜。有时新伢帮他父亲的忙，有时又给军长出主意。因此，这个天真小孩，几乎成了“象棋参谋”了。

军长本来就喜欢小孩，新伢这么机灵，更喜欢他。除了开会、打仗和下师、团，只要在军部，军长在，新伢准在，见到了新伢，准可以找到军长。军长还常找新伢一起吃饭。有时有了比较好的饭菜，军长就派人到处去找新伢，找不到时，还让我们给新伢留一份。时间一长，我们就逗新伢说:“看，你成了军长的‘尾巴’了！”新伢调皮地笑笑说:“么样，尾马就尾巴嘛，我就是爱跟军长跑！”

在草地的洪德城，新伢的父亲老新同志，由于劳累过度，加之生活太艰苦，离开了人世。在掩埋了老新同志后，军长擦干眼泪，把在他身边工作的全体勤杂人员找了来，拉着眼睛哭红了的小新伢，十分悲痛地说 :“老新同志倒下了，还有许许多多的好同志也倒下了，我们的革命付了多么大的代价！同志们，革命路上流的血越多，牺牲越大，我们越要坚定信心！就是我们都倒下去了，革命总会有人继续干下去的！”

军长亲切地替新伢擦干了眼泪，整了整衣服，对给养班的几个同志说:“给新伢找一匹马。新伢的老子死了，你们都是他的战友和哥哥，你们要负起责任，只要我们有一个不倒下去，就要把新伢带出草地，走完长征的路！”

这以后，新伢虽然失去了自己的父亲，但是，在军长的直接关怀和给养班的无微不至的照顾下，生活一直很好。一到宿营地，新伢就钻到军部首长的房子里去玩。军长常带他钓鱼、遛马。军长下棋的伴，就成了新伢了，军长有好几次还输给了新伢哩！有一次，军长输了棋，一边吸烟，一边拍拍新伢的肩膀，笑着说："新伢，你有时比你老子下得还高一点，有出息！"

军长的话，逗得我们这些看下棋的战士哈哈大笑。

咸蛋、干粮和灰鱼

长征路上，部队的给养是没有保障的。走到哪里，就在哪里筹粮，搞到什么就吃什么。我们几个做勤务工作的同志，见首长们工作忙，身体又不好，总想给首长们搞点好吃的。

有一次打土豪时，我们搞到一大坛咸鸭蛋，我们很高兴，决定把它留给首长们吃。开饭时，"老长官"张士南同志先给了我两个，叫我送给贺军长。

军长看到咸蛋，很高兴地问：

"哪里搞来的？"我说明了情况，他又问：

"大家都有吗？"

我赶忙解释说：

"有不少，大家还没分。司务长让我先给你送两个尝尝。"

军长把咸蛋推到我面前说：

"给司务长送去，等分给大家时，我们再吃，我们不能搞特殊！"

我本想劝军长吃，可是看到他的神情，知道劝也没用，只好默默地把咸蛋交给了司务长。

"老长官"见我把两个咸蛋拿了回来，看了我一眼，似乎是怪我不会说话，没有完成任务。接着，他摇摇头说：

"唉，没办法，老脾气！香喷喷的咸蛋不肯吃，烤山药蛋却抢着吃！"

我好奇地问“老长官”：

“‘山药蛋’是什么？军长爱吃那个吗？”

“‘山药蛋’？哈哈……”“老长官”开心地笑着说，“那玩艺就是洋芋疙瘩嘛！北方人叫‘山药蛋’”。

于是，“老长官”便谈起了军长抢吃洋芋的故事来。

那是在湘鄂黔地区时，部队在山地里待了很长的一段时间。当时，粮食很困难，常吃包米。到后来，连包米也找不到，部队只好用洋芋充饥。山区的同志还没什么，平原、湖区、特别城市来的同志，叫他们整天吃洋芋，确实有点受不了。开饭的时候，一群人围着一堆火，把生洋芋往火里丢，把烧熟的洋芋扒出来吃。少吃点还挺香，大家叫它“剥皮点心”。可是，每顿都这么吃，就不想吃了。

一次，一群战士正围着火堆烤洋芋，大家用木棍在火里拨拉过来，拨拉过去，烧得半生不熟的洋芋疙瘩在火堆里乱滚，弄得大家满脸都是烟和灰。大家吃洋芋的积极性不高。

这时，贺军长来了，他挤在战士中间，在火堆边一坐，风趣地问：“开饭啦，有我的饭吗？”

他边说边用木棍从火堆里挑熟洋芋。同志们见军长来了，很高兴，纷纷把烧熟的往军长面前拨拉。

军长拣起一个烧好的洋芋，一边吹灰，一边用手拍打，还诙谐地说：

“咳，吃的不错哇！‘三吹三打’，剥皮点心，好吃，好吃啊，哈……哈！”

说着，军长津津有味地大口吃烧洋芋。战士们一看，也纷纷抓起洋芋，学着军长的样子，又吹又打，吃了起来。

谁也知道，咸鸭蛋比山药蛋好吃。可是，我们的贺军长，在困难的时候，对好吃的东西，总是先问问大家吃了没有，大家还没有吃的东西，他从不先尝一口；但大家都不想吃的，又不得不吃的东西，军长却带头抢着吃。粮食特别紧张时，军长宁肯自己吃不饱，也不让同志们和下级挨饿。

过草地的时候，七师师长卢冬生[①]同志到军部汇报工作后，就跟军部首长们一起行军。吃午饭的时候，我们在一块干草地坐下来，各人拿出自己的干粮袋，就着水壶里的水，开始吃午饭。

卢师长怎么也找不到自己的干粮袋，不知什么时候弄丢了。

当时，这真是件麻烦事。草地无法补充口粮。全军上下，从军长到战士，每人背个干粮袋。饿了，就吃口自带的干粮；渴了，就喝口自己水壶里的水。当时，丢了干粮袋，就等于丢了性命呀！

卢师长急得团团转，要回去找干粮袋。军长拦住他说：

“算了，走了这么远，谁知道掉到哪里去了。满地是烂草、臭水，找到了也不能吃了。吃我的吧！”说着，军长便把自己的干粮袋递给卢师长。

卢师长不肯接，他知道，吃了军长的，军长就要挨饿了。

这时，我们军部的其他首长和工作人员都围上来劝卢师长收下，我们大家再给军长凑一点。

军长深情地对卢师长说：

“拿去吧！你年轻，肚子大，不吃饭是走不出草地的。我们这里人多，大家凑点野菜吃吃，总可以对付过去。”

卢师长收下军长的干粮袋，眼泪几乎夺眶而出。

军长喜欢钓鱼。在湘鄂西行军、打仗中，一见有条小河，他总要去钓一阵子。他的马褡子里，常装着现成的鱼钩和线团。

在长征路上，我们在一条小河沟的附近宿营。军长带着新伢和几个小鬼，一起去河里钓鱼，我提个铁桶，也跟着去了。

这条河的水很清，又不怎么深，看得见底。河底全是滑溜溜的石头。我是湖边长大的人，从小经常跟鱼虾螺蛳打交道，对钓鱼也不外行。可

---

① 原文误为卢忠生。此时实为四师师长。

是，这种既无泥巴，又无水草的河谷里，能钓到鱼吗？

我心里怀疑，嘴里却什么也没说。只见军长把切成小块的马肉穿在鱼钩上，很有把握地把鱼钩甩进河里。

这时，附近一些老乡也围了过来，我悄悄地向一位年纪稍大的人打听："这河里有鱼吗？"

"有，很大，有这么长！"那人用手比划着。

"你们能捉到这里的鱼吗？"我又问。

"不，那是神，我们不捉它。捉了要遭灾难的。"旁边的人七嘴八舌地说。

贺军长哈哈大笑地说：

"我们要捉神！把它捉来吃进肚子里，叫它在我们肚子里保佑我们吧！"

我们几个跟随的人都笑了起来。老乡们很好奇，他们问我们是什么人，为什么不怕神仙？我们只好给他们解释，我还很耐心地对他们说：

"鱼不是神，可以吃，很好吃，比猪肉还要嫩，我在家就是专门打鱼卖钱为生的。"

正说着，军长一抛钓竿，钓起一条大鱼，足有三斤重。长条条，圆滚滚，背上青灰，肚皮是白的，有点像我们家乡的青鳝鱼，只是比青鳝更粗、更肥些。这种鱼没有鳞，浑身像泥鳅一样溜溜滑。我们从鱼嘴里取下鱼钩，好不容易才把它放进铁桶里去。这种长鱼，头和身子在桶里，尾巴却还在桶沿外哩。

还没等我们放好第一条鱼，新伢就喊着说：

"又一条！"

"又一条！"

"又一条！"

军长一条接一条地往上直扯，忙得我们手忙脚乱。在旁边看热闹的老乡，开始抱着恐惧和好奇的心理，后来，他们也相信这鱼不是神仙了。

特别是小孩子们，有几个胆大的还来帮我们把鱼往桶里装。

不一会儿，我们搞了一满桶鱼。当军长收起鱼竿要回去时，他还风趣地对老乡们说：

“我们是工农红军，不怕官爷，不怕财主，不怕鬼，也不怕神。只要我们不怕他们，他们就会怕我们。不信，你们要都不怕鱼，都来捉鱼吃，这儿的鱼一定不像现在这么大胆。”

我们走了好远，回头一看，老乡们还在那儿用敬佩和好奇的眼光望着我们。

“要好好照顾政委！”

在行军途中，军长常常停下来问我们：

“看看，任政委到了吧？关副政委和甘主任么样？”

军长不光问问了事，还常常停下来，叫我或其他同志去看看。有时，还亲自去看。尤其是对待任弼时政委，常常反复问、反复看。

军长对任弼时同志如此关切和尊重，是有多种原因的。一个重要的原因是任弼时同志是中央军委派到二方面军来的党代表，是中央委员；其次是任弼时同志身患肺病，面黄肌瘦的。记得军长几次对“老长官”张士南同志和我这样说：

“注意照顾好任政委啊！你们晓得吧？要不是任弼时同志带着六军团、带着密电码和电台，冲破敌人的封锁，来贵州同我们会合，传达中央军委的长征部署，我们想想嘛，我们就会成为一只离了群的孤雁呀！大家要记住，尊重任弼时同志，照顾好他，这不只是个责任问题，还是个对中央的态度问题哩！”

正是出于这种真挚的感情，我们军长就格外关心照顾好任弼时的生活和身体。任政委个子高高的，疾病使他的身体非常瘦弱，但是，精神不错，人很乐观，对中国革命必然最后胜利充满了坚定的信心。刚离开贵州时，任政委骑着马走，可是，没两天，军长见任政委不能骑马，一骑马就咳嗽不止，病情加重。于是，军长马上命令“老长官”和副官处的同志搞副担架。当时，搞副担架可不容易啊！尤其是到了草地以后，长时间的行军打仗，没吃没喝，人困马乏。一副担架至少要三四个人来换着抬。开始，任弼时同志怎么也不愿意躺到担架上。还是贺军长三番几次地劝，又动员肖克副军长、关向应副政委、甘泗淇主任去劝，任政委才勉强同意上了担架。

我清楚地记得，第一次抬着任政委的担架走动时，军长跟着走了差不多半天的路。军长一会前，一会后，十分仔细地照料着。任政委几次劝军长上马快走，军长笑着说：

“再看看，等会就走。”

军长不仅对待任弼时政委这样关心和尊重，而且对待关向应副政委、政治部主任甘泗淇也同样热情和照顾。他几次对我说：

“我是个大老粗，十几岁上了山，没学着文化。要不是周副主席和朱老总的帮助，我贺龙有么用？关副政委、甘主任，都是知识分子嘛，我要好好向他们学着点呀！”

听军长说，关向应同志是个留法学生。军长常常同关副政委一起行军。关向应同志身材不算高。一遇到上坡或者攀崖，贺军长总是大步上前，然后回过头来，伸手拉关副政委一把。有时，拉住关副政委的手，军长还笑着说。

“伙计呀，上！加油喔……”

第五匹驮马

进入草地不久，我就病了，又发烧，又拉肚子，没几天就不能走路了。贺军长对我很关心，他每天来看望我好几次，把军部最好的牲口拨给我骑。

贺军长有个叔叔也在部队同我们一起长征。这位老人很关心同志，大家都亲切地管他叫“贺老太爷”。贺老太爷还懂点中医，常给伤病员采药治病。贺军长见我病得厉害，便亲手把我交给了贺老太爷。军长对老太爷嘱咐道：

“陈伢病得很重，您老人家多操点心，好好照顾他，搞点草药帮他治治病吧。我们搞到药就马上给您送来。”

就这样，贺老太爷整天陪着我。行军时，我们一起骑马走，他老人家先扶我上马，帮我收拾东西，还常常询问我的病情。宿营时，他老人家安置我休息，自己到处去采集草药，亲自熬好药给我喝。

每当我接过老人熬好的药汤，心里总是很激动。这么大年纪的老人，整天跟着部队行军，拖得骨瘦如柴，累得精疲力尽，还要为我费那么多的心，简直像个勤务员，我怎么也过意不去，常常端着药汤激动得发呆。有一次，贺军长见我端着药汤不喝，以为我怕药苦，便劝我说：

“陈伢，要吃药呀，吃了药，病才会好！”

我听到军长这关切的话语，热泪簌簌地往下落，一口气喝完了一大碗药汤。军长见我这样，还高兴地赞扬说：

“就要这样！革命战士嘛,不怕死,不怕苦,不怕病,不怕吃药……”

越往前走，条件就越艰苦了。一望无际的草地，前不见村庄，后不见人家，没有医药，连能治病的草药也找不到了。粮食也吃光了，同志们都挖草根充饥。

我的病未见好转，像是伤寒，又像是痢疾。有时不拉肚子了，却退不了烧。人瘦得皮包骨，一点力气也没有，整天伏在马背上不想动弹。照顾我的贺老太爷也累得爬不起来。驮我的牲口累死了一匹又一匹，不到一个月，我就换了三匹驮马。当第四匹驮马在我的腿边躺下再也爬不起来时，我一阵晕眩，歪倒在地。醒来后，我抱着死马的瘦腿伤心地哭起来。

当时，军部绝大部分牲口没有了，有的累死了，有的当粮食吃了，整个军部只剩下几匹驮文件包的马。许多首长的乘马也没有了，大家都在步行。在这样的环境，能在哪儿找到牲口来驮我呢？再说，我已病得奄奄一息，怎么能再给部队添麻烦啊？

正当我伤心地哭时，贺军长走到我的身边，亲切地说：

“陈伢，么事又哭起来了哇？”

我难过地用手指着死马，正要讲话时，贺老太爷先说话了：

“马又死了，陈伢的病也没好，这怎办……”

“么办？”军长重复了贺老太爷的话后，果断地一挥手，说：“不管么办，有命在，就得一块走。马死了，有人，可以背和抬呀，反正不能……”

我听到这里，马上对军长说：

“军长，老太爷，您们走吧！我已经拖了大家的腿，我是个包袱呀，不能再……”

军长打断了我的话，严肃地说：

“说的么话，莫哭了，有我们在，决不会丢下你！”

军长说完，拉了下副官处长杜世新，小声对杜处长讲着什么。在杜处长离开时，军长又嘱咐说：

“多想想法子，一定搞个牲口来！”

军长还交代身边的同志，再察看一下各部队情况，只要是活人，都要设法带着前进。我听到军长这些细声而有力的话，热血沸腾，激动万分，顿时增添了活着的勇气，不再哭了……

不多一会儿，杜处长牵来了一匹马。大家又把我扶上马背，继续前进。后来，我才知道，这第五匹马，是杜处长用来驮文件的，为了驮我，文件只好分给同志们扛着。

就这样，在军长的亲切关怀下，第五匹驮马终于把我驮出了草地。

贺老太爷的草药汤和精心照料，终于使我起死回生。走出草地不远，我就恢复健康，又回到贺军长的身边工作了。当同志们看到我时，都高兴地围着我问长问短，有个同志笑着说：

“陈伢，你的命是军长从草地拣回来的！”

军长却笑着说：

“陈伢还没有完成任务，马克思不让他去报到哇！”

一句话，把大伙逗得哈哈大笑起来。

“干革命就得学习！”

1936 年 9 月，部队长征到了陕西。一天，军长兴冲冲地对我说：

“陈伢，你该去学习啦！先准备一下，明天去教导队报到！”

听军长说送我去学习，我应该很高兴。我三岁死了娘，家中只有父亲和哥哥，三口人吃饭，整天为地主种地、放牛，债还还不完，我哪有钱去读书呢？小时连个名也没有，参加了红军，才给我取了个名，叫“陈文科”。可是，从湘鄂西到长征，东奔西跑，哪有条件学习一下呢？现在，军长主动要送我去学习，这实在是个好机会。然而，我一想到父亲被地主逼死，哥哥被国民党杀害，我又险些被执行王明“左”倾机会主义路线的夏曦杀了的痛苦经历时，半截身子都发凉了，便吞吞吐吐地说：

“军长，您叫别人去吧……我，我在这儿工作一辈子……”

“啊，会有这样的事吗？不想去学习？”军长好奇地打量着我。

“是，我不想去。”我嗫嚅着，不敢看军长。接着，我又说：“军长，我……我舍不得离开这里。”

“哈哈！”军长爽声笑着说，“这么大的人，还像个小鸡娃子，能总躲在母鸡的肚子下面吗？”

接着，军长语重心长地说：

“我们长征的目的，是北上抗日救国，要进行这项伟大的事业，部队得不断发展。我们的工作太缺少干部呀……”

“我……”我惶恐地看了军长一眼，看到他和善而深情的目光，我低下头来，心绪纷乱，摆弄着自己的衣服角。

稍停一会儿，军长深情地说：

“陈伢嘞，你是个老战士了，又是个党员，眼光要放长远些。革命不断向前发展，人也要进步啊！不学习能行吗？革命事业，必须要有很高的觉悟和真正的本领，去吧，这是工作的需要！”

我不好意思再推辞了，就答应去学习。

第二天，我收拾好行李要走了。临行前，同志们都来送行。有的送给我一些纪念品，有的在我的日记本上写下鼓励的话语。“老长官”司务长拿出一支钢笔和一本笔记本，送到我的手上，真挚地说：

“这是军长提议，大家送给你的。我们希望你好好学习，为革命挑更重的担子，我们都等着你的好消息哩！”

我接过笔和本子，心里很激动，正想说点什么，却见军长笑呵呵地走来，手里拿着他自己那条唯一的毛毯。军长走近我，把毛毯往我身上一围，愉快地说：

“陈伢，你在这里帮了我不少的忙。你要走了，这条毯子送给你作个纪念吧！”

我连连后退，说什么也不肯接。军长只有那一条毛毯，我拿走了，他又用什么来挡风御寒呢？

同志们都看着军长，但大家既不好帮军长劝我收下，又不好帮我劝军长留下。这时，只听军长又亲切地说：

“快拿去吧，你在教导队，过集体生活，很需要它，我们在这儿会有办法的。”

军长说完后，又看了看周围的人。“老长官”劝我说：

“尊敬不如从命，你收下吧，我们再给军长想办法。”

这真是盛情难却啊！我双手抖着接过军长送的军毯，激动的泪水像断了线的珍珠，一串串地往下掉。当时，我这么想：我们的好军长呀，你对自己的生活，一点也不在意，可对别人，却想得那么周到、仔细，这叫我怎么舍得离开你呢？（梁立真整理）

选自《星火燎原》1980年第2期，第81—89页。

陈文科，湖北沔阳人。1928 年参加革命，1929 年参加中国工农红军。跟随红二军团长征，为贺龙的勤务员。

跟随贺龙长征

萧庆云

在红军长征胜利 50 周年之际，我这个曾在贺老总身边工作过多年的老兵，不由心潮澎湃，思绪万千，使我倍加思念敬爱的贺老总。这里记下长征途中的几件事，略抒我对贺总的怀念之情。

再见吧！刘家坪

1935 年秋，我二、六军团在贺龙、任弼时、关向应等首长率领下，经过半年多的英勇奋战，粉碎了敌人 80 多个团的“围剿”。这时，蒋介石见势不妙，赶忙调集了 130 个团的兵力，对我湘、鄂、川、黔根据地开始了新的“围剿”。为了摆脱不利处境，保住红军有生力量，我二、六军团决定进行战略转移，随即开始了各项准备工作。

就在出发的前两天，贺老总在检查了各部队的准备工作后，对我们警卫班说：“小鬼们，跟我走一趟。”

“到哪儿去啊？首长。”我不解地问道。

老总说：“去看一个朋友。”说着，贺老总跨上战马，向前奔驰，我们赶紧上马随后跟进。骏马在崎岖的山路上奋鬣扬蹄，跑得很欢。不一会就来到贺老总家乡——洪家关的小镇上。

我问道："首长，是到你家吗？"

贺老总摇摇头，缓缓说道："不，到贺锦章家。"我很不理解。心想：贺锦章是本地一个有钱人家。时间这么紧，老总怎么还去看他呢？想着，走着，不觉到了贺家。贺锦章见贺总来到，慌忙出来迎接。

贺总对贺锦章说："我军即将远行，临走，来看看老朋友。"

原来贺锦章有个哥哥叫贺锦斋，一直跟着贺总，在南昌起义时是贺总部下的师长，他作战勇敢，身先士卒，是一员功勋卓著的战将，对革命忠心耿耿。可惜，1929 年在一次战斗中牺牲了，故贺总对其家属非常关心。

中午，贺锦章请贺总和我们警卫人员吃饭。席间，贺总对贺锦章说："你哥哥一直跟着我，跟着共产党走，他舍弃家庭，参加南昌起义，是我党的功臣。希望你要以令兄为榜样。当然，不是要你去冲锋陷阵。我们走后，希望你能继续为我军，为我军家属做些工作。同时，你自己也要当心。"贺锦章说："请放心，兄之教诲，弟当铭记在心。"

在红军走后，贺锦章记着贺老总的嘱托，为我党做过一些有益的工作。解放后，人民政府安排他当了桑植县第一任县长。

因时间紧，贺老总没有顾得上回自己家看看。返回途中，又特地去当时全军闻名的刘氏三兄弟家看望。刘氏三兄弟为了革命，先后加入红军。老大刘开序任团长，老二刘开智在贺总身边当警卫班长，老三刘开然在部队当战士。当时只有老大结了婚，一家就靠大媳妇照料。

我们到达刘家，只见开序媳妇正在忙家务。她 20 来岁，身体健壮，是个勤俭贤惠的好媳妇。她见贺总来，颇感意外。她家很穷，就一间漏雨的茅屋。贺总亲切地问她："开序他们回过家吗？"大媳妇红着脸低头答道："队伍上忙得很，没回来。"贺总对她说："你们刘家对革命贡献很大。现在我们要走了，今后你公公、婆婆一家的生活就靠你来操持。你是不穿军装的红军啊！请你把家里照顾好，让他们三兄弟在部队安心干革命。"说着，贺总拿出十块光洋，送给她说："我们是穷人的队伍，没有更多的东西留给你们，这点钱你收下，表表我们的心意。”

开序媳妇原先固辞不受。贺总说：“收下吧！今后一家生活就靠你了，万一有个急用，也能抵挡一阵子。”在贺总的劝说下，她才收下了。

以后，刘氏三兄弟在战斗中英勇杀敌，屡建功勋。抗日战争中，三兄弟先后光荣牺牲。

看完这两家后，我们返回驻地——刘家坪，时间已经很晚了。贺老总没顾上休息，就立即与参谋人员研究部队的行动方案和途中可能发生的问题。然后，又接待了几位地方干部，一直谈到深夜。

11 月 19 日上午，红军战士们雄赳赳、气昂昂地集合在刘家坪前面的干田坝，整装待发。

这时，乡亲们从四面八方赶来了，他们有的提着包谷，有的包着糯米粑，有的拿着新布鞋，一边往我们手里塞，一边深情地说：“拿着吧，吃饱穿暖好跟贺总永远干革命。”“你们可要回来啊，我们等着你们。”红军战士们为家乡人民拳拳眷恋之情，激动得热泪盈眶。军民依依不舍。

贺总过来了。他身背武装带，腰间插着手枪，神色威严地检阅了队伍。然后，登上一个土台，向乡亲们说道：“各位父老乡亲，我们就要走了，但是这里是我们的家乡，不论我们要走多久，总有一天，我们要打回来。苏区是红色的土地，苏区人民为革命作出了很大的牺牲。我们红军战士，将永远记着家乡人民的深情厚意，我们一定要打胜仗，来报答家乡人民，苏区的红旗永远不会倒！”

最后，贺总深情地向乡亲们行了一个军礼，跨上战马，带队出发。离乡亲们很远了，贺总还勒住马缰，回头再一次向伫立的人群招手致意。那坚毅的面容，似乎在说：再见吧，乡亲们！再见吧，刘家坪！我们一定要打回来！

强渡澧水

19日上午，部队从桑植出发，经过一天一夜的急行军，第二天下午到达大庸县溪口间的澧水北岸。部队准备从这里渡河，直插沅江。澧水虽然只有百多米宽，但水深流急，间有险滩。时值深秋，水凉刺骨，对岸有敌人戒备，渡河实非易事。

贺总率先头部队到了河边，组织部队找船只，搭浮桥，警戒南岸敌人；并派出一个团向西监视大庸县城的敌人。

当一切布置就绪，我们正暗自庆幸渡河即将成功时，不料天空突然传来了“嗡嗡”声，贺总搭手一看，向战士们喊道：“敌机来了，停止搭桥，赶快隐蔽！”战士们立即就地卧倒。三架飞机凌空，轮番轰炸，由于澧水河两岸地形开阔，不便隐蔽，故我军全暴露在敌机火网下。对岸守敌见有飞机壮胆，也拼命向我军扫射。一时间，澧水两岸弹雨纷飞，烟尘滚滚；澧水河激起阵阵水柱。找来的船只大部被炸坏，冲走；搭起的浮桥亦被炸断，一位共青团省委书记被击中，当场牺牲。情况十分危急。贺老总审时度势，临危不乱。急令后续部队就地隐蔽，疏散于附近的一个柑桔林中。又令警卫连把全部机枪集中起来，瞄准敌机狠打，危急情况才有所缓和。

为了争取主动，尽快渡江，贺总又带着我们到上游寻找渡口，选中了一个水流轻缓、水齐颈深的地方，令部队将未被炸坏的船只集中起来组织强渡。同时选拔水性好的战士组成突击队泅渡到对岸向守敌发起攻击。敌见我军来势凶猛，狼狈逃窜。

由于船只少，贺老总安排除病号、辎重用船渡外，其余人员全部徒涉。全军终于在上午4点钟渡过澧水河，甩开了敌人。

“对资本家也要讲政策”

我军渡过澧水，再破敌沅江封锁线后，一路晓行夜宿，长驱直进，走了快一个星期，辰溪县城遥遥在望。辰溪位于沅江上游，是湘西比较繁华的县城。城内熙熙攘攘，颇为热闹，吃的，用的，穿的，各种物资都比较丰富。

贺总率我们警卫班走在前面，快到县城时，见前面公路上浓烟滚滚。旁边几个战士又蹦又跳，闹得正欢。走拢一看，原来是两辆汽车被掀翻在地，燃起了熊熊烈火。贺总问道：“怎么回事？”一个战士向贺总敬个礼，答道：“报告首长，这是缴获资本家的两辆汽车，可我们不会开，把它烧了。”

贺总的脸色变得严峻了，问道：“车里的人呢？”几个战士见贺总变了脸色，低头答道：“被我们赶跑了。”

贺总生气地说：“你们这些娃娃，简直是乱弹琴，怎么能随便烧汽车呢！红军的组织纪律性到哪去了！”

几个战士怔在那里，听贺总的教训。有一个战士小声嘟喃说：“资本家是反动派，他们的汽车，就该烧嘛！”

贺总一听更生气了，说：“资本家的汽车也不能烧。我们可以征借来为我军服务嘛，也可以给老百姓坐嘛！同志，我们是革命的队伍，是为老百姓谋福利的，我们办事要讲政策，讲纪律，不能随便就没收，就烧。对资本家也要讲政策，懂吗？！”

几个战士红着脸，头也不敢抬。我听了贺总的话，心里顿时明白了许多。这才知道，对资本家也得讲政策。

快到中午，我们进入城内。很多市民知道贺龙队伍纪律好，都不惊慌。商店照常开门营业。当贺总走到一家食品店门前时，店老板听说是贺龙，连忙出来请他进店坐坐。贺总问：“老板，财源茂盛吧！？”

老板道：“都像贺长官这样的军队，我就发财了。”老板让店员端出各式点心招待贺总。贺总说：“你们不怕我？我贺龙现在是红脑壳。”老板说：“贺长官的队伍纪律严明，我们放心，只是听说……”说到这里老板打住了话头，贺总知道他想说什么，便对他说道：“是不是国民党搞的那套欺骗宣传？你们不要怕，我们红军的政策是保护民族工商业的，我们不仅不没收你们的东西，还要保护你们哩！我们买卖公平，买东西绝不会让你们吃亏。只有对那些压迫剥削人民的大地主、官僚资本家的东西，我们才没收。”

最后贺总说：“希望你们协助红军维护好城里的秩序，不要相信国民党的欺骗宣传。”说完，起身告辞。

我们走出街,来到沅江边上,见几个战士正检查一排木船。军团“没收委员会”的一位负责同志向贺总报告：“这是贵州一个官僚资本家的东西，从武汉运往贵阳。老贺，你看是不是没收？”

老总说：“不义之财，当然非取不可了。”

于是，几十只船的东西全被我军收缴。物资十分丰富，有绸缎、布匹、衣服、胶鞋、电筒等等。这些东西除分给当地穷苦百姓一部分外，部队也带走一些。当时，我们特别喜欢电筒和胶鞋，有了电筒，走夜路就不用打火把；胶鞋穿起来比草鞋结实多了，为我们继续长征提供了不少方便。

哈巴雪山的枪声

1936 年 4 月上旬，我军从丽江地区胜利渡过汹涌澎湃的金沙江，来到巍峨壮丽的哈巴雪山脚下。贺老总举望远镜朝山顶观察，笑呵呵地对指战员们说：“你们看，那简直是银山一座。同志们上啊！看谁先上到山顶！”

大家仰头望去，只见白雪覆盖的山顶，在太阳的照射下，闪耀着刺眼的亮光。蓝湛湛的天空飘着朵朵白云，像画上去似的，美丽极了。可是，谁又能想到这座大雪山会给红军战士带来多少艰难和危险？！

长长的人流，沿着崎岖蜿蜒的山路，一步一步地向上攀登，队伍拉得很长。刚爬山时，战马嘶叫，人流欢歌。随着山势越来越陡，气温越来越低，人们沿着绝壁冰柱，踏着没膝的积雪，越爬越累，原先那种热闹的声浪渐渐地消失了。

越往高处走，积雪越深，空气越稀薄。大家都觉得胸口像压了几百斤重的石头，简直透不过气来。走上几步就得停一停，喘一喘。这时，贺老总号召大家："硬汉子走前头，大家把手拉起来！"于是，你拉我，我拉他，互相搀扶着，踏着积雪，吃力地往上攀登。

"啪！啪！啪！"突然山上传来一阵急骤的枪声。接着，"轰隆"一声，好似山崩地裂，在我们前面不远的地方，从山上飞下一大片滚木擂石，像雨点般地劈头盖脑砸了下来。有两个战士躲闪不及，被石头砸下山去。对这突如其来的情况，我们一下惊呆了。贺老总心急如焚地大声喊道："快闪开！隐蔽！"

不一会，侦察员赶来报告，说前面发现了一伙藏民武装，正阻击我们，不让通过，十团政委也被冷枪打伤。战士们气愤地纷纷要求："打吧！""快打吧！"贺老总略加思索，对身边的一个参谋斩钉截铁地说："不能打！这里是少数民族地区，过去历史上形成的民族隔阂很深，加上国民党的欺骗宣传，看来群众对我们还不十分了解。要赶快告诉部队，千万不能硬打，即使我们吃点亏、受点损失也不要紧。部队暂时隐蔽起来，注意观察！"回头，又与关向应副政委商量："我们要尽快组织通司（翻译）到前面去喊话，宣传红军的政策。"

关副政委看了看周围的地形，提议道："我去探探还有别的路可走吗？"

贺老总睁大了眼睛说："不行，要探路也得我去。"

“唉，你还是留在这儿指挥部队吧！”关副政委边说边朝附近的一段山崖爬去。

贺老总不放心,赶紧命令警卫班长张树芝带我们几个警卫员跟上去。

我们小心爬上一道陡崖，往上一看，面前是一壁千刃的峭壁，不用说爬上去，就连飞也难啊！不得已，只好原路返回。

“不好啦！”走在前面的张树芝回来一见贺老总不在，便惊叫起来。经打听，才知道他到前面去了。我们赶紧追上去，发现贺老总蹲在一块大石头上，正组织通司向山上喊话。山谷里回荡着那洪亮的喊声：“老乡们，别打啦！我们是中国工农红军，是路过这里北上抗日的！我们绝不占领你们的地盘！绝不强占你们的财产！绝不破坏你们的寺庙！绝不……”反复喊了一个多小时，山上才渐渐平静下来。

不一会，侦察员赶来报告，说藏民们已经撤了。贺老总这才松了口气，高兴地向部队挥了挥手，下达了“继续前进”的命令。

当我们爬上山顶时，发现岩边堆着一堆堆大石头，犹如一垛石墙，足有一人多高。一个战士摸了摸石墙，惊讶地说：“乖乖，这些玩艺儿都掀下去，会把多少人砸成肉饼？！”

另一个战士赞叹地说：“咳，还是贺老总的办法巧啊，咱们一枪未放就通过了！”

“哈哈哈哈！”山头上爆发出一阵清脆的笑声，把爬山的疲劳驱散得一干二净。

中甸喇嘛寺赴宴

翻过大雪山，不几里地就是一片大草坝。远处，隐约可见一座座参差错落的藏式平顶土房，越往前走，看得越加清晰。

在土房中间，矗立着一座高大的庙宇，金碧辉煌，雄伟壮观，这就是云南中甸喇嘛寺。夕阳的余晖斜射在喇嘛寺，光灿夺目。

本来，关于进入藏民聚居区，如何遵守民族政策，尊重当地群众宗教信仰、风俗习惯问题，各级政治机关过金沙江后，一路上都对部队进行教育。但这时，贺老总仍不无担心地对身边的任弼时政委说："部队进城后，处理好民族、宗教问题是桩大事啊！"

"是呀！"任政委深有同感地说："今后，一路上全是藏区，这个问题如果解决不好，不仅将带来更大的困难，而且还不知会付出多少血的代价！"

说罢，两位首长对身边的一个参谋说："通知部队，到中甸后，要特别注意尊重民族风俗习惯和宗教信仰自由，绝对保护好寺庙和佛像经书，任何人不得违反！"

话音刚落，只见前方有两人骑马急驰而来。原来是打前站的杨副官带着喇嘛寺的一个谈判代表（听说叫夏纳古娃）来见首长。贺老总在路旁热情地接待了他，并给该寺的八大老僧捎去一封信，宣传我党的民族宗教政策，说明红军北上抗日路过此地绝不干扰寺庙的活动等。

当晚，我们进驻中甸。第二天一早，喇嘛寺又差人前来邀请首长们去赴宴。我一听，感到不放心，昨天在雪山上遭伏击那一幕又浮现在眼前，忙建议："贺总，暂时不要去吧！"

贺老总镇定自若地说："唉，怕啥嘛！这是接近群众，宣传党的政策的好机会，哪有不去之理！"接着，他以命令的口吻喊道："跟我走！"

我们几个警卫员紧跟在贺老总身后，警惕地走近喇嘛寺院。顿时，寺院内鼓乐齐鸣，十多支铜管莽号一齐吹奏，发出"呜呜"的响声，院里聚集着数以百计的喇嘛在欢迎。八大老僧躬腰顿首地向贺老总献了"哈达"。贺老总也向该寺回赠了"兴盛番族"的大字横幅和红绸锦幛。

在老僧们的陪同下，贺老总健步登上阶梯，向全体喇嘛致意，并借此机会发表了热情洋溢的讲话。然后高兴地观看了喇嘛寺特意举行的"跳神"活动。

看毕，我们步入经堂。贺老总同众老僧盘腿坐在地毯上，津津有味地喝着酥油茶，吃着牛羊肉和用酥油糌粑捏成的各式食品，亲切地进行交谈。贺老总首先感谢寺庙僧众的热情款待，接着郑重宣布 ：“我们红军是北上抗日的，不在此地久留，保证不侵占你们的地盘，不破坏你们的寺庙，不损害你们的财产，不干扰你们的宗教活动 ；部队筹集各种物资实行公买公卖，请广大僧众协助和监督。”众老僧听罢连连称赞 ：“耶莫（顶瓜瓜）！耶莫！”

因我们几个警卫员喝不惯酥油茶，没有喝。在返回的路上，被贺老总狠狠克了一顿，他说 ：“简直不懂礼貌！喇嘛用酥油茶待客，是藏民的规矩，是出于对我们的尊重。不喝，人家还以为你瞧不起他呢！往后可得注意啊！”想不到这些细小的事，贺老总想得那么深，使我终身难忘！

由于我们在这里正确执行了民族政策，统战工作做得好，得到了少数民族人民的同情和支持。在停留的四天中，八大老僧为我们筹集了六万斤粮食和其他物资，给继续长征创造了有利条件。

甘孜会师　团结北上

从中甸出发，红二、六军团兵分两路，右路是六军团，由肖克、王震率领;左路是二军团，由贺龙、任弼时、关向应率领，分别向西康（今四川西部）的甘孜挺进。

甘孜,是当时红四方面军驻扎地,也是二、四方面军预定会师的地方。

1936 年 7 月初，我二、六军团历尽千难万险，胜利到达甘孜。7 月的甘孜高原，阳光灿烂，牧草青青，百花盛开，恰似内地的春天。

为了迎接二、六军团的到来，四方面军早已做了许多准备，除发动指战员不分昼夜地为我们筹集粮食、物资，编织毛衣、毛袜、毛背心等外，还组织了盛大的欢迎。

一天中午，当我们到达甘孜城时，早已等候在道路两旁的群众，不停地挥着小旗，喊着口号，敲着锣鼓，唱着藏歌，热烈地欢迎我们。场面之壮观，气氛之热烈，是我们长征以来第一次见到的，令人激动万分。

在人群中，笑容满面的朱总司令走过来了。那魁梧的身材，刚毅的面孔，浓黑的眉毛，显示出名将特有的风姿。

“总司令，你好！”贺老总飞快地迎上去，紧紧地同他拥抱在一起。这两位八一南昌起义患难与共的战友在此重逢，激动的心情真是溢于言表。

接着，四方面军其他领导人一个个同我们二、六军团的首长热烈握手拥抱。

甘孜会师后，根据党中央的电令，我二、六军团正式改编为中国工农红军第二方面军，红三十二军（原一方面军九军团）也编入二方面军建制，贺龙任总指挥，任弼时为政委。

在甘孜城，两个方面军举行了会师庆祝大会。朱总司令在大会上讲了话，他首先表示欢迎二方面军的到来，接着指出我们的目的地不在这里，还要继续北上。要团结一致战胜北上的一切困难，到陕北与毛主席带领的红一方面军会合。二、四方面军广大指战员也纷纷表示要搞好团结，克服一切艰难险阻，共同完成北上抗日的光荣任务。

不久，两支主力红军先后踏上了北上抗日的征途。

走出草地　就是胜利

从甘孜出发不久，我们进入了茫茫的草地。这一带，不见人家，不见炊烟，满目荒凉。贺老总拄着爬山时用过的那根木棍，和大家一起艰难地行走着。

草地走了一半，许多同志出发时带的青稞快吃光了，在这荒凉的草原，找不到粮食补充，又累又饿。因此，掉队的，病倒的，冻死饿死的时有发生。贺老总每当看到这种情景，总是难受极了。他一再对各级干部说："在任何艰难困苦的情况下，也不能丢掉一个伤病员。这些同志是我们的阶级兄弟，是革命的种子，只要还有一口气，我们活着的同志就有责任，把他们带出草地！"

为了能使更多的同志走出草地，方面军的首长都把乘马给病号骑，让病号能住上帐篷。贺老总还常常带着我们去挖野菜、刨草根，找皮带来吃。后来，这些东西找不到了，他又号召大家到河沟、水坑去捉鱼。

每当宿营休息的时候，贺老总就拿起他走路、钓鱼的两用"鱼竿"去河沟边。一天，他钓回十多条鱼来，我们高兴极了。心想：这下可要给首长们改善一下生活啦。谁知，贺老总却吩咐："找个大锅来，熬鱼汤。"

熬好后，贺老总像下命令似地喊道："同志们，拿碗来，今天我来掌勺，不分干部战士每人一瓢，剩下的给病号添。"说着，他便动手舀起来。

贺老总端起鱼汤，同大家席地而坐，一边喝，一边风趣地说："味道还真鲜哩！要是有点盐巴放进去，我看比长沙城里卖的'三鲜汤'还要鲜喽！"逗得大家哈哈大笑起来。

还有一次，行军途中发现一个同志倒在路旁，翻起两只大眼睛，嘴里直吐白沫。一个警卫员惊讶地喊着："哎呀，这不是向排长嘛！"

向排长一家三口都同在一个部队当红军，父亲向老头是从湘西出来的老革命。贺老总对他们家十分熟悉。一听是小向病了，三步并着两步走过去，摸了摸小向的前额，又轻轻拉着他的手，难过地说："是饥饿、劳累造成的啊！"他一边叹息，一边叫警卫员李家斌："赶快搞糌粑面来！"

贺老总伏下身子，将调好的面糊喂给小向吃，可他已经张不开嘴，咽不下去了。贺老总只好叫马伕崔光美把他的马牵来，亲自把小向扶上马，派几个警卫员扶着他继续前进。

站在一旁的向老头看到如此情景，急得围着贺老总团团转，一边抹着感激的眼泪，一边苦苦请求："不行啊，老总，你肩上的担子很重，要留下精力领着大伙儿继续长征啊！这孩子反正活不长了，任他吧！"

贺老总生气地说："那怎行！只要他还有一口气，就得带走！多一个人过草地，将来就多一颗红色的种子，就多一份革命的力量！"

小向在马背上躺了三里多路，终于停止了呼吸。贺老总同我们几个警卫员一起，将烈士遗体抬到一个小土包掩埋了。贺老总难过地将一块破雨布盖在坟头，默默地站了许久，仿佛在说："安息吧！同志，人民绝不会忘记你的！"

辽阔的水草地，无边无际。愈往前走，粮食愈加缺乏，道路更加艰险，环境更为恶劣。沿途常有三三两两的同志昏倒在路旁。贺老总总是鼓励他们："同志们，起来走哇！咬紧牙关，坚持下去，走出草地，就是胜利！"这洪亮而有力的喊声，震撼着广漠荒野，也激励着每个战士的心。在贺老总等首长的关怀和鼓舞下，大家以坚忍不拔的毅力，战胜了饥饿、严寒和病痛的折磨，终于走出了草地，翻过了岷山，于1936年10月到达了甘肃的会宁、静宁地区，实现了三大主力红军的胜利会师，完成了伟大而艰苦的长征！（何中太、赖文毅整理）

选自成都军区党史资料征集委员会办公室编：《红军长征回忆与研究》，云南人民出版社1986年12月版，第26—39页。

萧庆云，1915年生，湖南桑植人。1930年参加中国工农红军，1934年加入中国共产党。跟随红二、六军团长征，曾任贺龙、关向应的警卫员。新中国成立后，曾任西南军区警卫二团团长，成都军区警卫团团长，四川温江军分区参谋长、副司令员，成都警备区顾问。1997年逝世。

跟随贺龙长征[①]

汤成功

湘境突围

二、六两军团自1934年10月底重返湘西后，活动于部分城镇，与敌人周旋，一方面又抓紧时间充实军力和装备。这期间，让中央红军比较顺利地避开湘省嫡系蒋军和当地军阀的阻挠，进入贵州，我们达到了牵制敌军的目的。到了1935年11月中旬，奉张国焘、朱总司令指示，开始长征，先去到甘孜与红四方面军会合。我两军团从湖南桑植县刘家坪出发。从此，这支红军队伍离开了湘鄂西父老兄弟。

退出湘西，摆脱敌人，也不是一件轻而易举的事，要冲破重重封锁。19日离开桑植时，留下六军团十八师牵制敌人，掩护大部队转移。我主力迅速冲破封锁线，渡过澧水，于22日两军团分别占领洞庭溪、大宴溪，消灭敌军一部，接着突破沅江封锁线，乘湖南军阀措手不及，于27日又占领辰溪、浦市、溆浦等县镇。二军团四师在辰溪沅江上截获三条大木船，船上满载布匹，全部被我军没收了。28日两军团又进逼资水，占领新化、兰田、锡矿山等城镇，步步推进，迅捷地向湘黔边界转移。这一连串的军事行动，使湖南敌人李觉受到震惊，也震动了蒋

① 标题为编者所拟。本文节选自汤成功:《跟随贺龙的岁月》。

军嫡系樊嵩甫纵队和陶广、郭汝栋纵队。我军神速挺进，12 月 24 日渡过巫水，26 日占领了贵州边境锦屏县，次日渡清水江，于 1936 年元旦那天到达冷水铺，2 日接着占领龙溪口和晃县，4 日到达玉屏，9 日六军团占领江口县，12 日二军团占领石阡县。我二军团四师参谋长金臣忠在龙溪口瓦屋塘战斗中光荣牺牲。11 月六军团十八师留在桑植牵住敌人，后来突围，此时也赶到江口县六军团归队。至此，两军团终于粉碎了两湖军阀和蒋军部队的“围剿”。

经过 50 多天的征战和赶路，或是摆脱追兵，或是冲破阻拦，或是兼程赶路，一路迂回曲折，历尽艰险。进入黔东，如像到了无人之境一般，我军十分需要休整，恢复体力，这时候正好抓紧在石阡县停留暂驻一段时间。

短暂的休整期，也要做筹集物资的工作，还不断吸收工农贫苦群众参加红军。同时，打击一些罪恶累累的土豪。休整之时，总要设法杀猪宰羊，改善生活。石阡县有一个温泉，这回战士们算是开洋荤似的，洗了个痛快的温泉澡，洗净征尘和汗水，真是舒服极了。石阡休整短短七天。

抢渡乌江鸭池河

1936 年 1 月在石阡时，两军团首长召开会议，决定转移到乌江以西，去黔西、大定、毕节一带，建立根据地，再依形势发展确定下一步行动。会后，两军团同时由石阡西进。1 月 21 日左右，突破镇远、黄平、余庆敌人的封锁。这次是由二军团四师卢冬生①师长指挥，多数是采取夜间袭击，并把开阳到瓮安的公路边和山上的土碉堡全部打掉、烧掉，以利大部队顺利推进。24 日占领瓮安县，26 日再占平越县，歼敌一个营，

① 原文误为卢东升。

并在马场坪击退敌九十九师的截击。我军春节在瓮安、平越过年，又杀猪，又打糍粑，仗要打，年还是要过的。一过了年，接着袭取洗马河和龙里，威逼贵阳。31日拿下了贵阳北面的扎佐、修文，造成由息烽北渡乌江的态势。2月2日选定乌江中游的鸭池河为摆渡口，分两路抢渡，二军团走上段，六军团行下段。我军团是搭浮桥过河的，由军部工兵连负责搭桥。用木板捆成一个个长方格，中间放煤油桶，两边用棕绳固定，每个方格互相连接；连成了浮桥再用铁锚和在岸上打桩用缆绳拴牢。人从浮桥上过，骡马统统赶下河中游过，就这样，终于渡过乌江天险。3日占领了黔西县城，6日占领了大定，9日就到达毕节县。此时，黔西经大定到毕节这条公路，已在我军控制之下，曾经截获两辆汽车供我军运输。局势稳定下来，我军即成立川黔滇省革命委员会，开展建立黔西、大定、毕节根据地的活动。在这一地区休整了20几天，抽调了人员组成地方工作队，宣传红军政策，讲中国工农红军是共产党领导、指挥的军队，要打倒地主、土豪劣绅，为工农群众谋利益，为贫苦人民服务。

六军团以政治部主任为首组成扩军工作团，协同这一地区的地下党组织，争取当地的土著武装参加革命队伍。但是他们不愿离开乡土，当我两军团离开这里时，土著武装少数头目骚乱，向我工作团开枪，夏曦同志就牺牲在这里。

在这里休整期间，筹集了大量物资，在地方党组织的帮助下，购买了不少布匹，动员群众协助缝制军服。两军指战员大部换上了新装，也补充了必要的被单。同时，抓紧对新老战士进行了军事技术训练，也加强政治思想教育和纪律教育。

滇境突围

我军在黔西、大定、毕节地区驻留较长时间，这使得云南军阀龙云把大量部队调集到云南东部的镇雄、彝良、昭通、巧家一带防守，目的是堵拦红军进入他的云南地盘。另一方面，蒋介石嫡系部队对我军是穷追不舍的，樊嵩甫纵队以及贵州军阀王家烈部队，向我军迅速逼近，形成包围之势。在这一堵一追的情况下，我军不得不离开黔西至毕节一带。后来经过迂回曲折，与敌周旋、鏖战，历尽困苦艰险，才在滇东宣威突围，急进滇西到达金沙江畔，摆脱了长时间对我红军必欲消灭而后快的强大敌人。

我军放弃贵州黔西一带根据地后，从威宁插入云南宣威县。宣威出产火腿而闻名全国，我们在那里停留时，曾经没收地主的大量火腿、香肠，用来改善生活。火腿、香肠真香，越吃越想吃，不仅吃了，每人还带上两三斤，留在路上享用。再由宣威沿公路南行，到达松关，遇上了滇军。二军团四师十二团团长钟子廷[①]为夺取这一军事要地，率领部队与敌激战，不幸光荣牺牲。我军不敢恋战，撤出战斗，返回到宣威附近的板桥。不料刚刚甩掉滇军，又碰上蒋军樊嵩甫纵队。于是绕过科柯，把敌纵队引入丛山之中，同他搞“推磨战术”，在大山中辗转，拖住樊敌 20 多天。红军指战员不怕艰苦，遇溪流涉水而过，逢山岭飞步上下，行动轻捷，出没无常；不像樊部队装备笨重，山地行军十分不便。我们急行一天，敌人要落在后面一两天。我军每到一地，打土豪，开仓放粮，除了战士需要之外，把余粮全部分发给当地贫苦农民。因此我军过境，土豪劣绅全家逃走躲藏。樊军到了，既缺粮草，又难于找到带路之人，只好跟着我军足迹后追。有时我军又绕到樊敌后侧，截住他们的粮草运输队，断其供应。

原来，蒋介石时刻都想吃龙云云南这块肥肉。这时他借口红军要进犯昆明，龙云告急，因而要调遣贵州境内的嫡系孙连仲部队入滇。二、六军团总指挥部任弼时等同志，考虑到蒋军大举增兵，于我军不利，而

---

① 原文误为钟子亭。

今之计，决定乘机脱离樊纵队，赶快向滇西空虚地带挺进，北渡金沙江。于是再经威宁，占领要地盘县。并大闹盘县，放出消息说：红军大部队要回师东进，渡过乌江，夺取空虚的贵阳城。这下，果真打乱了蒋介石吞并云南的如意算盘，忙遣孙连仲部队从云南回头抢先渡过乌江，防止我军袭击贵阳。

中了我军“声东击西”之计，孙连仲部队掉头。之后，我指挥部立即布置六军团暂留盘县，迷惑敌人，实则命令二军团星夜先离盘县，两军团迅速作战略转移。六师作前卫，我十六团为后卫。在通过威宁以北地方时，遇上了一支敌人，双方就地开展一场激烈战斗。此时，考虑到六军团很快将向威宁赶来，也会碰上敌人，于是二军团政治部甘泗淇主任奉贺、关首长指示，要我们固守阵地，顶住敌军，作好政治思想工作，筑好工事，坚持战斗，等到六军团赶到时，一同撤走。我同团长叫甘主任放心，请他到后面村庄去通报情况，给指战员撑腰壮胆。我和团长作坚持战斗准备，指定了各级代理人，无论伤亡多大，都要顶住，坚持到底。甘主任还说，他带来的政治工作人员和后勤人员，随时都可以加入战斗，配合行动。战斗从上午打响，激战了好几个钟头，我团团长负重伤，团特派员伤势过重当场殉职；有的营、连长也负了伤，但大家都坚持“挂彩”不下火线。

在负伤同志的身上看得出是中的开花弹，这才明白这次遭遇上的敌人是滇军，并不是樊敌。后来进一步知道是龙云把滇东北原来防守的部队，调回昆明防蒋的。地方军阀同老蒋素有矛盾，龙云不得不防他一手。战斗打到下午，滇军无心硬拼，慢慢撤退，枪声减弱。这时甘主任来告诉我们，六军团前卫已通过威宁，叫我团打扫战场，照顾好重伤员，组织好轻伤员跟随队伍，绕奶良①走大道连夜西行。一口气就是三天三夜急行军。这时战士们个个疲劳不堪，沿途打瞌睡的成串成堆，一倒下身

① 疑有误，待考证。

子就打呼噜。那阵子六军团政委王震同志在指挥收容工作。他面对着这么多瞌睡不醒的战士，像泥菩萨一般，喊也喊不醒，推又推不动，真没办法。忽然他心生一计，突然对天鸣枪，大呼：敌人追到屁股来啦！大伙这一惊，把瞌睡惊跑了，拔脚直往前跑，连伤病号也拄起拐棍，不顾伤痛使劲地走。

二军团四师的任务要先行一步西取楚雄。六师师部鼓励我团组织好伤病员，要不怕疲劳，快速向滇西前进，早日北渡金沙江，才能摆脱敌人追击。急行军中，一路困苦已极，担架上抬着的负重伤的团长。由于没有医药，加上路途颠簸，他终于不幸在担架上停止了呼吸。英雄的团长在征途上同全团指战员永别了，大家十分悲痛。

贺军长和关政委在途中委派顿星云①接任团长，我团继续前进。回想起顿星云同志和我都是在江汉平原洪湖苏区时，跟过贺老总打游击，参加过建立当地苏维埃政权的斗争，在“改组派连”中他曾是我的连长。没料这样凑巧，在云南突围，快到金沙江边时，我们又肩并肩地战斗在一起了。我俩从此形影不离，带领全团战士，风雨同舟，直达陕北，走完二万五千里长征。在往后的岁月中，我奔赴大别山在刘邓部下参加解放战争，经历过华北战场的硝烟战火，参加过淮海大战、华东战场战斗，他却在西北战场，长久分手了。我俩虽是战场不同，但都年华正盛，继续为解放事业流血奋战。等到全国解放，彼此仍长期不通音信。直到 1953 年，贺龙同志从西南重庆调往北京，一次看到顿星云，便说：“汤成功没有死，重庆一解放他就去到那里搞军事接管，还到过我办公室来看我。你两人快通信吧！”果然我们很快就联系上了，隔绝十多年之后，彼此接到第一封信时，都说这真是破天荒的事，高兴的不得了。往后在北京和成都我们有过两次会面，离散多年，老战友重逢，真有说不出的快慰！我俩共同回忆战争岁月，从十年内战到长征，又经八年抗

① 原文误为邓星云。本文统一为顿星云。

战，四年自卫战争，各自都历尽千辛万苦，绝处逢生。他讲述在西北战场上的经历，有一次给子弹穿入背中，险些送命，结果取掉背上一块骨头。我也摆谈在大别山和以后的历程，也好比一次小长征，在战场上也负了伤。两人相依坐在长沙发上，他抚摸我腿上打了窟窿的伤痕，我摸他背上少了块骨头的凹处，互相庆幸是幸存者，活过来了，看到了最后的胜利。不幸的是，我这位并肩作战过的老战友，前些年永远离开我了。至今我仍然常常怀念他。

抢渡金沙江

二、六军团在贵州和云南交界地区的活动，一方面使得蒋军不敢深入云南，回师防守贵阳；一方面又使得龙云既想阻拦我军进入他的地盘，又怕蒋军去占据他的老巢昆明，不得不急于调回兵力防守。趁着这个机会，我军便急进云南西部，那一带本是空虚之地，我部队正好大踏步前进。为把敌人远远甩在后头，全体指战员不顾万分疲劳，日夜兼程，战城夺地，连连得手：1936 年 4 月 6 日占领寻甸，11 日拿下富民，15 日到达楚雄，16 日开进牟定，17 日取得姚安，18 日进抵祥云，20 日到了宾川，23 日二军团再取鹤庆，24 日六军团旗插丽江，眼看东到金沙江边了。事不宜迟，二军团选定从石鼓镇摆渡，六军团再上行到巨甸，分散开来过江。

大部队一时集中江岸，摆渡是个大问题。在江中只找到不足十条木船，是群众日常渡江用的小船。现在每摆渡一次，顶多能过去一排人。只能先用来解决四师前卫团和直属机关部队的急需，不能满足所有部队迅速渡江的需求。这时师长指示，赶紧动手砍竹子砍树，扎成竹排木排，动员附近老百姓和船工来帮助扎排、摆渡。须知，摇船容易放排难，况且水深流急。为此先在连队里选出一批水性好的战士，并请老船工来掌舵、扳桡子。从上游漂渡，必须避开中流柱石和险礁，也万万不可开到对岸峭壁下面，稍一闪失，就要翻船，竹排木排撞得粉碎。好不答易才一次一批地漂向对岸，骡马一律赶下江中漂浮过江，场面惊险极了。我团是后卫，轮到后头渡江。这时，贺军长也在我们旁边。他讲，竹排这家伙稳当，下一轮我带几名警卫员坐竹排漂渡罢。郭鹏师长忙说，要不得，要不得，你还是等一等坐木船过去吧。贺军长说：“你我干革命，一生一世，不也就是在一次次险情中闯过的吗？坐排子渡金沙江就是这一回，不再有第二回啰！”有胆气的人遇险镇定，他坐排子果然平安漂过对岸。

我军在云南突击西进中，敌人一直派四架飞机跟踪袭扰，两架两架地轮番投弹、扫射，阻挠我军行进，途中有一些红色战士不幸牺牲了。渡江时，天一亮，敌机就飞临头上，又是一次一次的扫射扔炸弹，也使我一些战士中弹牺牲。

在两三天的抢渡中，幸好没有地上敌人的追击。因为我军远远跑到前头，脱离尾追的敌人了。后来敌军还是追赶到江边来，可是我全部红军队伍已胜利渡过北岸远走了。1983 年有位老红军王志才由成都外出旅游，曾专门去到当年渡江的地方，找到一位船翁，询问几十年前红军渡江后的情况。那老者说：“那年国民党军队追赶到江边的时候，你们红军怕是到了西康德荣（今四川得荣）了。他们像发了疯，向对岸乱打一阵子枪，连一个人影也没看见；转过身来，到村子抢老百姓的东西，又抓壮丁、拉姑娘，搞得个鸡飞狗跳，后来，倒挂起枪，回头往南走了。”

翻越雪山

我军团从石鼓渡过金沙江对岸，后头已不再有追兵，战士们大大地松了口气，心情舒展得多了。这时，才有一点闲情，回头看看湍急的江水，翻起一层层浪花，江水冲击着中流的砥柱，发出声声咆哮，真是凶猛，接着向东一泻而去，势不可挡。再抬头，迎面是银白色的雪山，耸上云端，层层叠叠，高大险峻，千年万载，仿佛俯视着人间的沧桑。我们红色战士，从打游击开始，到参加红军长征，越过不少关隘天险。长时间以来，都是在同凶恶的敌人周旋、较量之中或夺关杀敌，或突围迅跑，总是作生死搏斗，饱尝艰辛。直到今天，才有一种少见的心情，细看眼前风光景致，发觉祖国的锦绣江山，多么壮观啊！

过了江之后，很快就要进入西康境内（今四川西部）了。这一带是所谓蛮荒之地，人烟稀少，山区高寒，气候极为恶劣。军部发出紧急通知，下达各团，指示全体指战员积极做好准备。每个人的寒衣、被单、鞋子、绑腿和雨具等物，一定要齐全；其次，没收得来和收购而来的一部分刀斧绳索各物，也要带上；要尽一切可能搞到充足的盐巴、火柴，即使是最原始的火镰刀也得带上一些；茶叶、生姜、干辣椒也是不能少的，以便晚上宿营烧姜汤、辣子汤喝，解瘴气和防止中毒。军部要求连队党小组开会讨论，注意遵守康藏地区藏族人民的风俗习惯，又要严防野蛮的武装藏人的突然袭扰。大家在议论中顶关心的一件事，是进入藏族地区之后，语言不通怎么办？听说必须找到"通司"，他们多数是汉人，会讲藏话。后来在中甸到德荣的路上，找到一名原是国民党的穷县长，像是被"充军"到这里来的，弄得来打草鞋卖度日。经此人介绍，找到了几名流落藏区的汉人"通司"，我们赶紧把这几位"宝贝"送到师部和军部。沿途行军，果然得到"通司"的不少帮助。

渡江后，翻越玉龙雪山，到达云南西北端的中甸县。在这里休整补充粮食之后，六军团走右路，二军团走左路，朝北向西康德荣县前进。沿途尽是荒山雪岭，少有人迹，天气变化无常：晴朗的时候，烈日晒得头顶快要破裂；一会儿天暗下来，又觉得阵阵寒气透过衣裳，使人冷得打哆嗦，甚至雪花纷飞，脚僵手冻。每走一段路，都要付出很大气力。

红军经过牧区，偶尔看见藏民，穿着褴褛、肮脏，过的牛马生活，穷困极了。走了三几百里,才碰见一处寺庙。红军严守纪律,所到之处,秋毫无犯,并不去随便惊动寺庙。连日行军,所带物资消耗得不少。本来带的极为有限,眼看粮食快要吃完,又缺乏来源,病员也渐渐多起来了。在这样的困境中,贺军长、关政委当然最焦心。我们看见贺军长不像往常乐观,因为事关缺粮断炊,心里愁着呢。贺军长焦急地说:“快没有粮食了,可以杀骡马吃,骡马吃完了又怎么办?大家得赶紧想法子;我马上找任弼时讲,快给党中央毛主席发电报,说红军断粮,会饿死在雪山高原上,要是红军保不住,谁去抗日呀!现在路过藏民牧区,只好找他们要牛羊吃;对喇嘛庙固然要保护,也不能伤害他们头人,可粮食要实行征用。”后来中央果然答复,一定要保存红军有生力量。并向我全体指战员解释,等到打垮日本帝国主义,解放全中国,那时候藏族人民同样得到解放,大家就有好日子过。听到中央来电,战士们脸上顿时出现了笑容。有的人向贺军长说,在牧区征用得到的牛羊粮食,统统交由没收委员会来处理,计划分配,不能谁弄到手归谁有。

用征用牛羊粮食的办法,确实救了一时之急。因为藏民和喇嘛寺弄清楚我们红军是为人民的,他们还是愿意援助我们。

可是出现过一次意外。那是中甸到德荣途中,有一条金沙江支流,河水很急,是我部队北上必经之路。河上有一座小桥,被藏人反动武装分子拆掉,并在桥那头派人把守。四师前卫团就在桥边遇上,同他们发生枪战,参谋长汤福林亲自观察指挥,夺下桥头,立即修复好,部队继续前进。这些武装藏人退到我军前进方向的右侧山头,冷不防他们从山头放来冷枪,汤参谋长在这里不幸中弹牺牲。

在由中甸到巴塘这一段康藏边境行军,粮食极度缺乏。在路上征用到藏民的青稞麦,是按连队的人头来分配,每顿饭只能吃二两,这显然不够吃。因此战士们在途中休息时,便赶忙带上刺刀去挖野菜,拿来同青稞面一起煮成糊,勉强填饱肚子。这种野菜糊,既没油,又没盐,可肚子饿极了吃起来还是好吃。弄来的青稞面是按路程来分配给战士的,如果没走完路程就吃完了，要受到纪律处分。我们六师首长很重视，要求指战员做好细水长流，每个人都要按定量吃，不准超出。邓团长路上常同我笑说道，我们两人分得的口粮，也得遵守定量来吃，若不注意节省，在全团中不带好头，那岂不闹笑话啦！

在荒凉的牧区里赶路，宿营当然没有房子，都是在草坪上铺着睡觉。战士们每两人睡在一起，拿一个人的被单做垫的，拿一条被单做盖的，按班排挤在一块。开头睡还有点热乎乎的，睡到半夜就感觉冷飕飕的了。选择宿营地要找到地势高的地方，尽量避开潮湿。还要找有干牛羊粪的地方，若是没有干牛羊粪，又没有柴，那么煮食、烧开水、烧热水洗脚便成了大问题——贺军长总是关心战士每晚要有热水烫脚，才能休息得好。有了干牛粪、羊粪、马粪，要会烧，会用羊皮做好的抽风袋。先用火种点燃，赶快由抽风袋来送风，抽风越急越大火越旺，不会抽风，火要熄。我们的邓团长顶能干，他首先学会用抽风袋，看他用手一拉一按，送的风大，粪堆的火势特别旺，我们吃饭，喝开水，洗热水脚，总比别的连队快一步，因此战士们叫团长是“吹火头”。

连队做饭、烧水，携带的铁锅很少，没有备用的，坏了也没法补。因此，有些连队只好用脸盆来煮饭，吃完饭就用这盆子洗脸洗脚。那时候红军的物质条件太艰难了。

行军途中，战士们还要抽时间操练战斗技术。有几回天快明时，各营进行打骑兵的练习，摆起队形，通通用排子枪来瞄准，立射，打马上的人；跪射，打马。藏人骑兵队很厉害，可是他们害怕红军立射跪射的打法，怕排子枪，他们不敢轻易来骚扰。

在康藏边境行军，还发生过一场人猴对战的闹剧。有一天经过的地方，找不到干牛羊粪做燃料。通过通司寻问，才找到一处靠近森林的地方做炊事营地，在这儿可以到树林里边找枯枝来烧。战士们去树林拾枯柴之前，先用枪支支起架子，把背包、干粮袋杂物等等，挂在枪架上，派两三名战士看管。万没料到，大家进入林子的时候，有一群猴突然奔到营地里来，数不清大大小小的猴子，攒动着，吱吱喳喳，一股劲地抢拉被包、粮袋，顿时吓得看守人高声吆喝呼救。林子里的指战员闻声赶忙回来，只见猴群在一个老猴的指使下，蹿蹿跳跳，见东西就抓，拉的拉，拖的拖，有的作背物扛物的样子，一齐往树林里跑去。指战员们慌了手脚，那么多的猴子，你抓又抓不住它，跑又跑不过它，一时间人和猴混在一起闹腾，猴群好像有意同红军战士开个玩笑一般。有几名战士的衣服被扯破了,有的手上脸上被抓伤了。猴子抓得青稞袋,往树上爬，一会又把袋子甩到地上，待战士上前去捡，猴子就叽里呱啦地大叫起来，它们像是互相表示某种意思。战士没法，把捡来的枯柴烧起火来，一堆堆的火，不料猴子怕火，惊叫着不敢靠近。有战士砰砰向猴子开了几枪，想打死它们。后来营连长带领战士持枪到林子边沿看个究竟，见猴子有被打死打伤的，小猴把伤猴拖走，不敢出树林，一群一群地爬到树上狂叫。战士们捡回一些粮袋，心头十分冒火，就拖了几只死猴伤猴出来。粮袋被抢走的战士，懊丧地说，干粮没有了，这回吃啥！旁边的战友打趣地说，就吃猴肉会餐吧！就这样，大约闹腾两个钟头，直到天快黑才安静下来。树林边露宿一夜，太阳又升起来了。战士们忙着收拾东西，集合整队。领头人手举红旗，迎风飘扬，队伍浩浩荡荡，又行进在崇山之间。有的战士诙谐喊着：“捣蛋的家伙，我们告别了！”正行走时,传来消息:贺军长的坐骑被猴子弄走了。真是奇闻！后来又听说，派人去寻找，结果把马找了回来。猴子顶精灵，它能跳到马背上，大猴赶马走，小猴会牵动缰绳。马背上还有青稞袋呢。战士说，再到树林边宿营，先得提防猴子哟！

在茫茫牧区和荒无人烟的高山峻岭中行营，道路不熟，甚至没有路，满山遍野长着深深的茅草，挡住去路。贺军长、关政委每次碰上喇嘛寺，总要找寺里头领打听，找到通司当向导。翻山过岭，没有熟路人指点，免不了要多吃苦头。这些荒凉地方，不仅路不好走，而且空气稀薄，走起路来十分吃力。军首长常激励大家说：“难道几座大山能挡住红军北上抗日吗？”一方面又要求各个连队根据战士身体强弱状况，编成三五人一组，发扬互助友爱精神，互相照应。走到山垭口，也不准停留，不管你有多累；因为一停下来，就立刻变得困乏再也走不动了。因此每到这种地方，要坚持一口气往前走；遇到空气特别稀薄，呼吸困难时，要互相拉一拉，快步向前冲几百米，冲到空气充足的地方，险情才算过去。

战士们体质各不一样，总会出现一些行路困难和生病的。贺军长、关政委很重视收容工作，每到行路困难的时候，首先把自己的马匹抽出来，组成骡马队，收容体弱者和病员，让他们用。骡马走到这个地带倒是个好处所，遍地是绿油油的青草，边走边吃，吃得体壮膘肥，气力又好。有了骡马队，有时一匹马拿来骑两个人，或在马尾巴拉带一两个体弱战士，这样便大大减少了掉队的。为了不让战友掉在后头，常常可以看到体力好的一人扛两条枪，我同团长也常常帮助走不动的战士扛枪，背干粮袋。

遇到天气突然变化，下起雨来，雨里夹着雪弹子，寒气袭人，地下又滑又陷脚，跨一步，挣扎一步，慢慢移动。在这种情况下，背不起东西走不动的人会越来越多。为了让人能轻身行路，就得把身上取下来的东西拿给牦牛驮。多次发生这样的情况：到了宿营的时分，没有粮食了，只好宰杀牦牛吃；等到第二天，原来给牦牛驮的东西又得还归本人，或者加在别的战士肩上。因此，吃了牦牛，也加重了人的负担。

可见，一个困难问题是缺少运输工具。一个部队要维持起码的战斗力，就得有起码的军需供应。试想，连队战士每个人携带的物品，已简单得到了极点：枪支、子弹、两三件换洗衣服、被单、雨具、饭碗、备用的两双草鞋，再加上干粮袋，总有 20 斤。若遇上燃料困难，每个人又要背上几斤十几斤柴火。整个连队，还要带上锅、桶、瓢、铲、勺、抽风袋等等物品，事务长、炊事员就特别辛苦了。因此，减轻战士身上的重负，加快长途行军，那么解决运输工具问题，在这里特别重要。这往往要靠喇嘛寺，靠路上附近牧场，支援牦牛。一个营有几头牦牛也顶事，这个运输工具能减轻战士负担，让连队轻装前进。

行军在藏区，会说汉藏语言的通司成为参谋部的得力助手，他们也是我军与藏族人民联系的特殊人才。一路前进，哪里有吃的、烧的、给养来源，他们最为熟悉。他们教会指战员怎样吃糌粑，就是用酥油同青稞面掺和，加进开水揉合而成，用手捏成团来吃。战士们开头都不习惯，酥油气味难闻；又不用碗筷，用手抓，从来没干过。什么青稞、糌粑，听也没听过。通司又耐心地把酥油、糌粑、青稞等一些简单的藏话教会战士，如像“吃饭”，藏语是“刷妈刷”，战士学着学着便大笑起来。通司劝大家一定要习惯吃糌粑，才能生存，才有气力行军。有了通司的帮助，我们才知道什么地方好走不好走，气候变化如何，哪个地方有危险，以及藏人骑兵的出没情况。这样，减少了许多困难和阻力。他们又帮助我军宣传党的政策，对藏民讲红军保护喇嘛寺庙和头人；红军是北上抗日的，红军是人民的子弟兵，现在急于需要支援粮食和牦牛。

沿康藏边界从德荣到巴塘，怕有千里之遥。出了德荣，要翻越贡嘎山，下山到下马铺便有房子宿营了。大家听到这个消息都高兴起来。每个人事先把粮袋装得满满的，带上备用草鞋，柴火，做好各项准备。一清早，“刷妈刷”之后，立即出发，我团尾随师部前进。整个上午天气很好。中午吃过饭，继续行军，到下午两点左右，还是烈日当头。不料大约 3 点时，天暗下来了。忽然，乌云翻腾，狂风像恶浪一般向队伍阵阵扑来。团长顿星云带领前卫两个营和团部，紧跟师部，快速爬山，闯过山去了。我的任务是带领后卫第二营，并集中全团马匹，专门给全师和全军搞收容工作。不一会，一场大雨夹着冰雹向我们劈头盖脸打来，前卫部队和师部是冒着大雨，任地上涌流着的山水托着似地一口气滑行到山脚的。我们收容队人员伴着许多走不动的战士，却在山上被雨雪困住了。又冷又饿，越饿越冷，真是饥寒交迫，大家走路越来越困难了。走到一个地方，感觉得不对头了，大概是经过前头部队踩过，山路变得泥泞，又加上雨雪水冲来的浮土泥浆，走起来直陷脚。走一步，陷一步，深一步，越发抽不起脚来。掉队的战士多起来了，风雨声中，彼此呼喊着，有点乱。跟随我的警卫员、通讯员和马夫，把各自带的柴火丢掉，把人家的枪弹、粮袋接过来。接过来的多了，拿不动，就交给马驮，最后只要枪支。这时许多战士都在冰冻的泥潭中痛苦地挣扎着、呼救着，一幅凄惨情景。我的情况也不妙，走到齐膝盖的泥潭里，早已气力不支，背着两条枪和干粮袋，腿也拔不动了。附近陷得更深的战友们，全身和枪支都糊满了泥巴，拼命地喊叫着："我爬不起来啦！""快来拉我一把呀！"此时我的脚和腰都瘫软无力，仍想去拉一拉身边的同志，于是抛下身上背的东西，可是才抽起右腿，左腿向下面陷得更深一截，用尽全身气力，也休想再抽起左腿来，我也不能动了。这时，听见有马嘶声。一看，一匹马在我附近，用蹄扑打地下。我虽全身乏力，可神志还清醒，不禁也大声喊了起来："我走不动了，走不动了！"刚喊了几声，忽然有人过来喊道："政委！政委！莫慌，我们来拉你！"一看，是侦察班长漆娃。一时也不知是有几个人来拉，把我硬从泥潭中拔了出来，弄到一个小火堆旁边，让我靠着一棵小树烤热身子。接着他们用茶缸装雪水烧开拿来我喝，我才慢慢地恢复过来。这时饿得发慌，他们便揉糌粑给我吃。我们几个人贴紧身子，背靠着背坐着，把一块油布顶在几个人头上，遮住一阵阵大风和雨雪。我对漆娃说，是你们几个人救了我。他说："顿团长关心政委，再三对我讲，无论如何不要忙着下山，要在山上等政委，说今天政委同二营担任全师的后卫收容工作，你们找不着政委，不要忙回团部。我们把油布顶在头上，回头来找你。天快黑了，雨又不停，哪里找啊！小张主张不要乱跑，在树脚等着，看看动静，幸好碰上政委了。"我不禁十分感动，拉起小张的手说，你人小能识天气，挺有主意，在侦察排里，算得个小参谋啰。大家也一同赞起小张来，原来在湖南从津市向长沙省城行动时，就多次给常团长出主意，结果搞到了骡马，还收集了不少物资。

我同侦察班围着坐，捱过黑夜，打盹休息。不知不觉出现了好天气，东方发亮，有远处传来军号声。侦察班同志立刻爬上山垭，看见十多里外的山下，河沟两旁，团部师部正在集合，前卫部队已爬到对面山坡，军旗招展。我也爬上山垭，山对山那么远，我看不见部队行进。想起我的望远镜，是挂在警卫员身上的，不知他此刻是死是活。我在山这边苦熬一宿。后来没有见着他，二营营长、连排长也没见着，他们是在寻找我，还是在风雪中也陷在那泥潭里？我叫侦察班长漆娃快把马牵来，催马下山去向团部报告，说我同二营和收容工作队在后头，有不少人陷在泥潭中，情况危急。当顿团长得到这一情况，赶紧叫司号吹调号，同师部联系，请师部停止前进。我也只好下山去，同团长、参谋长商讨救援这边的战友。顿团长快马加鞭，赶到师部汇报情况，师长和廖汉生政委说，军部已传令前卫部队停止前进，返回原地休息一天待命。军部师部立即抽调骡马，加派收容工作人员。师长大声说道，快把汤成功接下山来休息——他不知我已下到山下了。于是顿团长和我带侦察班回头上山，他向山上看了看，又叫司号吹起紧急集合号，一营全体战士闻号声集合跑步跟过来，我们一齐急速上山，寻找那一段烂泥地。谁知一到得那里，真是惨不忍睹。泥潭泥渣里面，横七竖八，那里留下的都成泥人了，有的奄奄一息，有的已经僵硬着身子了。还有一部分体弱掉队的，顶不住风雨的冲击，脚滑人倒，滚下山去，送掉性命。在旁边树林，有的在树下烧火，烧水喝，有的把夹被、雨布披在身上，紧缩两条腿，缩成一团，像刺猬一般。先找到四连连长，顿团长对他大声问道，营长在哪里，他也不知道。各处看，后来找到营长，他抱着通讯员在雪里一动不动，口不能言。把他抬到阳光下，喂了热水，才慢慢睁开眼，含泪问道，我们战士都活着吗？我是活的吗？团长安慰他说，你不是在说话吗？

经过一番寻找和营救，从烂泥巴里、树林中、半山坡抬出200多人，有的半死不活，多数已经停止呼吸了。我和团长悲伤、焦急、难过极了。一场暴风雪，牺牲的同志一二百，怎么办？我们相对说不出话来。

好在军部、师部、团部派来一批骡马，侦察班漆娃、小张他们又从山丘那边弄来20多头牦牛，可以把收容的人员、物资驮走。这时，收容队和一营同志分头清点尸体，发现副营长、连长、排长和许多战士都是在泥潭中受冻一夜丧生的，有的还抱着枪，有的嘴里塞满了泥巴。我的警卫员、通讯员二人同在一起陷死在烂泥之中。看到这样悲壮的情景，所有的同志无不伤心落泪，都叹息这批红色指战员，在过去的枪林弹雨中没有牺牲，在北上抗日征途中，居然被大自然肆虐夺去宝贵的生命。顿团长和我把被单遮盖在死难战友的身躯上，然后手捧雪团往上垒，大伙也跟着垒，垒得很高很高，算是把死者掩埋了。活着的战友们，站立在烈士们的旁边，忍着悲痛亲手把他们埋葬在静寂的无名高山上，多么伤感呀！

顿团长代表十六团指战员，手握树棒，在雪堆上画了三个大字："永别了！"

所有搞收容的同志们，齐集在以雪团代泥土的墓前，静静地在想着什么。忽然有人问道，什么时候我们三个方面军才能会合，我们这些活着的人会不会再来到这里？顿团长说，有可能来，也可能来不了。我说，将来全国解放，像瑞金那样，建立全国苏维埃政府后，我们来不了，自会有别的同志来。有的战士说，以后要为这批死难的红色战士在这里立个纪念碑。顿团长说，有朝一日能来，恐怕也找不着这座大山上遇难的地方，遗下的尸骨也找不着了。大家随即把收捡拢来的枪支、粮袋各物，让骡马牦牛驮上，然后怀着哀伤悼念的心情，离开了长眠在藏区深山上的战友们。这是多么难受啊！

我和邓团长领着二营以及专门翻过山来救援的同志们，扶着一个个幸存者，照顾好那无力行走，坐在马背上的病弱人员，走向团部宿营处。也仅仅休息了下半天和一宿，第二天一大早又踏上那漫长的、艰苦的征途继续前进。

因为有着北上抗日的坚定目标和信心，虽然气候这般恶劣，沿途供应奇缺，生活极端困苦，但总是不能把我们红色指战员压垮。各连纷纷开党小组会，讨论北上同四方面军会合，再北上同一方面军会合。大家估计前进方向，不会再遇上威胁生命的缺粮和坏天气了。但是，为了防备意外，还是按体力强弱程度编好班组，沿途互相关照，争取安全到达目的地。

往北行走又一月有余，路上碰到喇嘛寺和人家，得到支援，或多或少，每次总争取补充了青稞面、酥油、牦牛、羊及其他物品。虽然情况好一些，但吃粮仍按原有规矩，每餐定量省着吃，不能多吃。

物资还是缺乏的，没有防雨工具，战士就利用牛羊皮做成皮斗笠用。为了防御寒冷，有的战士把牛皮、羊皮做成背心穿，既可以防备突发的寒风雨雪，晚上露宿地下，也可用来隔隔潮气。

过了巴塘，粮食补给仍然十分困难。巴塘以北地区，已有四方面军游击队的踪迹，那里的牛羊、粮食，他们吃了不少；因此，喇嘛寺看见有红军不断来找，也就敬而远之。这时已是夏末，可是一路上看见地里青稞麦稀稀拉拉，长势不好，约莫八成熟。没成熟也行，为了红军战士保持活力，得以度日，实在不得已，把麦穗摘下来，炒干，放在手板上搓出麦粒来，装进粮袋，边走边嚼，勉强充饥。部队离开麦地时，把银元放在麦地里，作为赔偿种麦人的代价。

有一天，走到一个地方，休息时，参谋长问通司，这一带可有喇嘛寺？通司指向东山岗，说离这五六里，有一座，菩萨顶大。参谋长对我说，带一个排去，带上银元、红绸，找头人要吃的，酥油、糌粑都要。通司前头领路，到了寺里，见到一群农奴，双腿跪着，正在“刷妈刷”。通司说，头领已经吃过了。我们直进后堂，果然发现有酥油、青稞面，还有大米。就同头领商量，请他们行一回好事，我们红军要赶路，要吃饭。他们看见有银元、红绸和枪支，不是白拿，也就答应了，于是顺利做成一笔交易。

回到连队，见参谋长笑眯眯地挥动双手说：“今天收获不小，来看呀！”又喊何营长排队集合，除了尽量给骡马驮载之外，让每个战士把干粮袋装得鼓鼓的。他还是觉得粮食来之不易，交代说，大家还是要留心节约，细水长流嘛。这时部队是停在半路上，前方情况不明，参谋长叫何营长派战士作好警戒，立即发给每个战士酥油、青稞面，大家赶紧拾柴火，七手八脚烧起火堆，坐在地上烧开水揉糌粑吃。大家吃了，都称赞说，这顿饭，不光吃饱了，简直是一顿美餐咧，是参谋长招待大家的啰！

那天行军快到黄昏，师部派来通讯员向参谋长说，军部团部走在前面，离这里有50多里，师部在前头也有30多里。师部指示，你们就在这里宿营。当时整个部队师以下都没有帐篷，全是露营。在露天同风雨雪打交道，不知过了多少个夜晚。今夜只有三间土墙房子，算是好的了。于是参谋长指定五连加强对东南警戒，我们和通司进到喇嘛寺，头人和管家什么人也没找着。一些农奴向通司回话，头人和管家，带马队逃走了。人们都在传说，龙要来，碰不得，如果碰上它，来年青稞没收成。可见在这里不能指望有收获了。大家吃完饭后，洗了热水脚休息，次日继续行军。到了下午，看见贺军长、关政委。参谋长和通司也在那里，还有前卫部队，大家就地休息。我们有好多天没见到贺、关首长了，今天一碰面，大家十分亲热、高兴，我和连排长赶忙排队立正。贺军长说："好啦，你们跟随着参谋长弄到粮食，辛苦啦！"招手示意，叫大家坐地休息。他转过身拉起通司的手说："你带我们参谋长去弄到粮食，立了一功！"他紧了紧皮带，又说："肚皮没有办法，再没粮食，我就要吃皮带啦！"他看见我们把粮食给军部倒出来，倒在铺在地下的油布上，说："你们团政委汤成功带头倒粮袋，倒的一干二净。"这时，贺军长的烟嘴子翘得很高，笑盈盈地摸摸一字胡，问一营营长是谁，一人立起答道："我是何林。""你是哪里的人呀？""我是澧州人。""你们弄到牦牛，拿来驮病员，路上也舍不得杀来吃，于今又拉来给我。你们全营战士，粮袋里只有四五两青稞，我同政委心里难过呀！”我听了连忙说，“现在我们每个人不是四五两，有好几个四五两啦，这要感激我们参谋长啰。”贺军长对通司说，“先得感谢通司。”战士立即举枪向通司致意。通司说：“是贺军长走到这里，佛爷有助！”

贺军长、关政委吩咐好参谋长，这一带的青稞麦已经黄熟了，估计四方面军收走不少，剩下的还是要拣起来；以后弄到青稞仍然要精打细算地用，吃多少要有纪律。通司看见红军这样能吃苦，又有纪律，也给感动了。他向贺军长说，这样行军，有点过度。每天走这么多路，还要临时找粮食吃，有体弱的和病员要照顾，随时还有骑兵捣乱。这里到甘孜，要走一个月左右，每天宁可少走一点，尽量减少掉队的人，争取胜利达到。

快到甘孜的路上，任弼时政治委员曾传达党中央命令，二、六军团整编为中国工农红军第二方面军。快到甘孜，即将与第四方面军会合了，党中央毛主席正式命令，把三十二军编入二方面军指挥，贺龙任二方面军总指挥，肖克任副总指挥，任弼时任总政治委员，关向应任副政治委员，甘泗淇任政治部主任，李达任参谋长。此时第六师师长郭鹏调六军团，六师师长委贺炳炎接替。①

二、四方面军会合

甘孜一天一天靠近了，要求连排班行军距离要缩短；贺军长特别强调军容军威。他说，二方面军长途跋涉，缺乏物资供应，服装和装备又

① 此段回忆不准确。早在1935年5月25日，中共中央为红四方面军和红二、六军团迅速北进的战略方针致红军总部的电报中，便使用了“四、二方面军”的称谓。但直到甘孜会师之后，1935年7月5日，中央革命军事委员会才电令，正式组成中国工农红军第二方面军，所属二、六军团的番号改为二、六军，红三十二军编入二方面军建制。

差，但是全体指战员要作一番整顿，应该精神抖擞，让张国焘看到我贺龙带的部队是好样的。

大部队进入甘孜了。甘孜，从此成为长征路上一个著名于世的地方，红二方面军同红四方面军终于在这里胜利会合了。

张国焘原先意识到贺龙是碰不得的硬汉，在这个神圣的时刻，他自然要组织隆重的迎接仪式，让四方面军的指战员和大批当地藏族人民都来夹道欢迎我二方面军。四方面军的同志们笑容满面，手上挥舞着红绿小三角旗，高呼欢迎口号。他们穿着羊毛质料服装，脚上绑腿也是毛织的，头戴平顶五角大帽。紧挨着的一群群藏族同胞，身穿宽大的毛织长袍，服饰佩戴很好看，男女都赤脚。男的手拿掌鼓，敲打皮鼓、木鱼，吹长号；女的戴上双环耳圈，梳的连环小辫，个个面色黑里透红，双手捧的青稞麦，有的端茶水，捧给战士；有的一边跳藏舞，唱藏歌，热闹极了。我们初次看到这种场面，无不感到新奇兴奋。二方面军指战员也连声高呼：四方面军同志好！藏族同胞好！向你们学习！向你们致敬！

军部命令全军以师团为单位，好好休整，恢复体力，待命北进。

当时张国焘著有一本书，当二方面军来到甘孜，他发给每个团一本。他那书开头说，目前中国革命还处于低潮。四方面军应据有西康省地区，以甘孜为中心，创立藏族自治区苏维埃政权，等到高潮来临，再转到川陕甘开展建立新的苏维埃政权活动。他的这一论调，当时可把贺军长给气坏了，他说："还在放他的屁！张国焘心不死，仍然想分裂红军、分裂党！"贺龙立即打电话通知红二、六军团各部队，把接到的小册子统统收起来。张国焘想召开红二、四方面军联席会议，企图以多数压少数办法，迫使红二、六军团就范。任弼时则以"谁作报告？如果有不同意见，结论怎么做"为由拒绝了。张国焘准备换掉红二、六军团四个师以上的政治委员，也未能如愿。

1936 年 7 月 2 日至 5 日，红二方面军兵分两路从甘孜随红四方面军之后北上。①

从甘孜到甘南，要经过漫长的、没有道路、渺无人烟、空气稀薄、气候无常的水草地。草地一望无际，遍布沼泽，稍不小心，脚陷进泥里，就会惨遭灭顶之灾。一路上得不到给养补充，起初，每人每天还有三两青稞粉充饥，后来完全断了粮。行军途中，一会儿是大太阳，一会儿是雨天，说不定一会儿又来一场大冰雹。地下水汪汪的，长满苔藓、青草，时高时低。行路高一步，低一步，行进十分困难。特别要留神不可踩着那貌像平地、实是水凼的地方，稍不小心，就会陷落泥沼中再也难爬起来。有不少战士和骡马失了脚，爬不起来，终被陷死。走这段路，地下没有干处，寸步难行，又少吃的，身体难以支持，因而饿死病死的同志也不少。

二方面军离开甘孜后行军，常有藏族部落骑兵队跟踪骚扰。好在有三梯队跟在后面，每天听见砰砰啪啪的机枪声，那是狙击骑兵队，保证二方面军的安全行进。罗炳辉部队实在出了大力，立了大功。

这段时间，贺军长每天还是四五两青稞面，一两酥油，加上野菜混合煮成糊来吃。这下经过水草沼泽地，多有小溪、河叉。每到宿营地时，贺军长就多了一样钓鱼的活动。原来，不论在洪湖，还是在湘鄂西打游击，警卫员总是没有忘记给他带上钓鱼竿，他有钓鱼的爱好。到了这一带，他那钓鱼竿发挥作用了。有人说，清水不养鱼，不知什么原因，沼泽溪流水清，鱼偏长得肥大。钓钩一甩下水，鱼就来吃食。他一竿一尾，要不了多久工夫就钓上几条鱼来，叫警卫员拿去煮，一同吃。虽说无油

① 红二、红四方面军分为中央纵队、左纵队、右纵队等三路纵队陆续出发北上。其中红四方面军第四军第十师和第十一师、第三十军第八十八师及第三十二军（后编入红二方面军）、红二方面军为左纵队，由朱德、张国焘率领。1936年7月3日，朱德、张国焘率领左纵队的红四方面军部队出发后，左纵队的红二方面军分两路，也出发北上：陈伯钧、王震率领红六军团，7月6日从甘孜东谷出发，途中同红三十二军会合，向阿坝地区进发；贺龙率领红二军团担负总断后和收容任务，7月14日从甘子东谷出发，经西倾寺、壤塘向阿坝前进。此处出发时间回忆不准确。

少盐，也是饥荒中的上品了。说起贺军长钓过鱼的地方可多啦，洪湖的鱼，沙湖的鱼，湘江的鱼，现在噶曲河①的鱼，往后渭河的鱼，泾河的鱼，他都钓过尝过。

胜利大会师

我部向着上下包座前进。这个地区，平坦开阔，盛产青稞麦。当我们到达时，一梯队已把青稞麦没收带走了。二梯队原来准备到这里得到一批青稞补充，结果落空。从甘孜到噶曲河，以后到腊子口，这一大段路程，饿死病死的战士很多，真是苦不堪言！

路上，贺军长同关政委为了给战士鼓劲，每到中途休息时，就给大家讲：党中央毛主席给我发来了电报，我们只要坚持走，越过甘肃军事要地腊子口，就快到哈达铺了。那里吃的东西可多着啦，胡豆比拇指大，不出产青稞，出产小麦，面粉做成的大饼，比你们的牛皮斗笠还大个，还有锅盔、馒头。家家户户都养羊，地多人密。战士们每回听了都很高兴，神情振奋，加速前进，掉队的也少了。

一股劲持续行军，终于到达哈达铺。这个地方是甘肃重镇，是回民居住区。回族与藏族的生活习惯完全两样。回族地方到处都是清真寺，信奉回教（伊斯兰教）。回民戴白色布帽，男女老少穿戴十分整洁，衣服不论新旧，洗得干干净净。吃羊肉、鸡子，要经过清真寺来宰杀。回民居住的地方，房前屋后，打扫得很整洁；个人卫生挺讲究，洗澡水桶是家家必备之物。桶盛水，挂在头顶上，桶底有洞眼，水下流，从头冲到脚，脚下垫有石板。婆媳的房间都各有这样的设备。

这里土地肥沃，物产丰富，一般家庭虽然不是很富裕，但日子都过

① 亦称葛曲河、白河。

得去,没有无米下锅的赤贫户。各家各户养羊喂鸡,互不干扰,和睦安居。

哈达铺街上有大饼卖，一个有两三斤，一块银元买一个。每个战士身上都保存有二三块银元；还在南方时，每逢旧历年关，总要给战士们各发一块大洋，作零花钱。各自把积存下来的银元装在米袋里，或珍惜地缠在裤带上。卖大饼的看见战士来买，就喊一块大洋一个。战士们不晓得什么讲价还价，想着只要有吃的，大洋留下来干啥；想想战斗时打死的同志，路上病死的同志，身上保存着的几块银元，到头来还是带不去。现在我们活着的，要吃饱，好到抗日前线打日本鬼子，一个人要顶上十个，好把牺牲的战友的事业承担起来。

在哈达铺休整十来天，军团首长十分关心战士，要求讲卫生，必须理发，刮胡子，洗衣服。要求指战员处处自觉遵守回民风俗习惯，特别注意保护清真寺，有什么问题，请教“阿訇”。军部几位首长深入回民中去,对阿訇做团结工作。因此,我们的生活上,体弱者和病员的休养,得到当地回民的很多帮助。

军部政治部、卫生部、供应部曾针对发生的事情发出了一道通知，一时引起连队普遍重视。到哈达铺时，先是听见贺军长提过一个大饼一个人可以吃几顿，若是一下子就吃一个，那就会把人胀死。不料卫生部真的发现有个别战士吃了过量的大饼，又吃了青胡豆，等到喝下开水，就发胀起来，手脚也失灵了，动弹不得，险些丢了性命。可见久饥突然饱吃,把胃撑大,必然会阻胀而死。得到军部的通知后,我同本团各营、连、排的同志轮流值班，专门防止有人吃过量大饼，吃青胡豆。讲明这段时间应该以羊肉为主食，吃馒头，喝羊肉汤，并且限量，每天每人不超过一斤羊肉，身体弱的人还得减少一些。这样过了十来天，指战员的体力慢慢增强起来，病员和体质差一些的战士也明显恢复了健康。哈达铺的休整，促使人强马壮，于是继续向甘南挺进，执行战役计划。

针对陕甘敌人分散的弱点，我部队进军迅速，二方面军原二军团连克甘南徽县、成县，原六军团连攻下两当、康县，并围困凤县。全军到这里又得到休整时机，开展扩军活动，收集布匹棉花等物资，制作棉衣准备过冬。没多久，蒋军胡宗南部和甘肃的敌人包围过来了。看其来势汹汹，我二方面军立即撤走，放弃几座县城，抢渡渭水河，日夜兼程，朝甘肃东部前进，终于摆脱敌军的包围。可是敌人的飞机为配合其地面部队的行动，整日轮番跟踪我军，发现我军行进纵队，即扔下炸弹和扫射，使得我军牺牲了一些战士。负伤的伤员只要能爬起来，也要奋力追随大部队前进。

我军占领成县时，我不幸害了伤寒，发高烧，整天人事不省。当队伍撤离县城时，只有两名通讯员、警卫员和马夫等人留下来守护着我。他们眼看敌人快要来到,我部队快要走光了,急得不知如何是好。这时，正是紧要关头，幸有军部政治部薛少卿同志奉贺军长指示，火速进城查看，一定要收容好零散未走的战士。他一碰上我们有几个还未撤走，急的不得了，立即找来老百姓一床棉被将我裹好，放在骡子背上，用绑腿捆得牢牢的，叫警卫员牵起骡子快走，叫通讯员、马夫跟在后头快赶，并说，跑得越快越好，才能脱险。我们刚出北门，敌人已在东门南门放枪了。待跑到渭水北岸时，薛少卿也赶来了。他同警卫员他们说："好险啊！只差几步汤政委就会落到敌人手里了。"后来他看见贺军长说，汤成功政委害大病，差一点出不了城。贺军长说:"你把他收容出来了，不是很好吗？"并叫薛少卿到附近镇上买几斤梨子给我吃。说也奇怪，才吃了三斤大梨，这时政治部的同志赶来，看望我的病情怎样，可我竟然开始退烧了，精神也慢慢好了起来。我身旁的同志都为我高兴起来，说道："渭河的大梨能治伤寒大病哩！"

奔越万水千山，冲过层层堵截，摆脱次次尾追，熬过艰难险阻，我二方面军终于大踏步开抵将台堡。此时已有一方面军的同志前来联络接触了，跟着长驱到达甘肃东部的环县、洪德、山城堡。1936 年 10 月，我们终于与一、四方面军胜利会师了。

会师大会的军号声、鼓乐声，伴着欢呼声、歌声、呼啸声，汇合成豪壮的声浪，震撼中华大地。它们宣示着：伟大的红军二万五千里长征胜利结束了！

选自汤成功:《跟随贺龙的岁月》，中共绵阳市委党史研究室、绵阳市人民政府办公室1997年编印，第50—77页。

汤成功，1906 年生，湖北沔阳人。1929 年加入中国共产主义青年团，1931 年转为中国共产党党员，1932 年参加中国工农红军。1934 年红二、六军团木黄会师时，为红二军团四师十团政治委员。北上长征时期先后任红二军团六师十六团政治委员，红二、四方面军上干队（即上级干部队）教导员。新中国成立后，曾任四川省绵阳建委工委书记，四川省林业厅副厅长、党组第一副书记，江油钢铁厂党委书记，绵阳地区行政公署副专员等职。1997 年在绵阳逝世。

忆长征初期的贺龙同志

贺庆积

贺龙同志是伟大的共产主义战士，伟大的无产阶级革命家、政治家，杰出的军事家。从 1934 年红二、六军团会师起，我一直在他的领导下，经历了十个战斗春秋。他的卓越的军事指挥才能，顾全大局、维护党的团结的宽大的政治胸怀，关心群众、爱护部属的深厚的无产阶级情感，使我永远不能忘记。

胜利会师

我第一次见到贺龙，是在 1934 年秋天。

当时，我在红六军团十七师五十一团任侦察参谋。那年夏天，第五次反“围剿”失败，湘赣苏区中心区域已被敌人占领，我红六军团遭到敌人的层层封锁，处于极端困难之中。部队的给养没有保障，甚至连盐巴都吃不上，花一块白洋才能买到二两盐。在这危急关头，为了保存红军的有生力量，同时也为中央红军的战略转移作准备，中央军委决定：红六军团撤离湘赣苏区，向西转移。

8 月初，红六军团从永新拿山一带出发，开始突围西征。我们经桂东、桂阳，连续突破了敌人几道封锁线，进入湘西南的零陵地区，准备在阳明山区进行武装斗争，开辟新的革命根据地。但是，我们在这里依然遭到敌人重兵的“围剿”，难以立足，只得继续向西转移。在 80 多天的时间里，我们历尽千辛万苦，冲破敌人的围追堵截，长途跋涉 5000 余里，辗转来到了黔东地区。部队还没站稳脚跟，又遭到敌军的“围剿”，处境十分艰难。正在这时，军团部收到中央军委的电报，要红六军团尽快与活动于黔东的红三军会合。军团首长当即决定，尽快找到红三军，争取两军早日会师，以摆脱困境。

对于红三军，这支来自洪湖的英雄部队，我们早有所闻。特别是军长贺龙更是大名鼎鼎，如雷贯耳。他是北伐时期的名将，两把菜刀闹革命的英雄，八一南昌起义的总指挥。他的故事，在红军中广为流传，就连国民党军听到贺龙的名字，也会胆战心惊。可贺龙军长到底是个什么样子谁也没有见过。尽管大家都盼望着早一点见到贺龙军长，但由于两军的电台联系不上，互相都不知道对方的确切位置，所以一时难以会师。9 月底 10 月初，我们在新厂和甘溪连续与敌人打了两仗，其中甘溪一战，我红六军团突然遭到强敌袭击，仓促应战，伤亡很大，全军被敌人截成三段。红四十九团团部、红五十一团团部及机枪连的部分干部战士，在军团参谋长李达同志指挥下，突出重围，与军团主力失去了联系。在战斗中，我们缴获了一些敌人的报纸，上面登载着贺龙部队出没于黔东的一些情况，从中得知我们距红三军的部队不远了，这对我们是个很大的鼓舞。从此，我们每到一地，司号员都要登上山岗，吹起嘹亮的军号，用来联络红三军的战友。

这一天，我们在行军途中，得到了群众提供的消息，说前边不远处的村子里驻有红军。李达同志闻讯，非常兴奋，立刻带领晏福生、饶兴、陈外欧、李铨和我前去寻找。我们在沿河县蛟岩乡的水田坝，找到了红三军的留守机关，在那里见到了红三军军分会主席夏曦同志。两军的战友一见面，高兴得热泪盈眶，一双双手紧紧地握在了一起。李达参谋长向夏曦等领导汇报了红六军团撤离湘赣苏区，艰苦西征的经过。夏曦同志说：红三军的电台坏了，从国民党的报纸上得知红六军团已到达黔东，前来会合。贺龙军长说，你们远道而来，人生地不熟，还有敌人围堵，我们虽然不知红六军团的具体位置，但要主动去“撞六军团”。贺军长、关政委已带部队分两路深入敌后去接应你们，估计很快就能有消息了。夏曦同志要我们先休整一下，等有了准确的消息再作打算。果然，没过几天，两支部队的主力在黔东印江县的木黄地区，胜利会师了。

10 月 25 日①，两军在川黔两省交界处的南腰界隆重举行了会师庆祝大会。为了免遭敌机空袭骚扰，确定大会在太阳快落山的时候举行。会场设在一个群峰环抱的山坳里，会场正中是一个土台子，台前横杆上挂着“中国工农红军第 2、6 军团会师庆祝大会”的横额。两支部队的 7000 多名指战员围坐在四周，唱着歌子，呼喊口号，气氛十分热烈。因为在会前我们和红三军的同志有了接触，彼此增进了了解。原来红三军自 1933 年从洪湖根据地撤出后，一直遭到敌军“围剿”，无法建立稳固的根据地，长期爬山涉水，游动作战。贺龙讲：“我们的宿营地就在脚底板上。”所以红三军走路飞快，打仗如猛虎，特别能吃苦。红三军的同志告诉我们，贺龙同志在会师前就号召红三军的干部战士利用行军作战间隙为红六军团的战友打草鞋。他曾经叮嘱大家，要谦虚谨慎，向来自湘赣边区的红六军团老大哥学习。他说：“什么叫会师？会师会师，就是会见老师，懂了吗？同志们……”我们听了这些话，心里感到特别温暖，对贺龙同志更加敬重，为能与这支英雄部队会师并肩作战，倍感高兴。

会师大会开始了，会场内红旗招展，锣鼓喧天，鞭炮齐鸣，口号声此起彼伏，浓烈的气氛感染着干部战士，一个个心情激动，热泪盈眶。宣布开会后，司号队吹起了嘹亮的军号，号声在群山峡谷中回荡着。这号声，令人振奋，使人鼓舞，萦绕在干部战士的心头。

在一片热烈的掌声中，中央军委红六军团军分会主席任弼时同志

---

① 应为10月26日。

登台讲话，他首先宣读了中央庆贺两军会师的电报，并宣布了中央的决定，从即日起，红三军恢复红二军团的番号，贺龙任军团长，任弼时任政委，关向应任副政委。接着他指出，今天这个会师大会有两个意义：第一，红六军团从湘赣出发后，就盼望着这次会师。今天，实现了这个伟大目标，我们的力量更强大了。第二，两支兄弟部队要紧密团结，互相学习，共同战斗，多打胜仗，这样才能不辜负党中央对我们的期望。最后，任弼时同志分析了当前的形势，说明了会师后部队的任务，使大家受到了一次生动的教育。

任弼时同志讲话之后，大会主持人宣布请贺龙同志讲话。刹那间，会场又爆发出一阵雷鸣般的掌声。这时，只见一位身材魁梧，满面红光，留着浓黑的一字胡的人威风凛凛地走上主席台，他身穿一套洗得干干净净的旧军装，腰束皮带，上面别着左轮手枪，脚登麻耳草鞋，显得特别威武、干练。我坐在紧靠主席台的地方，看得清清楚楚——这就是久闻大名的贺老总，这就是受人尊敬的“贺胡子”！只见贺龙同志用手捋一捋浓黑的一字胡，用洪亮的湖南口音喊了一声：“同志们——”顿时，会场上安静下来。贺老总接着说：“红 6 军团的同志们，你们辛苦了！”他的话音刚落，全场又响起了一阵掌声和口号声。贺老总见场内安静下来后，继续说道：“你们一路上战胜敌人追击、堵截，探明了沿途敌人的虚实，牵制了敌人的大批兵力，完成了大规模转移的任务，从而实现了两军的胜利会师。我代表红 2 军团和黔东革命根据地的人民，向你们表示热烈的欢迎！”贺老总的讲话，热情洋溢，不时被掌声和口号声所打断。他最后说，两军的会师，是一件大喜事，是打在蒋介石头上的一记铁拳。我们两支部队，从转移到会师，沿途播下了革命火种。敌人到处追击，“围剿”我们，可他们万万没有想到，不仅没有消灭我们，反而让我们胜利会师了。会师后我们的队伍壮大了，我们要互相学习，取长补短，搞好团结，要信心百倍地准备打大仗，打胜仗！

贺龙同志讲话后，漫山遍野响起了欢呼声，两支部队的指战员们互相拥抱，互送礼物，亲切交谈，整个山谷到处是欢乐的气氛。

会师之后部队进行了整编：红二军团4000人，编成两个师；红六军团从西征出发时的9000人减少到3300人，编三个团，不久部队扩大，遂恢复了红十六师、红十七师、红十八师的建制。红六军团长途远征，极度疲劳，需要体整，部队装备损失较大，需要补充。贺龙指示红二军团给红六军团营以上干部配备了坐骑，给部队解决了辎重驮马，并送粮送肉，让大家吃好，休息好。红二军团因夏曦搞“肃反”扩大化，抓“改组派”，把政治干部大部分杀掉了，撤销了政治机关，解散了党团组织。由于贺龙、关向应坚持斗争的结果，政治机关、党团组织得到了初步恢复，但元气已大伤。任弼时、肖克、王震为了帮助红二军团消除“左”倾路线所造成的后果，从红六军团抽调一大批优秀的政工干部给红二军团，其中有甘泗淇、袁任远、方理明、陈希云、张平化、余秋里、冼恒汉、李剑珠、金如柏、曾敬凡等人。贺龙对这些同志非常重视，非常信任，分别安排他们担任了军团政治部主任或师团政治委员、师团政治机关负责人，而把红二军团原政工干部正职降为副职或分配到下一级去工作。由于贺龙的关怀，使红六军团去的干部发挥了作用，红二军团的政治工作迅速地得以重新活跃起来。此外，从红六军团调给红二军团的一些军事干部，也得到了重用，如李达被任命为红六军团参谋长，郭鹏被任命为师长。贺老总的这种伟大风格对部队的教育极大，为两支部队的紧密团结树立了光辉的榜样。

建立湘鄂川黔根据地

红二、六军团，原是归中央军委直接指挥的两个战略兵团，会师后，贺龙同志提议，经红二、六军团各位领导一致同意，结成为一个战略集团，统一指挥，开创新的根据地。

湘西曾是红二军团的老根据地，有群众基础，经领导共同研究确定重进湘西。1934 年 11 月初，部队从南腰界出发，经来凤[①]，一举攻下湘西的永顺县城。

蒋介石得悉，急令湘西军阀陈渠珍的新编第三十四师“围剿”，并增调黔军杨其昌旅、皮德培团，归其指挥。陈即抽出主力周燮卿旅、龚仁杰旅，加上杨、皮所部，由号称“周矮子”的周燮卿统一指挥，星夜北上，猛扑过来。

面对敌人的大举进攻，贺龙等领导认为陈渠珍是我们的老对头，他妄图乘我军立足未稳，“围剿”得逞，我们则要集中兵力打个歼灭战，震慑敌人，在此站稳脚跟。贺老总经过反复思考，精心选择，决定在离永顺城 90 里的十万坪设伏。为诱敌深入，我军主动撤出了县城。撤离时，烧毁了城西猛洞河上的永顺桥。贺龙同志想到破桥是为了迟滞敌人的进攻，但也会给群众生活带来困难，便亲自在桥头召开群众大会，讲明毁桥的目的，并答应战后一定为当地再建一座新桥。他还让供给部的同志给老乡们留下几百块白洋，以解决他们的困难。这件事，给当地群众和部队干部战士留下极深刻的印象。

十万坪，南北长约 15 里，东西宽一至四里，两侧是高山峻岭，中间地势平坦，是打歼灭战的理想之地。谷地中有龙家寨、碑里坪、把总河等几个村子。贺龙同志察看地形后，决定以龙家寨为主阵地，主力埋伏于两侧的高山，为敌人布下了口袋。各部队进入阵地后，进行了战前动员和战斗准备。由于打开永顺城后，粮食给养得到了充分补充，士气十分高涨。干部战士听说要打仗，个个斗志昂扬，纷纷表示决心，一定要打好会师后的第一仗。

敌人进了永顺城后，未敢立即出击。我军派出小股部队佯动，扔下斗笠、水壶、铁锅，以引蛇出洞。“周矮子”误以为红军是仓皇撤退，

① 原文误为来风。

喜形于色，遂率兵出城追击。

部队在山上隐蔽了大半天，仍不见敌人的动静。有的战士沉不住气了，想到几天在途中设伏敌人没有上钩，怕这次又要落空。眼看夕阳西下，天色将晚，部队刚要准备吃饭，突然发现了敌情。敌军排着一路纵队，进入了十万坪谷地。到龙家寨时，一部分敌人停在村外观察动静，另一部分敌人向两侧的山林搜索前进。谷地东北侧山高林密，是我们红六军团的阵地。我们趴在山坡上，透过树丛，目不转睛地盯着敌人。只见一个个国民党兵端着长枪，猫着腰，用枪刺拨开树丛，踏着茅草，蹑手蹑脚地向上爬。稍有一点响动，敌人立刻吓一跳。由于我们隐蔽得很好，一直未被敌人发现。这时，战士们瞪圆了眼睛，怀着满腔仇恨，心里憋足了劲，随时准备杀向敌人。等到敌人大队完全进入我们的伏击圈，一声号令，枪声大作，一排排手榴弹甩向敌人，在山谷中炸响。顿时，敌人死伤无数，乱作一团，纷纷逃命。“周矮子”一见中了我们的埋伏，连呼上当，仓促组织反击。此时，埋伏在西山的红二军团也打响了。两支部队的战士们犹如天兵下界，把敌人团团围住。敌人后卫部队杨其昌旅、皮德沛①团尚未进入谷地，见势不妙，慌忙后撤。杨其昌过去曾与贺龙有旧谊，本不愿与贺龙作战，借此机会，丢下武器弹药，率领部队撤回茶洞一带去了。

天已经黑了下来，战斗更加激烈。随着一阵嘹亮的冲锋号声，两支部队的战士们如猛虎扑食，杀入敌阵，展开了杀敌竞赛。山上的敌人被打得往山下滚，谷地里的敌人被逼进稻田地里，哭爹叫娘；受惊的骡马四处逃窜，迫击炮、行军锅丢得到处都是。十万坪里的这几个村庄，龙家寨是较大的，也只有百余户人家。溃不成军的敌人在村子里躲无处躲，藏没处藏，人撞人，马踩人，死伤不计其数。夜色朦胧，看不清谁是敌人，谁是自己人。急中生智，我们用帽檐儿来作区别。我军的帽檐

---

① 原文误为皮德培。

儿是长的，敌人的帽檐儿又短又硬。凡是发现逃跑的就上前将其抓住，一摸帽檐儿，又短又硬的，就下了他的枪，叫他跟我们走。……经过两个小时的激战，结束了战斗。

龙家寨战斗，是红二、六军团会师后打的第一个大胜仗。打垮敌人11个团，其中歼灭了四个团，俘虏敌旅参谋长以下2000多人，缴获了2000多条枪。我们红六军团是第一次在贺老总指挥下作战。大家都说，贺老总用兵如神，指挥果断，跟他打仗真痛快！

龙家寨一仗，把敌人打痛了，使其胆战心惊，不敢轻举妄动，红军则声威大震，乘胜连克桑植、大庸、永顺几座县城。我们在这里发动群众，斗土豪，分田地，组织地方武装，扩大红军，建立苏维埃政权，成立了湘鄂川黔省委、军区和行署，从而创建了湘鄂川黔根据地。

贺龙同志的家乡桑植解放了，他又一次回到了自己的故乡。当时，我亲眼看见，乡亲们在洪家关桥边上夹道欢迎贺龙同志。大家欢欣鼓舞，奔走相告："贺胡子回来了！""贺胡子带着红军回来了！"贺龙同志来到乡亲们中间，问寒问暖，了解他们的疾苦，鼓励大家团结起来闹翻身。贺龙同志与人民群众血肉相连、息息相关的深厚感情，令人十分感动。据说，当年贺龙率部队离开湘西后，去洪湖开辟根据地，乡亲们思念贺龙，把贺龙家门前的河比作一条龙，说贺龙像这条河一样，永远也不离开我们。敌人非常害怕，把贺龙的家烧了，把桥扒了，把河水断流改道，以为这样就可截断"龙脉"，消除贺龙在人民群众中的威望。然而，贺龙所走的道路，是为人民谋解放的道路，贺龙与人民心中的桥，敌人是永远扒不掉的，贺龙与人民水乳交融的关系，敌人是无法切断的。

两次东征

中央红军因受王明"左"倾路线干扰，未能粉碎国民党军的第五次

“围剿”，于 1934 年 10 月开始突围西征，实行战略转移。11 月底，中央军委①令红二、六军团东征，牵制敌军，掩护中央红军通过敌湘黔封锁线。

此时，湘鄂川黔根据地刚创建，亟待巩固和扩大。然而，贺、任、关、肖、王等领导同志一向顾全大局，以局部服从全局。他们认为掩护党中央、中央红军突围西征，是头等大事，经集体研究决定，任弼时、王震等带领红六军团大部和红二军团的十六团，继续开辟根据地，贺龙、关向应、肖克率领红二军团大部和我们红五十一团从大庸出师，开始东征。在浯溪河歼敌一个旅，直驱湖南腹地，攻占澧州、津市、桃源，兵围常德，威胁长沙。贺龙这一步险棋妙招，打乱了敌人的如意算盘，慌乱间从围堵中央红军的部队中抽出十个师以上兵力，来对付我红二、六军团。中央红军从而乘机突破封锁，顺利到达了贵州遵义地区。我们东征的目的已胜利实现，便于 12 月下旬挥师返回了根据地。

红二、六军团的东征，打破了敌人的战略计划，蒋介石气急败坏，于 1935 年 2 月调集湖南、湖北正规军十万，按“堡垒主义”战法，对我湘鄂川黔根据地开始了大规模的“围剿”。贺龙等领导教育部队要认清这次反“围剿”斗争的重大意义在于支援中央红军西征，我们多牵制一些敌人，中央红军长征胜利的把握就增加一分。广大指战员的眼界大开，作战积极性空前高涨。

贺龙同志在指挥这次反“围剿”作战中，采取了积极防御的作战方针，率师转到外线作战，实行了第二次东征。先在大庸的后坪打了一仗，4 月中旬在陈家河、桃子溪三天连续打了两仗，全歼敌五十八师，鄂军纵队司令兼五十八师师长陈耀汉被击毙。6 月初我红二、六军团跃进鄂西，在咸丰县的忠堡，消灭了敌四十一师师部及其所属一二一旅，活捉了敌纵队司令兼师长张振汉。经过招头寨、胡家沟战斗，复回师湘

① 应为中革军委。

西，围困龙山县城，吸引敌军来援。调开敌人后，于 8 月份乘机再进鄂西，在宣恩县板栗园歼灭了敌八十五师。之后，在芭蕉坨击溃了敌军十个团，攻占了澧县、石门、慈利。至此，十万敌军的“围剿”被彻底粉碎了。

两次东征和反“围剿”的胜利,不但整师整旅地歼灭了大量的敌人，而且我红二、六军团也从会师时的 7000 多人发展到两万多人。就我个人来说，在一系列战斗中也受到了更大的锻炼，逐渐成长起来。我在后坪战斗前，在红五十一团担任营长，招头寨战斗前任团参谋长，板栗园战斗前当了团长。

会师之后，连打胜仗，使我对贺龙同志高超的军事指挥艺术，有了深切的体会。面对强敌，他镇定自若，审时度势，采取机动灵活的战略战术，善于在运动中调动敌人、分散敌人，发现有利战机，立即抓住，决心果断，集中力量，打歼灭战。从而使我向他学到了许多指挥作战的经验。他成了我的良师。

突围西征

中央红军和红四方面军相继长征到了西部地区，长江以南只剩下红二、六军团。蒋介石为消除心中大患，调集 30 万大军从四面八方把湘鄂川黔根据地包围起来，碉堡林立，兵密如蚁，企图一口吞掉孤立无援的我红二、六军团。形势发生了新的变化，贺、任、关、肖、王等首长研究决定，突围西进，开辟新根据地。实际上，这次转移，就是红二、六军团长征的开始。

1935 年 11 月，我军突破重围，前出到兵力空虚的湘中，大造声势，迷惑敌人。当敌军调头向东来追之际，我军则突然转而向西。1936 年元旦刚过，部队抵达了湘黔交界的晃县、玉屏，敌“剿匪军”第一路军总司令何键率几个主力师“追剿”过来。我军仓促迎战，在便水打了一仗。先是红六军团十六师参战，经两昼夜激战，虽给敌人以沉重打击，但红十六师的伤亡也很大。军团首长决定由红十七师接替红十六师继续抗敌。当时正值隆冬季节，天下起了雨，跟着又飘起了雪花，指战员们身上都湿透了，寒风袭来，冻得上牙打下牙。我红五十一团经几小时激战夺回了被敌人攻占的山头阵地，乘胜追击逃敌。敌见我无后续部队，遂进行反击，并组织一个便衣队偷袭我团指挥所。当时红五十一团的指挥所就设在山坡上的一个柴棚里，作为红五十一团团长的我，正在里面指挥部队作战。没料到敌人摸到了指挥所里，冷不防一个家伙往我身边扑来，我往旁边一闪，他抓掉了我的帽子。我猛地转过身来，狠狠地给了这家伙一拳，将其打倒在地，抽身跑出了指挥所。敌人喊叫着追了出来，我一边用驳壳枪还击，一边迅速后撤，手榴弹在我前后爆炸，幸好没有挂花。我身边的人也都被打散了，就在我辨别撤退方向的时候，突然听见不远的山上传来了喊声：“快，往这边跑！”我一听，原来是军团政委王震同志的声音，心里非常高兴，立刻向那边奔去。可是，山坡上的柴草又深又密，只能听见声音，见不到人。敌人的火力很猛，我一时无法前进。这时跑散的人也都回来了，听见王震首长又在喊：“同志们，压住敌人，消灭他们！”趁着敌人火力被压制的间隙，我穿越树丛，与部队会合了。由于开始情况不明，许多人都听说红五十一团团长被敌人抓走了，当他们见到我之后，才算放下心来。

正在转移途中，在河边上碰到了特意赶来的贺老总和关政委。贺龙同志见到我，一下子就把我的手紧紧握住了，说道：“听说你贺庆积被抓走了，我心里好急呀！”我说：“真危险，可是我打出来啦。”贺老总拍拍我的肩膀，鼓励说：“好同志，打得勇敢，打得坚决！”听了贺老总的话，我望着他那亲切的目光，感动得流下了眼泪，心里热乎乎的，几天来连续作战的疲劳和山中遇险的紧张全没了，浑身上下充满了劲儿。

2 月初，红二、六军团在黔西北的鸭池河渡过了乌江天险，攻占黔西、大定、毕节。在打鼓新场战斗中，红十七师师长吴正卿同志不幸牺牲。前任师长苏杰同志已在招头寨战斗中为革命流尽了最后一滴血。前后几个月的时间，我师即失去了两位可敬的师长。全师指战员怀着为师长报仇的决心，在贺龙、肖克的亲自指挥下，在毕节附近的将军山，打垮了薛岳的几个团，歼灭了四个营。将军山战斗后，刘转连升任红十七师师长，我担任了师参谋长。随之，在贺老总的指挥下，用一个月的时间，牵着敌人在乌蒙山里，展开了一场千里回旋战。3 月在云南宣威的鸡冠山打了一个胜仗，便进入贵州的盘县，攻占了鹤庆。在此接到朱德总司令的电报，令红二、六军团渡金沙江北上，与红一、四方面军会合。4 月下旬，军团首长命我和政治部主任罗志敏带红四十九团、五十一团，从鹤庆撤出，利用山地阻击敌人，掩护军团主力在石鼓渡过金沙江，我红二、六军团甩掉围追堵截之敌，用了三天时间胜利渡过金沙江，踏上了北进的征程。贺龙幽默地说："我们过江没受什么损失，只给敌人扔下了几只破草鞋。"

选自沈阳军区政治部编研室编：《红军将士忆长征》，白山出版社1996年8月版，第279—289页。

贺龙在长征路上片断[①]

张金莲

我是1935年入党并参加红军的女战士。长征时我在军部警卫连工作，因此大部分时间能见到贺龙同志。我们在长征途中，每日有敌人的围追堵截，有大自然造成的各种困难，其艰苦程度是一般人难以想象的。然而这些在贺龙同志面前都算不得什么，他始终朝气蓬勃，充满革命的乐观主义精神。有一天，他怀抱着长征前夕出生的小女孩，很风趣地对我们说："这孩子一下地就赶上长征，就跟着我们踏千山，过万水，她参加革命比我们还早得多呵！"听了贺龙同志的话，大家都争着看这个长得丰满红润的小宝宝，人人都幸福地笑了。

当贺龙同志知道我是湘西龙家寨人，并得知我14岁的女儿范琴芳也和我一道参加了长征时，他高兴地笑着对我说："了不起，了不起，母女都走上长征的革命路，母亲是英雄，女儿更是英雄，到陕北后要请人写本《母女英雄传》！"贺龙同志的一匹骡子，长征途中他自己骑得很少，不是让给病号骑，就是让它驮行李。一路上，贺龙同志还给我们讲革命故事，唱他家乡桑植的民歌，也唱洪湖地区的民歌，和战士们有说有笑。大家同贺龙同志在一起，都不怕难、不觉苦了。

① 标题为编者所拟。本文摘自《贺龙总指挥在长征路上——老战士们的回忆》。

原载《湖南日报》1977年6月9日。

选自中国社会科学院现代革命史研究室编:《回忆贺龙》,上海人民出版社1979年11月版,第460—461页。

张金莲,湖南永顺人。1935 年加入中国共产党,同年参加中国工农红军。红军长征时在红二军团军部警卫连工作。

将军教我挑电台

王华成

我是1929年5月参加红军的。我因为以前跑生意，对湘鄂川黔边界一带的地理环境很熟悉，贺老总便叫我搞秘密侦探工作，开始我不愿意，只想真枪真刀地和国民党反动派拼个你死我活。后来贺老总动员我说：“红军要打胜仗，不派出探子不行；要摸清敌人的来龙去脉，探子不熟悉地理环境不行。我想去想来，你做这项工作很适合。”经过贺老总说服动员，我乐意地接受了任务，化装成一个小商贩，常常学孙悟空钻进铁扇公主肚皮的办法，弄到敌人的不少可贵情报，为红军打胜仗提供了可靠的依据。

1935年10月，毛主席率领的中央红军经过二万五千里长征到达陕北，消息传到我们红二、六军团，广大指战员一派欢腾。我们当时驻扎在桑植县城附近，遵照军团首长的指示，抓紧打“野外”，操练登山、爬坎、越溪，准备担架、草鞋、干粮。看迹象，部队又要大转移。

一天，我从山上打“野外”回来，弄得十分疲劳，正在营房外面休息，贺老总派警卫员来叫我：“有新的任务，请你到司令部去一下！”

长期的战斗生活，使我养成了一种特殊习惯，听说有任务，身上的疲劳就立即消除了。我兴冲冲地跟随警卫员走去，到了司令部，见贺老总坐在一把靠背木椅上，口里含着烟斗，看神气正等着我呢！我疾步上前，立正敬礼道：“报告总指挥，有什么任务快说吧！”

贺老总把身旁的椅子移了一下，亲切地打招呼道："你坐吧，请你来，自然有任务啰！"

我虽然经常与贺老总见面，但坐在他身边总有些受拘束。我希望他赶快下达任务，好迅速去执行。可是，他却不慌不忙地从身上取出一皮包金灿灿的叶子烟，向我递来说："卷一支吧，本地产的，劲头很足。"

我接过叶子烟，卷好点燃，吸了一口，劲头确实很足。贺老总见我拘束的心情消除后，这才说道："当了几年侦察兵，立了不少功劳，现在要你改行了。"

我心里一愣，改行做什么？记得我开始不愿当侦察兵，经贺老总耐心动员，我才肯。可是当了几年，由一般战士当到班长，常常深入虎穴，摸清敌情，觉得这工作十分有意思，真正爱上这行了。但贺老总要我改行，必定有新的任务。我连忙问："改行做什么？"

贺老总用手摸着嘴上的黑胡子，意味深长地说："要你做一件十分重要的工作。"

"你说吧，只要革命需要，哪怕砍脑壳，我也要坚决完成任务！"

贺老总口里吐出一缕浓烟，眯着眼睛，盯着我一双粗粗的腿子，十分信任地说："有你这双飞毛腿，我知道你一定能够完成任务！"

贺老总总是兜圈子，我有些沉不住气了，说："究竟是什么工作，你快说吧！"

"挑电台！"贺老总眼睛一亮，又强调这项工作的重要性："这是我们红二、六军团的耳目，要选择一个可靠的角色把它挑着我才放心。"

提起挑电台，我也知道这项工作有多么重要。记得我们前几年从洪湖突围时，把电台失掉了，和中央难于取得联系，外界情况不清楚，敌人动向也摸不准，多次陷入敌人包围之中，吃过多少苦头啊！去年秋天在黔东和六军团会合后，他们带来了电台，能够直接得到毛主席、党中央的指挥。一年来在十万坪、陈家河、桃子溪、忠堡、板栗园、龙山等地打了许多漂亮仗，使红军和湘鄂西根据地得到空前发展。贺老总要我挑电台，这是对我的信任，于是我拍着胸膛保证："只要人活着，保险电台随着司令部走！"

"好！请任政委亲自给你交代一下。"贺老总站起来，把我送到任弼时政委的住地。

任弼时政委正在清理文件，我们进去后，他把手里的文件放下，坐下来和我们谈话，贺老总向他介绍说:"这家伙身体强壮，动作敏捷，电台叫他挑着我们放心。"

任政委个子矮矮的，嘴上蓄着长胡子，一对眼睛炯炯有神，显得十分严峻。他向我瞟了一阵，见我肩膀宽宽的，身子壮壮的，腿子粗粗的，对我的体力很满意。于是他问道："你家里还有什么人？"

一提起家里人，我心里一阵难受，热泪便夺眶而出。过了好一阵，我没回答出半个字，贺老总这才替我回答："他是桑植瑞塔铺人，家里很穷，入伍以前一直做苦力，他哥哥王华岩也是红军战士，被敌人抓住杀了，他母亲也死在保安队手里，他无家可归，红军就是他的家，对革命十分忠诚。"贺老总真是我们的贴心人，句句说的都是我的心里话。

任弼时政委听了贺老总的介绍，脸上出现了十分同情的神采。又问了我一些别的问题，然后交代道："以后行军你就挑电台，部队宿营时你就好好学习，有弄不懂的问题可以问我们。"

从此，我每天挑着电台走，电台不重，不过 30 来斤，我找了一根结结实实的扁担，一头挑电台，一头挑被子，恰好不轻不重的一担。我爱护电台，胜过爱护自己的生命，无论刮风下雪，跋山涉水，电台从不离开我的肩膀。为了防止坏人发现我挑的是电台，我找了一块破油布蒙在上面，别人以为我挑的是什么不当紧的东西。

11 月 19 日清晨，我们红二、六军团以毛主席率领的中央红军为榜样，从桑植县刘家坪出发，开始了举世闻名的长征。长征途中，每天要走六七十里，有时要走 100 多里，国民党反动派又前堵后追，天空有飞机轰炸，地面有大炮阻拦，非常艰苦。行军时，我一般都和军团首长一起走，贺老总常对我说：“王华成，你肩上的担子不轻，可别掉队呀。”开饭时，他也经常开玩笑说：“王华成，你要多吃一碗啊。”任政委也非常关心我，每当部队宿营以后，除了学习外，他就叫我抓紧时间休息，说这样行军时才有精神。

有一次，部队到了贵州东部，在一次急行军中，我跑得浑身淌汗，心里像火烧，口干得要命，便把电台一放，伏在一条溪边喝生水。这时，贺老总恰好从后面跟上来，高声叫道：“王华成，你喝生水，拉起肚子来怎么办？”

贺老总一句话提醒了我，我把喝进口里的一点生水“哗啦”一声吐了出来，挑着电台又急忙赶路。贺老总到了我身边，耐心开导我说：“以后不要喝生水了，得想办法买一个水壶，行军前烧点开水带着。”

“是！一定想办法买水壶。”我把贺老总的话记在心中，时刻留心买水壶。可是兵慌马乱，环境很苦，这水壶到哪里去买呢？

有次部队宿营下来，打了一家大土豪，我得了一个玻璃壶，可盛两斤多水，请示首长后，我便把它带上了。以后又从财主家里得了一个熬鸦片的铜瓢，还准备了一点茶叶、姜片之类的东西，这样每次行军前，我就烧一壶开水带着，有时路上喝完了，我趁休息时找几根柴火，用三个岩头把铜瓢一架，又烧起开水来。这样，不但我自己吃水方便，还为战友们解决了不少困难。贺老总有时口渴了，也把我的水壶要过去喝一口，但他每次都喝得很少，喝过后还开玩笑道：“这是仙水，吃了长生不老。”

在过雪山草地时，粮食早吃光了，不仅要啃皮带、鞋底、树皮，野草，而且吃水也十分困难。有时吃了有毒的水，常常拉肚子，甚至丧命。我因带着“宝胡芦”，坚持不吃生水，从没害过病。我还拿着“宝胡芦”救了不少战友。有一次，我同贺老总、关向应等军团首长走着，发现路旁躺着几个人，贺老总对我说：“王华成，你还带得有‘仙水’吗？”我急忙放下肩上的电台，用手在他们嘴边探一下，还有一口气。我高兴地说:“有救!”说着,我便解下“宝胡芦”,给他们每人喂了一点姜茶水,不一会,他们竟然站起来了。这时,贺老总夸我道:“你这‘仙水’真灵”。后来,那几位同志在贺老总的鼓舞下,走出了草地。

在贺老总的教育鼓励下,我挑着电台跨过了万水千山,整整历时一年,终于到达陕北,完成了党交给我的光荣而艰巨的任务。(张二牧记录整理)

选自中国社会科学院现代革命史研究室编:《回忆贺龙》,上海人民出版社1979年11月版,第437—442页。

王华成,1929 年参加中国工农红军,后跟随红二方面军长征。

刘伯承在红六军团

贺庆积

一

我第一次见到刘伯承，是长征途中红二、六方面军①在甘孜会师的时候。1935年11月，红二、六军团撤离湘鄂川黔根据地，开始长征。我红六军团在肖克、王震率领下，转战黔、滇、川，经过几个月的艰苦行程，于5月22日到达川西南的稻城。这一天，王震政委向大家宣布了一个好消息：红四方面军派三十二军到理化迎接我们，两支部队准备在甘孜会师。

从稻城出发，一路上同志们议论最多的就是会师的事儿。特别是听说红军总部也在甘孜，在那里能见到朱德总司令、张国焘总政委、刘伯承总参谋长等总部首长，都很兴奋，行军更有劲了。

指战员们盼望的这一天终于来到了！

6月22日，红六军团到达甘孜附近的普玉隆，与四方面军会师了。老大哥部队热烈欢迎我们，为我们打扫房子，准备了粮草、牲畜，还送来一件件战士们亲手打的毛衣、草鞋和雨具。战友的深情厚谊，驱走了我们长途跋涉的劳累，带来了一片片欢声笑语。

① 应为红二、六军团与红四方面军在甘孜会师。

为了部队下一步进军陕甘宁后有一个较大的发展，在普玉隆，红六军团根据总部的指示，由原来的三个师整编为四个师：模范师、十六师、十七师、十八师。我被任命为十七师师长。

26日，朱总司令、刘总长来到红六军团驻地，看望慰问部队，并给连以上干部作报告。开会前，肖克、王震向朱老总、刘总长介绍了红六军团师以上干部。朱老总、刘总长和我们一一握手，道问辛苦。朱老总我过去曾见过一面。那是1928年春天，朱毛红军解放了我的家乡永新县，我作为乡苏维埃主席和党支部书记，带领赤卫队、少先队和乡亲们到永新城参加祝捷大会，见到了朱军长和毛委员，还听他们在大会上讲了话。一晃八年过去了，又见到朱老总，感到格外亲切。他还像当年那样淳朴可敬，只是人有些黄瘦。刘总长我虽然没见过面，但早已久闻大名了。传说这位川中名将，用兵如神，百战百胜。他不仅熟知中国古代兵法，还翻译了外国军事著作。……在刘总长和我握手时，我很激动，他那魁梧的身躯，戴着眼镜的稍宽的前额和威武的军人气质，给我留下了深刻印象。

随后，朱老总和刘总长在热烈的掌声中给我们作报告。他们分析了中国革命的形势，讲解了中央的战略方针，提出了红军所面临的任务。两位首长的讲话，使我们这些长期疲于行军作战的干部如久旱逢甘霖。同志们如饥似渴地听着、记着，会场上不时爆发出掌声、笑声——面对着红军的总司令和总参谋长，大家的崇敬和仰慕之情是难以言喻的。

两天之后，刘总长再一次给我们作报告，他专门讲述了部队进入西北区行军、作战和宿营等问题，他的报告内容丰富，结合实际，是一堂生动的军事课，为我们下一步的行动提供了宝贵的经验。

30日，红二军团到达甘孜以西的绒坝岔等地，这样，两个方面军完全会师了。为了庆祝胜利会师，7月2日①，在甘孜的喇嘛庙召开了隆

① 一说7月1日。

重的联欢会。会上，我又一次见到了朱老总、刘总长，同时也见到了张国焘和红四方面军的首长。当时，徐向前总指挥率领部队在前方，所以没能见到，大家都感到很遗憾。联欢会上演出了反映红军战士生活的文艺节目，给我印象很深的是刚从苏联回来的李伯钊、张菊秋两位女同志跳的芭蕾舞，很新鲜。

部队在甘孜休整了十多天，这段时间，我看到红二、六军团的贺龙、任弼时、关向应、肖克、王震等首长都十分敬重朱老总和刘总长。贺龙曾和朱老总、刘总长一起领导过南昌起义，这次老战友重逢，无比欢欣。肖克军团长后来曾说过：他参加南昌起义那天，没见到刘伯承同志，在起义的第二天才从布告上知道了这个名字。后来在中央根据地，只要得到刘伯承同志的军事译著，就专心研究，爱不释卷。在甘孜见面后，促膝相谈，对这位良师大有相见恨晚之感。……军团首长们和朱老总、刘总长的革命友谊，在红军指战员中传为佳话。

甘孜会师后，正式组建了红二方面军，下辖红二军团、红六军团、三十二军。随后，部队开始了过草地的准备工作。7 月上旬，红四方面军为左纵队，红二方面军为右纵队，先后从甘孜地区出发了。

二

刘伯承同志是随红二方面军一起过草地的。在甘孜时，他向总部提出随二方面军行动，得到了同意。他还兼任了随营学校的校长。

在红军三大主力中，红二方面军是最后过草地。我们红六军团十七师又是全军的后卫，还担负了收容任务，所以条件更为艰苦。水草地不单是路难走，而且气候恶劣，最困难的是饥饿的威胁。断粮后，开始还能挖到野菜和捡到前面部队丢掉的腐烂的马骨头充饥，到后来连皮带、马鞍、皮草鞋都煮烂烤焦吃掉了。

刘伯承曾随四方面军在草地走过一个来回，这次随二方面军行动，是他第三次过草地。他给部队介绍草地的特点，讲解草地行军的注意事项，鼓励大家向困难作斗争。在草地行军中，我们六军团几次遇到反动骑兵的袭扰，由于刘总长亲自向部队传授打敌人骑兵的战术和经验，使部队减少了伤亡，击溃了反动骑兵，还缴获了一些马匹。

部队在草地中走了一个月，经过阿坝，到达包座，这时，粮食早已吃光了，饥饿严重威胁着指战员的生命。为了能坚持走出草地，必须设法找到粮食。听藏民向导说，离包座20多里的东北方向有一个反动武装盘踞的寨子，可以搞到给养。师部经过请示军团首长后，决定打下这个寨子，以解决部队的燃眉之急。经侦察，通往寨子途中有一条河，是白龙河的支流，虽然不太宽，但流速很急，不易涉渡。于是，我们组织战士们用被单、绑腿拧成大绳，选择水浅的地段，派水性好的战士游过去，将绳子固定好，让战士们抓住绳子涉渡过河。大约过了一个连的兵力，上岸后，翻过几座小山，然后从两山之间的一条通道向山上的寨子发起攻击。经过一个多小时的战斗，攻破了寨子，缴获了一批粮草、牛羊和财物，还有不少火腿和猪肉，这些救命粮草，解决了部队的大问题，挽救了不少战士的生命。我们还给军团部和友邻部队送去了一些粮草。这次行动，受到了军团首长的表扬。

部队从包座出发，翻过天险腊子口，终于在9月1日走出草地①，到达哈达铺。

在哈达铺，红二方面军召开军事会议，决定按中央指示，进军甘南、陕中地区，开辟临时根据地，进行休整补充。

9月中旬，二方面军分三个纵队从哈达铺出发。其中，红六军团为左纵队，我十七师为前卫，首先到达甘南地区的礼县，按上级部署，准备围城打援，相机占领县城。但由于部队长途跋涉，比较疲劳，加

① 一般认为到达包座即已走出草地。

之守城敌军为国民党主力，工事坚固，火力凶猛，因而在我扫清外围之后，几次用云梯攻城未克，造成了人员伤亡。后因敌人援兵已到，攻城无望，我师撤出战斗。此后，我红二、六军团主力攻占两当、徽县、成县、康县，我十七师又奉命围攻凤县，牵制宝鸡方向之敌，掩护主力右翼安全，并占领了凤县城北高山的敌人据点，这样，我红二方面军实现了原定计划，开辟了甘南根据地，并开始发动群众，补兵扩军，休整部队。

在成县境内靠近清源河畔，有一个曲了镇，在甘南休整期间，刘伯承同志就住在这里。他在这里筹建了红军学校，并亲自兼任了校长。当时，清源河畔还传出一段佳话，刘总长和汪荣华同志在那里举行了俭朴的婚礼，结成了革命伴侣。

就在红二方面军于甘南地区休整之际，国民党调集重兵对我实施“围剿”。由于张国焘的错误路线作梗，阻挠党中央静宁、会宁战役计划的实施，延误了时间，使二方面军处于孤军作战的危险境地。为摆脱困境，二方面军决定撤离甘南，继续北上，与一方面军会师。在此次北上转移中，由于敌人层层设防，围追堵截，企图将我消灭于甘南，因此部队边走边打，战斗频繁激烈。

当时，刘伯承同志带领红军学校随部队北上，并参加部队的组织指挥工作。因此，使我有较多的机会接触了他，对他高尚的革命气质和卓越的军事才能，有了更多的了解。

我们红六军团新任军团长陈伯钧是从四方面军调来的。他对刘总长很熟悉，也很敬重。他给我们讲了一些党内斗争的情况，使我们得知野心家张国焘一手遮天，排斥打击朱德、刘伯承等一批坚持正确方向的同志，而刘伯承同志忍辱负重，和朱老总一道跟张国焘的错误路线进行斗争。刘总长的坚定革命立场和无私博大胸怀，令我十分钦佩。

听过刘总长报告和讲话的人，都会感到，他作为红军的总参谋长，胸中始终装着中国革命的全局。他那浓重的四川口音，讲起话来简短、明确、沉稳、浑厚。他对革命形势的分析，对军事战略的阐述，高瞻远瞩，雄才大略，常令人耳目一新，茅塞顿开。

刘总长作为军事家，在指挥我们行军作战中，最崇尚《孙子兵法》中“谋攻篇”里的“知彼知己，百战不殆”名句。他极注重了解敌情我情，亲自观察地形，仔细询问向导，以求每次行动必有准确决断，决不莽撞，这也是他成为常胜将军的重要条件。

记得在部队强渡渭河之后，我们曾在刘总长指挥下打过一仗。当时，我十七师与三十二军作为一个纵队，在刘总长指挥下一起行军。刘总长虽然头部负过伤，右眼失明，但他天资聪颖，有着非凡的记忆力。行军途中，凡是他察看过的地形地物，询问过的村镇道路，只要一遍，就刻在脑子里。十几 20 几个地名决无遗漏，就连走哪条路要翻几座山，过几条河，河上有几座什么样的桥，都讲得清清楚楚，真叫人暗暗称奇。

一天，部队在行军中遇到敌人，经侦察，是国民党王牌王钧的第三军所部，奉命来阻击我们。刘总长分析判断，这是敌人的先头部队，企图打乱我行军部署，牵制我军，待敌主力赶到后进而将我歼灭。刘总长命令三十二军军长罗炳辉、政委李干辉和我十七师领导，组织部队，协同作战，由我十七师正面出击，三十二军进行侧击，务将敌人击溃，掩护主力北上。他要求我们行动果断、勇猛，打敌人个措手不及，同时注意避免与敌主力接触。

接受命令后，两军立即组织兵力，向敌人发起反击。敌人在我师正面猛烈攻击下，又遭到三十二军侧击，难以抵挡，溃败下去，为掩护部队顺利通过，我出击部队又追出十多里，抓获了敌人一批俘虏，没等敌后续部队赶到，已边打边退，撤出了战斗。

这次战斗，由于刘总长判断准确，决心果断，战术得当，不仅击溃了敌人，使主力部队摆脱了敌人的堵截，还有所缴获。两支部队的顽强战斗作风，受到了刘总长的表扬。

刘总长在二方面军这段时间，言传身教，为我们树立了红军名将的一代风范。我从刘总长身上，学到了很多宝贵的经验，使我在后来的战斗岁月里，身体力行，刻苦实践，率领部队打了不少胜仗。

三

刘伯承同志在红军三大主力会师前夕，不幸挂彩了。

当时，红二方面军冲破敌人层层封锁，已进入甘肃、宁夏交界地区。这一天，刘总长率领红军学校同红六军团一起行军，我们十七师担任全军的后卫。部队在汉中时打了敌人两辆汽车，缴获了一些布和军用物资，用牲口驮着，另外，还赶着有几百只羊跟在军直机关后边。

部队出发不久，就进入山区。山脉是南北走向，两山之间是一条狭窄的山沟，沟底很深，山梁和沟底都有弯弯曲曲的羊肠小道，直通山外。整个山都是光秃秃的，和富饶的甘南地区相比，显得很荒凉。据向导讲，走出山沟不远就是西（安）兰（州）大路了。

部队沿西侧的山梁行进，由于下雨，路很滑，不太好走。这天行军，刘总长和爱人汪荣华跟随营学校在一起。陈伯钧军团长跟军直机关行动。王震政委和我们十七师一道走在后面。我们几个师领导骑在马上，边走边听王政委讲古论今，他的乐观情绪感染着大家，驱走了行军路上的寂寞。

上午 10 点左右，突然从山的西边传来了枪声，我立即带上担任后卫的连队向山头奔去，冲上山顶，发现是胡宗南的部队来堵截我军，正向山头逼近，已和我警戒哨接触。敌情紧急，不容犹豫，我当即命令部队迅速展开，占领有利地形，组织火力，压制敌人，掩护大部队前进。

由于我们及时占领了制高点，有效地阻击了敌人。敌人几次组织向我山头阵地进攻，都被我火力压了下去。这时，整个部队加快了行军速度，沿着山梁跑步前进。红军学校的队伍下到了沟底，沿沟底的羊肠小道前进。我用望远镜观察，发现在山的东侧，距我们有十几里路的一块平坝子上，有一支敌人骑兵部队，但该敌只是在坝子上遛马，没有向我进攻的意图。原来这是敌东北军何柱国的骑兵军，他们虽然接到了阻击我军的命令，但由于东北军反对内战，拥护抗日进步意识，使他们不愿与红军为敌。因而他们只是做做样子而已。这样一来，使我军免受敌人夹击，减少了部队伤亡。

战斗打响后，两个架次的敌机轮番向我们行进中的队伍俯冲扫射和投弹，由于山沟里光秃秃的，难以隐蔽，造成了人员伤亡。驮布和物资的牲口以及羊群，也被敌机炸散了。但最使我担心的是刘总长夫妇和军团首长的安全。我一边命令部队继续顶住进攻之敌，一边组织火力对空射击，迫使敌机提升高度，不敢低空扫射投弹，以减轻人员伤亡。战斗持续到下午 2 时许，大部队已安全通过山区，我后卫掩护部队开始撤出战斗。谁知这股敌人穷追不舍，一直追出山沟，这时，一方面军一军团接应我们的部队赶到了，他们掩护我们通过公路，并将追敌击溃了。

部队宿营后，我才得知刘总长夫妇在山沟里都被敌机炸伤了，心里万分焦急，立刻带上师卫生部长唐国华和师里最好的医生黄升仁（曾是红军总政治部主任王稼祥的保健医生）向随营学校的宿营地奔去。

刘总长和汪荣华同志被安置在一处稍宽敞的民房里。刘总长是让一块弹片炸进了臀部，由于失血较多，脸色苍白，但精神还好。汪荣华同志小腿被炸伤，伤势较轻，还可以活动。我进屋后，给刘总长敬了礼。他躺在炕上，向我点头示意。我向他表示慰问并询问了受伤情况。他对我说："谢谢你们，今天行军，山沟路窄，又下了雨，很不好走。要不是你们行动果断，压住了敌人，部队损失就大了！"刘总长的话，说得我心里热乎乎的。我不放心他们的伤口，就让黄医生打开作了检查。刘总长伤处弹片部位较深，当时没条件取出来。刘总长风趣地说："留在那里，作个长征路上的纪念吧。"（后来据汪荣华同志讲，这块弹片在刘帅病故后，已在骨灰中找到了）黄医生又仔细地给刘总长夫妇处理了伤口。我叮嘱唐部长，让师担架队给刘总长这里派一副担架，另外看还需要什么药品，一块送过来。为了让刘总长早点休息，我就告辞了。刘总长在微亮的马灯下，望着我深情地说 :“谢谢你，贺庆积同志。部队很快就要会师了，就要见到党中央和毛主席了。我们新的任务是奔赴抗日前线，打败日本侵略者。希望你努力学习，好好工作，多打几个胜仗！”

“是！”我坚定地回答说，“我一定记住首长的话。”

离开刘总长后，过了两个多月，我又见到了他。那是 1936 年底，部队缩编后，我们一批师以上干部调到保安红军大学学习，后转到延安抗大。汪荣华同志和我在一个队。当时，朱老总给我们讲中国革命史，刘总长讲军事课。抗大毕业后，我一直战斗在前方，直到全国解放后，才又见到了敬爱的刘伯承首长。

选自《红六军团征战记》下，解放军出版社1994年6月版，第557—566页。

我见到王震同志

邓东哲

一

1934 年 11 月 13 日，骄横的敌人一直追击我们，迫使我们匆匆赶到湘西永顺城北 45 公里处的龙家寨。

龙家寨以北有块十万坪谷地，南北长约七公里，东西最宽约二公里，谷底平坦，无险可守，而谷地两侧却树林茂密，绿树成荫，山势较缓，这是个有利部队荫蔽和各路出击的好地形，军团首长决定我们和二军团一道在此伏击敌人。

命令下到部队，红军将士斗志旺盛，早就盼望这一天。红二、红六军团会师时，中央红军已撤离中央苏区，沿粤赣边境向湘南开进。为配合中央红军的长征和开辟新的根据地，红二、红六军团于 10 月 28 日从南腰界出发东进，向湘西发动攻势。可敌人调集重兵企图阻止红军进入湘西。为调动敌人，红军经过湖北咸丰县的百户司向龙山前进。当敌人北进到龙山以南招头寨附近时，我们又突然急速东进，甩开敌人，于 11 月 7 日乘虚袭占湘西永顺城。可是到了 13 日，敌人三个旅又逼近永顺城。为诱歼敌人，我们又主动放弃永顺城北称，并以少量兵力保持与敌交火，边战边退，在行进过程中寻找战机。恰在这运动中，我们侦察到这块好地形，并将部队展开在谷地两侧的森林里，只待敌人进入伏击圈。

那时我在五十三团四连当指导员，自从 8 月从湘赣根据地出发，我连有时担任先头开路、警戒任务，有时担任后卫阻击敌人、掩护主力部队行进，冲破敌人数月的围追堵截和不分昼夜的飞机扫射和轰炸，连队伤亡已上一半。但一听要在这里打一场伏击战，个个都摩拳擦掌。

正在我们作战斗准备的时刻,军团政委——我们的“王胡子”来了，作战的关键时刻，军团首长总是亲临第一线作战前动员和指挥作战。王震同志穿一身浅蓝色红军战士服，束着腰带，一双草鞋穿在赤脚板上，细瘦的个头，最引人注目的是他脸上那黑碴碴的胡子，我们喜称他“王胡子”，一双明亮果敢的眼睛不停地转动着，扫视着我们六军团排以上干部。他两手叉在腰间的皮带上，声音洪亮地给我们作战前动员：

“……我们不走了，坚决打好这一仗，消灭尾追敌人，就在这里创建根据地！”

就在这里创建根据地！这像春风一样吹遍每位干部的心田。数月转战，我们吃尽了没有根据地的苦头。红军战士不怕苦，不怕死，只怕挂重彩。在转战进程中，挂重彩的干部战士只好寄养在当地，我们付给银元，可是部队一转移，当地的土豪劣绅和地痞就报告，一批批重彩的红军战士惨死在敌人的屠刀下。现在要在这里建立根据地，就像孩子有了家一样。有了根据地我们就有战争的主动权了，红军将士也有了可靠的依托。

听了王政委的动员，我们立即回到部队，将军团首长的作战意图化为每个指战员的行动。

11 月 16 日下午，敌人两个旅毫无察觉地进入我伏击地域，红二、红六军团向敌人发起猛烈攻击。敌人措手不及，乱成一团。我们乘势冲下山谷，与敌展开搏斗。

这一仗打得很漂亮。经过两个多小时激战，歼敌两个旅大部，并在龙家寨击溃敌人另一个旅，共俘敌 2000 余人，缴枪 2000 余支，给敌人以歼灭性的打击，迅速打开了湘西的局面。

经过几场战斗，于 11 月 26 日，我们就创建了湘鄂川黔根据地。

二

1935 年 6 月 23 日，我们红军的一部分兵力围困了龙山守敌，大部红军分散开展地方工作，发动群众，建立革命政权，扩大红军队伍，同时休整备战，准备攻下龙山，逼走来凤①守敌，以这两个城市为中心扩建苏区。

部队经过休整扩军，情绪很高，尤其是要在这一带扩建苏区，给长期转战的红军将士带来新的希望。

7 月初，红二军团的部分兵力围困龙山，其他主力和我们六军团一起打援。打援未能大量歼敌，而来凤守敌又得到加强，陶广纵队又集中了十个团的兵力继续增援龙山，情况很危急。军团首长命令我团立即赶到招头寨阻击敌人。我当时在五十团任总支书记，随我团一营急行军一天百余里，赶到招头寨。本想赶到目的地立即占领有利地形，构筑阵地，迎击来犯之敌，可万万没想到我们赶到招头寨，敌人已经占领了招头寨以东、以北的山头。

两军对峙，枪炮声不绝。敌人的飞机在我们的山头上盘旋、轰炸，山上的松树一棵棵被炮弹劈断，柴木抛向半空，又飘落下来，阵地上硝烟弥漫。

一阵阵飞机轰炸、火炮轰击，敌人又向我发起进攻。战斗打得异常的激烈，敌人的火力格外的猛。火炮刚过，敌军已攻上山来，我带领一营很快向敌开火。战斗打得很残酷，一营长在战斗中壮烈牺牲。

---

① 原文误为来风，本文统一为来凤。

敌人又一次被打下去了。阵地上火光一片。为迎击敌人的反扑，我们不顾战斗的疲乏，马上加固临时阵地。我正在检查阵地时，军团政委王震在十七师师长苏杰的陪同下来到了山头。我看他的模样，满脸胡子拉碴，一副严肃的表情，战斗的激烈残酷，夺走了我们许多红军将士的生命，我理解军团首长的心情。王震同志视察我们山头后严肃地指示：坚守阵地，坚决打退敌人的进攻！

最艰难的时候，军团首长总是出现在我们面前。我又组织一营的同志加固阵地，随时准备投入战斗。

后来的战斗打得更为残酷，我们尊敬的师长苏杰同志在战斗中不幸牺牲。当又一次打退敌人进攻后，我们奉命主动撤出阵地。此时，红二、六军团已主动放弃围攻龙山的军事行动，实行转移。

撤离招头寨，又一次见到王震同志时，我惊讶不已：白色的绷带将他的左臂挂在肩上，左胳膊的绷带上隐隐地印出鲜红的血。原来在招头寨的战斗中，敌人的子弹打伤了他左胳膊。他胡子拉碴的脸上沾满了烟尘，更显出神态的严峻。

我们上前去问候他，他还宽慰我们几句。他要我们赶快行军，避开数倍于我的敌军的追击。我们跑步去赶队伍，回首望去：他仍在看着我们，负伤的左胳膊挂在肩上，右手举过头顶，向我们频频挥动着……

三

1936 年 7 月 2 日①，红二、六军团到达甘孜地区。三天后，中央军委②电令我们组成中国工农红军第二方面军，所属红二、红六军团的番号不变，另将第三十二军编入红二方面军建制。从此，红二方面军重新

① 一说7月1日。

② 应为中革军委。

得到中央的直接指挥。

就在7月2日，红二、六军团同红四方面军主力在甘孜胜利会师。但张国焘仍坚持反党分裂活动，在红二方面军中散布流言蜚语。红二方面军的领导和广大指战员坚决抵制和反对张国焘的罪恶活动，在红军将士的坚决斗争下，张国焘被迫接受了红二、红四方面军共同北上同党中央和红一方面军会合的行动方针。

7月11日，红二方面军组成两个梯队从甘孜出发，随红四方面军左纵队跟进，经日庆、阿坝、包座等地，向哈达铺地区前进。

经过长途行军，我们赶到了荒无人烟的草地边沿，作了一定的准备工作，部队就开拔。草地沼泽连绵，无边无垠，许多战友踩进泥泞的沼泽地，再也没有拔起脚，给我们留下了永恒的塑像。天气变幻无常，忽晴忽雨，忽风忽雪，许多战友在这夏日的深夜里，活活冻死在茫无边际的草地里。最令人心焦的是饥饿。有的战士不听指挥，自觉肚子大，饥饿感强，就不守纪律，将带上的青稞面早早吃光。大家只好匀着吃，由于前面红四方面军通过，途中可食的野菜野草基本采尽。前面的路程还很长，为保障部队通过草地，军团首长命令：偷吃粮食要严肃执行纪律。

我们都明白严肃执行纪律是怎么回事。当时，我在十七师任组织科长，负责全师的收容和将每天因各种原因减员的情况报告师首长、军团首长。

就在这时，部队反映我师政治部主任骑在马上吃炒面。现在看来是件很不起眼的小事，可当时，部队将这些情况报告了军团政委王震同志。

我跟随师政治部的队伍向前开进。开到前面的一个路口时，我们看见了“王胡子”，他横眉竖眼，直盯着我们的队伍。我们也不知他何时赶到了我们的前面。看到王震同志严肃气愤的面容，我想，今天肯定有什么事了。

当我们的队伍走近他时，王震同志指着师政治部主任破口大喊：“你倒好，别人饿肚子，你骑在马上吃炒面，看你有这个脸！”

他边嚷边怒气冲冲地跑过来，一把将这位同志拽下马:“跟我走！”

很快，这位同志被撤销了师政治部主任的职务。

这件事对部队震动很大，上上下下严明了纪律，提高了部队的凝聚力，也大大提高了部队过草地的信心和决心。同时，王震同志严于要求干部,严明组织纪律的形象也深深地烙在全军团指战员的脑海里。（王贤根整理）

选自《红六军团征战记》下，解放军出版社1994年6月版，第88—92页。

跟随王震长征[①]

贺劲南

一、首战龙家寨

红二、六军团胜利会师后，结束了红六军团的西征。他们在黔东南阳界进行了短暂休整后，作好了继续长征的准备。

红二军团是从湘鄂西苏区转战出来的，原黔东苏区创建比较晚，地区范围小，根据地还不很巩固，还要继续发展，进一步扩大和巩固。红二军团生活较艰苦，但指战员对我们红六军团很热情。他们节衣缩食，送来许多慰问品，采取多种形式进行慰问活动，体现了红军战士阶级友爱的深厚感情，加强了两军团的友谊和团结。黔东苏区党政领导和人民群众组织慰问团，抬出大肥猪，来到部队，对红六军团的到来表示热烈欢迎和亲切慰问，军民团结亲如一家人，给我留下了难忘的印象。

向湘西进军

中央红军长征是从 1934 年 8 月[②]开始的，红军向哪里去呢？这是大家最关注的。红二、六两军团在贺龙总指挥和任弼时政委的统一领导

① 摘自贺劲南：《跟随王震长征》第三至第十部分，本文做了编辑处理。

② 此处指的是红六军团西征时间，中央红军长征从1934年10月开始。

与指挥下，开始向黔东西北前进，挺进酉阳。兵临城下，敌人吓得不敢出城迎战阻挡。红二、六军团也没有攻城，由北调头改为向湘西进军，攻占永顺县城。守敌没有大的抵抗，闻风溃逃。广大人民群众听到贺龙的红军回来了，特别高兴，手持各种颜色的小旗夹道欢迎。贺龙的名字在湘西、湘鄂西洪湖苏区是家喻户晓的。他领导这些地区的人民群众闹革命，在群众中享有崇高的威望。因此，红军进城后，军纪严明，秋毫无犯，严格执行“三大纪律”和“八项注意”。群众的思想顾虑很快打消了，社会秩序很快恢复正常，商店照常开门营业。有些市民开始不了解我党和红军的政策，听信敌人的欺骗宣传，吓得逃离或躲藏起来，经过宣传党的政策，红军很快得到群众的拥护和支持，国民党的反动欺骗宣传很快就被事实揭穿了。

红军在城里停留了十来天，放手发动群众，做深入调查研究工作，宣传党的政策，打土豪、开仓济贫，打开监狱释放被关押的政治犯，广大群众得到实惠，扬眉吐气，青壮年纷纷踊跃报名参加红军。部队得到了扩大,物资得到了补充,战士体力得到了恢复,政治影响得到了扩大，战斗情绪和战斗力得到了提高。时间虽短，收获却很大，震慑了敌人。对此,湖南军阀何键慌了手脚,调集湘西陈渠珍所属的龚仁杰、周燮卿、杨其昌三个旅的兵力，伙同地主武装、土匪、民团共20多个团，向红军逼进。红二、六军团部队和军团首长决定放弃永顺县城，将部队撤到县城以东，在运动中寻找战机歼灭敌人。城东门有座木质浮桥，红军事前与当地有关方面协商，做好群众工作，征得群众同意后，红军给银元作赔偿，待部队过桥后，由五十三团参谋长周仁杰指挥部队，在浮桥上泼上汽油，放火烧掉，阻止了敌军的尾追。

敌人占领永顺城后，被所谓的“胜利”冲昏了头脑。他们错误地估计了形势，以为红军退出县城是怕于他们的势力和强大。其实敌人并不了解红军的战略战术。红军放弃这座空城是为了诱敌深入，达到全歼来犯之敌的目的。因此，红军前面走，敌军就后面跟，敌军被引出城外，继续尾追。红军则寻找战机在运动中歼灭它。就这样，红二军团走前卫，红六军团走后卫，我们十七师五十一团是走两军团的最后卫。果然，敌人被我引出，中了计，大摇大摆地沿着红军走过的路线跟了上来。军团首长几次设埋伏没有成功，敌人根本没有察觉红军会设埋伏，杀回马枪来歼灭他们。当时，我们有的人也有不同的想法，认为敌人竟然在后面紧跟，为什么不打他呢？有一天，大家见肖克、王震率领师团领导干部，骑着马跑前跑后的，指战员们便议论纷纷，猜测快要打仗了。部队求战心切，有许多战士都高兴得跳了起来。但他们不了解首长们的意图，到底怎么打法？摸不准。行进中，红军在十万坪埋伏了一天，准备打伏击战，结果敌人不敢进入红军的设伏地带，使伏击战没有打成。红军继续前进，敌人依然尾随在后，沿着红军走过的路进犯，吓得老百姓都跑了。他们每到一处，就偷鸡摸狗，奸淫抢劫，抓民夫，无恶不作。民众群情激愤，恨之入骨，谁好谁坏，心里最清楚。广大民众报名参军，给红军送情报，抬担架，当向导带路，希望红军早些把害人虫消灭掉。

龙家寨伏击成功

10 月 16 日，在龙山县龙家寨、十万坪、杉木村一线，红军摆下了天罗地网般的口袋阵势，等待敌人进入埋伏圈之内，关起门来打狗，并将跟在后面的尾追之敌全部歼灭。战斗胜利结束之后才知道，龙家寨战斗是在贺龙和任弼时统一领导、英明指挥下进行的，肖克、王震是这次战斗的前线总指挥。红二、六军团会师后，首次并肩团结战斗，首战告捷。

龙家寨是个集镇，有几百户人家，商贸很繁荣。红军的伏击区是一条大川，两边都是起伏不平的大小山包，山上都有茶树、桐树及森林，大川里尽是水稻田。当时，庄稼尚未收割完，晚作物还在地里等待收割，地形对红军打伏击很有利。

当时，红军的伏击圈是这样布置的：红六军团三个步兵团摆在最前面，五十一团在正面，左右两侧高地均为红军轻重机枪阵地。红二军团既是突击队又是预备队。这个部队的特点是连队人员充足，武器装备优良，各连都有两挺轻机枪，行军速度快，善于爬山涉水，走夜路，打夜战、运动战和追击战，且对民情地形都很熟悉。他们与红军主力部队肩并肩一线摆开，准备到时候当突击队全线出击。

红十七师五十一团摆在正面。肖克、王震的指挥所就设在团重机枪连阵地上，电话都架通了。连长肖飞把六挺重机枪架起来，挖了掩蔽工事，全部伪装起来了。那天下午，肖克、王震率参谋、警卫人员来到五十一团指挥所，视察兵力和火力配备情况。军团长肖克对团长郭鹏说："部队要轻装。昨天敌人没有来，今天一定会来"。王震来到肖飞跟前，拍着他肩膀说："你们重机枪的火力配得很好，我们这一仗一定要打好，打一个漂亮的胜仗，来庆祝二、六军团胜利会师，庆祝苏联十月革命节纪念日"。当时，我就站在肖飞连长跟前，王震转过身用手摸了摸我的头，笑着问我是哪里人，今年多大了，是什么时候当红军的，家里还有什么人？又问我打过仗没有？等等。开始，我心里还感到有点紧张，但是我还是回答了首长的问话。王震最后笑着"噢"了一声说："你是老表，是苏杰政委的同乡啊！"苏杰站在他身边也发出了微笑。从此，我才知道，苏杰政委也是永新县人。可想而知，我当时认识了军团首长，能不感到特别高兴吗？

果然不出所料，就在那天下午，敌军陈渠珍指挥的三个旅及地方团队总兵力 20 多个团，贸然进犯，果然中了我军计谋。敌人在毛毛细雨下，耀武扬威，大摇大摆地陷入红军伏击圈。前卫还鸣枪搜索，红军沉着应战，没有命令，任何人不得开枪。待敌军进到预定火力点，肖克发出信号，命令开火时，四面八方的轻重机枪、迫击炮这才一齐开火。敌军顿时乱作一团，吓得晕头转向，连滚带爬，进退两难。王震从指挥所工事里站起来，胸前挂着望远镜，一手拿着驳壳枪，一手挥舞拳头，放开步伐，高声大喊："同志们，冲呀！"他快步跑到最前头，率领部队猛打猛冲，红军指战员，个个似猛虎下山，刺刀手榴弹一齐上，把敌人包围起来拼杀。敌军后续部队还来不及展开攻势，就陷入伏击圈内火力网下，全部被歼灭了。残兵败将只顾逃，抱头鼠窜。红军用火力追击，分割包围，杀伤了大量敌人。对顽抗不缴枪、不放下武器的敌人，则坚决消灭之。这次战斗，除生俘的外，击毙击伤者很多。还没有遭灭顶之灾，敌军尾部已失去战斗力，望风而逃，大部分回头向永顺县逃命。总部和军团首长命令部队乘胜前进，跟踪追击，打得残敌屁滚尿流，一败涂地。这次伏击战，从战斗开始到基本结束，只花两个多小时，就取得了战斗的全部胜利。

南方的泥路，下雨天实在难行，人一不小心，就滑倒了。红二军团走在最前面，连夜不停地跟在溃逃敌人后面追击，充分发挥了他们的长处。湘西地区，大小山上都长着茂盛的森林，敌人跑进山去是很难捉获的。当时，红二、六两军团主要追歼从大路上分头溃逃的敌人，向永顺方向前进。俗话说："兵败如山倒"，天色已黑，还下着小雨，周围及沿途零星的枪声还没有完全停止。红二军团真是名不虚传，他们爬高山，走夜路、泥路，速度就是快。敌人溃逃到永顺县，他们就跟踪追到永顺县城。土匪头子外号叫周矮子乘坐的绿泥布轿子，因城东门外浮桥被红军烧掉，还没有修复，轿子无法过河，就丢在河边上。抬轿的人会浮水的逃命了，不会浮水的掉在河里被水淹死了，淹死者不计其数。

龙家寨战斗旗开得胜，永顺城第二次得到解放。老百姓重见天日，欢天喜地，夹道欢迎。百姓们自动组织起来，协助红军架浮桥，支援前线，抬伤病员，送情报，看管俘虏，清理战场。这次战斗歼敌军两个旅的大部，击溃敌军一个旅又一个团，俘敌官兵3000余，取得二、六军团会师后第一个重大胜利。为此，红二、六军团在永顺县城召开了隆重的庆功祝捷大会。这次战斗后，部分战斗力得到充实和加强，红十七师五十团成立了，为创建新的革命根据地奠定了基础，准备了条件。毛泽东说过："枪杆子里出政权。"这是真理。红军打到哪里，就在哪里创建根据地，建立新政权，这是红军的基本任务之一。

龙家寨之战后，根据中央军委电示，红军决定以永顺县为中心，创建湘鄂川黔苏区革命根据地。省委和省级党政军领导机关也建立起来了。任弼时为中共湘鄂川黔省委书记兼军区政治委员，贺龙为湘鄂川黔边区苏维埃政府主席兼湘鄂川黔苏区革命军事委员会分会主席，王震为军区代司令员，张子意为省委副书记，夏曦为苏维埃政府副主席。中共湘赣省委随军工作团，全部转入地方参加建党建政和建设革命根据地的各项工作。

龙家寨战斗结束后，红军部队进行短时间的整训。红二军团组织报告团来到红六军团，传经送宝，开展相互学习活动。他们在五十一团作报告，介绍行军作战时的先进经验。他们的经验很好——部队行军速度之快确是惊人的。他们一天行军走100多里路，宿营后还要打两双草鞋。我们听了报告后很受教育。据我们亲眼所见，他们在龙家寨战斗中，动作神速，真是名不虚传，所以才出色地完成了追击歼敌任务。经过互相交流经验，共同得到提高。实际上，通过这次报告会形式，发扬民主，总结龙家寨战斗的经验，为红军继续战斗打胜仗作了思想动员。

12月10日，贺龙、肖克分别率领主力红军乘胜东进。肖克率红六军团突袭沅陵县未克，尔后，沿江东进攻占大庸县，在桃源与常德之间浯溪河地区歼敌两个团。郭鹏率五十一团大部佯攻常德城，掩护团侦察参谋贺庆积带领伪装成国民党军队的侦察队冲进城内，使守城敌部弃城逃跑。因见红军后续部队未及时跟上来，敌人回头把城门紧闭。进城的红军侦察队冒着生命危险，翻城墙冲出来后，放弃攻城任务，随红军主力一起攻占桃源县城。敌军对来势很猛的红军无以抵抗，闻风而逃。与此同时，贺龙率红二军团攻占桑植、慈利两县，为湘鄂川黔苏区的创建作出了贡献。

红军在桃源县城停留了十来天，时值冬季将临，于是集中全力给部队加工服装，扩大红军，筹集资财，宣传党的政策，扩大我党和红军的政治影响。由于红军纪律严明，秋毫无犯，全城市民、工商各界都纷纷支持红军，商店照常营业。有些老百姓受了国民党反动宣传的欺骗，一时不了解我党政策而跑了，部队住下后，他们亲眼所见，红军和他们是一家人，慢慢地都回来了。有不少群众见红军打开监狱，释放政治犯，开仓济贫，把民愤最大的地主恶霸予以惩处，就地枪毙，都拍手叫好，坚决拥护。许多青少年纷纷报名踊跃当红军，也有给红军送情报，当向导带路，抬担架的，军民关系十分密切。我党和红军的政治影响，很快扩大到广大敌占区人民中去了。红军在桃源县城很短的十多天时间里，得到了广大群众和缝纫工人的大力支援，他们很快将部队的棉衣、被子等都加工好，使红军战士过冬有了保证。后来，敌人的援兵到了，红军主动放弃了桃源，扩充了大批红军新战士，开赴新战区。红军是空手而去，满载而归，积极有力地配合了中央红军长征。

正如《中国人民解放军六十年大事记》(127 页) 所记载的:“红二、六军团为了策应中央红军长征，并创建新的根据地，于十月二十八日向湘西地区发起攻势作战。十一月七日，袭占永顺县城，十六日在永顺龙家寨地区，于运动战中歼国民党军两个旅大部，击溃一个旅又一个团，俘敌二千余人，缴枪两千二百余枝 (挺)。二十四日，红军占领大庸、桑植县城。二十六日，中共湘鄂川黔边省委成立，任弼时任书记，同时成立了湘鄂川黔边省革命委员会，贺龙兼主席。十二月七日，红军主力南下进袭沅陵未克，即沿沅江东进，十六日，在桃源县以北，浯溪河地区,于运动战中歼国民党军近两个团。接着占领桃源,包围常德。红二、红六军团进入湘西后，控制了永顺、大庸、桑植 3 座县城和这三县的大部地区，龙山、保靖、桃源、常德、慈利等县的部分地区，并进行了发动群众、建立政权和组织游击队的工作，至一九三五年一月，湘鄂川黔边根据地初步建成。”

二、反“围剿”斗争

红军首次东进，打到敌占区，震慑了何键军阀反动统治阶级的安宁。蒋介石乱了阵脚，调兵遣将纠集40多个团的兵力，约十几万人，于1935年春，开始向刚刚建立起来的湘鄂川黔边苏区革命根据地发动大规模“围剿”进攻。先后分兵占领桑植、大庸、永顺三县城，疯狂地四处寻找主力红军作战，妄图利用其优势，达到消灭红军之目的。当时，红军党政军及首脑机关驻塔卧，群众刚发动起来，建党建政工作也刚开始。红军东征刚返回不久，各项反“围剿”斗争，正在积极准备之中，形势相当严峻。

陈家河战斗

国民党陈耀汉率五十八师一七二旅，妄图袭击塔卧我党政军首脑机关所在地。不料刚出桑植城60余里就遭我红十七师五十一团的阻击。敌人是孤军深入，王震命令五十一团团长周仁杰率领该团投入战斗。红军抢占了有利地形，把敌人阻击、压缩在陈家河地区一线展开激烈搏斗。周仁杰亲临前线指挥战斗，团指挥所就设在前卫营阵地上。代理营长罗章在尖兵连同战士们一起战斗。

那天，天下着毛毛细雨，大小高山林木蔽日，云雾盖天，视线大受影响。雨后路滑难行。敌人向红军阵地发起多次进攻，都被周仁杰指挥的五十一团打垮了。中午，敌人发起新的冲锋，战斗打得很激烈。王震率参谋、警卫人员向枪声激烈的方向走去。刚走到一个山坡上，见到周仁杰团长由参谋、警卫人员搀扶下来，他的脸被敌弹打了个洞，伤势很重，不能说话。王震心情十分沉痛，紧紧地握住他的手，很久没有说出话来。周仁杰两眼睁得大大的，不叫痛，不落泪，意志坚强，精神振奋。

他打手势，要他身边的参谋向首长汇报了战斗情况，王震调过头对周团长说：“你们打得很好！指战员英勇顽强，坚守了阵地，杀伤了大量敌人，打垮了敌人多次进攻。后续部队马上都上来了，我们要把这孤军深入的敌人全部消灭，保卫塔卧党政军机关和苏区人民的安全。”并鼓励他下去好好地养伤。周仁杰心情沉痛，紧握着王震的双手连连点头，表示谢意。我当时还是头一次见到那动人的场面，周团长那种硬骨头革命精神，使我们在场的青年红军战士受到了非常深刻的教育和巨大的鼓舞，给我留下了永生难忘的深刻印象。

过了一会儿，前沿的枪声越来越急，王震三步并两步，快步向枪声最激烈的方向跑去，很快来到五十一团指挥阵地。他双手拿着望远镜，蹲在工事里和战士们在一起，向前方瞭望，发现运动的敌人要向红军发起进攻。因敌人在进攻前，先要集中炮火向红军阵地猛烈射击，然后，步兵再发起冲锋。因此，阵地上的子弹好像下雨一样，从我们的头上呼啸而过。王震在这种十分紧急的情况下，从不顾自己的生命安危。他一边询问阵地上的指挥员，“你们的罗营长在哪里？”一方面又不断地从望远镜里观察敌人阵地上的动静。指挥员告诉他，罗营长在最前沿尖兵连阵地上指挥战斗。王震当即从工事里拔腿往前跑，我们大家拉都拉不住。眼看敌人冲上来了，王震从工事里站起来，紧握拳头，放开嗓门高声喊叫：“同志们！坚守阵地，发挥火力，坚决把敌人打下去，把他们消灭掉！”在这个关键时刻，指战员们发现军团首长王震政委亲自来到前沿指挥战斗，顿时士气倍加高昂，轻重机枪、迫击炮、步枪、刺刀、手榴弹一齐上，打死打伤大量敌人，坚守了阵地，打垮了敌人的冲锋。就在这里，王震右手被敌弹打伤了，医护人员赶快包扎抢救。我们在首长身边的工作人员都劝他下山，离开这个不安全的地方。王震说：“我的伤势不要紧，敌人还没消灭，我不能下山离开阵地。”他叮嘱我们：“不要叫喊，一定要沉着气，要英勇顽强，坚守阵地。”他让人立即把罗章营长请来，会同营、团领导干部，共同研究敌情，组织新的反冲锋，坚决把前沿阵地上的敌人消灭掉。他命令五十一团迅速集中兵力，重新组织炮火，动员红十七师参战部队一齐上，把敌人消灭掉。罗章手提驳壳枪，腰里还别着两颗手榴弹，表示坚决执行命令，回到自己阵地上，率领全营指战员，猛打猛冲，不怕伤亡代价，发挥了尖刀作用，终于彻底打败了敌人，占领了敌人的阵地。被击溃的敌人向桃子溪望风而逃。

桃子溪战斗

敌人的师、旅指挥机关及山炮营，还有一个步兵团在那里固守待援。王震带伤督阵，命令红军部队乘胜追击。天色已晚，雨后道路难行，红军部队跟踪追击，傍晚把桃子溪包围了起来。第二天上午，红军部队作好一切准备，使敌人无路可逃，山炮不起作用，援兵一时来不了，兵临城下，只有投降放下武器才有出路。王震及时发出了总攻命令，红军部队从四面八方出击，轻重机枪、迫击炮、刺刀、手榴弹一齐上，经过两个多小时激战，就将敌军陈耀汉一个师部、一个旅部、一个山炮营和步兵三十四团全部歼灭了；缴获山炮两门，俘虏一千多名，缴获了许多枪支弹药及其他军用物资。陈耀汉率领残部逃窜，桑植城又回到了红军怀抱。

陈家河阻击战和桃子溪连续追击战取得全部胜利，保卫了塔卧党政军等领导机关和苏区人民的安全，有力地配合了中央红军长征。湘鄂川黔苏区革命根据地得到了进一步巩固和发展，取得了第一次反“围剿”的胜利。

据后来了解，早在 1935 年 2 月初，中央军委对红二、六军团的反“围剿”斗争就作了明确的指示。指示说：“你们应利用湘、鄂敌人指挥上的不统一，与何键部队的疲惫，于敌人离开碉堡前进时，集中红军主力，选择敌人弱点，不失时机的 [地] 在运动战中各个击破之。总的方针是决战防御，是运动战而不是阵地战”。指示还规定：“在湘鄂川黔苏区成立革命军事委员会分会，以贺龙为主席，任弼时、关向应、夏曦、肖克、王震为委员，统一指挥两军团的行动”①。总部和军团首长遵照中央军委的指示，运用毛泽东军事思想和作战原则，才取得了陈家河、桃子溪连续作战的胜利。

蒋介石不甘心他们的失败，又命令何键继续调兵遣将，组织新的进攻，从湖北调来张振汉纵队的四十一师、谢彬的八十五师，以及尾追中央红军北上的陶广十六师和李觉的十九师等几十个团，向红军发动第二次“围剿”进攻。企图在桑植、大庸、永顺三县地区，向刚建立起来的苏区革命根据地军民下毒手，全歼红军。

中共湘鄂川黔省委、中央军委分会做好了反“围剿”斗争的准备。党政军机关进行精简，地方民兵、游击队动员组织起来，参军参战；疏散群众，坚壁清野，转移安置伤病员，传达贯彻中央遵义会议精神，领导机关轻装，决心把敌人引到外线去作战，寻找有利战机，争取在运动战中，各个击破之，分割歼灭敌人的有生力量。

忠堡②遭遇战

1935 年夏，部队向湖北来凤县方向前进。有一天，红六军团十七师五十一团走前卫。当天，原计划在忠堡镇宿营。没料到红军侦察部队进镇后抓住敌人俘虏，发现国民党纵队司令兼四十一师师长张振汉率领四十一师正在行进中，于是，双方的遭遇战打起来了。枪声四起，敌人的前卫部队已经忠堡镇大街过去了一个团。这个团抢占了忠堡南面一个高地村庄，突击构筑工事防守；后面敌军的行军秩序已被红军打乱了。一时间，双方都飞快登山，抢占有利阵地。

忠堡镇是在一个山沟里，有几百户人家，两面靠山，当中一条大川。大山有森林，小山不见森林，有茶树和其他果木，山高低不一样，地形

① 《红军长征·综述、大事记、表册》，解放军出版社1991年版，第76页。

② 原文误为中堡，本文统一为忠堡。

很复杂。敌人有的已被分割包围，进退两难。红军总部设在忠堡镇西南角上一个山村里，红六军团指挥机关和红十七师指挥所设在一起，位于距离总部不远的西北角高地上，电话都接通了。苏杰师长跟五十一团在一起指挥战斗。战斗打了半天还没有结束。王震与总部和苏杰双方保持着电话联系，王震就守在电话和地图跟前，通宵没有合眼。他聚精会神地分析敌情，询问俘虏，指挥战斗，连饭都顾不上吃。深夜，天空不见月亮，星星也稀少，枪声和手榴弹声时断时续。突然间，苏杰师长从前线打来电话报告敌军官张振汉被活捉的好消息。王震手接电话，站起来伸了个懒腰，心情十分愉快。他松了一口气，高兴地对我说：泡一杯浓茶，放两个鸡蛋。我还做了些首长非常喜欢吃的湖南口味的饭菜，让他放开肚子吃了个饱。我们在他身边工作的每个人，见到这种情形，谁不感到高兴呢？刚吃过饭，还来不及休息，一个大个子干部，手里拿着驳壳枪，后面跟着两个红军战士，端着步枪，押送一位个子高大、身材魁梧、穿一身普通士兵服、头上包了白纱布、头发青黑、戴着眼镜的人走了进来。他低着头，规规矩矩站在一边，不敢乱说乱动。这位红军指挥员，大声喊了一声："报告"，向首长行了个军礼，双手把苏杰写的亲笔信递交给王震，然后站在一边。王震看过信，态度很严肃地说："你叫张振汉嘛"，很客气地请他坐下。张振汉很不好意思，站在那里，心里发抖，感到害怕。

王震走近他跟前，心平气和地问："你们来了多少人，准备到那里去干什么？"张不敢正面回答，表情很不自然，吞吞吐吐，你问一句，他答一句，避重就轻。一个俘虏当场揭发说，他头部没有负伤，纱布是伪装的。王震要押送人员把他头上的纱布撕下来。他急忙低下头说："我有罪，我有罪"。看样子，张振汉是个行伍出身的知识分子。王震向他做了思想政治工作，从各方面打消他的思想顾虑之后，他才坐下说了实话，交代了他进攻红军和苏区人民所犯下的滔天罪行。

夜深了。天空没有月亮，只有稀散的星星。在高山和沟川里，枪声和手榴弹声还没有停止，有时还很激烈。王震要军团侦察队长贺盛桂负责，由特务连选派得力干部和武装人员，将张振汉押送总部受审；然后把参谋请来，当面交代任务："要守好电话机，与各师和总部保持联系。如有新情况，随时报告。"看样子，王震已很疲倦，衣服都没有脱，躺下就睡着了。我见到这种情况，心里感到非常高兴。为了争取战斗的全胜，他日夜操劳，应该得到一点时间休息，希望不要有人再去打扰他。但是，他哪里能睡着呢？天还不亮就起来了，还没有顾上吃早饭，就要走。我急忙给他泡杯浓茶，放了两个鸡蛋，他连茶叶都吃光了，放下碗，就赶到总部去了。

天刚亮，王震抵达了总部驻地。沿途都有红军部队，他不骑马，精力充沛。贺龙、任弼时及军团其他首长都是通宵没有闭眼，同样没有很好地休息。王震首先去见贺龙、任弼时。会议室里已经有别的首长在等候了。总部和二、六两军团首长到齐后，张振汉被带进了会议室。贺龙先向张振汉作自我介绍说："我叫贺龙，你没有想到今天我们在这里见面吧！"张振汉坐在那里低着头，十分畏惧，不吭气。审问开始后，问到哪里，他就说到哪里，思想有顾虑，不敢多说，担心杀了他。贺龙态度严肃，一手握着烟锅，一手摸着胡子，健步走近他跟前，用讽刺嘲笑的语气问他："蒋介石要用多少银元收买我贺龙的脑袋，你知道吗？"张振汉回答："我听说过，但他办不到。我不应该给蒋介石卖命打内战，我有罪。"这时，在场的其他首长你一言，我一语，耐心规劝他改变立场，从思想上解除武装，站到人民的立场上来，敦促他向正在继续顽抗、不缴械投降的部队立即发出停止抵抗，归降人民的命令。并反复讲明共产党和红军的政策：保证他们放下武器后，生命财产受到保护。张振汉当场表示，愿意效劳。但他又说："部队已打散了，失去了指挥。"他最后说："尽自己的努力，协助贵军结束这场战斗。"实际上，他的主力经过昨天下午、晚上和今天上午的激战，已全部被围歼。只有忠堡镇以南、高地村庄的那个团，仍在构筑工事准备顽抗，如果没有炮兵，是不好消灭他们的。

当天下午，王震把桃子溪战斗缴获的两门日本造山炮和新组建的山炮营调来参加战斗。这个炮兵营长是原国民党军队的炮兵主任，刚提拔当了红军炮兵营长。王震平易近人，态度严肃又很客气地对他说："忠堡镇以南山上小村庄，敌人构筑了坚固的工事，坚决顽抗，不缴枪投降。今天我把攻坚任务交给你。我命令你把炮架起来，向高地村庄开炮。炮弹打不中，我就要你的脑袋。"这位炮兵营长站在首长跟前，开始心里有点紧张，总是点头："是、是，坚决服从长官命令，一切行动听指挥。"这两门炮的射手，这位营长心中最清楚。山炮参加战斗，在当时的红军中，我还是第一次见到。总部和军团首长都亲临阵地观察和指挥。炮兵进入阵地后，炮兵营长下令，射手立即到位。王震发出开炮命令，四发炮弹三发命中，大家拍手欢呼："打得好，打得好！"我们的步兵随后紧跟着冲了上去，刺刀手榴弹一齐上，敌人连滚带爬，缴枪投降。不到一个小时，这个敌军步兵团就被全部歼灭了。这场战斗，整整打了一天一夜，全部结束。俘虏纵队司令官兼四十一师师长张振汉等官兵两千余人，缴获许多枪支弹药和其他军用物资，取得了忠堡遭遇战的全胜。

战地祝捷会

忠堡遭遇战喜获全胜不久，1935 年 6 月 20 日，红军总部在桑植县城附近李家河召开了红二、六军团全军英模庆功祝捷大会。总指挥贺龙、政委任弼时和两军团首长都到会祝贺，并分别作了重要讲话。张振汉及被俘官兵也参加了祝捷庆功大会。刚缴获的两门日本造山炮组成红军炮兵营也参加了大会，并鸣放礼炮，热烈祝贺陈家河、桃子溪、忠堡"三战三捷"的伟大胜利。红军有了自己的炮兵，苏区军民亲眼看到大炮的威力，增强了保卫苏区、战胜敌人的坚强信心，都感到十分高兴。这可真是长了红军志气，灭了敌军威风。

王震一向十分重视战前、战后和火线上的思想政治工作。张振汉被俘后，王震专门找他谈话，进一步解除他的思想顾虑，特意摆了茶水、纸烟，派人在门口迎接，对他很尊重，态度和蔼，说话亲切，满面笑容，像接待客人一样，使他深受感动。这次会见比较自然，有说有笑，谈笑自如。他对王震将军十分钦佩，对共产党的政策口服心服，对红军的战斗胜利表示祝贺。他在王震的耐心说服下，思想有了进步，敢于谈心交心，解除了顾虑;敢于承认其反人民、进攻苏区、攻打红军、屠杀人民、打内战犯下的滔天罪行。他进一步认识到：能得到共产党的宽大，感到心情愉快和终生难忘。后来，党组织安排他到红军大学当教官，他非常高兴,一切顾虑都打消了。组织上还给他配备了一匹乘马、一名警卫员，从各方面关心他的生活和安全。对此，他很满意。他看到共产党说到做到，言行一致，便参加红军，长征到了延安。据说，他后来在全国抗战中还发挥过重要作用，产生了良好的政治影响哩。

王震对放下武器的俘虏官兵，十分注重思想上的团结教育和争取改造工作。对在“三战三捷”中俘虏的大量原敌军官兵，王震亲自召开大会，向他们作报告，宣传党的政策。王震说：“我们中国工农红军和你们是一家人。你们当中广大士兵和下级军官，在国民党军队里，是被抓壮丁入伍的，受苦受难受压迫，现在放下手中武器，站到红军一边，站到革命人民群众一边，同我们一起打蒋介石，我们非常欢迎。如果你们有人要回家,当老百姓,我们也同意,而且还给你们发路费。”话音刚落，台下响起了一片热烈的掌声，受到俘虏官兵的热烈拥护和欢迎。也有许多人当场站起来表示：他们不愿意走，要求参加红军。他们对张振汉得到宽大处理，没有枪毙感到很意外。他们说：“那么大的反动军官都不枪毙，我们这些小兵还怕什么呢？”会后，许多人不愿意走，就留下当了红军。进而用铁的事实揭穿了国民党反动派的欺骗宣传。有些被放回去的俘虏官兵，对宣传我党和红军的政策起了良好的作用。这是党的统一战线工作的成功经验。有的俘虏放回去后，认为还是红军好，他们也有跑回来的。还有在战场上携枪向红军投诚的。这样的事，经常发生，说明党的政策深入了人心，比什么力量都强大。从战场上抓俘虏充实部队，也是红军兵源补充的主要来源之一，是红军越战越强的成功经验和胜利保证。

王震善于从俘虏中发现人才，培养和使用人才，物色干部。当时，红军战士手中的武器，主要是轻重机枪、手榴弹和迫击炮。桃子溪战斗中，缴了两门日本造山炮，成立了山炮营。王震就从原国民党军队山炮营里，选拔了前任国民党炮兵主任，提拔他当了红军炮兵营长，在俘虏官兵中引起了强烈的反响，为他们指明了前途和出路，得到了他们的欢迎，使他们非常高兴。这些被俘官兵，经过很短时间的培训和考验，在历次战斗中发挥了强大的瓦解敌军、壮大红军的作用。这在红军指战员当中，普遍反映也是很好的。红军有了自己的炮兵，对攻坚战增强了信心，在对敌战斗中发挥了威力。我们缴获的这两门日本造山炮，伴随红军长征，转战于万水千山，爬雪山、过草地，历经了战火洗礼和无数艰难险阻。一门山炮因种种原因，留在了草地，另一门山炮随红军长征到了延安，现在还展放在北京军事博物馆陈列室，供全国人民参观。我每次有机会去北京，在参观中见到它，都感到格外亲切。

板栗园①伏击战

1935 年 8 月初，何键命令国民党湘军八十五师师长谢彬和徐源泉的四十八师等继续向红军发动新的“围剿”进攻，并先后再次占领了桑植、大庸、永顺三座县城，积极寻找红军主力作战。总部和军团首长分析判断，估计敌人要向我省级党政军最高领导机关大后方进犯，必须经过板栗园向杨家沟发动进攻，妄图包抄红军大后方。摸清了敌军的罪恶阴谋后，红军在贺龙、任弼时、肖克、王震等军团首长统一领导指挥下，决定于板栗园地区主动设伏击，以便将敌军一网打尽。

① 原文误为板栗园，本文统一为板栗园。

就这样，在长达15公里、宽不到两公里的狭窄地带，总部指挥二、六两军团红军部队埋伏好。在两面都有高山、也有沟川和起伏不平的复杂地形一带,红二军团埋伏在最前沿。结果,敌人果真上了圈套。当时，谢彬率八十五师走在前面，还没有发觉红二、六军团主力，认为没有问题，继续向前移动。当敌军的行军纵队深入伏击区后，红军突然发起全面总攻击。当时，王震就在红十七师阵地上，战斗打响后，他指挥部队，从左翼投入战斗，冲到突击部队前面去，率领部队猛打猛冲，积极配合红二军团全面出击。敌人乱成一团，无法展开攻势，失去了战斗力。红军把八十五师压缩在山沟里，使敌人溃不成军。红军则用猛烈的炮火，从四面八方向敌人射击，大量杀伤敌人。红军将敌军拦腰截断，分割歼灭，敌人死伤惨重，师长谢彬被击毙。经过三个多小时激烈战斗，红军歼敌一个师部、两个步兵团及一个特务营的大部，俘敌千余人，缴枪千余支、迫击炮数十门、弹药数百箱、银元六万余块，其他军用物资堆积如山。银元箱子被打破后，银元撒得遍地都是。红军指战员为了歼灭敌人的有生力量，谁也不敢违犯战场纪律，拾白洋发洋财。由此可见，军纪严明是取得战斗胜利的可靠保证。这次战斗给了来犯的敌人以沉重打击，是继忠堡战斗之后取得的第二次反“围剿”斗争的彻底胜利。自从进行反“围剿”战斗以来,加上这次歼灭战，红军取得了“四战四捷”的胜利。

《中国人民解放军六十年大事记》(136页)写道:“蒋介石在围追堵截中央红军的同时，集中11个师又4个旅共约11万人，于2月初开始对湘鄂川黔边革命根据地进行‘围剿’。红军第二、第六军团反‘围剿’开始以后的几次作战,均未达到预期的歼敌目的。4月12日,红二、红六军团离开根据地中心区的塔卧、龙家寨，准备经陈家河、仓官峪，从香溪北渡长江，转移到湖北西部南漳、兴山、远安地区创建新的根据地。13日，红军先头部队在陈家河地区与国民党一个旅遭遇，红军抓住该旅态势孤立、兵力分散的有利战机，发起猛攻，将其全部歼灭。15

日，又在桃子溪地区将国民党第一个师部和一个旅部大部歼灭，并乘胜于16日收复桑植县城，恢复了塔卧以北的根据地。两仗获胜，红军开始由被动转入主动，于是放弃北渡长江的计划，继续在根据地坚持斗争。4月下旬，主力向东进至江垭、石门地区作战；6月上旬又转向宣恩、龙山地区进攻；6月中旬和8月3日先后取得忠堡、板栗园等战斗的胜利，共歼灭国民党军一个师又一个师部和一个旅。至此，红军粉碎了国民党军对湘鄂川黔苏区革命根据地的'围剿'，共歼灭国民党军两个师、一个师部和一个旅，缴获长短枪8000余枝、轻重机枪百余挺，火炮20余门。"这是对红军粉碎敌人先后两次"围剿"的总结，完全符合当时的实际情况。

三、打援与解围

1935年秋，蒋介石对湘鄂川黔苏区革命根据地的"围剿"由全面进攻失败后转为战略防守，固守在桑植、大庸、永顺、龙山、来凤等县城，采取积极防守，争取时间组织全面新的进攻。永顺、龙家寨、招头寨、塔卧等地都是红军大后方，形成农村包围城市的局势。因为先后粉碎了国民党反动派的军事进攻，打了胜仗，消灭了敌人的有生力量，在中国共产党和苏维埃政府领导下，军民更加紧密团结，为根据地建设、巩固和发展创造了更加有利的条件。为此，总部和军团首长决定，对龙山、来凤等重点县城进行围城打援的新战略，孤立和围困敌人，以达到分割消灭敌人的目的。

红六军团十七师五十团驻守招头寨，保卫大后方，主力参加围攻龙山县城，将龙山县城紧紧地包围了一个多月。城内守敌粮食吃得差不多了，每天靠飞机空投接济，如果继续围困下去，粮食弹药断绝，走投无路，只有死路一条。总部指挥所就设在龙山县城外西北角不到40里路的地方，那里较隐蔽。有一天，王震在总部开会，正当吃午饭的时辰，贺龙拿来一份十万火急的电报交给王震。内容是：何键命令敌军尾追中央红军长征，陶广率领两个师前来增援龙山守敌，其前卫已接近招头寨，与红军五十团交火了。五十团全体指战员，英勇顽强，坚守阵地，打垮了敌人多次进攻，伤亡较大。团长和团政委方振声和几个连营干部阵亡，该团处于危急之中。王震闻知后，连饭也没吃完，就要我们警卫员备马，立即赶回军团部。贺龙、任弼时和其他军团首长都赶来告别送行，祝他马到成功，胜利凯旋。王震与十七师师长苏杰，快马加鞭回到军团部机关驻地，要作战科立即命令红军部队向招头寨前进。王震还亲自到十七师驻地，向参战的四十九、五十一团全体指战员发表了重要讲话，也就是战前的政治动员。

王震说:“龙山城里的敌人已经到了山穷水尽的地步，再继续下去，他们就要被困死在城里。现在何键命令陶广已进到招头寨，五十团顽强抗击敌人已经一天一夜了。这股敌人在湘赣苏区是我们的老对手，曾经尾追中央红军北上，现在又回过头来，给龙山城内敌人解围。贺老总命令我们立即赶到招头寨，援助五十团，给他们解围，打击来增援龙山的敌人，我们一定要旗开得胜，凯旋而归”。

当时，部队在围城的战斗中，得到较充分的休整，体力得到了恢复，兵源得到了补充，战斗士气非常高涨。苏杰师长也讲了话，要求部队轻装前进。

龙山城与招头寨相距 100 多里。沿途没有高山，也没有大河，都是山沟、平川起伏地带，行军时有地方政府和群众组织支持，不通过敌占区和敌人封锁线。王震与苏杰自始至终走在一起，谈笑风生。两位首长很少骑马，精神振奋，充满战斗必胜的信心。苏区群众基础很好，沿途老百姓给部队烧好了开水，煮好了稀饭。有的老大娘还提着煮熟的鸡蛋送到子弟兵手里，表现了苏区人民对红军子弟兵的无限深情。

招头寨是龙山县的一个集镇，解放最早，是红军的大后方之一，有区乡政府、地方党组织。工人有工会，农民有农会，青年、妇女、儿童等群众组织都建立起来了。还有民兵游击队地方武装，在党的领导下配合主力红军作战。军民团结得非常好，这是内线作战打胜仗的优势。

军团司令部的管理科长王子良率领前站人员，跟随军团侦察队走在先头部队的最前面，为部队作好安营食宿的准备。在行军中，指战员都带有足够的干粮，沿途不停，日夜兼程。那天夜晚天空没有月亮，也不见星星，天黑得伸手不见五指。道路坎坷不平，稍不小心就要跌跟头。我们警卫员总是时时处处注意首长的安全。战争年代，领导肩上的担子很重，生怕他们疲劳过度生病，便向首长提出：骑马走。王震总是说：“没关系，走一走有好处。”夜间行军很安静，听不到有任何人大声说话，只听到走路的脚步声和前面传话的声音：“后面跟紧，不要掉队”。除此之外，就是牲口的马蹄声和战士们刺刀鞘的摩擦声。战士们个个雄赳赳，气昂昂，好似老虎下山，势不可挡。他们都知道要去打援兵，给五十团解围，忘记了一切疲劳和困难，希望很快投入战斗。

天亮了，司务员吹号，传达首长命令：部队原地休息，烧开水，吃干粮；要求不准进民房，要遵守群众纪律。从前天下午起王震、苏杰就没有吃东西，开水也没有喝一口。我和苏杰的警卫员小李，偷偷地跑到大路旁一家小卖部去烧开水。老百姓特别热情。老大娘、老大爷见到坐在门口的是两位大首长，主动开门，请他们进堂屋就座。老大娘提上开水，煮好鸡蛋送来了。王震一边喝开水，抽纸烟，一边向老大爷问长问短，拉家常，作调查研究，反复打问前进道路上的情况。我给老大娘付鸡蛋钱，她说什么也不肯收。王震说：“你不收钱，我也不吃了”，起身就要走。那时，王震不喝酒，爱抽烟，我顺手给他买几包纸烟，连鸡蛋钱一起付清了。

向招头寨前进时，有的老百姓主动向王震报告敌情，并愿意当向导带路。军民团结得像一家人一样，给我留下了深刻的印象。当天下午五点多钟，部队到了招头寨。敌军在高山阵地上，用望远镜观察，很远就发觉红军援兵。待红军接近招头寨，敌军的轻重机枪、迫击炮便朝红军射击过来，子弹、炮弹，像下雨一般，从我们头上“嗖嗖”而过，在耳边“啪啪”直响，脚底下也发出“扑通”、“扑通”的响声。这些对红军指战员，特别是对老兵是无所谓的，但对刚入伍的新战士来说多少有点害怕。在这种情况下，指战员都没有被吓倒，相反，精神更加振奋。急行军走了一天一夜，本来多少感到有点疲倦，但炮声一响，就什么疲劳都没有了。前站人员动员当地群众烧好了开水，煮好了饭，摆在大路两旁，谁也顾不上吃，大家用茶缸装上边走边吃，跑步通过了敌人炮火的封锁线，紧张快速地投入战斗。

最高的有利地形均被敌人占领了。敌人知道红军走了一天一夜，连肚子都顾不上吃饱，在十分疲劳的情况下，来了个先下手为强的战法，首先向红军阵地发起了猛烈的进攻。

五十团是新组建的红军团。大部分战士是新兵和从敌军归降的解放战士。但是领导骨干，班排以上干部是老红军战士选调去的，他们有丰富的战斗经验和指挥才能。武器装备是优良的，兵源是充足的。经过多次战斗的考验，是过得硬的，敌人多次向他们发起冲锋和反冲锋，都被打垮了。他们守住了阵地，大量杀伤和击毙了敌人。现在，主力前来增援，可他们仍在最前沿，主力部队还顾不上把他们换下来休息。敌人乘机要攻占有利阵地，再次被他们打垮了。他们为主力到来赢得了时间，主力部队一赶到就配合他们歼灭敌人。敌人又一次发起冲锋，不料阵地失守了。师长苏杰率四十九团增援上去，在敌我力量十分悬殊的紧急情况下，反冲锋没有成功，部队被强敌压下来了，苏杰光荣牺牲，阵地失守了。王震早已做好准备，把军直属队能打仗的人员迅速组织起来，编成班、排、连、营战斗序列。军团侦察队有百余人，全部佩戴国民党军队的肩章、符号和穿着国民党军队的服装，腰上全部挂着驳壳枪，装束跟敌军一模一样。队长贺盛桂，政委列劳志将这支短枪队带领在自己身边，又把特别能战斗的五十一团（全军有名的少共国际团）掌握在自己手里；同时还把敌人压下山来的五十团和四十九团两个团撤下来。王震亲自指挥，在强大的炮火掩护下，向敌人阵地发起了新的反冲锋。王震手持德造20响快慢机驳壳枪与先头部队一起冲锋。在严格组织好兵力和火力的情况下，冲锋成功，把敌人打垮，夺回了失去的阵地，打死打伤不少敌人，还抓了不少俘虏，红军也付出了很高的代价，终于取得了反冲锋的胜利。

当时，王震腿部负了伤。战斗还在继续激烈进行，军团侦察队长贺盛桂协助参谋和警卫员，将王震从阵地上搀扶下来。医生给包好伤口，用担架把王震抬到了招头寨大街上红军部队驻地。天色已黑了，前线枪声不断。敌人对我援军虚实一时也摸不清楚，他们的伤亡也很大，暂时无力组织新的反攻。红军伤亡也不小，但战斗士气始终是旺盛的。王震十分关心前线部队的战斗情况。他把作战科长叫来交代，立即请苏杰师长到这里来研究新的作战部署。因苏杰牺牲，谁也不敢告诉他，对他还是保密的。

敌人为什么不惜代价要反复争夺这个阵地呢？敌人丢了这个阵地，招头寨就保不住了。王震要司令部下命令，除前线留够兵力，巩固阵地，防止敌人反攻外，其余的部队撤下来休息，吃饱饭，消除疲劳，准备拂晓前撤出招头寨。

王震多次询问苏杰为什么不来见他？我们感到十分为难，再拖下去是瞒不住他的。因此，我们如实地向首长报告了苏杰师长不幸阵亡的噩耗。王震不顾伤痛，从铺上爬起来又问:“苏杰同志现在放在哪里呢？抬下来了没有？”他站起来，一定要我们搀扶他去见苏杰。他见我们为难的样子，二话不说，就往外走。他的伤势很重，是不便行走的。于是，我们就搀扶他走出了大门，不远处就是苏杰的灵堂。苏杰灵堂设在一个大厅里，他安详地躺在一块门板上，身上盖着一面红旗。两边站立着两个红军战士，持枪肃立在灵堂两旁。王震跨进大门，忍受着伤痛，克制不住内心的悲痛，快步扑在苏杰身上放声大哭起来，久久不能平静。由于首长失声痛哭，在场的所有人员见到这种悲痛场面，都感到痛心，跟着哭起来了。这种情况，我还是首次见到，战友们悲痛的情景，是无法用语言能够形容的。

苏杰同志是江西永新县人，在湘赣苏区就同王震一起工作战斗，长征以来，始终没有离开过他。红二、三军团会合前，在贵州省石阡县的甘溪镇，因中敌人伏击，红十七师被截断，王震、苏杰率部突出了重围、与贺龙会师后，一直战斗在一起。在陈家河、桃子溪、忠堡、板栗园等战斗中，他俩形影不离，并肩战斗，共同指挥部队“四战四捷”，冲锋杀敌，亲如手足，结下了牢不可破、兄弟般的战斗情谊。他们是亲密战友，无产阶级的革命感情特别深厚，这是众所周知的。没想到，出生入死的亲密战友已把热血尽洒在招头寨红军阵地上了，他能不悲痛吗！

王震在湘鄂川黔边根据地作战中，我亲眼见到他先后两次负伤，真正做到轻伤不下火线，重伤不落泪。但他是易动感情的人，在战场上见到指战员负伤、阵亡，他总是满含着悲痛的泪。苏杰牺牲，他悲痛地放声大哭，我还是第一次见到，深受感动。当时，王震向有关同志交代：战场上的红军伤兵和牺牲的指战员，一定要抬下来。伤员要送后方医院治疗，牺牲的同志要掩埋好，不能落在敌人手里。苏杰同志的遗体要由专人负责，组织担架抬走。

夜深了，天空月亮和星星显得格外明亮。秋风瑟瑟，使人感到有点寒冷刺骨。不时可以听到，前线阵地上的枪声和手榴弹声。红军大部队早已撤出阵地，敌人不断鸣枪，那是为了给自己壮胆助威。王震是湘鄂川黔边革命根据地党政军重要领导人之一，军区代司令员。他忍痛一夜没有合眼，十分关心当地党政机关和人民群众的安危。他估计天亮敌人就要下山，招头寨就要被敌人占领。于是，他把军团政治部民运部负责人请来，向他们交代，要他们快速向有关方面党政领导报敌情，动员群众立即安全转移。王震吩咐说：“部队拂晓前就要离开招头寨，敌人天明就要下山占领招头寨。我们领导要向他们讲清楚。”据了解，当时，招头寨地区的党政机关和人民群众在战斗打响后，早就转移了，留下来的地方干部和老百姓，随时可以跟部队撤离。王震听了很高兴。问题是，大家担心的倒是王震怎样跟部队行动的问题。他伤在臀部，骑马有困难，只有坐担架才行。我们提出要在地方雇请老百姓给他抬担架，他不同意。王震说：“不要到地方动员老百姓抬担架，可以到军团国家保卫局挑选几个犯错误的人给抬担架就行了。”我们大家有点不放心，首长的安全得不到保证。军团警卫连领导提出，由他们动员战士、干部自己抬。结果一号召，很多战士争先恐后报名，解决了抬担架的问题。

招头寨是一个有几百户人家的集镇，市场商贸业较繁荣。这里也是多民族聚居的地区，因解放早，党政群各种组织较健全，群众基础较好。因支前工作做得好，战场上的伤病员已及时得到抢救和转移，牺牲的指战员早就掩埋了。王震十分关心这些问题的处理，他对当地党政领导的支前工作感到很高兴，要军团政治部群工部门负责同志代表他表示衷心的感谢。

天快亮了，红军在拂晓前全部撤离招头察。当地基干民兵、游击队活跃在敌占区，积极配合主力红军转移。我们走出不远，敌人就下山占领了招头寨。其先头部队鸣枪搜索，小心翼翼，怕中红军的伏击。所以，敌人对红军也不敢尾追。我们顺利地完成了解围与打援的光荣任务。红军是在敌强我弱的情况下与敌军交锋的，虽然无力阻击敌军前进，但给了敌人严重的杀伤和沉重打击，拖延了敌人增援龙山城解围的时间，掩护了围城部队的安全转移。苏区人民和红军指战员也经受了严峻的考验。

四、第二次东征

1935 年秋，湘鄂川黔苏区革命根据地情况发生了很大变化。敌人援兵来了，红军围攻龙山、来凤等围城打援的计划改变了。总部和军团首长决定，放弃围城打援的作战方案，把战火引向敌占区去。在游击战和运动战中，寻找有利战机，分割歼灭敌人。为此，留下红十八师继续在湘鄂川黔苏区革命根据地，坚持斗争，保卫中共省级党政军机关的安全。红二、六军团主力则举行第二次东征。对此，何键军阀好似热锅上的蚂蚁，束手无策。他开始害怕红军攻打长沙，又怕红军第二次攻占常德、桃源，所以急忙调孙连仲部前来阻击。蒋介石把湘军主力调去追堵中央红军后，何键组织“围剿”湘鄂川黔苏区革命根据地的部队，又被红军“四战四捷”打败了，大部被歼。当时，他手中无兵，后方空虚，他连做梦也没有想到红军会把钢刀插入他的胸膛。

突破孙连仲部的阻击和封锁线后，红军好似秋风扫落叶一样，任何力量也阻挡不住，迅速攻占了石门、津市、澧州①、沙市等地，直逼长沙、常德等大城市，对敌人心脏地带的安全构成了威胁。何键慌了手脚。红军由内线作战转入到外线作战，由被动转为主动，把敌人妄图在苏区以外全歼红军的阴谋诡计打破了，有力地配合了中央红军主力的长征。把战火引向敌占区，也大大地减轻了苏区人民经济上的压力，这真是英明的战略决策。

王震遇险

东征途中，有一天，五十一团前卫部队行进到湖南毛坝镇准备宿营。十七师师直机关和军团直属机关人员也到了，大家都在忙着分配房子住宿。王震的伤势还没有痊愈，便坐担架率部队东征。那天，他还没有下担架，突然遭到“土匪”袭击。这些“土匪”总数不到200人，身穿各种便服，个个手持大刀、长矛，有土枪，也有少量洋枪，嘴喊着“杀不进、打不死”，从西北角上一下子冲进茅坝大街上来了。我们警卫员

① 原文误为礼州、礼洲，本文统一为澧州，即澧县，隶属于湖南常德。

手中的驳壳枪都开了火。王震坐在担架上指挥，命令军团部警卫连投入战斗。经过一阵枪战，“土匪”全被打跑了。因为“土匪”穿的衣服全是各种各样的颜色，是便衣，跟老百姓区别不大，红军一时辨别不清“土匪”来历，枪是朝天放的。所以，双方都没有伤人。王震转危为安，我们头上冒出了冷汗，继而感到幸运。那天抬担架的人员，全是军团警卫连战士。他们非常负责，沉着勇敢地同我们警卫员一起齐心协力，共同战斗，为保卫首长安全，作出了贡献，使王震安然无恙。

后来才弄清楚，那些所谓“土匪”，实质上是当地的地主武装。他们和老百姓混在一起，是湘西地区的一大社会公害，也是一种社会反动势力。国民党对他们也没有多少办法，甚至也害怕他们，有时也同他们勾结在一起做坏事，伤害老百姓。我们共产党领导下的地方游击队，为了斗争的需要，也有利用他们的时候，以便得到他们的支持和配合，有力地打击敌人。因此，在处理这种武装力量时，要做阶级分析，不能一律作为“土匪”对待。因为他们当中的主要成分，绝大多数是出身贫困家庭，是穷人，当“土匪”也是生活所迫。苏维埃政权建立以后，在中国共产党的领导下，这些“土匪”也有改邪归正的，还有报名当了红军的。当然，在革命低潮时，也有被国民党用金钱收买，变成国民党反动派的鹰犬爪牙的，对我们革命的危害也是很大的。你要把他们杀光或消灭尽，也是很困难的。他们平时分散在社会上各个领域，流动性很大，没有个固定的地方，不可能一网打尽。

那次事件发生后，差一点造成冤案。红十七师五十一团三营营长肖飞，那天在前卫营负有保卫首长安全的职责。军团国家保卫局在追查此事件发生的责任时，逮捕肖飞，押送军团部，要求王震严肃查处。肖飞是红军干部，又是我的老连长，我们相处很好。见他被捆绑押来，开始我感到惊奇害怕。我住的与他只隔一墙，南方秋天蚊子特别多，我偷偷地跑去给他送饭，熏蚊子，被王震发现了。他找我谈话，问我与肖飞是什么关系？我开始有些紧张害怕，不过还是向首长说了实话：“肖飞是我的老连长，我们之间是上下级关系，是领导与被领导的关系。”王震抬头笑了一声说:“龙家寨战斗，他是五十一团重机枪连长，是嘛！”我说：“就是的。你还到重机枪连阵地上作过视察。”王震说：“那次伏击战，重机枪打得很好，发挥了杀敌作用，指挥有能力，战斗有经验，你要好好照顾他。”我心里的紧张和顾虑一下全消除了。王震很快找肖飞谈话，我当时就站在他身边。王震说：“‘土匪’突袭军团机关，不能怪你，你肖飞不负这个责任。因为你们前卫营走过去了很久，军团机关正在忙于宿营时，突然发生‘土匪’冲进大街来了。因此，后面发生的情况与你无关系。”他说罢，很快就让看押人员将捆绑肖飞的绳子解开了。肖飞当场感动得流下了眼泪。我为他的相安无事感到十分高兴，也被王震的大度感动得落下了泪。

军团国家保卫局，是苏区军事执法机关。它有独立审判和捕人与枪毙人的权力。但军团政治委员有否定权，有权作出最后决定。如果不是王震认真负责，及时过问和亲自处理，肖飞不知要被关押多久才能结案呢。至少也要关一段时间，派人作调查研究后才能结案。因肖飞问题主要是涉及“土匪”突袭军团机关，威胁首长安全一事，幸亏王震在现场，对前因后果完全清楚，他自己不出面处理作出结论，战争年代，拖得时间长了不处理，很可能造成冤假错案。结果，此案当天就得到正确处理。王震很快宣布无罪释放肖飞，第二天部队一出发，就让他回红军学校去学习，待部队东征回来后就恢复了他的营长职务。

文武双全

王震是文武双全杰出的领导人。军团长肖克大部分时间是在总部工作，随贺龙行动，有时两头跑。军团的主要领导工作则由王震一人主持。那时，除参谋长、政治部主任外，军团没有设副职干部，团以上领导班子都不设党委，只设军政委员会（相当于现在的各级党委）。那次东征，王震因在招头寨战斗负伤还没有痊愈，所以一直坐担架率部行动。红六军团在右侧，先占石门，后占澧州，进澧州时，受到了老百姓热烈的夹道欢迎。他肩负的担子是很重的，要指挥军队打仗，还要做群众工作。打仗，他是里手，发动群众建设政权，也是内行。红军在礼洲县城停留了20余天，王震亲自主持召开当地有声望的上层民主人士座谈会，向他们宣传党的政策，特别是讲解工商业政策，首先消除工商界人士的各种思想顾虑，使社会秩序很快恢复正常，商店照常开门营业，有些市民对红军一时不明真相，跑了；也有的躲藏起来。通过红军的实际行动和知名人士的宣传，他们很快又回来了。老百姓说："国民党蒋介石、军阀何键造谣说：'红军是红头发，绿眼睛'，'共产党要共产共妻，杀人放火'等等，所以，被吓跑了。现在回来亲眼看见中国共产党和中国工农红军纪律严明，秋毫无犯，原来是穷人的救星和恩人哪。"

红军所到之处，首先是发动群众，开仓济贫，打开监狱释放政治犯，打土豪分浮财，给广大群众以实惠，群众很快就发动起来了。他们主动向红军送情报，揭发坏人坏事。青少年则纷纷报名当红军，老百姓也敲锣打鼓放鞭炮，送亲人参军，欢庆他们的翻身解放。一时间，从城市到农村，出现一片欣欣向荣的大好形势。王震工作十分繁重，每天从早到晚，得不到很好的休息，甚至忙得连饭都不能按时吃。我们要给他做点好吃的，他都不同意，强调官兵一致，不搞特殊化不多吃多占。我们认为，只要条件好了，应该给首长做几件像样的衣服。再说城里什么样式的皮鞋、毛呢料、咔叽布都有，不用花钱，只要警卫员跑到后勤，向后勤首长提出，都可得到批准的。但是，王震有言在先，早就向后勤领导作了交代：冬天将临了，要抓紧时间集中力量，动员和组织缝纫工人，加紧给部队赶制衣服、被子等；筹集资金，给部队解决装备问题。不知怎么走漏了消息，他终于得知我们警卫员要后勤帮他做衣服的事了。对此，他明确交代：任何人都不另外做什么衣服、被子，一律由公家统一配发所需要的衣物。我们知道首长这样严格要求自己，以身作则，后来再不敢去违犯纪律，而是自觉地维护他的领导威信。战场上缴获的军用物资、战利品，他也不准警卫员拿。我们明知，他的鞋子破了，被子盖了几年，都和战士一样，是用土布做的，早该换新的了。但他的严于律己，使我们再也不敢向后勤领导开口，要这要那了。直至部队东征回来，每人发了两套单衣、一床被子、一双新鞋、两双袜子、一把新雨伞，每人还发一块银元（作过年的零花钱）。王震向我们交代，要我们只能领他应该领的一份，不准多领。他这种严以律己、两袖清风、不搞特殊、不谋私利、大公无私的好作风，给全体指战员带了个好头，起了模范表率作用，给我留下了难忘的印象。

红军在澧州停留期间，地面上的敌人不多，只是敌机每天在天空活动频繁，侦察扫射。后来，敌人来了一个军，在澧州大堰垱与红军战斗了一天。敌人出动飞机大炮，掩护地面正规部队，向红军进攻。双方打了个消耗战。当时，敌军投了一颗比人还高的燃烧弹，就落在王震跟前不远处，幸好没有爆炸。如果真地开花爆炸了，我们在场的人就都完蛋了，真是幸运。军团警卫连的指战员，面对这种十分危险的情况，都自告奋勇，争先恐后地报名，要去把这颗炸弹搬掉。经王震点头同意，终于把这颗危险物排除了，使大家都转危为安。

当天下午，王震组织兵力，集中炮火，向敌人的阵地发起总攻，给敌人以杀伤和重创，胜利地完成了第二次东征任务，重返苏区。这次东征意义重大，它积极配合毛泽东主席率领中央红军渡过金沙江与红四方面军胜利会师；扩大了红军，筹集了经费和军用物资，抄了敌人的大后方，扩大了我党和红军的政治影响，取得了伟大胜利。

至此，苏区情况发生了大的变化，敌情严重，湘鄂川黔的敌人全都出动了。加之中央红军渡过金沙江后，尾追中央红军的敌人也调转头向苏区逼进，使红军根据地总人口由100多万缩减到不到30万，根据地大部分地区又被敌人重新占领，红军被压缩到交通不方便、经济不发达的狭小的穷山沟里，城市则完全落入敌人手里。要在这块地区继续坚持战斗，广大群众承受不了战争的负担。从战略意义上讲，有利条件很多，山地高，能攻也能守。但地区狭小，物资条件差，无法长期坚持，更谈不上发展。

当时，敌军孙连仲、樊嵩甫①、汤恩伯三个纵队九个师又一个旅，先后由石门、津市、沙市、澧州等城市，正由东向西，逐渐向苏区推进。何键命令李觉十六师和陶广十九师早已占领了永顺、大庸、桑植等县城，龙山、来凤等县也已被鄂军占领。总之，蒋介石纠集130多个团20余万兵力，企图在这块狭小的地区，歼灭红军，敌情十分严重。当时红军总兵力不超过三万人，加之湘鄂川黔等革命根据地地区小人口少，粮食供应十分困难，要在那里长期继续坚持斗争十分不利。幸亏那次东征是空空而去，满载而归。过冬的衣物、武器装备及经费等都得到了解决。

五、突围与转移

做好突围准备

自1934年10月起至1935年10月止，红军在湘鄂川黔苏区革命根据地苦斗了整整一年。为了有力地配合中央红军长征，红军先后两次举行东征，打到湖南敌后，取得了东征的胜利。在毛泽东主席率领的中央红军渡过金沙江与红四方面军胜利会师时，湘鄂川黔苏区形势发生了很大变化。尾追中央红军的敌人调过头来，蒋介石调集湘鄂川黔四省的军队20个师又五个旅，共计120多个团、20余万人，向湘鄂川黔苏区革命根据地发动新的“围剿”，妄图歼灭红二、六军团，情况越来越严重。为了保存有生力量，迅速摆脱困难处境，党中央、中央军委②决定，红二、六军团立即争取主动，实行突围转移，继续长征。总部和军团首长在第

① 原文误为樊宗甫、樊崇甫、樊崧甫，本文统一为樊嵩甫。

② 应为中革军委。下文皆同。

二次东征归来后，就着手做突围行动的积极准备。

王震十分重视部队突围前的思想政治工作。他亲自主持召开各种形式的大小会议，号召动员精简机构，减少非战斗人员，充实连队战斗力，妥善安置好重伤病员。王震亲自深入到野战医院，召开座谈会，耐心听取伤病员意见，给予慰问和鼓励。他特别重视红二军团的伤病员，向他们问寒问暖，讲形势谈任务。有的伤病员听到部队要行动，组织上要把他们安置在老百姓家里保护起来养伤的消息，就痛哭流涕，坚决表示要跟部队行动。思想工作很难做。但是王震政委以理服人，最终耐心地说服了这些同志。这些同志当场表示：服从党组织的决定。他们深刻地认识到：留下就是安全，跟部队走就是危险的道理。王震看到这种情况，内心感到十分沉痛，当场表扬了他们英雄主义、无私奉献的革命精神。

二次东征回来满载而归，红十六师得以成立，扩充了许多新战士，经过短期训练，军政素质得到提高。俘虏也得到了改造教育，游击队、独立团和独立营加入了主力红军，“五湖四海”汇合在一起了。新老战士团结奋斗，显得生气勃勃。装备得到改善，连队人员得到充实，领导力量得到加强。各方面的准备工作完成后，红十六师正式召开成立大会。王震主持大会，宣布了中央军委命令和领导干部名单，师长周仁杰、政治委员晏福生，参谋长张辉、政治部主任李铨。肖克军团长授军旗并讲了话。王震在讲话中说：“红军第六军团第十六师的成立，标志着我军二次东征行动的伟大胜利。”他动员号召全师指战员团结起来，提高警惕，做好充分的战斗准备，随时准备粉碎国民党反动派发动的新的“围剿”。王震政委的讲话，实际上就是这次西进突围继续长征的誓师动员大会。

红六军团第十八师，在湘鄂川黔苏区革命根据地战斗的一年中，先后两次东征行动，都没有能够参加，而是留守在省委、政府、军区身边，担负着艰苦而光荣的任务，保卫首脑机关和苏区人民生命财产安全。这次突围转移行动，总部和军团首长决定，让十八师肩负继续留守任务。为此，王震专程到红十八师视察工作，对师长兼政委张正坤①、副政委余立金②、参谋长苏鳌、政治部主任罗志敏等领导人给予表彰，在师召开的干部大会上，对红十八师所作出的贡献作了高度评价。同时，他向红十八师提出了更高的要求和希望。这个师原来还缺少五十四团建制，至此，重新恢复了五十四团建制。这个师特别能战斗，哪里最困难，他们就在哪里挺身而出，担负起最艰苦的战斗任务。

当时，红十七师驻扎在军团领导机关旁边，先后两次东征都是一马当先。东征回来，领导班子作了新的调整，吴正卿任师长、汤祥峰任政委、刘转连任参谋长、陈文彬任政治部主任。王震出席师召开的干部大会，发表了重要讲话，对这次东征行动进行了总结。贺庆积是五十一团团长，忠堡战斗中，该团活捉张振汉立了功。五十团在招头寨战斗中，英勇顽强，抗击敌人，作出了重大贡献。红军战士都知道，五十一团是有名的少共国际团，立过许多战功，战斗很过硬。五十团刚恢复不久，就调到招头寨担负守备任务。会上，大家对团长、政委等领导干部光荣牺牲，特别是对原师长苏杰同志的不幸阵亡举行了悼念活动。王震政委对红军在湘鄂川黔苏区革命根据地一年来的30多次战斗，作了回顾和简结，对他们在龙家寨、浯溪河、侯坪、毛坪、便水、陈家河、桃子溪、忠堡、板栗园、招头寨等主要战役和战斗中所发挥的作用和作出的贡献一一列述，感到由衷地高兴。特别是对红二、六军团一年来，在贺龙、任弼时领导下，肩并肩地团结奋战，予以了评价，认为他们是红军取得历次战斗胜利的重要保证。

王震对贺龙、任弼时非常尊敬和爱戴。他顾大局，识大体，党性强，讲团结，守纪律。对省委和军分会的决定、指示和命令，向来不折不扣地贯彻执行。红六军团从湘赣苏区突围西征，会合红二军团，建立湘鄂

① 原文误为张振坤。

② 原文误为余立清。

川黔苏区革命根据地。当时，省委的随军工作团、红军学校及军团政治部，还有一些高级领导干部，全部移交给二、六军团总部和省委统一领导和分配，刚刚新成立的山炮营也统归总部直接领导。曾在湘鄂西苏区革命根据地担任中央分局书记、在执行王明路线中犯严重错误的夏曦，在这次突围行动中，由王震建议，调到军团政治部当主任，对他在政治上信任，工作上放手，生活上关照，同他工作关系相处得很好，形影不离，相互见面都不叫职衔，而是称“夏胡子”或“王胡子”。他们既是上下级领导关系，也是战友加同志关系。

王震与贺龙、任弼时关系也很亲密。他们相互之间，不仅是一般领导与被领导的关系，而且有一种特别深厚的阶级感情。他们相见不称职衔，都叫“老总”或“胡子”，在一般公共场所，则称“贺老总”，或“王胡子”，或“弼时胡子”，让别人听起来感到格外亲切。军团部与总部距离近，就接通有线电话；距离远，就及时架通无线电台。在任何情况下，无论在平时还是战时，都保持密切联系。这是工作需要和友好团结的象征，也是取得战争胜利的有力保证。贺龙有时来军团视察，王震都要亲自下厨房动手，给贺老总做湖南家乡菜饭。而贺龙每次见到这种情景，也总是脱掉外衣，挽起衣袖帮忙。“老总”与“胡子”肩并肩参加，同我们警卫员一起做饭劳动，有说有笑，高高兴兴的样子，谁也看不出他俩是“统帅”和“司令”。我们工作人员跟在旁边劳动，常见到这种欢天喜地的情景，内心感到分外高兴。

王震特别关心地方工作。当年，国民党特务分子和地主土匪勾结起来，配合还乡团，在国民党反动派的支持下，对中共地方党政基层干部和工作团进行反攻倒算和阶级报复，暗害领导干部。大庸县工作团负责人刘俊秀是王恩茂的好战友，是我的亲叔舅，是一位有丰富的地方工作经验的干部。有一天，他被地主武装分子突然绑架，押往刑场。在土匪押他上小山坡，快要开枪时，他运用从小就学的气功武术，把棕绳挣断，连爬带滚掉在山下。土匪开枪射击未击中，他脱险转危为安。刘俊秀是王震的老朋友，跑回来向王司令员汇报。王震立即派部队到出事地点铲除祸害，得到地方工作干部的拥护和好评，对安定民心起了重要作用。王震对地方根据地党政建设十分关心，他经常出席地、县党政领导机关召开的会议，听取汇报，帮助解决工作中的问题。

大庸军分区司令员罗尚连（音）在敌人重兵“围剿”的紧急关头，思想发生动摇，投敌叛变了，在部队中影响极坏，王震对此极为愤怒。红军要突围转移，地方干部处境困难，党员要从公开转入地下活动。敌人的收买和恐怖政策，对地方政府工作人员及民兵游击队的活动危害很大。

王震十分重视军队建设。除了党支部建在连队以外，团里还设有党总支书记（相当于现在的团政治处主任），以加强对党支部的领导。在党支部和连政治指导员的领导下，连队还有各种群众性组织，如朱德青年队。参加这个组织要有三个条件，一是不吸烟，二是不喝酒，三是不吃辣椒。朱德青年队号召官兵向朱德总司令的品德学习，树立连队良好的思想作风。连队还有士兵委员会（又叫军人委员会）和经济委员会，提倡政治民主和经济民主。并且明确了军政干部的相互关系，连长和指导员都是连队同级军政首长。团以上政治机关是党的领导机关。重大问题由军政委员会讨论决定后下达部队执行。政治委员是党的全权代表，红军处在党的绝对领导下，军队实行政治委员制度。同时，在红军中，实行双重首长制。政治委员有决定问题和最后否决问题的权利，但他要保证行政首长的命令贯彻执行。首长的双重权威性必须同时尊重，保证做到“有令必行，有禁必止”。这是当时红军部队的优点和特点。王震是红军政治委员中的杰出代表，他率领红六军团长征，作出了突出的贡献。

万人大会

在坚持湘鄂川黔苏区革命根据地的斗争中，红六军团里还有一支人数不多、素质较高的宣传队，平时化妆演节目，作宣传，刷写大字标语，宣传党的政策；行军时教部队唱歌，鼓舞部队士气，活跃文化生活，协助连队指导员做收容工作；战时做前线助战鼓动工作，抢救伤病员，看押俘虏，维持战场纪律，打扫战场，掩埋革命烈士等。实践证明，宣传队的工作是加强部队政治工作的成功经验。

突围前的阵势是内紧外松，各项准备工作都是绝对保密的。1935年11月19日上午，红二、六军团于湖南桑植县、刘家坪、水獭铺（今瑞塔铺）、教子垭分别召开全军团誓师动员大会。肖克、王震等军团首长登上主席台时，响起一阵热烈的掌声。肖克宣布红十六师成立和领导人名单后，王震作了重要讲话。首先，他讲了当时的局势和任务，然后号召全军指战员发扬艰苦奋斗、英勇顽强、不怕牺牲的革命精神。军团长肖克也发表了重要讲话，向部队提出了一些具体要求，部队的战斗情绪十分高涨。那是红军二、六军团在湘鄂川黔苏区革命根据地反"围剿"一年来召开的第一次万人大会。

强渡澧水

做好突围准备后，红二、六军团开始向西转移长征。

王震率领红十六师走在最前面，周仁杰师长和王震走在一起。为了迷惑敌人，王震采用声东击西战术。经过两天两夜急行军，黄昏时刻，红十六师抵达大庸县与溪口之间，快到澧水北岸张家湾附近时，发现敌人在渡口驻扎了陶广部一个营的兵力防守。王震把红十七师调上来作为前卫，准备把强攻的突击任务交给十七师担任。澧水与湖南湘江、沅江、资水均为湖南的四条大江之一。澧水江面有一百多米宽，水深流急，深处不能徒涉。那天夜晚，月亮显得格外明亮，星星满天，月光星光洒在墨绿的江面上，江岸南北静悄悄的。敌人在江边构筑的碉堡很多，封锁很严，不能马上渡江。王震命令四十九团团长王杰率领突击营偷渡未成功，然后集中炮火强攻得手，先占领了滩头阵地。与此同时，四十九团在滩头下游四五里处，选择水浅地点同时徒涉。团突击营强攻张家湾渡口，攻破敌人 30 多个碉堡，全歼了守敌。天刚亮，敌人援兵来了一个营，又被红军击败。就这样，红军突破了澧水封锁线，夺取了强渡澧水的战斗胜利。团长王杰同志灵活指挥，英勇作战，不幸光荣牺牲，为党和人民立下了不朽的功勋。团参谋长刘转连接任四十九团团长职务。

巧渡沅江

澧水前面就是沅江，相距不过两百里，之间有平川，也有起伏不平的山丘。王震仍与刘转连①团长率领十七师打前站，不顾一切疲劳，日夜兼程，连续战斗。经过一天一夜的急行军，11 月 21 日晚，部队来到沅江以北洞庭溪渡口。这里驻扎着国民党军队李觉一个营，固守渡口。沿江岸修筑了许多坚固的碉堡，但敌人还没有发现红军要渡江。实际上澧水突破后，沅江防线已增强了戒备。他们把原渡口上的大小船只都强行拉到江对岸去了，但没有估计到红军来得那么快。

王震将四十九团摆在江边集结隐蔽外，把余部布置在江北山沟里待命。他们积极做渡江准备，扎木排，挑水手，选突击队，开诸葛亮会议，研究渡江作战方案。沅江的江源出自贵州东部云雾山，水量仅次于湘江。茫茫的大江，如同碧蓝透明的大海，气势磅礴，雾蒙蒙的。江到底有多宽，多深呢？我是无法知道的。夜深了，天空的月亮和星星都不那么明亮，江水波涛汹涌，只见到江对岸的碉堡里发出微弱的灯光，大概守敌做梦也没有想到红军很快就会来到他们身边。深夜，江波汹涌，浪滔滔。秋夜的风吹来，使人身上感到有点凉气。我怕首长着凉，急忙给他披上统一配发给他的棉大衣。这时，王震还在沉思，在着急地盘算。突然，警戒上传来信息，说江面上发现水浪波动的声音，刘转连团长立即命令部队迅速进入阵地，准备战斗。王震要身边的参谋赶快将此情况报告肖克军团长，并转告各师领导人。他随后就同刘转连赶到突击部队

① 原文误为刘转莲，本文统一为刘转连。

指挥所。此时,谁不紧张呢？但王震十分沉着,临危不慌也不乱。果然，江面上出现三条大木船，徐徐向北岸靠近。红军前线指挥员灵机应变，冒充敌军，向他们问话，使敌人以为是他们自己的人。红军要他们将船靠岸，派出代表来接头。等到船全部靠岸时，我突击队冲上船去，公开宣称：我们是贺龙的红军！要他们放下武器不要动，双方对峙中，红军要求他们立即派两名军官进行面谈。王震、刘转连同突击队在一起走了过去，每一条船上派来的一名军官代表也走了过来。王震问他们说：“你们从哪里来，准备到这里来干什么，来了多少人？”其中的一名少校军官开始很害怕，思想很紧张，态度很不自然，但还是回答了首长的问话。这位军官不超过 40 岁，听口音是湖南人。他知道王震是他的同乡，思想顾虑逐渐消除了。王震告诉他：“我们是贺龙的红军，今晚要过江去。你们是奉命前来巡查江防的，江岸守军是你们的人，你把我们送过江去，我保证你们全体官兵生命财产安全。”并说：“你们做出了贡献，红军还要给你们庆功嘉奖。”这位少校和三名代表当场表示听从长官的命令，同意红军同他们一起乘船渡江。王震要他们过江后向那边的全体官兵立即传达命令和指示，他们都答应照办。船上紧张的气氛有了缓和，但是敌对情绪还没有消除，因我们只命令他们把手中的武器暂时收缴堆放在一起，由我们派兵看守。他们对红军的要求肯照办，完全是靠我党的政策和思想政治工作的威力。我们当然不能麻痹大意，还要提高警惕，随时防止他们叛变和受坏人的煽动进行反抗。少校军官站在王震身边。船靠岸前，对岸敌碉堡亮着灯，向船上问话，这位少校按照红军要求，准确地作了答话，对岸的敌人相信坐船过来的是自己人。少校军官也知道，如有乱说乱动，他是没有好下场的。就这样，红军浩浩荡荡的巧渡了沅江。

红军上岸后，南岸敌军没有开枪。突击营上岸后，命令碉堡守敌放下武器，站出来集合，听从处理。这个营，加上与我们同船上岸的敌军 200 多人，红军总共俘敌 500 余人。渡口掌握在红军手里后，扣押在江岸上的大小船只全部放过江去，接运红军后续部队渡江。与此同时，红军在江下游另辟一路，袭击了占据洞庭溪渡口上的大晏溪渡口，使全军顺利地突破了沅江封锁线。红军强渡澧水后，敌人已经发觉了红军突围的意图，但没有想到红军会以这样快的速度渡过沅江。

占领新化县城

王震、肖克率领红六军团，强渡澧水，巧渡沅江后，红二、六军团分路前进，以排山倒海之势，打乱了敌人的“围剿”部署。11 月 28 日，红军先后占领溆浦①、辰溪、蓝田、新化。红六军团占领新化县城时如猛虎下山，势如破竹，敌人根本无力招架。湖南东部地势平坦，人烟稠密，物产丰富，老百姓听说贺龙红军来了，都很高兴。红军路经溆浦地区，满山遍地都是红彤彤的橘子树，红军指战员们就在桔子树屋下休息，谁也不摘橘子吃。老百姓深受感动，他们说:“红军和白军两重天。”军团政治部夏曦主任带上干部，亲自出马检查，维持纪律。他亲眼看见老百姓把橘子送到部队，指战员谁也不接收的情形。夏曦要政治部通报表扬，他自己还在大小会议上，对遵守群众纪律的集体和个人、先进模范人物进行表彰和奖励。老百姓说 :“红军军纪严明，真是名不虚传。”

新化县城是个中等城市，人口稠密，市场较繁荣，街道较整齐，市容相当美观。红军进城前，敌人闻风而逃，县城没有遭到战争破坏。军团领导机关驻在新化城。王震率红十六师一个团，在师政治部主任李铨陪同下，深入到县城以北 50 余里的石矿山区做群众工作，受到广大工人群众的夹道热烈欢迎。矿区有产业工人上万人，我们在那里停留了三天。王震是工人出身，当过铁路工人，领导过工人运动，深知工人疾苦，熟悉工人生活。他深入工人住宅、车间和作业区访贫问苦，召开各种形式的座谈会，作调查研究，耐心倾听工人意见和要求，同他们交心谈心，

① 原文误为溆铺，本文统一为溆浦。

做深入细致的思想政治工作；在各种大小会议上，反复宣传党和红军的政策，动员号召不愿当亡国奴的中国人团结起来，反对内战，一致抗日；工人要增加工资，改善劳动环境，减小劳动强度，保护工人健康。他关心工人家属和儿童的生活，受到热烈欢迎。不到三天时间，矿区自动踊跃报名当红军的就超过千人。这样多的产业工人参加红军，这在红六军团创建史上是史无前例的。工人们在军民联欢大会上，给王震、李铨佩戴红花，给红军赠送了锦旗；给参加红军的工人佩红戴花。军民友好气氛十分浓厚，使人倍受鼓舞。

王震率领红军部队离开矿区时，工人们有组织地成群结队，敲锣打鼓，鞭炮齐鸣，载歌载舞，热烈欢送。新战士参加红军，他们的父母、妻子、儿女等都来欢送。老大娘和老大爷提上煮熟的鸡蛋和其他慰问品前来为子弟兵送行。军民难分难舍，亲如一家人，有许多人热泪盈眶。这种动人的场面，给我留下难忘的印象，至今记忆犹新。

红六军团在新化停留了十余天，做了大量的群众工作。扩兵、筹款，发动群众打土豪工作做得很有成效。军团政治部宣传队在大街小巷刷写了许多大字标语，宣传红军抗日救国主张："停止内战"、"枪口对外"、"打倒蒋介石卖国贼"、"日本帝国主义从东三省滚出去"、"我们誓死不当亡国奴"、"有志青年踊跃报名参加红军"等等。扩大了我党和红军的政治影响。

王震一回到新化，就看到了红十八师发来的电报：原湘鄂川黔苏区革命根据地苏维埃政府副主席刘士杰叛变投敌，被抓获归案，要求严惩。军团首长立即复电批准就地枪毙，为民除害，大快人心，这就是叛徒的可耻下场。

蒋介石发觉红二、六军团突围成功后，除留一部兵力继续对付红十八师外，调集五个纵队共 12 个师又一个旅，分路尾追。12 月 8 日，李觉纵队三个师袭占溆浦，樊嵩甫四个师由东坪（今安化）向新化前进；陶广纵队两个师和郭汝栋纵队一个师又一个旅沿着沅江向南推进；汤恩伯纵队两个师由益阳[①]、长沙向宝庆（今邵阳）急进，企图汇集在沅江和资水之间歼灭红军。由此可见，敌情十分严重。贺龙、任弼时和军团首长决定，主动放弃湘东地区，向贵州黄平地区转移。

同敌军拼脚劲

新的行动开始了。12 月 11 日，总部命令红六军团撤出新化向溆浦附近集结，靠近红二军团并肩行军战斗。为了迷惑敌人，采用声东击西的灵活战术,先用八九天急行军（有时日夜兼程）向汀东南疾进，给敌人以错觉，使之误以为红军要渡资水，吸引敌军尾追。当部队进到高沙、洞口地区时，又突然调头西进，南取武阳。待敌人快要赶到的时候，红军又在绥宁以北渡过了竹丹江；后在麻塘地区渡过巫松；紧接着调头北进，在江西街、托口又渡过清水江，进入藏江以北冷水铺地区。贺龙灵活运用毛泽东军事思想，忽南忽北，时东时西，天天同敌人兜圈子，将敌人搞得扑朔迷离，一无所得。贺龙总指挥成了当年的诸葛亮。红二、六两军团始终形成了两个拳头，行动自如。红军全凭两条腿同敌人汽车四个轮子拼脚劲，战胜了强大的敌人和严寒季节，取得了战斗的胜利。王震在最艰苦的关键时刻，总是站在斗争的最前列，是全军学习的楷模。

1936 年 1 月初，红军由南向北，进入贵州龙溪江口、晃县地区，寻找有利战机，准备向尾追敌军“杀回马枪”。陶广、李觉部距离红军较近，其他敌军距离较远。在便水，李觉一个旅同红军遭遇，正赶上天下雨，整整战斗了一天，红军歼敌一部分。待敌军援兵来了后，红军两个旅才主动撤出了战斗[②]。在继续向北转移时，受到黔军的阻击，红军又歼敌一个营，冲破了敌人的封锁和阻击。正月 12 日，红军占领江口、石阡，又进入黔东地区，把尾追的敌人几乎全都甩开了。

---

① 原文误为溢阳。

② 原文如此，从文中看，这里应为“红军才主动撤出了战斗”。

突围前，留在苏区的红十八师，由师长兼政委张正坤率领。在地下党的有力支持和苏区人民的积极配合下，红十八师同国民党军七个师三个旅进行艰苦卓绝的苦斗，坚持一个多月，圆满完成了掩护主力突围转移的光荣任务，突破了敌人重围。根据中央军委的命令，红十八师经秀山、松桃地区，于1936年1月11日抵达江口，与主力红军胜利会师。军团首长对该师所取得的胜利，给予了高度评价。

1936年2月2日，红二、六军团继续西进，威胁贵阳守敌；然后分别渡过乌江鸭池河①，占领黔西、大定（今大方）和毕节三县城，基本上结束了从湘西突围西征转移的艰巨任务。至此，所有尾追的敌军，已被红军全部甩在了后面。

六、抢渡金沙江

做好统战工作和地方工作

中央军委决定，红二、六军团以“黔、大、毕”（黔西县、大定县、毕节县）三县为中心，创建黔滇川革命根据地。于是，在春暖花开的大好时节，红军在这里停下来。红六军团直属部队驻毕节县城，十七师由军团长肖克率领在鸭池河和乌江以南活动，十六师和十八师驻城郊区。毕节与新化相比，条件相差很远，但毕节城内市场相当繁荣。军团司政领导机关驻在很漂亮的天主教堂里。德国传教牧师夫妇，开始对红军不了解，害怕地躲藏起来了。王震对部队，特别是对在他身边的工作人员提出了严格要求：任何人不得侵犯天主教堂和牧师的私有财产，并且要加以保护。党的建设、武装斗争和统一战线是党的三大法宝。王震先从

① 原文误为鹏池河。

党的统一战线工作开始，做国外友人的统战工作，由他带头作表率。首先，他从各方面询问这两个牧师的下落。因为我军纪律严明，牧师夫妇自动回来了。他们看到自己的私有财产原封未动受到保护，深为感动。王震住处与他们离得很近。外国传教人士懂点汉语，同我们见面时，翘起大拇指，称呼："欢迎，欢迎！"王震十分高兴，主动同他们握手言谈。他们的恐惧心理得到了消除。有一天，我们邀请牧师夫妇俩来坐坐，但苦于受语言文字限制，找不到翻译，难以交流思想。恰好他家请的佣人夫妇俩是中国人，懂外国语言，所以就聘请他们做翻译。我们特意摆设了茶水、纸烟和糖果等。宾主见面十分客气。王震与牧师交朋友，真可谓"一回生二回熟"。他们对红军产生了好感，后来，同王震见面也就随便了。王震向他们做了很多思想政治工作，宣传党的政策。我们对这两个外国人，给予了特殊的关照。军团政治部有关部门还派人照顾，行军时给他们马骑，走到云南边境地带，热情地送他们离开了中国。他们临走时，对军团首长肖克、王震表示崇高的敬意和良好的祝福。这是党的统战工作的一大收获。通过这件事，使我对党的统战政策也有了更深的理解。

军团主持召开全军团营以上军政干部大会。王震在大会上作了重要讲话，对红军湘西突围与转移所取得的重大胜利，作了充分的肯定和很高的评价。对于突围转移行动中的一些思想认识上出现的问题，也作了正确的说明解释。王震说：我们的突围转移行动，不是退却逃跑，而是坚决认真地贯彻中央遵义会议精神，有计划、有组织、有领导和有目标地进行战略转移。现在，中央军委指示，要我部在这里停顿下来，创建黔滇川革命根据地。部队除了争取时间休整训练外，要参加地方工作，放手扩大红军，组织地方武装，宣传党的政策，发动群众打土豪、斗争地主恶霸，搞好建党建政工作。会后，从各师、团单位选调干部，配合随军工作团，开展地方群众工作。一片热气腾腾的群众工作就这样迅速地开展起来了。在这段时间里，王震、夏曦等主要领导人，都集中全力从事地方工作。

成立苗族独立支队

在轰轰烈烈的群众运动中，毕节地区苗族青年中的先进分子带头组织自己的武装力量，派出青年代表团，向红军军团领导机关提出，要求红军给他们发枪，建立苗族人民的军队，成立独立营独立团。王震亲自接见了代表团，并与他们进行座谈，表示支持他们的要求和行动。王震说："中国共产党是全中国各族人民的救星，中国工农红军和苗族劳苦大众是一家人，地方恶霸、土司是中国各族人民的共同敌人。蒋介石、国民党反动派不抗日，打内战，拉壮丁，抓民夫，压迫剥削人民，他们置老百姓的死活不顾。"他号召："大家团结起来，向敌人斗争"，"打倒国民党反动派"，"打倒蒋介石卖国贼"，"为广大群众，特别是为苗族人民的翻身解放而奋斗"。王震通过派出的红军代表，给他们发枪支弹药和其他军用物资，满足了他们的要求；并同代表团合影留念。那张很珍贵的历史文献照片，至今还保存在北京军事博物馆陈列室，供全国人民参观。我每次去北京，总要去参观该陈列室，见到那张宝贵的照片，内心感到特别的兴奋。这个苗族独立支队成立不久，在当地党组织和红军工作队的领导下，很快发挥了作用，发展到六个大队，上千人。王震还从地方党组织中物色共产党员，派去加强领导。他们在发动群众、打土豪、斗恶霸等运动中确实发挥了积极作用。

成立抗日救国军

毛泽东主席率领中央红军，当年在黔、滇、川地区行军作战取得的胜利，给红二、六军团在这一带创建新的革命根据地，留下了良好的政治影响。"黔、大、毕"地区有两支地方武装，他们高举抗日救国的旗帜，与当地地下党秘密组织建立了联系。红六军团在毕节驻守后，他们派出自己的代表前来上访，王震亲自接见了要求成立抗日救国军的主要领导人席大明，并与之进行了商谈。他们总人数近 2000，有各种枪支七八百支，愿意接受中国共产党和中国工农红军的领导，联合起来，共同抗日。他们的行动和主张得到王震的支持和信任。随后，王震以军团军政首长的名义，委任席大明为贵州抗日救国军司令，并调派红军干部帮助他们整编和训练后，在毕节县城小教场，举行抗日救国军成立大会，给他们授了军旗。王震发表了重要讲话。他说："在贵州高原上有了第一支在中国共产党领导下的人民抗日武装力量，这是值得热烈庆祝和骄傲的。"这支部队刚组建时间不久，尾追的国民党军就来了。为了粉碎敌人新的进攻，集中兵力消灭敌人，在抗日救国军指战员的积极要求下，抗日救国军大部分同红军合编，加入了中国工农红军序列。其余部分因分散在各地，一时集中不起来，就地留下，继续坚持斗争。后来，席大明司令随红军长征到了延安。

夏曦牺牲

当时，还有一只地方武装，数百人，有 100 多条枪械，包括各种洋枪、土枪、大刀、长矛。这只武装驻扎在野马川河南面。红军与之经过协商，该部同意接受改编为红军独立支队。为此，军团政治部破坏部（破坏部即现今的统战部）部长李铁飞，前往该部做团结、教育工作。后因国民党追兵一到，形势发生变化，该部哗变，上山为寇。这些情况，我们事先没掌握。在红军撤离毕节城那天，夏曦受王震委托，带领两名警卫员，一个是大个子湖北人，另一个是贵州苗子，本地人。三个人乘坐一条木船渡河到南岸，向该部宣布整编命令。在此之前，军团政治部李铁飞同志已先前到达河对岸迎接。船行至江中，埋伏在河南岸的土匪突然鸣枪射击。船夫是老百姓，闻枪声受惊，木船失控翻船，夏曦落水①。夏曦的牺牲，是党和红六军团的重大损失，当天，军团在宿营地召开庄

① 夏曦是在已渡河后听到枪响返回，但当时小船已不见，他与警卫员涉水过河，走到河中间，因水流湍急被冲走而溺亡。

严的追悼大会，军团机关干部及各师团首长都参加了大会。大会由肖克主持，王震致悼词。王震心情十分沉痛，对夏曦的功过作了客观、公正的评价。他在悼词中说：夏曦同志是我党早期投身革命事业的老同志。他在湘、鄂西、洪湖苏区任中央分局书记期间，由于执行了王明“左”倾路线，犯过严重错误。虽然给党的事业造成了重大损失，但是，特别是在军团政治部任主任期间，给全体与会同志留下了良好影响，工作积极负责，没有官架子，平易近人，生活简朴，关心干部，团结群众等等，很受大家的尊敬。因此，对他的不幸逝世，军团首长和许多干部都心痛地流泪了。但因情况紧急，红军将夏曦的遗体连夜装进棺材，就地安葬了。全国胜利后，夏曦同志的遗骨，由当地党政领导负责，迁回到毕节革命烈士陵园。

撤离“黔、大、毕”

红六军团在毕节停留了一个多月，轰轰烈烈的群众运动刚开展起来，我们的脚跟还没有站稳，尾追的敌人就赶来了。2 月 14 日，敌军占领黔西；紧接着，大定又被占领了。敌军分路进攻，将红军压缩在毕节县狭小地区。肖克军团长率红十七师在将军山、成章县以则河地区阻击，歼敌一部，师长吴正卿①光荣牺牲了。在敌强我弱的情况下，红二、六军团主动撤出了“黔、大、毕”地区，进入赫章以东野马川地区，随时准备歼灭来犯之敌。在此期间，部队得到扩大，体力得到恢复，物资也得到补充，装备也得到设善，经过军政训练，战斗力也得到提高，战斗情绪特别高涨。如果敌人不那么进犯，在这一带继续发展下去，红军建立革命根据地的前途肯定是无限光明的。但为了保存革命实力，红二、六军团改而向乌蒙山区转移，从战略上讲，是有利的。

蒋介石调集万耀煌、郝梦龄、樊嵩甫、李觉、郭汝栋、郭思演②、

① 原文误为吴振卿。

② 原文误为郭恩演。

孙渡七个纵队、80 余个团的兵力，跟踪追击。湘赣苏区的老对手陈光中[①]、王东原[②]、陶广等部，是一直尾追长征的中央红军的。因毛泽东率领中央红军已渡过了金沙江，与红四方面军会师了，陈、王、陶部便调过头来，向红二、六军团进行“围剿”，企图在这个地区达到围歼红军的目的。

王震在红军长征刚结束时，写了一篇回忆文章[③]说：从撤出黔、大、毕，到渡过金沙江，在南京政府内战政策下，集中十几倍于我军之兵力，向我“围剿”，在樊、郝、万、李、郭、孙等部敌军 60 余团的“追剿”逼迫下（除川军及黔东防守军外），我军逐步离黔而转滇。在镇雄、赛威、昭通之间，人烟稀少、粮食困难、山地荒凉、冰雪严寒的处境下，我军取得黔滇区之以则河胜利，消灭“追剿”的二十九师一部；继而又取得则章坝消灭湘军樊、郭纵队各一部的胜利。这就充分说明，当时，红军在乌蒙山区与敌人斗争的实际情势是多么严峻。

2 月 30 日[④]，红军在乌蒙山区接到朱德总司令及张国焘电令，要红军“北渡金沙江，去康藏地区同红四方面军会师”。我军在敌人的重围中，冲破敌人的严密封锁线，进入云南观音堂，同滇军孙渡纵队十个团进行恶战，击败了敌人，突破了驻军之阻，甩开了蒋军之追击。王震在上述回忆文章中说：“红二、六军团分两路纵队，西渡普渡河上游，连续占领楚雄、镇南、祥云、元水井、盐典、午焚、盐丰川、鹤庆等县城，常常是每天进一个县。这个时期中，我们每天行军作战，并且常常是夜间急行军，每天走一百五六十里路。”王震的这段回忆，记述的是当时的真实情况。现在回过头来读这段回忆文章，感到十分亲切，对当时的情景至今记忆犹新。

---

① 原文误为陈光东。

② 原文误为王中元。

③ 王震：《红六军团小史》，《红六军团征战记》（上），解放军出版社1994年6月版，第1页。

④ 原文如此，应为3月23日——编者注。

“长征是宣传队”，“长征是播种机”，我们所走过的地方，经常可以遇到毛泽东主席率领中央红军在战斗中留下的伤病员。他们负重伤不能跟随部队走，就被寄放在可靠的老百姓家里保护起来，养病治伤。有的已扎根落户，结婚成家了。我们彼此见面时，感到格外亲切。也有的坚决要求跟随我们继续长征，都得到军团首长的批准。也还有的成了残疾人，行走不便，老百姓便把他们当作自己亲生儿子一样，保证他们的生命安全。这些同志主动向我们报告敌情，帮助我们做掩护伤病员的工作。他们很乐观，没有怨言和不满情绪。这些留下的伤病员，有战士，也有干部，有党团员，也有战斗英雄。他们对我们部队很有鼓舞作用和教育意义。

军团首长肖克、王震在这段最艰苦的时期里，忙于行军作战，一直形影不离。参谋长谭家述是王震的老战友，他们的关系特别亲密。部队一停下，他就要作战科长、参谋人员把地图挂起来或铺在桌上、地下，共同分析研究敌情。王震忙着连饭都顾不上吃，守在地图和电话机跟前，保持与总部的联系。有一次敌人向军团机关偷袭，突然冲进军团驻地。面临险恶的敌情，警卫班长张德胜带领警卫班冲锋在前，把敌人打跑了。首长安全得到保证，而张德胜同志却光荣牺牲了。王震心情十分沉痛，向这位老战士的遗体告别时，流下了眼泪。

王震政委救了我们

部队急行军通过云南省罗次县敌人封锁线时，走了一天一夜没有休息。拂晓时，瞌睡得实在不行。正要爬一个小山坡时，我的头碰到骡子蹄下，骡子受惊跳起来，把我踢了一脚，我的两个门牙当场就被踢掉了，流血不止。当时，头昏脑胀，躺在路边疼得要命，走不动了。昏迷过后，我心想这一下完了。可我万万没有想到，王震政委发现我后，从骡子上跳下来，急忙问了好几声：“怎么样？不要紧吧！”并用双手把我扶起来，要医生帮助上药，把伤口包扎好；然后，叫饲养员老吴把他的骡子拉过来，一定要我骑上他的骡子走。他自己走路，我内心感到很不安。我知道，首长这几天特别忙，日夜操劳，关心部队安危，他很需要骑骡子，以减少体力消耗。流血止住后，我坚决要下来，把骡子让给首长骑，可他不同意，硬是让我骑骡子走。当时，我想了很多很多，如果不是在王震身边工作，我这一关是过不去的，很可能掉队，被敌人抓走。现在回想起来，还感到真有点后怕哩。

急行军的目的，就是要与敌人争时间、抢速度，抢渡金沙江。当年，毛泽东主席率领中央红军渡乌江、占遵义、过娄山关、四渡赤水、佯攻昆明、威胁贵阳守敌。当时，连蒋介石亲自坐镇指挥，也无法阻拦。最后红军还是把敌人追兵甩掉，从皎平渡口渡过了金沙江，至此，贺龙率红二、六军团，也同当年中央红军一样，无往而不胜。敌人摸不清红军的底细，几十万军队也无法把红军吃掉。红军同敌人兜圈子，斗智慧，能打就打，不能打就走。敌人走大路，红军爬山涉水走小路，总是赶在敌军的前头。有一天，天下雨，红十八师五十三团在云南宣威县新场地区，同敌军樊嵩甫部遭遇，展开了激烈的战斗。营长尹保仁率领部队猛打猛冲，把敌人一个旅部打得溃不成军，消灭了敌军一个短枪营，缴获了敌人几百支德造20响快慢机驳壳枪，俘敌几百人，打得很出色。尹保仁和这个营受到肖克、王震的通报奖励。在这次战斗中，尹保仁负了伤。敌人没有消灭光，还要继续进行战斗。军团首长决定：凡是不能随军行动的重伤员，一律由军团政治部和军团卫生部负责就地安置。每人给安置费20块银元，寄留在可靠的老百姓家里，保护隐蔽治伤休养。

尹保仁同志不愿意留下，死也要跟部队走。天刚亮，部队正集合，他双手拄根棍子一拐一拐地走来了。他好远见到王震就放声痛哭，跪在地下，紧抱住王震大腿叫喊："王政委呀！你不能把我留下，我死也要跟随部队走。"王震见到这种情况，心情十分忧虑，话也说不出来，低下头，用双手把他扶起来对他说："保仁同志，你昨天在战场上，作战勇敢，冲锋杀敌，打了胜仗，消灭了敌人，光荣负伤，立了功，我们是不愿意将你留下的。跟你一起负伤不能走的同志还有不少，也是一样。因为前面还有敌人，还要准备打仗，留下是安全的，跟着走不保险，部队行动也不方便嘛！把你寄放在老百姓家里养伤，我们有一天还要打回来，我再接你回部队。”他听了首长这一席话之后，伤心哭得更厉害了。尹保仁当过我的连长，见到这种场面，我也为他发愁，落了泪。王震是重感情的人，尹保仁参军就跟他在一起，时间很长，打仗是个猛将。昨天负伤，成了立战功的英雄人物。王震见他执意不留下，便让我去把饲养员老吴牵的骡子牵来，好让尹保仁骑上。但是老吴心里很不乐意，怕首长累病了。王震便亲自向老吴做思想工作，尔后才让他照办了。管理科王子良科长见到首长步行，对首长健康也不放心。这时，尹保仁把身上的 20 块银元安置费交给他，请他帮助买一匹马。王震政委同意他的要求，让军团政治部负责买了一匹马，好驮着尹保仁继续前进，尹保仁就是这样被收容下来的。我们在首长身边工作的每一个人，对王震政委关心部下、爱兵如子的高尚品德深受感动。在长征途中，因为没有苏区根据地那样的条件，将不能随队行动的重伤病员寄留在可靠的老百姓家中养伤、治病，是唯一的办法。这种情形在战争年代是不计其数的。其实，这也是红军长征播下的革命火种。

从云南鹤庆县到石鼓镇金沙江渡口，要走两天路程。为了摆脱尾追之敌，争取在敌人靠拢之前，抢渡金沙江。红二军团从丽江城出发，行程 80 余里，红六军团从鹤庆城启程，路程 120 余里，分两路直插江边。我们按时赶到渡口，已把尾追之敌甩在后面。波涛汹涌的金沙江就在我们面前。那天，王震仍然率领红十七师五十一团走在前头。团长贺庆积率突击营与王震在一起，先在江边的小山上用望远镜观察金沙江周围的地形，放出警戒，然后走到江边了解江面情况。

金沙江是长江上游，由北向南，流向海罗山，因山阻挡，又急转向北回流 200 里，这就是闻名中外的万里长江第一湾。石鼓镇只一条小街道，就在第一湾旁边。江面没有固定的渡口，两岸对峙，江面不宽，海拔 1750 余米，两岸的高山均在海拔两千米以上，为连绵云岭山脉。只有石鼓这个口子便于阻击敌人。江东对岸为人烟稀少的康藏高原藏民地区，敌人不敢轻易渡江进犯。红军眼前是滔滔江水，江面水流不很急，后面是强大的敌军追兵。由此可见，军团首先肩负的担子十分繁重，争取时间就是胜利。

红二军团渡江点选定在海洛塘。在当地群众的大力帮助下，得到了敌人还没有来得及搞走的一只木船，还有五名船工。红二军团十二团就乘这只木船先渡江，占领江对岸制高点，严密控制滩头火力阵地，然后由这个团沿江上下找渡口和木船。经过两天两夜的努力，找到五个渡口，七条木船和十多条木筏。红二军团从 4 月 5 日开始渡江。红六军团最后渡江。28 日，两军团渡江全部结束。总兵力 1.8 万余人，如果挤在一个渡口渡江，是不能按时完成渡江任务的。

红六军团在渡江前的主要任务是，保证红二、六军团渡江安全。肖克、王震日夜奔忙，召开各种大小会议，做好思想动员，进行充分的战斗准备，严防尾追敌兵的“追剿”。军团政治部在石鼓镇大街小巷和大路两旁，刷写了许多大幅标语口号，长红军的志气，灭敌人的威风。标语口号是:“打倒蒋介石卖国贼”、“打死中央军”、“吓死滇黔军”、“拖死湘军”、“脚踏川军”、“英雄是红军”。还写了:“北上抗日，人人有责”、“只有中国工农红军的胜利，才能救中国”、“各族劳苦大众团结起来，才能解除工农劳苦大众的疾苦”、“中国共产党万岁”……还写了些讽刺、嘲笑和挖苦敌军的大字标语。如：“来时迎接宣威城”、“走时欢送石鼓镇”、“费心多谢”、“请不用远送”、“请回去吧”、“多谢多谢”。还有红军战士向敌军说俏皮话的，把纸条子写好压在大路旁。纸条子上写道：“请把我们的破草鞋拾回去吧！”

4 月 28 日下午，尾追的敌人已到达正富，接近金沙江边。但是，此时此刻，红军已安全地渡过了金沙江天险。他们睁眼望江哭叹，向江对岸无目标的乱放了几枪，夹起尾巴扑空而归。

肖克军团长挥笔赋七律诗词一首：

盘江三月燧峰起，铁马西驰调敌忙。
炮火横飞普渡水，红旗直指金沙江。
后闻金鼓诚为虑，前得轻盘喜欢狂。
遥望五龙舒鳞甲，会师康藏向北方。

七、见到总司令

翻越雪山

红军抢渡金沙江之后，5月2日，进入格罗湾地区进行短时间的休整，做翻越大雪山的准备。前有堵截、后有追兵的威胁已基本消除。摆在前进道路上的主要障碍是自然环境和恶劣气候的威胁。

5月，是最好的季节，但5月的格罗湾夜晚，使人感到有点像秋天的节气。这个地方周围都是高山，只有二三十户人家，全是藏族牧民。再往前走，就是玉龙大雪山。红军在这里停留的主要任务，是筹集粮食，做翻越大雪山的准备工作。

王震亲自主持召开各种大小会议，作思想动员和组织工作。他在会议上向大家说：格罗湾在云南省西北康藏高原上，气候条件恶劣，到处都是崇山峻岭，群山连绵。从这里到中甸县，要翻越海拔3000—5000米以上的终年积雪的玉龙大雪山。山上没有人烟，山下人烟稀少，交通闭塞，国民党军队不敢来，我们红军到此地也是第一次。部队到达中甸县，那里也只几百户人家。当地居民主要是藏族，语言文字不通，给红军带来的困难很多。王震号召部队全体指战员要做好充分地思想准备去战胜各种困难，要求每人带足十天半月的粮食和牦牛肉干、生姜、辣椒、大蒜等御寒的东西。王震向各级领导详细地说明了情况，既交了心，也交了底。但是，红军要到达的目的地还是绝对保密的，谁也猜不透，领导当时也不会公开讲。

王震政委的政治思想工作，做得很细，也很具体，落实到人头。他把身边的警卫员、译电员、司号员、饲养员和挑夫等都召集在一起，做深入细致的说服教育和动员工作，着重教育我们怎样翻越雪山。他说：人上到雪山上，全身可能感到发冷，腿软没有劲，这时候千万不要坐下，要吃生姜、大蒜、辣椒，让全身很快发热。如果头上、身上出了汗，千万不要脱帽子，更不能脱衣服；如果累了，走不动，要互相手拉手，发扬阶级友爱和团结互助精神，防止陷入雪窝滚到山下去。翻雪山不要骑马，走不动的病员可以拉着马尾巴，骑到牲口上，会有脚冻伤或连人带牲口滚到山底去的危险。

王震最关心他的挑夫周雄、饲养员老吴的安全，专门把他两人召集在一起，谈过雪山的问题。我们警卫员也参加了，一起做思想政治工作。为了减轻老周的负担，他提出把文件担子减掉，将马列主义书籍用油布包起来，埋在地里。老周说什么也不愿意，他对文件箱子感情很深，一时想不通。老周说："这文件担子是我从湘赣苏区永新县家乡挑来的，通过无数次敌人封锁线，爬高山、渡江河、打仗，我都冲过来了，没有丢掉。现在前无堵截，后无追兵，没有严重的敌情，为什么要把文件箱子丢掉呢？我坚决不愿意。"王震耐心地听完了他的意见后，对他说："前面要通过大雪山，挑担子爬雪山不方便，对你自己也不安全，减掉文件担子的目的是为了救人。"最后还安慰他说："部队到了目的地，我工作需要有文件书籍，那时候，你还可以继续为我挑文件箱子，好吗？"这时，老周点头，高兴地笑了。按照首长的意见，老周把马列主义书籍用油布包好埋藏在地里，还作了暗标记，以便日后有机会来此，还可以挖出来。然后，他将日常用的洋蜡、火柴、纸烟、茶叶和小石油马灯等打成背包，以便背上行军。王震见到老周的打点很好，也感到高兴。老周（周雄）是江西永新县人，全国解放后还在新疆工作了几年，现已去世了。

王震对饲养员老吴的阶级感情更深。王震骑他的骡子十分安全，在任何情况下也没有发生过问题。老吴是参加过江西宁都起义过来的老兵，河南人，身强力壮，很有战斗经验，组织纪律性很强，对首长的安危十分关心，对王震政委有深厚的感情，多次受过王震的表彰和奖励。在即将翻越大雪山之际，王震特意向他交代：要多带上些粮食、牦牛肉干、给牲口多带些料。并向我们警卫人员和工作人员交代：带足干粮和御寒急救物品，做好翻越大雪山的准备工作。

部队在格罗湾停留了七八天。当地老百姓对红军很热情。各项准备工作在藏族群众的大力帮助支持下，完成得很顺利。从格罗湾出发，向中甸前进，走了不远，就开始翻越玉龙大雪山。天空雾气沉沉，不见太阳，抬头往前看，也见不到山顶。部队情绪开始很高，可以听到歌声和啦啦队叫喊“加油”的呐喊声，不见掉队的。爬到半山腰，天气很冷，战士们把背包打开，将夹被子披在身上。乌云遮住了天空，狂风卷起雪花，连人都看不清楚了。这座雪山上下有100多里，走到山顶上感觉头昏、脑胀，浑身发冷。我们就按照王震政委教的御寒办法，吃生姜、大蒜、辣椒，真起作用，身上马上就热起来了。人往四面看，都是白茫茫的雪山，抬头往后看，也看不到底。狂风吹起的雪片打到脸上，眼睛都看不见东西了。快到山顶上，见到前面部队有几个身体弱的伤病员牺牲在路边，王震立即停下脚步，给他们把红五星军帽戴好，肃立默哀。我们在首长身边，怀着同样沉痛的心情，向烈士脱帽致哀。快下山的时候，天色也不早了，当天就在小中甸宿营。部队下山时，人的脚有点儿站不稳，大家就坐在雪山坡上向下滑行。这时，雪飘在身上结冻了，全身感到很冷，大家把全部衣服都穿上了。当时正值5月，加之天天行军打仗，大家也没有棉衣，临时弄到什么，就穿什么，谁也顾不上军容的整齐，身上除了武器弹药外，就是干粮和米袋。不少的人手里还拉着一根棍子，变成了三条腿走路。当时只要身强力壮，准备工作做得好，翻越雪山，不成问题。除体弱多病的少数人困难多点外，因为有饭吃，所以没有发生大的问题。

过雪山后，我们在南坝停留了两天，又抵达了中甸城。我们进城时，红二军团刚走，县城没有门楼，也没有城墙，更没有一条像样的街道和一家商店。我想给首长买几包纸烟和洋蜡都买不到。但是城里清真寺和喇嘛庙装饰得倒很漂亮。王震及时召开各种会议，严格要求部队遵守群众纪律，保护喇嘛庙和清真寺不受破坏。当时，最困难的是没有翻译（当地人叫通司）。后来雇请了一个很有翻译水平的通司，王震走到哪里，他跟到哪里，帮助做了不少工作。在一次上层民主人士代表座谈会上，王震发表重要讲话。大家睁着眼睛听，经这位通司把话翻过去，民主人士总是点头，甚至咧开嘴发笑，可见他们听懂了。

部队在中甸住了几天，中心问题是筹集粮食。前进道路上还要爬雪山，通过无人区。环境气候一天一个样，而且变得更恶劣。红军部队向哪里走，军团首长心里清楚，但我们只能走到哪里就到哪里，当时也不可能把全部行动计划全都告诉部队战士。中甸县是以牧业为主，大部分老百姓是牧民，食品全是青稞、牦牛肉。藏民对红军特别好。但我们双方都受语言、文字限制，见面时只能互相表示微笑。他们把大拇指翘得高高的，叫“呀么呀么”（就是“很好”的意思）。红军指战员“三大纪律、八项注意”，军纪严明，买卖公平，不拿群众一针一线。你不用说，他们亲眼看见，完全相信。当时没有纸票子，用的全是银元，他们内心很高兴。

红军离开中甸向西康定乡县（今日乡城）前进。那位通司爱骑马，爱打猎，为了帮红军带路当翻译，他自备了一匹肥壮的漂亮马，带上了酥油、糌粑面和饲料，还带了一支步枪。枪的前头有两条支架，可以骑在马上射击。有一天，通过无人区，遍地是古老的梧桐死树。由此可见，这里过去是有人家的，我们就在此住下露营了。王震向这位通司询问：此地那么多古老的森林，为什么没有老百姓呢？通司是 40 上下的中年人，对这个无人区的历史形成也说不清。这一带的房子早就倒塌了，有的地方还可以看到遗址，可以见到飞鸟和野兔。那天宿营，天还不黑，通司见到一只肥大的野兔子从身边跑过去，立即端起步枪，他的枪法不错，一枪就把兔子打死了。王震问他敢不敢吃兔子肉？他摇头摆手说，他没有吃过。当我们把兔子皮剥掉，用辣椒、大蒜炒熟时，他闻到香味，也动手和我们一起吃起来了，而且边吃边说好吃，并翘起他的大拇指，用藏语说："呀么呀么"。他一路上与王震的关系越来越亲密，吃住在一起，就像一家人一样和睦相处。他把自己带的酥油、糌粑面、牛肉干和方块糖都摆出来，一定要王震政委和他一起吃，你不吃他还不高兴。王震向他开玩笑说："吃光了，你自己怎么办呢？"他说："没关系，前面就到定乡城了。那里有粮食，也有牦牛肉。"就这样，我们不觉得有什么困难，就度过了一夜。因为干柴多，整夜明火不灭，天不刮风下雨，没有帐篷，也不感到冷。我们都把自己的夹被子用棍子支撑起来做帐篷。夜晚的火光，照得沟川遍地通红。

定乡城内没有敌军，进城没有打仗。城内老百姓也不多，街道比中甸好一些，但没有一条像样的街道，也无城墙，只有几百户人家，老百姓都没有跑。王震所到之处，首先想到的是部队吃粮问题。因此，在这里停留了几天，仍然是集中力量筹集补充干粮、牦牛肉干。当地老百姓全是藏族，以牧为主，全靠经营牧业为生。再往前走就是稻城，沿途很少见到老百姓，有时可以看见山沟里有少数牧民住的毡房，但是很少见到人，且根本见不到羊和牦牛。

稻城，没有城墙，城内有一二百户藏民。部队进城前。有少数藏民把茶水摆放在大路两旁，还摆放着少量的奶子和其他食品，大家见到这种情景，感到特别高兴。进城往下之后，王震分别召开了几次座谈会，做统一战线工作，宣讲党和红军的政策。通司起了重要作用。军团宣传队在城内大小街道上书写了不少大幅标语口号，有藏文，也有汉文。许多老百姓自觉地站在那里围观看标语，有时通司帮大家大声地念，老百姓听了点头高兴。筹粮工作进展顺利。听说前面还要翻越雪山，不过大家有了粮食、牛肉干，肚子能吃饱，心里也不慌。我和译电员关系特别好。有一天，译电员小苗子对我悄悄说，过几天就要见到朱总司令了。这是多么喜人的好消息啊！小苗子特别嘱咐：“千万不能对任何人说，你知道就行了。”这个秘密，首长是绝对不会告诉我们的，我也不敢向任何人去探听和泄漏军情。

会师雄坝

5 月 30 日，离开稻城，向藏坝前进。我们出城后的第二天，见到了老百姓，但道路崎岖，坎坷不平，很难走，前面就是大雪山。这座大雪山，大约长有 100 多里，但没有玉龙①大雪山那么高，下山不远就是藏坝。这里有少量的藏民，房子不高，还有些毡房。为了不惊动藏民，部队都在野外搭帐篷露营。肖克、王震同红十六师晏福生政委、周仁杰师长一起率领部队向理化县城以南的雄坝前进，以便同远道而来接迎我们的红四方面军的三十二军先头部队会师，这可是个特大喜讯。三十二军红军战士排列在雄坝大道两旁，军容齐整，笑容满面。还有数百名藏民载歌载舞，同他们一起列队欢迎。红六军团与三十二军会师之后，揭开了与红四方面军胜利会师的序幕。红六军团全部到齐后，红三十二军接应部队的领导召开了欢迎大会。王震、肖克与接应部队首长分别作了热情洋溢的重要讲话，给两军兄弟部队以极大鼓舞。首长号召大家互相学习、团结奋进——骨肉团聚的欢乐，使红军战士个个眉开眼笑，满面生辉。

红六军团与三十二军接应部队会合后，顾不上休息，立即继续并肩前进，抵达三十二军军部所在地甲洼②地区，在甲洼休整了几天，又受到了当地军民的热烈欢迎。当地军民节衣缩食，送来了不少慰问品和慰问信，还组织了慰问团，带来了酥油、糌粑炒面、牦牛肉干，以及皮背心、大衣、毛衣等物品。还举行了文艺晚会，由文工团表演了精彩的节目。

① 原文为玉隆，本文统一为玉龙。

② 原文误为用洼，本文统一为甲洼。

藏族姑娘与文工团同台表演藏族舞蹈，军民团结情谊深。当时那幅激动人心的动人场面，我至今还记忆犹新。

部队在甲洼地区停留了几天，恢复体力，补充粮食，红三十二军一直同我们一起活动。听说在湘赣苏区与我们作战的老对手、李抱冰部队驻守着理化城。部队首长正在研究作战方案。喜讯传来说，红三十二军将要同我们一起战斗。大家听到作战，情绪特别高涨。红十七师五十一团走前卫，向理化城进军，王震与贺庆积团长带队走在最前面。但是，没有料到部队还没有接近理化城，枪还没有打响，敌人就已逃之夭夭，而且跑得很快，理化城就这样得到了解放。

那天，天空晴朗，阳光灿烂。理化县城到处欢声笑语，喜气洋洋。理化县城照样没有城墙，但国民党反动派的军队驻守后，修了不少碉堡，挖了不少战壕。城内有街道，但看不出是个城市。虽然有几百户市民，但工商业经济不发达，仅仅是一个以藏族为主的少数民族聚居区而已。我看见有少数汉族商人在城里经营，这与其他县城相比，有所不同。我们在城里住了几天，中心任务还是筹集粮食。王震召集各界人士代表座谈，通过翻译向他们作调查研究。因为有红三十二军的影响和帮助，粮食、牦牛肉干都得到补充，解决了吃饭问题。

从理化至瞻化县，又经过几天的行程，在瓮水到德窝等地，我们翻越了最后一座大雪山。这座大雪山上下约120余里，天气很冷。其间，还要通过古老的死树丛无人区。对这段史实，王震在回忆文章①中写到："由中甸而定乡、稻城、理化、瞻化，到达甘孜等县。越过三座最大的雪山：一个是从格罗湾到小中甸的大雪山，五十多公里，5月2日翻的；一个是从瓮水到易窝的大雪山，约六十公里，5月12日翻的；最后是从那坡到德窝的大雪山，七十五公里，6月1日翻的。此外，还翻了许多小雪山。翻雪山时，虽身穿皮衣，仍感严寒。特别是有的山上大雪

① 王震：《红六军团小史》，《红六军团征战记》（上），第18页。

纷飞，虽在 6 月炎天，积雪犹深数尺。更为厉害的是雪山顶上空气稀薄，供给人体需要的氧不够，常发生头晕、脚无力，几乎不能行走。但是，每个指战员为了争取一、二、四方面军的西北大会合，完成抗日的光荣任务，忍受与克服自然界的困难，互相帮忙与勉励，终于通过了雪山的障碍。这种冲破天然障碍的英勇行为，只有红军才能够做到。”那些历史上曾仇视过汉人军队的藏族群众，转而对红军欢迎拥护。此足以证明，红军是全中国人民的军队。在甲洼会合红三十二军后，我们看到，沿途写了不少标语：“欢迎横扫湘赣鄂川滇康的红二、六军团”、“欢迎善打运动战的红二、六军团”、“欢迎善打河川战的红二、六军团”、“欢迎所向无敌的红二、六军团”。由此可见，当时的军民关系和红军内部之间的亲密团结是很好的，给我们的战斗鼓舞是很大的。王震所写的回忆文章也如实地反映了当时的实际情况，现在回头再学习，深感格外亲切。

会见朱总司令

6 月 20 日[①]，红六军团由甲洼启程，经热洛坡耳、沙家等地，进抵甘孜附近的普玉隆，与盼望很久的红四方面军会师了。6 月 24 日，听到敬爱的朱德总司令要来看望我们的喜讯，大家感到特别高兴。于是，部队整装，夹道热烈欢迎。肖克、王震偕同总司令检阅了欢迎队伍。朱德总司令，身材魁梧结实，头戴八角红星帽，身穿浅灰色军装，腿上打着绑带，腰上扎着皮带，满面笑容，神采奕奕，向全体指战员微笑，挥手致意。我们挥起拳头振臂高呼：“总司令好！”总司令回答说：“同志们好！”“你们辛苦了！”热闹的场面，使人深受鼓舞。陪同总司令前来看望部队的还有刘伯承总参谋长和其他有关首长。6 月 27 日，召开了连以上军政干部大会，王震主持会议，总司令发表了热情洋溢的重要

---

① 到达普玉隆时间应为6月22日。

讲话。他首先高度赞扬红二、六军团英勇顽强的远征行动、艰苦奋斗的革命精神。然后说:“这里不是红军长征的目的地，我们还要继续北上。要北上就要团结一致，不搞好团结是不行的。我们前进道路上还有许多困难，我们还要爬雪山、过草地、通过无人区，大家要做好克服一切困难的思想准备。”最后，总司令高兴地告诉大家一个好消息：“党中央、毛主席率领红一方面军胜利地通过了草地，到达了抗日前线——陕甘宁地区，并在战斗中不断地取得了斗争的胜利。”这时，会场上响起了热烈的掌声和欢呼声，并坚决拥护总司令的指示。然后，军团首长陪同总司令，深入连队慰问全体指战员，十分关心大家的生活和健康。总司令还到厨房看望炊事员，检查伙食情况，受到热烈欢迎。当时，全军上下热爱总司令的情景，我至今深深难忘。

朱总司令的威名，我在湘赣苏区就听说过，因朱毛红军在井冈山会师后已闻名全世界。但是，荣幸地见到总司令慈父般的形象和听他的教诲，我还是第一次。自从得知要见总司令的消息后，我日夜盼望这个日子早点来临，今天实现了这个愿望，怎能不让人感到万分高兴呢？起初，我们并不了解总司令留在这里的前因后果，后来才知悉，是张国焘分裂红军、分裂党所致。对此，我感到非常气愤。

我亲眼看见和深有感触的是，红四方面军对红二、六军团会师的欢迎和慰劳，是真诚热情的。他们把自己动手捻的毛线织好的毛衣、毛背心和皮大衣、皮背心、草鞋，送给我们穿，将节约下来的酥油、糌粑、炒面、牦牛肉干、红方块糖等送给我们吃，这种阶级友爱、友好团结和兄弟般的情谊永远凝结在我们的心坎里，我们是不会忘记的。张国焘等极少数人，搞分裂党、分裂红军的阴谋活动是极不得人心的，他最后得到了应有的下场。

同张国焘分裂活动作斗争

我们部队刚住下不久，跟随张国焘搞反党活动、破坏团结、搞分裂主义的极少数人，也以慰问为名，暗地里向部队散布各种分裂主义悲观情绪，散布反对党中央和毛主席、挑拨离间、破坏团结的言行。最突出的一次是，慰问团少数人来到军团司令部驻地慰问机关干部时，我们早有思想准备，事先摆设了茶水、纸烟，由王震亲自出面接待。我们将警卫人员、参谋及随行干部安排在隔壁一间屋里款待。可是他们不放心，紧跟在首长身边寸步不离。这位负责人向王震介绍了情况。王震坐在一边，实在听不下去了，就开门见山地对他们说："我们红六军团是毛泽东主席、朱德总司令在湘赣苏区井冈山根据地亲手创建起来的军队，我们是不反对毛泽东的，我们坚决拥护遵义会议决议，北上抗日。爬雪山、过草地，通过无人区，再大的困难我们也不怕。"义正词严地抵制了他们的造谣中伤，揭露了他们的破坏活动。以后，王震在部队中公开说：毛泽东主席率领红一方面军北上是正确的，张国焘要红四方面军南下是错误的。我们红二、六军团要同红四方面军一起北上，与红一方面军会师。张国焘大搞分裂党、分裂红军的阴谋活动，一计不成又生一计。他利用红军总政治委员的名义，有一天主持召开团以上军政干部会议，打着与大家见面的旗号和借口，搞分裂活动。他给每个参加会议的人入场时散发了两个反党反毛的小册子。一个小册子是所谓的《干部必读》，另一个小册子是所谓的《西北问题座谈纪要》。有的人收到文件就坐不住了，有的不辞而别离开了会场。王震憋着一肚子气，同其他首长坐在主席台上，立场坚定、旗帜鲜明地向张国焘提出："这两个文件不能发到部队，应该把它收回烧毁。"这一炮击中了要害，斗争的烈火燃烧起来了，大会不欢而散，给反党、反毛、搞分裂活动的人以迎头痛击。王震始终同任弼时、贺龙、关向应等同志站在一起，坚决反对张国焘分裂党、分裂红军、另立中央的阴谋活动。王震向在他身边工作的人员交代：张国焘派人送任何礼物（包括枪支、马匹），一律拒绝接收。我当时还有点想不通，张国焘是红军总政治委员，给军团政委送东西，为什么不接受呢？后来才明白，张国焘请客送礼是收买人心，以达到他分裂党、分裂红军等不可告人的罪恶目的。王震坚决同张国焘的严重错误作斗争，直到他改变立场，承认错误，服从以毛泽东主席为首的党中央的统一领导，继续率领红四方面军北上，与中央红军实行“三大主力”会合为止，从来没有放松对张国焘反党活动的警惕性。

八、三军大会师

《中国人民解放军六十年大事记》一书这样记载:“红军第二军团、第六军团于四月下旬，由石鼓、巨甸渡过金沙江后，接着分左右两个纵队，翻过几座大雪山，于7月2日到达甘孜与红四方面军胜利会师。7月5日，红二军团、红六军团、红三十二军奉中央军委命令，组成红二方面军。贺龙任总指挥，任弼时任政治委员，肖克任副总指挥，关向应任副政治委员，李达任参谋长，甘泗淇①任政治部主任。”从此，红军有了红二方面军的组织机构和番号。“三军大会师”，就是指红一方面军、红二方面军、红四方面军在西北地区的大会师。它标志着红军二万五千里长征的胜利结束。这是具有重大历史意义、值得纪念的。

红二方面军宣告成立后，红六军团也进行了改编，把原来军团的建制撤销，编成四个小师。即模范师、十六师、十七师和十八师。总人数由军团前的近万人，减少到5300余人。从数量上看减少了，但从质量上却提高了。整编后的红六军团领导成员有变动。军团长陈伯钧、政治委员还是王震，参谋长彭绍辉（谭家述调中央），政治部主任张子意；模范师师长刘转连、政治委员彭栋才②；十六师师长周仁杰、政治委员晏福生；十七师师长贺庆积、政治委员汤祥峰；十八师师长张正坤、政治委员罗志敏。整编就绪后，红军在原地积极做继续北上过草地的准

① 原文误为甘泗琪。

② 原文误为彭栋材，本文统一为彭栋才，即彭林。

备。甘孜是红四方面军总部所在地,当地人口到底有多少,我也说不清。关键还是在此地做好过雪山、草地和无人区的粮食补充准备。红四方面军给我们帮助很大，这是难以忘怀的历史事实。

爬雪山　过草地

红军长征爬雪山、过草地，通过无人区，环境确实艰苦。对此，中外不少作家曾有专著论述和描绘。三大主力红军长征有不同的具体历史情况，而作家们写红军长征，主要是对毛主席率领红一方面军的英雄事迹写得多一些。这也是理所当然的。我读过作家魏巍写的长篇小说《地球上的红飘带》，书中主要是写红一方面军在毛主席领导下的英雄传奇事迹。当然，它是有代表性的，因我们的方向、道路和所遇到的艰苦环境是大同小异的。红一方面军是从江西瑞金出发长征的，红二方面军是从湖南桑植开始长征的，红六军团是从井冈山出发的，红四方面军是从鄂豫皖苏区革命根据地启程长征的。后来红四、二方面军会师在西康省的甘孜地区，一起过草地北上抗日，在大西北甘肃地区总会师。红一方面军的毛主席和朱总司令员各率一部，后来也没有能在一起。走在先头与后头还不一样，走前头开始没有经验，后头的部队有了前头部队走过的经验，但吃粮的困难要多一些。作家要写全三个方面军的困难是很难做到的。我也读过一部分幸存者、老前辈写的长征回忆录文章，他们也着重谈自己亲身的经历与感触。因此，我在这本书里也着重谈我在王震将军身边当警卫员期间爬雪山、过草地、过无人区的一些经历情况和亲身感触。

王震在部队离开甘孜地区之前，对爬大雪山的经验已经作了总结，只要体力强、人不生病，有饭吃，不饿肚子，在不发生意外事故的情况下，一般是不会死人的。我们通过大雪山时死人很少，因为有饭吃，有御寒的准备。但是，过草地情况又怎么样呢？从甘孜地区出发北进过草地，我们是走在整个北上红军的最后面，分几路纵队向草地进军的。朱总司令率领红一方面军总部，走在红六军团的左边，红四方面军则走前卫。

我们走过的草地，其中有干草地、水草地和软草地三种，其中，干草地占多数。我们爬过的雪山不多，也不很高，距离也较短，无人区也不太多，有时是交叉着在一起的。水草地主要在沟川里，雪山大部分是在小的山梁上，每天露营是在沟川里。软草地，人一般陷不进去，牲口随时有陷进去拔不出腿来的危险，驮东西的骡子危险性更大。草地和无人区都是没有人烟区，有时也可以见到有人住过的村庄，有古树木，但是见不到老百姓。因此，也无法找到粮食。走在后面的部队连挖的野菜也没有了。但野菜又分有毒和无毒两种，有毒的野菜吃了，也要中毒死人的。

根据中央红军北上行军路线，红四方面军分左、中、右三路纵队前进。总司令率方面军总部和三个师为左纵队，红四方面军为先头纵队，红六军团走在左纵队的后面。红十八师于7月5日从甘海子东谷出发，以三天路程赶到庆大溪一线接替三十二军警戒和看守已集中的牛羊群。其余的部队于7月7日①，在军团长陈伯钧、政委王震率领下，由东谷出发，经西康达县（现归属四川）北部，绕道青海省南部，再往四川省阿坝。王震说："原想走十天可以到达阿坝，所以带的粮食不多，结果走了二十天才到达。"出发后不久，就开始翻雪山，刚过了几座山又过草地，而且是无人区。粮食吃光了，连队已揭不开锅，炊事员无米下锅，食堂停伙了，大铜锅也无法背了。大家用自己的洗脸盆，有的用喝水的瓷缸子煮野菜充饥，入不敷出，体力消耗很大。

在高原上行军，地球好似完全变了样。日照时间很短，太阳从东面升起来，一会儿就不见了。王震说："部队离开甘孜时，听红四方面军介绍情况说，草地有牧场，有牦牛，还可以打到野生动物。"为此，

① 应为7月6日。

王震又愁又急，连一口炒面也吃不下去。为了找牧场打野生动物，解决吃饭问题，他亲自率领模范师向西面跑了一天，结果，不但没有找到牦牛和野生动物，反倒把自己带的那点干粮也吃光了，更增加了部队的困难。有马的单位，就杀马吃。按红军编制，规定团以上首长才有一匹乘马。因此，马也不多。军团和师团机关，有些马匹驮运军款、枪支、无线电台，把马杀吃了，运输就成问题。但是为了救人，到最后万不得已的时候，也有把马杀了吃的。林海清那时当营长，他打了一只野狼，特意给王震送来两条狼腿，连皮都不肯剩下，用火把毛烧掉，然后将肉切碎用洗脸盆煮着吃。我们当时围在一起吃了个饱。由此可见，那时候的阶级友爱精神，是十分可贵的。当时，王震提出要杀他的骡子救人，我们在他身边工作的所有人都不同意。天大的困难，也动摇不了红军战士保卫首长的职责。我们大家把干粮、牛肉干节约着吃，每到一处，寻找野菜，在小河沟里钓点小鱼，煮熟了吃，千方百计战胜困难。那时，红军里也没有翻译，从中甸请的翻译，到达甘孜时就让他回去了。走时，王震对他非常热情，给他赠送了一支很好的步枪，还有 100 多发子弹、一把刺刀。他特别高兴。这位翻译名叫瓦西，他把自己没有吃完的大块方糖和食盐全送给了王震，以示他感谢之情。我为首长保存起来，在最关键的时候发挥了作用。在吃粮最困难的日子里，我回想王震在格罗湾出发前就对饲养员老吴交代说："我的骡子要多带些粮食。"那时，我还领会不到这个指导思想。当时有饭吃，再大的雪山也翻过来了。因为没有断炊,所以没有饿死人。可是过草地时没粮食,连野菜树皮都找不到,眼看着就要断炊饿死人。

人是铁，饭是钢。自进入草地后，人的体力逐渐变差，行军速度一天不如一天。哪里有什么宿营地呢？沿着川沟里走，根本见不到前人走过的道路，连太阳也不多见，鸟儿也见不到。那些沟溪里有水在流动，沟边有红柳,能找到干柴,就是很理想的宿营地了。天不黑就得停下来，因为气候多变，早晨的太阳，照上一会儿就见不到了。随着而来的不是风便是雨，有时还降下大拇指大的冰雹。降暴雨和冰雹的时间不长，降上一阵子就过去了。人在高原生活，因天空的阳光常被阴沉沉的乌云遮住，能找到避风的土坎坎，把自己盖的夹被打开，找几根棍子撑起来，把雨伞、油布盖在上面，就是最理想的宿营地了。夜间很少见到月亮，星星也较少，晚上有时还刮风下雨。说来也奇怪，有时还听到天空雷声隆隆，使人感到好似生活在另一个世界。王震政委，白天发愁部队吃饭问题，夜晚同我们警卫员背靠背蹲在一起，睁着眼睛过夜，根本无法伸开脚，怎么能休息睡好呢？如果能有一顶帐篷就好了。人躺下后，半夜感到很冷，没法子，我们就在睡觉处的前面烧上一堆大火，让它通夜不灭，好烤火御寒，增加体温。天黑后，若沿沟川远方望去，就好像一条大火龙，人要在这沟川地里过夜，离开火是不行的。部队开始进草地前，军团部统一筹备了些帐篷，全部发到各连队去了。后来又补发了些帐篷，我们要求给首长多留两顶以保证安全，王震政委不同意。他这种先人后己、大公无私、以身作则的好作风，使人们深受教育，也很受感动。

我们当时看到红四方面军部队用牦牛驮着帐篷过草地，非常羡慕，这就是他们的优势。而我们的首长连顶用好一点的被单子做的帐篷都没有，心里难过极了。进草地前，如果时间充分一点，多准备点干粮、牛肉干，备有帐篷，用牦牛驮，部队过草地遇到的困难肯定会少些。可是，王震不这样想，他想的是全军的安危，总是把困难留给他自己，把方便好处让给部队。任何困难挫折都吓不倒他。后来，他在回忆文章①中写道：红军过草地绝粮仍然迈进，“由甘孜出发，只准备了七八天的粮食和少量帐篷。据四方面军的首长说：北行3日至5日即可补充牛羊；再行4日至西倾寺，可补充粮食；再行2日至绒玉，又2日至哑龙寺，均有粮食补充。预料从甘海子到阿坝只有十天行程，但是结果有的走了二十天，有的走了二十三天才到阿坝。在路上只补充了极少数的牛羊，

① 王震：《红六军团小史》，《红六军团征战记》（上），第20页。

没有补充粮食，所以部队遭遇了极大的饥荒。在这二十余天的草地行军中间，有的八天甚至十二天没有见过一粒粮食，遭受了人类难以忍受的饥饿、雨淋、寒冻。”王震政委这段回忆记载，我是记忆犹新的。期间，红军还走了有水草地，我亲眼见到不少战友，正当身强力壮的年龄，在敌人的飞机、大炮、刺刀、手榴弹的威胁面前，冲锋陷阵，英勇杀敌，没有躺下，也没有被吓倒，但是在恶劣的自然环境中，因断炊而光荣地牺牲了。他们双手紧抱着手中的钢枪倒下去，永远睡着了似地，爬不起来。见到这种情景，谁能不感到心痛呢？王震走到这些烈士跟前，含泪停步，用手摸一摸他们的头，把红五星军帽端端正正地戴好，然后低着头，向他们默哀告别。走过去老远老远，他还回过头来，向他们再看上一眼,用手擦干自己的热泪。我们紧跟在他的后面,同样感到十分悲痛。

爱兵如子

王震爱兵如子的动人事迹是举不胜举的。越是困难，他就越想到官兵。他始终如一地与红军指战员同甘苦、共患难。他关心别人，比关心自己还重，是我们的表率和楷模。我在这里介绍几个具体事迹如下：

部队进入草地后，红十七师政委汤祥峰病倒了，发高烧，不能骑马，就坐在担架上。王震发现后，二话没说，就抬起担架来了。战士们不让他抬，接过了担架。当警卫员报告说王政委要抬担架时，汤祥峰内心感到很过意不去，就从担架上爬起来，向王政委说：“发高烧头昏，今天不坐担架，不要紧的。”当时部队还有饭吃，还没到断炊的时候，王震仍然叫他躺在担架上，要战士们轮换着休息，他来亲自抬担架。汤政委从担架上爬起来，叫警卫员扶他骑马走。王震身教重于言教，不指责，不批评，把这副担架给“解放”了。可恨汤祥峰出草地后，被蒋介石地上有追兵、天空有飞机轰炸的阵势吓破了胆，动摇叛变了。他被关押在张学良部队，西安事变和平解决后，被抗日部队押回归案。

过草地最后阶段，部队断炊饿死人，这是我们每天都可以见到的。

有一天，王震见到一个战士双手抱着枪倒下了，虽闭着眼睛，但嘴巴张开想吃东西。王震要我赶快把酥油糌粑面拿来，自己从河沟里用茶缸子舀来凉水，捏成小团喂在他嘴里。没有几分钟，那战士醒过来了，睁开眼睛，见到王震就放声大哭，双手抱住不放。王震是最重感情的人，在这种场面，心情难受得连话也说不出来。他弯下腰把战士扶起来，亲切地拍着战士的肩膀说："快要出草地了，要挺住。"顺手还给他几块牛肉干，装了一缸子糌粑面。这位战士哭得更加厉害了。就这样，他终于鼓足勇气，坚强地走出了草地。

王政委救人出了名。我们往前走不远，又见到一位连长倒下了。他身上挂着一支驳壳枪，身边还跟着一个通讯员，他主要是有病，粮食也不多了。王震问我："还有没有牛肉了？"我对他悄悄地说："吃光了，你吃什么？"他说："快到没办法的时候，就把我的骡子杀了吃，救人要紧啊！毛主席过草地，最后饿得没办法了，就把他骑的马杀了吃了，救了不少人嘛！"我听了，十分感动。我给他牛肉干后，王震又叫我让老吴把骡子拉过来，让这位连长骑上，自个却跟在后面，手里拄着一根棍子步行，随部队行进到宿营的地方。长征路上，许多指战员亲眼目睹了王震爱兵的动人情形：爬雪山，过草地，通过无人区，他很少骑牲口，而将其让给伤病员骑。牲口上驮的粮食、牦牛肉干，也大多被我们这些警卫员、译电员吃了；还有一部分则分发给沿途的伤病员当救济品了。我当时在首长身边工作，能胜利地走出草地，想想是十分幸运的。

有一天，部队搞到了些青谷，给军团机关分了一部分，但无法磨成炒面。军团管理科就分给大家自己炒熟了吃。我用洗脸盆把青谷炒熟，首长们同我们一样，就这样吃。我的两个门牙，在云南被牲口踢掉了，但牙根没有拔掉，一吃青谷，牙根发炎，脸都肿起来了，牙痛得要命，也不能吃东西。那天，司号员也病倒了。怎么办呢？听说前面还要翻雪山，我们两个人急得吃不下，也睡不好，更没有办法照顾首长，内心深感不安。王震政委发现这种情况，就来同我俩谈心，安慰鼓励，要我们打消思想顾虑。他说:“明天翻雪山骑骡子嘛!”他又说:“已翻越过的，那是大雪山，而明天要翻越的，只是小雪山，不要紧的。你们如果胆小害怕，我们就三人一起骑骡子。”我们说：“请首长骑骡子，我们就拉骡子尾巴吧!”王政委笑着说:“骡子大,我骑中间,老鼠子（司号员绰号）骑前头，你老表骑后头，结成三位一体，请老吴给我们保驾。”那天，天气较好，没有刮风下雨，在首长的亲切关照下，我们接连翻过两座小雪山，平安地到达了宿营地，渡过了这个难关。我记得，在爬第二座雪山时，还有一个病员拉着骡子尾巴挺过来了哩。这个骡子的承受能力可真是惊人啊！这匹骡子为革命事业作出了很大贡献。

王震在关键时刻，一切为了救人，他根本不考虑自己安危。过草地进入最艰苦、最困难的关头，王震及时向总部报告了情况。敬爱的朱德总司令员得悉后，带头把驮帐篷的牦牛减下来，并动员总部各单位将驮帐篷的牦牛减下来，留给沿途设立的临时兵站，分给在后卫的红六军团吃。总司令还说：“从这里到出草地，还有六天路程，号召每人每天节约一斤牛羊肉留下来，统一分给后面的部队吃。”总司令关心部队指战员的模范作风，很快传到部队，受到全军团指战员的热烈拥护，并成为佳话。总司令前次送了帐篷,这次又送来牦牛。我们提出给首长留一头，又被王震政委同样拒绝了。他说：“给机关干部可多留点，我们当首长的可以不留，一律分别送到部队，让指战员吃，救人要紧啊！”我由此又受了一次大公无私的共产主义精神教育。王震爱兵如子和爱红军如生命的高尚品德，永远值得学习。

红军从甘孜出发前，王震向全体指战员作动员报告时，就反复说清楚了：“爬雪山，过草地，通过无人区，困难是很多的。”经过沿途事实证明，他说的都是实话。他号召我们：“要与天斗，与地斗，与各种困难斗”、“通过草地就是胜利”。从 7 月 7 日起至 8 月 25 日止，我们在草地行军一个多月，天天过的是艰苦的日子，天天吃不饱肚子，受冻、挨饿，经受狂风暴雨的侵袭，在非人生活的环境里胜利地挺了过来。正如王震将军在他的上述回忆文章中所写的："到达甘南哈达铺，才算通过了草地，重新回到人类社会中来。"

哈达铺是甘肃南部的一个大集镇，这里有几千户人家，是红四方面军前卫部队解放的。红六军团到达时社会秩序已经稳定，老百姓在市内外、大路和大街两旁摆了许多糖果、食品。其中，引人注目的是烤饼，有洗脸盆那么大。当地老百姓叫锅盔，一块银元买一个。王震那天十分高兴，他走在部队前头，坐在一家小商贩门口观看。红军指战员扬眉吐气，雄赳赳气昂昂地从大街上通过，纪律严明，谁也不愿离开部队跑出去抢购吃的东西，谁也不掉队。许多人将草地行军用的棍子（叫三条腿）自动甩掉了，简直如猛虎下山，势不可挡。我们一路上好久没有见王震政委抽纸烟了，他那天竟高兴地点燃了一支香烟。他两眼炯炯有神，咧开嘴发出了笑声，真是精神振奋，喜笑颜开。我们跟着他在一起，很久未见他这么欢愉过，那天他精神焕发，我们也高兴极了。

当天，我们就在哈达铺镇子里宿营。部队和军团机关在草地一个多月没有住过房子，住过帐篷的也是少数人，大都是自己用被单搭起简易棚子，凑合着宿营。今天住上了暖和的房子，有民房，也有地主的住宅，谁不感到高兴呢？第二天，王政委对我们说：他一夜都睡不着，失眠了。我那天夜里也同样翻来覆去，总是睡不着，我盼望早点见到毛主席。有一天，我向王震政委打问："我们的目的地到底在什么地方呢？还要过草地吗？"王政委高兴地对我说："再不过草地了，快要见到毛主席了。"他又说，我们还要行军、打仗，然后同红一方面军会师，毛主席跟红一方面军在一起。这是多么振奋人心的好消息啊！军队的行动，王震历来是守口如瓶的，从不向我们透露的，他这次脱口而出，我们完全相信是真的。

哈达铺是个重要的战略要地，历来都是国民党军队重兵防守。红一、二、四方面军长征都路过此地，并在这里打过仗，有力地配合了红军主力向国民党占领区的进军。从哈达铺出发时，大家高兴地唱起："哈达铺，向前进，赤化全西北"的歌曲。据说，这首歌是红一方面军留下的，它唱出了当时红军长征所向披靡的大好形势。9 月 1 日，红二方面军原计划攻占礼县，因误战机，攻城未克。然后，分别攻克成县、徽县和两当，首先解放了这几座县城。部队工作转入战斗队和工作队任务，放手发动群众，创建新的革命根据地，建立苏维埃政权，扩大红军队伍等。红六军团领导机关驻两当城后，轰轰烈烈的群众运动也开展起来了。王震的工作特别忙。在很短的时间里，部队得到休整，兵源得到补充，体力得到恢复，供给得到解决，物资装备得到改善。由于红军纪律严明，秋毫无犯，得到广大群众的拥护和欢迎，谁都感到高兴。尽管张国焘搞分裂活动，野心不死，破坏党中央和毛泽东主席的战略部署，但是，红军继续北上，向中央红一方面军靠拢。

罗家堡战斗

9 月 14 日，红军向天水方向前进。红十七师先头部队碰上从天水方向开来的敌王均部队二十一旅派出的一个连。这个连是护送敌十九旅的一部电台时与红军相遇打起来的。贺庆积师长亲自指挥，一个冲锋就把这个连全部消灭了，缴获一个无线电台，俘虏 40 余人，红军无伤亡，这是我们出草地打的第一个胜仗。10 月 5 日夜，红十六师在渭河边上的娘娘坝袭击敌军一座医院，守敌在河对岸不敢来救援，只从碉堡里疯狂地无目标地开枪射击，红十六师师长张辉不幸牺牲（原师长周仁杰出草地后已调延安抗日军政大学学习去了）。王震得知后指示：要很好安葬；对敌军医护人员及医务人员要加以保护，不准杀害，除枪支弹药收缴外，其他公私财物一律不准侵犯动用。红军的这一行动，给敌军留下了很好的政治影响。对红军指战员也是一次战场纪律的实际教育和考验。

10 月 7 日，红军从天水镇出发，向罗家堡前进，原计划在那里宿营，因罗家堡敌军增加守备力量，情况发生变化，军团首长改变命令，让部队提前宿营，以便在天明拂晓前通过罗家堡敌人封锁线。因行军途中村庄分散，住房紧张，所以红十六师走前卫，担任罗家堡方向警戒任务；

军直与模范师住罗家堡以南，过一条小河宿营；红十七师、十八师跟随在后面住下了。第二天，军直机关误了出发时间，模范师走前卫，天还不很亮,就过去了。军直属单位没有紧跟上,个别单位也误了出发时间，天一亮被敌人发现后，与红十六师打起来了。结果，军直机关被压缩在一条山沟里，进退两难。敌人出动飞机，向山沟里扫射投弹、轰炸。眼看骡马被炸死炸伤好几匹，驮银元的箱子被炸破了，白洋撒在沟里遍地都是。军团首长陈伯钧、王震，参谋长彭绍辉，政治部主任张子意等领导都被围困在山沟里。尽管红十六师部队打得英勇顽强，但敌强我弱，援兵不能及时增援上去，阵地守不住，被敌人压下来了。这直接威胁到军团机关的安全，情况十分危急，敌人的飞机还在低空狂轰滥炸，使军团首长的安全失去了保证。

这时，红十七师跑步上来了，王震命令部队立即投入战斗。他和师长贺庆积在最前线指挥。王震、陈伯钧命令肖飞，要他把全营重机枪架起来，向低空扫射的敌机开火，掩护十七师反冲锋，把敌人打退了。敌机再也不敢低空扫射，红十六师安全撤下来就地整顿。这时，玉震接到报告说：师政委晏福生失踪，后来才查清，原来是负重伤没有被抢救下来。王震为此急得跳了起来，心情十分沉痛。红十六师撤下来后休息，红十八师上来了。红十八师师长张正坤、政委罗志敏见了王震。王震二话没说，亲自下命令，要师参谋长尹保仁率部队返回到罗家堡阵地上寻找晏福生同志。王震向尹保仁交代：“你要找不到晏福生同志，你也不要回来见我！”尹保仁作战勇敢，指挥有方，坚决执行命令，不折不扣地带领部队沿着打仗的阵地寻找，就是找不到晏福生，问谁谁也不知道。他只好想尽各种办法，把阵亡的指战员掩埋好，将伤员抢救下来。王震见尹保仁回来，心情十分悲痛。当场向全体指战员说：“请同志们起立,脱帽,向英勇牺牲的晏福生同志默哀。”默哀后,他作了重要讲话，对战斗失利的经验教训作了简要总结。对肖飞作战勇敢、沉着指挥、打败敌人、保护了军团机关安全，对尹保仁坚决执行命令、抢救伤员所作的贡献，分别给予了表彰。敌人的飞机炸弹把骡马炸死了、银元箱子炸坏了，银元撒了一地，但当部队通过时，谁也不去拾一块。王震对指战员模范遵守纪律、保护公家财产的好作风，给予了高度评价和表扬。

王震对晏福生感情很深，多次在他主持召开的干部会议上提议，请大家起立，脱帽向阵亡的晏福生同志默哀。后来才知道，红军走后，负伤的晏福生化装藏在当地老百姓家里被保护下来了。后来，他找到红四方面军的肖克部队[①]，由肖克把他收容，运到野战医院急救治疗，因伤势严重而截去右手，伤愈后回到延安。王震得知这个好消息后，当即转告了大家，大家都感到非常高兴。

10 月 10 日，红军渡过渭水到达山城堡。白天，有敌机轮番扫射，晚上又有敌军堵截，处境极为严峻。在到达山城堡前，红军还与敌人打了一仗，打垮敌军一个旅的阻击，歼灭敌人一个团。这次战斗以后，红军再没有碰上敌军追堵。后来才知道，因为国民党东北军、西北军不愿打内战，不听蒋介石的指挥，因此停止了战斗。经过六七天行军，10 月 18 日,红六军团在老君铺与一方面军第五军团会合了。这是党中央、毛主席从陕北派来迎接慰问我们的先头部队。从此，红二方面军与红一方面军主力会师了。

10 月 21 日，红二方面军首长贺龙、任弼时等，在平峰镇与红一方面军首长会面了。22 日，红二方面军与红一方面军主力在甘肃将台堡胜利会师。贺龙、任弼时、关向应、王震、左权、聂荣臻、邓小平等首长亲切见面，热情握手互致问候。王震心情特别激动，他跑上前去和首长们欢笑，热烈握手，紧紧拥抱，高兴得似乎忘记了长征路上的所有艰难和遭遇。我们在场的许多人，都被激动得热泪盈眶。这时的红六军团还有不到 3000 余人，这些幸存者都是几经战火洗礼、千锤百炼的英雄好汉，是后来中国人民解放军得以发展的坚强柱石。

---

① 1936年10月，红六军团军团长肖克任红四方面军三十一军军长。

对此，王震在上述回忆文章中写道：“与红四方面军胜利会师后，通过草地，红二方面军即进入甘南，占领徽县、成县，我军休息整理，扩大队伍，收集资料，配合一、四方面军在甘南一带作战。由于张国焘同志违反中央意志，破坏整个战略方案，使二方面军处于不利地位，被迫退出陕甘地区。而我们继续急行军，北渡渭水河，经过突破黑城与海原之间的封锁线战斗，到达陕甘苏区，胜利会合了一方面军。”从此，胜利地结束了整整一年的伟大的二万五千里长征①。

三大主力红军西北胜利大会师，宣告了帝国主义、国民党反动派“围剿”堵截红军北上抗日企图的彻底破产。长征以红军的胜利、敌人的失败而告结束。《中国人民解放军六十年大事记》写道：“红军第二、第四方面军在甘孜会师以前，中共中央一再电示朱德、张国焘两军会师以后，应迅速出甘南，与红一方面军共同创建西北抗日根据地，进一步促进抗日民族统一战线的发展。张国焘虽然同意北上，但不愿意与中共中央会合。在红二、红四方面军会师以后，他又企图拉拢红二方面军领导人反对中共中央，遭到坚决抵制。经过朱德、刘伯承、任弼时、贺龙、关向应等领导同志和红四方面军广大指战员的坚决斗争，张国焘〈不得不〉同意两个方面军共同北上与中央红军会合。七月上旬，两个方面军共同北上开始了，红四方面军分左、中、右三个纵队由甘孜、炉霍靖化（今金川）出发，向班佑、包座前进。红二方面军组成两个梯队，随红四方面军左路纵队跟进。8月11日，红四方面军攻占甘南哈达铺，接着向岷洲（今岷县）、漳县前进，红二方面军〈也如期〉抵达哈达铺。〈至此〉，红军胜利地完成了长征光荣而艰苦的历史任务。”

节选自贺劲南：《跟随王震长征》，新疆人民出版社1994年12月版，第20—118页。

① 红二方面军长征近万里。

跟随王震政委长征

颜文斌

1934 年 8 月，为了配合中央红军实行战略转移，红六军团奉命在中央代表任弼时、军团长肖克、政委王震的率领下，由湘赣突围西征，挺进湘西。红六军团转战 5000 余里，突破敌人四道封锁线，打破了十倍于我军兵力的围堵，10 月到达贵州东部，与贺龙、关向应领导的红二军团会合，开辟了湘鄂川黔革命根据地。

我当时在红六军团十七师五十一团一营二连二排任排长。我所在的是个模范连、尖刀排，逢进攻我们当先锋，逢撤退我们做后卫。著名的龙家寨、陈家坨等战斗，都是由我们打响的第一枪。每逢关键时刻，王震和肖克首长总是亲临最前线指挥，他们那种身先士卒、舍生忘死的精神，使我深受鼓舞，永志不忘。

我记得在挺进湘西的途中，敌人前堵后追，空中有飞机扫射，地面有骑兵穿插，我军进退维谷，处境极其危险。在紧急关头，王震和肖克首长带着侦察员和警卫员疾步赶到我们尖刀排前，他们每人手持一把马刀，只听王震政委大声命令道："队伍上山，开路前进！"说罢，他要我们闪开，亲自挥起马刀，劈开重重荆棘，为部队开辟道路。

还有一次，红二、六军团在湘西龙家寨打埋伏，我带警卫排在最前沿首先向敌人开火冲击。我们边追边打，冲出不远，我猛然发现身后上来一个人，他左手提着马刀，右手挥着驳壳枪，边冲边喊："冲啊，同志们！”我不由得一惊:啊,这不是王震政委吗？他那么大的军团首长，怎么冲到最前面来了！我一时不知如何是好，王震政委见我站住发愣，亲昵地一拍我的脑袋：“喂，小伙子，冲啊！”我立即回过神来，兴奋地喊了一声：“是！”撒欢儿似地冲下山去，一口气跑了三四里，还缴获了一挺机关枪。我回头一看，王震政委一直紧跟在我的身后……

那个时候，我们这些穷娃子出身的红军战士并不懂得很多的革命道理，然而，干部的模范作用，就是对我们的最好教育。在军团首长以身作则的鼓舞下，我们藐视一切艰难困苦，打起仗来从不知道怕死，人人奋勇当先。在转战西征的过程中，战斗非常频繁和残酷，不到半年，我先后五次负伤。

1935 年 11 月，为了摆脱国民党 130 个团的大“围剿”，红二、六军团决定退出湘鄂川黔根据地，举行长征。长征前夕，我尚在龙家寨红军临时医院养伤。医生给我们作最后一次检查，能出院的人即随部队转移，不能出院的人，留在老百姓家隐蔽。我大腿根部的伤口仍在溃烂，不能随部队转移。组织上发给我一个银元宝和三块钢洋，将我安置在一户老乡家里养伤。就在当天夜里，这个村子闯进一群土匪，我的行囊被洗劫一空，多亏老乡挺身相救，我才免做刀下之鬼。

次日清晨，我拄着拐站在村口，望着源源不断走过去的队伍，一种生死离别之感涌上心头。我由一个没爹没娘的孤儿成长为红军战士和共产党员，与部队结下了骨肉之情，我怎么舍得离开亲爱的首长和战友们啊！我不禁想起王震政委经常给我们讲的两句话：“红军的骨头比铁硬！”“跟着共产党走就一定胜利！”我默默打定主意：无论如何也要跟着部队走，死也要死在前进的路上！

上午，我们红十七师开过来了，营长劝我还是留下养伤，他要再给我一份钱。我不要钱，只是要求独自跟着大部队走，直到走不动死掉为止！我们连的战士走过来，大家争着背我、抬我，我拒绝了。这个时候，我绝不能连累任何人。我说，你们先走，我会慢慢赶上的。同志们把亲手编的一双双草鞋塞给我，含泪和我告别。

就这样，我拄着双拐，背着一串草鞋，随着逶迤前进的大部队，一步一步地艰难地向前挪着。队伍的行军速度快，我跟不上，沿途有不少好心的同志劝我："算了吧，老表，不要再跟了！"可我不甘心，队伍休息，我不休息，不停地向前赶，每天坚持走五六十里。部队宿营的时候,我再往前赶十里路。红军有着阶级友爱的好传统,我身上没有干粮，无论走到哪里，哪里就会供我一些吃喝。走了一个月，一天，我打开裹伤口的绑带，不禁吓了一跳，只见伤口白生生的一片，手指肚长短的蛆虫在腿上到处乱爬！有人送给我一些纱布和盐巴，我就每天用纱布沾着盐水洗溃烂的伤口。说来也怪，在那种恶劣的环境下，我的伤口竟奇迹般地愈合了！当队伍行进到四川的时候，我便甩掉双拐，赶上了连队。我突然出现在战友们面前，大家又惊又喜："哎呀，你到底赶上了我们，你可真硬啊！"我笑着说："红军骨头本来就是硬的嘛！"

1936 年初，我们渡过了金沙江，我这时已担任了连长。由于频繁的战斗和恶劣的环境，队伍大批减员，我这个连的人所剩不及半数。于是，部队开始缩编，将两个连和一部分机关干部合编为一个连，共 136 人，我担任了这个合编连的副指导员。不久，我们开始过雪山草地，残酷的自然环境又夺走了更多红军战士的年轻生命。

我们在横断山脉以南的中甸地区翻越一座大雪山。这座山虽说不很陡，但是却高大得出奇。我们从清晨出发，连续爬了一天一夜也未见山顶。次日上午，气温骤然变冷，但见冰雪盖地，古树参天，参差峥嵘的枝桠披上冰雪的盔甲，显得森然可怖。下午两点钟，我们终于登上了山巅。这时，空气异常稀薄，上来的人不得不拼命大口喘气，一个个只觉得头昏眼花，双腿打飘儿，队伍中不断有人倒下，雪地上到处是一片片遗体。有的人只觉得力不从心，想坐下来歇口气，可是，一坐下来就再也起不来了。我当指导员走在队尾，不停地招呼前边的人不许停留，跑步下山。谁都知道，在这时候停下就是死亡，前进就有活的希望。有几个将要倒下的战士，硬是被大伙连推带拉着跑下山去，才得以活命。下山后，我们连只剩下百八十人了！

翻过雪山不久，我们便进入了人迹罕至的莽莽无边的水草地。过草地，是长征中最艰苦的阶段，我们大约走了三四个月。当时，我们已与红四方面军会合，共同北上抗日，由我们师担任殿后任务。我们沿途补充粮食困难，甚至连野菜也几乎被前面的部队挖光了，最艰难的时候只能靠野菜充饥。

我永远忘不了那一次，我们已经断粮三天，天天吃野菜根，吃得脸发青、眼发花，浑身面一样的软。我们连的干部比战士断粮更早些，这时除了我一个人外，全部牺牲了。而我也觉得不行了，不愿连累搀扶我的两名战士，便把驳壳枪交给他们，说："你们先走吧，我肚子疼，休息一会儿再走。"他们明白我的用心，哭着说："指导员，要死，我们死在一起！""不行，你们是革命的种子，一个人将来就是100个人，一定要走出草地！"我严肃地命令道,硬是把他俩逼走了。望着他俩走远，我便躺在草地上，心情异常平静，好像睡觉一样等待着死神来临。约莫过了两个钟头，传来一阵马蹄声，"喂，老表，起来走哇！"有两个人过来把我扶起，可是，我连站的力气也没有了，一下子又栽倒了。一位40岁左右的首长跳下来，蹲在我的身边关切地问道："你是饿的吧？"我点了点头。首长从马背的干粮袋里倒出仅有的一碗炒面，送到我的手里，亲切地说："吃吧！"我望着这碗比黄金还要贵重的炒面，眼泪唰地一下夺眶而出："不不，首长，我吃了，您怎么办啊？"首长笑笑说："我们都是阶级兄弟，生死要在一起啊。"他见我还是不肯吃，又说："快吃吧，是王震首长派我们来的，王震首长带头吃野菜，他说多省出几口粮食，就能多救活几名掉队的同志！"我明白了，他们是王震政委派来的救济收容队啊！此刻，用什么样的语言能够形容我的心情呢？我竟孩子一样地哭了起来。这碗救命的炒面，我是和着泪水吃完的，顿时，我来了力气，当天就走到有人烟的地方，赶上了部队。

1936年秋，在我们即将走出草地到达哈达铺的时候，一天，红六军团的全体将士集合起来，听王震政委讲话。开始的气氛非常低沉，我发现，我们这个好几万人的军团此时已剩3000人了，我这个合编连，现在也只有23人（我又担任了连长）。大家默默相望着，一种凄楚悲凉之感笼罩心头，谁也打不起精神，谁也不愿说一句话。

王震政委登上土岗，以凝重的目光扫视全场。他明显地瘦削了，但他的目光还是那样炯炯有神，声音还是那样铮铮响亮："同志们，都打起精神来！我们红军的骨头比铁硬，什么艰难困苦也压不倒我们。再有几天我们就要走出草地了，走出去就是胜利！"王震政委鼓励大家咬紧牙关，不要掉队，坚决走出草地和红一方面军会师，共同北上抗日。他的话在每个人胸中燃起一团火，大家的精神为之一振。

王震政委讲完，我们的师长贺庆积告诉大家，王震政委为了使同志们走出草地，带头吃野菜，现在，他连牲口也没有了，他把心爱的坐骑杀掉，把肉分给大家吃……说到这里，师长哽咽了。

我望着王政委瘦削的身材，只觉得心如刀绞，鼻子发酸，泪水不知不觉地涌出眼帘,在场的战士都难过得低下了头,无不感动得热泪纵横。

突然，师长振臂高呼：

"红军的骨头比铁硬！"

"坚决走出草地！誓死北上抗日！"

……

犹如山洪暴发，惊雷滚滚，几千只喉咙迸发出强烈的回声。我们把手中的枪高高举起，一遍又一遍地高呼口号，忘记了饥饿，忘记了疲劳，忘记了悲痛，仿佛把胸中积郁的爱与恨尽情地倾吐在这叱咤风云的吼声之中了！真是令人难以置信，刚才这支连说话的气力都没有的疲惫之师，此刻竟会爆发出如此巨大的力量！啊，这就是革命军队所特有的威力！动力！神力！

这种力量来源于领导干部的亲切关怀和模范带头作用；来源于人民

军队深厚的革命友爱和诚挚平等的官兵关系；来源于革命战士大无畏的英雄气概以及对待革命事业的无限忠诚和必胜信念。正是凭着这种无穷无尽的力量源泉，我们才能够百折不挠、所向无敌，不仅取得长征的伟大胜利，而且取得中国革命的伟大胜利！

选自沈阳军区政治部编研室编:《红军将士忆长征》,白山出版社1996年8月版,第295—300页。

关于对冉少波同志的回忆（摘录）

杨秀山

冉少波同志是黔东独立师的副师长。红三军到贵州之前，他在贵州德江、印江属的沙子坡、刀坝地区一带农村，搞起了一支神兵武装。他们拿起梭标，反对官府的苛捐杂税。这些神兵大约有 1000 余人，还有一块地盘。1934 年夏，红三军到达黔东的时候，同他联系一起反对官府的苛捐杂税，反对土豪劣绅的压迫，他表示同意。这样，他带的这些武装就编为黔东纵队，由红三军领导，并派了部分干部到纵队去任职，我记得成钧、杜世新等同志去了。不久，这支部队就同各独立团合编为黔东独立师，贺炳炎同志任师一长，冉少波任副师长。后来，红三军恢复红二军团番号，这支部队就编到二军团的四师和六师里去了，此时冉少波任什么职务，我就不清楚了。

我们开创湘鄂川黔边根据地之后，军区在湖南省永顺县的塔卧办了红军学校。那时我是十一团的政委，我团的参谋长陈菊生同志和后来到十一团当团长的覃耀楚同志一起在红军学校的高级班学习。1935 年 3 月间，我们十一团从大庸开往桑植路过永顺塔卧的时候。我顺便去望陈菊生、覃耀楚二位同志时，也看到了冉少波同志。因为我在贵州时见到他多次，我认识他。不久，覃耀楚同志来十一团当团长，陈菊生同志仍回十一刚当参谋长。当我们谈起红军学校学生去向的时候，我就问:“冉少波同志到哪里去了？”他俩说少波被杀掉了。我听了冉少波被杀后就又问："为什么杀他？"他俩说冉少波讲了些什么错误的话。

现在看来，在当时第三次"左"倾路线时期，杀冉少波同志是完全可能的。因为他是个黄埔生，又是个知识分子，参加革命不久，后来在红军学校学习，说些错误话而被杀掉是完全可能的，现在看来这是很不应该的。

选自中共印江土家族苗族自治县委党史办公室编:《红军在印江》, 1987年10月, 第119—120页。

对冉少波同志的回忆

卢仁槐

冉少波同志为人民的革命事业作过一定的工作，有一定的贡献，但是在我军长征时期，由于党内“左”倾路线的执行者对他不信任，甚至把他杀掉了，从现在来看，他完全是冤杀，应该给予平反昭雪。

冉少波是贵州省印江县何家乡冉家坡人，从小就有志气，还很年轻时就进入黄埔军校学习，毕业后，虽然在国民党军队中作过事，但对国民党有不同的看法，因而返乡。贵州人民本来就穷困、再加上国民党蒋介石反共反人民的军政府不顾人民的死活，巧立各种苛捐杂税的名目，成年累月地榨取人民的血汗，这样一来贵州人民就更穷了，勤劳勇敢的印江、德江人民为了生存，组织起农民自己的革命武装——“神兵”，组织起来抗击刮（国）民党政府的各种苛捐杂税，冉少波同志返回家乡，参加神兵向国民党反动军政府展开抗捐抗税的武装斗争，保护人民的利益。

1934 年夏，贺龙同志领导的中国工农红军红三军转战到贵州沿河、印江一带时，在中国共产党黔东特区党委的领导下，冉少波同志和神兵群众一起参加了红三军，贺龙同志命令，以这支部队为基础，组建红三军黔东纵队师，任命冉少波为纵队师师长，熊仲卿任政治委员。

各种神兵和农民青年，闻知冉少波同志已参加了红军，并当了师长，于是各县神兵打着黄旗（神兵的队旗）成群集队地参加了红三军的纵队师，有的直接参加了红三军的主力部队，不到几个星期，纵队师便成了一支近万人的队伍，整个红三军主力部队也壮大起来了。

在纵队师和红军主力部队的壮大过程中，有一部分神兵群众和农民青年，认为冉少波是本地人，不会远走，而红三军主力部队是到处为家，会远走。所以，有很多人都只愿意参加纵队师，这就是当时人们刚参加红军的思想状况。后来经过党的教育，同志们的政治思想觉悟才逐步得到提高。懂得了要想翻身求解放，永远不受压迫和剥削，就得不怕远离家乡干革命的道理。从此，人们才真正成了共产党领导的坚强的红军战士。

1934 年秋，任弼时同志、肖克同志、王震同志率领的红六军团，在贵州省印江县木黄与贺龙同志领导的红三军会师。两军会师后，红三军恢复为红二军团，随即，红二、六军团组建为红二方面军[①]。贺龙同志为二方面军总指挥，兼红二军团的军团长。任弼时同志为红二方面军的政治委员，肖克同志为红二方面军的副总指挥，兼任六军团的军团长，关向应同志为红二军团的政治委员，王震同志为六军团的政治委员。

1934 年秋，红二军团的三个师，缩编为两个师。纵队师被撤销，改编为独立师，冉少波同志任副师长，贺炳炎任师长，熊仲卿仍任政委。不久独立师又撤销，其部队人员分别编入红二军团的四师和六师，我们第一支队缩编为四师十二团三营，副支队长张明同志和我都到三营七连任班长，张明同志牺牲于湖南大庸县大厚坪战斗中，独立师撤销后，冉少波被调到红二军团军团部另行分配工作，不久，红二方面军（随军）红校在湖南永顺塔卧成立，冉少波同志被调到该校任军事教官。

为了响应党中央北上抗日的号召，红二方面军于 1935 年秋到 1936 年初，从湖南省石门县出发开始两万五千里长征，进入贵州省的石阡县

① 组建红二方面军是1936年7月甘孜会师之后。

向云南挺进，翻越西康雪山与红四方面军会师，随即过草地进入甘肃省、陕西省。于陕北与中央红军（一方面军）大会师。1936 年 12 月 12 日，西安事变后，红二方面军在陕西省富平县庄里镇一带休整时，我才知道冉少波在湖南湘鄂川黔苏区的塔卧被杀掉了。

现在回忆起来，我想起一件事情。我们部队转战湘西后，在反击国民党蒋介石第五次“围剿”时，组织上为了轻装上阵，就动员家属、小孩和小战士疏散回家，当时我也是被动员回家的，我坚决不回家，多次要求留下上战场，最后组织上同意了我的要求，师政治部对我说，你就不回去了。这时，组织上决定把冉少波家两个小孩送出苏区，让他们回家。

我认为冉少波同志的政治倾向是明确的，他是反蒋拥共的。第一，冉少波同志在黄埔军校毕业后，虽然在国民党军队做过事，但对国民党有不同的看法，因而返乡；第二，冉少波同志回乡后，参加神兵同国民党军政府进行抗捐抗税的武装斗争；第三，冉少波同志虽然不是共产党员，但他愿意接受共产党的领导，在黔东苏区党委的领导和号召下，他坚决率队参加了贺龙同志领导的红三军，并任红三军纵队师师长，纵队师改编为独立师后仍任副师长；第四，独立师解散后，人员全部充实到四师和六师，冉少波同志毫无怨言；第五，冉少波同志由师长降为副师长，副师长免去后调军部，又调红校，都是坚决服从组织决定,高高兴兴地去工作。从上述五点,我认为冉少波同志是好人，不是坏人,是革命的,不是反革命的。他的被杀纯属冤杀,完全是“左”的错误路线所杀害。红三军在黔东建立苏维埃政府，开展土地革命斗争，发展壮大红军力量，这与“神兵”及冉少波同志是分不开的，他是有贡献的。

由于事隔几十年，冉少波同志的死因是很难查清的，我很赞同中央军委和中顾委中一些老同志的意见，抓紧给他平反。

另外，王恩茂同志（原新疆自治区党委书记）当年是二方面军的秘书长，据说他有几本日记，凡是红二方面军在各次战斗中牺牲的营以上干部，他都有记载，对冉少波的死，他是否知道，他的日记对编写红二方面军的军史可提供很重要的材料。

1986 年 12 月 19 日于西安

选自中共印江土家族苗族自治县委党史办公室编:《红军在印江》,1987年10月,第152—155页。

卢仁槐，1917 年生，贵州印江人。红军长征时为红二军团四师十二团班长。新中国成立后，曾任陕西省地质矿产局局长、党组成员。1993 年逝世。

忆池恩荣同志[1]

卢仁槐

池恩荣同志，是贵州省印江县板溪区人。他和我同年生，自 1934 年 11 月，红二军团缩编后，就同我在红二军团四师十二团三营七连二排任班长（我是五班班长，他是六班班长），并同时加入中国共产党。池恩荣同志，英勇牺牲于湖南省板里塬战斗中。

1935 年夏，我红二方面军围攻湖南省龙山县时，蒋介石四处调兵遣将，增援龙山县被围之敌。蒋介石的一个整编师（三个旅）进犯速度较快，距龙山县只有一百多华里了，我红二方面军主力，放弃龙山之敌，迂回星夜急行军，消灭这支援敌。我们三营七连为红三军团四师十二团的尖兵连，我们二排为尖兵排，同增援敌人相对急进。敌军通过飞机侦察，得知我军弃城打援。于是急速前进之敌，降低了前进速度。敌机在我军前进的上空盘旋侦察和扫射，一方面堵击我军前进，一方面给陆地敌人报信。我们七连见势不妙，立即轻装，甩掉背包和米袋，不顾敌视的扫射，跑步抢夺前面的山口，我军主力部队，随即跑步登上右侧的高山。我们七连二排刚登上板里塬出口时，敌人一个尖兵营，满山遍野地向板里塬出口搜索而来。我们七连立即向山口的两侧展开，在草丛中隐蔽待击。三营的八连和九连靠近七连隐蔽休息，营教导员和各连

① 本文收录时有删减，做了编辑处理。

政治指导员分头给部队作战斗动员。三营营长田华堂同志来我们二排前沿阵地，选好出击地点之后，对我们连长和排长说："隐蔽好，把敌人放远点再打！"二排排长向我们各班下令："准备好手榴弹，不要开枪，用手榴弹锤敌人！"七连五挺轻机枪和三营的五挺重机枪全部架在我们二排的左侧，待令射击！七连政治指导员兼党支部书记，到我们二排前沿，小声的对同志们说："同志们，共产党员同志们，我们要坚决消灭这股敌人！看谁消灭敌人多！看谁缴敌人的枪多！看谁捉俘虏多！"同志们小声而高兴的回答说："对，缴枪比赛"。

敌人的尖兵连，离我们越来越近了，两架敌机仍在我们上空侦察扫射，敌人尖兵连开始鸣枪武装侦察，但我们继续隐蔽待击，没有开枪，敌人进到200米，我们没打，进到100米，我们也没打，进到50米，我们还是没打，当敌人距我们20米左右时，连长、排长齐声喊道："打！"我们的手榴弹同时出手，像冰雹似地落入敌群，一齐爆炸，接着又是两轮手榴弹下去，敌人尖兵连完蛋了！五挺轻机枪和三挺重机枪同时开叫，压住敌人后续部队，敌人死的死，伤的伤，乱作一团。巨雷般的爆炸声和机枪声、步枪声，在板里塬山沟里，震耳欲聋地回响着。我们二排首先跳出阵地，冒着手榴弹的浓烟，冲上山坡，同后续敌人展开肉搏战，随即，我们七连的一排，三排跟着冲下山坡，同敌人交手了，田华堂营长率领八连和九连也冲下山坡，同两倍于我们的敌人在米山坡展开了决斗！敌我双方枪里弹尽，来不及上子弹，只有用刺刀、枪托进行拼搏。六班班长池恩荣同志接连刺死两个敌人，在刺杀第三个敌人时，用力过猛，刺刀穿透敌人的肚子，一下拔不出来，在这紧急关头，另一个顽敌，伺机向他扑来，池恩荣同志眼灵手快，抽出手榴弹，避开敌人刺刀，顺手抓住敌人，用手榴弹一锤打在敌人头部上，敌人倒地。这时，后面的敌人又冲上来了，他徒手与两个顽敌拼搏，他一锤把一个敌人打晕在地，又同另一个敌人正扭打在一起，后面敌人赶上来向池恩荣同志开了一枪，池恩荣同志头部中弹，光荣牺牲。我在两位战友的掩护下，抽身装上了子弹，接连三枪，将三个敌人击毙，为池恩荣同志报了仇。我转首见到我们田华堂营长同敌人扭打在一起，他两人谁也不开枪，只是用手中的驳壳枪在对方身上乱打，我顺手一枪，打中敌人的大腿，敌人无力支持，应声倒地，我又补了一枪，结果了那个家伙的生命，后来问俘虏，才知道是敌人尖兵连的营长。战斗结束，我问田营长，你为什么不开枪？他说枪里子弹打完了。来不及装子弹，枪是个空家伙，多亏你这个射手解了我的危（我的枪法在 200 米之内，没有放过空枪，是我们七连的特等射手）。

我军主力部队，以排山倒海之势，从我们营的右侧板里塬山上，向前进中的敌人主力部队压下去，一下把敌人截成几段，猛冲猛打，敌人尸横遍地，溃不成军，只好向我军缴械投降。经过两个多小时的激烈战斗，歼敌师大部，敌师长在与我军战斗中被击毙，部分残敌向来路溃退。敌人除死伤之外，被我军活捉 4000 余人。我军缴获敌人追击炮、轻重机枪、长短枪及弹药不计其数。

池恩荣同志死的光荣！死的勇敢，没有辜负家乡人民的重托！

池恩荣同志永垂不朽！（严天荣记录）

选自中共印江土家族苗族自治县委党史办公室编：《红军在印江》，1987年10月，第136—139页。

怀念刘风同志

龚辉

长征时，红二、六军团主力奉命实行战略转移，把我们十八师的原五十二团和五十四团抽出来，另外组成十六师。这样，我们十八师的老兵主力团就只剩五十三团了。贺龙、任弼时、关向应、肖克、王震等首长很器重这个团，特从六军团十七师调来刘风同志为十八师参谋长并兼任团长。我当时是团参谋长苏鳌同志的警卫员，经常跟首长一起行动，对刘风同志比较熟悉。直到今天，他的音容笑貌仍经常浮现在我眼前。

1935 年冬，我们十八师完成牵制敌人的任务后，便开始突围，在湖南龙山县招头寨附近的蓼苞洞和马走岭之间，我们五十三团一枪未发就通过了敌人严密的封锁线，而五十二团一部及机关工作人员被敌截为几段。没有突围出来，损失也大。敌人认为我们会一路西去，便沿路设防阻截。师团首长都决定，我们突围出来的部队出敌不意地改变行军路线西行插入湖北省来凤，然后忽向北行进。几度的曲折迂回和敌人打转转，一方面迷惑敌人，搅乱敌人部署，另一方面可以赢得时间，等候尚未突围出来的同志好赶上部队。

1935 年 12 月中旬的一天，我们部队进入湖北省来凤县境内。在渔塘过酉水（沅水支流），当时是枯水季节，水不深，河不宽，但天气很冷，水寒刺骨。我们是蹚水过河的。过河后走了一段，见天色已晚，部队便在酉水河畔的龙家坪宿营。第二天上溯酉水继续前进。不久便到达漫水。当晚在漫水坪宿营，人们称为“漫水河里水漫流，流来流去永不休”。漫水坪是个青山绿水的地方，是历来的重要集镇（现属来凤县的峁洞乡），300 余户人家，白墙青瓦房子，在河岸山脚下高高低低连成一片。我军一到漫水,敌人(主要是当地地主恶霸土匪团防武装约百余)都躲藏了。第二天麻麻亮时，我军出发刚走到一山沟里时。敌湘鄂守备封锁线的四十八师（黄兴）伙同地方团防武装突然从山上横插下来，由于我们事先有了准备，有条不紊地迎接敌人，霎时枪弹声如炒豆，硝烟弥漫，歼敌一部、我方损失甚微。在被袭击很短的时间里，刘风同志沉着镇静指挥部队迎击敌人，他身先士卒屹立在最前线指挥战斗，不幸腹部中弹，医务人员包扎后，用担架把他抬走了一段路，然后通过地下党组织把他寄在漫水附近的群众家里养伤。

张正坤师长判定部队处境比较险恶，以走为上策，即迅速摆脱敌人，以求早日与主力会合。于是指挥部队避开一切大乡重镇和主要的河流。只走羊肠小道，翻过高山大岭，在深山老林中日夜兼程，向来凤的旧司革勒车和咸丰县忠堡一带方向前进。

不久，我们到达湖北来凤县革勒的大坪。随即架设电台和总部联系上了，决定由五十二团团长樊孝竹改任五十三团团长，因五十二团减员太多，便撤销团的建制，余部与原湘鄂川黔省委警卫营一起改编为师部警卫营。

我记得我们将负伤的刘风团长，寄在一个姓盛的裁缝家里，给了他一些钱，让他照顾好伤员，并说我们过不了多久就会来接他的。姓盛的当时口头答应了。一切安置停当后，我们部队马上离开当地，向来凤百福司，咸丰的忠堡、朝阳司一带运动，接连迂回转战，然后进到湖北的利川，四川省的黔江、酉阳寻找主力，后随大部队作战略转移到达陕北。

由于形势的急剧变化和部队的转战频繁，未能及时回来接刘风团长。到延安以后，听说原来寄在群众家里养伤的黔东独立师段苏权政委以及原红二军团贺龙的警卫营营长张德同志，有的通过地下党，有的沿路讨饭，来到了延安，找到了原来的部队，而我们的刘风团长，却杳无音讯。每每想到这些，战友们心里总是非常沉重和不安。我们希望他还活着，能够看到他为之流血奋斗的胜利。解放后，我们多方打听、查询，也没有任何消息。

几年来，我寻访过去曾经战斗过的地方，又两度来到湖北省来凤县、咸丰县。来到了我们曾经剧烈战斗过的漫水，我特地向当地党政部门打听刘风团长的下落。当地党史办的同志拿出一份材料给我们看，公安、法院、司法部门审理一桩杀人案的判案记录。被杀害的正是刘风团长。原来，姓盛的裁缝和他的亲戚，待红军走后，一则见刘团长身边有些钱物，见财谋命；二则害怕敌人搜捕，便把看护员骗走了，在我们离开十几天后，便将刘团长和姓田的警卫员杀害了。我们这位身经百战的优秀指挥员，共产主义的忠诚战士，就这样不幸地死在这么一帮歹徒恶棍的手里，真叫人万分痛心和愤怒。好在法网恢恢，几十年后，杀人凶犯盛某被揭发出来并受到应有的惩处。

当年，我们和刘团长告别时，都深信革命必定胜利。今天，将近半个世纪后的祖国，已是旧貌变新颜了，长眠九泉下的刘风同志，也应含笑瞑目了。

选自马继善主编:《曙前之路——红军长征在湖南》，岳麓书社1996年9月版，第371—373页。

长征路上的生命线

——忆长征中红六师的政治工作

廖汉生

1935年11月19日，中国工农红军第二、六军团从湖南桑植出发长征，到1936年10月22日，红二方面军（由红二、六军团和红三十二军编成）在静宁东北的将台堡与红一方面军胜利会师，其间历时近一年，行程两万余里①，纵横湘、黔、滇、康、川、青、甘、陕、宁九省，进行大小战斗难以数计。是什么使红军得以完成这一伟大的壮举呢？论兵力我们不足两万人，面对的却是数十万敌军；论装备，我们只有步枪、大刀，面对的却是飞机大炮；论机动力，我们只有几双草鞋、一副脚板，面对的却是万水千山……然而，中国共产党在红军中的革命的政治工作，就是我们的真正优势所在。它保证了党中央制定的政治路线、军事路线在党所领导的红军中得到坚决的贯彻执行，使之始终保持着正确的方向；它在指战员心中树立起坚定的信念，激发出顽强的斗志，使之冲破了敌军的围追堵截，战胜了世间罕见的艰难困苦；它维护和增强了革命队伍中的团结，使之在任何情况下都不溃散；它把中国共产党和红军的正义主张传播开来，在沿途各地撒下革命的火种。总之一句话，我们党的革命的政治工作是红军长征路上的生命线！

① 红二方面军长征近万里。

伟大的长征是艰苦绝伦的，而回顾长征又是激奋人心的。长征中，我一直担任红二军团第六师的政治委员，亲自组织和领导了这个师的政治工作，其中许多感人的情景，使我永志不忘。下面仅以我所在师的片断情况，对红军长征中的政治工作做一个概要的回忆。

（一）

摊开红二、六军团长征路线图，可以看到一条红色的线标盘桓往复，千回百折。然而，有一点是始终不移的，这就是我们的政治目标——以红军的长途远征推动全国苏维埃运动和抗日救亡运动的高涨。这个目标，通过各种生动实际的政治工作，深深地植根在每个红色战士的心中。

1935 年 11 月一个秋雨蒙蒙的日子，红二、六军团在桑植县刘家坪召开了师以上干部会议，贺龙、任弼时、关向应等同志宣布了关于突破敌军“围剿”、撤出湘鄂川黔根据地、实施新的战略转移的计划。会后，我师依据上级的统一部署，进行了包括政治工作在内的一系列准备工作。

首先，我们向全师指战员如实地介绍了湘鄂川黔苏区面临的危困情况：蒋介石委派陈诚为宜昌行辕参谋长，统率 130 个团的正规军，加上地方保安团队，共约 30 万之众，以堡垒为依托向我根据地中心区步步逼进，企图将我二、六军团一举“剿灭”。形势是十分严峻的，但是只要我们坚决执行党的指示，就一定能够挫败敌人的阴谋。接着，我们传达了中共湘鄂川黔边省委和中革军委分会的决议：二、六军团应以迅速果敢的行动冲破敌人的堡垒封锁，进入广大无堡垒地区，进行胜利的运动战，建立新的根据地。凭着以往的斗争经验，指战员对这一决议的正确性是坚信无疑的。

我们还根据所掌握的情况，在部队中大力宣传全国抗日反蒋的形势和中央红军在川西取得的伟大胜利（当时，二、六军团同中央失掉了联系，不知道中央红军已经到达陕甘一带），指战员从中看到了希望，看到了光明的前途。

当然，离开苏区，离开这块生养我们的红色土地，离开亲手创建的革命根据地，对每一个红军战士来说，无疑是痛苦的，特别是我们红二军团从贺龙总指挥到基层士兵，有许多苏区内籍的子弟，为着保证这些同志在离开苏区后仍能坚决执行新的政治、军事任务，各党支部专门进行了深入的动员教育，而后由指战员们向自己的亲属进行了解释工作，与此同时，湘鄂川黔省委和军委分会动员组织地方独立团、游击队踊跃参加红军主力部队，红二军团的第五师和红六军团的第十六师就是在长征出发前编建的。

11 月 18 日，我师奉命向大庸方向警戒，次日，随军团主力踏上了新的征程。

同其他两支红军主力一样，红二、六军团长征的目的地，并非一开始就确定在陕甘的，而是经历了前后两个战略意图的转变。

长征前期，红二、六军团曾转进湘黔边，驻足黔西北，回旋滇黔边，三次力图建立新的根据地。这一时期的政治工作主要是大力宣传在长江以南坚持斗争、建立根据地的战略意图，动员部队在连续地转战中保持高涨的政治情绪。

从 1936 年 4 月起，红二、六军团开始了北渡金沙江，会合中央红军的新的战略行动，部队横贯滇中向金沙江西进，沿途田园平阔，人口稠密，给养丰富，看到这番景象，一些同志产生了疑惑，问我们："天天喊建立苏区，到了这样好的地方为什么不建立？"当时为了不让敌人摸到我军意图，部队内部还没有提出北上会合的口号，我们师一级指挥员只是根据军团部下达的当日行军命令来组织部队行动，在这种情况下，我们仍然以大量的历史和现实事例教育部属"要坚信上级指示的正确"。接近金沙江边后，上级通知渡江北上，并叫准备好皮袄、生姜、辣椒等御寒物品。许多人不理解，有一位团政治委员跑到师部问我："大热天准备这些东西干什么？再说，叫我上哪儿去找呀？”我把自己的皮袄给了他，然后和他谈起来，我们政治干部应当带头执行上级指示，应当教育和组织好部队。全师进行了紧急政治动员，发动大家尽力按上级要求做好各项准备。渡江后不几天，遇到第一座大雪山，由于山高、寒冷、空气稀薄，再加上御寒物品准备得不甚充分，有的同志冻死在山上，这时，大家回想起渡江前上级的指示，感触颇深。5 月 1 日到达中甸后，红二军团和六军团一部召开党的活动分子会议，正式向全军明确提出了实现红军主力会合西北，创造全国抗日根据地的战略任务。我们吸取了渡江前后的教训，在全师进行深入的学习和热烈的议论，指战员们较快地在思想上跟上了新的战略转变，保证了以后的北上行动。

同几千年旧式军队奉行的“愚兵”政策相反，红军历来注重结合部队担负的任务进行形势教育，使每一个红色战士时刻意识到，我们的肩上担负着工农解放和民族解放的历史重担，在长征中更是如此。

也许有人会感到难以置信，长征路上军情紧急，戎马倥偬，红军又多在狭路僻地中疾行，哪里搞得了形势教育？可事实上，我们不但随时观察着前进的道路和敌情，也在密切关注着国内外发生的大事情；并把这些大事情及时告知每一个红色战士，再通过他们传播给沿途的民众。每攻克一座县城，一个集镇，各级指挥机关立即派人进占邮电局（所），不动邮件，不拿汇票，只把白区出版的各种报纸不论新旧统统搬了来，从中了解哪一块国土又遭沦丧，哪里的民众又燃起了救亡的烈火，也从所谓“剿匪”动态中推测白军的动向和其他红军的行踪。

1936 年 1 月中旬，红二军团进占了石阡城。我们从收缴的报纸上看到，从 1935 年 12 月 9 日以来，北平、上海、南京以及全国许多城市相继爆发了学生救亡运动。根据这些材料，红二军团在党的活动分子会议上，对全国政治形势、苏维埃运动形势和民族革命形势，做了一次简要的分析。会后，各师团又利用休整的几天时间进行形势教育。那时，我们还不知道一二九运动是中国共产党所发动和领导的，但是我们从中看到了党和红军要求“停止内战，一致对外”的正确主张正在得到越来越多的人同情和支持，蒋介石政府“攘外必先安内”的反共卖国政策正在遭到越来越多的人反对，一个全民族的抗日救亡的高潮正在到来，这将大大地有利于红军的长征，大大地有利于全国抗战的发动。指战员们深受鼓舞，心里装上了全国的大好形势，从而对长征的胜利前途更加坚定了信心。

（二）

人们通常以“千难万险”来形容红军长征所面临的种种问题，此话并不夸张。然而在这“千难万险”中，最突出的问题有三个：即打、走、吃。这三个问题哪一个解决不好，都会直接导致长征的失败、红军的覆灭。因此，全军上下都为之绞尽脑汁，付出了沉重的代价。我们的政治工作也就特别注意从政治上、思想上、组织上动员和保证部队解决好这些非常实际而又非常重大的问题。

打仗，是红军长征面临的首要问题。从开始时的突围到结束时的会师，都没有离开打。而这种打，又是在敌众我寡，敌强我弱，没有后方保障，没有根据地依托，没有苏区人民支持等种种困难条件下进行的。因此，保证部队打胜仗就成为政治工作的中心任务。

战斗开始前，我们总要进行思想动员，哪怕是三言两语，目的在于使指战员们明瞭敌情、我情和战斗方案，明瞭打好这一仗的意义，明瞭取胜的有利条件和不利因素。战斗开始后，则适时进行战场鼓动，激发斗志。初战获胜时，通过传送捷报、后送俘虏、鼓舞士气。即使在战斗失利的情况下，我们也注意总结经验教训，重振军心，以利再战。

1936 年 4 月 8 日，我二、六军团在普渡河边遭到敌军的重兵追堵，处境十分险恶。总指挥部向我和师长郭鹏下达了速返六甲阻敌追兵的紧急任务。我们立即命令刚刚经过一夜行军的部队，后卫变前卫，以强行军向六甲开进。各级军政指挥员边走边进行简短的动员：“这是一场关系全军安危的战斗，我们必须不顾疲劳、不惜牺牲地抗击敌军保障主力安全转移。”前卫团先敌抢占了有利地形，与敌交上火，枪声传到后续部队，指战员们的精神为之大振，我们趁势发出号召：“同志们，前边已经打响了，跑步前进！”部队刺刀出鞘，子弹上膛，一溜迅跑，上了阵地。这一仗打了一整天，敌军两个旅向我一次次冲击，我师伤亡 220 余人，师长负了伤，十八团政治委员负了伤，十六团两个营长牺牲了，十八团九个连长伤亡了八个……但是，由于鼓动工作及时有力，部队思想准备充分，因此，大家越战越勇，上级指挥员倒下了，下一级干部马上代理指挥：子弹打光了，就用刺刀、石头拼杀；敌人上了阵地，就是肉搏也要把他消灭。敌军的疯狂冲击，靠的是炮火壮胆，靠的是督战队威逼；而我军的顽强坚守，靠的是灵活有效的战术技术，靠的是广泛、及时的战场鼓动。就是靠的这些，我们硬是把敌军两个旅死死顶住了，又在增援部队的配合下把敌军打退了，使全军摆脱了被敌前堵后追、两面夹击的险境。当我师赶上安全转移的主力时，贺龙总指挥疼爱地说：“你们这一仗打得苦啊！打得好啊！没有这场战斗，全军就没有今天。”

激励部队英勇杀敌，是战时政治工作的一个重要方面，而另一个重要方面则在于珍爱每一个红色战士的生命，最大限度地减少和避免伤亡。我们总是教育部队既要不怕牺牲，又要避免无代价的牺牲；既要敢于歼灭敌人，又要善于保存自己；既要发扬革命英雄主义精神，又要反对个人英雄主义情绪；既要有勇气，又要讲智谋。后者与前者相比，起码是具有同等重要的地位。

在长征中，指战员们最担心负伤。一旦负了伤，轻伤者，跟着部队走；重伤者，能快愈的用马匹、担架运起走，一时难愈的只得寄留在沿途老百姓家里，那是一种难以用语言来形容的离别情景：被寄留的同志不愿离队，哭；寄送伤员的同志不放心，也哭。谁见了都要难受，可是又不得不这样做。为了减少伤亡，我们去组织部队开展战斗竞赛时，不但比谁勇敢、不怕死，而且比谁的伤亡小、战果大，反对蛮干，提倡打机灵仗。记得我师从六甲战斗下来后两三天，来到富民城外，有1个连队在担任警戒时，发现城内守敌很少，且成惊弓之鸟，便主动请战，要打开富民城。得到批准后，该连立即架起云梯，攻入城内，结果仅以几个人的伤亡就拿下了一座县城，震动了60里以外的昆明。这个灵活歼敌的成功范例，成为我们教育部队的经常话题。

长征中面临的第二大问题是走路。走路是长征的基本形式，除了一些不可避免的战斗和难得的短暂休整外，部队都是处在行军状态中。

对于不停的走路，一些同志产生了厌烦情绪。有人发牢骚："拖拖拖，不晓得拖到哪里去？"有人说气话："干脆到外国去吧！"针对这种情绪，我们首先向部队阐明：敌我力量对比和革命形势发展的现状，决定了国内革命战争的运动性和游击性，这就要求红军或前进，或撤退，或攻占某地又机动转移，在运动中消灭敌人，长期得不到休息和整顿，这就要求红军能够刻苦耐劳，连续奋战，能走能打。由此，同志们从理论上懂得了为什么要走路，以及走路应该成为每个红色战士的看家本领。老战士们还用自己的经历和体会向新战士介绍，我们这支红军一诞生，基本上天天在游击，天天在走路，练出了一双飞毛腿，一副铁脚板，一天走上一二百里路从不在话下。在讲明这些"大道理"的同时，我们也注意讲好"小道理"。比如说，寒冬腊月天，红军最多只穿夹衣夹裤，当然很冷，但行动敏捷，想上山就上山，想涉水就涉水；而白军穿着棉衣棉裤，当然暖和，但臃肿沉重，跑不动路，眼下我军疲劳，敌军更疲劳，敌人的"进剿军"从湘西起一直跟在后边跑，拖过来拖过去，士气越来越低……通过这些教育，部队口服心服，情绪活跃起来。

为了保证行军不掉队，各级政工干部协同军事指挥员一起，做了大量的细致的工作。就拿一个连队的政治指导员来说吧，行军出发前，他要摸清本连哪些同志伤病体弱，可能掉队，安排党团员分工扶助他们，要检查每个同志脚上是不是都穿上了草鞋，腰后是不是还有一双备用的，要叮嘱行军时可能遇到哪些问题，应该采取哪些措施。行军路上，他要组织各班排开展互助竞赛，要亲自收容，甚至还要带头唱歌子，讲故事，说笑话，使大家忘却疲劳。宿营以后，他要带人找米找柴，帮助炊事员尽早开饭，要一个班一个班地督促烫脚，处理脚泡，检查大家睡得好不好，还要进行第二天的行军准备。如果是过雪山，指导员的工作更加繁重。上山前，他要向连队宣讲不能在山上停留休息的道理，要动员大家暂借衣服给伤病员御寒，要让每个同志能喝上一口烧开的辣椒水。上山后，有人支撑不住倒在雪窝里，他要用尽一切办法，使其重新站起来……也许有的同志会以为，这些都算不上是政治工作，其实这是非常之实际、非常之有效的政治工作。那个时候就是要这样来做。试想一下，当部队处在紧张的行军中，而政治工作干部却在一旁“坐而论道”，那怎么行呢？

长征中的第三个大问题是吃饭。特别是在进入藏民区到走出草地这一时期，大的战斗没有了，生活条件却急剧恶化，粮食极端缺乏。政治工作的中心便由保证战斗胜利转入动员部队为了生存而斗争。我们努力纠正那种以为给养工作不是政治工作的错误认识，提出了“粮食就是生命，粮食就是政治”的口号，要求所有政工干部必须亲自参加筹粮，并在筹粮中贯彻执行民族政策和群众纪律。找到粮食后，如果有藏族群众，就当场购买，如果只有粮没有人，就留下银元或借条。

在进入茫茫水草地之前，我们千方百计筹集了一点青稞麦，炒熟后压成粉子。部队在草地中艰难跋涉，而粉子却一天天减少，以至于政治机关不得不做出这样的决定：一、各连首长要亲自给部队分发粉子；二、每人每顿只准吃一把粉子；三、不到开饭时间不准自由吃粉子。

然而就在这时，我师十七团有一个连队的政治指导员在给全连分发粉子时，悄悄为自己多拿了一把。此事迅速反映到上级政治机关，引起了震动，就因为一把粉子，这个指导员被撤了职，军团政治部主任甘泗淇亲自签署了处分决定。这样的处分在今天的环境中看来，也许过于严厉了。但是在当时那样艰苦的时刻，作为一个政治工作干部，一个共产党员，一个参加红军多年的老战士，他只有带领同志向饥饿作斗争的责任，绝没有为个人谋取半点私利的权力。我们宣布了处分决定，同时对这个指导员进行了严厉的批评。他流着痛悔的泪水向全连做了诚恳的检讨，表示接受教训，当好普通士兵，和大家一起战胜困难。

以后，这位同志由于体力不支，掉了队，我们再也没能见到他……然而我想，在红军长征的英名录上，应该记上这样一位曾经为一把粉子被撤职的指导员，一位被茫茫水草地吞噬了生命的普通士兵。

（三）

在红二方面军政治部关于《2、6 军团长征政治工作总结报告》中，记录着我们六师的几个数字：桑植出发时全师为 3313 人，到甘孜前，已阵亡 309 人，负伤 531 人，病亡 137 人，因伤病寄留在老乡家 190 人，战场上生死不明 104 人，掉队 727 人，其他原因减员 503 人，减员总数为 2501 人，到甘孜时全师仍有 3044 人。

限于条件，当时的统计未必十分精确，但它足以表明，红军在艰苦的长征中遭受的巨大损失，却又得到源源不断的补充，始终保持永不枯竭的生命力。这样的军队，是任何反动力量所无法消灭的！

红军兵员的一个主要来源，就是通过扩红工作，发动和组织工农群众参加红军。扩红，历来是指战员们最擅长、最有兴趣的一项政治工作，也是长征中做得最普遍、最有成效的一项政治工作。整个红军从上到下都建立了一整套扩红组织和制度，部队在某个地方（没有人烟的地方除外）一住下，立刻制定出扩红计划，派出一支支扩红队（组），紧密结合群众斗争开展工作，往往只需一两天，就可以搞起一支队伍来。我师在溆浦、石阡、黔西、滇中、甘陕边，在我们经过的许多城镇和乡村，都是这样做的。

1936 年 2 月初，我六师突破乌江上游的鸭池河，袭占了黔西县城。随后，二、六军团在黔西、大定（今大方）、毕节一带铺开摊子，创造红色根据地。

我师在冲进黔西县后，立即攻占了县衙门，砸开了监狱，解救出 300 多个无辜百姓，给他们洗理更衣，治伤治病，他们中的一些人当即参加了红军。几天后，我师奉命在黔西东北方向迎敌，我们一面组织战斗，一面派人到群众的屋场中发动群众。时值元宵佳节，我们在当地群众中看到的却是一片凄苦的景象：有的人家徒四壁，一贫如洗；有的人栖身岩洞，衣不蔽体。那里的贫苦百姓被人们形象地称为“干人”。与此相对照的是在土豪劣绅的家里，却囤积着清代的贡布，洪宪的银元，陈年的苞谷。扩红队员来到“干人”中间促膝交谈：“自己种的东西，自己却没得温饱，哪儿去了？”使他们懂得“干人”之所以成为“干人”，是因为被官府豪绅榨干了血汗，要想摆脱“干人”的厄运就必须起来革命！

我们把土豪劣绅中谁个巧取豪夺、鱼肉百姓，谁个勾结官府、横行乡里，摸得一清二楚，而后召开群众大会，公布其罪恶，由没收委员会没收其不义之财，当场分发给“干人”们，有的人一时不敢要，我们就派战士在夜晚把粮食、衣物送上门去，启发他们:“天底下还是穷人多，老财少，你看看哪个力量大？”鼓起他们的斗争勇气。各伙食单位还用没收来的钱粮办起酒席，请“干人”们分享胜利果实。宣传队则搭起台子，演出活报剧，唱花鼓，唱山歌。经过这些形式简单、内容实际的宣传教育，“干人”们逐步提高了阶级觉悟，建立起苏维埃政权，组织游击队配合红军作战。

在此基础上，我们注意运用由浅入深、由近及远的联系的方法引导群众来认识：土豪劣绅被打倒了，可他们上面还有乡长、区长、县长，还有一级一级的衙门，直到那个全国最大的衙门——国民党反动政府；这里的“干人”翻身了，可其他地方的“干人”还在受苦，全国还有千千万万的“干人”……就这样，由打倒某个土豪劣绅联系到要打倒整个反动统治阶级，由夺取某个战斗的胜利联系到要夺取全国的胜利，由建立某个苏维埃政权联系到要建立一个没有剥削、没有压迫的大同社会——社会主义、共产主义。我们的革命理想就是这样一步一步地树立起来的。

当红军离开这一地区继续长征时，我们师将几支游击队整批地编入了主力红军中，整个二、六军团则增加了5000多名黔、大、毕的优秀儿女。

红军兵员的另一个来源，是争取和改造敌军俘虏。红军指战员既有压倒一切敌人的英雄气概，又有对放下武器的俘虏不杀不打的严格的政策纪律观念。凡是捉到的俘虏在进行教育后，愿意当红军者，予以收留；愿意回家者，发给路费予以放行；因为顾虑家人而不得不再回白军队伍中者，也绝不为难他们；有时还特意挑选一些思想上比较进步的分子，派回白军里做工作。因此，凡与红军交过手的白军士兵，大都对红军的俘虏政策有所了解，一旦仗败就老老实实地交枪，甚至一见面就说：“我已经是第 × 次交枪了”。好像是“老相识”了。

红二、六军团在沿滇西大道向金沙江急进时，一日克一城，捉到大批守城的常备队员，经过教育改造工作，使其多数加入了红军。《2、6军团长征政治工作总结报告》中特别提出：“6师在这个工作中取得了很大成绩。”

1936年4月18日夜，我六师兵临滇西祥云城下。早在我军即将入滇时，祥云县长杨钟寺和团总李玉楼，就挖壕筑壁，从全县强征了1000多名壮丁编入常备队，由保长、村长们带领日夜守护城防。我师先头十八团乘守兵正在呼噜呼噜抽水烟时，拨开城门，冲了进去，仅用半小时，就占领了全城，生俘县长杨钟寺、团总李玉楼以及1000多名常备队员。

破城当日，师政治部把那些惊恐不安的常备队员集中在城南、城西几个场地上开会，宣讲红军的俘虏政策，很快消除了他们的恐惧心理。那些常备队员大多是贫苦人，平时受尽了保长、村长的敲诈，在队中又遭到欺压。师政治部工作人员发动他们把保长、村长们检举出来，引导他们运用自身遭遇来揭露土豪劣绅剥削压迫的罪恶，揭露反动军队抽丁制的罪恶，并教唱红军歌曲，使他们懂得“为谁当兵、为谁扛枪”的道理。这1000多名常备队员纷纷报名参加红军，编成一个新兵团。在短短的一天时间里，他们的思想发生了根本性的变化——昨天还在同红军对垒，今天就成了红军中的一员，唱着“当兵就要当红军”的歌子，踏上了长征的道路。

经过十来天的军政学习，这个新兵团全部补入了战斗部队，紧接着开始了爬雪山、过草地的艰苦历程。尽管他们中的一些人因为受不了苦，开了小差，但绝大多数人还是跟着我们坚定不移地走下去了，而且在艰苦卓绝的斗争中成长为优秀的红色战士，一些同志还当上了指挥员。

（四）

在红军长征的路上，围追堵截的国民党中央军、湘军、黔军、滇军、川军……番号繁多，数量庞大，而其内部却矛盾重重，相互倾轧。而我军虽人少力薄，但团结一心，众志成城。这种团结是怎样来的呢？除了有共同的理想作基石之外，还通过强有力的政治工作，把党的团结战斗的思想灌输到全体指战员心中，从而生发出一种巨大的凝聚力，将全军上上下下、左左右右凝聚成一个牢不可破的战斗整体。

红军内部的团结，首先建立在人与人之间平等的同志式的关系上，生活上同袍同泽，政治上同心同德；官兵之间亲如兄弟，同志之间情同手足。正是基于这样一种关系，红军政治工作历来注重的一条，就是做人的工作，就是去关心人，团结人。在长征中，由于情况紧迫，任务压力大，再加上劳累疲惫，常常使一些干部容易急躁，当下级工作不尽如人意时，有的同志就采取简单生硬的惩罚手段，个别人甚至有打骂行为。对此各级政治机关一经发现立即进行严肃的批评和处理，提醒并教育各级指挥员越是在紧张艰苦的情况下，越是要关心和爱护部属，注意工作方法。

在草地行军中，我师所有领导干部的骡马都换了“主人”，驮起了伤病员，所有党团员的肩上都背起了两支以上的枪。每天部队一到宿营地，贺炳炎师长（从甘孜起，贺炳炎同志由五师师长调任六师师长）和我，就返回身去接应掉队的同志。贺师长在长征初期的瓦屋塘战斗中被打断了右臂，他背不了好多枪，就请带伤带病的同志骑上自己的骡子，他把缰绳套在断臂上，为同志们牵缰引路，骡背上的同志望着贺师长伤残的身体，忍不住落下泪来。

我们的干部关心着每一个战士，战士们也在关心着干部。在号称“草地上海”的阿坝，我师连居民屋旁的牛粪堆都扒开了也没找到粮食，牛皮带和草鞋上的牛皮绳也都吃掉了。师部特务班的几个同志不知怎么保存下一小块牛皮，用刀子刮得干干净净，烤得焦黄焦黄，兴冲冲地拿来给我吃。我一听就火了：“你们没看见全师都在挨饿？每天都有倒下去的同志，我这个政治委员怎么能吃呢！”我狠狠地把他们几个批评了一通，吓得他们耷拉着脑袋，一声不吭。嘴上发着火，可我心里那个难受呀：大家都是 20 来岁的人嘛，他们自己饿着肚子却偏偏要给我吃。我强忍住眼里的泪水，劝他们吃下这块烤牛皮。就这样，推过来推过去，还是留给了更困难的同志。

作为一支军队，各个战斗单位的密切协同、相互支持是必不可少的，因而它们之间的团结尤为重要。整个长征的进程，也可以说是红军各部队之间日臻团结的进程。

在部队给养发生严重困难时，红二军团曾在全军范围内开展几次调剂粮食的工作。一次宿营时，军团参谋长李达到六师传达了总指挥部命令:“直属队已经断粮了，你师把粮食留下，另外去筹粮。”他摊开地图，指点了一个地方，接着说："筹到粮食后，你师不必回来，沿金沙江直接北上。”

我们受领任务后，立即组织部队按上级命令行动。部队出发时，路旁已经摆好了箩筐，全师依次从箩筐前走过，每过一个人就倒净一条干粮袋。随着刷刷的脚步声，一条条粮袋倒空了，路旁的箩筐渐渐满起来。

李达参谋长带我们到达指定地点后，那里的青稞麦还没熟，我们只找到很少一点陈粮，远远不敷全师需要，尽管如此，我们仍按原定路线向金沙江前进。金沙江的这一段是康藏两省的分界线，我们派人向守江的藏军交涉，一再申明红军是借道北上，可就是讲不通，只好按来路折回，追踪主力而行。原来的计划全部落了空，粮食没找到，又跑了冤枉路，部队中出现埋怨情绪，甚至有人把这一连串的挫折都归咎于当初的让粮。我们看到这种情况如不及时消除，将会影响到上级命令的执行，影响到部队之间的团结，因此首先统一了各级指挥员的思想，再通过他们对部队进行解释和教育，反复说明直属队要保障领导机关的指挥，他们中又有一些老少弱病的同志，困难比我们更大些，我们是战斗部队，找粮、跑路方便得多。同志们很理解这个道理，不再说这说那，而是自觉地去克服困难。

当然，由于种种原因，红军各部队也并非没有发生过矛盾和争执。我们的政治工作就是要善于解决好这些矛盾和争执，从而达到更紧密的团结。记得有一天，我六师十八团与十七师五十团为了宿营地发生了争执。这两个团分属两个军团，行军走的是两条路，却凑巧把宿营地定在一个地方了。尽管在这里宿营只有几小时，但部队经过长途行军已经很疲劳，作为团的指挥员谁都想让自己的部队早点进房休息，哪怕多争取半小时也是好的，人多房少，双方各不相让，于是争吵起来。总指挥部知道后，贺龙同志责成郭鹏师长去处理（郭鹏原是五十团团长，对两个团的情况和人员都熟悉，处理起来方便些），随后又把两位团长找去，进行了批评，并和他们一起回顾了生长在不同根据地的二、六军团胜利会师、并肩战斗的好传统，教育他们要珍重团结。争执的双方都主动检讨了自己的错误。事情到此，并不算完，总指挥部又将此事通报了全军，要求大家引以为戒。

说到红军的团结会师，可以说，红二方面军一向是做得比较好的。这里，我不去追述被称为“模范会师”的二、六军团的会师，也不必叙述标志长征结束的与红一方面军的会师，只简要谈谈与红四方面军会师北上的一些情况。

1936 年 6 月底 7 月初，红二、六军团到达甘孜，与红四方面军会师了。在此之前，部队已经多次进行过会师教育，到甘孜后又受到四方面军指战员的热烈欢迎，亲身地感受到兄弟红军的深情厚谊。

会师后，在二方面军师以下部队中进行了正面教育，大张旗鼓宣传党中央的路线方针，宣传中央红军在陕甘的胜利，宣传三大红军主力西北会师的美好前途；并且规定了严格的政治纪律，凡是不利于红军团结的话和事，要不说、不传、不做；号召指战员努力向四方面军学习，学习他们勇猛顽强的战斗作风，学习他们草地生活的经验。在团结北上的旗帜指引下，二、四方面军先后进入草地继续北上。

作为后卫，我们六师不但收容二方面军的掉队人员，还收容了不少四方面军的同志，对他们，我们总是尽己所有给予照顾，并按总指挥部的规定，尽力帮助他们归队。我们还曾收容过一些四方面军的小鬼，他们大都是十四五岁的娃娃，有的小鬼不无稚气地对我们说：“张主席（指张国焘）教我们唱歌子，说毛、周、张、博是机会主义逃跑。”说着就要唱起来。遇到这种情况，我们就耐心地以大量事实向小鬼们说明：中央红军的北上绝不是什么机会主义逃跑，恰恰相反，是为了担负起抗日救国的重任，今天我们二、四方面军不正是沿着中央红军走过的路走吗？小鬼们信服地点点头，充满信心地和我们一道北上了。

在草地深处，我们师每天都有一些同志嘀着草根倒在路边，默默死去。正在最困难的时候，我们来到葛曲河边，欣喜地见到了一群羊，见到了专门守候在这里的红四方面军的同志。

原来，朱德总司令想到二方面军走在后面，困难很大，便指示四方面军部队拨出一部分牛羊留下来。当二方面军赶到后，贺龙、关向应同志考虑到六师担任后卫，困难更大，便从中留下一批羊，看守羊群的四方面军同志节衣缩食，把羊如数交给我们。李伯钊同志率领的红军总部宣传队还给我们做了慰问演出。红军各部队之间真挚热切的团结友爱精神久久地鼓舞着我们去战胜困难，走出草地。

（五）

在撰写本文前，编辑红军长征史料丛书的同志曾经问我 ：“红 2、6 军团的政治工作干部是怎样发挥政治工作威力的？”为回答这个问题，我想了很多。

同今天相比，当年红二、六军团的政治工作干部，大多数文化水平和理论水平并不高，讲不出好多深奥的道理。就拿我这个师政治委员来说吧，论文化，只是个高小毕业生;论理论，马列主义的书没读过几本。那时我当政治委员，主要掌握住三条 ：第一条，打仗不怕死，即做英勇战斗的模范 ；第二条，多扩充些红军战士，尽量少损失，少跑一些人，即做扩大与巩固部队的模范 ；第三条，严守纪律，不违犯政策，即做遵守纪律、执行政策的模范。其实，这也是许多同志的共同准则和共同经验。那时由于广大政治工作干部能够身体力行，为人师表，因而在部队中享有很高的威信，说出的话大家信服，交办的事情能够很快落实，工作搞得颇有生气。这也正是我们今天所说的 ：“让有理想的人讲理想，守纪律的人讲纪律，有自我牺牲精神的人讲牺牲精神，最有说服力，最有感染力。”关于这一点，我想，从一个团队的四任政治委员身上可以得到很好的证明。

我们师的十八团是一个战斗力很强的团队，长征路上，该团屡屡担负重要任务，完成得都相当出色。这与该团历任政治委员们卓有成效的工作是密不可分的。

十八团长征中的首任政治委员是余秋里同志。在长征初期部队频繁转移，指战员们的思想颇为活跃，余秋里政委对此做了大量的工作。1936 年早春，我二、六军团在乌蒙山区与敌军展开了一场长达月余的回旋战。当敌军向镇雄追踪我军时，我军出其不意，在赫章县的则章坝（现称哲庄坝）伏击了敌纵队司令万耀煌所率之十三师师部，敌军两个连被歼，万耀煌几乎被活捉，在战斗进行中，我同成本兴①（现名成钧）团长、余秋里政委在一起指挥十八团作战。钻入伏击圈的敌军，一面以疯狂的火力向我射击，一面收缩队伍，拼死突围。成团长向部队下达了出击命令后，一个纵身就跃出堑壕。“危险！”余秋里政委伸出胳膊，一把将成团长拽了回来。就在这时，一串机枪子弹尖啸着飞来，击中了他的左臂。我和成团长急忙扶住余秋里同志，只见他左臂耷拉着，露出了骨头，血流不止，我们派人把他抬下阵地，送进军团卫生部。此后，由于无药医治，生活又异常艰苦，余秋里同志的伤迟迟不能痊愈，每天用凉水手巾敷在伤口上镇痛，跟随部队行进，直到走出草地，他才施行了截肢手术。

余秋里政委负伤离职后，总指挥部调四师副政治委员杨秀山到十八团任职。杨秀山同志二话不说，找到六师宿营地报了到，下到十八团去了。在六甲战斗中，一股敌人爬上阵地，杨政委掏出手榴弹投入敌群，率领部队冲了下去，敌军退了一下，又反扑上来。杨政委发现驳壳枪里的子弹打光了，忙喊警卫员拿子弹来，可没人应声，回头一看，警卫员

---

① 原文误为陈本新，本文统一为成本兴。

已倒在血泊中，他再回转头时，一颗子弹打在左眼眶旁炸开了（那时滇军多用炸子，子弹打进身体后立即炸成碎片，杀伤力很大）。杨政委的眼睛被血糊住了，他抹了一把，继续指挥部队，只是在战斗间隙，简单做了包扎。敌军退下去以后，在成本兴团长和同志们的一再劝说下，他才下了阵地。

第二天，杨政委的左眼就肿了起来，看不清东西。一天休息时，他请卫生队长把弹片取出来。那时既没得手术器械，也没得麻药，卫生队长拿一把用钝的小刀，硬是割开口子，取出来一块大弹片（至今还有七块小弹片）。一小时后，杨政委又率队出发了。每天行军中，只要头缠着绷带的杨政委在全团队前队后走一趟，不用开口讲什么话，就是最好的政治鼓动。

长征到了西康以后，四师十二团，政治委员负了重伤，总指挥部一声令下，杨秀山同志又是二话不说，去了十二团。

十八团的第三任政治委员是董瑞林同志，他为人老实，话也不多，工作一丝不苟，在西康，部队的给养发生了困难。外出筹粮要跑很远的路，有时还会碰到藏族反动头人武装打冷枪，这是件既辛苦又危险的工作。董瑞林政委总是亲自带领一些同志来干。就在一次外出筹粮时，他被冷枪射中而牺牲了。同志们捧着董政委筹来的粮食，在荒凉的草甸子上为他举行了葬礼。

十八团的第四任政治委员是周声宏同志。红二方面军走出草地后，东出甘陕边。由于敌情骤变，我军决定抢渡渭水，迅速北上会合中央红军。我带十八团从陕西略阳县白水江镇急返甘南的成县，在五龙山上阻击敌军。我们打退了敌人的第一次进攻后，陈本新团长和周声宏政委率部队实施反冲击，一直冲到山下的镇子里。巷战中，周政委不幸中弹倒下了。

在长征路上，十八团的前后四任政治委员，不仅用自己的言行，而且也用自己的鲜血和生命，忠实地履行了政治工作干部的职责，在同一个岗位上共同塑造起红军政治工作干部的优秀形象。

中国共产党在红军中的革命的政治工作，作为长征路上的生命线，其意义之深刻，作用之伟大，内容之丰富，远非本人本文所能言尽的。况且它已经延伸到今天，成为我们进行新的更加伟大的长征的生命线。

1987 年 2 月于北京

选自中国人民解放军历史资料丛书编审委员会编:《红军长征·回忆史料》(2)，解放军出版社1992年9月版，第394—409页。

组建战斗剧社的前前后后

罗洪标

（一）

1936年6月底[①]，红二、六军团长征到达藏族聚集的甘孜地区同红四方面军会师后，中央命令二、六军团和红三十二军（原九军团）组成红二方面军。四方面军战友，十分热情地欢迎我们红二方面军。他们派出红三十军的一个师到很远的地方迎接我们，并且给我们准备了衣服、粮草等物资，还召开了欢迎大会，表示慰问。在欢迎大会上，他们还给我们演出了生动、感人的戏剧、歌舞，给我们留下了非常深刻的印象。他们所表演的节目，有反映红四方面军英勇作战取得伟大胜利的话剧；有反映部队在藏民地区克服各种困难艰苦奋斗的剧目；还表演了苏联舞蹈《红军战士欢庆胜利舞》、《锄头舞》、《镰刀舞》、《丰收舞》等。给我们二方面军指战员以很大的启示，使我们感到，他们的部队文化生活十分活跃，对干部、战士一定可以起到很大的鼓舞作用。

会师后，我们逐渐得知张国焘反对党中央、毛泽东主席的北上抗日路线。还自立伪中央，搞分裂党、分裂红军的活动。张国焘由于南下失败，党中央和共产国际反对他的分裂活动，南下部队广大指战员要求

---

① 应为1936年7月初。

北上，以及朱总司令、贺龙总指挥、任弼时政委、关向应政委和王震等同志，同他进行了坚决又非常耐心的斗争，才使他被迫勉强同意北上抗日，去同中央红军会师。为此，红二、四方面军共同发布了北上抗日的号召书，动员全体指战员，团结一致，以坚韧顽强的战斗意志，不怕牺牲的革命精神，战胜各种艰难困苦，走出草地，到抗日前线去，同中央红军会合。

北上抗日的号召书，表达了红二、四方面军广大指战员的共同心愿。我们二方面军各部队，都召开了动员大会，要求在精神上和物质上（主要是干粮）作好准备。就在这期间，有一天下午，贺龙总指挥、任弼时政委、关向应副政委，到方面军政治部驻地喇嘛庙来看望我们政治部的全体同志。几位首长由甘泗淇主任陪同来到我们战斗宣传队。这时，我们正在准备干粮，看见首长们到来，大家都非常高兴，立即精神抖擞地站起来表示欢迎。贺龙总指挥非常亲切地走到我们跟前，拍一拍这个小同志的肩膀，摸一摸那个小同志的头，问我们："这些天休息好了吧！干粮准备得怎么样了？能吃多少天？"我们的宣传队长吴桂三同志回答说："可以够 1 个月吃的，每人都有十五六斤粮，有的有 20 斤左右的青稞炒面。"贺老总说："这很好，要多准备一些，免得在路上饿肚子。"我当时任第二分队分队长，也向首长汇报了我们准备过草地的情况，贺老总等首长鼓励我们说："你们准备得不错嘛！有股子战胜一切困难打先锋的劲头！"贺龙总指挥接着又说："你们看了红四方面军政治部火线剧社的表演了吧！怎么样，有什么感想？"队长吴桂三同志回答说："他们的演出很不错。"我接着说："他们表演得很好，给我们很大的教育和启发。"贺老总说："红四方面军宣传文化工作搞得很活跃，值得我们学习。"他转过身去，征求甘泗淇主任和宣传部副部长金如柏同志的意见说："怎么样？我们能不能也组建这样 1 个剧社呢？"性格开朗的甘主任哈哈大笑起来，说："总指挥说了，当然可以罗！组建 1 个吧！"贺龙听了很高兴，又和任政委、关副政委商量，首长们都表示同意，并且说，组建一个像四方面军这样的剧社，可以活跃部队的文化生活，鼓舞士气，提高全体指战员的革命乐观主义精神和战胜困难的信心。组建起来，就要为部队服务。贺龙说:“好！就这样决定，由甘主任、金如柏同志负责组织筹建起来！”并说，要快，组建起来，首先要向四方面军学习，很好地把部队的文化生活活跃起来。把我们部队过雪山、草地、作战行军，怎样同天斗、同地斗、同阶级敌人斗的好人好事、英雄事迹编成戏剧、快板、莲花落子。通过这些表演，教育部队，鼓舞部队，战胜困难。他还说，你们记得吗？我们通过中甸县过第一个大雪山时，你们宣传队的同志，在那山顶上，最艰苦的地段，设立了宣传鼓动站，敲锣打鼓，大声喊着：“同志们，加油呀，过了雪山，下山就到宿营地了！”“这里可不能停下休息，停下休息是会冻死人的！”“大家要互相帮助，把走不动的同志的枪、背包接过来，帮助背下去！”“走不动的同志，互相推着走！”“不要让1个同志掉队！各级干部要带头，要负责，要拼命往上爬！不要让我们的同志冻死在这里！”这些喊话起了很大作用啊！所以我们部队顺利通过第一座大雪山，没有死一个人，也没有一个掉队的，都胜利地到达了目的地嘛。听了贺总这些话，给我们宣传队的同志很大鼓舞。他记得那么细，那么重视宣传鼓动工作，这本身就是对我们的鞭策。贺老总又说，红四方面军火线剧社能做的事情，我们也应该做到。请甘主任、金如柏同志考虑，是不是就在我们宣传队的基础上组建起来，这些小鬼不是都很活泼、很精干吗？甘主任说：“这样好，来得快，就是我们的人手太少。”贺总说：“这好办，可以到部队去挑选，把那些能弹、会唱、会拉的人调上来，没有女的，必要时可以男扮女装嘛！明天我到红四方面军去开会，见到陈昌浩主任时，向他求援，请他们政治部火线剧社的同志帮助我们把剧社建起来。火线剧社、战斗剧社的任务都是相同的。我们组建起来以后，请甘主任给陈昌浩主任写封信，派人去把我们组建战斗剧社的情况向他们汇报。据说，他们剧社的负责人是从苏联回来的，相信他们是会帮助我们的。”首长们说笑着走了，我们宣传队的同志们为剧社的即将诞生都高兴得眉开眼笑。

（二）

根据贺老总等方面军首长对组建剧社的具体指示，甘主任、金如柏副部长很快就召集宣传队队长吴桂三，第一分队分队长陈鲁炎和我去研究如何尽快组建剧社问题。我们提出，应该先挑选人才，建议从二军团第四师、第五师、第六师的宣传队中挑选。事后，从四师挑选了陈静、从六师挑选了梁定商、从五师挑选了龚国范等十几位同志，第三天他们就报到了。共集中了 25 人，由金如柏副部长宣布，战斗宣传队改编为战斗剧社。1936 年 7 月中旬，红二方面军战斗剧社在甘孜地区正式建立了。

战斗剧社组建后，任命我为指导员，社长暂缺。编成三个分队：一分队负责宣传鼓动，由吴桂三、陈鲁炎负责；二分队为音乐分队，由陈静负责；三分队为戏剧分队，由我负责。剧社成立后的第四天，甘泗淇主任给陈昌浩主任和傅钟副主任写了一封信，派我去红四方面军政治部联系帮助我们培训业务骨干问题。陈主任非常热情地接待了我，这时我才认识了陈昌浩主任和傅钟副主任。我汇报了红二方面军首长关于组建战斗剧社的指示和要求。陈昌浩主任立即派人去请火线剧社的负责人李伯钊同志到政治部来。陈主任给我们介绍了李伯钊同志，她非常热情，像大姐一样，待人异常亲切。我又向她具体汇报了战斗剧社组建情况。我说，我们什么都不会，不会舞蹈，不会编剧，更没有人会导演。我们看到火线剧社的演出，给我们部队的教育鼓舞很大，方面军首长指示我们，一定要很好地向你们学习。李伯钊同志说：“我们互相学习吧。我谈两点意见：一、你们的人可以到我们这里来，我们帮助你们训练；二、可以给你们1个同志，帮助你们编剧兼导演。”我听了以后，非常高兴，立即回到方面军政治部，向金如柏副部长作了汇报，后来见到甘主任，也将我到四方面军政治部，陈、傅两位主任接见我的情况和李伯钊同志的两点意见作了汇报。甘主任和金副部长决定，由我带领20人去火线剧社学习。

我们在火线剧社学习了20余天，部队要准备行动。我们根据甘主任、金副部长的指示，跟火线剧社的同志一起行动，以便在行动中向他们学习如何开展文化娱乐工作。我们看到火线剧社的每个同志都在努力学习文艺工作的专业技术，跳舞的同志练功非常认真，演戏的同志在导演的指挥下认真排演，使每个动作尽量符合角色的要求。使我们每个人都长了不少见识。火线剧社的同志，对我们也体现了深厚的阶级友爱精神。他们教我们每个动作都很耐心，常常反复多少次才教会一个动作。我们去学习的虽然都是十五六岁的小青年，但因为是男孩子，学起来比较困难。我们练得累了，他们就叫我们休息，送水给我们喝，特别是在一个多月的行军中，他们把牛肉干也分给我们吃。在行军路上，过草地的最困难地段，他们帮助部队插上行进路标，设立宣传站，向同志们喊话：“同志们，通过了这困难地段，就好走了！”“同志们要小心，每脚都要踩在草墩上，不要走在黑泥里去，那里有危险！”等等。这些喊话，对于顺利地通过草地起到了不小作用。8月底，在阿坝地区，当我们要同火线剧社的同志分别时，大家都恋恋不舍。战友的情谊，给我们留下了深刻的印象。为了表示我们之间的革命友谊，他们又为我们召开了一个欢送晚会，不化妆地进行表演。有唱歌、跳舞等，我们为了表达对战友和老师的谢意，也表演了在那里学会的三个舞蹈：《苏联红军战士欢庆胜利舞》、《锄头舞》、《镰刀丰收舞》。我们的表演，受到李伯钊同志的称赞，她说：“没有想到，在这样短的时间里，你们学得这样好，这样快。”她希望我们还要继续努力提高表演水平。第二天，李伯钊同志对我说：“我们给你们派一名能编剧、会导演的刘文泉同志到你们战斗剧社去工作。”我们都非常高兴。刘文泉是四川人，他到我们战斗剧社以后，工作积极热情，与我们同甘共苦，为我们战斗剧社编写了不少活报剧、话剧、红军歌曲等，对战斗剧社的建设、发展，做出了重要贡献。我们战斗剧社从此就开始自己编写、排演节目了。

9 月初，红二方面军的部队单独行动，经过十余天的行程，到达四川的包座地区，因为大部分部队都经过这里出草地，离开藏族地区，经过的部队多，时间也比较长。又加上一些群众对红军还不够了解，等我们到达时，村镇里的一些群众都跑到森林里去躲藏起来了。可是地里的庄稼已成熟了，我们还没有粮吃。上级指示我们，就地休息三天，准备七天的干粮。群众家里没有粮食，部队又要吃饭，上级指示，只好自己到地里去收割粮食（青稞、蚕豆及其他豆类）。在这种情况下，方面军政治部甘泗淇主任指示我们战斗剧社派人出去，到深山老林里动员群众回来。因为到地里收割的粮食不知道是哪一家的，按价付钱也不好办。我们把全体同志分成了两部分，一部分到深山老林去寻找老百姓，另一部分同志到地里收割粮食准备干粮。第一天，我们上山去的 20 多人都没有吃饭，只喝了一些开水就出发了，可是寻找了一天，嗓子都喊哑了，又饿又累，连个人影都没有看见，只好回来。第二天我们再去，走到一个更远一些的大森林里，同志们就喊话：“我们是中国工农红军，是穷人的军队，借路经过你们这里，我们不拿你们的任何东西，请你们回家吧！我们是一家人，你们不要怕！”我们有一位同志走到一棵大老树跟前看了看，发现大树洞里有干草，我们就向洞里喊话，说：“老乡，请出来，不要怕，我们是穷人的军队，是一家人。”洞里面有一位六七十岁的老大爷答应了，走出来，看见我们都是一些小孩子、年轻人，说话又和气，他就点头，开始说话了。他说，你们这么多人路过这里，又要吃，又要喝，又要住房子，我们老百姓受不了，又有一些害怕，就都跑到这深山老林来了。想等你们走了以后，再回村里去。我们向他解释说，我们的军队是买卖公平的，因为我们从草地出来，没有粮食，要向你们买一些粮食，你们家里一点粮食都没有，地里青稞、蚕豆都长熟了，我们只有自己去割一些，割回来，我们都过秤，然后照价付钱。可是你们村里没一个人，一斤粮食多少钱，钱交给谁？这些地里的粮食都是谁家的？我们都弄不清楚。所以，请老大爷帮帮忙，同我们回村去，他同意了。回到村里以后，我们给他做饭吃，有一个同志把剩下来自己舍不得吃的一点牛肉干也给他吃了。老大爷看到这种情景，态度就变得亲切了。我说："我们交个朋友吧？"老大爷笑了，休息了一个晚上，第二天起床后，我要求老大爷同我一起上山去，请他帮助动员老乡们回来。开始，他摇头说，都跑远了。我说，不怕远，我们一起去，请你帮个忙。老大爷看我一定要去，就答应了。可是，我们跟着老大爷跑了一上午，也没有再找到一个老百姓。因为部队在驻地收割了老百姓不少粮食，当部队要离开时，甘主任指示我们派人到各部队检查一下执行群众纪律的情况。我们派人同那位老大爷一起，到村里各家检查，见基本上都付了钱，写了条子，说明割了多少庄稼，付了多少钱。最后，我们请老大爷转告我们对乡亲们的谢意，并表示特别感谢老大爷对我们的帮助，我们永远忘不了您。老大爷听了这些话很高兴。他说，今后也难得见到你们了。

我们经过六天路程，到达了甘肃南部的重镇哈达铺，这里的老乡不怕红军，商店都开着门，满街都有卖东西的，特别是卖大饼的很多，一块白洋可以买两个五斤重的大饼，还有卖猪肉的。我们剧社共买了 28 个大饼，十几斤猪肉。这是长征以来第一次享受这样的美餐。我们战斗剧社全体同志，在爬雪山、过草地的行军中，大家同甘共苦、互帮互爱，有了粮食分着吃，有了困难大家帮，发扬了我军阶级友爱的革命精神。在 1936 年大半年的时间里，在非常艰难困苦的行军中，我们不仅没有一个人掉队，没有一个人饿死在雪山草地，而且还完成了上级交给我们的宣传鼓动、发动群众的工作，胜利地到达了目的地。这胜利真是来之不易啊！

（三）

红二方面军出草地后，党中央、毛主席指示我们向甘南挺进，几天以后我军连克徽县、成县，歼灭国民党裴昌会部和地方民团700余人，部队有饭吃了，又打了胜仗，对全体指战员鼓舞很大。为了适应新的情况，方面军政治部甘泗淇主任向我们讲了形势和任务，红四方面军已向甘肃兰州东北方向挺进，在甘肃省境内的国民党军队和地方民团，听到我军到达，闻风丧胆。我们红二方面军的任务是要在甘南一带创建革命根据地。甘主任给我们战斗剧社提出了三大任务：一、积极向广大人民群众宣传我军的宗旨，以扩大我军的影响；二、迅速开展调查研究，发动群众告发土豪劣绅恶霸地主，搬掉压在人民头上的敌人；三、动员穷苦的人民群众踊跃参加红军，扩大我军力量，配合民运部门组织人民革命政府，成立没收委员会，没收地主恶霸的财产，分给劳动人民群众，同时，也为我军筹集粮款。根据上述任务，我们剧社全体同志不顾刚出草地，身体比较虚弱的情况，在徽、成两县展开了轰轰烈烈的宣传鼓动工作，编写了街头活报剧，有的戴着高帽子，化妆成帝国主义分子；有的化妆成蒋介石卖国贼，主题是蒋介石伙同土豪劣绅勾结帝国主义出卖东三省。敲锣打鼓沿街游行，群众都出来观看，特别是青少年儿童兴高采烈地跟着，满街都是人。我们走到适当地点就站在高台子上，向人民群众宣传我军是穷人的队伍，就是要打倒压在人民头上的坏家伙，不打倒帝国主义、消灭蒋介石军阀官僚豪绅地主恶霸，我们穷人就永世不得翻身；不打倒日本侵略者，我们还要当亡国奴。同时，我们又分头到大街小巷书写标语口号，张贴和散发传单。经过我们几天的大力宣传，人民群众又亲眼看到红军这样严格地遵守纪律，秋毫无犯，一心保护人民群众的利益，跑到乡下的群众也就陆续回来了。我们又协助民运部门找到一些工人、城市贫民、教师及进步的青年知识分子，召开座谈会，进一步向他们讲解我党我军的政策，并请他们对我军提意见。从座谈会中我们发现了一批积极爱国的工人、城市贫民、进步青年知识分子和开明士绅，同他们协商，动员他们出来协助组织人民政府。很快在这两县组织了抗日人民临时革命政权，并且用临时抗日人民政府和红军的名义共同发布了告示，要求广大人民群众恢复生产，商店开门。几天后大部分商店都开门营业了，小商贩更加活跃。在这两县虽然时间不长，但是扩大了我军在人民群众中的影响，尤其是我们在徽县城内，向人民群众宣布了没收一家地主恶霸的大当铺，临时政府又发出了通告，凡持有当铺条子的人，可以领回他们当出的各种物件，几天内共发放了几万件金银首饰、衣物等。人民群众得到了切身利益，认识到，我们的军队、政府是真正为人民办事的革命军队和抗日的政权，就自发地送猪肉、羊肉慰问我军。在这样高涨的人民群众革命热潮中，我们又号召工人、农民和青年学生自愿参加红军，我们还在一个当铺门口设立了报名处。就这样，在徽、成两县扩大了 300 余人，争取了被俘的国民党民团士兵 200 余人（都是劳动人民的子弟）参加红军。我们还协助没收委员会，筹集白洋万余元，还有几千匹各种布料，给部队做棉衣。抗日人民政府把群众组织起来后，即准备在农村开展打土豪分田地的斗争。

就在我军准备向甘南继续挺进，决定再打一个较大的战役，扩展更大的地区的时候，1936 年 9 月，由于张国焘反对中央关于集中主力先行夺取宁夏的战略计划，二方面军继续单独留在甘南，就有被敌各个击破的危险。因此，党中央急电要二方面军停止向甘南挺进，火速东进，经过天水以西地区，通过西兰公路，渡过渭水河，到达甘肃东部靖远县回族地区，同一方面军西进支队会师。接到命令，我们红二方面军立即行动，在急行军中，首长要求必须保障部队全体指战员高昂的战斗士气，并且要求每个部队尽量争取没有掉队的。甘主任指示我们剧社的同志在部队行军中，积极开展文化娱乐和宣传鼓动工作。根据首长们指示，我们剧社分成两部分，一部分同志跟先头部队行动，一路上写标语口号，张贴抗日宣言传单。到达宿营地就进行调查研究，向地主筹措粮草，使部队能吃上饭，喝上水。另一部分同志分配在部队经过的交叉路口，利用部队大休息时间，演唱歌曲，表演简短节目，如对口词、打竹板等，并给部队教唱自己编的歌曲，很受部队欢迎。

在十余天的急行军中，除夜行军通过封锁线外，都进行了宣传文化活动。部队胜利到达隆德西北的将台堡，受到了红一方面军广大指战员的热烈欢迎。会师后在将台堡召开了胜利会师庆祝大会，这时我们剧社已有 40 余人，为大会准备了节目。在大会上，我们演出了自编的歌曲《红军会师大合唱》和舞蹈，还演出了由红二军团四师宣传科长黄忠学编写的在湘西根据地反“围剿”中活捉敌师长张振汉的话剧，最后演出了《军民是一家人》的活报剧。演出后全体指战员热烈鼓掌，尤其是男扮女装和小同志表演老大爷，得到战士们的好评。当时演女角的梁定商、龚国范、杨建鼎等同志表演得很好，很成功。活报剧《军民是一家》内容是尊重少数民族（回民）的风俗习惯，使当地人民和干部战士受到了很深的教育。群众唱歌称赞说：“红军是工农的军队，不拿人民一针一线。我们拥护又喜欢……”这次演出得到了方面军贺龙总指挥的表扬。

会师后，我们一、二、四方面军合在一起力量更大了，在党中央、毛主席的直接领导和指挥下，又发起了山城堡战役。我们剧社的全体同志，为配合部队打好这一仗，动员起来，分成两部分，一部分同志由吴桂三、陈鲁炎负责，随部队到前线去，做宣传鼓动工作，并向敌人喊话；另一部分同志由我负责，协助地方政府动员广大群众支援我军作战。一共动员了 500 多人，抬担架、送粮食，保证了前线部队有饭吃，对伤员及时转送后方医院。我军在山城堡战斗中取得了歼灭敌人一个师、击溃两个师的伟大胜利。由于我们剧社全体同志的努力，在这次战斗保障任务中，出色地完成了组织上交给的任务，得到方面军政治部甘主任的表扬。

（四）

红二方面军的战斗剧社，在长征中诞生，也在长征中不断地发展壮大。在党的领导下，经过艰苦的战斗环境的锻炼，战斗剧社走出了一条正确的道路，那就是：紧紧围绕着党的中心任务和革命形势发展的需要，用生动活泼的、形式多样的方式，去宣传群众，教育群众，一心一意地为全体指战员和广大人民群众服务。并且坚持永远生活、战斗在群众之中，向人民群众学习，为人民群众服务的方针。

正由于我们坚持了正确的方针和方向，战斗剧社不仅曾经受到贺龙总指挥等首长的表扬，而且，使战士在人民群众中的威信也越来越高。剧社中的许多人还在干部、战士中交了不少朋友。这样，剧社的队伍不断发展壮大，活动范围越来越广，剧社的思想、演技水平不断提高，有效地扩大了我党我军的政治影响。

西安事变发生后，我们又马上深入宣传党的抗日民族统一战线政策，因此，我军每到一地，都受到广大群众的欢迎，广大爱国青年，尤其是青年学生纷纷参加红军，战斗剧社也吸收了青年男女 50 余人，使剧社总共有了 90 多人。如建国后曾任北京军区政治部文艺处长的刘伍同志等就是那时自动参加战斗剧社的。为了加强战斗剧社的领导，方面军政治部又任命陈积同志为战斗剧社的社长。1937 年 2 月间，红二方面军司令部、政治部移驻富平县庄里镇时，甘主任派我到韩城中学去招生，又招来高、初中学生 140 余人，分配给战斗剧社十余人。其他 130 余人编成一个学生队，归方面军教导团，编为第四队。后来，剧社到延安学习时，又从中央文艺系统派来了成荫同志，还有《延安颂》歌词的作者莫耶同志。战斗剧社由延安回到方面军时，组织上任命成荫同志为社长，王克同志任指导员。1937 年 9 月，红二方面军改编为八路军第一二〇师、开赴敌后抗日时，战斗剧社已发展到一百八九十人，可以演出比较大型的歌剧和舞蹈了。1939 年欧阳山尊被任命为社长，成荫为指导员。

战斗剧社从小到大不断发展，主要是由于方面军首长的亲切关怀，特别是贺龙总指挥非常关心重视战斗剧社的壮大发展，许多文艺人才，都是他到各地区点名要到剧社工作的。对剧社的建设，他经常过问，有什么困难只要向他提出，立即可以得到解决。他只要有时间，就到剧社里看望大家，问寒问暖，关心备至。从红军时期到八路军时期，每次演出后，他都要作讲评指示，他特别重视对战斗剧社的作风和人才培养，充分体现了我军的光荣传统。战斗剧社培养了大批文艺骨干，如著名的电影戏剧导演艺术家成荫同志，人民艺术剧院的领导欧阳山尊同志，八一电影制片厂的著名导演严寄洲同志等，都是原战斗剧社的骨干。

战斗剧社的建立和发展，大大活跃了部队的文化娱乐生活，对鼓舞士气、提高部队战斗力起到了很好的作用。

战斗剧社是现在成都军区战旗文工团的前身。愿它在社会主义现代化建设时期，为保卫社会主义祖国，为部队现代化建设和社会主义精神文明建设作出新的贡献。

1986 年 3 月于北京

选自中国人民解放军历史资料丛书编审委员会编:《红军长征·回忆史料》(2)，解放军出版社1992年9月版，第394—409页。

罗洪标，1918 年生，福建长汀人。1929 年参加革命，1930 年加入中国共产主义青年团，同年参加中国工农红军，1931 年转为中国共产党党员。

中央红军长征时为红一军团三师九团七连指导员，1935 年 4 月率部在贵州猫场执行阻击任务，掩护军团主力转移后与部队失去联系。1936 年 2 月在贵州大定加入红二军团继续长征，历任红二军团政治部宣传队宣传员、分队长，红二方面军战斗剧社指导员、教导团四大队指导员。新中国成立后，曾任解放军工程兵科学研究部部长、工程指挥部副主任、工程兵技术学校副校长、工程兵工程学院副院长、兰州军区司令部副参谋长。1961 年晋升为少将军衔。2009 年在北京逝世。

忆红军俱乐部

金忠藩

人对往事的记忆，不会因岁月的流逝而遗忘。

我是 1933 年从红六军团调十七师五十一团当俱乐部主任的。我 14 岁参加红军就是宣传员。我不知道为什么让我这个文化不高、年仅十五六岁的“小鬼”当俱乐部主任，也许由于我念过“列宁小学”（我是在家乡——江西莲花县“列宁小学”加入共青团、直接参加红军的），当过宣传员吧。那时，团政治处只有六个人：总支部书记（现在的政治处主任）、俱乐部主任、特派员（就是保卫干事）、民运干事、青年干事、技术书记（相当于现在的秘书）。全团的政治工作就靠这六个人。人们常常称我金主任，我也不晓得主任是个什么官，直到 1955 年授勋时，授予我二级红旗勋章，这才知道是个营级干部。不过，那时谁过问这些呢？

年龄虽小，文化虽低，但我从一年多宣传员的实践中，逐渐摸索到了俱乐部主任的工作性质和任务。当时，行军打仗频繁，每到一地，我首先就要找一间较宽敞的房子布置好“列宁室”，这可是全团政治、文化活动的中心。“列宁室”既是会场和课堂，也是看书、唱歌的娱乐场所，只要休息半天就要布置，如果休息三四天，那就更要讲究一些了。墙上要挂上党旗和马克思、列宁的画像。像现在这种胶版印制的领袖像根本买不到，都是自己画的，有时是军团政治部油印下发的。尽管画像下面写有马克思、列宁的名字，但不少战士不识字，仍然不认识无产阶级自己的领袖。我告诉他们，大胡子是马克思，光顶是列宁，这一来大家都记住了。“列宁室”内还用红、绿、黄各色纸张扎好的花絮装饰，中间吊个大花球，桌上放着书报、锣鼓等，所以，我这个俱乐部主任唯一的“武器”——就是一个木箱，里面装着各色纸张、纸花、领袖像、党旗、书籍、乐器等。

“列宁室”一布置完毕，我就要抓紧时间教歌或根据军团政治下发的宣传要点，培育各连的政治战士，这是做好部队宣传鼓动工作的骨干力量。同时，还要把上级布置的标语口号向他们一一交代。我真欣喜当了一年宣传员，锻炼了我写标语和唱歌。俱乐部主任不能写标语或教歌，可是个大笑话。我 14 岁当宣传员，主要是写标语，走一路，写一路，一个桶，一把刷子就是我的武器，刮风下雨，摸夜路，一步一个跟头，摔死也不能丢掉这两件武器。有一次，夜行军，实在累极了，不小心摔了个大跟头，桶里的石灰浆，泼了一身，大家一见都笑我：“你……你演‘罗成叫关’呀！”别小看写标语，也是很辛苦的事儿。因为每天任务都规定的很严格：20 条或者 30 条，必须完成而且规定着内容，不仅仅是写“打倒蒋介石”、“红军万岁”这样短条标语，根据任务的需要还有很长很长的。记得有一次十七师奉命乘胜继续向南浔路迂回前进。就规定我写一条很长的标语：“白军士兵们，你们在山东、河南苦战，为什么又来打红军？快掉转枪头打死你们的官长，投奔红军来！”我找了很久，那有这么长的墙壁呢？结果，在一座石桥上才写下这条标语，可部队已经走了很远很远了。这样不间断的在墙上、树上、桥上刷标语，使我的字写得越来越好了。记得到达陕北后，我随王恩茂同志到三元县扩大红军，国民党三元县政府请我们吃饭，一进门，我见到白墙上画着“新生活运动”的校徽，禁不住在墙上写了“红军万岁”四个大字。目瞪口呆的官员们，竟夸红军中有人材，写一手好书法呢！

教歌更是一项重要的任务。唱革命歌曲可以鼓舞士气，激发斗志，培养乐观主义精神。一个部队的歌咏活动代表一个部队的作风和士气。所以，当时有人说：红军好，红军乐，红军会唱歌；白军苦，苦行乐，个个能赌博。

在宣传鼓动、活跃部队的同时，俱乐部主任还要协助总支部书记做好全团政治工作，像调查土豪、发动群众、扩大红军、巩固部队、检查群众纪律、瓦解敌军等，这都是分内之事，正如肖克同志在《从湘赣到黔东——回忆红六军团的先遣行动》一文中说的："在'左'倾教条主义统治时期,规定红军的任务就是打仗。但二、六军团由于受红四军'九大决议'（即古田会议）的影响，六军团产生于湘赣苏区，是朱、毛红军在井冈山地区时的地方党和游击队发展起来的，所以三大任务的光荣传统,始终保持着。遵义会议后,这个传统在湘鄂川黔根据地的建设中，更加发扬了。"

长征中，我一直担任团俱乐部主任，俱乐部主任工作，就是把红军三大任务具体化。我们在日夜兼程的行军途中，召开会议，及时掌握部队思想动态，六个人总是早早起床，部队还未出发就分头到了各个连队，一路走一路做工作，晚上回来一碰头，什么事情都清楚了。有时甚至插在行军队伍中间去做每一个战士的工作，讲任务呀，讲政策呀，讲胜利呀，讲地主剥削呀，再就是互相开展比赛。记得渡金沙江后，翻玉龙山，山上一片皑皑白雪，空气稀薄，我跟着机枪连，有个扛机枪的大个子，一边爬，一边说，金主任，看谁先爬上雪山。我说：好，不过，上了山顶千万不能坐下来。一坐下来就会起不来了。他不信，扛着一挺机关枪、呼哧呼哧爬上山顶，再也走不动了，坐下来喘息，我上山后，拉也拉不起来了。现在想起来，我真有些悔恨自己，当时，为什么不再讲明白一些呢！

1936 年 7 月，红二、六军团和红四方面军在四川甘孜会师后改编为红二方面军，我仍在十七师五十一团当俱乐部主任，不久，我到炉霍四方面军总政治部开会，会上主要动员过草地，会后还发我一套牦牛毛织的衣服，一顶牛皮斗笠。20 斤炒面分给了大家，谁知一进入草地，走来走去 20 多天，几天后粮食就没有了，伙食单位也取消了；各人自找食物吧，多亏这顶牛皮斗笠救了我一条命，每天割一点下来熬着吃。长征胜利到达陕北后，我又被调回六军团宣传队当队长，不久，就跟着军团政治部宣传科副科长王恩茂同志到三元县扩大红军去了。

选自《红六军团征战记》下，解放军出版社1994年6月版，第424—426页。

金忠藩，1917 年生，江西莲花人。1931 年加入中国共产主义青年团，1932 年参加中国工农红军，1933 年转为中国共产党党员。1935 年任红六军团十七师五十一团连指导员，参加了长征。新中国成立后，曾任新疆军区司令部副参谋长、政治部主任，成都军区政治部副主任、副政治委员。1955 年被授予少将军衔。1989 年在北京逝世。

跟随红二、六军团长征

王永浚

从红二、六军团的整体来说，湘西突围可以说是长征的开始；若单从红六军团来看，从湘赣出发西征，实际上就是长征的开始，这次湘西突围应该是长征的继续。当然，红二、六军团湘西突围时，军委分会尚无计划要北上长征，他们当时的战略意图是，在外线打运动战，歼灭敌人有生力量，并在附近建立新的革命根据地；如遇到敌人重兵围攻时，再进行战略转移，开辟新的落脚点。但随着民族矛盾逐渐上升为主要矛盾和革命重心从南方逐渐转移到北方的新情况，特别是 1935 年 10 月，中央红军胜利到达陕北，更推动全国抗日救亡运动日益高涨和抗日统一战线的逐步扩大，于是红二、六军团的战略行动便根据党中央的指示逐步发展为以北上抗日为目标的伟大长征。

为红二、六军团长征服务，是我们无线电工作的光荣职责。根据领导同志的指示，我们所担负的任务是：一要配合红军在运动战中歼灭敌人；二要配合红军建立新的革命根据地；三要配合红军突破敌人的包围；四要配合红军战略转移。我们总是反复、交错地进行上述配合。有此认识，我们就能更好地贯彻执行领导同志随时交代的许多具体指示。

(一)配合红二、六军团湘西突围转移到贵州石阡、江口地区

我红二、六军团在湘鄂西地区的节节胜利，宣告了蒋介石动用湘鄂两省敌军87个团之众的“围剿”计划的失败。蒋介石十分恼怒，又调动更大规模的兵力布置新的“围剿”。1935年9月间，他把进攻和追击我中央红军的孙连仲的二十六路军第二十七、三十、三十一师，独立四十四旅，樊嵩甫纵队七十九、二十八、四十三、九十七师，汤恩伯纵队第八十七、七十八师调到津市、澧县及其以北地区，企图将我军压缩和聚歼于龙山、永顺、桑植之间。为此，特设宜昌行营，派陈诚任行营参谋长，代行蒋介石职权，统一指挥上述各军。宜昌行营所辖兵力达22个师又五个旅，合计130个团，加上保安队，共约有30万之众。而且以蒋介石的有作战经验的嫡系和半嫡系中央军为主。我红二、六军团加上地方武装总兵力只有两万多人，与敌人兵力比较，相差极为悬殊。省委和军委分会为了保存革命力量，决定突围，退出湘鄂川黔根据地，转移到敌人力量薄弱的湘黔边境，积极创造条件，争取在贵州的石阡、镇远、黄平地区创建新根据地。从哪里突围？这是当时军分会急需做出的首要决策。湘鄂川黔根据地，东有洞庭湖，北有长江，西有崇山峻岭，而且三面均有敌重兵层层防守，不利我军突围。据技侦密息，只有南面澧水敌人防务较弱，敌纵队司令李觉曾因兵力薄弱向蒋介石、何键叫苦，均未得到答复。我军委分会根据此情况，就决定从南面澧水突围。

我红二、六军团做好一切突围准备，并将红六军团之十八师留在湘鄂川黔根据地掩护突围，我军于1935年11月20日从大庸县东老鸦口、兴隆街两处，胜利突破澧水封锁线。20日袭占大宴溪、洞庭溪，消灭敌人一部，又胜利突破了沅水封锁线。随即兵分两路向湘中推进。一路

由贺龙、任弼时、关向应同志率红二军团和军委分会机关进占辰溪、溆浦；一路由萧克、王震同志率红六军团进占新化、锡矿山、蓝田市。在上述地区，我军抢时间进行休整，筹措物资，宣传抗日救国和统一战线的主张，扩大共产党和红军的政治影响。群众自愿参加红军的达3000多人。在无后方的外线活动中获得这些胜利是很有意义的。

我红二、六军团湘西突围的胜利，出乎蒋介石和宜昌行营以及湘鄂两敌指挥机关的意料，他们以为有澧水、沅水两道封锁线可以锁住红军。而红二、六军团却胜利地突出重围，大踏步向湘中推进。从而使敌人的“围剿”部署全被打乱。特别是敌人在北线西线的“围剿”部队，完全被置于无用之地。蒋介石和湖南军阀何键对此极为震惊，他们又非常害怕红二、六军团在湘中停留。因而立即作出新的追堵部署。据技侦密息，敌军在“追剿”方面，有樊嵩甫纵队四个师向新化、溆浦开进；有李觉纵队三个师向辰溪、溆浦开进。在堵截方面，有陶广纵队三个师和郭汝栋纵队八个团开进沅水西岸地区。另有汤恩伯纵队两个师进驻邵阳，用以防止红军从衡阳至零陵之线渡过湘江，回到湘赣边区老根据地，并预防桂军反蒋北上。

敌人几个纵队逐步靠拢起来，逼近我军。在此情况下，军委分会认为我军不能在湘中久留。便决定向南经赛市、武冈等处，再折向西经黔阳，芷江，进入黔东，并预定在芷江境内组织便水战役，给冒进突出的李觉纵队之章亮基第十六师一个致命打击。如能歼敌一路、威震余敌，即可在贵州、石阡、黄平、镇远地区建立新的革命根据地。我们根据这一战略意图和领导同志的指示，把侦察重点放在李觉方面，紧紧盯着他，并监视陶、樊两纵队。1936年1月4日夜，任弼时同志多次来技侦工作室询问情况和阅看情报。及到5日下午2时许，他看到敌人作战行动情报后，即与贺龙同志命令我军抢时间布阵待敌。我六军团十六、十七两师占领便水附近之高地，待敌章师四十七旅两个前卫团到达时，六军团立即展开攻击，集中火力猛打，敌伤亡惨重。此时我技侦工作注视敌援军情况，发现章师四十六旅前来增援，在辛店坪与红二军团四、六两师遭遇，发生激烈战斗，双方形成对峙。我技侦工作又发现，当晚李觉纵队的十九师赶到增援。陶广纵队的六十二、六十三两师亦将于次日赶来。贺龙、任弼时同志认为，敌强我弱，再纠缠下去对我军很不利。为保存实力，我军当即撤出战斗。便水战役敌我均伤亡千余人。

我技侦工作从敌人密息得知，在便水这场恶战中，我二、六军团指战员表现的顽强拼搏精神，使敌人心惊胆寒，甚怕孤军突出。不仅受重创的李觉纵队如此，而且从侧翼威胁我二军团的陶广纵队，亦不敢单独轻进。我红二军团因此得以安全撤出战斗。随后我军顺利地占领石阡、江口，得到七天时间的整休。军委分会在石阡召开会议，任弼时同志作了政治报告，传达中央政策批示，分析当前形势，指出光辉前景，使指战员受到很大鼓舞。经过抗日统一战线的宣传，又扩大成千红军。留在湘西根据地掩护主力突围的红十八师，穿过敌人重围，辗转经过鄂西、川东、黔东等地，亦于此时在江口与六军团会合。可贵的是他们还有健儿 600 多人，保存了革命的种子。

由于便水之役未能打成歼灭战，而敌人又集中行动，步步跟进，致使我军预定在石阡、镇远、黄平地区建立革命根据地的计划，未能实现。因此，我军委分会决定，放弃原定计划，立即实行向黔西、大定、毕节方面作新的战略转移。

（二）配合红二、六军团从石阡向黔西、大定、毕节转移和突破乌蒙山区包围

红二、六军团向黔西、大定、毕节转移的战略目的，是要在那里建立川滇黔边革命根据地。因为那里敌人统治薄弱，有迫切要求解放的广大群众积极支援，有川滇黔三省军阀相互间的矛盾可以利用，有红色

游击队和党的地下组织进行配合。我们技侦工作为了适应这一战略要求，首先查清了周围敌人的整个兵力部署情况。敌人为了围歼我红二、六军团于乌江以东、松桃以西地域，分内外两层配备。内层进攻方面，从东面及东北面向石阡地区压缩的有：李觉纵队两个师（12 个团），樊嵩甫纵队四个师（16 个团），郭汝栋纵队两个师（八个团）、傅仲芳的九十九师（四个团），共 40 个团。外层防堵方面，在余庆的龙溪构筑有纵深的碉堡，封锁红军向西南突破的有李必蕃的二十三师（八个团）；在镇远一线防红军向东南突破的有杨其昌旅（三个团）；在思南防红军西渡乌江的有郝梦龄纵队两个师（十个团）；在酉阳、秀山地区防红军向东北突破而回师湘西的有川军的六个团；主要麇集湘西地区，为防红军东面突破而返回湖南的，有陶广纵队三个师和一个独立旅（20 个团）；参加防堵的还有罗启疆的独立三十四旅（三个团），共 50 个团。敌人主力是在东面、东北面和石阡至思南一段乌江防务方面，它的薄弱点是在石阡西南方面。

贺龙、任弼时和军委分会，根据敌人薄弱点之所在，即选定从石阡经白沙、龙溪、瓮安、猴场、福泉、羊坊、开阳、修文至鸭池河，渡过乌江，达到黔、大、毕地区的路线，这是一条最少阻碍、比较安全的转移路线。1936 年 2 月上旬，我军顺利地突破乌江防线，相继占领黔西、大定、毕节三城，完成预定的战略转移任务。

1936 年 1 月下旬，当我二、六军团在转移过程中，经过靠近贵阳之羊场、羊昌、扎佐、修文一带时，据技侦密息得知，正在贵阳坐镇指挥的蒋介石，不胜惊恐，当即亲督守备部队赶筑工事，严密防守。由于他不能长期坐镇贵阳，即把对付红军二、六军团的军事大权，授予其亲信顾祝同掌握，统一嫡系部队和非嫡系部队的指挥。此时顾直接指挥的进攻部队，除原有李觉、樊嵩甫、郭汝栋三个纵队外，另从黔北增调万耀煌、郝梦龄两个纵队，共五个纵队 44 个团。在外围防堵方面，有郭思演、孙渡两个纵队，川军李家钰部犹国材一二一师，蒋在珍新八师，共39个团。两者总计为83个团。敌人的战略意图是要重新组织一次“围剿”，将我二、六军团歼灭于川滇黔边区。

根据任弼时、贺龙同志的指示，侦察重点放在敌进攻部队方面，其中重点的重点，则是万耀煌、郝梦龄、樊嵩甫三个嫡系纵队。同时要注意侦察滇军孙渡纵队的情况。当时我们侦悉，远道跟踪追击我军的李觉、樊嵩甫、郭汝栋三个纵队，不仅落在我军后面很远，而且疲惫不堪，减员甚大，需要休整；从黔北增调的敌万耀煌、郝梦龄两纵队亦需要有个时间做行动前的准备。因此，敌人要重新组织一次“围剿”，至少需半月至20天左右的时间。贺龙、任弼时同志和军委分会非常重视和珍惜这段时间，命令全军狠抓创建新的革命根据地的工作，首先成立了以任弼时同志为书记的川滇黔边区省委和以贺龙同志为主席的川滇黔边区革命委员会，建立抗日民族统一战线。在黔大毕地区组织了“抗日救国会”、“人民抗日大同盟”、“人民抗日义勇军”、“贵州抗日救国军”等抗日组织。由于充分发动群众，激发群众爱国热情，群众主动参加红军的达5000余人。可见“工农商学兵，一齐来救亡”的潮流是不可逆转的。

为了保卫正在创建的川滇黔边区这块革命根据地，我军必须乘敌之隙打几个歼灭战。贺龙、任弼时同志就以这样的战略意图要求我们技侦工作进行有力地配合。我们当即侦悉，敌万耀煌纵队将于2月某日从三重堰出动。但实际上他并没有按密电上的时间出动，致使我伏击扑空。这是什么原因呢？经我们查清，不是敌人故意发伪报迷惑我们，而是敌人怕孤军深入，遭受不测，故临时变卦，欲进又罢。这类情况不止一次。还有一个情况，敌人为了向其上级表示有进展，有时也不惜作出虚报。对上述敌情的出现，我们技侦工作也及时总结经验教训，加以注意，弄清其底细。经过反复侦察，我军终于等到了敌一个出动的机会。2月19日，我十七师在大定北郊将军山全歼万敌先头部队七个连。这一战斗虽给敌以打击，但还不足以阻止敌人几个纵队的齐头并进。黔西、大定仍被敌占领，形势对我不利。我军即于 2 月 27 日撤出毕节，由毕节至威宁经乌蒙山区向安顺转移。

我军在转移中，敌情越来越严重，据技侦密息得知，前有滇军孙渡纵队和湘军李觉纵队的堵击，后有万耀煌、樊嵩甫、郝梦龄三个纵队的追击，我军陷于敌人包围之中，处境十分危险。贺龙、任弼时同志和军委分会对全军提出："一定要突出敌人的包围！"为实现这一任务，对我们技侦工作要求很急迫，任弼时同志甚至深夜坐在侦察台的机旁，等着我们出情报。这使我们很受鼓舞和感动，只要有片刻停留，我们就架台工作。密码破译，因为有储备，又有新破的，尚能应付急需。贺龙、任弼时和军委分会同志根据敌我情况进行高超的机动灵活的指挥。当我军暂时不能摆脱敌人包围时，贺、任等领导同志率领全军从敌人的夹缝中穿梭行动，打蘑菇战，巧妙地同敌人保持一定距离，尽量避开同敌人接触，从而保存实力，渡过难关。当我们发现敌人给我军以可乘之机时，贺龙、任弼时等领导同志即决定先在以则河、法冲以北山区设伏，给樊敌以初步打击，歼其先头部队两个连。接着又在哲庄坝伏击万敌后梯队，歼敌一个团，几乎生擒万耀煌本人，使万敌贪功急进的骄气不能不有所收敛。是役我军亦付出一定代价，十八团政委余秋里同志负伤。

当我们发现北面川军仍在原地未动，我军在彝良、镇雄方面有一定回旋余地时，贺龙、任弼时等领导同志即率领全军佯向北进，用以调动敌人。结果敌顾祝同以为我二、六军团要从昭通、巧家一带渡过金沙江，即一面令樊、万、郝三纵队紧跟尾随，一面令川军李家钰部开到白水江北岸防堵。可是敌人没有料到，我军突然从敌侧掉头南下，到达滇黔交界处奎香、恒底地区，使敌人三个纵队扑空。

我二、六军团在贺龙、任弼时等领导同志指挥下，根据从技侦工作得到的敌情，采用上述对策和战法，在乌蒙山区同敌人周旋将近 20 天之久，终于在 3 月 16 日从樊、郭二敌的外侧，跳出敌人包围圈。因情况有变化，我军放弃向安顺转移的计划，迈开大步直奔滇东。据密息得知，此时，万、樊、郝、李四纵队在乌蒙山区为红军拖疲拖散，无法继续跟追。只有郭汝栋纵队紧随滇军之后行动。滇军因为保家重要，即将兵力放在滇省境内防堵，最后追敌只有郭汝栋一个纵队。而我二、六军团虽然在乌蒙山区减员也较多，但在兵力数量上超过从桑植出发时的人数。原因在于我军有一条扩大红军的正确政策，故在长征途中，虽有战斗减员，但同时又有兵源补充。

（三）配合红二、六军团横穿滇中，抢渡金沙江，实现同红四方面军会师

我二、六军团到达滇东以后，为了排除滇军的阻挠，在宣威附近与滇军一个旅激战，歼敌三四百人，我亦有伤亡。当技侦密息得知，孙渡率三个旅迅速赶来增援时，我军即退出战斗，分两路杀回贵州，于3月28日占领盘县。贺龙、任弼时同志和军委分会决定在南北盘江上游地区建立根据地，并准备派出一部分部队去兴义等县开展工作。在盘县休整三天，又扩大红军800余人。这是我军在长征中第三次建立根据地的战略意图。但在3月30日盘县会议时，接到朱德、张国焘以红军总部名义发来的电令："二、六军团在渡江技术有把握的条件下及旧历三月水涨前，可设法渡金沙江到雅砻江与四方面军会合"。会议经过讨论决定，放弃在此地建立根据地的计划，立即进行渡金沙江的战略转移的准备工作。任弼时指示我们技侦工作要紧密配合这次战略转移，把侦察重点放在滇军方面；同时注意蒋介石有何意图，以及李、樊、郭等纵队的情况。我们遵命积极努力工作着。

我军为了抢渡金沙江，4月1日即开始行动。我们技侦工作随即查清了敌情：

（1）当我军从盘县出发向曲靖、马龙、寻甸之方向前进时，因为我军要在云南军阀龙云所管辖的地区内行动，所以蒋介石即将入滇各部队归龙云指挥。

（2）龙云秉承蒋介石的旨意，纠集大军，企图将我军消灭于功山以南、普渡河以东地区。

（3）滇军孙渡纵队在普渡河方面防我西进。李觉纵队在水城，樊嵩甫部队在会泽，均距我较远。

（4）昆明之敌兵力薄弱，呈现空虚。

贺龙、任弼时同志和军委分会依据上述敌情，决定佯攻昆明，靠近昆明向西疾进。途中遇到滇军阻击，激战数日，未能突破普渡河。我军随即改经嵩明羊街转向西进，从滇军防务薄弱处渡过普渡河，从而挫败敌人围堵计划，为抢渡金沙江造成有利条件。

据技侦密息，当我军正在普渡河东岸与滇军激战的时候，龙云就判定我红二、六军团有抢渡金沙江与红四方面军会师的意图，当即令樊嵩甫、郭汝栋两纵队从会泽方面转移到金沙江北岸进行防堵。当我军渡过普渡河后，他即令孙渡、李觉两纵队尾追。孙、李两敌深知追赶不上红军，故即放慢行军速度，减轻部队疲劳。同时蒋介石令川军杨森、李家钰共率 30 个团的兵力，在川南布防；令航空兵总队侦察轰炸。

贺龙、任弼时同志根据上述敌情，当即决定放弃取道元谋、龙街渡金沙江的打算，另行选择渡河地点。为了隐蔽我军在何处渡江的意图，即制造伪象，以迷惑敌人。当我南北两路红军会合于宾川时，我军利用宾川靠近金沙江的地理位置，有意在宾川逗留两天，作出要在此处渡江的表示。据技侦密息得知，蒋介石和龙云视假为真，立即调兵遣将，在此布置一个口袋，企图围歼我军。蒋介石和龙云还乘飞机在宾川上空视察，满以为一场胜利就在眼前。然而我军却转向鹤庆方面，使他们的如意打算成为幻梦。金沙江到了鹤庆、丽江地区有一个大弯曲，弯的西面江水从南向北流，弯的东面江水从北向南流。当我军进到鹤庆时，贺龙、任弼时同志利用此地形，又令部队在鹤庆逗留几天，作出要在大弯东面渡金沙江的姿态。蒋介石、龙云又信以为真，立即命令樊、郭两纵队将江防向弯子东面金沙江延伸，严密控制鹤庆梓里铁索桥，同时命令落在后面的追击部队向鹤庆推进，企图将我军消灭于这个地区。可是敌人没有料到我军在鹤庆向弯子东面金沙江佯渡的同时，即派出先头部队星夜奔往丽江，控制弯子西面石鼓渡口。我军于4月25至28日得以安全地渡过了天险金沙江。在这段时间里，蒋介石和云龙乘飞机在我军行进路上空盘旋一番，除在形式上对我红二、六军团“又迎又送”之外，一无所得。红二、六军团胜利渡过金沙江之后，朱德总司令即来电祝贺和嘉勉，使全军指战员受到极大的鼓舞。

但是，要与红四方面军会合，我们还有一段很艰难的路程。在自然条件方面，有过雪山的困难；在社会条件方面，有吃饭问题不易解决的困难。困为我们将要通过的是经济极端落后，交通极端不方便的少数民族地区，由于有历史上形成的民族隔阂，使问题更加复杂化，一时难以得到少数民族的支援。但正是由于有自然条件和社会条件两个方面的困难，庞大的国民党部队亦无法进入这样的地区，要进去只能是小部队。因此，我红二、六军团除对小股敌情（包括藏族反动武装的干扰）要有所警惕，认真对待外，最主要的就是要战胜自然条件不利的困难，奋勇通过高达5000多米的玉龙大雪山。

根据朱总司令关于如何克服过雪山困难问题的电报指示，贺龙、任弼时、关向应、萧克、王震等领导同志，要求全军立即做好准备，既要有物质准备，又要有思想准备，发扬艰苦奋斗，团结互助等优良传统。军委分会经过向群众调查，提出几项过雪山的办法：

一、出发时和途中，吃点辣椒，生姜，以提高身体热量。

二、在通过山麓山腰时，要有适当的休息，以保持体力。

三、在通过雪山山顶时，要有御寒棉衣或被、毯；要争取午间前后通过，过早过晚均不利。

四、在过雪山顶时，要慢步行走，但绝不能中途停步坐休，否则就有丧命危险。

五、在雪地行走时，要目视足下路径，不能四处张望，以保护视力。

正在 5 月的时候，我们踏上玉龙山，看到了玉龙山的真面目。它的特点是山麓、山腰、山顶的气候不一样。山麓是春天，气候暖和，树木茂盛，有少量花草，空气充足，使人有舒适感。山腰是秋天，有零星雪点，也有树木，空气比较稀薄，但尚不使人憋气。山顶是冬天，漫山积雪，有深有浅，深的及膝。雪路坎坷难行，天气变幻无常，时有突然而来的暴风雪和冰雹的袭击，寒气刺骨。越向山顶爬，空气越加稀薄，使人呼吸紧张发喘。过雪山最难之处就在这里。但同志们团结互助，排除万难，终于战胜了常人难以克服的困难，越过了玉龙大雪山，胜利到达中甸县。

中甸是一个小县城，有几十家经商的汉人，城外尽是藏民。城四周荒野多，人烟稀少，红二、六军团在此休整了几天，对藏族的情况进行了调查了解，以便做好深入藏族地区的准备工作。接着，我红二、六军团就以向甘孜转移，与红四方面军会师为目标，分左右两路向北推进。右路由萧克、王震同志率红六军团经定乡、稻城、理化、瞻化向甘孜转移；左路由贺龙、任弼时、关向应同志率红二军团经德荣、马塘、白玉向甘孜转移。我军在藏族地区行动的过程中，遵照领导同志和军委分会的要求，有严明的纪律，严格执行党的民族政策，例如尊重藏族风俗习惯，奉行信教自由，保护喇嘛寺庙等，从行动上对藏族人民有所影响。这样也可弥补军民语言不通的不足。

我们技侦工作单位随左路军行动。当进到德荣县城时，我们遇到的绝大困难就是藏民因受国民党和当地大小反动头目欺骗宣传的影响，对我党我军政策不了解，当我军过境时，他们四散逃避，并把粮食埋藏起来。我军不得不花很多时间，从地下寻觅挖掘粮食，然后把现金留其家中，或出具借条，容后归还。贺老总还派一个得力管理人员，帮助我们电台同志解决吃饭问题。我们也在这个时候学会寻找粮食，采摘青稞和吃食酥油糌粑的方法;吃青稞不可过饱，需留有余地，过饱就会胀肚子，甚至出现严重后果。

红四方面军在甘孜、炉霍一带，发动了广大指战员，想方设法筹备一批粮食，并赶织毛衣毛袜等慰问品，等待迎接红二、六军团的到来。红二、六军团亦满怀兄弟情谊，在远道跋涉中，克服艰难险阻，争取早日与红四方面军会师。双方都是举目相望，心心相印的。终于在 6 月下旬至 7 月 1 日[①],我红二、六军团两路部队先后与红四方面军胜利会师。双方指战员携手言欢，亲如兄弟。龙舒林同志偕我和其他一些同志去看望红四方面军二局同志时,亦同样热情欢聚,体现出“天下红军是一家”的精神。

正在此时，党中央命令红二、六军团组成红二方面军，并将三十二军编入其中。贺龙为总指挥，任弼时为政委，萧克为副总指挥，关向应为副政委。全军指战员对此非常高兴和振奋。会师之后，听说朱总司令和刘伯承总参谋长坚持党中央北上抗日的正确路线和党的团结统一，抵制张国焘的分裂主义，促使张率部北上，做了很多工作。徐向前总指挥对朱、刘的主张也给以积极支持。贺龙、任弼时、关向应等领导同志在了解情况后，对张国焘分裂主义也进行了坚决抵制。在许多领导人的反对下，同时红军在此又存在许多严重困难，张被迫同意与二方面军共同北上。当时二方面军领导对张国焘分裂主义的错误并没有向下传达，而是教育二方面军全体指战员搞好同四方面军的团结，只准讲团结，不准讲不利团结的话,更不准做不利于团结的事,这样做取得了很好的效果。

红二、六军团从湘西突围开始，到与红四方面军会师为止，计有 220 天左右的时间,行程 14600 多里[②]。在这段时间里,我们技侦工作破译密码约有 30 余种，全是在渡金沙江以前完成的。其中特别密本约占 50%，普通密本约占 45%，来去密本约占 5%。总的讲来，我们技侦工

① 一说7月2日。

② 红二方面军长征行程总计近万里。

作较好地配合了红二、六军团在与红四方面军会师前的长征历程。

（四）配合红二方面军继续长征，同红一方面军会师

红二方面军在甘孜休整约一个星期，并在这里积极做好过草地的准备工作。根据领导同志和领导机关的通知，我们要着重准备两个东西：一是干粮，二是帐篷。前者只能就地筹措，尽可能多收购一点；后者在渡金沙江以前，即开始做了准备，还须进一步落实。我从这个准备情况就意识到，我们将要经历更为艰难的生活。当然这也是不得已而为之，但作为一种特殊锻炼，也是一件有益的事情。

我们将要开始的行程，从甘孜到甘肃哈达铺为第一段，约有 1000 公里左右，其中草地约近 300 公里。草地再加区分，从甘孜到阿坝主要是干草地加丘陵，从阿坝到包座主要是湿草地加丘陵。通过这两种草地，都有很大困难，而以过湿草地为最。我们技侦、机要单位随总指挥部于 1936 年 7 月 9 日从甘孜出发，即开始进入草地。

我们要通过的草地是没有开垦过的处女地。辽阔的原野，起伏的山丘，杂草丛生，树木稀少，一望无际，没有人烟。河沟多，软泥多，行路必须十分谨慎，脚踏硬土，否则，一旦陷入烂泥，很难自拔，也很难援救。特别是草地气候变化剧烈令人难以对付。当时我曾作打油诗一首以记其事。

中午万里尽晴空，烈日炎炎热难当。
下午满天布黑云，暴雨冰雹无处藏。
夜间气温降零下，寒风瑟瑟易冻伤。
红军拼搏战天公，誓夺胜利信心强。

在过草地期间，贺龙、任弼时、关向应等领导同志多次强调，所有指战员一定要紧密团结，互相帮助。要千方百计地克服困难，走出草地，

不要在草地丢掉一个同志！他们对我们机要、技侦单位特别关怀。首先在吃饭问题上，总要嘱咐供应部门为我们配发较为充足的干粮。并指示我们要注意节约用粮，计划定量，不要开始一段时间用粮超过计划，而要保证最后一段仍有粮充饥。我们还携带了瓷脸盆、火柴和引火干柴以及沿途拾的作燃料用的牛粪。这样我们就有条件煮饭和烧开水了。贺老总最喜欢钓鱼。因许多种类的鱼有逆水上游的习性，故江河源头还有鱼，贺老总每钓必有所得。这样，既可得到休息，又能改善伙食，一举两得。

其次在住宿问题上，在进草地之前，每个连队都配有一些帐篷。其规格大小不一，大的可容纳四五十人，小的可容纳十几人。到了需要宿营时，我们即选择一块干硬地方，拉开帐篷，并将每人带的羊皮作垫褥，这样就可防风雨、防潮湿，可以休息和睡觉，值班的还可以在帐篷里点马灯工作。我们在帐篷里谈笑自若，别有一番乐趣。同我们一起工作的陈琮英大姐，在长征中怀孕，忍受沉重负担。到了草地时，就在帐篷里生了一个女孩，取名“远征”。

我们在草地行军，虽然历尽艰苦，但并不感到悲观，而是苦中有乐。一是因为我们有理想，有奔头，对走出草地抱有坚强信心；二是有阶级友爱，互相帮助，充满着同生死，共患难的感情；三是有随总指挥部行动的李伯钊同志率领的文工团，一到休息地点，即为我们演唱节目，可以化疲劳为愉快；四是有政工队为我们加油打气，有收容队为掉队同志大力解决困难。红二方面军各部队经过艰苦奋斗，加上革命的乐观主义，终于在 8 月上、中旬先后走出草地，到达了包座。

红二方面军在取得过草地胜利的同时，也有部分同志牺牲。这在当时是难以避免的，但至今一想起他们来，都使我们感到无限沉痛和怀念。

红二方面军于 8 月中旬从包座出发，向甘南哈达铺前进，计程 300 公里左右。从此我们见到树木逐渐多起来，直至有青翠的森林，空气也渐新鲜，使人感到心旷神怡。再前进到罗达，我们开始见到了村庄和群众，而且越往前进，沿途见到的群众和村庄越多。红军走出漫无边际的草地后，一见到群众和村庄，如同鱼儿得了水，可以在大海大江中纵情游泳。就这样，我们到达了哈达铺，并休整几天。

当时，由于中日民族矛盾进一步加剧，在我党抗日民族统一战线政策的影响下，救亡图存的群众爱国运动更加蓬蓬勃勃地兴了起来。特别是在西北地区，革命形势有了新的发展。我党中央和红一方面军对奉命前来追击我军的张学良东北军和杨虎城西北军做了大量的统一战线工作，他们响应和接受我党我军的抗日救国主张，对待红军似打非打，实际上是近于停战状态。而且这时，全国三大主力红军都已到达陕甘宁地区，成为挽救民族危亡的中流砥柱。蒋介石对上述情况，极为惊恐，决定抓紧解决两广事件，以便调出大军驰往西北，对红军进行新的“围剿”。

新的革命形势，要求技侦工作更好地进行配合。在包座时，贺龙总指挥，任弼时政委对技侦工作人员作了调整。孙勇（原名孙志高）、贺子明（原名贺回仔）两同志调离侦察台，另调彭富九、刘宗舜同志，到侦察台工作。调整之后，侦察台有台长张有年，报务主任彭富九，侦察员萧荣昌、刘宗舜等四位同志。他们并肩作战，很快弄清了新方向的许多敌台，提供了更多、更准确的情报素材。破译工作仍主要由我来做。任弼时政委和同红二方面军总指挥部一块行动的刘伯承总参谋长，都督促我们技侦工作，要快马加鞭，适应新形势发展的需要。我们满怀信心地表示，一定要贯彻执行好这个指示。

这时，技侦密息得知，蒋介石命令由朱绍良指挥的在甘肃的部队固守阵地，并阻止三大主力红军的前进和会合。计在文县、武都、天水、秦安、西固地区有王均第三军之第七、第十二师；在陇西、定西地区有毛炳文三十七军之第八、第二十四师；在岷州、洮州地区有鲁大昌新编第十四师。蒋介石并令驻湖南的胡宗南部先行开往陕北，加强进攻红军的力量。他还阴谋撤换张学良、杨虎城，强迫东北军、西北军打内战，

"围剿"红军。

中央军委①根据敌方在甘肃兵力分散及其援军尚未到达的情况，决定首先消灭毛炳文部，实现三大主力红军会师，进而准备迎击和消灭胡宗南部。并依此制定全面作战计划。一方面军西出占领海原、固原、然后南下击敌；四方面军占领岷州、武山地区，继续向北向东，会同一方面军向定西及西半大道进攻；二方面军出甘南及陕西省西南部，配合一、四方面军消灭毛炳文部。但当一、二方面军向预定地区进军时，张国焘却按兵不动，致使这一计划未能实现。

当两广事件刚刚解决，胡宗南先头部队也刚刚调到西北地区时，中央军委为了掌握先机，争取主动，又提出了三个方面军在静宁、会宁作战计划。但此计划又遭张国焘反对。他要西撤，不要北上。经朱总司令、徐总指挥等同志极力反对，四方面军广大指战员也表示不愿再过雪山、草地，向西走去，张国焘无计可施，只好停止西撤，转向北上。张国焘屡次违反中央决定，把部队拉来拉去，延误了时间，以致胡宗南、毛炳文、王均等部得以靠拢起来，就不好打了。使中革军委的作战计划未能实现。

红二方面军遵照中革军委统一部署的要求，从9月17日开始，从哈达铺向东推进，相继占领成县、徽县、两当、康县。在半个月时间内，我军在这一地区开展了军事活动，消灭了一部分敌人；并抓紧进行发动群众以及筹款、扩红、收集物资等项工作。这一地区群众特别是青年学生和知识分子，对我党我军抗日民族统一战线的宣传热烈拥护，积极响应，有一大批人报名参加红军。

从哈达铺东进的这段时间内，贺龙、任弼时、刘伯承同志经常来技侦办公室，阅读情报，询问情况，指示我们重点注意王均、毛炳文两部动态。当时敌情有三个特点：一是不远离碉堡活动；二是守点不守线；三是待援军到达才进攻。贺、任、刘诸首长根据上述敌情，认为红二方

① 应为中革军委。下文皆同。

面军不宜在成县、徽县、两当、康县地区久留。为了避免被敌人各个击破，需要立即北上与红一方面军会师。中央军委批准这一要求。红二方面军，即于10月4日开始转移行动，10日夜从甘谷、武山之间的乐善镇徒涉渭水。接着越过六盘山，向固原方向前进。于10月22日在西吉县将台堡与红一方面军胜利会师。在此以前即10月9日，红四方面军已在会宁与红一方面军胜利会师。我们殷切盼望并为之努力奋斗的三个方面军大会师终于实现了。广大指战员都热泪盈眶，情不自禁地欢呼起来："我们胜利会师了！"大家沉浸在一片兄弟般欢乐之中。我们万里长征到达陕甘宁根据地，等于到了家。这个"家"既是我们长征的落脚点，又是我们革命新的出发点。我们当然要珍惜和保卫这个"家"，发展壮大这个"家"。

可是蒋介石国民党顽固派，非常仇视三大主力红军大会师，绝不允许共产党和红军存在，绝不允许共产党和红军有陕甘宁边区这块革命根据地，他决心把反共反人民的内战继续打下去，故迫不及待地命令朱绍良、胡宗南部队迅速发动对红军的进攻。他们狂妄自大，认为红军是疲惫之师，容易被打败。我党中央任命彭德怀同志为前线总指挥，任弼时同志为政委，统一指挥一、二、四方面军共同对敌作战。并决定先挫败敌毛炳文、王均部，然后逐步转移，诱敌深入，在预定的有利地区，集中优势兵力，给胡宗南部队以歼灭性打击；对东北军王以哲部，则以秘密联系方式，积极进行争取工作。二方面军作为预备队，配合一、四方面军对敌大举进攻。战斗开始后，首先在甜水堡（甘肃环县境内）歼灭一部分敌人，并击落敌机一架，使敌人锐气受到挫伤。接着又于11月22日，在山城堡一举歼灭胡宗南一个旅及两个团。这是红军三大主力会师后，协同作战取得的一个重大胜利。它不仅对保卫陕甘宁革命根据地有重大意义，而且对发展抗日民族统一战线和结束内战，起了重要作用。

红二方面军从甘孜出发，继续长征到陕甘宁边区与红一方面军会师，直至参加山城堡战役，共计有 150 天时间，我们技侦工作破译出密码共约 25 种左右，其中普通密本和特别密本约各占一半，无来去密本。若从任弼时同志创建这项工作开始算起，计有三年零五个月的时间，破译出密码约有 250 余种。总的来说，我们完成了党和任弼时、贺龙同志所赋予的任务。

红二方面军技侦工作取得成绩的根本原因，是贺龙、任弼时、关向应、萧克、王震几位领导同志对技侦工作的正确领导。他们非常重视技侦工作，爱护、培养、帮助从事此项工作的专业人员，发挥其作用，并为他们解决了许多困难。贺龙同志对电台工作有很高的评价，他说："我宁愿减少一个团，也不能没有一部电台。"任弼时同志是二方面军技侦工作的创建者，率先亲破密码，又亲自领导这个工作。他把技侦工作视为至宝，加紧培训人才，积极创造条件，使破译、侦收工作先后实现专业化。他对技侦情报工作抓得很紧，在情况紧张时，往往深夜坐在机旁，等出情报。他对保密工作极为重视，检查很严，不许有片纸只字的遗失。他组织了一个精干的技侦班子，并很重视对他们在政治思想和专业技术各方面的培养。技侦人员不仅思想作风好，忠于职守，极端认真负责，而且技术也很精良，善攻善守。在敌台声音小、干扰大的情况下，敌人自己未能抄好，要重复，而我们侦收员却能一次抄好，抢先取得情报。我们破译工作与侦收工作互相配合，也是有成效的。

选自王永浚《回忆与感怀》未刊稿。

王永浚，1908 年生，湖南衡阳人。1933 年参加中国工农红军，1936 年加入中国共产党。曾任湘赣军区司令部无线电教员。红军长征时在红二方面军从事通讯工作。新中国成立后，曾任军委某部一局局长、军委技术部副部长兼研究室主任，解放军总参谋部三部副部长、总参谋部顾问，政协第五届全国委员会委员。1955 年被授予少将军衔。2003 年在北京逝世。

红二、六军团的无线电通信

龙振彪

红二、六军团的无线电通信，是六军团在湘赣苏区时建立、后同二军团会师时带来的，它又是伴随着红二、六军团和湘鄂川黔根据地的发展而发展起来的。

红六军团是湘赣苏区的主力红军。1932 年 12 月，中央军委派阎佩斋（阎知非）、周德元、张有年等同志随肖克军长（红六军团前身为红八军）带 50 瓦电台一部，到湘赣苏区工作。1933 年 6 月，中央军委又派江文等同志带五瓦电台一部，随任弼时同志到湘赣。另外，同年 5 月，我军在茶陵、莲花两县交界处的棠市与敌人作战中，缴获五瓦电台一部，当时这部电台机器损坏，经修复后使用。王永浚同志自此参加红军。任弼时同志到湘赣苏区后，任省委书记兼军区政委。为了加强电台的领导，军区决定阎佩斋为湘赣军区大电台队长，江文为政治委员，五瓦小电台放在前方，由张有年任队长，周德元由大电台调小电台任政委。

湘赣苏区对培养无线电技术干部的工作抓得很紧。1932 年 12 月，在军区领导机关所在地永新县城开办了第一期训练班。这期学员共八人，现健在的只有彭富九和孙志高（孙勇）两位同志了。第二期训练班也是在永新开办的，1933 年 10 月开学，这期学员有旷泉吉、萧荣昌、曾纪砚、康元芳、李继生、胡义生等，我也是这期的学员。曾纪砚同志于 1938 年派往国民党地区工作时，在西安被捕英勇牺牲了。

在1933年9月开始的第五次反“围剿”中，肖克同志奉命率湘赣苏区的主力红军十七师进到九江一带活动，因根据地部队减少，湖南军阀何键部乘虚而入，2月18日进占永新城。当时情况十分紧急，敌人从南门进城，省委机关出东门向石灰桥方向撤退。那时电台驻地距永新城三四里路，大家紧急扯天线，收电台，按任弼时同志指示绕过永新北门，向埠前、象形方向撤退。在这样危急关头，电台监护排、运输排的同志们非常沉着，挑着机器，抬着充电机和电瓶，向埠前前进。我们训练班也随大电台当晚到了北乡的象形，第二天才知道省委、军区领导机关安全抵达石灰桥的对岗村。我们这期训练班就是在这时毕业的。这期的教员只有王永浚同志一个人，全部课程都由他担任。他为人和气，和学员们相处得很好，我们都很尊重他，亲切地称他为王教官。毕业后，我和曾纪砚同志分到十七师。此时肖克同志正率十七师日夜兼程赶回湘赣，我们两人在高头桥找到了十七师。电台队长张有年同志非常热情地欢迎我们。从此，我开始做无线电技术工作。

红十七师回到根据地后，我军与强敌奋战，曾取得歼灭侯鹏飞旅的胜利，但终因敌军过于强大和受当时“左”倾路线单纯防御错误战略的影响，打了一个月的抗击战，形成了极为严重的局面。此时，中央军委①命令红六军团退出湘赣苏区，向湖南的中部转移，创建新的革命根据地。

7月某日的下午，红十七师从药子山经水里、白露向梅田村后山撤退。当我们电台撤到后山休息时，正好碰上了我的父亲。我父亲1928年入党，是永新五区区委土地部长。他从牛田巡视工作返回五区路经这里，看到我后，他语重心长地说：“孩子！你要离开家乡到更远的地方去战斗，我们都是共产党员，都要好好为党工作。部队走了，地方工作会更加困难，我们一定要坚持斗争，我相信你们一定还会回来的！”就

① 应为中革军委。下文皆同。

这样在战火纷飞中离开了亲爱的父亲，此后就再也没有见到他老人家。我们部队这次撤离湘赣苏区后，省委书记陈洪时叛变，地方党遭到严重破坏，无数同志壮烈牺牲。我父亲当年11月被捕，第二年被国民党杀害。

在任弼时、肖克、王震同志率领下，红六军团作为中央红军长征的先遣队在永新的牛田山区集结，在这里开了动员大会，准备出发。我们走时，给湘赣临时省委留下一部电台，队长张玉山，报务员赵瑾、黎仁。陈洪时叛变后，电台下落不明。8月7日，我军从牛田出发经遂川突围，开始西征。我军突破敌人的层层包围，11日进至湖南的桂东。随后，经连续强行军，20日占领新田。再由新田急行军，一天走了70公里，进至湘江右岸，准备抢渡湘江。因敌人先我占据渡口，后面的敌人又追上来。24日，我军机动地插向湖南著名的阳明山。晚上，全军在半山大庙附近露营。我们电台进到大庙架线，很快与中央台沟通了联络。随着敌情变化，我军又由阳明山向南，经嘉禾附近向西，占领道县，之后进入广西，于9月4日在全县以南的界首渡过湘江，继续西进。10月初，我军沿湘桂边境进到贵州的黄平、镇远、石阡一带。这时距红二军团活动地区已经不远了，六军团指战员急切盼望与红二军团早日会师。

同红二军团会师前的一周，是艰难的西征中最艰难的时候。因为我军在石阡附近的甘溪受到桂敌的严重袭击，部队被截为三段，陷入敌人重围。这里离红二军团虽然很近，但却远似千里，因为二军团没有无线电通信工具，双方都像在黑暗中瞎摸，会师的困难就更大了。幸好前卫部队一部在军团参谋长李达同志率领下，突破敌人的包围，于15日首先与红二军团会合。这时，我主力部队正被敌人前后阻击和分割，在大山中与敌周旋。一天，军团首长命令部队向左侧一座大山前进。因为没有路，行军特别困难，全军所有的牲口和驮在牲口上的东西都掉到山沟里去了。部队连续日夜行军作战，吃不饱饭，伤病员走不动，掉队的特别多。到晚上大家疲劳不堪，实在走不动了，整个一条大山沟都睡着人。王震同志振臂而呼，鼓励大家咬紧牙关坚持行军。同志们看到军团领导同志如此坚定无畏，精神大振，挣扎着继续前进。

部队通过石阡、江口大道时，肖克同志将红军学校的学员放在左侧山上阻击敌人，非常急切地等着电台通过，一直询问电台来了没有。我们电台人员从山沟走到公路上，看见军团首长亲自在那里掩护电台，受到很大鼓舞，很快就通过了公路。部队进入一个很大的山沟，因为敌情严重和道路崎岖，军团部下令轻装，我们电台即将宁都暴动带过来的 50 瓦电台的充电机和电瓶埋在这条山沟里。这部 50 瓦大电台，因没有电源，从此就不能发讯了。部队继续行军，出了这条山沟是条大河，过了河又上山，上到山顶天已大亮。此时终于突出敌人重围，进到红二军团地区，看到许多热情欢迎红六军团的标语，见到从 100 多里以外赶来迎接六军团的贺龙、关向应等同志和二军团的部队。两军团胜利会师了，大家心情万分激动！贺龙同志身材高大威武，留着一字胡，那天他戴着礼帽，身穿长褂，手拿着大烟斗，给人很深的印象。大家热情握手后，跨马回到驻地，当时六军团的全体指战员都这样想，这次会师了，一定能在贺老总领导下的根据地休息一段时间。两军团会师的第二天，在川黔交界的南腰界开的会师庆祝大会上，贺老总说：今天两个军团胜利会师了，我们欢迎你们。到了贺龙的地方，想休息一下是可以理解的，可是要知道，贺龙的后方就在脚板上，我们还得去开辟新的根据地！

会师后，两军团首长认真研究在哪里开辟根据地，贺老总建议到湘西地区，其他几位领导一致同意，都认为，湘西原来就是贺龙领导的红军活动的地区，贺老总在这个地区有很高的声望；敌人在这个地区的力量比较薄弱；特别是湘西的群众基础很好，易于发动。当时中央红军由江西革命根据地转移，进行长征，已经到了湖南的南部，湖南军阀何键正集中全力对付中央红军。为了二、六军团的生存发展和配合中央红军长征，我军决定向湘西进军。

二、六军团会师后，两军团统一指挥，决定将六军团带来的一部半电台放在总指挥部，一部与党中央联络，半部作侦听使用。从南腰界出发，我们电台来到总指挥部。贺老总对电台非常关怀，亲自下命令给电台抽调牲口，专门调一个警卫连保护电台。贺老总对我们说：我们在洪湖苏区时有一部电台，是党中央从上海送来的，1932年离开洪湖苏区时，因环境恶劣损失了，后来与中央一直失掉了联系。跑到山沟里来，没有电台什么也不了解，不知道你们在哪里，也不知道中央红军怎么样，真吃了亏啊！现在有了电台，能与中央联络，这就好了！我们要很快开辟新的根据地，吸引牵制敌人，策应中央红军长征。要完成这个任务，我们必须不断地打击和消灭敌人，建立根据地。野鸡要有一个山头，白鹤要有一个滩头，部队没有歇脚的地方是不行的。我们离开洪湖，又丢掉了电台，苦头吃够了！

11月初，我军进到湘西地区，7日占领永顺，湘西军阀陈渠珍立即纠集周燮卿（外号周矮子）、龚仁杰、杨其昌三个旅和一个团尾随我军，企图乘我立足未稳，一下子将我军吃掉。总指挥部在永顺城天主堂召开会议，决定放弃永顺，诱敌深入。16日，战斗在龙家寨十万坪打响，首战告捷，敌人大部被歼，俘敌2000多，我军再占永顺。龙家寨这一仗给敌人以沉重打击，红军声威大振，奠定了开辟湘鄂川黔根据地的基础。

使我们特别高兴的是，这次战斗缴获了一部电台。龙家寨战斗结束后，部队从十万坪两侧山上押着大批俘虏向龙家寨开进，在河滩上集中，总指挥部直属队也与部队一起在河滩上休息。我们电台的同志按照政治部指示，到俘虏中做宣传教育工作。在龙家寨战斗前，我们的侦察台早已侦听出周矮子旅有一部电台，这时又发现一个战士弄到一块45伏特的大B电池，就决定查找敌人的电台。经过细致的调查，一个俘虏告诉我们，在俘虏中有电台队长，姓杨，是个白面书生，中等身材，胆子很小。我们立即要这个士兵带着去找，开始他不敢带，经做工作后，才带我们去了。他在离杨队长很远的地方指着说："站在那群人中间低着头发愁的那个脸白白的人就是杨队长。"我们走到杨队长面前，喊了一句“杨先生！”他听了一惊。面色变得更白，很害怕。我们便把他叫出来，向他交代红军的政策，解除他的思想顾虑，他这才承认是杨队长，名字叫杨继昌。我们询问电台的情况，他犹豫了半晌才说：电台在龙家寨的后山上，有一个班看守着。我们当即派监护排的李排长带杨队长来到后山，由杨队长喊话，未经战斗，很顺利地将电台和人员俘获了。这是一部 15 瓦电台。由电台人员缴获敌人的电台，在我军还是第一次。当天，我们电台热烈庆祝了这个胜利。增加这部电台后，首长决定将这部电台放在总指挥部，将原总指挥部的电台调到前方，将那半部电台仍作侦听使用，这样就解决了部队前后方的通信联络问题。龙家寨战斗后，张有年同志和我带原指挥部那部电台，随部队攻打大庸城。24 日占领大庸，我们电台进城住在大街中心处。随后总指挥部的大电台也进了城，总指挥部驻扎在天主堂。

随着根据地的开辟，成立了湘鄂川黔省委等党政机关，任弼时任省委书记，贺龙任革命委员会主席和军区司令。当时电台的情况是，从六军团带来的那部电台，机器性能比较稳定，随部队主力在前方，这部电台有彭富九、旷泉吉、曾纪砚、康元芳、边忠福等同志，彭富九任队长。12 月 10 日，省委、军区领导机关和红军学校由大庸转移到永顺塔卧，随领导机关的大电台的有阎佩斋、江文、胡鹊、黎东汉和我等。阎佩斋任大队长，江文任政委，张有年、孙志高、萧荣昌、王永浚、贺回仔、王永祥等同志在侦察台工作。我和龙家寨过来的那位杨队长住在一个房间，对他进行了一些帮助和教育。

随着革命形势的发展，电台的增多，技术人员愈感缺乏，我们又在塔卧开办了第三期无线电报务训练班。1934 年 12 月开学，翌年 4 月毕业。学员有黎东汉、颜吉连、刘细晚（刘宗舜）、江天生、贺保里、刘华生、贺家泰等同志，这期的主要教员是那位杨队长，我也兼任报务教员。我们到塔卧时任弼时同志亲自对我们说：中央红军准备与我们会师（后来中央放弃了与二、六军团会师计划，而进军遵义），你们电台要特别注意与中央电台的联络。这时我们电台人员少，联络对象多，又要兼任这期训练班的报务教员，所以任务很重，工作很紧张。

红二、六军团在湘鄂川黔异军突起，引起了蒋介石的震惊。1935年1月，蒋介石调正规军11个师又四个旅，约11万人，分六路对二、六军团进行大规模的“围剿”。此时，遵义会议已经召开，党中央发来2月1日重要电报指示，强调反“围剿”要打运动战而不是阵地战，并指示成立以贺龙为首的军委分会。此后，我军转入英勇的反“围剿”斗争。4月12日，我军从塔卧向北转移。在退出塔卧时，我们电台将充电机和不能带的东西埋掉了。13日，部队进至陈家河附近时，突然与敌陈耀汉五十八师一七二旅遭遇。该敌处境孤立，配置分散，我军抓住战机于14日全歼该敌，缴获电台一部。接着乘胜追击，15日打桃子溪的敌人，歼灭五十八师师部和一七四旅，又缴获电台一部。以上缴获的电台稍加修理，都能使用。这时旷泉吉同志担任队长，带桃子溪缴获的电台到省委工作。我担任队长带陈家河缴获的电台到十八师工作。

6月9日，我军以部分兵力包围湖北宣恩，准备歼灭增援之敌。此时，我侦察台收到湖北“剿总”司令部给纵队司令兼四十一师师长张振汉的电报，这封电报将敌人的行军路线、行军序列和休息地点，规定得很具体，指定四十一师12日午后进至咸丰县忠堡地区大休息。贺龙、任弼时等领导同志看到这份电报后，即以主力部队从宣恩附近出发，一昼夜行军130里，于12日下午占领忠堡周围的山头设伏。敌进至忠堡时我军发起进攻，经过三天三夜激战，歼敌一个师部和一个旅另一个特务营，活捉纵队司令兼四十一师师长张振汉，缴获电台两部。这两部电台都是用手摇发电机发电，输出功率15瓦。这两部电台不仅机器完好无损，两个台的队长和报务员也全部过来了，其中有刘法墉和彭洪志同志。8月3日我军又设伏于板栗园地区，歼灭敌八十五师，击毙敌师长谢彬。

我军反“围剿”胜利后，乘胜向石门、津市、澧州一带进军。这时省委电台因机器发生故障，决定我带的那部电台离开十八师到省委工作。省委驻桑植城，因为主力部队都在前方，城内只有一个营，电台只有一个排的兵力，城外土匪非常猖獗，夜间经常来袭击我们电台。我们电台开始在城墙脚下住，天线架在城墙上，土匪总是在夜间把我们的天线割断，弄得无法工作，我们只好搬到离省委很近的地方，住在桑植城中心的街道民房里。

蒋介石在“围剿”破产后,又于9月上旬调集130多个团的兵力，对我湘鄂川黔根据地进行更大规模的“围剿”。在这时，二、六军团已有一段时间与中央电台失掉联络，当时只知道一、四方面军胜利会师，从敌人的报纸上看到红军进到四川的天全、芦山一带（不知这是红四方面军）。军团首长要我们电台特别注意与中央台的联络，我们每个报务员都非常细心，按时呼叫和守听，直到9月29日夜间才叫通了。这件事的情况是，在此之前，即9月25日，曾收到周恩来同志用明码发给任弼时同志的一份电报，询问二、六军团的情况，但第二天则叫不通了，任弼时同志的回电无法发出。此事引起任弼时等领导同志的疑惑，于是继续呼叫。9月29日叫通后，任弼时即把给周恩来的回电用密码发给该台，内容是：“你们现在何处？久失联络，请于来电内对此间省委姓名说明，以证明我们的关系。”可是，当时我们不知道，原来现在叫通的这部电台就是中央军委以前与二、六军团联系的那部电台，一、四方面军会师后，这部电台和密码，调整到了红军总部，此时已被搞分裂主义的张国焘所把持；而当时二、六军团对一、四方面军会师后的情况和电台调整的情况全然不知，这样，这份电报就被实际上把持红军总部的张国焘收到。9月30日张国焘以朱德总司令、张国焘总政委的名义电告二、六军团，电称：29日来电收到，你们省委任弼时同志为书记，贺龙、夏曦、关向应、肖克、王震为委员；一、四方面军于6月中旬在懋功会合行动，中央任张国焘为总政委；我们今后应互相密切联络。从这以后，直到二、六军团与四方面军 1936 年 7 月会师，我们都是与这部电台即红军总部所在的四方面军电台联络的，当时以为以“朱张”名义发来的电报就是中央军委的电报。当时，正在北上陕北的毛主席和周副主席非常关心二、六军团的行动，但无法联络。

1935 年 11 月 19 日，红二、六军团由桑植地区出发，退出湘鄂川黔根据地，开始突围长征。1936 年 1 月 9 日，我军占领江口，进至石阡地区，与留在湘鄂川黔地区掩护全军转移的十八师会合。当时黎东汉同志是十八师电台的队长，在突围中他的电台被摔坏，可变电容器动片变形，波长也不准了，只好一段一段地呼叫总指挥部电台。军团首长知道十八师四面临敌，要求一定要把十八师电台叫通。那天我值班，在原来波长守听很长时间，没有听见对方呼叫，我便在收报机的整个度盘上寻找，结果在与原波长相差 40 度的地方听见了。叫通后我问对方为什么不在原来的波长呼叫我，黎东汉同志回答说，机器在突围中摔坏。我知悉这个情况后，很小心地将电报收完。黎东汉同志在情况紧急而机器又被摔坏的情况下，想办法与总指挥部电台联络通了，完成任务是很出色的。

我军从石阡向黔大毕转移中，1 月 27 日总指挥部和电台在贵阳附近龙里的一个村子宿营。晚上 12 点左右，我与四方面军电台通报，对方发来一份 600 字的长电，在收到 400 字时，对方要求等十分钟（换电池）。等到八分钟时，忽然一个台插进来用四方面军电台的波长和呼号呼叫我台。前后两台，一个信号发粗，一个信号发尖，手法也不同，我便发生了怀疑。沟通后，我问对方，你是何台？请从 400 字继续发。对方回答说，我是中央电台总队长王诤，奉命与你台联络，请阎队长上机，有重要事要谈。我听后非常惊异，要他稍等，立即把阎佩斋同志叫起来。他上机后，双方用英语和明码通话。对方说：毛主席、周副主席等中央领导同志已率一方面军到达陕北，密码留在总司令部，请报告你们首长，并约定下次联络时间。与王诤同志联络结束后，我继续与四方面军电台通报。阎佩斋、江文同志立即将这个情况向任弼时、贺龙同志作了汇报。根据任弼时同志指示，后在与中央台继续联络时，先用明码商定密底，作为简密进行通报。这次通报约近一个月时间。后来，张国焘发觉我们与中央台有联络，曾发电报质问中央。党中央为了团结四方面军的部队一同北上抗日，告诉我们今后仍只与四方面军电台联络。通过这一段与中央电台联络，贺龙、任弼时等领导同志及时地感知到一、四方面军会合后的若干情况，对以后与搞分裂主义的张国焘作斗争，作了某种思想准备，对二、四方面军共同北上具有重要意义。

长征中随着敌情的变化，我军一直实行高度的机动。部队从龙里附近出发，一上公路就朝贵阳方向前进，走到离贵阳城很近的地方，突然改变行军方向，转向西北袭取修文。因部队急行军走得很快，我们电台掉了队，不知道部队改变了行军方向，仍沿着向贵阳的公路走。当影影绰绰地看到贵阳城时，却看不见后面有部队，这才发觉走错了路。我们赶紧向回返寻找部队。部队进占修文后，发现大电台没有跟上来，任弼时同志非常着急，派侦察员到处寻找。我们电台找部队找到半夜，在一个村子里遇到了侦察员，才一起向修文前进。部队本来第二天早晨出发，因电台没有到，就在集合场等电台。12 点多钟我们赶到修文，首长们看见电台到了，才放下心来，叫我们吃完饭后与部队一起出发。到黔大毕以后，我离开总指挥部的电台，带一部电台到六军团，随肖克同志率领的十七师在毕节参加阻击战。

我军退出黔大毕后进至盘县，此时，二、六军团奉命北渡金沙江与红四方面军会师。为了迅速抢渡金沙江，二、六军团分两路快速前进，二军团和总指挥部沿公路经楚雄、祥云、宾川到达金沙江边，六军团沿山路经盐兴、姚安、盐丰、宾川到达金沙江边。两路部队到江边后，由石鼓、巨甸地段，于 4 月 28 日顺利地渡过了天险金沙江。在这次行军中，我带的电台随十七师走在全军后面，担负掩护全军渡江任务。

渡江后，二、六军团分两路从中甸出发，共同向甘孜前进。二军团和总指挥部经得荣、巴塘、白玉，这一路比较安全，但人烟稀少，很艰苦；六军团经乡城、稻城、理化、瞻化，这一路靠近西康、四川边界，人口较多，沿路受到藏民群众的欢迎，路上摆着鸡蛋，喇嘛手拿佛珠，等着过路红军。经过 20 多天的行军，6 月 7 日我们电台在理化与四方面军三十二军电台会合，队长闻述尧、报务员黄萍等同志热烈欢迎我们。这时正碰上三十二军电台把收报机真空管烧坏了，闻述尧同志非常着急，我把在云南弄到的一副送给了他们。我们在理化住了几天，继续行军。二、六军团于 7 月 2 日先后到达甘孜与红四方面军会师。会师后，二、六军团的领导同志对张国焘的错误进行了坚决的斗争。这时红二、六军团改编为红二方面军，三十二军归二方面军建制。在甘孜时我奉命带一部电台到四方面军的四军工作。

7 月中旬，二、四方面军共同北上，开始过草地。我台报务员周九生（周涌）同志因拉肚子掉队，骑在牲口上不慎将粮袋丢了，这真是生命攸关！过草地丢了粮袋，一点办法也没有。我向军首长汇报了这个情况后，军长、政委非常着急，下命令到十二师，从每个同志的粮袋里撮一点，积起来比周九生同志原来的粮还多，这就保证了他和大家一起过了草地。过草地后我和电台全体人员调回六军团。

9 月中旬，二方面军相继占领了甘肃的徽县、成县、两当、康县，我们电台住在两当。敌人向徽县、成县进攻。为了阻击敌人，我带电台随王震政委离开两当，进到徽县的郭家镇。部队集合在镇西头的平地上等待宿营，我带电台进到镇上架线。在王震政委正向部队讲话的时候，埋伏在四面山上的敌人开枪打起来，部队立即向北撤，但电台没有撤出来。王震同志知道后，亲自带领部队从河滩上打进镇内，掩护电台冲出镇外。我和严成钦同志一个背收报机，一个背发报机，江天生同志背零件箱，一起向镇外冲。冲到河滩，王震政委又掩护我们钻进山沟，避开了敌人的火力。我骑的那匹骡子，听到枪声后，挣断了缰绳，跟着电台一起冲出敌人的包围。我们到达宿营地，晚上架线时，发现手键和一些备份零件丢了。丢了手键，怎么发报呢？任务那么急，无论如何得想办法把电报发出去！在急切中，我用一根花线接在发报机上，用两根粗铜线当手键，就这样将100多字的急电顺利地发给了总指挥部。这时总指挥部在徽县城。第三天，我专程赶到大电台驻地向江文政委要了一个手键。

因敌情紧迫，我军放弃徽县，继续北上。在成县到天水之间的公路上，敌军一个连带一部电台到天水换防，电台和人员都被我军俘获，这个电台的报务员杨迪哲从此参加了红军。我军突破敌人的重重阻拦，渡过渭水，10月22日到达将台堡与一方面军会师，至此我红二方面军胜利地结束了伟大的长征。

红二方面军的无线电通信，是在与国民党军队，特别是进到湘西地区后在频繁的作战中建立与发展起来的。在极端艰险的环境中，无线电通信队伍经受了严峻的考验。大家以坚定的信念，顽强的斗志，精明的技术，高度的工作责任感，和团结紧张、艰苦奋斗的优良作风，克服无数困难，历经千辛万苦，出色地完成了党赋予的光荣使命。在敌强我弱，我军被分割、被包围和被围追堵截的情况下，无线电通信发挥了党和军队的耳目作用，它的地位显得特殊重要。红二方面军的党和各级首长对无线电通信工作非常重视，对无线电技术人员倍加爱护和照顾，对知识分子采取了一系列的正确政策，在电台建立了坚强的政治思想工作，这些是红二方面军无线电通信工作能够顺利完成任务和不断发展的关键。

选自《红六军团征战记》下，解放军出版社1994年6月版，第440—451页。

龙振彪，1914年生，江西永新人。1930年加入中国共产主义青年团，1932年参加中国工农红军，1933年转为中国共产党党员。红军长征时先

后任红六军团第十七师电台队长、红四方面军第四军电台队长、红二方面军第六师电台队长。新中国成立后，曾任东北军区通信兵学院院长，总参谋部通信部副主任、顾问，政协第五届全国委员会委员。1961 年晋升为少将军衔。2000 年在北京逝世。

红六军团通信工作回顾

江文

随任弼时到湘赣

1933年5月，为了加强湘赣苏区的领导，党中央派任弼时到湘赣任省委书记兼军区政委。我带一部电台从中央苏区随其到湘赣军区工作。我是1931年在苏区中央局工作时认识任弼时的，当时他是组织部部长，我是秘书处的工作人员。在没有建立无线电通信前，中央局与在上海的党中央是通过地下交通来联系的。凡是地下党派来中央苏区的同志，常常是用药水将介绍信或文件写在衬衣和手帕上，先由我把它冲洗出来，再送给弼时同志。我和弼时接触有半年多，后于1932年到瑞金，在无线电学校学无线电技术。毕业后被派到红军总司令部电台工作，参加中央苏区第四次反“围剿”斗争。1933年4月底我回到瑞金，5月中旬上级通知我带一部电台随弼时去湘赣根据地。这样，我又回到弼时身边工作。记得出发时是由江西省军区派部队护送，路途是从瑞金到赣江边，到达江边就是游击区了。同行的还有弼时夫人陈琮英和湘赣省委的刘士杰。那时敌人对赣江封锁很严，白天不能渡江，只能在夜晚坐小船偷渡。在江对岸接应我们的是湘赣军区的同志，湘赣军区代司令员王震亲自率领部队在赣江西岸迎接。我带的这部电台任务是随时保证和中央的联络，报告途中行进中的情况。同时还要保持与湘赣军区的联络，以保证渡江的安全。我们在途中走了十几天，渡江前在江边停了两三天，过江后又走了两三天，这才到达湘赣军区驻地永新县城。五六百公里的路程走了十几天，尽管是步行，走的又是山区小路，但途中还算安全，特别是渡江时得到地下交通的帮助，渡江很顺利。我们刚到湘赣，湘赣红军就打了两个大胜仗(即5月7日九渡冲战斗和5月29日棠市战斗)。我到永新后的第一件事，就是接收在棠市战斗中缴获的一部电台（部分损坏）和被俘的电台人员。这样，湘赣军区就有了两部能用的电台和一部待修的电台，于是成立了无线电中队，由阎知非任中队长，我任政治委员，统管这三部电台和一个无线电训练班（训练班在永新共办了两期）。除担负通信联络任务外，还搞无线电侦察和抄收红色中华通讯社播发的新闻。

红六军团的北上与西征

红六军团是根据军委1933年6月电令组建的。下辖的十六师（红十六军改建）和十八师的五十二团（红十八军组建）由湘鄂赣军区组建；十七师（红八军改建），军团部尚未成立，所以，实际上十六师仍受湘鄂赣省委和军区领导，十七、十八师受湘赣省委和军区领导。

红六军团无线电通信的建立与发展是从湘鄂赣苏区开始的。1932年夏，军委派一部电台到红十六军（兼负省委和军区联络），该台1934年拨归红十六师使用。1932年冬，军委曾派一部电台到红八军。红八军军长肖克、政委蔡会文，而蔡会文又兼湘赣军区司令员，所以这部电台承担了红八军、湘赣军区和湘赣省委的通信任务。

1934年1月4日，军委电令红十七师北渡袁水，会合红十六师及独立三师出击南浔路，破坏永修地段的铁路，牵制国民党军侵犯中央苏区。2月11日，中央军委又电令红十六、十七师威胁南昌，以吸引赣东敌人重兵，破坏敌之基本运输线南浔路，配合主力红军粉碎敌人的第五次“围剿”。十七师执行这一任务时由军委直接指挥，所以将由任弼时同志带到湘赣的一部使用干电池的电台配属到该师，由张有年任队长。使用干电池轻便、机动，但当时电池来源十分困难，主要靠作战中缴获，再就是到白区购买。对此，军委2月21日特电令十七师：“积取电池，以便经常联络我们。”

1934年2月，红十六、十七师在奉新地区会合后，向南浔路开进。敌急调三个旅加强戒备防我破路，并以八个旅的兵力跟踪追击寻我决战。在红十六师掩护下，红十七师抵达德安县马回岭车站附近，准备破路，但因敌守备严密，敌跟踪部队围来，同红十六师电台又失去联络（红十七师2月25日曾电中央军委[①]：红十六师电台屡叫不应，大概坏了，现完全不能联系），在处境极为不利的情况下，于是放弃破路计划，立即突围，渡过修水，于3月5日进到铜鼓县幽居休整待命。不久，敌又调集五个师的兵力向幽居进攻。据此，红十七师于3月底返回湘赣根据地，红十六师留在湘鄂赣坚持斗争。

红十七师是湘赣的主力部队，敌人乘十七师北上之机，大举向永新进犯，于1934年2月中旬占领了湘赣军区所在地永新县城。那天，敌人突破永新防线向城区猛扑过来，军区机关紧急从永新县城撤离，由于时间仓促，没来得及通知我们。恰好此时队长又不在，向军区打电话也打不通，我只好当即决定撤收电台天线，带着电台和训练班人员向城北突围，而军区机关是从城东撤离的。我们急行约30多公里后，见天已黄昏，便在象形地区宿营。当晚，一面与地方赤卫队配合，加强侦察、警戒，一面派人寻找军区机关，但未找到。第二天，我们继续向东北方向走了一天才找到军区。军区首长见我们这么快赶上部队，非常高兴，并予以表扬。

---

① 应为中革军委。下文皆同。

任弼时对电台工作很重视，经常作指示并亲自交代任务。湘赣根据地原来没有建立无线电侦察工作，他指示我们尽快建立起来，使无线电侦察工作有了较大进展。弼时同志早在上海搞地下工作时，就和周恩来同志专门研究过怎样编密码，怎样防止敌人侦破我电报，并为破译敌人的电报打下了基础。在中央苏区工作期间，又取得了新的经验。他亲自给我们传授经验，讲述方法，例如，国民党军拍电报有个规律，前边是收电人（长官）姓名，后边是发电人署名和年月日，先把两头破译出来，中间就比较容易琢磨出来了。1934 年 4 月 5 日，红六军团取得沙市伏击战胜利，就是在前一天我们侦悉了敌十五师三十四旅旅长侯鹏飞的无线电情报，破译后知道敌军的行进路线，事先预设好伏击圈，待敌进入后一举歼灭，俘敌旅长侯鹏飞以下官兵 1000 余人，缴各种枪 1000 余支。但在王明“左”倾错误影响下，根据地逐渐缩小，形势不断恶化，对此，当时军区曾设想在万不得已时上井冈山坚持斗争。在这严峻时刻，中央军委于 7 月 23 日电令六军团作西征的准备，其任务是：向湖南中部去发展游击战争，创立新的苏区，并与贺龙领导的活动在湘鄂边的红三军建立联系。据此指示，六军团积极进行西征的准备。当时湘赣有三部无线电台，按中央军委电令，留一部随军区行动，两部配属于六军区。

1934 年 8 月 7 日，红六军团从湘赣突围，开始西征，连续突破了敌人四道封锁线，于 8 月 11 日到达桂东以南的寨前圩。这时向部队正式宣布了六军团领导机构的组成，并进行了西征的动员，号召同志们打出去，创建新苏区。六军团这一行动，实际形成了中央红军长征的先遣队，揭开了二万五千里长征的序幕。

红二、六军团会师，创建湘鄂川黔苏区

红六军团西征经过两个多月的艰苦转战，于 1934 年 10 月 24 日在

贵州省印江县木黄与红二军团会师。两军先头部队初遇时，吹号问对方是何部？对答不起来，会师时碰到的第一个问题就是通信联系问题。当时二军团使用的还是北伐军时的号谱，六军团用的是中央红军统一制定的号谱，因而双方在用军号互相问答时发生怀疑，幸好李达同志率六军团一部已先期与二军团会合，说明情况后才解除了误会。这也说明通信联络信号统一的重要性，号谱不统一也会发生问题，会合后，很快就按红军的号谱统一起来。

两军会合后，根据当时的敌我态势，两个军团一起行动是有利的。所以，贺龙、任弼时、关向应、肖克、王震、夏曦同志于10月25日联名致电中央军委，建议：据目前敌情及二、六军团的力量，两个军团应集中行动，由二军团兼总指挥部，统一领导和指挥。这个建议是非常正确和重要的。但当时中央军委对二、六军团的情况和所处的环境不了解，不同意二、六军团的建议。10月26日，中央军委致电任、肖、王：二、六军团合成一个单位及一起行动是绝对错误的，二、六军团仍应单独地向中央军委指示的行动地域发展，各受中央及军委直接指挥。六军团所携带的两部电台如能修好，并配好材料，望留一部及译电人员给二军团，可抄三种密码给他们。

对这一电令，二、六军团实难执行，因为担负的主要任务是策应中央红军长征，要吸引湘鄂川黔边的敌人，减轻中央红军的压力，以实现红军总的战略大转移。如果分散行动，势必势单力薄，难以歼敌之有生力量，而且有被敌人各个击破的危险。据此，两军团领导于10月28日再次联名致电军委，陈述分则危、合则利的形势，要求集中统一行动。认为目前分开，敌必取各个击破之策，以一个军团的力量对敌一个支队无必胜把握，集中可打任何一个支队。且两军团在军事、政治上都迫切要求相互帮助。由于“左”的错误受到抵制，两军团终于实行了统一行动并由二军团兼总指挥部，统一指挥两个军团的行动，由贺龙兼任总指挥、任弼时兼任政治委员，在通信组织方面，确定从六军团调阎知非和我带一部电台和相关的无线电侦察人员到总指挥部工作。同时，还从六军团抽调一个电话队到总指挥部。当时通信器材有限，电话一般只架通到总指挥部机关直属队及个别师。电话队的任务艰巨，工作艰苦，通常宿营时要架通至有关部门的电话，出发时要立即撤收，行军还要尽快赶上部队，这些成为电话队的行动规律和要求，在电话队队长邱奇仁的带领下，全队出色地完成了任务。

1934 年 10 月 28 日，二、六军团从黔东出发，向湘西挺进，以策应中央红军的行动。这时，我无线电侦悉湘西地方势力陈渠珍部向我逼近。我军于 11 月 16 日将敌诱至永顺以北的龙家寨地区，歼其新编第三十四师的两个旅大部，俘敌 2000 余人，缴枪 2200 余支。在这次战斗中，我们总指挥部电台的工作人员还缴获了一部电台。战前，我们与这个台打交道（侦察其行动）约有两周时间，但战斗结束，打扫战场时却不见电台，经审问俘虏，很快找到线索，我们即派一个小分队向隐藏的残敌喊话，很快把这部电台缴获。

11 月 26 日，在湖南大庸县永定镇成立了湘鄂川黔军区，由贺龙兼司令员、任弼时兼政治委员，军区领导机构也是由总指挥部兼的，包括通信机构也是兼的。军区于 12 月 16 日迁到永顺塔卧。我们在这里办了一期无线电训练班。当时与中央军委的无线电联络非常频繁，任弼时一再嘱咐我们要与中央保持密切联系，并说中央红军要与我们会合（此计划后因情况变化，中央于 12 月 18 日决定放弃）。

1935 年 1 月，敌人集中 11 个师又四个旅约 11 万人的兵力，在当地一些保安团的配合下，对湘鄂川黔根据地发动了大规模“围剿”。根据中央、军委 1935 年 2 月 1 日指示，成立了革命军事委员会分会，由贺龙任主席，任弼时、关向应、肖克、王震、夏曦为委员，建立了军事上的集体领导。由于敌情严重，我们在搞好通信联络的同时，注意加强了无线电侦察。在全体通信人员的共同努力下，这段时间的任务完成得比较好，保证了对中央的联络和首长的指挥，充分发挥了无线电侦察工作的作用。4 月 13 日，我侦悉敌五十八师进至陈家河附近时，即集中兵力于陈家河，全歼该师一七二旅。15 日，在桃子溪又歼灭敌五十八师师部和一七四旅一个团和一个山炮营，缴获电台两部。6 月 11 日，我军围攻宣恩县城时，侦悉敌援军北进，我主力即南下忠堡截击该敌。12 日至 14 日经日夜作战，歼敌四十一师师部和一个旅另一个营，活捉敌纵队司令兼四十一师师长张振汉。在忠堡战斗中，敌人被我包围后，经上级批准，我们向敌台进行了一次成功的争取工作。由于我们在侦察中早已搞清张振汉师部的电台呼号，所以，首先把其呼号（SA）呼叫出来，接着发去一份明码电报（敌台在收报前不知我们是红军的电台），大意是：你们已被红军包围，很快就要被消灭，希望你们把电台保护好，交给红军，可受到优待，如你们不这样做，后果自负。敌台人员真的按我们要求做了，战斗结束后，我们缴获敌人两部电台，不仅机器完好，零件一样不缺，连电台的技术人员，包括队长在内也一个不少。经争取说服，这些无线电通信技术人员都参加了红军，除赖渊同志在长征途中遭敌机空袭牺牲外，其余多数人都成为我军的通信骨干。8 月 2 日，我侦察电台抄收到敌八十五师师长谢彬给湘鄂边“剿共”总司令徐源泉的一份电报，内容是该敌翌日经板栗园增援龙山。我军当即星夜行军，在板栗园地区设伏。第二天当敌进至伏击圈内，我军出击歼敌八十五师师部和两个团另一个营，毙敌师长谢彬。8 月 8 日，我军又于芭蕉坨一带击溃敌陶广纵队十个团。至此，敌人的“围剿”遂告失败。

粉碎敌人“围剿”后，8 月下旬，红二、六军团进占石门、澧州、津市、临澧等城镇和广大地区。这一时期我军得到了较大发展，红二军团组建了第五师，红六军团组建了第十六师，使两个军团各辖三个师，我们的电台增加了五部，在总指挥部成立了无线电大队，阎知非任大队长，我任政治委员，并拟在六军团设无线电中队。

蒋介石为巩固其统治的中心区域，惧怕湘鄂川黔根据地的发展，于 9 月又调集九个师又一个旅[①]计 130 个团的兵力，以“中央军”为主，在陈诚指挥下，采取所谓持久战略和堡垒主义的新战法，再次对湘鄂川黔根据地发动大规模“围剿”。根据当时敌我兵力对比过于悬除和根据地尚未巩固，地主、土匪武装活动猖獗，且物资供应又十分缺乏等情况，二、六军团领导决定撤出湘鄂川黔根据地（此时二、六军团与中央军委的无线电联系中断）。11 月 19 日，我军从桑植的刘家坪出发进行战略转移。事后看来，这实际就是红二、六军团长征的开始。

红二、六军团与党中央恢复无线电联络的情况。

红二、六军团约在 1935 年 7 月同中央中断无线电联络。其主要原因是张国焘分裂红军的错误造成的。一、四方面军会合后，根据中央决定，于 1935 年 8 月部队编组为左、右两路军北上。朱德、张国焘、刘伯承率领左路军，原来中央军委与二、六军团联络的电台及密码本也都放在随左路军的红军总司令部。北进中，张国焘分裂红军，要部队停止北进而南下，党中央不得不率一、三军团北上。正是在这过程中，二、六军团与党中央失去了无线电联络。为了恢复与中央的联络，我们曾长时间守听，呼叫党中央的电台。9 月 29 日，我们听到一个电台在回答我们的呼叫，因双方都是用的原来中央、军委与二、六军团联络的规定，我们当时不知道一、四方面军会合后张国焘搞分裂另立中央的情况，也不知道原来中央军委与二、六军团联络的电台已经为张国焘所把持，误为这是中央、军委的电台，便沟通了联络，将弼时同志给周恩来同志的一份电报发了过去。张国焘 9 月 30 日即以朱（德）、张名义发来回电。从此，我们就一直保持着与红四方面军的电信联络。而在此之前，我们同四方面军的电台是没有联络的。

红二、六军团第一次与中央、军委恢复无线电联络是在 1936 年 1 月长征途中。党中央到达陕北后，于 1935 年 12 月在瓦窑堡召开政治局

---

① 此时加上之前的“围剿”部队约为正规部队22个师又5个旅，130个团，共20万人。

会议，作出了《关于目前政治形势与党的任务决议》和《关于军事战略问题的决议》，其中军事战略问题的决议第17条提出，要尽快“完成与二、六军团的通讯联络”。据陈士吾同志回忆，中央通知军委三局，要王诤局长尽快沟通与任弼时的联络，他们连续守听了约半个多月时间才与我们联系上。而我们则是在一次通报中偶然听到一个电台呼叫我们，经互相问讯才知道是王诤局长在机上呼叫我们，从而恢复了与中央、军委的联络。因没有密码本，中央发来的第一份电报用的是明码，内容是：“弼兄：我们已到陕西保安，豪密留老四处……弟豪”。这是周恩来同志发给任弼时同志的一份简短明码电报，说明党中央已到达陕北，原与二、六军团联络的密码本留在红四方面军。接着，中央台与我们约定了密码，使用《共产国际纲领》作底本来通报。经过个把月的联络，中央来电指示暂停联络，二、六军团与中央往来的电报经四方面军转。原因是：对约定的密码是否被泄漏不放心；电报经四方面军转有利于红军的团结。这样，我们与中央、军委的直接联络暂停了。在1936年2月至7月近半年时间里，二、六军团与中央的电报都是经四方面军转的。即使这样，张国焘还有怀疑，在1936年3月来电询问二、六军团是否与陕北有联系？贺、任、关首长给他回电说“与陕北电台尚未叫通”。我认为这次与中央恢复联络虽然是短暂的，但有着重大的意义。通过联络，中央了解到二、六军团的基本情况，从二、六军团来说，知道了党中央已胜利到达陕北，同时也知道了在1935年9月同我们建立联络的电台是四方面军的，从而对张国焘有了警惕。

1936年7月，二、六军团与四方面军在甘孜会合。在会合的前一天，弼时同志要我到四方面军电台向他们要与中央电台联络的呼号、波长，他亲自去找朱德同志要密码本。这样，我们很快就恢复了与党中央的直接联络。随即我们收到中央发来的三份重要电报，其一是中央决定成立二方面军，任命贺龙为总指挥，任弼时为政治委员，除辖二、六军团外，并将三十二军（原九军团）编入二方面军建制。这对维护党中央的正确路线有着重大战略意义。因为有了二方面军的番号，就可以配合朱德、刘伯承等同志与张国焘作斗争，张国焘要召开二、四方面军干部联席会，中央代表任弼时同志便提出："开会谁作结论呀"，使张国焘的阴谋未得逞，从而保证执行党中央的正确路线；其二是中央给弼时同志的亲译电报，因电文长，弼时同志让机要科长龙舒林帮译，主要内容是指示二、四方面军会合后的任务，对张国焘的错误既要坚决斗争，又要讲团结，以推动二、四方面军共同北上与一方面军会合；其三是 8 月 30 日中央发来电令，要求二方面军向甘南进发，开辟甘南根据地，以紧密联合东北军逼蒋抗日。以上情况说明，我们恢复了与中央的直接联络绝非是一件小事，这对实现红军三大主力的会师，推动抗日民族统一战线的发展起了重大作用。我们这些红六军团的老通信战士，能顺利完成这一通信任务是感到自豪的。

1936 年 9 月中旬，红二方面军遵照中央指示，占领了甘南之成县、徽县、两当、康县等地，我六军团在盐官镇缴获了国民党第三军所属十七师电台一部，该台队长阮宗昭和报务员均被俘，使我们的无线电器材及技术人员又得到了补充。这是"运输大队长"蒋介石在我们万里长征中送来的最后一部电台。

10 月 4 日，我军向北转移，渡过渭水越过西（安）兰（州）大道，于 10 月 22 日到达静宁之兴隆镇（会宁以东），同一方面军会师。至此，红军三大主力胜利会师，完成了载入史册的伟大长征。

红军三大主力会合后，12 月 12 日发生了西安事变，为统一前线指挥，成立了红军前敌总指挥部。由彭德怀任总指挥，任弼时任政治委员。这时，将红二方面军的侦察台及工作人员调往前敌总指挥部工作。六军团在盐官镇缴获国民党第三军的电台后，该台队长阮宗昭根据其本人要求准其回原籍，报务员杨迪哲参加红军后，调军委三局工作。

湘赣的红色地下交通网与赤色邮政通知信

地下交通与苏区赤色邮政作为我党我军土地革命战争时期的通信手段，曾发挥了重要作用，为中国革命的胜利立下了汗马功劳。特别是在没有无线电通信之前，它作为我党我军的通信联络手段，为传递党及军队的指示，护送干部，购置运送物资器材，发挥了极其重要的作用。即使在有了无线电通信以后，由于无线电器材、人员来源有限，且无线电不可能完全代替地下交通与赤色邮政的工作,它仍然发挥着重要的作用。

党中央对各根据地及红军地下交通的建设以及建立全国地下交通网十分重视，湘赣苏区的交通网就是根据中央指示精神发展建立起来的，其特点是：一般交通与武装护送相结合；苏区内的赤色邮政与区外的地下交通相结合；地面交通与水上交通相结合。交通站、赤色邮政等组成了苏区内外的交通网，而且多由忠实勇敢的党团员担任交通站之工作，使通信联络、护送干部、运送器材等项工作开展得十分活跃有效，如 1933 年我随任弼时同志由中央苏区去湘赣，就是在部队护送和地下交通人员配合下顺利渡过赣江到达永新的。

关于这一时期的地下交通与赤色邮政情况，湘赣省委对中央有较详细的报告，从中可以看出当时的发展和工作情况。如 1932 年 9 月 24 日湘赣省委在致中央的信中写道：“湘赣苏区内部交通已组织赤色邮政，永新、莲花、萍乡、攸县、茶陵、崇安、安福等县交通颇为灵便。最近新喻、分宜等县交通已打成一片,不过有时还要武装护送。与赣南上犹、崇义各县交通也逐渐打通，现在还有近百里的白区须要少数武装护送。南与中央苏区的交通因赣州尚未攻下，还有三四百里的白区须要一团以上的武装才能通过，我们与苏区中央局的交通还是非常不便。向北与湘鄂赣苏区虽相隔仅数十里的白区，但是敌人交通要道，目前还要一连以上的武装才能通过，中央文件由我们转湘鄂赣省委是没有多大困难的。我们与湘南特委交通因敌人严重进攻茶陵已打断三个月了，因此我们由湘南经过韶关到香港送中央的文件不知收到否？省委决定派张可同志组织水上交通，以便稳妥运输工作人员、书籍、文件及特别物品。决定在湘潭株洲易家湾选择一个适当地方建立交通大站，成立湘潭到省委的交通线及由湘潭到湘南特委的交通线”。同年 7 月，省委在给苏区中央局的信中对邮政工作作了这样的汇报：赤色邮政与交通工作，在过去邮政局是不能按时将信件送到，现在召集了一次全省的邮务会议，切实将邮务整理，并规定在红军作战时增加快班与多建立信箱。关于交通人员的训练，湘赣省委在 1933 年 6 月 4 日的《红五月工作报告》中提到：“此间交通队已练习了泅渡，并在水上可打驳壳枪，将来省委与中央联系，定能更加密切”。处于敌人包围之中的根据地，由于环境恶劣，要完成地下交通的任务是很艰巨的，正如任弼时同志 1933 年 7 月 27 日在向中央的报告中所指出的：有武装交通队，可护送文件。处在敌人包围之中的革命根据地，在没有现代通信工具的情况下，利用地下交通有效的传递信息，是很不容易的。

湘赣省委在 1933 年 2 月 1 日给中央的报告中也提到这方面的情况：“去年 9 月，交通刘彪在醴（陵）被捕，致省委与中央一时断绝联系，同时刘带去的省委给中央的全部工作报告亦损失。省委久未接到中央的指示，致使湘赣的许多工作不能有很快的转变和很大的进步与成绩。与中央交通去年 11 月被破坏一次，在湘潭捉去交通员及工作人员二人，现在虽已恢复，但因交通缺少，交通站没有很好建立，与中央交通要一个多月才能往返一次甚至两个月一次”。

在土地革命战争中，地下交通和苏区内部交通（邮政）发挥了重要作用。湘赣苏区的交通邮政通信网，既是党政领导机关的通信系统，也是湘赣军区、红六军团通信工作的有机组成部分。许多交通工作人员为革命事业流血牺牲，作出了卓越贡献，对此，我们是永远不会忘记的。

没有通信联络就谈不上军队指挥

1936年7月，红二、四方面军在甘孜会合后，刘伯承总参谋长即随二方面军总指挥部一起行动。在过雪山、草地时，他谈笑风生，这是因为同张国焘的斗争取得了胜利，实现了共同北上抗日的愿望，对于红军的通信工作，他在1936年9月20日作的《我从实践中联想到我军教育要注意的事项》报告中有着精辟的论述，高度评价了通信联络在战争中的重大作用。他对通信工作的灼见，即便在通信技术高度发达的今天，仍具有普遍的指导意义。他指出："没有通信联络，就谈不上军队指挥，所以，指挥员在战地指挥一排乃至上万的军队使之在单一的战略或战术意旨之下协同动作，一是要靠由上而下的命令，由下而上的报告由此而彼的友邻通报，适时传达情况和指示以使指挥正确而顺利"。这一论述，对通信联络在战争中的基本任务提出了明确的要求，这就是：保障作战命令的及时下达，保障下情及时上报，保障诸军兵种的密切协同，保障友邻的密切配合，保障情报的适时传递。对于以往忽视通信联络的现象，产生的原因和纠正的办法，他在报告中指出："现在我们各级司令部建设了通信机关及无线电通信、有线电话、乘马的、徒步的、旗语的、号音的种种通信工具，然而还有不能圆满运用甚至忽视它的，其原因在有些同志文化或指挥技能较差，不熟或不习惯于运用通信工具，或以为自己忙于打仗或没有特殊事件用不着通信，因而也疏于维护通信人员及工具，致使其闲散和损坏中断指挥，甚至贻误战机。今后，我们要在教育上先树立重视通信联络的观点，跟着在一切演习或战术作业中插入通信勤务，以养成其习惯"。刘伯承同志这个报告，实是一篇不可多得的军事教科书，他提出的："由上而下，由下而上"以及"由此而彼"的联络原则，构画出战争中的通信联络图，而且在各种战争形式下都是适用。

今天，重温党的历史，回顾我军在党的领导下走过的战斗历程，特别是回忆在红六军团的这段经历，令我激动不已。愿红军精神发扬光大！谨向老一辈无产阶级革命家、革命先烈和英雄的人民通信兵致敬！

选自《红六军团征战记》下，解放军出版社1994年6月版，第427—439页。

江文，1914 年生，湖南浏阳人。1928 年参加革命，同年加入中国共产主义青年团，1930 年参加中国工农红军，1931 年转为中国共产党党员。红军长征时先后任红六军团无线电中队政治委员，红二、六军团总指挥部无线电大队政治委员。新中国成立后，曾任兰州军区副司令员、武汉军区副司令员、总参谋部通信部主任等职。第三届、五届全国人大代表，政协第六届、七届全国委员会委员，第十一届党代会代表。1955 年被授予少将军衔。2010 年在北京逝世。

长征时的红十八师电台

黎东汉

1935 年 9 月，国民党调集了 130 多个团的兵力，对湘鄂川黔和红二、六军团再次发动大规模“围剿”。11 月，总指挥部首长决定撤离根据地。为此，命令红十八师坚持根据地游击战争，牵制敌人，掩护二、六军团主力突围转移。当时，张正坤同志为十八师师长兼政委，李信同志为政治部主任。为了保障十八师与主力的通信联络，总指挥部将军团首长用的电台调给十八师，任命我为队长，报务员有江天生、曾纪砚、康元芳、刘智能。张师长是我的老领导，李信同志是我的入党介绍人，真高兴，又在他们直接领导下工作了。

从 1935 年 11 月 19 日起，二、六军团主力经湘中向黔东方向转移，十八师就在原地坚持，牵制敌人。我们的电台在非常艰险的情况下开始了工作。师长、主任非常关心电台工作，常来电台视察。有一天，我们的电台坏了，我们向师长作了报告，师长说，你们几个小鬼好好观察嘛！研究研究，看看坏在哪里。这话确实起了作用，我们将机器打开，戴上耳机，一边调整度盘，一边观察，信号时有时无，按按电键，有时振荡有时不振荡。就这样观察摸索了个把星期，终于发现变阻器镀银接点磨了一个大槽，有时接触，有时不接触。找到了毛病，就把它修好了，在师长的帮助下，我们过了一关。

二、六军团主力渡过澧水、沅江两条大河，向贵州前进了。原来围攻湘鄂川黔根据地的敌人，在追击我军主力的同时，也疯狂进攻红十八师。师长沉着勇敢，机智灵活，指挥部队在根据地同敌人周旋。在红军经常活动的上河溪，曾用贺老总的统战关系买通过一个杂牌军给我们让路。有一次同敌人六个团遭遇，我们电台的监护排在侧后方顶住敌人一个营的进攻，直到后来师长派部队把监护排接出来，并表扬了我们电台。次日，部队经过桑植县凉水口时，敌人一个旅从左侧打过来，把我们拦腰截断了。我们电台的同志爬上西面高山，跑了 30 多里找到了部队。师长正想派两个连去找我们，见我们一个不少回来了，夸奖我们机智勇敢。随后我们经过龙家寨、忠堡，转战龙山、来凤等地，天天打仗。张师长是打游击战的能手，指挥果断，碰上敌人主力就迅速转移，脱离接触；遇上小股敌人则坚决消灭。一天，我们来到来凤河潮阳寺附近，上午八九点钟开始渡河。河面宽五六十米，水深一米左右。前卫营过去后，我们电台正在渡河，师长刚登岸，敌人的轻重机枪火力压过来了。原来敌人一个旅在此截击，企图消灭我们。师长在前进不得、后退不成的情势下，亲自带领警卫连背水一战，连续几次冲锋，但都被敌人的火力压了回来，最后只好率领警卫连从敌人侧翼仓促撤出战斗。我们电台紧紧尾随师长向一个大山的分水岭爬去。师长带领警卫员、通信员刚到山顶，我们电台离师长不到 50 米，敌人又冲了过来，几乎和我们混在一起。师长见状就亲自带领警卫员压向敌人。敌人见是一位身材高大的指挥员，蜂拥而上，于是师长就和警卫员从山顶向谷底滑了下去。敌人惊呆了！就在这一瞬间，我大喊一声：同志们向下滑呀！接着，我们电台的同志一个个向山底滑去，山高坡陡，长满了荆棘杂草，又刚刚下过雪，我们从近 500 米高的山上溜下去，一个个身上脸上都划破了，满身泥污血迹。但我们谁也不顾这些，背着电台一气跑了五六里赶上了师长。师长见到我们特别满意，说：只要电台到了，我们能收到上级指示和情报，就能打胜仗，就有办法。晚上 9 点左右宿营时，师长来了，他说：快架电台，有十万火急电报！我们忙打开机器一看，啊呀！电台摔坏了！收报机的四个真空管碎了两个，弹簧灯座也破成了两半，工具、备件、波长表都丢了，剩下的只有我包里的备份真空管和一把小刀。这一下真遇到了难题，真空管还有备份的，可灯座不能用了，怎样把灯座修好呢？我突然看见墙上挂着一把麻，于是用麻把破成两半的灯座绑起来，固定好，插上真空管，打开电源开关。好了！有信号了！师长高兴了，夸奖我们说：我说你们能修好吧！看，不是修好了吗。多观察研究嘛！可是等我打开发报机一看，两个电容器的动片都碰到一起了。又成问题啦！换零件没有备用的，怎么办？我就用小刀一片片剥离开，接通电源,终于机器能工作了。师长和我们报务员都笑了。但是波长表丢了，波长变了多少不知道，怎么联络呢？于是我们大家商量，每隔十度一呼叫，从零到 100 度，总能与军团电台联络上。我们就这样一直呼叫，果然军团电台出来了。当时龙振彪同志值班，他问我们为什么波长变了这么多，比原定波长差了 20 度！……就这样，我们把电报发了出去，师长非常高兴，表扬我们能想办法完成任务。

我们按照上级指示，前进到贵州彭水县境，有一天走了 130 多里，晚上 9 点多才到宿营地，同志们非常疲劳。电台架起来后，二、六军团主力可能因为行军，电台信号还没出来。我们就商定：今天夜里军团会有报来，特别嘱咐当夜第一个值班的刘智仁一定要注意，不要睡觉。可是到黎明快 4 点时，曾纪砚同志起来上厕所，一看机上怎么只有灯而无人值班，报务日记也没有记。原来刘智仁因开始守班时没有信号，不知不觉睡过去了，自然也没有往下交班，大家都沉沉地睡了。曾纪砚赶忙打开机器，听到军团电台正在紧急呼叫，有一份十万火急电报。于是他马上抄收，但刚收到 20 多字，主要内容还没有出来，电报忽然中断。原来是牲口打架，天线被师长的骑骡碰倒了。等急忙架好天线重新抄收时，军团电台已随部队转移了。师长特别生气，要枪杀他的骑骡。我说处分我算了，作了检讨。师长只好带部队仍按原定方向前进。那时部队四面临敌，我们既没有地图，当地又是少数民族地区，向导也难找，每天的行军路线、宿营地点、沿途敌情，都靠军团电台发来，一天接不到电报就难以确定去向，所以师长特别重视我们的电台，那天我们行军90多里，到了宿营地，发了宿营报告，正要休息时，忽然收到军团复电，说我们前方20里处有国民党两个师在拦截我们，要我们立即返回昨天的出发地。好险哪！在转移的路上，战士们埋怨搞什么名堂，怎么又往回走！我听了非常难过，这都是我们的过错造成的呀。在情况瞬息万变的作战中，通信联络真像人的神经一样重要啊！

经过千难万险，我们十八师在根据地坚持了20多天，完成了掩护主力转移的任务，从12月3日实行突围，又连续走了20多天，终于在1936年1月9日进到贵州的江口，和二、六军团主力会师了。当我们进城时，六军团肖克、王震、张子意、吴德峰等首长都来迎接，我们感到格外高兴，大家庆幸十八师胜利归来。

选自《红六军团征战记》下，解放军出版社1994年6月版，第283—286页。

黎东汉，1914年生，湖南浏阳人。1927年加入中国共产主义青年团，1930年参加中国工农红军，同年转为中国共产党党员。红军长征时任红六军团十八师电台队长。新中国成立后，曾任军委通信学院第一副院长、通信兵学院院长、军事电讯工程学学院院长、通信兵部副主任、总参谋部通信部顾问等职。1955年被授予少将军衔。2007年在北京逝世。

回忆模范师

刘转连

红二、六军团和红四方面军会师后，中央电令二、六军团改称红二方面军，由贺龙任总指挥、任弼时任政委，刘伯承总参谋长也暂时随二方面军行动。红二方面军在干部上也作了一些调整，陈伯钧同志调到六军团任军团长，王震任政委，下面的部队也进行了整编。

红六军团离开湘鄂川黔之前，在桑植地区整编时共有三个大师，即十六师、十七师和十八师。经历半年多的辗转苦战，部队大量减员，如今十六、十八两师实际上只剩下各一个团的兵力，我十七师也减员三分之一，还有两个团的兵力。这次甘孜整编，红六军团由三个大师缩编为四个团，但保留师的番号。原十七师两个团（五十一团和四十九团）分为两个师。在一次干部会上，由王震同志传达了朱德总司令关于命名四十九团为模范师的决定，同时宣布了十六、十七、十八师的组织编制和干部任命，宣布我为模范师师长。

朱总司令在二、四方面军会师大会上，着重讲了毛主席率领中央红军到达陕北后的形势和我们继续北上的任务。他要求二、四两个方面军加强团结，共同北上抗日，部队整编后要在思想上、物资上做好过草地的准备。我们根据朱总司令的指示，对部队进行了动员，明确提出了北上抗日的任务。

朱老总还在红二方面军排以上干部会上作了重要讲话。他说，一方面军和陕北红军已经胜利会师，这对二、四方面军的北上是很有利的形势。他还说，红二方面军是个好部队，是坚决执行遵义会议精神和毛主席路线的部队。他又针对部队当时的任务和现状，反复强调二、四方面军会师以后，摆在面前的任务还是相当艰巨的，要继续北上，跟着党和毛主席走，去和一方面军会合。只要我们团结起来，同心同德地去克服困难，坚定地执行中央的路线，就一定能够取得更大的胜利。

甘孜会师后，部队受到很大鼓舞。尽管当时四方面军也有很大困难，但他们还是尽了最大努力，帮助我们补充了粮食，还给我们介绍了草地的情况、气候的情况，使我们在思想上、物资上有所准备。

7月11日，部队从甘孜出发，经阿坝、包座等地，向哈达铺地区前进。经过休整，干部战士体力得到了恢复，精神都很振奋。大家把枪支擦得锃亮，背包打得整整齐齐。为了解决一路上的吃、烧问题，每个人的身上除了枪支弹药和背包以外，还背着粮食和烧的牛粪。战士们把牛粪晒干做成“烧饼”，用树条子夹起来，绑在背包上，看上去利利索索。部队行军通过时，王震同志站在路边看了就说：不愧是模范师，真行！

从中甸到甘孜，虽然有一段路程也经雪山、草地，也是人烟稀少，但有些山沟里或山脚下，多少还有点人家，烧的东西，沿途还可以拣到柴禾。而从甘孜到阿坝，除了雪山之外，是大片大片、一望无际的水草地。部队进入草地已经一个多星期了，还没有见到一户人家，也没有遇到放牧的牛群、羊群，战士们背的粮食吃完了，一个个饿得浑身无力，草地还是一眼望不到头。随我部一起行动的军团首长王震同志很焦急，记得介绍情况的时候，红四方面军的同志曾说草地有个牧场，有时也会遇到牛群。王震同志和我商量，是否找一找。于是我们带着部队转向西去，找了一整天，既没有找到牧场，也没有见到牛群，第二天只好又转而向北。这样一去一回，又多走了两天的路程。后来我们明白，这一路上能够吃的东西，先头过去的部队都吃光了，我们要找到吃的比他们更困难。我们只好动员大家克服困难，千方百计走出草地，鼓励大家坚持到底就是胜利。这时，部队只能挖草根、野菜，有的抓田鼠，有的挖泥鳅。不知是谁，第一个想起了吃皮斗笠（牛皮、羊皮做的）来了。

事情是这样的：到甘孜以前，部队没有雨具，经常挨雨淋，所以在甘孜做准备工作时，考虑到雪山草地的气候变化无常，全师每个人都准备了一张皮子，有的用它做成斗笠当作雨具，也有的把它当带子用来捆扎背包。谁料到，这些皮子竟成了我们的“美餐”，把它烧一下，把毛刮一刮，然后用水泡软，合野菜煮着吃，虽然不好消化，却能填填肚子。长征路上吃皮带的故事，大概就是这样来的。后来，大家的皮斗笠、皮带子也吃光了，而草地仍无尽头。

有一天，师部司号班的几个小鬼一到宿营地，就四处找野菜，他们找到一种蘑菇，煮了煮就吃，结果全班中毒，昏迷了。警卫员听到情况向我报告，我立即派医生去抢救。其中有个小战士因为太饿，吃得多了一点，结果抢救不过来，牺牲了。当时我们医疗条件太差，几乎没有什么药品。这支善于打硬仗、恶仗，在历史上有重大战功的部队，在这饥寒交迫的草地里，不少体弱多病的同志，由于得不到治疗，没有拖过雪山，没有出得了草地，途中为革命献出了宝贵的生命。

但是，铁打的红军是任何艰难困苦都摧不垮、压不倒的。经过一个多月饥寒交迫的艰苦跋涉，我们付出了巨大的牺牲，终于走出了这荒无人烟的水草地。8 月底，我红六军团模范师通过腊子口，胜利到达了甘肃南部的哈达铺地区。

1936 年 9 月 11 日，为了执行中央军委①关于组织静（宁）会（宁）战役，实现三大主力红军会师的战略计划，红二方面军全体指战员不顾严重减员和体质虚弱等困难，从哈达铺分三个纵队挥师东进。我红六军团模范师承担了攻打两当县城的任务。

从哈达铺到两当县城，大约有 400 多里路程，经过三天两夜的急

① 应为中革军委。

行军，战士们确实都很疲劳，但想着多打胜仗，能够早日和一方面军会师，所以没有一个掉队的。特别是看到沿途有些热情的群众，站在村口路旁，捧着盛满水的大碗让我们喝，战士们更是高兴地说："出了草地真是喝水水甜，走路路宽，两腿不累，越走越有劲。"就这样说说笑笑，在第二天夜晚拂晓前，我们赶到了两当县城附近。

那天晚上天气不错，半轮明月高挂夜空，陪伴着我们侦察地形。为了进一步了解两当县城里的情况，我又找来了就近的群众，详细调查了一番。原来，两当是座青砖古城墙围起来的小县城，一边靠山，一边是盆地。城门进去有东、西、南三条街，大车、汽车可以进。城墙有二丈多高，上面有门楼、碉堡和临时垒起来的沙袋工事。城里面砖瓦平房多，靠山一边的西北角上，有一个大院，据说里面有军队营房和许多囤粮的仓子。后来才知道，前一天从凤城赶来增援的一营敌人，就驻在这个大院的营房里。

搞清了敌情，我趁着天还没亮，让"夜老虎连"立即悄悄地摸到敌人的城墙脚下，派好人梯，等着攻城的信号。

死到临头的敌人毫无察觉，一个敌哨兵还在城墙上哼着听不清词的小调呢！这时，天色开始泛白，接到进攻信号的战士们以迅雷不及掩耳之势，搭起人梯翻上城墙，首先将哼小调的敌哨兵干掉，掩护一个个班、排、连的战士爬上城墙，然后分成若干梯队，迅速向两边展开，沿着城墙猛攻。有一支突击队趁敌人混乱之机，打开了一边城墙的大门，主攻部队蜂拥而入，边进边展开，手榴弹、机枪声顿时响遍了大街小巷。

城墙上和城门里的敌保安队，很快被收拾得一干二净。残敌和伪县长一大帮人像丧家之犬、漏网之鱼，慌慌张张逃进了西北角那座坚固的大院里。我们占领了城墙和城外的山头，居高临下地包围了大院。但在向大院靠近时，发现这里敌人的火力很猛，找来俘虏一问，才知道这里藏着敌人一个营的正规军。我见敌人已成瓮中之鳖，为了减少伤亡，便决定发动政治攻势，让几个俘虏轮番向大院里的敌人喊话："弟兄们，跑不了啦，投降吧！”“缴枪不杀，红军优待俘虏！”“红军不打不骂，还发给路费回家！”在我重兵围困和强大的政治攻势下，四面楚歌的敌人开始乱成一团，士气很快瓦解，等到我们的冲锋号一响，便争先恐后地缴械投降了。

这一仗，我们一举两得，不仅消灭了守城的地主武装保安队，活捉了包括伪县长在内的县政府一批官员，还俘虏了从凤县送上门来的300多敌兵，缴获了大量武器弹药和几座装满粮食的仓库。

消灭了两当守敌的当天下午，军团指挥机关来到了两当县城。我让部队把俘虏的敌营长和伪县长1000人移交给政治部，然后陪着军团政委王震同志去看望“夜老虎连”的战士们。王震同志见到这些生龙活虎的战士，非常高兴，亲切地和他们握手，问他们在做什么。战士们回答：早晨战斗，中午休息，现在打扫卫生、擦拭武器，补充弹药和装满米袋，随时准备迎接新的战斗！王震同志满意地笑着说：“很好！”并说：“模范师出草地没有休息就执行战斗任务，你们是很辛苦的。”我说：“首长和兄弟部队也都没有休息，也都很辛苦。”王震同志站起来，再一次称赞说：“你们打两当用较少的伤亡，取得了很大的战果，这一仗打得很漂亮！”我说：“王政委的指示，是对我们模范师全体指战员的鼓励和鞭策，我们只有更加谦虚谨慎，多向兄弟部队学习，努力打好每一仗，争取早日会师的更大胜利！”

晚上，军团长陈伯钧同志也来到了模范师师部。我向他简单地汇报了两当战斗的经过。我说：“原先估计两当县城有坚固的城墙，攻城战斗可能要付出较大的伤亡。但经过仔细的侦察和依靠群众得来的详细情况，我们进行了周密的部署，采取了出其不意、攻其不备的战术；战士们事先潜伏到城下，组织了‘人梯’，胆大攻城技术也高，特别是后来又用政治攻势瓦解了敌人，所以战斗比较顺利，我们的伤亡很小。战斗结束后，我们又以成百的俘虏补充了自己的兵员。”

陈伯钧同志表扬了模范师的战斗精神，他说：“攻占两当县城，是个艰巨的战斗任务。这是二方面军整个战略部署的一部分。五师打徽县，你们打两当，战斗的胜负对一、二、四三个方面军的早日会师至关重要。”他又进一步解释了中央军委的战略意图：“二、四方面军在继续前进中，我们是右路军，主要任务是负责牵制和侧击胡宗南的主力从汉中、西安北上，掩护左路的四方面军向北，与南下的一方面军夹击胡宗南匪帮，争取早日会师。”最后，他又叮嘱说：“这个意图现在不要往下传，只给你谈一下，你做到心中有数就行了。”我说：“这是照顾全局的决策，我坚决拥护！”

攻下两当县城之后．我们本想乘胜再拿下凤城。但围城之后试攻了一下，发现这里驻守着敌人的一个正规团（缺在两当被我消灭的一个营），况且敌人早有准备，工事也十分坚固，硬攻显然得不偿失。亏本的买卖我们不做，于是，我模范师转而进驻两当西北的娘娘坝一带，部队分散到附近村庄发动群众，扩大兵源，宣传党的主张和政策。同时，抓紧时间筹粮筹款，以及各种布匹、棉花、食盐等过冬物资。

由于张国焘反对中央关于组织静会战役的计划，阻挠部队北上，并擅自拉着四方面军主力西撤，结果贻误了宝贵的战机，以致胡宗南与敌毛炳文、王均等部均靠拢起来，使静会战役计划因此而搁浅了。1936年10月初，我红二方面军鉴于当面敌情严重，继续单独留在甘南和陕西西部一带有被强敌隔断、各个击破的危险，经请示中央同意，于10月4日离开成县、徽县、两当、康县地区，开始向北转移。我模范师也奉命与六军团主力会合，一起向渭水河畔的天水前进。

一开始，我红六军团的行军序列是：十六师担任前卫，我模范师紧随其后；中间是军团指挥机关和各后勤单位，几十匹骡子驮着部队准备过冬的布匹、棉花、粮食、食盐和弹药等给养；军团直属队的后面是十七师、十八师的队伍。部队途经罗家堡、余家海头坝时，突然遭到敌人的伏击。走在最前头的十六师立即与敌人交火，经过激烈的战斗，抢占了山头阵地。但在一边是敌保安队，一边是敌人正规军的夹击下，加上天空还有敌机的盘旋扫射，十六师被迫离开了原先的行军路线，在山下的斜坡上踏出了一条血路。激战中，十六师师长张辉同志不幸阵亡，师政委晏福生同志身负重伤，失去了联络，部队伤亡很大。

前头刚一打响，我派出的一个准备接替前进部队的连已经渡过小河，他们在十六师侧后的山脚下抢占了一块山头阵地，马上转为警戒。这时，在我模范师和军团直属队左侧的山头上也出现了大批敌人，刹时间枪声大作。为掩护军团指挥机关和后勤部门安全冲过封锁线，我立即指挥部队向这股敌人发起进攻，并很快攻占了敌人的山头阵地，将其压赶回去。利用这段时间，军团指挥部和后勤部门冒着敌人的炮火，沿着十六师杀出的那条血路，拼命冲了过去。后面的十七师、十八师见前面已被封锁，便趁右翼敌人被我十六师、模范师吸引之机，绕道而行，也离开了险地。此时已近中午，我见当面之敌一时不敢贸然进攻，便留下少量兵力坚守山头阵地，和河那边的警戒连遥相呼应，一起密切监视敌人。同时，将大部队撤回到侧后的山坡隐蔽地，一边让战士们抓紧时间休息吃干粮，一边和师部指挥人员商讨下一步怎么办。有的同志主张，现在往前硬突很危险，不如暂时撤离此地，回到后边打几天游击，再想办法突过去。我权衡利弊，觉得模范师已成一支孤军，回撤将离军团主力越来越远，而敌人却会越来越多，这里不是根据地，打游击施展不开。从眼前情况看，敌人的口子没有完全合死，还是抢时间突过去有利。我们几个人正在议论，前头的警戒连派人回来报告：军团直属队冲过去以后，在斜坡的路上扔下了许多给养，还有20多匹驮东西的骡子，两边的敌人正在那里忙着抢东西、发“洋财”呢！我一听大喜，主张回撤的同志也不坚持了，意见很快得到统一：机会难得，趁敌人忘乎所以、利令智昏之时，打它个措手不及，一鼓作气冲杀过去！

我当即召集部队，调整了一下部署，决定过河后分两路出击。战士们吃完了干粮，一个个精神抖擞，士气很旺。于是，我们突然从隐藏处冲击，迅速涉过齐腰深的小河，然后两个营左右开弓，像两支利箭射向敌人，打得正在路上抢东西的敌人鸡飞狗跳墙，有的往下滚，有的向上爬，没命地逃窜。就这样，我们沿着路的两侧边打边冲，不仅打退了敌人的阻击、抓到了20几个俘虏，还把路上散失的大量物资抢了回来。当我们冲出敌人的火力网，押着一群俘虏，赶着20头驮着东西的骡子，风尘仆仆地撵上大部队时，正在道口高地上为我们担心、焦急的陈伯钧军团长乐得鼓掌大笑，连连喊道："冲出来了，冲出来了！真是好样的，不愧是模范师！"

同军团主力会合，我们也很兴奋激动。大家高兴了一阵子，王震同志这才说："十六师损失很大，晏福生政委负了重伤，生死不明，你们赶紧派一个营回去找一找，尽量把他救回来！"我说"一个营的兵力恐怕不够，我带两个营去吧！"说完，我就带着两个营又返回十六师上午同敌人激战过的山头。这里的敌人还没有完全撤走，我们边打边找，但找遍了山头阵地，却始终没有找到，只好返回来向军团首长作了报告。

罗家堡遇险之后，部队又向北走了几天，涉过渭水河，在天水县附近的一个村庄休息了一天，召开了一次排以上干部会。会上，总结了前一段战斗中的经验教训，提出了今后的战斗任务。军团政委王震同志又传达了中央关于一、二、四方面军继续向会宁前进，尽早实现三大主力红军会师的指示精神。

记得在这次会上，还有一段小插曲：由于一直没有找到晏福生同志的下落，大家都认为他已经牺牲了，所以会议开始之前，王震同志沉痛地提议说："请大家起立，向晏福生同志默哀三分钟。"其实，这是一场误会。后来才听说，晏福生同志因负伤与部队失去了联系，所以在碰上红四方面军的一支部队后，就跟着人家先头走了。

1936年10月中旬，我红二方面军终于在会宁东南面的将台堡，与南下的红一方面军胜利会师了。在会师的前三天，我模范师还和胡宗南的部队在观音堂一带打了一仗。这次战斗主要是阻击敌人对我们的堵截和尾追，掩护军团指挥机关、随营学校等单位的通过。在阵地上，我又一次见到了亲临前线的贺龙、刘伯承同志。

当时，我们刚打退了敌主力部队的一次侧击。在师指挥所刘伯承同志气愤地说："静会战役的计划，硬是被四方面军的一两个人破坏了。"他又说："红二方面军是会宁会师的右路军，你们模范师为掩护全军的顺利会师和牵制汉中敌人向西的行动，给敌人以很大的杀伤，把敌人打退了，这是你们的光荣。希望你们继续发扬这种以少胜多、顽强坚决的战斗精神！"

刘伯承同志听了我的简短汇报后，又举起望远镜仔细观察了一阵整个战场的情况，当他看到远方敌人的骑兵又在重新集结时，便指点我们说："打敌骑兵，要沉住气，充分利用地形，组织发挥火力；要力争把敌兵从马背上打下来，再不让他们回到马背上去！"遵照贺、刘首长的指示，我们严阵以待，在黄昏时又一次打退了敌人骑兵的进攻。

我们模范师和一方面军的红二师胜利会师了，红二师五团的同志非常热情。他们派五团政委到十里以外来迎接我们，又给我们安排了房子，还问粮食够不够吃。我说："粮食还可以，衣服比较单薄些。"他们说："我们已经作了准备，一定给你们补充粮食和衣服。"

我们和红二师召开了联欢会，双方部队都派了代表参加。会上让我讲几句话，我说："你们是老大哥，我们要向你们学习。你们来得早，走的路比我们更艰苦；你们先到根据地和陕北红军会师了，给我们后面的部队带来了很大的希望和鼓舞；你们在陕北又打了胜仗，扩大和巩固了根据地；你们东渡黄河，对全国人民影响很大，宣传了北上抗日的主张，举起了抗战的旗帜。我们的部队经过长征减员较厉害，但到达陕北，到了党中央和毛主席的身边，物资上得到了补充，精神上感到温暖。我们非常感激你们的热情支援，决心以老大哥为榜样，高举抗战的旗帜，时刻准备迎接更艰巨、更光荣的战斗任务！"

我们红六军团从湘赣根据地出发，经过二年多历尽艰险的万里长征，终于完成了伟大的战略转移，以胜利到达陕北而告结束。三大红军主力会师后不久，我就奉军委之命，依依不舍地告别了模范师患难与共、朝夕相伴的战友们，到抗日军政大学学习去了。

1937 年 8 月，随着抗日战争的全面爆发，我中国工农红军主力改编为国民革命军第八路军，红六军团模范师（这时已恢复十七师番号）也缩编为一二〇师三五九旅七一七团。这支有着光荣革命传统的英雄部队，又以新的战斗姿态，出现在敌后抗战的最前线，为民族解放的伟大事业，谱写着新的壮丽篇章！

选自《红六军团征战记》下，解放军出版社1994年6月版，第544—553页。

红六军团教导团在长征途中

贾若瑜

红六军团教导团是由红四分校的一部分组建的。红二、六军团长征前，把红四分校撤编为红二军团教导营和红六军团教导团。团长陈外欧、政委李信、参谋长陈嵩岳。下属三个营：军事干部营、政治干部营和特科营。全团约八百余人，驻桑植。我当时是军事教员，后任主任教员。我团除继续贯彻红四分校教育计划外，还结合当时的任务，进行行军作战教育，如夜间山地行军、渡河须知、白天行军的防空训练等，并且进行了着装和夜间行军演习。

1935 年 11 月 20 日黄昏，红十七师强渡澧水，突破敌人第一道封锁线。我团奉命随同省直机关。经过夜间山地行军，于 21 日晨到达渡河点。由于作战部队还没有全部通过，我们只好在河滩附近的柚子林隐蔽，待命渡河。上午 9 时许，敌人数架飞机轮番轰炸我军架设的浮桥和行进中的部队及在树林隐蔽的部队。我团随即组织了轻重机关枪和特等射手射击低空飞行的敌机，同时进行疏散隐蔽。我们在柚林中隐蔽时，晚熟的柚子放出诱人的果香，尽管我们口渴，但却没有人去摘柚子。接近中午时，我团随同省直机关、军分会与红二军团一起渡澧水。21 日晚，我先头部队袭占沅江渡口洞庭溪和大宴溪后，又突破了敌人第二道封锁线，随即向湘中广大地区展开。红军这一战略行动，打乱了蒋介石的部署，对敌人震动很大，宣告敌人妄图压缩聚歼红二、六军团于龙山、永顺、桑植之间的计划彻底破产。

我们随同省直机关和军分会于11月下旬进驻溆浦①。由于蒋介石出卖民族利益的“何梅协定”签订后，激起了全国人民的抗战救国热情，和对国民党“先安内、后攘外”的反动政策的愤怒，这时全国抗日救国的民族民主运动走向新高潮。因此，我们利用这个时机在湘中地区作短暂停留，除了进行军政训练、总结行军经验外，还协同机关进行抗日救国的宣传工作，组织各种群众抗日团体，如“抗日大同盟”、“抗日义勇军”和“抗日游击队”等。

正当我们在湘中的溆浦、新化一带展开活动时，蒋介石的“追剿军”五个纵队12个师另一个旅向我军扑来，企图把我军消灭在沅江和资水之间的地区。12月8日，敌李觉所部三个师乘我主力向东北方向伸出的机会，重袭占溆浦，其先头部队同我团接触，展开激战。这时我主力一部赶来，阻止了敌人进攻，保障省机关转移。这是我团在征途中第一次同敌人交锋，学员们表现很好，为主力争取了时间。

我军为争取主动，调动敌人，退出湘中地区后即向东疾进形成东渡资水之势，给敌人造成很大威胁，于是敌军就尾追而来，企图消灭我军。这时，我军突然掉头西向，第二次渡过沅水，急速西进，速下芷江与晃县等地。蒋介石的“追剿军”除陶广、李觉两个纵队距离较近外，其余均被甩在需要四天行程才能赶到的地方。对此，我军准备在芷江与晃县之间，求歼李觉纵队一个旅。1936年1月5日，在便水同敌激战半天一夜，虽歼敌近千，但却没有取得预期效果，而敌人后续部队又陆续赶来。我军于7日拂晓前主动撤出战斗，继续向西北转移。1月9日和12日，先后占领了江口、石阡等地区。我团结合实际对部队进行教育，如夜间行军不发光、不发生音响、不失去联络、不迷失方向等；白天行军则结合侦察、警戒、伪装和防空；宿营时又结合警戒、构筑工事和做房

① 原文误为叙浦。

东工作。把理论同实际紧密结合起来，又通过总结行军工作加以提高，因此，效果很好。

2 月 2 日，我军顺利渡过乌江天险，进入贵州西部地区，连克毕节、大定（今大方）、黔西等县城。我团随同省直进驻毕节。贵州西部地区位于川滇黔三省交界，交通不便的高寒山区；又是汉族与少数民族如苗、彝、回族兄弟民族共居的地区。由于残酷的封建剥削，反动政府的苛捐杂税，导致经济、文化落后，人民群众生活极为贫困，当时有谚语是“天无三日晴，地无三里平，人无三分银”来形容这个地区。人民群众有强烈的革命要求，并且还有党的白区组织。省委和军分会决定在这里建立革命根据地。我团奉命担任毕节警备，并进行训练。红六军团参谋长谭家述负责后方的军事工作，常来我团视察，我们从他那里学到不少东西。我团除做房东工作外，还组织一批工作组参加省直开展的群众工作，如宣传党的抗日主张、共产党是穷人的救星、红军是工农阶级的武装力量；同时把没收军阀、土豪、反动政府的财物、粮食、盐巴分给群众。我军严格执行“三大纪律八项注意”，取得群众的信赖，在此基础上发动群众、组织群众和扩大红军。根据军分会的指示，我团就近帮助新组建的贵州省抗日救国军。向他们提供军事、政治教材，介绍红军的管理教育、官兵关系、军民关系等方面的情况。

2 月下旬，国民党军向毕节地区合围，企图把我军消灭在黔西地区。我军于 2 月 27 日主动撤离毕节地区向乌蒙山区进军。周素园老先生随同我军长征。邓止戈、李栋梁等同志分配到我团任军事教员。陈外欧、李信同志要我在生活上关照他们，行军途中要注意他们的安全。邓止戈和周素园老先生同我军一起到延安。李栋梁在过金沙江前失去联系。由于敌军压境，红军撤离毕节地区，贵州省抗日救国军周素园司令命令周质夫驻毕节部队由我团整编。对被改编部队的政策，红六军团首长指示：凡由于年大体弱、抽大烟和乡土观念浓厚、家中劳力缺乏而不愿随行的人员，发给一些路费或缴获的大烟土，欢送他们回乡从事抗日反蒋活动。凡参加红军的要很好照顾，其家在城区的或可以见到的都给他们家中留点安家费。我团认真落实了军团首长指示，从而使这些从旧军队来的、或从贫苦农民才参军的战士十分感动，他们说从来没有听说过参军要自愿，当兵离家还要发安家费。因此，他们表示要坚决当红军。

当我军渡过六冲河，经赫章向云南转移时，滇军的孙渡纵队在云南的昭通、贵州的威宁一带堵截。川军也加强了长江防线。在贵阳督战和指挥的顾祝同，命令万耀煌、樊嵩甫①、郝梦龄等三个纵队和李觉、郭汝栋纵队分路追击和合围我军，企图把我军消灭在金沙江右岸、川滇黔边的毕（节）威（宁）大道以北地区。这时，前有滇军堵截，后有追兵相逼，空中也有敌机威胁。于是，红二、六军团首长指挥部队巧妙地在乌蒙山区与敌人周旋，以调动和摆脱敌人。3 月下旬，我们在一个来月的连续行军、作战中，部队非常疲劳，为了进行深入的政治动员和加强思想政治工作，加强战斗意志，从思想上、组织上保证行军、作战的胜利，我们在宣威地区召开了一次支部大会，并通过几位同志入党。20日，在宣威以北的来宾铺地区掩护省直机关与滇军交战时，我团第二营营长曾居仁英勇牺牲。28 日，我军进占盘县、亦资孔地区。30 日，红二、六军团接朱德总司令和张国焘总政委来电，要红二、六军团北渡金沙江，到甘孜地区同红四方面军会合。这时军分会和总指挥部首长考虑，从全国整个形势来看，北上是大势所趋，决定执行总部渡江指示，兵分两路向金沙江急进。白天行军，敌人飞机前来袭扰时，所投掷的炸弹中，有的还是重迫击炮弹，可见当时敌人为消灭红军，在飞机炸弹不足时，就把迫击炮弹夹在其中使用。如果我们误认为其炸弹已用完，而用迫击炮弹代替，疏于防空，那就会吃大亏的。因而，我团无论在行军或驻军时防空都是十分认真的，所以在这方面造成的伤亡也较少。

我军渡过金沙江后，顺江而上进入海拔 5000 米以上的大雪山麓的

① 原文误为樊松甫。

梧竹地区，做过雪山的准备和对军队进入藏族同胞聚居地区的政策、纪律的教育。在这以前曾接红军总司令部对爬雪山、走高原“此道即暑天，亦应多准备冬衣”的指示。因此，军团首长要求部队过雪山时，要多穿衣服，穿好鞋袜，打好绑带；还要准备生姜、辣椒、白酒和有色眼镜（太阳镜）等物，以防止非战斗减员。由于我军是在南方成长起来的，对爬雪山、走高原都没经验。加上又是 5 月天气，南方已是炎热的天气了，因而有的同志思想上有些麻痹。又由于是在少数民族聚居地区行军作战，要遵守民族政策、抗日民族统一战线政策，而又在地区贫困、物资不足的情况下，这就导致我们爬雪山的准备工作无法完善了。我们在玉龙雪山下休息了三天，也尽可能做了爬雪山的准备，而这里人烟稀少，又是穷乡僻野的少数民族地区，只弄到一点生姜、辣椒，白酒就更少了，远远不能满足大兵团的需要。于是我们只好在现有物质基础上开始了爬大雪山，进行艰苦的行军。在云贵高原的金沙江畔，虽是 5 月，气候还是春天。但当我们爬到海拔 3000 米以上的雪线时，空气稀薄度增大了，许多同志感到胸闷、气短、头晕，呼吸困难，有了高山反应的症状。随着海拔的增高，氧气就更加缺少，而且从山麓到雪山顶，气候多变，一天就有春夏秋冬四季之分。海拔愈高，气温愈低，氧气愈少，每前进一步都很艰难。更不用说特科营中要用人抬重机关枪和用骡马驮迫击炮，爬雪山就更吃力了。同志们迈着沉重的步子向常年积雪的山峰缓慢地行走。这种雪山区气候瞬间万变，时而狂风搅着积雪满天飞舞，时而冰雹迎面袭来，时而大雪飞扬裹身而来，这对身着单衣、脚穿草鞋行军的红军指战员该是什么滋味？那一望无际的银色世界，白光耀眼，刺得人们睁不开眼睛，有的同志受白光刺激后产生“雪盲”，在前进道路上只能扶持而行。如此艰难地行走着，累了还不能停下休息，只要一坐下就起不来了。因此，有的同志实在支持不住而稍一停下随即倒下了，甚至还有的支着手杖站着却已停止了呼吸。我们在积雪里掩埋了同志的尸体，扶着带病的同志，踩着几尺厚的积雪，冒着零下十几度的严寒，穿着湿透后冻结成冰的衣服一步又一步地向前走去。5 月 3 日早晨 5 时许开始爬雪山，整整走了十几个小时才攀登到雪线之上，直到晚上才下了雪山，进到藏民聚居只有几百户人家的中甸县城，城外有一所名叫归化寺的喇嘛庙。原拟在这里稍事休整，得知这个地方还处于农奴隶制的生产关系，奴隶主和封建统治很残酷，人民生活困难。同时人口稀少，交通不便，物资贫乏，语言不通，生活习惯也不同，而且还有历史上遗留的民族关系问题等等，我们的工作遇到了很大的困难。因此，军团召集了军团直和红十七师的政治干部会议，王震政委作了《目前形势和任务》、张子意主任作了《关于民族政策》的报告。要求以实际行动宣传党的民族政策和宗教政策。与此同时，红军还颁发了“严禁入寺庙”的告示,张贴在喇嘛庙门口,还派战士在归化寺站岗。我们还找了一些“通司”（翻译）询问这里的民情风俗,才知道这里的藏族同胞信奉喇嘛教，不仅有归化寺这所寺庙，几乎每家都有一个供佛的“经堂”，许多成年人，特别是老年人几乎人手一只“转经筒”。对于他们的宗教信仰是不能侵犯的。这里主要吃酥油、糌粑（青稞麦炒后，磨成粉面）、喝酥油茶、吃牛羊肉。见面时都问“扎西格勒”（吉祥如意）,这里用的“藏洋”（一种有人头像值半元的银币）和现洋，不使用钞票，或以物易物进行交换。由于红军严格执行党的民族政策和宗教政策；认真执行“三大纪律八项注意”；尊重藏族同胞的风俗习惯，不进入寺庙和经堂；用现洋或现银采购粮食（糌粑、青稞、豌豆），或以布匹、丝绸交换粮食，这样做得到了藏族同胞的赞扬。贺龙同志亲笔写了“兴盛番族”四个大字的锦帐送给归化寺。深得僧俗人士的赞同。从而使我们比较容易的采购到粮食、盐巴和红糖等食物。在中甸还发生了一件有趣的故事，我军在夜间查哨、巡逻时都使用手电筒。有的藏族同胞见到这种时隐时现、发出圆光的东西感到很奇怪，认为这一定是个“宝物”。于是他们在早晨就背着盛满糌粑的牛皮口袋来到我们驻地。开始他们用手比划，我们弄不清楚。找来了“通司”才弄明白他们要用一口袋糌粑换一只手电筒。

我们说不行，意思是藏族同胞吃了亏。他们又误认为少了我们不换，于是又添上一袋。这时我们通过“通司”告诉他们，这种东西，我们也不多，而且还要用，他们需要，我们可以赠给一只作个纪念。这时他们十分高兴地说：“牙姆！牙姆！”通司说：这是藏语“很好很好”的意思。由于红二、六军团严格执行了党的民族政策、宗教政策和自觉遵守红军纪律，因而得到藏族同胞的赞扬。他们向军团首长献哈达、主动出售粮食、担任向导，还用牦牛或骡马把我军掉队的伤病员送回，见面时都互相“合十”称“扎西格勒”，关系一直很好。

在这里不便久留，军分会和总指挥部决定提早出发与红四方面军会师。我们接到军团部命令，把学员分配给各师，教导团宣告结束。团长陈外欧调红十六师（该师由原红十六师、红十八师合编而成的）任参谋长，我在红十六师司令部任参谋。

半年来，从突围到进入康藏高原的行军、作战中，我们结合实际进行了必要的军政训练，参加了警卫、做群众工作和部分的战斗，保存了有生力量，培养了一批具有一定阶级觉悟、理论联系实际的初级军政干部，完成了党给予的任务。

1936 年 7 月初，红二、六军团到达甘孜与红四方面军会师后，奉党中央、中革军委命令组建红二方面军，下辖第二、第六军团和红三十二军。此时，红六军团也进行了整编，以红十六师分建红十六师和红十八师；以红十七师分建红十七师和模范师。这时军团首长考虑整编后，还会编余一批干部。为了保存红军骨干，提高干部素质，以适应今后发展形势的需要，决定恢复教导团。陈外欧任团长，李铨任政治委员，覃国翰①任参谋长，陈文彬任政治主任。我从红六军团司令部的参谋调任军事总教。本团下辖三个营，每营三个连，团直有一个警卫通信连。这时我们正准备过草地的工作，要求每人携带七至八天的粮食（主要是

① 原文误为覃国汉。

糌粑或青稞面）和二至三双草鞋，还要准备露营用的帐篷，并要进行打骑兵的训练。我团除积极进行物资准备外，还进行了深入的政治动员并请红三十二军的同志介绍过草地的经历。这时我们才知道草地不是我们平时所想的牧草丰富、牛羊成群、帐篷连片的充满草原风光的草地，而是在海拔 4000 米以上的康藏高原上的茫茫荒野。这里空气稀薄，气候多变，昼夜温差很大，虽是夏季，即使穿皮衣、棉服也不觉热，而且人烟稀少，还有一种水泽地带的水草地，一旦人马陷入沼泽，不能自拔而被淹没。因此，要求大家在思想上和物资上都要有充分的准备。还由于长期的民族隔阂、反动分子的挑拨和张国焘的错误政策，有一些藏族上层人物，组织骑兵袭击我军，或用冷枪射击我军。对此，刘伯承总参谋长在红二方面军刚刚成立不久时的一次干部会上作了题为《关于打骑兵》的学术报告。他指出：我军北上抗日，将通过草地，就有与骑兵交战的必然性，因此要学会打骑兵。他提出打骑兵的四个基本原则：第一是相信自己手中武器，沉着、冷静，时刻有战斗准备；第二是预计与骑兵遭遇时，严格计算部队进入战斗必须的时间，以便争取先机；第三是善于利用地形地物和构筑工事；第四是组织密集火力是与骑兵斗争的基本手段。并要求部队进行打骑兵的战术训练。同时还向我们推荐了红四方面军编的《打骑兵歌》。这首歌的歌词共有四段，我记得第一段是："指挥员和红色战斗员们，努力学会打骑兵呀！四个基本的原则，一条一条记在心，第一基本原则，沉着冷静，勇敢坚定，确实相信自己手中武器，一秒一分不要忘记，准备战斗打骑兵。"我们团不仅学唱《打骑兵歌》，而且在朱倭进行打骑兵的教育和训练。我团根据当时实际和上级指标，宣传教育吃糌粑、青稞面和牛、羊肉，而且要把这些东西当作主食，这对我们长期以大米为主食的生活习惯是一次变革。因此，还教唱《牛肉本是好东西歌》。歌词中的一段是："牛肉本是好东西，咿呀嗨。吃了补养人身体，嗨当真。"但却没有想到到达草地时只能把野菜、树叶、皮革和野生动物、鱼类等当作主要食物。就地取材有什么吃什么。我们虽然知道行军中要露营，却没有想到会经常在水草地的雨天中露营。也没有想到草地的道路如此难行和天气如此多变。也想到可能一餐两餐或一天两天缺粮，却没有料到几天、十几天挨饿。在这段时间里，肖克军团长调离由陈伯钧接任。一天，我团在进行打骑兵的训练时，来了一位穿红四方面军服装（当时红二、六军团军帽是小八角，红四方面的是大八角帽）、带着两个警卫员、乘着马的首长，要找陈外欧同志。我们正在讨论打骑兵战术，边说边做，我向他报告我们正在讨论贯彻刘总参谋长关于打骑兵的战术原则，并把它落实时，他用四川口音向我介绍说：他就是新到任的军团长陈伯钧。这时，我们欢迎他，并请他作指示。他提出一些关于打骑兵的战术问题,要学员回答。学员回答得不错,他听后，表示满意，并鼓励了学员。最后他说：你们长期活动在南方，那里多是水稻田、江湖地区和山地，敌人不便于使用骑兵，因而，你们也很少甚至没有同骑兵作战的经验。可是，康藏高原的辽阔的草地，就有利于骑兵的活动。你们要认真学好打骑兵这个课目。

7 月 8 日，我们到日庆宿营，原来希望到一座县城或集镇，谁知却茫茫一片草原，只好就地露营了。我同周贤共住一个用床单架设的帐篷，用些干牛粪作燃料，把瓷水杯放上将水烧开，用以拌糌粑吃。哪里知道烧牛粪还有学问，开始我们点不着，后来才学会了用干柴明火引燃。这里是高原，水不到摄氏 100 度就开了，但它却煮不好饭菜，也是后来从实践中才知道就是水烧开后也要多熬一会。11 日，我团进驻西倾寺，原拟在这里补充粮食，结果落了空。于是限每人每天吃糌粑或青稞面不得超过三两，不够吃的用野菜补充。实际上有的同志每天三两粮也难保证。由于行军除要携带个人装备外，还要携带帐篷、炊具甚至干柴、牛粪等燃料，这对于体力异常虚弱的战士每人的负荷就重了。而又在缺氧的高原饿着肚子走路，严重影响行军速度。我们每前进一步都要花费极大的气力。红二方面军是跟随红四方面军行进路线前进的，在这地广人稀的康藏草原上，先头部队虽已把粮食、牛羊等食物给我们留下一些，但红六军团又是红二方面军的前锋，还必须照顾后续大部队，因此他们更加困难。加上由红十八师看守的500余头牛、900多只羊全部跑掉，我们的食物就更紧张了。为了节约粮食，军团部决定兼程赶路。13日，我们从西倾寺出发，走了100多里，而且是雨天急行军，走到天黑后才到绒玉。掉队人员不断增多，团首长和各级干部都深感忧虑。由于部队十分疲劳，在绒玉休息了两天。进行了思想政治动员和采取各种办法获取食物如：挖野菜、捕鱼、狩猎和从反击的战斗中取得食物等等。并要求大家要有全局观点，提倡在困难中更加发扬阶级友爱精神，互相照顾，互相帮助，互相调剂；同时要求节约粮食，坚决贯彻方面军提出的："粮食就是生命，粮食就是政治"的号召，共同克服困难。要求党员、团员和干部起模范作用，并且要加强收容工作，加强管理教育，千方百计保存有生力量。要求全团同志团结一致，齐心协力，战胜困难，实现北上抗日同党中央会合的目的。由于团首长、机关和各级干部都经常注意思想政治工作，加强行政管理和自身的模范作用，从而保证了部队顺利行军。

在康藏高原行军，有的山看去虽不高，但爬起来却很吃力，因为它已有4000米以上的海拔了。我们7月16日从绒玉到王楼，虽只翻了两座小山，已经感到十分吃力了。连呼吸都感到很困难。可是17日，我们从王楼到哑龚寺，却要翻一座大山，行程60多里，这个地方天公不作美，时雨时晴，而雨天又多于晴天，虽是夏季，却十分寒冷，即使穿皮袍也不觉得热。可是我军大都是身着单军装啊！这时我们真正领会到饥寒交迫的滋味了。我们每次露营，有时利用草地中较高的地方，有时在行进道路两侧比较干的地方各自架设帐篷。有的是一二人在干燥地方挖一个土坑，有的是一至数人用被单临时支成帐篷，餐风露宿，饥寒交迫，体力日弱，病员不断增加。在困难时刻，许多身体不好的同志不要别人帮助（扶、背），自己坚持前进。他们说：不用管我们，不能把大家都拖垮了，只要你们能够走出草地，我们爬也要爬出草地北上抗日，同党中央会合。就这样我们埋葬了死去的战友，搀扶着生病的同志，向着陕北一步又一步艰难地走去。

7 月 23 日，我们进到上阿坝的河西岸，河水流速很急，不能徒涉，需要架桥，由于就地取材困难，直到 26 日才把桥架好，部队进驻中阿坝。我们在这里筹措粮食，打草鞋，准备继续行军，通过更为艰难的水草地。军团首长多次来团视察，对加强管理，减少非战斗减员和妥善解决教员生活问题作了指示。当时我团的军事教员有原党的白区贵州工委的邓止戈同志，原国民党军团长孙秀峰、王 ×× 和工兵营长党克俭诸人。我们对他们作了特殊的照顾，如配有驮东西的骡马和公务员等等，并在食物分配上也都给了照顾。但在全局无食物的情况下，我们也是力不从心的。我们在喇嘛庙弄到了一些尘土很厚的“酥油花”，用水清洗、刮去尘土，显出了五彩斑斓的颜色，我们顾不得食品卫生要求，把它溶化后，全团分而食之。虽然只有几十斤，却是极为珍贵的食物了，把它同野菜一起煮食，虽有一些怪味，但毕竟比“青龙过江”（对白水煮野菜的美称）的味道鲜美。29 日，我们移驻下阿坝，军团部召开干部会议，对行军中的管理教育，特别对部队减员很大的问题，一再强调加强管理工作，关心指战员生活，尽量做到少减员，把非战斗减员减到最低限度。我们团在行军、作战中，各级干部和党、团员的模范作用都发挥得很好，部队团结互助成风。如在行军时为伤病员背枪、背行李、架帐篷，甚至背着重伤病员，团、营首长的骡马，基本上都用于收容队或为集体驮粮食。在获得食物时，总是互相照顾，而且干部和党、团员都能吃苦在前，临战在前，从而保证了在极端困难的条件下，大家能艰苦与共，同心协力，风雨同舟去战胜困难。

8 月 1 日，我们沿着一条小河而上，到一处叫箭步塘的森林区露营，这正是“八一”建军节的九周年纪念日。天下着雨，我们却在森林中弄到了一些鸟兽，把它们同野菜一起煮食，作为庆祝“八一”节的“会餐”，味很鲜美。8 月 2 日，我们又以一天百里急行军，抵达葛曲河畔。总司令部命令说:“河不能徒涉，需要架桥。于是只好暂不渡河，停止待命，并做架桥准备。可是，次晨，我们却没有架桥就徒涉过河了。这时发现河中无鳞的鱼很多，成群结队冲击我们的小腿，启发我们可以从河中捕鱼充饥了。我们到达河东岸后，当天上午，军团政委王震同志来我团视察，并同我们一起捕捉獾。我们用面盆盛水从獾洞口倒进去，当洞内盛满水后，獾子就闭着眼睛爬出来，趁它爬出洞时，把它打死。同时有的同志到葛曲河中捉鱼，这里的鱼是不怕人的，据说是藏族同胞不吃鱼，不捕捉它，因而它并不怕人。也许还由于这里地广人稀，没有人去捕捉它的原因吧。体质弱的同志就地采野菜、野葱和野蒜。这天真是全团动手，获得全面大丰收。王震同志指着捕到的獾和鱼笑着说：这可以改善生活了。这一天是我们在草地行军以来第一次饱餐，而且吃了鱼肉和獾肉。当离开葛曲河后，我们就进入水草地行军。水草地是一片长满了杂草的沼泽地带。上面有一层野草覆被，下面则是千百年的腐草污泥，在这种泥潭草地上面行走，如同在“弹簧床”上行走一般，一起一伏，很有弹性。可是,如果把它踩穿,人马就会掉在泥潭里,愈挣扎,愈向下沉，直到气绝身亡。若是腿（脚）沾上了这种污泥浊水，它从刺破皮的伤口传到血液,就会红肿溃烂(感染)。如果饮用这种毒水,就有致命的危险。我们就在这种水草地中走了一个来星期，这时粮食早已吃完，就靠吃用生牛皮做的皮带、皮斗笠和马皮等等一切可以果腹的食物了，体力也更衰弱了。到了 8 月 8 日，才走出水草地到达包座一带。我军胜利地通过雪山、草地，进到岷山山脉有森林、有人居住的地方了，全军个个喜笑颜开，欢庆战胜了险恶的大自然，同时也默默地悼念爬雪山、过草地死去的同志。我们在下包座进行了从甘孜出发以来的第一次休整。工作很多，而最紧要的还是筹粮和保证部队最大限度少减员的问题。我团虽派出部队多方筹措粮食，却是一无所获。8 月 11 日，有一支骑兵向我们袭击，遭到我团反击，将其击溃，并在追击中缴获了他们的一批牛、羊和马匹及部分豌豆、蚕豆和青稞等等。这是一个意外巨大的收获。当即向军团部报告，由军团部统筹分配，我团也分到了一份。在这里，我团总结了一个来月的草地行军、作战的经验教训，并根据上级指示，部署进入甘南与党中央会合作准备工作。

8 月 16 日，我们从下包座继续北上，这时，我们基本上是沿着白龙江的峡谷隘路行军的，这里却又是另一重天地了。这种地形已经不是茫茫无际，气候多变的草原，而是崇山峻岭、急流湍急、汹涛怒吼和林木葱郁的峡谷山路和栈道了。栈道是我们第一次所走的特殊道路。就是在悬岩峭壁上利用人工凿开一个个石窟，在石窟中固定一根根横木，然后在横木上铺设木板，人行其上，水流于下。在这种道路上行军，一遇栈道被破坏，军队既无法前进也无法后退，如遇敌情则无法展开。因而当遭到袭击时，就很被动，伤亡会很大。如 8 月 17 日，我军通过俄界一段六十多里的隘道时，遭到冷枪阻击，伤亡十多人。为此，我们不得不在夜间行军。如果遇到栈道遭到破坏的地段，就要绕道攀登悬岩峭壁，而我们特科营的迫击炮、重机枪就不得不用人扛着，因而行动就更困难了。有时人马都有从悬岩坠落深谷的危险，加上敌人的冷枪阻击，更增加了行军的困难。对此，我们采用一部兵力占领阵地，逐段掩护部队通过，用火力反击打冷枪的反动分子，效果很好。记得有次反动武装分子在白龙江右岸，利用山地天然隐蔽地形，对我左岸行军纵队冷枪阻击，我们特科营用迫击炮向其射击，炮弹准确地落在这伙反动分子的隐匿处，使他们遭到巨大杀伤，这才老实些。8 月 23 日，我们通过了天险腊子口，这里有一些做买卖的回、汉族的小商贩，叫卖大饼和水果（桃子、白瓜子等）。当然价钱是很贵的，而且还要用银洋或大烟土交换。这样，我们就只好“望饼兴叹”了。26 日，我们到达哈达铺。这个镇上生意萧条，又是回、汉民族共居的地方，我们自觉遵守政策，如尊重回族同胞风俗习惯，对回族同胞要称“老表”，不叫“回回”、“老乡”。正好我们军团中不少同志来自湘赣苏区，原籍江西，称老乡也叫“老表”，因而叫“老表”也不生殊。不准在回民家中吃猪肉，不准进入清真寺，不准翻动《古兰经》等等。对于回族中的阿訇（阿洪）主持宗教活动不要去干预等等。还要严格遵守“三大纪律八项注意”，以实际行动影响回族同胞，增进民族团结。在通过回族村寨，如遇到回民群众武装拦阻时，要派人说明我军北上抗日，借路通过，避免发生武装冲突。由于我军严格执行了党的民族政策，以实际行动影响回族同胞，因而，没有在回族区遇到很大的麻烦。军团首长要我团进驻闾井一带，开展群众工作和进行训练。这时，党中央、军委指示红二方面军向陕甘边进军，配合红一、四方面军的作战行动。红二方面军分为三个纵队，以红六军团为左路，向两当、凤县①方向进军；红六师为右路，向康县、略阳进军；中路是方面军总部率红四师和红三十二军向成县、徽县进军。与此同时，方面军首长考虑：为了保存干部，提高干部军政素质，迎接民族革命新高潮的到来，决定以红六军团教导团和红二军团教导营为基础，组建方面军红军大学。9 月 17 日至 19 日，我军先后攻克两当、徽县、成县等地，胜利完成了战役计划，形成了红一、二、四方面军互为犄角的有利态势。我们奉命进入徽县与红二军团教导营合并，组建红军大学。我团学员一部交军团部统一分配，一部留红军大学继续深造。红二方面军红军大学由刘伯承总参长任校长兼政治委员，陈外欧任教育长，李干辉任政治部主任。下属三个营和一个上级干部指挥科。这样，我们团的历史任务宣告结束。

选自《红六军团征战记》下，解放军出版社1994年6月版，第374—387页。

贾若瑜，1915 年生，四川合江人。1931 年加入中国共产主义青年团，1935 年参加中国工农红军，1936 年转为中国共产党党员。红军长征时为

① 原文误为风县。

红六军团教导团军事教员、主任教员。新中国成立后，曾任军事科学院战史研究部副部长，解放军军人俱乐部主任兼军事博物馆馆长，总政治部副秘书长、代秘书长，军政大学副教育长，军事学院教育长、副院长、顾问等职。1955 年被授予少将军衔。2016 年在北京逝世。

回忆红二方面军的长征[①]

贾若瑜

二方面军在1934年10月二、六军团会合后，开辟了湘、鄂、川、黔边区。当中央红军长征时，二、六军团已经潜出津市、澧州一带牵制和调动湖南的军阀和蒋介石军队的一部分兵力，对保障中央胜利北上起了积极作用。中央红军一走，蒋介石集中力量搞二、六军团，到1935年夏秋之间，集中100多个团十多万人，围攻湘、鄂、川、黔边区。当时湘鄂川黔的书记是任弼时同志，军委主席是贺龙，他们决定转移。1935年11月19日，从湖南的桑植、刘家坪、教子垭出发，首先突破大庸封锁线，这道封锁线是何键的女婿李觉[②]所率领的十九师在那里防守。我们进到湖南的忠治[③]、溆浦一带，以后又进展到辰溪向贵州边上靠近。当时本想在外面打几个运动仗调动敌人，后来越走越远，进入了贵州。经石阡到贵阳附近。1936年2月到毕节，碰上了贵州地下省委邓止戈，听他讲那个地方有个民主人士叫周素园，曾到过赤水，这人对何应钦、周西成、侯之担都有影响，是个高级民主人士。我们到毕节后，就想在那个地方创立根据地。周素园又曾掩护过邓止戈，是我们最适当的团结对象。自从瓦窑坝会议后，我们党停止没收政策，不打土豪了，

① 标题为编者所拟。本文摘录自贾若瑜口述：《回忆二万五千里长征》。

② 原文误为韦觉。

③ 疑有误，待考证。

实行募捐抗日。周素园很有钱，很不错的，我们和他联系上了，他和红军负责同志谈了话后，便把那地方的大约 1800 人组织起来了，邓止戈给他当参谋长。以后我们队伍出发时，他的队伍不走了，我们派了我们的政治部主任夏曦和他们交涉，经七星岗下面，夏曦被淹死了。夏曦前段在洪湖苏区第二军团时，的确有错误，以后在六军团这段时间则是很好的，死了是我们一个损失。周素园的队伍垮掉了，他就一直跟着我们长征。

我们在贵州活动的时候，周围的国民党部队都赶来包围我们，情况比较严重。1936 年 3 月，我们退出了这个地区，在毕节、威宁、盘县、沾益一带，即在乌蒙山那团地区打圈圈，最后把敌人甩掉了。1936 年 4 月下旬在云南丽江县的石鼓渡过金沙江，那时正是 5 月，在云南天气很热，大家穿的都是短裤，过了金沙江就是大雪山，气候就变了，雪山上积雪层层，越上越冷。我们过雪山没有经验，接到朱总司令的电报，说过雪山时要准备些酒和辣椒。这里人家少，酒是无从准备的，只找到点辣椒。但人多，哪有那么多辣椒供应，只能找到多少算多少。山上，气候变化真大，山下面是夏天，到山半腰，变成了春秋天气，到山顶就是大雪天了。在前面开路的，还冻死过人。山高涧深，不小心掉下去就没命。路既难走，又加上冷，行进中还一点不能停，连夜都得走，停下来就会冻死，这困难真大。

进入藏族地区中甸以后，我们又分成两路，二军团从得荣到白玉到甘孜，我们六军团则经定乡到理塘到甘孜与四方面军会合。由于二、六军团民族政策执行得好，在云南的彝族地区，和他们的关系搞得很好，没发生过大的问题。到藏族地区也一样，公买公卖，尊重他们的习俗，关系还是不错。中甸的藏族，用的是藏洋，上头还铸有赵尔丰的像，一个藏洋值五角，买一碗糌粑就要一两块钱。但是，他们如果要和你交换他们没有见过的东西，情况就不同了。下面我随便举两个例子：那时，这里的藏胞没见过电筒，晚上，他们看到我们查哨同志手里拿着的电筒，一打就发亮，不打就没有，很是惊奇，便跟着查哨的人走。我们的警觉性还是有的，本想阻止他们，但上面有规定，不能轻易和藏胞发生冲突，只得让他们跟着。他们一直跟到查哨的人进入营房才离开。第二天，这些人找上能够懂汉话的人一道背着糌粑和腊肉来了，要换我们用的电筒。他们开头说不清楚所要换的是什么东西，只是又比又画，我们也弄不清他要做什么。说来说去，三番几次才算明白了，便拿出电筒给他，他拿起一打，发出一道光圈，真高兴，说是佛光，便拿出一袋子面（糌粑，用牛皮袋子装的）来换，我们向他摇了摇头，意思是不要他的东西，白把电筒给他。他却认为我们嫌换的东西少了，再加上一头猪，我们哪能收他的呢？又推辞了，他又再加一些东西，最后弄清楚是不要报酬送给他，于是欢欢喜喜地把那电筒吊在脖子上很神气地走了。他们也没照过镜子，见着我们有的同志带的小镜子，拿起一看，自己跑到里面去了，很奇怪，缠着要买。给钱，我们不收。便跑了回去拿了糌粑来，我们仍然不收，他也像要换电筒那个藏胞那样，一添再添，非要买不可，最后我们仍是送给他。在藏区，我们处处公买公卖，还尊重他们的风俗习惯，不进入喇嘛庙，也不动他们的经书，所以关系很好，没发生过问题。我们有掉了队的人，他们都给送回来，有时还用牦牛载送。直到理塘南面的扎巴和三十二军会合都是如此。会合后，我们军作前卫，在进行中碰上了敌人的骑兵，打了一下，敌人被打散了，占领了理化。这里有座很大的喇嘛庙，我们遵守命令，没有进去，大喇嘛还出庙来会见了肖克和王震同志，送了一个包金的碗。我们离开后，三十二军到来，把喇嘛庙没收了，这下就出了一点问题。

1936 年 7 月 2 日，在甘孜和张国焘会合。这时张国焘在西康没有了出路，当时留下来的朱德同志和刘伯承同志等在不断和他作斗争，四方面军广大的干部也不愿再停留在那里。徐向前同志积极主张同中央会合，我们到那里的时候，他已经到前面勘察北上的道路去了。加上二方面军的到达，中央在陕北取得了胜利和各个方面的影响，张国焘没法，才又再过草地，所以四方面军是三次过草地（他们到阿坝又折回来，这次又再到阿坝）。7 月，我们每个人带一个米袋子，袋中只装有七天的粮食，开始通过草地。8 月上旬到哈达铺，在草地里粮食早完了，没有吃的，大家饿得慌，到了哈达铺，都去买饼吃，很多人肚子被胀坏了。

9 月，成立红军大学，刘伯承同志担任校长兼政治委员，继续行军，通过敌人最后一道封锁线于10 月22日在会宁① 和一方面军会合，至此，红军的三大主力会合了。

在北上的进程中，攻打我们的先是蒋介石的中央军和湖南军阀的军队，以后是贵州军阀、云南军阀、四川军阀的军队加上中央军。其兵力超过我们很多倍，而我们则是没有后方的作战。长期行军，部队已很疲乏，武装既不好，弹药又少，还没有医院，带伤的没法治，真是十分艰苦。总之每通过一道封锁线，都要打一场恶仗。除了地面，还有飞机从空中来轰炸。当我们通过最后一道封锁线时，刘老帅是红军大学校长，我担任指挥科长。我们在山沟里走，两面都有敌人打我们，敌人的飞机还赶来丢炸弹，刘老帅和他的夫人都受了伤，我们则被泥土埋着了。也得不到像苏区那样有组织的同志的支援。不过，老百姓还是比较好的，我们的伤员寄放在他们家里，他们还是乐意把伤员藏下来。

我们也要强渡江河，当我们过澧水封锁线时，对面是敌人的碉堡，我们只是几门追击炮，威力本就不大，还没有船只，又有不会游泳的，只能弄点门板架上炮冒着敌人的炮火强行渡河，在长征中像这样的情况何止一处两处。其次是雪山和草地，虽然只爬了大雪山，死的人也不少。过草地困难更大：四方面军是前卫，六军团跟在他们后面，二军团又在我们后面。四方面军要留点东西给我们，我们也要留点给后面的队伍。本来草地上能吃的东西就不多，分下来更不多了，能吃上野菜、灰灰菜

① 应为将台堡。

还算好的。后来，首长骑的马也杀给战士吃了，连马皮都吃了。如果是旱地，日子也好过些，它是水草地，草下几乎全是稀泥，不注意就会陷下去，越动陷得越深。加上气候恶劣，下午有时还下冰雹，一大坨一大坨的。过草地死的人也不算少。

此外，还有和少数民族的关系问题，党内的路线斗争问题，斗争既艰苦又复杂，但大家都有一个坚定的信念：革命一定能胜利。

长征结束后，我常常想，长征中的经验和教训很多很多，最值得借鉴的有四点：

第一，要有一条正确的政治路线，首先要有一条正确的思想路线，就是实事求是的思想路线，就是说，要把马克思主义的普遍真理和中国革命实际相结合。毛泽东同志在大革命失败后，提出以农村包围城市，然后夺取城市这条路线，就是从中国革命实际出发的，它对我们的革命发展，起了很大作用。苏联十月革命的胜利，是从城市暴动夺取政权的；中国的北伐战争，也是先夺取大城市，然后取得政权的。而我们进行新民主主义革命是只有走农村包围城市然后夺取城市这条道路，也就是由小半个中国到半个中国、大半个中国，再夺取全中国。这一点执行“左”倾路线者就不懂得，他们生搬硬套外国的经验，使红军遭受了损失。

我们不仅要有一条正确的政治路线，还要有一条服从于政治路线的正确的军事路线。开始在井冈山打游击时，是用“敌进我退，敌驻我扰，敌疲我打，敌退我追”十六字诀。那时，我们军队初创，只能打游击战，到 1929 年，我们军队进到福建、江西，在江西创立了根据地，取得过第一次、第二次、第三次反“围剿”的胜利。后来，虽然“左”倾路线占了统治地位，但是毛泽东的军事思想、军事路线还继续在军队里起作用，所以第四次反“围剿”也打得不错。到第五次反“围剿”即 1933 年 9 月到 1934 年 10 月则是按“左”倾的办法打的，开始是进攻，后来转为消极的防御，把红军正确的行之有效的军事战略战术丢掉，搞一些不切实际的正规化，不要群众，不要游击战争，主要依靠主力，因而吃了亏，被迫长征。所以，要革命，就要有一条正确政治路线。更重要的还要有一条符合马列主义的实事求是的思想路线。离开了它，不管是教条主义也好，经验主义也好，都得要犯错误。

第二，要有一个坚强的领导核心。红军之所以打不烂、拖不垮，是因为首先是我们有党的领导，发挥了党的核心作用和党员的先锋模范作用。那时，我们从来没有想过要当官，要发财。大家想的是怎样把革命搞胜利。想的是作为一个党员，必须起模范作用，吃苦在前，享乐在后，冲锋在前，退却在后。其次人民群众是创造历史的，但也要有领导的核心人物，那时，毛泽东同志和老一辈的无产阶级革命家所形成的坚强的领导核心集体，确实对革命发挥了很大的作用。所以，有一个坚强的领导核心是很重要的。

第三，要一致团结在党中央的周围，执行正确的政策。这样，才能团结群众，团结各族人民，才能获得人民群众的拥护，战士的支持，否则是不行的。我随便举点例子来说明党的团结、内部的团结、外部的团结在长征中的作用。当时张国焘下命令要武装解决中央时，徐向前同志就说："哪有红军打红军的？不能打！"那时候，形势相当紧张，有几伙人，盲从张国焘，跳得很高的，毛主席劝说一、四方面军双方要保持内部的团结，才避免了冲突。二方面军与四方面军会合之后，我们同张国焘的斗争，也是有节制的，我们采取了正确的批评与自我批评的内部教育方法，教育了广大群众，团结了队伍，解决了矛盾。红军在长征中上级爱护下级，下级尊重上级，同志间互相照顾，部队间互相关心，都比较突出，部队首长自己的马杀给战士吃，我们在打仗时缴获了马匹，首先考虑领导需要，把马交给上面。三十五团负责看放的牛羊，我们虽然饿成那样子，也没有人去杀来吃，因为要留给二军团，就是我们饿死了，也不能杀一只。

第四，要有严明的纪律，不侵害群众的利益。我们不管在哪里，都是公买公卖，没有人在那里，也要将钱留下，给的钱总比市价还高。如果一时手里没钱，都要留下欠条，说明情况，写清数目。执行纪律，上下级都一样，在打土豪时有个师长将四块大洋装进腰包去进馆子，被撤职，降作科长。我们在少数民族地区，总是尊重他们的习俗，特别重视他们的禁忌：苗族人家供的坛神，是一点动不得的，我们从没动过；我们替他们治好了病，他们招待我们吃马杂，马杂很不卫生，但不吃便认为瞧不起他，因此，闭着眼睛也要吃。彝族人讲放蛊，我们注意不冒犯他们。藏族的喇嘛庙我们不进去,不侵犯他们的习俗。在甘南回族地区，我们做饭一律在村外，更不将猪肉带进村里。初到那里时，回民都上了山，看清了我们的军风纪，才下山回村。因为有严明的纪律，又能尊重少数民族的风俗习惯，就取得了信任，团结了广大的群众，感到红军不像国民党的军队那样，因而得到他们的拥护和支持。

此外，作为红军的一员，都有明确的方向，有坚定的革命信念，不管是否党员，都认为自己是为苏维埃奋斗的，对共产主义是坚信的，对胜利是坚信的,所以都具有艰苦奋斗的决心。像过草地,条件是那么整，体力不强，又没有吃的，还是坚持革命。草地没房子，全部是露营，大体上找个没有水潭的靠山包边的地方平整一下，用点东西一搭，就在里面待着过夜，这样的生活搞了 20 来天。而且那个地区，原先推行的是张国焘的政策，同藏胞发生过一些纠纷，有时还得挨冷枪。就是如此，也没有动摇大家的信念。都说：“走不出去，爬也要爬出去”。那时，常常发生这样的事：在三个人编成的一个组中，一个体力强的，一个则身体较差，一个更差，三个人一路走，晚上共住一个坑里，第二天早上，很差的死掉了，较差的病重了。好的要把他背上走，他说，别管我，你走得，快赶路，我还可以爬，你们走得出草地，我爬也要爬出去。当时大家的心里都具有这样的信念，坚信革命一定能胜利。当然，自己能不能看到，是另外一回事，但革命总是要胜利的。我们能够到达陕北和中央会合，中途没有埋怨，没有开小差，就是靠大家都具有坚定正确的政

治信念，团结互助，依靠党的领导和一不怕苦，二不怕死的奋斗精神……（冯大廉、邹正寰整理）

1985 年 12 月

选自四川《合江县文史资料选辑》第5辑，1986年9月版，第12—20页。

革命理想高于天

李贞

物换星移，岁月如流。转眼，工农红军长征至今已 50 年了。今天，在纪念这个伟大节日之际，我这个当年跟随毛主席长征的女将，更是心潮起伏，思绪万千。仿佛又回到了昔日横戈跃马，驰骋疆场，转战南北的艰苦斗争年月。

1934 年 7 月，蒋介石以 31 个师的重兵，从六个方向，加紧对中央革命根据地中心进行“围剿”。由于王明“左”倾路线的领导，未能打破敌人的“围剿”。湘赣苏区的红军也屡战不利，苏区被分割，红军回旋困难，在这种情况下，中央红军被迫长征。1934 年 8 月，我随红六军团参加了二万五千里长征。当时，我们军团活动在赣西一带，目的是牵制湘赣的敌人。在敌人调动重兵“围剿”的情况下，我军团被迫进行战略转移，即由赣西往湘西转移。开始，我们并不知道这是长征的开始，只晓得是实现重大的战略转移。其实，长征是敌人逼出来的。记得我军从赣西转移的头一天，我开会回来，在路上碰见了一位军团首长。他拍了一下我的肩膀说:“李贞，女同志打仗很辛苦！”我连忙说道:“我随军作战这么多年，你今天才知道我是女同志吗？”这位首长笑了笑没有吭声。我知道他这话中有话，连忙追问，他才将组织上打算将我留下的原委说了出来。原来，团部考虑到我随军的妹妹快要临产，需要有女同志照顾，于是，便决定将我留下。我高低不肯，回到住地，顾不上休息，就去找中央代表、军政委员会主席任弼时同志。我这个人生性心直口快，进门我就说：“弼时同志你说说，当前是打仗重要，还是照顾妹妹重要。”

“当然打仗重要。”弼时同志笑着说。

我又说：“既然如此，那就应该让我继续随部队转移，行军打仗。”

弼时同志觉得我讲得在理，就同意了我的要求。

当时，我好不高兴，飞快地返回住地，往床上一躺，久久还未入眠：六岁当童养媳的苦难生涯，17 岁投身革命的峥嵘岁月，1927 年 9 月参加秋收起义的火热斗争等情景，又像放电影一样呈现在自己的眼前。

长征开始，我在红六军团组织部工作（任组织部部长），既要和部队一起行军打仗，又要做党团工作、干部工作和收容伤员工作，每天还要统计部队伤亡数字。尽管环境艰苦，工作劳累，但想到这是为了消灭敌人，拯救劳苦大众，就越干越有劲，越干信心越坚定。当时行军打仗，骡马很少，许多领导同志的马都让给伤员及女同志骑。有一天军团长肖克风趣地说：“李贞同志能走得动吗？”

我回答说：“和大家都一样走，保证掉不了队。”

我们六军团开始往湘西转移之时，蒋介石从湖北、贵州、江西、云南调动大批人马，对我军团进行围追堵截，还派飞机轰炸，企图将我军一口吃掉。我军团在任弼时、肖克、王震的领导指挥下，粉碎了敌人一次又一次的“围剿”，消灭了大批敌军和出没于山林的土匪。后来，我军团与贺龙、关向应同志领导的红二军团会合后，转战到了湘西的桑植、永顺等地，广泛地开展游击战、运动战，取得了十万坪大捷等一个又一个胜利，狠狠地打击了敌人。十万坪大捷，这为我们在湘西创建根据地及向东发展战略攻势，创造了有利条件，有力地配合了中央红军长征。十万坪大捷后，湘鄂川黔省委决定，将四十九团分散到永顺、保靖一带发动群众，建立革命政权。不久，就建立了郭亮、永保、桑植、大庸四县的县、区、乡党的委员会和政权，以及工、农、青、妇等组织，两个军分区。

我们军团转战在湘西一带，与这里的群众一起生活，一起战斗，结下了深厚的鱼水深情。真可以说是同生死，共患难了。为了配合红军战斗，这里的各村各乡都组织了自己的武装，从 25 岁到 45 岁的青壮年，组成了赤卫队。当地的群众主动为红军挑米送柴，抬担架护送伤员，甚至冒着危险当向导。记得有一次，我们越过敌人的重围，深更半夜迷了路，只好敲开一个老乡家的门，可这家只有一个孤苦伶仃的瘸子。他听说我们迷了路，坚决要给我们带路。他说："我反正是个半条命的人了，能帮你们做点事，我心里痛快。"就在这伸手不见五指的黑夜里，他跌跌撞撞摸着路领我们走。同志们见状，就背着他走。他伏在红军背上，给我们指点路，一直把我们送到目的地。类似这样感人的事例，真是举不胜举。

在蒋介石实行经济封锁，我们极度困难的时刻，湘西群众勒紧裤带、节衣缩食，支援部队。那时，粮食缺乏，吃盐很困难，最紧张的阶段，根本吃不到盐。但当地的群众宁肯自己吃野菜，也要把节省下来的粮食、食盐送到部队。正是这些感人至深的行动，激励着我们在长征路上浴血奋战。

在长征路上吃的苦，是现在人想象不出来的。特别是我们这些女同志吃的苦比男同志更多。日夜兼程行军打仗，女同志头发里都长满虱子，一梳就呼呼往下掉。有一些女同志身怀有孕，挺着大肚子行军打仗。尽管领导和同志们关心、照顾我们女同志，把干粮让给我们吃，把马让给我们骑，可还是要付出比别人更多的气力。但是，我们没有被困难吓倒，咬紧牙忍耐着，以常人难以想象的毅力行军打仗，抢渡金沙江，飞越大渡河，翻过大雪山。走进泥泞的草地后，茫茫无际、荒无人烟，到哪里去弄吃的呢？饿得不行了，只有吃树皮草根，好多同志因饥饿而牺牲。特别是有些临产的女同志，小孩还未生下，就长眠在那里。那时候虽然面临极大的困难，但大家心里都有个盼头，有个坚定的信念，那就是党的事业必胜。那时，官兵关系亲如兄弟姐妹，情同手足，谁也不愿意让一个同志掉队落伍。快走出草地时，我得了伤寒病，昏迷不醒，同志们抬着我走。到了哈达铺，在一个临时医院吃了几剂草药，病稍好了一点，同志们把我绑在马背上过了渭河。当时，我只有一个想法，无论如何要战胜困难,坚持下去,大家“风雨浸衣志更坚,革命理想高于天”。在党中央、毛主席的英明领导下，靠群众的大力支援，大家团结一致，终于闯过一道又一道难关，于 1936 年 10 月胜利到达陕北。

中国工农红军所进行的长征，实为人类历史所罕见，在世界人民的心目中，早已是不朽的英雄史诗。它不仅是我党我军的光荣和骄傲，也是中国无产阶级和中国人民的光荣和骄傲，是我们党的宝贵的精神财富。今天，在进行四个现代化建设中，我们要继承和发扬红军长征的革命精神，坚持改革，团结一致，艰苦奋斗，把两个文明建设和全面改革的伟大事业推向前进。

选自《红六军团征战记》下，解放军出版社1994年6月版，第349—352页。

李贞，女，1908 年生，湖南浏阳人。1926 年参加革命，1927 年加入中国共产党。红六军团西征时为军团组织部部长，红二、六军团北上长征期间，为红二军团政治部组织部副部长、部长，红二方面军政治部组织部副部长等职。新中国成立后，曾任西北军区政治部秘书长、中国人民志愿军政治部秘书长、解放军防空军政治部干部管理部部长、中华人民共和国最高人民检察院军事检察院副检察长、解放军总政治部组织部顾问。中共七大候补代表，中央顾问委员会委员，第一届、二届全国妇联执委，第五届全国人大常务委员会委员。1955 年被授予少将军衔，是开国将军中唯一女性。1990 年在北京逝世。

在长征的道路上

马忆湘

一

1935年冬初，红二、六军团由贺龙元帅的家乡——桑植出发了。红军战士都是20岁左右的工农子弟，个个勇敢活泼，爬山打仗就如同猛虎一样。

部队一出发，多我数倍的国民党军就从前后左右跟上来。到了大庸河，船只全被敌人拉走了。当我们架设浮桥时，敌机在渡口上空轮番轰炸扫射，桥刚搭好又炸断了。部队分批抢渡，后面的就卧在河边桔子林里。飞机飞得很低很低，几乎擦着了桔子树梢。飞机掠过去，一阵风把桔子都吹得唏哩哗啦往下直滚。有的桔子打到我们的嘴上，但我们谁也没吃一个。直到天色昏暗，飞机才离开。部队连夜紧张迅速地赶渡，到第二天太阳升起时，才全部渡完。

自从离开桑植，哪天也得走百把里，边行军还得边打仗。连续走了十多天，才到溆浦。在溆浦休息了几天。一天我到河边去洗衣，衣服还未洗完，后山上突然响起枪声，我急忙收拾衣服往回跑。

部队正开饭。省革命委员会主席陈希云同志说："小鬼快吃饭，准备出发了。"

我问："怎么就出发呢？"

“敌人请我们走。”陈希云同志打趣地说。

枪越响越激烈，越响越近。吃了饭，大家赶紧送还东西，上门板，捆稻草，打扫院子。

队伍集合起来了，枪响得更近了。朱常清副主席喊：“纪律检查的同志，赶快去检查，看看借用的东西还了没有，门板上好了没有，稻草捆好了没有，地下的草扫干净了没有？”

纪律检查的同志立即到各家去检查。我们就开始出发了。

刚一出溆浦，天就黑了。大路被敌人堵着，我们绕着小道走。路上柴草很深，路又窄，看不见，尽摔跤子。走了一天又一夜，到了王家坳。在这休息了两天，敌人又来了，我们便继续边打边前进。

天气已经很冷了，可是我们都没有穿棉衣。衣服也很不整齐，绿的、灰的、蓝的、长的、短的，各色各样都有。没有钱买鞋子，都是自己动手打草鞋穿。每天宿营很晚，很少有打草鞋的时间。没有草鞋的就光着脚走。我因为年纪小不会打草鞋，有时别的同志牺牲睡觉的时间，在深夜里帮我打一双，但因经常碰到下雨天，又爬山越岭，穿不了多久就烂了，所以我也是经常光着脚走。

领导上怕我们几个女孩掉队，让我们跟先头部队走，可是每天到了下午，我们就落在队伍的后面，成了收容队的客人。收容队的同志每次收容到我们时就说：“你们这几个小鬼呀，每天是两出戏：早晨轰台，晚上压油（湖南土话，即流眼泪）。”

“还唱什么戏呀！”我说，“光是秧歌就够扭的啦！”

有一天，大雨下个不停，走了 130 多里。没有雨布，雨伞也很少，有的人就披着一块被单，湿透了拿下来拧一拧再披上，衣服贴到肉上，真是冷得很。我一路上跌了无数次跤，跌得浑身上下都是泥，像个泥猴一样。天黑了，离宿营地还有十多里地。腿痛得实在提不动了，觉得两只脚有千斤重，一步迈不出去半尺远。收容队的一个同志看到我走不动，就背着我走。

我趴在那个同志的背上，虽说腿轻松了，可是心里很难受。我想：走了一天多，又饥又累，雨下得挺大，路又黑又滑，都是两条腿，都走了这样远的路，为什么要让同志背着走呢？一阵心酸就落下泪来。我说：“同志，您放下我吧，我能走。”

“你呀，小妹妹，别难受，我背得动你。”那个同志虽然自己也是十分疲劳，却还亲热地安慰我说：“你这么小离开妈妈来到革命大家庭里，我们应该照顾你，你要是自己走会掉在山沟里的，那时候哇，想看红军也看不上了，妈妈也看不上了。”

他一直把我背到宿营地。遗憾的是我忘记了那个同志的名字，后来也不知道那个同志哪去了。到了宿营地，同志们已在地下铺好了稻草，我往稻草上面一倒就睡着了。不一会，觉着有人拉我，睁开眼一看，原来是文新妹同志。她在我跟前放着一大盆热水，腾腾地直冒气，对我说：“忆湘，忆湘，起来洗洗脸，洗洗脚，洗一洗好吃饭。”

当时我觉着什么也不如睡觉好。我摇摇头说了声“不洗了”，倒下去又睡着了。过了一会，又有人把我拉起来了，睁眼一看，还是文新妹同志。这时我觉着脸很轻松，脚也很舒展；摸摸脸，脸上的泥没有了；看看脚，脚也洗过了，并且换了一双新草鞋。

文新妹端给我一碗饭说：“醒醒，忆湘，吃了饭再睡。”

我说：“不想吃。”

“那可不行，”文新妹同志说，“明天还有九十里呢。”

“九十里！”我一听说只走 90 里，可高兴极了，饭也想吃了，“明天再也不用唱压轴戏了。”

虽然心里高兴，但是眼皮还是沉得睁不开，一碗饭只吃一半，就又倒在稻草上睡着了。

一天下午来到了一座大山脚下，听同志们说这是湖南和贵州交界的一座大山。山很高，山上的雪下得很大，到处都冻着冰。

部队摸黑爬到山顶上，前面的部队就同敌人打起来了。直属部队只好在山顶上停下来。

山顶上寒风呼啸，雪花飘舞，积雪很厚。大家冻得牙齿咯咯作响。想弄点火烤烤，又怕暴露目标，大家只好用手把地上的雪和冰刨掉一些，顶着被单，背靠着背地取暖，又冷又饿。因为天没亮就行军，走了100多里，我感到十分疲倦，不一会就睡着了。

一阵清脆的号声把我惊醒了。睁眼一看，人们正用棍子往下打自己身上的雪，遮雪的被单和雨伞上面结了很厚一层冰雪。有些同志的裤腿都冻得铁硬，一迈腿就哗啦哗啦的响。

我起了一下没起来，摸腿，也不知道腿哪里去了。我说："哎呀！同志，我的腿呢？"

一个姓罗的同志说："你这个小鬼，腿在我的怀里抱了半夜，倒找不到了。"他用手指了指我的腿说："这不是你的小腿吗？"

我看着是我的，可是摸摸又没知觉。我说："这不是我的。"

"这小鬼，真会开玩笑，连自己的腿都不认识了。"同志们都笑了。

"快起来吧，小鬼，前面的敌人被我们打败了。下山去吃饭啦。"老罗同志说。

"我怎么起不来呀！"我起了几次还是没有起来。

"来，我拉你。"老罗同志伸手拉我，手拉起来了，头没起来。"怎么？头发扎根啦！"

原来夜间我歪倒在地上睡着后，头躺在冰雪地里，头发和地下的杂草冻结在一起了。老罗同志用刺刀砍地下的冰，边砍边说："看我挖的这个大人参精哪！"大家又笑了。直到把我的头发和地下的杂草砍断，我才坐起来。头发上沾着许多冰块和结着冰的杂草，重得像拴着八匹马似的。腿麻木得站不起来，几个同志扶着我才勉强能走。头上的冰珠叮叮当当地直响。

"哈哈！这是谁陪送你的一头翡翠首饰啊？"爱开玩笑的同志这样问。

有的同志说："不是翡翠，是玛瑙。"

文新妹同志说："人家的头都快冻掉了，你们还开玩笑呢。"其实她也想笑，就连我自己也觉着好笑。

走了一会，头上的冰化了，冰水顺着脖子一直流到脚后跟。两天一夜没有吃饭了，肚里饥，腿发软，遇到下坡没树的地方，我只好躺着往下溜，滚得满身是泥。

下到半山腰的时候，地下的冰块把脚割了许多口子，血把脚面染得红红的。

一个同志问："你的草鞋呢？为什么不穿草鞋？"

"早就磨烂了。"我说。

他看了看我的脚，就走到前面去了。第二天，他给了我一双小草鞋，说是晚上专门给我打的。他又说："小鬼快穿上吧，看你这两只脚割破了多少口子。"当时我感动得不知说什么好。过了几天他又给了我一双，到了甘肃还给我打了两双草鞋。这时我才知道他是个排长。

天黑时，来到一个村子里。水刚烧开，正准备做饭吃，敌人又追来了，我们连一口水也没喝，又边走边打，继续前进。

二

通过贵州，到了云南。因为天天行军打仗，伤员一天天增多，领导上便把我们几个女同志调到卫生部做看护工作。过去行军一天，到了宿营地，有时自己吃饭、洗脚还要大人来照顾。这下可不行了，除了和其他同志一样行军外，到了宿营地，我们还要给伤病员同志打水打饭，照护他们。这样一来，睡觉的时间就更少了。

大路都被敌人封锁着。自从桑植出发以来，为了保存力量，北上抗日，我们尽量避免打无把握的仗，多走偏僻的山涧。山里没人，吃的就发生了困难。那些天，都是现宿营现找吃的，碰到什么吃什么。贵州至云南的大山里很少有大米，多是包谷。老百姓吃包谷都是用碾子或磨把它压成面粉做饭吃，他们说整包谷粒没法吃。我们怎么能压包谷面呢？第一敌人在后面追着，没时间；第二也没有那么多的碾子和磨。因此，我们就弄一些包谷粒子放到锅里炒一炒，每人分一碗（有时只能分得一把）当饭吃。只有伤病员才能吃上一点稀饭或包谷面糊糊。有的时候，因为敌人追赶，连炒都顾不上，大家就抓一把生包谷粒充饥，时常一天只吃一两把包谷粒。在那以前，人们都说包谷不好吃，那会却觉得好吃得很。有的同志还编出歌谣来：

金包谷，
银包谷，
吃上一把好走路。
一粒包谷一口水，
十粒包谷挺到黑。

粮食少的时候，我们就先让伤病员们吃。伤病员们知道粮食少，自己少吃一点，剩下一些给我们吃。

到云南宣威县时，已是阴历二月。满山遍野油菜花盛开。花蝴蝶在菜花上面飞舞，蜜蜂儿嗡嗡地唱歌。一下子使我想起在家里，当油菜花开放的时候，抓蝴蝶，听蜂儿唱戏的情形来了。一阵菜花馨香喷进我的鼻孔，鼻子一酸，就落下眼泪，但是并不想家。

“马忆湘，你这小鬼，怎么搞的？往日那么活泼，有说有唱，今天怎么不高兴啦？想家了吧？”一个伤员问我。

“不是。”我说。

“要不就是饿了？”

“更不是。”

“不是？”另一个伤员说，“那你唱个歌听听。”

“唱就唱一个。”说罢，我就唱起“送郎当红军”来。

送郎当红军，
不要想家庭，
家中一切事，
全有我照应。
送郎当红军，
勇敢向前进，
打土豪，杀劣绅，
一个不留情。

跟着大家也唱起来了，好活跃啊。

到云南以后，敌机轰炸、扫射更凶了，每天都是好多次，有时飞机把炸弹扔完了还回去取，取来再炸。

一天下午，我们正在山坡上休息。突然来了几架敌机，飞得很低，刚飞到我们头上就扔起炸弹来。供给部也赶到一起了，树林里，草坡里，大道旁，到处趴的是人，还有牲口。炸弹一落地，立即就有一个大土柱冲上云霄，不少的大杉树都被打断了。我和卫生部管理科指导员的一个小鬼趴在一起，他比我还小一岁，只有 12 岁。一架敌机飞过，眼看着一个接着一个的黑葫芦旋转着向我们这里落下来，我喊了声“炸弹来了，快散开！”一转身就滚到旁边的一个水冲过的坑里。身子刚落到坑里，听着轰隆隆一声巨响，沉甸甸的一些东西压在我的背上。当时我还认为是那个小鬼呢，抬头一看，才知道是压了厚厚的一层土。身下觉着软绵绵的，原来身下还压着几个人，全是保卫局的，其中有一个是保卫局长吴德峰同志。吓得我赶快往起爬，一看还是在一个悬崖边缘上。悬崖有几百丈高。心想：要是保卫局的几个同志一翻身，那我就会被翻到深涧里去摔成肉酱。我站起身来土也顾不上拍，就去找那个小鬼，只看到我们趴着的那个地方出现了深深的两个炸弹坑。那个小鬼躺在炸弹坑旁，一动也不动，他的血浸湿了身旁的土。我正要去扶他，听着旁边小树下有人“呀”了一声，跑去一看，原来是文新妹同志，她被炸伤了，一只胳膊断了，一只腿也直往外流血。

我说："怎么办呀！新妹姐……"我抱住她那流着血的腿只是哭。这时卫生部政委罗章同志也来了。

他看了看文新妹的伤势，很难过的说："文新妹同志不能走了，我给你留一些钱，把你寄到附近老乡的家里去吧。"

文新妹同志点了点头。

我说："新妹姐呀！我也要跟你去，照顾你，什么时候你的伤好了，我们一块去赶红军。"

文新妹同志用手摸着我的头说："忆湘，别哭，你不能跟我去。你的腿脚还好，好好地跟着红军走，多一个人多一份力量。我要是养好了伤，一定去赶队伍。那时候，我们还在一起。"

罗政委也不让我去。后来几个同志把她架到山坡一家老乡家里去了。我边哭边往前走。看着有许多同志在掩埋牺牲了的同志，那个小鬼就埋到身旁的炸弹坑里。重伤员都被寄在群众家里，能走的轻伤员都跟着走。

我正往前走，突然从后面传来"哇啦哇啦"的喊叫声。扭头一瞅，是给残废同志拉马的那个小哑巴，他只有十五六岁。原来听说他已被炸死了，收容队的同志去埋他的时候，他突然又站起来了。他头上和膀子上流着血，手拄着一根小木棍，哇啦哇啦地喊叫着追队伍。因为他受伤很重，也把他寄到老乡家去了。

以后一段时间，为了避免敌机轰炸，队伍都是天黑以前出发，第二天上午 10 点左右宿营，改为夜行军了。

夜行军分外的累人。每晚都要走一百四五十里地，多时到 180 里。白天宿营防空还得照顾伤员。"困死鬼"又来了，光想睡觉。夜间走到马路上时，为了缩短部队的距离，时常走四路、五路，甚至六路纵队。遇到前面停下来时，我就站着睡觉了。待前面的走了好远。我才被后面的同志推着半醒半睡的往前走。有时走着走着就迷迷糊糊地跌到路旁的小沟里睡着了。待收容队过来拿棍子伸到马路两旁的小沟里去扒拉，醒了就拉起来往前走。

有一次，实在太疲倦了，收容队的同志把我拉起来又倒下去，再拉起来又倒下去。突然听着“叭叭叭”几声枪响，收容队的同志喊:“小鬼，快起来走，敌人追来了！”我们几个睡得迷迷糊糊的小同志，爬起来就跟他们往前跑，跑了一段路之后，收容队的同志笑起来了。啊！原来枪是你们打的呀，收容队的同志们说：是啊，不听到枪声响，你们眼皮上的瞌睡虫，怎么能赶跑呢。

第二天，太阳上来很高了，离宿营地还有 20 多里，中间隔着一座山。收容队的同志让我们先走，他们在后面担任警卫。

我们这些掉队的小鬼就慢慢地爬那座山。山很陡，没路，就抓着小树枝往上爬。快爬到山顶上时，脚一软，就倒在地上呼呼地睡着了。等到收容队的同志们把我叫醒过来的时候，太阳都偏西了。

“小鬼。”收容队的同志说，“这一觉可睡足了吧？”

我站起身来笑了笑说：“我还想睡呢。”

太阳晒得我全身是汗，衣服都被汗水湿透了。当我跟另一个小鬼和收容队的同志到达宿营地时，大家都已吃过饭！睡过一觉了。

三

过了几天，到了金沙江边。远远地望去，前面有一座很白的山。有的说是棉花山，有的说是雪山，也有的说是白糖山。金沙江就在山脚底下急湍奔腾，浪花冲打着石岩发出“哗呜——哗呜”的响声。

我们下午到达。前面的部队秩序井然，正在用竹筏紧张迅速地渡江。我们在沙滩上停下来，吃过饭就休息候渡。敌人紧跟在我们后面追打，后卫部队拼命抵抗，枪炮“轰隆！轰隆！”响得很紧。

第二天，朝雾笼罩着江面，我们个个精神焕发，胜利渡过了金沙江。

浓雾渐渐散去，前面那座白山显得高大起来，老乡告诉我们，那就是雪山。

当时正是阴历四月天气，穿单衣都嫌热，听说山上有雪，我们几个小鬼特别好奇，认为到山上去凉快凉快，那才舒服呢。

这天我们只走了几十里路，就在山下的一个村子里住下来，准备在这里休息三天。大家紧张地准备着过雪山的粮食，每人弄一些谷子用碓臼舂米，每人还发了几个小辣椒。同志们都说过了山就没粮食吃。我不信，说："没有粮食，那里的人吃什么呀？"。

出发的头天晚上，省革命委员会副主席朱常清同志给大家讲话。他说："上到雪山上的时候，不能乱看，后面的人只能看前面人的脚后跟。感到发冷就吃一口辣椒增加点热度。就是多累也不能坐下来，坐下就会起不来……"

第二天部队由这个村子出发，走了不大工夫，就到了雪山底下，那里红花绿叶，蝴蝶飞舞，确是美丽的春天。小河里流着一股黄水，像茶水一样。水是从雪山上流下来的，因为水里沤着很厚的树叶和杂草，所以颜色是黄的。大家都说是"仙人茶"，喝下去又苦又臭。

上山时，我们每个人都用毛巾把头包起来，只留下眼睛看路。刚开始天气还很热，大家的兴趣都很大，只想着一下子爬到山顶，看看到底是个什么样子。走到半山腰，冷风飒飒，草木干枯，像秋天一样。再往上走，连太阳都没有了，雪花飘飘，满山一片白，积雪不知有多厚，像严寒的冬天一样。山上高低不平，雪洞很多，一不小心掉到雪洞里去，就很难救出来。不知是哪个单位的一个男同志摔到雪洞里去了，大家费了很大力气才把他拉出来。待接近山顶时，云彩都到脚下面去了，雪下得更大，还夹着李子那样大的冰雹。山上没有树没有草，雪光刺眼，张望不得，也听不见鸟鸣，连国民党匪军的炮声也听不见了。越往上走，心里越难受，头晕眼花，呼吸困难，身体发软，一阵阵恶心想吐。想坐下休息一下，但副主席那句话——多累也不能坐下去，坐下就起不来了，老嗡嗡地在脑子里响。爬到山顶上就像鱼离了水那样难受。要是有人倒下了，别人就得赶快去拉，拉晚了就断气了。有一个云南籍的炊事员，40 来岁，背着一口大锅，走着走着倒在雪地里了，两手紧紧地抓着锅沿，两眼直望着同志们流泪，嘴里吐着白沫，两唇颤动着想说什么却说不出声，还没等拉起来，就停止了呼吸。

山上的风，嘶嘶狂叫，把地上的雪卷起来和天上下着的雪搅在一起，如同大海里的巨浪一个跟一个的卷动着。大家都是穿的单衣，有的同志光着脚，雪打到脸上就好比铁砂子似的打得生疼。头上好像戴着一个大酒篓一样，头发沉，脚发轻，身子直晃荡。二军团的保卫局长拉着我走，亲切地对我说："小鬼，好好走哇！不能坐下，坐下就在这天国里'成仙'啦。"

到了山顶上，谁也不敢坐下，歪歪倒倒一股劲往下走。很多人都在积雪很厚的雪坡上往下滑，一滑就是十几丈远，我也跟着他们往下溜，下到半山腰，头才慢慢地轻松了些，呼吸才均匀。

翻过雪山，第二天到了中甸。队伍在那里休息了四天，准备过第二个、第三个雪山。为了促使大家动手找粮，从这开始粮食都是各人自备。那里是藏族地区，说话一句也不懂，不但没有大米，就连青稞麦子也不多。顿顿吃青稞糊糊，人人肚胀拉稀。听同志们说，再往前走，连青稞也没有了。我们每人在这里准备了五六斤青稞炒面粉和几个辣椒。

由中甸出发，走了十多天还没走到第二个雪山，青稞炒面粉早已吃完了。山上有少数的刺果，果实又酸又涩，为了充饥，也寻找来吃。偶尔看到一两户人家，光有房子没有人，更没有粮食。从此，我们就开始吃草。开头几天，是吃茴茴草（一种可以洗衣服的野草），但不多，后来就什么野草都吃了，只要能咬得动就行。有些草含有碱性，吃了拉肚子。在铁锅城，省革命委员会地方部有个 50 来岁的女同志，大家叫她大老胡，洪湖人，小脚，走路挺精神，听说她的丈夫被敌机炸死了，儿子作战牺牲了。她一贯工作很积极，对人很和气，对小鬼们尤其关心，一碰到我们总是亲切地说："伢子们，好好走，不要掉队罗！"她搞到东西，自己不吃，先让我们吃。就因吃草拉肚子，她在一天的半夜里死了。她临死时对我说："我可能拖不过去了，伢儿，你一定要拖过去，跟中央红军去会合，你长大了还能为革命做很多的事情。"

后卫部队更苦，他们连较嫩的野草都吃不上，只能吃到前卫部队留下的一些草根。

有一天遇到一块灌浆的麦子，大家把麦穗掐来放到火上把芒烧掉，再在手心里揉一揉就吃。要是碰到一块豌豆苗的话，连根都拔起吃了。那时候在我们队伍里传着这样两句话：

豌豆苗，香又甜，

烧麦穗，是过年。

原来预备的草鞋都穿坏了，要打草鞋也没有草，大家只好光着脚在石子上、草丛中走。许多人的脚都被石头和刺划破了。

康藏高原除了雪山，便是大山套小山，整天在山里转。山上没有水喝，有时在山下碰到水就把毛巾沾湿放在缸子或碗里，到山上渴得没办法时，就拿出毛巾来拧点水解渴。有次，一个挑文件箱子的同志，口干得昏昏沉沉地躺在地上。我想他挑着担子很累，而我自己是空手走，于是就把自己的毛巾拧出点水给他喝了，他才慢慢起来，又挑起担子和大家一起走。

过第一个雪山死的人还不多，过以后几个，一个比一个死的人多。我们含着眼泪把他们埋到雪里了，又继续往前走。但是也有个别经不起考验的人，中途与我们不告而别了。过了雪山到巴安城。我和伍玉莲、夏玉莲、朱国英、小老张等（都是女同志）几个人到河边洗衣服，她们唧唧咕咕的说不走了。我说："你们舍得离开红军吗？"

伍玉莲说："舍不得离开呀，可是雪山实在是熬不过去啊！听说还有几个大的雪山，到那雪山上非死不成，我们几个顺河下去吧，下去就是四川，那里有大米吃。”

我说：“我不去，部队就是我的家，死也和红军死在一块。”

第二天，刚上山走了不远，她们几个就在一个山坡上坐下不走了。我认为她们是休息，也就同她们坐到一块休息。

休息了一会，她们还不走。我说：“该走了吧，队伍都过去了。”

她们说：“你愿走，你走你的，不用管我们。”

从来我也没有看到她们这样不高兴过。我说：“我走就走。”

到了宿营地，省革命委员会副主席朱常清同志站到一家破房子门口不时地张望，嘴里还嘟囔着：“她们几个人怎么还不到呢？”

我说：“你等谁呀？”

“等那几个掉队的女同志。”

“她们不来了。”

“你怎么知道？”

“她们昨天下午就对我说了，不来了。”

“啊，她们开小差了。你怎么早不报告呀？”

我说：“她们不是开小差，是到四川找大米吃去了。”

“你这个小鬼成了傻瓜啦，那就是开小差嘛。”副主席解释着说。

“我要知道这就是开小差，早就报告了。”我又后悔又生气。虽说参军一年多了，我确实不知道什么是开小差，因为我向来也没有见过开小差的。

四

大约在 7 月初，部队到达甘孜，与四方面军会合。两个方面军会合后，就开始过草地。这时最大的、最可恶的敌人就是饥饿。我们在甘孜每个人准备了七八斤青稞炒面粉，作为过草地时吃草的引子。

无边无际的草地，稀软稀软的，不能停步过久，停久了就会陷下去爬不起来。气候恶劣，很不正常，一时雨雪，一时风暴……衣服总是湿湿的。

草地上，虽然草很多，但是人能吃的却很少，大多是些干枯的连牲口都不爱吃的草。部队行军中发现比较嫩的能咬得动的草就边走边掐。到了宿营地，把草放到洋瓷缸或者洋瓷碗里煮一煮，抓一点青稞粉放到里边，搅一搅，就是一餐饭。走在最后边的部队，有时连草根也找不到多少哩。

绝大多数的牲口都杀吃了。连贺老总骑的马也杀给大家吃了。马的骨头也是宝贵的，把它放在火里烧得焦黑焦黑之后拿来啃，啃不动了再烧。

经过八九个月的连续行军、打仗、饥饿、疲劳和雪山草地的自然灾难，人们都瘦得不像个样子了。原来的胖子，也只剩下一层皮包着一架骨头，几乎所有的人都瘦得脱了形，头发脱落了大半，面色憔悴。很熟的人，过几天不见面，就互不认识了。

不少的同志，在草地里倒下去了。一天在草地里宿营，有个地方长着几棵小树,我就到那里去拾柴。树下好好地盖着一块被单,掀开一看，原来是头天晚上睡下的同志，现在已经没气了。

有一个男同志，瘦得快要散架子了，肩上背着一支枪，一手拄着棍子，一手拿着一块马骨头，跌倒了挣扎起来，摇摇晃晃地往前走；走几步又跌倒了，艰难地爬起来还往前走。遇到前面部队留下的火堆，他就把那一块马骨头烧一烧，拿出来啃一啃，啃啃又烧烧，烧烧又啃啃。啃一会子，趴到地下喝一口水，又爬起来，拿着啃剩下的马骨头，拄着棍子一摇一晃地再往前走。

十六师的政委，自己找来的粮食舍不得吃，装在小袋里，遇到有同志倒在地上起不来，就抓一点出来和点水给他吃。一次这个政委走着走着就昏倒了，嘴里吐着白沫。医生以为他病了，想搞点药给他吃。警卫员说:“不是病,他几天没吃东西了。”当他把粮食给别人吃时,警卫员说:“你给别人吃,自己怎么办?”他说:“多救出一个人,就多一份力量啊!哪怕自己只有一点粮食也不能看着同志死去。”

经过 20 多天的草地行军，部队到了一个名叫阿坝的小村子。上级命令在这个村子里搞过第二个草地的粮食。

虽然这里有些人家，但老乡们都把牛羊和粮食带走了，剩下的仅是几间空房子；地里的青稞麦还没抽穗，上哪搞去呢？我们把老乡们已打过的麦秆，打了又打，翻了又翻，东一粒、西一粒的拾拣。大约在这里停了三四天。拾了两天，我拾的麦子连壳带皮还不到三斤。怎么办呢？第一段草地八斤青稞麦粉。20 多天的路程，差点儿没有饿死。下一段草地也是 20 多天，我却只有三斤麦粉，心里很着急，就不睡觉也不休息到处找。找来找去找到一个庙里，看到泥菩萨肥头大耳的在那咬牙瞪眼地站着，我说：“谁叫你这么胖？”边说边用手捅它的肚子，把肚皮上的一块木板给捅掉了，从肚子里掉出了几粒麦子，我真高兴极啦，连拍了几下，又掉了一点出来。虽然麦粒都被虫蛀空了，但也如获至宝，又凑了一小碗。

出了庙门，走到三十二军的一个营部里，看到他们的院子里堆着一大堆青稞，我就坐到麦子堆边，把手往麦子里一插，非要一些不可。

看粮食的同志说：“小同志，不行哪，我们这点往外一分，每人也就是几斤，请你回你们单位去要吧，啊！”

“你们给我一点吧。”我说，“我们单位同志们的粮食也很少，你们要不给我一点,我就得饿死在草地,再也不能和你们一道北上抗日啦！”

从屋里出来一个同志，他说：“好好，给她一点，给她一点吧。我们一人少吃一口就行了，大家节省一点也要把这个小鬼带出草地。”

那个同志给了我满满四小碗。这回我更高兴了。我就在那里把它炒熟，用两块石板磨碎，边磨边想，这回可得救了，20 几天，有这六七斤粉子，多掺和点草，一定能度得过去。

磨到天快亮才磨完，我连皮带壳一起装到袋子里，抱着往回走。这时困极了，迷迷糊糊地过一道很窄的桥，雾大，桥湿，一滑，两手一张，抓得桥来，掉了粮食。水流很急，别人都还没起来，也无法找到，我急得坐在河边直哭。后来班长张金莲同志找来了，喊了好几声，我也没答应。她一边拉我起来，一边问我为啥在这哭不回队。我把这些情况告诉她以后，她说："忆湘，不要难过，看我的干粮。"说着她把她那点干粮（五六斤）举了一下，"咱们一起吃。活，活到一起；死，死到一块。"

我说："你放心，我一定坚决跟着大家走，没粮食，只要有草吃，一定能度过草地。"

"嗳，告诉你，侦察连昨天一个同志来了，问你找到粮食没有，没有就找他们去要一点，过会儿，你去要吧。"

我打听到侦察连的住处，就急忙去找他们要粮食。那晓得，他们从上阿坝到下阿坝的途中，遭到敌人骑兵的袭击，粮食、牲口、毯子等都被抢光了。连长、指导员受了伤，这时，他们自己也正为粮食发愁。我只得往回走，寻找些野草。

夜间，别人都睡了，我把白天找来的一些野草用开水烫一烫，就守着一堆火烤它。边烤边想：和同志们一起拖了这么长时间，受了说不出的苦，眼看着不少的同志倒了下去，我还活到现在，难道还有20多天的路就走不过去了吗？不能，一定要坚持到底。可是又一想，20多天只有这一把草，怎能度得过去呢？正在这么想着的时候，宣传队的吴队长来了。他说："小鬼，不要愁，把你的口袋拿来。"说着，就从他那不多的干粮里分出了一碗，倒在我的干粮袋里。原来，我哭过好久，没有掉下一滴泪（急得哭不出眼泪来），这一来，眼泪唰地一下就流了出来。我什么话也说不出，突然想起了在家时听到老人们说："能为穷人一口，不为富人一斗"的那句话来了。

第二天下午遇到秦金美同志，她伸手把她的干粮拿来，倒给我一碗，说："你拿去吃吧，只要我们活着就不能让你饿死在草地里。"说罢又抓了一撮炒面放到碗里，和了些水递给我，“嗯，喝了吧。”我没粮食的事，好多人都知道了。

到了宿营地，见到政治部主任甘泗淇同志。他问："你没粮食怎么办哪？"

我说："吃草。"

甘主任同情地看着我，然后对总务处长说："全政治部的人集合。"

政治部的几十个人都集合起来了。甘主任对大家说："同志们，这小鬼跟我们一年多了，没有拖死。可是就在这最后一道难关前她弄的一点粮食摔到河沟里去了。我们能忍心眼看着她倒在草地里吗？"大家都同情地看着我。他看了看大家继续说："我知道大家的粮食都很少，但如果我们每个人能够给她抓一撮的话，就可以救出一条性命……"

“来，给你。”甘主任的话音还未落，有的同志就解开了干粮袋。我摘下帽子接着。那个一撮，这个一撮，全政治部的同志，每个人都抓给我一撮干粮。真是“大家拾柴火焰高”，一人一撮就是二斤多。

甘主任又对我说："你看见干粮多些的同志再和他们要一点，别发愁，大家能走出去，你也能走出去。"

一共有了三四斤粮食，首长和同志们又这般安慰我，给了我粮食，我跟着大家前进，心里感到无限的温暖。

一天宿营时，有个名叫丘莫达的理发员，走着走着晃了两晃就跌倒了，嘴里吐着白沫，眼珠直往起翻，眼看就要断气了。我赶快把自己的干粮倒出半碗，和了些水，一点一点地给他灌下去。过了不大一会，他就能睁开眼睛说话了。他坐起来看了看喂他干粮的碗，看看我的粮袋里只那么一点干粮，抓住我的手，掉下了眼泪。（后来，到甘肃又看到了他，他还特意来看我，说我救了他的命。）

一路上我一天一把粮，坚持了十几天，只剩下最后一把了。我手心里抓着粮袋想：吃了呢，就再也没有了；不吃吧，肚子饿得咕咕直叫，寸步难行了。最后心一横，把它倒在水碗里，心想，吃了吧，能坚持一天算一天。

最后一把干粮吃下去了，但是还有十几天的路程，草地是走不出去了。眼看着就要与同志们离别了，看着每一个同志，每一棵草，都是亲热的。我并不怕死，我舍不得离开队伍啊。

走着走着，又饥又累，我认为就要完了，突然看到地下有两小块牛皮。啊！是眼花了吗？我不相信自己的眼睛，伸手拿起一看，果然是两块牛皮。我心里一阵豁亮，高兴得差点没有跳起来。忽然那个烧马骨头的同志的影子，又呈现在我的眼帘。后来，我饿了就把牛皮放到火里烧一烧啃两口。我在皮子上划了记号，哪天啃多少，按着记号有计划的啃。

过了几天。牛皮也啃完了，一天，在行军的途中我昏倒在草地上。过了些时候，睁开眼睛一看，坐在马背上了。原来我昏过去后，第四师师长卢冬生同志把我扶到他的马上。他几次都让杀他的马给同志们吃，因他是残废瘸腿，所以大家不准他杀，才留下了这匹马。过了两天，我又生了病，可能是吃了毒草，肚子里胀着痛，嘴里吐黄水，疼得坐立不安，什么也不想吃了。迈一步要费很大的力，侯月英和李金香两个人架着我走。大家都饥寒交迫，四肢无力，走路直晃荡，再架着我走路就更困难了。架着走一段，推着走一段，一连几天都是这样。有时疼得两只脚不能落地，同志们就背着我走。天还下着雨。一天两天还可以，老这样下去，我就不忍心了。而且后面已没有队伍了，说不定什么时候会受到藏族骑兵的袭击。我说："同志们，放下我吧！省得累赘着你们。"

同志们都坚决地说："不能，抬也要把你抬出草地去。"

一个夜间，大家都睡在一个帐篷里。我疼得哎呀哎呀直叫。甘泗淇主任听见了，他说："怎么啦？小鬼。"

"肚子痛呀！"我没气地回答。

"来，吃点药可能就好了。"吃了药，果然慢慢就好了些。

我们从没主动打过藏族同胞，可是他们因为不了解我们，加之受了国民党反动派的欺骗愚弄，所以听到我们来了，就都躲到森林中去，一有机会，他们就偷袭我们。一天，我们到了葛曲河一带，他们又来袭击我们。为了自卫，十六师跟他们干了一仗，缴获了 100 多只牛羊。我们政治部几十人分得一只羊，有 20 多斤重，连皮带骨，分作几顿吃。直到这时，我们才真正吃到一点肉。

又走了五六天，我们才出了草地。顿时，觉得天也明朗了，人也长高了。虽然还是藏族地区，同样是有房无人，但地里的麦子、豌豆快要熟了，我们就像死去的人又获得了生命似的高兴，跳哇，唱哇，笑哇，每个人兴奋得流眼泪。我们像羊群一般散到豌豆地里，摘豌豆角吃。领导上不准我们自己摘，要等司务长统一来买。大部分同志听领导上一讲就走了，剩下我们十多个人说什么也舍不得离开。我钻到豌豆秧下面，刚开始连豆带皮一齐吃，后来就光吃豆子，把嫩的吃了，把老的装起来。

天黑了，我们十几个摘豌豆的才从地里爬出来，在大道上点起一大堆火烧豌豆吃。不一会司务长背着一个小铜勺来了。大家就用勺子炒着吃。勺子很小，一次只能炒二三十粒。你炒了给我，我炒了给他，就这样你一勺、我一勺的炒了一整夜。第二天早晨一看，一个个都像黑脸老包一样。

在这里休息了两天，弄了一些豌豆、麦子作为继续行军的干粮。走时，领导上叫有关部门写个条子包上白银放在人家里或地里。

从此开始，能够吃上点豌豆和青稞麦了。但几个月不吃粮食，猛一下吃，肚子里消化不了，大家都拉开了稀。

天漆黑，夜里十一二点钟通过腊子口。两边是高耸的悬崖峭壁，有敌人在上面扼守着；中间是一条深深的河沟，我们悄悄地抓着事先拉好的绳子，一步步小心地踩着石岩，要是摔了下去，就连尸骨都没有了。下面的路上，躺着很多尸体，走几走就被绊倒。他们是白天打这经过时，被敌人用枪和大石头打死的。眼看着自己的同志倒在这里都不能掩埋，我们每个人的心里都万分难受。天快亮时，才走出这条大约 20 来里长的谷口。

过金沙江前，人员大大减少了。有的连队进康藏地区时有一百二三十人，而这时只剩下三四十人了，这时所有的人都瘦得不像样。头发都快掉光了。如果没有一层皮包着，恐怕骨架子都散了。

又经过十来天，部队才离开藏族地区，到达距哈达铺40里的麻子川。从这几天起，我们才最后结束吃草的日子。

到麻子川的当晚，看到驻地人家有一只小猪，多想弄来吃一顿啊！第二天早起，班长把在溆浦过阳历年时发的一块白银拿出来，在那里买了半斤猪头和两只猪爪，我们边走边啃。她啃一口转给我，我啃一口又转给别人。啃完了肉，骨头也舍不得扔，还含在嘴里。

雪山被战胜了，草地被征服了，饥神饿鬼都赶跑了。两万五千里长征将要结束了。歌声又飘荡起来了。可是胡宗南匪军来了，飞机也显魂了，从此开始，又边行军边打仗。

选自《红六军团征战记》下，解放军出版社1994年6月版，第473—491页。

南回北折长征路

陈云开

东进回师征西天，红军不怕路途险。

南回北折长征路，百万蒋军听调遣。

这是我1936年10月，在陕西会宁的将台堡①为庆祝一、二方面军会师写的一首短诗。现在重读起来，仍觉激动不已。

弃北向南　渡江开道

1935年11月初，我二、六军团主力火速从津市、澧州、临澧、石门等地回师集结，驻桑植一带，准备踏上北去的征途。从桑植出发北上，原定取道板栗园、黔江方向，渡陈家河，夺占来凤及龙山等地。六军团十八师奉命策马先行。我们机关的一些同志也在积极准备北上。满以为两三天就要渡陈家河。可是部队休整几天后，到了11月19日这天，军团首长却下达了南下湘中的命令。我们一时摸不清意图，心里都有点犯谜。在那时，部队朝东幕西，一天绕几个大弯，打几仗又返回原地宿营的事情是经常的。我们习惯了这种灵活机动跟敌人捉迷藏式的战术，所

① 将台堡当时属甘肃静宁县，今属宁夏西吉县。

以每一次都感到踏实。可这次是重大的战略转移，形势非常严峻。时间的争取和行军路线的选择是十分重要的。军团首长怎么会突然作出“北辕南辙”的决定呢？那天上午，首长们还在紧张地忙碌，我们保卫局几个人一边收拾行装，一边议论起来。我们局里的杨风生科长是个沉着心细，有胆识的老侦察出身，他等我们发了一通议论后，不慌不忙地拿着一份自描的地图凑过来说：兵书上不是有“避实就虚”、“声东击西”的战术吗？你们看，北面有徐源泉、樊嵩甫①、孙连仲，东面有陈耀汉、郭汝栋、陶广、李觉，共合100个团以上的兵力，像半天黑压压的乌云，直向湘鄂川黔地区压来。而南面的澧水、沅江一线，由于地势险要，敌人仅有几个团及一些地主武装设防。我们要是突围向北，直接取道川陕北上，不要说层层受阻，就是冲出去了，又前有长江天险，后有十万追兵，那岂不太危险了！我看军团首长先以十八师向北，是声东击西，给敌人造成错觉。我们大军南下，就叫作避实就虚，不仅可以使我们的部队减少损失，还可以把东北面的敌人调动一下呢！让他们都尾追到湘中去，我们再折北上不就轻松多了吗！杨科长的分析确实与军团首长的指挥意图对上号了，我们也茅塞顿开了。

傍晚，被指定为先头部队的十七师出发了。十七师的四十九团是先遣团。这个团的前身叫湘东南独立师，是1930年9月，毛泽东同志等第二次撤离长沙后，指示湘东特委以地方武装为基础组建的，到湘赣边时改为独立一师。这个师战斗经验丰富，战斗力强。根据以往的经验，首长决定把这个团亮出来开路，那肯定是要干几场硬仗、恶仗。这次担负的任务是：率先抢渡澧水、沅江，把敌人依江筑成的双重封锁线撕开一个缺口，为全军打开进军的道路。待十七师出发后，我们军部机关也接着告别了桑植的乡亲，拔营启程了。据侦察，澧水沿岸的船只早已被国民党控制或破坏了。战士们除了随身的枪、弹以外，有的带绳子，有

① 原文误为樊松甫。

的拿斧、锯，有的扛毛竹竿，有的抬杉木，队伍像一条长龙，向着澧水疾进。

经过两天急行军，我们于21日傍晚，比先头部队稍晚一些到达预定地点，并在一片茂密的山林里停了下来。我们忙着做好后续部队和军团机关过江的准备工作，战士们正在从砍来的木材堆中挑选制作渡江工具的木头，捆扎木筏。在四十九团团长王烈身边围着一大群战士，原来他们在吵吵嚷嚷要参加突击队。由于报名的人太多，王团长费了不少口舌才勉强说服大家，挑出30名年轻力壮水性好的战士组成了一支精干的突击分队。他们每人装备八个手榴弹,一色的好武装,显得干净利索。担任掩护的火力队也组织好了，全团的轻重机枪都集中到岸边的山梁上排开,瞄准敌人的碉堡眼。按照军团部的计划,先进行偷渡。如果不成，即行强渡。渡河点选在临近河边的一道山沟口上。

一阵紧张气氛之后，王团长亲率第一营尾随跟进。约摸过了半个时辰，突击队借着夜色和河沟的掩护，顺利地到达了江边。有的战士已经把筏子推进水里。突然，寂静的夜空被一声刺耳的枪声划破了。接着，敌人的碉堡吐出了一串串火光。我们的行动被发觉了！偷渡不成，只有强渡了。这时，我方阵地的掩护队一齐开了火。可惜火力太弱，起不到压制敌火的作用。两岸对射，江面被密集的火光照亮。我们可以隐隐约约地看到勇士们把路上拖散了的木筏推到水上，爬上去俯着身子前进。有的一只手抱木头，一只手划水；水性好的战士干脆只身跃入滚滚的江水，大家奋力向敌岸游去。敌人的炮弹不时在江面上爆炸，掀起一道道水柱，机枪射击的目标则在不时地变换，由扫射我方江岸慢慢收缩到了江心，最后一起集中到他们的滩头阵地了。凭我们夜战的老经验，这表明我们的钢铁勇士们已经登上敌滩头了。果然，随着敌岸上“轰”的一声巨响，一个碉堡被炸了。火光照亮了一大块山地。只见有的战士又在向敌人的其他碉堡扑去，这情景使我们快提到嗓门边的一颗心一下子松回去了好多。这时，木筏载着第二梯队战士们源源不断地涌向敌岸。敌人慌乱了，一股股敌兵从碉堡中冒了出来，企图夺回滩头阵地，把我们压回江里。为了保住刚刚占领的阵地，勇士们同敌人展开了一场激烈的争夺战。

就在这时，侦察员带来了一个令人兴奋的消息：由于敌人的注意力被我们在渡江点的激战吸引过来了，侦察排利用这个机会，仔细察看了下游距此四五里远的一个浅滩，测出了一个新的渡江点，那里最多只有齐胸深的水，而且水流平缓，完全可以徒涉。

这个情况来得太好了。四十九团政委刘转连迅即带领二、三营赶到这个新的渡江点。战士们互相搀扶着涉过河去，出其不意地猛扑到敌人碉堡跟前。敌人的这些碉堡原来都是些外强中干的“兔子窝”，除了外面是用砖砌的，里面和顶盖都是稻草，见火就着。我们只要往里一扔手榴弹，这些碉堡就成了火堆。不多会，着火的碉堡成了一条长长的火龙，沿着江岸一直向一营的突破口伸展。这一来，敌人顿时陷入了一片惊慌，很快就溃乱了。而一营的同志们知道我们得手，趁势加强反击，全团终于胜利会合了。

部队渡江后，刘转连同志指挥全团一鼓作气，又把沿江30多个敌碉堡摧毁了，并打垮了敌人一个营的增援，牢牢地控制住了突破口。这时已是夜晚十点钟左右，战士们没来得及喘上一口气，便开始动手搭浮桥。待搭好浮桥，已近半夜时分。就在战士们刚刚躺下，准备休息片刻时，王震政委手里亮着电筒来到了阵地上。他挨个拍着战士们的肩膀说：“同志，睡不得，睡不得；这还不是睡觉的时候哩。再坚持一会，明天晚上一块睡吧！”

刘转连同志听到王震政委的声音，急忙跑过去报告抢渡澧水的情况。王震政委一边满意地点头，一边掏出地图，用电筒照着指了指前面沅江的渡口洞庭溪，对刘转连同志说：“再走它二百里，把这个地方也夺下来！”

两天来的急行军，加上打了半夜的恶仗，可想而知，四十九团的同志们该有多么疲劳了。但军情紧急,时间宝贵,只有抢在敌军增援之前，把沅江这条险流突破，才能保证我军神速通过南面敌人称之为天险的地段，杀开一条南回北折的血路。

疲惫的战士们一听说有任务，精神就上来了。刘政委简短地向各营交代了一下任务，部队就摸黑向沅江方向疾进。侦察排依照刘政委的嘱咐在前面先行。第二天晚上 8 点钟，四十九团全部赶到洞庭溪。整整两百里山路，不到一个昼夜就走完了。先到的侦察排的同志经过侦察，了解到这里有 16 个地方团丁把守着。这些团丁根本不知道红军已打过澧水。侦察员们悄悄地摸进村子，首先干掉了敌人的岗哨，然后一下子闯进了敌人的房子，一枪未放就把敌人收拾了。接着便割断了电线，封锁了消息，并找到了木筏，做好了过江的准备。

刘政委率领的担任团队前卫的第三营进村后，派人把执行警戒的部分侦察员换下来，让侦察排的同志又悄悄渡到江南去，以同样突然的动作，消灭了南岸渡口的敌人，迎接第三营和王震同志过江。王震同志和刘转连同志过江后，刚要铺开地图研究下一步的前进路线，忽然哨兵进来报告说，江里有划船的声音，还有手电筒光晃来晃去。王震同志判断说很可能是敌人，要设法把他们诱到岸边来解决。这是个漆黑的夜晚，伸手不见五指。三营奉命悄声埋伏在岸上，架起了一排机枪，只待“鱼儿”入网。敌人摇船的声音越来越近了。听到我们敲击木头的声音，高声喊道：“哪一部分的？”

“我们是李司令的。”战士们知道这一带是李觉的队伍，早就作了准备。

船上一听，忙喊：“别误会，别误会，我们是自己人，就在这里靠岸了！”

“好哇，弟兄们别客气。北岸恐怕有共军来，请靠到南岸来吧！”

敌人真的乖乖地把三只大船摇拢到南岸码头上来。预先埋伏的战士们提着马灯跳上船去，像收拾货物似的把三船敌兵押了下来。这时，尾随在大船后面的一只小船发觉上当，掉转船头企图逃跑。三营李营长立即坐上一只小船，架上重机枪，拦腰截住，敌人只好老老实实地就擒了。

船里有个敌营长，直到把他押到王震同志的面前，还惊奇地摸着头皮说："怪事，怪事，今天早上听说你们还在潭口，怎么这会儿就到了这里？"这家伙供认他们是上游来的，早上接到大庸打来的电话，得知我军已渡过澧水，连忙赶到这里布防，阻止我军渡沅水，谁知却一头钻进了网里。他给我们送来了 300 多个俘虏，三只大船，还有大批珍贵的药品，这真是一个意外的收获。四十九团的指战员们两战两捷，为大军南下湘中立下了头功，个个都异常兴奋，脸上掩饰不住胜利的笑容。但不幸的是四十九团团长王烈同志在抢渡澧水时英勇牺牲了。

虎穴播火　绿林归心

12 月初，我们日以继夜地急行军，连续攻占了新化、锡矿山、蓝田、溆浦、辰溪、浦市等城市，扩充了上千兵员，筹集了好几万的款子。

1936 年元旦后，我们折回 50 里，猛敲了追敌一棒，作为送给湖南敌军的一个告别礼。尔后，我军进入黔东，突破镇远、黄平、余庆间敌人的封锁线，经由西南进逼贵阳。2 月 2 日占领鸭池河，一举渡过乌江，巧妙地取下了整个黔西北。根据党中央的指示精神，部队决定在黔西北创建新的根据地，广泛开展群众工作，在这一地区播下革命的火种。

黔西北那个地方社情错综复杂。除了国民党特务组织和地主的反动武装外，还有形形色色的杂牌武装、绿林会道门武装以及土匪等。过去，我们在湘西时，就是因为没能处理好这些问题，造成隐患，危害不浅。例如在大庸时，我们费了很大气力，争取了部分游杂武装。但由于没有注重思想改造，个别同志方法简单，随便解除他们的武装，甚至杀掉头目，结果引起了敌对情绪，使他们又复为匪，并骚扰我们的行动，破坏我们的乡苏维埃政权，暗杀地下工作人员，严重地影响了地方工作的开展和根据地的社会秩序。

为了吸取湘西的教训，我们这次除了把重点放在发动群众打土豪，建立苏维埃政权和各种群众组织方面外，还遵照党的抗日民族统一战线政策，派出了一批优秀干部专门深入到一些影响较大的游杂武装中去进行争取、改造工作。在毕节，我们首先用统一战线政策感化了开明绅士周素园，请他出任贵州人民抗日救国军司令。周素园不仅在国民党的黔西北军政界有一定影响，而且与当地的“哥老会”等会道门、地方游杂组织关系甚密。他表示拥护我党的抗日民主政策，并积极联络了七八支绿林武装，组成贵州人民抗日救国军。此外，我们六军团还直接联络了一支以蒋连生为首的绿林游杂队伍。这支队伍拥有1000多人，近600条枪。但成分非常复杂，大小头目不少是国民党的散兵，而且还有国民党特务在其中活动。蒋连生表示愿意投归红军后，被编为红六军团第一游击支队，蒋被任命为支队长。

2月上旬，军团党委为了进一步掌握这支队伍，努力争取他们与红军同心同德、抗日反蒋。决定派我带领15名同志作为红军代表，到支队中去开展工作，并让我担任工作组组长和该支队的政治委员。首长特别叮嘱我要掌握党的政策，按照党委“团结上层，争取群众，掌握可靠分子，达到改造目的”的方针处理问题。我知道这是一项十分危险的工作，也是首长对我的信任。不久前，我们六军团的政治部主任——夏曦同志，就是在去做另一股绿林军的归附工作时，不幸溺水牺牲的。

出发前，我把工作组的同志叫到一起开了个会，传达了军团首长的指示精神，仔细分析了这个支队的情况，介绍了支队蒋连生及其他主要头目的特点。我对同志们说：“我们这次执行的是一次非常特殊的战斗任务，大家要特别小心谨慎。我们的中心工作是争取人心，是对他们实行思想改造。要相信这些人当中大多数是好的，当然少数顽固分子也肯定存在，不能麻痹大意。总之，我们这次去既要完成任务，又要保住脑袋。”

蒋连生支队共编了四个大队，13 个连，另外还有一个特务连。我们去是帮助他们进行抗日教育、军事训练和整编。蒋连生表面上装出欢迎的样子，实际上，我们的用意他是心照不宣，早就有数了。蒋连生这个人狡猾、阴险、心狠手毒，十七八岁时就在国民党军队混饭吃，20 岁即上山为匪，是个杀人不眨眼的惯匪。他身边带着个善出坏点子的张副官，成天形影相随。为了尽快摸清情况，开展工作，我把随来的 15 名干部分配到下属的三个大队、十个连去。干部不够分，就说服蒋连生把另外三个连合并到其他连队去，自己带了一名善做工作的黄指导员留在支队队部。

特务连是蒋连生的左右臂，连里 50 来号人，每人两条枪，一长一短，是我们第一步要控制的对象。我巧妙地拒绝了张副官为我们安排的住所，借口红军里面热闹惯了，决定住到特务连的集体营房里。特务连里班以上头目都是混了三年以上“绿林”生活的，但大多出身穷苦。尤其是士兵，都是被地主、土豪、国民党军队害得走投无路，逼上梁山的。他们对红军既疑惧又好奇，想接触又顾虑重重。我们亲切地称呼他们为“朋友”、“兄弟”，主动找他们聊天，拉家常，使他们很快产生了好感。接着，我们就在各个连队成立了士兵委员会、经济委员会和纪律检查委员会等各种群众组织，以我们掌握的比较可靠的对象为基础，宣传红军的宗旨和党的统一战线政策，宣传抗日救国意义。三五天后，特务连的几个排长就跟我交上知心朋友了。

为了进一步控制特务连，我对蒋连生说：“特务连的力量还要加强，要选一些身强力壮、军事素质好的士兵补充进来。”蒋连生想，反正都是我的人，你调多少也可以，就满口答应了。于是我通过各连的红军代表，选了五十来个可靠分子补充到特务连；又以扩兵筹粮的理由，把特务连的一些惯匪派出去。这样，就把特务连原来比较集中的武器相对分散开了。加上原来的基础，特务连有三分之二的人员是可靠的。有几个士兵自动当我们的耳目，在暗中保护我们。这些情况使蒋连生开始感到不安和不满，于是悄悄跟他的四个大队长商议对策。这四个大队长都是“哥老会”头目，我们分别做了不少工作，但很顽固，一时难以改造过来。这四个人都是蒋连生的拜把兄弟，口头上一再表示接受红军的主张，愿意改造，暗中却串通起来，背着我们搞小动作。由于我们进行了大量深入细致的思想教育工作，队伍中绝大多数士兵真心实意拥护红军。同时，积极帮助我们对付少数顽固分子的破坏活动，使蒋连生几次筹划的阴谋都未能得逞，搞得他们既十分恼火，却又不敢公开发作。

这样相持了一段时间。一天，蒋连生突然提出要转移，说是到一个新地方去活动几天。那时部队没有固定驻地，经常游动。我想到新地方去也好，还可以扩大抗日宣传，也就没有介意什么，便由他下令特务连开拔。姓蒋的领着一排走在前面，我随通信班和二、三排在后边。部队走了将近一天，来到一座又高又陡的大山脚下，山脚四面古木参天，冷森可怖。蒋连生在前面只顾往上攀。走到半山腰时，我心里有点犯疑。恰好这时有个侦察班的战士朝我丢了个眼色，便装着解手，绕到几棵大树背后去了。我随即从另一边拐过去。那个战士瞧了瞧左右没人，上气不接下气地指指山顶，对我说:“那上面是蒋连生的老巢穴，地形复杂，去不得。昨天晚上 12 点多钟，蒋连生约了二大队的金队长来议了半夜事，我看此去有诈，陈政委可千万别上当……”

我当时镇静地握住那个小战士的双手，若有所思地点点头说：“不怕，我来想个法子对付他！”

我迅速把这个情况告诉了黄指导员，并交换了意见，随即下达了停止前进，原地休息的命令。趁休息的机会，我们两人分头装着要烟抽的样子跟几个骨干分子交代了意图。这几个骨干分子活动能力很强，一下就把大家的情绪调动起来了，只听七嘴八舌地议论：

“放着土豪的肥猪不去吃，却要到这大山上去捉松鼠呀！”

“我们走不动了，要走就往回走！”

这时，蒋连生可能是发觉情况不妙，从一排接连三次传来他的继续前进的口令。但二、三排未见一个人肯抬脚。蒋连生知道事情又难成了，只好同张副官垂头丧气地朝我走过来。我也装着无可奈何的样子迎上去说："蒋司令呀，弟兄们硬是不走，你看怎么处置好哇？"

"他妈的，张副官这个人稀里糊涂，搞错方位了。走到这鬼地方，累死老子了。回去吧！"蒋连生大概是自我打个台阶下，一面自言自语地骂娘，一面气恼地做着手势，示意弟兄们往回走。我们刚回到山脚下，一个化装成打柴模样的联络员偷偷递给我一张纸条，是二大队的红军代表让他给送来的。上面用暗语告诉我，二大队的金胡子队长今早 4 点来钟就带着 20 个惯匪外出了。据内部人员透露，说是去配合特务连行动。看完这个情报，我不由偷偷嘘了一口气。蒋连生这家伙肯定是想把我和黄指导员引进他们的老穴，然后，借金胡子的刀割掉我们。

这次历险后，我明里装出若无其事，暗里更加小心提防。同时，加紧做好群众的思想教育工作。蒋连生像是作贼心虚，每天见到我都陪着笑脸，说些关心体贴的话，什么要多穿点衣服当心着凉啦，要多吃点营养啦，然而，这个阴险的家伙贼心未死，一计未成又生一计。过了两天，又密调土匪企图里应外合把我打死。

那是一个黑咕隆咚的雨夜，因为事先有人向我报告了这个情况，我提前作了些布置。到了晚上 10 点来钟，我和往常一样把灯熄了，和衣躺在床上。不久便听到山后响起了一阵激烈的枪声。我一边命令特务连二、三排做好战斗准备，一边推开蒋连生的房门，看见蒋连生正在吸烟。我故意露出很紧张的神态说："蒋司令，后山打起来了，我们去看看怎么回事。"

"呵……呵，你先去看看吧，我一会就……就去。"蒋连生吞吞吐吐，心不在焉地说。

我早就料到了这一手，于是大声吩咐说："二排保护支队长安全，出了问题找你们负责。一、三排跟我出发。"出来时撞见了蒋连生的贴身警卫，是个死心踏地跟蒋连生为虎作伥的家伙，必须把他支开。我随即命令说：“你跟我来，支队长由二排保护，你的任务是跟一排从左边山下绕到后山侧面去，摸到情况迅速回去报告支队长。”

我这样做，实际上是把较难控制的一排置于二、三排的火力下，二、三排几乎都是我们的人。二排紧紧地盯住了蒋连生，使其不能行动。三排则完全可以保证我们的安全。三排登上左边那座小山后，居高临下往后山开火。打了一阵，不见后山的人进攻，我觉得差不多了。该戳穿蒋、金二人的鬼把戏了，就朝后山大声喊道：“金大队长，你今天搞什么鬼，打起自家人来了！”

金胡子一听着了慌，不知我怎么认出他们了。赶紧大声训斥士兵停火。我趁势高声训道：“你快给我过来，跟我到司令面前去解释解释，冒失鬼！”

金胡子一路“误会，误会”地跟我走到蒋连生面前。姓蒋的眼见诡计又一次落了个空，气得脸上青筋突暴，假声假气地骂了一通就算了。

蒋连生两次阴谋都被我们粉碎，但他并不罢休。因为他被编入六军团第一游击支队后，觉得被红军捆住了手脚。过去可以任意打骂士兵，强抢民女，为所欲为，现在却不能了。所以千方百计要摆脱红军领导，独掌支队大权，重操土匪旧业。没过几天，他又筹划了一次内部暴动，打算干脆公开来硬的，把我和黄指导员以及派到各中队（连）去的红军代表统统干掉。工作组的同志得到情报后，都纷纷来找我请示怎么办，个别同志有点紧张，提出不回中队，想办法脱身。我们离六军团最近的部队只有四十多里路，如果一旦真有什么事，可以设法和部队联系，取得同志们的帮助。我对大家说：“现在不能脱身，否则就是害怕，就是逃跑，我们是代表红军来的，不能在蒋连生面前丢红军的脸。”

我记得说这段话的时候，自己也有点控制不住情绪。我们对蒋连生是一让再让，要不是党的统一战线政策，早就把这王八羔子解决了。我想了一下，决定把这些情况向军团首长及时汇报，但又找不到合适的人送信。在这个关头，我们工作组的同志是不能离开这里的，否则，蒋连生就要提前下手，造成严重后果。我冷静地考虑了片刻，问大家能否找到送信人（但不能动用支队士兵）。黄指导员说他认识附近一个牧羊的群众，此人思想基础好，儿子是红军战士，建议找他试试。黄指导员悄悄找到了那个牧羊人把信送出去了。

敌人的暴动时间安排在深夜 12 点。而此时日头还未落山，只要送信人不出问题，我们的部队就完全可以赶到。为了防备万一，我又秘密地对特务连作了布置。

约莫晚上 10 点半钟时，支队的一个哨兵跑来报告说，红六军团有一个连今晚要在这里借宿，其余到山外那个村子驻扎，明天继续往北开进。这个意外情况对蒋连生来说，如同晴天霹雳，被震得惊慌失措。我心里暗暗高兴，首长已经得到了我们的情报，并且按我们的想法行动了。只要咱们那个连一住进来，你姓蒋的鬼胎可就又得流产了。我便对蒋连生说："蒋司令，你看住咱们这儿没困难吧？房子倒是够一个连住，就是麻烦一点。"

蒋连生知道这里能否住是瞒不住我的，其他理由嘛一时找不到，只好咬了咬牙，眼睛直勾勾地瞪着哨兵说："还愣着干嘛？请红军来住就是了！"

这一晚，由于咱们那个连像一把刀一样插在蒋连生的心脏，有力地镇住了这只恶狼，使他未敢轻举妄动。而我们则又一次平安地渡过了险关。

第二天，军团首先命令支队随同红军一道撤出毕节地区，向西北转移。支队随红军主力以每天百里的急行军，进占平山铺，歼灭了守敌。然后，在这里稍事休整。根据军团首长的指示，我们对支队进行了改编。经过动员，有 800 多名官兵坚决要求参加红军，抗日反蒋。只有蒋连生、金胡子等少数几个坏分子还企图拉队伍叛走。经过军团首长的耐心说服教育后，作了妥善处理。另有 100 多人要求回家的，我们都发给了路费和布匹。军团首长对我们这次改造绿林部队的成绩很满意，王震政委还竖起大拇指夸奖了我们一番呢！

马营退敌　陕北会师

部队撤出毕节地区后，三进奎乡，四破重围，直指滇东，然后回师西渡金沙江。1936 年 5 月至 6 月中旬，我们进入了康藏高原，6 月 25 日到达甘孜城。8 月 21 日，我们走出了茫茫草地，到达了哈达铺。

我们在哈达铺休息了三天，8 月 25 日拔营继续前进。

西北的敌人不多，只有王钧、毛炳文、鲁大昌几个师及“五马”的部队。主要是分散守备，机动力量有限。

为了给三大主力会师陕北创造条件，我军决定组织陕甘战役，以夺取成县、徽县、两当、凤县等地为目标，扫清部队向北挺进的障碍。

9 月 13 日红六军团从鸭湾出发，途经永和镇、平南坝、天水以南的罗家堡，14 日在罗家堡巧妙设伏，一举歼灭增援天水之敌一个团。这一仗打得干净利索，缴获一架我军当时急需的大型无线电台。这是我们走出草地后，打得最漂亮的一个歼灭战。同志们在这个胜利的鼓舞下，又一口气拿下了两当、徽县。二军团则同时攻下了成县、康县。部队还扩充了 2000 多新兵。陕甘战役的胜利结束，使西北局势有所改观，形势于我们有利。为了继续开辟北上的通道，9 月 18 日，我们迂回到甘肃隆德县老居铺，与一方面军派来接应的红五团会合。

20 日，我们进到公义镇，又与红二师会合了。22 日，部队经六盘山，向陕北苏区前进。西北敌军胡宗南为了阻止二方面军与中央红军会师，加紧了围追堵截。11 月 1 日下午，我们终于进到陕北苏区的游击区——黄家湾、张家湾一线。

11 月 4 日晚，根据上级部署，我们移至马营一线布阵，摆开了与胡宗南决战的架势。同志们在大雪中趴了整整一天一夜。遗憾的是胡宗南没敢来，只有东北军的飞机在我们头上装模作样地盘旋了一阵，一颗炸弹也未扔，接着也销声匿迹了。

马营吓跑胡宗南后，我们于 11 月 8 日离开黄家湾一线，连续 11 天急行军，到达新棋子。尔后，在会宁县东北的将台堡与一方面军胜利会师。为了祝贺二方面军长征胜利，党中央派周恩来副主席专程赶来看望我们。那天上午，我们很早就来到集合点静候周副主席。11 点左右，周恩来同志迈着急匆匆的步子出现在我们面前。他穿着灰布中山装，笑容满面地向大家挥着手，还边走边俯下身子向同志们询问什么。当他看到指战员们都还穿着单衣单裤时，心痛地说："同志们受苦了！"随即派人电告毛主席，很快就将一方面军的棉衣全部调拨给我们二方面军的同志们穿了。在那天中午，周副主席还专门给我们作了一场形势政策报告。他从分析当前形势和国内阶级矛盾以及民族矛盾入手，着重阐述了党的抗日民族统一战线政策和我们面临的任务。我们当中很多同志都是第一次聆听周副主席的演讲。他那透彻的分析，精辟的论述，幽默的言词，深深地打动了大家的心。会场中不时爆发出热烈的掌声。中途休息时，周恩来同志还打着拍子教我们唱《打骑兵歌》。为了欢庆红军主力大会师，党中央、毛主席还决定每人增发一角钱伙食费，并组织了盛大的联欢会。（贺桂堂整理）

选自《红六军团征战记》下，解放军出版社1994年6月版，第410—423页。

长征纪事

谭善和

依依惜别情

1935 年 11 月 19 日，是一个令人最难忘的日子。这天，由贺龙、任弼时等同志率领的红二、六军团，告别了湘鄂川黔革命根据地，从湖南桑植刘家坪地区出发，进行战略转移，开始了举世闻名的长征。

桑植是我党领导革命斗争较早的地区之一，也是贺龙同志的家乡。1928 年秋，桑植县就建立过工农兵民主政权，在共产党的领导下，打土豪，分田地，唤醒了世世代代受苦受难的人民。贺龙领导的部队，曾在这里艰苦转战多年，人熟地熟，群众基础很好。这里的人民对红军、对贺龙有着深厚的感情。他们用自己辛勤劳动的成果，养育着红军；把自己的优秀儿女送去当红军。在当地群众中，有许多关于贺龙的神奇传说。例如，贺龙是真龙下凡人间，“龙”来了就下雨，一下雨粮食就丰收，部队就打胜仗；贺龙的两把菜刀锋利无比，杀得敌人闻风丧胆等等。有些传说完全把贺龙神化了，但由此看出，桑植人民对贺总是无比热爱和崇敬的。

同样，红军和贺总也舍不得离开养育自己的土地和人民。但是，中国革命在处于危急关头，亿万劳苦大众有待于解放。我们要去开创新的革命根据地，这就不得不同桑植人民分别。我们无论走到哪里，心中都会铭记着他们，永远忘不了他们哺育红军成长的深情。出发前两天，战士们纷纷到田间的老乡家里，种地、担水、扫院子，进行最后一次助民劳动。贺总骑着战马，在检查各部队的准备工作时，顺道来到他的出生地洪家关。他站在山头上，深情地望着家乡的山山水水，心潮起伏，感慨万千。是啊，当贺总举起义旗的时候，全家有九口人，后来有五位亲人被国民党反动派杀害，而今只剩下了他一个人。回想起这些，就使他悲痛难忍，怒火满腔。现在他知道红军往后的斗争更加严峻，于是，便决定把六军团十八师暂时留下来，一方面牵制敌人，掩护主力部队突围长征；另一方面和边区省政府的同志们一起，继续领导群众坚持斗争。

这天清晨，天刚破晓，广大红军战士就雄赳赳、气昂昂地集中在刘家坪前面的干田坝，整装排队，准备出发。这时，从四面八方赶来一队队穷苦百姓，热烈欢送红军出征，其场面十分动人。在那个时候，谁给红军送东西、办事情，一旦红军撤走，就有被国民党杀头的危险，但乡亲们毫不考虑这些。他们有的提着包谷，有的包着糯米粑，有的拿着新布鞋……争先恐后地往红军战士手里塞。有一位胡须花白的老人，听说红军要走，特地从 20 里外赶来送行。他提着十几双草鞋，一双双地塞到红军战士的手里。同志们捧着这些凝结着根据地人民深情厚谊的物品，再也抑制不住自己那百感交集的心情，许多同志激动得热泪夺眶而出。

在军民依依惜别之中，贺总迈着稳健的步子，登上那个高高地土台，在家乡作了最后一次讲话。他说，红军的战略转移是有前途的，中国革命的新高潮一定会很快地到来。他号召乡亲们克服困难，坚持斗争，不愧为有革命传统的苏区人民。他的声音洪亮，语言亲切，激励着红军战士和乡亲们革命到底。讲完话以后，浩浩荡荡的红军队伍出发了。部队走远了，乡亲们还站在村口、路旁，挥手告别。红军战士也不时地回过头来，望一望乡亲们。军民不忍离别的心情，确实是难于言表的。

强渡金沙江

我们从桑植出发以后，蒋介石闻讯红军将要突围转移，急忙调兵遣将，天上飞机轰炸，地下重兵围追堵截，妄图挡住红军去路。但是，在贺龙、任弼时的指挥下，红军斩关夺隘，浴血奋战，从湖南经贵州，挺进云南。在云贵高原的乌蒙山中，我军同敌人展开了一个月的大回旋战，摆脱了国民党军阀顾祝同五个纵队八九十个团的包围追堵，然后，直指云南军阀龙云的老巢昆明。龙云吓得惊魂丧胆，急忙调兵遣将以保昆明，我军乘虚向滇西前进。这时，蒋介石命令云南军阀孙渡纵队对红军跟踪追击。我们走到哪里，敌人就追到哪里。为了甩掉敌人，北上抗日，红二、六军团首长决定东渡金沙江。

金沙江是云南四大河流之一，江宽水深，浪大流急，且又穿高山而过，两岸多是悬崖峭壁，地势非常险要。我们站在江边，只见金沙江犹如一匹脱缰的野马，奔腾不息；又像一条巨龙，被高山挤压得发了怒，咆哮着，怒吼着，扬起一个个浪头，狠劲儿地拍打着岸边的山崖。宽阔的江面上，大大小小的旋涡一个套着一个，向前奔流而去。有的触景生情，赞叹道："好家伙，真是名不虚传的天险！"

红军到达江边时，尾追的敌人还离得较远，但附近一些地主武装早已得到消息，在江边布防，封锁着渡口，企图阻拦红军过江。国民党的正规军都不是红军的对手，这些杂牌军与红军较量，岂不是螳臂挡车，自取灭亡！我们立即派出部队，将其歼灭，扫除了前进道路上的障碍。

但是此时，蒋介石得知红军在石鼓一带渡江的情报，便急令飞机到石鼓沿江轰炸。同时，又催令地面部队急速追击。孙渡奉命率四个旅向丽江尾追。原来向鹤庆方向围抄红军的刘正富旅，奉命向石鼓迫进。李觉纵队沿滇西大道向大理、邓川一线急追。强敌压来，时间紧迫，能否顺利渡过金沙江，是红二、六军团长征战略转移中最关键的一环。

为保证顺利渡江，在渡江之前，全军上下进行了必要的准备工作。两个军团的首长全力倾注于神速渡江问题上。他们彻夜不眠地部署着，并派出先遣队立即勘察和选择渡口起渡。同时，指派其待渡的部队溯江而上，占领上游各渡口。从石鼓到巨甸长达60公里的地段内，选择了五个渡口。这几个地方水流稍缓，便于航渡。

渡江，首先要解决船的问题。怎么解决呢？唯一的办法是依靠群众，千难万难，有了群众就不难。那时候，红军和群众的鱼水关系体现得非常充分。人民关心、支援红军，红军用生命和鲜血保护人民，我们到了根据地，就好像到了自己家一样；群众见了我们，就像见到了久别重逢的亲人。根据军团首长指示，各师团派人去走访老百姓，调查船只和船老大的情况，宣传红军北上抗日。当群众听说红军要渡江，需要船，渡过江打敌人，纷纷把船划过来，很快就集中了数十只渡船和木筏。另外，部队还从附近的竹林里砍来竹竿，自制了一些竹筏。军团首长组织指挥十分周密，对怎样上船，怎样划水，都讲得清清楚楚。

一切准备完毕，大家都等待着指挥员的渡江命令。

“开始渡江！”军团首长一声令下，同志们乘着竹筏和渡船，在湍急奔流的江面上冲向对岸。每只船上乘20人，每个竹筏乘十人。战士们和船夫轮流撑篙，拼命强渡。滔滔江水，忽儿将船和筏推向浪尖，忽儿又跌落下来。大家双手紧握住篙，使劲地撑，累得满头大汗。特别是那些船夫们，确实为红军过江做出了贡献。船工周长寿，听说红军要过江，便主动把自己的船划过来。抢渡中，他两天两夜没合眼。最后一天，他的船被暗礁划破碗口大的洞，江水像喷泉似地涌进来。他拼全力希望挽救这条船的危运，但无济于事。在同志们的生命危在旦夕之际，有位纳西族青年，不顾自己的安危，独自划着一只木筏，在险浪急流中，救出了几名红军战士，而船工周长寿却光荣地牺牲了。我每念及此，心中便油然而生敬意。各单位的骡马，编好队浮水过江。我们这些无言的战友，水性好，又听话，比人过得还快，每个师几十匹骡马，一赶很快就过去了。就这样，我军用四天三夜，仅用七只木船，几十只木筏，28名船工，将1.8万多人马，神速地从金沙江西岸摆渡到东岸。4月28日，当夜幕降临时，全部人马安全地渡过了金沙江。

我们刚刚过江，敌人就到了江边，但他们已经无可奈何了。金沙江天险，只有红军过得去，敌人是不敢渡江的。

翻越雪山

闯过一关又一关。渡过金沙江，又遇到了大雪山。当晚，部队在江边宿营。次日拂晓，东方刚露出鱼肚白，我们就沿着金沙江东岸往北走，向大雪山开进。

这座雪山，名叫玉龙山，是横断山中段的一个支脉，海拔5300多米，峰峦陡峭，直插云天，山上空气稀薄，积雪终年不化。我们到滇西北的中甸地区，必须翻过这座天然障碍，别无他路可走。于是军团首长作了简短动员，向大家讲了同中央红军会合的意义和过雪山应注意的事项，要求部队作好思想上和物资上的准备。同时，还请来几位农民当向导。

时值5月，云南的天气很热，一开始爬山便人人汗流浃背，衣服湿透。但大家毫不在乎，鼓足劲儿往上爬，中午过后，我们爬到半山腰。这里已进入积雪线，白茫茫一片，好似严冬一样冷，寒气浸骨。而大家仍然穿着平时行军的草鞋和短裤，浑身发冷，牙齿得得地颤抖着。前进的道路，全被积雪覆盖了，连一条羊肠小道都没有。我们在向导的带领下，一个紧跟一个，深一脚浅一脚地艰难行进着。有的地方，雪深过膝，不易通过，前面的同志就踏出了一条“雪胡同”，后边的跟着走。有的地方，坡陡路滑，摔倒容易爬起来难，稍不留神，就会连人带物一齐滚下山去，掉进万丈深谷。

越往上走，山势越陡，积雪越深，行进更加艰难。特别是空气稀薄，使全体指战员出现了高山反应：呼吸困难、头晕、脑胀、恶心呕吐、腰酸腿软、无力走路……同志们的胸口好像压上了千斤巨石，透不过气来，每挪动一步，都要使出全身的力气。走累了，也不敢坐下来休息，一坐下来就再也站不起来了。同时，气候瞬息万变，一会狂风卷着大雪呼啸而来，一会大雨夹着冰雹倾泻而下，战士们浑身粘着一层冰花。但是，大家志坚如钢，纷纷表示，红军战士是英雄汉，打不垮，拖不烂，只要有一口气，就要战胜困难，翻过大雪山。于是，大家忍着痛楚，互相拉手拽衣，顽强地向前移动。

由于连续行军作战，没有休整，大家十分疲劳。有些身体较差的同志，爬到半山腰就实在支持不住了，靠他们自己是无法翻过雪山的。因此，军团和各师的领导同志，都把马让给病号骑，甚至马上骑一个，还有一个拉着马尾巴走。肖克军团长和王震政委，不仅自己背枪，还帮助炊事员挑担子。

登上山顶后，天气更冷，它决不容许你在这里停留一步。这时，饥饿、疲惫和寒冷，确实难耐。大家互相鼓励着，搀扶着，依偎着向山下走去。忽然，我们看见了远处的村庄，那就是晚上的宿营点——中甸。部队的情绪一下活跃起来，加快了行军速度，傍晚，大雪山终于被我们抛在了后面。

草地跋涉

经过九个月的艰苦转战，红二、六军团穿越五省，于 1936 年 7 月 2 日[①] 到达四川省甘孜地区与红四方面军会师。根据中央军委的电令，

① 一说7月1日。

红二、六军团及红三十二军组成红二方面军，贺龙任总指挥，任弼时为政委，肖克为副总指挥，关向应为副政委。尔后继续北上，又开始了艰苦的草地行军。

草地，纵横数百里，到处是沼泽和泥潭，一片荒凉，渺无人烟，甚至连鸟飞都很少见到。因此，被人们称为“绝境”、“死亡地带”、“罕见的怪地”。这是北上最艰苦的地带，在红军前进的道路上布下了一道道难关。当时，我们一无地图，二无向导，也没有指北针，就是硬着头皮往前走。那茫茫无际的大草原上，想找一条羊肠小道都是极为困难的。没有道路，我们就寻找牛羊和野生动物走过的小道，但动物能走人却过不去。我们寻找前面部队的脚印，更是困难。沿途很长一段是水草地，有的地方草长半人高，人踩过之后，草很快又竖起来了，后面的人，很难看出足迹。无奈，我们只好边走边探路。特别叫人恼火的是小片沼泽和泥潭，那些小坑坑，小洼洼，水不太深，泥层却很厚，稍不小心掉进去，就会陷下，你越使劲，就陷得越深，一会工夫就被淤泥吞没了，有不少同志就是这样牺牲了的。我们为了避开这种危险地带，经常绕道而行，有时七绕八拐，便迷失了方向，走了大半天，又回到原地方。

在草地行军，最大的困难就是粮食问题。我们到达甘孜才几天，部队就出发了，没有筹集多少粮食。红四方面军在粮食不足的情况下，拿出一些支援给我们，每人带了十斤青稞面，结果很快就吃光了。沿途没有一户人家，是无法补给粮食的，饥饿严重地威胁着我们的生命。为了活下去，就只好吃草根和野菜。我们把草根从泥土里扒出来就拿着吃，扒的次数多了，有的指头尖都烂了。后来，连能吃的野菜也找不到了，就把皮带、皮鞋和马鞍煮了吃。这种东西是吃不了几天的，前面部队杀的牛羊，把皮扔在草地上，天长日久，风吹、日晒、雨淋，散发着腐臭、令人窒息的气味。可是，我们又把它拣起来煮着吃了。总之，只要能充饥的东西都吃了。另外，草地上没有树木，烧柴比较困难，主要燃料是牛粪。我们是后卫部队，牛粪基本上被前面部队烧光了，找一点牛粪确实困难。我们只好到处找小灌木，即使找到一点，也是湿的，非常难烧，大家便轮流吹火，眼睛被熏得红肿流泪。有时找到烧的东西，却没有火柴生火（已经用完），我们想出了磨石引火的办法，即从山上采下火石，两块石头相磨，时间长了，便迸发出火光，赶快把牛粪引着。这样，虽然采石不易，跑路较多，但总是解决了生火问题。行军的疲劳，饥饿的煎熬，使指战员们的身体越来越弱了，有的同志走着走着就倒了下去，长眠在这荒无人烟的草地上。

行军中，饥饿加疲劳就够受的了，老天爷也和我们唱“对台戏”，残酷地欺负我们这些“远方来客”。草地位于川西高原，平均海拔3000米以上，气候变化无常，这里一昼夜就等于内地一年的气候变化。人们形容说：“草地的天，孩儿的脸，说变就变。”这话确实不假，先是万里无云，骄阳似火，热得人全身是汗，可是一转眼工夫，又会乌云满空，一阵狂风过后，瓢泼似的大雨夹着冰雹，劈头盖脸地砸下来。同志们没有雨伞、雨衣，只好把脸盆、菜盆、铁桶、背包举在头上，抵御着风雨和冰雹的袭击。平时，最辛苦的是炊事员，他们除了和部队一起行军外，还要烧水、做饭。而在这时，竟然成了最值得羡慕的人，他们把锅顶在头上，任凭冰雹砸得叮叮作响，却若无其事。一会儿，大雨和冰雹就停止了，太阳又露出了笑脸，散发着光和热。为了赶路，我们在下雨天照样行军，一个个浑身水流，活像“落汤鸡”，也没有更换的衣服，拧一拧水再穿上，所以衣服经常是湿的。特别是草地的夜间，非常寒冷。那时部队条件很差，没有防雨和防寒设备，更无宿营之所，战士们就用枪架作撑杆，把破床单和单衣撑起来，挡风遮露，抵御草地的严寒。同志们几个挤在一起，背靠背坐在湿漉漉的草地上，恢复一下体力。实在冷得无法了，只有互相紧靠，有时就燃起兽粪火来取暖。

在困难时刻，红军指战员怀着远大理想和必胜信念，大家的口号是：“走出草地，完成北上，同中央红军会合！”同时，发扬了高度的阶级友爱精神。大家一边走，一边互相鼓励着：“兄弟部队已经出草地啦，我们要咬紧牙关赶上去！”在寻找野菜时，不管是哪个单位或个人发现有大片野菜，就马上通知兄弟单位来采，大家分享。每个师、团都有几副担架，实在不能走的重病号，由各单位轮流派人抬，轻病号由专人搀扶。到了最后，身体好的不多了，行军中就是轻病号抬重病号，不抬担架时也是互相搀扶着走。同志们表示，不使一个战友掉队。过草地时，贺龙、任弼时、肖克、关向应、王震等方面军和军团首长，非常关心部队。他们年纪大，每人配了一头牦牛，但他们很少骑，总是让给病号骑，自己步行。他们虽然带的粮食比一般人多些，但接济的人也多，当看到哪个战士没粮吃了，就抓给几把，草地才走了一半，他们也没粮吃了，便和大家一起吃草根、野菜，啃发臭的牛羊骨头。当时，从方面军首长到每个战士，确实做到了完全平等。正像《长征组歌》中所唱的“官兵一致同甘苦，革命理想高于天”。那时官兵之间的深厚感情，是无法用语言来形容的。在一个多月的时间里，红军指战员吃尽了人间之苦，终于走出了人迹罕至的大草地。

欢庆会师

同红一、四方面军会合，这是红二方面军全体指战员渴望已久的共同心愿。我们踏上长征路以后，就天天盼着这一天早日到来。当部队走出草地，突破天险腊子口，这种心情更加急切了。

有一天，我们正在行军，突然传来一个鼓舞人心的消息，红一、四方面军已于 10 月 8 日 ① 在甘肃会宁会合了，我们红二方面军很快也要与红一、四方面军会合。这时，全军上下精神振奋，长期行军作战的疲劳都忘了。同志们鼓足劲儿，甩开大步前进。有的边走边喊:“加油啊，

① 应为10月9日。

快同老大哥部队见面啦！”10 月 22 日，红二方面军在会宁东北的将台堡地区与红一方面军会合，从而胜利实现了红军三大主力的大会师。

这天，将台堡热闹极了！人们欢欣鼓舞，喜气洋洋，好像在庆祝盛大节日。村镇内外，锣鼓喧天，红旗招展。四周墙壁上，贴满了五颜六色的标语。大街小巷，到处是夹道欢迎的人群。当地群众也扶老携幼，齐集路旁，热烈欢迎我们。两军战友一见面，就按捺不住无比激动的心情，含着热泪，紧紧握手，互相拥抱，真像久别重逢的亲兄弟一样。“热烈欢迎英勇善战的红二方面军”，“庆祝红军三大主力胜利会师”的口号声，此起彼伏，经久不息，在无垠的阔野中回响。我们刚到住处，红一方面军就把早已备好的大批粮食、牛羊、棉衣、羊皮、毛衣等赠送给红二方面军。大家看到这些东西，都被深厚的战友情谊所感动。

当天晚上，举行了规模盛大的庆祝会师联欢大会。红军宣传队在会上演出了文艺节目。这些节目，都是红军战士自编自演的，生动活泼，形式多样，有小合唱、独唱、花鼓戏、秧歌等。晚会的节目也许在今天登不上大雅之堂，可当时却真实地反映了红军的现实生活，歌颂了艰苦卓绝的长征。那些节目使我们感到亲切，受到鼓舞。许多节目在雷鸣般的掌声中只好再次重演。散会之后，有的连队又举办了小型文艺晚会，战士们欢呼雀跃，纵情地唱呀跳呀，始终洋溢着团结、胜利的气氛。其欢乐兴奋之情是长征以来未曾有过的。

夜，已经很深了，人们还沉浸在喜庆的欢乐之中。（李连成整理）

选自《红六军团征战记》下，解放军出版社1994年6月版，第353—362页。

长征生活片断

陈策

我们从贺龙元帅的家乡桑植县开始长征，渡过沅江、芷江，经贵州、云南一直向西挺进。

一路上，国民党军队像群疯狗，围着我们乱咬一气；每天行军，不是前面有遭遇，就是后面有追击，再不就是两边遇到伏兵，一天到晚，砰砰叭叭，没个完的。

第一次缴枪

那时，我在二方面军六军团十六师四十六团供给处当会计员，经常背着只有两发子弹的盒子枪和 100 块老人头（即旧洋），随着师侦察连和团“没委会”（即没收委员会）打前站。

有一天，我们在云南丽江县南 60 里的某镇宿营，当晚接到师司令部命令：明早 3 时出发，我团为前卫。团供给主任杨守胜同志照例对我指导说：“小陈，你明天随侦察排走前面，给部队准备好给养，好攻打丽江城。”我听了很是高兴，赶忙进行准备工作。

第二天两点钟起来，来不及吃饭，就用茶缸装了一缸子米饭，跟随侦察排出发了。

天阴得漆黑一片，伸手不见五指，冷风卷着毛毛细雨，把路浇得很滑，队伍里不断传出“扑通”、“扑通”的跌跤声，不少同志跌得跟泥人似的。大家本来困得要命，这一来反倒把瞌睡赶走了，显得更有精神。

天渐渐放亮，前面隐隐约约看到一座村庄。走着走着，突然传来一声尖叫：

“干什么的？”

“中央军！”团没委会（即没收委员会）干事刘禾仔同志响亮地回答。接着就和敌人面对面地打起交道来了。

“你们是干什么的？”

“丽江县民团。”

“你们这里驻有多少部队？”

“全团都驻在这里。”

“团长在不在？”

“在城里。”

“他妈的，胆小鬼！红军离这还有几百里！”

打前哨碰到敌人是常事，这回我们又全都化装成国民党军队，当然胆子就更大了。大家大摇大摆地一边走，一边骂，闯过哨兵，侦察排谭排长简短有力地动员大家：“同志们！缴枪捉俘虏的机会到了，沉住气，干掉他！”

眼看一锅肥肉就快到手，大家的劲头都上来了，勇敢地分路插进村里，把敌人住的几栋房子团团包围起来。就拿着仅有两发子弹的盒子枪，一股劲儿冲进敌人住的一个院子里。抬头一看，好家伙，几十个敌人分成三四堆，正在烤火。我脑子不由得轰地热了一下，随手举起手枪来大声喝道：“不许动！我们是红军，缴枪不杀！”敌人被这突然袭击吓昏了，立即慌作一团，乖乖地把枪缴啦。那些在屋里的家伙，也不知院里来了多少红军，谁也不敢出来抵抗，早从后门逃命去了。这时，团的前卫营赶上来了，我们把俘虏和缴获的 43 支枪交给他们，又继续前进了。

半袋糌粑面

部队渡过金沙江，就开始爬雪山过草地，到了甘孜，与红一方面军一部分和红四方面军会师了，他们就像亲兄弟一样热情地欢迎、接待我们。他们已经走了一次草地，吃过皮带草鞋，生活是很艰难的，但他们仍然给我们准备了不少慰问品，记得当时我们每人都分得青稞麦二斤，炒面三瓷碗，沙糖五块，牛皮“草”鞋一双，还有公共食用的牛、羊等，原来这些都是他们为了欢迎我们节省下来的。我们在这里休整了几天，接着就向北出发了。

走了一些时日，所带的口粮一天比一天少了，开始每人每顿还能分到一茶缸糌粑面，后来连野菜草根都采不到了。只得弄点死马蹄子、粪便粮（吃后未消化又拉出来的青稞麦）充饥。

渡过黄河的岔头葛曲河，部队就在河滩里露营休息了几天。在这里弄到了些吃的东西，但大部分留给打后卫的红九军同志们了，听说他们已断炊几天，情况比我们更坏，同时我们也得储存一点，准备行军时吃用，所以当时生活仍很艰难。于是大家就想办法到河里捉鱼吃。取下口袋上的别针，制成鱼钩，把“葛藤”劈开当钓线，用豆大的糌粑面作鱼饵，这就是我们的全部渔具，试验结果，成绩很好，一次能钓到好几斤。第三天下午，我又到河边去钓鱼，想不到碰见了省革命委员会（原湘、鄂、黔省苏维埃革命军事委员会）工作人员马忆湘同志，她那时不过十五六岁，正在河边给同志们洗衣服。这些日子不见，只见她又黄又瘦，样子变得多了，我不禁吃了一惊，便问她：“忆湘同志，你病了吗？”她抬起头来，看见我，便笑着回答说：“我哪里有什么病！”“那你面色怎么这样不好呢？”她本不想回答，看我追问得紧，才轻声说：“我已两天没吃什么东西了，同志们看我年纪小，都来帮助我，可我哪能……”我心里难受极了，心想：我是个年轻小伙子，就是五天不吃也没关系，决不能让这小同志继续挨饿下去。当下就把节省下来的两三斤糌粑面给了马忆湘同志。马忆湘同志还想推辞，我连忙向她解释：没什么，收下吧！我们是无产阶级队伍，大家应该互相帮助。

第二天，部队又向包座方向前进了。

一条旧棉衣

部队过了包座，眼前是一望无际、渺无人烟的荒野。到达宿营地时，还没来得及搭帐篷，就下起倾盆大雨来。同志们也顾不得搭篷就休息了，赶忙抢着拾牛粪。因为牛粪在当时是唯一的燃料，如果被水打湿，我们就连开水也烧不成了。拾粪回来后，大家被浇得像落水鸡，浑身冷得直打哆嗦，周围成了一片水浇地，只好把帐篷搭在半山腰上。

第二天起床后，我感到浑身不好受，坚持跟着队伍走了几天，最后还是掉了队，被一方面军收容队抬到医院去了。这时部队已来到甘肃境内，医院就在岷州的麻子川镇。

前面的部队正在攻打岷州、康县、徽县、成县等地，医院伤员很多。因为房子太少，伤病员只好住在一起。医院里医药用品也极端缺乏，上药时，封伤口用的是“喇嘛纸”（即草纸），纱布、棉花根本买不到。领导上为这事十分焦急。

我有一件旧棉衣，还是在云南打土豪时得的胜利品。心想：要把这件破棉衣交给医院，整治一下，不就可以解决没有药棉的困难吗？可是我又想：这棉袄跟着我爬雪山，过草地，白天穿着它，夜间盖着它，没有它，我说不定就来不到这里了，能舍得交给医院吗？但是接着我又不断反问自己：你能忍心看着阶级兄弟受罪不管吗？没有医院，你会活到现在吗！伤员的呻吟，扎着我的心，没有什么可犹豫的，我脱下棉袄交给了医院。当我看到护士同志拆掉棉袄布面，取出棉花消了毒，给伤员们敷用的时候，我心里高兴极了。

后来，院里为了照顾我，给了我一条缴来的军毯。在院方同志精心的照顾下，不久我就恢复健康，回到部队去了。

选自《星火燎原·未刊稿》第4集，解放军出版社2007年8月版，第230—233页。

陈策，时为红六军团十六师四十六团供给处会计员。

从姚安到延安①

彭江

参　军

1935 年，毛主席率领的中央红军，风驰电掣，越过我州。革命洪流犹如一颗耀眼的流星，划破云南茫茫黑夜，照亮了沉沉大地。这个事件，对于土豪劣绅是一场深长的噩梦，对于我们陷进黑暗的苦难深渊的劳动大众，却像云消雾散望见了北斗星，带来了摆脱压迫和剥削处境的希望。

1936 年 4 月 16 日，这是一个使我终生难忘的日子。清晨，姚安坝子还弥漫着浓雾，我照常去木匠铺帮工。

街上，跟往常大不一样，家家户户关门闭户。平常高朋满座、喧嚣热闹的茶铺，今天也把门关得死死的。长长的大街，冷冷清清，萧萧索索，空无一人，死一般的沉寂。泥泞的街路上，破烂的灯笼，散开的沙包，脱落的反动标语，狼藉满地，随风颤抖。原来，城里的土豪劣绅、贪官污吏、民团保甲，风闻红二方面军即将袭来，星夜携带金银细软，狼狈逃窜了。前些日子，他们惊恐万状，抓兵派款，巡逻放哨，修筑工事，折腾得全城鸡犬不宁。有人也劝告我家下乡躲一躲。我爹说："我们穿

① 本文收入时有删节。

在身上，吃在手上，怕什么？”我家几代帮工度日，上无片瓦，下无寸地，什么“共产共妻”的谣传，对我们影响不大。

到木匠铺，大门也是紧紧关着，看来活计做不成了。我家一家五口，都是做一天，吃一天。帮工不成，吃什么呀？我折身返回街上，偌大的街，空空荡荡，只我一人，心中非常烦闷，这种苦难的生活再也不能熬下去了。

九点钟左右，艳阳冲破浓雾，从东方升起。万里长空，一碧如洗，阳光灿烂。突然，人声鼎沸，我遥望东门和北门，威武雄壮的红军队伍大踏步进城了。

红军进城后，三三两两，提着水桶，用红土或锅烟灰，在墙上，在店铺的板壁上，甚至在大树干上，到处书写革命标语。当他们在大街的房墙上刷写大幅标语时，我怯生生地站在稍远的地方观看。渐渐地，稀稀落落地来了一些人，他们和我一样，默默地、仔细地端详这支和历来“官兵”不一样的队伍。

这些刷标语的红军战士，穿着灰色军服，头上戴着八角帽，帽上缀着红布剪成的五角星。绑带、草鞋、荷枪，虽然由于长途行军和战斗，微带倦容，但神采奕奕，英勇威武。写好大字标语，其中有个红军战士，手指标语，操着湖南口音，和蔼地、大声地念给我们听：

“打——土——豪，分——田——地！”接着向我们宣传：

“乡亲们！我们穷人世世代代做工种田，还是吃不饱穿不暖，为什么呀？就是土豪劣绅剥削我们，压迫我们，吃我们穷人的血汗。我们穷人要翻身，就要起来闹革命，打土豪，分田地。我们红军是为穷人求解放、谋福利的队伍……”

围拢来听红军宣传的人，越来越多。紧张、疑惧的气氛消失了，大家神态自如，有说有笑。我心里想：我家几代没田没地，受尽财主的气，如果能分田地，那我家可真是翻身了。我心里热乎乎的，带着兴奋和希望转身回家吃早饭。

心里总感到什么东西在吸引我，胡乱扒了几口饭，我又急忙上街去观看。

这时，街上的酒店、茶铺，陆陆续续打开了店门。行人熙熙攘攘，喜气洋洋。红军战士锣鼓喧天地在宣传，“红军不打人，不骂人”“红军公买公卖”等。铁的事实也证明了红军的宣传。我亲眼目睹红军，有的在喝茶，有的在购买日用品，都是和颜悦色，问明价格，掏钱付款。并且和老百姓说说笑笑，亲如一家。

我看在眼里，想在心里。是金是铜，望一眼就知道了。他们和国民党军队完全不同。要是“遭殃军”来，嘿！早就鸡飞狗跳墙。他们向老百姓敲榨勒索：要鸡要肉，要米要酒，要钱要银，真是要得泥菩萨也不敢涂金哪。而红军以遵守“三大纪律、八项注意”的模范行为，使反动派诬蔑的“共军杀人如割草，不分穷富都难逃”的谎言不攻自破。红军确是穷人的队伍，能参加这样纪律严明的军队，打土豪，分田地，那多好啊！

我一边思忖，一边观看。此时，迎面过来两位气宇轩昂的年轻红军，打量一下我褴褛的衣裳，亲切地拍拍我的肩膀，笑着对我说：

“老板，跟我们当红军好不好？”

“要和我爹商量一下，明天参加吧。”我笑着回答。

“好，明天在街上等你。”他们招手告别。

我回家和爹商量。我爹帮工一生，受尽剥削，双眼几乎要失明了。他沉思一会儿，说：“红军头天进城就有那么多人拥护，今天街上就有十多个进城的乡下人，连家也不回，就跟红军走了。跟着红军有出路，你去吧！”

第二天，我把袋里所有的钱凑在一起，打了两斤酒送给我爹，含着眼泪向父母告别辞行。

记得也是中午时候，我在街上溜达，东张西望，寻找昨天谈话的那两位红军。正巧，他们早就有心等我，一见我，就含笑问：“商量好啦？”

我点头："好啦。"他俩为革命队伍增添力量而兴高采烈，亲热地把我领到伪镇公所里，那里已成为新兵入伍的地点。我进入院子里，里面已有几十名和我一样的穷人。虽然我们彼此素不相识，他们微笑、点头欢迎我，我也笑着应着。本来嘛，大家都是一根藤上的苦瓜，自然会走上同样的革命道路。

下午 4 点左右，耳听观音阁方向机枪哒哒地响，红军老战士便带着我们新兵，列队从北门出发。这时，只见广阔的田野上，分兵十几路，到处是雄赳赳、气昂昂的红军队伍，浩浩荡荡，向着大姚县的方向挺进。

从此，我跟随任弼时、贺龙率领的红二方面军①，开始了万里长征。

长 征

红二方面军的钢铁洪流，挟排山倒海之力，以迅雷不及掩耳之势，挥剑所指，所向披靡。十天内，克石羊，取宾川，占鹤庆，夺丽江。4 月 25 日，我们便疾驰到喧腾的金沙江畔，从容渡江。

这时，我已补充到六军团十七师四十九团机枪连，当机枪手了。我们连在距江边一里多的地方休息，等待渡江命令。

金波粼粼的金沙江，从青海的巴颜喀喇山南麓流出，带着滔天的巨浪和雷鸣般的吼声，冲出青藏高原的重重雪山，到了滇西北石鼓一带。这时，金沙江突然从西北转弯向东北流去，在这里形成了有名的"长江第一湾"。石鼓是四条山谷汇合的中心，加上这里江水比较缓和，因此，自汉朝以来，就是巴蜀同身毒（印度）往来的交通要道。相传，诸葛亮"五月渡泸"，忽必烈"革囊渡江"，都是在这里渡江。

想不到我们工农红军，今天也选择这个地方横渡。

---

① 此时为红二、六军团。

我俯瞰金沙江，为磅礴雄伟的气势而感到惊心动魄。汹涌的江水，劈开丛山峻岭，穿过悬岩峡谷奔腾跳跃，一泻千里。江涛的吼声远震几里，犹如万马在狂奔。但，急流恶水哪能阻挡英勇的红军！我更为大江中无数指战员渡江的英勇气概而激动。看哪！金沙江的浪涛里，女红军驾着唯一的船只，正在划向对岸。而更多的红军，有的乘着临时扎成的木筏，顺流而下；有的坐在门板上，摇摇晃晃，颠簸而去；有的拉着马尾巴凫水过去。五花八门，各显神通，充分反映出红军的机智和勇敢。

下午 4 点来钟，渡江的命令传来了，我们全连迅速急行军到江边。江畔，战马嘶鸣，歌声起伏，笑语不断，完全压倒了浪涛的咆哮声。更令我热血沸腾的是大江两岸的红小鬼宣传队，他们大的十六七岁，小的十三四岁，站在江旁的小山头上，齐声呐喊，大声鼓动：

“我们胜利过江啦，同志们，过江就是胜利呀！”

“胜利过江，和中央红军会师去呀！”

“见毛主席去呀！”

我们班里的老战士，欢天喜地，抬来一个老百姓支援的打谷用的木簸箕，四四方方，像个升斗。我们班每个人找来一根长棍，齐坐在木簸箕里，叫着喊着，划向对岸。簸箕旋转着顺流急下，我是破题儿头一回见这么大的江，坐这么奇特的“船”，不禁头昏目眩，天旋地转。而历尽千山万水的老红军，谈笑自若，指挥若定。他们的革命英雄主义精神感染了我，我再也不看江水，目不转睛地注视对岸的方向，奋力划去。

三天三夜，1.8 万指战员和马匹辎重，全部渡过金沙江。国民党反动军队隔江哀叫，无可奈何。

艰苦的行军开始了，严峻的考验来到了。

白茫茫的雪山，遮天蔽日的原始森林，渺无人烟的草原，开天辟地第一次，被我们红军的铁脚所压倒、所征服、所开辟。

在连续攀登三座高耸入云的大雪山之前,红六军团进行了全军动员。

那是一个炎热的下午，在金沙江河谷平展展的沙滩上，我们全军整装持枪坐在一起。红旗飘扬，人笑马叫，万头攒动。白皑皑的雪山，似乎静静地屹立在我们身旁，为我们站岗。我就坐的地方，离军团首长讲话的地方只距十几步路。肖克军团长首先动员，他像一个文弱的读书人，瘦长的身材，瘦削的脸，军装整整齐齐。他号召全军，克服困难，攀过雪山，和中央红军胜利会师。他还要求大家严格遵守少数民族的风俗习惯，那里是藏族聚居地区。他嘱咐大家要把所有衣服穿在身上，没有袜子的，要撕块布裹脚，以免受冻，等等。坐在我身边的一个新战士，因河谷炎热，汗流浃背，吃吃地笑着说："怕是吹牛吧！"不信。有经验的老战士低声对他说："军团首长所讲的是经过调查的。要穿上，天有不测风云嘛！"王震政委接着讲话。他高大魁梧，络腮胡子，穿着和战士一样，要不是老战士指点，我根本看不出他是"大官"。"王胡子"鼓励我们，爬雪山要像打反动派一样，要压倒敌人而决不被敌人所压倒，要发扬阶级友爱精神。

经过动员，我们意志坚定，情绪高昂，一天 140 里，三天翻越了三座大雪山。

雪山的气候，类似云南的土黄天。瞬息之间，变化多端：忽而刮风，忽而下雨，忽而飞雪。我们战士都只是一身夏装，我还穿着离家时那套贴身的单衣。风雪交加，寒气逼人，冷得我浑身起鸡皮疙瘩，直打哆嗦。那个不信天冷以为吹牛的新战士，也冷得牙齿打架，更困难的是高山空气稀薄，似乎被人掐住鼻子，喘不过气来。有些战士，尤其是年老体弱的，刚看着他一步一步攀登，突然，在呼啸的寒风中不声不响倒下了，再也起不来了。我们含着热泪掩埋了先烈的遗体，踏着烈士的足迹，又继续前进。

每当我们气喘吁吁，似乎力气已经用尽，再也举不起腿的时候，便有一阵阵歌声、口号声随风传来。在路旁的小雪包上，红小鬼穿红戴绿，化妆打扮，精神抖擞，边抹通红鼻子底下的鼻涕，边不停地敲锣打鼓，又是唱，又是喊。他们用双手围成喇叭形，捂在嘴上对我们齐声高喊：

“同志们，加油呀，前面就是山顶啦。”

“爬过雪山就是胜利呀！”

小鬼们热情洋溢，干劲冲天，此情此景，怎能不叫人感动呢？他们和我们一样爬山，还要停下来做鼓动工作，小小年纪，有这股劲头，我们还有什么困难不能克服呢。顿时之间，什么寒冷、饥饿、疲劳，统统滚蛋，脚步又轻松了。

我和另外两名战士，轮流背重机枪的枪身。枪身压在身上虽然沉重，但我们之间互相鼓励，互相帮助。谁见谁背不动了，马上抢着上去替换，充分发扬了阶级友爱精神。

翻过雪山，我们又沿着金沙江北岸，在茂密的原始森林里穿行。这里，参天的青松，几人合不拢的罗汉松、遮天盖日的华山松，枝丫伸展，密密麻麻，相互纠缠，盘根错节，形成另一个空间。树林里，倒下的千年古树，一根又一根，交叉相叠，青苔丛生。年复一年脱落的枝叶，把地下铺上厚厚一层“绒毯”，散发着腐植质的浓浓臭味。这里，看不到太阳，望不见人烟，更没有道路，坟墓一般的死寂。我们沿着先头部队在树干画着的箭头，摸索前进。万一迷了路，那几月也休想钻出森林。

我们的粮食得不到补充，越来越少。我们每天只能吃一餐了。而且，这一餐只有少许包谷面，和上稀汤充饥。我们不得不沿路走沿路采摘大白花、小白花等野菜作为补充。每当夜晚宿营时，随地就能找到一棵横卧的千年枯木，我们一个班和衣躺在上面，还绰绰有余。生活虽然艰苦，革命意志却毫不动摇。夜晚，绵亘数里，处处篝火处处歌，像无数星星在原始森林里闪烁。当时我们常唱的是《工农革命歌》：

冲！冲！冲！

我们是革命的工农！

……

中国共产党是革命先锋，

领导我们武装斗争，

夺取政权。
打倒反动派，
消灭害人虫。
……

熊熊的烈火，雄壮的歌声，驱逐了野兽，也消除了疲劳。第二天，嘹亮的军号吹响，我们一骨碌翻身起来，扛着机枪，踏着腐叶，继续在阴暗潮湿的森林中穿行。我们在原始森林里行军一个月左右，当我们走出森林时，我们个个脸色苍白，眼窝下陷。

过了一山又一山，过了一关又一关，和大自然最艰苦的战斗，莫过于过草地了。

横亘川北的千里草原，是我国著名的沼泽地带，极目远眺，天茫茫，地茫茫，无边的草海迎风起伏；低头环顾，除了绿草，除了水塘，就是洼水。俗话形容这里是：旱八站，水八站，不干不湿又八站。

当我们开始向草地挺进时，我们每人只有三斤豌豆。这是我们跨越草地、行军一月的全部粮食，而这少量口粮还是红四方面军支援我们的。千里草原，没有人烟，粮食无法补给。身背的干粮袋，纵然掺大量野菜和豌豆一起吃，终究死水不经瓢舀，很快就瘪下来。开始，每步行十天有个牛场，准许每个连队打一头牦牛，每人分到一两，补充粮食的不足。如果打不着，就要再行军十天再打。到后来，豌豆没有了，牦牛没有了，皮带、枪带也吃完了，首长的骑马也宰给战士吃了。我们只好勒紧裤带空着肚子走路，饥饿折磨着我们，死亡威胁着我们。夜晚，我们班的战士，把枪枝架起，用被单搭成“帐篷”躲避风雨。小小“帐篷”自然不能躺下，大家你倚我，我靠你，蹲在地下“睡觉”。由于重压，草下的水气上升，天亮站起来，战士们的膝盖和屁股都浸透了水。好多战士，天一亮一摸他，冰凉，在梦乡中不知不觉牺牲了。我们机枪连由于人员的牺牲和病员的掉队，不得不一再补充人员进行整编。这样的整编，在草地进行了四五次。频繁的更换和补充，使我至今无法回忆当时的战友。多少烈士的鲜血为革命而浇洒在草原啊!

困难越大，毛主席倡导的官兵一致，团结友爱，革命到底的精神，越发大放光彩。我还记得，有位年轻孱弱的战士，坚决不跟少数革命意志不坚定的人开小差，严词批驳，严正拒绝，被开小差的一枪打伤了脚。王震政委知道了，叫卫生员替他治疗，并把自己的军大衣脱下来，爱护地披在他身上。这位战士热泪盈眶，向政委表示，一定革命到底，爬也要爬出草地，在毛主席领导下抗日救国。他披着大衣，拄着棍子，和大家一起，一拐一瘸走去。我们个个向他投以敬佩的目光，心中暗暗下了决心：只要有一口气，也要跟着毛主席闹革命。我们寻找野草，放在口里生嚼；我们翻藏族抛弃的牛骨架，从中找出牛皮、牛头，煮“牛肉汤”；我们筛牛屎，洗出少许青稞，掺野菜吃。我们千方百计，战胜饥饿，保存革命有生力量。最使我终生难忘的，是有个红军战友把珍藏的狗腿干巴分给我吃。要知道，当时一份食物就是一份生命呀！红军战士的品质是多么高贵啊!

一出草地，只见峡谷平川里，满山遍野都是即将成熟的小麦和蚕豆，迎风摇曳，诱惑我们。这对于三月不知粮味、饥肠辘辘的红军战士，确是垂涎三尺。为了解决战士的吃粮问题，军团首长连忙派出政治部人员，寻找农田主人，不料，找不着一户人家，只好逐丘估产估价，插上牌子，写上说明，并把钱放在牌子旁。这时战士被饥饿驱使，饿虎扑羊，抹上一把，火里一烧，两手一搓，扔进口里，眉开眼笑吃了起来。我们红军执行三大纪律、八项注意，才和一切剥削阶级的军队划清了界线。我正是通过红军模范执行纪律，才认识革命，走上革命道路的。当时，我们由于长期饥饿，长期野菜充饥，个个脸上的毫毛有二寸长，嘴尖毛长，一点不假。但是，即使饿得肠子贴肠子，皮包骨头，我们坚持遵守革命纪律，不侵犯群众利益。

我们占两当，攻风城，转身又朝着天水的方向北进。当进入回族聚居的火烧沟地区时，为了突破国民党反动派的阻击和封锁，我们连日连夜不停地急行军，我眼涩体累，边走边打瞌睡，绊倒了，爬起，爬起又绊倒了，浑身是泥。这时，我们的子弹奇缺，一支枪只有三粒。军团下命令，敌人不逼近不准开枪。我们走在平川里，峡谷两旁山上的反动军队，影影绰绰，依稀看得见。他们被我们英勇善战的威望所吓倒，胆怯心虚，不敢下川，只敢在山上，一排一排地，大摇大摆地，端起步枪，朝我们胡乱射击。我们疏散成单行，迎着呼啸的子弹，拼命往前奔跑。回头望着敌人，气得我们红军战士，攥紧拳头，破口大骂。他们看见日寇胆小如鼠，溃不成军，打起内战又心狠如狼，外战外行，内战内行，手段毒辣，怎不叫人悲愤填膺呢！

一天，两架涂青天白日徽记的国民党飞机，凶神恶煞地飞来，旋转兜圈子，然后疯狂地俯冲扫射，乱扔炸弹。顿时，黄土高原尘土飞扬，硝烟弥漫，我几乎被炸弹炸死。当我匍匐起来，我看到距我不远的好几个红军战士，血肉模糊。他们战胜了雪山和草地，还没有和日寇交战，竟死在反动派手里！我们满腔怒火，对该死的“刮民党”，恨透啦！

军团供给部的几十匹驮花钱、布匹的驮马，被敌机的狂轰滥炸，惊得从山坡急冲下沟。不巧，沟里坑坑洼洼，它们被深深陷进烂泥坑里，动弹不得。国民党反动军队眼睛红了，顾不得追击，狗叫狼嚎地滚下山沟，你争我夺抢劫物资。我们机枪连在山区羊肠小道急急奔走，摆脱追击，一口气走出几十里，稍微缓步，只听见后面有箱子的撞击声，见鬼！难道敌人还赛得过我们的铁脚板？回头一看，原来有一匹骡子，紧紧地尾随在我们后面。我们牵它到军团部，才发现里面驮的净是金子，这金子后来帮我们部队解决了不少困难。王震政委大大赞扬这匹骡子，说其他骡子不见赶马人，撒腿跑了，唯它不是这样，主动跟我们闹革命，并作出贡献。这样的“革命骡子”老了不宰它，死了要给它安葬。

我们连续急行军，冲破敌人层层封锁，个个又干又渴，但是，却找不着水喝。过了此沟盼那沟，沟沟石头累累，干涸缺水。回族聚居的村子都坐落在半山腰，类似暗堡，外面很难发现。即使发现了，遵守民族政策，尊重民族风俗习惯，我们也不能和群众争水。这里，群众可以随便请你吃馍，就是请不起你喝水。有时，一碗窖水同生命的价值相等。我们没有水，饭也煮不成，只能烤洋芋充饥。这是口粮，也是吸收的唯一的水分。连续几天缺水，大家肚子里像火烧，喉咙干得冒烟，舔着干裂出血的嘴唇，腻滋滋，干呼呼，说不出的难受。有一天，前面传来好消息，贺龙军团长依靠群众，神通广大，竟然会找到一眼井！但每人只准舀一口缸，不准多吃，违者军法从事。我们快步跑到井边只见警卫森严，由四名战士持枪守卫，十多个回族群众轮流值班，从几十丈深的井里，摇轱辘，打水上来。我舀上一口缸就走，边走边仰起脖子咕噜噜一气喝完。这甜水呀！凉冰冰，水凌凌，好比神话中的琼浆玉液，沁人肺腑，喝下去，死人会变活人——就是太稀少！

跨越多少山山水水，战胜多少艰难险阻，牺牲多少烈士鲜血啊！在边区人民喧天的锣鼓声中，我们终于长征到万众瞩目的抗日根据地——毛主席领导的陕甘宁边区。

选自中共楚雄州委党史资料征集小组编：《红军长征过楚雄》，1987年10月，第202—214页。

彭江，1912 年生，云南姚安人。1936 年参加中国工农红军，跟随红二方面军长征，为红六军团十七师四十九团机枪连机枪手。1985 年逝世。

长征是播种机

刘光焯

讲到长征，请问有什么意义呢？我们说，长征是历史记录上的第一次，长征是宣言书，长征是宣传队，长征是播种机。

——毛泽东：《论反对日本帝国主义的策略》

每当我重温毛主席关于长征伟大意义的论断，联想起40年前炮火连天弹痕遍地的革命岁月，我对毛主席这段话，感慨很多，体会也深，为什么呢？这话，得从头说起……

春　风

1935年国际劳动节前后，在金沙江皎平渡畔，毛主席亲自率领的红一方面军，在这里日日夜夜飞越渡江，疾驰北上。入夜，满山遍坡的火把，把江水和天空照得一片通红，军号声、战马声、歌声、浪涛声，汇成巨响，峡谷震荡，好像火山迸发，熊熊的烈火伴随隆隆的轰响，喷薄而出，直冲云霄。

毛主席高高擎起革命火炬，向全国人民大声宣告：只有红军的道路，才是解放的道路。

我的家在现在的牟定县蟠猫公社同心大队。这是一个四山环绕方圆几里的小盆地。自从纷纷传说红军来啦之后，这个与世无闻任凭剥削的地主阶级的“世外桃源”，苏醒了，沸腾起来了！去元谋、禄劝、武定等县打零工、做小买卖的人，鸡毛信一阵春风似的，把红军路过的种种传说，绘声绘色地传了回来。与此同时，从土豪劣绅那里，也造出共产党“共产共妻”、“杀人如麻”等谣言。

到底是怎么一回事呢？我虽然只有 16 岁，已是家中主要劳动力，已经懂事。一个夜晚，我跑到另一村去问肖老爹。他是中央红军攻克武定城，由红军砸开大牢救出来的。他眉飞色舞地对我说：“前三十年，后三十年，从来没有见过这样好的军队。他们不打人，不骂人，不要老百姓一点东西。在元谋县，红军在地里拔了几棵萝卜，找不着主人，就在萝卜坑里放上铜钱，算是买的。”为了强调他的话是真实的，他感慨道：“百闻不如一见啊！”原来，把红军诬蔑成杀人不眨眼的魔鬼，是土豪造谣，用来吓唬老百姓，防止受影响的。肖老爹满脸皱纹，饱经风霜，为人诚恳，他的话是完全可以信赖的。肖老爹抽着烟，半晌，又对我说：“红军在武定打土豪，分浮财，救穷人，要不是他们，我这把老骨头恐怕要烂在大牢里！红军，红军，真是我们穷人的救星！”他望着火塘的烈火，不胜向往地说：“红军是春天的雨，三伏的风，他们来了，我们穷人的日子就好过了。”

肖老爹的话像一团火，使我热乎乎的。我父叔四人当时都在黑井给资本家煮盐。我八岁就割草、打柴、放牛，帮家里做活，13 岁跟祖父学犁田、拔秧等农活。我们一家，老老小小年年脸朝黄土背朝天，做牛做马，可还是不得温饱，交了租，只剩半年粮，饥寒交迫，我的两个兄弟先后死去，我多么渴望摆脱这种苦难的生活啊！听了肖老爹所讲的，我心里多么高兴呀！心想：穷人翻身的日子快到了，要是我能当上红军该多好啊！从此，我做事也散了心，一有空，就爬到东山上，眺望是否有红军到来。

我日日盼，夜夜想，盼啊盼啊终于盼来了这一天。1936 年 4 月 15 日，夕阳西下，我从山上打柴回来，村里传开了喜人的消息，都说红军已开到了黑井。当晚睡在床上，翻来覆去想红军，做梦也梦着自己参加了红军，乐得哈哈大笑，把同床的四弟吵醒了，揉着惺忪的眼睛问我："哥，你笑哪样？"我怕泄露心思，家里阻拦，没有应他。一骨碌起床，早饭也顾不得吃，对妈说："妈，我去赶街。"妈应了一声："去嘛！"她怎么也没想到儿子要和她离别，去参加红军去了。

我迈出家门 20 几步，情不自禁地回头望，心里依依不舍。这时，我回忆起我的小爷爷，他租种一辈子田，60 多岁了，年老体弱，又无妻小。我 14 岁那年，他由于交不起租，被地主走狗用铁链套在脖上，反绑两手，像待宰的羊一样被拖走了。我有啥留恋的！不翻身解放，今后还不是要落到他那样的悲惨遭遇，心里一横，我大步流星向前走去，再也没有回过头。

黑井离我家八九十里地。走时，曙光未露，夜色茫茫，但我熟悉这条山区羊肠小道，走起来还是飞快。我过了一山又一山，过了一水又一水，心里想着红军，脚下有使不完的劲。走了大约 20 里地，太阳从东方升起，和煦的春风吹拂着我敞开的衣襟，心里十分兴奋。当我翻越了山梁子下坡时，迎面来了两个放牛娃，年龄和我差不多，十六七岁样子，他们一个扬鞭吆喝着七八条牛，一个手提砍刀准备砍柴。他们见我大清早匆匆忙忙赶路，很奇怪，就问我："小哥，到哪里去呀？"

"赶街去！"我回答。

"赶街还早得很嘛，为哪样走得这样急！"

"……"我一时想不出搪塞的话，支支吾吾的。

这两个机灵鬼似乎猜到了我的心意，凑上前来低声问道："是不是去找红军？"我打量他俩不是坏人，索性掏出底来，直截了当，笑着回答："是呀。"他俩交换了一下眼色，好像早就商量好了，手拿砍刀的就对我说："我们早就想参加红军，就是认不得路，你能带我们去吗？"原来他们和我一样，日夜盼望当红军哩！真是一根藤上的苦瓜，落到一个箧里了。我高兴地点点头："好呀，一起走，我认得去黑井的路。"他俩喜出望外，一个把砍刀往草丛里一塞，一个把吆牛棍往山下一扔，同声说："走！"我望望路旁静静吃草的牛群，为难地问他们："这牛怎么办？"放牛娃撇撇嘴，鄙夷地说："管它呢！又不是自家的。"为了慎重，我们还是把牛吆进树林藏起，三人快步下山。

又走了七八里地，太阳高高升起，光芒四射，照耀着丛山峻岭。当我们在山区小道绕来绕去时，只听见"唉——"的一声长叹，顺山拐弯，就见一个二十六七岁的人，垂头丧气走来。我们停脚，我问他："大哥，你叹哪样？"他愁眉苦脸望望我们三个娃娃，摇摇头，摆摆手，不说话，继续往前走。我还是追问："大哥，有什么心事？穷人碰穷人，帮不了忙也能顺顺气嘛！"这时，他把满腹怨气发泄出来："你们说，这是什么世道？我家有两亩田，给姓王的财主看中了，我父亲死时借了他一担谷子，现在青黄不接，老豺狗偏偏逼着讨债，没钱，就得用田来抵债。这田是我家的命根呀！遭瘟的，好狠心！我今天想去借谷子还他，唉！谁知借不借得着。"同行的放牛娃很生气，愣头愣脑地说："不还，又咋个！"

"不还？"那人很惊讶，"狗腿子抓去坐大牢，干苦活。"

"听说红军到了黑井，专门打富济贫，你去向红军借嘛！"我故意逗他。

"干脆和我们一起去参加红军，不受这窝囊气。"同行的放牛娃说。

他对红军似乎也早有耳闻，对我们的鼓动，既不害怕，也不推辞，只是为难地说："参加红军！他们收吗？我快三十的人啦。"

"管他收不收，先去看看嘛！"我们三人你一言我一语，把他说得心里热气腾腾，满脸愁容一扫而光，随即和我们一起上路。

沿途，在僻静的山路上，有的问上门来，有的一呼就跟，相约找红军的人已有六人。中午，我们到了三月街，一打听，红军已经离开黑井，挺进到牟定县城去了。三月街离牟定城30多里路，这倒不怕，怕的是红军又从牟定走了。这时我的肚子叽里咕噜直响，昨晚吃的瘪谷野菜饭哪能顶事，早就饿了。饿就饿吧，平常老是挨饿，今天找红军还怕饿?

我们赶忙离开三月街，转过来朝牟定方面急急忙忙走去。一路上，又有十几个人参加了我们找红军的队伍，浩浩荡荡，够一个排的兵力了。毛主席在分析中国社会各阶级时说："贫农是农村中的佃农，受地主的剥削。……他们是农民中极艰苦者，极易接受革命的宣传"，确是如此。金沙江畔的革命火炬，照亮了穷人的心，指引了革命的道路。我们这支越走人越多的要求参军的队伍，就是很好的证明。

距牟定城十几里的一个山头上，一名战士手持钢枪，站岗替戒。他头上红星帽徽和衣领上的红领章，在阳光照耀下，闪闪发亮，光辉照人。啊！终于找到红军了，一年的梦想终于实现了。我们20多个人高兴极了，一口气奔上山头。放哨的红军战士望见一群人上山，老远就问："你们是干什么的呀？"他不是本地人，讲的话我们似懂非懂，我们只好连连地说："找红军！""找红军！"他听懂了我们的话，笑眯眯地带我们到红军首长面前。红军首长戴一顶洗褪了色的八角帽，军裤上打着补丁，艰苦朴素，和战士一样。他待我们像待自己的亲人一样问寒问暖。我们回答了首长的问话，各人介绍了家中情况，最后，首长和蔼地问我们："为什么想当红军呀？"

"红军是工农的队伍。"

"打土豪，分田地。"

"打倒帝国主义和国民党！"

大家争先恐后地回答。中央红军一年前张贴宣传的标语口号，早就深深地印在我们心坎里，使今天的"考试"得了个"满分"！红军首长见我们都是穷苦人，当红军的决心大，就批准我们参加红军。我们20多个青年又是蹦又是跳，心像吃了蜜糖似的甜，高兴得嘴都合不拢。从此，我们扛起了革命的枪，下决心革命到底。

与此同时，有好几百人，从东街、南街，西街、北街蜂拥来到红军驻地，要求参加红军……

播 种

长征途中，我们班长是我的好老师，是他，言传身教，在我的心中播下了毛泽东思想，使我逐步摆脱农民的狭隘和自私，成为一个真正的红军战士。

我们20多个人，当晚就分开，分别补充到红二方面军（1936年7月成立——编者）六军团。我被分到四十六团。一个班，八个新兵，正副班长由老红军担任。我们的班长，19岁左右，瘦瘦个儿，眉清目秀，淳朴勤劳。他把我们领进三班的宿营地，热情地招呼我们休息，然后端来一盆盆热水，让我们洗脸洗脚。接着，又端来大盆白米饭，大盆白菜炒肉，频频叫我们尽管吃，吃饱才好。我从娘肚子出来，从未见到带兵的这样带兵，也从未吃过这样丰盛的菜饭。我们狼吞虎咽，一下子扒了四五大碗，心满意足地就睡。这一夜，睡得最香最甜。

当时行军途中，沿路打土豪，分浮财。我们的伙食比较好，一般是两个菜：一盆煮南瓜，一盆炖猪肉。吃饭时，班长总是怕我们拘束似的，尽把猪肉拣到我们碗里，自己尽吃南瓜，我们虽然觉悟不高，心里委实过意不去，就敦促班长吃。班长从盆里拣起一块骨头，在盆沿上敲着，动员大家："瞧！我不是在吃嘛，来，来，大家一起吃。"当时，我以农民眼光看待班长的举动，怎么也没理解到，他把毛主席倡导的严以律己、宽以待人、官兵一致、拥干爱民的光荣传统，贯穿到自己的一举一动中。夜晚，行军一天，累了，我倒床就睡着。朦胧中，听见有人轻轻地在唤："三班长，换岗了。"班长翻身起来，提着枪出去。他一走，我睡不着了，我想，国民党部队，当兵的要服侍长官，稍不如意，拳打脚踢，就像给地主帮工一样。而在红军队伍，我的班长起五更睡半夜，风里来雨里去，比谁都辛苦。白天行军，晚上还要站岗，干劲像打不完的井水似的，为什么？难道他是铁打钢铸的？我一时虽然说不出其中的道理，但我为自己当上红军深深感到庆幸和自豪。我们没有被子，全班和衣睡在草铺上，高原春寒，可我的心像烤栗炭火似的，暖暖和和，喜洋洋。

有一次，我记得是攻克姚安之后行军的第三天，我们部队到达宿营地，班长照常从老乡那里借来几大捆稻草，作为床铺之用，然后和副班长一起开会去了。闲着无事，我看看脚下一双草鞋，筋挂筋柳挂柳，烂得套不住了，我灵机一动，心想：眼下稻草有的是，何不趁此空隙，抓紧时间打一双草鞋呢？我就理草，扎结，埋头打草鞋。

“小刘，谁叫你打草鞋的？”我刚打一半，班长进门，俊眉紧锁，严肃地问我。我连忙停手，抬头回答：“我自己要打的。”

“你用稻草给谁说过没有？给过钱没有？”

“没有。”我心想，用几根稻草还要给什么钱！

“没有，那又怎么能乱用呢？”班长一句比一句紧地问我。全班新兵都用惊讶的目光望望我，看看他。

他这么一追问，我语塞，不知怎么回答才好。手中未织好的草鞋，放下又不愿意，继续加草又不敢，手足无措，脸火辣辣的一阵红一阵白。他见我困窘不堪，才转变了脸色，温和地对我道：“小刘，你会打草鞋是好事，这也是我们红军的光荣传统。不过，我们红军借老乡的一根针要还，用一根线要给钱，这是我们红军的革命纪律。小刘，你今后要牢牢记住啊！”他扫射了一下大家脚上的草鞋，笑吟吟地说：“我也有缺点。太不关心同志，大家都要当赤脚大仙了，我都不知不觉。来，今晚突击打草鞋，不会的，我们大家教。用了多少草，称草鞋给钱。”室内的紧张气氛缓和了，班长一边打草鞋，一边教别人，大家情绪很高，三下五除二很快就打好。我们称了称草鞋，报告给司务长，把钱给了老乡，我们才睡觉。

我躺在草垫上，翻来覆去睡不着。我想：班长平常那么和颜悦色，今天为什么那么声色俱厉？什么叫传统？什么叫纪律？睡在我身旁的班长，见我神思不定，嘴巴对着我的耳朵关心地问我："小刘，想啥子？是不是为了打草鞋的事？"我"嗯"了一声，转身问道："班长，你讲的纪律是什么意思？"班长静静地思忖了一会儿，解释道："我懂的也不多，首长讲课说过一些。天下那么多人，个个一样都长鼻子眼睛，实际呀，人与人不一样，分阶级的，地主、老财、资本家、大商人，专门吃工农的血汗，是剥削阶级，我们工农受剥削压迫又是另一个阶级。你常讲的滇军，就是剥削阶级的走狗、帮凶。我们红军是为工农求解放、打天下的。我们的革命纪律就是体现工农利益的。你想想，要是我们打人骂人，抢老百姓的东西，不就和滇军一样了吗？"我恍然大悟，长长的"嗬"了一声。他接着说："我们红军的纪律和传统是一码事，都要自觉地遵守。红军和受苦的工农是一家人，不遵守纪律，好像烧自家的房子割自己的手脚，能行吗？"这一下我明白了：难怪班长对我们这么热情体贴，原来我们是阶级兄弟；难怪班长有那么大的干劲，原来他是为工农求解放闹革命；难怪他今天严肃批评我，原来是我做了违反工农利益的事。这时我的心情呀，就像骄阳驱散晨雾，阳光漫过树梢，把大地照得通红一样。

到了石羊镇，上级发给我们班红布和蓝布各一块。班长一针一线地为我缝了一顶八角帽，缀上一颗红五星，衣领上给我扎上红领章，还给我缝了一条米袋，一个挂包。到宾川，又发给我一杆闪亮的钢枪。在行军出征前，班长端正我背的钢枪和挂包，教我军人的军容注意事项，然后亲切地拍拍我的肩膀，微笑说："像个红军战士啰，出发。"我内心激动，噙着眼泪注视他，心想：当红军就要像班长那样。我踏着歌声，迎着朝阳，向金沙江前进：

红军是工农的兵，
红军是工农的心，

我们勇敢向前走，

人民紧紧随后跟。

攀雪山，班长带头，我走第二，十个人依次排成单列纵队。茫茫雪山，上 90 里，下 90 里，风雪交加，空气稀薄。我们粮缺衣单，饥饿和寒冷威胁着每个战士，最危险的是走在前面开路的班长。别看到处似乎是厚实的雪，也许只是错觉，那雪下就是深不见底的悬岩或陷窝，它像密林深处的猛虎，随时要吞噬你。班长拖着瘦弱的身体，一步一步坚定地踩下去，时不时回首招呼我们，大声呼唤我们，鼓励我们前进。狂风挟带冰雹，劈头盖脑敲来，连眼睛都难以睁开，我们循着班长的脚印往上爬。突然，我身后“哎哟！”一声叫，回头一瞄，我身后的同志草鞋脱落，一个劲儿往下滑，此时若遇到雪坑，掉下去，那就不见踪影了，幸亏副班长和其他几人奋力把他拉住。我看他年纪比我大，身体没我好，我就学着班长平日的榜样，把草鞋脱下来，递给他，他连连摇手不要，两人相持不下。班长走过来，嘴角挂着笑意，赞许地对我一瞥，果断地对他道：“小刘身体好，你就穿上，快走。”他不得已，穿上我的草鞋跟上队伍。我赤脚爬山，脚底被冰刃划破，血很快结成冰，虽然疼痛，我却感到舒畅和愉快，一种超脱小我而带来的广阔心情，这是我从来没有领略过的。

在甘孜，和红四方面军会合后，我们又以大无畏的英雄气概，向无边无际的草地进军。这里尽是水草地，有的地方尺把深的锈水，脚踩下去，连草带泥陷下去，脚抬起来，连草带泥一起拔出来，每前进一步都要付出很大的气力。一天步行三四十里，气喘吁吁还挺费劲。而气候又恶劣，一天几变：时而赤日炎炎；时而暴雨倾盆；时而风雪交加。在这种情况下，别说还要徒步行军，就是待上一天，铁打的汉子也要消瘦，何况饥寒交迫的我们呢！有一晚，大雨掺着雪颗泻下来，篝火被打灭了，也找不着地方避雨，只好互相挤坐在一起取暖，听凭它风吹雨打。第二天起来，草地上躺下了许多停止呼吸的战友，我们的副班长也牺牲了。但是，越到困难之处，越显出英雄军队本色，越到艰苦之际，越显出阶级友爱精神。我们的青稞、骑马、牦牛、牛皮带，甚至能吃的野草，都先先后后统统吃光了。班长平常比别人少吃，剥树皮挖草根，嚼嚼用水吞下去充饥。就在这种情况下，一天宿营之后，排长叫我们各班分头去打野猫试试，说巧也真巧，别的班都未打着，四班又喊又叫提着一只又肥又胖的大野猫回来，大家兴高采烈，找牛屎的找牛屎，烧火的烧火，拔毛的拔毛，人多手多，不一会儿，锅里就扑通扑通发出诱人的香味。班长突出的颧骨，尖削的下巴，瘦得像个猴子，和我一起在锅边张罗，将吃之前，班长拉拉我的衣裳，提高声音说："小刘，走，解大便去。"我傻眼，噜嘟道："几天没进料，哪来的大便解呀！无进无出嘛。"他顽皮地挤挤眼，喔，我明白了，和他一起悄悄走开，我们班战士当然跟班长一起行动，也散开了。远远回头看，嘿！不光我们班，其他班也溜啦，篝火周围，只剩着几个躺卧着的伤病员、掌锅的。"光杆司令"排长一看，嚷开了："哎呀！干啥呀？来，来，大家商量一下。"战士们远远地唤着："该伤病员吃。""是呀，他们最需要。"掌锅的一听，有道理，舀起一火勺倒在碗里，端给伤病员。可是伤病员说什么也不吃，他们说同志们，尤其是干部，帮他们背东西，搀扶他们走路，比他们更累更饿，应该给其他同志吃。我们又叫开了："那就班排长吃，他们确实最辛苦。""班排长带头，和伤病员匀着吃一点吧！"班长连忙掐了我一把，制止我叫嚷。他们当然不肯吃。排长找几个班长"咬耳朵"。我们知道他们要发扬爱兵传统，一齐喊口号似地："我们不吃，坚决不吃。"排长抓头搔耳，无可奈何，看来大家不尝一点，这野猫肉要"报废"。这猫肉，在渺无人烟的草地，是比金子还要珍贵千万倍的无价之宝啊！谁吃了，谁就多一分活力，谁就多一分生存的能力，谁就多一分走出草地的希望，但是，红军战士谁都不愿吃，谁都希望别人多吃一点，这是多么崇高的精神啊！——由此我朴素地懂得了共产主义。我回想起我初参军时闹的一个笑话：那是在姚安。一次，班长对我说："小刘，快掐饭了。"我把湖南话快掐饭错听成“快抢饭”，慌忙奔到炊事班，不管三七二十一，揭锅就“抢饭”……那时的笑话，与现在这感人的情景相比，我当时的思想是多么落后啊！现在，我肚子咕噜咕噜“拉警报”，我才不理皮它咧。排长想了一想，断然下命令似地道：“这样吧，我把最后一点盐放在锅里，加水煮，大家喝一点，谁也不准推让了。”说着从怀里掏出纸包的一小撮盐，边倒边对我们开玩笑：“这叫珍珠虎骨汤，喝了，壮身强筋，出草地不成问题。”引得大家前俯后仰哈哈大笑。

饥饿的威胁，严寒的侵袭，使不少同志患了疾病。不少战友走着走着就倒下去了，为革命光荣地牺牲了。就连我这原来年轻体壮的小伙子，也得了疟疾，忽而冷忽而热，浑身无力，战友帮我背东西，班长扶着我走路，几天的疾病的折磨，实在跟不上队伍了，我不愿因我一个人而拖全班的后腿，我向大家要求，请他们先走。同志们怎么也不愿意让我掉队，两人搀扶我又走了一天。第二天上午，双腿怎么也不听我使唤了，我对班长说：“我实在不行了，你们走吧，我随后跟上来。”班长不同意。我郑重地道：“全班重要，你们再这样，我就坐下不走了。”班长不言语了，找来一根棍子默默地递给我。同志们饱含泪水，殷切地嘱咐：“小刘，你一定要坚持跟上来啊！”根据经验，只要一拉下来就算永别了，死亡的阴影笼罩着我，我明白。我就对大家说：“你们走吧，走出草地见了毛主席，代我向毛主席致敬。”班长等一听，都围上来，抱着我失声抽泣。

中午时分，我正拄着棍子艰难地缓缓走着，背后扬起灰尘，传来了急骤的马蹄声。凭以往的情况，大概是国民党的骑兵追捕红军的散兵来了。我心里猛一收缩，想：当你没举马刀我就给你一棍子，死也要像猛虎一样倒下去。战马驰近了，原来是一位红军首长。他跳下马鞍，牵着马，慈祥地问我：“小鬼，怎么掉队啦？”“病了。”他走到我面前，观察我蜡黄的脸色，摸摸我的头额，关切地说：“打摆子吧？”我“嗯”地应了一声。他自我介绍道：“我是担任收容的师政治部主任，上马！”

我吃了一惊，怎么能让首长走路！连忙说："不，不，我能走。"他不容我申辩，扶着我上马，我挣脱，急中生智骗他："首长，我不会骑马。"他注视我，不信地摇摇头："这样吧，你拉着马尾巴走，好不好？"我拉着马尾巴走，果然轻松了些。首长牵着马和我前后走着。一路上，他和我聊天，关切地问我姓什么，叫什么，哪年参军，家里如何？我一一作了回答。他还告诉我，为了帮助伤病员走出草地，保存革命力量，方面军首长，军团首长，好多都担任收容工作，把骑马让伤病员乘。贺龙总指挥就带头这么做的。他鼓励我坚持到底，走到抗日前线。红军首长寓思想教育于侃家常中，朴实、亲切、动听，我很受教育。红军这种官兵一致的光荣传统，胜过父母的关怀，比兄弟更密切，靠着内部的坚强团结，战胜了恶劣自然环境造成的困难，冲破了国民党反动派的围追堵截。擦黑，我们才跟上了宿营的部队，首长领我到卫生部，军医给了我三天吃的药，当时药物奇缺，所谓三天的药就是三粒奎宁，我治病心切，一口就全部吃光。第二天，我回到班里，同志们见了我，那种高兴劲儿别提了，要知道，这是死中得救，隔世重逢呀！

隔一天，我们的班长也得了疟疾，真好比晴天霹雳，我们全班震动。班长比别人劳累，身体拖垮了，早像耗尽了水分的大树干，狂风一吹就倒。他受到我们的尊重和爱戴，他一病，我们全班急坏了。同志们不顾行军几十里的疲劳，外出几里、十几里，寻觅稀少的野菜，用它熬汤，一口一口喂班长，算是增加"营养"，巴望由此出现"奇迹"——班长又能站起来生龙活虎领导我们。我后悔不该一次把药吃完，现在哪里去找药呀！我们轮流架着班长蹒跚前进。两天后，班长倒在我怀里，神志昏迷。我们大声叫唤，他仿佛从沉睡中惊醒，上气不接下气，断断续续地说："走出草地就是胜利……毛主席……革命一定成功……"他似乎是喃喃自语，又似乎是对我们的殷切嘱托，语音未落，他就闭上了眼，全班都像失去亲密的兄长似地痛哭。在暮色苍茫中，我们围着班长的遗体呆呆地出神。热曲河水潺潺地呜咽，岸边的芦苇沙沙地抽泣。第二天，远道赶来的连长，流着泪和我们一起埋葬了红军的优秀班长。以后我才知道，他是 1935 年参军，同年入党，死时才 19 岁。

我们在墓前久久徘徊，不愿离去。我的心情悲愤、沉痛，像浪涛滚滚。爬雪山，过草地，我们已先后牺牲了五位战士，全班只剩下一半的人了。我虽然只有 17 岁，班长的牺牲触发了我许多想法，好像一夜之间增长了几岁，更懂事了。我望着晴空北飞的鸿雁，我心中暗暗下定决心：烈士未完成的革命事业，我要一个人抵五个人去完成。

成 长

经过长征的战斗洗礼，我从一个普通的农民成长为无产阶级的战士。过草地不久，到了名叫双石铺的地方，由连文书李清前同志介绍，我光荣地参加了中国共产党。当时连里把全连最好的一支三八式步枪交给我，并让我担任三班班长。在党的光辉照耀上，我满怀激情，大步前进：

红军战士英雄汉，
雪山草地无阻挡。
为了人类得解放，
万里长征上北方。

我们到达天水、甘谷和武山之间。这一天，天高云淡，红军队伍聚集在一条河边，叫渭水，据说姜太公钓鱼就在这河边。部队集结时，尾随在后的国民党追兵疯狂扑来，妄图把我们聚歼在这条河谷地带。高耸入云的雪山，无边无涯的草地，都不能阻挡我们。一条河川，一群癞皮狗，又怎能封锁我们的脚步呢？我们摩拳擦掌笑着说：“我们正愁着没有东西给党中央、毛主席做见面礼哩！姜太公钓鱼愿者上钩，来得正好！”我们师担任掩护，指挥所设在我们背后两百米的地方。战斗打响了，红旗招展，军号嘹亮，杀声震天，漫山遍野的红军健儿像出弦的利箭向敌人冲去。我带领全班冲在全连的前头。可惜，敌人是豆腐做的，经不起红军的刀切，我才放了五枪，前后才十分钟，就纵横穿插把敌人打得稀巴烂，一个个像王八吃西瓜，滚的滚，爬的爬，狼狈逃窜。我望着从容渡江的红军，心里充满了胜利的喜悦。

我们在会宁，胜利地和中央红军、红四方面军会师。从此以后，戎马倥偬，征途万里。我和战友们一起，在风雪太行山和日寇浴血奋战，在东北硝烟火海中向着国民党匪军冲锋陷阵，在朝鲜三千里江山对美帝穷追猛打。战火纷飞的十多年中，一个“长征”接着一个“长征”，战斗是紧张的，生活是艰苦的，但我一想起当年艰苦卓绝的万里长征，一想起班长和无数为革命牺牲的烈士，我就有了一股劲，一股革命热情，拼命去英勇杀敌，去为共产主义创业。

选自中共楚雄州委党史资料征集小组编：《红军长征过楚雄》，1987年10月，第164—179页。

刘光焯，1919 年生，云南牟定人。1936 年参加中国工农红军，同年加入中国共产党。红军长征时为红六军团四十六团新兵班战士。新中国成立后，曾任东北锦州航空学校政治委员、南京军区空军修建总队副主任、云南空军工程兵第九纵队政治委员。1979 年逝世。

我的红军生活

张寿清

一、投入党的怀抱

我叫张寿清，小名叫岩头，在当年红军队伍里，大家都叫我“小鬼”。

我于1914年3月出生在大庸县永定镇。童年的命运是悲惨的，半岁死娘，两岁死爹，由大米溪坎上的孤身伯伯来抚养。五岁时，伯伯去世，又由嫂嫂杨培妹带到她娘家养到八岁，嫂嫂叫我给高桥大财主龚文之家放羊。

龚文之在永定镇开有两个铺子，又在高桥开有一个酒店。龚文之在当时也算行善好施。特别是龚妻姓张，我叫她姑妈。她见我老实又机灵，叫我在高桥卖酒。

龚文之的田土与临近几家财主的田土相挨，我在地里认识了几家财主的长工，一个姓朱的对我最好。空闲时间邀我进城看戏，哪里有红白喜事也同我一起去看热闹。老朱是个子人，无牵无挂，对我很关心。慢慢地我才明白，这个操外地口音的老朱是个中共地下党员，他经常在高桥酒店和一些外来人碰头，为红军来大庸作准备工作。有几次碰头也叫我参加了。

1933年，红军退出湘西，但红军的旗帜仍在穷人心中飘扬。从汉口来的地下党员彭正禄经常以卖豆腐干为名，在高桥一带活动。我第一次见到他，是在蓑衣潭的一家鸦片馆里。这个鸦片馆晚上还可以住宿，三教九流，五马六猴的人都喜欢在这里落脚。看见老彭背个大包袱走进鸦片馆，包里卷着的是两块平板布，一蓝一青，还有一根量布尺和四条纸烟。老朱和老彭说话时，面孔表情很严肃。老朱与老彭密定，利用高桥酒店作联络点，并确定我为联络员，负责转送信件。老朱对老彭说："岩头忠诚老实，脑子机灵，做事可靠，发展他为候补党员。"老彭点了点头。从此，我便投入了党的怀抱。

彭正禄同志负责永顺、桑植、大庸三县的联系。那时搞的是单线联系，十分隐蔽。老彭、老朱或由他们派来的人，一到酒店就装着打酒，乘人不注意把信件同钱一起给我，我按约定的时间与接头的暗号将信件交给从桑植或永顺来的"客商"。"客商"说："买金银线两支。"我说："没有，只有蓝的。""客商"接着说："买一包烟。"随及拿出空白纸条当钱给我，我将一包"烟"交给"客商"。高桥酒店是桑植通大庸城的必经之地，也可通永顺。为了联络方便，特地经营烟与丝线。姑爷姑妈见我扩大了业务，增加了收入，更喜欢我。我利用卖酒卖烟卖丝线的机会，为地下党转送信件六次。

这年冬天的一个傍晚，龚文之从保长家回来，而带愠色地对我说："岩头，你年纪虽小，干的事可不小啊！"我知道可能是我们的活动被保长发觉了。但我仍然装着不知道，任龚训斥。当天晚上，我正在关店门，老朱来了。他悄声对我说："我们的活动被发觉了，联络站不用了。我们十来个人明天都要走了。你已经暴露，今晚与张正朋就走。"张正朋30几岁，大庸张家湾人，按辈分我叫他三叔，我很喜欢他。我问老朱："去哪里？"老朱说："上湖北，去洪湖，找贺龙当红军。"

半夜，张正朋果然来了。他问我："岩头，走不走？"我就说："走！"我又说："我应和姑爷姑妈说一声呀！"龚文之夫妇听了我的叙述，都说："你快走，保长白天开会时，说马上要捉你。"

当夜我和三叔张正朋就离开了大庸，经慈利、石门，又到常德坐洋船去沙市，历时六七天，终于在洪湖东边溪沙河找到了红军。

二、溪沙河抢枪

我参军的这支部队是肖克从江西带过来的一支 300 多人的部队，他们是到湘西去接贺龙的。1933 年冬月，他们正在溪沙河一带打土豪、扩红。张正朋带我找到团部，我被编到十七师四十九团一营三连，张正朋编在一连。当时三连只有 30 来人，住在一个大院里，有的正在擦枪，有的在洗衣服，一个个头上还戴着伪装。连长叫张正发，看上去不过十八九岁。我问连长："你打人不？" 连长说："红军不打人骂人。" 我说："你要是打人我就不干了。" 连长看我说话幼稚，笑着对我说："小鬼，你住连部，当我的通信员。" 接着要我换衣服，红军战士穿的是蓝色衣服，冬天了，仍没穿棉衣。连长见我衣薄，硬把他身上的衣脱下要我穿上。第二天，他从团部领来了一件与我身材相称的蓝色军衣，我心里很高兴，又问连长要武器，要子弹。连长却说："小鬼，枪一响，你自己去向敌人夺武器，我们红军的武器大多都是从敌人那里夺来的。" 因此，我只盼望打仗。

机会很好，第二天就在溪沙河打了一仗。

那天，我们连奉命转移。一路上，红军虽然士气旺盛，但武器少而不整齐，一个班只有五支枪，有的背大刀，持梭标，有的还是徒手。战前，连长说："打仗要不怕死，要敢冲锋，持枪的只准打一枪，主要靠大刀砍，梭标戳，谁夺得了枪归谁使用。"

这次战斗，红军早已得到情报，敌保安团 200 多人朝红军驻地开来。四十九团在溪沙河山沟边设伏，三连在沟东，一连在沟西。我背一把大刀片跟在连长身边。大约上午 9 时左右，敌人直往山沟里钻。他们一个个械弹精良，机枪还穿着枪衣，敌军官口里还哼着淫调，看来毫无准备，连侦察也没派一个。

突然，我红军一声枪响，喊杀声大作，红军战士犹如猛虎下山，挥舞大刀、梭标，直向沟底扑去。无战斗准备的敌人惧于红军声威，除少数顽抗外，大多纷纷跪下投降。当时，我虽有一把大刀，但不会用，索性甩下大刀，一口气冲至敌前，连夺敌军两支枪，还缴得20几排子弹。我将另一支枪送给比我还小的战士，我留下一支马枪。这次战斗，红军共缴获190多支步枪，两挺机枪，还有几支短枪。

正当我为自己有了一支马枪高兴时，张连长告诉我，说三叔张正朋受了重伤，十分危险。等我赶到三叔身边，他睁开双眼，断断续续对我说："岩头……你家里……无人了……红军就是你的家……跟着红军……好好干……"话未说完，就咽气了。我跪在三叔面前泣不成声。

三、塔卧军训识肖克

溪沙河战斗后，队伍就连夜出发了。走了很多地方，多半是晚上行军，白天休息。走过的地名记不清了，只知道部队是开往永顺塔卧去的。有一次在一个村子宿营，我见到了彭正禄，他是另一个连的连长。他对我们三连连长说："岩头是我们在大庸发展的候补党员，现在可以转为正式党员了。他的情况我了解，我可以负责……"第二天行军中途休息，几个党员在一个僻静的地方开会，叫我也参加了。最后举手表决，一致通过我为中共正式党员。不久，组织委员在战斗中牺牲了，我被补选为党支部组织委员。支部书记陈万沟要我讲话。我说讲不好，他说："你就讲讲党员除交党费外还应做些什么就行了。"我一下开了窍，说："共产党员打仗要不怕牺牲，如果只剩下一个人，也要坚持下去……"

大约走了十来天，部队开到了塔卧。我们在塔卧住了半个月，主要是整军训练。

我给连长当通讯员，连长对我很了解，处处关心我，也严格要求我。他见我第一次参战一个人能夺两支枪，打心眼里高兴，在军人大会上表扬了我。塔卧军训，他教我练劈刀，还教我打拳，晚上给我讲战法战术，另外要我识地图。晚上睡觉，我在梦中背诵张连长教给我的军事知识。张连长的教诲至今记忆犹新。那时，我遵照张连长教导我的要领，不倦地练习，取得了较好的成绩。

塔卧军训结束那天，肖克军长在四十九团团长陪同下来到打靶场上。连长选了全连的优秀射手为首长表演，我被选上了。肖克军长高大魁梧，见人一脸春风。在首长面前，我用理智控制激情，出列后屏住气，按连长教导的射击要领，打了个“十环”。肖克军长对我微笑着说：“小鬼枪法不错，还要学点武术，以后打仗就更有办法了。”肖克军长停了一会儿又说：“小鬼要学文化，要学会指挥打仗。”我听了肖克军长对我的鼓励和教导，激动得热泪盈眶。肖克军长离开靶场时，对四十九团团长说：“小鬼不错，要好好培养。”

塔卧整军训练一结束，我被调到团部当通讯排长，以后和肖克军长的接触就更多了。

四、王家厂处决敌探

第二次与肖克接触是我在四十九团当通讯排长不久。队伍驻在王家厂。王家厂是一个小集镇，有三里长的一条南北向的街，两旁有2000多户人家。集镇没有城墙，是一个较大的交通卡子。军部同团部一起行动。一个晚上，我被人叫到肖克的住处，还有几个干部也在座。我刚一坐下，肖克就问我：“小鬼，交给你一个任务，有信心吗？”我起立回答：“首长指挥我奋勇前进，保证完成任务。”肖克说：“很好。

我们要执行新任务，连、排、班的正职都走，副职留下，你留下指挥一个连的兵力和一百多人的游击队，在这里留守三天。”我有些担心，对肖克说：“首长，我不是连长，又没有战斗经验，怎么能指挥这么多人呢？”肖克说:“要你指挥你就指挥嘛,莫讲二话。”我心情十分激动，说：“我服从命令！”我团王团长对在座的几位干部说“小鬼现在是团部的特派员，都要服从。”

大部队当晚就出发了，我带领几个连排干部重新看了地形，按照地形部署了力量。敌人是从东往西而来，我们在退路布置军哨，进路上安置一个班的兵力。流动的县苏维埃政府与游击队在一起。部署停当后，回到住处。我想到自己的兵力不到200多人，来敌却是一个师，一旦让敌人了解我们的虚实，必定以大批兵力朝这个交通卡子上涌来。我感到肩上的担子沉重，找来了几个连排干部商量。他们都说：加强巡逻，严查敌探，封锁情报，准进不准出，使敌人无法知道我们演的空城计。

这天晚上，我彻夜未眠，四处检查，并亲自站岗放哨，直到天明。

第二天早饭后不久，我正在集镇东边几个小山头上检查工事，有一个老百姓跑来报告，说有三个形迹可疑的人打听红军情况，问红军与游击队的人数。我立即叫一个班长带领战士行动。我刚赶回团部，那三个打听红军情况的人被送到团部来了，一审，果然是敌探。他们供认：是由国民党四十一师委派来的，来搞红军情报的。对这三个敌探该怎么处理呢？我想起肖克军长曾经对我说过的贺龙的起义部队内，由于混进几个敌特，后来指挥机关被打烂的故事，面对紧迫的形势，我同意大家的意见，处决三个敌探，并写了布告。

三天后，我们告别了王家厂，会见了肖克军长。他听完我的汇报说：“小鬼，处决得对！”

五、忠堡设伏谈兵机

1935年6月上旬，我们四十九团直接在肖克的带领下转战湘鄂西一带，经永顺、龙山进入湖北来凤、宣恩。由于根据地遭到敌人破坏，又值青黄不接之时，粮食极度缺乏。一路上，我们只好买青苗，用稻穗解决给养。部队差不多每天都要打仗。有时一天要走100多里，又吃不饱饭。但战士们的情绪却很高昂，没人叫一声苦。肖克军长也和我们过一样的生活，经常与我们四十九团一起行动。他走路有点跛，据江西过来的老同志说，肖军长的左脚在江西作战时受伤。但他走得很快，行军很少骑马。

6月12日，敌西路纵队司令张振汉带领敌四十一师增援宣恩，我团奉命设伏于咸丰附近的忠堡。我们通讯排随肖克军长与四十九团的参谋长一起行动。天亮时，我们来到忠堡附近的一个马鞍形的山凹上，背后是座高山。

肖克看完地形，放下望远镜，对我说："小鬼，这仗怎么打呀？"我说："首长怎么指挥，就怎么打。""如果由你来指挥呢？"我知道这是首长在战前对我的考核，看我有无进步，同时也是在培养我啊！我根据在塔卧军训时所学以及连长、团长平常讲的战法，大胆地说："这里的地形很好，指挥部就设在这个马鞍形的山凹里，后面这个大山头便于进兵。敌人不易发觉。坪中的那家独立屋后的小山头，在敌人进入伏击圈，我们的枪响后敌人必定拼命抢占，可派两个排从右边冲过去，冲锋队形成之字拐，以防敌人重机枪……"肖克军长高兴地打断我的话："小鬼，行呀！"接着对参谋长说："那家独立屋的左右两面是水田，正面是一条河，敌人不好挖工事，把迫击炮调过来，当敌人结集在独立屋时，猛轰几炮。"肖军长说完回军部，走了几步，又回头说："小鬼，你们一定要完成消灭敌四十一师的任务！"参谋长抢先说："坚决完成！”

中午，敌四十一师进入忠堡。我军立即分段将敌包围，团部侦察首先与敌接火。当敌军涌至那家独立屋边时，参谋长命令迫击炮连轰两炮，将房屋打垮。一营长高个子，率队抢占对面山头，我们称“江西老表”的一营长中弹牺牲，还倒下了几个战士。这时，我从峪边的小道赶上了冲锋队，一鼓作气冲上山顶。接着，战斗班冲过几个山头，我们一直扫到天黑才奉令返回。晚上，我们又组织攻击敌警备连。这里是敌指挥所，敌顽抗死守，我们乘黑接近敌人，双方都有伤亡。

天亮后，我军继续组织冲锋，迫击炮又向敌指挥部发了两炮，我冲锋队直赴敌阵地，敌人打着白旗出来投降。

忠堡战役，敌司令部被打死 100 多人，歼灭该师三个团，生俘敌师长张振汉。

六、横渡澧水　炸敌碉堡

忠堡战役后，四十九团撤至永顺龙家寨休息，战士们为没参加板栗园战斗而纳闷。肖克军长对我说：“你们四十九团要好好休息，以后打仗机会多的是。”

不久，国民党几个军往桑植开来。我团立即连夜冒雨行军，天亮前来到澧水一个渡口边，只见河对岸有个碉堡，隐隐约约看到碉堡内忽明忽暗的灯光。显然，这里有敌人扼守，而渡船又在碉堡下边。此时，肖克军长也来到河边。他看了对岸的动静，命令四十九团派 12 个人泅水过河，把敌碉堡炸掉，夺取渡船。

我是泅水的 12 个人之一。河面不宽，但水深流急，冰冷刺骨。我们脱了衣服，举着武器悄悄游过了河，摸近碉堡。碉堡门前的哨兵正龟缩一团打盹。我们一个战士用短刀宰了哨兵，接着甩进几颗手榴弹，堡内敌兵大多一命呜呼，未炸死的举手投降。我们得了渡船，去接对岸的部队。

天渐渐明了，我们在渡口的上游找到了徒涉的浅滩。除一部分乘船过河外，大部分都从上游徒涉过河。接着向桑植城挺进。

我们赶到桑植城郊的一个山岗下，战斗已经结束，红军正在召开大会。会台上坐着贺龙、肖克等首长。这是什么样的大会？台前中间站着被俘的敌军官，台下还有成千俘虏。听说这些俘虏大部分要放回家，还给他们发路费。有的俘虏不愿回去，要求参加红军。后来听说在忠堡被俘的敌师长张振汉也参加了红军。他的炮打得很准哩！

红军粉碎了敌人的“围剿”，我四十九团奉命开往慈利、常德、沙市一带打游击。

七、开始长征

红二、六军团遵照党中央的指示，在敌人更大规模的“围剿”尚未到来之前，为了求得更有利的发展，决定突围长征。我们四十九团从慈利撤回，赶到桑植城南门外河塔里开长征动员大会。那天虽然下了点大雨，但红军战士情绪高昂。

11月19日，我们从南岔出发，经瑞塔铺进入大庸。王团长对我说：“小鬼，到你家乡了，回去看下不？”我说：“我没家了，红军才是我的家。”

部队抢渡澧水后，在一个村庄宿营，不幸王团长被敌人的冷枪击中牺牲。我们团已牺牲好几个团长了，我们发誓为死难的首长和战友报仇。

八、“江西界”冷枪取敌首

红军一路上吸收了不少新战士，我们有一个连差不多全是大庸人。

经过整顿、补充，在新化锡矿山我们团编为二方面军的后卫团，经黔阳、新晃进入贵州。

我们后卫团根据战略需要走的是另一条路。来到湖南与贵州交界的“江西界”与敌人大部队碰上了，敌人一个师从右边插进来，而我们团已经走过去了两个营，团部随两个营走了。由于后卫营只行军，不打仗，所以突然遇敌，缺乏精神准备。后卫营大部分是青年，还有不少娃娃兵，未经战火。听说前面发现敌人，没等指挥员下令，就一个猛冲把前面的敌人冲乱套了。指挥员立即命令后撤，避开正面强敌，另夺路前进。敌人发觉我兵力不多，立即来了反冲锋，稀里哗啦一打，后卫营五个连500多人被打死300多，这些烈士大多是大庸籍的战士。我记得清楚的有永定镇的李建玉和高桥的张二。

江西界左边是一条大河，右边是悬崖绝壁，敌人占领界顶居高临下，硬攻不行，仰攻无法奏效。而且敌众，只有绕道沿大河而上。倘若敌人发觉我军意图，在上游埋伏或集中包围，我们很可能全营覆没。只有打烂敌人指挥系统，使其不战自乱无暇顾及大河方向，我后卫营方可从容绕道前进。然而要打烂敌指挥系统机构，人多不行，容易暴露目标和意图。决定派一个枪法准的执行任务。这时，很多人都争着要去。我也自告奋勇对参谋长说：“我去！”参谋长点头同意，我马上改装，从右边悬崖缝隙间攀越过界，绕至敌后，专打敌指挥官。

敌人的注意力正集中在面对面的火线上，万万没有料到会有红军从悬崖攀越到他们阵地后面。几个拿着望远镜的敌军官指手画脚组织冲锋，我迅速找好射击的位置，瞄准敌军官打了几枪，两个敌团长当即毙命。我转移一个地方，卧在凹形的岩坑边，又对着那几个看地图的敌军官连发几枪，敌指挥部出现一片惊慌，敌参谋长受伤了。

敌人的惊慌叫喊，等于向我报告战果，又等于是他们不战自乱的退令。等敌人朝我开枪时，我又更换位置，朝着一群慌乱的敌人又打了几枪。

我们的计划实现了。我怀着喜悦的心情，迅速赶上了部队，踏上北上的万里长途。

选自中共张家界市委党史研究室、张家界市中共党史联络组主编:《难忘的历程——老同志回忆录之三》,2003年5月版,第146—155页。

张寿清，1914 年生，湖南大庸人。1933 年参加中国工农红军。红军长征时为红六军团十七师四十九团通讯排排长。

我家八口踏征程

侯清芝

一家八口当红军

1934 年 11 月 24 日，任弼时、贺龙率领红二、六军团解放了大庸，在城内天主堂建立了湘鄂川黔省委。革命形势迅猛发展，蒋介石大为惊慌，急忙调集了 20 多万兵力，向以大庸、桑植为中心的苏区根据地扑来。1935 年 3 月上旬，红二、六军团根据敌我斗争形势和中共中央指示，决定撤离大庸。街坊市民眼看着红军队伍整装待发，心里很不是滋味。有的包着糯米粑，有的拿着新布鞋，一边往红军战士手里塞，一边深情地说："吃饱穿暖，跟着贺将军走。"尤其是一些大姑娘眼里噙着泪水对自己的心上人说："你可要回来啊，我等着你。"那些新参加红军的青年小伙子，也忍不住滴下了眼泪。

我父亲听说国民党军队又要卷土重来，他带着我母亲弟妹一齐来到红军驻地，找到红军的一位指导员说："我一家人的命是你们救出来的，我要上前线和敌人拼去！"指导员说："现在是敌强我弱，硬拼不行，我们要保存力量，作暂时转移。"

我父亲说："你们走，我一家人都跟你们走！"指导员说："那怎么行呢，行军打仗，拖儿带女不方便。"我父亲坚持说："你放心，不会碍事，不会掉队的。"指导员见难以说服，想了想后说："待我请示首长后再答复。”

一会儿，出来一位身材高大、蓄着一字胡的首长，指导员介绍说：“这是我们的司令员。”我父亲十分惊奇：“您就是贺将军？”贺龙点点头，含笑说：“你叫侯德臣，以前是个要饭的，现在是东北市区的土地委员。去年你带头把一个弟弟和两个儿子送到我们队伍里。在你的带动下，大庸已有好几千人参加红军，大家夸你是红军的好帮手，对吗？”我父亲万万没想到：贺将军统率千军万马，竟然连一个土地委员也了解得十分清楚。于是他不禁热泪盈眶地说：“我一家人是你们救出来的，听说国民党又要来，我要跟你们走。”贺龙问道：“你们婆娘儿女怎么办？”我父亲说：“一齐走！”贺龙看了看我那站在父亲身边的五岁小弟弟，眉宇间皱起了川字纹。问道：“这个小崽崽怎么办？”我父亲说：“我背起走。”贺龙劝道：“你还是不要去，留下来好，行军打仗要吃苦的，说不定还要流血掉脑壳呀！”我父亲坚定地说：“贺将军，我一家生是你们的人，死是你们的鬼。说吃苦，什么苦我一家人没吃过？要怕死，就不会带着婆娘儿女一齐来。只要能跟着你们去和敌人拼，脑壳掉了只有碗大个疤！”贺将军被我父亲说得沉思起来，嘴里噙着小烟斗，深深地吸着，鼻孔喷出的股股浓雾，在他面前飘散开去。我一家人都急切地盼着从贺将军那一字胡下的口里吐出个“行”字来。可他没说话。过了一阵，贺将军把小烟锅往鞋底上一磕，说道：“好吧！要走，就走吧！可不要后悔哟！”我父亲斩钉截铁地回答：“死不后悔！”就这样，我全家八口人都当了红军。经过一场紧张的编排以后，我全家人都编入了二军团。父母亲和五岁小弟弟编在家属连，我妻子和15岁的妹妹编在卫生队，我叔叔编在六师十七团任管理员，我大弟弟在警卫连当战士，我在五师十四团二连任班长。

父亲侯德臣——红军的好帮手

我父亲又名侯昌纤。1897 年 2 月 16 日出生在大庸三家馆漩水村一间茅房里。七岁就给地主家放牛，16 岁结婚，凭木匠手艺来勉强维持一家人的生活。后来受到恶霸勒索，害得一贫如洗，只得带着一家人出外讨米为生。

1934 年 11 月 24 日，红二、六军团解放大庸，建立了湘鄂川黔革命根据地，开展打土豪、分田地的斗争。我家分得了房屋土地、耕牛和农具，从此，再不当叫花子。翻身后的父亲，认定共产党是穷苦人民的大救星，坚定地站在共产党一边，积极投入火热的革命斗争，在大庸东北市区当了土地委员。在轰轰烈烈的土地改革斗争中，我父亲积极做宣传发动工作，不分日夜核实土地，逐丘插牌。1934 年 12 月 16 日，中共湘鄂川黔省委作出《关于创造湘鄂川黔边苏维埃新根据地任务决议》，“号召新区广大工农群众，为着反对国民党军阀的进攻，保卫分田胜利，而积极起来参加主力红军和独立团营、游击队、赤少队的组织，3 个月里应扩大 12000 主力红军”。我父亲深知翻身的日子是红军带来的，为了保卫胜利果实，巩固红色政权，把我和叔叔、大弟三个一起送到红军队伍里，并再三再四嘱咐我们三叔侄要听党的话，在红军部队要好好干。我父亲一次送三个亲人当红军的行动受到红军首长的赞扬。这事迹传开后，全县出现了不少的父亲送儿子，妻子送丈夫，妹妹送哥哥，全家争着当红军的典型事例。如三坪的罗为生、罗九生、罗春、罗周四叔侄同时参加红军。四斗坪父子参军有三对，兄弟从戎有四双，母亲送儿当红军有两家。红军扩红，就像糯米粑粑裹粉末，越裹越大。当时流传着这样几句顺口溜：“扩红一百，只要一歇；扩红一千，只要一天；扩红一万，只要一转。”当时全县参加红军的有 5000 多人。

翻身的日子刚刚开了个头，听说红军要撤离，我父亲和母亲急得一夜没合眼。母亲问父亲怎么办，父亲说他要和国民党去拚命。母亲说:“你走了，我和伢儿们怎搞？”父亲想了一会，说：“都跟着走。”母亲说：“红军能收伢儿们？”父亲说：“明天一齐去找红军。”

第二天，天刚蒙蒙亮，父亲带着一家人，翻山涉水，来到县城，走进省军区司令部。从此，我一家人都当了红军。

红二、六军团离开大庸后，向邻近的湘鄂边境大山区转移，在鸡公埡、桃子溪、陈家河、象鼻岭、宣恩等地与敌人打了几场恶仗，粉碎了敌人 80 多个团的“围剿”后，又回到桑植。蒋介石又对湘鄂川黔根据地实行更大的新“围剿”。这时，湘鄂西一带，乌云翻滚，腥风四起。多少共产党员和为红军做事的老百姓惨遭杀害。根据敌我态势和中央红军的指示，为保持有生力量，红二、六军团决定放弃根据地，突出重围，实行战略大转移。

1935 年 11 月 19 日，桑植刘家坪红旗飘扬，军号响亮，红二、六军团庄严举行突围誓师大会。我一家八口集合在誓师队伍里。20 日部队开到黄家铺、张家湾一带抢渡澧水。21 日突破澧水封锁线，过了长征第一关，我一家远远地离开了故乡。

部队进入贵州境内，沿途由于国民党军队的骚扰和破坏，通常一个村一个村见不到一个人影，因此，红军的给养成了十分突出的问题。红军长期来解决给养的办法是三条：一是发动老百姓筹措；二是向工商户征收；三是靠打土豪获取。然而，进入地瘦民贫的少数民族地区以后，老百姓本来就缺吃少穿，依靠群众筹措已经是无能为力了。工商业极不发达，工商户寥寥无几。在人烟稀少地区，谁是土豪、富户，一时也难以分清。若是搞错了对象，又会加深民族矛盾，损害军民关系，使部队更加陷入困境。行进中的红军队伍常常一天只能吃上一顿饭，有时连一顿不像样的饭也吃不上。

我父亲看在眼里，急在心头。他把我那五岁的小弟弟交给我母亲照料，自己报名参加了筹粮队。我父亲凭他长期在外讨米和在根据地打土豪的经验，每到一个村子以后，就是在找不到老百姓的情况下，也能对谁家是贫民百姓，谁家是土豪富户作出准确的判断。他对战友们说：“判断谁家是有钱有粮有势的人家不难，只要把脑子、眼、耳朵、嘴巴一齐用上，然后由远到近，由表面到内面，一看就没有错。”他每到一个村寨后先观外景。那些房屋建造的气魄，有院墙、楼台、亭阁、风景林的，绝不是贫苦人家，大多是比较殷实的大户。他深入到户，在户外听狗叫声，有钱人的狗喂养得好，叫起来底气足，火气旺，特别恶，有的还养几条狗。进了屋，他先去看牛栏猪圈，看牲口的多少肥瘦如何。有钱人的牛栏猪圈建得好，牲口不仅养得多，而且膘肥体壮。他还要看有无堂屋、家神、对联、客厅、伙房，内房的家具、器皿、炊具是否齐全，陈设是否讲究。然后根据这些情况作出判断，将认定为土豪富户的房子由政治部群工队贴上封条，再去找老百姓核对。自从我父亲参加筹粮队后，他所在的部队的给养有了很大的变化。军团政治部表扬了我父亲，并把他如何打土豪的方法推广开来，使部队的给养很快出现了转机。我父亲获得了“筹粮能手”的光荣称号。

叔叔侯贵臣——担架连的铁肩膀

征途中的长途跋涉和行军作战，伤病员一天天增加。部队首长不忍心丢下这些可敬可亲的穷苦兄弟，因此担架连的任务越来越繁重了。部队在黔西毕节整休以后，决定要我叔叔担任担架连长。我叔叔当时 47 岁，个子不高，浓眉大眼，油墨脸，络腮胡，宽肩短腿，天生一个刚强硬汉子。不久前，他在便水地区的一次战斗中，一人生擒两个俘虏，获得部队首长的表扬。这次首长决定要他出任担架连长，他却一再推辞。他找到我父亲说：“要我当担架连长我不干，我打仗不比别人差，为什么偏要我干这个差事。”我父亲望着比自己只小三岁的弟弟，半天没有说出话来。他深知弟弟是一个宁肯自己吃亏，也不叫苦的铁汉子。父母死后，一直跟着他在一起，哥俩相依为命，是一根藤上的苦瓜。父亲临终时曾叮嘱过他：要把弟弟照看好，长大后要给他成个家。可是父母死后，他们连口饭都糊不上，还哪能谈得上结婚成家呀！

我叔叔跟我父亲讨米逃荒过了大半辈子。1923 年，叔叔被川军抓伕，从四川讨米回湖南的途中，跟随贺龙当兵，参加过南昌起义，心里也懂得一些革命道理。1934 年冬，红军解放大庸后，当了东北市区游击大队长。这时，父亲准备为叔叔定个亲，以了却心愿。谁知好景不长，国民党军队很快又打回来了。

我父亲想到这些，望着日见消瘦的弟弟，不禁难过得流出了眼泪。但他还是劝说道：“你就照着首长说的去干吧！担架连虽然苦点，但比起我们过去受气挨饿要好多了。抬的是我们的红军战士，他们都是从火线上下来的，把他们抬起跟着部队走，待伤养好后，返回前线，杀敌立功，你的功劳就不小啊！这比你上前线贡献要大得多。”叔叔听了我父亲一席话后，觉得自己错了，忙说一声“我干”回头就走了。

担架连除了有几个卫生员跟着外，没有固定的伤病员，尤其是没固定的抬担架人。抬担架全是沿途雇请的民伕。民伕中大多数都担心害怕，认为随军抬担架不安全。一般都不愿意久留，甚至常常发生开小差的现象。我叔叔来到担架连以后，大部分精力都投入到民伕这项工作上面。每到一个地方，就到处雇请民伕，找不到民伕，哪里缺人换班，他就到哪里顶替抬着，其实他比哪个民伕都抬得多。每到宿营地，他还必须提前赶到为伤病员和民伕烧茶烧水，通常是其他人进入梦乡以后，他还在看望伤病员和民伕，直到把这些事忙完后，他才就地躺下睡一会儿。早晨他比谁都要起得早，抓紧时间作好出发前的一切准备工作。队伍出发了，他的肩上不是放着担架，就是挑着为民伕准备的干粮和草鞋。他忠实地履行着自己的职责，肩负着超人的重担。大家评论说：“侯连长每天走的路要比别人多得多，肩上负重要比别人大得多，而睡觉休息时间要比别人少得多。”有的伤病员感动地说：“我是在侯连长的肩上行军的。”

由于劳累过度，我叔叔的身体一天不如一天地垮了下去。他是凭着对党对红军的炽热的阶级感情支撑着自己，顽强地拼搏着。他常常对伤病员说：“只要你们还有一口气，只要我还有一口气，我就要把你们抬着走，跟上部队。”就这样，我叔叔的名字在红军队伍里逐步被“铁肩膀”取代了。

走啊，走啊，前头的路，漫漫无尽头。红军究竟要到什么地方去？我一家八口都不清楚，也不打听。但是有一条我一家坚信：跟着贺将军走不会错。

队伍穿越贵州到达云南境内，已经是第二年的 3 月下旬。这时，一场可怕的瘟疫在队伍蔓延开来，不少战士染上了伤寒和痢疾。原来身体结实的“铁肩膀”叔叔也染上重病，一连几天没有进食。他每到晚上就发起高烧来了，有时烧得神志不清，口里喊着：“快跟上……我来抬……”到白天，高烧退下来了，他便拄着拐杖，跟在担架连后面。部队领导劝他上担架，同志们也都喊着：“侯连长，我们抬你！”他却笑着说:“我是夜里的病，白天不碍事！”他一直指挥着担架连跟上队伍。部队走出云南，渡过金沙江，进入四川，直到这时，他的伤寒病才有所好转。可是他那钢筋铁骨般的身体，已经散架了。

不久，当部队来到位于云南、四川、西藏三省交界的横断山脉时，一座巨大的雪山横卧在面前。部队传下命令：就地宿营，整理行装，准备过山。入夜了，叔叔他还在担架连逐个检查，鼓舞大家说：“死也要死在山那边。”

第二天吃过早饭后，部队开始登山。雪山上空气渐渐稀薄，呼吸困难，气候也变化无常。时而晴空万里，金色的太阳照在雪地上，反射出耀眼的光芒；时而又阴云密布，大风呼啸，雪花飞舞。时近中午，一个伤员跌倒了，我叔叔用尽全力去扶，谁知他自己却倒了下去，永远也起不来了。他没有留下一句话，安详地躺在雪地里。同志们用洁白的雪覆盖着他的身体，和这位在部队里广为传扬的“铁肩膀”告别了。

我叔叔牺牲时，我父亲没有在他身边。父亲是爬过雪山后，部队到达中甸整休时才听说的。叔叔的牺牲，对父亲的打击太大了。父亲久久地流着悲痛的眼泪。

妻子刘大梅——伤病员的“出气筒”

在长征途中，我父亲最放不下心的是我的妻子刘大梅。1935 年 11 月 20 日，部队在黄家铺、张家湾一带抢渡澧水受挫，我先遣团团长王烈、少共书记周玉珠和四十九团参谋长贺荣华壮烈牺牲，局势对红军十分不利。这时我妻子刘大梅年仅 18 岁。她找到我惊慌地对我说：“没有桥怎么过河？”我说：“看来只有游过去。”听说要游过去，妻子知道河深水急，南岸有敌人堵击，上空有敌机轰炸，不被敌人打死，也要被水淹死。她害怕了，便流着眼泪说：“青芝，我有孕了，为了让未出世的孩子活下去，我们一起回家去吧！”我看到妻子瘦弱，行军艰难，十分同情，也想和她一起回家过田园生活。但又想到自己已是共产党员，又处在战斗之中，这样走很不光彩。正在犹豫不决的时候，父亲来了，我告诉父亲，说：“我想把大梅送回去。”父亲听说我要回家去，顿时把脸一沉，说：“什么？回家去？你家在哪里？你没听说我们走后，红军家属被国民党杀害，有的还削了脑壳皮！”转过身来对大梅说：“你娘家一屋人都被杀光了，你们回去是送死去！”大梅听了悲痛欲绝，哭着对我说：“青芝，你放心到前面去，我会跟来的。”

我妻子拖着有孕的身子在卫生队发奋工作。她为伤病员烧水、喂饭、敷药、洗澡、洗脚、换衣服、洗衣，行军途中还要采集草药，工作量太大,遇到的困难太多,可她坚持着。面对伤病员她没有高明的医术,药品是食盐、煤油和草药，还常常吃不饱饭。这对于营养不良、身体瘦弱、抵抗能力差的红军伤员来说，效果已经不明显了。她看着一些本来伤势不重的伤员，硬是由于缺药和饥饿造成伤口腐烂恶化最终被夺走了生命。当一些伤病员的痛苦忍受到极限的时候，会常常拿身边护理的卫生员出气，卫生员便成了伤病员的“出气筒”。一次，我妻子刘大梅含着同情的泪水为一个身受重伤的连长用盐水洗腐烂的伤口，又用钳子一个个取出生长在化脓伤口里面的蛆时，连长痛得受不了，便用拐杖打大梅。此时，大梅不顾自己挨打，埋头尽快地处理完伤口。待伤口包扎完后，大梅和这位连长都失声痛哭起来，当时在场的人无不感动得陪着流下眼泪。

我父亲听说儿媳挨了打，担心她想不通，连忙来到卫生队看望大梅。当父亲问到挨打的情况时，大梅微笑着向父亲解释说：“眼看到伤员痛苦成那个样子，我替他们去死都愿意，挨几下打算什么呀！”

父亲听到儿媳这番话，点点头，连声说：“好样，好样。”

我妻子本来身体就虚弱，在云南境内最先染上伤寒病。部队首长见她大着肚子又身染重病，决定把她安置在老乡家，等把病治好，孩子生下来后，再派人接他。可她坚决不肯，用微弱的声音说道：“我生是红军的人，死是红军的鬼，不能离开红军部队。”我父亲也不忍把大梅一个人丢下。首长没办法，只好把我从前线调回来照料她。当我从前线赶到大梅身边时，她已神志不清，也不能说话了……她带着我们那个还未出世的孩子,和我一句话也没能说,就离开了这个世界,她死得太早了。她为了革命，献出了宝贵的青春。大梅牺牲的消息传开以后，那位用拐杖打过她的连长，默默落了几天泪。

我父亲抑制不住撕肝的悲痛，伏在大梅的身上嗷嗷地恸哭起来，然后低沉地说道：“大梅，你是我家的好孩子，你是红军的好战士。”说后将自己身上的一件衣服脱下来盖在大梅的身上，对周围的战士说：“你们把她抬到对面山顶上掩埋，好让她看着红军行军打仗，看到胜利的那一天！”

妹妹侯么妹——甘南战役献青春

红军以坚忍不拔的毅力战胜了疲惫、饥饿和病痛的折磨。红二、六军团到达阿坝，通过松潘草地，进入甘肃成县境内。这时，国民党调集十多万兵力进行阻截。著名的甘南战役在成县打响了。

这一战役持续时间长，打得非常激烈，双方伤亡惨重。

在泡沙五龙山一次战斗中，我带领的一个排，为抢占一个山头，与敌人反复拼杀，最后只剩下我和另外两名战士。我在打扫战场时，在擦干净一位烈士头上的血迹后，惊愕地发现其中的一位是我那年仅16岁的妹妹侯么妹。我抱起妹妹的尸体，再也无法抑制自己的悲痛，大声哭喊着：“么妹呀！么妹呀！你死得太早了！太早了！你生下来还没过上一天好日子呀！”我么妹一来到人世，父母就抱着在外讨米要饭，她只五岁时，就一个人走村串户，单独讨饭。记得她六岁那年的大年三十，她一个人讨得一袋米和一碗肉，高高兴兴跑回家。母亲见她腿上流着血，问她怎么搞的，她哇的一声，偎在娘的怀里大哭起来。当娘知道是被狗咬的，也伤心地大哭起来。

么妹自当红军后，一直在卫生队当护理员。每逢打仗，她总是在炮火连天的前线阵地上跑来跑去，忙着给受伤的同志包扎伤口，把重伤员背到安全的地方去。

记得一次部队在贵州境内的一个山坡上宿营，因情况变化，半夜后进行转移。敌人发现红军的动向，开枪追击。么妹背着药箱和步枪，随队伍转移，因患感冒，掉在队伍后面半里路上。那天晚上大雪纷飞，两只脚软软的没有力，一个踉跄栽进腊水田里，冻得浑身打颤。掉进水里时发出的响声，惊动了前面碉堡的敌人，一阵机枪打得田里的泥巴冰块满天飞。么妹急中生智，躲进田边一个岩壳里，避开了敌人机枪扫射。为了让部队安全转移，么妹把枪鸣响。敌人向她追来，她已经躲进一片密林中去了，部队甩脱了敌人。天亮时么妹赶上了队伍，受到团长的表扬。

在五龙山战斗中，么妹冒着弹雨抢救伤员，在给伤员包扎伤口时，与伤员一道被敌人的机枪子弹击中。她的头部、胸部被射中无数个弹孔，血肉模糊。尸体难以辨认。

战友们见我恸哭不止，怕伤了身子，把我扶回驻地。晚饭时，我端着饭碗，独自一人来到么妹的坟前，把饭倒在地上，双膝跪着哭喊着：“么妹呀！大哥给你送饭来了，你吃吧！”

小弟侯清源——成县托孤别亲人

在成县反堵截战斗中，我父亲扶着小弟弟清源来到距成县县城十多里路的石嘴冲，突然遭到敌人的伏击。子弹打进了他的臀部，他不能行走了。战友们把他送到附近一位名叫何天颂的贫民家里养伤。何天颂夫妇，40 来岁，是从湖北巴东逃难来到这里定居的老实农民，膝下无子，靠开荒种地为生。他们听说我父亲是靠近巴东不远的湘西人，念起乡情，觉得十分可怜，便同意收留了我父亲和小弟弟清源。父亲住下后，心事重重。他心里明白，今生今世恐怕再也见不到部队和亲人了。他只想捎个信，来个亲人把身边的小儿子接走，就可以放心地死去。可亲人在哪里？父亲在昏迷中呼唤着一个个名字。

也是老天有眼，我无意中在路上遇着一个农民，谈话间，知道我父亲住在他家里。我跟随他见到了父亲和小弟弟。父子见面哭成一团，天颂夫妇也流下了悲伤的眼泪。父亲问我娘，我说不知道。问么妹，我不做声。父亲追问："么妹在哪里？"我流着泪，不肯回答。父亲心里明白了，再也不追问了，他只觉伤口一阵绞痛，又昏迷过去了。

父亲醒来，已是下午，太阳偏西了。我见父亲醒过来，就要把他背走。父亲不肯，说道："我不行了，你把清源带走吧，等把你娘找到后，交给她我就放心了。"我一定要背他走，他坚持不肯。他说："你快走，前面还在打仗，正需要你呢！"我见父亲坚持不走，无可奈何，便去背清源，清源也不肯走。

小弟弟清源虽才五六岁，可他是个非常懂事的孩子。在长征路上，他翻着两只小脚板，跑着跟队伍奋勇前进。实在走不动了，一屁股坐在路旁。父亲去背他，他说："不，爹爹要打仗，我坐会儿自己会走的。"父亲怕把他丢失，在马背上扎了个小轿架，把他放在轿架里坐着，让马驮着走。小清源这下可乐了，坐在马背上神气得很。

父亲负了伤，住在老乡家里虽好，但他晓得父亲身边不能没有一个亲人。当我要背他走时，他哭着扑在父亲身上说："我不走，我要跟你在一起。"

何天颂也插话说："这个孩子怪可怜的，就把他留下吧！"

我没法，含着眼泪跪在何叔面前说："那就只好麻烦您了。只要我不死，我会来报答您的。"何叔夫妇扶起我，说："你放心走吧！我会用草药给你爹治伤的。"

从此，何叔每天从地边山坡带上一些草药为我父亲敷伤。只因伤势太重，流血过多，伤情日趋恶化。父亲意识到自己不能久留于人世，含着泪水对何叔说："天颂兄弟，我好不了啦，不要麻烦你了。"说后从口袋里摸出一块银元："这是我的一点心意，请收下吧！"何叔假装生气说："你把我当外人了！"我父亲脸上堆着凄凉说："我拿着没有用了。只是有件事我放心不下。"何叔问："啥事？"我父亲用恳求的眼光看着何叔说："我的清源太小。我想叫他做你的干儿子，请你把他抚养成人。"何叔点点头，算是答应了。第二天早饭后，趁何叔不在，我父亲用尽全身气力，爬到离何叔家不远的一座土地庙里，躺下了。不多时，便安然地合上了双眼。他是怀着对红军，对贺将军，对亲人的无限思念离开人世的。

我父亲从一个旧社会受尽苦难的“叫花子”，成为一个坚强的革命战士。他为着中国人民的解放，流尽了最后一滴血。解放后，甘肃成县人民为了纪念他，在他墓前树立了一座高大的墓碑。

父亲牺牲后，小弟清源给何叔做儿子，改名何为俊。1963年，何家父母已亡。小弟为何家父母办完丧事后，迁回老家大庸。

母亲殷成福——8000里路云和月

1936年12月中旬的一天，冬日的阳光，洒满了陕西省富坪县庄里镇。经过长征战斗洗礼的红军指战员，情不自禁地欢呼雀跃：

“殷大姐归队了！殷大姐没有死！”

特别是女战士们，一个个淌着喜悦的泪水，伸开双臂，争着去拥抱这个蓬头垢面、衣衫褴褛的殷大姐。欢乐和酸涩交织在一起，冲动着这一群幸存的她们。

殷大姐就是我母亲殷成福。

我母亲从离开大庸当了红军后，一直在家属连担任炊事工作。她手脚粗大，身板结实，平日不多讲话，只知道多做事情。从桑植刘家坪出发，她背的那口铁锅足有30多斤。路上大家休息时，她要忙着烧水做饭。她下决心跟贺将军走，哪怕是走到天涯海角也要跟到底。

部队到达四川西部白玉地区后，我母亲患了病，可她一声不吭，不让人知道。人终究不是铁打的，母亲身子散了架，实在跟不上，掉队了。

掉了队的母亲，沿途乞讨，拼命追赶队伍。她孤身一人走到甘肃境内，被敌人盘查抓捕，被扔进天坑。幸好被天坑里岩壁上的树枝搁住，过路的老百姓救了她的命。

对于鬼神、敌人她不害怕，严重的是饥饿使她九死一生，使她变成了“白毛女”。

我母亲历尽千难万险，日夜兼程大半年，从四川，经甘肃，到陕西，走了 8000 里，终于找到了队伍。

我母亲奇迹般地出现在庄里镇，战士们又惊又喜，为我母亲归队举行宴会。当贺将军向我母亲敬酒时，我母亲憔悴的脸上滚着晶莹的泪珠。

1937 年抗日战争爆发后，红军整编，贺龙将军领导的一二〇师要开赴抗日前线。部队首长决定将由我大弟弟侯清平护送我母亲回老家大庸。解放后，我母亲享受老红军待遇，1963 年在大庸病故。

大难不死乐天伦

大弟侯清平，长征中在警卫连当战士，他除忠于职守，做好警卫工作外，还利用休息时间为战友们打草鞋。长征行军，草鞋不能小看。清平打的草鞋不是用稻草织成，是用布打的大根筋倒牵牛。他把草鞋用桐油一油，穿起来，踩在地上咚咚响，一双能走一两千里路。他为战友们打了多少这样的草鞋，他无法记清，只知道，连里的同志们都穿过他打的草鞋。

我自己在长征进入草地后，由于饥饿、劳累，曾昏倒过。当时，战友们以为我再也起不来了，把我安放在路旁。一阵冷风吹来，我慢慢醒过来了。只见周围虫子唧唧乱舞。我立刻挣扎着往前爬。爬呀，爬呀，也不知爬了多少时间，又昏过去了。待我醒来时，才发现同志们围在我身旁。就这样，我从死亡中捡回一条命。长征到达陕北后，我跟随贺龙将军投入抗日战争、解放战争。1950 年 5 月，南下到家乡大庸，担任县武装大队长。1955 年被批准离休。

我家举家八口当红军，一同踏上长征路。征途中有四个献出生命。解放后，母亲、大弟、小弟和我，受到党和人民的优惠待遇，乐享天伦。我父亲、叔叔、妻子、幺妹，虽未能享受人间幸福，但他们为人民的解放事业而献身的精神永垂不朽！

选自中共张家界市委党史研究室、张家界市中共党史联络组主编：《难忘的历程——老同志回忆录之三》，2003年5月版，第174—186页。

红军连队的卫生员[①]

李林

我原是一个孤苦伶仃的穷孩子。出生后不到九个月，父母亲就去世了，六岁就讨米。九岁就给恶霸地主田汉三、田祝林家放牛，受尽了剥削和压迫，过着牛马不如的生活。我曾患过一次痢疾，田汉三怕我死在他屋里，将我赶到一间破烂不堪的牛栏里，只好抱了一把稻草和一件烂蓑衣,跟牛睡在一起。我给地主做了七八年长工,一无所得。15 岁以前，我没穿过一件新衣，也没有穿过一双鞋子。

正是我们这些穷苦农民无法生存的时候，红军解放了大庸城。我于1934 年 12 月间参加了红军，在红四师十团一营一连当战士。由于旧社会繁重的劳役和营养不良，我年纪虽已 16 岁，人长得却相当瘦小，参军后不到一个月，部队在慈利溪口棉花山和朱疤子的团防队作战，我那时还没有作战经验，排长本来喊我不要站起来，以免暴露目标。我因尿胀，站起来解小便，敌人发现了，一枪打来，将我的左脚板打穿了。被送到永顺龙家寨红军医院养伤，治了个把月，伤好了，便留在医院当招扶兵。不久，又到院部当看护，医院也从龙家寨搬到龙山茨岩塘和桑植上河溪、杜家山等地。

那时住院的伤病员约有 4000 人。而医院的工作人员却只 300 人，

① 本文系根据李林同志《红军连队的卫生员》和《长征出发前夕的准备工作》两篇回忆录综合整理而成。

每个医生要看100多个伤病员，除了行管勤杂人员，每个护士要护理30多个伤病员。特别是缺乏医术比较高明的医生，难度稍大的手术就无法进行，危重病人也难以起死回生；药品也极缺乏，西药很少，必须节省着用，一般都用中草药，自己采集一些，主要是向群众收购。由制药组用锅子、鼎锅、罐子等熬制配好后，交医务室使用。绷带一般每个伤员两根，固定到人（重伤员因每天要换，绷带上都写上名字）。换出来的脏绷带，由洗衣队洗好，分发给伤员自己保存，护士换药时便给用上，换出脏的再送洗。纱布换出来后，煮了再用，要用好多次，直到破成小块，不能再用了，经过护士长检查后，才换领新的。生活也很困难，重伤员每天约五分五的菜金。轻伤员和重病员每天约四分钱的菜金，轻病号每天约三分二的菜金。我们后方工作人员每天只有二分五的菜金，只能吃点酸菜汤，一个月才能打次“牙祭”（吃肉），每人老秤四两猪肉。尽管生活艰苦，为了减轻人民的负担，干部、战士和伤员情绪都很高，没有一个说怪话的。我们医务人员为了革命，无不干劲冲天，每天工作十五六个钟头，一人顶四五人用，还发动伤病员互相照顾，伤病员按照轻重程度不同，编为轻伤连、重伤连、病号连。轻伤员一般很快治好出院，要求他们负责招扶重伤员、重病号一至四人。

我红二、六军团是1935年11月19日开始长征的。在开始长征以前，我军在桑植县作了一系列的准备工作。在我记忆中比较深的有两件：

一、“精兵简政”。就是说，我们红军中有些老弱病残者（包括年龄小的），不宜长途行军和打仗的，动员回乡，从事其他革命工作。

当时，军部设在桑植的双溪桥，贺龙同志住在军部。各师、团、营、连都把年纪大的、身体不好的小孩送到军部，贺龙同志亲自向他们动员，讲明“精兵简政”的意义。贺老总说：“我们北上抗日，每天都要走一百多里路，还要打仗。路程遥远，你们老的老，小的小，病的病，既走不动，又打不得仗。党为了照顾你们，保护你们，送你们回乡从事其他革命工作，也是一样。”这次被精简回乡的各地都有，大庸也有。

我知道篾器社的党支部书记老许就是从桑植被动员回来的。还有杨仲兰的儿子杨子孝也是这次“精兵简政”从桑植回来的。当时回乡的同志，党很关心他们，对他们照顾得很周到，按照路程远近发给不等的路费。桑植本县人发一块光洋，大庸县的发两块，慈利溪口一带发三块，慈利以下发四块，石门县的发五六块，津市、澧州的发七块。还有少数远处的（如江西）发十几块或 20 块。

二、每人打五双草鞋。我记得在另一次动员大会上，贺老总讲：“以前我们和国民党都在内线作战，现在要转到外线作战，要准备长途行军打仗，所以每人都要打五双草鞋。”

这种草鞋，不是一般用稻草打的草鞋，而是六根筋的倒牵牛用布打的草鞋。这些布都是上级发的新布，有的同志还把草鞋用桐油一油，穿起来，踩到地上咚咚响，最经穿：一双能走一两千里路。

我当时也是被动员回家的对象之一。我考虑回家去后，一无亲、二无故，仍然是死路一条，坚决要求留下来。组织上仍将我送回原单位去安排工作，团首长看到我年纪小，个子不大，背枪困难，要我学吹号。又有困难，只好分配我到第一连当卫生员。

连队卫生员经常背个药箱，给连里的同志治治小伤小病。药品是从团部卫生队领来的，有阿斯匹林、救急水和红汞等，还有一些用中药熬制的药水。部队在行军中，有的肚子痛，须给他服上救急水，就可继续前进。特别是在战斗中，许多轻伤的同志都不下火线。卫生员就要到前线去，为他们服务，及时给他们吃点麻药，或者让他们把伤处放在花椒水中浸泡一会，可以暂时麻醉不痛，再给他们上点药，包扎好，使他们能够继续战斗下去，重伤员就由担架队抬到后方去救治。（红军长征调查办公室整理）

选自中共湘西土家族苗族自治州委党史资料征集研究办公室编：《湘鄂川黔革命根据地资料选编》（湘西自治州部分），1985年6月，第90—93页。

一担铁皮箱

胡林芝

我出生在安化县思游界的一户贫苦农家，从小放牛砍柴，及至青年，长成一副健壮的体魄和一身好力，为了“寻活路”，我来到了资江北岸的神弯小镇，挑脚谋生。

那是 1935 年的冬季，王震、肖克将军的红六军团，长征南下湘中，进入安化县境。11 月 26 日，红十七师路过神弯，有位红军请我挑行李，答应每天给五个铜板的工钱。我一听，喜出望外，心想过去为老板挑货，每天才赚一个铜板，为红军挑脚一天等于五天的工钱，真划得来。从此，我挑着一担铁皮箱，跟着红军走，餐餐吃白米饭，吃得饱饱的，我很满足，跟红军挑担真不错！

部队开到新化锡矿山，这天正是我的生日，红军连长知道了，特地杀了鸡，买了肉，打了酒，为我祝贺！我很激动，真是长大以来才过一回这么丰盛的生日。自此，我再无二心，五个铜板也不要了，跟着红军出湖南，到贵州，进四川。

我常对人说：我就是被五个铜板吸引，之后是被红军的同志情、兄弟爱感动，走上长征路的！

部队进入四川，有一天行军中，突然遭到敌人伏击。前临小河，后踞山峦，地形十分不利。营长立即组织战士进行反击，部队霎时分散了。我挑着铁皮箱，冲进了子弹纷飞之中，我想：糟了！我若蹚过河去，就会打湿箱子;去参加战斗,就会丢掉箱子,营长交代的任务就是担箱子,保卫好箱子!怎么办?我想到自己必须忠于职守。灵机一动,挑着铁皮箱钻进了一户农家。营长率领战士击溃了敌人,将敌人赶过河去,追了十多里。

战斗结束,清理队伍,唯独不见我和铁皮箱,这可急坏了军团政委王震,迅即下令派一个连折返,清扫战场,指示:胡林芝牺牲了要见尸,箱要见物!

一位连长率领骑兵返回,沿途寻觅,马蹄得得,尘土飞扬。我从门缝中一瞧,见是自己部队来了,才拍拍身上泥土,挑着铁皮箱迎了上去。连长一见了我,高兴得从马上跳下来,拍着我的肩又怨又笑道:"胡林芝,你没被打死呀!真叫我好找,部队都在寻你,快回去,王政委在等你哩!"

我好奇,王政委等我干什么?

回到部队,王震见人、箱俱在,保持完好,才露出笑脸道:"小胡,你知道你担着的是什么吗?"

我摇摇头。

王震深沉地道:"小胡呀,这箱子里装的是全军的名册,党的公文,它是全军的生命!"

我惊愣了!额上冒出冷汗。当晚我辗转未眠:"看来小小的铁箱重千斤!这副担子,我怎么挑得起呢?"

第二天,我找到王震辞职:"政委,这副担子我不挑了,我打仗去!"

王震听了,哈哈笑道:"小胡,你这次立了大功,我要为你请功,怎么不挑了呢?"

我搓搓手说:"政委,这责任太重了……"

王震慈祥地望着我,对我更加喜爱,更加信任,笑着说:"小胡,你是经过战火考验了的,这副担子非你莫属。好,从明天起,改派别的同志来挑,你就跟着箱子走,保卫好这副箱子吧!"

哈，真是出人意外，传奇就这么传奇，没想立功却立了功，从此，我就保卫着这担铁皮箱，胜利到达延安。（陈首涛整理）

选自马继善主编：《曙前之路——红军长征在湖南》，岳麓书社1996年9月版，第321—322页。

胡林芝，湖南安化人。1935年跟随红六军团长征。

忆红六军团工兵连

刘品玉

我是一名红军工兵，参加了红六军团西征和长征。每当回忆起转战在长征路上，那些为红军胜利进军而运筹帷幄、指挥若定的老首长，那些生死与共、并肩战斗过的老战友，以及在战斗中抚育我成长的工兵连，不少往事就一一浮现在我眼前，萦绕在我脑海里，使我心潮起伏，感慨万千。

我是1930年参加红军的。1933年10月，红军在瑞金武阳围成立了特科学校，学校辖有工兵营，营长谭希林，我被调到工兵营第三连学习。第三连是爆破连，连长韦国清，从这时起，开始了我的工兵生涯。当时，正值中央苏区第五次反“围剿”作战期间，环境条件十分艰苦，学校设备虽然简陋，但纪律严格，学习生活紧张，为革命而学的思想十分明确,每个学员都能认真、刻苦地钻研军事技术。记得还没学到毕业，因前方作战需要，我就被分配到红六军团。红六军团的工兵是在1933年组建军团时成立的,有一个排。我调到军团后,进行了一段时间训练，就随同一个步兵团到井冈山地区执行任务，后来又奉命回到永新的七都八都附近。这儿是我的老家，虽到了家门口，但因战斗需要，我们一心一意跟着红军闹革命，也就顾不上回家看一看了。这一类过家门而不入的事例，在红军时期是很普遍的。到了1934年，军团成立工兵连，我任连长。7月23日，中革军委命令我们军团退出湘赣根据地，向湖南中部进军。这是一次重要的军事行动。经过必要的准备，8 月 7 日，整个军团 9000 余指战员怀着激动的心情，告别湘赣根据地的亲人，从西南全线突围，踏上了新的征途。一路上，斩关夺隘，抢渡江河，用同敌人兜圈子的战术，牵着敌人鼻子走，从湘南转战到了广西北部，继而在界首地区顺利地渡过了湘江。9 月 8 日，中革军委下达新的命令，要我们军团在运动中大量歼敌，尔后转移到黔东，与红三军（即红二军团）会合。为此，我们军团经城步、绥宁，转兵南向，袭占通道县，在靖县发起新厂战役，给予尾追之湘敌以歼灭性打击，甩掉了追敌。

新厂战役后的第二天，我军兵分两路，向黔东南清水江流域前进。在新厂之战胜利的鼓舞下，部队欢快地行进在湘黔交界的崇山密林中，工兵连按照惯例在部队的先头行进。黔东南是苗族、侗族聚居区。军团首长要求部队严格遵守三大纪律八项注意，认真执行民族政策，尊重兄弟民族风俗习惯，爱护苗寨一草一木，并派出工作队，深入山寨，向苗、侗族同胞宣传穷人闹革命的道理，宣传红军的宗旨和任务。当我们连行进到清江县（今剑河县）南加地区之时，军团的命令就到了，指示工兵连保障全军渡江。

南加是苗族聚居地。它三面环山，北临清水江。这里地势险要，群峰兀起，激流飞溅，曾为古战场。历代封建帝王推行反动的民族政策，残酷剥削压迫少数民族，激起了苗、侗同胞不断的反抗。国民党统治集团预计我军将渡江北上，妄图利用民族矛盾，造谣惑众，进行反动欺骗宣传，并胁迫苗胞躲进高山密林，企图把我军同人民群众隔离开来。我连进抵南加时，室室无人，寨寨皆空，找不到一条渡船，见不到一个老百姓。面对这种境况，怎样保障部队过江呢？全连指战员个个焦虑万分。

我们派人溯江而上，找遍了里格、南孟、扩边等苗寨。后来，在一座破烂的木屋里发现了一个苗族老太太。我们以实际行动解除了她的疑虑，还找到了她的儿子孙子。徐指导员耐心地给他们讲解汉、苗、侗族天下穷人是一家人的道理，揭露了国民党反动统治的阶级本质，从而解开了苗胞的心头疙瘩。正当我们同苗胞促膝谈心的时候，军团侦察排的同志匆匆送来了命令。军团首长再次指示我们："尽快找到船只，火速渡江。"军令如山倒，但是，到哪里去找船呢！

人民军队爱人民，各族人民拥护子弟兵。当那位苗族老太太的儿子、孙子认清我们是工农红军后，他俩就吹起牛角，召唤苗胞们回来。"呜，呜，呜"的牛角声在夜空中飘荡，远近山谷又传来了回声。约摸半个时辰，一群群男女苗胞，从山寨背后的山林里，从江边蜿蜒曲折的小道上奔跑过来。清水江对岸也燃起了松明火把，有几只小船正在"哗哗"地向这边划过来。人群汇集到山寨前，他父子俩用苗语同乡亲们说话，苗胞们明白了红军是工农的队伍，是好人，都高兴起来并立即行动，为红军征集船只。

一只渡船和28只小船找来了。父子俩充当向导，把工兵连带到观音渡。这里，江面约有100来米宽，水流平缓，比较安全。我面对着江水，心里估量着，靠这29只船，每次只能渡送一二百人，七八千人的部队要花多少时间才能渡过去呢？那些辎重、骡马又怎样渡呢？正当我犯难思忖的时候，一位老船工建议架浮桥。船工们生在江边，长在江边，十分熟悉当地水情。我们工兵连依靠船工的指导，在苗胞的全力支援下，迅速把浮桥架好了。浮桥刚刚架通，我立刻报告军团首长，首长们高兴地下令："立即过江！"

夜深了，苗胞们还在向渡口运送食物、茶水和松膏。清水江观音渡两岸，点燃了一堆堆篝火，熊熊的火光把四周照耀得如同白昼一样明亮。我们连一边组织引导部队大步流星地跨越清水江，一边跟苗胞们亲切地告别，紧跟部队继续前进。

之后，我军突破黔敌防堵阵地，袭占黄平，征战黔东，边打边走，终于摆脱敌人，与红二军团会合，胜利实现了木黄会师、酉阳祝捷。

会师后，红二、六军团总指挥部组建了工兵连，共四个排。我任连长，廖如秀任副连长，颜振清任一排长。在桑植，我们连加强了工兵专业训练，重点是架桥、渡河和爆破，训练工作由湘鄂军区教导团担任指导。通过集中的训练，我们连的技术、战术水平有了很大的提高。

1935 年 10 月，敌人对湘鄂川黔根据地的“围剿”规模越来越大，兵力越来越多。这时，中央红军已经到达陕北，红四方面军也离开了通（江）南（江）巴中。中央决定：我们离开湘鄂川黔根据地，打到敌占区域，相机北上。11 月 19 日，我们告别了根据地，长征北上。在英勇的长征中，每当红二、六军团兵分两路时，每个军团常常各带领一个工兵连，并把工兵连配属给前卫，执行保障任务。我们连完成了强渡澧水、沅江，抢渡鸭池河，巧渡盘江等任务，而特别令人振奋的是夜渡金沙江。

1936 年 4 月，红二、六军团甩掉尾追之敌，日夜兼程西进。下旬，红二军团胜利到达金沙江边石鼓镇，而我们红六军则进占巨甸。石鼓、巨甸一线位于金沙江上游。这里，江面宽阔，水流湍急，两岸重峦叠嶂，地势险要，渡口上有敌人把守，严密封锁着江面。面对滔滔的江水，军团首长明确告诫大家：渡过金沙江是活路，过不去是死路。一定要把抢渡金沙江的信念，牢固地树立在每个红军指战员的头脑里。全军决心战胜天险，北上抗日。

为了驱逐对岸敌人，控制登陆场，前卫红六师组织突击队，在石鼓率先强渡过江。突击队员都是娴熟水性的党员和干部，他们利用夜暗，冒着敌火，泅水过江，歼灭了守敌。我们连负责在巨甸担任渡河保障。上级适时向我们传达了贺老总的指示：胆大心细，确保渡江。工兵连刚赶到江边。党支部立即决定，一面组织兵力编扎竹排，一面派一排长带领人员泅水过江找船。三排很快扎成了四只竹排，但一泛水，立即被汹涌的江水冲走。到了晚上 9 点钟，一排长从对岸找来了一只民船，这只船每次只能渡送二三十人，骡马只好牵着泅水过去。军团参谋长谭家述同志审时度势，当机立断，命令工兵连争分夺秒，立即组织引导部队登船渡江。我把连里水性好的同志编成六组，每组四人，负责漕渡。当时，渡场纪律是严格的，一切行动听指挥，因为我们要抢在敌人之前把部队渡送到金沙江对岸去。紧张而又有秩序地渡江进行了整整三天两夜。第四十九团指派一个连由一名副营长指挥，掩护我们工兵连作业。到了第四天，侦察排报告：后面发现敌人。这时，我军已经全部过江。按照上级命令，我们立即把船炸掉，给了船家 50 块银洋作为赔偿。蒋介石妄图拦阻红军前进的迷梦，又一次被打破了。

部队过了金沙江，经中甸，翻过几座大雪山，在甘孜实现了红二、四方面军会师，并继续北上，于 1936 年 10 月，在甘肃将台堡胜利地与红一方面军会师。至此，三大主力红军终于胜利会师。工兵连在战火中经受了锻炼、考验，完成了它的历史使命，并为尔后演变发展成为八路军第一二〇师工兵连奠定了基础。

选自中共天津市委组织部、市委老干部局编:《踏边青山人未老》，1997年10月版，第5—9页。

刘品玉，1912 年生，江西永新人。1930 年参加中国工农红军，1931 年加入中国共产党。红军长征时为红六军团工兵连连长，红二、六军团总指挥部工兵连连长。新中国成立后，曾任天津市物资局副局长，第五届、六届天津市政协委员。

长征亲历记

马腾云

1931年10月，刚满14岁的我就参加了中国工农红军，被分配到红六军团卫生部工作。当时我的个子比小马枪还低几厘米，同志们都亲昵地叫我“矮子”。1935年10月红二军团与红六军团合并成立了红二方面军[①]，并从湖南的桑植开始了长征。

红二方面军从桑植出发后横扫湖南中部，直插贵州边境，于1936年2月相继攻克了黔西、大定、毕节等地，并在毕节一带扩大红军，组织起农民600余人，编成了一个游击大队，我被任命为大队政治委员。这时我虽然长高了几厘米，可也就和马枪一般高，所以很多游击队员都叫我“矮子政委”。当时我的年纪小，胆子也小，又是头一回领导这样多的人，开大会要政委讲话，一讲话我的脸就发红。更糟糕的是当时我还不会指挥作战。新开辟的地区武装土匪很多，经常来骚扰。一天早晨，东方刚刚放亮，哨兵从三里以外的山坡上急急忙忙地跑回来报告说，有土匪向我们进攻。我紧张地踏着两只鞋子，披着衣服就往外跑，幸好这时候郭大队长早已把部队带到了前沿的山坡。来进攻的土匪大约有400多人，当时土匪的武器并不比红军差，双方投入战斗对峙了四个多钟头。后来二军团的钢炮营派出一个连增援我们，才

① 红二方面军成立时间应为1936年7月5日。

把这股土匪击退了。两个月以后，王震政委见到我，他笑着问："矮子，你领导这么多的人能行吗？"我心里想：正好我也干不了，于是我就顺水推舟地说："不行呀，还是让我回教导团去吧。"王震起初只是对着我笑，最后还是答应了我的请求。我高兴地把游击大队交给了军部，又重新回到了教导团。

宣威战役之后，我军决定渡金沙江北上抗日，争取早日和红一、红四方面军会师。国民党似乎发现了我军的这一意图，集中重兵向我军穷追猛打。敌人的目的是妄想把我军挤压到金沙江畔，后退不能，前进无路，然后合围消灭我们。为了迷惑敌人，1936 年 4 月北渡金沙江之前，我红二方面军突然转向东进，一举攻占了贵州的盘县。当敌人上当东调之时，我军又突然折回云南，并趁此有利时机，昼夜不停地急行军向西北方向挺进。不顾狂风暴雨，每天至少要跑 240 里路。我的鞋磨烂了，只好光着脚丫子跑路，左脚磨起了大燎泡，疼得我真要哭，但我咬紧牙关，硬是拄着根棍子坚持跟着跑。经过半个多月的紧张行军，先后攻克了沿途的十几座城镇，在 4 月底终于赶到了金沙江边。没有做片刻的休息，更来不及吃饭，王震、甘泗淇同志向我们作了简短的动员令："同志们！能够安全地渡过金沙江，就是我们北上抗日的胜利保障。大家渡江时要听从指挥，不要乱动！"透过苍茫的夜色，我看到了金沙江，看不清楚江面究竟有多宽，耳边只听到江水翻滚着的波浪发出的呜呜的吼啸声，其声势真是吓人啊！一声令下开始渡江了，我和教导团的 30 几个学员，蹚着齐腰深的江水，小心翼翼地坐上了一个木筏子，大家紧紧地搂抱在一起，静听着指挥员的指挥。木筏子从上游放下，顺着汹涌澎湃的江水卷入滚滚的浪涛之中。我有些害怕，心跳得比湍急的江水还要急，但是一想到我是在革命集体的怀抱中，立刻产生了勇气和力量，紧张的心情逐渐平稳下来。经过一个多小时与恶浪搏斗，终于安全地抵达了北岸。我们就是这样用仅有的几只木筏子，只用两天时间把全团所有的人员和物资安全地运过了金沙江。我军刚刚渡过金沙江，敌人的枪声就在我们背后爆豆般地响了起来，真好像是为我军送行一样。

渡过金沙江之后，我军稍微休整几天就向雪山进发，不久就到了雪山脚下。云南边境山势连绵，高耸入云的山峰常年被积雪覆盖，虽然是五六月份，山上仍不断地飘着雪花。寒冷的空气遮蔽了整个天空。爬雪山之前，上级命令我们每人都准备些生姜和辣子，不少同志也亏了这两件宝贝救了性命。因雪山地势相当高，空气稀薄，呼吸异常困难。同志们爬山时感到头晕，呼吸急促，那就赶紧吃生姜和辣子，这时候再坚持继续向上爬，只要一出汗就好了。如果蹲坐下去肯定就再也起不来了。雪山上的黑夜，冷风飕飕，寒气逼人。上山时我们都只带了一条毯子或夹被，身上没有棉衣，我们干脆把毯子或夹被裹在身上，还有的同志把羊皮或其他兽皮套在身上。夜间露营，大家不约而同的背靠背互相依偎在一起取暖。环境越恶劣，处境越困难，同志们越团结，越能互相帮助。我们胸中燃烧的革命火焰使我们终于战胜了雪山的奇寒。

翻过雪山后，我们于 1936 年 8 月① 到达甘肃的甘孜，与红四方面军胜利会师，而后又由甘孜出发直奔草地。到了草地我举目四望，草地一望无际，荒无人烟，遍地是水草，四周围没有树木。在草地行走要特别小心，必须踏着水草的根走，稍不留神，便会掉进很深的烂泥里。脚踩在水草地上，淤泥软绵绵的，不论人或牲畜，一旦陷住就很难拔起来。草地的天气也极为反常，不是雨就是雪，有时下冰雹。我们在草地遇到的艰苦和困难可以说达到了顶点。冻、饿、病死之人在前进的途中日有所见。进入草地的时候，我们每人都发了一些熟的青稞麦粉作干粮，这种东西我们叫炒面。部队规定，每人每天只能吃一碗炒面，所以我感到又累又饿。草地上的雨雪太大，有时候到了露营地，连一把干柴禾和水都找不到，不但吃不上饭，就连热水也喝不上。一把青稞麦、半把炒面

① 应为6月底7月初。

没有开水就用冷水拌。有时候找不到能喝的和做饭用的水，只好先把冰和雪化开再做饭和烧水喝。草地上的水都是黄色的，喝了这种黄水就要中毒，甚至有被毒死的危险。饿急了，我只好抓半把炒面干着吃，吃完后满嘴边都挂的是炒面，就像长了胡子似的。在草地里喝上一点开水可实在不容易，大家在行军路上一点一点地拣一块或一把牦牛粪。到了露营地再一把一捧地凑到一起点火烧水。由于牦牛粪太湿，不容易烧着，要靠人吹火，记得我就多次趴在地上用嘴使劲地吹火，浓烟滚滚呛得我两眼流泪，好不容易才能把水烧开。随着我们在草地的步步深入，我们带的炒面日渐减少，到后来就几乎没有吃的了。这时候上级号召我们尝百草。我们就边行军边挖草根和野菜，用化开的水先把草根和野菜洗一遍，再掺上一把炒面煮着吃。这时候一天只吃一顿饭是常有的事，我们都半饥半饱。特别是到了最困难的时候，一条皮带要分成几顿来吃，身上披的羊皮和牛皮都被烧着或煮着吃掉了。

长征之前从根据地出发时发的军装，经过这么长时间的长途跋涉、日晒雨淋早已破烂不堪。我们身上一般都只穿一两件单衣，没有换洗的衣服，穿在身上湿了干，干了又湿，一条单被子也是湿了干，干了又湿。红军很少发鞋，都是穿自己编的草鞋。在露营时把有病和体弱的同志围在中间，地下是湿的，浑身上下也是潮乎乎的。条件好的在头上面支起床单或是一把伞，条件差的干脆就用毛巾包着头，几个人坐在一起背靠背，不管谁一动弹，大家便都被惊醒了。终于我们克服了千难万险胜利地穿越了草地。

1936 年 10 月，红一、二、四方面军三大红军主力在甘肃会宁胜利会师，完成了震惊世界的二万五千里长征。本人作为万里长征的亲历者之一，这一段经历永生难忘，现追忆长征途中特别流行的一首“同心曲”以铭志：

不怕雪山草地风雨寒，不怕飞机轰炸头上转。

不怕敌军追堵截，红军一直永向前！

不怕饥饿不怕难，不怕露营天气寒。
不怕伤病没医药，同心携手永向前！

选自中共天津市委组织部、市委老干部局编：《踏边青山人未老》，1997年10月版，第1—4页。

马腾云，1917 年生。1931 年参加中国工农红军，1935 年加入中国共产党。红军长征时为红二、六军团某部教导团战士。新中国成立后，曾任铁道部第三勘测设计院纪委书记兼视察室副主任。

我在长征路上

姜云清

今年是纪念红军长征胜利70周年的日子。想想在纪念长征胜利60周年的时候，我还和萧大鹏等几个部队上的老同志在一起参加市里举办的各种纪念活动，座谈回忆长征路上的那些往事，而如今这些人大都不在了，令我感慨万千。“生死本是寻常事，唯有奋斗与君同。”我今年已经91岁高龄了，用老话讲，随时都可能去见马克思。但红军的长征精神作为我们党的一种宝贵的精神财富不能没，也没不得。它是我们党在新的历史条件下，带领全国各族人民战胜一切困难，走向繁荣富强的根本保障。

我是1930年在湖南桑植参加红军的，当时只有15岁。开始只知道红军是支为穷苦人翻身打天下的队伍，就跟上了。后来经过千百次战火的洗礼，我渐渐感到共产党的伟大，毛泽东主席的英明，使我们这支工农武装战胜千难万险走到今天。可以这样讲，如果没有党的坚强领导和毛主席的英明指挥，中国革命的历史进程很可能要改写。我这一辈子是坚信党、坚信共产主义的。我刚参加红军那会儿，我所在的红六军团正在湘赣苏区开展第三次反“围剿”斗争。当时，根据地生活条件十分艰苦，衣服是破衣烂衫，只在胳臂上或脖子上系个红布条标志你是红军。武器是梭镖大刀外带几个“汉阳造”。粮食根本不够吃，天天要到山里挖野菜，掺点南瓜煮成菜粥充饥。只有遇到打大仗的时候，才舍得吃点粗粮，所以，那时我们天天盼打仗。虽然生活艰苦，但战士们的斗志始终很旺盛，因为他们知道为谁流血，为谁牺牲。1932年的夏天，我们在一个叫尖牛岬的山区执行掩护群众转移的任务，同两个团的乡团武装激战一整天，全连90多人打下来只剩20来人。黄昏清点人数，同志们都哭了。前来接应我们的一个首长当即决定吸收我们四个非党群众入党，我们就在阵地前宣誓："誓死追随红军，不叛人民，不叛党，为牺牲的同志报仇，推翻地主政权。"

1934年夏，我们军团在军团长萧克和政治委员任弼时同志率领下，向贵州一带挺进，当时上级通知我们实施一次战役行动，目的是同贺龙领导的红三军团①会师。一路上，敌人围追堵截，几乎天天打仗，没有后方补给，部队伤亡很大。但没有一个当逃兵的孬种。直到第二年天气转暖，我们才知道要北上抗日。那时部队都是南方人，乡土观念重，不愿意离开湘赣苏区，但一听领导讲，北上抗日是为了打日本，救中国，大家还是愉快地服从了。北上时，我们在安顺场强渡大渡河，河水暴涨，水流湍急，我所在的军团直属队冒着敌人的炮火乘船强渡时，我被炮浪掀进水里，是一个叫段春祥的副队长奋不顾身把我救了上来。后来我才知道，他为救我，胸部受了重伤，当时没条件抢救，过夹金山时牺牲了。过哈巴雪山时，每个行军编组是30几个人，以便互相搀扶和照应。由于长时间的行军和战斗，大家体力消耗都很大，翻山用了一天一夜。我们那个组有四个同志在翻山时牺牲了，炊事班中我的一个湖南老乡还没攀登到山顶，就被怒吼的山风刮到峡谷里去了。眼睁睁看着自己的同志遇难而没办法去救，心里别提有多难受了。翻过雪山，接着就过松潘草地，过草地前，部队稍稍休整了一下，备了一些油面青稞。可没想到草地走起来就没头，尽是沼泽泥潭，稍不留神，就会陷进去，非常难走，我们足足走了一个来月。粮食吃光了，就挖草根吃，由于前边的部队过

① 应为红三军。

的太多，连能吃的草根也挖不到了，只好吃皮带枪套，那时枪套都是真牛皮做的，煮一煮也很香。临出草地前，什么吃的都没了，连军团首长的马都给我们杀了，我们这些跟随首长的警卫人员捧着马肉，直掉眼泪。有几天，我得了疟疾，发烧打摆子，眼看就不行了，萧克将军亲自让人抬着我走，硬是把我抬出了草地。

长征路上，我们不但同围追堵截的凶猛敌人做你死我活的斗争；还要同恶劣的甚至比敌人还要凶猛十倍百倍的艰苦的自然环境做斗争；同时在党和红军内部我们还惊心动魄地战胜了张国焘妄图分裂党和红军的阴谋和企图。如今回忆长征，纪念长征，歌颂长征，就是要歌颂红军战士为劳苦大众打天下而不畏流血牺牲的无私奉献精神；就是要在发展商品经济的今天缅怀那些为了新中国的诞生而倒下的千百万革命先烈和仁人志士；就是要用这种红军壮举和长征精神激励后来人在新的历史时期继续新的长征。我作为当年亲历过长征并且在枪林弹雨中幸存下来的红军老战士，每每想起那段峥嵘岁月和那些长眠在雪山草地上的战友们，我就彻夜难眠。我唯有用“缅怀战友度余生，与时俱进夕阳红”的自勉诗句来鞭策自己，警示后人。

选自《天津日报》2006年8月1日。

姜云清，1915年生，湖南桑植人。1930年参加中国工农红军，1932年加入中国共产党。红六军团西征、长征时期为六军团警卫员。新中国成立后，曾任六十六军后勤部部长。已故。

相伴一生的长征情结

陈靖

我被选进红军宣传队

1919 年，我出生于贵州省瓮安县（今黔南苗族布依族自治州）草塘镇陈家湾，那是一个偏僻的苗族村寨。在我小时候的记忆里，家里的生活很是清贫。母亲虽然只是个普通的家庭妇女，但是，苗族人能歌善舞的天赋，却在她身上体现得淋漓尽致。记得那时，村里的男女老少都夸她是个“会唱千首山歌，能讲百个故事”的能人。母亲的多才多艺，对我的童年和少年生活有着深刻的影响，直至今天，我仍然能够记起她在山间劳动时唱的那些嘹亮的山歌，仍然能够回忆起一天劳作后，她给我讲的那些优美的民间传说。

因为家庭的贫困，没有能力送我去读书。于是，我在六七岁时就当上了放牛娃，只能靠自学断断续续地认了一些字。即便如此，得益于村寨里淳朴的民风、民俗，加上母亲的熏陶，我还是很快就学会了唱山歌、吹树叶、编民歌等本领。童年的一切，都成为了我所接受到的最初的艺术启蒙，因而，我一生对故乡的风土人情充满了无限的眷恋。

1934 年 9 月，红六军团进入贵州。之后不久，部队到达了瓮安县。怀着“打土豪、分田地、救穷人”的满腔热情，我在 16 岁时，参加了红军。从此，我就将全副身心都献给了部队、献给了党。在红军队伍里，我起初担任的是勤务员，后来因为喜欢唱歌，我被选进了红军宣传队。在许多老同志的传、帮、带下，我渐渐学会了写诗、唱歌、弹琴和跳舞。或者是因为小时候打下的基础，我对文艺宣传工作充满了热情，不久后我便成了红军宣传队的骨干。

哪里有战斗，哪里就有歌声

同年 10 月，国民党为了阻止红六军团与红三军（与红六军团会合后改为红二军团）会合，命令湘、桂、黔的敌人在三穗、镇远、石阡一线投入了 24 个团的兵力，层层设防，企图将红六军团夹击于乌江南岸“聚而歼之”。10 月 7 日，红六军团在石阡县城西南 20 公里处的甘溪与敌遭遇，敌人占据有利地形，向红军发起了猛烈攻击。红六军团到达甘溪时，只有六个团的兵力，在敌我悬殊的情况下，红六军团主力在崇山峻岭中迂回转战了石阡全县 16 个乡镇。在浴血奋战半个多月后，我们终于突破了敌人的封锁线。10 月 24 日，红六军团在贵州印江的木黄与贺龙、关向应等领导的红二军团会师。甘溪之战，红六军团付出了重大的牺牲，经历了西征以来最严峻的考验。那时，我刚刚入伍，残酷的战斗让我亲眼见证了这支队伍的一往无前和红军战士大无畏的英雄气概。

长征开始后，我所在的红六军团是一边行军、一边打仗、一边宣传和发动群众。正如毛主席在总结长征的历史意义时说的一样，长征是人类历史记录上的第一次，长征是宣言书，长征是宣传队，长征是播种机。作为一名宣传队员，哪里有战斗，哪里有群众，哪里就应该有我们的声音。艰苦的环境容不得我们表演什么复杂的节目，宣传队总是利用战斗间隙和行军途中的休息时间，为大家唱山歌、说快板。因为说的都是大家身边的真实故事，所以不仅红军战士爱听，就连沿途的群众也爱听。红军首长在看过我们的节目后说，宣传队的戏演到哪里，哪里就士气高涨，哪里就生机盎然。

因为宣传需要，长征途中，我开始尝试着自己编节目。一次，红二、六军团声东击西，乘贵阳以西之敌防务空虚之际，迅速赶到乌江上游的鸭池河一带，顺利渡过了乌江天险。蒋介石命令李觉的纵队跟踪追击到了乌江南岸。渡江后，红军首长要宣传部队回敬李觉几句顺口溜作为“见面礼”，宣传队长就把任务交给了我。他要求我既要描写战场环境，又要写敌我两方面斗争的情况，并限定在几分钟时间内完成。接受任务后，我立刻将编山歌的拿手好戏发挥出来，这样写道：“远看像根索，近看鸭池河。敌人拼命堵，老子硬要过。要过要过这就过，李觉送行蛮不错。你在对岸站岗哨，我在这里洗个脚。”一首小小的打油诗，不仅让敌人气得发跳，而且更重要的是鼓舞了红军士气。今天看来，这样的小诗真是拿不出手，但却是我的处女作。从此以后，我的业余写作就一发不可收拾。我几乎每天都写这类小诗，或贴在墙上，或放在路边，起到了鼓舞红军士气、杀敌人威风的有力作用。

在我的记忆中，还有一首小诗让我印象深刻，那是在红军过雪山时写的：“大雪山，不算大，最高不过四千八，算个啥！同志们，比赛吧，看谁最先登上它，顶呱呱！看白军，正抓瞎，金沙江畔学狗爬，没办法！蒋介石，回去吧，送来的礼物全收下，多谢啦！”当时这类小诗计有千首之多，可是因为环境艰苦，留下文字的并不多。全国解放后，我把自己收集和回忆的300多首小诗交给了《诗刊》和《人民文学》杂志社，后来以《征战篇》、《长征路上》、《枪剑风云录》等篇名汇编成册。

1936年10月，随着红一、红二、红四方面军的胜利会师，艰苦卓绝的红军长征终于全部胜利结束。红军时期，我先后在红二方面军的“战斗剧社”，红四方面军的“工农剧团”，以及中央机关的“人民剧社”等文艺团体从事过宣传鼓动、音乐、舞蹈和戏剧工作，火热的战斗生活为我提供了丰富的创作源泉。1937年，在西安事变后，我跟随周恩来率领的由“人民剧社”组成的队伍，从保安进入了延安，成为进入延安城的第一支红军队伍中的一员。

重走长征路

1982年，我从南京军区炮兵顾问岗位上离职休养。因为牵挂着无数长眠在长征路上的战友们，忘不了为长征作出巨大奉献和牺牲的老区人民，我决定在我的有生之年，再次去寻找长征的革命足迹。于是，我向组织上提出了重走长征路的请求。我的行动得到了李先念、徐向前、肖克、程子华等老一辈革命家的支持。1986年5月，徐向前元帅欣然提笔："温故而知新，老马当识途"，以此为我壮行。原红六军团政委、时任总政治部主任的余秋里专门作出指示："陈靖同志要求沿着当年红军长征路进行采访，创作歌颂红军艰苦奋斗的革命乐观主义的文学，教育后代，精神可贵，应予支持。"

1986年9月4日，我虽已年近古稀，但还是在女儿的陪同下，毅然决然地离开南京踏上了漫漫征途，这是我第一次重走长征路。长征路漫漫，重走耐思量，当我再次回到那些怪石嶙峋、荒凉神秘的雪山草地和戈壁荒滩时，我再一次感受到了红军战士九死一生的英雄气概和大无畏的革命乐观主义精神。这次征程到1988年6月4日结束，为期21个月，共计640天。我和女儿沿着三个方面军和两个独立行动军走过的五条路线，从头到尾交织着走了一遍。在此过程中，我们爬了八座雪山，其中最高的雪山海拔达4800米，还走过草地1200多里，这其中有不少行程是我拄着双拐走过来的。近两年的时间，我们途经17个省（区），400多个县市，行程3.6万多公里，是长征时的三倍。途中，我每天都用速写、随笔、通讯、散文或诗歌的形式，记录下自己当天的感受。当时，为了对青年官兵进行长征精神教育，《解放军报》专门为我开辟了《重走长征路》专栏，发表我从"前线"发回的书简74篇。在第一次重走长征路结束后，我将一路的感受编辑成20多万字的《重走长征路》文集出版。也就是从那时起，我有了一个光荣的称呼——“三亲”老红军，“三亲”即“亲自走完长征路、亲自重走长征路、亲自动笔写长征”。

其实，在我重走长征路的过程中，除了进行文学创作，我最大的愿望还是能尽自己所能做一点社会工作。沿途，我敬谒了先烈们的故乡、故里和故居近300处，祭扫了红军烈士墓3850多座，查清了柳直荀（李淑一丈夫）烈士的真实死因，特别是为冉少波、席大明等数位革命先烈的平反和正名做了一点工作。除去悼念牺牲的前辈和战友，我还看望了当年流散各地的尚且健在的红军战友300多人，帮助湖南新化县流散红军刘笃生、四川杨文庭等20余人落实了优抚政策。

深深长征情

第一次重走长征路结束后，我发现需要我做的事和我能够做的事还有太多。于是，我又开始计划起下一次的征程。1989年至1992年，三年间，我又分别第二、第三次重走了长征路。本着对历史负责的态度，我为数十名红军老战士的平反正名做了大量工作，并帮助上百名健在的失散老红军落实了政策。这一路走来，最让我难忘的是，凭着自己的满腔热情和坚定执着，我对长征历史上的上百个历史史实进行了考证。在实地考察结束后，我怀着强烈的历史使命感开始了百万字的长征系列创作，计有《重走长征路简集》、《重走长征路集叶》、《寻根溯源录》、《吼声集》和《诗言史》等。我的诗作不仅写在纸上，而且还写在沿途所采集的树叶上，并且用这些特殊的树叶出版了一本书，书名就叫《重走长征路集叶》。

或许是因为经历了太多的战争场面，目睹了太多战友的牺牲，我对自身的生死从来都是胸襟开阔。对于陆游的“人死方知万事休”的诗句，我的回答是：“置身穹苍观世界，怎能一死万事休。”并且，“生命旅程有驿站，精神之舟无码头。八宝山矮视界窄，登上昆仑赏宇宙”。当我开始重走长征路之前，我就曾留下过这样的誓言：“如果发生意外，当同当年长眠于万水千山间的战友们一样从简就地埋葬。”

这就是我相伴一生的长征情结，但愿我用双脚走出来的感悟与真情实感，用双手写出来的革命文学作品，如中篇小说《金沙江畔》和长篇小说《红军不怕远征难》（与黎白合作）等，能够给后人更多的启示，能够让更多的人永远铭记那一段悲壮的历史，能够让红军长征精神长存世间。（缪慧、朱丹耕整理）

选自中共南京市委党史工作办公室编：《红旗漫卷——南京部分红军战士口述长征史》，中共党史出版社2006年10月版，第78—86页。

长征文艺生活琐忆

陈靖

长征时，我在红二军团宣传队（后为红二方面军“战斗剧社”）工作。最近，“战斗剧社”老同志在一起座谈了艰苦岁月中的文艺生活。我谈了记忆中最深刻最动情的几个片断。

欢跃的“鼓动篷”①

红军宣传队一般分三个分队：一分队随同前卫部队行动，担负战场上的宣传鼓动工作；二分队随同后卫部队行动，担负后殿战场上的宣传鼓动工作；三分队是出发时随同前卫，中途停留下来，组织“鼓动篷”活动。这个分队称得上“专业”文艺组织——音乐队了。红军指战员对宣传队的要求，首先是音乐，行军中要听到演奏，听到歌唱，听到朗诵。这是每天必不可少的、在道路两旁进行若干次的“鼓动篷”工作。当时人们用“吹弹唱拉、嘻嘻哈哈”八个字形容它，是它将充满饥渴艰难以至血汗交流的长征路上，弄得喜笑颜开，热火朝天。我们这支乐队基本人数是三个——向黑樱、我和陈杰（《战斗报》编辑兼刻字，参加演奏

① 又称“鼓动棚”。

是他的“副业”)，主要乐器六件——二胡两把，口琴两只，月琴和笛子各一件。当时演奏的乐曲,没有自己的创作,全是传统乐曲和民歌民谣。当时最受欢迎的乐曲有:《梅花三弄》、《苏武牧羊》、《孟姜女》、《小放牛》和《绣荷包》以及向黑樱从上海带来的《丁香山》、《太湖景》、《探亲家》等。不过，演奏时不受原来乐曲的限制和束缚，纵情而奏，完全脱出本来的旋律和感情。《苏武牧羊》可奏成轻快跳荡的轻音乐,《梅花三弄》奏成气氛激昂的进行曲。那些临时参加过来的“业余”演奏家们，有的吹口哨，有的吹树叶或树皮，有的吹木梳（用香烟纸蒙在梳子上连哼带吹），有的敲打着搪瓷缸碗……

那时候红军唱的歌，全是旧曲填新词。如《工农做主人》(在湘鄂西苏区时，周逸群按《苏武牧羊》曲填的词)、《射击军记》、《三大纪律》……和《十问十答》等等。这首十问十答歌，是用《小放牛》调填的词，从一问“共产党宣言谁起草？”二问“十月革命谁创造？”三问“中国共产党生于何时？”四问“南昌暴动谁领导？”直问到苏区各次反“围剿”，“西征（即长征）决心不动摇！”等等。编著这种歌词的人，大都是干部，总之都是“上面”教传下来的。还有一种歌词是战士们自发创作的。这就是在行军途中的“娱乐会”上或三五要好的朋友之间，利用山歌、民谣作“母子”，根据自己当时的观感即兴编唱，编唱这种歌儿，以出生在南方的青少年，特别是湘西、黔东和赣南的人最得心应手，只需要几十分钟，一连串新编歌词就“装进”现成的曲子里了。例如：“江西老表同志哥，请你过来应山歌，今天行军没得事，恭恭敬敬向你学”；“不打鼓来不敲锣，都坐下来奏山歌，一班开头领个先，二班三班紧接着”。这是一种信口出来的老套套，往下就接上具体内容了。如：“走了一山又一山，湖北一拐到四川，才在贵州歇个脚,眼睛一眨到云南！”“谁家伢子在夸口,平路当作高山走,前面这座大雪山,爬到顶头再吹牛。”……这类唱法,可以一连唱几天,几个晚会，有机会就接着编唱下去。这种自编自唱的歌，像一个特大的箩筐，多少内容也能装进去。在鼓动篷中，有时遇到熟悉的战士也可来它几首。不要以为老粗、土包子笨嘴笨舌，他们根据亲身经历，编起山歌民谣来蛮生动呢！

鼓动篷的另一项工作是，编写鼓动标语、鼓动诗歌，写在纸上或门板上，让战友们在这里喝水停留的片刻，得到一种鼓舞或享受。曾有同志把这叫作“标语诗”，因为战士们不喜欢那一套生硬口号，喜欢“有调有韵”、生动活泼短小精干的词儿。它听起来顺耳，写起来顺手，喊起来顺口。举个例子说吧，二军团在贵阳以西抢渡鸭池河（即乌江）时，宣传队在几分钟内，就编写了这样八句诗：

远看一根索，
近看鸭池河。
敌人拼命堵，
老子硬要过。
要过要过这就过，
李觉送行蛮不错。（按：李是敌将领）
你在对岸站岗哨，
我在这里洗个脚。

在诗的侧下方，还画了漫画：红军和白军隔河相望，白军垂头丧气，红军洗脚欢笑。

记得有一次，因我们鼓动篷前的标语没有配上画，进军行列中就发出这样的喊声：“懒鬼！为什么不在上面画个红军登上了山顶呀？！”在紧张的长征中，每天一到宿营地，不管天有多晚，别人都进入梦乡了，宣传队的同志，还在挥笔给鼓动标语作画。哪怕画两个喜笑颜开的红军头像，甚至画几朵正在怒放的山花。全国解放后，一些老红军看到黄镇存留下来的那些长征生活画卷稿，格外感到亲切。

当时宣传队的戏剧工作搞得既活跃又及时。有一个名叫《我当红军去》的四场话剧，在长征中可算得“保留节目”，每到一地，都少不了它。在黔（西）大（定）毕（节）期间，特别受群众欢迎，连不懂汉语的少数民族看了，也连连拍手说道："真好！真好！"这个戏梗概是这样的：第一场，是表现一个长工如何受地主东家的压迫和欺辱。他忍无可忍，一摔饭碗，跑到城里当了工人。第二场，这个由农民变工人的青年，喜气洋洋，正吃一碗安逸饭。他的老板出来就是一顿皮鞭加耳光。这个青年工人抬头一看，老板就是原来的东家，他无法再忍，最后决定："老子吃粮去！"第三场，这位工人穿上国民党军装，在营门口站岗。长官出来了，看这哨兵不顺眼，又是一顿拳打脚踢。他这才看清楚，这个当官的还是那个地主东家。这时一阵枪声，"红军来了"的声音响起，这个由农民、工人到国民党士兵的青年人怎么办呢？他觉悟过来，举手高呼，"我当红军去！"第四场，红军欢迎新同志的大会……这个"下里巴人"小戏，鼓动性还很强。

在长征当中，还经常演出这样几个小活报戏和小话剧，如：《北上抗日》、《打到南京去》和《打倒日本帝国主义》等。这些戏剧的创作和演出全是"业余"的和宣传队合作而成。无论是编剧、导演和演员，都是集体合作，如方面军政治部的各部长——张平化、金如柏、何辉等同志，各师的宣传科长——四师黄忠学、五师郑依宝、六师沙友石以及团青年干事陈鲁炎、连指导员李甲三、师俱乐部主任梁金龙……等同志。他们既是长征途中戏剧运动的推动者，组织者、领导者，又是最得力的编导或主要演员。每打开一个城镇或有一天的歇脚时间，这些同志就不约自来，同宣传队一起组织演出。

永生的画面

我们这支"三骨干"乐队，在长征路上是不断吸收新血液的。一路上，至少扩大有十五六人参加这个音乐分队。可是到了陕北，仅仅我们三个人（陈杰、向黑樱和我）活下来了。大约有十一二个同志永远安眠在长征路上。其中有一对李氏弟兄，他俩是在云南昆明附近参军的。哥哥叫李云平，弟弟叫李云安，一个会吹笛子，一个会弹月琴（后来知道，他们是总后油料部长赵熔的外甥）。这两个青年，都是在最紧要的困难时刻牺牲的：17 岁的云安，是在第三次过雪山时候，用尽毕生的力量为我们的战士演奏了两只曲子之后，才倒在雪坑里的；哥哥云平已经走出了草地，在哈达铺牺牲的。

长征部队到了一个叫阿坝的“大地方”，四方面军的同志称它为“小成都”。原说十天可到达，但是整整走了 22 天，才见到这个“草地中间站”。距阿坝一天之程有个绒玉，李伯钊团长命令我们组织 16 人的分队，在这里停留一夜，为二方面军的六师演出。那是个黄昏时刻，我们为六师唱了五六支歌，跳了三个舞，演奏了两个小曲和一个小调剧，部队高兴极了。我们同六师住了一夜，但第二天起床时，有四个同志没有气了。当我们把这一情况向郭鹏师长、廖汉生政委报告时，他们也在肃穆地对着几个帐篷默默不语。此刻六师俱乐部主任梁金龙，正在向师首长报告检查结果——这一夜，六师共死去 114 个同志。

在阿坝停留了两天，补充了一点食物和防寒物，又继续前进了，这时，二方面军宣传队，已经有一半不在人间了。

有一位女军医，她是四方面军指派随我们一道走的。过了噶曲河的第三天，她分娩了。当时大家纷纷向这位母亲献出各种礼物——尿布啦，食品啦，等等。我们还向卫生部弄来一副担架，抬这位母亲和她的小宝宝。但是在第二天夜里，这位母亲由于怕给部队带来累赘，偷偷地把心爱的小宝宝投入了水塘。这件事，我和我的战友最不愿向人谈起。1956 年夏，在北戴河的一个夜晚，不知为什么谈起来了。当时北影导演张水华满眶热泪地说，他也听说过此事。水华还说：“廖承志早在延安时，就动手为此作一幅画，但画了二十年，总是画不成——一触到‘掷孩子’那一笔，手就颤抖起来，眼泪也把视线挡住了。”

一次难忘的联欢会

1936 年 11 月上旬，随同四方面军一道行动的朱总令和二方面军的任弼时政委，相继到了保安。中央机关为此举行了一个使人毕生难忘的联欢会。地点在中央机关的列宁室里。中央的领导同志几乎全出席了。室内有一个两尺多高的小舞台，但人们都不坐在台上，而是在台下围坐成一个圈。会议由周恩来主持，毛泽东致欢迎词。然后是由中央领导同志先出节目，剧社的同志这时也成为被欢迎者了。开始是由周恩来讲了一个关于“龙”的故事。从天上讲到地下，从南方讲到北方，一直讲到这间列宁室里，使人感到到处都是龙，人人都成了龙。说着，他从一位女同志手中抱起一个刚满周岁的孩子（贺龙的女儿）说:“我们的大龙（指贺龙）正在山城堡指挥打仗，不能参加这个联欢大会，派了这个小龙伢子当代表！”全场立时响起一片掌声。紧接着是林伯渠用长沙语唱湖南民歌，徐特立用法语唱马赛曲，任弼时用俄语唱“霹雳拍”歌，洛甫唱了一个英文歌，叶剑英唱广东语歌之后，还朗诵了一首诗……最后轮到了朱总司令。他出的节目最精彩不过了。他走到圆圈中央，把身上的羊皮大衣脱下并翻了过来，跳了一个名叫“维西雅”的藏民舞。中央同志的节目不断引起了满堂欢腾。最后才轮到剧社的同志出节目。这种形式的文娱晚会，在红军中虽然不为奇，但是与这么多中央领导同志同堂共娱，对战斗剧社来说还是第一次。

选自《党史研究资料》1984年第8期，第18—21页。

回忆在红二方面军二军团五师参加长征片断

刘延藻

我是湖南省慈利县人。1934 年夏在家乡随堂兄一起参加了由刘汉卿领导的中国工农红军二军团慈利县独立团。当时我只有 14 岁，是光着双脚参军的。长征开始前，大约是 1935 年夏季，我团在湖南桑植县整编为红军二方面军二军团五师十三团。我先后在该团团部、该师师部，凭自己的两条腿和首长、同志们一起走完了举世闻名的二万五千里长征征程。今年 10 月，是长征胜利结束 51 周年，虽然过去了半个多世纪，由于长征给我留下深刻的印象，因此除沿途一些具体时间、地点、人名有的已记不清之外，许多事情是永远不会忘记的。本稿是回忆的片断，没有完全按长征过程的前后顺序来写。

红军电话兵

独立团整编为十三团后，由于我年龄小，又读过几年私塾，口齿伶俐，记忆力好，被派当了团部电话兵。渡过金沙江后因工作出色，又由团部调到五师（师长贺炳炎，政委廖汉生）师部电话排当电话员。当第一次接触电话机时，真是既好奇又新鲜，哪会想到当电话兵的酸甜苦辣。

实际上，电话兵是很苦的，不但要技术熟练，吃苦耐劳，在当时极端险恶的环境中，冻、饿、疲劳自不必说，还经常面临生命危险。

长征途中，电话兵身背话机、话线行军，平均负重 30 斤以上。由于频繁的战斗和极度行军，再加上常常饿肚子，往往十分疲劳。但一到宿营地（短暂宿营除外），必须马上想尽办法克服困难和兄弟部队间架通电线，保证联络通畅，风雨无阻。然后轮流守话机或请首长讲话。部队出发前又要忙着收线。那时，我军通讯设备相当简陋，师部才有一台五门电话总机，团、营、连才有一部手摇电话机，都是相当陈旧的外国造。但这些都是我师的宝贝，是电话兵的武器，话机、话线从湘鄂川黔边界根据地一直背到陕北，付出了许多血汗！

电话线当时用的是无绝缘包皮的细铁丝，很易生锈。收线时缠绕在木拐上，重复盘绕一久，金属疲劳，弯曲易折，越遇刮风下雨线越易断，有时会断成数段，电话兵查接线路是常事。无论白天黑夜，敌情多么复杂，气候怎样恶劣，道路如何崎岖，都要设法尽快接通。毒蛇猛兽、荆棘野刺等等就更顾不得了，遇到黑夜狂风暴雨，火把都点不成，只能循话线摸索前进。几乎每查接一次线路回来，身上衣服上都要添些伤口、破口。当时紧急敌情是经常发生的，越是此时，双方或多方通话越频繁。报情况，下命令，联络调度，真是十万火急！若此时断线，电话兵简直要犯杀头之罪，必须马上跑步查线。线还没接通，双方往往在拼命摇话机，此时接线，电击两臂，麻酥之感极为痛苦，有时电流强大，甚至倒地打滚，线不能接但是却绝不能松手，松手就会误大事（这是平时对电话兵的严格要求），实际上有时线粘在手上甩都甩不掉，此时电话兵双臂就代替了电话线，直至通话间隙方能把线接上。更为危险的是，有时查接线路会碰到敌人袭击而伤亡。光我知道的，有十几名同志就是这样牺牲了。当然，每完成一次艰巨任务。内心也会有电话兵的自豪。

艰难的征程

1935 年 11 月，红二方面军二、六军团约二万余人在贺龙总指挥和任弼时政委以及关向应、肖克、王震等首长的率领下，从湖南桑植出发，开始长征，踏上了艰难的征途。

沿途经湘中折向西行，挺进湖南，贵州边境，1936 年 1 月，部队进入贵州（原打算在贵州的石阡、镇远、黄平地区创建革命根据地，但未能实现）。当时我军处境非常险恶。上有敌机轰炸，机枪扫射，前有敌人堵截，后有敌人追击，沿途有地方反动武装偷袭。因此作战频繁，有时一天数仗。而敌我力量悬殊，敌军总兵力数倍于我。在湖南和贵州境内，我军各部均有不同程度伤亡。远离了老根据地，伤员只有寄托沿途群众家里疗养（当然这也为革命播下了火种）。但是由于我军英勇顽强，机动灵活，经过无数次遭遇和拼杀，在艰难曲折的道路上采取急行军，强行军，终于巧妙地摆脱了敌人的围追堵截，突破乌江天险，向贵州遵义进发。

为避开敌机袭扰，减少不必要损失，行军改为晓宿夜行。即使如此，每到白天，敌机计算我军行进里程或用一些侦察手段，对我军宿营地一带狂轰滥炸，疯狂扫射，但不少次都是盲目攻击，瞎打一气。我亲眼看到敌机群在距我军驻地至少五华里之外轮番轰炸扫射好长一阵后扬长而去。

部队宿营找到房屋的机会极少，多在野外选择易守难攻和易隐藏的地势。除指挥部搭个简易帐篷外，一般战士和初级干部都是“天当被子地当床，一条夹被裹身上，头枕武器和衣卧，石头窝里睡得香”。遇上风、雨、雪、雹恶劣天气，只好找崖下等背风处躲避，戴顶斗笠，披块油布，撑把油伞，大家挤在一起熬过去。

部队给养相当困难，也很不稳定。除用银元购买一些外，大部分靠沿途打土豪解决。搞到什么吃什么。记得在贵州某地，连续吃了几天的火腿。但几天吃不到一颗粮食也是常有之事。武器弹药的补充，是从敌人手里夺得的。

路是越走越难走，到处是大山，由于地理情况不熟，加上白天休息，疲劳不易恢复，时间一久，体力消耗很大。行军途中，不少同志边走边打瞌睡，距离越拉越长，时有当地反动武装偷袭，造成人员的伤亡和物资的损失。

部队渡过乌江天险后，又准备在黔西、大方、毕节地区或黔南安顺地区建立革命根据地，也未能实现，又折向北前进。不久攻下遵义，得以暂时修整补充，体力得到一定恢复，士气也好多了①。但天险娄山关横在我军前进路上，且有敌军把守，要过娄山关，必须消灭守敌。遵义与娄山关相距120华里之遥，又逢阴雨连绵，道路泥泞。我先头部队克服重重困难紧急行军，对守关敌人以突然袭击，经过激战，夺关在手，为大部队北上打开一道难关。

下道难关是金沙江。我军到达金沙江南岸渡口时，找不到一只船，船在我军到来之前已被敌人烧掉了。金沙江水宽而流急，水寒彻骨，无船渡江是最大困难。广大指战员心急如焚，有几位强健性急的同志，试图游过江去，跳下去没游多远就被冰冷的急流吞没了。接到情报后面又有强敌追击，（只有几天路程）现造船已来不及了。几只船关系到我军的生死存亡，全军上下焦急万分！怎么办？老办法，依靠当地人民群众。经过我军四处派人积极而耐心地向群众宣传动员，群众把隐藏的船献给我军，并说服了部分船工和渡江能手帮助开船（当然也给了丰厚的报酬），我军才得以在绞车渡等几个渡口，经过几天昼夜不停地强渡，全部到达北岸，摆脱了敌人的追击包围。

过金沙江后到达西康省境内，部队穿行在深山峡谷间。已有很长时

---

① 此处回忆有误，红二、六军团长征中未占领过遵义。

间没有看到敌机，想是受飞行半径和飞行高度所限，敌机对我军已无能为力了。

在西康境内听上级传达动员时说，我军已跳出敌人的包围圈了。但是，我军北上抗日和一、四方面军汇合，还有铁索桥、雪山、草地、腊子口等等令人无法想象的艰难困苦在等待我们。整个长征每一步，都充满艰辛。长征途中，真是千山万水，万水千山！

过铁索桥

记得过雪山前不久，部队来到大渡河泸定桥。毛主席在《长征》诗中提到“大渡桥横铁索寒”。在我的记忆中，我师过泸定桥时，全桥已铺有木板。只见铁索吊在两岸绝壁的铁桩上，桥下水流湍急吼声震耳欲聋，两人对面大声讲话都听不清。

大队人马过桥时，为减少桥的负重和摆动，防止牲口乱跑，先将驼子抬过去，几人牵一头牲口过桥，人在桥上要拉开距离。即使这样，桥身仍左右摇摆很厉害，使初过铁索桥的人胆颤心惊，稍有不慎就会跌进河心。

过桥之后，仍是沿崇山峻岭间行军，长征途中跨过如泸定桥那样的铁索桥，记得有一二十座之多，结构大同小异，长短不一。回想当年，无论哪一座桥若被破坏，插翅休想过河。为防止敌人毁轿，每座桥先头部队夺下后都留武装部队守桥，等后续部队列达，循序移交，如此直待全军过完为止。

翻过雪山

1936 年 5 月，我军来到西康境内的雪山脚下，西康省是少数民族杂居之地，以藏族同胞（当时称番人）较多，也有苗族，汉人很少定居。去的汉人以贸易为主，除贩卖番民喜爱的锦帛绸缎，皮靴、茶叶、盐巴之类，也贩卖枪支弹药。这些人大多既通汉话，又懂番语，被称为通司，对当地地理、道路、风土人情极熟，往往被请来作向导。

在翻雪山前的那带地区，有不少喇嘛寺，我军到时，虽没有蒋军正规部队，但有以喇嘛寺为主的地方武装。拥有机枪小炮之类武器，有一定的战斗力。这些人盲目排外，既抵制蒋军入境（听说曾消灭蒋军一个师，蒋介石再也没敢向此派军队），又和我军打麻雀战，或接近喇嘛寺时向我军开枪。

除以上麻烦外，要翻雪山，还有更大的困难。据通司讲，翻山前要有充分准备，多预备御寒衣物和干粮、烈酒、辣子、食盐等。由于当地居民居住分散，我军到达时许多人对我军不了解而远远跑掉。加上我军人多，过雪山的物资除少量羊皮，粮食和辣子外，其他很难搞到。衣服前不久倒是发过，可惜大多数同志给丢了。那还是在贵州境内时，时当初夏，气候已很热，上级把打土豪弄到的棉衣，被褥等物资发给同志们，起初大家都不理解，认为绝大部分同志负荷已相当重，背这些棉东西其热难耐，加上对雪山并不真正了解，不当回事。为轻装，沿途基本丢光了。经动员后，方知不久要过雪山，十分后悔，但已经晚了。

大多数同志仅有单衣夹被，只好硬着头皮翻雪山。我记忆里，二方面军翻越的雪山有四五座。其中一座两天时间才过完。翻山的里程，短的十几里，长的 20 多里。翻头两座雪山前，每人还有一小碗加盐辣子汤喝，可以稍助御寒，后来什么也没有了。

雪山顶上气候多变，夏天也时有风雪。山上积雪很厚，看不见路，只能沿通司足迹走，若偏离前面足迹，就可能掉入深雪内被埋没。部队一人跟一人排成曲曲弯弯的一行慢慢向上爬，大家把所有能御寒的衣物裹在身上，低头而行。山上空气冷而稀薄，令人喘不过气来。登山时只能看脚下和前面人的身上，乱看很易头晕。当时我凭年少气盛四处看了一下，除皑皑白雪和少量原始森林外，什么也看不到。好不容易爬上雪山顶，虽已极度疲倦，但绝不能坐下休息。由于长期营养不足，体质下降，加上冻饿，不少体弱同志，特别是年龄大些的同志，实在支持不了，坐下休息后再也没能起来。几匹驮东西的牲口也在惊慌中掉进了深谷被雪活埋了。

翻越每座雪山都要有上述不幸事情发生，牺牲了不少同志。只有年轻人，所谓小鬼们没有发生上述事故的。大约是年轻人气血旺盛，对雪山气候适应性较强。而牺牲的同志多是饥饿、寒冷疲惫、体弱等原因造成的。

过草地

草地，是所有过来人永远也难以忘记的死亡之地。在当时严重缺粮和御寒之物的条件下，比过雪山的困难多得多，非亲身走过，实在难以想象。草地，夺去了多少优秀红军战士的生命！使历经千辛万苦，艰难险阻，保存下来的红二方面军，又受到一次重大的损失。

草地分两段过完。由于当时条件所限，及形势情况不相同，二方面军和一方面军长征的路线虽有时重合，但大多数情况下走的不是同一条路线。我记得 1936 年 3 月底在盘江，朱德、张国焘以红军总部名义电令二方面军同四方面军会师甘孜一带，因而二方面军比一方面军过雪山、草地的时间要长，减员也多。两段草地上级计划共用 25 天，分别为第一段 15 天，第二段十天（是根据上级命每人准备干粮的天数计算的）。因种种困难，实际天数比计划天数要多，但究竟多了多少天，具体已记不清了。

当时情况根本弄不到那么多粮食，只搞来为数不多的青稞炒面分给大家，没干粮袋的用单裤扎三头装炒面。每人每天只允许吃一小瓷碗。

开始进入草地时，每到宿营地即到处挖野菜，烧牛粪，用瓷缸将野菜煮后抓一两把炒面和成糊，每日两餐。不要说油，就是吃盐，除非在梦中。进入草地腹地后，找不到可燃之物，干脆吃口炒面喝口水，抓把野草口里塞。而有的草有毒，有的地方水不能喝，不少同志饥不择食，误吃有毒植物或水，中毒而死。

草地地形复杂，神秘莫测，根本没有人烟，连只鸟都很难看到。远远望去，一片水一片草直到天边。实际上是大沼泽地。常年积水，泥沼上长着青草，处处隐蔽着吃人的泥潭。有的同志不小心掉入泥潭越陷越深最后被吞没。这时营救是很危险的，往往营救者也一同陷进去。在一望无际的草地上，同志们手里拄根棍一边探路一边支撑身体节约体力，沿草墩深一脚浅一脚地行进，前边看不见队伍的头，后面看不见队伍的尾。脚上穿的多是牛皮做的“草鞋”，当时叫“皮草鞋”，像现在的凉鞋一样，是用两块生牛皮边上打个孔捆扎在脚上，经水一泡，一走一滑，十分费力，行军速度很慢。

草地气候变化也很特殊，有时白天晴得好好的，夜里就下雪或打霜。大家衣被少而单薄，饥肠辘辘，真是饥寒交迫。尤其在进入草地十天后，同志们都在生死线上挣扎，不少同志陆续冻饿而死，倒在人迹罕到的草地上。

宿营时要找高一点的草坡，晚风一吹，更增寒冷，许多人挤在一起互相取暖。早上继续赶路时，有的同志就再也没能起来，望着同甘苦共患难的战友的遗体，活着的同志洒泪而别。

由于部队减员严重，红二军团的两门炮和马克辛机枪埋在了西康省境内了。前几年，我在北京参观革命军事博物馆时，还看到了其中的一门。经说明，就是原红二军团当年埋在西康境内的大炮，另一门已经找不到了。

过完第一段草地，来到毛儿盖，我军修整了一个短时期并在此准备过第二段草地。上级要求每人准备十天干粮（因无粮，第二段草地实际走了十多天），但当地产粮很少，同时喇嘛寺头人和土司下令将粮食藏了起来，牛羊群赶到很远的地方，即使碰到牛、羊群，要买，部队已无银元，也无多余物资拿去交换了。借，当时是不可能的。我军有铁的纪律，绝不能像国民党军那样去抢。尽最大努力弄到的炒面每人最多的五六斤，少则三四斤，这么点粮食怎么能够吃十来天呢？有了过一段草地的经验，谁不清楚粮食和食物就是战斗力，就是生命！别无他法，我军就这样在严重缺粮的情况下，去过第二段草地，去做不可能做的事情，只有豁出去了。

进入第二段草地不久，干粮就吃完了，草地仍是望不到边，全军真是身处绝境了。万般无奈，只有忍痛将为数已不多的骡马杀了充饥。由于人多，每人只分到一小块马肉。没两天牲口也基本吃光，饿的实在无法，就将枪上枪皮带、束腰的皮带，脚上穿的“牛皮草鞋”等，用火烧后煮煮吃了，这些吃完后，就只有挖草根了。野菜、草叶早已被先过的部队都吃光了，除了挖草根，别无充腹之物。总之，一切能吃的东西都吃光了，不能吃的也吃了，才走过这段最艰难的路程。到达草地边缘的包座前又有不少同志倒下了。

四川和甘肃交界的腊子口，是饿着肚子冲过去的。因二、四方面军都在腊子口经过，能吃的东西早已吃光。直到到达甘肃哈达铺时，情况才有所缓和，不管怎样，好赖半饥半饱总算有点吃的了。

我军在甘肃哈达铺一带休息时，又遭到敌人偷袭，双方展开激战。我堂兄刘廷富在那次战斗中负重伤，不能随军行动，留在当地群众家里养伤，直到 1972 年才联系上。73 年兄弟相见叙述那段经历，不免泪流满面。当时在群众家里养伤也十分危险，因是南方口音，敌人搜捕到就杀。只好认给老乡做干儿子，做入赘女婿，被老乡隐藏保护下来。

后来红二方面军冲破敌人渭水和漳县之间封锁线，在甘肃又经过许多大小战斗，于 1936 年 10 月，红二、四方面军在甘肃会宁地区与红一方面军胜利会师。当时二、四方面军服装杂乱，衣衫褴褛，唯有军旗和八角帽上的红五星标志着我们是红军。大家虽然头发、胡子老长，面目黑瘦，但炯炯有神的眼睛里充满着胜利会师的喜悦和革命必胜的信心。

说句老实话，当时红二方面军，军不成军，师不成师，总之所剩人数不多。由长征开始时的二万余人在不到一年的时间里，锐减至四五千人①。犹如一棵大树，在经历了狂风暴雨之后，虽然损失了大部分枝叶，但却留下了主干和根，它还会长出新的枝叶，显示出更顽强的生命力。希望就在这里！

贺龙遇险

红二方面军总指挥贺龙，在长征途中遇到过一次很大危险。那还是在过第二段草地的时候，一天，贺龙带了一个警卫连先到达当天顶定的宿营地。距营地不远处有一条小河。贺龙爱好钓鱼，便带了几个警卫人员到河边垂钓，其他同志则在附近找寻野菜和牛粪干准备做饭。待贺老总钓到鱼来就可以像往常一样改善一下。

突然，不知从哪里冲出一股番族反动骑兵，速度很快地向他们扑来，当时警卫人员猝不及防，加上我方人员又少，寡不敌众，受到了损失。幸亏贺龙坐在一个小土包下面被遮挡起来，一时未被敌人发现。正在这千钧一发之际，后面大部队开始赶到宿营地，敌人见有大部队，就仓皇逃去。回想这次贺龙钓鱼真是太危险了！

巧遇贺龙

说到贺龙，在长征中我这个红小鬼还和贺龙总指挥说过话呢。

那也是在过草地的时候。一天我背着话机、话线拐子低着头和其他

---

① 此说有误，红二方面军与红一方面军会宁会师时，还保存了1.3万余人的兵力。

同志一起艰难地走着，忽觉得有人拍了拍我的肩膀，回头一看，是我们崇敬的贺龙总指挥站在我背后。因在长征前见过他几回，所以当时我一眼就认出他来。只见他高大的身材，健壮的身体上穿着粗布军装，脸上挂着和蔼的微笑，只是比以前见面时瘦了许多，头发、胡子更长了。我赶紧报了所在部队的单位和姓名。贺总慈祥地问我："小鬼，你背这么多东西走得动吗？"我响亮地回答："能走得动，我背电话机从湖南背到草地上来了。"贺龙又说:"小同志,你是湖南人吧,辛苦了。为了北上抗日，找到中央，我们必须走过草地去。"大概看我年龄小个子也矮的缘故，他一边说一边吩咐旁边同志帮我背些东西。贺总指挥对一个红军战士如此关心，竟使我一时说不出话来，只是对快步向前走去的贺总望了许久。

过后我真后悔，本来和贺总可以多说上几句话的。贺龙的家乡湖南桑植县，和我们慈利是邻县。我小时候就不断听说有关贺龙的许多传说，像两把菜刀造反啦；贺龙、萧克惹都惹不得啦；贺龙的大姐贺英如何了得啦等等。参军后，知道贺龙在南昌起义时是军长，当过起义总指挥，是建军创始人之一，如今又是红二方面军总指挥兼二军团军团长，干部战士对他十分崇敬。可是当这位英雄站在我面前主动与我招呼时，我却没能和他多说几句话。

严明的纪律

长征途中，红军像在老根据地一样，始终保持着严明的纪律。一到有群众的地方,《三大纪律、八项注意》是每天要唱的军歌，真正是不拿群众一针一线。

沿途严禁扰民，公平交易。这在当时和旧军队相比是很了不起的，因而扩大了红军的影响，受到了群众的拥护和支持。由于我军依靠了沿途群众，并团结了少数民族，终于化险为夷，胜利到达长征的目的地。

下面我再讲几件有关群众纪律的具体事情：

宁冒饿死的危险，决不侵扰牧民。我军在毛儿盖，由于要过第二段草地需要准备干粮。而粮食紧缺严重不足。当时，喇嘛寺头人、土司和国民党勾结起来，从中作祟，不让牧民接近我们，因此粮食很难搞到，牛羊群也远离我们。我们在行军时，看到过不远处牧民赶着的牛群，他们一看见我们就拼命赶着牛群慌乱而去。我军并不追赶，继续走路。当时同志们议论过买牛或换牛。买牛吧，已无银元可付，交换吧，除武器和简单日用品外，实在无可交换之物。当地又无土豪可打。没有办法，只有宁愿冒饿死的危险，牺牲自己，但决不会像国民党军队那样，到处抢夺，坑害百姓。

严厉处置违犯纪律的人。当时在极端艰难困苦的条件下，加上红军兵源的复杂性，部队还残存一些军阀作风、自由主义等，也曾出现过违犯群众纪律的事情。但是，对于严重违犯群众纪律的行为，当时的处理是极严厉的。记得在贵州境内某镇上，一位战士当街拿了老乡的六个鸡蛋，老乡追着要钱。这个战士无钱付给，引起了纠纷。这件事被一位团长碰见，团长问明情况后，怒不可遏，当场拔出了手枪把这个违纪战士枪毙在大街上，然后，这位团长掏出钱来付给了那个惊呆了的老乡。

这件事是我亲眼所见，现在回想起来心里仍非常难过，这位团长这样处理虽是有些过分，但当时情况复杂，如不制止，乱拿起来，就可能遭群众反对，许多事情就不好办了。

我本人也有过一次犯群众纪律的事情，那还是在长征中过雪山之前，一次宿营时，在河边看到有一群小猪，每只约有十来斤重，四周并无百姓。当时饥饿难耐，很久没吃到肉了。我看到有的战士抓了几只带走了，我忍不住也抓了一只带回和同志们一起煮熟分吃了。后来这件事被师部首长知道了，考虑到我年龄小，把我叫去严厉地批评了一顿，还说要我听候处理，关了一天禁闭。亏得有紧急情况，部队马上集合转移，就顾不得我这件事了。但从此以后，不论何时何地，我再也没有犯过群众纪律。

甘孜印象记

甘孜城，是原西康省省会，是长征中（1935年7月初）红军二、四方面军胜利会师后分东西两路继续北上的出发地，也是汉族商人往返贸易的中心。当地贸易和畜牧业比较发达。

甘孜的居民大都是藏族，人口较稠密。城内房屋大部分为两层木楼，也有三层的，二、三层住人，一层圈牛羊。牛粪干是当地主要燃料，烧起来有股气味。

城内外散布着大小喇嘛寺，外观相当雄伟。寺顶全是金黄色，曰金顶，太阳一照金光闪闪，在数十里外的高处就能看到。当时不少同志说它是金子做的，有的说哪有那么多金子？是铜的。后来才知道是鎏金的。金顶呈四方形，每角挂一铁铃，刮风时叮当作响，在好远的地方就能听到。寺院大都有坚固围墙，少数没有围墙。寺院是当地政教合一统治人民群众的所在。有些事情我军首长需和寺院主持喇嘛交涉，我曾有机会跟随首长由通司带着进过几个寺院，只见墙壁上雕刻着各种反映宗教色彩和当地习俗的壁画，华丽美观。殿堂内供奉着许多菩萨，大小各异，层次分明，每层中央有一尊较大的菩萨，大的丈余，小的如用手握不露其形。看过的几座寺院基本上大同小异。每座菩萨像前点燃着长明灯。这里的大喇嘛有一种特别的爱好，他们中有的喂养了各种颜色的大公鸡，名曰神鸡，因为是神，故而禁食。

当地水源充足，雅砻江绕城而过，江里鱼甚多。因当地视为神鱼，禁止捕捞和烹食。河边常可看到以水为动力的磨房，主要加工青稞麦，当地也养猪，同样吃不得，杀猪是犯忌的。食肉主要为牛、羊肉。居民主食是青稞麦，粒大色青，磨成粉后用牛羊奶做成热面团，名叫糌粑，手抓而食，无论男女老少，都是围着火盆屈膝吃饭。每顿饭后必须饮茶水，很浓，用小木碗盛之。他们从不洗碗，用后将碗放入胸前衣服内待用，故胸前总是鼓囊囊的。酥油是当地高级食品，味香且营养丰富，在西康境内，我吃酥油只不过一两次两已。在甘孜休整时，有时直接接触藏民，为尊重和团结少数民族，我们学着他们的样子吃饭。

和藏民交易货币全用银元，为使用方便，将一块银元凿成分量不同小块。也有以货易货。藏民男女老少对五颜六色绸缎之类特别喜欢，连万金油盒他们都稀罕得不得了，自愿拿几斤糌粑来换一个万金油盒。可惜这些东西到甘孜时已相当稀少。

藏民穿的大都是用羊毛捻的粗毛线织成像麻袋样的齐膝袍子，喇嘛等上层人物才有布袍袈裟。脚上穿的是长筒皮靴，内藏匕首，都磨得相当锋利，一刀多用，平时屠宰牛羊，吃肉当餐具，战时作武器。男性体格健壮，右臂袒露，腰束皮带，青年女性则将头发辫成许多细长小辫子，有的头带无沿小花圆帽；中老年女性是粗辫子盘头。

总的印象，藏民性格豪放，强悍而热情好客。甘孜的确是西康难以找寻的好地方。

从14岁参加革命到现在53年的历程中，长征给了我革命生涯以决定性的影响，具有不可磨灭的印象。每当我想起牺牲在长征途中的战友们，一种强大的力量促使我对工作兢兢业业，认真负责。现在我虽然年近古稀，身体也大不如以前，但我要以一个革命老战士的标准要求自己，活到老，革命到老。要把自己的一切，贡献给我们的国家和人民，贡献给伟大的共产主义理想。（刘玉丰整理）

选自中国人民政治协商会议漯河市委员会文史资料研究委员会编:《漯河文史资料》第1辑，1987年11月，第1—16页。

刘延藻，1920年生，湖南慈利人。1934年参加中国工农红军。红军长征时为红二军团五师十三团团部电话兵、五师师部电话排电话员。

长征路上四位政治委员

廖汉生

中国共产党在革命军队中的政治工作历来是我军的优势所在。50年前，中国工农红军的长征正是凭借这一优势，战胜了数十万敌军的围追堵截，战胜了难以想象的艰难困苦。可以说，长征时期是我军政治工作做得最活跃、最扎实、最有成效的时期之一。

同今天相比，当年红军中的中下层政治工作干部，大多数文化水平和理论水平不高，讲不出好多深奥的道理，然而他们思想好，作风正，能吃苦，敢牺牲；他们有着坚强的党性，能够模范地执行党的决议，模范地遵守党和红军的纪律；他们既是政治工作的领导者，又是先行者，因而，他们在部队中威信很高，说出的话有人听，布置的任务能很快完成，工作开展得很有生气。这就是我们今天所谈到的："让有理想的人讲理想，守纪律的人讲纪律，有自我牺牲精神的人讲牺牲精神，最有说服力，最有感染力。"此言，正是红军政治工作干部的真实写照。

在长征中，我所在的红二军团第六师，有一个战斗力很强的团队——第十八团，一路上，该团攻城拔点，斩关夺隘，屡次担负重要的任务，完成得都相当出色。这与该团先后四任政治委员们卓有成效的工作是密不可分的。

十八团的首任政治委员是余秋里。长征初期，在频繁的战斗和连续的行军中，余秋里政委大力宣传党所确定的战略方针和路线，深入进行政治动员，使全团指战员明了在红军的肩上担负着抗日救亡和土地革命的重担，努力为实现红军战略转移的目标而奋斗。

1936 年初春，我二、六军团在贵州西北的乌蒙山区与尾追的敌军展开了一场历时月余的千里回旋战。当敌军向镇雄追踪我军时，我军在赫章县哲庄坝伏击了敌纵队司令万耀煌所率之第十三师师部，歼敌两个连，敌酋万耀煌也几被活捉，战斗进行中，我同十八团团长成本新，团政治委员余秋里在一座山头上指挥部队作战。钻进我伏击圈的敌军，一面以疯狂的火力压制我军，一面拼死突围，我们立即命令部队出击。成本新团长一个纵身跃出堑壕，就要率部队下去。“危险！”余秋里政委伸出胳膊，一把将成团长拽了回来，就在这时，敌人的一串机枪子弹打来，击中了余政委的左臂。成团长脱险了，余政委身负重伤。我和成团长急忙扶住他，只见他左臂骨头被打断了，我们立即叫人把他抬下阵地，送到军团卫生部。此后，由于无药医治，生活又异常艰苦，余政委的伤迟迟不能痊愈。行军路上，常常可以看到他用一块浸着冷水的手巾敷在伤口上镇痛，直到长征末期，他才接受了截肢手术。为了保护同志的生命，余政委失去了自己的左臂。

余秋里负伤离职后，军团部决定调第四师副政治委员杨秀山接任十八团政委一职。杨秀山二话不说，找到六师宿营地。报了到，下到十八团去了。

十几天后，我军来到滇东北的普渡河边，准备由此北上。但敌军前堵后追两面夹击，企图在这一地区消灭我军。我师奉命急返六甲担任阻击。十八团首先赶到阻击地域，杨秀山政委亲率该团第二、三营在六甲山上与敌军反复争夺，展开一场拉锯战。一股敌军爬了上来，杨政委甩出唯一的一颗手榴弹，敌军退了一下，他乘势带领部队冲下去，这时，他发现驳壳枪里的子弹打光了，忙喊警卫员拿子弹来，可没人应声，回头一看，警卫员已倒在血泊中，他再回转头来时，一颗子弹打进左眼旁，炸开了花（那时滇军多用炸子，杀伤力很大）。血涌了出来，糊住了视线。

卫生员要扶他下阵地，他抹了一把，坚持指挥部队打退了敌人的冲击。战斗间隙，他才到卫生队简单做了包扎。下午，在成团长和同志们的再三劝说下，杨政委才下了阵地，这一仗，我们师在增援部队的配合下，击退了敌军，使主力安全转移。

第二天，杨政委的左眼肿了起来，看不清东西，为了不影响行军，他利用宿营时间请团卫生队长给他取弹片，那时既没有麻药，也没得器械，卫生队长只好拿一把用钝了的小刀，割开口子，取出了一块大弹片（至今杨秀山的左眼旁还留有七块子弹片）。一小时后，杨政委又带部队出发了。每天行军中，他总是跑前跑后，鼓动部队、照顾伤病员。战士们感动地说："政委，你歇一歇吧，其实只要你头缠着绷带在队前队后走一趟，不用讲什么话，就是最好的政治鼓动啊！"

长征到了西康后，第四师第十二团政治委员朱辉照遭藏族反动头人武装的袭击，受了重伤，军团部要杨秀山同志接替该职。命令一下，杨秀山又是二话不说，离开了十八团。

此后，董瑞林担任了十八团政治委员。董政委人很敦厚朴实，话也不多，工作起来一丝不苟，在西康，部队的给养发生严重困难，常常有同志走着走着，一头跌倒在路边，再也起不来了，这时各级政治机关提出"粮食就是生命"、"粮食就是政治"，动员政治工作干部和全体指战员为生存而斗争，并要求政治干部必须亲自筹粮。在人烟稀少的草甸子里，外出筹粮要跑很远的路，时常还会遭遇到反动头人武装打冷枪，这是件既辛苦又危险的工作。董瑞林政委总是亲自带领一些同志来干。就在一次外出筹粮中，他不幸被冷枪击中了，为了让全团同志能够吃上一点粮食，董政委默默地倒在了草甸子深处。

十八团的第四任政治委员是周声宏。红二方面军走出草地后，迅速东出甘陕边，由于敌情骤紧，我军决定抢渡渭水，继续北上会合中央红军。这时，我带十八团从陕西略阳县的白水江镇回师甘南的成县，在五龙山上阻击敌军，我们打退了敌军的第一次冲锋后，成本新团长和周声宏政委率部队实施反冲击，一直冲到山下的镇子里。周政委一面冲，一面鼓动战士们打退敌人，早日实现与中央红军的会师。巷战中，周政委不幸中弹牺牲。在他牺牲后一个月左右，红军三大主力就实现了会师，胜利地结束了长征。

在万里长征路上，我们师十八团前后四任政治委员，不仅用自己的言行，而且也用鲜血和生命，忠实地履行了政治工作干部的职责，在同一个岗位上共同塑造起优秀政治工作干部的形象。正是由于有了这样一些好同志，我军的政治工作才得以发挥出巨大的威力。

今天，我们回顾长征，回顾长征中红军政治工作干部的事迹，对我们做好新时期的政治思想工作是颇有教益的。

原载《军事史林》1986年第4期。

选自《党史资料通讯》1987年第3期，第21—22页。

回忆1936年3至10月的征途

张平化

1936年3月30日，红二军团总指挥部接到了红军总司令部命令红二、红六军团北渡金沙江，同位于甘孜地区的红四方面军会师的电报，遂于31日率部离开贵州盘县地区，分两路向滇中急进。红二军团于4月6日攻占寻甸，8日抢占普渡河；红六军团经白石岩、羊街、可朗等地向普渡河前进。

我军进入云南后，蒋介石任命龙云为滇黔"剿共"军总司令，指挥李觉、郭汝栋、樊嵩甫和孙渡四个纵队继续"追剿"。4月8日，我先头团刚渡过普渡河，敌孙渡纵队一个旅即赶到河边，封锁了渡口，企图待其他追兵到达后，围歼我军于普渡河以东、功山以南地区。

为了粉碎敌人围歼我军的计划，红二军团第五、第六师于9日由可朗折回六甲地区①反击敌孙渡纵队。经一天激战，击退两个旅的进攻，阻止了敌人的前进。接着，我两军团由普渡河南下富民以东，继而转向西进，准备在丽江，石鼓一带北渡金沙江。

此时，龙云急令孙渡、李觉、樊嵩甫三个纵队尾追，郭汝栋纵队从元谋以北渡过金沙江，向华坪、永北（今永胜）急进，先我控制金沙江北岸，企图前堵后追，将我军歼灭于金沙江南岸之鹤庆、丽江地区。

① 原文为六嘎，本文统一为六甲。

在如此紧急情况下，抢渡金沙江是决定全局成败的关键。为了迷惑敌人和争取我军稍事休整的时间，我军虚张声势，展开在富民以东和宣威东南地区，以游击战搜缴地主武装，发动群众打土豪分谷物，建立工农兵政权。群众兴高采烈，抬着从土豪家中没收来的宣威火腿慰劳红军。龙云怕红军要在楚雄、玉溪一带创建苏区，更怕红军围攻昆明，急忙调兵遣将加强昆明及其近郊的防务。

乘敌人惊慌之际，我军团首长一声令下，全军上下，万众一心，日夜兼程，向金沙江岸火速前进。平常我军是不走大路走小路，甚至走没有路的深山密林。现在为了争取渡江的先机之利，我军不顾敌机的骚扰和轰炸，结成八路纵队，沿着宽大平整的公路并肩前进。白天一律戴伪装帽，使空中侦察的敌机把我们误认为一片绿树。夜间行军大家挽手并肩，互相倚靠，轮流瞌睡。

我军兵分两路：左路红二军团连克楚雄、镇南、祥云、宾川；右路红六军团连占盐兴、牟定、姚安、盐丰，并于 4 月 20 日在宾川同二军团会合。23 日，我军占领鹤庆，继占丽江，直达金沙江边的石鼓镇，将追敌远远地甩在后面。从 25 至 27 日，我军在石鼓、巨甸两处从容地渡过金沙江。尾追之敌三个纵队赶到江边，连红军的影子也没有见到，只拾到几个破草鞋而望江兴叹。“控制”金沙江北岸之敌，见到红军的威武雄姿，只好逃之夭夭。我军渡江之后，即沿金沙江北岸和玉龙山山麓逆流而上。队伍到达云南中甸休息了几天，为翻越玉龙雪山作准备。

玉龙山，是红二、六军团长征以来所遇到的第一座大雪山。我们对过雪山毫无经验。尽管在山下做了许多准备，一到山上，还是有许多意料不到的问题。

首先是恶劣多变的气候。从山下到山上，人们好像从酷暑的夏季进入到严寒的冬季。登山步步向上，严寒步步加深；空气步步稀薄，氧气步步减少；而人们饥饿和疲劳，却在步步增加。肚子饿了，只能抓一把随身携带的炒面送进嘴里，再就地抓一把雪团送进嘴里化水吞下，这就是雪山上得天独厚的特别“快餐”。

走累了怎么办？在通常行军时部队有就地小休息的习惯，在雪山行军就切忌：“就地坐下。”有的同志走累了坐下休息，结果一坐下去就起不来了，甚至停止了呼吸。有的连队立即宣布禁止在雪山坐下休息，实在疲劳时，两人或三人手携手肩靠肩站着休息片刻再走。还有的连队发现，在背风向阳的山坡上有零星小片的灌木林，即派人去有选择地砍了一些树棍子做手杖，疲劳时就用手杖同自己的两条腿支撑成三脚架站立着稍稍喘息，无论怎样疲劳都不坐下。这些经验的迅速传播，使部队减少了许多不必要的死亡。金沙江的恶浪和玉龙山的积雪，没有阻挡住红二、六军团胜利前进的步伐，他们终于 1936 年 7 月 2 日[①]在甘孜同红四方面军会师了。

红二、六军团到达甘孜后，奉中央电令，组成中国工农红军第二方面军，贺龙任总指挥，任弼时任政治委员，肖克任副总指挥，关向应任副政治委员。所属第二、第六军团番号不变。另将第三十二军编入红二方面军建制，将红二军团第五师编为第三十二军第九十六师。

红二、六军团初到甘孜以及红二方面军初组成的时候，野心家张国焘以为有机可乘，猖狂地进行反党反中央的阴谋活动，把他一手炮制的《干部必读》发给各级干部人手一本。公开叫嚣“反对毛周张博”，并诬蔑中央北上甘南的战略方针为“逃跑主义”。我们知道：遵义会议之后，毛泽东同志在我党中央的主要领导地位已重新确立，周恩来、张闻天等同志也都是中央的重要领导人。而张国焘主持印发的这本《干部必读》却偏偏唱反调。大家越读越气愤，纷纷批判张国焘的错误。与此同时，张国焘又派出他的亲信，到红二、六军团部队中去游说，吹捧张国焘、诽谤党中央。张国焘的这些阴谋活动，遭到了红二、六

---

① 一说7月1日。

军团指战员的坚决抵制和谴责。例如张国焘派到红六军团去的一个说客，就被王震同志及时察觉了，并派人把他带到了军团部。王震同志严肃地问他：你是什么人？到我们部队来干什么？那个人支支吾吾说不明白，最后面红耳赤地吐出一句："是张主席派来联络的。"他本想抬出"张主席"来压人，不料话一出口，周围的人便七嘴八舌地问道：谁是张主席？他是哪一家的主席？何时何地何人选他当主席？……一连串的问话，使那个人无言可答。王震同志满腔怒火忍无可忍，指责说："不管谁派来联络，为什么不光明正大地到军团司令部或政治部来，却偷偷摸摸地在下面散布流言蜚语，诽谤中央？"当王震同志立场坚定旗帜鲜明怒斥张国焘反党罪行的时候，全军上下群起响应，针对张国焘鸣鼓而攻之。但也有人以埋怨的口气说："王胡子又发脾气了！"任弼时同志则立即明确表态说："王震同志这个脾气发得好！"从而伸张了正气打击了邪气。

我们党同张国焘的斗争，是关系着我党我军的团结与分裂，关系着国家安危和革命成败的重大问题。早在红一方面军和红四方面军会师的时候，张国焘就猖狂地反对毛泽东同志为代表的党中央的正确路线，坚持他的分裂党、分裂红军，回避战斗向西康退却逃跑的错误路线。并且自立伪中央，妄图篡夺党中央和中央军委①的最高领导权。为了实现他的野心，张国焘蛮横无理地反对党中央北上甘南建立西北革命根据地的战略方针。红二方面军组成之后，党中央和中革军委再次责成张国焘以红军总政委的身份，率领红二、四方面军共同北上陕甘宁边区与红一方面军会师。此时，张国焘自知理屈词穷，不好表示反对，却妄想利用二方面军新成初到的机会，施展诡计，拉拢二方面军共同反对中央决定。张国焘用尽心机，却没有料到红二方面军同红四方面军指战员见面之后，都不约而同地对张国焘反党反中央的行径极为不满，同志们对此议

① 应为中革军委。

论纷纷。在这种情况下，朱德、刘伯承、任弼时、贺龙、徐向前、关向应、王震等领导同志因势利导，率领红二、四方面军的广大干部和战士，坚决拥护党中央，反对张国焘。大势所趋，张国焘不得不撤销伪中央，不得不同意红二、四方面军并肩北上。由于我党反对张国焘路线的斗争取得了胜利，因而促成了三大主力红军于 1936 年 10 月在甘肃永宁县大会师，胜利地结束了举世闻名的万里长征。

选自《湖南日报》1986年10月13日第3版。

长征路上

严雨霖

我1927年参加了红军，开始在连队里当战士，后来调到红二方面军司令部，当司令员贺龙和政治委员任弼时的警卫员。

“永远把它藏在心里！”

1934年10月，举世闻名的长征开始了。

中央红军（红一方面军）由毛主席、周副主席和朱总司令亲自率领，从中央革命根据地出发长征。后来，我们二方面军①由贺龙、任弼时同志率领，从湖南的桑植出发，冲破敌人的包围，也开始了长征。在出发的头一天下午，二方面军司令部召开了排以上干部会议，贺龙同志在部署完战斗任务后，从口袋里掏出一叠白布苏票（苏区银行用漂白布油印的一种在根据地内通用的货币），对大家说：“中央红军经过的地方，都是用苏票和群众交换物品，部队走后，这些票子就不能继续使用了，特别是敌人重新占领的地方，已成了非法。我们的重要任务之一，就是要用银元和国民党的钞票把中央红军留在群众手中的苏票换回来。”

① 此时应为红二、六军团，红二方面军于1936年7月5日组建。

听了贺龙同志的话，不少人面带难色，窃窃私语：“光打仗就够呛的啦，弄这些干啥？”

贺龙同志似乎看透了大家的心思，又提高嗓门说：“我们红军是人民的子弟兵，不管在什么时候，什么情况下，只能为人民群众谋福利，决不能让老百姓吃亏！”

经他这样一说，大家才认识到这项工作的重大意义，纷纷热烈鼓掌。

长征路上，我们红二方面军一面行军，一面战斗。与此同时，每到一处，就安放上大桌子，摆上银元、钱钞，敲锣打鼓，欢迎群众来兑换苏票。人民群众都高高兴兴地拿着苏票走来，又含着激动的泪水把银元换走。

后来，我们来到云南昆明东北方的一个比较繁华的小镇，因为中央红军长征经过这里时，曾进行过比较长时间的休整，花费了不少苏票，补充弹药、粮食。中央红军走后，这里又被敌人占领。二方面军要路过这个小镇，把苏票换回来，必然要经历一场激烈的战斗。这场战斗到底打不打？苏票要不要兑换？战士们议论纷纷，有的主张打，理由是：兑换苏票是党规定的政策，要坚决执行；也有人主张不打，理由是：为了兑换几张苏票拼命流血，不值得。

贺龙同志就这个问题作了动员报告，他一针见血地指出：“政策和生命相比之下哪个重要？我看是政策，只要认真执行政策，就能取信于民，得到群众拥护，这样的人，生命也才有价值。如果不认真执行政策，就必然失信于民，遭到群众的反对，这样的人虽有生命，但无价值。我们工农红军宁可献出生命，也要执行政策。”贺龙同志的讲话，提高了大家的认识，鼓舞了大家的斗志。

经过一场激烈的战斗，敌人被消灭了，红军胜利地进入了这个小镇。但是，镇上却家家锁门闭户，街上冷冷清清。我们在街口安上方桌，摆上银元，大张旗鼓地宣传兑换苏票，却无人来换。这究竟是什么原因呢？通过调查，我们才明白了事情的真相：敌人占领这个小镇时，曾经围绕着苏票大作文章，他们把有苏票的人统统宣布为“私通共军”，把这些人的家属宣布为“匪属”，轻则游街罚款，重则被打得皮开肉绽。一位收藏苏票的老大爷，还被吊在树上，打得奄奄一息。敌人并扬言，谁要再和红军接触，就要杀头剜眼。敌人的恐吓和欺骗宣传，在红军和人民群众中间划上了一道鸿沟。怎么办呢？首长要求红军战士做耐心细致的工作，一定要把苏票换回来。于是我们分成许多小组，拿着银元、钱钞，分别到群众家中去，一方面宣传革命形势，解除群众的顾虑；另方面兑现政策，换取他们手中的苏票。这些做法，受到了人民群众的热烈欢迎，他们说：“红军和白军，一样人两样心，一个爱黎民，一个害百姓。”那位身受重伤的老大爷一手拿着苏票，一手托着银元，满眼含泪地说：“苏票比银元贵重得多，不是用钱能兑换的，我要永远把它藏在心里！”

“我要当红军！”

我们红二方面军进入湖南省龙山县①境时，盘踞在沙拉沟一带的国民党军队摆兵布阵，阻止我们北上抗日。这个军队虽不是蒋介石的嫡系，但装备较好，我军经过两天两夜的激战，才把他们消灭，不仅击毙了敌师长，还俘虏了不少敌人。

红军战士对敌人本来就有刻骨仇恨，现在又亲眼看到同甘共苦的阶级兄弟牺牲在战场上，更是一腔怒火，战斗结束后，自然而然地把满腹的仇恨集中在俘虏身上。许多人，包括我在内，忘记了党的宽待俘虏的政策，控制不住复仇的感情，纷纷向首长提出强烈要求：严惩俘虏，为死难烈士报仇！个别同志还磨好了刀，擦好了枪，准备随时执行任务。

① 原文误为湖北省龙山县。

司令部发现这一情况后，立即作出两项决定：一、采取紧急措施，保证俘虏的安全；二、在全军广泛深入地进行宽待俘虏政策的教育。政治委员任弼时同志，深入机关连队，耐心宣传党对俘虏的政策，对我们讲起了诸葛亮七擒七纵孟获的故事。

任弼时政委讲完故事后笑了笑问道："古代的诸葛亮都懂得正确对待俘虏，难道我们工农红军还不如一千多年前的古人？"

任弼时政委的讲话，像一阵春风吹散了人们心灵上的阴云迷雾。广大红军战士认真贯彻党的宽待俘虏政策，对待被俘人员，经过教育，凡是愿意参加工农红军的热烈欢迎，愿意回原来军队的热情欢送，愿意回家的发放路费。被俘人员都深受感动，一位20多岁的青年领到五元回家的路费，激动地对战士们说："长官，我永远忘不了你们的大恩大德！"

我们离开沙拉沟不久，一股敌人又耀武扬威地追上来。为了打击敌人的嚣张气焰，司令部决定，对跟踪的敌人进行坚决还击。

战斗在激烈地进行着，敌人组织了十几次冲锋，都被我们打得落花流水。这时，从我军左翼的密林丛中突然钻出一个敌人，他举着双手悄悄地走来，等他来到面前，我们才辨认出他就是那个在沙拉沟被释放的青年。

战士们吃惊地问道："你不是回家了吗，怎么又当了白军？"

青年憨厚地笑了笑说："路上又被他们抓去了！"他顿了一下接着说："这些天来，我经常想，怎样才能报答红军的恩德呢，我想来想去，忽然想起来，你们缺少枪支弹药。"说着，他把身上的枪和弹解下来交给红军战士。

看到这情景，许多战士热情地说："你参加红军吧！"青年摇了摇头："我的任务还没完成呢！"说着一转身又钻进丛林。

从那以后，在长征路上，这位青年又被我们"俘虏"过三次，每次被俘时，都给我们带来了枪支弹药和军事情报。特别是第三次，他不但带来了许多枪支弹药，还带来了一班人马。在连队组织的联欢会上，他高举着拳头激动地说："红军救了我，我要当红军！"

“红军，世界上最好的军队！”

红军南征北战，抵达四川境内的钱江，城内的国民党军惊慌失措，弃城逃跑。县城天主教堂的德国神甫，也逃出了城外，和国民党军队一起作了俘虏。

俘虏了一个外国神甫！这消息闪电般地传开了，战士们三个一群、五个一伙跑来观看，他们把神甫围了个水泄不通，七嘴八舌，问长问短，这位神甫低头闭眼，一言不发。

消息很快传到了司令部，贺龙和任弼时立即派通信员骑着马赶到现场，把神甫接走。在司令部里，贺龙和任弼时非常热情地接待了他，但又严肃地指出了他利用宗教活动，奴化中国人民的罪行。这时，密集的枪声和隆隆的炮声接连不断地传来，后面的敌军越来越近。贺龙告诉身旁的神甫：“战斗就要开始了，你可以马上回去，但危险性很大；你也可以跟红军再走一段，等战斗结束后，我们把你送回去。”这位“客人”同意了第二种意见。从此，在我们长征的行列里增加了一个外国人。

司令部对这位“客人”非常关心。当时部队的生活非常艰苦，主粮是苞米和带皮的稻谷。哪顿饭能吃上点咸菜，就算改善生活了。可是对这位“客人”却照顾得非常周到，一日三餐，两菜一汤，隔一天还要吃一只母鸡，吃一次鲜鱼，并专门为他买了白糖、糕点。许多战士对这样的安排很不理解，牢骚满腹。有人说：“还是外国人吃香，当了俘虏，享开了清福。”也有人说：“这是政策嘛！”这话恰好被任弼时政委听到了，他笑了笑：“说得对，红军要壮大，革命要胜利，就得执行各项政策，其中就包括宗教政策嘛！”

这位外国人开始时板着面孔，整天不言不语，时间长了，脸上慢慢露出了笑容，有时还到处走走逛逛。当他亲眼看到我们的红军战士对革命事业、对人民群众忠心耿耿，在极端困难的情况下坚持北上抗日的事迹，心中非常激动，敬佩地伸出了大拇指。在一次阻击敌人的战斗中，几个战士受了重伤，被抬进战地医院，其中有一个战士腿里还有弹片，经过诊断，需要立即开刀。战地医院进行这项手术时，这位客人悄悄地走来观看。

按照惯例，动手术前对伤员必须半身或全身麻醉，我们的战地医院没有这种药品，军医迟迟不想动手，那位伤员看透了医生的心，坚定地说："关公能刮骨疗毒，咱就不能腿上取弹？！您放心，我一定能撑得住！"

手术开始了，伤员咬紧牙关，忍受着难以忍受的痛苦，豆大的汗珠不断地从脸上往下滚，却不叫一声苦。军医的泪水和伤员的汗水交融在一起。手术结束了，弹片从腿上取了出来，伤员昏迷了过去，军医也瘫坐在地上。红军战士这种大无畏的革命精神，把"客人"惊得目瞪口呆。他跑进司令部，坚定地说："我想办法，一定想办法给你们弄药。"他连夜写信向国外详细介绍了红军的事迹之后，提出了要一批西药的请求。

红军勇往直前，歼灭了拦阻的敌军，打散了尾随的追寇。形势比较安稳了，司令部决定把"客人"送回钱江。当参谋向他转达了这个决定之后，他摇了摇头，用流利的中国话说："不不不！药品不运到部队，我不离开红军。"

三个月又过去了，一批西药运到了司令部。"客人"要走了，贺龙、任弼时同志专门召开了欢送会，对他的支持表示感谢。在热烈的掌声中，"客人"伸出了大拇指说："红军，世界上最好的军队！"

"红军——亲人"

红军爬过雪山，穿过草地，到达了藏族聚居地区。

进入藏族聚居地区前夕，司令部召开了排以上干部会议，贺龙和任弼时同志都讲了话。他们说：藏族聚居的地方，由于国民党反动派的罪恶影响和藏族上层统治阶级的长期欺骗宣传，藏族人民对红军不了解，可能会发生一些误会，但有一点大家必须明确，藏族人民是我们的阶级兄弟,我们一定要认真执行党的民族政策,切实做到打不还手,骂不还口。

正如首长们分析的那样，当部队进入藏族聚居地区时，很多藏民如临大敌。他们摆兵布阵，打枪打炮，阻止红军前进。有一天傍晚，我们正沿着山路行军，埋伏在巨石后面的一群藏族青年向我们开枪射击。战士们心中的怒火再难压抑，纷纷端起枪来推上子弹，眼看一场战斗就要发生了。

“住手！”一个洪亮的声音从背后传来，大伙回头一看，贺龙司令员严肃地问道：“政策和生命到底哪个重要？”

战士们异口同声地回答：“政策！”

贺龙严峻的目光扫了大家一眼：“隐蔽！”

红军战士隐蔽起来，藏族青年打了半天枪，看看无人还击，也就自动撤退了。

红军战士打不还手，骂不还口，在藏族同胞中引起了很大的震动。他们用箭射来了一封书信，信上说：“红军不是仇人是好人，今后坚决不打红军。”

任弼时政委拿着这封信，激动地向大家说：“藏族兄弟过去把红军当成仇人，现在当成了好人，这只是第一步，今后我们还要变成他们的亲人！”

选自《党的生活》1980年第3期，第31—34页。

严雨霖，1927 年参加中国工农红军。红军长征时为红二方面军司令部警卫员。

跟随红二方面军长征的回忆[①]

边在孝

1934年8月，第五次反“围剿”失败后，上级命令红六军团在任弼时，肖克领导下开始突围西征。肖克同志兼红十七师师长，龙云同志任十八师师长，红十六师留在湘赣苏区坚持游击战争而未突围。我红六军团的十七、十八师及红军学校全体指战员，怀着依依难舍的惜别心情，离开了我军用生命和鲜血开创的井冈山革命根据地。我军团胜利突围后，经过湖南转战广西、贵州。为了和红二军团会师，在贵州乌江边同敌人战斗中，龙云同志及所带领的五十二团指战员全部壮烈牺牲。在贵州东北部的印江木黄与红二军团会师（红二军团是贺龙同志领导的）。就在这时成立了二、六军团总指挥部，总指挥部由贺龙、任弼时、关向应组成。走向湘南，组建了湘鄂川黔苏区，占领了永顺、桑植、大庸、慈利等县，钳制了国民党的40多个师。为配合中央红军从瑞金突围、开始长征创造了极为有利的条件。

在湘鄂川黔苏区时，我被任命为红二军团六师电台的报务主任（营级干部），师长是郭鹏，师政委是廖汉生。

在湘鄂川黔苏区时，我军在湖南省的来凤、龙山洞地区消灭了国民党的四十八师，师长兼纵队司令张振汉被俘。乘胜又进行了桃子溪战

① 标题为编者所拟，原标题为《参加宁都起义及跟随红二方面军长征的回忆》，有删节。

斗，这一仗打得更漂亮，把敌人五十八师全部歼灭了，狡猾的师长陈跃汉只身逃跑了。在这次战斗中，我们缴获了两门钢炮，长征途中一直拉到岷县，发挥了巨大的战斗力。我军有时还运用佯攻战术，其目的是牵制，歼灭敌人，以达到减轻中央红军负担，使其突围长征，在佯攻途中，我红二军团六师曾路过湖南省桑植县，这是贺龙同志的老家，我们师部的全体同志还特地看了贺龙同志的房屋庭院。

在湘鄂川黔苏区时，军团部的译电员是陈琮英[①]，外号叫小麻雀，她是任弼时同志的爱人，这个同志，性格非常活泼，爱说爱笑，常常和我们六师电台的同志一块聊天，给我们讲些中国革命的大道理，她的乒乓球打得很好，还给我们几个教会了打乒乓球。现在打乒乓球的青少年健儿层出不穷，可在30年代的我，当时还是第一次神奇的见到乒乓球。

1935年11月，我红二、六军团，奉命从湘鄂川黔苏区的永顺县牛田区突围，开始长征。由贺龙率领的四师先攻占了辰溪，然后经湖南到贵州，由贵州的修文县过鸭池河，顺着大路向西急行军，渡过乌江，攻占了黔西大定和毕节等县城。我们边休整，边向群众宣传，还进行了打土豪分田地和扩红工作。我们报务队的两个班在战斗部队一个连指导员带领下，也参加了打土豪的工作，把没收了当地大土豪的一条毛毯和一件狐皮皮袄分给了我，我一直保存使用了50多年（现在的羊皮皮袄的衣边上尚有狐皮做的残迹）。

休整数日后，我们奉命从贵州出发，到云南的宣威，沾益等地，又渡过了南盘江。在过江时，六军团的政治部主任夏曦在追赶抗日救国军第一支队席大明时在七星关河溺水牺牲。过江后，我军迅速攻占了祥云、鹤庆、丽江，到达金沙江边。经过激烈的争夺，我军抢占了石鼓，巨甸两个渡口，当时每个渡口只有二三只船，我二、六军团全体指战员在当地水手的热情帮助下，共渡了三天三夜，当后卫部从刚渡完时，尾

① 原文误为陈宗英。

追我们的敌人才赶到南岸。敌人只好眼睁睁地看着我军渡过金沙江向北而去。当时，我听军首长讲，国民党围追堵截我红二、六军团的敌人有20多个纵队。

过金沙江后，进入西康地界，然后沿江而上，于1936年5月里，到康藏高原，翻越大雪山。过雪山之前，师部通知先休息几天，做好过雪山的各种准备。翻雪山时，虽系盛夏酷暑，但山上却是积雪封路，终年不化，厚达二尺多，有的地方深到大腿以上，我英雄的红军每走一步都很吃力，稍不小心就会陷入雪坑，整个部队排成一行前进，后者踏着前者的脚印一步步地挪动，加之高山空气稀薄，在雪山上牺牲了很多好儿女。当时由于我军处境险恶及长期征战，部分同志身体很弱，这些体弱的同志，没有翻过那皑皑白雪，巍峨挺立的大雪山。我所带领报务处的两个监护班共30人，翻过雪山后，只剩23人，担任马夫、炊事员、饲养员的七个好同志都光荣地献出了自己宝贵的生命，他们的忠骨至今还深深地埋在那冰雪之下，每当我回想起这段经历时，我常常为这些在长征路上为抗日救国、振兴中华民族而英勇捐躯的英雄儿女而悲痛，流泪。他们的业绩将与祖国壮丽的山河一样永世长存。

英雄的红二、六军团指战员，翻过连鸟兽都难飞越的大雪山后，经中甸、得荣、巴安①、白玉、绒坝岔，于1936年6月②，在四川省的甘孜，我红二、六军团与四方面军胜利会师。为庆祝红军两大主力胜利会师，我们开了联欢大会，朱德同志还讲了话。就在这时，奉中央指示，我红二、六军团分别改称为红二、六军，组成红军第二方面军。7月，由于朱德、贺龙、任弼时、关向应、肖克、王震等同志与张国焘错误路线作了坚决斗争，迫使张国焘领导的四方面军北上，与二方面军共同长征。红军从甘孜出发时，四方面军在前，二方面军随后紧跟。据上级指示，我们二军六师由甘孜向阿坝前进，到阿坝后，把中央红一方面军三十二

① 今巴塘。

② 应为1936年7月。

军拨给红二方面军指挥[①]，三十二军军长是罗炳辉。

我军从阿坝到松潘，经过了大草地，当时红军生活极其艰苦，我军的粮食全吃完了，全靠挖的野菜草根充饥。记得电台的同志一两天没有吃上饭，我跑到二方面军总参谋长兼二军参谋长李达同志住的地方去要粮，我大哭了一场，李达参谋长严肃批评了我，又和蔼地给我讲了整个部队的困难，还鼓励我要想办法与战士一道克服困难度过难关，首长的亲切教诲，使我深受教育，增强了我战胜困难的决心。当我返回师部后，李达参谋长又打发通讯员给我们师部电台送来了 17 碗青稞，还给我们和电话班两个单位送来了一只山羊，我们把挖来的野菜和青稞，羊肉煮在一块每个人喝了美美的一大碗羊肉菜汤。说句老实话，几天没吃上五谷，甭说战士行走不动，就连我骑马的人（当时给营级干部有马）双脚都踩不住鞍镫。有一个战士（名字我忘了）把被敌人飞机炸死好多天的臭马肉割来了一大块，想煮了充饥，我怕中毒经过再三劝说，他才很不忍心地扔掉了。这时，六师的政委廖汉生对我们说："上级决定调你们电台到三十二军去，这回你们可找到有粮食吃的掌柜的了。"随即将我们引到三十二军。从此，我们电台就附属于三十二军。刚刚调毕，二方面军军部通讯员来通知我，说军部首长叫你到军部来，军令紧急，我还没顾上休息，便跑步到军部，一进院子，首先看见在院子里坐的是我们二方面军的总指挥贺龙，还有李达总参谋长、任弼时、关向应、肖克等首长，行过军礼后，李达总参谋长先把我哭了的事说了起来，他风趣的说："你这个六师的报务主任，我们要领你回家乡去，你还哭着不成，到了你的家乡后，你可不要开小差（指跑回家去）。"我回答"吾早说去说不下（意思是不一定）"。紧接着李参谋长详细地向我了解了陇南，洮岷一带风土人情，风俗习惯。第二天，我在军部和首长们吃了一顿饱饭后，便回到了三十二军

① 1936年7月5日，中央电令红二、六军团与三十二军组成红二方面军。

军部电台报务处。

1936年7月，当我们行军到松潘牧场时，二军、六军、三十二军又会师了。就在牧场开了一个连以上的干部会，我亦去参加，罗炳辉军长语重心长地给大家讲:“我们的粮食暂时还有困难，大家要节约着吃，应优先照顾伤病员，还要相互调剂……”

在松潘牧场胜利会师后，我们电台又从三十二军调回原单位，这时六师师长已换成贺炳炎。

我军奉命顺白龙江直上，经腊子口，到岷县的白龙镇(哈达铺)，向陕甘交界地区发动了新的攻势。我部由宕昌、两河口、武都，到成县、徽县，我记忆犹新的是在徽县过了中秋佳节的。从徽县出发经两当、西和县到了嘉陵江边，摆势佯攻陕西略阳县，后又返回甘肃的徽县，过了渭水到达陇西，又经过通渭的义岗川，坡儿川，于10月份胜利到达会宁县的界石铺。这时，我被调到二军四师电台任报务主任(师长是卢冬生①)。在界石铺休息了数日，于10下旬，中国工农红军一、二、四方面军三大主力在会宁胜利大会师。

记得会师后那天晚上，红军全体指战员怀着无比激动和万分喜悦的心情，大家相互握手拥抱，热泪盈眶，热烈地欢呼，纵情地跳跃，笑声、欢呼声震荡夜空，共同欢庆各路红军胜利完成伟大的长征。

11月，我师从会宁出发，攻占了固原，又到陕北的定边一带驻防。就在这时，红二、六军连以上干部在定边县的一个窑洞里开会，我也去参加，我首次见到了周恩来同志，他给我们作了整四个钟头的统一战线的报告。12月14日,我们在泾河边护送周总理去西安调解双十二事变，这是我荣幸的第二次见到敬爱的周总理。

双十二事变的消息，由新华社发出，我收到报文后，把电报内容迅速交给了师部。双十二事变后，我们又从环县、庆阳、到董志塬。在董

① 原文误为卢东生。

志塬过了新年。

从 1937 年 1 月至七七事变爆发，我师又奉命转战到甘肃的宁县、正宁又到达陕北的淳化、三原、富平、泾阳。七七事变后，我红二方面军改编成八路军一二〇师，开赴华北抗日前线，踏上了新的征程，投入了伟大的抗日战争。（临洮县委党史办 1986 年 3 月 7 日访问整理）

选自中共定西地委党史资料征集研究办公室编:《定西地区党史资料汇编》上集，1989年10月版，第179—186页。

边在孝，原名边忠福，1915 年生，甘肃临洮人。1931 年参加宁都起义后加入中国工农红军。红军长征时为红二军团六师电台报务主任。

红军生活片断

晏志轩

我是 1935 年参加红军的，到 1949 年全国解放，一直在部队工作。现就我的红军战斗生活，作一个历史的回顾，如若能对党史资料征集起到一定作用，则感到欣慰。

一、转战湘鄂西，策应中央红军的战略转移

1934 年 10 月，中央红军开始长征。这时，贺龙同志领导的红三军团[①]和任弼时领导的红六军团也相继在贵州东部会师，组成红二、六军团总指挥部，贺龙同志任总指挥，任弼时同志任政治委员。从此，纠正了夏曦的“左”倾路线错误，开始了湘鄂川黔根据地发展的新阶段。

红二、六军团的组成，湘鄂川黔革命武装力量和根据地的迅速发展，使湖南、湖北两省军阀惶恐不安。蒋介石不得不调集数十万兵力，分六路向根据地扑来，采取经济封锁，对根据地进行“围剿”。为了牵制“两湖”之敌，策应中央红军的战略转移，我红二、六军团在贺龙，任弼时同志的领导下，采取诱敌深入，抓住有利地形和时机，歼其一路，

① 应为红三军。

遏制主力的战略战术，向敌人展开了强大的攻势。1935 年 2 月，在桑植陈家河，我军抓住敌人分进合击战术中的虚弱点，时进时退，诱敌深入，声东击西，神速出击，一举歼灭了陈耀汉的一个旅。首战告捷，旗开得胜。紧接着，贺龙同志率领部队冒着大雨，踏着泥泞的山路直插桃子溪，闪电般地又消灭了陈耀汉的另一个旅，捣毁了师部。顿时，敌人不知所措，仓皇而逃。正当敌人组织大规模反攻的时候，我军于 1935 年 4 月，撤离湖南，大踏步地转向湖北，包围宣恩，造成围城打援的战机，并在李家河、高罗一带扩充部队。红军到达高罗以后，广泛开展了宣传发动工作，相继在村寨院落召开群众大会，宣传党和红军的主张，揭露国民党贪污腐化、敲诈勒索的罪行，把没收土豪的粮食、家具和农具分给人民群众。广大劳苦大众深深感到，共产党领导的工农红军是我们工农自己的队伍，不少青年都纷纷报名加入了红军队伍，我就是这次自愿报名参加红军的。

红军扩编以后，继续返回湖南，围攻龙山之敌。龙山城住着国民党的两个保安团，固守严密，无法强攻，围了近一个月没有攻进。尽管如此，敌人接近弹尽粮绝，多次呼救增援。5 月中旬，蒋介石令其四十一师前来援救，当四十一师一出发，我军迅速赶到咸丰忠堡阻击敌人。一场激战，我们活捉了敌师长张振汉，返回李家河塘坊召开万人庆功大会，并给张振汉头戴高帽，押着游街示众。

忠堡战斗结束后，我军即向湖南转移，继续堵击湖南之敌。大概个把月后，蒋介石又派其国民党王牌八十五师从利川增援而来，古历七月中旬的一天，上级命令：部队火速赶到宣恩板栗园，坚决干掉增援湖南的国民党八十五师。我红四师接到命令后，连夜从分水岭登程，于第三天清晨赶到板栗园。我们屏息等待着。十八团的枪声打响了，埋伏在各山头的部队也随之呼应起来。子弹、手榴弹如密集的雨点劈头盖脑倾泻敌阵，整个山谷一片硝烟火海。正在紧张阶段，贺老总命令道："十二团冲下去！"我团全体将士犹如猛虎添翼，直朝山下冲击。

这时，敌人乱成一团，活像一只中弹的野鸡乱扑乱跳，有的钻入草丛，有的钻进岩洞。在一座庙宇脚下的一个山洞里面，我发现敌人一个班躲在里面，连忙喊：“排长，快来！山洞里有一班。”排长说：“你把他抓来嘛！”我严厉一声：“快点缴枪！”敌人求饶道：“红军老爷，不要打我们，我们是不愿打你们的，是蒋介石逼我们来的。”我说：“莫讲多活，快把枪交来！”敌人自动下掉枪柄，缴械投降了。经过一个下午的激烈战斗，敌人被我全歼，敌师长谢斌当场自杀。整个战场尸首狼藉，军饷遍地。不少战士拾起亮铮铮的银元，高兴地说：“这是运输大队长给我们运的军饷。”

晚上，月色朦胧，枪声依稀，硝烟散去，阵地上，谈笑声此起彼伏。连长说:“同志们，今天我们打了一个大胜仗，每人留五块川板（银元），多余的往箩筐里甩。”我说:“连长，我没有捡到川币怎么办？”连长说:“你捉了一个班，应该表扬，也给五块。”

板栗园战斗一结束，部队又返回湖南继续围攻龙山。当时因敌人固守严密，天天派出飞机进行轰炸，并派了大批兵力对我军实行反包围，我们围了40多天都无法攻城。在那段时间里，部队生活极苦，每个连队每天只有十斤包谷粉煮稀饭充饥。面对这种情况，贺龙同志命令，部队撤出龙山，大举东进，出击澧州、津市之敌，突围出去。在突围前，贺龙同志权衡利弊，选择突围时间和地点，先以六师攻打澧州，四师攻打津市，打乱敌人部署，我军主力乘虚从桑植向东南突围。在贺龙同志的亲自指挥下，我们一个星期就攻克了澧、津之敌。部队开始扩编休整，将新兵和俘虏兵又编成一个师，即红五师。这时，全军上下转入训练。一个多月以后，首长开始动员，命令我们每人编20双草鞋，准备好干粮，待命北上抗日去！不久，红二方面军的长征就开始了。

二、挥师北上与中央红军会师陕北

1935 年 10 月，经过二万五千里长征的中央红军胜利到达陕北后，蒋介石对湘鄂川黔根据地又开始了新的更大规模的“围剿”，动用了 140 个团的兵力，从四面筑堡前进，企图逼我二、六军团驻龙山、桑植、永顺的狭小地区内，进行有利于敌人的战略决战。面对这种敌我态势，贺龙同志认为眼前十多倍于我的敌人不断逼进，根据地日渐缩小，部队给养也很困难，固守根据地已不可能，于是决定部队向贵州转移，准备北上。

10 月 19 日，红军主力出发，先以一部攻克大庸东南的碉堡线，从东南一侧强渡澧水，直插洞庭溪，以迅雷不及掩耳之势一举跃过沅江之后，部队立即按预定计划实行战役展开。六军团占领了新化、蓝田、锡矿山。二军团占领了辰溪、溆浦、浦市，控制了湘中广大地区。

我军进入湘中，对长沙之敌威胁甚大，敌人胆颤心惊，慌忙将“围剿”改为“追剿”。固守湘中的敌人也惶惶不可终日。当部队到达辰溪时。我部电话兵将电话往敌人电话线上一搭，和敌人对起话来，只听得敌人慌忙问道:“红军到哪里了？”电话员答:“还没成哩(方言,表示还没有、远得很)，三天还不一定能到！”话音一落，砍掉电线，部队迅速前进。当我们逼近敌人时，警戒的敌人还在抽大烟、打麻将。我便衣队一个冷不防将敌人捉住，问了口令，令其带路进城，一枪未放，城内敌人一个团全部被俘。第二天，李觉、陶广的敌人追兵就赶到了，我军即向南转移，直捣溆浦，进入贵州。这时，战士们个个情绪高昂，高呼口号:“打到贵阳去！”我们一天攻克一个县城，以神速行动，穿过黔西、毕节、大定三县，进占了盘县。一天，我们正在行军，贺老总突然出现在我们队伍里面，战士们装着不认得，和他开起玩笑来，战士们说：“不准插队，这是上级的命令，哪个插队我们把他掀开！”老总面带笑容说:“同志们,不用掀,我插一截,过一会我就上前了,我去给你们打扫房子去。”战士们又说：“不要你打扫房子，我们各有三参谋。”贺老总看着这伙天真活泼的年轻战士，笑嘻嘻地朝前面走去。

在我部进占盘县后，敌人便一窝蜂似地向东扑来，而我军却掉头向西，进入云南，经宣威、乌龙到达普渡河。在普渡河又遭滇军袭击，经过激烈战斗，我们又直逼昆明。等滇军又把主力调回昆明时，我军采取“虚晃一枪，回马使走”的战术，转而向西攻占富民，连夜行军，直插宾川。当部队到达宾川时，敌一个保安团堵击于前，宾川城墙上书写着十个大字:“注意城墙脚，招呼红脑壳（指红军）！”经过一天激战，我军攻下了宾川城,然后折而向北前进,于1936年4月下旬到达金沙江。

跃过金沙江，行军四五天后到达雪山脚下。这时，连长对我们说：“同志们,明天就要爬大雪山,山路50里,过山时,不能闹,不能讲话,不能唱歌，一股劲地翻过山去！”

第二天，我们开始翻越雪山，雪山下，古树成荫，到了山腰，就只有低矮的灌木了，到了山上，连一点植物都没有了，到处是终年积雪，最厚的雪层有一丈多，有的地方积成了一个个大雪峰。由于日晒，雪的反光，使人头晕目眩，走累了不能坐，坐下了起不来，一掉进大雪坑就别想再爬起来。加之山上蛮人的武装袭击，我们一同长征的战友，有不少同志都死于雪山之上。

雪山一过，便是无边无际的千里草原。由于饥饿的袭击，精力消耗甚大。当我们到达甘孜与红四方面军会师时，有的战士就已爬不起来了。这时，上级决定给每个战士发一张牛皮，做成斗笠、皮篓、腰带、草鞋,准备过草地。在草地行军只有八九天时间,发的牛皮就被吃光了。这样，我们就用刺刀割野菜充饥，有时连野菜也挑不到，只好喝上一点盐水维持生命。草地沿途，尸骨成堆，这些都是先行北上的红军战友，这更增添了我们对敌人的仇恨。当时，我暗暗下定决心，争取活着走出草地。

我们在草地走了 20 多天，饿死，冻死的干部战士不计其数，每天都是整十整百地倒下去，当我们走出草地时，红二方面军的二万多人，只剩下几千人了。一次，贺龙同志会见干部战士时说："同志们，革命不容易呀！我们向烈士们默哀吧。"

部队走出草地，经包座到达哈达铺，稍事休整后，攻占成县，徽县，转而向北到达会宁。1936 年 10 月，红军一、二方面军胜利会师了，胜利完成了二万五千里长征。这时，贺龙同志兴奋地说："这下可好了，到毛主席，党中央身边了。"

后来，我们红二方面军又踏上了新的征途，改编为八路军一二〇师杀向了烽火连天的抗日战场。（宣恩县党史资料征集办公室 1982 年 5 月整理，潘杰 2007 年 4 月 9 日提供）

选自宣恩县政协文史资料委员会编:《宣恩文史资料》，2007年9月，第25—30页。

晏志轩，1914 年生，湖北宣恩人。1935 年参加中国工农红军，历任班长、排长、副连长、代理连长、中队长，人武部军事股股长、副部长等职。1956 年后曾任宣恩县服务公司经理、椿木营及椒园区粮管所干部。1994 年逝世。

忆长征中的艰苦岁月

陈振国

我的家乡江西永新县，在土地革命时期是湘赣革命根据地的重要地区之一。那时，家乡的男女老少都组织了起来，我从小就在儿童团，为大人们送信、站岗、放哨。到十四五岁，就参加了少年先锋团。先锋团和部队一样的编制，平时操练军事，战时还参加作战，一天很紧张。1932 年 2 月，我们先锋团的 100 多人参加了主力红军，我编在十七师五十一团（后属六军团）。当时我只有 16 岁，记得军长是肖克，政委是王震，我们的团长是郭鹏，任弼时是湘赣苏区省委书记，余秋里同志还是任弼时的警卫员。后来，蒋介石对苏区发动大规模反革命“围剿”，湘赣革命根据地只剩下永新一个县了，情况相当紧张。

1934 年 7 月底①，红六军团奉党中央的命令，撤离根据地，8000 多人从永新出发，星夜突破国民党匪军的封锁线，进入湖南南部，8 月 1 日②，在桂东寨前圩誓师西征。西征途中，我军在广大群众的热烈支援下，摧毁了敌人的无数碉堡，迅速地通过郴县、耒阳、桂阳，攻占了新田，然后进军零陵，准备从蔡家埠至略江口之间抢渡湘江，向二军团活动的地区前进。国民党匪帮怕我与二军团会合，急忙调湖南、广东、广西数省的军队赶到湘江沿岸围堵。我军遂放弃强渡湘江的计划，突然折

① 应为1934年8月7日。

② 应为8月12日。

向东南，攀越阳明山，跳出了四倍于我的敌人包围圈，顺利地通过了宁远、嘉禾、蓝山等县。9月，经江华，渡过了蒲水。这时，国民党匪军又大批地赶来，我军决定给以狠狠打击。在湖南、广西边境的永安关，击溃敌人三个师之后，接着又在湖南、贵州边境组织了新厂战役，击溃敌一个纵队，使敌人再不敢尾追我们，我军从容地通过了贵州的锦屏、黎平、剑河、三穗、台拱等地，10月进至施秉、黄平、余庄、庸安一带。正当我军向石阡前进时，蒋介石又集中了十倍于我的兵力，进行围追堵截，我军被分割包围，部队被打散，情况十分危急。当时我是通讯排长，跟郭鹏团长在深山老林里钻了好几个星期，二军团和当地的党组织得到情况后，才派人把我们走散的人员找回来。

10月下旬，二、六军团在贵州东北的松桃石良场胜利会师，组成了红二方面军①。当时，二军团在"左"倾路线的影响下，肃反扩大化非常严重，党员、政治干部被杀害的很多，有文化、有本事的人都被认为是改组派，受到审查，连一些高级领导干部也被杀害了，搞得部队人心惶惶。许多人再也不愿当干部，识字的也装成文盲，有的甚至连党员都不承认了，离开部队逃走的也不少。所以，当时二军团干部很缺乏。同时，六军团也严重减员，急需进行休整。二、六军团会合后，部队统一整编，从六军团调了许多人到二军团担任干部，我就是那时调到二军团的，先在四师十一团，后又到十二团当指导员。经过整编，部队士气大振，接连打了好几个胜仗，很快扭转了形势。记得在永顺县龙家寨一带，一次伏击战，就消灭了敌人两个旅，击溃了一个旅，缴获了大批枪支弹药，敌旅参谋长被活捉，外号叫周矮子的敌旅长也差点被我们俘虏。在湖南中堡一带，消灭了敌人三个团，活捉了敌人的纵队司令张振汉。在桑植陈家河一带全歼了敌五十八师一七二旅，击毙了敌旅长李延岭，解放了湖南的永顺、大庸、桑植、慈利，桃源、津市、石门等城镇，

① 红二、六军团会师地址为贵州省印江木黄。红二方面成立时间应为1936年7月5日。

使湘鄂川黔革命根据地进一步得到巩固和发展，部队迅速发展到了两万多人。

二、六军团在湘鄂川黔根据地的迅速发展，使蒋介石大为震惊，急忙调集大批兵力向我军进行大规模地“围剿”,形势对我们极为不利。为了粉碎敌人的反革命“围剿”，部队决定北上转移。1936 年 4 月，部队从石鼓、巨甸一线胜利突破金沙江，摆脱了敌人的重重封锁，6 月①，在甘孜一带与红四方面军胜利会师。会师之后，由于张国焘与党中央闹分裂，仗着四方面军人多，武器装备好，看不起一方面军，也看不起我们，反对中央北上的正确方针，要红军听从他的指挥。开始他提出要红军南下，后来又要红军西进。贺龙、任弼时等二方面军的领导同志，很快识破了张国焘分裂红军、反对党中央的面目，坚决支持朱德同志拥护中央北上的路线，同张国焘的错误路线进行了坚决地斗争，当时的斗争是很激烈的，听说贺龙同志指着张国焘大骂:“你张国焘是老共产党员，我贺龙过去是个军阀，现在我是共产党员了，而你成了新军阀，你比老军阀还落后。”经过激烈的斗争，张国焘被迫下达了北上抗日的命令。

7 月初，部队先后从甘孜地区出发，向甘南前进。沿途是荒无人烟的水草地，吃粮是个最大的问题。我们二方面军是全军的后卫，遇到的困难就更多。开始的几天，还能分到二三两青稞，后来一粒粮也见不到了，全靠野菜、草根充饥，就是野菜也没有多的，因为前面的部队早吃光了。人在困境中什么办法也能想出来，不知是谁想出了烧皮带吃的办法，我们便把皮带、皮包、草鞋上的皮绳都解下来烧着吃，这样也挽救了不少人的生命。除了吃的困难外，还有寒冷的问题。草地的气候非常恶劣，不是刮风，就是雨雪、冰雹，很少有晴朗的日子。那时，我们刚从南方过来，都是穿的单衣，短裤。白天，我们拖着疲惫不堪的双腿，顶着风雪，在随时都有可能陷进去的沼泽地前进，夜

① 应为7月。

晚，又忍受着饥饿，蹲在一起，背靠着背，肩挨着肩，用相互的体温抵抗着严寒。那滋味，现在的人们是很难想象得出的。饥饿、寒冷，使指战员们体力一天比一天削弱，减员十分严重，有的走着走着，倒下去就停止了呼吸，每晚宿营，都有不少同志再也不能起来了。体力差点的人和十五六岁的娃娃，是很难活着走出草地的。我所在的十二团三营九连，100 多人，走出草地的只有 20 多人。茫茫水草地，不知吞噬了我们多少好同志！这些同志为了跟随党中央毛主席北上抗日，口里含着野菜、草根，身上穿着单衣、短裤，就那样牺牲在了草地上。我们今天的幸福，真是来得不容易啊！

经过两个多月的艰难跋涉，我们终于走出了水草地，大约在 9 月初，到达了哈达铺。当时哈达铺比较繁荣，东西很多，也比较便宜，群众待我们也很热情。两个多月的草地生活，见不到群众，吃不上粮食，现在一下子来到这样好的地方，我们简直高兴坏了。部队一驻下来，就买鸡买猪，改善伙食，大家美美地吃了几顿。因吃得太多，身体接受不了，许多人拉肚子，个别同志还因胃被胀坏而死亡。因此，总部马上下令定时定量，并不准私自在市场上买东西吃。卫生员和干部们还向大家解释肠胃久饿后，不能猛吃猛喝的道理。我们在哈达铺休整了三四天，总指挥部按照党中央的指示，发布了组织成徽两康战役的作战命令。部队分三个纵队向陕甘交界地区前进，我们四师、三十二军和总指挥部为中路，经过礼县、西和境内，向成县、徽县前进。当时我在师政治部当组织干事，到成县时，县城已经攻打下来了。攻打成县的部队是十团，一天就占领了县城。但敌人又逃到上城顽抗，红军在城内，敌人在上城，这样相持过了一二天后的晚上，敌人突围出城逃走，把我们的一个团参谋长和政治部主任抓走了，直到西安事变后，这两个同志才被放回来。还牺牲了一名团长，名字记不清了，好像是姓贺。我们在成县只住了几天，就到了徽县，住在徽县县城。这一带条件好了，我们都制做了新衣，虽然衣服颜色不一，有的是黑的，有的是蓝色，还有的是花的，反正买到什么穿什么，看上去真是五花八门，但部队总算有了冬衣，比起过雪山、草地时破烂不堪的单衣短裤，要神气得多了。那时我还做了个蓝布夹被，我参加红军后第一次才有了被子，因此十分珍惜，一直使用到了解放。

长征途中，除了打仗，还要向群众作宣传，组织建政，扩大红军。那时群众被官匪残害怕了，认为红军也和国民党匪帮一样，加之国民党的反动宣传，说："红军是红头发，绿眼睛，要杀人放火，共产共妻。"老百姓听了更加害怕，一听到红军要来，就躲了起来。所以，我们每到一个地方，首先就是开会，写标语，向群众宣传红军的宗旨和革命道理，并帮助他们干活，以解除对我们的恐惧心理。再就是组织群众建立苏维埃政府，成县、徽县都成立了县苏维埃政府，还成立了不少区、乡政府，依靠他们为部队筹集粮草，经费，动员青年参加红军。筹集的办法：一是打土豪地主，没收他们的粮食、财物，或对其罚款。没收的粮食、财物，除了用于部队外，一部分还分给了穷苦人家。二是借。向送交了粮食、财物的人家开给证明、借条，讲明以此为据，以后归还。三是动员商户，富裕群众捐献。扩红也是一件重要的事情，我们沿途都搞，因为部队随时都有减员。在徽县我们就组织了几百人的回民游击队，我们撤离时这些人都跟上部队走了。解放后我在武威工作时，在天祝遇到几个流落红军，他们就是那时参加红军的。

在徽县住了半月左右，我们就撤走了，记得是出西城门，朝西地方向走的，当时情况很紧，卢冬生师长和其他首长一路都督促我们赶快走。沿途经过的具体地方已记不清了，我只记得过了渭河，当时河水有齐腰深，我们手拉着手，互相搀扶着蹚过去的。渭河两岸的梨很多，我们经过时老乡们拉住我们让我们吃，我们都谢绝了。过渭河后，经过通渭、华家岭，到会宁就与一、四方面军会师了，至此，红军长征就胜利结束了。三军会师后，我们就到了环县，然后到晋西北，开赴到抗日第一线。

这就是我参加长征的简单经过。50 年来，当年的艰苦情景，一直铭记在我的脑海里，牺牲战友的音容笑貌时时浮现在我眼前，我常想，在那艰难困苦的年代里，是什么力量激励着我们去战斗，去牺牲？！是对党、对祖国人民的忠诚和热爱，是对革命必胜，共产主义一定会实现的坚定信心。有了这种坚定的革命信念，就具有无穷的智慧和力量，困难再大压不倒，流血牺牲吓不倒！今天，我国人民在党中央的带领下，正向四个现代化的宏伟目标奋进，学习和发扬当年红军的革命精神，是很有教益的。（忠译整理）

选自中共陇南地委党史资料征集办公室编：《红军长征在陇南》，1988年5月，第168—173页。

陈振国，江西永新人。1932 年参加中国工农红军。红六军团西征时，任十七师五十一团通讯排长。红二、六军团木黄会师后，调红二军团任四师十二团指导员。

从湘鄂川黔根据地到延安

向贵清

1933年4月18日，我在湖北省来凤县参加了贺龙同志领导的红军第二军团[①]，成为四师十团九连的一名战士。

部队在湘鄂川黔边界进行游击战争，给养困难，条件十分艰苦。参军不久，我随大部队攻打湖南省龙山县。龙山县城有两道城墙，环有护城河，易守难攻。守军系国民党精锐部队，我军苦战两个月才攻克龙山城。

1934年2月，贺龙、关向应带领四、五、六师约9000人攻打湖北忠堡。忠堡位于咸丰县和来凤县的中间，地理位置十分重要。国民党八十五师师长张振汉[②]升任军长后，带一万多人赶到这里，被我军伏击。四师师长卢冬生、五师师长贺炳炎各带三个团从正面进攻，六师师长郭鹏率三个团打援。经过一天激战，敌军溃窜。战士们把俘虏的军官捆成一长串，送交军团总指挥部处置。贺龙对他们训话后，用手掀开一个军官的帽子，大声武气地说："哎呀！张振汉，是你老兄？老同学啰。快给他解开绳子。"张振汉被松绑后，仍不敢抬头，连声说："小弟有罪，有罪！"贺龙动员他参加红军，他欣然同意了。

7月中旬，贺龙、关向应率7000多人攻打板栗园。战前，贺龙向我们作动员报告，他说："同志们，运输大队长蒋介石又给我们送武器

① 此时应为红三军。

② 原文误为张正汉。

来了。你们说好不好？”大家齐声回答:“好！”贺龙绘声绘色地说:“板栗园有五千条枪，国民党四十一师的四个团在那里保管。我们取枪，得有勇气，有智慧，要以少胜多，全歼守敌！”凌晨3点，部队出发，天亮前包围了板栗园。10点钟，敌人的尖兵连向我们九连走来，大家匍匐在地，屏住呼吸。待尖兵连跨过板桥，我带一个班冲上去，出其不意地缴了全连的枪，接着，贺龙、关向应指挥部队打响了伏击战。我军许多士兵只有大刀没有枪，战斗打得很艰苦。当天下午，敌师长谢彬①亲自带着一个连据守山头的坚固工事。他声嘶力竭地高喊："弟兄们给我顶住！你们救了我。当班长的升排长，当连长的升营长！”敌人用五六挺机枪对着我军扫射。十团战士绕道炸毁敌人碉堡，将敌师长谢彬打死在山头上。

战后开庆功会。贺龙表扬我们班抓了一个连的俘虏，奖赏全班每个战士100块大洋。

此后，红军折回湖南打游击，消灭和牵制了大量敌人。

1934年8月18日，经排长列贵林介绍，我加入了中国共产党。

1934年10月，贺龙、任弼时率领的二军团和肖克、王震率领的六军团，在贵州印江木黄和松桃石梁一带会师。部队整编后，发动湘西攻势，先后解放了湖南的永顺城和大庸城。

接着，十团奉命攻打澧县。营长郑罗香身先士卒，带头扛梯子爬城墙。我们打进城后与敌人展开肉搏。我从地上抓起正在冒烟的手榴弹扔回去。手榴弹在敌群中开了花。可我脸上却挨了一枪，划破一条口子，鲜血直流。我包扎了伤口，又端起步枪冲上去。

不几天，我们十团配合兄弟部队又打下了桑植县城。

敌人为防止中央红军与二、六军团会合，作了新的“围剿”部署。1935年1月23日，湖南何键部四个旅与湖北徐源泉部两个旅合击大庸

---

① 原文误为谢斌。

县，截断我军会合之路。为粉碎敌人对湘鄂川黔根据地的“围剿”，中央军委指示二、六军团实行“决战防御，而不是单纯防御；是运动战，而不是阵地战。辅助力量是游击队和群众武装的活动。对敌人需要采取疲倦、迷惑、引诱、欺骗等方法，造成有利于作战的条件。”并决定建立军事上的集体领导。成立中央革命军事委员会湘鄂川黔分会，以贺龙同志为主席，任弼时、肖克、关向应、王震、张子意等同志为委员。

由于敌人调集十倍于我的兵力进行“围剿”，军委分会决定离开根据地，向贵州作战略转移。11 月 19 日，部队从桑植出发。六军团先后占领新化、兰田。二军团相继夺取辰溪、溆浦，击溃李觉部队，到达晃县，挥师向贵州挺进。

1936 年 1 月 8 日，我军进入贵州玉屏县田坪，消灭敌二十八师一个营。12 日，顺利进占石阡县城。军团总部驻城内天主堂。我们在这里休整了六七天，积极宣传抗日救国的道理，号召人民起来建立政权。还领导群众打土豪、分浮财；建立了一支游击队。

这时，敌九十九师会同李觉一个师跟踪尾追；樊嵩甫①、郭汝栋两个旅和第八师、第九十三师向思南方向截击；陶广一个旅及九十二师、三十四师在沿河一带布防，阻我北进；郝梦龄一个旅在乌江两岸防堵；二十三师固守余庆、龙溪，掩护贵阳。

1 月 19 日，军委分会和军团总部负责人在石阡县城举行会议，决定撤离石阡地区，转移到乌江以西、长江以南的地区活动。20 日，18000 多名红军指战员从石阡出发，突破敌二十三师固守的余庆、龙溪封锁线。途中二、六军团领导人根据军委电报指示，决定向黔（西）、大（定）、毕（节）挺进。

我们四师于 23 日占领草塘，24 日占领瓮安，26 日攻占平越（今福泉），毙敌专员兼县长聂洸。敌人慑于我军威力，望风而逃。28 日，我

① 原文为樊崧甫，本文统一为樊嵩甫。

们抵洗马河虎场附近，而后从高坡侧边绕过贵阳，2 月 1 日，师部侦察排抵达鸭池河渡口。这段河流，水深流急，两岸山势陡峭，一向是兵家必争之地。王家烈部队有几百人在这里居高扼险而守。我军侦察排成员都是连排长，每人一把 20 响，一支小马枪，一把鬼头刀，还有五个小手榴弹。他们抄小道至下游 20 里处，乘船过江，一举攻下滥泥沟，夺取了四个碉堡。我们九连 143 人由师部侦察科长带领，乘坐两条小木船分批过河。然后迅速占领山头，架好机枪，保护大部队过河。

2 月 3 日，师部侦察排乔装敌人，混入黔西城内，与城外部队里应外合，歼灭了守敌宋醒部。郝梦龄、万耀煌、郭汝栋、李觉率七个师的兵力向黔西推进，对我形成夹击之势。部队决定撤离黔西，夺取大定、毕节。

大定驻扎着两个保安团及一个营。我们四师十团和十二团一营配合五师攻城。出发前，连长饶道刚说："今天我们九连又打前卫，天一黑就起程，路上不要掉队！"当夜我们行军百余里，临近大定县城。2 月 5 日下午两点半钟战斗打响。我们九连先把守城敌人打跑。老百姓抬来梯子，我们爬过城墙，打开城门。我军大部队冲进城，俘虏了 1700 多守敌。整个战斗只打了 40 分钟，真是干脆利落。

红军占领大定后，活动于这一地区的地下党负责人邓止戈同志派人与红军联系，使我军于 2 月 9 日顺利地打下了毕节。

毕节地处川、黔、滇三省交通要道，地理条件适合红军活动。当地人民受中央红军长征的影响，在党的领导下建立了一支几百人的武装，在这里开展工作极为有利。我军在毕节逗留了 11 天。我随红军宣传队到大坝等地宣传抗日反蒋的革命主张，组织游击队，扩大红军。我们在大坝住了九天，把王财主家的七仓包谷、四仓水稻分给群众。接着又没收了王财主在毕节城内开的两个铺子的东西，分给穷苦人民，扩大了革命影响。在大坝，我们建立了三支游击队。苗族 30 人，有枪 14 支。彝族 50 人，有枪 23 支。汉族 85 人，有枪 43 支。后来扩红时，我们带走

43个汉族青年。其中，何志辉分在我们班。还批准曾老友等四个彝族青年参加了红军。

二、六军团在黔、大、毕地区组织了千千万万的群众，吸收5000人参加了红军，在群众工作方面取得了辉煌成绩。

不久，敌人袭占了黔西、大定，并纠集120个团的兵力，企图在毕节与红军决战。根据军委指示，我军于2月27日退出毕节，向安顺地区转移。

十团经过七星关，穿越鸭马寨，直逼赫章。这时，通讯员跑来向团长刘克锡报告："十一团在一条山沟里（离赫章七里）被敌人包围了。贺龙通知你们团马上回师救他们。"部队立即吹调号，回师去救援。

十一团多是新兵，战斗力较弱，被两山敌人压在中间，处境非常危险，我团迅速抢占两侧山头，平行推进。敌人慌了手脚，丢下十一团，来对付我们。十一团乘机往山上冲，对敌夹击。我带着青年突击班绕到敌机枪手的后边，甩出二三十颗手榴弹，炸得敌军人仰马翻。不出两小时，我青年班缴了六挺轻机枪，18挺重机枪。

战斗结束，贺龙前来视察，他拍着我的肩膀说："你又立了大功，你们青年班打得好！"并奖励青年班每人100块大洋。

我们到赫章时，许多人都疏散了，在家的也不敢开门。有的听信敌人的反动宣传，真以为红军是青面獠牙，共产共妻。经过宣传发动，开仓济贫，群众才跟我们亲近，赫章一带群众的生活很苦，天气那么冷，有的大姑娘只穿一条短裤。一群穿着破烂不堪的妇女在路边叫苦，我见了心疼，把带在身上用来打草鞋的粗布取下来，送给她们，还送了一些大洋。其他战士也馈赠了一些东西。

我们在赫章住了两天。然后经可乐、德胜桥、来宾，直向盘县。这一带山高路陡，冰凌很厚，一步三滑，百里行军要摔倒十多次。经过长途跋涉，摆脱了敌人的围追堵截，于3月18日占领盘县。

4月初的一天，我军攻打云南的宣威，这一仗没打好，始终进不了城，只好撤兵。

四师经丽江来到金沙江边集结。我们九连奉命打头阵，乘竹排抢渡。敌人在对岸拼命射击;我连战士奋不顾身，迅速登岸，歼敌几十名。而我连只有一人受伤。

过江后经过一天半急行军，我们看见了白雪皑皑的雪山。九连来到山下，侦察连已消灭了山上的守敌。爬雪山前，营长郑罗香和指导员刘纵跟我们讲了话，鼓励我们战胜大自然。大家用粗布包脚，喝了辣椒汤便开始爬山。走了几十里，累得直喘气，口干得要命。风大，气压高，道路很难走。战士们很久没有吃上盐巴，脚杆没力。好不容易来到山顶，却遇上狂风大雪，加上又冷又饿，体弱的同志便坐下休息。可是一坐下就站不起来了。最后只好由体力强的同志搀扶着下山。

过了雪山，到达昌都镇。我们在这里休整，作好过草地的准备。

九连的任务是在草地巡回，救护伤病员，掩埋尸体并销毁武器。十团、十一团历时两个月，走出了草地。在行进中，贵州籍战士刘家华、李云清等主动帮别人扛武器，背干粮。九连在草地待了五个月，送走了一批又一批的部队。排长列贵林被坏人杀害后，我担任了一排长。在这里，我们面临着从未经历的困境。吃完干粮杀马吃，吃完马肉，吃皮鞋草根。九连几乎天天有人饿死、病死。到了 6 月份，经常下冰雹。拳头般大的冰雹，打死我连的连长、指导员及 20 多个战士。9 月份走出草地时，全连 203 名战士，只剩下九个人了，即朱自清、田国号、余正清、廖伯善、侯庆芝、安仲庆、何志辉、袁以阶和我。我带着八人离开草地后，在甘肃哈达铺休息两天，杀羊改善生活。

1936年10月8日①,二、六军团在甘肃会宁县与中央红军胜利会师，结束了伟大的长征。

1934年4月底,部队在陕西庄粟镇整编。毛主席作报告时问我们:“革

① 应为10月9日。

命的力量是小了？还是大了？”我们回答：“小了。”毛主席说：“不对，革命的力量大了。三十万红军长征，走了二万五，还剩二万五。人少了，但战斗力增强了。”接着他又说：“过去我们跟蒋介石打了多少年的仗。现在为了抗日，解放东北三千万同胞，要和他交朋友。西安事变，捉蒋放蒋，周恩来跟蒋介石谈判，确定整编我们的部队，合作抗日。从今后，红军改为国民革命军第八路军，受蒋委员长领导。”大家听了，像泄了气的皮球。有的战士把缀有青天白日军徽的帽子踩在脚下，不愿穿新军装。毛主席理解大家的心情，劝说道：“红军长征的目的就是为了北上抗日。要打败日本侵略者，单靠我们的力量是不行的。我们要合法存在，建立特殊政府。我们穿上了灰衣服，但心还是红的。我们要革命到底！”听了这番话，大家的情绪才开始好转。接着，朱总司令讲了话。他说：“我们是整编，不是投降，我们强迫蒋介石抗日，他不抗日就杀了他。大家要好好训练，把日本兵占领我国的土地夺回来！坚决把他们打垮！消灭！”

整编后，我在团部政治处当青年干事，跟随大部队开赴抗日前线参加抗战。（唐世林整理）

选自《贵州文史丛刊》1982年第4期，第33—36页。

向贵清，湖北来凤人。1933年参加中国工农红军，1934年加入中国共产党。红二方面军北上长征时，为红二军团四师十团九连战士、一排排长。

长征路上

夏振栋

参　军

一、"我也当红军"

温暖的太阳驱走了严寒，漫山遍野的桐花开放了，桐花的白色花瓣刚刚飘洒在山坡上，远近的翠绿丛中，便闪烁着通红如火的映山红。阳雀（杜鹃）在天空打哨，画眉在枝头翻飞，而在葱茏的竹林下，竹笋成片地拔土而出，挺立向上。

这是 1935 年的 3 月，——湖南省龙山县下母池的春天。

那天，我们几个放牛伢把牛撒在山坡上，便仰卧在草地上又谈起红军的事来。

"听说红军都长着飞毛腿，走得可快啦！前天赶场（赶集），在场上放了一枪，枪声没落，就飞到向子清的兄弟家，把他的大烟土和谷子（稻子）全端了！"刘尚儒突然坐起来说。

"田也要分给穷人啦！"我也笑了起来。虽然我坐得非常端正笔直，但还是没有刘尚儒他们高。我看见他们的胸脯全在紧张地收缩和扩张，嘴里喘着粗气。

沉默了半晌。大家都望着前方。前方，是一片茂密的树林，金灿灿的阳光从隙缝中斜穿下来了。

“红军可好啦！昨晚借了我家东西，今天，天没亮就送回来了，房子也打扫得干干净净的。”还是刘尚儒的声音。

“听说他们打林家寨去了，不晓得还回不回来？”肖士绍问。

“回来，一定回来！”我非常肯定地答道，好像我真地确知一样，说得大家更激动起来，我自己也高兴得直咳嗽。

“我妈说，贺龙是条龙，龙得了山，穷人就会把身翻……”刘尚儒谈得津津有味。

提起“妈妈”，我心里马上就“嘎登”一下：两岁那年，我爸爸就故去了，妈妈便经常搂着我们兄弟四人哭呀、哭呀，一边哭，一边说：“这日子怎么过呵！……”我们见妈妈哭得那样伤心,也跟着号啕大哭；但是，我们哭了一阵又出去玩了，她却仍旧泪流满面。不久，她把我交割给了人，叫我给老向家放牛去，不久她老人家精神失常了！

“妈妈，您知道吗？贺龙来了，红军来了，咱们穷人要翻身了！”我红着眼圈想道，眼前也立刻浮现出她的形象：瘦弱的脸颊，蓬松的头发，红肿的眼帘，……

“听！鼓响！！”刘尚儒、肖士绍异口同声地蹦起来喊。我也猛地跳起来，把两个手掌竖贴着耳根。鼓声越来越近了，简直把大地也震得颤抖起来！

“快！看看去！！”尽管我们三人全没穿鞋，却一个跑得比一个快，飞到了新场上。

人们早把敲鼓的围得里三层、外三层，我只好从底下钻进去。到了里头，才看见敲鼓的是红军，鼓旁边还笔直地站着几个，其中一个，中等个，很敦实，扎着绑腿，两只闪闪发光的眼睛不停地巡视众人；衣领上，两面鲜艳的红领章，帽子上缀一颗五角红星。掖在腰间的，是一把盒子枪,枪把上缀着一条长长的红绸子。鼓声停了。操着湖北口音说道：“乡亲们！我们是毛主席、共产党领导的工农红军。今天早晨，我们把林家寨的土豪劣绅抄了，给大家出了口气！……”

“你是贺龙吗？”我实在抑制不住内心的激动问。

“小鬼！”他摸了一下我的后脑勺，弯下身子和蔼地对我说：“我是贺军长的战士。”

“那，你能看到贺龙吗？”我又问。

战士马上答道：“贺军长对战士可关心啦，经常来看我们！……”

他还没说完，一股暖流便流遍了我的全身，我觉得这些红军和国民党兵的确根本不一样，的确是我们的亲人，我立即鼓起勇气说：“我也当红军！”

话音未了，只见他两道浓眉一扬，两只粗大的手紧紧地抓住我的肩膀，连声道:“欢迎，欢迎！”随后，人丛中便是一阵暴风雨般的掌声！我高兴得张了张嘴，想说话，可喉咙里像是哽住了什么东西；眼睛里也涌出了热泪……

“我也当红军！”刘尚儒请求，肖士绍请求，人群里不断地起伏着这种请求声，同时也起伏着雷动的掌声。

太阳从正当空照下来，山上、场上、人们的身上全洒满了光明！

二、第一次战斗

班长给我们换完了衣服，领我们吃过饭，给我们讲完三大纪律、八项注意，便问:“小鬼，你干啥子要当红军？”我说:“红军好，不打人，不骂人，说话和气，喜欢穷人。”

“对！红军是咱们穷人的子弟兵！”班长用浓重的湖北口音说。接着，又对我讲：“我们这支队伍，是贺龙率领的红二、六军团，在毛主席的领导下，我们党已经有了中央苏区、鄂豫皖苏区、湘鄂赣苏区，加上我们的湘鄂川黔边区，势力是很大的了。我们现在实行土地革命，创造根据地，就为的解放全中国的穷苦人民。但是，敌人还是强大的，蒋介石一心想消灭我们，……”肖连长接着说；“我们必须坚决执行毛主席的军事路线，集中兵力打运动战，把敌人肥的拖瘦、瘦的拖垮，最后把他们全干掉！”班长把手从空中往下狠一甩，牙根咬得咯咯作响。

隔了片刻，班长又一连串地问我：“小鬼，怕走路吗？怕打仗吗？怕飞机吗？……”我也一连串地答道：“天不怕，地不怕，不怕飞机拉粑粑！”班长听了，哈哈大笑起来，我也从此再不感到拘束。

这天晚上是个月黑头，伸手不见五指。约莫午夜时分，一声令下，部队便向石碑洞开拔。参军三天以来，一直总是走，白天晚间走。我问班长，班长说：“蒋介石派了湖南、湖北两省的省军，一共四五十个团，分六路围攻我们，硬是想把我们一口吞掉。贺军长根据毛主席的指示，要来个大反攻。”就在这天夜里，我们进入了忠堡地区。

天，下着大雨。

沿途苞米地里，全是乱七八糟的席棚子，棚内、外全是敌人的死尸，呲牙咧嘴，雨水一泡，更加难看。没死的，现在已经撤到山上去了。半夜，我们的队伍进了半山腰一座小庙。大家上半身栽歪在长廊里，大腿以下伸在长廊外的雨里就睡着了。

我紧紧地握着发给我的一只马枪，怎么也睡不着，天快亮时，我刚想睡一会，就听到山上山下枪声连成了一片。班长一听枪响，马上一把搀住我，说：“小鬼，莫慌张，跟着我！”

由于我们是化装侦察部队，山下的同志误认我们是敌人打我们；而山上的敌人，一见我们向他们射击冲锋，也开枪打我们。

子弹在耳边“嗖嗖”飞过。班长把我按倒，说：“注意，子弹像蜂子叫，就是高；‘嘶嘶’响，就是低，得趴下冲！”

我趴在湿漉漉的山坡上朝山顶望去，只见白雾霭霭，蒸气团团；雾气中，敌人打的伞，像王八盖一样抖动。正前方不远处，突然伸出一只手，手里举着一只“铁盖壳”，随后传来一个声音：“认不认识老子这家伙？！”我举起仅有一颗子弹的马枪，但班长一把按住我，同时用自己手中的枪射击，我看见：敌人的“铁盖壳”应声掉在地上了！

山下的同志来到我们身边了，我们一起往上冲。被吓坏了的敌人把伞扔了，枪也丢了，活着的全被我们逮住了！听首长说：敌人的纵队司令兼师长张振汉也被我们活捉了！

战斗结束后，我跟班长一起，仔细地打扫了战场，为部队搜集了许多子弹。我们子弹带也装满了。

三、板栗园战斗

皎洁的月光洒在天底下，泥土散着芬芳的气息，远近的灯火好像是点缀在夜幕上的珍珠，弯弯曲曲的溪流，在月光下像是一条飘动着的银色的彩带。

这些天来，我兴奋得没睡过一夜安生觉。夜里，我一边数着天上的星星，一边琢磨着新生活的图景：妈妈换上了分到的新衣服，哥哥也能吃饱饭，老向家的大黄狗、小花狗也不敢咬咱们穷孩子了；而最值得庆贺的，是我这条小马枪有了足够的子弹，只要把班长的枪法学到手，白军的天灵盖就可以用它来揭开，……

可是，自从调到军部侦察连以来，连长肖美臣却总嫌我小，不准我去奔袭，天天对我讲："要推翻整个剥削阶级，打倒所有的土豪劣绅，消灭国民党全部中央军、省军，就得前方、后方一条心，后方也得有人保卫。"讲完之后，就下命令："栋栋！今晚留在连部——站岗、放哨！"随后，班长说："栋栋，过些天咱们再去吧！"我含着泪送同志们出发。

放了几宿哨，才觉得放哨也不易：每分每秒都得非常警惕——眼睛得看，耳朵得听，还得提防狼，更得向困倦作斗争。一宿换三四班岗，尤其是最后一班岗，从酣睡中爬起来特别不是滋味！可班长却总是每一班都值，他一有空就给我们讲连长"身挂九彩"仍苦斗顽敌的故事。从他那充满血丝的眼睛，看出他比我们更劳累，可是他总是亲切地关照大家。慢慢地，我开始懂得了为谁参军、为谁打仗、为谁工作的道理。夜里站岗放哨，白天我就给执行奔袭任务的同志打草鞋。

一天，肖连长找到我，问："栋栋！为什么放哨？"我愉快地回答："为天下被压迫阶级！”“为谁打仗？”连长摸着我的脑壳又问。“为工农劳苦群众！不怕苦、不怕死，死也光荣，伤也不下火线！……”我连珠炮一般地回答。连长非常惊喜，把我按坐下，指着同志们带血迹的脚问：“脚打起了泡了怎么办？怕不怕疼？”我立即想起他告诉我们的话，应声答道：“脚起泡，水放掉，飞檐走壁宰土豪，穷人翻身最热闹！”连长一听，大笑一阵，批准了我去执行奔袭任务。

从此，我和同志们一样，一天奔袭、侦察要走一百多里，抓土豪劣绅，打地主武装。脚起泡了，白天就用灯草蘸桐油点着后往泡上一插，只听“嗞啦”一声，一缕青烟，泡就消了。再起泡，再同样处理。不久，我也有了一双“梅花脚”。

四月份，我们主力部队正在打召头寨，敌八十五师追来，妄图把我们围而歼之。听贺军长讲：“好，又该打牙祭（改善伙食）了！”于是，命令四师、六师，星夜奔回板栗园。我虽然已两天两夜没歇脚了，但还是紧跟队伍，天亮以前埋伏到山上了。我屏住呼吸，精心地擦着小马枪，眼看东方现出了鱼肚白。这时，班长招呼我：“栋栋，看！”我顺着班长手指的方向看去：山下，蝗虫一样，到处都是敌人。他们抬着重机枪，扛着子弹箱正往山上冲哩！

“班长，我怎么总想尿尿呢？”我小声问。“莫紧张！”班长两眼死盯敌人，咬着牙对我说。

这时，敌人离我们已经很近了。他们全穿着黄哔叽军装，戴的符号也能看清楚：后面的还挑着沉甸甸的铜锅。其余的几路，为了更快地上山，全噼里啪啦地下了水田，连滚带爬着。

“狗日的！叫你给土豪劣绅卖命！”我心里骂着，顿时瞄准了一个大个子。“打！”连长一声吼！我亲手把那个大个子撂倒了。打了一阵，我们一直往下冲去，敌人密密麻麻地倒了一大片，水田里的敌人被退下来的敌人踩倒了，陷进了污泥；我们便踏着污泥里的敌尸，一股劲冲到山沟里，沟水已被敌血染红。沟边扣着敌人的大铜锅，里面全是大米饭，还冒着腾腾的热气哩！

刚扫尽沟里的残敌，山腰的一股残敌却开始猛攻我们了。我们回头便对射。这时，师部的花机关抢也“突突”地响起来，这响声，给了大家无限的鼓舞。大家直往山腰冲。四师一支突击队冲上去了，残敌交了枪！

战斗结束时，我看见了敌八十五师师长兼纵队司令谢彬的脑袋，它翻着半闭的白眼，呲着四颗大金牙。大家做了一个木头匣，写了“谢彬之首”四字，装了这头，将它顺着河水飘去！

四、“龙山棒”①

又一个万里一碧的晴天，我来到离龙山县城五里的地方。班长偷偷地告诉我:“栋栋！听说贺军长就在这里指挥攻城哩！”我们说着说着，便来到了龙山城下。只见龙山城墙高筑，大门紧闭，城墙垛子上不时摇晃着鬼鬼祟祟的国民党兵，有时还从城楼里传出嘶哑的喊声：“注意城墙脚，小心红脑壳！”护城河外，我们的机枪“哒哒”“哒哒”的一阵怒吼，十几个战士，光着脚板，抬着一口棺材逼近城墙根，不一会，“棺材”轰地一声，贴着墙根爆炸了：原来，棺材里全装的炸药！城墙虽未被炸开，城上的敌人却慌作一团，在一片狼哭鬼嚎声中朝城外乱打枪。

正午时分，敌机飞来了，在城上空盘旋了一圈，就栽歪着膀子撒下不少黑点。我疑心是炸弹，班长却拍拍我的肩膀，说：“快！快！！搞粮食去！！！”原来，敌人被围之后，城里弹虽未尽，粮却已绝，听说老百姓的粮食早被抢光，还是不够，所以，叫飞机运粮。没想到这些粮食，大多扔在城外啦！

我和班长朝一袋粮食跑去，快接近目标了，迎面却走来一个身材魁梧的指挥员，宽阔的上身穿着一件肥大的军衣，头戴一顶前进帽，上嘴

① “棒”就是本分、刚强的意思。

唇上面留着整齐的浓黑胡，两眼炯炯有神，逼问我道："小鬼！哪部分的？""军部侦察连的！"我气喘吁吁地回答。班长却被这突如其来的问答惊住了，马上来了一个立正，敬了一个军礼，好半天才说出话来："贺军长好！"

呵！这就是贺龙吗？这就是大家总叨咕的军长吗？！我也茫然不知所措了！而就在这当儿，班长替我回答了军长关于我的一切问话。然后，贺龙同志从右下兜掏出烟斗，满满地装上了一袋烟，叼在嘴角，摸着我的脑袋，笑眯眯地说："嗬！龙山棒呀！打仗不怕，飞机不怕，还参加过活捉张振汉的战斗，不简单呐！来来来！给我点烟！"说着，递给我火柴，弯下腰，把嘴里叼着的烟斗凑过来。我哆嗦着一连划了三根火柴，才把烟点着。军长一边"嘶嘶"地吸着烟，一边眯起一只眼睛对我笑道："龙山棒！好好跟着呵！"然后，对我们挥了一下手，稳健地走开了。我久久地凝望着军长的背影，耳边不断地回响着"龙山棒，好好跟着呵"的声音，半天说不出话来：我决心永远跟着红军干革命，风吹浪打不回头！

五、东进

没过几天，连长告诉我们：为了配合中央红军长征，我们要往东打！听说又要打仗，我非常高兴。我背着马枪、子弹，还背了不少米，日夜行军，很快到达了大庸河岸。部队正在搭浮桥，四架敌机来了，轮番轰炸，把浮桥炸毁。

敌机轰炸时，我们隐蔽在河岸的橘子林中，不料骡马受了惊，暴露了目标，敌机便猛炸橘子林，它们飞得很低，投弹很密。弹片四溅，草木摧折，沙石纷飞。机枪朝敌机射击，迫它高飞，但也有不少同志牺牲。

敌机轰炸了四五次，没影了。我站起来，可怎么也找不到队伍了。

"栋栋！栋——栋！！"从河中心的小船上传来了呼喊。这喊声是那样亲切，又那样地凄厉，只有在大人丢失了自己的孩子时，才会爆发出这种声音！我抬起模糊的双眼朝喊处望去，只见船已靠岸，两个穿便衣的同志，额上滚动着豆大的汗珠，满身的尘土。“呵呀！总算找到啦！可把大家急坏啦！”他们高兴地搂着我，在苍茫的暮色中赶过河去。

一连几昼夜的急进，我们打到了津市、澧州、临澧、石门一带，兵锋直指常德，吓得敌人四处逃匿，不敢迎战。然而，艰苦的自然环境，却时刻困扰着我们。

在澧州城外，尽喝河里、堰塘里的水，又脏又臭，天热水也温热，细菌更活跃，所以，一喝就拉肚；不喝还真不行，渴得嘴唇都干裂了，往外直渗血。又渴又泻，弄得大家浑身没有一点劲。

不幸，我又暴发了火眼，阳光下简直更睁不开眼，什么也看不见！夜里，全在水田里行军，深一脚、浅一脚，直打唠圈（趔趄），马灯光一照吧，眼睛就像针刺一样难受，脑袋也痛得像要裂开了一样！

为了击敌，来不及做饭，天天干噎炒米。有时，炒米就干卡在食道上，咽——咽不进，咳——咳不出，眼里直冒金花，那滋味简直难以形容！

越是困难的时候，同志们越关怀我，连首长越是勉励我：“龙山棒，好好跟着呵！”每当听到这种声音时，我又浑身充满了力量。

5 月的湖南，稻子刚刚吐穗，正是青黄不接的时候，加之敌人的封锁，部队的吃饭问题到了最困难的地步。整整一个月，我们几乎没吃一粒粮食；上顿、下顿全吃水牛肉。行动急，没工夫多煮，只好半生不熟地吃，越吃越酸，把牙全吃“倒了”，一合嘴就浑身一哆嗦。

但是，一遇上敌人，大家全忘掉这一切，紧咬牙关，大瞪圆眼地穷追猛打！

由于王明推行“左”倾机会主义路线，排斥毛主席的正确路线，所以，造成了第五次反“围剿”的失败；又由于蒋介石推行亲日媚外、积极反共政策，所以，也造成日军对我国大举侵略的危局。为了保存和发展革命力量，为了挽救民族危亡，红二、六军团也不得不于 10 月底向桑植一带集中整训，11 月中旬开始长征。

长 征

六、“一定要跟上！”

几场风霜，染黄了草头。深秋的冷风中，山岭上的野梅却在吐火，给枞树林缀上了朵朵红云。望着这故乡的景色，想着那即将踏上的新的征途，说不清自己是惆怅还是高兴。正在我沉思的时候，肖连长把我介绍给一个河南口音的同志。那同志便亲切地说：“栋栋，从今天起，你是我们便衣队的人啦！”“便衣队也长征吗？”我不放心地问。河南同志拍了拍我的肩膀：“长征、长征！”随后，他递给我满满一袋米，还有一褡裢大洋。我背上这沉甸甸的东西，向肖连长和这个同志打了个立正，保证道：“一定跟上！”

没有适合我穿的鞋，队长发给我一双打土豪得来的女鞋。轻便倒挺轻便，不过，不到一天，脚蹩肿了，鞋就像紧箍帽一样，紧紧地箍着我的脚，每走一步，脚背就像挨刀一样痛。拔出脚来，脚背上一道深沟，再一着地，就撕开一道血痕。索性光着脚走！个小，跟不上，就一路小跑。一跑，脚板上又起了血泡！时值寒冬，天气虽冷，但每走一步，却总要流下几滴汗珠，两脚的疼痛牵扯着耳朵根都疼，后脑勺也疼！在这入骨的疼痛中，我的双眼也有了毛病，看啥也不清楚了。队长接过我的米袋，首长劝我骑马，我虽然全拒绝了，到了宿营地后，一休息更觉得我的双腿火辣辣地、麻酥酥地痛。为了不让同志们为我的脚痛操心，我常常故意引开话题，不断问这问那：“到贵州了？”“这些树，怎么分层长？多像楼房！”“呵，樟木、楠木、杉木、马尾松、毛竹、橘子树、橙（柚）子树，……为什么冬天不落叶呢？”队长见我对树感兴趣，每逢休息时，就总凑到我跟前讲树。一天，他指着一片常绿林，说：“小鬼，你看，这片林子，虽然高低不齐，层次不一，但却紧紧地结合在一起，多好看！”然后，他又指着一棵十多丈高的大树说：“这棵树，根子多像木板，突出地面一人多高，然后，又深深地扎进地里；再看，树干上缠的啥？”“藤子！”我说。“你看这藤子，虽然自己挺不直，可它却紧盘着树干，直到树冠层的枝条间，得到了阳光，开出了自己鲜艳的小花朵！”他的语气，是那样地亲切、兴奋，带着启发性，但又好像夹杂着哀思，他的两眼也深沉地凝视着远方。

不一会，他把脸转向我，亲切地问：“我给你唱支山歌，好不好？”“好！”我挪近些听他唱道：

入山看见藤缠树，
出山看见树绕藤！
藤藤树树永不舍，
千年万载永不分！

唱了一遍又一遍，我看见他眼里闪烁着晶莹的泪花。

当天夜里，星星闪着寒光，脚更痛了，怎么也不能入睡。冷风阵阵，吹在脚上，还是火辣辣地痛。突然，我听得有人低说：“那个龙山小鬼，寄放出去真有点可惜；可是不寄放出去吧，又不行！他的脚，都肿到膝盖啦！……”什么？要寄放我？！我的心，猛地往下一沉，两眼一阵金星乱舞，耳根和太阳穴也铮铮直响，呼吸似乎更困难起来。

“不！我能跟上！我一定要跟上！”我“腾”地一下坐起来，咬紧牙关使劲地搓揉我那两个梆硬的腿脚。豆大的汗珠，从我的额上滴下来。约莫半个时辰过去，我倏地站立起来，自言自语道：“我不能离开亲人呐！藤不能离开树呀！”一阵“沙沙”声，队长走过来了，我搂着队长的腰抽搐起来。……

第二天开始，天不亮我就跟着打前站的，提前三个钟头出发，咬着牙，瞪着眼，硬是往前走，从早到晚，我是一步也不歇！

半个月过去了，脚消肿了！我终于胜利了！队长和同志们看到我已适应了长征，都感到无限的欣慰。

七、入团

艰苦军事生活，磨炼了我的革命意志；党的教育，提高了我的政治觉悟。1936年，在我的一生中，似乎是关键的一年。在艰苦的战斗的岁月里，不但能适应一切环境，而且能够感到一种从未有过的舒畅和愉快。

一边行军、一边学着文化。连队文书热心帮我学习文化知识。渐渐地，我已能向群众宣讲三大纪律、八项注意等材料了。

蒋介石为了阻挡我军从遵义南岸再过乌江，并妄图把我军歼灭在江南，调动了全部川军、黔军，布满乌江两岸，还指令湘军100多个团紧紧地尾追着我们。以贺龙为首的方面军领导，根据毛主席的战略原则，挥军南下，直捣修文。

在这一段的行军途中，我参加了不少战斗。记得有一次，我们便衣队突袭了敌人一个哨所。当我们进入哨所时，正在赌博的敌人，立即脱衣的脱衣，扔武器的扔武器，然后便拼命地往桌子底下钻，你挤我、我挤你地慌作一团。看到这些筛糠的俘虏，我便感到作为一个革命战士的自豪，更增加了革命必胜的信心。

又一天，天色微明，我又提前出发了。走哇走，走了老远，突然发现钱褡裢和70元光洋全丢在宿营地了！我知道：部队现在正处在非常困难的时期，每一块大洋都凝结着同志们的鲜血，关键时刻甚至维系着同志们的生命！作为一个红军战士，我宁可牺牲自己的生命，也不让部队蒙受半点损失！我立即拔腿往回跑，一口气跑了三四里地，当我看见那褡裢仍放在柴禾上时，我高兴得几乎哭出声来了！我立刻蹲下去，用颤抖的双手，轻轻地将它托起，小心翼翼地拂去灰尘，搭在肩上，一口气追回到队伍里！

从鸭池河渡过乌江之后，我军便以迅雷不及掩耳之势，攻占了黔西大定、毕节等地。我被调到军部给侦察处长当勤务兵。在那里，能见到贺龙、关向应和甘泗淇等首长。贺军长见了我，总逗我，他眯起眼睛笑着问:“龙山棒！又掉队啦？！”随后便是他和甘泗淇同志朗朗的笑声。

处长也挺喜欢我，他调到五师任参谋长时，还背着军部偷偷地也把我一起调走。一有空，总给我讲点时事，考几个字。一天，参谋长说：“小鬼！你认得不少字哩！上街搞点宣传吧！现在需要扩大红军队伍呀！”上了街，小孩们看我穿着一套干净军装，又有红领章、红五星、绑腿、盒子枪，都乐意跟着我。于是我大声对他们讲：“红军好得很，当兵就要当红军！”有时，还红着脸教他们唱歌。每天工作之余，我都出去宣传一次，一些穷人家的小孩很快就学会了“工农要革命，报名当红军，打土豪，分田地，铲除列强建立新中华”的红军歌曲，一些人还真的参了军。

一次，一个比我高得多的大孩子，听我讲完话后，鬼头鬼脑地招呼我：“来，到那边去。”他朝一个静僻的小巷指了一下，说：“我，想参军，那边，还有很多人，想参军——，来吧，到那边去！”我当时真有点信，但又一想：“参谋长不是说：‘别离开人多的地方’吗？”于是，我摸了摸枪，厉声说道:“要参军，就在这里入列！”那家伙见我不去，便慌慌张张地溜走了。

复杂的斗争，随时在锻炼着我们。根据我们的表现，团组织加强了对我们的教育，经常对我们讲入团的目的，引导我们学习关于党、团组织的章程。我逐渐懂得了人活着是为什么，也懂得了个人的力量是微小的，只有组织的力量才是无敌的，这好比一滴水没有注入江河湖海永远不能逐浪高歌。

不久，我到了司号排。在司号排，我见到了参军后一直在独立团的刘尚儒。老乡、童伴、同志，我们的感情进一步地加深着。他是司号排一班班长，我是二班班长。我们更加互相关心、互相帮助、互相学习了，团组织也进一步加强了对我们的教育。

我们的觉悟迅速地提高了，懂得了共青团是共产党的助手，是为实现共产主义奋斗的，我们现在从事的一切，才仅仅是向共产主义迈出的第一步；“实现共产主义”决不是一句简单的口号，它需要我们脚踏实地地从每一天的每一件小事情做起！我们每天走路、吹号，向疲劳作斗争，向敌人开战，学文化、搞宣传……都是为了实现共产主义这一远大目标！我们向组织汇报思想、工作，请示任务，更主动、更自觉。

进入云南后不久，排长通知我：“夏振栋同志，你光荣地被批准入团了，从今天开始，你就是光荣的共青团战士了！”我激动得热泪盈眶，心想：我，一个放牛伢，变成了一个红军战士，现在又成为一个共青团员，这中间包含了组织多少心血！而作为一个共青团员，今后，自己的担子该怎么更自觉地去挑，长征的路该怎样更奋勇地去走……

刘尚儒俯身贴着我耳语道：“‘同志’！咱俩都是‘同志’了！把我们的全部精力和心血，全献给党，献给共产主义吧！”我们的手，紧紧地握着！

八、玉龙雪山

2 月底离开毕节，一个月的时间在黔滇边境迂回作战。4 月初，开始了前所未有的急行军。缺觉、缺营养，一天打好几仗，还要防空，条件非常艰苦。急行军中，我自觉紧跟队伍，和大家一样，决不掉队！首长叫我骑马，我坚持步行；只在万不得已的时候，才拽着马尾巴走了一段。过了富民，一路很少敌兵，行进比较顺畅，中旬便从巨甸打过了金沙江，到达了玉龙雪山下。

远望玉龙山脉，层峰连绵，山顶白雪皑皑，青色的雾霭，山风吹拂，雪片与雾霭迷蒙浮动，使山脉活像一条晶莹蜿蜒的玉龙！

“传说玉龙山上有条玉龙，曾把公主嫁给纳西族的首领了！”不知是谁冒了一句。“那是过去的事啦！如今呀，玉龙王要借给咱们龙体，让我们直达抗日前线了！”也不知是谁高声地说。正说着，前面竟有人编起了快板：

攀玉龙，
翻玉龙，
红军个个是英雄！
同志们，
努力爬，
到了前线，打垮日军
建设工农新国家！

突然，一个令人悲愤的消息传来了：团长高立国同志牺牲了！他率领着骑兵先遣连，在翻一座山时，遇到了匪徒的袭击，牺牲在滚木擂石之下！

消息传来，大家浑身冒火！和大家一样，我也紧了紧腰间扎着的唯一的一条绒毯，飞速地往前赶去！第一座山，被我们顺利地翻过去了！

第二天一早，又开始翻第二座山。几个月没吃一顿饱饭，没睡一夜足觉，走路、爬山非常吃力，越爬又越冷，大家纷纷打起寒噤来，辣椒水也不能制止住哆嗦。远处的山峰，近处的断崖，都笼罩在一片云帘雾障中，前面部队刚刚踩出的脚印，不一会就变得模糊了。雪，一会儿齐脚脖，一会儿齐腿肚。单裤下半截冻得梆硬，把腿也磨破了！往山下看，长龙似的队伍，突然被云雾吞断。

“只能攀登，不可停留！”同志们互相勉励！“只能向前，不要回头！”大家互相提醒告诫。

脑袋好像胀大了好几倍，眼前总像有萤火虫在穿飞，胸口好像压着大石头，嗓子干得要命，嘴唇似乎也难闭上。……但是，全班同志一个跟着一个，终于在下午三点左右到达了山顶，开始下山了！

宿营了。全班同志紧紧偎在一起。爬山沾湿的衣裤由凉变温，在大家的体温下一丝一丝地蒸干。午夜，气温降到零度左右，熬到天亮时，两条腿已像两根木棒不听使唤，一站起身就酸痛到牙根了。

夜，好像特别长，而每当晨曦初露，大家重新准备新的行军，再经受新的考验的时候，第一件事就是向一些已经长眠在地上的同志们挥泪告别。每当大家翻过一座山，黄昏时燃起一堆篝火的时候，我们更知道：今夜又一定有一批战友在此地和大家永别！

九、斗饥饿

从中甸到德荣①，好几百里，人烟稀少，加之国民党反动派对少数民族的欺压勒索，使当地老百姓不敢接近红军，因此，部队的吃粮更加困难了。

我们经常缺粮，一天吃一顿饭，有时连一顿也吃不上。“人活着不是为了吃饭，吃饭是为了更好地活着！”同志们想到自己身上肩负的历史重任，全都想尽一切办法与饥饿作斗争。

每到宿营地，烧盆开水，撒上几粒麦子，找来一些野菜煮了才吃。吃了几口，又上山找食物，打野兽，或者蹲在地上采野菜，——只要不苦的，就嚼烂了往下咽，先头部队啃过的牛骨头、马骨头、羊骨头，不管有味没味，拿来烧烧就啃。发现场院，不管先头部队打扫过多少遍，也蜂拥过去细细搜寻。发现一颗青稞粒，胜似得到一颗珍珠。碰到凉水，就咕咚咕咚地喝个够，但走过几步之后，又没劲了。然而，大家却始终互相安慰：“没关系，到了西康，就有吃穿了！”

脸膀了，手膀了，腿也膀了；身子轻得像张纸，一喘气也似乎浑身发颤！……但是，大家心里只有一个念头——永远跟着党，永远干革命！

有的小鬼捂着肚子，弯着腰，想哭也哭不出来。记得有一次，部队整整四天，一粒粮食也没沾唇：胃，扁得干痛；眼里，一片金星，但谁也不甘心倒下去，咬着牙硬是一步半步地往前扑！同志们的行动，深深地教育着我，我时刻叮嘱自己：“活着就要跟党走！……现在挨饿，将

① 今得荣。

来永远不再挨饿；个人挨饿，将来全国百姓都不挨饿！不死就前进！”

部队到了一个山口，小赵突然晕倒了，我抢着前去搀他，可自己也像灯草一样软绵绵的……我拉他，但是，他实在起不来了，两眼恳切的发着呆滞的光，声音颤抖而且微弱：“二——班长……我——不行……了！”他那声音，使人们听起来，好像是从遥远的地方发出来的一样。我挣扎着找来指导员。指导员用那更加颤抖的手，掏出了全连最后一把糌粑面，递到小赵嘴边，小赵大张着嘴，狼吞虎咽地吃下去了，便马上挣扎着站起来想走，但结果只晃了几晃，又坐下了，他伸手叫我扶他再起来，可我刚去扶他，他却翻了一下嘴唇，瞪起了瞳孔放大而迅速失去光泽的眼睛！……

指导员和大家齐声呼唤：“小赵！小赵！！小赵！！！”又一位可爱的战友同我们永别了。大家用他的单绒毯，覆盖在他的身上，安放好，又出发了！

“活着就要走，跟党走，往前走！”“前进就是胜利！”大家用目光互相激励着。

5 月初，我们到达了德荣，每人分到一点青稞，从巴安北上，终于和四方面军在甘孜会合了。

十、入党

离开甘孜已经有段时间了，但四方面军同志们的热情面容，欢迎会上的歌声、舞姿，藏胞那“洋髦、洋髦（‘好’的意思）”的动人话语，却依然回旋在我们的脑际；而想到通过草地便要抵达抗日前线并见到毛主席，大家更沉浸在无比的欢乐之中。

“到阿坝了！到阿坝了！！”小周（贵州人）喊。“到阿坝了！”“到阿坝了！！”队伍里立即爆发了一阵阵的欢声。然而，阿坝冷冷清清：反动的农奴主早把藏胞劫持走了。

大家有点扫兴，摸摸粮袋：顶多有二三斤粮；看看行将通过的草地，一片苍黄，漫无边际，迷雾弥漫，看不到边——听说得走十几天、20天！

“走到明年夏天更好！听说，夏天，油油的草地上，到处开着鲜花——什么天蓝的马兰花、紫色的桔梗花，花菜又是金黄的，野百合是绛黄的，这一簇，那一堆，草地叫鲜花一衬呵，活像一张没边没沿的天鹅绒地毯了，那才漂亮哩！”刘尚儒在行军途中从来很少说话，现在也长篇大论起来。“听说，水可不怎么好！”有人接话。有人反驳说：“怎么不好？里面含着盐，含着碱、含着硝哩！”有人接着颇有远见地说：“怎么不好：将来煮盐、煮碱、熬硝嘛！”“将来？用你说！将来还可以种水稻哩！”大家七嘴八舌争论着走进了草地。

一进草地就更热闹了：脚下的牛皮草鞋见了淤泥，马上变成了泥鳅，又粘又滑，开始故意跟我们开玩笑。小沟又多，全是泥，又没水洗，于是过沟前就脱掉它，过完沟又穿上；因为脚没洗，全是泥，穿进去就粘粘糊糊不得劲。大家一赌气，干脆：光着脚走起来。

草根是下脚的安全点，但它也像淤泥上的浮萍，你踩它，它也往下陷。

腿上的泥，一会儿湿，一会儿干；一湿一干裂，把腿也扯开小口子，弄得直流血。大家称干裂口为“小孩嘴”。“喂！你生了几个小孩嘴啦？”有人问，有人答腔说：“我有八个小孩啦！”接着便是笑声。

土匪的骑兵，不时在四面八方朝我们打冷枪。一听枪响，大家就来神了。有人骂：“老子正腻味哩，你还敢来淘气？！”有的骂：“龟儿子！有种的就过来试试！”有的还大喊：“快骑马过来，老子们正馋马肉哩！”

枪声消失，到处又一片嘻嘻哈哈声。

草原的气候真反复无常，忽而闷热，忽而一场暴风雨，忽而密密层层地下雪：雪片在怒号的狂风中疾速翻卷、旋转，直往脸上、身上、脖领里乱窜。我们的衣服，一会儿干，一会儿湿；我们的身子，一会儿热，一会儿冷。刘尚儒身体一向很虚，进入草地之后，更是一阵阵地冒虚汗，脸色铁青了。但这些困难怎么也吓不倒我们。大家互相招呼着，互相搀扶着，总是顺利地到达宿营地。

到了宿营地，在分配的地段上，折点树枝（旱柳条）一铺，再点上一堆篝火，喝上几碗苦水汤也觉得满不错。天上的星星，地上的篝火，常使我忘却了自己是在茫茫草地，而似乎置身于天堂闹市中。篝火通红通红。我每每望着这温暖的火苗，渐渐地就进入了梦乡。只有在深夜刮起冷风，周围的枯草、旱柳条等等在暴风中惨澹地披靡、发出嗖嗖声时，大家才在相互招呼声中醒来。

最主要的困难还是饿。我们似乎已有了对付饥饿的经验和办法。尽管先头部队将能吃的野菜几乎吃光，但大家还是争当“神农氏”，总是还能发现一些可食的草。此外，那野牛粪上的蘑菇呀，野地上的牛骨头呀、牲口皮呀，往往更给我们提供一顿丰盛的晚餐。

最后几天，啥也没有了，但是，那牛皮鞋呀、皮带呀，终于也被拿来烧了吃！它们是经过制皮药料浸泡过的，一烧更苦，吃下就吐，吐了还吃！吃下去就是胜利！

我们还编几句顺口溜：

红军不怕苦，
牛皮不用煮；
飞过大草地，
敌人气鼓鼓！

就在大家这种高度的革命乐观主义精神的鼓舞下，巴西被我们走过去了，下包座也让我们甩在身后了！过了腊子口，部队更像一支离弦的箭，直飞甘（肃）东南了！

抗日战士向东南行，
归回建制训练补充。
坚决跟上硬不掉队，
我们前进，前进，前进，前进，前进！

嘹亮的歌声，飞扬在徽县、成县、康县、两当等地上空，回响在六盘山谷。通过了六盘山不几天，毛主席派来接我们的一方面军的同志们，便和我们会合了。

到了甘肃，部队进行了学习和休整。组织上对长征情况作了全面的总结，肯定我说："夏振栋那小鬼一路上表现得不错，学号学得快，工作很负责，学习抓得也比较紧，思想有很大的提高，革命目的也逐渐明确了……"不久，便正式通知我转为中国共产党党员了。

这是我做梦也想不到的呵！我终于能够成为了一个无产阶级的先锋战士！直接在党的怀抱里，从事人类最壮丽的共产主义事业了！这是何等幸福的事！

我的心，久久不能平静！我激动得泪流满面了！我深深地感谢党组织的教育、培养，也充分地意识到今后的任务的伟大、艰巨。入党不是战斗的终结，而仅仅是一个无产阶级先锋战士战斗时起点。一个党员，在自己的整个生命中，如果心目中稍微懈怠了为共产主义奋斗的决心和勇气，便不是一个真正的共产主义战士，那就没有任何真正的幸福可言！

共产主义事业，是千百万人、千百亿人从事的极其光荣、极其伟大的事业，也是极其艰巨的事业。我决心在党的事业中，永远做一个小小的螺丝钉！（夏家骏整理）

选自中国人民政治协商会议黑龙江省委员会文史资料研究委员会编：《黑龙江文史资料》第1辑，1980年10月，第86—108页。

忆长征

张贵禄

我叫张贵禄，现居上坪乡赵坝村，原籍湖北宣恩县。15 岁参加中国工农红军，随红二方面军长征。1936 年 9 月因病流落上坪。现将长征时自己的亲身经历回忆如下：

我出生在贫农家庭，弟兄四人，家中生活经常缺吃少穿，实难维持。贺龙同志是湖南桑植人，桑植离我们宣恩很近。贺龙领导的工农红军路过宣恩，我就报名参加了红军。我们连的连长叫谢金才，指导员姓张，湖南花桥人。参军后打的第一仗，就是攻打宣恩县城。贺龙同志亲自参加了作战动员大会。经过激烈的战斗，拿下了宣恩县城。

宣恩战斗结束后，部队开到了忠堡，在那里和国民党张振汉部进行了战斗。那一仗打得十分激烈，先后共打了九天时间，终于取得了胜利，全歼张振汉师，师长张振汉本人也被红军俘虏。红军认真执行党的政策，不虐待俘虏，对张进行了教育，使他认清和红军作战是没有出路的。张在押途中，红军还给他一头骡子骑。过雪山时，他不小心摔下崖，一名红军战士为抢救他而牺牲。张振汉和红军一道走完了长征，到达延安。这一段的亲身经历使他思想有了很大的转变。西安事变后，被释放回南京。他是我们红军英勇长征的见证人。

忠堡战斗中，我们缴获了敌人大量武器，成立了钢炮营，我被调去当营部的通讯员。部队又向澧洲进发，打下了澧洲，夺得了敌人的兵工厂，部队的武器弹药得到了补充。在我们行至大雁荡时，四方面军打来电报，要求我们向他部靠拢，部队又急速向贵州、云南前进，每天行军120里。过了金沙江，到了藏民区，那里有两座大雪山，其中有一座上下70里路，山势很高，人只能低头走，不敢抬头看，在那里有许多同志光荣牺牲了。

过雪山后，走了八九天到了新化，又经新化进军甘孜，在甘孜与四方面军会师，我们开了联欢会。二、四方面军首长就今后的去向开会研究，会上就南下和北上的问题，二方面军总指挥贺龙、政委任弼时等同志和张国焘进行了激烈的争论。由于贺龙、任弼时、朱德等同志和四方面军广大指战员的反对，张国焘被迫北上。

在二、四方面军会师北上的日子里，张国焘出于个人野心，企图拉拢和分裂二方面军，提议要成立一个联合宣传队，以此影响二方面军的广大指战员，把他南下的主张强加给二方面军。贺龙等同志识破了张国焘的阴谋，说我们的宣传工作有政治部负责，没有必要成立宣传队，坚决抵制了张国焘的错误主张，排除了二方面军北上的干扰。

红二方面军以艰难的步伐走出草地后，由于长期的冷冻和饥饿，部队减员很大。我走出草地后，身体非常虚弱，脚踝磨烂化脓，在岷县的闾井掉了队。我还是拼命向前赶，到界牌山时，部队已走十几天了。后来我赶到上坪赵坝村，生了一场大病，昏迷不醒，在一个姓张的农民家里养了一个月伤。就这样，我在上坪流落了下来。

解放后，我们又回到了党的怀抱，组织上从各方面关怀我们，我当了村长、社主任。从58年起一直担任大队党支部书记，81年才退了下来。红军长征胜利结束已经50多年了，每当回想这一往事，我的心情就难以平静，领导我们长征的毛泽东、朱德、贺龙等老一辈革命家已经离开我们了，我们这些红军战士十分怀念他们。我们要教育好下一代，继承和发扬红军的光荣传统，在党中央领导下，将革命事业进行到底。

（何德未整理）

选自中共礼县委党史资料征集办公室编:《礼县党史资料》第1辑,1987年9月,第97—100页。

张贵禄,湖北宣恩人。红军长征时为红二军团某部钢炮营通讯员,跟随部队到岷县后掉队。